Reclams Filmführer

Reclams Filmführer

Von Dieter Krusche
unter Mitarbeit von
Jürgen Labenski
und Josef Nagel

13., neubearbeitete Auflage
Mit 250 Abbildungen

Philipp Reclam jun. Stuttgart

Alle Rechte vorbehalten
© 1973, 2008 Philipp Reclam jun. GmbH & Co., Stuttgart
Alle Rechte vorbehalten
Reihengestaltung: büroecco!, Augsburg
unter Verwendung von Szenenfotos aus
Volver (Tobis)
Pirates of the caribbean: The curse of the Black Pearl
(Buena Vista International)
Broken flowers (Tobis)
Satz: Reclam, Ditzingen
Druck und buchbinderische Verarbeitung: Kösel, Krugzell
Printed in Germany 2008
RECLAM ist eine eingetragene Marke
der Philipp Reclam jun. GmbH & Co., Stuttgart
ISBN 978-3-15-010676-1

www.reclam.de

Inhalt

Vorwort 7
Hinweise für den Benutzer 10

Einleitung
Zur Geschichte des Films 11

Filme von A bis Z 19

Literaturhinweise 805

Register 817
   Filmtitel 819
    Regisseure 835
     Kameraleute 840

Bildnachweis 844

Vorwort

Dieses Buch erscheint in einer Zeit, in der der Kinofilm, von Pessimisten oftmals totgesagt, unverändert lebendig ist. Trotz aller Schwierigkeiten und mancher Rückschläge ist das Filmangebot heute sogar vielfältiger und interessanter geworden. Das Massenmedium Fernsehen zum Beispiel hat dem Spielfilm zwar speziell auf dem Sektor der Unterhaltung beträchtliches Terrain abgewonnen; es hat ihm aber auch zahlreiche Anregungen vermittelt. Andererseits sind etwa durch die technische Entwicklung auf dem Gebiet des Schmalfilms die Möglichkeiten individueller filmischer Initiative und Aktivität wesentlich erweitert worden, wobei die Experimente der »Außenseiter« wiederum nicht ohne Einfluß auf die Entwicklung des »normalen« Spielfilms geblieben sind.
So ist heute eigentlich nicht mehr fraglich, ob der Spielfilm überleben wird. Ungewiß sind nur die neuen Formen, die er im Spannungsfeld zwischen den technischen und wirtschaftlichen Möglichkeiten des Fernsehens und der radikalen Individualität entwickeln wird. Dabei ist der Film unversehens stärker in den Blickpunkt derer geraten, die in ihm nicht nur ein Mittel zum Zeitvertreib sehen wollen. Auch in der Bundesrepublik läßt sich diese Entwicklung durch einige Indizien belegen: Engagierte Filmemacher bedienen sich des Films als Mittel zur kritischen Agitation. Kommunale Kinos wollen die Chancen des anspruchsvollen Films vergrößern. Ein verstärktes Angebot von Filmliteratur signalisiert ein wachsendes Interesse des Publikums an der ernsthaften Auseinandersetzung mit dem Film.
Gerade auf dem Gebiet der Filmliteratur allerdings besteht hierzulande in der Tat ein großer Nachholbedarf. Während sich zum Beispiel in Frankreich Zeitschriften, Schriftenreihen und zahlreiche Einzelpublikationen kontinuierlich mit den Problemen des Films beschäftigen, sind die entsprechenden Veröffentlichungen in der Bundesrepublik noch immer vergleichsweise selten und in ihrer Thematik oft allzu spezialisiert. Was der interessierte Filmfreund aber zunächst einmal braucht, sind grundlegende allgemeine Informationen, die gewöhnlich nur schwer auffindbar sind.
Die klassischen Werke der Filmkunst ruhen, sofern sie nicht überhaupt verschollen sind, in Archiven, wo sie nur wenigen zugänglich sind. Jede neue Generation von Filmbesuchern erlebt den Film gleichsam »geschichtslos« nur in seinen zeitgenössischen Erscheinungsformen. Ältere Filme sind schnell vergessen oder werden zum Objekt einer Legendenbildung, die in ihren positiven und negativen Akzentuierungen auch von Zufälligkeiten abhängig ist. Und von Zufällen hängt es oft ebenfalls ab, welchen Film ein Verleih nach Jahren für eine »Wiederaufführung«

aus den Archiven holt. Um die Bedeutung dieser Situation für die Einstellung zum Medium Film zu ermessen, stelle man sich nur einen Theaterspielplan vor, der fast ausschließlich von just in diesem Jahr entstandenen Stücken bestimmt wird, in dem jedes Schauspiel nach einer Saison »aus dem Verleih genommen« wird. Das heißt in der Praxis: Wer sich über einen älteren, einen »klassischen« Film orientieren will, der kann selten auf den eigenen Augenschein vertrauen und ist bestenfalls auf verstreute Spezialuntersuchungen angewiesen. Auch die Filmgeschichten sind hier kein rechter Ersatz. Sie zeichnen die großen Linien der Entwicklung nach, zeigen Zusammenhänge auf; aber sie setzen häufig die Kenntnis der behandelten Filme voraus, und sie sind nur selten eine Hilfe für den, der sich eine plastische Vorstellung von einzelnen Filmen machen möchte. (Daß natürlich jede verbale Beschreibung eines Films ein Notbehelf bleibt, ist eine Selbstverständlichkeit, die kaum erwähnt zu werden braucht!) Diese »Vorstellung« zum mindesten will das vorliegende Buch vermitteln. Es nennt die wichtigsten Mitarbeiter eines Films, beschreibt seinen Inhalt in einer Weise, die nach Möglichkeit die dramaturgische Struktur erkennen läßt, und gibt schließlich zusätzliche Fakten und eine Wertung, die den Stellenwert eines Films im gesamten Angebot aus rund 75 Jahren Filmgeschichte annähernd bestimmt. Hinzu kommen kurze Porträts von herausragenden Filmregisseuren und ein allgemeiner, nach Ländern gegliederter, historischer Überblick, der die Einordnung der einzelnen Filme erleichtern soll.
Insgesamt wird hier Auskunft über rund 1000 Filme und 100 Regisseure gegeben. Dabei soll von vornherein das Mißverständnis ausgeschlossen werden, hier seien die »besten« Filme gemeint. Im Sinne der Konzeption dieses Buches kann man eher von den »wichtigsten« Filmen sprechen. Es handelt sich nämlich überwiegend um Titel, die immer wieder in Filmgeschichten zitiert werden, auf die sich Spezialuntersuchungen beziehen, und die ein großer Teil der Filmbesucher von heute kaum noch im Kino kennenlernen kann, obwohl neben dem Fernsehen sich auch einige Filmkunstverleihe seit geraumer Zeit um eine Repertoirebildung bemühen.
So sind bewußt auch zahlreiche Beispiele aus dem schillernden und schwer zu definierenden Bereich des »Trivialfilms« angeführt worden, obwohl die Auswahl hier natürlich besonders schwierig war. Erfolgreiche Unterhaltungsfilme tauchen auf – und auch solche, die, heute fast vergessen, früher einmal lebhafte Diskussionen ausgelöst und Entwicklungen in Gang gebracht haben. Ganz gewiß durften in einer solchen Zusammenstellung schließlich auch die wichtigsten Propagandafilme aus der Zeit des »Dritten Reiches« nicht fehlen.
Daß bei der Auswahl der Titel Vorlieben und Meinungen des Autors ebenfalls eine Rolle gespielt haben, sei nicht bestritten. Sicher wird man über Einzelheiten dieser Auswahl verschiedener Meinung sein können. Unbestreitbar aber ist wohl das Prinzip, daß ein Nachschlagewerk sich in erster Linie am zu erwartenden Informationsbedürfnis orientieren muß. Es wäre wenig sinnvoll gewesen, dieses

Buch mit »Entdeckungen« zu überfrachten, mit Filmen, deren Titel und Regisseure dem größten Teil des Kinopublikums und der Leser unbekannt sind.
Aus technischen und aus prinzipiellen Gründen beschränkt sich dieses Buch auf Spielfilme. Es schließt Kurz- und Dokumentarfilme aus, wobei die Abgrenzung manchmal schwierig ist und »Grenzüberschreitungen« bewußt in Kauf genommen wurden, wo sie notwendig zu sein schienen.

Der Autor möchte ausdrücklich all den Personen und Institutionen danken, die ihn mit Anregungen, Hinweisen und Informationen bei seiner Arbeit unterstützt haben. Dieser Dank gilt vor allem dem Deutschen Institut für Filmkunde in Wiesbaden-Biebrich.

Wiesbaden 1973   D. K.

Zur dreizehnten Auflage

Für die folgenden Auflagen wurde der *Filmführer* jeweils überarbeitet und aktualisiert. Darüber hinaus hat er Veränderungen erfahren, die allesamt bestimmt waren von dem Bemühen, die Handhabung dieses Nachschlagewerkes zu erleichtern und es den veränderten Bedingungen anzupassen.
So wurde in der fünften Auflage die Unterteilung in einen Stummfilm- und einen Tonfilmteil aufgehoben. Seit der siebten Auflage wurde auf die Länderkapitel, seit der elften Auflage auch auf die Regisseur-Porträts verzichtet. Beide Entscheidungen sind schwergefallen; sie waren jedoch notwendig, um Platz zu schaffen für die von Jahr zu Jahr steigende Zahl wichtiger und diskussionswürdiger Filme.
Selbstverständlich wurde auch die dreizehnte Auflage wieder überarbeitet und durch neue Filmbeschreibungen erweitert. So wird *Reclams Filmführer* hoffentlich auch künftig einen eigenständigen Platz im Angebot der deutschsprachigen Filmliteratur behaupten.

Wiesbaden 2008   D. K.

Hinweise für den Benutzer

Die ausländischen Filmtitel erscheinen zunächst in der originalen Fassung, anschließend in der deutschen Version, in der sie offiziell vom deutschen Verleiher propagiert worden sind. Gelegentlich gibt es verschiedene Originaltitel oder auch verschiedene deutsche Versionen. Bei Coproduktionen ist der Titel in der Sprache des Landes zitiert, das offenbar den größten künstlerischen Anteil an der Entstehung des Films hatte. Wo keine offizielle deutsche Version vorliegt, ist im allgemeinen eine wörtliche Übersetzung des Originaltitels angegeben.
Werden im Text die deutschen Titel ausländischer Filme nicht angeführt, so sind die betreffenden Filme im lexikalischen Teil »Filme von A bis Z« behandelt.
Die Schreibweise der Originaltitel ist in vielen Fällen überaus uneinheitlich; sie variiert oft von Quelle zu Quelle. Der Einheitlichkeit halber ist hier konsequent die Kleinschreibung und (z. B. im Russischen) eine normierte Transkription angewendet worden. Im Vorspann werden für die einzelnen Filme ferner Produktionsland bzw. -länder (bei Coproduktionen) und das Entstehungsjahr mitgeteilt. Die Jahreszahl bezeichnet im allgemeinen die Produktionszeit; wo diese nicht feststellbar war, die Eintragung in die Copyright- bzw. nationalen Filmregister. Deutsche Filme, die nach dem Krieg in den damaligen Besatzungszonen gedreht wurden, sind der Einfachheit und Übersichtlichkeit halber durchgehend unter den Bezeichnungen BRD bzw. DDR aufgeführt worden.
Folgende Abkürzungen sind durchgängig gebraucht Ⓢ = Stummfilm, R = Regisseur, A = Drehbuch-Autor, K = Kamera, D = Darsteller. In der alphabetischen Anordnung der Filmtitel wurden bestimmte und unbestimmte Artikel nicht berücksichtigt.

Einleitung
Zur Geschichte des Films

Das Bemühen der Menschen, den Ablauf von Bewegungen im Bild festzuhalten, ist uralt. Ein berühmtes Beispiel, das in fast allen Filmgeschichten zitiert wird, sind die in der Steinzeit entstandenen Höhlenmalereien von Altamira in Spanien: seltsame Tiere mit sechzehn und mehr Beinen – wenn man so will, übereinanderprojizierte Phasenbilder eines Bewegungsablaufes.
Dieses Bemühen und seine schrittweise Verwirklichung könnte man durch die Geschichte verfolgen und dabei eine bunte Ahnengalerie des Films zusammenstellen. Nur ein paar Beispiele: der Ägypter Ptolemäus wäre in ihr vertreten, der um 150 n. Chr. jene Trägheit der Netzhaut beobachtete, die einen Bildeindruck ungefähr $1/_{16}$ Sekunde haften läßt und die es erst ermöglicht, daß uns im Kino eine schnelle Folge unbewegter Bilder als kontinuierliche Bewegung erscheint. Vertreten wäre auch der Chevalier d'Arcy, der diese in Vergessenheit geratene Erkenntnis 1765 wiederentdeckte. Dazu gehörten der Araber Ibn al Haitam, der um 1000 die Camera obscura erfand, Leonardo da Vinci, der sie rund 500 Jahre später noch einmal erfand, und der deutsche Jesuitenpater Athanasius Kircher, der die Camera obscura 1646 zur Laterna magica weiterentwickelte. Und aufzunehmen wären in diese Galerie auch die Erfinder der Fotografie – von Professor Schulze aus Halle, der 1727 die Lichtempfindlichkeit von Silbersalzen entdeckte, über Daguerre, dem 1816 die erste Fixierung eines fotografischen Bildes gelang, bis zu den vielen, die die Erfindung Daguerres weiterentwickelten.
Aber wann war nun die eigentliche »Geburtsstunde« des Films? 1853 projizierte Franz von Uchatius mit Hilfe einer Kombination von Lebensrad und Laterna magica bewegte Zeichnungen auf eine Leinwand. 1857 ersetzten Dubosq und Réville die Zeichnungen durch Fotografien. Aber noch waren die einzelnen Phasenbilder mühsam Stück für Stück gestellt und mit einer Plattenkamera aufgenommen worden. Erst als Marey 1888 die ersten Aufnahmen mit einem perforierten Filmstreifen machte, war der Weg frei für den Film. Und jetzt lag diese Erfindung auch gleichsam in der Luft. Unabhängig voneinander arbeiteten Erfinder und Bastler in verschiedenen Ländern; und unabhängig voneinander kamen sie auch zum Ziel.
Bereits im Januar 1889 drehte der Engländer William Friese-Greene einen rund 100 Meter langen Film. Aber anstatt seine Erfindung auszuwerten, versuchte er, sie weiter zu vervollkommnen. 1891 entstanden in Thomas Alva Edisons Atelier die ersten Stummfilme. Doch Edison verzichtete aus kommerziellen Erwägungen darauf, seine Filme zu projizieren, obwohl das mühelos möglich gewesen wäre. Er

ließ sie in einem Gerät von den Zuschauern einzeln betrachten. Am 1. November 1895 zeigten die Brüder Max und Emil Skladanowsky im Berliner Varieté »Wintergarten« ihre »lebenden Bilder«.

Aber nach allgemeiner Übereinkunft gilt als Geburtsstunde des Films erst der 28. Dezember 1895, als die Brüder Auguste und Louis Lumière im Keller des »Grand Café« am Boulevard des Capucines in Paris ihr erstes Filmprogramm vorführten. Zweifellos war der Apparat der Brüder Lumière am weitesten entwickelt. Und ihnen gelang auch der nachhaltigste Erfolg, der kontinuierlich zu dem überleitete, was wir heute als Filmkunst und Filmwirtschaft bezeichnen.

Die ersten Filme hatten nur eine Laufzeit von wenig mehr als einer Minute, und gezeigt wurden vor allem Szenen aus dem Alltag und Jahrmarkts-Attraktionen. Aber bald begann man auch, kurze Geschichten zu erzählen; und 1900 drehte Méliès bereits einen *Jeanne d'Arc*-Film von rund 15 Minuten. Diese Länge galt einige Jahre als nützliche Norm, weil der entsprechende Filmstreifen auf einer Filmrolle unterzubringen war. Doch ehrgeizige Regisseure und Produzenten wollten aufwendigere Geschichten erzählen, so näherte sich die Länge des Films mehr und mehr dem heute üblichen Maß.

Parallel zu dieser Entwicklung setzten sich um 1907 auch die Zwischentitel durch. Anfangs, als der Film noch als Jahrmarktsattraktion galt, hatte ein »Erklärer« die Vorführungen kommentiert. Jetzt wurde der Film allmählich gesellschaftsfähig; und die anspruchsvolleren Filme wollte man wohl nicht mehr der individuellen Interpretation durch einen Erklärer überantworten.

Gleichzeitig experimentierte man auch schon mit dem Ton- und dem Farbfilm. »Tonfilme« entstanden durch eine Kombination von Schallplatte und Film. Bereits 1903 stellte Oskar Meßter seine ersten »Tonbilder« vor, und innerhalb von zehn Jahren entstanden allein in Deutschland rund anderthalbtausend Filme dieser Art. Dann wurde die Produktion praktisch eingestellt, da die Nachteile zu offenkundig waren: Schwierigkeiten der Synchronität von Bild und Ton, mangelnde Lautstärke. 1922 kamen dann die deutschen Ingenieure Hans Vogt, Joseph Massolle und Joseph Engl mit dem von ihnen entwickelten »Triergon«-Verfahren heraus. Zwei Demonstrationsfilme (*Das Leben auf dem Dorf*, *Das Mädchen mit den Schwefelhölzern*) vermochten in Deutschland weder das Publikum noch die Kritik und die Industrie zu interessieren, so daß dieses Lichtton-Verfahren erst einige Jahre später auf dem Umweg über die USA seinen Siegeszug antrat.

Auf die Farbe mochten schon die ersten Filmregisseure nicht verzichten. Da es aber noch kein technisch einwandfreies Farbverfahren gab, mußten die Streifen von Hand koloriert werden. Mit der zunehmenden »Industrialisierung« des Films (längere Filme, eine Vielzahl von Kopien) wurde diese Technik unrationell. Zahlreiche Erfinder experimentierten nun mit verschiedenartigen Farbfilm-Verfahren. Theoretisch war das Problem bald gelöst; aber diese Verfahren waren noch so kompliziert, daß der eigentliche Farbfilm sich nicht durchsetzen konnte. Allenfalls drehte man Farbsequenzen für einige Filme. Größere Bedeutung hatte in der Stummfilmzeit das Viragieren, bei dem einzelne Szenen mit einer Farbe eingefärbt wurden. Nachtaufnahmen wurden z. B. blau, Feuersbrünste rot, Sommerlandschaften gelb oder grün gefärbt, um dramatische Wirkungen emotional zu unterstützen.

Die ersten Filmproduzenten waren häufig identisch mit den Fabrikanten von Kameras und Projektionsapparaten. Die Herstellung von Filmen war für sie eine Art Kundendienst, der den Käufern von Projektionsapparaten die Versorgung mit Filmen garantieren sollte. Basis der Geschäftsbeziehung war der Kauf. Filme wurden nicht verliehen, sondern Stück für Stück verkauft, da die »Kino-Besitzer« häufig Schausteller waren, die mit ihren Apparaten von Ort zu Ort zogen. Je größer der Erfolg der Kinos wurde, desto mehr drängten aber auch branchenfremde Außenseiter auf den lukrativen Markt. Es entstanden mehr und mehr Gesellschaften, die sich allein auf die Produktion von Filmen spezialisierten. Gleichzeitig wuchs auch die Zahl der stationären »Kinematografen-Theater«, die auf einen häufigen Programmwechsel angewiesen waren. Und nachdem Charles Pathé 1907 den Anfang gemacht hatte, setzte sich der »Verleih« von Filmkopien allmählich durch. Daraus entwickelte sich die bis heute übliche Struktur der Filmwirtschaft: Produktion – Verleih – Lichtspieltheater.

Nach etwa zwei Jahrzehnten war der Film wirtschaftlich und technisch konsolidiert. Er hatte technisch einen Standard erreicht, der, im Rahmen des Stummfilms, nur noch Verbesserungen, aber keine entscheidenden Neuerungen mehr ermöglichte – etwa den Ersatz der Handkurbel-Kamera durch eine Kamera mit Elektromotor. Wirtschaftlich hatte man eine Organisationsform gefunden, die im wesentlichen auch heute noch Bestand hat.

Die künstlerischen Möglichkeiten des Films allerdings waren zur gleichen Zeit noch keineswegs voll erkannt, geschweige denn genutzt worden. Zwar gab es praktisch in allen großen »Filmländern« bemerkenswerte Ansätze. Es gab bereits meisterhafte Werke wie etwa *The birth of a nation* (USA 1914) von D. W. Griffith; aber das waren doch eher Ausnahmen von einer Regel, die den Film im öffentlichen Bewußtsein zu einer Kunst zweiter, wenn nicht gar dritter Klasse degradierte.

Der künstlerische Aufschwung begann auf breiter Basis ungefähr nach dem Ersten Weltkrieg. Man beschäftigte sich nun praktisch und theoretisch mit den Eigengesetzlichkeiten des Films. Filmclubs entstanden, Filmzeitschriften und Bücher über den Film erschienen. Man versuchte nicht mehr länger, den Film durch Anleihen bei der Literatur zu adeln, sondern nutzte seine eigenen Möglichkeiten – die Beweglichkeit der Kamera, das Spiel der Dinge, die Montage, den Trick usw.

Es war eine Zeit der Experimente. Filme ohne Fabel entstanden, »surrealistische« Filme, »abstrakte« Filme, Filme, in denen die Dinge lebendig und solche, in denen Menschen gleichsam verdinglicht wurden. Man machte Träume sichtbar und verschmolz die Wirklichkeit zu traumhaften Visionen. In den zwanziger Jahren wurde eine eigene Filmsprache entwickelt, die sich von der des Dramas und der des Romans radikal unterschied. Man erkannte, daß filmische Wirklichkeit und filmische Zeit einen besonderen Stellenwert haben, daß Filme nicht vor der Kamera, sondern auf dem Schneidetisch gestaltet werden, weil die Wirkung einer Einstellung durch ihr Verhältnis zu anderen Einstellungen bestimmt wird (Lew Kuleschow). Eine Filmkunst hatte sich entwickelt, die sich mit dem Fehlen des Tons abgefunden hatte, der es sogar gelungen war, aus dieser Not eine Tugend zu machen.

Den Beginn des Tonfilmzeitalters datiert man nach allgemeiner Übereinkunft auf den 23. Oktober 1927. An diesem Tag fand die Premiere des noch überwiegend stummen Films *The jazz singer* statt, in dem der Sänger Al Jolson die filmhistorischen Worte sprach »Hey, Mom, listen to this!« (Hallo, Mama, hör dir das an!) und mehrere Lieder sang.

Aber mit dieser Datierung ist es ähnlich wie mit der der Erfindung des Films. Es hatte schon vorher »Tonfilme« gegeben, bei denen man meistens synchron laufende Schallplatten verwendete. Das Lichtton-Verfahren, das sich nun durchsetzte, war schon über fünf Jahre alt; aber jetzt erst setzte sich das neue Verfahren beim Publikum und bei den Produzenten durch. Wenig später beherrschten in den meisten Filmländern und vor allem in den USA die »all-talking-pictures« die Leinwand.

Von vielen Filmkünstlern wurde die neue Erfindung zunächst ohne sonderlichen Enthusiasmus begrüßt. Zahlreiche Schauspieler-Karrieren endeten, weil das Mikrofon unbarmherzig entlarvte, daß auch ehemals bekannte Darsteller nicht recht bei Stimme waren. René Clair nannte den Tonfilm »ein denaturiertes Monstrum, das das Kino endgültig zum Arme-Leute-Theater machen wird«. In der UdSSR veröffentlichten die Regisseure Eisenstein, Pudowkin und Alexandrow ein Manifest, in dem sie vor den künstlerischen Gefahren bei der gedankenlosen Verwendung des Tonfilms warnten. Die Befürchtungen schienen sich auch zu bestätigen. Die unhandliche Tonkamera wurde unbeweglicher. Die anfangs recht primitive Aufnahmetechnik verbannte den Film wieder in die Studios. Und die meisten Regisseure waren vom Reiz der neuen Möglichkeiten so fasziniert, daß sie ihre Darsteller unentwegt reden, alles erklären ließen, ohne sich noch die Mühe zu machen, »filmische« Lösungen zu suchen. Hinzu kam, daß der Tonfilm die künstlerische Initiative in den kleinen Ländern erheblich behinderte. Schwedische Tonfilme z. B. konnten nicht mehr exportiert werden; der eigene Markt war für die teuren Tonfilme zu klein; Schwedens Filmindustrie verkümmerte. Hollywood dagegen mit seinem riesigen Markt englischsprachiger Länder festigte seine Stellung und wurde noch mehr als vorher zur Filmmetropole.

Bald allerdings lernten die Regisseure, mit dem Tonfilm nicht nur zu leben, sondern auch, seine Möglichkeiten zu nutzen. Vor allem der realistische Film profitierte von der neuen Erfindung. Dialoge führten die Alltagssprache in den Film ein und konzentrierten den Handlungsablauf; Geräusche signalisierten Wirklichkeitsnähe. Und der Fortschritt der Technik gab dem Tonfilm auch bald wieder die Möglichkeit zu größerer Beweglichkeit. Allerdings brachte die Umstellung auf den Tonfilm für die Filmwirtschaft erhebliche finanzielle Belastungen. Viele Firmen mußten fusionieren, andere gerieten in die Abhängigkeit von Banken und filmfremden Finanzgruppen. Während »Film« im Bewußtsein der breiten Öffentlichkeit zum Synonym für eine Art Märchenland wurde, in dem die »Stars« wie Halbgötter residierten, wurde die Filmproduktion in Wirklichkeit mehr und mehr zu einem bedeutenden und lange Zeit äußerst lukrativen Industriezweig.

Zweifellos war die Suggestivkraft des Films durch den Ton noch verstärkt worden; als nächstes Wirkungs- und Ausdrucksmittel kam nun die Farbe hinzu. Auch hier das alte Lied: Experimentiert hatte man mit dem Farbfilm schon seit der Erfindung des bewegten Bildes. Man hatte kurze Filmstreifen mit der Hand koloriert, hatte einzelne Szenen monochrom eingefärbt (viragiert), um bestimmte dramaturgische Effekte zu erzielen, und man hatte in den USA schon in den zwanziger Jahren einige Spielfilme nach einem primitiven Technicolor-Verfahren gedreht. Aber diese Versuche blieben unbefriedigend, da das Verfahren technisch unzulänglich, zu kompliziert und zu teuer war.

Doch der Amerikaner Dr. Herbert T. Kalmus arbeitete unverdrossen an der Verbesserung seines Technicolor-Verfahrens. Und nachdem Walt Disney einige Folgen seiner Zeichenfilm-Serie *Silly symphonies* in Farbe herausgebracht hatte, ermutigte sein Erfolg auch die Spielfilmproduzenten. Rouben Mamoulians *Becky Sharp* (Jahrmarkt der Eitelkeiten, 1935) überzeugte auch Publikum und Kritiker von den Möglichkeiten der Farbe; und *Gone with the wind* (1939) markierte den endgültigen Durchbruch des Farbfilms. In Deutschland entstand übrigens 1941 der erste abendfüllende Spielfilm (*Frauen sind doch bessere Diplomaten*, R: Georg Jacoby) nach dem technisch einfacheren und billigeren Agfacolor-Verfahren.

Aber dann erwuchs dem Film – vor allem in den großen westlichen Filmländern – eine zunächst kaum beachtete Konkurrenz: 1945 wurde in den USA das kommerzielle Fernsehen eingeführt. Schon bald sanken die Zuschauerzahlen in den Kinos; auch große Filmfirmen gerieten in die roten Zahlen. Hilfe suchten die bedrängten Produzenten weniger bei ihren Autoren und Regisseuren als vielmehr bei den Technikern. Ihr Plan war es, den kleinen Bildschirm durch größere Leinwände mattzusetzen. Zunächst experimentierte man mit dem »plastischen Film«. 1952 drehte Arch Oboler den Abenteuerfilm *Bwana devil* (Bwana, der Teufel), ein Jahr später erschien der Gruselfilm *House of wax* (Das Kabinett des Professor Bondi) von André de Toth. Beide Filme mußte man durch eine farbige Brille betrachten, um sie plastisch zu sehen. Das mag, neben der mangelhaften künstlerischen Qualität der Filme, mit entscheidend dafür gewesen sein, daß das Publikum sich vom 3-D-Effekt wenig beeindruckt zeigte. Und auch ein von S. P. Iwanow in der UdSSR entwickeltes Verfahren, das ohne Brillen auskam, hatte keinen breiteren Erfolg. Im gleichen Jahr setzte Hollywood auf »Cinerama«. Drei Projektoren projizierten das von drei Kameras aufgenommene Bild nebeneinander auf eine überdimensionale Leinwand. Aber diese Neuauflage einer Erfindung von Abel Gance (*Napoléon*) blieb Episode – u. a. wohl deshalb, weil man hier nur Quadratmeter summierte, anstatt, wie Gance, aus der dreigeteilten Leinwand dramaturgischen Nutzen zu ziehen. Nachhaltiger war der Erfolg eines anderen Versuches. Beim CinemaScope-Verfahren, das auf eine Erfindung des Franzosen Henri Chrétien zurückgeht, wird durch eine anamorphotische Linse in der Kamera das aufgenommene Bild gleichsam zusammengequetscht; eine entsprechende Optik im Projektor entzerrt das Bild wieder, das nun auf der Leinwand nahezu doppelt so breit ist wie beim Normalfilm. Erster CinemaScope-Film war die biblische Ballade *The robe* (Das Gewand, 1953) von Henry Koster. Einen gewissen Erfolg erzielte wenig später (1955) auch das Todd-AO-Verfahren, bei dem ein 70 Millimeter breiter Filmstreifen die technisch einwandfreie Projektion von übergroßen Bildern ermöglicht.

Doch trotz aller Bemühungen konnte der Kinofilm in einer durch technische Entwicklungen drastisch veränderten Medienlandschaft seine gewachsene Position nicht behaupten. Das Fernsehen ist heute – mindestens in den Industrieländern – mit einem Massenangebot schier allgegenwärtig. Über Kabel oder Satellit können rund um die Uhr einige Dutzend Programme empfangen werden. Neben den sogenannten Vollprogrammen gibt es dabei mannigfache Spartenkanäle, die auf Nachrichten, Sport, Musik o. ä. spezialisiert sind. »Pay-TV« macht es möglich, exklusive Programme gegen Sonderzahlungen zu empfangen. Und schon verheißen die Erfinder technische Entwicklungen, mit denen das Angebot abermals vervielfacht werden kann, und die es schließlich im »interaktiven Fernsehen« dem Zuschauer ermöglichen sollen, selbst in den Ablauf der Programme einzugreifen.

Die ständige Verfügbarkeit attraktiver Unterhaltungsangebote wird weiterhin gewährleistet durch den Video-Recorder, mit dem man Fernsehprogramme aufzeichnen und archivieren, mit dem man aber auch gekaufte oder geliehene Kassetten abspielen und so sein eigenes »Heimkino« veranstalten kann.

Angesichts dieser Entwicklungen überrascht es kaum, daß die Besucherzahlen in den Kinos weiter zurückgingen. Aber es liegt auch auf der Hand, daß die traditionellen drei Sparten des Mediums Film – Produktion, Verleih, Filmtheater – auf unterschiedliche Weise davon tangiert wurden. Verlierer waren eindeutig die Verleiher und die Theaterbesitzer, die den Strukturwandel unmittelbar und gleichsam ungeschützt erlebten. Den Produzenten hingegen bescherte der ungeheure Programmbedarf der Fernsehveranstalter spektakuläre Zuwachsraten. Abermals war dabei die amerikanische Filmindustrie der Wegbereiter und bald auch der marktbeherrschende Gewinner. Sehr schnell übernahmen die großen Film-Produktionsfirmen lukrative Aufträge für Fernsehanstalten. Das Produktionsvolumen wuchs in vorher ungeahnte Größenordnungen und ermöglichte es den Produzenten, die

Kombination von Fernsehproduktionen und Kinofilmen für eine nahezu globale Marketing-Strategie zu nutzen.

Mit einem Massenangebot genormter Fließbandprodukte – Video-Clips, Serien, TV-Movies usw. – dominierte »Hollywood« (dieser Name steht noch immer beispielhaft für die mittlerweile weit gestreute Produktionskapazität der USA!) bald die Fernsehprogramme in aller Welt. So wurden die Lebensart der Amerikaner, ihre Schauspieler, ihre Themen, ihre Erzählstrukturen international bekannt gemacht. Und damit wurde gleichzeitig der Boden für den Erfolg der eigenen Kinofilme bereitet, in denen die vertrauten Muster variiert werden.

Der Aufwand für die Herstellung dieser Filme wuchs stetig. Neue Techniken, vor allem die modernen Computer-Bearbeitungen, eröffneten neue Möglichkeiten der Gestaltung; gleichzeitig stiegen die Produktionskosten für die immer üppiger ausgestatteten »großen« Hollywood-Filme in schwindelerregende Höhen: Immer häufiger wurde die magische 100-Millionen-Dollar-Marke überschritten; mehrfach wurden bereits deutlich über 200 Millionen Dollar pro Film investiert. Es versteht sich, daß eine Voraussetzung für die Amortisation dieser Summen eine nahezu globale Kompatibilität des Produktes ist – weitgehender Verzicht auf individuelles künstlerisches Profil zugunsten bewährter breitenwirksamer Effekte. Und es leuchtet ein, daß die Finanzierungsrisiken in der Regel von gigantischen Mischkonzernen getragen werden, mit denen die eher mittelständisch organisierten europäischen Produktionsfirmen nicht konkurrieren können. In Osteuropa konnte nach dem politischen Wandel und dem Ende der staatlichen Filmproduktion eine leistungsfähige eigene Filmwirtschaft gar nicht erst entstehen. Aber auch ehemals renommierte Produktionsländer in Westeuropa wie Frankreich, Italien oder Deutschland müssen heute ihre Filmwirtschaft mit Subventionen unterstützen. Wer aber die übermächtige Konkurrenz beklagt, und wer bedauert, daß die deutschen Produzenten in den letzten Jahren im eigenen Land gerade noch um einen Marktanteil von um die 20 Prozent gekämpft haben, der sollte auch bedenken, daß vor allem die Besucherzahlen der amerikanischen Filme die Existenz der Kinos sichern, in denen eben diese deutschen Filme laufen.

Optimisten hatten gehofft, die Konzentration der großen Produktionsfirmen auf große Filme – das Schlagwort »Megafilm« kam in diesen Jahren in Mode – werde mehr Freiraum und Möglichkeiten für »Zielgruppenfilme« und für die nationale Filmproduktion auch in kleineren Ländern schaffen. Diese Hoffnung indessen hat sich nur andeutungsweise erfüllt. Sicher bietet das Medium Film nach wie vor auch denen eine Chance, die als kreative Einzelgänger – mit oder ohne staatliche Unterstützung – die künstlerischen Möglichkeiten des Films nutzen und erweitern. Sicher können nach wie vor alljährlich respektable, oft sogar hervorragende Filme mit dem europäischen Filmpreis, dem »Felix«, ausgezeichnet werden. Und auch in unserem eigenen Land fehlt es nicht an Talenten, die bemerkenswerte Beiträge zur lebendigen Fortentwicklung des Films leisten, die in Dramen oder wirklichkeitsnahen Komödien die Probleme der Menschen aufgreifen oder auch mit leichtgewichtigen Unterhaltungsfilmen einem Millionenpublikum Entspannung bieten. Aber weder die Zahl dieser Filme, noch die Kapazität der europäischen Filmindustrie noch auch die Größe des Marktes reichen aus, um sich als gleichwertiger und gleichberechtigter Partner im internationalen Wettbewerb zu behaupten.

Eine andere Hoffnung hatte darauf gezielt, daß die Entwicklung billiger und leicht zu handhabender Videokameras die Produktion von Filmen »demokratisieren«, gleichsam zu einer Art »Volkskunst« machen würde. Francis Ford Coppola zum Beispiel hatte in einem Fernsehinterview gesagt: »Ich hoffe, daß eines Tages ein kleines, dickes Mädchen aus Ohio der neue Mozart werden und mit der kleinen Kamera seines Vaters einen wunderschönen Film drehen wird. Dann wäre endlich der sogenannte ›Professionalismus‹ beim Film für immer zerstört, und der Film wäre eine wirkliche Kunstform.«

Diese Hoffnung hat sich bisher nicht erfüllt. Auch in einer strukturell veränderten Medienwelt beherrschen Coppola und seine Kollegen, die Profis eben, weiterhin das Feld. Und der Film – das heißt, die Kunst mit bewegten Bildern Geschichten zu erzählen – ist dabei zum Glück lebendig wie eh und je.

Filme von A bis Z

A

À bout de souffle
Außer Atem

Frankreich 1959

R: Jean-Luc Godard; A: François Truffaut, Jean-Luc Godard; K: Raoul Coutard; D: Jean Seberg, Jean-Paul Belmondo

Michel Poiccard (J.-P. B.), ein junger Gangster, der sich offenbar auf den Diebstahl schneller Autos spezialisiert hat, wird bei der Fahrt mit einem gestohlenen Wagen von einem Polizisten erwischt und erschießt ihn. Scheinbar ungerührt kehrt er nach Paris zurück und flirtet, während man nach ihm fahndet, mit der amerikanischen Studentin und Zeitungsverkäuferin Patricia (J. S.). Die Polizei kommt dem Paar auf die Spur und setzt Patricia unter Druck. Diese benachrichtigt die Polizei, als Michel morgens die Wohnung verläßt. Zwar warnt sie den Freund im letzten Augenblick noch, aber der hält sich lange mit einem Bekannten auf und läßt sich dann von ihm einen Revolver zuwerfen. Die Polizei schießt zuerst. Als Patricia zu dem Sterbenden eilt, sagt Michel: »Weißt du, ich finde dich wirklich zum Kotzen!«

Der ganze Film scheint ein Destillat aus alten amerikanischen Gangsterfilmen zu sein; trotzdem spiegelt er die Wirklichkeit der Zeit, in der er spielt und entstand. Michel hat offenbar eine Menge dieser Gangsterfilme gesehen. Aus ihnen hat er die Gesten, die er bevorzugt, und den Mythos vom hartgesottenen Gangster, den er zu verwirklichen sucht. Er will sich eine eigene Wirklichkeit schaffen, da es ihm in der »realen« Wirklichkeit nicht gefällt. Godards Stil spiegelt die gleichen Vorbilder. Aber er hat dieses Schnittmuster gleichsam über die Realität gelegt. Er filmte auf den Straßen von Paris und kümmerte sich nicht darum, daß man im Bild erstaunte Passanten entdeckt, die das Filmteam beobachten. Und er hat auch in längeren Passagen ungeniert Unwesentliches herausgeschnitten und die dadurch entstehenden Bildsprünge in Kauf genommen. Er hat die Möglichkeiten des Mediums rücksichtslos genutzt; das gibt seinem Film Spontaneität und Souveränität.

Unter dem Titel *Breathless* (Atemlos, USA 1982 – R: Jim McBride) entstand in Hollywood ein Remake des Films, das aber trotz ansehnlicher darstellerischer Leistungen (Richard Gere, Valerie Kaprisky) und trotz einiger Qualitäten in der Schilderung des Zeitgefühls der achtziger Jahre den Rang des Originals bei weitem nicht erreichte.

*À bout de souffle
(Jean-Paul Belmondo,
Jean Seberg)*

Abschied

DDR 1967/68

R: Egon Günther; A: Egon Günther und Günter Kunert nach dem gleichnamigen Roman von Johannes R. Becher; K: Günter Marczinkowski; D: Jan Spitzer, Andreas Kaden, Rolf Ludwig, Katharina Lind, Heidemarie Wenzel, Klaus Hecke

Hans Gastl (J. S.) erlebt seine Kindheit in München als Sohn eines reaktionär-nationalistischen Staatsanwaltes (R. L.). Als Gymnasiast (A. K.) macht Hans erste Bekanntschaft mit dem Antisemitismus; später kommt er in ein strenges Internat. Gleichzeitig wachsen bei ihm Widerspruchsgeist und kritische Distanz. Er flieht aus dem Internat. Zurück in München, verliebt er sich in die leichtlebige Fanny (H. W.). Beide träumen vom gemeinsamen Selbstmord; in einer Traumsequenz sieht Hans sich tot. Aber Fanny wird von einem ihrer Bekannten ermordet; und Staatsanwalt Gastl hat alle Mühe, seinen Sohn und damit seinen »ehrbaren Namen« aus der Sache herauszuhalten. Hans findet neue Freunde in einem Künstler-Café. Beim Ausbruch des Ersten Weltkriegs entzieht er sich der allgemeinen Begeisterung und lehnt es ab, sich freiwillig zu melden. Das bedeutet letztlich den Bruch mit dem Elternhaus und die Hinwendung zum internationalen Sozialismus, den er durch einen Mitschüler (K. H.) kennengelernt hat.

Bechers Buch trägt deutlich autobiographische Züge. Günther hat diesen Entwicklungsroman mit viel Gespür für historische Situationen und Probleme optisch ausgedeutet. Er erzählt die Handlung nicht chronologisch, sondern beginnt mit dem Abschied aus dem Elternhaus und beschwört die Vorgeschichte in raffiniert verschachtelten Erinnerungsbildern. Dabei geraten seine formalen Experimente (besonders die Traumbilder) gelegentlich in die Nähe des Kunstgewerbes; die realistischen Schilderungen aus dem Milieu eines borniertes Bürgertums dagegen sind überwiegend beklemmend echt.

Abschied von gestern (Alexandra Kluge)

Abschied von gestern

BRD 1966

R: Alexander Kluge; A: Alexander Kluge nach einer Erzählung aus seinem Buch *Lebensläufe*; K: Edgar Reitz, Thomas Mauch; D: Alexandra Kluge, Günther Mack, Hans Korte

Anita G. (A. K.) ist als Kind jüdischer Eltern in Leipzig geboren und nach dem Krieg in die Bundesrepublik gekommen. Hier gerät sie in Konflikte mit der Gesellschaft. Nach der Verurteilung wegen eines Diebstahls begeht sie kleine Betrügereien. Sie will studieren, wird aber statt dessen die Geliebte des verheirateten Ministerialrats Pichota (G. M.). Er möchte sie bilden: Er zeigt ihr, wie man ein Kursbuch liest, und erklärt ihr Verdis *Don Carlos* und eine Erzählung von Brecht. Als Anita merkt, daß sie schwanger ist, gibt Herr Pichota ihr 100 DM und rät ihr, nach Nordrhein-Westfalen zu gehen. Kurz vor der Geburt ihres Kindes stellt Anita, die unterdessen bereits im Fahndungsblatt gesucht wird, sich der Polizei. Man nimmt ihr das Kind fort. Sie hilft, das Material für ihren Prozeß zusammenzutragen.

Kluge schildert Anitas Schicksal aus kühler Distanz, wie in einem Protokoll; es gibt Zwischentitel, Reflexionen, Verweisungen und Kommentare. Beabsichtigt ist nicht die gefühlsmäßige Anteilnahme des Zuschauers; man soll vielmehr am Beispiel dieses Schicksals Erkenntnisse über den Zustand unserer Gesellschaft gewinnen. Kluge meint: »Anita ist wie ein Seismograph, der durch unsere Gesellschaft geht, wie eine Sonde. Ich habe versucht, deren Ausschlag zu registrieren ...«

Er zeigt, wie Anita u. a. daran scheitert, daß alle Partner in ihr nur ein Objekt sehen – Objekt der Liebe, der Ausbeutung, der Belehrung, der Erziehung. Deutlich wird auch das Versagen der Justiz: Ein Richter (H. K.) murmelt geschäftsmäßig Paragraphen und Kommentare vor sich hin, ehe er Anita wegen einer entwendeten Wolljacke den Stempel »vorbestraft« aufdrückt. Als positives Gegenbild erscheint im letzten Drittel des Films der hessische Oberstaatsanwalt Bauer, der für eine Humanisierung der Justiz plädiert.

So formt Kluge aus zahlreichen Details und Beobachtungen nicht nur das Bild eines Menschen, den seine Schwester Alexandra beispielhaft verkörpert, sondern auch das Porträt einer Gesellschaft. Er versucht nicht, die platte Wirklichkeit einzufangen. Nach seinen eigenen Worten wollte er im Zuschauer Assoziationen auslösen, so daß der fertige Film nicht auf der Leinwand, sondern gleichsam erst im Kopf des Betrachters existiere.

Accattone
Accattone – Wer nie sein Brot mit Tränen aß

Italien 1961

R: Pier Paolo Pasolini; A: Pier Paolo Pasolini; K: Tonino Delli Colli; D: Franco Citti, Silvana Corsini, Franca Pasut, Paola Guidi

Der Zuhälter Accattone (F. C.) gerät eines Tages in Bedrängnis. Sein Mädchen Magdalena (S. C.), das Accattones Vorgänger bei der Polizei angezeigt hat, um für Accattone frei zu sein, wird von Freunden des Verhafteten brutal zusammengeschlagen. In ihrer Angst macht sie vor der Polizei falsche Angaben, belastet einen Unschuldigen und landet prompt im Gefängnis. Accattones Einnahmequelle ist versiegt. Jetzt erinnert er sich, daß er ja verheiratet ist. Aber als er seine Frau um Hilfe bittet, läßt sie ihn durch ihren Bruder aus dem Haus prügeln. Schließlich lernt Accattone Stella (F. P.) kennen, die sich in ihn verliebt und sogar für ihn auf die Straße gehen will; am Ende bringt sie es doch nicht fertig. Jetzt will Accattone für Stella und für sich arbeiten; doch er findet die Arbeit zu schwer und den Lohn zu niedrig. Schließlich versucht Accattone sein Glück als Dieb. Aber schon das erste Unternehmen mißlingt, und auf der Flucht vor der Polizei verunglückt Accattone tödlich. Er stirbt mit den Worten: »Jetzt fühle ich mich wohl!«

Es ist die erste Regie-Arbeit des sozialkritischen Schriftstellers Pasolini, der vorher mehrere Drehbücher u. a. für Mauro Bolognini geschrieben hatte. Pasolini nannte die Personen seines Films »Subproletariat«, weil sie nicht einmal fähig seien, sich selbst und ihr Elend zu begreifen. Sie werden schuldlos schuldig wie die Helden der griechischen Tragödie, weil die Gesellschaft ihnen nie eine Chance gegeben hat. Und so sind selbst ihre Gewalttaten noch Gesten verzweifelter Hilflosigkeit.

Formal bevorzugt Pasolini einen geradlinigen Realismus, der aber ganz unauffällig zufälliges Beiwerk der Wirklichkeit ausscheidet. Als musikalischen Kommentar benutzt er Musik von Johann Sebastian Bach.

Admiral Nachimow
Admiral Nachimow

UdSSR 1946/47

R: Wsewolod Pudowkin, Sergej Wassiljew; A: Igor Lukowsky; K: Anatoli Golownja, Tamara Lobowa; D: Alexej Diki, Rouben Simonow, Wsewolod Pudowkin

1853. Die mit den Engländern und Franzosen verbündeten Türken wollen die russische Flotte in eine Falle locken und vernichten. Doch unter dem Kommando von Admiral Nachimow (A. D.) erringen die Russen einen glorreichen Sieg. Osman Pascha (R. S.) wird gefangengenommen. Nachimow will die Gelegenheit für die Eroberung der Dardanellen nutzen; aber sein Plan wird von dem kurzsichtigen Fürsten Menschikow (W. P.) abgelehnt. So kann die Flotte der Verbündeten heimtückisch Sewastopol überfallen. Nachimow verteidigt die Stadt heldenhaft; sie fällt erst, nachdem er in vorderster Linie von einer Kugel getroffen und getötet wird. Der Film endet mit Dokumentaraufnahmen der modernen russischen Flotte, die der Tradition Nachimows verpflichtet ist.

In einer ersten Fassung hatte Pudowkin den Film stärker auf den Menschen Nachimow ausgerichtet. Er hatte Szenen aus dem Milieu der Aristokraten gezeigt und als Nebenhandlung die Geschichte eines Duells eingefügt, das Nachimow in letzter Minute vereitelt. Diese Fassung wurde jedoch vom Zentralkomitee der KPdSU streng gerügt. In einem Beschluß vom 4. September 1946, in dem auch der 2. Teil von Eisensteins *Iwan grosny* verworfen wurde, heißt es u. a.: »Es entstand ein Film nicht über Nachimow, sondern über Bälle und sonstige Tanzveranstaltungen mit Episoden aus dem Leben Nachimows. Im Ergebnis läßt der Film solch wichtige historische Tatsachen außer acht wie beispielsweise, daß die Russen in Sinop waren und daß in der Schlacht bei Sinop eine ganze Gruppe türkischer Admirale mit dem Befehlshaber an der Spitze gefangengenommen wurde.«

Pudowkin mußte nach genauen Auflagen (Marjamow: »Man machte ihm außerordentlich exakt formulierte Vorschläge für Verbesserungen an seinem Film«) eine neue Version herstellen, für die er Schlachtenszenen und Szenen aus dem feindlichen Lager nachdrehte. Dem nach ZK-Richtlinien neugedrehten Film wurde 1947 der Stalin-Preis 1. Klasse verliehen.

Aelita ⑤
Aelita

UdSSR 1924

R: Jakow Protasanow; A: Fedor Ozep, Alexej Tolstoi und Alexej Faiko nach der gleichnamigen Erzählung von Alexej Tolstoi; K: Juri Scheljabuschski, Emil Schünemann; D: Nikolai Zeretjeli, Julia Solnzewa, Nikolai Batalow, Igor Ilinski, T. N. Pol, N. Tretjakowa, Walentina Kuindshi

Die Ingenieure Loss (N. Z.) und Spiridonow von der Radiostation in Moskau glauben, eine Botschaft vom Mars aufgefangen zu haben und träumen von einem Raumschiff, mit dem man den fernen Planeten besuchen könnte. Zur gleichen Zeit kommt Spiridonows frühere Frau (N. T.) mit ihrem neuen Mann, dem Schieber Ehrlich (T. N. P.), nach Moskau. Ehrlich wird in die Wohnung von Loss eingewiesen, wo er bald dessen Frau (W. K.) nachstellt. Eines Abends glaubt Loss, im Schattenbild eines Paares Ehrlich und seine Frau zu erkennen. Er feuert mehrere Schüsse ab und läuft zum Bahnhof, wo er in einen wüsten Traum versinkt. Er sieht das fertige Raumschiff vor sich, dessen er sich zusammen mit dem Soldaten Gussew (N. B.) und dem Detektiv Krawzow (I. I.), der ihn verhaften will, bemächtigt. Sie fliegen zum Mars, der von der Königin Aelita (J. S.) beherrscht wird. Zwischen Loss und Aelita entspinnt sich eine Romanze; gleichzeitig ermuntern die drei Sowjetbürger die Marsbewohner zur Revolution. Schließlich will Loss Aelita töten. Doch jäh erwacht er und entdeckt ausgerechnet auf einem Filmplakat die Worte, die er eingangs für eine Botschaft vom Mars gehalten hatte. Er geht nach Hause, wo seine Frau ihn liebevoll empfängt.

Protasanow hatte mehrere Jahre im westlichen Ausland verbracht und verarbeitete in diesem Film Einflüsse sowohl des deutschen »Caligarismus« als auch der französischen Avantgarde. Das Ergebnis war ein eigenwilliger Stil, der in der Filmhistorie einigermaßen umstritten zu sein scheint: »konstruktivistisch« (Sadoul), »expressionistische Dekors« (Gregor/Patalas), »kubistisch« (Rotha).

Auf jeden Fall bezog der Film starke Wirkungen aus dem Gegensatz zwischen den nüchtern realistischen Szenen in Moskau und den fantastischen Dekorationen und Ereignissen auf dem Mars. Für die Ausstattung hatte sich Protasanow mit Sergej Koslowski, Alexandra Exter, Isaac Rabinowitsch und Victor Simow gleich vier bekannte Künstler geholt. Sie bauten ihm eine Marsdekoration mit schiefen Winkeln und großen Treppen, auf denen er ein Massenaufgebot von Statisten geschickt bewegte.

Aerograd
Aerograd

UdSSR 1935

R: Alexander Dowschenko; A: Alexander Dowschenko; K: Eduard Tissé (Außenaufnahmen), Michail Gindin (Innenaufnahmen), Nikolai Smirnow (Luftaufnahmen); D: Semjon Schagajda, Stepan Schkurat, Boris Dobronrawow

Die Sowjetunion plant den Bau der Stadt Aerograd als Vorposten im Fernen Osten. Dort kämpft schon jetzt der Jäger Gluschak (Se. S.) gegen feindliche Eindringlinge. Einen kann er töten, aber dessen Gefährte flieht und versteckt sich in der Hütte von Gluschaks Freund Chudjakow (St. S.), der insgeheim mit den Japanern konspiriert. Zur gleichen Zeit wiegelt der Verräter Schabanow (B. D.) die Bevölkerung gegen die Bolschewiki auf. Gluschak ruft die alten Kämpfer zusammen, und gemeinsam schlagen sie den Aufstand nieder, wobei Gluschak eigenhändig seinen Freund Chudjakow tötet. Tausende von Flugzeugen bringen die Erbauer der neuen Stadt Aerograd in die Taiga.
Dowschenko war wie besessen von der Idee dieser Stadt, deren genauen Standort er auf langen Reisen durch Sibirien festlegte. Nach seinen Vorstellungen sollte sein Film den Anstoß dazu geben, daß Aerograd wirklich gebaut würde. Allerdings hat er dann nicht etwa realistische Vorschläge gemacht. Sein Film ist vielmehr eine Art mystisches Poem, in dem die Russen wie legendäre Heldengestalten erscheinen, in dem Chudjakow ohne weitere Erklärungen gleichsam das »böse Prinzip« verkörpert, in dem Mensch und Natur von Geheimnissen umwittert sind. Am Schluß steht eine Apotheose der sowjetischen Luftflotte, die das Prinzip der Macht und des Fortschritts verkörpert.

Affaire Blum

DDR 1948

R: Erich Engel; A: R. A. Stemmle; K: Friedl Behn-Grund, Karl Plintzner; D: Hans Christian Blech, Gisela Trowe, Kurt Ehrhardt, Paul Bildt, Ernst Waldow, Alfred Schieske

Der jüdische Fabrikant Blum (K. E.) wird verdächtigt, seinen Buchhalter ermordet zu haben. Zwar weisen die Indizien schon bald auf einen Mann namens Gabler (H. C. B.), aber Kriminalkommissar Schwerdtfeger (E. W.) und der Untersuchungsrichter Konrad (P. B.) halten an ihrem Verdacht gegen Blum fest, da Gabler den gleichen reaktionären Kreisen angehört wie sie selbst. Als der Berliner Kriminalkommissar Bonte (A. S.), den der von Blums Unschuld überzeugte Regierungspräsident hat holen lassen, in Gablers Keller die Leiche des Ermordeten ausgräbt, akzeptieren Schwerdtfeger und Konrad bereitwillig Gablers Aussage, er habe sich von dem Mörder Blum überreden lassen, ihm bei der Beseitigung der Leiche zu helfen. Erst als Gablers Braut (G. T.) ein umfassendes Geständnis ablegt, müssen sie sich bequemen, an die Unschuld eines Juden und die Schuld ihres Gesinnungsgenossen zu glauben.
Die Handlung greift einen Fall auf, der sich 1926 in Magdeburg tatsächlich ereignet und damals die Öffentlichkeit erregt hat. Drehbuch und Regie haben diesen Fall sorgfältig nachgezeichnet; aber sie haben die Kriminalaffäre gleichzeitig ausgeweitet zu einem Bild der Zeit, zu einer Bilanz der Engstirnigkeit und der Vorurteile.

Afgrunden ⓢ
Der Abgrund

Dänemark 1910

R: Urban Gad; A: Urban Gad; K: Alfred Lind;
D: Asta Nielsen, Poul Reumert, Robert Dinesen

Das Schicksal einer jungen Frau (A. N.), die in einem Pfarrhaus als Erzieherin angestellt ist. Als ein Zirkus in das Dorf kommt, erliegt sie dem Zauber dieser fremden Welt und schließt sich dem fahrenden Volk an. Aber schließlich zerbricht sie doch daran, daß sie ihren vertrauten Lebensbereich verloren hat.

Dieser Film war damals ein sensationeller Erfolg; und das verdankte er vor allem seiner Hauptdarstellerin Asta Nielsen, die hier zum ersten Mal vor einer Kamera stand. Eigentlich wollte Asta Nielsen mit diesem Film nur die Theaterdirektoren auf sich aufmerksam machen. Aber dann begriff sie instinktiv den Unterschied zwischen Bühne und Film. Sie verschmähte die übertriebenen Gesten, die damals im Film noch üblich waren, und beschränkte sich auf nuancierte Andeutungen. Béla Balázs rühmte in seinem Buch *Der sichtbare Mensch* den Reichtum ihrer Gebärdensprache und schrieb, es sei wohl ein erstrebenswertes Ziel, wenn im Film Gebärden nicht durch Zwecke, sondern durch Gründe bestimmt würden. Genau das ist – vielleicht zum ersten Mal – bei Asta Nielsen der Fall. Ihre sparsamen Gesten sind durchdacht und wirken als natürlicher Ausdruck der Personen, die sie verkörperte. In einem entscheidenden Augenblick der Filmgeschichte hat Asta Nielsen zweifellos mehr als mancher Regisseur die allgemeine Vorstellung von »Filmkunst« geprägt.

The African Queen
African Queen

USA 1951

R: John Huston; A: James Agee und John Huston nach einem Roman von C. S. Forester; K: Jack Cardiff; D: Humphrey Bogart, Katharine Hepburn, Peter Bull

Afrika 1914. Der vagabundierende Abenteurer Charlie Allnut (H. B.) mit seinem uralten Flußdampfer »African Queen« rettet Rose (K. H.), die Schwester eines englischen Missionars, nachdem das Dorf, in dem sie gewohnt hat, von den Deutschen zerstört worden ist. Die ältliche, aber resolute Jungfer gewöhnt Charlie das Trinken und Fluchen ab und überredet ihn in patriotischem Eifer, mit seiner altersschwachen Nußschale ein deutsches Kanonenboot zu attackieren, das einen See beherrscht und den englischen Vormarsch stoppt. Doch angesichts des Gegners versinkt die »African Queen« nebst zwei selbstgebastelten Torpedos ruhmlos im Sturm. Die Schiffbrüchigen werden von den Deutschen aufgefischt und kurzerhand zum Tode verurteilt. Charlie hat den Kopf schon in der Schlinge, als er um Aufschub bittet: der deutsche Kapitän soll Rose und ihn trauen. Just dieser Aufschub bringt den Sieg. Das Wrack der »African Queen« treibt längsseits, die Torpedos explodieren, das deutsche Kanonenboot sinkt. Rose und Charlie können sich retten ...

Foresters satirischer Roman ist von Huston vorzüglich verfilmt worden. Am besten gelang dabei der Mittelteil, die einsame Fahrt des rauhbeinigen Abenteurers und der empfindsamen Lady, deren missionarischer Eifer mühelos auf kriegerische Bereiche übergreift. Später wird der Humor etwas grobschlächtiger. Die deutsche Fassung litt unter einigen Kürzungen, mit denen man »antideutsche« Aspekte ausmerzen wollte.

L'âge d'or
Das goldene Zeitalter

Frankreich 1930

R: Luis Buñuel; A: Luis Buñuel, Salvador Dalí; K: Albert Dubergen (Duverger); D: Gaston Modot, Lya Lys, Caridad de Lamberdesque, Max Ernst, Pierre Prévert

Thema des Films ist »der gerade und reine Weg eines Menschen, der der Liebe durch die gemeinen humanitären, patriotischen Ideale und andere schändliche Mechanismen der Wirklichkeit hindurch folgt« (Luis Buñuel).

Das heißt: Gezeigt wird ein Liebespaar, das am Vollzug seiner Liebe durch die »etablierten Ordnungsmächte« gehindert wird.

Eine »normale« Handlung gibt es allerdings in diesem Film nicht. Die Geschichte einer »amour fou«, einer unbedingten, alle Konventionen verachtenden Liebe wird unterbrochen, kontrastiert und kommentiert durch Wochenschaubilder und durch Sequenzen eines Dokumentarfilms über Skorpione. Die »Ordnungsmächte« – Kirche, Militär, Familie – werden in berühmt gewordenen Sequenzen attackiert: Vermoderte Skelette, mit den Resten erzbischöflicher Ornate bekleidet, liegen im Sand; während einer feierlichen Grundsteinlegung wälzt sich zwischen den Ehrengästen das Liebespaar leidenschaftlich auf der Erde; der Hauptdarsteller (G. M.) tritt einen Kriegsblinden mit Füßen; eine Monstranz wird im Rinnstein abgestellt; durch die Halle eines vornehmen Hauses, in dem soeben eine Gesellschaft stattfindet, fährt ein Eselskarren mit trinkenden Bauern; der Held ohrfeigt die Gastgeberin; von einem Balkon werden eine brennende Fichte, ein kirchlicher Würdenträger, ein Pflug und eine ausgestopfte Giraffe herabgeworfen. Der Schluß des Films ist eine deutliche Anspielung auf die *120 Tage von Sodom* des Marquis de Sade: Vier Männer verlassen ein Schloß, in dem sie 120 Tage in wildesten Ausschweifungen verbracht haben; einer von ihnen sieht aus wie eine populäre Christus-Darstellung.

Dieser Film schockierte die bürgerliche Welt. Hatte man *Un chien andalou* noch vielfach als verwirrend-einfallsreiches Experiment amüsiert genossen, so fühlte man sich jetzt bis ins Mark getroffen. Dazu mag beigetragen haben, daß hier das soziale Engagement Buñuels stärker in den Vordergrund trat, während die eher spielerischen Zutaten Dalís an Bedeutung verloren. Zu den Einflüssen Freuds, Lautréamonts und des Marquis de Sade gesellte sich der von Karl Marx. Eine Zeitlang plante Buñuel sogar, seinen Film »Das eiskalte Wasser egoistischer Berechnung« (ein Zitat aus dem kommunistischen Manifest!) zu nennen. »›Erlebten wir im ›Chien andalou‹ die Tragödie der Begierde eines Individuums, so steht nun der Widerstreit zwischen den Forderungen der Liebe und denjenigen des gesellschaftlichen Lebens im Vordergrund. Der verzweifelte Aufstand der Liebe, einer aufs höchste gereizten Sehnsucht und Begierde verbindet sich mit einer maßlosen Anklage gegen die bestehende Gesellschaftsordnung. Aus dem verspielten ›épater le bourgeois‹ wird blutiger Ernst« (Hansres Jacobi).

Die bürgerliche Welt begriff die Herausforderung. Zwar passierte der Film die Zensur, der er als »Traum eines Verrückten« präsentiert wurde; aber bei den Vorführungen im Kino gab es bald Zwischenfälle. Am 12. Dezember 1930 wurde der Film offiziell verboten; die Polizei beschlagnahmte die Kopien. Und auch der Vicomte de Noailles, der *L'âge d'or* – wie auch *Le sang d'un poète* – finanziert hatte, verbot weitere Aufführungen.

Dabei erschöpfen sich aber die Qualitäten dieses Films nicht in der reinen Aggressivität. Buñuel schuf hier abermals Bildfolgen von suggestiver Konsequenz; er verband die widerstreitenden Elemente der Realität, die er einander konfrontierte, durch poetische Beziehungen.

»›L'âge d'or‹ ist der einzige Film meiner Karriere, den ich in einem Zustand der Euphorie, voll Enthusiasmus und Zerstörungsrausch drehte, in dem ich die Vertreter der ›Ordnung‹ angreifen und ihre ›ewigen‹ Prinzipien lächerlich machen wollte; mit diesem Film wollte ich absichtlich einen Skandal herbeiführen« (Luis Buñuel).

Ai no corrida / L'empire des sens
Im Reich der Sinne

Japan/Frankreich 1976

R: Nagisa Oshima; A: Nagisa Oshima; K: Hideo Ito; D: Tatsuya Fuji, Eiko Matsuda

Kichizo (T. F.) ist Besitzer eines Geisha-Hauses. Eines Tages beginnt er ein Verhältnis mit Sada (E. M.), die in seinem Haus als Dienerin und Gelegenheitsprostituierte beschäftigt ist. Was wie eine übliche Affäre beginnt, verwandelt sich mehr und mehr in eine »amour fou«. Kichizo und Sada sind von einer alles verzehrenden sexuellen Leidenschaft erfüllt, die unaufhörlich ohne Rücksicht auf Zeit und Ort nach Verwirklichung drängt. Am Ende erdrosselt Sada in einer ekstatischen Vereinigung ihren Partner mit dessen Einverständnis und amputiert sein Geschlechtsteil. Ein Insert teilt mit, als sie Tage später von der Polizei verhaftet worden sei, habe sie es noch immer bei sich getragen – und vor Glück gestrahlt.

Oshimas Film beruft sich auf eine wahre Begebenheit, die in Japan im Jahre 1936 geschehen und offenbar noch heute weithin bekannt ist. Der Film ist aber nicht als historische Reportage gedacht, sondern als »Hommage« an die beiden Liebenden. In einem Interview sagte Oshima, er habe Wert darauf gelegt, »Gesten und Worte einer einzigen Sprache zu gebrauchen: die der Liebe. Wäre dies nicht der Fall, würde ich meinen Film als einen Fehlschlag bezeichnen. Die gewählte Thematik ist die der Liebe und des Todes, für mich ist dies gleichbedeutend mit Japan.«

So wird hier die unbändige, tatsächlich nicht zu bändigende Kraft einer erotischen Leidenschaft gezeigt – in ihrer zerstörerischen, aber gleichzeitig auch in ihrer suggestiven Kraft. Viele Kritiker verglichen den Film mit den Bildern der japanischen Meister erotischer Kunst; viele Gerichte verboten ihn als Pornographie. In der Bundesrepublik Deutschland wurde er erst nach einer Verhandlung vor dem Bundesgerichtshof zur Vorführung freigegeben.

Akaler sandhane
Die Suche nach der Hungersnot

Indien 1980

R: Mrinal Sen; A: Mrinal Sen nach einer Erzählung von Amalendu Chakraborty; K: K. K. Mahajan; D: Dhritiman Chatterjee, Dipankar Dey, Smita Patil, Sreela Majumdar, Gita Sen, Satya Banerjee

Im September 1980 kommt ein Filmteam in das kleine Dorf Samra Bazar. Der Regisseur (D. C.) will hier einen Film über die Hungersnot drehen, der 1943 in Bengalen rund 5 Millionen Menschen zum Opfer fielen. Aber schon bald zeigt sich, daß die Besucher aus der Stadt Fremde, ja Eindringlinge bleiben. Sie wohnen in einem verlassenen weiträumigen Palast, wo der Star (D. D.) des Ensembles das Fehlen der Elektrizität bemängelt, und bilden dort gleichsam eine städtische Enklave im dörflichen Leben. Auch die redlichen Bemühungen des sozial engagierten Regisseurs haben nur teilweise Erfolg. Er hat zwar richtig erkannt, daß die sozialen Probleme, die 1943 zu der Hungersnot geführt haben, auch heute noch nicht gelöst sind; man sieht auch, wie eine Frau aus dem Dorf in Szenen, die die Hauptdarstellerin (S. P.) spielt, ihr eigenes Schicksal wiedererkennt; doch früher als der Regisseur bemerkt der Zuschauer, daß das Team durch seine bloße Anwesenheit den dörflichen Frieden gefährdet, daß z. B. die Ansprüche und die Kaufkraft der Städter das Preisgefüge auf dem Markt in Unordnung bringen. Das Ende kommt, als der Regisseur eine Laiendarstellerin sucht für die Rolle einer jungen Frau, die vom Hunger zur Prostitution getrieben wird. Er versteht nicht, daß die Übernahme einer solchen Rolle noch heute jede Frau im Dorf diskreditieren würde. Es kommt zu Auseinandersetzungen, und schließlich verläßt das Filmteam das Dorf, um die Dreharbeiten in der sicheren Abgeschiedenheit eines Studios zu beenden.

Kunstvoll hat Sen hier die Handlungsstränge zwischen Gegenwart und Vergangenheit, zwischen den Leuten vom Film und denen aus dem Dorf verschlungen. Parallelen sind dabei genau so erhellend wie dramatische Konflikte. Am Ende aber steht die Erkenntnis, daß die Probleme des Jahres 1943 noch immer nicht gelöst sind und daß ein humanitäres Engagement für die Konflikte der Vergangenheit nicht genügt, wenn man dabei die der Gegenwart nicht erkennt. Sen transportiert diese Erkenntnis nicht in markigen Parolen, sondern in einer eindringlichen und poetischen Schilderung.

Akibiyori
Spätherbst

Japan 1960

R: Yasujiro Ozu; A: Kogo Noda und Yasujiro Ozu nach einem Roman von Ton Satomi; K: Yushun Atsuta; D: Setsuko Hara, Yoko Tsukasa, Keiji Sada, Shin Saburi, Nobuo Nakamura

Die junge Ayako (Y. T.) lebt mit ihrer Mutter Akiko (S. H.) zusammen, die seit sieben Jahren

Witwe ist. Jetzt wird es Zeit für Ayako, sich zu verheiraten; und die Herren Mamiya (S. S.), Taguchi (N. N.) und Hirayama, drei Freunde der Familie, wollen bei der Suche nach einem Ehemann helfen. Als Herr Mamiya merkt, daß Ayako nicht heiraten möchte, um ihre Mutter nicht allein zu lassen, entwirft er einen Plan, nach dem zuerst die Mutter Hirayama heiraten soll, wozu dieser bereit ist. Die Mutter geht schließlich auf dieses Spiel ein, und so entschließt sich Ayako, ihrem Freund Goto (K. S.) das Jawort zu geben. Erst als die Hochzeit beschlossen ist, erklärt Akiko der Tochter, daß sie allein bleiben will.

In Thema und Gestaltung ein typischer Ozu-Film. Es geht um eine Geschichte aus dem japanischen Alltag; das Schicksal einer Familie steht im Mittelpunkt, wobei die Probleme der gegenseitigen Beziehung wichtiger sind als die des Individuums; und abermals spielt der Einbruch moderner Gedanken in die traditionelle Denkweise eine wichtige Rolle. Die Handlung fließt in ruhigem Rhythmus dahin. Die Kamera verharrt unbeweglich in Augenhöhe, ist denkbar »konventionell« und erreicht doch ein hohes Maß intensiver Wirkung.

Ein ganz ähnliches Thema hatte Ozu bereits 1949 unter dem Titel *Banshun* (Später Frühling) verfilmt. Dort will eine Tochter ihren verwitweten Vater nicht allein lassen und heiratet ebenfalls erst, nachdem sie von angeblichen Heiratsplänen des Vaters gehört hat.

Akira Kurosawa's dreams / Konna yume wo mita
Akira Kurosawas Träume

USA/Japan 1989

R: Akira Kurosawa; A: Akira Kurosawa; K: Takao Saitô, Masaharu Ueda; D: Toshihiko Nakano, Mitsunori Isaki, Akira Terao, Martin Scorsese, Chishu Ryu, Mitsuko Baisho, Mieko Harada

Ohne Rahmenhandlung reiht Kurosawa acht Träume aneinander, in deren Mittelpunkt jeweils das »Ich« des Erzählers steht – im ersten Traum als Kind (T. N.), im zweiten als Junge (M. I.), von da an als erwachsener Mann (A. T.).

Akira Kurosawa's dreams

1. »Sonne, die durch den Regen scheint«
Gegen das Verbot seiner Mutter (M. B.) geht ein Kind in den Wald und wird Zeuge der Hochzeit der Füchse. Das Kind muß dann zum Regenbogen gehen und die Füchse um Verzeihung bitten.
2. »Der Pfirsich-Garten«
Ein Junge wird von einem Mädchen in einen abgeholzten Pfirsich-Hain gelockt, wo die Hina-Puppen des Ahnenaltars ihm als lebendige Menschen entgegentreten. Als der Junge das Abholzen der Bäume bedauert, erblühen sie für ihn noch einmal.
3. »Der Schneesturm«
Vier Bergsteiger werden von einem Schneesturm überrascht. Drei schlafen ein; einer widersteht den Verlockungen der Schneefee (M. H.), die ihn in den Schlaf ziehen möchte.
4. »Der Tunnel«
Ein Offizier durchquert bei der Rückkehr aus dem Krieg einen Tunnel, aus dem die Geister gefallener Kameraden ihm folgen, die er in ein tödliches Gefecht geschickt hat. Sie verlassen ihn erst, als er ihnen den militärischen Befehl gibt. Der Offizier bricht weinend zusammen.
5. »Krähen«
Ein Student tritt bei einer Van-Gogh-Ausstellung in die Bilderwelt des Künstlers (M. S.) ein und trifft dort mit ihm zusammen. Doch der Meister hat keine Zeit für ihn, und der Student befindet sich plötzlich wieder im Museum.
6. »Fujiyama in Rot«
Die Explosion eines Kernkraftwerks zerstört auch den Fujiyama. Das Ich kämpft gegen einen tödlichen Nebel.
7. »Der weinende Menschenfresser«
Die Welt scheint zerstört. Das Ich trifft auf merkwürdig deformierte, gehörnte menschliche Wesen, die nachts vor Schmerzen heulen, und die bereits eine »Klassengesellschaft« eingeführt haben.
8. »Dorf der Wassermühlen«
Das Ich kommt in eine wunderschöne Landschaft mit fröhlichen Menschen. Ein uralter Mann (C. R.) spricht an der Schwelle des Todes über die Schönheit des Lebens.
Eine magische Bilderwelt, die von der Kindheit bis zum Greisenalter und von der apokalyptischen Vision bis zur bukolischen Idylle reicht. Entsprechend vielgestaltig sind auch die stilistischen Mittel dieses Films. Für die Episode »Krähen« zum Beispiel nutzte Kurosawa die brillante Tricktechnik der Firma von George Lucas, die es dem Darsteller ermöglichte, leibhaftig in die Bildwelt van Goghs einzudringen; in der letzten Episode dagegen vertraute er ganz auf die Kraft naiver, farbenfroher Bilder. Sicher wird jeder Betrachter für sich eine eigene »Rangfolge« der Episoden einrichten. Insgesamt aber ist dieser Film ein weises Alterswerk von großer künstlerischer Kraft.

L'albero degli zoccoli
Der Holzschuhbaum / Der Baum der Holzschuhe

Italien 1977/78

R: Ermanno Olmi; A: Ermanno Olmi; K: Ermanno Olmi; D: Laien aus der Provinz Bergamo

Der Film schildert den Ablauf eines Jahres auf einem Gutshof in der Po-Ebene kurz vor der Jahrhundertwende. In einem Gebäude wohnen hier vier Bauernfamilien. Das Land, die Gebäude und der größte Teil des Viehs gehören dem »Herrn«, dem auch zwei Drittel der Ernte abgeliefert werden müssen. Am Anfang des Films steht etwas Ungewöhnliches: Der Pfarrer überredet den Bauern Battisti, seinen kleinen Sohn Minek zur Schule zu schicken. Damit wird Minek als Arbeitskraft weitgehend ausfallen. Außerdem erwartet Battistis Frau schon wieder ein Kind – wieder einer mehr, der essen will. Und dann zerbricht Minek auch noch eines Tages auf dem Schulweg seinen Holzschuh. Battisti schleicht sich nachts aus dem Haus, fällt eine kleine Pappel und schnitzt seinem Sohn einen neuen Schuh. – Die Witwe Runk hat sechs Kinder, die sie als Wäscherin kaum ernähren kann. Der Pfarrer bietet ihr an, die beiden Jüngsten in einem Waisenhaus unterzubringen. Aber Peppino, der Älteste, will, daß die Familie zusammenbleibt. Er will lieber »Tag und Nacht arbeiten« und helfen, die Geschwister zu ernähren. – Die Familie Brena bereitet die Hochzeit ihrer Tochter Maddalena mit Stefano vor. Seine Hochzeitsreise macht das junge Paar nach Mailand, wo Maddalenas Tante Äbtissin ist und ein Waisenhaus leitet. Die fromme Tante bringt es fertig, daß das jun-

L'albero degli zoccoli

ge Paar am Morgen nach der Hochzeitsnacht ein Waisenkind adoptiert. – Die Familie Finard steht ein wenig abseits. Bei ihr gibt es oft Streit, weil der Vater so geizig ist.
Eines Tages entdeckt der Gutsherr, daß jemand ohne seine Erlaubnis eine Pappel gefällt hat. Der Schuldige ist schnell gefunden. Zur Strafe müssen die Battistis den Hof verlassen. Im Abenddunkel beladen sie einen Karren mit ihren wenigen Habseligkeiten. Erst als das Gefährt in der Dunkelheit verschwindet, kommen die Nachbarn und sehen ihm nach.
Diese Fixpunkte der Handlung sind nur ein kleiner Teil des Geschehens in diesem Film, in dem Olmi den Ablauf eines ganzen Jahres schildert – den Wechsel der Jahreszeiten, der Arbeiten, der Kinderspiele, der Erlebnisse und der Stimmungen. Er hat sich dabei ganz auf das Milieu und seine Menschen eingelassen und erzählt ihre Geschichte mit spürbarer Anteilnahme und mit Respekt. Zu diesem Respekt gehört auch, daß er sich nicht hochmütig über sie stellt, daß er ihre Handlungen und Reaktionen nicht unter moralischen oder ideologischen Aspekten zensiert, daß er Verständnis zeigt für ihre Unfähigkeit, aus ihrem armseligen Leben auszubrechen. Gerade das gibt dem Film eine große moralische und künstlerische Kraft, macht ihn zu einem leidenschaftlichen Appell für die Menschen und für die Menschlichkeit. In der Fülle oft irritierend schöner Bilder wird eine Vergangenheit lebendig, in der Olmi Geborgenheit und menschliche Wärme genauso findet wie Not und Unterdrückung. Indem er beides ganz direkt und überzeugend zeigt und beim Namen nennt, hat er Wirklichkeit eingefangen.

Albert – warum?

BRD 1976–78

R: Josef Rödl; A: Josef Rödl; K: Karlheinz Gschwind; D: Fritz Binner, Michael Eichenseer, Georg Schießl, Elfriede Bleisteiner

Der Bauernsohn Albert (F. B.) kehrt aus der Nervenheilanstalt in sein Dorf zurück. Er kommt als Verlierer: Der Vater (M. E.) hat den Hof an den »lebenstüchtigen« Neffen Hans (G. S.) und dessen Frau (E. B.) übergeben, und die Dorfbewohner drängen den ungeschlachten und geistig unbeweglichen Albert schnell in die Rolle des »Dorfdeppen«. Man macht sich auf seine Kosten lustig, mißachtet seine rührenden Versuche, sich im Rahmen seiner Möglichkeiten wenigstens als »normaler Arbeiter« zu bewähren, gönnt ihm keinen anderen Lebensraum als eine verfallene Kammer in der Scheune des väterlichen Hofes. Auch die Kinder und Jugendlichen, zu denen der schwerfällige Albert sich hingezogen fühlt, haben sehr schnell gelernt, daß sie auf seine Kosten ihre Aggressionen abreagieren können. In einer Mischung aus Trotz und Verzweiflung protestiert Albert gegen seine Mißachtung mit unkontrollierten Handlungen, die die Vorurteile der Umwelt wiederum bestätigen. Als eine erneute Einweisung in die Heilanstalt zur Debatte steht, gibt Albert auf. In verzweifeltem Protest läutet er die Kirchenglocken; dann erhängt er sich am Glockenseil.

Josef Rödl hat diesen Film als Abschlußarbeit an der Hochschule für Film und Fernsehen in München mit einem Budget von 30 000 DM gedreht. Die Darsteller sind Laien aus seinem Heimatdorf Darshofen; der Hauptdarsteller Fritz Binner brachte eigene Erlebnisse und Erfahrungen in den Film ein, er starb zwei Monate nach Beendigung der Dreharbeiten.

Entstanden ist auf diese Weise ein erschütternder und wichtiger Film. Rödl beschreibt in einfachen Bildern Wirklichkeit, die ihm vertraut ist, in der er sich auskennt, deren Evidenz er ganz direkt vermitteln kann. Behutsam macht er den Zuschauer mit Albert vertraut, mit einem sanften, ungeschlachten Riesen, der sich heimisch fühlt in dem Dorf, bei seinen Einwohnern, und dem man die Geborgenheit in seiner Heimat verweigert. Es gibt quälende Szenen; wenn z. B. Albert sich zurückzieht, an seinem alten Fahrrad bastelt und dieses verrostete Rad ihm sichtbar als Partner-Ersatz dient. Da wird der Film dann ohne jede krampfhafte »Überhöhung« mehr als nur die mitleidsvolle Studie eines individuellen Schicksals. Am Beispiel Alberts wird die Funktion und Deformation dörflicher Gemeinschaft deutlich. Rödl versagt es sich, das Dorf und seine Bewohner als Horrorvision zu zeichnen. Er zeigt normale, alltägliche Menschen, die nur gedankenlos sind oder bequem, oder zu sehr mit sich selbst beschäftigt. So kann es geschehen, daß ein Einzelner hilflos in den Tod treibt und die anderen dann verstört fragen: »Albert – warum?«

Alexandr Newski
Alexander Newski

UdSSR 1938

R: Sergej Eisenstein, Dmitri Wassiljew unter Mitarbeit von B. Iwanow; A: Sergej Eisenstein, Pjotr Pawlenko; K: Eduard Tissé; D: Nikolai Tscherkassow, Nikolai Ochlopkow, Andrej Abrikossow, Dmitri Orlow, W. Iwaschewa

13. Jahrhundert. Deutsche Ordensritter dringen nach Osten vor. Sie erobern russisches Land und unterdrücken die Menschen mit grausamem Terror. Die verzweifelte Bevölkerung sucht einen Anführer für ihren Abwehrkampf. Abgesandte werden zu Alexander Newski (N. T.) geschickt, der irgendwo in der weiten Einöde in einem einfachen Holzhaus lebt; und der Fürst sagt seine Hilfe zu. Er sammelt ein Heer und führt es den Ordensrittern entgegen. Auf dem zugefrorenen Peipus-See treffen Russen und Deutsche im Jahr 1242 aufeinander. Newskis Truppen, Bauern und Bürger, werfen die gepanzerten Ritter zurück. Auch die letzte Bastion um den Feldaltar wird gestürmt. Und dann besorgt die Natur den Rest: Das Eis des Sees bricht, die fliehenden Ritter versinken in den Fluten. Zur Auflockerung ist das Schicksal einiger Menschen episodenhaft in die Handlung eingefügt: Der Spaßvogel und Waffenschmied Ignat (D. O.) wird in der Schlacht von einem besiegten Gegner,

der ihn um Gnade gebeten hatte, heimtückisch getötet; die Freunde Wassili (N. O.) und Gawrilo (A. A.) sind Rivalen bei der schönen Olga (W. I.) und vereinbaren, der dürfe um sie freien, der am tapfersten kämpfe usw.

Alexandr Newski ist zweifellos ein Agitationsfilm, der direkte Bezüge zu der politischen Situation seiner Entstehungszeit hat. Eisenstein schrieb während der Dreharbeiten: »Das Thema des Patriotismus und des nationalen Widerstandes gegen den Aggressor, das ist das Thema, von dem der Film erfüllt ist.« Und im Film heißt es, mahnend und warnend an die Adresse der Deutschen gerichtet: »Mögen sie ohne Furcht als Gäste zu uns kommen. Aber wenn jemand mit dem Schwert zu uns kommt, wird er durch das Schwert umkommen!« Nach dem deutsch-sowjetischen Nichtangriffspakt 1939 wurde *Alexandr Newski* aus dem Verleih gezogen – und nach dem Einmarsch der deutschen Truppen 1941 bevorzugt wieder eingesetzt.

Eisensteins Film ist freilich mehr als nur ein bloßer »Propagandafilm« geworden. Das nationale Pathos ist mit echtem Leben erfüllt. Filmischer Höhepunkt des Werkes, das sich durch den Verzicht auf die spezifische Montage-Technik gründlich von Eisensteins Stummfilmen unterscheidet, ist die Schilderung der Schlacht, die rund 35 Minuten dauert. Besondere Bedeutung hat hier auch die Musik von Sergej Prokofieff, die nicht nur kommentiert, sondern dramaturgische Bedeutung gewinnt.

Alice in den Städten

BRD 1973

R: Wim Wenders; A: Wim Wenders, Veith von Fürstenberg; K: Robby Müller, Martin Schäfer; D: Rüdiger Vogeler, Yella Rottländer, Elisabeth Kreuzer, Edda Köchl

Der deutsche Journalist Philipp Winter (R. V.) ist quer durch die USA gefahren, um einen Bericht über die amerikanischen Landschaften zu schreiben. Aber in New York liefert er statt eines Manuskripts einen Haufen Fotos ab – Zeugnis seiner Sprachlosigkeit vor der Realität. Man verweigert ihm einen weiteren Vorschuß, und Winter kauft von seinem letzten Geld eine Flugkarte nach Deutschland. Auf dem Kennedy-Airport lernt er Lisa (E. K.) und ihre 8jährige Tochter Alice (Y. R.) kennen. Sie übernachten in einem Hotelzimmer, wobei die Frau aber von Anfang an klarmacht, daß sie keine sexuellen Kontakte wünscht, da sie sich an ihren Mann gebunden fühlt. Am nächsten Morgen ist Lisa verschwunden; sie hat einen Brief hinterlassen, in dem sie Winter ihre Tochter anvertraut und ankündigt, sie werde am nächsten Tag nach Amsterdam nachkommen. Dort allerdings warten Winter und Alice vergeblich. Und so machen sie sich auf den Weg, um irgendwo eine Großmutter zu suchen, an die Alice sich (angeblich) erinnert, deren Namen sie zwar kennt, die aber vermutlich in Wuppertal wohnt. Mit einem Bild des Hauses in der Hand, in dem die Großmutter leben soll, durchqueren sie Wuppertal und das Industriegebiet. Sie finden schließlich sogar das Haus; aber in dem wohnen fremde Menschen. Zermürbt liefert Winter Alice bei der Polizei ab. Doch das Mädchen rückt aus und kehrt zu ihm zurück. Am Ende macht die Polizei Alices Mutter in München ausfindig. Die Odyssee der beiden ist beendet.

Wie viele Filme von Wim Wenders handelt auch dieser von einer Reise. Aber diese Reise ist nicht Selbstzweck; es scheint eher, als könne Wenders die Identität seiner Personen am besten bewahren, wenn er sie ständigen Veränderungen des Milieus und der Umwelt aussetzt. In einem Interview bekannte er, es falle ihm nichts mehr ein, wenn ein paar Menschen sich längere Zeit in einem Raum aufhielten. So wird auch diese subtile Geschichte der Beziehung zweier Menschen ganz in Bewegung aufgelöst. Fahrten im Flugzeug, in der Schwebebahn, im Auto – auf der Suche nach einem Ziel, von dem man nicht weiß, ob es überhaupt existiert. Da wird Realität eingefangen und gleichzeitig in Frage gestellt. Eine neue Wirklichkeit entsteht, die nur noch die des Films ist. Wenders hat diese Wirkung mit ganz einfachen Mitteln erreicht. Er erzählt seine Geschichte chronologisch, in schwarzweißen Bildern, mit einer faszinierenden Präzision.

Das Motiv der Reise kehrt auch in Wenders' Film *Im Lauf der Zeit* (BRD 1975) wieder, in dem zwei Männer miteinander unterwegs sind. Der eine fährt mit einem Lastwagen über

Land und repariert Kino-Projektoren, der andere schließt sich ihm für ein paar Wochen an, nachdem er aus seiner bürgerlichen Existenz ausgebrochen ist. Trotz unleugbarer Qualitäten hat dieser Film jedoch nicht die gleiche Präzision und Geschlossenheit wie *Alice in den Städten*.

All about Eve
Alles über Eva

USA 1950

R: Joseph L. Mankiewicz; A: Joseph L. Mankiewicz nach der Kurzgeschichte und dem Hörspiel *The wisdom of Eve* von Mary Orr; K: Milton Krasner; D: Bette Davis, Anne Baxter, George Sanders, Celeste Holm, Hugh Marlowe, Marilyn Monroe

Bei einem festlichen Bankett wird die junge Eve Harrington (A. B.) als beste Darstellerin der Spielzeit ausgezeichnet. Karen (C. H.), die Frau des Autors Lloyd Richards (H. M.), sitzt unter den Gästen und erinnert sich der Vorgeschichte: Eines Tages taucht Eve auf – als »Fan« der berühmten Darstellerin Margo Channing (B. D.). Sie schmeichelt sich mit einer rührenden Geschichte bei Margo ein, wird von ihr aufgenommen und macht sich bald unentbehrlich. Eve verschafft sich eine Chance als »zweite Besetzung« für Margo und nutzt sie kaltblütig und rücksichtslos. Nur der Kritiker Addison de Witt (G. S.) durchschaut sie. Er weiß, daß die Geschichten über ihre Herkunft erlogen sind und daß sie bei aller Begabung eine skrupellose Abenteurerin ist. Aber er erkennt auch ihre Stärke und verbündet sich mit ihr. Seine Kritik macht sie berühmt.

Im Kontrastverfahren eine interessante psychologische Studie: der alternde Star, der seine Position mit verzweifelter Hartnäckigkeit zu behaupten sucht, die junge Abenteurerin, die geschickt intrigiert und raffiniert die Schwächen des Gegners nutzt. Mankiewicz hat das sorgfältig und intelligent inszeniert – mit treffenden Milieuschilderungen und eindringlichen darstellerischen Leistungen.

All quiet on the western front
Im Westen nichts Neues

USA 1929/30

R: Lewis Milestone; A: Del Andrews, Maxwell Anderson und George Abbott nach dem gleichnamigen Roman von Erich Maria Remarque; K: Arthur Edeson; D: Lew Ayres, Louis Wolheim, John Wray, Beryl Mercer, Raymond Griffith

Verfilmung des gleichnamigen Romans von Remarque: Die Erlebnisse des jungen Paul Bäumer (L. A.) im Ersten Weltkrieg, seine Ausbildung durch den sadistischen Unteroffizier Himmelstoß (J. W.), seine Freundschaft mit dem gutmütigen Riesen Katczinsky (L. W.) und sein Tod an einem Tag, an dem der Heeresbericht meldet: »Im Westen nichts Neues.«

Ein ehrlicher Film, der alle Beschönigung und Verniedlichung des Krieges vermied. Viele Szenen – der in einer langen Fahraufnahme gefilmte Angriff der Franzosen, das Trommelfeuer im Unterstand, Grabenkämpfe im Schlamm – machen das Grauen des Krieges fast physisch spürbar und versagen sich jedem heroischen Engagement durch die Zuschauer. Milestone, der sich eng an seine literarische Vorlage gehalten hat, unterstreicht das noch durch die Episoden in der Heimat, die den blutigen Realismus der Schlachten-Szenen mit dem hohlen Pathos der Hurra-Patrioten konfrontieren. Hier gibt es in den Szenen mit der Mutter (B. M.) auch Anflüge von Sentimentalität, die Milestone aber stets rechtzeitig auffängt. Der Film wurde in vielen Ländern zensiert, gekürzt, verstümmelt. In der Fassung, die nach dem Krieg in der Bundesrepublik Deutschland gezeigt wurde, fehlten rund 15 Minuten, darunter auch eine Sequenz, in der Paul Bäumer in einem Granattrichter den »langen Tod« eines Menschen miterlebt. In seinen Armen stirbt ein französischer Soldat (R. G.), den er selbst mit seinem Bajonett schwer verletzt hat; und Paul schwört, den Angehörigen des Toten zu helfen.

Das ZDF hat in mehrjähriger Arbeit die verschollene amerikanische Premierenfassung aus den Beständen verschiedener Filmarchive rekonstruiert und diese Fassung im Jahr 1984 erstmals ausgestrahlt.

All the king's men
Der Mann, der herrschen wollte

USA 1949

R: Robert Rossen; A: Robert Rossen nach dem gleichnamigen Roman von Robert Penn Warren; K: Burnett Guffey; D: Broderick Crawford, Joanne Dru, John Ireland, Shepperd Strudwick, Raymond Greenleaf

Einflußreiche Politiker überreden den Farmerssohn Willie Stark (B. C.), bei einer Wahl zu kandidieren. Aber sie wollen damit nur die Stimmen der ländlichen Wähler aufsplittern und ihren eigenen Kandidaten durchbringen. Als Willie das Spiel durchschaut, macht er sich selbständig – und schafft im zweiten Anlauf tatsächlich die Wahl zum Gouverneur. Der stiernackige Weltverbesserer ist nicht wählerisch in seinen Mitteln, wenn es gilt, sein Programm zu verwirklichen. Er baut Krankenhäuser und Altersheime; aber er festigt seine Macht durch Terror und faschistische Methoden. Seinen politischen Gegner, Richter Stanton (R. G.), dessen Tochter Anne (J. D.) zu Willies Anhängern zählt, will er öffentlich bloßstellen. Stanton begeht Selbstmord, sein Neffe (S. S.) erschießt Willie Stark.
All the king's men ist ein typisches Beispiel für die gesellschaftskritischen Filme Hollywoods kurz nach dem Krieg. Es sollte, übrigens in Anlehnung an tatsächliche Geschehnisse, klargemacht werden, daß auch das amerikanische Volk anfällig für faschistoide Tendenzen sei; man wollte nach dem gewonnenen Krieg die Selbstgefälligkeit der heimischen Kleinbürger erschüttern. Die Parallelen sind nicht zu übersehen: Willie rechtfertigt geistigen Terror durch den Hinweis auf wirtschaftliche Erfolge, seine Leibwache erinnert fatal an die SS. »Publikumswirksame« Zutaten – Nebenhandlungen, private Affären Willies, eine naiv-sentimentale Liebesgeschichte zwischen Anne und einem Anhänger (J. I.) Starks u. a. – verdecken allerdings gelegentlich das Hauptthema.

Álmodozások kora
Die Zeit der Träumereien

Ungarn 1964

R: István Szabó; A: István Szabó; K: Tamás Vámos; D: András Bálint, Ilona Béres, Judit Halász, Béla Asztalos

Zusammen mit drei Freunden träumt der Ingenieurstudent Jancsi (A. B.) vom Erfolg, von der Liebe, vom Auswandern; gemeinsam bewundern sie auf dem Bildschirm die charmante Juristin Eva Halk (I. B.), die gerade interviewt wird. Doch der Start ins Leben ist enttäuschend: Ihre Bitte, als Team arbeiten zu dürfen, wird abgelehnt, die Arbeit verursacht Spannungen mit Vorgesetzten und untereinander, Jancsis Liebesaffäre mit Habgab (J. H.) bringt keine echte Erfüllung. Auf einer Party lernt Jancsi Eva Halk kennen. Gemeinsam besuchen sie ein Kino, sehen einen Dokumentarfilm über die jüngste ungarische Geschichte und vertrauen einander an, daß sie 1956 beide an eine Flucht ins Ausland gedacht haben. Einer der Freunde, Laci (B. A.), wird krank und stirbt. Jancsi und Eva, die sich ineinander verliebt hatten, leben sich wieder auseinander. Doch alles, was er erlebt hat, hat Jancsi geholfen, erwachsen zu werden.
Nur scheinbar wird hier ein ganz privates Schicksal aufbereitet; tatsächlich schafft Szabó immer wieder Querverbindungen zur gesellschaftlichen und politischen Wirklichkeit. Die jungen Studenten fürchten, vom »Establishment« unterdrückt zu werden, und träumen davon, nach Kuba auszuwandern. Das Fernweh spielt eine große Rolle: Jancsi hat eine raffinierte Radioanlage, mit der er London, Paris, Prag und Rom empfangen kann. Der Dialog angesichts der Filmbilder der Revolution von 1956 ist nüchtern und illusionslos. Eva, die offen zugibt, daß sie damals nur aus Feigheit nicht geflohen ist, bezeichnet sich als Kommunistin; auf die gleiche Frage antwortet Jancsi ausweichend: »Ich bin Ingenieur!« Es ist das Porträt einer Jugend, die zwar den Sozialismus nicht in Frage stellt, die aber Freiheit will und sich nicht etikettieren läßt. Das alles hat Szabó ohne große Worte, fast beiläufig in sein präzise gezeichnetes Porträt eingearbeitet.

Alraune ⓢ

Deutschland 1927

R: Henrik Galeen; A: Henrik Galeen nach einem Roman von Hanns Heinz Ewers; K: Franz Planer; D: Paul Wegener, Brigitte Helm, Ivan Petrovich

Professor ten Brinken (P.W.) beschäftigt sich seit Jahren mit dem Problem der künstlichen Befruchtung. Eines Tages gelingen seine Experimente: Als Tochter eines am Galgen hingerichteten Verbrechers und einer Dirne entsteht ein Mädchen (B. H.). Ten Brinken nennt es Alraune – nach der Alraunenwurzel, die altem Aberglauben zufolge unter dem Galgen wächst und geheimnisvolle Kräfte hat. Alraune bringt allen Männern, die sie lieben, Unglück. Und als sie schließlich die Wahrheit über ihre Herkunft erfährt, richtet sie auch ihren Schöpfer und sich selbst zugrunde.

Galeen, als Regisseur des »Übersinnlichen« versiert, inszenierte diesen Film als Vision des Schreckens, in der Brigitte Helm in maskenhafter Starre dem unausweichlichen Untergang zutrieb.

Das Thema kam offenbar dem Publikumsgeschmack entgegen. 1930 entstand ein Remake, das Richard Oswald inszenierte, und in dem abermals Brigitte Helm, diesmal an der Seite von Albert Bassermann, spielte.

1952 inszenierte Arthur Maria Rabenalt eine neuerliche Version mit Erich von Stroheim und Hildegard Knef. Dieser Film scheiterte u. a. daran, daß man versuchte, Probleme der modernen Wissenschaft mit der alten Volkssage zu verknüpfen.

Der alte und der junge König

Deutschland 1934

R: Hans Steinhoff; A: Thea von Harbou, Rolf Lauckner; K: Karl Puth; D: Emil Jannings, Werner Hinz, Claus Clausen, Leopoldine Konstantin

Der Konflikt zwischen dem preußischen König Friedrich Wilhelm I. (E. J.) und dem Kronprinzen Friedrich (W. H.). Die Strenge des Vaters treibt den Prinzen, mit dem Leutnant von Katte (C. C.) seine Flucht zu planen. Nach dem Scheitern des Fluchtversuchs und der Enthauptung des Leutnants beugt sich Friedrich dem väterlichen Willen und verwandelt sich im Lauf der Jahre vom Freund der Musen zum künftigen Herrscher. Aber erst in der Todesstunde des Vaters vermag er ihn ganz zu verstehen. Und erst diese Einsicht wandelt ihn endgültig zum König.

Ein typisches Beispiel dafür, wie ein historisches Thema für die Propaganda ausgenutzt wird – hier, wie die Staatsidee der Nationalsozialisten aus der Geschichte abgeleitet und gerechtfertigt werden soll. Von Friedrich Wilhelm I., der den Leutnant von Katte enthaupten läßt, obwohl das Gericht ihn nur zu Festungshaft verurteilt hatte, heißt es: »Sein Wille ist Gesetz, und was sich ihm nicht beugt, muß er vernichten!« Diese Einsicht gewinnt schließlich auch der Kronprinz, der nur so zu »Friedrich dem Großen« werden konnte. Und diese Haltung, das macht der Film überdeutlich, dient letztlich auch dem Staat und damit dem Volk.

Amadeus
Amadeus

USA 1983

R: Miloš Forman; A: Peter Shaffer nach seinem gleichnamigen Bühnenstück; K: Miroslav Ondříček; D: F. Murray Abraham, Tom Hulce, Elizabeth Berridge, Simon Callow, Roy Dotrice

Im Jahre 1823 versucht der Hofkapellmeister Antonio Salieri (F. M. A.), langjähriger Rivale Mozarts, sich in Wien das Leben zu nehmen. Man liefert ihn in eine Irrenanstalt ein, wo er einem Geistlichen berichtet, er habe Mozart ermordet. In seiner Beichte erleben wir die letzten zehn Jahre Mozarts – mit Salieris Augen gesehen: 1781 begegnen sich Mozart (T. H.) und Salieri in Salzburg zum ersten Mal. Der spießig-trockene Salieri ist entsetzt über die Diskrepanz zwischen Mozarts Musik und dem oft rüpelhaften und albernen Benehmen des Jüngeren; und er ist verbittert, weil dem Kon-

*Amadeus
(Tom Hulce)*

kurrenten mühelos zufliegt, was für ihn ein unerreichbares Ideal bleibt. Neid und Verbitterung bestimmen in der Folge das Verhältnis Salieris zu Mozart, nachdem der nach Wien gezogen ist. Der Film berichtet von geglückten und mißglückten Intrigen Salieris, von Erfolgen und Mißerfolgen Mozarts, von dessen Heirat mit Constanze (E. B.), vom Tod seines Vaters Leopold (R. D.), der den körperlich und seelisch labilen Komponisten tief erschüttert. Schließlich suggeriert der Film, Salieri sei der geheimnisvolle Auftraggeber des »Requiem« gewesen und habe andererseits Mozart bei der Niederschrift der Partitur geholfen – ersteres um den erschöpften und überarbeiteten Mozart in den Tod zu treiben, letzteres um die Basis für die Behauptung zu schaffen, er, Salieri, sei der Komponist dieses Werkes. Am Ende seiner Beichte bereut Salieri seine Tat keineswegs. Er triumphiert – im Wahnsinn!

Der mit Preisen (u. a. sechs »Oscars«) überhäufte Film erhebt natürlich keinen Anspruch auf historische Zuverlässigkeit. Dem Autor Shaffer ging es um ein dialektisches Denkspiel über den Konflikt zwischen Genie (Mozart) und Begabung (Salieri) und um die bühnenwirksame Demonstration, daß ein Genie privatim durchaus enervierend sein kann: der Schöpfer unvergänglicher Werke nicht nur als Alkoholiker, sondern auch als albern-geschwätziger Schürzenjäger ... Regisseur Miloš Forman hat diese Ambivalenz der Vorlage geschickt genutzt, hat aus ihr immer wieder dramaturgisches Kapital geschlagen. So bilden die opulente Ausstattung und die Musik Mozarts den Hintergrund für eine gelegentlich brillante Auseinandersetzung zwischen dem trockenen Schleicher Salieri und einem sich hysterisch gerierenden Mozart. Die aus dieser Konstellation resultierende merkwürdige Spannung läßt den überlangen Film (160 Minuten) niemals langatmig erscheinen.

2001 kam ein sogenannter »Director's Cut« heraus. In dieser um etwa 20 Minuten längeren Fassung verschärft Forman vor allem die Gegensätze der Charaktere. Salieri erscheint noch hinterhältiger, Mozart – als Außenseiter der Wiener Gesellschaft – noch hilfloser.

Les amants
Die Liebenden

Frankreich 1958

R: Louis Malle; A: Louis Malle und Louise de Vilmorin nach einem Roman von Vivant Denon; K: Henri Decae; D: Jeanne Moreau, Alain Cuny, José-Luis de Villalonga, Jean-Marc Bory

Jeanne (J. M.) lebt als Frau des wesentlich älteren Verlegers Henri Tournier (A. C.) in der Provinz. Bei ihren Besuchen in Paris verliebt sie sich in Raoul Florès (J.-L. d. V.) und wird seine Geliebte. Henri ahnt die Wahrheit und drängt sie, Raoul und ihre Freundin Maggy für ein Wochenende einzuladen. Am Tag dieses Besuches hat Jeanne eine Autopanne und wird von dem jungen Studenten Bernard (J.-M. B.) nach Haus gebracht. Tournier findet Gefallen an Bernard und lädt ihn ebenfalls ein. Beim Abendessen erkennt Jeanne die Alternative: ein zynischer Ehemann oder ein unbedeutender Liebhaber. Als sie in der Nacht ruhelos durch den Park geht, begegnet sie Bernard. Beide finden zueinander, und Jeanne verläßt am nächsten Tag mit Bernard das Haus.
Die gepflegte Modernisierung eines Romans aus dem 18. Jahrhundert, eine Studie über die Selbsterkenntnis und Selbstverwirklichung einer Frau. Der Film erregte damals Aufsehen durch einige erotische Szenen, die allerdings mit Geschmack und Delikatesse in Szene gesetzt worden waren. In der Bundesrepublik kam eine verfälschte Fassung in die Kinos: Einige Szenen waren geschnitten, außerdem unterschlug man u. a. die Existenz eines Kindes, um Jeannes Flucht nicht gar so unmoralisch erscheinen zu lassen.

Les amants du Pont-Neuf
Die Liebenden von Pont-Neuf

Frankreich 1988–91

R: Leos Carax; A: Leos Carax; K: Jean-Yves Escoffier; D: Juliette Binoche, Denis Lavant, Klaus-Michael Grüber

Der Prolog: Eine Fahrt mit der Handkamera durch das nächtliche Paris stellt die Protagonisten vor. Ein junger Mann, Alex (D. L.), wird von einem Auto angefahren; eine junge Frau mit einer Augenklappe, Michèle (J. B.), geht vorüber. – Der Hauptteil: Mit einem Gipsbein kommt Alex zurück auf den Pont-Neuf, die älteste Brücke von Paris, die wegen Reparaturarbeiten für den öffentlichen Verkehr gesperrt ist. Hier lebt der ehemalige Artist als Clochard, und hierher verschlägt es auch Michèle, die Malerin, die langsam erblindet. Hinzu kommt noch Hans (K.-M. G.), der Macht über Alex hat, weil er über die Ampullen verfügt, die allein Alex in der Nacht Schlaf bringen. Alex verliebt sich in Michèle, und sie erfahren diese Liebe in gemeinsamen Streifzügen an der Seine, durch die Stadt und im gemeinsamen Erlebnis des großen Feuerwerks zur 200-Jahr-Feier der Revolution. Dann holt die Vergangenheit, die Alex eifersüchtig aussperren wollte, Michèle ein. Mit einer Plakataktion wird sie gesucht, weil ihre Augenkrankheit vielleicht geheilt werden kann. Bei dem Versuch, die Plakate zu verbrennen, tötet Alex versehentlich einen Menschen. Michèle verschwindet; er wird verhaftet. – Der Epilog: Zwei Jahre später, nach Alex' Entlassung, sehen sie sich wieder – auf dem Pont-Neuf, im Schnee. Verschlüsselt lassen sie einander wissen, daß sie sich noch immer lieben. Jetzt wagen sie gemeinsam den Sprung ins kalte Wasser – buchstäblich. Sie schweben durch das Wasser wie durch die Unendlichkeit. Ein Schiff, auf dem ein altes Paar seine »letzte Fahrt« macht, nimmt sie auf. Sie fahren mit.
Carax verläßt sich ganz auf die ureigenen Mittel und Möglichkeiten der Kinematographie. Er erzählt in Bildern, in einem Rhythmus, der die Sequenzen wie in einem Sog aneinanderreiht. Der Zuschauer wird eingebunden in das Abenteuer dieser Liebe, die sich für die Lie-

benden in jeder Nuance ihres gemeinsamen Lebens manifestiert. Es ist die Liebe schlechthin, die man hier miterlebt. Und wenn Michèle und Alex am Ende wie Galionsfiguren am Bug des Schiffes stehen, dann stellt man sich unwillkürlich vor, daß sie so immer weiterfahren werden bis an das Ende der Zeit.

Die lange Drehzeit des Films erklärt sich aus einer Folge von Mißhelligkeiten (Krankheit, Finanzierungsschwierigkeiten, Unwetter etc.), die u. a. auch dazu führten, daß die Brückenszenen nicht am Originalschauplatz, sondern in einer nachgebauten Kulisse gedreht wurden.

Amarcord
Amarcord

Italien/Frankreich 1973

R: Federico Fellini; A: Federico Fellini, Tonino Guerra; K: Giuseppe Rotunno; D: Bruno Zanin, Magali Noël, Pupella Maggio, Armando Brancia, Peppino Janigro, Antonietta Beluzzi, Gennaro Ombra, Ciccio Ingrassia

Episodische Schilderung der Erlebnisse des Jungen Titta (B. Z.) in den dreißiger Jahren in Rimini. Bei einem Volksfest wird der Winter verbrannt. Eine Galerie karikaturistisch überzeichneter Lehrer passiert Revue. Häusliche Szenen: Die temperamentvolle Mutter (P. M.) und der jähzornig redliche Vater (A. B.) liefern sich erbitterte Wortgefechte, während der senile Großvater (P. J.) nach dem Hausmädchen grapscht. Dann ein faschistisches Fest, das jäh gestört wird, als ein Grammophon vom Kirchturm die »Internationale« spielt. Zu denen, die verhaftet werden und – eine verbreitete Methode der Faschisten! – eine Portion Rizinus eingeflößt bekommen, gehört auch Tittas Vater. Doch die Mutter wäscht ihrem Mann liebevoll den Kot und damit die Demütigung vom Leib. Die Bewohner Riminis rudern aufs Meer hinaus, um den Ozeanriesen »Rex« zu begrüßen. Im nächtlichen Dunkel zieht das hell erleuchtete Schiff wie eine märchenhafte Erscheinung vorbei. Sexuelle Obsessionen: Die unerfüllte Liebe des Jungen zu der willfährigen Friseuse Gradisca (M. N.), die Begegnung mit der voluminösen Tabakhändlerin (A. B.), deren riesige Brüste der Knabe küssen darf, ehe sie ihn – enttäuscht und unbefriedigt – von sich stößt. Und eine Variation: Der geisteskranke Onkel Teo (C. I.) wird zu einem Ausflug aus der Anstalt abgeholt. Auf dem Land klettert er auf einen Baum und schreit stundenlang klagend: »Ich will eine Frau!« Ein Bild: Es schneit, und der Pfau des Grafen schlägt im Schnee auf dem Brunnenrand ein Rad. Am Ende heiratet die Gradisca einen Gendarmen. Auf freiem Feld findet die Hochzeitsfeier statt. Es regnet, die Brautleute fahren ab, die Gäste verlieren sich, einer nach dem anderen. Melancholischer Ausklang eines Blicks zurück ...

Der Titel *Amarcord* ist entstanden aus dem in der Mundart der Romagna zusammengezogenen Satz »Io mi ricordo« (Ich erinnere mich). Der Junge Titta steht bei diesen Erinnerungen wohl für den jungen Fellini. Aber »nur« eine Autobiographie ist daraus doch nicht geworden. Vielmehr bekennt sich Fellini hier abermals zu einer Subjektivität, die selbst die eigene Vergangenheit aus dem Blickwinkel der Gegenwart zu verändern vermag. Diese Betrachtungsweise bestimmt auch die Erzählstruktur des Films, die aufgelöst wird in Anekdoten, Erlebnisse, Erfahrungen, Träume. »Fellini erzählt längst keine Geschichten mehr. Er schafft Welt – aus Anekdoten, aus Gefühlen. So wie vor ihm einzig Chaplin es getan hat« (Martin Schlappner).

Es fehlen zwar die gewalttätig großartigen Kabinettstückchen aus seinem Film *Fellini: Roma* (Fellinis Roma, Frankreich/Italien 1971), der den Weg eines jungen Mannes (Titta? Fellini?) nach Rom und seine Erfahrungen in der großen Stadt schildert. Aber dafür wurde hier eine Konsequenz und Kongruenz der Handlungsführung erreicht, die den Film einheitlicher und geschlossener erscheinen läßt. Zu seinem Stil gehört dabei auch das Prinzip, blasse Farben zu verwenden, Szenen in den Dämmerschatten der Nacht oder des Nebels zu tauchen.

American beauty
American Beauty

USA 1998

R: Sam Mendes; A: Alan Ball; K: Conrad L. Hall; D: Kevin Spacey, Annette Bening, Thora Birch, Mena Suvari, Wes Bentley, Chris Cooper, Peter Gallagher

Aus den Wolken senkt sich die Kamera auf eine idyllische Vorstadtstraße mit schmucken Häusern, in denen – so meint man – glückliche Menschen wohnen müssen. Doch dann gerät Lester Burnham (K. S.), ein frustrierter Vierziger, in ihr Blickfeld. Beruflich ist er ins Abseits geraten, seine Ehe mit der hysterischen Carolyn (A. B.), der ihre Rosen (»American Beauty«) wichtiger sind als ihr Ehemann, ist kaputt, Tochter Jane (T. B.) erträgt die Eltern nur noch mühsam. Plötzlich jedoch erfährt Lester einen Motivationsschub: Er verliebt sich Hals über Kopf in Angela (M. S.), die überaus blonde High-School-Freundin seiner Tochter. Alsbald erträumt er sich exquisite erotische Abenteuer mit Angela, absolviert ein privates Fitneß-Programm, schmeißt seinen Job hin, erpreßt eine satte Abfindung und haut zu Hause endlich auf den Putz. Daß Carolyn, die als Immobilienmaklerin dilettiert, sich derweil dem erfolgreichen Konkurrenten Buddy Kane (P. G.) an den Hals geworfen hat, stört ihn wenig. – Ins Nachbarhaus ist währenddessen der pensionierte Colonel Fitts (C. C.) eingezogen, ein sturer Kommißkopf, der seinen Sohn Ricky (W. B.) vor Jahren beim Kiffen erwischt und ihn seither gleichsam in die häusliche Strafkompanie versetzt hat. Doch Ricky ist schlau. Mit scheinbar totaler Unterwerfung schafft er sich einen Freiraum, den er nutzt, um als Dealer sein Hobby zu finanzieren: Er zeichnet seine Umwelt nahezu ständig mit der Videokamera auf und archiviert die Kassetten. Durch diese »Video-Spiele« lernt er Jane kennen, und beide verlieben sich ineinander, während Lester sein Kunde im Rauschgift-Geschäft wird. Als der Colonel einen Deal zwischen beiden beobachtet, unterläuft ihm ein fatales Mißverständnis: Er hält Lester für schwul, für den Verführer seines Sohnes. In äußerster Verzweiflung enthüllt Fitts dem Nachbarn seine eigene homosexuelle Veranlagung; dann erschießt er den einzigen Mitwisser seiner »Schande«. Mit dieser Tat kommt er Carolyn, die die gleiche Absicht hatte, um einige Minuten zuvor. Lester erlebt vor seinem Tod noch eine Sekunde absoluten Glücks. Dann kehrt die Kamera zurück in die Wolken.

Der Autor legt gleich zu Beginn seine Karten auf den Tisch. Aus dem Off (und aus dem Jenseits!) beginnt Lester zu erzählen: »Ich bin 42 Jahre alt. In weniger als einem Jahr werde ich tot sein. Natürlich weiß ich das jetzt noch nicht. Aber irgendwie bin ich jetzt schon tot.« Damit ist die Pointe verraten und die Diagnose gestellt. Nun kann der Film darangehen, die schöne heile Welt des amerikanischen Traums Stück für Stück zu demontieren. Und hinter den freundlichen Fassaden der Häuser entdeckt er Frust, Verzweiflung, Haß. Aber den Menschen, die da zum Vorschein kommen, begegnet er gleichwohl mit Respekt und nicht ohne Sympathie. Er gibt uns zu verstehen, daß Lester im Lauf seines Lebens einfach seine Träume abhanden gekommen sind, daß Carolyn mit dem Leistungsdruck der Gesellschaft nicht zurechtgekommen ist, daß Angela sich mit erfundenen Sex-Abenteuern brüstet, um »eine Rolle spielen« zu können, daß Ricky die Schönheit der Welt heimlich einfangen muß, weil er so perfekt geduckt worden ist, und daß Colonel Fitts in die Rolle des bramarbasierenden Militaristen schlüpfen mußte, um seine als »unmännlich« empfundene Neigung vor der Umwelt und vor sich selbst zu verbergen. Die Frage allerdings, warum die Idylle am Ende zum blutigen Albtraum wird, die gibt der Film weiter an den Zuschauer.

Der renommierte englische Theaterregisseur Sam Mendes zeichnet mit seinem Spielfilmdebüt ein unterhaltsames und gleichzeitig verstörendes Bild der amerikanischen Gesellschaft. Er wählt dafür eine originelle Perspektive, entwickelt einen eigenwilligen Stil und nutzt geschickt das kreative Potential seiner Mitarbeiter. Autor Alan Ball stellt die Welt der amerikanischen Fernsehserien (die er selbst jahrelang geschrieben hat) listig auf den Prüfstand. Der Kamera-Veteran Conrad L. Hall filmt diese Welt »in Hochglanz« ab und dementiert sie gleichzeitig durch die grobkörnigen Video-Bilder aus Rickys Kamera. Die Darsteller (allen voran Kevin Spacey) vereinen Virtuosität mit präzisem Ensemblespiel.

American graffiti
American Graffiti

USA 1973

R: George Lucas; A: George Lucas, Gloria Katz, Willard Huyck; K: Ron Eveslage, Jan D'Alquen; D: Richard Dreyfuss, Charlie Martin Smith, Ronny Howard, Paul Le Mat, Candy Clark, Mackenzie Phillips, Cindy Williams

Zeit: eine Nacht im Jahr 1962; Ort: eine Kleinstadt in Kalifornien; Personen: eine Clique, vier Jungen zwischen 18 und 22, die Abschied feiern, weil zwei von ihnen auf ein College an der Ostküste gehen wollen.
Steve (R. H.) bekommt Streit mit seiner Freundin Laurie (C. W.); Terry (C. M. S.) leiht sich Steves schickes Auto und gabelt mit Hilfe dieses Statussymbols die attraktive Debbie (C. C.) auf. Auch Big John (P. L. M.) sucht Anschluß. Auf einem Parkplatz steigt die hübsche Carol (M. P.) zu ihm ins Auto; aber sie ist erst dreizehn, und John versucht verzweifelt, sie wieder loszuwerden. Curt (R. D.) gerät an eine Bande, mit der er einen kleinen Diebstahl ausführt. Am Ende wird Curt allein aufs College gehen, weil Steve bei Laurie bleibt. Terry hat sich in Debbie verliebt, und Big John merkt, daß er zu alt geworden ist für kleine Mädchen und frisierte Autos.
Ein ironisch-sentimentaler Blick zurück, der das Bild und die Stimmung jener Jahre überzeugend einfängt. Lucas beschwört gleich am Anfang den zeittypischen »Autokult«, wenn er die gesamte Exposition (rund eine Viertelstunde!) in das Innere von Autos verlegt; und zeittypische Atmosphäre liefern die lokalen Radiostationen mit den Hits von damals und der fast mythischen Figur des Discjockeys »Wolfman«. Aber anders als Bogdanovich in seinem thematisch vergleichbaren Film *The last picture show* begnügt sich Lucas (Jahrgang 1945) in seinem autobiographisch gefärbten Film mit einem nostalgischen Abbild, ohne die Zeit und seine Helden zu analysieren oder gar kritisch in Frage zu stellen. Eine gewisse Distanzierung leistet allein der Nachspann, der mitteilt, daß John später bei einem Autounfall getötet wurde und Terry in Vietnam verschollen ist. Als stimmungsvolle und stimmige Skizze aber und als Probe eines originellen Regie-Talents hat dieser Film seine Meriten.

An American in Paris
Ein Amerikaner in Paris

USA 1951

R: Vincente Minnelli; A: Alan Jay Lerner, Alan Lin, Ira Gershwin (Liedertexte); K: Alfred Gilks, John Alton; D: Gene Kelly, Leslie Caron, Oscar Levant, Georges Guétary, Nina Foch

Der amerikanische Maler Jerry Mulligan (G. K.) und der Komponist Adam Cook (O. L.) leben arm, aber glücklich in Paris. Jerry wird von einer attraktiven Millionärin (N. F.) umworben, verliebt sich aber Hals über Kopf in das Mädchen Lisa (L. C.). Doch Lisa fühlt sich an den Sänger Henri (G. G.) gebunden, der sie im Krieg vor den Deutschen gerettet hat. Auf einem Kostümfest nehmen Lisa und Jerry Abschied voneinander. Aber Henri hat ihr Gespräch belauscht und gibt Lisa frei. Glücklich eilt sie in Jerrys Arme.
An American in Paris gilt als eines der besten Film-Musicals. Der Film verdankt seinen Erfolg gleichermaßen der Musik George Gershwins, dessen gleichnamige Komposition ihm auch den Titel gab, der Regie Minnellis und der Choreographie Gene Kellys. Handlung und Tanz sind hier raffiniert miteinander verschmolzen. Typisch sind gleich die ersten Bilder des Films, wenn Jerrys Morgentoilette choreographisch gestaltet wird; und das wiederholt sich immer wieder, z. B. bei den Liebesszenen, in denen Dialog und Handlung sich im Tanz auflösen und fortsetzen. Minnelli hat dieses Stilprinzip geschickt in die filmische Dramaturgie integriert und dabei auch der Farbe eine besondere Bedeutung gegeben. Höhepunkte der Inszenierung u. a.: Ein Wunschtraum Adams, in dem er sich als gefeierter Konzertpianist sieht und in dem auch der Dirigent, sämtliche Musiker und das Publikum sein Gesicht tragen; das Kostümfest (Ausstattung: Cedric Gibbons, Preston Ames), bei dem alle Bauten und Kostüme schwarz-weiß sind, was der Szene eine melancholische Grund-

An American in Paris (Gene Kelly, Leslie Caron)

stimmung gibt; das abschließende Ballett, bei dem die einzelnen Sequenzen sich an der Farbgebung berühmter Maler orientieren.
Der Film wurde mit Auszeichnungen überhäuft und erhielt u. a. acht »Oscars«.

An American tragedy
Eine amerikanische Tragödie

USA 1931

R: Josef von Sternberg; A: Samuel Hoffenstein und Josef von Sternberg nach dem gleichnamigen Roman von Theodore Dreiser; K: Lee Garmes; D: Phillips Holmes, Sylvia Sidney, Frances Dee

Verfilmung des Romans von Dreiser: Clyde Griffiths (P. H.) hat die Chance zur Heirat mit der reichen Sondra Finchley (F. D.) und zum sozialen Aufstieg. Dabei steht ihm eine junge Arbeiterin (S. S.) im Weg, die ein Kind von ihm erwartet. Er will sie töten. Ein Unfall kommt ihm zuvor; seine Tatvorbereitungen jedoch belasten ihn so stark, daß er als Mörder verurteilt wird.
Ursprünglich sollte Eisenstein, der sich damals in den USA aufhielt, diesen Film drehen. Sein Drehbuch aber war dem Produzenten wohl zu aggressiv sozialkritisch. Da man die Rechte jedoch schon erworben hatte, verpflichtete man Josef von Sternberg. Sternberg schrieb später: »Ich ließ alle soziologischen Elemente weg. Sie hatten meiner Meinung nach nichts mit dem dramatischen Unfall zu tun, der Dreiser beschäftigt hatte.« Dreiser war anderer Meinung. Er klagte gegen die Filmgesellschaft und wollte die öffentliche Vorführung des Films mit dem Argument verhindern, er verfälsche sein Buch. Ein Gericht entschied jedoch gegen ihn. Eisenstein urteilte später: »Der Film ist so schlecht, daß ich ihn mir nicht bis zum Ende ansehen konnte.«
Tatsächlich hat Sternberg hier ein solides Drama privater Konflikte abgeliefert, das die Handlungsfülle des Romans auf die entscheidenden Szenen konzentriert und diese dann breit und wirkungsvoll ausspielt. Neben dem Dialog gab es noch zahlreiche Zwischentitel, die nach Stummfilm-Manier etwa verkündeten: »Zurück in den Alltag nach zwei zauberhaften Tagen!«
Zwanzig Jahre später wurde Dreisers Buch unter dem Titel *A place in the sun* (Ein Platz an der Sonne, USA 1951) von George Stevens neu verfilmt.

Le amiche
Die Freundinnen

Italien 1955

R: Michelangelo Antonioni; A: Michelangelo Antonioni, Suso Cecchi d'Amico und Alba de Cespedes nach dem Roman *Einsame Frauen* von Cesare Pavese; K: Gianni Di Venanzo; D: Eleonora Rossi-Drago, Gabriele Ferzetti, Franco Fabrizi, Valentina Cortese, Yvonne Furneaux, Ettore Manni, Madeleine Fischer, Annamaria Pancani

Clelia (E. R.-D.) ist Managerin eines Modesalons in Rom. Als sie von der Direktion nach Turin geschickt wird, um dort eine Filiale aufzubauen, gerät sie in einen Kreis von »Freundinnen«, verwöhnten Damen aus dem gehobenen Bürgertum, die ihre innere Leere durch Flirts und Partys zu betäuben suchen: Momina (Y. F.), Nene (V. C.), Mariella (A. P.) und die junge Rosetta (M. F.), die sich am Schluß aus enttäuschter Liebe zu Lorenzo (G. F.) das Leben nimmt. Auch Clelia erlebt eine kurze Liebesgeschichte mit dem Dekorateur Carlo (E. M.). Aber ihre Welten sind so verschieden, daß Clelia diese Liaison bald, fast hastig beendet.

Schon in der literarischen Vorlage ist die Monotonie unausgefüllten Lebens bedrückend gegenwärtig. Und Antonioni hat nicht versucht, diese Vorlage etwa effektvoll aufzubereiten. Er attackiert die »Freundinnen«, die ein Leben ohne Ziel führen, nicht durch große Worte oder dramatische Situationen, sondern durch die genaue Schilderung bezeichnender Details aus ihrem Alltag. Er zeigt, daß die berufstätige Clelia in diesem Kreis eine Ausnahme ist; aber er muß auch den Preis, den sie dafür zahlen muß: Ihr beruflicher Erfolg trennt sie von Carlo, von dem Mann, den sie liebt. Kernpunkt des Films ist dabei nicht die Psychologie einiger Menschen, sondern die Malaise der Frau in unserer Gesellschaft.

L'amore
Amore

Italien 1947/48

I. Teil: *Una voce umana* (Eine menschliche Stimme)
R: Roberto Rossellini; A: Roberto Rossellini nach dem Monodrama *Die menschliche Stimme* von Jean Cocteau; K: Robert Juillard; D: Anna Magnani

II. Teil: *Il miracolo* (Das Wunder)
R: Roberto Rossellini; A: Federico Fellini, Tullio Pinelli, Roberto Rossellini; K: Aldo Tonti; D: Anna Magnani, Federico Fellini

I. Eine mondäne Frau (A. M.) telefoniert verzweifelt mit dem Geliebten, der sie verlassen hat. Am Ende erdrosselt sie sich mit der Schnur des Telefons.
II. Eine geistesschwache Landarbeiterin (A. M.) begegnet einem bärtigen Hirten (F. F.), den sie für den hl. Josef hält. Sie sitzt neben ihm, trinkt von seinem Wein und schläft daraufhin ein. Als sie später merkt, daß sie schwanger ist, glaubt sie sich auserwählt, das Kind eines »Heiligen« zu gebären. Die Dorfbewohner verspotten sie und treiben sie schließlich aus dem Dorf. Sie flieht in die Berge und bringt in einer leeren Kirche ihr Kind zur Welt.

Zwei sehr unterschiedliche Episoden, die im weitesten Sinn nur das Thema (Die Liebe) und die großartige Leistung der Hauptdarstellerin Anna Magnani vereint. Im ersten Teil bietet sie eine schauspielerische »tour de force«, die den Zuschauer fast dazu bringt, sich als Voyeur zu fühlen: Liebe als unheilbare, tödliche Krankheit. Im zweiten Teil erscheint Liebe ganz anders: als Gnade, als unbeirrbare Richtschnur, als Licht in der Finsternis eines armseligen Lebens.

Der Film war damals heftig umstritten. Einigen galt er als »gotteslästerlich« und »blasphemisch«, es gab Boykottaufrufe und auch Verbote.

L'amour en fuite
Liebe auf der Flucht

Frankreich 1978

R: François Truffaut; A: François Truffaut, Marie-France Pisier, Jean Aurel, Suzanne Schiffman; K: Nestor Almendros; D: Jean-Pierre Léaud, Marie-France Pisier, Claude Jade, Daniel Mesguich, Dani, Dorothée, Julien Bertheau

Der fünfte und letzte Film aus dem Leben von Antoine Doinel (J.-P. L). Nach schwerer Kindheit (*Les quatre cents coups*), ersten Liebesenttäuschungen (in der Episode *Antoine et Colette* des Films *L'amour à vingt ans* – Liebe mit zwanzig, 1961), dem Schwanken zwischen einer verheirateten Frau und seiner Jugendliebe Christine (*Baisers volés*) und der Ehe mit Christine (*Domicile conjugal* – Tisch und Bett, Frankreich/Italien 1970) läßt er sich jetzt von Christine (C. J.) scheiden. Vor dem Gerichtsgebäude trifft er Colette (M.-F. P.), seine einstige »platonische« Liebe, die inzwischen Anwältin geworden ist. Das Gespräch mit ihr macht ihn nachdenklich, genauso wie die Begegnung mit dem ehemaligen Liebhaber seiner Mutter, Monsieur Lucien (J. B.). Antoine, der seinen Lebensunterhalt als Korrektor verdient, einen nicht übermäßig erfolgreichen Roman mit dem Titel »Liebes-Salat« geschrieben hat und unverdrossen an einem neuen Roman arbeitet, bringt es sogar über sich, seiner neuen Freundin Sabine (Do.) zu gestehen, daß er sie wirklich liebt. Ihre Bekanntschaft übrigens hatte er – typisch für ihn! – auf abenteuerliche Weise gemacht, indem er ein zerrissenes Foto von ihr, das er zufällig in einer Telefonzelle gefunden hatte, sorgfältig zusammensetzte und die Spur von dem Foto zu ihr mit kriminalistischem Spürsinn verfolgte. Ein Happy-End für Doinel?
»Ich glaube, daß ich hier einen Vorteil hatte, wie fast kein anderer Filmemacher. Wenn man einen Film dreht, der in die Vergangenheit einer Geschichte zurückgeht, hat man immer das Problem, einen jungen Schauspieler finden zu müssen, der dem erwachsenen Protagonisten ähnlich sieht ... Ich dagegen habe denselben Schauspieler für dieselbe Rolle über die verschiedenen Lebensalter gefilmt, und jetzt kann ich eine neue Geschichte erzählen, in der er als Erwachsener, als Kind und als Heranwachsender auftauchen kann ...«
Truffaut hat von dieser Möglichkeit reichlich Gebrauch gemacht. Immer wieder beschwören und belegen Rückblenden, Zitate aus den früheren Filmen, Antoines Vergangenheit. Das gibt dem Film über weite Strecken eine verblüffende Dimension, gibt ihm fast den Anschein des Dokumentarischen. Andererseits drängt sich streckenweise die Vergangenheit so sehr vor die Gegenwart, daß die Konturen der »neuen« Geschichte verschwimmen. Vor allem aber scheint es, daß der Schauspieler Léaud sich doch anders entwickelt hat als Truffauts Doinel. Hier entsteht gelegentlich eine Kluft, die auch die Inszenierungskunst Truffauts nicht ganz überbrücken konnte.

Amphitryon – Aus den Wolken kommt das Glück

Deutschland 1935

R: Reinhold Schünzel; A: Reinhold Schünzel frei nach dem gleichnamigen Schauspiel von Heinrich von Kleist; K: Fritz Arno Wagner, Werner Bohne; D: Willy Fritsch, Käthe Gold, Paul Kemp, Fita Benkhoff, Adele Sandrock

Der Kern der Handlung entspricht der klassischen Vorlage: Jupiter (W. F.) nimmt die Gestalt des Amphitryon an, um die Liebe von Amphitryons Gattin Alkmene (K. G.) zu genießen. Sein Begleiter Merkur (P. K.) nähert sich unterdessen Alkmenes Dienerin Andria (F. B.) in der Gestalt ihres Mannes Sosias.
Das Thema wird hier mit den Mitteln des Kabaretts behandelt. Jupiter erscheint als rechte Jammergestalt, die ganz unter dem Pantoffel der Göttermutter Juno (A. S.) steht. Juno putzt sich für einen Besuch »bei Plutos«. Seinen Ausflug zur Erde erschwindelt sich Jupiter unter dem Vorwand, eine Badereise machen zu wollen. Als Gefährt dient den beiden reisenden Göttern ein riesiger Regenschirm, mit dem sie vom Olymp herabschweben, während der Götterbote Merkur sich ansonsten der Rollschuhe bedient usw. Dieses in vielen Pennäler-

scherzen bewährte Rezept wurde hier aber konsequent und einfallsreich angewandt, so daß der Film ein großer Erfolg wurde.

Ana y los lobos
Anna und die Wölfe

Spanien 1972

R: Carlos Saura; A: Rafael Azcona, Carlos Saura; K: Luis Cuadrado; D: Geraldine Chaplin, Fernando Fernán Gómez, José María Prada, José Vivó, Rafaela Aparicio, Charo Soriano

Das englische Kindermädchen Anna (G. C.) kommt in ein einsam gelegenes, schloßartiges Bürgerhaus, in dem eine halbgelähmte Patronin (R. A.) mit ihren drei erwachsenen Söhnen, der Schwiegertochter Luchy (C. S.) und drei Enkelkindern lebt. Schon bald erkennt Anna, daß sie »unter die Wölfe gefallen« ist; sie durchschaut und entlarvt die Schwächen und Obsessionen der Hausbewohner. José (J. M. P.) gibt sich als starker Mann, der Anweisungen erteilt und Annas Papiere prüft. In Wahrheit ist er ein Feigling, der seine Schwäche mit einer abstrusen Uniform-Sammlung kompensiert. Fernando (F. F. G.) spielt den Heiligen und lebt und kasteit sich in einer dunklen Höhle. Die vorgetäuschte Heiligkeit ist jedoch nur Tarnung für seinen Masochismus. Und Juan (J. V.), der Verheiratete, dessen Kinder Anna erziehen soll, ist ein verklemmter Lüstling, der ihr unter fremdem Namen obszöne Briefe schreibt und sich Ersatzbefriedigung verschafft, indem er heimlich Annas Zahnbürste benutzt und sich in ihr Bett legt. In den Erzählungen der Patronin werden dann auch die fatalen Erziehungsmethoden deutlich, die diese Menschen so deformiert haben; die gleichen Methoden werden jetzt wieder für die Enkelkinder angewandt. Die Hausbewohner erkennen schließlich, daß Anna sie durchschaut hat. Sie wird aus dem Haus gewiesen und läuft entsetzt davon. Die drei Brüder lauern ihr auf. José und Fernando halten sie fest, damit Juan sie vergewaltigen kann. Fernando schneidet ihr die Haare ab. José erschießt sie. Alle drei haben sich »bewährt«, und die alte Ordnung ist wiederhergestellt.

Eine alptraumhafte Vision, die noch stärker als andere Filme Sauras an Buñuel erinnert und doch in den stilistischen Mitteln ganz eigenständig ist. Die Ordnungsmächte Spaniens – Militär, Kirche, Bürgertum – werden hier symbolisch denunziert. Die spanische Gesellschaft erscheint als ein Horror-Kabinett, in dem die lauthals behaupteten Tugenden nur Tarnung für perverse Mutationen sind. Und mit dem Hinweis auf die Erziehungsmethoden wird dieser Zustand auch noch in die Zukunft fortgeschrieben.

Der Andere ⓢ

Deutschland 1913

R: Max Mack; A: Max Mack nach einem Bühnenstück von Paul Lindau; K: Hermann Böttger; D: Albert Bassermann, Hanni Weisse, Otto Colott, Leon Resemann

Dr. Hallers (A. B.), ein prominenter Berliner Anwalt, leidet als Folge eines Sturzes vom Pferd an einer Persönlichkeitsspaltung. In seiner zweiten Existenz ist er ein Gauner, der zusammen mit einem Einbrecher (L. R.) in seine eigene Wohnung eindringt. Die Polizei, rechtzeitig gewarnt, ist jedoch zur Stelle und verhaftet Hallers und seinen Komplizen auf frischer Tat. Hallers verwandelt sich, offenbar unter dem Eindruck des Schocks, wieder in den ehrbaren Anwalt. Er hat keine Erinnerung an sein Verbrechen, muß aber seine Mitschuld erkennen und bricht zusammen. Später wird er geheilt.
Motive des Films – die gespaltene Persönlichkeit, die Schuld, die das andere Ich auf sich lädt – ähneln denen in *Der Student von Prag*. Hier allerdings, in einer »realistischen« Handlung, ersetzte man den tragischen Schluß durch einen zuversichtlichen Hinweis auf die Kraft der Liebe und der Seelenheilkunde.
Albert Bassermann, der bisher als besonders engagierter Gegner des neuen Mediums gegolten hatte, stand hier erstmals vor einer Filmkamera. Diese Tatsache lockte zahlreiche Rezensenten zur Uraufführung des Films, die damit für Deutschland so etwas wie die Geburtsstunde der Filmkritik war.

Andrej Rubljow
Andrej Rubljow

UdSSR 1966–69

R: Andrej Tarkowski; A: Andrej Michalkow-Kontschalowski, Andrej Tarkowski; K: Wadim Jussow; D: Anatoli Solonizin, Nikolai Sergejew, Nikolai Burljajew

Um 1400. Der Mönch Andrej Rubljow (A. S.) wird Schüler und Gehilfe des berühmten Ikonenmalers Theophan (N. S.). Theophan wird von düsteren Ahnungen heimgesucht; außerdem erfährt man, daß der Großfürst mehrere Künstler hat blenden lassen, damit sie für seinen jüngeren Bruder keine vergleichbaren Kunstschätze schaffen können. Andrej glaubt an die Welt und die Schönheit. Aber als er in einer Kirche das Jüngste Gericht malen soll, beginnt er zu zweifeln. Denn für den aufklärerischen Andrej ist das Jüngste Gericht das, was die Menschen aus ihrem Leben machen. Er legt die Arbeit nieder. Der jüngere Bruder des Großfürsten fällt an der Spitze einer Armee in das Land ein. In dem Gemetzel, das seine Soldaten anrichten, erschlägt Andrej einen Menschen, um eine Frau vor einer Vergewaltigung zu bewahren. Damit sind seine Ideale nachhaltig erschüttert. Theophan erscheint ihm als Geist. Und jetzt gibt Andrej seinem Pessimismus recht. Er legt ein Schweigegelöbnis ab und hört auf zu malen. Doch dann begegnet er Boriska (N. B.), dem Sohn eines verhungerten Glockengießers. Boriska hat sich verpflichtet, im Auftrag des Großfürsten eine riesige Glocke zu gießen. Fasziniert beobachtet Rubljow, wie Boriska, obwohl fast noch ein Kind, den Auftrag ausführt. Andrej bricht sein Schweigen und bittet Boriska, mit ihm zu kommen. In einem Kloster will er die Kirche ausmalen, Boriska soll die Glocken gießen ...
Der rund dreistündige CinemaScope-Film war in der UdSSR bis zum Dezember 1971 verboten. Offiziell hieß es, der Film gebe ein verzerrtes und negatives Bild vom Leben im damaligen Rußland. Wahrscheinlich sah man aber in Rubljows Hoffnungen und Träumen allzu viele religiöse Aspekte und in seiner skeptischen Suche nach neuen Formen und Inhalten ein Plädoyer für die Freiheit des Künstlers.
Der schwarzweiße Film, der lediglich in seinen Schlußszenen, in denen er Ikonen Rubljows zeigt, farbig wird, ist meisterhaft gestaltet. Szenen von visionärer Kraft und Vitalität werden unterbrochen von philosophischen Exkursen; formale Akzente wie Zwischentitel, Zeitlupenaufnahmen und Standbilder sind raffiniert gesetzt. Der episch breite Bericht aus einer Zeit voller Gewalttaten und Haß kreist immer wieder um das Problem des Künstlers, der ein Werkzeug in der Hand der Mächtigen und ihrer Ideologien ist. Eine Schlüsselszene des Films, gleichzeitig ironisch und von einer verzweifelten Hoffnung erfüllt, ist der Glockenguß, den Boriska angeblich nach einem ererbten Geheimrezept seines Vaters durchführt. In Wirklichkeit, so vertraut der Junge Rubljow an, gibt es überhaupt kein Geheimrezept; er hat den Mythos des Vaters nur benutzt, um seine eigenen Fähigkeiten beweisen zu können.

El ángel exterminador
Der Würgeengel

Mexiko 1962

R: Luis Buñuel; A: Luis Buñuel nach dem Manuskript *Les naufrages de la rue de la Providence*, das er zusammen mit Luis Alcoriza nach einem unveröffentlichten Schauspiel von José Bergamin geschrieben hatte; K: Gabriel Figueroa; D: Enrique Rambal, Lucy Gallardo, Silvia Pinal

Eine Party in der Villa des angesehenen Bürgers Nobile (E. R.) in der »Straße der Vorsehung«. Das Personal des Hauses verläßt ohne einleuchtenden Grund hastig die Arbeitsstätte; am späten Abend verwehrt ein seltsamer Zwang den Gästen, das Zimmer zu verlassen. Der Bann hält tagelang an; auch die alarmierte Polizei vermag andererseits nicht in das Haus einzudringen. In dieser Ausnahmesituation verändern sich die Gäste. Sie werden kindisch oder aggressiv, suchen Trost in der Religion oder Rettung in kabbalistischen Übungen. Ein junges Liebespaar begeht gemeinsam Selbstmord. Schafe und ein Bär trotten durch die Vorhalle. Schließlich kommt eine Frau (S. P.) auf die Idee, genau die Situation zu rekonstruieren, in der der Zwang zum ersten Mal spür-

El ángel exterminador

bar wurde; und plötzlich ist der Bann gebrochen. Erleichtert beschließen die Geretteten, einen Dankgottesdienst zu feiern; aber am Schluß der Messe wiederholt sich das seltsame Phänomen. Am Ende sieht man eine Schafherde in der Kirche verschwinden.

»Wenn der Film, den Sie jetzt sehen werden, Ihnen rätselhaft oder anstößig erscheint, so deshalb, weil auch das Leben es ist. Wie das Leben, so ist der Film voller Wiederholungen und vielfach interpretierbar. Der Autor erklärt, daß er keine Symbole geben wollte, zumindest nicht bewußt. Die beste Deutung von *El ángel exterminador* ist vielleicht die, daß es von der Vernunft her keine Deutung gibt« (Luis Buñuel im Vorspann des Films).

Der Film lädt dennoch zu Interpretationen ein. Der Wendepunkt zum Beispiel könnte die Freiheit des Menschen signalisieren, Entscheidungen zu revidieren, Fehler zu korrigieren. Man könnte jedoch auch christlicher interpretieren; denn unmittelbar vorher hatte der Hausherr, der von einigen Gästen für die Katastrophe verantwortlich gemacht wird, sich freiwillig als »Opfer« angeboten. Seine eigentliche Wirkung verdankt dieser Film jedoch neben der Meisterschaft der formalen Gestaltung wohl gerade der Tatsache, daß er rational nicht faßbare »Urangst« formuliert: der Mensch als Gefangener seiner eigenen Gedanken, Vorstellungen und Vorurteile.

Angels with dirty faces
Chicago

USA 1938

R: Michael Curtiz; A: John Wexley und Warren Duff nach einer Erzählung von Rowland Brown; K: Sol Polito; D: James Cagney, Pat O'Brien, Humphrey Bogart

Rocky Sullivan (J. C.) ist schon als Junge in den Slums zum Gesetzesbrecher geworden. Nach

15 Jahren kommt er als arrivierter Gangster in die Stadt zurück, wo sich seither wenig geändert hat. Sein Jugendfreund Jerry Connolly (P. O'B.) ist Priester geworden. Aber die Jungen in seinem Kirchenchor sind auch schon von der Gewalt fasziniert; Rocky wird ihr Idol. Rocky glaubt sich von seinem Anwalt James Frazier (H. B.) betrogen und versucht, sein Geld einzutreiben. Als Fraziers Versuch, ihn zu beseitigen, mißlingt, bekommt er das Geld und will Jerry Connolly 10 000 Dollar für ein Freizeitzentrum stiften. Der lehnt ab und beginnt statt dessen einen publizistischen Kampf gegen das Gangstertum. Rocky erschießt Frazier, wird verhaftet, verurteilt und hingerichtet. Aber vorher erfüllt er Jerry Connolly einen letzten Wunsch und gibt damit seinem Tod einen Sinn. Er spielt den angstschlotternden Feigling, wimmert vor den versammelten Reportern um Gnade und demontiert damit bewußt sein Image als hartgesottener Held. Die Jungen, die ihn bisher verehrt haben, sind tief enttäuscht und suchen Rat und Hilfe bei ihrem Pfarrer.

Der Schluß ist sentimental und inkonsequent. So unterlief man damals drohende Zensurschwierigkeiten, indem man die positive Nutzanwendung gleich mitlieferte. Vorher aber ist dies ein vorzügliches Beispiel für die große Tradition des amerikanischen Gangsterfilms. Konsequent werden die sozialen Bedingungen des Gangsterwesens gezeigt, überzeugend wird der Weg eines Jungen über kleine Gaunereien zum »echten« Gangster geschildert. Entsprechend nehmen Milieuschilderungen hier einen breiten Raum ein, sie überlagern aber niemals die Spannung des Geschehens.

Les anges du péché
Engel der Sünde / Das Hohelied der Liebe

Frankreich 1943

R: Robert Bresson; A: Jean Giraudoux, Robert Bresson, Pater Bruckberger OP; K: Philippe Agostini; D: Renée Faure, Jany Holt, Sylvie

Ein reiches, leidenschaftlich gläubiges Mädchen (R. F.) tritt in ein Kloster der Dominikanerinnen ein, die sich besonders der Fürsorge für weibliche Strafgefangene widmen. Als Novizin mit dem Klosternamen Anne-Marie kämpft sie verzweifelt um die Seele von Thérèse (J. H.), die wenige Stunden nach ihrer Entlassung aus dem Gefängnis im Kloster Schutz sucht. Weder Anne-Marie noch die Oberin (S.) wissen, daß Thérèse in diesen Stunden den Mann getötet hat, für den sie unschuldig ins Gefängnis gegangen war und der sie dann betrogen hatte. In ihrem Eifer, die verbitterte junge Frau zu bekehren, verstößt Anne-Marie sogar gegen die Klosterregeln und wird von der Oberin aus dem Kloster entlassen. Aber sie kehrt heimlich zurück, um Nacht für Nacht im Klostergarten für Thérèse zu beten. Dort findet man sie eines Morgens im Regen – schwer krank. Sterbend betet sie weiter für Thérèse, die an ihrem Totenbett verhaftet wird. Aber Anne-Maries Opfer hat Thérèse erschüttert und bekehrt. Nach Verbüßung der Strafe wird sie in das Kloster zurückkehren …

Der erste abendfüllende Spielfilm Bressons zeigt noch nicht den asketischen Bildstil seiner späteren und reiferen Werke; seine Entwicklung scheint hier jedoch schon deutlich vorgezeichnet. Die schmucklose dramaturgische Struktur verweist auf das Wesentliche des Geschehens, das sich hier – wie auch später bei Bresson – im Menschen selbst vollzieht.

Angst essen Seele auf

BRD 1973

R: Rainer Werner Fassbinder; A: Rainer Werner Fassbinder; K: Jürgen Jürges; D: Brigitte Mira, El Hedi ben Salem, Barbara Valentin, Irm Herrmann, Marquard Bohm

Die etwa 60jährige verwitwete Putzfrau Emmi (B. M.) lernt in einer Gastwirtschaft einen rund 20 Jahre jüngeren marokkanischen Gastarbeiter (E. H. b. S.) kennen, den sie der Einfachheit halber »Ali« nennt. Er bringt sie, absichtslos, nach Haus; sie lädt ihn »auf ein Glas« in ihre Wohnung und bietet ihm ein Zimmer für die Nacht, da das »Ausländer-Wohnheim« unterdessen geschlossen ist. Aus der flüchtigen Begegnung wird Liebe – gegen den Widerstand der Umwelt: Emmis Kinder, die sich bisher kaum um sie gekümmert haben, machen ihr bittere Vorwürfe wegen ihrer Unmoral, der Kaufmann an der Ecke weigert sich, Ali zu bedienen, Nachbarn und Arbeitskolleginnen Emmis machen giftige Bemerkungen. Die beiden ungleichen Liebenden ficht das alles nicht an; sie heiraten. Und nach einer Urlaubsreise scheint die Welt wunderbar verändert, weil die Gegner von gestern erkannt haben, daß Emmi und Ali ihnen nützlich sein können. Der Kaufmann bangt um seinen Umsatz, die Nachbarin bittet Ali um Hilfe bei schweren Arbeiten, die Kinder beuten Emmi als Baby-Sitterin aus, die Arbeitskolleginnen haben ein anderes »schwarzes Schaf« gefunden. Doch nun, da der äußere Druck gewichen ist, beginnt erst die innere Krise dieser Ehe. Ali fühlt sich von Emmi bevormundet; er möchte vor seinen Kollegen beweisen, daß er der Herr im Haus ist. Und häufiger zieht es ihn jetzt auch zu einer drallen Kellnerin (B. V.), was für Emmi den Altersunterschied drückend deutlich macht. Bei einer Auseinandersetzung bricht Ali zusammen und wird in ein Krankenhaus eingeliefert. Der Arzt diagnostiziert ein Magengeschwür, betont, das sei häufig bei Gastarbeitern, und prophezeit einen baldigen Rückfall. Aber Emmi will nicht aufgeben ...

Die Grundidee dieses Films hat Fassbinder bereits – wie eine »Nummern-Einlage« – in seinem Film *Der amerikanische Soldat* von einer Kellnerin erzählen lassen. Er hat sie hier fast so lapidar verfilmt wie dort erzählt. Diese bewußte Naivität der Erzählweise wirkt sehr überzeugend und eindringlich; und die genaue Beobachtung alltäglicher Details verhindert, daß der Film wie ein bloßes Lehrstück erscheint.

Anna Boleyn Ⓢ

Deutschland 1920

R: Ernst Lubitsch; A: Fred Orbing, Hanns Kräly; K: Theodor Sparkuhl; D: Emil Jannings, Henny Porten, Ludwig Hartau, Aud Egede Nissen, Hedwig Pauly

Die Geschichte von Anna Boleyn (H. Po.), der zuliebe Heinrich VIII. von England (E. J.) sich von seiner Frau Katharina (H. Pa.) scheiden ließ, sich gegen den Papst wandte und sich zum Oberhaupt der Anglikanischen Kirche ernannte. Nachdem Anna, nunmehr Königin, ihm nicht den erhofften Thronerben schenkt, wendet der König seine Gunst Johanna Seymour (A. E. N.) zu. Anna wird der Prozeß gemacht. Ein Gericht unter dem Vorsitz des Herzogs von Norfolk (L. H.), ihres eigenen Onkels, verurteilt sie wegen Ehebruchs zum Tode.

Die Kritiker zogen überwiegend die ein Jahr zuvor entstandene *Madame Dubarry* diesem Film vor. Tatsächlich ist *Madame Dubarry* einfallsreicher, ironischer und rhythmischer als *Anna Boleyn*. Pola Negri ist als Dubarry zudem überzeugender als Henny Porten in der Rolle der Anna Boleyn, während Emil Jannings sich offenbar am englischen Hof wohler fühlte als am französischen. Zu den Vorzügen von *Anna Boleyn* zählen prunk- und geschmackvolle Kostüme (Ali Hubert) und eine raffinierte Bildkomposition.

Anna Karenina

Anna Karenina

UdSSR 1967

R: Alexander Sarchi; A: Wassili Katanjan und Alexander Sarchi nach dem gleichnamigen Roman von Leo Tolstoi; K: Leonid Kalaschnikow; D: Tatjana Samoilowa, Nikolai Grizenko, Wassili Lanowoi

Verfilmung des gleichnamigen Romans von Tolstoi: Anna Karenina (T. S.), Karenin (N. G.), Wronski (W. L.).

Sarchi verwandte viel Sorgfalt auf die detaillierte Milieuschilderung. Aber er hielt sich nicht sklavisch an einen oberflächlichen Realismus und abstrahierte etwa die Ballszenen und die Szene beim Pferderennen zu raffinierten Form- und Farbspielen.

Interessant ist auch die Darstellung Karenins, der hier nicht als »Bösewicht«, sondern als unscheinbarer Mann erscheint, der ganz in den Konventionen der Gesellschaft lebt. Nikolai Grizenko übernahm die Rolle übrigens erst kurz vor Schluß der Dreharbeiten von dem erkrankten Innokenti Smoktunowski; zahlreiche Szenen mußten neu gedreht werden.

Tolstois Roman war vorher bereits mehrfach verfilmt worden, wobei Greta Garbo sogar in zwei Versionen die Titelrolle spielte: *Love* (Liebe, USA 1927) von Edmund Goulding unter Mitarbeit von Dimitri Buchowetzki, *Anna Karenina* (Anna Karenina, USA 1935) von Clarence Brown. Sehr erfolgreich war auch der Film *Anna Karenina* (Anna Karenina, England 1947), den Julien Duvivier mit Vivien Leigh in der Hauptrolle drehte.

L'année dernière à Marienbad
Letztes Jahr in Marienbad

Frankreich/Italien 1960

R: Alain Resnais; A: Alain Robbe-Grillet; K: Sacha Vierny; D: Delphine Seyrig, Giorgio Albertazzi, Sacha Pitoëff

Ein Mann (G. A.), den das Drehbuch »X« nennt, geht durch die Säle und Korridore eines prunkvollen Schlosses, das einem unbestimmbaren Zweck dient. Höchstwahrscheinlich ist es ein Luxus-Hotel. Der Mann sieht eine junge Frau, »A« (D. S.). X glaubt sich zu erinnern, daß er vor einem Jahr hier mit dieser Frau ein Liebeserlebnis gehabt und daß sie damals versprochen hat, nach einem Jahr endgültig bei ihm zu bleiben. Die Frau widerspricht, erinnert sich nicht. X insistiert. Aber da ist noch ein zweiter Mann, »M« (S. P.), der die Frau für sich behalten möchte. Am Ende verläßt die Frau mit X das Schloß und geht mit ihm in eine ungewisse Zukunft.
Nichts ist eindeutig in diesem Film. Man weiß nicht, ob X sich richtig erinnert, ob er sich überhaupt erinnert oder vielleicht nur ein Betrüger ist. Unklar ist auch die Rolle der Frau. Erinnert sie sich wirklich nicht, oder will sie sich nicht zu ihrer Erinnerung bekennen? Und schließlich wird auch niemals deutlich, in welchem Verhältnis M zu der Frau steht.
Genauso haben sich die Kritiker gestritten, ob der Inhalt des Films ein reales Geschehen oder vielleicht nur eine Traumvision der Frau ist. Resnais und Robbe-Grillet haben ausdrücklich alle Deutungsversuche als möglich und gleichrangig bezeichnet; sie meinten, jeder Besucher solle sich aus ihrem Film den Film machen, den er zu sehen wünsche.

Diese Vieldeutigkeit ist Vor- und Nachteil des Films zugleich. Sie verführt den Zuschauer gelegentlich zu Spekulationen, die seine Aufmerksamkeit eher auf oberflächliche Details als auf das Wesentliche lenken. Andererseits ist das Spiel mit Traum und Wirklichkeit, die Einheit von Gegenwart und Vergangenheit, die stark an *Hiroshima – mon amour* erinnert, von hohem ästhetischen Reiz. Resnais hat seinem Film unter Verzicht auf einschlägige Symbole eine Aura des Unwirklichen gegeben. Er zeigt nicht verschwimmende Visionen; er stimuliert die Ungewißheit des Zuschauers durch eine Folge von streng stilisierten Bildern. Nicht das bemerkenswerteste, wohl aber das bekannteste Beispiel für diese Stilisierung ist eine Szene im Park, in der die Menschen seltsam arrangiert sind, wobei ihre Schatten auf den weißen Boden aufgemalt wurden.

Annie Hall
Der Stadtneurotiker

USA 1976/77

R: Woody Allen; A: Woody Allen, Marshall Brickman; K: Gordon Willis; D: Woody Allen, Diane Keaton, Tony Roberts, Carol Kane, Paul Simon, Shelley Duvall, Janet Margolin, Donald Symington

Eingangs vertraut Alvy Singer (W. A.) den Zuschauern im Plauderton und »ganz privat« seine Probleme an: Er hat – vor allem – kein Glück bei Frauen; gerade jetzt ist ihm wieder eine davongelaufen. Der verunsicherte Alvy zieht Bilanz und überdenkt sein Leben: Sein Vater (D. S.) hatte eine Bude auf dem Rummelplatz und eine Wohnung neben der Achterbahn. Die Schulzeit war arm an Erfolgserlebnissen. Dennoch hat Alvy es zu etwas gebracht; jetzt, vierzigjährig, ist er ein erfolgreicher Komiker. Im Privatleben und vor allem in der Liebe allerdings hat er weniger Glück gehabt. Es gab Enttäuschungen, und es gab dann die Begegnung mit Annie Hall (D. K.). Man verliebte sich, zog zusammen und stellte ernüchtert fest, daß die beiderseitigen Auffassungen vom Sex nicht recht harmonierten. Annie verließ Alvy, der sich mit der Reporterin

Pam (S. D.) tröstete. Annie kommt für kurze Zeit zurück. Aber sie lernt bald den Pop-Star Tony Lacey (P. S.) kennen, der ihre Ambitionen als Sängerin fördert und dem sie nach Kalifornien folgt. Alvy versucht vergeblich, sie zurückzugewinnen. Seinen privaten Mißerfolg verarbeitet er zu seinem ersten Theaterstück.

Diese »romantische Komödie« (Woody Allen) wurde mit vier »Oscars« ausgezeichnet und von der Kritik nahezu einhellig als Allens bis dahin bester Film gerühmt. Der Kritiker der New Yorker »Saturday Review« schrieb anläßlich dieses Films über Allen: »Er hat sich vom Komiker zum Humoristen, vom einfallsreichen Filmemacher zum schöpferischen Künstler entwickelt.« Allen zeichnet hier mit sarkastischem Witz das Milieu intellektueller Schickeria; er schildert mit knapper Präzision Menschen, die ihre Unfähigkeit, wirklich zu leben, mit Bonmots überspielen, die ihre Unsicherheit und Traurigkeit hinter leeren Phrasen und Witzen verbergen. Vor diesem Hintergrund spielt sich Alvys Tragödie ab, die eines verwundbaren Menschen, eines ewigen Verlierers, der sich zu seinen Niederlagen nicht bekennen mag und der darum auch nicht aus ihnen lernen kann. Alvy gelingt es nicht, die Realität und seine Phantasie in Einklang zu bringen, und genausowenig, seinen Intellekt und seine Gefühle auszubalancieren. Am Ende glaubt er, im Leben eine ebensolche Rolle spielen zu müssen wie auf der Bühne, und ist höchst überrascht und beunruhigt, daß die Wirklichkeit nicht nach den Regeln der klassischen Dramaturgie abläuft. Ein Kernsatz im Film lautet: »Eins merke ich immer wieder: Man kann als Intellektueller absolut brillant sein, ohne auch nur zu wissen, was los ist.« Damit hat sich Alvy präzise selbst charakterisiert. Aber vermutlich hält er diese Formulierung nur für ein Bonmot …

À nous la liberté
Es lebe die Freiheit

Frankreich 1932

R: René Clair; A: René Clair; K: Georges Périnal; D: Henri Marchand, Raymond Cordy, Rolla France, Germaine Aussey

Zwei kleine Gauner, Louis (R. C.) und Émile (H. M.), wollen gemeinsam aus dem Gefängnis fliehen. Doch nur Louis hat Erfolg. Und der bleibt ihm treu: In einer wahren Blitz-Karriere avanciert er zum Besitzer einer Grammophon-Fabrik. Alte Erfahrungen kommen ihm zugute: Disziplin und Arbeitsmethoden am Fließband erinnern fatal an seine »Lehrjahre« im Gefängnis. Émile verbüßt unterdessen seine Strafe, gerät wegen Landstreicherei erneut hinter Gitter und landet schließlich in der Fabrik seines Freundes, wo auch Jeanne (R. F.) beschäftigt ist, die er ebenso intensiv wie unglücklich liebt. Als Louis seinen alten Freund erkennt und sich von ihm erkannt sieht, möchte er ihn zunächst durch eine großzügige Abfindung loswerden. Doch die alte Freundschaft ist stärker. Louis brüskiert die gute Gesellschaft, graut seine Frau (G. A.) aus dem Haus; und als schließlich ehemalige Mithäftlinge ihn erpressen wollen, fällt die Entscheidung. Da er sieht, daß er seine Vergangenheit nicht länger verbergen kann, schenkt er seine Fabrik den Arbeitern und zieht mit Louis wieder über die Landstraße. Zum Schluß sieht man die vollautomatisierte Fabrik Grammophone produzieren, während die Arbeiter angeln und die beiden Freunde als Straßensänger ihr Lied »À nous la liberté« vortragen.

Clair wollte hier den Charme seiner früheren Komödien mit handfester Sozialkritik verbinden. Das gelang aber nur teilweise. Die Fließband-Szenen in der Fabrik sind zwar entlarvend genug; entlarvender noch ist das Bild einer Schulklasse, in der die Kinder singen »Arbeit ist Pflicht, Arbeit ist Freiheit«; der Schluß ist jedoch allzu utopisch und naiv geraten. Immerhin erkannte das Publikum die Absicht; und ein Teil der Presse warf Clair damals vor, er betreibe das Geschäft der Kommunisten.

Chaplin hat sich von diesem Film möglicherweise bei der Gestaltung einiger Szenen seines Films *Modern times* inspirieren lassen; die Produktionsgesellschaft wollte damals sogar einen Plagiatsprozeß gegen Chaplin anstrengen. Aber Clair hat das verhindert.

Ansikte mot ansikte
Von Angesicht zu Angesicht

Schweden 1975

R: Ingmar Bergman; A: Ingmar Bergman; K: Sven Nykvist; D: Liv Ullmann, Erland Josephson, Aino Taube-Henrikson, Gunnar Björnstrand, Tore Segelcke, Kari Sylwan, Sven Lindberg

Während ihr Mann (S. L.) eine dreimonatige Vortragsreise in den USA absolviert, zieht die Nervenärztin Dr. Jenny Isaksson (L. U.) in das Haus ihrer Großeltern (A. T.-H., G. B.). Sie registriert den körperlichen und geistigen Verfall ihres Großvaters; die vertraute Umgebung ruft die Erinnerung an kindliche Ängste wach, die durch den Unfalltod ihrer Eltern provoziert wurden; nachts erscheint ihr eine alte Frau ohne Augen (T. S.). Auf einer Party lernt sie Dr. Jacobi (E. J.) kennen, dessen Ehe vor fünf Jahren geschieden wurde und dessen homoerotische Bindung an einen Schauspieler kürzlich zerbrochen ist. Jacobi sucht ihre Nähe, sucht Kontakte, sucht offenbar auch ihre Hilfe. Als Jenny auf der Suche nach ihrer Patientin Maria (K. S.), einer Halbschwester Jacobis, die aus der Klinik fortgelaufen ist, von zwei Männern angefallen wird, entladen sich ihre Nervenanspannung und ihre Depressionen in einem Selbstmordversuch. Jacobi findet sie und bringt sie in die Klinik. Noch einmal durchlebt sie in makabren Traumvorstellungen ihre Erinnerungen und Obsessionen. Dann hat sie die Krise überwunden und ist – nach landläufiger Vorstellung – körperlich und seelisch geheilt. Ihre Tochter besucht sie im Krankenhaus. Man spürt die grenzenlose Fremdheit zwischen ihr und dem Kind, das sich ungeliebt glaubt. Und man ahnt, daß Jenny in der Erziehung genauso versagt hat wie ihre Eltern und Großeltern.

Der Film analysiert die Ängste eines Menschen, den nicht nur quälende Kindheitserinnerungen heimsuchen, den nicht nur berufliche oder private Probleme überfordern, sondern der plötzlich von Zweifeln am Sinn seiner Existenz überfallen wird. Bergman realisiert das virtuos in einer Mischung aus penibler Beobachtung alltäglicher Details und düsteren Traumvisionen. Und er hat in Liv Ullmann eine Interpretin, die diese existentielle Gefährdung überzeugend vermittelt. So gelingt es ihm, den Zuschauer ganz in den Bann eines fremden Lebens zu ziehen. Und es gelang ihm sicherlich auch, eigene Ängste und Probleme durch ihre Visualisierung zu überwinden.

Ansiktet
Das Gesicht

Schweden 1958

R: Ingmar Bergman; A: Ingmar Bergman; K: Gunnar Fischer; D: Max von Sydow, Ingrid Thulin, Gunnar Björnstrand, Naima Wifstrand, Toivo Pawlo, Erland Josephson, Gertrud Fridh, Bengt Ekerot

»Doktor« Vogler (M. v. S.), Leiter eines »magnetischen Heiltheaters«, zieht im Jahr 1846 in Stockholm ein, wo er sich im Haus des Konsuls Egerman (E. J.) einem peinlichen Verhör durch den Arzt Vergerus (G. B.) und den Polizeichef Starbeck (T. P.) unterziehen muß. Der Arzt hat mit dem Konsul gewettet, daß es keine übersinnlichen Phänomene gebe. Und wenigstens am Beispiel Voglers gelingt dem materialistisch-diesseitsgläubigen Wissenschaftler der Beweis. Voglers Kunststücke erweisen sich als plumpe Taschenspielertricks. Doch der fahrende Gaukler rächt sich. Er stellt Starbeck bloß, indem er dessen Frau hypnotisiert. Frau Egerman (G. F.) erliegt seiner Faszination, und dem Arzt spielt er in einer grausigen Szene die Auferstehung eines Toten vor: Nachdem ein hypnotisierter Knecht ihn attackiert hatte, hat sein Assistent Manda (I. T.), der in Wirklichkeit seine Frau ist, die Leiche des in der Nacht gestorbenen Schauspielers Spegel (B. E.) als den vermeintlich toten Vogler präsentiert. Während der Arzt die Leiche seziert, tritt Vogler auf. Als auch dieses Spiel aufgeklärt ist, als Vogler sich seiner dämonischen Maske entledigt, seine angebliche Stummheit durchbrochen hat, als die Truppe aus der Stadt gejagt werden soll und auseinanderzubrechen droht, kommt ein Bote des Königs und lädt Vogler zu einem Gastspiel auf das Schloß. Vogler scheint rehabilitiert.

Ein faszinierendes Spiel zwischen Realität und Illusion, in dem nicht einmal die Akteure eindeutig fixiert sind: Der knabenhafte Assistent entpuppt sich als verkleidete Frau, die »Hexe« (N. W.) kann

Apá (Dani Erdélyi, Miklós Gábor)

zwar scheinbar Tote beschwören, setzt sich dann aber mit ihren Ersparnissen ganz bürgerlich zur Ruhe, der Scharlatan Vogler hat tatsächlich Macht über Menschen. Vogler ist wohl Sinnbild des Künstlers, dem seine Maske Macht verleiht; aber unter der dämonischen Maske verbirgt sich – nicht weniger eindrucksvoll – das Gesicht eines gequälten Menschen. Gleichermaßen »demaskiert« Bergman auch die Vertreter der bürgerlichen Welt. Die Gesichter hinter ihren Masken aber sind weit weniger eindrucksvoll.

Apá
Vater

Ungarn 1966

R: István Szabó; A: István Szabó; K: Sándor Sára; D: András Bálint, Klári Tolnay, Miklós Gábor, Dani Erdélyi

Kurz nach dem Krieg verliert der kleine Takó (D. E.) seinen Vater. Das Kind macht den Toten in seinen Träumen zum kühnen Partisan und verschafft sich mit entsprechenden Erzählungen Respekt bei seinen Spielgefährten. 1956 beginnt Takó (A. B.) sein Studium. Er fängt an, seine Situation kritischer zu reflektieren, und es fällt ihm immer schwerer, das Idealbild des Vaters (M. G.) zu bewahren. Schließlich sucht er Freunde und Mitarbeiter des Vaters auf, um von ihnen die Wahrheit über den Toten zu erfahren. Er hört, daß der Vater ein guter, aber durchschnittlicher Mensch war – ein Mensch eben und kein heroisches Standbild. Takó sieht ein, daß er aus eigener Kraft leben muß. Er setzt sich eine Aufgabe, mit der er sich bestätigen will: Er will die Donau durchschwimmen. Sein Kopf tanzt im Wasser, die Kamera fährt zurück, und man sieht viele junge Männer, die hinter ihm herschwimmen – Schicksalsgenossen. Ähnlich wie in seinem Erstlingswerk *Álmodozások kora* weitet Szabó auch hier ein privates

Schicksal zum Modell. Zunächst ist dieser Film die subtile Studie eines Jungen, der den Verlust des Vaters in seiner Phantasie durch ein überlebensgroßes Vaterbild kompensiert. Aber schon früh kommt gesellschaftliche Realität ins Spiel, etwa in dem Gespräch mit einem Schulkameraden, der als Sohn eines Grafen heute unterprivilegiert ist. Und dann gibt es zwei besonders deutliche Schlüsselszenen. Erstens: Takó gerät in die Revolution von 1956; ihr Erlebnis leitet bei ihm den »Abschied von den Vätern« ein. Zweitens: Takó verdient sich Taschengeld als Statist in einem Film über die Besatzungszeit. Mit anderen Deportierten wird er von faschistischer Miliz über eine Brücke getrieben. Dann eine kurze Regieanweisung – man nimmt ihm den gelben Judenstern ab, gibt ihm eine Armbinde und funktioniert den Unterdrückten durch einen Handgriff zum Unterdrücker um. Takós Weg ins Leben ist nicht nur ein privater, sondern auch ein politischer Lernprozeß.

Apache
Massai / Der große Apache

USA 1954

R: Robert Aldrich; A: James R. Webb nach dem Roman *Bronco Apache* von Paul J. Wellman; K: Ernest Laszlo; D: Burt Lancaster, Jean Peters, John McIntire

Empört schießt der junge Krieger Massai (B. L.) auf die weiße Fahne des Häuptlings Geronimo, als der sich den Weißen ergeben will; später wird er zusammen mit Geronimo deportiert. Er flieht, schlägt sich Hunderte von Meilen durch feindliches Land und findet sein Heimatdorf verändert: Fast alle Krieger sind deportiert worden, ein anderer Mann umwirbt die von ihm geliebte Nalinle (J. P.). Massai möchte jetzt auch in Frieden leben. Aber nachdem Nalinles Vater ihn an die Weißen verraten hat, beginnt er einen erbarmungslosen Ein-Mann-Krieg. Er entführt Nalinle, weil er glaubt, sie sei am Verrat ihres Vaters beteiligt gewesen. Als er einsieht, daß er sie zu Unrecht verdächtigt hatte, geht er mit ihr in die Berge, wo Nalinle ihn dazu bringt, den Acker zu bestellen. Die beiden werden entdeckt und umzingelt. Aber just vor dem letzten Gefecht bringt Nalinle ein Kind zur Welt. Massai ist Familienvater und Bauer geworden; die weißen Soldaten respektieren dies und ziehen ab.

Aldrich zeigt viel Verständnis für die schwierige politische und psychologische Situation der Indianer. Wichtiger als Massais Kleinkrieg ist diesem Film seine allmählich wachsende Erkenntnis, daß die Reste seines Volkes nur als Bauern und nicht als Jäger überleben können. Der Schluß ist leider allzu sentimental und pathetisch geraten.

Aparajito
Apus Weg ins Leben: Der Unbesiegbare / Der Unbesiegbare

Indien 1956

R: Satyajit Ray; A: Satyajit Ray nach einem Roman von Bibhuti Bhusan Bandopadhaya; K: Subrata Mitra; D: Pinaki Sen Gupta, Smaran Ghosal, Karuna Bandopadhaya, Kanu Bandopadhaya

In Benares verdient Apus Vater (Kan. B.) den Lebensunterhalt für die Familie, indem er öffentlich aus den heiligen Schriften vorliest. Aber in der Nacht des Lichterfestes erkrankt er und stirbt. Die Mutter (Kar. B.) nimmt zunächst eine Stellung als Köchin an, kehrt dann aber aufs Land zurück. Apu (P. S. G.) soll Priester werden; schließlich kann er jedoch seine Mutter dazu überreden, daß er eine normale Schule besuchen darf. Er besteht sein Examen glänzend und fährt in die Stadt zum Studium. Während Apu (S. G.) sich dort auf seine erste akademische Prüfung vorbereitet, erkrankt seine Mutter. Apu fährt sofort nach Haus. Doch er kommt zu spät; die Mutter ist tot.
Zweiter Teil einer Trilogie, zu der noch die Filme *Pather panchali* und *Apur sansar* gehören. Dieser zweite Teil bringt interessante Milieuschilderungen aus der Großstadt, vom Leben am Ufer des Ganges, von den sozialen Unterschieden. Aber trotzdem treten jetzt die individuellen Probleme stärker in den Vordergrund; aus der Zustandsschilderung wird eine Entwicklungsstudie. Besondere Bedeutung ge-

winnt Apus Begegnung mit der Wissenschaft, mit neuen Freunden und neuen Ideen, die ihn dem Land und seiner Mutter entfremden. Der Stil des Films ist ein wenig europäischer geworden; aber nicht so sehr, daß darunter die stilistische Einheit und die stilistischen Eigenarten des Regisseurs Ray gelitten hätten.

In verschiedenen Unterlagen taucht der bengalische Name Bandopadhaya auch in seiner modernen, anglisierten Schreibweise Banerjee auf.

Apocalypse now
Apocalypse Now

USA 1976–79

R: Francis Ford Coppola; A: John Milius, Francis Ford Coppola nach Motiven der Novelle *Das Herz der Finsternis* von Joseph Conrad; K: Vittorio Storaro, Spezialeffekte: Joseph Lombardi, A. D. Flowers; D: Martin Sheen, Robert Duvall, Marlon Brando, Frederic Forrest, Dennis Hopper

Vietnam 1969. Hauptmann Willard (M. S.) erhält im Hauptquartier des CIA einen Spezialauftrag: Er soll den hochdekorierten und einst allseits geachteten Oberst Kurtz (M. B.) im Dschungel ausfindig machen, seines Postens entheben und notfalls liquidieren. Denn Kurtz hat sich nach Kambodscha abgesetzt und führt dort, als grausamer und gottähnlicher Herrscher über einen primitiven Eingeborenenstamm, eine Art Privatkrieg. Willard macht sich mit ein paar Mann und einem Patrouillenboot auf den Weg; die Fahrt durch den Dschungel wird für ihn zu einer Konfrontation mit einer makabren Wirklichkeit – und mit sich selbst. Er trifft auf Oberst Kilgore (R. D.), der zu den Klängen des »Walkürenritts« mit seiner Hubschrauber-Staffel ein vietnamesisches Dorf »ausradiert« und das Gebiet mit Napalm »säubert«, damit einer aus Willards Truppe ungestört seine Künste als Surfer vorführen kann. Er findet mitten im Dschungel ein gigantisches Versorgungslager, in das mit Hubschraubern Playgirls zur »Truppenbetreuung« eingeflogen werden. Er trifft auf eine harmlose vietnamesische Dschunke, bei deren Kontrolle zwei seiner Männer die Nerven verlieren und eine ganze Familie mit ihren Maschinenpistolen durchsieben. Nur den »Feind« sieht er nicht; der steckt irgendwo im Dschungel. Und er gelangt schließlich in das »Reich« von Oberst Kurtz, wo ihm ein geschwätziger Journalist (D. H.) den Ruhm des »Herrschers« preist. Im Gespräch mit Kurtz droht Willard der Faszination des Gegenspielers zu erliegen. So ist es fast ein Akt der Notwehr, daß er Kurtz tötet. Willard macht sich auf die Heimfahrt durch den Dschungel; das »Reich« verbrennt im Feuersturm eines Bombenangriffs.

Eine erste Fassung des Drehbuchs entstand schon Ende der sechziger Jahre. Damals sollte eigentlich George Lucas die Regie übernehmen. Aber der konnte sich mit dem Stoff nicht befreunden, und so griff Coppola das Projekt fast zehn Jahre später selbst auf. Der kalkulierte Aufwand und zahlreiche Mißgeschicke machten *Apocalypse now* mit einem Etat von über 30 Millionen Dollar zum bis dahin teuersten Werk der Filmgeschichte.

Das Ergebnis war nicht unumstritten. Aber es überwog doch die Anerkennung für einen Film, der den Wahnwitz des Krieges in bildstarken Sequenzen einfängt und der das Grauen gleichzeitig mehr und mehr zu Metaphern verdichtet. Dabei ist dieses aufwendige Anti-Kriegs-Drama gleichzeitig auch ein psychologisches Kammerspiel. Willards Fahrt auf dem Fluß wird auch zur Expedition in sein eigenes Bewußtsein und Unterbewußtsein, die ihn schließlich in der Begegnung mit Kurtz zu einer Konfrontation mit den dunklen Seiten seiner eigenen Seele führt. So ist die Tötung von Kurtz auch eine Abrechnung Willards mit sich selbst.

Allerdings kann man darüber streiten, ob die Verbindung der symbolträchtig-geheimnisvollen Novelle Conrads und anderer literarischer Einflüsse (u. a. T. S. Eliot) mit der Realität des Vietnam-Krieges nicht dazu beiträgt, den Krieg zu mystifizieren und ihn den rationalen Kategorien, die zu seiner Verhinderung nötig sind, zu entziehen.

Die 2001 unter dem Titel *Apocalypse now redux* in die Kinos gelangte Langfassung enthält atmosphärisch dichte Szenen von der Begegnung des Helden mit französischen Plantagenbesitzern, eine weitere Playgirl-Episode und zusätzliche Charakterisierungen der Hauptfigur. Die Reise ins Herz der Finsternis betont nun das Psychodrama stärker als den Kriegsfilm, gibt dem Werk eine neue, historische Dimension. Von der restaurierten Version sagte Coppola: »Nichts ist grundsätzlich anders, nur besser, eindringlicher und in einer viel komplexeren Art und Weise.«

Apur sansar
Apus Weg ins Leben: Apus Welt / Apus Welt

Indien 1959

R: Satyajit Ray; A: Satyajit Ray nach einem Roman von Bibhuti Bhusan Bandopadhaya; K: Subrata Mitra; D: Saumitra Chattopadhaya, Sharmila Tagore, Shapan Mukhopadhaya, Sreeman Aloke Chakraverty

Apu (S. C.) hat sein Zwischenexamen bestanden. Er sucht Arbeit und schreibt gleichzeitig an einem autobiographischen Roman, der ihn als Schriftsteller bekannt machen soll. Auf Einladung seines Freundes Pulu (S. M.) fährt er zur Hochzeit von Pulus Kusine Aparna (S. T.) mit in ein kleines Dorf, in dem man noch ganz nach den alten Traditionen lebt. Kurz vor der Hochzeitszeremonie stellt sich heraus, daß der Bräutigam an Wahnsinnsanfällen leidet. Aber die Tradition will es, daß bis zum festgesetzten Termin der Trauung ein neuer Bräutigam gefunden wird. Pulu bittet Apu, sich zur Verfügung zu stellen; der willigt nach langem Sträuben ein. Trotz dieser überstürzten Hochzeit verbindet Apu und Aparna bald eine innige Liebe. Als Aparna bei der Geburt eines Sohnes stirbt, gibt Apu Beruf und Wohnung auf und macht sich auf eine lange Wanderschaft, ohne sich um sein Kind zu kümmern. Erst fünf Jahre später findet Pulu ihn und überredet ihn, seinen Sohn zu besuchen. Zunächst finden Apu und sein Sohn, der bei seinem Großvater aufgewachsen ist, keinen Kontakt. Doch dann erkennt Apu, daß dieses Kind seinem Leben einen neuen Sinn geben kann.

Apur sansar ist der letzte Teil einer Trilogie, zu der noch die Filme *Pather panchali* und *Aparajito* gehören.

Man erlebt die weitere Entwicklung Apus, in der sich hier offensichtlich auch der Aufbruch Indiens in die Neuzeit spiegelt. Der Gegensatz zwischen Traditionen und neuen Erkenntnissen und Lebensweisen ist ein wichtiges Thema des Films. Ray steht auf der Seite des »neuen« Menschen; er erkennt die Notwendigkeit einer Veränderung. Aber er hat auch viel Verständnis für die, denen der Aufbruch in eine neue Zeit nicht oder nur unter Schwierigkeiten gelingt. So ist Apus Liebe zu Aparna sicherlich auch eine Sympathieerklärung Rays für manche alten Traditionen seines Landes. Dieses Thema – der Kampf zwischen dem Fortschritt und den Traditionen, der Respekt vor denen, die dabei auf der Strecke bleiben – kehrt in mehreren Filmen Rays, am deutlichsten vielleicht in *Jalsaghar*, wieder. Die bengalischen Namen der Stabliste tauchen in manchen Unterlagen auch in ihrer modernen, anglisierten Schreibweise auf: Bandopadhaya = Banerjee, Chattopadhaya = Chatterjee, Mukhopadhaya = Mukherjee.

L'argent
Das Geld

Frankreich/Schweiz/BRD 1982/83

R: Robert Bresson; A: Robert Bresson nach der Novelle *Der gefälschte Coupon* von Leo Tolstoi; K: Emmanuel Machuel, Pasqualino De Santis; D: Christian Patey, Didier Baussy, Caroline Lang, Vincent Risterucci, Marc Ernest Fourneau

Ein Gymnasiast (M. E. F.) bringt leichtfertig einen falschen 500-Francs-Schein in Umlauf, indem er mit diesem Schein in einem Fotogeschäft bezahlt. Als der Inhaber (D. B.) die Fälschung entdeckt, dreht er den Schein dem jungen Yvon (C. P.) an, der ihm das Heizöl geliefert hat. Bei Yvon wird der Schein gefunden; und da der Fotohändler und sein Angestellter (V. R.) falsch aussagen, verliert der junge Familienvater seine Stellung. Aus finanzieller Not läßt er sich überreden, als »Fahrer« bei einem Bankraub mitzumachen, wird gefaßt und zu drei Jahren Zuchthaus verurteilt. Während der Haftzeit stirbt sein Kind und läßt seine Frau (C. L.) sich scheiden. Verzweifelt macht Yvon einen Selbstmordversuch. Nach seiner Entlassung tötet er, innerlich vollkommen verhärtet, wegen einer geringen Geldsumme einen Hotelbesitzer und dessen Frau. Dann flieht er aufs Land, wo eine Familie ihn aus Barmherzigkeit aufnimmt. Eines Nachts erschlägt er alle Hausbewohner mit einer Axt und stellt sich dann der Polizei.

Die strenge Kausalität der Handlung zielt natürlich nicht auf eine banale kriminalistische Folgerichtigkeit. Geplant und entstanden ist hier vielmehr eine Parabel von unerbittlicher Konsequenz, in der die Fabel und die Form aller Zufälligkeiten entkleidet und auf das Wesentliche reduziert worden sind. Das heißt: Die Kraft des Götzen Geld wird hier gezeigt und auch ganz allgemein die Kraft des Bösen, das – einmal in die Welt gelangt – immer weitere Kreise zieht, so als habe man einen Stein ins Wasser geworfen. In letzter Konsequenz bewirkt eben doch die unbedachte Handlung des Gymnasiasten den furchtbaren Massenmord am Schluß. Allerdings geschieht das bei Bresson nicht mit fatalistischer Unentrinnbarkeit. Der Film zeigt auch den verzweifelten Kampf Yvons gegen den Untergang, der erst besiegelt wird durch stets neue Enttäuschungen, die seine Mitmenschen und die Gesellschaft ihm bereiten. So entstand ein Bild der Verzweiflung in einer Welt, in der Gott schweigt, die Chronik eines unausweichlichen Untergangs und – ein Meisterwerk von eindrucksvoller künstlerischer Geschlossenheit.

Arkadaş
Der Freund

Türkei 1974

R: Yilmaz Güney; A: Yilmaz Güney; K: Çetin Tunca; D: Yilmaz Güney, Kerim Afşar, Azra Balkan, Melike Demirağ, Ahu Tugbay, Nizam Ergüden

Zwei Freunde, Azem (Y. G.) und Djemil (K. A.), treffen sich nach vielen Jahren wieder. Djemil ist reich geworden, während Azem den gemeinsamen Idealen der Vergangenheit treu geblieben ist und es nur bis zum einfachen Straßenbau-Ingenieur gebracht hat. Zwar lädt Djemil den Freund spontan in sein elegantes Sommerhaus am Bosporus ein; aber schon bald erweist sich, daß Azem allein durch seine Gegenwart den Gastgeber und dessen Freunde irritiert. Allzu deutlich wird der reichen Schikkeria, daß Azem ihre schalen Vergnügungen mißbilligt. Nur Djemils Schwägerin Melike (M. D.) versucht, den Gast und seine Ideen zu verstehen. Azem wiederum bemüht sich um den jungen Ahu (A. T.), den er beobachtet hat, als er die Autos der Reichen demolierte, und dessen Initiative er gern in vernünftigere Bahnen lenken möchte. Als die beiden Freunde Djemils Heimatdorf besuchen, wo dessen Bruder Muhittin (N. E.) dank eines mit Azems Hilfe gebohrten Brunnens zufrieden als Kleinbauer lebt, kommt auch Djemil die Sinnlosigkeit seines Lebens zu Bewußtsein. Verzweifelt schwört er, sich zu ändern. Azem jedoch bleibt skeptisch. Nach der Rückkehr in das feudale Sommerhaus packt Azem seinen Koffer. Djemils Frau (A. B.) verabschiedet den gefährlichen Gast mit einer Ohrfeige, während Djemil selbst zu keiner Reaktion fähig zu sein scheint. Als Azem auf die Straße tritt, tönt aus Djemils Haus ein Schuß. Azem stockt kurz und geht dann lächelnd weiter, Ahu entgegen, der ihm, ebenfalls lächelnd, entgegenkommt.

Obwohl der Film gleichsam Prototypen der modernen türkischen Gesellschaft einander gegenüberstellt, ist er alles andere als ein Pamphlet. Güney predigt nicht, und formuliert seine Kritik auch nicht in aufgesetzten dramatischen Effekten. Er sammelt vielmehr Beobachtungen und Fakten, die er im ruhigen Fluß seiner Erzählung vor den Zuschauern ausbreitet – Momentaufnahmen aus einem Land, das nach Güneys Meinung in heillose Unordnung geraten ist. Basis der notwendigen Erneuerung aber sind für Güney offensichtlich nicht politische Rezepte, sondern eine Neubesinnung des Menschen. Für ihn gilt die Initiative des Bauern, der ein Stück Land bewässert, genausoviel wie die richtige Entscheidung eines Technikers oder eines Funktionärs oder die Einsicht eines aufbegehrenden Jugendlichen. Daß es ihm gelingt, diese banal klingende Weisheit durchaus nuanciert darzustellen, spricht für diesen Film.

L'arrivée du train
Die Ankunft des Zuges

Frankreich 1895

Ein Film der Gebrüder Lumière

Der Film zeigt, wie ein Zug auf dem Bahnhof von La Ciotat einfährt. Die Kamera steht so, daß der Zug auf sie zu und dann knapp an ihr vorbeifährt.
Bei Vorführungen des Films sprangen nicht selten Zuschauer entsetzt von ihren Stühlen, weil sie Angst hatten, von der Lokomotive überrollt zu werden. Die Faszination des neuen Mediums wurde hier besonders deutlich. Übrigens enthält der Film – allerdings durch die Bewegung der Objekte – bereits alle filmischen Einstellungen von der Totalen bis zur Großaufnahme.

L'arroseur arrosé
Der begossene Begießer

Frankreich 1895

Ein Film der Gebrüder Lumière

Ein Gärtner sprengt mit einem Schlauch den Garten. Heimlich stellt sich ein Junge auf den Schlauch, worauf der Strahl versiegt. Als der verdutzte Gärtner die Düse prüfend vor sein Gesicht hält, geht der Junge vom Schlauch herunter, und ein Wasserstrahl schießt dem Gärtner ins Gesicht.
Dieser Film dürfte das erste Filmlustspiel sein. Seine Pointe zieht sich in Variationen durch die Filmgeschichte. Der Film wird häufig auch mit dem Titel *Le jardinier* (Der Gärtner) zitiert.

Arsenal
Arsenal

UdSSR 1928

R: Alexander Dowschenko; A: Alexander Dowschenko; K: Daniel Demuzki; D: Semjon Swaschenko, Ambrosi Butschma, Nikolai Nademski

Der Film schildert den Aufstand der Arbeiter der Munitionsfabrik »Arsenal« (1917 in Kiew) gegen die separatistisch-nationalistische Regierung. Aber er handelt in einem ausgedehnten Prolog auch vom Elend der russischen Bauern im Zarenreich und von den Schrecknissen des Krieges. Wie ein roter Faden zieht sich die Gestalt des Arbeiters Timosch Stojan (S. S.) durch den Film. Er tritt einem Offizier entgegen, der heimkehrende Soldaten als »Fahnenflüchtige« beschimpft; er bereitet den Aufstand in Kiew vor; und er steht nach dem Scheitern des Aufstandes vor den Gewehren eines Exekutionskommandos. Sie schießen und brüllen ihn an: »Falle! Fall doch schon!« Aber Timosch fällt nicht. Er ist unsterblich wie die revolutionäre Arbeiterklasse.
Dowschenkos Film verzichtet auf die übliche Handlung. Er gleicht eher einem dramatischen Gedicht, und er nimmt sich entsprechend auch dichterische Freiheiten. Da prügelt etwa ein halbverhungerter Bauer grundlos und in ohnmächtiger Verzweiflung sein Pferd. Das Tier fällt schließlich entkräftet zu Boden – und spricht seinen Peiniger kopfschüttelnd an: »Du schlägst den Falschen, Iwan!«
Gelegentlich verfiel Dowschenko aber auch pathetischer Übersteigerung – so in der Schlußszene mit dem »unbesiegbaren« Revolutionär, so auch schon vorher, als ein Arbeiter einem nationalistischen Offizier, der ihn erschießen will, gelassen die entsicherte Pistole aus der zitternden Hand nimmt und ihn seinerseits erschießt. Insgesamt ist dies jedoch ein Film von poetischem Reiz und ursprünglicher Kraft. Es ist ein Film, der vor allem an das Gefühl appelliert und in dem selbst die Zwischentitel weniger eine informative als vielmehr eine emotionelle Funktion haben.

Arsenic and old lace
Arsen und Spitzenhäubchen

USA 1941

R: Frank Capra; A: Julius J. und Philip G. Epstein nach dem gleichnamigen Bühnenstück von Joseph Kesselring; K: Sol Polito; D: Cary Grant, Priscilla Lane, Josephine Hull, Jean Adair, Raymond Massey, Peter Lorre, John Alexander

Kurz nach seiner Heirat mit der reizenden Elaine (P. L.) entdeckt der Schriftsteller Mortimer Brewster (C. G.), daß seine lieben alten Tanten Abby (J. H.) und Martha (J. A.) Massenmörderinnen sind, die aus lauter Gutmütigkeit am laufenden Band alleinstehende ältere Herren mit vergiftetem Holunderbeerwein von ihrer Einsamkeit erlösen. Die Leichen hat Mortimers spleeniger Bruder Teddy (J. Al.), der sich für Theodore Roosevelt hält, im Keller verscharrt, wo er die Gräber jeweils als neue Schleusen für den Panama-Kanal deklariert. Die Situation kompliziert sich, als auch noch Bruder Jonathan (R. M.) mit seinem Freund Dr. Einstein (P. L.) auftaucht. Jonathan ist ein steckbrieflich gesuchter Verbrecher; ihn verzehrt alsbald der Neid, daß die braven Tanten genauso viele Morde aufzuweisen haben wie er. Mit Mortimer als Opfer könnte er sie überflügeln. Das turbulente Durcheinander löst sich schließlich in ein Happy-End auf: Jonathan wird verhaftet, Dr. Einstein flieht, die Tanten und Teddy kommen in eine gemütliche Nervenklinik, und Mortimer erfährt, daß er ein angenommenes Kind und mit der mörderischen Brewster-Sippe nicht verwandt ist.
Capra hat seine literarische Vorlage getreu verfilmt. Das Ergebnis ist gleichwohl nicht einfach abgefilmtes Theater, sondern eine auch filmisch wirkungsvolle Gruselkomödie, die besonders aus der Betonung der Details Wirkungen bezieht. Das Absurde wird hier mit solcher Selbstverständlichkeit vorgeführt, daß schließlich Mortimer und Elaine, die beiden »Normalen«, wie Fremdkörper wirken.
Der Film wurde bereits 1941 fertiggestellt, aus firmenpolitischen Gründen aber erst 1944 uraufgeführt.

Die Artisten in der Zirkuskuppel: ratlos

BRD 1968

R: Alexander Kluge; A: Alexander Kluge; K: Günter Hörmann, Thomas Mauch; D: Hannelore Hoger, Siegfried Graue, Alfred Edel, Eva Oertel

Der Artist Manfred Peickert (S. G.) möchte den Zirkus verändern und schlägt seinem Direktor vor, Elefanten in die Zirkuskuppel zu hieven. Nachdem Manfred Peickert vom Trapez gestürzt ist, will seine Tochter Leni (H. H.) seine Ideen weiterentwickeln und einen »Reformzirkus« gründen. Sie spricht mit Experten und diskutiert mit ihrem Freund Dr. Busch (A. E.) über die Zielgruppen, die angesprochen werden sollen. Aus Geldmangel scheitert das Unternehmen zunächst. Doch dann stirbt Lenis Freundin Gitti Bornemann (E. O.) und vererbt Leni ihr Vermögen. Leni Peickert mietet das Gebäude eines ehemaligen Winterzirkus und bereitet mit einigen Mitarbeitern ihr Programm vor. U. a. sollen Clowns die Erschießung des Kaisers Maximilian von Mexiko darstellen. Aber Leni Peickert ist sich über ihr Konzept im unklaren. Noch vor der Premiere liquidiert sie das Unternehmen; sie geht mit ihren Mitarbeitern zum Fernsehen und schreibt nach Dienstschluß Romanserien. Sie sagt: »Mit großen Schritten macht man sich nur lächerlich. Aber mit lauter kleinen Schritten könnte ich Staatssekretärin im Auswärtigen Amt werden.«
Im Schicksal Leni Peickerts reflektiert Kluge die Situation des Künstlers, des Filmemachers, seine eigene. Und er ist ehrlich genug, sich im Spannungsfeld von Leistungsprinzip, Anspruch, Erwartung und Absicht zur Ratlosigkeit zu bekennen. Wichtiger als der nackte Handlungsfaden ist dabei das Verhältnis der einzelnen Szenen, die sich kommentieren, ergänzen, in Frage stellen. Da werden Dokumente zitiert – wie etwa ein Bildbericht vom »Tag der deutschen Kunst« im Jahr 1939; andere Dokumente werden ironisch verfremdet, so wenn Kluge eine Tagung der »Gruppe 47« als Konferenz der Zirkusbesitzer ausgibt.
Eine raffinierte Montage, die zunächst verwirrende Verwendung des Tons, der von Szene zu

Szene überlappt oder plötzlich asynchron wird, der Wechsel von Schwarzweißaufnahmen und Farbbildern schaffen eine vibrierende Spannung, die den Zuschauer niemals in eine passive Konsumhaltung entläßt. Stets muß er das Geschehen kontrollieren, sich mit den Problemen einer Utopie auseinandersetzen, die zwar an den Umständen scheitert, deren Scheitern aber in erster Linie gegen die Verhältnisse spricht.

L'ascenseur pour l'échafaud
Fahrstuhl zum Schafott

Frankreich 1957

R: Louis Malle; A: Roger Nimier und Louis Malle nach einem Roman von Noël Calef; K: Henri Decae; D: Maurice Ronet, Jeanne Moreau, Georges Poujouly, Ivan Petrovich, Jean Wall, Elga Andersen

Florence Carala (J. M.) ist mit einem reichen, sehr viel älteren Mann (J. W.) verheiratet. Ihr Geliebter, Julien Tavernier (M. R.), soll ihn beseitigen. Julien plant einen perfekten Mord; aber nach der Tat bleibt er im Lift des großen Bürohauses stecken, weil ausgerechnet jetzt der Strom abgeschaltet wird. Er muß das ganze Wochenende im Aufzug verbringen. Unterdessen sucht Florence ihn verzweifelt; zur gleichen Zeit stiehlt ein junger Bursche (G. P.) seinen Wagen und ermordet dann in einem Motel ein deutsches Ehepaar (I. P., E. A.). Die Indizien weisen auf Julien. Doch dann entwickelt die Polizei einen Film aus dem Fotoapparat, den Julien im Wagen liegengelassen hatte. Ein Bild, das der Autodieb gemacht hatte, beweist zwar Juliens Unschuld an dem Mord im Motel; ein anderes Bild aber enthüllt seine Beziehungen zu Florence Carala ... So mißlingt sein »perfektes Verbrechen« letzten Endes durch einen Mord, den er nicht begangen hat.
Das Erstlingswerk Louis Malles erzählt seine Geschichte in genau kalkulierten Bildern. Florence, die über nächtliche Boulevards hastet und verzweifelt nach dem Geliebten sucht, der kühle Jazz von Miles Davis, die bedrückende Enge des Fahrstuhls, in dem Julien gefangen ist – das alles ist ganz unaufdringlich, nur einfach nützlich für den angestrebten Effekt.

Asphalt Ⓢ

Deutschland 1928/29

R: Joe May; A: Fred Majo, Hans Szekely, Rolf E. Vanloo nach einer Filmnovelle von Rolf E. Vanloo; K: Günther Rittau; D: Albert Steinrück, Else Heller, Gustav Fröhlich, Betty Amann, Hans Adalbert Schlettow, Paul Hörbiger, Hans Albers

Der junge Polizeiwachtmeister Holk (G. F.) erliegt den Verführungskünsten einer Juwelendiebin (B. A.), die er – statt zur Wache – in ihre Wohnung geleitet. Bei einem erneuten Besuch trifft er dort einen zwielichtigen Freund (H. A. S.) der Dame. Es kommt zum Streit, und Holk erschlägt den Mann. Er beichtet die Tat seinem Vater (A. S.), der – selbst ein alter Polizist – ihn persönlich auf der Wache abliefert. Während der Vernehmung Holks taucht die Diebin auf, gesteht ihre Tat und enthüllt, daß der Tote ein gesuchter Verbrecher war und daß Holk in Notwehr gehandelt hat.
Besser als das etwas klobige »bürgerliche Trauerspiel« mit Happy-End gelangen dem Film Beobachtungen am Rande, Straßenszenen und die Zeichnung skurriler Typen. Auch die Kamera verdient Beachtung: Eindrucksvoll etwa, wie beim ersten Besuch Holks in der Wohnung der Dame die Räume abgetastet werden.

The asphalt jungle
Asphalt-Dschungel

USA 1950

R: John Huston; A: John Huston und Ben Maddow nach dem gleichnamigen Roman von W. R. Burnett; K: Harold Rosson; D: Sterling Hayden, Sam Jaffe, Louis Calhern, Jean Hagen, James Whitmore

Nach seiner Entlassung aus dem Gefängnis plant Doc Esterhazy (S. J.) einen großen Juwelendiebstahl. Er stellt eine Truppe von Experten zusammen, zu der u. a. der »Killer« Dix Handley (S. H.) und Gus Minissi (J. W.) gehören; finanziert wird das Unternehmen durch den Rechtsanwalt Emmerich (L. C.), der auch als Hehler fungiert. Doch nach dem geglückten Coup will Emmerich seine Komplizen übers Ohr hauen und mit seiner Geliebten fliehen. Er wird seinerseits von einem Privatdetektiv hereingelegt, den er ins Vertrauen gezogen hat. Es kommt zu einer Auseinandersetzung mit allen Beteiligten, bei der der Detektiv von Dix erschossen wird. Aber auch Dix wird schwer verletzt. Im Fieberwahn läßt er sich von seiner Freundin (J. H.) in seine Heimat fahren, dorthin, wo sein Vater einmal eine Farm hatte und wo er glücklich war. Hier stirbt er auf einer Wiese zwischen grasenden Pferden. Auch die übrigen Gangster werden unschädlich gemacht – unter ihnen Emmerich und ein korrupter Polizei-Inspektor.

Einer jener Gangsterfilme, die das Schicksal ihrer Helden mit düsterem Pessimismus zeichnen, in denen das Scheitern nicht die Devise belegen soll, daß das Verbrechen sich nicht lohnt, sondern die Fruchtlosigkeit menschlichen Bemühens unter bestimmten sozialen Voraussetzungen. Entsprechend sind die Ganoven betont bürgerlich gezeichnet: Dix träumt von der heilen Welt seiner Kindheit, der Tresorknacker Ciavelli sorgt sich um die Krankheit seines Kindes, Doc betreibt sein Gewerbe mit der Pedanterie eines Buchhalters. Und Emmerich erkennt: »Die sind gar nicht so sehr verschieden von uns. Verbrechertum ist nur eine besondere Form des Lebenskampfes.«

Im amerikanischen Original trug Doc Esterhazy den deutschen Namen Riedenschneider. Auf eine deutsche Abstammung zielt neben der Pedanterie wohl auch sein Sinn für Disziplin, Gehorsam und zeremonielle Höflichkeit.

L'assassin habite au 21
Der Mörder wohnt Nr. 21

Frankreich 1942

R: Henri-Georges Clouzot; A: Henri-Georges Clouzot und Stanislaw André Steeman nach einem Roman von Stanislaw André Steeman; K: Armand Thirard; D: Pierre Fresnay, Jean Tissier, Noël Roquevert, Suzy Delair, Pierre Larquey

Ein geheimnisvoller Mörder beunruhigt Paris. Stets findet man bei seinen Opfern eine Visitenkarte mit dem Namen Durand. Inspektor Wens (P. F.) schöpft Hoffnung, als ihm eines Tages ein kleiner Gauner einige dieser Visitenkarten präsentiert, die im Haus Nr. 21 auf dem Montmartre gefunden worden sind. In dem Haus befindet sich eine Pension; und Wens folgert messerscharf, daß sich der Mörder unter den Gästen der Pension befinden muß. Als Dorfgeistlicher verkleidet, mietet er sich ebenfalls dort ein. Mehrere Gäste scheinen ihm verdächtig. Aber wenn er gegen einen von ihnen genügend Beweise zu haben glaubt und ihn verhaftet, schlägt »Durand« wieder zu. Des Rätsels Lösung: Hinter dem Namen Durand verbirgt sich eine Art Mördersyndikat, ein Trio, das dann auch stets dem jeweils Verhafteten durch einen neuen Mord ein Alibi besorgt.

Clouzots erster Spielfilm erzählt diese Mordaffäre mit Einfallsreichtum und Humor. Besonders die skurrilen Pensionsgäste werden sorgfältig beobachtet; in der Zeichnung der Freundin (S. D.) des Inspektors überschreitet der Film allerdings gelegentlich auch die Grenze zum Klamauk.

Verschiedene Kritiker haben den Film politisch interpretiert: »Durand« steht nach ihrer Meinung für Hitler, der ebenfalls als Aushängeschild für ein Mördersyndikat gedient habe.

Assunta Spina ⓢ
Assunta Spina

Italien 1915

R: Gustavo Serena; A: Gustavo Serena nach einer Novelle und einem Bühnenstück von Salvatore Di Giacomo; K: Alberto Casta; D: Francesca Bertini, Gustavo Serena, Carlo Benetti, Luciano Albertini

Assunta (F. B.) ist mit dem heißblütigen Michele (G. S.) verlobt. Als Raffaele (L. A.), ein früherer Verehrer Assuntas, durch einen anonymen Brief und durch sein provozierendes Verhalten auf ihrer Geburtstagsfeier Micheles Eifersucht erregt, verunstaltet dieser in einem Wutanfall das Gesicht der Geliebten. Dennoch hört Assunta nicht auf, Michele zu lieben. Sie sagt für ihn aus, und sie gibt sich dem Gerichtsschreiber Federico (S. B.) hin, um ihm zu helfen. Doch dann wird die Affäre mit Federico ihr zur Gewohnheit; und als der ihr einen Heiratsantrag macht, erwägt sie, mit ihm fortzugehen. Als Michele überraschend aus dem Gefängnis entlassen wird, eilt er sofort zu Assunta, die zur gleichen Zeit Federico erwartet. Michele merkt, daß er betrogen worden ist, und tötet Federico. Voller Schuldbewußtsein und Reue bezichtigt Assunta sich der Tat, um Michele erneut zu retten.

Ein Film der großen Gefühle, der Leidenschaften, der eine dankbare Rolle für die als Bühnenschauspielerin bekannte Francesca Bertini bot. Sie ist es auch, die diesen Film in erster Linie bemerkenswert macht; denn die Regie Serenas erhebt sich nicht über das normale Maß des damals in »anspruchsvollen« Filmen Üblichen.

L'Atalante
Atalante

Frankreich 1934

R: Jean Vigo; A: Jean Vigo und Albert Rièra nach einem Entwurf von Jean Guinée (Pseudonym für R. de Guichen); K: Boris Kaufman; D: Jean Dasté, Dita Parlo, Michel Simon, Gilles Margaritis

In einem kleinen Dorf am Fluß heiratet Jean (J. D.), der Schiffsführer der »Atalante«, seine Juliette (D. P.). Die junge Frau folgt ihrem Mann auf das Schiff, wo außerdem noch ein Schiffsjunge und der schrullige »Vater Jules« (M. S.) leben. Juliette leidet bald unter der Eintönigkeit ihres Lebens. Und als das Schiff in der Nähe von Paris ankert, fährt sie heimlich in die Großstadt, deren Schönheit ihr ein fliegender Händler (G. M.) in leuchtenden Farben geschildert hat. Als Jean ihre Abwesenheit entdeckt, befiehlt er tief gekränkt die sofortige Abfahrt. Aber beide sind unglücklich: Juliette fühlt sich in der Fremde verloren, Jean wird schwermütig und läuft sogar Gefahr, seinen Posten zu verlieren. Da macht sich Vater Jules auf, sucht Juliette und holt sie heim.

Obwohl Vigos erster Spielfilm (*Zéro de conduite*, 1933) von der Zensur verboten wurde und nicht ausgewertet werden konnte, gab sein Produzent Nounez Vigo eine weitere Chance. Allerdings mußte er diesmal ein kommerzielles Drehbuch akzeptieren, das er aber entscheidend veränderte. Während der Dreharbeiten erkrankte Vigo. Zwar drehte er noch fast alle Einstellungen; aber die Montage konnte er nicht mehr selbst vornehmen. Da kein Verleiher den Film übernehmen wollte, wurde er gründlich verstümmelt. Viele der besten Szenen wurden herausgeschnitten; statt dessen wollte man von der Beliebtheit eines populären Chansons profitieren und fügte es in den Film ein. Sein Titel (*Le chalande, qui passe* – Ein Schiff fährt vorbei) wurde auch zum Titel des Films erhoben. Doch auch diese Version hatte beim Publikum keinen Erfolg. Vigo starb kurz nach ihrer Premiere, neunundzwanzigjährig, an einem Lungenleiden.

Als Freunde die originale Fassung rekonstruieren wollten, waren Teile des Materials bereits vernichtet, andere zerstreut und verloren. Aber auch das Fragment ist kraftvoll und schön. Es zeigt Vigo als einen Regisseur, der Realität und Traum überzeugend zu vereinen wußte. Einerseits sind die Charaktere und Situationen sozial genau definiert. Andererseits ist der Film von einer seltsamen Atmosphäre des Unwirklichen bestimmt – wie eine Vision zieht die Landschaft an der »Atalante« vorbei, schemenhaft tauchen Menschen auf, eine Frau, die sich bekreuzigt, ein Kind; und auch in den Alltag an Bord bricht das Phantastische ein durch die Gestalt des »Vater Jules«, dessen Kajüte einem surrealistischen Raritätenkabinett gleicht, der mechanische Puppen und abgeschnittene Hände in Spiritus als Souvenir hütet.

Atlantic City, U.S.A.
Atlantic City, USA

Kanada/Frankreich 1979

R: Louis Malle; A: John Guare; K: Richard Ciupka (Videosequenz: Patrick Burns); D: Burt Lancaster, Susan Sarandon, Kate Reid, Robert Joy, Michel Piccoli

Atlantic City, einst vornehmes Seebad, dann Treffpunkt der Halbwelt und der Gangster und schließlich ein Glücksspiel-Paradies von schäbiger Eleganz, spielt eine der Hauptrollen in diesem Film. Die anderen Protagonisten sind Sally (S. S.), die sich nach einer gescheiterten Ehe zum Croupier ausbilden läßt und von den feudalen Spielbanken Europas träumt, der alternde Gangster Lou (B. L.), der sich eine große Vergangenheit zusammenträumt, obwohl er in Wirklichkeit stets nur ein kleiner Ganove war, und seine Freundin Grace (K. R.), die verwelkte Witwe eines Mafioso. Eines Tages erscheint Sallys Ex-Ehemann (R. J.), um in der Stadt ein Heroin-Geschäft abzuwickeln. Er wird von der Konkurrenz ermordet; und der »Stoff«, den seine Verfolger bei Sally vermuten, landet bei Lou, der nun endlich seine großen Träume Wirklichkeit werden sieht. Doch bald schon entdeckt Sally, mit der er eine kurze Liebesaffäre hat, woher Lous plötzlicher Reichtum stammt, und sie nimmt ihm den unverhofften Gewinn wieder ab. Lou trägt es mit Fassung. Immerhin hat er im Verlauf der turbulenten Geschehnisse zwei Gangster »erledigt« und sich damit bestätigt, daß er ein toller Kerl ist.

Malles Film ist sowohl Gangsterballade als auch eine Studie über Träume und Illusionen; er bietet eine atmosphärische Milieuschilderung und ein Stück Zeitkritik. Denn es wird auch deutlich, daß eine auf Erfolg fixierte Gesellschaft wenig nach den Mitteln und Methoden fragt, mit denen der Erfolg erzielt wird. Nicht zuletzt aber ist dies eine nostalgische Auseinandersetzung mit den Kino-Mythen Hollywoods, denen Malle seine Reverenz erweist.

Attack!
Ardennen 1944

USA 1956

R: Robert Aldrich; A: James Poe nach dem Bühnenstück *The fragile fox* von Norman Brooks; K: Joseph Biroc; D: Jack Palance, Eddie Albert, Lee Marvin, William Smithers

Durch die Feigheit und Unfähigkeit von Captain Cooney (E. A.) wird ein Zug seiner Kompanie aufgerieben. Seither haßt Leutnant Costa (J. P.) seinen Vorgesetzten. Leutnant Woodruff (W. S.) versucht, Cooneys Versetzung zu erreichen; aber Colonel Bartlett (L. M.) erklärt ihm freimütig, er werde nichts dergleichen veranlassen, weil er für seine Karriere im Zivilleben auf die Gunst von Cooneys einflußreichem Vater angewiesen sei. Bei einem erneuten deutschen Angriff verliert Cooney wieder die Nerven. Mit vorgehaltener Pistole will er seine Soldaten in den sicheren Tod schicken. Costa will Cooney erschießen, stirbt aber vorher an einer schweren Verwundung. Da hebt Woodruff die Waffe und schießt. Alle Augenzeugen wollen zwar bekunden, Cooney sei als Held im Kampf gefallen, aber Woodruff will zu seiner Tat stehen und sich dem Kriegsgericht stellen.

Der Film beeindruckt vor allem durch seine realistischen und oft schockierenden Bilder vom Krieg und vom Sterben. Dagegen ist die Figur des Captains Cooney ein wenig überzeichnet. Aldrich hat das offenbar selbst gesehen. In einem Interview erklärte er, er habe Cooney selbst auf die Gefahr einer Überzeichnung hin als verabscheuungswürdigen Sadisten darstellen wollen.

Attack on a China mission ⑤
Überfall auf ein Missionshaus in China

England 1900

R: James Williamson; A: James Williamson; K: James Williamson; D: Vermutlich die Familie Williamsons

Die Handlung spielt zur Zeit des Boxeraufstandes. Aufständische überfallen ein Missionshaus und töten den Missionar. Seine Frau schwenkt vom Balkon ein Taschentuch und alarmiert damit englische Matrosen, die unter Führung eines Offiziers zu Hilfe eilen. Der Offizier rettet die Tochter des Missionars, während die Matrosen die Chinesen vertreiben und die Frau des Missionars aus dem brennenden Haus in Sicherheit bringen.

Der Film dauert nur etwa fünf Minuten. Seine Bedeutung gewinnt er dadurch, daß er Ansätze zu einer wirklich filmischen Erzählweise zeigt. Zwar spielt sich die Handlung noch in der Totalen ab; aber die vier Szenen sind geschickt miteinander verbunden, und es gibt hier bereits einen durchaus filmischen Wechsel in der Erzählperspektive.

At' žije republika
Es lebe die Republik

ČSSR 1964/65

R: Karel Kachyňa; A: Jan Procházka, Karel Kachyňa; K: Jaromir Šofr; D: Zdeněk Lstibůrek, Vlado Müller, Naděžda Gajerová, Gustav Valach

Kriegsende in einem mährischen Dorf. Noch hängt über dem Marktplatz ein großes Schild: »Dieses Dorf hat immer alle seine Pflichten gegenüber dem Reich erfüllt!« Aber die Russen sind bereits im Anmarsch. Diesen historischen Wendepunkt schildert der Film aus dem Blickwinkel des zwölfjährigen Oldrich (Z. L.), der fassungslos zusieht, wie die Erwachsenen lügen, plündern und rauben, um das Beste aus dem Zusammenbruch zu machen. Oldrich soll sich, wie die anderen Kinder auch, im Wald verstecken und das einzige Pferd seines Vaters (V. M.) verbergen. Er verliert es an drei deutsche Soldaten, traut sich nicht nach Haus, findet ein verlassenes Wehrmachtsmotorrad, versucht einen Handel mit den anrückenden Russen und sieht, wie sein russischer »Freund« bei einem deutschen Gegenangriff getötet wird. Oldrich will heim zu seinem Freund Cyril (G. V.), einem Sonderling, der den Jungen aber weit besser versteht als sein Vater. Er erlebt gerade noch,

At' žije republika (Zdeněk Lstibůrek)

wie die Dorfbewohner Cyril zum kollektiven Sündenbock stempeln und als angeblichen Saboteur in den Tod treiben. Auf dem Marktplatz hängt ein neues Schild: »Es lebe die Republik!« Ein Kinderchor preist Stalin; Vater und Mutter sortieren die Beutestücke der letzten Tage; auch zwei Pferde sind dabei.

Der Film unterbricht diese Handlung ständig durch Rückblenden, Tagträume, Angstvorstellungen, Erinnerungen Oldrichs. Er ist ein sensibler Junge, der z. B. in der Aufregung dieser Tage seine kleinen kindlichen Sünden grotesk vergrößert und verzerrt sieht. Und als angesehene Bürger aus einem verlassenen deutschen Gehöft einen Generator abschleppen, da assoziiert er das Bild der gleichen Männer, wie sie in der Prozession den Baldachin getragen haben. Er sieht sich selbst tot und flüchtet sich in Wunschträumen zu der zärtlich geliebten Mutter (N. G.). So entsteht hier das subtile Porträt eines Kindes, seiner Leiden in einer unmenschlichen Zeit.

Vor diesem Hintergrund verliert die Geburtsstunde der Republik jede heroische Feierlichkeit; Melancholie und Bitterkeit herrschen, und eigentlich vermittelt nur das Gesicht des Jungen einen Schimmer von Hoffnung. Daß dieser Film als Auftragsarbeit der Partei zum 20. »Geburtstag« der Republik entstehen konnte, ehrt auch die Auftraggeber.

L'auberge rouge
Die unheimliche Herberge

Frankreich 1951

R: Claude Autant-Lara; A: Jean Aurenche, Pierre Bost, Claude Autant-Lara; K: André Bac; D: Fernandel, Françoise Rosay, Carette, Marie-Claire Olivia, Didier d'Yd

Im Winter 1833 suchen eine Reisegesellschaft und ein Mönch (F.) mit einem Novizen (D. d'Y.) Unterkunft in einer Herberge im Gebirge. Wirt (C.) und Wirtin (F. R.) pflegen seit Jahren ihre Gäste zu töten und auszurauben. Doch einen Geistlichen sähe die Wirtin ungern unter den Opfern. Also beichtet sie dem Mönch ihre Sünden und bindet ihn auf diese Weise listig durch das Beichtgeheimnis, damit die Reisegesellschaft in Ruhe umgebracht werden kann. Verzweifelt sinnt der Mönch auf Rettung und muß dabei noch zusehen, wie sich der Novize in das Wirtstöchterlein Mathilde (M.-C. O.) verliebt. Am anderen Morgen führt der Affe eines reisenden Schaustellers, den die Wirtsleute am Vorabend umgebracht haben, zwei Gendarmen in die Herberge. Nur der Mönch weiß, daß die Leiche des Schaustellers noch provisorisch in einem Schneemann verborgen ist. Er provoziert eine Schneeballschlacht, in deren Verlauf der Schneemann sein makabres Geheimnis enthüllt. Die Wirtsleute werden verhaftet. Aufatmend empfiehlt der gute Mönch den dankbaren Reisenden eine Abkürzung. Sie führt über eine Holzbrücke, die die Wirtsleute vorsichtshalber in der Nacht haben ansägen lassen. Mit Mann und Maus verschwindet die Kutsche im Abgrund. Der Pater rennt, wie von Furien gehetzt, davon.

Eine böse Satire, die mit komödiantischer Leichtigkeit inszeniert wurde. Vordergründig herrscht die Komik: die Beichtszene, die skurrilen Versuche des Mönchs, die Reisenden zu retten, die improvisierte Trauung zwischen dem Novizen und Mathilde. Aber stets ist auch der Aberwitz spürbar: Die Beichte soll den Mord absichern, ein Affe holt die Rettung, der gute Rat bedeutet den Untergang.

Auch Zwerge haben klein angefangen

BRD 1969

R: Werner Herzog; A: Werner Herzog; K: Thomas Mauch; D: Helmut Döring, Gerd Gickel, Paul Glauer, Erna Gschwendtner

Revolte in einem Erziehungsheim. Während der Abwesenheit des Direktors empören sich die Zöglinge gegen seinen Stellvertreter, der sich mit einem Insassen als »Geisel« in seinem Zimmer verbarrikadiert. Die Rebellen verbrennen Blumen, quälen zwei blinde Leidensgenossen, töten ein Schwein. Sie lassen ein Auto endlos im Kreis auf dem Hof umherfahren und stürzen es schließlich in einen Abgrund. Dann bombardieren sie den Verbarrikadierten mit Steinen und lebenden Hühnern, arrangie-

Auch Zwerge haben klein angefangen

ren ein Gelage, bei dem sie sich mit den Speisen bewerfen, formieren sich zu einer seltsamen Prozession, der ein an ein Kreuz gefesseltes Äffchen vorangetragen wird. Am Schluß flieht der Erzieher, anscheinend vom Wahnsinn überwältigt, während der Kleinste der Rebellen schrill lachend vor einem knienden Kamel steht, das sich vergeblich aufzurichten sucht, weil ihm offenbar die Sehnen der Vorderbeine durchschnitten sind ...

Man hat dem Film vorgeworfen, er sei reaktionär und wolle zeigen, daß Revolution notwendigerweise im Chaos ende. Eine solche Interpretation greift zweifellos zu tief. Thema ist hier eher das Urbild der Aggression. Die Zöglinge, geformt und verformt durch die strenge Ordnung der Anstalt, sind zu sinnvoller Reaktion unfähig geworden; ihr Gegenterror ist anarchisch. Und es wird gezeigt, wie unreflektierte Reaktion die Aggression stets gegen den Schwächeren richtet. Herzog kommentiert das mit dem wiederkehrenden Bildmotiv eines einbeinigen Huhns, das von den anderen Hühnern gejagt und beinah aufgefressen wird. Möglichkeiten des Menschen werden mit böser Konsequenz und quälender Deutlichkeit gezeigt.

Brutalität wird hier zum bedrückenden Problem. Und sie verliert jede Faszination durch den Kunstgriff, als Darsteller ausschließlich Liliputaner einzusetzen. Ihre greisenhaft kindlichen Gesichter, ihre unbeholfenen Bewegungen, ihre ganze Existenz zwingen dazu, Identifizierung durch einen Denkprozeß zu erreichen. Die Masken des griechischen Theaters finden hier eine packende Entsprechung. Und seltsamerweise bringt dieser Kunstgriff auch Resignation und einen Rest von Barmherzigkeit in diesen Film: Dadurch, daß die ganze Umwelt normales Maß hat, daß Autos, Betten, Stühle, Tische von normaler Größe sind, entsteht hier der Eindruck von Menschen, die ohne eigene Schuld »zu klein« für diese Welt sind.

Au cœur du mensonge
Die Farbe der Lüge

Frankreich 1998

R: Claude Chabrol; A: Odile Barski, Claude Chabrol; K: Eduardo Serra; D: Sandrine Bonnaire, Jacques Gamblin, Valeria Bruni-Tedeschi, Antoine de Caunes, Bernard Verley, Bulle Ogier, Pierre Martot

St. Malo, an der bretonischen Küste. René (J. G.), ein gehbehinderter, erfolgloser Maler, und seine Frau Viviane (S. B.), eine Krankenpflegerin, sind neu zugezogen. Eines Tages finden Kinder im Wald die Leiche der zehnjährigen Eloïse. Das Mädchen hatte bei René Zeichenunterricht und wurde auf dem Heimweg mißbraucht und anschließend erwürgt. Für die engagierte junge Kommissarin Frédérique Lesage (V. B.-T.) zählt der Künstler folgerichtig zum Kreis der Tatverdächtigen. Dieser verliert durch die Gerüchte nach und nach alle Schüler. Viviane kämpft entschlossen gegen die offensichtliche Kampagne an, da ihr höchst sensibler Mann immer mehr von Selbstzweifeln geplagt wird. Sie selbst genießt die Schmeicheleien des arroganten wie eitlen TV-Stars und Bestsellerautors Desmot (A. d. C.) und beendet die Affäre erst im letzten Moment. Als man Desmot nach einem Diner bei René und Viviane in Strandnähe tot auffindet, droht sich die Schlinge um den Verdächtigen immer enger zu ziehen. Schließlich wird Desmots Tod von der Polizei doch als Unfall eingestuft. Und auch der Mord an dem Mädchen wird aufgeklärt, denn ein biederer Bürger von St. Malo hat sich in Widersprüche verstrickt. So bleiben am Ende dem Ehepaar am Meer nur es selbst und das vage Prinzip Hoffnung.

Überall regieren Mißtrauen, Verrat, Täuschung – und Lüge. Im Leben wie in der Kunst. Der Verdacht der Polizei, die Blicke der Nachbarn reißen Wunden, selbst zwischen René und seiner Frau. *Au cœur du mensonge* ist ein süffisantes Kabinettstück von Chabrolscher Eleganz, dabei zutiefst moralisch, zynisch und abgeklärt. Denn was wie ein konventioneller, leicht unterkühlter Krimi beginnt, mündet rasch in eine Gesellschaftsstudie um Heuchelei und Doppelmoral. Für den Regisseur sind das Verbrechen, der Verdacht nur ein willkommener Vorwand, um seinen alten Obsessionen zu frönen: der Exposition menschlicher Gefühle in Extremsituationen, dem sexuellen Verlangen, der Eifersucht und der geistigen Verwirrung.

Der Film ist aber auch eine Absage an die Eindeutigkeit der Gefühle und Wahrnehmungen. Die Ambivalenz der geschliffenen, präzisen Dialoge verstrickt Opportunisten wie Außenseiter, Schuldige wie Unschuldige in ein Netz aus Intrigen und (Selbst-)Zweifeln. Die Kommissarin, eine Großstädterin in der Provinz, bleibt ein Fremdkörper, voll unstillbarer Unruhe, in einem Meer aus Schweigen und Finsternis. Mit einem kalten, unfreundlichen Blau – des Meeres, des Himmels, von Vivianes Kleid und Renés an Munch erinnernden Bildern, deren Wahnsinn, Melancholie und Erkenntnisdrang zu wahren Seelenlandschaften gerinnen. Ihre Suche nach Wahrheit konfrontiert die Figuren unausweichlich mit der Farbe der Lüge. Ein subtiles Meisterwerk voll philosophischer, psychologischer und filmhistorischer Anspielungen.

Die Augen der Mumie Ma Ⓢ

Deutschland 1918

R: Ernst Lubitsch; A: Hanns Kräly, Emil Rameau; K: Alfred Hansen; D: Pola Negri, Emil Jannings, Harry Liedtke, Max Laurence

Der deutsche Maler Albert Wendland (H. L.) verliebt sich in Ägypten in ein Arabermädchen (P. N.), das sich in der Gewalt des Arabers Radu (E. J.) befindet. Radu täuscht mit ihrer Hilfe erlebnishungrigen Touristen vor, die Augen im Gesicht der Mumie Ma seien lebendig. Wendland befreit das Mädchen, nennt es Ma und nimmt es mit nach Europa. Der rachedurstige Radu folgt der Ungetreuen als Diener des Fürsten Hohenfels (M. L.). In Europa heiratet Wendland Ma, die später als umjubelte Tänzerin in Varietés auftritt. Radu macht sie ausfindig; und als er mit gezücktem Dolch vor ihr steht, stirbt sie vor Schrecken. Radu erdolcht sich an ihrer Leiche.

Der reißerische Abenteuerfilm wurde mit geringem Aufwand in der Nähe von Berlin gedreht. Trotzdem muß der »exotische Zauber«

*Die Augen der Mumie Ma
(Emil Jannings, Pola Negri)*

der dürftigen Wüsten-Szenerie damals gewirkt haben. Für den Regisseur, der bisher nur Lustspiele gedreht hatte, und seine Hauptdarsteller wurde der Film Ausgangspunkt einer großen Karriere.

Au hasard, Balthazar
Zum Beispiel Balthasar

Frankreich/Schweden 1966

R: Robert Bresson; A: Robert Bresson; K: Ghislain Cloquet; D: Anne Wiazemsky, François Lafarge, Philippe Asselin

Balthasar, der Held des Films, ist ein Esel. Als er klein ist, umgibt ihn Zärtlichkeit; Kinder spielen mit ihm und »taufen« ihn auf den Namen Balthasar. Aber das Tier, das im Film niemals einen Artgenossen trifft, geht in andere Hände über. Balthasar arbeitet auf einem Bauernhof, tritt – dressiert – in einem Zirkus auf, trägt bei einer Prozession die Reliquien und stirbt schließlich, als Tragtier eines Schmugglers, von einer Kugel getroffen auf einer Bergwiese inmitten einer Schafherde. Mit seinem Leben verbunden ist das Schicksal der Familie, bei der er großgeworden ist: der Bankrott des hochmütigen Vaters, die Demütigung der Tochter (A. W.), die sich in den gewissenlosen Rowdy Gérard (F. L.) verliebt.

»Der Esel durchlebt die gleichen Phasen wie ein Mensch – in seiner Kindheit die Liebkosungen, im reifen Alter die Arbeit, das Talent inmitten des Lebens und dann die letzte Mystik, die knapp dem Tod vorangeht. Der Esel trägt die Reliquien und stirbt dann, weil er die Sünden der Menschen trägt. Damit vermischt habe ich einen zweiten Gedanken: Der Esel begegnet verschiedenen Menschen, die jeder für sich ein menschliches Laster verkörpern – den Hochmut, die Trunksucht, die Faulheit usw. Diese beiden Gedanken bilden, wenn Sie so wollen, den Stoff meines Films« (Bresson).

Bresson hat sich in der optischen Gestaltung abermals um Kargheit und Klarheit bemüht. Er hat wieder Laien als Darsteller verpflichtet und sie zu jener eigentümlichen Sprechweise angehalten, von der er gesagt hat: »Ich bringe meinen Darstellern bei, den Text rein mechanisch zu sagen, so wie ein Pianist eine Klavierübung macht. Dann wird dieser Text, sobald sie vor der Kamera stehen, auch mechanisch empfunden und erzielt den Effekt, der auf der Leinwand sichtbar werden soll ... Es geschieht nämlich genau das, was mit einem großen Pianisten geschieht. Alle Gefühle kommen aus der Mechanik, aus der Zurückhaltung und nicht aus einer künstlichen Erregung, wie sie die Theaterschauspieler ihren Texten geben.«

Au revoir, les enfants
Auf Wiedersehen, Kinder

Frankreich/BRD 1987

R: Louis Malle; A: Louis Malle; K: Renato Berta; D: Gaspard Manesse, Raphael Fejtö, Philippe Morier-Genoud, François Negret, Peter Fitz

Frankreich im Jahr 1944. Widerstrebend kehrt der elfjährige Julien (G. M.) aus den Weihnachtsferien in ein katholisches Internat bei Paris zurück. Dort trifft er auf drei neue Mitschüler, von denen besonders einer, Bonnet (R. F.), seine Aufmerksamkeit erregt. Und obwohl Bonnet Julien als Klassenprimus ablöst, werden die beiden Jungen Freunde. Schließlich entdeckt Julien auch das Geheimnis Bonnets: Er ist Jude und wird mit zwei Schicksalsgefährten von Pater Jean (P. M.-G.), dem Leiter des Internats, unter falschem Namen vor den Deutschen versteckt. Dieses Wissen verbindet die beiden Jungen um so mehr. Doch die trügerische Idylle zerbricht schon bald. Der Küchenjunge Joseph (F. N.) wird beim Diebstahl erwischt und entlassen. Aus Rache wird er zum Denunzianten. Der Gestapo-Beamte Müller (P. F.) erscheint in der Schule, und wenig später werden Pater Jean und die drei jüdischen Kinder verhaftet. Julien bleibt zurück – verfolgt von der Vorstellung, er habe den Freund durch einen unbedachten Blick verraten.

Louis Malle hat in diesem Film eigene Erlebnisse und Erinnerungen verarbeitet. Man glaubt das zu spüren an seinem Engagement, an der Behutsamkeit der psychologischen Zeichnung, an der Genauigkeit der Beobachtung. Dazu Malle: »Ich versuche in diesem Film, sehr präzise zu sein, viel präziser, als ich es vielleicht jemals vorher war; denn bei diesem Thema weiß ich ganz genau, was ich will und wie ich es erreiche. Ich versuche also, mich nicht zu verstecken; ich lege keinen Wert auf häufig wechselnde und komplizierte Kameraeinstellungen.«

Entstanden ist ein ganz und gar unspektakulärer Film. Er vermeidet gleichermaßen formale Spielereien, inhaltliche Klischees und sentimentale Effekte und gewinnt dadurch eine ruhige Selbstverständlichkeit, erstaunliche Intensität und zeitlose Gültigkeit. Louis Malle: »1944 ist fern. Doch ich weiß, daß ein Jugendlicher von heute meine Gefühle teilen kann. Denn Ungerechtigkeit und Rassismus sind nicht verschwunden.«

In der Filmographie Malles ist dies ein neuerlicher Beitrag zu dem Thema, das er bereits mit *Lacombe Lucien* aufgegriffen hatte.

Au revoir, les enfants (Gaspard Manesse)

Aus einem deutschen Leben

BRD 1976

R: Theodor Kotulla; A: Theodor Kotulla nach dem Roman *Der Tod ist mein Beruf* von Robert Merle; K: Dieter Naujeck; D: Götz George, Elisabeth Schwarz, Hans Korte, Kurt Hübner, Kai Taschner

Der Film folgt im wesentlichen der Biographie von Rudolf Höß, dem Kommandanten des Konzentrationslagers Auschwitz, der nach dem Krieg unter dem Decknamen Franz Lang untertauchte, 1946 von den Engländern verhaftet und 1947 in Polen zum Tode verurteilt und hingerichtet wurde.

Franz Lang wird als Sechzehnjähriger (K. T.) im Ersten Weltkrieg Soldat. Nach dem Krieg schließt er (G. G.) sich, da er nichts anderes gelernt hat, als Soldat zu sein, den Freikorps an. Er wird zum Fememörder und verbringt fünf Jahre im Zuchthaus. Er heiratet, wird Landwirt und scheint endlich in ein bürgerliches Leben gefunden zu haben. Da gerät er in Kontakte zur NSDAP und tritt in die SS ein. Zufällig wird der Reichsführer SS, Heinrich Himmler (H. K.), auf ihn aufmerksam und gibt ihm 1934 seinen ersten Posten in einem Konzentrationslager. Ab 1940 ist Lang Kommandant des größten Vernichtungslagers.

Der Titel, den Kotulla gewählt hat, verweist auf seine Absichten. Er will seinen Protagonisten nicht als sadistischen Massenmörder denunzieren, er will vielmehr dem Exemplarischen in diesem Leben nachspüren und damit den Zuschauer zum Denken anregen. Und das gelingt ihm in diesem sorgfältig recherchierten und gestalteten Film tatsächlich. Er zeigt einen Menschen, der im Dunstkreis eines blindromantischen und aggressiven Nationalismus aufwächst und dem der Gehorsam als oberste sittliche Wertvorstellung so nachhaltig eingebleut wird, daß es ihm später »physisch unmöglich« sein wird, einem Befehl nicht zu gehorchen. In einer Schlüsselszene mit seiner Frau (E. S.), die erst 1942 erfährt, was im Lager Auschwitz wirklich geschieht, beteuert er völlig glaubwürdig, daß er auf Befehl des »Reichsführers« auch seine Kinder töten würde. Es wird in diesem Film deutlich, daß Höß alias Franz Lang keineswegs ein pervertierter Mörder ohne Gefühl und Gewissen war, vielmehr ein »idealer« Untertan, dem der Gehorsam über alles ging und dessen moralische Wertvorstellungen in der »Pflichterfüllung« gipfelten. Damit zeigt er auch, daß Franz Lang nicht in eine historische Abnormitätenschau gehört, die man aus sicherer Distanz betrachten kann; vielmehr ist er ein Teil der Realität, die uns alle angeht. Daß der Film diese Einsicht vermittelt, ist eine bemerkenswerte Leistung des Drehbuchs; daß das Grauen der »Endlösung« in den eher kühlen und distanzierten Bildern stets gegenwärtig ist, eine nicht minder beachtliche Leistung der Regie.

Die Auslieferung

Schweiz 1974

R: Peter von Gunten; A: Peter von Gunten; K: Fritz E. Maeder; D: Roger Jendly, Anne Wiazemsky, Silvia Jost, Bernard Arczynski, William Jacques

Sergej Njetschajew (R. J.), ein russischer Anarchist, beteiligt sich in seiner Heimat an der Ermordung eines Verräters in den eigenen Reihen. Seine Tat ist eindeutig politisch motiviert. Vor der polizeilichen Verfolgung flieht er in die Schweiz und bittet um politisches Asyl. Er hofft, von hier aus seinen Kampf für den Sturz des Zaren und die Revolution fortführen zu können. In der Schweiz trifft er zahlreiche Gesinnungsgenossen, darunter sein Vorbild, den berühmten Bakunin (W. J.). Und er begegnet dort auch einer Frau, in die er sich verliebt – Nathalie Herzen (A. W.). Aber die Beziehung zu Nathalie hat keinen Bestand, die Begegnung mit den anderen Emigranten bringt auch Enttäuschungen, und vor allem muß er erkennen, daß es mit der von ihm erhofften Sicherheit nicht weit her ist. Die Russen sind offenbar gewillt, an seinem Beispiel ein Exempel zu statuieren. Sie bestreiten die politischen Motive seiner Tat, stellen einen Auslieferungsantrag und offerieren mehr oder weniger deutlich einen großzügigen Handelsvertrag gegen Njetschajews Kopf. Auf die Dauer mögen sich die Schweizer Politiker diesen Argumenten nicht verschließen. Am 26. Oktober 1872 wird Njetschajew ausgeliefert und schon sechs Wochen später zu lebenslänglicher Haft verurteilt.

Von Gunten kommt vom Dokumentarfilm, und dokumentarisch ist auch das Thema seines ersten Spielfilms. Er erzählt seine Geschichte sachlich, fast kühl. Nicht das Heldenlied eines makellosen Revolutionärs wird hier gesungen. Im Gegenteil: Widersprüche im Charakter und in der Handlungsweise des Protagonisten werden nicht verschwiegen und sorgen erst dafür, daß hier kein Lehrstück, sondern ein menschlich angreifender und dadurch um so leichter begreifbarer Film entstanden ist. Natürlich ist die Zielrichtung unverkennbar: Hinter dem russischen Anarchisten sieht man die deutschen Juden der Hitler-

Zeit, die Chile-Flüchtlinge der Gegenwart. Aber dieser Film lebt nicht nur aus seiner guten Gesinnung, sondern ebenso aus einer abgewogenen Dramaturgie und der überzeugenden filmischen Gestaltung.

Die Austernprinzessin ⓢ

Deutschland 1919

R: Ernst Lubitsch; A: Hanns Kräly, Ernst Lubitsch; K: Theodor Sparkuhl; D: Ossi Oswalda, Victor Janson, Harry Liedtke, Julius Falkenstein, Curt Bois

Die Tochter (O. O.) des reichen »Austernkönigs« Mr. Quaker (V. J.) hat wieder einen Tobsuchtsanfall – sie will einen Adligen heiraten. Der vom Vater eilig herbeizitierte Heiratsvermittler empfiehlt den völlig verschuldeten Prinzen Nucki (H. L.). Doch Nucki schickt – teils aus Faulheit, teils aus Vorsicht – zunächst seinen Diener Josef (J. F.) zur Erkundung des Terrains vor. Bei Quakers hält man Josef für den Prinzen und arrangiert sofort eine Hochzeit. Doch als Nucki am anderen Tag auftaucht und sich Hals über Kopf in die »Austernprinzessin« verliebt, überläßt Josef ihm seinen Platz an der Seite der nunmehr restlos glücklichen Braut.
Der Film wurde für Lubitsch und Ossi Oswalda ein großer Erfolg. Er war zügig inszeniert, voller Einfälle, Tempo und Turbulenz. Einer der Höhepunkte ist ein »Jazzkonzert«, das auch ohne Musik hektischen Rhythmus vermittelt. Daneben gibt es amüsante, nuancierte Beobachtungen. Als Josef zum Beispiel in Quakers Haus warten muß, beginnt er, den verschlungenen Mustern des Fußbodens nachzugehen. Dabei ergeben sich für ihn (und die Kamera) so komplizierte Abläufe, daß es Josef (und den Zuschauern) beinahe schwindlig wird.

Las aventuras de Juan Quin Quin
Die Abenteuer des Juan Quin Quin

Kuba 1967

R: Julio García Espinosa; A: Julio García Espinosa nach der Erzählung *Juan Quin Quin en el pueblo Mocho* von Samuel Feijo; K: Jorge Haydu; D: Julio Martínez, Erdwin Fernández, Adelaida Raymat, Enrique Santiesteban

Juan Quin Quin (J. M.) lebt vor der Revolution ein friedliches Leben als Küster und Meßdiener. Doch der Pfarrer mißbilligt seinen Umgang mit Zirkusartisten und ähnlichen Personen; und als sein Freund Jachero (E. F.) beim Hahnenkampf betrogen wird, zieht er mit ihm los, um das Geld zu verdienen, mit dem Jachero seine Wettschulden bezahlen kann. Er versucht sich vergeblich als Stierkämpfer, Artist, Kaffeefarmer und Arbeiter im Zuckerrohrfeld. Immer wieder treten ihm Vertreter des Staates, der Armee oder des Kapitalismus (in allen Rollen: E. S.) entgegen und bringen ihn um die Früchte seiner Bemühungen. Angesichts dieser Erfahrungen erkennt auch Juan Quin Quin die Notwendigkeit des bewaffneten Kampfes.
In der Tradition der spanischen Schelmenromane wird hier ein ernsthaftes Thema auf unterhaltsame Weise vorgetragen. Espinosa schildert die Kämpfe der Revolutionäre im Stil turbulenter Western, zieht für die »Ausbeuter-Szenen« die amerikanischen »slapstick comedies« zu Rate und benutzt immer wieder gängige Klischees, um sie gleich darauf einfallsreich zu parodieren. Seine Personen äußern sich gelegentlich durch »Sprechblasen«, und eingestreute Zwischentitel ironisieren den Fortgang der Handlung. Statt des feierlichen Ernstes üblicher Revolutionsfilme verbreitet dieser bare Vergnüglichkeit, ohne dabei sein Anliegen in Frage zu stellen.

L'avventura
Die mit der Liebe spielen / Das Abenteuer

Italien/Frankreich 1959

R: Michelangelo Antonioni; A: Michelangelo Antonioni, Tonino Guerra und Elio Bartolini nach einer Idee von Michelangelo Antonioni; K: Aldo Scavarda; D: Gabriele Ferzetti, Lea Massari, Monica Vitti, Dominique Blanchar

Anna (L. M.) wird von ihrem Geliebten Sandro (G. F.) zu einer Kreuzfahrt auf der Yacht der Prinzessin Patricia eingeladen. Sie bittet Sandro, diese Einladung auch auf ihre Freundin Claudia (M. V.) auszudehnen. Auf dieser Fahrt spürt Anna mehr und mehr, daß es zwischen ihr und Sandro keine echte Gemeinschaft gibt. Als die Yacht, auf der sich noch andere Bekannte befinden, an einer einsamen Insel anlegt, verschwindet Anna spurlos. Trotz aller Nachforschungen bleibt ihr Verschwinden rätselhaft; sie kann ertrunken, geflohen, aber auch entführt worden sein. Bei der gemeinsamen Suche nach Anna verliebt sich Sandro in Claudia. Sie gibt ihm nach, aber schon wenig später läßt sich Sandro von einem Flittchen verführen. Der Film endet mit einer mehrdeutigen Geste: Claudia streicht dem weinenden Sandro über das Haar. Verzeihen oder Resignation?

Der Film erregte bei seiner Uraufführung Ratlosigkeit und fast einen Skandal, weil er gegen alle Gesetze der üblichen Kinodramaturgie gemacht war. Antonioni war weniger an einer »Story« als vielmehr an Beobachtungen, Stimmungen, Analysen, Beziehungen interessiert. Seine pessimistische Bilanz: Der Mensch bleibt einsam, auch die Liebe ist stets in Gefahr, an ihren Voraussetzungen zu sterben. Dabei wird diese Malaise der Frau wenigstens bewußt, während der Mann unfähig scheint, seine eigene Gefährdung zu erkennen.

Der Film hat das in Szenen von großer Intensität, in stets neuen Variationen demonstriert. Antonioni will die Zuschauer durch eine Fülle von Detailbeobachtungen überzeugen und die Existenz seiner Darsteller gleichsam transparent machen. Dieses Stilprinzip wurde in der deutschen Fassung weitgehend zerstört: Der Verleiher schnitt rund 45 Minuten heraus und brachte den Film damit auf eine gängige Kinolänge von rund 100 Minuten. Erst das deutsche Fernsehen hat eine vollständige Synchron-Fassung des Films vorgestellt.

B

Babel
Babel

USA/Mexiko 2005

R: Alejandro González Iñárritu; A: Guillermo Arriaga; K: Rodrigo Prieto; D: Brad Pitt, Cate Blanchett, Adriana Barraza, Gael García Bernal, Rinko Kikuchi, Kôji Yakusho

In einem marokkanischen Bergdorf hüten zwei Hirtenjungen Ziegen. Als sie das neue Jagdgewehr des Vaters gedankenlos ausprobieren, schießt der jüngere Bruder von einer Anhöhe aus auf einen Reisebus. Wenige Augenblicke später hält das Fahrzeug an, und die ausgestiegenen Touristen fürchten um ihr Leben. Unter ihnen befindet sich das amerikanische Ehepaar Richard (B. P.) und Susan (C. B.), dessen Beziehung nach dem Verlust eines Kindes vor einer Bewährungsprobe steht. Die Frau ist durch die Schüsse auf den Bus getroffen und schwer verletzt worden.
Während des tragischen Unfalls auf dem afrikanischen Kontinent kümmert sich in San Diego die Haushälterin Amelia (A. B.) um die beiden anderen Kinder des Paares. Die illegal in den USA lebende Mexikanerin will zur Hochzeit ihres Sohnes in die Heimat fahren, und Richards Schwester soll die Betreuung der Geschwister übernehmen. Doch die Hilfsaktion für die angeschossene Susan macht diesen Plan zunichte. Als Amelias Neffe Santiago (G. G. B.) zum Abholen erscheint, überredet er seine Tante, die Schutzbefohlenen heimlich mit zum Familienfest nach Mexiko zu nehmen. Doch die US-Grenzpolizisten machen bei der Rückkehr Schwierigkeiten.
In Tokio versucht die taubstumme Chieko (R. K.), mit dem Selbstmord ihrer Mutter und der kühlen Distanziertheit des Vaters (K. Y.) zurechtzukommen. Der ehemalige Großwildjäger hatte am Ende eines Marokkoaufenthalts seinem Führer eine gute Jagdwaffe überlassen, die dann in die Hände der Hirtenjungen gelangte. Ihre Suche nach Mitgefühl, Wärme und Geborgenheit führt die Tochter in einen Strudel aus Alkohol, Drogen und sexuellen Abenteuern.
Drei Geschichten auf drei Kontinenten verbindet der mexikanische Kultregisseur Alejandro González Iñárritu (Jahrgang 1963) zu einer Metapher der Hilflosigkeit und des Weltschmerzes im 21. Jahrhundert. *Babel* gilt als Abschluß einer Trilogie über die Verflechtung menschlicher Beziehungen.»In *Amores perros* (Amores Perros, 2000) ereignet sich die Tragödie auf lokaler Ebene, in *21 Grams* (21 Gramm, 2002/03) spielt sie sich im Ausland ab, mit *Babel* erreicht sie jetzt globale Dimensionen«, erklärt Iñárritu. Das Drehbuch zu seiner beeindruckenden wie auch verwirrenden Geschichte stammt wieder von Guillermo Arriaga, die grandiosen Landschafts- und Stadtpanoramen liefert Kameramann Rodrigo Prieto. Mit Rückblenden, Vorausschauen und raffinierten Perspektivwechseln entsteht eine Chronik der laufenden Ereignisse.
Die virtuose Mischung von Stars und Laiendarstellern fasziniert in der Darstellung kulturell-gesellschaftlicher Verständnisprobleme. Insofern ist der Filmtitel bereits als biblisches Bild zu sehen: die moderne babylonische Sprachverwirrung inmitten hochentwickelter Zivilisation und Technik, die Einsamkeit und globale Gefährdung des Individuums, das einer unsichtbaren Macht – dem Schicksal, Gott? – ausgeliefert bleibt. Der Generationenkonflikt, das Verhältnis von Eltern und Kindern, zieht sich wie ein roter Faden durch das mehrsprachige Triptychon. Die Parabel auf die Unfähigkeit des Menschen zur Kommunikation erhielt in Cannes 2006 den Regiepreis und einen »Golden Globe« als bestes Drama.

Babettes gaestebud
Babettes Fest

Dänemark 1986/87

R: Gabriel Axel; A: Gabriel Axel nach der gleichnamigen Novelle von Tania Blixen; K: Henning Kristiansen; D: Stéphane Audran, Hanne Stensgaard, Vibeke Hastrup, Bodil Kjer, Brigitte Federspiel, Jean-Philippe Lafont, Jarl Kulle

Als hübsche junge Mädchen haben Philippa (H. S.) und Martina (V. H.) auf Geheiß ihres Vaters, eines pietistischen Pfarrers in der dänischen Provinz, ihre Freier abgewiesen. Mittlerweile sind sie (B. K., B. F.) in vorbildlicher Nächstenliebe alt geworden und bemühen sich, das geistliche Erbe ihres Vaters lebendig zu erhalten. Nächstenliebe üben sie auch, als im Jahre 1871, mit einem Empfehlungsschreiben von Philippas verflossenem Verehrer (J.-P. L.), die Französin Babette (S. A.) vor ihrer Tür steht. Babette hat Mann und Kind bei der Niederschlagung der Pariser Kommune verloren, und die Schwestern nehmen sie, die »Papistin«, nach kurzem Zögern auf. Die fromme Tat trägt reichen Lohn, denn Babette ist eine exzellente Köchin, die das karge tägliche Brot wohlschmeckend anzurichten versteht. So hört man eines Tages mit Bedauern, daß sie in der französischen Lotterie 10 000 Francs gewonnen hat, was ihr die Rückkehr in die Heimat ermöglicht. Zuvor jedoch lädt Babette alle Gemeindemitglieder, die sich über Fragen des Glaubens und der Moral tief zerstritten haben, zu einem Festessen ein, zu dem unerwartet auch Martinas früherer Verehrer (J. K.), mittlerweile ein weltgewandter General, erscheint. Köstliche Delikatessen und exotische Spezereien werden angeliefert, aus denen Babette gleichsam einen kulinarischen Choral komponiert. Vergeblich versuchen die asketischen Gemeindemitglieder, diesem Blendwerk des Teufels zu widerstehen. Zwar kommt, wie vereinbart, kein Wort des Lobes über ihre Lippen, aber der Wohlgeschmack ebnet Gräben zwischen den Fraktionen und versöhnt hartgesottene Feinde. Voller Erleichterung hören alle, daß Babette bei ihnen bleiben wird. Sie fühlt sich mittlerweile wohl in Jütland; und den Lotteriegewinn hat sie ohnehin bis auf den letzten Sou in dieses Essen investiert.

Ein liebevoll und sorgfältig gezeichnetes Genrebild, ein Film der schönen Bilder und der unaufdringlichen Menschlichkeit. Die Gemeinde der starrköpfig frommen Christen gerät ihm weder zur Karikatur noch zur Idylle; die gealterten Liebhaber wirken anrührend und niemals komisch. Zur Tristesse des Alltags und des Verzichts ist Babettes kulinarische Selbstbestätigung, die den zwischen erzwungener Armut und freiwilliger Askese lebenden Dorfbewohnern einen ganz neuen Horizont der Lebensfreude eröffnet, ein überaus sympathisches Gegenbild. Der Film macht dieses Ritual des vollkommenen Genusses zum Höhe- und zum Mittelpunkt seiner Handlung; und es gelingt ihm dabei, dieses Festmahl zu einer ungemein spannenden und vergnüglichen Episode auszuspinnen. Eine sehr schöne und sehr werkgetreue Literaturverfilmung.

Back to the future
Zurück in die Zukunft

USA 1985

R: Robert Zemeckis; A: Robert Zemeckis, Bob Gale; K: Dean Cundey; D: Michael J. Fox, Christopher Lloyd, Lea Thompson, Crispin Glover, Thomas F. Wilson

Dr. Emmett Brown (C. L.), einem reichlich überspannten Erfinder, ist es gelungen, einen exzentrischen Sportwagen mit Plutonium-Antrieb und einer Zeitmaschine auszustatten; und dem Schüler Marty McFly (M. J. F.) widerfährt es, daß er diese Zeitmaschine in Betrieb setzt und schnurstracks in das Jahr 1955 gerät, wo sein Gefährt mit leeren Plutonium-Behältern stehenbleibt. Voller Staunen beobachtet Marty, wie seine Heimatstadt und ihre Bewohner vor drei Jahrzehnten ausgesehen haben. Und mit beträchtlicher Irritation begegnet er dem lebenslustigen Teenager Lorraine Baines (L. T.), der später einmal seine, Martys, Mutter werden soll. Zunächst stehen die Chancen dafür eher schlecht, denn Lorraine kümmert sich keinen Deut um ihren schüchternen Mitschüler George McFly (C. G.). Und aus berechtigter Sorge um seine eigene spätere Existenz bringt Marty zunächst einmal Lorraine, die sich ganz offensichtlich in ihren künftigen Sohn verliebt hat, mit George zusammen. Auch sonst kann Marty einige Weichen für die Zukunft stellen, aber dann möchte er doch lieber in seine Gegenwart zurückkehren. Es trifft sich gut, daß auch Dr. Brown aus dieser kleinen Stadt stammt. Marty sucht den jungen Mann auf, der sich bereits als Bastler und Tüftler einen Namen gemacht hat, und mit dessen Hilfe gelingt dann auch die Reise zurück in die Zukunft.

Back to the future (Crispin Glover, Lea Thompson, Michael J. Fox)

Abgesehen von der etwas künstlich aufgeputschten Rahmenhandlung, in der gestohlenes Plutonium und mordlustige Terroristen für eigentlich überflüssigen Nervenkitzel sorgen, ist dies ein auf liebenswürdige und einfallsreiche Weise unterhaltsames Spiel geworden. Sicherlich ist hier der Einfluß Steven Spielbergs zu spüren, der diesen Film mitproduziert hat. Aber Regisseur Robert Zemeckis, dem bereits mit *Romancing the stone* (Auf der Jagd nach dem grünen Diamanten, USA 1984) ein Stück guter Kino-Unterhaltung gelungen war, hat auch im Detail Geschick bewiesen. Zu einer Zeit, da gerade im Genre des Science-fiction-Films mit immer drastischeren Effekten um die Gunst des Publikums gebuhlt wird, zeigt dieser Film, daß die Kunst des Erzählens unter dem Strich doch noch wichtiger ist als die technische Perfektion der Trick-Spezialisten.

The bad and the beautiful
Stadt der Illusionen

USA 1952

R: Vincente Minnelli; A: Charles Schnee nach einer Story von George Bradshaw; K: Robert Surtees; D: Kirk Douglas, Lana Turner, Barry Sullivan, Walter Pidgeon, Gloria Grahame, Ivan Triesault, Dick Powell

Der bankrotte Filmproduzent Jonathan Shields (K. D.) will an seinen Schreibtisch und zu seiner Arbeit zurückkehren. Der Star Georgia Lorrison (L. T.), der Regisseur Fred Amiel (B. S.), der Autor James Lee Bartlow (D. P.) und der Produktionsleiter Harry Pebbel (W. P.) sitzen zusammen und diskutieren über diese Nachricht. Sie beratschlagen, wie sie sich verhalten sollen, und sie erinnern sich. Jeder von ihnen hat schlechte Erfahrungen mit Shields gemacht. Fred ist zwar in der Zusammenarbeit mit ihm bekannt geworden; aber er hat sich von ihm getrennt, als Shields Freds Lieblingsprojekt von dem Regisseur von Ellstein (I. T.) drehen ließ. Gloria ist durch Shields zum Star geworden; aber er hat sie betrogen, hat ihr Liebe vorgespielt, um sie zu größeren Leistungen anzuspornen. Bartlow ist von Shields entdeckt worden; doch auch er haßt diesen Mann. Denn der glaubte, Bartlow würde durch seine vergnügungssüchtige Frau (G. G.) von der Arbeit abgelenkt. Er hat eine Intrige gesponnen, die zu einem unvorhergesehenen Unglücksfall und zum Tod der Frau führte. Alle sind sich einig, daß sie nie mehr mit Shields zusammenarbeiten wollen. Aber als er anruft, als sie seine Stimme hören, da nicken sie trotzdem.

Das Porträt eines eigenwilligen, dynamischen Hollywood-Produzenten ist geschickt in Szene gesetzt. Der Film gilt als eines der markantesten Beispiele hollywoodscher Selbstkritik. Letzten Endes sucht er seine Probleme und Konflikte jedoch zu sehr im privaten Bereich und verspielt damit die Möglichkeit, in diesem Einzelfall wirklich die *Stadt der Illusionen* zu treffen.

Bad day at Black Rock
Stadt in Angst

USA 1954

R: John Sturges; A: Millard Kaufman und Don McGuire nach einer Erzählung von Howard Breslin; K: William C. Mellor; D: Spencer Tracy, Robert Ryan, Anne Francis, Dean Jagger, Walter Brennan, Ernest Borgnine, Lee Marvin, John Ericson

Erstmals seit vier Jahren hält im Sommer 1945 der Expreß in der kleinen Wüstensiedlung Black Rock. Ein einarmiger Fremder (S. T.) namens MacReedy steigt aus. Er wird mißtrauisch beobachtet, und das Mißtrauen steigert sich, als MacReedy sich nach dem Farmer Kumako, einem japanischen Einwanderer, erkundigt. Reno Smith (R. R.), der »Boß« von Black Rock, erzählt dem Fremden, Kumako sei in ein Internierungslager gebracht worden. Aber MacReedy glaubt ihm nicht. Er borgt sich von Liz (A. F.), der Schwester des Hotelbesitzers (J. E.), einen Jeep und sucht Kumakos Farm. Er findet die Trümmer eines verbrannten Hauses und ein verstecktes Grab. Jetzt bricht Panik in der Stadt aus. Doc Velie (W. B.) möchte den Fremden in Sicherheit bringen, im Auftrag Smiths jedoch macht Hector David (L. M.) den Wagen Doc Velies unbrauchbar. Der Hotelbesitzer erzählt MacReedy endlich die Wahrheit: Kumako ist am Abend des Angriffs auf Pearl Harbor mit Billigung aller Einwohner von Smith und seinen Freunden gelyncht worden. Liz bringt MacReedy mit einem Wagen aus der Stadt; aber aus Liebe zu Reno Smith führt sie ihn in einen Hinterhalt. Liz wird von Reno niedergeschossen und dieser von MacReedy unschädlich gemacht. Ehe er die Stadt verläßt, schenkt er den Einwohnern die Tapferkeitsmedaille für Kumakos gefallenen Sohn, der ihm in Italien das Leben gerettet hat. Er hatte Kumako gesucht, um ihm dieses Erinnerungsstück zu übergeben.

Ein interessanter Western, der ein beliebtes Handlungsschema mühelos und einleuchtend in die Gegenwart überträgt. Der Film denunziert den Rassenhaß u. a. auch dadurch, daß er die Neidgefühle aufzeigt, die dabei oft eine Rolle spielen: Kumako hatte das scheinbar wertlose Land für seine Farm billig von Smith gekauft und dann in mühevoller Arbeit auf seinem Grund erfolgreich nach Wasser gebohrt.

Bad Lieutenant
Bad Lieutenant

USA 1992

R: Abel Ferrara; A: Zoe Lund, Abel Ferrara; K: Ken Kelsch; D: Harvey Keitel, Frankie Thorn, Victor Argo, Paul Hipp, Zoe Lund

Der »Bad Lieutenant« (H. K.) ist Polizist, drogenabhängig und durch seine Wettleidenschaft hoch verschuldet – ein »kaputter Typ«, der seine Arbeit mit zynischer Gelassenheit erledigt. Eines Tages untersucht er ein scheußliches Gewaltverbrechen: Eine junge Nonne (F. T.) ist in der Kirche von zwei Männern vergewaltigt worden. Die Besuche am Tatort und die Gespräche mit dem Opfer wecken in dem getauften Katholiken verschüttete Erinnerungen; sie werden deutlicher, als er unabsichtlich mithört, wie die Nonne in der Beichte gesteht, ihre Peiniger zu kennen. Sie will aber ihre Namen nicht nennen, weil sie ihnen verziehen habe und sich selbst vorwerfe, diesen verzweifelten Sündern nicht genug christliche Liebe entgegengebracht zu haben. Als der Polizist später betrunken in die Kirche gerät, erscheint ihm in einer Halluzination der vom Kruzifix der Kirche herabsteigende Christus (P. H.). Verzweifelt fällt er auf die Knie und findet sich – erwachend – zu Füßen einer alten Negerin, durch die er den beiden Tätern auf die Spur kommt. Doch anstatt sie zu verhaften, sieht er mit ihnen im Fernsehen das Baseball-Spiel an, von dessen Ausgang es abhängt, ob er dem Syndikat seine Wettschulden bezahlen kann. Wieder verliert er seine Wette. Er bringt die beiden Verbrecher zum Busbahnhof und ermöglicht ihnen so die Flucht; dann wird er aus einem vorbeifahrenden Auto erschossen.

Ein greller Film, der aber nicht auf billige Effekte aus ist. In gewalttätigen Bildern zeichnet er eine heillos verwirrte Welt, in der nur das Gesetz des Stärkeren herrscht, in der Genuß zum Drogenkonsum, Liebe zum schnellen Sex verkommen ist. Aber er zeigt auch, nicht minder grell, eine Gegenwelt, verkörpert durch die junge Nonne, die ihren Vergewaltigern vergibt, die Schuld nicht bei den anderen, sondern zuerst bei sich selbst sucht. Zwischen diesen beiden Extremen verliert der Polizist vollends den Boden unter den Füßen. So scheint sein Tod unvermeidlich, weil sein Leben unerträglich geworden ist. Dieses komplexe Gespinst aus naturalistischen Straßenszenen und Spiritualität hat Abel Ferrara mit einer schockierenden Direktheit geschildert, die den Film zu einer quälend-eindringlichen Erfahrung für den Zuschauer macht.

Bād mārā khwāhad bord / Le vent nous emportera
Der Wind wird uns tragen

Iran/Frankreich 1999

R: Abbas Kiarostami; A: Abbas Kiarostami; K: Mahmoud Kalari; D: Behzad Dourani

Ein Fotograf (B. D.) fährt mit zwei Kollegen nach Siah Dareh, einem kurdischen Bergdorf im Norden Irans, 700 km von der Hauptstadt Teheran entfernt, um ein altes Bestattungsritual zu dokumentieren. Man hat ihm nämlich gesagt, eine alte Frau läge im Sterben. Die Fremden warten im Dorf auf ihr Ableben, verbreiten jedoch das Gerücht, sie seien auf der Suche nach einem Schatz. Die einzige Verbindung zu den Einwohnern ist der junge Farzad, der ständig mit den Vorbereitungen für seine Schulprüfungen beschäftigt ist und als Führer fungiert. Der Fotograf hat ein Mobiltelefon bei sich. Die Verbindung ist aber so schlecht, daß er mit dem Auto ständig zu einem Hügel in der Nähe des Friedhofs fährt, um zu telefonieren. Dort hebt ein alter Mann ein Loch aus, damit eine »Kommunikationsstation« entstehen kann. Auf der Suche nach Milch schickt man den Fremden in den Keller zu einem jungen Mädchen, das beim Licht einer Öllampe eine Kuh melkt. Er rezitiert ein Gedicht der jung verstorbenen Autorin Forûgh Farrokhzâd. Als es der alten Frau wider Erwarten besser geht, wollen seine Kollegen zurückkehren. Eines Tages wird der Totengräber verschüttet. Der Fotograf holt Hilfe und bringt ihn ins Krankenhaus. Als die alte Frau schließlich doch stirbt, ist das Interesse des Besuchers bereits erlahmt. Er fotografiert den Trauerzug der Dorffrauen, wirft einen Knochen aus dem Grab in den Fluß und fährt in die Stadt zurück.

Abbas Kiarostami, 1997 in Cannes Gewinner der »Goldenen Palme« mit *T'am-e gīlās* (Der Geschmack der Kirsche, Frankreich/Iran 1997), gelingt in diesem Werk erneut eine exzellente Alltagsbeschreibung des Lebens im Iran. Die Menschen in der abgelegenen Provinz sind bestimmt von den weiten Landschaften und Horizonten. Der Regisseur setzt die gewachsene ländliche Kultur der fernen städtischen Struktur entgegen. Die Gespräche vor den Häusern, das sichtbare Arbeiten erzählen von einer traditionellen Harmonie. Die Hauptfigur sieht und hört, wie der Zuschauer, Vorgänge, die sie nicht versteht, die sie nicht betreffen; und doch gehören auch sie zur Geschichte. Im Warten auf das Ableben der alten Frau wird der Städter mit dem anderen Zeitbegriff auf dem Lande konfrontiert. Kiarostami führt seinen Protagonisten als opportunistischen Intellektuellen ein, der nur an der

Durchführung seines Projektes interessiert ist. Erst in der Begegnung mit dem Jungen und anderen Dorfbewohnern lernt er die tiefe Schönheit, die Poesie und Liebe dieser anderen Welt kennen. Im Labyrinth der Straßen und Häuser enthüllt sich auch das Dilemma der Führungsschicht, die die Verbindung zur einfachen Bevölkerung verloren hat. *Bād mārā khwāhad bord* ist ein Porträt der sozialen und psychologischen Situation im Iran, wo die Kommunikation in allen Bereichen nicht funktioniert. Und gleichzeitig singt der Film ein Loblied auf die Kraft und Stärke der Frauen, auf die Begeisterung und Hoffnung der jungen Generation sowie auf die kurdische Minderheit.

Baisers volés
Geraubte Küsse

Frankreich 1968

R: François Truffaut; A: François Truffaut, Claude de Givray, Bernard Revon; K: Denys Clerval; D: Jean-Pierre Léaud, Delphine Seyrig, Michael Lonsdale, Claude Jade

Antoine Doinel (J.-P. L.) schafft es, als untauglich vom Militär entlassen zu werden, und eilt froh in die Arme seiner Braut Christine (C. J.). Aber es gibt Schwierigkeiten. Einen Job als Nachtportier verliert er sehr schnell wieder, weil er auf den Trick eines Privatdetektivs hereinfällt, der sich Zugang zu einem Zimmer verschaffen will. Antoine wird jetzt selbst Angestellter eines Detektivbüros und soll im Auftrag von Madame Tabard (D. S.) herausfinden, warum alle Welt ihren Mann (M. L.) haßt. Antoine verliebt sich in Madame, wird wegen dieser Pflichtvergessenheit abermals entlassen und repariert nun Fernseher. Jetzt kann Christine ihn telefonisch in ihre Wohnung bestellen. Beide versöhnen sich, und Antoine steckt seiner alten und wieder neuen Liebe das ringähnliche Ende eines Flaschenöffners als Verlobungsring an den Finger.
Der Film erzählt gleichsam die weiteren Abenteuer des Helden aus *Les quatre cents coups*. Truffaut strebt hier jedoch keinen psychologischen Realismus an, er läßt seinen Helden vielmehr »Situationen spielen«. Dabei gelingt es ihm, verschiedenartige Stilmittel, von der Groteske bis zur Romanze, zu einer Einheit zu fügen.

Le bal
Le Bal – Der Tanzpalast

Frankreich/Italien/Algerien 1982

R: Ettore Scola; A: Ruggero Maccari, Jean-Claude Penchenat, Furio Scarpelli und Ettore Scola nach einer Bühnenproduktion des »Théâtre du Campagnol«; K: Ricardo Aronovich; D: Christophe Allwright, Aziz Arbia, Marc Berman, Régis Bouquet, Chantal Capron, Jean-Claude Penchenat

Kein Stummfilm ist dies, aber ein »Film ohne Worte«, der sich durch Bilder, durch Musik und Tanz artikuliert, der keine Geschichte erzählt, aber den Lauf der Geschichte widerspiegelt. Am Anfang sieht man, wie nach und nach Angestellte und Gäste eines französischen »Tanzpalastes« eintreffen. Die Kapelle beginnt zu spielen, die Tanzfläche belebt sich, und der Zuschauer sieht (und hört!) sich um ein rundes halbes Jahrhundert zurückversetzt: Ein fröhlicher Tanz beschwört den Optimismus der »Volksfront« des Jahres 1936. Dann verändern sich die Musik, der Tanzstil, die Kleidung, die Gesten. Frauen tanzen sehnsuchtsvoll miteinander, nachdem die Männer in den Krieg gezogen sind; Besatzungssoldaten und Kollaborateure treten auf; nach dem Krieg demonstriert ein einbeiniger »Heimkehrer« trotzige Zuversicht. In den fünfziger Jahren überlagern amerikanische Rhythmen die vertrauten Weisen; anschließend klingt die Musik der sechziger Jahre, der Studentenbewegung, fast wie ein Echo der »Volksfront«-Zeit. Am Ende mutiert der »Tanzpalast« zur Disco. Und irgendwann ist Feierabend, hat sich der Kreis geschlossen. Die Angestellten, die Tänzerinnen und Tänzer gehen nach Hause, das Licht verlöscht.
Scola, der ein Jahr zuvor in dem Film *La nuit de Varennes* (Flucht nach Varennes, Frankreich/ Italien 1981) Historie – nämlich die mißlungene Flucht Ludwigs XVI. vor den Revolutionären –

als Haupt- und Staatsaktion inszeniert hatte, beobachtet hier den Ablauf der Geschichte im Spiegel des Alltags. Ein paar Synkopen markieren die Veränderung globaler Machtverhältnisse, Blicke und Gesten belegen Resignation oder auch ein neues Selbstbewußtsein der Menschen. Die einfallsreiche Verfilmung einer faszinierenden Bühnen-Inszenierung geriet so zu einem suggestiven Bilderreigen, der aus scheinbar beiläufigen Beobachtungen und Eindrücken ein nachdenklich stimmendes Bild der Wirklichkeit fügt. Daß dieses Bild der eigenen Erinnerung standhält, verdankt der Film nicht zuletzt auch seinem vorzüglichen Soundtrack mit Tanzmusik, Chansons und Schlagern der jeweiligen Epoche; denn die sind – in den Originalaufnahmen – natürlich noch authentischer als das Bild.

Ballada o soldate
Ballade vom Soldaten

UdSSR 1959

R: Grigori Tschuchrai; A: Walentin Jeschow, Grigori Tschuchrai; K: Wladimir Nikolajew, Era Saweljewa; D: Wladimir Iwaschow, Schanna Prochorenko, Jewgeni Urbanski

Die UdSSR im Zweiten Weltkrieg. Der junge Soldat Aljoscha (W. I.) hat mehr aus Angst denn aus Heldenmut zwei deutsche Panzer zerstört. Zur Belohnung erbittet er sich statt des verdienten Ordens ein paar Tage Heimaturlaub. Unterwegs wird er immer wieder aufgehalten – durch die Wirren des kriegerischen Alltags und durch private Erlebnisse. Er richtet Bestellungen für seine Kameraden aus; er trifft einen Beinamputierten (J. U.), der sich nicht nach Haus zu seiner Frau traut; und er begegnet dem Mädchen Schura (S. P.), in das er sich verliebt. Als er schließlich zu Hause ist, kann er seine Mutter gerade einmal in die Arme schließen, dann ist es Zeit, die Rückfahrt zur Front anzutreten. – Bereits im Vorspann hat man erfahren, daß Aljoscha den Krieg nicht überleben wird.
Der Film ist nicht frei von Sentimentalität und Klischees; doch er ist weit entfernt von den üblichen Formen des sozialistischen Realismus. Seine Helden sind allesamt Leidende – wenig geeignet für heroische Standbilder; und er verschweigt bei den Begegnungen Aljoschas mit den Angehörigen seiner Kameraden nicht, daß viele von ihnen versagt haben.
»Ich wollte in diesem Film sagen, was ich über den Krieg denke, und nicht, wie es im Krieg war. Ich wollte sagen, was ich über die Soldaten denke, und nicht, wie sie gekämpft haben … Ich wollte mit meinem Film sagen, daß es ein sehr, sehr großer Verlust ist, wenn die Welt auch nur einen einzigen Menschen verliert« (Grigori Tschuchrai).

Bande à part
Die Außenseiterbande

Frankreich 1964

R: Jean-Luc Godard; A: Jean-Luc Godard nach dem Roman *Fool's gold* von Dolores und B. Hitchens; K: Raoul Coutard; D: Anna Karina, Claude Brasseur, Sami Frey

Odile (A. K.), dänisches Au-pair-Mädchen in Paris, entdeckt im Schrank ihrer undurchsichtigen Arbeitgeberin, die in der albanischen Botschaft ein und aus geht, ein dickes Bündel Banknoten. Sie weiht ihren Freund Franz (S. F.) in das Geheimnis ein; und Franz beschließt, zusammen mit seinem Kumpanen Arthur (C. B.) das Geld zu rauben. Unglücklicherweise bringen sie bei ihrem Unternehmen Madame um. Franz und Odile fliehen, aber Arthur gibt nicht auf. Er kommt dabei seinem Onkel, einem echten Gangster, in die Quere, und beide erschießen sich gegenseitig. Am Schluß verheißt ein Insert ironisch eine Fortsetzung des Films in Farbe und Breitwand.
Das ist kein üblicher Gangsterfilm und ganz bestimmt kein Beitrag zum Thema »Jugendkriminalität«. Godard spielt ironisch mit Verweisen und Zitaten. Zitate sind in gewissem Sinn auch seine Figuren: Odile, das romantische junge Mädchen; Franz, der davon träumt, ein Rennen in Indianapolis zu gewinnen; Arthur, der seinem Vorbild Billy the Kid nacheifert. Franz und Arthur versuchen, amerikanische Kriminalfilme und Western nachzuleben; und Godard benutzt die Bruchstücke ihrer Träume als Material für seinen Film.

Banditi a Orgosolo
Die Banditen von Orgosolo

Italien 1960

R: Vittorio De Seta; A: Vittorio De Seta, Vera Gherarducci; K: Vittorio De Seta, Luciano Tovoli, Marcello Gallinelli; D: Michele Cossu, Peppeddu Cuccu

Michele Cossu (M. C.) hat sich auf Kredit eine kleine Schafherde gekauft, um endlich unabhängig zu werden. Er hütet die Tiere zusammen mit seinem kleinen Bruder Peppeddu (P. C.). Eines Tages tauchen Banditen mit ein paar gestohlenen Schweinen in seinem Unterschlupf auf. Sie lassen sich nicht abweisen – und so gerät Michele bei den Carabinieri in den Verdacht, mit ihnen gemeinsame Sache gemacht zu haben. Untersuchungshaft und gar einen Prozeß kann er sich aber nicht leisten; denn Peppeddu ist noch zu klein, als daß er allein für die Herde sorgen könnte. Also zieht Michele mit seinen Tieren in die Berge – für die Beamten ein weiterer Beweis seiner Schuld. In der kargen Einöde verenden seine Schafe. Heimlich kehrt er ins Dorf zurück und erfährt von seinem Bruder Gonario, daß man der Mutter das Haus wegnehmen will, wenn Michele den Kredit nicht zurückzahlt. Michele weiß nur einen Ausweg: Mit einer Maschinenpistole bewaffnet überfällt er einen anderen Schafhirten und raubt ihm die Tiere. Und der Beraubte schreit verzweifelt hinter ihm her, daß er ihn verfolgen und töten wird ...
Vittorio De Seta hat die Tradition des Neorealismus aufgegriffen und neu belebt. Die einfache Geschichte verzichtet ganz auf aufgesetzte Effekte, vermittelt dafür aber eine Fülle von Informationen: Man erfährt vom ärmlichen Vegetieren der Menschen in Süditalien, von ihrer Hoffnungslosigkeit und Rechtlosigkeit, vom Mechanismus der Gewalt, der auch die Unschuldigen in den fatalen Kreislauf des Terrors zwängt. De Seta hat – mit sardischen Hirten als Darstellern – das beinahe so gefilmt, als sei seine Kamera zufälliger Zeuge der Ereignisse gewesen; und es erweist sich, daß dieser Stil nach wie vor von großer Wirkung sein kann.

The bank dick
Der Bankdetektiv

USA 1940

R: Edward Cline; A: Mahatma Kane Jeeves (Pseudonym für: W. C. Fields); K: Milton Krasner; D: W. C. Fields, Cora Witherspoon, Una Merkel, Evelyn Del Rio, Jessie Ralph, Franklin Pangborn, Grady Sutton

Egbert Sousé (W. C. F.) ist ein wackerer Tagedieb und Trinker, dem sein zänkisches Weib Agatha (C. W.) und die mürrische Schwiegermutter (J. R.) ein willkommener Anlaß sind, seine Tage im »Black Pussy Cat«-Café zu verbringen. Doch eines Tages wird er von einem flüchtenden Bankräuber buchstäblich umgerannt. Egbert stolpert, und als die Polizei erscheint, sitzt er verwirrt auf dem japsenden Gesetzesbrecher und wird so zum Helden. Alsbald macht man den mutigen Mann zum Bankdetektiv. Hier ist es allerdings seine erste Tat, den Kassierer, seinen zukünftigen Schwiegersohn Og Oggilvy (G. S.), zur illegalen Entnahme von 700 Dollar aus der Kasse zu bewegen, die Egbert in ein Geschäft investieren will, das ihn schnell reich machen und ihm die Mühsal geregelter Arbeit ersparen soll. Unglücklicherweise erscheint am nächsten Tag der Bankrevisor J. Pinkerton Snoopington (F. P.), der aber durch den Verzehr einiger Souséscher Spezial-Drinks für geraume Zeit außer Gefecht gesetzt wird. Mittlerweile gibt das Schicksal Egbert eine zweite Chance. Wieder schickt der Himmel einen Bankräuber. Der Verbrecher benutzt nach seiner Tat ausgerechnet den Bankdetektiv als Schutzschild und zwingt ihn auch noch, das Fluchtauto zu fahren. Dies allerdings tut Egbert auf eine Weise, die den hartgesottenen Ganoven am Ende und nach einem spektakulären Unfall gleichsam aufatmend in die Arme der Polizei sinken läßt. Egbert erhält 5000 Dollar Belohnung, verkauft sein Heldenepos für weitere 10 000 Dollar an eine Filmgesellschaft und kehrt als Rentier zufrieden ins »Black Pussy Cat« zurück.
Eine Paraderolle für den Misanthropen Fields, dem der Satz zugeschrieben wird: »Wer Hunde und Kinder haßt, der kann kein ganz schlechter Mensch sein!« In über dreißig Fil-

men spielte er die Hauptrolle, vorwiegend nörgelnde Tagediebe, die ihr selbstgewährtes Recht auf schrankenlosen Egoismus zäh, listig und meistens erfolgreich verteidigen. Fields schrieb einige seiner Drehbücher unter abenteuerlich klingenden Pseudonymen selbst; fremde Vorlagen garnierte er mit schlagfertig extemporierten Bosheiten. Wie die meisten seiner Filme ist auch dieser ein turbulenter und herrlich verrückter Spaß, ein maßgefertigtes Vehikel für den Hauptdarsteller, der gewichtig, gestenreich und mit maliziös blinzelnden Augen hinter der charakteristischen Knollennase die Logik des Alltags und gelegentlich auch die Gesetze der Moral ad absurdum führt. Filme von Fields sind allemal ein subversives Vergnügen.

Barry Lyndon
Barry Lyndon

England 1973–75

R: Stanley Kubrick; A: Stanley Kubrick nach dem Roman *Die Memoiren des Junkers Barry Lyndon* von William Makepeace Thackeray; K: John Alcott; D: Ryan O'Neal, Marisa Berenson, Patrick Magee, Hardy Krüger, Gay Hamilton, Frank Middlemass, Leon Vitali

Redmond Barry (R. O'N.) glaubt, in einem Duell, das er wegen seiner skrupellosen Cousine Nora (G. H.) ausgetragen hat, einen englischen Offizier getötet zu haben. Der arme Ire mit den großen Ambitionen sucht Unterschlupf in der Armee, aus der er aber nach der Erfahrung der ersten Schlacht schleunigst desertiert. Doch alsbald fällt er den Preußen in die Hände, die ihm kurzerhand ihre Uniform anpassen. Er erkauft sich seine Freiheit durch Spitzeldienste und flieht ins Ausland, wo er beim Glücksspiel die schöne Lady Lyndon (M. B.) kennen- und lieben lernt. Nach dem Tod ihres betagten Mannes (F. M.) heiratet sie den schmucken Abenteurer, und aus Redmond Barry wird Barry Lyndon. Der Emporkömmling, den sein Leben nur gelehrt hat, skrupellos auf den eigenen Vorteil bedacht zu sein, richtet seine Frau zugrunde, verschleudert ihr Vermögen, brüskiert seine neuen Standesgenossen und provoziert die Feindschaft seines Stiefsohnes (L. V.), der ihn schließlich zum Duell fordert. Zwar versucht Barry Lyndon bei diesem Duell, erstmals vielleicht, fair und ritterlich zu sein. Aber sein Abstieg ist vorprogrammiert: Arm, körperlich und seelisch gebrochen kehrt er nach Irland zurück. Eine kleine Rente und die Gesellschaft seiner geldgierigen Mutter sind alles, was ihm von seinem bewegten Leben geblieben ist.

Kubrick hat sich mit besessener Akribie bemüht, ein authentisches Bild der Zeit, der Regierungszeit Georgs III. (1760–1820), zu rekonstruieren. Kostüme, Bauten, selbst die Landschaften und die Gesichter der Darsteller sind diesem strengen Stilwillen unterworfen. Das Arrangement der Szenen erinnert an zeitgenössische Malerei. Speziallinsen, die für die NASA entwickelt wurden, ermöglichten Dreharbeiten bei Kerzenschein, was den Bildern eine schwebende Atmosphäre der Vergangenheit und der Vergänglichkeit gibt. Mit immensem Aufwand wurde die totale Perfektion angestrebt. Merkwürdigerweise bereitet dieses Übermaß an »schönen Bildern« den Zuschauern zunächst eher Unbehagen; man fühlt sich in die Rolle des distanzierten Betrachters und Bewunderers versetzt, spürt den kühlen Hauch des Artifiziellen von der Leinwand wehen. Es dauert eine Weile, ehe man merkt, daß diese Künstlichkeit und Kälte auch ein signifikantes Merkmal der Welt ist, in der Barry Lyndon lebt, die ihn formt und verformt. Mehr und mehr verschmelzen so Form und Inhalt, wird der Zuschauer in das Geschehen einbezogen. Und wenn der Film nach gut drei Stunden zu Ende ist, dann hat man das Gefühl, nicht nur ein fremdes Leben mitgelebt, sondern auch ein ganzes Zeitalter erlebt zu haben.

Barton Fink
Barton Fink

USA 1991

R: Joel Coen; A: Joel Coen, Ethan Coen; K: Roger Deakins; D: John Turturro, John Goodman, Judy Davis, Michael Lerner, John Mahoney

Barton Fink (Isabelle Townsend, John Turturro)

Der Broadway-Erfolg seines anspruchsvollen Bühnen-Erstlings bringt dem Autor Barton Fink (J. T.) 1941 einen Hollywood-Vertrag. Leider, möchte man sagen. Denn der Studio-Boß Jack Lipnick (M. L.) bekundet ihm zwar aufdringlich sein Wohlwollen, beauftragt ihn dann aber ausgerechnet, ein Ringer-Drama für den Schauspieler Wallace Beery zu schreiben. Im Studio begegnet man Barton mit mißmutiger Gleichgültigkeit. Und der verehrte Schriftsteller-Kollege W. P. Mayhew (J. M.), den er durch Zufall kennenlernt, entpuppt sich als entschlossener Säufer, der dazu übergegangen ist, seine Werke von seiner Sekretärin (und Geliebten) Audrey (J. D.) schreiben zu lassen. Unter all diesen Larven ist Charlie Meadows (J. G.), sein Zimmernachbar in einem kafkaesk anmutenden Hotel, die einzig fühlende Brust. Doch es kommt schlimmer. Als die Arbeit nicht vorangeht, sucht auch Barton Trost und Inspiration bei Audrey. Die kommt – und liegt am nächsten Morgen blutüberströmt und gänzlich tot neben ihm im Bett. Wieder hilft Charlie. Er beseitigt die Leiche und tritt dann eine längst geplante Reise nach New York an. Jetzt wird es erst richtig schlimm! Denn Polizisten tauchen auf und eröffnen Barton, daß Charlie in Wirklichkeit der gesuchte Massenmörder Karl Mundt sei. Er selbst wird als dessen Komplize verdächtigt, gewinnt aus dieser Seelenpein aber die Kraft, ein wirklich gutes Drehbuch zu schreiben. Natürlich gefällt es Lipnick nicht; aber immerhin taucht Charlie wieder auf und löscht in einem Flammen-Inferno die neugierigen Polizeibeamten und alle Beweisstücke aus. Zum Schluß sitzt Barton am Meer – als Teil eines Bildes, das in seinem Hotelzimmer hing …

Eine skurrile Komödie und ein phantastisches Spiel zwischen Schein und Sein. Die Brüder Coen geben schon frühzeitig einen Hinweis, wenn sie Barton in New York kurz nach dem Angebot aus Hollywood an eine Bar treten lassen und nur ein Geräusch, das Meeresrauschen, seine Translokation nach Hollywood signalisiert. Hollywood ist hier der Alptraum eines Schriftstellers, der Klischees, Vorurteile und scharfsichtige Erkenntnisse zu einer wüsten Phantasmagorie vereint. So ist die Logik des Films die des Traums, in dem alles möglich ist, in dem Disparates sich ergänzt und der Wechsel des Stils und der Gesichtspunkte stets folgenlos geschehen kann. Tempo und Einfallsreichtum halten das makabre Spiel in Gang und sorgen für perfekte Unterhaltung.

Batman
Batman

USA 1988

R: Tim Burton; A: Sam Hamm und Warren Skaaren nach einer Story von Sam Hamm und nach Comic-Charakteren von Bob Kane (Zeichnungen) und Bill Finger (Texte); K: Roger Pratt; D: Michael Keaton, Jack Nicholson, Kim Basinger, Jack Palance, Jerry Hall

Gotham City ist die düstere Zukunftsvision von New York, eine unmenschliche Stadt, in der Carl Grissom (J.P.) wie ein Mafia-Pate herrscht. Selbst ihm ist allerdings sein Killer Jack Napier (J.N.) zu mordlustig. Als Napier auch noch mit Grissoms Gespielin (J.H.) anbändelt, schickt er ihn in einen Hinterhalt der Polizei. Dem wäre Napier vielleicht noch entkommen, doch unversehens taucht eine Gestalt im Fledermaus-Kostüm auf: Batman (M.K.). Bei dem Handgemenge mit diesem Gegner stürzt Napier in einen Bottich mit brodelnder Säure. Durch diesen Unfall mutiert er zum Monster – mit grünen Haaren, einem fahlweiß leuchtenden Gesicht und einem Mund, der ständig zu einem teuflischen Grinsen verzogen ist. Die neue Identität besiegelt er mit einem neuen Namen: Er ist fortan der »Joker«. Der Joker räumt Grissom aus dem Wege, er mordet wahllos, indem er das tödliche Nervengift »Smilex« in zahlreiche Haushaltswaren praktiziert, und er verliebt sich in die Fotografin Vikki Vale (K.B.), die bei ihrer Suche nach Batman den Millionär Bruce Wayne kennen- und schätzengelernt hat, ohne zu wissen, daß der mit Batman identisch ist. Der Joker entführt Vicki, die aber von Batman gerettet wird und nun endlich seine Identität erkennt. Batman wiederum erfährt, daß es der Joker war, der vor vielen Jahren seine Eltern getötet und ihn damit zum anonymen Kämpfer gegen das Verbrechen gemacht hat. Der Joker plant nun seine abscheulichste Untat: Mit einer großen Parade will er die Menschen anlocken und sie dann durch mit »Smilex«-Gas gefüllte Ballons vergiften. Doch wieder kann Batman seine Pläne durchkreuzen und ihn nach einem erbitterten Zweikampf vom Turm der verlassenen Kathedrale von Gotham City in die Tiefe stürzen.

Eine TV-Serie und vor allem ein Kinofilm (*Batman* – Batman hält die Welt in Atem, USA 1966, R: Leslie H. Martinson) hatten Batman in den sechziger Jahren mit allerlei Firlefanz zu einem Kindergarten-Helden denaturiert. Dieser Film besinnt sich wieder auf die düsteren Aspekte, die dem einsamen Rächer seit seinem ersten Comic-Auftritt im Mai 1939 anhafteten. So gerät in diesem perfekten Kino-Stück Gotham City zum durchaus furchterregenden Inferno, ist der psychopathische Joker deutlich ein Spiegelbild des vigilanten Helden. Nur die ironische Naivität der Darstellung dämpft den unterschwelligen Zynismus.

Batman wurde für runde 60 Millionen Dollar produziert und mit einem großen Werbefeldzug als eine Art »Gesamtkunstwerk« aus Film und Merchandising gestartet. Es ist wohl kein Zufall, daß er in den USA ein absoluter Kassenschlager wurde, während sein Erfolg hierzulande eher bescheiden blieb.

The battle of the century Ⓢ
Die Schlacht des Jahrhunderts

USA 1927/28

R: Clyde Bruckman; A: Hal Roach; K: vermutlich George Stevens; D: Stan Laurel, Oliver Hardy

Ein Boxmanager (O.H.), dessen Schützling (S.L.) beim ersten Schlag k.o. zu gehen pflegt, wird von einem Versicherungsagenten überredet, für diesen Boxer eine Versicherung abzuschließen, die für gebrochene Arme oder Beine beträchtliche Zahlungen garantiert. Von nun an ist es das erklärte Ziel des cleveren Managers, diesen »Versicherungsfall« herbeizuführen. Als Waffe benutzt er eine Bananenschale. Doch auf der rutscht ein Konditor aus, der eine Torte trägt; und die Torte landet auf der stattlichen Gestalt des Managers. Der Boxer rächt das Mißgeschick des väterlichen Freundes, indem er dem Konditor eine Torte ins Gesicht klatscht. Der will Vergeltung üben, trifft aber einen Passanten. Und nun entwickelt sich die wohl größte Tortenschlacht der Filmgeschichte, an der ein ganzes Stadtviertel beteiligt ist und für die rund 3000 »Torten« bereitgestellt werden mußten. Schließlich erscheint ein Polizist, der den Boxer und seinen Manager verhaftet. Aber er rutscht auf der Bananenschale aus und fällt in einen Kanalisationsschacht.

Henry Miller nannte The battle of the century in seinem Essay L'âge d'or den besten komischen Film, der je gedreht worden ist. Der Film ist in der Tat von erstaunlicher Konsequenz. Eine Voraussetzung (die Versicherung) und ein Gag (die Bananenschale) führen geradlinig in ein abstruses Inferno. Die Tortenschlacht ist mit bewundernswerter Präzision gestaltet. Sie erschöpft sich nicht in der Kumulierung eines nicht eben neuartigen Effekts; jeder Treffer hat seinen besonderen komischen Akzent. Der Schluß führt dann in schöner Konsequenz zum Ausgangspunkt zurück: Als alle Zuschauer die Ursache des Durcheinanders längst vergessen haben, bringt der Film sie mit seiner Schlußpointe nachdrücklich in Erinnerung: Auf der mit Torten und Schlagsahne bedeckten Straße rutscht der Polizist ausgerechnet auf der Bananenschale aus.

Battling Butler Ⓢ
Der Killer von Alabama / Der Boxer

USA 1926

R: Buster Keaton; A: Paul G. Smith, Albert Boasberg, Charles Smith und Lex Neal nach der gleichnamigen Komödie von Stanley Brightman und Austin Melford, bearbeitet von Ballard McDonald; K: J. Devereux Jennings, Bert Haines; D: Buster Keaton, Sally O'Neill, Snitz Edwards

Auf einem Campingausflug verliebt sich das verwöhnte Millionärssöhnchen Alfred Butler (B. K.) in eine Dorfschöne (S. O'N.). Als deren robuste Verwandtschaft die blutarme Erscheinung Alfreds mißbilligt, streut Alfreds Diener (S. E.) das Gerücht aus, sein Herr sei in Wirklichkeit der berühmte Boxer Alfred »Battling« Butler, der tatsächlich in der Umgebung sein Trainingscamp hat. Sofort erteilt die stolze Verwandtschaft die Heiratserlaubnis und verfolgt atemlos am Radio den nächsten Kampf »ihres« Champions. Als der Boxchampion vom Mißbrauch seines Namens erfährt, kann man

ihn bewegen, das Spiel mitzuspielen; immerhin muß Alfred sich aber wohl oder übel einem Boxtraining unterziehen. Das kommt ihm zugute, als der Champion Grund zur Eifersucht zu haben glaubt und mit Alfred in den Ring steigt. Alfred wächst über sich selbst hinaus und schlägt den Meister k. o.

Wieder ist Buster Keaton der unverzagte Optimist, der auch die schwierigsten Situationen meistert, weil er sein Ziel arglos, gutherzig und konsequent verfolgt. Keaton stellt damit den kämpferischen Idealtypen seiner Zeit einen ganz neuen Helden gegenüber; die Fragwürdigkeit beliebter Erfolgsrezepte wird in diesem Film evident.

Bawang bieji / Farewell my concubine
Lebewohl meine Konkubine

Hongkong / VR China / Taiwan 1992

R: Chen Kaige; A: Lilian Lee und Lu Wai nach einem Roman von Lilian Lee; K: Gu Changwai; D: Leslie Cheung, Zhang Fengyi, Gong Li, Ge You, Lu Qi, Ying Da

1924. In der Nachwuchs-Schule der Peking-Oper werden der schmächtige Douzi und der robuste Shitou unzertrennliche Freunde. Unter den Künstlernamen Dieyi (L. C.) und Xiaolou (Z. F.) machen sie später gemeinsam Karriere in der Oper »Lebewohl meine Konkubine«. Der kräftigere Xiaolou spielt den König von Chu, der nach verlorener Schlacht seine Konkubine fortschickt, um ihr Leben zu retten; Dieyi verkörpert die Konkubine Yu, die sich lieber selbst tötet als untreu zu werden. Aber nur auf der Bühne kann Dieyi die Liebe zu seinem Freund artikulieren. Die Realität ist anders: Xiaolou verlobt sich mit der schönen Prostituierten Juxian (G. L.); enttäuscht läßt sich Dieyi auf eine Affäre mit dem zwielichtigen Yuan (G. Y.) ein und beschließt, nie mehr mit dem Freund aufzutreten. Dennoch verlieren sie sich nicht aus den Augen. Während der japanischen Besatzung kann Dieyi die Freilassung des verhafteten Freundes erwirken. Der steht ihm dafür zur Seite, als Dieyi vor einem Gericht der Kuomintang als Kollaborateur angeklagt ist. Der Sieg der Kommunisten bringt

*Bawang bieji
(Leslie Cheung)*

neue Probleme für die Vertreter der traditionellen Opernkunst; und während der Kulturrevolution kommt es zur Katastrophe. In einem demütigenden öffentlichen Verhör bricht Xiaolou zusammen und denunziert den Freund als Liebhaber des »Konterrevolutionärs« Yuan. Dieyi enthüllt daraufhin die Vergangenheit Juxians, die sich verzweifelt das Leben nimmt, als Xiaolou seine Liebe zu ihr verleugnet. – 1977. Die Zeit der »Viererbande« ist vorüber. Noch einmal stehen die Freunde zusammen auf der Bühne und proben die Rollen des Königs und der Konkubine. Endlich erfüllt sich Dieyi seinen Traum, Theater und Realität in Einklang zu bringen: Er verwirklicht seine Liebe, indem er den Opfertod der Konkubine nachvollzieht.

Ein opulenter, dabei überaus behutsamer und vielschichtiger Film, der vieles in einem ist: Künstlerbiographie, Liebesgeschichte, Historiengemälde, Diskurs über das Verhältnis von Kunst und Leben etc. Im Mittelpunkt steht jedoch die fatale Konfliktsituation Dieyis. Als Kind ist ihm die Textzeile »Ich bin von Natur aus ein Mädchen« so lange eingeprügelt worden, bis er verinnerlicht hat, daß das Theater die eigentliche Realität ist. Nur dort kann er seine Liebe zu Xiaolou leben; und deshalb ist ihm die Welt der Konkubine Yu allemal wichtiger als die politische oder gesellschaftliche Situation des Landes. Aus dieser Überzeugung wächst seine Kraft, in ihr wurzelt aber auch seine Tragödie. All dies wird nun nicht lehrhaft vorgetragen, vielmehr handhabt Regisseur Chen Kaige die Gefühle und Gedanken so virtuos, daß der Zuschauer an einem Stück gelebten Lebens teilzuhaben glaubt.

Le beau Serge
Die Enttäuschten

Frankreich 1958

R: Claude Chabrol; A: Claude Chabrol; K: Henri Decae, Jean Rabier; D: Jean-Claude Brialy, Gérard Blain, Bernadette Lafont, Michèle Meritz

François (J.-C. B.) kehrt nach Jahren lungenkrank aus Paris in seine Heimat, das kleine Dorf Sardent, zurück. Er sucht nach seinem Jugendfreund, dem »schönen Serge« (G. B.); aber aus Serge ist ein versoffener Taugenichts geworden. François erfährt, daß Serge mit seiner reizlosen Frau Yvonne (M. M.) ein schwachsinniges Kind gehabt hat, das gestorben ist. Jetzt

ist Yvonne wieder schwanger. In der Schlußszene holt François während eines Unwetters den Arzt zu der Gebärenden und zerrt auch den betrunkenen Serge an das Bett seiner Frau. Das Neugeborene ist gesund.
Der Film verschweigt glücklicherweise, ob die Geburt seines Kindes Serge ändern wird; genau, wie er auch vorher keine eindeutige Antwort gegeben hat, ob wirklich Yvonne und der Schwachsinn seines ersten Kindes schuld an Serges Niedergang waren. Wahrscheinlicher ist eigentlich, daß die lähmende Atmosphäre des Dorfes ihn zerstört hat. Chabrol hat das ländliche Milieu aller Idylle entkleidet. Er hat Dreck und Beschränktheit unbarmherzig geschildert. Und diese Milieuschilderung ist zweifellos der beste Teil des Films.
Mit seinem Erstlingswerk, das er mit Hilfe einer Erbschaft realisierte, gab Chabrol auch den Startschuß für die filmische Aktivität seiner Kritikerkollegen von den »Cahiers du Cinéma«. *Le beau Serge* markiert den Beginn einer Entwicklung, die man später mit dem Schlagwort »nouvelle vague« etikettierte.

Das Beil von Wandsbek

DDR 1951

R: Falk Harnack; A: Hans Robert Bortfeld, Erich Conradi und Falk Harnack nach einem Entwurf von Wolfgang Staudte und Werner Jörg Lüddecke nach dem gleichnamigen Roman von Arnold Zweig; K: Robert Baberske; D: Erwin Geschonneck, Käthe Braun, Willy A. Kleinau

Fleischermeister Teetjen (E. G.) leidet unter der Konkurrenz eines großen Warenhauses. Verbittert tritt er »in die Partei« ein. Tatsächlich wird ihm dort eine Chance geboten – eine grausige Chance. Da der Scharfrichter erkrankt ist, überredet SS-Standartenführer Footh (W. A. K.) seinen früheren Kriegskameraden Teetjen, für 2000 Mark vier zum Tode verurteilte Kommunisten hinzurichten. Teetjen willigt ein, aber er zerbricht daran. Nachdem er von der Mehrheit seiner Mitbürger geächtet wird, begeht er mit seiner Frau (K. B.) Selbstmord.

Der Film konzentriert sich geschickt auf das psychologische Porträt des Kleinbürgers Teetjen, den Erwin Geschonneck eindringlich und sehr nuanciert spielt. Das führte zu dem Vorwurf, der Film vernachlässige die Rolle der Arbeiterklasse und erwecke, vornehmlich durch das Spiel Geschonnecks, sogar noch Mitgefühl für den Henker. *Das Beil von Wandsbek* wurde bald nach seiner Uraufführung wieder zurückgezogen und erst 1962, stark gekürzt, neu herausgebracht. Später wurde auch die Originalfassung des Films in der DDR wieder gezeigt.

Being there
Willkommen, Mr. Chance

USA 1979

R: Hal Ashby; A: Jerzy Kosinski nach seinem gleichnamigen Roman; K: Caleb Deschanel, Spezialeffekte: Dianne Schroeder, Regie des Videoteils: Don Mischer; D: Peter Sellers, Shirley MacLaine, Melvyn Douglas, Jack Warden, Richard Basehart, Dave Clennon

Mr. Chance (P. S.), ein Gärtner (Chance, the Gardener), hat sein ganzes Leben als Angestellter in einem abgelegenen Haus verbracht und den Kontakt mit der Umwelt nur als Fernseh-Konsument aufrechterhalten. Als sein Arbeitgeber stirbt, wird Chance vom Nachlaßverwalter (D. C.) vor die Tür gesetzt. Hilflos wandert er durch die Straßen, wird von einer Luxus-Limousine angefahren und von der erschrockenen Besitzerin Eve Rand (S. ML.) in den Fond gezerrt, damit etwaige Verletzungen des Unfallopfers, die es Gott sei Dank nicht gibt, gleich vom Hausarzt diagnostiziert werden können. Mrs. Rand mißversteht Chances gestammelte Vorstellung und führt ihn bei ihrem schwerreichen und schwerkranken Mann (M. D.) als Mr. Chauncey Gardiner ein. Die Rands sind von der Zurückhaltung Mr. Gardiners angenehm berührt und bitten ihn, doch länger zu bleiben. So lernt er wenig später den Präsidenten der USA (J. W.) kennen, der seinen sterbenden Freund Rand besucht. Wie selbstverständlich mischt sich Chance in das Gespräch der Männer; und genau wie die Rands versteht auch der Präsident die naiven Gärtner-Sprüche des Gastes als tiefe ökonomische Weisheiten, die er noch am gleichen Tag – mit »Quellenangabe« – auf einer Pressekonferenz zitiert. Damit ist »Mr. Gardiner« eine nationale Berühmtheit. Zeitungen bemühen sich um ein Interview, eine TV-Station lädt ihn zu einer Talk-Show, und die Nation lauscht ergriffen so tiefschürfenden Erkenntnissen wie, daß es Frühling, Sommer, Herbst und Winter gebe und daß auf den Winter wieder ein Frühling folge. Als Mr. Rand stirbt, scheint ziemlich klar: Chauncey Gardiner wird seine Geschäfte übernehmen, er wird sich um die junge Witwe kümmern, und er wird vermutlich sogar der nächste Präsidentschaftskandidat sein.

Hal Ashby hat hier in grotesker Übersteigerung, aber gleichzeitig mit präziser Ironie eine brillante Satire auf das Fernsehzeitalter, auf Schwächen der amerikanischen Politik, auf politische Naivität und Schönrederei geschaffen. Er zeigt Mr. Chance als vollkommenes Produkt des Fernsehens, der sich unangenehmer Begegnungen auf der Straße erwehren will, indem er mit einer Handbewegung einen imaginären Abstellknopf betätigt, der die erotischen Avancen von Mrs. Rand nur so lange erwidert, wie er aus den Augenwinkeln eine entsprechende Szene auf dem Fernsehschirm beobachten und imitieren kann. »Ich liebe es zuzusehen!« ist seine stereotype Formel, und die Welt nimmt dies schlichte Bekenntnis für die Weisheit eines abgeklärten Philosophen. Ashby, der Freund skurriler Gedankenspiele, hat hier mit kauziger Logik eine beklemmende Vision geschaffen. Seine Pointen bezeichnen die Gefahren in unserer Gesellschaft präziser und entlarvender als die schwergewichtigen Konflikte vieler sogenannter Problemfilme. Peter Sellers bot in seiner letzten großen Rolle eine meisterhafte Leistung.

Bekenntnisse des Hochstaplers Felix Krull

BRD 1957

R: Kurt Hoffmann; A: Robert Thoeren und Erika Mann nach Motiven des gleichnamigen Romanfragments von Thomas Mann; K: Friedl Behn-Grund; D: Horst Buchholz, Susi Nicoletti, Liselotte Pulver, Ingrid Andree

Nachdem es dem leichtlebig-charmanten Felix Krull (H. B.) gelungen ist, eine kaiserliche Musterungskommission zu düpieren, beschließt er, Erfolg zu haben. Sein Charme ebnet ihm – nicht nur bei Frauen – den Weg; ein Abenteuer mit der extravaganten Madame Houpflé (S. N.) ist der Start einer erstaunlichen Karriere auf dem internationalen Parkett. Als falscher Marquis de Venosta macht er eine Weltreise, während der echte Marquis in den Armen des Mädchens Zaza (L. P.) liegt. Fatales scheint sich anzudeuten, als der echte Marquis in den Verdacht gerät, Zaza ermordet zu haben, und man an seiner Stelle den Falschen, nämlich Felix Krull, in Lissabon verhaftet. Aber Felix kommt wiederum davon ...

Das Drehbuch hat nur Episoden der literarischen Vorlage ausgewählt und die Handlung durch einen frei erfundenen Schluß verlängert. Trotzdem lebt in dem sorgfältig inszenierten Film einiges von der geistvollen Ironie Manns. Höhepunkte sind die Musterung und die Episode mit Madame Houpflé.

Belle de jour
Belle de jour – Schöne des Tages

Frankreich/Italien 1966

R: Luis Buñuel; A: Luis Buñuel und Jean-Claude Carrière nach einem Roman von Joseph Kessel; K: Sacha Vierny; D: Catherine Deneuve, Jean Sorel, Pierre Clementi, Michel Piccoli, Macha Méril, Geneviève Page

Die schöne Séverine (C. D.) lebt in scheinbar glücklicher Ehe mit dem Chirurgen Pierre (J. S.). Aber sie ist unausgefüllt, verliert sich in erotische Wunschträume. Durch eine Freundin erfährt sie von der Existenz exklusiver »maisons de rendezvous«, in denen ehrbare Damen sich stundenweise als Prostituierte verdingen; dem zynischen Lebemann Husson (M. P.), einem Freund des Hauses, entlockt sie die Adresse eines solchen Etablissements. Séverine landet bei Madame Anais (G. P.), wo sie unter dem Namen »Belle de jour« täglich von 14 bis 17 Uhr »arbeitet«. Hier lernt sie Marcel (P. C.) kennen, der sie eifersüchtig ganz für sich haben will, und hier wird sie eines Tages von

Husson entdeckt, der glaubt, sie nun in der Hand zu haben. Der eifersüchtige Marcel schießt Pierre nieder. Pierre überlebt den Anschlag – gelähmt und blind; Marcel wird von einem Polizisten erschossen. Séverine pflegt ihren Mann aufopferungsvoll. Husson verrät dem wehrlosen Pierre die Wahrheit über seine Frau; doch im Schlußbild sieht man Pierre gesund auf den Balkon treten.

Es geht dem Film sicher nicht um eine psychologische Studie. Buñuel behandelt vielmehr abermals die Gefährdung des Menschen, spielt wieder mit Traum und Realität, die hier als gleichwertig akzeptiert und mit den gleichen stilistischen Mitteln dargestellt werden. Am Anfang etwa sieht man Séverine und Pierre in einer Kutsche durch einen wunderschönen Park fahren. Sie widersetzt sich seinen Zärtlichkeiten, und er läßt sie zur Strafe von den Kutschern an einen Baum binden, auspeitschen und vergewaltigen. Nach einem harten Schnitt erweist sich diese realistisch gestaltete Sequenz als ein Wunschtraum, den Séverine im Ehebett träumt. Entsprechend konnten sich die Kritiker nicht einmal einigen, ob der Schluß, die Heilung Pierres, als Symbol für die Kraft von Séverines neuer Liebe zu verstehen sei, was höchst unwahrscheinlich ist, oder ob es sich wieder um einen Wunschtraum Séverines handelt. Außerdem kann man sich darüber streiten, was sie geträumt hat: die Heilung oder die effektvollere Passage des Mordanschlags und ihre herzergreifende Pflegerinnentätigkeit ...

Solche Wunschträume, die den Betrachter verunsichern und ihm die bequeme Kategorisierung von Realität und Fiktion verleiden, gibt es im Film etwa ein halbes Dutzend. Und Buñuel variiert sie noch einmal, indem er zeigt, wie in Madames Etablissement die Kunden sich von den »Damen« die Verwirklichung ihrer absonderlichen erotischen Phantasien vorspielen lassen.

Der Verunsicherung dient zweifellos auch die Zeichnung der Personen. Séverine, die mädchenhaft zarte, reine Bürgersfrau, simuliert ihre Unnahbarkeit nur und träumt insgeheim von einer ganz anderen Welt. Der zynische Playboy Husson dagegen bekennt sich ungeniert und damit ehrlicher zu seinem Prinzip des unbekümmerten Genusses. Marcel, der Ganove mit den glitzernden Goldzähnen und den schmutzigen, zerrissenen Socken, ist der einzige in diesem Film, der den höchsten Preis für seine Liebe zu zahlen bereit ist. So werden alle Werturteile, die der Zuschauer vorschnell abgibt, auf den Kopf gestellt. Buñuel unterwandert mit hinreißend schönen Bildern die Sehgewohnheiten seines Publikums.

La belle équipe
Die zünftige Bande / Größer als die Liebe

Frankreich 1936

R: Julien Duvivier; A: Julien Duvivier, Charles Spaak; K: Jacques Kruger, Marc Fossard; D: Jean Gabin, Charles Vanel, Raphael Medina, Viviane Romance

Fünf Arbeitslose gewinnen in der Lotterie 100 000 Francs. Nach langen Diskussionen beschließen sie, von dem Geld ein Häuschen zu kaufen und eine Gartenwirtschaft einzurichten. Aber die Schwierigkeiten häufen sich: Einer stürzt bei den Ausbesserungsarbeiten vom Dach und stirbt; ein anderer verläßt die Gemeinschaft wegen einer Frau; Mario (R. M.), der Spanier ohne Arbeitserlaubnis, wird ausgewiesen. Schließlich bleiben nur noch Jean (J. G.) und Charles (C. V.) übrig. Zwar gibt es auch zwischen ihnen eine Krise, als Charles' frühere Frau (V. R.) auftaucht; aber sie sehen ein, daß ihre Freundschaft wichtiger ist. – Für den Schluß gibt es zwei Versionen: In den Kinos der Champs Élysées scheiterte das Unternehmen der Freunde; für die Kinos in den Vorstädten wurde ein optimistischer Schluß gedreht.

La belle équipe gilt vielen Filmhistorikern als der beste Film Duviviers. Besonders der erste Teil ist vorzüglich: Die Schilderung des Lebens der Arbeitslosen, der gemeinsame Start in ein neues Leben. Das stimmt im Milieu und in der Charakterschilderung exakt; außerdem spürt man hier den Geist jener Zeit, in der die »Volksfront« vielen ein verheißungsvoller neuer Anfang schien. Eindrucksvolles Bildsymbol der Hoffnungen und Bemühungen ist die Szene, als ein Unwetter das Dach des Hauses zu zerstören droht und die Freunde sich nebeneinander auf die Dachziegel legen, um sie festzuhalten.

La belle et la bête
Es war einmal

Frankreich 1945/46

R: Jean Cocteau; A: Jean Cocteau nach einem Märchen von Madame Leprince de Beaumont; K: Henri Alekan; D: Jean Marais, Josette Day, Michel Auclair, Marcel André

Ein Kaufmann (M. An.) hat drei Töchter und einen Sohn (M. Au.). Sie sind allesamt Nichtsnutze, bis auf Belle (J. D.), die jüngste Tochter. Und als der Kaufmann eines Tages zufällig in das verwunschene Schloß des »Untiers« (J. M.) gerät und getötet werden soll, da opfert sich Belle für ihren Vater und geht an seiner Stelle in das Schloß, obwohl sie den schönen Avenant (J. M.) liebt. Das Untier verliebt sich in Belle und möchte sie heiraten. Sie lehnt ab. Erst als sie ihren kranken Vater besuchen darf und zu lange ausbleibt, erkennt sie, daß auch sie das Untier liebt. Aber sie kommt zu spät zurück, und das Untier ist vor Kummer gestorben. Doch als Avenant mit Belles Bruder in das Schloß eindringt, um die Schatzkammer auszurauben, wird er von einer Statue der Göttin Diana mit einem Pfeil getötet. Sterbend verwandelt er sich in das Untier, das seinerseits in der Gestalt Avenants als Prinz Ardent zu neuem Leben erwacht. Belles Liebe hat seine Verzauberung gelöst.

Vielleicht der schönste Film Cocteaus, ein poetisches Märchen, das phantasievoll in Szene gesetzt worden ist. Menschen, die durch Mauern gehen können. Zauberspiegel, in denen Bilder erscheinen, Arme, die aus der Wand wachsen und Kerzenleuchter halten, Kleider, die sich verwandeln – das alles ist hier legitimer Bestandteil des Feenzaubers, einer melancholischen Parabel von der Kraft der Liebe. Wesentlichen Anteil an diesem Erfolg haben zweifellos auch die Ausstattung (René Moulaert und Carré) und die verblüffende Maske (Arakelian) von Jean Marais, die auch dem Untier Menschlichkeit beließ.

Als »technischer Berater« fungierte bei diesem Film René Clément.

Les belles de nuit
Die Schönen der Nacht

Frankreich/Italien 1952

R: René Clair; A: René Clair; K: Armand Thirard; D: Gérard Philipe, Martine Carol, Gina Lollobrigida, Magali Vendeuil

Der junge Klavierlehrer und Komponist Claude (G. P.) flüchtet sich aus der alltäglichen Misere in schöne Träume, in denen er sich berühmt und erfolgreich sieht. Geradezu schlafsüchtig träumt er sich auf der Suche nach der »guten alten Zeit« durch die Historie, wobei er in drei verschiedenen Zeitaltern zarte Bande knüpft – mit einer reichen Bürgersfrau (M. C.), einer feurigen Algerierin (G. L.) und einer jungen Aristokratin (M. V.). In der nächsten Nacht aber wendet sich das Blatt: Ehemänner, ehrversessene Brüder und Revolutionäre tauchen auf. Der Traum wird zum Alptraum. Verzweifelt versucht Claude nun, sich wachzuhalten, eilt auf die Straße und trifft dort die Nachbarin Suzanne (M. V.), die der Aristokratin aus seinem Traum so sehr gleicht. Er gesteht ihr seine Liebe; sie sinkt ihm in die Arme; und am anderen Morgen kommt auch noch der Brief aus Paris, der ihn ins Opernhaus bestellt, wo er nach abermals abenteuerlich verträumter Fahrt erfährt, daß seine Oper angenommen ist.

Das Milieu erinnert an die meisten früheren Filme Clairs: die Mansardenwohnung, die kleine Nebenstraße, die Kumpanei der guten Freunde, das kleine Bistro an der Ecke. Eine behagliche, intakte Welt. Zusätzlich spielt Clair hier geschickt mit dem Gegensatz von Traum und Realität. Das ermöglicht ihm Anspielungen, Verweisungen und einige ironische Anmerkungen zur Weltgeschichte.

Clair sagte zu seinem Film: »Was meine Absichten betrifft, so bin ich etwas in Verlegenheit, Ihnen bekennen zu müssen, daß mein Film kein ernsthaftes Werk darstellt und daß sein einziger Zweck darin besteht, Sie zu erheitern.«

Bellissima
Bellissima

Italien 1951

R: Luchino Visconti; A: Suso Cecchi d'Amico, Francesco Rosi und Luchino Visconti nach einer Idee von Cesare Zavattini; K: Piero Portalupi, Paul Ronald; D: Anna Magnani, Walter Chiari, Tina Apicella, Alessandro Blasetti

Eine Filmgesellschaft sucht als Reklame-Gag öffentlich ein kleines Mädchen als Hauptdarstellerin für einen neuen Film. Unter den vielen, die für sich und ihre Töchter das große Glück zu erhaschen suchen, ist auch Maddalena (A. M.), die Frau des Arbeiters Cecconi. Sie kämpft verbissen um ihre vermeintliche Chance, hofft, sie durch Geschenke an den kleinen Betrüger Annovazzi (W. C.), der sich seiner Beziehungen rühmt, zu erhöhen, sieht aber schließlich ihren Fehler ein. Sie verschafft sich Zutritt zu einer Muster-Vorführung und erlebt, wie die Probeaufnahmen ihrer linkischen Tochter (T. A.) unbarmherzig verlacht werden. Als man ihr überraschend doch einen Kontrakt anbietet, weil man offenbar die unbeabsichtigte Komik des Kindes ausschlachten will, lehnt Maddalena ab.

Visconti hatte mit seinen beiden ersten Filmen (*Ossessione* und *La terra trema*) ein geschäftliches Fiasko erlitten. *Bellissima* war sein Versuch, einen »Publikumsfilm« zu drehen. Aber das Ergebnis ist auch künstlerisch beachtlich. Er verfilmte das etwas gefühlvolle Thema äußerst kritisch und realistisch. Er macht sich über die Bemühungen Maddalenas und ihre Träume nicht lustig, sondern erklärt sie als Reaktion auf ein tristes und hoffnungsloses Leben. Und zum Realismus gehört neben einer genauen Beobachtung des Arbeitermilieus auch, daß Visconti den Regisseur von seinem Kollegen Blasetti spielen ließ, daß er auch die Welt des Films konsequent allen falschen Glanzes entkleidete.

Ben Hur Ⓢ
Ben Hur

USA 1924–26

R: Fred Niblo; A: Carey Wilson und Bess Meredith nach dem gleichnamigen Roman von Lewis Wallace; K: René Guissart, Karl Struss, Percy Hilburn, Clyde de Vinna; D: Ramon Novarro, Francis X. Bushman, May McAvoy

Die Geschichte des Juden Ben Hur (R. N.), der zur gleichen Zeit wie der Messias lebt. Ben Hur behauptet sich gegen die Machenschaften seines einstigen Freundes Messala (F. X. B.), liebt die schöne Esther (M. MA.) und erlebt als Bekehrter die Kreuzigung Christi.
Ein üppiger, zum Teil im Technicolor-Verfahren gedrehter Ausstattungsfilm, der die für die damalige Zeit ungeheure Summe von 5 Millionen Dollar kostete. Ausgegeben wurden sie vor allem für ein Riesenaufgebot an Statisten und für eine prunkvolle Ausstattung. Höhepunkte des Films sind eine Seeschlacht und das Wagenrennen, das von Reeves Eason inszeniert wurde. Weitere »Co-Regisseure« Niblos, der selbst den ursprünglich engagierten Charles Brabin ersetzt hatte, waren Christy Cabanne und Hal Roach. Der Film war ein enormer Publikumserfolg und lief bis weit in die Tonfilmzeit hinein, wofür man eigens eine mit Musik und vielen Geräuschen unterlegte Tonfassung herstellte. Eine populäre Neuverfilmung des Stoffes schuf William Wyler 1959 mit Charlton Heston in der Titelrolle. Am eindrucksvollsten war auch hier das Wagenrennen, an dem ein Spezial-Team unter Leitung von Andrew Marton insgesamt sieben Monate gearbeitet haben soll.

Benny's Video

Österreich/Schweiz 1991/92

R: Michael Haneke; A: Michael Haneke; K: Christian Berger; D: Arno Frisch, Angela Winkler, Ulrich Mühe, Ingrid Stassner

Die Welt des dreizehnjährigen Wiener Gymnasiasten Benny (A. F.) ist ausgefüllt von Video-

Bildern. Das Fenster seines Zimmers ist verhängt, eine fest installierte Kamera liefert den »Ausblick« auf die Straße; in der Videothek ist er Stammkunde; der Urlaubsfilm mit Szenen von der Tötung eines Schweins liegt stets griffbereit. Am Anfang des Films sieht man, wie er sich diese Szenen wieder und wieder anschaut, man spürt, wie es ihn fasziniert, daß er mit einem Knopfdruck die Zeit anhalten, sie sogar »zurücklaufen« lassen kann. Als die Eltern (A. W., U. M.) ihn ein Wochenende allein lassen, lädt er ein fremdes Mädchen (I. S.) in die Wohnung ein. Er zeigt ihr die Kamera, zeigt ihr den Bolzenschußapparat von der Schlachtung, den er heimlich an sich genommen hat – und erschießt sie mit dem mörderischen Instrument. Es ist eine Tat ohne Sinn, geschehen halb aus Neugier, halb aus Ungeschicklichkeit. Benny säubert den Boden, macht seine Schularbeiten und geht in die Disco. Er scheint unberührt. Aber in der Schule rebelliert er ohne Grund; bei einem Friseur läßt er sich den Kopf kahl scheren. Den Eltern spielt er auf Video vor, was die Kamera von seiner Tat zufällig aufgenommen hat. Der Vater faßt sich schnell. Er schickt Frau und Sohn für eine Woche ins Ausland – angeblich zum Begräbnis einer Großmutter – und beseitigt unterdessen die Leiche. Als alle Gefahr vorüber scheint, geht Benny zur Polizei und gesteht seine Tat. Am Ende werden die Eltern zur Vernehmung geführt. Man sieht es auf den Monitoren einer Überwachungskamera.

Michael Haneke zeichnet eindrucksvoll eine erstarrte Wohlstandsgesellschaft, in der die Menschen aneinander vorbeileben, in der Gespräche selten und mühsam sind, in der Kommunikation zu einem technischen Prozeß denaturiert ist. Entsprechend verkümmert ist auch das Gefühlsleben der handelnden Personen. Benny vermag Betroffenheit nur noch durch »Ersatzhandlungen« wie das Kahlscheren des Kopfes zu zeigen. Der Vater betreibt nach kurzer Irritation routiniert Schadensbegrenzung. Allein die Mutter läßt – wenngleich verkrampft – Ansätze von Emotionen erkennen.

In einer irritierenden Mischung aus Film- und Videobildern schafft Haneke gleichsam eine zweite Ebene der Realität, wo Bennys Tat sich einfügt in die Schreckensbilder aus den Abendnachrichten, in der anderersseits eigene Erlebnisse gleichsam erst durch die Video-Dokumentation zur Realität werden. Doch am Ende steht ein entscheidender Unterschied: Den Video-Recorder kann man zurückspulen und damit eine Tat ungeschehen machen; die Wirklichkeit ist irreversibel.

Berg-Eyvind och hans hustru Ⓢ
Berg-Eyvind und sein Weib

Schweden 1917

R: Victor Sjöström; A: Victor Sjöström und Sam Ask nach dem gleichnamigen Schauspiel von Johann Sigurjonsson; K: J. Julius (d. i. Julius Jaenzon) ; D: Victor Sjöström, Nils Arehn, Edith Erastoff

Island um 1850. Die reiche Witwe Halla (E. E.) nimmt einen Fremdling (V. S.) auf, der sich Kari nennt. Halla macht Kari zum Verwalter ihres Hofes und wird bald seine Geliebte. Der eifersüchtige Gemeindevorsteher Björn Bergsteinsson (N. A.), ein Bruder ihres verstorbenen Mannes, deckt die zwielichtige Vergangenheit Karis auf. Der vertraut sich Halla an, und in einer Rückblende erfahren wir: Kari hat einmal ein Schaf gestohlen, um seine Familie vor dem Hungertod zu retten. Man hat ihn zu zehn Jahren Gefängnis verurteilt; er ist geflohen und hat jahrelang in den Bergen gelebt. Seither nennt man ihn auch Berg-Eyvind. Da der Vogt Kari erneut verhaften will, fliehen die Liebenden wieder in die Berge. Dort finden sie ein Versteck, in dem Halla eine Tochter zur Welt bringt. Doch Björn Bergsteinsson läßt nicht locker. Als er die Flüchtlinge aufspürt, wirft Halla ihr Kind in den Abgrund, damit es nicht in die Hände der Verfolger fällt. Sie und Kari entkommen abermals. 16 Jahre später sieht man sie in einem besonders kalten Winter in einer schäbigen Hütte. Sie streiten. Halla läuft aus der Hütte; Kari folgt ihr. Beide erfrieren und werden vom Schnee bedeckt.

Louis Delluc nannte *Berg-Eyvind och hans hustru* einmal »den schönsten Film der Welt«. Er rühmte die Regie Sjöströms, die beiden Hauptdarsteller und »einen dritten Hauptdarsteller: die Landschaft«.

Tatsächlich hat die »Landschaftsmalerei« des schwedischen Films hier bereits einen frühen Höhepunkt erreicht. Sjöström drehte seinen Film auf Island; und er hat dabei die Berge, den Nebel und das Licht nicht als zufällige Dekoration, sondern als wesentlichen Bestandteil der Handlung genutzt.

Die Bergkatze ⓢ

Deutschland 1921

R: Ernst Lubitsch; A: Hanns Kräly, Ernst Lubitsch; K: Theodor Sparkuhl; D: Pola Negri, Victor Janson, Paul Heidemann, Hermann Thimig, Edith Meller, Wilhelm Diegelmann

Leutnant Alexis (P. H.), ein notorischer Schürzenjäger, wird in ein einsames Fort versetzt, dessen Kommandant (V. J.) bei dieser Schreckensnachricht sofort um seine Tochter Lilli (E. M.) fürchtet. Doch auf dem Weg zum Fort wird Alexis von dem Räuberhauptmann Claudius (W. D.) überfallen und verliebt sich in dessen Tochter Rischka (P. N.). Aber Rischka soll auf Befehl ihres Vaters einen Räuber (H. T.) heiraten, während Alexis zur Hochzeit mit Lilli kommandiert wird. Alexis läuft von seiner Hochzeit fort und trifft Rischka, die ebenfalls vor ihrem Eheglück auf der Flucht ist. Ein Happy-End scheint sich anzubahnen. Rischka erkennt jedoch, daß sie nicht zueinander gehören; und sie benimmt sich absichtlich so ordinär, daß Alexis sich von ihr trennt, worauf beide zu ihren »verordneten« Partnern zurückkehren.
Die Bergkatze war ein ziemlicher Mißerfolg – vielleicht, weil man damals wenig Sinn für ein Lustspiel ohne Happy-End hatte, in dem außerdem das Militär konsequent karikiert wurde; denn die Soldaten sind hier nicht weniger komisch als die bärbeißigen Räuber.
Verblüffend ist die Ausstattung dieses Films, für die Max Reinhardts Bühnenbildner Ernst Stern verantwortlich zeichnete. Die Außenaufnahmen sind realistisch, offenbar im Gebirge gedreht; aber alle Bauten sind eine phantasievolle Mischung aus Expressionismus, Jugendstil und orientalischer Märchenpracht. Es gibt in den gesamten Bauten so gut wie keine gerade Linie, alles ist in Kurven und pflanzenhaft wuchernde Schnörkel aufgelöst. Lubitsch hat dieses Prinzip noch weitergeführt, indem er die meisten Szenen des Films durch Kameramasken aufnahm: Kreise, Ellipsen oder auch »geflammte« Bildausschnitte. Der normale rechteckige Bildausschnitt ist hier die Ausnahme. Dadurch ist vollends die Ablösung von der Realität erreicht. Einige Traumsequenzen hat Lubitsch noch zusätzlich mit einem Zerrspiegel aufgenommen.

Berlin – Alexanderplatz

Deutschland 1931

R: Piel Jutzi; A: Alfred Döblin, Hans Wilhelm und Karl Heinz Martin nach dem gleichnamigen Roman von Alfred Döblin; K: Nikolaus Farkas, Erich Giese; D: Heinrich George, Maria Bard, Bernhard Minetti, Margarete Schlegel

Franz Biberkopf (H. G.) hat vier Jahre im Gefängnis gesessen, weil er im Rausch seine Freundin erschlagen hat. Seine Rückkehr ins Alltagsleben will ihm nicht gelingen. Der Ganove Reinhold (B. M.) will Biberkopfs Freundin Cilly (M. B.) anstiften, Franz für seine Bande zu gewinnen. Als das mißlingt, will Reinhold ihn gegen seinen Willen in einen Einbruch verwickeln. Franz protestiert, Reinhold stößt ihn wütend aus dem Auto, Franz wird schwer verletzt und verliert einen Arm. Nach seiner Genesung arbeitet er freiwillig für Reinhold. Für kurze Zeit lebt er in Saus und Braus, obwohl seine neue Freundin Mieze (M. S.) ihn zur Rückkehr ins bürgerliche Leben bewegen will. Diese Rückkehr gelingt ihm erst an Cillys Seite, nachdem Reinhold Mieze vergewaltigt und ermordet hat und dafür zu 15 Jahren Zuchthaus verurteilt worden ist.
Die Handlung des Romans ist stark vereinfacht: Die Gestalten von zwei Freundinnen Biberkopfs (Sonja und Mieze) sind zu einer zusammengezogen worden, Biberkopf selbst erscheint sympathischer, so fehlt zum Beispiel sein Zwischenspiel als Zuhälter.
George spielt den Biberkopf als gutmütigkindhaften Menschen, der den Intrigen seiner

Umwelt nicht gewachsen ist. Wie schon in seinem Stummfilm *Mutter Krausens Fahrt ins Glück* (1929) hat Regisseur Jutzi auch hier wieder Milieu und Umwelt geschickt in die Handlung einbezogen. Die Kamera blickt immer wieder auf das hektische Getriebe der Großstadt, auf Straßenszenen, in Hinterhöfe und muffige Wohnungen. Von hierher gewinnt die in ihrer Vereinfachung recht melodramatische Geschichte ihre Glaubwürdigkeit.

Berlin – Ecke Schönhauser

DDR 1957

R: Gerhard Klein; A: Wolfgang Kohlhaase, Gerhard Klein; K: Wolf Göthe; D: Ekkehard Schall, Ilse Pagé, Harry Engel, Ernst Georg Schwill, Raimund Schelcher

»Halbstarke« in Ost-Berlin. Mangelndes Verständnis der Eltern und Sehnsucht nach Freiheit treiben sie auf die Straße. Zunächst geht nur eine Straßenlaterne zu Bruch, und ein Kommissar (R. S.) der Volkspolizei redet ihnen gut zu. Doch dann lassen die Jungen sich für den Diebstahl von Personalausweisen einspannen. Karl-Heinz (H. E.) verlegt sich bald ganz auf dieses einträgliche Geschäft. Es kommt zu einer Auseinandersetzung in der Gruppe, ein Schuß fällt, Dieter (E. S.) und »Kohle« (E. G. S.) glauben, einen Menschen getötet zu haben, und fliehen kopflos nach West-Berlin. Sie geraten in ein Flüchtlingslager, wo die Verhältnisse katastrophal sind. »Kohle« findet hier den Tod. Dieter aber kommt zur Einsicht; er kehrt zurück in die Freiheit – nach Ost-Berlin und zu dem Mädchen Angela (I. P.). Auch Karl-Heinz findet endlich seinen Platz in der Gesellschaft.
Der Film agitiert, er propagiert die Überlegenheit der sozialistischen Gesellschaftsordnung, und er stellt den eigenen Staat und seine Ordnungskräfte nicht ernsthaft in Frage – der Vopo-Kommissar ist der einzige ungebrochene Held des Films. Aber daneben gibt es auch eine bemerkenswert realistische Zeichnung des Ostberliner Alltags. Man erfährt, daß es auch dort schwierig sein kann, einen passenden Beruf zu finden, daß manche Jugendliche die »Fürsorge« der Organisationen eher als Bevormundung empfinden. Geschildert wird das in einem unpathetischen Stil, der die Atmosphäre der Straßen milieuecht einfängt.

Berliner Ballade

BRD 1948

R: R. A. Stemmle; A: Günter Neumann; K: Georg Krause; D: Gert Fröbe, Aribert Wäscher, Tatjana Sais, Ute Sielisch, O. E. Hasse

Die Vorlage für diesen Film war Günter Neumanns Kabarett-Programm »Schwarzer Jahrmarkt«. Neumann verband die lose Folge einzelner Sketche, indem er als roten Faden die Figur des »Otto Normalverbraucher« – sozusagen das synthetische Abbild des Durchschnittsdeutschen – erfand und das Ganze als einen Rückblick aus dem Jahr 2048 deklarierte. So sehen Menschen in einem utopischen Berlin voller Verwunderung auf die deutsche Nachkriegswirklichkeit zurück. Otto Normalverbraucher (G. F.) kehrt aus dem Krieg zurück und findet seine Wohnung teils zerstört, teils von ungebetenen Gästen in Besitz genommen. Er lernt einen sympathischen Schieber (A. W.) kennen, schlägt sich mit Schwarzhändlern und Reaktionären herum, sucht Arbeit und vor allem etwas zu essen und findet schließlich seine »Traumfrau« (U. S.).
Autor Neumann hat den Inhalt seines Films einmal in Versform wiedergegeben, und da heißt es an einer Stelle von dem Helden: »Er hielt in zerlumpten Stiefeln Schritt / mit der Zeit und ihrem Stuß, / er spielte in einer Tragödie mit, / bei der man lachen muß.« Diese Mischung ist Autor und Regisseur tatsächlich nicht übel gelungen. Der Film hat eine Anzahl treffender Pointen, die sich direkt auf die Nachkriegswirklichkeit beziehen; und er erweckte Nachdenklichkeit z. B. in den Szenen, in denen ein östlicher und ein westlicher Militarist (O. E. Hasse in einer Doppelrolle) am Biertisch ungeniert über den nächsten Krieg debattieren.
Dieser erste Versuch der Deutschen, nach dem Krieg über sich selbst zu lächeln, hatte besonders im Ausland Erfolg. Als erster und lange

Zeit einziger deutscher Nachkriegsfilm erhielt er den Hauptpreis eines großen Festivals (»Silberner Löwe« in Venedig, 1949). Die »Neue Zürcher Zeitung« schrieb: »Dieser Film ist voller Pointen, aber alle haben die Form von Tränen.«

Beschin lug
Die Beschin-Wiese

UdSSR 1935–37

R: Sergej Eisenstein; A: Alexander Rscheschewski in der Überarbeitung von Isaak Babel und Sergej Eisenstein nach Motiven einer Erzählung von Iwan Turgenjew; K: Eduard Tissé, Wladimir Nilsen; D: Witja Kartaschow, Boris Sachawa, Jelisaweta Teleschowa

Stepoks (W. K.) Mutter ist gestorben – an den Folgen der Prügel, die sein Vater (B. S.), ein Kulak, ihr gegeben hat. Der Vater verflucht den Sohn, weil der die Kolchosbauern vor einer geplanten Brandstiftung gewarnt hat. Trotzdem brennt jäh eine Scheune im Dorf. Die Brandstifter, unverbesserliche Kulaken, verschanzen sich in der Kirche. Aber die Kirche wird von den Kolchosbauern gestürmt und in einen Dorfclub verwandelt. Die Brandstifter werden unter Bewachung abgeführt. Es gelingt ihnen jedoch, ihre Wächter zu überwältigen. Stepok, der zusammen mit anderen Jungen nachts das Getreide bewacht, wird von seinem Vater erschossen. Er stirbt in den Armen eines alten Kommunisten, der ihn durch reife Kornfelder zurück zum Dorf trägt.
Der Titel des Films verweist auf eine Erzählung aus Turgenjews *Aufzeichnungen eines Jägers*; sie berichtet, wie der Erzähler Kinder sieht, die nachts um ein Feuer sitzen, die Pferde bewachen und sich Geschichten erzählen. Diese Situation hat Rscheschewski mit Motiven einer wahren Begebenheit kombiniert: Der junge Pawlik Morosow hatte seinen Vater, einen Kulaken, angezeigt und war dafür von den Verwandten getötet worden.
Das Schicksal des Films *Beschin lug* gehört zu den trübsten Kapiteln sowjetischer Filmpolitik. 1932 war Eisenstein aus den USA zurückgekehrt. Sein Film *Que viva Mexico!* war unvollendet geblieben; er brannte darauf, einen neuen Film zu drehen. Doch die Situation in Moskau hatte sich geändert; die Zeit der Experimente war vorüber. Außerdem war der damalige Generaldirektor der Hauptverwaltung Film, Schumjatski, durchaus kein Freund Eisensteins. Er schlug Eisenstein vor, eine musikalische Komödie zu drehen, dieser aber lehnte ab. Statt dessen reichte er das Drehbuch für eine exzentrische Komödie ein; doch das schien wiederum Schumjatski ungeeignet.
1935 konnte Eisenstein endlich mit den Aufnahmen zu *Beschin lug* beginnen. Aber als etwa zwei Drittel des Films abgedreht waren, befahl Schumjatski, die Dreharbeiten abzubrechen. Es hatte Akzentverschiebungen in der Innenpolitik gegeben, insbesondere war die antireligiöse Propaganda auf dem Land gemildert worden; manches in Eisensteins Drehbuch schien nicht mehr opportun. Schumjatski forderte ein neues Drehbuch. Eisenstein schrieb es – unterstützt u. a. von seinem Freund Isaak Babel.
Ende 1936 war *Beschin lug* auch in der zweiten Fassung so gut wie abgedreht. Eisenstein montierte eine vorläufige, rund fünf Stunden lange Fassung und zeigte sie einigen Freunden (u. a. Lion Feuchtwanger), die begeistert waren. Aber mitten in der Arbeit an der endgültigen Montage kam die Nachricht, daß alle Arbeiten an *Beschin lug* endgültig eingestellt werden müßten. Schumjatski schrieb wenig später einen Artikel, in dem er Eisenstein u. a. »formalistische Exerzitien« und »Subjektivismus« vorwarf. Als einige Kollegen Eisensteins dem zustimmten, veröffentlichte Eisenstein eine Selbstkritik.
Das Material von *Beschin lug* verschwand. Bis heute ist ungeklärt, ob es bei einem deutschen Luftangriff auf Moskau oder durch unsachgemäße Lagerung zerstört wurde. Jedenfalls existiert der Film nicht mehr. Aber Ende 1963 übergab Eisensteins Witwe dem Eisenstein-Archiv etwa 1200 Ausschnitte aus einer Positiv-Kopie des Films. Eisenstein hatte aus einer eigens angefertigten Kopie von jeder Einstellung ein Bild herausgeschnitten und aufbewahrt. Der Filmhistoriker Naum Klejman und der Regisseur Sergej Jutkewitsch haben in mühsamer Arbeit diese Einzelbilder nach dem Drehbuch geordnet und montiert. So entstand ein einstündiger Film, der für wissenschaftliche

Zwecke den gesamten Ablauf des Films dokumentiert; für den Einsatz in Kinos wurde eine Kurzfassung hergestellt, wobei statt der verlorengegangenen Musik Gawril Popows Ausschnitte aus Werken von Prokofieff unterlegt wurden.

Dieser »Foto-Film« läßt vermuten, daß *Beschin lug* eines der Meisterwerke Eisensteins geworden wäre. Die Komposition und die innere Dynamik der Bilder überzeugen auch hier noch; Aufbau und Stil machen deutlich, daß – über die bloße realistische Schilderung eines Einzelfalles hinaus – ein Gleichnis von der bezwingenden Kraft der neuen Zeit entstanden wäre.

The best years of our lives
Die besten Jahre unseres Lebens

USA 1946

R: William Wyler; A: Robert E. Sherwood nach dem Roman *Glory for me* von Mac Kinlay Kantor; K: Gregg Toland; D: Fredric March, Dana Andrews, Harold Russell, Myrna Loy, Teresa Wright, Virginia Mayo, Cathy O'Donnell

Nach Kriegsende fliegen drei amerikanische Soldaten in einer Militärmaschine in die Heimat: Sergeant Stephenson (F. M.), Hauptmann Derry (D. A.), Matrose Homer Parrish (H. R.). Am leichtesten fällt die Rückkehr ins Zivilleben Stephenson; man setzt ihn auf den Stuhl des Vizepräsidenten seiner Bank. Derry verläßt seine oberflächliche Frau (V. M.), der er ohne schmucke Offiziersuniform wenig attraktiv erscheint, und wird Verkäufer in einem Warenhaus. Später lernt er die Tochter (T. W.) Stephensons kennen und lieben; und am Schluß heiraten die beiden. Am schwersten hat es Parrish, der im Krieg beide Hände verloren hat. Er begegnet in seinem kleinbürgerlichen Milieu Neugier und penetrantem Mitleid, bis er schließlich seine Jugendfreundin Wilma (C. O'D.) heiratet. Die Szene, in der er ihr mit seinen stählernen »Greifzangen« den Ring überstreift, beschließt den Film.

Wyler nimmt das psychologische Porträt seiner Protagonisten zum Ausgangspunkt für eine soziologische Studie, die zur Zeit ihrer Entstehung kritisch und kühn war. Er zeichnet das Bild einer Gesellschaft, die den Krieg nur als ein »Zwischenspiel« betrachtet. Erlebnisse und Milieu der drei Ex-GIs werden dabei immer wieder miteinander verflochten, persönliche und allgemeine Konflikte durchdringen einander. Es wird deutlich, daß die Chancen für einen Neubeginn unterschiedlich sind. Es wird deutlich, wie der redliche Stephenson schon bald wieder von den Vorurteilen seiner Klasse und seines Milieus beeinflußt wird. Und es wird deutlich, wie ahnungslos eigentlich die braven Bürger sind, in deren Mitte Homer lebt, wie seine Greifzangen sie mit einer Realität konfrontieren, die sie am liebsten gar nicht zur Kenntnis nehmen möchten.

Wyler trägt das in seinem fast dreistündigen Film nicht ohne Sentimentalität vor; und der Optimismus der Doppelhochzeit am Schluß wirkt heute aufgesetzt. Am überzeugendsten ist dieser Film immer dort, wo er sich nicht auf Meditationen, sondern auf die unprätentiöse Schilderung verläßt – zum Beispiel Derry an

*The best years of our lives
(Harold Russell,
Dana Andrews)*

seinem Arbeitsplatz, eingezwängt zwischen Tischen und Reklametafeln eines riesigen Kaufhauses. Und überzeugend ist auch der Part des schwerbeschädigten Matrosen, in dem ein Laie gleichsam sein eigenes Schicksal spielt.

La bête humaine
Bestie Mensch

Frankreich 1938

R: Jean Renoir; A: Jean Renoir nach dem gleichnamigen Roman von Emile Zola; K: Curt Courant, Claude Renoir; D: Jean Gabin, Simone Simon, Fernand Ledoux, Jean Renoir

Verfilmung des gleichnamigen Romans von Zola: Er erzählt die Geschichte des Lokomotivführers Lantier (J. G.), eines triebhaften Mörders. Lantier wird der Geliebte von Séverine (S. S.), der Frau des Bahnhofsvorstehers Roubaud (F. L.). Aber in einem Anfall tötet er die geliebte Frau und springt dann verzweifelt von seiner Lokomotive.

Zweierlei mag Renoir an diesem Sujet gereizt haben: die erregende Welt der Schienen und Lokomotiven, die er ganz realistisch, aber in raffiniert wirkungsvollen Montagen einfing, und der düstere Fatalismus, der die Handlung bestimmt. Lantier ist einer aus der Familie Rougon-Maquart. Der Zwang zum Töten ist ihm als unheilvolles Erbe der Trunksucht seiner Vorfahren in die Wiege gelegt worden; er kann seinem Schicksal nicht entrinnen. Renoir sagte einmal: »Dieser Lokomotivführer wird von einer so unheilvollen Atmosphäre begleitet wie irgendein Mitglied der Atriden-Familie.«

Renoir hat Stoff und Milieu zu einer neuen Einheit geformt. Die düsteren Hinterhöfe, die rußigen Hallen und Bahnhöfe unterstreichen die Ausweglosigkeit der Situation, die Düsternis einer Existenz.

1954 verfilmte Fritz Lang die gleiche literarische Vorlage in Hollywood unter dem Titel *Human desire* (Lebensgier) mit Glenn Ford, Gloria Grahame und Broderick Crawford. Sein Film ist geradliniger, aber ebenfalls kraftvoll. Er verzichtet auf das Motiv der Erbkrankheit und reduziert die Handlung auf ein Eifersuchtsdrama.

Bez znieczulenia
Ohne Betäubung

Polen 1978

R: Andrzej Wajda; A: Agnieszka Holland, Andrzej Wajda; K: Edward Kłośiński; D: Zbigniew Zapasiewicz, Ewa Dałkowska, Andrzej Seweryn, Krystyna Janda, Roman Wilhelmi

Jerzy Michałowski (Z. Z.) ist ein bekannter Reporter, der das Privileg häufiger Auslandsreisen genießt und der sich das Recht nimmt, offen seine Meinung zu sagen. Das tut er auch in einer Fernsehsendung. Als er von einer Auslandsreise zurückkehrt, teilt ihm seine Frau (E. D.) mit, daß sie sich nach fünfzehnjähriger Ehe scheiden lassen will. Sie verläßt mit dem Kind die gemeinsame Wohnung. Man weiß, daß sie einen Geliebten (A. S.) hat; aber man ahnt auch, daß dies nicht der einzige Grund für ihren Entschluß ist. Parallel zu dieser persönlichen Enttäuschung erlebt Jerzy auch eine berufliche Niederlage. Irgend jemandem »oben« haben die in der Fernsehsendung geäußerten Meinungen nicht gepaßt. Es gibt keine große Auseinandersetzung, statt dessen entzieht man Jerzy Stück um Stück seine Privilegien und schließlich auch die Arbeitsmöglichkeiten. Statt der erhofften Solidarität der Kollegen erfährt Jerzy den Mechanismus von Konformismus und Anpassung. In kürzester Frist ist er allein. Jerzy, der bald erkennt, daß der Liebhaber seiner Frau gleichzeitig sein erbitterter »ideologischer« Gegner ist, nimmt den Kampf auf – vor allem um sein privates Glück, an dem er hängt, obwohl eine Zufallsbekanntschaft (K. J.) seine Wohnung in Besitz genommen hat. Während des Scheidungsprozesses überhäuft seine Frau ihn mit Vorwürfen. Als sie sich der Mechanismen bewußt wird, die sie in Gang gesetzt hat, ist es zu spät. Jerzy ist bei der Explosion eines defekten Gasofens ums Leben gekommen. Der Film läßt offen, ob es ein Unfall oder Selbstmord war.

Nachdem Wajda in *Człowiek z marmuru* eine kritische Bilanz der jüngsten polnischen Vergangenheit gezogen hatte, analysiert er hier nicht minder kritisch polnische Gegenwart. Er zeigt einen Mann, der sicherlich nicht rundherum sympathisch ist, ganz gewiß nicht immer taktisch klug agiert, aber eine Persönlichkeit und außerdem offenbar ein guter Journalist ist. Er zeigt, wie dieser Mann fast zwangsläufig scheitert, weil er verwundbar, den angepaßten Karrieristen unterlegen ist. Im Verlauf des Films läßt Jerzy sich einen Zahn ziehen, ohne Betäubung, weil er Angst vor der Spritze hat. Und er erleidet auch sein Schicksal schmerzhaft, weil er sich nicht mit falschen Idealen, mit bequemer Anpassung betäuben kann und will. Ein Arbeitstitel des Films lautete »Ohne ausdrückliche Gründe«. Er machte ganz deutlich, worum es Wajda in diesem Film geht: um die Vernichtung eines Menschen, bei der die Gegner sich hinter Schweigen, hinter Ausflüchten, hinter Lügen verstecken. Das Opfer steht einer anonymen Institution gegenüber und hat damit keine Chancen zur Gegenwehr. Der langsame Prozeß der Vernichtung wird dabei gleichzeitig zu einem Plädoyer für eine offene Gesellschaft, für Wahrheit, Aufrichtigkeit, Solidarität.

Il bidone
Il Bidone / Die Schwindler

Italien 1955

R: Federico Fellini; A: Federico Fellini, Ennio Flaiano, Tullio Pinelli; K: Otello Martelli; D: Broderick Crawford, Richard Basehart, Franco Fabrizi, Giulietta Masina

Der gerissene Betrüger Augusto (B. C.) hat sich mit seinen Kumpanen »Picasso« (R. B.) und Roberto (F. F.) darauf spezialisiert, als falscher Geistlicher armen Bauern das Geld aus der Tasche zu ziehen. Nach einem Gefängnisaufenthalt will er das Geschäft mit anderen Mitarbeitern fortsetzen. Dabei trifft er auf einem Bauernhof ein gelähmtes Mädchen, das ihn gläubig um seinen Segen bittet. Erschüttert überläßt Augusto ihr seine Beute und wird von seinen Kumpanen zu Tode geprügelt.
Der Film ist nicht frei von Sentimentalitäten, hat jedoch großartige Szenen, in denen der Alltag eines tristen Lebens deutlich wird – durch realistische Milieuschilderungen und vor allem durch den qualvollen, einsamen Tod des Protagonisten, dem seine erste gute Tat zum Verhängnis wird.

Bienvenido, Mr. Marshall
Willkommen, Mr. Marshall / Uns kommt das alles spanisch vor

Spanien 1952

R: Luis García Berlanga; A: Juan Antonio Bardem, Luis García Berlanga, Miguel Mihura; K: Manuel Berenguer; D: José Isbert, Lolita Sevilla, Manolo Moran, Alberto Romea

In das kleine Dorf Villar del Rio dringt aufregende Kunde: Eine Marshall-Plan-Kommission bereist das Land und wird auch Villar del Rio besuchen. Don Pablo (J. I.), der Bürgermeister, beruft eilig einen Kriegsrat ein, um die notwendigen Maßnahmen zu beraten. Aber alle Vorschläge sind unbefriedigend, bis schließlich Manolo (M. M.), der »Impresario« der Sängerin Carmen (L. S.), die just im einzigen Hotel des Dorfes gastiert, eine Idee hat: Man wird das Dorf in eine Traumkulisse, in das Urbild eines andalusischen Städtchens verwandeln, denn das, so weiß Manolo, wird die Amerikaner hier festhalten und zur Großzügigkeit ermuntern. So geschieht es. Das armselige Dorf verwandelt sich in eine Filmkulisse, in der die Dorfbewohner als Statisten agieren; und vorsichtshalber hinterlegen alle beim Bürgermeister ihre Wunschzettel für Mr. Marshall. Am Vorabend des großen Tages allerdings werden einige der Hauptakteure von Träumen überfallen. Der Pfarrer sieht sich vom Ku-Klux-Klan verfolgt, Don Luis (A. R.), der verarmte Edelmann, glaubt sich von den Indianern umzingelt, die sein Vorfahre bekämpft hat, Don Pablo verwandelt sich in einen Sheriff, und der Bauer Juan sieht Traktoren vom Himmel schweben. Dann baut man sich zur festlichen Begrüßung auf, doch die Wagenkolonne der Kommission braust ohne Aufenthalt durch das Dorf. Plötzlich prasselt ein Regenschauer nieder und zerstört die Kulissen. Regen bedeutet eine gute Ernte. So wird man »mit Gottes Hilfe« wenigstens die Schulden bezahlen können, in die man sich gestürzt hat.

Berlanga karikiert seine Landsleute, die sich Wunder von der Hilfe von außen erhoffen, anstatt selbst die Verhältnisse zu ändern. Aber er zeigt auch, wie beschränkt die Möglichkeiten der armen Bauern zur Selbsthilfe sind. Genau darauf zielen seine Gags – und auf die Klischeevorstellungen, die man überall vom Nachbarn jenseits der Grenzen hat.

Bierkampf

BRD 1977

R: Herbert Achternbusch; A: Herbert Achternbusch; K: Jörg Schmidt-Reitwein; D: Herbert Achternbusch, Annamirl Bierbichler, Sepp Bierbichler, Heinz Braun, Alois Hitzenbichler

Da tappt ein Polizist (H. A.) durch die Bierzelte des Oktoberfestes. Er macht recht unbeholfene Versuche, seine Autorität zu demonstrieren. Und dem Zuschauer schwant Böses. Das wird bald bestätigt: Denn der Mann, der da um Anerkennung, um Beachtung und um seine Identität ringt, hat die Uniform nur gestohlen. Wahrscheinlich, um einmal »wer zu sein« – wenigstens ein Polizist. Aber so einfach ist es nicht, Identität zu gewinnen; denn der falsche Polizist ist gleichzeitig immer auf der Flucht – vor seiner Frau (A. B.), die nicht verstehen kann, was in ihren zwar närrischen, aber doch sonst recht friedlichen Mann gefahren ist, vor dem Schwager (S. B.), der diesen Auftritt als so töricht empfindet, daß er lieber bezweifelt, ob er überhaupt eine Schwester hat, und nicht zuletzt natürlich vor dem echten, dem bestohlenen Polizisten (H. B.), der sich mit einer Dose Schuhcreme als Neger getarnt hat. So entsteht durch eine gestohlene Uniform zusätzliche Turbulenz auf dem ohnehin bewegten Oktoberfest, und die Sache nimmt ein tragisches Ende. Der falsche Polizist hält sich für einen echten Polizisten und erschießt sich mit seiner Dienstpistole.

Die Filme des Malers und Schriftstellers Herbert Achternbusch sind in ihrer verqueren Doppelbödigkeit nur mühsam nachzuerzählen; und sie sind ein ständiges Streitobjekt zwischen begeisterten Anhängern, die Achternbusch als Reinkarnation Karl Valentins feiern, denen, die ratlos mit den Schultern zucken, und Gegnern, die sie für ausgemachten Unsinn halten. Auf jeden Fall aber ist hier dem deutschen Film ein widerborstiges Talent zugewachsen, das die Strukturen des traditionellen Kinos souverän mißachtet, das in seinen besten Momenten die widersprüchliche Logik Valentins in Bilder ummünzt, das in Wort und Bild mit sorgsamem Fanatismus eine ganz und gar verblüffende Gegenwelt schafft. Es sind absurde Filme, gleichzeitig gefühlvoll und von großer Naivität. Dazu Achternbusch: »Im Kino will ich nicht denken, sondern sehen. Im Kino will ich mich spüren. Auf ein Kino, in dem ich mich nicht wieder meiner Gefühlswelt vergewissern kann, pfeif ich. Vom Kino verlange ich mein Rechtsempfinden zurück. Zur Erhaltung meines Lebens war immer das Kino nötig.« Martin Walser nannte Achternbuschs Film *Der Atlantikschwimmer* (BRD 1976) »einen andauernden Hochseilakt ohne Netz«. Manchmal hat man allerdings das Gefühl, daß Achternbusch bei seinem Akt sogar auf das Seil verzichtet ...

Big business ⓢ
Das große Geschäft

USA 1929

R: James Wesley Horne; A: Leo McCarey; K: George Stevens; D: Stan Laurel, Oliver Hardy, James Finlayson

Zwei »Handlungsreisende« (S. L., O. H.) verkaufen Weihnachtsbäume an der Haustür. Ein Mann (J. F.) schlägt ihnen die Tür so brüsk vor der Nase zu, daß er dabei die Spitze eines besonders schönen Weihnachtsbaums abklemmt. Daraus entwickelt sich eine Eskalation der Zerstörung: Zug um Zug demolieren die beiden Verkäufer das Eigenheim des kaufunlustigen Kunden, während dieser das Auto der aufdringlichen Hausierer auseinandernimmt. Als nichts mehr zu zerstören ist, versöhnen sich die Streithähne und beweinen gemeinsam den jeweiligen Verlust.

Ein Meisterwerk der Filmkomödie. Die Handlung ist auf ein Thema konzentriert und nutzt praktisch alle Möglichkeiten der Vorlage. Laurel und Hardy konnten hier auch eines ihrer speziellen Gestaltungsmittel vorzüglich anwenden: die verzögerte Reaktion, in der besonders Hardy ein Meister war. Niemals versucht einer der beiden den Gegner an seiner zerstörerischen Aktion zu hindern. Im Gegenteil: Ruhig treten sie zur Seite, betrachten mit einer Mischung von dumpfer Erschütterung, Ungläubigkeit und Neugier die ruchlose Tat; und während der Gegner noch triumphiert, verständigen sie sich durch einen Blick über den geeigneten und angemessenen Gegenschlag, den sie dann mit großer Sorgfalt durchführen. Ihre Gelassenheit wird noch dadurch unterstrichen, daß James Finlayson den Kunden als nervösen Hitzkopf spielt. Am Schluß dämmert den Beteiligten philosophische Einsicht: Schlag und Gegenschlag haben sich aufgehoben.

The big carnival / Ace in the hole
Reporter des Satans

USA 1950

R: Billy Wilder; A: Billy Wilder, Lesser Samuels, Walter Newman; K: Charles Lang jr.; D: Kirk Douglas, Richard Benedict, Jan Sterling, Ray Teal

Der Journalist Charles Tatum (K. D.) hat seinen Job bei einer großen Zeitung verloren und ist in der Provinz gelandet. Ungeduldig wartet er auf eine neue Chance. Er findet sie, als der Raststättenbesitzer Leo Minosa (R. B.) bei der Suche nach indianischen Altertümern in einer Höhle verschüttet wird. Zwar könnte man ihn in wenigen Stunden befreien; aber mit Hilfe des korrupten Sheriffs (R. T.) kompliziert Tatum die Aktionen und verzögert sie, um sechs Tage lang »exklusiv« über das Unglück berichten und es aufbauschen zu können. Kurz vor dem krönenden Abschluß des Unternehmens stirbt Leo Minosa an einer Lungenentzündung. Seine lebenslustige Frau Lorraine (J. S.) hat eine Auseinandersetzung mit dem schockierten Tatum, in deren Verlauf sie den Reporter ersticht.
Der Schluß ist allzu theatralisch und kolportagehaft. Aber vorher gibt es vorzügliche Details: der Zwang zum Erfolg, die gewissenlosen Manipulationen Tatums, der Run der Zeitungen und Agenturen auf die Sensation, der Jahrmarktsrummel, den geschäftstüchtige Gesinnungsgenossen Tatums vor dem Berg inszenieren, in dem ein Mensch langsam stirbt. Höhepunkt ist die Ankunft eines Sonderzuges (»Leo-Minosa-Special«), dessen Reisende mit einem Schlager (»Leo, wir kommen, wir kommen ...«) begrüßt werden.

The Big Lebowski
The Big Lebowski

USA 1997/98

R: Joel Coen; A: Joel Coen, Ethan Coen; K: Roger Deakins; D: Jeff Bridges, John Goodman, Steve Buscemi, Julianne Moore, John Turturro, Ben Gazzara, David Huddleston, Sam Elliott, David Thewlis

Der ebenso sympathische wie phlegmatische Spät-Hippie Jeff Lebowski (J. B.), der Wert darauf legt, »the Dude« (›Stenz‹, ›Stutzer‹) genannt zu werden, erhält eines Tages Besuch von Männern, die im Verlauf des Films als »deutsche Nihilisten« identifiziert werden. Sie verprügeln ihn und fordern ihn auf, endlich die Schulden zu begleichen, die seine Frau bei dem Porno-Produzenten Jackie Treehorn (B. G.) hat. Erst als er glaubhaft versichert, gar nicht verheiratet zu sein, lassen sie von ihm ab; doch einer von ihnen pinkelt zum Abschied verdrossen auf seinen Teppich. Als der Dude am nächsten Tag seinen Bowling-Freunden Walter (J. G.) und Donny (S. B.) von seinem Erlebnis berichtet, fordert ihn der Vietnam-Veteran Walter vehement auf, sich den Teppich von dem wahren Adressaten der gewaltsamen Botschaft ersetzen zu lassen. So lernt der Dude den richtigen, den »Großen Lebowski« (D. H.) kennen. Das Gespräch mit ihm verläuft ergebnislos. Aber wenige Tage später ruft Lebowski den Dude zu Hilfe. Seine Frau ist entführt worden, und der Dude soll den Gangstern eine Million Dollar Lösegeld überbringen; denn vermutlich handelt es sich bei den Entführern um die deutschen Nihilisten, die er ja bereits kennt. Unglücklicherweise erbietet sich Walter, seinem Freund zur Seite zu stehen. Seine gutgemeinten Aktivitäten verwandeln die Geschichte in das bare Chaos: das Lösegeld verschwindet, das Entführungsopfer ebenfalls, Lebowski ist kein Millionär, die furchterregenden Nihilisten mutieren zu gemeinen Straßenräubern, die zufrieden sind, wenn die Freunde ihnen den Inhalt ihrer Börse überlassen. Doch just diese Forderung bewirkt bei dem sensiblen Donny einen tödlichen Herzanfall. Am Ende will Walter die Asche des Freundes mit angemessener Feierlichkeit in den Pazifik streuen. Aber irgendwie hat er wieder Pech. Ein Windstoß treibt Donnys sterbliche Überreste in den graumelierten Bart des Dude.

Ethan Coen hat erklärt: »Dies ist unsere Version einer Raymond-Chandler-Story für die neunziger Jahre!« Entstanden ist dabei eine verzwickte Kriminalaffäre, die mit rabenschwarzem Humor in eine chaotische Komödie verwandelt wird. Genre-Zitate mischen sich mit originellen und originären Einfällen der Coen-Brüder zu einem virtuosen Strudel, aus dem der Zuschauer sich weder befreien kann noch will. Dabei ist es Walter (und primär für John Goodman haben die Coens dieses Drehbuch geschrieben), der stets die Initialzündung bewirkt. Der Dude, der eigentlich noch in der Flower-Power-Zeit lebt, wird durch ihn unsanft in die Neunziger katapultiert. Entsprechend verstört sieht er sich in zwei Alpträumen, in die ihn jeweils ein Knockout versetzt hat: einmal in einem phantastischen Busby-Berkeley-Ballett, das von der Tochter (J.M.) des großen Lebowski, die ihn kurzerhand als Samenspender mißbraucht hat, im Stil einer Wagnerschen Walküre dominiert wird; später rast er gleichsam wie eine Bowlingkugel über Los Angeles. Alles in allem ist ein einfallsreicher, vergnüglicher und zu Recht preisgekrönter Film entstanden.

The big parade Ⓢ
Die große Parade

USA 1925

R: King Vidor; A: Harry Behn nach einem Schauspiel von Laurence Stallings; K: John Arnold; D: John Gilbert, Renée Adorée, Karl Dane

The Big Lebowski
(Jeff Bridges, John Goodman)

James (J. G.), ein reicher Müßiggänger, wird 1917 von der Woge allgemeiner Kriegsbegeisterung mitgerissen und meldet sich freiwillig. In Frankreich verliebt er sich in das Bauernmädchen Mélisande (R. A.), doch der Krieg trennt die Liebenden. James muß an die Front, wo er schwer verwundet wird. Im Lazarett erfährt er, daß Mélisandes Heimatdorf zerstört worden ist. Er flieht aus dem Lazarett, um ihr zu helfen, findet sie aber nicht. Als er in das Lazarett zurückgebracht wird, muß ihm ein Bein amputiert werden. Nach dem Waffenstillstand erfährt er in New York, daß seine Braut sich unterdessen mit seinem Bruder getröstet hat. James kehrt nach Frankreich zurück und findet Mélisande, wie sie den zerschossenen Acker umpflügt.

Der britische Filmhistoriker Paul Rotha (*The film till now*) schreibt, *The big parade* sei zunächst als einer der üblichen Kriegsfilme geplant gewesen. Erst nach der Fertigstellung und nach den ersten »previews« habe der Produzent Irving Thalberg erkannt, daß dies ein »großer« Film werden könne, ein patriotisches Heldenlied, das den Anteil der USA am siegreichen Krieg besinge. Unter diesem Aspekt habe Vidor den gesamten Film (»from start to finish«) neu gedreht. Andere Autoren sprechen von »wesentlichen Nach- und Neuaufnahmen«. Das Ergebnis jedenfalls war bemerkenswert. Zwar sind die Grundzüge der Handlung sentimental und melodramatisch, aber viele Details sind eindrucksvoll und realistisch. Zu den wirkungsvollsten Szenen gehört der Abschied der Soldaten, wenn Mélisande verzweifelt hinter dem Lastwagen mit dem Geliebten herläuft. Beachtlich auch, daß das Fronterlebnis in James Haß entfacht – aber nicht gegen den Feind, sondern gegen den Krieg und die sinnlosen Mordbefehle.

The big sleep
Tote schlafen fest / Der tiefe Schlaf

USA 1946

R: Howard Hawks; A: William Faulkner, Leigh Brackett und Jules Furthman nach dem gleichnamigen Roman von Raymond Chandler; K: Sidney Hickox; D: Humphrey Bogart, Lauren Bacall, Martha Vickers, Charles Waldgren

Der Privatdetektiv Philip Marlowe (H. B.) wird von dem Millionär Sternwood (C. W.) engagiert, um einem Erpresser auf die Spur zu kommen. Aber bald sieht sich Marlowe in ein Netz von kaum überschaubaren Verbrechen verstrickt. Vor allem: Sternwoods rauschgiftsüchtige Tochter Carmen (M. V.) hat aus verschmähter Liebe Sternwoods Sekretär Regan getötet. Marlowe kann den Verdacht auf eine Verbrecherbande lenken. Später entdeckt er, daß Carmens Schwester Vivian (L. B.), in die er sich längst verliebt hat, Kontakte zu den Verbrechern hat. Sie bezichtigt sich des Mordes an Regan, um Carmen zu schützen. Marlowe spielt jetzt die Mitglieder der Verbrecherbande so geschickt gegeneinander aus, daß sie sich gegenseitig umbringen. Carmen kommt in eine Heilanstalt. Marlowe und Vivian schließen sich in die Arme.

Hawks soll in einem Interview gesagt haben, er habe die Handlung des Romans nie ganz verstanden, aber das Buch habe ihn fasziniert. Ähnlich geht es dem Zuschauer vermutlich mit diesem Film: Hier wird nicht – wie sonst üblich! – ein Verbrechen sorgfältig und logisch aufgeklärt; viele Bezüge bleiben im Dunkel, die Aufklärung am Schluß beschränkt sich auf vage Andeutungen. Statt dessen wird der Zuschauer in eine düstere Welt gerissen, in der ihm weder moralische Positionen noch logische Argumente als Orientierungshilfe geboten werden. Die Großstadt, die gute Gesellschaft werden zum Dschungel, in dem sich der zwielichtige Privatdetektiv nur mit der Mentalität und dem Instinkt eines Raubtieres behaupten kann. Die Unsicherheit dieser Welt wird in suggestiven Bildern und Sequenzen deutlich. Sie erzeugen quälende Spannung, und sie versagen am Schluß die oberflächliche Beruhigung, daß nun wieder alles im Lot sei. *The big sleep* gehört zu den wichtigsten Filmen der »schwarzen Serie« Hollywoods.

The birds
Die Vögel

USA 1963

R: Alfred Hitchcock; A: Evan Hunter nach einer Erzählung von Daphne Du Maurier; K: Robert Burks; D: Rod Taylor, Tippi Hedren, Jessica Tandy, Suzanne Pleshette, Veronica Cartwright

In einer Vogelhandlung in San Francisco lernen sich Mitch (R. T.) und Melanie (T. H.) zufällig kennen. Melanie reist Mitch in den idyllischen Küstenort Bodega Bay nach, wo er bei seiner eifersüchtig über ihn herrschenden Mutter (J. T.) und seiner kleinen Schwester Cathy (V. C.) die Wochenenden verbringt. Kurz nach ihrer Ankunft in Bodega Bay wird Melanie durch den »Angriff« einer Möwe irritiert, die sie am Kopf verletzt. Melanie entschließt sich, über das Wochenende in Bodega Bay zu bleiben. Sie findet Unterkunft bei Annie Hayworth (S. P.), der Lehrerin des Städtchens, die einmal Mitchs Geliebte war und ihn nicht vergessen kann. Als am nächsten Tag in der Schule Cathys Geburtstag gefeiert wird, werden die Kinder von einem Möwenschwarm angegriffen; von nun an eskaliert der Schrecken. Immer mehr Vögel aller Art versammeln sich in Bodega Bay. Sie attackieren die Menschen, töten dabei u. a. auch Annie und unternehmen schließlich einen regelrechten Sturmangriff auf das Haus, in dem Melanie, Mitch, seine Mutter und Cathy sich verbarrikadiert haben. Der Angriff wird nur mit Mühe abgewehrt; Melanie erleidet, schwer verletzt von Schnabelhieben, einen Nervenzusammenbruch. Am nächsten Morgen fliehen die vier im Wagen. Aber es bleibt offen, ob sie dem Unheil entkommen können.

Hitchcock berichtet, er habe ursprünglich geplant, als Schlußbild die Golden Gate Bridge in San Francisco zu zeigen – über und über mit Vögeln bedeckt. Der Regisseur führt sein Publikum geschickt in die Irre, indem er eingangs den Eindruck erweckt, hier bereite sich ein psychologisches Drama vor. Dann aber konzentriert er sich ganz darauf, eine Horror-Vision zu zeichnen; denn der Aufstand der Vögel verbreitet so etwas wie Weltuntergangs-Stimmung. Angesichts friedlicher Möwen, die sich kreischend auf entsetzte Menschen stürzen, erscheint jedes alltägliche Requisit in diesem Film unversehens doppeldeutig, bedrohlich. Hitchcock erzielt diesen Effekt zum Teil mit raffinierten Tricks (Lawrence A. Hampton, Ub Iwerks; Vogeldressur: Ray Berwick), wobei für einzelne Szenen mehrere Dutzend verschiedene Trickverfahren kombiniert wurden. Daneben gibt es Szenen, die mit »leisen« Mitteln schockieren: etwa wenn Melanie vor der Schule wartet und sich auf einem Gestänge hinter ihrem Rücken langsam eine Schar Raben versammelt. Hier wird das Bild der schwarzen Vögel ganz ohne raffinierte Zutaten unversehens zur Chiffre unheimlicher Bedrohung.

The birth of a nation Ⓢ
Die Geburt einer Nation

USA 1914

R: David Wark Griffith; A: David Wark Griffith und Frank Woods nach Motiven der Romane *The clansman* und *The leopard's spot* von Reverend Thomas Dixon; K: G. W. Bitzer; D: Lillian Gish, Henry B. Walthall, Mae Marsh, Ralph Lewis, George Siegmann, Miriam Cooper, Elmer Clifton, Robert Harron

Im Jahre 1861 besuchen die Brüder Stoneman ihre Schulkameraden, die Brüder Cameron, in den Südstaaten. Phil Stoneman (E. C.) verliebt sich dabei in Margaret Cameron (M. C.), während Ben Cameron (H. B. W.) sich äußerst beeindruckt zeigt, als er ein Bild von Elsie Stoneman (L. G.) sieht. Doch der Krieg zwischen Nord- und Südstaaten bricht aus; die Schulkameraden werden zu Feinden; Tod Stoneman (R. H.) und zwei der Cameron-Brüder fallen. Nach dem Krieg zieht der alte Stoneman (R. L.), der als Kongreßmitglied Lincolns maßvolle Politik ablehnt, in den Süden. Es gelingt ihm, den Neger Silas Lynch (G. S.) zum Gouverneur wählen zu lassen. Eine furchtbare Zeit der »Reconstruction« bricht an, in der die Neger ihre Freiheit rüde mißbrauchen und die Weißen terrorisieren. Als Selbsthilfe-Organisation der Weißen wird der Ku-Klux-Klan gegründet, dessen Chef Ben Cameron wird. Der alte Cameron wird verhaftet, weil in seinem

Haus der Ku-Klux-Klan getagt hat. Ausgerechnet Phil Stoneman befreit ihn und flieht, von Lynchs Miliz verfolgt, mit Camerons Familie in eine Blockhütte. Elsie Stoneman eilt zu Lynch, um ihn um Gnade zu bitten. Lynch nähert sich ihr gewaltsam; Vater Stoneman platzt in diese Szene hinein und erlebt den Zusammenbruch seiner politischen Ideale. Der Ku-Klux-Klan befreit in letzter Minute die Camerons im Blockhaus. Ben Cameron und Elsie Stoneman sowie Phil Stoneman und Margaret Cameron finden zusammen. Die Vereinigung der Gegner von gestern symbolisiert die Geburt einer neuen Nation.

Griffith sah die historischen Vorgänge aus der Sicht eines überzeugten Südstaatlers. Er war zwar kein »Negerhasser« (und darum haben ihn die Vorwürfe der »Rassenhetze«, die gegen den Film erhoben wurden, sicher tief getroffen); aber sein Idealbild des Negers dürfte der gutmütige »Onkel Tom« gewesen sein, der in seiner Bescheidenheit dann allerdings auch gerechte und großzügige Behandlung verdient hätte. So wenigstens sieht es sich in diesem Film an.

Künstlerisch freilich war Griffith hier seiner Zeit weit voraus. Er dachte und gestaltete offensichtlich nicht mehr in den Kategorien des Theaters, sondern in der Sprache des Films. Er hat seine vielfach verästelte und handlungsreiche Geschichte in einen suggestiven Rhythmus gezwungen, der dem Fluß der Handlung geschickt angepaßt ist und der seinen Höhepunkt in der raffinierten Parallel-Montage am Schluß hat: Drei Handlungen (Blockhaus – Lynchs Arbeitszimmer – die Reiter des Ku-Klux-Klan) werden bis zu einer furiosen »last minute rescue« (Rettung in letzter Minute) gegeneinandergeschnitten.

Ein anderer Höhepunkt ist die Schlacht von Petersburg, die mit äußerstem Realismus gestaltet ist, aber doch über die reine Reportage hinaus visionäre Ausdruckskraft erreicht. Die Kamera G. W. Bitzers, der zweifellos großen Anteil am Erfolg des Films hatte, mischt sich unter die Soldaten. Sie bringt extreme Totalen und Detailaufnahmen, erfaßt das ganze Schlachtfeld und dann wieder Gruppen und einzelne Soldaten und erreicht so gleichermaßen die Summierung des Grauens und den Bezug dieses Grauens auf die persönliche Erfahrung und das individuelle Erleben. Nicht minder berühmt wurden auch Szenen von kammerspielhafter Innigkeit, wie die oft kopierte Schilderung der Rückkehr Bens, seine Begrüßung an der Tür, wo zwei Menschen sich für eine quälend lange Zeit stumm, regungslos und beinah ungläubig gegenüberstehen.

Griffith drehte diesen Film, der eine Laufzeit von rund 210 Minuten hatte, übrigens ohne Drehbuch und schriftliche Unterlagen. Zu seinen Regieassistenten gehörten Raoul Walsh, W. S. Van Dyke, Jack Conway und George Siegmann. *The birth of a nation* war ein Film der Superlative. Er kostete so viel, daß keine Film-

The birth of a nation
(Joseph Henabery)

gesellschaft ihn produzieren wollte und Griffith für diesen Film eine eigene Gesellschaft gründete. Aber er spielte auch sehr viel Geld ein. Sein finanzieller Erfolg festigte die wirtschaftliche Vormachtstellung der Vereinigten Staaten auf dem Gebiet des Films; seine künstlerischen Mittel dienten einer ganzen Generation junger Regisseure als Vorbild.

Bismarck

Deutschland 1940

R: Wolfgang Liebeneiner; A: Rolf Lauckner, Wolfgang Liebeneiner; K: Bruno Mondi, Erich Grohmann; D: Paul Hartmann, Friedrich Kayßler, Werner Hinz, Walter Franck, Karl Schönböck, Helmuth Bergmann

Bismarcks (P. H.) Leben und politisches Wirken von 1862, als König Wilhelm (F. K.) ihn auf Betreiben Roons (H. B.) zum Ministerpräsidenten beruft, bis zur Kaiserproklamation in Versailles.
Ein sorgfältig gestalteter und überwiegend gut gespielter Historienfilm, der allerdings – wie die meisten Filme dieses Genres – der Geschichte mit den Mitteln der Anekdote beizukommen sucht. Bismarck erscheint als makelloser Held, der seine Gegenspieler Napoleon (W. F.) und Kaiser Franz Joseph (K. S.) mühelos überspielt und eigentlich nur den blinden Unverstand preußischer Liberaler zu fürchten hat. Seine einsamen Entschlüsse werden verherrlicht, seine innenpolitischen Gegner karikiert und verkleinert. Das große Werk, das er geschaffen hat, rechtfertigt ihn.
Erwin Leiser berichtet in seinem Buch *Deutschland erwache*, für diesen Film seien umfangreiche antisemitische Szenen vorgesehen gewesen, die später entfallen seien.

The blackboard jungle
Die Saat der Gewalt

USA 1955

R: Richard Brooks; A: Richard Brooks nach einem Roman von Evan Hunter; K: Russell Harlan; D: Glenn Ford, Anne Francis, Sidney Poitier, Vic Morrow, Louis Calhern

Richard Dadier (G. F.) tritt voller Idealismus seine neue Stelle als Lehrer an einer Berufsschule an; und er läßt sich auch durch die resignierenden oder zynischen Kommentare seiner älteren Kollegen nicht beeindrucken. Doch bald muß Dadier erkennen, daß in der Schule die reine Brutalität herrscht. Sein Unterricht wird systematisch gestört; er wird Zeuge eines Überfalls auf eine attraktive Kollegin und erlebt, wie einem Kollegen seine wertvolle Schallplatten-Sammlung aus reiner Bosheit zerstört wird. Dadier ringt um Verständnis und Einsicht und versucht, den farbigen Autoschlosser Miller (S. P.) auf seine Seite zu ziehen; die anderen Schüler reagieren darauf mit Gewalt und mit üblen anonymen Anrufen bei Dadiers schwangerer Frau (A. F.). Eines Tages kommt es im Klassenzimmer zu einer tätlichen Auseinandersetzung zwischen Dadier und Artie West (V. M.), dem Wortführer der Schüler. Als Artie ein Messer zieht, stellt sich die Mehrheit der Schüler hinter Dadier. Ein erster kleiner Erfolg ist errungen.
Der Film ist äußerst realistisch in der Darstellung von Gewalt, Brutalität und Verzweiflung, wobei die hämmernde Rock-'n'-Roll-Musik Bill Haleys diesen Eindruck suggestiv unterstützt. Brooks versagt sich auch den üblichen Optimismus vergleichbarer Filme; dazu ist der »Sieg« am Ende zu klein. Statt dessen liefert die Milieuschilderung glaubwürdige Hinweise auf die Wurzeln der Misere.

Blackmail
Erpressung

England 1929

R: Alfred Hitchcock; A: Alfred Hitchcock, Benn W. Levy und Charles Bennett nach einem Schauspiel von Charles Bennett; K: Jack Cox; D: Anny Ondra, John Longden, Donald Calthrop, Cyril Richard

Alice White (A. O.) ist mit dem Kriminalbeamten Frank Webber (J. L.) so gut wie verlobt. Gelegentlich gibt es kleine Meinungsverschiedenheiten, weil Frank zu wenig Zeit für sie hat. Nach einem solchen Streit läßt Frank sie in einem Restaurant allein sitzen. Alice wird von einem Mann (C. R.) angesprochen und folgt ihm in seine Wohnung. Als er zudringlich wird, ersticht sie ihn in Notwehr und flieht. Ausgerechnet Frank wird mit der Untersuchung des Falles beauftragt. Er erkennt in dem Toten den Mann, mit dem Alice das Lokal verlassen hat, und findet am Tatort ihren Handschuh. Aber auch ein Mr. Tracy (D. C.) weiß Bescheid und versucht, Frank und Alice zu erpressen. Doch dann gibt es eine Zeugenaussage, die ausgerechnet Tracy belastet; und Frank droht unverhohlen, ihm den Mord anzuhängen. Tracy verliert die Nerven, flieht und verunglückt auf der Flucht tödlich. Alice fühlt sich doppelt schuldig und will bei Franks Vorgesetztem die Wahrheit sagen; aber ein Zufall unterbricht ihre Beichte ...
Blackmail ist als Stummfilm geplant und begonnen worden. Als während der Dreharbeiten der Tonfilm populär wurde, beschloß der Produzent, die letzte Rolle mit Ton aufzunehmen; das war damals ein verbreiteter Kompromiß. Hitchcock setzte jedoch durch, daß er eine entscheidende Szene neu drehen, andere nachsynchronisieren konnte. Allerdings war er sehr sparsam mit dem Ton; so vergehen rund sieben Minuten, ehe in diesem Film das erste Wort ertönt. Er setzte dann aber den Ton bereits sehr geschickt als dramaturgisches Mittel ein: Ein Schrei verbindet z. B. zwei Szenen, und am Morgen nach der Tat hört Alice aus dem Gerede einer geschwätzigen Nachbarin immer nur das Wort »Messer« heraus. Berühmt wurde auch die Verfolgungsjagd im »Britischen Museum«, die Hitchcock ausschließlich im Studio mit Hilfe von Trickaufnahmen drehte.

Blade af satans bog ⓢ
Blätter aus Satans Buch

Dänemark 1920

R: Carl Th. Dreyer; A: Carl Th. Dreyer und Edgar Hoyer nach dem Roman *Satans sorger* von Marie Corelli; K: George Schnéevoigt; D: Halvard Hoff, Helge Nissen, Jacob Texiere, Hallander Helleman, Ebon Strandin, Tenne Kraft, Elith Pio, Carlo Wieth, Clara Pontoppidan

I. Episode: Die Hohenpriester sehen mit Bestürzung, daß das Volk Jesus (H. Ho.) zujubelt. Es gelingt Satan (H. N.), Judas (J. T.) auf seine Seite zu bringen. Er verrät den Herrn.
II. Episode: In Sevilla lebt im 16. Jahrhundert Don Gómez de Castro (H. He.) mit seiner Tochter Isabel (E. S.). Seine astrologischen Studien wecken den Argwohn des Mayordomo, der ihn bei der Inquisition denunziert. Satan nimmt die Gestalt des Großinquisitors an und verurteilt Vater und Tochter zum Tode.
III. Episode: Die Französische Revolution. Der Diener des Grafen de Chambord (E. P.) will die Königin Marie Antoinette (T. K.) befreien. Aber Satan stellt sich ihm in der Gestalt des Jakobiners Ernest Durand in den Weg und bekehrt ihn zur Revolution.
IV. Episode: Finnland 1918. Paavo (C. W.), Stationsvorsteher eines kleinen Bahnhofs, lebt glücklich mit seiner Frau Siri (C. P.). Kommunisten unter der Führung Satans, der hier die Gestalt des russischen Mönchs Iwan angenommen hat, wollen ihn zwingen, den Roten zu helfen. Als Paavo sich weigert, gibt Iwan den Befehl, ihn zu erschießen. Auch Siri lehnt es ab, Iwans Anordnungen zu gehorchen. Sie gibt ihr Leben für ihr Land, während Paavo in letzter Minute gerettet wird.
Ähnlich wie Griffith in *Intolerance* wollte Dreyer hier die fortdauernde Gefährdung des Menschen zeigen, wobei er das Böse personifizierte und Satan als ständigen Gegenspieler in die Handlung einführte. Der Film ist uneinheitlich, teilweise naiv und nicht ohne Längen,

stellenweise aber auch von starker Eindruckskraft. Untypisch für Dreyer ist die finnische Episode mit ihren vielen kurzen Einstellungen, die in einem harten Stakkato-Rhythmus montiert sind.

The Blair witch project
Blair Witch Project

USA 1999

R: Daniel Myrick, Eduardo Sánchez; A: Daniel Myrick, Eduardo Sánchez; K: Neal Fredericks; D: Heather Donahue, Michael Williams, Joshua Leonard, Bob Griffith, Jim King, Sandra Sánchez

Im Oktober 1994 verschwanden drei Filmstudenten während der Dreharbeiten zu einem Dokumentarfilm im Wald bei Burkittsville, Maryland. Ein Jahr danach fand man ihre Aufnahmen – so lautet der Eingangstitel.
Heather (H. D.), die Regisseurin, Josh (J. L.), der Kameramann, und Mike (M. W.), der Tonmann, fahren nach Burkittsville, das einst Blair hieß, um die Legende einer örtlichen Hexe zu recherchieren, die Ende des 18. Jahrhunderts für das Verschwinden mehrerer Menschen verantwortlich gemacht wurde. Versorgt mit Zelt, Proviant und ihrer Filmausrüstung, leiten die Studenten ihr Projekt auf dem Friedhof ein und interviewen einige Bewohner des Ortes zur Hexensage. Danach brechen sie in den Wald auf, wo sie sich im unwegsamen Gelände ohne Landkarte bald nicht mehr zurechtfinden. Angst und Panik brechen aus. Ihre wachsende Nervosität und Anspannung dokumentieren die Schwarzweiß-Bilder der 16-mm-Kamera und die Farbaufnahmen des Camrecorders. Ohne Verpflegung und Zigaretten beginnen sie sich, sich gegenseitig für die Misere verantwortlich zu machen. Nach einer durchwachten Nacht, mit Kindergeschrei in der Ferne, findet Josh seinen Rucksack von Schleimspuren befleckt. Am Waldboden und in den Bäumen sind seltsame kultische Zeichen aus Zweigen und Steinen. Am nächsten Morgen ist Josh spurlos verschwunden. Heather entdeckt in der Nähe einen Hemdfetzen mit blutigen, abgetrennten Gliedmaßen. Verzweifelt suchen sie und Mike nach ihrem Freund, bis im Wald ein verfallenes Haus auftaucht. Als sie dort Joshs Schreie zu hören glauben, durchkämmen sie das Gebäude von oben bis unten. Heather hastet aufgeregt in den Keller, wo Mike starr in einer Ecke steht. Das sind die letzten Aufnahmen des gefundenen Filmmaterials.

The Blair witch project war der Überraschungserfolg des Kinojahres 1999. Seinen Kultstatus erreichte der Film u. a. dank einer beispiellosen Vermarktungsstrategie via Internet, die durch die Veröffentlichung von fingierten Hintergrundberichten eine Mundpropaganda sondergleichen auslöste. Das Internet ermöglichte die interaktive Fortführung der Geschichte; Buch und Musikkassette als »gefundene Materialien« folgten.

Dabei kommt der einfach konstruierte, die menschlichen Urängste der Nacht, die Einsamkeit fern der Zivilisation bemühende Film – John Boormans *Deliverance* (Beim Sterben ist jeder der Erste / Flußfahrt, USA 1971) vergleichbar – ohne visuelle Gewalt, Special-effects und digitale Horrorfiguren aus. Sprunghaft-unorthodox in seiner Konzeption und Machart fordert er die Imagination des Betrachters heraus. Der unverkennbare Märchencharakter (Hänsel und Gretel) kippt um in eine schreckliche Wirklichkeit des Bösen, der unbeherrschten Natur. Der Zuschauer wird durch den dokumentarischen Impetus des Films zum unfreiwilligen Teilnehmer eines Experiments, das auf die Kritik und das Publikum in Amerika eine sensationelle Faszination ausübte. Davon zeugen auch die phänomenalen Kassenzahlen dieses No-Budget-Films, der, mit nur einigen zehntausend Dollar produziert, allein in den USA 150 Millionen Dollar einspielte – ein einmaliger Kosten-Nutzen-Faktor in der Filmgeschichte, der die großen Studios ob ihres oft ungeheueren Aufwandes an Kreativität und Geld zum Nachdenken brachte. Doch die bewußt verwackelten, grobkörnigen und farbensättigten Bilder halten keinen strengen ästhetischen Kriterien stand, berufen sich allein auf die Innovation des Horrorgenres.

Der blaue Engel

Deutschland 1930

R: Josef von Sternberg; A: Carl Zuckmayer, Carl Vollmöller und Robert Liebmann nach dem Roman *Professor Unrat* von Heinrich Mann; K: Günther Rittau, Hans Schneeberger; D: Emil Jannings, Marlene Dietrich, Kurt Gerron, Rosa Valetti, Hans Albers

Professor Immanuel Rath (E.J.), ein pedantischer Sonderling, entdeckt, daß einige seiner Schüler in dem übel beleumundeten Lokal »Der blaue Engel« verkehren und die dort gastierende Sängerin Lola Lola (M.D.) anhimmeln. Er will die Sängerin zur Rede stellen, verfällt ihr dabei selber und verzichtet auf Amt und Würden, um sie heiraten zu können. Lola Lola wird des alternden Liebhabers bald überdrüssig. Mit Rath geht es bergab. Er muß sich jetzt seinen Lebensunterhalt als Assistent des Chefs (K.G.) der Truppe, eines Zauberkünstlers, verdienen. Der verspricht sich einen großen Erfolg, wenn die reisende Truppe wieder im »Blauen Engel« gastiert und den ehemaligen Professor in seiner Heimatstadt als Star groß herausstellt. Die Rechnung geht auf, der Saal ist voll. Aber es gibt einen Skandal, als Rath von der Bühne aus, wo er sich in einer entwürdigenden Szene produzieren soll, seine Frau beim Flirt mit dem Artisten Mazeppa (H.A.) beobachtet. Er versucht, sie zu erwürgen, und wird in eine Zwangsjacke gesteckt. Nachdem er wieder frei ist, schleicht er in der Nacht in sein altes Klassenzimmer und stirbt auf dem Katheder.

Einer der wenigen Welterfolge des deutschen Tonfilms – umstritten allerdings seit seiner Uraufführung. Heinrich Manns literarische Vorlage war hier in entscheidenden Punkten verändert worden. Mann hatte 1905 in der Gestalt des Professors Raat das böse entlarvende Bild eines machtlüsternen, sexuell verklemmten Spießbürgers gezeichnet; sein Professor verliert mit dem Amt auch die vorgetäuschte Moral, wird zum Gauner und landet am Schluß des Buches im Gefängnis. Demgegenüber ist der Held des Films ein nicht unsympathischer Sonderling, dessen Ende von Tragik umwittert ist. Aus der Attacke auf das Bürgertum war die Tragödie dessen geworden, der vom bürgerlichen Weg abweicht.

Allerdings hat Sternberg dieses veränderte Konzept virtuos verwirklicht. Mit den Requisiten deutscher Stummfilm-Tradition, den winkeligen Gassen und schiefen Häusern, wird

Der blaue Engel (Emil Jannings, Marlene Dietrich)

hier eine muffig-schwüle Welt aufgebaut, in der Lola Lola als Inkarnation gefährlicher Erotik lauert. Es gibt sehr gute darstellerische Leistungen, kluge Regie-Einfälle, eine einprägsame Musik von Friedrich Hollaender. Zweifellos ein in sich ganz und gar geschlossener und konsequenter Film.

Das blaue Licht

Deutschland 1932

R: Leni Riefenstahl; A: Béla Balázs nach einer Idee von Leni Riefenstahl; K: Hans Schneeberger; D: Leni Riefenstahl, Mathias Wieman, Beni Führer

Das Mädchen Junta (L. R.) lebt als Außenseiter in einem Dolomitendorf. Man meidet sie und fürchtet sie wie das blaue Licht, das bei Vollmond oben in den Bergen aufleuchtet. Die Dorfbewohner geben Juntas »Zauber« die Schuld, wenn ein Bursche von den Felsen abstürzt. Eines Tages kommt der deutsche Maler Vigo (M. W.) in das Dorf. Er verliebt sich in das fremdartige Geschöpf. Wieder ist ein Bursche abgestürzt. Man will Junta steinigen. Sie flieht in die Berge zu ihrem Freund, einem kleinen Hirtenjungen, und Vigo folgt ihr. In der folgenden Vollmondnacht entdeckt er das Geheimnis des blauen Lichts. Er folgt Junta heimlich auf einer nächtlichen Klettertour und findet sie in einer Kristallgrotte, die das Mondlicht verfärbt und reflektiert. In der gleichen Nacht ist wieder ein junger Mann abgestürzt – Tonio (B. F.), der ebenfalls in Junta verliebt war. Vigo glaubt, Junta und den armen Dorfbewohnern am besten helfen zu können, indem er ihnen den Weg zur Grotte zeigt, damit sie deren Schätze ausbeuten können. Aber dann findet er Junta tot in den Bergen, das blaue Licht hat ihr nicht mehr den Weg gewiesen ...

Leni Riefenstahl, die in mehreren Filmen Arnold Fancks gespielt hatte, führte hier erstmals selbst Regie. Mit viel Sinn für Bildwirkung fing sie die Schönheit der Dolomiten ein, zeichnete dabei aber, stärker noch als Fanck, die Berge als eine eigene romantische Welt voller Schicksalhaftigkeit und mystischer Geheimnisse.

Die Blechtrommel

BRD/Frankreich 1978/79

R: Volker Schlöndorff; A: Jean-Claude Carrière, Volker Schlöndorff, Franz Seitz und Günter Grass nach dem gleichnamigen Roman von Günter Grass; K: Igor Luther; D: David Bennent, Angela Winkler, Mario Adorf, Daniel Olbrychski, Katharina Thalbach, Heinz Bennent, Andréa Ferréol, Charles Aznavour

Die Geschichte des Oskar Matzerath (D. B.), der 1924 in Danzig geboren wird als mutmaßlicher Sohn des Alfred Matzerath (M. A.), aber vielleicht auch des Jan Bronski (D. O.), mit dem Oskars Mutter (A. W.) ebenfalls intimen Umgang pflegte. Im Alter von drei Jahren beschließt Oskar nach einem Sturz auf der Kellertreppe, aus Protest gegen die Welt der Erwachsenen sein Wachstum einzustellen. Mit einer blechernen Kindertrommel, die ihn sein Leben lang begleitet, artikuliert er diesen Protest auf seine Weise; er verstärkt ihn durch schrille Schreie, mit denen er Glas zersplittern lassen kann. Diese Fertigkeiten werden ihn im Zweiten Weltkrieg als Mitglied einer Liliputaner-Truppe zur Truppenbetreuung an den Atlantik-Wall führen. Vorher hat das kindliche Monstrum mit dem bösen Blick u. a. den Tod seiner Mutter und seiner potentiellen Väter herbeigeführt und die junge Geliebte (K. T.) seines Vaters Alfred geschwängert. Bei Kriegsende beschließt Oskar, wieder zu wachsen. Und hier endet – im Gegensatz zum Roman – der Film. (Schlöndorff: »Die Nachkriegszeit wäre ein zweiter Film mit einem anderen Darsteller, Arbeit für später.«)

Regisseur Schlöndorff sagte über den Protagonisten seines Films u. a.: »Für mich hat er zwei zeittypische Eigenschaften, die Verweigerung und den Protest. Er verweigert sich der Welt so sehr, daß er nicht einmal mehr wächst ... Er protestiert so lautstark, daß seine Stimme Glas zerbricht.« Oskar also als Symbolfigur der Zeitkritik. Der junge David Bennent hat diesen Aspekt durch eine erschreckende Präsenz spürbar gemacht.

Kritisch ist auch der Blick auf das kleinbürgerliche Milieu, dem Oskar entstammt. Es wird von Buch und Film als fruchtbarer Nährboden

Die Blechtrommel (David Bennent)

für die NS-Diktatur entlarvt. Und doch: Während Grass' Roman bei seinem Erscheinen 1959 nicht nur von zeithistorischer, sondern auch von zeitpolitischer Aktualität war, während seine Thesen über den »gewöhnlichen Faschismus« und sein Denkmodell der Verweigerung damals die Gesellschaft erregten und das Buch für viele zum Ärgernis machten, wirkt der Film merkwürdig zeitfern, wie eine skurrile Reminiszenz an eine längst vergangene Welt. Das literarische Ärgernis ist zum ansehnlichen filmischen Konsum-Produkt geworden. Und das liegt wohl nicht nur am Wandel der Zeiten ...

Trotzdem brachte *Die Blechtrommel* dem deutschen Nachkriegsfilm seinen bis dahin wohl größten Erfolg. 1979 teilte sich Schlöndorff mit Francis Ford Coppola (*Apocalypse now*) die »Goldene Palme« bei den Internationalen Filmfestspielen von Cannes; 1980 wurde sein Film mit dem amerikanischen Akademie-Preis, dem »Oscar«, für den besten ausländischen Film ausgezeichnet.

Die bleierne Zeit

BRD 1981

R: Margarethe von Trotta; A: Margarethe von Trotta; K: Franz Rath; D: Jutta Lampe, Barbara Sukowa, Rüdiger Vogler, Franz Rudnick, Patrick Estrada-Pox, Luc Bondy

Die Schwestern Juliane (J. L.) und Marianne (B. S.), Töchter eines autoritären Pfarrers (F. R.), sind auf unterschiedliche Weise politisch engagiert. Die als Kind eher schwierige Juliane hat sich für die pragmatischen kleinen Schritte entschieden und arbeitet als Journalistin, während die ehemals sanfte Marianne, durch einen tief verwurzelten rigorosen Moralanspruch in den politischen Untergrund gedrängt, Mann (L. B.) und Kind (P. E.-P.) verläßt und zur gesuchten Terroristin wird. Als Marianne verhaftet wird, besucht Juliane sie im Gefängnis. In langen Gesprächen zwischen den

Schwestern werden Unterschiede und Gemeinsamkeiten deutlich; in einer Schlüsselszene verschmelzen ihre Gesichter im Spiegelbild einer Trennglasscheibe zu einem. Während eines Italienurlaubs erfährt Juliane, Marianne habe in der Zelle Selbstmord begangen. An der Leiche der Schwester erleidet sie einen Nervenzusammenbruch. Fortan konzentriert sie ihr ganzes Leben auf das Bemühen, die Selbstmord-These zu widerlegen. Darüber zerbricht die Lebensgemeinschaft mit ihrem Partner (R. V.). Und als sie endlich glaubt, genügend Material beisammenzuhaben, muß sie erfahren, daß sich niemand mehr für Mariannes Schicksal interessiert. Juliane kehrt, wenn man so will, zu ihren Ursprüngen zurück und tut das Nächstliegende, sie kümmert sich um Mariannes Kind, das bei einem anscheinend gezielten Anschlag schwer verletzt worden ist. Und sie verspricht dem Kind, ihm einmal »die ganze Wahrheit« über seine Mutter zu erzählen.

Die Handlung erinnert auffällig an das Schicksal der Geschwister Ensslin. Beabsichtigt war aber zweifellos keine einfache Biographie, sondern eine politische, eine gesellschaftliche und eine psychologische Analyse. Ein »Planspiel« nannte es ein Kritiker, und diese treffende Bezeichnung kennzeichnet Stärke und Schwäche des Films. Intelligenz ist ihm nicht abzustreiten; aber allzu theoretisch, wie auf dem Reißbrett gezeichnet, erscheinen oft die Figuren, die Situationen und die Konflikte. Dieser Eindruck wird noch dadurch verstärkt, daß Entscheidendes oft in langen und gelegentlich etwas trockenen Dialogen vermittelt wird, daß die Rückblenden in die Kindheit zu oft »Beleg-Charakter« haben, daß die Gestalt der Marianne in Anlage und Darstellung allzusehr auf den Typus reduziert ist. Daneben gibt es freilich manche bewegenden Sequenzen, Momente, in denen die Emotionen und das Engagement von der Leinwand direkt den Zuschauer treffen.

Die bleierne Zeit hatte 1981 beim Festival in Venedig einen sensationellen Erfolg. Der Film errang insgesamt sieben Preise, darunter auch den Hauptpreis.

Blind husbands Ⓢ
Blinde Ehemänner

USA 1918

R: Erich von Stroheim; A: Erich von Stroheim nach seinem Schauspiel (nach anderen Quellen: Roman) *The pinnacle*; K: Ben Reynolds; D: Erich von Stroheim, Sam de Grasse, Francilla Billington

Der amerikanische Tourist Dr. Armstrong (S. d. G.) und seine Frau Margaret (F. B.) machen Urlaub in den Dolomiten. Margaret lernt den Leutnant Erich von Steuben (E. v. S.) kennen, der ihr alsbald den Hof macht. Bei einer Bergtour mit dem Leutnant fällt Armstrong ein Brief seiner Frau an von Steuben in die Hände. In seiner Eifersucht erkennt er nicht, daß dieser Brief eigentlich ein Zeugnis der Treue seiner Frau ist. Er zerschneidet das Seil, an dem sein Gefährte hängt. Der Leutnant stürzt ab und stirbt. Zu spät erkennt Armstrong seinen Fehler.

Blind husbands ist der erste Film, den Stroheim inszeniert hat. Noch ist sein Stil wenig profiliert, und man spürt den Einfluß seines Lehrmeisters Griffith, bei dem er als Regieassistent gearbeitet hatte. Aber eines seiner Lieblingsthemen wird hier schon deutlich: die Frustration der Frauen durch die Ignoranz der Männer. Stroheim variierte das Thema von *Blind husbands* in seinen Filmen: *The devil's passkey* (Des Teufels Hauptschlüssel, 1919) und *Foolish wives* (1921).

Blow-up
Blow up

England 1966

R: Michelangelo Antonioni; A: Michelangelo Antonioni und Tonino Guerra nach Motiven einer Erzählung von Julio Cortazar; K: Carlo Di Palma; D: David Hemmings, Vanessa Redgrave, Sarah Miles

Der Starfotograf Thomas (D. H.) macht in einem Park Fotos von einem Liebespaar. Als die Frau (V. R.) ihn entdeckt, verlangt sie aufgeregt die Herausgabe des Films, folgt ihm in seine Wohnung, bietet ihm Geld. Thomas erfüllt scheinbar ihren Wunsch, gibt ihr aber einen falschen Film und entwickelt den richtigen. Bei der Vergrößerung (Blow up) der Bilder entdeckt er fatale Details – das verschwommene Gesicht eines Mannes, einen Revolver, schließlich einen Körper, der verkrümmt unter einem Baum liegt. Thomas fährt in den Park und findet unter dem Baum eine Leiche. Als er in sein Atelier zurückkehrt, ist es durchwühlt. Die Bilder sind verschwunden, und als er noch einmal in den Park geht, ist auch die Leiche fort. In der Schlußszene beobachtet Thomas eine Gruppe übermütiger junger Leute, die ohne Ball und Schläger pantomimisch ein Tennismatch ausführen. Als einer durch Gesten zu erkennen gibt, der Ball sei in seiner Nähe zu Boden gefallen, wirft Thomas den nicht existierenden Ball zurück und beginnt, das Geräusch des Spiels zu hören.

Ein Film – unter anderem – über die Faszination der Ungewißheit. Ob wirklich ein Mord geschehen ist, bleibt ungewiß. *Ein* Opfer aber gibt es mit Sicherheit – Thomas, der der Faszination seiner eigenen Bilder erlegen ist. Aber er ist gleichzeitig auch der »Täter«; denn er raubt seinen Opfern, seinen Modellen, die Identität und damit, wenn man so will, das Leben. Abseits aller Interpretationen ist dies aber auch ganz einfach ein Film über die Beat-Generation Londons. Man spürt ihr Tempo, sieht ihre Popfarben, entdeckt im Rhythmus des Films ihr Lebensgefühl. Ein Film, dessen Oberfläche von erlesener Schönheit ist und der darüber hinaus Stoff für Reflexionen bietet.

Le bonheur
Le Bonheur – Glück aus dem Blickwinkel des Mannes

Frankreich 1964

R: Agnès Varda; A: Agnès Varda; K: Jean Rabier, Claude Beausoleil; D: Jean-Claude Drouot, Claire Drouot, Sandrine Drouot, Olivier Drouot, Marie-France Boyer

François (J.-C. D.) und Thérèse (C. D.) sind ein glückliches Ehepaar. Sie haben zwei Kinder (S. D., O. D.) und ein hübsches Haus. Eines Tages verliebt François sich in Émilie (M.-F. B.). Nach einiger Zeit sagt er seiner Frau, daß er zwar eine Geliebte habe, daß er sie aber noch genauso liebe. Thérèse geht ins Wasser, Émilie zieht in das Haus und lebt hinfort ebenso glücklich mit François und den Kindern wie zu Beginn des Films Thérèse.

Agnès Varda hat ihren Film geradlinig, in bunten Farben und bewußt schönen Bildern gedreht. Das Ergebnis war in der Kritik heftig umstritten. Ein Teil der Kritiker sah in dem Film lediglich die optimistische Darstellung eines »einfachen Lebens« und warf ihm wechselweise mangelnde Moral oder gefährliche Nähe zum Kitsch vor. Andere Interpreten meinten, die Varda habe hier die von der Konsumgesellschaft diktierte Glücksvorstellung entlarven wollen; François' Vorschlag einer »Liebe zu dritt« sei dabei extremer Ausdruck einer These, die in der Akkumulation eine Steigerung des Glücks sehe.

Les bonnes femmes
Die Unbefriedigten

Frankreich/Italien 1959

R: Claude Chabrol; A: Paul Gégauff, Claude Chabrol; K: Henri Decae; D: Stéphane Audran, Clothilde Joano, Bernadette Lafont, Lucile Saint-Simon

Jane (B. L.), Rita (L. S.-S.), Ginette (S. A.) und Jacqueline (C. J.) sind Verkäuferinnen in Paris. Jane hat einen Freund beim Militär; aber sie ist Abenteuern nicht abgeneigt und vergnügt sich im Verlauf des Films gleich mit zwei Geschäftsleuten. Die Eltern von Ritas Freund sind bürgerliche Geschäftsleute; sie muß vor ihnen Theater spielen, um akzeptiert zu werden. Ginette singt nach Feierabend in einem spießbürgerlichen Cabaret. Jacqueline wird von einem schüchternen Botenjungen verehrt. Aber sie beachtet ihn nicht und verfällt der großen Liebe zu einem geheimnisvollen Mann. Der Fremde ist ein Sexualverbrecher und tötet sie am Schluß.

Der melodramatische Schluß gehört zu einem Film, der zweierlei will und auch erreicht. Mit sorgsamer Akribie beobachtet er die Frustration von vier kleinen Verkäuferinnen, denen zwar kein materielles Elend droht, die aber im Einerlei des Alltags sich selbst und ihre Persönlichkeit zu verlieren scheinen. Der Traum vom großen, vom ganz anderen und geheimnisvollen Glück ist ein treffendes Symbol; es ist einleuchtend, daß er zur Katastrophe führt. Außerdem analysiert der Film die Rolle der Frau in einer patriarchalischen Gesellschaft. Für alle vier Mädchen ist »ein Mann« der Mittelpunkt der Träume und Wünsche. Der Lustmörder ist das brutale Dementi dieser Träume.

Bonnie and Clyde
Bonnie und Clyde

USA 1967

R: Arthur Penn; A: David Newman, Robert Benton; K: Burnett Guffey; D: Warren Beatty, Faye Dunaway, Michael J. Pollard, Gene Hackman, Estelle Parsons

Die Handlung entspricht in ihren Grundzügen tatsächlichen Ereignissen: Zur Zeit der großen Wirtschaftskrise treffen sich Clyde Barrow (W. B.) und Bonnie Parker (F. D.) in einer Kleinstadt. Die erlebnishungrige Bonnie brennt mit dem vorbestraften Clyde durch, und gemeinsam stehlen sie Autos, rauben Banken aus und morden. Sie sind stolz auf ihre Heldentaten, schicken Fotos von sich und selbstverfaßte Gedichte an die Zeitungen. Und sie sind populär, weil sie die kleinen Leute schonen. Später stoßen der Automechaniker C. W. Moss (M. J. P.), Clydes Bruder Buck (G. H.) und dessen Frau Blanche (E. P.) zur »Barrow-Gang«. Bei einem Kugelwechsel mit der Polizei wird Buck getötet, Blanche verhaftet. Bonnie und Clyde sind verwundet und verbergen sich bei dem Vater von Moss. Doch der denunziert sie bei der Polizei, um für seinen Sohn eine mildere Strafe zu erreichen. Unbewaffnet werden Bonnie und Clyde überrascht und von den Polizisten in einem wahren Blutrausch erschossen.
Ein ungewöhnlicher Gangsterfilm, ungewöhnlich schon deshalb, weil er nicht in engen Großstadtstraßen, sondern in der weiten Landschaft der Südstaaten spielt. Blühende Felder sind der Hintergrund für Raub und Mord; und Bonnie und Clyde betreiben ihr Gewerbe mit einer gewissen heiteren Fröhlichkeit. Doch was man als Zynismus mißverstehen könnte, weist in Wirklichkeit über den Film hinaus. In der heillosen Zeit der Wirtschaftskrise konnte man Raub zu seinem Geschäft machen, konnte man sich mit den Worten vorstellen »Wir rauben Banken aus!« und auf ein verständnisvolles Nicken rechnen. Bonnie und Clyde, das sind zwei Menschen, die in den Jahren der Verzweiflung den ur-amerikanischen Traum vom freien Leben träumen. Ihr Traum war romantisch; und romantisch schildert Penn auch ihren Tod: Er zeigt in Zeitlupe, wie ihre Körper unter den Schüssen der Polizisten (nach zeitgenössischen Berichten sollen es rund 1000 Schüsse gewesen sein) einen seltsamen Tanz aufführen. Nicht ganz überzeugend integriert wurde das Motiv von Clydes Impotenz, die seine Taten zusätzlich psychologisch motivieren soll.

Das Boot

BRD 1981

R: Wolfgang Petersen; A: Wolfgang Petersen nach dem gleichnamigen Roman von Lothar-Günther Buchheim; K: Jost Vacano; D: Jürgen Prochnow, Herbert Grönemeyer, Klaus Wennemann, Hubertus Bengsch, Martin Semmelrogge

Durch die Augen eines Kriegsberichterstatters (H. G.) erlebt man eine Feindfahrt (vom 19.10. bis 27.12.1941) von U 96 und die Probleme und Konflikte einiger Besatzungsmitglieder – u. a. des Kommandanten (J. P.), des Leitenden Ingenieurs (K. W.), des Ersten (H. B.) und des Zweiten (M. S.) Wachoffiziers.
Der Film, zunächst als Coproduktion wie etwa *Steiner – Das Eiserne Kreuz* (BRD/England 1976) geplant, markiert in der später realisierten Fassung den weitgehend gelungenen Versuch, einen deutschen Film für den Weltmarkt zu schaffen.
Die deutsche Kritik ging zum Teil wenig freundlich mit diesem Film um. Das über-

rascht ein wenig; denn immerhin ist er handwerklich und (trick-)technisch perfekt gemacht, und die schauspielerischen Leistungen sind eindrucksvoll. Dramaturgische und auch dramatische Höhepunkte sind u. a.: die Party vor dem Auslaufen, wenn Angst und Verzweiflung sich in sinnloser »Fröhlichkeit« artikulieren; ein »erfolgreicher« Angriff, nach dem die Besatzung eines versenkten Tankers ihrem aussichtslosen Schicksal überlassen bleibt; quälende Stunden in mehr als 200 Meter Tiefe, als das Boot nach einem Wasserbomben-Angriff auf dem Meeresgrund liegt und nur notdürftig wieder tauchklar gemacht werden kann; der Verlust des Bootes und großer Teile der Besatzung durch einen Fliegerangriff nach vermeintlich glücklicher Heimkehr. In der Abfolge dieser Sequenzen wird auch die kritische Tendenz des Films deutlich, der sich nicht mit der moralischen Entrüstung allein begnügen möchte. Er versucht vielmehr, die verschiedenen Aspekte des Krieges zu zeigen – sein tödliches Grauen, die brutale Faszination der Gewalt und die schreckliche Folgerichtigkeit, mit der der Kampf ums Überleben auch Helden gebiert. Die Inhumanität des Krieges wird hier nicht nur behauptet, sie wird erfahrbar.

Neben dem rund zweieinhalbstündigen Film, der international erfolgreich war, wurde auch eine dreiteilige Fernseh-Serie von ca. 5 Stunden Dauer montiert.

Borat: Cultural learnings of America for make benefit glorious nation of Kazakhstan
Borat

USA/England 2006

R: Larry Charles; A: Sacha Baron Cohen, Anthony Hines, Peter Baynham, Dan Mazer; K: Luke Geissbühler, Anthony Hardwick; D: Sacha Baron Cohen, Ken Davitian, Pamela Anderson, Luenell, Bob Barr, Alan Keyes, Paul Haggerty

Um eine Dokumentation über das »größte Land der Welt« zu realisieren, reist der kasachische TV-Journalist Borat Sagdijew (S. B. C.) mit seinem übergewichtigen Produzenten Azamat Bagatow (K. D.) in die Vereinigten Staaten von Amerika. Schon bei der Ankunft in New York ist der Reporter von der Metropole fasziniert. Auf seiner Recherche-Tour entlockt er den angeblich kultivierten, ahnungslosen Amerikanern mit antisemitischen, sexistischen und rassistischen Fangfragen schier unglaubliche Aussagen über Politik, Religion und die Gesellschaft im allgemeinen, zum Verhältnis der Geschlechter im besonderen. Nachdem Borat im Hotel eine Folge der beliebten Fernsehserie »Baywatch« gesehen hat, verfällt er dem Charme von Pamela Anderson und bricht zu ihr nach Kalifornien auf. Als es zwischen Azamat und ihm zum Streit kommt, steht Borat nach einem nackten Ringkampf ohne Paß und ohne Geld da. Doch eine Erscheinung in einer Kirche bringt den Kasachen wieder auf die Zielgerade und zu seinem Produzenten in Los Angeles. Nachdem der Versuch, Pamela Anderson beim Buchsignieren zu kidnappen, scheitert, kehrt Borat mit einer afroamerikanischen Prostituierten (L.) als Frau zurück in seine Heimat.

Indem er alle Gebote und Tabus des guten und schlechten Geschmacks ignoriert, entlarvt Borat Sagdijew auf seiner Odyssee durch das Land der unbegrenzten Freiheit das »andere« Amerika: Bigotterie, Terroristenpanik, Vorurteile und Ignoranz gegenüber Frauen und Schwarzen. Dank eines naiv-unschuldigen, jüdisch getränkten Humors nimmt er – in bester Comedy-Tradition – als »agent provocateur« diese politisch völlig unkorrekte Gratwanderung bewusst in Kauf.

Hinter dem TV-Reporter Borat – gestylt mit top-modischem Badeanzug, Sonnenbrille und Schnauzer – verbirgt sich Sacha Baron Cohen, ein britischer Komiker jüdischer Herkunft, Absolvent der Eliteuniversität Cambridge. Was zunächst als billige, zynische, unter die Gürtellinie zielende Provokation verstanden werden kann, entpuppt sich bald als gespenstisch groteske Realsatire. In der pointierten Überspitzung bringt der Reporter den Durchschnittsamerikaner zum Sprechen, zum Bekenntnis der eigenen fragwürdigen Moral und eines maßlos übersteigerten Patriotismus. Die Dreharbeiten für Anfang und Schluß dieses Films erfolgten nicht in Kasachstan, sondern in Rumänien, womit diverse Mißverständnisse vorgezeichnet waren. Bereits die Unterhaltung zwischen Manager und Journalist verläuft in Hebräisch und Armenisch, so daß die beiden Männer publikumswirksam und witzig aneinander vorbeireden. Außerdem forderten die offensichtlich mit einer geringen Gage abgefundenen Mitwirkenden und Statisten nach ersten Meldungen über den sensationellen Erfolg des Films eine entsprechende Honorierung ihrer Arbeit. Zahlreiche getäuschte Interviewpartner klagten gegen die Produktionsfirma 20th Century Fox und verlangten höhere Tantiemen.

Die mit einem Budget von 18 Millionen Dollar ausgestattete Produktion erzielte ein Einspielergebnis von mehr als 300 Millionen Dollar. Doch ob der Verunglimpfung Kasachstans traten die offiziellen Vertreter des Landes auf den Plan: Statt Schönheit, Wirtschaftskraft und Kultur ihrer Heimat stünden Verbrechen und Rassismus im Vordergrund. Die Satire fand im Vielvölkerstaat selbst keinen Anklang. Über die u. a. mit einem Golden Globe ausgezeichnete Komödie urteilte die »Frankfurter Allgemeine Sonntagszeitung«: »Nach 80 Minuten Borat-Film ist man am Ende, ausgelaugt und hat Bauchschmerzen vor Lachen.«

Börn náttúrunnar
Children of Nature – Eine Reise

Island/Norwegen/BRD 1991

R: Fridrik Thór Fridriksson; A: Fridrik Thór Fridriksson, Einar Már Gudmundsson; K: Ari Kristinsson; D: Gísli Halldórsson, Sigrídur Hagalín, Valgerdur Dan Thorlákur, Rurik Haraldsson, Bruno Ganz

Geiri (G. H.), fast achtzigjährig, verläßt den Bauernhof, auf dem er sein Leben verbracht hat. Er erschießt seinen Hund, verbrennt Fotos und Papiere und fährt in die Stadt zu seiner verheirateten Tochter (V. D. T.). Doch der unerwartete und ungebetene Gast wird bald lästig. Geiri wird in ein Altersheim abgeschoben, wo ihm nicht einmal die Intimität eines Einzelzimmers gewährt wird. Er erlebt, wie sein Zimmergenosse (R. H.) einsam stirbt; aber er trifft unter den Heimbewohnern auch eine alte Bekannte aus seiner Jugendzeit, Stella (S. H.).

Sie verweigert sich der verordneten Disziplin, und ihre Renitenz gibt Geiri den Mut und die Kraft für ein ungewöhnliches Abenteuer. Er stiehlt einen Landrover, und gemeinsam machen sich Geiri und Stella auf den Weg nach Norden, in das Land ihrer Jugend. Ihre Reise endet in einem Haus am Meer, und sie endet mit Stellas Tod. Sorgfältig zimmert Geiri einen Sarg für sie; er schleppt ihn mühsam zu einer verlassenen Kirche und bestattet die tote Freundin dort. Am Ende sieht man Geiri barfuß ein seltsames »Zwischenreich« durchwandern. Auch er ist dabei, sein letztes Ziel zu erreichen.

Der wortkarge, aber höchst eindringliche Film zeigt nüchtern das Elend und die Einsamkeit des Alters, doch er begnügt sich nicht mit tatenloser Resignation. Wenn Stella von der Rückkehr in die alte Heimat spricht, dann sagt sie: »Das war seit vielen Jahren mein Traum. Und seine Träume soll man verwirklichen, einerlei, wie alt man ist.« So wird im Verlauf dieses ungewöhnlichen »road movies« für die beiden alten Menschen ein doppelter Traum wahr – die Rückkehr in das Land der Kindheit und der Tod in Freiheit und Würde. Da dürfen auch Elemente des Traums mit magischen Kräften in die Handlung eingreifen, darf der Landrover vor den verfolgenden Polizisten wie eine Vision verschwinden, darf ein Geist im Nebeldunst der Küste erscheinen. Nur das »Zwischenreich«, in dem dann auch noch der Engel (B. G.) aus *Der Himmel über Berlin* erscheint, wirkt ein wenig zitathaft aufgesetzt.

Borzy
Kämpfer

UdSSR 1936

R: Gustav von Wangenheim; A: Gustav von Wangenheim, Alfred Kurella, Joris Ivens; K: Boris Monastyrski; D: Bruno Schmidtsdorf, Lotte Loebinger, Alexander Granach, Heinrich Greif, Ernst Busch, Konrad Wolf

1933. Die Nationalsozialisten haben in Deutschland die Macht übernommen. In dem als »Parfümerie-Betrieb« getarnten Chemie-Werk Lörke wird der Arbeiter Lemke ermordet, weil er die Tarnung des für die Rüstung arbeitenden Betriebs durchschaut hat. Während die Genossen des Toten die Aufklärung des Falles verlangen, will sein Bruder Fritz (B. S.) die Wirklichkeit nicht sehen. Trotz der Mahnungen seiner Mutter (L. L.) ist er nah daran, dem raffinierten SA-Mann Eickhoff (H. G.) in die Falle zu gehen. Zur gleichen Zeit findet auch der Prozeß gegen Georgi Dimitroff statt. Die mutige Haltung Dimitroffs beeindruckt viele Menschen; sein Beispiel führt auch Fritz Lemke auf den richtigen Weg zurück. Der einfache Arbeiter ist nun bereit, Verfolgung und Verhaftung zu riskieren, um den Kampf gegen den Faschismus zu führen.

Ein wohl einmaliger Fall: Eine Gruppe deutscher Emigranten erhielt die Chance, in der Sowjetunion einen deutschsprachigen Film zu drehen, gleichsam Sprachrohr für alle vertriebenen und unterdrückten Kollegen zu werden. Das Ergebnis ist eindrucksvoll. Gewiß gibt es Klischees: Alle SA-Männer z. B. sind unsympathisch, meistens feist und häufig betrunken. Möglicherweise konnten und wollten die Emigranten nicht glauben, daß ganz normale Mitbürger nun die braune Uniform trugen. Auch die Thesen von der Reichstagsbrandstiftung dürften heute mindestens zweifelhaft sein. Aber vieles ist dafür überaus klar gesehen: die Angst, die lähmender wirkt als die reale Verfolgung, der Konformismus, der aus dieser Angst wuchs. Und immer wieder gibt es da Szenen – Arbeiter bei einem Fußballspiel in der Mittagspause, Frauen an einer Straßenecke –, bei denen man sich kaum vorstellen kann, daß sie in einem russischen Atelier und nicht in einer deutschen Kleinstadt aufgenommen worden sind. Recht geschickt sind auch Dokumentaraufnahmen mit Dimitroff und Henri Barbusse in den Film eingefügt worden. Der später als Regisseur bekannt gewordene Konrad Wolf spielt in diesem Film übrigens eine Kinderrolle.

Boudu, sauvé des eaux
Boudu, aus dem Wasser gerettet

Frankreich 1932

R: Jean Renoir; A: Jean Renoir und Albert Valentin nach einem Schauspiel von René Fauchois; K: Marcel Lucien, Georges Asselin; D: Michel Simon, Charles Grandval, Marcelle Hainia, Séverine Leszczinska

Der Buchhändler Lestingois (C. G.) rettet den Vagabunden Boudu (M. S.) aus der Seine; und er ist so stolz auf seine Heldentat, daß er Boudu in sein Haus einlädt. Hier erweist sich Boudu als ein Gast mit ausgesprochen schlechten Manieren, so daß Madame Lestingois (M. H.) ihn aus dem Haus werfen will. Boudu verhindert das, indem er flugs Madames Liebhaber wird, was Monsieur wiederum nicht stört, da er sich selbst längst mit dem Dienstmädchen Anne-Marie (S. L.) getröstet hat. Als auch Boudu sich für Anne-Marie interessiert, kommt das ganze Durcheinander heraus, und es wird beschlossen, Boudu und Anne-Marie zu verheiraten. Aus Anlaß der Hochzeit macht man eine Kahnpartie. Das Boot kentert, und während alle anderen sich schleunigst retten, läßt Boudu sich treiben – weit weg in die Freiheit.

Eine durchaus anarchistische Komödie. Während Boudu in der literarischen Vorlage eine ganz und gar unsympathische Erscheinung war, verkörpert er hier die Freiheit, die in ein konformistisches Bürgerleben einbricht. Und deutlich gilt dieser Gestalt auch die besondere Sympathie Renoirs.

1986 drehte Paul Mazursky (mit Nick Nolte, Richard Dreyfuss und Bette Midler) ein Remake, das die Handlung in die Gegenwart und nach Kalifornien transponiert: *Down and out in Beverly Hills* (*Zoff in Beverly Hills*).

Breaking the waves
Breaking the Waves

Dänemark 1996

R: Lars von Trier; A: Lars von Trier, Peter Asmussen, David Pirie; K: Robby Müller; D: Emily Watson, Stellan Skarsgård, Katrin Cartlidge, Jean-Marc Barr, Udo Kier

Bess (E. W.), ein hübsches Mädchen von schlichter Geisteskraft, lebt in einem schottischen Dorf, in dem die Gesellschaftsstrukturen noch von dem »Ältestenrat« einer sektiererischen protestantischen Gemeinde bestimmt werden. Sie verliebt sich in Jan (S. S.), einen Fremdling, der auf einer Öl-Bohrinsel weit vor der Küste arbeitet, und heiratet ihn gegen den Widerstand der »Ältesten«. Schon bald nach der Hochzeit wird ihr das Alleinsein unerträglich, und sie bittet Gott, den Geliebten wieder zu ihr zu führen. Ihr Gebet wird erhört. Jan erleidet einen Arbeitsunfall und wird – offenbar auf Dauer gelähmt – nach Hause gebracht. Jan will nicht, daß Bess ein Leben lang auf körperliche Liebe verzichten muß. Er schwindelt ihr vor, es würde ihm helfen, wenn sie sich einen Liebhaber nähme und ihm anschließend von ihren Erlebnissen erzählte. Bess glaubt ihm, und wie betäubt läßt sie sich wahllos mit Männern ein, worauf sie als vermeintliche »Hure« von den Dorfbewohnern geächtet und von ihrer Mutter verstoßen wird. Eine dieser Zufallsbekanntschaften wird ihr zum Verhängnis. Sie wird mißhandelt und stirbt an den Folgen ihrer Verletzungen. Jan aber wird wider alle Erwartungen der Ärzte gesund. Seine Freunde stehlen Bess' Leiche und bestatten sie im Meer, während die »Ältesten« ihren nun mit Erde gefüllten Sarg in einer Ecke des Friedhofs verscharren. Am Ende wird das Wunder sinnfällig: Über dem Meer schweben und läuten die Glocken, die zu Bess' Kummer im Turm der Kirche zum Schweigen verurteilt waren.

Dies ist kein Film der psychologischen Analyse. Alle Worte und Taten der Protagonisten wachsen gleichsam unmittelbar aus der Liebe und dem Glauben. Die Liebe ermöglicht es ihnen, das Wohl des anderen über das eigene zu stellen; und der Glaube gibt Bess die Kraft, als Märtyrerin ihr Leben für das des Geliebten einzusetzen. Stationen ihres Leidensweges verweisen unmißverständlich auf die Passion Christi; und sie besitzt die Fähigkeit, in der Kirche mit ihrem Gott zu reden, wobei sie mit

Breaking the waves (Jonathan Hackett, Emily Watson)

verstellter Stimme auch dessen Part spricht. Damit wird ihr reiner Glaube apodiktisch gegen den der pharisäerhaften »Ältesten« gesetzt, bei denen das Christentum zu einem starren Kodex von Sünden und Strafen verkommen ist.

Lars von Trier hat diese ungewöhnliche Geschichte in einem nervösen Rhythmus mit der Handkamera erzählt. Nicht selten wackelt das Bild, plötzliche Schwenks setzen unerwartete Akzente. Dieser »reportagehafte Stil« (Lars von Trier) erweckt den Eindruck einer beunruhigenden Authentizität. Der Film ist in »Kapitel« unterteilt, die durch Landschaftsbilder von ausgesuchter Schönheit und Künstlichkeit getrennt werden – und zwar nicht durch Standfotos, sondern durch computergenerierte Bildfolgen, in denen winzige, aber wichtige Veränderungen stattfinden. Lars von Trier nannte diese Bilder den »Blick Gottes auf die Landschaft« und fügte hinzu: »Die Philosophie meiner bisherigen Filme war ›Das Böse existiert‹; die Philosophie dieses Films ist ›Das Gute existiert‹.«

The bridge on the river Kwai
Die Brücke am Kwai

England 1957

R: David Lean; A: Carl Foreman und Pierre Boulle nach dem gleichnamigen Roman von Pierre Boulle; K: Jack Hildyard; D: William Holden, Alec Guinness, Jack Hawkins, Sessue Hayakawa

Britische Kriegsgefangene in einem japanischen Lager sollen eine strategisch wichtige Brücke über den Fluß Kwai bauen. Damit die Arbeit nicht in Verzug gerät, teilt der Lagerkommandant, Oberst Saito (S. H.), auch die Offiziere zur Arbeit ein. Unter Führung von Oberst Nicholson (A. G.) weigern sie sich mit dem Hinweis auf die Genfer Konvention. Saito reagiert mit drastischen Strafen, weil er fürchtet, seinen Auftrag nicht erfüllen zu können. Oberst Nicholson erklärt sich schließlich zur Arbeit bereit, wenn die britischen Offiziere das Kommando führen. Dann stürzt er sich wie besessen in diese Arbeit; die Brücke wird gleichsam sein Lebenswerk. Und als er entdeckt, daß ein alliierter Kommando-Trupp, dem auch der aus dem Lager geflohene US-Soldat Shears (W. H.) angehört, die Brücke sprengen will, da kämpft er unversehens gegen seine eigenen Landsleute. Sterbend erst kommt er zur Einsicht und wirft sich auf den Hebel, der die Sprengladung auslöst.

Ein vieldeutiger und deshalb umstrittener Film. Seine Anhänger glaubten in der Gestalt des Oberst Nicholson die sogenannten militärischen Tugenden, den blinden Einsatz ad absurdum geführt; die Gegner des Films sahen in Nicholson den positiven Helden, der aus militärischen Gründen gehorsam sein Lebenswerk vernichtet. Diese kontroverse Beurteilung kann man u. U. als Kompliment für das nuancierte Spiel des Hauptdarstellers nehmen: Alec Guinness wurde durch diesen Film weltberühmt. Regisseur Lean, der sich bisher vornehmlich durch kammerspielhafte Inszenierungen ausgezeichnet hatte, etablierte sich mit diesem handwerklich perfekten Film als Fachmann für »Superproduktionen« wie *Lawrence of Arabia* (Lawrence von Arabien – England 1962), *Doctor Zhivago* (Doktor Schiwago – USA 1965) und *Ryan's daughter* (Ryans Tochter – England 1969/70).

Brief encounter
Begegnung

England 1945

R: David Lean; A: Noel Coward nach seinem Schauspiel *Heute abend um 8 Uhr 30*; K: Robert Krasker; D: Celia Johnson, Trevor Howard

Laura Jesson (C. J.) und Dr. Alec Harvey (T. H.) lernen sich zufällig auf dem Bahnhof einer englischen Mittelstadt kennen. Sie treffen sich am gleichen Ort wieder, stellen fest, daß beide jeweils am Donnerstag in die Stadt fahren, und verabreden sich für die nächste Woche. Aus den Begegnungen und Unterhaltungen wird mehr; die verheiratete Laura erkennt entsetzt, welche Bedeutung diese Donnerstage in ihrem Leben schon gewonnen haben. Harvey überredet Laura zu einem Rendezvous in der Wohnung eines Freundes, der gegenwärtig verreist ist; aber die vorzeitige Rückkehr des Hausherrn bringt sie in eine demütigende Situation. Nur mit Mühe kann Harvey Laura zu einem letzten Wiedersehen überreden. Noch einmal treffen sie sich im Bahnhofsrestaurant; und während eine Bekannte Lauras sich zu ihnen setzt und sie mit aufdringlichem Geschwätz überschüttet, verrinnen die letzten gemeinsamen Minuten. Dr. Harvey fährt nach Südafrika, wo er eine Stelle angenommen hat, Laura kehrt nach Haus zu ihrem Mann zurück.

Eigentlich eine banale Liebesgeschichte, die aber Konturen gewinnt durch den Einfall, sie auf ein Bahnhofsrestaurant zu beschränken, und durch das Geschick, mit dem Lean diese Möglichkeiten nutzt. Er unterwirft sie einem strengen Rhythmus, bezieht das triste Milieu in die Handlung ein und registriert kühl die Schwierigkeiten und Beschränkungen, denen die Liebenden unterworfen sind. Man erlebt, wie einfache Gesten mit Zärtlichkeiten erfüllt werden, wie banale Worte Bedeutung gewinnen.

Es überrascht nicht, daß zu den Bewunderern dieses Films auch Robert Bresson gehört. Bei einer Umfrage der »Cahiers du Cinéma« nach den »besten Filmen aller Zeiten« setzte er *Brief encounter* auf den 4. Platz.

Il brigante
Der Brigant

Italien 1961

R: Renato Castellani; A: Renato Castellani nach dem gleichnamigen Roman von Giuseppe Berto; K: Armando Nannuzzi; D: Adelmo Di Fraia, Francesco Seminario, Serena Vergano, Anna Filippini

Spätherbst 1942 in einem italienischen Dorf. Michele (A. D. F.) liebt Giulia (A. F.), die aber bereits dem reichen Bauern Natale versprochen ist. Als Natale ermordet aufgefunden wird, verhaftet und verurteilt man Michele. Giulia sagt sich von ihm los. Michele kann aus dem Gefängnis fliehen und will Giulia für ihren »Verrat« bestrafen. Aber Miliella (S. V.), die Schwester des halbwüchsigen Nino (F. S.), der stets an seine Unschuld geglaubt hat, kann ihm diesen Plan ausreden. Ein Jahr später kommt Michele in der Uniform eines amerikanischen Fallschirmjägers in seine befreite Heimat zurück. Jetzt sind alle von seiner Unschuld überzeugt. Michele wird zum Wortführer der unterdrückten Bauern, die eines Tages das unbestellte Land der Großgrundbesitzer in Besitz nehmen. Der Baron schlägt zurück und bewirkt durch eine Intrige Micheles erneute Verhaftung. Doch ein mitleidiger Wachposten läßt ihn entfliehen. Michele versteckt sich im Gebirge. Während eines nächtlichen Besuchs im Dorf bei Miliella entdeckt ihn eine Polizeistreife, und versehentlich verletzt Michele einen Beamten. Damit ist er endgültig zum gehetzten »Briganten« geworden. Miliella folgt ihm in die Berge, wo sie sich in einer kleinen Kapelle trauen lassen. Der Baron hört, daß die beiden aus der Gegend fliehen wollen, und bezahlt einen Mann, der Michele töten soll. Aber der Mörder trifft Miliella. Michele rast wie von Sinnen ins Dorf und schießt um sich. Nur den Wachposten, der ihn damals hat entkommen lassen, schont er. Dieser aber hebt mit Tränen in den Augen seine Waffe und tötet den Amokläufer.

Castellani hat das Briganten-Epos, die Liebesgeschichte und die Sozialkritik nahtlos ineinandergefügt. Auch die Landschaft und das Milieu werden echter Bestandteil der Handlung. Obwohl Castellani niemals Symbole bemüht, erscheint Michele ganz selbstverständlich als Stimme des Volkes, das sich noch nicht artikulieren kann, das aber einen gleichermaßen bedauernswerten wie drohenden Hintergrund bildet.

Bringing up baby
Leoparden küßt man nicht

USA 1938

R: Howard Hawks; A: Dudley Nichols und Hager Wilde nach einer Erzählung von Hager Wilde; K: Russell Metty; D: Cary Grant, Katharine Hepburn, May Robson

Der linkische Gelehrte David Huxley (C. G.) will unbedingt Geld für das Museum auftreiben, in dem er beschäftigt ist. Beim Golf soll er sich mit dem Anwalt einer Millionärin treffen, die eventuell zu einer Spende bereit ist. Aber eine exzentrische junge Dame (K. H.), die auf dem Parkplatz seinen Wagen rammt, verpatzt ihm die Chance. Und wie ein böser Geist taucht sie fortan immer wieder auf, wenn er einen neuen Anlauf nimmt, seinen Auftrag zu erfüllen. Reichlich spät erst entdeckt David, daß besagte Susan die Nichte der Millionärin (M. R.) ist, auf die er es abgesehen hatte, und daß sie außerdem charmant und liebenswert ist. Es gibt ein Happy-End, unter dessen Last das Gerippe eines prähistorischen Tieres, das zusammenzubauen gleichsam Davids Lebensaufgabe ist, lärmend zusammenbricht.

Der Film bezieht seine Komik daraus, daß David eigentlich während des ganzen Films versucht, die Dinge zu ordnen und zu klären, die Susan pausenlos verwirrt, wobei sie wiederum der festen Ansicht ist, sie sei nur ein Opfer von Davids Aufdringlichkeit. An diese Verkehrung der Logik ist eine Fülle skurriler Einfälle geknüpft, die aber vollkommen in die Handlung integriert sind. Hawks hat diese turbulente Komik mit äußerster Ökonomie behandelt und hält sie mühelos anderthalb Stunden durch.

Brokeback Mountain
Brokeback Mountain

USA 2005

R: Ang Lee; A: Larry McMurtry, Diana Ossana nach einer Kurzgeschichte von E. Annie Proulx; K: Rodrigo Prieto; B: Heath Ledger, Jake Gyllenhaal, Randy Quaid, Anne Hathaway, Michelle Williams, Kate Mara

Ennis Del Mar (H. L.) und Jack Twist (J. G.) sind Cowboys, Saisonarbeiter bei wechselnden Arbeitgebern. Im Sommer 1963 lernen sie sich kennen, als sie gemeinsam am Brokeback Mountain, irgendwo in den Rocky Mountains, eine Schafherde beaufsichtigen sollen. In der Einsamkeit der Berge entsteht zwischen den beiden eine wachsende Vertrautheit, die eines Nachts im gemeinsamen Zelt unversehens in eine leidenschaftliche Liebesszene mündet. Am nächsten Morgen versichern sich beide gegenseitig, nicht schwul zu sein; und im Herbst gehen sie wieder auseinander. Beide heiraten und werden Vater. Erst vier Jahre später sehen sie sich wieder; und im ersten Moment des Wiedersehens wird beiden klar, daß die Nacht im Zelt kein »Versehen« war, daß jeder im anderen die »große Liebe« gefunden hat. Von nun an verabreden sie sich – wenngleich in großen Abständen – immer wieder zu »Angelausflügen«, die sie am Brokeback Mountain verbringen. Ennis' Frau Alma (M. W.) hat das Geheimnis ihres Mannes längst entdeckt und sich scheiden lassen; Jacks Ehe ist ohnehin nur noch eine Fassade. Jack möchte neu anfangen, gemeinsam mit dem Freund eine kleine Ranch kaufen; aber Ennis hat in seiner Jugend erlebt, wie man hierzulande mit »Schwuchteln« umgeht. Er lehnt ab. Im Lauf der Jahre erfährt Ennis, daß Jack in Mexiko auch Sex mit anderen Männern gehabt hat; und eines Tages erhält er die Nachricht von Jacks Tod. Er telefoniert mit seiner Witwe (A. H.) und besucht seine Eltern. Jacks Vater erzählt ihm, daß Jack unlängst davon gesprochen habe, mit einem neuen Partner die elterliche Ranch zu übernehmen. Als Ennis nach Haus kommt, sagt ihm seine Tochter (K. M.), daß sie heiraten wird.

Das Schlagwort »Schwulen-Western« hat diesem Film eine schnelle und breite Publicity beschert; aber diese klischeehafte Vereinfachung hat auch mancherlei falsche Erwartungen geweckt. Hier gibt es keine Saloons und keine Revolverhelden. Dafür wird die Arbeitswelt der Cowboys sehr viel realistischer geschildert als in den allermeisten anderen Western; und in dieser »Männer-Welt«, in diesem Milieu, das geprägt ist von harter Arbeit, Unsicherheit, Einsamkeit und kargem Lohn, entfaltet sich zwischen zwei Menschen eine Romanze, die überall in der Welt stattfinden könnte – die aber genau vor diesem Hintergrund so chancenlos ist. Jack hat reich geheiratet. Er ist dem Milieu seiner Kindheit und Jugend entkommen, aber die Liebe zu Ennis zieht ihn immer wieder zurück, zwingt beide zum Versteckspiel, zur Heimlichtuerei. Der Film braucht keine spektakuläre Katastrophe zu bemühen. Die Trauer, die Hoffnungslosigkeit, die über ihm liegen, sind Last genug. Und auch wenn Jack nicht gestorben wäre, hätte das die Geschichte nur verlängert, aber nicht wirklich verändert. Regisseur Ang Lee hat diese Vorlage ebenso zupackend wie feinfühlig inszeniert. Er nutzt die großartige Gebirgskulisse geschickt als Hintergrund und Metapher für die Liebe der beiden Cowboys. Hier sieht man, wie sie unter einem strahlend blauen Himmel nackt in einen Gebirgssee springen und herumtollen wie die Kinder. Hier erleben sie die glücklichsten Stunden ihres Lebens. Ang Lee verzichtet auf große und auch auf viele Worte. Statt dessen läßt er sich Zeit, Gesichter, Reaktionen, Szenen zu beobachten. Dabei unterstützt ihn die elegische Musik von Gustavo Santaolalla, die den Grundton des Films behutsam variiert. Regie, Buch und Musik des Films wurden 2006 mit einem »Oscar« ausgezeichnet.

Broken arrow
Der gebrochene Pfeil

USA 1949

R: Delmer Daves; A: Michael Blankfort nach dem Roman *Blood brother* von Elliott Arnold; K: Ernest Palmer; D: James Stewart, Jeff Chandler, Debra Paget

Um 1870 verteidigen die Apachen unter ihrem Häuptling Cochise (J. C.) verzweifelt ihr Land gegen die vorrückenden weißen Siedler. Blutige Gemetzel sind an der Tagesordnung. Ein Weißer, Tom Jeffords (J. S.), versteht die Situation der Indianer und möchte vermitteln. Es gelingt ihm, Cochise für einen Waffenstillstand zu gewinnen; und Jeffords heiratet sogar eine Indianerin (D. P.). Doch Cochise hat vor Abschluß eines endgültigen Friedens eine Probezeit gefordert. Weiße Banditen, die das friedliche Einvernehmen stören wollen, überfallen Cochise, Jeffords und dessen Frau, die bei dem Überfall getötet wird. In seiner Verzweiflung fordert Jeffords Cochise auf, das Kriegsbeil auszugraben; aber Cochise behält die Nerven und bewahrt den Frieden.

Die Personen und die Handlung sind in den Grundzügen historisch. Delmer Daves verwendet sie für ein Plädoyer für die Wahrheit und gegen den Rassismus. *Broken arrow* ist der erste große Western, in dem die Indianer fair gezeichnet und die Verbrechen der Weißen schonungslos gezeigt wurden. Seine Machart ist konventionell, sein Gehalt dagegen war revolutionär für die damalige Zeit.

Broken flowers
Broken Flowers

USA/Frankreich 2004/05

R: Jim Jarmusch; A: Jim Jarmusch; K: Frederick Elmes; D: Bill Murray, Jeffrey Wright, Sharon Stone, Frances Conroy, Jessica Lange, Tilda Swinton, Julie Delpy, Brea Frazier, Jarry Fall, Alexis Dziena

Don Johnston (B. M.) hat die Fünfzig längst überschritten und ist bekennender Single. Gerade wieder mal von einer Freundin (J. D.) verlassen, steckt der graumelierte Don Juan in einer tiefen Krise. Da flattert dem erfolgreichen, mittlerweile aber privatisierenden Softwareunternehmer ein anonymer Brief ins Haus, der ihm den nächsten Tiefschlag versetzt: Einer seiner zahlreichen Affären soll ein inzwischen 19jähriger Sohn entstammen, der nun den Vater kennenlernen möchte. Dons Nachbar Winston (J. W.), ein passionierter Hobbydetektiv, drängt den Junggesellen, unter fünf alten Freundinnen die richtige Mutter zu suchen. Bei jeder Frau wird der apathische Don von seiner Vergangenheit eingeholt. Die verwitwete Laura (S. S.) mit ihrem kessen Teenager Lolita (A. D.) hat für ihn immer noch einen Platz im Herzen; Dora (F. C.) führt als Immobilienverkäuferin eine kinderlose, spießige Versorgungsehe, ohne die alten Hippie-Zeiten mit Don ganz vergessen zu können. Aus der Anwältin Carmen (J. L.) ist eine Psychoanalytikerin für Tiere geworden, die sich ihm geschickt entzieht. Penny (T. S.) lebt als Bikerlady mit einem schlagkräftigen Mann auf einer heruntergekommenen Farm und schickt den ehemaligen Verehrer in die Wüste. Die fünfte Frau auf Dons Liste ruht schon auf dem Friedhof. Auf der Rückfahrt begegnet ihm im Lokal ein Junge, der sein gesuchter Sohn sein könnte, aber nach einem Gespräch wegrennt. Kurz darauf beobachtet ihn ein anderer junger Mann von einem vorbeifahrenden Auto aus – und Don mustert ihn ebenfalls aufmerksam.

Broken flowers (Bill Murray, Jessica Lange)

Broken flowers – von dem amerikanischen Kultregisseur Jim Jarmusch – ist ein melancholisches Road movie. Bill Murray spielt diese allzu menschliche, männliche Hauptfigur, einen Phlegmatiker par excellence, mit stoischer Ruhe und großartiger minimalistischer Mimik. Durch die Suche nach dem annoncierten Nachwuchs wird der ewige Herzensbrecher zur Standortbestimmung gezwungen. Diese säkularisierte Variante der Gewissenserforschung zwingt zur Bilanzierung seines bisherigen Lebens, droht, ihn aus der Bahn zu werfen. Gelähmt von Selbstmitleid und Passivität, geht Don jeder Verantwortung und notwendigen Kommunikation aus dem Weg. Frustration und Einsamkeit bestimmen seinen Alltag. Das Geheimnis der Frauen, das Verhältnis der Geschlechter zueinander stehen im Fokus: Die Episodenstruktur des Films unterstützt den Blick auf die zwischenmenschlichen Beziehungen, vom bindungsunfähigen Zyniker bis hin zu der in ihrer Idylle sich einigelnden Ex-Freundin. Und der Rest ist Schweigen, Flucht vor sich und den anderen.

Die Designerwohnung des Ruheständlers, die Hochglanztechnik, das unterdrückte Lachen befremden. Existentialistische Lakonie und Traurigkeit dominieren in diesem Bilanzierungsversuch. Die mitunter auch zum Absurden neigende Tragikomödie glänzt durch köstliche, hintergründige Situationskomik und eine gut verträgliche, zum Nachdenken anregende Portion Lebensphilosophie. Am Ende seiner Odyssee, die bei Jim Jarmusch (Jahrgang 1953) natürlich auch als eine Reise zu sich selbst verstanden werden muß, weiß der modern-gebrochene Antiheld immerhin: Die Vergangenheit ist zwar vorbei, aber die Zukunft ist noch nicht angebrochen. Beim Filmfestival in Cannes erhielt der Film 2005 den Großen Preis der Jury.

Bronenosez Potjomkin ⑤
Panzerkreuzer Potemkin

UdSSR 1925

R: Sergej Eisenstein; A: Nina Agadshanowa, Sergej Eisenstein; K: Eduard Tissé; D: Alexander Antonow, Wladimir Barski, Grigori Alexandrow, A. V. Repnikowa

Auf dem Panzerkreuzer »Potemkin« kommt es zu Unruhen, als den Matrosen verfaultes Fleisch als Speise vorgesetzt wird. Zunächst kann der Kommandant (W. B.) sich durchsetzen: Er will ein Exempel statuieren und die Aufrührer erschießen lassen. Aber da ruft der Matrose Wakulintschuk (A. A.) alle Matrosen zum Kampf. Zwar wird Wakulintschuk bei den folgenden Auseinandersetzungen getötet; aber die Matrosen siegen und werfen die Offiziere über Bord. Im Hafen von Odessa verbrüdern sich die Bürger an der Leiche Wakulintschuks mit den Matrosen. Doch Kosaken rücken an und unterdrücken die Sympathiekundgebungen mit blutigem Terror. Auf hoher See wird zur gleichen Zeit die »Potemkin« vom Rest der Schwarzmeerflotte gestellt; die Matrosen auf den anderen Schiffen weigern sich jedoch, auf ihre Brüder zu schießen.
Der Film sollte im Auftrag der Partei den 20. Jahrestag der revolutionären Wirren von 1905 feiern; und Eisenstein wollte zunächst Einzelszenen von Aufständen aus dem ganzen Reich mosaikartig zusammensetzen. Er begann mit den Dreharbeiten in Leningrad und fuhr dann nach Odessa, wo nur eine kurze Sequenz über die Meuterei auf dem Panzerkreuzer »Potemkin« gedreht werden sollte, für die das Drehbuch anderthalb Seiten vorgesehen hatte. Erst in Odessa entschloß sich Eisenstein, seinen Film ganz auf diese Episode zu konzentrieren.
Der *Panzerkreuzer Potemkin* ist streng nach den Regeln des Dramas in fünf Akte eingeteilt, andererseits aber durch die Montage in eine Fülle mitreißender Details aufgelöst. Einige Sequenzen, etwa die vom Vormarsch der Kosaken auf der großen Freitreppe, haben legendären Ruhm erlangt.
Eisensteins Film wurde hoch gepriesen – und zensiert, verändert, beschnitten und verboten wie kaum ein Film zuvor und später; und erst nach Jahrzehnten gelang es, aus verschiedenen Versionen die Urfassung zu rekonstruieren. In Deutschland schrieb Herbert Ihering 1926 im »Berliner Börsencourier«: »Wenn von den Dokumenten der letzten zwanzig Jahre alles verloren ginge und nur der ›Panzerkreuzer Potemkin‹ gerettet würde, man hätte ein zeugnisablegendes, gültiges Menschenwerk bewahrt, wie die Ilias, wie das Nibelungenlied.« Doch dieses »neue Nibelungenlied« wurde wenig später auch in Deutschland der Weimarer Republik verboten und erst nach beträchtlichen Schnitten wieder freigegeben. Der Reichswehrminister verbot allen Soldaten den Besuch des Films.
Zu den Bewunderern dieses Films gehörte übrigens auch Josef Goebbels. Zwar verbot er ihn

Bronenosez Potjomkin
(Frau auf der Treppe: A. V. Repnikowa)

sofort, als er die Macht dazu hatte; aber gleichzeitig forderte er seine Regisseure vergeblich auf, ihm einen »deutschen Potemkin« zu drehen.

Das Brot der frühen Jahre

BRD 1961

R: Herbert Vesely; A: Herbert Vesely und Leo Ti nach der gleichnamigen Erzählung von Heinrich Böll; K: Wolf Wirth; D: Christian Doermer, Karen Blanguernon, Vera Tschechowa

Die Geschichte des Elektrikers Walter Fendrich (C. D.), den beim Wiedersehen mit seiner Jugendfreundin Gertrud (K. B.) die Liebe so unvermittelt überfällt, daß er die Sinnlosigkeit seines bisherigen Lebens einsieht, noch am gleichen Tag sein Verhältnis mit der Tochter (V. T.) seines Chefs löst, um durch und mit Gertrud ein neues Leben beginnen zu können.
Ein Vorläufer dessen, was man später einmal den »jungen deutschen Film« nannte. Herbert Veselys Film entstand zu einer Zeit, als der Film in der Bundesrepublik einen künstlerischen Tiefpunkt erreicht hatte. Er hat seine Bedeutung vor allem als radikale Absage an das damals übliche konfektionierte Mittelmaß, dem er allerdings keine rechte Alternative entgegenzustellen wußte. *Das Brot der frühen Jahre* ist eine Art optisches Lexikon filmischer Möglichkeiten – voll raffinierter Bildkompositionen, rasanter Schwenks, verwegener Fahrten, temporeicher Montagen. Aber diese Details gewinnen keine rechte Funktion für das Ganze, bleiben eindrucksvolle, aber gelegentlich ermüdende Stilübungen. Und indem Vesely die sozialen Bezüge Bölls eliminierte, geriet ihm auch seine Geschichte aus den Fugen. Immerhin hat der Film Möglichkeiten aufgezeigt; und es ist nicht seine Schuld, daß damals niemand sie weiterverfolgen wollte.

Das Brot des Bäckers

BRD 1976

R: Erwin Keusch; A: Erwin Keusch, Karl Saurer; K: Dietrich Lohmann; D: Bernd Tauber, Günter Lamprecht, Maria Lucca, Manfred Seipold, Anita Lochner, Gerhard Acktun, Krystian Martinek, Silvia Reize

Werner Wild (B. T.) tritt beim Bäckermeister Baum (G. L.) in einer fränkischen Kleinstadt eine Lehre an. Seine Motivation für diese Berufswahl ist eher vage. »Ich eß gern gutes Brot!« erläutert er der Verkäuferin Gisela (S. R.) auf ihre Frage. Aber er fühlt sich bald wohl, zumal auch der versprochene Familienanschluß dank der unkomplizierten Art von Frau Baum (M. L.) gut funktioniert. Baum ist ein traditions- und qualitätsbewußter Handwerker der alten Schule, dessen Position der Film aber durch die Figuren des unzufriedenen Gesellen Kurt (M. S.) und der skeptischen Baum-Söhne Rudi (G. A.) und Georg (K. M.) immer wieder in Frage stellt. Während Baum sich – nicht zuletzt wegen der Einrichtung eines Supermarktes in der Nachbarschaft – zunehmend von Existenzsorgen plagt, ist Werner zunächst durch seine Liebesaffäre mit Margot (A. L.) abgelenkt. Erst allmählich begreift er die prekäre Situation seines Lehrherrn, der auf den Rat der Genossenschaft seinen Betrieb rationalisiert und neue Maschinen anschafft. Aber die Schulden und die höhere Kapazität der neuen Maschinen erhöhen auch den Streß. Kurt wirft seine Arbeit hin und geht; nach Beendigung seiner Lehrzeit wechselt auch Werner in eine Großbäckerei. Baum muß seine »Brotstraße« allein bedienen. Vom Streß zermürbt und vom mangelnden Erfolg deprimiert, verliert er eines Abends die Nerven: Er dringt in den Supermarkt ein und verwüstet die Brot-Abteilung. Die »Bäckerei Baum« scheint endgültig erledigt. Aber Werner und Baums Söhne kommen aus der Stadt und beschließen, die Bäckerei weiterzuführen ...
Was in der kurzen Inhaltsangabe wie ein trockenes Thesenstück anmuten mag, ist im Film ein ganz konkretes Abbild wirklichen Lebens. Da stimmt das kleinstädtische Klima in seiner Mischung aus Nestwärme und Spießigkeit; es

stimmt der Umgangston im Geschäft und in der Familie; und es stimmt die Atmosphäre in der Bäckerei. Keusch, selbst Sohn eines Bäkkers, hat die handwerkliche Tätigkeit, den »Fertigungsprozeß«, so sinnlich faßbar gemacht, daß man den Geruch frischen Brotes buchstäblich in der Nase spürt. Und es stimmen auch die Figuren, die Keusch niemals auf die Funktion von Ideenträgern reduziert, denen er stets Individualität und Originalität beläßt. So ist der Film gleichzeitig ein sorgsames Protokoll von Werners Lehr- und Wanderjahren und ein Lehrstück über wirtschaftliche und soziale Probleme, über handwerkliche Traditionen und über entfremdete Arbeit.

Die Brücke

BRD 1959

R: Bernhard Wicki; A: Michael Mansfeld, Karl-Wilhelm Vivier und Bernhard Wicki nach dem gleichnamigen Roman von Manfred Gregor; K: Gerd von Bonin; D: Fritz Wepper, Michael Hinz, Volker Lechtenbrink, Cordula Trantow, Günter Pfitzmann

In einer kleinen deutschen Stadt werden in den letzten Kriegstagen sieben Jungen eingezogen. Sie sind stolz, nun endlich »Männer« zu sein. Ihr Lehrer erreicht jedoch durch Intervention bei einem Offizier, daß seine Schüler nicht mehr in den Kampf geschickt werden sollen. Zusammen mit dem Unteroffizier Heilmann (G. P.) werden sie zur militärisch sinnlosen und, wie es scheint, ungefährlichen Bewachung einer Brücke in ihrer Heimatstadt abgestellt. Doch der Unteroffizier, der für das Überleben der Jungen sorgen soll, wird bei einem Erkundungsgang als vermeintlicher Deserteur erschossen. Bei einem Tieffliegerangriff wird einer der Jungen getötet; in einer Mischung aus nationaler Begeisterung und Rachedurst stellen die übrigen sich den anrollenden Panzern in den Weg. Nur zwei der Jungen überleben das blutige Gefecht; und am Ende bleibt gar nur einer übrig. Ihre Fassungslosigkeit und Verzweiflung nämlich treibt die beiden Überlebenden in eine Auseinandersetzung mit einem deutschen Sprengkommando, bei der der Führer des Kommandos und einer der Jungen getötet werden.

Der erste abendfüllende Spielfilm des als Schauspieler bekannt gewordenen Bernhard Wicki war im In- und Ausland ein großer Erfolg. Wicki hat die Atmosphäre der letzten Kriegstage, jenes Schwanken zwischen Angst und Hoffnung überzeugend eingefangen. Besonders gut gelang ihm das psychologische Porträt der Jungen, ihre Mischung aus echtem Engagement und Indianerspiel-Mentalität, die sie den Krieg halb als nationale Verpflichtung, halb als romantisches Abenteuer betrachten läßt. In der Kritik umstritten waren die realistischen und brutalen Kampfszenen, die aber als Pendant zur anfänglichen jugendlichen Begeisterung und als Erklärung für die Ernüchterung wohl notwendig sind.

Die Büchse der Pandora ⓢ

Deutschland 1928

R: G. W. Pabst; A: Ladislaus Vajda nach den Dramen *Erdgeist* und *Büchse der Pandora* von Frank Wedekind; K: Günther Krampf; D: Louise Brooks, Fritz Kortner, Gustav Diessl, Carl Goetz, Franz Lederer, Alice Roberte

Wedekinds Dramen vom Aufstieg und Untergang der Tänzerin Lulu (L. B.), die den Männern, denen sie begegnet, den Tod bringt, bis sie schließlich selbst das Opfer des geheimnisvollen Mörders Jack the Ripper (G. D.) wird, sind von Pabst in einem Film zusammengefaßt worden. Rund dreißig Jahre später fertigte Kadidja Wedekind eine vergleichbare Bühnenfassung. Pabst hat seinen Film ganz auf zwei Wirkungsmöglichkeiten gestellt: auf expressive Großaufnahmen und auf atmosphärische Bildimpressionen. Die Gesichter Schigolchs (C. G.), Dr. Schöns (F. K.), der Gräfin Geschwitz (A. R.) und Lulus tauchen in genau kalkuliertem Rhythmus immer wieder auf der Leinwand auf. Dazwischen erscheinen Bilder vom hektischen Leben Lulus, das schließlich in den nebligen Londoner Slums endet.

Für Lotte H. Eisner (*Dämonische Leinwand*) ist *Die Büchse der Pandora* ein »Höhepunkt im Filmschaffen von G. W. Pabst«. Sie meint: »In

dem realistischer gesehenen ›Tagebuch einer Verlorenen‹ holt Pabst vielleicht die Lokalfarben lebendiger heraus. Jedoch finden wir hier nicht mehr die fast beunruhigend reiche variierte Atmosphäre, das vielfältige Schimmern …«
Georges Sadoul berichtet, daß die französische Version des Films damals aus Zensur-Gründen einige erstaunliche Veränderungen erfuhr: Lulus dritter Mann (Alwa Schön) ist nicht mehr der Sohn, sondern der Sekretär seines Vorgängers, aus der lesbischen Freundin (Gräfin Geschwitz) wurde eine Jugendfreundin, Jack the Ripper verschwand ganz aus dem Film – und am Schluß stand nunmehr die Hoffnung, Lulu könne durch die Heilsarmee bekehrt werden.

Budjenje pacova
Die Ratten erwachen

Jugoslawien 1967

R: Živojin Pavlović; A: Gordan Mihić und Ljubiša Kozomara nach Motiven der Erzählung *Die Unbekannte* von Momcilo Milankov; K: Milorad Jakšić-Fando; D: Slobodan Perović, Dušica Žegarac, Severin Bijelić

Einst hat Velimir Bamberg (S. P.) stalinistische Flugblätter verfaßt, die sein Freund Lale verteilen mußte. Lale wurde gefaßt und verurteilt, aber er hat Bamberg nicht verraten. Trotzdem ist der Stalinist Bamberg aus allen Parteiämtern entfernt worden und lebt jetzt armselig als Krawattennäher. Als seine kranke Schwester zur Kur muß, will er Geld auftreiben und trifft dabei auf Lale, der mit pornografischen Fotos handelt und den alten Bekannten gleich erpressen möchte, sein Mitarbeiter zu werden. Bamberg möchte aber lieber durch eine Heirat an das benötigte Geld kommen. Als er die in Frage kommende Frau jedoch sieht, ändert er seine Ansicht schnell. Er sucht verzweifelt nach anderen Geldquellen, verliebt sich in ein unbekanntes Mädchen aus dem Wohnblock, in dem er wohnt, und läßt sich von einem Interessenten einen Vorschuß für eine Lieferung Pornobilder auszahlen. Das unbekannte Mädchen verschwindet mit dem Geld.

Pavlović hat Komik und Verzweiflung zu einem bedrückenden Abbild der Wirklichkeit montiert. Komisch ist vieles an den Bemühungen dieses stalinbärtigen Exfunktionärs; aber hinter seinen Bemühungen steckt die nackte Verzweiflung, steckt die Tragödie eines Menschen, der einmal auf der falschen Seite gestanden hat. Der makabre Aspekt des Films wird verstärkt durch ein Milieu, das vorzugsweise aus düsteren Hinterhöfen, dreckigen Winkeln und verkommenen Wohnungen besteht.

Bullets over Broadway
Bullets over Broadway

USA 1994

R: Woody Allen; A: Woody Allen, Douglas McGrath; K: Carlo Di Palma; D: John Cusack, Chazz Palmentieri, Jennifer Tilly, Dianne Wiest, Jim Broadbent, Tracy Ullman, Joe Viterelli, Mary-Louise Parker

New York in den zwanziger Jahren: Dem jungen Autor David Shayne (J. C.) ist es nicht sehr angenehm, daß die Broadway-Inszenierung seines neuen Stückes von dem Gangsterboß Nick Valenti (J. V.) finanziert wird. Aber nach zwei »Flops« kann David nicht wählerisch sein. So schimpft er sich selbstgefällig eine Hure – und akzeptiert neben Valentis Geld auch dessen Bedingung: seine beispiellos untalentierte Freundin Olive Neal (J. T.) als Hauptdarstellerin. Unter Davids Regie verlaufen die Proben wenig ersprießlich. Die alternde Diva Helen Sinclair (D. W.) ist dem Alkohol zugetan und verführt alsbald den immer hilfloser agierenden David; der männliche Hauptdarsteller Warren Purcell (J. B.) erleidet Anfälle von Freßsucht; Miss Brent (T. U.), die dritte Dame im Ensemble, kümmert sich vornehmlich um ihren Schoßhund. Und dann ist da noch Cheech (C. P.), den Nick Valenti als Aufpasser abgestellt hat. Gelangweilt und entsprechend mürrisch verfolgt er alle Proben und macht unmißverständlich klar, daß Miss Neals Wille Mr. Valentis Gesetz ist. Irgendwann aber gehen ihm der blutleere Text und die lausige Inszenierung auf die Nerven. Er macht einen

Verbesserungsvorschlag, der auch David überzeugt. Mit weiteren klugen Vorschlägen wird er nach und nach zum »Ghostwriter«, zum eigentlichen Autor des Stücks. Das Theaterfieber hat Mr. Cheech gepackt! Es treibt ihn am Ende gar dazu, »sein« Stück vor der Talentlosigkeit Miss Neals zu retten, indem er das tut, was er gelernt hat: Er bringt die blonde Nervensäge um und versenkt ihren wohlgeformten Körper im Hudson River. Doch Valenti kommt ihm auf die Spur. Während der triumphalen Premiere schießt ein Killerkommando Cheech im Theater über den Haufen. Er stirbt gelassen – im Bewußtsein des Triumphes. David wird des geschenkten Erfolges nicht recht froh. Er verläßt Helen und kehrt zu seiner Freundin Ellen (M.-L. P.) und mit ihr gemeinsam in die Provinz zurück.

Eine brillante Komödie mit einem präzise konstruierten Handlungsgerüst, mit plastischen Charakteren und einer Fülle von Gags und Pointen. Natürlich enthält dieses virtuose Spiel unter Mimen und Gangstern, zwischen Bühne und Leben, Schein und Sein auch eine Menge ernsthafter Aspekte, die jedoch hier gleichsam beiläufig mitgeliefert werden. Hervorragend ist, wie meistens bei Allen, der Soundtrack, der Zeit und Milieu der Handlung musikalisch akzentuiert.

Die Buntkarierten

DDR 1949

R: Kurt Maetzig; A: Berta Waterstradt nach ihrem Hörspiel *Während der Stromsperre*; K: Friedl Behn-Grund, Karl Plintzner; D: Camilla Spira, Werner Hinz, Kurt Liebenau, Brigitte Krause, Lotte Lieck

Als uneheliches Kind eines Dienstmädchens, das bei der Geburt stirbt, kommt Guste 1884 zur Welt. Sie wächst bei ihrer Großmutter (L. L.) auf, bis sie – jetzt achtzehnjährig (C. S.) – den Maler Paul Schmiedecke (W. H.) kennenlernt und heiratet. Als Paul 1914 in den Krieg muß, bringt Guste die beiden Kinder Hans und Suse allein durch – zunächst als Arbeiterin in einer Munitionsfabrik, dann als Fensterputzerin. 1918 kommt Paul zurück. Die Familie übersteht Not und Arbeitslosigkeit, bis der aktive Gewerkschafter Schmiedecke 1933 als politisch unzuverlässig entlassen wird. Die Zerschlagung seiner Gewerkschaft raubt ihm die letzte Kraft. Er stirbt. Hans (K. L.) heiratet, und seine Tochter Christel ist bald Gustes Liebling. Wieder kommt ein Krieg. Zwar braucht Hans nicht an die Front, weil er in einem Rüstungsunternehmen arbeitet; aber eine Bombe tötet ihn und seine Frau. Guste und Christel (B. K.) bleiben allein zurück. Nach dem Krieg kann Christel die Ost-Berliner Universität besuchen und studieren. Und Guste ermahnt sie, für den Frieden zu kämpfen.

Der Titel zielt auf die buntkarierten Betten von Gustes Großmutter, auf das Milieu der Arbeiter. Maetzig erzählt seine Geschichte sauber und einleuchtend im Stil einer Chronik, die die Sozialkritik nicht lehrhaft vorweist, sondern geschickt integriert, und die auch die Nutzanwendung am Schluß überzeugend aus der Handlung entwickelt.

C

Das Cabinet des Dr. Caligari / ⓢ
Das Kabinett des Dr. Caligari

Deutschland 1919/20

R: Robert Wiene; A: Carl Mayer nach einer Idee von Hans Janowitz; K: Willy Hameister; D: Conrad Veidt, Werner Krauß, Lil Dagover, Friedrich Feher, Hans Heinrich von Twardowski

In einer Irrenanstalt sitzt Francis (F. F.) mit einem Leidensgenossen auf einer Bank. Als er Jane (L. D.), ebenfalls eine Patientin, vorbeigehen sieht, erklärt Francis: »Was ich mit ihr erlebt habe, ist noch viel seltsamer als alles, was Ihnen begegnet ist. Ich will es Ihnen erzählen.« Seine Geschichte spielt in Holstenwall, einer norddeutschen Kleinstadt. Eines Tages ist Jahrmarkt, und zu den Schaustellern gehört auch Dr. Caligari (W. K.), der die Darbietung seines Mediums Cesare (C. V.) ankündigt. Ein Beamter auf dem Rathaus begegnet dem seltsam gespenstischen Caligari hochmütig und herablassend – am nächsten Tag liegt er tot in seiner Schreibstube. Francis besucht mit seinem Freund Alan (H. H. v. T.) eine Vorstellung Caligaris. Alan will wissen, wie lange er noch zu leben hat. »Bis zum Morgengrauen«, antwortet das Medium; und am nächsten Morgen findet man Alan ermordet auf. Francis verdächtigt jetzt Caligari und beobachtet ihn. Er sieht Cesare in einem sargähnlichen Kasten liegen; aber zur gleichen Zeit versucht Cesare Jane, in die Francis verliebt ist, in seine Gewalt zu bringen. Der offenkundige Widerspruch löst sich, als die Polizei am nächsten Tag Cesares Kasten öffnet und darin eine Puppe findet, die Cesare täuschend ähnlich ist. Caligari flieht und verbirgt sich in einer Irrenanstalt. Als Francis ihm folgen will, entdeckt er, daß Caligari der Anstaltsdirektor ist. In seinem Zimmer findet man eine alte Chronik, die von dem italienischen Schaubudenbesitzer Caligari und seinem Medium Cesare berichtet. Daneben liegen Krankenberichte, die klarmachen, daß der Direktor die Experimente Caligaris mit seinen

Das Cabinet des Dr. Caligari (Conrad Veidt, Werner Krauß)

Kranken wiederholt hat. Er ist Caligari geworden. Francis läßt ihn die Leiche Cesares sehen, worauf Caligari wahnsinnig wird. – Als Francis seine Erzählung beendet hat, geht er in das Anstaltsgebäude. Er begegnet Cesare und auch dem Direktor, den er sofort wieder für Caligari hält. Doch der Direktor bleibt liebenswürdig. Er erklärt seinen Helfern, daß der Kranke ihn für Caligari halte, und verheißt, daß er ihn nun, wo er die Ursache seiner Krankheit kenne, heilen werde.

Die endgültige Form von *Das Cabinet des Dr. Caligari* ist eine Folge von Zufällen und Einflüssen Dritter. Als Regisseur war ursprünglich Fritz Lang vorgesehen. Da Lang seinen Fortsetzungsfilm *Die Spinnen* beenden mußte, übertrug man Robert Wiene die Regie. Für die Ausstattung hatten die Autoren Alfred Kubin vorgesehen. Wiene war zwar ihrer Meinung, daß der Film in gemalten Kulissen spielen solle, verpflichtete aber statt Kubin Hermann Warm, Walter Röhrig und Walter Reimann, Mitglieder der Berliner Künstlergruppe »Der Sturm«.

Von Fritz Lang soll die Idee für die Rahmenhandlung stammen, die im Drehbuch nicht vorgesehen war und die Mayer und Janowitz ablehnten. Durch die Rahmenhandlung wurde aus ihrer Geschichte die Einbildung eines Irrsinnigen. Dr. Caligari war kein skrupelloser Verbrecher mehr, sondern ein gütiger Nervenarzt, dem nur krankhafte Phantasie seine Verbrechen andichtete. Siegfried Kracauer moniert in seinem Buch *Von Caligari zu Hitler*, dadurch sei ein »revolutionäres« Buch, das die Autoritäten attackiert habe, zu einem »konformistischen« Film geworden. Kracauer berichtet, Janowitz habe später erklärt, sie hätten mit dem Film die Allmacht einer Staatsgewalt anprangern wollen, die durch Militärdienstpflicht und Kriegserklärungen über Leben und Tod der Untertanen verfügt. Caligari sei das Symbol der schrankenlosen Macht gewesen, Cesare der zum willenlosen Werkzeug abgerichtete »kleine Mann« und Francis der Vertreter der Vernunft.

Aber auch in dieser veränderten Form wurde *Das Cabinet des Dr. Caligari* der wohl berühmteste und meistzitierte deutsche Stummfilm. Er gilt als Meisterwerk des expressionistischen Films. Doch Expressionismus ist hier vor allem in den Dekorationen und allenfalls im Spiel von Krauß und Veidt verwirklicht. Die Dekoration, ausschließlich gemalt, mit verzerrten Perspektiven und aperspektivisch aufgemalten Schatten, verschachtelte die Ebenen und hob gleichsam die »normalen« Raumvorstellungen auf. Titel und Zwischentitel waren in diese Welt einbezogen. In einer Szene, in der der Nervenarzt von der krankhaften Sucht besessen ist, sich in Caligari zu verwandeln, tanzen Buchstaben zuckend über verwinkelten Giebeln und vereinen sich schließlich zu dem Satz: »Du mußt Caligari werden!«

Der Einfluß des Films auf die Entwicklung des deutschen Stummfilms war enorm. Mit ihm begann die Hinwendung zur Phantastik, zur Psychologie und Psychopathologie, die zum wichtigsten Thema des deutschen Films der zwanziger Jahre wurde. Er veranlaßte die deutschen Regisseure dazu, ihre Filme in der aseptischen und jeglichem Stilwillen offenen Atmosphäre der Studios zu drehen, während etwa die Skandinavier durch ihre realistischen oder impressionistischen Landschaftsschilderungen Furore machten. Siegfried Kracauer sah in ihm gar erste Vorzeichen des Faschismus und der Tyrannei Hitlers.

Auf der anderen Seite hat dieser Film den deutschen Regisseuren aber auch die Möglichkeiten filmischer Sprache und filmischen Ausdrucks demonstriert. Kamera und Montage hatten hier eine eigene Welt geschaffen, die sich von der des Dramas und der des Romans grundsätzlich unterschied.

▬

Cabiria Ⓢ
Cabiria

Italien 1914

R: Giovanni Pastrone (Piero Fosco);
A: Giovanni Pastrone, mit Zwischentiteln von Gabriele D'Annunzio; K: Segundo De Chomon, Giovanni Tomatis, Augusto Battagliotti, Natale Chiusano; D: Lidia Quaranta, Italia Almirante Manzini, Umberto Mozzato, Bartolomeo Pagano

Sizilien während des Dritten Punischen Kriegs. Bei einem Vulkanausbruch wird Cabiria (L. Q.) von ihren Eltern getrennt und wenig später

Cabiria

von karthagischen Seeräubern gefangengenommen. Sie wird auf den Sklavenmarkt nach Karthago gebracht, wo der Oberpriester sie kauft, um sie den Göttern zu opfern. Aber der römische Patrizier Fulvio (U. M.), der mit seinem hünenhaften Diener Maciste (B. P.) unerkannt in Karthago lebt, rettet das junge Mädchen. Sie fliehen zu der Prinzessin Sophonisbe (I. A. M.), die verspricht, Cabiria zu beschützen. Doch als die Römer den Feldzug gewinnen, tötet sich Sophonisbe, um nicht römische Sklavin zu werden. Cabiria gerät abermals in die Hände des Oberpriesters. Sie wird wiederum von Fulvio und Maciste gerettet; und jetzt kann Fulvio sie endlich als seine Frau nach Rom mitnehmen.
Cabiria ist die ureigenste Schöpfung Giovanni Pastrones. Aber um den Erfolg seines kostspieligen Films beim Publikum zu sichern, bediente er sich des Namens von Gabriele D'Annunzio. Für ein gutes Honorar signierte D'Annunzio das fertige Drehbuch und bekannte sich als Autor. In Wirklichkeit erfand er nur einige Rollennamen (Cabiria, Maciste u. a.) und schrieb die Zwischentitel. Pastrone aber drehte den Film sogar unter dem Pseudonym Piero Fosco, um damit den Beitrag D'Annunzios noch mehr in den Vordergrund zu stellen.
Pastrone konnte nun für seinen Film einen sensationellen Aufwand betreiben. *Cabiria* hatte eine Laufzeit von über drei Stunden. Für die Innenaufnahmen baute der ehemalige Ingenieur Pastrone eine dreidimensionale Szenerie, während man sonst damals noch häufig vor gemalten Kulissen filmte. Außenaufnahmen drehte er u. a. in den Alpen und in Tunesien.
Die eigentliche Bedeutung des Films liegt aber keineswegs im finanziellen und technischen Aufwand; Pastrones Inszenierung ist auch formal bemerkenswert. Als erster benutzte er hier systematisch einen Kamerawagen, den er sich sogar patentieren ließ. Dadurch gewannen die Dekorationen plastische Präsenz. Mit Hilfe des Wagens machte er auch Großaufnahmen, für die sonst ein Schnitt notwendig gewesen wäre. Er fuhr an die Hauptdarsteller heran oder machte Rückfahrten und konnte sie so aus einer Menschenmenge herauslösen oder sie in eine zunächst unsichtbare Menge hineinstellen.

Neuartig war auch die Verwendung des Lichtes, das Pastrone bewußt für künstlerische Effekte einsetzte.

Cabiria war ein Höhepunkt des italienischen Historienfilms und hatte weit über die Grenzen des Landes hinaus einen Riesenerfolg. Zu den Regisseuren, die sich von diesem Film offenbar beeindrucken und beeinflussen ließen, zählen auch die Amerikaner David Wark Griffith und Cecil B. DeMille. In Italien hatte der Film noch eine überraschende Auswirkung. Die Person des Sklaven Maciste, den der ehemalige Hafenarbeiter Bartolomeo Pagano spielte, wurde beim Publikum so populär, daß clevere Produzenten ihn zum Helden weiterer Filme machten. Pagano wurde darüber zum Filmstar. Und noch lange entstanden immer wieder neue Filme über die Abenteuer des antiken Muskelmannes.

Caché
Caché

Frankreich/Österreich/BRD/Italien 2004

R: Michael Haneke; A: Michael Haneke; K: Christian Berger; D: Juliette Binoche, Daniel Auteuil, Annie Girardot, Maurice Bénichou, Lester Makedonsky, Walid Afkir

Der Film beginnt mit der Videoaufnahme eines Hauseingangs in einer ruhigen Vorstadtstraße. Der Fernseh-Moderator Georges Laurent (D. A.) und seine Frau Anne (J. B.) betrachten sie auf ihrem Fernsehgerät und rätseln, wer ihnen dieses Video in einer Plastiktüte an die Tür gehängt hat. Weitere ähnliche Kassetten folgen; und das Bewußtsein, ständig beobachtet zu werden, verunsichert die Laurents. In der Beziehung zwischen den Eheleuten zeigen sich Risse und Verwerfungen; der pubertierende Sohn Pierrot (L. M.) entfremdet sich den Eltern mehr und mehr. Dann werden den Kassetten Bilder beigefügt – ein Junge, dem eine lange Zunge aus dem Mund hängt, ein blutender Vogel – einfach, wie von einem Kind gezeichnet. Die Motive erinnern Georges vage an Majid, den algerischen Jungen, den seine Eltern adoptieren wollten, als Majids Eltern 1961 bei einer Demonstration in Paris getötet wurden. Der damals sechsjährige Georges hatte den unerwünschten Bruder mit erfundenen Geschichten denunziert, so daß dieser in ein Waisenhaus kam. Ein Hinweis auf einer Kassette führt ihn tatsächlich zu Majid (M. B.). Er findet ihn als vorzeitig gealterten, vom Leben enttäuschten Mann, der hartnäckig beteuert, von den Kassetten nichts zu wissen. Georges glaubt ihm nicht. Und als Majid ihn wenig später zu sich bittet, hofft er, endlich die Wahrheit zu erfahren. Aber Majid sagt dem Besucher nur: »Ich wollte, daß du dabei bist!« Dann schneidet er sich die Kehle durch. Nach den Untersuchungen der Polizei taucht Majids Sohn (W. A.) bei Georges auf. Er beschuldigt Georges, das Leben seines Vaters ruiniert zu haben. Aber auch er beteuert, weder sein Vater noch er wüßten etwas von den Kassetten. Der Film endet, wie er begann, mit einer Straßenszene. Diesmal sieht man den Eingang einer Schule. Eine optimistische Verheißung – oder eine neue anonyme Botschaft …?

Ein Psychothriller, in dem der Alltag zum Alptraum wird. Die scheinbar idyllischen Bilder einer Straße, ihres eigenen, vertrauten Hauseingangs verunsichern das Ehepaar Laurent zutiefst, weil eine fremde, eine anonyme Kamera sich in das Leben der Familie drängt. Die ständige Beobachtung wird als andauernde latente Bedrohung empfunden – zumal sie bei Georges verdrängte Kindheitserinnerungen und Schuldgefühle weckt. Der Film zeigt die Unsicherheit seiner Protagonisten in den sorgfältig kalkulierten Bildern des alltäglichen Lebens, läßt sie im Unterton der Dialoge anklingen; denn in Hanekes intelligenter Versuchsanordnung bedarf es keiner groben Effekte, um tiefe Einsamkeit, Angst und Verlorenheit zu zeigen. Im Gegenteil: Als endlich ein Ausbruch blutiger Gewalt erfolgt, da hält Georges ihn nach dem ersten Schock für ein Signal der Hoffnung und Erlösung. Der Film läßt diese optimistische Interpretation als höchst fragwürdig erscheinen. So wird auch dem Zuschauer eine Beruhigung vorenthalten; *caché*, »verborgen«, bleibt auch ihm die Wahrheit hinter den Bildern.

Hanekes Film wurde von der Kritik geradezu enthusiastisch gefeiert und 2005 – u. a. beim Festival in Cannes und bei der Verleihung der Europäischen Filmpreise – vielfach ausgezeichnet.

La caduta degli dei / The damned
Götterdämmerung / Die Verdammten

Italien/BRD 1968

R: Luchino Visconti; A: Nicola Badalucco, Enrico Medioli und Luchino Visconti nach einer Originalstory von Nicola Badalucco; K: Armando Nannuzzi, Pasquale De Santis; D: Albrecht Schoenhals, Ingrid Thulin, Helmut Berger, Dirk Bogarde, Reinhard Kolldehoff, Helmut Griem, Umberto Orsini, Charlotte Rampling

Zum Geburtstag des greisen Industriellen Joachim von Essenbeck (A. S.) versammelt sich am 27. Februar 1933 die Familie auf seinem Schloß: die Tochter Elisabeth (C. R.) mit ihrem politisch liberal gesinnten Mann Herbert Thallmann (U. O.), der SA-Führer Konstantin von Essenbeck (R. K.), der SS-Führer Aschenbach (H. G.) sowie Sophie von Essenbeck (I. T.) mit ihrem Geliebten, Friedrich Bruckmann (D. B.), und ihrem Sohn Martin (H. B.). Die Nachricht vom Reichstagsbrand signalisiert die Zeitwende – und den Beginn des Kampfes um die Herrschaft über den Konzern, in den sich auch die neuen Machthaber einmischen. Bruckmann erschießt Joachim mit Thallmanns Revolver; angesichts der belastenden Indizien flieht Thallmann ins Ausland, seine Familie kommt ins KZ. Der sexuell abartige Martin erbt Titel und Güter. Er scheint zunächst nur eine Marionette in der Hand seiner Mutter, ihres Liebhabers und Konstantins zu sein. Aber Konstantin wird unter aktiver Beteiligung Aschenbachs im Verlauf des sogenannten »Röhm-Putsches« von Bruckmann erschossen. Martin schläft mit seiner Mutter, die an diesem Inzest zerbricht, arrangiert dann ihre Hochzeit mit Bruckmann und fordert beide auf, Selbstmord zu begehen. In SS-Uniform steht er neben den Leichen und hebt die Hand zum »deutschen Gruß«. Der wahre Sieger aber ist Aschenbach; denn die SS verfügt über Dokumente, die u. a. Martins Schuld am Tod eines von ihm verführten Kindes belegen.
Obwohl der Vorspann versichert, Ähnlichkeiten mit lebenden oder toten Personen seien nicht beabsichtigt, sind Anspielungen auf die Familie Krupp nicht zu übersehen. Visconti hat diese abstruse Geschichte als Melodrama, als große Oper inszeniert. Ihm ging es wohl weniger darum, gesellschaftliche oder politische Zusammenhänge deutlich zu machen; er wollte eher eine Atmosphäre beschwören, die sich für ihn mit dem Wort »Götterdämmerung« verbindet. Und das tat er in giftigen Farben, mit verblüffend realistischen Details, die sich aber zu alptraumhaften Bildern summieren, in denen die Extreme des Lächerlichen und des Grausigen sich berühren.

Calle mayor
Hauptstraße

Spanien/Frankreich 1956

R: Juan Antonio Bardem; A: Juan Antonio Bardem; K: Michel Kelber; D: Betsy Blair, José Suárez, Yves Massard, Dora Doll, Lila Kedrova

Eine spanische Provinzstadt. Isabella (B. B.) gehört zu jenen jungen Frauen aus »guter Familie«, die nach alter Sitte nicht arbeiten dürfen, sondern auf einen Mann warten. Isabella ist darüber 35 Jahre alt und unscheinbar geworden. Eines Tages macht ihr Juan (J. S.) den Hof, ein junger, gutaussehender Beamter, der vor kurzem in die Stadt versetzt worden ist. Isabella blüht auf. Aber Juans Liebe ist nur vorgetäuscht. Die jungen Männer der Stadt haben sich dieses grausame »Spiel« ausgedacht; beim »Großen Ball«, der alljährlich stattfindet, soll die Wahrheit verkündet werden. Man hält das für einen herrlichen Spaß. Als Juans Freund Federico (Y. M.) zu Besuch kommt und von dieser Intrige hört, ist er entsetzt. Er drängt Juan, Isabella die Wahrheit zu sagen. Aber dieser ist feige. Insgeheim hat er Isabella schätzen, vielleicht gar lieben gelernt. Doch nun fürchtet er eine offene Aussprache mit Isabella genauso wie den Spott der Freunde, wenn er sich tatsächlich für Isabella entscheiden würde. Am Vorabend des »Großen Balles« reist er heimlich ab. So muß schließlich Federico Isabella, die erwartungsvoll bei der Ausschmückung des Saales hilft, die Wahrheit sagen. Sie bricht zusammen. Und sie hat auch nicht mehr die Kraft, Federicos Rat zu folgen, mit ihm nach Madrid zu fahren und dort ihr Leben selbst zu gestalten.

Nachdem Bardem in *Muerte de un ciclista* das Leben in der Großstadt kritisch geschildert hatte, gibt er hier eine Bestandsaufnahme der Kleinstadt. 1958 folgte dann mit *La venganza* die Schilderung des Lebens auf dem Land. *Calle mayor* hat gleichsam zwei Bezugspunkte: Im Schicksal Isabellas kritisiert Bardem den Muff alter Traditionen, die den Frauen das eigene Leben verwehren; das grausame Spiel der jungen Leute, die Fellinis *Vitelloni* vergleichbar sind, dekuvriert die hoffnungslose gesellschaftliche und wirtschaftliche Rückständigkeit der spanischen Provinz. Das alles wird im Stil eines realistischen Kammerspiels unaufdringlich, aber unübersehbar deutlich.

Call northside 777
Kennwort 777

USA 1947

R: Henry Hathaway; A. Jerome Cady und Jay Dratler nach einem Tatsachenbericht von James P. McGuire; K: Joe MacDonald; D: James Stewart, Richard Conte, Kasia Orzazewski, Betty Garde, E. G. Marshall

1944 erscheint im Lokalteil der »Chicago Times« eine Anzeige, die 5000 Dollar Belohnung für die Ergreifung des Mörders von Polizeioffizier Bundy verspricht. Für diesen Mord im Jahr 1932 ist Frank Wiecek (R. C.) rechtskräftig verurteilt worden; aber seine Mutter (K. O.), die fest von der Unschuld ihres Sohnes überzeugt ist, hat elf Jahre lang gespart, um diese Belohnung aussetzen zu können. Der Reporter McNeal (J. S.) liest die Anzeige und nimmt sich des Falles an – weniger, weil er an Franks Unschuld glaubt, sondern weil er von der Beharrlichkeit der alten Frau gerührt ist. Doch dann entdeckt er tatsächlich Widersprüche in den Indizien. Er macht die einzige Augenzeugin (B. G.) ausfindig. Zwar bleibt sie bei ihrer Aussage; aber McNeal kann nachweisen, daß sie sich geirrt hat. Und so wird schließlich auch das Gericht nach dreizehn Jahren von Wieceks Unschuld überzeugt.
Der Film gehört zur Serie der »dokumentarischen« Kriminalfilme, die damals in Hollywood populär waren. Er beruft sich auf einen authentischen Fall, wurde an den Originalschauplätzen gedreht und erzählt seine Geschichte nüchtern und realistisch. Sein Held ist ein wackerer, eher durchschnittlicher Staatsbürger, der dem Recht und der Gerechtigkeit zum Sieg verhelfen will.

O cangaceiro
O Cangaceiro – die Gesetzlosen

Brasilien 1953

R: Lima Barreto; A: Lima Barreto, Rachel de Queiroz; K: Chick Fowle; D: Alberto Ruschel, Marisa Prado, Milton Ribeiro, Vanja Orico

Der Nordosten Brasiliens, eine dünnbesiedelte Einöde, ist die Heimat der Cangaceiros, der »Gesetzlosen«. Einer von ihnen, der Hauptmann Galdino (M. R.), überfällt mit seinen Männern ein Dorf und entführt dabei die junge Lehrerin Olivia (M. P.). Nachdem Olivia einige Zeit bei den Cangaceiros verbracht hat, verhilft Galdinos »Leutnant« Teodoro (A. R.) ihr zur Flucht und begleitet sie. Unterwegs wird beiden klar, daß sie sich lieben. Galdino macht sich mit seinen Männern und mit Maria Clodia (V. O.), die Teodoro insgeheim liebt, auf die Verfolgung. Als Teodoro die Verfolger entdeckt, schickt er Olivia voraus und versperrt den ehemaligen Kameraden den Weg. Nach langem Kampf und nachdem er seine letzte Kugel verschossen hat, ergibt er sich. Galdino gibt dem ehemaligen Vertrauten und Freund eine letzte Chance. Er darf gehen, und erst wenn er einen weit entfernten Baum erreicht hat, werden die überlebenden Cangaceiros je einen Schuß abfeuern. Den letzten Schuß feuert Hauptmann Galdino ab – und er trifft.
Eine effektvolle Räuberballade, die das exotische Milieu geschickt mit einer spannenden Handlung vereint. Soziale und gesellschaftliche Bezugspunkte allerdings fehlen fast ganz; die Verhältnisse, die die Existenz der Cangaceiros ermöglichen, lernte man erst Jahre später durch die Filme von Glauber Rocha und Ruy Guerra u. a. kennen, denen der Erfolg dieses Films aber vermutlich den Weg geebnet hat.
O cangaceiro brachte dem brasilianischen Film

seinen ersten großen internationalen Erfolg, zu dem sicherlich auch die effektvolle Folklore-Musik beitrug.

Cape Fear
Kap der Angst

USA 1991

R: Martin Scorsese; A: Wesley Strick, basierend auf einem Drehbuch von James R. Webb nach dem Roman *The Executioners* von John D. MacDonald; K: Freddie Francis; D: Robert De Niro, Nick Nolte, Jessica Lange, Juliette Lewis, Joe Don Baker

Als der Sexualverbrecher Max Cady (R. D. N.) nach vierzehn Jahren Haft aus dem Gefängnis entlassen wird, bewegt ihn nur ein Gedanke: Rache an dem Rechtsanwalt Sam Bowden (N. N.), der einst – als sein Verteidiger – Entlastungsmaterial unterdrückt hat, das Cady zu einer milderen Strafe hätte verhelfen können. Jetzt lebt dieser Bowden als angesehener Bürger mit seiner Frau (J. La.) und einer Teenager-Tochter (J. Le.) in einem Städtchen in Florida, wo Cady alsbald auftaucht. Geschickt betreibt der Rächer psychologische Kriegführung. Er verunsichert Bowden durch seine Anwesenheit, durch irritierende Kontakte mit dessen Frau und Tochter, durch dunkle Andeutungen, die aber nicht ausreichen, die Polizei gegen ihn zu mobilisieren. So verpflichtet Bowden den Privatdetektiv Kersek (J. D. B.); von diesem läßt er sich in wachsender Panik überreden, ein Schlägerkommando auf Cady anzusetzen. Doch der entkommt und hat nun zunächst alle Trümpfe in der Hand. Er bringt sogar ein Ehrengerichtsverfahren gegen Bowden in Gang. Aber auch Cady verliert in seinem Haß einmal die Beherrschung. Er tappt in eine Falle Bowdens, dringt in dessen Haus ein und tötet dabei den Privatdetektiv und eine Hausangestellte. Nun ist das tödliche Spiel wieder offen. Auf einem Hausboot der Bowdens kommt es zu einem blutigen Finale, bei dem es Bowden in einem brutalen Gemetzel gelingt, Cady zu töten. Aber ein strahlender Sieger ist der Überlebende keineswegs. Die literarische Vorlage war 1961 von J. Lee Thompson bereits einmal verfilmt worden (*Cape Fear* – Ein Köder für die Bestie, USA). Scorsese zollte diesem Vorgänger Tribut, indem er z. B. die Gegenspieler von damals (Robert Mitchum als Cady und Gregory Peck als Bowden) in kleinen, aber prägnanten Rollen einsetzte und die Musik von Bernard Herman in einer Bearbeitung von Elmer Bernstein auch für seinen Film benutzte.

Aber was bei Thompson ein intelligenter Thriller mit eindeutig verteilten Sympathie-Akzenten war, das wurde bei Scorsese zu einem beunruhigenden Spiel zwischen Schuld und Sühne. Der brutale Gewaltverbrecher Cady ist hier in der Haft ein »neuer« Mensch geworden. Er hat Lesen und Schreiben gelernt und sein Gewaltpotential unter Kontrolle gebracht, es jedoch dem einen Zweck der Rache untergeordnet, was Tätowierungen wie »Die Rache ist mein« und »Der Herr ist mein Rächer« auf seinem muskulösen Körper furchterregend deutlich machen. Bowden andererseits ist nicht mehr das untadelige Oberhaupt einer intakten Familie. Er ist ein glatter Opportunist, der einige Affären hinter sich hat und der damals an Cady auch objektiv schuldig geworden ist.

All dies erfährt man aber erst durch Cadys Rachefeldzug, der keine echte, sondern nur eine vorgetäuschte Idylle bedroht und zerstört. Kurz vor Schluß kann der brutale Gewaltverbrecher so durchaus berechtigt triumphieren: »Jetzt sind wir gleich!« Ein spektakulärer, aber kein spekulativer Film.

Carmen
Carmen

Spanien 1983

R: Carlos Saura; A: Carlos Saura und Antonio Gades nach Motiven der Novelle von Prosper Mérimée und der Oper *Carmen* von Georges Bizet; K: Teo Escamilla; D: Antonio Gades, Laura del Sol, Paco de Lucia, Cristina Hoyos, Sebastian Moreno

Der Tänzer und Choreograph Antonio (A. G.) sucht – da seine Partnerin (C. H.) ihm zu alt erscheint – eine Tänzerin für die Hauptrolle seines »Carmen«-Balletts; er findet sie (L. d. S.) in einer Tanzschule. Während der Proben verliebt Antonio sich mehr und mehr in seine »Entdekkung«, verwischen sich die Grenzen zwischen dem Bühnengeschehen und der realen Liebesgeschichte der beiden zusehends. Aber vergeblich versucht Antonio, die Geliebte, die sich ihre Unabhängigkeit bewahren will, ganz zu gewinnen. Als er sie nach einer furiosen Tanzdarbietung in den Armen eines anderen Tänzers überrascht, als sie ihm – nach vorübergehender Versöhnung – endgültig sagt, daß sie ihn nicht mehr liebt, da erstickt Antonio seine Carmen, rasend vor Eifersucht.

Dies ist keiner der üblichen »Kunstfilme«, die die Entstehung einer Inszenierung vor dem Hintergrund der privaten Probleme der beteiligten Künstler schildern. Carlos Saura liefert in den Bruchstücken der Probenarbeit eine furiose *Carmen*-Interpretation; er spiegelt diese künstlerische Abstraktion in der Realität – und umgekehrt; und er schafft aus dem Zusammenklang von Kunst und Wirklichkeit eine dritte, neue Ebene, in der der Mythos »Carmen« seine eigene Identität gewinnt.

So ist hier vieles in einem gelungen: Perfektes Tanztheater von suggestiver Virtuosität, eine Liebesgeschichte von archaischer Kraft, die andererseits – ganz aktuell – den Konflikt einer selbstbewußten, modernen Frau mit dem leidenschaftlichen Besitzanspruch des Mannes schildert. Dabei entstand ein mitreißendes Kinostück, das seinem Regisseur endlich auch beim Publikum den längst verdienten internationalen Erfolg bescherte.

Vorher hatte Saura den rund einstündigen Ballett-Film *Bodas de sangre* (Bluthochzeit, Spanien 1981) gedreht – nach dem gleichnamigen Bühnenstück von Federico García Lorca. Hier war zwar nur eine bereits existierende Ballett-Version mit geringen Zutaten verfilmt worden, aber schon hier erwies sich Sauras Gespür für das erzählende Tanztheater. 1985 entstand dann – gleichsam als Abschluß einer Trilogie – der Film *El amor brujo* (Liebeszauber) nach Manuel de Falla.

Un carnet de bal
Spiel der Erinnerung

Frankreich 1937

R: Julien Duvivier; A: Henri Jeanson, Jean Sarment, Bernard Zimmer, Pierre Wolff, Yves Mirande, Julien Duvivier; K: Michel Kelber, Philippe Agostini, P. Levent; D: Maria Bell, Françoise Rosay, Pierre Blanchar, Harry Baur, Pierre-Richard Willm, Raimu, Louis Jouvet, Fernandel

Christine (M. B.) findet nach dem Tod ihres Mannes beim Ordnen der Papiere die Tanzkarte ihres ersten Balles und beschließt, die Freunde von einst nach vielen Jahren zu besuchen. Die Reise in die Vergangenheit wird eine Kette von Enttäuschungen: Audié ist gestorben, sie trifft nur seine Mutter (F. R.), die in dem Wahn lebt, ihr Sohn werde gleich zurückkommen. Pierre Verdier (L. J.) ist Geschäftsführer eines zweifelhaften Lokals und benutzt seine juristischen Kenntnisse, um Gangster zu beraten. Alain Regnault (H. B.), dessen Heiratsantrag sie einmal zurückgewiesen hat, ist aus Enttäuschung ins Kloster gegangen und hat keinen Kontakt mehr zu Christine und ihrer Welt. Patusset (R.), der eigentlich Politiker werden wollte, überrascht sie an seinem Hochzeitstag; er ist Dorfbürgermeister und heiratet seine Haushälterin. Ganz anders ist die Begegnung mit dem Bergführer Eric Irvin (P.-R. W.); beide kommen sich sehr nah, aber Christine muß einsehen, daß Eric die Berge mehr liebt als sie. Es folgt ein entsetzlicher Besuch bei dem Arzt Thierry Raynal (P. B.), der in einer finsteren Gasse haust, hauptsächlich von Abtreibungen lebt und dabei ist, den Verstand zu verlieren. Der lustige Fabien (F.) ist in der Heimatstadt geblieben und Friseur geworden. Er begleitet Christine zu einem Ball, der im gleichen Rahmen stattfindet wie ihr erster, von dem sie so oft geträumt hat. Ernüchtert sieht sie, wie diese Träume von der Wirklichkeit diskreditiert werden. Ihre Heimkehr gleicht einer Flucht. Sie sucht noch den letzten Jugendfreund auf. Er ist soeben gestorben; und in der Sorge für seinen verwaisten Sohn findet Christine eine neue Aufgabe.

Der Film hatte einen ungewöhnlichen Erfolg

und machte das Genre des Episodenfilms populär. Seine Episoden sind künstlerisch sehr unterschiedlich. Am besten gelangen wohl die mit Jouvet und Blanchar, wobei letztere, zumal in der expressiven Bildgestaltung, ein wenig aus dem Rahmen fällt; aber auch die kurze Begegnung mit dem Pater hat Atmosphäre und Gewicht. Durchgehend gut sind die darstellerischen Leistungen.

Das gleiche Thema wurde 1943 in Deutschland unter dem Titel *Reise in die Vergangenheit* (R: Hans H. Zerlett) verfilmt.

▬ La carrozza d'oro
Die goldene Karosse

Italien/Frankreich 1952

R: Jean Renoir; A: Jean Renoir, Jack Kirkland, Renzo Avanzo, Giulio Macchi und Ginette Doynel nach der Erzählung *Le carrosse de Saint-Sacrement* von Prosper Mérimée; K: Claude Renoir; D: Anna Magnani, Duncan Lamont, Jean Debucourt

An der Spitze einer Truppe italienischer Komödianten kommt die Schauspielerin Camilla (A. M.) nach Peru, wo sich der Vizekönig (D. L.) alsbald in sie verliebt. Als Beweis seiner Zuneigung verlangt sie von ihm die goldene Staatskarosse, die der Vizekönig ihr, wenngleich zögernd, auch zur Verfügung stellt. Aber da Camilla noch einen anderen Liebhaber hat und zudem von einem Stierkämpfer umworben wird, da andererseits der Bischof (J. D.) dem Vizekönig wegen der allzu weltlichen Verwendung der Staatskarosse Schwierigkeiten macht, kehrt Camilla endlich zu ihrer einzigen wahren Liebe, zum Theater, zurück. Renoir spielt raffiniert mit dem Wechsel von Bühne und Wirklichkeit, von Theater und Leben, von Schein und Sein. Ständig vermischen sich die realen Intrigen des Films mit den Theateraufführungen, gehen ineinander über oder heben sich gegenseitig auf. Und das gleiche Thema wird noch einmal variiert, wenn der Film die Welt des Hofes mit den Bildern der Indios konfrontiert, denen Leben und Zeremoniell des Hofes zwangsläufig wie ein seltsames »Schauspiel« erscheinen muß. Stil und Rhythmus der Inszenierung sind auch von der Musik Vivaldis bestimmt, die dem Film unterlegt ist.

▬ Cartouche
Cartouche, der Bandit

Frankreich/Italien 1961

R: Philippe de Broca; A: Charles Spaak, Daniel Boulanger; K: Christian Matras; D: Jean-Paul Belmondo, Claudia Cardinale, Odile Versois, Philippe Lemaire, Jess Hahn, Jean Rochefort

Im vorrevolutionären Paris wird der kleine Taschendieb Dominique (J.-P. B.) zum berühmten, vom Volk verehrten Banditen Cartouche. Zusammen mit seiner Frau Venus (C. C.) und seiner Bande vollführt er tollkühne Streiche, die sich gewöhnlich gegen die Privilegien der Herrschenden richten. Doch eines Tages verliebt sich Cartouche in eine andere Frau – und zwar ausgerechnet in Isabelle (O. V.), die Frau des verhaßten Polizeipräfekten (P. L.). Um Isabelles willen wird er seiner selbstgewählten Mission untreu; bei einem Rendezvous mit ihr wird er auch verhaftet. Zwar können Venus und seine beiden treuen Gefährten La Douceur (J. H.) und La Taupe (J. R.) ihn befreien; aber Venus wird bei dieser tollkühnen Aktion getötet. Cartouche raubt weiter – doch ohne den Elan von früher.

In der Gestalt Cartouches spürt man durchaus etwas vom Geist der Zeit, in der die Handlung spielt. Außerdem ist es die Geschichte einer »amour fou«, einer verrückten Liebe. De Broca hat so im Rahmen und mit den Mitteln des Abenteuerfilms die Möglichkeiten des Genres geschickt erweitert. Ohne den Unterhaltungswert seines Films zu beeinträchtigen, hat er ihn über die bloße Unterhaltung hinausgeführt.

Casablanca
Casablanca

USA 1942

R: Michael Curtiz; A: Julius J. Epstein und Philip G. Epstein nach einem Entwurf von Howard Koch und dem unaufgeführten Bühnenstück *Everybody comes to Rick's* von Murray Burnett und Joan Alison; K: Arthur Edeson; D: Humphrey Bogart, Ingrid Bergman, Paul Henreid, Claude Rains, Conrad Veidt, Sidney Greenstreet, Peter Lorre

Die marokkanische Stadt Casablanca im Jahr 1942, Zufluchtsort für politische Flüchtlinge und zwielichtige Glücksritter – und für die wenigen, die über ein gültiges Visum verfügen, Zwischenstation auf dem Weg über Lissabon in die USA. Hier betreibt Rick Blaine (H. B.), zynisch aus enttäuschter Liebe und mißglücktem politischen Engagement, eine Bar; hier herrscht der opportunistisch-korrupte Präfekt Renault (C. R.); und hierhin kommt eines Tages Victor Laszlo (P. H.), der aus einem deutschen KZ geflohen und eine Zentralfigur der europäischen Widerstandsbewegung ist, mit seiner Frau Ilsa (I. B.). Aber es erscheint auch der deutsche Major Strasser (C. V.), der dafür sorgen soll, daß Casablanca die Endstation von Laszlos Flucht ist. Am gleichen Abend wird der Abenteurer Ugarte (P. L.) in Ricks Bar verhaftet. Man verdächtigt ihn zu Recht, im Besitz von zwei Blanko-Visa zu sein, die einem ermordeten deutschen Kurier abgenommen wurden. Doch die Visa werden nicht gefunden. Die Situation in Ricks Bar wird dadurch noch komplizierter, daß Rick und Ilsa sich kennen. – Eine Rückblende enthüllt: Kurz vor dem Einmarsch der Deutschen haben sie in Paris eine romantische Liebesgeschichte erlebt; zum Treffpunkt auf dem Bahnhof ist Ilsa jedoch nicht gekommen. Rick ist allein weitergeflohen. Erst später erfährt man, daß Ilsa damals in dem Glauben lebte, ihr Mann sei im KZ getötet worden. Als sie hörte, daß er noch am Leben sei, hat sie Rick einen Abschiedsbrief geschrieben. – Unterdessen bemüht sich Laszlo verzweifelt um Papiere, die ihm die Ausreise aus Casablanca ermöglichen. Ein Angebot Strassers, sich und seine Frau durch Verrat zu retten, lehnt er verächtlich ab. So gerät er an Rick, von dem man munkelt, er besitze die

*Casablanca
(Dooley Wilson,
Humphrey Bogart,
Ingrid Bergman)*

Visa Ugartes. Vergebens bietet Laszlo ihm einen märchenhaften Preis. Und vergeblich ist auch Ilsas Bemühen, Rick mit vorgehaltener Pistole zur Hilfe zu zwingen. Erst als sich erweist, daß auch Ilsa Rick noch immer liebt, faßt dieser einen Entschluß. Er lockt den Präfekten in eine Falle, zwingt ihn mit vorgehaltener Pistole, Laszlo und seine Frau zum Flugplatz zu fahren und dort in das tägliche Flugzeug nach Lissabon zu setzen. Als Ilsa zögert, ihren Mann zu begleiten, überredet Rick sie im letzten Augenblick. Er erschießt auch Strasser, den der Präfekt noch alarmiert hatte und der Laszlos Abflug verhindern will. Das ist für Renault das Zeichen, sich auf Ricks Seite zu schlagen. Während beide dem entschwindenden Flugzeug nachschauen, rät er Rick, für eine Weile aus Casablanca zu verschwinden, und bietet ihm dabei seine Hilfe an. Und Rick, der sich soeben noch mit Renault um die Bezahlung einer Wettschuld gestritten hatte, antwortet ironisch: »Ich glaube, Louis, dies ist der Beginn einer wunderbaren Freundschaft!«

Ursprünglich war dieser Stoff Howard Hawks angeboten worden. Hawks tauschte mit Curtiz und erhielt von diesem das Projekt *Sergeant York* (Sergeant York, USA 1941). Curtiz machte aus seinem 126. Film ein Meisterwerk des intelligenten Melodrams. *Casablanca* wurde für Cineasten in aller Welt zum Kultfilm. Es ist wohl vor allem die vollendete Künstlichkeit des Films, die noch heute überzeugt. Die Stadt Casablanca ist natürlich im Studio nachgebaut, die Figuren sind ohne sonderliche psychologische Differenzierung auf Typen festgelegt, die Handlung mit ihren vielen klug verwobenen Nebenepisoden läuft wie ein Uhrwerk ab. Diese Vereinfachung, die allerdings nie zum Klischee wird, hat es den Besuchern nach der Uraufführung ermöglicht, den Film auch als zeitgenössische Parabel zu sehen; sie ermöglicht es uns heute, in *Casablanca* die zeitlose Darstellung einer Ausnahmesituation zu entdecken, in der Menschen sich fast gegen ihren Willen bewähren. Denn in den Licht- und Schattenspielen dieses Films verliert die Stadt Casablanca vollends jede Individualität und wird zur Bühne, auf der Gut und Böse sich in einem modernen Mysterienspiel gegenüberstehen. Schließlich bringt *Casablanca* aber auch die vollendete Ausprägung jener Kultfigur, die Humphrey Bogart so unnachahmlich verkörpert hat – des furchtlosen Einzelgängers, der seinen Zynismus durch die Tat besiegt.

Hierzulande wurde der Film bei seinem Kino-Einsatz gekürzt und grob verfälscht: U. a. eliminierte man die Figur des Strasser vollständig und machte aus dem Nazi-Gegner Laszlo in der Synchronisation einen gehetzten Erfinder obskurer »Delta-Strahlen«. Erst das Fernsehen machte den Film bei uns in seiner integralen Fassung bekannt.

La casa del ángel
Das Haus des Engels

Argentinien 1957

R: Leopoldo Torre Nilsson; A: Béatriz Guido, Leopoldo Torre Nilsson und Martín Rodríguez Mentasti nach einem Roman von Béatriz Guido; K: Aníbal González Paz; D: Elsa Daniel, Lautaro Murúa, Guillermo Battaglia

Die zwanziger Jahre in Argentinien. Anna (E. D.) wächst in einem konservativen, großbürgerlichen Haus auf. Ihre Mutter versucht, sie von der Wirklichkeit abzuschirmen und »rein« zu halten. Tatsächlich empfindet Anna ihre erwachende Liebe zu dem jungen Politiker Pablo (L. M.) als »schmutzig«. Als Pablo in ein Duell verwickelt wird, bittet er Annas Vater (G. B.), mit dem er befreundet ist, das Duell in seinem Garten austragen zu dürfen. Traditionsgemäß verbringt er die Nacht vor dem Duell als Gast im Haus. Anna sucht ihn in seinem Zimmer auf, um ihm ihr Skapulier zu schenken. Und obwohl sie im letzten Moment widerstrebt, gibt sie sich ihm hin. Verwirrt und verletzt wünscht sie sich jetzt den Tod Pablos. Als die Schüsse gefallen sind, läuft sie aufgeregt in den Garten und kompromittiert sich damit. Pablos Gegner liegt tot am Boden. Eine Rahmenhandlung zeigt Anna und Pablo viele Jahre später. Wie Fremde sitzen sie bei einem gemeinsamen Abendessen im Haus des Vaters. Beide sind allein, beider Leben ist unerfüllt geblieben.

Torre Nilsson attackiert die verstaubte Welt des Bürgertums gleichsam mit ihren eigenen Waffen. Seine Bilder haben den verblichenen Glanz alter Fotografien, und man glaubt fast, den Staub- und Modergeruch zu schmecken, der durch die mu-

*La casa del ángel
(Yordana Fain,
Elsa Daniel)*

sealen Räume weht. Gerade der präzise Realismus läßt manches beinah unwirklich erscheinen. Anna sagt an einer Stelle resignierend: »Ich weiß nicht, ob wir noch leben, oder ob wir schon Phantome sind.« In dieser Welt entfaltet sich der sanfte Terror der Vorurteile, des Starrsinns und der Heuchelei. Hier gerät vornehme Exklusivität zur tödlichen Vereinsamung, werden die eleganten Salons zum Panoptikum.

▬ Casque d'or
Goldhelm / Die Sünderin von Paris

Frankreich 1951

R: Jacques Becker; A: Jacques Becker, Jacques Companeez; K: Robert Le Febvre; D: Simone Signoret, Serge Reggiani, Claude Dauphin, Raymond Bussières

Paris um 1900. Leca (C. D.) ist Chef einer Gaunerbande, zu der auch Marie (S. S.) gehört, die man wegen ihrer blonden Haare und ihrer Frisur »Goldhelm« nennt. Eines Tages verliebt sich Marie in den Tischler Manda (S. R.) und möchte ihren »Beschützer« Roland verlassen. Doch Leca, der sie gern selbst gewinnen möchte, provoziert einen Zweikampf zwischen Manda und Roland, bei dem Roland getötet wird. Zwar kann Marie mit Manda fliehen, aber Leca zeigt Mandas Freund Raymond (R. B.) als angeblichen Mörder an. Er hat richtig spekuliert: Manda stellt sich, um seinen Freund zu retten. Als er die Wahrheit über Lecas Machenschaften erfährt, flieht er zusammen mit Raymond, der bei der Flucht tödlich verwundet wird. Manda spürt Leca auf, verfolgt ihn bis auf eine Polizeiwache und schießt ihn dort nieder. Manda wird zum Tode verurteilt; Marie beobachtet seine Hinrichtung wie versteinert vom Fenster einer Dachkammer aus.

»Goldhelm«, Manda und Leca haben um die Jahrhundertwende tatsächlich gelebt. Aber Becker ging es nicht darum, einen »historischen Gangsterfilm« zu drehen; er schuf einen ganz ungewöhnlichen Film über die »belle époque«, in dem die Menschen wichtiger sind als die Ereignisse, die Gefühle realer als die kriminalistischen Verwicklungen. Ein Film von ungewöhnlicher Schönheit, strengem Stilwillen, klarer Dramaturgie – wohl Beckers Meisterwerk.

La caza
Die Jagd

Spanien 1965

R: Carlos Saura; A: Carlos Saura, Angelino Fons; K: Luis Cuadrado; D: Ismael Merlo, Alfredo Mayo, José María Prada, Emilio Gutiérrez Caba

Die Brüder José (I. M.) und Luis (J. M. P.) haben Paco (A. M.) und seinen um eine Generation jüngeren Schwager Enrique (E. G. C.) zur Kaninchenjagd eingeladen. Die Einladung erfolgte nicht ohne Absicht, die Brüder erhoffen sich von Paco finanzielle Hilfe. Die drei Älteren sind Kampfgefährten aus dem Bürgerkrieg; und vom Bürgerkrieg gezeichnet ist auch das Jagdgebiet – alte Schützengräben, verfallene Unterstände, ein Gerippe. Dann wird gejagt, eine blutige Orgie des Tötens. Aber es kommt auch zu Auseinandersetzungen, Haß und Neid brechen auf. In übersteigerter Erregung erschießen sich die Veteranen gegenseitig. Enrique flieht entsetzt.
In strenger Einfachheit und Klarheit zeichnet Saura hier das Bild einer heillosen Gesellschaft. Die drei Veteranen sind alle im Leben so oder so gescheitert, nur sentimentale Erinnerungen und die Lust am Töten halten sie zusammen. Enrique vertritt eine jüngere Generation, der das Frontkämpfer-Pathos nicht genügt, die beobachtet und Fragen stellt und die mit Schaudern die sinnlose Selbstzerstörung der Älteren beobachtet. Die karge Landschaft, die Versessenheit aufs Detail, der Mangel an wirklicher Handlung machen den Film nur grausamer, unerbittlicher. In Spanien wurde der Film erst nach wesentlichen Kürzungen und Veränderungen von der Zensur freigegeben.

Celui qui doit mourir
Der Mann, der sterben muß

Frankreich/Italien 1957

R: Jules Dassin; A: Ben Barzman, Jules Dassin und André Obey nach dem Roman *Griechische Passion* von Nikos Kazantzakis; K: Jacques Natteau, Gilbert Chain; D: Pierre Vaneck, Fernand Ledoux, Jean Servais, Melina Mercouri, Gert Fröbe

Die Geschichte des stotternden Hirten Manolios (P. V.), der zum Christusdarsteller in einem dörflichen Passionsspiel gewählt wird und schließlich das Schicksal Christi nachvollzieht. Als der Pope Grigoris (F. L.) eine Gruppe heimatloser Flüchtlinge, die unter der Führung ihres Popen Photis (J. S.) durch das Land ziehen, aus dem Dorf weist, stellt Manolios sich auf die Seite der Fremden und wird von seinen egoistischen Mitbürgern getötet.
Ein eindrucksvolles Sujet, eine bemerkenswerte Regieleistung! Kazantzakis hat seinen Roman, der kurz nach dem Ersten Weltkrieg spielt, im Original *Christus wird immer wieder gekreuzigt* genannt. Ort der Handlung ist ein von Türken besetztes griechisches Dorf; das Thema ist die Passion dieser Griechen, die aber hier zur Frage nach dem Bestand der christlichen Botschaft in unserer Zeit wird.
Dassin hat seine Vorlage realistisch verfilmt. Er hat dafür gesorgt, daß das religiöse Thesendrama nicht zur bloßen Erbaulichkeit entartet, und es mit scharfer Sozialkritik angereichert. Geschickt ist die karge Landschaft in die Handlung einbezogen; es gibt vorzügliche darstellerische Leistungen und eine Fülle charakteristischer Chargen.

C'era una volta il west ...
Spiel mir das Lied vom Tod

Italien/USA 1968

R: Sergio Leone; A: Sergio Leone und Sergio Donati nach einer Idee von Dario Argento, Bernardo Bertolucci und Sergio Leone; K: Tonino Delli Colli; D: Henry Fonda, Claudia Cardinale, Charles Bronson, Jason Robards, Frank Wolff, Gabriele Ferzetti, Keenan Wynn

Um 1870, als die Eisenbahn den »Wilden Westen« erobert, träumt der Rancher McBain (F. W.) vom Reichtum: Die Trasse muß durch sein Land führen, weil dort die einzige Quelle in weitem Umkreis ist. Er wird den Bahnhof und eine ganze Stadt auf seinem Grund bauen. Aber der gerissene Eisenbahn-Unternehmer Morton (G. F.) möchte das Geschäft selber machen. Er beauftragt den Killer Frank (H. F.), McBain einzuschüchtern und zum Verkauf »reif« zu machen. Doch Frank tötet McBain und seine Kinder und lenkt den Verdacht auf das Halbblut Cheyenne (J. R.), für dessen Ergreifung 5000 Dollar Kopfgeld ausgesetzt werden. Zur maßlosen Enttäuschung der Mörder taucht jedoch Jill (C. C.) auf, die McBain in New Orleans geheiratet hat und die nun rechtmäßige Erbin seines Besitzes ist. Zusätzlich werden sie durch das Erscheinen eines fremden Mannes (C. B.) beunruhigt, der gemeinsam mit Cheyenne Jill unterstützt und sich außerdem auffällig für Morton und Frank interessiert. Doch die geben nicht auf. Sie bedrohen Jill so lange, bis sie bereit ist, die Ranch zu versteigern. Angesichts der Situation mag keiner ein echtes Angebot machen, und es sieht so aus, als könne ein Strohmann Mortons den ganzen Besitz für lumpige 500 Dollar ersteigern. Da tritt der Fremde in den Raum und liefert Cheyenne aus. Mit dem Kopfgeld ersteigert er die Farm und überläßt sie Jill. Der Plan der Gangster ist mißlungen. Cheyenne entkommt auf dem Transport ins Gefängnis. Er stirbt an einer Schußverletzung, die Morton ihm beibringt; aber auch Morton wird ein Opfer dieses Kampfes. Und endlich kommt es auch zur entscheidenden Auseinandersetzung zwischen Frank und dem Fremden. Frank wird tödlich getroffen. Als er im Sterben liegt, drückt ihm der Sieger eine Mundharmonika zwischen die Lippen und sagt:»Komm, spiel mir das Lied vom Tod!« – Da erinnert sich Frank: Vor vielen Jahren hatte er mit seiner Bande den Vater des Fremden, der damals noch ein Kind war, aufgehängt. Um seine Qual zu verlängern, hatte er den Jungen gezwungen, die Füße des Todgeweihten auf seine Schultern zu nehmen. Dann hatte er dem Jungen eine Mundharmonika in den Mund gesteckt und gesagt:»Spiel mir das Lied vom Tod!« Der Mann am Strick hatte den Jungen schließlich mit den Füßen fortgestoßen, um die Verzweiflung und die Qual des Kindes zu beenden. – Frank stirbt; und der Fremde, der seine alte Rechnung endlich beglichen hat, zieht weiter.

Regisseur Leone, der sich mit den Filmen *Per un pugno di dollari* (Für eine Handvoll Dollar, Italien/Frankreich/BRD 1964) und *Per qualche dollaro in piú* (Für ein paar Dollar mehr, Italien/Spanien/BRD 1965/66) erfolgreich im Genre des Italo-Western etabliert hatte, ist hier deutlich auf dem Weg nach Hollywood. Das zeigt nicht nur die Besetzung mit Henry Fonda an der Spitze, das zeigen auch Thema, Aufwand und das Bemühen um ein authentisches Milieu. Leone erzählt eine schlüssige Geschichte, in der verschiedene Motive geschickt verzahnt sind und in der die Spannung weniger durch hektische Aktionen als vielmehr durch bewußte Verzögerung erzeugt wird. Großaufnahmen werden bis an die Grenze des Erträglichen ausgekostet; die Einstellungen sind oft quälend lang und entladen sich dann in einem plötzlichen Ausbruch von Gewalt. Der Film wurde ein großer Erfolg und zählt heute zu den Klassikern, die in Repertoire-Theatern immer wieder gezeigt werden. Zu diesem Erfolg trug auch die Musik von Ennio Morricone bei, die die Spannung der Ungewißheit in diesem Film wirkungsvoll unterstützt.

Černý Petr
Der schwarze Peter

ČSSR 1963

R: Miloš Forman; A: Jaroslav Papoušek, Miloš Forman; K: Jan Nemeček; D: Ladislav Jakim, Jan Vostrčil, Boena Matušková, Vladimír Pucholt, Pavla Martínková

Peter (L. J.) tritt eine Lehrstelle in einem Selbstbedienungsladen an. Seine erste Aufgabe ist es, Diebstähle zu verhindern. Er verfolgt einen Herrn, der ihm verdächtig vorkommt, hat aber nicht den Mut, ihn anzusprechen. Peter traut sich nicht in das Geschäft zurück und wird von seinem Vater (J. V.) ausgeschimpft, während seine Mutter (B. M.) ihn verteidigt. Am Nachmittag bemüht sich Peter um die Gunst der Schülerin Asa (P. M.); er gerät dabei in Konflikte mit zwei Lehrlingen, die sich von ihm 20 Kronen leihen. Am nächsten Tag erringt er den ersten Kuß von Asa. Das gibt ihm Selbstvertrauen – auch im Geschäft. Doch dann kommt ein Rückschlag. Der verdächtige Herr taucht wieder auf und entpuppt sich als guter Bekannter des Filialleiters. Das verwirrt Peter so, daß er eine Frau entwischen läßt, die vor seiner Nase gestohlen hat. Er bekommt einen Rüffel und verkündet zu Haus, er werde nicht mehr in das Geschäft zurückkehren. Wieder schimpft der Vater. In dieses Gespräch platzen die beiden Lehrlinge, die Peter das Geld zurückgeben wollen. Einen von ihnen (V. P.) stellt der Vater Peter als Vorbild hin. Gemeinsam fliehen die Jungen vor der Moralpredigt des Alten.
Eine banale Alltagsgeschichte, die Forman zu einer realistischen Studie über die Schwierigkeiten eines Jungen in der Welt der Arbeit, über kleinbürgerliche Vorurteile und Glücksvorstellungen gemacht hat. Mit einer Ausnahme sind alle Darsteller Laien, die zudem nur vage abgesprochene Dialoge improvisieren mußten. Aber dieses Material hat Forman so geschickt montiert, daß zusätzlich eine wohldurchdachte Form gewonnen wurde.

Cet obscur objet du désir
Dieses obskure Objekt der Begierde

Frankreich/Spanien 1977

R: Luis Buñuel; A: Luis Buñuel und Jean-Claude Carrière nach dem Roman *La femme et le pantin* von Pierre Louÿs; K: Edmond Richard; D: Fernando Rey, Angela Molina, Carole Bouquet, Maria Asquerino, David Rocha, Piéral

Mathieu (F. R.), ein distinguierter Geschäftsmann, verblüfft die Mitreisenden im Abteil 1. Klasse des Zuges Paris–Madrid damit, daß er kurz vor der Abfahrt des Zuges einem jungen Mädchen einen Eimer Wasser ins Gesicht schüttet. Während der Fahrt erklärt er sein seltsames Verhalten: Conchita (A. M./C. B.), das Opfer seines merkwürdigen Attentats, ist eine Spanierin von aufreizender Schönheit. Als sie bei Mathieu eine Stelle als Hausmädchen angetreten hat, versucht er schon am ersten Abend, sie zu verführen. Aber sie weist ihn zurück und ist am nächsten Morgen verschwunden. Mathieu sucht und findet sie bei ihrer Mutter (M. A.), worauf er beide Damen durch Geschenke für sich einzunehmen trachtet. Das mißlingt freilich ebenso wie der Versuch, sie der Mutter regelrecht abzukaufen, weil Conchita nämlich der Ansicht ist, daß Mathieu sie nicht liebt, sondern nur begehrt. Sie beginnt nun, mit dem ihr verfallenen Mann zu spielen. Aus dem Haus, das er ihr geschenkt hat, sperrt sie ihn aus und läßt sich praktisch vor seinen Augen mit einem jungen Gitarristen (D. R.) ein. Und als sie Mathieu eines Nachts doch in ihr Bett läßt, findet er sie mit einem dutzendfach verschnürten Korsett gepanzert, das wie ein Keuschheitsgürtel wirkt. Verzweifelt nutzt Mathieu nun seine Beziehungen, um Conchita und ihre Mutter aus Frankreich ausweisen zu lassen; doch einige Zeit später begegnet er ihr in Sevilla wieder, und seine Leidenschaft entflammt von neuem. Es irritiert ihn nicht einmal, daß Conchita sich mittlerweile zu einer merkwürdigen Terror-Gruppe mit dem Namen »Revolutionäre Kampfgruppe der Kinder Jesu« bekennt. Sein gestörtes Innenleben bewegt ihn weit mehr als die Bombenanschläge der Gruppe.

Am Ende bestätigen seine Mitreisenden dem Geplagten, daß dieses Mädchen einen Eimer Wasser durchaus verdient habe.
Louÿs Roman wurde schon mehrfach verfilmt. Sex-Idole wie Marlene Dietrich (*The devil is a woman* – Die spanische Tänzerin, von Josef von Sternberg, USA 1935) und Brigitte Bardot (*La femme et le pantin* – Ein Weib wie der Satan, von Julien Duvivier, Frankreich/Italien 1958) haben die weibliche Hauptrolle gespielt. Buñuel macht es wieder einmal ganz anders. Er läßt die Rolle der Conchita abwechselnd von zwei Darstellerinnen verkörpern. Das gibt den Blick frei für die Absurdität, die sich hinter der melodramatischen Fassade des Stoffes auftut. Die Leidenschaft Mathieus ist gleichzeitig »amour fou« und Symbol für den bürgerlichen Trugschluß, daß alles käuflich sei. Selbst die Terroristen – wie ihre Bezeichnung andeutet, Links- und Rechtsradikale zugleich – belegen die Absurdität unserer Welt. Aber diese Absurdität wird hier nicht mehr mit bitterer Aggressivität, sondern eher mit resigniertem Kopfschütteln konstatiert. Allerdings mit der gleichen formalen Brillanz wie eh und je.

La chambre verte
Das grüne Zimmer

Frankreich 1978

R: François Truffaut; A: François Truffaut, Jean Gruault nach den Kurzgeschichten *Der Altar der Toten, Das Raubtier im Dschungel* und biographischen Notizen von Henry James; K: Nestor Almendros; D: François Truffaut, Nathalie Baye, Jane Lobre

Betroffen über den Tod vieler Jugendfreunde im Ersten Weltkrieg und über den frühen Tod seiner Frau, hat Julien Davenne (F. T.) die fixe Idee, den Toten über den Tod hinaus durch intensives Gedenken nah sein zu müssen. So hat er in seinem Haus ein Zimmer eingerichtet, das ganz dem Andenken an seine Frau gewidmet ist, in dem er mit ihr spricht, ihr Geschenke bringt. Er ist empört, als ein Freund, der ebenfalls seine Frau verloren hat, eine neue Ehe eingeht. Selbst beruflich widmet Julien sich dem »Totengedenken«, er schreibt die Nachrufe für eine kleine Zeitschrift, die offenbar nur noch von einer Handvoll treuer Abonnenten lebt.
Zwei Ereignisse scheinen sein Leben zu verändern. Das grüne Zimmer, sein privater Andachtsraum für seine Frau, wird durch einen Brand verwüstet. Und auf einer Versteigerung lernt er die junge, attraktive Cécilia Mandel (N. B.) kennen, die ähnlich intensiv wie er mit ihren Toten lebt. Doch Julien bleibt sich treu: Auf einem Friedhof renoviert er eine alte Kapelle, die jetzt nicht mehr nur dem Gedenken an seine Frau gewidmet ist, in der vielmehr für jeden »seiner« Toten ständig eine Kerze brennt. Und auf das Glück an der Seite Cécilias verzichtet er – wohl nur vordergründig deshalb, weil der Mann, um den sie trauert, sein stets erfolgreicherer Rivale war. Julien wird auch künftig nur mehr für die und mit den Toten leben.
Wieder einmal hat Truffaut die Hauptrolle in einem seiner Filme übernommen. Das läßt vermuten, daß es sich hier um einen sehr persönlichen Film handelt, um einen, der seinem Regisseur viel bedeutet. Tatsächlich hat man über weite Strecken das Gefühl, daß Truffaut hier weniger den Dialog mit dem Zuschauer sucht, daß dieser Film vielmehr eine Art Selbstgespräch, eine ganz persönliche Bilanz ist. Truffaut will nicht entschlüsseln, kein psychologisches Porträt geben. Er beschreibt vielmehr suggestiv die sanfte Besessenheit eines Mannes, der den endgültigen Abschied von einem lebenden Wesen nicht ertragen kann, der Unwiederbringliches bewahren will und der dabei dem Tod gleichsam verfällt. So entstand ein schöner und zarter Film, in dem Todesangst und Todessehnsucht sich auf poetische Weise mischen.

The chant of Jimmie Blacksmith
Die Ballade von Jimmie Blacksmith

Australien 1978

R: Fred Schepisi; A: Fred Schepisi nach dem gleichnamigen Roman von Thomas Keneally; K: Ian Baker; D: Tom Lewis, Freddy Reynolds, Jack Thompson, Angela Punch, Steve Dodds, Don Crosby, Ray Barrett, Peter Carroll

Um 1900 verläßt Jimmie Blacksmith (T. L.), ein junger Mischling, halb Weißer und halb australischer Ureinwohner, sein Heimatdorf, um auf einer Farm zu arbeiten. »Gemischt« sind auch sein Bewußtsein und sein Selbstverständnis: Sein Onkel Tabidgi (S. D.) hat ihn mit den Traditionen seiner dunkelhäutigen Ahnen vertraut gemacht, Reverend Neville (J. T.) hat ihm das Christentum gepredigt und die Zuversicht, daß in diesem Land jeder seinen Platz findet, der hart arbeitet. Jimmie arbeitet hart – und wird von zwei weißen Arbeitgebern betrogen. Er verdingt sich als Hilfspolizist; aber er quittiert den Dienst, als sein Vorgesetzter (R. B.) ungestraft einen Eingeborenen tötet. Dann scheint sich sein Schicksal zu wenden. Er trifft das weiße Mädchen Gilda (A. P.) und schläft mit ihr. Wenig später findet er Arbeit bei dem offenbar redlichen Farmer Newby (D. C.), und als Gilda schwanger wird, heiraten die beiden. Aber die Idylle zerbricht. Als Gildas Kind geboren wird, beweist seine Hautfarbe, daß Jimmie nicht der Vater sein kann. Die Frauen auf der Farm bedrängen Gilda, den »Farbigen« zu verlassen; die Ankunft von Jimmies dunkelhäutigen Verwandten vergrößert die Spannung. Eines Nachts richten Jimmie und sein Onkel Tabidgi im Haus der Newbys ein Blutbad an, das nur ein Säugling überlebt. Jimmie hat den Weißen den Krieg erklärt. Zusammen mit seinem Bruder Mort (F. R.), der gegen seinen Willen in diesen »Krieg« verwickelt wird, überfällt er eine weitere Farm, wo ein Mann, zwei Frauen und ein Kind ihre Opfer werden. Die Mörder werden jetzt unerbittlich gejagt. Als erster wird Tabidgi gefangen und verurteilt. Jimmie und Mort entführen den Lehrer McCready (P. C.), der Jimmie überredet, seinen Bruder zu entlassen. Aber als Mort McCready in die nächste Ansiedlung zurückgeleiten soll, wird er von den Verfolgern erschossen. Auch Jimmie wird schließlich entdeckt und gefangen. Schwer verletzt überantwortet man ihn dem Henker.

Die Bedeutung dieses Films für die neue australische Filmproduktion liegt vor allem darin, daß er ein typisch australisches Thema behandelt und daß die Landschaft, das Land selbst, zum stets gegenwärtigen Partner des Geschehens wird. Der Rassenkonflikt ist hier

The chant of Jimmie Blacksmith (Angela Punch, Tom Lewis)

bewußt in eine ganz bestimmte historisch-politische Situation gestellt: Am 1. Januar 1901 wurde das »Commonwealth of Australia« gegründet, ein Staat, der allerdings nicht gleiche Rechte für alle garantierte, und es entstand eine Nation, die einen Teil der Einwohner nicht akzeptierte. Diesem Staat, dieser Nation erklärt Jimmie den Krieg, weil er gelernt hat, daß man im Krieg töten dürfe. Schepisis Kameramann stellt diesen Krieg in eine Landschaft von betörender, aber auch bedrohlicher Schönheit. Steppen und kahle Felsen signalisieren die Verlorenheit und Chancenlosigkeit Jimmies; es wird aber auch deutlich, daß die fetten Weiden den Weißen und die toten Felsen den Aborigines, den Ureinwohnern, gehören.

Un chapeau de paille d'Italie ⑤
Der italienische Strohhut / Der Florentiner Hut

Frankreich 1927

R: René Clair; A: René Clair nach einer Komödie von Eugène Labiche und Marc Michel; K: Maurice Desfassiaux, Nicolas Roudakoff; D: Olga Tschechowa, Albert Préjean, Jim Gerald, Paul Olivier

Monsieur Fadinard (A. P.) ist an seinem Hochzeitstag mit Pferd und Wagen auf dem Weg zu seiner Braut, wobei sein Pferd bei einem Aufenthalt den Florentiner Hut von Madame de Beauperthuis (O. T.) verzehrt, die soeben – obzwar verheiratet – mit einem jungen Oberleutnant Zärtlichkeiten austauscht. Um Monsieur de Beauperthuis (J. G.) keinen Grund zur Eifersucht zu geben, muß sofort ein neuer, gleicher Hut beschafft werden; und um sicherzustellen, daß Fadinard sich dieser Verpflichtung nicht entzieht, folgt Madame ihm kurzerhand. Das ist der Auftakt für eine Serie von Mißverständnissen und Verfolgungsjagden, bei denen Fadinard vergeblich versucht, den geregelten Ablauf seiner Hochzeitsfeier mit der Jagd nach einem Florentiner Hut zu synchronisieren.
Der Film, Clairs erster großer Publikumserfolg, hat den Dialogwitz seiner Bühnenvorlage geschickt in optische Gags übersetzt. Den roten Faden der Handlung liefert weniger die Dramaturgie als vielmehr die Bewegung – eine ständige Verfolgungsjagd, bei der stets irgend jemand vor irgend jemandem auf der Flucht ist. Clair gestaltete das mit dem Einfallsreichtum eines Choreographen und fand im allgemeinen Getümmel noch die Zeit, in den skurrilen Randfiguren Vertreter des Bürgertums zu ironisieren. Die gleiche Vorlage wurde 1939 unter dem Titel *Der Florentiner Hut* von Wolfgang Liebeneiner in Deutschland verfilmt.

Le charme discret de la bourgeoisie
Der diskrete Charme der Bourgeoisie

Frankreich/Italien/Spanien 1972

R: Luis Buñuel; A: Luis Buñuel, Jean-Claude Carrière; K: Edmond Richard; D: Fernando Rey, Delphine Seyrig, Stéphane Audran, Jean-Pierre Cassel, Paul Frankeur, Bulle Ogier, Julien Bertheau, Michel Piccoli, Claude Piéplu

Der Botschafter (F. R.) der kleinen südamerikanischen Republik Miranda ist mit den Ehepaaren Thévenot (P. F., D. S.) und Sénéchal (J.-P. C., S. A.) befreundet, da beide Herren seine Partner beim Rauschgifthandel sind. Mehrfach versuchen die Freunde, sich zu einem gemeinsamen Essen zu treffen; aber dieses einfache Unternehmen mißlingt jeweils auf spektakuläre Weise: Einmal irren sich die Gäste im Datum, dann ist der Inhaber eines Restaurants gestorben und ausgerechnet im Speisesaal aufgebahrt worden, und schließlich fällt es den Sénéchals ein, sich just zum Zeitpunkt des Essens erotischen Freuden zu widmen. Als man bei den Sénéchals doch endlich einmal gemeinsam zu Tisch sitzt, brechen unter Führung eines Colonels (C. P.) zwölf Offiziere in den Speisesaal ein, die vorzeitig ins Manöver gezogen sind und Obdach suchen. Der Colonel revanchiert sich für sein Eindringen durch eine Gegeneinladung; doch die Gäste landen versehentlich auf einer Theaterbühne, wo sie vor einem johlenden Publikum ihre »Rollen« nicht spielen können. Als sie die Wohnung des Colonels doch noch finden, kommt es zu einer gewaltsamen Auseinandersetzung zwischen

Un chien andalou

dem Botschafter und dem Colonel. Das verhinderte Essen wird zum Komplex, der den Bezug der handelnden Personen zur Realität unterbricht, Träume und Angstvorstellungen provoziert. Schließlich treffen sich die Freunde doch zu einer köstlichen Hammelkeule. Das Happy-End scheint greifbar nah – als Terroristen in das Haus eindringen und alle Anwesenden umbringen.

»Die Bourgeoisie liegt mir viel mehr als das Proletariat ... Ich fühle mich zu ihren Widersprüchen hingezogen ...« (Luis Buñuel).

Wieder attackiert Buñuel das Bürgertum. Während er aber in seinem mexikanischen Film *El ángel exterminador* eine bürgerliche Abendgesellschaft für eine alptraumhafte Vision nutzte, dient hier das Motiv der verhinderten Einladung als Vehikel für eine turbulente Komödie. Dabei sind allerdings die Pfeile, die er abschießt, nicht weniger spitz, die Widerhaken kaum weniger schmerzhaft geworden. Man spürt Buñuels Aggressionen gegen die bürgerlichen Ordnungsmächte wie Staat und Kirche gerade auch in den Randepisoden: Der Innenminister (M. P.), der die Rauschgifthändler durch seine Intervention vor polizeilichem Zugriff bewahrt; der Bischof (J. B.), der sich »zeitgemäß« als Gärtner verdingt, der dem Mörder seiner Eltern die Absolution erteilt, den Sterbenden nach der Beichte aber dann noch schnell aus persönlicher Rachsucht umbringt usw. »Ich möchte immer wieder betonen, daß sich keiner meiner Filme auf einer anfänglichen Reflexion aufbaut. Ich schöpfe aus den Quellen des Negativen, des Grotesken, des schwarzen Humors. Immer wieder tauchen meine alten Tendenzen und meine mich verfolgenden Gedanken auf. Alle meine Filme haben eine innere Verwandtschaft« (Luis Buñuel).

Un chien andalou Ⓢ
Ein andalusischer Hund

Frankreich 1928

R: Luis Buñuel, Salvador Dalí; A: Luis Buñuel, Salvador Dalí; K: Albert Dubergen (Duverger); D: Simone Mareuil, Pierre Batcheff, Salvador Dalí, Luis Buñuel

Vor dem Film erscheint ein Text auf der Leinwand, in dem es u. a. heißt: »Jedes Bild, jeder Gedanke, der in den Mitarbeitern aufstieg, wurde sofort verworfen, wenn er aus der Erinnerung oder aus ihrem Kulturmilieu stammte, oder wenn er auch nur eine bewußte Assoziation mit einem früheren Gedanken hatte. Die Mitarbeiter erkannten nur solche Bilder als gültig an, die auch bei gründlichster Untersuchung keinerlei Erklärungsmöglichkeiten boten. Natürlich wurden auch die Beschränkungen der üblichen Moral oder Vernunft aufgegeben. Die Motivierung der Inbilder war ausschließlich irrational – oder war wenigstens so beabsichtigt! Sie sind den beiden Mitarbeitern ebenso geheimnisvoll und unerklärlich wie dem Zuschauer, nichts in dem Film symbolisiert irgend etwas. Die einzige Methode, die Symbole zu untersuchen, könnte vielleicht die Psychoanalyse sein.«

Entsprechend kann man auch den Inhalt dieses Films nicht beschreiben, wenn man sich nicht auf die allereinfachste Formel zurückzieht, daß hier eingangs ein Mann versucht, ein Mädchen zu küssen und durch seltsame Ereignisse daran gehindert wird, bis beide am Schluß bis zur Brust im Sand eingegraben sind.

Bekannteste Bilder und Sequenzen: Der Anfang, ein Mann (L. B.) schärft sein Rasiermesser, blickt in den Himmel und sieht eine schmale Wolke, die sich dem Mond nähert; die geöffneten Augen eines Mädchens; die Wolke schiebt sich am Mond vorbei; das Rasiermesser zerschneidet das Auge des Mädchens. Der Hauptdarsteller (P. B.) öffnet seine Hand; aus einem Loch im Handteller wimmeln Ameisen. Ein Mädchen (S. M.) steht gedankenvoll auf der Straße und versucht, mit einem Stock eine abgeschnittene Hand zu sich heranzuziehen. Der Mann verfolgt das Mädchen in einem Zimmer; plötzlich ergreift er zwei Seile und hemmt dadurch seine Bewegungen; an den Seilen hängen Korkplatten, Melonen, zwei Geistliche und zwei Konzertflügel, auf denen verwesende Eselskadaver liegen.

Besonders bei dieser letztgenannten Szene setzten Versuche einer logischen Deutung an. Man kalkulierte etwa: Die Liebe (der Elan des Mannes) und die Sexualität (die Melone) sind gefesselt durch religiöse Vorurteile (die Geistlichen) und die bürgerliche Erziehung (die Flügel mit den toten Eseln). In Wirklichkeit kann man den surrealistischen Film wohl eher durch ein berühmt gewordenes Wort Lautréamonts erklären: »Schön wie die Begegnung eines Regenschirms mit einer Nähmaschine auf dem Operationstisch!«

Mit anderen Worten: Buñuel und Dalí wollten durch ihre poetischen Bildrätsel schockieren, den Betrachter verunsichern, sein Vertrauen in die alltägliche Realität – und wohl auch in die bürgerliche Gesellschaft – erschüttern. Und sie waren konsequent, indem sie die Wirklichkeit nicht durch filmische Tricks und Spielereien auflösten, sondern durch die Konfrontation mit realen Bildern schockierten. Dieses Stilprinzip hat auch später die Filme Buñuels bestimmt.

Zweifellos gehört dieser knapp 20 Minuten lange Film zu den Meisterwerken der französischen Avantgarde und zu den meistzitierten Filmen der Filmgeschichte.

Chinatown
Chinatown

USA 1974

R: Roman Polanski; A: Robert Towne; K: John A. Alonzo; D: Jack Nicholson, Faye Dunaway, John Huston, Darrell Zwerling, Roman Polanski

Los Angeles im Jahr 1937. Der Privatdetektiv Gittes (J. N.), auf Scheidungsfälle spezialisiert, erhält den Auftrag, Hollis Mulwray (D. Z.), den Leiter der städtischen Wasserwerke, einschlägig zu überwachen. Er hat Erfolg – scheinbar. Wenig später ist Mulwray tot, ermordet; und Gittes erfährt, daß er keineswegs, wie er geglaubt hatte, von Mulwrays Ehefrau Evelyn (F. D.) engagiert worden ist. Man hat ihn hereingelegt, ihn benutzt. Das wurmt den selbstbewußten Gittes. Er forscht weiter und entdeckt hinter der kleinen Affäre eine große. Ihr Drahtzieher ist offenbar Noah Cross (J. H.), Vater von Evelyn und früher einmal, als die Wasserversorgung von Los Angeles noch privat betrieben wurde, Partner von Hollis Mulwray in der Versorgungs-Gesellschaft. Jetzt will Noah offenbar durch betrügerische Manipulationen den Eindruck erwecken, als sei die Wasserversorgung unzureichend; denn der als Ausweg propagierte Bau eines Staudammes würde ihm einträgliche Bodenspekulationen ermöglichen. Einer weiteren schmutzigen Affäre kommt Gittes auf die Spur: Cross hat vor vielen Jahren seine Tochter Evelyn verführt und geschwängert; sie hat eine Tochter, die gleichzeitig ihre Schwester ist. Das Ende ist deprimierend: Hollis hat zwar die Wahrheit entdeckt, aber er kann bei alledem nur gerade seine eigene Haut retten; Evelyn schießt auf ihren Vater, als der ihr ihr Kind abnehmen will, und wird auf der Flucht von einem Polizisten erschossen; Noah Cross ist zwar seelisch angeschlagen, aber es ist mehr als wahrscheinlich, daß er sein finanzielles Ziel erreicht.

Polanski läßt keinen Zweifel über seine Vorbilder. Er bezeichnete *Chinatown* als »eine traditionelle Detektivgeschichte in neuer, moderner Gestalt« und seinen Helden Gittes als »realistischen Abkömmling von Chandlers Philip Marlowe«; außerdem verpflichtete er für die Rolle des Noah Cross John Huston, den Regisseur der legendären Dashiell-Hammett-Verfilmung *The Maltese falcon*. Polanskis Film ist zweifellos eine Hommage an die »schwarze Serie« Hollywoods. Dazu paßt die Gestalt des alles in allem armseligen Helden, der von Anfang an gleichsam auf verlorenem Posten kämpft, dazu paßt der Schluß, bei dem zwar die Wahrheit ans Licht kommt, die Gerechtigkeit aber auf der Strecke bleibt. Polanski hat nicht nur das äußere Bild der dreißiger Jahre geschickt beschworen; er spiegelt in seinem Film auch die düstere Skepsis, die in Filmen von Huston, Hawks und Siodmak u. a. herrschte.

La chinoise, ou plutôt à la chinoise
Die Chinesin

Frankreich 1967

R: Jean-Luc Godard; A: Jean-Luc Godard; K: Raoul Coutard; D: Anne Wiazemsky, Jean-Pierre Léaud, Michel Semeniako, Juliet Berto, Lex de Bruijn

Fünf junge Menschen schließen sich zu einer Kommune zusammen: der Schauspieler Guillaume (J.-P. L.), die Philosophie-Studentin Véronique (A. W.), der Maler Kirilov (L. d. B.), die Gelegenheitsprostituierte Yvonne (J. B.) und der Student Henri (M. S.). Sie studieren die Probleme der Gegenwart und diskutieren: über Marx, Mao, den Sozialismus, Vietnam usw. Diese Diskussionen werden von Godard mit Zwischentexten, Interviews vor der (sichtbaren) Kamera, Standfotos, Comic strips und eingeschobenen »Laienspielen«, in denen etwa Yvonne eine vietnamesische Bäuerin, ein Opfer amerikanischer Luftangriffe, darstellt, in einen Film verwandelt. Eigentliche Aktion setzt erst gegen Ende ein und signalisiert den Mißerfolg: Guillaumes Plan, ein »sozialistisches Theater« zu gründen, scheitert, Kirilov begeht Selbstmord, ein Terrorakt, an dem Véronique beteiligt ist, mißlingt auf lächerliche Weise – die Bombe wird im falschen Zimmer plaziert. Aber an den Schluß setzt Godard die Verheißung: Ende eines Anfangs!

Godard hat hier eine neue Form filmischer Ausdrucksweise entwickelt, die er später in Filmen wie *Le gai savoir* und *One plus one* variierte und gelegentlich überstrapazierte. Hier indessen wirkt das noch frisch und erregend. Die übliche Erzählstruktur wird aufgebrochen. Bilder und Szenen gewinnen ihre Bedeutung nicht mehr aus dem Zusammenhang einer Geschichte, sie sind selbst unmittelbare Aussage. Und ständig wird das Dargestellte als Fiktion, als »nur« filmische Realität entlarvt.

Dabei herrscht aber keineswegs Zufälligkeit im szenischen und optischen Arrangement. Lange Diskussionen kreisen das Thema ein. In der Farbgestaltung wird das Rot der »Mao-Bibeln« zum Gestaltungselement. Wortspiele im Text und in Inserts (für die Godard schon vorher eine Schwäche hatte!) erhellen schlaglichtartig Zusammenhänge sowie die Position der Darsteller und des Regisseurs.

Chronik der Anna Magdalena Bach

BRD/Italien 1967

R: Jean-Marie Straub; A: Jean-Marie Straub, Danièle Huillet; K: Ugo Piccone, Saverio Diamanti, Giovanni Canfarelli; D: Gustav Leonhardt, Christiane Lang

Ein Film über Johann Sebastian Bach (G. L.), sein Leben und seine Musik, gesehen und geschildert aus dem Blickwinkel seiner zweiten

Frau, Anna Magdalena (C. L.). Gezeigt werden ein bürgerliches Leben, kleinliche Querelen, häusliche Sorgen, Auseinandersetzungen mit einem strengen Reglement. Rein berichtende Sequenzen wechseln mit kurzen Spielszenen; der Text kompiliert Zitate aus Briefen, Zeugnissen, Kantatentexten, Eingaben an Fürsten und Vorgesetzte. Doch den Hauptteil des Films macht die Musik aus, die von Musikern in zeitgenössischen Kostümen gespielt wird.

Die Musik Bachs ist der eigentliche Mittelpunkt des Films. Das wird auch schon durch den Respekt betont, den Straub ihr bekundet: In oft quälend langen statischen Einstellungen sieht man Musiker, gelegentlich einmal ein Notenblatt. Hier wird kein Versuch gemacht, Musik »optisch auszugestalten«. Und genauso wird Bach, von dem Amsterdamer Cembalisten Gustav Leonhardt mit holländischem Akzent interpretiert, niemals zum »Helden« einer der üblichen Musiker-Biographien gemacht. Leonhardt läßt in seinem Spiel, Straub in seiner Inszenierung keinen Zweifel daran, daß er hier nur stellvertretend für den Thomaskantor agiert, legitimiert nicht durch schauspielerisches Können, sondern durch seine Beziehung zur Musik Bachs.

Daß dieser Film übliche Fehler vermieden hat, darüber hat sich zwischen großen Teilen der Kritik Übereinstimmung erzielen lassen. Umstritten aber war die Frage, ob Straub ein sinnvolles Neues geschaffen habe. Was Anhänger des Films als geniale stilistische Konzeption und revolutionäre Neuerung feierten, schien seinen Gegnern purer Dilettantismus: das statische Bild, der Verzicht auf eine Handlung, die monotone Sprechweise der Akteure. Wo die einen den revolutionären Film sahen, der Bachs Musik als eine Auflehnung gegen die Unterdrückung des Menschen interpretierte, erblickten die anderen nur einen kunstlosen Bilderbogen.

In der Begründung der Filmbewertungsstelle Wiesbaden für die Erteilung des Prädikats »Besonders wertvoll« hieß es vermittelnd: »Der Erfolg, den Straubs Film international gefunden hat, dürfte auch dadurch zu erklären sein, daß in der *Chronik der Anna Magdalena Bach* die entfesselte Kamera wieder in den Dienst einer strengen künstlerischen Gesamtkonzeption zurückgeholt worden ist. Nicht als ob nun Straubs filmische Asketik zum Erfolgsrezept schlechthin zu werden hätte oder es werden könnte. Die Entwicklung des Films geschieht wie jede andere Bewegung des Geistes dialektisch in Schritt, Gegenschritt und der Aufhebung beider. Straub bietet eine Antithese.« Dem wäre zuzustimmen.

La chute de la maison Usher ⓢ
Der Untergang des Hauses Usher

Frankreich 1928

R: Jean Epstein; A: Jean Epstein nach der gleichnamigen Erzählung von Edgar Allan Poe; K: Georges und Jean Lucas; D: Marguerite Denis Gance, Jean Debucourt, Charles Lamy

Die Geschichte von Roderick Usher (J. D.) und seiner Zwillingsschwester Magdalena (M. D. G.), die in einer Gruft des Schlosses scheintot begraben wird und sich erst nach unendlichen Qualen befreien kann. Sie und ihr übersensibler Bruder sterben in einer verzweifelten Umarmung an den Folgen des schockierenden Erlebnisses. Das Stammschloß der Usher birst und versinkt im Schloßgraben.

Die Handlung ist Poe Anlaß für ein makabres Gemälde, in dem das schaurige Detail ebenso seinen Stellenwert hat wie bedrängende Träume und verzweifelte Gedanken. Epstein hat diese Atmosphäre in suggestiven Bildern beschworen. »Er zeigt uns nicht den Inhalt der Ballade Poes, sondern ihre beunruhigenden Eindrücke und jene Stimmungs- und Bildassoziationen, die sie im Leser erwecken. Hier sehen wir konturlose Hallen und ungewisse Treppen, endlose finstere Gänge, die von tragischen Schatten bevölkert sind. Türen gehen auf, Gardinen wehen, Hände strecken sich aus, und Schleier schweben in nebelhaften Gewässern. Das sind keine verständlichen und keine darstellenden Illustrationen. Es sind Assoziationen der dunklen Eindrücke einer dunklen Ballade« (Béla Bálazs, *Der Film*).

Cidade de deus
City of God

Brasilien/Frankreich 2001/02

R: Fernando Meirelles, Kátia Lund (Co-Regie);
A: Bráulio Mantovani nach dem gleichnamigen Roman von Paulo Lins; K: César Charlone; D: Alexandre Rodrigues, Leandro Firmino da Hora, Phellipe Haagensen, Seu Jorge, Matheus Nachtergaele, Douglas Silva, Luis Otávio

Rio de Janeiro 1968: Cidade de Deus, die Stadt Gottes, gilt als gefährliches Elendsviertel, als Hölle auf Erden, als eine Welt ohne Gott. Der elfjährige Buscapé (L. O.) beobachtet die Entwicklung einer Jugendbande, die nach dem Vorbild von Robin Hood bewaffnete Überfälle verübt, von Anfang an. Zunächst am Rande, später mit dem besonderen Blick, als Fotograf der Gewalt, des Schreckens. Seine Einblicke in das Innenleben, in die Strukturen der Bande kreisen um die Mentalität und Macht des Anführers Zé Pequeno (L. F. da H.), dessen Aufstieg und Niedergang ins Zentrum der Aktionen rücken. Bené (Ph. H.), der Killer, und er räumen mit Kleindealern auf, werden die ersten Drogenbosse der Stadt. Streitigkeiten mit anderen Gangs beschwören den offenen Krieg herauf. Geschäfte mit Waffen und Kokain lösen eine Spirale der Gewalt aus. Mit der nächsten Generation – noch jünger als sie selbst –, halten der weiße Tod, das Kokain, und die Brutalität Einzug in die Slums. Selbst Zé Pequeno fällt einem Nachwuchskiller zum Opfer. Der erwachsene Buscapé (A. R.) aber ist clever und will diesem Milieu entkommen. Als er die selbstzweckhaften Verbrechen mit seiner Kamera festhält und auf die Titelseiten der Tageszeitung bringt, droht ihm die unvermeidliche Liquidierung. Doch die entlarvten Gangster finden wider Erwarten an ihren Porträts Gefallen und nutzen diese stolz zur Eigenwerbung. Regisseur Fernando Meirelles drehte *Cidade de deus* nach dem gleichnamigen Roman von Paulo Lins, der in dieser Favela von Rio de Janeiro aufwuchs. Der Film erzählt die Geschichte dreier Freunde von den sechziger bis zu den achtziger Jahren: unchronologisch, überzeugend durch seine klare handwerkliche Ausrichtung und stimmige Ästhetik. Die Spontaneität und Authentizität der »dokumentarischen« Szenen zeichnen das Porträt einer verlorenen Jugend. Die Farbdramaturgie – in den Rückblicken und Erinnerungen der Hauptfiguren dominieren Braun-Orange oder Blau-Rot – und die hervorragend geführten (Laien-)Darsteller machen die kompromißlose Produktion zu einem Meisterwerk des neueren südamerikanischen Kinos – in der Tradition von Glauber Rocha.

Der rasante, direkte Erzählstil konfrontiert den Betrachter mit einer fremden Welt, ohne Luft zum Atmen oder Zeit zum Nachdenken. Diese exemplarische Geschichte aus einem der großen Elendsviertel Rio de Janeiros erlaubt kein Wegsehen, keine Entschuldigung, kein Entkommen aus der alltäglichen Hölle. Eine Geschichte, wie sie sich tausendfach ereignet hat und immer wieder ereignet; die nicht von ungefähr an Luis Buñuels Film *Los olvidados* mit der unvergesslichen Beschreibung der Jugendkriminalität in den Großstadtslums von Mexiko-Stadt erinnert, statt an bekannte amerikanische Gangsterkarrieren anzuknüpfen.

Ein explosives Pulverfaß ist dieser Mikrokosmos im Herzen eines vergessenen Landes. Der Film profitierte von den Erfahrungen der Co-Regisseurin Kátia Lund bei ihrem mit João Moreira Salles gedrehten Dokumentarfilm *Notícias de uma guerra particular* (Nachrichten von einem persönlichen Krieg, Brasilien 1996–98) über die Spielregeln und Rituale der Favelas. Meirelles, der gutsituierte, gelernte Werbefilmer, dokumentiert mit der Handkamera, den Reißschwenks, Zeitlupen, Unschärfen und der Splitscreen die Gleichzeitigkeit und das Unfaßbare des Lebens. »Ich wollte, daß meine Landsleute dieses andere Brasilien kennenlernen, das hinter den Mauern der Favelas liegt. Ich selber bin ein weißer Angehöriger der brasilianischen Mittelklasse und habe 44 Jahre in diesem Land gelebt, ohne daß ich etwas von dieser Realität mitbekommen habe«, erklärt er. Trotz Kritik von Cinema-Novo-Vertretern, die ihm mangelndes politisches Bewußtsein in der aufs Individuelle konzentrierten Geschichte vorhielten, wurde der Film auch in seinem Entstehungsland ein Erfolg beim Publikum und bei der Kritik.

Le ciel est à vous
Sprung in die Wolken

Frankreich 1943

R: Jean Grémillon; A: Albert Valentin, Charles Spaak; K: Louis Page, Roger Arrignon; D: Madeleine Renaud, Charles Vanel, Raymonde Vernay

Pierre Gauthier (C. V.) und seine Frau Thérèse (M. R.) müssen ihre kleine Tankstelle verlassen, weil auf dem Gelände ein Flugplatz gebaut wird. In Pierre, der während des Weltkrieges Mechaniker bei dem berühmten französischen Flieger Guynemer war, erwacht wieder die alte Fliegerleidenschaft. Zunächst läßt Thérèse ihn schwören, dem gefährlichen Sport zu entsagen, dann verfällt sie selbst der Fliegerei. Pierre konstruiert ein Flugzeug, mit dem Thérèse einen Rekordversuch machen will, da es für einen »Männerrekord« zu schwach ist. 24 Stunden bleiben Flugzeug und Pilotin verschollen. Dann kommt eine Nachricht aus Afrika: Thérèse hat einen Rekord im Langstreckenflug aufgestellt.
Die Handlung geht auf ein wahres Ereignis im Jahr 1935 zurück. Grémillon hat den Fall ganz nüchtern und unpathetisch erzählt und dabei vor allem den Alltag präzise beobachtet. Pierre und Thérèse werden nicht zu Helden hochstilisiert, sondern bleiben französische Durchschnittsbürger. Für Sadoul ist dieser Film eine französische Variante des Neorealismus.

Cimarron
Pioniere des Wilden Westens

USA 1930

R: Wesley Ruggles; A: Howard Estabrook nach dem gleichnamigen Roman von Edna Ferber; K: Edward Cronjager; D: Irene Dunne, Richard Dix, Estelle Taylor

1889. Die Ländereien in Oklahoma sind zur Besiedlung freigegeben worden. Yancey Cravat (R. D.) will in dem neubesiedelten Gebiet eine Zeitung gründen; aber Dixie Lee (E. T.) kommt ihm bei der Besitzergreifung des ausgesuchten Landes zuvor. Yancey zieht mit seiner Frau Sabra (I. D.) in eine andere Stadt, in der sein Vorgänger soeben ermordet worden ist, weil er die Gangster attackiert hat, die die Stadt beherrschen. Yancey sorgt mit seiner Zeitung und mit seinen Pistolen für Ruhe und Ordnung. Doch es hält ihn nicht in dieser Ordnung. Als 1893 weiteres Indianerland freigegeben wird, verläßt er seine Frau und zieht weiter. Nach Jahren taucht er unvermutet wieder auf und verteidigt Dixie Lee, die wegen Erregung öffentlichen Ärgernisses angeklagt ist. Dann macht er sich erneut auf und bleibt verschollen. Seine Frau führt die Zeitung allein weiter und wird schließlich sogar Kongreßmitglied; sie kann Yancey jedoch nicht vergessen.
Der Film schildert ein Stück amerikanischer Geschichte, das Ende der Pionierzeit. Yancey zieht es zwar immer noch weiter nach Westen zu neuen Landnahmen; aber die neue Zeit gehört Menschen wie seiner Frau. Ruggles hat diese Entwicklung überzeugend dargestellt und dafür auch in Kauf genommen, daß sein Film durch den Wechsel der Hauptperson bei halber Distanz einen gewissen Bruch erhält.
Anthony Mann drehte 1960 ein Remake mit Glenn Ford und Maria Schell in den Hauptrollen.

The circus Ⓢ
Circus

USA 1926/27

R: Charles Chaplin; A: Charles Chaplin; K: Rollie Totheroh, Jack Wilson, Mark Marlatt; D: Charles Chaplin, Allan Garcia, Merna Kennedy

Ein Vagabund (C. C.) wird unschuldig in einen Taschendiebstahl verwickelt und flieht vor der Polizei in einen Zirkus, wo er als »Mädchen für alles« bleiben darf. Hier verliebt er sich alsbald in die Tochter (M. K.) des Direktors (A. G.), eine Kunstreiterin, der er seine Liebe aber nicht zu gestehen wagt. Sie verliebt sich in den Seiltänzer. Obwohl der Vagabund den Seiltänzer sogar eines Tages in der Vor-

*Citizen Kane
(Orson Welles, Everett Sloane,
Erskine Rutherford)*

stellung ersetzen darf, ändert das nichts an den Gefühlen des Mädchens. Schließlich überredet der Vagabund die heimlich Angebetete sogar zur Ehe mit dem Rivalen, um sie vor der Brutalität ihres Vaters zu schützen. Als der Zirkus dann weiterzieht, bleibt er allein zurück.

The circus gehört zu den geschlossensten Filmen Chaplins. Sein dramaturgischer Aufbau ist geschickt, seine Handlung logisch und konsequent. Es gibt eine Fülle brillanter Szenen: Chaplin auf der Flucht vor der Polizei in einem Spiegelkabinett, Chaplin, der in den Auftritt eines Zauberkünstlers hineinplatzt und stets dort steht, wo der Zauberer eigentlich die verschwundene Frau auftauchen lassen möchte, Chaplin als Seiltänzer, der auf dem Hochseil von Affen attackiert wird usw.

Citizen Kane
Citizen Kane

USA 1940/41

R: Orson Welles; A: Herman J. Mankiewicz, Orson Welles; K: Gregg Toland; D: Orson Welles, Joseph Cotten, Everett Sloane, Dorothy Comingore, William Alland

In seinem gigantischen Märchenschloß Xanadu stirbt Charles Foster Kane (O. W.), Besitzer von rund drei Dutzend Zeitungen und fünf Rundfunkstationen. Sein letztes Wort ist: »Rosebud«. Ein Reporter (W. A.) soll den Sinn dieses Wortes erforschen. Er besucht und befragt viele Menschen, die Kane gekannt haben, und aus ihren Berichten entsteht ein fast lückenloser Lebenslauf: Mit acht Jahren macht Kane eine große Erbschaft; aber der Vermögensverwalter verlangt, daß der Junge sein ländliches Elternhaus verläßt. Charles schlägt mit einem Rodelschlitten nach dem Mann, der ihn aus seiner gewohnten Umgebung reißen will. Als Kane mit 25 Jahren über sein Vermögen verfügen kann, interessiert er sich lediglich für die kleine Zeitung »The New York Inquirer«, die er mit Hilfe seines Freundes Leland (J. C.) reformiert. Sein mutiger Kampf gegen Korruption und Lüge treibt die Auflage in die Höhe; doch mit dem Erfolg kommt auch die Versuchung der Macht. Seine erste Ehe scheitert an peinlichen Enthüllungen über sein Verhältnis zu der Sängerin Susan Alexander (D. C.), mit denen ein politischer Gegner Kanes Wahl zum Gouverneur verhindert. Kane sucht ein anderes Ziel für seinen Ehrgeiz. Er heiratet Susan und will sie zu einer erfolgreichen Sängerin machen. Aber Susan hat nicht genug Talent; und Leland trennt sich von Kane, als der ihn bestechen will, eine positive Kritik über seine Frau zu schreiben. Kane zieht sich mit Susan nach Xanadu zurück, wo beide aneinander vorbeileben. Als Susan ihren Mann nach einer Auseinandersetzung verläßt, zertrümmert er voller Verzweiflung die Einrichtung ihres Zimmers und stirbt an einem Herzanfall. An diesem Punkt gibt der Reporter entmutigt auf. Der Zuschauer sieht noch, wie beim Aufräumen der monströsen Kunstsammlung ein alter Rodelschlitten verbrannt wird. Auf dem Schlitten steht: Rosebud.

Das Erstlingswerk des damals 24jährigen Orson Welles. Welles galt damals als junges »Allround-Genie« und hatte gerade einen Skandalerfolg mit einer Hörspiel-Bearbeitung des utopischen Romans »Krieg der Welten« von H. G. Wells verzeichnet, die so realistisch geraten war, daß viele Hörer der vermeintlichen Invasion aus dem Weltraum in panischer Angst zu entfliehen suchten. Hollywood gab Welles nun freie Hand. Er brach radikal mit den Traditionen der damaligen US-Filme. Das Drehbuch erzählt seine Geschichte nicht chronologisch, sondern ist ein intelligentes Netz von Anekdoten, subjektiven Erinnerungen und bewundernswert nachgestalteten Dokumentar-Szenen einer fiktiven »Wochenschau«. So spiegelt sich das Bild Kanes in vielen Facetten, so wird die Widersprüchlichkeit seiner Existenz, die zugleich ein lebendes Bild amerikanischer Mythen und Träume ist, besonders deutlich.

In der optischen Gestaltung hat Welles offenbar eigene Ideen und Entdeckungen aus der Cinemathek vereint. Von Renoir übernahm er die Tiefenschärfe des Bildes, die Vorder-, Mittel- und Hintergrund gleich scharf erscheinen läßt, so daß Szenen ohne Schnitt durchgespielt oder mit anderen Szenen kombiniert werden können. Mit einem Weitwinkel-Objektiv bezog er Boden und Decke in das Bild ein und stellte seine Darsteller in geschlossene Räume, in denen ausdrucksvolle Hell-Dunkel-Kontraste besondere Wirkung erzielten. Der Zuschauer wurde dadurch gezwungen, ungewohnte Bildwirkungen zu akzeptieren, Handlungsfetzen miteinander zu verknüpfen, subjektive Aussagen zu bewerten und einzuordnen. Er wurde, kurz gesagt, vom Konsumenten gleichsam zum Mitschöpfer des Films.

Diese Attacke auf vertraute Sehgewohnheiten zahlte sich an der Kinokasse verständlicherweise nicht aus. In Hollywood zog man die Konsequenzen: Nie wieder konnte Orson Welles dort einen Film in vergleichbarer Unabhängigkeit drehen.

City lights
Lichter der Großstadt

USA 1930

R: Charles Chaplin; A: Charles Chaplin; K: Rollie Totheroh, Gordon Pollock, Mark Marlatt; D: Charles Chaplin, Virginia Cherrill, Harry Myers

Der arme Landstreicher Charlie (C. C.) begegnet einem blinden Blumenmädchen (V. C.); just in diesem Moment fährt ein Auto vor, und man kauft dem Mädchen Blumen ab. Das Mädchen hält Charlie für den Mann mit dem Auto. Dann rettet Charlie einen Millionär (H. M.), der sich ins Wasser stürzen will. Der Millionär ist völlig betrunken, erklärt Charlie zu seinem Freund und beschenkt ihn. Aber am anderen Tag, als er wieder nüchtern ist, erkennt er Charlie nicht mehr und läßt ihn vor die Tür setzen. Um der Blumenverkäuferin helfen zu können, wird der kleine Tramp Straßenkehrer und Preisboxer. Als die Not am größten ist, trifft er den Millionär wieder. Und dieser ist Gott sei Dank auch wieder betrunken und schenkt ihm spontan 1000 Dollar. Aber Charlie gerät in den Verdacht, das Geld gestohlen zu haben. Er kann es gerade noch dem blinden Mädchen zustecken, dann wird er verhaftet. Nach Verbüßung seiner Gefängnisstrafe trifft er seine Angebetete wieder. Sie ist geheilt und hat jetzt ein eigenes Blumengeschäft. Amüsiert beobachtet sie den komischen Tramp vor dem Schaufenster. Doch dann erkennt sie ihn, und für beide zerrinnt ein schöner Traum …

Chaplin führt seinen Tramp in diesem Film in die »gute Gesellschaft« ein, und er attackiert diese Gesellschaft mit offenem Hohn. Das zeigt sich gleich in der ersten Szene, die mit der eigentlichen Handlung nur lose verbunden ist. Der Tramp sucht Unterkunft für eine Nacht, entdeckt ein »Zelt« und merkt nicht, daß es sich um die Umhüllung eines Denkmals handelt. Als die Statue, die »Frieden und

Wohlstand« symbolisiert, am nächsten Morgen feierlich enthüllt wird, sitzt auf ihrem Schoß der arbeitslose, abgerissene Tramp. Kritische Distanz zeigt sich auch in den Szenen mit dem Millionär, der nur im Zustand der Trunkenheit menschlich ist. Bert Brecht hat dieses Motiv später in seinem Schauspiel *Herr Puntila und sein Knecht Matti* aufgegriffen, das 1955 in Österreich von Alberto Cavalcanti mit Curt Bois und Heinz Engelmann in den Hauptrollen auch verfilmt wurde.

City lights ist ein Film ohne Dialoge; aber in zwei Szenen benutzte Chaplin auch Toneffekte. Bei der Denkmalsenthüllung wird der Festredner von einem Saxophon »synchronisiert«, um die Sinnlosigkeit seiner Rede deutlich zu machen. Später verschluckt Charlie die Trillerpfeife eines Polizisten, die ihm im Hals steckenbleibt und einen Schluckauf verursacht. Das führt zu turbulenten Verwicklungen, da Taxifahrer ebenso wie Polizeihunde sich von dem vertrauten Geräusch angesprochen fühlen.

La classe operaia va in paradiso
Die Arbeiterklasse geht ins Paradies

Italien 1971

R: Elio Petri; A: Elio Petri, Ugo Pirro; K: Luigi Kuveiller; D: Gian Maria Volonté, Mariangela Melato, Salvo Randone, Donato Castellaneta, Gino Pernice

Lulu Massa (G. M. V.) ist einer der besten und zuverlässigsten Arbeiter in der Fabrik. Aber er kann auch zu Hause bei Lidia (M. M.), die mit ihrem Sohn bei ihm lebt, während Lulus Frau mit seinem Sohn zu einem anderen Mann gezogen ist, den unbarmherzigen Rhythmus nicht vergessen, den die Maschine ihm aufzwingt. Ein Arbeitsunfall, bei dem er einen Finger verliert, die Agitation linker Studenten und vor allem die Begegnung mit seinem alten Kollegen Militina (S. R.), den man in eine Nervenheilanstalt gebracht hat, verändern ihn völlig. Er beginnt nachzudenken und verliert dabei alles: Sein Aufruf zur kämpferischen Aktion bringt ihn in Gegensatz zu der auf Verhandlungen und Ausgleich bedachten Gewerkschaft; wegen seiner lautstarken Auftritte wird er entlassen; Lidia trennt sich von ihm. Die Studenten sind zufrieden mit dem Erfolg ihrer Agitation. Aber als Lulu sie um Hilfe bittet, meint ihr Sprecher (D. C.), »individuelle Fälle« gehörten nicht zu ihrem Programm. Lulu ist völlig verzweifelt. Die Gewerkschaft erreicht schließlich, daß er wieder eingestellt wird. Jetzt steht Lulu Massa an einem Fließband, und er schreit den Kollegen im Lärm der Maschinen den Traum ins Ohr, den er letzte Nacht geträumt hat: Er hat eine Mauer durchbrochen, aber hinter dieser Mauer war – nichts.

Elio Petri hat betont, er habe diesen Film für italienische Arbeiter gemacht, und er habe ihn so gemacht, daß er bei Arbeitern »ankomme«. Das bedingt die Schwächen und Stärken seiner Inszenierung. Manches ist hier allzu deutlich, zu laut, zu direkt. Petri läßt seinen (ausgezeichneten) Hauptdarsteller Volonté an der langen Leine, gibt ihm die Möglichkeit zu »großen Szenen« und überläßt ihn dabei der Gefahr, sich zu überschreien. Aber selten sind auch das Milieu der Arbeiter, das Gleichmaß ihrer Handgriffe, der schale Feierabend so überzeugend geschildert worden. Eine Nutzanwendung fehlt am Schluß der bitteren Bilanz; und weder die allzu vorsichtig taktierenden Gewerkschaftler noch die agitierenden Studenten, die Lulu seinem Schicksal überlassen, vermögen den Zuschauer recht zu begeistern.

Cléo de 5 à 7
Mittwoch zwischen 5 und 7

Frankreich 1961

R: Agnès Varda; A: Agnès Varda; K: Jean Rabier; D: Corinne Marchand, Antoine Bourseiller, Michel Legrand

Cléo (C. M.) ist eine junge Sängerin auf den ersten Stufen zum Erfolg. Eines Tages teilt der Arzt ihr mit, daß sie möglicherweise an Krebs leidet; um sieben Uhr soll sie den genauen Befund erhalten. Cléo ist verstört und aufgewühlt. Sie wandert ziellos durch die Stadt, sucht sich durch Arbeit mit ihrem Komponisten (M. L.) und durch alltägliche Sorgen abzulenken, geht zu einer Wahrsagerin, um sich schon vorher Gewißheit zu verschaffen. In einem Park lernt sie einen jungen Soldaten (A. B.) kennen, der am Abend zurück nach Algerien muß; sein Schicksal ist also ungewiß wie ihres. Ihm vertraut sie sich an, und er begleitet sie auch zur Klinik. Dort gibt man sich zuversichtlich: Nur ein paar Bestrahlungen sind notwendig. Es wird nicht klar, ob das stimmt oder ob der Arzt sie nur trösten will. Aber Cléo ist erleichtert und sagt: »Ich glaube fast, daß ich glücklich bin!«

Agnès Varda gibt die exakte, fast dokumentarische Schilderung einer Krise. Sie will kein oberflächliches Mitleid für die junge Frau erwecken; darum distanziert sie sich und den Zuschauer auch immer wieder von der Person Cléos. Sie hat ihren Film in 13 Kapitel mit genauen Zeitangaben und Titeln eingeteilt, und nur 5 dieser Kapitel sind allein Cléo gewidmet. So erlebt der Zuschauer, wie unter dem Druck der Angst die Welt sich für Cléo verändert und wie sie selbst sich ändert, wie die junge Sängerin sich der Wirklichkeit ihrer Existenz bewußt wird, nachdem sie für diese Existenz fürchten muß.

Während des Films sieht Cléo eine kurze Stummfilm-Groteske, in der der Tod eines Mädchens ironisiert wird. Darsteller dieses kleinen Films sind Jean-Luc Godard, Anna Karina und Eddie Constantine.

A clockwork orange
Uhrwerk Orange

England 1970/71

R: Stanley Kubrick; A: Stanley Kubrick nach dem gleichnamigen Roman von Anthony Burgess; K: John Alcott; D: Malcolm McDowell, Paul Farrell, Patrick Magee, Adrienne Corri, Anthony Sharp, Miriam Carlin

Alex (M. MD.) ist der Chef einer Bande von Halbstarken in einem utopisch verfremdeten London. Sie liefern sich eine Schlacht mit einer rivalisierenden »Gang«, deren Mitglieder sich mit Nazi-Emblemen geschmückt haben, dringen bei einem Schriftsteller (P. M.) ein, vergewaltigen dessen Frau (A. C.) vor seinen Augen und überfallen schließlich ein Haus, dessen Bewohnerin (M. C.) von Alex brutal ermordet wird. Er wird verhaftet und verurteilt. Im Gefängnis meldet er sich für ein vom Innenminister gefördertes neues »Rehabilitationsprogramm«. Gefesselt und mit künstlich aufgespreizten Augenlidern muß er pausenlos Filme ansehen, die ihm durch ein entsprechendes Überangebot Aggressionen, Sexualtrieb und – durch eine Unachtsamkeit! – auch seine Liebe zur Musik Beethovens austreiben. Er wird entlassen – seiner Triebe beraubt und mechanisch funktionierend wie eine Orange mit einem Uhrwerk. Aber seine Eltern nehmen ihn nicht auf. Seine ehemaligen Freunde sind Polizisten geworden und schlagen ihn brutal zusammen. Schließlich fällt er gar dem seit dem Überfall gelähmten Schriftsteller in die Hände, der sich grausam an ihm rächt, indem er ihn einsperrt und ihm pausenlos Beethovens »Neunte« vorspielt. Verzweifelt springt Alex aus dem Fenster. Doch der Schock »heilt« ihn. Im Krankenhaus verbrüdert er sich mit dem Innenminister (A. S.), der über seinen Fall beinah gestürzt wäre. Am Ende sieht man verheißungsvoll seine Wunschvorstellung: die brutale Vergewaltigung eines jungen Mädchens vor den Augen einer vornehmen Gesellschaft.

Ein wüster und schwer zu entschlüsselnder Alptraum: Eine Parabel über die Gewalt, die zerstörerisch und notwendig zugleich ist? Ein Plädoyer für die Freiheit des Menschen, der verkümmert, wenn man ihn seiner Triebe beraubt? Eine deprimierende Utopie von der Entmenschlichung der Gesellschaft und der Allgewalt der Wissenschaft? Auf jeden Fall ein faszinierendes Kinostück, in dem alle Details kunstvoll zusammenklingen. Besondere Bedeutung haben hier auch die Dekorationen, die von monströser Modernität sind, und die Sprache, die an ein stilisiertes Rocker-Idiom erinnert. Für die ausgezeichnete deutsche Synchronisation zeichnet Wolfgang Staudte verantwortlich.

Close encounters of the third kind
Unheimliche Begegnung der dritten Art

USA 1977

R: Steven Spielberg; A: Steven Spielberg; K: Vilmos Zsigmond, John Alonzo, Laszlo Kovacs, Douglas Slocombe, William A. Fraker und Douglas Trumbull (Spezialeffekte); D: Richard Dreyfuss, François Truffaut, Teri Garr, Melinda Dillon, Bob Balaban, Cary Guffey

Ein Forscherteam unter Leitung des Franzosen Lacombe (F. T.) untersucht die sich häufenden Hinweise auf eine bevorstehende Landung von UFOs: In Mexiko findet man eine komplette Staffel amerikanischer Jagdflugzeuge, die 1945 als vermißt gemeldet wurden; in Indien singen 2000 Hindus eine seltsame Hymne, die sie vom Himmel gelernt haben wollen. Zur gleichen Zeit sichtet im US-Staat Indiana der Elektrotechniker Roy Neary (R. D.) ein UFO; im gleichen Staat hat der kleine Barry Guiler (C. G.) ein seltsames nächtliches Erlebnis und verschwindet zum Schrecken seiner Mutter Jillian (M. D.) spurlos. Jillian Guiler und Roy Neary bleibt von ihrem Erlebnis die vage Vorstellung von einem Berg, den sie anhand einer Fernsehsendung als den »Devil's Tower« in Wyoming identifizieren. Von einer unerklärlichen Kraft getrieben, machen sie sich auf den Weg zu diesem Berg und erreichen ihn, obwohl er von starken Militär-Einheiten bewacht wird. Hier am »Devil's Tower« hat die Internationale Kommission nämlich alles für eine erste offizielle Begegnung mit den Außerirdischen vorbereitet. Und tatsächlich erscheint ein riesiges Raumschiff, dem nicht nur – ohne sichtbares Zeichen des Alterns – die Piloten der vermißten Jagdflugzeuge, sondern auch Barry entsteigen. Eine Gruppe von Wissenschaftlern und Roy Neary dürfen das Raumschiff betreten, das in einer Aura von Licht verschwindet.

Regisseur Spielberg nimmt für sich in Anspruch: »Mein Film versucht, sich mit der UFO-Frage ernsthafter zu beschäftigen, als es die US-Regierung während der letzten drei Jahrzehnte getan hat.« Aber diese Ernsthaftigkeit meint nicht etwa wissenschaftlich-technische Analysen; sie meint, daß Spielberg die Menschen ernst nimmt, die UFOs gesehen haben wollen, die – vielleicht? – UFOs begegnet sind, weil sie ihnen begegnen wollten. Ein Film über »Begegnungen der dritten Art« (d. h. direkter Kontakt eines Menschen mit Außerirdischen) ist für Spielberg auch und vor allem ein Anlaß für die Analyse der Menschen, die in den UFOs eine neue Transzendenz suchen und finden. Entsprechend gerät ihm auch etwa die Figur des Roy Neary viel präziser und lebendiger als die des Wissenschaftlers Lacombe.

Aber daneben funktioniert dieser Film auch als Vertreter einer neuen Gattung von »Sciencefiction«, in der die Außerirdischen nicht mehr als feindliche Bedrohung, sondern als Verheißung auftreten, eine Verheißung, die von beinahe sakralen Lichteffekten und Sphärenmusik angekündigt wird. Die perfekte Tricktechnik sorgt für ein nahezu rauschhaftes Erlebnis, das sich besonders in der rund vierzigminütigen Schluß-Sequenz auf dem »Devil's Tower« zu einem eindrucksvollen optischen Höhepunkt steigert.

1980 brachte Spielberg eine *new edition*, eine überarbeitete Fassung seines Films heraus. Er drehte einige Szenen neu, fügte bereits früher gedrehtes, aber zunächst nicht verwendetes Material in seinen Film ein und schnitt einige Sequenzen neu. U. a. taucht jetzt neben den Flugzeugen auch ein vermißtes Schiff (mitten in der Wüste) wieder auf, und man sieht Neary in einigen Szenen im Raumschiff. Spielberg sagte, er habe in dieser Version seine »ursprüngliche Vision« deutlicher machen wollen.

El cochecito
Der Rollstuhl

Spanien 1960

R: Marco Ferreri; A: Marco Ferreri, Rafael Azcona nach einem Roman von Rafael Azcona; K: Juan Julio Baena; D: José Isbert, Pedro Porcel, José Luis López Vázquez, Lepe

Don Anselmo (J. I.), ein rüstiger Greis von etwa siebzig Jahren, fühlt sich zusehends vereinsamt. Im Haus seines Sohnes Carlos (P. P.) steht er jedem im Weg, und sein Freund Lucca

Un cœur en hiver
(Daniel Auteuil)

(L.) wird ihm auf seltsame Weise entfremdet: Luccas Beine wollen nicht mehr so recht; deshalb hat seine Familie ihm einen motorisierten Rollstuhl gekauft. Damit ist Lucca ungeheuer beweglich geworden und findet Freunde und Leidensgenossen, während Anselmo traurig zurückbleibt. Vergeblich versucht er, Carlos zum Kauf eines solchen Gefährts zu animieren. Als auch eine simulierte Gehbehinderung bald durchschaut ist, verkauft Anselmo den Schmuck seiner Frau, unterschreibt einige Wechsel und kauft auf eigene Faust ein stromlinienförmiges Wunderwerk von Rollstuhl. Carlos schäumt vor Wut, spricht von Entmündigung und will den Kauf rückgängig machen. Anselmo sieht keinen anderen Ausweg: Er schüttet Gift in den häuslichen Suppentopf und flieht mit seinem Rollstuhl. Als die Polizei ihn stellt, hat er nur eine Frage: Ob er wohl im Gefängnis den Rollstuhl behalten kann?
Der gebürtige Italiener Ferreri und sein spanischer Drehbuchautor Azcona haben eine skurrile Ausnahmesituation genutzt, um reale Mißstände zu exemplifizieren. So entstand dieser groteske und makabre Film über die Alten, die Einsamen, die verzweifelt etwas Liebe und Verständnis suchen. Er zeigt den unglücklichen Anselmo, zeigt Gebrechliche, Krüppel und geistig Gestörte ohne jede Sentimentalität. Er macht sogar Scherze über sie – allerdings nie auf ihre Kosten. Er zeigt all das mit dem düsteren Humor Goyas. Der Film strotzt von Einfällen und amüsanten Pointen – und von beißender Kritik an einer Gesellschaft, der es an Liebe und Verständnis fehlt.

Un cœur en hiver
Ein Herz im Winter

Frankreich 1992

R: Claude Sautet; A: Claude Sautet, Jacques Fieschi, Jérôme Tonnerre; K: Yves Angelo; D: Daniel Auteuil, Emmanuelle Béart, André Dussolier, Maurice Garrel, Elizabeth Bourgine

Der introvertierte Geigenbauer Stéphane (D. A.) lebt mit seinem weltoffenen Kompagnon Maxime (A. D.) in einer harmonischen Gemeinschaft, die mehr ist als eine Geschäftsbeziehung, die er aber Freundschaft nicht nennen möchte. Eines Tages verliebt sich Maxime in die Geigenvirtuosin Camille (E. Bé.). Er macht Stéphane mit ihr bekannt; sofort entsteht zwischen Camille und Stéphane eine eigentümliche Beziehung, in die beide ein Gemisch aus Werbung und Ablehnung einbringen. Eine Dreiecksgeschichte wird daraus gleichwohl nicht, weil Stéphane sich offensichtlich von den Empfindungen, die sich in sein geordnetes Leben drängen, überfordert fühlt. Als Maxime, der die Entwicklung irritiert verfolgt hat, die beiden für ein Wochenende allein läßt, macht die zuvor so kühle Camille Stéphane eindeutige Avancen. Doch der weist sie ab und sagt ihr verletzend direkt: »Ich liebe Sie nicht!« Scheinbar unberührt übersteht er auch eine lautstarke Szene, die Camille ihm in aller Öffentlichkeit macht. – Monate später: Stéphane hat sich auch beruflich von Maxime getrennt und eine eigene Werkstatt eröffnet. Als Maxime eine Begegnung zwischen Camille und Stéphane arrangiert, ist es, als seien die beiden durch eine Glaswand getrennt.

Kein Film der großen Worte und Taten! Die Gefühle und Leidenschaften spielen sich hier gleichsam unter der Oberfläche ab; der Zuschauer muß ihnen beharrlich nachspüren, muß sie in scheinbar beiläufigen Gesten und Reaktionen erkennen. Daß diese Leidenschaft in beiden existiert, darüber gibt sehr schnell die Musik Ravels Auskunft, die von Camille mit großer Intensität gespielt und von Stéphane gleichsam mit allen Fasern aufgenommen wird. Daß Stéphane grundsätzlich imstande ist, aus seinem in sich geschlossenen Lebenskreis herauszutreten, bestätigt er in einer Schlüsselszene, wenn er spontan einem todkranken Freund (M. G.) die erbetene Sterbehilfe leistet. Die Liebe Camilles aber überfordert ihn, weil er es nicht wagt, in einer Welt, die für ihn voll winterlicher Kälte ist, sein Herz zu öffnen. Diese leise Geschichte, die aber voll innerer Spannung ist, hat Sautet mit großer Ruhe und Intensität in wunderschönen Bildern erzählt.

La collectionneuse
Die Sammlerin

Frankreich 1967

R: Eric Rohmer; A: Eric Rohmer; K: Nestor Almendros; D: Haydée Politoff, Patrick Bauchau, Daniel Pommereuve, Mijanou Bardot

Adrien (P. B.) wird von seiner Freundin Carole (M. B.) verlassen und reist mit seinem Freund Daniel (D. P.) an die Côte d'Azur, wo er konsequent faulenzen möchte. Dabei stört ihn jedoch das Mädchen Haydée (H. P.), das sich im selben Haus eingenistet hat und das Adrien durch seine bloße Anwesenheit sowie durch häufig wechselnde Männerbekanntschaften irritiert. Verächtlich klassifiziert er sie als »Sammlerin« und bemüht sich, sie bei Daniel und dann bei einem englischen Kunstliebhaber in »feste Hände« zu bringen, um die Unruhe, die sie ins Haus bringt, auf ein Minimum zu reduzieren. Zu seiner eigenen Überraschung merkt er dabei, daß er eifersüchtig wird. So kommt es schließlich doch noch zu einer Verbindung zwischen ihm und Haydée, die Adrien aber ebenso spontan, wie er sie begonnen hat, wieder abbricht. Seine Freude über die wiedergewonnene Freiheit ist indessen nur kurz. Als Haydée das Haus verläßt und ihm damit endlich alle Möglichkeiten zu ungestörtem Faulenzen gibt, da fühlt er sich so einsam, daß er schleunigst eine Fluggelegenheit nach London erkundet, wo Carole sich gegenwärtig aufhält.

La collectionneuse ist die vierte von insgesamt sechs »moralischen Geschichten«, die Rohmer gefilmt hat. Sie alle sollen moralische Aspekte in der Beziehung von Menschen untersuchen. Hier erlebt man, wie die Prinzipien, mit denen Adrien an seinen Urlaub herangegangen ist, allein durch die Anwesenheit eines langbeinigen Mädchens zerbröckeln. Und es entbehrt nicht einer gewissen Komik, wie Adrien diese Prinzipien in einem anspruchsvollen Kommentar zu verteidigen sucht. Während nämlich im Bild eine lockere Sommergeschichte abläuft, bilden tagebuchartige Kommentare des Ich-Erzählers einen seltsamen Kontrast, der dem Film eine eigentümliche Spannung gibt.

Comedian Harmonists

BRD 1997

R: Joseph Vilsmaier; A: Klaus Richter; K: Joseph Vilsmaier, Peter von Haller, Jörg Widmer; D: Ulrich Noethen, Ben Becker, Heinrich Schafmeister, Kai Wiesinger, Heino Ferch, Max Tidof, Meret Becker, Katja Riemann, Dana Vávrová

Comedian Harmonists (Max Tidof, Heinrich Schafmeister, Ulrich Noethen, Heino Ferch, Ben Becker)

1927 herrschen in Berlin Arbeitslosigkeit und Depression. Der jüdische Schauspielschüler Harry Frommermann (U. N.) will nach dem Vorbild der amerikanischen »Revellers« eine männliche A-Capella-Gruppe gründen. Nach dem Robert Biberti (B. B.) mit seinem unvergleichlichen Baß gewonnen ist, werden noch vier weitere, bis dato eher erfolglose Künstler gefunden: der Tenor und Frauenliebling Ari Leschnikoff (M. T.), der elegante zweite Tenor Erich Abraham Collin (H. S.), der introvertierte polnische Bariton Roman Cycowski (H. F.) und der Pianist Erwin Bootz (K. W.). In mühevollen Proben realisiert der Autodidakt seinen Traum und entwickelt den unverwechselbaren Gesangsstil der »Comedian Harmonists« – mit populären, betont rhythmischen Schlagern, Volksliedern, Chansons, Klassik-, Parodie- und Nonsensnummern. Das Sextett macht eine beispiellose Karriere, die Rundfunk- und Filmauftritte sowie Reisen in viele Länder mit sich bringt. Doch 1934 gilt der Gesang des Ensembles nach dem neuen Kulturverständnis der Nazis als »jüdisch-marxistisch«. Und da man mit drei nichtarischen Mitgliedern auf Konfrontationskurs zur Reichsmusikkammer geht, folgen Auftrittsverbot und jähes Ende – in Deutschland. Alte Konflikte brechen wieder auf, die Spaltung der Truppe ist unvermeidlich. Der Plan, als Trio in Amerika den Siegeszug fortzusetzen, scheitert.

Acht Jahre dauerten Aufstieg und Zerfall des legendären Berliner Sextetts, das als typisch für die Zeitläufte stehen soll. Die versiert inszenierte Tragikomödie ist bestes Schauspielerkino bis in die Nebenrollen hinein. Eine Farce, wie die Truppe nach dem Selbstfindungsprozeß langsam und zunächst unbemerkt zum Spielball der Reichen, der braunen Machthaber wird. Hier mischen sich Authentisches mit Fiktion, Legenden mit Biographischem, Kino mit Geschichte. Das Klischee vom kometenhaften Erfolg, die etwas holzschnitthaft eingefangene zeithistorische Atmosphäre des NS-Regimes werden von der Chronologie der privaten Ereignisse und inneren Dissonanzen konterkariert. Allzu Menschliches – Glück, Eifersucht, Ruhm, Visionen – mündet in die schleichende Barbarisierung der Umgebung. Regisseur Vilsmaier packt die Handlung, die »nicht immer die wirkliche, wohl aber die wahre Geschichte« (Autor Klaus Richter) erzählt, in emotionale, suggestiv-plakative Bilder, ohne filmisches Neuland zu betreten. Seine traditionelle Dramaturgie um die Rolle und Funktion von Künstlern vor und während des Dritten Reiches schafft dennoch eine innere Spannung, die einem bisweilen Schauer über den Rücken jagt. Die im Playback hinreißend vorgetragenen und choreographierten Evergreens sind zwischen Schellack-Original und neuer Filmmusik (Harald Kloser, Giora Feidman) gekonnt eingemischt.

La commare secca
Die dürre Gevatterin / Gevatterin Tod

Italien 1962

R: Bernardo Bertolucci; A: Pier Paolo Pasolini, Sergio Citti und Bernardo Bertolucci nach einer Erzählung von Pier Paolo Pasolini; K: Gianni Narzisi; D: Francesco Ruiu, Giancarlo De Rosa, Renato Troiani, Allen Midgette

Am Ufer des Tiber wird die Leiche einer Prostituierten gefunden. Die Polizei kann schnell einige junge Leute identifizieren, die sich in der fraglichen Zeit in der Nähe aufgehalten haben. Aber keiner von ihnen sagt die Wahrheit: Canticchia (F. R.) redet von einem Priester, den er dort getroffen habe; in Wirklichkeit will er nur vertuschen, daß er ein Dieb ist, der jungen Frauen aufgelauert hat, um ihnen die Tasche zu entreißen. Ein Soldat (A. M.) erzählt eine verworrene Geschichte, bis man ihm nachweist, daß er geschlafen hat. Der Verdacht konzentriert sich schließlich auf Natalino (R. T.), der seinerseits zwei junge Burschen belastet, die beim Auftauchen der Polizei ohne Grund fliehen. Einer springt in den Fluß und ertrinkt. Aus den Aussagen des anderen erfährt man, daß Natalino der Täter ist. Er wird verhaftet. Aber Natalino ist geisteskrank. Er schreit, daß die Tote eine Hure gewesen sei, daß es kein Verbrechen ist, jemanden zu töten, dessen Seele bereits tot ist.
Bertolucci war zwanzig Jahre alt, als er mit Laiendarstellern diesen Film drehte. Er hat dabei mit erstaunlicher Virtuosität Gefühle und Empfindungen entwickelt. Raffiniert wird der Zuschauer verunsichert, und diese Verunsicherung bezieht sich nicht nur auf die Identität des Mörders, sondern auch auf den Zustand der Welt, der Gesellschaft. *La commare secca* ist übrigens ein italienischer Slang-Ausdruck und steht für den Tod.

Como agua para chocolate
Bittersüße Schokolade

Mexiko 1992

R: Alfonso Arau; A: Laura Esquivel nach ihrem gleichnamigen Roman; K: Emmanuel Lubetzki, Steve Bernstein; D: Lumi Cavazos, Marco Leonardi, Regina Torne, Yareli Arizmendi, Ada Carrasco, Mario I. Martínez, Claudette Maille

Tita wird auf einem Küchentisch geboren und von der Köchin Nacha (A. C.) aufgezogen. Die Küche wird ihr Lebensraum bleiben. Zwar verliebt sich die heranwachsende Tita (L. C.) leidenschaftlich in den jungen Pedro (M. L.), doch Pedros Antrag wird von der verwitweten Mutter (R. T.) zurückgewiesen: Tita, die jüngste von drei Schwestern, soll – unverheiratet – ihre Mutter hegen und pflegen. Statt ihrer wird dem jungen Mann Titas älteste Schwester Rosaura (Y. A.) offeriert; und der nimmt sie, weil er dann der Geliebten nah sein kann. So beginnt eine denkwürdige Liebesgeschichte, die ein ganzes Leben, die mexikanische Revolution und mancherlei sonstige Ereignisse überdauert. Äußerlich durch ehrbaren Respekt getrennt, dringt Tita mittels raffiniert komponierter Gerichte gleichsam in den Körper des Geliebten ein und vereinigt sich so mit ihm unter den Augen der Ehefrau und der mißtrauischen Mutter. Und diese Gerichte haben magische Kraft. Eines zum Beispiel wird ihre Schwester Gertrudis (C. M.) so erhitzen, daß sie sich splitternackt einem Revolutionär in die Arme wirft, an dessen Seite sie später zur Generalin avanciert. Nach Jahrzehnten schließlich sind die Mutter und Rosaura gestorben. Endlich kann sich die Liebe von Tita und Pedro erfüllen. Sie sinken sich in die Arme; die Funken der Leidenschaft entzünden das Bett und das Haus; das Feuer der Liebe verzehrt – buchstäblich – ihre Körper.

Un condamné à mort s'est échappé (François Leterrier)

Ein phantasievoll verschlungener Bilderreigen, in dem die lateinamerikanische Erzählkultur ihre optische Entsprechung findet. Die Grenzen der Genres werden spielerisch überwunden; Elemente aus Komödie, Melodram und Tragödie stehen harmonisch nebeneinander. Und dabei ist alles möglich: Daß ein Tränenfluß buchstäblich das Haus überschwemmt ..., daß Titas Tränen im Hochzeitskuchen alle, die davon kosten, in tiefe Depression verfallen lassen ..., daß Verstorbene sich leibhaftig unter die Lebenden mischen können ... Eine märchenhafte Liebesgeschichte spiegelt die Emanzipation einer unterdrückten Frau; ein privates Schicksal bietet Raum für mythische Überhöhungen, die der Film gleichzeitig ironisch bricht.

Un condamné à mort s'est échappé / Le vent souffle où il veut
Ein zum Tode Verurteilter ist entflohen

Frankreich 1956

R: Robert Bresson; A: Robert Bresson nach einem Tatsachenbericht von André Devigny; K: L. H. Burel; D: François Leterrier, Charles Le Clainche, Roland Monod

Der französische Widerstandskämpfer Fontaine (F. L.) sitzt in Einzelhaft in einem Gestapo-Gefängnis. Mit unendlicher Geduld bereitet er einen Ausbruch vor – mit primitiven Werkzeugen, ohne Hilfe von außen. Kurz vor dem geplanten Termin wird überraschend ein sechzehnjähriger Junge (C. L. C.) zu ihm in die Zelle gelegt. Ein Spitzel? Nach langem Zögern entschließt sich Fontaine, den Jungen in seine Pläne einzuweihen. Gemeinsam gelingt ihnen die Flucht.
Bresson geht es nicht um die äußere Spannung, die ein solches Thema hergeben könnte;

daher hat er den glücklichen Ausgang schon im Titel annonciert. Er wollte vielmehr beim Publikum eine »innere Erregung« auslösen. Er sagte: »Was mir vorschwebt, ist gleichzeitig ein Film der Dinge und der Seele. Das heißt, daß ich versuchen will, die Seele durch die Dinge sichtbar zu machen ...«
Folgerichtig versagt er sich auch alle Effekte der üblichen »Ausbruchsfilme«. Er reiht die Einstellungen fast schmucklos aneinander, erzählt gleichsam, ohne die Stimme zu heben. Aber gerade diese scheinbare Monotonie erweist sich als höchst kunstvolles Gestaltungsmittel. Die Kamera belauert den Hauptdarsteller, die hastigen Wortfetzen, mit denen sich die Häftlinge verständigen. Sie zeigt verschlossene Gesichter und immer wieder die Dinge: primitive Handwerkszeuge, zersplitterndes Holz, einen Fetzen Papier, auf dem Nachrichten ausgetauscht werden.
Die Wachen treten ganz in den Hintergrund. Sie haben eigentlich nur noch symbolische Bedeutung, wie auch die Flucht letztlich ein Beispiel für die Verwirklichung der Freiheit schlechthin wird. Dieser Freiheitsbegriff ist hier eindeutig christlich geprägt. An entscheidender Stelle wird aus der Bibel zitiert: »Wundere dich nicht, daß ich zu dir sage, ihr müßt wiedergeboren werden.« Die Flucht aus dem Gefängnis als Zeichen für die Wiedergeburt des Menschen – das ist das eigentliche Thema des Films.

Il conformista
Der große Irrtum

Italien/Frankreich/BRD 1969

R: Bernardo Bertolucci; A: Bernardo Bertolucci nach dem gleichnamigen Roman von Alberto Moravia; K: Vittorio Storaro; D: Jean-Louis Trintignant, Pierre Clementi, Stefania Sandrelli, Dominique Sanda, Enzo Tarascio

Als 13jähriger schießt Marcello Clerici auf einen erwachsenen Homosexuellen (P. C.), der ihn zu verführen sucht. Er hält den Verführer für tot. Unbeobachtet flieht er aus dem Haus. Viele Jahre später ist Clerici (J.-L. T.) ein geachteter Bürger, Professor der Philosophie. Er wird die schöne Giulia (S. S.) heiraten. Aber Clerici ist Faschist geworden, hat Kontakte zum faschistischen Geheimdienst und ist bereit, seine Hochzeitsreise nach Paris mit einem Attentat auf einen politischen Emigranten (E. T.) zu verbinden, der früher sein Professor war. Dieser bewußte Mord aus politischen Motiven wird, so hofft er im Unterbewußtsein, den »unbewußten Mord« aus seiner Kindheit auslöschen. Er wird Zeuge, wie sein Opfer und dessen Frau (D. S.), in die er sich verliebt hat, auf einer einsamen Straße niedergeschossen werden. Wiederum Jahre später feiern die Menschen in den Straßen Roms den Untergang des Faschismus. In der Menge entdeckt Clerici den Homosexuellen, den er glaubte getötet zu haben. Sein ganzes Leben ist durch eine fiktive Schuld beeinflußt worden. Marcello bricht zusammen.
Bertolucci hat seine Geschichte in bewußt schönen Bildern erzählt, in pastellartigen Farben voller Melancholie. Das hat oft den Effekt, das Verquere dieser »politischen« Existenz im Kontrast schrill deutlich zu machen; gelegentlich verdeckt die äußere Eleganz, die in einigen Szenen fast geschmäcklerisch wirkt, aber auch die Morbidität des Gezeigten. Nebenhandlungen wie die lesbischen Bemühungen von Anna, der Frau des Opfers, um Giulia sind nicht immer überzeugend integriert. Insgesamt ist dies aber eine fesselnde Charakterstudie, die über den Einzelfall hinaus etwas aussagt über die »Anpassung«, über die Affinität des Bürgertums zum Konformismus.

La conquête du pôle Ⓢ
Die Eroberung des Pols

Frankreich 1912

R: Georges Méliès; K: vermutlich Georges Méliès; D: Georges Méliès

Mit einem Flugzeug erreichen einige Wissenschaftler den Nordpol, wo ihr Flugapparat bei der Landung allerdings zu Bruch geht. Unerschütert hissen die kühnen Forscher dennoch die französische Flagge. Dann sehen sie sich jäh einem schreckenerregenden Eisriesen gegenüber, der einige von ihnen verschlingt. Als

*Conte d'hiver
(Fréderic
Van Den Driessche,
Ava Loraschi,
Charlotte Véry)*

sie das Ungeheuer jedoch mit einer Kanone bekämpfen, muß es kapitulieren und auch die bereits verschlungenen Männer wieder von sich geben.

Ein sehr schöner und einfallsreicher Film, dessen besondere Vorzüge eine ausgewogene Struktur und die verblüffende Konstruktion des Eisriesen sind. Méliès hatte ihn im Atelier aus Holz gebaut und mit Hilfe von Seilen bewegt.

Trotz seiner Qualitäten wurde der Film aber kein Publikumserfolg. Der Grund dafür lag nicht nur in Manipulationen der Konkurrenz; es erwies sich auch, daß der Stil von Méliès überholt war. Neue Regisseure hatten neue Möglichkeiten des Films entdeckt. Der Film, von dem Méliès sich ein Comeback erhofft hatte, besiegelte seinen Untergang.

Conte d'hiver
Wintermärchen

Frankreich 1991

R: Eric Rohmer; A: Eric Rohmer; K: Luc Pagès, Maurice Giraud; D: Charlotte Véry, Hervé Furic, Michel Voletti, Frédéric Van Den Driessche, Christiane Desbois

Félicie (C. V.) und Charles (F. V. D. D.) lernen sich im Urlaub kennen und lieben. In knappen Impressionen schildert der Film eine verheißungsvolle Romanze, an deren Ende ein fataler Fehler steht: Félicie nennt dem Geliebten in der Hast des Abschieds einen falschen Wohnort. – Fünf Jahre später sieht man Félicie und ihre Tochter, das Kind von Charles, in Paris. Sie lebt bei ihrer Mutter (C. D.) und schwankt unentschlossen zwischen zwei Männern, dem Friseur Maxence (M. V.), ihrem Chef, und dem Bibliothekar Loïc (H. F.). Ihr selbst und allen Beteiligten aber ist klar, daß Charles nach wie vor ihre große Liebe ist. Als Maxence seine Frau verläßt und in der Provinz einen neuen

Salon eröffnet, folgt sie ihm. Doch bald erkennt sie, daß das ein Fehler war. Sie kehrt nach Paris zurück, ohne sich aber nun für Loïc zu entscheiden. Alles kommt ganz anders: Im Bus begegnet sie eines Tages Charles. Und nach einem kurzen Moment der Verwirrung scheint es beiden ganz selbstverständlich, ihre Sommer-Romanze fortzusetzen. Félicie wird Charles folgen – als seine Frau und als »Chefin« des Lokals, das er, der gelernte Koch, eröffnen will.

Der Titel des Films verweist auf Shakespeares gleichnamiges Drama, das sich Félicie auch mit Loïc zusammen ansieht und von dem sie tief beeindruckt ist. Hier wie dort verliert ein Mensch durch eigene Schuld den geliebten Partner und findet ihn nach vielen Jahren gegen alle Erwartung wieder. Auch im Film bestätigt sich das delphische Orakel, das im Stück verheißt, nichts sei verloren, wenn das, was verloren ist, wiedergefunden werde.

Rohmer hat seinen Film aber nicht als literarisches Vexierspiel angelegt, sondern ihn als lakonische Alltagsgeschichte im Stil einer Chronik erzählt. Nach der wie aus Erinnerungsfetzen montierten Vorgeschichte werden die Stationen der Ereignisse penibel mit Datumsangaben versehen. Dennoch ist diese scheinbar banale Alltagsgeschichte zu einem Stück anrührender Poesie geworden – vor allem wohl deshalb, weil Rohmer seine Personen mit insistierender Anteilnahme verfolgt.

Conte d'hiver entstand (nach *Conte de printemps*, Frühlingserzählung, Frankreich 1989) als zweiter Film eines Zyklus »Vier Jahreszeiten«.

The conversation
Der Dialog

USA 1973

R: Francis Ford Coppola; A: Francis Ford Coppola; K: Bill Butler; D: Gene Hackman, Frederic Forrest, Cindy Williams, Elizabeth MacRae

Harry Caul (G. H.) gilt unter den Eingeweihten als der beste »Wanzen«-Leger an der amerikanischen Westküste. Für ihn ist das ein Job wie jeder andere. Zwar hat er vor Jahren einmal Skrupel gehabt, als wegen des von ihm gelieferten Materials drei Menschen umgebracht wurden; aber diese Skrupel hat er längst verdrängt. Sie melden sich erneut, als er den Auftrag erhält, ein junges Liebespaar (F. F., C. W.) zu belauschen, und dabei den Eindruck gewinnt, daß die beiden sich bedroht fühlen. Er zögert, sein Material abzuliefern; doch nach einer feucht-fröhlichen Party wird es ihm von einem Call-Girl (E. MR.) abgenommen. Und schlimmer noch: Als Harry vor der Leiche seines Auftraggebers steht, wird ihm klar, daß er die Gespräche der beiden, die er nur bruchstückhaft und unter Schwierigkeiten aufnehmen konnte, mißverstanden hatte. Tatsächlich hatte das junge Paar ein Komplott gegen den Mann geschmiedet, der ihnen im Weg stand. Harry ist schuld an seinem Tod. Schon bald erhält er eine geheimnisvolle Warnung. Er weiß, daß er jetzt zum Opfer geworden ist. Verzweifelt sucht er die »Wanzen«, von denen er sich belauert fühlt. Am Ende sitzt er, dem Wahnsinn nahe, zwischen den Trümmern seiner Wohnung, die er bei der Suche demoliert hat.

Coppolas Film erhielt durch die Watergate-Affäre eine unvermutete Aktualität; aber der Regisseur hat stets betont, daß der erste Entwurf zu seinem Drehbuch bereits 1969 fertiggestellt war. Schon damals habe ihn diese Atmosphäre der »Heimlichkeit« fasziniert, die Tatsache, daß Menschen, ohne es zu wissen, den neugierigen Augen und Ohren anderer ausgeliefert sind, daß etwas mit ihnen geschieht, von dem sie keine Ahnung haben. Und ebenso habe ihn die Mentalität der Menschen interessiert, die sich professionell und ohne Skrupel in das Privatleben ihrer Mitbürger drängen. Diese Faszination hat der Film vorzüglich vermittelt. Er zeigt die Opfer in kühler Distanz, gleichsam wie Versuchstiere, wie Objekte unter einem Mikroskop. Und er zeigt die »Macher«, die Lauscher in ihrer Gedankenlosigkeit und Schäbigkeit. Nur eines kann sie aus ihrer Routine herausreißen: wenn sie plötzlich auf die andere Seite geraten. Dann allerdings sind sie noch schlimmer dran als ihre Opfer; denn sie wissen Bescheid. So treibt Harry Caul, als er vom Jäger zum Gejagten wird, ganz folgerichtig dem Wahnsinn entgegen, weil er seine Ohnmacht kennt.

The cook, the thief, his wife & her lover
Der Koch, der Dieb, seine Frau & ihr Liebhaber

England/Frankreich 1989

R: Peter Greenaway; A: Peter Greenaway; K: Sacha Vierny; D: Richard Bohringer, Michael Gambon, Helen Mirren, Alan Howard, Tim Roth

Der Franzose Richard Borst (R. B.) ist Küchenchef eines Luxusrestaurants, in dem der Gangsterboß Albert Spica (M. G.) mit seinen Spießgesellen allabendlich hofzuhalten und zu tafeln pflegt. Alberts Frau Georgina (H. M.) flieht vor den Demütigungen, mit denen ihr Mann sie in aller Öffentlichkeit traktiert, in eine merkwürdige Liebesaffäre mit dem unscheinbaren Buchhändler Michael (A. H.), dem sie sich auf der Toilette des Restaurants oder in versteckten Winkeln der Wirtschaftsräume in hastigen Begegnungen hingibt. Als Albert die Wahrheit erfährt, rast er vor Eifersucht. Er befiehlt seinen Schergen, dem Nebenbuhler so viele Seiten seines Lieblingsbuches in den Mund zu stopfen, daß er daran erstickt. Georgina rächt den Tod des Geliebten auf furchtbare Weise. Da Albert zuvor gedroht hatte, er werde Michael »umbringen und auffressen«, nimmt sie ihn beim Wort und überredet Richard, den Leichnam ihres Geliebten zu kochen und mit reichhaltiger Beilage zu servieren. Dann zwingt sie Albert mit vorgehaltener Pistole zuzugreifen. Als dem Delinquenten schon der erste Bissen im Halse steckenbleibt, erschießt sie ihn.
Eine krude, aber genau kalkulierte Mischung aus großer Oper und Burleske. Das Geschehen spielt sich wie auf einer Bühne ab, und konsequent schließt sich am Ende auch ein roter Vorhang; kein Schatten der Wirklichkeit fällt auf die Bilder, die eine in sich geschlossene Welt totaler und radikaler Künstlichkeit abbilden. Ähnlich wie in Greenaways Film *Drowning by numbers* (Verschwörung der Frauen, England/Niederlande 1988) wird auch hier der Mord zu einem makabren Ritual, das als Metapher stehen mag für eine gesellschaftliche Entwicklung, durch die Wertmaßstäbe auf eine eher dekorative Funktion reduziert werden; so wie in dem Restaurant die prunkvolle Ausstattung und die erlesene Musik nur Rahmen und Hintergrund für die rüpelhaften Tischsitten von Alberts Bande sind.

La coquille et le clergyman Ⓢ
Die Muschel und der Pfarrer

Frankreich 1927

R: Germaine Dulac; A: Antonin Artaud; K: Paul Parguel; D: Alex Allin, Genica Athanasiou, Bataille

Ein junger Pfarrer (A. A.) verliebt sich in ein schönes Mädchen (G. A.). Zwar gelingt es ihm, seinen Rivalen, einen ordensgeschmückten Offizier, auszustechen; aber seine eigenen Komplexe kann er nicht überwinden.
Artaud schrieb im Vorwort seines Drehbuchs: »Ich habe in dem folgenden Drehbuch versucht, jene visuelle Idee des Films zu verwirklichen, bei der sogar die Psychologie vom Geschehen verschlungen wird ... Dieses Drehbuch ist nicht die Wiedergabe eines Traums und soll auch nicht als solcher angesehen werden ... Dieses Buch sucht die düstere Wahrheit des Bewußtseins. Die Bilder entwickeln sich ausschließlich aus sich selbst, und sie haben ihren Sinn nicht aus der Situation, aus der sie hervorgehen, sondern vielmehr aus einer inneren zwingenden Notwendigkeit, mit der sie in das Licht unwiderstehlicher Beweiskraft projiziert werden.«
Antikirchliche Attacken und surrealistische Visionen werden in diesem Film suggestiv assoziiert. Aber Artaud war der Ansicht, daß seine Theorie von Germaine Dulac nicht angemessen verwirklicht worden sei, und sorgte während der Uraufführung für einen Skandal.
Wie verwirrend dieser Film auf die meisten Zuschauer gewirkt haben mag, belegt ein denkwürdiger Zensurbescheid aus England, den Paul Rotha zitiert. Es heißt dort u. a.: »Dieser Film ist überaus kryptisch, wenn nicht gar sinnlos. Wenn aber ein Sinn in ihm verborgen ist, so ist er zweifellos abzulehnen.«

Le corbeau
Der Rabe

Frankreich 1943

R: Henri-Georges Clouzot; A: Henri-Georges Clouzot, Louis Chavance; K: Nicolas Hayer; D: Pierre Fresnay, Pierre Larquey, Ginette Leclerc, Roger Blin, Sylvie

In einer französischen Kleinstadt tauchen anonyme Briefe auf, die mit »Le corbeau« unterzeichnet sind. Opfer der so verbreiteten Schmähungen und Verleumdungen ist vor allem der Arzt Dr. Germain (P. F.). Als ein krebskranker Patient (R. B.) durch einen solchen Brief die Wahrheit über seinen Zustand erfährt und Selbstmord begeht, beschließt Germain, den Schuldigen zu entlarven. Mehrere Personen geraten in begründeten Verdacht. Schließlich glaubt Germain, in der Frau seines Kollegen Vorzet die Täterin gefunden zu haben. Doch der anonyme Schreiber ist in Wirklichkeit Dr. Vorzet (P. L.) selbst. Man findet ihn tot, erstochen von der Mutter (S.) des Selbstmörders; bei ihm liegen die Beweise seiner Schuld.
Das Buch ist ein raffiniertes psychologisches Puzzlespiel, bei dem immer neue Verdachtsmomente und Verdächtige auftauchen. Clouzot hat das spannend und effektvoll in Szene gesetzt; vor allem aber hat er das Milieu, die Atmosphäre unheimlicher Bedrohung geschickt in die Kriminalhandlung integriert. Jeder scheint verdächtig, jeder scheint dieser Tat fähig. An die Stelle der reinlichen Trennung von »Gut« und »Böse«, wie etwa in den Filmen Carnés, tritt hier das allgemeine Mißtrauen gegen den Menschen.
Die deutsche Firma, die diesen Film im besetzten Frankreich produziert hatte, wollte ihn im neutralen Ausland als »Propagandawaffe« benutzen, indem sie ihn gleichsam als Studie über das französische Bürgertum ausgab. Das führte zu heftigen Angriffen der »Untergrund«-Presse gegen Clouzot und seinen Mitautor. Der Film wurde nach der Befreiung in Frankreich verboten, Clouzot und Chavance erhielten ein befristetes Arbeitsverbot. Aber bald sah man ein, daß der Film wegen seiner Qualität eher Zeugnis für als gegen Frankreich ablegen konnte. Ende 1947 wurde sein Verbot aufgehoben.

Cousin, Cousine
Cousin, Cousine

Frankreich 1975

R: Jean-Charles Tacchella; A: Jean-Charles Tacchella, Danièle Thompson; K: Georges Lendi, Eric Faucherre, Michel Thiriet; D: Marie-Christine Barrault, Victor Lanoux, Marie-France Pisier, Guy Marchand

Auf einer Hochzeitsfeier lernen sich Marthe (M.-C. B.) und Ludovic (V. L.), die durch diese Heirat Cousin und Cousine geworden sind, kennen. Während ihre Ehepartner Pascal (G. M.) und Karine (M.-F. P.) sich nach reichlichem Alkoholgenuß zu einem flüchtigen Abenteuer ins Grüne verziehen, sprechen sie miteinander und finden sich sympathisch. Weitere Familienfeiern sorgen für weitere Begegnungen; und eines Tages beginnen sie, sich auch außerhalb solcher Feiern zu verabreden. Sie denken nicht daran, diese Tatsache geheimzuhalten, zumal sie entschlossen sind, nicht miteinander zu schlafen. Aber natürlich hält alle Welt sie dennoch für ein Liebespaar; und sowohl Pascal als auch Karine machen Anstrengungen, den jeweiligen Ehepartner zurückzugewinnen. Eines Tages beschließen Marthe und Ludovic spontan, in ein Hotel zu gehen; und dort finden sie ein Glück, das ihren Ehen längst abhanden gekommen ist. Wenig später ziehen sie die Konsequenzen: Bei einer gemeinsamen Weihnachtsfeier der gesamten Familie ziehen sie sich zunächst auf ein Zimmer zurück und verkünden nach der Fernsehübertragung der Mitternachtsmesse, daß sie miteinander fortgehen werden. Und sie tun es auf der Stelle.
Wer nur diese Inhaltsangabe kennt, den mag es überraschen, daß dieser Film in Frankreich mit dem begehrten »Prix Louis Delluc« und in den USA mit einem »Oscar« ausgezeichnet wurde. Aber was sich in der knappen Zusammenfassung wie ein leichtgewichtiges und etwas frivoles Lustspiel ansieht, das ist in der Inszenierung von Tacchella zu einer genauen Beschreibung des französischen Kleinbürgertums und seiner Lebensgewohnheiten geworden. Marthe und Ludovic sind dabei gleichsam die Katalysatoren. Durch ihre Augen sieht man

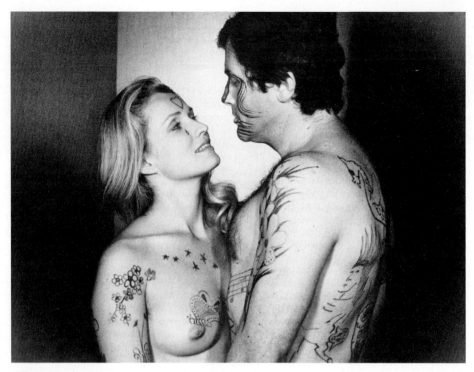

Cousin, Cousine (Marie-Christine Barrault, Victor Lanoux)

das eingelernte Ritual der Familienfeiern, den Stumpfsinn des Alltags, die schablonisierten Denkgewohnheiten. Ihr Ausbruch macht deutlich, daß diese Regeln und Rituale nicht für feste Normen stehen, sondern sie seit langem nur noch ersetzen. Tacchella hat hier einen neuen Ton in den französischen Film eingebracht, indem er die Alltagssprache, die Welt der kleinen Leute und den Geruch der Provinz gegen die glatte Sterilität der Ateliers stellte. So wurde sein Film, der bei Publikum und Kritik gleichermaßen erfolgreich war, zu einem der Ausgangspunkte für eine »neue Natürlichkeit« im französischen Film.

Les cousins
Schrei, wenn du kannst

Frankreich 1959

R: Claude Chabrol; A: Paul Gégauff, Claude Chabrol; K: Henri Decae, Jean Rabier; D: Jean-Claude Brialy, Gérard Blain, Juliette Mayniel

Der schüchterne Provinzler Charles (G. B.) kommt als Student nach Paris, wo er durch seinen großsprecherischen, selbstbewußten Vetter Paul (J.-C. B.) bei lebenslustigen Altersgenossen eingeführt wird. Hier verliebt er sich auch in Florence (J. M.), die er aber eines Tages in Pauls Bett findet und die von da an als Pauls Geliebte in der gemeinsamen Wohnung bleibt. Charles arbeitet wie ein Besessener. Während jedoch Paul trotz mangelhafter Kenntnisse durch sein selbstsicheres Auftreten die Prüfung besteht, fällt der nervöse und unsichere Charles durch. Voller Haß und Verzweiflung will er Paul töten, tritt mit einer geladenen Pistole an das Bett des Schlafenden, aber der Mechanismus versagt. Als Paul am anderen Morgen mit der herumliegenden Waffe spielt, löst sich ein Schuß und tötet Charles. Zum ersten Mal gerät Pauls Selbstsicherheit ins Wanken.

Ein präzise inszenierter Film, der den fatalen Mechanismus des Unglücks niemals aufdringlich betont. Das Milieu ist knapp, aber informativ gezeichnet, die Charaktere sind plastisch geschildert. Einer der Höhepunkte: Paul verkleidet sich auf einer Party als SS-Offizier und beschwört mit weinerlich vorgetragenen deutschen Sprachbrocken ein karikierendes und gleichzeitig beängstigendes Bild der Vergangenheit. Mit dem Erfolg dieses Films ebnete Chabrol auch anderen Regie-Debütanten den Weg. Es entstand in Kürze eine Vielzahl von »Erstlingswerken«, die man als »nouvelle vague« etikettierte.

Čovek nije tica
Der Mensch ist kein Vogel

Jugoslawien 1965

R: Dušan Makavejev; A: Dušan Makavejev; K: Aleksandar Petković; D: Milena Dravić, Janez Vrhovec, Boris Dvornik, Eva Ras

Der nicht mehr ganz junge Ingenieur Rudinski (J. V.) soll in einem serbischen Dorf eine Fabrik bauen. Dort macht sich alsbald die lebenslustige Friseuse Raika (M. D.) an ihn heran, die hofft, durch ihn und mit ihm aus dem abgelegenen Nest entfliehen zu können. Rudinski läßt sich von ihr einfangen, was ihm Ärger mit Raikas Eltern einbringt, bei denen er zur Untermiete wohnt. Doch als Rudinski nach Beendigung seiner Arbeit in einem pompösen Festakt (mit Beethoven-Musik) geehrt wird, da läßt sich Raika zur gleichen Stunde von einem Chauffeur (B. D.) im Führerhaus seines Lastwagens verführen. Rudinski erfährt von diesem Intermezzo und versucht, seine Enttäuschung bei einem folkloristischen Zigeunerfest zu vergessen. Raika und ihr neuer Liebhaber landen in einer drittklassigen Zirkus-Vorstellung.

Les cousins (Jean-Claude Brialy, Gérard Blain, Juliette Mayniel)

Makavejev drehte seinen Film in einem Bergwerksdistrikt in Ostserbien. Er hat sich von der Realität inspirieren lassen, hat sie eingefangen und später arrangiert. Dokumentarische Bilder vom Fabrikbau, die fiktive Liebesgeschichte und die zwiespältigen Demonstrationen eines Hypnotiseurs durchdringen einander kunstvoll. Und der Schluß liegt auf der Hand: Der Mensch ist kein Vogel; auch die sozialistische Ordnung kann ihn nicht zum Fliegen veranlassen. Dazu bedarf es eines Lernprozesses – bestenfalls ...

The covered wagon ⓢ
Der Planwagen / Die Karawane

USA 1923

R: James Cruze; A: Jack Cunningham nach einem Roman von Emerson Hough; K: Karl Brown; D: Lois Wilson, J. Warren Kerrigan, Alan Hale, Charles Ogle

Der abenteuerliche Zug deutscher Auswanderer zu ihrer neuen Heimat in Oregon in den Jahren 1849/50. Die Siedler wählen Gustav Braun (C.O.) zu ihrem Führer. Aber Braun weiß, daß ihm für den langen Treck mit Planwagen die Erfahrung fehlt. So fällt er auf den zwielichtigen Sam Woodhull (A.H.) herein, der sich als Fachmann ausgibt, seine Hilfe anbietet und zugleich um die Hand von Brauns Tochter Sophie (L.W.) anhält. Die Siedler ziehen los, um sich mit einer zweiten Gruppe zu treffen, deren Führer Willy Schmidt (J.W.K.) ist, der lange in der amerikanischen Armee gedient hat. Nach der Vereinigung beider Gruppen wachsen die Gefahren und Strapazen. Es gibt Reibereien zwischen Schmidt und Woodhull, da Schmidt den windigen Glücksritter durchschaut und sich außerdem ebenfalls in Sophie verliebt hat. Woodhull provoziert durch seine Brutalität blutige Kämpfe mit den Indianern; ein Teil der Siedler wird vom Goldrausch gepackt. Aber Braun erreicht mit einigen Getreuen schließlich Oregon, wo Schmidt und Sophie heiraten, nachdem Woodhull bei einem Versuch, Schmidt zu töten, erschossen worden ist.

Das Drehbuch ist zweifellos der schwächste Teil des Films. Aber James Cruze, der bis dahin Lustspiele und einige belanglose Dramen gedreht hatte, ließ diese Mängel durch seine Inszenierung vergessen. Er brüstete sich, in diesem Film sei alles echt, es gebe nicht einmal einen falschen Schnurrbart auf der Leinwand zu sehen. Tatsächlich wirkt sein Bild des alten Westens authentisch und unverfälscht. Aber wichtiger noch war sein sicherer Blick für die optischen Werte der Landschaft, sein Gespür für den Rhythmus der Montage, die ein Melodrama unversehens zum großen Epos der Landnahme, des Aufbruchs in eine neue Welt werden ließ.

Crainquebille ⓢ
Crainquebille

Frankreich 1922/23

R: Jacques Feyder; A: Jacques Feyder nach der Novelle *L'affaire Crainquebille* von Anatole France; K: L. H. Burel, Maurice Forster; D: Maurice de Féraudy, Françoise Rosay, Félix Oudart

Der Gemüsehändler Crainquebille (M.d.F.) gerät in den Verdacht, einen Polizisten beleidigt zu haben, und verliert darüber seine bürgerliche Existenz. Er wird angeklagt und zu einer Gefängnisstrafe verurteilt. Nach seiner Entlassung wird er Clochard und schenkt seine ganze Liebe und Freundschaft einem kleinen Jungen.
Eine vielzitierte Szene des Films ist die Gerichtsverhandlung, bei der Feyder durch geschickte Kameraeinstellungen die Richter zu erdrückenden Riesen überhöht, während Crainquebille zwergenhaft klein, hilflos und verloren vor ihnen steht. Hier wird auch die aggressive Zielrichtung des Films besonders deutlich. Aber überzeugender ist doch der Realismus, mit dem Feyder das Paris der kleinen Leute ohne jede sentimentale Beigabe zeigt.

Le crime de Monsieur Lange
Das Verbrechen des Monsieur Lange

Frankreich 1935

R: Jean Renoir; A: Jacques Prévert nach einer Idee von Jean Renoir und Jean Castannier; K: Jean Bachelet; D: René Lefèvre, Jules Berry, Florelle

Monsieur Lange (R. L.) schreibt Abenteuerromane für den Verlag von Batala (J. B.). Als der Verlag vom Ruin bedroht ist, verschwindet Batala spurlos; man glaubt, er sei bei einem Eisenbahnunglück umgekommen. Die Angestellten wandeln den Verlag in eine Kooperative um und haben bald Erfolg. Lange ist besonders glücklich, weil er Valentine (F.), die ehemalige Geliebte Batalas, seit langem liebt. Da taucht Batala als Priester verkleidet auf, um den Verlag wieder zu übernehmen. Lange tötet ihn mit einem Revolverschuß und flieht mit Valentine nach Belgien. An der Grenze wird er zwar erkannt, aber man läßt ihn laufen, nachdem Valentine seine Geschichte erzählt hat – so, wie auch der Film sie in einer einzigen Rückblende erzählt.
Der Film bezeugt das soziale Engagement Renoirs. Er rechnet mit den kapitalistischen Unternehmern ab und läßt diese Abrechnung am Schluß gleichsam durch Mehrheitsbeschluß bestätigen: Valentine erzählt Langes Geschichte in einer Kneipe vor einfachen Leuten, die entscheiden sollen, ob Lange ein Mörder ist. Und diese improvisierte Jury läßt ihn laufen.
Dieses Engagement läßt Raum für Ironie. Batala ist eine schillernde Figur, amüsant wie der Teufel aus Carnés *Les visiteurs du soir*, den ebenfalls Berry spielte. Der Antiklerikalismus erhält einen grotesken Aspekt, wenn der sterbende Batala in der Soutane nach einem Priester verlangt. Diese Details gehen vermutlich auf das Konto Préverts. In Renoirs Konzeption sollte der Film zunächst »Auf dem Hof« heißen und realistisch das Leben in einem Pariser Hinterhof schildern. Das Milieu ist beibehalten worden; Renoir ließ seine Kulisse, den Hof, in einem Stück unter freiem Himmel aufbauen.

Il Cristo proibito
Der verbotene Christus

Italien 1950

R: Curzio Malaparte; A: Curzio Malaparte; K: Gabor Pogany; D: Raf Vallone, Elena Varzi, Alain Cuny, Gino Cervi, Philippe Lemaire

Als Bruno (R. V.) aus russischer Kriegsgefangenschaft in sein Heimatdorf zurückkommt, weiß er, daß sein Bruder von einem Dorfbewohner denunziert und von den Deutschen erschossen worden ist. Er will den Toten rächen; aber niemand will ihm den Namen des Schuldigen nennen, da alle meinen, es müsse nun Schluß sein mit der Rache und dem Blutvergießen. Bruno wird zum Einzelgänger. Nur das Mädchen Nella (E. V.) kümmert sich um ihn, weil sie ihn liebt. Der philosophierende Zimmermann Antonio (A. C.) will Bruno davon überzeugen, daß er verzeihen müsse. Als Bruno unbeugsam bleibt, bezichtigt sich Antonio der Tat. Bruno sticht ihn nieder; und sterbend sagt Antonio ihm, er sei unschuldig, aber sein Opfer habe vielleicht ein Menschenleben gerettet. Jetzt endlich nennt seine Mutter ihm den Namen des Denunzianten: Es war Nellas Bruder Pinin (P. L.). Bruno ruft ihn aus dem Haus. Pinin bekennt und erklärt seine Tat, gibt Bruno seine Waffe und erwartet den tödlichen Schuß. Doch Bruno läßt die Waffe fallen.
Der Schriftsteller Curzio Malaparte variiert die These, daß der Mensch sich in der Nachfolge Christi selbst opfern müsse für seinen Mitmenschen. Dieses Thema ist hier mit leidenschaftlicher Anteilnahme und nicht ohne Pathos behandelt worden. Gelegentlich erstarrt der Film zur Pose, manchmal gerät ihm die Diskussion allzu lehrhaft. Aber daneben gibt es großartige Szenen: Die lange Fahraufnahme aus der Luft, die den Heimkehrer aus einer öden Felslandschaft herauslöst, die versteinerte Atmosphäre des Dorfes usw.

Cronaca di un amore
Chronik einer Liebe

Italien 1950

R: Michelangelo Antonioni; A: Michelangelo Antonioni, Daniele D'Anza, Silvio Giovaninetti, Francesco Maselli und Piero Tellini nach einer Erzählung von Michelangelo Antonioni; K: Enzo Serafin; D: Massimo Girotti, Lucia Bosé, Gino Rossi, Ferdinando Sarmi

Ein Mailänder Industrieller (F. S.) beauftragt einen Detektiv (G. R.), die Vergangenheit seiner attraktiven jungen Frau Paola (L. B.) zu erforschen. Als die Frau von diesen Nachforschungen erfährt, setzt sie sich sofort mit ihrem Jugendfreund Guido (M. G.) in Verbindung: Beide sind nämlich vor Jahren am Tod seiner Braut schuldig geworden. Paola sucht verzweifelt, diese Schuld zu vertuschen. Sie ist entschlossen, alles zu leugnen, aber sie ist sich ihres willens- und charakterschwachen Komplizen nicht sicher. Angst und Leidenschaft treiben sie in seine Arme; sie wird seine Geliebte. Und nun glaubt sie, einen Ausweg zu sehen. Sie ist ihres Mannes ohnehin überdrüssig und stiftet den Geliebten an, ihn durch einen vorgetäuschten Unfall zu ermorden. Aber der Ehemann hat unterdessen von dem Verhältnis seiner Frau erfahren. Während sein Mörder ihm an der Straße auflauert, rast er freiwillig mit seinem Auto in den Tod. Die Frau und ihr Geliebter stehen sich wie Fremde gegenüber. Nichts verbindet sie mehr. Guido verläßt die Stadt.

Der erste Spielfilm Antonionis zeigt schon deutlich die spezifischen Eigenarten des Künstlers. Formal bezeugt das die Auflösung der Erzählstruktur; die Handlung wird auf verschiedenen Zeit- und Bewußtseinsebenen erzählt. Die Kamera bleibt auf Distanz und kreist die Personen gleichsam ein. Aber auch vertraute thematische Motive klingen bereits an: die kritische Analyse einer Gesellschaft, die in leeren Formen erstarrt ist, die Kontaktlosigkeit der Menschen, das Versagen, die Schwäche des Mannes.

Crossfire
Im Kreuzfeuer

USA 1947

R: Edward Dmytryk; A: John Paxton nach der Erzählung *The brick foxhole* von Richard Broos; K: J. Roy Hunt; D: Robert Young, Robert Mitchum, Robert Ryan, Gloria Grahame, George Cooper, Steve Brodie

Kurz nach dem Krieg werden einige Soldaten, die auf ihre Entlassung warten, in eine Mordaffäre verwickelt. Der Verdacht fällt auf den Soldaten Mitchell (G. C.). Aber Inspektor Finlay (R. Y.) läßt sich von Mitchells Freund Keeley (R. M.) zu weiteren Recherchen überreden, zumal Mitchell geflohen ist. Bei der Suche nach einem Motiv entdeckt der Inspektor dann auch den wahren Täter (R. R.). Sein Motiv heißt Antisemitismus; der Ermordete war Jude. Obwohl der Mörder auch noch seinen einzigen Mitwisser (S. B.) tötet, kann der Inspektor ihn durch einen Trick überführen.

Ein ehrlicher und konsequenter Film, der kurz nach dem gewonnenen Krieg die Amerikaner vor Selbstgerechtigkeit und Selbstzufriedenheit warnte. Ihm fehlt auch jener »Nun-wird-alles-gut«-Optimismus, der viele vergleichbare Filme erfüllt. Typisch dafür ist die durchaus ambivalente Schlüsselszene: Der Inspektor braucht die Hilfe eines jungen Soldaten, um den Mörder überführen zu können. Der lehnt zuerst ab und sagt erst zu, als ihm der Inspektor die Geschichte seines Großvaters erzählt, der erschlagen wurde, nur weil er ein irischer Katholik war. Es bleibt ein Rest von Unbehagen, weil nur der Hinweis auf andere Minderheiten den jungen Soldaten auch für die Juden eintreten läßt.

Crouching tiger, hidden dragon / Wo hu cang long
Tiger & Dragon

Hongkong/Taiwan/USA 1999

R: Ang Lee; A: James Schamus, Wang Hui Ling und Tsai Kuo Jung nach dem gleichnamigen Roman von Wang Du Lu; K: Peter Pau; D: Chow Yun Fat, Michelle Yeoh, Zhang Ziyi, Chang Chen, Cheng Pei Pei, Lung Sihung

Nach langen Jahren des Kampfes für Gesetz und Ordnung will Li Mu Bai (C. Y. F.) sich endlich zur Ruhe setzen – vielleicht gar an der Seite seiner langjährigen Weggefährtin und Freundin Yu Shu Lien (M. Y.). Symbolisch übergibt er ihr sein kostbares Schwert, damit sie es in Peking Herrn Sir Te (L. S.) als Geschenk überreiche. Doch dem wird das Schwert gestohlen. Zwar ist es bald wiedergewonnen und Jen Yu (Z. Z.), die Tochter des Gouverneurs, als Diebin identifiziert; aber als Li Mu Bai nach einer Meditation im Wudan-Kloster ebenfalls in Peking eintrifft, entdeckt er, daß seine alte Feindin »Jadefuchs« (C. P. P.) die Drahtzieherin der Affäre ist. Vor Jahren hatte sie seinen Meister vergiftet, jetzt ist sie Jen Yus Gouvernante und benutzt die junge Frau für ihre bösen Pläne. Noch einmal muß Li Mu Bai also für das Recht kämpfen, wobei er vergeblich versucht, Jen Yu, die eine vorzügliche Kämpferin ist, auf seine Seite zu ziehen. In einer Rückblende erfahren wir mehr über sie: Sie ist einmal von Lo (C. C.), dem Räuber »Schwarze Wolke«, in die Wüste entführt worden und hat sich unsterblich in ihn verliebt. Als Lo jetzt in Peking auftaucht, entflammt ihre Liebe erneut, und sie verläßt ihr Elternhaus, obwohl dort eine standesgemäße Heirat für sie vorbereitet wird. Am Ende tötet Li Mu Bai »Jadefuchs« im Kampf und befreit damit auch Jen Yu aus ihrem Bann. Doch durch einen Giftpfeil der tückischen Feindin stirbt er ebenfalls – in den Armen von Yu Shu Lien. Jen Yu entsinnt sich einer Sage, die Lo ihr erzählt hat. Sie springt in die Tiefe einer Gebirgsschlucht, damit die Himmelsgeister Los Wunsch erfüllen, mit ihr zusammen in die Wüste zurückzukehren. In der Schlußeinstellung sieht man sie wie einen Vogel durch die Luft schweben.

Ein raffiniert verschlungenes romantisches Märchen, das mit großem Einfallsreichtum und hoher Kunstfertigkeit erzählt wird. Exotische Schauplätze und üppige Dekorationen, artistische Glanzleistungen und verblüffende Trick-Effekte befriedigen die Schaulust. Neben den perfekt choreographierten Kampfszenen gibt es gefühlvolle Passagen, poetische Stimmungsbilder und Reflexionen. Immer wieder gelingt es Ang Lee, diese unterschiedlichen Komponenten in eine überzeugende Synthese zu bringen: Der traumhaft-gespenstische Kampf von Li Mu Bai und Jen Yu in den Wipfeln eines Bambuswaldes ist vielleicht der schönste dieser Momente. In einer wichtigen Szene demonstriert die hochgebildete Jen Yu mit einem Schreibpinsel ihre kalligraphischen Fähigkeiten; viele Bilder des Films erinnern an die fremdartige Schönheit dieser Schriftzeichen.

The crowd ⓢ
Ein Mensch der Masse

USA 1928

R: King Vidor; A: King Vidor, John V. A. Weaver; K: Henry Sharp; D: James Murray, Eleanor Boardman, Bert Roach

Der Film beginnt mit einem Prolog über die Geburt eines Kindes, seine Jugend und die großen Erwartungen, die sein Vater in den Jungen setzt. Dann sieht man John (J. M.), unterdessen erwachsen, als kleinen Angestellten in einem Versicherungsbüro in New York. Im Vertrauen auf eine bessere Zukunft heiratet er Mary (E. B.). Aber die Erwartungen erfüllen sich nicht – wohl auch deshalb, weil John vom sozialen Aufstieg nur träumt (»Wenn ich erst zum Zuge komme ...«), statt konsequent für ihn zu arbeiten. Zwei Kinder werden geboren. Das Einkommen reicht nicht. Und als John eines Tages 500 Dollar für einen Werbespruch gewinnt, geht der größte Teil dieses Geldes für die Bezahlung von Schulden drauf. Als dann auch noch seine kleine Tochter bei einem Verkehrsunfall getötet wird, ist John am Ende. Im Büro verliert er die Nerven und kündigt; Mary wird von ihren Brüdern überredet, den »Versager« zu verlassen. Im letzten Moment kommt John durch die Liebe seines Jungen zur Einsicht; er sucht und findet Arbeit als »Sandwich-Man«. Mary entschließt sich, bei ihm zu bleiben. Und am Ende sieht man die Familie in einer Vaudeville-Show sitzen und von Herzen lachen.

Nach dem großen Erfolg von *The big parade* (1925) konnte Vidor diesen Film weitgehend nach eigenen Vorstellungen realisieren. Es entstand dabei einer der wenigen amerikanischen Stummfilme, die sich ernsthaft bemühen, die soziale Wirklichkeit in der Handlung und im Bild zu reflektieren. Vidor zeigt kein spektakuläres Protokoll der Armut, sondern den Alltag eines kleinen Angestellten, dem beiläufig das Glück und der Lebensmut abhanden kommen. Die Diskrepanz zwischen den vom Vater initiierten Erfolgsträumen und der Realität macht der Film deutlich, wenn er John zum ersten Mal an seinem Arbeitsplatz zeigt: Die Kamera fährt an einem Wolkenkratzer hoch, dringt durch das Fenster in ein riesiges Büro ein und bewegt sich auf einen der über hundert Schreibtische zu. Wenn am Ende die Kamera von den lachenden Gesichtern der Familie zurückfährt und die Protagonisten schließlich in der Masse der applaudierenden Besucher verliert, ist der Kreis geschlossen; dann spürt man auch, wie ambivalent das vermeintliche Happy-End ist. Zweifellos gehört *The crowd* zu den wichtigsten und besten amerikanischen Filmen der zwanziger Jahre.

Csend és kiáltás
Stille und Schrei

Ungarn 1968

R: Miklós Jancsó; A: Gyula Hernádi, Miklós Jancsó; K: János Kende; D: András Kozák, Zoltán Latinovits, József Madaras, Mari Töröcsik, Andrea Drahota

Ungarn 1919. Nach dem Sturz der Räte-Republik fahndet die Polizei im ganzen Land nach versteckten »Roten«. István (A. K.), einer der Verfolgten, findet Zuflucht in einem ärmlichen Pußta-Gehöft, wo er von dem Bauern (J. M.), dessen Frau (M. T.) und ihrer Schwester (A. D.) versteckt wird. Beide Frauen verlieben sich in den Flüchtling. Der Gendarmeriekommandant Kémeri (Z. L.) kennt Istváns Versteck; aber er schweigt, weil beide sich von früher her kennen. Dann entdeckt István das schreckliche Geheimnis der Frauen: Sie vergiften den Bauern, der im Elend früh gealtert ist, langsam mit Arsen – grausige Konsequenz ihrer Ratlosigkeit, des Terrors und eines alten Brauches, der auf den ärmlichen Höfen keine »unnützen Esser« duldet. Der Bauer kennt und akzeptiert sein Schicksal. Aber István will nicht mitschuldig werden und zeigt die Giftmischerinnen an, wobei natürlich auch seine Identität enthüllt wird. Kémeri kann ihn nun nicht mehr schützen, gibt ihm aber wenigstens eine Pistole, damit er sich selbst töten kann. Doch István richtet die Waffe gegen Kémeri, gegen den Freund, der gleichzeitig auch Unterdrücker und Klassenfeind ist. Er erschießt ihn und wird dann selbst getötet.

Jancsó erzählt seine Geschichte in sorgfältig komponierten, oft bedrückend statischen Bildern und langen Einstellungen. Lange, ruhige Kamerafahrten bringen kaum Bewegung ins Bild, unterstreichen die Eintönigkeit der Landschaft, das Ausgeliefertsein der Menschen. »Meine Fahrttechnik besteht daraus, daß ich den langen Schienenstrang aufbaue und die Szene dazu komponiere; fast immer in der Länge, wieviel Material die Kamera aufzunehmen vermag« (Miklós Jancsó).

Cul-de-sac
Wenn Katelbach kommt

England 1966

R: Roman Polanski; A: Roman Polanski, Gérard Brach; K: Gilbert Taylor; D: Donald Pleasence, Françoise Dorléac, Lionel Stander, Jack MacGowran, William Franklyn

Ein seltsames Paar – der ältliche, glatzköpfige George (D. P.) und das Flittchen Teresa (F. D.), für das er Frau und bürgerliche Existenz im Stich gelassen hat – lebt in einer mittelalterlichen Burg auf einer winzigen Insel vor der englischen Küste. Hierhin geraten nach einem mißglückten Coup die Gangster Richard (L. S.)

Cul-de-sac (Françoise Dorléac, Lionel Stander)

scher Film über die Unfähigkeit des Menschen, mit sich und der Welt fertig zu werden. Man hofft auf Katelbach oder weint nach Agnes. Polanski hat das nicht als düsteres Drama, sondern als skurriles Spiel voll makabrer Späße und Symbole angelegt. Das Resümee erscheint dadurch nur noch bitterer.

Cyrano de Bergerac
Cyrano von Bergerac

Frankreich 1989/90

R: Jean-Paul Rappeneau; B: Jean-Paul Rappeneau und Jean-Claude Carrière nach dem gleichnamigen Schauspiel von Edmond Rostand; K: Pierre Lhomme; D: Gérard Depardieu, Anne Brochet, Vincent Perez, Jacques Weber, Roland Bertin

und Albert (J. MG.), die in diesem Versteck auf ihren Boß Katelbach warten wollen. Albert stirbt an den Folgen einer Schußverletzung; Richard übernimmt das Kommando auf der Burg. Aber Katelbach, der Richard aus der Verantwortung der eigenen Entscheidung entlassen und George und Teresa befreien würde, kommt nicht. Angst, Demütigung und die Einsicht in die eigene Unzulänglichkeit lassen George auf die Gewalt schließlich gewalttätig reagieren. Er erschießt Richard. Teresa geht ihm mit einem Playboy (W. F.) durch. Am Ende sitzt George auf einem Felsen am Meer und weint nach seiner ersten Frau, nach Agnes.

Wieder zeigt Polanski Menschen, die in einer Art Haßliebe aufeinander angewiesen sind, so, wie in seinem Kurzfilm *Le gros et le maigre* (Der Dicke und der Dünne) der Unterdrückte nicht ohne seinen Unterdrücker leben konnte. Anfangs machen George und Teresa einander das Leben zur Hölle. Er zwingt ihr seinen Lebensstil auf; sie revanchiert sich, indem sie ihn demütigt und seine Abhängigkeit nutzt, um ihn zu lächerlichen Verkleidungen zu zwingen. Das Auftauchen von Richard und Albert verändert eigentlich nichts, vergrößert nur das Personal für ein neuerliches Katz-und-Maus-Spiel. Und Georges Tat, der Schuß auf Richard, ist eigentlich nur ein Zufall. Ein pessimisti-

Der geistreiche Poet und Fechtkünstler Cyrano (G. D.) ist durch eine übergroße Nase verunstaltet und wagt deshalb nicht, der schönen Roxane (A. B.) seine Liebe zu gestehen. Statt dessen leiht er seine Phantasie und seine Feder dem Schönling Christian de Neuvillette (V. P.), in den Roxane sich vergafft hat. Erst Cyranos poetische Liebesschwüre freilich und die Briefe, die er ihr in Christians Namen schreibt, lassen bei Roxane aus Verliebtheit Liebe werden. Auch Christian erkennt schließlich, daß er nur »Stellvertreter« Cyranos ist; doch er stirbt in der Schlacht, ehe er die Intrige aufdecken kann. Vierzehn Jahre lang betrauert Roxane den Toten, ehe sie am Todestag Cyranos erkennt, wer die Briefe tatsächlich geschrieben und wem in Wahrheit ihre Liebe gegolten hat.

Rappeneau hat es verstanden, Rostands romantisch-ironisches Versdrama werkgetreu und dennoch filmisch zu interpretieren. Er hat die melodramatischen Akzente geschickt in Handlung, in Bewegung, in die Aktion der Kamera und des Schnitts aufgelöst; aber der schwelgerische Aufwand und die turbulenten Aktionen überdecken doch nie die Gefühle und Empfindungen, Freud und Leid des verzweifelt liebenden Cyrano, den Gérard Depardieu mitreißend verkörpert. So entstand eine stilvolle Literaturverfilmung, die auch die Verse des Dialogs wie selbstverständlich integriert

und die exemplarisch die Möglichkeit demonstriert, im Kino eine eigene poetische Wirklichkeit zu schaffen.
Die gleiche literarische Vorlage wurde bereits von Michael Gordon verfilmt: *Cyrano de Bergerac* (Der letzte Musketier, USA 1950). José Ferrer gewann für seine Verkörperung der Titelrolle einen »Oscar«; der Film war ein achtbarer Versuch Hollywoods, sich der Poesie Rostands zu nähern. Ferrer spielte die Figur des Cyrano ein weiteres Mal in einem »Mantel-und-Degen«-Film von Abel Gance: *Cyrano et D'Artagnan* (Cyrano und D'Artagnan, Frankreich/Italien/Spanien 1962).

Człowiek na torze
Der Mann auf den Schienen

Polen 1956

R: Andrzej Munk; A: Jerzy Stefan Stawiński und Andrzej Munk nach einer Erzählung von Jerzy Stefan Stawiński; K: Romuald Kropat, Jerzy Wójcik; D: Kazimierz Opaliński, Zygmunt Maciejewski, Zygmunt Zintel

Der pensionierte Lokomotivführer Orzechowski (K. O.) gerät auf freier Strecke unter einen Zug und wird getötet. Eine Untersuchung des Unglücks gibt Auskunft über Schicksal und Charakter des Mannes. Orzechowski war ein barscher, autoritärer, sogar starrköpfiger, aber aufrechter Mann. Vor dem Krieg wurde er als Fachmann anerkannt; nach dem Krieg hatte er Ärger mit der Partei, weil er Mängel und Fehlentscheidungen privat und öffentlich rügte. Schließlich wurde er als »politisch unzuverlässig« vorzeitig pensioniert. Ein Parteifunktionär mag die Möglichkeit nicht ausschließen, Orzechowski sei bei der Vorbereitung eines Sabotageaktes ums Leben gekommen. Die Untersuchung ergibt jedoch im Gegenteil, daß er sein Leben geopfert hat, um ein Zugunglück zu verhüten.
Der Film erzählt seine Geschichte mit nüchternem Realismus, zupackend und direkt. In Kazimierz Opaliński hat Munk einen nahezu idealen Darsteller gefunden. Berühmt wurde der Film aber vor allem durch seine politische Brisanz. Munk verteidigt seinen Protagonisten trotz all seiner Schwächen und Fehler gegen den Totalitätsanspruch der Partei. Viel zitiert wurde die Schlußszene des Films: Der Untersuchungsausschuß hat nach Anhörung aller Zeugen endlich die Wahrheit herausgefunden. Schweigend und bedrückt sitzen die Männer da, bis einer aufsteht und mit den Worten »Es ist stickig hier drin!« ein Fenster öffnet. Diese Anspielung wurde allgemein verstanden. Mit diesem Film begann die Blütezeit des polnischen Films während des sogenannten »polnischen Frühlings«.

Człowiek z marmuru
Der Mann aus Marmor

Polen 1976

R: Andrzej Wajda; A: Aleksander Ścibor-Rylski; K: Edward Kłosiński; D: Jerzy Radziwiłowicz, Krystyna Janda, Tadeusz Łomnicki, Jacek Łomnicki, Michał Tarkowski, Krystyna Zachwatowicz, Piotr Cieślak

Die junge Filmstudentin Agnieszka (K. J.) will mit Unterstützung des Fernsehens ihre Examensarbeit realisieren. Es soll eine Dokumentation über Mateusz Birkut (J. R.) sein, der 1952 »Held der Arbeit« wurde, weil er in einer Schicht 30 000 Ziegel vermauert hat. Merkwürdigerweise gibt es keine Bilder und Denkmäler mehr von Birkut, sein Name ist aus den Annalen getilgt. Agnieszka forscht mit detektivischem Spürsinn und findet Spuren: Birkuts Leistung war eine perfekt inszenierte Propagandaschau, mit der der junge Dokumentarfilm-Regisseur Burski (J. Ł.) den eigenen Ruhm mehren wollte. Der mittlerweile arrivierte Burski (T. Ł.) gibt das freimütig zu. Aber Birkut wurde durch diese Schau zum Nationalhelden. Er reist anschließend durch das Land, um mit »Schau-Mauern« die Arbeitskollegen anzuspornen. Mit dieser Aktivität, die zur Erhöhung der Normen führt, macht er sich Feinde. Bei einer dieser Veranstaltungen wird ihm ein glühender Ziegel gereicht. Birkut verbrennt sich beide Hände und wird Halbinvalide. Man macht ihn zum Gewerkschaftsfunktionär. Auf der Suche nach dem Schuldigen für diesen Sabotageakt verhaftet man Birkuts Freund Witek

Człowiek z marmuru (Jerzy Radziwiłowicz)

(M. T.). Birkut ist von Witeks Unschuld überzeugt, protestiert, verliert seine Privilegien, will den Fall öffentlich diskutieren, wird verhaftet und selbst als Saboteur verurteilt. 1956 werden Witek und Birkut rehabilitiert. Aber während Witek Karriere macht und Industrie-Manager wird, ist Birkuts Leben zerstört. Seine Frau Hanka (K. Z.) hat sich öffentlich von ihm distanziert und sich scheiden lassen. Agnieszka findet sie in Zakopane – als Trinkerin und ausgehalten von einem zwielichtigen Barbesitzer. Nur Birkut ist nicht aufzuspüren. Das nehmen die Verantwortlichen beim Fernsehen zum Anlaß, die Arbeit an dem mittlerweile brisant gewordenen Film einzustellen. Agnieszka setzt die Recherchen auf eigene Faust fort. Sie findet schließlich in Danzig eine Spur – Birkuts Sohn (J. R.). Er berichtet ihr, daß sein Vater tot sei. In der ursprünglichen Fassung des Films wurde deutlich, daß Mateusz Birkut ein Opfer der Arbeiterunruhen im Jahr 1970 geworden war. Das fiel der Zensur zum Opfer; jetzt ist das Ende offen. Man kann aber annehmen, daß Agnieszka sich bemühen wird, ihren Film zu vollenden.

Wajda hat sich dagegen verwahrt, daß der Titel seines Films ironisch gemeint sei. In der Tat ist Mateusz Birkut ein aufrechter Mann gewesen, ein Arbeiter, der aufbauen wollte, der sich später als Funktionär für das Volk eingesetzt hat und der auch durch seine ungerechte Verurteilung nicht verbittert worden ist. Aber dieser aufrechte Mann ist in eine Zeit geboren worden, in der man seine Tugenden ausnutzte, mit seiner Popularität Ausbeutung und Unterdrückung tarnte und ihn abschob, als man ihn nicht mehr gebrauchen konnte. Die Kritik Wajdas an der Vergangenheit ist aber auch ein Stück Selbstkritik. Er sagte dazu in einem Interview: »Im Jahr 1950 bin ich mit Czesław Petelski nach Nowa Huta gefahren, um dort einen Film von der Art zu drehen wie der, der in meinen Streifen *Człowiek z marmuru* eingebaut wurde. Geht mich denn das also nichts an? War ich denn makellos, ohne jeglichen Flecken? Keiner hat mich doch zu dieser Arbeit gezwungen, ich habe mich selbst dazu entschlossen. Und heute will ich darüber erzählen.« Vielleicht macht das seinen Film, den er schon 1962 plante, so überzeugend und so unangreifbar.

Überzeugend wird er auch durch seine Form. Der Kunstgriff, Birkuts Biographie von einem heutigen Filmemacher recherchieren zu lassen, gibt ihm die Möglichkeit, Spuren der damaligen Deformierung auch in der Gegenwart aufzuspüren. Die episodische Erzählstruktur aktiviert den Zuschauer; die Verwendung echter und fiktiver »Dokumentaraufnahmen« zwingt den Betrachter immer wieder zu kritischer Wertung, dazu, das soeben Gezeigte einzuschätzen und die neue Information in das Bild einzufügen, das man sich allmählich von Birkut und seiner Zeit macht. Die Kraft, mit der Wajda disparate Stilelemente zu einer künstlerischen Einheit zusammenfügt, die Intelligenz, mit der er den Faden seiner Geschichte spinnt, und die klarsichtige Redlichkeit, mit der er hier Bilanz zieht, machen diesen Film zu einem wichtigen politischen und künstlerischen Dokument.

Człowiek z żelaza
Der Mann aus Eisen

Polen 1980/81

R: Andrzej Wajda; A: Aleksander Ścibor-Rylski; K: Edward Kłosiński; D: Jerzy Radziwiłowicz, Krystyna Janda, Marian Opania, Andrzej Seweryn, Irena Byrska, Franciszek Trzeciak, Krystyna Zachwatowicz

Fortsetzung des Films *Człowiek z marmuru*: Agnieszka (K. J.) hat auf das Filmemachen verzichtet und ist die Frau von Birkuts Sohn Maciek Tomczyk (J. R.) geworden, der sich in Danzig für die Gründung einer freien Gewerkschaft engagiert. Im August 1980 wird der Rundfunkreporter Winkiel (M. O.) nach Danzig geschickt. Sein Auftrag ist nicht die objektive Berichterstattung; er soll Material beschaffen, mit dem man Tomczyk in der Öffentlichkeit diskreditieren kann. Winkiel beobachtet, macht Interviews, sieht alte Dokumentarfilme.

So erfährt er die Wahrheit: Tomczyk war schon an den Studentenunruhen des Jahres 1968 beteiligt und hatte sich damals mit seinem Vater überworfen, weil die von Mateusz Birkut geführte Arbeiterdelegation den Studenten nicht zu Hilfe kam. Aber als sein Vater 1970 bei den Arbeiterunruhen in Danzig erschossen und an einem unbekannten Ort verscharrt wurde, hatte Tomczyk einen Nervenzusammenbruch erlitten. Nach seiner Entlassung aus einer Klinik hat er sein Studium aufgegeben und ist Arbeiter geworden. Sein Kampf für eine freie Gewerkschaft hat ihm und seiner Familie Unterdrückung und Verfolgung beschert. Aber jetzt scheint der Erfolg nah! Winkiel ist beeindruckt von dem, was er erfahren hat. Dennoch übergibt er sein Material an seinen Kontaktmann, Hauptmann Wirski (A. S.). Doch dann wird er Zeuge des historischen Moments, als die streikenden Arbeiter und eine Regierungsdelegation ein Abkommen unterzeichnen. Telefonisch kündigt er seine Stellung beim Rundfunk. Als er sich jedoch zu den Arbeitern gesellen will, erfährt er, daß die über seine Spitzeldienste mittlerweile informiert sind. Wenig später trifft er den Funktionär Badecki (F. T.), der ihm zynisch erklärt, dieses Abkommen sei juristisch völlig unverbindlich. Tomczyk aber geht zu der Stelle, wo sein Vater erschossen wurde, und legt dort eine Kopie des Abkommens nieder.

Wajda hat erklärt: »Unsere Idee war es, über die Ereignisse des August 1980 aus dem Blickwinkel des August 1980 zu berichten.« Das hat Stil und Charakter seines Films bestimmt: die nervöse Intensität der Bilder, das leidenschaftliche Engagement, das sie transportieren; die mosaikartige Erzählstruktur, die – ähnlich wie in *Człowiek z marmuru* – mit Hilfe von Dokumentaraufnahmen, nachgestellter Realität und Fiktion das Bild einer Zeit beschwört. Wajdas Bemühen, Realität und Fiktion zu verbinden, wird auch deutlich, wenn er ganz bewußt den Arbeiterführer Lech Wałęsa nicht nur in Dokumentaraufnahmen, sondern auch in Spielszenen auftreten läßt.

Trotz kleiner dramaturgischer Unebenheiten, die sich wohl daraus erklären, daß die Dreharbeiten gleichsam parallel zu den politischen Ereignissen stattfanden, ist der Film von bemerkenswerter künstlerischer Kraft.

D

Dahong denglong gaogao gua
Rote Laterne

Hongkong / VR China 1991

R: Zhang Yimou; A: Ni Zhen nach einer Erzählung von Su Tong; K: Zhao Fei; D: Gong Li, Ma Jingwu, He Caifei, Kong Lin, Cao Cuifeng

Dahong denglong gaogao gua (He Caifei)

Nach dem Tod ihres Vaters bricht die nun mittellose Songlian (G. L.) ihr Studium ab und nimmt den Antrag von Herrn Chen (M. J.) an, seine »vierte Ehefrau« zu werden. Chen ist reich und mächtig. Er kann es sich leisten, jeder seiner vier Frauen in seinem Palast ein eigenes Haus bereitzustellen. Abends entzünden seine Diener rote Laternen vor dem Haus der Frau, mit der der Herr die Nacht verbringen will. Die Intrigen und die sinnlosen Rituale in dieser unmenschlichen Welt zermürben Songlian sehr bald. Sie versucht, sich im Konkurrenzkampf der Frauen einen entscheidenden Vorteil zu verschaffen, indem sie eine Schwangerschaft vortäuscht; doch die Dienerin Yan'er (K. L.) durchschaut die Täuschung und verrät Songlian an Zhuoyun (C. C.), die »zweite Frau«. Songlian fällt in Ungnade. Wutentbrannt rächt sie sich so grausam an der Dienerin, daß diese an den Folgen der verhängten Strafe stirbt. Und noch einen weiteren Todesfall verursacht sie: Im Rausch plaudert sie aus, daß Meishan (H. C.), die »dritte Frau«, eine Affäre mit ihrem Arzt hat. Herr Chen läßt die untreue Frau von seinen Dienern töten. Songlian, die den Mord zufällig beobachtet, verliert darüber den Verstand. Für sie muß »Ersatz« geschaffen werden; und so betritt am Ende eine neue Frau den Palast.

Ein großes Melodram, das aber nicht nur auf schrankenlose Emotionalität vertraut. So wie in Zhang Yimous Erstlingsfilm *Hong gaoliang* (Rotes Kornfeld, VR China 1988) werden auch hier durch das Schicksal einer jungen Frau soziale Strukturen der Feudalzeit und Mechanismen der Gesellschaft verdeutlicht. Diesmal allerdings fehlt der historische Hintergrund, da die Handlung ganz in der Abgeschiedenheit und Künstlichkeit des riesigen Palastes angesiedelt ist. Dies nutzt der Regisseur virtuos, um seine Protagonistin gleichsam einzuschließen in dunkle Zimmer, zwischen hohe Wände, unter strenge Linien. Diese Bilder signalisieren das Schicksal Songlians, längst ehe es sich erfüllt hat.

Dama s sobatschkoi
Die Dame mit dem Hündchen

UdSSR 1960

R: Jossif Cheifiz; A: Jossif Cheifiz nach einer Erzählung von Anton Tschechow; K: Andrej Moskwin, Dmitri Meszchijew; D: Ija Sawwina, Alexej Batalow

Die Liebesbegegnung zweier Menschen, die beide in einer unerfüllten Ehe leben, so daß für den Beamten aus Moskau (A. B.) und die ein-

same Frau (I. S.) aus der Provinz nur kurze Stunden eines geborgten Glücks bleiben, ehe sie sich endgültig trennen.
Cheifiz hat dieses stille Drama aus der Zeit um die Jahrhundertwende in liebevoller Detailschilderung gestaltet und dabei psychologische Reaktionen genauso sorgfältig geschildert wie gesellschaftliche Verhältnisse und Zwänge. Der kunstvoll stilisierte, an äußerem Geschehen arme Film ist bemerkenswert auch in der Konsequenz, mit der hier das Milieu eines dekadenten, aber nie karikierten Bürgertums gezeichnet wird. Ingmar Bergman urteilte: »Dieser Film ist Duft und Licht, Wärme und Kälte ... Er ist wie ein Glas frisches Quellwasser.«

Les dames du Bois de Boulogne
Die Damen vom Bois de Boulogne

Frankreich 1944/45

R: Robert Bresson; A: Robert Bresson und Jean Cocteau nach Motiven des Romans *Jacques le Fataliste* von Denis Diderot; K: Philippe Agostini; D: Paul Bernard, Maria Casarès, Elina Labourdette

Hélène (M. C.) und Jean (P. B.) sind ein modernes Liebespaar. Sie haben sich versprochen, es nicht zu verbergen, wenn einer von ihnen fühlt, daß seine Liebe vergeht. Aber als Jean dieses Geständnis eines Tages tatsächlich macht, ist Hélène tief getroffen. Um sich an Jean zu rächen, verbirgt sie ihre Gefühle und bringt ihn mit Agnès (E. L.), einem Mädchen von zweifelhaftem Ruf, zusammen, das auf Hélènes Geheiß die unnahbare Dame spielen muß. Wunschgemäß verliebt sich Jean in die schöne Agnès. Gegen ihren Widerstand, denn auch sie hat sich in Jean verliebt, überredet er sie zur Heirat. Am Hochzeitstag enthüllt Hélène ihm die Wahrheit über seine Frau. Jean ist verzweifelt; doch seine Liebe ist größer als seine Verzweiflung und sichert das gemeinsame Glück.
Die gleiche Episode aus Diderots Roman hat schon Carl Sternheim zu seinem Schauspiel *Die Marquise von Arcis* inspiriert. Bresson hat jedoch die Handlung in die Gegenwart transponiert. Bei ihm treten die gesellschaftskritischen Akzente in den Hintergrund; er zeigt Menschen, die sich an das Leben verloren haben und die durch die Kraft der Liebe wie durch einen Akt der Gnade erlöst werden. Formal kündet sich hier schon der strenge, karge Bildstil an, den Bresson in seinen späteren Filmen verwirklicht hat.

Dance of the vampires / The fearless vampire killers
Tanz der Vampire

England 1966

R: Roman Polanski; A: Roman Polanski, Gérard Brach; K: Douglas Slocombe; D: Roman Polanski, Jack MacGowran, Sharon Tate, Ferdy Mayne, Iain Quarrier

Professor Abronsius (J. MG.) von der Universität Königsberg und sein Adlatus Alfred (R. P.) machen in den Karpaten Jagd auf Vampire. Nachdem er sich der schönen Wirtstochter Sarah (S. T.) im Bade unziemlich genähert hat, wird Graf Krolock (F. M.) als ein solches Unwesen identifiziert. Doch die Versuche, ihn und seinen Anhang durch sachgerechtes Pfählen unschädlich zu machen, mißlingen. Statt dessen hat Alfred einige Mühe, sich der Nachstellungen Herberts (I. Q.), des homosexuellvampirischen jungen Herrn Krolock, zu erwehren. Immerhin gelingt es Abronsius und Alfred, bei einem großen Mitternachtsball der Vampire die schöne Sarah zu retten. Frohgemut fährt Abronsius mit einem Pferdeschlitten von dannen. Er sieht nicht, daß hinter seinem Rücken Sarah, längst vampirisch infiziert, ihre Zähne in Alfreds Hals schlägt.
Polanski gewinnt dem Vampir-Film neue Wirkungsmöglichkeiten ab, indem er Charaktere und Situationen der üblichen Filme dieses Genres einfallsreich und phantasievoll variiert. Da wird aus dem stereotypen Professor ein kauziger Ostpreuße, der zu Vampir-Jagden aufbricht wie seine Kollegen zur Afrika-Safari. Statt des weiblichen Blutsaugers, der sonst den Helden der Geschichte in Versuchung führt, präsentiert Polanski einen homosexuellen Vampir. Und der Schluß ist von durchaus hintergründiger Ironie: Ausgerechnet der Profes-

Dancer in the dark (Björk)

sor erfüllt den Plan des Grafen und trägt das Böse in die weite Welt. Das Schicksal der Wissenschaft?
Bei alledem hat Polanski es verstanden, Nervenkitzel, Gruseleffekte und Humor in ein ausgewogenes Verhältnis zu bringen. Auch formal, in der Farbgebung und dem abgewogenen Rhythmus u. a., ist dies ein bemerkenswerter Film.

Dancer in the dark
Dancer in the Dark

Dänemark/Schweden/Finnland/Norwegen/Island/Frankreich/USA/BRD/Niederlande 2000

R: Lars von Trier; A: Lars von Trier; K: Robby Müller, Lars von Trier; D: Björk, Catherine Deneuve, David Morse, Peter Stormare, Jean-Marc Barr, Cara Seymour, Vladica Kostic, Joel Grey

Selma (B.), eine Immigrantin aus der Tschechoslowakei, lebt Mitte der sechziger Jahre mit ihrem zehnjährigen Sohn Gene (V. K.) am Stadtrand von Washington – in einem Wohnwagen auf dem Grundstück von Bill (D. M.) und Linda (C. S.). Sie arbeitet in einer Fabrik, übernimmt Sonderschichten und Nebenjobs und legt jeden Dollar beiseite. Denn Selma hat ein Geheimnis: Weil sie an einer Erbkrankheit zu erblinden droht, spart sie für eine Operation, die Gene das gleiche Schicksal ersparen soll. Niemand außer ihrer Freundin Kathy (C. D.) darf von ihrer Behinderung wissen, da sie sonst ihren Job verlieren würde. Eines Tages vertraut Bill ihr unter dem Siegel der Verschwiegenheit an, daß er hoch verschuldet ist, weil Linda über ihre Verhältnisse lebt. Da erzählt sie ihm auch von ihren Problemen. Bill fleht sie an, ihm das ersparte Geld zu leihen, weil er sonst sein Haus verlöre. Selma lehnt ab, das Geld gehöre schließlich Gene. Dann aber bricht alles über ihr zusammen. Sie verliert ihren Job, das Geld ist aus dem Küchenschrank verschwunden. Sie geht zu Bill, der gerade dabei ist, ihr Geld in seine Geldkassette zu legen. Es gibt einen Streit, Panikreaktionen. Voller Scham und Reue bittet Bill sie, ihn zu töten; und am Ende ist er wirklich tot. Selma nimmt das Geld und bringt es in die Klinik, wo sie es für Gene hinterlegt. Dann wird sie verhaftet

Dances with wolves (Kevin Costner, Graham Greene)

und angeklagt. Sie hat wenig zu ihrer Verteidigung zu sagen, denn sie hat Bill versprochen zu schweigen. So wird sie zum Tode verurteilt. Ihre Freunde treiben einen Anwalt auf, der sicher ist, eine Revision zu erreichen. Aber er verlangt ihre Ersparnisse als Honorar. Wieder muß sie ablehnen. Und so sieht man am Ende mit quälender Deutlichkeit, wie Selma durch den Strang hingerichtet wird.

In diese Kernhandlung sind weitere Motive hineingewoben: Jeff (P. S.) wirbt vergeblich um Selma; die probt bei einer Laienbühne für das Musical »The Sound of Music« und erträumt sich den einst berühmten Tänzer Oldrich Novy (J. G.) als Vater. Der Film erzählt diese komplexe Geschichte in einer atemberaubenden Mischung aus Melodrama, realistischer Schilderung und Musical. Da wogen die großen Gefühle und drücken die Probleme des Alltags. Wenn es besonders schlimm kommt, verwandeln sich für Selma die Alltagsgeräusche in Musik (Kompositionen: Björk) und ihre Umwelt wird zur Musical-Bühne; denn Selma liebt Musicals – auch deshalb, »weil in Musicals niemals etwas Schreckliches passiert«. Und so geschieht es, daß in der Fabrikhalle, in fahrenden Zügen und selbst im Gerichtssaal die Menschen einfach zu tanzen beginnen. Lars von Trier hat diese Szenen in einem komplizierten Verfahren mit 100 Videokameras gleichzeitig aufgenommen und dann virtuos montiert. Am Ende holt die Wirklichkeit Selma dennoch ein. Sie stirbt am Übermaß ihrer Liebe – so wie Bess in dem Film *Breaking the waves*. Auch sie hatte sich für einen geliebten Menschen geopfert. Aber dort stand am Ende die Gewißheit, daß das Opfer angenommen worden war; hier muß man sich mit der Hoffnung begnügen.

Dances with wolves
Der mit dem Wolf tanzt

USA 1989/90

R: Kevin Costner; A: Michael Blake nach seinem gleichnamigen Roman; K: Dean Semler; D: Kevin Costner, Mary McDonnell, Graham Greene, Floyd Red Crow Westerman, Rodney A. Grant

Im Delirium reitet der Leutnant Dunbar (K. C.) im amerikanischen Bürgerkrieg eine sinnlose

Attacke, deren Pathos gleichwohl seine Kameraden elektrisiert und das Schlachtenglück wendet. Zur Belohnung darf er seinen nächsten Einsatz selbst bestimmen; er entscheidet sich für einen »verlorenen Posten« weit draußen im Westen. Sein Pferd und ein junger Wolf, der sich ihm zögernd nähert, sind seine einzigen Gefährten; denn seine Nachbarn, die Sioux, meiden jeden direkten Kontakt mit ihm. Dieser Kontakt entsteht erst, als er einer jungen Frau (M. MD.) das Leben rettet und sie in das Indianerdorf zurückbringt. Dunbar empfindet schnell Sympathien für die Sioux. Er respektiert ihre Lebensweise und lernt mit Hilfe der geretteten Frau – einer Weißen, die als Kind von dem Stamm adoptiert wurde – ihre Sprache. In »Strampelnder Vogel« (G. G.) findet er einen weisen und gütigen Freund. Als das Dorf, in dem sich Dunbar längst heimisch fühlt, von räuberischen Pawnees überfallen wird, überläßt er den Sioux Armeegewehre und rettet so ihr Leben. Nun betrachtet man ihn gleichsam als Stammesmitglied und erlaubt ihm auch die Heirat mit »Steht mit einer Faust«, der Frau, die er einst gerettet hat. Doch dann tauchen Soldaten in dem kleinen Außenposten auf und nehmen den vermeintlichen Deserteur gefangen. Zwar befreien ihn die Sioux und verbergen ihn in ihrem Winterlager; aber Dunbar verläßt mit seiner Frau den Stamm, um seine Freunde nicht der Rache der Armee auszusetzen. In der letzten Einstellung verschwindet das einsame Paar in der verschneiten Einöde.

Kevin Costner ist mit seinem Regie-Debüt ein sensationeller Erfolg bei der Kritik und an der Kasse gelungen. Mit großer Sorgfalt hat er ein von Respekt und Sympathie geprägtes Dokument geschaffen, in dem – erstmals in der Geschichte Hollywoods – nicht nur die Requisiten stimmen, sondern in dem auch alle Indianer von echten »native Americans« gespielt werden, in dem sie ihre eigene Sprache sprechen und in dem sie ihre Identität als legitime Ureinwohner Amerikas selbstbewußt vertreten können. Darüber hinaus ist dies aber auch ein Epos von großer künstlerischer Kraft geworden, mit dem wider alle Unkenrufe der Experten das Genre des Westerns erfolgreich neu belebt wurde. Der überlange Film (190 Min.), in dem es gleichwohl kaum Längen gibt, wurde mit sieben »Oscars« (darunter: bester Film, beste Regie, bestes Drehbuch, beste Kamera) ausgezeichnet.

Später kam noch eine um rund 45 Minuten längere »special edition« in die Kinos, in der vor allem der atmosphärische Hintergrund der Handlung und die Psychologie einiger Figuren noch plastischer gezeichnet sind.

Danton ⓢ

Deutschland 1921

R: Dimitri Buchowetzki; A: Dimitri Buchowetzki frei nach dem Schauspiel *Dantons Tod* von Georg Büchner; K: Arpád Virágh; D: Emil Jannings, Werner Krauß, Ferdinand von Alten, Eduard von Winterstein

Zeitgenössische Kritiken rühmten, dieser Film sei »in ziemlich gerechter Anlehnung« an Büchners Drama *Dantons Tod* entstanden. Aber vom Geist Büchners ist in ihm wenig zu spüren. Er reduziert die Französische Revolution auf den Machtkampf zwischen dem sinnenfroh-sympathischen Danton (E. J.) und dem kalten Verstandesmenschen Robespierre (W. K.), dessen Handlungsweise deutlich mitbestimmt wird vom Neid auf die größere Beliebtheit seines Rivalen. Krauß verstärkt diesen Eindruck noch durch eine verblüffende Maske, die ihn wie ein fischblütiges Monstrum erscheinen läßt. In der entscheidenden Szene vor dem Tribunal scheint Danton zu siegen; das Volk jubelt ihm zu. Aber Robespierre läßt das Gerücht verbreiten, es würden Lebensmittel verteilt. Der Saal leert sich, und das Gericht kann sein Urteil gegen Danton fällen.

Immerhin ist der Film – auch in den Massenszenen – lebendig inszeniert, wenn auch die virtuosen darstellerischen Leistungen von der Regie nicht überzeugend integriert wurden. Sie wirken stellenweise wie aufgesetzte Kabinettstücke.

Danton

Deutschland 1930

R: Hans Behrendt; A: Heinz Goldberg, Hans J. Rehfisch; K: Nikolaus Farkas; D: Fritz Kortner, Gustaf Gründgens, Lucie Mannheim, Alexander Granach, Gustav von Wangenheim

Ähnlich wie einige Jahre zuvor Dimitri Buchowetzki (*Danton*) baut auch Behrendt seinen Film ganz auf den Gegensatz zwischen Danton (F. K.) und Robespierre (G. G.) auf. Danton erscheint als Pragmatiker, der sich unter dem Eindruck der politischen Ereignisse vom blutrünstigen Jakobiner zum aufgeschlossenen, nationalbewußten Patrioten wandelt; Robespierre bleibt der eiskalte und skrupellose Ideologe, der mit Gewalt den Gerichtssaal räumen läßt, um das Todesurteil gegen Danton durchsetzen zu können.

Auch Behrendt zeichnet die Revolution mit offenbaren Vorbehalten. Bezeichnend dafür ist eine kleine Nebenhandlung: Ein armer Greis präsentiert den Großen der Revolution nacheinander ein vom König unterschriebenes Papier, das ihm eine Rente zusichert; aber keiner weiß zu sagen, wer diese Rente nun zahlen soll. Fazit: Der kleine Mann hat nichts von der Revolution, im Gegenteil ...

The day after
The Day After

USA 1983

R: Nicholas Meyer; A: Edward Hume; K: Gayne Rescher; D: Jason Robards, William Allen Young, Lori Lethin, JoBeth Williams, Steven Guttenberg

Amerikanischer Alltag in und um Kansas City wird zunächst gezeigt, Durchschnittsfamilien werden vorgestellt. Im Hintergrund, in Radio und Fernsehen, hört man gleichsam beiläufig Nachrichten über politische Verwicklungen in Mitteleuropa, über sowjetische Flugzeuge, die den Luftraum der Bundesrepublik Deutschland verletzen. Allmählich schälen sich einige Bezugspersonen heraus: u. a. der Arzt Dr. Russell Oakes (J. R.), der farbige Soldat Billy McCoy (W. A. Y.), das Mädchen Denise Dahlberg (L. L.), das am nächsten Tag heiraten will. Doch dieser nächste Tag ist schon »der Tag danach«. Plötzlich heulen die amerikanischen Raketen in den Himmel und kreuzen sich irgendwo mit den russischen Raketen, wachsen die Atompilze über den amerikanischen Städten. Die Überlebenden vegetieren dahin, ohne Nahrung, ohne ausreichende medizinische Versorgung, ohne Hoffnung. In einem Transistor-Radio hören sie von weit her und verzerrt eine Botschaft des amerikanischen Präsidenten, der mitteilt, daß die Nation überlebt habe. Sie wissen es besser ...

Ein amerikanischer Fernseh-Film, mittelmäßig in seiner Gestaltung, aber in vielen Ländern überdurchschnittlich erfolgreich. Regisseur Meyer vertraute ganz auf die üblichen Hollywood-Rezepte, seine Dramaturgie ist aus vielen »Katastrophen-Filmen« bekannt, und im letzten Drittel erkennt man Kulissen und Schminke allzu deutlich. Ein paar Szenen allerdings machen betroffen: wenn ein Soldat mit einem Knopfdruck eine Rakete startet und dann feststellt, daß damit der Krieg für ihn beendet ist, wenn sich in einer friedlichen Landschaft plötzlich die Schächte der Raketensilos öffnen und zwischen grasenden Kühen die Atomraketen in die Luft jagen. Solche absurden Einfälle kommen der Realität eines Atomkrieges sicherlich näher als der Versuch, das Inferno tricktechnisch zu bewältigen.

Dead man walking
Dead Man Walking – Sein letzter Gang

USA 1995

R: Tim Robbins; A: Tim Robbins nach der gleichnamigen Autobiographie von Helen Prejean; K: Roger Deakins; D: Susan Sarandon, Sean Penn, Robert Prosky, Raymond J. Barry, R. Lee Ermey

Die katholische Ordensschwester Helen Prejean (S. S.) erhält im Jahr 1981 einen Brief des Häftlings Matthew Poncelet (S. P.), der in der Todeszelle auf seine Hinrichtung wartet und sich von der Intervention einer Nonne wohl Chancen für eine Begnadigung erhofft. Helen antwortet dem Mann, besucht ihn auf seine Bitte hin im Gefängnis und verändert damit ihr Leben. Sie ist schockiert von den unmenschlichen Lebensbedingungen der Häftlinge und der Gleichgültigkeit des Gefängnispersonals. Aber sie ist auch verstört durch die Begegnung mit Poncelet, der ohne wirkliche Reue von seiner furchtbaren Tat spricht: Er hat mit einem Komplizen ein junges Paar überfallen, das Mädchen brutal vergewaltigt und beide erschossen. Die zutiefst bürgerlich-konservativ geprägte Nonne willigt schließlich ein, dem Todgeweihten beizustehen. Aber sie besucht auch die Angehörigen der Opfer und wird Zeuge ihrer grenzenlosen Trauer und Verzweiflung. Am Ende begleitet sie Matthew Poncelet auf seinem letzten Gang, als die Wärter ihn mit dem Ruf »Dead Man Walking« zur Exekution führen. Beider Blicke sind ineinander verschränkt, als die Giftspritze zu wirken beginnt.

Ein intelligenter und ehrlicher Film, der seine zwar fiktive, aber aus den Fakten mehrerer Fälle gleichsam destillierte Geschichte auf angemessene Weise erzählt. Ihm geht es nicht um Nervenkitzel und oberflächliche Emotionen; er will zeigen, wie komplex das Thema Todesstrafe ist, will die Zuschauer anregen, die genau beobachteten Details zu ordnen und selbst zu bewerten. Deshalb zeichnet er den Täter, der unversehens zum Opfer geworden ist, als wenig sympathisches Individuum – aber eben als Individuum. Er zeigt die routinehaften Vorbereitungen für die Hinrichtung, die in ihrer mechanischen Alltäglichkeit erschreckend inhuman erscheinen. Aber er nimmt auch die Bedenken derer ernst, die meinen, daß nur diese »ultima ratio« die Gesellschaft schützen könne. Daß den meisten Zuschauern am Ende die amtlich verordnete Tötung eines Menschen zutiefst fragwürdig erscheint, ist dennoch wohl beabsichtigt. Tim Robbins hat als Autor und Regisseur gute Arbeit geleistet. Er zeigt Emotionen, ohne sentimental zu werden; und er inszeniert Gedanken, ohne belehrend zu wirken. Wesentlichen Anteil am Gelingen haben auch die Hauptdarsteller. Verdientermaßen erhielten für diesen Film Susan Sarandon einen »Oscar« und Sean Penn einen »Goldenen Bären« in Berlin.

Dead poets society
Der Club der toten Dichter

USA 1989

R: Peter Weir; A: Tom Schulman; K: John Seale; D: Robin Williams, Robert Sean Leonard, Ethan Hawke, Josh Charles, Gale Hansen, Kurtwood Smith, Norman Lloyd

Ende der fünfziger Jahre. An der konservativ-elitären Welton Academy beginnt ein neues Schuljahr. John Keating (R. W.), selbst ehemaliger Welton-Schüler, bringt als neuer Englischlehrer frischen Wind in die verstaubten Lehrpläne. Er will nicht nur Wissen vermitteln; die Beschäftigung mit Literatur birgt für ihn auch die Möglichkeit, eigenes Denken zu fördern. Die Schüler sind begeistert. Eifrig betreiben sie die »Wiederbelebung« des »Clubs der toten Dichter«, dem Keating als Schüler angehört hatte. Seine Mitglieder treffen sich heimlich in einer abgelegenen Höhle, um sich gegenseitig ihre Lieblingsgedichte und auch eigene Verse vorzulesen. Aber sie reden auch über ihre Probleme – über Neil Perrys (R. S. L.) Liebe zum Theater, über Todd Andersons (E. H.) Schüchternheit, über Knox Overstreets (J. C.) Liebesaffäre und über Charlie Daltons (G. H.) aufmüpfige Ideen, die den Grundprinzipien der Schule – »Tradition, Ehre, Disziplin, Leistung« – ziemlich widersprechen. Doch auf die Dauer sind die Vorstellungen Keatings und seiner Schüler mit dem autoritären Schulsystem nicht vereinbar. Zur Katastrophe kommt es, als Neil Perry, der nach dem Willen seines Vaters Arzt werden soll, in einer Inszenierung des Sommertheaters eine Rolle übernimmt. Mr. Perry (K. S.), der Neils Wunsch, Schauspieler zu werden, schon vorher strikt abgelehnt hatte, ist empört. Zur Strafe will er seinen Sohn auf eine Militär-Akademie schicken. Verzweifelt erschießt sich der Junge. Für diesen skandalösen Zwischenfall braucht man natürlich einen Sündenbock. Der Direktor (N. L.) findet ihn in John Keating und seinen Ideen. Keating wird entlassen, nachdem seine Schüler sich unter Druck von ihm distanziert haben. Aber mit einer spontanen Demonstration beweisen sie ihm, daß der Geist, den er entzündet hat, weiterlebt.

Dead poets society

Der Film beginnt wie eine der üblichen Internatsgeschichten und gewinnt dann zunehmend Dichte und neue Dimensionen. Am Ende steht ein demonstratives Bekenntnis zur Kraft und zur Freiheit des Geistes, dessen verhaltenes Pathos während des ganzen Films behutsam aber konsequent vorbereitet wird. Basis dieser eindringlichen Studie ist ein vorzügliches Drehbuch. Peter Weir hat diese Vorlage in schöne und zugleich aussagekräftige Bilder transponiert, seine Bildmetaphern treiben die Handlung gleichsam unmerklich voran. Das *Time Magazine* meinte, der Film verdiene »Aufmerksamkeit, Respekt und schließlich Dankbarkeit«.

Decision before dawn
Entscheidung vor Morgengrauen

USA 1950

R: Anatole Litvak; A: Peter Viertel nach dem Roman *Call it treason* von George Howe; K: Frank Planer; D: Richard Basehart, Oskar Werner, Hans Christian Blech, Hildegard Knef, Wilfried Seyferth, O. E. Hasse

Leutnant Rennick (R. B.) erhält einen Sonderauftrag: Mit den beiden deutschen Kriegsgefangenen »Happy« (O. W.) und »Tiger« (H. C. B.) soll er hinter den deutschen Linien erkunden, welche Kommandostellen eventuell zur Kapitulation bereit sind. »Happy« hat sich aus Überzeugung für diesen Auftrag gemeldet, nachdem er miterlebt hat, wie man im Gefangenenlager einen Kameraden vor ein »Kriegsgericht« gestellt und getötet hat; »Tiger« macht aus Berechnung mit, weil er am Sieg der Alliierten nicht zweifelt. »Happy« hat Erfolg, wird aber von dem SS-Mann Scholtz (W. S.) verdächtigt, der Hilde (H. K.) beauftragt, ihn zu überwachen. Trotzdem schlägt er sich nach Mannheim durch, wo ein Treffen mit Rennick und »Tiger« vereinbart ist. Er trifft die beiden und erfährt, daß ihr Sender beschädigt ist; sie müssen also ihre Informationen selbst zurückbringen. Am Rheinufer flieht »Tiger«. Rennick erschießt ihn und alarmiert damit die Posten. »Happy« erkennt, daß er nicht die Kraft haben wird, den Rhein zu durchqueren. Er ergibt sich und lenkt damit die Aufmerksamkeit von Rennick ab, der das andere Ufer erreicht.

Der Film hat sein Thema konsequent behandelt und das Milieu und die Atmosphäre der letzten Kriegstage meist überzeugend getroffen. Es gibt wirkungsvolle Szenen: Wenn Oberst von Ecker (O. E. H.), der kurz vor Kriegsende noch einen »Deserteur« hinrichten läßt, dem Sanitäter »Happy«, der ihm bei einem Herzanfall geholfen hat, zuprostet »Auf unser Land!«, dann wird das Problem des Films deutlich. Wenn »Happy« mit seinen Eltern telefonieren will und, als die Verbindung hergestellt ist, kein Wort zu sagen wagt, um sie nicht zu gefährden, dann spürt man die Angst und Unsicherheit jener Zeit.

The defiant ones
Flucht in Ketten

USA 1958

R: Stanley Kramer; A: Nathan E. Douglas (Pseudonym für Nedrick Young), Harold Jacob Smith; K: Sam Leavitt; D: Sidney Poitier, Tony Curtis, Cara Williams

Zwei Sträflingen, einem Farbigen (S. P.) und einem Weißen (T. C.), gelingt die Flucht aus einem Arbeitslager. Aber sie sind durch eine Kette aneinandergefesselt; und ihre Situation wird dadurch erschwert, daß »Joker« Jackson den »Nigger« Noah verachtet. Zunächst mißlingen alle Versuche, die Kette zu sprengen; und in der gemeinsamen Gefahr kommen beide Flüchtlinge sich näher. Als sie schließlich voneinander befreit sind, opfern sie sich jeweils für den anderen: Joker folgt Noah, als die Frau (C. W.), die mit ihm fliehen und ein neues Leben beginnen will, Noah in den Sumpf schickt, um einen lästigen Mitwisser loszuwerden; und Noah springt von dem rettenden Zug ab, als Joker die Kraft fehlt, den Zug zu erreichen. Gemeinsam erwarten sie das Suchkommando.
Ein wohlmeinender Film, der in Einzelheiten auch realistisch und spannend gestaltet und durchweg gut gespielt ist. Insgesamt wirkt aber die Dramaturgie zu schematisch. Das begrüßenswerte Engagement gegen den Rassenhaß wird allzu lehrhaft abgehandelt.

La dentellière
Die Spitzenklöpplerin

Schweiz/Frankreich/BRD 1977

R: Claude Goretta; A: Claude Goretta und Pascal Lainé nach dem gleichnamigen Roman von Pascal Lainé; K: Jean Boffety; D: Isabelle Huppert, Yves Beneyton, Florence Giorgetti, Monique Chaumette, Annemarie Düringer

Beatrice (I. H.), die von ihren Freundinnen »Pomme« genannt wird, ist Lehrling in einem Frisiersalon in Paris. Als ihre lärmend-lebenslustige Freundin Marylène (F. G.) Liebeskummer hat, überredet sie Pomme zu einem gemeinsamen Urlaub in Cabourg. Hier findet Pomme sich bald allein, weil Marylène sich schnell getröstet hat. Doch dann wird Pomme von François (Y. B.), einem schüchternen Studenten, angesprochen. Ihrer beider Schüchternheit ebnet ihnen seltsamerweise den Weg zur Liebe, die für François eine angenehme Gefühlsregung, für Pomme aber eine alles verändernde Kraft ist. Sie fahren nach Paris zurück. Pomme zieht zu François in seine Studentenbude und führt ihm den »Haushalt«. Aber schon bald spürt François die Mißbilligung seines Verhältnisses durch seine intellektuellen Freunde und seine elegante Mutter (M. C.). Er ist zu schwach, um diesen Einflüssen zu widerstehen und verläßt Pomme. Sie klagt nicht, sie versucht nicht, ihn zurückzugewinnen, sie ist wie leblos; und ihr Körper protestiert stumm, indem er sich weigert zu essen. So endet Pomme in einer Nervenklinik. Am Schluß erscheint ein Insert, auf dem es u. a. heißt:»Ein Maler von früher hätte sie zum Gegenstand eines Genre-Bildes gemacht. Er hätte sie als Wäscherin dargestellt, als Wasserträgerin – oder als Spitzenklöpplerin.«
Goretta hat in den Mittelpunkt seiner Filme immer wieder einfache Menschen gestellt, die ihren Part im Leben widerstrebend oder glücklos spielen, die einsam und zerbrechlich sind. Einer dieser Menschen ist auch Pomme. Man könnte sie auch mit den Blumen vergleichen, die nur einmal blühen. Die Begegnung mit François hat alle Liebesfähigkeit entfacht, die in ihr schlummerte; aber François war nicht einmal fähig, dieses Maß an Liebe zu erkennen, geschweige denn, es zu erwidern. Und als ihre Liebe zerbrochen war, da blieb nichts mehr übrig in Pomme, was ihr die Kraft zum Weiterleben hätte geben können.
Goretta hat das mit großem Feingefühl geschildert, wobei die Intensität der Empfindungen sich niemals spektakulär und effektvoll äußert. Die leise, beharrliche Kraft von Pommes Liebe wird vielmehr – ganz angemessen – in kleinen Gesten, in Blicken, in bezeichnenden Details deutlich. Isabelle Huppert war dafür eine ideale Darstellerin, die die

große Geste ebenso vermied wie die Larmoyanz. Ihre Pomme ist von einer verblüffenden Selbstverständlichkeit.

The departed
Departed – Unter Feinden

USA 2006

R: Martin Scorsese; A: William Monahan nach dem Drehbuch zu *Infernal Affairs* (Infernal Affairs – Die achte Hölle, Hongkong 2002) von Alan Mak und Felix Chong; K: Michael Ballhaus; D: Jack Nicholson, Leonardo DiCaprio, Matt Damon, Mark Wahlberg, Martin Sheen, Ray Winstone, Vera Farmiga, Alec Baldwin

Gangsterboß Frank Costello (J. N.) ist der unangefochtene Herrscher in einem tristen Einwanderer-Viertel von Boston. Eines Tages wird er in einem Geschäft, in dem er gerade Schutzgeld erpreßt hat, auf den vaterlosen Colin Sullivan aufmerksam. Er beschenkt den Jungen mit Lebensmitteln und Geld und nimmt ihn fortan unter seine Fittiche. Die Investition lohnt sich. Der heranwachsende Colin (M. D.) gedeiht prächtig, wird zum Musterschüler auf der Polizeischule und anschließend in die Eliteeinheit aufgenommen, die man gegründet hat, um Frank Costello das Handwerk zu legen. Natürlich hält er seinen »Ersatz-Vater« Frank nun auf dem Laufenden über alle gegen ihn gerichteten Aktivitäten. Aber auch diese Einheit hat ihren »Maulwurf« in den Reihen des Gegners: Billy Costigan (L. DC.), ein aufmüpfiger Polizeischüler, der aus dem gleichen Milieu wie Colin stammt, wird mit einer wasserdichten Gangster-Legende ausgestattet, sogar für ein paar Monate ins Gefängnis geschickt; und dann in Costellos Gang eingeschleust. Nur Captain Queenan (M. S.) und Sergeant Dignam (M. W.) kennen seine wahre Identität. Beide Seiten wähnen sich nun im Vorteil. Aber es dauert nicht lange, bis es beiden dämmert, daß der Gegner gleichgezogen hat. Es kommt zum erbitterten Kleinkrieg, in dem beide »Maulwürfe« versuchen, die eigene Identität zu verschleiern und die des Gegenspielers zu entlarven. Captain Queenan wird ein Opfer dieses tödlichen Spiels. Zusätzlich kompliziert wird die Lage dadurch, daß Colin sich in die Polizei-Psychologin Madolyn (V. F.) verliebt, bei der Billy als Teil seiner Tarnung ein »Bewährungs-Programm« absolviert. Und zu allem Überfluß mischt sich auch noch das FBI ein, dem Frank Costello als Informant dient. Es kommt zum »Crash«. Billy steigt aus

*The departed
(Jack Nicholson, Matt Damon)*

und will nur eines – seine wahre Identität zurück. Colin aber will unbedingt seine falsche Identität behalten und im Polizeidienst Karriere machen; dafür geht er buchstäblich über Leichen. Doch just als er sich am Ziel wähnt, steht er unversehens Sergeant Dignam gegenüber ...

Nicht der Film *Infernal affairs*, sondern sein chinesisches Original-Drehbuch diente als Vorlage für diese Neu-Verfilmung. Es lag Autor Monahan in einer Übersetzung vor, und er hat sich vergleichsweise eng an diese Vorlage gehalten. Scorsese hat dann die Handlung, die Motive, die psychologischen und die sozialen Verflechtungen ganz in die amerikanische Realität übertragen. Wie in seinen früheren Gangster-Balladen hat er das Milieu, die tristen Straßen und Kneipen, die engen Wohnungen mit großer Sorgfalt wirklichkeitsnah ins Bild gesetzt. Dennoch ging es ihm sicher nicht in erster Linie um eine zeitkritische Milieu-Studie. Neben dem raffinierten Katz-und-Maus-Spiel der beiden Protagonisten hat ihn wohl vor allem das schillernde Wechselspiel von Gut und Böse gereizt. Verräter sind sie beide, die da unerkannt im Lager des Gegners tätig sind; aber wer – wenn überhaupt einer – ist Held und wer ist Schurke? In der Tat möchte man im Verlauf der spannenden Handlung gelegentlich innehalten und reflektieren, wer hier gerade und aus welchen Motiven wen verrät. Dieses beunruhigende Vexierspiel bildet den stets präsenten Hintergrund für ein gewaltgesättigtes und illusionsloses Kriminal-Drama. Es relativiert hier und akzentuiert dort; und vor allem zwingt es die Zuschauer immer wieder, die suggestiven Bilder im Vordergrund nicht einfach nur zu konsumieren, sondern sie ständig zu hinterfragen.

Le dernier métro
Die letzte Metro

Frankreich 1980

R: François Truffaut; A: François Truffaut, Suzanne Schiffman, Jean-Claude Grumberg; K: Nestor Almendros; D: Catherine Deneuve, Gérard Depardieu, Heinz Bennent, Jean Poiret, Andréa Ferréol, Jean-Louis Richard

Paris im Jahr 1942. Die Schauspielerin Marion Steiner (C. D.) hat die Leitung des »Théâtre Montmartre« übernommen, weil ihr jüdischer Ehemann Lucas (H. B.) untertauchen mußte. Alle Welt glaubt, er sei ins Ausland geflohen. In Wirklichkeit hat er sich mit Marions Hilfe in einem Kellergewölbe seines eigenen Theaters versteckt. Und da er dort durch einen alten Heizungsschacht hören kann, was auf der Bühne gesprochen wird, dirigiert er durch Anweisungen an Marion sogar die Proben für ein neues Stück, das offiziell von seinem alten Mitarbeiter Jean-Loup Cottins (J. P.) inszeniert wird. Marion spielt die Hauptrolle; ihr Partner ist Bernard Granger (G. D.), eine Neuentdeckung. Während der Probenarbeit kommt es zu einer Liebesaffäre zwischen Marion und Bernard. Aber es kommt auch zu Meinungsverschiedenheiten. Marion macht Konzessionen, um die Intrigen des mit den Deutschen kollaborierenden Journalisten Daxiat (J.-L. R.) zu durchkreuzen; Bernard entschließt sich, obwohl seine Karriere nach einem großen Premierenerfolg gesichert erscheint, für die Résistance. Ein Epilog spielt nach dem Krieg: Wieder gibt es eine Premiere im »Théâtre Montmartre«, wieder spielen Marion und Bernard die Hauptrollen, doch diesmal kann sich auch Lucas Steiner als Regisseur auf der Bühne verneigen. Marion faßt beim Schlußapplaus beide Männer an der Hand. Ein symbolischer Händedruck für den Ehemann und den Liebhaber; symbolische Versöhnung außerdem zwischen den Verfolgten, den Widerstandskämpfern und denen, die sich arrangierten.

Dieser Schluß ist bezeichnend für Truffauts Film, der raffiniert auf der Grenze zwischen privatem Melodram und Zeitbild balanciert und der beide Aspekte wiederum spiegelt in der merkwürdig unwirklichen Welt des Theaters. So erscheinen alle Darsteller zwanglos in einer Art »Doppelrolle«, und so wird die Schizophrenie jener Zeit deutlich, ohne daß Truffaut auf aufgesetzte Effekte hätte greifen müssen. Es entstand dabei ein vielschichtiger und unterhaltsamer Film, dessen ausgewogene Gestaltung 1981 mit zehn von zwölf verliehenen französischen Filmpreisen (»Césars«) belohnt wurde.

Desertir / Teplochod / Pjatiletka
Der Deserteur / Das Motorschiff / Der Fünfjahresplan

UdSSR 1931–33

R: Wsewolod Pudowkin; A: Nina Agadschanowa, M. Krasnostawski, A. Lasebnikow; K: Anatoli Golownja, J. Vogelmann; D: Boris Liwanow, Wassili Kowrigin, Alexander Tschistjakow, Sergej Gerassimow, Wsewolod Pudowkin

1931. Karl Renn (B. L.) ist Dockarbeiter in Hamburg. Während eines Streiks verzweifelt er an der Sache des Proletariats und weigert sich, an der entscheidenden Auseinandersetzung zwischen der Polizei und den Streikenden teilzunehmen. Er resigniert. Als er mit einer Arbeiterdelegation in die UdSSR kommt, beschließt er, nicht in seine Heimat zurückzukehren. Er findet Arbeit in einer Fabrik und wird sogar Aktivist. Aber als er hört, daß Ludwig Zeile (W. K.), der Führer der streikenden Dockarbeiter, tot ist, geht er nach Hamburg zurück, um Zeiles Platz einzunehmen.
Pudowkin, der während des Krieges als Kriegsgefangener in Deutschland gewesen war, hat das Milieu in Hamburg besser getroffen als das seiner Heimat. Im »deutschen Teil« stimmen die Figuren und ihre Probleme, während im »sowjetischen Teil« das Pathos überwiegt und die Menschen häufig zu Klischeefiguren werden.
Pudowkin selbst meinte auf einer Unionskonferenz über Fragen des Films in einem langen selbstkritischen Referat: »Die Demonstration zum 1. Mai ist gelungen, die Gestaltung der Menschen dagegen gelang mir nicht.« Diese Demonstration, die den Film beschließt, erinnert an die Schlußsequenz aus *Mat*; auch hier geht es darum, die Fahne vor der Polizei zu retten. Pudowkin experimentierte hier erstmals mit den Möglichkeiten des Tons. Er montierte z. B. bei Diskussionen den Dialog ohne Rücksicht auf das Bild in einem eigenen Rhythmus. Ungewöhnlich ist auch die Bildmontage. Der Film soll nahezu 3000 Bildschnitte enthalten, rund dreimal soviel wie ein normaler Film.

Il deserto rosso
Die rote Wüste

Italien/Frankreich 1964

R: Michelangelo Antonioni; A: Michelangelo Antonioni, Tonino Guerra; K: Carlo Di Palma; D: Monica Vitti, Richard Harris, Carlo Chionetti

Der Ingenieur Corrado (R. H.) soll in Ravenna Spezialisten anwerben und trifft hier seinen Studienfreund Ugo (C. C.), dessen Frau Giuliana (M. V.) unter dem Schock eines Autounfalls und unter depressiven Neurosen leidet. Zwischen Corrado und Giuliana entsteht eine enge Bindung. Und in einer Krise ihrer Krankheit, an der Schwelle der Schizophrenie, wird sie seine Geliebte. Doch sie verläßt Corrado wieder und wird weiterhin mit ihrer Angst leben.
Antonionis pessimistischer Film war bei der Kritik heftig umstritten – Meisterwerk für die einen, ein leeres Formspiel für die anderen. Antonioni hat hier vor allem mit den Möglichkeiten der Farbe experimentiert. Er hat sie nicht realistisch eingesetzt, sondern hat teilweise sogar die Szenerie vor den Aufnahmen eingefärbt, um bestimmte Wirkungen zu erzielen. So erscheint bei ihm gelegentlich das Gras schwarz oder das Wasser gelb – Zeichen für die Verfremdung einer Welt, die den Menschen fatal isoliert. Das Industriegebiet von Ravenna wird in diesem Film zur feindlichen, lebensbedrohenden Wüste. Der Mensch erscheint entwurzelt, ein Opfer der Fabriken, ihres Lärms, ihres Gestanks.

Destry rides again
Der große Bluff

USA 1939

R: George Marshall; A: Felix Jackson, Gertrude Purcell und Henry Myers nach einem Roman von Max Brand; K: Hal Mohr; D: James Stewart, Marlene Dietrich, Charles Winninger, Mischa Auer, Brian Donlevy

Der Barbesitzer Kent (B. D.) ist der heimliche Herrscher über einen kleinen Ort im Westen.

*Detstwo Gorkowo
(Alexej Ljarski,
Michail Trojanowski)*

Im Hinterzimmer seiner Bar bringt er die Farmer im Kartenspiel um ihr Vermögen, und die blonde Sängerin Frenchy (M.D.) hilft ihm dabei. Als der Sheriff sich ihm entgegenstellt, wird er erschossen. An seiner Stelle läßt Kent den Trunkenbold Dimsdale (C.W.) zum neuen Sheriff wählen. Aber Dimsdale entsagt fortan dem Alkohol und ruft den Sohn seines alten Freundes Destry als Hilfssheriff ins Land. Destry jr. (J.S.) erscheint – ein sanfter Jüngling, dessen Auftritt Kent zunächst in Sicherheit wiegt, da Destry demonstrativ auf das Tragen einer Feuerwaffe verzichtet. Kents Ansicht ändert sich, als Destry einem seiner Leute die Aussage entlockt, daß Kent den alten Sheriff umgebracht hat. Kent will seinen Komplizen aus dem Gefängnis holen und tötet dabei den alten Dimsdale. Jetzt schnallt auch Destry das Pistolenhalfter um. Es kommt zu einer Schießerei, bei der Frenchy, die sich längst in Destry verliebt hat, ihr Leben opfert, um ihn zu retten. Jahre später sieht man Sheriff Destry durch eine friedliche Stadt wandern; Kinder auf der Straße singen eines von Frenchys Liedern ...
George Marshall hat hier das Grundschema des üblichen Western übernommen und es mit Witz und Temperament zu einer Tragikomödie geformt, für die es in der Geschichte des Western kaum eine Parallele gibt. *Destry rides again* wird keineswegs zur Parodie; der Film bezieht seinen Witz daraus, daß er die Mechanik des Genres sichtbar macht und sich augenzwinkernd zu ihr bekennt.

Detstwo Gorkowo
Maxim Gorkis Weg ins Leben I: Gorkis Kindheit

UdSSR 1938

R: Mark Donskoi; A: Mark Donskoi und Ilja Grusdjew nach der Autobiographie von Maxim Gorki; K: Pjotr Jermolow; D: Alexej Ljarski, Warwara Massalitinowa, Michail Trojanowski

Erster Teil der sogenannten »Gorki-Trilogie«. Die folgenden Teile sind *W ljudjach* (1938) und *Moi uniwersitety* (1939).
Nach dem frühen Tod seines Vaters wächst Alexej Maximowitsch Peschkow (A.L.), der sich später Maxim Gorki nannte, bei seinen Großeltern auf. Der Großvater (M.T.) ist ein

selbstherrlicher und jähzorniger Mann, der den Jungen wegen geringfügiger Vergehen unbarmherzig prügelt. Zwei Onkel des Jungen, die beide Ansprüche auf die Färberei des Großvaters geltend machen, leben noch im Haushalt. Und da ist vor allem die Großmutter (W. M.), die den Enkel zärtlich liebt und von der Alexej einen schier unerschöpflichen Schatz an Sagen, Märchen und Gedichten lernt. Sie weckt in ihm Lebensmut und die Sehnsucht nach Gerechtigkeit. Als ein Brand die Färberei zerstört, verarmen die Großeltern. Nach dem Tod von Alexejs Mutter schickt der Großvater den Jungen aus dem Haus.

Gorkis Jugend wird von Donskoi in epischer Breite nacherzählt. Der Film enthält viel Milieuschilderung, eine Fülle bezeichnender Details und stellt zahlreiche Menschen vor, die Gorkis Lebensweg gekreuzt haben. Aber die Regie hat diese Vielzahl und Vielfalt der Informationen in ein sehr klares Konzept gefaßt, das dem Film eine überzeugende dramaturgische Linie gibt. Skurrile Charaktere bevölkern die Szene, und die triste Schilderung des Elends wird mit derbem Humor aufgelockert. All das bleibt freilich nur Rahmen für die allmähliche Bewußtwerdung eines jungen Menschen, die von der leidenschaftlichen Revolte über die Erkenntnis der Realitäten des Lebens bis zur Einsicht in die eigenen Fähigkeiten und Ziele reicht.

Dieser erste Teil ist wohl der Höhepunkt der Trilogie – in der prallen Vitalität der Handlung und der Charaktere, aber auch in der Schilderung von Verhältnissen, in denen der Arme zum Feind des Ärmeren wird. Beherrschender Mittelpunkt allerdings ist hier weniger die Gestalt Gorkis als vielmehr die seiner Großmutter, die von Warwara Massalitinowa eindringlich gespielt wird.

Deus e o diabo na terra do sol (Othon Bastos)

▬ Deus e o diabo na terra do sol
Gott und der Teufel im Lande der Sonne

Brasilien 1964

R: Glauber Rocha; A: Glauber Rocha; K: Waldemar Lima; D: Geraldo del Rey, Yoná Magalhães, Lidio Silva, Othon Bastos, Mauricio de Valle

Der Viehtreiber Manuel (G. d. R.) hat im Affekt einen Menschen, einen »Herrn«, getötet. Er flieht, schließt sich zusammen mit seiner Frau Rosa (Y. M.) und seinem Kind dem Propheten Sebastião (L. S.) an und folgt ihm durch das Land. Doch die verheißenen Wunder bleiben aus. Und als der Prophet eines Tages in einem blutigen Zeremoniell Manuels Kind opfert, wird er von Rosa getötet. In der gleichen Nacht werden Sebastiãos Anhänger im Auftrag der Großgrundbesitzer von dem berüchtigten »Killer« Antonio das Mortes (M. d. V.) zusammengeschossen. Manuel und Rosa können fliehen und treffen auf den Cangaceiro-

Führer Corisco (O. B.), der ihnen »einen neuen Krieg St. Georgs gegen den Drachen des Elends und der Ungerechtigkeit« verheißt. Er will die Tyrannei der Grundbesitzer mit Gewalt brechen. Manuel ist fasziniert und begeistert. Die um ihren Besitz besorgten Feudalherren engagieren nun abermals Antonio das Mortes. Er erschießt auch Corisco. Verzweifelt und ratlos flüchtet Manuel durch die Einöde des Sertão, während eine Ballade, die den ganzen Film kommentierend begleitet hat, die Botschaft des toten Cangaceiro weiterträgt.

Ein allegorisches Spiel, in dem Sebastião für Gott, Corisco für den Teufel und Antonio das Mortes für den Tod stehen könnten; zwischen diesen drei Mächtigen sucht der einfache Viehtreiber Manuel verzweifelt seinen Weg. In der Gestaltung herrscht nicht kühle Logik, sondern ein überschäumendes filmisches Temperament, das raffinierte Dialektik, mystische Elemente, Motive volkstümlicher Überlieferungen und beglaubigte Historie (die Gestalt Coriscos u. a.) mühelos integriert. Bilder von einer seltsam gewalttätigen Schönheit sind aneinandergereiht, neben realistischen Szenen stehen theatralische Auftritte, in denen eine felsige Ebene jäh zum »Welttheater« wird, brutale Grausamkeiten, an denen der Film reich ist, werden von einer melancholischen Ballade untermalt. Luis Buñuel sagte von diesem Werk, es sei einzigartig in der Geschichte des Films.

Der Gestalt des Antonio das Mortes hat Rocha später noch einen eigenen Film gewidmet, *Antonio das Mortes* (Antonio das Mortes, Brasilien 1969).

Le deuxième souffle
Der zweite Atem

Frankreich 1966

R: Jean-Pierre Melville; A: Jean-Pierre Melville und José Giovanni nach dem Roman *Un règlement de comptes* von José Giovanni; K: Marcel Combes; D: Lino Ventura, Paul Meurisse, Raymond Pellegrin, Paul Frankeur

Gustave Minda (L. V.), genannt Gu, bricht nach acht Jahren Haft aus dem Gefängnis aus. Er möchte noch einen »Coup« landen, um seinen Lebensabend zu sichern. Der Überfall auf einen Geldtransport gelingt zwar, doch dann stellt ihm sein Gegenspieler, der Kommissar Blot (P. M.), eine Falle. Er verhaftet ihn und erweckt den Eindruck, Gu habe seine Freunde verraten. Noch einmal flieht Gu, um sich von diesem Makel reinzuwaschen. Bei einer blutigen Auseinandersetzung mit seinen ehemaligen Komplizen findet er den Tod.

Die Handlung erinnert an einen Dutzendkrimi; aber Melvilles Regie gibt dem Film unverwechselbare Eigenart. Er erzählt seine Geschichte kühl und distanziert und verzichtet auf Affekte ebenso wie auf die bequeme Kategorisierung in »Gut« und »Böse«. Das bestimmt auch den Antagonismus von Gu und Blot. Die Methoden der Polizei erscheinen hier, auf das reine Geschehen reduziert, kaum weniger fragwürdig als die der Ganoven; die Gegenspieler werden austauschbar.

Les deux timides Ⓢ
Die beiden Furchtsamen

Frankreich 1928

R: René Clair; A: René Clair nach einem Schauspiel von Eugène Labiche und Marc Michel; K: Robert Batton, Nikolai Roudakoff; D: Pierre Batcheff, Jim Gérald, Yvette Andreyor, Maurice de Féraudy, Françoise Rosay

Der gewissenhafte, aber überaus schüchterne Rechtsanwalt Frémissin (P. B.) verteidigt vor Gericht Monsieur Garadoux (J. G.), der angeklagt ist, seine Frau (Y. A.) mißhandelt zu haben. Während der Staatsanwalt ein düsteres Bild vom ehelichen Alltag des Angeklagten zeichnet, malt Frémissin das Familienleben seines Klienten in den freundlichsten Farben. Im entscheidenden Plädoyer jedoch bringt eine Maus den Advokaten gänzlich aus der Fassung. Er verheddert sich, bringt Verteidigung und Anklage durcheinander und bewirkt schließlich die Verurteilung seines Klienten.

Clairs Film lebt aus der Charakterzeichnung seiner Protagonisten und aus den Möglichkeiten des bewegten Bildes. Die Argumente von Staatsanwalt und Verteidiger werden direkt ins Bild übersetzt und ergeben eine widersprüchlich-turbulente Schilderung vom Eheleben der Garadoux'. Frémissins Plädoyer wird entsprechend geschildert. So wie er sich wiederholt, wiederholen sich die Bilder, sie stokken, »überschlagen« und widersprechen sich analog seiner verwirrten Rede, so daß der Wortwitz der Vorlage direkt in »Bildwitz« übertragen wird.

Dewjat dnei odnowo goda
Neun Tage eines Jahres

UdSSR 1961/62

R: Michail Romm; A: Daniil Chabrowitzki, Michail Romm; K: German Lawrow; D: Alexej Batalow, Tatjana Lawrowa, Innokenti Smoktunowski

Nach dem Strahlentod seines Lehrers Sinsew setzt Mitja (A. B.) dessen Arbeit, die Erforschung thermonuklearer Reaktionen, fort. Er verschweigt, daß er bereits früher gefährlichen Strahlungen ausgesetzt war, eine Wiederholung für ihn daher eine tödliche Gefahr wäre. Und er übersieht, daß seine Freundin Ljolja (T. L.) sich mehr und mehr seinem Freund Ilja (I. S.) zuneigt. Nach einer Aussprache entscheidet sie sich jedoch für Mitja. Beide werden indessen nicht glücklich, da Mitja sich zu sehr auf seine Arbeit konzentriert. Bei seinen Versuchen ist Mitja erneut Strahlungen ausgesetzt. Und wieder schweigt er, um seine Arbeit vollenden zu können. Seine Versuche bringen zwar nicht den erhofften Erfolg, aber einen wichtigen »Nebeneffekt«. Mitja muß erneut in die Strahlenklinik. Sein Zustand ist fast hoffnungslos.
Die Handlung des Films erstreckt sich über ein Jahr. Das Drehbuch greift nur neun Tage dieses Jahres heraus, die es in einzelnen Kapiteln behandelt. Allerdings schafft dieser Kunstgriff nicht die wohl erhoffte Distanz. Im Vordergrund steht »überlebensgroß« die Gestalt des besessenen Wissenschaftlers. Immerhin wird dieses Bild in den Nebenhandlungen differenziert. Am interessantesten ist dabei wohl die Gestalt Iljas, eines resignierenden Zynikers. Er glaubt nicht an den Fortschritt der Menschheit, weil er nach seiner Meinung von der Beschränktheit der Menschen verhindert wird. Auch diese Position wird vom Drehbuch zum mindesten ernst genommen. Solche Akzente waren damals neu im sowjetischen Film.

Le diable au corps
Teufel im Leib / Stürmische Jugend

Frankreich 1947

R: Claude Autant-Lara; A: Jean Aurenche und Pierre Bost nach dem gleichnamigen Roman von Raymond Radiguet; K: Michel Kelber; D: Micheline Presle, Gérard Philipe, Jean Debucourt, Denise Grey

Frankreich 1917. Der Gymnasiast François (G. P.) verliebt sich in die Rote-Kreuz-Schwester Marthe (M. P.), die Frau eines Frontsoldaten, und seine Liebe wird erwidert. Trotz der Ermahnungen seines Vaters (J. D.) und der wütenden Feindschaft von Marthes Mutter (D. G.) leben die beiden wie ein Liebespaar. Als Marthe das Kind erwartet, ist François stolz und glücklich; doch Marthe wird von ihrer Mutter zu Verwandten aufs Land geschickt. Erst als sie dort ernstlich erkrankt, kehrt sie zurück. Aber François darf sie nicht besuchen. Marthe stirbt bei der Geburt des Kindes, gerade als ihr Mann zurückkehrt. Sie nennt ihn François und enthüllt ihm so unbewußt die Wahrheit. Als Marthe beerdigt wird, läuten die Glocken; der Krieg ist aus.
Sicher der beste Film von Autant-Lara. Die Geschichte einer »skandalösen« Liebe dient ihm als Argument gegen die Sinnlosigkeit und Unmenschlichkeit des Krieges und die starren Regeln der Gesellschaft; gleichzeitig ist in seinem Film viel von dem Lebensgefühl der Jugend nach dem Zweiten Weltkrieg enthalten. Autant-Lara macht die Naivität der Liebenden ebenso glaubwürdig wie später ihre Verzweiflung, als sie die Ausweglosigkeit ihrer Situation erkennen.

Le diable probablement
Der Teufel möglicherweise

Frankreich 1977

R: Robert Bresson; A: Robert Bresson;
K: Pasqualino De Santis; D: Antoine Monnier,
Tina Irissari, Henri de Maublanc, Laetitia
Carcano, Nicolas Deguy, Régis Hanrion

Auf dem Friedhof Père Lachaise wird die Leiche eines jungen Mannes gefunden. Er ist erschossen worden. Die Zeitungen stellen Mutmaßungen an, ob es Mord oder Selbstmord war. Der Film gibt die Antwort: Er stellt zwei Jungen, Charles (A. M.) und Michel (H. d. M.), und zwei Mädchen, Alberte (T. I.) und Edwige (L. C.), vor, die in komplizierte Liebesbeziehungen verstrickt sind. Charles ist einer von denen, die gegen die ganze Welt und damit auch gegen sich selbst rebellieren. Michel engagiert sich für den Umweltschutz und interessiert auch seine Freunde für dieses Problem. Der Film spielt nun gleichsam auf zwei Ebenen. Er zeigt einmal das soziale Engagement der jungen Leute, ihre verzweifelten und vergeblichen Versuche, in die Gesellschaft hineinzuwirken; und er schildert zum anderen eine sentimentale Affäre, bei der Charles sich mehr und mehr von Alberte ab- und sich Edwige zuwendet. Fünfter im Bunde wird für kurze Zeit Valentin (N. D.), ein Rauschgiftsüchtiger, den Charles vor der Polizei gerettet und mit zu Edwige gebracht hat. Charles gerät in seiner seelischen Vereinsamung mehr und mehr an den Rand eines Zusammenbruchs und sucht auf Drängen seiner Freunde einen Nervenarzt (R. H.) auf. Aber der Versuch wird zum Fiasko. Der Arzt glaubt sich von seinem illusionslosen Patienten verhöhnt und empfiehlt ihm, sich »wie die alten Römer« umbringen zu lassen, da er zum Selbstmord, vor dem Charles tatsächlich in letzter Minute zurückgeschreckt ist, doch zu feige sei. Charles nimmt diesen Rat wörtlich. Er sucht und findet Valentin, der ohne Geld und Rauschgift völlig verzweifelt ist. Beide gehen zum Friedhof Père Lachaise. Während Charles noch seine letzten Gedanken zu formulieren sucht, erschießt ihn Valentin – wie vereinbart. Und wie vereinbart nimmt er als »Honorar« das Geld aus der Tasche des Toten.

In seinem vorhergehenden Film *Lancelot du Lac* hatte Bresson geschildert, wie die heile Welt des Rittertums durch persönliche Schuld, durch Zweifel und durch erwachendes Bewußtsein zerbricht. Jetzt zieht er eine Bilanz der Gegenwart, die kaum weniger düster ist. Er zeigt eine Welt, in der all die Intelligenz des Menschen ihn nicht davon abhält, seinen eigenen Lebensraum mit selbstmörderischer Konsequenz zu zerstören. Er zeigt Institutionen, die ihre Aufgabe eher in der Verwaltung als in der Beseitigung von Mißständen sehen. Er zeigt »progressive« Studenten, die die schleichende Auflösung von innen mit der schnellen Zerstörung von außen bekämpfen wollen. Und er zeigt in seinen Protagonisten Menschen, denen neugewonnene Freiheiten mehr und mehr die Fähigkeit zur Kommunikation beschneiden. So steht am Ende der in spröden Bildern gezeigten Bilanz kein Sieger, nicht einmal ein beispielhafter Märtyrer. Am Ende steht ein schäbiger Tod, den Charles sich von einem Rauschgiftsüchtigen erkauft hat und der ihm nicht einmal mehr die Möglichkeit läßt, ein Fazit zu ziehen.

Les diaboliques
Die Teuflischen

Frankreich 1954

R: Henri-Georges Clouzot; A: Henri-Georges Clouzot, Jérôme Géronimi, René Masson und Frédéric Grendel nach Motiven eines Romans von Thomas Narcejac und Pierre Boileau; K: Armand Thirard; D: Simone Signoret, Vera Clouzot, Paul Meurisse, Charles Vanel

Michel Delassale (P. M.), Direktor einer Privatschule, der mit dem Geld seiner Frau Christina (V. C.) gekauft hat, ist ein Sadist. Er betrügt seine Frau und quält sie und seine Geliebte Nicole (S. S.), die ebenfalls an der Schule unterrichtet, mit ausgesuchter Bosheit. Nicole überredet Christina schließlich, gemeinsam mit ihr dieses Scheusal umzubringen. Sie ertränken Michel in einer Badewanne und werfen die Leiche in das Schwimmbecken der Schule, wo sie der Hausmeister finden soll. Aber die Leiche verschwindet, der Anzug des

Toten wird aus der Reinigung geschickt, ein Hotelzimmer auf seinen Namen gemietet, ein Schüler behauptet, den Direktor gesehen zu haben usw. Beide Frauen sind bereits am Rande des Wahnsinns, als sich auch noch ein Privatdetektiv (C. V.) einschaltet. Er löst den Fall. Die »Leiche« taucht nämlich plötzlich wieder auf – in der häuslichen Badewanne. Das Ganze war ein teuflisches Komplott zwischen Michel und Nicole. Er hatte seinen Tod simuliert, um seine herzkranke Frau durch psychischen Terror zu töten.

Die Story ist von raffinierter Konsequenz. Es gibt keine Abschweifungen; mit der Exaktheit eines Uhrwerks greifen die Szenen ineinander. Clouzot hatte sich von seiner literarischen Vorlage ziemlich entfernt; die Autoren Boileau und Narcejac gratulierten ihm in einem offenen Brief zu seiner Umformung ihres Romans. Perfekt wie das Drehbuch ist auch die optische Gestaltung. Sie überzeugt durch eine Ökonomie, die keine Längen, keine Leere, keinen überdrehten Gag erlaubt, die aber für jeden Schock eine kurze Atempause gönnt.

The diary of a chambermaid
Das Tagebuch einer Kammerzofe

USA 1946

R: Jean Renoir; A: Jean Renoir und Burgess Meredith nach einem Roman von Octave Mirbeau und einem Bühnenstück von André Heuse, André de Lorde und Th. Nores; K: Lucien Andriot; D: Paulette Goddard, Burgess Meredith, Francis (Franz) Lederer, Hurd Hatfield, Jean Renoir

Georges Lanlaire (H. H.) kehrt, unheilbar an Schwindsucht erkrankt, in das Haus seiner Eltern zurück und verliebt sich alsbald in die Kammerzofe Célestine (P. G.). Madame Lanlaire, die ihren Sohn abgöttisch liebt, fördert diese Affäre nach Kräften, weil sie den Kranken ans Haus und damit an seine Mutter fesselt. Aber auch Joseph (F. L.), der Diener, interessiert sich für Célestine. An einem 14. Juli ermordet und beraubt Joseph den Nachbarn Mauger (B. M.), einen reichen Sonderling. Mit dem erbeuteten Geld will er ein Café in Cherbourg kaufen und es gemeinsam mit Célestine betreiben. Er zwingt Célestine, mit ihm im Wagen fortzufahren. Aber Georges, mit dem Joseph sich vorher geprügelt hat, wiegelt die Bevölkerung gegen ihn auf. Joseph wird gelyncht, Georges verteilt seinen Raub an die Menge.

Renoir, der schon lange plante, diesen Roman zu verfilmen, hat ganz darauf verzichtet, französische Atmosphäre zu imitieren. Er drehte seinen Film in Hollywood im Studio in einer ganz bewußt kalkulierten schwebenden Unwirklichkeit, die etwas Theatralisches hat.

Der gleiche Roman wurde später von Luis Buñuel in seinem *Journal d'une femme de chambre* (1963) mit völlig anderen Akzenten verfilmt.

Dirnentragödie ⑤

Deutschland 1927

R: Bruno Rahn; A: Ruth Goetz und Leo Heller nach dem gleichnamigen Bühnenstück von Wilhelm Braun; K: Guido Seeber; D: Asta Nielsen, Oskar Homolka, Hilde Jennings, Werner Pittschau

Felix (W. P.), ein junger Student, verläßt nach einem Streit sein Elternhaus und wird von der alternden Dirne Auguste (A. N.) aufgenommen. Sie sieht eine Chance für ein neues Leben, gibt ihrem Zuhälter Anton (O. H.) den Laufpaß und leistet mit ihrem ersparten Geld eine Anzahlung für eine Konditorei. Doch Felix wird von Augustes jüngerer Kollegin Clarissa (H. J.) verführt. Jetzt stiftet Auguste den Zuhälter Anton zum Mord an der Konkurrentin an. Als Felix ihr jedoch seine Liebe zu Clarissa gesteht, möchte Auguste den Mord verhindern. Sie kommt zu spät. Anton wird bald nach der Tat verhaftet, Auguste begeht Selbstmord, und Felix kehrt in sein Elternhaus zurück.

Trotz der kolportagehaften Handlung, trotz mancher Klischees in der Handlungsführung, erzielt der Film doch unmittelbare und zum Teil suggestive Wirkung. Zu seinen Aktivposten gehören eine klare Regiekonzeption, eine durch Regie und Kamera überzeugend bewältigte Milieuschilderung, die auch kleine Gesten und Details der Dekoration einbezieht, und vor allem vorzügliche darstellerische Leistungen. Asta Nielsen war selten besser als in diesem Film.

Les disparus de Saint-Agil
Das Geheimnis von Saint Agil

Frankreich 1938

R: Christian-Jaque; A: Jean Henri Blanchon, Leo Lania und Jacques Prévert nach einem Roman von Pierre Véry; K: Marcel Lucien; D: Erich von Stroheim, Michel Simon, Marcel Mouloudji

Drei Schüler des Internats Saint Agil haben einen Geheimbund gegründet, dessen Ziel es ist, sie in das Land ihrer Sehnsucht, nach Amerika, zu bringen. Bei einem nächtlichen Treffen sehen sie einen Unbekannten, der in der Wand verschwindet. Bald darauf verschwinden kurz hintereinander zwei der Geheimbündler. Einer von ihnen schickt eine Karte aus Amerika; aber die könnte durchaus gefälscht sein. Dann ereignet sich ein Unglücksfall: Der stets betrunkene Zeichenlehrer Lemel (M. S.) stürzt von der Treppe und ist tot. War es wirklich ein Unglücksfall? Als der geheimnisvolle Unbekannte wieder erscheint, folgt ihm der dritte (M. M.) aus dem Geheimbund. Mit Unterstützung seiner Kameraden und des Professors Walter (E. v. S.) entdeckt er eine Falschmünzerwerkstatt, in der sich auch einer der Verschwundenen befindet, und entlarvt einen Lehrer als Falschmünzer.
In erster Linie ist das eine handfeste Abenteuer-Geschichte, die jugendliche Abenteuerlust und Entdeckerfreude geschickt ins Bild bringt. Aber der Film ist außerdem auch eine Attacke gegen die Autoritäten, die deutlich Einflüsse von Vigos *Zéro de conduite* erkennen läßt. Das Internat und das Lehrerkollegium erscheinen als Instrumente der Repression. Auf der Seite der Schüler kämpft nur der bei seinen Kollegen unbeliebte Professor Walter.

Ditte menneskebarn
Ditte, ein Menschenkind

Dänemark 1946

R: Bjarne Henning-Jensen; A: Bjarne Henning-Jensen nach dem I. Teil des gleichnamigen Romans von Martin Andersen-Nexö; K: Verner Jensen; D: Tove Maes, Karen Poulsen, Karen Lykkehues, Edvin Tiemroth, Rasmus Ottesen, Preben Neergard, Ebbe Rode

Ditte wird als uneheliches Kind geboren. Da ihre Mutter Sörine (K. L.) sich dessen schämt und das Dorf verläßt, wächst Ditte bei den Großeltern (K. P., R. O.) auf. Als Sörine den Lumpensammler Lars Peter (E. T.) heiratet, holt sie die inzwischen halbwüchsige Ditte (T. M.) als Hilfe ins Haus. Ditte liebt den gutmütigen Stiefvater sehr. Aber bald gibt es neues Unglück. Sörine erfährt, daß der Sandbauer, dessen Sohn Dittes Vater ist, dem Großvater damals Geld gegeben hat. Der Großvater hat das Geld für Ditte zurückgelegt; als Sörine nach seinem Tod von der Großmutter das Geld fordert, kommt es zum Streit, bei dem Sörine die Großmutter tötet. Sörine kommt ins Gefängnis; und Lars Peter wird durch seinen Bruder (E. R.) um seinen Besitz gebracht. Er muß sich als Fischer verdingen, Ditte geht als Magd auf den Bakkehof. Hier läßt sie sich, mehr aus Mitleid, mit dem Sohn (P. N.) des Bauern ein. Sie bekommt ein Kind und wird, wie einst ihre Mutter, vom Hof gejagt. Als sie nach Hause zurückkommt, ist auch Sörine aus dem Gefängnis entlassen worden – verbittert und gebrochen. Ditte führt jetzt den Haushalt. Nüchterner Realismus und soziales, menschliches Engagement bestimmen den Stil des Films. Henning-Jensen hat es verstanden, Milieu und Landschaft überzeugend in die Handlung einzubeziehen; außerdem hat er die Psychologie eines Kindes, die Probleme und Reaktionen eines halbwüchsigen Mädchens sehr einfühlsam beobachtet und nachgestaltet. *Ditte menneskebarn* brachte dem dänischen Film nach dem Krieg seinen ersten internationalen Erfolg.

Diva
Diva

Frankreich 1981

R: Jean-Jacques Beineix; A: Jean-Jacques Beineix und Jean Van Hamme nach dem gleichnamigen Roman von Delacorta; K: Philippe Rousselot; D: Frédéric Andrei, Wilhelmenia Wiggins Fernandez, Richard Bohringer, Thuy An Luu, Roland Bertin, Chantal Dernaz

Der junge Postbote Jules (F. A.) nimmt Ungemach und weite Reisen auf sich, um die von ihm angebetete Opernsängerin Cynthia Hawkins (W. W. F.) singen zu hören; denn die Diva lehnt Aufnahmen ihrer Stimme grundsätzlich ab. Eines Tages gelingt es Jules, eines ihrer Konzerte in professioneller Qualität auf Band mitzuschneiden. Schon am Tag darauf spielt ihm der Zufall ein weiteres Tonband in die Hände – diesmal mit Aussagen eines Callgirls (C. D.), das mit farbiger Detailfreude einen mächtigen Gangsterboß bloßstellt. Und alsbald ist eine ganze Meute hinter Jules her – allen voran zwei Killer, die das Belastungsmaterial gegen ihren Chef sicherstellen wollen, dann zwei Taiwanesen, die es auf das Musikband abgesehen haben, und auch die Polizei spielt aus nicht ganz ehrenhaften Motiven mit. Gegen diese Übermacht hätte Jules sicher keine Chance gehabt, wenn nicht plötzlich Monsieur Gorodish (R. B.) und seine Freundin Alba (T. A. L.) aufgetaucht wären und ihm beigestanden hätten. So kommt er mit heiler Haut davon und gibt am Ende der Diva reuig ihre »Stimme«, das Tonband, zurück.
Ein greller Comic-strip von suggestiver Wirkung, der für eine nicht eben kleine Gemeinde zum Kultfilm geworden ist. Beineix geht es nicht um Bilder des realen Paris, nicht um Glaubwürdigkeit und eine logisch konstruierte Kriminalaffäre. Er bedient sich ungeniert der Klischees des Genres, setzt auf spektakuläre Effekte und Affekte und schafft eine in sich geschlossene Bilderwelt von absoluter Künstlichkeit, in der der Betrachter jede überraschende Wendung der Geschichte willig akzeptiert – wie in einem Märchen.

The divine woman Ⓢ
Das göttliche Weib

USA 1927/28

R: Victor Sjöström; A: Dorothy Farnum nach dem Schauspiel *Starlight* von Gladys Unger; K: Oliver Marsh; D: Greta Garbo, Lars Hanson, Lowell Sherman, Dorothy Cumming

Marianne (G. G.), die Tochter einer alternden Lebedame (D. C.), wird von Henry Legrand (L. S.) aus ländlicher Abgeschiedenheit nach Paris geholt. Legrand will die lebenslustige Madame Zizi mit ihrer erwachsenen Tochter konfrontieren und damit blamieren. Es kommt zu einer Auseinandersetzung. Marianne flieht aus dem Haus und lernt den Soldaten Lucien (L. H.) kennen, der ihretwegen zum Deserteur wird und ins Gefängnis muß. Während dieser Zeit macht Henry Legrand Marianne zu einer erfolgreichen Schauspielerin; Lucien fühlt sich nach seiner Entlassung von ihr verraten. Marianne wird krank, verarmt und macht einen Selbstmordversuch. Keiner ihrer Gönner und Verehrer besucht sie im Hospital, keiner außer Lucien …
Das Thema dieses Films entsprach sicher nicht den speziellen Fähigkeiten des Regisseurs Victor Sjöström. Sein Talent indessen spürt man auch hier. Paul Rotha rühmte, in diesem Film sei die Garbo »weniger Star und mehr Frau« gewesen als in irgendeinem anderen amerikanischen Film.

Divorzio all'italiana
Scheidung auf italienisch

Italien 1961

R: Pietro Germi; A: Ennio De Concini, Alfredo Gianetti, Pietro Germi; K: Leonida Barboni; D: Marcello Mastroianni, Daniela Rocca, Stefanie Sandrelli, Leopoldo Trieste

Der Baron Ferdinando Cefalu (M. M.), ein dekadenter Sproß sizilianischen Adels, hat genug von seiner Frau (D. R.) und ist bis über beide Ohren in seine hübsche Cousine Angela (S. S.)

The divine woman (Greta Garbo, Lowell Sherman)

verliebt. In Gedanken bringt er die Baronin mehrfach auf höchst delikate Weise um, da eine Scheidung ja nicht möglich ist; in der Wirklichkeit hindert ihn die zu erwartende Strafe an der Realisierung seiner Wunschträume. Eine Zeitungsmeldung bringt ihn schließlich auf den richtigen Weg: Planmäßig treibt er die Baronin in die Arme eines Malers (L. T.), mit dem sie nach langen Bemühungen (des Barons!) auch endlich durchbrennt. Ferdinando wartet genauso lange, wie die Schicklichkeit in Sizilien es erfordert, dann reist er dem ehebrecherischen Paar nach. Galant läßt er der Frau des Malers, die ebenfalls mit einem Revolver auf der Bildfläche erscheint, den Vortritt zur Regelung ihrer Familienangelegenheiten, dann erschießt er – mitfühlend – seine Frau. Der »Verbrecher aus verletzter Ehre« wird nach 18 Monaten aus dem Gefängnis entlassen und kann seine Angela heiraten.

Germi, auch in seinen früheren Filmen stets sozialkritisch engagiert, wollte zweifellos die italienischen Gesetze attackieren, die derartige Fälle, wie sie das Drehbuch konstruiert, durchaus ermöglichen würden. Diese Zielrichtung ist jedoch kaum noch zu erkennen, da der Baron Cefalu und seine Verhältnisse hier allzusehr karikiert worden sind. Es bleibt immerhin eine wirkungsvolle »schwarze« Komödie, der die Grundidee ein gewisses Maß gesellschaftlicher Verbindlichkeit sichert.

Django
Django

Italien/Spanien 1966

R: Sergio Corbucci; A: Sergio Corbucci, Bruno Corbucci, Franco Rossetti, José G. Naesso, Piero Vivarelli; K: Enzo Barboni; D: Franco Nero, Loredana Nusciak, José Bodalo, Ángel Álvarez, Eduardo Fajardo

Ein Dorf an der Grenze zwischen Mexiko und den USA. Nur der Saloonwirt (Á. Á.) und seine Mädchen leben noch hier, wo abwechselnd der mexikanische Rebellengeneral Rodríguez (J. B.) und der Rassenfanatiker Jackson (E. F.) mit seiner Bande den Ton angeben. Hierhin kommt eines Tages Django (F. N.). Er schleppt einen Sarg mit sich und wird von María (L. N.) begleitet, die er aus den Händen von Jacksons Männern befreit hat. Einen Versuch der Bande, diese Eigenmächtigkeit zu rächen, wehrt er ab, indem er ein Maschinengewehr aus dem Sarg hervorholt. Mit Rodríguez arrangiert er sich, indem er ihm Maschinengewehre für seine »Armee« verspricht. Nur braucht man Gold dazu, das man sich zuvor in einer mexikanischen Grenzfestung beschaffen muß, wo auch Jackson seinen Besitz deponiert hat. Als Django jedoch versucht, dies Gold für sich und für María zu gewinnen, kommt es zur Katastrophe. María wird getötet, Djangos Hände werden von Pferdehufen und Gewehrkolben zerstampft. Trotzdem gewinnt Django bei der Schlußabrechnung: Die Zahl der Anhänger von Rodríguez wird in einer Falle von Jackson dezimiert, Django selbst erschießt Jackson auf einem Friedhof.

Ein atmosphärisch dichter, gut gebauter und geschickt inszenierter Film, in dem auch die Landschaft, ein trister, sumpfiger Grenzstreifen, eine große Rolle spielt. Der Name *Django* wurde für lange Zeit gleichsam zum Synonym und zur Gütemarke für den sogenannten Italo-Western, mit dem die Italiener Hollywood seit etwa 1963 auf seinem ureigensten Gebiet Konkurrenz machten. Allein in der Bundesrepublik garnierten die Verleiher in den folgenden vier Jahren nicht weniger als 25 Filmtitel mit dem erfolgsträchtigen Zusatz *Django*. Gegenüber den Vorbildern aus Hollywood spielen im Italo-Western Brutalität und Erotik eine größere Rolle; und besonders die Gewalt wird oft allzu spekulativ eingesetzt. Viele dieser Filme sind ganz auf Aktionen reduziert, ihre Helden folgen keinem anderen Gesetz als dem, nach dem sie selbst angetreten sind. Das gibt den Filmen Spannung und Tempo, oft aber auch eine fatale Tendenz zur Verherrlichung des Einzelgängers, für den die Gesetze der Masse nicht gelten.

Do ankhen barah haath
Zwei Augen – zwölf Hände

Indien 1957

R: V. Shantaram; A: G. D. Madgulkar; K: G. Balkrishna; D: V. Shantaram, Baburao Pandharkar

Ein Gefängnisaufseher (V. S.), der fest an das Gute im Menschen glaubt, erwirkt die Genehmigung für ein Experiment. Mit sechs gefangenen Schwerverbrechern baut er eine Art Kollektivfarm auf, wobei die Häftlinge nur durch ihr Ehrenwort gebunden sind. Es gibt Schwierigkeiten. So versucht ein reicher Gemüsehändler, dessen Preise von dem Kollektiv unterboten werden, vergeblich, die Sträflinge zu provozieren. Und schließlich erliegen sie der Verlockung der Freiheit. Die Gefangenen fliehen; aber die Augen einer Buddha-Statue erinnern sie an den Blick ihres »Meisters«, und sie kehren zurück. Als der idealistische Aufseher stirbt, geloben die sechs, sein Werk fortzuführen.

Einer der ersten indischen Filme, die in Europa Auskunft über die Existenz indischer Filmkunst gaben. Die Handlung wird breit und gemächlich erzählt; es fehlt ihr im Detail nicht an einer gewissen Naivität und insgesamt nicht an beträchtlichem Optimismus. Aber die Einheit von Inhalt und Form, von These und Stil überspielt diese Schwächen und sorgt dafür, daß sich die Botschaft des Films ohne lehrhafte Aufdringlichkeit mitteilt.

Do bigha zamin
Zwei Hektar Land

Indien 1953

R: Bimal Roy; A: Hrishikesh Mukherjee nach einer Erzählung von Salil Choudhoury; K: Kamal Bose; D: Balraj Sahni, Nirupa Roy, Rattan Kumar

Shambu (B. S.) lebt als kleiner Bauer mit seiner Frau Paro (N. R.), seinem Sohn Kahnaia (R. K.) und seinen alten Eltern auf zwei Hektar Land. Ein Großgrundbesitzer möchte ihn vertreiben, weil er Shambus Besitz zur Abrundung seines Areals braucht, auf dem er eine Fabrik bauen will. Als Shambu sich weigert, verklagt ihn sein Widersacher wegen einer alten Schuld. Shambu wird verurteilt, innerhalb von drei Monaten 200 Rupien zu zahlen. Zusammen mit Kahnaia geht Shambu nach Kalkutta, wo er das Geld zu verdienen hofft. Beide arbeiten hart. Aber Shambu erleidet einen Unfall. Während seiner Krankheit wird Kahnaia, entmutigt, zum Dieb. Shambu gibt nicht auf. Doch dann wird Paro bei einem Besuch in Kalkutta von einem Auto überfahren. Man braucht jetzt alles Geld, um den Arzt zu bezahlen. Verzweifelt kehrt die Familie in das Dorf zurück, wo die Fabrik bereits im Bau ist. Shambu und seine Familie haben ihre Heimat verloren.
Ein engagierter, sozialkritischer Film, der stilistisch deutlich vom italienischen Neorealismus beeinflußt ist. Roy demonstriert die feudalistischen Ausbeutermethoden auf dem Land ebenso wie das Elend in den Städten. Er zeigt den Kreislauf der Hoffnungslosigkeit, der dem einzelnen kein Entrinnen möglich macht.

The docks of New York Ⓢ
Die Docks von New York

USA 1928

R: Josef von Sternberg; A: Jules Furthman nach einem Roman von John Monk Saunders; K: Harold Rosson; D: George Bancroft, Betty Compson, Olga Baclanova, Mitchell Lewis

Der Heizer Bill Roberts (G. B.) rettet eines Abends die Dirne Sadie (B. C.), die sich das Leben nehmen wollte, aus dem Hafenbecken. Aus einer Laune heraus läßt er sich noch in der gleichen Nacht mit ihr trauen. Am nächsten Morgen legt er ein paar Geldscheine auf den Nachttisch und verläßt Sadie, um auf sein Schiff zurückzukehren. Doch während er unten in der Kneipe noch eine Tasse Kaffee trinkt, gibt es einen Zwischenfall. Andy (M. L.), der Dritte Ingenieur auf Bills Schiff, der schon in der Nacht großmäulig versucht hatte, mit Sadie anzubändeln, wird in ihrem Zimmer niedergeschossen; der Verdacht fällt auf Sadie. Bill steht ihr zur Seite; dann aber bekennt sich Lou (O. B.) schuldig. Sie ist Andys Frau und wurde zur Dirne, nachdem er sie verlassen hatte. Obwohl Sadie versucht, ihn zurückzuhalten, kehrt Bill offenbar endgültig auf sein Schiff zurück. Doch bei der Ausfahrt erkennt er, wie sehr er Sadie liebt. Er springt über Bord und schwimmt an Land – zu seiner Frau.
Die Geschichte ist reichlich melodramatisch. Aber Sternberg hat sie präzise, mit lakonisch-ironischen »Dialogen« (Zwischentitel: Julian Johnson) in Szene gesetzt und so vor ausufernder Sentimentalität bewahrt. Der Film entstand fast ausschließlich im Atelier. Nur dort konnte Sternberg seine Bilder exakt komponieren, die mit effektvollen Hell-Dunkel-Kontrasten und künstlichem Nebel eine düstere Stimmung beschwören. Trotz dieser »Künstlichkeit« aber wirkt der Film insgesamt erstaunlich milieuecht.
In der deutschen Fassung ist Sadie in Mae umgetauft worden.

Dodes'ka-den
Dodeskaden – Menschen im Abseits

Japan 1970

R: Akira Kurosawa; A: Akira Kurosawa, Hideo Oguni und Shinobu Hashimoto nach dem Roman Stadt ohne Jahreszeiten von Shûgurô Yamamoto; K: Takao Saitô, Yasumichi Fukuzawa; D: Yoshitaka Zushi, Junzaburô Ban, Kiyoko Tange, Hisashi Igawa, Hideko Okiyama, Kunie Tanaka, Shinsuke Minami, Noboru Mitani, Hiroyuki Kawase, Tomuko Naraoka, Hiroshi Akutagawa, Tatsuo Matsumura, Tomoko Yamakazi

Dodes'ka-den (Noboru Mitani, Hiroyuki Kawase)

Der Film beobachtet Menschen in einer erbärmlichen »Siedlung« am Rand einer Müllkippe in Tokio: den verkrüppelten Angestellten Shima (J. B.), der von seiner Frau (Ki. T.) tyrannisiert wird, der sie aber doch gegen die Vorwürfe seiner Arbeitskollegen verteidigt; den Bürstenbinder Ryo (S. M.), der seine fünf Kinder zärtlich liebt, obwohl er weiß, daß sie alle nicht von ihm sind; die beiden Arbeiter Masuda (H. I.) und Kawaguchi (Ku. T.), die sich jeden Abend betrinken und gelegentlich ihre Frauen tauschen; den Herrn Kyota (T. M.), der vorgibt, etwas Besseres zu sein, und der seine Nichte (T. Y.) ausbeutet und verführt; den Bettler (N. M.), der von einem eigenen Haus träumt, und dessen Sohn (H. K.) an einer Lebensmittelvergiftung stirbt; schließlich Hei (H. A.), der sich in absolute Schweigsamkeit zurückgezogen hat, weil er sich durch seine Frau (T. N.) verletzt fühlt. Diese episodenhaft erzählten Schicksale werden durch die Gestalt des geistig behinderten Jungen Rokkuchan (Y. Z.) zusammengehalten, der jeden Tag eine imaginäre Straßenbahn durch das Elendsviertel fährt, wobei er die Fahrgeräusche lautmalerisch (»Do-des-ka-den«) nachahmt.

Kurosawas erster Farbfilm war ursprünglich vier Stunden lang; der Regisseur selbst hat ihn aber für den Kinoeinsatz auf gut zwei Stunden gekürzt. Es ist ein Film der Kontraste und der Widersprüche geworden, in dem realistische Zustandsschilderung und symbolische Überhöhung, filmische Kabinettstücke und theaterhafte Posen sich abwechseln, in dem radikale Farbexperimente den Zuschauer irritieren, wobei das alles aber seine genau kalkulierte Funktion hat. Kurosawa hat sein Sujet nicht für eine zornige soziale Anklage, sondern für eine vielschichtige Paraphrase über den Menschen und die Menschlichkeit genutzt. Er selbst hat seine Absicht präzise beschrieben: »Ich wollte der Schönheit und der Würde dieser Menschen, die auch das tiefste Elend nicht zerstören kann, ein Denkmal setzen!«

A dog's life ⓢ
Ein Hundeleben

USA 1918

R: Charles Chaplin; A: Charles Chaplin; K: Rollie Totheroh; D: Charles Chaplin, Edna Purviance, Sidney Chaplin

Charlie (C. C.) geht es erbärmlich schlecht. Mit seinem Hund Scraps nächtigt er hinter einem Bretterzaun. Sein Versuch, dem Besitzer einer Würstchenbude (S. C.) ein Würstchen zu stehlen, scheitert an der Wachsamkeit eines Polizisten. Auf dem Arbeitsamt schließt man vor seiner Nase die Schalter. Einziger Lichtblick: In einem Kabarett lächelt ihm die Sängerin (E. P.) zu. Und mit der Liebe kommt das Glück. Scraps gräbt eine von Räubern vergrabene Brieftasche aus, und als die Ganoven ihr Beutegut zurückerobern wollen, setzt Charlie sie mutig mit einem Holzhammer außer Gefecht. Glücklich zieht er mit seinem Mädchen, mit Scraps und dem Geld von dannen. Aber eigentlich glaubt man nicht recht an die Dauer dieses Glücks …

Wie in *The immigrant* nimmt Chaplin auch hier die Realität, tatsächliche soziale Mißstände aufs Korn. Das Schicksal der Arbeitslosen wird in der Komödie ohne jede Verniedlichung deutlich. Aggressiver Höhepunkt ist dabei die Szene, in der Scraps mit ein paar Hunden erbittert um einen Knochen kämpft. Gerade vorher hatte man Charlies vergeblichen Kampf auf dem Arbeitsamt gesehen. Die Assoziation ist eindeutig.

Dogville
Dogville

Dänemark/Schweden/England/Frankreich/BRD/Niederlande/Norwegen/Finnland 2002
R: Lars von Trier; A: Lars von Trier; K: Anthony Dod Mantle, Lars von Trier; D: Nicole Kidman, Harriet Andersson, Lauren Bacall, Jean-Marc Barr, Paul Bettany, Blair Brown, James Caan, Ben Gazzara

In Dogville, einem winzigen Gebirgsdorf am Ende einer holprigen Straße in den Rocky Mountains, taucht eines Tages die attraktive Grace (N. K.) auf – verstört, offenbar auf der Flucht vor Gangstern. Der Möchtegern-Schriftsteller Tom Edison jr. (P. B.) findet Gefallen an der Fremden und überzeugt die übrigen 14 erwachsenen Dorfbewohner, daß man sie aufnehmen und schützen müsse. Grace revanchiert sich mit freiwilligen Hilfeleistungen, die

Dogville (Paul Bettany, Nicole Kidman)

zunächst zögernd, dann freudig angenommen werden. Eine Idylle bahnt sich an! Doch alles ändert sich, als die Polizei einen Steckbrief aushängt, mit dem Grace als Bankräuberin gesucht wird. Nun, so meinen die Dorfbewohner, müsse ihr erhöhtes Risiko auch besser »bezahlt« werden. Grace wird zur Sklavin der Dorfgemeinschaft und nach einem mißglückten Fluchtversuch gar zum »Objekt«, an dem die Frauen ihre Bosheiten und Frustrationen und die Männer ihre sexuellen Phantasien ausleben. Nur Tom hält in der ganzen Zeit – wenn auch heimlich – zu ihr. Aber ausgerechnet Tom erinnert sich dann an die Visitenkarte, die der Gangsterboß (J. C.) ihm bei einer »Suchaktion« zugesteckt hat – und an die versprochene Belohnung ... Das überraschende Ende des Films sollte man fairerweise nicht verraten. Nur soviel sei gesagt, daß die Sklavin jäh zur Herrin wird, und daß sie ihre schier unbegrenzte Machtfülle nach kurzem Zögern mit der gleichen Rigorosität nutzt wie einst die Dorfbewohner die ihre.

Lars von Trier erzählt seine Geschichte in einem Prolog und neun Kapiteln. Der Schauplatz, das Dörfchen Dogville, ist als Grundriß mit Kreide auf den Boden des Ateliers gezeichnet. Nur äußerst sparsame Requisiten dienen der Phantasie als Anhaltspunkte. So ähnlich hat man nach dem Zweiten Weltkrieg hierzulande Thornton Wilders Schauspiel »Unsere kleine Stadt« auf die Bühnen gebracht. In der Tat hat Lars von Trier hier ein exemplarisches Stück epischen Theaters geschaffen. Aber die verstörende Handlung, die suggestive Kamera und ein Ensemble hervorragender Darsteller bringen es zuwege, daß dieses düstere Lehrstück über die Verführung durch die Macht, über Schuld und Sühne und über die Verführbarkeit des Menschen gleichzeitig zu einem genuinen Filmerlebnis wird. Man sieht die schäbigen engen Häuser dieser verlorenen Siedlung am Rande der Zivilisation förmlich vor sich, man spürt beinahe körperlich die Eintönigkeit und die Enge, in der die Bewohner dieser Häuser leben; und man glaubt auch zu spüren, wie sich in dieser trostlosen Umgebung das Böse allmählich materialisiert. Lars von Trier hat in einem Interview gesagt, das dramatische Werk Brechts und vor allem das Lied der Seeräuber-Jenny aus der »Dreigroschenoper« hätten ihn zu diesem Film inspiriert. In der Tat: Erbarmungswürdig und erbarmungslos wie die Jenny ist auch seine Grace geraten.

La dolce vita
Das süße Leben

Italien/Frankreich 1959

R: Federico Fellini; A: Federico Fellini, Tullio Pinelli, Ennio Flaiano; K: Otello Martelli; D: Marcello Mastroianni, Alain Cuny, Anouk Aimée, Anita Ekberg, Lex Barker, Yvonne Furneaux

In den Erlebnissen des Journalisten Marcello (M. M.) spiegelt sich der Leerlauf der High-Society, die Zwiespältigkeit des Lebens. Anfangs berichtet Marcello über einen seltsamen Transport: Ein Hubschrauber fliegt mit einer riesigen Christusstatue über Rom. Marcello trifft Maddalena (A. A.), die Tochter eines Millionärs, und schläft mit ihr im Zimmer einer Prostituierten. Er führt seinen Vater, der zu Besuch kommt, durch Rom, ohne einen echten Kontakt zu ihm zu finden. Seine Geliebte (Y. F.) macht einen Selbstmordversuch. Er begleitet einen amerikanischen Filmstar (A. E.) durch die Stadt und wird von ihrem Mann (L. B.) zusammengeschlagen. In der Umgebung Roms berichtet er über eine angebliche Marienerscheinung. Sein Freund Steiner (A. C.) tötet seine Familie und begeht Selbstmord – »aus Angst vor dem Leben«. Nach einer wüsten, ausschweifenden Party steht Marcello mit einer übernächtigten Gesellschaft bei Sonnenaufgang am Strand und sieht zu, wie Fischer einen riesigen toten Rochen an Land ziehen. Auf der anderen Seite eines Wasserlaufes steht ein junges Mädchen. Es ruft Marcello etwas zu. Er versteht nicht, winkt und geht zu seinem Wagen.

Marcello ist nicht nur dramaturgisches Requisit. Er steht hier für die Menschen, die glauben, nur kühle Beobachter zu sein, und die sich doch selbst längst an das Leben verloren haben.

Der Film besteht aus einer Folge lose verknüpfter Episoden, die von der Ekstase und von der Ernüchterung handeln. Fellini will das

La dolce vita (Anita Ekberg)

Milieu attackieren, das er vorstellt, er will die Leere dieser Existenz anprangern. Aber zweifellos geht es ihm auch um eine Botschaft, sieht er eine Hoffnung im Christentum. Darauf verweist die Eingangssequenz mit dem Hubschrauber, darauf verweist auch die Schlußszene mit dem Fisch und dem Anruf des »reinen« Mädchens, den Marcello (noch?) nicht versteht. Dabei gelangen Fellini am besten die Szenen, in denen er nur kühl und gleichsam hautnah beobachtet – Partien mit der Ekberg, die falsche Marienerscheinung, die Party. Weniger geglückt ist die allzu geschwätzige Steiner-Episode, in der Hintergründigkeit einfach behauptet wird. Überhaupt erweist sich der zeitkritische Film bei einem Wiedersehen auch recht zeitgebunden.

Domenica d'agosto
Ein Sonntag im August

Italien 1949

R: Luciano Emmer; A: Sergio Amidei, Cesare Zavattini, Franco Brusati, Giulio Macchi, Luciano Emmer; K: Domenico Scala, Leonida Barboni, Ubaldo Marcelli; D: Anna Baldini, Emilio Cigoli, Franco Interlenghi, Anna Medici, Marcello Mastroianni, Elvi Lissiak, Massimo Serrato

Der Film besteht aus einer Vielzahl kleiner, raffiniert verschränkter Episoden, die anekdotisch von den Erlebnissen römischer Bürger und Kleinbürger an einem Sonntag in Rom und am Strand von Ostia berichten. Herr Mantovani (E. C.) findet die Frau fürs Leben. Das Dienstmädchen Rosetta (A. M.), das in den Polizisten Ercole (M. M.) verliebt ist, verliert seine Stellung, weil sie ein Kind erwartet. Marcella (A. B.) und Enrico (F. I.) treffen sich am Strand der Reichen und spielen sich gegenseitig eine Komödie vor, bis sie merken, daß sie beide Nachbarn aus dem Arbeiterviertel sind. Luciana (E. L.) entdeckt, daß ihr vornehmer Freund Roberto (M. S.) ein Kuppler ist usw.

Im Vorteil des Films ist die genaue Beobachtung, die liebevolle und realistische Detailschilderung aus dem Leben einfacher Leute. Die einzelnen Episoden sind jedoch recht ungleich gewichtig, was den Film ein wenig unübersichtlich macht. So mutet er eigentlich eher wie ein verheißungsvolles Versprechen an, wie die Vorstudie zu einem ganz und gar geglückten Film.

Don't look now
Wenn die Gondeln Trauer tragen

England/Italien 1973

R: Nicolas Roeg; A: Allan Scott und Chris Bryant nach der gleichnamigen Erzählung von Daphne Du Maurier; K: Anthony Richmond; D: Julie Christie, Donald Sutherland, Hilary Mason, Clelia Matania, Massimo Serato

Nach dem Unfalltod ihrer kleinen Tochter Christine reisen Laura (J. C.) und John (D. S.) Baxter nach Venedig, wo John Restaurierungen in einer Kirche durchführen soll. In einem Lokal lernen sie die Schwestern Heather (H. M.) und Wendy (C. M.) kennen. Die blinde Heather gibt vor, die Gabe des »zweiten Gesichts« zu haben. Offenbar weiß sie Details über Christines Tod; und sie warnt John vor einer drohenden Gefahr. Laura ist verstört, während John Heathers »Visionen« als baren Unsinn abtut. Doch dann geschehen merkwürdige Dinge: John stürzt vom Gerüst und entgeht nur knapp dem Tod; aus England erhalten die Baxters Nachricht von einem Unfall ihres Sohnes; und nachdem Laura nach London abgeflogen ist, glaubt John, sie mit Heather und Wendy auf einer »Begräbnis-Gondel« gesehen zu haben. In Panik wendet er sich an die Polizei, doch die ist voll und ganz damit beschäftigt, einen Serienmörder zu jagen, der die Stadt in Schrecken versetzt. Und tatsächlich scheint auch alles nur ein Produkt seiner überreizten Phantasie zu sein. Ein Telefongespräch beruhigt ihn, daß Laura pünktlich gelandet ist, daß die Verletzungen seines Sohnes nur unbedeutend sind. Aber in der Stadt sieht John plötzlich ein Kind in dem gleichen roten Mantel, den seine Tochter am Tag ihres Todes getragen hat. Er verfolgt die Gestalt, bis sie sich umdreht. Vor ihm steht eine Liliputanerin, die ihn ersticht – ein neues Opfer des Serienmörders! Laura, Heather und Wendy geleiten Johns Sarg auf einer »Begräbnis-Gondel« zum Friedhof ...

In betörend schönen, manchmal fast geschmäcklerischen Bildern visualisiert der ehemalige Kameramann Roeg einen düsteren Alptraum. Es ist müßig, nach psychologischer oder gar logischer Konsequenz zu suchen. Das eigentliche Thema des Films sind die Impressionen des winterlichen Venedig, sind die Visionen und Ängste der Menschen, die sich immer wieder zwischen die Bilder des Alltags drängen; und der Dolchstoß am Ende ist nicht die Klimax einer Kriminalhandlung, sondern die unbewußt ersehnte Befreiung Johns aus seiner Verzweiflung. Ähnlich wie der junge Eingeborene in Roegs vorhergehendem Film *Walkabout* (Walkabout, Australien 1971) ist John durch seine Erlebnisse und Erfahrungen wohl an einen Punkt gelangt, wo er nicht mehr weiterleben kann. Jenen hatte die Konfrontation mit der Zivilisation verstört, diesen die Begegnung mit dem Irrationalen.

Le dossier noir
Die schwarze Akte

Frankreich/Italien 1955

R: André Cayatte; A: Charles Spaak, André Cayatte; K: Jean Bourgoin; D: Jean-Marc Bory, Antoine Balpétré, Danièle Delorme, Paul Frankeur, Lea Padovani, Bernard Blier

Der junge Jacques Arnaud (J.-M. B.) kommt als Untersuchungsrichter in eine französische Kleinstadt. Bei der Untersuchung eines Bagatellfalles äußert der Zeuge Dutoit (A. B.) einen merkwürdigen Verdacht: Man habe eventuell bei ihm einbrechen wollen, um belastendes Material zu stehlen, das Arnauds Vorgänger Le Guen gegen den reichen Bauunternehmer Broussard (P. F.) gesammelt haben soll und das einige Leute im Besitz von Dutoit vermuten. Arnaud stellt fest, daß Le Guen an einem Herzschlag gestorben ist, einen Tag bevor das Thema »Broussard« im Stadtrat zur Sprache gebracht werden sollte. Er läßt die Leiche exhumieren, und man entdeckt Spuren von Gift. Arnaud, die Polizei und schließlich gar ein Kommissar aus Paris (B. B.) forschen weiter und finden viele, allzu viele Verdächtige: zweifellos sind Broussards Intrigen unlauter, Frau Le Guen (L. P.) hatte ein Verhältnis mit ihrem Schwager, Dutoit selbst schuldete Le Guen Geld, und seine Tochter Yvonne (D. D.) war die Geliebte Le Guens. Viel Schmutz und menschliche Schwächen werden aufgedeckt. Am Ende wird Arnauds Verdacht entkräftet, aber unterdessen sind das Glück und das Ansehen einiger Menschen zerstört.

Letzter Teil der »Justiz-Trilogie« Cayattes, zu der noch die Filme *Justice est faite* (1950) und *Nous sommes tous des assassins* (1952) gehören. Diesmal untersucht Cayatte die Problematik der gerichtlichen Voruntersuchung und der Polizeimethoden. Wieder ist das Thema effektvoll in Szene gesetzt, wieder gibt es bemerkenswerte darstellerische Leistungen. Aber die allzu spitzfindige Konstruktion der Zufälle und eine unökonomische Anhäufung von Problemen nehmen dem Film viel von seiner Überzeugungskraft.

▬ Do the right thing
Do the right thing

USA 1988

R: Spike Lee; A: Spike Lee; K: Ernest Dickerson; D: Danny Aiello, Ossie Davis, Ruby Dee, Giancarlo Esposito, Spike Lee, Bill Nunn, John Savage

Ein schäbiges Wohnviertel in Brooklyn, das fast ausschließlich von Schwarzen bewohnt wird und in dem Sals traditionsreiche Pizzeria fast schon provozierend wirkt. Aber der Italiener Sal (D. A.) ist stolz darauf, daß man ihn akzeptiert, daß Leute wie der trinkfeste Da Mayor (O. D.) und die zungenfertige Mother Sister (R. D.) ihn mögen. Natürlich gibt es gelegentlich auch Meinungsverschiedenheiten – vor allem mit Sals Austräger Mookie (S. L.), der weder durch Eifer noch durch Schnelligkeit auffällt. Doch man versöhnt sich meist schnell wieder. Unter der beruhigend glatten Oberfläche sind freilich die wahren Konflikte und Probleme deutlich zu spüren, und an einem brütend heißen Sommertag kommen sie aus scheinbar nichtigem Anlaß zum Ausbruch. Buggin' Out (G. E.), ein junger Dandy, nimmt plötzlich Anstoß an Sals »wall of fame«, einer Wand, die mit Fotos arrivierter Italo-Amerikaner bestückt ist, und fordert die Berücksichtigung erfolgreicher Schwarzer. Sal kontert irritiert mit einem Hausverbot für den Provokateur. Der tut sich mit Radio Raheem (B. N.) zusammen und schickt den Musik-Freak mit voll aufgedrehtem Ghetto Blaster in die Pizzeria. Entnervt zerstört Sal das lärmende Folterinstrument und löst dadurch eine Schlägerei aus, die die Polizei auf den Plan ruft, und bei der Radio Raheem durch einen unglücklichen Zufall getötet wird. Eine aufgebrachte Menge plündert die Pizzeria und steckt sie in Brand. Nur mühsam kann verhindert werden, daß der Aufruhr weiter um sich greift. Am nächsten Morgen steht Sal vor den Trümmern seiner Existenz und wohl auch seines oberflächlichen Optimismus.

Der Film beginnt wie eine ironische Komödie und entwickelt sich zu einer überzeugenden Studie über die Entstehung von Gewalt. Regisseur Spike Lee setzt nicht auf verbale Argumente. Er ist vielmehr ein exakter Beobachter, der Wirklichkeit so auf die Leinwand bringt, daß der Zuschauer Ursachen, Hintergründe und Zusammenhänge wie beiläufig selbst erkennt. Lee hat viel Sinn für komische Akzente und effektvolle Übersteigerungen, aber er vergißt dabei nie – und läßt auch den Zuschauer nicht vergessen! –, daß es für die angesprochenen Probleme keine idyllischen Lösungen gibt. Dazu der Regisseur: »Ich möchte, daß der Zuschauer am Ende des Films ein Gefühl des Horrors hat. Ich möchte darauf hinweisen, daß wir über diese Probleme reden und uns ihnen stellen müssen. Wenn das nicht geschieht, wird es nur schlimmer.«

Double indemnity
Frau ohne Gewissen

USA 1943

R: Billy Wilder; A: Billy Wilder und Raymond Chandler nach dem gleichnamigen Roman von James M. Cain; K: John F. Seitz; D: Barbara Stanwyck, Fred MacMurray, Edward G. Robinson, Tom Powers

Phyllis Dietrichson (B. S.) ist mit einem älteren, reichen Mann (T. P.) verheiratet. Aber ihre Ehe war nur Spekulation. Jetzt bringt sie den smarten jungen Versicherungsagenten Walter Neff (F. MM.) dazu, mit ihr gemeinsam ihren Mann zu töten. Der Mord wird so raffiniert eingefädelt, daß der Tod des Mannes wie ein Unfall erscheint, wodurch zusätzlich eine hohe Versicherungssumme fällig wird. Alles scheint zu klappen; doch schließlich erkennt Neff, daß er für die Frau, die bereits ihre Vorgängerin kaltblütig umgebracht hat, nur ein Werkzeug gewesen ist. Verzweifelt schießt er sie nieder, wird selbst getroffen und schwer verletzt und spricht für seinen Freund und Vorgesetzten Barton Keyes (E. G. R.) auf ein Tonband seine »Beichte«.

Einer der besten Filme Wilders und ein vorzügliches Beispiel der »schwarzen Serie« Hollywoods. Düsterer Pessimismus herrscht, ein Menschenleben ist wohlfeil geworden. Außerdem wird hier gezielt der Mythos der amerikanischen Frau demontiert. Sie ist nicht mehr naive Unschuld, nicht mehr der gute Kamerad, sondern ein vom Luxus verwöhntes, von der Besitzgier verdorbenes, berechnendes und kaltblütiges Geschöpf. Billy Wilder hat das in klug verschachtelten Rückblenden, die eine genaue Balance zwischen Spannung und Reflexion ermöglichen, sehr suggestiv erzählt.

Le doulos
Der Teufel mit der weißen Weste

Frankreich/Italien 1962

R: Jean-Pierre Melville; A: Jean-Pierre Melville nach einem Roman von Pierre Leson; K: Nicolas Hayer; D: Serge Reggiani, Jean-Paul Belmondo, Fabienne Dali, Jean Desailly, Michel Piccoli, René Lefèvre, Monique Hennessy, Carl Studer

Nach seiner Entlassung aus dem Zuchthaus erschießt Maurice (S. R.) seinen Freund Gilbert (R. L.), weil dieser Maurices Freundin Arlette umgebracht hat. Dann will Maurice einen neuen Coup landen; aber die Polizei erscheint, und sein Kumpel Rémy sowie Kommissar Clain (J. D.) bleiben tot auf der Walstatt. Man muß annehmen, daß sein Freund Silien (J.-P. B.) Maurice verraten hat; denn Silien hat aus Maurices neuer Freundin Thérèse (M. H.) die Einbruchsadresse herausgeprügelt. Und Thérèse, so erfährt man aus der Zeitung, ist später mit ihrem Wagen in einen Steinbruch gestürzt worden. Maurice wird verhaftet. Doch man kann ihm den Einbruch nicht beweisen, und erst nach seiner Entlassung erfährt er die Wahrheit: Thérèse war der Spitzel, Silien wollte ihn retten und hat, als er zu spät gekommen ist, wenigstens Thérèse bestraft. Aber jetzt fällt Maurice ein, daß er in der Haft den Killer Kern (C. S.) beauftragt hat, den »Verräter« Silien umzubringen. Vergeblich versucht er, Kern zu erreichen, um den Auftrag zurückzuziehen. Und als er Silien warnen will, kommt es zu einer Schießerei, bei der Maurice, Silien und Kern auf der Strecke bleiben.

Vordergründig scheint das nur eine zynisch-unterkühlte Gangster-Moritat; und weitere Nebenhandlungen und Tote könnten diesen Eindruck bestätigen. In Wirklichkeit geht es Melville um etwas anderes: Alle seine Helden sterben eigentlich, weil sie sich bei ihrem »Geschäft« den Luxus von Gefühlen leisten, weil sie den falschen Leuten vertrauen oder mißtrauen. Die Gangsterstory wird zum Vexierspiel mit menschlichen Unzulänglichkeiten, zu einer komplexen Studie über die heillose Verwirrung dieser Welt.

Down by law
Down by law

USA 1986

R: Jim Jarmusch; A: Jim Jarmusch; K: Robby Müller; D: Tom Waits, John Lurie, Roberto Benigni, Nicoletta Braschi, Ellen Barkin

In einer Gefängniszelle in New Orleans treffen sich der Zuhälter Jack (J. L.) und der ehemalige Discjockey Zack (T. W.). Sie haben einander wenig zu sagen. Das ändert sich, als der italienische Tourist Roberto (R. B.) eingeliefert wird, der im Affekt einen Mann erschlagen hat. Ausgerechnet dieser radebrechende Fremdling sorgt nun durch seine Kontaktfreude, seine skurrilen Ideen und seine merkwürdige Sprechweise dafür, daß die drei Zellengenossen zu Freunden werden. Und Roberto ist auch der Motor eines erfolgreichen Ausbruchsversuchs, der die drei allerdings zunächst vom Regen in die Traufe bringt – genauer gesagt in die Sümpfe Louisianas, wo sie von ihren Verfolgern und den Alligatoren gleichermaßen bedroht werden. Ein glücklicher Zufall führt sie jedoch in ein kleines Restaurant am Rande der Wildnis, das von der Italienerin Nicoletta (N. B.) betrieben wird. Roberto spürt alsbald Sympathien für die Landsmännin und bleibt bei ihr. Jack und Zack ziehen weiter, trennen sich aber bei der nächsten Weggabelung. Das ist das Ende einer wunderbaren Freundschaft.
Ein Kinostück, aus dem wirklichen Leben gegriffen! Am Anfang skizziert die Kamera ein tristes Bild der Stadt New Orleans; auch die Eingangssequenzen im Gefängnis zeichnen eher die Schattenseiten des Lebens. Doch mit dem Auftritt von Roberto Benigni entwickelt sich vor dem stets präsenten realistischen Hintergrund eine Komödie, die von der Kraft naiver Menschlichkeit und von den Vorzügen des Optimismus handelt. Roberto ruht ganz einfach so fest und sicher in sich selbst, daß Jack und Zack (und auch die Zuschauer!) gar nicht umhinkönnen, sich davon anstecken zu lassen. So ist auch die Trennung am Schluß ohne Bitterkeit, denn die beiden Wanderer, die da weiter ihre Wege gehen, sind nicht mehr die, die einst mürrisch zusammen in der Zelle gesessen haben.

Hierzulande ist der Film in der Originalfassung mit Untertiteln gelaufen, weil Jarmusch eine Synchronisation untersagt hatte. Sehr zu Recht! Allein der Verzicht auf Benignis Kauderwelsch wäre schon ein herber Verlust gewesen.

Dracula
Dracula

USA 1930

R: Tod Browning; A: Garrett Fort nach dem gleichnamigen Roman von Bram Stoker und einem Bühnenstück von Hamilton Deane und John L. Balderston; K: Karl Freund; D: Bela Lugosi, Helen Chandler, David Manners, Edward Van Sloan, Dwight Frye

Graf Dracula (B. L.) ist ein »Untoter«, ein Vampir, der nachts aus seinem Grab steigt, um Blut zu saugen. Er kommt nach England, wo er Mina (H. C.) trifft, die alsbald unter seinen Einfluß gerät. Zwar warnt Dr. van Helsing (E. V. S.) Minas Verlobten John Harker (D. M.) und macht ihn darauf aufmerksam, daß Dracula ein Vampir ist; aber Draculas Einfluß auf das Mädchen ist bereits zu groß. Er entführt Mina schließlich; Harker, van Helsing und Renfield (D. F.), eines von Draculas Opfern, verfolgen den Vampir. Als er beim Morgengrauen in seine Grabkammer zurückkehren muß, können sie ihn endlich überwältigen.
Der Film ist ziemlich unausgeglichen. Neben Szenen, in denen das Unheimliche unmittelbar im Bild lebendig wird, stehen andere, denen die Herkunft des Films von einem Bühnenstück allzu deutlich anzumerken ist. Browning und Lugosi machten gemeinsam eine Gestalt populär, die seither in Dutzenden von Filmen sehr unterschiedlicher Qualität wiederbelebt worden ist. Viele Schauspieler sind in die Rolle Draculas geschlüpft. Nur wenige haben Lugosis finstere Würde wieder erreicht, die ihm – auch in weiteren Dracula-Rollen – beim Publikum immer wieder einen Rest von Mitleid sicherte. Lugosi starb 1956 – wie es heißt – in geistiger Umnachtung und besessen von dem Gedanken, er sei tatsächlich Dracula.

The draughtsman's contract
Der Kontrakt des Zeichners

England 1982

R: Peter Greenaway; A: Peter Greenaway; K: Curtis Clark; D: Anthony Higgins, Janet Suzman, Anne Louise Lambert, Hugh Fraser, Dave Hill

Im Sommer 1694 akzeptiert der junge Landschaftsmaler Neville (A. H.) den Auftrag, zwölf Skizzen des Herrensitzes Compton Anstey zu zeichnen, mit denen Mrs. Herbert (J. S.) ihren Gatten (D. H.) nach dessen Rückkehr von einer Reise überraschen will. Ein Kontrakt garantiert Neville u. a. einen guten Preis, Kost und Logis für zwei Wochen – und die Bereitschaft der Auftraggeberin, »seinen Wünschen zu entsprechen betreffs seines Vergnügens mit ihr«. Gleichartiges Vergnügen genießt Neville bald auch bei Mrs. Herberts verheirateter Tochter, Mrs. Talmann (A. L. L.), wobei es ihm besondere Befriedigung gewährt, den hochnäsigen Mr. Talmann (H. F.) zum Hahnrei zu machen. Außerdem verfertigt Neville auch pünktlich zwölf ansehnliche Skizzen. Und durch die wird er plötzlich in einen Kriminalfall verwickelt. In einem Teich nämlich wird die Leiche von Mr. Herbert gefunden; und Details auf den Zeichnungen, die Neville ahnungslos beobachtet und festgehalten hat, scheinen darauf hinzuweisen, daß es sich hier nicht um einen Unfall, sondern um Mord handelt. Als Neville im Herbst nach Compton Anstey zurückkehrt, um eine dreizehnte Skizze – vom Fundort der Leiche – zu verfertigen, erfährt er endlich die Wahrheit. Die beiden Damen haben sich seiner nur bedient, um einen Erben zur Welt bringen zu können. Der hochgemute Künstler war lediglich eine Marionette in einer komplizierten Erbschafts-Intrige; und er wird am Ende – ermordet – ihr zweites Opfer.

Zunächst einmal ist dies ein intelligenter und unterhaltsamer »Kostüm-Thriller« in bewährter britischer Tradition. Aber Greenaways Film ist auch eine ironische Paraphrase über das Verhältnis von Kunst und Wirklichkeit, von Künstler und Gesellschaft. Vorübergehend scheint es so, als könne die Kunst die Wirklichkeit entlarven und der Künstler die Gesellschaft beherrschen. Aber am Ende werden doch die wahren Machtverhältnisse wiederhergestellt, triumphieren die Realität und das Geld. Peter Greenaway hat das als ein kompliziertes Geflecht von Beobachtungen, Stimmungen und Ereignissen kunstvoll arrangiert; und er hat dabei aus einem historischen Stoff ganz ohne modernistische Attitüde einen sehr modernen Film gemacht.

Die Dreigroschenoper

Deutschland/USA 1931

R: G. W. Pabst; A: Leo Lania, Ladislaus Vajda und Béla Balazs nach dem Bühnenstück von Bert Brecht; K: Fritz Arno Wagner; D: Rudolf Forster, Carola Neher, Reinhold Schünzel, Fritz Rasp, Valeska Gert, Lotte Lenya, Hermann Thimig, Ernst Busch

Der Film folgt zunächst in großen Zügen seiner literarischen Vorlage: Der Gangster Mackie Messer (R. F.) verliebt sich in Polly (C. N.), die Tochter des Bettlerkönigs Peachum (F. R.) und seiner Frau (V. G.). Er läßt die Hure Jenny (L. L.) im Stich, um Polly zu heiraten. Peachum ist über diese Mesalliance entsetzt und erpreßt den Polizeichef Tiger Brown (R. S.): Entweder wird Mackie gefangen und gehängt, oder ein Protestzug der Bettler stört die Krönungsfeierlichkeiten, und Brown verliert seinen Posten. Mackie wird verhaftet.

Der Schluß ist im Film verändert. Im Original wird Mackie durch einen »reitenden Boten des Königs« unter dem Galgen begnadigt. Im Film überzeugt Polly die »Mitarbeiter« ihres Mannes, daß es sinnlos ist, Banken zu berauben. Sie kauft sie statt dessen. Peachums Bettler stellen sich gegen ihn und führen ihren Protestmarsch auf eigene Faust durch, wodurch Peachum seine Existenz und Tiger Brown seinen Posten verliert. Zusammen mit dem durch eine List befreiten Mackie werden sie Vorstandsmitglieder von Pollys Bank.

Der Film wurde zunächst bekannt durch einen (erfolglosen) Prozeß, den Brecht und Weill wegen der »Verfälschung« ihres Werks gegen die Produzenten anstrengten. Tatsächlich ist der Film weniger aggressiv als seine Vorlage. Das liegt aber nicht an der Änderung des Schlusses, die eher noch die sozialkritische Tendenz verdeutlicht. Gemildert wurde die Handlung vor allem durch den Stil der Inszenierung. In den phantastischen Dekors von Andrejew lief die Handlung wie ein Traum ab, wobei Pabst besonders die bizarren und skurrilen Aspekte der Satire betonte. Trotzdem bleibt diese Inszenierung eine bemerkenswerte künstlerische Leistung; und zweifellos hat sie den Geist der Vorlage nicht verraten. Eine Neuverfilmung (BRD/Frankreich 1963) von Wolfgang Staudte mißglückte trotz »großer« Besetzung (Curd Jürgens, Sammy Davis jr., Hildegard Knef u. a.) und geriet zum oberflächlichen Musical.

Die Drei von der Tankstelle

Deutschland 1930

R: Wilhelm Thiele; A: Franz Schulz, Paul Frank; K: Franz Planer; D: Lilian Harvey, Willy Fritsch, Oskar Karlweis, Heinz Rühmann, Fritz Kampers

Der Bankrott ihres Bankiers hat die drei Freunde Willy (W. F.), Kurt (O. K.) und Hans (H. R.) um ihr Geld gebracht. Mit ihren letzten Reserven pachten sie eine Tankstelle, von deren Einkünften sie mehr schlecht als recht leben. Bald wird die charmante Lilian (L. H.) Stammkundin. Alle drei Freunde verlieben sich in sie, während Lilian sich nur für Willy interessiert. Ihr Versuch, die Situation zu klären, scheitert; Willy verläßt die Freunde und die Tankstelle. Doch Lilian weiß Rat: Ihr reicher Vater (F. K.) gründet eine große Tankstellen-Gesellschaft und engagiert die drei Freunde als Direktoren. Als Willy merkt, für wen er arbeitet, will er sofort kündigen; aber mit weiblicher List sorgt Lilian für das Happy-End.
Der Film wurde als »Tonfilm-Operette« angekündigt und enthielt zahlreiche eingängige Lieder (»Liebling, mein Herz läßt Dich grüßen«, »Ein Freund, ein guter Freund« u. a.), für die Werner Richard Heymann die Musik schrieb. Heymann, Thiele und Karlweis mußten 1933 Deutschland verlassen; der Film wurde 1937 verboten.
Der Publikumserfolg dieses Films ist schon beinah legendär. Sein Handlungsschema wurde später vielfach variiert, und seine Hauptdarsteller Willy Fritsch und Lilian Harvey waren auf Jahre hinaus das berühmteste Liebespaar des deutschen Films. 1955 entstand unter der Regie von Hans Wolff und unter dem gleichen Titel ein blasses Remake. Die Hauptrollen spielten jetzt Germaine Damar (Gaby) und Adrian Hoven (Peter). Willy Fritsch erschien in der Neuverfilmung als Vater der Heldin.

Dr. Jekyll and Mr. Hyde
Dr. Jekyll und Mr. Hyde

USA 1931

R: Rouben Mamoulian; A: Samuel Hoffenstein und Percy Heath nach der Erzählung *The strange case of Dr. Jekyll and Mr. Hyde* von Robert Louis Stevenson; K: Karl Struss; D: Fredric March, Miriam Hopkins, Rose Hobart

Verfilmung der gleichnamigen Erzählung von Stevenson mit Fredric March als Dr. Jekyll und Mr. Hyde, Rose Hobart als Verlobte Dr. Jekylls, Miriam Hopkins als Geliebte Mr. Hydes.
Bei Mamoulian ist die Verwandlung Dr. Jekylls in den skrupellosen Mr. Hyde nicht nur und nicht einmal in erster Linie wissenschaftliches Experiment, sondern vor allem die Selbstverwirklichung eines von Konventionen bedrängten Individuums, wobei der sexuelle Aspekt unübersehbar ist. Erst als Mr. Hyde kann sich Jekyll seine geheimen Wünsche erfüllen; und konsequent jubelt er nach seiner ersten Verwandlung: »Frei, endlich frei!«
Mamoulian hat seine Lesart des Romans allerdings selbst in Frage gestellt, indem er den Hyde wieder als abstoßend-häßlichen Teufel in Menschengestalt zeichnete. Im Sinne seiner Interpretation hätte etwas weniger Maske zweifellos mehr Wirkung bedeutet. In der filmischen Gestaltung nutzte die Regie geschickt und mit Geschmack die Effekte des Gruselfilms: Schatten, flackernde Lichter etc.
Weitere bekannte Verfilmungen: von John S. Robertson (USA 1920) mit John Barrymore; von Victor Fleming (Arzt und Dämon – USA 1941) mit Spencer Tracy; von Jean Renoir (*Le testament du Docteur Cordelier* – Das Testament des Dr. Cordelier, Frankreich 1959) mit Jean-Louis Barrault.

Dr. Mabuse, der Spieler (I und II) Ⓢ
(I. Teil: *Der große Spieler, ein Bild unserer Zeit*;
II. Teil: *Inferno, ein Spiel vom Menschen unserer Zeit*)

Deutschland 1922

R: Fritz Lang; A: Fritz Lang und Thea von Harbou nach Motiven des gleichnamigen Romans von Norbert Jacques; K: Carl Hoffmann; D: Rudolf Klein-Rogge, Aud Egede Nissen, Alfred Abel, Gertrude Welcker, Bernhard Goetzke, Paul Richter

Der berühmte Psychoanalytiker Dr. Mabuse (R. K.-R.) verspricht den verzweifelten, haltlosen Menschen der Nachkriegszeit Heilung. Aber in Wirklichkeit ist der angebliche Wohltäter ein raffinierter Verbrecher, ein Falschspieler und Falschmünzer. In seinem Auftrag verführt die Tänzerin Cara Carozza (A. E. N.), die ihm hörig ist, den jungen Millionärssohn Hull (P. R.), dem Mabuse beim Spiel 50 000 Mark abnimmt. Aber durch Hull kommt Staatsanwalt von Wenk (B. G.) auf die Spur des geheimnisvollen Mannes. Wenk besucht Spielklubs, um den gefährlichen Verbrecher ausfindig zu machen. Zunächst lernt er hier die Gräfin Told (G. W.) kennen, doch dann sitzt er eines Abends, ohne es zu wissen, Mabuse gegenüber. Wenk kann sich als erster dem hypnotischen Zwang entziehen, mit dem Mabuse seine Mitspieler besiegt. Auch Mabuse erkennt in ihm jetzt seinen Feind: Ein Mordanschlag auf Wenk mißlingt, an seiner Stelle wird Hull getroffen. Mabuses nächstes Opfer ist Graf Told (A. A.), den er mit seiner hypnotischen Kraft zwingt, falsch zu spielen. Dann behandelt er ihn als Arzt und vermeintlich teilnahmsvoller Freund und überantwortet ihn dabei dem Alkohol. Told begeht schließlich Selbstmord. Aber Wenk erfährt von der seltsamen Beziehung des Toten zu Mabuse. Endlich hat er eine Spur. Mabuses Haus wird umstellt und nach heftigem Feuergefecht eingenommen. Zwar kann Mabuse noch einmal in die unterirdischen Gänge entkommen, in denen Blinde Tag und Nacht für ihn arbeiten. Doch auch hier spürt ihn Wenk auf. Aber Mabuse entgeht der irdischen Gerechtigkeit; er wird wahnsinnig.

Zunächst einmal ist dies ein perfektes Melodrama, dessen beide Teile bei einer Laufzeit von über drei Stunden eine Überfülle von Zwischenfällen, Verwicklungen und Ereignissen brachten. Es wurde geliebt, geschossen, intrigiert und gelitten; düstere Gassen und drohende Schatten verbreiteten Schauder; die übermenschliche Macht des genialen Verbrechers ließ nichts unmöglich erscheinen und alles befürchten. Diesen Wust an Handlung hat nun Fritz Lang in eine strenge Form gefügt. Jahre später nannte Lang den *Mabuse* einen »Dokumentarfilm«; und Dokument war er zweifellos – nicht im Sinne der realistischen Darstellung tatsächlicher Ereignisse, aber in der Wiedergabe einer Zeitsituation, einer Lebenshaltung, die die instinktiv erahnte Bedrohung in einer Gestalt personifiziert sehen wollte. Für das zeitgenössische Publikum waren zweifellos viele Einzelheiten der filmischen Gestaltung nicht nur einfache Spannungselemente, sondern sichtbare Zeichen dieser Bedrohung: das expressive Spiel der Darsteller, die scheinbare Allmacht des Bösen, das ungewisse Spiel von Licht und Schatten und die expressionistische Dekoration (Otto Hunte, Stahl-Urach), die durchaus den Geist einer aus den Fugen geratenen Zeit widerspiegelte.
Ahnungsvoller als es Verleihkatalogen gemeinhin gelingt, drückte es damals der Katalog der Decla-Bioscop aus: »Eine von Krieg und Revolution zusammengefegte, zusammengetrampelte Menschheit rächt sich für die Jahre qualvollen Ernstes, indem sie von Begierde zu Genuß, von Genuß zu Begierde eilt. Ein ruhiger, besonnener Mensch geht unangefochten durch den Taumel der anderen, ein Mensch, der das Recht um seiner selbst willen ehrt – eine lebendige Bürgschaft für die Hoffnung, daß jenseits des Abgrunds schöneres Neuland liegen muß – wenn es nur gelingt, die Brücke hinüber zu finden.«
Nun, es gelang nicht, weil das deutsche Volk wenig später seine unklaren Hoffnungen genauso personalisierte wie hier seine Ängste.
Die Zeitbezüge seines Films hat Fritz Lang später selbst noch betont. In *Das Testament des Dr. Mabuse* (Deutschland 1932) wollte er nach eigenen Worten in der Gestalt des Mabuse die nationalsozialistische Ideologie und die Weltherrschaftspläne Hitlers treffen. Stark verflacht, aber immerhin noch existent waren

Dr. Mabuse, der Spieler (3. v. l.: Aud Egede Nissen, 6. v. l.: Alfred Abel)

Bezüge zur NS-Ideologie in einem weiteren Mabuse-Film Langs (*Die 1000 Augen des Dr. Mabuse*, BRD 1960). In der Folge erwies sich die Gestalt des genialen Verbrechers als äußerst zählebig. Andere Regisseure erweckten Mabuse zu neuem Leben und benutzten ihn als Attraktion für eine Reihe zweit- und drittklassiger Thriller, in denen die Titelgestalt lediglich Alibi für abstruse kriminalistische und dramaturgische Konstruktionen war.

Drôle de drame
Ein sonderbarer Fall

Frankreich 1937

R: Marcel Carné; A: Jacques Prévert nach einem Roman von Storer Clouston; K: Eugen Schüfftan; D: Françoise Rosay, Michel Simon, Louis Jouvet, Jean-Louis Barrault, Jean-Pierre Aumont

Der angesehene Botaniker Molyneux (M. S.) gerät in eine unangenehme Situation, als sein Verwandter, der Bischof von Bedford (L. J.), sich zum Abendessen ansagt; denn die Köchin hat just an diesem Tag gekündigt. Kurz entschlossen spielt Madame Molyneux (F. R.) die Köchin, während ihr Mann erklärt, seine Frau sei aufs Land gefahren. Das plötzliche »Verschwinden« seiner Frau bringt Molyneux in den Verdacht, er habe sie ermordet. Die Polizei rückt an, und Frau Molyneux flüchtet verschreckt in ein Hotel. Hier verliebt sich ein junger Mann in sie, der in Wirklichkeit der gesuchte Massenmörder Kramps (J.-L. B.) ist. Die Situation wird dadurch noch unübersichtlicher, daß Kramps dem Kriminalautor Felix Chapel den Tod geschworen hat; denn hinter diesem Pseudonym verbirgt sich Monsieur Molyneux. Das Durcheinander wird vollständig, als Kramps und Molyneux zusammentreffen, als eine Zeitung den bekannten Autor Chapel mit der Lösung des Falles beauftragt und als sich herausstellt, daß sich Molyneux seine Kriminalgeschichten von seiner Sekretärin erzählen läßt, die sie wiederum der Phantasie des Milchmannes (J.-P. A.) verdankt. Bei einem turbulenten Zusammentreffen im Haus von Molyneux taucht die vermißte Ehefrau wieder auf; die Polizei macht sich mitsamt einer großen Menschenmenge an die Verfolgung von Kramps.

Eine intelligente und groteske Komödie von durchaus anarchistischem Zuschnitt. Die Vertreter der Staatsautorität, der Bischof und die Polizei, erscheinen als heuchlerisch und dümmlich; der gute Bürger Molyneux hütet ängstlich das Geheimnis seiner Doppelexistenz und zehrt von den Einfällen seines Milchmannes; die Zeitungen lassen sich von einem Blender bluffen; und lediglich der Bauchaufschlitzer Kramps handelt »vernünftig« und mit innerer Logik. Er aber ist letzten Endes auch der Betrogene und wird von allen Beteiligten aufatmend als Störenfried bürgerlicher Ruhe verfolgt.

Dr. Strangelove, or: How I learned to stop worrying and love the bomb
Dr. Seltsam oder Wie ich lernte, die Bombe zu lieben

England 1963

R: Stanley Kubrick; A: Stanley Kubrick, Terry Southern und Peter George nach dem Roman *Red alert* von Peter George; K: Gilbert Taylor; D: Peter Sellers, George C. Scott, Sterling Hayden, Keenan Wynn, Slim Pickens

Jack D. Ripper (S. H.), Kommandant eines US-Luftwaffenstützpunktes, dreht durch und führt auf eigene Faust einen atomaren Schlag gegen die Sowjets. Er schickt seine Bomber los, die nur er selbst mit dem Geheimcode zurückrufen könnte. Der Präsident (P. S.) ist fassungslos und warnt zunächst einmal über den »heißen Draht« seinen sowjetischen Kollegen; dann läßt er Rippers Stützpunkt von Fallschirmjägern erobern. Zwar hat sich Ripper ehrenhaft umgebracht, aber sein Adjutant (P. S.) knobelt den Code aus, mit dem tatsächlich die Bomber zurückgerufen werden können. Doch alsbald lähmendes Entsetzen: Major »King« Kong (S. P.) aus Texas hat das fliegerische Kunststück fertiggebracht, seine von einer russischen Luftabwehr-Rakete getroffene B 52 in der Luft zu halten. Und da durch die Beschädigung sein Code-Empfänger ausgefallen ist, wirft er seine Atombomben ab, worauf bei den Russen automatisch eine »Weltuntergangsmaschine« in Tätigkeit tritt, die ebensowenig zu stoppen ist wie »King« Kongs Bomber. Im Schlußbild entwickelt ein obskurer Dr. Seltsam (P. S.) im strahlensicheren Unterstand des Präsidenten Überlebenspläne.

Eine makabre Groteske, die zwischen Scherz und lähmendem Entsetzen balanciert und die nur dort ihre Wirkung verliert, wo sie sich eindeutig für den Scherz entscheidet. Auch die Figur des Dr. Seltsam, in dem offenbar die ehemals deutschen Raketenfachleute persifliert werden sollen, überzeugt nicht recht. Sie ist allzu karikiert und diskreditiert durch faschistische Akzente allgemein die »Eggheads«. Sonst aber gelingt es Kubrick, durch eine raffinierte Inszenierung Gelächter in Grauen aufgehen zu lassen, deutlich zu machen, wie eine perfekte Maschinerie dem Fehlverhalten – möglicherweise – borniertet Einzelgänger ausgeliefert ist. Eine Spielart dieser Spezies ist auch General Turgidson (G. C. S.), den bis kurz vor dem bitteren Ende der Stolz auf die fliegerische Leistung des unseligen Majors aus Texas nicht verläßt.

Duck soup
Die Marx-Brothers im Krieg

USA 1933

R: Leo McCarey; A: Bert Kalmar, Harry Ruby, Arthur Sheekman, Nat Perrin; K: Henry Sharp; D: Groucho Marx, Harpo Marx, Chico Marx, Zeppo Marx, Margaret Dumont

Der Staat Freedonia steht vor dem Bankrott, als die reiche Amerikanerin Mrs. Teasdale (M. D.) ihm einen großzügigen Kredit anbietet. Ihre einzige Bedingung: Der skrupellose, aber tüchtige Geschäftsmann Rufus T. Firefly (G. M.) muß Präsident werden. Rufus rückt an – mit seinem Chauffeur Pinkie (H. M.) und einem Herrn namens Chicolini (C. M.), der sein Kriegsminister wird. Rufus errichtet eine turbulente Diktatur, während Pinkie und Chicolini für den Nachbarstaat Sylvania spionieren. Es kommt zum Krieg zwischen Freedonia und Sylvania, der mit dem Sieg von Freedonia en-

det. Doch als Mrs. Teasdale den Sieg feierlich begehen will, wird sie von Rufus, Pinkie und Chicolini schimpflich mit Äpfeln beworfen.
Wie in fast allen Filmen der Marx-Brothers ist auch hier die Handlung nur ein dünner roter Faden, an dem eine Fülle surrealer, makabrer und oft auch gewalttätiger Gags aufgereiht ist. Und wie in all ihren Filmen spielt jeder der Brüder hier seine stets gleichbleibende Rolle. Groucho, der »Chef« der Truppe, ist ein skrupelloser, öliger Geschäftemacher mit einer Brille ohne Gläser, einem riesigen aufgemalten Schnurrbart und schleichendem Gang. Harpo, ein exzellenter Harfen-Virtuose, ist der Faun, der bedenkenlos nimmt, was ihm gefällt, stets auf der Jagd nach Mädchen; er ist stumm und trägt eine Autohupe am Gürtel, mit deren Hilfe er sich seinen Brüdern verständlich macht. Chico spielt den Typ des italienischen Einwanderers; er muß stets die niedrigen Arbeiten verrichten, aber er ist auch voll böser Einfälle. Zeppo blieb demgegenüber relativ blaß. Er verließ auch später die Truppe.
Die Komik der Marx-Brothers ist absurd und häufig anarchistisch. Aber ihre Absurdität entlarvt die Welt, in der sie leben; und sie rechtfertigt damit gleichsam, daß man diese Welt vom Standpunkt des Anarchisten aus betrachtet. Das erklärt auch ihren Erfolg gerade in der Zeit der amerikanischen Wirtschaftskrise und des »new deal«.
Weitere bekannte Filme der Marx-Brothers: *Monkey business* (Die Marx-Brothers auf See, R: Norman Z. McLeod, 1931), *A night at the opera* (Skandal in der Oper / Die Marx-Brothers in der Oper, R: Sam Wood, 1935), *The big store* (Die Marx-Brothers im Kaufhaus, R: Charles Reisner, 1941).

Duel in the sun
Duell in der Sonne

USA 1946

R: King Vidor; A: David O. Selznick und Oliver Garrett nach einem Roman von Niven Busch; K: Lee Garmes, Hal Rosson, Ray Rennahan; D: Jennifer Jones, Gregory Peck, Joseph Cotten, Lionel Barrymore, Lillian Gish

Ihr Vater hat seine ungetreue Frau getötet und ist dafür hingerichtet worden. Sie selbst, das Halbblut Pearl Chavez (J. J.), wird von ihrer reichen Tante Laura Belle MacCanles (L. G.) aufgenommen. Die Tante und ihr Sohn Jesse (J. C.) sind freundlich zu Pearl; aber sie können sich nicht gegen den unbeugsamen Willen des gelähmten Senators MacCanles (L. B.) durchsetzen, der Pearl wegen ihrer Herkunft verachtet. Jesse verliebt sich in Pearl und möchte sie sogar heiraten; aber Pearl verfällt in Haßliebe Jesses jüngerem Bruder Lewt (G. P.), der keinen Zweifel läßt, daß er sie nur als Geliebte will. Immerhin schießt Lewt ihretwegen einen anderen Mann und später sogar seinen Bruder nieder und muß sich in den Bergen verstecken. Um Jesse vor einem neuerlichen Angriff zu schützen, willigt Pearl ein, Lewt noch einmal zu sehen. Als sie ihm gegenübersteht, hebt sie das Gewehr und schießt; Lewt schießt zurück. Beide sind tödlich getroffen. Im heißen Wüstensand kriechen sie unendlich mühsam, unendlich lange aufeinander zu und sterben in einer letzten Umarmung.
Ein Film der »überlebensgroßen Gefühle«. Pearl und Lewt sind maßlos in ihrem Haß und ihrer Liebe; und King Vidor hat diese Leidenschaft mit echtem Pathos in Szene gesetzt. Produzent David O. Selznick sagte später, ihn habe es gereizt, den aufwendigsten (30 Millionen Dollar!) Western der Filmgeschichte zu drehen. Vidor hat dafür gesorgt, daß der Film nicht nur aufwendig, sondern auch bemerkenswert wurde. Unter anderem galt damals seine Farbgestaltung als sensationell.

Due soldi di speranza
Für zwei Groschen Hoffnung

Italien 1952

R: Renato Castellani; A: Renato Castellani, Ettore M. Margadonna und Titina De Filippo nach einem Entwurf von Renato Castellani und Ettore M. Margadonna; K: Arturo Gallea; D: Vincenzo Musolino, Maria Fiore, Filomena Russo, Luigi Astarita

Nach seiner Rückkehr vom Militärdienst sucht Antonio (V. M.) in seinem kleinen Heimatdorf verzweifelt Arbeit. Er braucht sie um so nötiger, als er Carmela (M. F.) heiraten will, deren Vater (L. A.) es zu einigem Wohlstand gebracht hat. Er will seine Tochter keinem »Habenichts« geben. Als alle Versuche Antonios – u. a. als Küster, Omnibusfahrer, Blutspender – mißlingen, heiratet er Carmela ohne Zustimmung ihres Vaters. In der Schlußszene deutet sich an, daß das ganze Dorf dem jungen Liebespaar helfen will.

Der überwiegend komödiantische Film verbindet Humor mit Sozialkritik. Im Mittelpunkt stehen die oft bizarren Bemühungen Antonios um eine vernünftige Arbeit, sein unverwüstlicher Optimismus, der auch am Ende die realistische Milieuschilderung eines kleinen Dorfes am Fuße des Vesuvs überstrahlt. Die besten Sequenzen sind die, die dem Alltag am nächsten sind.

Nach ähnlichem Rezept drehte Castellani seinen Film *I sogni nel cassetto* (Träume in der Schublade, 1956), der die Alltagssorgen eines Studenten-Ehepaares schildert. Hier allerdings gibt es kein Happy-End: Kurz nachdem Mario sich als Arzt niedergelassen hat, stirbt seine Frau bei der Geburt ihres ersten Kindes.

Du rififi chez les hommes
Rififi

Frankreich 1954

R: Jules Dassin; A: Jules Dassin, René Wheeler und Auguste Le Breton nach einem Roman von Auguste Le Breton; K: Philippe Agostini; D: Jean Servais, Carl Möhner, Robert Manuel, Jules Dassin, Robert Hossein, Marcel Lupovici, Magali Noël

Als der »sanfte Toni« (J. S.) nach fünf Jahren aus dem Gefängnis entlassen wird, steht er vor dem Nichts. Doch seine Freunde Jo (C. M.) und Mario (R. M.) schlagen ihm vor, sich an einem großen Einbruch zu beteiligen. Als Fachmann für Tresore holt man noch César (J. D.) eigens aus Italien. Der präzise geplante und durchgeführte Einbruch gelingt, die vier Gangster haben ausgesorgt. Aber César macht einen Fehler: Er verschenkt eines der erbeuteten Schmuckstücke an eine attraktive Sängerin (M. N.). Dadurch kommen die Brüder Grutter (R. H., M. L.) auf die Spur der Einbrecher und versuchen, ihnen die Beute abzujagen. In einem gnadenlosen Kleinkrieg bringen die Gangster sich gegenseitig um. In der entscheidenden Auseinandersetzung erschießt Toni Pierre Grutter. Er ist jetzt der einzige Überlebende; aber er ist schwer verletzt, und auch für ihn wird es keine Zukunft mehr geben.

Ein raffinierter Kriminalfilm – ausgeklügelt in der Handlung, vorzüglich in der Detailschilderung (beispielsweise mit einer fast halbstündigen Einbruchsequenz ohne Dialog und musikalischer Untermalung), mit guten darstellerischen Leistungen. Hier spürt man noch den Einfluß des kritischen Realismus von Dassins amerikanischen Filmen. Die Grundhaltung erinnert vage an den poetischen Pessimismus des französischen Vorkriegsfilms. Das Scheitern der Gangster ist von Tragik umwittert; keinesfalls soll es die These vom Verbrechen, das sich nicht lohnt, illustrieren.

Du skal aere din hustru Ⓢ
Der Herr des Hauses / Du sollst deine Frau ehren / Ehret eure Frauen

Dänemark 1925

R: Carl Th. Dreyer; A: Svend Rindom und Carl Th. Dreyer nach dem Schauspiel *Tyrannens fald* von Svend Rindom; K: George Schnéevoigt; D: Johannes Meyer, Astrid Holm, Mathilde Nielsen

Viktor Frandsen (J. M.) ist ein ständig mißgelaunter Haustyrann, während seine Frau Ida (A. H.) geduldig bemüht ist, für die drei Kinder, den Haushalt und den launenhaften Gatten zu sorgen. Aber eines Tages ist Ida verschwunden. Ihre Mutter und Viktors altes Kindermädchen Mads (M. N.) haben sie gedrängt, eine ärztlich verordnete Kur anzutreten – und zwar, ohne ihre Adresse zu hinterlassen. Mads versorgt jetzt den Haushalt, und sie erzieht Viktor mit den gleichen Methoden und der gleichen Strenge wie früher. Schließlich ist Viktor sogar bereit, sich wie ein kleiner Junge »in die Ecke zu stellen«, um seine Frau zurückzubekommen. Ida kommt, und beide sinken sich in die Arme. Das Glück ist vollkommen, als Idas Mutter auch noch das Startkapital für ein eigenes Geschäft stiftet.

Die lustspielhaften Züge täuschen nicht darüber hinweg, daß es den Autoren ernst war mit dem Thema dieses Films. Er wurde so etwas wie das Hohelied der kleinen Bürgersfrau, die trotz finanzieller Schwierigkeiten und häuslicher Belastung tapfer das Leben bewältigt. Entsprechend legte Dreyer auch großen Wert auf eine exakte Milieuschilderung. *Du skal aere din hustru* war einer der ersten dänischen Filme, die das französische Rezept übernahmen, den Alltag gewöhnlicher Menschen zu beobachten. Der Film war daher gerade in Frankreich sehr erfolgreich; und diesem Erfolg verdankt Dreyer letzten Endes die Möglichkeit, seinen Film *La passion de Jeanne d'Arc* zu drehen.

E

East of Eden
Jenseits von Eden

USA 1955

R: Elia Kazan; A: Paul Osborn nach dem gleichnamigen Roman von John Steinbeck; K: Ted McCord; D: Julie Harris, James Dean, Richard Davalos, Raymond Massey, Burl Ives, Jo van Fleet

Aus der personen- und handlungsreichen Vorlage greift der Film das Schicksal der Brüder Cal (J. D.) und Aron (R. D.) Trask heraus: den Kampf des Einzelgängers Cal um die Zuneigung des Vaters (R. M.), die schockierende Begegnung mit der totgeglaubten Mutter (J. v. F.), die als Prostituierte in der nahegelegenen Stadt lebt, die Schuld Cals am Tod des Bruders und seine Liebe zu Abra (J. H.), der Verlobten Arons.
Diese moderne Version des Themas von Kain und Abel wird niemals zur ermüdenden Rückschau auf vergangene Zeiten. Vielmehr geben die Kraft der literarischen Vorlage, das Geschick der Regie und nicht zuletzt das intensive Spiel der beiden Hauptdarsteller Julie Harris und James Dean den Episoden der Handlung einen direkten aktuellen Bezug. Ein bemerkenswertes Beispiel für eine angemessene Literaturverfilmung, die nicht nur die Fabel, sondern auch den Geist der Vorlage bewahrte.

Easy rider
Easy Rider – Die wilden jungen Männer

USA 1969

R: Dennis Hopper; A: Peter Fonda, Dennis Hopper, Terry Southern; K: Laszlo Kovacs; D: Peter Fonda, Dennis Hopper, Jack Nicholson

Wyatt (P. F.) und Billy (D. H.) verkaufen in Los Angeles eine Portion Rauschgift und können sich vom Erlös endlich die Erfüllung eines Traums leisten: Mit ihren überschweren Motorrädern wollen sie quer durchs Land nach New Orleans zum »Mardi gras« fahren. Unterwegs schließt sich ihnen der versoffene Rechtsanwalt Hanson (J. N.) an. Aber je tiefer sie in den Süden kommen, desto aggressiver wird die Haltung der Bürger gegen die »langhaarigen Hippies«. Schließlich werden sie nachts, als sie auf freiem Feld kampieren, von biederen Bürgern überfallen und verprügelt, wobei Hanson getötet wird. Wyatt und Billy erreichen ihr Ziel und besuchen in New Orleans »das feinste Hurenhaus im ganzen Süden«, von dem Hanson ständig geschwärmt hatte. Zusammen mit zwei Mädchen aus diesem Etablissement erleben sie auf einem Friedhof einen LSD-Trip. Und obwohl Wyatt nach dem Erwachen ernüchtert konstatiert: »Wir sind Versager!«, fahren sie weiter in Richtung Florida. Das Ende kommt abrupt: Auf einer Landstraße wird Billy von einem Mann, der ihm eigentlich nur einen »Denkzettel« verpassen wollte, vom Motorrad geschossen; und dann erschießt der Mann auch Wyatt, den einzigen gefährlichen Zeugen.
Easy rider ist ein in den Südstaaten gebräuchlicher Ausdruck für den Geliebten (nicht den Zuhälter!) einer Hure. Hauptdarsteller (und Produzent) Peter Fonda erklärte: »In Amerika ist die Freiheit zur Hure geworden, und wir alle versuchen's mit dem ›easy ride‹.« Der Film berichtet resignierend und manchmal auch ein wenig sentimental von den Träumen, die man in den USA nicht mehr träumen darf. Die langen, von suggestiver Musik (Folkmusic, Rock) untermalten Fahrten durch eine unberührte Landschaft beschwören ein älteres, besseres Amerika. Bei den einfachen Bauern in den Bergen werden die modernen Tramps freundlich aufgenommen; je näher sie der Großstadt kommen, desto stärker wird das Mißtrauen gegen die Außenseiter. Die einzige Freiheit, die den Protagonisten bleibt, ist die des »Trips« – und schließlich der Tod. Der Pessimismus dieses Films ist bunt und suggestiv wie ein Rausch. Und Millionen Jugendliche in aller Welt konsumierten ihn wie eine Droge. Was als Warnung gedacht war, wurde für sie zum verführerischen Exempel.

L'eclisse
Liebe 1962

Italien/Frankreich 1961

R: Michelangelo Antonioni; A: Michelangelo Antonioni, Tonino Guerra, Elio Bartolini, Ottiero Ottieri; K: Gianni Di Venanzo; D: Monica Vitti, Alain Delon, Francisco Rabal

Nach langen Jahren der Gemeinsamkeit trennt sich Vittoria (M. V.) von Riccardo (F. R.). Sie sucht Kontakt zu anderen Menschen. Aber die Beziehung zu ihrer Mutter, die mit bescheidenen Mitteln an der Börse spekuliert, bleibt frostig; Gemeinsamkeiten mit den Nachbarinnen im Appartementhaus ergeben sich nicht. Dann lernt sie Piero (A. D.), einen cleveren jungen Börsenmakler, kennen. Zunächst weist sie seine Werbung zurück, weil sie keine Neuauflage ihres Verhältnisses zu Riccardo wünscht. Schließlich gibt sie nach und wird seine Geliebte. Nach einer Liebesbegegnung verabschieden sie sich mit dem Versprechen, daß sie sich wiedersehen wollen – »morgen und übermorgen und den Tag danach und heute abend«. Aber Vittoria geht mit einer sehr endgültigen Geste, Piero stürzt sich übergangslos wieder in seine Arbeit; den Schluß des Films bildet die im Originaltitel beschworene Sonnenfinsternis.

Wieder geht es Antonioni um die Kontaktlosigkeit der Menschen, um die Gefährdung der Liebe in einer vom Leistungsprinzip bestimmten Gesellschaft. Der Film macht das schon in der Anfangsszene deutlich: Quälend lange sitzen sich Vittoria und Riccardo schweigend gegenüber. Als sie dann zu sprechen beginnen, ist eigentlich schon alles vorbei, ist die Entscheidung bereits gefallen, und der Zuschauer hat ihre Notwendigkeit längst begriffen.

Diese erneute Variation seines Lieblingsthemas hat Antonioni hier gelegentlich zum dekorativen Arrangement verführt. Sein Prinzip, auch Nebensächliches sorgfältig vorzuzeigen, um dann das Wesentliche schockierend plötzlich einzuführen, gerät manchmal etwas manieriert. Daneben freilich stehen abermals sehr eindringliche Szenen.

Édes Emma, drága Böbe
Süße Emma, liebe Böbe

Ungarn/BRD 1992

R: István Szabó; A: István Szabó nach einer Original-Story von István Szabó und Andrea Vészits; K: Lajos Koltai; D: Johanna ter Steege, Enikö Börcsök, Péter Andorai, Evá Kerekes

Die Lehrerin Emma (J. t. S.) teilt mit ihrer Kollegin Böbe (E. B.) ein Zimmer in einem Wohnheim für Lehrerinnen und Lehrer. Für mehr Wohnkultur reicht ihr Gehalt nicht, obwohl sie es bereits durch regelmäßige Arbeit als Putzhilfe aufbessert. Nachts träumt sie manchmal, sie stürze ins Nichts. In ihrem Leben erleidet sie diesen Sturz tatsächlich; und aus der Realität gibt es kein Erwachen. Eine freudlose Affäre mit dem Schuldirektor (P. A.) zerbröckelt; im Kollegium wirft man sich gegenseitig vergangenen oder gegenwärtigen Opportunismus vor; die Schüler wissen mit der neugewonnenen Freiheit nicht recht umzugehen; und – symbolträchtig genug! – die Umstellung vom Unterricht in russischer zu dem in englischer Sprache fällt Emma schwer. Geniert beobachtet sie, wie Böbe sich von deutschen Touristen ansprechen läßt; zögernd folgt sie der Freundin zur Bewerbung für eine Nackt-Statisterie im Film; lustlos absolviert sie ein Bettabenteuer mit einem jungen Kollegen. Dann folgt auf die alltäglichen Querelen die Katastrophe: Böbe wird wegen Prostitution und Devisenvergehen verhaftet und stürzt sich nach ihrer Entlassung aus der Untersuchungshaft aus dem Fenster. Emma wirft sich über die Sterbende und schreit: »Das ist doch keine Lösung!« Im Schlußbild sieht man sie als Zeitungsverkäuferin auf der Straße stehen.

In einfachen, sehr präzisen Bildern schildert Szabó eine deprimierend kalte Welt, in der den Menschen die Euphorie über die neugewonnene Freiheit gründlich vergangen ist. Aber es geht ihm nicht darum, den politischen Wandel zu diskreditieren. Ähnlich wie fast 30 Jahre vorher in *Álmodozások kora* beobachtet er junge Menschen an der Schwelle des Berufslebens und bilanziert die Enttäuschungen, die sie auch diesmal wieder erleiden. Die Kamera konzentriert sich ganz auf Emma. Hintergrund-Informationen werden durch Zwischentitel vermittelt, damit die Protagonistin nur ja nicht aus dem Blickfeld gerät; und so gelang die intensive Studie einer stillen, alltäglichen Verzweiflung.

Edward II
Edward II.

England 1991

R: Derek Jarman; A: Derek Jarman, Stephen McBride und Ken Butler nach dem gleichnamigen Schauspiel von Christopher Marlowe; K: Ian Wilson; D: Steven Waddington, Andrew Tiernan, Tilda Swinton, Nigel Terry, John Lynch, Jody Graber

Nach dem Tod seines Vaters und nach seiner Krönung ruft der homosexuelle König Edward II. (S. W.) seinen Freund Gaveston (A. T.) aus der Verbannung zurück und überhäuft ihn mit Ehren und Geschenken. Am Hof bildet sich unter der Führung des ehrgeizigen Mortimer (N. T.) bald eine einflußreiche Opposition gegen den Emporkömmling mit den rüden Manieren und dem ausgeprägten Machtbewußtsein. Der König wird gezwungen, Gaveston erneut zu verbannen; doch ausgerechnet Königin Isabella (T. S.) betreibt seine Rückkehr, weil sie durch diese Großmut die Liebe ihres Gemahls zurückzugewinnen hofft. Kurz nach seiner Rückkehr wird Gaveston auf Befehl Mortimers ermordet. Von nun an kümmert sich Edward weder um das Königreich noch um die Königin, die zur Komplizin und zur Geliebten Mortimers wird. Ein grausamer Bürgerkrieg bricht aus, in dessen Verlauf Edwards neuer Günstling Spencer (J. L.) getötet und der König gefangengenommen wird. In einer Rahmenhandlung sieht man ihn im Kerker, wo er über sein Schicksal räsoniert, während ein gedungener Mörder bereits auf dem Weg zu ihm ist.
Jarman hat die literarische Vorlage mit Respekt und Einfallsreichtum zugleich adaptiert und seine Lesart, seinen Aspekt der »Günstlings-Wirtschaft« mit kräftigen Strichen und drastischen Effekten deutlich gemacht. Er zeigt den Kampf von Adel und Klerus um die Macht und demonstriert dabei, daß gefährlicher als Säbelrasseln und pathetische Worte die routinierte Effektivität sein kann, die hier gelegentlich an moderne Wirtschaftsverhandlungen gemahnt. Immer wieder brechen Modernismen in den Ablauf der Handlung ein, und nur selten wirken sie aufgesetzt: etwa dann, wenn der Bürgerkrieg als Auseinandersetzung zwischen Polizisten und Demonstranten gezeigt wird. Im Mittelpunkt steht freilich stets die tragische Figur des schwulen Königs – sein Schicksal, seine Euphorie und seine Verzweiflung.

Die Ehe der Maria Braun

BRD 1978

R: Rainer Werner Fassbinder; A: Peter Märthesheimer, Pea Fröhlich; K: Michael Ballhaus; D: Hanna Schygulla, Klaus Löwitsch, Ivan Desny, Gottfried John, Gisela Uhlen, George Byrd

Während im Zweiten Weltkrieg rund um das Standesamt die Bomben fallen, heiratet Maria (H. S.) den Soldaten Hermann Braun (K. L.). Hermann geht zurück an die Front, dann hört sie nichts mehr von ihm. Nach dem Krieg arbeitet Maria in einer amerikanischen Bar und beginnt ein Verhältnis mit dem farbigen Solda-

Edward II (Steven Waddington, Andrew Tiernan)

*Die Ehe der Maria Braun
(Isolde Barth,
Hanna Schygulla)*

ten Bill (G. B.). Als Hermann nach der Entlassung aus der Kriegsgefangenschaft plötzlich in ihrer Wohnung steht, erschlägt sie ihren Geliebten. Hermann nimmt die Schuld auf sich und geht ins Gefängnis. Maria besucht ihn regelmäßig, wird aber gleichzeitig die Geliebte des Industriellen Karl Oswald (I. D.), dem sie Hermanns Existenz verschweigt und in dessen Betrieb sie Karriere macht. Als Hermann entlassen wird, kehrt er nicht zu seiner Frau zurück, sondern wandert nach Kanada aus. Der »letzte Akt« spielt 1954. Hermann kehrt zurück. Ein Buchhalter verliest das Testament des inzwischen verstorbenen Oswald, in dem Hermann und Maria zu seinen Erben eingesetzt werden und dem Maria so entnehmen kann, daß Oswald über ihre Beziehungen zu Hermann Bescheid gewußt hat. Maria zündet sich eine Zigarette an, und das Haus fliegt in die Luft, weil sie den Gashahn nicht zugedreht hat.

Der Film zeichnet das Porträt einer Frau, die vom Schicksal zur Selbständigkeit gezwungen wird und die diesen Zwang zum Prinzip ihrer Emanzipation erhebt. Als Ehefrau ohne Mann nimmt sie den Kampf mit dem Leben und den Zeitumständen auf. Aber sie will nicht nur überleben; sie will die Zukunft planen, die ihr stets wieder entgleitet, wenn sie Gegenwart geworden ist. Am Ende steht sie mit vollen Händen als Besiegte da. Denn die glänzende Zukunft im Oswaldschen Betrieb, die ihr da geboten wird, ist nur ein Geschenk und nicht das Ergebnis ihrer Planung. Geplant hat Oswald, der alles über sie gewußt und alle Fäden in der Hand gehabt hat. Und was eingangs die detonierenden Bomben nicht geschafft haben, das vollendet jetzt ein explodierender Gasboiler. Ob Unglücksfall oder Selbstmord – das läßt der Film offen.

Marias Lebensweg erscheint gleichzeitig auch als Spiegelbild deutscher Nachkriegsgeschichte, die Fassbinder vor allem in seinem raffinierten Soundtrack einfängt. Schlager der Zeit beschwören Stimmung und Atmosphäre. Reden von Politikern sollen Parallelen zum bedenkenlosen Erfolgsstreben Marias aufzeigen. Und bei der Verlesung des Testaments, als der

Zuschauer noch glauben mag, dies sei der endgültige Triumph der Protagonistin, tönt aus dem Radio als ironischer Kommentar die Reportage vom deutschen Endspiel-Sieg bei der Fußballweltmeisterschaft 1954. So schematisch und lehrhaft dies in der Analyse klingen mag, der Regie ist es gelungen, diese Aspekte in eine Geschichte zu integrieren, die zunächst einmal ganz einfach spannend, bewegend, anrührend ist. In seiner Mischung aus intellektuellem Kalkül und erzählerischer Kraft gehört dieser Film zu den besten Inszenierungen Fassbinders.

Ehe im Schatten

DDR 1947

R: Kurt Maetzig; A: Kurt Maetzig nach einer Erzählung von Hans Schweikart; K: Friedl Behn-Grund, Eugen Klagemann; D: Paul Klinger, Ilse Steppat, Lothar Firmans, Claus Holm

Die Schauspielerin Elisabeth Maurer (I. S.) erlebt 1933 ihren ersten großen Erfolg. Aber nach Hitlers Machtergreifung wird sie, die Jüdin, von ihrem Freund (C. H.) verlassen. Ihr Kollege Hans Wieland (P. K.) wirbt um sie und heiratet sie. Jahrelang kann der prominente Schauspieler seine »nichtarische« Frau schützen. Eines Tages, bereits im Krieg, nimmt Hans Elisabeth mit zu einer Premiere, wo sie dem Staatssekretär im Propagandaministerium (L. F.) auffällt. Er erfährt, daß sie Jüdin ist, und informiert den Minister. Wieland wird vor die Alternative gestellt: Scheidung oder Berufsverbot. In dieser ausweglosen Situation gehen Hans und Elisabeth gemeinsam in den Tod.
Der Debütfilm Kurt Maetzigs variiert das Schicksal des Schauspielers Joachim Gottschalk und seiner Frau. *Ehe im Schatten* wurde ein großer Erfolg. Zwar gibt es hier keine filmischen Experimente und keine substantielle Auseinandersetzung mit dem Nationalsozialismus und seiner Ideologie; aber dafür wird ein bewegender Fall mit Anteilnahme und zornigem Engagement geschildert.

Ekdin pratidin
Ein ganz gewöhnlicher Tag

Indien 1979

R: Mrinal Sen; A: Mrinal Sen nach einer Erzählung von Amalendu Chakraborty; K: K. K. Mahajan; D: Satya Banerjee, Gita Sen, Mamata Shankar, Sreela Majumdar,Tapan Das

Im Erdgeschoß eines großen alten Hauses in Kalkutta wohnt Hrishikesh Sen Gupta (S. B.) als Oberhaupt einer siebenköpfigen Familie. Der frühere Angestellte lebt von einer kleinen Pension; und zum eigentlichen Ernährer der Familie ist längst seine älteste Tochter Chinu (M. S.) geworden, die in einem Büro arbeitet. Eines Abends kommt Chinu nicht zur gewohnten Zeit nach Haus. Allmählich wächst die Unruhe in der Familie; und während die Studentin Minu (S. M.) das Recht ihrer Schwester auf Unabhängigkeit und ein eigenes Leben verteidigt, ist die Mutter (G. S.) bald völlig verzweifelt. Ein Bruder Chinus macht sich schließlich mit einem Freund auf den Weg, um seine Schwester zu suchen. Dabei werden sie zwar mit anonymen Schicksalen der großen Stadt konfrontiert, aber von Chinu finden sie keine Spur. Mittlerweile hat die Unruhe der Familie auch die Nachbarn in dem weiträumigen Mietshaus aufmerksam gemacht. Ihre Reaktionen reichen von freundschaftlicher Anteilnahme bis zu offener Mißbilligung. Im Morgengrauen kommt Chinu nach Hause. Sie lehnt es ab, sich zu entschuldigen; und sie erklärt auch nicht, wo sie sich aufgehalten hat.
In ruhigen Einstellungen und ohne aufgesetzte Effekte beobachtet Sen das alltägliche Leben in einer bürgerlichen indischen Familie. Nach europäischen Maßstäben geschieht in diesem Film nicht sehr viel, ist dies wirklich »ein ganz gewöhnlicher Tag«. Ein indisches Publikum dagegen erlebt, wie hier tradierte Normen des Familienlebens zerbrechen, wie eine zur Unterordnung erzogene Frau sich schweigend das Recht auf ein eigenes Leben nimmt. Die Studentin Minu hält es ihren Eltern vor: Längst lebt die Familie überwiegend von Chinus Gehalt; aber noch immer tut man so, als sei sie das wohlbehütete Töchterlein, das zu freundlicher Passivität verurteilt ist. Für Indien war

dies ein brisantes Thema. Typisch für Sen ist, daß er es ganz ohne aufgeregte Dramatik mit gelassener Selbstverständlichkeit behandelt hat. In seinen Augen, diese Erkenntnis vermittelt der Film ganz deutlich, ist eben Chinus Verhalten längst selbstverständlich.

Elling
Elling

Norwegen 2001

R: Petter Næss; A: Axel Hellstenius nach dem Roman *Blutsbrüder* von Ingvar Ambjørnsen; K: Svein Krøvel; D: Per Christian Ellefsen, Sven Nordin, Per Christensen, Jørgen Langhelle, Marit Pia Jacobsen, Hilde Olausson

Elling (P. C. E.) ist ein Muttersöhnchen, wie es im Buche steht. Nach dem Tod der Mutter nur noch ein hilfloses Häufchen Elend, schickt man ihn zur Erholung in eine psychiatrische Klinik aufs Land. Dort freundet er sich mit Kjell Bjarne (S. N.) an, einem Kerl mit rauher Schale, aber weichem Kern. Zwei Jahre später kehrt das Duo nach Oslo zurück, wo es beweisen muß, daß es wieder allein zurechtkommt. Der Sozialarbeiter Frank (J. L.) hilft, den Alltag zu organisieren – Einkaufen, Essen gehen, Kommunikation. Auf einer Dichterlesung offenbart sich Elling plötzlich von einer ganz anderen Seite. Dank seines literarischen Talents avanciert er als »Sauerkraut Poet E« zum skurrilen Avantgardekünstler, der seine phantasievollen Ergüsse, in Schachteln verpackt, ins Supermarktregal stellt. Doch die Prüfungen und Herausforderungen werden für ihn und Kjell nicht geringer: Der Mangel an Selbstbewußtsein holt sie immer wieder ein. Zu Weihnachten braucht eine Nachbarin (M. P. J.), die schwanger und betrunken auf der Treppe zusammengebrochen ist, ihre Hilfe. Elling sieht Kjells Zuneigung zu dieser Frau zunächst mit Argwohn, dann mit Eifersucht. Schließlich droht die anbrechende Romanze ihre Freundschaft und Zweckgemeinschaft zu zerbrechen. Am Ende läßt Elling seinem Partner den Vortritt. Nach der geglückten Reparatur eines Oldtimers wagen die Freunde mit neuen Bekannten sogar eine Spritztour ans Meer.

Die norwegische Produktion *Elling* ist eine Roman-Adaption, orientiert sich aber stark am Theaterstück, das Regisseur Petter Næss ebenfalls einrichtete. Sein dramaturgisches Konzept übernimmt den Episodencharakter, die satirischen Pointen, den Dialogwitz und die Situationskomik. Aus dem Gegensatz des ungewöhnlichen Paares – man denkt oft an Laurel und Hardy – bezieht der Film seine innere Spannung, seine inhaltliche Substanz. Erzählt wird ein tragikomisches menschliches Schicksal ohne große Klischees oder Larmoyanz – oder eine pathetische Krankheitsgeschichte. *Elling*, ein Überraschungserfolg, zeichnet sich durch Charme und Lebensfreude aus, plädiert für Freundlichkeit und gegenseitiges Verständnis und hebt die Bedeutung der kleinen Dinge hervor. Er verzichtet auf modischen Oberflächenrealismus oder einschlägige Sozialpädagogik und gibt statt dessen der individualistischen Perspektive den Vorzug. Bei allen Sentimentalitäten und den etwas zu deutlich kalkulierten kleinen Fluchten setzen die neuzeitlichen Don Quichotes die angeblich normale Gesellschaft unbequemen Wahrheiten aus und konfrontieren sie mit unverzichtbaren Werten. Zu Recht wurde die süffig-skurrile Komödie vielfach preisgekrönt und für den Auslands-»Oscar« nominiert.

L'enfant sauvage
Der Wolfsjunge

Frankreich 1969

R: François Truffaut; A: Jean Gruault und François Truffaut nach dem Dokumentarbericht *Mémoire et rapport sur Victor de l'Aveyron* von Jean Itard; K: Nestor Almendros; D: Jean-Pierre Cargol, François Truffaut, Françoise Seigner, Jean Dasté

Der Film schildert einen historischen Fall: 1798 wird bei Aveyron ein etwa zwölfjähriger Junge (J.-P. C.) aufgegriffen, der offenbar seit Jahren wie ein Tier im Wald gelebt hat, der sich auch wie ein Tier benimmt und unartikulierte Laute ausstößt. Der »Wolfsjunge« wird nach Paris gebracht, wo der berühmte Psychiater Professor Pinel (J. D.) ihn in eine Irrenanstalt einwei-

*Les enfants du paradis
(Gaston Modot,
Jean-Louis Barrault)*

sen will. Der Arzt Dr. Itard (F. T.) indessen glaubt, der Junge sei nur durch mangelnden sozialen Kontakt zurückgeblieben und könne »gebildet« werden. Man überläßt ihm und seiner Haushälterin (F. S.) das Kind, damit er seine Theorie beweisen kann. Itard versucht, das Kind an seine neue Umgebung zu gewöhnen, ihm Begriffe beizubringen, ihn vielleicht gar zum Sprechen zu bringen. Der Film endet, als Victor, so hat Itard den Jungen genannt, nach einer Flucht freiwillig zu Itard zurückkehrt.

Ein faszinierender, aber merkwürdig zwiespältiger Film. Ist er ein Dokument für die Opferbereitschaft eines Arztes, der einen »Kranken« mühevoll aus der Dunkelheit in das Licht des Bewußtseins führt? Oder steht Itard mit seiner Fortschrittsgläubigkeit und seinen oftmals pedantischen Methoden vielleicht eher in der Tradition der Erzieher aus *Les quatre cents coups*? Truffaut widmete seinen neuen Film Jean-Pierre Léaud, dem Jungen aus *Les quatre cents coups*! Victors Gefangennahme ist von äußerster Brutalität, seine »Sozialisierung« gleicht manchmal einem Dressurakt, und ganz gewiß ist er am Schluß nicht glücklicher als eingangs in den Wäldern. Man sieht, wie er bei seiner Flucht mit Schuhen nicht mehr fähig ist, einen Baum zu erklettern.

L'enfant sauvage ist sicher ein bitterer und skeptischer Film. Dazu paßt die kühl distanzierende Inszenierung, die zum Beispiel zu dem alten Mittel der Kreisblende greift, um einzelne Sequenzen zu trennen. Dazu passen auch Bilder aus einem Heim, das an Vigos *Zéro de conduite* erinnert; Vigos positiver Held Jean Dasté spielt hier übrigens den Professor Pinel.

Les enfants du paradis
Kinder des Olymp

Frankreich 1943–45

R: Marcel Carné; A: Jacques Prévert; K: Roger Hubert, Marc Fossard; D: Arletty, Jean-Louis Barrault, Pierre Brasseur, Maria Casarès, Marcel Herrand, Louis Salou

Paris in der Mitte des 19. Jahrhunderts. Die schöne Garance (A.) verläßt den Anarchisten und kultivierten Verbrecher Lacenaire (M. H.) und wendet sich dem träumerischen Pantomimen Baptiste Debureau (J.-L. B.) zu. Leidtragende ist Baptistes Kollegin Nathalie (M. C.), die ihn heimlich liebt. Aber sehr schnell läßt sich Baptiste bei Garance durch den selbstbewußten Schauspieler Frédéric Lemaitre (P. B.) verdrängen; und schließlich verlieren beide sie an den Grafen de Monteray (L. S.). Garance geht mit dem Grafen ins Ausland. Als sie Jahre später zurückkehrt, sind Baptiste und Frédéric berühmt geworden. Baptiste hat Nathalie geheiratet und ist Vater eines kleinen Jungen. Beide Männer verlieben sich abermals in Garance. Während Frédéric sich schnell tröstet, verläßt Baptiste um ihretwillen Frau und Kind. Auch Lacenaire taucht wieder auf. Am Karnevalstag tötet er den Grafen de Monteray, von dem er sich gedemütigt glaubt. Nathalie entdeckt Baptiste und Garance in einer Pension. Garance erkennt die Auswegslosigkeit ihrer Liebe und läuft auf den Boulevard hinaus. Baptiste folgt ihr; aber im Trubel der Masken verliert er sie aus den Augen.

Carné begann mit den Dreharbeiten während des Krieges in Nizza und setzte sie dann in Paris fort. Die Uraufführung fand am 9. März 1945 im befreiten Paris statt. So schlägt der Film gleichsam eine Brücke vom »poetischen Realismus« der Vorkriegszeit zum künstlerischen Neubeginn nach dem Krieg. *Les enfants du paradis* ist eines der reifsten und schönsten Werke der französischen Filmkunst. Es vereint in bestechender Harmonie Romantik und Realismus, Melancholie und Lebensfreude. Eine ganze Epoche, der Aufbruch künstlerischer und philosophischer Ideen werden in der Handlung und im Bild spontan lebendig. Der Autor Prévert sagte später: »Zeit und Vergänglichkeit sind die Hauptthemen des Films!«

»Es ist ein Film, den ich sehr bewundere. Er ist nach meiner Meinung das beste Werk von Carné. Im Gegensatz zum ›Autorenfilm‹, für den ich eine Vorliebe habe, weil er den Ausdruck einer einzigen Persönlichkeit darstellt, ist ›Kinder des Olymp‹ vielleicht der beste ›Film einer Équipe‹ des französischen Filmschaffens ... Der Aufbau des Drehbuchs ist von fast diabolischer Vollendung. Es ist ein Film, der nicht altert, oder, was auf dasselbe hinausläuft, der sehr schön altert« (François Truffaut).

Zu der von Truffaut zitierten »équipe« gehörten neben Carné, Prévert und den hervorragenden Schauspielern vor allem auch Alexandre Trauner (Ausstattung) sowie Maurice Thiriet und Joseph Kosma (Musik).

Die Originalfassung des Films ist 190 Minuten lang. Später kamen verschiedentlich auch gekürzte Versionen in den Verleih.

Engelein ⓢ

Deutschland 1913

R: Urban Gad; A: Urban Gad; K: Axel Graatkjaer, Karl Freund; D: Asta Nielsen, Bruno Kastner, Max Landa, Alfred Kühne

Engelein
(Mitte: Asta Nielsen;
2. v. r.: Bruno Kastner;
r.: Max Landa)

Die siebzehnjährige Tochter (A. N.) des Redakteurs Schneider (A. K.) soll den reichen »Onkel« Peter (M. L.) aus Amerika beerben. Aber der Onkel, ein sittenstrenger Mann, darf nicht wissen, daß sie schon fünf Jahre vor der Heirat ihrer Eltern geboren ist. Als er nun nach Europa kommt, um seine Nichte endlich kennenzulernen, muß diese ihm also ein zwölfjähriges Mädchen vorspielen. Das wird um so schwieriger, als die »Zwölfjährige« sich alsbald in ihren Onkel verliebt, während der verständlicherweise ihre Avancen übersieht oder mißversteht. Aus Liebeskummer will das Mädchen gar ins Wasser gehen. Doch am Ende gibt es ein Happy-End – eine Hochzeit zwischen Onkel und Nichte.

Asta Nielsen war 33 Jahre alt, als sie diese Rolle spielte. Und doch wirkte das nicht gekünstelt oder abgeschmackt. Die Koketterie der Siebzehnjährigen stimmt genauso wie das Gekicher der Zwölfjährigen. Und noch heute bleibt der versuchte Selbstmord im Wasser, der an der niedrigen Wassertemperatur scheitert, ein Kabinettstück der Schauspielkunst.

The English patient
Der englische Patient

USA 1996

R: Anthony Minghella; A: Anthony Minghella nach dem gleichnamigen Roman von Michael Ondaatje; K: John Seale; D: Ralph Fiennes, Juliette Binoche, Willem Dafoe, Kristin Scott Thomas, Naveen Andrews, Colin Firth, Kevin Whately, Jürgen Prochnow

Die ebenso komplexe wie detailversessene Handlung kann hier nur summarisch wiedergegeben werden: Gegen Ende des Zweiten Weltkriegs treffen sich in einem verlassenen Kloster in der Toskana fünf Menschen. Die Krankenschwester Hana (J. B.) glaubt sich von einem Fluch verfolgt, der stets die Menschen tötet, die sie liebt. Der »englische Patient« (R. F.), durch Brandwunden bis zur Unkenntlichkeit entstellt, erwartet seinen Tod. Der zwielichtige Caravaggio (W. D.) hat angeblich den Auftrag, die Partisanen zu entwaffnen. Der in der englischen Armee dienende Inder Kip (N. A.) und Sergeant Hardy (K. W.) entschärfen deutsche Minen. Im Lauf der Handlung verliebt sich Hana in Kip und erinnert sich der Todgeweihte, der ungarische Graf Almásy, an sein Schicksal. Im Jahr 1937 hat sich der elegante Abenteurer einer Gruppe britischer Kartografen angeschlossen, die mit Autos und Flugzeug das Innere der Sahara erforscht und dabei eine Höhle mit faszinierenden Felszeichnungen entdeckt haben. Bei dieser Gruppe lernt Almásy auch den englischen Fotografen Clifton (C. F.) und seine Frau Katharine (K. S. T.) kennen. Der Ausbruch des Krieges vertreibt die Mitglieder der Expedition. In Kairo treffen sich Almásy und Katharine wieder; hier wird aus ihrer Bekanntschaft eine leidenschaftliche Liebe; hier gerät Almásy aber auch in das Netz deutscher und alliierter Agenten. Almásy kehrt noch einmal in die Wüste zurück, und hier erfüllt sich das Schicksal der Liebenden. Katharine wird schwer verletzt, als ihr Mann in verzweifelter Eifersucht sie und wohl auch Almásy bei einem Flugzeugabsturz mit in den Tod reißen will. Sie stirbt in der eingangs entdeckten Höhle, weil Almásy von englischen Soldaten aufgehalten wird und nicht rechtzeitig die versprochene Hilfe bringen kann. Mit der toten Geliebten im Cockpit fliegt er in das Abwehrfeuer englischer Flak, wird abgeschossen und schwer verletzt. Von seinen physischen und psychischen Qualen erlöst Hana ihn am Ende: Auf seine stumme Bitte hin spritzt sie ihm eine Überdosis Morphium.

Wie der Roman erzählt der Film diese Geschichte nicht chronologisch, sondern in einem raffinierten Geflecht aus Erinnerungsfetzen und Fieberträumen. So steht z. B. Almásys Flugzeugabsturz in der Wüste als spektakulärer Auftakt am Anfang des Films. Auf diese Weise wird der Zuschauer gezwungen, an der Enträtselung der verschlungenen Handlung, in der Gegenwart und Vergangenheit ständig ineinander verflochten sind, tätigen Anteil zu nehmen; und er wird hineingezogen in den Sog einer ausufernden Abenteuergeschichte. Minghella bekennt sich zu diesem Genre, und er nutzt seine Möglichkeiten mit außerordentlichem Geschick. Turbulente Aktionen und leidenschaftliche Gefühle durchdringen einander. Fragmente der Wirklichkeit – den Grafen Almásy z. B. hat es wirklich gegeben – mischen sich mit phantastischen Visionen. Kalkulierte

The English patient (Ralph Fiennes)

Effekte geben Denkanstöße und evozieren Gedankenketten. So entstand ein spannender Film über das Leben, die Liebe und den Tod, der vom Publikum und von der Kritik gleichermaßen akzeptiert wurde und neun »Oscars« gewann.

Enjo
Der Tempel zur goldenen Halle

Japan 1958

R: Kon Ichikawa; A: Kon Ichikawa, Keiji Hasebe und Natto Wada nach dem Roman *Der Tempelbrand* von Yukio Mishima; K: Kazuo Miyagawa; D: Raizo Ichikawa, Ganjiro Nakamura

Mizoguchi (R.I.), der Sohn eines Priesters, wird nach dem Tod seines Vaters Novize in dem berühmten Tempel zur goldenen Halle. Er stottert, darf nicht darauf hoffen, jemals Priester zu werden, ist aber zufrieden, dem Heiligtum nah zu sein. Der Prior Tayama (G.N.), ein Freund seines verstorbenen Vaters, nimmt sich seiner an. Doch dann erlebt Mizoguchi, daß Unwürdige den Tempel betreten dürfen, daß das ehrwürdige Bauwerk zur Touristenattraktion degradiert wird und daß Tayama diese Entwicklung aus geschäftlichem Kalkül unterstützt. Tayama bemerkt die Konflikte Mizoguchis und schickt ihn zur Universität. Doch dort hänselt man den Stotterer; sein Versuch, bei einem Hinkenden Verständnis zu finden, scheitert, weil der sein Leiden längst durch Zynismus kompensiert hat. Als Mizoguchi dann noch den Prior im Vergnügungsviertel mit einer Geisha am Arm entdeckt, hat er nur noch einen Gedanken: Er will sich mit dem Tempel verbrennen. Nachdem er aber den Tempel angezündet hat, flieht er in panischer Angst. Er wird verhaftet. Bei den Vernehmungen schweigt er. Als die Polizei ihn in eine andere Stadt überführen will, stürzt er sich aus dem Zug und stirbt.

Der Roman bezieht sich auf ein tatsächliches Ereignis aus dem Jahr 1950. Aber Buch und Film geht es nicht um eine Reportage. Ichikawa interessiert das Psychogramm eines Menschen, der seine Ideale geschändet sieht, der darüber hinaus einen stillschweigenden Konsens über die öffentlich sanktionierte Doppelmoral spürt. Dabei wird der Prior nicht etwa Mizoguchis Gegenspieler, sondern eher sein Pendant in einem ganz besonderen Sinn. Denn auch Tayama spürt die Diskrepanz, an der Mizoguchi zerbricht. Nur hat er nicht die Kraft, sich damit auseinanderzusetzen. Er arrangiert sich – im Bewußtsein seiner Schwäche; und er spürt etwas wie Bewunderung für Mizoguchi.

Entr'acte ⓢ
Zwischenspiel

Frankreich 1924

R: René Clair; A: Francis Picabia; K: Jimmy Berliet; D: Jean Borlin, Inge Fries, Francis Picabia, Man Ray, Marcel Duchamp, Erik Satie, Georges Auric, Marcel Achard, Georges Charensol, Rolf de Maré

Entr'acte entstand im Auftrag von Rolf de Maré und war als kurzes »Zwischenspiel« für ein Ballett gedacht. Francis Picabia, damals einer der Wortführer der Dadaisten, schrieb ein sehr summarisches Drehbuch, das auf die übliche Handlung verzichtet und eine Folge absurder Situationen schildert. Zwei Männer (M. R., M. D.) spielen Schach, zwei andere (F. P., E. S.) bringen eine Kanone herbei. Dann erscheint Jean Borlin, der Star des Balletts. Er wird erschossen. Zwischendurch sieht man Bilder aus Paris und eine Tänzerin. Borlin wird beerdigt. Der Leichenwagen ist mit Kränzen aus Brot behängt und wird von einem Kamel gezogen. Er fährt immer schneller und stürzt schließlich um. Aus dem geöffneten Sarg erhebt sich Borlin im Gewand eines Zauberers. Er zaubert zunächst die Trauergemeinde fort und dann sich selbst.

Man hat diesen Film zu deuten und zu erklären versucht. In Wirklichkeit ging es den Schöpfern – entsprechend dem Bestimmungszweck des Films – wohl nur darum, Menschen, Gegenstände und die Kamera tanzen zu lassen. Das Ergebnis war »cinéma pur«, mit dem ein Teil der damaligen französischen Avantgarde gegen den üblichen Kunstbetrieb im Kino protestieren wollte. In der Regie René Clairs wurde aus dieser seltsamen Mischung von Dada und Mack Sennett, aus »cinéma pur« und »slapstick comedy« ein reizvolles, poetisches Spiel mit dem Absurden.

Eroica
Eroica – Polen 44

Polen 1957

R: Andrzej Munk; A: Jerzy Stefan Stawiński nach eigenen Erzählungen; K: Jerzy Wójcik; D: Barbara Polomska, Edward Dziewónski, Kazimierz Rudzki, Tadeusz Lomnicki, Leon Niemczyk

I. Teil – *Scherzo alla polacca*: August 1944, Aufstand in Warschau. Dzidzius (E. D.) entfernt sich still von den Aufständischen, weil er für seine Bequemlichkeit und sogar für seine Gesundheit fürchtet. Doch bei seiner Frau (B. P.) findet er einen ungarischen Offizier (L. N.), der ihm beiläufig mitteilt, er wolle mit seiner Einheit bei bestimmten Garantien durch die Russen die Fronten wechseln. Ganz gegen seinen Willen avanciert Dzidzius zum Vermittler in dieser delikaten Angelegenheit. Mißmutig und teils auch sehr betrunken wandert er zwischen den kämpfenden Fronten hin und her. Als die geplante Verbrüderung mißglückt, da schließt er sich aus Sympathie für einen netten Freund doch wieder den Aufständischen an.

II. Teil – *Ostinato lugubre*: Öder Alltag in einem Kriegsgefangenenlager für polnische Offiziere. Nur eines hält die seit Jahren eingesperrten Männer aufrecht: der Mythos vom Leutnant Zawistowski (T. L.), dem die Flucht aus dem Lager geglückt ist. In Wirklichkeit hält sich Zawistowski auf dem Dachboden einer Baracke versteckt, wo er von zwei Freunden mit Verpflegung versorgt wird. Als er die Einsamkeit nicht länger ertragen kann, vergiftet er sich.

Um den überlebenswichtigen Mythos nicht zu gefährden, wird seine Leiche heimlich aus dem Lager geschafft.

Zwei satirische Variationen über das Heldentum: Dzidzius engagiert sich gleichsam wider Willen und durch Zufall für eine gute Sache, während Zawistowski sein Leben für einen Ehrenkodex opfert, den das Verhalten seiner Kameraden längst diskreditiert hat. Der Film war nach seiner Uraufführung in den sozialistischen Ländern heftig umstritten und galt als »formalistisch, wenn nicht gar pessimistisch«; und natürlich wurde ihm auch vorgeworfen, das Andenken der polnischen Helden zu verunglimpfen.

In Wirklichkeit wird hier der Mensch in Schutz genommen gegen die, die ihn manipulieren.

Erotikon ⓢ
Erotikon

Schweden 1920

R: Mauritz Stiller; A: Mauritz Stiller, Arthur Nordgren und Gustaf Molander nach dem Schauspiel *Der Blaufuchs* von Ferenc Herczeg; K: Henrik Jaenzon; D: Anders de Wahl, Tora Teje, Lars Hanson, Karin Molander, Vilhelm Bryde

Professor Carpentier (A. d. W.) widmet sein Leben der Insektenforschung. Er vernachlässigt dabei seine hübsche Frau Irene (T. T.), die ihre Gunst deshalb dem Bildhauer Preben Wells (L. H.) zuwendet, während der Professor Verständnis für seine Arbeit bei seiner Nichte Marthe (K. M.) findet. Irene will einen Bruch mit ihrem Mann herbeiführen und beichtet ihm einen Ehebruch, was aber vor allem den Bildhauer eifersüchtig macht. Als er gerade eingesehen hat, daß dieser Ehebruch erfunden war, glaubt er Irene am Arm des Barons Felix (V. B.) zu sehen, der sich ebenfalls um ihre Gunst bemüht. Aber diesmal handelt es sich um eine Verwechslung. Irene, die zu ihrer Mutter zurückgekehrt ist, verzeiht ihrem Liebhaber unter der Bedingung, daß er von nun an ihr gehören muß.

Ein ironisch-frivoles Lustspiel, das damals einen großen Erfolg hatte. Stillers Inszenierung war schwungvoll und elegant. Sadoul vergleicht *Erotikon* mit den frühen Komödien Cecil B. DeMilles; Lubitsch hat erklärt, daß Stillers Komödien-Stil ihn beeinflußt habe. Die literarische Vorlage wurde 1938 in Deutschland von Viktor Tourjansky unter dem Titel *Der Blaufuchs* abermals verfilmt. Die Hauptrollen spielten Zarah Leander, Willy Birgel und Paul Hörbiger.

Es

BRD 1965

R: Ulrich Schamoni; A: Ulrich Schamoni; K: Gerard Vandenberg; D: Sabine Sinjen, Bruno Dietrich, Horst Manfred Adloff, Bernhard Minetti, Tilla Durieux

Hilke (S. S.) und Manfred (B. D.) leben zusammen. Er ist Assistent eines Grundstücksmaklers (H. M. A.), sie technische Zeichnerin. Ihre Gemeinsamkeit scheint ohne Probleme. Dann erwartet Hilke ein Kind. Weil sie zu wissen glaubt, daß Manfred ein Kind als Fessel empfinden würde, und weil sie auch nicht »aus Pflichtgefühl« geheiratet werden möchte, will sie »es« abtreiben lassen. Sie verheimlicht Manfred ihren Zustand und sucht verschiedene Ärzte auf, die aber alle mit mehr oder weniger aufdringlichen Platitüden den Eingriff ablehnen. Als Manfred schließlich durch eine Freundin Hilkes die Wahrheit erfährt, hat sie soeben einen »Helfer« gefunden. Beide sitzen sich in ihrer Wohnung gegenüber – schweigend.

Der Film wurde als Auftakt des »jungen deutschen Films« berühmt. Was zahlreiche Regisseure im »Oberhausener Manifest« des Jahres 1962 gefordert hatten, das hatte hier ein 25jähriger Außenseiter mit geringem Budget und ohne staatliche Hilfe praktisch im Alleingang verwirklicht. Der Film erzählt seine Geschichte mit sympathischer Ungezwungenheit; er verzichtet auf Thesen und Nutzanwendungen, aber nicht auf eine eigene Position, die u. a. auch im Schlußbild, in der Unmöglichkeit der Kommunikation deutlich wird. Gleichsam nebenbei werden Praktiken der Grundstücksspekulation in Berlin, altes und neues Spießertum usw. vorgestellt. Der Stil des Films ist scheinbar verspielt – eine sehr bewegliche Kamera, temporeicher Schnitt, heitere Zwischenspiele. Stets wird der Eindruck der Improvisation erweckt; aber im Endeffekt scheint alles sorgfältig kalkuliert.

E. T. The extra-terrestrial
E. T. Der Außerirdische

USA 1982

R: Steven Spielberg; A: Melissa Mathison; K: Allen Daviau; D: Dee Wallace, Henry Thomas, Peter Coyote, Robert MacNaughton, Drew Barrymore

E. T., ein liebenswertes Mini-Monster von einem anderen Stern, verpaßt bei einer Expedition zur Erde den Rückstart seines Raumschiffes und bleibt hilflos in einer US-Kleinstadt zurück. Zum Glück entdeckt ihn der kleine Elliott (H. T.), der den kuriosen Winzling zwischen den Plüschtieren in seinem Kinderzimmer versteckt. Elliott und der Außerirdische werden gute Freunde. Dennoch plagt den unfreiwilligen Erdenbesucher das Heimweh. Es gelingt ihm, Kontakt mit »seinem« Stern aufzunehmen. Ehe jedoch ein Raumschiff ihm zu Hilfe kommen kann, haben Suchtrupps der NASA ihn entdeckt. Elliotts Mutter (D. W.) sieht ihr Haus unversehens in ein steriles Labor verwandelt, in dem E. T. von den neugierigen Wissenschaftlern so gründlich untersucht wird, daß er ihnen unter den Händen stirbt. Als Elliott von ihm Abschied nehmen darf und schluchzend neben ihm kniet, bemerkt er plötzlich, daß das Herz des scheinbar Toten wieder zu schlagen beginnt. Zusammen mit seinem Bruder Michael (R. MN.) und dessen Klassenkameraden entführt Elliott seinen Freund; mit ihren BMX-Rädern hängen sie die Autos der Verfolger ab und bringen E. T. zum rettenden Raumschiff ...

Ein behutsam erzähltes Märchen, in dem alle technischen Tricks konsequent der Geschichte untergeordnet wurden, in dem Spannung, Humor und Gefühl in angemessenem Verhältnis stehen. So gelingt es dem Film mühelos, Sympathien für ein eher häßliches Lebewesen zu erwecken, das übrigens von Carlo Rambaldi mit ebensoviel Gespür wie Geschick geschaffen wurde. Und es gelingen sehr schöne Szenen – etwa, wenn E. T. sich zu Halloween endlich einmal sorglos unter die maskierten Kinder auf der Straße mischen darf und zunächst hinter den »Star Wars«-Masken »Brüder« vermutet.

Manche Kritiker haben dem Film vorgeworfen, sein Erfolg sei allzu kühl kalkuliert, zu geschickt in ein gigantisches Marketing-Programm eingepaßt. Tatsächlich hat dieser Film, in dem kein einziger Star mitspielt, im ersten Jahr in den USA an den Kinokassen rund 300 Millionen Dollar umgesetzt; und E. T. als Puppe und auf T-Shirts hat noch einmal Riesensummen eingebracht. Aber am Anfang dieses gigantischen Erfolgs stand eben doch ein liebenswertes Mini-Monster ...

Extase
Ekstase – Symphonie der Liebe

Tschechoslowakei/Österreich 1933

R: Gustav Machatý; A: Gustav Machatý, Frantisek Horký; K: Jan Stallich; D: Hedy Kiesler, Aribert Moog, Zvonimir Rogoz

Eva (H. K.) hat den reichen und wesentlich älteren Emil (Z. R.) geheiratet und fühlt sich in ihrer Ehe bald unglücklich. Sie besucht ihren Vater, der auf einem großen Gut Pferde züchtet. Als sie eines Tages nackt im See badet, trägt eine Stute, die einem Hengst zuläuft, ihre Kleider davon. Eva läuft hinterher und steht plötzlich einem Mann, Adam (A. M.), gegenüber. Eva flieht, aber sie fühlt sich zu dem Mann hingezogen. Am Abend geht sie zu ihm und gibt sich hin. Bei ihrer Rückkehr findet sie Emil vor, der sie nach Haus zurückholen will. Als Eva ihn zurückweist, begeht Emil Selbstmord. Eva ist erschüttert und verläßt Adam. Sie bringt ein Kind zur Welt und konzentriert sich ganz auf ihre Mutterschaft, während Adam, der Ingenieur, Vergessen in seiner Arbeit sucht.

Aus dieser Dutzendfabel wurde der wohl bekannteste und berühmteste Vorkriegsfilm der Tschechoslowakei: berühmt durch die für da-

Eyes wide shut (Tom Cruise, Nicole Kidman)

malige Zeiten skandalösen Aktaufnahmen der jungen Hedy Kiesler, die später als Hedy Lamarr in Hollywood einigen Erfolg hatte; berühmt aber auch durch seine ungewöhnliche, sensible Gestaltung. Die handlungsarme Geschichte kommt fast ganz ohne Dialog aus. Statt dessen gibt es eine Fülle von Symbolen, gibt es beiläufige Beobachtungen, Kameraeffekte, Montagen. Immer wieder versucht Machatý, psychologische Reaktionen und Entwicklungen ins Bild zu übersetzen. Dabei spielt das obligate Gewitter genauso seine Rolle wie die Beobachtung einer Fliege an seiner Fensterscheibe. Manches wurde dabei vorbildlich für die Möglichkeiten der Bildsprache; und wenn viele Bilder des Films heute abgegriffen wirken, dann zum Teil auch deshalb, weil sie allzuoft von anderen Regisseuren kopiert wurden.

Eyes wide shut
Eyes Wide Shut

England 1997/98

R: Stanley Kubrick; A: Stanley Kubrick und Frederic Raphael nach Arthur Schnitzlers *Traumnovelle*; K: Larry Smith; D: Tom Cruise, Nicole Kidman, Sydney Pollack, Todd Field, Marie Richardson, Rade Šerbedžija

Dr. Bill Harford (T. C.), ein angesehener praktischer Arzt, lebt glücklich verheiratet mit der Kunstgaleristin Alice (N. K.) und dem Töchterchen Helena in der Nähe des New Yorker Central Parks. Von einem befreundeten Tycoon (S. P.) zur Weihnachtsparty eingeladen, diskutiert das Paar beim Ankleiden über Liebe, Eifersucht und sexuelle Attraktivität. Langeweile und Gewohnheit scheinen sich in seine Beziehung eingeschlichen zu haben. Während Bill auf dem Fest dem Hausherrn das Problem mit einer bewußtlosen Prostituierten vom Hals schafft und einen ehemaligen Studienkollegen (T. F.) als Barpianisten wiedertrifft, verfällt Alice beinahe dem Charme eines älteren Gastes, der ihr die Wahlmöglichkeiten der Partner als Vorzug der Ehe anpreist. Am folgenden Abend erzählt Alice ihrem Mann nach dem Genuß von Rauschgift von einem Beinahe-Ehebruch mit einem Marineoffizier. Voller Eifersucht und aufgewühlt durch die angespannte Atmosphäre irrt Bill nach dem Besuch im Hause eines verstorbenen Patienten frustriert und ziellos durch die Nacht: eingefangen von einer Prostituierten, verfolgt von einem Fremden, von seinem Bekannten informiert über geheimnisvolle Orgien in einer Landresidenz. Mit dem Codewort versorgt, erhält der neugierige Nachtschwärmer dank eines speziellen Kostüms Zutritt zu einer Art schwarzer Messe. Aufmerksam-distanziert beobachtet der Arzt das Treiben, bis er von einer Schönen gewarnt wird, den gefährlichen Ort unverzüglich zu verlassen, da sein Leben in Gefahr sei. Kurz darauf als Eindringling entlarvt, kann Bill nur durch das »Opfer« des Callgirls entkommen. Zu Hause beichtet der reumütige Sünder seiner Frau das Abenteuer, und diese erzählt ihm erneut von ihren erotischen Phantasien. Schließlich findet das Paar wieder zueinander. Nach den obligatorischen Weihnachtseinkäufen mit der Tochter bittet Alice den Gatten um Sex.

Der letzte, postum edierte Film Stanley Kubricks verlegt Arthur Schnitzlers freudianisch aufgeladene *Traumnovelle* in das New York von heute. Eine ungeheure PR-Maschinerie hatte das Projekt in allen Phasen seiner Fertigstellung begleitet und den Erwartungsdruck gesteigert. So fühlten sich viele Kritiker und Zuschauer am Ende ratlos, ja enttäuscht. Denn das sehnsüchtig erwartete Jahrhundertwerk ist *Eyes wide shut* zweifelsohne nicht. Das Traum-Spiel aus dem Reich der Sinne funktioniert vielmehr als postmoderner Liebesfilm, der den ewigen Kampf der Geschlechter um Liebe und Treue, Unbewußtes und Unterbewußtes thematisiert. Sind das Leben, die Wahrheit und die Liebe nur Produkte unserer Vorstellungskraft? Werden wir vom Gefühl, etwas zu verpassen, ständig auf die Probe gestellt? In diesem Labyrinth der Obsessionen wirken die »alten Botschaften« Kubricks zumindest verstörend, wenn nicht sogar eklektisch oder manieristisch.

Eyes wide shut ist ein Film von formaler Strenge, einfach und hochkomplex zugleich. Eindringlich im Spiel der Schauspieler, im Einsatz der Musik, in der Choreographie der Blau-, Rot- und Ockertöne. Die Welt der saturierten US-amerikanischen High-Society mit ihren exklusiven Vergnügungen und Tabubrüchen wirkt wie ein Bacchanal, eine Apokalypse – im Strudel des Lebens Halt und Sinn suchend. Kubrick entlarvt eine enthumanisierte Gesellschaft im Umgang mit der Intimität, einer zur Anonymität und Mechanik herabgesunkenen Erotik: Die Dekadenz erscheint als Verlust der Identität, Sex als tödliche Gefahr. Daß der Film in der amerikanischen Fassung innerhalb der vielzitierten Orgienszene für 65 Sekunden digital retuschiert wurde, sagt einiges über das Selbstverständnis einer ansonsten durchkommerzialisierten Welt aus.

F

Le fabuleux destin d'Amélie Poulain
Die fabelhafte Welt der Amélie

Frankreich/BRD 2000

R: Jean-Pierre Jeunet; A: Guillaume Laurant, Jean-Pierre Jeunet; K: Bruno Delbonnel; D: Audrey Tautou, Mathieu Kassovitz, Rufus, Yolande Moreau, Urbain Cancellier, Maurice Benichou, Jamel Debbouze, Serge Merlin

Die Handlung des Films beginnt am 3. September 1973 um 18.28 Uhr und 32 Sekunden mit Amélies Zeugung; sie endet am 28. September 1997 um 11.00 Uhr, als Amélie (A. T.) auf dem Rücksitz eines Mofas mit Nino (M. K.) geradewegs in den siebenten Himmel fährt. Zwischen diesen beiden Fixpunkten spannt der Film ein buntes Netz aus Traum und Wirklichkeit, reich garniert mit poetischen und skurrilen Einfällen. Amélie verlebt eine freudlose Kindheit ohne Spielgefährten und ohne elterliche Zuwendung. Später, als Kellnerin im Café »Les Deux Moulins«, ist sie nicht mehr bereit, Freudlosigkeit zu akzeptieren; sie bemüht sich zielstrebig, das Leben ihrer Mitmenschen zum Besseren zu wenden. Dem verbitterten Monsieur Bretodeau (M. B.) schenkt sie mit einem zufällig gefundenen Kästchen die Erinnerung an seine Jugend zurück. Der Concierge (Y. M.), der vor Jahrzehnten der Mann weggelaufen ist, vermittelt sie die Illusion, er habe vor seinem Tod zu ihr zurückkehren wollen. Den kranken Nachbarn Dufayel (S. M.) löst sie aus seiner Isolation; aber den bösen Kaufmann Collignon (U. C.), der seinen Gehilfen Lucien (J. D.) schlecht behandelt, bringt sie durch pfiffige Streiche völlig aus der Fassung. Nur ihre eigene Liebesaffäre mit Nino, die mit dem Fund eines Fotoalbums ganz zufällig begonnen hat, kommt nicht recht vom Fleck. Amélie versteckt sich hinter einer raffinierten Intrige und wagt nicht, sich zu ihrer Liebe zu bekennen. Doch nun kann Monsieur Dufayel sich revanchieren; und sein Ratschlag führt sie geradewegs auf den besagten Rücksitz von Ninos Mofa.

Ähnlich wie in seinem Erstlingswerk Delicatessen (Delicatessen – Co-R.: Marc Caro, Frankreich 1990) ist es auch hier nicht ein großer dramaturgischer Spannungsbogen, der den Zuschauer fesselt – es sind vielmehr die kunstvollen Verästelungen der Geschichte, die phantasievollen Einfälle und Einschübe. Während aber dort eine makabere Horror-Vision gezeichnet wurde, geht es hier um eine märchenhafte Idylle, in der selbst die Bösewichter noch durch vertauschte Pantoffeln gänzlich

Le fabuleux destin d'Amélie Poulain (Audrey Tautou)

verunsichert werden können. Die Phantasie Jeunets wuchert auf diesem Boden allerdings genauso üppig. Da erlebt Amélie, einsam in ihrem Zimmer und voller Selbstmitleid, im Fernsehen statt der Trauerfeierlichkeiten für »Lady Di« ihr eigenes Staatsbegräbnis. Als der Geliebte sich einmal verspätet, »sieht« sie ihn in allerlei Gefahren verwickelt und am Schluß gar von einer Mine in die Luft gesprengt. Ihren introvertierten und längst verwirweten Vater (R.) rettet sie aus seiner Lethargie, indem sie ihm mit Bildern aus aller Herren Länder demonstriert, daß sein zuvor heimlich entwendeter Gartenzwerg sich auf einer Weltreise befindet. Auch der Computer wird wirkungsvoll genutzt: Man sieht etwa das Herz der armen Amélie pochen und sie gar buchstäblich vor Liebeskummer zerfließen. Diese Fülle der Einfälle, die Flut origineller Bilder hat Jeunet so geschickt arrangiert, daß es keinen Leerlauf gibt und der Zuschauer ein »märchenhaftes Vergnügen« erlebt.

Der Fall Gleiwitz

DDR 1961

R: Gerhard Klein; A: Wolfgang Kohlhaase, Günther Rücker; K: Jan Čuřík; D: Hannjo Hasse, Hilmar Thate, Herwart Grosse

Der Film schildert die Affäre des angeblichen polnischen Überfalls auf den Reichssender Gleiwitz, der Hitler den Vorwand für den Überfall auf Polen lieferte. SS-Hauptsturmführer Naujocks (H. H.), einer von denen, die nach dem Ersten Weltkrieg nicht in ein bürgerliches Leben zurückgefunden und als Landsknechte bei den Nationalsozialisten Unterschlupf gesucht haben, erhält den Auftrag, diesen »Überfall« zu organisieren. Polnische Uniformen werden besorgt, polnisch sprechende »Volksdeutsche« abgestellt; ein KZ-Häftling (H. T.) wird angefordert, den man erschießen und als »Beweisstück« zurücklassen kann. Während Deutschland noch in trügerischer Ruhe liegt, beendet Naujocks seine Vorbereitungen, die dann mit mathematischer Präzision wie geplant ablaufen.
Regisseur Gerhard Klein ist der Versuchung entgangen, aus dieser Vorlage nur einen Reißer oder ein Melodrama zu machen. Er schildert die Fakten mit der gleichen kühlen Präzision, mit der man einst das ungeheuerliche Komplott geschmiedet und durchgeführt hat. Dabei gerät ihm auch zwangsläufig ein Mann wie Naujocks nicht zum bösartigen Außenseiter der Gesellschaft; er erscheint in seiner Gewissenlosigkeit vielmehr als Exponent und beinah notwendige Folge seiner verbrecherischen Umwelt, als ein Rad im Getriebe, das fast beliebig auswechselbar gewesen wäre. Die vorzügliche Kameraarbeit des Tschechoslowaken Jan Čuřík trägt dazu bei, diesen Stil zu verwirklichen.

Family plot
Familiengrab

USA 1975

R: Alfred Hitchcock; A: Ernest Lehman nach dem Roman *The rainbird pattern* von Victor Canning; K: Leonard J. South; D: Karen Black, Bruce Dern, Barbara Harris, William Devane, Ed Lauter, Cathleen Nesbitt, William Prince

Die reiche und alte Julia Rainbird (C. N.) macht sich Vorwürfe, weil sie vor vielen Jahren ihre Schwester gezwungen hat, aus Gründen der Familienräson ihr uneheliches Kind Eddie wegzugeben. Jetzt beauftragt Julia die »Hellseherin« Blanche Tyler (B. H.), Eddie zu finden. Blanche hat zwar keinerlei übersinnliche Kräfte, aber viel Energie und Phantasie; und so macht sie sich mit ihrem Freund und Komplizen George Lumley (B. D.) daran, die ausgesetzte Prämie von 10 000 Dollar zu verdienen. Ein zweites Paar kommt ins Spiel: der Juwelier Adamson (W. D.) und seine Komplizin Fran (K. B.), die gemeinsam reiche Männer entführen und Lösegeld in Form von Diamanten kassieren. Blanche findet eine Spur – auf dem Friedhof von Barlow Creek, wo sich ein Familiengrab für Eddie und seine Pflegeeltern befindet. Aber es spricht viel dafür, daß Eddie nicht in diesem Grab liegt; ein Totenschein für ihn wurde erst vor kurzer Zeit von einem Mr. Maloney (E. L.) beantragt. Blanche möchte nähere Auskunft von dem ehemaligen Pfarrer

(W. P.) des Dorfes, der mittlerweile Bischof geworden ist. Aber der Bischof wird vor ihren Augen aus der Kirche entführt – natürlich von Adamson und Fran. Diesem Adamson sagt der emsige Mr. Maloney auf den Kopf zu, daß er eigentlich Eddie Rainbird ist; er berichtet von den Nachforschungen Blanches, deren Motiv beiden unbekannt ist, und er erhält von Eddie alias Adamson den Auftrag, die lästigen Schnüffler zu beseitigen. Maloney demontiert die Bremsen an Lumleys Wagen, doch der Taxifahrer Lumley meistert eine mörderische Abfahrt; und als der Bösewicht Maloney noch einmal nachhelfen will, kommt er dabei selbst zu Tode. Bei Maloneys Beerdigung erfahren Blanche und George von seiner entnervten Witwe endlich die Wahrheit über Adamsons Identität. Blanche dringt in sein Haus ein, stört das Verbrecher-Paar bei der Übergabe des Bischofs und wird an seiner Stelle eingesperrt. Durch Zufall entdeckt George ihr Auto vor dem Haus und befreit seine Freundin. Gemeinsam überwältigen sie ihre Gegenspieler. Ironische Pointe: Wie durch übersinnliche Kräfte entdeckt Blanche die von Adamson raffiniert im Kristall-Lüster versteckten Diamanten!

Die Handlung ist ein kompliziertes Geflecht von absoluter Künstlichkeit, mit dem Hitchcock aber überaus geschickt eine sanfte, insistierende Spannung erzeugt. Die großen Aktionen, der rechte Nervenkitzel fehlen fast ganz und sind, wenn sie schon auftauchen, wie bei der rasenden Bergab-Fahrt ohne Bremsen, eher augenzwinkernd inszeniert. Dafür überrascht Hitchcock die Zuschauer mit einer Vielzahl »kleiner« Einfälle, mit plötzlichen Wendungen der Handlung, mit spielerischer Ironie. So scheut er sich z. B. nicht, die beiden Handlungszweige nur dadurch zu verknüpfen, daß Fran im rechten Moment vor dem Auto mit Blanche und George die Straße überquert: Er läßt seine Kamera einfach der bis dahin unbekannten Fußgängerin folgen.

Bei alledem kommen Lieblings-Motive Hitchcocks natürlich wieder üppig zum Zuge. Das Verwirrspiel der Identitäten, das in so vielen seiner Filme eine Rolle gespielt hat, wird erneut zum eigentlichen Thema. So ist dieser Film zwar leiser und vielleicht auch ein wenig gemächlicher geworden; aber er zeigt Hitchcock noch einmal auf dem Höhepunkt seiner Kraft.

Fanfan la Tulipe
Fanfan, der Husar

Frankreich/Italien 1951

R: Christian-Jaque; A: Christian-Jaque, Henri Jeanson und René Wheeler nach einer Idee von René Wheeler und René Fallet; K: Christian Matras; D: Gérard Philipe, Gina Lollobrigida, Marcel Herrand, Geneviève Page, Sylvie Pelayo

Eine Geschichte aus der Zeit Ludwigs XV.: Ein junger Mann, Fanfan (G. P.), meldet sich freiwillig zu den Soldaten, weil Adeline (G. L.), die attraktive Tochter des Werbers, ihm, als Zigeunerin verkleidet, Kriegsruhm und gar die Hand der Königstochter verheißen hat. Zwar durchschaut er den Trick bald; als er aber kurz darauf Madame Pompadour (G. P.) und Prinzessin Henriette (S. P.) vor Wegelagerern rettet, glaubt er dennoch an die Prophezeiung. Er schleicht sich nachts in das Schloß des Königs, um Henriette wiederzusehen, wird jedoch festgenommen und zum Tode verurteilt. Da bittet Adeline, die Fanfan seit langem liebt, den König (M. H.) um Gnade. Diese wird gewährt, doch als Gegenleistung erhofft der König sich die Gunst Adelines. Sie antwortet mit einer Ohrfeige und flieht in ein Kloster. Fanfan ist nun endgültig klargeworden, daß er eigentlich Adeline liebt. Er jagt sie dem Kammerdiener des Königs ab, der sie aus dem Kloster entführt hat, gerät hinter die feindlichen Linien und stiftet dabei so viel Verwirrung, daß der Gegner sich ergibt. Der König adoptiert Adeline und gibt sie Fanfan zur Frau. Die Weissagung hat sich erfüllt.

Eine intelligente Abenteuer-Komödie, die viele schwache Nachahmungen bewirkt hat. Hier sind echte Spannung und parodistische Elemente so geschickt vereint worden, klingt die Burleske mit der Ironie so gut zusammen und bereiten darstellerische Leistungen und ein spritziger Dialog ein solches Vergnügen, daß Unterhaltung auf beträchtlichem Niveau zustande gekommen ist.

Fängelse
Gefängnis

Schweden 1948

R: Ingmar Bergman; A: Ingmar Bergman; K: Göran Strindberg; D: Doris Svedlund, Birger Malmsten, Eva Henning, Hasse Ekman, Stig Olin

Der Filmregisseur Martin (H. E.) erhält im Studio Besuch von seinem alten Mathematiklehrer, der ihm vorschlägt, einen Film über die Hölle zu drehen. Der Film solle beginnen mit der Verurteilung des Mannes, der die erste Atombombe abgeworfen, und eines Mädchens, das sein Kind getötet hat. Als Martin am Abend dem trunksüchtigen Schriftsteller Thomas (B. M.) und dessen Frau Sophie (E. H.) von diesem Gespräch berichtet, schlägt Thomas ein anderes Sujet vor. Er erzählt die Geschichte der jungen Prostituierten Birgitta-Carolina (D. S.), die von ihrem »Verlobten« Peter (S. O.) auf die Straße geschickt wird. Als Birgitta ein Kind bekommt, wird es von Peter und seiner Schwester getötet. Tage später schlägt Thomas seiner Frau gemeinsamen Selbstmord vor. Als sie sich weigert, würgt er sie, bis sie eine Flasche über seinem Kopf zertrümmert. Nachdem er aus seiner Ohnmacht erwacht ist, glaubt er, Sophie umgebracht zu haben. Er geht zur Polizei; dort stellt sich aber heraus, daß Sophie lebt und Thomas verlassen hat. Thomas trifft bei einer ziellosen Wanderung durch die Stadt Birgitta-Carolina, mit der er eine Nacht verbringt. Birgitta erlebt in einem Alptraum noch einmal ihre Einsamkeit und die Tötung ihres Kindes. Aber sie kehrt doch zu Peter zurück. Als der sie an einen Sadisten verkuppelt, flieht sie in den Keller und stößt sich ein Messer ins Herz. Thomas und Sophie finden wieder zusammen. Am Schluß taucht noch einmal der alte Lehrer im Studio auf. Martin erklärt ihm: »Man kann Ihren Film nicht drehen, weil er mit einem Fragezeichen enden würde. Wenn man an Gott glauben würde, wäre alles kein Problem. Andernfalls gibt es keinen Ausweg.«

Der erste ganz persönliche und individuelle Film Bergmans. Die Suche nach dem Sinn unserer Existenz scheint dramaturgisch kompliziert und unübersichtlich. Es ist gleichsam die Geschichte eines Films, der nicht gedreht worden ist; Realität und Fiktion durchdringen einander. Thomas »erzählt« die Geschichte von Birgitta-Carolina als Filmthema und wird wenig später in das wirkliche Leben des Mädchens verwickelt. Mehrfach werden Szenen aus dem Filmstudio gezeigt, wo Martin offenbar einen belanglosen Liebesfilm dreht. In der Nacht, die sie gemeinsam verbringen, sehen sich Thomas und Birgitta mit einem alten Projektor einen naiven Stummfilm an, der das Thema dieses Films variiert: Eine turbulente Verfolgungsjagd im »slapstick«-Stil endet abrupt, als der Tod auf der Leinwand erscheint. Aber die vielen Motive sind raffiniert verflochten: Das Leben wird zur Hölle; und eine Antwort auf die Frage nach dem Sinn unserer Existenz könnte man – vielleicht – im Glauben an Gott finden.

Fanny och Alexander
Fanny und Alexander

Schweden/Frankreich/BRD 1982

R: Ingmar Bergman; A: Ingmar Bergman; K: Sven Nykvist; D: Börje Ahlstedt, Pernilla Alwin, Harriet Andersson, Gunnar Björnstrand, Allan Edwall, Stina Ekblad, Ewa Fröling, Bertil Guve, Erland Josephson, Jarl Kulle, Jan Malmsjö, Christina Schollin, Gunn Wallgren, Pernilla Wallgren

Uppsala 1907. Helena Ekdahl (G. W.) hat ihre drei Söhne und deren Familien zur traditionellen Weihnachtsfeier eingeladen: Oscar (A. E.) leitet zusammen mit seiner Frau Emilie (E. F.) das Theater der Stadt, das sich schon in der zweiten Generation im Besitz der Familie befindet; Carl (B. A.) ist ein mit sich und der Welt unzufriedener Trinker; Gustav Adolf (J. K.) ist als Geschäftsmann und als Schürzenjäger gleichermaßen erfolgreich. Und natürlich sind auch die Enkelkinder da – unter ihnen die achtjährige Fanny (P. A.) und ihr zehnjähriger Bruder Alexander (B. G.). Die Weihnachtsfeier gerät ebenso stimmungsvoll wie turbulent und – für Alexander wenigstens – ebenso fröhlich wie bedrohlich. Wenig später wird der Junge im Innersten verstört. Man holt ihn mit Gewalt an das Sterbebett seines Vaters; Oscar hat auf der Bühne einen Herzanfall erlitten. Emilie geht eine zweite Ehe ein mit dem fanatisch-strengen Bischof Vergérus (J. M.). Aus der sinnlich-heiteren Welt der Ekdahls geraten die Geschwister in eine Art Gefängnis, in dem Düsternis und Askese herrschen. Als Emilie erkennt, daß diese Ehe ein Irrtum war, scheint es zu spät. Vergérus verweigert ihr die Scheidung und droht, falls sie ihn verlassen sollte, die Kinder durch Gerichtsbeschluß in sein Haus zu holen. Doch Isak Jacobi (E. J.), ein weiser Jude und alter Freund Helenas, weiß Rat. Durch eine geschickte Intrige, der offenbar auch Gott durch ein Wunder hilft, entführt er die Kinder aus dem Haus des Bischofs. Und ein zweites, schreckliches »Wunder« geschieht. In Isaks Haus trifft Alexander dessen 16jährigen Neffen Ismael (S. E.), der wegen seiner magischen Fähigkeiten in einem verborgenen Raum des Hauses lebt. Ismael eröffnet Alexander, er trage soviel Haß in sich, daß er damit einen Menschen töten könne. Alexander ist entsetzt, will sich gegen diese furchtbare Kraft wehren, hat dann aber plötzlich die Vision einer brennenden Gestalt. Am anderen Tag wird bekannt, daß der Bischof durch einen Unfall in seinem Bett verbrannt ist. Am Ende feiern die Ekdahls wieder ein fröhliches Familienfest, eine doppelte Taufe für ein Kind Emilies aus ihrer Ehe mit dem Bischof und für ein Kind, das Emilies Kindermädchen Maj (P. W.) von Gustav Adolf empfangen hat. Und den Schlußpunkt setzt Emilies Entschluß, das alte Theater, das sie anläßlich ihrer Hochzeit geschlossen hatte, wieder zu eröffnen. Sie schlägt Helena vor, mit ihr zusammen *Ein Traumspiel* von Strindberg zu spielen, und liest ihr aus der »Vorbemerkung« des Stückes vor: »... alles kann geschehen, alles ist möglich und wahrscheinlich. Raum und Zeit existieren nicht. Auf einem unbedeutenden wirklichen Grunde spinnt die Einbildung weiter und webt neue Muster ...«

Während der Dreharbeiten hat Bergman erklärt, dies solle sein letzter Spielfilm werden. Entstanden ist, als Extrakt einer vierteiligen Fernseh-Serie von insgesamt rund fünf Stunden Laufzeit, ein dreistündiger Kinofilm, der in seiner Vitalität und Virtuosität durchaus als krönender Abschluß seines filmischen Werkes gelten könnte. Wieder wird – typisch für Bergman – die Brüchigkeit der bürgerlichen Ordnung beschworen, werden die Ängste eines Kindes unter dem Terror einer lieblosen Disziplinierung geschildert. Die fröhlichen Feste der Ekdahls und die naive Sinnenfreude Gustav Adolfs verweisen direkt zurück auf einen Film wie *Sommarnattens leende* aus dem Jahr 1955; die Bilder einer Laterna magica stehen – wie schon so oft in seinen Filmen – für die heimliche Flucht eines Kindes in das Land der Phantasie. Fast scheint es so, als habe Bergman hier in der Tat noch einmal Bilanz gezogen – eine Bilanz seiner Wünsche, Träume und Ängste, eine Bilanz aber auch seiner künstlerischen Möglichkeiten.

Le fantôme de la liberté
Das Gespenst der Freiheit

Frankreich 1974

R: Luis Buñuel; A: Luis Buñuel, Jean-Claude Carrière; K: Edmond Richard; D: Adriana Asti, Julien Bertheau, Adolfo Celi, Jean-Claude Brialy, Paul Frankeur, Michel Lonsdale, Michel Piccoli, Claude Piéplu, Monica Vitti, Milena Vukotic, Jean Rochefort, Jean Champion, François Maistre, V. Blanco

Der Film hat keine durchgehende Handlung. Er besteht aus einer Vielzahl einzelner Episoden, von denen hier nur einige skizziert werden können: 1808, Eroberung Spaniens durch Napoleon. Man hört Rufe: »Es leben die Ketten! Nieder mit der Freiheit!« – Paris in der Gegenwart: Ein Mann schenkt kleinen Mädchen Postkarten und schärft ihnen ein, sie ja keinem Erwachsenen zu zeigen. Die Eltern (J.-C. B., M. Vi.) der kleinen Véronique Foucauld bekommen sie doch zu Gesicht und sind empört. Es handelt sich um Ansichten bekannter Pariser Bauwerke. – In der Nacht hat Monsieur Foucauld einen seltsamen Traum und geht zu seinem Arzt (J. C.), dessen Krankenschwester (M. Vu.) um Urlaub bittet, weil ihr Vater im Sterben liegt. – Auf ihrer Reise gerät die Krankenschwester in ein merkwürdiges Gasthaus, in dem Mönche für ihren Vater beten und anschließend um Devotionalien pokern und in dem ein masochistischer Hutmacher (M. L.) ein merkwürdiges Schauspiel bietet. – Am nächsten Tag setzt die Krankenschwester ihre Reise gemeinsam mit einem Professor (F. M.) fort, der später den Schülern einer Polizeischule die Umwertung gesellschaftlicher Konventionen erläutert. Man sieht ein Beispiel: Eine vornehme Gesellschaft geht gemeinsam zur Toilette und macht dort Konversation, während die Mahlzeiten einzeln und verschämt in kleinen Zellen eingenommen werden. – Monsieur Legendre (J. R.) erfährt von seinem Arzt (A. C.), daß er unheilbar krank ist, und gibt ihm eine Ohrfeige. Legendres Tochter (V. B.) wird entführt, ist aber bei der Anzeige auf der Polizeiwache anwesend, um die notwendigen Auskünfte zur Person zu geben. – Der Polizeipräfekt (J. B.) wird verhaftet, als er das Grab seiner Schwester schänden will. Am nächsten Morgen verhört ihn ein zweiter Polizeipräfekt (M. P.), der ihn wie sein anderes Ich behandelt. Beide Herren besuchen gemeinsam den Zoo von Vincennes. Dort ertönen Schüsse und Geschrei; man hört Rufe: »Es leben die Ketten! Nieder mit der Freiheit!«

Die offene Form des Films, die ganz auf Assoziationen aufgebaut ist, in der die Szenen nicht dramaturgisch, sondern eher spielerisch, durch eine Person etwa, verknüpft werden, verweist auf den Surrealismus von Buñuels frühen Filmen, ebenso die Tendenz, die bürgerliche Gesellschaft als ein Chaos, die bürgerlichen Freiheiten als ein Phantom darzustellen. Zu wirklicher Freiheit, so meint Buñuel hier, ist das liberale Bürgertum wohl ohnehin unfähig. Es ruft nach den Ketten, die es in widersinnigem Bemühen nur zum Schein abstreift. Ein Film nicht ganz ohne Längen, doch wieder voll überbordender Phantasie, optischem Einfallsreichtum und sarkastischem Humor. Buñuel argumentiert nicht; er lädt sein Publikum zu einem Spiel der Assoziationen ein, zu einer abenteuerlichen Reise durch das Un- und Unterbewußte.

Fat city
Fat City

USA 1971

R: John Huston; A: Leonard Gardner nach seinem gleichnamigen Roman; K: Conrad Hall; D: Stacy Keach, Jeff Bridges, Susan Tyrrell, Nicholas Colasanto, Candy Clark

Der 29jährige Billy Tully (S. K.) ist ein zweitklassiger Boxer gewesen. Nachdem seine Frau ihn verlassen hat, ist er zum Trinker geworden, der sich mit Gelegenheitsarbeiten durchschlägt und immer noch von »Fat city«, von Reichtum und Erfolg, träumt. Als er den um zehn Jahre jüngeren Ernie Munger (J. B.) kennenlernt, überredet er ihn, sich ebenfalls als Boxer zu versuchen, und schickt ihn zu seinem Manager Ruben (N. C.). Der will aus Ernie einen »Champion« machen. Doch der erste Kampf des künftigen Champions geht gleich in der ersten Runde verloren. Billy und Ernie verdingen sich als Landarbeiter, aber der Lohn scheint ihnen zu gering für die Schinderei. Während Ernie einen Schritt zum bürgerlichen Leben hin macht und seine Freundin Faye (C. C.) heiratet, die ein Kind von ihm erwartet, zieht Billy zu der Trinkerin Oma (S. T.), deren ständiger Zimmergefährte gerade im Gefängnis sitzt. Ernie boxt mit wechselndem Erfolg weiter, und Billy beschließt in einem jähen Anflug von Euphorie, einen neuen Anlauf zu wagen. Ruben verschafft ihm einen Kampf, und Billy gelingt ein mieses, schlecht bezahltes Comeback gegen einen kranken Gegner. Hoffnung gibt dieser Sieg nicht. Und er tröstet auch nicht darüber hinweg, daß Omas Gefährte zurückkommt und Billy das Feld räumen muß. Er verspielt die geringe Chance, die der Sieg ihm geboten hat, und fängt wieder an zu trinken. Bei einer zufälligen nächtlichen Begegnung mit Ernie brechen seine ganze Verzweiflung und seine Hoffnungslosigkeit aus ihm heraus ...

Huston zeichnet ein realistisches Bild gescheiterter Existenzen im Milieu einer öden kalifornischen Kleinstadt. Billy und seine Freunde haben keine Chancen mehr. Und im Grunde wissen sie das auch, selbst wenn sie auf ihre Träume nicht verzichten mögen. Hellsichtig meint Billy einmal im Suff, das Leben sei schon verloren, bevor es angefangen habe. Natürlich kennt auch dieses Milieu seine Höhen und Tiefen. Hoffnung deutet sich an in einigen ganz unsentimentalen, aber einfühlsamen Szenen zwischen Billy und Oma, wo man plötzlich einmal glaubt, diese beiden Menschen könnten einander vielleicht helfen. Deprimierende Extremsituation auf der anderen Seite ist Billys Kampf gegen den mexikanischen Boxer, der in der Hoffnung auf ein paar Dollar Siegprämie seine Krankheit verschwiegen hat. Da schlagen zwei Gescheiterte aufeinander ein und merken nicht, daß sie mit jedem Schlag nur sich selbst treffen.

Faust – Eine deutsche Volkssage Ⓢ

Deutschland 1926

R: F. W. Murnau; A: Hans Kyser nach Motiven von Johann Wolfgang Goethe, Christopher Marlowe und der alten Volks-Sage; K: Carl Hoffmann; D: Gösta Ekman, Emil Jannings, Camilla Horn, Yvette Guilbert, Wilhelm Dieterle, Frida Richard

Um seine von der Pest bedrohten Mitbürger zu retten, verschreibt Faust (G. E.) sich für einen Tag dem Teufel (E. J.). Mephisto schenkt ihm Jugend, Reichtum und Macht. Am Abend will Faust auf die Jugend nicht mehr verzichten; er verlängert den Vertrag. Mit Mephistos Hilfe entführt er die Herzogin von Parma an ihrem Hochzeitstag; später – nach seiner Rückkehr in die Heimat – trifft und verführt er Gretchen (C. H.). Die Szenen mit Marthe Schwerdtlein (Y. G.), der Tod der Mutter (F. R.) und Valentins (W. D.) folgen im wesentlichen Goethes Gestaltung. Gretchen muß an den Pranger, bringt ihr Kind zur Welt und irrt mit dem Neugeborenen durch den Schnee. Ihr Geist verwirrt sich: Sie glaubt das Kind in eine Wiege zu legen, legt es aber in Wirklichkeit in einen Schneehaufen, wo es erfriert. Jetzt wird sie als Kindsmörderin zum Tod auf dem Scheiterhaufen verurteilt.
Angesichts ihrer Leiden verflucht Faust seine Jugend. Er steigt zu ihr auf den Scheiterhaufen und wird dadurch befreit und entsühnt. Der Erzengel triumphiert über den Widersacher aus der Finsternis; auf der Leinwand erscheint groß das Wort »Liebe«.

Seit der Erfindung des Films gehört das Faust-Motiv zu den beliebten Themen. Bereits 1896 drehte Louis Lumière den ersten *Faust*-Film; 1897 folgte Georges Méliés, der später noch mehrere andere *Faust*-Filme inszenierte; 1900 entstand der erste amerikanische *Faust*. Unter den zahlreichen späteren Filmen sind besonders bekannt geworden die Filme *La beauté du diable* (Pakt mit dem Teufel, Frankreich 1949) von René Clair, *Marguerite de la nuit* (Die Blume der Nacht, Frankreich 1955) von Claude Autant-Lara und *Faust* (BRD 1960), die von Peter Gorski besorgte Film-Version einer Inszenierung von Gustaf Gründgens.

Die ersten Regisseure mag am Faust-Thema das Phantastische fasziniert haben, die Möglichkeit, Filmtricks sinnvoll anzuwenden. Auch bei Murnau spürt man noch eine spielerische Freude an derartigen Details – etwa, wenn der Flug Fausts und Mephistos auf einem fliegenden Teppich über Gebühr ausgedehnt wird, um diese verblüffende Szene ausgiebig auszukosten. Überwiegend wurden aber hier die Tricks dramaturgisch sinnvoll angewandt: die apokalyptischen Reiter, die Beschwörung und Erscheinung Mephistos, die Verwandlung Fausts vom Greis zum Jüngling und umgekehrt usw.

Eine wesentliche Rolle spielen in diesem Film auch die Bauten. Robert Herlth und Walter Röhrig entwarfen u. a. eine mittelalterliche Stadt mit spitzen Giebeln, dunklen Winkeln und treppenartigen Straßen. Gleich am Anfang liegt sie wie hingeduckt unter dem Ansturm der apokalyptischen Reiter. In dieser engen Welt beginnt und endet das große Drama, der Kampf des Erzengels mit Mephisto, den der Mensch durch seine freie Entscheidung nach vielen Irrwegen für das Licht und die Liebe entscheidet. Und trotz einiger Längen hat Murnau es vermocht, den religiös-philosophischen Gehalt seines Films mit suggestiver Stimmungsmalerei und praller, handfester Aktion zu vereinen.

Les favoris de la lune
Die Günstlinge des Mondes

Frankreich/Italien 1984

R: Otar Iosseliani; A: Otar Iosseliani, Gérard Brach; K: Philippe Theaudière; D: Alix de Montaigu, Pascal Aubier, Gaspard Flori, Emilie Aubry, Katja Rupé, Bernard Eisenschitz

Von diesem Film eine übliche Inhaltsangabe zu machen, ist schlicht unmöglich! Da wird eingangs ein Hinweis auf kulturelle Leistungen im 18. und 19. Jahrhundert gegeben und die These vertreten, daß auch Kunstwerke sich durch Besitzwechsel abnutzen, »kleiner« werden. Anschließend wird dann ein buntes Panorama des 13. Bezirks in Paris gezeichnet, in dem eine Fülle von Menschen wie in einem komplizierten Reigen Revue passiert. Die handelnden Personen kennen einander nicht. Nur der Zuschauer merkt nach einer Weile, daß ein höheres Gesetz des Zufalls sie verbindet, ihre Handlungen und Entscheidungen beeinflußt. Dieser Zufall ist der Besitz von Gegenständen, die von Hand zu Hand gehen und so aus Unbekannten eine Kette von Verbundenen machen. Iosseliani, der Georgier in Paris, hat hier einen humorvollen und poetischen Reigen geschaffen, der die Realität des Lebens in tänzerische Beschwingtheit auflöst. Zum Wesen der Komödie und natürlich speziell seiner Komödie sagte Iosseliani: »Ernsthaft sein, das heißt für mich, eine Komödie machen, denn eine Komödie ist niemals fraglich, sie ist immer offensichtlich. Bei einer Komödie hat man die Möglichkeit, sehr ernsthaft zu sein und völlig frei in dem, was man denkt. Ernsthaftigkeit in jeder anderen Form birgt die Gefahr, daß man prätentiös oder langweilig wird – was ich unter allen Umständen vermeiden will.« Und so ist diese Komödie auch geworden – heiter, beschwingt und nachdenklich stimmend.

Fearless
Fearless – Jenseits der Angst

USA 1993

R: Peter Weir; A: Rafael Yglesias nach seinem gleichnamigen Roman; K: Allen Daviau; D: Jeff Bridges, Isabella Rossellini, Rosie Perez, Tom Hulce, John Turturro, John De Lancie

Nachdem der Architekt Max Klein (J. B.) einen Flugzeugabsturz überlebt hat, fällt er gleichsam aus seinem bisherigen Leben heraus. Äußere Zeichen seiner Veränderung sind, daß er seine angeborene Flugangst und seine Allergie gegen Erdbeeren verloren hat. Aber auch seine Frau Laura (I. R.) ist ihm fremd geworden. Die Bemühungen eines Rechtsanwaltes (T. H.), für ihn und seinen bei dem Unfall getöteten Partner (J. D. L.) möglichst hohe Versicherungsleistungen herauszuholen, sind ihm lästig; die von der Fluggesellschaft veranlaßte psychologische Be-

Fearless (Jeff Bridges)

treuung durch Dr. Perlman (J. T.) scheint ihm unnötig. Statt dessen setzt er sich provozierend Gefahren aus, so, als sei er durch die Begegnung mit dem Tod unverwundbar geworden. Doch dann bringt Dr. Perlman ihn mit Carla Rodrigo (R. P.) zusammen, die bei dem Unglück ihr Kind verloren hat. Für sie beginnt er sich zu interessieren, und durch ein gewagtes Experiment befreit er sie von ihrem Schuldkomplex: Er fährt mit seinem Auto – und mit Carla auf dem Rücksitz! – frontal gegen eine Mauer und beweist ihr so, daß sie keine Chance gehabt hätte, bei dem Aufprall des Flugzeuges ihr Kind festzuhalten. Carla ist geheilt; und auch Max Klein scheint nach der Genesung von den Unfallfolgen ganz »der alte« zu sein. Dann ißt er eine Erdbeere und erleidet einen lebensbedrohenden Asthma-Anfall. Noch einmal erlebt er den Absturz; wieder fühlt er die Nähe des Todes ... Doch die Stimme seiner Frau ruft ihn ins Leben zurück.

Natürlich ist dies kein »Katastrophen«-Film, auch kein psychologisches Drama. Es geht vielmehr um die Frage, wie man »jenseits der Angst« leben kann, wenn man den Tod erfahren und damit die Urangst des Menschen gleichsam überwunden hat. Weir zeigt, wie dieses Erlebnis einen Menschen und sein Verhältnis zur Umwelt verändert, und daß die spirituelle Erfahrung »wirklicher« sein kann als die physische Existenz eines Menschen. In einem Interview sagte Weir, er habe bei diesem Film versucht, »Seelen zu photographieren«. Dieser Versuch ist ihm weitgehend gelungen.

Feldobott kő
Der geworfene Stein

Ungarn 1968

R: Sándor Sára; A: Sándor Csoóri, Ferenc Kósa, Sándor Sára; K: Sándor Sára; D: Lajos Balázsovits, Todor Todorov

Bálazs Pástor (L. B.) wird zum Studium an der Filmhochschule nicht zugelassen, weil sein Vater wegen eines geringfügigen Vergehens von der Staats-Polizei verhaftet worden ist. Er fälscht seinen Lebenslauf, erklärt seinen Vater für tot und findet so wenigstens Arbeit als Landvermesser. Hier lernt er den Exilgriechen Ilias (T. T.) kennen, der ein linientreuer Kommunist ist, aber den Vorgesetzten ohrfeigt, weil dieser unnötigerweise Weinstöcke hat roden lassen. Ilias stirbt wenig später. Zusammen mit Pástor wollte er Bauern zur freiwilligen Zusammenarbeit überreden. Aber die politische Polizei suchte das gleiche Ziel mit Terror zu erreichen und hat Verhaftungen vorgenommen. Die aufgebrachte Menge lyncht den Griechen als den vermeintlich Schuldigen. Pástor wird als »Ingenieur« in ein Waldarbeiterlager geschickt. Hier wird er Zeuge, wie Zigeuner in einer entwürdigenden Szene kahlgeschoren und entlaust werden, weil sie nach landläufiger Vorstellung eben dreckig sind. Am Schluß wird er doch noch zum Studium zugelassen, und man sieht ihn sogar bei seiner ersten Spielfilm-Regie: Er inszeniert eine Schlüsselszene des Films, den man gerade gesehen hat ...

Dieser Schluß macht deutlich, wie sehr Sára seinen Film autobiographisch versteht. Er selbst wurde zunächst nicht zum Studium zugelassen und arbeitete als Landvermesser. Später machte er sich als Kameramann und Kurzfilmregisseur einen Namen, ehe er diesen ersten Spielfilm drehte. Der Film vereint Ästhetik und kritisches Engagement. Er enthält Einstellungen von ausgeklügelter Raffinesse; aber seine dekorativ düsteren Bilder spiegeln eindringlich ein düsteres Geschehen: Terror, Zwang, Entwürdigung des Menschen. Allerdings geht es Sára dabei nicht um eine politische Alternative, sondern um eine moralische: »Ich möchte zeigen, daß der Mensch niemals ›Nebensache‹ sein darf!«

Felicia's journey
Felicia, mein Engel

Kanada/England 1999

R: Atom Egoyan; A: Atom Egoyan nach dem gleichnamigen Roman von William Trevor; K: Paul Sarossy; D: Bob Hoskins, Elaine Cassidy, Arsinée Khanjian, Peter McDonald, Gerard McSorley, Brid Brennan

Joseph Hilditch (B. H.) ist für das Essen einer Fabrikkantine in Birmingham verantwortlich. Zu Hause bereitet sich der Junggeselle in den

Fünfzigern allabendlich eine aufwendige Mahlzeit zu – strikt nach den Videoaufzeichnungen mit seiner Mutter Gala (A. K.), einer französischen Fernsehköchin. Aus dieser traumatischen Beziehung – der Junge mußte bei ihren Auftritten assistieren – hat sich eine schwere Neurose, ein Mutterkomplex entwickelt. – Allein, nur mit einem Rucksack, verläßt die siebzehnjährige Felicia (E. C.) die Fähre aus Irland, um in England ihren Freund Johnny (P. MD.) zu suchen, von dem sie schwanger ist. Vom Vater (G. MS.), einem katholischen Patrioten, daheim als Hure und Landesverräterin beschimpft, fällt das hilflose Mädchen Hilditch auf, der ihm bei der Suche helfen möchte. Unter dem Vorwand, seine (nicht existierende) Frau im Krankenhaus besuchen zu müssen, lockt er Felicia ins Auto und später auch in sein großes Haus. Dort verwahrt der Einzelgänger eine Sammlung mit Videoaufnahmen von gestrandeten Mädchen, die er in sein Heim aufgenommen und ermordet hat. Hilditch nimmt Felicias Geld an sich, hält sie geschickt von Johnny fern und überredet sie zur Abtreibung. Von Schlafmitteln betäubt, erfährt sie vom Schicksal ihrer Vorgängerinnen. Hilditch hebt im Garten ein neues Grab aus, als eine Predigerin vorbeikommt, die Felicia kurzfristig Unterkunft gewährt hatte und nach der jungen Irin fragt. Das Mädchen erwacht, erkennt seine Situation, und es gelingt ihm, das abgesperrte Zimmer zu verlassen. Jetzt weiß Hilditch, daß der Schmerz und die Qual für ihn ein Ende haben können, und erhängt sich.

Der international geschätzte Atom Egoyan erzählt in *Felicia's journey* von einer Reise in die Vergangenheit, in die Kindheit – wie zuvor in *Exotica* (Exotica, Kanada 1994), dem alltäglichen Überlebenskampf in einem Striptease-Club, und in *The sweet hereafter* (Das süße Jenseits, Kanada 1997), dem Schicksalsdrama um ein furchtbares Busunglück. Nach dem Erfolgsroman von William Trevor gestaltet er hier eine spannende Variation des Stereotyps vom Serienmörder. Sein subtiler Psychothriller basiert auf den Erfahrungen familiärer Sozialisation, wie in seinem Frühwerk *Family viewing* (Familienbilder, Kanada 1987).

Egoyan skizziert eine bizarre Beziehung, die von postindustrieller Marginalisierung, Entfremdung und Entwurzelung geprägt ist. *Felicia's journey* löst eine tiefe Verunsicherung aus: Das ungewöhnliche Porträt eines Serienmörders, eines »Monsters ohne Gefühle«, beschwört das Böse in der menschlichen Seele und weckt Mitleid mit dem Mann, der seine Kindheit als Gefängnis erlebte. Ein Erziehungsroman, entwickelt aus differenzierten Charakteren mit ihren Gefühlswelten und Phantasien, Splittern der Erinnerung und Wunden der Vergangenheit. Gebrochene Menschen auf der Suche nach Anerkennung, Verständnis, Vertrauen und Liebe, auch nach Vergebung und Erlösung. Im Gegensatz zu Michael Powells *Peeping Tom* (Augen der Angst, England 1959) entsteht bei Egoyan die Angst nicht aus den Bildern, sondern aus den Dialogen. Die Kamera von Paul Sarossy ist dabei ständig in Bewegung, entzaubert ein trostloses Birmingham und ein idealisiertes Irland, die Musik von Mychael Danna intensiviert den Zusammenprall zweier Kulturen, zweier Welten.

Fellini: Satyricon
Fellinis Satyricon

Italien/Frankreich 1969

R: Federico Fellini; A: Federico Fellini, Brunello Rondi und Bernardino Zapponi nach dem Roman *Satyricon* des Gaius Titus Petronius Arbiter; K: Giuseppe Rotunno; D: Martin Potter, Hiram Keller, Max Born, Alain Cuny, Lucia Bosé, Salvo Randone, Mario Romagnoli, Donyale Luna

Rom in vorchristlicher Zeit. Encolpius (M. P.) streitet sich mit Ascyltus (H. K.) um die Gunst des Knaben Giton (M. B.). Der Dichter Eumolpus (S. R.) nimmt Encolpius mit zum Gastmahl des Trimalchio (M. R.). Später trifft er Ascyltus und Giton auf einem Sklavenschiff wieder, dessen Kommandant (A. C.) sich in ihn verliebt und ihn »heiratet«. In einem Labyrinth muß Encolpius gegen den Minotaurus kämpfen; später erweist sich dieser Kampf als eine Inszenierung zu Ehren des »Lachgottes«. Im zweiten Teil dieses Schauspiels blamiert Encolpius sich durch Impotenz, sucht Heilung von diesem Gebrechen und findet sie bei der Zauberin Oenotea (D. L.). Ascyltus und später auch Eumolpus sterben. Der Dichter hat in seinem Testa-

ment angeordnet, daß, wer ihn beerben will, mithalten muß, seinen zerstückelten Leichnam zu verspeisen. Encolpius wendet sich von dieser Szene ab und fährt mit anderen Jünglingen auf einem Schiff in ein fernes Land.
Das sind nur einige Stationen aus einer aufwendigen, bizarren Szenenfolge, die nicht den Gesetzen der Logik, sondern denen des Traumes gehorcht. Encolpius erscheint gelegentlich eher als dramaturgisches Hilfsmittel, als verbindende Klammer für Szenen voller sinnlicher Schönheit, voller Grauen und Gewalt. *Satyricon* als Traum seines Regisseurs von der Vergangenheit – und von einer perfekten Kinowelt?
Es gibt andere, widersprüchliche Interpretationen. Die eine besagt, daß hier eine heidnische Zeit voll heilloser Verwirrungen gezeigt werde und daß sich in der letzten Szene die Geburt Christi ankündige. Die andere sieht in der vorchristlichen Szenerie eine Parallele zu unserer Zeit. Encolpius und seine Gefährten der Schlußszene entsprächen dabei der aufbegehrenden Jugend der Gegenwart und ihrer Suche nach »neuen Ufern«.

La femme de nulle part Ⓢ
Die Frau von nirgendwo

Frankreich 1922

R: Louis Delluc; A: Louis Delluc; K: Gibory, Lucas; D: Éve Francis, Gine Avril, Roger Karl, André Daven

Nach dreißig Jahren kehrt eine Frau (É. F.) in das Haus zurück, das sie einst wegen eines jungen Mannes verlassen hat. Sie wird von den jetzigen Bewohnern freundlich aufgenommen und findet die junge Frau (G. A.) in der gleichen Situation, in der sie sich einst befunden hat. Unter dem Einfluß der Fremden widersteht diese Frau jedoch den Werbungen ihres Galans (A. D.). Als ihr Mann (R. K.) von einer Reise zurückkehrt, sinkt sie ihm in die Arme und bittet ihn, sie fortzubringen. Die Fremde verläßt das Haus wieder.
Delluc hat betont, daß es ihm weniger um die Frage gegangen sei, ob die junge Frau ihren Mann verläßt oder nicht, was aber eigentlich das einzige Spannungsmoment des Films ist. Tatsächlich hat ihn hier, wie in vielen seiner Filme, wohl wieder die Frage nach der Zeit und der Vergänglichkeit beschäftigt.
Moussinac schreibt, dieser Film sei bestimmt »von der Erinnerung, der Liebe und gleichermaßen von der Erinnerung an die Liebe und der Liebe zur Erinnerung«. Sadoul lobt die Geradlinigkeit des Films.

Il ferroviere
Das rote Signal

Italien 1956

R: Pietro Germi; A: Alfredo Giannetti, Luciano Vincenzoni, Pietro Germi; K: Ajace Parolin, Luigi Giacosi; D: Pietro Germi, Luisa della Noce, Saro Urzi, Edoardo Nevola

Der Lokomotivführer Andrea Marcocci (P. G.) überfährt ein Haltesignal. Bei der Untersuchung des Vorfalls stellt man fest, daß er während der Fahrt getrunken hat und außerdem herzkrank ist, und versetzt ihn auf eine Rangierlok. Andrea ist tief gedemütigt. Er beginnt zu trinken, die Familie zerfällt. Als Streikbrecher kann er schließlich wieder in den Führerstand einer Schnellzug-Lokomotive klettern; aber die Verachtung seiner alten Freunde wirft ihn endgültig aus der Bahn. Er verläßt seine Frau (L. d. N.). Doch sein achtjähriger Sohn Sandrino (E. N.) holt ihn nach Haus zurück. Alles scheint wieder gut zu werden. Glücklich spielt Andrea auf seiner Gitarre, während seine Frau das Essen zubereitet. Plötzlich setzt die Musik aus. Andrea hat einen Herzschlag erlitten.
Pietro Germi, der in Filmen wie *Il cammino della speranza* (Der Weg der Hoffnung, 1951) oder *Un maledetto imbroglio* (Unter glatter Haut, 1959) gelegentlich den publikumswirksamen Rahmen seiner sozialkritischen Themen allzu effektvoll ausspielt, hat hier einen »bescheidenen«, aber ehrlichen Film gedreht. Das Milieu und die psychologischen Reaktionen des Helden werden glaubwürdig geschildert, die sozialen Folgen seiner Degradierung (niedrigerer Lohn!) erscheinen unaufdringlich im Bild; Germi selbst spielt die Titelrolle ohne Pathos und auch in ihren Widersprüchen überzeugend.

Festen
Das Fest

Dänemark 1998

R: Thomas Vinterberg; A: Thomas Vinterberg, Mogens Rukov; K: Anthony Dod Mantle; D: Ulrich Thomsen, Henning Moritzen, Thomas Bo Larsen, Paprika Steen, Birthe Neumann, Helle Dolleris

Zum 60. Geburtstag von Helge Klingenfeldt (H. M.) treffen neben zahlreichen anderen Gästen auch seine Kinder Christian (U. T.), Michael (T. B. L.) und Helene (P. S.) auf dem feudalen Landsitz der Familie ein. Ein großes Fest wird vorbereitet; aber es herrscht – kaum faßbar – eine merkwürdig unfrohe, gespannte Atmosphäre. Beiläufig erlebt man die Probleme zwischen Michael und seiner Frau Mette (H. D.), ebenso beiläufig wird berichtet, daß Christians Zwillingsschwester Linda sich vor wenigen Monaten umgebracht hat. Die Spannung im Haus entlädt sich, als Christian, der älteste Sohn, gleich zu Beginn des abendlichen Festessens einen Toast auf seinen Vater ausbringt und dabei in leichtem Plauderton erzählt, daß er als Kind von diesem Vater sexuell mißbraucht worden sei. Mühsam gelingt es al-

Festen (Thomas Bo Larsen, Poul Kajbæk, Ulrich Thomsen, Lasse Lunderskov)

len, den Schock zu überspielen. Vielleicht war es nur ein schlechter Scherz – außerdem war Christian doch jahrelang in psychiatrischer Behandlung. Aber im Verlauf des Abends wiederholt Christian seinen Vorwurf und beschuldigt seine Mutter (B. N.), alles gewußt und geschwiegen zu haben. Als dann noch Helene Lindas Abschiedsbrief verliest, den sie zufällig im Zimmer der Toten gefunden hat, und in dem Linda bekennt, sie habe sich umgebracht, weil der Mißbrauch durch ihren Vater sie in ihren Träumen noch immer verfolge, bricht das Chaos aus. Michael stürzt sich auf seinen Vater, der mit seiner Frau aus dem Saal flüchtet. Die Gäste ziehen sich verstört zurück. Die Geschwister und die Angestellten scheinen wie aus einem Alptraum erwacht und tanzen zögernd. Am Morgen erscheint Helge und bekennt seine Schuld. Aber Absolution wird ihm nicht erteilt.

Festen ist der erste Film nach den Regeln der Gruppe »Dogma 95«, zu der auch die Regisseure Lars von Trier, Kristian Levring und Søren Kragh Jacobsen gehören. In einem Manifest hatten sie ein »Keuschheitsgelübde« abgelegt, mit dem sie sich verpflichteten, für ihre Filme nur die »einfachsten« künstlerischen Mittel zu verwenden. Unter anderem wollten sie nur mit der Handkamera an Originalschauplätzen drehen, auf künstliches Licht und Nachsynchronisation verzichten. Vinterberg hat aus dieser Beschränkung reiches Kapital geschlagen. Die überaus bewegliche Handkamera durchbricht immer wieder das Ritual der Feierlichkeit, das den Ablauf des Festes eigentlich bestimmen sollte. Nervöse Sprünge vermitteln dem Zuschauer die Unruhe der handelnden Personen. Die grobkörnigen Bilder, die Gesprächsfetzen, die man gleichsam im Vorbeigehen aufschnappt, evozieren unruhige Erwartung und Besorgnis. Man gerät in den Sog der Handlung, erlebt hautnah die Zerstörung einer Illusion, den Zusammenbruch einer Familie. Am Ende erwacht auch der Zuschauer wie aus einem Alptraum.

Le feu follet
Das Irrlicht

Frankreich 1963

R: Louis Malle; A: Louis Malle nach dem gleichnamigen Roman von Pierre Drieu la Rochelle; K: Ghislain Cloquet; D: Maurice Ronet, Lena Skerla, Bernard Noël, Jeanne Moreau, Alexandra Stewart

Alain Leroy (M. R.), ein Playboy und Dandy, hat eine Entziehungskur in einem Privatsanatorium hinter sich. Jetzt ist er geheilt und kann in die Welt zurückkehren. Aber er läßt seinen Koffer im Sanatorium und schreibt auf den Spiegel in seinem Zimmer das Datum »23. Juli«. An diesem Tag will Alain sich töten. Er verbringt 24 Stunden in Paris und trifft sich mit alten Freunden: frühere Zechkumpane, exaltierte Künstler, politische Radikalisten. Dann kehrt er in die Klinik zurück und erschießt sich.

Drieu la Rochelle, der zur Mystik neigende Autor, geriet im Verlauf seines Lebens unter den Einfluß der Nationalsozialisten, deren vermeintliche Kraft er bewunderte. Er nahm sich 1945 das Leben. Seine innere Zerrissenheit lebt auch in dem Helden dieses Films, den Malle tatsächlich zum »Helden« stilisiert hat, indem er uns seine Fremdheit in einer überflüssigen Welt glaubhaft macht. Der Film sieht diese Welt, die Gesellschaft ganz mit den Augen Alains. Er findet seinen früheren Freund Dubourg (B. N.) verspießert, er schläft ohne weiteres Engagement mit Lydia (L. S.), einer Freundin seiner Frau, flirtet halbherzig mit seiner früheren Freundin Solange (A. S.) und beobachtet Eva (J. M.), die das frühere gemeinsame Leben ungeschickt fortzuführen sucht – und nirgendwo findet er einen Sinn, eine Richtschnur für sein Leben. So erscheint der Selbstmord als logischer Abschluß. Am Schluß des Films erscheint ein Insert: »Ich töte mich, weil ihr mich nicht geliebt habt, weil ich euch nicht geliebt habe ... Ich lasse auf euch einen untilgbaren Makel.«

Diese Weltschau und die Entwicklung Alains hat Malle stilsicher und konsequent entwickelt. In den Bildern seines Films lebt eine düstere Resignation.

Feu Mathias Pascal ⓢ
Mattia Pascal

Frankreich 1924/25

R: Marcel L'Herbier; A: Marcel L'Herbier nach der Novelle *Il fu Mattia Pascal* von Luigi Pirandello; K: René Guichard, Jean Letort, Jimmy Berliet, Bourgassef; D: Marcelle Pradot, Iwan Mosjukin, Lois Moran, Michel Simon, Marthe Belot

Mathias Pascal (I. M.) ist Bibliothekar, ein Träumer und Phantast, der ganz unter dem Einfluß seiner Mutter (M. B.) steht. Fast durch einen Zufall nur heiratet er; und nun machen ihm Frau (M. P.) und Mutter das Leben zur Hölle. Als er durch ein entsetzliches Schicksal am gleichen Tag die Mutter und sein Kind verliert, flieht er verzweifelt, kommt nach Monte Carlo und gewinnt im Spiel ein Vermögen. Auf der Heimfahrt erfährt er, daß eine Leiche gefunden und als die seine identifiziert worden ist. Pascal erkennt die Möglichkeit, seinem tristen Leben zu entfliehen, und fährt nach Rom, wo er sich in Adrienne (L. M.) verliebt. Aber er kann sie nicht heiraten, da er ohne Papiere unter falschem Namen lebt; als ihm sein Geld gestohlen wird, kehrt er nach zweijähriger Abwesenheit nach Hause zurück. Er findet seine Frau wieder verheiratet, läßt sich scheiden und ist nun endgültig frei.

Ein epischer, sehr ausgewogener Film, an dem zeitgenössische Kritiker neben den darstellerischen Leistungen vor allem die Einbeziehung von Landschaft und Dekorationen (Alberto Cavalcanti, Lazare Meerson) in die Handlung rühmen.

I fidanzati
Die Verlobten

Italien 1962

R: Ermanno Olmi; A: Ermanno Olmi; K: Lamberto Caimi; D: Anna Canzi, Carlo Cabrini

Giovanni (C. C.), ein ungelernter Arbeiter, läßt sich aus Norditalien nach Sizilien versetzen, weil ihm dort die Chance einer Ausbildung zum Facharbeiter geboten wird. Er bringt seinen Vater in ein Altersheim und läßt seine langjährige Verlobte Liliana (A. C.) allein zurück. Aber die Beziehung zu Liliana, die von Mißverständnissen und Krisen bedroht war, wird durch die Trennung überraschend gefestigt. Die Verlobten schreiben sich mühsam und unbeholfen kurze Briefe. Und eines Tages investiert Giovanni sogar das Geld für ein Ferngespräch – gleichsam als Symbol ihrer Zusammengehörigkeit.

Wieder greift Olmi ein Thema aus dem Alltag auf und behandelt es im besten Sinn »alltäglich«, indem er auf Effekte, Nebenhandlungen, publikumswirksame Konflikte ganz verzichtete. Dagegen besticht die realistische Schilderung: Die faden Sonntagsvergnügungen in tristen Tanzlokalen, die Bilder aus dem Altersheim, knappe Beobachtungen aus der Arbeitswelt, Milieuschilderungen aus dem Süden. Die Beobachtungsgabe Olmis spürt man auch in Kleinigkeiten – etwa in Giovannis Unsicherheit, als er auf Kosten seiner Firma für eine Nacht in einem Hotel untergebracht wird, oder in seinen Versuchen, in der neuen Umgebung Kontakt zu finden. Aus diesen Schilderungen entsteht nicht nur ein Porträt der Menschen, sondern auch ein Bild der Welt, in der sie leben und von der sie geformt werden.

Fièvres ⓢ
Fieber

Frankreich 1921

R: Louis Delluc; A: Louis Delluc; K: Gibory, Lucas; D: Éve Francis, Van Daele, Gaston Modot, Elena Sagrary, Léon Moussinac

In die Marseiller Hafenkneipe Topinellis (G. M.) kommen Matrosen, die soeben von einer Orient-Fahrt zurückgekehrt sind. Einer von ihnen, Militis (V. D.), hat eine Orientalin (E. S.) bei sich, die er geheiratet hat. Militis erkennt in Topinellis Frau Sarah (É. F.) seine frühere Geliebte wieder. Die Atmosphäre ist gespannt; und schließlich kommt es wegen der Orientalin zu einem Streit, in dessen Verlauf Topinelli Militis tötet. Als die Polizei kommt, findet sie Sarah neben dem Toten sitzen. Die

Orientalin betrachtet abwesend eine Blume, die auf dem Schanktisch steht. Als sie merkt, daß es nur eine künstliche Blume ist, läßt sie sie achtlos fallen.

Der Film, dessen Thema Delluc zunächst zu einem Theaterstück verarbeitet hatte, sollte eigentlich *La boue* (Der Kot) heißen. Aber die Zensur verlangte eine Titeländerung und einige Schnitte. Léon Moussinac lobt die Intensität des Films und meinte: »Delluc denkt direkt in Bildern!« Sadoul schreibt: »Der zweite Teil ist weniger gut, weil hier das Anekdotische zuviel Raum einnimmt. Aber im ersten Teil wird mit kurzen und sicheren impressionistischen Strichen ein bemerkenswertes Bild einer Bar und ihrer Stammgäste gezeichnet.«

Film ohne Titel

BRD 1947

R: Rudolf Jugert; A: Helmut Käutner, Ellen Fechner, Rudolf Jugert; K: Igor Oberberg; D: Hans Söhnker, Hildegard Knef, Willy Fritsch, Fritz Odemar, Peter Hamel

Ein Schauspieler (W. F.), ein Filmregisseur (P. H.) und ein Drehbuchautor (F. O.), allesamt als Flüchtlinge in ein Bauerndorf verschlagen, diskutieren über einen Film, den sie drehen möchten. Zwei Bekannte, das Bauernmädchen Christine (H. K.) und der Kunsthändler Martin Delius (H. S.), kommen hinzu; und die drei interessieren sich für das merkwürdige Schicksal der beiden. Martin hat Christine als seine Hausangestellte in Berlin kennen- und liebengelernt, doch damals scheiterte diese Liebe an gesellschaftlichen Vorurteilen. Nach dem Krieg haben sie sich wiedergefunden. Aber wieder waren ihnen Standesunterschiede im Wege; denn jetzt war Martin ein armer Flüchtling und Christine eine gutgestellte Bauerntochter. Die drei möchten diese Liebesgeschichte gern zu Ende schreiben. Der Regisseur ist für einen tragischen Schluß, der Schauspieler liebäugelt mit einem publikumswirksamen Happy-End, der Autor findet beides schlecht. Darauf erzählen Martin und Christine den wirklichen Ausgang: Sie haben sich – aber weit weniger spektakulär als in der Phantasie des Schauspielers – tatsächlich gefunden. Und die drei Profis sind sich einig, daß diese Alltagsgeschichte keinen Film abgeben wird.

Deutlicher als in manchen anspruchsvollen Filmen dieser Zeit wird hier etwas von der Realität jener Tage sichtbar. Sie kommt unaufdringlich, oft in kleinen Randepisoden, ins Bild. In den eingeschobenen Phantasien des Regisseurs und des Schauspielers werden außerdem die Klischees der späteren Trümmer- und Heimatfilme ahnungsvoll vorweggenommen und parodiert.

Fin de fiesta
Das Fest ist aus

Argentinien 1959/60

R: Leopoldo Torre Nilsson; A: Béatriz Guido, Leopoldo Torre Nilsson und Ricardo Luna nach dem gleichnamigen Roman von Béatriz Guido; K: Ricardo Younis; D: Arturo García Buhr, Lautaro Murúa, Graciela Borges, Leonardo Favio

Bei einem Ferienaufenthalt auf dem Gut seines einflußreichen Großvaters Mariano Braceras (A. G. B.) wird Adolfo (L. F.) durch einen Zufall Zeuge der Ermordung zweier politischer Gegner von Braceras. Er ist entsetzt, fühlt sich aber trotzdem zu Gustavino (L. M.), dem ergebenen Handlanger des Alten, hingezogen. Nach einer Auseinandersetzung schickt Braceras Adolfo auf eine Jesuitenschule, von der er aber nach wenigen Monaten flieht. Der Großvater verzeiht ihm. Als die Ermordung eines Senators bekannt wird, bemerkt Gustavino spontan, dieser Übergriff sei zu stark. Zwei Tage später ist Gustavino tot, und Adolfo entdeckt, daß Braceras den unbequemen Mitwisser hat beseitigen lassen. Noch ist Adolfo nicht stark genug, um sich mit seiner Kusine Mariana (G. B.), die er liebt, dem Alten entgegenzustellen. Aber bei der Hochzeit, die Braceras für seine Enkelin Julieta ausrichtet, zeigt sich das Ende seiner Macht. Nur wenige Gäste sind seiner Einladung gefolgt. Dann erscheint auch noch Adolfo, betrunken, und schreit dem Großvater entgegen, er sei ein Mörder. Braceras erleidet einen Herzanfall, ein Untersuchungsverfahren wird gegen ihn eröffnet, und Adolfo beobachtet ungerührt den langsamen Tod des einstigen »caudillo«.

Eine Attacke gegen das korrupte Regime der dreißiger Jahre, die aber mühelos auch als Angriff gegen die Verhältnisse im zeitgenössischen Argentinien verstanden werden kann – und verstanden wurde. Der Titel des Films wurde von politischen Gruppen sogar als Kampfparole benutzt. Formal überzeugen der klare Aufbau der weitverzweigten Handlung und die atmosphärische Schilderung des Verfalls einer Familie, wenngleich der Regisseur hier nicht ganz die Intensität seiner kammerspielhaften Filme erreicht. Ein ähnliches Thema, die Geschichte eines Mannes, der »Politik« mit Hilfe eines ergebenen »Killers« betreibt, behandelt Torre Nilsson im gleichen Jahr auch in dem Film *Un guapo del '900* (Der beste Mann). Hier überwiegen allerdings die privaten und melodramatischen Akzente.

La fin du jour
Lebensabend

Frankreich 1939

R: Julien Duvivier; A: Charles Spaak, Julien Duvivier; K: Alex Joffre, Christian Matras; D: Louis Jouvet, Michel Simon, Victor Francen

Der einst gefeierte Schauspieler Saint Clair (L. J.) kommt, völlig mittellos, in ein Altersheim für Schauspieler. Er trifft dort u. a. den durch eine erfolglose Laufbahn verbitterten Marny (V. F.) und Cabrissard (M. S.), der stets nur die »zweite Besetzung« gewesen ist. Das Heim gerät in finanzielle Schwierigkeiten und soll aufgelöst werden. Aber jetzt wird die Öffentlichkeit aufmerksam; u. a. erklären sich prominente Schauspieler bereit, im Heim in einer Wohltätigkeitsveranstaltung aufzutreten. Einer der Gäste bleibt aus. Marny soll seine Rolle übernehmen. Cabrissard fleht ihn an, ihm den Vortritt zu lassen, und schlägt Marny, als der sich weigert, sogar nieder. Aber auf der Bühne bringt Cabrissard vor Aufregung kein Wort hervor. Er bekommt einen Herzanfall und stirbt. Zur gleichen Zeit wird deutlich, daß Saint Clair den Verstand verloren hat. Er wird in eine Heilanstalt gebracht. Am nächsten Tag spricht Marny am Grab seines alten Widersachers Cabrissard die Gedenkrede.

Duvivier, der stets ein »Schauspieler-Regisseur« gewesen ist, hat hier eine bittere, zum Teil grausame Analyse geliefert. Während die Handlung stellenweise pathetisch, gelegentlich melodramatisch ist, überzeugt die Schilderung der Charaktere und der Atmosphäre, überzeugen vor allem die Details, die kleinen Reaktionen und Gesten, die dem Ganzen dennoch Glaubwürdigkeit geben.

La fin du monde
Das Ende der Welt

Frankreich 1930

R: Abel Gance unter Mitarbeit von Jean Epstein, Walter Ruttmann und Edmond T. Gréville; A: Abel Gance nach einer Idee von Camille Flammarion; K: Jules Kruger, Roger Hubert, Nicolas Roudakoff; D: Colette Darfeuil, Abel Gance, Victor Francen, Samson Fainsilber

Die schöne Geneviève (C. D.) wird von drei Männern umworben – von dem Dichter Jean Novalic (A. G.), seinem Bruder Martial (V. F.) und dem Bankier Schomburg (S. F.). Jean will einem Kind, das von seinen Eltern mißhandelt wird, beistehen und wird dabei so schwer verletzt, daß er in geistige Umnachtung fällt. Als Martial, der Astronom, einen Kometen entdeckt, der auf die Erde zurast, glaubt Jean das Ende der Welt gekommen. Bevor er in eine Nervenheilanstalt gebracht wird, beschwört er seinen Bruder, die Menschheit unter Hinweis auf die drohende Katastrophe zur Einigung zu zwingen. Aber während die Völker in Panik versetzt werden, versuchen die Regierungen, die Wahrheit zu unterdrücken, und die Kapitalisten, an ihrer Spitze Schomburg, wollen selbst in dieser Situation nur Geld verdienen. Schomburg kommt ums Leben, als er Martial beseitigen will. Eine große Orgie wird veranstaltet; Martial verkündet unterdessen die »république universelle«. Am Ende des Films steht eine Bildmontage von Zerstörungen und Naturgewalten.

Wieder hat Gance in einem monströsen Werk

das Grauen der Vernichtung beschworen, um damit an die Vernunft der Menschen zu appellieren. *La fin du monde* war einer der ersten französischen Tonfilme. Gance nutzte die neuen Möglichkeiten vor allem für musikalische Kontraste und suggestive Geräuscheffekte. Die meisten Dialoge werden dagegen noch durch Zwischentitel wiedergegeben. Gance distanzierte sich später von diesem Film, den der Produzent drastisch kürzen und verändern ließ.

A fish called Wanda
Ein Fisch namens Wanda

England 1988

R: Charles Crichton; A: John Cleese nach einer Originalgeschichte von John Cleese und Charles Crichton; K: Alan Hume; D: Jamie Lee Curtis, John Cleese, Kevin Kline, Michael Palin, Tom Georgeson, Patricia Hayes

Wanda (J. L. C.), Otto (K. K.), Ken (M. P.) und George (T. G.) haben gemeinsam ein großes Ding gedreht. Doch dann fand Otto seinen Anteil zu klein und hat George, den Boß, verpfiffen; der aber hat vor seiner Verhaftung die Beute versteckt. So sitzen nun die »Hinterbliebenen« freudlos herum und überlegen, wie sie an den Lohn ihrer Mühen kommen können. Der schöne Otto kann sich dabei freilich nur mit halber Kraft engagieren, da die andere Hälfte (wenn nicht mehr!) von seinen Bemühungen um Wanda in Anspruch genommen wird. Der stotternde Tierfreund Ken soll vorderhand die einzige Tatzeugin (P. H.) mundtot machen und meuchelt dabei nacheinander ihre drei Zwergpudel. Und Wanda stürzt sich unter totalem Einsatz ihres wohlgeformten Körpers auf Georges soignierten Rechtsanwalt Archie Leach (J. C.), von dem sie sich nützliche Auskünfte über den Verbleib der Beute erhofft. Aus dem Durcheinander dieser Aktivitäten und der vielfachen Versuche der Gauner, sich gegenseitig zu übertölpeln, entsteht eine atemberaubende Kette von Slapstick-Einlagen und pfiffigen Gags – bis am Ende Wanda und der gar nicht mehr soignierte Mr. Leach sich gemeinsam nach Südamerika absetzen.

Buch und Regie haben hier zusammen ein schöpferisches Chaos an- und eingerichtet. John Cleese, einst Mitglied der legendären »Monty-Python«-Truppe, steuerte dabei wohl den anarchischen Witz, die schwarzen Pointen und die zynischen Aspekte der Geschichte bei. Auf das Konto von »Altmeister« Crichton dürfte der skurrile und dabei stets realitätsnahe Humor in der Tradition der nicht minder legendären Komödien der Ealing Studios gehen. Verblüffend ist, wie geschickt Crichton nach rund 25 Jahren »Kino-Abstinenz« diese unterschiedlichen Elemente zu einer Einheit formt, wie sicher er die Pointen setzt, wie souverän er das Tempo der Handlung variiert. So entstand turbulente Vergnüglichkeit auf vergleichsweise hohem Niveau.

The fisher king
König der Fischer

USA 1991

R: Terry Gilliam; A: Richard La Gravenese; K: Roger Pratt; D: Robin Williams, Jeff Bridges, Amanda Plummer, Mercedes Ruehl, Tom Waits

Eines Tages irritiert der Radiostar Jack Lucas (J. B.) in seiner Sendung einen Anrufer mit einer flapsig-ironischen Bemerkung. Der frustrierte Hörer läuft Amok und tötet mehrere Gäste eines Nobelrestaurants. Drei Jahre später sieht man Jack als entmutigten Herumtreiber, der von der resoluten Videothek-Besitzerin Anne Napolitano (M. R.) über Wasser gehalten wird. Als ihn eines Nachts zwei Hooligans zusammenschlagen, wird er von dem bizarren Clochard Parry (R. W.) gerettet. Dieser Parry war einst Dozent für mittelalterliche Geschichte, bis er bei jenem von Jack indirekt verschuldeten Blutbad seine Frau und darüber den Verstand verloren hat. Jetzt lebt er geduldet im Heizungskeller eines Hochhauses, fühlt sich von einem geheimnisvollen »roten Ritter« verfolgt und ist auf der Suche nach dem »heiligen Gral«, den er im Besitz des Milliardärs Langdon Carmichael vermutet. Jack sieht die Chance, wenigstens einen Teil seiner Schuld zu sühnen. Er kümmert sich um Parry, bringt ihn mit der heimlich verehrten Lektorin Lydia (A. P.)

zusammen und gewinnt darüber selbst eine neue, innigere Beziehung zu Anne. Doch dann glaubt Parry sich wieder einmal vom »roten Ritter« verfolgt. Er läuft den zwei Hooligans in die Arme und wird von ihnen brutal mißhandelt. Während er in katatonischer Starre im Krankenhaus liegt, verläßt Jack Anne, weil sich ihm die Chance für eine neue Karriere bietet. Aber rechtzeitig erkennt er seinen Fehler. Als kühner Ritter dringt er in das wie eine Burg gesicherte Haus Carmichaels ein. Nachdem er für die Rettung des Hausherrn nach einem Selbstmordversuch gesorgt hat, entwendet er aus dem Wandschrank einen Pokal und bringt diesen »Gral« zu Parry. Der erwacht aus seiner Totenstarre, und für zwei glückliche Paare gibt es ein Happy-End.

Ein phantasievolles, märchenhaftes Spiel, das unaufdringlich von der Existenz einer anderen Welt hinter der Fassade unserer Alltags-Wirklichkeit kündet. Wenn da ein Kind dem vermeintlichen Penner Jack seine Pinocchio-Puppe schenkt, wenn Parry vom »heiligen Gral« spricht, wenn der »rote Ritter« leibhaftig durch die Straßenschluchten New Yorks galoppiert, dann geraten Motive und Mythen ins Spiel, die dem Film eine eindrucksvolle poetische Dimension eröffnen. Terry Gilliam ist einfallsreich wie in den guten alten »Monty Python«-Zeiten; aber jetzt ordnet er seine Phantasie einer Idee unter, die spätestens in der Schlußszene deutlich wird: Parry und Jack liegen nackt im nächtlichen Central-Park, betrachten die ziehenden Wolken und sinnieren, was sie bewegt – Parrys Wille oder doch nur der Wind ...

Fitzcarraldo

BRD 1981

R: Werner Herzog; A: Werner Herzog; K: Thomas Mauch; D: Klaus Kinski, Claudia Cardinale, José Lewgoy, Miguel Ángel Fuentes, Paul Hittscher, Huerequeque Enrique Bohorquez

Im lateinamerikanischen Urwald zur Zeit des Kautschuk-Booms. Der Abenteurer Brian Sweeney Fitzgerald (K. K.), der sich Fitzcarraldo nennt, ist besessen von der Idee, in der armseligen Stadt Iquitos ein großes Opernhaus zu bauen. Um das nötige Geld zu beschaffen, kauft er von den Ersparnissen seiner Freundin, der Bordellbesitzerin Molly (C. C.), einen verrotteten Flußdampfer und ein unzugängliches und daher noch unerschlossenes Kautschuk-Gebiet. Sein Plan ist atemberaubend: Er will die unpassierbaren Stromschnellen des Rio Ucayali umgehen, indem er den Rio Pachitea aufwärts fährt und sein Schiff an einer Stelle, wo beide Flüsse sich sehr nahe kommen, über einen Berg in den Rio Ucayali schleppt, an dessen Ufer das gekaufte Land liegt. Und obwohl bis auf den Kapitän (P. H.), den Koch (H. E. B.) und einen Mechaniker (M. Á. F.) die ganze Besatzung aus Furcht vor den Indios desertiert, gelingt dieser fantastische Plan – weil die abergläubischen Indios in Fitzcarraldos Auftauchen die Erfüllung mythischer Überlieferungen sehen und ihm helfen. Doch dieser Aberglaube wird ihm auch zum Verhängnis: Als das Schiff endlich im Wasser des Rio Ucayali schwimmt, kappen die Indios nachts heimlich die Trossen und lassen es gleichsam als »Opfergabe« in die Stromschnellen treiben. Zwar kann Fitzcarraldo seine Besatzung und sein Schiff retten; aber sein Plan, einer der Kautschuk-Barone zu werden, ist gescheitert. Doch einen Abglanz seines Traums verwirklicht er immerhin: Mit seinem letzten Geld engagiert er ein Opern-Ensemble und läßt bei einer Fahrt auf dem bereits wieder verkauften Schiff mitten im Urwald eine Oper aufführen.

Der Film handelt von einer Besessenheit; er spiegelt auch die Besessenheit seines Regisseurs, der ihn unter schwierigsten Bedingungen im Dschungel realisierte. Entstanden ist dabei die faszinierende Reportage einer »folie«, einer Verrücktheit, auf die der Film sich aber vorbehaltlos einläßt und deren bizarren Reiz er immer wieder auskostet, wenn etwa aus Fitzcarraldos Trichter-Grammophon Opern-Arien durch den Urwald tönen, wenn europäischer Belcanto die scheuen Indios erst neugierig macht und dann zu friedlichem Kontakt animiert. Dabei erwächst Spannung nicht nur aus der minutiösen Schilderung des waghalsigen Unternehmens, das Herzog übrigens – in der Nachfolge Fitzcarraldos – ohne Tricks und Modelle ganz realistisch bewältigte. Spannung im ursprünglichen Sinn des Wortes lebt unmittelbar in den Bildern, die die Schönheit der Szenerie ganz unspektakulär einfangen, die die (sehr diszipliniert gespielte) Exaltiertheit Fitzcarraldos gegen die undurchdringliche Gelassenheit und die unergründliche Fremdheit der Indios, den absolut künstlichen Glanz der Oper gegen die unberührte und – wie es scheint – unberührbare Natur setzen. Der hektische Traum Fitzcarraldos wird Realität in einem Film von großer Ruhe, Schlichtheit und Schönheit.

Die flambierte Frau

BRD 1983

R: Robert van Ackeren; A: Robert van Ackeren, Catharina Zwerenz; K: Jürgen Jürges; D: Gudrun Landgrebe, Mathieu Carrière, Hanns Zischler, Matthias Fuchs

Eva (G. L.) bricht eines Abends scheinbar spontan aus ihrer Ehe und ihrer bürgerlichen Existenz aus und etabliert sich als Edel-Prostituierte. Vermutlich als Reaktion auf jahrelange Unterdrückung in der Ehe spezialisiert sie sich als »Domina«, als eine, die Männern Lust verschafft, indem sie sie quält und erniedrigt. Bald lernt Eva den Kollegen Chris (M. C.) kennen, der seine Liebesdienste wahlweise an Frauen und Männer verkauft. Für kurze Zeit funktioniert eine seltsame Beziehung: Tagsüber »arbeiten« Eva und Chris in gemeinsamen »Geschäftsräumen«, abends genießen sie ein privates Liebesglück. Doch dann entwickelt Chris bürgerliche Neigungen. Er will ein Luxus-Restaurant eröffnen, denkt an eine Ehe mit Eva. Die verweigert sich diesen Plänen und provoziert damit den Haß des Mannes, der sie eines Tages mit hochprozentigem Alkohol übergießt und anzündet, gleichsam »flambiert«. Eva übersteht diese Attacke auf wundersame Weise und lacht im Schlußbild gemeinsam mit einer Freundin in die Kamera.
Van Ackeren hat dieses »skandalöse« Thema mit sicherem Stilwillen und aus kühler Distanz verfilmt. Besonders der erste Teil, in dem Eva ihr Bild von der Rolle der Ehefrau mit gelassener Selbstverständlichkeit umkehrt, ihre Gefühle gleichsam »geradebiegt« und damit die gesellschaftlichen Normen und Moralvorstellungen auf den Kopf stellt, ist zu einer beklemmenden und bedenkenswerten Metapher geworden. Im Mittelteil gibt es einige Längen und allzu demonstrative Verweise, ehe der Schluß wieder zu der anfänglichen Stringenz zurückfindet. Wesentlichen Anteil am Erfolg dieses ungewöhnlichen Films hat die Musik von Peer Raben.

Flammende Herzen

BRD 1977/78

R: Walter Bockmayer, Rolf Bührmann; A: Walter Bockmayer, Rolf Bührmann; K: Horst Knechtel, Peter Mertin; D: Peter Kern, Barbara Valentin, Katja Rupé, Evelyn Künneke

Peter Huber (P. K.) ist Kioskbesitzer in einer oberbayrischen Kleinstadt. Sein Lebensinhalt sind die Schlager von Peter Kraus und der Traum vom großen Glück in der Ferne. Eines Tages gewinnt Peter Huber eine Reise nach New York. Aber die große weite Welt zeigt sich nichts weniger als freundlich. Huber fühlt sich sehr bald deplaziert im Land der unbegrenzten Möglichkeiten. In der U-Bahn verhindert er den Selbstmord des Mädchens Karola (B. V.), das in Deutschland einmal den Liebesschwüren eines G. I. geglaubt hatte und nun hier in einem miesen Sex-Schuppen arbeitet. Da Karola auch Peter-Kraus-Fan ist, versteht man sich fast auf Anhieb. Gemeinsam besuchen die beiden, voller Heimweh, eine amerikanische Version des Oktoberfestes, und dort fällt ihnen abermals ein Gewinn zu – die prachtvolle Milchkuh Bessie. Aber die erweist sich in New York bald als Belastung. Peter geht das Geld aus; Karola hat sich aus Angst vor möglichen Konsequenzen der neuen Gefühle wieder in ihren Alltag abgesetzt; und daheim in Oberbayern hat die örtliche Prostituierte (K. R.) Besitz von Peters Kiosk ergriffen. Die Fahrt ins Glück endet im Nichts.
Der 14. Film des Teams Bockmayer und Bührmann ist der erste »richtige« Kinofilm der skurrilen Außenseiter aus Köln geworden. Wie ihre früheren Filme ist auch dieser eine traurige Parodie auf die Wirklichkeit. Er beschreibt

und entlarvt kleinbürgerliche Träume und Glücksvorstellungen. Aber die Entlarvung denunziert nicht die Träumer, sondern die Realität, aus der sie sich fortträumen. Ihr Fluchtziel liegt weit weg von der Wirklichkeit in den Bereichen des Melodramas und des Kitsches. Dieser Kitsch jedoch ist gleichsam mit Herzblut geschrieben. Daß der Film das deutlich macht, daß seine oft grob und grell wirkenden Bilder zu solchen Nuancen fähig sind, ist zweifellos eine bemerkenswerte Leistung, an der neben den Autoren auch die Darsteller beträchtlichen Anteil haben.

Flesh
Flesh

USA 1968

R: Paul Morrissey; A: Paul Morrissey; K: Paul Morrissey; D: Joe Dallesandro, Geraldine Smith, Patti Darbanville

Joe (J. D.) ernährt Frau und Kind als »Strichjunge«. Eines Morgens fordert seine Frau (G. S.) ihn auf, 200 Dollar zu verdienen, damit ihre Freundin (P. D.) eine Abtreibung finanzieren kann. Joe verdient 20 Dollar von einem jungen Burschen, 100 Dollar als Modell für Aktfotos; den Rest leiht er sich von einem alten Freund. Zwischendurch gibt er einigen Anfängern in diesem Gewerbe gute Ratschläge und besucht eine frühere Freundin, die als Nackttänzerin arbeitet. Als er nach Hause kommt, erfährt er, daß die Abtreibung nicht notwendig ist. Müde legt er sich ins Bett und schläft.

Ein Film aus der »Warhol-Factory«, der – obwohl von Andy Warhol nur produziert – doch die Merkmale seiner Arbeiten trägt. Viele Kritiker feierten in diesem Film »die Wiederentdeckung des Menschen« und zitierten in diesem Zusammenhang Warhol: »Das Licht ist schlecht, die Kamera ist schlecht, die Projektion ist schlecht. Aber die Menschen sind schön.«

Tatsächlich ist der Film weniger an einer Geschichte als vielmehr an Informationen über einen Menschen interessiert. Dieser Mensch ist Joe Dallesandro – fast immer ist er im Bild, nicht zuletzt seine Gelassenheit gibt dem Film eine kühle Schönheit. Und Sexualität erscheint hier nicht als Problem, sondern als selbstverständlicher Bestandteil des Lebens; zum Problem wird die Notwendigkeit, zu arbeiten und Geld zu verdienen.

Flesh and the devil ⓢ
Das Fleisch und der Teufel / Es war

USA 1926

R: Clarence Brown; A: Benjamin Glazer nach dem Roman *Es war* von Hermann Sudermann; K: William Daniels; D: Greta Garbo, John Gilbert, Lars Hanson

Leo von Harden (J. G.) verliebt sich in die Gräfin Felicitas von Rhaden (G. G.). Als der Graf das Verhältnis entdeckt, fordert er Harden zum Duell; aber um die Ehre der Gräfin zu schützen, arrangiert man einen Streit beim Kartenspiel als Vorwand für die Auseinandersetzung. Der Graf fällt im Duell. Harden wird zu Festungshaft verurteilt und geht anschließend in die Kolonien, um Gras über die Sache wachsen zu lassen. Bei seiner Rückkehr findet er Felicitas als Frau seines besten Freundes, Ulrich von Kletzingk (L. H.). Wieder erwacht die alte Liebe, und wieder kommt es zum Duell. Doch die alten Freunde können nicht aufeinander schießen und fallen sich in die Arme. Felicitas, die zuvor ihre Liebe zu Harden gleichsam für ein kostbares Schmuckstück verkauft hat, das ihr Mann ihr geschenkt hat, bricht auf dem zugefrorenen See ein und ertrinkt, als sie in letzter Minute das Duell verhindern will.

Das Thema dieses Films war die Kraft der Erotik; und dieses Thema hat Clarence Brown überzeugend gestaltet – in Großaufnahmen und intelligenten Einstellungen. Die zeitgenössische Kritik rühmte außerdem die gute Milieuschilderung und die Sicherheit, mit der Brown seine Hauptdarsteller in dieses Milieu eingefügt habe.

Fome de amor
Hunger nach Liebe

Brasilien 1968

R: Nelson Pereira dos Santos; A: Nelson Pereira dos Santos und Luis Carlos Ripper nach einer Erzählung von Guilherme Figueiredo; K: Dib Lutfi; D: Leila Diniz, Paulo Pôrto, Arduino Colasanti, Irene Stefania

In New York heiratet die revolutionär gesinnte Mariana (I. S.) den Maler Felipe (A. C.). Felipe überredet sie, mit ihm nach Brasilien auf eine angeblich ihm gehörende Insel zu kommen. Dort angekommen, entdeckt Mariana, daß die Insel offenbar dem blinden und taubstummen Alfredo (P. P.) gehört. Felipe erzählt, Alfredo sei ein Revolutionär, der bei einem Attentat verletzt worden sei; aber Alfredos Frau Ulla (L. D.) sagt, Alfredo sei Wissenschaftler und habe seine Verletzungen von einem Laborunfall. Als Mariana entdeckt, daß Felipe und Ulla ein Verhältnis haben, will sie die Insel verlassen. Zuvor wird zu Ehren zufälliger Besucher ein Maskenfest arrangiert, bei dem der hilflose Alfredo lächerlich aufgeputzt und verhöhnt wird. Im Schlußbild zieht Mariana mit Alfredo fort – über unwirtliche Berge der Revolution entgegen.
Der Film demonstriert den ohnmächtigen Zorn eines »Weltverbesserers«. Der Regisseur scheint besessen von der Überzeugung, daß die Dokumentation des Elends niemanden mehr aufrüttelt. Jetzt will er schockieren, indem er die Lebensgewohnheiten des Bürgertums und das Geschwätz der Pseudo-Revolutionäre entlarvt. Typisch, daß in diesem Film der einzige »echte« Revolutionär taubstumm und blind ist. Der Film wirkt durch die Kraft der Empfindung und des Engagements und durch seine bizarre Phantasie.

Foolish wives ⓢ
Närrische Frauen

USA 1921

R: Erich von Stroheim; A: Erich von Stroheim; K: Ben Reynolds, William Daniels; D: Erich von Stroheim, Maude George, Mae Busch, Georges Christians, Dale Fuller, Miss Dupont, Cesare Gravina, Malvina Polo

Graf Karamsin (E. v. S.), ein russischer Emigrant, lebt mit seinen Cousinen Olga (M. G.) und Vera (M. B.) in Monte Carlo. Als der reiche Andrew Hughes (G. C.), ein Sonderbeauftragter der US-Regierung, in die Stadt kommt, verführt der Graf alsbald dessen Frau Helen (M. D.) – und bittet sie anschließend um Geld. Eines Nachts schließt die eifersüchtige Kammerjungfer (D. F.) des Grafen das Liebespaar ein und zündet das Haus an. Karamsin und Helen werden zwar gerettet, aber der Graf wird als Hochstapler entlarvt: Er ist kein Graf, Olga und Vera sind nicht seine Cousinen und schon gar nicht von Adel. Der falsche Graf findet ein furchtbares Ende. Nachdem er Marietta (M. P.), die schwachsinnige und minderjährige Tochter des Geldfälschers Ventucci (C. G.), vergewaltigt, wird er von Ventucci getötet und in ein Kanalisationsloch gestopft. Im Morgengrauen treibt seine Leiche mit den Abfällen der Stadt ins Meer. Helen Hughes erleidet eine Fehlgeburt, und sie versöhnt sich mit ihrem Mann.
Die monströse Handlung des Films wird von kritischer Aggressivität bestimmt. Stroheim formuliert in diesem Film seine Absage an die bürgerliche Welt. »Graf« Karamsin ist eine Herausforderung an die Gesellschaft, die sich für normal und ihre Welt für wohlgeordnet hält. Und nicht zufällig hat Stroheim diesmal auch die Zeit, in der seine Geschichte spielt, genau fixiert – durch verstümmelte Soldaten, die an den prunkvollen Fassaden der (in Hollywood aufwendig nachgebauten!) Paläste vorbeihumpeln. Hinzu kommt ein zweites Thema, das Stroheim immer wieder beschäftigt hat: die Unterdrückung der Frau durch den Egoismus und die Gedankenlosigkeit des Mannes. Hier zeigt er gleich drei Variationen: die frustrierte Frau des Botschafters, die betro-

gene Kammerjungfer, von der der Held sich vorher hat aushalten lassen, und die schwachsinnige Vierzehnjährige, das unschuldigste Opfer.
Der Film war ursprünglich fünf Stunden lang. Für den Verleih wurde er auf rund 3½ Stunden gekürzt.

Forbidden paradise Ⓢ
Das verbotene Paradies

USA 1924

R: Ernst Lubitsch; A: Hanns Kräly und Agnes Christine Johnston nach dem Bühnenstück *Zarina* von Lajos Biró und Melchior Lengyel; K: Charles van Enger; D: Pola Negri, Rod la Rocque, Adolphe Menjou, Pauline Starke

In einem fiktiven Balkanstaat erregen die Liebschaften der Zarin (P. N.) den Unwillen der Armee. Die Offiziere wollen rebellieren. Aber einer von ihnen, Alexej (R. l. R.), warnt die Herrscherin, die ihn dankbar zu ihrem Liebhaber macht. Als er erkennt, daß er diesen Vorzug mit anderen teilt, stellt er sich an die Spitze der Verschwörung. Die Rebellen dringen in den Palast ein. Dort stellt der Kanzler (A. M.) sich ihnen entgegen, und Alexej wird verhaftet. Doch im Rausch eines neuen Glücks mit dem französischen Gesandten begnadigt ihn die Zarin. Er kann die Hofdame (P. S.) heiraten, die er schon geliebt hatte, als er noch der Günstling der Zarin war.
Ein typischer Lubitsch-Film, in dem das »große Spektakel« gleichsam auf menschliches Maß reduziert wird. Eine berühmte Szene, die in vielen Arbeiten über Lubitsch zitiert wird, ist die Besänftigung der in den Palast eingedrungenen Revolutionäre. Angesichts der Eindringlinge greift der Kanzler in die Tasche, zieht aber nicht, wie man vermutet, eine Waffe, sondern das Scheckbuch, mit dessen Hilfe er die Verschwörer kurzerhand kauft.

Forrest Gump
Forrest Gump

USA 1994

R: Robert Zemeckis; A: Eric Roth nach dem gleichnamigen Roman von Winston Groom; K: Don Burgess; D: Tom Hanks, Robin Wright, Sally Field, Gary Sinise, Michael Conner Humphreys, Hann R. Hall

Forrest Gump (r.: Tom Hanks)

Eigentlich hat der kleine Forrest Gump (M. C. H.) keine Chance. Sein Intelligenzquotient liegt bei 75, und fortbewegen kann er sich nur mühsam mit Metallschienen an den Beinen. Doch seine Mutter (S. F.) trichtert ihm Selbstvertrauen ein und erreicht durch eine Liebesnacht mit dem Direktor die zunächst abgelehnte Einschulung des Knaben. Angespornt von seiner einzigen Freundin, Jenny (H. R. H.), lernt er schnell zu laufen – auf der Flucht vor seinen Mitschülern. Viel mehr lernt er nicht, aber das genügt! Dank seiner Schnelligkeit wird er als Teenager (T. H.) ein guter Football-Spieler, erlangt dadurch ein College-Stipendium, ja sogar ein Diplom. Er überlebt Vietnam, weil er rechtzeitig davonläuft, und er wird zum Helden, weil er gutmütig auch seine verwundeten Kameraden aus dem Dschungel schleppt. Zufällig enthüllt er den Watergate-Skandal, und genau so zufällig wird er schließlich zum Millionär. – Jenny ist derweil einen anderen Weg gegangen, den des Widerspruchs und des Protestes. Aber immer wieder haben sich die Wege der beiden gekreuzt; und am Ende heiraten sie. Doch da hat Jenny schon Aids und ist dem Tod geweiht. Forrest Gump bleibt allein zurück – mit Forrest Gump jr., einem Kind von großer Schönheit und Intelligenz.

Ein moderner Schelmenroman, in dem Zemekkis seinen naiven Helden mit wild wuchernder Phantasie durch einige Jahrzehnte US-amerikanischer Geschichte treibt. Die unerschütterliche Anpassungsbereitschaft Forrest Gumps soll sicher kein Plädoyer für Konformismus stützen; vielmehr entlarvt der Erfolg des naiven Tölpels die Mechanismen und die Maßstäbe einer Gesellschaft, die ihrem Helden selbst dann folgt, wenn er nur einfach von einem Ende des Landes zum anderen laufen will. Zemeckis macht das fast schon zu deutlich, indem er Forrest Gump – technisch perfekt – immer wieder in historische Fernseh-Berichte einkopiert und ihn damit etwa zum Gesprächspartner der Präsidenten Kennedy, Johnson, Nixon und Ford macht. So nutzen Drehbuch und Regie die Naivität des Helden und Ich-Erzählers zu einer unterhaltsamen und nachdenklich stimmenden Mischung aus Realität und Fiktion, aus Satire und Sentimentalität – fast wie im richtigen Leben.

Fort Apache
Bis zum letzten Mann

USA 1948

R: John Ford; A: Frank S. Nugent nach der Erzählung *Massacre* von James Warner Bellah; K: Archie Stout; D: John Wayne, Henry Fonda, Shirley Temple, Pedro Armendariz, Miguel Inclan, Victor McLaglen, John Agar

Oberst Thursday (H. F.) wird neuer Kommandant von Fort Apache, einem Vorposten in Arizona. Thursday ist ein engstirniger Militarist, der zum Beispiel die Heirat seiner Tochter (S. T.) mit dem Leutnant O'Rourke (J. A.) verhindern will, weil der Vater des Leutnants dem Mannschaftsstand angehört. Als er entdeckt, daß der Indianeragent die Apachen betrügt, verachtet er diesen Mann zwar, schützt ihn aber gleichzeitig als einen »Vertreter des Staates«. Er läßt Häuptling Cochise (M. I.), der seinen Stamm wegen dieser Betrügereien aus dem Reservat fortgeführt hat, von Hauptmann York (J. W.) und Sergeant Beaufort (P. A.) zur Rückkehr auffordern. Aber zum Treffpunkt mit Cochise kommt der Oberst nicht allein, wie York vereinbart hatte, sondern rückt mit der ganzen Garnison an. Er provoziert die Apachen zum Kampf, bei dem die Soldaten vernichtend geschlagen werden. Unter den wenigen Überlebenden ist York, der es auf einer Pressekonferenz duldet, daß das militärisch sinnlose und dilettantische Unternehmen in einen heroischen Kampf umgefälscht und der Oberst zum Helden verklärt wird.

Ford gesteht dem Oberst zwar persönlichen Mut zu, aber er läßt doch keinen Zweifel daran, daß von der schlechten Behandlung der Indianer bis zur unnötigen Attacke die Schuld an Kampf und Niederlage eindeutig bei den Weißen liegt. Und nicht ohne bittere Ironie zeigt er am Schluß, wie ein sinnloses Unternehmen zur Heldentat verbogen wird, wie ein Mythos entsteht. Hier klingt ein Thema an, das Ford später in *The man who shot Liberty Valance* in den Mittelpunkt eines Films stellte. Ganz allerdings kann sich Ford der Faszination des Pathos nicht entziehen – so, wenn er die zurückbleibenden Frauen im Fort in Untersicht wie antike Heldinnen gegen eine dräuende Wolkenwand aufnimmt und wenn Mrs. Collingwoods es ablehnt, ihren Mann, dessen Versetzung soeben telegrafisch angeordnet wurde, zurückzurufen. In den deutschen Kinos lief eine um fast 30 Minuten gekürzte Version; die integrale Fassung wurde hierzulande nur im Fernsehen gezeigt.

The four horsemen of the apocalypse ⓢ
Die vier apokalyptischen Reiter

USA 1920/21

R: Rex Ingram; A: June Mathis nach einem Roman von Vicente Blasco Ibáñez; K: John F. Seitz; D: Rudolph Valentino, Alice Terry, Pomeroy Cannon, Josef Swickard, Alan Hale, Nigel de Brulier, John Sainpolis, Stuart Holmes

Die beiden Töchter des reichen Argentiniers Madariaga (P. C.) heiraten Einwanderer, die eine den deutschstämmigen Karl von Hartrott (A. H.), die andere den Franzosen Marcelo Desnoyers (J. Sw.). Nach dem Tod Madariagas kehren beide Schwiegersöhne mit ihren Familien in die jeweilige Heimat zurück. Während die Söhne von Hartrotts Wissenschaftler oder Offiziere werden, mag der leichtlebige Julio Desnoyers (R. V.) sich nicht recht für einen Beruf entscheiden. Er gerät unter den Einfluß des »Mystikers« Tschernoff (N. d. B.); außerdem hat er eine Liaison mit Marguerite Laurier (A. T.), die mit einem Freund seines Vaters verheiratet ist. Als der Krieg ausbricht, meldet sich Laurier (J. Sa.) aus Verzweiflung über die Untreue seiner Frau freiwillig. Marguerite wird Krankenschwester, trifft in einem Lazarett ihren Mann, der an den Folgen einer Verwundung erblindet ist, und beschließt, bei ihm zu bleiben. Das Schloß des alten Desnoyers wird von deutschen Truppen unter dem Kommando des Hauptmanns von Hartrott (S. H.) besetzt und verwüstet. Jetzt erkennt auch Julio, wo sein Platz ist. Er wird Soldat und stirbt in einem Granattrichter, Auge in Auge mit seinem deutschen Vetter. Am Schluß steht Tschernoff auf einem Soldatenfriedhof und murmelt geheimnisvoll: »Ich habe sie alle gekannt!«
Ingram ließ die apokalyptischen Reiter tatsächlich auf Wolkenfetzen über die Leinwand preschen und kontrastierte diese Visionen mit derbem Realismus und karikaturistischen Übertreibungen – besonders in der Zeichnung der Deutschen. Paul Rotha schrieb ironisch: »Mit diesem Film etablierte sich Ingram als ein großer Regisseur – in den Augen des Publikums, in den Augen Hollywoods – und in seinen eigenen ...« Andere Kritiker sahen den Film positiver und rühmten vor allem, wie realistisch Ingram, der nie vorher in Frankreich war, das Milieu eingefangen habe. Der Film, der gerade zur rechten Zeit erschien, wurde trotz seiner Mängel der größte Kassenerfolg der Stummfilmzeit; er machte seinen Regisseur und seinen Hauptdarsteller berühmt.
Unter dem gleichen Titel drehte Vincente Minnelli mit großem Aufwand 1961 ein Remake des Films mit Glenn Ford, Ingrid Thulin, Lee J. Cobb, Karlheinz Böhm u. a. Die Handlung wurde in den Zweiten Weltkrieg verlegt. Das Ergebnis war enttäuschend.

Four weddings and a funeral
Vier Hochzeiten und ein Todesfall

England 1993

R: Mike Newell; A: Richard Curtis; K: Philip Sindall; D: Hugh Grant, Andie MacDowell, Kristin Scott Thomas, Simon Callow, John Hannah, Anna Chancellor, Rowan Atkinson

Eine Clique sympathischer Partygänger aus der »guten Gesellschaft« trifft sich im Verlauf von 15 Monaten bei vier Hochzeiten und einem Begräbnis. Zu Beginn heiraten Angus und Laura irgendwo in der Provinz. Charles (H. G.), der etwas tolpatschig als Trauzeuge fungiert hat, lernt hier die Amerikanerin Carrie (A. MD.) kennen, und beide verbringen die Nacht miteinander. Bei der Hochzeit von Bernard und Lydia taucht Carrie wieder auf. Und obwohl sie Charles ihren Verlobten Hamish vorstellt, landen die beiden am Ende dennoch wieder in einem Bett. Charles weiß mittlerweile, daß er Carrie liebt; aber er ahnt, daß diese Erkenntnis zu spät gekommen ist. Er hilft Carrie beim Aussuchen des Hochzeitskleides, macht ihr in aller Eile noch einen Antrag – und fährt doch bald darauf nach Schottland zur Hochzeit von Hamish und Carrie. Hier gibt es einen Zwischenfall: Gareth (S. C.), der älteste aus der Clique, bricht tot zusammen; bei seiner Beerdigung hält sein schwuler Freund Matthew (J. H.) eine bewegende Trauerrede. Die vierte Hochzeit sollte eigentlich die von Charles und Henrietta (A. C.) sein. Doch in der Kirche sieht Charles Carrie wieder und erfährt, daß sie sich von ihrem Mann getrennt hat. Er bekennt dem Pfarrer daraufhin, daß er eine andere liebt, wird am Altar von Henrietta k. o. geschlagen und darf am Ende doch Carrie in die Arme schließen. En passant läßt uns der Film noch wissen, daß alle Mitglieder der Clique einen Partner fürs Leben gefunden haben.

Der Titel listet penibel die Stationen der Handlung, die Knotenpunkte der Dramaturgie auf. Den eigentlichen Reiz des Films aber macht vor allem das aus, was damit nicht beschrieben, nicht einmal angedeutet ist. Es sind die vielen exakten Beobachtungen, die Anekdoten und kleinen Geschichten, die den Zuschauer in ihren Bann ziehen. Die Stilmittel des Films reichen dabei vom drastischen Humor im Auftritt des Komikers Rowan Atkinson (alias »Mr. Bean«) als Pfarrer bis zu der bewegenden Intensität, mit der Matthew am Sarg seines toten Freundes ein Liebesgedicht von W. H. Auden rezitiert. Es spricht für den Autor und für den Regisseur dieses Films, daß aus den vielen Details eine spannende Geschichte geworden ist und aus knappen Strichen differenzierte Porträts entstanden sind. Gesellschaftliche Probleme und soziale Konflikte klingen nur beiläufig an, wenn Gareths Begräbnis aus der Welt der Schönen und Reichen in eine triste Arbeitersiedlung führt. Aber es geht hier ja auch nicht um die ganze Wirklichkeit des Lebens, sondern nur um vier Hochzeiten und einen Todesfall …

Four weddings and a funeral (Hugh Grant, Charlotte Coleman)

Frankenstein
Frankenstein

USA 1931

R: James Whale; A: Garrett Fort und Francis Edward Faragoh nach dem gleichnamigen Roman von Mary Shelley; K: Arthur Edeson; D: Boris Karloff, Colin Clive, Mae Clarke, John Boles, Edward Van Sloan, Dwight Frye

Dem besessenen Wissenschaftler Dr. Henry Frankenstein (C. C.) gelingt es, mit der elektrischen Energie eines Gewitters einen Torso zu beleben, den er zuvor aus Teilen gestohlener Leichen zusammengesetzt hat. Doch er hat dem ungeschlachten Wesen (B. K.) versehentlich ein krankes Gehirn eingepflanzt; es ist unfähig, wie ein Mensch zu denken und zu handeln. Das bärenstarke Monster tötet den boshaften Diener Fritz (D. F.), später auch Henrys Mentor Dr. Waldman (E. V. S.), und flieht. Zur Hochzeit von Henry und Elizabeth (M. C.) taucht es in deren Heimatstadt auf. Dort verursacht es, ohne es zu wollen, den Tod eines kleinen Mädchens, dessen Anmut und Freundlichkeit in seinem Gemüt etwas bewegt haben. Die aufgebrachten Einwohner, Henry an ihrer Spitze, hetzen das Monster; als es in eine einsam gelegene Windmühle flüchtet, zünden sie die Mühle an. Das ist das Ende von »Frankensteins Monster« ...
Und es ist gleichzeitig der Anfang einer wahren Flut von Fortsetzungen, Nachahmungen und Variationen. Ähnlich wie Tod Brownings kurz zuvor entstandener Film *Dracula* hat auch *Frankenstein* gleichsam ein eigenes Genre begründet. James Whale hat die Geschichte vom hybriden Wissenschaftler und seinem unglücklichen, schuldlos schuldigen Geschöpf, das sich gegen seinen Schöpfer wendet, wirkungsvoll in Szene gesetzt. Düstere Bauwerke, flackernde Lichter, bizarre Felslandschaften, drohende Wolken im Mondlicht – die Einflüsse des expressionistischen deutschen Stummfilms sind unverkennbar. Wenig gelungen sind dagegen die klischeehaften Genrebilder aus der Tiroler Folklore. Boris Karloff ist als Monster erschreckend und mitleiderregend zugleich; hinter seiner Maske spürt man die Angst und die Unsicherheit eines Geschöpfes, das weder seine Umwelt noch sich selbst begreift. Karloff wurde durch diesen Film zum Star. Aber er wurde damit auch in ein Rollenklischee gezwängt, aus dem er sich nur selten befreien konnte.

Die Frau im Mond ⑤

Deutschland 1929

R: Fritz Lang; A: Fritz Lang, Thea von Harbou; K: Kurt Kurant, Oskar Fischinger, Otto Kanturek, Konstantin Tschetwerikoff; D: Willy Fritsch, Gerda Maurus, Gustav von Wangenheim, Fritz Rasp, Klaus Pohl, Gustl Stark-Gstettenbauer

Nach Plänen von Professor Manfeld (K. P.) baut Wolf Helius (W. F.) ein Raumschiff, mit dem er zum Mond fliegen und die dort vermuteten Goldvorkommen ausbeuten will. Im Auftrag einer internationalen Finanzgruppe erpreßt der undurchsichtige Mr. Turner (F. R.) Helius, um an dem Flug teilnehmen zu können. Weitere Mitfahrer sind Helius' Assistent Windegger (G. v. W.), dessen Verlobte Friede (G. M.), in die sich Helius verliebt hat, und der kleine Gustav (G. S.-G.), der sich als blinder Passagier an Bord geschlichen hat. Auf dem Mond stürzt Professor Manfeld tödlich ab, als Turner ihm das gefundene Gold abjagen will. Turner wird nach hartem Kampf von Helius getötet, hat aber vorher mit einem Revolverschuß die Sauerstoffversorgung des Raumschiffs beschädigt. Das bedeutet: Einer der Raumfahrer muß auf dem Mond zurückbleiben. Das Los trifft Windegger; aber der verliert die Nerven, so daß Helius sich opfert und das Raumschiff heimlich startet. Er glaubt, allein auf dem Mond zu sein. Doch aus dem Dunkel tritt Friede, die sich für ihn entschieden hat und gemeinsam mit ihm auf Rettung warten will.
Als technischen Berater für diesen Film holte Lang sich Hermann Oberth; aber in entscheidenden Punkten mißachtete er Oberths Ratschläge zugunsten filmischer Wirkung. Überhaupt schwankt der Film in seinem gesamten Handlungsablauf, im Regiestil, in der Darstellerführung unentschlossen zwischen bemühter Science-fiction und überaus naiver Abenteuerlichkeit.

Fräulein Else ⓢ

Deutschland 1929

R: Paul Czinner; A: Paul Czinner nach Motiven der gleichnamigen Novelle von Arthur Schnitzler; K: Karl Freund, Adolf Schlasy, Robert Baberske; D: Elisabeth Bergner, Albert Bassermann, Albert Steinrück

Rechtsanwalt Dr. Thalhoff (A. B.) hat sich durch Fehlspekulationen ruiniert und überdies strafbar gemacht. Seine Frau bittet ihre Tochter Else (E. B.), den reichen Herrn von Dorsday (A. S.) um Hilfe anzugehen. Aber Dorsday stellt recht eindeutige Gegenforderungen: Else soll sich ihm nackt zeigen. In ihrer Verzweiflung nimmt Else eine Überdosis Schlaftabletten und geht, nur mit einem Mantel bekleidet, in die Hotelhalle, wo sie den Mantel vor den Augen Dorsdays abwirft. Dann bricht sie ohnmächtig zusammen.
Schnitzler ist in diesem Film nur sporadisch gegenwärtig. Es überwiegen die recht breiten Schilderungen aus dem Leben der High-Society, die allerdings durch den spröden Charme der Bergner Ansehnlichkeit gewinnen.

Freaks
Mißgestaltete

USA 1932

R: Tod Browning; A: Willis Goldbeck, Leon Gordon, Al Boasberg und Edgar Allan Woolf (Dialoge) nach dem Roman *Spurs* von Tod Robbins; K: Merritt B. Gerstad; D: Olga Baclanova, Henry Victor, Harry Earles, Daisy Earles

Ein Zirkus, zu dessen Attraktionen eine große »Abnormitätenschau« gehört. Der Liliputaner Hans (H. E.) ist mit seiner Schicksalsgefährtin Frieda (D. E.) verlobt. Doch dann verliebt er sich in die attraktive Trapezkünstlerin Cleopatra (O. B.), die ihrerseits dem stämmigen Athleten Hercules (H. V.) zugetan ist. Zunächst begnügt sich Cleopatra mit den aufwendigen Geschenken, die Hans ihr überreicht. Als sie jedoch erfährt, daß ihr Verehrer eine beträchtliche Erbschaft gemacht hat, heiratet sie ihn, um ihn nach der Hochzeit langsam zu vergiften. Schon bei der Hochzeitsfeier kommt es zum Eklat, als Cleopatra ihren Mann demütigt und seine Schicksalsgenossen rüde beleidigt. Die mißtrauisch gewordenen »Freaks«, die Mißgestalteten, beobachten sie und entdecken schnell die Wahrheit. Und nun kommen sie alle, die Menschen ohne Arme und Beine, die siamesischen Zwillinge, die Frau mit dem Bart, die körperlich Deformierten, um Hans und um sich zu rächen. Diese Rache ist furchtbar. Am Ende sieht man Cleopatra, nur noch Kopf und Rumpf, gräßlich entstellt, lallend, irrsinnig …
Ein gleichzeitig grauenerregender und humaner Film. Browning holte sich Mißgestaltete aus dem Zirkus und ließ sie in seinem Film spielen. Aber er bringt die Zuschauer im Verlauf des Films dazu, sie als warmherzige Geschöpfe zu akzeptieren, während sich hinter der Maske der blendend schönen Cleopatra Gemeinheit und Gier verbergen. Typisch ist etwa die Hochzeit, bei der alle »Freaks« in unproblematischer Fröhlichkeit vereint sind, während Cleopatra wie ein störender Fremdkörper wirkt.
Natürlich hat Browning auch die makabren Aspekte des Films ausgespielt. Auf dem Höhepunkt des Dramas kriechen, hüpfen, schleichen die »Freaks« wie in einer Vision von Bosch auf die völlig entsetzte Cleopatra zu, die darüber den Verstand verliert. Und das warmherzige Angebot der »Freaks«, eine der Ihren zu werden, das Cleopatra vorher haßerfüllt abgelehnt hat, erfüllt sich nun an ihr wie ein alttestamentarischer Fluch.
In einigen Ländern wurde der Film von der Zensur verboten. In England z. B. wurde dieses Verbot erst 1963 aufgehoben.

Der fremde Vogel ⓢ

Deutschland 1912

R: Urban Gad; A: Urban Gad; K: Guido Seeber; D: Asta Nielsen, Carl Clewing, Hans Mierendorf

Mit ihrer Familie kommt die attraktive und mondäne May (A. N.) zur Erholung in den Spreewald. Hier entwickelt sich bald eine Lie-

besgeschichte zwischen dem »fremden Vogel« und dem wackeren Spreewälder Paul (C.C.), der angesichts dieser ungewöhnlichen Frau seine Verlobte Grete schnell vergißt. Da Mays Familie und Pauls Mutter gegen diese Liebe sind, fliehen die beiden gemeinsam. Auf der Flucht stürzt May ins Wasser und ertrinkt.
Drehbuch und Regie dieses Films sind insgesamt belanglos. Eines ist Urban Gad allerdings gelungen: Er hat seine Handlung ganz selbstverständlich und überzeugend in die Landschaft hineinversetzt. Die Außenaufnahmen, der Wechsel stimmungsvoller Landschaftsbilder mit Spielszenen sind der größte und für damalige Zeiten überraschende Aktivposten dieses Films.

The French connection
Brennpunkt Brooklyn

USA 1971

R: William Friedkin; A: Ernest Tidyman nach dem Tatsachenbericht *Heroin cif New York* von Robin Moore; K: Owen Roizman; D: Gene Hackman, Fernando Rey, Tony Lo Bianco, Bill Hickman, Harold Gary, Frédéric de Pasquale, Ann Rebbot, Roy Scheider, Sonny Grosso, Marcel Bozzuffi, Ben Marino

Ein Mord in Marseille, eine Verhaftung in Brooklyn und ein Gespräch in einem luxuriösen Nachtclub in New York bringen Buddy Russo (R.S.) und Jimmy Doyle (G.H.), zwei Beamte des Rauschgiftdezernats, auf die Spur eines geplanten Heroinschmuggels. Doyle und Russo werden auf den Fall angesetzt; die FBI-Beamten Mulderig (B.H.) und Klein (S.G.) sollen sie unterstützen. Unterdessen schifft sich der »ehrbare« französische Geschäftsmann Charnier (F.R.) mit seiner Frau (A.R.) und Pierre Nicoli (M.B.), dem Mörder von Marseille, nach New York ein. 60 Kilo reines Heroin sind im Wagen des mitreisenden Filmstars Devereaux (F.d.P.) versteckt. Als Charnier in New York merkt, daß er beschattet wird, setzt er den Killer Nicoli auf Doyle an. Der überlebt den Anschlag, aber eine Passantin wird dabei getötet. Zur großen Auseinandersetzung kommt es, als Charnier den Wagen mit dem Rauschgift seinen Geschäftspartnern, Joel Weinstock (H.G.) und den Brüdern Sal (T.L.B.) und Lou Boca (B.M.), übergeben will. Es gibt eine Schießerei, bei der Sal Boca getötet wird; und durch ein Versehen wird auch Mulderig von Doyle erschossen. Die Gangster werden verhaftet; doch Charnier, der eigentliche Drahtzieher, entkommt.
Ein vordergründiger Kriminalfilm, der nicht frei von gefährlichen Klischees ist: Die Rauschgifthändler sind Italiener oder Juden, ihre Kunden überwiegend Neger und Puertoricaner. Brutalität wird genüßlich ausgekostet. Und die Polizei erscheint nicht weniger rücksichtslos als die Gangster. Besonders Doyle wird als schießwütiger Fanatiker gezeichnet, den man sich mühelos auch auf der »anderen Seite« vorstellen könnte. Diese fragwürdige Vorlage ist jedoch mit äußerster Perfektion realisiert worden. Großartiger Höhepunkt des Films und typisch für seine Machart ist eine Verfolgungsjagd: Im Auto jagt Doyle nach dem Mordanschlag hinter Nicoli her, der mit der Hochbahn zu entkommen sucht. Die Zeitschrift »Filmkritik« resümierte begeistert: »Die Aktion zaubert die Ideologie weg!« Bedeutung gewinnt der Film aber vor allem als Vorläufer einer Welle amerikanischer Filme, in denen die Polizeiarbeit ähnlich fragwürdig und brutal erscheint, in denen die Polizei eher Konkurrent als Korrektiv der Verbrecher zu sein scheint.
1974/75 entstand *French connection II* (French Connection II), in dem Doyle dem Franzosen Charnier nach Marseille folgt und ihn dort stellt. Regisseur war diesmal John Frankenheimer.

Frenzy
Frenzy

USA 1971

R: Alfred Hitchcock; A: Anthony Shaffer nach einem Roman von Arthur La Bern; K: Gilbert Taylor; D: Jon Finch, Alec McCowen, Barry Foster, Barbara Leigh-Hunt, Anna Massey

Die Londoner Polizei sucht einen Triebmörder, der mehrere junge Frauen mit einer Krawatte erdrosselt hat. Nachdem auch Brenda Blaney

(B.L.-H.) sein Opfer geworden ist, weisen verschiedene Indizien auf ihren geschiedenen Mann Richard (J.F.) hin, einen »Versager« im bürgerlichen Leben. Richard flieht vor der Polizei. Alte Freunde wenden sich von ihm ab; nur zwei halten zu ihm: das Barmädchen »Babs« (A.M.), das wenig später selbst ein Opfer des Mörders wird, und der Gemüsegroßhändler Bob Rusk (B.F.), der wirkliche Mörder. Bob bietet Richard großmütig Asyl in seiner Wohnung und benachrichtigt dann die Polizei. Richard wird verhaftet und verurteilt. Doch Inspektor Oxford (A.MC.) ist von seinen Unschuldsbeteuerungen und einigen Unklarheiten aufgestört. Er ermittelt weiter und erwacht zu fieberhafter Aktivität, als er erfährt, daß Richard aus dem Gefängnis geflohen ist. Kein Zweifel, daß er sich an dem wahren Täter rächen will. Oxford findet Richard abermals im Zimmer von Bob Rusk – neben der Leiche einer jungen Frau. Richard glaubt sich ein zweites Mal verloren. Aber dann kommt Bob Rusk, und diesmal wird er eindeutig überführt.

Hitchcock ist hier wieder auf der Höhe seiner Meisterschaft. Erneut behandelt er sein Lieblingsthema: Ein Mensch verliert seine »Identität« und wird für jemand gehalten, der er nicht ist. Und wieder findet er verblüffende Variationen, wobei der Humor als retardierendes Moment auch in dieser mörderischen Geschichte eine große Rolle spielt. Optische Höhepunkte sind u.a. die Eingangssequenz, die von einer Luftaufnahme Londons in eine Durchfahrt durch die Tower-Bridge übergeht, und der Gang des Mörders mit »Babs« in seine Wohnung, wobei die Kamera beiden durch das ganze Treppenhaus bis zur Wohnungstür folgt und dann gleichsam resignierend den gleichen Weg zurückfährt bis auf die gegenüberliegende Straßenseite.

Fresa y chocolate
Erdbeer und Schokolade

Kuba/Mexiko/Spanien 1993

R: Tomás Gutiérrez Alea, Juan Carlos Tabío; A: Senel Paz nach seiner Erzählung; K: Mario García Joya; D: Jorge Perugorría, Vladimir Cruz, Mirta Ibarra, Francisco Gattorno

Castros Kuba. Mit einem Trick lockt der schwule Künstler Diego (J.P.) den naiven, linientreuen Studenten David (V.C.) in seine Wohnung. Schockiert rettet David sich und

Frenzy
(Barbara Leigh-Hunt)

Fresa y chocolate (Jorge Perugorría, Vladimir Cruz)

seine Tugend durch die Flucht und verpetzt Diego und seine systemkritischen Äußerungen bei dem Kommilitonen Miguel (F. G.). Der empfiehlt ihm dringend, den charmanten Klassenfeind zu bespitzeln; und so führen höchst unterschiedliche Motive David und Diego bald wieder zusammen. Dabei entsteht zwischen den Männern eine Freundschaft, die auf Respekt und Zuneigung gründet und in der David die Freiheit der Gedanken und der Kunst schätzen lernt. Diese Freundschaft bleibt so »offen«, daß sie auch Platz für Diegos leichtlebige Nachbarin Nancy (M. I.) hat, die David eines Tages – auf Bitten von Diego – mit den Freuden der heterosexuellen Erotik vertraut macht. Das Ende des Films ist ambivalent: Diego wird wohl das Land verlassen müssen, in dem sein persönlicher Lebensstil und seine künstlerischen Überzeugungen ihm ständig Konflikte mit der herrschenden Ideologie bescheren; David wird – hoffentlich – mit Nancy glücklich werden. Sicher ist nur der Bestand einer »wunderbaren Freundschaft«. Erstmals zeigen sich David und Diego selbstbewußt gemeinsam in der Öffentlichkeit; endlich können sie sich ohne Hemmungen umarmen.

Ein komödiantisches Spiel liefert die Argumente, mit denen gesellschaftliche und politische Probleme der kubanischen Gegenwart abgehandelt werden. Dieses Rezept aus der Blütezeit des kubanischen Films hat »Altmeister« Alea mit leichter Hand variiert. Er scheut auch deftige Akzente nicht, spielt routiniert mit den Klischees und verblüfft doch immer wieder mit überraschenden Wendungen und listigen Pointen, die allesamt darauf zielen, Verständnis für die Schwächen der handelnden Personen zu wecken, ihre Individualität gegen jeden Totalitätsanspruch zu verteidigen.

Regisseur Alea erkrankte während der Dreharbeiten, so daß sein jüngerer Kollege Tabío einspringen mußte.

The freshman ⓢ
Der Neuling / Harold Lloyd, der Sportstudent

USA 1925

R: Sam Taylor, Fred Newmeyer; A: Sam Taylor, John Gray, Ted Wilde, Tim Whelan; K: Walter Lundin; D: Harold Lloyd, Jobyna Ralston

Harold Lamm (H. L.) träumt davon, als Student auf der Universität Tate zu Starruhm zu gelangen. Auf der Fahrt nach Tate trifft er die hübsche Peggy (J. R.), in die er sich alsbald verliebt. Doch sein Start an der Universität ist nicht eben verheißungsvoll: Bei der Eröffnungsfeier gerät er versehentlich auf die Bühne, bei einem Ball löst sich sein unfertiger Smoking auf, und in der Fußball-Abteilung, der anzugehören sein ganzer Stolz ist, darf er nur den Balljungen spielen. Aber im Entscheidungsspiel geht ein Spieler seiner Mannschaft nach dem anderen k. o. Zehn Minuten vor Schluß darf er, gleichsam als »letztes Aufgebot«, auf den Platz und sichert sensationell den Sieg seiner Mannschaft. Harold ist der Held des Tages. Peggy, die er als Tochter seiner Zimmerwirtin wiedergetroffen hat, gesteht ihm ihre Liebe.

Ein typischer Harold-Lloyd-Film, in dem der Protagonist, bescheiden, unauffällig, liebenswert, stets bemüht ist, es allen recht zu machen und von allen beachtet und geachtet zu werden.

Eine kritische Auseinandersetzung mit dieser Ideologie versuchte Preston Sturges 1947 mit *The sin of Harold Diddlebock* (Die Sünde des Harold Diddlebock), dem letzten Spielfilm mit Harold Lloyd. Sturges benutzte die Schlußszene von *The freshman* als Prolog und zeigte den ehemaligen Fußballhelden – zwanzig Jahre danach – als kleinen Angestellten, der seinen Job verliert und auf skurrile Weise Zirkusbesitzer wird. Nach enttäuschenden Ergebnissen an den Kinokassen wurde der Film überarbeitet und 1950 – mit mehr Erfolg – unter dem Titel *Mad Wednesday* (Verrückter Mittwoch) erneut herausgebracht.

Die freudlose Gasse Ⓢ

Deutschland 1925

R: G. W. Pabst; A: Willy Haas nach dem gleichnamigen Roman von Hugo Bettauer; K: Guido Seeber, Curt Oertel, Robert Lach; D: Asta Nielsen, Greta Garbo, Werner Krauß, Einar Hanson, Jaro Fürth, Valeska Gert, Tamara Tolstoi, Henry Stuart

Luxus und Elend der Inflationszeit in Wien. Hofrat Rumfort (J. F.) läßt sich vorzeitig pensionieren, spekuliert mit seiner »Abfindung« und verliert sein ganzes Vermögen. Er ist jetzt genauso arm wie seine Nachbarn in der einst gutbürgerlichen Melchiorgasse. Die neue »Oberschicht« sind die Händler – so der Metzger (W. K.), dem sich verzweifelte Mütter für

Die freudlose Gasse (Asta Nielsen, Hertha von Walther, Werner Krauß)

ein Stück Fleisch hingeben und der später von einem seiner Opfer getötet wird, so die zwielichtige Frau Greifer (V. G.), die jungen Mädchen gern Kredit gibt, um sie später erpressen und verkuppeln zu können. Ein Mordfall erregt Aufsehen: Die reiche Frau Lia Leid (T. T.) wird in einem Hotel tot aufgefunden, der Bankbeamte Egon Stirner (H. S.), der ein Rendezvous mit ihr hatte, wird verhaftet und zu einer hohen Zuchthausstrafe verurteilt. Rumfort scheint noch einmal Glück zu haben. Der amerikanische Leutnant Davy (E. H.) zieht als Untermieter bei ihm ein. Er zahlt mit harten Dollars, und er verliebt sich in Rumforts Tochter Grete (G. G.). Doch der konservative Hofrat sieht in dem Offizier nur den Feind von gestern und weist ihn aus dem Haus. Aber die Liebe Davys rettet Grete, als sie den raffinierten Verlockungen der Frau Greifer zu erliegen droht. Schließlich findet auch der Mord an Frau Leid eine überraschende Auflösung: Das Straßenmädchen Marie (A. N.) gesteht die Tat. Ihr Geständnis enthüllt die Tragödie einer Frau, die ausgenutzt und in den Sumpf gestoßen wurde.

Pabst baute seine Elendsviertel im Atelier auf und fing sie in expressiven Bildern mit raffinierten Lichteffekten ein. Das gibt ihnen stellenweise einen etwas pittoresken, aufgesetzten Reiz. Aber mit diesen Stilmitteln beschrieb Pabst eine ganz bestimmte historische und soziale Situation. Man erlebt die Stunde der Spekulanten, den Niedergang und das Versagen breiter Schichten des Bürgertums, die lethargische Verzweiflung der Arbeiter. Und wo andere zeitgenössische Regisseure für die Verzweiflung griffige Symbole prägten, da zeigt Pabst eine Schlange wartender, abgehärmter Frauen, vor denen sich die Tür eines Metzgerladens schließt.

Fröken Julie
Fräulein Julie

Schweden 1951

R: Alf Sjöberg; A: Alf Sjöberg nach dem gleichnamigen Schauspiel von August Strindberg; K: Göran Strindberg; D: Anita Björk, Ulf Palme, Anders Henrikson

Verfilmung des gleichnamigen Schauspiels von Strindberg: Die Grafentochter Julie (A. B.) läßt sich nach einer unglücklichen Kindheit und einer gescheiterten Verlobung in der Mittsommernacht von dem Diener Jean (U. P.) verführen und tötet sich anschließend aus Scham und Verzweiflung.

Alf Sjöberg hat seinen Film mit großem Respekt vor der literarischen Vorlage gedreht. Was er hinzufügte, das dient nicht nur der optischen Ausgestaltung, sondern gleichzeitig auch der Verdeutlichung von Strindbergs Intentionen. So wird besonders die Vorgeschichte (Julies Kindheit, die fatale Ehe ihrer Eltern, der pathologische Haß der Mutter auf den Vater), von der das Schauspiel nur gesprächsweise berichtet, hier Teil der Handlung. Sjöberg verzichtete dabei aber auf die übliche Technik der Rückblende; er betont die enge Verbindung zwischen Gegenwart und Vergangenheit vielmehr dadurch, daß er beides auch optisch und dramaturgisch zusammenzwingt. Ähnlich wie später bei Bergman (*Smultronstället*) erscheinen auch hier Vergangenes und Gegenwärtiges oft gleichzeitig im Bild. Man sieht etwa »Fräulein Julie« in einem Zimmer sitzen, in dem gleichzeitig ihre längst verstorbene Mutter mit der »kleinen Julie« auf dem Arm steht, Jean begegnet bei einem Spaziergang im Garten sich selbst in der Gestalt eines zehnjährigen Jungen usw. Auf diese Weise werden »die Fäden, die Maschinerie« der Entwicklung, die Strindberg zeigen wollte, auf intelligente Weise deutlich gemacht.

From here to eternity
Verdammt in alle Ewigkeit

USA 1953

R: Fred Zinnemann; A: Daniel Taradash nach dem gleichnamigen Roman von James Jones; K: Burnett Guffey; D: Burt Lancaster, Montgomery Clift, Deborah Kerr, Frank Sinatra, Donna Reed, Ernest Borgnine, Philip Ober

Die Geschichte des Soldaten Prewitt (M. C.) und seiner Einheit bis zum Überfall auf Pearl Harbour. Prewitt soll die Boxstaffel der Kompanie verstärken; er weigert sich, weil er nicht mehr boxt, seit er durch einen unglücklichen Treffer seinen Gegner blind geschlagen hat. Ungerührt erträgt er die Schikanen, mit denen man ihn zwingen will. Sergeant Warden (B. L.) hat ein Verhältnis mit der Frau (D. K.) des unfähigen Kompanieführers (P. O.). Prewitts Freund Maggio (F. S.) wird von dem sadistischen Sergeant Judson (E. B.) zu Tode gequält. Prewitt tötet Judson bei einer Schlägerei, desertiert und versteckt sich bei einem leichten Mädchen (D. R.), in das er sich verliebt hat. Am Tag des Überfalls auf Pearl Harbour will er zu seiner Einheit zurückkehren und wird dabei erschossen.

Gute darstellerische Leistungen, einige präzise Milieuschilderungen und maßvolle Kritik am Kasernenhofdrill und der Unfähigkeit mancher Offiziere machten eine erfolgreiche Mischung aus, die von der Kritik und dem Publikum gleichermaßen goutiert wurde. Hinzu kamen einige Besonderheiten, wie das Debüt des Show-Stars Frank Sinatra als ernsthafter Schauspieler und eine für damalige Zeiten sehr realistische Liebesszene zwischen Deborah Kerr und Burt Lancaster in der Brandung des Ozeans. Die kritische Grundeinstellung, die Zinnemanns frühere Filme ausgezeichnet hatte, wurde hier allerdings von der Handlungsfülle über weite Strecken erdrückt.

Full metal jacket
Full Metal Jacket

USA / England 1987

R: Stanley Kubrick; A: Stanley Kubrick, Michael Herr und Gustav Hasford nach dem Roman *The short-timers* von Gustav Hasford; K: Douglas Milsome; D: Matthew Modine, Lee Ermey, Adam Baldwin, Vincent D'Onofrio, Dorian Harewood, Arliss Howard

Unmenschlicher Drill in einem Ausbildungscamp der »U. S. Marines«. Sergeant Hartman (L. E.) ist mit pedantischer Brutalität bemüht, die Individualität der jungen Männer zu zerstören und sie in perfekte Kampfmaschinen zu verwandeln. Private Joker (M. M.) übersteht diese Folter. Der gänzlich unsoldatische Private Pyle (V. D'O.) dreht durch; am »Graduation Day«, der die Ausbildung beschließt, erschießt er Hartman und dann sich selbst. Die frischgebackenen Soldaten kommen nach Vietnam, wo bald (1968) die Tet-Offensive des Vietcong beginnt; die ausgeklügelte militärische Disziplin mündet schnell in chaotische Zufälligkeit. Joker ist Kriegsberichterstatter geworden und lernt, wie man aus dem Krieg ein Medienereignis macht. Aufsässige Ironie bringt ihm einen Einsatz in vorderster Front ein. Dort trifft er Cowboy (A. H.), der mit ihm im Ausbildungscamp war, und »Animal Mother« (A. B.), der den Vorstellungen Sergeant Hartmans wohl am ehesten entsprechen dürfte. Die Soldaten geraten in Hue in verlustreiche Straßenkämpfe; sie schießen und werden beschossen, sie üben und sie erleiden Gewalt. Ihr größter Erfolg ist die verlustreiche Überwältigung eines feindlichen Scharfschützen. Der fast übermächtige Gegner entpuppt sich als eine schmächtige junge Frau, die nach der Gefangennahme von den entnervten Soldaten erschossen wird.

Kubricks Film kam in der Bundesrepublik ein halbes Jahr nach Oliver Stones *Platoon* (Platoon, USA 1986) in die Kinos. Beide Filme handeln vom Krieg in Vietnam, beide sind ehrenwerte Versuche, die brutale Sinnlosigkeit dieses Krieges darzustellen. Ein entscheidender Vorteil von Kubricks Konzept ist, daß bei ihm der Kampfplatz und die Kämpfenden ziemlich anonym bleiben. Symbolisch treibt schon der Sergeant seinen »Schützlingen« die Individualität aus, indem er ihnen neue Namen gibt. Die solcherart zu Killern degradierten Männer treffen zwischen Ruinen und brennenden Häusern auf anonyme Gegner, die vermutlich ähnlich programmiert worden sind. Da mag man sich als Zuschauer kaum emotional für eine Seite engagieren. Man hat nur noch den einen Wunsch, daß das gegenseitige Töten aufhört.

Kubrick unterstützt diesen Effekt, indem er den Zuschauer mit einer ungemein beweglichen Kamera immer wieder gleichsam in die Handlung einbezieht, ihn durch Bilder und Töne objektiv strapaziert. Dies ist kein Rezept für einen breiten Publikumserfolg, wohl aber ein Konzept für einen aufrichtigen Antikriegsfilm.

The full monty
Ganz oder gar nicht

England/USA 1997

R: Peter Cattaneo; A: Simon Beaufoy; K: John de Borman; D: Robert Carlyle, Tom Wilkinson, Mark Addy, Paul Barber, Lesley Sharp, Emily Woof, Steve Huison

Gaz (R.C.) und Dave (M.A.) sind zwei junge, arbeitslose Stahlarbeiter in Sheffield. Gaz braucht Geld, um das Sorgerecht für seinen Sohn zu behalten; Daves Verlust an Selbstachtung hat zu Übergewicht und Impotenz geführt. Als die Männerstrip-Truppe »The Chippendales« in die Stadt kommt, sehen die zwei aufgrund des begeisterten weiblichen Publikums eine reelle Chance, auf bisher ungeahnte Weise zu Geld zu kommen. Sie bitten Gerald (T.W.), ihren Ex-Vorgesetzten, als Coach zu fungieren. Mit drei weiteren Mitgliedern beschließt die Laiengruppe, aufs Ganze zu gehen und einen »richtigen« Strip anzubieten. Während der Proben stellen sich aber individuelle Befindlichkeiten und Ängste ein, die das ganze Unternehmen in Frage stellen. Drei von ihnen werden wegen unsittlichen Verhaltens von der Polizei verhaftet. Aber dieser Skandal sorgt auch für Schlagzeilen und einen blendenden Kartenverkauf. Und am Ende feiert das Sextett vor beiderlei Geschlecht einen unbeschreiblichen Triumph.

The full monty
(Robert Carlyle)

An die Tradition des Free Cinema erinnernd, nutzt Regisseur Cattaneo das Thema Arbeitslosigkeit, um seine Antihelden auf eine Selbsterfahrungstour zu schicken. Die sechs Männer nehmen ihr Schicksal selbst in die Hand und geben sich und ihren betroffenen Kollegen ein Gefühl der Hoffnung. Wie das Rollenspiel einer Gruppentherapie angelegt, lösen die Proben des Stripper-Programms einen Befreiungsschlag aus. Das ansprechende Timing der in sich durchkomponierten Szenen weckt jene ansteckende Begeisterung, die ihren Höhepunkt im beifallstarken Auftritt findet.

The full monty ist eine jener typisch englischen, zu Herzen gehenden Komödien mit einem Schuß Sozialrealismus, wie sie auch Mark Herman mit *Brassed off* (Brassed Off – Mit Pauken und Trompeten, 1996) inszenierte, wo die Problematik einer Zechenschließung sich im Schicksal der betriebseigenen Blaskapelle spiegelt. Ihre Stärken liegen in der souveränen Menschenbeobachtung und -darstellung, in der integrativen Wirkung auf Familie, Ehe und Überlebenswillen. Das Loblied auf die Solidarität in einer zunehmend rauher werdenden Arbeitswelt erzeugt auf spielerisch-sympathische Weise Lebenslust und neuen Mut. Es sind unverbrauchte Gesichter, alltägliche Menschen mit ihrer ganzen Verletzlichkeit, urwüchsigem Humor und Kreativität, wobei auch tragische Untertöne nicht zu kurz kommen. Der Film erhielt u. a. den Europäischen Filmpreis und einen »Oscar« für die beste Originalmusik (Anne Dudley).

Furuyo shonen
Böse Jungen / Die Bewährung

Japan 1961

R: Susumu Hani; A: Susumu Hani nach einem Roman von Aiko Jinushi; K: Manji Kanau; D: Yamada, Katsuhiro Segawa, Chieko Wada

Der siebzehnjährige Waisenjunge Hiroshi Asai (Y.) ist ein Herumtreiber. Als er eines Tages mit einigen Kumpanen einen Überfall auf einen Juwelierladen verübt, wird er verhaftet und nach langwierigen Tests in eine Besserungsanstalt eingewiesen. Hier kommt es zu Auseinandersetzungen, weil er sich dem Terror einiger »Schläger« nicht fügen will. In einer anderen Gruppe findet er dagegen ein Vorbild, dessen Autorität er akzeptiert, und so fügt er sich allmählich in die Gemeinschaft ein. Schließlich wird Hiroshi zur Bewährung entlassen. Einen Augenblick zögert er in der leeren Halle; es wird ihm wohl bewußt, daß sein Abschied von der Anstalt auch ein Abschied von der Jugend ist.

Der Film ist das Erstlingswerk des Regisseurs Susumu Hani, der vorher Kurzfilme gedreht hatte, in denen er ebenfalls vorwiegend Probleme und Verhaltensweisen von Kindern und Jugendlichen behandelte. Ungewöhnlich sind die Methoden, mit denen er diesen Film drehte und die allesamt auf einen möglichst unverstellten Realismus zielen. Seine Darsteller waren Laien, er drehte viel mit der Handkamera und mit einer versteckten Kamera, von der oft nicht einmal die Darsteller wußten, wo sie sich befand.

»Ich lebte zusammen mit den Hauptdarstellern, aber ich sprach mit ihnen nicht über den Film, sondern über ihre Probleme; und so improvisierten wir den Film. Diese Jungen waren dynamisch ... Und um das wiedergeben zu können, was ich bei ihnen fand, mußte ich die meisten filmischen Grundregeln durchbrechen. Aber indem ich diese Regeln durchbrach, spürte ich, daß es mir viel besser gelang, den Schmerz und die Freude, ja das Wesen der Jugend einzufangen« (Susumu Hani).

Fury
Raserei / Fury / Blinde Wut

USA 1936

R: Fritz Lang; A: Fritz Lang und Bartlett Cormack nach der Erzählung *Mob rule* von Norman Krasna; K: Joseph Ruttenberg; D: Spencer Tracy, Sylvia Sidney, Walter Abel, Walter Brennan

Auf der Fahrt zu seiner Verlobten Katherine (S. S.) wird Joe (S. T.) verhaftet. Er sieht einem gesuchten Kindesentführer ähnlich; da auch einige Indizien gegen ihn sprechen, wird er in das Gefängnis eingeliefert. Ein Teil der Bevölkerung will ihn lynchen. Das Gefängnis wird in Brand gesteckt, aber durch einen Zufall kann Joe entkommen. Voller Haß versteckt er sich bei seinen Brüdern. Und er bleibt auch dort, als sich längst seine Unschuld herausgestellt hat. Man soll glauben, er sei im Gefängnis verbrannt, damit die unterdessen angeklagten Anführer des Mobs wegen »Mordes« verurteilt werden. Erst Katherine bringt ihn dazu, sich zu stellen und die Angeklagten zu retten.

In einem Interview hat Fritz Lang gesagt, daß er von seinen Filmen *M* und *Fury* am meisten schätze. Höhepunkte in *Fury* sind die Szenen, in denen Lang gleichsam in kalter Wut die Entmenschlichung des Menschen schildert. Beim Brand des Gefängnisses hebt eine Mutter ihr Kind hoch, damit es die grausige Szene besser sehen kann; andere Zuschauer streiten sich um die besten Plätze. Aber Lang will auch zeigen, wie nahe Mordlust und Biedersinn zusammen wohnen können. Den 22 angeklagten Bürgern möchte man ein solches Verbrechen gar nicht zutrauen; doch dann läßt das Gericht sich Wochenschau-Aufnahmen vorführen, die zufällig gemacht worden sind. Man sieht noch einmal die gleichen biederen Bürger mit verzerrten Gesichtern nach Rache schreien. Hier wird gleichsam der düstere Untergrund bürgerlicher Reputation gezeigt, so wie *M* u. a. auch die bürgerliche Komponente der Verbrecher dargestellt hat.

Os fuzis
Die Gewehre

Brasilien 1963

R: Ruy Guerra; A: Ruy Guerra, Miguel Torres; K: Ricardo Aronovich; D: Átila Iório, Nelson Xavier, Maria Gladys

Trockenheit und Hunger im Sertão. Ein Wanderprediger zieht mit einem ausgemergelten Ochsen durch das Land und verkündet, dieses Tier werde das »Regenwunder« vollbringen. Gläubig folgen ihm die Menschen. Unterdessen hat im Dorf Milagres der Händler Soldaten zum Schutz seiner gehorteten Vorräte angefordert. Aus Langeweile schießt einer der Soldaten auf eine Ziege und tötet dabei versehentlich einen Menschen. Doch nichts geschieht. Erst als die Vorräte vor den Augen der Hungernden abtransportiert werden sollen, will ein fremder Lastwagenfahrer (Á. I.) das voller Empörung verhindern. Es kommt zu einer Schießerei. Wie in einem Blutrausch jagen die Soldaten den Aufrührer, schießen ihn nieder und brechen weinend zusammen, als sie aus ihrem Rausch erwachen. Jetzt ist auch die Dorfbevölkerung aufgestört. Aber ihre Empörung richtet sich gegen den »heiligen Ochsen«, der das verheißene Wunder nicht vollbracht hat und den sie in einem blutigen Gewaltakt zerfleischen.

Der Film beschwört in quälenden Bildern Eintönigkeit, Verzweiflung und Hoffnungslosigkeit im Sertão. Ungeheuerliches fügt sich da in die Schilderung des Alltags ein. Es schockiert kaum noch, wenn ein Mann beim Händler eine Kiste als Sarg für sein verhungertes Kind erbettelt. So wird auch dem Zuschauer einsichtig, daß aus dieser äußersten Verzweiflung kein »Gegenplan«, sondern nur eine verzweifelte Geste der Empörung erwachsen kann. Die Hoffnungslosigkeit kulminiert in sinnlosem Blutrausch.

491
491

Schweden 1963

R: Vilgot Sjöman; A: Lars Görling und Vilgot Sjöman nach dem gleichnamigen Roman von Lars Görling; K: Gunnar Fischer, Rolf Holmquist; D: Lars Lind, Frank Lundström, Lena Nyman, Leif Nymark, Åke Grönberg

Sechs kriminelle Jugendliche beziehen, anstatt ins Gefängnis zu kommen, eine gemeinsame Wohnung mit einem Erzieher (L. L.). Doch das Experiment mißlingt. Weil der Erzieher in der Wohnung ohne Absprache einen behaglichen Privatraum für sich abteilt, bricht Nisse (Leif N.), der älteste und intelligenteste der Jungen, das Zimmer auf und verkauft Bücher und Möbel. Zur gleichen Zeit treffen die Jungen die kleine Prostituierte Steva (Lena N.). Als der Erzieher den Verlust seiner Habe entdeckt, bieten ihm die Jungen an, sie wollten ihm das

Geld besorgen, damit er sein Eigentum zurückkaufen könne. Sie schicken Steva auf den Strich und machen den Erzieher damit gleichsam zum Zuhälter. Als die pervertierten Jungen anschließend Steva aber noch zur Sodomie mit einem Schäferhund zwingen, ruft der jüngste der Bande die Polizei. Bei ihrem Erscheinen stürzt ausgerechnet er sich aus dem Fenster.

Ein vieldiskutierter Film, der allerdings vermutlich eher durch seine drastischen sexuellen Szenen als durch Qualität Aufsehen erregte. Er zeigt die Erzieher – den schwächlichen Christian, einen homosexuellen Inspektor (F. L.), einen beschränkten Pfarrer (Å. G.) – als Karikaturen, die Jungen als Klischees. In der Bundesrepublik wurde der Film erst nach erheblichen Schnitten und Veränderungen im Dialog freigegeben; ein endgültiges Urteil über ihn ist also nach Kenntnis nur der deutschen Fassung kaum möglich.

Der Titel stammt aus dem Matthäus-Evangelium, wo es heißt, sieben mal siebzigmal solle man den Menschen vergeben. Was hier geschieht, so meint also der Film, sei unverzeihlich.

G

Le gai savoir
Die fröhliche Wissenschaft

Frankreich 1968

R: Jean-Luc Godard; A: Jean-Luc Godard, angeregt durch *Émile ou de l'éducation* von Jean-Jacques Rousseau; K: Jean-Louis Picavet; D: Juliet Berto, Jean-Pierre Léaud

Eine Frau (J. B.) und ein Mann (J.-P. L.) begegnen sich in der Nacht in einem Niemandsland. Sie heißt Patricia und ist die Tochter Lumumbas und der Weltrevolution. Er heißt Émile Rousseau und ist von der Universität relegiert worden. Beide diskutieren miteinander, um zu verstehen, was um sie her vorgeht. Sie hören Radio, lesen Zeitungen, Illustrierte und Bücher und entdecken dabei überall Symptome einer fortschreitenden Unterdrückung.
Le gai savoir ist eine radikale Absage an die Dramaturgie des Films. Lange Gespräche vor einer starren Kamera wechseln mit Standfotos, Schriftinserts; über weite Strecken bleibt die Leinwand dunkel, während man nur noch Dialoge hört. Das Ergebnis kann zweifellos nicht mehr »als Kunst konsumiert« werden, beschränkt seine Wirkung dafür aber auch auf einen kleinen Kreis überzeugter Godard-Anhänger.

Gandhi
Gandhi

England/Indien 1982

R: Richard Attenborough; A: John Briley; K: Billy Williams, Ronnie Taylor; D: Ben Kingsley, Candice Bergen, Edward Fox, John Gielgud, Trevor Howard, John Mills

Ein aufwendiges Porträt des »Mahatma« Gandhi (B. K.), das mit der Ermordung Gandhis im Jahr 1948 beginnt und dann in einer über dreistündigen Rückblende seinen Lebensweg schildert: die erste politische Tätigkeit in Südafrika, die Rückkehr nach Indien (1914) und den gewaltlosen Kampf gegen die britische Besatzungsmacht, Gandhis vergebliche Versuche, zwischen Moslems und Hindus zu vermitteln, und schließlich die Unabhängigkeit Indiens (1947), die Gandhi – wegen des ungelösten Religionskonfliktes und der Teilung des Landes in die beiden Staaten Pakistan und Indien – als »geistige Katastrophe« ansah.

Gandhi
(Ben Kingsley,
Roshan Seth)

22 Millionen Dollar konnte Attenborough (1982!) für einen Film investieren, der sich in der Form und in der Professionalität der Produktion erfolgreich am Vorbild Hollywoods orientierte, was sich nicht zuletzt an den Kinokassen in aller Welt, aber auch bei den Juroren der »American Film Academy« auszahlte, die dem Film insgesamt acht »Oscars« verliehen.

Manche Kritiker monierten die »Personalisierung« historischer Ereignisse und die »unkritische Nachahmung des Starkinos aus Hollywood«. Aber hier wurde ein emotionaler Affekt genutzt, um eine humanistische Botschaft wirkungsvoll zu verbreiten. Unbestritten war die vorzügliche Leistung Ben Kingsleys in der Titelrolle.

Il gattopardo
Der Leopard

Italien/Frankreich 1963

R: Luchino Visconti; A: Suso Cecchi d'Amico, Pasquale Festa Campanile, Massimo Franciosa, Enrico Medioli und Luchino Visconti nach dem gleichnamigen Roman von Giuseppe Tomasi di Lampedusa; K: Giuseppe Rotunno; D: Burt Lancaster, Claudia Cardinale, Alain Delon, Paolo Stoppa

Der Film spielt zwischen 1860 und 1862 auf Sizilien. Sein historischer Hintergrund ist der Kampf Garibaldis für ein geeintes Italien, und er beginnt zum Zeitpunkt der Landung Garibaldis in Marsala. Fürst Fabrizio Salina (B. L.), ein konservativer Adeliger, stellt sich zur Überraschung seiner Standesgenossen auf die Seite der neuen Herrschaft, der sich auch sein Neffe Tancredi (A. D.), ein charmanter Opportunist, angeschlossen hat. Salinas Engagement ist ambivalent. Er lebt nach dem Wahlspruch, es müsse sich alles ändern, damit alles beim alten bleiben könne. Zwar stimmt er für den Anschluß Siziliens an Italien und damit für eine konstitutionelle Monarchie; aber eine Mitarbeit in der neuen Regierung lehnt er ab. Er erkennt, daß die Aristokratie ihre Position nur behaupten kann, wenn sie sich mit dem aufstrebenden Bürgertum arrangiert. So sanktioniert er die Heirat Tancredis mit Angelica (C. C.), der Tochter des reichen Bürgermeisters (P. S.). Mit einem pompösen Ball wird sie in die adelige Gesellschaft eingeführt. Als die Festteilnehmer übernächtigt nach Haus zurückkehren, hört man die Schüsse eines Exekutionskommandos: Vier Soldaten Garibaldis, die die Revolution weitertreiben wollten, sind als Deserteure erschossen worden.

»Der ganze Film wird von der Atmosphäre des Todes überlagert. Vom Tod einer Klasse, eines Individuums, einer Welt, einer bestimmten Mentalität, bestimmter Privilegien« (Luchino Visconti). Aber der Regisseur hat diese Atmosphäre nicht mit düsteren Effekten erzielt. Er malt mit einer fast manischen Besessenheit für das historische Detail ein breitflächiges Gemälde; der Untergang geht bei ihm zwar melancholisch, aber farbenfroh vonstatten. Er hat auch keine klassenkämpferische Allüre angelegt. Getreu seinen Worten, er habe »die Geschichte eines Mannes und das Abtreten einer Gesellschaft vermittels des Bewußtseins, das dieser Mann davon hat« schildern wollen, beurteilt er Salinas und seine Situation aus seiner Zeit heraus. Und dabei zeigt er viel Verständnis und Sympathie für den Fürsten.

Der ursprünglich rund 200 Minuten lange Film wurde für den deutschen Kino-Einsatz drastisch gekürzt. Erst dreißig Jahre später wurde im Fernsehen eine Rekonstruktion der vom Regisseur autorisierten dreistündigen Fassung des Films gezeigt.

Gegen die Wand

BRD 2003

R: Fatih Akin; A: Fatih Akin; K: Rainer Klausmann; D: Birol Ünel, Sibel Kekilli, Catrin Striebeck, Güven Kiraç, Meltem Cumbul, Hermann Lause, Cem Akin

Cahit (B. Ü.), Sohn türkischer Einwanderer der ersten Generation in Hamburg, ist des Lebens überdrüssig und will sich mit dem Auto umbringen. Im Krankenhaus begegnet dem Alkohol- und Drogenabhängigen die junge Sibel (S. K.), eine Landsfrau, der ihre Familie so zusetzte, daß sie schon mehrere Selbstmordversuche unternommen hat. Rasch erkennt die lebenshungrige 20jährige ihre Chance, der Enge und patriarchalischen Tradition des Elternhauses zu entkommen: Cahit soll in eine Scheinehe einwilligen, um dadurch für sie persönliche Freiheit zu erreichen. Nach kurzem Zögern ist er einverstanden, und Sibel zieht in seine heruntergekommene Wohnung ein. Das frisch getraute Paar rauft sich zusammen, ohne wirklich Tisch und Bett zu teilen. Sibel genießt den Rausch der Unabhängigkeit mit Parties, Drogen und wechselnden Partnerschaften. Cahit selbst sucht Trost bei Maren (C. S.), einer Zufallsbekanntschaft. Doch langsam beginnt der Lebensmüde, Freude am Dasein zu entdecken. Ein Gefühl und die Realisierung von Liebe, Zärtlichkeit und Vertrauen scheinen in der Zweckgemeinschaft möglich. Sibel nimmt die Veränderung des Gatten und die Gefühle für ihn zu spät wahr: Aus Eifersucht tötet Cahit einen ihrer Liebhaber und wird verhaftet. Die kurzzeitig abgestreiften Familien- und Blutsbande greifen bei der jungen Frau nun strenger als zuvor. Als Schuldige verstoßen, flieht sie nach Istanbul zu ihrer aufgeschlossenen Cousine Selma (M. C.). Dem Ehegatten verspricht sie, fünf Jahre auf ihn zu warten. Doch in der Türkei gerät Sibel erst einmal unter die Räder. Aus der Haft entlassen, ist Cahit ein anderer – ohne Exzesse und gewalttätige Gefühlsausbrüche. In Istanbul erfährt er von Sibels neuem Leben mit Tochter und einem anderen Partner. Cahit will seine Frau ein letztes Mal für sich gewinnen. Die beiden verabreden sich, um gemeinsam in Cahits Geburtsort zu fahren. Doch Sibel erscheint nicht ...

Der unkonventionelle, raue Liebesfilm lebt von der beeindruckenden Präsenz deutsch-türkischer Migranten, deren Lebensentwürfe zwischen aufgeklärter westlicher Zivilisation und heimatlich-rückständigen Gesellschaftsverhältnissen zerrieben werden. Eine moderne, junge Türkin in Deutschland fordert ihr ganz persönliches, privates Leben und Glück – ohne den Segen der Familie. Dem selbstzerstörerischen Helden gelingt am Ende der Neuanfang. Der von der Kritik und integrierten Türken wegen seiner Authentizität hochgelobte Film des deutsch-türkischen Regisseurs Fatih Akin (*Kurz und schmerzlos*, BRD 1987) ist eine klassische amour fou, ein Plädoyer für die Kraft der Liebe. Gleichzeitig vermittelt er die objektiven wie subjektiven Widersprüche im Umgang von Migranten und Einheimischen untereinander. Diese bis zum Kalkül des Erfolgs hochstilisierte Diskrepanz fußt auf autobiographischen Tönen des Regisseurs, dem es um das Überleben in komplexen Kulturen, um Leidenschaft und die Entwicklung seiner lebendigen Charaktere geht. Die provokative Mentalität der Rebellion erhält durch die Leistungen der beiden Protagonisten und einen diese Emotionen widerspiegelnden Soundtrack hohe Glaubwürdigkeit. Bei den Filmfestspielen in Berlin erhielt der Film 2004 den »Goldenen Bären«.

Nach seinem jüngsten Film, *Auf der anderen Seite* (BRD/Türkei/Italien 2006), beim Festival in Cannes 2007 mit dem Drehbuch-Preis ausgezeichnet, wird Fatih Akin von einigen Kritikern bereits als würdiger Nachfolger von Rainer Werner Fassbinder gefeiert. Diese allzu euphorische künstlerische Einschätzung beruht auf seiner zweifellos emotional zupackenden Filmsprache und der provokativen Darstellung deutsch-türkischer Identitätsprobleme – inklusive familiärer, historischer und kultureller Grenzen.

Geheimnisse einer Seele ⓢ

Deutschland 1926

R: G. W. Pabst; A: Colin Ross und Hans Neumann, psychoanalytische Beratung Dr. Karl Abraham und Dr. Hanns Sachs; K: Guido Seeber, Curt Oertel, Robert Lach; D: Werner Krauß, Ruth Weyher, Ilka Grüning, Jack Trevor, Pawel Pawloff

Durch einen Mord, der in der Nachbarschaft geschieht, wird ein Mann (W. K.) zu der Wahnvorstellung provoziert, er müsse seine Frau (R. W.) töten. Die Anfälle verstärken sich, als der Vetter (J. T.) seiner Frau, der ihr früher einmal den Hof gemacht hat, zu Besuch kommt. Schließlich geht er zu einem Psychiater (P. P.), der verdrängte Jugenderlebnisse und Minderwertigkeitskomplexe auf Grund der kinderlosen Ehe als Krankheits-Ursache diagnostiziert und seinen Patienten heilt. Im Schlußbild sieht man den Mann glücklich vereint mit Frau und Kind vor einem Gebirgspanorama.

Seelische Verwirrungen, die im deutschen Film der zwanziger Jahre meistens schicksalhafte Bedeutung hatten, werden hier kühl als Krankheitsfall analysiert. Das hätte aufklärerisch wirken können, wenn Pabst nicht über weite Strecken einer gewissen Überdeutlichkeit und schwerfälligen Lehrhaftigkeit verfallen wäre. Am besten gelangen noch die Angstträume, in denen der Kranke sich immer wieder als Mörder sieht.

Das Geisterhaus

BRD/Dänemark/Portugal 1993

R: Bille August; A: Bille August nach dem gleichnamigen Roman von Isabel Allende; K: Jörgen Persson; D: Jeremy Irons, Meryl Streep, Winona Ryder, Glenn Close, Antonio Banderas, Vanessa Redgrave, Armin Mueller-Stahl, Teri Polo

Als junger Mann schuftet Esteban Trueba (J. I.) in einem Bergwerk, um die begüterte Rosa (T. P.) heiraten zu können. Doch gerade als er sich am Ziel seiner Wünsche glaubt, wird Rosa das zufällige Opfer eines Giftanschlags, der ihrem Vater (A. M.-S.), einem Kandidaten der liberalen Partei, galt. Trueba betäubt seinen Schmerz durch Arbeit. Er kauft eine heruntergekommene Hacienda und ist in wenigen Jahren einer der reichsten und mächtigsten Gutsbesitzer der Provinz. Dann heiratet er Rosas jüngere Schwester Clara (M. S.); eine Tochter wird geboren. Mehr und mehr spielt nun die Politik in das Schicksal Truebas hinein: Seine Tochter Blanca (W. R.) verliebt sich ausgerechnet in Pedro (A. B.), der auf Truebas Hacienda »für die Linke« agitiert. Trueba läßt sich bewegen, für die Konservativen zu kandidieren. Er erlebt den Wahlsieg der Sozialisten und später den Militärputsch. Die vagen Sympathien, die er anfänglich für die Militärs hegt, vergehen ihm, als Blanca verhaftet und gefoltert wird. Resigniert kehrt er als Greis in das mittlerweile leer stehende »Geisterhaus« auf der Hacienda zurück.

Ein deutscher Produzent (Bernd Eichinger) hat einen chilenischen Bestseller von einem dänischen Regisseur in Hollywood-Manier verfilmen lassen. Das Ergebnis ist ein opulentes Kinostück, das eine handlungs- und facettenreiche Lebensgeschichte in gediegener handwerklicher Qualität erzählt. Regisseur Bille August tritt ganz hinter seinem Stoff zurück, breitet ihn in einer einzigen großen Rückblende – der Film beginnt und endet mit Truebas Rückkehr auf die Hacienda – als elegisches Stimmungsbild aus. Man hätte dem Film vielleicht gelegentlich ein paar Ecken und Kanten, dem Regisseur mehr Mut zur Individualität gewünscht. So ist immerhin handfestes Erzählkino entstanden, das Emotionen und Effekte wirkungsvoll mischt und ein breites Publikum auf angemessenem Niveau unterhält.

Gejagt bis zum Morgen

DDR 1957

R: Joachim Hasler; A: Artur A. Kuhnert nach Erinnerungen und unter Mitarbeit von Ludwig Turek; K: Joachim Hasler; D: Manja Behrens, Raimund Schelcher, Siegfried Schürenberg, Annemarie Hase, Friedrich Gnass, Wolfgang Obst

Als der Arbeiter Kurda um die Jahrhundertwende an den Folgen eines Arbeitsunfalls stirbt, gerät seine Familie in bittere Not. Der dreizehnjährige Ludwig (W. O.) versucht verzweifelt, die Mutter (M. B.) und seinen vierjährigen Bruder Ulli zu ernähren. Aber als Ulli sich erkältet, ist kein Geld für den Arzt im Haus, und der Kleine stirbt. Kurdas können nicht einmal einen Sarg für ihn bezahlen; und Ludwig will beim Tischler Baumann (F. G.) sein eigenes Bett für einen Sarg verpfänden. Es kommt zu einem Wortgefecht, bei dem Baumann in ein ausgehobenes Grab stürzt und einen Herzschlag erleidet. Ludwig glaubt sich schuldig, bedeckt den Toten mit Erde und wird tatsächlich eine ganze Nacht als vermeintlicher Mörder von der Polizei gejagt. Erst Baumanns Sohn (R. S.) hilft ihm, und die Liebe des jungen Baumann zu Frau Kurda verheißt ein künftiges besseres Los für Ludwig und seine Mutter.

Joachim Hasler, einer der führenden Kameraleute der DEFA, hat bei seiner ersten Spielfilm-

Regie das Milieu der Jahrhundertwende realistisch beschworen, ohne sich dabei an pittoreske Details zu verlieren. Seinem präzisen Stil ist es auch zu verdanken, daß die gefühlvollen Aspekte der Vorlage niemals zur bloßen Sentimentalität geraten, daß hier vielmehr ein privates Schicksal allgemeine Probleme der Zeit einleuchtend widerspiegelt.

∎
The general Ⓢ
Der General

USA 1926

R: Buster Keaton, Clyde Bruckman; A: Buster Keaton, Clyde Bruckman, Al Boasberg, Charles Smith; K: J. Devereux Jennings, Bert Haines; D: Buster Keaton, Marion Mack, Glen Cavender

Lokomotivführer Johnnie Gray (B. K.) darf am amerikanischen Bürgerkrieg nicht aktiv teilnehmen, weil man ihn auf dem Führerstand seiner Lokomotive *The general* für unabkömmlich hält. Das kränkt seine Braut Annabella Lee (M. M.), die ihn erst wiedersehen will, wenn er eine Uniform trägt. Johnnie kann sich bald rehabilitieren: Als ein gegnerischer Kommandotrupp ihm Lokomotive und Braut entführt, jagt er dem Gegner mit einer anderen Lokomotive nach. Er rettet seine beiden liebsten Besitztümer, gerät unversehens in das gegnerische Hauptquartier, wo er den feindlichen Feldzugsplan auskundschaftet, und kann nach seiner nicht minder turbulenten Rückkehr die Schlacht für den Süden entscheiden, worauf er zum Leutnant befördert wird.

Einer der schönsten Filme Buster Keatons, in dem »der Mann, der niemals lachte« mit einem wahren Hexenkessel sich überschlagender Ereignisse konfrontiert wird. Keaton übersteht sie mit der ruhigen Würde des kleinen Mannes, den nichts erschüttern, nichts aus der Bahn werfen kann, weil er insgeheim Schlimmeres erwartet hatte. Und so widerfährt ihm auch stets das Unerwartete – sei es, weil die Technik, das Schicksal oder seine eigene Gedankenlosigkeit ihm einen Streich spielen. Die lange Zugfahrt wird zu einer Kette einfallsreicher Gags, die aber niemals aufgesetzt wirken, sondern die Handlung vorwärtstreiben, weil sie neue Situationen schaffen.

The general (Buster Keaton)

∎
Generalnaja linija / Staroje i nowoje Ⓢ
Die Generallinie / Das Alte und das Neue / Der Kampf um die Erde

UdSSR 1926–29

R: Sergej Eisenstein; A: Sergej Eisenstein, Grigori Alexandrow; K: Eduard Tissé, Wladimir Popow; D: Marfa Lapkina, Wasja Busenkow, Kostja Wassiliew

Die Bäuerin Marfa Lapkina (M. L.) ist verzweifelt: Bei der Aufteilung des väterlichen Erbes sind ihr nur ein winziges Stück Land und eine Kuh geblieben. Sie bittet den reichen Kulaken um Hilfe, damit sie wenigstens mit einem Pferd den Acker bestellen kann; aber der hört sie nicht einmal an. Da gründet Marfa mit vier Gleichgesinnten eine Produktionsgenossenschaft. Trotz mancher Rückschläge setzt die Genossenschaft sich durch. Immer mehr Bauern schließen sich ihr an; und endlich kann das solchermaßen geeinte Dorf sich sogar einen

Traktor leisten, der im Schlußbild eine schier endlose Kette von Wagen über die Hügel zieht.
Eisenstein hat drei Jahre an diesem Film gearbeitet. Für die Verzögerung sorgten künstlerische Schwierigkeiten – und wohl auch die Berücksichtigung neuer Perspektiven der sowjetischen Landwirtschafts-Politik.
Erstmals hat Eisenstein hier ein Individuum in den Mittelpunkt eines Films gestellt – die Bäuerin Marfa Lapkina, gespielt von einer jungen Bäuerin namens Marfa Lapkina. Aber die Handlung zielt doch wieder auf die Verherrlichung kollektiver Bemühungen und Leistungen. So entlarvt Eisenstein gleich am Anfang die Situation der Einzelbauern, indem er die Kamera unter einem unendlich weiten Himmel über die jämmerlich kleinen Parzellen schwenken läßt. Er macht Konservativismus und Religion in einer großen Regenprozession verächtlich, bei der die Teilnehmer vergeblich auf ein Wunder hoffen; dieses Wunder geschieht dafür gleich nebenan bei Marfa Lapkina, wo der Milchseparator der Genossenschaft die erste Sahne liefert. Diesem Stil entsprechend werden der Zuchtbulle Foma und später der Traktor zu mythisch überhöhten und stellenweise recht naiven Sinnbildern für den Erfolg und die neue Zeit.

Genuine ⓢ

Deutschland 1920

R: Robert Wiene; A: Carl Mayer; K: Willy Hameister; D: Fern Andra, Ernst Gronau, John Gottowt, Hans Heinrich von Twardowski, Lewis Brody, Harald Paulsen

Als Angehörige einer geheimnisvollen Sekte mußte Genuine (F. A.) schon als Kind Blut trinken. Sklavenhändler rauben sie. Lord Melo (E. G.), ein reicher Sonderling, kauft sie auf dem Sklavenmarkt, richtet ihr in seinem Haus, das von einem Neger (L. B.) bewacht wird, eine unterirdische Grotte mit tropischen Pflanzen ein und läßt sie das Blut von Vögeln trinken. Nur der Barbier Guyard (J. G.), der Lord Melo täglich rasieren muß, darf das Haus betreten. Eines Tages schickt Guyard seinen Gehilfen und Neffen Florian (H. H. v. T.) als Vertreter. Florian trifft Genuine, und ihr »Blutwille« zwingt ihn, Lord Melo zu töten. Eine kurze Zeit rauschhafter Liebe folgt, dann verlangt Genuine nach Florians Blut. Sie befiehlt dem Neger, ihn zu töten. Doch der stößt Florian aus dem Haus und öffnet sich selbst die Pulsadern, um sein Blut Genuine zu schenken. Aber ihr Rausch ist verflogen; schaudernd weist sie den Becher zurück. Als Lord Melos Enkel Percy (H. P.) erscheint, wird Genuine wieder von Liebe und Blutdurst gepackt. Unterdessen hat Florian durch wirre Reden das Mißtrauen der Bevölkerung erregt. Polizei dringt in das geheimnisvolle Haus ein. Doch Florian ist ihr zuvorgekommen und hat Genuine erdolcht. An ihrer Leiche bricht er zusammen.
Auf den Spuren »Caligaris« bemühte sich dieser Film um expressionistische Stilmittel. Das Ergebnis war heftig umstritten; die Urteile reichten von »vortreffliches Kunstwerk« (Deutsche Allgemeine Zeitung) bis »interessante Giftpflanze« (Berliner Börsenzeitung). Was das Urteil des Publikums angeht, so sah sich der Besitzer des Uraufführungskinos veranlaßt, über der Kasse ein Schild anzubringen, daß jeder Zuschauer den Film auf eigene Gefahr besuche und auf keinen Fall sein Geld zurückerhalte.

Gertrude
Gertrud

Dänemark 1964

R: Carl Th. Dreyer; A: Carl Th. Dreyer nach dem gleichnamigen Schauspiel von Hjalmar Söderberg; K: Henning Bendtsen; D: Nina Pens Rode, Bendt Rothe, Ebbe Rode, Baard Owe, Axel Strøbye

Am gleichen Tag, an dem Rechtsanwalt Kanning (B. R.) seiner Frau Gertrud (N. P. R.) berichtet, er habe die Chance, Minister zu werden, eröffnet ihm Gertrud, daß sie ihn verlassen will. Sie hat erkannt, daß die Ehe mit Kanning längst Gewohnheit geworden ist; und sie hat sich besinnungslos in den Musiker Erland Jansson (B. O.) verliebt. Noch ehe sie ihren Entschluß verwirklichen kann, besucht Gertrud mit ihrem Mann eine Feier zu Ehren des Dichters Gabriel Lidman (E. R.), der Gertruds erste Liebe war. Hier trifft sie auch ihren Jugendfreund Axel Nygren (A. S.), der jetzt in Paris Psychiatrie studiert und sie auffordert mitzukommen. Gertrud lehnt ab. Von Lidman erfährt sie, daß Erland Jansson auf einer Party mit seinen »Eroberungen« geprahlt und dabei auch ihren Namen genannt hat. Gertrud ist tief verletzt; trotzdem will sie Jansson veranlassen, mit ihr fortzugehen. Da gesteht der Komponist, daß er eine andere heiraten wird, die ein Kind von ihm erwartet. Er meint, Gertrud könne doch mit Kanning verheiratet und mit ihm befreundet bleiben. Jetzt bricht Gertrud alle Brücken hinter sich ab. Sie lehnt ein Angebot Lidmans ab, mit ihm nach Rom zu gehen, und reist nach Paris, um zu studieren. In einem Epilog sieht man Gertrud Jahrzehnte später. Sie ist allein, aber sie hat ihr Leben selbst gestaltet.

Die Handlung des Films spielt um die Jahrhundertwende im Milieu des dänischen Großbürgertums. Es geht um die Emanzipation einer Frau, die ihr Leben selbst bestimmen will, die keine der Rollen akzeptiert, die eine von Männern geformte Gesellschaft für sie bereithält. Dreyer hat seine Vorlage sorgfältig und gleichsam »kalligraphisch« verfilmt, wobei er lediglich den im Schauspiel nicht enthaltenen Epilog hinzufügte, der Gertruds Entscheidung nachträglich ausdrücklich rechtfertigt. Er verzichtet auf pathetische Ausbrüche, hält seine Kamera auf Distanz, gibt dem Film einen ausgesprochen langsamen und bedächtigen Rhythmus – und erreicht damit eine erstaunliche Intensität und innere Spannung.

Geschichten vom Kübelkind

BRD 1970

R: Ula Stöckl, Edgar Reitz; A: Ula Stöckl, Edgar Reitz; K-Team: Jobst Neuschäffer, Kenan Ormanlar, Guido Reitz, Jessy von Sternberg; D: Kristine de Loup, Heidewig Fankhänel, Alf Brustellin, Albert Guilhamot, Werner Herzog

Der Film besteht aus verschiedenen Episoden, die nach und nach gedreht worden sind und weiter fortgesetzt werden sollten. Die Episoden, zwischen einer Minute und 25 Minuten lang, sind in sich abgeschlossen, haben aber eine gemeinsame Hauptfigur: das Kübelkind (K. d. L.). Das Kübelkind kommt in einer Mülltonne zur Welt, wird von einer Frau Dr. Wohlfahrt (H. F.) entdeckt und von ihr »sozialisiert«. Das Kübelkind soll angepaßt werden. Aber alle Erziehungsversuche in exemplarischen Situationen enden damit, daß die »Natürlichkeit« des Kübelkindes deformiert wird, daß es zum Objekt von Ausbeutung und falschen Idealen wird. Kübelkind stirbt auch gelegentlich in diesen Episoden. Aber es taucht immer wieder so auf, wie es seit seiner Geburt aussieht: in einem roten geblümten Kleid mit roten Strümpfen, roten Schuhen und einem schwarzen Pagenkopf.

Insgesamt sollte der Film rund zehn Stunden lang werden. Nicht nur seine Dramaturgie, auch seine Produktions- und Vertriebsmethoden unterscheiden sich völlig von den überkommenen Formen. Edgar Reitz und Ula Stöckl drehten neue Episoden, wann immer sie Zeit, Geld und Lust hatten; sie wollten ihren Film so zeigen, daß die Zuschauer sich aus dem Angebot von Episoden nach eigenen Wünschen ein Programm zusammenstellen könnten. Die Konfrontation mit dem Kübelkind sollte die Gesellschaft entlarven – und sie entlarvt die Klischees von Filmgenres wie Musical, Gangsterfilm, Kostümfilm usw., deren Grundmuster in einzelnen Episoden zitiert werden.

Der geteilte Himmel

DDR 1964

R: Konrad Wolf; A: Christa Wolf, Gerhard Wolf, Konrad Wolf, Willi Brückner und Kurt Barthel nach dem gleichnamigen Roman von Christa Wolf; K: Werner Bergmann; D: Renate Blume, Eberhard Esche, Hans Hardt-Hardtloff, Horst Weinheimer

Nach einem Nervenzusammenbruch kehrt Rita Seidel (R. B.) in ihre dörfliche Heimat zurück; hier überdenkt sie noch einmal die vergangenen Jahre: Die Bekanntschaft mit dem zehn Jahre älteren Chemiker Manfred Herrfurth (E. E.) hat ihr Kraft und Mut gegeben, als sie aus ihrem Beruf als Büroangestellte ausbrach, um Lehrerin zu werden. Sie zieht zu Manfred in die Stadt, besucht die Akademie und absolviert ein einjähriges Praktikum in der Fabrik. Während Manfred immer grüblerischer und verschlossener wird, lernt Rita durch ihre Arbeitskameraden in der »Brigade Ermisch«, vor allem durch den skurril-lebenskundigen Meternagel (H. H.-H.), den Wert kollektiver Arbeit kennen. Manfred gerät unter den Einfluß bürgerlicher, westlich infizierter Intellektueller; und als ein von ihm entwickeltes Verfahren ohne ausreichende Begründung abgelehnt wird, geht er verbittert nach West-Berlin. Rita besucht ihn dort, kann sich jedoch nicht entschließen, bei ihm zu bleiben. Sie kehrt in die DDR zurück. Aber diese Entscheidung stürzt sie in eine schwere seelische Krise, die sie in ihrer Heimat übersteht.

Ein formal und inhaltlich bemerkenswerter Film über das »geteilte Deutschland«. Wolf registriert sachlich Verhältnisse und Schwierigkeiten – auch im eigenen Lager. Bei ihm gibt es keine »positiven Helden« im Sinne des sozialistischen Realismus; die sympathischste Figur im Film ist vielmehr Meternagel, der Mann mit der »rückläufigen Kaderentwicklung«, der die Unbelehrbarkeit der Funktionäre längst in seine Weltanschauung einbezogen hat. Das Selbstverständnis der DDR-Bürger, ihr Bekenntnis zum eigenen Staat erscheint ganz ohne pathetische Begeisterung mit einer beiläufigen Selbstverständlichkeit, die die Skepsis nicht ausschließt. Und selbst Ritas Rückkehr wird nicht weltanschaulich motiviert; sie erscheint eher als hilfloser Protest dagegen, daß Manfred eine solche Entscheidung ohne sie getroffen hat. Einziger Mißgriff: Die »bürgerlichen Intellektuellen« sind der Regie zur Karikatur geraten.

Der Film erzählt seine Geschichte in kunstvoll verschachtelten Rückblenden, die das Geschehen distanzieren sollen. Hier und auch in der allzu geschmäcklerischen Kameraführung streift er allerdings gelegentlich die Grenzen des Kunstgewerbes.

Die Gezeichneten / The search

Schweiz 1947

R: Fred Zinnemann; A: Richard Schweizer, David Wechsler; K: Emil Berna; D: Montgomery Clift, Aline MacMahon, Jarmila Novotna, Ivan Jandl

Westdeutschland 1945. In einem Auffanglager ist ein kleiner Junge, Karel Malik (I. J.), der – von Angst gehetzt – auf alle Fragen nur antwortet: »Ich weiß nichts!« Als Karel in ein anderes Lager gebracht werden soll, flieht er. Man findet seine Mütze am Flußufer und glaubt, er sei ertrunken. In Wirklichkeit hat ihn ein amerikanischer Soldat (M. C.) aufgelesen, der Karel liebevoll in das normale Leben zurückzuführen sucht. Als der Amerikaner in die USA zurückversetzt wird, bringt er Karel wieder in das Lager, um ihn später nachzuholen. Im Lager war unterdessen auch Karels Mutter (J. N.), die dem Tod im KZ entgangen ist. Gerade an diesem Morgen ist sie weitergefahren, um ihr Kind zu suchen, dessen Mütze sie erkannt hat, an dessen Tod sie aber nicht glauben will. Die Leiterin des Lagers (A. MM.) erkennt Karel wieder. Sie eilt mit ihm zum Bahnhof; und dort findet Karel seine Mutter, die sich angesichts eines neu eingetroffenen Kindertransportes entschlossen hatte, zu bleiben und zu helfen.

Ein eindrucksvoller dokumentarischer Spielfilm, der in den Ruinen süddeutscher Städte gedreht wurde. Das Thema ist nüchtern und realistisch behandelt. Zinnemann verschweigt nicht das Ausmaß des Elends, auch wenn er es an einem Einzelfall exemplifiziert. Im Schicksal eines heimatlosen, gehetzten und verstörten Kindes faßt er Not und Verzweiflung wie in einem Brennspiegel zusammen.

Ginger e Fred (Marcello Mastroianni, Giulietta Masina)

Ginger e Fred
Ginger und Fred

Italien/Frankreich/BRD 1985

R: Federico Fellini; A: Federico Fellini, Tonino Guerra, Tullio Pinelli; K: Tonino Delli Colli, Ennio Guarnieri; D: Giulietta Masina, Marcello Mastroianni, Franco Fabrizi, Friedrich von Ledebur

Vor dreißig Jahren haben Amelia (G. M.) und Pippo (M. M.) als Tanzpaar »Ginger und Fred« zum letzten Mal gemeinsam auf einer Varieté-Bühne gestanden. Mittlerweile ist Pippo Vertreter und Amelia Ladenbesitzerin und Großmutter geworden. Und nun führt das Fernsehen sie in einer nostalgischen weihnachtlichen Unterhaltungssendung noch einmal zusammen. Doch das Wiedersehen bleibt ambivalent: Ihre Erinnerungen und ihre Proben werden beeinträchtigt durch den ebenso seelenlosen wie turbulenten Betrieb in der Fernsehanstalt; ihr Auftritt wird gestört durch einen Schwächeanfall Pippos und durch einen Stromausfall. Am Ende aber gibt es Beifall für die Veteranen; und auf dem Bahnhof, wo sie sich nun wohl endgültig voneinander verabschieden, werden sie von Autogrammjägern umlagert, die sie auf dem Bildschirm gesehen haben.

Ein Film der nostalgischen Erinnerungen, die weit zurück verweisen auf Alberto Lattuadas *Luci del varietà* (Lichter des Varietés, Italien 1950), bei dem Fellini Co-Autor und die Masina Hauptdarstellerin war; und auch eine ironisch-bittere Abrechnung mit dem Medium Fernsehen, für das Fellini in den letzten Jahren vorwiegend Werbespots gedreht hat und das nach seiner Meinung wohl für die Information, aber kaum für die Kunst taugt. Eine gallige Karikatur ist entstanden, in der die geballte Macht und die Unterhaltungswut des Mediums der provinziellen Version des großen Tanzpaares Ginger Rogers und Fred Astaire auch noch den letzten Charme auszutreiben drohen. Nicht als wären Ginger und Fred hier die tragischen Opfer, denen vom Fernsehen der Garaus gemacht wird; ihr »Ende« haben sie gewissermaßen zu Beginn des Films längst hinter sich.

Allerdings kommt Fellini bei seiner bitteren Bilanz gelegentlich der rote Faden etwas abhanden. Da verliert er sich plötzlich an skurrile Figuren und monströse Details, die seinem Film zwar irritierende Pointen, aber manchmal auch eine Art dramaturgischen Rösselsprungs bescheren.

Girlfriends
Girl-Friends

USA 1978

R: Claudia Weill; A: Vicki Polon und Claudia Weill; K: Fred Murphy; D: Melanie Mayron, Viveca Lindfors, Bob Balaban, Amy Wright, Eli Wallach, Anita Skinner, Christopher Guest

Die Fotografin Susan Weinblatt (M. M.) teilt mit der etwas farblosen Anne (A. S.) eine Wohnung in New York. Beide kommen gut miteinander aus; und so ist es ein Schock für Susan, als Anne heiratet und sie in der Wohnung allein läßt. Susan versucht auf mancherlei Weise, ihre Einsamkeit zu bekämpfen: Sie stürzt sich in die Arbeit, streicht die ganze Wohnung rot an, sucht menschliche Kontakte irgendwelcher Art. Es gibt da zwar einen »festen Freund«; aber der ist ein verheirateter Rabbi (E. W.), und so ist diese Beziehung ohne Perspektive. Eine Liebesaffäre mit dem jungen Lehrer Eric (C. G.) beginnt nicht sehr verheißungsvoll und kommt auch nicht recht von der Stelle. Verzweifelt macht Susan einen Besuch bei Anne, wobei sie immerhin feststellt, daß auch eine Ehe keine Garantie für wolkenloses Glück ist. Auf der Rückfahrt nimmt sie eine Anhalterin (A. W.) mit und bietet ihr Unterkunft. Vielleicht könnte sie ein »Ersatz« für Anne sein. Als sich aber herausstellt, daß der Gast engere Kontakte sucht, verabschiedet Susan ihn höflich. Am Schluß gibt es Anlaß zu vorsichtigem Optimismus: Susan, die ihr Geld bisher als Fotografin bei Hochzeiten und Bar-Mizwa-Feiern verdient hatte, erhält von einer kleinen Galerie das Angebot, mit ihren Bildern eine Ausstellung zu machen. Außerdem überlegt sie, ob Eric nicht doch vielleicht ein passender Wohnungspartner sein könnte ...
Claudia Weill plante ihren Film mit einer 10 000-Dollar-Prämie des Amerikanischen Filminstituts als halbstündigen Kurzspielfilm. Doch dann fand sie private Geldgeber und idealistische Mitarbeiter, und so wuchs das Projekt zu einem abendfüllenden Spielfilm. Dem fertigen Film ist diese Entstehungsgeschichte nicht anzumerken. Trotz seiner episodischen Struktur ist er von bemerkenswerter Stringenz und Geschlossenheit. Claudia Weill begnügt sich scheinbar mit der genauen Beobachtung und der liebevoll-ironischen Schilderung banaler Alltäglichkeiten. Tatsächlich entstand aus diesem Material eine präzise Studie über Probleme und Konflikte der Frauen in unserer Gesellschaft – und zwar spielerisch, ganz ohne lehrhafte Attitüde. Ein Musterbeispiel dafür ist etwa Susans Besuch bei Anne. Hier wird in ein paar Einstellungen, einigen fast beiläufigen Dialogsätzen mehr über die Rolle und die Möglichkeiten der Frau gesagt als in vielen anderen »engagierten« Frauenfilmen. Claudia Weill sagte dazu:»Ich bin Feministin, und ich nehme an, daß mein Film auch einen feministischen Ton hat. Aber ich glaube nicht an Rhetorik ... Man kann Menschen nur verändern, wenn man sie zum Lachen oder zum Weinen bringt.«

Give us this day
Haus der Sehnsucht

England 1949

R: Edward Dmytryk; A: Ben Barzman nach der Erzählung *Christ in concrete* von Pietro di Donato; K: C. Pennington Richards; D: Sam Wanamaker, Lea Padovani, Kathleen Ryan, Charles Goldner, Bonar Colleano

Der italienische Einwanderer Geremio (S. W.) arbeitet als Bauarbeiter in New York. Nachdem Kathleen (K. R.) seinen Heiratsantrag hochmütig abgelehnt hat, verliebt er sich in ein Bild von Annunziata (L. P.), das sein Freund Luigi (C. G.) ihm zeigt. Er schreibt nach Italien. Annunziata antwortet: Sie ist bereit, ihn zu heiraten, wenn er ein Häuschen besitzt. Und da Geremio ohnehin ein Haus auf Abzahlung kaufen will, schwindelt er Annunziata leichthin vor, er sei schon Hausbesitzer. Annunziata kommt; und nach der Hochzeit sparen beide für ihr »Traumhaus«. Aber es kommen Kinder, Wirtschaftskrisen verteuern das Leben und bringen Arbeitslosigkeit. Geremio verdingt sich schließlich als Vorarbeiter auf einer Baustelle, auf der die notwendigen Sicherheitsbestimmungen mißachtet werden. Eines Tages stürzt er ab und wird von nachfließendem Zement begraben. Der Witwe zahlt man 1000 Dollar aus – genug, um ein kleines Haus zu kaufen.

Gladiator (Joaquin Phoenix)

Der beste Film Dmytryks. Hier wird das Milieu der italienischen Arbeiter in New York präzise und realistisch geschildert – die primitiven Wohnungen, die Hinterhöfe, die schmutzigen Straßen. Dmytryk macht ganz unpathetisch deutlich, wie die ständige Sorge um den Arbeitsplatz und den Lebensunterhalt ein Leben verschleißen kann, wie eine glückliche Ehe durch die Sorgen des Alltags allmählich deformiert wird.

Da Dmytryk, »antiamerikanischer Umtriebe« verdächtigt, damals nicht in die USA reisen konnte, wurde die New Yorker Szenerie technisch brillant durch Rückprojektionen eingefügt.

Gladiator
Gladiator

England/USA 1999/2000

R: Ridley Scott; A: David H. Franzoni, John Logan und William Nicholson; K: John Mathieson; D: Russell Crowe, Joaquin Phoenix, Connie Nielsen, Oliver Reed, Derek Jacobi, David Hemmings, Richard Harris

Das Römische Reich im 2. Jahrhundert nach Christus. Kaiser Marcus Aurelius (R. H.) plant, den siegreichen Feldherrn Maximus (R. C.) zu seinem Nachfolger zu ernennen, da er seinem Sohn Commodus (J. P.) nicht traut. Der ehrgeizige und verschlagene Commodus erfährt von diesem Plan, tötet den Kaiser im Streit und gibt den Befehl, auch Maximus zu ermorden. Der kann mit knapper Not entkommen und in seine Heimat fliehen; doch dort findet er sein Heim zerstört, Frau und Kind auf Befehl des neuen Kaisers Commodus umgebracht. Maximus ist wie betäubt. Widerstandslos läßt er sich von umherziehenden Sklavenhändlern einfangen und zum Gladiator ausbilden. Und erneut macht er Karriere. Zunächst in der Provinz und dann in Rom feiert er Triumphe in der Arena. Niemand weiß, daß der gefeierte Gladiator einst der berühmte Feldherr Maximus war. Auch der Kaiser ist ahnungslos – bis sich Maximus eines Tages in der vollbesetzten Arena zu erkennen gibt und ihn zum Zweikampf fordert. Noch einmal versucht Commodus, sich durch eine heimtückische List seinem Schicksal zu entziehen. Aber es ist zu spät. Am Ende liegen beide Widersacher tot im blutigen Sand.

Das Genre des »Sandalenfilms« schien seit Jahrzehnten tot und vergessen zu sein, bis dann Hollywood 100 Millionen Dollar, eine Menge raffinierter Computer-Technik und ein gerüttelt Maß gestalterischen Geschicks investierte und es wieder zum Leben erweckte. Natürlich bemühte man sich auch hier, deutlich zu zeigen, wohin die Produktionskosten geflossen sind. Der Film will überwältigen – mit monumentalen Bauten, mit Massenszenen und Schlachtenpanoramen. Aber vor dem Hintergrund, der so üppig und phantasievoll ausgestaltet ist, bewegen sich durchaus wirkliche Menschen. Dabei steht der Gladiator Maximus stets im Mittelpunkt. Alle anderen, ob Widersacher oder zeitweilige Weggefährten, definieren sich nur durch ihn. Sein unausweichlicher Weg in den Tod, der allein ihn mit Frau und Kind wieder vereinen kann, markiert die Handlung. Die Regie hat dem Rechnung getragen und läßt im Getümmel Raum für Nuancen; Russell Crowe nutzt diese Möglichkeiten für eine stimmige Charakterstudie. So entstand ein intelligenter Unterhaltungsfilm, der sich seine »Oscars« (u. a. für den »besten Film« und für den Hauptdarsteller) redlich verdient hat.

The go-between
Der Mittler

England 1970

R: Joseph Losey; A: Harold Pinter nach einem Roman von L. P. Hartley; K: Gerry Fisher; D: Julie Christie, Alan Bates, Michael Redgrave, Edward Fox, Dominic Guard, Richard Gibson

England um die Jahrhundertwende. Der zwölfjährige Leo Colston (D. G.) verbringt seine Sommerferien auf dem Landsitz der wohlhabenden Maudsleys. Er fühlt sich fremd in dieser Umgebung – erst recht, als sein einziger etwa gleichaltriger Spielgefährte Marcus (R. G.) krank wird. Um so dankbarer ist er, daß Marian Maudsley (J. C.) sich gelegentlich um ihn kümmert, und voller Freude tut er ihr einen Gefallen: Er übermittelt Briefe zwischen Marian und dem Farmer Ted Burgess (A. B.). Als er erkennt, daß seine beiden erwachsenen »Freunde« ein Liebesverhältnis haben, obwohl Marians Verlobung mit Hugh Trimingham (E. F.) kurz bevorsteht, ist er schockiert und verwirrt. Diese Verwirrung führt schließlich zur Aufdeckung der Affäre. Doch sie wird vertuscht: Marian heiratet Hugh. Viele Jahre später besucht Leo Colston (M. R.) die unterdessen ergraute Lady Trimingham. Noch einmal bittet sie ihn um Hilfe: Ihr Enkel, der fast wie Ted Burgess aussieht, will nicht heiraten, weil er ahnt, daß seine Herkunft mit einem Makel belastet ist. Leo soll mit ihm reden. Aber auch jetzt taugt Leo allenfalls zum zuverlässigen »Mittler«.

Ein Pubertätsdrama und gleichzeitig das Porträt einer Zeit. Psychologie und gesellschaftliche Realität entwickeln sich nicht aus der Handlung, sondern direkt aus Bildern von spröder Schönheit. Der Geist der Zeit spiegelt sich nicht zuletzt im geschickt arrangierten Dekor, das die Menschen umstellt, sie unterdrückt und deformiert. Die Anpassung wird gleichsam sinnlich erfahrbar. Raffiniert ist auch das Spiel mit den verschiedenen Zeitebenen. Losey erzählt chronologisch, schneidet aber kurze Einstellungen vom Besuch Colstons bei Lady Trimingham in die Handlung ein. Sie bleiben zunächst unverständlich und irritieren den Zuschauer, ehe sich aus diesen Motiven allmählich eine eigene Handlung formt, so daß sich Gegenwart und Vergangenheit oder die Gegenwart des Films und die Zukunft schließlich treffen.

Den goda viljan
Die besten Absichten

Schweden 1992

R: Bille August; A: Ingmar Bergman; K: Jörgen Persson; D: Samuel Fröler, Pernilla Ostergren-August, Max von Sydow, Ghita Nørby, Björn Kjellman, Lena Endre, Elias Ringquist

Der Theologiestudent Henrik Bergman (S. F.) lernt durch seinen Freund Ernst Åkerblom (B. K.) dessen Schwester Anna (P. O.-A.) kennen und verliebt sich in sie. Doch es gibt Probleme: Die Åkerbloms sind wohlhabende

Großbürger, während Henrik aus eher bescheidenen Verhältnissen stammt; außerdem ist da die Kellnerin Frida (L. E.), mit der Henrik ein Verhältnis hat. Vor allem Frau Åkerblom (G. N.) ist gegen eine Verbindung, und so vergehen quälende und ereignisreiche Jahre zwischen Annäherung und Abwendung: Anna kuriert eine Tuberkulose aus, ihr Vater (M. v. S.) stirbt, Frida verläßt Henrik, dieser beendet sein Studium. Endlich wird doch Hochzeit gefeiert, und Anna folgt ihrem Mann in eine ärmliche Pfarrei im Norden. Hier kommt es zwischen dem asketischen Pfarrer und seiner lebenslustigen Frau immer öfter zum Streit. Alles scheint sich zu wenden, als Henrik ein Angebot als Krankenhaus-Pfarrer in Uppsala erhält. Doch er lehnt ab, weil er glaubt, seine Pfarrkinder nicht im Stich lassen zu dürfen. Über den Jungen Petrus (E. R.), den die Bergmans aufgenommen haben und gegen den Anna eine unüberwindliche Antipathie verspürt, kommt es zum Bruch. Petrus hat einen Ehestreit belauscht, bei dem Anna ihre Abneigung gegen ihn formuliert hat. Tief verletzt will er sich rächen und versucht, das Kind der Bergmans in den Fluß zu werfen. Im letzten Moment kann Henrik seinen Sohn retten. Anna fährt zurück nach Uppsala zu ihrer Mutter. Wochen vergehen. Dann, kurz vor der Geburt ihres zweiten Kindes, folgt Henrik seiner Frau in die Stadt und nimmt die immer noch vakante Stelle am Sofia-Stift an. Wenig später wird ihr zweiter Sohn, Ingmar, geboren.

Ingmar Bergmans Eltern haben Modell gestanden für diese Szenen einer Liebe und einer Ehe. Wie weit der Film sich der Wirklichkeit nähert, ist ungewiß – und auch nebensächlich. Wichtig ist die Sorgfalt, ist die Mischung aus analytischer Schärfe und poetischer Kraft, mit der hier geschildert wird, wie zwei Menschen von der Liebe überfallen werden und dann alle Mühe haben, diese Liebe im Alltag einer Ehe zu bewahren. Bergmans sehr komplexes Drehbuch hat Bille August in ruhigen Bildern von großer Kraft realisiert. Der Zuschauer wird gleichsam eingeladen, am Schicksal – aber auch am alltäglichen Leben – dieser Menschen teilzuhaben.

Neben dem dreistündigen Kinofilm entstand eine sechsstündige Fernseh-Fassung, an deren Finanzierung sich neun europäische Fernsehanstalten beteiligten.

The godfather
Der Pate

USA 1971

R: Francis Ford Coppola; A: Mario Puzo und Francis Ford Coppola nach dem gleichnamigen Roman von Mario Puzo; K: Gordon Willis; D: Marlon Brando, Al Pacino, James Caan, Diane Keaton, Gianni Russo, Talia Shire, Simonetta Stefanelli, Sterling Hayden

Don Vito Corleone (M. B.) ist einer der Großen der amerikanischen Unterwelt. Der Film zeigt ihn eingangs bei der aufwendigen Hochzeitsfeier, die er für seine Tochter Connie (T. S.) arrangiert hat. Er zeigt, wie er hofhält, wie er Geldgeschenke entgegennimmt, wie er Macht verleiht, Schutz verspricht und »Gerechtigkeit« übt, wo das Gesetz versagt. Aber wichtig ist für ihn das Bewußtsein, anerkanntes Oberhaupt eines Familienclans zu sein; Gunst wird nur dem gewährt, der um sie bittet. Als Don Vito sich aus moralischen Gründen weigert, in das Rauschgiftgeschäft einzusteigen, kommt es zu einem mörderischen Krieg zwischen den rivalisierenden »großen Familien«. Sein erstes Opfer ist Don Vito selbst, der bei einem Feuerüberfall auf offener Straße schwer verletzt wird. Jetzt greift auch Vitos Sohn Michael (A. P.) ein, der sich bisher von den Geschäften seines Vaters ferngehalten hatte. Er tötet den Drahtzieher der Gegenseite und den korrupten Polizei-Captain McCluskey (S. H.) und flieht dann nach Sizilien. Hier verliebt er sich in die junge Apollonia (S. S.) und heiratet sie; aber wenig später wird die junge Frau das Opfer eines Bombenattentats. Nachdem auch Vitos ältester Sohn und Erbe Sonny (J. C.) erschossen worden ist, führt der schwerkranke Don Vito Friedensgespräche. Feierlich verzichten alle »großen Familien« auf Rache für die Opfer ihrer Auseinandersetzungen. Doch als Michael nach dem Tod seines Vaters dessen Position eingenommen hat, da räumen seine Killer in einer blutigen Symphonie, die der Film auch als solche zeigt, alle Rivalen aus dem Wege. Unter den Toten ist auch sein Schwager Carlo (G. R.), den er als Verräter entlarvt hat. Die Corleone-Familie hat ihre alte Machtposition wiedergewonnen. Nur wird Michael seine Ge-

schäfte nüchterner und zweifellos noch rücksichtsloser führen als sein Vater.
Coppolas aufwendiger Drei-Stunden-Film hatte in der ganzen Welt einen sensationellen Erfolg. Er verdankt ihn wohl weniger seinen vom Produzenten immer wieder zitierten zeitkritischen Absichten als vielmehr der eindrucksvollen Perfektion, mit der Hollywood hier ein in der Luft liegendes Thema abhandelte, und der Raffinesse, mit der Gewalt von der Regie als dramaturgisches Mittel genutzt wurde. So wurde dieser Film zum Wegbereiter für zahlreiche andere Mafia-Filme.

1974 erschien *The godfather, part II* (Der Pate – Teil II), der nicht nur die Fortsetzung des 1. Teils, sondern – in Rückblenden – auch dessen Vorgeschichte enthält. Coppola berichtet in brillanter Erzähltechnik, wie der junge Vito Andolini im Jahr 1901 als einziger Überlebender einer sizilianischen Blutrache sein Heimatdorf Corleone verläßt und in Amerika zu Macht und Einfluß gelangt und wie sein Sohn Michael am Ende das ererbte »Mafia-Imperium« im Kampf um noch mehr Macht zerstört. Der Film hat alle Vorzüge des 1. Teils, übertrifft ihn aber noch durch den Verzicht auf allzu grelle Effekte und durch die größere Transparenz der gesellschaftlichen Bezüge.

1990 brachte *The godfather, part III* (Der Pate – Teil III) die rund neunstündige Familienchronik zum Abschluß. Michael Corleone will sich aus der Mafia-Szenerie zurückziehen und das Vermögen der Familie in einer europäischen Immobilien-Firma anlegen, an der auch die Vatikan-Bank beteiligt ist. Doch Machtkämpfe in der eigenen Familie und im Vatikan, die dort in der Ermordung eines Papstes gipfeln, lassen den Plan scheitern. Nachdem seine Tochter bei einem Anschlag, den er selbst knapp überlebt, getötet worden ist, zieht Michael sich endgültig aus dem Geschäft zurück und stirbt bald darauf in Sizilien. Die Notwendigkeit, für eine neue Generation von Kinobesuchern einige Informationen aus der Familiengeschichte nachzuliefern, führte zwar zu einigen Längen; aber insgesamt ist dies ein überzeugender Abschluß des ehrgeizigen Unternehmens.

The godless girl Ⓢ
Das gottlose Mädchen

USA 1928

R: Cecil B. DeMille; A: Jeannie MacPherson; K: Peverell Marley; D: Lina Basquette, Mary Prevost, George Duryea, Eddie Quillan

Mary (L. B.) ist Vorsitzende des »Clubs der Gottlosen« an einer amerikanischen Schule. Ihr verhaßter Gegenspieler ist Bob (G. D.), den sie verächtlich »den Erzengel« nennt. Bei einer Sitzung des Clubs kommt es zu einer Prügelei, die sich auf der Treppe fortsetzt; dabei stürzt ein Kind und wird getötet. Mary, Bob und Bozo (E. Q.) werden zu je fünf Jahren Zwangserziehung verurteilt. In der Anstalt werden sie grausam behandelt, doch das gemeinsame Leid bringt Bob und Mary einander näher. Sie fliehen, werden aber schnell wieder gefangen und in Einzelhaft gesperrt. In der Anstalt bricht ein Feuer aus. Bob kann Mary im letzten Moment aus ihrer Zelle befreien, und gemeinsam mit Bozo und Anne (M. P.) retten sie auch den Wärter, der sie am grausamsten gequält hat. Zur Belohnung werden die vier jungen Leute begnadigt. Mary hat eine Wandlung durchgemacht: Sie glaubt an Gott.
Cecil B. DeMille versuchte sich hier abermals an einem religiösen Propagandastück. Der Film ist im ganzen belanglos, hatte aber großen Erfolg und wurde viel zitiert.

The gold rush Ⓢ
Goldrausch

USA 1925

R: Charles Chaplin; A: Charles Chaplin; K: Jack Wilson, Rollie Totheroh; D: Charles Chaplin, Georgia Hale, Mack Swain, Tom Murray

Mit vielen anderen Goldgräbern zieht auch Charlie (C. C.) 1889 über den verschneiten Chilkoot-Paß. Während eines Schneesturms sucht er Zuflucht in der Hütte von Black Larsen (T. M.), wo auch Big Jim McKay (M. S.) auftaucht, der auf seinem Claim soeben Gold

The gold rush (Charles Chaplin)

gefunden hat. Bald leiden die Eingeschlossenen unter Hunger; und auf Black Larsen fällt das Los, Verpflegung zu besorgen. Doch der macht sich aus dem Staub. Charlie kocht voller Verzweiflung schließlich einen seiner Schuhe, dessen Sohle er wie ein Feinschmecker verzehrt, während Big Jim unlustig das Oberleder kaut. Im Hungerwahn hält Big Jim Charlie für ein Huhn, das er vergeblich zu schlachten versucht. Als der Schneesturm nachläßt, trennen sich die beiden. Charlie gerät in eine Siedlung, wo er sich besinnungslos in eine Kabarettsängerin (G. H.) verliebt. Er lädt sie zur Silvesterfeier in seine Hütte ein. Doch am Abend des Festes sitzt er allein. Er träumt, sein Besuch sei gekommen, und führt mit zwei an Gabeln aufgespießten Brötchen den berühmten »Brötchentanz« vor. Als er erwacht, läuft er ins Dorf und beobachtet durch das Fenster die fröhliche Feier im Tanzsaal. So verpaßt er den Besuch der Tänzerin, die sich doch noch an seine Einladung erinnert hat. Schließlich trifft Charlie Big Jim wieder, dem er helfen kann, die Hütte und damit seinen Claim wiederzufinden. Gemeinsam durchleben sie noch ein gefährliches Abenteuer, als der Sturm die Hütte über den steilen Abhang weht. Dann können sie Jims Mine gemeinsam ausbeuten und werden Millionäre. Auf einem Schiff drängen sich Fotoreporter um die Glückspilze. Dabei verliert Charlie das Gleichgewicht und stürzt ins Zwischendeck – auf ein Bündel Taue direkt neben seine Geliebte, die nun seine Frau wird.

Der Film spielt in der Vergangenheit und in einem Milieu, das dem kleinen Tramp bisher fremd war. Aber hier kämpft er gegen die Elemente wie einstmals gegen die Gefahren der Großstadt. Und er besiegt sie mit der gleichen Naivität, wenn er zum Beispiel in der eintönigen Eiswüste eine Karte hervorzieht und sich traumhaft sicher mit einem Pfeil in Richtung Norden orientiert. Trotzdem ist die Situation jetzt anders: Er leidet hier nicht unter Bedingungen, die man verändern, verbessern könnte; er leidet mit vielen anderen in einer selbstgewählten abenteuerlichen Situation. Formal ist Chaplin hier auf der Höhe seiner Meisterschaft. Viele Szenen und Sequenzen dieses Films sind in die Filmgeschichte eingegangen: das Verzehren des Schuhs, wobei Chaplin mit vornehm gespreiztem Finger die Nägel abschleckt, als seien es Froschschenkel, und den Schnürsenkel wie Spaghetti mit seiner Gabel wickelt; der Brötchentanz; die Szenen in der Hütte, die über dem Abgrund nur durch ein dünnes Seil gehalten wird usw.

The gold rush wurde wohl der geschäftlich erfolgreichste Chaplin-Film – und einer, dessen Erfolg nicht nachließ. Chaplin selbst hat 1942 und 1956 jeweils neue mit Kommentar und Musik versehene Fassungen des Films herausgebracht.

▬ Der Golem ⓢ

Deutschland 1914

R: Henrik Galeen und Paul Wegener; A: Paul Wegener und Henrik Galeen; K: Guido Seeber; D: Paul Wegener, Lyda Salmonova, Albert Steinrück

Der Golem, wie er in die Welt kam (Paul Wegener)

Als Arbeiter im alten Prager Judenviertel einen Schacht graben, finden sie eine riesige Statue aus Lehm, die sie zu einem Antiquitätenhändler (A. S.) bringen. Der findet in einem alten Buch die Zauberformel, die einst der Rabbi Loew benutzte, um den Golem – um ihn handelt es sich – zum Leben zu erwecken. Der ungefüge Lehmkoloß (P. W.) wird zunächst zum blinden Werkzeug seines neuen Herrn. Durch seine unglückliche Liebe zu der Tochter (L. S.) des Antiquitätenhändlers erkennt er jedoch seine »unmenschliche« Einsamkeit. Er verliert gleichsam die Kontrolle über sich, wird zu einem zerstörerischen Ungeheuer und endet schließlich durch einen Sturz von einem Turm.
Der Film lebt vor allem von der Schauspielkunst Wegeners und von der düsteren Atmosphäre enger Gassen und verwinkelter Häuser, eines alptraumhaften Milieus, in dem das Unheimliche einleuchtend Gestalt gewann. Wegener hat das Thema dieses Films später in den Filmen *Der Golem und die Tänzerin* (1917) und *Der Golem, wie er in die Welt kam* (1920) fortgeführt. Eine Tonfilm-Version des Stoffes drehte u. a. Julien Duvivier (*Le Golem – Der Golem*, 1936) mit Harry Baur in der Hauptrolle.

Der Golem, wie er in die Welt kam ⓢ

Deutschland 1920

R: Paul Wegener, Carl Boese; A: Paul Wegener, Henrik Galeen; K: Karl Freund; D: Albert Steinrück, Paul Wegener, Lyda Salmonova, Otto Gebühr, Lothar Müthel, Ernst Deutsch, Loni Nest

Der Kaiser (O. G.) hat ein Dekret erlassen, daß alle Juden vor Neumond Prag verlassen müssen. Zur gleichen Zeit hat der Rabbi Loew (A. S.), Magier und Meister der Schwarzen Kunst, nach jahrelangem Studium eine Statue aus Lehm – den Golem (P. W.) – geschaffen und ihr mit einer Zauberformel Leben eingehaucht. Der Rabbi erwirkt eine Audienz bei Hof, wo der Golem dem Kaiser das Leben rettet, als er mit übermenschlicher Kraft die herabstürzende Decke des Palastes abstützt. Zum Dank widerruft der Kaiser sein Dekret. Als der Rabbi ins Ghetto zurückeilt und seine Brüder mitten in der Nacht zum Dankgebet ruft, entdeckt der Famulus (E. D.) des Rabbi, daß Mirjam (L. S.), die Tochter seines Meisters, den

Junker Florian (L. M.) in ihrer Kammer versteckt hat. Der eifersüchtige Famulus hetzt den Golem auf den Nebenbuhler. Der Golem tötet den Junker und schleift Mirjam an den Haaren durch das Ghetto. Durch eine unglückliche Konstellation der Gestirne droht der Golem gegen seinen Meister zu rasen. Doch vor dem Tor des Ghettos sieht der Golem ein kleines Mädchen (L. N.) im Gras liegen. Vorsichtig hebt er das Kind auf, es nimmt ihm den glitzernden Stern, das Geheimnis seines Lebens, von der Brust. Leblos sinkt der unheimliche Koloß zu Boden.

Paul Wegener hat mit diesem Film gleichsam die Vorgeschichte des 1914 entstandenen Films *Der Golem* nachgeliefert. Wieder hat ihn der Reiz des Unheimlichen und Unwirklichen angezogen, wieder wird die romantische Atmosphäre des mittelalterlichen Prag beschworen, die schon den Film *Der Student von Prag* (1913) bestimmt hatte. Anders als dort verzichtete man hier jedoch auf die Originalschauplätze. Hans Poelzig baute eine mittelalterliche Märchenwelt, die zum Vorbild für zahlreiche deutsche Stummfilme werden sollte. Man sieht enge, verwinkelte Gassen mit windschiefen Häusern. Es gibt kaum gerade Linien, nur Schrägen, Winkel, die die Perspektive verzerren und das Auge verwirren.

Los golfos
Die Straßenjungen

Spanien 1959

R: Carlos Saura; A: Carlos Saura, Mario Camus, Daniel Sueiro; K: Juan Julio Baena; D: Manuel Zarzo, José Luis Marin, Juanjo Losada

Im Mittelpunkt des Films stehen fünf Jugendliche, die von kleinen Diebstählen leben. Einer von ihnen, Juan (M. Z.), träumt davon, ein berühmter Stierkämpfer zu werden. Und eines Tages fassen seine Freunde den Entschluß, ihm das Geld für sein Debüt als Torero zu verschaffen. Ihre Diebstähle werden raffinierter und wagemutiger: Sie überfallen einen Taxifahrer, brechen in eine Garage ein. Endlich ist das Geld beisammen. Aber gerade, als sie Werbezettel für Juans Debüt verteilen, wird einer von ihnen von dem überfallenen Taxifahrer erkannt und kommt auf der Flucht ums Leben. Juans Auftritt in der Arena findet zwar trotzdem statt, ist aber eine blamable Enttäuschung.

Saura ist vor allem an der Gruppe der jugendlichen Außenseiter interessiert, die am Rande der Gesellschaft ihre eigenen Pläne und Vorstellungen verwirklichen wollen. Ihre Existenz, ihr Leben, ihre Verhaltensweisen registriert er mit dokumentarischer Genauigkeit. Diese Dokumentation ersetzt ihm den Appell. Das klägliche Scheitern ihrer Träume, die sie in Juan personifiziert haben, spricht für sich.

Goluboi express ⓢ
Der blaue Expreß / Expreß Nanking – Su-Tschoi

UdSSR 1929

R: Ilja Trauberg; A: Ilja Trauberg und L. Jierichonow nach einer Idee von Sergej Tretjakow; K: B. Chrennikow, Juri Stilianudis; D: Sergej Minin, I. Tschernjak

China um 1925. Auf einem Bahnhof wartet der »blaue Expreß« auf das Abfahrtssignal. Doch die Abfahrt verzögert sich, weil man auf einen englischen Diplomaten wartet, der mit Vertretern der chinesischen Regierung verhandelt, die er im Kampf gegen das Volk unterstützen soll. Unterwegs revoltieren in einem Waggon Gefangene gegen ihre Wärter und verbrüdern sich mit den Armen. Sie übernehmen die Macht im Zug, der am Schluß – als Symbol der siegreichen chinesischen Revolution – senkrecht durch das Bild in die Sonne fährt.

Ein kraftvoller Film von Ilja Trauberg, dem jüngeren Bruder Leonid Traubergs. Besonders eindrucksvoll ist die Montage, mit der er die Armen in den Waggons und die Reichen in den Luxusabteilen konfrontiert. Hier ist er wohl von Eisenstein beeinflußt, dessen Regieassistent er bei dem Film *Oktjabr* war.

Gone with the wind
Vom Winde verweht

USA 1939

R: Victor Fleming; A: Sidney Howard nach dem gleichnamigen Roman von Margaret Mitchell; K: Ernest Haller, Ray Rennahan; D: Vivien Leigh, Clark Gable, Leslie Howard, Olivia de Havilland, Hatty McDaniel

Verfilmung des gleichnamigen Romans von Margaret Mitchell: Die Geschichte der schönen und eigensüchtigen Scarlett O'Hara (V. L.), die in und nach dem amerikanischen Sezessionskrieg zweimal zur Witwe wird, schließlich den Abenteurer Rhett Butler (C. G.) heiratet, um das Gut ihrer Eltern erhalten zu können, und zu spät erkennt, daß sie Rhett wirklich liebt.
Das große »Bürgerkriegs-Epos« von Margaret Mitchell, ein literarischer Sensationserfolg, wurde von Victor Fleming aufwendig und sorgfältig verfilmt, so daß ihm an den Kinokassen ein vergleichbarer Erfolg beschieden war. Jahrzehntelang galt *Gone with the wind* als größter Kassenerfolg der Filmgeschichte. Grundlage dafür war nicht nur die Beliebtheit der literarischen Vorlage. Dem Film war es bei einer Laufzeit von rund dreieinhalb Stunden gelungen, den Handlungsreichtum und die Vielfalt der Personen in prächtigen Schaubildern und durch gute darstellerische Leistungen lebendig zu machen. Einzelne Szenen, wie etwa die Schlacht um Atlanta, waren nicht ohne Größe und bezeugten sicherlich filmisches Geschick. Als Co-Regisseure des Films werden gelegentlich George Cukor und Sam Wood genannt. Sie waren zunächst für die Regie verpflichtet worden, wurden dann aber von dem eigenwilligen Produzenten David O. Selznick, der als eigentlicher »Schöpfer« des Films gilt, wieder entlassen – offenbar weil sie sich seinen Vorstellungen nicht fügen wollten.

Good Bye, Lenin!

BRD 2001/02

R: Wolfgang Becker; A: Bernd Lichtenberg, Wolfgang Becker; K: Martin Kukula; D: Daniel Brühl, Katrin Saß, Florian Lukas, Chulpan Khamatova, Maria Simon, Alexander Beyer

Am 7. Oktober 1989 ist die aufrechte Kommunistin Christiane Kerner (K. S.) auf dem Weg zum Ostberliner Palast der Republik, um wieder einmal eine Auszeichnung entgegenzunehmen. Dabei ist sie Zeuge, wie Volkspolizisten auf Demonstranten einprügeln, unter denen sie zu ihrem Entsetzen auch ihren Sohn Alex (D. B.) entdeckt, der allerdings eher aus Langeweile mitgelaufen ist. Vor Schreck erleidet sie einen Herzinfarkt und fällt ins Koma, aus dem sie erst acht Monate später erwacht. Der Arzt empfiehlt dringend, jede Aufregung von ihr fernzuhalten; und so beschließt Alex, ihr vor allem den Untergang ihrer geliebten DDR zu verschweigen. Halbherzig unterstützt von seiner Schwester Ariane (M. S.) und deren Freund Reiner (A. B.) verwandelt er die bereits westlich aufgepeppte Wohnung zurück in ein wahres sozialistisches Heim. Er erfindet Erklärungen, warum aus der Nachbarwohnung plötzlich das West-Fernsehen tönt, und besorgt mühsam die vertrauten Utensilien des vergangenen sozialistischen Alltags. Als die bettlägerige Patientin nach Abwechslung und einem Fernsehgerät verlangt, hilft Freund Denis (F. L.). Mit seiner Handkamera produziert er abenteuerliche Folgen der »Aktuellen Kamera«, die Alex mit einer Video-Kassette auf die Mattscheibe spielt. Trotz aller Bemühungen erleidet die Mutter einen zweiten Infarkt. Und dann kommt die Stunde der Wahrheit: Christine gesteht sich und den Kindern ein, daß sie vor Jahrzehnten ihrem Mann nur aus Angst und keineswegs aus Überzeugung nicht in den Westen gefolgt ist. Und Alex' Freundin, die russische Schwesternschülerin Lara (C. K.), erzählt der Kranken in einem für die Zuschauer unhörbaren Gespräch ganz offenbar die Wahrheit über die fürsorgliche Intrige. So verpufft am Abend das Meisterwerk von Denis: die Wiedervereinigung unter Federführung der DDR. Christiane sieht nicht auf die Mattscheibe, sondern nur auf ihren Sohn. Drei Tage später ist sie tot.

Eine Tragikomödie um die Wiedervereinigung, die sich weder auf politische Diskussionen einläßt noch den Anspruch erhebt, realistisches Zeitbild zu sein. Regie und Buch setzen vielmehr auf ein unterhaltsames »Was wäre wenn«-Spiel. Aber natürlich funktioniert dieses Spiel nur, weil hier geschickt ausgewählte Versatzstücke der Wirklichkeit phantasievoll durcheinandergewirbelt werden; und so schimmert im Schein doch immer wieder das Sein durch. Vor allem verzichtet der Film auf jede lehrhafte oder gönnerhafte Attitüde gegenüber dem kleineren Partner der Wiedervereinigung. Im Gegenteil: Ohne daß er Fehler und Mängel der sozialistischen Vergangenheit verschweigt, macht er doch deutlich, warum sich der einzelne damals im Alltag einzurichten vermochte. So entstand eine warmherzige und hierzulande überaus erfolgreiche Komödie, die den Zuschauer schmunzeln läßt – und doch auch nachdenklich stimmt.

Good Will Hunting
Good Will Hunting

USA 1997

R: Gus Van Sant; A: Matt Damon, Ben Affleck; K: Jean-Yves Escoffier; D: Matt Damon, Robin Williams, Ben Affleck, Minnie Driver, Stellan Skarsgård

Dem Waisenjungen Will Hunting (M. Da.) haben diverse Pflegeeltern Kindheit und Jugend gründlich verkorkst. Jetzt glaubt er, seinen Platz im Leben gefunden zu haben: Mit Chuck (B. A.) und zwei weiteren Freunden zieht er durch Bars und Discos, versucht, Mädchen aufzureißen, prügelt sich mit »Itakern« und legt sich auch gern mit der Polizei an. Sein Geld verdient er als Reinigungshilfskraft in der Universität. Dort entdeckt Professor Lambeau (S. S.) zufällig, daß Will ein mathematisches Genie mit einem photographischen Gedächtnis ist. Lambeau möchte dieses Talent fördern und erreicht zunächst einmal, daß ein Verfahren gegen Will, der sich wieder einmal mit einem Polizisten geprügelt hat, eingestellt wird. Aber Will kann sein Leben nicht auf Knopfdruck ändern. Es gelingt ihm nicht, seine Launen und seinen Jähzorn zu beherrschen. An der vom Richter verordneten Therapie verzweifelt ein Psychologe nach dem anderen; und auch Wills Beziehung zu der Studentin Skylar (M. Dr.) scheitert an seiner aggressiven Unsicherheit. Da erinnert sich Professor Lambeau seines Studienfreundes Sean McGuire (R. W.) und bittet ihn um Hilfe. Nach vielen Sitzungen, in denen auch der durch den Tod seiner Frau verwundbar gewordene Therapeut schmerzhafte Blessuren erleidet, gelingt der Durchbruch: Will Hunting ist bereit, sich mit seinen Problemen rational auseinanderzusetzen. Noch einmal reißt er aus; aber diese Flucht führt ihn zu Skylar und von da wohl geradewegs ins bürgerliche Leben.

Zwei der Hauptdarsteller haben das Drehbuch geschrieben, und so ist es kaum überraschend, daß dies ein Schauspielerfilm mit viel Text und vergleichsweise wenig optischer Brillanz geworden ist. Lange Dialoge und Großaufnahmen prägen den Stil; nur gelegentlich setzt auch das Bild Akzente und Zäsuren – wenn etwa mehrfach aus der Vogelperspektive das Labyrinth der Straßen gezeigt wird, der urbane Dschungel, in dem Will Hunting aufgewachsen ist. Im übrigen verstärkt die Nähe der Kamera zu den handelnden Personen konsequent die emotionale Bindung des Zuschauers an die Handlung. Denn in der Tat setzt dieser Film vornehmlich auf die großen Gefühle – und verschmäht auch populäre Effekte nicht. Doch die Konfliktsituation ist intelligent genug ersonnen und die Darsteller sind so gut, daß die Personen überzeugendes Profil gewinnen und die optimistische Botschaft des Films alles in allem behutsam und glaubwürdig wirkt.

Gosford Park (Ryan Philippe, Kristin Scott Thomas)

Gosford Park
Gosford Park

Großbritannien/USA 2001

R: Robert Altman; A: Julian Fellowes nach einer Idee von Robert Altman und Bob Balaban; K: Andrew Dunn; D: Michael Gambon, Kristin Scott Thomas, Camilla Rutherford, Maggie Smith, Jeremy Northam, Alan Bates, Helen Mirren, Eileen Atkins, Emily Watson, Richard E. Grant, Bob Balaban, Kelly Macdonald, Stephen Fry, Derek Jacobi, Charles Dance, Ryan Phillippe

England im Spätherbst 1932. Sir William McCordle (M. G.) und seine Frau Lady Sylvia (K. S. T.) haben zur Jagdgesellschaft auf ihr Landschloß geladen: Verwandte und Freunde, elegante Damen und feine Herren – die Stützen der Gesellschaft sozusagen. Angereist mit ihrem Personal, verwandeln sie das Anwesen Gosford Park in einen Bienenstock. Da treffen zwei Welten aufeinander, wie sie unterschiedlicher nicht sein könnten. Unter der Oberfläche gärt es: Die Grenzen und Spielregeln zwischen Herren und Dienern haben an Glaubwürdigkeit verloren. Bestes Beispiel dafür: der amerikanische Filmproduzent Morris Weissman (B. B.), begleitet von einem »Butler« (R. P.), der in Wirklichkeit Schauspieler und sein schwuler Freund ist. Richtig bekannt dagegen ist Ivor Novello (J. N.), Stummfilmstar, Autor und Komponist. Intrigen, Promiskuität, unklare Verhältnisse und Rangordnungen gibt es auch unter den Bediensteten. So quält Mrs. Wilson (H. M.), die Hausdame, seit Jahrzehnten ein familiäres Geheimnis. Nicht anders verhält es sich mit dem auf Korrektheit erpichten Butler Jennings (A. B.). Dann geschieht das Ungeheuerliche: Sir William wird ermordet in seinem Arbeitszimmer aufgefunden. Vergiftet und anschließend erdolcht, wie man feststellt. Wer hinter dem Verbrechen steckt, vermag auch der herbeigerufene Inspektor Thompson (S. F.)

nicht so rasch zu klären. Ein Tatmotiv besaßen schließlich viele der Anwesenden. Der Hausherr wurde nämlich ein Opfer seiner erotischen Gelüste ...

Gosford Park ist eine ironisch-süffisante Paraphrase auf die Kriminalkomödien von Agatha Christie, angereichert mit wohldosiertem Understatement. Neben den Tücken des Objekts und den Fallstricken der intriganten Figuren decouvriert der Film die soziale und gesellschaftliche Verankerung der Lords und Ladies, der Butler und Zofen, der Stallburschen und Dienstmädchen. Robert Altman liefert ein meisterhaftes Sittengemälde, in dem es von Egomanen, Exzentrikern, Snobs, verarmten Aristokraten und neureichen Aufsteigern nur so wimmelt. Er tut dies mit viel Ironie, zeitkritischen Accessoires, einem prächtigen Ambiente und einem erlesenen britischen Schauspielerensemble. Allein die Anzahl von mehr als zwei Dutzend Charakteren erschwert dem Betrachter allerdings gelegentlich die Orientierung. Der Mord fungiert nur als Katalysator; die Spannung entsteht durch die Konstellation der Figuren selbst, wobei die klassischen Mystery-Regeln außer Kraft gesetzt werden. Um den Hausherrn, einen Kriegsgewinnler, entspinnt sich ein Netz von Abhängigkeiten, Lügen und Geheimnissen. So ist es kein Wunder, daß Hierarchie und Standesdünkel auch im »Unterhaus« spiegelbildlich nachempfunden werden. Immer klarer aber wird erkennbar, daß sich diese Welt der Aristokratie in Auflösung befindet. Die Dekadenz und mangelnde Souveränität der Oberschicht verlangen nach Veränderung. Das Ende einer dem viktorianischen Zeitalter nachtrauernden Gesellschaft steht unmittelbar vor der Tür.

Gösta Berlings saga ⓢ
Gösta Berling

Schweden 1923

R: Mauritz Stiller; A: Mauritz Stiller und Ragnar Hyltén-Cavallius nach dem gleichnamigen Roman von Selma Lagerlöf; K: J. Julius (d. i. Julius Jaenzon) ; D: Lars Hanson, Gerda Lundequist-Dahlström, Greta Garbo

Verfilmung des gleichnamigen Romans von Selma Lagerlöf: Die Geschichte von Gösta Berling (L. H.), der sein Pfarramt wegen Trunksucht verliert, der als »Kavalier« bei der Majorin Samzelius (G. L.-D.) auf Ekeby eine neue Heimat findet und der nach mannigfachen Abenteuern an der Seite der ehemaligen Gräfin Dohna (G. G.) ein neues Leben beginnt.

Der Film hat die Handlungsfülle des Romans, der voll ist von Abschweifungen, Sagen und Anekdoten, sorgfältig zu bewahren versucht; und er hat seine besten Momente da, wo er die Landschaft Värmlands einfängt, wo er den Hintergrund schildert, vor dem Phantasien und Visionen so üppig gedeihen.

In Schweden war der Film nur mäßig erfolgreich; auch der Debütantin Greta Garbo attestierte man weniger darstellerische Leistungen als vielmehr Schönheit und Charme. Um so größer war der Erfolg in Berlin. Letzten Endes verschaffte *Gösta Berlings saga* Stiller und – in seinem Gefolge – Greta Garbo ihr Engagement nach Hollywood, von dem allerdings die Schauspielerin wesentlich mehr profitierte als ihr Regisseur.

Goupi Mains-Rouges
Eine fatale Familie

Frankreich 1943

R: Jacques Becker; A: Jacques Becker und Pierre Véry nach einem Roman von Pierre Véry; K: Pierre Montazel, Jean Bourgoin; D: Fernand Ledoux, Georges Rollin, Robert Le Vigan, Blanchette Brunoy, Maurice Schutz

Vier Generationen der Familie Goupi leben stolz und eigensinnig auf ihrem Hof. Sie erwarten die Ankunft von Goupi Monsieur (G. R.) aus Paris, der seine Cousine Goupi Muguet (B. B.) heiraten soll. Kurz nach seiner Ankunft entdeckt man, daß Goupi Tisane getötet worden ist und 10 000 Francs verschwunden sind. Monsieur wird verdächtigt. Goupi Mains Rouges (F. L.), ein undurchsichtiger Wilddieb, macht sich der Braut zuliebe auf die Suche nach dem Täter. Er überführt Goupi Tonking (R. L. V.), der das Geld gestohlen, aber Tisane nur deshalb getötet hat, weil sie den kleinen Jean gequält und geprügelt hat. Tonking stirbt auf der Flucht vor der Polizei. Goupi Mains-Rouges entdeckt auch noch den legendären Familienschatz der Goupis. Aber gemeinsam mit Goupi l'Empereur (M. S.), dem 106jährigen Familienoberhaupt, beschließt er, den Schatz erneut zu verstecken. Der Alte soll ihn erst auf dem Sterbebett seinem ältesten Sohn vermachen. Muguet und Monsieur werden ein Paar.

Die krude Geschichte ist für Jacques Becker nur ein Vorwand, um das Porträt einer Familie eigensinniger Bauern, einer Landschaft, eines Milieus zu zeichnen. Das »Land« ist hier nicht Schauplatz der Idylle; es herrscht kein ländlicher Friede, sondern eine beklemmend echt eingefangene Atmosphäre der Gewalt und des Mißtrauens, verbunden mit einem bizarren Humor. Man spürt den Einfluß Jean Renoirs, bei dem Becker jahrelang assistiert hatte; aber dieser hat doch auch eine eigene, unverwechselbare Handschrift entwickelt.

Goya – oder Der arge Weg der Erkenntnis

DDR/UdSSR 1969–71

R: Konrad Wolf; A: Angel Wagenstein nach dem gleichnamigen Roman von Lion Feuchtwanger; K: Werner Bergmann, Konstantin Ryschow; D: Donatas Banionis, Olivera Katarina, Fred Düren, Tatjana Lolowa, Rolf Hoppe, Mieczyslaw Voit, Ernst Busch, Wolfgang Kieling, Gustaw Holoubek, Carmela

Francisco Goya (D. B.) ist Erster Hofmaler Karls IV. (R. H.) geworden. Er malt ein pompöses Bild der Königin Maria Luisa (T. L.) und verspottet die Thesen seines Freundes und Mitarbeiters Esteve (F. D.), der die Verantwortung der Kunst und des Künstlers für die Gesellschaft proklamiert. Doch durch Esteve lernt er reformfreudige Patrioten wie den Philosophen Jovellanos (E. B.), Bermudez (G. H.) und die Sängerin Maria Rosario (C.) kennen. Ihr Beispiel und ihre Reden beeinflussen Goya; aber noch ist er ganz erfüllt von der Liebe zur Herzogin von Alba (O. K.). Ihr Verhältnis wird zum Skandal. Die Herzogin wird vom Hofe verbannt, und Goya folgt ihr. Für sie malt er die »nackte« Maja und muß sich anschließend erneut vor dem Großinquisitor (M. V.) rechtfertigen. Doch unbewußt hat Goya bereits den »argen Weg der Erkenntnis« beschritten. Nach einem Zusammenstoß mit der Herzogin gesteht er sich endlich ein, daß der König und sein mächtiger Minister Godoy (W. K.) die Freiheit unterdrücken und daß der Widerstand der Herzogin von Alba gegen die Hofschranzen egoistischen Motiven entspringt. Ein Alptraum überfällt ihn, und er befreit sich von seinen düsteren und gefährlichen Visionen in den revolutionären Grafiken der »Caprichos«, die zu einem neuen Zusammenstoß mit der Inquisition führen. Damit ist der Hofmaler Goya endgültig zum Außenseiter geworden. In neuen Bildern geißelt er die Schwächen und Laster der Herrschenden, den Widersinn der Verhältnisse, Elend und Krieg. Dafür nimmt er Armut und Verfolgung auf sich und geht schließlich, 78jährig, nach Frankreich ins Exil.

Wolf ist in seinem überlangen und aufwendigen Werk geschickt der Gefahr entgangen, nur einen üppigen Kostümfilm oder eine der üblichen »Künstler-Biographien« zu schaffen. Er schildert konsequent die Selbstfindung eines Menschen, die Wandlung des höfischen Karrieremachers zum engagierten Moralisten. Dabei wird diese Wandlung, die sich in ständigem dialektischen Wechselspiel vollzieht, auf höchst intelligente Weise aus Goyas Werk entwickelt und durch sein Werk belegt. So entstand das Porträt eines Menschen, der fast wider Willen und gegen seine egoistischen Wünsche und Interessen zur Einsicht gezwungen wird, der eine Weile versucht, Anpassung und inneren Widerstand zu vereinen, und der schließlich in fast selbstzerstörerischem Eifer die Mauern des Hauses niederzureißen sucht, in dem er selbst so lange beschaulich gelebt hat.

Dieser Film ist aber auch formal von großer Schönheit. Wolf komponiert großartige Bilder, die indessen niemals bloße Schaueffekte bleiben. Nach einer etwas ungegliederten Einleitung dominiert in einem sehr klaren Aufbau zunächst die höfische Pracht, die aber von den düsteren Bildern der Wirklichkeit mehr und mehr überlagert wird. Und im gleichen Maße wie Goyas Erkenntnis ihn auf die Seite des Volkes treibt, wie er sich von der Malerei zur Grafik wendet, verdüstern sich und verblassen auch die Farben des Films, bis sich die Realität des Films am Schluß den Visionen Goyas anpaßt und die Übereinstimmung seiner bitteren Anklagen mit der Wirklichkeit seiner Zeit signalisiert.

Die Originalfassung wurde auf 70-mm-Film gedreht und war 161 Minuten lang. Für einen breiten Kinoeinsatz im Scope-Format hat Wolf selbst den Film um rund 30 Minuten gekürzt.

La grande illusion
Die große Illusion

Frankreich 1937

R: Jean Renoir; A: Charles Spaak, Jean Renoir, Erich von Stroheim; K: Christian Matras, Claude Renoir; D: Jean Gabin, Pierre Fresnay, Erich von Stroheim, Marcel Dalio, Dita Parlo

An der Front treffen sich der französische Hauptmann de Boeldieu (P. F.) und der deutsche Offizier von Rauffenstein (E. v. S.) zum ersten Mal: Rauffenstein hat den anderen im Luftkampf besiegt. Jahre später sehen sie sich wieder. Rauffenstein ist nach einer schweren Verwundung Kommandant eines Gefangenenlagers geworden; de Boeldieu wird nach mehreren Fluchtversuchen in dieses als besonders sicher geltende Lager verlegt. Zwischen den beiden adligen Offizieren entwickelt sich eine seltsame Gemeinschaft, fast Freundschaft. Sie endet tragisch: Um die Flucht des Leutnants Maréchal (J. G.) und seines Kameraden Rosenthal (M. D.) zu ermöglichen, fingiert de Boeldieu selbst einen Ausbruchsversuch, bei dem Rauffenstein ihn erschießt, obwohl er nur auf die Beine des vermeintlichen Ausbrechers gezielt hatte. Maréchal und Rosenthal finden auf der Flucht bei einer deutschen Bäuerin (D. P.) Unterschlupf, deren Mann gefallen ist und die sich nun in Maréchal verliebt. Zum Abschied verspricht Maréchal ihr, nach dem Krieg wiederzukommen.

Allgemein verstand man diesen wohl berühmtesten Film Renoirs als Aufruf zur Verständigung, zum Frieden. Aber ein anderer Aspekt dürfte den Regisseur gleichermaßen interessiert haben – die Illustration seiner These, daß Menschen nicht durch Grenzen, sondern eher durch Klassenzugehörigkeit getrennt werden. Der Aristokrat de Boeldieu, der es ablehnt, seine Kamera-

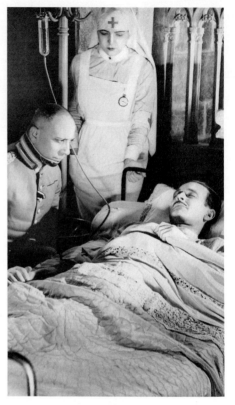

La grande illusion
(Erich von Stroheim, Pierre Fresnay)

den zu duzen, findet trotz seines Patriotismus besseren Kontakt zu von Rauffenstein als zu seinem von ihm geschätzten Kampfgefährten Maréchal, der im Zivilleben einfacher Metallarbeiter ist. Andererseits gibt es keine Fremdheit zwischen Maréchal und der deutschen Bäuerin. Entsprechend gibt Renoir auch von den anderen französischen Gefangenen gleichsam knappe »soziologische Studien«. Er zeigt, daß die Uniformen und die Eintönigkeit des Lagerlebens die Menschen eben doch nicht gleichmachten. Lehrer, Ingenieur, Schauspieler, Kaufmann unterscheiden sich noch immer durch ihr Verhalten und ihre Reaktionen, die Renoir meisterhaft beobachtet und nachgezeichnet hat.

The grapes of wrath (Dorris Bowdon, Jane Darwell, Henry Fonda)

Beeindruckend ist auch die strenge Objektivität des Films, die im Endeffekt dazu führte, daß man ihm sowohl zu große Deutschfreundlichkeit als auch übermäßige Deutschfeindlichkeit nachsagte, daß man ihm Militarismus und Pazifismus gleichermaßen vorwarf, daß einige Journalisten schrieben, er sei antisemitisch, während Goebbels mehrere Szenen mit dem Juden Rosenthal herausschneiden ließ, weil sie ihm zu »positiv« waren.

The grapes of wrath
Früchte des Zorns

USA 1939/40

R: John Ford; A: Nunnally Johnson nach dem gleichnamigen Roman von John Steinbeck; K: Gregg Toland; D: Henry Fonda, Jane Darwell, Dorris Bowdon, Russell Simpson, John Carradine

Verfilmung des Romans von Steinbeck: Die Geschichte der Joads, die von den Banken um ihre Farm gebracht werden, mit vielen Leidensgenossen verlockenden Angeboten folgen und quer durch das riesige Land nach Kalifornien ziehen, wo sie als Erntearbeiter ausgebeutet und unterdrückt werden. Mit Henry Fonda als Tom Joad, Jane Darwell als Ma, Russell Simpson als Pa, Dorris Bowdon als Rosasharn, John Carradine als Casy.

Steinbecks Buch war eine bittere Anklage gegen die sozialen Mißstände in seinem Heimatland; Fords Film hat dieses Engagement bewahrt. Gefühlvolle und aggressive Szenen zielen letztlich allesamt darauf, das Publikum zu engagieren und zu aktivieren.

Filmische Höhepunkte bietet immer wieder die Fahrt der Joads mit einem uralten, wackeligen Auto über die Landstraße. Es fällt schwer zu glauben, daß Autor und Regisseur die Parallele zur großen »Landnahme« der ersten Siedler nicht bewußt ausgespielt haben: Wie damals die Planwagen, so ziehen jetzt die Autos in langen Kolonnen westwärts. In ihnen sit-

zen abermals Menschen voller Hoffnung auf ein neues Land, ein neues Leben. Wieder werden sie bekämpft und vertrieben – aber diesmal nicht von Indianern, sondern von den eigenen Landsleuten, von der Polizei. Aus dem glorreichen Kampf der Vergangenheit ist eine Art Bürgerkrieg geworden, aus dem Kampf der Rassen ein Kampf der Klassen.
In den deutschen Kinos lief eine um rund 20 Minuten gekürzte Fassung des Films. Erst das Fernsehen hat ihn hierzulande in seiner originalen Länge bekannt gemacht.

Grazie, zia
Danke, Tante

Italien 1968

R: Salvatore Samperi; A: Salvatore Samperi, Sergio Bazzini, Pier Luigi Murgia; K: Aldo Scavarda; D: Lisa Gastoni, Lou Castel, Gabriele Ferzetti

Alvise (L. C.), der siebzehnjährige Sohn eines reichen Industriellen, simuliert eine Lähmung seiner Beine und verbringt seine Tage im Rollstuhl. Während einer Reise seiner Eltern wird er in die Obhut seiner jungen Tante Lea (L. G.), einer hochgebildeten Ärztin, gegeben. Lea verliebt sich in ihren Neffen und wird so abhängig von Alvise, daß sie sich von ihm zwingen läßt, ihn in einem Akt der »Euthanasie« zu töten.
Eine wütende Attacke gegen die heutige Gesellschaft und die bürgerliche Ordnung. Einer Welt, die er verachtet, entzieht sich Alvise durch seine vorgetäuschte Krankheit. Er bricht ihre Tabus – ähnlich wie Fabrizio in *Prima della rivoluzione* von Bertolucci – durch ein Liebesverhältnis mit seiner Tante; aber er paßt sich anschließend nicht an, sondern verweigert sich endgültig durch seinen Tod, der auch seine Tante zerstört. Alvise wird dabei keineswegs zum positiven Helden stilisiert. Seine Störungen und Defekte werden jedoch deutlich als Reaktionen auf die gesellschaftlichen Verhältnisse ausgewiesen.

The great dictator
Der große Diktator

USA 1938–40

R: Charles Chaplin; A: Charles Chaplin; K: Rollie Totheroh, Karl Struss; D: Charles Chaplin, Paulette Goddard, Jack Oakie, Reginald Gardiner, Billy Gilbert, Henry Daniell

Ein kleiner jüdischer Friseur (C. C.) verliert im Ersten Weltkrieg durch eine Kriegsverletzung sein Gedächtnis. Er »erwacht« erst wieder, als der Diktator Hynkel (C. C.), der ihm täuschend ähnlich sieht, die Macht im Land Tomania gewonnen hat und die Juden verfolgt. Der Friseur, der sich in das Mädchen Hannah (P. G.) verliebt hat, flieht zusammen mit einem Widerstandskämpfer (R. G.) vor den Verfolgungen, wird aber gefaßt und in ein Konzentrationslager gesperrt. Unterdessen fühlt sich Hynkel von Napoloni (J. O.), dem Diktator des Nachbarlandes Bacteria, bedroht. Zunächst will er ihm kurzerhand den Krieg erklären, doch dann lädt er ihn lieber zu einem Staatsbesuch ein. Bei einer Entenjagd für den hohen Gast taucht der Friseur wieder auf. Er ist in einer entwendeten Uniform aus dem Lager entflohen, wird von Hynkels Wachen mit dem Diktator verwechselt und zu einer riesigen Tribüne geschleppt, von wo aus er den Einmarsch in das Nachbarland Austerlich verkünden soll. Aber der kleine Friseur hält eine große Rede, die zum Frieden in der Welt aufruft.
Chaplin hatte sich mehrere Jahre mit diesem Thema beschäftigt und sein Konzept mindestens zweimal grundlegend geändert. In allen Versionen stand allerdings das Motiv des Doppelgängers im Mittelpunkt. Die Vorstellung ist so absurd nicht: Hynkel erscheint hier gleichsam als reinste Verkörperung des oftmals recht amoralischen Tramps aus Chaplins Frühzeit, der mit allen Mitteln um das eigene Überleben kämpft, während der Friseur für den anderen Chaplin, den Getretenen, Geschundenen und stets zu kurz Gekommenen steht.
The great dictator ist wohl der umstrittenste Film Chaplins. Während die einen ihn als Meisterwerk und als tödliche Entlarvung des Faschismus preisen, meinen andere, daß dieser Film seinem Thema nicht gerecht werde und – nach sei-

ner Anlage – auch wohl nicht habe gerecht werden können. Chaplin setzt hier ganz auf die groteske Übersteigerung und auf die Hoffnung, daß Lächerlichkeit auch einen Hitler »töten« könne. Hynkel klettert wie ein Affe an einem Vorhang hoch; er tanzt eitel mit einem Globus im Arm, der dann zerplatzt, brüllt häufig unverständliches Zeug, das – besonders für Ausländer – »irgendwie deutsch« klingt. Und 3000 streikende Arbeiter will er kurzerhand erschießen lassen, weil er »keine unzufriedenen Arbeiter haben« will. Genau so dumm, eitel und selbstgefällig wie Hynkel sind auch sein Paladin Herring (Göring – B. G.) und sein Kollege Napoloni (Mussolini – J. O.), während Garbitsch (Goebbels – H. D.) als zynischer Intellektueller erscheint, der den unbedarften und unbeherrschten Diktator in entscheidenden Szenen wie eine Marionette lenkt.

Auf der Seite der Guten und Unterdrückten vermag der liebenswert-naive jüdische Friseur als positiver Gegenpol für dieses Panoptikum nicht ganz zu überzeugen. Nach der Anlage des Films und seiner Figur glaubt man ihm auch den großen – in sich anrührenden und bewegenden – Schlußappell nicht recht, der auf diese Weise nicht in die Handlung integriert ist, sondern als »Botschaft« Chaplins etwas aufgesetzt wirkt.

The great McGinty
Der große McGinty

USA 1940

R: Preston Sturges; A: Preston Sturges; K: William C. Mellor; D: Brian Donlevy, Muriel Angelus, Akim Tamiroff

Der Barkeeper Dan McGinty (B. D.) erzählt einem ungetreuen Kassierer, der sich aus Furcht vor der Strafe erschießen will, die Geschichte seines Lebens: Als Landstreicher verkauft Dan seine Stimme bei Wahlen. Der Boß der Reformpartei (A. T.) wird auf ihn aufmerksam und fördert ihn. Dan wird Stadtrat und Bürgermeister und heiratet – weil Wählerinnen keine Junggesellen mögen – die Witwe Catherine (M. A.). Als Aushängeschild des korrupten Parteibosses entfaltet Dan fieberhafte Aktivität und wird schließlich gar Gouverneur. Aber nun wird er aufsässig. Er hat sich in seine eigene Frau verliebt; und ihr Glaube an das Gute in ihm färbt allmählich auf ihn ab. Der Boß ist empört über den Mann, der plötzlich vernünftige Reformpläne entwickelt, und will ihn erschießen. Das Attentat mißlingt, und der

The great dictator (Charles Chaplin)

Boß wird verhaftet. Doch dann brechen die ersten Häuser zusammen, die Dan einst aus Gefälligkeit mit schlechtem Material hat bauen lassen. Unversehens ist Dan der Zellennachbar seines Gönners. Gemeinsam fliehen sie und landen auf einer Pazifik-Insel. – Als der Kassierer diese Geschichte gehört hat, packt er sein Schießeisen ein und geht.
Eine einfallsreiche Satire auf die Korruption in der Politik. Solange er skrupellos und berechnend ist, reüssiert McGinty; er stürzt, als er sich den Luxus von Gefühlen und sozialen Ideen erlaubt. Das Ganze wirkt wie eine bissige Antwort auf den Optimismus Frank Capras, in dessen Filmen jeweils die naiven Toren die Welt wieder ins Lot bringen.

▬ The great train-robbery ⓢ
Der große Eisenbahnraub

USA 1903

R: Edwin S. Porter; A: Edwin S. Porter; K: Edwin S. Porter; D: George Barnes, Frank Hanaway, Max Aronson, Marie Murray

Banditen überfallen eine Bahnstation. Sie fesseln den Telegrafisten, stoppen den Zug und rauben die Reisenden und den Packwagen aus. Während die Banditen noch ihren Erfolg feiern, machen sich alarmierte Bürger an die Verfolgung. In einem Feuergefecht überwältigen sie die Eisenbahn-Räuber. Einer der Banditen (G. B.) schießt in einer Großaufnahme in die Kamera.
Porter erzählt hier eine richtige Geschichte in geschickt montierten Einstellungen, die die Handlung dynamisch erzählen und vorwärtstreiben. Allerdings ließ er noch alle Szenen vor einer starren Kamera spielen; und die einzige Großaufnahme des Films ist weniger dramaturgisches Mittel als vielmehr eine Art »Gütemarke«. Der Edison-Katalog vermerkt ausdrücklich, sie könne sowohl als Eingangs- als auch als Schlußsequenz geliefert werden. Aber trotz dieser Einschränkungen ist dies doch der erste typisch amerikanische Film geworden. Und wenn er auch in der Nähe von New York entstand, so begründete er das Genre des Western, eines ganz und gar eigenständigen Beitrags Hollywoods zur Filmgeschichte.
Der Darsteller Max Aronson übrigens, der sich später G. M. Anderson nannte, machte als »Broncho Billy« im Western eine große Karriere.

▬ Greed ⓢ
Gier nach Geld

USA 1923

R: Erich von Stroheim; A: Erich von Stroheim nach dem Roman *McTeague* von Frank Norris; K: Ben Reynolds, William Daniels (nach anderen Quellen auch: Ernest B. Schoedsack); D: Gibson Gowland, Zasu Pitts, Jean Hersholt, Chester Conklin

McTeague (G. G.) hat sich ohne Approbation in San Francisco als Zahnarzt niedergelassen. Eines Tages kommt sein Freund Marcus Schouler (J. H.) mit seiner Freundin Trina (Z. P.) in seine Praxis. McTeague verliebt sich in das Mädchen und heiratet sie. Aber kurz vor der Hochzeit hat Trina in der Lotterie 5000 Dollar gewonnen, und das hat sie und Marcus gründlich verändert; beide sind jetzt von krankhafter Gier nach Geld besessen. Marcus zeigt seinen Freund an, weil er ohne Approbation arbeitet. Und als McTeague, um seine Existenz zu retten, 3000 Dollar braucht, verweigert ihm Trina das Geld. Sie kontrolliert schon seit langem alle Einnahmen ihres Mannes und hortet sie. McTeague verläßt sie und ermordet sie bei einem erneuten Wiedersehen. Als McTeague in die Wüste flieht, verfolgt ihn Marcus. Zwar kann McTeague seinen Verfolger töten; aber Marcus hat mit einem Schuß den Wasserbehälter seines Gegners getroffen. Das Schlußbild zeigt McTeague, wie er in Trinas blutbeflecktem Geld wühlt.
Stroheim hat seine literarische Vorlage mit äußerster Sorgfalt, gleichsam »Wort für Wort« verfilmt. Er war von der Idee besessen, der Zuschauer solle alles, was er sehe, »für wahr halten«. So rühmte er sich auch, daß nicht eine einzige Aufnahme des Films in einem Studio gedreht worden sei. *Greed* ist ein Film von bitterer und fast manischer Konsequenz. Mit ei-

ner Überfülle von Details macht Stroheim die Verwandlung des Menschen durch die Gier nach Geld deutlich; alle drei Hauptpersonen werden letztlich durch die Macht des Geldes pervertiert.

In einer Privatvorführung soll Stroheim eine Fassung des Films gezeigt haben, die 42 Rollen lang war. Zusammen mit Rex Ingram montierte er dann eine »endgültige« Fassung, die noch aus 18 Rollen bestand. Produzent Irving Thalberg beauftragte daraufhin die Drehbuchautorin June Mathis, den Film auf 10 Rollen (rund zwei Stunden) zu kürzen. Stroheim beteiligte sich zwar an dieser Bearbeitung, lehnte es aber ab, sie zu autorisieren.

Il grido
Der Schrei

Italien 1957

R: Michelangelo Antonioni; A: Michelangelo Antonioni, Elio Bartolini und Ennio de Concini nach einem Entwurf von Michelangelo Antonioni; K: Gianni Di Venanzo; D: Steve Cochran, Alida Valli, Dorian Gray, Betsy Blair, Gabriella Pallotta, Lynn Shaw

Aldo (S. C.) ist Arbeiter in einer Zuckerraffinerie. Seit sieben Jahren lebt er mit Irma (A. V.) zusammen. Sie haben eine Tochter. Irmas Mann ist vor eben diesen sieben Jahren nach Australien ausgewandert. Jetzt erhält Irma die Nachricht, daß er gestorben ist. Aber vergeblich hofft Aldo, Irma nun heiraten zu können. Sie erklärt ihm, daß sie seit Monaten einen anderen liebt. Als es Aldo nicht gelingt, sie umzustimmen, nimmt er seine Tochter Rosina und geht mit ihr auf eine verzweifelte Wanderschaft. Er besucht seine ehemalige Verlobte Elvira (B. B.) und wird für einige Zeit von der Tankstellenbesitzerin Virginia (D. G.) aufgenommen. Von hier aus schickt er Rosina zu Irma zurück. Dann zieht er weiter und trifft die Gelegenheitsprostituierte Andreina (L. S.). Schließlich kehrt er nach Hause zurück, klettert auf den Turm der Raffinerie und stürzt sich herab, während Irma entsetzt aufschreit.

Il grido ist die Geschichte einer verzweifelten Flucht, die Geschichte eines Mannes, der daran stirbt, daß er nicht vergessen kann. Antonioni hat diesen Fall mit einer Melancholie geschildert, die niemals sentimental wird. Davor bewahrt ihn schon die Nüchternheit im Detail. Realistisch schildert er die Situation des Arbeiters, begleitet ihn auf seinem Weg durch die eintönige Po-Ebene. Immer wieder sieht man Aldo, und immer besser versteht man ihn, obwohl weder innere Monologe noch symbolträchtige Großaufnahmen Auskunft über ihn und seine Verfassung geben. Allein aus dem Kontext der Szenen, aus alltäglichen Handlungen wird seine wachsende Vereinsamung deutlich, die ihn schließlich hoffnungslos zum Ausgangspunkt seiner Flucht zurückführt.

Große Freiheit Nr. 7

Deutschland 1944

R: Helmut Käutner; A: Helmut Käutner, Richard Nicolas; K: Werner Krien; D: Hans Albers, Ilse Werner, Hans Söhnker, Hilde Hildebrand

Der ehemalige Matrose Hannes (H. A.) ist Stimmungssänger in einem Nachtlokal auf St. Pauli. Er hat abgemustert, nachdem sein Bruder Jan ihm das Geld aus der Tasche gezogen hatte, mit dem er sein Steuermannspatent finanzieren wollte. Jetzt greift Jan noch einmal in sein Leben ein: Auf dem Sterbebett vertraut er ihm das Mädchen Gisa (I. W.) an, das er einmal sitzengelassen hat. Hannes holt Gisa nach St. Pauli und verliebt sich bald in sie. Aber er wagt nicht, ihr seine Liebe zu gestehen; denn immerhin war Gisa ja einmal die Freundin seines Bruders. Als er endlich mit ihr sprechen will, ist es zu spät. Gisa hat sich ihrerseits in den jungen Arbeiter Willem (H. S.) verliebt. Hannes muß wohl oder übel verzichten. Und da er zu seiner »alten Liebe« (H. H.) auch nicht zurückkehren mag, geht er fort von St. Pauli ...

Im »Dritten Reich« hatte man erhebliche Einwände gegen diesen Film. Im Ausland wurde er zwar eingesetzt – als Devisenbringer; im Reichsgebiet jedoch war er verboten, vornehmlich wohl, weil er deutsche Männer nicht ganz so zeigte, wie man sie damals wünschte – redlich und stets zu großen Taten bereit. Außerdem lag über diesem Farbfilm ein Hauch von

Melancholie und Resignation, während man doch damals den Optimismus staatlich förderte. Käutner ist den Klischees von Seemannsromantik und St. Pauli nicht ganz entgangen. Aber in der Produktion jener Zeit war sein Film ein Ausnahmefall – inhaltlich durch die Absage an alle Propagandaeffekte (ursprünglich hatte man von ihm ein Preislied auf die deutsche Marine erhofft!) und formal durch einen poetischen Realismus, der allerdings das Milieu gelegentlich allzusehr schönte.

Der große König

Deutschland 1941

R: Veit Harlan; A: Veit Harlan; K: Bruno Mondi; D: Otto Gebühr, Kristina Söderbaum, Gustav Fröhlich, Hans Nielsen, Paul Wegener, Hilde Körber, Claus Clausen

Nach der Niederlage bei Kunersdorf ist Friedrich II. (O. G.) deprimiert und gibt vorübergehend den Oberbefehl an seinen Bruder Heinrich ab. Aber während man in Wien und Paris bereits Siegesfeste feiert, stirbt die Zarin Elisabeth (H. K.); ihr Nachfolger schließt Frieden mit den Preußen; und Friedrich schlägt mit seiner reorganisierten Armee die Österreicher bei Torgau. In Berlin will man den Sieger feierlich empfangen. Doch die Staatskarosse, die durch die jubelnde Menge fährt, ist leer. Der König betet demütig in einer Kirche. – Dieses historische Geschehen wird begleitet und kommentiert vom Schicksal dreier Menschen: Luise (K. S.), die Tochter des Müllers von Kunersdorf, hat den König gehaßt, weil sie ihm die Schuld an der Zerstörung der väterlichen Mühle gibt. Aber das Beispiel ihres Mannes, des Feldwebels Treskow (G. F.), der an seinem mangelnden Vertrauen zum König zerbricht, und das des Feldwebels Niehoff (H. N.), der trotz einer schweren Verwundung die Fahne rettet, lassen sie die Größe des Königs erkennen.

Einer der erfolgreichsten Propagandafilme des »Dritten Reichs«, in dem die Parallelen zwischen dem »großen König« und dem »Führer« ganz deutlich wurden. Friedrich erscheint als der Einsame inmitten seiner kleingläubigen Umgebung, dem letztlich aber seine prophetische Sicherheit, seine Entschlossenheit, die Treue des Volkes und unerbittlicher Einsatz den Sieg bringen. Goebbels notierte in seinem Tagebuch zufrieden: »Der Film wird hier zum politischen Erziehungsmittel erster Klasse.« Und er meinte weiter, dieser Film sei sehr geeignet, »eine härtere Art der Kriegsführung auch auf diese Weise zu begründen und einzuleiten«. Der geschickt und attraktiv inszenierte Film wurde mit Auszeichnungen überhäuft. Als dritter Film erhielt er den Ehrentitel »Film der Nation«, Gebühr wurde Staatsschauspieler, Harlan erhielt (nach Jannings und Ucicky) den »Ehrenring des deutschen Films«.

Gruppo di famiglia in un interno
Gewalt und Leidenschaft

Italien/Frankreich 1974

R: Luchino Visconti; A: Suso Cecchi d'Amico, Enrico Medioli und Luchino Visconti nach einer Idee von Enrico Medioli; K: Pasqualino De Santis; D: Burt Lancaster, Silvana Mangano, Helmut Berger, Claudia Marsani, Stefano Patrizi

Der Professor (B. L.) ist ein alternder Mann, der aus den USA in seine Heimat Rom zurückgekehrt ist, wo er sich vor der Umwelt in einem alten Palazzo abschirmt, an dessen Wänden kostbare Gemälde, Familienszenen aus dem 18. Jahrhundert, hängen. In diese leblose Idylle dringt eines Tages die Marchesa Brumonti (S. M.) ein, die mit dreister Aufdringlichkeit den Professor dazu bringt, ihr das Obergeschoß des Hauses zu vermieten, in dem ihr Geliebter Konrad (H. B.), ein junger deutscher Student, leben soll. Konrad ist eine zwielichtige Erscheinung, einer, der aus der Studentenrevolte des Jahres 1968 offenbar in die Kriminalität abgerutscht ist. Der Professor wird immer mehr in das turbulente Familienleben der Marchesa und ihrer Kinder Lietta (C. M.) und Stefan (S. P.) hineingezogen. Einerseits erkennt er in den Mietern das mögliche Abbild seiner Familie, die ihm nach einer früh gescheiterten Ehe versagt geblieben ist; andererseits liegen Welten zwischen seiner kultivierten Lebensart und der lärmenden, neureichen Aufdringlichkeit seiner Mieter. Zwischen Faszination und Abscheu beobachtet er diese fremde Welt bis zum Tod Konrads, der Unfall, Mord oder Selbstmord sein könnte, und bleibt am Ende allein – beunruhigt, aufgestört, zerstört.

Visconti hat den Familienszenen aus dem 18. Jahrhundert ein Gemälde aus dem 20. Jahrhundert gegenübergestellt. Sein Vordergrund ist grelle Aktion; den düsteren Hintergrund bilden (absichtlich?) vage Hinweise auf neofaschistische Tendenzen und drohendes Chaos im heutigen Italien. Die Komposition dieses Gemäldes ist Visconti vorzüglich gelungen, doch das »Personal« des Bildes scheint ein wenig allzu gewaltsam, zu wirkungsbewußt zusammengestellt. Die Figur Konrads ist zu sehr Versatzstück gängiger Klischees, die Akzente der unterschiedlichen Lebensformen sind stellenweise überdeutlich gesetzt. Was dagegen durchgehend fasziniert, das ist die melancholische Trauer der Einsamkeit des Professors, der im Bewußtsein eines nichtgelebten Lebens anfällig wird für die oberflächliche Lebensgier der Eindringlinge.

La guerre est finie
Der Krieg ist vorbei

Frankreich/Schweden 1965

R: Alain Resnais; A: Jorge Semprun; K: Philippe Brun, Sacha Vierny; D: Yves Montand, Ingrid Thulin, Geneviève Bujold, Michel Piccoli

Drei Tage aus dem Leben des spanischen »Berufsrevolutionärs« Diego (Y. M.). Er kehrt auf eigene Faust aus Madrid zurück, weil ein Verbindungsmann verhaftet worden ist und er die Kameraden vor weiteren unüberlegten Aktionen warnen will. Aber in Paris tadelt man seine Eigenmächtigkeit und will die Arbeit in gewohnter Weise fortsetzen. Diego zögert. Im Gespräch mit Marianne (I. T.), seiner Geliebten, spricht er davon, sich »zurückzuziehen«. Durch Nadine (G. B.), deren Geistesgegenwart verhindert hat, daß man bei der Grenzkontrolle seinen gefälschten Paß erkannt hat, und mit der er in diesen drei Tagen ebenfalls schläft, lernt er eine Gruppe junger Revolutionäre kennen, die das Franco-Regime mit Bomben bekämpfen wollen. Vergeblich versucht Diego, ihnen klarzumachen, daß diese Kampfmethoden heute keinen Sinn mehr haben. Auf Befehl des Komitees muß er dann doch nach Madrid zurückkehren. Erst nach seiner Abfahrt stellt sich heraus: Seine Warnung war berechtigt, die spanische Polizei hat seine Identität entdeckt. Marianne reist ihm nach, um ihn aufzuhalten; aber es bleibt ungewiß, ob sie Erfolg haben wird.

Resnais erzählt seine Geschichte realistisch und kontinuierlich; nur gelegentlich tauchen Erinnerungs- oder Assoziationsbilder auf. Und er sieht seine Protagonisten ebenso realistisch, nicht ohne Ironie, Zynismus und Resignation: »Spanien ist das lyrische Alibi für die gesamte Linke!« – »Die Realität hat mich verblendet!« – »Niemand gewöhnt sich gern an die Vorstellung, im Exil zu sterben!« Vor allem geht es Resnais jedoch wieder um das Problem der Zeit. Es geht um die Rolle, die die Zeit seit Francos Sieg für das Selbstverständnis der Revolutionäre spielt. Zwanzig Jahre Exil haben objektive und subjektiv-psychologische Maßstäbe verschoben. Das erkennt Diego; damit muß er sich auseinandersetzen.

The gunfighter
Der Scharfschütze / Scharfschütze Jimmy Ringo

USA 1950

R: Henry King; A: William Bowers und William Sellers nach einem Entwurf von William Sellers und André de Toth; K: Arthur Miller; D: Gregory Peck, Helen Westcott, Millard Mitchell, Skip Homeier

Der berühmte »Gunfighter« Jimmy Ringo (G. P.) möchte ins bürgerliche Leben zurückkehren und macht sich auf den Weg zu seiner Frau Peggy (H. W.), die sich vor Jahren von ihm getrennt hat. Aber sein Mythos verfolgt ihn. Unterwegs fordert ein junger Mann den berühmten Jimmy Ringo heraus; wieder ist Jimmy schneller. Und wieder wird er verfolgt,

Gycklarnas afton (Harriet Andersson, Åke Grönberg)

diesmal von den drei Brüdern des Toten. Mit knappem Vorsprung vor seinen Verfolgern kommt er in Cayenne an; doch Peggy will ihn nicht sehen. Abermals taucht einer auf, der sich mit ihm messen möchte, Hunt Bromley (S. H.). Sheriff Mark Strett (M. M.), der früher einmal zur gleichen Bande wie Jimmy gehört hat, bemüht sich, ihm zu helfen. Jimmy trifft mit seiner Frau und seinem Sohn zusammen, die drei Verfolger werden rechtzeitig verhaftet. Doch als Jimmy weiterreiten will, wird er von Hunt aus dem Hinterhalt erschossen. Jimmy stirbt; Hunt Bromley wird nun seinen Weg, den des Geächteten, weitergehen.

Eine interessante psychologische Studie über die Situation des Einzelgängers. Die meisten Filme verklären diese Figur, stilisieren sie zum furchtlosen »Superman«. King und Peck zeigen seine Einsamkeit, seine Verzweiflung, seine Angst. Ohne der Spannung des Films Abbruch zu tun, macht Henry King eigentlich von Anfang an klar, daß der »Gunfighter« ein Mann ist, der letzten Endes nur verlieren kann.

Gycklarnas afton
Abend der Gaukler

Schweden 1953

R: Ingmar Bergman; A: Ingmar Bergman; K: Sven Nykvist, Hilding Bladh; D: Åke Grönberg, Harriet Andersson, Hasse Ekman, Gunnar Björnstrand, Anders Ek, Gudrun Brost

Direktor Albert Johansson (Å. G.) kommt mit seinem schäbigen Zirkus in die Stadt, in der seine Frau lebt, die er vor drei Jahren verlassen hat. Seither lebt er mit der Kunstreiterin Anne (H. A.) zusammen. Zur gleichen Zeit gastiert auch eine Schauspieltruppe in der Stadt; und Johansson kommt auf die Idee, dort ein paar Kostüme für die »Galavorstellung« zu erbitten. Zusammen mit Anne geht er ins Theater. Nachdem der Direktor (G. Bj.) ihn zunächst beleidigt hat, überläßt er ihm dann doch die Kostüme. Im Theater lernt Anne auch den attraktiven jungen Schauspieler Franz (H. E.) kennen. Als Johansson nachmittags seine Frau besucht, geht Anne wieder ins Theater. Während der deprimierte Johansson seine Frau bittet, bei ihr bleiben zu dürfen, und abgewiesen wird, läßt Anne sich von Franz verführen. Johansson erfährt die Wahrheit und rast vor Wut und Verzweiflung. Als Franz abends in der ausverkauften Vorstellung Anne verhöhnt, kommt es in der Manege zu einem Faustkampf zwischen den Rivalen, bei dem Johansson unterliegt. Voller Verzweiflung will er sich erschießen, aber die Pistole versagt. In der Nacht zieht der Zirkus weiter; aus dem Dunkel löst sich Anne, die sich schweigend zu Johansson gesellt.

Eine nuancierte psychologische Studie, die man jedoch auch als Symbol des beschwerlichen Erdenweges, der Mühsal und der vielen neuen Anfänge des Menschen interpretieren kann. Bergman hat das hier mit suggestiven Bildern und vorzüglichen darstellerischen Leistungen realisiert. Interessant und für Bergman typisch ist die Rolle der Frau, die in der Vernunft und der Leidenschaft überlegen ist, die Gefahr und Geborgenheit bringt. Bezeichnend und als Kontrastfigur wichtig ist der Clown Frost (A. E.). Am Anfang erzählt der Kutscher in der einzigen Rückblende des Films, wie Frosts Frau (G. Br.) sich vor Jahren hat überreden lassen, mit einem Trupp junger Offiziere nackt zu baden, und wie Frost sie, ihre Blöße mühsam bedeckend, kilometerweit über steinigen Strand nach Hause getragen hat. Am Schluß erzählt Frost einen Traum: Er wurde kleiner und kleiner und verschwand schließlich als winziges Samenkorn im Schoß seiner Frau.

H

Hable con ella
Sprich mit ihr – Hable con ella

Spanien 2002

R: Pedro Almodóvar; A: Pedro Almodóvar;
K: Javier Aguirresarobe; D: Javier Cámera,
Darío Grandinetti, Rosario Flores, Leonor
Watling, Geraldine Chaplin, Adolfo Fernández,
Pina Bausch

Hable con ella (Javier Cámeron, Leonor Watling, Darío Grandinetti, Rosario Flores)

Zwanzig Jahre lang, bis zu ihrem Tod, hat der etwas naive Krankenpfleger Benigno (J. C.) seine Mutter betreut und auf ein eigenes Leben verzichtet. Nun wagt er es, die Ballettschülerin Alicia (L. W.) anzusprechen. Als diese nach einem Autounfall im Koma liegt, weicht er ihr nicht mehr von der Seite, pflegt sie vier Jahre lang und spricht mit ihr. Der einfühlsame, geschiedene Reisejournalist Marco (D. G.) verliebt sich in die Stierkämpferin Lydia (R. F.). In der Arena schwer verletzt, wird sie ins gleiche Krankenhaus eingeliefert und fällt ins Koma. Dort lernen die beiden unterschiedlichen Männer, sich und ihre Schicksale zu verstehen. Mit der Zeit entwickelt sich eine tiefe, vertrauensvolle Freundschaft. Benigno gesteht dem Seelenverwandten, er wolle Alicia heiraten. Eines Tages taucht Lydias Ex-Liebhaber (A. F.) auf und teilt Marco mit, sie habe vor dem Unfall zu ihm zurückkehren wollen. Frustriert geht jener ins Ausland, wo er nach einiger Zeit erfährt, Benigno befinde sich in Untersuchungshaft, weil er die noch immer bewußtlose Alicia geschwängert habe. Als einziger Freund des Beschuldigten eilt Marco ins Gefängnis, kann den Pfleger jedoch nicht vor dem Selbstmord bewahren, der ihn mit seiner großen Liebe vereinen würde. So erfährt er nicht mehr, daß jene durch eine Fehlgeburt aus dem Koma aufgewacht ist. Marco sieht Alicia nun mit anderen Augen ...
Pedro Almodóvars bislang vielleicht reifstes Melodram um die Beziehungen zwischen den Geschlechtern ist eine faszinierend-phantasievolle Momentaufnahme der Suche nach Liebe und Geborgenheit, eine universell gültige Studie über die Einsamkeit und die Obsessionen der Seele. Gleichzeitig eine kunstvoll komponierte Zeit-Reflexion aus Erinnerungen, Vorahnungen und Hoffnungen. Die romantische Tradition spanischer Macho- und Stierkampfsymbolik verbindet sich mit katholisch besetzten Metaphern.
Die doppelte Liebesgeschichte mäandert zwischen Leben und Tod, Anziehung und Abstoßung, Normalität und Tabu. Nicht ohne Grund opfert sich Benigno für seine Mutter und die erwählte Liebe: Erlösung und Anerkennung aber findet er nicht in dieser Welt. Alles existiert nur im Jenseits, in seiner Phantasie. Für den Realisten und Heimatlosen Marco wirkt er wie ein Träumer, dem wahren Le-

ben entrückt, ein Gefangener seiner Egozentrik. Der als Rahmenhandlung eingefügte Tanz (P. B.) offenbart Trauer, Verzicht, Leiden, Zuneigung, Ohnmacht und Schmerz, aber auch neues Glück. Vor allem bedarf es immer wieder der Kommunikation, des Gesprächs, der Kunst und Geduld des Zuhörens, der Nachsicht und der uneigennützigen Liebe. Almodóvars subtile Männerfreundschaft ist eine Tragödie, die den sexuellen Mißbrauch einer Koma-Patientin nicht spekulativ ausschlachtet, sondern vielmehr als individuelles Leid stilisiert und poetisch-ästhetisch überhöht. Eine romantische »Projektion auf das Unerreichbare«, die Geschichte einer unmöglichen Liebe, auf der Suche nach dem Geheimnis der weiblichen Psyche. Der vierzehnte, nicht nur in seiner Heimat sehr erfolgreiche Spielfilm des Spaniers nimmt Motive von *Todo sobre mi madre* und *La flor di mi secreto* (Mein blühendes Geheimnis, Spanien 1995) auf und formt sie zur Perfektion.

Hadaka no shima
Die nackte Insel

Japan 1960

R: Kaneto Shindo; A: Kaneto Shindo; K: Kiyoshi Kuroda; D: Nobuko Otowa, Taiji Tonoyama

Vater (N. O.), Mutter (T. T.) und zwei Kinder leben auf einer kleinen Insel. Tag für Tag müssen sie mehrmals über die Bucht zum Festland rudern und in Eimern das fehlende Süßwasser für ihren Acker und das tägliche Leben holen. Gelegentlich gibt es kurze Unterbrechungen: die Ernte, ein Kind stirbt und wird begraben, ein großer Fisch wird gefangen. Aber das alles bringt eben nur Unterbrechungen, keine Veränderung.
Kaneto Shindo, der diesen Film in eigener Produktion drehte, beobachtet detailversessen den Rhythmus der Arbeit, die stets gleichen Bewegungen und Handgriffe, den Kreislauf der Fron, die eintönige Wiederkehr, die keinen Sieg und keine Verzweiflung kennt.
Der Film, der auf Dialoge und einen Kommentar verzichtet, ist durch seine Nüchternheit offen für Interpretationsversuche: Dokument menschlicher Erniedrigung oder Bewährung, der Unbeugsamkeit oder der Auswegslosigkeit? Auf jeden Fall wird hier mit erstaunlichem ästhetischem Gespür ein Stück Realität eingefangen.

Hâkkari'de bir mevsim
Eine Saison in Hakkari

Türkei/BRD 1982/83

R: Erden Kiral; A: Onat Kutlar nach einem Roman von Ferit Edgü; K: Kenan Ormanlar; D: Genco Erkal, Rana Cabbar, Berrin Koper, Serif Sezer, Erkan Yüzel

Mit einem Koffer in der Hand stapft ein Mann (G. E.) mühsam über tief verschneite Gebirgspfade: ein junger Lehrer, der für einen Winter in das Bergdorf Pirkanis in der anatolischen Provinz Hâkkari strafversetzt worden ist. Es gibt hier weder Straßen noch Elektrizität; fast drei Viertel des Jahres ist das Dorf in Schnee und Kälte isoliert. Die Dorfbewohner bestaunen den Lehrer wie einen Boten aus einer anderen Welt. Er beobachtet fassungslos ihre archaischen Lebensformen, bemüht sich, den Kindern den Lehrstoff beizubringen und den Erwachsenen eine Ahnung von dem zu vermitteln, was sich außerhalb ihres engen Gesichtskreises abspielt. Als der Schnee schmilzt, ist die »Saison in Hakkari« für den Lehrer beendet. War er erfolgreich? Die Kinder haben etwas gelernt; eine Frau (B. K.) hat es gewagt, gegen den mächtigen Dorfvorsteher (R. C.) aufzubegehren. Und auf jeden Fall hat er selbst etwas gelernt – Verständnis und Toleranz für Menschen, die unter anderen Bedingungen aufgewachsen sind und leben ...
Ein stiller und dabei doch intensiver, ja spannender Film. Erden Kiral stellt die bizarre Exotik seines Handlungsschauplatzes niemals spekulativ aus; er beobachtet vielmehr gelassen und verständnisvoll. So wird die erste Begegnung zwischen den Dorfbewohnern und dem neuen Lehrer zu einer ungeheuer aufregenden Szene, weil es der Regie gelingt, die Bedeutung, die ein solches Ereignis für die Bergbauern hat, auch den Zuschauern ganz unaufdringlich zu vermitteln. Der Film nimmt uns

so sehr für diese einfachen, schweigsamen Menschen ein, daß ihre Alltagsprobleme uns unmittelbar und spontan berühren.

Halbe Treppe

BRD 2001

R: Andreas Dresen; A: Elfköpfiges Team und Dramaturgin Cooky Ziesche; K: Michael Hammon; D: Steffi Kühnert, Axel Prahl, Gabriela Maria Schmeide, Thorsten Merten, Julia Ziesche, Jens Graßmehl, Mascha Rommel, Christine Schorn

Uwe Kukowski (A. P.) betreibt an einem Parkaufgang in Frankfurt a. d. O. die Imbißbude »Halbe Treppe« und kommt gerade so über die Runden. Seine Frau Ellen (S. K.), die als Parfümverkäuferin arbeitet, und die Kinder fühlen sich schon mal vernachlässigt. Besonders, wenn Uwe eine Ladung Eisbein in der häuslichen Badewanne zwischenlagert. Auch das befreundete Ehepaar Chris (T. M.) und Katrin Düring (G. M. S.) steckt in einer Beziehungskrise. Das Quartett kennt sich von Diaabenden und anderen Unternehmungen. Eines Tages registriert Ellen die aufmerksamen Blicke des witzigen Radiomoderators Chris. Schon bald haben sie sich verliebt, fahren unter die Oderbrücke und später über die polnische Grenze nach Słubice ins Hotel. Doch irgendwann, zu Hause, kommt es zu einem Zwischenfall am falschen Ort, zur falschen Zeit. Die Affäre, die Liebe ohne Reue fliegt auf. Betroffenheit, Entsetzen, eine quälende Aussprache zu viert folgen. Schließlich ist von Auszugsplänen die Rede. Uwe, von Ellens Absichten ins Mark getroffen, erklärt sich zu außergewöhnlichen Anstrengungen und Versprechungen bereit – bevor er handgreiflich zu werden droht. Chris dagegen schickt verschlüsselte Botschaften an seine Frau und die Geliebte über den Äther. Nach Tränen und kleinen Zärtlichkeiten rückt ein Happy-End in greifbare Nähe. Eigentlich aber auch wieder nicht ...
Der aus Gera stammende Regisseur Andreas Dresen feierte mit *Nachtgestalten* (1998) seinen Durchbruch, der Fernsehfilm *Die Polizistin* (2000) fand sogar ein Millionenpublikum. *Halbe Treppe*, gedreht mit digitaler Videokamera, bezeichnet er als »kleinen, sehr experimentell angelegten Film«. Ohne Drehbuchvorlage und frei von produktionstechnischen Zwängen konnte sich die Filmcrew improvisierend an das Thema herantasten und die Geschichte gemeinsam entwickeln. Diese Methode der Inszenierung ist auch die konsequente Fortsetzung der dokumentarisch-realistischen Arbeit des Regisseurs. Der liebevolle und sympathisch-charmante Grundton erlaubt einen stimmigen, lebensnahen Blick auf die großen und kleinen Probleme durchschnittlicher Menschen und Familien – in der ehemaligen DDR und andernorts.
Zwei Paare um die vierzig befinden sich in der Midlife-Crisis. Es ist Halbzeit. Zeit, Bilanz zu ziehen, auf halbem Weg des Lebens. Das Abenteuer mit wunderbaren Augenblicken von Lachen und Weinen, Ernst und Humor versprüht eine unverkrampfte Leichtigkeit. *Halbe Treppe* legt Authentizität und Wahrhaftigkeit in die Waagschale, einen »Spiegel der eigenen Seele«, weniger einen oberflächlichen »Einbauküchenrealismus« (F. A. Z.). Der genaue Blick, das Aufspüren der Absurditäten und Träumereien des Alltags und der Sinn für Gerechtigkeit zeichnen auch diesen Film von Andreas Dresen aus. Die Tragikomödie, die ohne die Einheitsdramaturgie so vieler zu Tode geförderter deutscher Geschichten auskommt, erhielt u. a. bei der Berlinale 2002 den Großen Preis der Jury.

Hallelujah
Halleluja

USA 1929

R: King Vidor; A: King Vidor, Wanda Tuchock, Richard Schayer, Ransom Rideout; K: Gordon Avil; D: Daniel L. Haynes, Nina Mae McKinney, William Fountaine, Victoria Spivey, die Dixie Jubilee Singers

Der Film spielt unter Schwarzen in den Südstaaten. Die Johnsons sind eine glückliche Familie; die Baumwollernte war gut, und Zeke (D. L. H), der älteste Sohn, soll sie mit seinem Bruder Spunk zur Baumwollmühle bringen. Aber in der Stadt verfällt Zeke der attraktiven

Chick (N. M. MK.), läßt sich zum Würfelspiel überreden und verspielt den gesamten Erlös der Ernte an Chicks Begleiter Hot Shot (W. F.). Es kommt zu einem Handgemenge, und Spunk wird getötet. Von leidenschaftlicher Reue gepackt, wird Zeke zum Wanderprediger. Unter seinen Zuhörern entdeckt er eines Tages Chick und ihren Freund, die ihn verspotten wollen. Chick läßt sich bekehren, aber nur, weil sie Zeke für sich gewinnen will. Das gelingt, Zeke wird seiner Berufung untreu und nimmt eine Arbeit in einer Sägemühle an. Doch bald ist Chick das einfache Leben leid; sie flieht mit Hot Shot. Rasend vor Zorn verfolgt Zeke die Flüchtigen. Chick verunglückt, Hot Shot wird von Zeke getötet. Nach seiner Entlassung aus dem Zuchthaus kehrt Zeke nach Haus zurück. Alle verzeihen ihm, und seine Jugendfreundin Missy Rose (V. S.) hat auf ihn gewartet.

Zweifellos ist es King Vidor nicht ganz gelungen, sich von den Klischeevorstellungen über die Schwarzen zu lösen. In seinem Film sind sie ein naives, heißblütiges, aber leicht zufriedenzustellendes Völkchen, das sein Schicksal als Fügung Gottes betrachtet. Ernsthafte Konflikte werden durch schwermütige Spirituals (Musik: Irving Berlin) überdeckt. Trotzdem verfügt der Film über beträchtliche Qualitäten. Zu einer Zeit, in der die meisten Regisseure sich mit den Tonfilmapparaturen in die sterile Welt der Studios zurückzogen, wurde er unter freiem Himmel auf den Baumwollfeldern gedreht. Er ist hervorragend fotografiert, wobei besonders die ekstatischen Szenen von Zekes Predigt expressive Wirkungen erzielen. Er lebt außerdem von einem unverfälschten Überschwang der Gefühle, der viele Filme Vidors auszeichnet.

Hallelujah the hills
Halleluja – die Hügel

USA 1963

R: Adolfas Mekas; A: Adolfas Mekas; K: Ed Emshwiller; D: Peter H. Beard, Martin Greenbaum, Sheila Finn, Peggy Steffans, Ed Emshwiller

Jack (P. H. B.) und Leo (M. G.) werben um dasselbe Mädchen, um Vera. Das heißt, eigentlich ist es nicht dasselbe Mädchen; denn jeder sieht in ihr etwas ganz anderes, und konsequent wird Vera auch von zwei Schauspielerinnen (S. F., P. S.) gespielt. Vera bittet sich Bedenkzeit aus. Und so ziehen Jack und Leo Jahr für Jahr zu ihrer Hütte in den Wäldern von Vermont, um von Vera zu träumen. Nach sieben Jahren aber wird ihnen die bittere Erkenntnis zuteil, daß Vera sich für einen Dritten, für den bärtigen Gideon (E. E.), entschieden hat. Jack und Leo finden ein exquisites Ende: Sie fahren mit ihrem Jeep zwischen zwei Sträflingen hindurch, die sich mit gefundenen Pistolen duellieren – just als beide abdrücken. Man sieht nur noch eine Schwarzblende und den Titel »Ende«.

Die skurrile Handlung hat wenig Bedeutung. Der Film lebt aus sich heraus, aus grotesken Gags, Verweisungen, Zitaten und Parodien. Realität im üblichen Sinn ist hier ganz ausgeschaltet, die einzige existierende Wirklichkeit ist die des Films. Dieses Stilprinzip ist mit ebensoviel Einfallsreichtum wie Konsequenz durchgehalten worden, so daß ein ganz unverwechselbarer, heiterer und poetischer Film entstanden ist.

Hamlet Ⓢ

Deutschland 1920

R: Svend Gade, Heinz Schall; A: Erwin Gepard nach Prof. E. Vining und William Shakespeare; K: Curt Courant, Axel Graatkjaer; D: Asta Nielsen, Eduard von Winterstein, Hans Junkermann

Der Film folgt in seiner Handlung im wesentlichen dem Drama Shakespeares, geht allerdings von einer überraschenden Voraussetzung aus, die durch eine Vorgeschichte erklärt wird: Während seine Frau im Kindbett liegt, muß der dänische König in den Krieg ziehen. Gerade nachdem die Königin ein Mädchen zur Welt gebracht hat, kommt die Nachricht vom Tod des Königs. Um die Dynastie zu retten, läßt die Königin die Geburt eines Thronfolgers bekanntgeben. Doch der König lebt! Für eine

Hamlet (Asta Nielsen)

»Berichtigung« ist es zu spät, und so wächst ein junges Mädchen als »Prinz Hamlet« (A. N.) heran.

Hamlet als Frau – das ist ein interessantes Denkspiel, und der Film hat es nicht ohne Geschick betrieben. Hamlets Verhalten gegenüber Ophelia und vieles mehr erhält verblüffende neue Akzente. Wesentlichen Anteil daran, daß dieser Film niemals in die bloße Kuriosität abgleitet, hat zweifellos Asta Nielsen. Ihr Spiel ist über weite Strecken faszinierend; sie übertrifft den größten Teil ihrer Mitspieler bei weitem. Typisch ist etwa ihre Todesszene, die sie mit einigen Andeutungen und wenigen ganz echten Gesten gestaltet, während die Umstehenden pathetisch die Hände ringen und die Arme gen Himmel recken. Da zeigte sich, daß die Nielsen ihren Kollegen einfach eine kinematographische Entwicklungsstufe voraus war.

Hamlet gehört, ähnlich wie *Faust*, zu den Lieblingsthemen des Films. Schon 1900 hatte Sarah Bernhardt vor der Kamera die Duellszene gespielt, 1907 drehte Georges Méliès einen *Hamlet*, 1910 entstand eine dänische Version unter der Regie von August Blom im historischen Schloß Kronborg usw. Die bekanntesten *Hamlet*-Verfilmungen wurden wohl die englische von und mit Laurence Olivier (1948) und der russische *Gamlet* (Hamlet, 1964) von Grigori Kosinzew mit Innokenti Smoktunowski in der Titelrolle.

2005 wurde dem Deutschen Filminstitut in Frankfurt am Main eine Kopie der verloren geglaubten deutschen Fassung des Films angeboten. Bei der Berlinale 2007 stellte man die restaurierte Farbfassung des Werks mit einer neuen Musik von Michael Riessler vor, da die Originalkomposition Giuseppe Becces weiterhin als verschollen gilt.

Hamlet
Hamlet

England 1948

R: Laurence Olivier; A: Alan Dent und Laurence Olivier nach dem gleichnamigen Schauspiel von William Shakespeare; K: Desmond Dickinson; D: Laurence Olivier, Jean Simmons, Eileen Herlie, Basil Sydney, Felix Aylmer

Verfilmung des gleichnamigen Schauspiels von Shakespeare: Hamlet (L. O.), Ophelia (J. S.), Polonius (F. A.), Claudius (B. S.), Gertrude (E. H.).

Die filmische Adaption blieb trotz bemerkenswerter darstellerischer Leistungen und der interessanten psychologischen Interpretation des Titelhelden zwiespältig. Olivier meinte: »Unsere Bearbeitung, die aus einem Bühnenstück von viereinhalb Stunden Spieldauer einen Film von zweieinhalb Stunden machen mußte, ging von dem Gedanken aus, ein neues und selbständiges künstlerisches Gebilde aus dem größeren und ursprünglichen des Schauspiels herauszuschneiden. Zu diesem Zweck haben wir die Fabel vereinfacht und damit allerdings viele herrliche Einzelheiten verloren ...«

Aber nicht die notwendigen Kürzungen sind das Problem des Films, sondern eher die Tatsache, daß ein erklärtes Ziel der Regie nicht überzeugend erreicht wurde. Olivier sagte, er habe beabsichtigt, »einen nuancenreichen

Kammerspielton gegen die bedeutungsvolle Schlichtheit der Bauten zu setzen«. Statt dessen hat die monumentale Stilisierung der Bauten die gesamte Inszenierung beeinflußt. Sie wurde statisch und stellenweise auch pathetisch. Und der Einfall, die Monologe von einer »Geisterstimme« sprechen zu lassen, während die Kamera in Großaufnahme ein Gesicht oder einen Gegenstand zeigt, nutzte sich bald ab.

Hana-bi
Hana-Bi

Japan 1997

R: Takeshi Kitano; A: Takeshi Kitano; K: Hideo Yamamoto; D: Beat Takeshi (d. i. Takeshi Kitano), Kayoko Kishimoto, Ren Osugi, Susumu Terajima

Polizeikommissar Yoshitaka Nishi (B. T.) ist von eisiger Kälte und Hoffnungslosigkeit umgeben. Er hat seine kleine Tochter verloren; seine Frau (K. K.) ist unheilbar krank; er fühlt sich verantwortlich dafür, daß sein Partner Horibe (R. O.) durch die Kugel eines Gangsters gelähmt ist und daß bei der Verfolgung des Täters sein Kollege Nakamura (S. T.) schwer verletzt und ein anderer getötet wurde. Monate später besucht Nishi seinen Freund Horibe, der – von seiner Frau verlassen – einsam im Rollstuhl sitzt und davon träumt, sich die Zeit mit Malen zu vertreiben. Nishi, der seinen Dienst quittiert hat, schenkt ihm eine teure Malausrüstung und leiht sich das nötige Geld bei der Yakuza, der japanischen Mafia. Die sitzt ihm nun ständig mit neuen Zinsforderungen im Nacken. Nishi entschließt sich zu einer radikalen Lösung. Er überfällt eine Bank, zahlt das geliehene Geld zurück, überläßt Horibe und der Witwe des getöteten Kollegen einen erklecklichen Teil der Beute und nutzt den Rest, um mit seiner Frau auf eine lange Abschiedsreise zu gehen. Zwar tauchen abermals Geldeintreiber der Yakuza auf, doch die tötet er ohne Skrupel. Dann aber hat der wieder genesene Nakamura die Spur des Bankräubers gefunden und überrascht Nishi und seine Frau an einem einsamen Strand. Gegen ihn ist Nishi wehrlos. Er bittet den Kollegen um eine kurze Frist; dann hört man aus dem Off zwei Schüsse.

Das japanische Wort »hana-bi« bedeutet »Feuerwerk«, der Bindestrich trennt es in seine Bestandteile: »hana«, die Blume, symbolisiert das Leben; »bi«, das Feuer, steht für die Schüsse, für den Tod. Und um Leben und Sterben geht es in diesem Film. Lakonisch, mit wenigen Dialogen und in schmucklosen, aber sorgfältig komponierten und kalkulierten Bildern erzählt er eine Gangstergeschichte, die des furchtlosen Einzelgängers, der sich in einer gewalttätigen Welt mit Gewalt behauptet, der wortkarg handelt und seine Gefühle nicht preisgibt. Nishi fühlt die moralische Verpflichtung, Wiedergutmachung zu leisten, dafür ist ihm fast jedes Mittel recht. Aber zwischen den mit einer Art gleichmütigen Brutalität geschilderten Stationen dieser Gangsterballade lädt der Film durch seine unspektakuläre Schlichtheit ein zum Nachdenken über den Sinn des Lebens und des Sterbens. Der gelähmte, von Frau und Kind verlassene Horibe malt mit leuchtenden Farben Bilder voller Kraft und Lebensfreude; Nishi hat sich entschieden, mit dem Tod umzugehen. Er tut es nicht, weil er glaubt, Herr über Leben und Tod zu sein, sondern weil das Schicksal ihm diese Aufgabe gestellt hat.

Das populäre japanische Multitalent Takeshi Kitano hat diesen Film gleichsam im Alleingang geschaffen. Er ist Autor, Regisseur und Hauptdarsteller; er hat den Schnitt besorgt und Horibes Bilder gemalt. Ihm ist dabei ein Film gelungen, der in Form und Inhalt von Poesie und Präzision geprägt ist.

Der Händler der vier Jahreszeiten

BRD 1970

R: Rainer Werner Fassbinder; A: Rainer Werner Fassbinder, K: Dietrich Lohmann; D: Hans Hirschmüller, Irm Hermann, Hanna Schygulla, Klaus Löwitsch, Kurt Raab

Der »fliegende Obsthändler« Hans Epp (H. H.) erleidet nach einem Streit mit seiner Frau (I. H.) einen Herzinfarkt. Während seines Krankenhausaufenthaltes betrügt ihn seine

Der Händler der vier Jahreszeiten (Hans Hirschmüller, Karl Scheydt)

Frau mit einer Zufallsbekanntschaft. Der Arzt verbietet ihm schwere körperliche Arbeit und den Alkohol. Für die Epps bedeutet just das den sozialen Aufstieg: Sie mieten einen festen Standplatz und engagieren einen Angestellten für den Obstkarren. Zunächst ist das ausgerechnet Frau Epps »Zufallsbekannter«; aber den intrigiert sie aus dem Haus. Hans Epp findet schließlich in einem Freund (K. L.) aus seiner Zeit bei der Fremdenlegion einen ehrlichen und eifrigen Mitarbeiter. Aber je reibungsloser der Betrieb ohne seine tätige Mithilfe läuft, desto schwermütiger wird Hans. Er trinkt sich bewußt zu Tode. Nach der Beerdigung bietet seine Frau dem Freund an, künftig ihr Geschäftspartner und Ehemann zu sein. Er akzeptiert.

Fassbinder erzählt die Geschichte eines Mannes, der von seiner Umwelt, speziell von den Frauen, zerstört wird. Die Mutter zwingt Hans, der lieber Mechaniker werden möchte, zum Besuch der Oberschule und treibt ihn damit in die Fremdenlegion. Ein Straßenmädchen kompromittiert ihn und provoziert damit seine Entlassung aus dem Polizeidienst. Seine »große Liebe« weist ihn ab, weil ein Obsthändler ihren gesellschaftlichen Ansprüchen nicht genügt, und akzeptiert ihn nur als Liebhaber für ein paar flüchtige Stunden. Seine Frau unterdrückt ihn mit ihrer lieblosen Vernunft und ihrer mürrischen Lebenstüchtigkeit. Und seine Schwester (H. S.), die einzige in der spießig-kleinbürgerlichen Familie, die ihn versteht, hat im entscheidenden Moment keine Zeit für ihn.

Der Film schildert das in einfachen, genau kalkulierten Bildern und in einem ruhigen, suggestiven Rhythmus. Knappe Rückblenden erzählen die Vorgeschichte; aber sie sind weniger dramaturgisches Mittel als Information. Eine Tragödie, die auf leisen Sohlen einherkommt.

Hangmen also die!
Auch Henker sterben

USA 1943

R: Fritz Lang; A: John Wexley, Fritz Lang und Bert Brecht nach einer Vorlage von Bert Brecht; K: James Wong Howe; D: Brian Donlevy, Walter Brennan, Anna Lee, Alexander Granach, Hans Heinrich von Twardowski

Der Reichsprotektor Heydrich (H. H. v. T.) wird 1942 in Prag von Dr. Svoboda (B. D.), einem Mitglied der tschechischen Widerstandsbewegung, bei einem Attentat getötet. Mit Hilfe von Mascha Novotny (A. L.) kann Svoboda zunächst entkommen. Er verliebt sich in Mascha. Und als die Gestapo Geiseln verhaftet, unter denen sich auch Maschas Vater (W. B.) befindet, will Svoboda sich stellen. Aber er will nicht lebend in die Hände der Gestapo fallen. Unterdessen ist aber die Gestapo bereits auf seiner Spur. Als der Versuch mißlingt, Inspektor Gruber (A. G.), den Leiter der Fahndung, abzulenken, wird Gruber ebenfalls getötet. Um die Geiseln zu retten, liefert die Untergrundbewegung schließlich einen ihr bekannten Spitzel und Kollaborateur als »Täter« aus. Er wird hingerichtet, obwohl die Gestapo weiß, daß er nicht der Täter ist; aber die Geiseln werden nicht freigelassen. Der Schlußtitel verheißt: Das ist nicht das Ende ...
Einer der wenigen Versuche deutscher Emigranten, im Ausland Filme gegen das Hitler-Regime zu drehen. Neben Lang, Brecht und einigen Schauspielern war auch der Komponist Hanns Eisler unter den Mitarbeitern. Brecht hat sich später von dem fertigen Film distanziert.
Wenn auch manche Details nicht die Realität jener Jahre treffen, wenn auch die Liebesgeschichte allzu klischeehaft erscheint, so fesselt doch die Grundkonzeption: die Diskussion über Berechtigung und Nutzen des Tyrannenmords. Und es überzeugt die Atmosphäre der Angst und lastender Bedrohung, die der Film eindringlich eingefangen hat.
Fritz Lang hatte vorher den Film *Man hunt* (Menschenjagd – USA 1941) inszeniert, der den Versuch eines Attentats auf Hitler schildert. 1944 drehte er nach einem Roman von Graham Greene *The ministry of fear* (Ministerium der Angst), einen Thriller über faschistische Agenten in England. Beide Filme erreichten aber nicht die Qualität von *Hangmen also die!*.

Hannah and her sisters
Hannah und ihre Schwestern

USA 1985

R: Woody Allen; A: Woody Allen; K: Carlo Di Palma; D: Woody Allen, Michael Caine, Mia Farrow, Barbara Hershey, Max von Sydow, Dianne Wiest

Mit einer Familien-Party am Thanksgiving-Day beginnt der Reigen um Hannah (M. F.), ihre Schwestern und deren Ehemänner und Liebhaber. Es verliebt sich zum Beispiel Hannahs Ehemann Elliott (M. C.) in seine Schwägerin Lee (B. H.), die mit einem griesgrämigen Kunstmaler (M. v. S.) liiert ist. Elliott und Lee haben eine kurze, heftige Liebesaffäre, bis Lee einen anderen Mann kennenlernt und Elliott zu Hannah zurückkehrt. Dann ist da ihre Schwester Holly (D. W.), die in verschiedenen Berufen genau so erfolglos ist wie in ihrem Bemühen, Hannahs Ex-Ehemann Mickey (W. A.) einzufangen. Der Hypochonder Mickey nämlich ist vollauf damit beschäftigt, seine eingebildeten Krankheiten zu bewältigen. Schließlich aber gibt es eine glückhafte Wendung: Holly findet ihre wahre Berufung, indem sie ihr chaotisches Leben zu einem Drehbuch verarbeitet; und der Fernseh-Regisseur Mickey entdeckt nicht nur die Qualitäten dieses Buches, sondern endlich auch die seiner Autorin. Am Ende des Films wird wieder Thanksgiving-Day gefeiert – zwei Jahre später ...
Von *Annie Hall* über *Manhattan* (Manhattan, 1979) führt eine gerade Linie zu *Hannah and her sisters* – alles Filme über eine Stadt, über die »Landschaften«, aus denen diese Stadt besteht, und über die Menschen, die in ihr wohnen. Wiederum beobachtet Woody Allen wie beiläufig und dennoch scharf und exakt: Die Episoden dieses Films sind Bruchstücke von Schicksalen, von tragischen und komischen, die ohne Pathos und Aufgeregtheit aneinan-

dergefügt sind; es sind »Lebenszeichen«, die man selbst miteinander verknüpfen, bei denen man auch gelegentlich fehlende Bindeglieder ergänzen muß. Eine »menschliche Komödie« alles in allem.

Hannibál tanár úr
Professor Hannibal

Ungarn 1956

R: Zoltán Fábri; A: Zoltán Fábri, István Gyenes, Péter Szász nach der Erzählung *Der von den Toten erweckte Hannibal* von Ferenc Móra; K: Ferenc Szécsényi; D: Ernö Szabó, Noemi Apor, Emmi Buttykai

Ungarn um 1930. Der linkische Gymnasiallehrer Béla Nyul (E. S.) ist glücklich: Sein Aufsatz über Hannibal, in dem er eine neue Theorie über den Tod des karthagischen Feldherrn aufgestellt hat, ist in einer Festschrift der Schule abgedruckt worden. Am nächsten Tag hat sich die Situation jäh gewandelt. Nyuls These gilt als staatsfeindlich; rechtsradikale Gruppen attackieren ihn. Er wird vom Schuldienst beurlaubt. Bei einer Massenkundgebung erreichen die Angriffe gegen ihn ihren Höhepunkt; und es kommt sogar zu Tätlichkeiten. Um sein Leben zu retten, drängt Nyul sich zum Mikrofon und widerruft seine These, die Frucht jahrelanger Arbeit. Vor dem jähen Jubel weicht er zurück, stürzt von der Tribüne und ist tot.
Hannibál tanár úr entstand kurz vor der Revolution in Ungarn. Die Tendenzen der Liberalisierung sind hier bereits unverkennbar: Der Film ist eine deutliche Absage an den Totalitätsanspruch jeglicher Ideologie, und er verteidigt konsequent die Rechte des Individuums. Formal zeugt der Film zwar vom Talent Fábris, ist aber dennoch uneinheitlich. Am besten gelangen wohl jene Szenen, in denen Nyul bei einem einflußreichen Freund Hilfe sucht; völlig aus dem Rahmen fallen dagegen einige Traumvisionen, in denen der Geist Hannibals dem armen Lehrer erscheint.

Harold and Maude
Harold und Maude

USA 1971

R: Hal Ashby; A: Colin Higgins nach seinem gleichnamigen Roman; K: John A. Alonzo; D: Ruth Gordon, Bud Cort, Vivian Pickles, Charles Tyner

Harold (B. C.), von der Erziehung durch seine ebenso reiche wie gedankenlose Mutter (V. P.) gründlich verkorkst, verwendet seine Energie vornehmlich auf das Arrangement fingierter Selbstmordversuche, mit denen er seine Mutter erschrecken will, und verbringt seine Freizeit am liebsten mit dem Besuch von Begräbnissen. Hier lernt er die fast achtzigjährige Maude (R. G.) kennen, die in einem phantastisch ausgestatteten ehemaligen Eisenbahnwagen lebt, gelegentlich Autos »enteignet« und Harold zu unbekümmerter Individualität ermuntert. Gemeinsam veralbern die beiden die gute Gesellschaft ebenso wie die Polizei; und gemeinsam vereiteln sie den Versuch von Harolds Mutter, den jungen Mann über die Vermittlung seines Onkels Victor (C. T.) in die Armee zu stecken und dort zu domestizieren. Die Beziehungen zwischen Harold und Maude werden schließlich so eng, daß der junge Mann sie gar um ihre Hand bittet; aber Maude macht an ihrem 80. Geburtstag wahr, was sie schon früher angekündigt hatte: Sie wählt den Freitod. Harold rast verzweifelt mit seinem Auto über die Klippen. Doch am Ende steht er unversehrt in einer traumhaft schönen Landschaft.
Eine Komödie voller Widerhaken hat Ashby hier gedreht, ein skurriles Spiel, das für Individualität ebenso wirbt wie für Pragmatismus und das die Ohnmacht der Institutionen bei der Lösung zwischenmenschlicher Konflikte zeigt. Der »American way of life« erscheint als Schreckensvision, die traditionellen Ordnungskräfte wie Militär und Polizei sind zur Karikatur degeneriert, und der Glaube eines Psychoanalytikers an seine Wissenschaft ist nur noch Anlaß zur Belustigung. Ashbys effektvoller Rundumschlag wurde ein großer und anhaltender Erfolg.

Harry Potter and the sorcerer's stone
Harry Potter und der Stein der Weisen

England/USA 2000/01

R: Chris Columbus; A: Steve Kloves nach dem gleichnamigen Roman von Joanne K. Rowling; K: John Seale; D: Daniel Radcliffe, Emma Watson, Rupert Grint, Robbie Coltrane, Richard Harris, Alan Rickman, Maggie Smith, Harry Melling, Tom Felton

Nach dem Tod seiner Eltern fristet Harry Potter (D. R.) bei Onkel, Tante und dem fiesen Vetter Dudley (H. M.) ein rechtes Aschenputtel-Dasein. Doch an seinem 11. Geburtstag ändert sich sein Leben: Da erfährt er nämlich, daß seine Eltern Zauberer waren, die vom bösen Renegaten Voldemort umgebracht worden sind. Er hat als Baby Voldemorts Fluch überlebt und nur eine blitzförmige Narbe an der Stirn davongetragen. Nun also ist Harry alt genug, ebenfalls die Zauberschule auf Schloß Hogwarts zu besuchen. Dort trifft er auf den weisen Schulleiter Albus Dumbledore (R. H.) und auf höchst unterschiedliche Lehrer wie die strenge Minerva McGonagall (M. S.) oder den zwielichtigen Severus Snape (A. R.). Er findet Freunde in den Mitschülern Hermione (E. W.) und Ron (R. G.) sowie dem gutmütigen Wildhüter Hagrid (R. C.); und er erfährt die Feindschaft des aalglatten Draco Malfoy (T. F.). Vor allem spürt er bald, daß Voldemort, dessen Namen die meisten Zauberer nicht auszusprechen wagen, noch lebt. Zwar hat er als Strafe für seine Missetaten seinen Körper verloren, aber sein Geist scheint in den Körper eines Hogwarts-Lehrers gefahren zu sein. Noch immer strebt Voldemort nach der Weltherrschaft. In einem furiosen Finale gelingt es jedoch Harry und seinen Freunden, das Böse – für dieses Mal! – zu überwinden.

Buch und Film wurden phänomenale Erfolge, obwohl in diesem ersten Teil die Handlung sich noch nicht voll entfaltet. Hauptsächlich werden hier die Personen, die Schauplätze und die merkwürdigen Lebensgewohnheiten in der magischen Gegenwelt der Zauberer und Hexen vorgestellt. In deren Schilderung allerdings entwickelt die Autorin großen Einfallsreichtum, und der Film setzt ihre Phantasien überzeugend ins Bild. Er wird dabei nicht zur bloßen Schau der Spezialeffekte; denn die technisch perfekten Tricks – z. B. sprechende Gemälde, sich verwandelnde Treppen, Eulen als Postboten, schwebende Geister und das furiose Quidditch-Spiel, das auf Zauberbesen in der Luft ausgetragen wird – werden wie selbstverständlich in eine unterhaltsame Internats-Geschichte integriert. So erscheint es bald auch den Zuschauern normal, daß die Zauberer in England ein eigenes Bankhaus und eine eigene Einkaufsstraße haben, oder daß man über die Leistungsfähigkeit fliegender Besen genau so fachsimpeln kann wie über die PS-Zahl von Autos. Am Ende ist man sogar geneigt, die »Muggels«, das heißt alle Nicht-Magier für eine recht merkwürdige Spezies zu halten; denn man fühlt sich heimisch in dieser Welt der bunten Träume, der düsteren Visionen und der spannenden Abenteuer.

Die Autorin hat die Geschichte von den sieben Lehrjahren Harry Potters mit dem siebten Band abgeschlossen. Die Verfilmungen sind gegenwärtig bis zum fünften Band gediehen: *Harry Potter and the chamber of secrets* (Harry Potter und die Kammer des Schreckens – R: Chris Columbus, USA/England 2002), *Harry Potter and the prisoner of Azkaban* (Harry Potter und der Gefangene von Askaban – R: Alfonso Cuarón, USA 2004), *Harry Potter and the goblet of fire* (Harry Potter und der Feuerkelch – R: Mike Newell, USA/England 2005), *Harry Potter and the order of the Phoenix* (Harry Potter und der Orden des Phönix – R: David Yates, USA/England 2007). Der sechste Film, *Harry Potter and the half-blood prince* (Harry Potter und der Halbblutprinz – R: David Yates), ist in der Produktion und soll im November 2008 uraufgeführt werden; der siebte wird vorbereitet. Alle bisher erschienenen Filme waren – auch in der BRD – große Publikumserfolge.

Der Hauptmann von Köln

DDR 1956

R: Slatan Dudow; A: Henryk Keisch, Michael Tschesno-Hell, Slatan Dudow; K: Werner Bergmann, Helmut Bergmann; D: Rolf Ludwig, Erwin Geschonneck, Christel Bodenstein

Bei einem Soldatentreffen in Köln wird der stellungslose Kellner Albert Hauptmann (R. L.) für den totgeglaubten Ritterkreuzträger Hauptmann Albert gehalten, der auf der Kriegsverbrecherliste steht. Als der Kellner sieht, daß ihm die Verwechslung nützlich ist, läßt er sie sich gefallen. Er wird Personalchef eines Industrieunternehmens, Bundestagsabgeordneter und beinah Schwiegersohn eines milliardenschweren Industriellen. Im Bundestag vertritt er ein Gesetz für die Amnestie von Kriegsverbrechen. Und just diese Amnestie wird ihm zum Verhängnis. Denn nun taucht der echte Kriegsverbrecher (E. G.) wieder auf, der sich bisher unter falschem Namen verborgen hatte. Er zeigt seinen Doppelgänger an, der wegen »Hochstapelei« verurteilt wird. Schließlich gibt man sich nicht ungestraft als Kriegsverbrecher aus, wenn man gar keiner ist ...

Der Film benutzt Motive tatsächlicher Ereignisse und ergänzt sie durch karikaturistische Übersteigerungen und Verzerrungen. Dabei gelangen ihm einige schlagkräftige satirische Pointen, die aber durch allzu grobe Übertreibungen einiges von ihrer Wirkung einbüßen. Dudow hat seine im Ansatz originelle Vorlage bemüht in Szene gesetzt und manche Überdeutlichkeiten des Drehbuchs noch überspielen können. Überwiegend herrscht hier jedoch jene naive Humorigkeit, die durch Namensanspielungen wie Pferdapfel für einen reichen Industriellen, Seekatz für einen »rechten« Politiker, Kesselmeyer für einen ehemaligen Generalfeldmarschall gekennzeichnet ist.

Der Hauptmann von Köpenick

Deutschland 1931

R: Richard Oswald; A: Carl Zuckmayer und Albrecht Joseph nach dem gleichnamigen Schauspiel von Carl Zuckmayer; K: Ewald Daub; D: Max Adalbert, Käthe Haack, Max Gülstorff, Friedrich Kayßler

Die Geschichte des arbeitslosen Schusters und Ex-Zuchthäuslers Wilhelm Voigt (M. A.), der einen Paß braucht, um ins bürgerliche Leben zurückzufinden. Nach einem erfolglosen Irrweg durch das Labyrinth der Behörden greift er zur Selbsthilfe. Ausstaffiert mit einer Hauptmanns-Uniform aus dem Trödlerladen, »unterstellt« er sich zwölf Soldaten, besetzt das Rathaus von Köpenick und verhaftet den Bürgermeister Dr. Obermüller (M. G.). Doch das ersehnte Dokument findet Voigt auch dort nicht, weil es in diesem Rathaus keine Paßstelle gibt ...

Zuckmayers tragikomische Bühnenversion der vielbelachten Affäre aus dem Jahr 1906 nutzt der Film für eine bissige Satire auf die Allmacht und die Beschränktheit der Militärs und Bürokraten im wilhelminischen Deutschland. Dabei konnten die Zuschauer kaum übersehen, daß man hier auch auf den gegenwärtigen Zustand der Gesellschaft zielte. Entsprechend gab es auch heftige Proteste gegen diesen Film, der schon neun Monate nach der Uraufführung des Schauspiels in die Kinos kam.

Eine Neuverfilmung, an deren Drehbuch wiederum Zuckmayer mitarbeitete (*Der Hauptmann von Köpenick* – R: Helmut Käutner, BRD 1956), geriet insgesamt gefühl- und gemütvoller. Heinz Rühmann spielte eindrucksvoll einen vom Schicksal bemitleidenswert Geschundenen; Martin Held als Dr. Obermüller ist auf bravouröse Weise komisch. Aber »getroffen« fühlte sich von diesem Film wohl niemand.

Häxan Ⓢ
Hexen

Schweden 1921/22

R: Benjamin Christensen; A. Benjamin Christensen; K: Johan Ankarstjerne; D: Emmy Schönfeld, Tora Teje, Benjamin Christensen

Ein Prolog mit mittelalterlichen Darstellungen informiert über das Weltbild des Mittelalters und über den Hexenwahn in jener Zeit. Dann folgen einige episodische Spielszenen: Eine Hexe braut einen Liebestrank. – Eine schöne junge Frau liegt schlaflos neben ihrem Mann im Bett. Satan (B. C.) betritt das Zimmer, sie streckt die Arme aus, und er drückt sie an sich. – Ein Mann ist erkrankt. Während seine Verwandten sich um ihn bemühen, bittet eine einäugige Bettlerin (E. S.) um eine milde Gabe. Man verdächtigt sie, den »bösen Blick« zu haben. Aus Angst vor der Folter gesteht sie, Kinder vom Teufel empfangen und an einem Hexensabbat teilgenommen zu haben. Außerdem beschuldigt sie ihre Anklägerin, deren Mutter und Dienstmädchen, ebenfalls Hexen zu sein. In der nächsten Sequenz sieht man Folterwerkzeuge. Dann zeigt Christensen die Darstellerinnen der Hexen in ihrer alltäglichen Umgebung, einem Altersheim, und läßt sich von den Frauen bestätigen: »Natürlich gibt es den Teufel. Er hat schon an meinem Bett gesessen!« Es folgt ein fragwürdiger Exkurs, der diesen Aberglauben mit dem Schicksal einer hysterischen Frau (T. T.) vergleicht. Am Schluß stehen Bilder einer modernen Wahrsagerin und die resignierende Feststellung: »Der Aberglaube existiert immer noch!«
Ein frühes und stellenweise recht intelligentes Beispiel für einen »Essay-Film«. Der Film war damals sehr umstritten. Er galt als heftiger Angriff auf die katholische Kirche, und man warf ihm vor, er verfälsche historische Tatsachen. »Solche Vorwürfe gingen damals schon am wesentlichen Kern des Films vorbei. Sie übersahen nämlich, daß es Christensen nicht darauf ankam, historische Ereignisse nachzuerzählen, sondern daß er ein historisches Phänomen in seinen psychologischen Auswirkungen darstellen wollte« (ARD-Spielfilmbroschüre, 1969/70). Recht zweifelhaft war dabei allerdings der Versuch, eine Parallele vom Hexenglauben des Mittelalters zu seelischen Erkrankungen wie Hysterie und Kleptomanie zu ziehen. Ursprüngliches filmisches Talent bewies Christensen in den Spielszenen, die durchaus einen Eindruck von der wirren, düsteren Welt vermitteln, in denen Hexenprozesse gedeihen konnten.

Heaven

BRD/USA/Frankreich 2000

R: Tom Tykwer; A: Krzysztof Kieślowski, Krzysztof Piesiewicz; K: Frank Griebe; D: Cate Blanchett, Giovanni Ribisi, Mattia Sbragia, Alberto Di Stasio, Stefano Santospago

Die junge Englischlehrerin Philippa (C. B.) hat lange vergeblich versucht, die Polizei zum Eingreifen gegen Signore Vendice (S. S.) zu bewegen. Der nämlich beherrscht den Drogenmarkt in Turin und ist damit verantwortlich für den Tod zahlreicher Menschen – darunter auch Philippas Mann. Jetzt greift sie zur Selbstjustiz und ist auch bereit, die Folgen zu tragen. Doch nach ihrer Verhaftung erfährt sie, daß die Bombe, die sie in Vendices Büro plaziert hatte, nicht ihn, sondern vier unschuldige Menschen getötet hat. Und bei den langen Verhören durch den Staatsanwalt (A. D. S.) und den Polizeimajor Pini (M. S.) wird ihr klar, daß die Polizei alle Beweise für ihre früheren Interventionen beiseite geschafft hat. Pini will ihrer Tat ein politisches Motiv unterschieben, um Vendice zu schützen. Nur einer glaubt ihr, der junge Carabiniere Filippo (G. R.), der als Schreiber und Dolmetscher (denn Philippa will nur in ihrer Muttersprache Englisch aussagen!) bei dem Verhör zugegen ist. Filippo verliebt sich in sie und riskiert für diese Liebe seinen Beruf und sein Leben. Er verhilft ihr zur Flucht, hilft ihr sogar, Vendice zu erschießen, und flieht mit ihr in die Toskana, wo beide für kurze Zeit bei einer Freundin Philippas untertauchen können. Doch bald ist ihr Unterschlupf von schwer bewaffneten Carabinieri umstellt. Es gibt keinen Ausweg mehr, außer dem einen. Sie besteigen einen unbewachten Polizei-Hubschrauber, fliegen senkrecht nach oben und verschwinden im unendlichen Blau des Himmels.

Die beiden Autoren hatten diesen Stoff als ersten Teil einer Trilogie (Paradies, Fegefeuer, Hölle) konzipiert; der Tod Kieślowskis machte diesen Plan zunichte. Tykwer hat aber betont, er habe sich bei der Verfilmung des Buches keineswegs als »Testamentsvollstrecker« gefühlt. In der Tat entspricht der Film inhaltlich und formal durchaus seinen eigenen Visionen und seinem Stil. Eine Grundkonstellation wird entwickelt, in der die handelnden Personen sich bewähren müssen. Philippa hat sich durch ihre Tat in Schuld verstrickt; die Luftaufnahmen von Turin mit dem Gewirr der Straßen und Gassen wirken wie ein Labyrinth, in dem sie sich verloren hat. Filippos Liebe zeigt ihr den Weg, führt sie hinaus in die sommerlich heitere toskanische Landschaft – und schließlich geradewegs in die Unendlichkeit! Tykwer hat diese gleichnishafte Geschichte lakonisch und mit strenger Konsequenz erzählt. Er sucht nicht nach dramaturgischen Effekten, hält sich nicht mit Details auf. Woher Philippa wirklich ihre Bombe hat, wie sie entkommen konnte – das alles ist ihm nebensächlich. Ihm geht es vielmehr darum zu zeigen, wie das Leben zweier Menschen vom Schicksal bestimmt wird. Das geschieht mit einer Kraft und Intensität, die den Zuschauer in seinen Bann zieht.

Heaven's gate
Das Tor zum Himmel

USA 1979/80

R: Michael Cimino; A: Michael Cimino; K: Vilmos Zsigmond; D: Kris Kristofferson, John Hurt, Christopher Walken, Sam Waterston, Isabelle Huppert, Jeff Bridges, Brad Dourif

Im Jahr 1870 feiern Averill (K. K.) und Irvine (J. H.) in Harvard den Abschluß ihres Studiums. 1891 begegnen sie sich in Johnson County wieder: Averill als vorzeitig gealterter Marshal, Irvine als Mitglied einer Viehzüchter-Vereinigung, die sich unter dem Vorsitz des gewissenlosen Canton (S. W.) gerade zum Kampf gegen die armen Einwanderer aus Osteuropa anschickt, die eine neue Heimat suchen. Die Viehzüchter engagieren den Revolverhelden Nate Champion (C. W.), der blutigen Terror verbreitet: Wenn einer der hungernden Siedler auch nur eine Kuh stiehlt, wird er erschossen. Doch Canton will eine noch radikalere Lösung. Er stellt eine Liste von 125 »Unruhestiftern« auf und heuert Killer an, die die nichtsahnenden Opfer für ein Kopfgeld von 50 Dollar ermorden sollen. Irvine, der ein Trinker und Zyniker geworden ist, ist von dieser Eskalation entsetzt und verrät den Plan an Averill. Der wiederum informiert den Wirt John H. Bridges (J. B.) und die Bordellbesitzerin Ella (I. H.), in die er sich verliebt hat und die er bittet, vor dem zu erwartenden Kampf die Gegend zu verlassen. Bridges gilt als Sprecher der Siedler, Ella wird von den Viehzüchtern vorgeworfen, sie gewähre verfolgten Viehdieben Unterschlupf. Unter der Leitung von Bridges organisieren die Siedler den bewaffneten Widerstand. Sie sind zwar in der Überzahl, aber die Revolvermänner haben mehr Erfahrung im Kampf. Als sich jedoch auch Averill auf die Seite der Siedler schlägt, wendet sich das Blatt. Die Söldner sind umstellt, ihr Schicksal scheint besiegelt. Im letzten Moment erscheinen Einheiten der Nationalgarde, trennen die kämpfenden Parteien und retten so die Revolvermänner. Der »Johnson County-Krieg« ist vorüber. In einem Epilog erinnert sich Averill, einsam an Bord eines Schiffes, an das, was dann geschah. Er wollte Ella heiraten und mit ihr das Land verlassen, aber der rachelüsterne Canton organisierte einen Überfall auf das Paar. Ella und Bridges kamen dabei ums Leben, Averill tötete die Mörder.

Nach dem großen Erfolg (u. a. fünf »Oscars«) seines umstrittenen Films *The deer hunter* (Die durch die Hölle gehen, USA 1977) waren Cimino von der United Artists erstaunliche künstlerische und finanzielle Freiheiten zugestanden worden. Er drehte *Heaven's gate*, einen Film, dessen Produktionskosten auf rund 50 Millionen Dollar anwuchsen, und der damit für die Produktionsfirma unversehens zu einer Frage von Leben und Tod wurde. So kam es zu Panik-Reaktionen: Der rund 220 Minuten lange Film wurde überstürzt gestartet und nach ersten negativen Urteilen von Presse und Publikum ebenso überstürzt wieder zurückgezogen. Beim Festival in Cannes wurde eine auf rund

150 Minuten zusammengeschnittene Fassung vorgestellt, die bei der Kritik endgültig durchfiel. Der Film verschwand in den Archiven; die finanziell angeschlagene Firma United Artists wurde verkauft.

Anfang 1985 kam dann auch in der Bundesrepublik Deutschland doch noch die (fast) integrale Fassung des Films in die Kinos. Und endlich konnte man sehen, daß der große Skandal in der Tat von einem großen Film verursacht worden war. Cimino erzählt seine Geschichte in einer faszinierenden Mischung aus besessener Detailschilderung und visionärer Kraft. Das Alltagsleben der Menschen im amerikanischen Westen ist selten so realistisch, so nah an der deprimierenden Wirklichkeit geschildert worden; aber gleichzeitig sind die Protagonisten des Films auch Symbole großer Ideen und Visionen. Soziale Gegensätze kulminieren in gewaltigen und gewalttätigen Konfrontationen; daneben gibt es lyrische Passagen von schlichter und selbstverständlicher Schönheit.

Der heilige Berg Ⓢ

Deutschland 1925

R: Arnold Fanck; A: Arnold Fanck; K: Sepp Allgeier, Hans Schneeberger; D: Leni Riefenstahl, Luis Trenker, Ernst Petersen

Ohne es zu wollen und zu wissen, sind Vigo (E. P.) und sein Freund (L. T.) zu Rivalen um die Liebe der Tänzerin Diotima (L. R.) geworden. Als der Freund erkennt, daß Diotima einen anderen liebt, bittet er Vigo, ihn auf eine gefährliche Bergtour zu begleiten, auf der er seinen Kummer vergessen will. Unterwegs erst erfährt er, daß Vigo sein glücklicherer Rivale ist. Er macht eine impulsive Bewegung, Vigo stürzt ab, aber der Freund kann ihn über dem Abgrund am Seil festhalten. So hält er ihn eine Nacht, bis die von Diotima alarmierte Rettungsmannschaft auftaucht. Aber da verlassen ihn die Kräfte. Das Seil entgleitet ihm; er springt dem stürzenden Vigo nach in die Tiefe.

Eine recht pathetische Handlung, die aber letzten Endes auch nur den Vorwand für eindrucksvolle Naturaufnahmen aus den Bergen abgab. Auf diesem Gebiet war Fanck zu seiner Zeit konkurrenzlos. Aber es entsprach wohl dem Zug und dem Stil der damaligen Zeit, daß die Natur mystifiziert wurde, daß die eigentliche Hauptrolle das spielte, was »größer ist als der Mensch«.

Heimat

BRD 1981–84

R: Edgar Reitz; A: Edgar Reitz, Peter Steinbach; K: Gernot Roll; D: Marita Breuer, Michael Lesch, Rüdiger Weigang, Karin Rasenack, Gertrud Bredel, Dieter Schaad, Eva Maria Schneider, Jörg Richter, Peter Harting, Jörg Hube, Gudrun Landgrebe

Eine Chronik des fiktiven Hunsrück-Dorfes Schabbach aus den Jahren 1919 bis 1982. Dabei orientiert sich die Vielzahl der Schicksale und Charaktere lose an einem »Hauptstrang« der Geschichte: 1919 kehrt Paul Simon (M. L.), der Sohn des Dorfschmieds, aus französischer Gefangenschaft zurück. Wenige Jahre später heiratet er Maria (M. B.), die Tochter des Bürgermeisters Wiegand. Das junge Paar hat zwei Kinder, Anton und Ernst; doch 1928 verläßt Paul, der schon immer von der weiten Welt geträumt hatte, heimlich seine Familie und geht nach Amerika. Für Maria bleibt er ein Jahrzehnt lang verschollen. Das Dritte Reich bringt auch in Schabbach Veränderungen. Pauls Bruder Eduard (R. W.) macht Karriere und wird Bürgermeister, weil er früh in die NSDAP eingetreten ist und weil seine Frau Lucie (K. R.), eine ehemalige Bordell-Chefin aus Berlin, ihn ehrgeizig antreibt. Als die strategisch wichtige »Hunsrück-Höhenstraße« gebaut wird, verliebt sich Maria in den Ingenieur Otto Wohlleben (J. H.). Aber gerade jetzt kündigt Paul seine Rückkehr an. Maria trennt sich von Otto, ohne zu wissen, daß sie schwanger ist. Doch Paul darf in Hamburg wegen eines fehlenden Arier-Nachweises das Schiff nicht verlassen und muß zurück nach Amerika. Am nächsten Tag beginnt der Krieg. 1940 wird Hermann, der Sohn von Maria und Otto, geboren; 1944 stirbt Otto beim Entschärfen einer Bombe. Nach dem Krieg kommt Paul (D. S.)

als reicher Mann endlich nach Schabbach zurück. Doch die Heimat ist ihm fremd geworden, und auch Maria weist ihn ab. Sie und ihre Tante Marie-Goot (E. M. S.) konzentrieren alle Fürsorge auf Hermann (J. R.), der als erster in der Familie das Gymnasium besucht. Es ist ein furchtbarer Schock für Maria, als sie erfährt, daß er der Liebhaber der elf Jahre älteren »Hausfreundin« Klärchen (G. L.) geworden ist, die sogar ein Kind von ihm erwartet. Empört weist sie Klärchen aus dem Haus. Hermann ist tief verletzt. Sofort nach dem Abitur verläßt er Schabbach, um nach München zu gehen und Musik zu studieren. 1982 stirbt Maria; und zur Beerdigung kommen noch einmal alle Verwandten zusammen. Man beschwört Erinnerungen an die Vergangenheit, doch das Leben geht weiter. Schabbach feiert seine alljährliche Kirmes ...

Diese imposante Chronik, die rund sechs Jahrzehnte Familien-, Dorf- und Weltgeschichte in 15½ Stunden zusammenfaßt, erschien zunächst als elfteilige Fernsehserie. Später wurde *Heimat* auch als zweiteiliger Film im Kino gezeigt. Und dabei erwies sich, daß die scheinbar unprätentiösen Bilder auf der großen Leinwand eine neue Kraft und Intensität gewannen, daß die Menschen und ihre Schicksale ganz und gar sinnlich präsent wurden. Reitz ist es gelungen, viele Geschichten untrennbar ineinander zu verschlingen, den Zuschauer in den Sog seiner Erzählung zu ziehen, in einem fiktiven Hunsrück-Dorf ein Stück Welttheater zu inszenieren. Denn in den scheinbar ganz privaten Erlebnissen der Simons, ihrer Verwandten und Freunde spiegelt sich unverkennbar allgemeine deutsche Wirklichkeit. Diese wirkt deswegen so überzeugend echt, weil hier nie auf »Allgemeingültigkeit« hin inszeniert worden ist; vielmehr beobachtet Reitz sorgfältig ein Stück der ihm vertrauten Heimat und setzt es mit kritischer Anteilnahme ins Bild.

Der große Erfolg ermöglichte es Reitz, seine Geschichte weiterzuführen in *Die zweite Heimat* (BRD 1988–92) – diesmal annonciert als »ein

Heimat (Willi Burger, Marita Breuer)

Epos in 13 Filmen« und insgesamt rund 26 Stunden lang. Im Mittelpunkt steht hier die Gestalt des Hermann Simon (Henry Arnold) nach seiner »Flucht« aus dem Hunsrück. Erzählt wird sein Schicksal und das seiner Freunde und Kommilitonen im München der sechziger Jahre. Man erlebt sein Bemühen, sich als Komponist zu etablieren, und erfährt, daß er am Ende in sein Heimatdorf Schabbach zurückkehrt, um zu sich selbst zu finden. Vielleicht liegt es an der Veränderung des Schauplatzes und an der eher zufälligen Zusammensetzung des Freundeskreises, daß dieser Film nicht ganz die Geschlossenheit des Vorläufers erreicht. Aber auch hier überzeugt die epische Kraft einer einfallsreichen Bilderzählung.

Heimat 3 – Chronik einer Zeitenwende (2002/04) nennt Edgar Reitz seinen dritten Heimat-Zyklus. Der sechsteilige Fernsehfilm ist für ihn »eine Suche nach dem Glück und gleichzeitig ein Abschied«. Die Hunsrück-Saga mit einer Gesamtdauer von knapp zwölf Stunden fungiert als Mikrokosmos deutscher Geschichte – wo alles beginnt und alles endet. Im Wechsel von Schwarzweiß und Farbe will Reitz Nähe und Distanz zur jüngsten Vergangenheit einfangen: Die sechs tragikomischen Geschichten erzählen – vom Fall der Berliner Mauer bis zum Silvester 1999 – von den Alltagsschwierigkeiten der Wiedervereinigung. Seine Hauptfigur, Hermann (H. A.) aus Schabbach im Hunsrück, ist ein gefeierter Dirigent geworden. Seine große Liebe – Clarissa Lichtblau (Salome Kammer) – träumt vom gemeinsamen Heim am Rhein. In diese urdeutsche Märchenlandschaft zieht handwerkliches Know-how aus dem Osten ein, und der Flughafen Hahn erlebt durch den Abzug der Amerikaner einen Abschied der besonderen Art. Mit den Aussiedlern aus Kasachstan muss sich auch Schabbach mit der Wende auseinandersetzen: Die Rebellion der Söhne gegen die Väter, der Ausverkauf der Firma und der Zerfall der Familie Simon schaffen neue Verhältnisse. *Heimat 3 – Chronik einer Zeitenwende* besticht trotz aller Sentimentalitäten und Klischees durch eine tiefe Emotionalität und dramatische Zuspitzung mit offenem Ende. Kamera (Thomas Mauch, Christian Reitz) und Musik (Nikos Mamangakis, Michael Riessler) weisen in dieser Standortbestimmung über das durchschnittliche Niveau von Fernsehserien weit hinaus.

Edgar Reitz beendet seine Suche nach der unwiederbringlich verlorenen Zeit, nach einer Heimat als »Erinnerung an die Geborgenheit der frühen Jahre« mit einem melancholischen Blick zurück. Er wertete im Frühjahr 2005 bis dahin unveröffentlichtes Material seines 1979 gestarteten Epos aus und komponierte daraus seine *Heimat – Fragmente: Die Frauen*. Doch diese essayistische Revue bleibt im Umgang mit der Vergangenheit, den magischen Augenblicken und der unvergeßlichen Vision eines untergegangenen und neu erstandenen Deutschland zu beliebig.

Heimkehr

Deutschland 1941

R: Gustav Ucicky; A: Gerhard Menzel; K: Günther Anders; D: Paula Wessely, Peter Petersen, Attila Hörbiger, Berta Drews, Carl Raddatz

Polen 1939. Vergeblich kämpfen die Lehrerin Maria Thomas (P. W.), ihr Vater (P. P.) und ihr Verlobter (C. R.) für die Rechte der Volksdeutschen. Marias Verlobter wird erschlagen, ihr Vater verliert durch einen Schuß sein Augenlicht. Als die Volksdeutschen am 1. September heimlich in einer Scheune eine Rundfunkübertragung der Rede Hitlers hören, werden sie verhaftet und ins Gefängnis gebracht, wo sie erschossen werden sollen. Schon schiebt sich der Lauf eines Maschinengewehrs durch das Zellengitter; aber Ludwig Launhardt (A. H.), dessen Frau die Polen auf offener Straße gesteinigt haben, reißt den Lauf herunter. Fliegeralarm läßt die Peiniger in panikartiger Flucht verschwinden. Bald rollen die ersten deutschen Panzer in die Stadt. Am Schluß des Films ziehen die Volksdeutschen in einem großen Treck »heim ins Reich«.

Der Film sollte den deutschen Überfall auf Polen als »ultima ratio« deutscher Politik rechtfertigen. Die Polen erscheinen als »Untermenschen« von bestialischer Grausamkeit; die vom Untergang bedrohte deutsche Minderheit wird in letzter Minute durch die deutsche Armee gerettet. Allerdings hütet sich der Film, die politisch-diplomatische Vorgeschichte des Kriegs

auch nur zu erwähnen. Statt dessen läßt er Marias Vater, den er zum »blinden Seher« hochstilisiert, beklagen, daß die deutsche Stimme in der Welt nur gehört werde, wenn sie mit »Kanonen und Stukas« rede.
Diese publikumswirksame Geschichtsklitterung wurde mit dem Ehrentitel »Film der Nation« ausgezeichnet.

Das Heimweh des Walerjan Wróbel

BRD 1990

R: Rolf Schübel; A: Rolf Schübel nach einem Tatsachenbericht von C. U. Schminck-Gustavus; K: Rudolf Körösi; D: Artur Pontek, Kyra Mladeck, Claudia Schermutzki, Ferdinand Dux, Andrzej Mastalerz, Michael Gwisdek, Peter Striebeck

Als Vierzehnjähriger erlebt Walerjan Wróbel (A. P.) in fassungslosem Entsetzen den deutschen Überfall auf seine polnische Heimat. Zwei Jahre später wird er als »Fremdarbeiter« rekrutiert und nach Deutschland geschickt. Er kommt auf einen Bauernhof, den eine verbitterte Bäuerin (K. M.) mit ihrer Tochter (C. S.) und einem alten Knecht (F. D.) mehr schlecht als recht bewirtschaftet. Walerjan erlebt die damals verordnete demütigende Absonderung, und der noch kindliche Sechzehnjährige ist schier verzweifelt vor Heimweh. Ein dilettantischer Fluchtversuch mißlingt. In seiner Not entzündet er in der Scheune ein kleines Feuer, weil er hofft, man werde ihn nun – gleichsam »zur Strafe« – nach Hause schicken. Zwar wird das Feuer rechtzeitig entdeckt und schnell gelöscht; aber die erboste Bäuerin zeigt ihn an. Walerjan wird verhaftet und nach einem negativen »rassischen Gutachten« in das KZ Neuengamme eingeliefert. Hier hilft ihm sein Landsmann Michal (A. M.) zu überleben. Doch wozu? Neun Monate später wird Walerjan vor Gericht gestellt. Ein Verteidiger (M. G.) versucht, wenigstens sein Leben zu retten; ein Richter (P. S.) verhängt die Todesstrafe, obwohl selbst die damaligen Gesetze eine mildere Strafe ermöglicht hätten. Am 25. 8. 1942 wird Walerjan Wróbel hingerichtet. Ein Schlußtitel informiert darüber, daß die am Prozeß beteiligten Richter und Staatsanwälte nach dem Krieg als »Mitläufer« bzw. »Entlaste-

te« eingestuft wurden und weiter an der Rechtsprechung mitgewirkt haben.
Das Spielfilm-Debüt des renommierten Dokumentaristen Schübel ist ein stiller Film von großer Eindringlichkeit und Kraft geworden, der wortkarg, im Stil einer Chronik, ein authentisches Schicksal beschreibt. Schübel versagt sich dramatische Abschweifungen und Übersteigerungen. Die Denunziantin, der Staatsanwalt, der Richter werden nicht zu Ungeheuern stilisiert. Gezeigt wird vielmehr, auf welch fatale Weise gedankenlose Zuträger und übereifrige Opportunisten zum Funktionieren des Terrors beigetragen haben. Die vordergründige Biederkeit der Täter erhöht dabei noch die Betroffenheit. In dieses Konzept passen auch die gelegentlich kritisierten Träume und Erinnerungen Walerjans. Ihre idyllische Naivität spiegelt das kindliche Gemüt dessen, der sie träumt und den ein deutsches Gericht zum »Volksschädling« erklärte.

Help!
Hi-Hi-Hilfe

England 1965

R: Richard Lester; A: Marc Behm und Charles Wood nach einer Idee von Marc Behm; K: David Watkin; D: John Lennon, Paul McCartney, Ringo Starr, George Harrison, Leo McKern

Im Fernen Osten soll vor einem Götterstandbild ein junges Mädchen geopfert werden. Im letzten Moment entdeckt der Priester (L. MK.) das Fehlen eines heiligen Ringes, der für die Zeremonie unerläßlich ist. Diesen Ring trägt der »Beatle« Ringo Starr am Finger, ohne etwas von seiner Bedeutung zu ahnen. Eine wilde Verfolgungsjagd hebt an, die von England durch die österreichischen Alpen zu den Bahamas führt. Nachdem die »Beatles« vorher Wissenschaftler, Scotland Yard und die Armee um Hilfe angefleht haben, fällt dort der Ring von Ringos Finger. Ende des Films.
Die Absicht war, einen Musikfilm über die »Beatles« zu drehen; das Thema hätte Anlaß für einen Thriller nach Art der üblichen Agentenfilme sein können; entstanden ist eine nahe-

zu surrealistische Groteske, die sich der Stilmittel des Films souverän bedient. Lester fotografiert aus verblüffenden Blickwinkeln, schneidet virtuos, spielt mit den Möglichkeiten des Tricks, verwendet Zwischentitel nach Stummfilmmanier usw. Und zwischendurch findet er sogar noch Zeit, sieben neue Nummern der »Beatles« vorzustellen. Eine neue und raffinierte Form des Musikfilms!

Henry V.
Heinrich V.

England 1943/44

R: Laurence Olivier, Reginald Beck;
A: Laurence Olivier und Alan Dent nach dem gleichnamigen Schauspiel von William Shakespeare; K: Jack Hildyard, Robert Krasker; D: Laurence Olivier, Leo Genn, Felix Aylmer, Harcourt Williams

Verfilmung des gleichnamigen Schauspiels von Shakespeare und eine der glücklichsten Synthesen von Theater und Film.
Olivier hält sich streng an seine Vorlage, wo die Bühne einen angemessenen Rahmen für sie gibt; er benutzt filmische Mittel, wo der Bühnenraum ihm als Beengung erscheint. Der Film hat eine knappe Rahmenhandlung, die ihn gleichsam als zeitgenössische Aufführung im Globe-Theatre ausweist. Die Kamera wandert durch die Gänge und Logen des Theaters zur Bühne, auf der das Schauspiel beginnt. Man erlebt die Ankunft des französischen Gesandten am Hofe König Heinrichs (L.O.), seinen Entschluß zum Krieg gegen Karl VI. von Frankreich (H.W.) und die Vorbereitungen des Feldzugs. Und dann weitet sich fast unmerklich der Bühnenraum zum großen Schauplatz der realen Welt, bis der Übergang vom Theater zum Film bei der Ankunft des Heeres in Frankreich vollendet ist.
Filmischer Höhepunkt ist die Schlacht von Agincourt, in der Karl vernichtend geschlagen wird. Olivier inszenierte diese Schlacht nach dem Vorbild mittelalterlicher Miniaturen in leuchtend klaren Farben und mit verzerrten Perspektiven. Nach diesem Höhepunkt kehrt die Handlung behutsam auf die Bühne und in das Globe-Theatre zurück, wo Vorstellung und Film enden.
Von allen Shakespeare-Verfilmungen Oliviers ist dies die intelligenteste und einfallsreichste. Sie beläßt Shakespeare in seiner Zeit, bewahrt den Charakter des Schauspiels und fügt mit legitimen filmischen Mitteln die phantasievolle Ausgestaltung des Bühnengeschehens hinzu. Wesentlichen Anteil am Erfolg haben auch die einfallsreichen Dekorationen (Carmen Dillon, Paul Sheriff) und Kostüme (Roger Furse).
1989 drehte Kenneth Branagh – ebenfalls als Regisseur und Hauptdarsteller – eine weitere eindrucksvolle Filmversion des englischen Nationaldramas (*Henry V.* – Henry V.). Vereinfachend könnte man sagen, daß er in beiden Funktionen die geschmeidige Eleganz Oliviers durch ungestüme Kraft ersetzte.

Herbstmilch

BRD 1988

R: Joseph Vilsmaier; A: Peter Steinbach nach dem gleichnamigen Erinnerungsbuch von Anna Wimschneider; K: Joseph Vilsmaier; D: Dana Vavrova, Werner Stocker, Claude Oliver Rudolph, Renate Grosser, Eva Mattes

Die achtzehnjährige Anna (D. V.) versorgt den Haushalt auf dem kleinen Bauernhof ihres Vaters in Niederbayern. Aus Rückblenden erfahren wir, daß sie dies schon tun muß, seit sie im Alter von acht Jahren ihre Mutter verloren hat. Nun scheint Besserung in Sicht, denn sie hat den jungen Hofbesitzer Albert (W.S.) kennen- und liebengelernt. Nach einigem Zögern erlaubt ihr der Vater, Albert zu heiraten.
Doch sie kommt vom Regen in die Traufe: Unmittelbar nach der Hochzeit bricht der Zweite Weltkrieg aus, Albert wird eingezogen, und Anna bleibt allein zurück – mit einem Hof, einer mißgünstigen Schwiegermutter (R. G.) und drei alten Verwandten, die sie wie Kinder umsorgen muß. Hinzu kommen Probleme mit dem Ortsgruppenleiter (C. O. R.). In zäher Beharrlichkeit bewältigt Anna die schwere Alltagsarbeit; schweigend erduldet sie den Haß der Schwiegermutter und die Bosheiten der kindischen Alten. Dann ist eines Tages der

Krieg zu Ende. Albert kehrt zurück und stellt sich – gegen die Mutter – auf Annas Seite. Alles wird ein wenig besser werden ...
»Herbstmilch« heißt in Niederbayern eine Sauermilch, die zu mager zum Verkauf ist und deshalb den armen Bauern als Speise dient. Unter diesem Titel veröffentlichte die Bäuerin Anna Wimschneider die schmucklose, eindringliche Chronik ihres Lebens.
Der Film erzählt – einfach und lakonisch – nur einen Teil dieser Geschichte. Das mag man bedauern; denn aus der Chronik der alltäglichen Mühsal wurde so ein Drama, das allzusehr auf die Zeit des Krieges und auf die Auseinandersetzung mit einer exemplarisch bösen Schwiegermutter konzentriert ist, und das zudem durch ein – vorsichtiges – Happy-End vergoldet wird. Dennoch entstand hier ein respektabler, eindrucksvoller, engagierter Film, der ähnlich erfolgreich wurde wie seine literarische Vorlage.

Os herdeiros
Die Erben der Macht

Brasilien 1969

R: Carlos Diegues; A: Carlos Diegues; K: Dib Lutfi; D: Sergio Cardoso, Odette Lara, Mario Lago, Paulo Porto, Jean-Pierre Léaud, Isabel Ribeiro, André Gouveia

In den dreißiger Jahren, unter der Diktatur von Getulio Vargas, denunziert der Journalist Ramos (S. C.) im Gefängnis seinen besten Freund, um der Folter zu entgehen. Nach seiner Entlassung flieht er auf die Kaffeefarm von Almeida (M. L.), der einen grotesken Kampf gegen das System und gegen seine Verwandten kämpft, die ihm die Farm abnehmen wollen. Ramos profitiert von der Wahnvorstellung Almeidas, daß er unbedingt einen Erben brauche, und heiratet seine einzige Tochter (I. R.). Nach Vargas' Sturz im Jahre 1945 läßt er die Farm, Frau und Sohn zurück. Weitsichtig setzt er auf Vargas' Rückkehr an die Macht; diese erfolgt 1950, und bald sitzt er als Chef eines Fernsehsenders im Zentrum des politischen Geschehens. Nach dem Selbstmord von Vargas glaubt er sogar, selbst Präsident werden zu können, aber ausgerechnet sein Sohn (A. G.) verhindert die Wahl. Als die Beschlagnahme seiner Güter droht und sein Sohn sich weigert, ihm zur Flucht ins Ausland zu verhelfen, erschießt sich Ramos. Er endet wie Almeida, der seine Plantage in Brand gesetzt hat. Sein Sohn Joaquim tritt sein Erbe an als Angepaßter, als Erbe der Macht.
Ein Exkurs durch einige Jahrzehnte brasilianischer Geschichte, der aber nicht Geschichtsschreibung betreiben, sondern Verhaltensweisen beschreiben und politische Entwicklungen deutlich machen will. Wohl mit Absicht ist dabei der Stil so unterschiedlich wie die Motive. Es gibt realistische Szenen, allegorische Einschübe, Verweise auf literarische Vorlagen usw. Allegorisch z. B. ist der Auftritt von Jean-Pierre Léaud, der als französischer Rundfunkreporter namens Danton eine Rede auf die Revolution hält. Insgesamt ein uneinheitlicher, ungleichmäßig gelungener, aber brisanter und interessanter Film.

Hero / Ying Xiong
Hero

Hongkong/China 2002

R: Zhang Yimou; A: Li Feng, Zhang Yimou, Wang Bin; K: Christopher Doyle, Hou Yang; D: Jet Li, Tony Leung, Maggie Cheung, Cheng Daoming, Donnie Yen

Die legendenhafte Geschichte spielt im 3. Jahrhundert v. Chr., als China in sieben Reiche geteilt war. Der König von Qin (C. D.), dem mächtigsten Reich, wollte das Land unter seiner Herrschaft vereinigen. Attentäter wollten ihn töten, um das zu verhindern. Eines Tages erscheint am Königshof ein Namenloser (J. L.), der behauptet, die drei gefährlichsten Attentäter – Weiter Himmel (D. Y.), Zerbrochenes Schwert (T. L.) und seine Geliebte Fliegender Schnee (M. C.) – getötet zu haben. Als Beweis zeigt er die von ihnen erbeuteten Waffen. Er wird zum König vorgelassen und erzählt ihm in Rückblenden seine Geschichte. Doch der König sagt, daß er ihm nicht glaube; vielmehr hätten die drei wohl freiwillig ihr Leben gelassen, um ihm, dem wahren Attentäter, den Zugang zum König zu ermöglichen. Der Namenlose korrigiert Teile seiner Erzählung und im Gespräch der beiden entwickelt sich die Geschichte fort und fort. Die letzte Version lautet, daß nur Weiter Himmel sich freiwillig von dem Namenlosen hat töten lassen. Zerbrochenes Schwert und Fliegender Schnee sind in einem »Liebesduell« gestorben, zu dem Fliegender Schnee den Geliebten aufgefordert hat, weil sie an seiner Liebe zweifelte. Er pariert ihren tödlichen Stich nicht, um diese Liebe zu beweisen; sie drückt sich daraufhin die Waffe, die den Geliebten durchbohrt hat, ins eigene Herz. Und wir erfahren auch, daß Zerbrochenes Schwert eine Kalligraphie hinterlassen hat, in der er den Frieden als höchstes Ziel des Schwertkampfes rühmt. Am Ende durchbohrt der Namenlose den König mit seinem Schwert – aber mit dem kunstvollen Stoß, den nur er beherrscht: Das Schwert durchdringt den Körper, ohne ein Organ zu verletzen. Der König lebt; der Namenlose wird als Attentäter hingerichtet und dann als Held bestattet. Die Schlußtitel teilen mit, daß der König von Qin das Land geeint und mit dem Bau der Großen Mauer begonnen hat.

Bei der Betrachtung und Bewertung dieses Films drängt sich immer wieder das Wort »kunstvoll« auf! Ein kunstvoll konstruiertes Drehbuch gewinnt der Handlung stets neue Facetten ab, spielt souverän mit Motiven und Situationen und zwingt den Zuschauer so, sich ständig mit neuen Aspekten des Geschehens auseinanderzusetzen. Diese Handlung wird in gleichermaßen kunstvoll arrangierten Bildern erzählt: Prächtige Monumentalbauten als Sinnbild königlicher Macht; Massenszenen, in denen die Komparsen meistens in strenger, symmetrischer Ordnung erscheinen – analog zum strengen höfischen Zeremoniell; Innenaufnahmen, bei denen wehende farbige Seidenvorhänge die Räume ständig verändern; Schwertkämpfe, die mit gleichsam schwereloser tänzerischer Leichtigkeit choreographiert wurden; Großaufnahmen, die auch die kleinste innere Regung widerspiegeln. Und kunstvoll nuanciert ist schließlich die Farbgebung, die jeder Episode einen eigenen Farbton zuordnet. Zweifellos gelang Zhang Yimou mit dieser Legende von Liebe und Tod, von Moral und Gewalt, von Macht und Verantwortung ein Höhepunkt des »martial arts«-Films.

Herr Arnes pengar ⓢ
Herrn Arnes Schatz

Schweden 1919

R: Mauritz Stiller; A: Mauritz Stiller und Gustaf Molander nach dem gleichnamigen Roman von Selma Lagerlöf; K: J. Julius (d. i. Julius Jaenzon) ; D: Hjalmar Selander, Richard Lund, Mary Johnson

Im 16. Jahrhundert rebellieren die schottischen Söldner des schwedischen Königs Johann III. Als der Aufstand blutig niedergeschlagen wird, können drei Söldner fliehen. Sie überfallen das Pfarrhaus von Herrn Arne (H. S.), töten die Familie und rauben einen Schatz. Nur Arnes Pflegetochter Elsalill (M. J.) entgeht dem Blutbad. Sir Archie (R. L.), der Anführer der Mörder, verliebt sich in sie und will sie mitnehmen nach Schottland. Aber das zugefrorene Meer hält das Schiff fest, so daß die Mörder nicht entkommen können.

Ein eindrucksvoller Film, zweifellos Stillers Meisterwerk. Die Milieuschilderung schafft Atmosphäre und baut gleichsam den Hintergrund für das schwermütig-blutrünstige Geschehen, dem viragierte Szenen zusätzliche Akzente geben. Höhepunkt des Films ist seine Schlußszene, in der sich ein langer Menschenzug über das Eis zu dem eingefrorenen Schiff bewegt. Diese Szene ist von manchen Filmhistorikern mit der großen Bittprozession in Eisensteins *Iwan grosny* verglichen worden.

Gustaf Molander, der zusammen mit Stiller das Drehbuch geschrieben hatte, hat das gleiche Thema 35 Jahre später selbst verfilmt: *Herr Arnes pengar* (Verlorene Liebe, Schweden 1954). Trotz guter darstellerischer Leistungen (Ulla Jacobsson, Ulf Palme, Bibi Andersson) erreichte der Film die Qualität seines Vorgängers nicht.

Herr Tartüff / Tartüff ⓢ

Deutschland 1925

R: F. W. Murnau; A: Carl Mayer nach der Komödie *Tartuffe* von Molière; K: Karl Freund; D: Emil Jannings, Werner Krauß, Lil Dagover, André Mattoni, Hermann Picha, Rosa Valetti

Die Komödie Molières wird hier in eine Rahmenhandlung gestellt: Auf Betreiben seiner geldgierigen Haushälterin (R. V.) enterbt der reiche Herr Rat (H. P.) seinen Enkel (A. M.) und wirft ihn aus dem Haus. Doch der junge Mann kehrt verkleidet als Besitzer eines Wanderkinos zurück, führt einen Film über den heuchlerischen »Tartüff« vor und öffnet damit seinem Großvater die Augen.
Die Hauptrollen der Komödie spielen Emil Jannings (Tartüff), Werner Krauß (Orgon) und Lil Dagover (Elmire). Carl Mayer hat die Rahmenhandlung möglicherweise eingeführt, um dem normalen Kinobesucher zu zeigen, daß die Klassiker uns heute durchaus noch etwas »zu sagen haben«. Das Hauptgewicht des Films liegt aber eindeutig auf der Molière-Adaption, die sich durch atmosphärische Kameraarbeit und durch vorzügliche darstellerische Leistungen auszeichnet. Dabei hat Murnau seine beiden Hauptrollen ein wenig verblüffend besetzt. Man hätte eigentlich eher Krauß in der Rolle des Intriganten erwartet; und tatsächlich »zitiert« Jannings auch – bewußt oder unbewußt – nach seiner Entlarvung einige typische »Krauß-Reaktionen«.
Jannings' Leistung war in der Kritik umstritten. Manche Kritiker fanden sein Spiel grobschlächtig und aufdringlich. In der Tat gibt er hier nicht einen raffinierten Intriganten (der der frühere Sträfling auch kaum sein dürfte!), sondern einen bauernschlauen Bösewicht. Aber diese Konzeption hielt er konsequent und überzeugend durch.

Hets
Raserei / Die Hörige / Qualen

Schweden 1944

R: Alf Sjöberg; A: Ingmar Bergman; K: Martin Bodin; D: Stig Järrel, Alf Kjellin, Mai Zetterling, Olof Winnerstrand

Die Schüler einer Oberprima werden von ihrem Lateinlehrer (S. J.), den sie beziehungsvoll »Caligula« nennen, grausam gequält. Ganz besonders hat »Caligula« es auf den sensiblen Jan-Erik (A. K.) abgesehen, der sich ohnehin in einer Krise befindet. Die Ursachen sind mangelnder Kontakt im Elternhaus und seine Liebe zu der jungen Britta (M. Z.), von der er weiß, daß sie unter dem Sadismus eines anderen Mannes leidet. Eines Tages findet Jan-Erik Britta tot auf; im Nebenraum entdeckt er »Caligula«. Zwar entlastet die polizeiliche Untersuchung den Lehrer von dem Verdacht, das Mädchen getötet zu haben; aber seine moralische Schuld an ihrem Selbstmord wird klar. Weinerlich fleht er um Verständnis, während Jan-Erik am Schluß nach einem Gespräch mit dem Schuldirektor (O. W.) befreit in den Sonnenschein hinaustritt.
Der Film entstand nach einem Original-Drehbuch Ingmar Bergmans, der für kurze Zeit auch als Regieassistent Sjöbergs an ihm mitarbeitete, dann aber ausschied. *Hets* verbindet Stilelemente des Expressionismus mit einem direkten politischen Bezug: »Caligula«, der pathologische Lehrer, erscheint bewußt in einer Himmler-Maske. Gleichzeitig deutet sich hier ein Thema an, das Bergman später in seinen ersten eigenen Inszenierungen mehrfach variierte: Der Protest der Jugend gegen die Welt der Erwachsenen, der hier allerdings noch in ein allzu oberflächlich-beruhigendes Happy-End mündet.
Peter Ustinov schrieb nach diesem Film ein Theaterstück, das unter dem Titel *Frenzy* 1948 in London uraufgeführt wurde.

Hideg napok
Kalte Tage

Ungarn 1966

R: András Kovács; A: András Kovács nach einer Erzählung von Tibor Cseres; K: Ferenc Szécsényi; D: Zoltán Latinovits, Iván Darvas, Adám Szirtes, Tibor Szilágyi

Im Jahr 1946 sitzen Major Büky (Z. L.), Leutnant Tarpataki (I. D.), Leutnant Pozdor (T. S.) und der Soldat Szabó (A. S.) in einer Zelle des Untersuchungsgefängnisses. Man wirft ihnen die Beteiligung an einem Massaker vor, dem im Januar 1942 bei Ujvidék rund 3000 Menschen zum Opfer gefallen sind. In Gesprächen und Monologen setzen sich die Gefangenen mit den Ereignissen auseinander. Jeder gibt seine Lesart, die in Rückblenden gezeigt wird, versucht, sich zu entlasten. Im Mittelpunkt steht der Major Büky, der damals den Ereignissen tatenlos zugesehen hat und der seither unter der Vorstellung leidet, seine verschollene Frau könne unter den Opfern des Massakers gewesen sein. Als eine Erzählung Szabós diesen Verdacht bestätigt, stürzt er sich auf den Soldaten und tötet ihn.

Kovács wollte mit seinem Film an das Verantwortungsgefühl der Menschen appellieren. Er sagte: »Von meinen vier Haupthelden hat keiner mit eigenen Händen gemordet, und keiner von ihnen war mit den Befehlshabern so ganz einverstanden. Aber weil sie nichts dagegen unternommen haben, sind sie Mitläufer jener fürchterlichen Maschinerie geblieben, die das grausame Verbrechen verrichtete – also Schuldige!«

Formal ist der Film ein faszinierendes Geflecht von Rückblenden. Aber Kovács bringt diese Rückblenden nicht chronologisch und auch nicht zusammenhängend; er fügt sie vielmehr assoziativ und ohne Übergang in die Handlungen und Gespräche der Gefangenen ein, wobei bestimmte Situationen auch aus verschiedenen Blickwinkeln und in verschiedenen Versionen gezeigt werden.

High anxiety
Mel Brooks' Höhenkoller

USA 1977

R: Mel Brooks; A: Mel Brooks, Ron Clark, Rudy DeLuca, Barry Levinson; K: Paul Lohmann, Spezialeffekte: Albert J. Whitlock; D: Mel Brooks, Madeline Kahn, Cloris Leachman, Harvey Korman, Albert J. Whitlock

Der weltberühmte Psychiater Dr. Thorndyke (M. B.) wird neuer Leiter des »Psycho-Neurotischen Instituts für die sehr, sehr Nervösen«, dessen bisheriger Chef plötzlich verstorben ist. Im Institut wird ihm der Industrielle Arthur Brisbane (A. J. W.) als besonders schwieriger Fall vorgeführt: Brisbane hält sich für einen Cocker-Spaniel. Schon bald merkt Thorndyke, daß in dem Institut einiges nicht stimmt und daß hinter den Kulissen die undurchsichtige Oberschwester Charlotte Diesel (C. L.) die Fäden zieht. Als Teilnehmer an einem Psychiater-Kongreß in San Francisco lernt Thorndyke Victoria (M. K.), die Tochter Brisbanes, kennen und erfährt dabei, daß der ihm vorgeführte Patient gar nicht der echte Brisbane war. Für die schurkische Schwester Diesel und den Oberarzt weiß Thorndyke damit zuviel, und sie versuchen, ihn zu beseitigen. Sie arrangieren einen Mord, den ein Doppelgänger Thorndykes in aller Öffentlichkeit in der Hotelhalle begeht. Thorndyke und Victoria fliehen, können die Polizei und ihre Gegenspieler überlisten, Victorias Vater in letzter Sekunde retten – und am Ende natürlich heiraten.

Nach Parodien über den Western (*Blazing saddles* – Is' was, Sheriff? / Der wilde, wilde Westen, 1973), den Gruselfilm (*Young Frankenstein* – Frankenstein Junior, 1974) und den Stummfilm (*Silent movie* – Mel Brooks' letzte Verrücktheit: Silent Movie, 1976) macht sich Mel Brooks hier über das Werk Alfred Hitchcocks her. Lieblingsmotive (der Identitätsverlust), Handlungselemente (z. B. der Angriff der Vögel, die hier aber nur ihren Mageninhalt auf den Helden entleeren) und filmische Stilmittel (etwa die langen Kamerafahrten, bei denen hier unversehens eine Hauswand durchbrochen wird) des Altmeisters wurden zusammengetragen und persifliert, wobei die Hand-

High noon
(Gary Cooper)

lung nur den roten Faden bildet, der die einzelnen »Nummern« zusammenhält. Neben brillanten Einfällen gibt es auch lahmen Ulk; und es gibt manche Pointen, die nur ein sehr guter Kenner von Hitchcocks Werk entdecken und goutieren kann. Außerdem ist die vulgäre Derbheit mancher Szenen und Sequenzen sicher nicht jedermanns Geschmack; schließlich irritiert auch die SS-Attitüde der machtbesessenen Oberschwester Diesel. Hier zeigt sich offenbar ein spezielles Trauma von Mel Brooks, der schon in dem Film *The producers* (Frühling für Hitler / Die Macher, 1967) den Nationalsozialismus als Thema seiner Komik entdeckt hatte.

High noon
Zwölf Uhr mittags

USA 1952

R: Fred Zinnemann; A: Carl Foreman nach dem Roman *The tin star* von John W. Cunningham; K: Floyd Crosby; D: Gary Cooper, Grace Kelly, Ian MacDonald, Katy Jurado, Lon Chaney jr.

Sheriff Kane (G. C.) von Hadleyville heiratet Amy (G. K.). Ihr zuliebe will er sogar seinen Beruf aufgeben; denn Amy stammt aus einer Quäker-Familie und verabscheut jede Gewalt.

Doch am Tag der Hochzeit wird bekannt, daß Frank Miller (I. MD.), den Kane vor fünf Jahren ins Gefängnis gebracht hat, sich mit drei Freunden in Hadleyville treffen will. Es ist klar, daß er sich rächen will; und Kane ist selbstverständlich bereit, sein Amt so lange zu verwalten, bis diese Affäre erledigt ist. Amy versteht seine Entscheidung nicht und will allein abfahren. Auch Kanes Mitbürger wollen sich nicht engagieren. Statt ihm zu helfen, raten sie ihm bestenfalls zur Flucht. Als Miller um »zwölf Uhr mittags« mit dem Zug ankommt, muß Kane den vier Gangstern allein entgegentreten. Nur Amy kommt ihm im letzten Moment zu Hilfe. Aber Kane bleibt Sieger; seinen Mitbürgern wirft er den Sheriffstern vor die Füße und reist mit Amy ab.

High noon machte hierzulande das Genre des Western gesellschaftsfähig. Dieser Film kam auch in die großen Kinos, mit ihm beschäftigten sich auch die »ernsthaften« Kritiker.

Der Film ist konsequent nach den Regeln des Western gebaut, seine Charaktere sind aus vielen anderen Filmen bekannt: der pflichtbewußte, einzelgängerische Sheriff, die zweifelnde Braut, der Rächer, die passiven Bürger. Zinnemann hat diese Konstruktion perfekt ausbalanciert und sie mit Poesie und Menschlichkeit erfüllt. Er drehte seinen Film in einer Zeit, in der das Beispielhafte dieser Parabel den Erwartungen und Empfindungen des Publikums entgegenkam. Das Beispiel hieß hier: Jeder einzelne

hat die Verpflichtung, die Gewalt zu bekämpfen.
Überzeugend wird auch die Musik (Dimitri Tiomkin) eingesetzt. Das Lied »Do not forsake me, oh my darling« ist Leitmotiv des Films, dient als dramaturgische Klammer und balladesker Kommentar und erzeugt Atmosphäre.

Himlaspelet
Himmelsspiel

Schweden 1942

R: Alf Sjöberg; A: Rune Lindström und Alf Sjöberg nach einem Laienspiel von Rune Lindström; K: Gösta Roosling; D: Rune Lindström, Eivor Landström, Holger Löwenadler, Emil Fjellström, Anders Henrikson

Der arme junge Bauer Mats Ersson (R. L.) und die hübsche Magd Marit (E. L.) lieben sich und wollen heiraten. Doch eine Seuche bricht aus, Marit wird als Hexe angeklagt und verbrannt. Mats macht sich auf, von Gott im Himmel Gerechtigkeit zu fordern und Marit zurückzuholen. Auf seiner Wanderschaft trifft er u. a. die Propheten Elias, Jesaias, Jonas und Jeremias, aber auch Maria und Joseph. »Gammel-Jerk« (E. F.), der Versucher, führt ihn an den Hof König Salomos (H. L.), wo aus dem ehrlichen Mats ein skrupelloser Intrigant wird. Er entführt eine von Salomos Frauen und verdingt sich mit ihr bei einem blinden Bauern. Als auf dem Grund des Bauern Bodenschätze gefunden werden, bringt er den Blinden um seinen Besitz, verjagt die Frau und heiratet ein junges Mädchen. Mats wird reich und alt und muß sterben. Der Teufel will ihn holen; aber Marit bittet bei Gottvater (A. H.) für ihn. Und Mats kommt in den Himmel, in dem Gott in der Gestalt eines gütigen alten Bauern über grüne Wiesen wandert, in dem Mats und Marit wieder jung sind. Eine Rahmenhandlung zeigt einen Maler, der in einem Bauernhaus in Dalarne diese Legende in naiven Bildern als Zimmerschmuck malt.
Himlaspelet war zunächst ein Laienspiel von Rune Lindström. Bei der Verfilmung, in der der Autor selbst die Hauptrolle übernahm, hat Sjöberg es verstanden, den naiven Stil echter Volkskunst zu bewahren. Er stellt das Überwirkliche so selbstverständlich in die schwedische Landschaft, daß ein Bild ungebrochener Übereinstimmung entsteht. Der mystische Grundton des Films, die Einbeziehung der Landschaft und des Lebens einfacher Menschen in die Handlung schlägt außerdem eine Brücke zur großen Tradition des schwedischen Stummfilms.

Der Himmel über Berlin

BRD/Frankreich 1986/87

R: Wim Wenders; A: Wim Wenders in Zusammenarbeit mit Peter Handke und Richard Reitinger; K: Henri Alekan; D: Bruno Ganz, Solveig Dommartin, Otto Sander, Curt Bois, Peter Falk

Zwei Engel, Damiel (B. G.) und Cassiel (O. S.), kommen nach Berlin. Natürlich sind sie unsichtbar. Nur Kinder und ehemalige Engel, zu denen ein weiser alter Mann namens Homer (C. B.) und ein amerikanischer Schauspieler (P. F.) gehören, können sie sehen. Für sie und für das Publikum sehen sie aus wie gewöhnliche Menschen. Die Engel können die Gedanken der Menschen lesen, und sie nutzen diese Fähigkeit, um denen zu helfen, die an sich und an der Welt leiden. Aber dann verliebt Damiel sich in die Trapezkünstlerin Marion (S. D.); und es überkommt ihn, daß er diese Liebe und die Welt »sinnlicher« erfahren will. Der Film verdeutlicht das, indem die zunächst monochromen Bilder mehr und mehr an Farbe gewinnen. Am Ende stellt Damiel staunend fest: »Ich weiß jetzt, was kein Engel weiß!« Er ist Mensch geworden, hat die Begrenztheit des »Menschlichen« akzeptiert und die Weisheit der »Ehemaligen« gewonnen, denen dieser Film gewidmet ist.
In diesem poetischen und vielschichtigen Film erzählt Wenders eine ungewöhnliche Liebesgeschichte, er reflektiert über die Größe und die Grenzen des Menschseins, stellt Fragen nach dem Sinn des Lebens, und fängt zudem noch seine individuelle Realität der geteilten Stadt Berlin ein. Dafür wurde er 1987 bei den Filmfestspielen in Cannes mit der »Goldenen

Palme« ausgezeichnet. Honoriert wurde ein Film mit genau kalkulierten Bildern von großer Schönheit und Ausdruckskraft: honoriert wurden kühne optische Visionen und eine suggestive Bild- und Tonmontage.
Dennoch bleibt der Eindruck letztlich zwiespältig, weil der Wille zur Originalität, zur »Kunst« stellenweise allzu deutlich spürbar wird und weil vor allem der Text von Peter Handke in den Film nicht integriert ist – und wohl auch nicht werden konnte. Tendenziell hat er eine aufgesetzte Bedeutsamkeit, die sich häufig verselbständigt und dabei die Bilder schier erdrückt. Diese Bilder sprechen eine so deutliche Sprache, daß man nicht recht versteht, warum noch so viel über sie geredet werden muß.

Die Hintertreppe Ⓢ

Deutschland 1921

R: Leopold Jessner (Schauspielerführung), Paul Leni (Bildregie); A: Carl Mayer; K: Carl Hasselmann, Willy Hameister; D: Henny Porten, Fritz Kortner, Wilhelm Dieterle

Ein Dienstmädchen (H. P.) wartet sehnsüchtig auf einen Brief des Geliebten (W. D.), der eines Tages plötzlich verschwunden ist. Endlich kommt ein Brief mit einer neuerlichen Liebeserklärung. Doch das Mädchen entdeckt, daß der menschenscheue, hinkende Briefträger (F. K.) diesen Brief gefälscht hat, um sie in ihrem Kummer zu trösten. Sie beginnt, sich in diesen unscheinbaren Mann zu verlieben, als plötzlich der erste Geliebte wieder auftaucht. Er erklärt ihr, daß er im Krankenhaus gewesen sei und daß alle seine Briefe zurückgekommen seien. In einem Anfall von Verzweiflung und Eifersucht erschlägt der Briefträger den Nebenbuhler. Das Mädchen wird wegen des »Skandals« entlassen und begeht Selbstmord.
Paul Lenis Anteil an diesem Film war zweifellos wichtiger und gelungener als der Jessners. Die Schauspielerführung orientierte sich zu sehr am Bühnenpathos und ließ allerlei Exaltationen durchgehen. In der Bildgestaltung dagegen mischen sich expressionistische Studien geschickt mit sozialkritischen Akzenten. Stets verweilt die Kamera in der Enge niedriger Stuben und düsterer Hinterhöfe. Nur einmal sieht man ein Stück Himmel – als das Mädchen auf das Dach steigt, um sich hinabzustürzen. Sehr geschickt wird auch der soziale Unterschied zwischen »Vorderhaus« und »Hinterhaus« betont. Bis zum Schluß bleibt die »Herrschaft« praktisch unsichtbar. Der Kontakt zum Personal besteht in einem Klingelzug; nur einmal sieht man eine fröhliche Gesellschaft als Schattenriß am Fenster.

Hiroshima – mon amour
Hiroshima – mon amour

Frankreich/Japan 1959

R: Alain Resnais; A: Marguerite Duras, Alain Resnais; K: Sacha Vierny, Michio Takahashi; D: Emmanuelle Riva, Eiji Okada, Pierre Barbaud

Eine französische Schauspielerin (E. R.) hat in Hiroshima Szenen für einen Antikriegsfilm gedreht. Kurz vor ihrer Abreise lernt sie einen japanischen Architekten (E. O.) kennen und lieben. Beide wissen, daß ihre Liebe eine Episode bleiben wird; aber der Mann bedrängt sie, wenigstens noch kurze Zeit zu bleiben. In dieser Situation tauchen in den Gedanken der Frau Erinnerungsfetzen ihrer ersten Liebe auf. In ihrer Heimat Nevers hatte sie einen deutschen Besatzungssoldaten geliebt. Am Tag der Befreiung wurde er vor ihren Augen erschossen, ihr schnitt man als Zeichen der Schande die Haare ab. Ihre Eltern verbargen sie im Keller, weil sie sich ihrer schämten, und schickten sie dann heimlich nach Paris. Unter dem Druck dieser Erinnerung nimmt sie Abschied und sagt: »Ich werde dich vergessen. Ich vergesse dich bereits ...«
Ein Film über die Zeit, über die Erinnerung und auch über die Schrecken des Krieges. Marguerite Duras berichtet, Resnais habe ihr gesagt: »Schreibe Literatur, schreibe, als ob du einen Roman schriebst ... Vergiß die Kamera.« Das Drehbuch hat so den Charakter eines unaufhörlichen Monologs, der gleichzeitig eine Art Dialog mit der Vergangenheit ist. Resnais hat sich auch nicht bemüht, diese Vorlage den

*Hiroshima – mon amour
(Emanuelle Riva, Eiji Okada)*

üblichen dramaturgischen Gesetzen des Films anzupassen, ihre Teile auf konventionelle Weise zu integrieren. Die Realität von Hiroshima, die immer auch »die Bombe« heißen wird, taucht einleitend in einer Montage auf und bleibt dann stets gegenwärtig. Die Erinnerung an Nevers wird nicht säuberlich als Rückblende eingefügt, sie erscheint in kurzen, manchmal nur mühsam zu entschlüsselnden Fetzen und Visionen. Das Bewußtsein der Heldin wird nicht analysiert, nicht beschrieben, es wird auf intelligente und suggestive Weise direkt sichtbar gemacht.

A history of violence
A History of Violence

USA/Kanada 2005

R: David Cronenberg; A: Josh Olson nach einem Comic (»graphic novel«) von John Wagner und Vince Locke; K: Peter Suschitzky; D: Viggo Mortensen, Maria Bello, Ed Harris, William Hurt, Ashton Holmes, Kyle Schmid, Stephen McHattie, Greg Bryk, Heidi Hayes

Tom Stall (V. M.) lebt mit seiner Fram Edie (M. B.) und den Kindern Jack (A. H.) und Sarah (H. H.) in der Bilderbuch-Kleinstadt Millbrook im mittleren Westen der USA. Edie ist Rechtsanwältin, Tom betreibt ein kleines Diner-Restaurant. In dieses Restaurant kommen eines abends zwei Gangster (S. MH., G. B.), die schnell deutlich machen, daß es ihnen nicht nur um Geld, sondern um den Nervenkitzel der Gewalt geht. Tom reagiert eiskalt wie ein Profi, Sekunden später liegen die Eindringlinge tot am Boden – erschossen. Jetzt ist Tom ein »amerikanischer Held«! Sein Bild erscheint in Zeitungen und im Fernsehen. Und Jack, der seit Wochen von einem Mitschüler (K. S.) gehänselt und gedemütigt worden ist, eifert seinem Vater nach und schlägt den Peiniger und dessen Helfer krankenhausreif. Ein paar Tage später tauchen drei bedrohlich wirkende Männer bei Tom auf. Ihr Anführer, Carl Fogarty (E. H.), nennt ihn Joey und fordert ihn auf, mit nach Philadelphia zu seinem Bruder Richie (W. H.) zu kommen. Tom gibt sich ahnungslos. Aber Fogarty kommt wieder und wieder; und bald wird klar, daß Tom etwas zu verbergen hat. Schließlich gesteht er Edie, daß er früher für ein Gangstersyndikat »gearbeitet« hat. Aber er sagt auch, daß er den Joey in sich vor vielen Jahren getötet habe, daß es Joey nicht mehr gebe. Edie rennt davon, und die »Beichte« endet mit brutalem Sex auf der Treppe zum Schlafzimmer. Die Affäre Fogarty endet ebenfalls. Wieder praktiziert Tom seine alten Fertigkeiten; aber den entscheidenden Schuß, der sein Leben rettet, gibt diesmal sein Sohn Jack ab. Jetzt fährt Tom zu seinem Bruder Richie. Auch der will ihm ans Leben, weil sein Verschwinden ihm in der Hierarchie des Syndikats geschadet hat. Aber auch Richie bleibt auf der Strecke. Als Tom nach Hause zurückkehrt, sitzt die Familie beim Abendessen. Wortlos setzt er sich an den Tisch, wortlos holt ihm Sarah einen Teller und Besteck, wortlos schiebt ihm Jack die Schüssel hinüber. Die anfängliche Idylle aber sah ganz anders aus …

Die Filme des kanadischen Regisseurs David Cronenberg beschäftigen sich vornehmlich mit den düsteren Seiten des Lebens und der menschlichen Seele, mit der Zerstörung und Mutation von Körpern, mit den dunklen Trieben, die im Unterbewußtsein des Menschen lauern. So ist auch dieser Film mehr als nur ein raffinierter, präzise inszenierter und perfekt gespielter Psychothriller. Er demonstriert vielmehr, wie der Gangster Joey Cusack unerkannt und unbemerkt in der Seele von Tom Stall weiter existiert hat, bis ein Schock ihn gleichsam wiederbelebt. Außerdem will Cronenberg den Zuschauern zeigen, daß auch in ihrem Unterbewußtsein ähnlich dunkle Triebe lauern; denn in der Tat bringt er uns dazu, Toms Schüsse und die brutalen Schläge seines Sohns im Augenblick der Tat als einen Akt der Befreiung gutzuheißen. Cronenberg sagte dazu in einem Interview mit Katja Nicodemus in der »Zeit«: »Ich bin ein böser Bilder-Therapeut. Einer, der die Menschen in Kontakt mit ihren dunklen, verdrängten Schichten bringt.« In diesem Kontext wirkt das düstere Schluß-Tableau am Abendbrottisch wie eine Einladung zur Selbst-Analyse, eine Einladung auch an die Zuschauer.

Hitler, ein Film aus Deutschland

BRD/England/Frankreich 1977

R: Hans Jürgen Syberberg; A: Hans Jürgen Syberberg; K: Dietrich Lohmann; D: Heinz Schubert, Peter Kern, Hellmut Lange, Martin Sperr, Harry Baer, André Heller, Johannes Buzalski, Alfred Edel

Syberbergs Film ist eine vierteilige, rund siebenstündige Phantasmagorie, von der sich kein Inhalt erzählen läßt, von der man allenfalls Motive andeutungsweise skizzieren kann.
1. Teil: »Der Gral – Von der Weltesche bis zur Goethe-Eiche von Buchenwald.« Ein NS-Würdenträger (P. K.) in Uniform wirbt mit dem Text Peter Lorres aus Fritz Langs *M* (»Ich kann doch nichts dafür ...«) um Verständnis und Mitleid. Hitler, Himmler, Göring und Goebbels u. a. stellen sich als Puppen, die sichtbar von Schauspielern (J. B., H. S., P. K., H. L.) geführt werden, mit ihren »Glaubensbekenntnissen« vor. Exkurse über die deutschen Richter, Hollywood, die Ufa.
2. Teil: »Ein deutscher Traum – ... bis ans Ende der Welt.« Es treten u. a. auf: Himmlers Masseur (M. S.), Hitlers Diener (H. L.), der SS-Mann Ellerkamp (H. B.), der Hitlers Filmvorführer war. Hitler (H. S.) deklamiert: »Ich bin das schlechte Gewissen der demokratischen Systeme!« Er steigt aus dem Grab Richard Wagners auf. Gegen Ende gibt es eine Einführung in die Welteislehre und Erinnerungen des Kammerdieners an den »Privatmann Hitler«.
3. Teil: »Das Ende eines Wintermärchens – und der Endsieg des Fortschritts.« Im Mittelpunkt dieses Teils steht die »Endlösung« der Judenfrage, das heißt die organisierte Massenvernichtung der Juden. Himmler (H. S.) wird massiert und spricht dabei dokumentarische Texte über die Judenvernichtung, das Germanentum, über Tierschutz und mystische Heilslehren. Zitate aus den Erinnerungen des SS-Offiziers Gerstein. Ellerkamp (P. K.) spricht über das alltägliche Leben auf dem Obersalzberg. Eine Hitlerpuppe räsoniert über Unrecht und Verfolgung in unserer Welt, zitiert den Einmarsch der Russen in die ČSSR und den UNO-Beschluß zum Zionismus u. a. und resümiert: »Wir haben doch gesiegt!«
4. Teil: »Wir Kinder der Hölle erinnern uns an das Zeitalter des Grals.« André Heller verliest fast 40 Minuten lang einen Essay über den Nationalsozialismus, während hinter ihm zeitweise Dokumentaraufnahmen aus der NS-Zeit eingeblendet werden. Dann Ton-Dokumente: Luftlagemeldungen, ein »Werwolf«-Sender, ein amerikanischer Sender meldet den Tod Roosevelts usw. Es folgt die Vision eines Hitler-Touristenzentrums in Bayern (»Das deutsche Disney-Land auf dem heiligen Berg bei Berchtesgaden!«). Als Kontrast: Visionen von der Siegesfeier, die Hitler für etwa 1950 geplant hatte. André Heller rechnet mit der Hitler-Puppe ab.

Der Film sollte zunächst *Hitler in uns* heißen, und unter diesem Aspekt ist er auch gestaltet. Ein Sprecher charakterisiert ihn eingangs als »Bruchstücke einer inneren Projektion« und bedeutet: »Wir zeigen nicht die nicht wiederholbare Realität!« Dargestellt werden soll nicht in erster Linie eine historische Epoche, sondern eine Geisteshaltung, die den Ablauf der Historie ermöglicht und vielleicht gar bedingt hat. Darum verweist Syberberg auch auf vorhergehende Filme: mit einem überdimensionalen Porträt Helmut Käutners in der Rolle des Karl May (*Karl May*, 1974) und deutlicher noch auf *Ludwig – Requiem für einen jungfräulichen König* (1972). Immer wieder taucht in seinem Film ein junges Mädchen mit einer »Ludwig«-Puppe auf, die eingangs eindringlich erinnert: »Ich habe immer gewarnt!« Es ist unübersehbar, daß für Syberberg das Thema seines Hitler-Films bereits im vorigen Jahrhundert beginnt, daß es bis in unsere Zeit hineinreicht. Aber Nutzanwendungen aus dieser Erkenntnis vermag man nur mühsam zu ziehen. Sie werden erschwert durch die ermüdende Langatmigkeit mancher Szenen, durch eine Überfülle optischer und akustischer Eindrücke in anderen. Es ist durchaus zu befürchten, daß die Bedeutung zahlreicher Bild- und Tondokumente sich nur dem erschließt, der sie aus eigener Kenntnis noch identifizieren und einordnen kann.

Hitler, ein Film aus Deutschland

Mit anderen Worten: Der Film setzt nicht nur Geduld, sondern auch Kenntnis der Vergangenheit voraus. Andererseits freilich sind Syberberg auch faszinierende Sequenzen gelungen: Fast alle Puppenszenen zum Beispiel, die weinerlich-markige Selbstgerechtigkeit Himmlers auf der Massagebank, der Monolog des NS-Würdenträgers usw.

Stilistisch wird hier das Prinzip des *Ludwig*-Films fortgesetzt: Spiel vor unrealistischen Kulissen oder Projektionen, Vermischung der Spiel- und Stilebenen, kontrapunktische Verwendung von Bild und Ton, wobei in großem Umfang auch Dokumentarmaterial verwendet wurde. Entstanden ist ein Film von beinahe verbissener Originalität, von oft überbordender Phantasie und von manchmal schneidender Schärfe. Kein Wunder, daß das Ergebnis umstritten war. Während einige Kritiker den Film völlig ablehnten, bezeichnete die französische Zeitung *Le Monde* ihn als einen *Faust – Dritter Teil*.

Hitlerjunge Quex

Deutschland 1933

R: Hans Steinhoff; A: K. A. Schenzinger und Bobby E. Lüthge nach dem gleichnamigen Roman von K. A. Schenzinger; Liedertexte: Baldur von Schirach; K: Konstantin Irmen-Tschet; D: Heinrich George, Berta Drews, Claus Clausen, Hermann Speelmans

Der kleine Heini Völker (gespielt »von einem Hitlerjungen«) wächst im »roten« Beusselkietz in Berlin auf. Sein Vater (H. G.) ist aus Verbitterung zum militanten Kommunisten geworden, während seine Mutter (B. D.) längst resigniert hat. Heini wird von dem KP-Funktionär Stoppel (H. S.) zu einem Ausflug der kommunistischen Jugend mitgenommen. Aber mehr als ihr ungeordnetes Treiben reizt ihn die Disziplin der HJ, die in einiger Entfernung ein Lager hat. Er schleicht sich dorthin und hört den Liedrefrain »Unsre Fahne flattert uns voran«. Als er erfährt, daß Kommunisten das HJ-Heim überfallen wollen, warnt er die Jungen. Für diesen Verrat soll er büßen. Verzweifelt dreht seine Mutter den Gashahn auf. Sie stirbt, während Heini gerettet wird. Jetzt nimmt man ihn bei der HJ auf; und unter dem Spitznamen Quex wird er dort einer der Eifrigsten. Aber als er im Beusselkietz NS-Wahlkampfzettel verteilt, wird er von Kommunisten gejagt und zu Tode geprügelt. An seinem Grab deutet sich an, daß sein Schicksal seinen Vater zum Nationalsozialisten geläutert hat.

Einer der wenigen Filme im »Dritten Reich«, die sich deutlich sichtbar politisch engagierten, in denen die Partei und ihre Organisationen in Erscheinung traten. Später verzichtete man darauf zugunsten behutsamerer Infiltrationen.

Der Film verfolgt seine Ziele mit viel Geschick. Interessant ist auch die differenzierte Zeichnung der Kommunisten: Neben den unverbesserlichen Funktionären stehen Fehlgeleitete, für deren »Verirrung« der Film aus der Zeitsituation sogar ein gewisses Verständnis ableitet und deren »Läuterung« er zeigt. Man wollte offenbar für Teile des Publikums damals gleichsam die Tür offenhalten.

Un homme et une femme
Ein Mann und eine Frau

Frankreich 1966

R: Claude Lelouch; A: Claude Lelouch, Pierre Uytterhoeven; K: Jean Collomb, Patrice Pouget, Claude Lelouch; D: Anouk Aimée, Jean-Louis Trintignant, Valerie Lagrange

Der Autorennfahrer Duroc (J.-L. T.) und das Scriptgirl Anne Gauthier (A. A.) lernen sich in Deauville kennen, wo sie ihre Kinder im Internat besuchen. Beide sind verwitwet. Annes Mann, ein Stuntman, ist bei Filmaufnahmen verunglückt; Durocs Frau hat Selbstmord begangen, weil sie der Nervenbelastung nicht gewachsen war, die der Beruf ihres Mannes mit sich brachte. Anne und Duroc treffen sich wieder und empfinden bald eine tiefe Zuneigung füreinander. Nach einem Autorennen erhält Duroc ein Telegramm, in dem Anne ihm ihre Liebe gesteht. Überglücklich fährt er nach Deauville, um sie in die Arme zu schließen. Aber in einer plötzlichen Aufwallung verläßt Anne, die sich an den Unfalltod ihres Mannes erinnert, den Geliebten und fährt nach Paris zurück. Duroc gibt nicht auf. Er rast mit dem Wagen nach Paris und erwartet Anne am Bahnhof. Ihre erneute Umarmung ist voller Hoffnung.

Große Gefühle, schöne Bilder und eine eingängige Musik bestimmen diesen Film, der ein großer Publikumserfolg wurde. Die Kritik lehnte ihn – trotz einer »Goldenen Palme« beim Festival in Cannes und eines »Oscars« in Hollywood – überwiegend ab. Sie warf Lelouch vielfach vor, er habe seine handwerkliche und technische Perfektion benutzt, um eine sentimentale Geschichte im Luxusmilieu mit vorgetäuschter Bedeutsamkeit aufzuputzen. Das Wort vom »Lelouch-Touch« kam auf, das vielen als Synonym für ansehnliche, aber oberflächliche Künstlichkeit galt.

Als Pendant zu diesem Film (und vielleicht auch als Replik auf die Vorwürfe der Kritiker) entstand 1974 *Mariage* (Eine Ehe), praktisch ein Zwei-Personen-Stück mit Bulle Ogier und Rufus in den Hauptrollen, in dem die Geschichte einer Ehe über Jahrzehnte hinweg sehr einfallsreich und sehr präzise erzählt wird. Lelouch bezeichnete diesen Film, den er in 14 Tagen an Originalschauplätzen in der Normandie gedreht hatte, selbst als »negatives Gegenstück« zu *Un homme et une femme*. Dort hätten schöne Menschen mit der Mentalität von Siegern um ihr Glück gekämpft, während hier, in einer alltäglichen Ehe, die Protagonisten sich mit tropfenden Wasserhähnen und verklemmten Fenstern abplagen müßten.

Die Geschichte von Anne und Duroc hat Lelouch in einem zweiten Film mit den gleichen Darstellern weitererzählt: *Un homme et une femme: vingt ans déjà* (Ein Mann und eine Frau – 20 Jahre später, Frankreich 1986). Anne ist mittlerweile Produzentin geworden und will ihre Liebesgeschichte von damals verfilmen. Aber das Projekt scheitert an der Diskrepanz zwischen Fiktion und Realität, zwischen Erinnerung und Gegenwart.

The honeymoon ⓢ
Die Flitterwochen

USA 1928

R: Erich von Stroheim; A: Erich von Stroheim, Harry Carr; K: Ben Reynolds, Hal Mohr; D: Erich von Stroheim, Fay Wray, Matthew Betz, Zasu Pitts

Fortsetzung des Films *The wedding-march*: Prinz Nicki von Wildeliebe-Rauffenburg (E. v. S.) lebt mit seiner Frau Cecilia (Z. P.) auf seinem Schloß in Tirol. Der eifersüchtige Schani (M. B.) dringt in das Schloß ein, um Nicki zu töten; aber Cecilia opfert sich für ihren Mann und wird an seiner Stelle ermordet. Schani stürzt in den Bergen ab und stirbt. Seine Witwe Mitzi (F. W.), die frühere Geliebte Nickis, geht in ein Kloster.
Wieder zeigt sich eine Frau den gedankenlos grausamen, eigensüchtigen Männern überlegen. Genau wie der erste Teil wurde auch dieser für die Kino-Auswertung beträchtlich gekürzt.

Die Hose ⓢ

Deutschland 1927

R: Hans Behrendt; A: Franz Schulz nach der gleichnamigen Komödie von Carl Sternheim; K: Carl Drews; D: Jenny Jugo, Werner Krauß, Rudolf Forster, Veit Harlan, Olga Limburg

Das Ehepaar Maske (J. J., W. K.) erregt Aufsehen, als Frau Maske mitten auf dem Marktplatz und just vor den Augen des Landesherrn das im Titel zitierte Kleidungsstück verliert. Das lenkt die Aufmerksamkeit zweier Bewerber in besonderem Maße auf die hübsche Frau des kleinen Beamten. Es sind der elegante Herr Scarron (R. F.) und der Friseur Mandelstam (V. H.). Herr Maske übersteht die Affäre jedoch unbeschadet und im Bewußtsein landesväterlicher Huld.
Ein sorgfältig inszenierter »Schauspieler-Film«, der vor allem Werner Krauß Gelegenheit für eine raffinierte und wirkungsvolle Karikatur des kleinstädtischen Spießers gab. Von der Morgenrasur bis zum Kegelabend lebt hier der ängstliche Gernegroß, dem die Barthaare vor Entrüstung zittern – solange mit dieser Entrüstung keine Gefahr verbunden ist, dem aber die devotesten Bücklinge zur Verfügung stehen, wenn es dem eigenen Vorteil nützt.

Hôtel du Nord
Hotel du Nord

Frankreich 1938

R: Marcel Carné; A: Henri Jeanson und Jean Aurenche nach einem Roman von Eugène Dabit; K: Armand Thirard; D: Arletty, Louis Jouvet, Jean-Pierre Aumont, Annabella, François Périer

Ein junges Liebespaar, Pierre (J.-P. A.) und Renée (An.), will im Hotel du Nord aus wirtschaftlicher Not gemeinsam aus dem Leben scheiden. Doch als Pierre einen Schuß auf Renée abgegeben hat, verläßt ihn der Mut. Er flieht. Renée wird von dem Zuhälter Edmond (L. J.) gefunden und kann gerettet werden; aber Pierre stellt sich der Polizei, weil er glaubt, ein Mörder zu sein. Renée besucht ihn im Gefängnis, doch Pierres Schuldgefühl steht zwischen ihnen. Unterdessen hat Renée im Hotel du Nord Arbeit als Kellnerin gefunden. Edmond verliebt sich in sie. Er will sich von seiner Freundin Raymonde (Ar.) trennen und mit Renée auswandern. Kurz vor der Abreise spürt Renée, daß sie Pierre nicht vergessen kann, und sie flieht. Endlich kann sie auch Pierre überzeugen; beide wollen nach seiner Entlassung heiraten. Edmond kommt noch einmal zurück. Er ist ohne Renée auch nicht abgefahren. Er versteht sie und dankt ihr für die schönen Tage, die sie ihm geschenkt hat. Ruhig geht er in sein Zimmer, wo – wie er weiß – ein Komplize auf ihn wartet, den er verraten hat, um von ihm loszukommen. Er wird erschossen. Für Renée und Pierre beginnt eine gemeinsame Zukunft.
Der Film ist melodramatischer und weniger originell als die »großen« Filme Carnés aus den dreißiger Jahren. Zwar gibt es wieder meisterhafte Szenen in der Schilderung des Alltagslebens im Hotel, die Randfiguren sind mit

wenigen Strichen plastisch geschildert; die eigentliche Handlung ist jedoch von sentimentalen Gefühlen überwuchert.

The hours
The Hours – Von Ewigkeit zu Ewigkeit

USA 2002

R: Stephen Daldry; A: David Hare nach dem gleichnamigen Roman von Michael Cunningham; K: Seamus McGarvey; D: Nicole Kidman, Stephen Dillane, Miranda Richardson, Julianne Moore, John C. Reilly, Meryl Streep, Ed Harris, Claire Danes, Allison Janney, Jack Rovello

März 1941. Eine Frau – es ist die britische Dichterin Virginia Woolf – läuft zum Fluß Ouse, füllt ihre Manteltaschen mit großen Steinen und watet ins Wasser. Die Strömung treibt den Körper der vom Wahnsinn Gezeichneten, die ihrem Leben ein Ende setzte, davon. Richmond 1923. Die gesundheitlich angeschlagene Schriftstellerin Virginia Woolf (N. K.) will im Sommerhaus mit der Niederschrift ihres vierten Romans »Mrs. Dalloway« beginnen. Obwohl Leonard (S. D.), ihr Gatte, Verständnis zeigt für die einsetzende Schreibblockade, empfindet sie beim Besuch der Schwester Vanessa (M. R.) Freude und Abscheu zugleich. Los Angeles 1951. Laura Brown (J. M.) bäckt für ihren Mann (J. C. R.), einen Kriegsveteranen, einen Geburtstagskuchen. Sie fühlt sich emotional vernachlässigt und ist trotz ihres Prachtburschen von Sohn (J. R.) so verzweifelt über die deprimierende bürgerliche Idylle, daß sie an Selbstmord denkt. Die Lektüre von »Mrs. Dalloway« öffnet Mrs. Brown die Augen, so daß sie am Ende das trostlose Dasein, die Leere verläßt, um ihre noch unklaren Vorstellungen von einem anderen Leben zu verwirklichen.
New York 2001. Die lesbische Lektorin Clarissa Vaughan (M. S.) organisiert für ihren aidskranken Ex-Mann Richard (E. H.), der es als Schriftsteller zu beträchtlichem Ruhm gebracht hat, ein Fest aus Anlaß der Verleihung eines Literaturpreises an ihn. Da sie sich außerdem viel um die Tochter Julia (C. D.) und ihre augenblickliche Lebensgefährtin Sally (A. J.) kümmert, bleibt nur wenig Zeit zur Reflexion über die eigene Situation und die Realisierung persönlicher Wünsche.

Die anspruchsvolle Literaturverfilmung bietet eine einfühlsame, zum Nachdenken anregende Beschreibung dreier Frauen-Generationen, gespiegelt am Beispiel der britischen Dichterin Virginia Woolf und ihres berühmtesten Romans »Mrs. Dalloway«. Die Lebens- und Leidensgeschichte(n) in *The hours* verlaufen in drei Variationen, auf drei Zeitebenen und drei unterschiedlichen gesellschaftlichen Entwicklungsstufen. Sie erzählen von der Auflösung alter Konventionen, von neuen Möglichkeiten emotionaler wie praktischer weiblicher Selbstverwirklichung und von den Gefährdungen, von Wahnsinn, Krankheit und Tod. In dieser gelungenen Wahrnehmung von Lebens- und Arbeitsbedingungen, die sich innerhalb von nicht einmal hundert Jahren nachhaltig verändert haben, liegt eine große Stärke des Films.
In diesem exquisiten Ensemblefilm brilliert Nicole Kidman als Virginia Woolf mit großer Schauspielkunst, die auch mit einem »Oscar« belohnt wurde. Dagegen stieß die penetrante, allzu dick aufgetragene Filmmusik von Philip Glass eher auf Ablehnung. Die erste Hollywood-Produktion des britischen Theatermanns Stephen Daldry (*Billy Elliot / Billy Elliot – I will dance*, England 2000) trifft, dicht an der Vorlage inszeniert, die »Melodie«, die Seele des Romans. Gleichwohl wurde die meisterliche Erzähldramaturgie aber auch als geschmäcklerisch, zu intellektuell kritisiert.

How green was my valley
So grün war mein Tal / Schlagende Wetter / Schwarze Diamanten

USA 1941

R: John Ford; A: Philip Dunne nach dem gleichnamigen Roman von Richard Llewellyn; K: Arthur Miller; D: Walter Pidgeon, Maureen O'Hara, Donald Crisp, Robert McDonald, John Loder, Marten Lamont

Um 1900 im walisischen Kohlenrevier. Der alte Morgan (D. C.) und vier seiner Söhne arbeiten unter Tage, der fünfte und jüngste Sohn soll studieren, die Tochter Angharad (M. O'H.) wird, so scheint es, den Geistlichen (W. P.) der Gemeinde heiraten. Aber die Lebensbedingungen verschlechtern sich. Es kommt zu Streiks, die Morgan weder versteht noch billigt. Die Söhne wandern nach Amerika aus; der Geistliche gibt Angharad frei, weil sie nicht in diesem Elend weiterleben soll. Sie heiratet ohne Liebe den Sohn des Bergwerkdirektors. Der aufgeschlossene Geistliche überredet die älteren Bergarbeiter, sich nicht gegen die Zeit zu stellen und eine Gewerkschaft zu gründen. Morgan verunglückt unter Tage und stirbt. Angharad findet schließlich doch zu dem Geistlichen, den sie immer geliebt hat.

Der Film ist weniger realistisch als Carol Reeds *The stars look down*, der ein ähnliches Thema behandelt. Aber hinter den sentimentalen Einschüben spürt man doch einen Blick für echte soziale Konflikte.

Hsia nü
Ein Hauch von Zen

Taiwan 1969

R: King Hu; A: King Hu nach einer Kurzgeschichte von Pu Sung-ling; K: Hua Hui-ying, Chou Yeh-hsing; D: Shih Chün, Hsü Feng, Pai Ying, Roy Chiao-hung, Han Ying-chieh, Hsüe Han

China zur Zeit der Ming-Dynastie (14.–17. Jh.). Ein Zufall führt den jungen Maler Ku (S. C.) mit dem Mädchen Yang (H. F.) und den ehemaligen kaiserlichen Generalen Shih (P. Y.) und Lu (H. H.) zusammen, die verkleidet auf der Flucht vor dem Geheimdienst des kaiserlichen Eunuchen Wei sind. Wei hat schon Yangs Vater, einen hohen Staatsbeamten, foltern und töten lassen und hat nun den General Hsü (H. Y.-c.) auf die Fährte der Flüchtigen gesetzt. Ein Versuch, die Verfolger mit »Spukgestalten« in eine verlassene Festung zu locken und zu überwältigen, gelingt nur teilweise. General Lu verliert bei dem listenreich geführten Kampf sein Leben; General Shih, das Mädchen Yang und Ku, der sich in Yang verliebt hat, fliehen in die Berge zu dem Mönch Hui Yüan (R. C.-h.), der ihnen schon vorher bei der Flucht geholfen hatte. Während Ku mit dem Kind, das Yang ihm dort geboren hat, aus den Bergen zurückkehrt, kommt es zum entscheidenden Kampf zwischen Verfolgern und Verfolgten, der schließlich zu einem Zweikampf zwischen dem Mönch Hui und dem General Hsü wird. Durch einen feigen Trick kann der General am Ende den Mönch töten, doch im Moment seines Todes berührt Hui seinen Gegner Hsü mit der offenen Hand. Eine übernatürliche Kraft erfüllt den Sterbenden und tötet auch den General. Der tote Mönch verharrt in der Lotusstellung, goldener Staub entströmt seinen Wunden. Er hat das Nirwana erreicht ...

Der in Hongkong lebende Chinese King Hu demonstriert hier die reichen künstlerischen Möglichkeiten eines Genres, das hierzulande durch allzu viele spekulative Machwerke in Mißkredit geraten ist. In bemerkenswerter Geschlossenheit wird eine spannende Geschichte erzählt, werden die »martial arts« in präziser Perfektion vorgeführt und gleichzeitig philosophische und mystische Hintergründe des Zen-Buddhismus vermittelt. Da der rund dreistündige Film bei seinem Start in Ostasien ein kommerzieller Mißerfolg war, wurde er vom Produzenten eigenmächtig um rund ein Drittel gekürzt – in der Hoffnung, ihn so den Erwartungen des Publikums an einen üblichen »Kung Fu«-Film anzunähern. Erst Jahre später konnte King Hu die ursprüngliche Fassung wiederherstellen. Mit ihr gewann er 1975 beim Festival in Cannes einen großen Spezialpreis – verdiente Anerkennung für einen Film, der die Möglichkeiten der filmischen Mittel beispielhaft nutzt.

Hsi yen / The wedding banquet
Das Hochzeitsbankett

Taiwan/USA 1993

R: Ang Lee; A: Ang Lee, Neil Feng, James Schamus; K: Jong Lin; D: Winston Chao, May Chin, Ah-Le Gua, Sihung Lung, Mitchell Lichtenstein

Der alerte Geschäftsmann Wai-Tung (W. C.) lebt mit seinem Freund Simon (M. L.) glücklich in schwuler Gemeinschaft in New York. Störend ist nur, daß seine ahnungslose Mutter im fernen Taiwan rastlos bemüht ist, ihn zu verheiraten. Genervt greift er einen Vorschlag Simons auf: Er wird pro forma die hübsche Malerin Wei-Wei (M. C.) ehelichen, damit seine Mutter beruhigen und überdies Wei-Wei zu der begehrten »green card«, der Aufenthaltserlaubnis, verhelfen. Das klingt vernünftig, aber es geht schief! Mutter (A.-L. G.) und Vater (S. L.) eilen zur Hochzeit herbei; die karge Zeremonie im Standesamt weitet sich zu einem aufwendigen Hochzeitsbankett; und ein »Fehltritt« Wai-Tungs in der Hochzeitsnacht führt dazu, daß Wei-Wei schwanger wird. Nach wie vor betrachten die Eltern, deren Heimreise sich durch einen Herzinfarkt des Vaters verzögert, Wei-Wei als ihre Schwiegertochter und Simon als den fremden, wenngleich freundlichen Vermieter. Kein Wunder, daß es im Gebälk der diversen Beziehungen drohend knistert. Am Ende wendet sich jedoch alles zum Guten. Als die Eltern abreisen, findet Wai-Tung am Flughafen endlich den Mut, seiner Mutter die Wahrheit zu sagen, die der Vater – der pensionierte General, dessen Empfindungen man um jeden Preis schonen wollte – längst erkannt und akzeptiert hat. Simon versöhnt sich mit seinem Freund und akzeptiert seine Rolle als »Nebenvater«. Und Wei-Wei hat ein Baby und eine »green card« und ist offenbar auch zufrieden ...

Eine sympathische Komödie, die gar nicht erst den Versuch macht, die angesprochenen Konflikte zu vertiefen oder gar zu lösen. Weil Regisseur Ang Lee aber die Personen seines Films sehr genau und behutsam konturiert, weil er typische Verhaltensmuster exakt und ohne Häme beschreibt, dringen immer wieder wichtige Realitätspartikel in diesen Film ein. Aus der konsequenten Zweisprachigkeit, die sich auch als dramaturgisches Mittel bewährt, erwächst eine eigentümliche Spannung; selbst in der turbulentesten Situationskomik sind die verzwickten psychologischen Probleme gegenwärtig, und der Unterschied zwischen amerikanischer und fernöstlicher Lebensweise wird ohne große Worte deutlich.

8 femmes
8 Frauen

Frankreich 2001

R: François Ozon; A. François Ozon und Marina de Van nach einem Bühnenstück von Robert Thomas; K: Jeanne Lapoirie; D: Virginie Ledoyen, Catherine Deneuve, Ludivine Sagnier, Danielle Darrieux, Firmine Richard, Emmanuelle Béart, Isabelle Huppert, Fanny Ardant

Zum Weihnachtsfest kommt Suzon (V. L.) als Besucherin in ihr Elternhaus – freudig willkommen geheißen von ihrer Mutter Gaby (C. D.), ihrer Schwester Catherine (L. S.), ihrer Großmutter Mamy (D. D.) und der Köchin Chanel (F. R.), eher reserviert empfangen von dem neuen Hausmädchen Louise (E. B.) und ausgesprochen säuerlich begrüßt von der altjüngferlichen Tante Augustine (I. H.). In der tief verschneiten, einsamen Villa bahnt sich eine Weihnachtsidylle an. Doch dann findet man den Hausherrn, Marcel, regungslos in seinem Bett, mit einem Messer im Rücken. Die Krimi-Leserin Catherine ergreift sofort die Initiative. Sie verschließt Marcels Zimmer; und da die Telefonleitungen durchschnitten sind und die Villa mittlerweile eingeschneit ist, beginnt sie auch zu ermitteln. Aber die anderen Hausbewohner stellen ebenfalls unangenehme Fragen. Schon bald weiß man, daß alle acht Frauen – denn auch Marcels Schwester Pierrette (F. A.) ist überraschend aufgetaucht – die Möglichkeit und ein Motiv gehabt hätten, Marcel umzubringen. Alle haben sie mit einem Geheimnis oder mit einer Lüge gelebt. Am Schluß stellt sich heraus, daß Marcel lebt. Alles war nur ein Spiel, eine Intrige, die er und Catherine ausgeheckt haben, damit er die Wahrheit über seine Hausgenossinnen erfährt. Und diese Wahrheit ist nun leider so, daß Marcel deprimiert zur Pistole greift und sich eine Kugel in den Kopf schießt.

Ozon versucht nie, den Eindruck zu erwekken, er bilde ein Stück wirkliches Leben ab. Im Gegenteil, er bekennt sich zum kunstvollen Spiel, zum schönen Schein. Acht großartigen Vedetten, die mehrere Generationen französischer Schauspielkunst repräsentieren, gibt er die Möglichkeit, schillernde Kabinettstücke abzuliefern; jede darf zudem einmal aus der Handlung heraustreten und ein Chanson singen, in dem der Charakter der Rolle und die Persönlichkeit der Interpretin sich gleichermaßen widerspiegeln. Diese brillanten Einzelleistungen fügen sich gleichwohl zu einem großartigen Ensemblespiel, wobei die geschliffenen Dialoge mit funkelnden Bosheiten, zynischen Repliken und großen Gefühlen wirkungsvoll garniert sind. So entstand eine ebenso vergnügliche wie intelligente Mischung aus Krimi, Musical, Psychodrama und Komödie – eben richtiges Kino in leuchtenden Farben!

Bei der Synchronisation hat man sich bemüht, dem »Star-Appeal« des Originals Rechnung zu tragen. Als Sprecherinnen wurden acht prominente Schauspielerinnen verpflichtet und im Vorspann herausgestellt: Senta Berger, Hannelore Elsner, Cosma Shiva Hagen, Nina Hoss, Nicolette Krebitz, Ruth Maria Kubitschek, Katja Riemann, Jasmin Tabatabai.

The hunchback of Notre Dame
Der Glöckner von Notre Dame

USA 1939

R: William Dieterle; A: Sonya Levien und Bruno Frank nach dem Roman *Notre Dame de Paris* von Victor Hugo; K: Joseph H. August; D: Charles Laughton, Maureen O'Hara, Cedric Hardwicke, Edmond O'Brien

Die Geschichte des mißgestalteten Glöckners Quasimodo (C. L.), der seinem Herrn, dem Archidiakon Frollo (C. H.), wie ein Hund gehorcht, bis dieser die schöne Zigeunerin Esmeralda (M. O'H.) als Hexe dem Henker überantwortet und dafür von Quasimodo getötet wird.

Dieterle bemühte sich erfolgreich, gleichsam ein Inferno des Grauens und der Grausamkeit zu zeichnen, dem dann der kaum noch menschenähnliche und dennoch ergreifende Charles Laughton in der furchterregenden Maske des Buckligen menschliche Züge gibt. Der Film bevorzugt düstere Bilder mit expressiven Lichteffekten. Von allen Hollywood-Filmen Dieterles zeigt dieser am stärksten Einflüsse des deutschen Stummfilms.

Das gleiche Thema wurde bisher insgesamt achtmal filmisch aufbereitet. Die bekanntesten Versionen: *The hunchback of Notre Dame* (Der Glöckner von Notre Dame, USA 1923) von Wallace Worsley mit Lon Chaney in der Titelrolle, *Notre Dame de Paris* (Der Glöckner von Notre Dame, Frankreich 1956) von Jean Delannoy mit Anthony Quinn.

Húsz óra
Zwanzig Stunden

Ungarn 1964

R: Zoltán Fábri; A: Miklós Köllö nach einem Roman von Ferenc Sánta; K: György Illés; D: Antal Páger, János Görbe, Emil Keres, Ádám Szirtes, László György

Ein Reporter (E. K.) besucht eine Landwirtschaftliche Produktionsgenossenschaft. Er soll einen Bericht von ihrem Aufbau und vom Erfolg schreiben; doch die Informationen, die er erhält, sind widersprüchlich: Im Mittelpunkt des Geschehens der letzten zwanzig Jahre standen Varga (L. G.), Joska (A. P.), Antal (J. G.) und Kocsis (A. S.). Einst waren sie gute Freunde, die mit glühendem Eifer auf den Sozialismus warteten; heute ist die Freundschaft zerbrochen. Kocsis ist tot, getötet von Varga, der Parteisekretär geworden war und beim Aufstand 1956 vor den Dorfbewohnern fliehen mußte, die er jahrelang tyrannisiert hatte. Antal Balogh hatte schon vorher im Zorn über doktrinäre Maßnahmen sein Parteibuch zurückgegeben; auch er wäre beinah zum Mörder geworden. Er hat 1956 auf Joska geschossen, der als Vorsitzender der LPG zwar nicht alle Maßnahmen der Partei billigte, sie aber doch stützte. Die zwanzig Stunden, die der Reporter für seine Arbeit angesetzt hat, sind vorüber. Und sein Bericht wird nicht geschrieben.

Fábri erzählt seine Geschichte in einem raffinierten Geflecht von Rückblenden, wobei die Zeitebenen oft unvermittelt nebeneinanderstehen und durch den Ton verbunden werden, der dann weit in die nächste Szene überläuft. Dadurch wird der Zuschauer von den Bildern geradezu bedrängt, wird von ihnen genauso verwirrt wie der Reporter von seinen Informationen. Hinzu kommt, daß mehrfach die gleiche Szene aus verschiedenen Blickwinkeln und mit verschiedenen Interpretationen gezeigt wird. Das zwingt den Betrachter, selbst nach der Wirklichkeit und nach der Wahrheit zu forschen.

Politisch entspricht die Kritik des Films etwa dem »neuen Kurs«, den Parteichef Kádár damals propagierte. Aber bis zu jenem Zeitpunkt sind die Fehler der Vergangenheit wohl in keinem Film aus dem »sozialistischen Lager« so ungeschminkt beim Namen genannt worden.

I am a fugitive from a chain gang
Jagd auf James A. / Ich bin ein entflohener Kettensträfling

USA 1932

R: Mervyn Le Roy; A: Sheridan Gibney und Brown Holmes nach der autobiographischen Erzählung *I am a fugitive from a Georgia chaingang* von Robert E. Burns; K: Sol Polito; D: Paul Muni, Glenda Farrell, Helen Vinson

James Allen (P. M.) kommt hochdekoriert aus dem Weltkrieg zurück. Er arbeitet wieder in der Schuhfabrik, obwohl er nach dem Dienst in einer Pionier-Einheit lieber Ingenieur geworden wäre. Schließlich gibt er seine Stellung auf, will umsatteln – und wird einer im Millionenheer der Arbeitslosen. Er wird unschuldig in einen Raubüberfall verwickelt und, da die Beweise gegen ihn sprechen, zu einer langjährigen Freiheitsstrafe verurteilt. In einem Arbeitslager muß er unter unmenschlichen Bedingungen Fronarbeit leisten. Die Verzweiflung gibt ihm die Kraft zur Flucht. Unter falschem Namen baut er sich eine neue Existenz als Ingenieur auf; aber aus Eifersucht verrät ihn seine Frau (G. F.). Obwohl die Öffentlichkeit auf seiner Seite steht, muß James in das Arbeitslager zurück – nur »pro forma« heißt es, bis zu seiner Begnadigung. Doch die Begnadigung bleibt aus; James flieht zum zweiten Mal. Jetzt wird er ein Gejagter bleiben. Noch einmal trifft er sich in einem dunklen Haustor mit der Frau (H. V.), die er liebt; dann verschwindet er in der Nacht.
Le Roys Film attackiert die merkwürdigen Formen polizeilicher Verhöre, die Selbstzufriedenheit der Gerichte und die grausame Brutalität in den Arbeitslagern. Er tut dies alles nicht nur mit gutem Willen, sondern in einer überzeugenden Form. Er verschmäht die Effekte nicht, aber sie bleiben bei ihm künstlerisch und psychologisch glaubwürdig. Typisch, weil aufreizend und erschütternd zugleich, ist der Schluß. Auf die Frage, wovon er lebe, haucht James ängstlich »Ich stehle!«. Die Justiz hat einen unbescholtenen Menschen zum Dieb gemacht.

Ich klage an

Deutschland 1941

R: Wolfgang Liebeneiner; A: Eberhard Frowein und Harald Bratt nach Motiven des Romans *Sendung und Gewissen* von Hellmuth Unger; K: Friedl Behn-Grund, Franz von Klepacki; D: Paul Hartmann, Heidemarie Hatheyer, Mathias Wieman

Professor Heyt (P. H.), ein namhafter Mediziner, lebt in glücklicher Ehe mit seiner Frau Hanna (H. H.). Eines Tages erkrankt Hanna an multipler Sklerose. Heyt forscht vergeblich nach einem Mittel gegen die tückische Krankheit. Auf ihren eigenen Wunsch erlöst er Hanna schließlich mit einem Gifttrank von ihren Qualen. Hannas alter Freund Dr. Lang (M. W.) nennt ihn daraufhin einen Mörder. Es kommt zu einem Prozeß, bei dem die Geschworenen in einer Schlüsselszene das Problem diskutieren. Dr. Lang hat unter dem Eindruck eines Falles aus seiner Praxis seine Meinung geändert und verteidigt jetzt die Tat Heyts, der sich im Schlußwort des Films zu seiner Handlungsweise bekennt und auf die »Hunderttausende hoffnungslos Leidender« hinweist.
Obwohl der Film ein »offenes Ende« hat und zu dem angesprochenen Problem nicht abschließend Stellung bezieht, sind die Akzente doch so verteilt und werden die Sympathien der Zuschauer durch massive Gefühlsappelle so gelenkt, daß Heyt zum »positiven Helden« stilisiert wird. In die gleiche Richtung zielt auch die Wandlung seines einstigen Gegenspielers Dr. Lang.
Der Film entstand auf Initiative von Mitarbeitern der berüchtigten »Aktion Gnadentod«; aber Liebeneiner hat sich auch später noch zu diesem Film bekannt, der für ihn »ein Dokument der Humanität in einer unhumanen Zeit« war. Allerdings räumte er ein, man könne darüber streiten, »ob es richtig und ob es klug war, einen solchen Film gerade in der Nazizeit zu machen«. Es war sicher nicht richtig!

*Ich war neunzehn
(Klaus Manchen,
Jaecki Schwarz)*

Fest steht wohl, daß sich Liebeneiner allen Wünschen nach aggressiveren und plumperen Tönen verweigert hat, daß sein Film wirklich nur das Problem der »Tötung auf Verlangen« behandelt, daß er – wenngleich parteiisch akzentuiert – Stimmen für und wider Heyt zu Wort kommen läßt. Aber weite Kreise des Publikums haben sicherlich den Unterschied zwischen der Tötung auf Verlangen und der »Vernichtung unwerten Lebens«, die damals geplant und propagiert wurde, nicht klar gesehen. So wurde der Film ein Politikum, ein Propagandamittel, das zweifellos den Mördern bessere Argumente zur Hand gab als den Opfern und ihren Verteidigern. Der Film wurde in diesem Sinn gezielt eingesetzt.

Ich war neunzehn

DDR 1967

R: Konrad Wolf; A: Wolfgang Kohlhaase, Konrad Wolf; K: Werner Bergmann; D: Jaecki Schwarz, Alexej Ejboschenko, Kalmursa Rachmanow, Jenny Gröllmann

Mit acht Jahren mußte Gregor Hecker mit seinen Eltern aus Deutschland fliehen. Als neunzehnjähriger Sowjetoffizier kehrt er (J. S.) jetzt in seine Heimat zurück. Er wird als Stadtkommandant in der kleinen Stadt Bernau eingesetzt. Hier trifft er ein deutsches Mädchen (J. G.), das so alt ist wie er; er setzt sich mit dem Bürgermeister auseinander, einem kleinen Nationalsozialisten, der sich jetzt bei ihm anbiedern will. Vor allem aber fährt Gregor mit seinen Kameraden Sascha (A. E.) und Dsingis (K. R.) mit einem Lautsprecherwagen an die Front und fordert die deutschen Soldaten zur Kapitulation auf. Er erlebt die Befreiung des Konzentrationslagers Sachsenhausen. Und er erlebt einen Erfolg seiner »Propagandaarbeit«: Da sind einmal viele Soldaten zusammengekommen, die mit dem Krieg Schluß machen wollen. Und als die »Deserteure« von der SS beschossen werden, da hebt ein Unteroffizier die Waffen gegen die Unterdrücker von gestern. Aber gerade bei diesem Einsatz fällt Sascha. Gregor erkennt, daß es seine Aufgabe sein wird, am Aufbau eines besseren Deutschland mitzuarbeiten.
Der Film besteht aus einer Folge vielfältiger und oft nur kurzer Episoden, die in einer

knappen Inhaltsangabe nicht einmal angedeutet werden können. Gregor begegnet Einsichtigen und Uneinsichtigen, Verständlichem und Unverständlichem. Er versucht, seine Heimat, die er nie richtig kennengelernt hat, zu verstehen, und er entschließt sich endlich, sie mit all ihren Widersprüchen zu akzeptieren. Das ist reportagehaft geschildert, unterschiedlich im Niveau, manchmal ganz unmittelbar zupackend, gelegentlich auch allzu deutlich auf den Beweis versessen – wie zum Beispiel die Bewirtung entlassener kommunistischer Häftlinge durch Sowjetoffiziere. Aber der Film verliert sich nicht an die spannende Aktion und die Sentimentalität. Er appelliert an den kritischen Verstand der Zuschauer.

Sicher ist viel von den persönlichen Erinnerungen Wolfs in den Film eingeflossen. Er schrieb: »Umfangreiche Dokumente, politische, militärische, historische Literatur bildeten die Ausgangsbasis der tagebuchähnlichen filmischen Erzählweise, in die meine eigenen Aufzeichnungen, die ich als damals neunzehnjähriger Leutnant der Roten Armee festhielt, eingeflossen sind. Dazu kamen Wolfgang Kohlhaases Erlebnisse auf der anderen Seite, Erlebnisse eines jungen Deutschen, der im faschistischen Deutschland aufgewachsen war. Das ermöglichte es uns, den Menschen von heute alles so zu zeigen, wie es wirklich war ...«

Ikiru
Einmal wirklich leben

Japan 1952

R: Akira Kurosawa; A: Akira Kurosawa, Shinobu Hashimoto, Hideo Oguni; K: Asaichi Nakai; D: Takashi Shimura, Nobuo Kaneko, Miki Odagiri

Nach dreißigjähriger Arbeit im öffentlichen Dienst erfährt Kanji Watanabe (T. S.), daß er Magenkrebs hat und nur noch wenige Monate leben wird. Kanji, der seit dem frühen Tod seiner Frau nur noch für seinen unterdessen längst verheirateten Sohn Mitsuo (N. K.) gelebt hat, ist verzweifelt. Er beginnt zu trinken und zieht durch Bars und Striptease-Lokale; aber all das lenkt ihn nicht ab. Da trifft er eines Tages Toyo Odagiri (M. O.), die früher im gleichen Amt wie er gearbeitet hat. Toyo hat ihren Abschied genommen, um in einer kleinen Werkstatt Stoffhasen herzustellen. Kanji sieht, daß sie jetzt viel fröhlicher ist; und er beschließt, auch seinem Leben einen Sinn zu geben. Aus dem Papierberg auf seinem Schreibtisch nimmt er ein Aktenstück heraus. Es ist eine Eingabe von Bürgern, die einen stinkenden Abwasserteich beseitigt und statt dessen einen Kinderspielplatz eingerichtet haben wollen. Die Eingabe ist bereits so gut wie abgelehnt; aber mit viel Beharrlichkeit gelingt es Kanji, einen positiven Entscheid herbeizuführen. Als der Spielplatz eingeweiht ist, setzt er sich dort abends glücklich auf eine Schaukel. Schnee fällt um ihn her; und er stirbt in diesem Moment einen friedlichen Tod.

Kurosawa hat hier, ganz ohne Sentimentalität, einen sehr menschlichen Film gedreht. Er zeigt das verzweifelte Bemühen eines alten Mannes, seinem Leben einen Sinn zu geben, etwas zu hinterlassen, das ihn überdauert, das von ihm zeugt. Dabei wird in dem individuellen Schicksal auch das allgemeine Problem der Entfremdung am Arbeitsplatz deutlich. Der Film verzichtet auf vordergründige Effekte und erzählt seine Geschichte detailliert, breit und doch lebendig. In Deutschland lief eine um über 20 Minuten gekürzte Version des Films.

Iluminacja
Illumination

Polen 1972

R: Krzysztof Zanussi; A: Krzysztof Zanussi; K: Edward Kłosiński; D: Stanisław Latałło, Monika Dzienisiewicz-Olbrychska, Małgorzata Pritulak, Edward Zebrowski

Der Film beginnt mit einem Statement von Professor Tatarkiewicz. Er spricht über die philosophische Interpretation des Begriffes »Illumination«. Anschließend wird der Held des Films, Franciszek (S. L.), vorgestellt, indem man ihn bei der Aufnahmeprüfung für die Universität in Warschau zeigt. Er beginnt zu studieren, setzt sich mit dem neuen Milieu auseinander und lernt Agnieszka (M. D.-O.) kennen, in die er sich verliebt. Bei einem Ferienaufenthalt in den Bergen wird Franciszek durch den Tod eines Freundes erschüttert. Dann trifft er Małgorzata (M. P.). Als sie ein Kind von ihm erwartet, heiraten die beiden. Da Franciszek seine Familie nicht ernähren kann, unterbricht er sein Studium, arbeitet in einer Fabrik und stellt sich gegen Bezahlung für Versuche in einer psychiatrischen Klinik zur Verfügung. Aber Franciszek wird innerlich mit dem Leben nicht fertig. Er verläßt Frau und Kind und geht in ein Kloster, um Antworten zu suchen auf die Fragen, die ihn quälen. Schließlich kehrt er nach Hause zurück, beendet sein Studium und übersteht auch die politischen Unruhen an der Universität in Warschau im März 1968. Franciszek promoviert und wird Universitäts-Assistent. Er kann sich jetzt eine bessere Wohnung leisten.

In seinem dritten Spielfilm (nach *Struktura kryształu* – Struktur des Kristalls, 1969, und *Życie rodzinne* – Familienleben, 1970) schildert Zanussi die Entwicklungsgeschichte eines jungen Mannes vom Beginn des Studiums bis zu seinem 30. Lebensjahr. Er stellt die Stationen dieses Weges nebeneinander, zeigt die Zweifel und Anfechtungen des Helden wie ein kühler Beobachter. Immer wieder wird dabei Ernüchterung deutlich: Franciszek erkennt, daß die Wissenschaft versagt, wenn er nach dem Sinn des Lebens fragt, daß die Zwänge des Alltags stärker sind als seine Ideale. Diese Ernüchterung birgt jedoch allemal auch Einsicht in die Vielfalt des Lebens.

»Mit dem Titel ›Illumination‹ will ich unterstreichen, daß Anstrengungen des Denkens allein nicht genügen, um Erkenntnis, Illumination, zu gewinnen. Der Mensch muß viel erleben und erfahren, um sich der Wahrheit zu nähern. Wissen allein genügt nicht« (Krzysztof Zanussi).

Zanussi drehte seinen Film mit Laien, überwiegend an den Originalschauplätzen und weitgehend ohne Buch. Die Dialoge wurden bei den Dreharbeiten spontan aus den jeweiligen Situationen entwickelt.

Imitation of life
Solange es Menschen gibt

USA 1959

R: Douglas Sirk; A: Eleanore Griffin und Allan Scott nach einem Roman von Fannie Hurst; K: Russell Metty; D: Lana Turner, John Gavin, Juanita Moore, Sandra Dee, Susan Kohner, Terry Burnham, Karen Dicker

Die verwitwete Schauspielerin Lora Meredith (L. T.) möchte um fast jeden Preis Karriere machen. Dafür verzichtet sie auf ein neues Liebesglück mit dem Fotografen Steve Archer (J. G.); dafür vernachlässigt sie ihre Tochter Susie (T. B.) und überläßt sie der Obhut ihrer farbigen Haushälterin Annie Johnson (J. M.). Annie hat eine Tochter in etwa gleichem Alter, Sarah Jane (K. D.), und die schämt sich ihrer Rasse und ihrer Mutter, zumal sie selbst hellhäutig genug ist, um auch als »Weiße« gelten zu können. Lora hat Erfolg; nach jahrelangem Kampf wird sie tatsächlich ein Star. Aber sie verliert dabei ihr privates Glück und vor allem die Liebe ihrer Tochter (S. D.), die mittlerweile die Universität besucht. Und auch Annie hat ihr Kind verloren; Sarah Jane (S. K.) ist Tänzerin geworden und gibt sich jetzt endgültig als »Weiße« aus. Annies Tod und ihr Begräbnis, das genau so aufwendig ist, wie es sich immer gewünscht hat, führen die drei Frauen noch einmal zusammen.

Der letzte Hollywood-Film von Douglas Sirk (Detlef Sierck) begeisterte Rainer Werner Fassbinder (»Ein großer, wahnsinniger Film vom Leben und vom Tod …«) und viele Kritiker. Handwerklich ist auch dieses Melodram wieder nahezu perfekt gemacht. Aber seinen Originaltitel könnte man auch programmatisch für das gesamte Werk Sirks verstehen: Von den großen Melodramen seiner UFA-Zeit bis hin zu den leiser intonierten in Hollywood hat er allemal das Leben nicht dargestellt, sondern es in absoluter und gewollter Künstlichkeit imitiert. Über den Wert dieser »Imitationen« haben Kritiker in aller Welt heftig und ausdauernd gestritten. Sicherlich aber hat Sirk für die großen Gefühle, zu denen er sich bekannte, auch immer wieder angemessene Mittel der künstlerischen Gestaltung gefunden.

The immigrant ⓢ
Der Einwanderer

USA 1917

R: Charles Chaplin; A: Charles Chaplin; K: Rollie Totheroh; D: Charles Chaplin, Edna Purviance, Albert Austin

Auf einem Schiff bemerkt Charlie (C.C.), daß eine alte Frau und ihre Tochter (E.P.) beim Kartenspiel betrogen werden. Er fordert die Gauner zu einer Partie und mogelt noch geschickter als sie, so daß er das Geld wiedergewinnen und den Frauen zurückgeben kann. Aber der Zahlmeister hat ihn beobachtet und hält nun Charlie für einen Betrüger. In New York trifft Charlie das Mädchen, dessen Mutter unterdessen gestorben ist, wieder. Er möchte ihm helfen und es zum Essen einladen, denn er hat ein Geldstück gefunden. Doch die Münze ist längst wieder durch ein Loch in seiner Hosentasche gerutscht. Und nun gibt es zwischen Charlie, dem Kellner und einem alten Landstreicher einen erbitterten Kleinkrieg um die Münze. Am Ende stellt sich jedoch heraus, daß das Geldstück falsch ist. Jetzt taucht ein Maler auf, der Sympathien für das Mädchen und für Charlie empfindet und beide einladen möchte. Aber Charlie wehrt ab. Endlich hat er einen Freund gefunden, und von dem möchte er nicht gleich profitieren. Er behauptet, er könne seine Rechnung selbst zahlen. Und das gelingt ihm schließlich sogar – mit Hilfe des großzügigen Trinkgelds, das der Maler auf den Tisch gelegt hat. Charlie und das Mädchen kommen unbehelligt davon und heiraten.
Wieder schwingen ernste Töne in der Komödie mit. In den Szenen auf dem Schiff spürt man die Bitterkeit des Auswanderer-Schicksals. Und die Szene mit der Münze macht trotz aller raffinierten Gags und ihrer Virtuosität auch deutlich, wie bitter ernst dies Spiel für die armen Teufel ist, die es spielen.

Das indische Grabmal (I und II) ⓢ
(I. Teil: *Die Sendung des Yoghi*;
II. Teil: *Der Tiger von Eschnapur*)

Deutschland 1921

R: Joe May; A: Thea von Harbou und Fritz Lang nach dem gleichnamigen Roman von Thea von Harbou; K: Werner Brandes; D: Conrad Veidt, Mia May, Olaf Fönss, Erna Morena, Paul Richter

Der Maharadscha von Eschnapur (C.V.) will furchtbare Rache an seiner Frau (E.M.) nehmen, die ihn mit dem Engländer Mac Allen (P.R.) betrogen hat. Er will die Liebenden lebendig einmauern lassen. Aber der Ingenieur Herbert Rowland (O.F.) weigert sich, diesen Auftrag durchzuführen. Der Maharadscha versucht, ihn zu zwingen, indem er Rowlands Verlobte (M.M.) in seine Gewalt bringt. Zwar gibt Rowland nicht auf; aber letzten Endes scheitern alle seine Bemühungen, den unglücklichen Liebenden zu helfen. Mac Allen wird von Tigern zerrissen, die Ehebrecherin gibt sich selbst den Tod.
Ein naiver Abenteuerfilm, der eigentlich nur durch seine aufwendigen Bauten (Martin Jacoby-Boy, Otto Hunte, Erich Kettelhut, Karl Vollbrecht) Beachtung verdient.
Die publikumswirksame Vorlage wurde in der Tonfilmzeit von Richard Eichberg (1937) und Fritz Lang (1958) neu verfilmt.

The informer
Der Verräter

USA 1935

R: John Ford; A: Dudley Nichols nach einem Roman von Liam O'Flaherty; K: Joseph H. August; D: Victor McLaglen, Preston Foster, Margot Grahame, Wallace Ford

Dublin während des irischen Freiheitskampfes. Gypo Nolan (V.ML.), ein naiver Riese, wird aus den Reihen der Freiheitskämpfer ausgestoßen. Nur Katie (M.G.), seine Geliebte, hält noch zu ihm. Für sie will er Geld beschaffen; er verrät seinen Freund Frankie (W. F.), auf dessen Kopf 20 Pfund gesetzt sind, an die Polizei. Seine früheren Gefährten verdächtigen ihn; aber Gypo beschuldigt Mulligan, der schon immer Frankies Feind gewesen sei. Dann geht er beruhigt in eine Kneipe, um sich zu betrinken. Zwei Männer sind ihm gefolgt und sehen, daß seine Zeche genau 20 Pfund beträgt. Gypo wird von einem »Gericht« der Freiheitskämpfer zum Tode verurteilt. Noch einmal kann er fliehen und sich bei Katie verbergen. Aber als Katie bei Gallagher (P. F.) um Gypos Leben bittet, schickt dieser ein Exekutionskommando aus. Gypo wird auf der Straße erschossen. Sterbend schleppt er sich in eine Kapelle, um seinen Frieden mit Gott zu machen.

John Ford hat seine Vorlage in düster-suggestiven Bildern gestaltet, die nicht selten an die »Kammerspiele« des deutschen Stummfilms erinnern. Lichteffekte verwandeln dunkle Straßen in drohende Schluchten und geben der realistischen Handlung einen »mystischen« Hintergrund; fast so, als habe John Ford seiner irischen Heimat ein magisches Denkmal setzen wollen.

Jules Dassin hat das Handlungsgerüst später für seinen Film *Uptight* (Black Power, 1968) übernommen, in dem die irischen Freiheitskämpfer durch eine militante Negerorganisation ersetzt wurden. Aber sein Film wurde zum oberflächlichen Spektakel.

Ingmarsarvet Ⓢ
Ingmars Erbe / Die Erde ruft

Schweden 1925

R: Gustaf Molander; A: Ragnar Hyltén-Cavallius und Gustaf Molander nach dem Roman *Jerusalem* von Selma Lagerlöf; K: J. Julius (d. i. Julius Jaenzon); D: Lars Hanson, Märta Halldén, John Ekman, Mathias Taube, Mona Martenson, Conrad Veidt, Jenny Hasselqvist

Fortsetzung der Filme *Ingmarssönerna* (1918) und *Karin Ingmarsdotter* (1919) von Victor Sjöström: Nachdem Elias (J. E.), der trunksüchtige Mann von Karin Ingmarsdotter (M. H.), gestorben ist, heiratet Karin Halfvor (M. T.), der schon vor ihrer Hochzeit mit Elias um sie geworben hatte. Die beiden geraten unter den Einfluß des Sektierers Hellgum (C. V.), der rund 150 Leute aus Dalarna dazu bringt, mit ihm nach Jerusalem zu ziehen. Unter ihnen sind auch Karin und Halfvor. Karins Bruder Ingmar (L. H.), der mit Gertrud (M. M.), der Tochter des Schulmeisters, verlobt ist, bleibt in Dalarna, nachdem der Gemeindevorsteher ihm seine Tochter Barbro (J. H.) und den durch Elias' Mißwirtschaft verlorenen Ingmarshof angetragen hat. Gertrud geht allein mit nach Jerusalem.

Auch Molanders Film brachte die schwedische Landschaft und das bäuerliche Milieu geschickt ins Bild. Trotz unleugbarer Qualitäten erreichte er jedoch nicht die Kraft und die Intensität der ersten, von Sjöström gedrehten Teile.

Den letzten Teil des Romans verfilmte Molander im folgenden Jahr unter dem Titel *Till Österland*.

Ingmarssönerna (I und II) Ⓢ
Die Ingmarssöhne – I und II / Abseits von den Wegen der Menschen

Schweden 1918

R: Victor Sjöström; A: Victor Sjöström nach dem Roman *Jerusalem* von Selma Lagerlöf; K: Julius Jaenzon; D: Victor Sjöström, Harriet Strindberg-Bosse, Tore Svennberg, Hildur Carlberg

Die Verfilmung der ersten Kapitel von Selma Lagerlöfs Roman: Brita (H. S.-B.) ist mit Ingmar (V. S.) verlobt und zieht – wie es damals in Dalarna Brauch war – in sein Haus. Aber Ingmar schiebt die Hochzeit immer wieder hinaus. Brita wird schwanger; und eines Tages findet man sie im Wald – neben ihrem toten Kind. Sie wird als Kindsmörderin angeklagt und verurteilt. Doch Ingmar erkennt seinen Anteil an der Schuld und bittet Brita nach ihrer Entlassung aus dem Gefängnis erneut um ihre Hand. Sie heiraten, und ihre Liebe überwindet alle Hindernisse.

Ursprünglich plante Victor Sjöström, den zweiteiligen Roman von Selma Lagerlöf in fünf abendfüllenden Filmen nachzuerzählen. Alle fünf Teile sollten zusammen eine Laufzeit von 7 Stunden haben. Aber Sjöström konnte seinen Plan nicht verwirklichen. Er drehte den zweiteiligen Film *Ingmarssönerna* und im Jahr darauf *Karin Ingmarsdotter*, dann ging er nach Hollywood. Gustaf Molander vollendete deshalb den *Jerusalem*-Zyklus Jahre später mit den Filmen *Ingmarsarvet* (1925) und *Till Österland* (1926).

Ingmarssönerna zählt zu den Höhepunkten des skandinavischen Stummfilms. Sjöström erzählte seine Geschichte in raffiniert komponierten Bildern, er fügte die schwedische Landschaft als Wirkungselement überzeugend in seinen Film ein, und seine bildkräftige Phantasie verarbeitete auch Trickszenen nahtlos in die Dramaturgie seines Stoffes. Als Ingmar nach dem Tod des Kindes seine Geliebte zu verstehen sucht, klettert er auf einer riesigen Leiter in den Himmel, um bei seinen Vorfahren Rat zu suchen. Sie empfehlen ihm, Brita zu verzeihen. Trotz des Einsatzes ausgeklügelter filmischer Mittel erreichte Sjöström in dieser Szene außerordentliche Schlichtheit und Selbstverständlichkeit. Diese Art der naiven Darstellung des Übersinnlichen findet man später im schwedischen Film immer wieder.

In jenen Tagen

BRD 1947

R: Helmut Käutner; A: Helmut Käutner, Ernst Schnabel; K: Igor Oberberg; D: Erich Schellow, Gert Schaefer, Winnie Markus, Werner Hinz, Karl John, Gisela Tantau, Franz Schafheitlin, Hans Nielsen, Alice Treff, Willy Maertens, Ida Ehre, Erica Balqué, Eva Gotthardt, Hermann Speelmans, Fritz Wagner, Isa Vermehren, Margarete Haagen, Carl Raddatz, Bettina Moissi

Unmittelbar nach dem Krieg schlachten zwei Mechaniker (E. S., G. S.) ein altes Auto aus. Das Auto erzählt ihnen in sieben Episoden seine Geschichte, d. h. die seiner Besitzer.
1. Sybille (W. Mar.) entscheidet sich am 30. Januar 1933, dem Tag der »Machtergreifung«, für den Mann (W. H.), der als Verfolgter ins Ausland gehen muß.
2. Ein junges Mädchen (G. T.) entdeckt, daß die Mutter (A. T.) den geliebten Vater (F. S.) betrügt. Ihre Rachepläne verfliegen, als sie erfährt, daß der Geliebte (H. N.) der Mutter als Komponist »entarteter Musik« verfolgt wird.

*In jenen Tagen
(Fritz Wagner,
Hermann Speelmans)*

3. Ein älteres Ehepaar (I. E., W. Mae.) geht gemeinsam in den Tod, als die Bedrohung für die jüdische Ehefrau offenbar wird.
4. Dorothea Wieland (E. B.) erfährt, daß ihr Mann der Geliebte ihrer Schwester (E. G.) und zusammen mit ihr Mitglied einer Widerstandsbewegung ist. Nachdem der Mann von der Gestapo ermordet worden ist, warnt Dorothea ihre Schwester und läßt sich an ihrer Stelle verhaften.
5. Zwei deutsche Soldaten, ein Offizier (F. W.) und sein Fahrer (H. S.), auf einer russischen Straße. Bei einem Partisanenüberfall wird der Fahrer getötet.
6. Nach dem 20. Juli 1944 versucht das tatkräftige Dienstmädchen Erna (I. V.), die alte Frau von Thorn (M. H.), deren Sohn an der Verschwörung beteiligt war, aus Berlin fort und in Sicherheit zu bringen. Doch das Auto wird angehalten, Frau von Thorn verhaftet.
7. Der Krieg geht zu Ende. Entgegen seinem Befehl bringt der Soldat Josef (C. R.) das Flüchtlingsmädchen Maria (B. M.) und ihr Kind nach Hamburg, anstatt auf dem kürzesten Weg zur Truppe zurückzukehren. Er wird festgenommen und soll als Deserteur verurteilt werden. Aber ein mitleidiger Posten läßt ihn fliehen.

Einer der ersten westdeutschen Nachkriegsfilme und für lange Zeit der gewichtigste. Die Zeit für Analysen war damals wohl noch nicht gekommen; so steht auch die episodische Struktur für das Fragmentarische des Neubeginns. In sieben Episoden begegnet man Menschen, die der Zeit ausgeliefert waren, die an ihr scheiterten, wobei mit Vertreibung, Arbeitsverbot, rassischer Verfolgung, Widerstand, Krieg u. a. wesentliche politische Stationen des NS-Reiches angesprochen werden. Käutner verstand seinen Film wohl als Plädoyer für die Menschlichkeit; und entsprechend ist er am überzeugendsten dort, wo das Menschliche und das Atmosphärische deutlich im Vordergrund stehen. In der 3. Episode zum Beispiel skizziert er mit knappen Strichen eine verbrauchte, beinahe zerrüttete Ehe, die sich aber im Augenblick der Gefahr als unverletzbar erweist. Mißlungen ist dagegen der aufgesetzte Symbolismus der letzten Episode.

L'innocente
L'innocente – Die Unschuld

Italien/Frankreich 1976

R: Luchino Visconti; A: Suso Cecchi d'Amico, Enrico Medioli und Luchino Visconti nach dem Roman *L'innocente* von Gabriele D'Annunzio; K: Pasqualino De Santis; D: Giancarlo Giannini, Laura Antonelli, Marc Porel, Jennifer O'Neill

Tullio Hermil (G. G.), ein römischer Graf, hat sich sein Leben rücksichtslos und egoistisch eingerichtet. Er mißachtet die Liebe seiner Frau Giuliana (L. A.), ist der Geliebte der Gräfin Raffo (J. O'N.) und macht sich nicht einmal die Mühe, dieses Verhältnis vor seiner Frau und der Gesellschaft geheimzuhalten. Giuliana lernt eines Tages den Schriftsteller Filippo d'Arborio (M. P.) kennen und verliebt sich in ihn. Und diese Liebe macht sie stärker und selbstbewußter. Vielleicht ist es diese Veränderung, die Tullios Aufmerksamkeit erregt. In einer Mischung aus Eifersucht und Bewunderung nähert er sich seiner Frau erneut; und da d'Arborio unterdessen an einer Infektionskrankheit gestorben ist, findet das Paar erneut zusammen. Tullio akzeptiert zunächst sogar, daß seine Frau aus ihrer Liaison ein Kind erwartet. Aber auf die Dauer erträgt es sein Stolz nicht, Giulianas Liebe mit dem Kind eines anderen zu teilen. Giuliana indessen weigert sich, auf ihr Kind zu verzichten. So faßt Tullio einen mörderischen Entschluß. In der Weihnachtsnacht, während die Dienstboten und seine Familienangehörigen die Christmette besuchen, setzt er den hilflosen Säugling der eisigen Kälte aus. Das Kind stirbt. Aber durch diese Tat verliert Tullio auch seine Frau, die ihm ins Gesicht sagt, sie sei nur bei ihm geblieben, um dem Kind ein Heim und Sicherheit zu verschaffen. Und da seine Geliebte sich ebenfalls von ihm gelöst hat, erschießt er sich.

Auch in seinem letzten Film unterzieht Visconti eine vergangene Epoche einer kritischen Analyse. Aber ähnlich wie der Fürst Salinas in *Il gattopardo* ist auch Tullio Hermil Kind und Opfer seiner Zeit, ein Mann, dem wenn nicht Absolution, so doch mildernde Umstände zugestanden werden können. Tullio macht die Privilegien seines Standes geltend, die ihm ganz selbstverständlich eingeräumt werden. Als die Liebe zu seiner Frau ihn (wieder) überfällt, als er diese Liebe gegen alle Vorurteile verwirklichen will, erweist sich, daß er für ein Leben ohne den schützenden Halt dieser Privilegien nicht gerüstet ist. Er tötet das Kind, das fleischgewordene Zeugnis der Untreue seiner Frau, des Verlustes seiner Ehre, seiner Privilegien. Als er erkennt, daß er auch mit dieser Tat die Zeit nicht zurückdrehen kann, tötet er sich selbst. Damit tritt Tullio Hermil in den Reigen jener Viscontischen Helden, denen der Schritt aus einer überholten Vergangenheit nicht gelingt, die scheitern, weil ihre Zeit vorbei ist und sie sich in eine neue Zeit nicht einfügen können. Sein Selbstmord wird so zum Verdikt Viscontis über eine Epoche, deren Glanz und Eleganz er im schönen Schein prunkvoller Dekors und höfischer Feste mit Bewunderung und Leidenschaft eingefangen hat. Wieder macht er die Lust der Menschen an ihrer Gegenwart deutlich und demonstriert gleichzeitig, daß sie keine Zukunft mehr haben.

I. N. R. I. ⓢ

Deutschland 1923

R: Robert Wiene; A: Robert Wiene nach einem Roman von Peter Rosegger; K: Axel Graatkjaer, Ludwig Lippert, Reimar Kuntze; D: Henny Porten, Werner Krauß, Gregori Chmara, Asta Nielsen, Alexander Granach

Robert Wiene verfilmte die Leidensgeschichte Christi mit einem beachtlichen Aufgebot prominenter Darsteller: Der Russe Gregori Chmara als Christus, Henny Porten als Maria, Werner Krauß als Pontius Pilatus, Asta Nielsen als Maria Magdalena, Alexander Granach als Judas usw.
Der Stil des Films war deutlich angelegt auf das dekorative Arrangement, das sich an bekannten Darstellungen aus der bildenden Kunst orientierte, und auf die Wirkung monumentaler Massenszenen, z. B. bei der Bergpredigt und beim Einzug in Jerusalem.
Die Kritik war damals fast einhellig positiv, wobei ein Argument aus der Besprechung der »Frankfurter Zeitung« interessant ist: »Die große und eigentliche Wirkung des Films aber, der die Welt erobern müßte, liegt im Wesen des so oft geschmähten Kinos selbst: nämlich in seiner Stummheit, in dem großen Schweigen, das über den sieben Akten ruht.« In der Tat hat ja später bei vielen tönenden Bibelfilmen das hohle Pathos des Dialogs stärker gestört als die meistens ausgewogenere optische Gestaltung.

Interiors
Innenleben

USA 1978

R: Woody Allen; A: Woody Allen; K: Gordon Willis; D: Kristin Griffith, Marybeth Hurt, E. G. Marshall, Diane Keaton, Geraldine Page, Maureen Stapleton, Richard Jordan

Die wichtigsten Ereignisse sind bereits vorüber, wenn der Film beginnt; sie werden von den Beteiligten in Erzählungen und Monologen referiert. Arthur (E. G. M.), ein angesehener Jurist von gut sechzig Jahren, bricht endlich aus seiner Ehe aus. Er verläßt seine Frau Eve (G. P.), eine erfolgreiche Innenarchitektin, und heiratet später die naive, aber warmherzige Pearl (M. S.). Bei ihr findet er die Geborgenheit, die er in seiner Ehe stets vermißt hat; denn Eve ist eine kalte, dominierende Frau, die auch ihre Familie nach ihren Vorstellungen »gestalten« möchte. Kein Wunder, daß die Töchter ebenfalls von dieser beherrschenden Mutterfigur geformt und verformt sind. Die erfolgreiche Lyrikerin Renata (D. K.) dominiert ihren Mann (R. J.) genauso, wie sie es ihrer Mutter abgesehen hat; Flyn (K. G.) ist eine bekannte Schauspielerin, aber nur noch ein Produkt ihrer Karriere; und Joey (M. H.) leidet darunter, daß sie mangels künstlerischer Kreativität die Erwartungen ihrer Mutter nicht erfüllt hat. Aus dieser modernen Hölle flieht Arthur und stürzt damit seine Frau in eine schwere Identitätskrise. Sie kann nicht zugeben, daß sie versagt hat. Sie darf nicht verlieren – und schon gar nicht gegen eine Frau wie Pearl. So klammert sie sich an die Hoffnung, daß ihr Mann zu ihr zurückkehren wird. Als Arthur heiratet und ihre Niederlage damit besiegelt ist, bringt sie sich um.

Der Komiker Woody Allen hat hier ein psychologisches Drama geschaffen, dessen »klassischen Zuschnitt« manche Kritiker mit den Werken von O'Neill und Ibsen verglichen haben; ein anderer nannte diesen Film »Amerikas Antwort auf Ingmar Bergmans *Szenen einer Ehe*«. In der Tat gelang Allen hier ein Film von großer Sensibilität und Präzision. Dabei sind Inhalt und Form von seinen anderen, von den »komischen« Filmen gar nicht so sehr verschieden. Wieder geht es um den inneren Konflikt zwischen Intellekt und verkümmertem Gefühlsleben, der am laufenden Band *Stadtneurotiker* (so der Titel von Allens vorhergehendem Film) kreiert. Wieder spielt die Umwelt eine wichtige Rolle, nur daß Allen sie hier vornehmlich auf kalte, halbdunkle Wohnräume reduziert, die von den handelnden Personen gestaltet worden sind und damit ihre innere Kälte ganz direkt spiegeln. Vor diesem Hintergrund wirkt Pearl in ihren bunten Kleidern wie ein Fremdkörper; für Arthur, der sie im Urlaub, fern von der bedrückenden Atmosphäre seines sogenannten Heims kennengelernt hat, muß sie wie eine Verheißung aus einer schönen fremden Welt erschienen sein. So greifen hier auch die scheinbar nebensächlichen Details der Gestaltung ineinander und fügen sich zu einem Bild, das Detailtreue mit Tiefenschärfe vereint.

In the line of fire
In the Line of Fire – Die zweite Chance

USA 1993

R: Wolfgang Petersen; A: Jeff Maguire; K: John Bailey; D: Clint Eastwood, John Malkovich, Rene Russo, Dylan McDermott, Jim Curley

Frank Horrigan (C. E.), Agent des Secret Service, hat vor dreißig Jahren in Dallas den Tod von Präsident Kennedy nicht verhindern können – vielleicht, weil er sich im entscheidenden Moment nicht in die Schußlinie geworfen hat. Dieser Gedanke quält ihn seither, und die Erinnerung daran wird drückend lebendig, als ein anonymer Anrufer (J. M.), der ihn und seine Vita offenbar genau kennt, ihm ein Attentat auf den regierenden Präsidenten ankündigt.

Horrigan, der kurz vor der Pensionierung steht, will nicht noch einmal »einen Präsidenten verlieren«; so beginnt ein – vor allem psychologisches – Katz-und-Maus-Spiel zwischen dem Attentäter und dem Agenten. Im Kompetenzgerangel der Geheimdienste – nur unterstützt von seiner Kollegin Lilly Raines (R. R.) und gegen die Obstruktion der alerten Jung-Profis im eigenen und im Weißen Haus – kann Horrigan schließlich die Identität des Anrufers feststellen. Zwar macht sein Gegner noch einmal Punkte, indem er Horrigan abermals in eine Situation bringt, in der er sein Leben nicht einzusetzen wagt und damit ungewollt den Tod eines anderen, diesmal seines jungen Kollegen Al (D. MD.), verursacht; aber am Ende bleibt Horrigan der Sieger.

Ein geschickt gebauter Thriller, der zwar auch spektakuläre Effekte nicht verschmäht, sie aber stets dem psychologischen Pokerspiel der beiden Kontrahenten unterordnet. Dabei kommen nicht nur menschliche, sondern auch politische und moralische Aspekte ins Spiel. Der Attentäter entpuppt sich als ehemaliger CIA-Killer, den man programmiert hat, im Namen der Freiheit und der Menschlichkeit zu töten. Diese Ambivalenz der Ideale und der Maßstäbe hat der deutsche Regisseur Petersen in seinem sehr amerikanischen Film unaufdringlich, aber unübersehbar verdeutlicht. Man spürt sie im Spiel der beiden Protagonisten ebenso wie auf den verschiedenen optischen Ebenen des Films: den Dokumentaraufnahmen, den beinahe intimen Beobachtungen der Kontrahenten bei ihren Telefongesprächen und den – fiktiv dokumentarischen – Aufnahmen vom Wahlkampf des jetzigen Präsidenten.

In the name of the father
Im Namen des Vaters

Irland/England/USA 1993

R: Jim Sheridan; A: Terry George und Jim Sheridan nach dem autobiographischen Bericht *Proved Innocent* von Gerry Conlon; K: Peter Biziou; D: Daniel Day-Lewis, Pete Postlethwaite, John Lynch, Emma Thompson, Mark Sheppard, Beatie Edney

In the name
of the father
(v.: Daniel Day-Lewis)

Der junge Gerry Conlon (D. D.-L.) ist durchaus kein Musterknabe. Als Herumtreiber und Gelegenheitsdieb lebt er zunächst in Belfast, dann – zusammen mit seinem Freund Paul Hill (J. L.) – in London; gleichsam zwangsläufig geraten die beiden eines Tages in Polizeigewahrsam. Doch verfolgt werden sie nicht wegen ihrer tatsächlichen Verfehlungen, sondern als angebliche IRA-Terroristen, denen zwei Bombenattentate in Guilford angelastet werden, bei denen es Tote und Verletzte gegeben hat. Die Polizisten manipulieren das Beweismaterial und erpressen mit psychischer und physischer Folter Geständnisse. In einem skandalösen »Schauprozeß« werden Gerry und Paul zu lebenslänglicher Haft und zwei angebliche Mitverschworene – Paddy Armstrong (M. S.) und Carole Richardson (B. E.) – zu 30 Jahren Gefängnis verurteilt; für eine Reihe von »Helfershelfern«, zu denen Gerrys Vater Giuseppe (P. P.), seine Tante Annie und ihre minderjährigen Kinder gehören, gibt es langjährige Freiheitsstrafen. Immerhin darf Gerry die Zelle mit seinem Vater teilen, dessen gelassene, gütige Art ihn mit der Zeit positiv beeinflußt. Gnadengesuche aber haben ebensowenig Erfolg wie wachsende Proteste in der Öffentlichkeit. Der Vater stirbt im Gefängnis; Gerry und seine Freunde kommen nach 15 Jahren endlich frei, weil die unermüdliche Anwältin Gareth Peirce (E. T.) zufällig ein Dokument in die Hand bekommt, das die verbrecherischen Manipulationen der Untersuchungsbeamten eindeutig beweist.

Die Fakten des authentischen Falles sind erregend genug: Untersuchungsbeamte, die schon vor Prozeßbeginn wußten, daß Gerry und Paul für die Tatzeit ein Alibi hatten, und die später ein Geständnis des wahren Täters unterdrückten; eine fanatisierte Öffentlichkeit, die die grotesken Mängel der Beweiskette übersah; ein Richter, der bei der Urteilsverkündung lauthals bedauerte, nicht die Todesstrafe verhängen zu können. Ohne die einzelnen Schuldigen zu denunzieren, zeigt der Film Fanatismus gleichsam als gesellschaftliches Phänomen, nicht zuletzt in der Gestalt des wahren Bombenlegers, der selbst im Gefängnis nicht von seiner Mordlust lassen kann. Schier unfaßbar sind auch die Informationen der Nachspann-Inserts, daß seit der Aufhebung der Urteile im Jahr 1989 keiner der beteiligten Polizisten bestraft wurde und daß gegen den geständigen Täter keine Anklage erhoben wurde. Dies hätte Stoff für ein wütendes Pamphlet sein können, aber Jim Sheridan bleibt bei allem Engagement stets nüchtern-objektiv und nimmt sich Zeit für Nuancen, für die Beobachtung des

Gefängnisalltags, für die behutsame Schilderung psychologischer Entwicklungen. Er verwirklicht seine publizistischen Absichten mit künstlerischen Mitteln.

Intolerance ⓢ
Intoleranz / Die Tragödie der Menschheit

USA 1916

R: David Wark Griffith; A: David Wark Griffith; K: G. W. Bitzer, Karl Brown; D: Lillian Gish, Mae Marsh, Robert Harron, Howard Gaye, Lillian Langdon, Margery Wilson, Eugene Pallette, Constance Talmadge, Elmer Clifton, Alfred Paget

Der Film besteht aus vier Episoden, die aber nicht in geschlossenen Kapiteln, sondern gleichsam parallel erzählt werden. Als roter Faden zieht sich durch die Handlung das Bild einer jungen Frau (L. G.), die eine Wiege schaukelt. Später ändert sich die Beleuchtung der Einstellung, und im Hintergrund werden drei alte Frauen sichtbar, die an Spinnrädern sitzen.

Die »moderne Episode«, die auch unter dem Titel *The mother and the law* (Die Mutter und das Gesetz) bekannt geworden ist, spielt 1914. Sie behandelt den sozialen Konflikt zwischen Unternehmern und Arbeitern. Und wie in allen anderen Episoden auch, spielt sich vor diesem Hintergrund ein individuelles Schicksal ab: Der Junge (R. H.) gerät, arbeitslos, auf die schiefe Bahn und wird unschuldig des Mordes verdächtigt. Er kommt in die Todeszelle, wird aber in letzter Minute befreit und kehrt zu seiner Frau (M. M.) zurück. – Die »jüdische Episode« spielt im Jahr 27 n. Chr. Sie interpretiert die Verschwörung der Pharisäer gegen Jesus (H. G.) als ein Beispiel für religiöse Intoleranz und rücksichtsloses Machtstreben. – Die »mittelalterliche Episode« behandelt die Bartholomäusnacht 1572. »Brown eyes« (M. W.), ein junges Hugenottenmädchen, wird von fanatischen Glaubenskämpfern vergewaltigt und stirbt in den Armen des Geliebten (E. P.). – Die »babylonische Episode« schildert die Eroberung Babylons (539 v. Chr.) durch die Perser. König Belsazar (A. P.) scheitert am raffinierten Intrigenspiel der Priester, die politische Liberalisierung und religiöse Neuerungen befürchten. »Mountain girl« (C. T.) und der Mann (E. C.), der sie geliebt hat, sterben während der Eroberung der Stadt.

In einem Epilog beschwor Griffith mit einer suggestiven Montage künftige Katastrophen – die Bombardierung New Yorks in einem Krieg, Vernichtung, Zerstörung. Dem stellte er eine Vision des Friedens gegenüber und formulierte seine Mission in einem Zwischentitel: »Und vollkommene Liebe wird den ewigen Frieden bringen!«

Noch bevor *The birth of a nation* (1915) herausgebracht worden war, drehte Griffith *The mother and the law* als selbständigen Film. Erst als der Film völlig fertiggestellt war, entschloß sich Griffith, ihn als eine Episode in *Intolerance* einzubauen. Nach dem finanziellen Mißerfolg seines aufwendigen Unternehmens wurden *The mother and the law* und gelegentlich auch die babylonische Episode als selbständige Filme gespielt.

Intolerance wurde in jeder Hinsicht ein Mammut-Unternehmen. Griffith ließ am Rand des damaligen Hollywood die größten Dekorationen aufbauen, die bis heute für einen Film errichtet wurden. Rund 70 Meter hoch waren die massiven Türme Babylons; Belsazars Festhalle faßte mehr als 5000 Menschen. In einer Kampfszene in der babylonischen Episode befehligte er von einem Ballon aus 16 000 Komparsen.

Die Vorführdauer des Films betrug rund 3½ Stunden, wobei Griffith die Dreharbeiten wieder ohne Drehbuch bewältigte. Dafür beschäftigte er sechs Regieassistenten: George Siegmann, W. S. Van Dyke, Joseph Henabery, Erich von Stroheim, Edward Dillon und Tod Browning. Nebenbei spielten sie fast alle auch kleinere Rollen.

Das ehrgeizige Unternehmen wurde ein finanzielles Fiasko. Sicher fand der leidenschaftliche, wenn auch stellenweise recht naive Aufruf zur Toleranz und zum Frieden im Jahr 1916 weder in den USA noch in Europa ein sonderlich aufgeschlossenes Publikum. Aber auch die Kritiker blieben kühl. Fast alle zogen *The birth of a nation* vor, viele monierten die »seltsame« oder »schier unverständliche« Erzählstruktur. Zweifellos war es ungewohnt und kühn, die einzelnen Episoden miteinander zu vermischen, anstatt sie säuberlich hintereinander zu erzählen. Griffith wollte damit wohl seinem Appell noch mehr Nachdruck verleihen. Während zunächst der Schnitt und damit der Wechsel zwischen den einzelnen Episoden eher gemächlich war, wird der Rhythmus des Films später immer schneller und erregender bis zum Höhepunkt: der »Junge« wird in die Todeszelle geführt, Christus wird gekreuzigt, die Hugenotten werden hingemetzelt, Babylon fällt …

Im späteren Verlauf der Filmgeschichte hat *Intolerance* trotzdem einen beträchtlichen Einfluß ausgeübt. Seine Montage-Technik hat den Stil Pudowkins und Eisensteins beeinflußt. Der Pomp der babylonischen Episode hat vor allem im eigenen Land Nachahmer auf den Plan gerufen. Hier wurde u. a. Cecil B. DeMille der lachende Erbe, der das Kapital von Griffith in kleiner Münze unter die Leute brachte. Später verpflichtete DeMille übrigens Griffith, um einzelne Sequenzen für seine Filme *The Ten Commandments* (Die zehn Gebote, 1923) und *The king of kings* (1927) zu inszenieren.

Nachahmer im eigenen Land fand auch die moderne Episode, *The mother and the law.* Ihr nüchterner Realismus, verbunden mit den scharf pointierten Kontrasten zwischen den Milieus der Armen und Reichen, die ungeschminkte Schilderung einer brutalen Polizeiaktion gegen streikende Arbeiter – das alles hat zweifellos die späteren sozialkritischen Filme Hollywoods beeinflußt.

Les invasions barbares
Die Invasion der Barbaren

Kanada/Frankreich 2003

R: Denys Arcand; A: Denys Arcand; K: Guy Dufaux; D: Rémy Girard, Stéphane Rousseau, Marie-Josée Croze, Dorothée Berryman, Johanne Marie Tremblay, Marina Hands

1986 drehte der kanadische Regisseur Denys Arcand den Film *Le déclin de l'empire Américain* (Der Untergang des amerikanischen Imperiums). Der dialoglastige, aber durchaus packende Film zeigt eine Gruppe Intellektueller, Männer und Frauen in den »besten Jahren«, die bei einem gemeinsamen Essen plaudern und diskutieren, und die ihren Kulturpessimismus mühelos mit einem ausgeprägten Hedonismus verbinden. Vor allem ihre sexuellen Erfahrungen nutzen sie gern als Gesprächsthema. 17 Jahre später hat Arcand die Personen dieses Films, gespielt von denselben Darstellern, wieder vereint. Rémy (R. G.), damals einer der Wortführer, ist unheilbar an Krebs erkrankt und wird in ein Krankenhaus eingeliefert. Seine Frau Louise (D. B.), die ihn vor 15 Jahren wegen seiner zahlreichen Seitensprünge aus dem Haus geworfen hat, kümmert sich um ihn. Vor allem bittet sie den gemeinsamen Sohn Sébastien (S. R.) um Hilfe. Der lebt als erfolgreicher Börsenmakler in London und hat zu seinem Vater keinerlei Beziehung. Nur der Mutter zuliebe macht er sich auf den Weg. Mit seinem Geld und seinem selbstsicheren Auftreten verschafft er Rémy in dem völlig überfüllten Krankenhaus ein Einzelzimmer und bevorzugte Behandlung. Er kümmert sich darum, daß die Freunde von einst den Kranken besuchen, und mit Hilfe der drogensüchtigen Nathalie (M.-J. C.) besorgt er ihm Heroin zur Linderung seiner Schmerzen. Über all diese Fürsorge kommen sich Vater und Sohn allmählich näher. Schließlich können sie sich sogar in die Arme schließen – als Sébastien es dem Vater ermöglicht, so zu sterben, wie er es sich immer gewünscht hat: selbstbestimmt (durch eine Überdosis), bei einer Flasche Wein, im Kreis seiner Freunde … Nathalie entschließt sich zu einem Methadon-Programm. Für einen Moment glaubt man, Sébastien und sie könnten zueinanderfinden; aber er fliegt doch zurück nach England. Für immer? – Der Regisseur kommentierte in einem Interview: »Ich liebe offene Schlüsse!«

Arcand hat seine Geschichte sehr eindringlich, aber auch sehr behutsam erzählt. Er verzichtet auf all die naheliegenden Sentimentalitäten, bedrängt den Zuschauer nicht mit Effekten, sondern lädt ihn schlicht ein, mitzuerleben, wie ein widerborstiger, egozentrischer und durchaus nicht übermäßig sympathischer Mensch das Sterben lernt. Rémy bleibt auch im Krankenhaus derselbe. Er räsoniert, poltert und streitet mit der frommen Krankenschwester Constance (J. M. T.) über die Religion. Aber besonders wenn man den ersten Teil kennt, spürt man auch, wie sich bei ihm – und auch bei seinen Freunden – Verhaltensweisen und Positionen variiert und modifiziert haben;

und am Ende findet Rémy dann die Gelassenheit, die ihm ein Leben lang gefehlt hat, um nicht nur klug, sondern auch weise zu sein. Denys Arcand hat dies alles in einfachen und stillen Bildern vermittelt. Es gibt nichts Spektakuläres hervorzuheben; aber alles fügt sich eindringlich ineinander.

The iron horse ⓢ
(Das Feuerroß / Das eiserne Pferd)

USA 1924

R: John Ford; A: Charles Kenyon, John Russell; K: George Schneiderman, Burnett Guffey; D: George O'Brien, Madge Bellamy, Cyril Chadwick, Fred Kohler, Will Walling, Francis Powers, James Gordon

Der Landvermesser Dave Brandon (J. G.) träumt vom Bau der großen transamerikanischen Eisenbahn. Bei dem Versuch, eine Trasse für die Bahn zu erkunden, wird er von marodierenden Indianern, die von einem Weißen angeführt werden, getötet. Sein kleiner Sohn Davy kann entkommen. – Zwanzig Jahre später ist die Eisenbahnlinie im Bau; die Union Pacific hat an der Ostküste mit der Arbeit begonnen, die Central Pacific kommt ihr von der Westküste entgegen. Jesson (C. C.), der leitende Ingenieur der Union Pacific, ist mit Miriam Marsh (M. B.), der Jugendgespielin des kleinen Davy Brandon, verlobt. Ihr Vater (W. W.) finanziert die Bauarbeiten. Doch Jesson läßt sich bestechen, die Trasse so zu führen, daß der Großgrundbesitzer Bauman (F. K.) dabei riesige Geschäfte machen kann. Da taucht Dave Brandon jr. (G. O'B.) auf. Er erinnert sich an die Abkürzung, die sein Vater kurz vor seinem Tod entdeckt hatte. Als er ahnungslos Jesson diese Stelle zeigen will, versucht dieser, ihn zu töten. Dave entkommt, enthüllt Jessons Machenschaften und macht Bauman unschädlich, der damals der Anführer der Indianer war und jetzt die Spießgesellen von einst erneut gegen die Weißen aufgestachelt hat. Und als die Schienenstränge aus Ost und West aufeinandertreffen, da finden auch Dave und Miriam zueinander.

Ford hat mit beträchtlichem Aufwand einen überlangen Film gedreht, der ihm aber keineswegs zur Wildwest-Oper geraten ist. Die privaten Schicksale bilden ein stabiles dramaturgisches Gerüst, das eine Vielzahl interessanter Informationen und realistischer Details trägt. So wird im Vorspann auf die Authentizität des Films hingewiesen, daß z. B. bei den Dreharbeiten die »historischen« Lokomotiven benutzt wurden. Ford zeigt immer wieder die schier unendliche Weite der Landschaft, durch die sich der Bautrupp mühsam Meter um Meter vorarbeitet. Er demonstriert im Detail die Arbeitsvorgänge und die eintönigen Handgriffe, und er deutet mindestens an, wie primitiv die Lebensbedingungen und wie kärglich der Lohn der Menschen waren, die ein so großes Werk geschaffen haben. So entstand eine glückliche und noch heute fesselnde Mischung aus historischer Reportage und Abenteuerdrama.

Iskanderija ... lih?
Alexandria ... warum?

Ägypten/Algerien 1978

R: Youssef Chahine; A: Youssef Chahine, Mohsen Zayed; K: Mohsen Nasr; D: Mohsen Mohiedine, Naglaa Fathi, Farid Chawky, Ezzat el Alayli, Gerry Sundquist

Alexandria im Jahr 1942. Britische Truppen stehen im Land, Rommels Armee vor den Toren. In dieser unsicheren und unübersichtlichen Zeit sucht der achtzehnjährige Yehia (M. M.) einen Weg ins Leben. Er gehört zum ärmeren Zweig einer angesehenen Familie. Sein Vater ist ein Rechtsanwalt, der zu viele Skrupel hat, um Karriere zu machen. So kann Yehia zwar eine exklusive Schule besuchen, doch mehr als eine Banklehre scheint die Zukunft für ihn nicht bereitzuhalten. Yehia aber träumt von ganz anderen Dingen: von Esther Williams, von Hollywood, vom Film. Heimlich hat er sich um ein Stipendium am Pasadena Playhouse beworben; als Regisseur und Darsteller bei einer Schüleraufführung, die die politischen Tagesereignisse kabarettistisch spiegelt, versucht er vergeblich, sich für eine Film-Karriere zu profilieren. Schließlich sitzt er wirklich hinter einem Bankschalter. Doch eines Tages kommt die Nachricht, daß Yehia sein USA-Stipendium bekommen hat. Während die reichen Verwandten indigniert ihre Geldsorgen diskutieren, kratzt die Familie das letzte Geld zusammen und bezahlt Yehias Überfahrt nach New York, wo die Freiheitsstatue (in einer Trickaufnahme) ihn mit einem schiefen Lächeln begrüßt.

Diese stark autobiographisch gefärbte Entwicklungsgeschichte ist nur der rote Faden für die facettenreiche Chronik einer unruhigen Zeit. Im Schicksal Yehias und seiner Freunde erlebt man die Bedrohung durch den Krieg, den Umbruch in der ägyptischen Gesellschaft, das Ende einer kosmopolitischen Idylle, die einmal das Leben in Alexandria bestimmt hat.

Chahine, wohl der bedeutendste ägyptische Regisseur, zeichnet die Atmosphäre der Vergangenheit nicht nur kunstvoll nach. Er spiegelt sie auch in seiner oftmals hektischen, dann wieder lyrischen Erzählstruktur, in der Unbekümmertheit, mit der er Disparates zusammenzwingt und so verdeutlicht, welche Fülle von Eindrücken und Erlebnissen seinen Helden bedrängt. Da gibt es die erste Liebe, familiäre Konflikte und harmlose Pennälerstreiche; aber es gibt auch Tote, das Komplott einer nationalistischen Gruppe gegen die Engländer, den Traum von politischer Freiheit und die erste Ahnung des israelisch-arabischen Konfliktes. Dies alles diskutiert der Film nicht wortreich; er demonstriert es in präzisen Episoden, oft nur in kleinen Handlungspartikeln, die sich im Kopf des Betrachters zu einem unterhaltsamen und informativen Mosaik fügen.

Die Geschichte Yehias, seine eigene also, hat Chahine in *Hadduta misrija* (Eine ägyptische Geschichte, Ägypten 1982) weitererzählt. Aus dem Stipendiaten ist ein erfolgreicher Filmregisseur geworden, der durch eine Krankheit in eine menschliche und künstlerische Krise gerät.

In *Iskanderija, kaman oue kaman* (Für immer Alexandria, Ägypten/Frankreich 1990) setzt Chahine seine Autobiographie abermals fort und berichtet u. a. von seiner Euphorie über den Gewinn des »Silbernen Bären« bei den Filmfestspielen in Berlin für *Iskanderija ... lih?*, aber auch über private und berufliche Enttäuschungen und Schwierigkeiten.

It happened one night
Es geschah in einer Nacht

USA 1933

R: Frank Capra; A: Robert Riskin nach der Kurzgeschichte *Night bus* von Samuel Hopkins Adams; K: Joseph Walker; D: Clark Gable, Claudette Colbert, Walter Connolly, Jameson Thomas

Die Millionärstochter Ellie Andrews (C. C.) heiratet gegen den Willen ihres Vaters (W. C.) den Glücksritter King Westley (J. T.) und wird kurzerhand von Privatdetektiven auf die Jacht ihres Vaters gebracht. Aber sie reißt aus und trifft im »Nachtbus« nach New York den hartgesottenen Reporter Peter Warne (C. G.), dem sein Chefredakteur nach einem Disput über seine Trinkgewohnheiten soeben gekündigt hat. Als Warne bei einem Aufenthalt entdeckt, daß seine ungesellige Sitznachbarin 10 000 Dollar wert ist, die Mr. Andrews für das Auffinden seiner Tochter bietet, wittert er eine Story. Vor zwei mißtrauischen Detektiven provoziert er Ellie so geschickt, daß die Männer Zeugen eines, wie sie meinen, klassischen Ehestreites werden und anderweitig Ausschau halten. Einen Mitreisenden, der Ellie ebenfalls erkannt hat, schreckt er mit dem Hinweis, er sei Mitglied einer Gangsterbande, die Ellie entführt habe. Schließlich setzen die »Flüchtlinge« ihren Weg zu Fuß und per Anhalter fort. Dabei verlieben sie sich allmählich ineinander. Doch ein Mißverständnis zögert das Happy-End hinaus. Als Warne die schlafende Ellie verläßt, um seine Story zu verkaufen, glaubt sie, er wolle das »Kopfgeld« ihres Vaters kassieren, und kehrt freiwillig nach Haus zurück. Ihr Vater läßt die Ehe annullieren; Ellie besteht auf einer zweiten Hochzeit. Aber bei ihrer feierlichen »Wiederverheiratung« mit Mr. Westley taucht Warne auf; und Mr. Andrews persönlich ermuntert seine Tochter zur Flucht vor den Hochzeitsgästen und dem Ehemann.

Die Columbia hielt wenig von diesem Film und brachte ihn ohne große Werbung in die Kinos. Auch die Kritik war zunächst zurückhaltend; doch die Mundpropaganda machte *It happened one night* zu einem sensationellen Erfolg. Am Ende war dies der einzige Film, der jemals alle fünf »Haupt-Oscars« (bester Film, Regie, Buch, beide Hauptdarsteller) erhielt. Er wurde zum Vorbild für eine ganze Serie ähnlicher Charakterkomödien, der sogenannten »screwball comedies«, die in den dreißiger Jahren in Hollywood populär waren.

Capra und Riskin haben ein intelligentes Lustspiel geschaffen, das die großen romantischen Gefühle ironisiert, indem es die alltäglichen Mißverständnisse in einfallsreichen Dialogen und treffsicheren Pointen wirkungsvoll ausspielt. Einzelne Szenen des Films gewannen legendären Ruhm. So die gemeinsame Übernachtung von Warne und Ellie in einem Motel, wo sie sich als jungverheiratetes Paar ausgeben und wo Warne das Zimmer durch eine aufgehängte Decke züchtig und zynisch zugleich in zwei Hälften teilt.

Eine Kuriosität am Rande: Der Film wird viel zitiert als Beweis für die Leitbild-Funktion des Films und seiner Stars. Als Gable sich auszog, brachte er der amerikanischen Wäsche-Industrie einen meßbaren Umsatz-Rückgang. Das schockierte Publikum sah, daß er kein Unterhemd trug, und Millionen von Amerikanern wollten es ihm gleichtun.

It's a wonderful life
Ist das Leben nicht schön?

USA 1946

R: Frank Capra; A: Frances Goodrich, Albert Hackett, Frank Capra; K: Joseph Walker, Joseph Biroc; D: James Stewart, Donna Reed, Lionel Barrymore, Thomas Mitchell, Henry Travers

Just am Weihnachtsabend herrscht im Himmel Bestürzung. Ein gewisser George Bailey (J. S.) wünscht sich, er wäre nie geboren, und ist drauf und dran, Selbstmord zu begehen. Clarence Oddbody (H. T.), der diensthabende Engel, soll ihm helfen und wird über seine Probleme informiert. Eigentlich wollte George große Brücken und Häuser bauen; aber nach dem plötzlichen Tod seines Vaters ist er in Bedford Falls geblieben und hat zusammen mit Onkel Billy (T. M.) Vaters kleine Bausparkasse weitergeführt. Gegen den zähen Widerstand des reichen Mr. Potter (L. B.) hat er Häuser für die kleinen Leute gebaut. Aber nun hat Onkel Billy 8000 Dollar, die er bei der Bank einzahlen sollte, verloren. Das Geld ist Mr. Potter in die Hände gefallen, und dieser glaubt sich endlich am Ziel seiner Wünsche. Denn ein Revisor prüft gerade die Bücher der Bausparkasse, und wenn die 8000 Dollar nicht aufgetrieben werden, muß George höchstwahrscheinlich wegen Veruntreuung ins Gefängnis wandern. Auf jeden Fall aber wird die Bausparkasse in Konkurs gehen. George ist verzweifelt. Doch in diesem Augenblick taucht, in der Gestalt eines gutmütigen älteren Herrn, Clarence auf. Nachdem gutes Zureden nicht hilft, hat er eine geniale Idee: Dank himmlischer Unterstützung führt er George vor Augen, was aus den Menschen, die er liebt, und aus Bedford Falls geworden wäre, wenn George wirklich nie gelebt hätte. Und damit treibt er seinem Klienten den Wunsch, niemals geboren zu sein, gründlich aus. George läuft nach Hause zu Frau (D. R.) und Kindern, wo allerdings auch die Buchprüfer schon warten. Nun geschieht ein zweites, ein irdisches »Wunder«: Onkel Billy hat alle seine Freunde alarmiert, und die kleinen Leute haben, Dollar für Dollar, den Fehlbetrag gespendet.

Ein typischer Capra-Film. Typisch in seinem optimistischen Glauben an das Gute im Menschen und die Kraft der Solidarität; typisch auch in der einfallsreichen Machart, die realistische und märchenhafte Motive mit Geschick und Geschmack verbindet. Dabei hat Capra seine Geschichte wieder auf dem schmalen Grat zwischen Humor und Gefühl angesiedelt, wobei er reine Sentimentalität geschickt vermeidet, indem er gefühlvolle Szenen fast immer mit einem ironischen Gag gleichsam augenzwinkernd beendet.

Iwan grosny (I und II)
Iwan der Schreckliche – I und II

UdSSR 1944–46

R: Sergej Eisenstein; A: Sergej Eisenstein unter Mitarbeit von B. Sweschnikow und L. Indenbom; K: Andrej Moskwin, Eduard Tissé; D: Nikolai Tscherkassow, Serafima Birman, Pawel Kadotschnikow, Ludmilla Zelikowskaja

Iwan grosny (Michail Scharow, Nikolai Tscherkassow)

I. Teil: Mit 17 Jahren wird Iwan (N. T.) gekrönt. Als erster russischer Herrscher nimmt er den Titel »Zar« an, mit dem damals in Rußland die Kaiser von Rom und Konstantinopel bezeichnet wurden. Im Kampf um die nationale Einheit erobert er Kasan und Astrachan. Seine Gegner unter den mächtigen Bojaren bekämpft er durch die Gründung einer neuen Lehnsaristokratie. Es sind die Opritschnina, Soldaten, die er für ihre Verdienste mit Ländereien belohnt und die ihm blind ergeben sind. Mitten in diesem Kampf trifft ihn ein schwerer Schlag: Seine Frau (L. Z.) wird ermordet. Iwan zieht sich in ein Kloster zurück. Aber in einer großen Bittprozession wallfahrtet das Volk zu ihm und bittet ihn, auf den Thron zurückzukehren.
II. Teil: Iwan kehrt nach Moskau zurück, wo die Bojaren seine Politik weiterhin bekämpfen. Sie finden mächtige Bundesgenossen in Iwans Tante Jefrosinia (S. B.) und in der Kirche, deren Vertreter ihn öffentlich als Ketzer anklagen. Jefrosinia will Iwan ermorden lassen, um ihren geistig zurückgebliebenen Sohn Wladimir (P. K.) zum Zaren zu machen. Aber bei einem Gelage kleidet Iwan den angstvoll-unentschlossenen Wladimir spottend in die Zarengewänder; so fällt durch eine Verwechslung Jefrosinias Sohn dem Mörder zum Opfer, den sie für Iwan gedungen hat. Der Zar greift nun zu immer härteren Mitteln, um seine Politik durchzusetzen. Mehr und mehr wird aus dem »großen« jetzt der »schreckliche« Iwan.
Eisenstein hatte seinen Film als Trilogie geplant. Der erste Teil zeigt Iwan als selbstbewußten Monarchen, als siegreichen russischen Helden. Für diesen Film wurde Eisenstein mit dem Stalin-Preis ausgezeichnet. Der zweite Teil schildert, wie Iwan Intrigen und Attentate seiner Gegner mit blutigem Terror bekämpft; das paßte 1946 nicht in das offizielle Geschichtsbild. Man glaubte wohl gar, Anspielungen auf den Terror Stalins zu erkennen. Das Zentralkomitee der Partei befaßte sich mit dem Film und verdammte ihn am 4. September 1946 in einer öffentlichen Resolution. Eisenstein übte Selbstkritik und bezeichnete seinen Film als »wertlos und sogar gefährlich im ideologischen Sinn«. Anschließend suchte er um ein Gespräch bei Stalin nach. Er schlug vor, den beanstandeten Film zu überarbeiten. Außerdem bat er, den geplanten dritten Teil drehen zu dürfen. In ihm sollte Iwan wieder als kriegerischer Held erscheinen, der für Rußland den Zugang zur Ostsee erkämpft. Stalin willigte ein; aber Eisensteins Krankheit und sein früher Tod am 11. Februar 1948 machten diese Pläne zunichte. Der zweite Teil des Films *Iwan grosny* wurde erst 1958 von Chruschtschow zur öffentlichen Vorführung freigegeben. Szenen des dritten Teils, die Eisenstein bereits gedreht hatte, blieben bis heute verschwunden.
Beherrschendes Stilelement ist in diesem Film nicht mehr die Montagetechnik Eisensteins, die unterdessen als »formalistisch« verfemt war,

sondern die expressionistische Schauspielkunst, wobei Eisenstein sich für die Maske und die äußere Erscheinung Iwans von El Greco anregen ließ. Neue Stilmittel bei Eisenstein sind auch prunkvolle Dekorationen und die Architektur. Im ersten Teil dominieren die hellen Farben der Außenaufnahmen; im zweiten Teil geht der spitzbärtige Iwan gebückt durch niedrige, düstere Gänge, wobei sein Schatten ihm gespenstisch und drohend voraushuscht. Als raffinierte Steigerung drehte Eisenstein das große Fest im letzten Drittel seines schwarzweißen Films in Farbe, wobei er nur die Farben Schwarz, Rot, Gold und ein wenig Blau verwandte.

Gelegentlich hat man dem Film sein Pathos vorgeworfen, das sich auch im Einsatz der Musik von Sergej Prokofiew zeigt. Eisenstein schrieb dazu: »Üblicherweise wird versucht, die historische Persönlichkeit, den historischen Helden ›zugänglich‹ zu machen, ihn als eine ganz gewöhnliche Person zu porträtieren, die die ganz gewöhnlichen Züge anderer Leute trägt, ihn, wie man sagt, ›in Schlafrock und Pantoffeln‹ zu zeigen ... Für unseren Film über Iwan wünschten wir einen anderen Ton. Wir wollten die majestätische Bedeutung dieser Gestalt deutlich machen. Und das führte uns dazu, majestätische Formen zu verwenden.«

Iwanowo detstwo
Iwans Kindheit

UdSSR 1962

R: Andrej Tarkowski; A: Wladimir Bogomolow und Michail Papawa nach der Erzählung *Leuchtspur über dem Strom* von Wladimir Bogomolow; K: Wadim Jussow; D: Kolja Burljajew, Walentin Subkow, Jewgeni Scharikow

Am Ufer des Dnjepr wird von sowjetischen Truppen der zwölfjährige Iwan (K. B.) aufgegriffen und vor den Oberleutnant Galzew (J. S.) gebracht. Aber Iwan verlangt, den Chef der Aufklärung zu sprechen. Galzew willigt ein; und Hauptmann Cholin (W. S.) bestätigt ihm, daß Iwan, dessen Vater tot ist, dessen Mutter und Schwester verschollen sind und der selbst aus einem deutschen Vernichtungslager entkommen ist, als Kundschafter arbeitet. Cholin möchte Iwan nicht wieder fortlassen, ihn auf eine Schule schicken. Doch Iwan lehnt ab; er will zurück hinter die feindlichen Linien, und er setzt seinen Willen durch. Aber diesmal kehrt Iwan nicht zurück. Erst Jahre später erfahren Cholin und Galzew, was aus ihm geworden ist. Nach der Eroberung Berlins entdecken sie in einer Gestapo-Dienststelle ein Dokument, aus dem hervorgeht, daß Iwan von den Deutschen gefangengenommen und erschossen worden ist.

Tarkowski wollte die Zerstörung einer Kindheit durch den Krieg demonstrieren. Deshalb unterläuft er die Wirklichkeit immer wieder mit verfremdeten Erinnerungs- oder Traumbildern, die Krieg und Brutalität mit den »verpaßten Glücksmöglichkeiten« eines Kindes konfrontieren. Was in Kalatosows *Letjat schurawli* ein isolierter Einfall war (Boris erlebt im Augenblick seines Todes die Hochzeit mit Veronika, die nie stattfinden wird!), das wird hier zum Stilprinzip: Der Film verlängert die Schrecken des Krieges gleichsam in die Zukunft. Dadurch werden letzten Endes auch die Passagen neutralisiert, in denen aus der Diskrepanz zwischen der Kindhaftigkeit des Protagonisten und seinen Handlungen doch ein gewisses Pathos entsteht; denn immer wieder wird deutlich, wie unangemessen dieses Pathos ist. Der Schluß wirkt dann etwas aufgesetzt und zu sehr der »Dramaturgie des Zufalls« überlassen.

J

J'accuse ⓢ
Ich klage an

Frankreich 1918

R: Abel Gance; A: Abel Gance; K: L. H. Burel, Bujard, Maurice Forster; D: Séverin Mars, Romuald Joubé, Marise Dauvray

Edith Laurin (M. D.) steht zwischen ihrem Mann (R. J.) und seinem Freund, dem Dichter Diaz (S. M.). Während beide an der Front sind, wird sie von einem deutschen Offizier vergewaltigt und erwartet ein Kind. Der Ehemann entdeckt allmählich die Beziehung seines Freundes zu seiner Frau. Aber angesichts des Grauens, das sie umgibt, verzeiht er dem Kameraden. Wenig später fällt er, während der Dichter als Krüppel in die Heimat zurückkehrt. Ehe auch er an den Folgen seiner Verwundung stirbt, erzählt er seine Vision vom Krieg: Millionen Gefallener steigen aus ihren Gräbern und kehren in einem endlosen Zug in die Heimat zurück, um Rechenschaft zu fordern, ob sich ihr Opfer gelohnt hat.
Gance drehte damals Propaganda-Filme für die französische Armee. Auch dieser Film entstand mit staatlichen Mitteln; aber er ist nichts weniger als Propaganda. Gance berichtet, man habe ihm mehrere Tausend Soldaten als Statisten zur Verfügung gestellt, die allesamt nach den Dreharbeiten hätten an die Front zurückkehren müssen. Sie hätten in der Gewißheit gespielt, daß der Tod auf sie warte. Das habe seinem Film die Echtheit und die aggressive Kraft gegeben. Tatsächlich entstand hier ein beeindruckendes Drama von der Sinnlosigkeit des Krieges, ein Film, der den Dreck der Schützengräben mit der Handkamera erstaunlich realistisch einfing, der seinen Schöpfer mit einem Schlag berühmt machte. Abel Gance hat das gleiche Thema mit einigen Variationen unter dem gleichen Titel noch einmal (1937) verfilmt.

Jagdszenen aus Niederbayern

BRD 1968

R: Peter Fleischmann; A: Peter Fleischmann nach dem gleichnamigen Bühnenstück von Martin Sperr; K: Alain Derobe; D: Martin Sperr, Angela Winkler, Maria Stadler, Else Quecke, Hanna Schygulla

Nach längerer Abwesenheit kommt der zwanzigjährige Mechaniker Abram (M. S.) zu seiner Mutter (E. Q.) ins Dorf zurück. Sie sind keine Einheimischen. Bald gibt es Gemunkel: Abram sei im Gefängnis gewesen, er sei »schwul«, er habe sich an einem schwachsinnigen Jungen vergriffen ... Die Jagd beginnt mit Witzen, hämischen Bemerkungen, Aggressionen. Als Abram fliehen und das Dorf verlassen will, ist es bereits zu spät: Eine Frau (M. S.) hat ihn angezeigt; und Hannelore (A. W.), die Dorfhure, behauptet, ausgerechnet er sei der Vater des Kindes, das sie erwartet. Als sie ihm zusetzt, verliert er den Kopf und tötet sie im Affekt. Nun beginnt die Hatz erst richtig. Man jagt Abram wie ein Tier. Und als er gefangen ist, wird fröhlich gefeiert.
Fleischmann hat die Szenerie des deutschen Heimatfilms wiederentdeckt. Aber Personal und Dekorationen sind gründlich verändert. Neben den Berufsschauspielern stehen Laien vor der Kamera, das Milieu wird mit kräftigen Strichen gezeichnet. Dabei ist der Regisseur nicht ganz der Gefahr entgangen, sein Dorf als Panoptikum, die Dörfler als abnorme Monstren zu zeichnen. Doch ganz deutlich wird die bornierte Engstirnigkeit, die Mechanik des Konformismus, die den »Andersartigen« ausstößt und jagt. Deutlich werden die Brutalität grobschlächtiger Witze, Unbelehrbarkeit, Vorurteile.

Jalsaghar
Das Musikzimmer

Indien 1958

R: Satyajit Ray; A: Satyajit Ray nach einer Erzählung von Tarashankar Banerjee; K: Subrata Mitra; D: Chabi Biswas, Pinaki Sen Gupta, Padma Devi, Ganga Pada Basu

Jaws

Der verarmte Großgrundbesitzer Huzur Roy (C. B.) sitzt auf dem Dachgarten seines verfallenen Palastes. Er hört Musik vom Besitz des Nachbarn, des Emporkömmlings Ganguly (G. P. B.) herüberklingen; Ganguly feiert die »Mannbarkeit« seines Sohnes. Roy erinnert sich, wie er seinem Sohn vor Jahren das gleiche Fest ausgerichtet hatte. Er hatte den Schmuck seiner Frau verkauft und bekannte Künstler für ein großes Konzert im Musikzimmer verpflichtet. Dann war seine Frau (P. D.) mit seinem Sohn (P. S. G.) zu ihrem Vater gefahren; bei der Rückkehr gerieten sie in ein Unwetter, ihr Boot kenterte, beide ertranken. Huzur Roy steigt vom Dach herab. Noch einmal will er Ganguly übertrumpfen. Mit seinem letzten Geld finanziert er ein prächtiges Fest im Musikzimmer, bei dem er Ganguly wiederum demonstriert, daß Geld allein noch keinen »Herrn« ausmacht. Dann besteigt Roy sein Pferd und reitet wie ein Besessener los. Das Pferd scheut, Roy stürzt und stirbt.

Dieser Tenor hat viele Filme Rays bestimmt: Das Neue kommt unausweichlich, aber der Untergang des Alten verdient Respekt. So ist auch dieser melancholische Abgesang auf feudalistische Herrlichkeit ambivalent. Huzur Roy ist ein Mensch, der die Zeichen der Zeit nicht verstehen kann und will; doch der Beharrlichkeit und Konsequenz, mit der er seinen Untergang gleichsam inszeniert, zollt der Film Achtung. Eine sehr sensible Kamera bringt die verblichene Pracht des alten Herrenhauses ins Bild, macht die Atmosphäre so präsent, daß der Betrachter – genau wie Roy – das Auftauchen eines Autos als Störung empfindet. Diese Atmosphäre wird auch wesentlich mitbestimmt von der Musik (Ustad Vilayat Khan), die hier eine große Rolle spielt.

∎

Jaws
Der weiße Hai

USA 1974/75

R: Steven Spielberg; A: Peter Benchley und Carl Gottlieb nach einem Roman von Peter Benchley; K: Bill Butler, Rexford Metz (Unterwasseraufnahmen), Ron und Valerie Taylor (Aufnahmen der echten Haie); D: Roy Scheider, Robert Shaw, Richard Dreyfuss, Lorraine Gary, Murray Hamilton

Am Badestrand des idyllischen Badeortes Amity wird eines Nachts ein junges Mädchen von einem Hai getötet. Der Polizeichef Martin

Brody (R. Sch.) will den Strand sofort sperren lassen; aber der Bürgermeister (M. H.) denkt an die Touristen und das Geld und überredet den Amtsarzt zu der Diagnose, die Verletzungen am Torso der Toten könnten auch von einer Schiffsschraube herrühren. Erst als zwei weitere Menschen dem Hai zum Opfer gefallen sind und der Wissenschaftler Matt Hooper (R. D.) feststellt, daß es sich offenbar um ein besonders großes und gefährliches Exemplar dieser Gattung handelt, lenkt der Bürgermeister ein. Er akzeptiert das Angebot des Haifischjägers Quint (R. Sh.), das Tier für eine Prämie von 10 000 Dollar unschädlich zu machen. Quint, Hooper und Brody machen sich mit einem Fangboot auf. Ihr Kampf mit dem Hai wird zu einer gnadenlosen Auseinandersetzung. Im großen Showdown flüchtet Hooper, der den Hai mit Gift töten wollte, mit einem Taucheranzug auf den Meeresgrund. Die Bestie demoliert das Boot und tötet Quint. Brody bleibt schließlich der unerwartete Sieger, als es ihm gelingt, eine Preßluftflasche, die der Hai aufgeschnappt hat, mit einem Schuß zur Explosion zu bringen. Hooper kann wieder auftauchen, und schwimmend retten sich die beiden Überlebenden an Land.

Jaws war ein sensationeller Kassenerfolg, wozu wohl vor allem der zweite Teil des Films beitrug. Während zunächst das Milieu breit geschildert und die kommunalpolitischen Konflikte angedeutet werden, die in der literarischen Vorlage eine große Rolle spielen, bringt der zweite Teil den einsamen Kampf dreier unterschiedlicher Männer gegen eine Bestie, die geschickt zu einer anonymen, ungreifbaren Macht hochstilisiert wird. Nicht von ungefähr erweckt der deutsche Verleihtitel Assoziationen zu Melvilles *Moby Dick*. Hier im zweiten Teil erst kommt streckenweise echte Spannung auf; in der Einsamkeit des Meeres wird die Bedrohung der Menschen durch eine unheimliche Naturgewalt sinnlich erfaßbar und erfahrbar. Im Vordergrund stehen allerdings auch hier die kruden Schockeffekte, die der Film vor allem der geschickten Montage (Schnitt: Verna Fields) und dem realistischen Modell der Bestie (Spezialeffekte: John M. Dwyer) verdankt.
Zunehmend vordergründiger und spekulativer gerieten drei Fortsetzungen, die auf krasse Effekte statt auf neue Aspekte setzten: *Jaws II* (Der weiße Hai 2, USA 1977 – R: Jeannot Szwarc), *Jaws 3-D* (Der weiße Hai III in 3-D, USA 1982 – R: Joe Alves) und *Jaws – the revenge* (Der weiße Hai – Die Abrechnung, USA 1987 – R: Joseph Sargent).

The jazz singer
Der Jazzsänger

USA 1927

R: Alan Crosland; A: Alfred A. Cohn nach einem Bühnenstück von Samson Raphaelson; K: Hal Mohr; D: Al Jolson, May McAvoy, Warner Oland, Bobby Gorden, Eugenie Besserer

Den gottesfürchtigen Kantor Rabinowitz (W. O.) schmerzt es, daß sein Sohn Jackie (B. G.) sich in den Bars herumtreibt und Schlager singt. Er weist ihn aus dem Haus. – Jahre später ist aus Jackie Rabinowitz der mäßig erfolgreiche Sänger Jack Robin (A. J.) geworden. Die Revuetänzerin Mary Dale (M. MA.) verschafft ihm ein Engagement in New York und eine große Chance. Aber am Tag vor der Premiere erscheint die Mutter (E. B.) bei Jack und bittet ihn, an Stelle des erkrankten Vaters das »Kol-Nidre« beim Versöhnungsfest zu singen. Jack lehnt ab, weil er zur gleichen Zeit in der Premiere singen muß. Doch er will den Vater noch einmal sehen. Als er merkt, daß der Sterbende glaubt, sein Sohn wolle ihn beim Gottesdienst vertreten, hat er nicht die Kraft, ihn zu enttäuschen. Er läßt die Premiere platzen; man verzeiht ihm. Und als er dann zum ersten Mal auftritt, sitzt in der ersten Reihe, glücklich lächelnd, seine Mutter.
Der Film ist sentimental und auch formal belanglos; aber er hat Filmgeschichte gemacht. Seine Premiere am 23. Oktober 1927 gilt als Beginn des Tonfilm-Zeitalters. Zwar war dieser Film noch überwiegend stumm gedreht, aber gegen Ende sprach Al Jolson die filmhistorischen Worte »Hey, Mom, listen to this« und begann dann zu singen. Das Publikum war begeistert, und der Siegeszug des Tonfilms begann.

Jeder für sich und Gott gegen alle

BRD 1974

R: Werner Herzog; A: Werner Herzog; K: Jörg Schmidt-Reitwein, Klaus Wyborny (Traumsequenz); D: Bruno S., Walter Ladengast, Brigitte Mira, Hans Musäus, Michael Kroecher, Henry van Lyck

In einem düsteren Verlies sitzt ein verwahrloster junger Mann, Kaspar Hauser (B. S.), und spielt mit einem Holzpferd. Ein Unbekannter (H. M.) tritt ein, lehrt ihn einige Worte und führt ihn schließlich in die Freiheit. Er bringt ihn in eine kleine Stadt und drückt ihm einen Brief in die Hand. Kaspar steht bewegungslos, bis er zu dem Adressaten des Briefs, einem Kavallerieoffizier (H. v. L.), gebracht wird. Der liest, daß der seltsame Findling seiner Obhut empfohlen wird, und ist ratlos. Zunächst sorgt die Stadt für den Fremden und beherbergt und verpflegt ihn im Stadtgefängnis. Die Kosten werden teilweise dadurch gedeckt, daß man Kaspar mit anderen »Kuriositäten« in einem Zirkus ausstellen läßt. Dann nimmt ihn der verständnisvolle Daumer (W. L.) in sein Haus, wo Kaspar von der Haushälterin Käthe (B. M.) liebevoll gepflegt und von Daumer behutsam angeleitet wird. Er lernt sprechen, lesen und schreiben; aber das Geheimnis seiner Herkunft bleibt ungelöst. Neugier und Verwirrung der Zeitgenossen wachsen, als ein Attentat auf Kaspar verübt wird. Der englische Globetrotter Lord Stanhope (M. K.) will Kaspar adoptieren. Doch bei der Gesellschaft, auf der beide sich zum ersten Mal begegnen, sorgt Kaspar für einen Eklat. Der Engländer zieht sich zurück, und Kaspar bleibt bei Daumer, wo er sich offenbar wohl fühlt. Eines Tages jedoch tritt ihm ein Mann in den Weg und stößt ihm ein Messer in die Brust. Sterbend hat Kaspar einen Traum von einer Karawane, die von einem blinden Berber geführt wird. Sie erreicht eine Stadt. »Dort beginnt die Geschichte. Aber an die Geschichte erinnere ich mich nicht.«
Herzog hält sich in groben Zügen an die überlieferten Fakten des Falles Kaspar Hauser, doch ein »Dokumentarspiel« war keineswegs sein Ziel. So hat er auch ganze Sequenzen (wie etwa die Ausstellung im Zirkus) erfunden und anderes so ausgewählt, geordnet und akzentuiert, daß um so deutlicher wird, was ihn an diesem Stoff eigentlich interessiert: »Kaspar wurde als Jüngling brutal in die Welt gestoßen, von der er noch nichts gesehen hatte. Es handelt sich um den einzigen in der Geschichte bekannten Fall, daß ein Mensch erwachsen ›geboren‹ wird. Man hat ihn gezwungen, Kindheit und Jugend in nur zwei Jahren zu durchleben.« Hier sieht Herzog auch einen wesentlichen Unterschied zu Truffauts *L'enfant sauvage*, mit dem sein Film häufig verglichen wurde. Der »Wolfsjunge« habe wenigstens eine »Wolfsnatur« gehabt, während Kaspar nach jahrelanger Dunkelhaft praktisch ein leeres Gefäß gewesen sei.
So erlebt man hier den jähen Zusammenprall eines Menschen mit der Welt und der Gesellschaft. Kaspar wird Regeln unterworfen, deren Sinn er nicht begreift; und nachdem er gelernt hat, seine Gedanken zu artikulieren, entlarvt er manche dieser Regeln durch seine gerade, unverbildete Logik. Herzog hat diese Einsamkeit eines Menschen unter seinesgleichen in stillen, kraftvollen Bildern gestaltet, wobei Kaspars Erlebnisse und Erfahrungen als Objekt der Gesellschaft, der Wissenschaft und der Kirche fast den Charakter eines Passionsdramas annehmen. So wird Kaspars Schicksal ein ständiger Kampf um Kommunikation, um das »Begreifen« von Realitäten und um die Verarbeitung düsterer Obsessionen, die in visionären Traumsequenzen (gedreht von Werner Herzog, seinem jüngeren Bruder, und Klaus Wyborny) gezeigt werden.
Der Titel des Films ist übrigens ein Zitat aus dem Film *Macunaima* (Macunaima, Brasilien 1969) von Joaquim Pedro de Andrade. Ursprünglich gab es in Herzogs Film eine Szene, die diesen Titel deutlicher erklärte. Kaspar sagte dort: »Wenn ich um mich sehe und die Menschen betrachte, habe ich wirklich das Gefühl, daß Gott etwas gegen sie haben muß.« Diese Szene entfiel später beim Schnitt.

Jenny
Jenny

Frankreich 1936

R: Marcel Carné; A: Jacques Prévert und Jacques Constant nach einem Roman von Pierre Rocher; K: Roger Hubert; D: Françoise Rosay, Albert Préjean, Charles Vanel, Lisette Lanvin, Jean-Louis Barrault

Jenny (F. R.) betreibt ein Nachtlokal, das gleichzeitig »Hauptquartier« einer Gangsterbande ist. Jennys Geliebter, Lucien (A. P.), wird gegen seinen Willen in die Machenschaften der Gangster verwickelt. Ein gewisser Benoit (C. V.) will Jenny und Lucien auseinanderbringen, wozu er sich der Hilfe eines Buckligen (J.-L. B.) versichert. Jennys Tochter Danielle (L. L.) wird von ihrem Geliebten verlassen, weil er als guter Bürger an Jennys Beruf Anstoß nimmt. Sie bittet Lucien um Hilfe, und Danielle und Lucien verlieben sich ineinander. Bei einer Schlägerei mit Benoit wird Lucien verletzt. Im Krankenhaus erzählt er Jenny, daß er eine Jüngere liebt; sie errät, daß es sich um ihre Tochter handelt.
Eigentlich sollte Jacques Feyder diesen Film drehen. Da er aber ein Angebot nach England angenommen hatte, schlugen Feyder und Françoise Rosay dem Produzenten vor, Feyders langjährigem Assistenten Carné die Regie zu übertragen. Der melodramatische Film enthält in Grundzügen das Muster, das später die besten Filme Carnés bestimmte. Allerdings fehlt der düstere Fatalismus; denn hier enthält der Schluß eher einen optimistischen Ausblick.

Jenseits der Stille

BRD 1995/96

R: Caroline Link; A: Caroline Link, Beth Serlin; K: Gernot Roll; D: Sylvie Testud, Tatjana Trieb, Howie Seago, Emmanuelle Laborit, Sibylle Canonica, Matthias Habich, Hansa Czypionka, Alexandra Bolz

Lara (T. T.) wächst als Kind gehörloser Eltern (H. S., E. L.) auf. Ganz selbstverständlich übernimmt schon die Achtjährige Verantwortung, hält den Kontakt zur Außenwelt, »dolmetscht« bei Kreditverhandlungen ebenso wie bei einem hochnotpeinlichen Gespräch mit ihrer unzufriedenen Lehrerin und entscheidet dabei souverän, welche Passagen besser »ungesagt« bleiben. Besonders mit dem Vater ist sie eng verbunden, in einer lautlosen Idylle sozusagen. Erste Probleme tauchen auf, als ihre Tante Clarissa (S. C.) ihr eine Klarinette schenkt. Lara ist musikalisch und entdeckt eine Welt, die ihren Eltern verschlossen bleibt. – Zehn Jahre später beherrscht Lara (S. T.) ihr Instrument so gut, daß Clarissa ihr vorschlägt, zu ihr nach Berlin zu kommen und die Musikhochschule zu besuchen. Lara verläßt das Elternhaus im Streit. In Berlin lernt sie Tom (H. C.) kennen, der Lehrer an einer Schule für Gehörlose ist. Er hilft ihr, ihre Situation besser zu begreifen; und durch seine Liebe findet sie die Kraft, sich selbst zu vertrauen und sich auch von Clarissa zu lösen. Nach dem Tod ihrer Mutter kehrt sie noch einmal in das Elternhaus zurück, wo ihre kleine Schwester Marie (A. B.) ihre Rolle übernommen hat. Wieder gibt es Streit, und diesmal scheint der Bruch mit dem Vater endgültig. Aber als Lara bei der Aufnahmeprüfung für die Hochschule vorspielt, da steht im Hintergrund des Saales ihr Vater. Und seine Hände sagen ihr, daß »hören« und »verstehen« zweierlei Dinge sind.
Ein ungewöhnliches Thema, das die junge Regisseurin bei ihrem Kinodebüt mit erstaunlichem Gespür für die Möglichkeiten und die Gefahren des Stoffes realisiert hat. Der Film setzt in erster Linie auf Emotionen; aber er verwechselt Gefühle nie mit Gefühligkeit. Er bleibt auch im Detail realistisch und glaubwürdig; und so gelingt es ihm, dem Publikum eine fremde Erfahrungswelt zu erschließen. Er zeigt, wie gut die Eltern sich in der Welt der Stille, die mehrfach durch Bilder des winterlichen Gartens mit lautlos fallendem Schnee symbolisiert wird, eingerichtet haben, und wie schwer es besonders dem Vater fällt, Lara aus dieser Welt zu entlassen. »Ich wollte, du wärst auch taub!« signalisiert er ihr im Streit. Dabei werden keineswegs Gegensätze zwischen »Behinderten« und »Normalen« aufgebaut. Zwar werden die Probleme und Konfliktmöglichkei-

ten nicht verschwiegen, vor allem aber vermitteln die ruhigen Bilder die – vielleicht altmodische – Botschaft, daß verständnisvolle Kommunikation alle Barrieren überwindet. Daß dies ohne Larmoyanz geschieht, daran haben auch die Darsteller – die gehörlosen wie die hörenden – wesentlichen Anteil.

Jésus de Montréal
Jesus von Montreal

Kanada/Frankreich 1989

R: Denys Arcand; A: Denys Arcand; K: Guy Dufaux; D: Lothaire Bluteau, Catherine Wilkening, Johanne-Marie Tremblay, Remy Girard, Robert Lepage, Gilles Pelletier, Yves Jacques

Der junge Schauspieler Daniel (L. B.) wird von Pater Leclerc (G. B.) gebeten, ein Passionsspiel zu überarbeiten, das alljährlich im Park hinter der Kirche aufgeführt wird. Nach gründlichen Studien entwickelt Daniel ein formal und inhaltlich eigenwilliges neues Stück und findet in Mireille (C. W.), Constance (J.-M. T.), Martin (R. G.) und René (R. L.) vier Darsteller, die sich für das ungewöhnliche Unternehmen engagieren. Die Aufführung wird ein sensationeller Erfolg. Pater Leclerc und vor allem seine Vorgesetzten aber nehmen Anstoß an dem unkonventionellen Christus-Bild. Weitere Schwierigkeiten entstehen, als Daniel Aspekte seiner Christus-Rolle auch in sein Privatleben überträgt. Als er z. B. Zeuge wird, wie Mireille bei Probeaufnahmen für einen Werbefilm gedemütigt wird, demoliert er das Studio. Nur eine verständnisvolle Gutachterin bewahrt ihn vor einer Verurteilung. Nun will ein cleverer Agent seine Popularität vermarkten, aber Daniel lehnt ab. Mittlerweile hat die Kirche von ihrem Hausrecht Gebrauch gemacht und weitere Aufführungen des Stücks verboten. Als die Truppe sich solidarisch über das Verbot hinwegsetzt, wird die Aufführung von der Polizei abgebrochen. Es kommt zu Tumulten, bei denen Daniel eine Kopfverletzung erleidet und bewußtlos in ein Krankenhaus eingeliefert wird. Dort geht es ihm plötzlich besser, und Mireille und Constance nehmen ihn mit. Doch in der U-Bahn beginnt er zu halluzinieren. Er wird erneut ins Krankenhaus gebracht und stirbt. Constance gibt seinen Leichnam für Organspenden frei; der Agent wird eine Theatertruppe gründen, die mit dem Andenken an den Toten Geschäfte macht.

Ein Film, der Probleme des Glaubens, die Konflikte zwischen Kirche und Welt, zwischen Anspruch und Wirklichkeit mit spielerischer Leichtigkeit und gleichzeitig mit großem Ernst behandelt. Arcand nutzt geschickt die verschiedenen Handlungsebenen, um das biblische Geschehen und die Realität von heute immer enger zu verschränken, so daß am Ende die Geschichte Jesu und das Schicksal Daniels gleichsam »deckungsgleich« werden. Dabei gelingen Arcand immer wieder erhellende Pointen und sinnfällige Umsetzungen – wenn z. B. zwei Polizisten Daniel buchstäblich vom Kreuz herab verhaften, oder wenn die Versuchung Jesu sich in der Realität abspielt, bei einem Gespräch Daniels mit dem Agenten im Dachrestaurant eines Wolkenkratzers vor der imponierenden Kulisse Montreals. Dies alles hätte gekünstelt oder gar peinlich wirken können, doch die Logik des Drehbuchs ist in sich stimmig, die Regie vermeidet jedes propagandistische Pathos, und die Darsteller gestalten ihre Rollen mit ungenierter Spielfreude. So entstand ein Film, der sehr ernsthafte Probleme auf sehr unterhaltsame Weise vermittelt.

Les jeux de l'amour
Liebesspiele

Frankreich 1960

R: Philippe de Broca; A: Philippe de Broca und Daniel Boulanger nach einer Idee von Geneviève Cluny; K: Jean Penzer; D: Geneviève Cluny, Jean-Pierre Cassel, Jean-Louis Maury

Suzanne (G. C.), die Besitzerin eines Antiquitätenladens, lebt mit Victor (J.-P. C.) zusammen. Suzanne möchte das Verhältnis legalisieren, vor allem aber möchte sie ein Kind. Victor sieht seine Freiheit in Gefahr und winkt ab. Darauf wendet sich Suzanne dem Hausfreund François (J.-L. M.) zu, der gern bereit ist, beide Wünsche zu erfüllen. Doch Victor wird – pro

grammgemäß – eifersüchtig, und alles kommt ins rechte Lot.
Der Film gilt als erste Komödie der »nouvelle vague«. Tatsächlich steht er thematisch ganz in der Tradition des französischen Filmlustspiels; Clair hätte ihn dreißig Jahre früher – wenngleich etwas weniger frivol – inszenieren können. Neu allerdings ist die Art der Gestaltung, die von Improvisationen lebt und auf unbekannte Darsteller vertraut. So gelang ein sehr unmittelbarer, sympathischer Film, der in spielerischer Form das Lebensgefühl der Jugend reflektierte. In der Art und der Tradition dieses Films drehte de Broca weitere Komödien wie *L'amant de cinq jours* (Liebhaber für fünf Tage, 1960), *Le farceur* (Wo bleibt da die Moral, mein Herr?, 1960) und *Un monsieur de compagnie* (Ich war eine männliche Sexbombe, 1964).
Im gleichen Jahr wie *Les jeux de l'amour* entstand auch Jean-Luc Godards *Une femme est une femme* (Eine Frau ist eine Frau), der in einem anderen Milieu praktisch die gleiche Geschichte erzählt.

Jeux interdits
Verbotene Spiele

Frankreich 1952

R: René Clément; A: Jean Aurenche, Pierre Bost, René Clément und François Boyer nach einem Roman von François Boyer; K: Robert Juillard, Jacques Robin; D: Brigitte Fossey, Georges Poujouly, Lucien Hubert

Frankreich 1940. Der elfjährige Bauernjunge Michel (G. P.) bringt die fünfjährige Paulette (B. F.) mit nach Hause, die bei einem Fliegerangriff auf einen Flüchtlingstreck ihre Eltern verloren hat. Mitleidig nehmen Michels Eltern die Waise auf. Die Kinder werden schnell Freunde. Gemeinsam begraben sie Paulettes Hündchen. Da ihnen dieses Spiel Freude macht, legen sie in einer abgelegenen Ecke des Gartens einen richtigen Tierfriedhof an, für den Michel die schönsten Kränze vom Friedhof und vom Leichenwagen stiehlt. Die Diebstähle verursachen im Dorf große Aufregung. Eines Tages tauchen zwei Gendarmen auf dem Hof auf. Obwohl Michels Vater versprochen hatte, Paulette dürfe bleiben, holen sie das Mädchen in ein Waisenhaus. Verbittert zerstört Michel den kleinen Friedhof.
Der Film hat seine besten Szenen in der Darstellung des Krieges und seines Grauens. Aber er attackiert ihn nicht nur mit realistischen Dokumentarszenen. Das makabre Spiel der Kinder, die dieses Grauen in ihre vermeintlich »heile Welt« integrieren, für die zum Spiel wird, was den Erwachsenen Angst einflößt, wirft ein grelles Licht auf die Unordnung der Welt.

Jewo prisyw Ⓢ
Sein Mahnruf / Lenins Mahnruf

UdSSR 1925

R: Jakow Protasanow; A: Wera Eri; K: Louis Forestier; D: W. Popowa, Marija Blumental-Tamarina, Anatoli Ktorow

Katja (W. P.) und ihre Großmutter (M. B.-T.) ziehen in ein Dorf bei St. Petersburg, nachdem Katjas Vater bei Straßenkämpfen von Weißgardisten erschossen worden ist. Hier erlebt Katja nun bewußt die Revolution, die Enteignung und die Flucht der Ausbeuter. Parallel sieht man den Zerfall einer Emigrantenfamilie in Paris. Ein weißrussischer Offizier, der Mörder von Katjas Vater, kehrt nach Rußland zurück, um den Familienschmuck aus dem Versteck zu holen. Katja verliebt sich in ihn; aber der Fremde wird bei seinen ungesetzlichen Handlungen ertappt und erschossen. Am Schluß des Films steht die Nachricht von Lenins Tod, die die Menschen erschüttert und niederdrückt, die aber gleichzeitig ein Mahnruf für sie alle ist, an der Fortführung seines Werkes zu arbeiten.
Ein handlungsreicher, solide inszenierter und gut gespielter Hymnus auf Lenin, dessen Bedeutung für die Revolution er preist. Er tut das aber nicht in der plump pathetischen Weise, in der man später solche Heldenlieder gestaltete. Er stellt Lenin nicht als sein eigenes Denkmal vor, sondern charakterisiert ihn durch die Reaktionen der einfachen Menschen.

JFK
John F. Kennedy – Tatort Dallas

USA 1991

R: Oliver Stone; A: Oliver Stone und Zachary Sklar nach den Büchern *On the trail of the assassins* von Jim Garrison und *Crossfire: The plot that killed Kennedy* von Jim Mars; K: Robert Richardson; D: Kevin Costner, Sissy Spacek, Gary Oldman, Brian Doyle-Murray, Tommy Lee Jones, Donald Sutherland, Jack Lemmon

Am 22. November 1963, dem Tag der Ermordung Präsident Kennedys, befaßt sich Staatsanwalt Jim Garrison (K. C.) in New Orleans mit einer scheinbar belanglosen Schlägerei. Geraume Zeit später wird einer der beiden Kontrahenten dieser Schlägerei, der Privatdetektiv Jack Martin (J. L.), erste Zweifel an »Warren-Report«, dem amtlichen Untersuchungsbericht über Kennedys Tod, in ihm wecken. Gegen viele Widerstände beginnt er zu ermitteln; und obwohl wichtige Zeugen rätselhaften Unfällen oder plötzlichen Krankheiten zum Opfer fallen, entdeckt er in dem Report immer mehr Ungereimtheiten. Garrison glaubt nicht mehr an die alleinige Täterschaft von Lee Harvey Oswald (G. O.) und an die »spontane Rache« des Bar-Besitzers Jack Ruby (B. D.-M.), der Oswald im Gefängnis erschossen hat. Nach der Unterredung mit einem geheimnisvollen »Mister X« (D. S.) ist der Staatsanwalt überzeugt, daß der Präsident einer monströsen Verschwörung zum Opfer gefallen ist: Mafia, Geheimdienst und höchste Regierungsstellen wollten damit die von ihm geplante Abrüstungs-Politik verhindern. Als einen Drahtzieher und Organisator des Verbrechens verdächtigt Garrison den zwielichtigen Geschäftsmann Clay Shaw (T. L. J.), und ihn bringt er auch schließlich vor Gericht. Zwar wird Shaw freigesprochen, aber Jim Garrison wird nicht aufhören, für seine Wahrheit zu kämpfen.

Zunächst einmal ist das ein raffinierter Thriller, der die drei Ebenen Realität (mit eingeschnittenen Dokumentaraufnahmen), nachgespielte Wirklichkeit und Fiktion kunstvoll miteinander verflicht und dabei ein hohes Maß an Spannung erreicht; aber für Oliver Stone ist dies – ähnlich wie seine Filme *Platoon* (Platoon, USA 1986) und *Born on the fourth of July* (Geboren am 4. Juli, USA 1989) – vor allem ein Versuch, amerikanische Traumata aufzuarbeiten. Stone: »Wir müssen ... endlich begreifen, was damals 1963 schiefgelaufen ist. Erst wenn wir genau wissen, was an diesem Novembertag tatsächlich geschehen ist, können wir neu anfangen.«

Jigoku-mon
Das Höllentor

Japan 1953

R: Teinosuke Kinugasa; A: Teinosuke Kinugasa und Masaichi Nagata nach einem Roman von Kan Kikuchi; K: Kohei Sugiyama; D: Kazuo Hasegawa, Machiko Kyo, Isao Yamagata, Koreya Senda

Im Jahr 1159 erheben sich Rebellen gegen Kiyomori (K. S.), der im Namen eines schwachen Kaisers Japan beherrscht. Sie stürmen den Palast und wollen die Tochter des Kaisers als Geisel gefangennehmen. Aber im Wagen der Prinzessin verläßt die schöne Hofdame Kesa (M. K.) den Palast, wodurch die Aufständischen auf eine falsche Fährte gelockt werden. Der Krieger Morito (K. H.) ist Kesas Begleiter und Beschützer. Er benachrichtigt auch Kiyomori von dem Aufstand und ermöglicht es ihm so, die Rebellen zu besiegen. Zur Belohnung gibt Kiyomori ihm einen Wunsch frei. Morito verlangt die Hand Kesas, in die er sich besinnungslos verliebt hat. Dieser Wunsch ist jedoch unerfüllbar, weil Kesa bereits mit Wataru (I. Y.) verheiratet ist. Morito ist blind vor Leidenschaft und beharrt auf seiner Forderung. Er entführt Kesa und droht ihr, sie und ihre Familie zu töten, wenn sie ihn nicht erhört. Kesa gibt scheinbar nach, verlangt aber, daß Morito zunächst ihren Mann tötet. Sie beschreibt ihm genau den Weg zu Wataru Schlafzimmer. Als Morito dann nachts blindlings auf die schlafende Gestalt einschlägt, tötet er Kesa, die sich für ihren Mann und ihre Ehre geopfert hat. Morito bietet Wataru sein Leben an. Doch dieser verzeiht ihm, weil nicht noch mehr Blut fließen soll. Morito büßt seine Schuld als Mönch.

Eine stimmungsvolle Ballade von Mut, Treue und Leidenschaft. Kinugasa hat sein Historiengemälde stilsicher inszeniert. Aufsehen erregte damals besonders die gute und dramaturgisch wirkungsvolle Farbgestaltung des Films.

Johnny got his gun
Johnny zieht in den Krieg

USA 1971

R: Dalton Trumbo; A: Dalton Trumbo nach seinem Roman *Süß und ehrenvoll*; K: Jules Brenner; D: Timothy Bottoms, Kathy Fields, Marsha Hunt, Jason Robards, Diane Varsi

Joe (T. B.) wird, kaum 20jährig, im Ersten Weltkrieg von einer Granate buchstäblich zerfetzt. Doch ärztliche Kunst rettet sein Leben. Nun liegt er im Lazarett – ohne Arme, Beine, Augen, Nase, Mund und Ohren, ein atmender Fleischklumpen, den man künstlich ernähren muß und der sich nicht mitteilen kann. Joe ist eine Herausforderung an die ärztliche Wissenschaft, so hält man ihn durch ständigen Einsatz am Leben. Aber er ist auch eine einzige Anklage gegen den Krieg, und deshalb schirmt man ihn sorgfältig ab. Unterdessen arbeitet sein Verstand unablässig: Joe erinnert sich an seine Kindheit, die engen Bindungen an seinen Vater (J. R.), an die Einberufung und seine Verwundung. Dann mischen sich wüste Traumvorstellungen in diese Erinnerungen. Am Ende entdeckt Joe endlich eine Möglichkeit, Kontakt mit seiner Umwelt aufzunehmen: Mit ruckartigen Kopfbewegungen beginnt er zu »morsen«. Eine Krankenschwester (D. V.) erkennt seine Versuche, und man entziffert seine Botschaft: »Tötet mich!« Die Schwester will seinen Wunsch erfüllen, will die Verbindung zu den Apparaten unterbrechen, die ihn am Leben erhalten. Aber man entdeckt ihr Vorhaben; sie wird entlassen. Joe morst weiter »SOS – Helft mir!« Doch man beachtet seine Zeichen nicht mehr: Ein solcher Wunsch ist unsoldatisch, unmöglich ...

Trumbos Roman erschien drei Tage vor Beginn des Zweiten Weltkrieges. In den sechziger Jahren wollte Buñuel ihn verfilmen, und Trumbo hatte bereits ein Drehbuch für ihn ge- schrieben. Aber das Projekt scheiterte. Da entschloß sich der renommierte Drehbuchautor Trumbo, der wegen eines Verdiktes des Ausschusses zur Untersuchung unamerikanischen Verhaltens 13 Jahre lang gar nicht oder nur unter Pseudonym arbeiten durfte, im Alter von 65 Jahren, erstmals selbst einen Film zu inszenieren.

Johnny got his gun ist von beklemmender Intensität. Trumbo schildert die Lazarettszenen in viragiertem Schwarzweiß, Erinnerungen und Träume sind farbig. Dabei werden die Erinnerungen überwiegend in ruhigen Bildern erzählt, während die Traumvisionen mit groteskem Einfallsreichtum gestaltet sind und vielfältige Einflüsse erkennen lassen. Aber diese drei stilistisch unterschiedlichen und uneinheitlichen Ebenen fallen niemals auseinander; sie fügen sich zu einer Höllenvision, in der die Momente der Idylle fast wie ironische Akzente wirken. Und mühelos gelingt es Trumbo, den extremen Einzelfall zum allgemeingültigen Gleichnis werden zu lassen: zu einem Gleichnis für die Kraft des menschlichen Geistes, wenn dieser unförmige Fleischklumpen doch eine Möglichkeit zur Kommunikation entdeckt; zum Gleichnis für die Verzweiflung aller Geschundenen und Unterdrückten, wenn sein mühsam formulierter Hilfeschrei unterdrückt wird und ungehört verhallt.

Jour de fête
Tempo, Tempo / Tatis Schützenfest

Frankreich 1947

R: Jacques Tati; A: Jacques Tati, Henri Marquet, René Wheeler; K: Jacques Mercanton (Farbe), Marcel Franchi (Schwarzweiß); D: Jacques Tati, Guy Decomble, Paul Frankeur

Jahrmarkt in dem kleinen französischen Provinznest Sainte-Sévère. U. a. ist auch ein Kinozelt aufgebaut, in dem der Dorfbriefträger François (J. T.) voller Staunen einen Kurzfilm über die Leistungen der Post in den USA sieht. Die Schausteller überreden ihn, sich an diesem Vorbild zu orientieren; und alsbald versucht François, mit seinem klapprigen Fahrrad amerikanisches Tempo zu imitieren. Mit unterschiedlichem Erfolg ... Auf der Ladeklappe eines fahrenden Lastwagens stempelt er z. B. seine Briefe, er überholt mühelos die Fahrer der Tour de France, andererseits landet er bei seinen Bemühungen im Fluß. So kehrt er schließlich zum beschaulichen Alltag zurück.

Diese skurril-poetische Geschichte ist eingebettet in die liebevolle Schilderung eines französischen Dorfes, seiner Sonderlinge und seiner alltäglichen Ereignisse. Mittelpunkt aber ist stets Jacques Tati, der Briefträger und Menschenfreund, der allen helfen möchte und überall nur Verwirrung stiftet. Tati hat dabei bereits seine eigene Form des Humors entwickelt, der menschliche Schwächen zwar entlarvt, der aber niemals verletzt und bei dem die Requisiten, die toten Gegenstände, eine große Rolle spielen. Immer wieder sieht man ihn im Kampf mit der Tücke des Objekts, ob es sich nun um sein Fahrrad, einen Fahnenmast oder eine Bahnschranke handelt. Tati wollte den Film ursprünglich in Farbe drehen. Aber wegen technischer und finanzieller Schwierigkeiten langte es dann nur zu einzelnen Farbsequenzen. 1963 brachte er eine überarbeitete Fassung heraus, die u. a. auch eine Rahmenhandlung enthält, die dem Film aber eigentlich nichts hinzufügt: Ein junger Maler kommt in das Dorf und skizziert und kommentiert die Ereignisse.

Zu den Bewunderern des Films gehörte Buster Keaton, der sagte: »Tati knüpft an dem Punkt an, an dem wir vor rund 40 Jahren stehengeblieben waren.«

Le journal d'un curé de campagne
Tagebuch eines Landpfarrers

Frankreich 1950

R: Robert Bresson; A: Robert Bresson nach dem gleichnamigen Roman von Georges Bernanos; K: L. H. Burel; D: Claude Laydu, Jean Riveyre, Nicole Ladmiral, Marie-Monique Arkell, Bernard Hubrenne

Ein junger Priester (C. L.) versieht, von Krankheit und Zweifeln an seiner Zulänglichkeit geplagt, demütig sein Amt in einem Dorf. Zu den mißtrauischen Bauern gewinnt er kaum Kontakt; die »gräfliche Familie« bringt mit ihren Problemen zusätzlichen Konfliktstoff. Der Graf (J. R.) betrügt seine Frau (M.-M. A.), die sich in eine Art von Zynismus flüchtet. Ihre Tochter Chantal (N. L.) begegnet dem jungen Pfarrer mit offener Feindseligkeit. Schließlich wird sein einziger »Sieg« der Beginn seiner Niederlage. Es gelingt ihm, das verhärtete Herz der Gräfin zu lösen. Aber in der Nacht nach ihrer Bekehrung stirbt sie; der Pfarrer erntet den bitteren Haß ihrer Angehörigen, die die Resignation einer frustrierten Frau jetzt ihm anlasten möchten. Seine Krankheit verschlimmert sich. Er stirbt schließlich in der Wohnung seines Freundes Dufréty (B. H.), eines abgefallenen Priesters.

Bresson hat nicht versucht, seine Vorlage auszuschmücken, sie leichter konsumierbar zu machen. Er bewahrte sogar die strenge Erzählstruktur des Tagebuches. So sieht man immer wieder die Hand des Pfarrers auf der Leinwand, der Zeile um Zeile schreibt, und hört dazu seine Stimme die Sätze zitieren. Man sieht immer wieder sein Gesicht, in dem sich Gedanken, Empfindungen, Zweifel spiegeln. Nichts ist dramatisch aufgeputzt in diesem Film; und die eigentlichen dramatischen Ereignisse werden oft nur durch ihre Auswirkungen beschrieben.

Aus dieser optischen Askese gewinnt Bresson eine erstaunliche Intensität. 1950, als der »filmische« Film die Leinwand beherrschte, als man Bewegung und schöne Bilder allein für die Grundsubstanz der Filmkunst hielt, wirkte Bressons Werk in den Kinos wie ein exotischer Fremdkörper. Unterdessen haben viele Regisseure von ihm gelernt.

Le journal d'une femme de chambre
Tagebuch einer Kammerzofe

Frankreich/Italien 1963

R: Luis Buñuel; A: Luis Buñuel und Jean-Claude Carrière nach dem gleichnamigen Roman von Octave Mirbeau; K: Roger Fellous; D: Jeanne Moreau, Georges Géret, Michel Piccoli, Françoise Lugagne, Daniel Ivernel

Célestine (J. M.) tritt in der Provinz eine Stelle als Kammerzofe an. Ihre Herrin, Madame

*Le jour se lève
(Jean Gabin,
Jules Berry)*

Monteil (F. L.), regelt ihr eheliches Leben nach den Vorschriften ihres Beichtvaters, weshalb Monsieur Monteil (M. P.) sich am Personal schadlos hält. Madames Vater hat eine fetischistische Vorliebe für alte Damenstiefelchen, die er sich von Célestine so lange vorführen läßt, bis ihn der Schlag trifft. Eines Tages wird ein zwölfjähriges Mädchen ermordet aufgefunden. Célestine ahnt, daß der Kutscher Joseph (G. G.), der faschistische und antisemitische Flugblätter verteilt und sich sehr für sie interessiert, der Täter ist. Durch eine List liefert sie ihn der Polizei aus. Aber Joseph wird aus Mangel an Beweisen freigelassen und eröffnet eine Gastwirtschaft in Cherbourg. Célestine heiratet den Hauptmann a. D. Mauger (D. I.), einen Nachbarn, der mit den Monteils verfeindet ist, und erreicht dadurch einen gesellschaftlichen Aufstieg.

Buñuel hat (ebenso wie Renoir in *The diary of a chambermaid* – USA, 1946) nur eine Episode des Romans verfilmt und sich dabei in Einzelheiten von seiner Vorlage gelöst. U. a. verlegte er die Handlung von der Jahrhundertwende etwa in das Jahr 1930 und veränderte den Charakter Célestines, die im Roman mit Joseph fortgeht, während sie sich im Film den Herrschenden anpaßt. Den politischen Hintergrund bildet im Roman die Dreyfus-Affäre, hier ist es die Aktivität der rechtsradikalen »action française«.

Der Film attackiert die bestehende Gesellschaftsordnung, indem er ihre Stützen – Bürgertum, Armee, Polizei, Religion – als morsch und verfault entlarvt.

Le jour se lève
Der Tag bricht an

Frankreich 1939

R: Marcel Carné; A: Jacques Prévert nach einer Idee von Jacques Viot; K: Curt Courant, Philippe Agostini, André Bac; D: Jean Gabin, Arletty, Jules Berry, Jacqueline Laurent, Bernard Blier

Der junge Arbeiter François (J. G.) wird in seinem Zimmer in einer Pariser Vorstadt von der Polizei belagert. Während der Nacht erinnert er sich an die Ereignisse, die ihn zum Mörder gemacht haben: François liebt Françoise (J. L.), eine junge Blumenverkäuferin. Aber dann taucht ein Rivale auf, Valentin (J. B.), der in Lokalen und kleinen Varietés als Hunde-Dompteur auftritt. Seine komödiantische Eleganz fasziniert das junge Mädchen. Valentins Partnerin Clara (A.), die einmal auch seine Geliebte war, klärt François auf – und wird nun dessen Geliebte. Aber François kann die kleine Blumenverkäuferin nicht vergessen. Als Valentin ihn eines Tages aufsucht und ihn mit seinen angelernten weltmännischen Manieren und seiner Beredsamkeit zu demütigen sucht, schießt François den Verführer nieder. Als der Tag anbricht und die Polizei zum Angriff ansetzt, erschießt sich François.

Carné erzählt seine Geschichte nicht in einer zusammenhängenden Rückblende, sondern in Episoden. Immer wieder sieht man François allein in seinem Zimmer, und immer wieder erinnert er sich an die Vergangenheit. Die Ausweglosigkeit der Situation wurde so noch stärker betont. *Le jour se lève* gehörte denn auch zu den Filmen, die bei Kriegsbeginn als »demoralisierend« verboten wurden. Formal sind die Szenen in dem belagerten Zimmer eine strenge dramaturgische Klammer; sie halten den Film zusammen und bestimmen seinen Rhythmus. Das Milieu ist überzeugend gezeichnet. Die Fabrik, die kleinen Vorstadtstraßen, das armselige Mietshaus, in dem François eine Dachkammer bewohnt, wirken bezwingend echt.

Das Schlagwort vom »poetischen Realismus«, das man für die Meisterwerke des französischen Films vor dem Krieg geprägt hat, trifft hier präzise zu. Carné hat ein poetisches Werk geschaffen, das den Bezug zur Realität niemals verliert. Nicht umsonst sieht man den Helden nicht nur als Liebhaber, als Mörder, sondern genauso auch bei seiner alltäglichen Arbeit in der Fabrik.

1947 drehte Anatole Litvak in den USA ein Remake dieses Films unter dem Titel *The long night* (Die lange Nacht) mit Henry Fonda in der Hauptrolle. Während aber Carné gleichzeitig ein Bild seiner Zeit zeichnete, in dem der Tod des Arbeiters als eine letzte Form des Protestes gegen die Gesellschaft gedeutet werden konnte, begnügte sich Litvak mit der Darstellung einer vordergründigen Kriminal- und Liebesaffäre.

Judex Ⓢ
Judex

Frankreich 1916/17

R: Louis Feuillade; A: Arthur Bernède, Louis Feuillade; K: Guérin, andere Quelle: Klausse, A. Glattli; D: René Cresté, Yvette Andreyor, Louis Lebas, Musidora

Unter der Maske des geheimnisvollen Supermannes Judex (R. C.) verbirgt sich der junge Graf von Trémeuse. Er will seinen Vater rächen, der ein Opfer der Machenschaften des schurkischen Bankiers Favraux (L. L.) geworden ist. Seine Mission wird erschwert durch die Tatsache, daß er sich in Favraux' Tochter (Y. A.) verliebt. Doch nach zahlreichen Abenteuern gelingt es ihm, Favraux zu besiegen.

Nachdem es in der Öffentlichkeit zahlreiche Proteste gegen die damals beliebten Filmserien gegeben hatte, machte Feuillade in dieser zwölfteiligen Serie keinen Verbrecher, sondern einen Kämpfer für die Gerechtigkeit zum Helden und bemühte sich, seine Handlungsweise weitgehend moralisch zu rechtfertigen. Ansonsten aber herrscht hier die gleiche Atmosphäre wie etwa in *Fantômas* (Fantômas). Das zeigen schon Serientitel wie *Der geheimnisvolle Schatten, Die Keller des roten Schlosses* und auch *Vergebung aus Liebe.*

Aber die Qualitäten von *Judex* erschöpfen sich nicht in vordergründigen Effekten, wie sie diese Titel signalisieren. Feuillade wußte die Atmosphäre des Unheimlichen direkt ins Bild zu transponieren. Bei ihm ersetzen bedrohliche Bilder leerer Straßen und glatter Fassaden die üblichen optischen Versatzstücke dieses Genres. Zu seinen Bewunderern zählten entsprechend nicht nur die vielzitierte »breite Masse« des Publikums, sondern gerade auch die Intellektuellen, die in seinem Film den Geist der Zeit eingefangen sahen. *Judex* war so erfolgreich, daß Feuillade wenig später *La nouvelle mission de Judex* (Die neue Mission des Judex) in ebenfalls 12 Episoden verfilmte.

1934 wurde der Film *Judex* von Feuillades Schwiegersohn Maurice Champreux neu verfilmt. Champreux verzichtete auf alle »Beschönigungen«, die er dem Einfluß der Zensur auf Feuillades Film zuschrieb.
Ein zweites Remake entstand 1963 unter dem gleichen Titel. Regisseur dieser originellen neuen Version war Georges Franju. Das Drehbuch nach dem Originalstoff schrieb Jacques Champreux, ein Enkel Feuillades.

Jud Süß

Deutschland 1940

R: Veit Harlan; A: Ludwig Metzger, Eberhard Wolfgang Möller, Veit Harlan; K: Bruno Mondi; D: Ferdinand Marian, Heinrich George, Werner Krauß, Eugen Klöpfer, Kristina Söderbaum, Malte Jaeger

Der Herzog von Württemberg (H. G.) läßt sich vom Juden Süß-Oppenheimer (F. M.) sein ausschweifendes Leben finanzieren. Er belohnt Süß u. a. mit der Aufhebung des Judenbanns. Von allen Himmelsrichtungen strömen jetzt die Juden nach Württemberg. Der Gegenspieler des Süß ist der Landschaftskonsulent Sturm (E. K.); und ausgerechnet in dessen Tochter (K. S.) verliebt sich der mächtige Finanzberater. Zwar verheiratet der alte Sturm seine Dorothea schnell mit dem Aktuarius Faber (M. J.), den sie schon lange liebt; aber Süß gibt nicht auf. Er läßt Sturm als angeblichen Rebellen verhaften und erpreßt Dorothea mit der Drohung, den ebenfalls verhafteten Faber zu Tode foltern zu lassen. Dorothea gibt sich ihm hin und geht dann ins Wasser. Als Süß nun auch noch mit einem Staatsstreich den Herzog zum absoluten Herrscher machen will, ist das Maß voll. Das Volk erhebt sich, der Herzog erleidet einen Schlaganfall, Süß wird verhaftet und hingerichtet. Und alle Juden müssen innerhalb von drei Tagen das Land verlassen.
Der berüchtigste, meistzitierte und vermutlich auch folgenreichste Propagandafilm des »Dritten Reichs«. Vor 1945 wurde er SS-Kommandos vor Einsätzen gegen Juden gezeigt; nach dem Krieg machte man mit seiner Hilfe im Nahen Osten Propaganda gegen Israel. In Westdeutschland wurde Harlan wegen dieses Films der Prozeß gemacht. Er endete mit einem Freispruch, weil bis heute nicht eindeutig geklärt werden konnte, ob und mit welchem Nachdruck man Harlan zu dieser Inszenierung gezwungen, wer Veränderungen des Drehbuchs und Schnitte im Film veranlaßt hatte. Ganz klar wurde nur, daß dieser Film initiiert wurde, um im deutschen Volk Haß und Abscheu gegen die Juden zu wecken oder zu stärken. Dafür opferte man, was in Kostümfilmen nicht eben selten ist, die historische Wahrheit. Aber hier dient jede Veränderung dazu, den Joseph Süß-Oppenheimer zum aalglatten Weltverschwörer zu stilisieren, den selbst der Rabbi Loew vor seiner Hybris warnt. Deutlich steht am Schluß die Warnung der Landstände, die das »Vertreibungsgesetz« ihren Nachfahren zur ständigen Beachtung empfehlen.
So, wie dieser Film ganz der Propaganda dienen sollte, lebt er auch ganz aus ihr. Die formale Gestaltung zielt raffiniert auf den Gefühlsappell – mit meist recht grobschlächtigen Kontrasten und eindrucksvollen darstellerischen Leistungen, wobei allerdings vor allem die »Bösewichter« überzeugen. Dagegen werden die »Guten« vom Drehbuch zu solch sentimentalem Pathos gezwungen, daß daran alles Bemühen zuschanden werden mußte. Aber Werner Krauß z. B. spielt in einer mimischen »Tour de force« neben dem Rabbi Loew noch den Süß-Sekretär Levi und einige Chargen – in bös karikaturistischer Übersteigerung, mit eiskalter Virtuosität. Ferdinand Marian bewahrt dem Erzschurken des Films gegen alle Plattheiten des Drehbuchs einen Rest von Charme und Sympathie. In einigen Szenen läßt er wenigstens noch ahnen, daß hier einer zum Jäger geworden ist, weil er es leid war, immer gejagt zu werden.

Jules et Jim
Jules und Jim

Frankreich 1961

R: François Truffaut; A: François Truffaut und Jean Gruault nach dem gleichnamigen Roman von Henri-Pierre Roché; K: Raoul Coutard; D: Jeanne Moreau, Oskar Werner, Henri Serre

Vor dem Ersten Weltkrieg in Paris. Jim (H. S.) und sein deutscher Freund Jules (O. W.) verlieben sich in Cathérine (J. M.). Cathérine entscheidet sich für Jules und zieht mit ihm nach Deutschland, in den Schwarzwald. Nach dem Krieg taucht Jim bei ihnen auf. Er findet Cathérine und Jules unglücklich; bald beginnt eine seltsame Ehe zu dritt, gelegentlich zu viert. Sie endet in den dreißiger Jahren damit, daß Cathérine Jim und sich tötet, indem sie ihr Auto in die Seine lenkt.

Die kurzgefaßte Inhaltsangabe klingt nach schlimmer Kolportage; tatsächlich ist dies aber ein sehr sensibler, optisch erlesen gestalteter, gut gespielter und – zumindest in der Originalfassung – ironisch distanzierter Film. Trotzdem bleibt ein zwiespältiger Gesamteindruck: Vieles in diesem Film verweist auf den Traum von einer schönen Utopie, von der reinen Liebe im Dreieck und Quadrat, von der Freundschaft über Grenzen und Schützengräben hinweg. Auf der anderen Seite gibt es das Bemühen um realistisches Zeitkolorit und die psychologisierende Problematisierung des seltsamen Liebesverhältnisses. Diese beiden Aspekte fügen sich letzten Endes wohl nicht ganz überzeugend zusammen.

Der junge Törless

BRD/Frankreich 1965

R: Volker Schlöndorff; A: Volker Schlöndorff nach dem Roman *Die Verwirrungen des Zöglings Törleß* von Robert Musil; K: Franz Rath; D: Mathieu Carrière, Marian Seidowsky, Bernd Tischer, Alfred Dietz

In einem Internat wird der Schüler Basini (M. S.) von seinen Mitschülern Beineberg (B. T.) und Reiting (A. D.) grausam gedemütigt und gequält. Sie haben ihn in der Hand, weil sie wissen, daß er einen Diebstahl begangen hat. Reiting erweist sich dabei als primitiver Sadist, während Beineberg seine subtileren Terrormethoden als wissenschaftliche Studie über den »Wert« Basinis ausgibt. An den geheimen »Verhandlungen« beteiligt sich halben Herzens auch der Zögling Törless (M. C.). Ihn treibt Neugier; er will wissen, was in Basini vor sich geht. Vorübergehend läßt er sich von Beinebergs Idee faszinieren. Als er durchschaut, daß es den Kameraden um die schiere Grausamkeit geht, will er sich von der Sache zurückziehen und Basini überreden, seinen Diebstahl selbst bei der Schulleitung anzuzeigen. Doch vorher kommt es zum Skandal, nachdem Beineberg und Reiting die anderen Schüler gegen Basini aufgehetzt haben. Während die beiden sich herausreden können, kann Törless sich den Lehrern nicht verständlich machen. Man rät ihm, die Anstalt zu verlassen. Seine Mutter, die in ihm noch immer ein unschuldiges Kind sieht, holt ihn ab.

Schlöndorff hat seinen Film mit kühler Exaktheit inszeniert. Das Milieu ist gut getroffen, die Zeit (vor dem Ersten Weltkrieg) wird nur in wenigen Andeutungen skizziert, ist aber stets gegenwärtig. Faszinierend ist vor allem das psychologische Spiel der Motive, die Zerrissenheit des Protagonisten, der die Gewalt verabscheut und sich doch von ihr faszinieren läßt. Geschickt sind aber auch die Pubertätskonflikte in das Spiel verwoben: Basinis plumpe Prahlereien, erste Erfahrungen der Jungen mit einem Mädchen aus dem Dorf, Reitings homosexuelle Praktiken und – abermals – Törless' Neugier, die ihn Reiting verabscheuen läßt, ihn freilich zu immer neuen Fragen über dieses Thema treibt. Schlöndorff schildert das alles sehr distanziert in genau kalkulierten Bildern und mit einer geschickt eingesetzten Musik, die Werner Henze komponierte.

Viele Kritiker haben diese Studie über die Faszination der Gewalt als eine Auseinandersetzung mit dem Faschismus, als einen Beitrag über die Möglichkeiten seiner Entstehung interpretiert.

Junost Maxima / Bolschewik
Maxims Jugend / Der Bolschewik

UdSSR 1935

R: Grigori Kosinzew, Leonid Trauberg; A: Grigori Kosinzew, Leonid Trauberg; K: Andrej Moskwin; D: Boris Tschirkow, Stepan Kajukow, Walentina Kibardina, Michail Tarchanow

Erster Teil der sogenannten »Maxim-Trilogie«. Die folgenden Teile sind *Woswraschtschenije Maxima* (1937) und *Wyborgskaja storona* (1938). 1910 in Petersburg. Die Revolutionäre – unter ihnen Poliwanow (M. T.) und die Lehrerin Natascha (W. K.) – leben im Untergrund. Der junge Arbeiter Maxim (B. T.) begegnet eines Tages zufällig Natascha, und zusammen mit seinen Freunden Djoma (S. K.) und Andrej versteckt er sie im Fabrikhof. Am gleichen Tag verunglückt Andrej durch Verschulden des Meisters bei der Arbeit. Maxim und Djoma treffen Natascha wieder. Sie erzählt ihnen vom revolutionären Kampf. Als ein zweiter Arbeiter in der Fabrik tödlich verunglückt, wird sein Begräbnis zu einer großen Demonstration. Soldaten treiben die Arbeiter auseinander und verhaften u. a. auch Maxim und Djoma. Während Djoma zum Tode verurteilt wird, begegnet Maxim im Gefängnis Poliwanow. Nach seiner Entlassung schließt Maxim sich den Bolschewiki an und geht in den Untergrund. Die Partei schickt ihn schließlich mit einem wichtigen Auftrag nach Sormowo.

Kosinzew und Trauberg studierten zahlreiche Quellen und diskutierten mit Alt-Bolschewiki, um den Weg eines jungen Arbeiters zum Bolschewik »beispielhaft« gestalten zu können. Sie fingen mit einer beweglichen, einfallsreichen Kamera den Alltag und das Milieu überzeugend ein und bemühten sich erfolgreich, Klischees zu vermeiden.

Maxim ist eine fiktive Gestalt. Sie wurde jedoch so populär, daß sie in anderen Filmen und sogar in der ersten Kriegswochenschau zu neuem Leben erweckt wurde.

Jurassic Park
Jurassic Park

USA 1992

R: Steven Spielberg; A: Michael Crichton und David Koepp nach dem Roman *Dino-Park* von Michael Crichton; K: Dean Cundey; D: Sam Neill, Laura Dern, Jeff Goldblum, Richard Attenborough, Wayne Knight

Der Milliardär Hammond (R. A.) glaubt sich am Ziel seiner Wünsche. Seinen Wissenschaftlern ist es gelungen, aus dem Mageninhalt von in Bernstein eingeschlossenen Moskitos Dinosaurier-Blut zu isolieren, daraus den genetischen Code der Urwelt-Monster zu entschlüsseln und einige Spezies neu zu züchten. Die will Hammond jetzt in einem gigantischen Vergnügungspark auf einer tropischen Insel zur Schau stellen. Zuvor allerdings braucht er für seine Versicherung ein wissenschaftliches Gutachten. So lädt er den Paläontologen Dr. Grant (S. N.), dessen Mitarbeiterin Ellen Sattler (L. D.) und den »Chaos-Forscher« Dr. Malcolm (J. G.) ein; sie machen mit einem Mitarbeiter des Parks und zwei Enkelkindern Hammonds in elektronisch gesteuerten Wagen sozusagen eine Probebesichtigung. Doch alles geht schief! Ein korrupter Mitarbeiter (W. K.) schaltet den Zentralcomputer und damit auch alle Sicherheitseinrichtungen ab; ein tropischer Wirbelsturm bricht los, und die verzweifelten Besucher fallen unter die Dinos. Nach mancherlei Action und Schockeffekten bleiben der korrupte Bösewicht und der recht beiläufig eingeführte Angestellte auf der Strecke. Hammond, die Kinder und die Wissenschaftler können sich im Hubschrauber von der Insel retten.

Weder künstlerische Qualität noch erzählerischer Einfallsreichtum heben diesen Film aus dem Mittelmaß heraus. Im Gegenteil, ein hölzernes Drehbuch und eine uninspirierte Regie verschenken die meisten Möglichkeiten des Stoffes. Die Personen gewinnen kein Profil, und die Saurier erscheinen gleichsam als personifizierte Schockeffekte, statt – wie zum Beispiel der legendäre King Kong – zu wirklichen Partnern in einem dramatischen Spiel zu werden. Daß der Film dennoch zur bis dahin kommerziell erfolgreichsten Produktion der Filmgeschichte wurde, verdankt er neben einem raffinierten Zusammenspiel von Werbung und Merchandising vor allem der vorzüglichen Animation der Saurier und den hervorragenden »special effects«. In der Kombination von Computergrafik, computergesteuerten Puppen und Realszenen wurde hier ein hohes Maß an Perfektion erreicht.

Justice est faite
Schwurgericht

Frankreich 1950

R: André Cayatte; A: André Cayatte, Charles Spaak; K: Jean Bourgoin; D: Claude Nollier, Raymond Bussières, Jacques Castelot, Jean Debucourt, Marcel Pérès, Michel Auclair

Elsa Lundenstein (C. N.) ist des Mordes an ihrem Geliebten angeklagt. Es gibt Beweise, daß der kranke Maurice Vaudrémont sie gebeten hat, seinem Leiden ein Ende zu bereiten. Aber es gibt auch einen anderen Mann (M. A.) in ihrem Leben – und eine Erbschaft. Sieben Geschworene richten über sie und urteilen mit vier gegen drei Stimmen »schuldig«.
Im Mittelpunkt des Films stehen nicht die Tat und die Person der Angeklagten, sondern die sieben Geschworenen; dabei wird die Zufälligkeit der Urteilsfindung deutlich, die durch Erziehung, eigene Erlebnisse, Stimmungen beeinflußt wird. Sinnfällige Beispiele: Gilbert de Montesson (J. C.), der für »schuldig« plädiert und der betroffen sagt »Wenn ich das eher gewußt hätte ...«, als er erfährt, daß seine Geliebte sich das Leben genommen hat. Andererseits ist der Kellner Félix Noblet (R. B.) glücklich, daß der Prozeß ihm die Chance für einen großen Auftritt bietet, der den Eltern seiner Freundin imponiert; dankbar stimmt er für »nicht schuldig«. Der einfache Bauer Malingré (M. P.) weiß, daß seine Frau ihn während seiner Abwesenheit mit dem Knecht betrügen wird; resigniert (»So sind sie alle!«) urteilt er »schuldig«.
Den größten Anteil am Erfolg des Films hatte sicher das geschickt gebaute Drehbuch, das Cayatte präzise ins Bild gesetzt hat. Seine kritische Auseinandersetzung mit der Justiz setzte der ehemalige Rechtsanwalt fort mit den Filmen: *Nous sommes tous des assassins* (1952) und *Le dossier noir* (1955).

Jutro
Ein serbischer Morgen

Jugoslawien 1967

R: Puriša Djordjević; A: Puriša Djordjević; K: Mihajlo Popović; D: Milena Dravić, Ljubiša Samardžić, Mija Aleksić

1945 wartet Alexandra (M. D.) in einer Gefängniszelle auf ihre Hinrichtung. Als Partisanin ist sie im Krieg von den Deutschen gefangengenommen worden und hat auf der Folter die Namen einiger Mitkämpfer verraten. Zwar war sie besonnen genug, nur Namen von Toten zu nennen; aber sie hat nicht bedacht, daß die Deutschen sich auch an den Angehörigen der Gefallenen rächen würden. Malý (L. S.), Alexandras ehemaliger Liebhaber und Mitkämpfer, soll die Exekution durchführen. Zunächst weigern sich die Bewacher, daran mitzuwirken; aber die Zentrale bleibt unerbittlich. Um Alexandra wenigstens zum Schein die Schande zu ersparen, von den eigenen Leuten erschossen worden zu sein, um ihr die Bitternis des Todes zu versüßen, arrangiert man ein makabres Spiel: Man läßt Alexandra an der Hinrichtungsstätte fliehen. Aber Malý hat dafür gesorgt, daß ein deutscher Kriegsgefangener in voller Uniform zur Stelle ist, der die Flüchtende niederschießt. Malý tötet den Deutschen, den Zeugen dieser Tat. Endlich kann er Vollzugsmeldung erstatten; und vielleicht wird er jetzt Hauptmann ...
Der zweite Teil einer Trilogie, zu der noch die Filme *San* und *Podne* gehören. Wieder wird ein Abschnitt der Geschichte, dem man in Jugoslawien gemeinhin Heldenlieder widmete, verantwortlich gemacht für die Zerstörung des Menschen. Nach starren Gesetzen und Ideologien muß Alexandra sterben, gerade als sie das Ziel erreicht glaubte, für das sie gekämpft hatte. Und Malý wird mitschuldig an ihrem Tod und deformiert damit seine Ideale. Djordjević hat seinen Film wieder auf einen lyrisch-elegischen Grundton gestimmt; dieser Film ist jedoch härter und zupackender als *San*.

K

Kagemusha
Kagemusha – Der Schatten des Kriegers

Japan 1979/80

R: Akira Kurosawa; A: Akira Kurosawa, Masato Ide; K: Takao Saitô, Masaharu Ueda; D: Tatsuya Nakadai, Tsutomu Yamazaki, Kenichi Hagiwara, Kota Yui, Masayuki Yui

Im 16. Jahrhundert kämpfen verschiedene Clans um die Vorherrschaft im Lande, deren Symbol die Eroberung der Stadt Kyoto wäre. Aussichtsreichster Bewerber ist Shingen Takeda (T. N.). Shingen bedient sich gelegentlich der Dienste eines Doppelgängers, eines »Kagemusha« (wörtl.: der Schatten des Kriegers), der durch plötzliches Auftauchen die Gegner verwirrt. Nachdem sein jüngerer Bruder (T. Y.) in dieser Rolle nicht mehr glaubhaft ist, findet Shingen zufällig in einem zum Tod verurteilten Dieb (T. N.) einen idealen Doppelgänger. Kaum ist der Kagemusha in seine Rolle geschlüpft, wird Shingen von einer Gewehrkugel getroffen. Sterbend bestimmt er, daß sein Tod drei Jahre lang geheimgehalten werden soll. Der Kagemusha soll Platzhalter für seinen Nachfolger sein. Einige wenige Eingeweihte bestatten Shingen heimlich in einem See; der Kagemusha vertritt ihn mit Klugheit und Würde. Man glaubt allgemein, daß Shingen durch ein Wunder geheilt worden sei; aber Tokugawa (M. Y.), ein Rivale, erfährt die Wahrheit und nutzt die Situation, um einen Stützpunkt der Takedas zu überfallen. Gegen den Rat des Kagemusha beschließt Shingens Sohn Katsuyori (K. H.), den Stützpunkt zurückzuerobern. Sein Heer gerät an den Rand einer Niederlage, aber das Eingreifen des Kagemusha verwandelt die drohende Schlappe in einen Sieg. Gerade jetzt, wo seine Position endgültig gefestigt ist, macht der Kagemusha einen Fehler: Er versucht, auf Shingens Lieblingspferd zu reiten. Aber das kluge Tier wittert den Fremdling und wirft ihn ab. Als Shingens Konkubinen den Verletzten behandeln, merken sie, daß ihm die Narben des Clan-Chefs fehlen. Durch seine Enttarnung bringt der Kagemusha

Kagemusha

für die Takedas keinen Nutzen mehr; er wird mit Schimpf und Schande aus dem Haus gejagt. Katsuyori hat jetzt freie Hand für seine unbesonnenen Pläne und führt das Heer in eine vernichtende Niederlage. Der Kagemusha hat den Kampf, in einem Schilfdickicht verborgen, verfolgt. Er ergreift verzweifelt ein Banner und stürzt auf das Schlachtfeld, wo er von einer Kugel getroffen wird. Sterbend taumelt er zum Ufer eines Flusses, und das Wasser, in dem Shingen bestattet worden ist, trägt auch seine Leiche fort.

Erstmals seit zehn Jahren konnte Japans Altmeister Kurosawa wieder einen Film im eigenen Land drehen, aber das auch nur, weil amerikanische Freunde und Bewunderer wie George Lucas und Francis Ford Coppola sich für dieses Projekt finanziell engagierten.

Kurosawa beschwört in seinem dreistündigen Film Endzeitstimmung. Er zeichnet skeptisch das Bild einer ritualisierten und erstarrten Welt, in der die Vernunft des Doppelgängers nur so lange Gewicht hat, wie sie sich auf den Schein der Identität berufen kann, und in der die Kriegskunst der Samurai vom Schießpulver abgelöst wird. Nicht zufällig wird der weise Shingen Takeda von einer Gewehrkugel getötet, rennt das Heer des Takeda-Clans am Schluß sinnlos in mörderisches Gewehrfeuer. In diesen mitreißend inszenierten Kampfszenen wird auch deutlich, daß hier nicht nur ein paar hundert Samurai auf dem Schlachtfeld geblieben sind, daß mit ihnen vielmehr eine Epoche untergegangen ist. Das erinnert an Bressons *Lancelot du Lac*, wo der Tod der Ritter ebenfalls gleichnishafte Bedeutung hatte und eine historische Zäsur markierte. In beiden Fällen hebt strenge Stilisierung diese Schlüsselszenen über die bloße Zufälligkeit hinaus.

Kagi
Kagi

Japan 1959

R: Kon Ichikawa; A: Natto Wada, Keiji Hasebe und Kon Ichikawa nach dem gleichnamigen Roman von Junichiro Tanizaki; K: Kazuo Miyagawa; D: Machiko Kyo, Ganjiro Nakamura, Tatsuya Nakadai, Junko Kano

Ein alternder Mann (G. N.) spürt Leere in seiner Ehe. So hat er den Einfall, den Verlobten (T. N.) seiner Tochter (J. K.) auf seine Frau (M. K.) aufmerksam zu machen. Eifersucht, so hofft er, werde sie und ihn stimulieren. Aber zwischen der Frau und dem jungen Mann entwickelt sich mehr. Sie wird seine Geliebte. Als die Tochter das Spiel durchschaut, will sie ihre Mutter vergiften. Doch das Gift im Tee hat keine Wirkung. Die Köchin hatte die Büchsen vertauscht und das Gift in den Salat geschüttet, nach dessen Genuß nun die ganze Familie stirbt.

Die knappe Inhaltsangabe läßt einen haarsträubenden Schocker erwarten. Ichikawa hat aber seine Vorlage mit der kühlen Distanz eines klinischen Berichts inszeniert. Die »Krankengeschichte« wird bei ihm gleichzeitig zum Spiegelbild einer kranken Gesellschaft. Konsequent räumt am Schluß die Köchin mit dieser Gesellschaft auf.

»Die Kritiker, die in diesem Film eine ›schwarze Komödie‹ sahen, haben ganz recht. Ich wollte eine komische Wirkung erzielen. Ich meine, wenn Menschen sich so sehr selbst betrügen, wie die Figuren in *Kagi* es tun, dann ist das komisch, gerade weil es so traurig ist« (Kon Ichikawa).

Kameradschaft

Deutschland/Frankreich 1931

R: G. W. Pabst; A: Ladislaus Vajda, Karl Otten und Peter Martin Lampel nach einer Idee von Karl Otten; K: Fritz Arno Wagner, Robert Baberske; D: Alexander Granach, Fritz Kampers, Gustav Püttjer, Ernst Busch, Daniel Mendaille, Pierre Louis

In einer grenznahen französischen Kohlengrube ereignet sich eine Bergwerks-Katastrophe. Auch eine deutsche Kolonne unter Führung von Wittkopp (E. B.) beteiligt sich an den Rettungsarbeiten. Wittkopp wird verletzt, als er mit einem phantasierenden Franzosen kämpft, der ihn mit seinem Atmungsgerät für einen deutschen Soldaten mit Gasmaske hält. Drei deutsche Kumpels (A. G., F. K., G. P.) haben einen anderen Weg gewählt: Vom eigenen

Bergwerk führt ein Verbindungsschacht in die französische Grube; unter der Grenze ist er mit einem Gitter verschlossen. Sie entfernen das Gitter und finden einen alten französischen Bergmann, der heimlich durch einen stillgelegten Schacht eingestiegen ist, um auf eigene Faust seinen Enkel zu retten. Großvater, Enkel und die Deutschen werden durch einen Strebbruch eingeschlossen. Erst als man sicherheitshalber noch einmal alle Telefone durchprüft, entdeckt man die Eingeschlossenen und rettet sie. Während sich deutsche und französische Kumpels über Tage verbrüdern, wird unten im Verbindungsstollen das Gitter wieder angebracht.

Pabst inszenierte seinen Film mit fast dokumentarischem Realismus. Das Milieu ist präzise gezeichnet, auch die Darstellung der Katastrophe wirkt überzeugend. Bemerkenswert ist der dramaturgische Einsatz der Geräusche. Einer der wenigen deutschen Filme, in denen die Arbeiter und ihre Welt treffend geschildert werden.

Kanał
Der Kanal

Polen 1956

R: Andrzej Wajda; A: Roman Mann, Halina Krzyzanowska, Roman Wolyniec und Jerzy Stefan Stawińsky nach der gleichnamigen Erzählung von Jerzy Stefan Stawińsky; K: Jerzy Lipman; D: Wieńcysław Gliński, Tadeusz Gwiazdowski, Teresa Iżewska, Tadeusz Janczar

Nach dem Zusammenbruch des Warschauer Aufstandes von 1944 versuchen Soldaten der Freiheitsarmee und Zivilisten, durch die Kanalisation aus dem eingeschlossenen Stadtkern zu entkommen. Auch Oberleutnant Zadra (W. G.) führt seine bunt zusammengewürfelte Kompanie, bei der sich auch Frauen befinden, in das Dunkel der Kanäle. In gespenstischer Stille und tiefer Dunkelheit kämpfen sich die Fliehenden vorwärts. Eine kurze Liebesromanze zwischen dem schwerverwundeten Fähnrich Korab (T. J.) und der Studentin »Gänseblümchen« (T. I.) kann nur im gemeinsamen Tod ihre Erfüllung finden. Die Kompanie zerstreut sich mehr und mehr; aber Sergeant Kula (T. G.) spiegelt Zadra vor, seine Leute befänden sich noch immer hinter ihm. Erst als Zadra und Kula endlich gerettet sind, erfährt Zadra die Wahrheit. Er erschießt den Sergeanten und kehrt in das Dunkel zurück, um seine Kompanie zu suchen.

Abgesehen von einigen romantischen Einschüben hat Wajda das Thema mit bitterem Realismus behandelt. Enge, Schmutz und Dunkelheit werden bedrückend deutlich; das Tageslicht an den verminten oder bewachten Ausgängen der Kanalisation wirkt grell und bedrohlich. So entstand ein unpathetisches Bild vom Freiheitskampf, das die Größe seiner Helden an der Grausamkeit ihrer Niederlage demonstriert.

Das Kaninchen bin ich

DDR 1964/65

R: Kurt Maetzig; A: Kurt Maetzig und Manfred Bieler nach dem damals noch unveröffentlichten Roman *Maria Morzeck oder Das Kaninchen bin ich* von Manfred Bieler; K: Erich Gusko; D: Angelika Waller, Alfred Müller, Ilse Voigt, Wolfgang Winkler, Irma Münch

Die elternlose Abiturientin Maria Morzeck (A. W.) lebt bei ihrer Tante Hete (I. V.) in Ostberlin. Sie jobbt als Kellnerin, denn zum Studium hat man sie nicht zugelassen, weil ihr Bruder Dieter (W. W.) wegen angeblicher »staatsfeindlicher Hetze« zu drei Jahren Zuchthaus verurteilt worden ist. Bei einem Konzertbesuch lernt sie den gepflegten Mittvierziger Paul Deister (A. M.) kennen und verliebt sich in ihn. Es stellt sich heraus, daß Paul verheiratet ist und als karrieresüchtiger Richter das überaus harte Urteil gegen ihren Bruder verhängt hat. Als Maria schwer erkrankt, bringt Paul sie in seiner Datscha unter, wo sie den ganzen Sommer verbringt. Doch das Glück ist nicht ungetrübt. Ihr widerstrebt die heimliche »Wochenend-Liebe«, und auch das Schicksal ihres Bruders belastet sie. Dann taucht eines Tages noch Pauls Frau (I. M.) auf, von der sie erfährt, daß Paul in einer beruflichen und privaten Krise einen halbherzigen Selbstmordversuch unternommen hat. Wenig später erklärt ihr Paul, daß er ein Gnadengesuch für ihren Bruder geschrieben habe. Doch Maria erkennt, daß der pfiffige Karrierist nur auf eine neue Tendenz in der »sozialistischen Rechtspflege« setzt und sich rechtzeitig profilieren will. Maria verläßt ihn. Und als ihr Bruder sie nach seiner Entlassung wegen ihrer »Affäre« brutal zusammenschlägt, verläßt sie auch ihn und Tante Hete und bemüht sich mit Erfolg um einen Studienplatz. Sie will nicht länger das Kaninchen sein.

Der Film argumentiert differenziert und stellt Fehlentwicklungen des »real existierenden Sozialismus«, vor allem die Rechtsunsicherheit in der DDR, kritisch zur Diskussion. Das führte zu seinem Verbot, wobei Günter Witt, der damalige Leiter der Hauptverwaltung Film, auf dem 11. Plenum des ZK der SED, das gleich mehrere Filme aus dem Verkehr zog, selbstkritisch anmerkte, es sei ein Fehler gewesen zu glauben, »man könne ... dem Publikum das Denken über die Lösung der im Film gezeigten Widersprüche und Konflikte überlassen«. Gerade das Denken wollte dieser intelligente Film in der Tat befördern. Daher ist er angelegt wie eine Selbstreflexion, wie ein tastendes, suchendes Selbstgespräch Marias. Dies Konzept, das durch eine einfallsreiche Montage unterstützt wird, erwies sich auch bei seiner »Premiere« im Jahr 1989 als unverändert wirkungsvoll.

Karin Ingmarsdotter Ⓢ
Karin Ingmarsdotter / Die Karin vom Ingmarshof

Schweden 1919

R: Victor Sjöström; A: Victor Sjöström und Esther Julin nach dem Roman *Jerusalem* von Selma Lagerlöf; K: Henrik Jaenzon (Außenaufnahmen), Gustaf Boge (Innenaufnahmen); D: Victor Sjöström, Tora Teje, Nils Lundell, Tor Weijden, Bertil Malmstedt

Fortsetzung des zweiteiligen Films *Ingmarssönerna*: Viele Jahre sind vergangen. Groß-Ingmar (V. S.) ist nun Witwer und geht daran, seine älteste Tochter, Karin Ingmarsdotter (T. T.), zu verheiraten. Halfvor (T. W.) freit um sie; Groß-Ingmar verspricht ihm ihre Hand, falls er kein Trunkenbold werden würde wie sein Vater. Einmal nur wird Halfvor während seiner »Probezeit« schwach, und die enttäuschte Karin heiratet Elias (N. L.). Aber dann ist es Elias, der zum Trinker wird, während Halfvor künftig sein einmal gegebenes Versprechen hält. Groß-Ingmar stirbt bei der Rettung von drei Kindern aus einem reißenden Strom, Karin führt für ihren halbwüchsigen Bruder Ingmar (B. M.) den Hof. Um ihn von dem ständig betrunkenen Elias fernzuhalten, gibt sie den Jungen zur Pflege ins Schulhaus. Dort lernt Ingmar Gertrud, die Tochter des Lehrers, kennen. Nach einigen Jahren stirbt Elias, und Karin und Halfvor werden doch noch ein Paar.

Der Film war nicht so erfolgreich wie sein Vorgänger *Ingmarssönerna* (1918). Zeitgenössische Kritiken lobten zwar wieder die Außenaufnahmen, die Harmonie von Mensch und Natur. Dagegen wurde bemängelt, daß der Rest des Films zu theatralisch geraten sei.

Sjöström konnte seinen Plan, den gesamten Roman von Selma Lagerlöf zu verfilmen, nicht durchführen. Die beiden fehlenden Teile drehte an seiner Stelle Gustaf Molander: *Ingmarsarvet* (1925) und *Till Österland* (1926).

Die Geschichte Ingmars und Gertruds – vom Tode Groß-Ingmars bis zu Gertruds Rückkehr aus Palästina, dem Erlöschen ihrer Liebe zu Ingmar und dessen innerer Hinwendung zu Barbro – wurde 1996 in Schweden unter dem Titel *Jerusalem* (Jerusalem – R: Bille August) mit Ulf Friberg, Maria Bonnevie und Lena Endre in den Hauptrollen erneut verfilmt. Der Film behandelt die religiösen Aspekte des Romans und die Konflikte in Palästina ein wenig summarisch; aber er beeindruckt durch seine optische Gestaltung (Kamera: Jörgen Persson).

Karin Mansdotter
Karin Mansdotter

Schweden 1953/54

R: Alf Sjöberg; A: Alf Sjöberg nach Motiven des Schauspiels *Erik XIV.* von August Strindberg; K: Sven Nykvist; D: Ulla Jacobsson, Jarl Kulle, Ulf Palme, Per Oscarsson, Olof Sundström

König Erik von Schweden (J. K.) verliebt sich in Karin Mansdotter (U. J.), die Tochter eines einfachen Soldaten. Diese Liebe wird von Eriks Berater Göran Persson (U. P.) begünstigt, der Karins Einfluß auf den König benutzen will, um die Macht des Adels zu brechen. Karin gebiert zwei Kinder; aber Erik entschließt sich zu einer Heirat mit Elisabeth von England. Als dieser Plan scheitert, heiratet er Karin und läßt sie zur Königin krönen. Perssons Macht wächst. Doch es wächst auch der Haß gegen ihn und den König, bei dem sich immer stärkere Symptome einer Geisteskrankheit zeigen. Es kommt zu einer Verschwörung. Eriks Bruder Johan (O. S.) wird zum König gekrönt, Persson enthauptet, die königliche Familie gefangengesetzt. Nach jahrelanger Haft wird Erik schließlich hingerichtet, Karin will nur noch für die Erziehung ihrer Tochter leben.
Sjöberg wollte ursprünglich Strindbergs Drama verfilmen, erhielt aber die Rechte nicht und begann den Film nach einem eigenen Drehbuch, das sich an Strindberg »vorbeimogelte«. Während der Dreharbeiten wurde die Rechtefrage positiv geklärt. Sjöberg entschloß sich, den Schluß nach der literarischen Vorlage zu drehen. Die dadurch entstandene Mischung verschiedener Stile hat einen eigentümlichen Reiz. Der Prolog erzählt Karins Jugend bis zur Begegnung mit Erik in Farbe und im Stil einer altertümlichen Ballade. Der (schwarzweiße) Mittelteil ist eine filmübliche Mischung aus Intrigenspiel und psychologischem Drama. Der Schluß, nach Eriks Sturz, folgt den strengen Regeln der literarischen Vorlage.

Karniggels

BRD 1991

R: Detlev Buck; A: Detlev Buck, Wolfgang Sieg; K: Roger Heereman; D: Michael Lade, Ingo Naujoks, Julia Jäger, Inga Busch, Walter Jacob

Horst Köpper, alias »Köppe« (M. L.), erlebt nach Beendigung seiner Polizei-Ausbildung zwei bittere Enttäuschungen: Die verehrte Kollegin Nina (J. J.) geht andere Dienstwege als er; und er selbst landet zum Praxis-Test in der finstersten schleswig-holsteinischen Provinz. Hier hat Köppe alle Mühe, das Erlernte mit der Realität in Einklang zu bringen; aber wenigstens verblaßt die quälende Erinnerung an Nina, als er Annarina (I. B.), die hübsche Tochter aus reichem Hause, kennenlernt. Den sozialen Unterschied erfährt er allerdings schmerzlich; und es nützt auch nichts, daß er – ganz zufällig – den Diebstahl von Annarinas Auto aufklärt. Denn erstens entlarvt er als Dieb den skurrilen Elle (I. N.), seinen einzigen echten Kumpel in der norddeutschen Einöde, und zweitens stört er mit der Erfolgsmeldung eine Party bei Annarinas Eltern, die den Fall ohnehin längst der Versicherung übergeben hatten. Frustriert läßt Köppe sich vollaufen und gerät so in eine Verkehrskontrolle, an der auch die Kollegin Nina beteiligt ist. Sie will ihm helfen, doch ein humorloser Kollege kommt dazu, und Köppe verpatzt endgültig alles, indem er Gas gibt und abhaut. Seine Karriere als Polizist ist damit ruhmlos beendet; und auch ein Gastspiel als Verkäufer auf dem Rummelplatz mißlingt. Aber Köppes lebenskundiger Opa (W. J.) ist guten Mutes: »Der Junge ist gesund, der kann arbeiten!«
Eine Rarität in der deutschen Produktion: Ein kleiner, stimmiger und unterhaltsamer Film aus der Provinz, der sein Publikum nicht indoktrinieren will und aus dem man wie beiläufig doch einiges über dieses Land und seine Menschen erfährt. Buck, der erstmals 1984 mit seinem 45-Minuten-Film *Erst die Arbeit und dann ...?* Aufmerksamkeit erregt hatte, erzählt in seinem ersten abendfüllenden Spielfilm von Menschen, die er kennt, weil er unter ihnen gelebt hat; und er tut dies mit einer angenehm schnoddrigen Selbstverständlichkeit und mit angemessenen filmischen Mitteln.

*Kaspar Hauser
(Udo Samel, André
Eisermann)*

Kaspar Hauser

BRD 1992/93

R: Peter Sehr; A: Peter Sehr; K: Gernot Roll;
D: André Eisermann, Katharina Thalbach, Uwe Ochsenknecht, Udo Samel, Jeremy Clyde, Tilo Nest

Leben und Schicksal des Kaspar Hauser werden hier als spektakulärer historischer Kriminalfall erzählt. Dessen Drahtzieher ist die Gräfin Hochberg (K. T.), zweite – morganatische – Ehefrau des verstorbenen Großherzogs und somit Stiefmutter des jetzigen Herrschers, die ihre Nachkommen auf den Thron bringen will. Deshalb entführt sie den gerade geborenen Erbprinzen – eben jenen späteren Kaspar Hauser – und ersetzt ihn durch einen untergeschobenen Säugling, der dann auf ihr Geheiß ermordet wird. Als der regierende Großherzog (T. N.) Jahre später – vermeintlich kinderlos – an einer mysteriösen Krankheit stirbt, kommt der unverheiratete Ludwig von Baden (U. O.), einst Liebhaber und Komplize der Hochberg, auf den Thron. Ihm entdeckt die Gräfin erst jetzt, daß der wahre Thronerbe noch lebt, und droht, dies publik zu machen, wenn Ludwig heirate und Kinder zeuge. Dieser gibt der Erpressung nach; aber auch die Hochberg wird übertölpelt. Kaspars Kinderfrau verkauft den Jungen an die mit den Badenern verfeindeten Bayern. Diese stecken ihn in ein dunkles Verlies, überlegen zwölf Jahre lang, ob sie den Angaben der Kinderfrau wirklich trauen können, und lassen den unglücklichen Gefangenen endlich frei, um das Haus Baden zu beunruhigen. So steht Kaspar (A. E.) eines Tages im Jahr 1828 – wie bekannt – in Nürnberg auf der Straße. Er lebt noch einige Jahre und provoziert durch sein Schicksal Neugier und Mitgefühl – aber auch Gerüchte, Theorien und Nachforschungen, die einigen Betroffenen gefährlich erscheinen. Sie lassen die Sache durch die Ermordung Kaspars endgültig bereinigen.
Anders als Werner Herzog (*Jeder für sich und Gott gegen alle*, BRD 1974), der aus dem Schicksal Kaspar Hausers ein beeindruckendes Lehrstück über das »Begreifen der Welt« machte, beläßt Peter Sehr den Fall ganz in seinem historischen Kontext. Er schildert eine ebenso raffinierte wie perfide höfische Intrige, bei der menschliche Leidenschaften, politisches Kalkül, Geld- und Machtgier schier undurchdringlich verfilzt sind. Daraus entsteht schließlich mehr als nur kriminalistische Spannung; man ahnt, wozu Menschen fähig sind. Buch und Regie haben die Fülle der Ereignisse geschickt geordnet, und Sehr hat es verstanden, opulente Tableaus von einer sinnlichen Prä-

senz zu schaffen, die im deutschen Film nicht eben häufig anzutreffen ist.
Neben der fast 140 Minuten langen Kinofassung entstand auch eine Fernseh-Version von mehr als 180 Minuten Länge.

Katzelmacher

BRD 1969

R: Rainer Werner Fassbinder; A: Rainer Werner Fassbinder nach seinem gleichnamigen Bühnenstück; K: Dietrich Lohmann; D: Hanna Schygulla, Elga Sorbas, Irm Hermann, Harry Bär, Rainer Werner Fassbinder, Doris Mattes, Peter Moland

Eine Gruppe junger Menschen in einem Münchener Hinterhof. Sie hocken auf dem Geländer einer Kellertreppe, stammeln knappe Sätze, spielen Karten, gehen miteinander ins Bett. Gegenseitig versichert man sich seiner Freundschaft, hinterrücks wird geklatscht und verleumdet. Für Geld läßt man sich mit einem »Schwulen« ein. Ein leeres Leben mit kleinen Skandalen: Rosy (E.S.) verlangt von Franz (H.B.) Geld für ihre Liebe; Elisabeth (I.H.) schlägt Kapital aus ihrer Wohnung und läßt ihren Peter (P.M.) fallen, als ein Gastarbeiter (R.W.F.) eine saftige Miete zu zahlen bereit ist. Dieser Gastarbeiter wird zum Katalysator. Aggressionen wachsen. Und als die unansehnliche Gunda (D.M.), die sich ihm vergeblich angeboten hat, behauptet, von dem Gastarbeiter vergewaltigt worden zu sein, da schlägt man ihn gemeinsam zusammen. Anschließend scheint die Welt wieder heil; man hockt wortkarg nebeneinander.
Aus einem Nichts an Handlung hat Fassbinder unter Verzicht auf traditionelle filmische Mittel einen bemerkenswerten Film gemacht. Eine starre Kamera beobachtet den Treffpunkt im Hinterhof, der zum Gefängnis wird. Das Bild ist überbelichtet, flach, ohne Konturen. Mimik und Gestik werden ausgespart, die Sprache, die an die Bühnensprache Bruckners erinnert, ist auf Allgemeinplätze reduziert. Verkümmertes Leben wird sinnlich spürbar. Die Eintönigkeit wird noch betont durch kurze Spaziergänge, mit denen jeweils wechselnde Paare zu einem Schubert-Motiv Arm in Arm im Hinterhof den Trübsinn zu verklären suchen. Da ist man stolz »auf den Meinigen« und preist sein Glück. In dieser Welt muß dann ein normaler Mensch als Provokation erscheinen. Man schlägt ihn zusammen, denn »eine Ordnung muß sein«, und glaubt die Welt wieder heil. Innere Leere ist selten überzeugender dargestellt worden.

Každý den odvahu
Mut für den Alltag

ČSSR 1964

R: Evald Schorm; A: Antonín Máša; K: Jan Čuřík; D: Jan Kačer, Jana Brejchová, Vlastimil Brodský, Jiřina Jirásková

Der Arbeiter Jarda Lukas (J.K.) soll in einer Zeitung als »Held der Arbeit« gefeiert werden. Aber Jarda hat begonnen, an seinen Idealen zu zweifeln; und der oberflächliche Zynismus des Journalisten (V.B.), der ihn interviewt, verwirrt ihn noch mehr. Er möchte sich mit seiner Freundin Vera (J.B.) aussprechen; doch sie interessiert sich nicht für seine Zweifel. Entscheidend wird für Jarda ein Einsatz auf dem Land, wo er als Funktionär der Jugendorganisation die Kaninchenzucht propagieren und an einem bunten Abend teilnehmen muß. Dieser Abend wird ein qualvoller Mißerfolg. Jarda fühlt sich lächerlich gemacht und betrogen. Nach einem Zerwürfnis mit Vera hat Jarda eine flüchtige Affäre mit der Frau (J.J.) des Journalisten, bis er erkennt, daß er für die frustrierte Frau nur ein »Gelegenheitsliebhaber« ist. Einsam und verzweifelt betrinkt Jarda sich in einer Kneipe, provoziert die Gäste und wird von der Polizei abgeführt. Am nächsten Morgen kommt Vera zur Fabrik, um sich mit ihm zu versöhnen. Jarda zögert, zu ihr hinauszugehen; ihr dauert das Warten zu lange, und sie geht fort.
Das klarsichtige Psychogramm eines Menschen, der jahrelang eingelernte Antworten gegeben hat und der nun plötzlich anfängt, selbst zu denken. Für Jarda wird seine ganze Existenz fragwürdig, als er beginnt, sich selbst zu erkennen. Mit ihm und durch ihn erkennt der Film auch die Gesellschaft, in der er lebt; er sieht Zy-

375

nismus und Egoismus, den Bruch zwischen den Generationen, die getarnten Spießbürger. Schorm beobachtet das kühl und objektiv, schildert es mit einer Fülle von Nuancen.
Der Film erregte vielfaches Aufsehen. Er war vorübergehend verboten; Schorm mußte eine Änderung akzeptieren. Motto des Films war ursprünglich Kafkas kurze Fabel *Der Geier*. Er mußte sie durch ein Zitat des polnischen Schriftstellers Andrzejewski ersetzen, das optimistischer schließt: »Wer in den Tiefen seiner Verzweiflung wenigstens den leisesten Funken einer Hoffnung erspäht, der wird bestimmt nicht sagen: Ich habe verspielt.«

La kermesse héroïque
Die klugen Frauen

Frankreich/Deutschland 1936

R: Jacques Feyder; A: Bernard Zimmer nach einer Erzählung von Charles Spaak; K: Harry Stradling, Louis Page, André Thomas; D: Françoise Rosay, André Alerme, Jean Murat, Micheline Cheirel

Deutsche Version – Dialoge: R. A. Stemmle; Dialogregie: Arthur Maria Rabenalt; D: Françoise Rosay, Will Dohm, Paul Hartmann, Charlott Daudert

In der flandrischen Stadt Boom wird im 17. Jahrhundert eine Kirmes vorbereitet. Zur gleichen Zeit verspricht Booms Bürgermeister (A. A./W. D.) seine Tochter (M. C./C. D.), die eigentlich den Maler Breughel liebt, dem reichen Metzgermeister. In die Festvorbereitungen platzt die Nachricht vom Anmarsch spanischer Truppen unter dem Kommando des Herzogs von Olivarez (J. M./P. H.). Teils aus Feigheit, teils aus List stellt der Bürgermeister sich tot und läßt sich in seinem Haus »aufbahren«. Seine Frau (F. R. in beiden Fassungen) macht dem Herzog klar, daß der Trauerfall einen gebührenden Empfang leider unmöglich mache. Gleichzeitig nutzt sie aber die Gelegenheit, einige Dinge ins reine zu bringen – zum Beispiel die Heirat ihrer Tochter mit dem Maler. Der »Tote« hört und sieht das wütend, aber hilflos mit an. Mit viel Geschick bewältigt die Bürgermeisterin die Situation. Und sie ist sogar diplomatisch genug, ihre Erfolge – z. B. Steuerfreiheit für ein Jahr – vor der Bevölkerung dem todesmutigen Einsatz des Bürgermeisters zuzuschreiben.
Eine intelligente Farce in historischem Gewand, die in der ganzen Welt Erfolg hatte. Lazare Meerson hatte prächtige Dekorationen im Stil niederländischer Maler entworfen; und Feyder stellt in diese Dekorationen ein psychologisch stimmiges Intrigenspiel, das die »Unfähigkeit« der Männer ironisch entlarvt.
Der Film wurde von dem französischen Produzenten gleichzeitig in einer deutschen Fassung gedreht, ein Verfahren, das in den dreißiger Jahren durchaus üblich war.

The kid Ⓢ
Das Kind / Der Vagabund und das Kind

USA 1920

R: Charles Chaplin; A: Charles Chaplin; K: Rollie Totheroh; D: Charles Chaplin, Edna Purviance, Jackie Coogan, Carl Miller

Ein Vagabund (C. C.) findet auf der Straße ein ausgesetztes Baby. Seine Versuche, die nutzlose Fundsache wieder loszuwerden, scheitern; er muß sich wohl oder übel um das Kind kümmern. Einige Jahre später hausen beide zusammen in einer schmutzigen Mansarde. Der Vagabund sorgt rührend für den Kleinen (J. C.); aber auch der beteiligt sich am gemeinsamen Haushalt: Zum Beispiel wirft er Fensterscheiben ein und besorgt seinem Pflegevater, der jetzt als Glaser arbeitet, damit Arbeit und Auskommen. Plötzlich taucht eine vornehme Dame (E. P.), die Mutter des Kleinen, auf. Vor Jahren war sie als unwissendes Mädchen von einem Maler verführt worden und hatte ihr Kind ausgesetzt; jetzt ist sie eine erfolgreiche Schauspielerin und hat ihr Kind gesucht und wiedergefunden. Der Vagabund bleibt allein zurück. In seinem Kummer träumt er einen schönen Traum, in dem alle Menschen Engel mit weißen Flügeln sind – sogar die Polizisten. Aber das Erwachen ist nicht traurig; ein eleganter Wagen wartet auf ihn; denn es ist nicht gut, wenn ein Junge keinen Vater hat ...

The kid war Chaplins erster »langer« Film; er zählt zu seinen schönsten und persönlichsten Werken. In der Gestalt des Jungen hat Chaplin wohl ein Stück seiner eigenen harten Kindheit nachgestaltet. So wird der Junge fast so etwas wie ein Spiegelbild des Tramps. Daher mag auch die Zärtlichkeit dieses Films kommen, ein gefühlvolles Engagement, das manches Mal hart an die Grenze des Kitsches reicht, diese Grenze aber niemals überschreitet. Und das Happy-End könnte so etwas wie eine Variation über den erstaunlichen Aufstieg des armen Jungen Charlie Chaplin sein.

Daneben gibt es wieder viele typische Chaplin-Gags: So, wenn er sich aus einer alten Sardinenbüchse einen Zigarettenstummel klaubt – mit der Miene eines Weltmanns, der sein goldenes Zigaretten-Etui aus der Tasche zieht.

The kid
(Tom Wilson, Charles Chaplin, Jackie Coogan)

The killers
Der Tod eines Killers

USA 1964

R: Don Siegel; A: Gene L. Coon nach der gleichnamigen Erzählung von Ernest Hemingway; K: Richard L. Rawlings; D: Lee Marvin, Angie Dickinson, John Cassavetes, Clu Gulager, Claude Akins, Ronald Reagan

Die beiden gedungenen Berufskiller Charlie (L. M.) und Lee (C. G.) erschießen in einer Blindenschule den Lehrer und ehemaligen Rennfahrer Johnny North (J. C.). Das Opfer läßt sich nahezu widerstandslos abschlachten. Die verblüfften Gangster erinnern sich, daß North vor Jahren in einen Postraub verwickelt war, der Millionen eingebracht hat, und sie beschließen, über ihren anonymen Auftraggeber an das Geld zu kommen. Johnnys ehemaliger Mechaniker Earl Sylvester (C. A.) erzählt ihnen von einer Frau, Sheila Farr (A. D.), in die Johnny verliebt war und die er verlassen hatte, als er erfuhr, daß sie die Geliebte des Gangsters Browning (R. R.) war. Ein ehemaliger Mitarbeiter Brownings gibt weitere Einzelheiten preis: Nach einem Unfall und dem Verzicht auf seine Karriere hat Johnny Sheila wiedergesehen. Aus Liebe zu ihr hat er sich in den Postraub verwickeln lassen, und sie hat ihn überredet, nach dem geglückten Überfall Browning auszubooten. Schließlich machen Charlie und Lee Browning ausfindig und zwingen ihn, auch Sheila herbeizurufen. Unter Druck gesteht sie, daß damals alles ein abgekartetes Spiel war, bei dem sie zusammen mit Browning Johnny betrogen hatte, der im letzten Moment schwerverletzt entkommen konnte. Die beiden Killer wähnen sich endlich am Ziel. Aber Browning kann Lee töten, Charlie verwunden und mit Sheila, die jetzt seine Frau ist, fliehen. Während das skrupellose Paar sich in seinem Bungalow endgültig in Sicherheit glaubt, erscheint Charlie blutüberströmt, erschießt die beiden und flieht mit der Beute. Doch nach wenigen Metern bricht auch er tot zusammen.

Don Siegel gehört zu den umstrittenen Regisseuren des Trivialfilms. Von einigen Kritikern fast kultisch verehrt, wird er von anderen als bloßer Routinier angesehen. Streit gab es auch um diesen Film. Man warf ihm vor, er habe aus der fast handlungslosen literarischen Vorlage ein turbulentes Gangsterdrama gemacht. Das stimmt. Aber Siegel gelang in der unprätentiösen Schilderung von Menschen, die jagen und gejagt werden, die Jäger und Opfer zugleich sind, die emotionslos auf Raub gehen, ein klarer, konsequenter Gangsterfilm, der die Mythen der dreißiger Jahre aufgreift, ohne sie einfach zu kopieren. Und in der distanzierten Kälte seiner Schilderung mag, wer will, durchaus auch den Geist der Kurzgeschichte Hemingways wiederfinden.

Die gleiche literarische Vorlage war 1947 von Robert Siodmak verfilmt worden (*The Killers – Rächer der Unterwelt*).

Killer's kiss
Der Tiger von New York

USA 1954

R: Stanley Kubrick; A: Stanley Kubrick; K: Stanley Kubrick; D: Frank Silvera, Irene Kane, Jamie Smith

Gloria (I. K.) arbeitet als Taxi-Girl in dem Lokal von »Killer« Vincent Rapallo (F. S.), der sich in das junge Mädchen verliebt. Da taucht eines Tages als Nebenbuhler der Boxer Davy (J. S.) auf. Rasend vor Eifersucht will der »Killer« Davy beseitigen; aber durch ein Versehen wird an Stelle von Davy dessen Freund und Manager umgebracht. Nach einer wechselvollen Jagd stehen sich die Gegner schließlich in einem Lagerhaus gegenüber. In einem Raum voller Modellpuppen kommt es zu einer blutigen Auseinandersetzung. Davy tötet Rapallo und befreit damit auch Gloria aus den Fängen der Gangster.

Kubrick war hier auch sein eigener Produzent (und Cutter) und drehte den Film mit geringem Aufwand größtenteils in den Straßen von New York. Das gibt der Kriminalhandlung Authentizität. Man erlebt die Einsamkeit der Menschen in den Straßen der Großstadt und in billigen Pensionen, die skrupellose Gewalt zwielichtiger Gangster, aber auch die Sehnsucht nach Ruhe und Geborgenheit.

The killing of a Chinese bookie
Die Ermordung eines chinesischen Buchmachers / Mord an einem chinesischen Buchmacher

USA 1975

R: John Cassavetes; A: John Cassavetes; K: Fred Elmes, Mike Ferris; D: Ben Gazzara, Azizi Johari, Meade Roberts, Soto Joe Hugh, Morgan Woodward

Seit 7 Jahren betreibt Cosmo Vitelli (B. G.) das »Crazy Horse West«, einen Strip-Club in Los Angeles. Als sein eigener Autor, Regisseur, Choreograph und Ansager bemüht er sich mit wahrer Leidenschaft, seinem Club eine persönliche Note zu geben. Nur die Conférence auf der Bühne überläßt er seinem »Doppelgänger«, Mr. Sophisticated (M. R.). Jetzt nach 7 Jahren hat er endlich die letzte Rate für seinen Club bezahlt, jetzt endlich ist er wirklich der Eigentümer. Am Tag nach diesem freudigen Ereignis folgt er einer Einladung zum Pokerspiel. Drei seiner Tänzerinnen begleiten ihn, darunter auch Rachel (A. J.), das farbige Mädchen, mit dem er zusammenlebt. Cosmo verliert, akzeptiert dankbar großzügige Kreditangebote und hat unversehens so hohe Schulden, daß er seinen Club praktisch verspielt hat. Er

The killing of a Chinese bookie (3. v. l.: Meade Roberts)

ist wie betäubt. Aber die Gegenseite macht ihm ihrerseits kein schlechtes Angebot: Wenn er einen unbequemen Konkurrenten (»nur« einen chinesischen Buchmacher!) aus dem Weg räumt, wird man die Schuldscheine zerreißen. In seiner Verzweiflung akzeptiert Cosmo. Er erschießt einen alten Mann (S. J. H.), den er gar nicht kennt, und merkt zu spät, daß die Gangster nun ihn, den unbequemen Mitwisser, töten wollen. Zwar kann er ihrer Falle entkommen, aber er wird schwer verletzt. Halbtot schleppt er sich in seinen Club, um die Ansage für den letzten Akt der Show ins Mikrophon zu sprechen.

Cassavetes, der in den Jahren zuvor mit *Husbands* (Ehemänner, USA 1969), *Minnie and Moscowitz* (Minnie und Moscowitz, USA 1972) und *A woman under the influence* (Eine Frau unter Einfluß, USA 1973) wichtige Beiträge zur amerikanischen Filmszene lieferte, hat hier einen elegischen Film von schillernder Vieldeutigkeit gedreht. Ein Gangsterfilm, gewiß, dafür bürgt schon die Fabel. Aber dies ist auch ein Film über die Einsamkeit der Großstädte, über die Verlorenheit auf Highways und im Häusermeer. Schließlich ist dies gar so etwas wie eine Künstler-Biographie, die Geschichte eines Mannes, der besessen für seine Vorstellung von Kunst und Perfektion arbeitet. Daß das Spektakel auf Cosmos Bühne ihn nicht eben als Meister seines Fachs ausweist, macht ihn höchstens liebens- und bedauernswerter und die Sinnlosigkeit seines Einsatzes noch deutlicher. Man spürt sein leidenschaftliches Engagement, wenn er auf dem Weg zu seinem Opfer an einer Telefonzelle hält, um sich zu erkundigen, »ob die Show auch läuft«. Und man spürt auch, daß er eigentlich schon tot war, als er seinen Club verspielt hatte. Der Mord war für ihn nur ein verzweifelter Versuch, gegen alle Vernunft und Logik noch einmal ins Leben zurückzukehren.

Kinderspiele

BRD 1991/92

R: Wolfgang Becker; A: Horst J. Sczerba, Wolfgang Becker; K: Martin Kukula; D: Jonas Kipp, Burghart Klaußner, Angelika Bartsch, Oliver Bröcker, Matthias Friedrich, Hildegard Wensch

Eine triste Siedlung am Rande einer Industriestadt in den sechziger Jahren. Michas (J. K.) Sommerferien beginnen gut: Er wird aufs Gymnasium gehen, was der wortkarge und jähzornige Vater (B. K.), ein Maurer, und die gestreßte Mutter (A. B.) mit einer Mischung aus Stolz und Irritation quittieren. Micha nervt seine Eltern mit gelegentlicher Besserwisserei, durch seine Freundschaft mit dem frühreifen »Sitzenbleiber« Kalli (O. B.), durch die Streiche, die er dem insgeheim beneideten – weil von der Mutter bevorzugten – jüngeren Bruder Peter (M. F.) spielt. Eines Tages verläßt die Mutter mit Peter das Haus und ihren Ehemann. Micha besucht sie und wird zum Boten zwischen ihr und seinem Vater, der auf die Rückkehr seiner Frau hofft. Auch Micha möchte diese Familie, die trotz aller Streitereien und gelegentlicher brutaler Prügel für ihn doch Heimat war, nicht missen. Er fälscht Briefe, schwindelt dem Vater Versöhnungsbereitschaft der Mutter vor und hofft, daß diese Lügen wahr werden. Doch gerade als sich ein Happy-End ganz anderer Art andeutet – Micha hat in einer Spielgefährtin eine neue Bezugsperson gefunden! –, entdeckt der Vater den Schwindel. In besinnungsloser Wut schlägt er auf das Kind ein. Micha will sich schützen, hat plötzlich einen Hammer in der Hand und trifft damit den Vater so unglücklich, daß der tot zusammenbricht. Verzweifelt nagelt Micha den Keller zu, in dem die Leiche liegt. Das Schlußbild zeigt ein Polizeiauto vor dem Haus.

Eine beeindruckende Studie über das Ende einer Kindheit, über die Verzweiflung, die der Mangel an Liebe und gedankenlose Gewalt in einem Kind erzeugen können. Der Film ist auch deswegen so überzeugend, weil er nicht permanent in düsteren Tönen schwelgt, nicht lauthals Thesen verkündet, die er dann zu beweisen genötigt wäre. Neben heiteren Zwischenspielen und behutsamen Nuancen in der Charakterzeichnung vermittelt der Film eindringlich den grauen Alltag der Eltern, die stumme Verzweiflung des verlassenen Ehemannes, seine unbeholfenen Versuche, sich dem Sohn zu nähern; er zeigt auch die bösen Tricks, mit denen Micha und Kalli von dessen seniler Großmutter (H. W.) Geld erpressen. Aber vor allem erlebt man sozusagen hautnah mit, wie ein sensibles Kind aus Mangel an Liebe gleichsam erstickt – dies alles dank eines klugen Drehbuchs, einer präzisen Regie und vorzüglicher Leistungen nicht zuletzt der jugendlichen Darsteller.

Kind hearts and coronets
Adel verpflichtet

England 1949

R: Robert Hamer; A: Robert Hamer und John Dighton nach dem Roman *Israel Rank* von Roy Horniman; K: Douglas Slocombe; D: Dennis Price, Valerie Hobson, Joan Greenwood, Alec Guinness

Louis Mazzini (D. P.), Sohn eines italienischen Tenors und einer britischen Adligen, möchte allzugern die Position im Stammbaum der D'Ascoynes einnehmen, die ihm nach seiner Meinung gebührt. Als die geliebte Sibella (J. G.) ihn, den kleinen Verkäufer, wegen eines reichen Bürgers verläßt, geben Schmerz und Enttäuschung ihm die nötige Kraft: Er bringt sämtliche Familienmitglieder, die zwischen ihm und dem Titel stehen (und die allesamt von Alec Guinness gespielt werden!), auf höchst einfallsreiche Weise um. Endlich ist er der zehnte Herzog von Chalfont und glaubt nun, auch ein weiteres Ziel erreichen und Edith (V. H.), die Witwe seines zweiten Opfers, ehelichen zu können. Aber Sibella, deren Gefühle für ihn gleichsam von Mord zu Mord wieder gewachsen sind, gibt nicht kampflos auf. Sie brockt ihm listig eine Mordanklage ein – Mord an ihrem, Sibellas, Ehemann. Bei einem Besuch im Gefängnis läßt sie ihn jedoch wissen, daß sich im Falle eines Eheversprechens ein Brief finden lassen könne, der Selbstmordabsichten ihres Mannes bekundet. Leichten Herzens schlägt Louis ein. Mein Gott, nur eine Frau zwischen ihm und der geliebten Edith! Leichten Herzens auch verläßt er das Gefängnis, nachdem Sibella tatsächlich dem Gericht den Brief vorgelegt hat. Und dann erst fällt Louis ein, daß er seine höchst offenherzigen Memoiren in der Zelle vergessen hat …

Eine der besten Produktionen des Ealing-Studios, das nach 1945 einige Jahre für seine einfallsreichen, hintergründigen Lustspiele bekannt war. Hier wird auf intelligente und geschmackvolle Weise mit dem Entsetzen Scherz getrieben; hier wird englische Lebensweise treffend karikiert. Die acht D'Ascoynes etwa, die im Film das Zeitliche segnen, sind allesamt Karikaturen, wie einer Synthese von »Punch«

und »Times« entsprungen; Alec Guinness porträtiert sie als Vertreter uralter Dekadenz, deren skurrile Eigenheiten sich jeweils in der nächsten Generation in sanfter Steigerung wiederfinden. Hamer hat hier eine beispielhafte schwarze Komödie gestaltet, in der kein »normaler« Ton die Konsequenz der krausen Logik stört.

A kind of loving
Nur ein Hauch Glückseligkeit

England 1962

R: John Schlesinger; A: Willis Hall und Keith Waterhouse nach einem Roman von Stan Barstow; K: Denys Coop; D: Alan Bates, June Ritchie, Thora Hird

Der junge Angestellte Vic Brown (A. B.) bemüht sich um die Stenotypistin Ingrid Rothwell (J. R.), die im gleichen Betrieb arbeitet. Es gibt den üblichen Flirt, Spaziergänge im dunklen Park, einen heimlichen Kuß im Kino. Als Vic erfährt, daß Ingrid noch Jungfrau ist, zuckt er zurück. Aber eines Tages »passiert es« doch. Ingrid erwartet ein Kind; sie heiraten. Das Familienleben im Haus der Schwiegermutter (T. H.) wird bald unerträglich. Ingrid hat eine Fehlgeburt. Vic verläßt sie und wird von seinen Eltern mit Vorwürfen empfangen. Am Schluß wollen es beide in einer eigenen Wohnung noch einmal miteinander versuchen.
Eine banale Geschichte, die von Schlesinger ohne Aufwand, ohne Dramatisierung, ohne falsche Effekte ins Bild gesetzt wurde. So entstand ein typisches Beispiel des »free cinema«. Besonders gut gelangen dabei die scheinbar nebensächlichen Beobachtungen, die kleinen Gesten und Reaktionen, aus denen sich das Bild eines Charakters, eines Milieus zusammensetzt.

A king in New York
Ein König in New York

England 1957

R: Charles Chaplin; A: Charles Chaplin; K: Georges Périnal; D: Charles Chaplin, Dawn Addams, Oliver Johnston, Jerry Desmonde, Michael Chaplin, Maxine Audley

Vor einer Revolution flieht König Shahdov (C. C.) ins Exil nach New York. Da sein Ministerpräsident (J. D.) mit dem vorsorglich beiseite geschafften Staatsschatz durchbrennt, stehen Shahdov und sein ihm treu ergebener Botschafter Jaume (O. J.) unversehens vor dem Nichts. In dieser Situation bringt die attraktive Ann Kay (D. A.) die Rettung: Ohne sein Wissen macht sie Shahdov zum Star einer Werbesendung im Fernsehen. Der also hintergangene Ex-Monarch ist zunächst empört; aber angesichts seiner finanziellen Misere nutzt er die Gunst der Stunde und wird bald zum populären und hochbezahlten Werbe-Star. Nebenbei absolviert er allerdings auch noch repräsentative Aufgaben. Beim Besuch einer »modernen« Schule ödet ihn der zehnjährige Rupert (M. C.), ein hochbegabtes Kind, mit aggressiven und unausgegorenen Linksparolen an. Einige Zeit später trifft er Rupert frierend und heimatlos vor dem Hotel »Ritz« wieder. Ruperts Eltern sind wegen Mißachtung des Kongresses ins Gefängnis geschickt worden; sie hatten sich geweigert, vor dem Ausschuß zur Untersuchung unamerikanischen Verhaltens die Namen von kommunistischen Gesinnungsgenossen preiszugeben. Shahdov nimmt sich des Jungen an, sorgt für ihn und wird wegen dieser »Kontakte« selbst vor den Ausschuß geladen. Obwohl er (versehentlich) die Mitglieder des Ausschusses mit einem Feuerwehrschlauch vom Tisch fegt, wird seine Unschuld festgestellt. Ernüchtert beschließt er, die USA zu verlassen und zu seiner Frau (M. A.) nach Paris zu gehen. Vorher macht er noch einen Besuch in Ruperts Schule. Er findet das Kind gebrochen und verängstigt: Rupert hat, um seine Eltern zu retten, die Aussagen gemacht, die diese verweigert haben. Sein Lehrer betont, sie alle seien sehr stolz auf Rupert ...
Chaplins sehr persönliche Abrechnung mit

*King Kong
(Fay Wray)*

den USA geriet ihm zu einem unausgeglichenen Film, der zunächst weder bei der Kritik noch beim Publikum übermäßige Begeisterung auslöste. Im ersten Teil nimmt Chaplin auf kabarettistische Weise das Werbefernsehen, Hollywood, den CinemaScope-Film und Auswüchse des »American way of life« aufs Korn. Dabei gibt es »slapstick«-Nummern, die direkt an die Tradition seiner Stummfilme anknüpfen, die aber meist nicht mehr ganz deren Präzision und Einfallsreichtum haben. Mit dem Auftreten Ruperts ändert der Film seinen Charakter. Da spürt man plötzlich ein zorniges humanitäres Engagement, das den Operettenkönig zum Charakter und die Komödie zur Tragödie wandelt. Während man sich eingangs über zwei gesetzte Herren amüsiert hatte, die durchs Schlüsselloch eine junge Dame beim Baden beobachten, wird man entlassen mit dem Bild eines verängstigten Kindes, das der kollektive Wahn einer verunsicherten Gesellschaft zerbrochen hat. Diese Bilder bleiben haften – vielleicht auch deshalb, weil der Film seine Zuschauer vorher in einer trügerischen Sicherheit gewiegt hatte.

In der Bundesrepublik wurde der Film erst 1976 erstaufgeführt. Zunächst hatte man offenbar befürchtet, er werde beim Publikum antiamerikanische Ressentiments wecken.

King Kong
Die Fabel von King Kong / King Kong und die weiße Frau

USA 1932

R: Merian C. Cooper, Ernest B. Schoedsack;
A: James Creelman, Ruth Rose und Merian C. Cooper nach einer Idee von Edgar Wallace;
K: Edward Linden, Verne Walker, J. O. Taylor;
D: Robert Armstrong, Fay Wray, Bruce Cabot

Der Filmregisseur Denham (R. A.) fährt zu einer Südsee-Insel, auf der ein Ungeheuer namens King Kong leben soll. Er will King Kong zur Attraktion seines nächsten Films machen. Doch die abergläubischen Eingeborenen, die den Riesengorilla King Kong als Gott verehren, rauben dem Regisseur seinen weiblichen Star Ann Redman (F. W.), um ihn dem »Gott«

als Opfer darzubringen. Eine Rettungsexpedition stößt auf vorzeitliche Untiere wie Brontosaurier etc. und beobachtet, wie King Kong seine attraktive Beute gegen diese Gegner verteidigt. Während alle anderen Mitglieder der Expedition getötet werden, kann der Steuermann Driscoll (B. C.) Ann retten und zum Schiff bringen. King Kong, der sich offenbar in Ann verliebt hat, verfolgt die beiden und wird am Strand mit einer Gasbombe betäubt. Gefesselt bringt man ihn nach New York, wo er als Attraktion ausgestellt werden soll. Doch schon bei der Premiere zerbricht er seine Ketten, raubt Ann und klettert mit ihr auf das Empire State Building. Hier wird er von einigen Kampfflugzeugen mit Maschinengewehren getötet, nachdem er eines der Flugzeuge noch mit geballter Faust zerstört hat. Ann wird gerettet.

Die naive Fabel ist mit für damalige Zeiten erstaunlichem technischen Raffinement aufbereitet worden. Dieser Gegensatz macht den größten Reiz des Films aus. Tricktechnisch bemerkenswert sind vor allem die Szenen mit den prähistorischen Ungeheuern, die Flucht King Kongs durch New York und das Finale auf dem Empire State Building. Der Mythos King Kongs wurde in mehreren Filmen von Schoedsack und von Epigonen wiederbelebt.

The king of kings ⓢ
Der König der Könige

USA 1927

R: Cecil B. DeMille; A: Jeannie MacPherson, Cecil B. DeMille, Denison Clift, Clifford Howard, Jack Jungmeyer; K: Peverell Marley, Fred Westerberg, Jack Badaracco; D: Henry Byron Warner, Dorothy Cummings, Ernest Torrence, Joseph Schildkraut

Ein Christus-Film, der sich allerdings auf die drei Jahre des öffentlichen Wirkens Jesu beschränkt: Jesus Christus (H. B. W.), Maria (D. C.), Petrus (E. T.), Judas (J. S.). Der aufwendige Bilderbogen ersetzt geistige und religiöse Substanz durch ein Massenaufgebot von Komparsen. Im rein handwerklich technischen Bereich verfügt er über Qualitäten: gut komponierte Massenszenen, tricktechnisch einfallsreiche Bilder von der Auferstehung und der Himmelfahrt, sogar schon einige Farbsequenzen, für die Jack Badaracco als Spezial-Kameramann engagiert wurde.

Ein Remake unter dem gleichen Titel drehte Nicholas Ray 1960 mit Jeffrey Hunter in der Hauptrolle.

Kirmes

BRD 1960

R: Wolfgang Staudte; A: Wolfgang Staudte nach einer Idee von Claus Hubalek; K: Georg Krause; D: Götz George, Juliette Mayniel, Hans Mahnke, Wolfgang Reichmann

In einem Eifeldorf stößt ein Karussell-Besitzer beim Aufbau seines Karussells auf das Skelett eines deutschen Soldaten. Der Film erzählt die Geschichte des Toten. In den letzten Kriegstagen ist Robert Mertens (G. G.) desertiert. Er versteckt sich in seinem Heimatdorf, um zu überleben. Doch niemand will ihm helfen, selbst sein Vater (H. M.) hat Angst vor dem Ortsgruppenleiter (W. R.). Nur eine französische »Fremdarbeiterin« (J. M.) kümmert sich um ihn. Als der Deserteur keinen Ausweg mehr sieht, erschießt er sich und wird verscharrt. Jetzt, 15 Jahre später, werden die Überreste des Toten feierlich beerdigt. Aber niemand möchte mehr über die peinliche Geschichte sprechen; denn am Grab stehen die gleichen Menschen, die damals versagt haben. Der ehemalige Ortsgruppenleiter ist heute Bürgermeister.

Einer der wenigen deutschen Filme jener Zeit, die sich nicht nur ernsthaft mit der Vergangenheit auseinandersetzen, sondern darüber hinaus Lehren für die Gegenwart ziehen wollen. Diesen Film hat Staudte mit spürbarem Engagement gedreht – mit dem negativen Erfolg u. a., daß er Menschen und Situationen voller Abscheu verzeichnet hat. Da unterlaufen dem begabten Regisseur dann plötzlich die üblichen Klischees von den beschränkten stiernackigen Nazis und sogar die von den leichtlebigen Französinnen. Die Bedingtheiten des Milieus in einem kleinen katholischen Eifeldorf werden so vernachlässigt, daß der Zuschauer es leicht hat, sich der persönlichen Nutzanwendung zu entziehen. In seinem Bemühen, deutlich zu sein, ist Staudte überdeutlich geworden und hat damit letzten Endes sein Thema um die erhoffte und zu wünschende Wirkung gebracht.

Die Klavierspielerin / La pianiste
Die Klavierspielerin

Österreich/Frankreich 2001

R: Michael Haneke; A: Michael Haneke nach dem gleichnamigen Roman von Elfriede Jelinek; K: Christian Berger; D: Isabelle Huppert, Benoît Magimel, Annie Girardot, Anna Sigalevitch, Susanne Lothar, Udo Samel

Erika Kohut (I. H.) ist Anfang vierzig und erteilt Klavierunterricht am Wiener Konservatorium. Sie wohnt bei ihrer besitzergreifenden Mutter (A. G.), mit der sie eine Haßliebe verbindet. Doch hinter der Maske der Bürgerlichkeit tut sich ein Abgrund auf. Ihre sexuellen Phantasien lebt sie in Peep-Shows und Pornokinos aus. Im Badezimmer bringt sie sich sogar selbst Verletzungen bei. Eines Tages begegnet Erika einem empfindsamen jungen Mann, dem Maschinenbaustudenten Walter Klemmer (B. M.). Er verliebt sich in die Frau ohne Gefühle und will ihr Schüler werden. Aber Erika kennt nur das Leiden – an sich und an der Musik. Walter wird von der eiskalten, masochistischen Art ihrer erotischen Deformation abgestoßen, nach geglückter Verführung herzlos gedemütigt. Erst mit der Zeit lernt er, Selbstbewußtsein an den Tag zu legen und seine Lehrerin herauszufordern. Bei einer Konfrontation in der Öffentlichkeit straft Walter ihre provozierende Arroganz mit Nichtbeachtung. Erikas Rache läuft ins Leere: Wieder einmal huldigt sie der Selbstverstümmelung und sticht sich das Messer in die eigene Brust.

Der gebürtige Münchner Michael Haneke nennt seine Adaption des gleichnamigen Romans von Elfriede Jelinek »Parodie eines Melodrams«. Das streitbare Psychospiel fordert durch seine offene, direkte Art den Zuschauer heraus und verstört ihn. Wie in den vorangegangenen Arbeiten *Funny games* (Funny games, Österreich 1997) oder *Code inconnu – ré-*

Die Klavierspielerin (Isabelle Huppert, Benoît Magimel)

cit incomplet de divers voyages (Code: unbekannt, Österreich/Frankreich 2000) herrscht ein extremer, spannungsgeladener Realismus vor, in dem es kein Entrinnen gibt. Das Doppelleben seiner obsessiven Heldin, Masochistin und Todesengel zugleich, verströmt eine ungeheuere Intensität. Es ist der schonungslose Blick auf die Leidenschaften der Seele, auf die Verhaltensweisen und Verhältnisse, auf die Beziehungen von Mann und Frau – zwischen Einsamkeit und Zerstörung.

Hervorragend das Tempo, der Rhythmus der Einstellungen: Die Provokation des Zuschauers bleibt ohne Aussicht auf Happy-End oder Versöhnung. »Der Voyeurismus, in den die ›Klavierspielerin‹ ihr Publikum zwingt, ist unangenehm, unausweichlich und ohne Versprechen auf Erleuchtung, Lust oder Macht« (Verena Lueken). Angesiedelt im gutbürgerlichen Ambiente Wiens, erzählt »Die Klavierspielerin« von einer Welt ohne Liebe und Kommunikation. Erika ist unfähig, sich selbst oder einen anderen zu lieben. Alles ist und bleibt eine Frage von Macht und Unterdrückung: Sexualität ist nur noch als (eigene) Erniedrigung möglich. Haneke zeichnet dieses Frauenschicksal ganz im Geiste von Elfriede Jelinek. Der Bruch der Familie stürzt die Individuen in Selbsthaß und Ekel. Isabelle Huppert – in der Maske der Biederfrau eine Gefangene ihrer selbst – brilliert im Wechsel von Sehnsucht und Lakonie, Gewalt und Leidenschaft. 2001 wurde der meisterhafte Film in Cannes mit dem Preis der Jury und die beiden Hauptakteure als beste Darsteller ausgezeichnet.

Kleine Haie

BRD 1991

R: Sönke Wortmann; A: Jürgen Egger, Sönke Wortmann; K: Gernot Roll; D: Jürgen Vogel, Kai Wiesinger, Gedeon Burkhard, Armin Rhode, Meret Becker

Es beginnt in Essen, wo Johannes (K. W.) wieder einmal vor lauter Lampenfieber durch die Aufnahmeprüfung einer Schauspielschule fällt, während Ingo (J. V.), der nur versehentlich in den Prüfungsraum geraten ist, die Juroren, ohne es zu wollen und zu wissen, mit einem »Live-Auftritt« beeindruckt. Die beiden lernen sich kennen, freunden sich an und trampen gemeinsam nach München – zur nächsten Aufnahmeprüfung. Unterwegs treffen sie Ali (G. B.), der sich ihnen anschließt, um ebenfalls sein Glück auf der Bühne zu versuchen, und einen Muskelprotz mit dem treffenden Kosenamen »Bierchen« (A. R.). Dieser rettet sie aus einer unübersichtlichen Situation und chauffiert sie nach München. Da stehen sie nun: Johannes, den es mit allen Fasern seines Herzens zur Bühne zieht, der naive Ingo, der eigentlich vor allem dem Freund zur Seite stehen möchte, und der alerte Ali, dem man nahezu jede Karriere zutrauen würde. Der Film beobachtet den Alltag der Nachwuchs-Mimen, ihre glückhafte Begegnung mit Herta (M. B.), die als Straßenmusikantin die »singende Säge« traktiert und ihr Auto als erste Übernachtungsmöglichkeit zur Verfügung stellt, und natürlich ihre Bemühungen, sich für die Zulassung zum Schauspiel-Studium zu qualifizieren. Es gibt Mißverständnisse, Erfolgserlebnisse, Enttäuschungen – und schließlich ein dreifaches Happy-End, das man dem sympathischen Trio von Herzen gönnt. Aber das liefert der Film listig erst nach dem Nachspann – sozusagen für die echten Film-Freaks.

Eine intelligente Typenkomödie von sprödem Charme. Wortmann meidet massive Humorigkeit und zeichnet statt dessen seine Protagonisten und ihre Abenteuer mit Präzision und angenehmer Zurückhaltung. Er spielt auch die komischen Situationen nicht hartnäckig aus; und weil ihm genügend eingefallen ist, kann er es sich leisten, seine Pointen oftmals nur beiläufig zu servieren.

Der Publikumserfolg, den diese Komödie verdient gehabt hätte, wurde dem Regisseur dann überreich zuteil für seinen Film *Der bewegte Mann* (BRD 1994). Auch dieses Lustspiel um homo- und heterosexuelle Liebesverwirrungen ist stil- und treffsicher inszeniert, aber es ist doch auch plakativer, routinierter, »volkstümlicher« geraten.

The knack ... and how to get it
Der gewisse Kniff

England 1964

R: Richard Lester; A: Charles Wood nach dem Bühnenstück *The knack* von Ann Jellicoe; K: David Watkin; D: Rita Tushingham, Ray Brooks, Michael Crawford, Donald Donnelly

Colin (M. C.), Besitzer eines kleinen Hauses, beneidet seine Untermieter Tolen (R. B.) und Tom (D. D.) um ihr Glück bei Frauen. Besonders Tolen beherrscht den »gewissen Kniff«. Colin möchte bei ihm in die Lehre gehen und kauft sich zunächst einmal ein riesiges, eisernes, fahrbares Doppelbett. Bei der »Rückfahrt« mit dem Bett treffen er und Tom Nancy (R. T.), die vom Lande kommt und den Christlichen Verein Junger Mädchen sucht. Sie vertraut sich Colins Führung an und landet in seinem Haus, wo alsbald Tolen sich ihrer annimmt. Er entführt sie auf einem Motorrad. Als er im Park zudringlich wird, fällt Nancy in eine Ohnmacht, aus der sie alsbald wieder erwacht, um lauthals zu verkünden, sie sei soeben vergewaltigt worden. Tolen entzieht sich dieser Komplikation durch die Flucht. Colin versucht, Nancy zu beruhigen. Als Tolen zurückkommt, findet er beide in ein sehr persönliches Gespräch vertieft. Er ist fassungslos.
Lester setzte die turbulente Vorlage stilsicher in Szene. Die groteske Grundsituation wiederholte sich in der Form des Films, der die skurrilen Episoden mit damals verblüffenden Einfällen schilderte. Heute wirken viele Szenen etwas verkrampft.

Kočár do Vídně
Wagen nach Wien

ČSSR 1966

R: Karel Kachyňa; A: Jan Procházka, Karel Kachyňa; K: Josef Illík; D: Iva Janžurová, Jaromír Hanzlík, Luděk Munzar

In den letzten Kriegstagen zwingen zwei Soldaten der deutschen Wehrmacht eine tschechische Bäuerin (I. J.), sie mit Pferd und Wagen in Richtung Heimat, nach Wien, zu fahren. Einer von ihnen (L. M.) ist schwer verwundet, der andere (J. H.) sehr jung. Die Bäuerin sieht eine Gelegenheit, ihren von den Deutschen erschossenen Mann zu rächen. Sie versteckt ein Beil auf dem Wagen und wirft das Seitengewehr und die Pistole des Jungen fort. Als der Deutsche das merkt, jagt er die Bäuerin fort, die ihm aber heimlich weiter folgt. Der verwundete Soldat stirbt. Der Junge begräbt ihn und schläft dann übermüdet ein. Die Frau stürzt sich auf ihn; aber sie schlägt nur verzweifelt mit den Fäusten auf ihn ein; dann wird aus dem Kampf eine Umarmung. Nebeneinander schlafen beide ein. Am nächsten Morgen werden sie von tschechischen Partisanen entdeckt. Die Partisanen vergewaltigen die »Nazihure« und erschießen den Deutschen. Die Frau packt die Leiche auf ihren Wagen und fährt nach Hause.
Ein ungewöhnlicher und unbequemer Film über den Krieg, darüber, daß er Humanität auf jeden Fall ausschließt. Von dieser Erkenntnis nimmt Kachyňa auch die Partisanen nicht aus. Er zeigt den Teufelskreis: Menschen, die allesamt glauben, aus der richtigen moralischen Position heraus zu handeln, und die dabei sich selbst und andere zerstören. Vielleicht hat Kachyňa sein einfaches und sinnfälliges Gleichnis ein wenig zu sehr mit Symbolen und Lyrismen beladen. Insgesamt gelang ihm jedoch ein eindringlicher Film. Dabei war sich der Regisseur seiner Sache so sicher, daß er die knappen Dialoge bis zum Auftauchen der Partisanen, also etwa 90 Prozent des Films, realistisch in deutscher Sprache beließ.

Kohayagawa-ke no aki
Der Herbst der Familie Kohayagawa

Japan 1961

R: Yasujiro Ozu; A: Kogo Noda,Yasujiro Ozu; K: A. Nakai; D: Ganjiro Nakamura, Setsuko Hara, Yoko Tsukasa, Michiyo Aratama, Keiji Kobayashi

Manbei Kohayagawa (G. N.) ist seit vielen Jahren Witwer; die Leitung der Sake-Brennerei hat er seinem Sohn (K. K.) überlassen. Vor seinem Tod möchte er gern noch seine Tochter Noriko (Y. T.) und die verwitwete Tochter Akiko (S. H.) verheiraten. Eines Tages trifft der Alte seine frühere Freundin. Er verfällt ihr erneut und läßt sich von ihr und ihrer lebenslustigen Tochter ausnutzen. Es gibt Streit in der Familie; und besonders seine Schwiegertochter Fumiko (M. A.) ist empört über die Liebschaft des Familienoberhauptes. Ein Herzanfall Manbeis läßt sie jedoch ihre Lieblosigkeit bereuen. Wenig später stirbt Manbei in den Armen seiner Freundin. Bei seinem Begräbnis erzählt Noriko, daß sie ihrem Freund in eine ungewisse Zukunft folgen will. Akiko entschließt sich endgültig, nicht wieder zu heiraten. Und die Sake-Brennerei der Kohayagawas wird fusionieren müssen, um nicht bankrott zu gehen.

Ozus Film zeigt deutlich den Gegensatz zwischen Tradition und Gegenwart in Japan. Er beginnt geradezu programmatisch mit dem Bild einer Leuchtreklame: »New Japan«. Dann erlebt man die Auflösung einer Familie, die ebenso vor der modernen Entwicklung kapituliert wie die Firma der Kohayagawas. Die Menschen erliegen den Einflüssen der modernen Zeit; die kleine Sake-Brennerei kann nicht mit den modernen Konzernen konkurrieren. Allerdings differenziert Ozu: Er billigt den Entschluß Norikos, ihr Schicksal selbst in die Hand zu nehmen; negatives Pendant ist die Tochter von Manbeis Freundin, die wahllos mit Amerikanern flirtet.

Auch die Form ist typisch für Ozu: Eine unbewegliche Kamera in Augenhöhe, die vorwiegend »amerikanische« Einstellungen einfängt und dabei doch ein Höchstmaß an Intensität erreicht.

Kohlhiesels Töchter ⓢ

Deutschland 1920

R: Ernst Lubitsch; A: Hanns Kräly, Ernst Lubitsch; K: Theodor Sparkuhl; D: Henny Porten, Emil Jannings, Gustav von Wangenheim, Jakob Tiedtke

Zwei Freier, Xaver (E. J.) und Sepp (G. v. W.), bewerben sich um Grete (H. P.), die reizende Tochter des Matthias Kohlhiesel (J. T.). Doch der will zuerst Gretes unansehnliche und zänkische Schwester Liese (H. P.) unter die Haube bringen. Sepp gelingt es, dem etwas tumben Xaver klarzumachen, daß er zunächst um Liese anhalten müsse, um später desto sicherer die Grete zu gewinnen. So sieht Xaver sich jählings mit Liese verheiratet, die sich nach der Hochzeit jedoch zu einer hübschen und liebenswürdigen Ehefrau wandelt.

Lubitsch rechnete diese Bauernkomödie, in der Henny Porten eine Doppelrolle spielte, zu seinen besten Lustspielen in Deutschland. Der Humor ist jedoch etwas schwerfällig und gewaltsam.

Das erfolgversprechende Thema wurde in Deutschland mehrfach neu verfilmt – so 1930 von Hans Behrendt, abermals mit Henny Porten, 1943 von Kurt Hoffmann mit Heli Finkenzeller und 1962 von Axel von Ambesser mit Liselotte Pulver.

Kolberg

Deutschland 1943/44

R: Veit Harlan; A: Veit Harlan, Alfred Braun; K: Bruno Mondi; D: Heinrich George, Kristina Söderbaum, Horst Caspar, Paul Wegener, Gustav Diessl, Otto Wernicke, Irene von Meyendorff, Kurt Meisel

Breslau 1813. Gneisenau (H. C.) drängt den preußischen König, das Volk zum Kampf gegen Napoleon aufzurufen; denn dieser Krieg sei nicht Sache der Armee, sondern des Volkes. Um den König zu überzeugen, berichtet er vom Kampf um Kolberg in den Jahren 1806/1807. – Oberst Loucadou (P. W.), der Kommandant der kleinen Festung, will Kolberg den vorrückenden Franzosen übergeben, da er die Sinnlosigkeit weiteren Widerstandes einsieht. Als der Bürgerrepräsentant Nettelbeck (H. G.) demgegenüber den Kampf bis zum letzten Mann propagiert, läßt Loucadou ihn verhaften und zum Tode verurteilen. Im Auftrag Nettelbecks schlägt sich das einfache Bürgermädchen Maria (K. S.) zur preußischen Königin (I. v. M.) durch und bittet um Hilfe für Kolberg. Unterdessen ist aber bereits Gneisenau zum Nachfolger Loucadous ernannt worden.

Zusammen mit Nettelbeck verteidigt er die Festung, bis die Franzosen nach internen Meinungsverschiedenheiten die Beschießung einstellen. Symbole des Widerstandes sind am Schluß Nettelbeck, Gneisenau und Maria. Dabei hat die Frau am meisten verloren: den Vater (O. W.), der sich getötet hat, weil sein »schöngeistiger« Sohn Claus (K. M.) sich hat zwingen lassen, auf das Wohl Napoleons zu trinken, den Bruder Claus bei der Beschießung, den Bruder Friedrich im Kampf und den Geliebten, Leutnant Schill (G. D.). – Unter dem Eindruck dieser Erzählung unterschreibt der König den Aufruf »An mein Volk«.

Über acht Millionen Mark kostete dieser pompöse Durchhalte-Film, den Goebbels am 1. Juni 1943 in Auftrag gegeben hatte und der gleichsam zweimal uraufgeführt wurde: am 30. Januar 1945 in der »Atlantikfestung La Rochelle« und am 31. Januar 1945 im fast völlig zerstörten Berlin. Harlan konnte mit nahezu unbegrenzten Mitteln arbeiten. Kolberg war der letzte Film, der den Ehrentitel »Film der Nation« erhielt.

Das Drehbuch hat die historische Wahrheit in manchen Punkten verschoben und verfälscht, um den Film der aktuellen Situation anzupassen; den handelnden Personen wurden Zitate von Goebbels und Hitler fast wörtlich in den Mund gelegt. Alles war darauf angelegt, das deutsche Volk in einer zunächst schwierigen, später hoffnungslosen Situation zum Kampf bis zum letzten Blutstropfen anzuspornen und ihm die Möglichkeit eines guten Endes vorzugaukeln.

Auch am fertigen Film ließ Goebbels noch Korrekturen vornehmen. Harlan berichtete in einem Interview, er habe »für zwei Millionen Mark Grauen« aus dem Film herausschneiden müssen. Dem Propagandaminister war wohl aufgegangen, daß eine allzu realistische Schilderung kriegerischer Zerstörungen beim Publikum unerwünschte Assoziationen wecken könnte.

Künstlerisch enttäuscht der Film durch allzuviel Pathos und Sentimentalität. Immerhin gibt es einige eindrucksvolle darstellerische Leistungen. Und auch die Massenszenen, an denen mehr Komparsen beteiligt waren als Soldaten bei den historischen Kämpfen, sind überwiegend gut gelungen.

Komissar
Die Kommissarin

UdSSR 1967/87

R: Aleksander Askoldow; A: Aleksander Askoldow nach Motiven der Erzählung In der Stadt Berditschew von Wassili Grossman; K: Waleri Ginsburg; D: Nonna Mordjukowa, Rolan Bykow, Raissa Njedaschkowskaja, Wassili Schukschin

Rußland im Jahr 1920; der Bürgerkrieg tobt. Im Süden des Landes hat die Rote Armee die Stadt Berditschew erobert. Dabei wird auch ein Deserteur gefaßt, der auf Befehl einer hochschwangeren Kommissarin (N. M.) zum Tode verurteilt und erschossen wird. Doch dann gelingt den »Weißen« ein Gegenangriff. Das rote Regiment muß sich zurückziehen; die Kommissarin, deren Niederkunft unmittelbar bevorsteht, kann ihm nicht folgen. Voll Zorn über ihre unerwünschte »Behinderung« sucht und findet sie Unterschlupf bei einem jüdischen Handwerker (R. B.) und seiner Frau (R. N.). Aus der gemeinsamen Angst vor Verfolgung, Terror und Pogromen wächst menschliche Solidarität zwischen der Kommissarin und ihren Wirtsleuten, mit deren Hilfe sie schließlich auch ihr Kind zur Welt bringt. Das Erlebnis der Mutterschaft und der freundlichen Hilfsbereitschaft ihrer Gastgeber lösen die Starre der Kommissarin. Sie erlebt eine kurze Zeit privaten Glücks und läßt das Kind sogar heimlich taufen. Doch dann siegt ihr Pflichtgefühl. Sie vertraut ihr Kind den neu gewonnenen Freunden an und folgt dem Regiment in eine ungewisse Zukunft.

Askoldows Film wurde unmittelbar nach seiner Fertigstellung verboten. Heute weiß man, daß ihm u. a. »zionistische Propaganda« und »Verleumdung der Revolution« vorgeworfen wurden. Dem Regisseur wurden wegen »mangelnder fachlicher Eignung« keine weiteren Regie-Aufträge erteilt. Dabei weist die mit zwanzigjähriger Verspätung erfolgte Uraufführung seines Films ihn als kraftvollen Erzähler und exzellenten Stilisten aus. Askoldow hat die gradlinige Handlung des Films aufgelöst in eine dramaturgisch geschickte Mischung von realen Ereignissen, Träumen und Visionen. In

*Komissar
(l.: Nonna Mordjukowa)*

Schwarzweiß-Bildern von großer Prägnanz wird die Realität jener Tage deutlich.
Unübersehbar demonstriert der Film die Überzeugung der Kommissarin, daß nur der Sieg der Revolution die Zukunft ihres Kindes sichern kann. Aber an entscheidenden Stellen versagt sich Askoldow demonstrativ dem sozialistischen Realismus. Da wird dann das eigentliche Geschehen im Kopf des Zuschauers evoziert: Rotarmisten mähen in der Wüste mit Sensen den nackten Sand; jüdische Kinder spielen Pogrom; Visionen von Menschen mit gelben Sternen auf der Kleidung tauchen auf; eine reiterlos dahinjagende Herde von Pferden vermittelt den Schrecken eines unwiderstehlichen tödlichen Angriffs. – Der Film, den Askoldow 1987 rekonstruiert und überarbeitet hatte, wurde 1988 bei den Berliner Filmfestspielen mit dem »Sonderpreis der Jury« ausgezeichnet.

Komödianten

Deutschland 1941

R: G. W. Pabst; A: Axel Eggebrecht, Walter von Hollander und G. W. Pabst nach dem Roman *Philine* von Olly Boeheim; K: Bruno Stephan; D: Käthe Dorsch, Hilde Krahl, Henny Porten, Gustav Diessl, Richard Häußler, Ludwig Schmitz

Die Geschichte der Schauspielerin Karoline Neuber (K. D.), die im 18. Jahrhundert das deutsche Theater reformieren wollte. In der Herzogin von Weissenfels (H. P.) findet sie zunächst eine Gönnerin, bis der Neffe der Herzogin, Armin von Perckhammer (R. H.), die junge Philine Schröder (H. K.), ein Mitglied des Ensembles, heiraten will. Darüber kommt es zum Bruch mit der Herzogin; die Truppe folgt dem Herzog Biron (G. D.), der die Neuberin liebt, nach Rußland. Als Biron dort in Ungnade fällt, zieht die Neuberin nach Leipzig, wo sie den Hanswurst auf der Bühne verbrennt. Der arg getroffene Darsteller des Hanswurst (L. S.) sprengt mit seinen Kumpanen die Truppe. Philine kann die Herzogin von Weissenfels umstimmen, die der Neuberin jetzt ein festes Theater bauen will und sogar in die Heirat Philines mit Perckhammer einwilligt. Aber die Neuberin stirbt; und diesmal lehnt Philine die Werbung des Grafen ab. Statt dessen übernimmt sie die Leitung des Theaters, Perckhammer wird ihr Regisseur. Als erste Premiere gibt man *Emilia Galotti*. Der Adel erkennt die Künstler an.

Pabst, der seit 1932 im Ausland gelebt hatte und bei Kriegsausbruch in Frankreich interniert worden war, führte sich mit einem Film wieder ein, der durchaus in die damalige filmische Landschaft paßte. Lebensbilder großer Deutscher waren sehr beliebt. Immerhin wählte er eine Frau, deren Leben wenig Möglichkeit zu ideologischer Indoktrinierung bot. Und wenn er auch die Qualität seiner früheren Filme nicht erreichte, so zeichnete er doch ein vielfältiges und lebendiges Bild vergangener Zeiten. Die Milieuschilderungen vom tristen Leben der fahrenden Komödianten sind vorzüglich.

Komsomolsk
Komsomolsk – Die Stadt der Jugend

UdSSR 1938

R: Sergej Gerassimow; A: S. Markina, M. Wituchnowski, Sergej Gerassimow; K: Alexander Ginzburg, A. Sawjalow; D: Tamara Makarowa, I. Nowosselzew, Wiktor Kulakow

Tausende von Komsomolzen folgen 1932 einem Aufruf der Regierung und ziehen nach Osten, um am Amur eine neue Stadt zu bauen. Unter ihnen befinden sich auch Natascha Solowjewa (T. M.), die in der Stadt Komsomolsk ihren Mann Wassili treffen will, und ein »Diversant« (W. K.), der mit den Papieren des von ihm getöteten Komsomolzen Tschekanow reist. In Komsomolsk erlebt Natascha eine bittere Enttäuschung: Ihr Mann (I. N.) hat Angst vor den Schwierigkeiten seiner Arbeit und möchte die Stadt verlassen. Natascha trennt sich von ihm; aber die Genossen überreden ihn weiterzumachen, wobei er sich glänzend bewährt. Als er erfährt, daß Natascha ein Kind erwartet, holt er sie zurück. Der Aufbau der Stadt geht schnell voran. Doch eines Tages explodiert das Benzinlager. Der Schuldige war der falsche Tschekanow, der auf der Flucht noch zwei Komsomolzen tötet, dann aber von Natascha und Mitgliedern des NKWD gefaßt wird.

In seinen »Aufbauszenen« hat dieser Film einen Schwung, der das Pathos überspielt und ihm frische Lebendigkeit gibt. Wenig geglückt sind dagegen die Passagen um den Saboteur, die allzu aufdringlich und klischeehaft gerieten. Gerassimow hat sich später von ihnen distanziert.

Konez Sankt-Peterburga Ⓢ
Die letzten Tage von St. Petersburg / Das Ende von St. Petersburg

UdSSR 1927

R: Wsewolod Pudowkin, Michail Doller; A: Nathan Sarchi; K: Anatoli Golownja; D: Alexander Tschistjakow, Iwan Tschuwelew, Anna Semzowa

Ein Bauernbursche (I. T.) kommt 1914 nach St. Petersburg, um Arbeit zu suchen. Ein Landsmann (A. T.) soll ihm dabei helfen. Aber der Bauer gerät in eine Streiksituation, die er nicht durchschaut, so daß er zum Streikbrecher und Verräter wird. Als er seinen Fehler mit den Fäusten korrigieren will, kommt er ins Gefängnis. Dann bricht der Krieg aus; und in den Schützengräben wird der Geschundene, zunächst nur dumpf Protestierende zum bewußt handelnden Bolschewiken. So kommt er nach St. Petersburg zurück und nimmt an der Erstürmung des Winterpalais teil.

Ein Gegenstück zu Eisensteins *Oktjabr*; Gegenstück auch insofern, als Pudowkin wiederum ein individuelles Schicksal in den Mittelpunkt seines Films stellte. Er schildert die Bewußtwerdung des einfachen Bauern Iwan und macht deutlich, daß diese Bewußtwerdung konsequent zur Revolution führt.

Gleichzeitig bemühte sich Pudowkin jedoch auch, die persönlichen Erfahrungen des Helden in die allgemeine Situation einzufügen. Es gibt z. B. eine große Montage von der Kriegsbegeisterung im Jahr 1914, in der unversehens das eherne Standbild von Alexander III. Tränen vergießt. Es gibt eine Attacke gegen die Kriegsgewinnler, die an der Börse das Steigen der Aktienkurse feiern und zwischen deren Freudenkundgebungen Pudowkin Bilder vom Grauen des Krieges eingeschnitten hat.

Pudowkin drehte diesen Film zur gleichen Zeit wie Eisenstein seinen *Oktjabr*. Er berichtete: »Ich bombardierte das Winterpalais von der ›Aurora‹ aus, während Eisenstein es von der Festung St. Peter und Paul aus bestürmte. Eines Nachts sprengte ich einen Teil der Dachbalustrade fort und fürchtete, Schwierigkeiten zu bekommen, doch zertrümmerte Sergej Michailowitsch (Eisenstein) in derselben Nacht zum Glück die Scheiben von 200 Schlafzimmerfenstern.«

Der Kongreß tanzt

Deutschland 1931

R: Eric Charell; A: Norbert Falk, Robert Liebmann; K: Carl Hoffmann; D: Willy Fritsch, Lilian Harvey, Conrad Veidt, Otto Wallburg

In Wien tagt und tanzt der Wiener Kongreß. Eine kleine Handschuhmacherin (L. H.) gerät unversehens in den Strudel von Politik und Vergnügen, weil sie allen in Wien einziehenden Potentaten einen Blumenstrauß mit ihrer Geschäftsadresse in den Wagen wirft. Der Zar von Rußland (W. F.) besucht ihr Geschäft tatsächlich – inkognito, als schmucker Offizier. Die beiden verlieben sich ineinander. Metternich (C. V.) fürchtet politische Schwierigkeiten und mischt sich ein; der Zar kontert, indem er die Polizei durch sein Double (W. F.) düpiert. Das bittere Ende kommt schnell: Als Christel mit dem Zaren beim Heurigen feiert, kommt die Nachricht, daß Napoleon wieder in Frankreich gelandet ist. Den Zaren ruft die Pflicht ...

Der Kongreß tanzt, gleichzeitig auch in einer englischen und französischen Fassung gedreht, wurde ein Welterfolg. Charell, der sich in Berlin durch die Inszenierung »sensationeller« Revuen einen Namen gemacht hatte, bewies in seinem Film Sinn für die Choreographie, für das spielerische Arrangement von Massenszenen. Dieses tänzerische Element vor allem machte den Film berühmt. Hinzu kamen aber auch die prunkvolle Ausstattung (Bauten: Robert Herlth, Walter Röhrig) und die Musik von Werner Richard Heymann, dessen Lied »Das gibt's nur einmal« in wehmütiger Variation (Das gab's nur einmal!) zum Schlagwort für sentimentale Erinnerungen an vergangene UFA-»Herrlichkeit« wurde.

Viel zitiert wurde aus diesem Film eine für damalige Zeiten ungewöhnliche technische Leistung – eine lange Fahrt in der Kutsche, bei der Lilian Harvey singt und der Originalton mitläuft. Mitlaufen mußten auch die Kabelschlepper, die gelegentlich im Bild erscheinen.

*Der Kongreß tanzt
(Lilian Harvey,
Willy Fritsch)*

Körhinta
Karussell

Ungarn 1955

R: Zoltán Fábri; A: Zoltán Fábri und László Nádasy nach der Novelle *Im Brunnen* von Imre Sarkadi; K: Barnabás Hegyi; D: Béla Barsi, Mari Töröcsik, Adám Szirtes, Manyi Kiss, Imre Soós

Mari (M. T.) und Maté (I. S.) sind zusammen auf dem Jahrmarkt. Der Schwung des Karussells scheint die Liebenden dem Alltag zu entrücken. Aber dieser Alltag holt sie schnell wieder ein. Maris Vater (B. B.), der aus der Genossenschaft wieder ausgetreten ist, hat einen anderen, reicheren Bräutigam für sie ausgesucht. Doch Maté will sich den alten Gesetzen der Bauern, daß »Land zu Land kommen muß«, nicht beugen. Auf einer Bauernhochzeit nimmt er Mari, die sich tagelang vor ihm versteckt hat, in die Arme und tanzt mit ihr. Und der Wirbel des Csárdás entrückt sie genauso wie die Fahrt im Karussell. Als der Tanz zu Ende ist, sieht Mari ihrem Vater trotzig ins Gesicht; er spürt, daß er seine Macht über sie verloren hat.
Der Kampf zwischen dem Alten und dem Neuen, zwischen den Einzelbauern und denen in der Genossenschaft bestimmt zwar den Ablauf der Handlung. In erster Linie ist dies jedoch eine kammerspielhaft erzählte lyrische Liebesgeschichte, in der zwei junge Menschen ihren Anspruch auf Glück durchsetzen. Maté kämpft hier nicht für eine Ideologie, sondern für seine Liebe. Zoltán Fábri wurde mit diesem Film international bekannt.

Körkarlen Ⓢ
Der Fuhrmann des Todes

Schweden 1920

R: Victor Sjöström; A: Victor Sjöström nach einer Erzählung von Selma Lagerlöf; K: Julius Jaenzon; D: Victor Sjöström, Astrid Holm, Hilde Borgström, Tore Svennberg

Nach einer schwedischen Sage sucht in jeder Silvesternacht der Fuhrmann des Todes seinen Nachfolger; und das ist jeweils der Sünder, der als letzter im ablaufenden Jahr stirbt. – In einer Silvesternacht kommt es auf einem Friedhof zwischen drei Zechern zu einem Streit und zu einem Handgemenge. Einer von ihnen, David Holm (V. S.), bleibt reglos liegen. Ihm erscheint alsbald der Fuhrmann des Todes in Gestalt seines vor einem Jahr verstorbenen Freundes Georges (T. S.). In seiner Begleitung erlebt David noch einmal die Stationen seines verfehlten Lebens, das vom Alkohol zerstört wurde. Aber die Liebe der todkranken, frommen Schwester Edit (A. H.) von der Heilsarmee läutert und rettet ihn. Als er auf die Knie sinkt und betet, entläßt ihn der Fuhrmann zurück ins Leben. David erwacht auf dem Friedhof und kann im letzten Moment seine verzweifelte Frau (H. B.) davon abhalten, sich und die Kinder zu vergiften.
Einer der Höhepunkte früher schwedischer Filmkunst. Sjöström hat es vorzüglich verstanden, die romantisch-mystische Stimmung seiner Vorlage vor allem im Spiel von Licht und Schatten einzufangen. Die Träume und die inneren Kämpfe seines Helden zeigte er mit Hilfe der Doppelbelichtung, die hier nicht als technischer Trick, sondern als sinnvolles dramaturgisches Mittel erscheint.
Nach der gleichen literarischen Vorlage drehte Arne Mattson 1959 einen gleichnamigen Film (mit George Fant, Ulla Jacobsson, Anita Björk), der aber trotz einiger Vorzüge im Detail sein Thema nicht recht bewältigte.

Koshikei
Tod durch Erhängen

Japan 1967

R: Nagisa Oshima; A: Tsutomu Tamura, Mamoru Sasaki, Michinori Fukao, Nagisa Oshima; K: Yasuhiro Yoshioka; D: Yun-DoYun, Akiko Koyama, Kei Sato, Toshiro Ishido

R. (Y.-D. Y.), ein Angehöriger der koreanischen Minderheit in Japan, wird wegen Vergewaltigung und Mord an zwei Frauen zum Tode verurteilt. Doch die Exekution mißlingt, R. verliert durch den Schock das Bewußtsein seiner Identität. Aber in Japan gibt es ein Gesetz, daß niemand ohne Bewußtsein und Eingeständnis seiner Schuld hingerichtet werden darf. Unter Leitung ihres Vorgesetzten (K. S.) und halbherzig unterstützt von einem Priester (T. I.) versuchen die Beamten verzweifelt, R. seine Tat ins Gedächtnis zurückzurufen. Sie spielen ihm sein Verbrechen vor und verfahren dabei so realistisch, daß einer von ihnen ein Mädchen (A. K.) tötet. Doch die Tote wird – nur für R. und den schuldigen Beamten sichtbar – wieder lebendig. Sie ist jetzt eine Koreanerin, die R. verteidigt und sagt, an seinem Verbrechen sei in Wirklichkeit der japanische Imperialismus schuld. Im Gespräch mit dem Mädchen gewinnt R. seine Identität zurück. Er sieht ein, daß er tatsächlich unschuldig ist. Wie aus Protest läßt er sich dennoch hinrichten.

Das bizarre Thema ist für Oshima ein Anlaß, auf die verzweifelte Situation der koreanischen Minderheit hinzuweisen, die als Folge der japanischen Eroberungspolitik bis 1945 noch heute in ärmlichen sozialen Verhältnissen lebt. Gleichzeitig ist der Film eine scharfe Attacke gegen die Todesstrafe und gegen die Allmacht des Staates, der sich das Recht anmaßt, »legal« zu töten. Oshima führt sein Plädoyer auf verschiedenen Ebenen, wobei er Realität und Fiktion, Wirklichkeit und Traumvorstellung geschickt miteinander verbindet.

Krajobraz po bitwie
Landschaft nach der Schlacht

Polen 1970

R: Andrzej Wajda; A: Andrzej Wajda und Andrzej Brzozowski nach Erzählungen von Tadeusz Borowski; K: Zygmunt Samosiuk; D: Daniel Olbrychski, Stanisława Celińska, Tadeusz Janczar

Deutschland 1945. Ein Konzentrationslager wird von amerikanischen Truppen befreit. Aber nach kurzer Euphorie finden sich die befreiten Polen abermals hinter Stacheldraht in einem DP-Camp wieder. Die Insassen des Lagers versuchen, sich zu arrangieren. Einige retten sich in sinnloses militärisches Zeremoniell, andere beten, stehlen oder diskutieren. Tadeusz (D. O.) sammelt Bücher und schreibt Gedichte. Eines Tages trifft er Nina (S. C.), eine Jüdin, die nicht nach Polen zurückkehren will. Beide schleichen sich für einen Tag aus dem Lager und verleben gemeinsam einen wundervollen, ekstatischen Herbsttag. Als sie heimlich ins Lager zurückkehren wollen, wird Nina von einem übereifrigen, nervösen Wachsoldaten erschossen. Tadeusz ist erschüttert. Während seine Kameraden am Abend ein pathetisches Historienstück aufführen, faßt er einen Entschluß. Er packt seine Bücher auf einen Handwagen und macht sich zu Fuß auf den Weg – nach Polen.

Wajda analysiert kritisch das Verhalten seiner Landsleute am historischen Schnittpunkt nach dem Ende des Zweiten Weltkriegs – wie er es bereits mit seinem berühmten Film *Popiół i diament* getan hatte; er untersucht die Deformierung des Menschen durch die Unfreiheit – ähnlich wie in *Samson* (Samson, Polen 1961). Tadeusz widersteht der Versuchung, Ersatzbefriedigungen im Nationalismus oder Militarismus, in Theorien oder Ideologien zu suchen. Seine Flucht ist äußeres Zeichen einer Selbstbefreiung, die ihm die Kraft zu einem neuen Anfang gibt.

Wajda hat das in genau kalkulierten Bildern geschildert, die aber die Wirklichkeit niemals verdecken. Die Befreiung zum Beispiel ist unter Verzicht auf realistische Details fast choreographisch gestaltet; die in kühlen Farben gehaltenen Bilder lassen jedoch das Grauen jener Zeit spüren. Die Szenen im DP-Camp haben stellenweise den Charakter höllischer Visionen, das Historienstück wird zum Alptraum, der triste Backsteinbau zum Grab der Hoffnung.

Kronika wypadków miłosnych
Chronik einiger Liebesunfälle

Polen 1985

R: Andrzej Wajda; A: Tadeusz Konwicki und Andrzej Wajda nach dem gleichnamigen Roman von Tadeusz Konwicki; K: Edward Kłosiński; D: Paulina Młynarska, Piotr Wawrzyńczak, Krystyna Zachwatowicz, Jerzy Block, Bernadetta Machała

Frühling und Sommer 1939 im litauischen Wilna, damals bevölkert von einem bunten Gemisch verschiedenster Volksgruppen und Reli-

*Krótki film o zabijaniu
(Jan Tesarz,
Mirosław Baka)*

gionen. Hier lebt, in einer Vorstadt, der Gymnasiast Witek (P. W.), Sohn eines Selbstmörders, mit seinem sterbenden Großvater (J. B.) und einer Mutter (K. Z.), die ihn zu Großem berufen glaubt und deshalb ständig Großes von ihm erwartet. Zu Witeks Freundeskreis gehören Polen, Russen, Deutsche, Juden; hier hat sich eine Kumpanei gebildet, die bestimmt wird von großen Worten und Gefühlen und von melancholischer Resignation. Eines Tages wird für Witek alles anders. Er verliebt sich in die schöne Alina (P. M.), die Tochter des Obersten Nalecz. Doch Alinas Vater vertreibt den armen Jungen aus der Vorstadt mit einem Gewehr von seinem Grundstück, ein zugereister Vetter stört die heimlichen Zusammenkünfte der Liebenden, und am Ende fällt Witek gar durchs Abitur. Da besorgt die schwärmerische Alina vermeintlich tödliches Gift für einen gemeinsamen Freitod. Daß er mißlingt, ist eine ironische Pointe, die von der Realität überholt wird: Als die beiden nach ihrer ersten und letzten Liebesnacht auf einer Sommerwiese am Fluß erwachen, detonieren neben ihnen die ersten Granaten des Zweiten Weltkriegs.

Wajda ist mit diesem Film – auch innerlich – nach Polen heimgekehrt. Wie in *Lotna* beschwört er eine Zeit herauf, die von der Erinnerung nicht zuletzt deswegen verklärt wird, weil sie so jäh und so unwiderruflich beendet wurde. Er tut dies in betörend schönen Bildern, in die er Zitate aus seinen früheren Filmen wie magische Zeichen eingefügt hat. Aber diese Bilder verkommen nie zu plakativer Nostalgie; denn in ihnen lebt ständig auch die Ahnung der Tragödie. Angst ist in diesem Film stets gegenwärtig; und ein »Unbekannter« (gespielt von Tadeusz Konwicki), der vielleicht Witeks Vater ist, kündet das Unheil für die, die es nicht sehen.

Krótki film o zabijaniu
Ein kurzer Film über das Töten

Polen/BRD 1987

R: Krzysztof Kieślowski; A: Krzysztof Piesiewicz, Krzysztof Kieślowski; K: Sławomir Idziak; D: Mirosław Baka, Jan Tesarz, Krzysztof Globisz, Krystyna Janda

Im ersten Drittel des Films verfolgt die Kamera drei Menschen an einem trüben Morgen in Warschau: Ein Taxifahrer (J. T.) bereitet sich auf seine Arbeit vor. Wir lernen ihn als mürrischen, boshaften Menschen kennen, dem nur gleichsam beiläufig Anflüge von Gutmütigkeit unterlaufen. Ein junger Mann, Jacek (M. B.), streift durch die Stadt – ziellos gewalttätig und offenbar auf der Suche nach einem Opfer. Piotr

(K. G.) wird als Anwalt zugelassen, obwohl er in der Prüfung seine Zweifel am Sinn der Strafe und besonders der Todesstrafe deutlich artikuliert. Dann steigt Jacek in den Wagen des Taxifahrers, lockt ihn auf eine einsame Straße und ermordet ihn auf viehische Weise. Stolz zeigt Jacek das »erbeutete« Taxi einem Mädchen, das er offenbar liebt. Auf ihre bange Frage: »Woher hast du plötzlich ein Auto?« folgt nach hartem Schnitt das Ende der Gerichtsverhandlung, in der Jacek zum Tode verurteilt worden ist, in der Piotr, sein Verteidiger, seinen ersten Fall verloren hat. Die penible Vorbereitung der Exekution, ein Gespräch Piotrs mit Jacek in der Todeszelle und das grausige Ritual der Hinrichtung bilden den Schlußteil des Films. Am Ende steht ein Schwenk über eine Wiese auf das Gesicht des weinenden Piotr.

Ein Film von erschreckender Direktheit, der sich ganz auf sein Ziel konzentriert, das Töten eines Menschen als barbarischen Akt zu denunzieren. So mutet er dem Zuschauer eine minutiöse Beschreibung des Mordes und der Hinrichtung gleichermaßen zu; und es gelingt ihm durch die schmucklose Ehrlichkeit der Bilder, durch den Verzicht auf jede effektvolle Aufbereitung, den Zuschauer in beiden Fällen auf die Seite des Opfers zu ziehen. Denn am Ende erscheinen die kalte Perfektion und die Rituale des staatlichen Tötungsaktes kaum weniger inhuman als der wüste Affekt des Mordes. Kieślowski erzählt seine Geschichte in düsteren Farben und in Bildern, die sich ganz auf die drei Hauptpersonen konzentrieren, die Unwesentliches an den Rand drängen. Nur einmal werden die Farben kräftiger, bei der Fahrt Jaceks im Taxi. Da scheint es für einen Moment, als könne das Verhängnis vielleicht doch noch aufgehalten werden. Aber diese Hoffnung erlischt bald wieder in der graubraunen Einöde einer trostlosen Landschaft.

Kieślowski hat diesen Film zunächst als Teil einer Fernsehserie gedreht, die die Zehn Gebote in unserer heutigen Gesellschaft abhandelt. In der Fernseh-Version (*Dekalog 5*) war der Film fast eine halbe Stunde kürzer und konzentrierte sich stärker auf die Figur des Anwalts. Die Kino-Fassung wurde 1988 als »bester europäischer Film« mit dem erstmals verliehenen »Europäischen Filmpreis« ausgezeichnet.

Kuhle Wampe oder: Wem gehört die Welt?

Deutschland 1932

R: Slatan Dudow; A: Bertolt Brecht, Ernst Ottwald, Slatan Dudow; K: Günther Krampf; D: Hertha Thiele, Gerhard Bienert, Ernst Busch, Adolf Fischer

Eine Arbeiterfamilie. Nur Anni (H. T.), die Tochter, hat noch Arbeit und Verdienst. Ihr Bruder stürzt sich verzweifelt aus dem Fenster, als er erfährt, daß die Arbeitslosenunterstützung gekürzt werden soll. Die Familie kann die Miete nicht mehr aufbringen und wird aus der Wohnung geworfen. Annis Freund Fritz (E. B.) besorgt ihr Unterkunft in der Laubenkolonie »Kuhle Wampe«. Als Anni Fritz mitteilt, daß sie ein Kind erwartet, will er sie zu einer Abtreibung überreden; aber ein älterer Genosse (A. F.) macht ihm klar, daß er sich seiner Verantwortung nicht entziehen dürfe. So wird in »Kuhle Wampe« Verlobung gefeiert. Doch Fritz gibt zu erkennen, daß eine Ehe ihn beruflich belasten würde. Daraufhin verläßt ihn Anni und geht nach Berlin. Auf einem großen Arbeitersportfest treffen sie sich wieder. Ohne viele Worte wird deutlich, daß sie einen neuen Anfang wagen wollen. Auf der Heimfahrt in der U-Bahn diskutieren die jungen Arbeiter mit Bürgern über politische und wirtschaftliche Fragen und singen ihr Kampflied von der Solidarität.

Kuhle Wampe war der einzige eindeutig kommunistische Film der Weimarer Republik. Er wurde unter großen Schwierigkeiten unabhängig produziert. Rund ein Viertel der Szenen mußte in zwei Tagen abgedreht werden. Nach seinem Erscheinen wurde der Film von der Zensur verboten, weil er angeblich den Reichspräsidenten, die Justiz und die Religion beleidige. Nach heftigen Protesten von Künstlern und Kritikern u. a. und einigen Schnitten wurde das Verbot aufgehoben. Brecht machte später dem Zensor das ironische Kompliment, er sei einer der wenigen gewesen, die den Film wirklich verstanden hätten. Er habe z. B. ganz klar gesehen, daß der Selbstmord des jungen Arbeitslosen nicht individuell, sondern »typisch« gemeint sei.

Der Film ist am besten dort, wo er der dokumentarischen Chronik am nächsten ist, etwa in der Einleitungsmontage, die Arbeitslose bei der Arbeitssuche zeigt; auch die Szenen in der Familie, die nüchternen Reaktionen auf den Selbstmord beeindrucken. Später trübt gelegentlich Parteilichkeit im engen Sinn des Wortes die Sicht. Getreu der damaligen politischen Taktik der KPD attackiert der Film vor allem die älteren Arbeiter, die verdächtig sind, mit der SPD zu sympathisieren. Er zeichnet sie, etwa auf der Verlobungsfeier, als Kleinbürger, die sich durch Bier und gutes Essen von den eigentlichen Problemen ablenken lassen. Demgegenüber berichtet von der Existenz der NSDAP im ganzen Film nur einmal ein Blick auf das Titelblatt des »Völkischen Beobachters«. Allzu breit und wenig gelungen ist auch die Schilderung des Sportfestes, bei dem die jungen Kommunisten etwa so gezeichnet werden wie einige Jahre später die »Hitlerjungen« in NS-Filmen.

Trotz aller Mängel jedoch ist dies ein ungewöhnliches Filmdokument aus jener Zeit; und in vielen Sequenzen wird eine Realität deutlich, die damals aus den meisten Filmen vertrieben war.

Ku nao ren de yiao
Das Lachen eines in Schwierigkeiten befindlichen Mannes / Gestörtes Lachen

VR China 1979

R: Yang Yanjin, Deng Yimin; A: Yang Yanjin, Xue Qin; K: Yin Fukang, Zheng Hong; D: Li Zhiyu, Shi Jiufeng, Yuan Yue, Cheng Zhi, Bai Mu, Qiao Qi, Pan Hong

Shanghai 1975, während der Kulturrevolution. Der Journalist Fu Bin (L. Z.) kommt vom Arbeitseinsatz auf dem Land in die Redaktion zurück, wo sein Kollege Li (S. J.) ihn gleich warnt, daß sein Vorgänger vor drei Tagen verhaftet worden sei. Fu Bin wird sehr schnell mit der Realität konfrontiert. Im Zuge des Kampfes der Viererbande gegen die Intellektuellen soll ein Medizinprofessor (B. M.) zu Fall gebracht werden. Er muß sich vor einem Ausschuß rechtfertigen, Fu Bin und Li werden als Berichterstatter zu dieser Sitzung entsandt. Hier erleben sie, wie ein würdiger alter Mann unmenschlich gequält und gedemütigt wird. Fu Bin will sich nicht zum Werkzeug dieser unwürdigen Kampagne machen lassen; aber er weiß auch nicht, wie er sich aus der Affäre ziehen kann. Vergeblich sucht er Rat bei seinem ehemaligen Lehrer (Q. Q.), den die Verzweiflung an den Rand geistiger Verwirrung gebracht hat. Vergeblich versucht er, mit dem Parteisekretär Song (Y. Y.) zu sprechen, der sich stets leutselig gebärdet, in Wirklichkeit aber zusammen mit dem Chefredakteur (C. Z.) der Drahtzieher der Kampagne ist. Fu Bin wird von Alpträumen geplagt, in denen er die Unterdrücker in der Maske von Feudalherren, Vampiren und Nazi-Soldaten sieht, spielt mit dem Gedanken, offen gegen die Viererbande aufzutreten, und wählt am Ende doch den leichtesten Weg: Er besorgt sich bei einem verständnisvollen Arzt ein falsches Attest. Aber es ist zu spät. Fu Bin und Li werden zum Parteisekretär bestellt und entdecken dort, als sie warten müssen, unterdrückte Leserbriefe, in denen die Verbrechen Songs und seiner Clique angeprangert werden. Als Song die beiden bei der Lektüre überrascht, denunziert Li seinen Freund, um die eigene Haut zu retten; Fu Bin aber sagt endlich offen, was er denkt. Wieder reagiert Song freundlich und verständnisvoll. Aber als Fu Bin nach Hause kommt, wartet schon die Polizei, um ihn zu verhaften. Der Schluß des Films zeigt Fu Bins Frau (P. H.), die dem Polizeiauto an der Spitze einer ständig wachsenden Menschenmenge nachläuft, und Demonstrationen zum Sturz der Viererbande.

Der Film engagiert sich leidenschaftlich gegen den Terror während der Kulturrevolution und für ein neues China, in dem mehr Freiheit und mehr Demokratie gewagt werden sollen. Wichtig ist dabei auch, daß der Kampf gegen die »Viererbande« nicht mit ideologischen Argumenten geführt wird; Argument des Films ist die Würde und Unverletzlichkeit des Individuums, ist auch das Recht auf privates Glück.

Auch formal wurden hier neue Wege gesucht. Die chronologische Erzählweise ist aufgebrochen durch Rückblenden und Traumvisionen; Stimmungen und Gefühle werden durch symbolträchtige Montagen ausgedrückt. Gelegentlich allerdings werden die neuen formalen Möglichkeiten auch allzu extensiv genutzt.

Kvarteret korpen
Das Rabenviertel

Schweden 1963

R: Bo Widerberg; A: Bo Widerberg; K: Jan Lindeström; D: Thommy Berggren, Keve Hjelm, Emy Storm, Christina Frambäck

Schweden im Jahr 1936. Es ist die Zeit der Arbeitslosigkeit, der Richtungskämpfe in der Arbeiterschaft. Der junge Anders (T. B.) sucht nach einem Weg ins Leben. Er findet wenig Hilfe bei dieser Suche. Der Vater (K. H.) hat sich in den Alkohol geflüchtet. Die Mutter (E. S.) ist Putzfrau, ohne Hoffnung, nur auf die Gegenwart fixiert. Mit beiden findet Anders keine gemeinsame Basis für ein ernsthaftes Gespräch. Er versucht, sich selbst Klarheit zu verschaffen, indem er ein Buch über das »Rabenviertel« schreibt, in dem er groß geworden ist. Aber das Buch wird nicht gedruckt. Da verläßt Anders schließlich das Elternhaus; er verläßt auch das Mädchen (C. F.), das ein Kind von ihm erwartet, um einen ganz neuen Anfang zu wagen.

Widerberg hat seine Geschichte naturalistisch erzählt und auch die Zeit exakt datiert. Zweifellos war ihm der Rückgriff gerade auf das für Schweden bedeutsame Jahr 1936 wichtig. Im Mittelpunkt des Films steht jedoch nicht die historische Situation, sondern der Prozeß der Bewußtwerdung eines Menschen, der sich selbst, seinen Platz und seine Chancen in der Gesellschaft zu definieren sucht.

L

Lacombe Lucien
Lacombe Lucien

Frankreich/BRD/Italien 1973

R: Louis Malle; A: Louis Malle, Patrick Modiano; K: Tonino Delli Colli; D: Pierre Blaise, Aurore Clément, Holger Löwenadler, Therese Giehse, Jean Bousquet

Frankreich im Juni 1944. Lucien Lacombe (P. B.), ein 17jähriger Bauernbursche aus der Provence, sucht einen Platz im Leben, der ihm mehr Selbstbestätigung gibt als sein Elternhaus und seine Tätigkeit als Pfleger in einem Altersheim. Er »bewirbt« sich beim lokalen Kontaktmann (J. B.) der »Résistance«, der französischen Widerstandsbewegung, wird abgewiesen und landet zufällig bei der »Police Allemande«, den französischen Helfern der Gestapo. Naiv verrät er schon im ersten Gespräch den »Kontaktmann«; eher gedanken- als bedenkenlos nimmt er an Terroraktionen teil. Er genießt die Macht, die er plötzlich gewonnen hat. Durch einen Kollegen lernt er den jüdischen Schneider Horn (H. L.) kennen, der mit seiner Mutter (T. G.) und seiner Tochter France (A. C.) versteckt lebt – verborgen und gleichzeitig erpreßt von diesem Kollegen. Lucien verliebt sich in France und nistet sich bei den Horns ein – prahlerisch, gleichzeitig unsicher und von dem alten Horn immer wieder demaskiert. Durch die ständige Anspannung eines Lebens zwischen Angst und Hoffnung verliert Horn eines Tages die Nerven und provoziert seine Verhaftung, die Lucien vergeblich zu verhindern sucht. Er flieht mit France und ihrer Großmutter in die Berge, wo die beiden jungen Leute für eine kurze Zeit eine Liebesidylle genießen. – Jäh erscheint ein Insert: »Lucien Lacombe wurde am 12. Oktober 1944 verhaftet. Er wurde von einem Militärgericht der Résistance zum Tode verurteilt und hingerichtet.«

Malle schildert mit großer Sorgfalt Atmosphäre und Milieu des Jahres 1944, Angst und Fanatismus der Kollaborateure, Untergangsstimmung, die sich noch einmal in blinder Brutalität entlädt. Der Film ist jedoch mehr als nur ein Stück französischer Vergangenheitsbewältigung. Malle hat offensichtlich vor allem das Psychogramm Luciens interessiert: Ein junger Bursche, dem das Leben und die Macht alles und Ideologien nichts bedeuten. Seine Naivität und seine Amoralität halten sich die Waage, wenn er (im Jahr 1944!) ein sinkendes Schiff betritt, glücklich, die triste Vergangenheit vergessen zu können, und ebenso unfähig wie unwillig, über die Gegenwart hinaus zu denken. Malle spiegelt diese Erfahrungen und Empfindungen gleichsam in der Gestalt von Pierre Blaise, der – selbst Bauernsohn! – hier zum ersten Mal vor einer Filmkamera stand. Zur Faszination, die der Film aus der widersprüchlichen und doch in sich ganz glaubwürdigen Figur des Lucien gewinnt, gehört schließlich auch, daß sich der Regisseur vor unverrückbaren abschließenden Urteilen hütet. Für den Zuschauer bleibt noch viel selbst zu entdecken, selbst zu beurteilen.

L. A. confidential
L. A. Confidential

USA 1996

R: Curtis Hanson; A: Brian Helgeland und Curtis Hanson nach dem Roman *Stadt der Teufel* von James Ellroy; K: Dante Spinotti; D: Kevin Spacey, Russell Crowe, Guy Pearce, James Cromwell, Kim Basinger, Danny DeVito, David Strathairn

Los Angeles in den fünfziger Jahren. Ed Exley (G. P.) hat seine Polizeiausbildung als Jahrgangsbester absolviert und brennt darauf, die Ideale, die er von seinem Vater übernommen hat, im Dienst zu verwirklichen. Irritiert beobachtet er, wie der cholerische Kollege Bud White (R. C.) seine Vorstellung von Gerechtigkeit mit den Fäusten durchsetzt, wie der eitle Jack Vincennes (K. S.) sein Gehalt durch die Zusammenarbeit mit Sid Hudgeons (D. DV.), dem Verleger des Skandal-Blättchens »Hush-Hush«, und als »Berater« von Fernsehserien aufbessert. Er artikuliert diese Irritation an geeigneter Stelle und wird so im Nu zum Außenseiter auf dem Revier. Beruflich reüssiert er. Sein erster Fall, ein Massaker mit fünf Toten, darunter ein Ex-Cop, ist schnell gelöst – so schnell, daß er mißtrauisch wird und weiter ermittelt. Dabei trifft er ausgerechnet auf die Kollegen White und Vincennes, die der Sache aus unterschiedlichen Motiven ebenfalls nachgehen. Sie finden bald heraus, daß die angeblichen Mörder ihnen als Sündenböcke präsentiert worden sind, und sie stoßen auf ein Netz aus Korruption, Erpressung, Prostitution, Rauschgifthandel usw. Verzweifelt versucht der Drahtzieher dieses ungeheuerlichen Komplotts, Mitwisser und Ermittler zu beseitigen. Auch Hudgeons und Vincennes müssen sterben, White und Exley werden in eine Falle gelockt. Sie überleben, enttarnen ihren Vorgesetzten, den Captain Dudley Smith (J.C.), als Organisator des kriminellen Kartells, und Exley erschießt den Mann, der für ihn wie ein Vater gewesen ist. Am Ende aber akzeptieren sie doch einen Deal: Um das Ansehen der Polizei nicht zu beschädigen, lassen sie zu, daß die Wahrheit retuschiert, daß neben Exley auch der tote Smith als »Held« geehrt wird. White quittiert den Dienst und beginnt mit der Ex-Prostituierten Lynn Bracken (K.B.) ein neues Leben auf dem Land.

Dies ist der rote Faden einer Handlung, die schier überquillt von weiteren Episoden, Anekdoten, Intrigen und blutigen Auseinandersetzungen. Es herrscht ein Klima der Gewalt, wenngleich das Drehbuch die literarische Vorlage in dieser Hinsicht bereits geglättet hat. Aber diese Gewalt ist Teil eines überzeugenden Konzeptes. Der Film schildert mit vielen kaum kaschierten Anspielungen und realistischen Details die Jahre aus der Chronik Hollywoods, in denen die Traumfabrik gleichsam die Kontrolle über sich selbst verlor, in denen die Studios zum Spielball der Mächtigen und die Stars zum Objekt für die Klatschreporter wurden; in denen ein Zuhälter auf die Idee kommen konnte, seine Callgirls als »Doubles« bekannter Schauspielerinnen auszustaffieren. Kein Wunder, daß die ganze Stadt Los Angeles, die so lange in enger Symbiose mit dem Film gelebt hatte, heillos in Unordnung gerät, daß Spekulanten aus dem Niedergang Kapital schlagen wollen. So zeigt dieser Film die Fäulnis unter der glatten Oberfläche – zeigt, wie Ideale nur noch zitiert werden, um die Lüge kunstvoll zu verschleiern, wie Gewalt zum beiläufigen Argument geworden ist. Curtis Hanson hat Stilmittel der »schwarzen Serie« der vierziger und frühen fünfziger Jahre adaptiert; und er hat mit den bewußt schmucklosen Bildern und einem intelligenten dramaturgischen Geflecht ein ebenso düsteres wie suggestives Zeitbild geschaffen.

▬

Ladri di biciclette
Fahrraddiebe

Italien 1948

R: Vittorio De Sica; A: Cesare Zavattini, Oreste Biancoli, Suso Cecchi d'Amico, Vittorio De Sica, Adolfo Franci, Gherardo Gherardi und Gerardo Guerrieri nach einem Roman von Luigi Bartolini; K: Carlo Montuori; D: Lamberto Maggiorani, Enzo Staiola, Lianella Carell

Nach langer Arbeitslosigkeit hat Antonio Ricci (L.M.) endlich eine Stellung gefunden – als Plakatankleber. Aber dafür braucht er sein Fahrrad, das längst im Leihhaus gelandet ist. Mit dem letzten Besitz der Familie wird es wieder ausgelöst. Und stolz fährt Ricci los. Doch schon nach einer Stunde wird ihm das Rad, das jetzt seine Existenzgrundlage ist, gestohlen. Vergeblich sucht er Hilfe bei seinen Freunden; verzweifelt streift er am anderen Tag mit seinem kleinen Sohn Bruno (E.S.) durch die Stadt und sucht sein Rad. Aber als er den Dieb tatsächlich entdeckt, kann er ihm nichts beweisen. Schließlich schickt Antonio Bruno fort – und stiehlt selbst ein Fahrrad. Doch er wird auf frischer Tat ertappt und gestellt; fassungslos sieht Bruno aus der Ferne, wie sein Vater zum Dieb geworden ist, wie fremde Leute ihn ungestraft beschimpfen. Verzweifelt geht Antonio allein durch die Straßen. Bruno läuft hinter ihm her und faßt seine Hand …

Der Film spielt gleichsam auf zwei Ebenen. Er zeigt das Elend eines Arbeitslosen, für den ein vergleichsweise geringfügiges Mißgeschick zur Existenzfrage wird, den Verzweiflung und Elend dann selbst zum Dieb machen. Entsprechend wird vorher der andere Dieb gezeigt, der genau solch ein armer Teufel wie Antonio ist. Außerdem ist das eine psychologische Stu-

Ladri di biciclette (das Kind: Enzo Staiola; 2. v. r.: Lamberto Maggiorani)

die über das Verhältnis zwischen Antonio und seinem Sohn. Bruno liebt den Vater zärtlich und bewundert ihn. Diese Beziehung wird jedoch durch die wachsende Verzweiflung des Vaters gestört. Antonio verliert die Nerven, er schlägt Bruno sogar und gefährdet so die gemeinsame Vertrauensbasis. Bruno wächst hingegen durch seine Erlebnisse; und die Schlußszene deutet an, daß Bruno die Situation seines Vaters zu begreifen beginnt.

De Sica drehte seinen Film mit Laien auf den Straßen von Rom. Er gewann dadurch für seine geradlinige Fabel Spontaneität und Authentizität. Die Suche Antonios nach seinem Fahrrad bot zudem die Möglichkeit, eine Fülle von Schauplätzen und Situationen überzeugend in die Handlung zu integrieren; so entstand zwanglos und wie zufällig ein breites Panorama italienischer Wirklichkeit aus jenen Tagen.

Ladri di biciclette hatte einen enormen internationalen Erfolg und machte den Neorealismus für einige Zeit auch beim breiten Publikum populär. Seine Mischung aus traditioneller Dramaturgie und einem erneuerten Verhältnis zur Realität hat außerdem die Entwicklung des Nachkriegsfilms – nicht nur in Italien – erheblich beeinflußt.

Il ladro di bambini
Gestohlene Kinder

Italien/Frankreich/Schweiz 1991

R: Gianni Amelio; A: Gianni Amelio, Sandro Petraglia, Stefano Rulli; K: Tonino Nardi, Renato Tafuri; D: Enrico Lo Verso, Valentina Scalici, Giuseppe Ieracitano, Vitalba Andrea

Ein tristes Wohnsilo in Mailand. Weil die elfjährige Rosetta (V. S.) von ihrer Mutter zur

Prostitution gezwungen worden ist, soll das Kind zusammen mit seinem jüngeren Bruder Luciano (G. I.) in ein Heim gebracht werden. Dem Carabiniere Antonio (E. L. V.) fällt diese scheinbar leichte Aufgabe zu. Doch in dem vorgesehenen Heim weist man die Kinder ab, weil die Heimleitung für das moralische Wohl der übrigen Insassen fürchtet. Antonio soll sie nach Sizilien in ein spezielles Heim für »Problemkinder« bringen. Eine lange Reise beginnt. In Neapel verpassen sie den Zug, weil Luciano einen Asthma-Anfall hat. Daraufhin macht Antonio in Kalabrien bei seiner Schwester (V. A.) Station. Als Rosetta dort durch das spekulative Titelbild einer Illustrierten erkannt wird, flüchtet er mit den Kindern in ein Hotel. Allmählich entsteht zwischen den drei Reisegefährten eine zerbrechliche Bindung aus Sympathie und Vertrauen. Antonio zeigt den Kindern das Meer, macht mit ihnen eine Stadtbesichtigung – da naht das Verhängnis.

Er überwältigt einen Taschendieb und liefert ihn auf der Polizeiwache ab. Dort erhält er statt eines Lobes einen Verweis, weil er seine Reise eigenmächtig verlängert hat. Man unterstellt ihm unlautere Motive und droht ihm ein Disziplinarverfahren an. Bedrückt liefert Antonio die Kinder im Heim ab.

Amelio nutzt die Odyssee seiner Protagonisten zu einer illusionslosen Bestandsaufnahme. In einem Interview resümierte er bitter:»Italien ist ein Land geworden, in dem Werte wie Solidarität und Würde nur noch bei Außenseitern und Randgruppen existieren.« Er zeigt eine Gesellschaft, in der Rosettas Schicksal gleich vermarktet wird, in der man ratlos nicht nur die Täter, sondern auch die Opfer einsperrt. Die Einsamkeit der Schwachen in dieser Gesellschaft und in einer von Beton nivellierten Landschaft wird zum Leitthema des Films. Man spürt sie in den distanzierenden Kameraeinstellungen, in den verschlossenen Kinderge-

Il ladro di bambini (Valentina Scalici, Enrico Lo Verso)

sichtern und vor allem in dem Schweigen, mit dem Luciano sich gegen die Umwelt abschottet. Aber das düstere Ende birgt doch eine Hoffnung: Die behutsame Freundschaft zwischen den dreien könnte eine kleine Chance für die Zukunft sein. Immerhin hat Luciano doch noch sein Schweigen gebrochen.

The lady from Shanghai
Die Lady von Shanghai

USA 1947

R: Orson Welles; A: Orson Welles nach einem Roman von Sherwood King; K: Charles Lawton jr.; D: Rita Hayworth, Orson Welles, Everett Sloane, Glenn Anders

Der Abenteurer Michael O'Hara (O. W.) verliebt sich in die reiche Elsa Bannister (R. H.) und akzeptiert ihretwegen ein Angebot ihres Mannes (E. S.), als Matrose auf seiner Yacht anzuheuern. Bannisters Partner Grisby (G. A.) macht O'Hara ein makabres Angebot: Für 5000 Dollar soll er ein Geständnis unterschreiben, Grisby ermordet zu haben. Grisby will dann untertauchen; niemand wird ihn suchen, aber niemand kann auch O'Hara einen Mord nachweisen. O'Hara akzeptiert, weil er mit dem Geld Elsa aus der Abhängigkeit von ihrem gefühlskalten Mann befreien will. Doch Grisby wird tatsächlich ermordet und O'Hara verhaftet. Er flieht aus dem Gerichtssaal, um seine Unschuld zu beweisen. Bei seinen Nachforschungen erkennt er, daß Elsa die Mörderin ist, daß sie ihn nur als Werkzeug benutzt hat. Ihr Motiv war eine Versicherung, die Grisby und Bannister auf Gegenseitigkeit abgeschlossen haben; und wenn jetzt auch noch Bannister etwas zustößt, dann gehört alles Geld Elsa. Grisby allerdings, das erfährt O'Hara ebenfalls, war keinen Deut besser: Er hatte seinerseits die Ermordung Bannisters geplant. Im Spiegelkabinett eines Vergnügungsparks wird O'Hara Zeuge einer Auseinandersetzung und einer Schießerei zwischen Elsa und ihrem Mann, die sich gegenseitig tödlich verletzen. Als Elsa auch ihn töten will, flieht O'Hara. Welles treibt hier den düsteren Pessimismus der »schwarzen Serie« auf die Spitze. Der Ich-Erzähler gerät in einen Dschungel der Intrigen, in dem jeder jeden übervorteilen, ausschalten, töten möchte. Der clevere, etwas skrupellose, aber noch immer liebenswerte Abenteurer, Idol so vieler Hollywood-Filme, wird von den raffinierten »Stehkragen-Verbrechern« mühelos überspielt. Gleichzeitig demontiert Welles den Mythos der amerikanischen Frau: Elsa Bannister ist eine geldgierige Intrigantin, für die ein Menschenleben nichts bedeutet. Und diese Rolle ließ Welles auch noch von Rita Hayworth spielen, die damals ein Idol des amerikanischen Filmpublikums (und Frau Welles!) war.
The lady from Shanghai war beim Publikum ein katastrophaler Mißerfolg und wurde der eigentliche Anlaß dafür, daß Orson Welles Hollywood verließ.

The ladykillers
Ladykillers

England 1955

R: Alexander Mackendrick; A: William Rose; K: Otto Heller; D: Katie Johnson, Alec Guinness, Cecil Parker, Herbert Lom, Peter Sellers, Danny Green

Mrs. Wimmerforce (K. J.), eine gutmütig-schrullige alte Dame, vermietet zwei Zimmer ihres Hauses an Professor Markus (A. G.). Sie hält ihn für einen Gentleman, der mit seinen Freunden (C. P., H. L., P. S., D. G.) klassische Streichquintette spielt. Doch die Musik, der die alte Dame verzückt lauscht, kommt von einem Plattenspieler; die angeblichen Amateurmusiker hecken unterdessen den Plan für einen raffinierten Geldraub aus. Höhepunkt: Die total unverdächtige Mrs. Wimmerforce soll, ohne es zu wissen, die Beute aus der Gefahrenzone bringen. Alles klappt wie am Schnürchen; aber gerade als die Gauner sich aus dem Staub machen wollen, entdeckt die alte Dame die Wahrheit. Das Streichquintett beschließt, die lästige Mitwisserin zu beseitigen. Bei der Frage freilich, wer die gute Frau umbringen soll, kommt es zu tätlichen Auseinandersetzungen, bei denen schließlich alle Räuber auf der Strecke bleiben. Übrig bleibt nur das Geld. Kummervoll eilt Mrs. Wimmerforce zur Polizei, um die ganze Wahrheit zu enthüllen. Aber niemand glaubt ihr.

Das Drehbuch ist sehr geschickt gebaut und entwickelt sowohl die komischen als auch die kriminalistischen Aspekte der Handlung ganz folgerichtig. Komische Zwischenspiele sind gerade so ausbalanciert, daß sie die Spannung noch erhöhen; und die Spannung macht die absurden Aspekte dieser Komik noch deutlicher. Eine präzise Inszenierung und vorzügliche darstellerische Leistungen trugen dazu bei, aus dieser Vorlage ein Kleinod des schwarzen Humors zu machen.

keit, Humor (die tantenhaft schrullige Spionin!) mit Spannung zu verbinden. Leicht karikiert, doch in den Grundzügen präzise ist auch die Zeichnung der Charaktere – von den gekauften Zeugen bis zu dem angesehenen Juristen, der seine Hilfe verweigert, weil er mit seiner Geliebten reist und eine Kompromittierung fürchtet. Dieser schäbige Egoist spielt am Ende auch die Rolle des »Appeasement«-Politikers. Er plädiert für die Auslieferung Miß Froys und kommt als einziger der Reisegesellschaft ums Leben. Angesichts des Entstehungsjahres des Films fällt es schwer, dabei nicht an einen gezielten Zeitbezug zu glauben.

The lady vanishes
Eine Dame verschwindet

England 1938

R: Alfred Hitchcock; A: Sidney Gilliatt, Frank Launder und Alma Reville nach dem Roman *The wheel spins* von Ethel Lina White; K: Jack Cox; D: Margaret Lockwood, Michael Redgrave, May Whitty, Paul Lukas

Auf der Rückreise in die Heimat wird die junge Iris (M. L.) auf dem Balkan in ein seltsames Abenteuer verstrickt. Miß Froy (M. W.), eine ältere Dame, die sich um sie gekümmert hatte, verschwindet spurlos aus dem fahrenden Zug; alle Mitreisenden beteuern, sie hätten Miß Froy nie gesehen. Nur Gilbert (M. R.), ein gutaussehender junger Mann, glaubt ihr und hilft bei der Suche. Sie entdecken Miß Froy, die in Wirklichkeit eine Geheimdienst-Agentin ist, in der Gewalt von Dr. Hartz (P. L.), der sie töten will. Zwar kann seine Intrige zunächst verhindert werden; aber die gegnerische Geheimdienst läßt den Wagen vom Zug abkoppeln, auf ein Nebengeleise fahren und sucht der Spionin mit Waffengewalt habhaft zu werden. Miß Froy singt dem Amateur-Musikforscher Gilbert eine Melodie vor, die als Schlüssel für ihre geheime Botschaft dient, und flieht zu Fuß, während Gilbert wenig später mit der Lokomotive der »Durchbruch« gelingt. In London treffen sich alle Beteiligten wohlbehalten wieder.

Ein typisches Beispiel für Hitchcocks Fähig-

Lamerica
Lamerica

Italien/Frankreich 1994

R: Gianni Amelio; A: Gianni Amelio, Andrea Porporati, Alessandro Sermoneta; K: Luca Bigazzi; D: Enrico Lo Verso, Carmelo di Mazzarelli, Michele Placido, Piro Milkani, Elida Janushi

Der skrupellose Fiore (M. P.) und sein junger Partner Gino (E. L. V.) gehen 1991 nach Albanien, um die Not des Landes zu ihrem Vorteil zu nutzen. Von den Funktionären lassen sie sich als Investoren feiern, tatsächlich wollen sie nur mit einer Scheinfirma Subventionen ergaunern; dafür wiederum brauchen sie einen albanischen Strohmann. Sie finden ihn in Spiro (C. d. M.), einem hinfälligen Greis, den Jahrzehnte in einem kommunistischen Straflager physisch und psychisch ruiniert haben. Doch als Fiore zufrieden nach Italien zurückgekehrt ist, beginnen die Schwierigkeiten. Spiro flieht vor den lästigen Dressurakten der Fremden, just als man ihn noch für eine Unterschrift braucht. Gino verfolgt ihn in das Landesinnere und verliert dabei in jeder Hinsicht seine Orientierung. Die Reifen seines Autos werden gestohlen, seine Kreditkarte erweist sich in den abgelegenen Dörfern als lächerlich nutzlos. Im Bus, zu Fuß, auf vollgepferchten Lastwagen kehrt er mühsam mit Spiro in die Hauptstadt zurück – bestaunt und beneidet von den Einheimischen, die von der Flucht in das sagenhafte Land »Lamerica« träumen, das sie sich so vorstellen wie die Werbespots im italienischen Fernsehen. In der Hauptstadt wird Gino verhaftet und wegen seiner unsauberen Geschäfte angeklagt. Sein Paß wird ihm abgenommen; und am Ende sieht man ihn auf einem überfüllten Flüchtlingsschiff bei dem Versuch, illegal in seine Heimat zurückzukehren. Auf dem Schiff ist auch Spiro, der immer noch glaubt, er sei zwanzig Jahre alt; aber mittlerweile erinnert er sich, daß er einst als italienischer Soldat nach Albanien gekommen ist. Jetzt will er heim nach Sizilien »zu seiner jungen Frau und seinem kleinen Kind ...«.

Der Film beruft sich dezidiert auf historische und politische Realitäten. Am Anfang steht eine Wochenschau aus dem April 1939, in der die Eroberung Albaniens durch das faschistische Italien als zivilisatorischer Akt gepriesen wird. 52 Jahre später kommen die »Retter« wieder in das Land, das nunmehr ärmer und elender ist als zuvor. Ein Stück »dritte Welt« mitten in Europa! Gezeigt wird, wie dabei die Würde eines alten Mannes und die eines ganzen Volkes zum Spekulationsobjekt werden. In den schmucklosen, traurigen Bildern des Films aber bleibt diese Würde lebendig; in ihnen wird deutlich, daß sich der Armut, des Elends und der Unwissenheit nicht die Opfer, sondern die Täter schämen müssen.

Lancelot du Lac
Lancelot, Ritter der Königin

Frankreich/Italien 1974

R: Robert Bresson; A: Robert Bresson nach Motiven des Versromans von Chrétien de Troyes; K: Pasqualino De Santis; D: Luc Simon, Laura Duke Condominas, Humbert Balsan, Vladimir Antolek-Oresek, Patrick Bernard

Über 100 Ritter sind ausgezogen, den Heiligen Gral zu finden; kaum 30 kommen zurück – mit leeren Händen. König Artus (V. A.-O.) ist gelähmt vor Entsetzen. Hat er Gott versucht? Er verpflichtet seine Ritter zur Inaktivität, zur Meditation. Er tut es gegen den Rat seines Neffen Gauvain (H. B.), der das Heil im Risiko, im ritterlichen Kampf sieht. Und dann ist da der strahlende Lancelot (L. S.), der sich zum ersten Mal besiegt fühlt. Lancelot ist heimlich der Liebhaber der Königin (L. D. C.). Er leidet unter dieser Schuld, möchte seine Liebe unterdrücken, sein Leben ändern. Aber das Verderben ist nicht aufzuhalten. Ritter Mordred (P. B.), der Lancelot haßt, beobachtet ihn bei einem Rendezvous mit der Königin. Und als Lancelot sich nach dem Turnier verwundet in die Einsamkeit zurückzieht, enthüllt Mordred das Geheimnis seiner Liebe. Artus läßt die Königin, die sich zu ihrer Liebe bekennt, in ein Verlies werfen. Lancelot tötet die Wachen und befreit sie. Dann zieht er sich mit ihr und einem runden Dutzend Freunden auf ein Schloß zurück, das alsbald von König Artus belagert wird. Bei einem nächtlichen Ausfall tötet Lancelot, ohne den Gegner zu erkennen, seinen Freund Gauvain, der sich schweren Herzens dem König angeschlossen hat. Als Vermächtnis des toten Gauvain bietet Artus an, die Königin wieder aufzunehmen, falls Lancelot das Land verläßt. Die Liebenden beschließen, sich zu trennen. Doch als Lancelot die Königin in das Zelt des Königs führt, kommt die Nachricht, daß Mordred Anhänger gewonnen hat, um Artus zu stürzen. Sofort stellt sich Lancelot auf die Seite des Königs. In einem blutigen Gefecht werden Artus und die letzten Ritter der Tafelrunde erschlagen. Sterbend murmelt Lancelot den Namen der Königin.

Einen Film über die Ritter der Tafelrunde hatte Bresson schon vor vielen Jahren geplant. Er schildert hier eine schuldhafte, aber bedingungslose Liebe; und er zeichnet das Bild einer zum Untergang verurteilten Welt. Die heile Welt des Rittertums verliert ihren Angelpunkt – durch Schuld, durch Zweifel, durch ein wachsendes Bewußtsein, mit dem es sich selbst in Frage stellt. Am Ende werden die Ritter nicht von ihresgleichen, sondern von versteckten Bogenschützen getötet; und konsequent fallen sie gleichsam scheppernd auf den Müllhaufen der Geschichte, wobei es der Regie gelingt, Unausweichlichkeit, Melancholie und Größe dieses Untergangs in einem Bild zusammenzufassen.

Bresson hat seinen Film mit äußerstem Stilwillen gestaltet. »Er geizt regelrecht mit den sprachlichen Zeichen, die ihm zur Verfügung stehen; nur selten sieht der Zuschauer all das, was er hört, und selten hört er auch alles, was er sieht« (Peter W. Jansen). So realisiert Bresson seine Theorie, daß Bild und Ton sich nicht kumulieren, sondern ergänzen sollen. Ein großes Turnier etwa erlebt man vornehmlich akustisch, während die Kamera sich fast ausschließlich auf die Beine der Pferde konzentriert. (Bresson: »Sie drücken die Kraft und Gewalt aus, die diese Szene bestimmen!«) Schattiges Halbdunkel beherrscht die Szenerie. Menschen und Dinge erscheinen in Großaufnahmen, im Anschnitt. In dem ganzen Film gibt es nur eine Totale: ein Wald, aus dem eine Rauchsäule steigt. Diese Methode, die einem Teil der Kritik als äußerstes Zeichen der Unfreiheit erschien, weil sie dem Zuschauer keinerlei Auswahl im Bild mehr lasse, ist andererseits geeignet, die Phantasie anzuspornen, über die Bilder des Films hinauszudenken in eine geistige Dimension, die stets das Thema der Filme Bressons gewesen ist.

Lang ist der Weg

BRD 1948

R: Herbert B. Fredersdorf, Marek Goldstein; A: Karl Georg Külb und Israel Becker nach einer Idee von Israel Becker; K: Franz Koch, Jack Jonilowicz; D: Israel Becker, Berta Litwina, Jakob Fischer, Bettina Moissi

Nach dem Einmarsch der Deutschen muß Jakob Jelin (J. F.) mit seiner Frau Hanne (B. L.) und seinem Sohn David (I. B.) in das Warschauer Ghetto ziehen. Später wird die Familie nach Auschwitz deportiert. David kann auf dem Transport fliehen, Jakob wird ermordet, Hanne überlebt. Nach dem Krieg wandern Hanne und David durch Europa und suchen sich. David trifft die deutsche Jüdin Dora Berkowicz (B. M.) und heiratet sie. In einem DP-Camp warten sie resigniert auf die Ausreise nach Israel. Hanne Jelin erleidet einen Nervenzusammenbruch. Aber schließlich hat eine Suchmeldung Erfolg. David findet seine Mutter, die Verwirrung ihres Geistes löst sich, und sie erkennt ihn. Das Schlußbild zeigt in einer Montage Davids Gesicht und Bilder aus Israel.
Der Film, eine der ersten Auseinandersetzungen im deutschen Film mit dem Problem der Judenverfolgung, begnügt sich nicht nur damit, die Leiden der Vergangenheit zu schildern; ihm geht es gleichermaßen um die Probleme der Gegenwart. Er tritt für eine Aussöhnung mit den Deutschen und die freie Einwanderung der Juden nach Israel (das bei Drehbeginn noch kein selbständiger Staat war!) ein. Formal recht geschickt gehandhabt wurde die Kombination von Spielszenen mit Dokumentaraufnahmen.

Lásky jedné plavovlásky
Die Liebe einer Blondine

ČSSR 1964/65

R: Miloš Forman; A: Jaroslav Papoušek, Miloš Forman, Ivan Passer; K: Miroslav Ondříček; D: Hana Brejchová, Vladimir Pucholt, Vladimir Menšik

Junge Arbeiterinnen in einem Wohnheim in Zruc. Unter ihnen ist auch Andula (H. B.). Der Männermangel im Städtchen macht den Funktionären der Textilfabrik große Sorgen, da die meisten Mädchen Zruc schnell wieder verlassen wollen. Also erreicht man, daß in der Stadt eine Garnison errichtet wird. Doch zur Enttäuschung der Mädchen wird sie mit ältlichen Reservisten belegt; entsprechend reserviert verläuft auch der erste gemeinsame Tanzabend. Nur Andula ist glücklich. Sie hat sich in den Pianisten Milda (V. P.) verliebt und verbringt die Nacht mit ihm. Einige Zeit später macht sich Andula an einem Wochenende auf den Weg nach Prag, um Milda zu besuchen. Sie trifft aber nur seine Eltern an, die von dem Besuch keineswegs begeistert sind. Die Mutter läßt sie schließlich in Mildas Zimmer übernachten. Als Milda spät nach Hause kommt, wird ihm ein Platz zwischen den Eltern im Ehebett zugewiesen, wo er von beiden Seiten abwechselnd beschimpft wird. Andula hört alles mit an und weint. Aber nach ihrer Rückkehr erzählt sie ihrer Freundin, wie nett Mildas Eltern sie aufgenommen haben.
Seit *Černý Petr* hat sich Forman handwerklich vervollkommnet, während die Spontaneität dabei etwas gelitten hat. Zwar gibt es vorzügliche Szenen vor allem im Zusammenspiel von An-

dula und Milda, doch stellenweise erliegt Forman auch der Versuchung, Gags zu plazieren, sich auf Kosten der Kleinbürger, die er beobachtet, lustig zu machen. Dabei gerät der Film (etwa bei der Schilderung des Tanzabends) in die Nähe oberflächlicher Belustigung.

The last command ⓢ
Sein letzter Befehl

USA 1928

R: Josef von Sternberg; A: John F. Goodrich nach einer Vorlage von Lajos Biró; K: Bert Glennon; D: Emil Jannings, Evelyn Brent, William Powell

Der russische Regisseur Leo Andrejew (W. P.) erkennt bei Dreharbeiten in Hollywood in dem Statisten Sergius Alexander (E. J.) den ehemaligen Großfürsten Sergius wieder. Er erinnert sich: Im Krieg hatte der Großfürst den revolutionär gesinnten Theater-Regisseur Andrejew als vermeintlichen Drückeberger mit der Peitsche geschlagen und ins Gefängnis werfen lassen. Er hatte damals indirekt den Tod von Andrejews Gefährtin Natascha (E. B.) verursacht, die sich in den Großfürsten verliebt und ihm zur Flucht vor den Genossen verholfen hatte, obwohl sie ihn eigentlich erschießen wollte und sollte. Jetzt läßt Andrejew den ehemaligen Großfürsten im Atelier einen russischen General des Ersten Weltkriegs spielen. Und Sergius spielt ihn, überwältigt von den Erinnerungen an sein Vaterland, mit solcher Leidenschaft, daß er zusammenbricht und vor der Kamera stirbt. Andrejew bedeckt seine Leiche mit einer Zarenfahne und sagt bewegt: »Er war ein großer Mann!«
Sternberg nutzte die atmosphärisch dichte Charakterstudie auch für einige kritische und stellenweise bissige Attacken gegen den Filmbetrieb in Hollywood. Jannings gewann für seine eindrucksvolle Leistung (und für seine Rolle in Victor Flemings *The way of all flesh* – Der Weg allen Fleisches, 1927) den erstmals verliehenen »Oscar« in der Sparte »Bester Darsteller«. In seinen Memoiren meint Sternberg, er selbst habe das Drehbuch zu diesem Film nach einer Idee von Ernst Lubitsch geschrieben.

The last detail
Das letzte Kommando

USA 1973

R: Hal Ashby; A: Robert Towne nach einem Roman von Darryl Ponicsan; K: Michael Chapman; D: Jack Nicholson, Otis Young, Randy Quaid

In einem Lager der US-Kriegsmarine. Buddusky (J. N.) und Mulhall (O. Y.), zwei abgebrühte Berufssoldaten, erhalten den Auftrag, den Matrosen Meadows (R. Q.) ins Militärgefängnis nach Portsmouth zu bringen. Die beiden Begleiter sehen in diesem Auftrag vor allem die Möglichkeit, sich ein paar schöne Tage zu machen. Bald aber verunsichert sie die Erkenntnis, daß das Riesenbaby Meadows, dem man für einen Diebstahlsversuch acht Jahre Haft aufgebrummt hat, ein harmloser und sympathischer Junge ist, der allenfalls auf die Couch eines Psychiaters, aber nicht in eine Zelle gehört. Buddusky und Mulhall betäuben ihr schlechtes Gewissen, indem sie beschließen, Meadows die Fahrt so angenehm wie möglich zu machen und ihn auf das harte Leben im Gefängnis nach Möglichkeit vorzubereiten. Buddusky versucht, ihm Boxen beizubringen, sie veranstalten eine ausgedehnte Sauftour und finanzieren ihm schließlich sogar einen Besuch im Bordell. Ihre Erziehung trägt Früchte. Meadows wird immerhin so selbständig, daß er einen Fluchtversuch macht. Mühsam fangen die beiden ihn wieder ein und liefern ihn schließlich im Gefängnis ab. Sie finden ihren Job »beschissen«. Aber ein wenig haben sie doch gelernt: Sie lassen sich wegen Mißhandlung eines Gefangenen anpfeifen und verschweigen den Fluchtversuch, bei dem Meadows seine Verletzungen erlitten hat.
Wie in seinen vorhergehenden Filmen *The landlord* (Der Hausbesitzer, 1970) und *Harold and Maude* (1971) hat Ashby hier wieder eine böse Komödie gedreht, die mindestens ebensoviel Betroffenheit wie Heiterkeit bewirkt. Was da zunächst wie ein Kasernenhof-Spaß einherkommt, entpuppt sich sehr schnell als aggressive Attacke auf ein System, das keine Einsichten, sondern nur Befehle kennt, in dem Leute wie Buddusky und Mulhall sich behaupten

können, während Außenseiter wie Meadows keine Chancen haben. Aus dieser Grundeinsicht heraus werden dann all die naiven Versuche zur »Menschlichkeit«, die die beiden Bewacher auf ihrer turbulenten Reise unternehmen, Indizien gegen dieses System, dem man sie abzutrotzen sucht. Buddusky, die zeitgenössische Variante eines Western- und Pionierhelden, verdrängt diese Erkenntnis lange und verbreitet statt dessen die optimistische These, daß ein paar gut gezielte Schläge alle Fährnisse des Lebens überwinden können. Der Farbige Mulhall, durch eigene Erfahrungen offenbar hellsichtiger, stellt dagegen die entscheidende Frage, was denn dem Jungen die paar schönen Stunden nützen, wenn er anschließend acht Jahre ins Gefängnis muß. Darauf weiß Buddusky keine Antwort. Aber der Film gibt sie: gar nichts!

The last emperor
Der letzte Kaiser

England / VR China / Italien 1986/87

R: Bernardo Bertolucci; A: Bernardo Bertolucci, Marc Peploe und Enzo Ungari nach der Autobiographie von Pu Yi; K: Vittorio Storaro; D: John Lone, Peter O'Toole, Joan Chen, Wu Chun Mei

Der Film beginnt im Jahr 1950 mit einem Selbstmordversuch des 45jährigen Pu Yi (J. L.). Man erlebt sein weiteres Schicksal und in zahlreichen Rückblenden sein bisheriges Leben – das Leben des letzten Kaisers von China. Als Dreijähriger wird Pu Yi 1908 zum Kaiser gekrönt; aber schon vier Jahre später siegt die Revolution, und die Monarchie wird abgeschafft. Pu Yi allerdings darf weiterhin als lebender Anachronismus in feudaler Pracht im Kaiserpalast residieren. Hier lernt er von seinem englischen Tutor Reginald Johnston (P. O'T.), was jenseits der Palastmauern vor sich geht, hier heiratet er 1922 Wan Jung (J. C.) und später – als Nebenfrau – Wen Hsiu (W. C. M.). 1924 wird er mit seinem Hofstaat aus dem Palast vertrieben. Er findet Kontakt zu den Japanern; und die haben 1933 endlich eine wirkliche Aufgabe für ihn – sie machen ihn zum Kaiser von Mandschukuo. Doch Macht gewinnt er auch hier nicht. Er bleibt eine Marionette der Japaner. Seine Frau verfällt dem Rauschgift, seine Nebenfrau verläßt ihn. Nach dem Krieg gerät er in russische Gefangenschaft und wird dann an die Chinesen ausgeliefert, die ihn zur »Umerziehung« ins Gefängnis stecken. 1959 wird er endlich entlassen und kann – als Gärtner in Peking – zum ersten Mal ein normaler Mensch sein. In der Kulturrevolution zeigt er persönlichen Mut und setzt sich für seinen als Konterrevolutionär verfolgten ehemaligen Gefängnisdirektor ein. 1967 stirbt er.

Bertolucci konnte seinen Film an Originalschauplätzen in Pekings »verbotener Stadt«, dem ehemaligen Kaiserpalast, drehen. Das gibt den Bildern Exotik und Authentizität zugleich. Aber die nutzt Bertolucci nicht für ein historisches, sondern für ein psychologisches Drama. Er konzentriert sich ganz auf die Gestalt des Pu Yi, nimmt die Umwelt nur mit dessen Augen wahr und beschreibt Geschichte nur soweit, wie sie von diesem wahrgenommen, erlebt und erlitten wird. So wird man Zeuge der Tragödie eines Menschen, der im Alter von drei Jahren aus seiner Familie gerissen und der prunkvollen Anonymität des Kaiserhofes ausgeliefert wird. Von da an lebt er nahezu sein ganzes Leben in einem Gefängnis – unterworfen zunächst der strengen Etikette des Hofes, dann den Befehlen der Japaner und schließlich der weltanschaulichen Indoktrination der Kommunisten.

Am Ende steht eine Schlüsselszene: Pu Yi geht als Besucher in das Museum, das einst sein Palast war. Dort gibt er einem Kind sein altes Spielzeug, eine Bambus-Dose, die er in einem Versteck des Thronsessels wiedergefunden hat. Und während aus der Dose lebendig die Grille schlüpft, mit der er als Kind gespielt hat, verschwindet die Gestalt Pu Yis. Er ist endlich frei.

The last picture show (Timothy Bottoms, Cloris Leachman)

The last picture show
Die letzte Vorstellung

USA 1971

R: Peter Bogdanovich; A: Larry McMurtry und Peter Bogdanovich nach einem Roman von Larry McMurtry; K: Robert Surtees; D: Timothy Bottoms, Jeff Bridges, Cybill Shepherd, Ben Johnson, Cloris Leachman, Sam Bottoms, Ellen Burstyn, Gary Brockette

1951 in einer texanischen Kleinstadt, in der die Erwachsenen vor der lähmenden Eintönigkeit ihres Lebens längst resigniert haben und die Jungen mehr oder weniger bewußt der gleichen Resignation entgegengehen. Vergessen wollen sie ihre Misere im Kino und bei den Mädchen. Aber Sonnys (T. B.) erste Liebe geht beim Petting (nach dem Besuch von Minnellis Film *Vater der Braut*) in die Brüche, und er hat eine Affäre mit Mrs. Popper (C. L.), der verbitterten Frau des örtlichen Football-Trainers. Und Sonnys Freund Duane (J. B.) ist nur scheinbar glücklicher: Die reiche und attraktive Jacy (C. S.), die von ihrer Mutter (E. B.) auf gedankenlosen Genuß programmiert worden ist, schläft nur mit ihm, weil ihr reicher Freund Bobby (G. B.) partout keine Mädchen deflorieren mag. Sonny und Duane reagieren ihre Enttäuschungen ab, indem sie den schwachsinnigen Billy (S. B.) zur Dorfhure schleppen. Sonnys und Billys Pflegevater »Sam der Löwe« (B. J.), Besitzer des Kinos und des Cafés, ist voller Empörung über diesen Streich. Vorübergehend scheint es, er könne einen positiven Gegenpol abgeben; aber er hat seine Resignation wohl nur besser verarbeitet. Er stirbt bald darauf. Duane verläßt die Stadt. Jacy überredet Sonny, Mrs. Popper zu verlassen. Während eines Besuches schlägt der eifersüchtige Duane Sonny zusammen. Jacy möchte, daß Sonny sie heiratet; aber ihre Eltern verhindern diese unstandesgemäße Ehe, indem sie Jacy aufs College schicken. Duane meldet sich zur Armee. Seinen letzten Abend in der Stadt verbringt er mit Sonny in der letzten Vorstellung des Kinos, das der Konkurrenz des Fernsehens weichen muß. Man spielt *Red River* von Hawks. Billy wird von einem Lastwagen überfahren. Verzweifelt kehrt Sonny zu Mrs. Popper zurück, um sich trösten zu lassen.

Bogdanovich (»Alle guten Filme sind schon gedreht!«) erzählt seine bittere Reportage in einem Stil, der direkt an die Tradition des amerikanischen Erzählkinos von John Ford, Howard Hawks u. a. anknüpft. Aber seine Erzählweise ist keineswegs bloße Imitation seiner Vorbilder; ihre Welt erscheint nicht in nostalgischer Verklärung, sondern gebrochen durch die Einsicht in ihr Scheitern. Daraus entsteht wohl die eigentümliche Spannung dieses Films. Am Anfang konfrontiert er die heile Welt von *Vater der Braut* mit der Tristesse des Milieus, in dem dieser Film konsumiert wird und für das er konzipiert wurde. Am Ende ist *Red River* vielleicht eine Hommage an Howard Hawks; aber gleichzeitig benutzt Bogdanovich diesen Film, um deutlich zu machen, daß der Traum vom »guten alten Amerika«, vom Pioniergeist, von der Welt, in der der einzelne sich sieghaft behaupten konnte, nun ausgeträumt ist – und eigentlich schon ausgeträumt war, als diese optimistischen Legenden entstanden.

The last temptation of Christ
Die letzte Versuchung Christi

USA 1987/88

R: Martin Scorsese; A: Paul Schrader nach dem gleichnamigen Roman von Nikos Kazantzakis; K: Michael Ballhaus; D: Willem Dafoe, Harvey Keitel, Barbara Hershey, Harry Dean Stanton, David Bowie, Verna Bloom, Randy Danson, Peggy Gormley

Scorsese hat nicht das Evangelium verfilmt, sondern einen eigenständigen und eigenwilligen Roman von Nikos Kazantzakis. Jesus (W. D.) ist hier ein Zwiespältiger, einer, den der Zweifel an seiner Sendung auf seinem ganzen Lebensweg begleitet. Konsequent überfällt ihn nach seiner Verurteilung durch Pilatus (D. B.) am Kreuz die »letzte Versuchung«: Ein Engel in Gestalt eines Kindes verkündet ihm, daß er nicht sterben müsse, daß Gott auf dieses Opfer verzichten werde, so wie er auf das Opfer des Isaak durch Abraham verzichtet habe. In einer Halluzination steigt Jesus vom Kreuz herab. Er heiratet Maria Magdalena (B. H.) und nach ihrem Tod Maria aus Bethanien (R. D.) und Martha (P. G.). Als dieser »bürgerliche« Jesus, alt geworden, den Tod herannahen fühlt, erscheint als Flüchtling aus dem brennenden Jerusalem Judas (H. K.). Und dieser Judas, der sich schon vorher lange gegen die ihm von Jesus angetragene Rolle des Verräters gesträubt hatte, führt den Meister wieder auf seinen Weg. Jesus kehrt ans Kreuz zurück und stirbt freudig mit den Worten: »Es ist vollbracht!«

Besonders diese halbstündige Traumvision hat zu erregten Diskussionen und zu massiven Protesten gegen den Film geführt. Dabei wurde wohl nicht erkannt, daß diese sehr dezent gestaltete Passage unverzichtbarer Bestandteil eines höchst intelligenten Denkspiels ist, in dem gezeigt wird, wie ein Erwählter unter der Last seiner Sendung zu zerbrechen droht und am Ende doch sein Leben dafür einsetzt. Dieser Ansatzpunkt ist sicherlich weit fruchtbarer als die frömmelnde Erbaulichkeit vieler üblicher Bibelfilme.

Der Protestant Schrader und der Katholik Scorsese machen Ernst mit dem Glaubenssatz, daß Jesus Gott *und* Mensch gewesen ist, und deshalb sind für sie die Wunder genauso real wie die Versuchungen. Realität ist für sie der spirituelle Einfluß Jesu – aber ebenso auch der (verständliche) Ärger des Zebedäus darüber, daß seine Söhne Johannes und Jakobus als Arbeitskräfte auf dem Feld ausfallen, weil sie dem Mann aus Nazareth gefolgt sind. Insgesamt ein faszinierender und beunruhigender Film, der den Zuschauer nicht in gemütvolle Beschaulichkeit entläßt, sondern ihn zur ernsthaften Auseinandersetzung mit seinem Thema provoziert.

The last train from Gun Hill
Der letzte Zug von Gun Hill

USA 1958

R: John Sturges; A: James Poe nach einem Entwurf von Les Crutchfield; K: Charles Lang jr.; D: Kirk Douglas, Anthony Quinn, Earl Holliman, Carolyn Jones

Die junge Frau (C. J.) des Sheriffs Matt Morgan (K. D.) wird im Wald überfallen und getötet. Am Sattel des Pferdes, mit dem sein kleiner Sohn den Mördern entkommen kann, erkennt Morgan, daß das Pferd seinem alten Freund Craig Belden (A. Q.) gehört. Er fährt nach Gun Hill, um den Mörder zu finden. Belden und Morgan wird sehr schnell klar, daß Beldens Sohn Rick (E. H.) der Täter ist. Der gewalttätige Belden, der die Stadt beherrscht, bittet um Gnade für Rick; aber Morgan ist entschlossen, den Schuldigen vor Gericht zu bringen. Es gelingt ihm, Rick festzunehmen; doch Belden holt Männer zusammen, die die Abfahrt des Sheriffs verhindern sollen. Am Bahnhof kommt es zu einer Schießerei, bei der beide Beldens getötet werden.

Ein Western, der beliebte Motive dieses Genres geschickt psychologisiert, ohne dabei an Spannung zu verlieren. Interessant ist vor allem das Verhältnis der ungleichen Freunde Belden und Morgan; für die Problemstellung des Films von Bedeutung ist aber auch, daß Morgans Frau eine Indianerin ist, was in den Augen Beldens und seiner Anhänger die Schuld Ricks doch ein wenig mindert.

Leaving Las Vegas
Leaving Las Vegas – A Love Story

USA 1995/96

R: Mike Figgis; A: Mike Figgis nach dem gleichnamigen Roman von John O'Brien; K: Declan Quinn; D: Nicolas Cage, Elisabeth Shue, Julian Sands, Richard Lewis, Steven Weber

Der Drehbuchautor Ben Sanderson (N. C.) ist am Ende. Sein Alkoholismus hat ihn die Familie und den Job gekostet; jetzt inszeniert er seinen Abschied vom Leben und fährt nach Las Vegas, um sich dort zu Tode zu trinken, was nach seiner Berechnung etwa drei Wochen dauern wird. Er wohnt in einem billigen Hotel, zieht ziellos durch die Stadt – und trinkt. Doch während der Alkohol seinen Geist und seinen Körper mehr und mehr vergiftet, lernt er die Prostituierte Sera (E. S.) kennen. Zwischen den beiden Verlierern entsteht eine Beziehung, die Raum hat für Zärtlichkeit, ja Liebe. Ben zieht zu ihr, nachdem sie ihm versprochen hat, ihn niemals vom Trinken abzuhalten. Aus Sorge um den Geliebten bricht Sera ihr Versprechen. Im Streit gehen sie auseinander. Noch einmal arrangiert Ben ein kurzes Wiedersehen in einem Motel. Dann ist er tot, und Sera kann sich mit ihren Problemen nur mehr an einen Therapeuten wenden.

Beinahe hätte Figgis diesen Film nicht gedreht, weil der Selbstmord des Autors John O'Brien kurz nach Fertigstellung des Drehbuchs ihn erschüttert hatte. Und vielleicht hat gerade diese Erschütterung dem Film seine eindringliche und beunruhigende Kraft gegeben. Nüchtern, im Stil einer Dokumentation schildert er das Schicksal seiner Protagonisten. Insistierend und schnörkellos verfolgt die Kamera den Niedergang eines Menschen, der gerade noch klar genug denken kann, um die Auswegslosigkeit seiner Situation zu erkennen. Dabei verzichtet der Film auch auf die kinoüblichen dramaturgischen Effekte. Nie wird mit der Möglichkeit eines Happy-Ends spekuliert; und das bißchen Liebe zwischen Ben und Sera wirkt gerade deswegen so anrührend, weil es nie eine Chance hat, den Untergang aufzuhalten. Kamera und Musik (Figgis komponierte auch den Soundtrack) schufen dabei eine düstere Atmosphäre der Verzweiflung, in der Bens Tod fast zwangsläufig erscheint. Figgis dramatisiert nicht und moralisiert nicht, er registriert das Schicksal Ben Sandersons gleichsam als »Chronik eines angekündigten Todes«. Aber dabei lebt in seinen schmucklosen Bildern eine merkwürdige poetische Kraft.

Das Leben der Anderen

BRD 2004

R: Florian Henckel von Donnersmarck; A: Florian Henckel von Donnersmarck; K: Hagen Bogdanski; D: Ulrich Mühe, Martina Gedeck, Sebastian Koch, Ulrich Tukur, Thomas Thieme

Ostberlin 1984. Stasi-Hauptmann Gerd Wiesler (U. M.) fungiert als engagierter Chefausbilder für den MfS-Nachwuchs und übernimmt auf Geheiß seines Vorgesetzten, Oberst Grubitz

Leaving Las Vegas
(Julian Sands, Elisabeth Shue)

(U. T.), eine Überwachungsaktion gegen den regimetreuen Dramatiker Georg Dreymann (S. K.). Über dessen verwanzter Wohnung installiert man im Dachboden ein Abhörstudio. Schon bald aber entlarvt der Lauschangriff-Spezialist den Verdacht gegen den vermeintlichen Dissidenten und dessen Doppelleben als vorgeschobenes Argument: Der Kulturminister Hempf (T. T.) sinnt auf ein intimes Verhältnis mit der Schauspielerin Christa-Maria Sieland (M. G.), Dreymanns Lebensgefährtin, und möchte den unliebsamen Konkurrenten ausschalten. Per Kopfhörer über alle Vorgänge und Gespräche in der observierten Wohnung informiert, entstehen ausführlichste Protokolle vom Alltag und Intimleben des Verdächtigen. Allerdings verändert sich dabei auch die Psyche des Stasi-Voyeurs.

Im Laufe der Zeit wird aus dem Staatsspitzel ein Sympathisant für die Gerechtigkeit und das eigene Berufsethos. Der bescheiden, asketisch lebende Junggeselle warnt schließlich sein »Opfer«, indem er den neutralen Standort als Beobachter aufgibt, in das Geschehen eingreift und »Schicksal« spielt. Für den Schutz des Paares, das er überwacht, verletzt Hauptmann Wiesler die geltenden Gesetze und gefährdet zudem seine Karriere. Im Gegenzug erhofft er sich ein besseres Selbstwertgefühl und einen neuen Lebensinhalt. Als ein befreundeter Regisseur – vom Staat mit Berufsverbot bestraft und inhaftiert – Selbstmord begeht, wandelt sich der Dramatiker zum Dissidenten. Seine Freundin, die Schauspielerin, wählt, von der unablässigen ministeriellen Belästigung und Dreymanns »Verrat« an ihr in die Enge getrieben, den Freitod.

Florian Henckel von Donnersmarcks Spielfilmdebüt polarisierte die deutsch-deutsche Diskussion um die Vergangenheit des real existierenden Sozialismus wie kaum eine andere Kinoproduktion nach der Wiedervereinigung. Die Wahrnehmung der Ex-DDR als filmästhetische, ausdrücklich mit künstlerischen Freiheiten inszenierte Realität provoziert Pro und Kontra, Aufrechnen und Vergleichen von (vermeintlich) historisch gesicherten Verhaltens- und Unterdrückungsmechanismen. Das *Leben der Anderen* will und kann aber keine dokumentarische, zeitkritische Stellungnahme vom Leben, von der Endzeit, vom Untergang der zweiten Diktatur auf deutschem Boden sein. Vielfach preisgekrönt und ausgezeichnet mit dem Auslands-»Oscar« für das Jahr 2006, zog der Film dank seiner exponierten Fragestellung ein Millionenpublikum in den Bann. Die durchweg erstklassigen Schauspielerleistungen haben an diesem Erfolg beträchtlichen Anteil. Ulrich Mühes charakterliche Wandlungsfähigkeit besticht in ihrer lapidaren, unglaublich präsenten Art. Einzelne historische Ungenauigkeiten oder Fehler im Detail sind durchaus kritikwürdig, treten jedoch hinter die gelungene Gesamtanlage des populären, eindringlichen Werks zurück. Armselig in der Ausstattung, »thesenhaft deklamierte politische Dialoge« oder »Musik, die wie Glutamat wirkt«, lauteten einige Vorwürfe. Doch die zeitkritische Atmosphäre und Wahrhaftigkeit des Films wurden selbst von einem Berufsskeptiker und Betroffenen wie Wolf Biermann positiv beurteilt.

Die Kardinalfrage von *Das Leben der Anderen* ist: Existierte im totalitären Überwachungsstaat der DDR ein derartiger individueller Gestaltungsrahmen? Oder handelt es sich um eine revisionistische Verharmlosung des Psychoterrors und der Stasi-Verhörmethoden? Im Dreieck von politischer Macht, Kunst und Privatleben regieren trotz hehrer sozialistischer Freiheitsideale Angst und Repression – ein Klima, das in den grauen, entsättigten Farben und in ungewöhnlichen Kameraeinstellungen unübersehbar ist.

Lebenszeichen

BRD 1967

R: Werner Herzog; A: Werner Herzog; K: Thomas Mauch; D: Peter Brogle, Wolfgang Reichmann, Athina Zacharopoulou, Wolfgang von Ungern-Sternberg

Gegen Ende des Zweiten Weltkriegs wird der Soldat Stroszek (P. B.) nach einer Verwundung auf die friedliche griechische Insel Kos versetzt, wo er mit zwei Kameraden (W. R., W. v. U.-S.) ein Munitionslager bewachen soll. Doch die Untätigkeit, die als Rekonvaleszenz gedacht ist, zermürbt den sensiblen Stroszek. Auch seine griechische Frau (A. Z.) kann ihn nicht mehr beruhigen. Eines Tages verjagt er die Kameraden aus dem Depot und versucht, mit selbstgebastelten Raketen die Stadt zu vernichten. Zwei Tage verschanzt und verteidigt er sich; dann wird er eines Nachts überwältigt und abtransportiert.

Der Film schildert mit minutiöser Genauigkeit die Zerstörung eines Menschen – nicht durch brutale Gewalt, sondern durch eine inhumane Welt, durch eine sinnlose Situation. Fast eine Stunde lang beobachtet die Kamera, nahezu ohne äußere Aktion, wie sich die Welt für Stroszek mehr und mehr zum Käfig verengt, wie die weißen Mauern des altertümlichen Bauwerks zusehends bedrohlicher erscheinen. Die Idylle, in der seine Kameraden antike Texte zu entziffern suchen oder skurrile Apparate zum Fangen von Kakerlaken konstruieren, demoralisiert und enerviert den auf menschliche Kontakte angewiesenen Stroszek. Ohne Echo erstickt er an der Lautlosigkeit. In einem Tal, in dem sich Hunderte von Windmühlen drehen, bricht der Wahnsinn bei ihm aus. Und nachdem er sich im Kastell verschanzt hat, sieht man ihn nur noch aus der Ferne, verloren zwischen den Mauern, erdrückt von den Steinen.

Lenin w oktjabre / Wosstanije
Lenin im Oktober / Der Aufstand

UdSSR 1937

R: Michail Romm; A: Alexej Kapler; K: Boris Woltschek; D: Boris Schtschukin, S. Goldschtab, Nikolai Ochlopkow, A. Kowalewski

Im Oktober 1917 kommt Lenin (B. S.) aus Finnland nach Petrograd, um die Führung der Revolution zu übernehmen. Kerenski (A. K.) gibt den Befehl, ihn festzunehmen; aber der Arbeiter Wassili (N. O.) bringt Lenin auf Befehl des ZK in die Wohnung von Freunden. Auf einer ZK-Sitzung am 10. Oktober verurteilt Lenin

Trotzki und seine Anhänger und bringt eine Resolution über den bewaffneten Aufstand durch. Kamenew und Sinowjew wollen den Aufstand unmöglich machen, indem sie die Pläne verraten. Lenin soll im Auftrag der Provisorischen Regierung ermordet werden; doch mit Hilfe Stalins (S. G.) und treuer Arbeiter entgeht er allen Gefahren. Lenins Plan wird durchgeführt, die Revolution siegt.

Der Film folgt der Zeittafel der Historie, interpretiert sie jedoch sorgfältig nach der zur Entstehungszeit gültigen Lesart. Dazu gehört, daß neben Lenin vor allem Stalin ausführlich gepriesen wird; stets sieht man ihn hinter Lenin dekorativ im Bild, und auch der Text macht deutlich, daß Lenin ihn besonders schätzt. Dazu gehört ebenso, daß die Gegner Stalins – Trotzki vor allem – eine gebührende Abfuhr erhalten, wobei Lenin als Kronzeuge für ihre Verurteilung zitiert wird.

In den sechziger Jahren wurde der Film »restauriert« – man eliminierte die Gestalt Stalins durch einen technischen Trick. Die entsprechenden Szenen wurden mit dem »Rückpro-Verfahren« von einer Leinwand erneut abgefilmt, wobei man Schauspieler oder Requisiten so vor der Leinwand postierte, daß sie Stalin auf dem Bild verdeckten. Dieses Verfahren wurde bei mehreren Filmen benutzt.

Positiv zu bewerten sind einige bewegte und lebendige Massenszenen. Ansonsten signalisiert der Film den Beginn des »Personenkultes« im sowjetischen Film, der die großen Führergestalten in dekorativer Pose verherrlichte. Romm selbst leistete einen weiteren pompösen Beitrag dazu mit seinem Film *Lenin w 1918 godu* (Lenin im Jahr 1918), der ein Jahr später entstand.

Léon
Léon – Der Profi

Frankreich 1993

R: Luc Besson; A: Luc Besson; K: Thierry Arbogast; D: Jean Reno, Natalie Portman, Gary Oldman, Danny Aiello

Léon (J. R.), ein eiskalter, erfolgreicher Profikiller, führt in New York ein zurückgezogenes, spartanisches Leben, bis er eines Tages der zwölfjährigen Mathilda (N. P.) begegnet. Vom Vater, einem Drogenhändler, und der Mutter vernachlässigt, hält sich das Mädchen lieber auf der Straße auf. Als Stansfield (G. O.), ein korrupter Polizist der Drogenbehörde, ein Blutbad in ihrer Familie anrichtet, ruft sie ihren »großen Freund« Léon zu Hilfe. Ihr geht es um Rache für ihren geliebten kleinen Bruder. Dem Killer ist der außergewöhnliche Wunsch des Mädchens lästig, sieht er sich doch in seiner Lebensweise eingeschränkt. Aber Mathilda wartet mit einem verblüffenden Vorschlag auf: Sie kümmert sich um seinen Haushalt und bringt ihm Lesen und Schreiben bei. Als Gegenleistung verlangt sie Unterricht in der Kunst des Tötens. Léon und Mathilda werden ein Duo. Ihre Spezialität: Wohnungseinbrüche. Sie mimt das schüchterne, verlorene Mädchen, während er die Sicherheitsschlösser knackt. Aber Mathilda will mehr. Sie liebt den Mann und versucht, ihn zu verführen. Doch der wehrt ab. Als Léon einen von Stansfields Leuten tötet, ist ihm dieser auf den Fersen und hetzt alle verfügbaren Spezialeinheiten der Stadt auf das Paar. Am Ende, als Léon glaubt, der Polizei entkommen zu sein, lauert ihm sein Gegenspieler auf und stellt ihn.

Dem französischen Kultregisseur Luc Besson (Jahrgang 1959) gelang mit *Léon* ein existentialistischer, poetischer Thriller. Im Zentrum steht ein melancholischer Einzelgänger, der in einer Welt ohne Gefühle, Freunde, Hobbies oder Abwechslung lebt. Gefahr für seine Professionalität droht von einem jungen Mädchen, das seine Schülerin, seine heimliche Geliebte wird. Aber dieser Film rekurriert nicht auf puren Realismus, sondern präsentiert eine Kunstwelt, die dem Film noir und Jean-Pierre Melville verpflichtet ist. Die visionäre Bilderwelt dieser kühlen Tragödie beschwört das Schweigen, die Sprachlosigkeit der Protagonisten, die keine Vergangenheit und keine Zukunft haben. Stilistisch – Videoclipästhetik, Scope-Format, Thema Gewalt, Morbidität, Romantizismus – hat sich der Franzose seit seinem Debüt mit *Le dernier combat* (Der letzte Kampf, Frankreich 1982) über das Großstadtmärchen *Subway* (Subway, Frankreich 1985), den Agententhriller *Nikita* (Nikita, Frankreich/Italien 1989), das Sciencefiction-Spektakel *Le cinquième élément* (Das fünfte Element, Frankreich/USA 1997) bis hin zu *Jeanne d'Arc* (Johanna von Orleans, Frankreich

1999) kaum verändert. Kameramann Thierry Arbogast, Cutterin Sylvie Landra und Komponist Eric Serra sind für die äußerst bewegliche Kamera, die schockartigen Schnittfolgen und einen süffigen Soundtrack verantwortlich. Von *Léon*, der 60 Millionen Mark einspielte, existiert auch ein rund 25 Minuten längerer, umstrittener »director's cut«. Er legt mehr Wert auf die Beziehung der Hauptpersonen und stellt die Vorgeschichte und Motivation des Killers dar.

Der leone have sept cabeças
Der Löwe mit den sieben Köpfen

Frankreich/Italien 1969

R: Glauber Rocha; A: Glauber Rocha, Gianni Amico; K: Guido Cosulich; D: Rada Rassimov, Gabriele Tinti, Jean-Pierre Léaud, Giulio Brogi, Reinhard Kolldehoff, Hugo Carvana de Hollanda, Segolo dia Manungu, Miguel

Ein weißer Wanderprediger (J.-P. L.) in Afrika verkündet das Ende der Welt. Er nimmt einen weißen Revolutionär (G. B.) gefangen und liefert ihn den Kolonialisten aus: einem Söldnerführer (R. K.), einem reichen Portugiesen (H. C. d. H.) und einem nordamerikanischen Kapitalisten. Diese drei beuten Afrika mit Hilfe eines schwarzen Komplizen (S. d. M.), den sie zum Präsidenten ernannt haben, rücksichtslos aus. Vierte im Bunde ist Marlène (R. R.), um die sich alle drei bewerben. Aber ein Neger (M.) ruft sein Volk zum Widerstand auf und verbündet sich mit dem weißen Revolutionär. Während der Prediger Marlène, die sich ihm angeschlossen hat, in einem blutigen Ritual kreuzigt, schließen sich die Afrikaner zusammen und schießen in einen dunklen Himmel, aus dem Flugzeugmotoren dröhnen.

Rocha drehte diesen Film unter schwierigsten Bedingungen in Kongo Brazzaville, wo in der Nacht zum zweiten Drehtag eine Revolution ausbrach. Ein normales Drehbuch gab es nicht. Vor den Aufnahmen wurden Zettel verteilt, auf denen die Texte für die jeweiligen Szenen skizziert waren; vieles wurde improvisiert.

Der Film ist eine offene Kampfansage an die Kolonialmächte, auf die schon der vielsprachige Titel zielt, und an den Kolonialismus. Wieder hat Rocha blutige Aktion und Symbole, religiöse und kultische Motive zu einem Film von barockem Übermaß zusammengefügt. Diesmal ist die politische Zielrichtung auch für den Uneingeweihten nicht zu übersehen. Ein faszinierendes Kolossalgemälde.

Letjat schurawli
Wenn die Kraniche ziehen

UdSSR 1957

R: Michail Kalatosow; A: Wiktor Rosow nach seinem Bühnenstück *Die ewig Lebenden*; K: Sergej Urussewski; D: Tatjana Samoilowa, Alexej Batalow, Wassili Merkurjew, A. Schworin

Frühjahr 1939 in Moskau. Veronika (T. S.) und Boris (A. B.) lieben sich und wollen heiraten. Doch Boris muß in den Krieg. Veronika verliert durch einen Luftangriff ihr Heim und ihre Eltern. Die Eltern von Boris nehmen sie auf. Aber bei einem erneuten Luftangriff, als Veronika vor Angst fast den Verstand verloren hat, läßt sie sich von dem Bruder (A. S.) des Geliebten verführen. Sie heiraten und werden in das Landesinnere evakuiert. Bald zerbricht die Ehe; Veronika wartet weiter auf Boris, der unterdessen gefallen ist. Sie will nicht an seinen Tod glauben; als seine Einheit aus dem Krieg zurückkehrt, steht sie mit Blumen am Bahnhof. Erst jetzt wird ihr die Wahrheit bewußt. Weinend verschenkt sie ihre Blumen an fremde Soldaten.

Der Film zeigt, was im damaligen Sowjetfilm durchaus ungewöhnlich war, den »großen vaterländischen Krieg« nicht als heldisches Erlebnis des Kollektivs, sondern als bedrückendes Drama des Individuums. Er macht deutlich, daß auch der Sieg Boris nicht sein Leben wiedergeben oder das zerstörte Leben von Veronika heilen kann. Er betont das nachdrücklich in der einzigen Frontszene, die er enthält. Sie schildert den Tod von Boris, und sie zeigt in einer furiosen Montage eine Vision des Sterbenden: Er sieht seine Hochzeit mit Veronika, das Glück, das er nie erleben wird.

Formal bestimmt die artistische, sich manchmal fast verselbständigende Kameraarbeit Urussewskis den Film. Er schwelgt in lyrischen Grautönen, wagt raffinierte Schwenks und kühne Kamerafahrten (etwa beim Auszug der Truppen). Eine herausragende Leistung bot auch die Hauptdarstellerin Tatjana Samoilowa.

Die letzte Brücke

Österreich/Jugoslawien 1953

R: Helmut Käutner; A: Helmut Käutner, Norbert Kunze; K: Elio Carniel; D: Maria Schell, Bernhard Wicki, Barbara Rütting, Carl Möhner

Die deutsche Ärztin Helga Reinbeck (M. S.) arbeitet während des Krieges in einem Lazarett in Jugoslawien. Sie verliebt sich in den Feldwebel Martin Berger (C. M.). Eines Tages wird Helga von Partisanen entführt, die ärztliche Hilfe für ihre Verwundeten brauchen. Boro (B. W.) überzeugt sie, daß auch kranke Partisanen Menschen sind, die der Hilfe bedürfen. Helga bleibt und hilft. Zusammen mit Militza (B. R.) schleicht sie sogar hinter die deutschen Linien, um Medikamente zu holen, die ein englisches Flugzeug abgeworfen hat. Als Militza getötet wird, bringt Helga die Medikamente zu den Partisanen. Aber die Deutschen sind aufmerksam geworden; es kommt zu einem Gefecht. Helga, die zu Martin und in die deutschen Linien zurückkehren will, wird zwischen den Fronten auf einer Brücke von einer Kugel getroffen und stirbt.
Ein ernsthafter Versuch zur Versöhnung und zum gegenseitigen Verständnis. Der Film argumentiert nicht politisch und nimmt für keine der beiden Seiten Stellung; er zeigt einen Menschen, der erkennen muß, daß auch die andere Seite gute Argumente für sich hat. Dieses menschliche Problem wird hier eindringlicher und realistischer behandelt, als es damals im deutschsprachigen Film üblich war.

Die letzte Chance

Schweiz 1945

R: Leopold Lindtberg; A: Richard Schweizer; K: Emil Berna; D: E. G. Morrison, John Hoy, Ray Reagan, Romano Calo, Therese Giehse

Oberitalien 1943. Leutnant Halliday (J. H.) und Sergeant Braddock (R. R.) können aus deutscher Kriegsgefangenschaft fliehen und werden von einem Pfarrer (R. C.) aufgenommen und versteckt. Hier treffen sie mit dem ebenfalls geflohenen englischen Major Telford (E. G. M.) zusammen. Als die Deutschen das italienische Dorf angreifen, finden die drei Soldaten eine neue Aufgabe: Sie führen eine Gruppe von Flüchtlingen aus verschiedenen Nationen über die Schweizer Grenze in die Freiheit.
Lindtberg hat diesen dokumentarischen Spielfilm mit nüchternem Realismus inszeniert. Er drehte überwiegend mit Laien, wobei die beiden englischen Soldaten und der amerikanische Sergeant einen Teil ihres eigenen Schicksals nachspielten; sie waren während des Krieges aus deutscher Gefangenschaft in die Schweiz geflüchtet. Die Aktualität des Themas und die Ehrlichkeit des Films in Absicht und Form machten ihn kurz nach dem Krieg zu einem großen Erfolg.

Der letzte Mann Ⓢ

Deutschland 1924

R: F. W. Murnau; A: Carl Mayer; K: Karl Freund, Robert Baberske; D: Emil Jannings, Maly Delschaft, Hans Unterkircher, Max Hiller

Der Portier (E. J.) des Hotels Atlantic ist eine Respektsperson. In dem armseligen Hinterhof-Milieu, in dem er lebt, bewundert man in ihm den Repräsentanten der großen Welt. Doch eines Tages findet der Geschäftsführer (H. U.) des Hotels, daß der Portier zu alt für seinen Posten geworden ist; er degradiert ihn zum Toilettenwärter. Der alte Mann ist tief gedemütigt und verzweifelt. Zu Hause wagt er seinen

Der letzte Mann
(r.: Emil Jannings)

sozialen Abstieg nicht einzugestehen. Als seine Nichte (M. D.) heiratet, stiehlt er heimlich die Portiers-Uniform, um bei der Feier den schönen Schein zu wahren. Aber dann wird sein Schwindel doch entdeckt. Hohn und Verachtung schlagen dem einstmals Bewunderten entgegen; der alte Mann scheint endgültig gebrochen. Doch da stirbt eines Tages ein reicher Hotelgast in seinen Armen, ihm fällt das Vermögen des Toten zu, und aus dem »letzten Mann« wird ein Hotelgast, dem alle mit kriecherischer Unterwürfigkeit begegnen.

Das Happy-End wurde Mayer und Murnau aufgezwungen; und Murnau hat es deshalb bewußt aufdringlich, ironisch und als Fremdkörper inszeniert. Ihn interessierte der Film nur bis zu der nahezu völligen physischen und psychischen Zerstörung eines alten Mannes, der sich plötzlich degradiert und gedemütigt sieht. Murnau hat den Film wohl kaum sozialkritisch gemeint – auch wenn er etwa das Bild schlemmender Hotelgäste unvermittelt mit dem des Toilettenwärters kontrastiert, der aus einem Blechnapf seine dünne Suppe löffelt. Aber zur Sozialkritik hätte sicher auch eine Untersuchung des Verhältnisses zwischen dem Portier und seinen Nachbarn gehört, was Murnau bewußt ausspart. *Der letzte Mann* ist keine soziale, sondern eine psychologische Tragödie.

So zielen auch die künstlerischen Mittel Murnaus konsequent auf das individuelle Drama; denn sie dienen fast ausschließlich dem Bemühen, ein subjektives Bild des Milieus, der Charaktere und der Ereignisse zu zeichnen. Dabei hat die Kamera wesentlichen Anteil am Erfolg dieser Bemühungen. Murnau, Freund und dessen Assistent Baberske entfesselten sie gleichsam. Sie benutzten bereits eine Art Kamerakran, und gelegentlich schnallte Freund sich die Kamera auch vor die Brust. Viel zitiert wurde u. a. die Eingangssequenz, in der die Kamera mit dem Fahrstuhl in die Hotelhalle hinunterfährt und diese (auf einem Fahrrad!) durchquert bis zur Drehtür. Nicht minder berühmt wurde der Traum des Portiers, der seine Haltlosigkeit und Verzweiflung zeigt. Es

gelang Murnau, komplizierte Zusammenhänge und seelische Vorgänge im Bild darzustellen. Im ganzen Film gab es nur einen einzigen Zwischentitel, der das Nachspiel erklärte.
1955 entstand in der Bundesrepublik ein Remake, wobei Hans Albers unter der Regie von Harald Braun die Titelrolle spielte. Diese Version geriet jedoch zum oberflächlichen Rührstück, bei dem das Happy-End – der Toilettenwärter avanciert zum Hoteldirektor! – nicht mehr in ironischer Distanz, sondern als wohlverdiente Belohnung durch das Schicksal erschien.

Die Liebe der Jeanne Ney ⓢ

Deutschland 1927

R: G. W. Pabst; A: Ilja Ehrenburg, Ladislaus Vajda nach dem gleichnamigen Roman von Ilja Ehrenburg; K: Fritz Arno Wagner; D: Edith Jehanne, Brigitte Helm, Uno Henning, Fritz Rasp, Adolf Edgar Licho

Jeanne Ney (E. J.) erlebt als Tochter eines französischen Journalisten die Wirren der russischen Revolution. Ihr Vater wird getötet; Jeanne kann mit Hilfe des Sowjetagenten Andreas (U. H.) nach Paris zurückkehren. Dort findet sie Unterkunft bei ihrem Onkel (A. E. L.) und dessen blinder Tochter (B. H.). Eines Tages taucht ein weißrussischer Agent (F. R.) auf, der Jeanne verfolgt und ihren Onkel tötet und beraubt. Der Mordverdacht fällt auf Andreas; aber Jeanne kann den wahren Mörder überführen und stellen.
Größter Aktivposten des Films sind seine realistischen Außenaufnahmen. Ehrenburg hat sich später von diesem Film distanziert, der nach seiner Aussage (in seiner Autobiographie *Menschen, Jahre, Leben*) noch während der Dreharbeiten auf direkte Intervention Hugenbergs verändert worden ist. Seine Einwände brachte er auf die Formel: »In meinem Buch ist das Leben schlecht eingerichtet – folglich muß man es ändern. Im Film ist das Leben gut eingerichtet – folglich kann man schlafen gehen.«

Liebe ist kälter als der Tod

BRD 1969

R: Rainer Werner Fassbinder; A: Rainer Werner Fassbinder; K: Dietrich Lohmann; D: Ulli Lommel, Hanna Schygulla, Rainer Werner Fassbinder

Franz (R. W. F.) will nicht für das »Syndikat« arbeiten. Er bewundert insgeheim den geleckten Bruno (U. L.), der ihm einen Funken Zuneigung entgegengebracht hat, als das Rollkommando des Syndikats ihn zusammengeschlagen hat. Aus Dank möchte er sogar Johanna (H. S.), die für ihn auf den Strich geht, mit Bruno teilen. Bruno wiederum revanchiert sich, als Franz von einem Türken bedroht wird; gemeinsam erschießen sie ihn und eine Zeugin in einem Café. Dann wollen sie eine Bank überfallen. Aber Johanna verrät den Plan an die Polizei. Bruno reißt bei der Verhaftung seine MP-Attrappe hoch und wird erschossen. Johanna und Franz fliehen in einem Auto.
Der Film ist nicht auf kriminalistische Spannung aus. Ihm geht es um ein Modell des Genres, das hier zusammengesetzt ist aus eigenem, aus Verweisen auf amerikanische Gangsterfilme und die Filme Melvilles. Bruno etwa ist auch in seiner Aufmachung eine deutliche Kopie Delons aus *Le samouraï*. Daneben bringt Fassbinder ein sprödes Sentiment in den Film ein. So entstand ein Bericht nicht über die Welt, in der wir leben, sondern über die Welt des Films.
Eine originelle Verweisung gibt es noch: Der Film enthält eine lange Kamerafahrt über eine nächtliche Straße, eine nicht verwendete Version aus Jean-Marie Straubs Film *Der Bräutigam, die Komödiantin und der Zuhälter*. Straub wiederum hatte in seinen Film Teile einer »antiteater«-Inszenierung Fassbinders eingefügt.

Liebelei

Deutschland 1932

R: Max Ophüls; A: Hans F. Wilhelm, Felix Salten und Curt Alexander nach dem gleichnamigen Schauspiel von Arthur Schnitzler; K: Franz Planer; D: Magda Schneider, Wolfgang Liebeneiner, Gustaf Gründgens, Olga Tschechowa, Luise Ullrich, Paul Hörbiger, Willy Eichberger

Leutnant Lobheimer (W. L.) hat ein Verhältnis mit der Baronin von Eggersdorf (O. T.). Er löst es, als er das einfache Mädchen Christine (M. S.) kennen- und liebenlernt. Jetzt aber entdeckt der Baron von Eggersdorf (G. G.) Beweise für die Untreue seiner Frau. Er fordert Lobheimer zum Duell und tötet ihn. Verbittert über den sinnlosen Ehrenkodex nimmt Lobheimers Freund Kaiser (W. E.), der sich in Christines Freundin Mizzi (L. U.) verliebt hat, seinen Abschied. Christine stürzt sich aus dem Fenster.
Ophüls hat diese Vorlage leise und melancholisch inszeniert; wienerischer Charme paart sich mit Resignation. Alle lauten Effekte werden vermieden. So sieht man zum Beispiel auch das Duell nicht; die Kamera beobachtet nur Kaiser und Mizzi, die aus der Ferne den ersten Schuß des Beleidigten hören und in panischer Angst auf den zweiten Schuß warten, der nicht fällt. Entgegen den Wünschen der Produktion besetzte Ophüls die Hauptrollen mit jungen, damals unbekannten Schauspielern. Er engagierte Liebeneiner auf Grund seiner Stimme, die ihn bei einem Telefongespräch fasziniert hatte. Luise Ullrich und Magda Schneider waren ursprünglich »umgekehrt« besetzt und tauschten erst kurz vor Drehbeginn ihre Rollen.
Kurz nach der Uraufführung des Films mußte Ophüls emigrieren. In Paris drehte er 1933 unter dem Titel *Une histoire d'amour* (Eine Liebesgeschichte) eine französische Version von *Liebelei*.
Unter dem Titel *Christine* (Christine) drehte Pierre Gaspard-Huit 1958 in französisch-italienischer Coproduktion ein oberflächliches Remake des Films. Die Hauptrollen spielten Romy Schneider und Alain Delon.

Liebe Mutter, mir geht es gut

BRD 1971

R: Christian Ziewer; A: Klaus Wiese, Christian Ziewer; K: Jörg Michael Baldenius; D: Claus Eberth, Kurt Michler, Manfred Meurer, Nikolaus Dutsch, Hans Rickmann

Während der Rezession 1966/67 wird der Schlosser Alfred Schefczyk (C. E.) als Transportarbeiter in eine Westberliner Fabrik vermittelt. Er findet Unterkunft in einem Wohnheim des Senats. Als dort die Mieten heraufgesetzt werden, versuchen einige Bewohner vergeblich, einen allgemeinen Protest zu organisieren. Der Heimleiter droht mit Kündigung, und die Bewohner resignieren. Alfred schreibt seiner Mutter, daß es ihm gut geht. Dann gibt es Gerüchte, die sich bald bestätigen, daß eine Abteilung der Fabrik geschlossen und ihre Produktion in die Bundesrepublik verlegt werden soll. Es kommt zu Unruhen; Alfred wird als »Fremdarbeiter« beschimpft, der seinen Berliner Kollegen die Arbeitsplätze wegnehme. Aber erst als die Akkordzeiten gekürzt werden, kommt es zu einem spontanen Streik. Die Arbeiter lehnen die Vermittlungsvorschläge des Betriebsratsvorsitzenden (K. M.) ab und wählen eigene Delegierte, die mit dem Betriebsleiter (M. M.) verhandeln sollen. Doch die taktisch ungeschulten Delegierten lassen sich in Einzelgesprächen von der Betriebsleitung beschwichtigen. Der Streik, der auch auf andere Abteilungen übergegriffen hatte, bricht zusammen. Wenige Tage später wird einer der Delegierten (H. R.) fristlos entlassen. Alfred bemüht sich vergeblich, die Belegschaft mit einer Unterschriftensammlung noch einmal zu mobilisieren.
Die Autoren, die ihren Film selbst einen »Diskussionsbeitrag« nannten, schildern nüchtern die Stationen gesellschaftlicher Konflikte und eines daraus resultierenden Arbeitskampfes. Ihre Bilanz ist nicht eben positiv: Sie zeigen, wie brüchig die vielzitierte Solidarität der Arbeiter ist und wie gering dadurch die Möglichkeiten sind, ihre Interessen selbst zu vertreten. Ziewer hat das nach ausführlichen Recherchen in einem reportagehaften Realismus geschildert, der ihm nur in einigen Szenen ein wenig

zu lehrhaft geriet. Das besondere Verdienst seiner Arbeit ist es, daß hier wohl erstmals ein Spielfilm in der Bundesrepublik das Milieu und die Probleme der Arbeiter in angemessener Form behandelte. Arbeiter sind hier nicht, wie so oft zuvor, zu Statisten eines Rührstücks degradiert; sie erhalten vielmehr die Möglichkeit, sich durch diesen Film gleichsam selbst zu artikulieren.

Liebe 47

BRD 1948

R: Wolfgang Liebeneiner; A: Wolfgang Liebeneiner unter Verwendung von Wolfgang Borcherts Schauspiel *Draußen vor der Tür* und Motiven von Kurt Joachim Fischer; K: Franz Weihmayr; D: Hilde Krahl, Karl John, Erich Ponto, Albert Florath

Am Elbufer treffen sich zwei Menschen, die mit dem Leben Schluß machen wollen: Beckmann (K. J.) und Anna Gehrke (H. K.). In Rückblenden wird ihr Schicksal erklärt: Beckmann fühlt sich verantwortlich für den Tod von elf Soldaten, deren Angehörige ihn in nächtlichen Alpträumen heimsuchen. Seine Eltern, Parteimitglieder, haben sich umgebracht, sein Kind ist gestorben, seine Frau hat einen anderen. – Anna Gehrke hat ihren Mann im Krieg verloren, ihr Kind ist bei der Flucht vor den Russen verunglückt. Die Misere der Nachkriegszeit liefert sie den Männern aus, die in ihr nie den Partner, immer nur das Objekt sehen. Sie will nicht mehr. Aber nun, wo sie jemanden gefunden hat, der sie braucht, deutet sich die Möglichkeit eines glücklichen Endes an.
Liebeneiner hatte Borcherts Schauspiel vom Heimkehrer Beckmann schon auf der Bühne inszeniert. Für die Verfilmung führte er die Parallel-Figur der Anna Gehrke ein, die beispielhaft für das Leid der Frauen im Krieg und in der Nachkriegszeit stehen soll. Der Film hat die irrealen Motive der literarischen Vorlage beibehalten: Gott (E. P.) tritt als »alter Mann«, der Tod (A. F.) als »Unternehmer« auf; aber er kombiniert sie in den Rückblenden mit dem üblichen Kino-Realismus; das gibt Stilbrüche.

Allerdings gelangen der Regie auch einige bildhafte und eindringliche Sequenzen. Unter den »Trümmer-« und »Heimkehrerfilmen« der ersten Nachkriegsjahre war dieser zweifellos einer der interessantesten.

The life of an American fireman Ⓢ
Das Leben eines amerikanischen Feuerwehrmannes

USA 1903

R: Edwin S. Porter; A: Edwin S. Porter; K: Edwin S. Porter; D: Arthur White, Vivian Vaughan

Einem Feuerwehrmann erscheint im Traum die Vision eines von Flammen bedrängten Kindes. In der nächsten Einstellung sieht man eine Hand, die eine Alarmglocke betätigt. Die Feuerwehr fährt zu einem brennenden Haus. Hier rettet der Feuerwehrmann zunächst eine Frau. Flehentlich bittet sie ihn, auch ihr Kind zu retten. Noch einmal klettert er die Leiter hinauf, verschwindet in dem brennenden Haus und erscheint nach einigen Sekunden mit dem Kind auf dem Arm zwischen Flammen und Rauch.
Porter hatte im Archiv der Firma Edison einen beträchtlichen Vorrat von dokumentarischen »Feuerwehr-Streifen« gefunden. Er benutzte sie als Basis für seinen Film, indem er einige Spielszenen drehte und diese durch die »Montage« mit dem Archivmaterial verknüpfte, das so in einem neuen Zusammenhang auch eine andere Wirkung brachte. Ein bemerkenswertes Detail ist die Großaufnahme der Hand, die die Alarmglocke betätigt. Hier zeigt sich schon Sinn für filmische Gestaltung: Eine Großaufnahme ersetzt eine ganze Spielszene.

Limelight
Rampenlicht

USA 1952

R: Charles Chaplin; A: Charles Chaplin; K: Rollie Totheroh, Karl Struss; D: Charles Chaplin, Claire Bloom, Sydney Chaplin, Buster Keaton

London 1913. Der einst gefeierte Clown Calvero (C. C.) spürt, daß seine große Zeit vorbei ist. Da findet er in seiner Pension die junge Tänzerin Terry (C. B.), die versucht hat, sich mit Gas zu vergiften. Calvero gibt ihr neuen Lebensmut und besorgt ihr ein Engagement. Terry wird ein Star; der Komponist Neville (S. C.) verliebt sich in sie, aber sie liebt Calvero. Um ihrem Glück nicht im Wege zu stehen, verläßt Calvero sie heimlich und wird zum Straßenkomödianten. Terry geht auf eine Tournee rund um die Welt. Nach dem Krieg trifft Neville Terry wieder, die Calvero noch immer nicht vergessen hat. Eines Abends begegnet sie ihm auf der Straße. Sie arrangiert einen Gala-Abend für ihn, und noch einmal begeistert er das Publikum. Doch auf dem Höhepunkt seines Erfolges erleidet er einen Herzanfall und stirbt.

Limelight ist vermutlich Chaplins privatester Film, vielleicht einmal als sein »Abschied« geplant. Dafür spricht sein Thema, dafür spricht, daß der alte »Charlie« in zwei Einlagen wehmütig zitiert wird. In der optischen Gestaltung geht Chaplin neue Wege; stärker als je zuvor nutzt er die Beweglichkeit der Kamera, bedient er sich ursprünglich filmischer Mittel.

Vielleicht hat es Chaplin einmal gereizt, hinter seiner Maske hervorzutreten, einmal er selbst zu sein und seine »Kunstfigur« als solche zu entlarven. Manche Kritiker sehen in diesem Film auch eine Huldigung an seine Frau Oona O'Neill. Immerhin, als einige Nachaufnahmen notwendig wurden, für die Claire Bloom nicht zur Verfügung stand, konnte Oona für sie einspringen, ohne daß es aufgefallen wäre.

Lissy

DDR 1957

R: Konrad Wolf; A: Alex Wedding und Konrad Wolf nach dem gleichnamigen Roman von F. C. Weiskopf; K: Werner Bergmann, Hans Heinrich; D: Sonja Sutter, Horst Drinda, Hans-Peter Minetti, Kurt Oligmüller

Lissy (S. S.) steht am Tabakstand eines Automatenbüffets. Sie möchte heraus aus der dumpfen Hinterhausluft; und sie sieht eine Chance, als sie den Angestellten Alfred Fromeyer (H. D.) kennenlernt. Aber in der großen Wirtschaftskrise Ende der zwanziger Jahre verliert Fromeyer seine Stellung. In einer Mischung von Wut, Verzweiflung und Berechnung tritt er in die NSDAP ein und avanciert schließlich zum SA-Sturmführer. Lissy macht diesen Aufstieg als seine Frau mit; doch sie erkennt auch den Preis, den sie dafür zahlt. Als ihr Bruder Paul (H.-P. M.), der früher einmal bei der Roten Jungfront war und jetzt auch die SA-Uniform trägt, von seinen Parteigenossen hinterrücks erschossen wird, weil seine Wut auf die Kapitalisten ihn verdächtig gemacht hat, zieht Lissy die Konsequenzen. Sie verläßt ihren Mann und versucht einen neuen, ehrlichen Anfang.

Einer der nüchternsten, ehrlichsten und erhellendsten Filme über die Frage, wie es geschehen konnte, daß Deutschlands Kleinbürger dem Nationalsozialismus fast widerstandslos anheimfielen. Der Film schildert sachlich die Situation der zwanziger Jahre und die Versuchung, die die emotionale Ansprache durch die Nationalsozialisten für unpolitische Menschen bedeutete. Wolf beobachtet genau; er versagt sich auch in der Zeichnung der Nationalsozialisten billige Klischees und errang mit *Lissy* seinen ersten großen Erfolg.

Little Big Man
Little Big Man

USA 1970

R: Arthur Penn; A: Calder Willingham nach der gleichnamigen Erzählung von Thomas Berger; K: Harry Stradling jr.; D: Dustin Hoffman, Chief Dan George, Faye Dunaway, Richard Mulligan, Amy Eccles

Der 121jährige Veteran Jack Crabb (D. H.) erzählt einem Journalisten seine Lebensgeschichte. Als Zehnjähriger verliert er bei einem Überfall räuberischer Indianer seine Eltern und wird von den Cheyenne-Indianern aufgenommen, deren Häuptling Old Lodge Skins (C. D. G.) sein Adoptiv-Großvater wird. Bei einem Gefecht mit Soldaten rettet er sein Leben, indem er sich als »Weißer« zu erkennen gibt. Nun pendelt er mehrfach zwischen Indianern und Weißen hin und her. Bei den Indianern trifft er immer wieder auf seinen Großvater, lebt mit der hübschen jungen Sunshine (A. E.) zusammen, erlebt Terror und Gemetzel der Soldaten. Bei den Weißen wird er von einer liebesdurstigen Pastorenfrau (F. D.) erzogen, die er später in einem Bordell wiederfindet, versucht er sich als betrügerischer Quacksalber, Revolverheld und Geschäftsmann. Schließlich wird er Pfadfinder in der Armee von General Custer (R. M.), den er eigentlich wegen seines grausamen Terrors gegen die Indianer töten wollte. Er erlebt Custers Niederlage und Tod am »Little Big Horn« und hört Old Lodge Skins resignierten Kommentar: »Heute haben wir gewonnen, morgen werden wir nicht mehr gewinnen!«
Ein überlanger, aber nie langweiliger Film, der eine Fülle von Personen und Ereignissen vorstellt, der viele Mythen des »wilden Westens« zerstört und die Indianerkriege als das zeigt, was sie tatsächlich waren: blutige Gemetzel. Der legendäre General Custer etwa erscheint als starrköpfiger, eitler Indianerhasser, dem es zwar nicht an persönlichem Mut, wohl aber an Einsicht fehlt. Dabei entgeht der Film durch seine dramaturgische Struktur geschickt der Gefahr des Pathos oder der Sentimentalität. Die subjektiv gefärbten »Erinnerungen« Crabbs, dem die Indianer den Ehrennamen »Little Big Man« geben, sind mit einem gehörigen Schuß Ironie getränkt und zerstören derartige Ansätze rechtzeitig.

Little Caesar
Der kleine Cäsar

USA 1930

R: Mervyn Le Roy; A: Robert N. Lee und Francis Edwards Faragoh nach einem Roman von W. R. Burnett; K: Tony Gaudio; D: Edward G. Robinson, Douglas Fairbanks jr., Glenda Farrell, Stanley Fields, Thomas Jackson

Caesar Enrico Bandello (E. G. R.) und Joe Massara (D. F.) sind zwei kleine Gauner, die ihr bisheriges Leben satt haben: Joe möchte ins bürgerliche Leben zurück, während Rico von einer großen Karriere als Gangster träumt. Beide haben Erfolg. Joe erhält ein gutes Engagement als Tänzer und verliebt sich bald in seine Partnerin Olga (G. F.). Rico, oder »Little Caesar«, wie seine neuen Kollegen ihn nennen, tritt in die »Gang« von Sam Vettori (S. F.) ein und bootet den alternden Gangsterboß bald aus. Kurze Zeit steht der »kleine Caesar« ganz oben; dann wird ihm seine Freundschaft mit Joe zum Verhängnis. Joe war Zeuge, wie Rico einen Polizisten erschossen hat; und als Rico von Joe weitere Mitarbeit verlangt, überredet Olga Joe, sich der Polizei als Kronzeuge gegen Rico zur Verfügung zu stellen. Als Rico nicht die Nerven hat, auf seinen alten Freund zu schießen, ist sein Schicksal besiegelt. Für kurze Zeit kann er noch untertauchen. Doch als der Polizeisergeant Flaherty (T. J.) ihn öffentlich einen Feigling nennt, stellt er sich zu einem aussichtslosen Kampf und wird erschossen.
Mit *Little Caesar* begann die große Zeit des amerikanischen Gangsterfilms. Seine Hauptfigur ist gleichsam der Protagonist vieler späterer Filme: der Junge aus der Gosse, der hartgesottene Killer, der für kurze Zeit Reichtum und Ruhm genießt und dann kaltblütig in den Tod geht. Aber Le Roy hat seinen Helden auch mit individuellen psychologischen Zügen ausgestattet. Geltungsdrang und Eitelkeit sind die Triebkräfte für seinen Aufstieg; diese Eitelkeit, auf die der Polizeisergeant spekuliert, bringt

ihm auch den Tod. Man erkennt, daß hinter dieser Eitelkeit vielleicht doch kein ganz so harter Bursche verborgen ist. Ricos letzte Worte entlarven ihn: »O Gott, ist das das Ende von Rico?«

The little fugitive
Der kleine Flüchtling / Der kleine Ausreißer

USA 1953

R: Ray Ashley, Morris Engel, Ruth Orkin; A: Ray Ashley, Morris Engel, Ruth Orkin; K: Morris Engel; D: Richie Andrusco, Winifred Cushing, Ricky Brewster

Der siebenjährige Joe (R. A.) lebt mit seiner verwitweten Mutter (W. C.) und seinem älteren Bruder Lennie (R. B.) in New York. Als die Mutter verreisen muß, soll Lennie auf den kleinen Bruder aufpassen. Doch der stört seine Pläne, und zusammen mit seinen Freunden ersinnt Lennie einen Trick, um Joe loszuwerden. Er läßt ihn mit einem Luftgewehr schießen und gibt vor, Joe habe ihn dabei erschossen. Die Freunde bringen den verstörten Jungen nach Hause. Dort steckt Joe Lennies Geld ein und reißt aus – nach Coney Island. Hier amüsiert er sich in dem Vergnügungspark, bis er einem Schausteller auffällt. Der entlockt ihm Name und Adresse und benachrichtigt Lennie, der den Ausreißer abholt – gerade ehe die Mutter zurückkommt.

Einer der ersten Filme der sogenannten »New Yorker Schule«, die sich bewußt vom Produktions- und Inszenierungsstil Hollywoods distanzierte. Das Team Ashley, Engel und Orkin (Cutterin) begann den Film mit 5000 Dollar Eigenkapital. Sie zeigten Geldleuten die ersten Muster und liehen sich darauf einige zehntausend Dollar, mit denen der Film fertiggestellt wurde. Beherrschendes Stilprinzip ist ein dokumentarischer Realismus. Joes Abenteuer wurden zum Teil mit versteckter Kamera gefilmt. Sie bestehen aus einer Folge von Episoden, in denen Joe sich kindliche Wünsche erfüllt oder erste Bewährungsproben in der großen Welt bestehen muß. Dabei wird die Welt des Kindes nie mit dünkelhafter Neugier betrachtet, sondern stets ernst genommen. Der Film hat Authentizität und wirkt stilistisch geschlossen, obwohl er andererseits die Zufälligkeit gleichsam zum Stilprinzip erhebt.

The lodger ⓢ
Der Untermieter

England 1926

R: Alfred Hitchcock; A: Alfred Hitchcock, Eliot Stannard nach einem Roman von Mrs. Belloc-Lowndes; K: Baron Ventimiglia; D: Ivor Novello, June, Malcolm Keen

Eine Serie geheimnisvoller Frauenmorde beunruhigt die Bevölkerung, gerade als Jonathan Drew (I. N.) als Untermieter bei den Buntings einzieht. Häufiger Gast im Haus ist der junge Detektiv Joe Chandler (M. K.), der in Daisy (J.), die Tochter der Buntings, verliebt ist. Ihm kommt der neue Untermieter verdächtig vor. Unterdessen verlieben sich Drew und Daisy; aber wenig später wird der junge Mann auf Veranlassung von Joe verhaftet. Der Verdacht hat sich verstärkt, daß er der gesuchte Massenmörder ist. Drew kann fliehen und wird von einer wütenden Menge verfolgt. Gerade als er gelyncht werden soll, erfährt Joe, daß der wirkliche Mörder gefaßt ist. Im letzten Moment kann er Drew retten. Und jetzt klärt sich auf, warum Drew sich so verdächtig verhalten hatte: Seine Schwester war auch ein Opfer des Mörders geworden, und er wollte den Täter zur Strecke bringen.

In der literarischen Vorlage war Drew tatsächlich der Mörder. Aber der Produzent mochte das Image des damaligen Jungmädchen-Idols Ivor Novello nicht gefährden. So fand Hitchcock sich zu einem Kompromiß bereit – ähnlich wie später in *Suspicion* (Verdacht, USA 1941), wo es um den guten Ruf von Cary Grant ging. Filmisch besticht *The lodger* durch die atmosphärische Schilderung des Milieus, nebelverhangener Straßen und ungewisser Bedrohung. Hitchcock, der damals gerade zwei Filme in Deutschland gedreht hatte, zeigt sich hier in Details deutlich vom Stil des deutschen »Kammerspiels« beeinflußt. *The lodger* wurde sein erster großer Erfolg.

La loi du nord
Gesetz des Nordens

Frankreich 1939–42

R: Jacques Feyder; A: Jacques Feyder und Alexandre Arnoux nach einem Roman von Maurice Constantin-Weyer; K: Roger Hubert; D: Michèle Morgan, Pierre-Richard Willm, Charles Vanel, Jacques Terrane

Der amerikanische Bankier Shaw (P.-R. W.) hat den Liebhaber seiner Frau erschossen. Er entgeht dem Todesurteil nur, weil er für unzurechnungsfähig erklärt und in eine Heilanstalt eingewiesen wird. Von dort gelingt ihm mit Hilfe seiner Sekretärin Jacqueline (M. M.) die Flucht. Beide wollen im menschenleeren Norden Kanadas untertauchen. Unterwegs treffen sie den Pelzhändler Dumontier (J. T.), der sich bereit erklärt, sie zu führen. Sie machen Rast in einer Blockhütte bei dem Polizeisergeanten Dal (C. V.), der kurz nach ihrem Aufbruch den Steckbrief Shaws erhält und sich an die Verfolgung macht. Nach unsäglichen Strapazen kann er die Flüchtlinge einholen; aber nachdem er Shaw für verhaftet erklärt hat, bricht er erschöpft zusammen. Die Verfolgten pflegen ihn und treten mit ihm zusammen den Rückmarsch an. Unterwegs stirbt Jacqueline an Erschöpfung. Vorher bekennt sie Dumontier ihre Liebe, bittet ihn aber, sie in der letzten Stunde mit Shaw allein zu lassen, weil dieser das Bewußtsein ihrer Liebe brauche, um weiterleben zu können. Am Schluß läßt sich vermuten: Dal wird seinen Gefangenen nicht ausliefern, weil er glaubt, daß er seine Schuld gebüßt hat.

Feyder drehte diesen Film in Lappland und bezog die Landschaft geschickt als dramaturgischen Faktor in die Handlung ein. Die Einöde, das grausame Weiß des Schnees machen die Verlorenheit der Menschen besonders deutlich.

Lola Montès
Lola Montez

Frankreich/BRD 1955

R: Max Ophüls; A: Franz Geiger, Annette Wademant, Max Ophüls und Jacques Natanson nach dem Roman *La vie extraordinaire de Lola Montès* von Cécil Saint-Laurent; K: Christian Matras; D: Martine Carol, Peter Ustinov, Adolf Wohlbrück, Will Quadflieg, Oskar Werner, Ivan Desny

Lola Montez (M. C.), krank und erschöpft, wird in einem Zirkus von einem cleveren Manager (P. U.) ausgebeutet. In der Arena posiert sie vor einem lüsternen Publikum und demonstriert Stationen ihres skandalumwitterten Lebens. In den Pausen erinnert sie sich an die gleichen Episoden – an ihren Mann (I. D.) und ihre unglückliche Ehe, an die Affäre mit Franz Liszt (W. Q.), die Liaison mit dem König von Bayern (A. W.), die Affäre mit einem schüchternen Studenten (O. W.). Am Schluß können die Besucher der schwerkranken »Gräfin« für einen Dollar die Hand küssen.

Das letzte Werk von Max Ophüls nutzt souverän die Möglichkeiten des Films. Die episodische Handlung spielt auf verschiedenen zeitlichen und stilistischen Ebenen. Geschickt werden einige Szenen des großen Welttheaters als »Zirkusnummern« inszeniert, dann wieder öffnet sich die Arena und entläßt die Kamera in die »Realität«. Dabei hat Ophüls auch das CinemaScope-Bild raffiniert eingesetzt; teilweise dient es ihm dazu, den Prunk der Dekorationen zu demonstrieren, in anderen Szenen wird es durch ausgeklügelte Kameraeinstellungen auf wohlkalkulierte Ausschnitte reduziert. Dieses artifizielle Spiel führte allerdings zu einem völligen Mißerfolg beim Publikum. Im verzweifelten Bemühen, zu retten, was noch zu retten war, wurde die ausgewogene Form des Films zerstört. In der Bundesrepublik erschien in den Kinos eine Fassung, in der zunächst fast dreißig und nach erneuten Schnitten rund vierzig Minuten des Originals (140 Minuten) fehlten, in der Komplexe umgestellt wurden, um einen chronologischen Ablauf zu erreichen, die – kurz gesagt – brutal verstümmelt war.

Lola rennt (Franka Potente)

Lola rennt

BRD 1997

R: Tom Tykwer; A: Tom Tykwer; K: Frank Griebe; D: Franka Potente, Moritz Bleibtreu, Herbert Knaup, Nina Petri, Armin Rohde, Joachim Król, Heino Ferch

Manni (M. B.) hat Mist gebaut. Er hat bei Autoschiebereien mitgemacht und dabei 100 000 Mark, die er dem »Boß« (H. F.) übergeben sollte, in der S-Bahn liegengelassen, wo ein Penner (J. K.) sie gefunden und froh erregt eingesteckt hat. Also ruft Manni seine Freundin Lola (F. P.) an und sagt ihr, daß er bis zum vereinbarten Termin – der ist in 20 Minuten! – die Summe unbedingt auftreiben muß. Lola rennt los. Sie hofft, das Geld von ihrem Vater (H. K.) zu bekommen, der eine Bankfiliale leitet. Doch Papa ist gerade in einer Lebenskrise, die er mit Frau Hansen (N. P.) vom Vorstand besprechen muß. Und überhaupt will er Frau und Kind verlassen. Also kommt Lola ohne Geld und verspätet zum Treffpunkt. Sie kann gerade noch Manni assistieren, der einen dilettantischen Überfall angefangen hat. Dabei wird sie von der Polizei erschossen. Aber Lola will nicht sterben, und so gönnt ihr der Film eine zweite Chance. Wieder rennt sie zu ihrem Vater. Diesmal zieht sie einem Wachmann die Pistole aus dem Halfter, nimmt den Vater als Geisel und erpreßt das Geld von der Bank. Leider will es ein dummer Zufall, daß Manni von einem Rettungswagen überfahren wird, als er ihr freudig entgegenläuft. Da auch Manni nicht sterben will, gibt es eine dritte Variante. Endlich klappt alles. Lola gewinnt das benötigte Geld beim Roulette; gleichzeitig jagt Manni dem betrübten Penner seine Beute wieder ab. Der Boß erhält das Seine; der Rest verbleibt dem liebenden Paar.

Tykwer hat seinen Film mit Geschick und Einfallsreichtum inszeniert. Schon das Motiv der rennenden Frau vermittelt den Eindruck von Tempo und Spannung. Die Szenen sind umstandslos aneinandergereiht, und die dreifache Wiederholung der Geschichte wird als Gestaltungsmöglichkeit klug genutzt. Dem Zuschauer werden Entdeckerfreuden beschert, indem der Film seine Pointen wiederholt, variiert oder verwirft, so daß man mit unentwegter Neugier und besonders genau auf die Nuancen achtet. Weitere filmische Möglichkeiten werden wie beiläufig eingebaut: Zeichenfilm-Passagen etwa, oder Standbild-Montagen, die gleichsam im Stenogrammstil die Schicksale von Menschen schildern, denen Lola bei ihrem hektischen Lauf begegnet. In der Tat ein virtuoses Spiel! Allerdings: Obwohl Tykwer klug genug war, dieses Spiel auf knappe 80 Minuten zu begrenzen, breitet sich gegen Ende doch eine gewisse inhaltliche Leere aus, so daß der Zuschauer dem Bann des rasanten Spiels allmählich entgleitet. Bei der Verleihung des deutschen Filmpreises wurde Lola rennt insgesamt sechsmal von der Jury und mit beiden Publikumspreisen ausgezeichnet.

The loneliness of the long distance runner
Die Einsamkeit des Langstreckenläufers

England 1962

R: Tony Richardson; A: Alan Sillitoe nach seinem gleichnamigen Roman; K: Walter Lassally; D: Tom Courtenay, Michael Redgrave, Avis Bunnage, Peter Madden

Der Direktor einer Erziehungsanstalt (M. R.) entdeckt bei seinem Zögling Colin Smith (T. C.) Talent für den Langstreckenlauf. Da ein Vergleichskampf mit einer »public school« bevorsteht, muß Colin Tag für Tag trainieren. Bei diesen einsamen Geländeläufen erinnert er sich – in Rückblenden – an die Stationen seines Lebens: Er sieht seinen sterbenden Vater (P. M.), die Mutter (A. B.), die mit ihrem Geliebten das Geld aus der Lebensversicherung verschleudert. Er erinnert sich an seine Freunde, an einige glückliche Stunden mit seiner Freundin und an den Einbruch, der ihn in die Erziehungsanstalt gebracht hat. Beim Wettkampf distanziert Colin seinen Gegner schnell. Aber wieder überfallen ihn Erinnerungen – an die blasierte Leutseligkeit seiner Vorgesetzten, an die Regeln eines ihm verhaßten Systems. Er verzichtet auf die bei einem Sieg in Aussicht gestellte vorzeitige Entlassung. Trotzig bleibt er kurz vor dem Ziel stehen und läßt seinen Gegner gewinnen.
Sillitoe, Richardson und Lassally haben jeder auf seine Weise beträchtlichen Anteil an der kurzen Blüte des englischen Films Anfang der sechziger Jahre, die man mit dem Schlagwort »free cinema« bezeichnet – zupackender Realismus, Interesse für das soziale Souterrain, kritisches Engagement, das direkte politische Bezüge nicht scheut. Hier ist die Handlung von Poesie überstrahlt, ohne daß dabei die Substanz aggressiver Zeitkritik verfälscht wird. Der Langstreckenlauf, hervorragend fotografiert, ist dramaturgisches Korsett der Handlung und Metapher für den Lebensweg des einzelnen, der sich ganz bewußt und nicht nur in »halbstarkem« Trotz gegen diese Gesellschaft auflehnt. Auch da macht es sich der Film nicht leicht: Colins Gegenspieler, der Institutsdirektor, ist ein relativ sympathischer Idealist, der sich an »überkommene Werte« hält, dem Sportsgeist auch als Heilmittel für politische Probleme erscheint. Da gibt es dann keine Verständigungsmöglichkeiten mehr; Colins Trotzreaktion ist bewußter Protest, das einzige, was ihm in seiner Situation bleibt.

Long pants ⓢ
Lange Hosen / Die ersten langen Hosen

USA 1927

R: Frank Capra; A: Arthur D. Ripley; K: Glenn Kershner, Elgin Lessley; D: Harry Langdon, Priscilla Bonner, Alma Bennett

Als Junge erträumt Harry Shelby (H. L.) sich kühne Abenteuer. Nachdem er zum Geburtstag die ersten langen Hosen erhalten hat, machen seine Eltern Anstalten, ihn mit seiner Jugendfreundin Priscilla (P. B.) zu verheiraten. Doch Harry verliebt sich in die ruchlose Bebe Blair (A. B.), die von der Polizei wegen Rauschgiftschmuggels gesucht wird. Nachdem Bebe vor seinen Augen einen feurigen Liebesbrief ohne Anrede und Absender verliert, glaubt er sich wiedergeliebt. Und als er erfährt, daß Bebe verhaftet ist, eilt er ihr schleunigst zu Hilfe. Im Traum versucht er vorher noch, die lästige Priscilla zu ermorden, was ihm jedoch mißlingt. Da Bebe unterdessen aus dem Gefängnis entflohen ist, kommt es zu turbulenten Mißverständnissen, die schließlich in einer Schießerei zwischen Bebe und ihrem treulosen Ehemann münden. Beide bringen sich gegenseitig um; und Harry kehrt reumütig zu seinen Eltern und zu Priscilla zurück.
Der letzte Film, in dem Capra und Langdon zusammengearbeitet haben, war für beide ein großer Erfolg. Langdon hatte einige brillante

The lord of the rings – the fellowship of the ring

Szenen – etwa sein erstes Zusammentreffen mit Bebe, bei dem er balzend auf dem Fahrrad um ihr geparktes Auto fährt. Der Film hat Tempo, und daneben fand Capra noch Zeit für einige realistische Alltagsszenen.

The lord of the rings – The fellowship of the ring
Der Herr der Ringe – Die Gefährten

USA/Neuseeland 1999–2001

R: Peter Jackson; A: Peter Jackson, Fran Walsh und Philippa Boyens nach dem ersten Band des gleichnamigen Romans von J. R. R. Tolkien; K: Andrew Lesnie; D: Elijah Wood, Ian McKellen, Sean Astin, Billy Boyd, Dominic Monaghan, Viggo Mortensen, Liv Tyler, Orlando Bloom, Christopher Lee, John Rhys-Davies, Cate Blanchett, Ian Holm

Die Handlung spielt in grauer Vorzeit in Mittelerde, jenem mythischen Kosmos, den J. R. R. Tolkien erdacht und mit sanften Hobbits, Menschen, Elben, Zwergen, Zauberern, blutrünstigen Orks und vielen anderen Kreaturen bevölkert hat. Alles beginnt damit, daß der junge Hobbit Frodo Beutlin (E. W.) von seinem weitgereisten Onkel Bilbo (I. H.) einen Ring erhält. Sein Freund, der Zauberer Gandalf (I. McK.), erklärt ihm, daß dies ein magischer Ring ist, den Sauron, der finstere Herr von Mordor, vor 3000 Jahren geschmiedet hat und nun wiedergewinnen will, um mit seiner Hilfe Mittelerde zu beherrschen. Dies kann jetzt nur noch Frodo Beutlin verhindern, wenn es ihm gelingt, den Ring durch ganz Mittelerde zum Feurigen Berg Orodruin zu bringen und ihn dort in die Schicksalsklüfte zu werfen, wo er für alle Zeiten vor Saurons Zugriff sicher ist. Pflichtbewußt, aber bangen Herzens macht sich Frodo auf den Weg. Seine Freunde Samweis »Sam« Gamdschie (S. A.), Peregrin »Pippin« Tuk

(B. B.) und Meriadoc »Merry« Brandybock (D. M.) begleiten ihn; später schließen sich ihnen die Menschen Aragorn (V. M.) und Boromir (S. B.), der Elb Legolas (O. B.) und der Zwerg Gimli (J. R.-D.) an; natürlich steht auch Gandalf den Gefährten zur Seite. Sie lernen seltsame Wesen und Orte kennen, rasten im Land der Elbenkönigin Galadriel (C. B.), fliehen vor den Schwarzen Reitern Saurons, kämpfen gegen die furchtbaren Orks. In den Minen von Moria begegnen sie dem gräßlichen Monster Gollum; und sie erfahren, daß der Weiße Zauberer Saruman (C. L.), der einst Gandalfs gütiger Lehrmeister war, nun der Verführung des Bösen erlegen ist. Außerdem ist da noch die Gefahr, die der magische Ring in sich birgt: die Versuchung, sich seiner Kraft zu bedienen. Es kommt der Tag, an dem Frodo erkennt, daß er sich von seinen Gefährten trennen und seinen Weg allein gehen muß. Heimlich macht er sich auf, nur Sam folgt ihm ...

Die von Einfällen schier überbordende Phantasmagorie Tolkiens, die sich aus einer Vielzahl europäischer Mythen und Sagen speist, hat schon mehrere Filmkünstler gereizt. U. a. sollen Walt Disney und Stanley Kubrick an dem Stoff interessiert gewesen sein. Ralph Bakshi schuf einen Zeichenfilm (*The lord of the rings* – Der Herr der Ringe, USA 1977), in dem er ungefähr die Hälfte des dreibändigen Romans verarbeitete und passagenweise dem Geist der Vorlage sehr nahe kam. Peter Jackson hat in einer wahren Tour de Force den gesamten Roman verfilmt. Der erste Teil seiner Trilogie, *The lord of the rings – The fellowship of the ring* (Der Herr der Ringe – Die Gefährten) kam 2001 in die Kinos. Natürlich hat man bei der Lektüre des Buches seine eigenen Bilder entworfen; doch läßt man sich bald von der Phantasie des Regisseurs und seiner Mitarbeiter leiten. Von der Landschaft Neuseelands, wo die Außenaufnahmen stattfanden, bis zu den computer-generierten Effekten ist dies die eigenständige Vision eines phantastischen Universums. In diesem haben die Wohnhöhlen der Hobbits ihren Platz, der hochragende Turm Sarumans und die finstere Unterwelt, in der das Monster Gollum (eine rein digitale Kreation!) lebt. Aber Jackson will nicht nur mit Effekten überwältigen. Er läßt auch Zeit und Raum für die Idylle, für poetische Passagen und nicht zuletzt für sanfte Ironie. Insgesamt ein Film, der die Schaulust befriedigt, die Phantasie beflügelt und den Wunsch weckt, mehr über Mittelerde zu erfahren.

Die beiden anderen Teile der Trilogie erzählen die Geschichte weiter bis zum erfolgreichen Ende von Frodo Beutlins Mission: *The lord of the rings – The two towers* (Der Herr der Ringe – Die zwei Türme, USA/Neuseeland: 2002); *The lord of the rings – The return of the ring* (Der Herr der Ringe – Die Rückkehr des Königs, USA/ Neuseeland 2003).

Lost in translation
Lost in Translation

USA/Japan 2003

R: Sofia Coppola; A: Sofia Coppola; K: Lance Acord; D: Bill Murray, Scarlett Johansson, Akiko Takeshita, Kazuyoshi Minamimagoe, Kazuko Shibata, Giovanni Ribisi

Zwei Amerikaner in Tokio. Verloren in einem Land, dessen Kultur sie nicht kennen, dessen Sprache sie nicht verstehen. Bob (B. M.) ist ein wohl nicht übermäßig erfolgreicher Filmschauspieler, der hier einen Werbefilm für eine Whiskey-Marke drehen soll; Charlotte (S. J.) ist die Frau eines alerten »Event«-Fotografen (G. R.), der für eine Foto-Session in eine andere Stadt gefahren ist. In der Hotel-Bar kommen sie ins Gespräch. Zunächst bleibt es beim »small talk«, dann verabredet man sich auch, geht zu einer Party, besucht ein Karaoke-Lokal. Der Zuschauer spürt, wie die Vertrautheit zwischen ihnen wächst. Zwischendurch gibt es wieder Szenen völliger Einsamkeit. Charlotte sieht aus dem Fenster auf das Lichtermeer der Riesenstadt. Bob zappt im Fernsehen, sieht fremde Bilder, auf einmal sieht er auch sich selbst in einem alten Film. Aber auch sein Abbild spricht japanisch. Gelegentlich ruft seine Frau an, berichtet von den Kindern und bespricht mit ihm die Farbe eines neuen Teppichbodens. Es kommt der Termin von Bobs Abreise. Korrekt verabschiedet er sich von Charlotte. Doch auf der Fahrt zum Flughafen sieht er sie zufällig auf der Straße. Er läßt sein Taxi anhalten; und jetzt endlich fallen sie sich in die Arme. Für einen Moment sind sie mitten im

Menschengewühl allein und vereint. Sie sprechen ein paar Worte, die der Zuschauer nicht versteht. Dann muß Bob weiterfahren.

Ein sehr schöner und behutsamer Film, der vor allem von Andeutungen und Zwischentönen lebt. Es »passiert« nicht viel, aber es geschieht eine Menge in und zwischen den beiden Protagonisten. Man mag sich an David Leans *Brief encounter* erinnern, der eine ähnliche Konstellation beschreibt. Hier wie dort begegnen sich zwei Menschen in einer Ausnahmesituation; hier wie dort wird wachsende Vertrautheit und Zuneigung in Blicken und kleinen Gesten spürbar. Während aber Lean seine Geschichte doch zu einem dramatischen Endpunkt gebracht hat, läßt Sofia Coppola die ihre konsequent in stiller Melancholie mit einem einzigen schmerzhaften Akzent ausklingen. Dabei haben Buch und Regie dieser einfachen, unspektakulären Geschichte ein erstaunliches Maß an innerer Spannung und Suggestivkraft beigegeben. Der Zuschauer fühlt sich so sehr vertraut mit den beiden, daß er den Gang der Handlung mit gespannter Anteilnahme verfolgt. Beträchtlichen Anteil daran haben – neben einer unauffällig eindringlichen Kamera sicherlich die beiden Hauptdarsteller: Die junge Scarlett Johansson verblüfft mit einer erstaunlichen Präsenz; der erfahrene Bill Murray zeigt hier eine seiner besten Leistungen. Der Film der jungen Regisseurin wurde mit Preisen geradezu überhäuft. U. a. erhielt er einen »Oscar« für das beste Drehbuch, mehrere »Golden Globes«, Festival-Preise in Venedig, Valladolid und São Paulo sowie Kritiker-Preise in zahlreichen Ländern.

The lost weekend
Das verlorene Wochenende

USA 1944

R: Billy Wilder; A: Charles Brackett und Billy Wilder nach einem Roman von Charles R. Jackson; K: John F. Seitz, Farciot Edouart, Gordon Jennings (Spezialeffekte); D: Ray Milland, Jane Wyman, Philip Terry

Der gutaussehende, wohlerzogene Don Birnam (R. M.), der eigentlich Schriftsteller werden möchte, ist ein haltloser Trinker. Alle Bemühungen seiner Verlobten Helen (J. W.) und seines Bruders (P. T.) scheinen erfolglos. An einem »verlorenen Wochenende«, das er allein in New York verbringt, überfällt ihn die Sucht von neuem. Er betrinkt sich sinnlos und landet in einer Alkoholiker-Station. Don flüchtet aus der Station und wankt nach Haus, wo er in ein Delirium verfällt. In diesem Zustand findet ihn Helen. Aber Don ist am Ende. Er nimmt Helens Pelzmantel und verläßt heimlich die Wohnung, um den Mantel beim Pfandleiher gegen seinen früher einmal beliehenen Revolver einzutauschen. Er will Schluß mit seinem verpfuschten Leben machen. Helen überzeugt ihn davon, daß er noch eine Chance hat. Er setzt sich an die Schreibmaschine, um die Stationen seiner Verzweiflung zu einem Buch zu verarbeiten.

Der Film ist routiniert, mit nüchternem Realismus gemacht. Besonders die darstellerischen Leistungen sind überzeugend. Es gibt Szenen, die haftenbleiben: Wenn Don in einer Bar mit seinen zitternden Händen das Whisky-Glas nicht mehr zum Mund führen kann und sich bückt, um das auf der Theke stehende Glas auszutrinken, das Delirium, das mit sparsamen Mitteln (ein Riß in der Wand, eine Fledermaus tötet eine weiße Maus) beklemmende Schockwirkung erreicht u. a. Das Happy-End indessen ist fatal. Wie es heißt, soll es eine Auflage des Produzenten wegen der damaligen Zensurbestimmungen gewesen sein, nach denen Alkoholismus nur gezeigt werden durfte, wenn man gleichzeitig auch die Möglichkeit der Heilung demonstrierte. Und Wilder soll daraufhin den Schluß bewußt übertrieben haben, um seine Absurdität deutlich zu machen.

Lotna
Lotna

Polen 1959

R: Andrzej Wajda; A: Wojciech Żukrowski und Andrzej Wajda nach einer Erzählung von Wojciech Żukrowski; K: Jerzy Lipman; D: Jerzy Pichelski, Adam Pawlikowski, Jerzy Moes, Bozena Kurowska, Roman Polanski

September im Jahr 1939. Ein Großgrundbesitzer schenkt dem Rittmeister Chodakiewicz (J. P.) eine herrliche Stute, die Lotna. Zwei Offiziere des Regiments, ein Leutnant (A. P.) und der Fähnrich Grabowski (J. M.), losen, wer von ihnen die Stute übernehmen wird, wenn der Rittmeister fällt. Der Fähnrich gewinnt. Der Rittmeister wird bei der legendären Attacke der polnischen Kavallerie gegen deutsche Tanks getötet. Die Soldaten begraben ihn und feiern am nächsten Tag die Hochzeit des Fähnrichs mit der Lehrerin Ewa (B. K.). Bei einem deutschen Luftangriff wird der Fähnrich getötet. Ewa will das Pferd töten, das nach ihrer Meinung Unglück bringt, wird aber von dem Leutnant gehindert, der Lotna nun in Besitz nimmt. Am Ende des Rückzugs, an der Landesgrenze, entläßt der Leutnant seine stark dezimierte Schwadron. Während er schläft, stiehlt der Wachtmeister die Stute. Aber auf der Flucht bricht sie sich ein Bein und muß erschossen werden.

Das Pferd steht hier gleichsam als Symbol für eine stolze Tradition, die unter den Schlägen der deutschen Angreifer unwiederbringlich zerbricht. Wajda hat die Tragödie vom Untergang der polnischen Armee nicht umsonst am Beispiel der Kavallerie demonstriert. Kindheitserinnerungen (Wajda ist der Sohn eines Kavallerieoffiziers und wuchs in Kasernen auf!) treffen zusammen mit der Lust an der Melancholie eines »stolzen Untergangs«. Und es ist mehr als nur eine dokumentarische Anekdote, wenn die polnischen Reiter von Panzerwagen niedergewalzt werden; hier stirbt mit der polnischen Kavallerie auch ein Zeitalter. Resignation, die bis in die gedämpften Farben spürbar ist, überschattet den Film.

Louisiana story
Louisiana-Legende

USA 1946–48

R: Robert Flaherty; A: Robert und Frances Hubbard Flaherty; K: Richard Leacock; D: Joseph Boudreaux, Lionel Le Blanc, Frank Hardy

Die Familie Latour lebt in den sumpfigen Wäldern am Mississippi vom Fischfang und von der Jagd. Der zwölfjährige Sohn (J. B.) ist schon genauso eng mit der Natur verbunden wie sein Vater. Sein Spielkamerad und bester Freund ist der Waschbär Jojo. Eines Tages bricht die Technik in diese unberührte Welt ein: Ein Bohrturm wird errichtet, Versuchsbohrungen beginnen. Aber der Zwölfjährige führt sein bisheriges Leben weiter; er erlebt alltägliche und gefährliche Abenteuer, u. a. den Kampf mit einem Alligator, bei dem Jojo spurlos verschwindet. Die Techniker ziehen ab, ihre Bohrungen waren erfolgreich, sie werden sicher wiederkommen.

Typisch für Flaherty ist die knappe Spielhandlung mit Alltagsszenen aus dem Leben der Menschen, die im Mittelpunkt des Films stehen. Typisch ist auch die Naturschilderung, die unübersehbar von der Liebe des Regisseurs zur unberührten Natur kündet. Neu allerdings ist, daß Flaherty auch die Schönheit und Notwendigkeit der Technik entdeckt.

Louisiana story wurde übrigens von der Ölgesellschaft Esso finanziert. Nach enttäuschenden Erfahrungen mit Hollywood vertraute Flaherty wohl darauf, bei filmfremden »Produzenten« mehr Freiheit und mehr Verständnis zu finden. Kameramann des Films war Richard Leacock, der später ganz andere Wege filmischer Dokumentation ging, der aber nie verleugnet hat, daß er ein Schüler Flahertys war.

Love and death
Die letzte Nacht des Boris Gruschenko

USA 1974/75

R: Woody Allen; A: Woody Allen; K: Ghislain Cloquet; D: Woody Allen, Diane Keaton, Olga Georges-Picot, James Tolkan, Harold Gould, Norman Rose

Rußland 1812. In einem Kerker der französischen Armee sitzt nach einem mißglückten Attentat auf Napoleon (J. T.) der schmächtige Boris Gruschenko (W. A.) und erwartet gelassen seine Hinrichtung. Ein Engel hat ihm nämlich verheißen, er werde kurz vor der Exekution begnadigt. So überdenkt er unbeschwert sein Leben ... Er denkt an seine Liebe zu Sonja

(D. K.), die ihm leider zwei andere Männer vorgezogen hat. Er denkt an seine Bemühungen, ein schlechter Soldat zu sein, die so jämmerlich mißlungen sind. Militärischer Ruhm nämlich ist ihm in den Schoß gefallen, besonders nachdem er versehentlich – wie weiland Münchhausen – mit einer Kanone hinter die feindlichen Linien geschossen wurde und die Franzosen in Panik versetzt hatte. Dieser Ruhm verschaffte ihm die Zuneigung der liebesdurstigen Gräfin Alexandrowna (O. G.-P.) und eine Duellforderung ihres Liebhabers (H. G.). Kurz vor dem Duell hat er dann Sonja wiedergesehen, die ihm leichtfertig für den Fall des Überlebens ihre Hand versprach. Er überlebte, Sonja heiratete ihn und überredete ihn alsbald zu dem verhängnisvollen Attentat, das sich als ein einziges Intrigenspiel auf seine Kosten erwies ... Am anderen Morgen schreitet Boris guten Mutes zum Richtplatz. Doch der Engel war wohl nicht ausreichend informiert: Boris wird hingerichtet. Einige Tage später sieht die verwitwete Sonja ihren Boris in Begleitung eines Sensenmannes (N. R.) auf dem Acker. Sie erkundigt sich neugierig nach seinem Befinden. »Kennst du die Hühnchen in Treskys Restaurant?« fragt er zurück. »Gewiß«, meint Sonja. »Ich bin noch schlimmer dran!« sagt Boris düster.

Eine bitterböse Satire, die den Stil und das Pathos üblicher Heldenlieder parodistisch entlarvt, die lustvoll und listig an den Grundpfeilern bürgerlicher Wertvorstellungen rüttelt. Der Kampf des schmächtigen Einzelgängers gegen den Rest der Welt geht hier auf gleichsam beispielhafte Weise verloren; denn wenn der Held einer Komödie stirbt und am Ende gar in der Hölle brät, dann läßt sich eine schlimmere Variante kaum vorstellen. Aber der Film macht mit perfide vorgetäuschter Treuherzigkeit auch klar, daß nicht der arglose Held, daß vielmehr unsere Welt versagt und die vergleichsweise bescheidenen Glückserwartungen eines gutwilligen Außenseiters enttäuscht hat.

Lucia
Lucia

Kuba 1968/69

R: Humberto Solás; A: Humberto Solás, Julio García Espinosa, Nelson Rodriguez; K: Jorge Herrera; D: Raquel Revuelta, Eduardo Moure, Eslinda Nuñez, Ramon Brito, Adela Legra, Adolfo Llaurado

In drei Episoden und am Beispiel dreier Liebesgeschichten behandelt der Film wichtige Stationen der kubanischen Geschichte.
I. 1895 revoltieren die Kubaner wieder einmal gegen die spanische Oberhoheit. In dieser Zeit lernt Lucia I (R. R.), eine behütete Tochter aus gutem Hause, den attraktiven Rafael (E. M.) kennen, einen gebürtigen Spanier, der aber in der politisch-militärischen Auseinandersetzung offenbar nicht Partei bezieht. Sie verliebt sich besinnungslos in ihn und flieht mit ihm, obwohl sie weiß, daß er in Spanien verheiratet ist. Doch dann erkennt sie, daß Rafael sie nur benutzt hat, um durch sie ein Versteck der Rebellen zu finden, die von nachfolgenden spanischen Truppen aufgerieben werden. Halb wahnsinnig vor Enttäuschung kehrt sie in die Stadt zurück und tötet Rafael, der jetzt eine spanische Uniform trägt, auf offener Straße.
II. 1933 bewirken Revolutionäre den Sturz des Präsidenten Machado. Aber die neue Regierung gerät bald unter den Einfluß des reaktionären Generals Batista. Lucia II (E. N.) verliebt sich in den Revolutionär Aldo (R. B.) und kämpft an seiner Seite. Aldo gehört zu denen, die nach dem Sturz Machados erkennen, daß sich in Wirklichkeit nichts geändert hat. Er kämpft weiter und wird erschossen. Lucia bleibt allein zurück.
III. In den sechziger Jahren heiratet Lucia III (A. Le.) den Lastwagenfahrer Tomás (A. Ll.), dessen krankhafte Eifersucht es ihr unmöglich macht, wahre Gleichberechtigung zu praktizieren. Sie verläßt ihn, um wieder arbeiten zu können – Tomás hatte ihr dies verboten.

Die historischen Situationen sind typisch: der Aufstand gegen die Fremdherrschaft, die unvollendete Revolution, die Gegenwart, in der zwar die Verhältnisse sich geändert haben, in der der Kampf um den »neuen Menschen«

aber weitergeht. Gleichzeitig ist dies eine Studie über die Emanzipation der Frau. Während sie früher in Konventionen gefangen war und ein Aufbegehren gleichsam nur im Affekt möglich war, können die Frauen sich heute zusammenschließen und ihr Leben selbst bestimmen – auch gegen den Widerstand des Mannes. Das allgemeine Fazit heißt: Unterdrückung richtet sich naturgemäß gegen die Schwachen; sie kann nur beendet werden, wenn die Schwachen durch Zusammenschluß stark werden.

Solás hat diese einfache These kunstvoll illustriert. Am eindrucksvollsten gelang wohl die erste Episode, die sorgfältig das verstaubte Milieu bürgerlicher Salons zeichnet und in der die Kamera sich dann gleichsam befreit in dem Kampf zwischen Spaniern und Kubanern, den sie in düsteren Bildern wie eine Vision beschwört. Die zweite Episode ist im Stil einer nüchternen Reportage gehalten, während die letzte gelegentlich den Charakter eines volkstümlichen Lustspiels annimmt.

Ludwig – Requiem für einen jungfräulichen König

BRD 1972

R: Hans Jürgen Syberberg; A: Hans Jürgen Syberberg; K: Dietrich Lohmann; D: Harry Bär, Ingrid Caven, Hanna Köhler, Ursula Strätz, Peter Kern, Gerhard März, Anette Tirier, Johannes Buzalski, Balthasar Thomass

Ein Film, dessen Handlung sich allenfalls durch ein exaktes Protokoll befriedigend referieren ließe; denn Syberberg erzählt hier nicht einfach die Lebensgeschichte des bayerischen Königs Ludwig II., er zeigt den König (als Kind: B. T., als Mann: H. B.) vielmehr als Katalysator und Inkarnation von Mythen, Träumen, Entwicklungen, Hoffnungen. Er schildert nicht sein Leben, sondern sein Schicksal. Die Szenenfolge läuft – zu Wagner-Musik – vor gemalten Prospekten ab. Nur in Ausnahmefällen, etwa bei einer nächtlichen Schlittenfahrt durch verschneite Wälder, verläßt die Kamera das Studio. Syberberg teilt seinen Film in zwei Teile (1. *Der Fluch*, 2. *Ich war einmal*) und einzelne Kapitel, in denen Zeitgenossen, historische und mythische Persönlichkeiten, Gestalten der Literatur u. a. auftreten, um ihren Part in diesem Welttheater zu absolvieren. Und dieser Part kann in einer Szene, einem kurzen Auftritt, einem Statement bestehen: Lola Montez (I. C.) verflucht das Geschlecht der Wittelsbacher; Obsessionen und Meditationen Ludwigs; Begegnungen mit Zeitgenossen. Richard Wagner erscheint als Hermaphrodit in zwei Gestalten, als Mann (G. M.) und als Frau (A. T.), während andererseits Hitler und der Schriftsteller Emanuel Geibel von einem Schauspieler (J. B.) gespielt werden. Ludwig diniert mit Marie Antoinette und dem französischen König Ludwig XIV. und erlebt die Gründung des deutschen Kaiserreiches als Alptraum. Am Ende stirbt der König drei Tode: Zunächst seinen eigenen, von der Geschichte überlieferten Tod, dann den »traditionellen Tod der Könige« auf einem Schafott – und wird wieder zum Leben erweckt durch die Liebe und die Sehnsüchte des Volkes, und schließlich stirbt der König Isoldes Liebestod aus Wagners *Tristan und Isolde*, bei dem er sich seine überströmenden Gefühle wie einen Dolch in die Brust stößt.

Der auf verwirrende Weise faszinierende Film verfolgt offensichtlich zwei Prinzipien: Die Welt Ludwigs erscheint nicht als objektiv faßbare Realität, sondern als ein Traum, den Ludwig träumt, so daß auch seine Zeitgenossen gleichsam nur durch ihn lebendig werden. (»In einer Nacht wie dieser sah er sein Leben als Leben einer Nacht.«) Andererseits erscheint Ludwig hier nicht als Wahnsinniger oder als unschuldiges Opfer höfischer Intrigen. Er ist zum Untergang verurteilt als Wanderer zwischen historischen Epochen, allerorten unbehaust; und deshalb scheint es auch gerechtfertigt, Nachfahren wie Hitler und Röhm zu zitieren, Gestalten wie den Schriftsteller Karl May und dessen Romanfigur Winnetou, die alle ein Teil jener Welt sind, an deren Entwicklung Ludwig träumend und manchmal auch einsichtig passiv Anteil nahm.

Das Echo auf Syberbergs Film war überaus zwiespältig. Wilfried F. Schoeller z. B. resümierte in der Korrespondenz »Filmreport«: »Syberbergs Film über Ludwig II. ist von enormer ästhetischer Lautstärke, aber nichtssagend – und deshalb unnötig wie ein Kropf.« Besonders in Frankreich war dagegen das Urteil

Ludwig –
Requiem für einen jungfräulichen König
(Harry Bär)

überwiegend nahezu hymnisch. So schrieb etwa Georges Charensol in den »Nouvelles Litteraires« über den Film, dem er vorher schon »ungewöhnliche Schönheit« attestiert hatte: »Er berührt uns besonders, weil ihm das gelungen ist, was Luchino Visconti mißglückt ist: Ludwig zu verstehen; seine Leidenschaft für die barocken Schlösser, die Berge, den Schnee, über den ein Schlitten gleitet, zu übersetzen; in seine phantastische, irreale, magische Welt einzudringen.«

▬ Lumière d'été
Wetterleuchten / Weibergeschichten / Sommerlicht

Frankreich 1942

R: Jean Grémillon; A: Jacques Prévert, Pierre Laroche; K: Louis Page, Roger Arrignon; D: Madeleine Renaud, Pierre Brasseur, Madeleine Robinson, Paul Bernard, Georges Marchal

Der zynische Schloßherr Patrice le Verdier (P. Be.) hat seiner Geliebten Cri-Cri (M. Re.) in der Nähe seines Schlosses ein Hotel eingerichtet. Als eines Tages Michèle (M. Ro.) mit ihrem Freund Roland (P. Br.), einem erfolglosen und versoffenen Maler, in diesem Hotel auftaucht, verliebt sich Patrice in das junge Mädchen. Michèle wiederum verliebt sich in Julien (G. M.), der in der Nähe beim Bau eines Staudammes beschäftigt ist. Cri-Cri versucht vergeblich, Patrice zu halten, indem sie ihn daran erinnert, daß er auf der Jagd seine Frau getötet und ihren Tod als Unfall getarnt hat. Patrice lädt die ganze Gesellschaft zu einem makabren Kostümfest auf sein Schloß. Im Anschluß an dieses Fest wird Roland bei einem Autounfall getötet. Arbeiter vom Staudamm tauchen an der Unfallstelle auf und bedrohen den Schloßherrn. Auf der Flucht vor ihnen stürzt Patrice in eine Schlucht; Michèle bleibt bei Julien.

Man hat diesen Film mit Renoirs *La règle du jeu* verglichen. In beiden Filmen werden die Klassengegensätze scharf betont, in beiden herrscht bittere Ironie, und in beiden steht ein Fest im

Schloß im Mittelpunkt. Grémillon hat hier wohl seinen besten Film gedreht – voll düsteren Humors, mit subtiler und gleichzeitig ätzend scharfer Charakterschilderung.

Die Attacke gegen die »Herrschenden«, die am Schluß untergehen, während das »Volk« triumphiert, hat die französische Vichy-Regierung bewogen, den Film zu verbieten.

Lutsch smerti ⑤
Der Todesstrahl

UdSSR 1925

R: Lew Kuleschow; A: Wsewolod Pudowkin; K: Alexander Lewitzky; D: Sergej Komarow, Porfiri Podobed, Wladimir Fogel, Alexandra Chochlowa

Arbeiter-Revolution in einem kapitalistischen Land. Der Arbeiter Tomas Lann (S. K.) ist der Führer des Aufstandes in der Fabrik »Helium«. Als er verhaftet wird, verhelfen ihm die Genossen zur Flucht. Er reist in die Sowjetunion, um sich mit dem Erfinder der »Todesstrahlen« in Verbindung zu setzen, die dem Proletariat zum Sieg verhelfen könnten. Doch auch der Anführer der Faschisten (W. F.) erfährt von der Existenz des Gerätes und läßt den Erfinder (P. P.) entführen. Nach vielen Abenteuern erbeutet Lann das Gerät und kann mit seiner Hilfe die Ausbeuter vernichten.

Das Thema kam Kuleschows Neigung zum Phantastischen, zu technischen Tricks entgegen. Er experimentierte auch hier mit den Möglichkeiten des Films, u. a. mit einer ungewöhnlichen Montage. Übrigens arbeitete Pudowkin an diesem Film als Autor, Regieassistent, Darsteller und (zusammen mit Rachals) als Architekt mit.

M

—

M

Deutschland 1931

R: Fritz Lang; A: Thea von Harbou, Fritz Lang; K: Fritz Arno Wagner, Gustav Rathje; D: Peter Lorre, Gustaf Gründgens, Otto Wernicke, Theo Lingen, Paul Kemp, Georg John

M (Inge Landgut und der Schatten von Peter Lorre)

Ein Kindermörder (P. L.) geht um. Verzweifelt sucht die Polizei unter Leitung von Kriminalkommissar Lohmann (O. W.) seiner habhaft zu werden. Dauernde Razzien bringen keinen Erfolg, irritieren aber die Berufsverbrecher, die sich in ihrer Arbeit behindert fühlen. Der »Schränker« (G. G.), ein renommierter Ganove, beschließt gemeinsam mit den Vorsitzenden diverser Ringvereine (T. L., P. K. u. a.), den Mörder auf eigene Faust unschädlich zu machen. Während die Polizei mit ihren Methoden den Täter identifiziert, können die Verbrecher ihn fangen. Ein blinder Straßenverkäufer (G. J.) hat den Mann wiedererkannt, der einem der ermordeten Kinder einen Luftballon gekauft und dabei eine Melodie von Grieg gepfiffen hat. Der – noch – Ahnungslose wird mit einem großen »M« aus Kreide auf dem Rücken gezeichnet und wenig später gestellt. In einem Gerichtsverfahren vor der Unterwelt versucht der Mörder, sich zu rechtfertigen. Gerade als die aufgebrachten Verbrecher ihn lynchen wollen, erscheint die Polizei.

In der Premieren-Fassung wurden noch Szenen aus der ordentlichen Gerichtsverhandlung gegen den Mörder gezeigt. Aber diese wurden später entfernt, und übrig blieb nur der Satz einer Mutter aus dem Off: »Und wir, wir müssen auf unsere Kinder viel, viel mehr achtgeben!« Erst 1986 wurde eine Fassung des Films rekonstruiert, die u. a. auch die Gerichtsverhandlung wieder enthält. Fritz Langs erster Tonfilm nutzte einfallsreich die Möglichkeiten des neuen Mediums. Beispielhaft sind die Melodie von Grieg, die zum Erkennungszeichen und zum Leitmotiv wird, und besonders die raffinierte Montage zweier Gespräche, eines zwischen den Ganoven und das andere im Polizeipräsidium, die so montiert sind, daß der Dialog jeweils im anderen Milieu sinngemäß fortgeführt wird. Der (einzige) Mord, den der Film schildert, wird gezeigt durch einen wegrollenden Ball und einen Luftballon, der in Telefondrähten zappelt. Darüber hinaus aber hat der Film den Geist der Zeit eingefangen: Angst, Terror, unheimliche Bedrohung, wobei die Bevölkerung zum passiven Opfer wird, während Mörder, Verbrechersyndikat und Polizei die Partie gleichsam unter sich ausmachen. Fritz Lang hat diesen Akzent möglicherweise nicht einmal gesehen. Er meinte: »Der Tenor des Films ist aber nicht die Verurteilung des Mörders, sondern die Warnung an die Mütter: ›Man muß halt besser uffpassen uff de Kleenen!‹ Dieser menschliche Akzent lag meiner damaligen Frau, der Schriftstellerin Thea von Harbou, besonders am Herzen.«

Der Film machte auch seinen Hauptdarsteller Peter Lorre berühmt. Quallig und gedunsen bewegt er sich vor der Kamera und erweckt doch spätestens dann Mitgefühl, wenn er bei

seiner Verteidigung vor dem Verbrecher-Syndikat verzweifelt aufschreit, daß er »morden muß«. Makabre Vorausschau, daß ausgerechnet der »Schränker« dann das »gesunde Volksempfinden« repräsentiert, das wenig später die Nationalsozialisten für sich in Anspruch nahmen. Sie verboten den Film dann auch schleunigst.
Joseph Losey drehte 1951 in den USA unter dem gleichen Titel M ein enttäuschendes Remake mit Luther Adler und David Wayne in den Hauptrollen.

Maborosi no hikari
Das Licht der Versuchung

Japan 1995

R: Hirokazu Kore-Eda; A: Yoshihisa Ogita nach der gleichnamigen Erzählung von Teru Miyamoto; K: Masao Nakabori; D: Makiko Esumi, Takashi Naitoh, Tadanobu Asano, Gohki Kashiyama, Naomi Watanabe, Midori Kiuchi, Akira Emoto

Yumiko (M. E.), eine 25jährige verheiratete Frau, erinnert sich in einem Traum an zwei große Verluste. Im Alter von zwölf Jahren konnte sie nicht verhindern, daß ihre geliebte Großmutter die Familie in der Stadt verließ, um im Heimatdorf zu sterben. Yumiko selbst führt ein scheinbar glückliches Leben. Ikuo (T. A.), ihr Mann, arbeitet in einer nahegelegenen Fabrik. Sohn Yuichi (G. K.) ist drei Monate alt. Die kleinen Dinge des Lebens – ein Fahrraddiebstahl, das dröhnende Radio der Nachbarn, der Café-Besuch – bestimmen ihren Alltag. Da bringt die Polizei die Nachricht, Ikuo sei verunglückt, man vermute Selbstmord. Die junge Frau steht vor einem Rätsel. Als die Schwiegermutter ihr auch noch Vorwürfe macht, zieht sich Yumiko voller Trauer vom Leben zurück. Fünf Jahre später heiratet die junge Witwe auf Drängen einer Heiratsvermittlerin erneut. Tamio (T. N.), ihr zweiter Mann, wohnt mit seiner achtjährigen Tochter (N. W.) in einem Fischerdorf am Meer. Yumikos Leben gewinnt an Stabilität. Als sie der Einladung zur Hochzeit ihres Bruders in die Stadt folgt, überfällt Yumiko wieder die Erinnerung an die Verstorbenen. Zurück im Dorf, erzählt ihr eine alte Fischerin vom Fang der Taschenkrebse, und auch diese scheint von ihrer Arbeit nicht heimzukehren. Yumiko stürzt in eine neue Depression. Vor einem blauschwarzen Horizont beobachtet sie vom Kliff aus einen Trauerzug und grübelt über die Todesursache ihres ersten Mannes. Da erklärt ihr Gatte, Vater (A. E.), ein Fischer, glaube, alle Menschen würden von einem wundervollen Licht des Meeres angezogen. Als der Frühling beginnt, ist Yumiko geheilt. Das offene Fenster mit Blick auf das Meer verheißt ein neues Leben.
Maborosi no hikari ist ein leiser Film: höchst poetisch, kalligraphisch, minimalistisch. Das Schweigen, die Einsamkeit, das Werden und Vergehen durchziehen alle Räume, Landschaften und den Wechsel der Jahreszeiten. Diese Geschichte eines individuellen und gleichzeitig universellen Verlustes verweist auf die essentiellen Werte des menschlichen Lebens. Das stille Ritual der Trauer öffnet den Blick für die Vergänglichkeit alles Irdischen. Die Kräfte zur Überwindung der Krise liegen in der Natur und in der Spiritualität. Der »emotionale Realismus« des Films kommt ohne bedeutungsschwere Metaphern, effektvolle Dramatik oder moralische Wertung aus. In winzigen Gesten und Details, in einem Blick, in einem Lächeln, im Wechsel von wolkenverhangenen zu sonnendurchfluteten, glücklichen Tagen zelebriert er kontemplatives Kino. *Maborosi no hikari* ist um den Gegensatz von Licht und Schatten komponiert. Lange, meist halbnahe Einstellungen ermöglichen dem Zuschauer Distanz und Besinnung. Die außergewöhnliche Reflexion über den Fluß des Lebens wird durch phantasievolle Töne von dahinfahrenden Zügen, vom Meeresrauschen, vom Wehen des Windes und Schnees komplettiert.

Madame de ...
Madame de ...

Frankreich/Italien 1953

R: Max Ophüls; A: Marcel Achard, Max Ophüls und Annette Wademant nach dem gleichnamigen Roman von Louise de Vilmorin; K: Christian Matras; D: Danielle Darrieux, Charles Boyer, Vittorio De Sica

Madame de ... (D. D.), die Gattin eines angesehenen Generals (C. B.), ist durch ihren Leichtsinn in Geldverlegenheiten geraten und verkauft ihre Ohrringe, ein Hochzeitsgeschenk ihres Mannes. Am Abend in der Oper spielt sie eine große Szene und behauptet, den Schmuck soeben verloren zu haben. Als die Zeitungen über den Fall berichten, enthüllt der Juwelier, der den Schmuck gekauft hat, dem General die Wahrheit. Dieser kauft den Schmuck zurück und schenkt ihn seiner Mätresse, die am gleichen Abend nach Konstantinopel abreist. Doch auch sie gerät in Not und verkauft die Ohrringe. Diesmal erwirbt sie der italienische Graf Donati (V. D. S.), der soeben zum Gesandten in Paris ernannt worden ist. Als er dort Madame de ... kennenlernt, verliebt er sich in sie und schenkt ihr zu ihrer großen Verblüffung ihren eigenen Schmuck. Auch Madame de ... hat sich verliebt; und um dem Grafen eine Freude zu machen, trägt sie »seinen« Schmuck auf einem Ball. Ihrem Mann erzählt sie, sie habe die Ohrringe in einer Schublade wiedergefunden. Der General verdächtigt sofort den Grafen und fordert ihn zum Duell. Während sich die Gegner gegenüberstehen, stirbt Madame de ... – aus Angst um den Geliebten und aus Verzweiflung.

Ophüls hat diese unwahrscheinliche Geschichte in kühler Distanz erzählt. Immer wieder werden die handelnden Personen in kunstvolle Dekors gestellt; die Kamera blickt durch Glasscheiben, fängt Aktion im Bild kostbarer Spiegel ein. So erhält die Welt der Madame de ... ein hohes Maß von Künstlichkeit. Es schwingt auch Trauer darüber mit, daß die Liebe hier zum Intrigenspiel verkümmert ist.

Madame Dubarry Ⓢ

Deutschland 1919

R: Ernst Lubitsch; A: Fred Orbing, Hanns Kräly; K: Theodor Sparkuhl; D: Emil Jannings, Pola Negri, Harry Liedtke, Reinhold Schünzel, Eduard von Winterstein

Jeanne Vaubernier (P. N.) beginnt ihre Karriere in einem Pariser Modesalon und als Geliebte des Studenten Armand (H. L.). Weitere Stationen ihres Liebeslebens und ihres sozialen Aufstiegs sind der spanische Gesandte und der Graf Dubarry (E. v. W.), bis sie schließlich König Ludwig XV. (E. J.) auffällt und gefällt. Um am Hofe eingeführt werden zu können, braucht sie allerdings einen Adelstitel, zu dem ihr die Heirat mit dem Bruder des Grafen Dubarry verhilft. »Die Dubarry« ist jetzt die mächtigste Frau im Land. Aber nicht lange. Der König

Madame de ...
(l.: Charles Boyer,
2. v. r.: Danielle Darrieux)

stirbt, und sein Nachfolger, Ludwig XVI., verbannt sie. Armand ist unterdessen aus enttäuschter Liebe zum Revolutionär geworden. Nachdem das Volk die Bastille gestürmt hat, ist er der Vorsitzende des Revolutionsgerichtes, das die verhaßte Mätresse des Königs zum Tod verurteilt. Zwar versucht er, sie in letzter Minute noch zu retten; aber es ist zu spät. Armand stirbt unter den Kugeln der Revolutionäre, die Dubarry auf der Guillotine.

Der Film verblüfft durch seine Verbindung von Aufwand und intimem Charme, durch die Einbeziehung der Exteriors (die zum größten Teil im Schloßpark von Sanssouci gedreht wurden) in ein ganz und gar »künstliches« Kammerspiel. Die Handlung wird über weite Strecken mit einer gewissen ironischen Distanz geschildert. Zum Beispiel hat der Machtkampf mit dem Herzog von Choiseul (R. S.), der der Dubarry schließlich zum Verhängnis wird, überwiegend den Charakter einer Salonkomödie, so daß Sentimentalität und Pathos sich nicht ungebührlich breitmachen können. Gleichzeitig erweist sich Lubitsch in den Massenszenen als Meister des kunstvollen und großen Arrangements.

Mädchen in Uniform

Deutschland 1931

R: Leontine Sagan, Carl Froelich; A: Christa Winsloe und F. D. Andam nach dem Schauspiel *Gestern und heute* von Christa Winsloe; K: Reimar Kuntze, Franz Weihmayr; D: Hertha Thiele, Dorothea Wieck, Emilia Unda

Nach dem Tod ihrer Mutter wird Manuela von Meinhardis (H. T.) in eine strenge Erziehungsanstalt gesteckt, in der Selbstzucht und Disziplin zu unmenschlichem Drill pervertiert sind. Manuelas einziger Trost ist ihre schwärmerische Verehrung für die hübsche Erzieherin Fräulein von Bernburg (D. W.). Als sie dieser Verehrung bei einer Schulfeier allzu offen Ausdruck gibt, kommt es zu Mißdeutungen und zu einem Skandal. Manuela wird von der Umwelt isoliert und eingesperrt. Als sie sich auch von Fräulein von Bernburg verlassen glaubt, will sie sich töten. Im letzten Moment wird sie gerettet. Schockiert und sehr allein geht die reaktionäre Heimleiterin (E. U.) in ihr Zimmer.

Wenn auch die kritische Substanz des Films heute vergleichsweise harmlos erscheint, so wirkt seine Milieu- und Charakterschilderung doch unverändert stark. Eintönigkeit wird unvermittelt sichtbar in den Grautönen, die das Bild beherrschen, in strengen Linien, im symmetrischen Aufbau der Bilder und der strengen Formation der Gruppen vor der Kamera. Dann konfrontiert der Film die schwärmerischen Mädchen mit ihren frustrierten Erzieherinnen, deren Zeichnung gelegentlich an den Rand der Karikatur gerät. Seelische Not wird unmittelbar glaubwürdig – auch die der Erzieherin von Bernburg, die die Sicherheit ihrer Position aufgeben muß, um ihrem Gewissen zu folgen, und die dabei fast einen Moment zu lang geschwankt hätte.

Das Mädchen Rosemarie

BRD 1958

R: Rolf Thiele; A: Erich Kuby, Rolf Thiele, Jo Herbst, Rolf Ulrich; K: Klaus von Rautenfeld; D: Nadja Tiller, Peter van Eyck, Carl Raddatz, Mario Adorf, Jo Herbst, Karin Baal

Zusammen mit ihrem Bruder Horst (M. A.) und dessen Freund Walter (J. H.) singt Rosemarie (N. T.) in Frankfurts Straßen und Hinterhöfen zeitkritische Lieder. Bei einem »Auftritt« im Hof eines feudalen Hotels lernt sie den reichen Industriellen Hartog (C. R.) kennen, der sich in sie verliebt und ihr eine Wohnung einrichtet. Im Auftrag der französischen Konkurrenz soll Fribert (P. v. E.) die Pläne der deutschen Industriellen erkunden. Er überredet Rosemarie, bei der die Freunde Hartogs bald regelmäßig verkehren, zur »Mitarbeit« und installiert in ihrer Wohnung ein Tonbandgerät. Die Quelle der Indiskretion wird bekannt. Hartog bietet sich an, die Tonbänder zurückzukaufen; aber Rosemarie verlangt als Kaufpreis Hartogs Scheidung und die Ehe mit ihr. Diesmal hat sie zu hoch gespielt; sie wird ermordet.

Die Inhaltsangabe liest sich wie ein Kolportage-Drama. Tatsächlich haben Autor und Regisseur aber den (historischen) Mord an einer bekannten Frankfurter Lebedame zum Anlaß für eine über weite Strecken durchaus treffende Satire auf gesellschaftliche Zustände in der Bundesrepublik genommen. Der banale Handlungsablauf wird durch aggressive Songs (Musik: Norbert Schultze) unterbrochen und verfremdet; kabarettistische Einlagen reduzieren die Elemente der Sentimentalität auf ein Minimum. Stärker als die Spekulation, zu der das Thema hätte verführen können, war zweifellos die Provokation, der sich der Zuschauer hier ausgesetzt sah. Gelegentlich allerdings klaffen Absicht und künstlerische Mittel auseinander. Die Versuche etwa, die Industriekapitäne zu furchterregenden Mafia-Bossen emporzustilisieren, wirken eher oberflächlich und naiv.

The magnificent Ambersons
Der Glanz des Hauses Amberson

USA 1942

R: Orson Welles; A: Orson Welles nach dem gleichnamigen Roman von Booth Tarkington; K: Stanley Cortez; D: Joseph Cotten, Dolores Costello, Don Dillaway, Anne Baxter, Tim Holt

Die Ambersons gehören um 1870 zu den angesehensten Familien im Staate Indiana; und so heiratet Isabel Amberson (D. C.) natürlich nicht Eugene Morgan (J. C.), den leichtfertigen Erfinder »pferdeloser Wagen«, den sie eigentlich liebt, sondern den ehrbaren Kaufmann Wilbur Minafer (D. D.). Zwanzig Jahre später kommt Eugene, unterdessen ein erfolgreicher Auto-Fabrikant, mit seiner Tochter Lucy (A. B.) in seine Heimat zurück. Wilbur Minafer stirbt; Isabel und Eugene kommen einander wieder näher und wollen heiraten. Aber Isabels eigensüchtiger und anmaßender Sohn George (T. H.) vereitelt diese Verbindung. Isabel stirbt einsam nach einer langen Auslandsreise. George verarmt und wird aus seiner Verzweiflung durch Lucys Liebe gerettet. Er erkennt seinen Fehler und bittet Eugene um Verzeihung.
Orson Welles hat sich von diesem Film distanziert, den die Produktion um runde drei Viertelstunden kürzte und mit einem versöhnlichen Schluß versah, den Welles »schwachsinnig« fand. Aber auch der solcherart umstrittene Torso ist noch eindrucksvoll. Am Beispiel der Ambersons und der Morgans erlebt man gleichsam eine »Zeitenwende«, die Geburt des neuen Amerika. Welles hat das im Stil einer Familienchronik sehr einfühlsam geschildert.

Magnolia
Magnolia

USA 1999

R: Paul Thomas Anderson; A: Paul Thomas Anderson; K: Robert Elswit; D: Philip Baker Hall, Melora Walters, John C. Reilly, William H. Macy, Jeremy Blackman, Jason Robards, Julianne Moore, Tom Cruise, Philip Seymour Hoffman

Am Anfang des Films steht die Schilderung von drei haarsträubenden (verbürgten) Zufällen. Nach dem Zufallsprinzip scheint zunächst auch die Handlung zu funktionieren, die 24 Stunden aus dem Leben einiger Menschen rund um den Magnolia Boulevard in San Fernando Valley schildert. Jimmy Gator (P. B. H.) hat jahrzehntelang im Fernsehen eine Quiz-Show für Kinder moderiert. Jetzt steht der krebskranke Alkoholiker vor dem Ende seiner Karriere und seines Lebens. Seine Tochter Claudia (M. W.) ist vor Jahren aus dem Haus ihres Vaters geflüchtet. Sie ist kokainsüchtig, und nur eine vage Hoffnung knüpft sich an den Polizisten Jim Kurring (J. C. R.), der sich dienstlich und privat bemüht, ihr zu helfen. Unter dem Mangel an väterlicher Liebe leidet das »Quiz-Wunderkind« Stanley (J. B.), das den ganz großen Gewinn nur deshalb verpaßt, weil es zur unrechten Zeit ein »dringendes Bedürfnis« verspürt. Fasziniert verfolgt ein Mann am Bildschirm einer Bar Stanleys Auftritt: Donnie Smith (W. H. M.) wurde einmal selbst in dieser Sendung gefeiert; im Leben ist er gescheitert. Und noch ein Mann liegt auf dem Sterbebett: der TV-Produzent Big Earl Partridge (J. R.). Während seine Frau Linda (J. M.) unterwegs ist, um neues Morphium für den Kranken zu beschaffen, versucht sein Pfleger Phil (P. S. H.), den Sohn des Sterbenden zu informieren und zu einem Besuch zu überreden. Das ist schwierig; denn Frank (T. C.) hat seit Jahren keinen Kontakt mehr zu seinem Vater. Außerdem steht gerade seine Karriere auf dem Spiel. Und dann – regnet es große grüne Frösche vom Himmel; und der Regisseur meldet sich noch einmal zu Wort, um über Zufall und Schicksal zu räsonieren ...

Rund drei Stunden dauert dieser Film, der seine Handlungsfäden äußerst kunstvoll schlingt, der souverän von einer Geschichte in die andere springt, der überbordet von Einfällen und Ideen, so daß sich die eigene Phantasie an ihm fruchtbringend entzündet. Entsprechend wird man auch die Frösche als Einbruch des Irrealen akzeptieren und als retardierendes Moment, das dem Zuschauer Zeit gibt, sich zu sammeln. Natürlich gibt es in diesem phantasievollen Netzwerk rote Fäden. Da ist zum Beispiel die Schuld der Väter, die das Leben der Kinder zerstört, oder die Allgegenwart der Medien, die hier als Machtinstrument der Väter erscheinen. So reflektieren die scheinbar zufälligen Strukturen des Drehbuchs doch die Wirklichkeit des Lebens: das Schicksal. Einige der Protagonisten allerdings wollen weder dem Zufall noch dem Schicksal das Feld überlassen. Der Polizist und der Krankenpfleger wollen helfen, Entwicklungen beeinflussen, sie vielleicht sogar rückgängig machen. Und Stanley findet am Ende wenigstens den Mut, seinem im Halbschlaf dämmernden Vater zu sagen: »Du mußt netter zu mir sein, Papa!« Was wird bleiben von diesen Eingriffen in den Lauf der Dinge?

Malenkaja Vera
Kleine Vera

UdSSR 1988

R: Wassili Pitschul; A: Maria Chmelik; K: Jefim Resnikow; D: Natalja Negoda, Andrej Sokolow, Juri Nasarow, Ljudmila Sajzewa, Alexandra Tabakowa, Alexander Alexejew-Negreba

Die siebzehnjährige Vera (N. N.) lebt bei ihren Eltern in einer schäbigen Industriestadt am Asowschen Meer. Sie wartet mißmutig auf einen Platz in der Berufsschule, staffiert sich nach westlichen Vorbildern aus und zieht mit der Freundin Tschistjakowa (A. T.) zu Partys und Tanzveranstaltungen, die nicht selten mit Randale und dem Einsatz der Miliz enden. Es überrascht kaum, daß der Vater (J. N.) und vor allem die Mutter (L. S.) ständig an ihr herumnörgeln. Eines Tages verliebt sich Vera in den Studenten Sergej (A. S.); die beiden wollen heiraten. Doch zunächst zieht Sergej zu ihr in die elterliche Wohnung, und das sorgt für weiteren Zündstoff. Die Eltern wollen auch ihn erziehen; er macht keinen Hehl aus seiner Verachtung für ihren kleinbürgerlichen Lebensstil. Beim Geburtstag des Vaters kommt es zum Eklat. Zunächst demütigt Sergej den betrunkenen Mann, dann revanchiert sich der mit einem Messerstich. Sergej kommt ins Krankenhaus, und Vera läßt sich von der Mutter überreden, bei der Polizei für ihren Vater auszusagen. Sergej macht Schluß mit ihr; Vera versucht, sich mit Tabletten umzubringen. Ihr zufällig anwesender Bruder (A. A.-N.), ein Arzt aus Moskau, rettet sie. Während Sergej sich eigenmächtig aus dem Krankenhaus entfernt und zu ihr kommt, deutet sich zaghaft ein Happy-End für Vera an. Der Vater allerdings stirbt – allein in der Küche – an einem Herzinfarkt.

Ein ungemein dicht und sorgfältig inszeniertes Erstlingswerk, das schnell auch international bekannt wurde. So ungeschminkt und illusionslos war der Alltag von Jugendlichen in der UdSSR vorher nie in einem Spielfilm gezeigt worden. Ohne eigene Ideale versucht man, westliche Idole zu kopieren; Netzstrümpfe und die weiße Strähne im struppigen Haar werden zum Symbol der Freiheit; die offiziellen Propaganda-Parolen werden ironisch verfremdet. Regisseur Pitschul stellt die Personen seines Films immer wieder vor die tristen Kulissen verrottender Industrieanlagen, in ein trostloses Milieu, dessen Häßlichkeit die Resignation der Älteren ebenso verständlich macht wie das Aufbegehren der Jugend. Aber in einigen anrührenden Szenen zwischen den Liebenden und zwischen Vater und Tochter zeichnet er auch vorsichtig die Vision eines möglichen Glücks. Im eigenen Land löste der Film heftige Diskussionen und auch Proteste aus; im Westen sah man in ihm ein Zeichen für einen neuen Realismus im sowjetischen Film.

Malina

BRD/Österreich 1990

R: Werner Schroeter; A: Elfriede Jelinek nach dem gleichnamigen Roman von Ingeborg Bachmann; K: Elfi Mikesch; D: Isabelle Huppert, Mathieu Carrière, Can Togay, Fritz Schediwy, Isolde Barth

Eine Frau (I. H.) um die Vierzig, deren Namen uns der Film verschweigt, lebt in Wien mit einem Mann namens Malina (M. C.) zusammen. Offenbar ist sie Schriftstellerin (oder Dozentin?). Doch in angstvoller Hektik konzentriert sich ihre Aktivität auf die Niederschrift von Briefen, die sie dann achtlos beiseite legt. Manchmal steckt sie auch unbeschriebene Blätter in die Briefumschläge. Sie raucht gierig, nimmt Tabletten; Malina versucht, sie behutsam zur Vernunft zu bringen. Eines Tages lernt sie Ivan (C. T.) kennen, in den sie sich besinnungslos verliebt. Doch Ivan bleibt nur ein Gast in ihrem zunehmend ungeschützten Leben. Er entzieht sich ihren Ansprüchen und ihren Problemen; aber auch Malina, der Sorgende, scheint nicht fähig, sie vor ihren Obsessionen zu schützen und ihr emotionale Geborgenheit zu geben. Visionär erlebt sie (wahre oder erträumte?) Erinnerungen an ihre Kindheit, erlebt die Mutter (I. B.) als Dulderin und den Vater (F. S.) als Tyrannen und dann gar als »Schlächter« in Nazi-Uniform. Die Frau zündet die vielen ungelesenen bzw. nicht abgeschickten Briefe auf und in ihrem Schreibtisch an. Das Feuer breitet sich aus, ist fast im ganzen letzten Viertel des Films gegenwärtig. Die Frau verschwindet aus dem Film. Malina, der Hilflose und Unterlegene, sagt einem Anrufer am Telefon, hier habe es nie eine Frau gegeben, und verläßt dann die Wohnung.
Der Film ist das Protokoll einer Zerstörung. Eine Frau wird buchstäblich »ausgelöscht« im Feuer. Sie ist hilflos, weil schreckliche Erlebnisse (oder Wahnvorstellungen?) sie von ihrer Kindheit abtrennen, weil die Zuwendung zweier Männer nicht ausreicht, ihr Halt zu geben. Sie ist das Opfer der Tragödie; und der Titel »Malina« könnte darauf verweisen, daß der Mann Malina der eigentlich Schuldige, der »Täter« ist, weil seine Ratio zu wenig ist für eine wirkliche menschliche Beziehung, weil er zu wenig in diese Beziehung investiert, die Frau nicht halten kann und am Schluß sogar verleugnet.
Werner Schroeter hat seine Geschichte nicht als psychologische Studie angelegt. Er zerlegt sie in Bruchstücke, in Situationen und Visionen. Bilder, Texte und Musik sind gleichberechtigt, aber häufig inkongruent; aus ihrer Kombination entstehen Harmonien und Dissonanzen; sie beunruhigen den Zuschauer mehr, als daß sie ihm Erklärungen geben. Der Film verbindet die Möglichkeiten der Kamera mit den Stilmitteln des Theaters und dem Pathos der großen Oper. So entstand ein irritierendes und manchmal exaltiertes Kaleidoskop, das den Zuschauer über Strecken ratlos macht, ihn dann wieder suggestiv in seinen Bann zieht, ihn aber nie unbeteiligt läßt.

The Maltese falcon
Die Spur des Falken / Der Malteserfalke

USA 1941

R: John Huston; A: John Huston nach dem gleichnamigen Roman von Dashiell Hammett; K: Arthur Edeson; D: Humphrey Bogart, Peter Lorre, Mary Astor, Sydney Greenstreet

Sam Spade (H. B.), ein kleiner Privatdetektiv in San Francisco, erhält eines Tages von einer Klientin (M. A.) einen Routine-Auftrag: Ein Mann soll überwacht werden. Aber bei dieser Überwachung wird Spades Partner erschossen, und wenig später wird auch der Mann, den er beschatten sollte, tot aufgefunden. Der Verdacht fällt auf Spade; dieser muß versuchen, den wahren Täter zu finden. Bald merkt er, daß seine Klientin ihn belogen hat und daß es hier um eine kostbare Beute geht – um eine goldene, mit Edelsteinen besetzte Falken-Statuette aus dem 16. Jahrhundert. Spades Klientin Bridget O'Shaughnessy, der Gangsterboß Gutman (S. G.) und der undurchsichtige Einzelgänger Mr. Cairo (P. L.) sind hinter dem Falken her. Spade wird der vierte Bewerber und scheint nach einigen handgreiflichen Abenteuern der Sieger zu sein. Aber die Statu-

*The Maltese falcon
(Humphrey Bogart,
Sydney Greenstreet,
Peter Lorre,
Mary Astor)*

ette, die er in den Händen hat, ist eine Fälschung. Nachdem das erhoffte große Geld verloren ist, bleibt ihm nur eine Chance: Er liefert alle Mitbewerber der Polizei aus, präsentiert dem Inspektor auch noch einen »Mitarbeiter« Gutmans als Täter für die Morde und kommt arm, aber mit einem blauen Auge aus der dunklen Affäre heraus.

Das Erstlingswerk John Hustons machte seinen Regisseur und seinen Hauptdarsteller Bogart, der seit mehr als zehn Jahren mit mäßigem Erfolg filmte, über Nacht bekannt. Huston hat den düsteren Pessimismus seiner Vorlage, den Zynismus und die Skrupellosigkeit, mit denen hier der Kampf ums Dasein geführt wird, unverfälscht in seinen Film übertragen. Ein harter Schlag für amerikanische Zuschauer: Selbst die Frau, mit der der Held anbändelt, wird von ihm kaltblütig der Polizei ausgeliefert, wenn es um die eigene Haut geht. Bogart fand hier sein ideales Rollenfach: den wortkargen Helden, den furchtlosen Einzelgänger, für den es schon ein Erfolg ist zu überleben.

Mama cumple 100 años
Mama wird 100 Jahre alt

Spanien/Frankreich 1979

R: Carlos Saura; A: Carlos Saura; K: Teo Escamilla; D: Geraldine Chaplin, Fernando Fernan Gómez, José Vivó, Rafaela Aparicio, Amparo Muñoz, Norman Briski, Angeles Torres, Elisa Nandi

Dies ist gleichsam eine Fortsetzung des 1972 entstandenen Films *Ana y los lobos*: Zur Feier des 100. Geburtstags ihrer ehemaligen Herrin (R. A.) kehrt das frühere Kindermädchen Anna (G. C.) noch einmal an den Ort ihres Leidens zurück. Dort hat sich einiges geändert. Der Uniform-Fetischist José ist gestorben; der in religiösem Wahn befangene Fernando (F. F. G.) hat seine Grotte verlassen und dilettiert als Drachenflieger; der sexuell verklemmte Juan (J. V.) hat mit seiner Mätresse das Haus und seine Frau verlassen. Aber auf merkwürdige Weise lebt die Besessenheit der vorigen Generation in Juans Töchtern, die Anna einst erzogen hat, weiter: Carlota (A. T.) hängt sentimentalen Erinnerungen an den Onkel José und seine prächtigen Uniformen nach; die jüngste

Schwester Victoria (E. N.) ergeht sich heimlich in masochistischen Selbstkasteiungen, die an den religiösen Wahn Fernandos erinnern; Natalia (A. M.) verführt Annas Mann Antonio (N. B.). Geblieben ist auch die Abgeschlossenheit des Hauses, das durch verborgene Fallen gesichert ist, und geblieben ist die uneingeschränkte Herrschaft der greisen Patriarchin. Da die finanzielle Lage der Familie einer Katastrophe entgegensteuert, beschließen Juan, seine Frau und Fernando, sich der lästigen Tyrannin zu entledigen. An ihrem 100. Geburtstag, als die alte Frau einen Anfall erleidet, gibt man ihr eine falsche Medizin. Aber ihr ungeduldig erwarteter Tod ist nur ein Scheintod ...

Wie *Ana y los lobos* symbolisch den Zustand Spaniens in der Franco-Zeit spiegelte, so gibt dieser Film, sieben Jahre später, Auskunft über den heutigen Zustand der spanischen Gesellschaft. Sinnfälligster Unterschied: Sauras Film ist offener und verständlicher geworden; er braucht keine Zensur mehr zu unterlaufen, er kann sagen und zeigen, was er denkt. Auch sonst hat sich einiges geändert. Der »Militarist« ist tot, der religiöse Fanatiker nähert sich dem Himmel auf vergleichsweise realistische und pragmatische Weise, der sexuell Besessene schreibt keine anonymen Briefe mehr, sondern hat sich offen zu seinen Trieben bekannt. Aber Saura verfällt darüber nicht in Euphorie. Er zeigt, daß die neue Generation noch von den Fehlern der Väter, von der miterlebten Vergangenheit geprägt ist. Für ihn sind die Machtstrukturen nur unwesentlich verändert, die Herrschaft der Mutter dauert an. Und schließlich ist auch die freiwillige Isolation der Familie noch nicht aufgehoben. Saura konstatiert also eine Zeit des Übergangs, mit hoffnungsvollen Ansätzen, aber auch mit der Gefahr des Rückfalls. Er tut dies unerwartet locker, heiter, ja witzig. Hierin vor allem wohl spiegelt sich die Hoffnung.

La maman et la putain
Die Mutter und die Hure

Frankreich 1973

R: Jean Eustache; A: Jean Eustache; K: Pierre Lhomme; D: Bernadette Lafont, Jean-Pierre Léaud, Françoise Lebrun, Isabelle Weingarten

Alexandre (J.-P. L.) ist ein junger Mann, der keinem Beruf nachgeht, sondern statt dessen in Bistros herumsitzt, mit Freunden über Literatur und über Filme diskutiert oder Prousts *Auf der Suche nach der verlorenen Zeit* liest. Er lebt mit und von der etwas älteren Marie (B. L.), die eine Boutique führt. Beide lieben sich. Doch Alexandre leidet noch immer darunter, daß seine vorherige Geliebte, Gilberte (I. W.), seinen Heiratsantrag abgelehnt hat und sich soeben anschickt, einen anderen Mann zu heiraten, obwohl sie beteuert, ihn noch immer zu lieben. Eines Tages trifft er die Krankenschwester Véronika (F. L.), die ihn vage an Gilberte erinnert. Er spricht sie an; und bald schläft er mit ihr. Es ergibt sich ein Dreiecksverhältnis, unter dem Marie leidet. Vor den Augen von Alexandre und Véronika macht sie einen Selbstmordversuch. Véronika wird schwanger. Alexandre bittet sie, ihn zu heiraten.

»*La maman et la putain* ist die Erzählung einiger scheinbar bedeutungsloser Dinge. Es könnte die Erzählung ganz anderer Dinge an ganz anderen Orten sein. Was da passiert, und die Orte, an denen sich die Handlung abspielt, sind ohne jede Bedeutung. Eine Zusammenfassung des Drehbuchs würde keine Vorstellung von den Ambitionen und Möglichkeiten des Films geben. Nichtsdestoweniger kann *La maman et la putain* nur sein, was es ist. Kann nur dort spielen, wo er spielt. Ich möchte das erklären: Der einzige Grund, warum das geschieht, was geschieht, ist der, daß ich es mir so ausgedacht habe« (Jean Eustache).

Der rund dreieinhalbstündige Film, in dem vergleichsweise wenig passiert und so viel geschieht, ist ein verwirrend komplexes Werk. Optisch bestimmen ihn streng komponierte, oft quälend lange Einstellungen, die aus einer vordergründig »amateurhaften« Wirklichkeitsnähe eine zusätzliche Authentizität ziehen. Die Sprache Eustaches löst sich radikal von der strengen französischen Tradition der für ein »Kunstwerk« verpflichtenden Hochsprache. Gossenjargon mischt sich in den Dialog, den der Regisseur aber artifiziell sprechen läßt, um zu einem »filmischen« Realismus zu gelangen. Die handelnden Personen verständigen sich zwar mit rüden Sex-Vokabeln, beharren aber gleichwohl auf dem distanzierten, zeremoniellen »Sie«.

Eustache gibt die von Resignation überschattete Bilanz einer Generation. Die Personen des Films haben den Glauben an eine politische Umwälzung längst verloren; die Mai-Unruhen von 1968 sind für sie nur noch eine ferne Erinnerung. Ihr Protest gegen das Bürgertum ist nur mehr eine leere Geste. In Wirklichkeit sehnen sie sich nach bourgeoiser Geborgenheit, nach der Sicherheit der Ehe, nach einem Kind. Dabei weist der Film aber auch über die Grenzen des von ihm so genau skizzierten Pariser Milieus hinaus. Er zeigt mit bitterer Melancholie, wie Ideen im Alltag versickern, wie Menschen zu Opfern ihrer eigenen Gesten werden, wie aus der Frustration die Sehnsucht nicht nach Veränderung, sondern nach Sicherheit wächst. Doch Eustache ist ehrlich und klug genug, diesen Abgesang auf eine revolutionäre Idee nicht als abschließende Bilanz auszugeben. Wenn Alexandre am Schluß Véronika einen Heiratsantrag macht, so, wie er am Anfang Gilberte heiraten wollte, dann ist zwar der Film zu Ende; aber es wird deutlich, daß die Geschichte weitergeht.

Mamma Roma
Mamma Roma

Italien 1962

R: Pier Paolo Pasolini; A: Pier Paolo Pasolini; K: Tonino Delli Colli; D: Anna Magnani, Ettore Garofolo, Franco Citti, Silvana Corsini

»Mamma Roma« (A. M.), eine Prostituierte, möchte nach der Hochzeit ihres Zuhälters Carmine (F. C.) ein neues Leben beginnen. Sie holt ihren 16jährigen Sohn Ettore (E. G.), der nichts von ihrem Beruf weiß, zu sich und zieht mit ihm in ein bürgerliches Wohnviertel, wo sie als ehrbare »Obstfrau« zu leben gedenkt. Gleichzeitig sucht sie mit Beharrlichkeit und erpresserischer List, Ettores Karriere zu sichern. Aber eines Tages meldet sich Carmine, dem der Weg ins bürgerliche Leben mißlungen ist; er droht, Ettore die Wahrheit zu sagen, wenn Mamma Roma nicht wieder für ihn arbeite. Verzweifelt willigt sie ein; Ettore erfährt die Wahrheit dennoch von seinen Gefährten. Aus Trotz und Wut wird er zum Dieb. Fast provoziert er seine Verhaftung; und er stirbt im Gefängnis bei einer »Sonderbehandlung« für »unruhige Gefangene«.

Mamma Roma schließt in Form und Inhalt an den ein Jahr zuvor entstandenen Film *Accattone* an. Wieder praktiziert Pasolini einen intelligenten Realismus, wieder gelingt eine fast dokumentarische Bestandsaufnahme, und wieder handelt der Film von Menschen, die auf der Schattenseite des Lebens stehen und verzweifelt versuchen, aus ihrem Elend auszubrechen. Es herrscht freilich kein kritikloses, sentimentales Mitleid. Mamma Roma handelt objektiv falsch, wenn sie für ihren Sohn einen sozialen Aufstieg erstrebt, ohne sich Gedanken über die Voraussetzungen dafür zu machen; wenn sie ihm in egoistischer Ehrpusseligkeit den Umgang mit Bruna (S. C.) verbietet, weil die einen »schlechten Ruf« hat. Ihr Mutterinstinkt ist genauso blind wie der von Brechts Mutter Courage. Aber Pasolini macht auch deutlich, warum sie eine Heldin so geworden ist ...
Filmische Höhepunkte sind Carmines Hochzeitsfest, bei dem Mamma Roma und die Braut sich mit Spottliedern bekämpfen, eine lange Fahraufnahme, die Mamma Roma auf nächtlicher Straße bei der »Arbeit« zeigt, der Tod Ettores, wo er wie ein Gekreuzigter auf einem Tisch festgeschnallt ist.

Le mani sulla città
Hände über der Stadt

Italien 1963

R: Francesco Rosi; A: Francesco Rosi, Raffaele La Capria, Enzo Provenzale, Enzo Forcella; K: Gianni Di Venanzo; D: Rod Steiger, Carlo Fermariello, Guido Alberto, Salvo Randone

Der reiche Bauunternehmer Nottola (R. S.) sitzt als Abgeordneter im Stadtrat von Neapel. Er sorgt dafür, daß für neue städtische Bauprojekte bevorzugt Gebiete ausgewählt werden, in denen er selbst zuvor Grundstücke billig aufgekauft hat. Doch eines Tages gibt es einen Skandal. Als Nottola beim Bau eines Hochhauses die Sicherheitsbestimmungen nicht beachtet, stürzt ein benachbartes Mietshaus ein. Es gibt Tote. Zwar können Nottolas Parteifreunde dafür sorgen, daß ein städtischer Untersuchungsausschuß die Sache im Sande verlaufen läßt; aber der Fall hat soviel unliebsames Aufsehen erregt, daß die Partei Nottola nahelegt, bei den nächsten Wahlen nicht mehr zu kandidieren. Nottola gibt nicht auf. Rechtzeitig wechselt er mit einigen Freunden die Partei und zieht abermals in das Parlament ein. Und diesmal avanciert er sogar zum Senator für das Bauwesen.

Francesco Rosi sagte: »Alle Personen und Ereignisse in diesem Film sind frei erfunden. Aber die sozialen und wirtschaftlichen Bedingungen, die sie entstehen ließen, sind es nicht.« Und gerade um diese allgemeinen Bedingungen geht es ihm. Er zeigt das Intrigenspiel hinter den Kulissen, das Demokratie zur Farce werden läßt; er zeigt, wie man Gesetze aushöhlen kann, indem man zwar nicht gegen ihren Buchstaben, wohl aber gegen ihren Geist verstößt. Dabei geht es Rosi aber nicht nur um die publizistische Wirkung: »Im Gegenteil, ich fühle mich sogar in erster Linie als Künstler. Aber eine präzise sozialpolitische Stellungnahme zu dem Stoff, den ich behandle, ist gleichzeitig ein elementares Gebot bei der künstlerischen Bewältigung des Stoffes.« Formal herrscht in diesem Film ein nüchterner, fast dokumentarischer Realismus. Lange Passagen wirken wie Wochenschauaufnahmen. Aber sie machen mehr Wirklichkeit deutlich als diese.

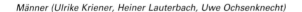

Männer

BRD 1985

R: Doris Dörrie; A: Doris Dörrie; K: Helge Weindler; D: Heiner Lauterbach, Uwe Ochsenknecht, Ulrike Kriener, Janna Marangosoff

Julius Armbrust (H. L.) ist ein Erfolgstyp. Er hat einen guten Job, eine attraktive Frau und ausreichend Affären ... Doch ausgerechnet an seinem 12. Hochzeitstag erfährt Julius, daß seine Frau Paula (U. K.) einen Liebhaber hat. Julius ist gekränkt und macht einen Plan. Angeblich geht er auf eine Reise; in Wirklichkeit macht er sich auf, den Rivalen, Stefan (U. O.), heimlich auszuspähen. Da Stefan jüngst seine ehemalige Freundin aus der Wohnung geworfen hat, bewirbt sich Julius – im Gammlerlook der neuen Umgebung unauffällig angepaßt – erfolgreich um das freigewordene Zimmer. So

Männer (Ulrike Kriener, Heiner Lauterbach, Uwe Ochsenknecht)

kann er in Ruhe nach Schwachstellen des erfolgreichen Nebenbuhlers fahnden; und die entscheidende ist schnell gefunden: Der Aussteiger Stefan ist offenkundig anfällig für die Verlockungen des beruflichen Erfolges! So wird, von Julius geschickt provoziert, aus dem Aussteiger im Handumdrehen ein Aufsteiger, eine Kopie des Ehemannes Julius vom wohlgescheitelten Kopf bis zum schmalen Aktenköfferchen. Damit aber erlischt auch Paulas Interesse an Stefan. Was soll sie schließlich mit einer Kopie, wenn sie schon des Originals überdrüssig geworden ist …?

Ein reines Fernsehspiel wurde überraschend zum deutschen Kino-Hit. Ein Beleg für die also, die den »amphibischen Film« propagieren, der auf Bildschirm und Leinwand gleichermaßen attraktiv ist? Sicher ist, daß hier aktuelle Themen und Motive unverkrampft und ohne ideologische Scheuklappen auf unterhaltsam-ironische Weise abgehandelt wurden. Das heißt, man kann sich freundlich engagieren, ohne durch extreme Positionen verärgert zu werden. Ein originelles Drehbuch, lockere Dialoge, eine saubere Inszenierung und glaubwürdige Darsteller – »gute Unterhaltung« alles in allem.

La mano en la trampa
Die Hand in der Falle

Spanien/Argentinien 1960/61

R: Leopoldo Torre Nilsson; A: Béatriz Guido, Leopoldo Torre Nilsson, Ricardo Muñoz Suay und Ricardo Luna nach einer Originalstory von Béatriz Guido; K: Alberto Etchebehere, Juan Julio Baena; D: Elsa Daniel, Francisco Rabal, Leonardo Favio, Maria Rosa Gallo, Berta Ortegosa, Hilde Súarez

Die Klosterschülerin Laura Lavigne (E. D.) verlebt ihre Ferien zu Hause in der Provinz. Die Lavignes waren einst reich; heute leben Mutter (B. O.) und Tante (H. S.) zwar noch in einer vornehmen Villa, müssen sich aber als Schneiderinnen durchbringen. Außerdem soll im Obergeschoß ein schwachsinniges, uneheliches Kind von Lauras Vater leben, das so mißgestaltet ist, daß man es vor der Welt verbirgt. Laura ist fest entschlossen, sich dieses Monstrum anzuschauen, und entdeckt im Obergeschoß ihre Tante Inés (M. R. G.), die angeblich in den USA verheiratet ist. Inés erzählt Laura ihre Geschichte: Vor zwanzig Jahren war sie mit dem reichen und schönen Cristóbal Achával (F. R.) verlobt. Als Lauras Vater ein schwachsinniges Kind zeugt, zieht Cristóbal sich aus Angst vor einer Erbkrankheit von Inés zurück. Sie will ihn halten, indem sie sich ihm vor der Hochzeit hingibt. Aber Cristóbal läßt sich nicht umstimmen, und Inés ist entehrt. Als das schwachsinnige Kind stirbt, verscharrt man es im Garten, sperrt Inés – mit ihrer Zustimmung – ein und verbreitet das Gerücht von ihrer Abreise und Heirat. Die Ehre der Familie ist gerettet. Laura ist erschüttert vom Schicksal ihrer Tante. Sie sucht Cristóbal auf und führt ihn zu Inés, die vor Aufregung einen Herzschlag erleidet und heimlich im Garten begraben wird. Laura aber wird die Geliebte des noch immer attraktiven Cristóbal.

Die Handlung, die an Dramen aus der Zeit um die Jahrhundertwende erinnert, spielt im Film im Jahre 1960. Torre Nilsson hat erklärt, sie sei »typisch für die heutige Mentalität in der Provinz«. Unter diesen Voraussetzungen wird der Film zu einem Stück scharfer Kritik an der Gesellschaft, die sich in muffigen Räumen einschließt und falsche Ehrbegriffe konserviert. Diese Atmosphäre der Aussichtslosigkeit und Sterilität hat die Kamera überzeugend eingefangen. Größter Vorteil des Films ist seine gleichzeitig sensible und suggestive Schilderung einer Welt, unter deren glatter Oberfläche man Fäulnis und Verfall ahnt.

Man of Aran
Die Männer von Aran

England 1932–34

R: Robert und Frances Hubbard Flaherty; A: Robert und Frances Hubbard Flaherty; K: Robert und Frances Hubbard Flaherty; D: Colman King, Maggie Dirrane, Mikeleen Dillane

Der Film schildert das Leben der Menschen auf den zerklüfteten Aran-Inseln an der Westküste Irlands. Man erlebt den mühsamen

Kampf um ein Stück fruchtbaren Bodens, wobei auf dem felsigen Untergrund aus Tang und Erdkrume quadratmeterweise ein kleiner Akker entsteht; man erlebt auch den waghalsigen Einsatz der Fischer bei der Jagd auf Haifische. Im Mittelpunkt des Films stehen ein Fischer (C. K.), seine Frau (Ma. D.) und sein Sohn (Mi. D.).
Wieder ließ Flaherty vor der Kamera Menschen ihren eigenen Alltag »nachspielen«; und wieder war die Natur für ihn ein rauher, aber angemessener Partner des Menschen, der im Kampf mit ihr sich selbst bestätigt. Dabei vermied er jedoch Pathos und Sentimentalität. Der Film hatte einen großen Erfolg. Die Vertreter der britischen Dokumentarfilm-Schule indessen, die Flaherty in London begeistert begrüßt hatten, waren enttäuscht. Sie vermißten unter anderem die aktuellen politischen und sozialen Bezüge.

Ma nuit chez Maud
Meine Nacht bei Maud

Frankreich 1969

R: Eric Rohmer; A: Eric Rohmer; K: Nestor Almendros; D: Françoise Fabian, Jean-Louis Trintignant, Marie-Christine Barrault

Jean-Louis (J.-L. T.) beobachtet seit Tagen ein Mädchen (M.-C. B.), das er in der Kirche gesehen hat. Christine ist für ihn der Inbegriff der Reinheit. Insgeheim weiß er, daß er sie heiraten möchte. In einem Café trifft er einen früheren Mitschüler, der ihn mitnimmt zu seiner Freundin, der geschiedenen Ärztin Maud (F. F.). In einem langen Gespräch wollen der Freund und Maud ihn zu einer Selbstdarstellung provozieren. Jean-Louis übernachtet bei Maud, aber obwohl erotische Spannung zwischen beiden besteht, will er sein Prinzip von Treue nicht verraten. Maud respektiert das und weist ihn schließlich selbst zurück, als er sich ihr doch nähert. Am nächsten Tag spricht Jean-Louis endlich Christine an und heiratet sie wenig später. Nach fünf Jahren erfährt er bei einer zufälligen Begegnung mit Maud, daß seine Frau das Mädchen war, mit dem ihr geschiedener Mann zusammengelebt hatte.

Eine von sechs »moralischen Geschichten«, die Rohmer verfilmt hat. Hier will er vor allem die moralischen Aspekte in der Beziehung von Menschen untersuchen. Zunächst wird das Prinzip des Helden erörtert und am Schluß der Zuschauer eingeladen, dieses Prinzip in Kenntnis der »Schlußpointe« noch einmal zu überdenken. Der Film ist in ruhiger Perfektion gedreht: Ein suggestiver Fluß der Erzählung, eine aufmerksame Kamera, die auch lange Gespräche immer wieder auflösen, lebendig werden lassen kann.

The man who knew too much
Der Mann, der zuviel wußte

England 1934

R: Alfred Hitchcock; A: A. R. Rawlinson, Edwin Greenwood und Emlyn Williams nach einem Originalsujet von Charles Bennett und D. B. Wyndham-Lewis; K: Curt Courant; D: Leslie Banks, Peter Lorre, Edna Best, Nova Pilbeam, Pierre Fresnay

Die englische Familie Lawrence freundet sich im Urlaub in der Schweiz mit dem Secret-Service-Agenten Louis (P. F.) an. Als Louis wenig später ermordet wird, bittet er sterbend Mrs. Lawrence (E. B.), eine Botschaft, die in seinem Rasierpinsel versteckt ist, an seine Behörde weiterzuleiten. Kurz darauf erhält Mr. Lawrence (L. B.) einen Drohbrief, in dem er zum Schweigen aufgefordert wird; und als nachdrückliche Warnung wird seine Tochter (N. P.) entführt. Die Lawrences kehren nach England zurück, wo amtliche Stellen Mr. Lawrence vergeblich bitten, sein Schweigen zu brechen. Er spürt der geheimnisvollen Organisation auf eigene Faust nach, entdeckt auch das Haus, in dem seine Tochter festgehalten wird, wird dabei aber selbst gefangengenommen. Unterdessen kann seine Frau einen Mordanschlag der Organisation auf einen ausländischen Staatsmann verhindern. Die Polizei entdeckt das Versteck der Verbrecher, stürmt das Haus und verhaftet den Anführer (P. L.). Mrs. Lawrence kann im letzten Moment ihre Tochter retten.
Die Handlung des Films ist zwar stellenweise etwas sprunghaft; aber die Spannung ist per-

The man who shot Liberty Valance (James Stewart, Lee Marvin, John Wayne)

fekt kalkuliert, so daß »suspense« und Überraschungen einander raffiniert ergänzen. Die Belagerung und Eroberung des Verstecks der Bande ist einem berühmten zeitgenössischen Vorfall nachempfunden, bei dem Winston Churchill eine Polizeiaktion gegen eine Gruppe von Anarchisten geleitet hatte. Diese Anspielung brachte Hitchcock einige Schwierigkeiten mit der Zensur.

The man who knew too much
Der Mann, der zuviel wußte

USA 1955

R: Alfred Hitchcock; A: John Michael Hayes und Angus MacPhail nach einem Originalsujet von Charles Bennett und D. B. Wyndham-Lewis; K: Robert Burks; John P. Fulton (Spezialeffekte); D: James Stewart, Doris Day, Brenda de Banzie, Bernard Miles, Daniel Gélin, Christopher Olsen

Remake des gleichnamigen Films, den Hitchcock 1934 in England gedreht hatte. Die Rolle des Ehepaares spielen hier James Stewart und Doris Day; aus der entführten Tochter wurde ein Sohn (C. O.), der ermordete Agent ist Daniel Gélin und der schurkische Gegenspieler Bernard Miles. Hitchcock hielt sich ziemlich eng an seinen ersten Film, fand aber selbst die zweite Version sorgfältiger und logischer gearbeitet, während der erste Film mehr Humor gehabt habe.

The man who shot Liberty Valance
Der Mann, der Liberty Valance erschoß

USA 1961

R: John Ford; A: James Warner Bellah und Willis Goldbeck nach einer Erzählung von Dorothy M. Johnson; K: William H. Clothier; D: James Stewart, John Wayne, Lee Marvin, Vera Miles, Andy Devine, Edmond O'Brien

Zum Begräbnis von Tom Doniphon (J. W.) kommt Senator Stoddard (J. S.) mit seiner Frau (V. M.) erstmals nach vielen Jahren in die Stadt Shinbone zurück, in der seine Karriere begann und in der er berühmt wurde als »der Mann, der Liberty Valance erschoß«. Jetzt endlich erzählt Stoddard einem jungen Reporter und dem Chefredakteur (E. O'B.) der Lokalzeitung die Wahrheit: Als junger Rechtsanwalt läßt sich Stoddard in Shinbone nieder. Bald gerät er in Auseinandersetzungen mit dem berüchtigten Banditen Liberty Valance (L. M.). Als es ihm nicht gelingt, Valance mit den Waffen der Gerechtigkeit und des Rechts unschädlich zu machen, tritt er ihm in besinnungsloser Wut mit der Waffe in der Hand entgegen. Natürlich hat der Rechtsanwalt nicht die geringste Chance gegen den erfahrenen »Gunman«, und tatsächlich geht Stoddards Schuß weit am Ziel vorbei. Aber Liberty Valance sinkt tot zu Boden, erschossen von Tom Doniphon, der die Szene heimlich beobachtet hat. Kein Mensch hat ihn gesehen; alle glauben, Stoddard habe seinen Gegner getroffen. Als der Senator seine Erzählung beendet hat, zerreißt der Chefredakteur die Aufzeichnungen seines Reporters. Er erklärt: »Unsere Legenden wollen wir uns bewahren. Sie sind für uns Wahrheit geworden.«

The man who shot Liberty Valance ist einer der schönsten Western von Ford – und einer der schönsten überhaupt. Zunächst einmal ist er ein solide gearbeitetes Kinostück, in dem Tom Doniphon im Sinne höherer Gerechtigkeit den ungeschriebenen Ehrenkodex des Western durchbricht und seinen Gegner aus dem Hinterhalt erschießt. Er selbst kommentiert seine Tat: »Es war glatter Mord; aber ich kann trotzdem schlafen!« Er schießt, obwohl er weiß, daß der Mann, dem er das Leben rettet, ihm nun auch das Mädchen wegnehmen wird, das er liebt.

Interessanter ist jedoch, wie hier die Legenden und Mythen des Western in Frage gestellt werden, die Ford so oft besungen hat. Er selbst gehört zu denen, die dafür gesorgt haben, daß aus Legenden Wahrheiten geworden sind. Und wenn er diesen Mechanismus jetzt durchschaubar macht, so ist das nicht etwa eine Demontage des Genres, sondern eher wohl eine Liebeserklärung an den »Western«, in dem die Legenden stärker sind als die Wirklichkeit.

The man with the golden arm
Der Mann mit dem goldenen Arm

USA 1955

R: Otto Preminger; A: Walter Newman und Lewis Meltzer nach dem gleichnamigen Roman von Nelson Algren; K: Sam Leavitt; D: Frank Sinatra, Eleanor Parker, Kim Novak, Darren McGavin, Robert Strauss

Frankie (F. S.) hat es schwer gehabt im Leben. Seine Frau Zosh (E. P.) ist durch seine Schuld an den Rollstuhl gefesselt – wenigstens glaubt er das. Jetzt will er nach Entziehungskur und Gefängnisstrafe ein neues Leben als Schlagzeuger anfangen. Doch Schwiefka (R. S.) braucht ihn als Bankhalter für seinen illegalen Spielclub; und Louie (D. MG.) weiß, wie man einen Rauschgiftsüchtigen rückfällig macht. Bald ist wieder alles wie bisher. Aber dann trifft Frankie Molly (K. N.) und verliebt sich in sie. Frankie glaubt, sich von Schwiefka lösen zu können, wenn er ihm noch einmal einen großen Gewinn einbringt. Er spielt falsch, wird ertappt und jämmerlich zusammengeschlagen. Als Louie Frankie in seiner Wohnung sucht, überrascht er Zosh, die ihre Lähmung nur simuliert hatte, um ihren Mann zu halten. Es kommt zu einer Auseinandersetzung, bei der Louie über das Treppengeländer stürzt. Frankie gerät in den Verdacht, ihn getötet zu haben, und versteckt sich bei Molly. Sie gibt ihm die Kraft, auf das Rauschgift zu verzichten. Jetzt endlich will Frankie die Wahrheit sagen – der Polizei und seiner Frau. Als er zu seiner Wohnung geht, wird er Zeuge, wie Zosh voller Angst vor der Polizei flieht und dabei tödlich verunglückt. Frankie und Molly verlassen die Stadt.

Preminger zeichnet ein düsteres Sittenbild aus den schmutzigen Straßen und Hinterhöfen; und er macht wenigstens in Ansätzen deutlich, daß nicht Zufall und Veranlagung, sondern Herkunft und Milieu Frankies Probleme verursacht haben. Im Detail ist der Film um Realismus bemüht; das Drehbuch allerdings fügt diese Detailbeobachtungen in ein handfestes »Kinostück« ein.

Maria Candelaria
Maria Candelaria

Mexiko 1943

R: Emilio Fernandez; A: Emilio Fernandez; K: Gabriel Figueroa; D: Dolores del Rio, Pedro Armendariz, Alberto Galan, Miguel Inclán

Ein Maler (A. G.) erzählt Freunden die Geschichte eines seiner Bilder, das ein nacktes Indio-Mädchen darstellt: Maria Candelaria (D. d. R.) lebt als Blumenverkäuferin am Rande eines mexikanischen Dorfes. Sie wird von der Bevölkerung gemieden, weil ihre Mutter eine Prostituierte war. Nur Lorenzo Rafael (P. A.) läßt sich nicht beirren; er liebt sie und will sie heiraten. Als Maria krank wird, weigert sich der reiche Kaufmann Don Damian (M. I.), der selbst ein Auge auf die hübsche Indianerin geworfen hat, ihr Chinin zu geben. Lorenzo bricht nachts in den Laden ein, stiehlt das Chinin und nimmt noch einen hübschen Rock für Maria mit. Dafür muß er ein Jahr ins Gefängnis. In seiner Abwesenheit sitzt Maria dem Maler Modell, der ihr Gesicht malt und es mit dem Körper eines anderen Modells kombiniert, weil Maria sich weigert, sich auszuziehen. Aber in der Bevölkerung gilt das Bild als neuer Beweis ihrer Sittenlosigkeit. Aufgebrachte Dorfbewohner steinigen sie. Sie stirbt in den Armen Lorenzos, der die Tür seiner Zelle zertrümmert hat, um ihr zu helfen.

Der Film gilt als erstes Beispiel einer eigenständigen mexikanischen Filmkunst. Fernandez gelang hier eine eigentümliche Mischung von Melodrama, Folklore und Sozialkritik, die für viele seiner Filme typisch ist. Figueroa hat das in poetischen Bildern eingefangen, deren harte Schwarzweiß-Kontraste gleichzeitig Verzweiflung und Auswegslosigkeit suggerieren. Der Zusammenarbeit von Fernandez und Figueroa verdankt der mexikanische Film bis etwa 1950 seine schönsten und wesentlichsten Beiträge. Die große Zeit von Fernandez endete, als die Kommerzialisierung des mexikanischen Films begann.

The mark of Zorro Ⓢ
Das Zeichen des Zorro

USA 1920

R: Fred Niblo, Douglas Fairbanks; A: Elton Thomas (Pseudonym für: Douglas Fairbanks) nach dem Roman *The curse of Capistrano* von Johnston McCulley; K: William H. McGann, H. Thorpe; D: Douglas Fairbanks, Marguerite de la Motte, Noah Beery, George Periolat

Um 1820. Don Diego Vega (D. F.) bereitet seinem Vater eine herbe Enttäuschung; denn nach seiner Rückkehr von Madrid nach Kalifornien spielt er den Salonlöwen und kümmert sich nicht im geringsten um die Machenschaften des üblen Gouverneurs (G. P.), der Diegos Vater aus seinem Amt vertrieben hat. Statt dessen kämpft ein geheimnisvoller, maskierter Mann unter dem Namen Zorro für die Gerechtigkeit und zwingt den Gouverneur schließlich zur Abdankung. Natürlich war Zorro niemand anders als Diego; und ebenso selbstverständlich gewinnt Zorro auch das hübsche Mädchen (M. d. l. M.), das er als Diego vergeblich umworben hat.

Ein einfallsreich und spritzig inszenierter Action-Film voller Verfolgungs- und Fechtszenen, artistischer Kunststücke und amüsanter Gags. Fairbanks überzeugt hier durch sein Temperament und durch einen Charme, der dem Action-Stoff genug komödienhafte Elemente beigab. Auf das Konto von Niblo dürften u. a. die Außenaufnahmen gehen, während für die Regie der Action-Szenen noch Ted Reed verpflichtet wurde.

In *Don Q* (Der Sohn des Zorro – R: Donald Crisp) versuchte Fairbanks 1925 vergeblich, den Erfolg dieses Films zu wiederholen. Die Gestalt des Zorro wurde später in zahlreichen Filmen in den USA, in Frankreich, Italien und Spanien beschworen.

Die Marquise von O...

BRD/Frankreich 1975

R: Eric Rohmer; A: Eric Rohmer nach der gleichnamigen Novelle von Heinrich von Kleist; K: Nestor Almendros; D: Edith Clever, Bruno Ganz, Peter Lühr, Edda Seippel, Otto Sander

Verfilmung der gleichnamigen Kleist-Novelle. Einzige Änderung gegenüber der Vorlage: Der Graf (B. G.) mißbraucht die Marquise (E. C.) nicht unmittelbar nach ihrer Rettung während ihrer Ohnmacht, sondern in der Nacht, als sie unter dem Einfluß eines Mohntrunks, den eine Dienerin ihr zur Beruhigung gegeben hat, fest schläft.

Rohmer schreibt in einem Vorwort zu seinem Drehbuch: »Kleists Text Wort für Wort zu folgen, ist das Leitmotiv unserer Verfilmung!« In der Tat hat sich Rohmer eng an seine Vorlage gehalten und sie gleichsam Satz für Satz verfilmt. Dabei kam ihm Kleists distanzierte Schilderung zugute. »Alles wird von außen beschrieben, mit der gleichen Unbeirrbarkeit wie der des Kameraobjektivs«, sagt Rohmer. Und da der Film auf psychologisierende Zutaten konsequent verzichtet, kann die Kamera hier mühelos die Stelle des Erzählers einnehmen. Sie hält sich zurück wie dieser, indem sie die Ereignisse möglichst aus halbnaher Position beobachtet und »aufdringliche« Großaufnahmen ganz vermeidet.

Sie registriert den Konflikt der Marquise zwischen dem absoluten Gefühl ihrer Unschuld und der unabweislichen Realität ihrer Schwangerschaft, den Konflikt des Grafen, der seine mutige Tat durch einen Augenblick der Schwäche desavouiert hat und der nun die Welt der Konventionen und seiner Empfindungen durch eine Heirat wieder in Ordnung bringen möchte, und den Konflikt der Familie, die durch die geliebte Tochter ihre bürgerliche Reputation in Gefahr sieht. Sie registriert dies alles mit dem Respekt, den die redlichen Emotionen der handelnden Personen uns abnötigen. Aber aus der Distanz sieht sie, in ironischem Einverständnis mit dem Zuschauer, auch andere, verblüffende Aspekte dieses vertrackten Falles; und so kehrt unversehens auch Humor in die Handlung ein, ohne daß dabei das Bewegende der Geschichte im mindesten in Frage gestellt würde. Rohmer ist in allem Kleist treu geblieben – im Handlungsablauf, in der Sprache, in der Ausstattung, in den Emotionen usw. Nur läßt er nie einen Zweifel daran, daß er dies alles rekonstruiert, daß er die Welt der Marquise von O... mit den Augen eines Menschen von heute betrachtet. So entstand der Glücksfall einer Literaturverfilmung, die die Möglichkeiten des neuen Mediums voll nutzt und dabei den Geist der Vorlage ganz bewahrt. »Es ist nicht abwegig zu glauben, daß in einigen Fällen eine Verfilmung das

*Die Marquise von O...
(Bruno Ganz, Edith Clever)*

klassische Werk von der Lackschicht, mit dem es die Zeit bedeckt hat, befreit und daß dieses Abtragen ihm, wie bei den Museumsgemälden, wieder seine echten Farben verleiht« (Rohmer).

The marriage circle ⓢ
Die Ehe im Kreise

USA 1924

R: Ernst Lubitsch; A: Paul Bern nach dem Bühnenstück *Nur ein Traum* von Lothar Goldschmidt; K: Charles van Enger; D: Marie Prevost, Florence Vidor, Adolphe Menjou, Monte Blue, Creighton Hale

Professor Stock (A. M.) möchte seine reizende Gattin Mizzi (M. P.) gern loswerden, da er argwöhnt, sie betrüge ihn. Tatsächlich versucht Mizzi gerade, ihrer besten Freundin Charlotte Braun (F. V.) den Mann (M. B.) wegzuschnappen, während andererseits Brauns Mitarbeiter Dr. Müller (C. H.) ein Auge auf Charlotte geworfen hat. Es gibt turbulente Verwechslungen und Mißverständnisse, an deren Ende Professor Stock endlich einen Grund gefunden hat, sich scheiden zu lassen. Die Ehe der Brauns bleibt intakt; und die frisch geschiedene Mizzi tröstet sich mit Dr. Müller.

Mit dieser leichtgewichtigen, aber perfekt ausbalancierten Komödie inspirierte Lubitsch eine ganze Generation amerikanischer Regisseure. Ihr Erfolg war ein Signal für einen neuen Stil in der amerikanischen Komödie: Die »slapstick comedy« wurde durch die »sophisticated comedy« abgelöst. Für Paul Rotha war dieses neue Genre eine Mischung aus dem »amerikanischen Sinn für Brillanz und dem deutschen Hang zur Psychologie«.

Marty
Marty

USA 1955

R: Delbert Mann; A: Paddy Chayefsky; K: Joseph La Shelle; D: Ernest Borgnine, Betsy Blair, Esther Minciotti

Der schwerfällige Metzger Marty (E. B.) leidet darunter, daß er kein Glück bei Frauen hat, daß er immer noch unverheiratet bei seiner Mutter (E. M.) leben und seine Freizeit in tristen Kneipen mit seinen Freunden verbringen muß. Eines Tages lernt er die altjüngferliche Lehrerin Clara (B. B.) kennen, und beide verlieben sich ineinander. Trotz der Einwände seiner eifersüchtigen Mutter, trotz des miesen Spottes seiner Freunde ringt Marty sich nach langen Zweifeln zu einem Entschluß durch: Er bittet Clara um ihre Hand.

Marty war ursprünglich als Fernsehspiel geschrieben und von Delbert Mann inszeniert worden. Der große Erfolg der Sendung weckte das Interesse Hollywoods, das den jungen TV-Regisseur für eine Kinoversion des Stoffes verpflichtete. Damals galt *Marty* in Hollywood als revolutionär, als realistische Schilderung des Alltags kleiner Leute. Aus der Distanz sieht man, daß dieser Alltag romantisch eingefärbt, der vermeintliche Realismus mit viel Sentimentalität aufgeputzt ist. Allerdings sieht man auch die positiven Wirkungen, die Filme wie *Marty* und die jungen Fernseh-Regisseure, die damals nach Hollywood kamen, auf die Dauer gehabt haben.

Masculin féminin
Masculin – feminin oder: Die Kinder von Marx und Coca-Cola

Frankreich/Schweden 1965

R: Jean-Luc Godard; A: Jean-Luc Godard nach Motiven der Novellen *La femme de Paul* und *Le signe* von Guy de Maupassant; K: Willy Kurant; D: Jean-Pierre Léaud, Chantal Goya, Michel Debord, Catherine-Isabelle Duport, Marlène Jobert

Nach seiner Entlassung vom Militärdienst trifft Paul (J.-P. L.) Madeleine (C. G.), die er flüchtig kennt. Madeleine will Sängerin werden; sie besorgt Paul eine Stellung bei einer Teenager-Illustrierten. In der Redaktion sieht er Madeleine wieder und verliebt sich in sie. Aber Madeleine bleibt abwartend. Zusammen mit seinem Freund Robert (M. D.) klebt Paul politische Plakate. Als er sein Zimmer verliert, möchte Paul bei Madeleine schlafen, die mit Elisabeth (M. J.) und Cathérine (C.-I. D.) zusammenwohnt. Es kommt zu Komplikationen zwischen Paul, Madeleine und Elisabeth, während Robert sich in Cathérine verliebt. Cathérine weist Robert zurück und beginnt statt dessen, sich für Paul zu interessieren. Paul gibt seine Arbeit bei der Illustrierten auf und geht zu einem Meinungsforschungsinstitut; doch die Wahrheit über das Leben kann er auch dort nicht erfahren. Am Ende kommt Paul recht unvermittelt zu Tode. Madeleine und Cathérine sagen vor der Polizei aus, daß er durch eigene Unachtsamkeit vom Balkon eines Neubaus gestürzt sei.

Masculin féminin bezeichnet Godards Wendung vom üblichen Spielfilm zum Essay-Film. Die Handlung verliert an Bedeutung, wichtiger werden Episoden, Szenen, Einstellungen und Zwischentitel, in denen sich die Intentionen des Autors oft ganz unverschlüsselt mitteilen. Ein Zwischentitel:»Dieser Film könnte auch heißen: Die Kinder von Marx und Coca-Cola.« Eine Szene: Ein Mann bittet Paul um Feuer. Er nimmt das angebotene Streichholz, überschüttet sich mit Benzin und verbrennt sich. Auf einem Zettel, den er hinterläßt, steht: »Frieden für Vietnam.«

Aus derartigen Details setzt sich ein »Bericht zur Lage der Jugend« zusammen. Er notiert die Verführung durch die Konsumwelt, die falschen Träume – dargestellt am Beispiel eines Interviews mit einer Schönheitskönigin, die politische Aktivität Roberts und die bohrende Neugier Pauls, der das Leben ergründen möchte.

Mat Ⓢ
Die Mutter

UdSSR 1926

R: Wsewolod Pudowkin; A: Nathan Sarchi nach dem gleichnamigen Roman von Maxim Gorki; K: Anatoli Golownja; D: Wera Baranowskaja, Nikolai Batalow, Alexander Tschistjakow, Wsewolod Pudowkin

Der junge Arbeiter Pawel Wlassow (N. B.) arbeitet im zaristischen Rußland für die Sozialdemokraten. Er organisiert Streiks und versteckt Waffen. Pawels Vater (A. T.) läßt sich unterdessen für einige Gläser Wodka von Provokateuren kaufen, die beim nächsten Streik die Arbeiter zusammenschlagen wollen. Tatsächlich kommt es zu einer Schlägerei, bei der der alte Wlassow erschossen wird. Bei Wlassows wird eine Haussuchung durchgeführt; und nachdem der Offizier (W. P.) heuchlerisch Straffreiheit zugesichert hat, liefert die Mutter (W. B.) die versteckten Waffen aus. Pawel wird verhaftet und verurteilt. Doch am 1. Mai kann er fliehen. Er trägt bei dem großen Protestmarsch der Arbeiter die Fahne. Als er von einer Kugel getroffen wird, übernimmt seine Mutter die Fahne – bis sie von Soldaten niedergeritten und getötet wird.

Mat ist Pudowkins erster echter Spielfilm. Anders als Eisenstein vertraute er auf eine handfeste Fabel, auf individuelle Helden und gute Darsteller. Und wo Eisenstein bei der Montage Wert auf die »Kollision« der Bilder legt, bevorzugt Pudowkin den »Rhythmus«, der für ihn »ein machtvolles und sicheres Element der Wirkung« war. Dieser Rhythmus trägt lange Sequenzen – wie etwa die Szenen in dem schäbigen Wirtshaus, in denen die Hoffnungslosigkeit der Menschen sinnfällig deutlich wird, oder die Gerichtsverhandlung und den Besuch der Mutter im Gefängnis. Pudowkin hat übrigens den »kämpferischen« Aspekt gegenüber dem Buch noch verstärkt. Bei Gorki war der Vater eines natürlichen Todes gestorben, der Sohn zur Verbannung nach Sibirien verurteilt und die Mutter verhaftet worden.

Match Point
Match Point

USA/England 2005

R: Woody Allen; A: Woody Allen; K: Remi Adefarasin; D: Jonathan Rhys Meyers, Scarlett Johansson, Emily Mortimer, Matthew Goode, Brian Cox, Penelope Wilton, James Nesbitt

Der mäßig erfolgreiche Ex-Profi Chris Wilton (J. R. M.) findet einen Job als Tennislehrer in einem feudalen Londoner Club. Hier winkt ihm alsbald das große Glück. Er lernt den reichen jungen Tom Hewett (M. G.) kennen, wird von ihm in seine Familie eingeführt und gewinnt im Handumdrehen die Sympathie von Toms Eltern (B. C., P. W.). Vor allem aber gewinnt er die Liebe von Toms Schwester Chloe (E. M.); und es versteht sich, daß Mr. Hewett dem künftigen Schwiegersohn einen wohldotierten Posten in einer seiner Firmen verschafft. Bei seinem scheinbar unaufhaltsamen Aufstieg macht Chris nur einen folgenschweren Fehler: Er verliebt sich in Toms Verlobte Nola (S. J.), eine erfolglose Schauspielerin. Zwar löst Tom die Verlobung, und Nola verschwindet aus London; aber nach der Hochzeit von Chloe und Chris taucht sie wieder auf, und der frischgebackene Ehemann läßt sich auf eine riskante Affäre ein. Richtig gefährlich aber wird es, als Nola ein Kind von ihm erwartet und verlangt, daß Chris sich für sie entscheidet. Der löst das Problem durch einen einfallsreichen Mord. Leider hat Nola ein Tagebuch geführt, und so kommt ihm die Polizei schnell auf die Spur. Doch nun bewährt sich seine Devise, daß Glück wichtiger ist als Talent und Fleiß; denn nur das Glück entscheidet schließlich, ob ein Ball von der Netzkante ins Feld des Gegners springt oder ins eigene zurückfällt. Sein Ball schafft es gerade noch über das Netz – zum Match Point.

Diesmal hat Woody Allen mit einigen liebgewordenen Gewohnheiten gebrochen. Statt in New York drehte er seinen Film in London, dort, wo er auch spielt; und nicht Jazzmusik begleitet und kommentiert die Handlung, sondern eine Auswahl von Opernarien. Dabei entstand ein Film, der eine tragische Grundkonstellation, die deutlich an Theodore Dreisers zweimal verfilmten Roman *An American tragedy* erinnert, zu einem verwirrenden Vexierspiel nutzt. Die ironische Gesellschaftskomödie vom Aufstieg des »underdogs« in die High Society wandelt sich zum Kammerspiel um einen Mann zwischen zwei Frauen und mündet dann in einen raffinierten Kriminalfall – bis eine makabere Pointe das Ganze schließlich noch in eine herzerwärmende Idylle verwandelt. Den musikalischen Hintergrund für alle diese turbulenten Ereignisse bilden die kunstvoll-präzisen Opernarien, in denen gleichzeitig auch die Emotionen ihren Platz finden, die im Salon der Hewetts eher unterdrückt werden. Das alles ist meisterhaft arrangiert, mit einer gehörigen Portion Ironie und einem belebenden Schuß Zynismus versehen – aber auch mit der Einladung, über persönliche Schuld und gesellschaftliche Moral nachzudenken.

Matka Joanna od aniołów
Mutter Johanna von den Engeln

Polen 1960

R: Jerzy Kawalerowicz; A: Tadeusz Konwicki und Jerzy Kawalerowicz nach der gleichnamigen Erzählung von Jarosław Iwaszkiewicz; K: Jerzy Wójcik; D: Lucyna Winnicka, Mieczysław Voit, Anna Ciepielewska

Der Film bezieht sich auf die historischen Vorfälle in Loudon (Frankreich) um 1730, verlegt sie aber nach Polen. Pater Suryn (M. V.) soll in einem abgelegenen Kloster den Nonnen und speziell ihrer Oberin, der Mutter Johanna von den Engeln (L. W.), den Teufel austreiben. Schon bald wird klar, daß er an seiner Aufgabe scheitern wird. Die Dämonen wollen nicht aus der Äbtissin fahren; die Schwester Margarete vom Kreuz (A. C.) verbringt gar eine Nacht mit einem reichen Grundbesitzer im nahegelegenen Gasthaus, in dem auch der Pater wohnt. Ihr Abenteuer signalisiert ihm seine Bedrohung und den blutigen Ausgang. Es wird ihm klar, daß er Johanna liebt. Und wie Johanna sich den Dämonen ausliefert, weil sie keine Heilige geworden ist, so nimmt er die Sünde auf sich, weil er nicht lieben darf. Mit dem Beil tötet er zwei unschuldige Menschen, zieht so einen Schlußstrich unter seine Versuchungen und glaubt Mutter Johanna gerettet. Er hat die Boten des Satans auf sich gezogen, damit sie von Johanna lassen.

Der Film erzählt seine Geschichte auf drei Ebenen, wobei er sich aber niemals über die Zeit, in der er spielt, und über den Bewußtseinsstand ihrer Menschen erhebt. Zunächst ist das die tragische Liebesgeschichte zweier Menschen, die an den Bedingtheiten ihrer Existenz – ihr geistlicher Stand und ihr Glaube – scheitern. Dann ist es auch eine Auseinandersetzung mit einem kirchlichen Totalitätsanspruch, an dem zwei Menschen scheitern, weil sie ihm nicht gewachsen sind. Und damit wird

Matka Joanna od aniołów (Lucyna Winnicka, Mieczysław Voit)

ihr Schicksal doch zur überzeitlichen Parabel; denn sie scheitern nicht am Inhalt dieses Anspruchs, sondern an der Tatsache, daß er überhaupt erhoben wird. Ihr Schicksal zeugt gegen jeden derartigen Anspruch. Ausgewogenheit kennzeichnet den Film. Düsternis beherrscht die Szene, die aber immer wieder von grellem Weiß aufgehellt wird. Weiß sind die Gewänder der Nonnen und das Kloster, schneeweiße Pferde jagen durch das Bild, und selbst die karge Landschaft scheint mit weißen Flecken präpariert zu sein. Aber dazwischen taucht die Kamera immer wieder in die düstere Stube des Gasthofs, in der die Dunkelheit nur schwach durch das Kaminfeuer aufgehellt wird, in der die Menschen angstvoll flüsternd das Geschehen kommentieren, in der Schwester Margareta der Versuchung erliegt. Die Kamera holt hier die handelnden Personen mit raffinierten Schwenks ins Bild, wechselt von der objektiven zur subjektiven Sehweise und erzeugt auch dadurch immer wieder Spannung.

The matrix
Matrix

USA 1998

R: Larry Wachowski, Andy Wachowski; A: Larry Wachowski, Andy Wachowski; K: Bill Pope; D: Keanu Reeves, Carrie-Anne Moss, Laurence Fishburne, Hugo Weaving, Joe Pantoliano, Belinda McClory, Julian Arahanga

2199 in einer amerikanischen Großstadt. Thomas Anderson (K. R.) führt ein Doppelleben: Tagsüber ein ganz normaler Büroangestellter, ist er nachts unter dem Pseudonym Neo als Computerhacker tätig. Eine mysteriöse Mitteilung lockt den jungen Mann in ein aufregendes Abenteuer. Smith (H. W.), ein sogenannter Agent, will ihn benutzen, um den subversiven Morpheus (L. F.) dingfest zu machen. Eine unbekannte Schöne namens Trinity (C.-A. M.) warnt Neo und bringt ihn zu dem Gesuchten. Der führt mit einer kleinen Gruppe den Kampf gegen die Matrix, eine intelligente, gigantische Maschinenwelt, die die Menschen beherrscht und alle Energie und Nahrung für sich beansprucht. Neo, für den prophezeiten Retter der Welt gehalten, schließt sich Morpheus' Team an und durchläuft einen schmerzhaften Erkenntnisprozeß. Sein Körper mutiert zum lebenserhaltenden System, sein Geist wird zur digitalen Simulation der Matrix. Durch den Verrat eines Anhängers gerät Morpheus in die Hände von Smith, der von ihm die Lage von Zion, dem letzten Hort der Humanität, erfahren will. Doch Neo und Trinity gelingt es, den Gefangenen zu retten. Als Neo von Smith in eine Falle gelockt und niedergeschossen wird, erweckt Trinitys Liebesbekenntnis wundersame Kräfte in ihm. Er besiegt Smith und schlüpft in dessen Körper, um die Angreifer der Matrix zu empfangen. Seine Rolle als Auserwählter akzeptierend, bereitet er sich auf die Wiederbelebung der schlafenden Welt vor.

Die Geschichte zu *The matrix* wurde von den Brüdern Larry und Andy Wachowski bereits vor ihrem ersten Film, dem düsteren Krimininalthriller *Bound* (Bound – Gefesselt, USA 1995), geschrieben. Der archetypische Science-fiction- und Actionfilm mit intelligenten, aber auch prätentiösen Metaphern ist eine Kombination von religiösen, philosophischen und historischen Motiven. In Anlehnung an uralte Menschheitsfragen und -ängste handelt er von den Grenzen menschlicher Realität, von Wahrnehmung und Phantasie. Doch es stellt sich die Frage: Ist die stilisierte Ästhetik der glatten Oberfläche mehr als ein interessantes, überdimensioniertes Videospiel mit zivilisationskritischen Ingredienzen? Die hochtechnisierte Materialschlacht mit digitalen Spezialeffekten, die atemberaubende Choreographie mit rasanten Kampfszenen und der bombastische Soundtrack sind perfekt ausgerichtet auf eine jüngere, technikbegeisterte Generation. Angesiedelt in der New-Age-Ideologie, wirkt *The matrix* allerdings unfreiwillig komisch, wenn die unverhohlene Botschaft allzu schematisch und penetrant vermittelt wird. Die Apokalypse speist sich aus Comic und Zeichentrick. Stoische, sexy schwarz gewandete, schlanke Menschen sind in dieser Melange westlicher Endzeittheorien die Größten. Kameramann Bill Pope zaubert aus dem einfachen Drehbuch vor allem in der zweiten Hälfte mit Anleihen beim Hongkong-Kino und Regisseur John Woo viel Spannung und Action. So kaschiert der Film, der Auftakt einer Trilogie, seinen Angriff auf das realpolitische System und dessen Allmachtsphantasien als Science-fiction-Allegorie.

Max, victime du quinquina ⓢ
Max als Opfer der Chinarinde

Frankreich 1911

R: Max Linder; A: Maurice Delamare; K: ?; D: Max Linder

Der Arzt empfiehlt Max (M. L.), zur Stärkung nach langer Krankheit, jeden Abend ein Glas Chinarinden-Sud zu trinken. Aber das Hausmädchen bringt aus Versehen ein riesiges Gefäß, Max trinkt einen Liter seiner Medizin und fühlt sich alsbald sehr munter. Auf der Straße streitet er sich mit einem Herrn um ein Taxi; und der empörte Widersacher überreicht ihm seine Karte – La Roze, Polizeikommissar. Auf ähnliche Weise erhält er noch die Karten des Grafen del Salvator und des Generals Dubidon. Als Max am Abend stark angeheitert nach Haus will, bekommt er Streit mit einem Polizeibeamten. Lässig zieht er die Karte des Polizeikommissars aus der Tasche, worauf die Polizisten ihn respektvoll in dessen Wohnung transportieren. Max entkommt nur mit Mühe. Das Spiel wiederholt sich mit einem anderen Polizisten und der Karte des Grafen. Schließlich landet er in der Wohnung des Generals, der ihn wenig später in seinem Bett findet und aus dem Fenster wirft. Jetzt erkennen die Polizisten ihren Irrtum und verprügeln ihn.

Der Film ist zügig durchgespielt und hält sein Tempo, ohne jemals überhastet zu wirken. Die Gags sind geschickt verteilt; und man spürt, daß Linder die damals üblichen Mittel der Komik auf intelligente Weise verfeinert hat. Das zeigt sich auch schon in Äußerlichkeiten: Zu einer Zeit, als seine Rivalen durch exotische Aufmachung vordergründige Heiterkeit erregen wollten, kreierte Linder den Typ des komischen Bonvivants, des tolpatschigen Jünglings aus gutem Hause. Charlie Chaplin schickte Linder ein Foto mit der Widmung: Dem Lehrer von seinem Schüler!

■ Meet John Doe
Hier ist John Doe

USA 1941

R: Frank Capra; A: Robert Riskin nach einer Originalstory von Richard Connell und Robert Presnell; K: George Barnes; D: Gary Cooper, Barbara Stanwyck, Walter Brennan, James Gleason, Edward Arnold

Die junge Journalistin Ann Mitchell (B. S.) veröffentlicht aus Ärger über ihre Entlassung den fingierten Brief eines John Doe, in dem der Schreiber ankündigt, er wolle sich aus Protest gegen die Mißstände in der Welt vom Rathausdach stürzen. Der Brief hat ein solches Echo, daß die Zeitung nicht zugeben mag, er sei erfunden. Man sucht und findet einen jungen Mann (G. C.), der nach Anweisungen von Ann Mitchell die Rolle des John Doe spielt. Der Chefredakteur (J. G.) ist zufrieden, die Auflage steigt. Im ganzen Land werden John-Doe-Clubs gegründet; der vermeintliche Selbstmord-Kandidat wird zum Volkshelden.

Doch eines Tages entdeckt John Doe, daß der Verleger Norton (E. A.) diese Clubs skrupellos für seine dubiosen politischen Pläne ausnützt. Er deckt den Schwindel auf und muß nun vor der Verachtung seiner früheren Anhänger fliehen. Aber schon bald fordert man ihn auf, ganz ernsthaft und seriös noch einmal von vorn zu beginnen.

Capra illustriert hier sein Lieblingsthema und seine private Philosophie: Der Mensch ist gut, wenn man ihm nur die Chance dazu und einen kleinen Anstoß gibt. Die »John-Doe-Clubs« verkörpern die Solidarität der Gutmütigen und Gutwilligen; Mister Norton und seine schwarzgekleidete, militärisch geschulte Schutztruppe sind ein deutlicher Hinweis auf den Faschismus.

■ Memorias del subdesarrollo
Erinnerungen an die Unterentwicklung

Kuba 1968

R: Tomás Gutiérrez Alea; A: Tomás Gutiérrez Alea und Edmundo Desnoes nach einem Roman von Edmundo Desnoes; K: Ramón F. Suárez; D: Sergio Corrieri, Daisy Granádos, Eslinda Nuñez

Sergio (S. C.), ein etwa vierzigjähriger bürgerlicher Intellektueller, bleibt nach der Revolution in Kuba, obwohl seine Frau und seine Eltern das Land verlassen. Seine Beweggründe sind Trägheit und auch der Wunsch, sich mit der neuen Zeit auseinanderzusetzen. Er verliebt sich in Elena (D. G.), ein einfaches Bürgermädchen, und versucht, sie nach seiner Vorstellung zu formen. Das Experiment mißlingt auf lächerliche Weise: Elenas Familie bezichtigt ihn der Vergewaltigung, und er muß in einem Prozeß mühsam seine Unschuld beweisen. Auch die Bilanz seiner Erinnerungen und Gedanken endet negativ: Er spürt den Beginn einer neuen Zeit; aber er weiß, daß es für ihn zu spät ist, sich ihr anzupassen.

Ein grüblerischer und spröder Film, der auf drei Ebenen spielt: die Gegenwart Sergios, seine Erinnerungen, in denen von verpaßten Chancen und Anpassung die Rede ist, und Dokumentaraufnahmen von politischen Ereignissen wie die Invasion in der Schweinebucht und die Raketenkrise um Kuba. Aus alledem formt sich das Porträt eines Mannes, dem wachsende Erkenntnis wachsende Unsicherheit beschert.

Alea sagte zu seinem Film: »Nach meiner Meinung ist es besonders wichtig, das Verhältnis dieser Person zur Wirklichkeit kritisch darzustellen, so daß es uns möglich ist, durch diese Person auch beim Zuschauer eine kritische Haltung hervorzurufen – und zwar kritisch nicht nur gegenüber diesem bürgerlichen Intellektuellen, sondern auch gegenüber meinem Film und gegenüber unserer Wirklichkeit, die wir täglich erleben.«

Menschen am Sonntag Ⓢ

Deutschland 1929

R: Robert Siodmak, Edgar G. Ulmer; A: Billie Wilder, Fred Zinnemann, Edgar G. Ulmer, Robert Siodmak; K: Eugen Schüfftan, Edgar G. Ulmer, Fred Zinnemann; D: Brigitte Borchert, Christl Ehlers, Wolfgang von Waltershausen, Erwin Splettstößer, Annie Schreyer

Der Weinvertreter Wolf (W. v. W.) lernt am Samstag auf der Straße die Komparsin Christl (C. E.) kennen und lädt das Mädchen für den Sonntag zu einem Ausflug an den Wannsee ein. Am Abend spielt Wolf Skat mit seinem Freund, dem Taxifahrer Erwin (E. S.), was Erwins Freundin Annie (A. S.), die lieber ausgegangen wäre, ziemlich verärgert. Wolf lädt Erwin und Annie ebenfalls zu dem Ausflug ein. Aber am anderen Morgen hat Annie ihren Ärger noch nicht vergessen und bleibt schmollend zu Haus. Glücklicherweise tauchen am vereinbarten Treffpunkt dennoch zwei Mädchen auf: Christl hat ihre Freundin Brigitte (B. B.), eine Verkäuferin, mitgebracht. Im Verlauf des fröhlichen Sonntags mit Dampferfahrt, Spaziergängen, Sonnenbad etc. verliebt sich Wolf in Brigitte und verschwindet – zum Mißfallen Christls! – mit ihr im Wald. Als die vier am Abend in die Stadt zurückkehren, findet Erwin seine Annie im Bett. Sie hat den ganzen Sonntag verschlafen.

Fast ein Dokumentarfilm, dessen einzelne Teile aber durch eine angedeutete Spielhandlung zusammengehalten werden. Eigentlicher Mittelpunkt des Films ist die Stadt, sind die Menschen, die dem Zwang des Alltags zu entfliehen suchen und dabei doch keine neue Freiheit gewinnen. In vielen kleinen Episoden beobachtet der Film typische Verhaltensweisen der Bürger, die er oft nur in kurzen Zwischenschnitten, bezeichnenden Gesten und Reaktionen exemplifiziert. Von manchen ähnlichen Versuchen unterscheidet sich dieser Film u. a. dadurch, daß er die glaubhafte Wirklichkeit nicht für publikumswirksame Pointen verfälscht. Seine Beobachtungen bleiben stets im Bereich des Wahrscheinlichen; so sind sie auch sozialkritisch relevant.

Mephisto

Ungarn/BRD 1980/81

R: István Szabó; A: István Szabó und Péter Dobai nach dem gleichnamigen Roman von Klaus Mann; K: Lajos Koltai; D: Klaus Maria Brandauer, Ildikó Bánsági, Rolf Hoppe, Karin Boyd, Christine Harbort, György Cserhalmi, Péter Andorai

Die Geschichte des besessenen Schauspielers Hendrik Höfgen (K. M. B.), der sich in der »Weimarer Republik« für die »Linken« engagiert und sich im »Dritten Reich« durch Vermittlung der Schauspielerin Lotte Lindenthal (C. H.) bei dem »General« (R. H.) einschmeichelt, als dessen Protegé er es bis zum Intendanten des Staatstheaters bringt.

Die Autoren haben auf manchen Wildwuchs der Mannschen Phantasie (z. B. auf die erotischen Exzesse mit der schwarzen »Prinzessin Tebab«) verzichtet; und sie haben glücklicherweise nicht versucht, »Porträtähnlichkeit« mit den Figuren (Gründgens, Emmy Sonnemann, Göring u. a.) herzustellen, die dem Verfasser des Romans bei der Niederschrift ganz offensichtlich vor Augen gestanden haben. Gerade dadurch wird die damalige Realität in diesem Film präsent. Viel stärker als im Roman überzeugt die Figur des Schauspielers, dem das Theater mehr bedeutet als das Leben, der für eine Traumrolle auf der Bühne auch die Alptraumrolle akzeptiert, die er in der Wirklichkeit des »Dritten Reichs« spielt. Viel überzeugender sind auch Milieu und Atmosphäre jener Zeit geraten, die seltsame Mischung aus Euphorie und Angst, aus Bonhommie und Terror. Klaus Mann schrieb zu seinem Roman: »Alle Personen dieses Buches stellen Typen dar, nicht Porträts.« István Szabó und seine Mitarbeiter – allen voran die Schauspieler Brandauer und Hoppe – haben aus diesen »Typen« glaubwürdige Menschen gemacht und aus dem Roman einen Film, der kein Lehrstück ist, aus dem man aber gleichwohl Lehren ziehen kann.

Le mépris
Die Verachtung

Frankreich/Italien 1963

R: Jean-Luc Godard; A: Jean-Luc Godard nach dem Roman *Il disprezzo* von Alberto Moravia; K: Raoul Coutard; D: Brigitte Bardot, Michel Piccoli, Jack Palance, Fritz Lang, Giorgia Moll

Der Regisseur Fritz Lang (F. L.) soll für den amerikanischen Produzenten Prokosch (J. P.) einen Odysseus-Film drehen. Doch es gibt künstlerische Meinungsverschiedenheiten zwischen den beiden; und Prokosch engagiert den jungen Autor Paul Javal (M. P.) für eine Überarbeitung des Drehbuches. Am Drehort auf Capri erläutert Javal Lang seine These, Penelope habe Odysseus verachtet, weil dieser die Freier nicht getötet habe. Ein ähnlicher Konflikt entsteht nun für Javal: Seine Frau Camille (B. B.) wirft ihm vor, er schütze sie nicht vor den Nachstellungen Prokoschs und sei sogar bereit, sie für diesen Drehbuchauftrag zu »verkaufen«. Javal gibt den Auftrag zurück; Camille und Prokosch kommen auf der gemeinsamen Fahrt nach Rom bei einem Autounfall ums Leben.

Godard verzichtet auf die psychologisierende Erzählweise Moravias und nimmt dabei in Kauf, daß die Handlung stellenweise aufgesetzt und wenig überzeugend wirkt. Dafür gelingt ihm aber ein raffiniertes Spiel mit Zitaten und den verschiedenen Ebenen der Realität. Vor allem ist dies jedoch eine eindrucksvolle Hommage an den Regisseur Fritz Lang, von dem Godard sagte, er sei »das Gewissen des Kinos«.

In den deutschen Kinos lief eine um rund 10 Minuten gekürzte Fassung; in originaler Länge wurde der Film hierzulande erst bei einem Neustart (1987) und vom Fernsehen bekannt gemacht.

Merry-go-round ⓢ
Karussell / Rummelplatz des Lebens / Das goldene Wien

USA 1922

R: Erich von Stroheim, Rupert Julian; A: Erich von Stroheim; K: Ben Reynolds, William Daniels; D: Norman Kerry, Dorothy Wallace, Mary Philbin, Anton Wawerka

Während seiner Verlobungsfeier mit der Prinzessin Gisella (D. W.) verliebt sich Graf Francesco von Hohenegg (N. K.) in Mitzi (M. P.), die Tochter eines Puppenspielers. Doch Kaiser Franz Josef (A. W.) höchstpersönlich verhindert die unstandesgemäße Affäre seines Adjutanten. Der Krieg bricht aus. Hohenegg wird fälschlich für tot erklärt. Nach dem Tod seiner Frau kann er die Geliebte heiraten.

Der Film steht am Beginn eines Zyklus, für den sein Titel programmatisch sein könnte. In *The merry widow* (1925), *The wedding-march* (1926–28), *Queen Kelly* (1928) und *The honeymoon* (1928) zeichnet Stroheim mit ätzender Schärfe die Welt des europäischen Adels. In allen Filmen steht die Liebe eines Adligen zu einem Mädchen aus dem Volk im Mittelpunkt; und alle Filme zeigen, wie die Liebe hier zum »Karussell« denaturiert ist.

Für *Merry-go-round* zeichnete Stroheim nur teilweise verantwortlich. Als der Film halb fertig war, gab es eine Auseinandersetzung mit dem Produzenten Irving Thalberg; Stroheim wurde entlassen und die Fertigstellung des Films dem zweitklassigen Regisseur Rupert Julian anvertraut. Grund für das Zerwürfnis dürften die in der Tat kostspieligen Arbeitsmethoden Stroheims gewesen sein. Paul Rotha zitiert, Stroheim habe zuviel Zeit damit verbracht, eine Gruppe von Soldaten in »typisch Stroheimscher Manier« salutieren zu lassen.

Merry-go-round
(George Hackathorne, Mary Philbin)

▄ **Metropolis** Ⓢ

Deutschland 1926

R: Fritz Lang; A: Thea von Harbou; K: Karl Freund, Günther Rittau; D: Brigitte Helm, Alfred Abel, Gustav Fröhlich, Heinrich George, Rudolf Klein-Rogge

Metropolis, die Stadt der Zukunft, ist streng unterteilt in zwei Bezirke: In kühnen Hochhäusern leben die »Herrenmenschen«, während in der »unteren Welt«, unter der Erde, die Arbeiter wohnen und schaffen. Der Industriemagnat Johann Fredersen (A. A.) kontrolliert jeden Winkel der Stadt. Sein Sohn Freder (G. F.) lehnt sich innerlich gegen die absolute Herrschaft des Vaters auf. Er sympathisiert mit den Arbeitern, seit er Maria (B. H.) kennengelernt hat, eine »Heilige der Unterdrückten«, die eine Befreiung der Arbeiter durch die Allmacht der Liebe und eine auf Verständigung aufgebaute Partnerschaft mit den Herrschenden predigt. Johann Fredersen erkennt die Gefahr. Er beauftragt den Erfinder Rothwang (R. K.-R.), einen Roboter mit Marias Gestalt herzustellen, der die Arbeiter aufwiegeln und einen Vorwand für ihre endgültige Unterdrückung liefern soll. Rothwang erfüllt den Auftrag. Von der falschen Maria (B. H.) verführt, zerstören die Arbeiter die Maschinen und bringen sich selbst in höchste Gefahr, weil dadurch die »untere Stadt« überflutet wird. Im letzten Moment können Freder und die richtige Maria die Gefahr bannen und gleichzeitig durch ihre Verbindung die Kluft zwischen Arbeitern und Herrschenden überbrücken. Im Schlußbild reichen sich Johann Fredersen und der Führer der Arbeiter (H. G.) symbolhaft die Hand.

Der Film visiert einige ernsthafte Probleme exakt an, vor allem die Automation und die Entfremdung des Arbeiters von seiner Arbeit. Zweifellos beeindruckt der Film auch vom Technischen her: Seine Bauten (Otto Hunte, Erich Kettelhut, Karl Vollbrecht) sind großartig und phantastisch, seine Tricktechnik (Günther Rittau) und viele inszenatorische Details vorzüglich. Trotzdem war er ein Fehlschlag – künstlerisch und finanziell. Nicht nur, daß Fritz Lang die ernsthaften Probleme, die er anpackte, durch ein romantisches Happy-End – »unter Umgehung aller Tarif-Verhandlungen«, wie Béla Balázs mit berechtigter Ironie anmerkte – zu lösen versuchte, daß er meinte, die Liebe und ein Händedruck unter aufrechten Männern könnten alle sozialen Probleme lösen. Er verquickte auch seine technische und soziale Utopie mit Handlungsmotiven, die Murnaus *Nosferatu* eher angestanden hätten. Der »Erfinder« Rothwang nämlich ist zweifellos mehr dem Genre des romantischen Gruselfilms entlehnt. Neben den Visionen gigantischer Maschinen wirkt er reichlich deplaziert. So bleibt *Metropolis* vornehmlich der Ruf, einer der aufwendigsten Filme der Filmgeschichte gewesen zu sein und die UFA in ernsthafte finanzielle Schwierigkeiten gebracht zu haben.

Mia eoniotita ke mia mera
Die Ewigkeit und ein Tag

Griechenland/Italien/Frankreich 1997/98

R: Theo Angelopoulos; A: Theo Angelopoulos, Tonino Guerra, Petros Markaris, Giorgio Silvagni; K: Yorgos Arvanitis, Andreas Sinanos; D: Bruno Ganz, Isabelle Renauld, Achileas Skevis, Despina Bebedeli, Iris Chatziantoniou, Fabrizio Bentivoglio

Thessaloniki im Regen. Alexandros (B. G.), ein erfolgreicher Schriftsteller und schwer krank, soll ins Hospital. Sein Haus, von der Tochter (I. Ch.) zugunsten eines Neubaus verschmäht, muß er aufgeben. Dabei entdeckt er einen Brief seiner verstorbenen Frau Anna (I. R.), in dem jene von einem Sommertag auf einer lichtumfloreten Insel vor dreißig Jahren, vor dem Staatsstreich der Obristen, und ihrer großen Liebe spricht. Für den Mann ist das der Beginn einer Reise durch Raum und Zeit, Gegenwart und Vergangenheit. Verpaßte er während seiner literarischen Arbeit den Sinn, das Glück des Lebens? Augenblicke, die er nun nachholen möchte – wenigstens für einen Tag. Alexandros lernt einen albanischen Flüchtlingsjungen (A. S.) kennen, rettet ihn vor Polizei und Menschenhändlern, um ihn in seine Heimat zurückzubringen. Hoffnung, neuer Lebensmut keimen auf. Er erzählt dem Jungen von einem griechischen Nationaldichter, der in der Fremde für besondere Worte, die ihm nicht mehr einfielen, Geld bezahlte. Nach dem Abschied von dem Kind und seiner Mutter wirkt der Mann sichtlich glücklich.

Mit diesem intimen Film, der persönlichen Bilanz eines Lebens, ergänzt und kontrastiert Angelopoulos zugleich den epochalen *To vlemma tou Odyssea* (Der Blick des Odysseus, Griechenland/Frankreich/Italien 1995) mit seiner Geschichte des Kinos, der politischen Situation auf dem Balkan. Angesiedelt im nebligen Grenzland, getaucht in vornehmlich blaugraue Bilder und getragen von der symbolträchtigen Musik von Eleni Karaindrou, spricht der Film von der großen Melancholie am Ende des 20. Jahrhunderts, von den Menschen und Dingen, vom Verlust: der Liebe, der Jugend, der Hoffnung auf politische Veränderung, des Vertrauens in den Mitmenschen, ja, in das Leben selbst. Die individuelle Situation des verstummten Intellektuellen korrespondiert mit der metaphysischen Ebene, wird so zur Reise in die Erinnerung, zur Suche nach der verlorenen Zeit, zur Seelenlandschaft und Chronik der Einsamkeit und Kälte. Die poetischen Topoi des Abschieds, der Reise, der Vergänglichkeit und des Exils kehren im Œuvre des Griechen immer wieder, sie reflektieren die prosaische Wirklichkeit wie ein Echo aus der Unendlichkeit. Der kompromißlose Vertreter des europäischen Autorenkinos widerstand in seiner dramaturgisch kunstvoll angelegten Geschichte freilich nicht immer der Versuchung des Manierismus, der kalkulierten Wehmütigkeit. Trotzdem war er der strahlende Gewinner der »Goldenen Palme« 1998 in Cannes.

Le milieu du monde
Der Mittelpunkt der Welt / Die Mitte der Welt

Schweiz/Frankreich 1974

R: Alain Tanner; A: Alain Tanner, John Berger; K: Renato Berta; D: Olimpia Carlisi, Philippe Léotard, Juliet Berto, Jacques Denis

Adriana (O. C.) ist Italienerin, 28 Jahre alt. Im Dezember 1973 tritt sie eine neue Stelle als Kellnerin in einem kleinen Gasthof im Schweizer Jura an. Zur gleichen Zeit entscheidet sich, daß Paul (P. L.), 34 Jahre alt, verheiratet, bei einer lokalen Wahl als Kandidat aufgestellt wird. Man darf vermuten, daß dies der Anfang einer bescheidenen politischen Karriere sein wird. Mitte Januar hält Paul eine Wahlrede in dem Gasthof, in dem Adriana arbeitet. Er verliebt sich in die dunkelhaarige Kellnerin, kommt wieder, und bald sind sie ein Liebespaar. Paul verbringt jede freie Stunde bei Adriana. Er nimmt in Kauf, daß die Leute über ihn reden, daß sein gesamtes Leben in Unordnung gerät. Seine Frau verläßt mit dem Kind die Wohnung; seine Wähler verübeln ihm die Affäre mit einer Kellnerin – dazu noch einer »Gastarbeiterin«. Als Paul bei der Wahl geschlagen wird, scheint er weder überrascht noch enttäuscht, sondern eher erleichtert, weil er nun nur noch an sein privates Glück zu denken braucht. Aber Adriana macht einen Strich durch diese Rechnung. Sie hat erkannt, daß Paul sie nicht als Partnerin, sondern als Objekt einer letztlich eigensüchtigen Liebe ansieht. Sie will nicht sein »Eigentum« werden. So zieht sie am 8. März zu einer Freundin in die deutsche Schweiz, wo sie eine Stellung in einer Fabrik annimmt. Paul bleibt allein zurück.

Gezeigt wird die Geschichte einer Leidenschaft, die – wenigstens auf der Seite des Mannes – nicht zur wirklichen Liebe wird, der das Erlebnis einer echten Begegnung, der wahren Kommunikation zweier Menschen fehlt. Am Ende steht das Scheitern dieser Beziehung, aber auch der optimistische Hinweis, daß Adriana, die einfache Frau aus dem Volk, diesen Mangel in ihrer Beziehung erkannt hat und daraus schmerzhafte, aber ehrliche Konsequenzen zieht. Tanner hat diese Geschichte unter Verzicht auf alle melodramatischen Effekte wie ein neutraler Beobachter erzählt. Immer wieder unterbrechen Zwischentitel mit der Angabe des Datums den Fluß der Bilder. Das betont, wie sehr dieser Film als Chronik konzipiert ist. Und immer wieder sind zwischen die winterlichen Bilder kurze Einstellungen farbiger Sommerlandschaften eingeschnitten – als Beleg für eine Hoffnung auf Reife und Erfüllung, die diesem Verhältnis versagt geblieben ist.

Auch in seinem Film *Jonas qui aura 25 ans en l'an 2000* (Jonas, der im Jahr 2000 25 Jahre alt sein wird, Schweiz 1976), der das Schicksal von acht Menschen auf virtuose Weise miteinander verknüpft, wird – in der Gestalt des Kindes Jonas – eine Hoffnung in die Zukunft projiziert.

1860
1860

Italien 1933

R: Alessandro Blasetti; A: Emilio Cecchi, Alessandro Blasetti und Gino Mazzucchi nach der Erzählung *La processione incontro a Garibaldi* von Gino Mazzucchi; K: Anchise Brizzi, Giulio De Luca; D: Aida Bellia, Giuseppe Gulino, Gianfranco Giachetti

Sizilien zur Zeit der Befreiung Italiens durch Garibaldi. Ein Aufstand in Palermo ist von den Bourbonen niedergeschlagen worden. Aber mit Hilfe eines Geistlichen (G. Gi.) können die Rebellen den Hirten Carmine (G. Gu.) nach Genua schicken, wo er Garibaldi versichern soll, daß sie hinter ihm stehen. Während seine Braut Gesuzza (A. B.) in Sizilien zurückbleibt, durchquert Carmine Italien, schifft sich mit Garibaldi nach Sizilien ein und kämpft mit ihm in der blutigen Schlacht bei Calatafimi, die den Kampf gegen die Bourbonen entscheidet.

Einer der wenigen Höhepunkte des italienischen Films während der faschistischen Herrschaft. Blasetti inszenierte kein pathetisches Heldenlied, sondern eher eine engagierte Chronik der Ereignisse, die in Einzelheiten der filmischen Gestaltung fast zum Vorläufer des Neorealismus wird. Garibaldi erscheint nur am

Rande, während die eigentliche Hauptrolle das Volk spielt. Blasetti drehte unter freiem Himmel mit Laiendarstellern und erreichte damit eine erstaunliche Authentizität. Der Film blieb dennoch nicht ganz unbeeinflußt von faschistischem Gedankengut: In seiner ursprünglichen Fassung endete er mit dem Vorbeimarsch faschistischer Jugendorganisationen am Mussolini-Forum. 1951 wurde der Film in einer Neubearbeitung unter dem Titel *I mille di Garibaldi* (Die Tausend von Garibaldi) wiederaufgeführt.

Le million
Die Million

Frankreich 1931

R: René Clair; A: René Clair nach einem Theaterstück von Georges Berr und M. Guillemaud; K: Georges Périnal, Georges Raulet; D: Annabella, René Lefèvre, Louis Allibert

Zwei arme Künstler, der Maler Michel (R. L.) und der Bildhauer Prosper (L. A.), bewohnen gemeinsam ein Atelier. Michel, der mit der Tänzerin Beatrice (A.) verlobt ist, gewinnt eines Tages eine Million Francs in der Lotterie. Bald tauchen Nachbarn und Gläubiger auf, um an seinem Reichtum zu partizipieren. Aber vergeblich sucht Michel sein Los: Es steckt in einer alten Jacke, die zum Trödler gewandert ist. Während Michel sich auf die Jagd nach der Jacke macht, wird er von Freunden unterstützt, von Gläubigern und Neugierigen selbst verfolgt. Die Jacke ist an einen Operntenor verkauft worden; so dehnt sich die wilde Jagd auf die Opernbühne aus. Schließlich gewinnt Michel endgültig seine Beatrice und das Los; und die Meute der geldgierigen Gläubiger verwandelt sich jäh in eine lammfromme Herde zukünftiger Lieferanten.

Clair entnahm das Milieu und die Personen der Handlung der Wirklichkeit, verwandelte dann aber alles in ein groteskes tänzerisches Spiel, in dem die Wortkaskaden der Verfolger sich in Chansons und ihre wilde Verfolgungsjagd sich in Tanz auflösten. So wurde die realistische Szenerie zum Dekor eines temporeichen, genau kalkulierten musikalischen Lustspiels (Musik: Armand Bernard, Philippe Parès, Georges van Parys), das beispielhaft für die Möglichkeiten eines ganz neuen Filmgenres wurde. Vielen Filmhistorikern gilt *Le million* als Clairs bester Film.

Milou en mai
Eine Komödie im Mai

Frankreich 1989

R: Louis Malle; A: Louis Malle, Jean-Claude Carrière; K: Renato Berta; D: Michel Piccoli, Miou-Miou, Michel Duchaussoy, Dominique Blanc, Paulette Dubost, Renaud Danner

Im Mai 1968 stirbt in der Provinz im Südwesten Frankreichs die alte Madame Vieuzac (P. D.). Ihr sechzigjähriger Sohn Milou (M. P.), ein sympathischer Träumer, der als Junggeselle das Leben der Mutter geteilt hat, ruft die Familie zur Beerdigung in das romantisch verwahrloste Landhaus. Und obwohl die Studentenunruhen längst auf das ganze Land übergegriffen haben, obwohl die Arbeiter streiken und das Benzin knapp wird, kommen sie alle: Bruder Georges (M. D.), Journalist bei *Le Monde*, mit Frau, Schwester Camille (M.-M.) mit der ganzen Familie und die lesbische Nichte Claire (D. B.) mit ihrer Freundin. Zur unangenehmen Überraschung der Hinterbliebenen streiken auch die Totengräber. Da die Beerdigung also verschoben werden muß, vertreibt man sich die Zeit: mit politischen Diskussionen, mit kleinen Flirts – und mit der Erbteilung, die besonders von Camille zielstrebig betrieben wird. In diese Stimmung platzt Georges' Sohn Pierre-Alain (R. D.), der voller Begeisterung von den Barrikaden in Paris berichtet. Die gutbürgerliche Gesellschaft ist aufgestört und leistet sich gemäßigten revolutionären Enthusiasmus. Die Worte und die Taten werden kühner. Vieles scheint plötzlich möglich. Eine Gesellschaft im Aufbruch! Doch die Nachrichten im Radio werden schlimmer; am Ende ist gar De Gaulle aus Paris verschwunden. Und ein reicher Nachbar verkündet Schreckliches: Die Anarchie wird kommen, revolutionäre Banden ziehen marodierend durch das Land. In panischer Angst flieht die ganze

Gesellschaft, einschließlich der »Revolutionäre«, bei Nacht und Regen in den Wald. Doch statt der Anarchie kommt De Gaulle zurück. Der »Mai 68« ist vorüber; die Großmutter kann endlich begraben werden; und alle Gäste wenden sich wieder dem zu, was sie für ihre »Normalität« halten.

Louis Malle hat eine warmherzige und lebenskluge Komödie geschaffen, in der Bilder und Stimmungen genauso wichtig sind wie Argumente, in der das Unausgesprochene oft am besten zu verstehen ist. Mit sanfter Ironie beobachtet er die bürgerlichen Hinterbliebenen, die durch die spärlichen Nachrichten in einem immer wieder versagenden Radio ein Wechselbad der Gefühle erleiden. Manche Kritiker haben dem Film vorgeworfen, er verrate den revolutionären Elan der »Achtundsechziger« an die Bourgeoisie. Das ist sicher nicht richtig, aber unverkennbar hegt Malle auch – ironisch gebrochene – Sympathien für die bürgerliche Lebensart. Und so wünscht man am Ende in der Tat, daß mindestens der liebenswert-träge Milou, den Michel Piccoli hinreißend spielt, sein Leben schöpferischen Nichtstuns in Würde vollenden kann.

Minority report
Minority Report

USA 2001/02

R: Steven Spielberg; A: Scott Frank, Jon Cohen nach der gleichnamigen Kurzgeschichte von Philip K. Dick; K: Janusz Kaminski; D: Tom Cruise, Max von Sydow, Samantha Morton, Colin Farrell, Kathryn Morris, Lois Smith

Washington, D. C., im Jahre 2054. Der Politiker Lamar Burgess (M. v. S.) hat mit der Wissenschaftlerin Iris Hineman (L. S.) ein Programm zur präventiven Verbrechensbekämpfung entwickelt. Zu diesem Zweck werden drei Kinder von Drogenabhängigen, sogenannte Pre-Cogs, nach einer Gentherapie in einer Flüssigkeit konserviert, damit sie träumend die Zukunft vorhersehen. So faßt man Mörder noch vor Ausführung der Tat. Pre-Crime, eine von John Anderton (T. C.) angeführte Sondereinheit der Polizei, macht Jagd auf die potentiellen Verbrecher. Der rauschgiftabhängige Cop hat vor sechs Jahren seinen Sohn verloren und lebt getrennt von seiner Frau (K. M.). Am Tag hat er alles unter Kontrolle, nur nachts holen ihn die Alpträume ein. Um die landesweite Übernahme des als unfehlbar geltenden Systems zu prüfen, schickt das Justizministerium einen Spezialisten. Danny Witwer (C. F.) erweist sich als arroganter, machtbesessener Zeitgenosse. Nachdem Anderton in einer Vision der Pre-Cogs als kaltblütiger Mörder entlarvt wird, jagt ihn sein Konkurrent erbarmungslos. Der Flüchtige läßt sich neue, nicht identifizierbare Augen einsetzen und entführt Agatha (S. M.), den besten Pre-Cog. Mit dem Minority Report, dem von Agatha gespeicherten Minderheitenbericht mit Zweifeln an seinen Mordplänen, will er seine Unschuld beweisen. Vom angeblichen Mörder seines Sohnes erfährt Anderton, daß jener nur eine falsche Fährte auslegen sollte. Um Agatha für das Programm zu gewinnen, hat nämlich sein Mentor Burgess deren Mutter ermordet und das Verbrechen elektronisch eliminiert. Der Bösewicht gibt Witwer zur Ergreifung und Inhaftierung Andertons freie Hand und erschießt dann den Mitwisser. Auf einer Feier zu Ehren von Burgess erscheint der von seiner Frau befreite Polizist und zwingt Burgess in die Knie.

Die 1956 erschienene Kurzgeschichte des amerikanischen Kultautors Philip K. Dick bildet die Basis für diesen intelligenten Science-fiction- und Action-Film. Sie stellt die Frage nach den Konsequenzen einer Verbrechensbekämpfung, die zwecks Verhinderung zukünftig möglicher Morde die Schutzhaft der Delinquenten vorsieht – ein ethisch wie juristisch bedenklicher Eingriff in das Persönlichkeitsrecht des Menschen. Wiegt der Verzicht auf individuelle Freiheit den Gewinn an allgemeiner Sicherheit auf? Spielberg schafft durch eine fast monochrome Farbgebung bewußt keine typische Science-fiction-Atmosphäre, sondern eine unterkühlte Film-noir-Stimmung. Statt auf Technikeuphorie setzt er auf die Stärken seiner Geschichte und Charaktere. Alle visuellen Effekte sind auf unsere gegenwärtige Realität abgestimmt. Gefühl und Verstand werden dabei gleichermaßen bedient. Die individuelle Ansprache des Kunden durch Werbeträger beim Betreten eines Geschäfts steht für den dramatischen Verlust der Privatsphäre in allen Lebensbereichen. George Orwells Vision eines Überwachungsstaates ist Realität geworden. Es geht um die Macht und die Manipulation von Bildern und damit der Realität. *Minority report* wertet aber nicht, ob diese Entwicklung gut oder schlecht ist, denn für den Menschen besteht noch immer eine Wahlmöglichkeit. Nach dem enttäuschenden *A. I. – Artificial intelligence* (A. I. – Künstliche Intelligenz, USA 2001) gelingt Spielberg – trotz deutlicher Zitate aus James-Bond-Filmen, aus *Blade runner* (Der Blade Runner, USA 1982 – R: Ridley Scott), *Gattaca* (Gattaca, USA 1997 – R: Andrew Niccol) und anderen Produktionen – ein eigenständiges Werk mit einer durchgängigen, tiefgründigen Spannung.

Miracolo a Milano
Das Wunder von Mailand

Italien 1950

R: Vittorio De Sica; A: Vittorio De Sica, Suso Cecchi d'Amico, Mario Chiari, Adolfo Franci und Cesare Zavattini nach der Novelle *Totò il buono* von Cesare Zavattini; K: Aldo Graziati, Gianni Di Venanzo (Trick-Fotografie: Václav Vích, Enzo Barboni); D: Francesco Golisano, Paolo Stoppa, Guglielmo Barnabo, Emma Gramatica

Nach dem Tod von Mutter Lolotta (E. G.) kommt der kleine Totò ins Waisenhaus. Mit 18 Jahren wird er (F. G.) entlassen und landet in einer Barackensiedlung am Stadtrand, wo man »Totò den Guten« bald als freundlichen Helfer und redlichen Schlichter schätzt. Bei einem Volksfest in dieser kleinen Welt wird plötzlich eine Erdölquelle entdeckt; jetzt erinnert sich der reiche, hypochondrische Besitzer Mobbi (G. B.) seines Grundstückes und möchte die Armen aus ihren primitiven Hütten vertreiben. Aber in höchster Not schickt Mutter Lolotta ihrem Totò eine weiße Taube vom Himmel, die ihrem Besitzer jeden Wunsch erfüllen kann. Totò legt mit ihrer Hilfe listig die Polizei lahm, indem er dem Mund des kommandierenden Offiziers nur Opernarien entströmen läßt. In seiner Gutmütigkeit erfüllt er jedoch auch die unsinnigsten Wünsche der Armen; ein Engel holt die mißbrauchte Taube entrüstet wieder ab. Jetzt hat die Polizei leichtes Spiel. Die Armen werden abtransportiert. Doch als der Transport mitten in der Stadt ist, hilft Mutter Lolotta noch einmal. Ihre weiße Taube erscheint, die Polizeiautos klappen auseinander, die Armen fliegen mit den Besen der Straßenfeger schnurstracks in den Himmel.

Miracolo a Milano ist ein modernes Märchen, für Vittorio De Sica und Cesare Zavattini ein Versuch, die bloße Zustandsschilderung des Neorealismus, die sie als Fessel empfanden, zu überwinden. So schufen sie die Gestalt des gutmütigen Totò, der so sehr mit seinen Brüdern fühlt, daß er selbst hinkt, wenn ihm ein Hinkender entgegenkommt, der vor einem mißgestalteten Gesicht selbst das Gesicht verzerrt. Aber dieses Märchen mißachtet die Realität nicht. Es kennt Elend und Armut, es kennt den Hochmut der Reichen und ihre Geschicklichkeit, wenn es darum geht, die Armen mit freundlichen Worten einzulullen. So steht der Film in einem seltsamen Spannungsfeld zwischen Realität und Märchenhaftigkeit. Typisch ist dafür etwa die Szene vom Erwachen in der kleinen Siedlung, wenn die Sonne immer nur kreisförmige Segmente des Bodens bescheint und die Armen laufen müssen, um einen Sonnenstrahl zu erhaschen. Im Hintergrund sieht man dann einen D-Zug vorbeifahren, ein realistischer Verweis auf Behaglichkeit und Luxus.

So verdeckt das Märchenhafte, Spielerische und Absurde das in einer Fülle burlesker Szenen und einfallsreicher optischer Spielereien verwirklicht wird, nie den Blick auf die Realität. Und nach der Einübung in dieses Gestaltungsprinzip erkennt man am Schluß, der gelegentlich als »eskapistisches Happy-End« kritisiert wurde, daß der Ritt auf den Besen beziehungsweise die Himmelfahrt eben nur ein Märchen ist, daß die Wirklichkeit für diese Menschen anders aussehen wird und daß vorläufig jedes »Happy-End« für sie nur »märchenhaft« und unwirklich sein kann. Dieser Erkenntnis tragen De Sica und Zavattini in ihrem Nachfolgefilm *Umberto D.* (1951) Rechnung.

Miracolo a Milano (r.: Francesco Golisano)

The misfits
Misfits – Nicht gesellschaftsfähig

USA 1960

R: John Huston; A: Arthur Miller; K: Russell Metty; D: Marilyn Monroe, Clark Gable, Eli Wallach, Montgomery Clift

Roslyn (M. M.) kommt nach Reno, um sich scheiden zu lassen. Hier lernt sie Guido (E. W.) und den Rodeo-Reiter Gay (C. G.) kennen. Nach anfänglichem Interesse für Guido verliebt sie sich bald in Gay. Roslyn begleitet die beiden zu einer Mustangjagd, zu der als dritter auch noch Perce (M. C.) eingeladen wird. Was Roslyn für einen männlichen Sport gehalten hatte, erweist sich als brutaler Broterwerb. Die von Flugzeugen und Autos gejagten Tiere sollen zu Hundefutter verarbeitet werden. Perce, der sich in Roslyn verliebt hat, läßt sich von ihr überreden, die gefangenen Pferde freizulassen. Im letzten Augenblick kann Gay den Leithengst noch einmal fangen; aber dann, nachdem er seine Überlegenheit gezeigt hat, läßt er das Tier laufen. Roslyn setzt sich neben ihn in den Wagen und legt den Kopf an seine Schulter.

John Huston hat die Diskrepanz zwischen Hollywoods Western-Tradition und dem intellektuellen Anspruch Millers nicht überspielen können. Der interessante Versuch, einen sozialkritischen Cowboy-Film aus der Gegenwart zu drehen, blieb in Halbheiten und Ansätzen stecken. Und selbst die attraktive Besetzung konnte ihm nicht mehr als einen Achtungserfolg bringen.

Mississippi burning
Mississippi Burning – Die Wurzel des Hasses

USA 1988

R: Alan Parker; A: Chris Gerolmo; K: Peter Biziou; D: Gene Hackman, Willem Dafoe, Gailard Sartain, Brad Dourif, Frances McDormand

1964 werden im Staat Mississippi drei junge Bürgerrechtler, zwei Weiße und ein Schwarzer, ermordet. Die beiden FBI-Agenten Ward (W. D.), ein kühl-korrekter Harvard-Absolvent, und Anderson (G. H.), selbst ehemaliger Südstaaten-Sheriff, sollen das Schicksal der zunächst als vermißt gemeldeten jungen Männer aufklären. Der Anfang ist nicht ermutigend: Sheriff Stuckey (G. S.) von Jessup County und sein Stellvertreter Pell (B. D.) sabotieren die Zusammenarbeit; die vom Terror eingeschüchterten Schwarzen wagen nicht zu sprechen; außerdem gibt es Reibereien und Spannungen zwischen den beiden ungleichen Beamten. Trotz des Masseneinsatzes weiterer FBI-Mitarbeiter und sogar des Militärs gelingt kein entscheidender Durchbruch. Der kommt erst, als Mrs. Pell (F. MD.), die Frau des Hilfssheriffs, Anderson gesteht, daß ihr Mann an der Tat beteiligt war, und ihm sagt, wo die Leichen der Ermordeten verscharrt worden sind. Das FBI kennt jetzt die Täter, aber noch fehlen Beweise oder Geständnisse. Die werden außerhalb der Legalität beschafft, nachdem Ward in grimmiger Verzweiflung über die Verschwörung des Schweigens die mehr als handsärmeligen Methoden seines Kollegen Anderson akzeptiert.
Derselbe Fall wurde bereits 1975 in dem zweiteiligen Fernsehfilm *Attack on Terror: The FBI vs. the Ku Klux Klan* (FBI – Kampf dem Terror, R: Marvin Chomsky) engagiert und spannend geschildert. Engagement und Spannung bestimmen auch den Regiestil Alan Parkers. Zwar mag man bedauern, daß im Schlußteil mit Mitteln des konventionellen Action-Films zu sehr auf die Emotionalisierung der Zuschauer gezielt wird. Dennoch ist hier insgesamt ein eindrucksvoller Film entstanden, der die desolate Lage der Schwarzen genauso schildert wie die selbstgerechte Borniertheit und die brutalen Unterdrückungsmechanismen der weißen Oberschicht. Spannung verstellt hier nicht den Blick auf die wahren Probleme und Konflikte.

Mne dwadzat let
Ich bin zwanzig Jahre alt

UdSSR 1962–64

R: Marlen Chuzijew; A: Gwennadi Schpalikow, Marlen Chuzijew; K: Margarita Pilichina; D: Marjana Wertinskaja, Walentin Popow, Nikolai Gubenko, Stanislaw Lubschin

Die Helden des Films sind drei junge Leute (W. P., N. G., S. L.), die sich nach dem Militärdienst im Moskauer Alltag nicht recht heimisch fühlen. Sie bummeln und legen Wert auf gute Kleidung, statt sich um die Parteiarbeit zu kümmern. Slawa ist verheiratet und empfindet Frau und Kinder als Belastung; Kolja hat Ärger mit seinen Vorgesetzten in der Fabrik; Sergej verliebt sich in Anja (M. W.), die Tochter eines unsympathischen Funktionärs. Besonders Sergej fragt immer wieder nach dem Sinn des Lebens. Und er fragt schließlich in einer Traumvision seinen im Krieg gefallenen Vater um Rat. Aber der fragt zurück: »Wie alt bist du?« – »Dreiundzwanzig!« – »Ich bin zwanzig Jahre alt!« sagt der Vater – und verschwindet. Sergejs Verhältnis zu Anja zerbricht, als er einsieht, daß Wohlleben und Skeptizismus keine brauchbaren Leitlinien sind. Er will mit den Idealen der Revolution endlich Ernst machen.
Der Film hieß zunächst *Sastawa Iljitscha* (Vorposten für Iljitsch), eine bewußt zweideutige Formulierung: So heißt das Moskauer Stadtviertel, in dem die Jungen wohnen, aber gleichzeig war das natürlich ein Hinweis auf Lenin. Der Film mißfiel Chruschtschow, der sich in einer Rede ausführlich mit ihm auseinandersetzte und ihm vorwarf, er zeichne ein

falsches Bild der sowjetischen Jugend und verbreite Pessimismus. Er attackierte besonders die Szene der Traumvision, die er durchaus richtig als einen Hinweis interpretierte, daß die Generation der Väter den Jungen keinen akzeptablen Rat mehr geben könne. Der Film wurde schließlich nach zwei Jahren unter dem neuen, abschwächenden Titel freigegeben.

Formal ist er wenig eindrucksvoll; und auch die berühmte Traumsequenz wirkt aufgesetzt und nicht überzeugend. Immerhin zeigt er ein Bild Moskaus und seiner Menschen, das bei aller Vorsicht doch den offiziellen Optimismus dementiert. Seine Helden verlangen unverhüllt, daß die Parteibürokratie sich endlich der Ideale der Revolution entsinnt.

Moana ⓢ
Moana / Sohn der Südsee

USA 1923–25

R: Robert Flaherty, Frances Hubbard Flaherty;
A: Robert Flaherty, Frances Hubbard Flaherty;
K: Robert Flaherty, Frances Hubbard Flaherty;
D: Eingeborene der Südsee

Der Film schildert das glückliche Leben des alten Lupenga, seiner Söhne Pea und Moana und seiner Tochter Fa-angase auf der Insel Samoa. Man sieht die Eingeborenen bei ihrer täglichen Beschäftigung, bei Fischfang, Jagd, dem Muschelsammeln und dem Bestellen der Felder. Moana kann von allen Burschen des Dorfes am besten tanzen. Schließlich kommt der Tag für die Mannbarkeitserklärung und die Tätowierung Moanas. Jetzt erst kann er mit den anderen Männern richtig zum Fischfang fahren.

Auch hier – wie schon in *Nanook of the north* – zeigt Flaherty das Leben der Eingeborenen am Beispiel eines Individuums. Sein Thema ist abermals der Kampf des »Primitiven« gegen die Natur, die aber bei allen Anforderungen, die sie an den Menschen stellt, doch als »heile Welt« begriffen wird.

Eine moderne Jungfrau von Orléans ⓢ

Deutschland um 1900

R: Max Skladanowsky; A: Eugen Skladanowsky; K: Max Skladanowsky; D: Eugen Skladanowsky

Eine ebenso kräftige wie unternehmungslustige Köchin (E. S.) bewirbt sich auf ein Inserat, in dem ein Professor Hasenfuß eine »Köchin zum Schutz des Hauses« sucht. In ihrer neuen Stellung erringt sie die Dankbarkeit des Professors und seiner Frau, weil sie drei nächtliche Einbrecher windelweich prügelt. Ihren Sieg feiert sie mit einer Parade, bei der plötzlich ein halbes Dutzend Soldaten durch die Küche marschiert.

Der rund 15 Minuten lange Film hat eine gewisse volkstümlich derbe Naivität, wobei die Anklänge an die Kunststücke der Zirkusclowns unverkennbar sind, von denen wohl auch die großen Gesten und die pausenlosen hektischen Bewegungen der Darsteller entlehnt sind. Höhepunkte der Gestaltung sind einige harmlose Tricks: Nach einem kräftigen Schlag läuft einer der Einbrecher »kopflos« herum; andere werden mit Hilfe eines Schnitts gegen gleich gekleidete Puppen vertauscht, so daß die schlagstarke Köchin diese Gegner nun genüßlich breittreten oder durch die Luft werfen kann.

Modern times
Moderne Zeiten

USA 1932–35

R: Charles Chaplin; A: Charles Chaplin; K: Rollie Totheroh, Ira Morgan; D: Charles Chaplin, Paulette Goddard, Chester Conklin

Charlie (C. Ch.) ist Arbeiter am Fließband. Die Monotonie seiner Tätigkeit raubt ihm den Verstand; er führt einen grotesken Tanz auf und landet in einer Heilanstalt. Nach seiner Entlassung sieht er einen Lastwagen, der die an einer langen Stange hängende rote Fahne verliert. Er läuft hinter dem Wagen her, schwenkt die Fahne, um den Fahrer auf seinen Verlust aufmerksam zu machen, und sieht plötzlich hinter sich eine demonstrierende Menge, die mehr Lohn verlangt. Als vermeintlicher Rädelsführer kommt er ins Gefängnis. Wieder in Freiheit, trifft er ein Mädchen (P. G.); die beiden beschließen zusammenzubleiben. Charlie findet wieder Arbeit; aber ein Streik kostet ihn seine Stelle, und ein unglücklicher Zufall bringt ihn wieder ins Gefängnis. Schließlich wird er Kellner und Sänger in dem billigen Café, in dem seine Angebetete tanzt. Die Polizei taucht auf und sucht das Mädchen wegen Landstreicherei. Charlie kann mit ihm fliehen; sie ziehen gemeinsam in die Ferne.

Das erste Drittel des Films ist großartig. Die Monotonie der Fließbandarbeit ist mit bitterer Präzision eingefangen. Eine riesige Maschine, die Charlie erfaßt, zeigt die bedrohlichen Aspekte der Technik; spätestens, als eine »Frühstücksmaschine« ihm das Essen ins Gesicht wirft, stirbt die optimistische Fiktion, Maschinen seien nur zum Wohl der Menschen da. Chaplins Vorbemerkung zum Film scheint bestätigt: »*Modern times* ist die Geschichte der Industrie, des privaten Unternehmertums, der Kreuzigung der Menschheit auf ihrer Jagd nach dem Glück.«

Nach der Einlieferung in das Gefängnis verliert der Film allerdings seine dramaturgische Linie und seine innere Logik. Es folgen nun einzelne Episoden, die mit dem Thema des Films nur noch lose verbunden sind, die Charlie wieder bei privaten Kümmernissen und Abenteuern zeigen. Trotzdem bleibt *Modern times* einer der wenigen Hollywood-Filme der dreißiger Jahre, die sich mit den Problemen der Industriegesellschaft auseinandergesetzt haben.

Übrigens ist Chaplin auch in diesem Film noch stumm – mit Ausnahme eines Liedes, das er verzerrt und in schrecklichem Kauderwelsch singt. Die Stimmen seiner Partner verfremdete er nach Möglichkeit durch verschiedene Toneffekte.

Moi, Pierre Rivière, ayant égorgé ma mère, ma sœur et mon frère ...

Ich, Pierre Rivière, der ich meine Mutter, meine Schwester und meinen Bruder getötet habe ...

Frankreich 1976

R: René Allio; A: René Allio, Pascal Bonitzer, Jean Jourdheuil und Serge Toubiana nach der gleichnamigen, kollektiv erstellten Dokumentation, herausgegeben von Michel Foucault; K: Nurith Aviv; D: Claude Hébert, Joseph Leportier, Jacqueline Millière, Annick Gehan, Nicole Gehan

Am 3. Juni 1835 werden in dem Dorf La Faucterie in der Normandie die Leichen Madame Rivières (J. M.), ihrer ältesten Tochter (A. G.) und ihres jüngsten Sohnes (N. G.) entdeckt. Madame Rivière lebte getrennt von ihrem Mann (J. L.). Als Täter wird durch die Aussage der Nachbarn Pierre Rivière (C. H.), Sohn und Bruder der Ermordeten, identifiziert. Pierre flüchtet und hält sich einen Monat in den Wäldern verborgen. Dann läßt er sich widerspruchslos verhaften. In der Zwischenzeit haben die polizeilichen Ermittlungen ein Bild des Täters ergeben. Danach ist Pierre geistig zurückgeblieben, tückisch und grausam. Aber der Untersuchungsrichter erlebt einen anderen Pierre. Der verteidigt sich zunächst mit der Behauptung, Gott habe ihm die Tat befohlen. Dann gibt er an, Mutter und Schwester getötet zu haben, um den Vater, den er leidenschaftlich liebte, von den Frauen, die ihn gequält hätten, zu befreien. Den Bruder habe er getötet, weil dieser Mutter und Schwester geliebt habe. In der Zelle schreibt Pierre eine »Autobiographie«, in der er auch die Gründe und die näheren Umstände der Tat schildert. Von nun an erzählt der Film die Ereignisse in Rückblenden gleichsam parallel – einmal auf der Basis dieses Berichtes, zum anderen nach den Zeugenaussagen. Im Prozeß widersprechen sich die Aussagen des Angeklagten, der Zeugen und des Sachverständigen. Das Urteil spiegelt diese Widersprüche: Pierre wird zum Tode verurteilt, aber gleichzeitig der Gnade des Königs empfohlen. Tatsächlich wird das Todesurteil in lebenslängliche Haft umgewandelt; doch Pierre Rivière erhängt sich in seiner Zelle.

Der Film stützt sich auf die erhaltenen Vernehmungsprotokolle, auf die Prozeßakten und die etwa fünfzigseitige »Autobiographie«, in der Pierre Rivière das Leben im Dorf, seine Gedanken und seine Motive geschildert hat. Diese Unterlagen wurden von einem Arbeitskreis unter Leitung des Psychiaters und Historikers Michel Foucault gesammelt, der mit diesem Material die Verhältnisse der damaligen Zeit im Spiegel eines ungewöhnlichen Kriminalfalles aufzeigen wollte.

René Allio wollte mit seinem Film die gleiche aufklärerische Wirkung erzielen. Deshalb bemühte er sich um größtmögliche Authentizität. Er filmte in einem abgelegenen Dorf in der Normandie, rekonstruierte das Milieu der Vergangenheit mit fanatischer Detail-Besessenheit, ließ einfache Bauern in die Rollen ihrer Vorfahren schlüpfen. Aber erst das Bild Pierres belebt diese Chronik. Es ist das Bild eines jungen Mannes, der an der häuslichen Misere und der Enge des dörflichen Lebens zerbrochen ist, noch ehe seine Persönlichkeit sich festigen konnte, und dessen widersprüchliche Handlungen und Aussagen Allio nicht zu erklären versucht. »Ein Rätsel, das noch heute auf die gleiche Weise verwirrend ist«, schreibt er über seinen Protagonisten. Dieses Rätsel beunruhigt auch den Zuschauer, provoziert ihn, läßt ihn abwägen und engagiert nach der Wahrheit suchen.

Moi uniwersitety
Maxim Gorkis Weg ins Leben III: Meine Universitäten

UdSSR 1939

R: Mark Donskoi; A: Ilja Grusdjew und Mark Donskoi nach der Autobiographie von Maxim Gorki; K: Pjotr Jermolow; D: N. Walbert, Stepan Kajukow, Nikolai Dorochin, Nikolai Plotnikow

Letzter Teil der sogenannten »Gorki-Trilogie«. Die anderen Teile sind *Detstwo Gorkowo* (1938) und *W ljudjach* (1938).
Alexejs (N. W.) Versuch, sich an der Universität Kasan einschreiben zu lassen, scheitert. Seine »Universitäten« werden das weite Land und die einfachen Menschen, mit denen er lebt und arbeitet. Er wird in einer Bäckerei angestellt und schreibt seinen ersten Zeitungsartikel über die unmenschlichen Zustände in den Backstuben. Aber der Artikel ändert nichts. Als er einen Streik organisieren will, lassen ihn seine Gefährten im Stich. Verzweifelt will er seinem Leben ein Ende machen und schießt sich eine Kugel in die Brust. Nach seiner Genesung muß er Kasan verlassen, weil er sich der Polizei verdächtig gemacht hat. Kreuz und quer zieht er durch das Land. Studenten, Arbeiter und Bauern sind seine Freunde. Hier empfängt er auch das Rüstzeug für seine spätere Arbeit als Schriftsteller.

Dieser dritte Teil der Trilogie hat etwas von der Lebensfülle und Lebensnähe eingebüßt, einiges ist hier ein wenig lehrhaft geraten. Aber auch hier gibt es wieder glänzend beobachtete Details – etwa das Leben in der Backstube oder den Kampf um die Solidarität der Unterdrückten.

Molière ou la vie d'un honnête homme
Molière

Frankreich 1977

R: Ariane Mnouchkine; A: Ariane Mnouchkine; K: Bernard Zitzermann; D: Frédéric Ladonne, Philippe Caubère, Armand Delcampe, Jean Dasté, Jean-Claude Penchenat, Yves Gourville, Odile Cointepas

Die Lebensgeschichte des Jean-Baptiste Poquelin, der sich als Schauspieler und Autor Molière nannte und unter diesem Namen weltberühmt wurde: Das Kind (F. L.) verliert früh seine Mutter (O. C.) und wird vom Großvater (J. D.) rührend umsorgt. Zunächst erlernt Jean-Baptiste (P. C.) beim Vater (A. D.) das Tapezierer-Handwerk, dann studiert er die Rechte, wird ein armseliger Wanderschauspieler, ehe er die Gunst des Herzogs von Orléans (Y. G.) und die König Ludwigs XIV. (J.-C. P.) gewinnt.

Die erfolgreiche Filmaufzeichnung ihrer Bühneninszenierung des Revolutionsstückes *1789* (1789, Frankreich 1974) ermutigte Ariane Mnouchkine, den *Molière* als eigenständiges

Filmwerk zu schaffen. Sie realisierte ihr Projekt in zwei Versionen: Neben einer rund vierstündigen Filmfassung entstand eine fünfteilige Fernseh-Serie, die noch etwa eine Stunde länger ist. Signifikante Stilunterschiede gibt es zwischen beiden Versionen nicht.

Ariane Mnouchkine erzählt in ihrem Film nicht einfach eine Künstler-Biographie, sie liefert einen grandiosen Bilderbogen, der in suggestiven Szenen und Sequenzen ein vergangenes Zeitalter beschwört, der im Spannungsfeld von Theater und Film einen eigenen Stil findet, der das dialektische Verhältnis von Fiktion und Realität zu aufregenden Kontrasten nutzt.

Es gibt unvergeßliche, aussagekräftige Szenen: Ein rauschhaftes Karnevalsfest der Studenten in Orléans wird von der Polizei blutig unterdrückt; der König läßt für sein Schloß Versailles einige prunkvolle venezianische Gondeln über die verschneiten Alpen transportieren; Molière bricht in einer Aufführung seines Schauspiels »Der eingebildete Kranke« todkrank zusammen, wird wegen der vermeintlichen darstellerischen Leistung bejubelt, schleppt sich sterbend unendlich lange eine schier endlose Treppe hinauf. Das sind nur einige Höhepunkte einer Inszenierung, die scharfsinnige Analyse und »großes Spektakel« zugleich ist.

Il momento della verità
Augenblick der Wahrheit

Italien/Spanien 1964

R: Francesco Rosi; A: Francesco Rosi, Pedro Portabella, Ricardo Muñoz Suay, Pedro Beltrán; K: Gianni Di Venanzo, Ajace Parolin, Pasquale De Santis; D: Miguel Mateo Miguelin, José Gomez Sevillano

Miguel (M. M. M.) will nicht als armer Bauer enden wie sein Vater. Er geht in die Stadt. Aber auch hier bringt er es nicht weit, bis er sich entschließt, Stierkämpfer zu werden. Nach langem, hartem Unterricht wird er entdeckt, hat Erfolg und wird zum Star. Auf dem Höhepunkt seines Ruhms wird er von einem Stier getötet.

Rosi hat weder eine Apotheose des Stierkampfes noch ein Pamphlet gegen ihn gedreht. Er registriert nüchtern. Dabei wird in seinem Film deutlich, wie in bestimmten sozialen Situationen dieses Spiel mit dem Tod die einzige Chance für ein besseres Leben ist. Rosi zeigt den ärmlichen Bauernhof des Vaters, die Straßen der Großstadt, die billigen Lokale – alles, dem Miguel entfliehen will. Und in raffinierten Bildern zeigt er immer wieder den Stierkampf, beschwört seinen Mythos und führt ihn gleichzeitig ad absurdum.

Mon oncle d'Amérique
Mein Onkel aus Amerika

Frankreich 1979

R: Alain Resnais; A: Jean Gruault, inspiriert von den Arbeiten von Henri Laborit; K: Sacha Vierny; D: Gérard Depardieu, Nicole Garcia, Marie Dubois, Roger Pierre, Nelly Borgeaud, Pierre Arditi

Der Film »mischt« drei Schicksale und die Thesen des Verhaltensforschers Laborit. Jean (R. P.) stammt aus dem Bürgertum der Provinz. Er macht in Paris Karriere als Professor, Politiker, vorübergehend auch als Rundfunk-Direktor und heiratet seine Jugendfreundin Arlette (N. B.). – René (G. D.) ist das Kind armer Bauern. Er entflieht der häuslichen Misere und wird Textil-Ingenieur. – Auch Janine (N. G.) drängt es mit Macht aus dem Elternhaus. Ihr Vater ist ein klassenbewußter Arbeiter; sie wird Schauspielerin und hat einen kurzlebigen Erfolg in einem Avantgardestück. – Eines Tages kreuzen sich die Lebenswege dieser Menschen. Jean und Janine treffen sich in Paris und verlieben sich. Sie ziehen zusammen. Aber Arlette ist nicht bereit, kampflos zu verzichten, und gewinnt ihren Mann durch eine raffinierte Intrige zurück. Janine wechselt den Beruf und wird Designerin. So lernt sie René kennen, der sich eine gutbürgerliche Existenz aufgebaut hat und mit der Lehrerin Thérèse (M. D.) verheiratet ist. Aber der Familienbetrieb, in dem er arbeitet, wird von einem internationalen Konzern aufgekauft. René erhält eine neue Aufgabe, weit weg von seinem Wohnort, den Thérèse nicht verlassen will. Die Ehe wird zur Wochenend-Ehe. Bald zeigt sich,

daß René den beruflichen und privaten Belastungen nicht gewachsen ist. Er macht einen Selbstmordversuch. Jean und Janine treffen sich noch einmal; und Janine erfährt, daß nur eine Lüge Arlettes sie damals zum Verzicht auf den Geliebten bewogen hat.
Der Film beobachtet drei Menschen bei ihrem Kampf um Erfolg und Glück. Ein Kampf ums Dasein! Mehrfach tritt zwischendurch Professor Laborit auf und unterbricht die Handlung, um die Konfliktsituationen und die Reaktionen der Protagonisten mit den Theorien der Verhaltensforschung zu erklären. Am Ende laufen statt der Darsteller Ratten durch die Dekoration ...
Resnais wollte hier sicher keinen »Lehrfilm« drehen, wollte nicht wissenschaftliche Theorien bebildern. In einem Interview sagte er, er habe es »amüsant« gefunden, einmal nicht aus einer erfundenen Geschichte und fiktiven Charakteren eine Theorie zu entwickeln, sondern Theorie und Fiktion zu trennen und ihnen »nur eine Koexistenz zu erlauben«. Entstanden ist dabei ein in der Tat amüsantes und gleichzeitig intelligentes Denkspiel, das das Spannungsfeld zwischen Schein und Sein auf ungewöhnliche Weise nutzt. Der gelegentlich geäußerte Vorwurf, Resnais beraube sich durch seine Berufung auf Laborit selbst der künstlerischen Freiheit und der Möglichkeiten der Phantasie, überzeugt nicht recht, da die Möglichkeiten der zitierten Koexistenz hier an einer durchaus phantasievollen Erzählung erprobt werden. Der im Titel beschworene »Onkel aus Amerika«, der dann nie auftaucht, verweist gleichzeitig auf eine ironische Brechung, für die Laborits Thesen wohl ohnehin nicht zuständig sind.

Monsieur Verdoux

Monsieur Verdoux / Der Heiratsschwindler von Paris / Monsieur Verdoux – der Frauenmörder von Paris

USA 1944–46

R: Charles Chaplin; A: Charles Chaplin nach einer Idee von Orson Welles; K: Rollie Totheroh, Curt Courant, Wallace Chewing; D: Charles Chaplin, Isobel Elsom, Martha Raye, Marilyn Nash, Mady Correll

Nachdem er beim großen Bankkrach 1929 seine Stellung verloren hat, wird der kleine Angestellte Verdoux (C. C.) zum mörderischen Heiratsschwindler, der reichen alten Frauen ihr Vermögen abschmeichelt und sie dann umbringt. So ernährt er seine gelähmte Frau (M. C.) und seinen Sohn. Aber nach einem runden Dutzend gelungener Unternehmen gibt es Schwierigkeiten. Die ordinäre Annabelle (M. R.), der er sich als forscher Kapitän vorgestellt hat, widersteht mehreren Mordversuchen – sei es, weil ein Giftfläschchen vertauscht wird, sei es, weil bei einer Bootsfahrt plötzlich Zeugen auftauchen. Und als Annabelle auch noch bei seiner nächsten Hochzeit mit Madame Grosnay (I. E.) unter den Gästen erscheint, bleibt ihm nur schnelle Flucht. Bei einer erneuten Bankkrise verliert er sein angesammeltes Vermögen; das besiegelt sein Schicksal. Als er in einem Restaurant von den Angehörigen eines Opfers erkannt wird, läßt er sich festnehmen, obwohl Renée (M. N.) ihm helfen will – Renée, die er einmal auf der Straße aufgelesen hat, um an ihr ein neues Gift auszuprobieren, von deren Geschichte er sich dann rühren ließ und die heute die Geliebte eines Rüstungsfabrikanten ist. Verdoux wird zum Tode verurteilt und hingerichtet.
Chaplin nannte seinen Film im Untertitel »A comedy of murder« (Eine Komödie des Mordes). Er stellt einen sanften Mörder vor, der sein Gewerbe ohne Skrupel wie eine schöne Kunst betreibt. Am Ende rechtfertigt sich Verdoux: »Ein einziger Mord stempelt den Menschen zum Mörder ... aber Millionen von Morden machen ihn zum Helden. Die Maßstäbe rechtfertigen alles, mein Lieber.«
Monsieur Verdoux ist der erste normale »Dialogfilm« von und mit Chaplin. Die Verwandtschaft zwischen Verdoux und dem Landstreicher Charlie ist jedoch unverkennbar. Beide tragen den Kampf ums Überleben mit naiver Skrupellosigkeit aus. Schon Charlie war mit seinen Gegnern oft recht rücksichtslos verfahren; auch Verdoux hat sentimentale Anwandlungen, wenn er seinen Sohn mahnt, die Katze nicht zu quälen, oder wenn er eine Raupe liebevoll vom Gartenweg in Sicherheit bringt. Verdoux könnte so etwas wie eine Traumvorstellung Charlies sein – so erfolgreich und so elegant, wie jener stets gern sein wollte. Chaplin wurde wegen dieses Films heftig angegriffen; man warf ihm Sadismus und Perversität

Monsoon wedding (Vasundhara Das, Parvin Dabas u. a.)

vor. Er erklärte: »Ich wollte unter bestimmten drastischen Bedingungen Mitleid für die ganze Menschheit wecken.«

Monsoon wedding
Monsoon Wedding

Indien/USA/Italien/Frankreich/BRD 2001

R: Mira Nair; A: Sabrina Dhawan; K: Declan Quinn; D: Naseeruddin Shah, Lillete Dubey, Vasundhara Das, Parvin Dabas, Vijay Raaz, Tilotama Shome, Shefali Shetty, Rajat Kapoor

Die gutsituierte Familie Verma in Neu-Delhi steht Kopf. Aditi (V. D.), die älteste Tochter, liiert mit einem lokalen Fernsehmoderator, soll einen Landsmann aus Amerika heiraten, den Computerspezialisten Hemant (P. D.). Vier Tage wird das rauschende Hochzeitsfest dauern, zu dem Verwandte und Freunde aus Übersee anreisen. Aber erst einmal muß der umtriebige »Eventmanager« Dubey (V. R.) die Veranstaltung, die den Brautvater (N. S.) an den Rand des Ruins und des Wahnsinns treiben wird, ordentlich vorbereiten, statt dem Hausmädchen Alice (T. S.) schöne Augen zu machen. Onkel Tej (R. K.) wird von Tante Ria (S. S.) kritisch beäugt, da er sich, wie einst bei ihr, an die jüngere Schwester der Braut heranmacht. Aditis Abschied von ihrem Liebhaber wird von der Polizei gestört, doch der Bräutigam vergibt ihr. Ria bezichtigt Tej offen der Pädophilie und droht damit, die Hochzeitsfeier zu sprengen. Nach reiflicher Überlegung bittet der Hausherr den reichen Verwandten zu gehen. Und als der lang ersehnte Monsunregen einsetzt, schwemmt er alles beiseite: alte Vorurteile, Spannungen, die Gegensätze von Arm und Reich. Wenigstens für einen Tag. Kurz entschlossen geben sich bei der Zeremonie auch Dubey und Alice das Jawort.

Monsoon wedding von Mira Nair – sie hat auch z. B. *Salaam Bombay!* (Salaam Bombay!, Indien/Großbritannien/Frankreich 1988), *Kama sutra* (Kama Sutra – A tale of love, Indien/USA

1995/96) inszeniert – ist ein typischer Festivalfilm, kein Exportschlager im Zeichen von »Bollywood«, der Großmacht Indien im Filmgeschäft. Die Themen des in Venedig mit dem »Goldenen Löwen« ausgezeichneten Films tragen universale Züge: Konflikte um Tradition und Moderne, Eltern und Jugend, Stadt und Land. Mit dem thematisierten Mißbrauch des reichen Verwandten steht ein Tabubruch mit der einheimischen Produktion im Zentrum. Die obere Mittelschicht Indiens, auf dem Sprung ins 21. Jahrhundert, wird von ihrer Vergangenheit eingeholt. Der seit Jahren in Amerika lebenden Regisseurin gelingt ein farbenprächtiges, sympathisches und lebenslustiges Porträt ihrer Heimat. Aus den kleinen Geschichten um Liebe, Freundschaft und der Hoffnung auf ein besseres Leben destilliert sie ein Plädoyer für Verständnis und Toleranz, für das Überleben im organisierten Chaos des Alltags. Ihr Melodram nutzt Romanze und Kitsch, die Symbiose von Ost und West, die Harmonie der Punjab-Kultur mit der neuen Welt, um den Kastenunterschieden den Kampf anzusagen. Diese Hochzeit auf indisch mit viel Tanz und Gesang in einem Meer aus Orange und Rot bietet Amüsement, Tragisches und Freizügiges, zeigt vor allem aber eine erfrischende Unbekümmertheit angesichts der Widrigkeiten des Lebens. Mira Nair gilt zu Recht als Vertreterin des indischen Autorenkinos, in der Tradition zweier Meister wie Satyajit Ray und Mrinal Sen.

Monster's ball
Monster's Ball

USA 2001

R: Marc Forster; A: Milo Addica, Will Rokos; K: Roberto Schaefer; D: Billy Bob Thornton, Halle Berry, Peter Boyle, Heath Ledger, Sean Combs, Mos Def, Coronji Calhoun, Taylor Simpson

Hank Grotowski (B. B. T.), verantwortlicher Betreuer für verurteilte Kriminelle im Gefängnis einer Kleinstadt von Georgia, ist wie sein pensionierter Vater (P. B.) ein verbohrter Rassist. Mit seinem Sohn Sonny (H. L.) eskortiert er einen schwarzen Verbrecher (S. C.) zum elektrischen Stuhl. Dabei verliert der junge Mann die Nerven. Rasend vor Zorn will der enttäuschte Vater Sonny aus dem Haus werfen, doch der gedemütigt und bedroht ihn mit einer Pistole. Als Hank gesteht, er habe immer nur Haß für ihn empfunden, begeht Sonny Selbstmord. Kurz darauf stirbt auch der Sohn (C. C.) des Hingerichteten bei einem Autounfall. Hank, der nach seiner Familientragödie den Beruf aufgegeben und eine Tankstelle übernommen hat, trifft Leticia (H. B.), die schwarze Witwe des Verbrechers, am Unfallort und tröstet sie. Der Schmerz und die Einsamkeit auf beiden Seiten überwinden nun alle Grenzen: Unter Alkoholeinfluß kommt es zu leidenschaftlichem Sex. Als sich Leticia bei Hank mit einem Geschenk für das ihr überlassene Auto bedanken will, trifft sie seinen Vater, der sie aufs übelste beleidigt. Hank bringt ihn daraufhin in ein Pflegeheim und bittet seine neue Freundin, bei ihm einzuziehen. Durch einen Zufall findet Leticia im Dachgeschoß Zeichnungen ihres hingerichteten Mannes, und sie erkennt, daß Hank mit dessen Tod zu tun hatte. Aber die Frau behält das Geheimnis für sich und gibt damit ihrem Glück eine Chance. Ihre Beziehung hat die erste ernsthafte Bewährungsprobe bestanden.

Monster's ball ist der zweite Spielfilm des in Ulm geborenen und in der Schweiz aufgewachsenen Regisseurs Marc Forster. Er drehte diese unabhängige Produktion nach Absage bekannter Kollegen mit einem kleinen Budget. Der Filmtitel verweist auf den letzten Abend eines zum Tode Verurteilten, zu dessen Abschied vom Leben ein Fest ausgerichtet wird. Es dominieren in diesem Film die Stille, die Unfähigkeit der Menschen zur Kommunikation, die zu Eis gefrorenen Seelen, die über Generationen tradierten Vorurteile und Strukturen. Aber der Glaube, die Hoffnung auf Veränderung im kleinen, individuellen Leben bleiben. Nachdem die Kinder der durch Rassenschranken getrennten Partner vorher durch Selbstmord und Unfall gestorben sind, wirkt die Wende des Schicksals fast wie ein Wunder. Das schreckliche Geheimnis wird als Wunde und Trauma fortwirken, so viel ist dem in der Schlußeinstellung auf der Veranda sitzenden Paar anzumerken. Seine Faszination bezieht das vielschichtige Melodram aus einer enormen physischen Präsenz der Darsteller, der vorzüglichen Kameraarbeit und einem sicheren Gefühl für Tempo und Rhythmus der entscheidenden Szenen in der von Leben und Tod bestimmten Geschichte. Das mutige Plädoyer gegen den alltäglichen Rassismus wirbt für Verständnis, Vergebung und Sühne. Freilich hat jeder seinen Preis zu zahlen: Die Kinder für die Fehler ihrer Eltern und jene mit dem Verlust ihrer Liebsten. *Monster's ball*, prämiert u. a. mit dem Silbernen Bären und einem »Oscar« für Halle Berry, ist klassisches Erzählkino auf hohem Niveau.

Der Mörder Dimitri Karamasoff

Deutschland 1931

R: Fedor Ozep (Bild), Erich Engels (Dialoge); A: Leonhard Frank, Fedor Ozep und Victor Trivas nach Motiven des Romans *Die Brüder Karamasow* von Fjodor Dostojewski; K: Friedl Behn-Grund; D: Fritz Kortner, Anna Sten, Max Pohl, Fritz Rasp, Bernhard Minetti

Dimitri Karamasoff (F. K.) erfährt, daß sein Vater (M. P.) ein Verhältnis mit der leichtlebigen Gruschenka (A. S.) hat. Als er den Vater zur Rede stellen will, lernt er Gruschenka kennen und verliebt sich selbst in sie. Er verläßt seine Braut und denkt sogar daran, den Vater zu töten. Zwar gibt er den Mordplan wieder auf, aber dann wird der Vater von seinem unehelichen Sohn Smerdjakow (F. R.), der als Diener im Haus lebt, umgebracht. Während Dimitri mit Gruschenka seine Verlobung feiert, erscheint die Polizei. Dimitri wird verhaftet und trotz des Selbstmordes Smerdjakows als vermeintlicher Mörder seines Vaters in die Verbannung nach Sibirien geschickt. Gruschenka begleitet ihn.
Der russische Regisseur Ozep hat in seinem Film vor allem die Stimmungen ausgekostet. Eisenbahnfahrten, Abende im Haus Karamasoffs, selbst ausgelassene Feiern werden zu düster drohenden Visionen kommenden Unheils. Kortner spielt den Dimitri als einen Gehetzten, der gleichsam zum Untergang geboren ist; auch die Liebesszenen mit Anna Sten scheinen schon von der künftigen Katastrophe gezeichnet.

Die Mörder sind unter uns

DDR 1946

R: Wolfgang Staudte; A: Wolfgang Staudte; K: Friedl Behn-Grund, Eugen Klagemann; D: Ernst Wilhelm Borchert, Hildegard Knef, Arno Paulsen

Der Arzt Dr. Mertens (E. W. B.) ist mit einem Schuldkomplex aus dem Krieg in das zerstörte Berlin zurückgekommen. Er ist in Polen Zeuge geworden, wie ein Offizier unschuldige Geiseln hat erschießen lassen. Und ausgerechnet diesen Offizier trifft er in der Gestalt des ehrbaren Fabrikanten Brückner (A. P.) in der Heimat wieder. Außerdem lernt er eine ehemalige KZ-Insassin (H. K.) kennen, die sich um ihn kümmert und ihn liebt. Sie hält ihn auch zurück, als er Brückner erschießen will. Im Schlußbild sieht man Brückner hinter den Gittern seines Fabriktores stehen und seine Unschuld beteuern, während über dieses Bild eine lange Kamerafahrt über Soldatengräber kopiert ist.
In der Originalfassung des Drehbuchs erschießt Mertens Brückner tatsächlich. Dieser Schluß wurde auf Wunsch des sowjetischen Kulturoffiziers geändert, da eine derartige Selbstjustiz nicht propagiert werden sollte.
Einige Kritiker haben Staudte später vorgeworfen, daß sein Film da ende, wo er hätte beginnen müssen; sie haben argumentiert, der Film handele von Einsamkeit, Verzweiflung und Ohnmacht des Individuums und er versage sich die nüchterne Analyse der Schuld und das klärende Gerichtsverfahren. Sicher sind diese Argumente bedenkenswert. Damals allerdings war dieser Film (ähnlich wie Käutners *In jenen Tagen*) ein durchaus hoffnungsvoller Ansatz. Man bekannte sich wenigstens noch zur Vergangenheit und ihren Problemen. Aber dieser Ansatz wurde schnell verspielt. In späteren »Trümmerfilmen« wurde eigentlich nur noch den Betroffenen deutlich, wie diese Trümmer entstanden waren ...
Formal bevorzugt Staudte hier ein magisches Helldunkel, ein expressives Spiel mit Lichtern und Schatten, das die innere Zerrissenheit des Helden widerspiegelt, das jedoch gelegentlich den Realismus der Szenerie in Frage stellt. Die

Die Mörder sind unter uns (Hildegard Knef, Ernst Wilhelm Borchert)

Trümmerberge erscheinen manchmal eher als Symbole denn als reale Zeichen der Zerstörung. *Die Mörder sind unter uns* war der erste Film, der nach dem Krieg in Deutschland gedreht wurde.

Morgenrot

Deutschland 1932

R: Gustav Ucicky; A: Gerhard Menzel nach einer Idee von R. Freiherr von Spiegel; K: Carl Hoffmann; D: Rudolf Forster, Adele Sandrock, Fritz Genschow, Franz Nicklisch

Kapitänleutnant Liers (R. F.) versenkt mit »U 21« einen feindlichen Kreuzer, der einen alliierten General nach Rußland bringen soll. Dann wird »U 21« in ein Gefecht mit einer britischen »U-Boot-Falle« verwickelt. Zwar kann auch dieser Gegner unschädlich gemacht werden; aber bei dem Versuch, die feindliche Besatzung zu retten, wird das Boot von einem Zerstörer gerammt und versenkt. Zehn Überlebende sind im Boot, nur acht Tauchretter sind vorhanden; so wollen die Kameraden lieber gemeinsam sterben. Doch Oberleutnant Fredericks (F. G.) erfährt, daß das Mädchen, das er liebt, sich für den Kapitän entschieden hat. Er begeht Selbstmord. Der Matrose Petermann (F. N.) opfert sich für seine Kameraden. Die acht Überlebenden können sich retten.

Der Krieg erscheint hier als ritterliches Spiel, als die große, unausweichliche Bewährungsprobe. Liers hat bereits zwei Brüder im Krieg verloren, trotzdem philosophiert er angesichts des Todes: »Zu leben verstehen wir Deutschen vielleicht schlecht, aber sterben können wir jedenfalls fabelhaft!« Diese Einstellung bestimmte später viele deutsche Kriegsfilme.

Der Film entstand vor der Machtergreifung Hitlers. Noch gibt es in ihm auch Mitgefühl für die Leiden des Gegners; und wie der Heldentod nicht ohne Triumph ist, so bleibt der Sieg nicht ohne Bitterkeit. Aber das fatale Ideal, das hier gezeigt wurde, ließ sich ohne große Schwierigkeit ummünzen. Hitler konnte zufrieden sein, als er am 2. Februar 1933 die Uraufführung dieses Films besuchte.

Bei einer Kritikerumfrage der »New York Times« wurde dieser Film übrigens unter die zehn besten Filme des Jahres gewählt.

Morte a Venezia / Death in Venice
Tod in Venedig

Italien/Frankreich 1970

R: Luchino Visconti; A: Luchino Visconti und Nicola Badalucco nach der gleichnamigen Novelle von Thomas Mann; K: Pasquale De Santis; D: Dirk Bogarde, Björn Andresen, Silvana Mangano

Der Komponist Gustav von Aschenbach (D. B.) verbringt einen Urlaub in einem Luxushotel in Venedig. Er begegnet dort dem polnischen Knaben Tadzio (B. A.), einem Kind von rätselhafter Schönheit, der er vollständig verfällt. Aschenbach beobachtet, verfolgt, belauert Tadzio, ohne daß es auch nur zu einem Gespräch zwischen beiden käme. Der Komponist zerbricht an dieser Liebe. Er stirbt in einem Liegestuhl am Strand, während er wieder einmal Tadzio beobachtet. Vielleicht stirbt er an der Cholera, vielleicht deshalb, weil er weiß, daß Tadzios Mutter (S. M.) mit ihren Kindern abreisen wird, vielleicht auch an der Ausweglosigkeit seines Lebens.

Aus dem selbstbewußten Dichter in der Novelle Thomas Manns ist bei Visconti ein zerquälter, durch den Mißerfolg seiner letzten Komposition tief getroffener Komponist geworden. Gemeint ist wohl in beiden Fällen Gustav Mahler, aus dessen 3. und 5. Symphonie auch die Musik zu diesem Film stammt. Aus dieser Vorlage nun hat Visconti eine subtile und suggestive Studie des Untergangs gemacht. Schon die betörend schönen Bilder der Eingangssequenz, Aschenbachs Ankunft in Venedig, sind von Todesahnung erfüllt, zeigen den Kompo-

Morte a Venezia (Dirk Bogarde)

nisten eigentlich als Todgeweihten. Ähnlich wie in seinen vorhergehenden Filmen, aber noch konsequenter zelebriert Visconti den Untergang in Schönheit, dem er allerdings auch einen höhnischen Akzent aufsetzt: Aschenbach ist von einem geschäftstüchtigen Friseur beschwatzt worden, sich das Haar färben, die Lippen schminken und die Wangen pudern zu lassen. Im Todeskampf mischt sich die Haarfarbe mit den Schweißtropfen, die nun über seine Stirn laufen wie Blutstropfen.

»Das wirkliche Thema der Geschichte ist die Suche des Künstlers nach Vollendung und die Unmöglichkeit, je Vollendung zu finden; in dem Augenblick, in dem der Künstler zur Vollendung findet, erlischt er« (Luchino Visconti).

Mouchette
Mouchette

Frankreich 1967

R: Robert Bresson; A: Robert Bresson nach der Erzählung *Die Geschichte der Mouchette* von Georges Bernanos; K: Ghislain Cloquet; D: Nadine Nortier, Jean-Claude Guilbert, Maria Cardinal

Die kleine Mouchette (N. N.) lebt unter menschenunwürdigen Umständen in einem Dorf in Südfrankreich. In ihrer Familie, in der Schule, bei Bekannten sucht sie vergeblich Liebe und Verständnis. Als der epileptische Wilderer Arsène (J.-C. G.) sie vergewaltigt, sucht sie selbst dieser brutalen Tat noch einen Aspekt von Zärtlichkeit abzugewinnen. Mit dem Tod der Mutter (M. C.) erfüllt sich auch ihr Schicksal: Sie hüllt sich in ein altmodisches weißes Kleid, das neugierige Nachbarn ihr in vorgetäuschtem Mitleid geschenkt haben, und läßt sich langsam von einem Hügel ins Wasser hinabrollen.

Nach Bressons Worten herrscht in diesem Film eine »Solidarität des Bösen« gegen das einsame junge Mädchen; und zweifellos ist ihr Tod am Schluß weniger ein Selbstmord als vielmehr ein Mord, den ein ganzes Dorf an einem wehrlosen Kind begeht. In der Schilderung des elenden Milieus steckt viel Sozialkritik; aber

Mouchette (Nadine Nortier)

die eigentliche Handlung spielt sich – typisch für Bresson – im Menschen ab. In kleinen Szenen, zum Beispiel auf dem Jahrmarkt, wird Mouchettes Sehnsucht nach Glück deutlich. Aber ein Fasan, der in einer Schlinge zappelt, signalisiert schon früh, daß es für Mouchette keine Befreiung geben wird.

Bresson hat das wieder mit Laiendarstellern in seiner strengen Bildsprache und unter Verzicht auf alle spektakulären Effekte gestaltet. Gerade die »Beiläufigkeit«, mit der er schildert, macht jedoch das Ungeheuerliche des Vorgangs deutlich.

Moulin Rouge
Moulin Rouge

England 1952

R: John Huston; A: Anthony Veiller und John Huston nach einem Roman von Pierre La Mure; K: Oswald Morris; D: José Ferrer, Colette Marchand, Zsa Zsa Gabor, Suzanne Flon

Ein Lebensbild des Malers Toulouse-Lautrec (J. F.). Der verkrüppelte, zwerghafte Mann glaubt, bei dem Straßenmädchen Marie Charlet (C. M.) Liebe gefunden zu haben, bis sie ihm brutal sagt, sie sei nur aus Berechnung bei ihm geblieben und habe sein Geld ihrem Liebhaber Bébert gegeben. Enttäuscht sucht Lautrec Vergessen im Alkohol und in der Arbeit. Seine bekanntesten Bilder, die Plakate für das »Moulin Rouge«, entstehen. Durch die Sängerin Jane Avril (Z. Z. G.) lernt er die schöne Myriamme (S. F.) kennen. Sie liebt ihn; aber er mag an die Liebe nicht mehr glauben und stößt sie zurück. Weitere Ausschweifungen und schließlich ein Unfall machen seinem Leben ein Ende. Er stirbt im Schloß seiner Eltern.
Bemerkenswert ist an diesem Film vor allem die Farbgestaltung. Durch ein raffiniertes Aufnahmeverfahren wurden Farbwirkungen erzeugt, die denen auf den Bildern Toulouse-Lautrecs entsprechen. Schon von hier gewinnt der Film Atmosphäre. Weniger glücklich beraten war Huston, als er viele Details der Bilder Lautrecs vor der Kamera so sorgfältig nachgestaltete, daß der Maler auf diese Weise gelegentlich als penibler Realist erscheint.
Vorzüglich sind auch Maske und darstellerische Leistung von José Ferrer in der Hauptrolle.

Mr. Deeds goes to town
Mr. Deeds geht in die Stadt

USA 1936

R: Frank Capra; A: Robert Riskin nach der Erzählung Opera hat von Clarence Budington Kelland; K: Joseph Walker, E. Roy Davidson; D: Gary Cooper, Jean Arthur, George Bancroft, John Wray

Der Hobby-Posaunist und Kleinstadt-Poet Longfellow Deeds (G. C.) erbt unversehens 20 Millionen Dollar. Um die Erbschaft anzutreten, muß er nach New York, wo er sich äußerst unwohl fühlt, zumal in einer Zeitung lange Artikel über den »Cinderella-man« (Aschenbrödel-Mann) erscheinen, über die die ganze Stadt lacht. Deeds weiß nicht, daß Babe Bennett (J. A.), die er scheinbar zufällig getroffen hat und seither liebt, die Verfasserin der Artikel ist. Ein ruinierter Farmer (J. W.) will den spleenigen Millionär erschießen. Als dies mißlingt, läßt sich Deeds von ihm über die Not der Farmer aufklären und beschließt, ihnen zu helfen. Ausgerechnet jetzt aber will ihn ein anderer Verwandter für unzurechnungsfähig erklären lassen, um selbst das Erbe antreten zu können. Es kommt zu einem Prozeß, bei dem Deeds – tief verletzt, da er unterdessen Babes Rolle erkannt hat – auf eine Verteidigung verzichtet. Erst als Babe in aller Öffentlichkeit erklärt, daß sie ihn liebt, rafft er sich auf und beweist, daß Richter, Geschworene und Sachverständige mindestens genauso »verrückt« sind wie er.
Der Film war ein großer Publikumserfolg – dank guter darstellerischer Leistungen, einer einfallsreichen Regie und eines Themas, das zur Zeit des New Deal vielen Amerikanern unter den Nägeln brannte. In der Kritik war und blieb er umstritten. Es wurde ihm vorgeworfen, er habe ein ernsthaftes Problem allzu oberflächlich behandelt. Sicher wollte auch Capra die landwirtschaftlichen Probleme nicht durch Stiftungen schrulliger Millionäre lösen; er wollte in seiner Komödie Fehlhaltungen der Gesellschaft entlarven und zur Solidarität der Wohlmeinenden aufrufen.

Mr. Smith goes to Washington
Mr. Smith geht nach Washington

USA 1939

R: Frank Capra; A: Sidney Buchman nach einer Erzählung von Lewis R. Foster; K: Joseph Walker; D: James Stewart, Jean Arthur, Claude Rains, Edward Arnold, Guy Kibbee

Der gutmütig vertrottelte Pfadfinder-Führer Jefferson Smith (J. S.) wird nach dem Tod des bisherigen Amtsinhabers in einer Blitzaktion auf einen Senatoren-Sessel gehievt, weil der Verleger Taylor (E. A.), Gouverneur Hopper (G. K.) und Senator Paine (C. R.) ihn als »nützlichen Idioten« für ihre korrupten Machenschaften mißbrauchen wollen. Die erste Pressekonferenz wird für Smith fast zur Katastrophe, weil er frohgemut vornehmlich seine Fähigkeiten als Vogelstimmen-Imitator demonstriert. Er erhält vernichtende Kritiken und will nach Haus zurückkehren. Aber seine Sekretärin Saunders (J. A.), die ihn eigentlich im Auftrag des miesen Triumvirats bespitzeln soll, hat ihr Herz für ihn entdeckt und ermuntert ihn weiterzumachen. Sie enthüllt ihm auch, daß Paine eine gigantische Bodenspekulation plant. Als Smith dies im Senat aufdecken will, kommt Paine ihm zuvor und bezichtigt ihn der Korruption. Doch nun wird Smith zum furchtlosen Kämpfer. In einer 23stündigen Marathonrede klagt er Paine und seine Helfershelfer im Senat an. Paine verliert die Nerven, entsinnt sich seiner früheren Ideale und gesteht. Smith sinkt ohnmächtig zu Boden, während die Senatoren ihm applaudieren.

Ein typischer Capra-Film: Ein einfacher Bürger setzt sich gegen die korrupten Intrigen der »Großen« durch; erneut verkündet Capra sein Credo, daß das Gute allemal stärker sei als das Böse; und er zeigt dies auf ebenso intelligente wie unterhaltsame Weise. James Stewart ist als linkisch-gutmütiger Kämpfer in einer seiner Paraderollen zu sehen.

▬ Mudar de vida
Das Leben ändern

Portugal 1966

R: Paulo Rocha; A: Paulo Rocha und Antonio Reis; K: Elso Roque; D: Geraldo del Rey, Maria Barroso, Isabel Ruth, João Guedes, Nunes Vidal

Nach dem Militärdienst in Afrika kehrt Adelino (G. d. R.) in seine Heimat, ein armseliges Fischerdorf, zurück. Seine Freundin Julia (M. B.) ist unterdessen die Frau seines älteren Bruders (N. V.) geworden. Aber sie hat Adelino nicht vergessen, und sie verlangt nach ihm, als sie nach schwerer Krankheit stirbt. Das Dorf ist auf doppelte Weise vom Untergang bedroht: Die traditionellen Fischereimethoden sind unrentabel geworden, außerdem spült die Brandung Stück um Stück von den Dünen fort, auf denen die ärmlichen Hütten der Fischer stehen. Trotzdem will Adelino bleiben. Als sich herausstellt, daß seine Kriegsverletzung ihn für die schwere Arbeit auf See untauglich gemacht hat, arbeitet er für den Viehzüchter Inácio (J. G.). Dabei verliebt er sich in Inácios Schwester Albertina (I. R.), die als unberechenbare Einzelgängerin gilt. Ihr vertraut er an, daß man sein Leben ändern und irgendwo von vorn anfangen müsse. Mit ihr zusammen wird ihm dieser Anfang vielleicht gelingen.

Die Liebesgeschichte ist hier nur der rote Faden für die Behandlung sozialer Probleme, für eine Bestandsaufnahme des Lebens in einem kleinen portugiesischen Fischerdorf. Rocha hat gesagt: »Wenn ich etwas sehe, das vom Dokumentarischen her interessanter für mich ist, so habe ich immer große Lust, es in eine Geschichte zu verwandeln. Ich bin fest davon überzeugt, daß man mit den Mitteln der Fiktion Dokumentarisches viel besser deutlich machen kann als mit den Mitteln des reinen Dokumentarfilms.«

Hier ist die Verbindung beider Möglichkeiten einleuchtend gelungen. Das soziale Problem bedingt das private Schicksal; in der Liebesgeschichte spiegelt sich wiederum das Schicksal des ganzen Dorfes. Rocha filmte in einem spröden Stil, mit Schauspielern und Laien, in einem der Dörfer, dessen Schicksal er schildert. Was in seinem Erstlingswerk *Os verdes anos* (Die grünen Jahre, 1963) noch an Melodramatik gemahnte, das wird hier zur nüchternen Bilanz.

▬ Der müde Tod ⓢ

Deutschland 1921

R: Fritz Lang; A: Fritz Lang, Thea von Harbou; K: Fritz Arno Wagner, Erich Nitzschmann, Hermann Saalfrank, Bruno Mondi; D: Bernhard Goetzke, Lil Dagover, Walter Janssen

Ein junges Liebespaar (L. D., W. J.) kommt in eine kleine Stadt und lernt dort einen geheimnisvollen Fremden (B. G.) kennen, von dem man in Rückblenden erfährt, daß er ein Grundstück nah am Friedhof gekauft und mit einer hohen Mauer ohne Tor umgeben hat. Als die Frau den Mann einen Moment allein läßt, ist er mit dem Fremden verschwunden. Sie sucht ihn vergeblich, greift zum Giftbecher und sieht sich plötzlich vor der Mauer am Besitztum des Fremden. Sie begegnet dem Fremden, der der Tod ist. Verzweifelt bittet sie ihn, ihr den Geliebten zurückzugeben. Er führt sie in einen großen Saal voller flackernder Kerzen, Lebenslichter, und fordert sie auf, ihn zu besiegen und drei Kerzen vor dem Erlöschen zu bewahren. In drei eingeschobenen Episoden sieht man die Geschichten der Kerzen. Die erste Episode spielt in einer mohammedanischen Stadt, die zweite zur Renaissance-Zeit in Venedig, die dritte in einem märchenhaften China. In allen Episoden wird ein Liebespaar durch den Tod des Mannes getrennt. Das Schicksal ist nicht aufzuhalten. Aber der Tod gibt ihr noch eine Chance: Sie soll ein anderes Leben für das ihres Geliebten bringen. Aber weder der alte Apotheker noch ein Bettler oder die kranken Insassen des Spitals wollen ihr Leben für sie opfern. Als sie schließlich die Chance hätte, den Tod eines Kindes, das sie aus dem brennenden Spital gerettet hat, als Lösegeld zu bieten, da widerruft sie die Abmachung und folgt dem Geliebten ins Reich der Toten.

Romantische Stimmung und Resignation bestimmen diesen Film, in dem der Tod seines Amtes müde geworden ist und sich geradezu danach sehnt, von der jungen Frau »besiegt« zu werden. (Zwischentitel: »Ich bin es müde, die Leiden der Menschen mitanzusehen und hasse meinen Beruf.« – »Ich würde dich wahrlich segnen, wenn du mich besiegen könntest.«) Für Siegfried Kracauer (*Von Caligari zu Hitler*) manifestiert sich in diesem Film vor allem dumpfe Schicksalsgläubigkeit, die zu politischer Indifferenz, wenn nicht gar zur Bejahung einer autoritären Gesellschaftsordnung führt. Aber auch Kracauer rühmt die technisch und künstlerisch vollendete Bildsprache – vor allem in der Renaissance-Episode – und die trickreiche Märchenwelt des alten China, in der ein Zauberer fantastische »Wunder« vollbringt, die Douglas Fairbanks zu seinem Film *The thief of Bagdad* (Der Dieb von Bagdad, USA 1924) angeregt haben sollen.

Kaum weniger eindrucksvoll ist aber auch die gesamte »Haupthandlung« – die Szenen in dem romantisch verwinkelten deutschen Städtchen und in der majestätisch düsteren Halle des Todes. Wesentliche Wirkungen verdankt Lang dabei den Bauten (Walter Röhrig, Hermann

Der müde Tod (Bernhard Goetzke, Lil Dagover)

Warm, Robert Herlth), die er vor allem durch geschickte Lichteffekte zu plastischem Leben erweckte und in seine Gestaltung einbezog.
Der Film hatte auch im Ausland einen großen Erfolg. Neben *Das Cabinet des Dr. Caligari* stand er damals für eine Erneuerung des deutschen Films. Für den Regisseur Fritz Lang bedeutete er den endgültigen Durchbruch.

La muerte de un burocrata
Der Tod eines Bürokraten

Kuba 1966

R: Tomás Gutiérrez Alea; A: Alfredo L. del Cueto, Gaspar de Santelices, Ramón F. Suárez, Tomás Gutiérrez Alea; K: Ramón F. Suárez; D: Salvador Wood, Silvia Planas, Gaspar de Santelices, Manuel Estanillo

Paco ist einem ungewöhnlichen Arbeitsunfall zum Opfer gefallen: Eine von ihm konstruierte Maschine zur Herstellung vaterländischer Gedenkbüsten hat ihn buchstäblich verschluckt. Um den Toten zu ehren, haben ihm die Genossen sein Arbeitsbuch mit in den Sarg gelegt. Just dieses Buch braucht aber seine Witwe (S. P.), um eine Rente zu erhalten. Pacos Neffe (S. W.) weiß Rat: Man muß den Onkel exhumieren. Da das legal nicht gelingt, geschieht es nach mancherlei Zwischenfällen eben heimlich. Doch damit ist wenig gewonnen; denn nun muß der Onkel ja wieder beerdigt werden. Und das ist gar nicht so einfach bei einer Leiche, die offiziell längst friedlich im Grabe ruht. Auf seinem Weg durch Ämter und Institutionen macht Paco seltsame Erfahrungen, die schließlich dazu führen, daß er in einem Anfall geistiger Verwirrung den zuständigen »Bürokraten« erwürgt und in eine Anstalt gebracht wird.
Der Film macht sich weidlich über Fehler und Mängel in der neuen Gesellschaft der Revolutionäre lustig. Er attackiert hohle Phrasen, organisierte Begeisterung, freiwillige Selbstverpflichtungen, den sozialistischen Realismus und vieles mehr.
Als Stilmittel zitiert und parodiert Alea ganz bewußt große Vorbilder – von den Tortenschlachten der Stummfilmzeit, die hier als »Kranzschlacht« auf dem Friedhof variiert werden, bis zu Angstträumen à la Buñuel. Aber er hat diese Fülle von Einflüssen, Zitaten und Parodien zu einem ganz persönlichen Stil verarbeitet. Dabei verwässert alles komische Durcheinander nicht den kritischen Aspekt des Films.

Muerte de un ciclista
Der Tod eines Radfahrers

Spanien/Italien 1954

R: Juan Antonio Bardem; A: Juan Antonio Bardem nach einer Idee von Luis F. de Igoa; K: Alfredo Fraile; D: Lucia Bosé, Alberto Closas, Otello Toso, Carlos Casaravilla

Bei einer Ausfahrt mit seiner Geliebten, Maria José (L. B.), der Frau eines reichen Industriellen, überfährt und tötet der Universitätsdozent Juan (A. C.) einen Radfahrer. Er begeht Fahrerflucht, denn eine polizeiliche Untersuchung würde Maria José und ihn gesellschaftlich ruinieren. Es folgen Tage voller Angst, die sich steigert, als der Kunstkritiker Rafa (C. C.) Maria José andeutet, er besitze Informationen, deren Verschweigen sie ihm bezahlen müsse. Doch dann stellt sich heraus, daß Rafa nur von ihrem Kontakt zu Juan weiß; Maria José kann ihren Mann beruhigen. Während Maria José allem entfliehen will, indem sie ihren Mann auf eine Reise in die USA begleitet, ist Juan zur Einsicht gekommen. Er verzichtet auf seinen Posten an der Universität, den er nur der Protektion verdankt, und will sich der Polizei stellen. In einer Aussprache will er Maria José überzeugen, das gleiche zu tun. Aber sie will nicht auf Reichtum und Luxus verzichten. In einem Affekt überfährt sie Juan und tötet ihn. In panischer Angst rast sie dann zum Flugplatz, wo ihr Mann auf sie wartet. Dabei verliert sie die Gewalt über den Wagen und verunglückt tödlich.
Zweifellos hat das Drehbuch melodramatische Züge. Aber Bardem hat seine Vorlage so kühl und distanziert verfilmt, daß daraus ein überzeugendes Porträt einer zynischen, auf Luxus und Wohlleben versessenen, tief verlogenen großstädtischen Gesellschaft wurde. Typisch

Muerte de un ciclista
(Alberto Closas,
Carlos Casaravilla)

für diese Gesellschaft scheinen Bardem ihre Intrigen, die Versuche, den Skandal zu vertuschen, und die Dialoge, in denen sich die Menschen nicht mehr verständigen können, sondern aneinander vorbeireden. Es ist bezeichnend, daß der Anlaß für Juans Selbsterkenntnis ein Besuch in den Armenvierteln und eine Studentendemonstration sind. Ähnlich kritisch hat Bardem später das Leben in der Kleinstadt (*Calle mayor*) und auf dem Land (*La venganza*) beobachtet.

Mujeres al borde de un ataque de nervios
Frauen am Rande des
Nervenzusammenbruchs

Spanien 1988

R: Pedro Almodóvar; A: Pedro Almodóvar nach einer Idee von Marisa Ibarra; K: José Luis Alcaine; D: Antonio Banderas, Carmen Maura, María Barranco, Fernando Guillén, Rossy de Palma

Die Synchronsprecher Pepa (C. M.) und Ivan (F. G.) leben zusammen. Eines Tages macht Ivan sich davon. Pepa rast und engagiert einen Makler, der die mit Erinnerungen beladene Wohnung anderweitig vermieten soll. Nun aber füllt sich diese Wohnung jäh mit lauter ungebetenen Besuchern. Es erscheint zunächst die Freundin Candela (M. B.), die glaubt, von der Polizei gesucht zu werden, weil sie ein Verhältnis mit einem schiitischen Terroristen hatte, der ihre Wohnung zur Vorbereitung eines Bomben-Attentats mißbrauchte. Es erscheint Ivans frühere Lebensgefährtin Lucia (J. S.), die vor zwanzig Jahren mit Depressionen in eine Heilanstalt gebracht wurde, nachdem Ivan sie mit einem Kind sitzengelassen hatte. Eben jener Sohn Carlos (A. B.) ist kurz vorher mit seiner Freundin Marisa (R. d. P.) eingetroffen, weil beide die Wohnung mieten möchten. Und schließlich schellen zwei Polizisten, die aber nicht etwa Candela suchen, sondern einem anonymen Telefongespräch nachforschen, mit dem sich Carlos unvorsichtigerweise in die Attentatsgeschichte eingemischt hat. Im nachfolgenden Durcheinander fällt der größte Teil der Gesellschaft in absoluten Tiefschlaf, weil er mit einer Suppe bewirtet wird, die Pepa für Ivan mit reichlich Schlaftabletten versetzt hat. Wach bleibt Lucia, die mit gezogener Pistole zum Flughafen rast, um sich an Ivan, der soeben mit einer neuen Frau in ein neues Leben starten will, für zwanzig verlorene Jahre zu rächen. Wach bleibt auch Pepa, die nach halsbrecherischer Verfolgungsjagd dieses Attentat verhindert. Während Lucia resigniert in ihre Anstalt zurückkehrt, wehrt Pepa neuerliche Avancen Ivans ab. Sie hat die Nase voll von ihm – obwohl sie ein Kind von ihm erwartet.

Eine lärmende, schrille Komödie, die ungeniert ganz vom Gesetz des Zufalls lebt. Da treffen die Protagonisten auf die verblüffendste Weise aufeinander; Gegenstände, die Pepa wütend aus dem Fenster wirft, landen unweigerlich auf dem Auto oder dem Kopf der Rivalin; immer wieder nimmt die Geschichte die verwirrendste Wendung. Aber für Almodóvar sind diese Zufälle keine dramaturgischen Krücken. Er bekennt sich demonstrativ zu diesem anarchischen Gestaltungsprinzip und macht daraus lustvoll ein ganz eigenständiges, durchaus originelles Kino-Stück. Almodóvar gibt nicht vor, Wirklichkeit abzubilden, sondern schafft eine eigene unverwechselbare Realität, die auf vergnügliche Weise alptraumhaft erscheint.

Mulholland Drive
Mulholland Drive – Straße der Finsternis

USA/Frankreich 1999/2000

R: David Lynch; A: David Lynch; K: Peter Deming; D: Laura Elena Harring, Naomi Watts, Justin Theroux, Ann Miller, Dan Hedaya, Mark Pellegrino, Brian Beacock, Robert Forster, Monty Montgomery, Billy Ray Cyrus

Eine »Schöne der Nacht« (L. E. H.) wird am Mulholland Drive, in den Hügeln von Los Angeles, Opfer eines Anschlags und dann eines furchtbaren Autounfalls. Die rätselhafte Femme fatale verliert dabei das Gedächtnis und quartiert sich in einer leerstehenden Wohnung ein. Wenig später erscheint dort die aus Kanada angereiste Betty (N. W.), um das Appartement der Tante für den Start ihrer Schauspielkarriere zu benutzen. Sie will Rita, so stellt sich die Fremde vor, helfen, das Geheimnis ihrer Identität zu lüften und die Herkunft des von ihr mitgeführten Bargelds sowie eines ominösen blauen Schlüssels zu klären. – Der junge Regisseur Adam Kesher (J. T.) soll auf Wunsch seiner Geldgeber die jüngste Flamme eines Mafiabosses für die Hauptrolle engagieren. Als er sich weigert, sperrt man die Schecks, und ein merkwürdiger Cowboy (M. M.) rät ihm nächtens, den Vorschlag der Produzenten anzunehmen. Beim Vorsprechen macht Betty einen sehr guten Eindruck auf Kesher, der jedoch dem Druck der Mafia nicht standhält. Danach fährt sie mit Rita zur Wohnung einer gewissen Diane Selwyn, weil ihre neue Bekannte glaubt, diese Frau zu sein. Sie finden dort aber nur deren Leichnam. Zwischen beiden Frauen kommt es zu einem erotischen Annäherungsversuch, und im Traum besuchen sie ein Vaudeville-Theater, in dem ein Magier ein blaues Kästchen benutzt, zu dem Ritas blauer Schlüssel paßt. Ist Betty in Wirklichkeit Diane und Rita die Kesher aufgezwungene Darstellerin? Hat erstere die Rivalin von einem Killer töten lassen wollen und danach Selbstmord begangen?

Die Idee zu *Mulholland Drive* entwickelte David Lynch während der Arbeit an der 30teiligen Fernsehserie *Twin Peaks* (1990). 1999 als Pilotfilm für den amerikanischen Sender ABC inszeniert, wurde die Produktion aber nicht ausgestrahlt. Die anschließend mit Nachdrehs hergestellte Kinoversion erhielt 2001 in Cannes den Regiepreis. Der Film erzählt die Geschichte zweier faszinierender unterschiedlicher Frauen, die sich im Moloch Hollywood, von *Lost Highway* (Lost Highway, USA 1997 – R: David Lynch), verlieren. Die eine möchte Ruhm und eine Karriere, die andere ihre Identität, ja ihre Seele wiederfinden. Diese Reise in die Vergangenheit, ins Reich der Träume und Phantasien mündet in ein rätselhaftes Vexierspiel. Die scheinbar sicheren Kategorien von Raum und Zeit entpuppen sich als Labyrinthe mit einer morbiden Atmosphäre, als Reflexionen der Traumfabrik. Beide Frauen verkörpern Phänomene einer gespaltenen Persönlichkeit; wenn etwa das blonde Starlet Betty vor dem Regisseur zur sinnlichen Diva wird, oder die verführerische Unbekannte sich – als Hommage an Rita Hayworth in Charles Vidors Klassiker der Schwarzen Serie *Gilda* (USA 1946) – Rita nennt. Beider Erinnerung, Leben und Illusionen verschmelzen, sie kulminieren im Reiz der (unerfüllten) lesbischen Liebe. Gemäß der uralten Vorstellung, das Leben sei nur ein Traum, werden Realität und Traum austauschbar. Eine letzte Sicherheit, eine einzige Wirklichkeit oder Wahrheit existiert nicht: Der Schlaf der Vernunft gebiert Ungeheuer. Die Beziehung, das Leben der beiden Figuren ist ein (Alp-)Traum, der in Rückblenden aufgeschlüsselt wird. Aber es wird auch mit dem unbarmherzigen Film-Busineß abgerechnet. Die Abhängigkeit vom Geld, der Film als Ware, die Macht der Studios, die Neurosen der Stars, die Arroganz des Erfolgs(regisseurs) – das sind Klischees und Normalität zugleich. Das kunstvolle, intelligente Puzzle muß der Zuschauer mit eigenen Erfahrungen und Interpretationen selbst zu einer möglichen Geschichte zusammensetzen.

Münchhausen

Deutschland 1942

R: Josef von Baky (Dialogregie: Fritz Thiery); A: Dr. Berthold Bürger (Pseudonym für Erich Kästner); K: Werner Krien, Konstantin Irmen-Tschet (Trickaufnahmen); D: Hans Albers, Hermann Speelmans, Brigitte Horney, Ferdinand Marian, Gustav Waldau, Ilse Werner, Marina von Ditmar

Auf Schloß Bodenwerder hält der letzte Münchhausen (H. A.) ein gastliches Haus. Die junge Sophie von Riedesel (M. v. D.) verliebt sich in den Baron, der seinem berühmten Vorfahren so täuschend ähnlich sieht. Schließlich erfährt sie seine phantastische Geschichte: Im 18. Jahrhundert folgt der Baron Münchhausen (H. A.) mit seinem treuen Begleiter Christian Kuchenreutter (H. S.) einem Ruf nach Rußland. Er begegnet dem Grafen Cagliostro (F. M.), der ihm die ewige Jugend schenkt, genießt die Gunst der Zarin Katharina (B. H.) und zieht in den Krieg gegen die Türken. Auf einer Kanonenkugel reitet er in eine belagerte türkische Festung, befreit die Prinzessin Isabella d'Este (I. W.) und bringt sie nach Venedig, wo er dem alternden Casanova (G. W.) begegnet. Auf Grund eines Intrigenspiels muß er aus Venedig und von der Seite der geliebten Isabella fliehen. Er tut es mit einem Ballon, der ihn auf den Mond trägt, wo eine Stunde wie ein Jahr zählt. Der brave Kuchenreutter altert und stirbt an seiner Seite, während der Baron sich auf die sattsam bekannte Weise vom Mond rettet und weiterhin das Geschenk der ewigen Jugend genießt. Zum Schluß des Films erkennt er, wie zweifelhaft dieses Geschenk ist, und gibt es freiwillig zurück.

Münchhausen wurde von der UFA als Jubiläumsfilm zum 25jährigen Bestehen gedreht. Aus diesem festlichen Anlaß versicherte man sich sogar der Mitarbeit des politisch verfemten Erich Kästner, der sich allerdings hinter einem Pseudonym verbergen mußte. Der für damalige Zeiten üppig ausgestattete Farbfilm ist durchaus amüsant geraten; seine Tricktechnik ist bemerkenswert.

Murder

Mord / Mary – Sir John greift ein!

England/Deutschland 1930

R: Alfred Hitchcock; A: Alma Reville nach der Erzählung *Enter Sir John* von Clemence Dane und dem gleichnamigen Bühnenstück von Clemence Dane und Helen Simpson in der Adaption von Alfred Hitchcock und Walter Mycroft; K: Jack Cox; D: Herbert Marshall, Norah Baring, Esme Percy, Donald Calthrop

Diana (N. B.) wird neben der Leiche ihrer Freundin, der Schauspielerin Edna Druce, gefunden. Sie ist wie erstarrt und kann sich an nichts erinnern. Man stellt sie wegen Mordes vor Gericht. Einer der Geschworenen, Sir John (H. M.), glaubt zwar an ihre Unschuld, beugt sich aber schließlich widerstrebend den scheinbar eindeutigen Indizien und stimmt ebenfalls für »schuldig«. Doch nach dem Urteilsspruch will er den Fall auf eigene Faust aufklären. Er besucht Diana im Gefängnis; aber offenbar verschweigt das Mädchen etwas. Schließlich findet Sir John den wahren Täter. Es ist Dianas Verlobter, der Schauspieler und Zirkusartist Handell Fane (E. P.). Sein Motiv: Er hatte ein Gespräch zwischen Diana und Edna belauscht, bei dem letztere sein Geheimnis ausgeplaudert hat – er ist ein Mischling. Fane bekennt sich in einem Abschiedsbrief zu seiner Tat und begeht Selbstmord, indem er sich während einer Vorstellung in der Zirkuskuppel erhängt.

Hitchcock nannte *Murder* seinen ersten bedeutenden »who-done-it«-Film, einen Film also, bei dem die Suche nach dem Täter im Mittelpunkt steht. Aber die eigentliche Qualität des Films liegt schon hier nicht in der vordergründigen Spannung, sondern in seinem Stil, seiner Atmosphäre. Bemerkenswert ist vor allem die Eingangssequenz, die in einer geschickten Montage gleichzeitig realistische Milieuschilderung und stimmungsvoll düstere Ouvertüre ist.

Der Film wurde damals auch in einer deutschen Version (Bearbeitung: Georg C. Klaren und Herbert Juttke) gedreht, in der Alfred Abel und Olga Tschechowa die Hauptrollen spielten. In der deutschen Fassung änderte man das Motiv Fanes. Hier ist er ein entsprungener Sträfling, der seine Entlarvung und Wiederergreifung fürchtet.

Muriel ou le temps d'un retour
Muriel oder Die Zeit der Wiederkehr

Frankreich/Italien 1962

R: Alain Resnais; A: Jean Cayrol; K: Sacha Vierny; D: Delphine Seyrig, Jean-Pierre Kerien, Jean-Baptiste Thierrée

Hélène (D. S.), die als Antiquitätenhändlerin in Boulogne-sur-Mer lebt, erhält Besuch von Alphonse (J.-P. K.), der vor vielen Jahren ihr Geliebter war. Alphonse spricht in dunklen Andeutungen von einer Schuld, die er in Algerien auf sich geladen habe; aber es wird deutlich, daß er in Wirklichkeit nie in Algerien war. Hélènes Stiefsohn Bernard (J.-B. T.) wird bedrängt von echten Erinnerungen an den Algerienkrieg und an das arabische Mädchen, das französische Soldaten zu Tode gequält haben. Bernard erschießt schließlich seinen alten Kriegskameraden Robert und ersetzt so die von der Gesellschaft nicht anerkannte Schuld, die ihn bedrückt, durch eine »normale« Tat gegen die Normen der Gesellschaft. Alphonse wird von seinem Schwager heimgeholt zu seiner Frau. Hélène flüchtet zu Freunden.

Jede Inhaltsangabe wird diesen Film notwendigerweise auf Formeln verknappen, die ihm nicht gerecht werden können. Resnais selbst kommentierte: »Nicht der Handlungsablauf zählt, entscheidend sind die Empfindungen und Reflexionen der Beteiligten.«

Diese Reflexionen zeigen allesamt, daß die Protagonisten in der Gegenwart nicht heimisch sind. Ein optisches Signal: Hélènes Wohnung, die ihr gleichzeitig als »Lager« dient, ist vollgestopft mit Antiquitäten, die zum Teil bereits verkauft, zum Teil noch mit Preisschildern versehen sind. So sucht Hélène einen Zielpunkt in einer längst vergangenen Liebe, die vielleicht niemals so existiert hat, wie sie glauben möchte. Umgekehrt ist für Bernard die Vergangenheit eine Last, die er zu töten versucht. Alphonse schließlich erfindet eine Vergangenheit, um sein Versagen in der Gegenwart damit zu entschuldigen. Aus diesen Motiven hat Resnais ein raffiniertes Netz geknüpft. Die Aktion des Films ist bruchstückhaft, zerstückelt, wie Fetzen einer Erinnerung.

Music box
Music Box

USA 1989

R: Costa-Gavras; A: Joe Eszterhas; K: Patrick Blossier; D: Jessica Lange, Armin Mueller-Stahl, Frederic Forrest, Donald Moffat, J. S. Block, Mari Töröcsik

Die junge Anwältin Ann Talbot (J. L.) hat eines Tages die Gelegenheit, ihrem Vater Mike Laszlo (A. M.-S.) alle die Liebe und Fürsorge zu vergelten, die er ihr und ihren Brüdern – vor allem nach dem frühen Tod der Mutter – geschenkt hat. Der nach dem Krieg aus Ungarn eingewanderte Laszlo nämlich wird von dem renommierten Staatsanwalt Jack Burke (F. F.) schlimmer Kriegsverbrechen beschuldigt. Er soll während des Krieges Zigeuner und Juden sadistisch gefoltert und getötet haben. In der Gerichtsverhandlung, die von dem jüdischen Richter Silver (J. S. B.) überaus fair geleitet wird, gelingt es Ann, die Glaubwürdigkeit der Zeugen zu erschüttern und Punkt für Punkt zu sammeln, während sich der Zuschauer in seiner Sympathie für Laszlo zunehmend verunsichert fühlt. Bei einem Lokaltermin in Budapest, wo ein erkrankter Zeuge vernommen werden muß, spielen ehemalige Freunde des Vaters Ann weiteres Entlastungsmaterial zu. Der Freispruch ist so gut wie sicher ... Aber in Budapest erhält Ann auch einen Pfandschein, der von einem in den USA verstorbenen Freund des Vaters an seine Schwester (M. T.) in Ungarn gelangt ist. In Chicago löst sie den Pfandschein ein. Sie erhält eine Music Box, in der Bilder versteckt sind, die die Schuld Mike Laszlos unwiderlegbar bestätigen. Er war »Mischka«, der Folterknecht und Mörder. Erschüttert übergibt Ann das Beweismaterial der Staatsanwaltschaft.

Ein spannend und konsequent erzählter Film, in dem Costa-Gavras geschickt die dramaturgischen Möglichkeiten des »Gerichtsfilms« nutzt, um zu zeigen, daß dies Ungeheuerliche möglich war und ist: Ein Mensch, der in einer bestimmten historischen Situation Tag für Tag aus eigenem Antrieb brutale Verbrechen begangen hat, nimmt nach dem Krieg gleichsam eine neue Identität an. Er wird zum geachteten Bürger, für den Nachbarn und Arbeitskollegen bei Prozeßbeginn auf der Straße demonstrieren; er wird ein liebevoller Familienvater, der nach dem Tod seiner Frau drei Kinder allein großzieht, und ein Großvater, den der kleine Enkel zärtlich liebt.

Der Film und – nicht zuletzt – der Schauspieler Armin Mueller-Stahl haben es verstanden, dieses schier Unglaubliche glaubwürdig zu zeichnen. Mike Laszlo, das ist hier ein Mensch, der seine Schuld so weit verdrängt hat, daß er sich wohl selbst für unschuldig hält, und der nicht nur als soziales Wesen zerstört ist, sondern auch als Individuum zerbricht, als diese Schuld offenbar wird. Ein richtiger und ein wichtiger Film also, dessen Wert auch nicht dadurch entscheidend beeinträchtigt wird, daß die »kriminalistische Auflösung« zum Schluß zu konstruiert und »kinomäßig« geriet.

Mutiny on the Bounty
Meuterei auf der ›Bounty‹

USA 1935

R: Frank Lloyd; A: Talbot Jennings, Jules Furthman und Carey Wilson nach dem Roman *Schiff ohne Hafen* von Charles Nordhoff und James Norman Hall; K: Arthur Edeson; D: Charles Laughton, Clark Gable, Franchot Tone

1787. Das englische Kriegsschiff »Bounty« unter Kapitän Bligh (C. L.) läuft nach Tahiti aus. Schon bald kommt es zu Unruhen; die Besatzung haßt Bligh, der ein hervorragender Seemann, aber auch ein grausamer Leuteschinder ist. Noch kann der 1. Offizier Fletcher Christian (C. G.) die Matrosen beruhigen. Doch als Bligh auf der Rückfahrt einige gefangene Deserteure grausam bestrafen läßt, bricht eine Meuterei aus; jetzt stellt sich Christian an ihre Spitze. Bligh wird mit einigen Getreuen auf hoher See mit einem Boot ausgesetzt. Er schafft es, einen Hafen zu erreichen, von wo aus er sofort die Verfolgung der Meuterer aufnimmt. Die »Bounty« legt noch einmal in Tahiti an. Die meisten Matrosen nehmen tahitische Freundinnen an Bord und segeln mit ihnen zu der Insel Pitcairn, wo sie seßhaft werden. Einige andere, unter ihnen der Kadett Byam (F. T.), die nicht aktiv an der Meuterei teilgenommen haben, bleiben auf Tahiti und kehren mit Bligh nach England zurück, wo sie vor Gericht gestellt werden. Als Byam die Todesstrafe droht, berichtet er endlich die ganze Wahrheit über Blighs grausames Regiment. Byam wird begnadigt, wieder in die Marine aufgenommen und nimmt auf Nelsons Schlachtschiff an der Schlacht von Trafalgar teil.

Die Grundzüge der Handlung sind historisch; noch heute leben die Nachkommen der Meuterer auf Pitcairn. Die abenteuerlich aufgeputzte filmische Nacherzählung wurde dank guter darstellerischer Leistungen und ihres Handlungsreichtums ein Welterfolg.

Lewis Milestone drehte 1961 unter dem gleichen Titel ein Remake mit Trevor Howard (Bligh) und Marlon Brando (Fletcher Christian) in den Hauptrollen. Trotz großen Aufwandes erreichte dieser Film die Intensität des Originals nicht.

Mutter Krausens Fahrt ins Glück (Friedrich Gnass, Ilse Trautschold, Alexandra Schmidt)

Das gleiche Thema wurde 1983 in England unter der Regie von Roger Donaldson verfilmt (*The Bounty* – Die Bounty). Dieser Film beruft sich jedoch auf eine andere literarische Vorlage, nämlich auf den Roman »Captain Bligh und Mr. Christian« von Richard Hough. Bligh (gespielt von Anthony Hopkins) ist hier ein einsamer Mann ohne Autorität; Fletcher Christian (Mel Gibson) erscheint als unsteter Abenteurer, der der Eintönigkeit des Lebens an Bord entfliehen will. Nicht nur wegen dieser Veränderung der Charaktere und Motive, für die der Autor Authentizität reklamiert, gelang Donaldson eine durchaus eigenständige und interessante Version.

Mutter Krausens Fahrt ins Glück ⑤

Deutschland 1929

R: Piel Jutzi; A: Willy Döll, Jan Fethke, Richard Pfeiffer und das Prometheus-Kollektiv nach Erzählungen von Heinrich Zille, berichtet von Otto Nagel; K: Piel Jutzi; D: Alexandra Schmidt, Holmes Zimmermann, Ilse Trautschold, Gerhard Bienert, Vera Sacharowa, Friedrich Gnass

Mutter Krause (A. S.), eine arme Zeitungsfrau, lebt mit ihrer Tochter Erna (I. T.) und ihrem arbeitslosen Sohn Paul (H. Z.) praktisch in einer Küche. Ihr einziges Zimmer hat sie an ein Straßenmädchen (V. S.) und dessen Zuhälter (G. B.) vermietet. Eines Tages vertrinkt Paul das Zeitungsgeld seiner Mutter, die daraufhin der Unterschlagung bezichtigt und angezeigt wird. Um ihr zu helfen, läßt Paul sich vom Zuhälter zu einem Einbruch überreden. Als die Polizei erscheint, um ihn zu verhaften, bricht Mutter Krausens Welt endgültig zusammen. Sie öffnet den Gashahn und nimmt auch die kleine Tochter des Straßenmädchens mit auf ihre »Fahrt ins Glück«. Erna wird – hoffentlich – eine bessere Zukunft an der Seite des klassenbewußten Arbeiters Max (F. G.) erleben.
Die Tendenz des Films wird zusammengefaßt in einem Zille-Zitat, das einmal als Zwischentitel erscheint: »Man kann einen Menschen genauso mit einer Wohnung töten wie mit einer Axt!« Diese Tendenz verliert die Regie auch dann nicht aus den Augen, wenn sie geschickt und mit viel Sinn für Atmosphäre Genre-Bilder wie die von der Hochzeit zwischen Straßenmädchen und Zuhälter zeichnet. Überhaupt hat Jutzi es verstanden, seine Anklage zwingend aus Zustandsschilderungen zu ent-

487

wickeln. Über die Anklage hinaus ist der Film aber auch als Appell gedacht. So steht neben dem Pessimismus und der Resignation von Mutter Krause das kämpferische Klassenbewußtsein des Arbeiters Max. Und konsequent endet der Film mit einer Einstellung, die die Beine von Max und Erna im Gleichschritt bei einer Demonstration zeigt. Mutter Krausens Tod war für Jutzi nur eine Station der Bewußtwerdung.

Mutter Krausens Fahrt ins Glück war einer der wenigen deutschen Stummfilme, die sich direkt mit sozialen Problemen befaßten. Gewidmet ist dieser Film »dem großen Menschen und Künstler Prof. Heinrich Zille«; die ersten Zwischentitel sind faksimilierte Ausschnitte aus einem Zille-Brief.

My darling Clementine
Faustrecht der Prärie / Tombstone

USA 1946

R: John Ford; A: Samuel G. Engel, W. Miller und Sam Hellman nach dem Roman *Wyatt Earp, frontier marshal* von Stuart N. Lake; K: Joseph MacDonald; D: Henry Fonda, Linda Darnell, Victor Mature, Grant Withers, Walter Brennan, Tim Holt, Don Garner

Wyatt Earp (H. F.) kommt mit seinen Brüdern als Viehtreiber in die Stadt Tombstone, die von Gaunern beherrscht wird. Nachdem Wyatts Bruder James (D. G.) erschossen worden ist, nimmt Wyatt das Angebot der Bürger an, als Sheriff in Tombstone zu bleiben. Bei seinen Bemühungen, für Recht und Ordnung zu sorgen, wird der alte Clanton (G. W.) sein schärfster Widersacher, während der undurchsichtige Berufsspieler Doc Holliday (V. M.) sich auf Wyatts Seite stellt, nachdem seine Geliebte (L. D.) ebenfalls erschossen worden ist. Als Wyatt auch noch feststellt, daß die Clantons für den Tod von James verantwortlich sind, kommt es zur großen Schlußabrechnung am »O. K. Corral«, bei der sämtliche Clantons von den Gebrüdern Earp und Doc Holliday erschossen werden.

Die Grundzüge der Handlung sind historisch; die berühmte Auseinandersetzung am »O. K. Corral« zum Beispiel hat am 26. Oktober 1881 tatsächlich stattgefunden. Die Charaktere allerdings sind von der Legende verändert worden; ganz gewiß war Wyatt kein so strahlender Held und der alte Clanton kein so finsterer Bösewicht.

John Ford hat die Handlung geradlinig und folgerichtig entwickelt. Sein Film hat Tempo und Spannung, obwohl er sich die Zeit nimmt, auch das Milieu stärker als in vergleichbaren Filmen zu schildern. So erlebt man u. a. ein Theatergastspiel mit dem ergreifenden Drama *The convict's oath* und ein großes Volksfest aus Anlaß eines Kirchenbaus. Gerade durch derartige Szenen aber gewinnt der Film lebendige Überzeugungskraft.

My left foot
Mein linker Fuß

Irland/England 1989

R: Jim Sheridan; A: Shane Connaughton und Jim Sheridan nach dem gleichnamigen Buch von Christy Brown; K: Jack Conroy; D: Daniel Day-Lewis, Brenda Fricker, Ray McAnally, Fiona Shaw, Ruth McCabe, Hugh O'Conor, Cyril Cusack

Christy Brown (H. O'C.) ist eines von dreizehn überlebenden Kindern eines Maurers (R. MA.) in Dublin. Er ist spastisch gelähmt und nach Ansicht der Ärzte praktisch nicht bildungsfähig. Dennoch wird er in die Familie und später auch in die Nachbarschaft ganz selbstverständlich integriert. Erst im Alter von sieben Jahren erkennt er, daß er seinen linken Fuß annähernd kontrolliert bewegen kann. Von nun an kämpft er, unterstützt und immer wieder angetrieben von seiner Mutter (B. F.), mit ungeheurer Energie um seine Selbstverwirklichung. Er lernt, mit dem linken Fuß zu malen und zu schreiben und sich in einem Rollstuhl zu bewegen. Eine Ärztin (F. S.) interessiert sich für seinen Fall. Sie bringt dem mittlerweile herangewachsenen Christy (D. D.-L.) bei, seinen Körper besser zu beherrschen und artikulierter zu sprechen, so daß nicht nur seine Mutter ihn versteht. Es gibt eine erste Ausstellung seiner Bilder und eine tiefe Krise, als Christy der Ärztin seine Liebe gesteht und von ihr zurückgewiesen wird. Er beginnt zu trinken, aber wieder gibt ihm die Mutter ein neues Ziel. Christy schreibt die Geschichte seines Lebens auf, und das Buch wird so erfolgreich, daß er nach dem Tod des Vaters für den Lebensunterhalt der Familie sorgen kann.

Der Film erzählt seine Geschichte in Rückblenden. Den Rahmen bildet eine Wohltätigkeitsveranstaltung im Jahre 1959, bei der Christy die Krankenschwester Mary (R. MC.) kennenlernt. Ein Schriftinsert informiert, daß sie wenig später seine Frau geworden ist.

Die Verfilmung der authentischen Geschichte des Christy Brown (1932–81) zeichnet sich durch kraftvollen Realismus und große Sensibilität aus. Immer wieder blickt die Kamera auf den hilflosen Körper, auf das von Zukkungen entstellte Gesicht. Es gibt anrührende und erschreckende Szenen: Wenn das Kind eine Rechenaufgabe löst, an der Vater und Schwester gescheitert sind, und diese Lösung nicht mitteilen kann; wenn der Siebenjährige seine ohnmächtige Mutter rettet, indem er sich die Treppe herabrollen läßt und mit seinem linken Fuß verzweifelt gegen die Haustür tritt, so daß die Nachbarn aufmerksam werden; wenn der Erwachsene die Enttäuschung über seine abgewiesene Liebeserklärung in einem verzweifelten Ausbruch artikuliert. Denn es gehört zu den Qualitäten dieses Films, daß er seinen Helden nicht zum »sanften Dulder« stilisiert. Er läßt ihn ganz einfach Mensch sein – mit aller Verzweiflung über seine Behinderung und allem Stolz über seinen Erfolg. Ein wenig »überlebensgroß« scheint dagegen die Gestalt der Mutter geraten zu sein. Hier mag aber die Authentizität in der Realität der dankbaren Erinnerung Christys liegen.

Eine besondere Erwähnung verdienen die beiden Darsteller, die Christy als Kind und als Erwachsenen mit suggestiver Glaubwürdigkeit dargestellt haben.

My left foot (Hugh O'Conor)

Mystic river
Mystic River

USA 2003

R: Clint Eastwood; A: Brian Helgeland nach dem Roman »Spur der Wölfe« von Dennis Lehane; K: Tom Stern; D: Sean Penn, Tim Robbins, Kevin Bacon, Laurence Fishburne, Marcia Gay Harden, Emmy Rossum, Laura Linney

Als Kinder in einer tristen Arbeiter-Vorstadt von Boston werden Sean und Jimmy Zeugen, wie ihr Spielkamerad Dave in das Auto eines reichen Pädophilen gedrängt und entführt wird. Vier Tage später taucht er wieder auf – verstört und verängstigt. Er spricht nie über das, was er erlebt hat; doch für alle drei bedeutet dieses Ereignis irgendwie das Ende ihrer Kindheit und auch ihrer Freundschaft. Für viele Jahre verlieren sie sich aus den Augen. Jimmy (S. P.) hat es in dieser Zeit nach einer Gefängnisstrafe wegen Einbruchsdiebstahls zum Besitzer eines kleinen Lebensmittelladens gebracht, er hat aber die Beziehungen zum kriminellen Milieu nie ganz abgebrochen. Sean (K. B.), mittlerweile Polizist, leidet darunter, daß seine Frau ihn vor der Geburt des gemeinsamen Kindes verlassen hat. Von Zeit zu Zeit ruft sie ihn an; aber sie spricht am Telefon kein Wort. Dave (T. R.) hat sein Leben nie richtig in den Griff bekommen, obwohl er eine Frau (M. G. H.) und einen Sohn hat. Ein düsteres Ereignis führt die drei wieder zusammen: Jimmys 19jährige Tochter Katie (E. R.) wird nachts im Park ermordet; Sean leitet die Ermittlungen; Dave gerät auf die Liste der Verdächtigen. In der Tat hat Dave in dieser Nacht einen Menschen getötet, einen Pädophilen, den er beobachtet hat, als der sich an einen Jungen heranmachen wollte. Von daher stammen alle Indizien, die ihn verdächtig machen. Aber das

Mystic river (Kevin Bacon, Sean Penn)

stellt sich zu spät heraus. Als Sean die Täter gefaßt hat – zwei Jugendliche, denen ein Streich aus dem Ruder gelaufen ist –, da hat Jimmy den einstigen Freund Dave schon, blind vor Wut und Verzweiflung, umgebracht. Sean kann oder will ihn nicht überführen. Der Film endet mit einer vieldeutigen Szene. Bei einem »Columbus Day«-Festzug steht Sean mit seiner Frau in der Menge. Als er Jimmy entdeckt, imitiert er mit dem Zeigefinger einen Pistolenlauf und »drückt ab«, so wie Kinder beim Spielen. Jimmy macht eine Geste, die Ahnungslosigkeit oder auch Bedauern ausdrücken kann, und verbirgt sich hinter seiner Sonnenbrille.

Clint Eastwood erzählt hier keine eindimensionale Kriminalgeschichte; die Arbeit der Polizei schildert er nur fragmentarisch, am Rande. Ihn interessieren vielmehr die Charaktere seiner Hauptpersonen, die einander so ähnlich waren und die sich im Verlauf ihres Lebens so fremd geworden sind. Er zeigt in blassen, kalten Farben eine abweisende Stadtkulisse, vor der der breite Strom, der »Mystic river«, wie ein drohendes Hindernis liegt, das die tristen Vorstädte isoliert. Auf dieser Bühne kann eigentlich nur eine Tragödie gespielt werden; und wie in der klassischen Tragödie spielt auch hier der blinde Zufall Schicksal. Im Film wird es mehrfach ausgesprochen: »Was wäre, wenn ich damals in das Auto gestiegen wäre?« Aber es war Dave, dessen Leben in diesem Augenblick unwiderruflich zerstört wurde. Jimmy wird mit seiner Schuld leben können. Schon einmal hat er in einem vergleichbaren Fall sein Gewissen durch anonyme monatliche Zahlungen an die Hinterbliebenen beruhigt. Sean kann wieder hoffen; er bekommt eine zweite Chance. Aber dieser Hoffnungsschimmer kann die Düsternis nicht wirklich erhellen, die der Film vorher so suggestiv beschworen hat.

N

Nachtgestalten

BRD 1998

R: Andreas Dresen; A: Andreas Dresen; K: Andreas Höfer; D: Meriam Abbas, Dominique Horwitz, Oliver Bäßler, Susanne Bormann, Michael Gwisdek, Ricardo Valentim, Ade Sapara

Menschen und Schicksale im nächtlichen Berlin: Hanna (M. A.) und Victor (D. H.) sind Gestrandete, »Penner«. Als das Glück ihnen unversehens 100 Mark beschert, suchen sie für eine Nacht den Luxus eines Hotelzimmers. Unterwegs kommt es zum Streit, bei dem der genervte Victor seine zänkische Partnerin zusammenschlägt. Am Ende finden sie ein Zimmer, und trotz aller Widrigkeiten erleben sie einen Moment vollkommenen Glücks. – Jochen (O. B.) ist vom Land mit gefüllter Brieftasche in die Stadt gefahren, um etwas zu erleben. Auf dem »Babystrich« gerät er an Patty (S. B.), die sich verkauft, um Drogen kaufen zu können. Er mag sie, aber die sterile Atmosphäre im Stundenhotel raubt ihm jede Lust. So akzeptiert er ihr Angebot, mit ihr für 500 Mark eine ganze Nacht lang durch die Stadt zu ziehen. Ihre Odyssee durch Bars, Restaurants und Discos endet in einem besetzten Haus, wo Jochen verprügelt wird, als er Patty davon abhalten will, sich einen Schuß zu setzen. Am nächsten Morgen verabschiedet er sich und gibt Patty seine Adresse; die wirft sie achtlos fort. – Peschke (M. G.) hat die Karriere verpaßt; es langt gerade dazu, im Auftrag des Chefs Geschäftsfreunde vom Flughafen abzuholen. Doch dort hat er statt einer japanischen Kundin plötzlich den kleinen »Negerbengel« Feliz (R. V.) am Hals, für den er sich irgendwie verantwortlich fühlt, weil er den Kleinen zunächst fälschlich als Dieb verdächtigt hatte. Räsonierend und lamentierend fährt er mit dem offenbar verlorengegangenen Kind durch Berlin, läßt sich dabei das Auto klauen, findet schließlich den Kontaktmann (A. S.), den ein Verkehrsunfall gehindert hat, das Kind am Flughafen abzuholen, und wird am nächsten Morgen mit einem Rüffel seines Chefs belohnt. – Das Schlußbild zeigt eine Gruppe Jugendlicher, die mit Peschkes Auto an die Ostsee gefahren sind und es dort wie in einem feierlichen Ritual in Brand stecken.

Da ist unversehens der Neorealismus wiederentdeckt und glückhaft neu belebt worden. Es geht um das Schicksal einfacher Menschen, denen die Kamera an den Original-Schauplätzen mit respektvoller Neugier eine Nacht lang auf den Leib rückt. Hautnah erlebt man ihre Wünsche, Hoffnungen, Träume – und ihr Elend. Der Regie gelingt es dabei, hinter der überwiegend tristen Fassade ganz beiläufig auch menschliche Wärme, Zuneigung und Liebe aufzuspüren. Gleichsam als Folie der Handlung, deren Stränge parallel verlaufen und sich gelegentlich berühren, dient ein Berlin-Besuch des Papstes, der im Verlauf des Films auf allen Bildschirmen stets gegenwärtig ist, so daß hier zwischen der sozialen Wirklichkeit und der christlichen Botschaft ein irritierendes Spannungsfeld entsteht. Und wenn man auch einwenden könnte, daß die Flughafen-Episode etwas zu sehr auf Effekte hin inszeniert ist, so ist dies doch insgesamt eine bemerkenswerte Leistung.

Nachts, wenn der Teufel kam

BRD 1957

R: Robert Siodmak; A: Werner Jörg Lüddecke nach einem Tatsachenbericht von Will Berthold; K: Georg Krause; D: Claus Holm, Mario Adorf, Hannes Messemer, Annemarie Düringer

Kriminalkommissar Kersten (C. H.) erfährt zufällig von einem Mord an einer Kellnerin in Hamburg, bei dem ihn einige Details an einen anderen, bisher ungeklärten Fall erinnern. Er forscht nach und entdeckt dabei eine Serie unaufgeklärter Frauenmorde mit identischen Tatmerkmalen. Seine Theorie, daß hier ein Massenmörder am Werk sei, erweckt das Interesse von SS-Gruppenführer Rossdorf (H. M.), der sich von der Entdeckung eines schwachsinnigen Triebmörders gute Argumente für die geplante Aktion gegen die Geisteskranken erhofft. Es gelingt Kersten, den Gelegenheitsarbeiter Bruno Lüdke (M. A.) als Täter zu überführen. Lüdke gesteht rund 80 Morde. Aber unterdessen hat Rossdorf seine Meinung geändert; man hat ihm klargemacht, das Volk wäre beunruhigt, wenn es erführe, daß ein arischer Massenmörder in Deutschland jahrelang ungestört gemordet hat. Der Fall Bruno Lüdke soll niedergeschlagen werden, für den Mord in Hamburg soll ein anderer büßen. Kerstens Bemühungen, wenigstens diesen Unschuldigen zu retten, bleiben erfolglos. Kersten wird zu einem Strafbataillon an die Ostfront versetzt, seine Freundin und Mitarbeiterin Helga Hornung (A. D.) flieht nach Schweden, Bruno Lüdke wird ohne Gerichtsverfahren »liquidiert«.

Ähnlich wie in Lorres *Der Verlorene* dient auch hier ein Fall von Rechtsbeugung als Argument gegen das NS-Regime. Aber Siodmaks Film ist weniger spektakulär, er ist realistischer und glaubwürdiger auch im Detail. Vieles trifft, so die zynische Bemerkung des Leiters der Mordkommission: »Täglich sterben an der Front Tausende, und ich verwalte hier einen Riesenapparat für ein paar kriminelle Einzelfälle!« Daneben gibt es freilich auch Mätzchen, wenn etwa in einer zerbombten Wohnung auf das Stichwort »Heil Hitler« der Rest der Decke herunterfällt. Insgesamt ist die Konstruktion der Handlung besser geraten als der Dialog, der gelegentlich Zeitatmosphäre durch Witzeleien beschwören will.

Gut in der Anlage und überzeugend verwirklicht sind vor allem die Figuren des Rossdorf und Bruno Lüdkes. Messemer spielt einen gebildeten, wohlerzogenen, fanatischen und durch diese Mischung eminent gefährlichen SS-Mann; Adorf ist ein tumber, beinah gutmütiger Massenmörder, der mit seinen Muskeln und seiner vom Gericht bestätigten Unzurechnungsfähigkeit prahlt.

Der Film hatte großen Erfolg. Er erhielt in der Bundesrepublik mehrere Preise und Auszeichnungen und errang auch einen der damals für die deutsche Filmproduktion besonders raren Festival-Preise (Regiepreis in Karlsbad).

Nachtwache

BRD 1949

R: Harald Braun; A: Harald Braun, Paul Alverdes; K: Franz Koch; D: Luise Ullrich, Hans Nielsen, Dieter Borsche, René Deltgen, Angelika Voelkner

Der evangelische Pfarrer Heger (H. N.) kommt mit seiner zehnjährigen Tochter Lotte (A. V.) nach Burgdorf und tritt dort eine neue Stelle an. Er lernt die Ärztin Cornelie (L. U.) kennen, die nach dem Tod ihres Kindes im Krieg den Glauben an Gott verloren hat. Ein herzliches Verhältnis findet Heger auch zu seinem katholischen Amtsbruder von Imhoff (D. B.). Von Imhoff lädt seinen Freund, den Schauspieler Gorgas (R. D.) ein, vor der Kirche den *Jedermann* zu spielen. Cornelie erkennt in Gorgas den Vater ihres toten Kindes, lehnt es aber ab, zu ihm zurückzukehren. Gorgas trifft die kleine Lotte auf einem Jahrmarkt und lädt sie in die Schiffschaukel ein. Lotte stürzt ab und stirbt. Nach Verzweiflung und Zweifel findet Heger in seinem Glauben die Kraft, Gorgas, der sich am Tod des Kindes schuldig fühlt, vom Selbstmord abzuhalten. An seinem Beispiel erkennt Cornelie, daß Glaube mehr ist als eine leere Formel.

Der mit Problemen überfrachtete, allzu sentimentale und pathetische Film ist für die Entwicklung des deutschen Films nicht ohne Bedeutung. Die *Nachtwache* erschien damals vielen Kritikern beispielhaft; und sie hatte auch beim Publikum einen sensationellen Erfolg. Dies wohl nicht zuletzt deshalb, weil hier eine private Lösung der Zeitprobleme verheißen wurde.

Nackt unter Wölfen

DDR 1963

R: Frank Beyer; A: Bruno Apitz nach seinem gleichnamigen Roman; K: Günter Marczinkowski; D: Erwin Geschonneck, Armin Mueller-Stahl, Fred Delmare, Gerry Wolff, Boleslaw Plotnicki

Als der Pole Zacharias Jankowski (B. P.) vom KZ Auschwitz in das KZ Buchenwald »überstellt« wird, bringt er in einem großen Koffer ein jüdisches Kind mit, dessen Eltern in Auschwitz ermordet worden sind und das er bis jetzt vor der SS verbergen konnte. Die Häftlinge Höfel (A. M.-S.) und Pippig (F. D.) verstecken das Kind vorläufig im Effektenlager. Aber Höfel spielt eine führende Rolle im illegalen Lagerkomitee. Darf er seine Arbeit, die für 50 000 Häftlinge lebenswichtig ist, wegen eines Kindes gefährden? Schweren Herzens beschließt Bochow (G. W.), der Leiter der illegalen Parteiorganisation der Kommunisten, daß Jankowski und sein Schützling mit dem nächsten Transport das Lager verlassen müssen. Doch der Lagerälteste Walter Krämer (E. G.) greift ein. Unterstützt von vielen anonymen Helfern, verbirgt er das Kind so lange, bis das Lager durch einen Aufstand der Häftlinge befreit wird.

Der Fall ist authentisch; das damals gerettete Kind lebt heute in Israel. Der Autor Bruno Apitz war selbst acht Jahre im Konzentrationslager Buchenwald. Das war eine Voraussetzung für realistische Wirklichkeitsnähe, die der Film fast durchgehend erreicht. Gelegentlich stört ein gewisses Pathos, das die Guten allzu gut erscheinen läßt. Den Eindruck des Dokumentarischen verstärkt die Mitwirkung von Schauspielern verschiedener Nationalität, die im Film alle ihre Muttersprache sprechen.

Dieser Fall wird übrigens auch von Andrzej Munk in seinem Film *Pasażerka* in einer kurzen Szene zitiert.

The naked city
Stadt ohne Maske / Die nackte Stadt

USA 1948

R: Jules Dassin; A: Albert Maltz und Malvin Wald nach einer Erzählung von Malvin Wald; K: William Daniels; D: Barry Fitzgerald, Howard Duff, Don Taylor, Dorothy Hart, Ted de Corsia

Die hübsche junge Anne Baxter wird ermordet in der Badewanne aufgefunden. Leutnant Muldoon (B. F.), der zusammen mit seinem Assistenten Halloran (D. T.) die Ermittlungen leitet, entdeckt bald, daß Anne zusammen mit ihrem Freund Frank Niles (H. D.) eine kleine Bande von Juwelendieben angeführt hat. Ein bekannter Arzt, der in Anne verliebt war, hatte die Tips für lohnende Raubzüge bei Partys und Empfängen gegeben. Unter den »Mitarbeitern« der Bande findet die Polizei schließlich auch den Mörder (T. d. C.), der auf der Flucht vor den Beamten von einer Brücke stürzt und stirbt.

Der Film verdankt seinen Ruf weniger der nicht sonderlich originellen Geschichte als vielmehr dem zupackenden Realismus der Inszenierung. Dassin drehte an den Originalschauplätzen, stellte dem Milieu der Reichen den Schmutz der Straßen gegenüber und zeichnete so, ohne die Spannung seiner Kriminalhandlung zu zerstören, gleichzeitig ein Porträt der Stadt New York.

Der Name der Rose

BRD/Italien/Frankreich 1985/86

R: Jean-Jacques Annaud; A: Andrew Birkin, Gérard Brach, Howard Franklin und Alain Godard nach dem gleichnamigen Roman von Umberto Eco; K: Tonino Delli Colli; D: Sean Connery, Christian Slater, Feodor Chaliapin jr., F. Murray Abraham, Michael Lonsdale, Volker Prechtel, Valentina Vargas, Helmut Qualtinger, Ron Perlman

Als alter Mann erinnert sich der Mönch Adson von Melk: Im Jahr 1327 kommt er (C. S.) als Adlatus des Franziskaners William von Baskerville (S. C.) in ein einsam gelegenes Benediktinerkloster. Hier soll in Kürze eine Disputation zwischen Franziskanern und päpstlichen Legaten über den Streit um Armutsgelübde und weltliche Machtansprüche der Kirche stattfinden. Doch vorläufig beunruhigen einige mysteriöse Todesfälle, Morde offenbar, das Kloster, und der Abt (M. L.) bittet William, den Täter zu suchen. Während dieser mit kriminalistischem Spürsinn und mit Adsons Hilfe tätig ist, taucht die päpstliche Delegation, zu der auch der Inquisitor Bernardo Gui (F. M. A.) gehört, im Kloster auf. Die Disputationen bleiben fruchtlos, aber Bernardo Gui gelingt es, drei »Ketzer« zu

»überführen«: die Mönche Remigio (H. Q.) und Salvatore (R. P.) und ein Mädchen (V. V.), mit dem Adson stumm, wie getrieben, eine Liebesnacht verbracht hat. Während schon die Scheiterhaufen angezündet werden, findet William im geheimnisvollen Labyrinth der Klosterbibliothek die Lösung des Kriminalfalles: den verschollen geglaubten zweiten Band der »Poetik« des Aristoteles, der von der befreienden Kraft des Lachens handelt. Der greise Bibliothekar Jorge de Burgos (F. C.), für den Lachen die Überwindung der Furcht ermöglicht und damit eine Gefahr für den Glauben bedeutet, hat dieses gefährliche Buch so präpariert, daß unbefugte Leser sich bei der Lektüre vergiften. Als Jorge und William sich gegenüberstehen, kommt es zu einem Handgemenge, bei dem die Bibliothek in Flammen aufgeht und der Bibliothekar den Tod findet. In dem entstehenden Tumult kann das Mädchen entfliehen, während Bernardo Gui von der aufgebrachten Menge in den Abgrund gestoßen wird. Noch einmal begegnen sich Adson und das Mädchen in einer öden Winterlandschaft. Doch Adson bleibt seinem Gelübde treu ...

Annaud hat aus dem dickleibigen Roman einen unterhaltsam-spannenden Film gemacht. Natürlich mußten viele der kunstvollen Abschweifungen und doppelbödigen Reflexionen Ecos und sogar ganze Motive der Vorlage bei der Umwandlung in einen gut zweistündigen Film auf der Strecke bleiben. Auch steht im Film die mittelalterliche Kriminalaffäre stärker im Vordergrund, die dem Roman eher nur als »roter Faden« diente. Aber Annaud hat den Roman nicht verraten. Was er nicht zeigen konnte, das wird in vielen Fällen wenigstens angedeutet; und durchgängig läßt der Film der Phantasie des Betrachters Zeit und Gelegenheit, in Gedanken weiter einzudringen in die Welt des Mittelalters, die hier mit unaufdringlicher Sorgfalt rekonstruiert wurde. Nur der Schluß, der die Vielschichtigkeit der Vorlage zugunsten einer »Erfüllungs-Dramaturgie« aufgibt, die auf (fast) alle Fragen der Zuschauer vorsorglich Antworten gibt, ist da ein wenig enttäuschend.

Nanook of the north Ⓢ
Nanuk, der Eskimo

USA 1920/21

R: Robert Flaherty; A: Robert Flaherty; K: Robert Flaherty; D: Nanook, Nyla und ihre Kinder

Der Film schildert das alltägliche Leben des Eskimos Nanook und seiner Familie. Flaherty hatte monatelang unter Eskimos gelebt und Eindrücke gesammelt, ehe er diesen Dokumentarfilm drehte. Anders als die meisten Dokumentaristen versuchte er dabei, das Typische im Detail, das Allgemeine im Individuellen einzufangen. So haben seine Filme zwar keine übliche Fabel, wohl aber Handlung und Hauptdarsteller. Hier schildert er das Leben Nanooks und seiner Familie auf einer Jagdwanderung, die damit endet, daß Nanook die erbeuteten Felle auf der Handelsstation gegen Lebensmittel und Gebrauchsgegenstände eintauscht.

Flaherty ist dabei nicht immer einer gewissen Romantisierung entgangen, was ihn in Gegensatz etwa zu dem engagierten Dokumentaristen John Grierson brachte, mit dem zusammen er später den Film *Industrial Britain* drehte. Folgerichtig bezeichnete er selbst als seinen »geistigen Sohn« den Franzosen Georges Rouquier (*Farrebique*, Farrebique 1945), der ebenfalls die Natur als »heile Welt« ansah, die den Menschen zwar fordert, die zu bezwingen und mit der sich eins zu fühlen aber schönster Lohn ist.

Napoléon Ⓢ
Napoleon

Frankreich 1926

R: Abel Gance; A: Abel Gance; K: Jules Kruger, L. H. Burel, Jean-Paul Mundwiller, Roger Hubert, Émile Pierre, Jean Lucas, Briquet, Monniot, Eyvinge, Bourgassef; D: Albert Dieudonné, Antonin Artaud, Pierre Batcheff, Abel Gance, Georges Lampin, Wladimir Roudenko

Auf der Militärakademie in Brienne wird der junge Napoleon (W. R.) erzogen. Er ist ein Einzelgänger, beweist aber bei einer Schneeballschlacht bereits Mut und militärisches Genie. Es folgt eine episodische Szene, in der Rouget de l'Isle erstmals die Marseillaise vorträgt und die Franzosen begeistert. Der erwachsene Napoleon (A. D.) wird in Korsika zum Tode verurteilt. Er flieht mit einem kleinen Boot, das als Segel die Trikolore gesetzt hat. Zur gleichen Zeit herrscht Aufruhr im Konvent: der Untergang der Girondisten. Napoleon trifft Joséphine de Beauharnais. Er übernimmt das Kommando über die italienische Armee.

Der Film blieb ein Torso, gleichsam nur das Vorspiel zu dem, was Gance vorschwebte. Aber dieses Vorspiel war 15000 Meter lang (rund 9 Stunden Laufzeit!), es wurde für die Uraufführung auf 5000 Meter und für die kommerzielle Auswertung auf 3000 Meter gekürzt. 1932 stellte Gance eine Tonfassung mit stereophonischem Ton her; 1955 wurde abermals eine neue Fassung herausgebracht.

Finanzier des Films war zunächst der deutsche Industrielle Hugo Stinnes. Nach seinem Tod wurden die Arbeiten unterbrochen. Dann verzichteten die Mitarbeiter auf ihre Gagen, um die Fertigstellung des Films zu ermöglichen, bis schließlich ein neuer Geldgeber gefunden wurde. Bekannte Schauspieler und Literaten traten in dem Film in kleinen Rollen auf: Antonin Artaud (Marat), Pierre Batcheff (Hoche), Jean d'Yd (La Bussière), Annabella (Violine Fleuri). Gance selbst spielte den Saint Just. Vor Beginn der Dreharbeiten hatte er alle Mitarbeiter angefeuert: »Dieser Film erlaubt euch, durch das Riesentor der Geschichte in den Tempel der Künste einzugehen! Ihr müßt in euch die Flamme, die Tollheit, die Kraft der Soldaten des großen Korsen wiederfinden.«

Die geforderte »Tollheit« und »Kraft« brachte besonders Gance selbst mit, der seinen Film mit unbändiger Begeisterung und ebensolchem Einfallsreichtum drehte. Er wollte vor allem die Zuschauer in das Geschehen einbeziehen; und um das zu erreichen, gab er seinen Kameras eine für die damalige Zeit ungeahnte Beweglichkeit. Ein großer Teil der Szenen wurde mit der »Handkamera« aufgenommen. An anderen Stellen wurde die Kamera auf Fahrräder und Pferderücken gesetzt, an Seile und Pendel gehängt, auf schiefe Ebenen gestellt.

Dem Sänger der Marseillaise schnallte Gance die Kamera vor die Brust, um den Rhythmus seines Atems auf die Zuschauer zu übertragen. Der meistzitierte Effekt dieses Films aber war die »dreifache Leinwand«, mit der Gance an zwei Stellen experimentierte – bei der Flucht von Korsika und beim Marsch der italienischen Armee. Die Korsika-Sequenz zeigt Napoleon mit seinem kleinen Boot in einem furchtbaren Sturm. Diese Szene erschien auf der mittleren Leinwand; und auf den beiden Seiten-Leinwänden wurde ihr symbolisch der »Sturm« im Konvent zugeordnet. Ähnlich benutzte Gance auch in den anderen Szenen die von ihm entdeckte Möglichkeit nicht einfach für eine Summierung der Effekte, sondern für eine sinnvolle Komposition.

Das Ergebnis dieses künstlerischen Kraftaktes, zu dem Arthur Honegger die Musik beisteuerte, war in der Tat überwältigend. Der Film war mit einem hervorragenden Sinn für Rhythmus geschnitten und ist in seiner suggestiven Eindringlichkeit zweifellos ein Höhepunkt der Filmgeschichte. Allerdings gab es auch kritische Stimmen: Moussinac rühmte zwar die technische Perfektion des Films, fand in seinem Drehbuch jedoch »faschistische Tendenzen«. Zu den großen Bewunderern des Films zählt Jean Mitry; für ihn war dies »der erste wahrhafte ›Ausdrucksgesang‹ der Leinwand«.

Abel Gance konnte sein ehrgeiziges Unternehmen nicht fortsetzen. Der Regisseur Lupu Pick ließ sich aber von seinem Szenarium zu dem Film *Napoleon auf St. Helena* (Deutschland 1929) anregen.

Nattvardsgästerna
Licht im Winter

Schweden 1962

R: Ingmar Bergman; A: Ingmar Bergman; K: Sven Nykvist; D: Gunnar Björnstrand, Ingrid Thulin, Max von Sydow, Gunnel Lindblom

Thomas (G. B.), der Pfarrer in einem kleinen schwedischen Dorf, hat nach dem Tod seiner Frau den Glauben an Gott verloren. Resigniert hält er vor einer Handvoll Kirchenbesucher Gottesdienst; teilnahmslos erduldet er die Lie-

besbezeugungen der unansehnlichen Lehrerin Marta (I. T.), mit der er ein Verhältnis hat. Und er versagt, als sich ihm eine wirkliche Aufgabe stellt: Die Frau (G. L.) des Fischers Persson (M. v. S.) bringt ihren Mann, der unter depressiver Angst vor der Atombombe leidet, zum Pfarrer. Aber Thomas kann dem Mann nicht helfen, weil er selbst hilflos ist. Persson erschießt sich wenig später draußen am Fluß. Am Ende des Films hält Thomas den Abendgottesdienst in einem Nachbardorf. Nur Marta sitzt in der Kirche, und Thomas spricht: »Heilig ist der Herr ...«
Beherrschendes künstlerisches Mittel des Films ist seine optische Askese. Bergman zeigt den Pastor in quälend langen Einstellungen beim Gottesdienst; Großaufnahmen vor weißen Wänden isolieren die Darsteller; die enge Sakristei, in der große Teile des Films spielen, wirkt wie ein Gefängnis. Von daher verliert der vieldeutige Schluß viel von dem optimistischen Aspekt, den der deutsche Titel (statt des Originaltitels *Abendmahlsgäste*) suggeriert. In der Verzweiflung des Pastors lebt vielleicht eher der Aufschrei »Mein Gott, warum hast Du mich verlassen?«, der das Schicksal des Ungläubigen zum Symbol machen könnte. *Nattvardsgästerna* ist der zweite Teil einer Art Trilogie, zu der noch die Filme *Såsom i en spegel* und *Tystnaden* gehören.

The navigator ⑤
Der Seefahrer / Buster Keaton, der Matrose / Die Kreuzfahrt der »Navigator« / Seefahrt tut not / Über, auf und unterm Wasser

USA 1924

R: Buster Keaton, Donald Crisp; A: Jean C. Havez, Joe A. Mitchell, Clyde Bruckman; K: Elgin Lessley, Byron Houck; D: Buster Keaton, Kathryn McGuire, Noble Johnson

Buster (B. K.) ist der Sohn reicher Eltern, von Dienstboten umgeben und unfähig, allein mit dem Alltag fertig zu werden. Durch einen Zufall gerät er mit seiner Braut, der lebenstüchtigen Betsy (K. MG.), auf einen Hochseedampfer, den Revolutionäre aus einem fremden Land mit Waffen und Munition beladen und dessen Trossen Geheimdienstagenten des gleichen Staates heimlich gelöst haben. Buster und Betsy schwimmen unversehens allein mit dem gefährlichen Schiff auf hoher See. Das Schiff strandet an einer Südsee-Insel, wo das Paar von Kannibalen überfallen wird. Nach aufregenden Kämpfen, bei denen Buster ungeahnte Fertigkeiten entwickelt, bleiben sie Sieger.
Ausgangspunkt des turbulenten Durcheinanders war für Keaton eine ganz reale soziale Situation. Er sagte, er habe die Idee gehabt, zwei Menschen auf einen verlassenen Dampfer zu bringen. Aber der Held habe diesmal kein armer Teufel sein dürfen, weil der sich mit Sicherheit zurechtgefunden hätte. So wurde Buster diesmal zum Millionärssohn.

Nazarin
Nazarin

Mexiko 1958

R: Luis Buñuel; A: Luis Buñuel und Julio Alejandro nach einem Roman von Benito Pérez Galdós; K: Gabriel Figueroa; D: Francisco Rabal, Rita Macedo, Marga López, Jesus Fernandez

Nazarin (F. R.) lebt als armer Priester zwischen Dirnen und Dieben. Er verzichtet auf persönlichen Besitz, und er beherbergt und pflegt wie selbstverständlich die Prostituierte Andara (R. M.), die in Notwehr einen Menschen getötet hat und dabei selbst verletzt worden ist. Als ihm wegen seines ungewöhnlichen Lebenswandels Untersuchung und Versetzung drohen, zieht er als Wanderprediger über Land. Unterwegs trifft er auf Andara und Béatriz (M. L.), die sich ihm anschließen und ihn für einen Wundertäter halten. Alle drei werden dann verhaftet. Nazarin wird nach Mißhandlungen durch einen Mitgefangenen allein zur Hauptstadt eskortiert. Unterwegs bietet eine Frau ihm eine Frucht an. Bescheiden will er ablehnen, doch dann nimmt er sie mit den Worten: »Gott wird Sie dafür belohnen!«
Der Film ist oft als Porträt eines beispielhaften »Urchristen« interpretiert worden. Zweifellos gehören Nazarin am ehesten die Sympathien Buñuels; heroisiert wird er jedoch nicht. Zu

spektakulär sind seine Mißerfolge: Als er für ein einfaches Mittagessen schwere Arbeit verrichten will, empören sich die übrigen Arbeiter, weil er ihnen die Löhne verdirbt; als er einem pestkranken Mädchen vor dem Tod christlichen Beistand anbietet, verlangt sie nur nach ihrem Freund; am Lager eines kranken Kindes bemerkt er selbst realistisch, das Kind brauche keine Gebete, sondern einen Arzt – und ausgerechnet die Genesung dieses Kindes wird ihm von seinen Begleiterinnen als Wunder ausgelegt. Die These lautet eher wie in mehreren Filmen Buñuels, daß auch die bestgemeinte Caritas nichts hilft, wenn die sozialen Verhältnisse nicht geändert werden. So gerät Nazarin fast in die Nähe Don Quijotes: Er kämpft gegen Windmühlenflügel, für eine Illusion. Und er erkennt die Realität an in der brüderlichen Geste, mit der er am Schluß selbst ein Almosen entgegennimmt.

Nebo naschewo detstwa / Pastbistsche Bakaja
Himmel unserer Kindheit / Die Weiden des Bakai

UdSSR 1966

R: Tolomusch Okejew; A: Kadyrkul Omurkulow, Tolomusch Okejew; K: Kadyrschan Kydyralijew; D: Mouratbek Ryskulow, Aliman Schankorossowa, Nasret Dubaschow, S. Schumadylow

Durch den Bau einer neuen Straße wird der alte Hirt Bakai (M. R.) von seinen angestammten Weideplätzen vertrieben. Sein Schwiegersohn Alym (S. S.) und sein jüngster Sohn Kalyk (N. D.) begrüßen die Neuerungen, während Bakai die alten Traditionen fortführen möchte. Dazu gehört auch, daß der jüngste Sohn eines Tages seine Herde und den Hirtenstab übernehmen soll, anstatt in die Stadt zur Schule zu gehen. Aber die Straße wird gebaut, der Sohn geht in die Stadt; und auch Bakai sieht ein, daß man das Neue nicht aufhalten kann.
Ein Film aus Kirgisien, vom dortigen Kirgis-Film-Studio produziert. Wie viele andere Filme aus den ehemaligen fernöstlichen Sowjetrepubliken behandelt er die Verwandlung der Landschaft und die Veränderung der Gesellschaftsstrukturen durch die Industrialisierung und Modernisierung. Regisseur Okejew demonstriert zwar die Notwendigkeit von Veränderungen, zeigt aber Respekt für diejenigen, denen der Abschied von geheiligten Traditionen schwerfällt. Auch stilistisch ist der Film typisch. Er erzählt seine Geschichte ohne übertriebene dramatische Akzente in einem bedächtigen Rhythmus. Er zeigt den tagelang anhaltenden Regen, die Herden, das Auf- und Abbauen der Jurten. Aus der Summe dieser Beobachtungen wächst das Verständnis für die Denkweise der handelnden Personen.

Neobytschainyje prikljutschenija Mistera Westa w strane bolschewikow ⑤
Die seltsamen Abenteuer des Mr. West im Lande der Bolschewiki

UdSSR 1924

R: Lew Kuleschow; A: Nikolai Asejew, Wsewolod Pudowkin; K: Alexander Lewitzky; D: Porfiri Podobed, Boris Barnet, Wsewolod Pudowkin, Alexandra Chochlowa

Der amerikanische Geschäftsmann Mr. West (P. P.) entschließt sich eines Tages zu einer Reise in die Sowjetunion. Durch Bildberichte in amerikanischen Zeitungen gewarnt, in denen die Bolschewiki als fellbehangene Wilde dargestellt werden, nimmt er den Cowboy Jeddy (B. B.) zu seinem persönlichen Schutz mit. In Moskau bringen ihn gerade seine klischeehaften Vorurteile schnell in Schwierigkeiten. Schban (W. P.) und seine Gaunerbande geben sich als politisch Verfolgte aus, um ihm das Geld aus der Tasche zu ziehen. Schließlich organisieren die Gauner eine »Razzia«, bei der West von angeblichen Kommissaren verhaftet und von einem fingierten »Revolutionsgerichtshof« zum Tode verurteilt wird. Die Befreiung soll ihn den Rest seines Bargeldes kosten. Doch der treue Jeddy, der sich längst akklimatisiert hat, kann seinen Herrn mit Hilfe eines echten Kommissars retten.
Ein amüsanter Film, der Unterhaltsamkeit auf intelligente Weise und mit spezifisch filmischen Mitteln erzielt. Kuleschow verspottet

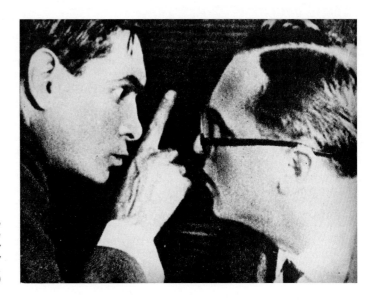

Neobytschainyje prikljutschenija Mistera Westa w strane bolschewikow (Wsewolod Pudowkin, Porfiri Podobed)

ausländische Klischeevorstellungen vom Bolschewismus, indem er sie mit dem gleichermaßen überzeichneten Bild eines »Yankee« konfrontiert, der die »Stars and Stripes« der amerikanischen Flagge sogar noch als Sockenmuster trägt. Formal imitiert, variiert und parodiert Kuleschow hier die Stilmittel des amerikanischen Abenteuerfilms.

Pudowkin, der an diesem Film als Darsteller, Co-Autor und Architekt mitwirkte, rühmte nach seiner Zusammenarbeit mit Kuleschow: »Er war der erste, der vom ABC des Films sprach.«

Die Nibelungen (I und II) Ⓢ
(I. Teil: *Siegfried*; II. Teil: *Kriemhilds Rache*)

Deutschland 1923/24

R: Fritz Lang; A: Thea von Harbou, Fritz Lang; K: Carl Hoffmann, Günther Rittau, Walter Ruttmann (für die Falkentraum-Sequenz); D: Paul Richter, Margarete Schön, Hanna Ralph, Theodor Loos, Hans Carl Müller, Erwin Biswanger, Bernhard Goetzke, Hans Adalbert Schlettow, Rudolf Klein-Rogge, Fritz Alberti

I. Teil: Siegfried (P. R.) hat bei Mime das Schmiedehandwerk gelernt und dabei schließlich sogar seinen Lehrer überflügelt. Als Mime ihn entläßt, hört er einen Knecht die Schönheit Kriemhilds (M. S.) rühmen und entschließt sich spontan, sie zu gewinnen. Unterwegs tötet er einen Drachen und badet in seinem Blut. In Worms wird er von Kriemhilds Brüdern Gunther (T. L.), Gernot (H. C. M.) und Giselher (E. B.) freundlich aufgenommen, obwohl Hagen (H. A. S.) die Könige vor ihm gewarnt hat. Um Kriemhild zu gewinnen, hilft Siegfried im Schutz seiner Tarnkappe dem König Gunther, Brunhild (H. R.) zu freien und sie in der Hochzeitsnacht zu besiegen. Als Brunhild durch eine unbedachte Bemerkung Kriemhilds davon erfährt, stachelt sie Gunther durch Lügen zum Mord an Siegfried an, den Hagen schließlich ausführt. Brunhild tötet sich an Siegfrieds Totenbahre, Kriemhild löst sich von ihren Brüdern und schwört Rache.

II. Teil: Kriemhild wird die Frau des Hunnenkönigs Etzel (R. K.-R.); aber bevor sie ins Hunnenland zieht, versenkt Hagen den Nibelungenhort, den Siegfried einst dem Zwergenkönig Alberich abgenommen hatte, im Rhein. Auf Kriemhilds Betreiben lädt Etzel die Burgundenkönige nach Jahren an seinen Hof.

Während eines Festes läßt Kriemhild das Gefolge der Burgunden überfallen. Es kommt zu einem erbitterten Kampf, der erst endet, als Dietrich von Bern (F. A.) die beiden letzten überlebenden Burgunden, Gunther und Hagen, gefesselt vor Kriemhild führt. Sie läßt Gunther töten und erschlägt Hagen eigenhändig, weil er ihr nicht sagen will, wo der Nibelungenhort versenkt ist. Voller Empörung tötet Hildebrand, der Waffenmeister Dietrichs von Bern, die Königin. Mit ihrer Leiche auf dem Arm geht Etzel in den brennenden Palast und wird von den Trümmern begraben.

Fritz Lang wollte – nach eigenen Worten – in diesem zweiteiligen Film vier verschiedene Welten schildern: die »überfeinerte Kultur« der Burgundenkönige, die »gespensterhaft-elfische« Welt des jungen Siegfried, die »bleiche, eisige Luft« im Isenland Brunhilds, und die Welt Etzels, »des Asiaten«. Dabei verwandte er für Isenland und besonders für Worms eine streng ornamentale Stilisierung. Nicht Menschenmassen, sondern riesige Bauten (Otto Hunte, Erich Kettelhut, Karl Vollbrecht) beherrschen die Leinwand. In kahlen Hallen oder vor großflächigem Hintergrund ordnete er die Menschen mit Vorliebe in symmetrischen Formationen, er kleidete sie in Gewänder, die sie fast wie Statuen erscheinen ließen. Und so statuarisch filmte er sie auch. So scheinen die Menschen verloren, einem unerbittlichen Schicksal ausgeliefert, das sich dann auch im zweiten Teil erfüllt. Im Isenland bemühte sich Lang um eine ähnliche Stilisierung mit riesigen kantigen Lavablöcken und düsteren Schatten. Typisches Beispiel für Langs Stilwillen: Den Wald, durch den Siegfried reitet, ließ er aus Gips im Atelier bauen.

Die Nibelungen: Siegfried (Paul Richter)

Die Welt der Hunnen und des Zwergenkönigs Alberich ist dagegen formlos, diffus. Die Hunnen hausen in »Wohnhöhlen«, schleichen geduckt durchs Bild und wirken – mit Ausnahme ihres Königs – allesamt gespensterhaft, unterirdisch. Es ist sicher kein Zufall, daß Mime, Alberich und Etzels Bruder Blaodel von dem gleichen Schauspieler (Georg John) gespielt wurden.

So unterscheiden sich beide Teile erheblich. Der erste ist statisch, monumental; hier ist fast jede Einstellung ein sorgsam kalkuliertes »schönes Bild«. Der zweite Teil ist chaotischer, dynamischer, voller Aktion, Bewegung und Blut. Im »Dritten Reich« wurde der erste Teil unter dem Titel *Siegfrieds Tod* in einer Tonfassung (1933) vorgeführt; den zweiten Teil beließ man im Archiv. 1966 wurden *Die Nibelungen* in der Bundesrepublik – ebenfalls in zwei Teilen – neu verfilmt. Unter der Regie von Harald Reinl spielten der Hammerwerfer Uwe Beyer den Siegfried, Maria Marlow die Kriemhild, Siegfried Wischnewski den Hagen. Herausgekommen ist dabei ein Abenteuerspektakel von zweifelhaftem Schauwert.

Nicht versöhnt

BRD 1965

R: Jean-Marie Straub; A: Jean-Marie Straub und Danièle Huillet nach dem Roman *Billard um halbzehn* von Heinrich Böll; K: Wendelin Sachtler, Gerhard Ries, Christian Schwarzwald, Jean-Marie Straub; D: Henning Harmssen, Heinrich Hargesheimer, Chargesheimer, Martha Ständner, Heiner Braun, Ulrich von Thüna, Ulrich Hopman, Ernst Kutzinski, Joachim Weiler

Die Geschichte der Familie Fähmel. Der Architekt Heinrich Fähmel hat als junger Mann (C.) eine Benediktinerabtei gebaut und ist dadurch berühmt geworden. Sein Sohn Robert (U. H.) wird als Schüler durch seinen Freund Schrella (E. K.) in eine Verschwörung gegen den nationalsozialistischen Lehrer Vacano und ihren Schulkameraden Nettlinger gezogen. Fähmel und Schrella fliehen nach Holland; aber Fähmel kann nach zwei Jahren auf Grund der Beziehungen seiner Familie zurückkehren. Im Krieg sprengt Robert Fähmel (H. H.) als »Experte« die Abtei in die Luft, die sein Vater gebaut hat; Roberts Sohn Joseph (J. W.) wird sie wieder aufbauen. Nach dem Krieg kehrt auch Schrella (U. v. T.) in die Heimat zurück. Er wird verhaftet, weil sein Name noch auf der Fahndungsliste steht. Nettlinger (H. B.), der inzwischen höherer Beamter im Ministerium ist, holt ihn aus dem Gefängnis und möchte eine Kameraderie herstellen, die Schrella ablehnt. Heinrich Fähmels Frau Johanna (M. S.), die das Unrecht der NS-Zeit geistig nicht verarbeiten konnte, schießt bei einem Festakt auf einen der »Mörder von einst«, die heute wieder oben sind.

Straub hat den verschachtelten, an vielfältigen Details reichen Roman in seinem nur gut 50 Minuten langen Film auf das Wesentliche zu reduzieren versucht. Geblieben ist der Kern des Romans, die These, daß es keine Versöhnung geben kann, solange Schuld nicht angenommen wird. Straub hat seinen Film so inszeniert, daß der Zuschauer gezwungen wird, Handlungselemente zu ergänzen, Situationen auszumalen, den Film gleichsam erst im eigenen Bewußtsein fertigzustellen. Das macht freilich das Verständnis schwierig, zumal Straub einen asketischen Bildstil bevorzugt, Laien als Darsteller einsetzt und sie zu einer durchaus laienhaften, eintönigen Sprechweise anhält.

Autor und Verleger waren von Straubs Interpretation so betroffen, daß es zu einer gerichtlichen Auseinandersetzung kam, die mit einem Vergleich endete. Bei einer ersten Aufführung während der Berliner Filmfestspiele erntete der Film den Hohn und Spott der deutschen Filmkritiker.

Aber viele dieser Kritiker von einst wandelten sich bald zu hymnischen Fürsprechern. Jetzt war die »rissige Oberfläche« des Films für sie ein Kunstmittel, die emotionale Identifikation zu verhindern, die oftmals verwirrende Handlung ein notwendiger Denkanstoß, die laienhafte Sprechweise Mittel zum Zweck, »physische Präsenz« zu erreichen.

Demgegenüber stehen auch heute noch Gegner des Films, für die das von Straub konsequent verwirklichte Stilprinzip eine Sackgasse ist. Stärker als bei anderen Regisseuren haben sich am Beispiel Straub die Meinungen der Kritiker schier unversöhnlich polarisiert.

Niemandsland

Deutschland 1931

R: Victor Trivas; A: Victor Trivas nach einer Idee von Leonhard Frank und Victor Trivas; K: Alexander Lagorio, Georg Stilianudis; D: Ernst Busch, Wladimir Sokoloff, Hugh Stephens Douglas, Louis Douglas, Georges Péclet

In einer Ruine im Niemandsland an der Westfront treffen fünf Soldaten aufeinander: ein Deutscher (E. B.), ein Engländer (H. S. D.), ein Franzose (G. P.), ein Afrikaner (L. D.) und gleichsam »der unbekannte Soldat« (W. S.), einer, der durch einen Schock seine Sprache verloren hat. Nur kurz kommen Aggressionen und Meinungsverschiedenheiten auf. Der Afrikaner, ein Artist, der in vielen Ländern gearbeitet hat, betätigt sich als Dolmetscher; und die ehemaligen Feinde erkennen sehr bald den gemeinsamen Wunsch nach Frieden. Als die Ruine unter Beschuß genommen wird, weil beide feindlichen Seiten in ihr verdächtiges Leben beobachtet haben, arbeiten alle gemeinsam an primitiven Schutzvorrichtungen. Gemeinsam kriechen sie dann aus ihrem Erdloch und schlagen einen Drahtverhau zusammen.
Der Drahtverhau wird hier zum Symbol des Kriegerischen, des Trennenden; die karge Handlung hat eigentlich nur Beweis-Charakter. Sie soll zeigen, wie schnell menschliches Verständnis entsteht, wenn man die gegenseitigen Erwartungen und Bedürfnisse versteht. Der Film will allerdings nicht nur an das Gefühl, sondern auch an die Einsicht appellieren. In einer sehr langen Einleitungsmontage sieht man die fünf Soldaten im Privatleben vor dem Krieg. Hier werden Zeichen gesetzt, wenn der Franzose in einer Schießbude auf Soldaten zielt oder der Deutsche seinem Kind eine Spielzeugkanone bastelt. Eine entlarvende Szene ist auch der Abschied des Deutschen. Bedrückt und mit gesenktem Kopf geht er mit Frau und Kind zur Kaserne. Dann ertönt von fern Marschmusik – die Köpfe heben sich, der Gang wird straffer, und schließlich marschiert die ganze Familie im gleichen Schritt und Tritt.
Niemandsland ist einer der wenigen pazifistischen Filme, die in der Weimarer Republik gedreht wurden; nach der Machtergreifung der Nationalsozialisten wurde er bald verboten.

The night of the hunter
Die Nacht des Jägers

USA 1955

R: Charles Laughton; A: James Agee nach dem gleichnamigen Roman von Davis Grubb; K: Stanley Cortez; D: Robert Mitchum, Shelley Winters, Lillian Gish, Peter Graves, Billy Chapin, Sally Jane Bruce

Ben Harper (P. G.) wird zum Tode verurteilt, weil er bei einem Bankraub zwei Angestellte erschossen hat. Die Beute, 10 000 Dollar, hat er heimlich seinem zehnjährigen Sohn John (B. C.) gegeben; sie sind in der Puppe von Johns Schwester Pearl (S. J. B.) versteckt. Seine letzten Lebenstage verbringt Harper in seiner Zelle gemeinsam mit dem zwielichtigen Wanderprediger Harry (R. M.), der vergeblich das Versteck der Beute von ihm zu erfahren sucht. Nach Harpers Hinrichtung wird Harry entlassen. Er sucht Harpers Witwe (S. W.) auf, gewinnt ihr Vertrauen, heiratet sie – und ermordet sie, als er merkt, daß sie das Versteck des Geldes nicht kennt. Dann quält er die Kinder so lange, bis Pearl es ihm verrät. Aber die Kinder können entkommen und werden nach einer alptraumhaften Flucht von Rachel (L. G.), einer resoluten alten Frau, aufgenommen. Als Harry ihre Spur entdeckt, verteidigt Rachel die Kinder mit einem Gewehr so lange, bis Hilfe kommt und Harry überwältigt wird.
Die einzige Regie-Arbeit des Schauspielers Charles Laughton ist ein eigenwilliger, manchmal monströser, aber immer faszinierender Film. Laughton bedient sich mancher Stilmittel der Stummfilmzeit, setzt weniger auf vordergründige Aktion, sondern kostet Gefühle und Stimmungen aus. Dabei gelingen ihm Bilder von naiver Schönheit und düsterer Kraft, so etwa die Flucht der Kinder in einem Ruderboot auf dem nächtlichen Fluß, wobei der Prediger – gegen den drohenden Nachthimmel aufgenommen – ihnen eintönig psalmodierend zu Pferde folgt. Sein Wahnsinn wird zur dä-

monischen Besessenheit, die die Handlung wie Gift durchdringt. Die heile Welt Rachels – mit einer Bilderbuch-Weihnacht und rieselndem Schnee – steht als Zeichen für ein verlorenes Paradies der Unschuld.

Night on earth
Night on Earth

USA 1991

R: Jim Jarmusch; A: Jim Jarmusch; K: Frederick Elmes; D: Winona Ryder, Gena Rowlands, Giancarlo Esposito, Armin Mueller-Stahl, Isaach De Bankolé, Béatrice Dalle, Roberto Benigni, Paolo Bonacelli, Matti Pellonpää

Fünf Episoden, die sich zur gleichen (Welt-)Zeit in fünf verschiedenen Städten in einem Taxi abspielen. – Los Angeles, 19.07 Ortszeit: Die flapsige Corky (W. R.) fährt eine elegante Besetzungsagentin (G. R.) vom Flughafen nach Beverly Hills. Die Karrierefrau demonstriert Streß und Liebeskummer, die Taxifahrerin bleibt cool. Und ebenso cool lehnt sie am Ende der Fahrt ein Angebot der Agentin ab, ihr eine Chance als Schauspielerin zu verschaffen. – New York, 22.07 Ortszeit: Yo-Yo (G. E.) gerät in das Taxi von Helmut (A. M.-S.), der ein lausiger Fahrer ist, die Stadt nicht kennt und mit schrecklichem deutschen Akzent radebrecht. Dennoch werden sich die beiden sympathisch, und schließlich übernimmt Yo-Yo das Steuer, um einerseits heil ans Ziel zu kommen und andererseits Helmut die Tour nicht zu vermasseln. – Paris, 4.07 Ortszeit: Ein farbiger Taxifahrer (I. D. B.) wirft zwei angeheiterte schwarzafrikanische Diplomaten aus dem Wagen, weil sie rassistische Witze machen. Anschließend fährt er eine blinde Frau (B. D.) und ist fasziniert, wie sie die Umwelt erkennt, ohne sie zu sehen. Leider lenkt ihn seine Faszination so sehr ab, daß er einen Unfall verursacht. – Rom, 4.07 Ortszeit: Ein Taxifahrer (R. B.) beichtet seinem Fahrgast, einem Priester (P. B.), bei halsbrecherischer Fahrt seine sexuellen Obsessionen, die von Kürbissen bis zur Frau seines Bruders reichen. Der asthmatische Priester stirbt vor Entsetzen an einem Herzanfall und wird von dem schokkierten Fahrer am Straßenrand deponiert. – Helsinki, 5.07 Ortszeit: Zwei Männer klettern mit einem sinnlos betrunkenen Kumpel in ein Taxi. Dem Fahrer (M. P.) erklären sie, daß der unglückliche Säufer soeben sein neues Auto und seine Arbeit verloren habe, seine minderjährige Tochter sei schwanger, und seine Frau habe ihn aus der Wohnung geworfen. Der Taxifahrer bringt sie zum Schweigen, indem er vom Tod seines neugeborenen Kindes erzählt. Am Ende wird der Betrunkene vor seiner Wohnung abgesetzt. Dort sitzt er verloren im Schnee, während seine Nachbarn an ihm vorbei zur Arbeit gehen.

Jarmusch hatte sicherlich nicht vor, mit dieser Konstruktion globale Konflikte zu bewältigen. Er zeigt vielmehr in anekdotischer Verkürzung menschliche Probleme, Konflikte und Schwächen auf und fängt mit wenig Aufwand auch noch erstaunlich viel Lokalkolorit ein. So entsteht ein sehr stimmungsvoller, nachdenklich-unterhaltsamer Komödienreigen – auch wenn in Paris ein wenig zu sehr »poetisiert« wird und in Rom Benigni sich zu sehr in den Vordergrund spielen will.

Ningen no joken (I)
Barfuß durch die Hölle

Japan 1958

R: Masaki Kobayashi; A: Zenzo Matsuyama und Masaki Kobayashi nach Band 1 und 2 eines Romans von Jumpei Gomikawa; K: Yoshio Miyajima; D: Tatsuya Nakadai, Michiyo Aratama, So Yamamura

Erster Teil einer Trilogie, deren folgende Teile unter den Titeln *Zoku ningen no joken* und *Ningen no joken (III)* herauskamen. Der Ingenieur Kaji (T. N.) meldet sich freiwillig zum Arbeitseinsatz in der von Japan annektierten Mandschurei, weil er keinen Kriegsdienst mit der Waffe leisten will. Aber dort, im besetzten Land, herrschen Willkür und Terror. Vergeblich versucht Kaji, seine persönliche Integrität zu bewahren und durch individuelle Maßnahmen die Verhältnisse zu bessern. Unbeabsichtigt wird er zum »Märtyrer«, als man

Ningen no joken (I)
(Shinji Nambara, Toru Abe)

ihn zwingt, bei der Massenhinrichtung gefangener Chinesen zuzuschauen. Er protestiert gegen das Unrecht, stimuliert dadurch die Gefangenen zu einem Aufruhr, der die Hinrichtung tatsächlich verhindert, und erhält seinen Stellungsbefehl.

Ningen no joken (III)
... und dann kam das Ende

Japan 1960

R: Masaki Kobayashi; A: Zenzo Matsuyama und Masaki Kobayashi nach Band 5 und 6 eines Romans von Jumpei Gomikawa; K: Yoshio Miyajima; D: Tatsuya Nakadai, Taketoshi Naito, Keijiro Morozumi

Dritter Teil einer Trilogie, deren erste Teile unter den Titeln *Ningen no joken (I)* und *Zoku ningen no joken* erschienen sind.
Kurz vor der japanischen Kapitulation versuchen die versprengten Reste der Kwantung-Armee, sich nach Korea durchzuschlagen. Unter ihnen ist auch Kaji (T. N.). Endlich hat er begriffen, daß die alten Ideale nichts taugen. Er verhindert die Exekution einiger »Deserteure«, und im Gefangenenlager protestiert er gegen einen Offizier, der in einer Ansprache die »Ehre des Vaterlandes« beschwört. Aber er gerät in neue Schwierigkeiten. Ein Soldat, den er einmal zusammengeschlagen hat, weil der andere ein Mädchen vergewaltigt hatte, ist im Lager zum »Aufseher« avanciert und benützt seine Stellung, um sich an Kaji zu rächen. Kaji tötet den Aufseher, flieht und stirbt auf der Flucht.

»Kaji ist Unterdrückter und Unterdrücker zugleich. Am Ende muß er einsehen, daß er dem Schicksal des Unterdrückten nicht entgehen kann, ohne selbst ein Unterdrücker zu werden« (Masaki Kobayashi).

Man hat dem Film vorgeworfen, er versage seinem Helden allzu lange die Einsicht, daß man aktiv gegen das Unrecht kämpfen müsse; aber gerade durch diese Zurückhaltung erreicht Kobayashi diese Einsicht vermutlich beim Zuschauer. Denn die Schwäche von Kajis Position wird nie verschwiegen. Besonders im ersten Teil wirken seine Aktionen seltsam hilflos vor dem Hintergrund des allgemeinen Terrors. Im zweiten, filmisch geschlosseneren Teil dominiert das Grauen des Krieges, das jedoch nicht in der Art eines aufwendigen Spektakels, sondern vorwiegend in bezeichnenden Details und Großaufnahmen eingefangen wird. Der dritte Teil bringt dann Einsicht und Untergang des Helden.

Ninotchka
Ninotschka

USA 1939

R: Ernst Lubitsch; A: Charles Brackett, Billy Wilder und Walter Reisch nach einer Idee von Melchior Lengyel; K: William Daniels; D: Greta Garbo, Melvyn Douglas, Bela Lugosi, Sig Rumann, Felix Bressart, Alexander Granach, Ina Claire

Kommissar Razinin (B. L.) erhält schlechte Nachrichten über seine Sendboten Iranoff (S. R.), Buljanoff (F. B.) und Kopalski (A. G.), die in Paris die Juwelen der Großfürstin Swana (I. C.) verkaufen sollen. Sie sind dem westlichen Lotterleben verfallen und schlagen gar vor, die in Paris lebende Großherzogin mit 50 Prozent am Erlös zu beteiligen, da sie durch ihren Geliebten, Graf Leon (M. D.), Ansprüche geltend gemacht habe. Razinin schickt Ninotchka (G. G.), seine beste Agentin, nach Paris. Ninotchka geht mit den drei wankelmütigen Genossen hart ins Gericht; doch dann begegnet sie zufällig dem Grafen Leon und verliebt sich in ihn – ohne zu wissen, wer er ist. Als sie es erfährt, ist es auch schon zu spät. Ein Diener hat den Safe, den sie aus Versehen offengelassen hat, geplündert und die Juwelen zu Swana gebracht. Diese erpreßt Ninotschka kurzerhand: Leon oder die Juwelen. Das Pflichtbewußtsein siegt, die Heimat braucht Devisen. Ninotschka erhält die Juwelen zurück und reist schnurstracks mit den Genossen in die Sowjetunion. Monate sind vergangen, als Kommissar Razinin erneut unangenehme Nachricht erhält: Die Genossen Iranoff, Buljanoff und Kopalski erregen in der Türkei durch ständige Trunkenheit Aufsehen. Wieder muß Ninotschka nach dem Rechten sehen. Doch diesmal kommt alles anders: Die drei Genossen wollen nicht mehr in die Heimat zurück; sie haben ein russisches Restaurant eröffnet, in dem Leon auf seine Ninotschka wartet.

An die Stelle der Fürstentümer vom Balkan und ihrer schneidigen Offiziere setzte Lubitsch hier die Sowjetunion und ihre Kommissare. Sein Rezept blieb fast das gleiche: Historie im Kleinformat als Vehikel komischer Verwicklungen und treffsicheren Spotts. Sein Film ist leichthändig inszeniert und einfallsreich vor allem in den skurrilen Randtypen, während die Garbo und Melvyn Douglas ein wenig zu sehr »Starkomödie« spielen.

Ninotchka
(Alexander Granach,
Greta Garbo,
Felix Bressart,
Sig Rumann)

Das Drehbuch wurde später zu einem Broadway-Musical umgearbeitet und dann als Musical erneut verfilmt: *Silk stockings* (Seidenstrümpfe, USA 1957) mit Cyd Charisse und Fred Astaire unter der Regie von Rouben Mamoulian.

Nju Ⓢ

Deutschland 1924

R: Paul Czinner; A: Paul Czinner nach dem gleichnamigen Schauspiel von Ossip Dymow; K: Reimar Kuntze, Axel Graatkjaer; D: Elisabeth Bergner, Emil Jannings, Conrad Veidt

Nju (E. B.), eine sensible junge Frau, ist von ihrer bürgerlichen Ehe enttäuscht. Als sie einen jungen Schriftsteller (C. V.) kennenlernt, verliebt sie sich besinnungslos in ihn und verläßt seinetwegen ihren Mann (E. J.). Doch das Verhältnis zu dem Geliebten gerät bald in die gleichen ausgefahrenen Gleise. Nju verläßt auch ihren Geliebten und begeht, als sie ihren Mann in Begleitung einer »Nachfolgerin« sieht, verzweifelt Selbstmord.

Der Film hat sein Thema in geschickter Zurückhaltung behandelt. Nur in bezeichnenden Andeutungen wird die bürgerliche Eintönigkeit von Njus Ehe geschildert. Das erneute Scheitern belegt Czinner vornehmlich durch die Gleichartigkeit beiläufiger Gesten, die den romantischen Liebhaber als Bruder im Geiste des bürgerlichen Ehemannes entlarven.

No country for old men
No country for old men

USA 2006

R: Joel und Ethan Coen; A: Joel und Ethan Coen nach einem Roman von Cormac McCarthy; K: Roger Deakins; D: Tommy Lee Jones, Javier Bardem, Josh Brolin, Woody Harrelson, Kelly Macdonald, Garret Dillahunt, Tess Harper, Barry Corbin

Ein texanisches Provinznest an der Grenze zu Mexiko. Llewelyn Moss (Jo. B.), ein einfacher, etwas machohafter Vietnamveteran, lebt mit seiner Frau Carla Jean (K. M.) in einem bescheidenen Heim. Eines Tages entdeckt der Gelegenheitsjäger im weiten Wüstengelände neben einem Transporter mehrere Leichen. Im Wagen ruft ein schwer verletzter Mann nach Wasser, auf der Ladefläche befinden sich eine große Ladung Heroin und ein Koffer mit zwei Millionen Dollar. Zu Hause versteckt Llewelyn das gestohlene Geld und schickt seine Frau mit einer Ausrede zu ihrer Mutter. Doch der Diebstahl beschwört eine Kettenreaktion der Gewalt herauf. Von Gewissensbissen geplagt, kehrt Llewelyn an den Fundort zurück und gerät prompt ins Visier der Drogendealer. Denn auch der ausgebrochene Gewaltverbrecher Anton Chigurh (Ja. B.) ist auf der Suche nach dem Geld und verfolgt seine Spur unerbittlich. Wie ein Racheengel aus dem Alten Testament schwingt er sich mit zynischen Fragen und Launen zum Herrn über Leben und Tod auf und hinterläßt auf seinem Weg eine Blutspur. Während Llewelyn dem Verfolger entkommen will, fürchtet der desillusionierte Sheriff Bell (T. L. J.) ein Ende mit Schrecken und will den Flüchtigen retten. In Mexiko kommt es schließlich zum Showdown, bei dem auch ein in Diensten der Versicherung stehender Killer (W. H.) mit von der Partie ist ... Bei einem Besuch seines Onkels Ellis (B. C.) in der Einöde erfährt Sheriff Bell voller Wehmut unbequeme Wahrheiten aus der eigenen Kindheit. Und mit einem pensionierten Kollegen beklagt er die unsichere neue Zeit, die alle Menschen verändert.

Die Post-Western-Atmosphäre mit ihren einsamen Landschaften dient den Coen-Brüdern als lakonische Folie für den Abgesang auf einen beschaulichen, durch den Ehrenkodex geregelten Western. Der Einzug des gnadenlosen Überlebenskampfes erscheint dabei als neue Qualität der Gewalt, der alltäglichen Hölle. Mit dieser Entwicklung, die alle Bereiche des öffentlichen wie privaten Lebens erfaßt, geht der Verlust der Hoffnung einher. Die Probleme mit Drogen und Gewalt beschäftigen 1980 nun auch die scheinbar sicheren Provinzstädtchen, wie sie Erfolgsautor Cormac McCarthy in seiner Romanvorlage beschreibt.

Dieser tragikomische Thriller trieft von schwarzem, hintergründigem Humor. Die drei männlichen Protagonisten werden damit trefflich charakterisiert: der nach seinem Armeedienst zum Verlierer mutierte Lebenskünstler, der sich weniger aus Geldgier als wegen der Chance auf ein glückliches Leben mit seiner Frau auf das Verbrechen einläßt; der unberechenbare Psychopath mit einem abgrundtiefen Zynismus und der Gesetzeshüter von altem Schrot und Korn, der die Verbrecher zu Pferd jagt und seine Zeit abgelaufen sieht. *No country for old men* erzählt eine Parabel voller Anspielungen mit christlich-moralischen Symbolen im Gewand des melancholischen Western, dem man die Nostalgie, die Wehmut überall ansieht. Themen wie Schuld und Sühne, Verbrechen und Erlösung korrespondieren mit historisch-politischen Diagnosen nach dem Zweiten Weltkrieg, nach dem Vietnam-Trauma, mit der Drogen- und Migrationsproblematik.

Kameramann Roger Deakins gestaltet diese vielschichtige Stimmungslage in grandiosen Bildern. Die Weite der Wüste, die akzentuierte Farbgebung, der entzauberte Mythos der Unschuld spiegeln sich in der Neubewertung des amerikanischen Westens und verkünden das Ende der Freiheit, den Einzug der Angst in das seit Jahrzehnten konfliktträchtige Grenzgebiet.

Dank seiner dramaturgischen Souveränität und einer ausgefeilten Spannung besticht der Film – ausgezeichnet mit vier Oscars in den Kategorien Beste Regie, Bester Film, Bester Nebendarsteller, Bestes Adaptiertes Drehbuch – als eine der besten Produktionen des amerikanischen Regieduos. Die schauspielerische Brillanz von Javier Bardem als kaltblütiger Racheengel sowie das furiose Katz-und-Maus-Spiel mit seinen Kontrahenten sind ein audiovisuelles Erlebnis.

Nobi
Nobi

Japan 1959

R: Kon Ichikawa; A: Natto Wada nach dem gleichnamigen Roman von Shohei Ooka; K: Setsuo Kobayashi; D: Eiji Funakoshi, Osamu Takizawa, Mickey Curtis

Die Philippinen-Insel Leyte im Frühjahr 1945. Die Amerikaner haben den Widerstand der Truppen des Tenno gebrochen. Unter den japanischen Soldaten, die ungeordnet zur Küste fliehen, ist auch der lungenkranke Tamura (E. F.). Weder bei seiner Einheit noch im Lazarett will man sich mit dem Kranken belasten. So irrt er allein durch den Dschungel – in ständigem Regen, voller Todesangst, ohne Verpflegung. Die Rauchzeichen (japanisch: Nobi) der Partisanen säumen seinen Weg. In einem verlassenen Dorf überrascht er ein junges Paar. Seine demütigen Gesten werden mißverstanden, das entsetzte Mädchen schreit; wie in einer Reflexbewegung schießt Tamura. Zum ersten Mal hat er einen Menschen getötet. Schließlich bricht er zusammen. So findet ihn Nagamatsu (M. C.), der mit dem verwundeten Yasuda (O. T.) in einem Versteck haust. Er versorgt Tamura und Yasuda mit Fleisch – mit Affenfleisch, wie er sagt. Aber Tamura hat noch nie Affen auf der Insel gesehen. Und eines Tages überrascht er Nagamatsu, wie er sich über Yasuda stürzt, den er getötet hat. Tamura schießt ihn nieder und geht mit erhobenen Händen auf die Rauchzeichen der Partisanen zu.

Einer der wenigen Kriegsfilme, die jedes Mißverständnis des Krieges als eines »fairen, spannenden Zweikampfes« ausschließen. Krieg, das heißt hier Hunger, Dreck und ständige Todesangst. Krieg führt den Menschen in eine Grenzsituation, in der er nicht mehr Mensch ist. Der Kannibalismus steht als Zeichen für diesen Endpunkt. Nach dieser Erfahrung flüchtet Tamura zu den Partisanen, von denen er kaum Pardon erwarten kann, die aber immerhin Menschen sind. Ichikawa hat das ohne Pathos und Symbole in einem sehr direkten Realismus deutlich gemacht.

Les noces rouges
Blutige Hochzeit

Frankreich/Italien 1973

R: Claude Chabrol; A: Claude Chabrol; K: Jean Rabier; D: Stéphane Audran, Michel Piccoli, Claude Piéplu, Clotilde Joano, Eliana de Santis

Ein kleines Städtchen an der Loire. Stadtrat Pierre Maury (M. P.) hat ein Verhältnis mit Lucienne Delamare (S. A.), der Frau des Bürgermeisters. Beide leben in einer unglücklichen Ehe; beide Ehen werden jedoch wegen der bürgerlichen Reputation aufrechterhalten. Eines Tages wählt Pierre einen wahnwitzigen Ausweg aus diesem Dilemma: Er tötet seine Frau Clotilde (C. J.). Zwar schöpft der Arzt keinen Verdacht; aber die Liebenden müssen nun noch vorsichtiger sein, denn würde ihre Liaison publik, so würde man sicher auch über den plötzlichen Tod von Madame Maury reden. Doch trotz aller Vorsicht werden die beiden eines Nachts von Paul Delamare (C. P.) ertappt. Der betrogene Ehemann reagiert mit zynischer Gelassenheit und erpreßt Pierre, ihn bei einer undurchsichtigen Grundstücksspekulation zu unterstützen. Die Liebenden fühlen sich bedroht. Pierre tötet Paul und täuscht zusammen mit Lucienne einen Verkehrsunfall vor. Da Delamare auch Abgeordneter in der Nationalversammlung war, bekommt die Polizei Anweisungen, alles Aufsehen zu vermeiden; der angebliche Unfalltod wird nicht weiter untersucht. In der Stadt wird dennoch geredet, und Luciennes Tochter Hélène (E. d. S.) schreibt einen Brief an die Polizei, in dem sie um eine Untersuchung bittet, die den guten Ruf ihrer Mutter wiederherstellen soll. Jetzt wird die Polizei aktiv. Schon bei der ersten Befragung gibt Lucienne zu, daß Pierre ihr Geliebter ist; und als die Polizei zu Pierre kommt, gesteht dieser beide Morde.

Chabrol ließ sich zu diesem Film von einer wahren Begebenheit anregen; und die Realität lieferte ihm nahezu ideale Argumente für seine Attacken gegen eine bürgerliche Scheinwelt. Pierre und Lucienne sind so verwachsen in ihrem Milieu, daß sie statt einer Scheidung lieber einen Mord, statt der öffentlichen »Schande« lieber das heimliche Verbrechen in Kauf nehmen. Als der Kommissar sie nach ihrer Verhaftung fragt, warum sie denn nicht fortgegangen seien, wenn sie sich so sehr liebten, sehen sie ihn erstaunt an. Dieser Gedanke ist ihnen nicht gekommen. Sie haben sich ihre Freiheit zu ergaunern versucht; aber jeder mörderische Akt der »Befreiung« hat sie in Wirklichkeit nur unfreier gemacht, weil sie noch mehr Rücksicht auf ihre Umgebung nehmen mußten. Eine fast schon zynische Schlußpointe ist es dann, daß ausgerechnet Hélènes Sorge um den guten Ruf der Mutter die Katastrophe herbeiführt. Deutlicher kann man kaum noch demonstrieren, daß Freiheit nicht nur durch einen Gewaltakt, sondern vor allem durch eine innere und innerliche Entscheidung gewonnen werden muß. Und kaum jemals waren Chabrols Attacken gegen die bürgerliche Gesellschaft frappierender und schlüssiger als hier.

La noire de ...
Die Schwarze aus Dakar

Senegal 1966

R: Ousmane Sembène; A: Ousmane Sembène; K: Christian Lacoste; D: Mbissine Thérèse Diop, Anne-Marie Jelinek, Robert Fontaine, Momar Nar Sene

Die junge Afrikanerin Diousana (M. T. D.) wird von ihrer französischen »Herrschaft« (A.-M. J., R. F.) für ein Vierteljahr in die Sommerwohnung nach Antibes geholt. Diousana ist als Kindermädchen engagiert worden, wird aber als Köchin und Putzfrau ausgenutzt. In Rückblenden erfährt man, wie sie in Afrika lange Arbeit gesucht hat, schließlich in das Haus der Weißen gekommen ist und dort in Dakar zunächst auch zufrieden war. Als Diousana sich in Europa immer einsamer fühlt, kommt es mehrfach zu Auseinandersetzungen mit der »Herrschaft«; schließlich schneidet die junge Negerin sich in der Badewanne die Pulsadern auf.

Sembène gilt als der Wegbereiter afrikanischer Filmkunst. Als erster Afrikaner hat er für seine Spielfilme Preise und Auszeichnungen erhalten.

La noire de ... ist ein Film über die Einsamkeit des Afrikaners in Europa, über den Hochmut der Weißen, die Aufgeschlossenheit noch immer mit Gönnerhaftigkeit verwechseln, über die Schwierigkeit, eine gemeinsame Sprache zu finden. Diskriminierung zeigt sich nicht mehr in offener Verachtung, sondern in fast beiläufigen Szenen – so, wenn ein gutsituierter älterer Herr aufsteht, als Diousana serviert, sie küßt und dazu erklärend bemerkt, er habe noch nie eine Negerin geküßt.

NON ou a va gloria de mandar
NON oder der vergängliche Ruhm der Herrschaft

Portugal/Spanien/Frankreich 1990

R: Manoel de Oliveira; A: Manoel de Oliveira; K: Elso Roque; D: Luis Miguel Cintra, Diogo Doria, Miguel Guilherme, Luis Lucas, Carlos Gomes

1974, in Afrika. Leutnant Cabrita (L. M. C.) kämpft mit seiner Einheit im letzten Kolonialkrieg Portugals. Als die Soldaten ihn bei einer Fahrt durch den Busch nach dem Sinn dieses Krieges fragen, antwortet er ihnen mit einem Diskurs über die portugiesische Geschichte, die – wie europäische Geschichte insgesamt – ein Wechselspiel von Machtgelüsten und Niederlagen war; er spricht auch über das Schicksal der Nation, das sich vielleicht eher im Wagemut der Entdecker und den Visionen der Künstler hätte erfüllen können.
Fünf entscheidende historische Episoden werden vom Film ins Bild gesetzt: 1) Der lusitanische Feldherr Viriato fällt durch Verrat; sein Land, das heutige Portugal, wird von den Römern erobert. 2) Im 12. Jahrhundert erkämpft Alfonso I. gegen Kastilien und die Mauren die Unabhängigkeit Portugals und spaltet damit die Iberische Halbinsel. 3) Ein Versuch Joãos II., Portugal und Spanien durch eine Eheschließung wieder zu vereinen, scheitert, weil der frisch vermählte Kronprinz bei einem Reitunfall stirbt. 4) Auf der »Insel der Liebe« entfaltet sich die Vision der Seeherrschaft und ihrer Verklärung durch den Dichter Camões; aber die ironische Darstellung antizipiert ihr Scheitern. 5) In einer einzigen Schlacht (1578) verspielt der junge König Sebastião Portugals Macht und bleibt selbst auf dem Schlachtfeld verschollen. – Am Ende gerät die Einheit des Leutnants in einen Hinterhalt; er selbst wird schwer verwundet. Kurz vor seinem Tod erscheint ihm die Gestalt Sebastiãos. Es ist der 25. April 1974, der Tag, an dem das diktatorische Regime in Lissabon gestürzt wurde.
Manoel de Oliveira (Jahrgang 1908), der lange Zeit den portugiesischen Film international fast im Alleingang vertrat, hat hier einen vielschichtigen Essay geschaffen, in dem es um portugiesische Geschichte, um historische Größe, die Tragik des Scheiterns und die Kraft des Mythos geht. Diese vielfältigen Facetten seines geschichtsphilosophischen Exkurses variiert Oliveira in einem einfallsreichen Formenspiel. Dabei umschließt die fast wie ein Lehrstück konzipierte Rahmenhandlung ein Kaleidoskop bunter Bilder, das monumentale Schlachtaufnahmen, theaterhaft stilisierte Auftritte und ironisch verkitschte Singspieleinlagen wie selbstverständlich integriert. Erst am Schluß, in der Vision des sterbenden Cabrita, berühren sich Traum und Realität, Vergangenheit und Gegenwart. Hier beginnt auch die Zukunft; denn die überlebenden Kameraden Cabritas werden ihr »Nein« in einem gewandelten, neuen Portugal artikulieren können.

North by northwest
Der unsichtbare Dritte

USA 1959

R: Alfred Hitchcock; A: Ernest Lehman; K: Robert Burks, A. Arnold Gillespie, Lee Leblanc (Spezialeffekte); D: Cary Grant, Eva Marie Saint, James Mason, Leo G. Carroll

Der Werbefachmann Roger Thornhill (C. G.) wird von zwei Männern aus einem Restaurant entführt und in ein ihm unbekanntes Haus gebracht. Sie nennen ihn George Kaplan, fragen ihn nach Dingen, die er nicht weiß, und versuchen schließlich, ihn umzubringen. Als Thornhill seine mysteriösen Erlebnisse aufklären will, wird er in einen Mord verwickelt, und zwar so, daß die Polizei ihn für den Täter halten muß. Verzweifelt flieht er und sucht George Kaplan. Aber der existiert nicht, ist nur eine Mystifikation der amerikanischen Spionage-Abwehr, deren Chef (L. G. C.) sich freut, daß die feindlichen Agenten ihm auf den Leim gegangen sind. Er kann und will Thornhill nicht helfen. Das tut statt dessen Eve Kendall (E. M. S.), die ihn aber kurz darauf an seinen Gegenspieler Vandamm (J. M.), den feindlichen Agenten, verrät. Nach langer Jagd löst Thornhill schließlich das Rätsel und befreit Eve, eine Agentin der Abwehr, aus den Fängen Vandamms, während die Abwehr die feindlichen Spione unschädlich macht.

Wieder variiert Hitchcock sein Lieblingsthema, die verlorene Identität, wobei hier aber die Verwechslung mit einer fiktiven Person zusätzliche Verwirrung schafft. Thornhills Versuch, seine eigene Identität zu beweisen, wird über das spannende Kriminaldrama hinaus zum verzweifelten Alptraum, den die Regie freilich in geschickter Dosierung durch Humor auflockert. Berühmteste Szenen des Films sind zwei Action-Sequenzen: Einmal wird Thornhill auf ein ödes weites Feld gelockt, wo man ihn von einem Flugzeug aus zu ermorden sucht; verblüffend auch die Schlußszenen am Mount Rushmore, in den die Porträts von vier US-Präsidenten eingemeißelt sind, deren Gesichter zum Schauplatz eines blutigen Kampfes werden.

Nosferatu Ⓢ

Deutschland 1921

R: F. W. Murnau; A: Henrik Galeen nach Motiven des Romans *Dracula* von Bram Stoker; K: Fritz Arno Wagner; D: Max Schreck, Alexander Granach, Gustav von Wangenheim, Greta Schröder

Der Häusermakler Knock (A. G.) schickt seinen Angestellten Hutter (G. v. W.) mit einem Auftrag zum Grafen Orlok (M. S.) in die Karpaten. In einem Gebirgsgasthaus begegnet Hutter abergläubischer Angst der Gäste bei der Erwähnung des Grafen; die Lektüre eines Buches über den Vampir Nosferatu, das ihm zufällig in die Hände fällt, verunsichert ihn zusätzlich. Eine geheimnisvolle Kutsche holt ihn schließlich ab und bringt ihn zum Schloß des Grafen. Und hier entdeckt Hutter bald, daß Graf Orlok in Wirklichkeit der Vampir Nosferatu ist, der nach seinem Blut trachtet. Hutter wird jedoch gerettet, weil seine Braut Ellen (G. S.) gerade in dem Moment in der Heimat seinen Namen flüstert, als der Vampir sich über ihn beugt. Am nächsten Morgen entdeckt Hutter den Vampir in seinem Sarg in der Schloßgruft. Entsetzt flieht er; aber der Vampir folgt ihm in einem Sarg – zunächst auf einem Floß, dann auf einem Schiff. Als das Schiff in Bremen eintrifft, sind auf ihm nur noch zahllose Ratten und Nosferatu. Und mit ihm kommt die Pest. Nur das Opfer eines reinen Mädchens könnte die Stadt retten. Ellen nimmt dieses Opfer auf sich. In ihrem Zimmer erwartet sie Nosferatu, der am anderen Morgen, von einem Strahl der aufgehenden Sonne getroffen, zu Staub zerfällt.

Nosferatu ist wirklich das geworden, was der Untertitel verspricht: eine Symphonie des Grauens. Düstere Gewölbe und enge Gassen (Bauten: Albin Grau), Nebelschwaden, zuckende Lichter, geheimnisvolle Schatten und abgezirkelte Gesten, die das Pathos des Unheimlichen haben, beschwören eine drückende Atmosphäre. Ein Paradestück des Grauens ist die Fahrt durch den Geisterwald zu Nosferatus Schloß. Murnau setzte diese ganze Szene im Negativ in die Kopie ein und gab ihr außerdem durch Veränderung der Aufnahmegeschwindigkeit ruckartige, unrealistische Bewegungen. Andererseits kam Murnau auch ohne Kulissen und technische Tricks aus, um die Realität zu verfremden. Er drehte in Wismar und in den Karpaten und gewann der Natur durch Kameraeinstellungen und Montage die Stimmungen ab, die er brauchte. *Nosferatu* wurde zum Vorbild für eine Vielzahl von »Horrorfilmen«.

1930 wurde *Nosferatu* übrigens ohne Wissen Murnaus in einer verballhornten Fassung unter dem Titel *Die zwölfte Stunde – Eine Nacht des Grauens* wiederaufgeführt. Für die »künstlerische Bearbeitung« zeichnete Dr. Waldemar Roger verantwortlich. Der Film war länger geworden, da man offenbar Szenen nachgedreht und Teile von Murnaus Schnittmaterial mit verwendet hatte. Eingefügt wurden u. a. Szenen ländlichen Lebens und eine Totenmesse, die aber von der Zensur verboten wurde. Außerdem hatte man dem Film mit geringem Aufwand ein Happy-End gegeben, indem man die Szenen des glücklichen Lebens von Hutter und Ellen vom Anfang an den Schluß setzte.

Nosferatu – Phantom der Nacht

BRD/Frankreich 1978

R: Werner Herzog; A: Werner Herzog nach Motiven des Romans *Dracula* von Bram Stoker und dem Drehbuch *Nosferatu* von Henrik Galeen; K: Jörg Schmidt-Reitwein; D: Klaus Kinski, Isabelle Adjani, Bruno Ganz, Roland Topor, Walter Ladengast

Herzogs Film folgt im wesentlichen der Erstverfilmung des Romans durch Friedrich Wilhelm Murnau (*Nosferatu*, Deutschland 1921), wobei Herzog die originalen Namen der literarischen Vorlage benutzt, die Murnau aus juristischen Gründen verändert hatte: Der Makler Renfield (R. T.) schickt seinen Angestellten Jonathan Harker (B. G.) nach Transsylvanien zum Grafen Dracula (K. K.), der ein Haus in Wismar kaufen will. Dracula verliebt sich in das Bild von Harkers Frau Lucy (I. A.) und macht sich, nachdem Harker durch einen Biß des Grafen ebenfalls zum »Untoten« geworden ist, auf den Weg nach Wismar.
Mit der Ankunft Draculas in Wismar löst Herzog sich von seiner Vorlage. Die Menschen erstarren angesichts der Bedrohung nicht in lähmender Furcht, sondern kompensieren ihre Verzweiflung mit orgiastischen Festen. Dr. van Helsing (W. L.), der Dracula unschädlich machen will, wird für diese Tat verhaftet. Und Lucy, die sich opfert, um den Grafen zu vernichten, empfindet durchaus geheime Lust bei diesem Opfer. Am Ende trägt Jonathan Harker nach dem Tod seines »Meisters« dessen Unheil weiter in die Welt. Lucys Opfer ist vergeblich.
Werner Herzog hat nicht einfach ein Remake eines berühmten Stummfilms gemacht (Lotte Eisner: »Das ist kein Remake, das ist eine Wiedergeburt!«); er hat vielmehr einem klassischen Werk der Filmkunst seine Reverenz erwiesen, hat mit der Vorlage gespielt, sie zitiert, sie variiert und sie verändert. Verändert ist bei ihm auch die Figur des Dracula, die nicht nur Schreckgespenst, sondern zugleich bemitleidenswerter Außenseiter ist – von ferne den Außenseitern in manchen anderen Filmen Herzogs verwandt. Dracula scheitert auch hier; aber diesmal reißt sein Scheitern die ganze Welt mit in den Untergang. Die Kontinuität des Bösen – das ist ein Thema, das durchaus modern und zeitgerecht erscheint. Werner Herzog will seinen Film nicht nur als filmhistorisches Phänomen, als cineastische Anknüpfung an die große Tradition des deutschen Stummfilms verstanden wissen. Er wollte auch »Zeitgeist« einfangen – die Angst und die Unsicherheit unserer Gegenwart.

Notorious
Weißes Gift / Berüchtigt

USA 1946

R: Alfred Hitchcock; A: Ben Hecht nach einer Idee von Alfred Hitchcock; K: Ted Tetzlaff; D: Cary Grant, Ingrid Bergman, Claude Rains, Leopoldine Konstantin, Reinhold Schünzel

Alicia Huberman (I. B.), deren Vater soeben als Nazi-Spion zu einer Zuchthausstrafe verurteilt worden ist, trifft auf einer Party den amerikanischen Abwehrmann Devlin (C. G.) und verliebt sich in ihn. Sie ist bereit, ihm zu helfen, in Rio de Janeiro eine Agenten-Zentrale der Nazis auszuheben. Unter Berufung auf ihren Vater führt sie sich bei Sebastian (C. R.) ein, und um ihrer Aufgabe willen nimmt sie sogar seinen Heiratsantrag an. Bei einem Empfang im Haus verschwindet sie mit Devlin im Keller, wo sie in einigen Weinflaschen eine seltsame, offenbar uranhaltige Masse entdecken. Als Sebastian sie überrascht, motivieren die beiden ihren Ausflug durch eine improvisierte Liebesszene. Aber Sebastian durchschaut das Komplott. Er bleibt unverändert liebenswürdig, versucht aber, Alicia mit Hilfe seiner Mutter (L. K.) langsam und unauffällig zu vergiften. Erst im letzten Augenblick kann Devlin sie retten und gleichzeitig seinen Auftrag ausführen.
Ein solider, spannender Hitchcock-Film, dem in Deutschland ein seltsames Schicksal widerfuhr. Als er 1951 in den Kinos erschien, hatte man in der deutschen Fassung aus den nationalsozialistischen Spionen internationale Rauschgiftschmuggler gemacht und den Originaltitel entsprechend in *Weißes Gift* umgeändert. Das deutsche Fernsehen zeigte später eine werkgetreue Synchronisation unter dem Titel *Berüchtigt*.

*La notte
(Jeanne Moreau,
Marcello Mastroianni)*

La notte
Die Nacht

Italien/Frankreich 1960

R: Michelangelo Antonioni; A: Michelangelo Antonioni, Ennio Flaiano, Tonino Guerra; K: Gianni Di Venanzo; D: Jeanne Moreau, Marcello Mastroianni, Monica Vitti, Bernhard Wicki

Der Schriftsteller Giovanni (M. M.) und seine Frau Lidia (J. M.) besuchen den gemeinsamen Freund Tommaso (B. W.) im Krankenhaus. Lidia verläßt das Krankenzimmer ein wenig früher; als Giovanni sie auf dem Parkplatz wiedersieht, hat sie Tränen in den Augen. Am Nachmittag muß Giovanni bei einem Empfang im Verlag sein neuestes Buch signieren, dann geht er nach Hause. Lidia bummelt unterdessen durch die Stadt. Als sie anruft, holt Giovanni sie irgendwo ab. Gemeinsam besuchen sie ein Nachtlokal und landen auf der Party eines reichen Industriellen. Giovanni interessiert sich für die Tochter (M. V.) des Gastgebers, während Lidia mit einem Fremden eine Autofahrt unternimmt. Im Morgengrauen gehen Giovanni und Lidia gemeinsam durch den Park nach Haus. Lidia sagt ihm, daß sie ihn nicht mehr liebt, daß Tommaso in der Nacht gestorben ist, daß Tommaso sie geliebt hat, während sie geglaubt hatte, Giovanni zu lieben. Giovanni wirft sich über sie, versucht vergeblich, sie durch seine Küsse zum Schweigen zu bringen.

Stärker noch als in *L'avventura* wird hier die Verlorenheit des Menschen deutlich, die die Protagonisten allerdings nicht verzweifelt bekämpfen, sondern eher resigniert akzeptieren. Entsprechend fehlen hier auch alle dramatischen Effekte; der Tod Tommasos etwa wird erst mitgeteilt, wenn die Wirkung des Ereignisses schon bekannt ist. Die Kamera umkreist statt dessen die Menschen, notiert scheinbar nebensächliche Details, deren Bedeutung sich erst aus dem Zusammenhang erschließt. Antonioni führt gleichsam stumme Dialoge, wenn er im Trubel des nächtlichen Festes immer wieder die beiden Hauptpersonen verfolgt und ihre ziellosen Gesten und Gänge beobachtet. Die Einsamkeit wird nicht durch ein sorgsames Arrangement symbolisiert, sie ist unmittelbarer Bestandteil des Geschehens auf der Leinwand.

Wieder ist auch die Frau der sensiblere Teil, sie spürt am ehesten die innere Leere der Beziehung, sie hat den Mut zur Offenheit und zur Konsequenz. Sie wehrt ab, als der Mann am Schluß die psychische Diskrepanz durch einen Akt physischer Vereinigung zu kaschieren sucht. Sie weiß, daß nichts mehr zu ändern ist, daß die Beziehung zerbrochen und ihr Leben am Nullpunkt angelangt ist.

La notte di San Lorenzo

La notte di San Lorenzo
Die Nacht von San Lorenzo

Italien 1981

R: Paolo und Vittorio Taviani; A: Paolo und Vittorio Taviani und Giuliani D. De Nagri unter Mitarbeit von Tonino Guerra; K: Franco Di Giacomo; D: Omero Antonutti, Margarita Lozano, Claudio Bigagli, Micol Guidelli, Dario Cantarelli

In der Nacht des heiligen Lorenzo, so sagt man in Italien, gehen Wünsche in Erfüllung, die man beim Fallen einer Sternschnuppe äußert. In dieser Nacht erzählt eine Mutter (M. G.) ihrer kleinen Tochter eine selbsterlebte Geschichte; und sie wünscht sich, daß ihr die Erzählung gelingen möge. Ihre Geschichte ist dieser Film.

Die Handlung spielt im Jahr 1944, als die Front sich dem kleinen italienischen Dorf San Martino nähert. Ein Teil der Dorfbewohner vertraut den Versprechungen der Deutschen und den Mahnungen ihres gutgläubigen Pfarrers (D. C.). Sie fliehen nicht, sondern versammeln sich in der Kirche, wo viele von ihnen Opfer eines heimtückischen Bombenattentates der Deutschen werden. Die anderen, zu denen auch die damals sechsjährige Erzählerin gehört, folgen dem Bauern Galvano (O. A.). Im Dunkel der Nacht ziehen sie fort, den anrückenden Amerikanern entgegen. Nach vielen Strapazen, Abenteuern und blutigen Attacken der Faschisten gewinnen sie schließlich die Freiheit. Sinnbild der erfüllten Hoffnung wird eine erfüllte Sehnsucht: Galvano und Concetta (M. L.), die sich seit Jahrzehnten lieben, finden in der ersten Nacht der Freiheit endlich die Erfüllung ihrer Liebe.

Ein breites, vielfach gefächertes Panorama wird hier entfaltet: Krieg und Gewalt, Geschichten von Treue und Verrat, von der Freundschaft, der Liebe, vom Tod. In der Form mischt sich handfester Realismus mit traumhaft-phantastischen Elementen, mit märchenhaften Episoden, die man dem Blickwinkel des kleinen Mädchens zurechnen mag, aber auch mit höchst kunstvoll stilisierten, fast opernhaften Einschüben. So ist ein Film entstanden, der in seiner farbigen Vielfalt die Naivität echter Volkskunst hat, in dem die künstlerischen Mittel mit spielerischer Selbstverständlichkeit gehandhabt werden.

Le notti di Cabiria
Die Nächte der Cabiria

Italien/Frankreich 1956

R: Federico Fellini; A: Federico Fellini, Tullio Pinelli, Ennio Flaiano, Pier Paolo Pasolini; K: Aldo Tonti; D: Giulietta Masina, Amadeo Nazzari, François Périer, Franca Marzi, Dorian Gray

Das kleine Straßenmädchen Cabiria (G. M.) glaubt trotz aller Enttäuschungen unbeirrt an das Glück und an die Liebe. Zu Beginn des Films verbrennt sie alle Erinnerungsstücke an einen Mann, den sie monatelang unterstützt hat und der sie dann in den Fluß gestoßen hat, um ihr das letzte Geld zu rauben. Sie trifft den Schauspieler Alberto (A. N.), der sie nach einem Streit mit seiner Freundin halb amüsiert und halb gerührt in seinen Wagen packt und mit nach Hause nimmt. Aber während Cabiria im siebten Himmel schwebt, kommt die Freundin zurück, und Cabiria muß verschwinden. In einem Vorstadt-Varieté lernt sie schließlich einen Mann (F. P.) kennen, von dem sie fest überzeugt ist, daß er der Mann fürs Leben sein wird – ein kleiner Buchhalter, der sie heiraten will. Frohen Herzens verkauft sie ihren ganzen Besitz und verreist mit ihm. Doch auch er hat sie belogen, hat es nur auf ihr Geld abgesehen. Als sie das erkennt, wirft sie ihm schreiend vor Enttäuschung und Angst ihre Tasche vor die Füße. Cabiria kehrt nach Rom zurück. Als sie auf der nächtlichen Straße einer fröhlichen Gesellschaft begegnet, schließt sie sich ihr schüchtern an ... und lächelt!
Cabiria ist eine Verwandte der Gelsomina aus *La strada*. Mit ihr hat sie die Naivität gemein, und auf sie verweist auch der etwas clowneske Anstrich von Cabirias Garderobe. Aber Cabiria ist aktiver; sie kämpft um ihr Glück, wenn auch mit geringem Erfolg. Fellini geht es hier nicht um Sozialkritik. Daß Cabiria eine Prostituierte ist, dürfte nur Metapher für ihre äußerste Einsamkeit und Erniedrigung sein. Eher ist der Film eine Hommage an eine Arme im Geiste, die sich trotz aller Enttäuschungen den Glauben, die Hoffnung und die Liebe nicht hat nehmen lassen.

Nous sommes tous des assassins
Wir sind alle Mörder

Frankreich 1952

R: André Cayatte; A: Charles Spaak, André Cayatte; K: Jean Bourgoin, Louis Stein; D: Marcel Mouloudji, Georges Poujouly, Raymond Pellegrin, Antoine Balpétré, Claude Laydu, Paul Frankeur, Verdier, Marcel Pérès

René Le Guen (M. M.) lernt in der Widerstandsbewegung das Töten; und er tötet nach dem Krieg wieder – aus persönlichen Motiven. Er wird verhaftet und zum Tode verurteilt. In der Todeszelle lernt er Leidensgenossen kennen: Dr. Dutoit (A. B.), der allem Anschein nach das Opfer eines Justizirrtums ist, den Korsen Gino (R. P.), der seinen heimatlichen Gesetzen der Blutrache gefolgt ist, Bauchet (V.), der sein Kind erschlagen hat, weil es ihn »nicht schlafen ließ«, Malingré (M. P.), den krankhaften Lustmörder. Drei dieser Männer werden im Verlauf des Films zur Guillotine geschleppt; um René aber kämpft sein Anwalt Arnaud (C. L.). In letzter Minute versucht er noch, mit dem Präsidenten der Republik zu telefonieren. Aber er bekommt keine Verbindung; während er noch telefoniert, blendet das Bild ab, und auf der Leinwand erscheint ein großes Fragezeichen.
In der deutschen Fassung ist der Schluß anders. Man sieht Arnaud, sieht Renés jüngeren Bruder (G. P.), der gleichfalls auf die schiefe Bahn zu kommen droht, in der Wohnung des Rechtsanwalts. Und Arnaud wiederholt ins Telefon feierlich: »Der Präsident hat also das Gnadengesuch genehmigt ...« Cayatte erklärte: »Man hat mir gesagt, dieser Schluß entspreche mehr der Mentalität des deutschen Publikums.«
Cayatte macht die Mitschuld der Gesellschaft an den Taten ihrer Außenseiter deutlich. Daraus und aus der nüchtern realistischen Schilderung des Lebens in der Todeszelle gewinnt der Film eine Intensität, die ihn zum besten Teil der Justiz-Trilogie Cayattes macht (*Justice est faite*, 1950; *Le dossier noir*, 1955).

Novecento
1900

Italien 1974/75

R: Bernardo Bertolucci; A: Bernardo Bertolucci, Franco Arcalli, Giuseppe Bertolucci; K: Vittorio Storaro; D: Robert De Niro, Gérard Depardieu, Donald Sutherland, Burt Lancaster, Laura Betti, Dominique Sanda, Sterling Hayden, Stefania Sandrelli, Alida Valli, Werner Bruhns

Im Sommer 1900 werden auf dem Gut der Berlinghieris in der italienischen Provinz Emilia zwei Kinder geboren: Alfredo, Enkel des patriarchalischen Gutsbesitzers Alfredo Berlinghieri (B. L.), und Olmo, Enkel des Vorarbeiters Leo Dalco (S. H.). Beide Kinder wachsen zusammen auf und werden ihr ganzes Leben lang vereint bleiben – getrennt nur durch ihre soziale Stellung, ihre politische Einstellung und ihre Liebesaffären. Nach der Rückkehr aus dem Ersten Weltkrieg lernt Olmo (G. D.) die Lehrerin Anita (S. S.) kennen, die er später heiratet, und engagiert sich in der Arbeiterbewegung. Alfredo (R. D. N.) verliebt sich in die mondäne Ada (D. Sa.), die er bei seinem liberalen Onkel Ottavio (W. B.) kennengelernt hat, und übernimmt nach dem Tod seines Vaters das Gut. Das Aufkommen des Faschismus beobachtet er mit Mißtrauen, aber aktiven Widerstand mag er nicht leisten. Alfredos Hochzeit mit Ada kränkt seine Cousine Regina (L. B.), die sich selbst Hoffnungen gemacht hatte, Gutsherrin zu werden. Verbittert heiratet sie den Verwalter Attila (D. Su.), einen fanatischen Faschisten. Regina hat richtig kalkuliert. Attilas Einfluß und Ansehen wachsen während der faschistischen Herrschaft; mit Terror und Mord festigt er seine Macht. Alfredo paßt sich an und versucht, mit kleinen Gesten seine innere Unabhängigkeit zu beweisen. Ada ist von dieser Haltung so enttäuscht, daß sie zur Trinkerin wird. Olmo, dessen Frau im Kindbett gestorben ist, leistet Widerstand und gehört zu denen, die das Land 1945 befreien. Attila wird von den aufgebrachten Bauern getötet. Auch Alfredo, der Patron, soll von einem Standgericht verurteilt werden. Aber Olmo plädiert dafür, ihn am Leben zu lassen – als lebenden Beweis dafür, daß es keine Herren mehr gibt. In einem Epilog sieht man Alfredo und Olmo als Greise, die sich weiterhin streiten und anrempeln ...

Der rund fünfeinhalbstündige Film sollte ein Panorama der politischen, sozialen und kulturellen Strömungen in der ersten Hälfte des 20. Jahrhunderts zeigen. Diese Ambition signalisiert schon der Titel, der sinngemäß und dem italienischen Sprachgebrauch entsprechend besser mit »Das 20. Jahrhundert« zu übersetzen wäre. Bertolucci hat auch den Blickwinkel dieser großen Retrospektive bezeichnet. In Interviews hat er betont, dies sei ein »kommunistischer Film«, der »die rote Fahne auch in die USA tragen« solle, der sich an ein breites Publikum wende. Doch der Regisseur, der einzelne Entwicklungsstränge klarsichtig erkannt hat, der gelegentlich auch komplizierte Sachverhalte in verblüffend prägnanten Bildern zusammenfaßt, hat sein selbstgestecktes Ziel letzten Endes nicht erreicht. Allzusehr hat er sich in die Möglichkeiten des Mediums verliebt, hat mit schönen Bildern, verwegenen Kamerafahrten und rasanten Schwenks den Blick des Zuschauers auf die Oberfläche gelenkt. Allzu vordergründig auch ist die Symbolisierung des Faschismus in der Gestalt des stets blindwütigen Attila geraten. Und die rund halbstündige Schlußsequenz, die Verhandlung gegen den Patron, wird in dem an Jancsó gemahnenden Ritual der Gesten und Bewegungen, der Aufmärsche und der Lieder zu einer Art »Polit-Ballett«, bei dem die Ideologie von der Choreographie überwuchert wird. Die angestrebte Mischung aus großem Hollywood-Kino und russischem Revolutionsfilm hat, hier wenigstens, nicht funktioniert.

Nowy Wawilon ⓢ
Das neue Babylon / Kampf um Paris

UdSSR 1929

R: Grigori Kosinzew, Leonid Trauberg; A: Grigori Kosinzew, Leonid Trauberg; K: Andrej Moskwin, Jewgeni Michailow; D: Jelena Kusmina, Pjotr Sobolewski, David Gutmann, Sergej Gerassimow

Paris 1870/71. Louise (J. K.), Verkäuferin im Kaufhaus »Das neue Babylon«, lernt den jungen Soldaten Jean (P. S.) kennen. Die beiden verlieben sich; doch als die französischen Armeen geschlagen sind und die Arbeiter den Kampf unter dem Zeichen der Kommune fortsetzen wollen, werden die Liebenden getrennt. Louise ist auf der Seite der Kommune; Jean, der Bauernsohn, will nur zurück auf seinen Hof, läßt sich dann aber zum Einsatz gegen die Kommune kommandieren. Nach der Niederlage der Arbeiter wird er sogar Mitglied eines Exekutionskommandos, das u. a. auch Louise erschießt.

Mängel des Films werden über weite Strecken überspielt vom furiosen Tempo der Inszenierung, vom spürbaren Engagement, das sich mit einer gewissen ruhigen Selbstverständlichkeit der karikaturistischen wie der pathetischen Übersteigerung gleichermaßen bedient. Die Karikatur gilt dem Bürgertum, das rauschende Feste feiert, während die Arbeiter niedergemetzelt werden. Den Arbeitern ist der abschließende, siegverheißende Triumph gegönnt: Auf die Mauer, vor der sie erschossen werden, hat einer der Todgeweihten mit zitternder Hand geschrieben: »Vive la Commune!« Und mit dieser Einstellung schließt der Film.

In verschiedenen Unterlagen werden die Namen des Liebespaares mit Jeanne und Pierre angegeben. Wahrscheinlicher ist aber die obengenannte Lesart, da die Heldin Züge der (historischen) Louise Michel trägt.

Nóż w wodzie
Das Messer im Wasser

Polen 1961

R: Roman Polanski; A: Roman Polanski, Jerzy Skolimowski, Jakub Goldberg; K: Jerzy Lipman; D: Leon Niemczyk, Zygmunt Malanowicz, Jolanta Umecka

Andrzej (L. N.) ist ein erfolgreicher Sportredakteur; er besitzt ein Segelboot und fährt einen westlichen Wagen. Als er mit seiner Frau Krystyna (J. U.) auf dem Weg zu einem Wochenende in Masuren ist, stellt sich ein junger Bursche (Z. M.) mitten auf die Straße und zwingt ihn zu halten. Andrzej beantwortet diese Herausforderung mit einer Einladung auf sein Boot. Hier kann er den unerfahrenen Gegner zunächst überspielen. Aber dieser lernt aus seinen Fehlern, hält im psychologischen Kleinkrieg mit und sieht schließlich wie der Sieger aus: Während Andrzej – in dem Glauben, der junge Mann sei bei einer Auseinandersetzung durch seine Schuld ertrunken – an Land geht, um Hilfe zu holen, gibt sich Krystyna dem Fremden hin. Doch sie fällt auch das abschließende Urteil: »Du wirst genauso werden wie er!« Ohne Andrzejs Rückkehr abzuwarten, verabschiedet sich der Bursche, um per Anhalter in die Stadt zu kommen. Später gesteht Krystyna ihrem Mann die List des jungen Mannes, aber Andrzej zweifelt an ihren Worten. Auf der Rückfahrt hält er an einer Kreuzung und überlegt, ob er nicht doch zur Polizei gehen soll.

Dieser erste abendfüllende Spielfilm Polanskis ist Parabel und psychologisches Kammerspiel zugleich. Wie in seinem Kurzfilm *Ssaki* (Säugetiere, 1962) zeigt Polanski, daß oben und unten keine naturgegebenen Positionen sind, daß sie sich durch einen Lernprozeß verändern lassen. Im Mittelpunkt des Films steht hier das Porträt des alt gewordenen und saturierten ehemaligen Revolutionärs Andrzej. Seine Selbsteinschätzung beruht noch auf dem, was er einmal war; Krystyna dagegen weiß längst, daß er sich angepaßt, daß die Gegenwart seine Erinnerungen dementiert hat. Voller Ironie läßt Polanski Andrzej selbst in Bruchstücken, die der Entwicklung der Handlung parallel laufen, eine Geschichte erzählen, die die Schwäche seiner Position charakterisiert: Ein Matrose will sich produzieren. Er zerschlägt ein paar Flaschen und springt mit bloßen Füßen auf die Scherben; Blut spritzt auf. Der Matrose hatte diesen Sprung früher schon oft gemacht, denn er war Heizer und hatte vom Laufen auf der heißen Asche eine dicke Hornhaut an den Füßen. Aber jetzt hatte er monatelang pausiert; die Hornhaut hatte sich zurückgebildet. Daran hatte er nicht gedacht.

La nuit américaine (Jean-Pierre Léaud, Jacqueline Bisset, François Truffaut)]

La nuit américaine
Die Amerikanische Nacht

Frankreich/Italien 1972

R: François Truffaut; A: François Truffaut, Jean-Louis Richard, Suzanne Schiffman; K: Pierre-William Glenn; D: Jacqueline Bisset, Valentina Cortese, Alexandra Stewart, Jean-Pierre Aumont, Jean-Pierre Léaud, Danièle Graule, François Truffaut, Jean Champion, Marc Boyle

In den Studios von Nizza dreht der Regisseur Ferrand (F. T.) den Film *Meine Ehefrau Pamela*. Sein Inhalt: Der junge Alphonse (J.-P. L.) stellt seinen Eltern Séverine (V. C.) und Alexandre (J.-P. A.) seine Frau Pamela (J. B.) vor. Vater und Schwiegertochter verlieben sich und brennen durch. – Während der Dreharbeiten gibt es am Rande und hinter den Kulissen menschliche und technische Probleme. Die Darstellerin der Séverine hat Angst vor dem Alter und vor ihrer Rolle und macht sich mit allzuviel Champagner Mut. Der Darsteller des Alphonse verliebt sich in die Assistentin (D. G.) des Scriptgirls und will sie nach einer Liebesnacht gleich heiraten; doch die unentschlossene Geliebte macht sich mit einem Stuntman (M. B.) davon. »Alphonse« ist tief getroffen und weigert sich weiterzuspielen, bis seine Partnerin »Pamela«, der Hollywood-Star Julie Baker, ihn eines Nachts tröstet. Nun will er sie ganz für sich allein; aber »Pamela« ist verheiratet, und durch die Unverfrorenheit ihres Liebhabers gerät ihre Ehe in Gefahr. Eine teure Einstellung wird im Kopierwerk verpfuscht. Und schließlich verunglückt der Darsteller des Alexandre mit seinem jungen Freund, den er zu seinem Adoptivsohn machen wollte, tödlich. Doch der Produzent (J. C.) läßt weiterdrehen; und mit einigen Veränderungen am Drehbuch und einem Double kann »Alexandres« Ausfall vertuscht werden. Die Dreharbeiten sind endlich beendet; das Team geht auseinander.
Der Titel ist programmatisch: *La nuit américaine* ist die in Frankreich übliche Bezeichnung für Nachtaufnahmen, die mit Hilfe von Spezialfiltern am Tage gedreht werden. Ein Blick hinter die Kulissen also, ein Hinweis auf die Täuschungs- und »Spiel«-Möglichkeiten des Films. Hinter dem Spiel wird jedoch auch eine andere Realität sichtbar: die der Schau-

spieler und der übrigen Mitarbeiter, die den Film natürlich beeinflußt. Hier wird nicht nur Film im Film geboten; es wird gezeigt, daß Film eben auch wirkliches Leben ist. Daneben gibt es autobiographische Einschübe: In einer Traumsequenz zum Beispiel sieht sich der Regisseur als kleinen Jungen, der aus einem Kino-Foyer Aushang-Fotos (von *Citizen Kane*) stiehlt. Und man mag auch das Selbstverständnis des Regisseurs autobiographisch sehen: Ferrand wird nicht als »besserer Künstler« gezeichnet, sondern als eine Art ehrlicher Makler, der in geduldiger Kleinarbeit das eigene Konzept mit Hilfe vieler Mitarbeiter zu realisieren sucht.

La nuit fantastique
Eine phantastische Nacht

Frankreich 1942

R: Marcel L'Herbier; A: Louis Chavance, Maurice Henry, Marcel L'Herbier, Henri Jeanson; K: Pierre Montazel, Henri Tiquet; D: Fernand Gravey, Micheline Presle, Saturnin Fabre, Jean Parédès

Weil man ihm Geld gestohlen hat, muß sich der Student Denis (F. G.) seinen Lebensunterhalt als Lastträger in den Hallen verdienen. Übermüdet schläft er immer wieder ein, träumt und verwechselt schließlich Traum und Wirklichkeit. So hält er die schöne Irène (M. P.) für ein Traumgeschöpf; und als er ihr eines Tages in den Hallen begegnet, folgt er ihr wie ein Traumwandler. Er wird in ein phantastisches Komplott verwickelt: Irène ist die Tochter des Zauberkünstlers Thales (S. F.). Sie spielt die Verrückte, um so der Heirat mit Cadet (J. P.), dem Assistenten ihres Vaters, zu entgehen. Als Thales und Cadet Irène in eine Irrenanstalt einsperren, befreit Denis sie und alle anderen Patienten. Die beiden Gauner sehen sich durchschaut; sie verabreichen Denis ein Schlafmittel und bringen ihn zu seinem Arbeitsplatz in den Hallen, wo er nach dem Erwachen alles wieder für einen wüsten Traum hält. Erst ein wenig Lippenstift auf seiner Wange überzeugt ihn von der Realität seiner Erlebnisse. Und dann taucht auch Irène auf ...

Ein phantasievolles Spiel zwischen Traum und Wirklichkeit, dem möglicherweise René Clairs *Les belles de nuit* (1952) einige Anregungen verdankt. Die skurrile Geschichte wird stellenweise bewußt ins Absurde übersteigert, bleibt aber immer in sich stimmig und geschlossen.

08/15

BRD 1954

R: Paul May; A: Ernst von Salomon nach dem gleichnamigen Roman von Hans Hellmut Kirst; K: Heinz Hölscher; D: Joachim Fuchsberger, Paul Bösiger, Hans Christian Blech, Emmerich Schrenk, Eva Ingeborg Scholz, Helen Vita

Der Gefreite Asch (J. F.) versteht es raffiniert, sich anzupassen, um zu überleben. Aber als er während seiner Ausbildungszeit erlebt, wie die Vorgesetzten – Wachtmeister (»Schleifer«) Platzek (H. C. B.) und Hauptwachtmeister Schulz (E. S.) – seinen Freund, den gänzlich unsoldatischen Kanonier Vierbein (P. B.), schikanieren, wird er aktiv. Durch seinen Einsatz und durch eine geschickte Intrige erreicht er, daß die beiden Vorgesetzten bestraft und damit geduckt werden.
In der Fülle romantischer und pathetischer Kriegsfilme der deutschen Nachkriegsproduktion fällt dieser durch einige kritische Akzente auf. In einigen Szenen zumindest wird die Problematik preußischer Disziplin im Dienst einer Diktatur angesprochen. Leider wird der kritische Blick allzuoft durch anekdotisches Rankenwerk verdeckt. Noch deutlicher ist die Hinwendung zum Konsumkino in den beiden vom selben Regisseur gedrehten Fortsetzungen *08/15 – Zweiter Teil* (1955) und *08/15 in der Heimat* (1955), obwohl hier realistische Kriegsszenen für Momente bedrückende Intensität gewinnen.

Nuovo Cinema Paradiso
Cinema Paradiso

Italien/Frankreich 1988

R: Giuseppe Tornatore; A: Giuseppe Tornatore, Vanna Paoli; K: Blasco Giurato; D: Philippe Noiret, Jacques Perrin, Salvatore Cascio, Mario Leonardi, Leopoldo Trieste

Der erfolgreiche Filmregisseur Salvatore (J. P.) erfährt durch einen Telefonanruf, daß in einem sizilianischen Dorf sein Freund Alfredo gestorben ist, und er erinnert sich: Kurz nach dem Krieg ist das »Cinema Paradiso« ein Mittelpunkt des gesellschaftlichen Lebens in Giancaldo. Der kleine Salvatore (S. C.) ist von diesem Ort der Träume fasziniert und möchte zum Ärger seiner Mutter am liebsten jede freie Minute dort verbringen. Heimlich beobachtet er, wie der Pfarrer (L. T.) die Liebesszenen zensiert. Und er bewundert den Vorführer Alfredo (P. N.), der die Träume aus Zelluloid zum Leben erwecken darf. Nach langem Bemühen schafft er es schließlich, daß Alfredo ihn als Gehilfen akzeptiert. Bald darauf geschieht ein Unglück. Der Nitrofilm fängt Feuer. Zwar kann Salvatore seinen väterlichen Freund retten, aber der ist schwer verletzt und erblindet. Im »Nuovo Cinema Paradiso« ist jetzt Salvatore Vorführer. Alfredo besucht ihn oft. Und als der mittlerweile herangewachsene Salvatore (M. L.) seinen ersten 8-mm-Film gedreht, seinen Militärdienst absolviert und seinen ersten Liebeskummer erlebt hat, gibt ihm Alfredo selbstlos den Rat, Sizilien für immer zu verlassen. Jetzt kehrt Salvatore nach 30 Jahren erstmals zurück. Er ist dabei, als Alfredo zu Grabe getragen wird; und er erlebt auch die Sprengung des »Nuovo Cinema Paradiso«, das einem Parkplatz weichen muß. Zurück in Rom, sieht er sich eine Filmrolle an, die Alfredo ihm als Vermächtnis hinterlassen hat. Es ist eine Schnittrolle mit den Liebesszenen, die einst der Zensur des Pfarrers zum Opfer gefallen sind.
Tornatore erzählt die Geschichte eines Mannes, den schon als Kind die Begeisterung für die bewegten und bewegenden Bilder packt, der dabei einen väterlichen Freund und schließlich seinen Lebensinhalt findet. Aber er erzählt auch von der Bedeutung, die das Kino damals für ein kleines sizilianisches Dorf gehabt hat – als eine Möglichkeit zur Unterhaltung und Information, als Kommunikationszentrum und nicht zuletzt als ein Ort magischer Verzauberung. Und er erzählt dies alles in einer wirkungsvollen Mischung aus Nostalgie, Poesie und behutsamer Ironie.
Die in unseren Kinos gezeigte »internationale Fassung« ist 22 Minuten kürzer als das Original.

The nutty professor
Der verrückte Professor

USA 1962

R: Jerry Lewis; A: Jerry Lewis, Bill Richmond; K: Wallace Kelley, Paul K. Lerpae (Spezialeffekte); D: Jerry Lewis, Stella Stevens, Del Moore, Kathleen Freeman

Professor Julius S. Kelp (J. L.) ist vom Schicksal zweifellos benachteiligt. Nicht nur, daß er bei einem mißglückten Experiment den Chemiesaal in die Luft sprengt, auch sein Äußeres gibt wenig Anlaß zur Freude, und zudem ist er von tölpelhafter Schüchternheit. Als ein muskelbepackter Student ihm eines Tages während der Vorlesung seine körperliche Überlegenheit demonstriert, sinnt der gedemütigte Professor auf Abhilfe. »Body-building« versagt leider völlig, und so sucht der Chemiker sein Heil in der Droge. Nach vielen Experimenten mixt er einen Zaubertrank, der den »verrückten Professor« unversehens in den attraktiven und sieghaften Beau Buddy Love (J. L.) verwandelt. Als Buddy Love brilliert er auf der Tanzfläche, an der Bar und im Flirt mit der Studentin Stella (S. S.), die ihm irritiert verfällt; denn eigentlich liebt sie heimlich den linkischen Professor Kelp. Kelps Wunderdroge hat allerdings einen Nachteil. Ihre Wirkung läßt nach einiger Zeit ohne weitere Vorwarnung nach, was den Professor in mancherlei unangenehme Situationen bringt. Schließlich kommt es zum dramatischen Höhepunkt. Buddy Love hat sich überreden lassen, bei einem großen Schulfest mit dem Orchester Tommy Dorsey zu singen; und vor aller Augen ereignet sich mitten im Lied die Rückverwandlung des Sängers in den Professor mit der piepsigen Stimme. Doch dem genialen Erfinder wird verziehen – zuerst und vor allem natürlich von Stella.

Nicht der erfolgreichste, aber wohl einer der typischsten Filme des Komikers Jerry Lewis, der hier auch als Co-Autor und Regisseur fungiert. Die Parodie auf Stevensons *Dr. Jekyll und Mr. Hyde* gab ihm reichlich Gelegenheit zu jener grimassierenden, drastischen Groteskkomik, die ihn berühmt, aber auch umstritten gemacht hat. Daneben gibt es jedoch auch Szenen, die deutlich machen, daß Lewis' Talent sich nicht in vordergründiger Blödelei erschöpft. Er bewährt sich hier nicht nur als routinierter Entertainer; es gibt auch gute Beobachtungen und treffsichere, entlarvende Pointen, die weit über den bloßen Klamauk hinausweisen.

Nybyggarna
Die Neubürger / Das neue Land

Schweden 1969–71

R: Jan Troell; A: Bengt Forslund und Jan Troell nach *Der Roman von den Auswanderern* (Bd. 3: *Die Siedler*, Bd. 4: *Der letzte Brief nach Schweden*) von Vilhelm Moberg; K: Jan Troell; D: Max von Sydow, Liv Ullmann, Eddie Axberg, Allan Edwall, Pierre Lindstedt, Monica Zetterlund

Fortsetzung des Films *Utvandrarna*: Karl Oskar Nilsson (M. v. S.), seine Frau Kristina (L. U.), sein Bruder Robert (E. A.) und ihre Landsleute haben die neue Heimat in Minnesota erreicht. Der Anfang ist schwer. Da es schon spät im Jahr ist, können sie zunächst nur eine einfache Holzhütte bauen. Obwohl Nachbarn ihnen für den ersten Winter eine Kuh leihen, müssen sie wieder Hunger leiden. Die ersten Kontakte mit den Indianern, denen das Land einmal gehört hat, erwecken vor allem bei Kristina, die schon wieder ein Kind geboren hat, das Gefühl einer unheimlichen Bedrohung. Doch Karl Oskar arbeitet mit zäher Beharrlichkeit und verbessert die Lebensumstände der Familie. Nur der intelligente, aber unstete Robert ist unzufrieden. Eines Tages überredet er seinen Freund Arvid (P. L.), mit ihm auf die Goldfelder nach Kalifornien zu ziehen. Neue Nachbarn siedeln sich an. Es sind überwiegend Landsleute; und wieder bringt religiöser Fanatismus Zwietracht in die Gemeinde.

Karl Oskar hat es schließlich zu Wohlstand und Ansehen gebracht. Aber auch Schicksalsschläge hat es gegeben: Die um ihr Land betrogenen Indianer überfallen die Siedlung, und unter ihren Opfern ist auch Danjel (A. E.). Der Aufstand wird durch eine blutige Vergeltungsaktion der Armee niedergeschlagen und durch eine öffentliche Massenhinrichtung vergolten. Robert kehrt schwerkrank von den Goldfel-

Nybyggarna
(Liv Ullmann,
Max von Sydow)

dern zurück. Er hatte das große Glück in der Hand, ist dann aber einem gerissenen Betrüger aufgesessen. Das Geld, das er Karl Oskar und Kristina stolz überreicht, erweist sich als wertlos. Es kommt zu einer heftigen Auseinandersetzung zwischen den Brüdern. Wenig später stirbt Robert, nachdem er in quälenden Fiebervisionen noch einmal seine Abenteuer und den Tod Arvids erlebt hat. Auch Kristina stirbt, sechsunddreißigjährig, an einer Schwangerschaft, vor der der Arzt sie gewarnt hatte, die sie aber im Vertrauen auf Gottes Fügung auf sich genommen hatte. Karl Oskar wird fast doppelt so alt. Er stirbt als ein Fremder in der neuen Heimat, in der sich erst seine Kinder wirklich zu Haus fühlen. Sein Tod wird von einem Nachbarn an die Freunde und Verwandten in der alten Heimat gemeldet; denn seine Kinder können nicht mehr schwedisch sprechen und schreiben. Sie sind auch keine Nilssons mehr, sie heißen Nelson.

Auch dieser zweiteilige Film war in den deutschen Kinos in einer um rund 40 Minuten gekürzten einteiligen Fassung (*Das neue Land*) zu sehen, während die originale Version vom Fernsehen gezeigt wurde. – Mehr als sechs Stunden hat sich Jan Troell insgesamt Zeit genommen, um das Leben und das Schicksal der Familie Nilsson zu beschreiben. Schon das bewahrt sein Epos vor den Verkürzungen, Vereinfachungen und den Klischees, an denen manche ähnliche Unternehmungen leiden – und oftmals scheitern. Troell erzählt mit großer Gelassenheit. Er hat – genau wie Vilhelm Moberg in der literarischen Vorlage – immer wieder im Detail, in der scheinbaren Nebensächlichkeit das Signifikante gefunden. Sein Film ist inhaltlich bestimmt vom großen Atem des Erzählers und formal von einer strengen Schönheit der Bilder, die allein in der visionären Schilderung von Roberts Abenteuern ein wenig selbstzweckhaft ausufert. Zweifellos ist Troells vierteilige Auswanderer-Saga eines der markanten Beispiele des Erzählkinos, dessen Möglichkeiten hier fast optimal genutzt werden.

O

Obchod na korze
Das Geschäft in der Hauptstraße

ČSSR 1964/65

R: Ján Kadár, Elmar Klos; A: Ján Kadár, Elmar Klos und Ladislav Grosman nach der gleichnamigen Erzählung von Ladislav Grosman; K: Vladimir Novotný; D: Ida Kamińská, Jozef Króner, František Zvarik

Die Slowakei im Jahr 1942. Allmählich beginnen auch hier die Judenverfolgungen. Tono Brtko (J. K.) hat es nicht weit gebracht im Leben. Eines Tages verschafft ihm sein Schwager, Offizier der »Hlinka-Garde«, einen Posten als »arischer Treuhänder« im Kurzwarengeschäft der jüdischen Witwe Lautmann (I. K.). Die alte Frau versteht zwar nicht, was der junge Mann bei ihr will; aber wohlmeinende Nachbarn reden ihr ein, Tono sei ein entfernter Verwandter, der ihr helfen wolle. Tono spielt das Spiel mit, weil die alte Frau ihm leid tut. So etwas wie eine Idylle scheint sich anzubahnen. Dann aber beginnen die Deportationen. Zufällig hat man vergessen, die Witwe Lautmann auf die Liste zu setzen. Tono beschwört sie zu fliehen. Und seine Aufregung, seine Worte erwecken schließlich in der alten Frau Erinnerungen an Pogrome und Verfolgungen. Vor Aufregung stirbt sie an einem Herzschlag. Tono erkennt, daß er trotz allem schuldig geworden ist. Er erhängt sich.
Ein eindrucksvoller Film, der von den großartigen darstellerischen Leistungen der Hauptdarsteller Króner und Kamińská und von der stilistischen Konsequenz einer realistischen Inszenierung lebt, die nur in einigen Traumsequenzen an Intensität verliert.
»An der literarischen Vorlage fesselte uns vor allem die seltsame Mischung von Komödie und Tragödie ... Es interessierte uns, diese diametral verschiedenen Ebenen zu einem harmonischen Ganzen zu verbinden. Beide sind für das Grundthema wesentlich: An der Gewalt sind nicht nur die Menschen mit dem Revolver im Gürtel schuld, sondern auch die ordentlichen, braven Menschen, die sich vor den Gewalttätern fürchten und deshalb zu ihren Mitarbeitern werden« (Kadár und Klos).

Obsession
Schwarzer Engel

USA 1975

R: Brian De Palma; A: Paul Schrader nach einer Geschichte von Paul Schrader und Brian De Palma; K: Vilmos Zsgimond; D: Cliff Robertson, Geneviève Bujold, Wanda Blackman, John Lithgow

New Orleans 1959. An ihrem zehnten Hochzeitstag wird Elizabeth (G. B.), die Frau des Bauunternehmers Michael Courtland (C. R.), mit ihrer kleinen Tochter Amy (W. B.) entführt. Im Vertrauen auf die Schlagkraft der Polizei läßt Courtland sich überreden, statt des geforderten Lösegeldes einen Koffer mit Papierschnipseln zu hinterlegen. Aber die Befreiung der Entführten mißlingt; Courtland verliert seine Frau und sein Kind. Sechzehn Jahre später fliegt der einsame, von Selbstvorwürfen gepeinigte Courtland mit seinem Partner nach Florenz. In sentimentaler Erinnerung besucht er jene Kirche, in der er einst mit Elizabeth getraut wurde; und dort stockt ihm buchstäblich der Atem. Er sieht eine Restauratorin, Sandra (G. B.), bei der Arbeit, die haargenau seiner Frau gleicht, so wie er sie seit sechzehn Jahren in Erinnerung hat. Courtland ist wie besessen von der Idee, sein Leben gleichsam noch einmal leben zu können. Er wirbt um Sandra, die für ihn immer mehr zu Elizabeth wird, und gewinnt sie. Sie folgt ihm nach New Orleans. Doch kurz vor der Hochzeit scheint sich sein Unglück zu wiederholen: Auch Sandra wird entführt, und obwohl Courtland diesmal bereit ist, alle Forderungen zu erfüllen, mißlingt auch diesmal die Übergabe. Erst als er alles verloren glaubt, erkennt der Unglückliche die Wahrheit. Sandra ist in Wirklichkeit seine Tochter Amy. Sie war Partnerin einer Intrige, die sein Geschäftspartner inszeniert hat, um ihn zu vernichten. Er hatte Amy, die den Unfall des Fluchtwagens der Gangster überlebt hatte, ins

Ausland gebracht; er hatte ihr eingeredet, daß Courtland schuld sei am Tod ihrer Mutter. Jetzt will Amy/Sandra nach Italien zurück. Aber im Flugzeug macht sie, von Reue gepeinigt, einen Selbstmordversuch. Das Flugzeug kehrt um, und am Flughafen fallen sich nach kurzem Zögern Vater und Tochter in die Arme.

Eine krude Story, die von Zufällen und Unglaubwürdigkeiten strotzt, die in gewalttätigen, grellen Bildern erzählt wird und die gerade daraus eine suggestive Wirkung bezieht. Brian De Palmas Regie reiht gleichsam nur Höhepunkte aneinander, läßt den Zuschauer kaum zu Atem kommen und entläßt ihn dadurch auch niemals aus dieser total künstlichen Welt, die aber mit innerer Folgerichtigkeit erdacht und gestaltet ist. Brian De Palma, der sich häufig auf Hitchcock beruft und aus seiner Verehrung für den Meister des »Suspense« keinen Hehl macht, hat hier dessen Lieblingsthema von der verlorenen Identität zu einer aberwitzigen Pointe gesteigert, die in ihrer absoluten Künstlichkeit die Logik aufhebt und zum Selbstzweck wird. Hier berühren sich gleichsam die Extreme: die sanfte, hinterhältige Erzählweise Hitchcocks und die ungebärdig-eruptive von De Palma sind beide auf ihre Weise »cinéma pur«.

Obžalovaný
Der Angeklagte

ČSSR 1964

R: Ján Kadár, Elmar Klos; A: Vladimir Valenta, Ján Kadár und Elmar Klos nach der gleichnamigen Novelle von Lenka Hašková; K: Rudolf Milić; D: Vlado Müller, Jaroslav Blažek, Jiří Menzel

Josef Kudrna (V. M.), Direktor eines volkseigenen Elektrizitätswerkes, steht vor Gericht. Die Anklage wirft ihm vor, verbotene Leistungsprämien an die Arbeiter gezahlt zu haben. Mitangeklagt sind zwei ihm unterstellte Mitarbeiter. Ihr Fall ist einfach; sie haben sich persönlich bereichert. Aber Kudrna fühlt sich unschuldig; denn nur die Prämien haben das Arbeitstempo beschleunigt und die Volkswirtschaft vor einem großen Verlust bewahrt. Die Richter wollen einen Kompromiß schließen und verurteilen Kudrna zu einer geringfügigen Gefängnisstrafe, die durch die Untersuchungshaft als verbüßt gilt. Doch Kudrna nimmt das Urteil nicht an. Er sagt: »Dieses Urteil klärt nichts! Und es gäbe eine Menge zu klären!«

Ein interessantes und frühes Beispiel nüchterner Selbstkritik aus dem »sozialistischen Lager«, interessant vor allem deshalb, weil es hier nicht um ein Versagen untergeordneter Funktionäre, sondern um ein Prinzip geht. Kadár und Klos formulierten vorsichtig: »Auf der einen Seite steht die Tendenz, das Leben auf eine denkbar einfache Formel zu reduzieren, auf der Gegenseite eine komplizierte Realität.«

Filmisch interessant ist die Verwendung der Rückblenden, die unvermittelt in die Gerichtsverhandlung eingeschnitten werden, so daß der Film oft innerhalb eines Satzes die Zeitebene wechselt. Interessant ist auch der Einsatz der Darsteller. Die Regisseure beschäftigten zum Teil Laien – so z. B. Jaroslav Blažek, der Jurist ist und hier den Richter spielt. Blažek schrieb einen Teil seines Textes selbst, nach dem Studium von »Prozeßakten«, die Kadár und Klos sorgfältig präpariert hatten.

Odd man out
Ausgestoßen

England 1946/47

R: Carol Reed; A: F. L. Green und R. C. Sherriff nach einer Erzählung von F. L. Green; K: Robert Krasker; D: James Mason, Robert Newton, Kathleen Ryan

Johnny McQueen (J. M.), einer der Führer der irischen Freiheitsbewegung, ist aus dem Gefängnis geflohen und versteckt sich bei Kathleen (K. R.), ohne zu merken, daß die »Kampfgefährtin« sich in ihn verliebt hat. Da der Organisation das Geld ausgegangen ist, plant man einen Überfall auf die Kasse einer Fabrik. Aber der sorgsam ausgeklügelte Plan mißlingt: Ein Kassierer wird getötet, Johnny angeschossen und schwer verletzt. Bei der Flucht wird Johnny von seinen Kameraden getrennt. Den ganzen Abend und die halbe Nacht schleppt er sich allein durch die Stadt und sucht Hilfe.

Während der gleichen Zeit suchen ihn seine Freunde und vor allem Kathleen. Sie haben für ihn einen Platz auf einem Schiff gefunden, das in der Nacht auslaufen soll. Doch die Stadt wird von der Polizei sorgfältig überwacht. Kurz vor Mitternacht findet Kathleen Johnny endlich und will mit ihm auf das rettende Schiff flüchten. Aber die Polizei kommt ihnen zuvor. Als Kathleen sieht, daß es keinen Ausweg mehr gibt, schießt sie auf die Polizisten und provoziert damit einen Kugelhagel, in dem Johnny und sie sterben.

Odd man out behandelt ein politisches Thema und metaphysische Aspekte mit der Dramaturgie eines handfesten Thrillers. Das »irische Problem« war für die Engländer damals Tagesgespräch; Reed hat es kühl, ohne moralische Werturteile als Faktum aufgegriffen. Metaphysische Bezüge gibt es in mehreren Szenen – wenn Johnny auf einem Schuttablageplatz unter der Statue eines Gipsengels zusammenbricht oder wenn ein halbverrückter Maler (R. N.) ihn malen will und dabei in eine Christus-Vision verfällt u. a. Hier schleichen sich auch melodramatische Elemente in die Handlung, die aber von den geschickt dosierten und servierten Spannungselementen überspielt werden. Typisch für Reeds Spannungsdramaturgie ist etwa eine Szene, in der Johnny sich in einem alten Luftschutzunterstand verbirgt. Der Ball eines spielenden Mädchens hüpft die Treppe herunter, rollt vor seine Füße; das Kind läuft hinterher und bleibt eine quälend lange, aber genau kalkulierte Zeit vor dem Mann stehen, ehe es sich stumm abwendet.

Bei allem Nervenkitzel macht Reed allerdings auch deutlich, daß Johnny eigentlich von Anfang an verloren ist, weil er – wenn auch schuldlos – schuldig geworden ist am Tod eines Menschen.

Offret
Opfer

Schweden/Frankreich/England 1985

R: Andrej Tarkowski; A: Andrej Tarkowski; K: Sven Nykvist; D: Erland Josephson, Susan Fleetwood, Allan Edwall, Valérie Mairesse, Tommy Kjellkvist

Offret (Tommy Kjellkvist)

In einem einsam gelegenen Haus irgendwo an der Küste feiert Alexander (E. J.), ein alternder Schauspieler, seinen Geburtstag. Zunächst pflanzt er mit seinem kleinen Sohn (T. K.) einen Baum, später kommen Familienangehörige und ein befreundeter Lehrer (A. E.), der jetzt als Briefträger arbeitet, zum Feiern. In dieses idyllische Beisammensein platzen Nachrichten aus dem Radio von einer nicht näher bezeichneten Katastrophe, die offenbar die ganze Welt und alles Leben bedroht. Unheimlicher Lärm – Raketen oder tieffliegende Flugzeuge? – erschreckt die Menschen; dann fällt der Strom aus und läßt sie in beunruhigender Ungewißheit. Besonders Alexander ist im Innersten verstört und aus dem Gleichgewicht geworfen. In panischer Angst betet er um die Rettung und bietet sich selbst als Opfer an, wenn am nächsten Tag alles wieder so ist, wie es war. Und er handelt konsequent: Nach dem Frühstück, als die übrigen Familienmitglieder fortgegangen sind, steckt Alexander sein Haus in Brand. Die Feuerwehr versucht vergeblich zu löschen; der vermeintlich geistesgestörte Alexander wird unterdessen von Krankenwärtern abtransportiert. Sein kleiner Sohn begießt den Baum, den sie zusammen gepflanzt haben, und spricht zum ersten Mal in diesem Film: »Am Anfang war das Wort ... Warum, Papa?«

In strengen, kühlen Bildern und in langsamen Einstellungen, die viele Elemente seiner früheren Filme zitieren, erzählt Tarkowski seine Parabel, die den Zuschauer ängstigt, obwohl sie letzten Endes von der Hoffnung, von der Rettung handelt. Tarkowski war bereits schwer krank, als er diesen Film drehte und ihn seinem Sohn widmete. So hat er ihn bestätigt als Vermächtnis an eine neue Generation, die vielleicht aus dem Opfer der vorigen die Kraft, den Mut und die Beharrlichkeit schöpft, für einen neuen Anfang zu arbeiten, auf eine neue Chance zu hoffen. Der Film evoziert diese Empfindungen beim Betrachter mit einem Minimum an Aufwand und einem Maximum an suggestiver Intensität. Äußerlich zum Beispiel wird die drohende Katastrophe nur durch einen zerbrechenden Milchkrug bezeichnet; aber der Zuschauer zweifelt nicht einen Moment daran, daß sie tatsächlich an die Grundlagen der Welt und an das Innerste unserer Existenz rührt. Hier wird in den Bildern und durch die Bilder eine metaphysische, eine religiöse Dimension sichtbar.

Ohm Krüger

Deutschland 1941

R: Hans Steinhoff unter Mitarbeit von Herbert Maisch und Karl Anton (Massenszenen); A: Harald Bratt und Kurt Heuser nach Motiven des Romans *Mann ohne Volk* von Arnold Krieger; K: Fritz Arno Wagner, Friedl Behn-Grund, Karl Puth; D: Emil Jannings, Gustaf Gründgens, Ferdinand Marian, Franz Schafheitlin, Otto Wernicke, Werner Hinz, Ernst Schröder

Der Krieg der Buren gegen die Engländer: Cecil Rhodes (F. M.), der finanzielle Interessen im »Kapland« hat, konspiriert mit dem Kolonialminister Chamberlain (G. G.), um die Buren in einen Vernichtungskampf zu verstricken. Noch einmal kann Ohm Krüger (E. J.) durch einen Vertrag den Frieden und die staatliche Selbständigkeit sichern; doch dann bricht der Kampf los. Zunächst siegen die Buren. Das Blatt wendet sich jedoch, als Lord Kitchener (F. S.) den Oberbefehl übernimmt und Terrormethoden anwendet. Farmen werden niedergebrannt, Brunnen verseucht, Frauen und Kinder in ein »Konzentrationslager« gesteckt und der Willkür eines sadistischen Kommandanten (O. W.) ausgeliefert. Vergeblich sucht Ohm Krüger in Europa Hilfe; die britische Diplomatie hat ihn isoliert.

Der aufwendigste und wohl auch bekannteste antibritische Propagandafilm des »Dritten Reichs«. Er wurde mit dem Ehrentitel »Film der Nation« ausgezeichnet. Obwohl formal uneinheitlich, hatte er damals einen großen Erfolg – nicht zuletzt durch gute darstellerische Leistungen, die den raffinierten Gefühlsappell des Films wirkungsvoll unterstützten. Sein oberstes Ziel war die Bebilderung der Propagandaschlagworts vom »heuchlerischen, perfiden Albion«. Typisches Beispiel: Eine Szene, in der britische Missionare beim Gottesdienst Bibeln und Gewehre an mordlustige Eingeborene verteilen.

Okraina
Vorstadt

UdSSR 1933

R: Boris Barnet; A: Konstantin Finn und Boris Barnet nach der gleichnamigen Erzählung von Konstantin Finn; K: Michail Kirillow, A. Spiridonow; D: Nikolai Bogoljubow, Nikolai Krjutschkow, Jelena Kusmina, Sergej Komarow, Hans Klering, Alexander Tschistjakow

Der Weltkrieg bricht aus, und die Bewohner einer armseligen Vorstadt werden von nationaler Begeisterung gepackt. Besonders begeistert sind die Fabrikanten, die hoffen können, mit Heereslieferungen betraut zu werden. Unter denen, die an die Front geschickt werden, ist Nikolai Kadkin (N. B.), der Sohn eines einfachen Schusters (A. T.). Nikolai gilt schon lange als heimlicher Revolutionär. Sein Bruder Senka (N. K.) meldet sich freiwillig und wird bald mit der furchtbaren Realität des Krieges

Oktjabr

Oktjabr Ⓢ
Oktober / Zehn Tage, die die Welt erschütterten

UdSSR 1927

R: Sergej Eisenstein; A: Sergej Eisenstein; K: Eduard Tissé, Wladimir Popow, Wladimir Nilsen; D: Boris Liwanow, Wassili Nikandrow, Wladimir Popow

Acht Monate Weltgeschichte – vom Frühjahr bis zum Herbst 1917 – sind das Thema des Films: Das Versagen der »Provisorischen Regierung« und Kerenskis (W. P.), die Ankunft Lenins (W. N.) auf dem Finnischen Bahnhof, die Niederlage des konterrevolutionären Generals Kornilow vor Petersburg, die fruchtlosen Diskussionen der Politiker und der Aufstand des Volkes, der im Sturm auf das Winterpalais gipfelt.

Der Film sollte den zehnten Jahrestag der Revolution feiern. Dafür stellte man Eisenstein riesige Mittel zur Verfügung. Monatelang durfte er im Winterpalais drehen; auf dem Höhepunkt der »Stromkrise« hatte er stets Strom für Nachtaufnahmen; an manchen Tagen kommandierte er ein Heer von 10 000 Statisten. Und es heißt, bei den Dreharbeiten, die zur gleichen Zeit wie die zu Pudowkins *Konez Sankt-Peterburga* stattfanden, sei das Palais stärker beschädigt worden als bei den Kämpfen im Jahr 1917. Trotz aller Großzügigkeit kam aber der Film nicht rechtzeitig zu den Jubiläumsfeiern in die Kinos. Nach seiner Fertigstellung nämlich wurde Trotzki in Acht und Bann getan; Eisenstein mußte den mißliebigen Politiker aus seinem Film entfernen und seine Verdienste um den Sieg der Revolution verschweigen.

Helden der Revolution wurden nun die Massen – und Lenin, der hier erstmals in einem Spielfilm dargestellt wurde, und zwar von dem Arbeiter Nikandrow, der ihm täuschend ähnlich sah. Auf Ähnlichkeit war Eisenstein auch sonst versessen. Viele Szenen hat er nach Augenzeugenberichten originalgetreu nachgestellt. Später tauchten Teile des Films gelegentlich sogar in Dokumentarberichten auf, weil man sie für Wochenschauaufnahmen aus dem Jahr 1917 hielt.

konfrontiert. Deutsche Kriegsgefangene kommen in die Stadt. Einer von ihnen (H. K.) verliebt sich in Manka (J. K.), die Tochter des Schuhfabrikanten Greschin (S. K.). Greschin jagt ihn aus dem Haus, obwohl Manka ruft: »Er ist doch auch ein Schuster!« Die Februarrevolution bricht aus, aber die provisorische Regierung führt den Krieg weiter. Doch die Soldaten wollen nicht mehr kämpfen. Nikolai Kadkin ist einer der ersten, die die weiße Fahne schwenken. Er wird von einem Offizier erschossen. Auch in die Vorstadt kommt die Revolution. In der Reihe der Demonstranten marschiert der deutsche Kriegsgefangene neben dem alten Kadkin.

Boris Barnet kam durch Kuleschow zum Film. *Okraina* ist zweifellos sein Meisterwerk. Besonders gelungen sind die Milieuschilderung und die Charakterzeichnung. Es gelang Barnet, die episodische Form, die auf einen »repräsentativen« Helden verzichtet, in ein ausgewogenes Gleichgewicht zu bringen und die neuen Möglichkeiten des Tons geschickt zu nutzen.

Eisenstein wollte aber nicht nur eine Reportage drehen; er hat die Ereignisse gleichzeitig kommentiert und interpretiert. Gegner der Revolution werden erbarmungslos karikiert, Kerenski erscheint als eitler Psychopath, der sich insgeheim mit Napoleon vergleicht. Und Interpretation wird auch mit der Montage betrieben. Kornilows Losung »Für Gott und Vaterland« benutzt Eisenstein zu einem höhnischen Exkurs: Er zeigt in schnellem Wechsel hintereinander Götter- und Götzenbilder und stellt damit für den Zuschauer diesen Begriff in Frage.

Los olvidados
Die Vergessenen

Mexiko 1950

R: Luis Buñuel; A: Luis Buñuel, Luis Alcoriza; K: Gabriel Figueroa; D: Roberto Cobo, Alfonso Mejia, Miguel Inclán, Estella Inda

Verwahrloste Jugendliche in den Elendsvierteln von Mexico City. Jaibo (R. C.) ist der Anführer einer Bande streunender Kinder, die Krüppeln und blinden Bettlern das Geld stehlen. Der sensible Pedro (A. M.), der unter der Härte seiner Mutter (E. I.) leidet, wird eines Tages Zeuge, wie Jaibo einen anderen Jungen, einen vermeintlichen Spitzel, zu Tode prügelt. Er will nicht mehr mitmachen, aber das kann Jaibo nicht dulden. Jaibo verübt einen Diebstahl und lenkt den Verdacht auf Pedro. Als Pedro seine Unschuld zu beweisen sucht, als er bei einer Schlägerei mit Jaibo unterliegt und in ohnmächtiger Wut herausschreit, daß Jaibo ein Mörder ist, da tötet Jaibo auch ihn. Jaibo wird von der Polizei gejagt und angeschossen. Er stirbt allein und einsam in einem Winkel. Pedros Leiche wird von einem Mann, der in die Sache nicht hineingezogen werden möchte, heimlich auf eine Müllhalde geschafft.
Buñuel moralisiert nicht, er demonstriert. Er zeigt Elend und Gemeinheit, aber er sucht die Ursache dafür nicht bei seinen Protagonisten. Jaibo, hier gleichsam das Prinzip des Bösen, stirbt so, daß man die Kälte spürt, die ihn umgibt und die ihn zum Mörder gemacht hat. Sterbend hat er einen Traum: Ein räudiger Hund läuft über ein weites Feld. Noch ein anderer Traum spielt eine Rolle. Pedro träumt ihn, nachdem er seine Mutter vergeblich um ein Stück Fleisch gebeten hat. Seine Mutter reicht ihm ein großes blutiges Fleischstück, das die Hand Jaibos, der unter dem Bett versteckt ist, ihr entreißen will. Ein Zeichen für Pedros Hunger nach Liebe, für den Wunsch, bei der Mutter Geborgenheit zu finden. Auch die »Opfer« der Jungen sind ambivalent gezeichnet. Der blinde Bettler (M. I.), den die Kinder verhöhnen, erweist sich als Lüstling und Denunziant. Ähnlich wie später in *Viridiana* wird die Frage der Moral unerheblich vor den Zwängen der Realität. Als Pedro in eine Besserungsanstalt eingewiesen wird, gibt ihm der Direktor ein Zeichen seines Vertrauens: Er drückt ihm Geld in die Hand und schickt ihn, etwas einzukaufen. Aber Jaibo stiehlt ihm das Geld, und Pedro traut sich nicht zurück in die Anstalt. Die pädagogische Geste und Pedros Anständigkeit versagen zwangsläufig in dieser Wirklichkeit.

Once upon a time in America
Es war einmal in Amerika

USA 1983

R: Sergio Leone; A: Sergio Leone, Leonardo Benvenuti, Piero De Bernardi, Enrico Medioli, Franco Arcalli und Franco Ferrini frei nach dem autobiographischen Roman *The hoods* von Harry Grey (David Aaronson); K: Tonino Delli Colli; D: Robert De Niro, James Woods, Elizabeth McGovern, Larry Rapp, William Forsythe, Treat Williams

Die Geschichte beginnt in den zwanziger Jahren auf der Lower East Side in New York. Noodles, Max und seine Freunde bilden eine jugendliche Straßenbande, die eher spielerisch ihr erstes Geld ergaunert. Doch bald wird aus dem Spiel Ernst: Einer aus der Gang wird von einem neidischen Konkurrenten erschossen, Noodles ersticht den Mörder und muß ins Gefängnis. – Zehn Jahre später kommt Noodles (R. D. N.) zurück und trifft Max (J. W.) und die Freunde von damals als Mitglieder eines gut funktionierenden Gangster-Syndikats. Er trifft auch Deborah (E. MG.) wieder, für die er schon als Kind geschwärmt hatte. Doch der Traum von Glück, Macht und Reichtum währt nicht lange. Die Beziehung zu Deborah zerbricht, als Noodles glaubt, auch zwischenmenschliche Probleme mit Gewalt lösen zu können. Zudem gibt es »beruflich« Schwierigkeiten. Es kommt zu Meinungsverschiedenheiten mit Max, der im Milieu durch Gehorsam und Anpassung Karriere machen will, während Noodles eher emotional und gleichsam anarchistisch reagiert. Weil Max sich trotz aller Warnungen daranmacht, einen schier selbstmörderischen Coup durchzuführen, greift Noodles zum letzten Mittel, um den Freund zu retten: Er informiert die Polizei. Als er erfährt, daß Max bei diesem Polizeieinsatz getötet worden ist, taucht er unter. Erst 35 Jahre später kehrt Noodles als alter Mann nach New York zurück und erfährt endlich die Wahrheit: Nicht er ist der »Verräter« gewesen. Max hatte damals eine raffinierte Intrige eingefädelt, um seine Karriere voranzutreiben und Noodles aus dem »Geschäft« zu drängen. Und Max' Rechnung ist aufgegangen; denn der angeblich Tote ist ein reicher Mann und sogar ein erfolgreicher Politiker geworden.

Leone erzählt seine Geschichte, die in zahlreiche Episoden und Anekdoten auswuchert, nicht chronologisch, sondern in einem kunstvollen Geflecht von Rückblenden. Dennoch ist es ihm gelungen, die innere Kontinuität seiner Chronik zu bewahren, die freilich keineswegs den Anspruch erhebt, ein realistisches Bild jener Zeit in den USA zu zeichnen. Eher hat man das Gefühl, er habe seine Geschichte statt in der Wirklichkeit in den Archiven Hollywoods recherchiert. Ganz bewußt wird hier der Mythos des Gangsterfilms beschworen, so wie Leone 15 Jahre zuvor in *C'era una volta il west* ... dem Mythos der Western-Filme ein opulentes Denkmal gesetzt hatte. Hier nun ist ein großflächiges Panorama entstanden, das nicht immer der Gefahr entgeht, sich in Einzel-Episoden zu verlieren und durch allzu extensive »action« das dramaturgische Gleichgewicht zu gefährden. Insgesamt aber spürt man doch das Geschick und die Vitalität eines phantasievollen Erzählers.

Leone wollte den Film zunächst in einer zweiteiligen, rund sechs Stunden langen Fassung herausbringen. Produktion und Verleih konzedierten ihm aber lediglich einen Teil in einer Länge von rund 230 Minuten. In der Bundesrepublik kam neben dieser originalen Fassung auch eine um rund 60 Minuten gekürzte Version in den Verleih.

O něčem jiném
Von etwas anderem

ČSSR 1963

R: Věra Chytilová; A: Věra Chytilová; K: Jan Čuřík; D: Eva Bosáková, Věra Uzelacová, Josef Langmiler, Jiří Kodet

Der Film schildert den Alltag zweier Frauen: Eva (E. B.) gehört als Kunstturnerin zur Spitzenklasse. Ihr Alltag heißt Training, Konzentration, schwere körperliche Belastung, Monotonie der Wiederholung. Věra (V. U.) ist verheiratet, hat ein Kind. Sie empfindet das Leben als »normale« Hausfrau nicht weniger eintönig. Als ihr ein junger Mann (J. K.) den Hof macht, erliegt sie schnell seiner Werbung. Am Schluß scheint Eva die Siegerin zu sein, sie bewährt sich in einem Wettkampf und gewinnt damit den Lohn für ihre Mühen. Věra dagegen entdeckt, daß auch ihr Mann (J. L.) ein Verhältnis hat, und kämpft in einem hysterischen Anfall um den Bestand ihrer Ehe.

Věra Chytilová schildert das Leben zweier Frauen – parallel, doch ohne daß beide Hauptpersonen sich einmal begegnen. Trotzdem gelingt es ihr, Gemeinsames deutlich zu machen. Beide Frauen machen im Verlauf des Films eine Krise durch. Und gerade weil ihre Situationen so verschieden sind, fügen sich die Symptome dieser Krise zu einer geschlossenen Analyse. So entstand ein interessanter Film über die Situation der Frau in einer von Männern bestimmten Gesellschaft.

Der Film bemüht sich konsequent um Wirklichkeitsnähe: Die tschechoslowakische Olympiasiegerin Eva Bosáková spielt sich selbst, ebenso wie ihre Trainerin und ihr Trainer. Auch für die Rolle der Věra verzichtete Věra Chytilová auf eine Berufsschauspielerin. Typisches Beispiel für den Stil: Im fertigen Film ist eine Szene enthalten, in der Věras kleiner Sohn (der das auch in Wirklichkeit ist!) quengelt: »Mama, ich mag nicht mehr filmen!«

One flew over the cuckoo's nest
Einer flog über das Kuckucksnest

USA 1975

R: Miloš Forman; A: Lawrence Hauben und Bo Goldman nach dem gleichnamigen Roman von Ken Kesey; K: Haskell Wexler; D: Jack Nicholson, Louise Fletcher, William Redfield, Will Sampson, Brad Dourif

McMurphy (J. N.), wegen angeblicher und von ihm bestrittener Verführung einer Minderjährigen inhaftiert, ist im Arbeitslager so aufsässig, daß man ihn zur Beobachtung in eine Nervenheilanstalt einweist. Er ist es zufrieden und meint, auf diese Weise den Rest seiner Haftzeit vergleichsweise angenehm hinter sich zu bringen. Unbekümmert begegnet er den Kranken der Station mit hemdsärmeliger Aufgeschlossenheit, ermuntert sie zu Spielen und betätigt sich so ungewollt als guter Therapeut. Und er findet dabei sogar einen Freund: den »Häuptling« (W. S.), einen hünenhaften, angeblich taubstummen Indianer, dessen Sprachlosigkeit aber, wie McMurphy entdeckt, nur ein totaler Protest gegen seine Umwelt ist. Doch schon bald erkennt McMurphy, daß es auch in der Heilanstalt Regeln und Vorschriften gibt, die von der Oberschwester Ratched (L. F.) mit hinterhältiger Unerbittlichkeit durchgesetzt werden. Und wieder rebelliert McMurphy – zunächst eher spielerisch, dann mit einem illegalen Tagesausflug, bei dem er seine Leidensgenossen als Ärzteteam ausgibt. Als er erfährt, daß die Ärzte beschlossen haben, ihn wegen seines Benehmens über das Ende seiner Haftzeit hinaus in der Klinik zu behalten, geht er zum offenen Widerstand über. Als Gegenmaßnahme unterzieht man ihn einer Elektroschock-Behandlung. Nun beschließt McMurphy zu fliehen. Zum Abschied organisiert er auf der Station eine nächtliche Party. Am anderen Morgen kommt es zur Katastrophe: Der an einem schweren Mutterkomplex leidende Billy (B. D.) wird von der verunsicherten Oberschwester in den Selbstmord getrieben; McMurphy vergißt seine Flucht und stürzt sich auf die Oberschwester, die er beinah erwürgt. Er wird überwältigt, einer Gehirnoperation unterzogen und kehrt als willenloses Wrack auf die Station zurück. Als der »Häuptling«, der mit ihm fliehen will, den Zustand seines Freundes erkennt, »befreit« er ihn auf seine Weise. Er erstickt ihn mit einem Kopfkissen und springt dann durch das Fenster in die Freiheit.

Der mit fünf »Oscars« ausgezeichnete Film will sicher kein realistisches Bild zeichnen; er benutzt das Motiv der Nervenklinik vielmehr für eine satirische Attacke auf gesellschaftliche Zustände. Er engagiert sich für den Individualismus in einer von sinnlosen Normen und sturen Zwängen verstellten Umgebung. Und er zeigt die Vernichtung eines Menschen, der sich den üblichen Normen nicht anpaßt. Stellenweise ist Forman diese Attacke brillant gelungen. Die ersten, noch beinah spielerischen Machtproben zwischen McMurphy und der Oberschwester lassen bei aller komödiantischen Leichtigkeit die Katastrophe ahnen, die der Film dann später ein wenig zu gewaltsam und zu demonstrativ herbeiführt. Ein Nachteil ist sicherlich auch, daß »das System« in der Gestalt der Oberschwester allzusehr personifiziert wurde, so daß man meinen könnte, ein Wechsel in der Stationsleitung könne den größten Teil der Probleme aus der Welt schaffen. Und schließlich entging Forman auch nicht der Gefahr, die Symptome der Kranken zu nicht immer geschmackssicheren Gags zu vermarkten.

In seiner Autobiographie (*Rückblende*) schreibt Forman, nach anhaltenden Meinungsverschiedenheiten sei der Kameramann Haskell Wexler für die zweite Hälfte der Dreharbeiten durch Bill Butler ersetzt worden.

On the waterfront
Die Faust im Nacken

USA 1954

R: Elia Kazan; A: Budd Schulberg nach einem eigenen Roman und Berichten von Malcolm Johnson; K: Boris Kaufman; D: Marlon Brando, Lee J. Cobb, Rod Steiger, Karl Malden, Eva Marie Saint

Der gescheiterte Berufsboxer Terry Malloy (M. B.) wird durch seinen Bruder Charlie (R. S.) in die Machenschaften des korrupten Gewerkschaftsbosses Johnny Friendly (L. J. C.) verwikkelt. Ohne es zu wissen und zu wollen, wird er mitschuldig an dem Mord an einem aufsässigen Dockarbeiter, in dessen Schwester (E. M. S.) er sich später verliebt. Diese Liebe und die Worte eines sozial engagierten Pfarrers (K. M.) machen ihn unsicher. Friendly fürchtet, Terry könne vor der Polizei aussagen, und beauftragt Charlie, ihn zur Vernunft oder zum Schweigen zu bringen. Charlie will seinen Bruder decken. Und noch am gleichen Abend findet Terry, der gerade selbst einem Mordanschlag entgangen ist, Charlie tot auf der Straße. Jetzt entschließt er sich. Er sagt vor einem Untersuchungsausschuß gegen Friendly aus und provoziert ihn am nächsten Tag zu einer Schlägerei. Zwar wird er von Friendlys Leibwache zusammengeschlagen; aber die Dockarbeiter haben endlich ihre Angst überwunden. Als Terry sie auffordert, die Arbeit wieder aufzunehmen, folgen sie ihm.

Für Hollywood wurde in diesem Film das damals wohl größtmögliche Maß an Realismus erreicht. Kazan drehte nach einem Tatsachenbericht am Ort des Geschehens, im Hafen von New York. Die Hafenatmosphäre hat er geschickt in seinen Film eingebaut: trostlose Eintönigkeit, schmutziges Wasser, fast ständig ist im Hintergrund das Heulen der Schiffssirenen und Dampfpfeifen zu hören. Und er hat es auch verstanden, seine Stars überzeugend in dieses Milieu zu integrieren.

Kazan vertritt in seinem Film einen optimistischen Fortschrittsglauben. Zum Gegenpol für die finsteren Machenschaften Friendlys wird das Recht. (»Bekämpfe ihn nicht wie einen Gangster im Dunkeln – sondern mit der Wahrheit!«) Dieses Recht triumphiert am Schluß nachdrücklich. Allerdings deutet auch Kazan an, daß die Niederlage Friendlys noch nicht den endgültigen Sieg bedeutet. In einer kurzen Szene sieht man einen offenbar wohlsituierten Herrn die Verhandlung gegen Friendly am Fernsehapparat verfolgen. Als der Angeklagte genügend diskriminiert ist, stellt er seinen Apparat ab und informiert seinen Diener, daß er für Mr. Friendly nicht mehr zu sprechen sei. Und die Macht dieses Drahtziehers ist natürlich am Schluß nicht angetastet.

Weniger überzeugend als darstellerische Leistungen und optische Gestaltung wirkt in diesem Film die etwas klischeehafte Dramaturgie. Außerdem sind die Dialoge – wenigstens in der deutschen Fassung – reichlich pathetisch.

Ordet
Das Wort

Dänemark 1954

R: Carl Th. Dreyer; A: Carl Th. Dreyer nach dem gleichnamigen Schauspiel von Kaj Munk; K: Henning Bendtsen; D: Henrik Malberg, Emil Hass Christensen, Preben Lerdorff Rye, Cay Kristiansen, Birgitte Federspiel, Gerda Nielsen, Ejnar Federspiel

Der Großbauer Morten Borgen (H. M.) ist trotz seines Reichtums und seines Ansehens in der Gemeinde nicht glücklich. Seine Frau ist tot. Sein ältester Sohn Mikkel (E. H. C.) hat nicht den starken Glauben des Vaters, die Schwiegertochter Inger (B. F.) hat dem Hof noch keinen Erben geboren, und sein jüngster Sohn Anders (C. K.) liebt die Tochter (G. N.) des sektiererischen Schneiders (E. F.). Am meisten aber bedrückt ihn das Schicksal seines zweiten Sohnes, Johannes (P. L. R.), der während seines Theologiestudiums in geistige Umnachtung verfallen ist und sich nun für Christus hält. Eines Tages stirbt Inger, nachdem sie einen toten Sohn zur Welt gebracht hat. Johannes will sie ins Leben zurückrufen; aber er versäumt es, Gottes Hilfe zu erbitten. Als Gott ihn nicht erhört, bricht er ohnmächtig zusammen. Doch am Tag des Begräbnisses tritt er wieder an den Sarg. Er wirft den Trauernden vor, sie hätten nur deshalb Gott nicht gebeten, ihnen Inger zurückzugeben, weil sie nicht wirklich glaubten. Das Vertrauen von Ingers kleiner Tochter gibt ihm die Kraft und den Glauben zurück. Er spricht zu Inger: »Im Namen Jesu Christi, so wie Gott es will, sage ich Dir: Weib stehe auf!« Inger richtet sich auf; und vor diesem Wunder versöhnen sich auch Morten Borgen und der Schneider.

Ein religiöses Drama, in dem sich verschiedene Formen des Glaubens gegenüberstehen, in dem – ganz im Sinne Kierkegaards – für ein persönlich erlebtes Christentum plädiert wird. Dreyer zeigt, wie Glaubensstärke zur Starrheit werden kann, wie der Glaube eines Einfältigen das Wunder bewirkt. Er hat diese Vorlage ganz realistisch verfilmt, und zwar ohne Studios in dem kleinen Ort Vedersö, in dem der Autor Kaj Munk als Pfarrer gewirkt hat. Wie-

Ordet
(Cay Kristiansen,
Henrik Malberg,
Birgitte Federspiel,
Emil Hass Christensen)

derum hat Dreyer mit seiner schmucklosen Bildersprache, die lange Einstellungen und einen ruhigen Fluß der Montage bevorzugt, einen Film von großer innerer Spannung geschaffen.
In der Kritik umstritten war die Szene der »Totenerweckung«. Aber dadurch, daß Dreyer auch hier auf Symbole und eine verschlüsselte Bildsprache verzichtet hat, daß er einfach einen Menschen zeigt, der sich im Sarg aufrichtet, gewinnt diese Szene eine naive Kraft und erscheint im Kontext des Films durchaus überzeugend.

Orphée
Orphée

Frankreich 1949

R: Jean Cocteau; A: Jean Cocteau; K: Nicolas Hayer; D: Jean Marais, Maria Casarès, François Périer, Marie Déa, Edouard Dermithe, Juliette Gréco, Jean-Pierre Melville

Eine moderne Version der Sage von Orpheus und Eurydike. Durch den Tod seines Freundes Cégeste (E. D.) lernt Orpheus (J. M.) die »Prinzessin« (M. C.) kennen, die eine Botin des Todes ist. Die Prinzessin verliebt sich in ihn und tritt jede Nacht aus einem Spiegel, um seinen Schlaf zu beobachten. Eifersüchtig bewirkt sie den Tod seiner Frau Eurydike (M. D.). Doch ihr Chauffeur Heurtebise (F. P.), der Eurydike liebt, zeigt Orpheus einen Weg in das Schattenreich des Todes. Dort verurteilt ein Tribunal die eigenmächtige Handlungsweise der Prinzessin. Eurydike darf ins Leben zurückkehren, aber Orpheus und Eurydike dürfen sich nicht mehr ansehen. Orpheus verstößt gegen die Bedingung; Eurydike stirbt erneut; Orpheus wird von den »Bacchantinnen« getötet. Im Reich des Todes opfern sich die Prinzessin und Heurtebise. Durch ihr Opfer werden Orpheus und Eurydike gerettet; der Tod stirbt – das Zeichen der Unsterblichkeit für den Dichter.
Cocteau spielt auf faszinierende Weise mit Mythen und Bildern. Er schafft eine Welt der Halbschatten, der Rätsel, in der Spiegel zur Tür ins Jenseits, schwarz uniformierte Motorradfahrer zu Boten des Todes werden. Die betont alltäglichen, realistischen Bilder werden zum Vehikel geheimnisvoller Anspielungen: Der Tod trägt das gleiche Gesicht wie die Liebe, der Dichter ist der Liebling des Todes. Das Irreale dringt in die Realität ein – der Tod wandert durch die Straßen von Paris; und das Jenseits gibt sich mit seinem Ritual von Verhö-

ren und Verhandlungen betont diesseitig. Diesen Schwebezustand der Realität hat Cocteau mit durchaus filmischen Mitteln erreicht. Er selbst meinte, *Orphée* sei eine Instrumentation des Themas, das er in *Le sang d'un poète* erst mit einem Finger angeschlagen habe.

1960 drehte Cocteau mit *Le testament d'Orphée* (Das Testament des Orpheus) gleichsam eine Fortsetzung von *Orphée*. Aber dieser Film ist weniger überzeugend. Cocteau selbst tritt im Kreis alter und neuer Freunde auf: Maria Casarès, Jean Marais, Edouard Dermithe, François Périer, Charles Aznavour, Pablo Picasso, Yul Brynner, Roger Vadim, Françoise Sagan, Brigitte Bardot u. a. Einzelne Sequenzen sind faszinierend; doch die gesamte, locker verbundene Szenenfolge wirkt eher zufällig.

O slavnosti a hostech
Vom Fest und den Gästen

ČSSR 1965

R: Jan Němec; A: Ester Krumbachová, Jan Němec; K: Jaromir Šofr; D: Ivan Vyskočil, Jan Klusák, Karel Mareš, Evald Schorm

Eine fröhliche Gesellschaft sitzt beim Picknick im Wald. Plötzlich erscheinen ein paar junge Männer, deren Anführer Rudolf (J. K.) sie brüsk auffordert, ihm zu folgen. Eingeschüchtert gehorchen alle. Nur Karel (K. M.) wagt Widerspruch und Widerstand; aber seine Freunde distanzieren sich von ihm, weil sie fürchten, er könne Rudolf reizen. Dann taucht ein soignierter Herr (I. V.) auf, der sich für das Benehmen seines Adoptivsohnes Rudolf entschuldigt und die »Gefangenen« höflich zu einem Fest bittet. Erleichtert folgen ihm alle, ohne zu merken oder zuzugeben, daß sie genau das tun, was Rudolf erzwingen wollte. Doch auf dem Höhepunkt des Festes steht ein Mann (E. S.) aus der Gesellschaft auf und geht fort. Die ganze Gesellschaft ist empört. Und alle machen sich auf, um ihn zum Fest zurückzubringen.

Ein Film, der seine allegorischen Bezüge manchmal fast zu deutlich, zu demonstrativ herausstellt: Die lähmende Angst vor der Gewalt, das Bemühen, dem Unterdrücker zu gehorchen, um ihn nicht zu reizen, der Selbstbetrug, daß schon alles nicht so schlimm werde, wenn man sich füge – der perfekte Mechanismus der Anpassung. Dann das erleichterte Aufatmen, als der Zwang mit Freundlichkeit und höflichen Wor-

Le testament d'Orphée
(Jean Cocteau)

ten kaschiert wird, die falsche Solidarität, die zur Jagd auf den bläst, der den sanften Zwang durchschaut und sich ihm entzieht. Němec hat das kühl diagnostiziert. Und dabei gelang ihm doch eine bedrückende Folgerichtigkeit.

Ossessione
Ossessione ... von Liebe besessen

Italien 1942

R: Luchino Visconti; A: Mario Alicata, Alberto Moravia, Antonio Pietrangeli, Gianni Puccini, Giuseppe De Santis und Luchino Visconti nach dem Roman *The postman always rings twice* von James M. Cain; K: Aldo Tonti, Domenico Scala; D: Massimo Girotti, Clara Calamai, Juan De Landa, Elio Marcuzzo

Giovanna (C.C.) und ihr wesentlich älterer Mann (J. D. L.) bewirtschaften im Po-Delta eine kleine Trattoria mit einer Tankstelle. Eines Tages engagiert der Mann den Landstreicher Gino (M.G.) als Mechaniker. Gino und Giovanna verlieben sich und beschließen, Giovannas Mann zu ermorden. Sie fingieren einen Unfall und können die Polizei täuschen. Aber bald zerstreiten sich die Komplizen: Giovanna bekommt die Lebensversicherung ausgezahlt, und Gino argwöhnt, sie sei nicht von Liebe, sondern von Habgier zu der Tat getrieben worden. Außerdem möchte Gino fortziehen, während Giovanna ihre gesicherte Existenz nicht aufgeben will. Sie finden wieder zusammen, als Gino erfährt, daß Giovanna ein Kind erwartet. Gemeinsam fliehen sie, weil die Polizei ihnen auf der Spur ist. Dabei wird Giovanna durch einen Unfall getötet; Gino wird verhaftet.
Die Kriminalgeschichte war für Visconti nur ein Anlaß, italienische Wirklichkeit zu zeigen. In einer Zeit, als italienische Filme überwiegend das Bild von sauberen, heldenhaften Menschen zeichneten oder belanglose Lustspiele im Luxusmilieu gedreht wurden, holte er das »andere Italien« vor die Kamera: die eintönige Landschaft des Po-Deltas, einsame Straßen, verfallene Häuser, Menschen, die ihren Trieben und Begierden ausgeliefert sind. Die Wirkung war entsprechend. Während einige, vorwiegend jüngere Kritiker den Film begeistert feierten (in der Diskussion um *Ossessione* wurde der Begriff »Neorealismus« geprägt), wurde der Film von der etablierten Kritik wütend befehdet. Die Zensurbehörde verlangte entscheidende Kürzungen. Das Negativ verschwand auf ungeklärte Weise. Aus einem erhaltenen Dup-Negativ wurde später eine Fassung rekonstruiert, die dem Original nahekam, ohne ihm jedoch ganz zu entsprechen.
Der Film hatte großen Einfluß auf die Entstehung des italienischen Neorealismus. Visconti wiederum sagte: »Ich selbst stand unter dem Einfluß des französischen Realismus, das heißt, eines bestimmten Filmgenres, unter dem Einfluß von Renoir, Duvivier, Carné ...«
Der gleiche Roman wurde in den USA unter dem Originaltitel *The postman always rings twice* (Im Netz der Leidenschaften, 1946) von Tay Garnett mit Lana Turner und John Garfield in den Hauptrollen verfilmt. Es war ein spannender Kriminalfilm – aber auch nicht mehr. Eine weitere Verfilmung, in der ebenfalls mehr Wert auf die Milieuschilderung gelegt wurde, entstand 1980 unter der Regie von Bob Rafelson in den USA: *The postman always rings twice* (Wenn der Postmann zweimal klingelt). Die Hauptrollen spielten Jessica Lange und Jack Nicholson.

Ostatni etap
Die letzte Etappe

Polen 1948

R: Wanda Jakubowska; A: Wanda Jakubowska, Gerda Schneider; K: Boris Monastyrski; D: Wanda Bartówna, Barbara Drapińska, Stanisław Zaczek, Tatjana Górecka, Antonina Górecka, Stefan Śródka

Abendappell in Birkenau, einer »Filiale« von Auschwitz. Ein neuer Transport ist angekommen; der Lagerkommandant bemerkt, daß die Jüdin Marta (B.D.) gut deutsch spricht, und macht sie zur Dolmetscherin. Während des Appells beginnen bei Helena (W.B.) die Wehen. Das Neugeborene wird trotz des Protestes der russischen Ärztin Eugenia (T.G.) vom deutschen Arzt durch eine Injektion getötet. Im Frauenlager bildet sich der »Generalstab«

einer Widerstandsbewegung, dem u. a. Eugenia, Helena und Anna (A. G.) angehören. Durch die Häftlinge Tadek (S. Z.) und Bronek (S. Ś.) halten sie Kontakt zum Männerlager. Als eine internationale Kommission das Lager besucht, sagt Eugenia mutig aus, daß Ordnung und Sauberkeit in den Baracken nur eine jämmerliche Maskerade für Unterdrückung und Tod sind. Sie büßt ihren Mut mit Folterungen und mit ihrem Leben. Ihre Nachfolgerin ist eine Jüdin, die sich aus Opportunismus als »arisch« ausgibt. Sie denunziert Anna und gefährdet damit die gesamte Widerstandsbewegung im Lager. Marta und Tadek flüchten, um die deutschen Pläne zur Vernichtung aller Lagerinsassen bekannt zu machen. Zwar werden sie gefangen, aber ihre Botschaft gelangt zu einer geheimen Rundfunkstation, die sie verbreitet. Marta wird zum Tod durch den Strang verurteilt. In einem letzten Akt des Protestes ohrfeigt sie ihren Henker.

Die Handlung ist nur der rote Faden für eine dokumentarische Chronik, in der Wanda Jakubowska, selbst einst Häftling in Auschwitz, bezeichnende Episoden aus dem Alltagsleben im Lager einfängt. Dabei hat sie sorgsam nuanciert: Es gibt die Masse der Leidenden, die Opportunisten und die, die Widerstand leisten. Es gibt auch Personen wie Tadek, der selbst einst Rassist war und erst im Lager eingesehen hat, daß man den Faschismus bekämpfen muß. *Ostatni etap*, einer der ersten »KZ-Filme« und noch heute einer der bedeutendsten, brachte dem polnischen Film seinen ersten Welterfolg.

Otto e mezzo
8½

Italien/Frankreich 1962

R: Federico Fellini; A: Federico Fellini, Tullio Pinelli, Ennio Flaiano, Brunello Rondi; K: Gianni Di Venanzo; D: Marcello Mastroianni, Anouk Aimée, Claudia Cardinale, Sandra Milo

Der Regisseur Guido Anselmi (M. M.) befindet sich in einer Krise. Sein Produzent erwartet einen neuen Film von ihm; Anselmi hat keine Vorstellung, was er drehen soll. Vorläufig entscheidet er sich für einen utopischen Film und läßt eine riesige Raketen-Abschußrampe bauen. Aber Anselmi hat auch Schwierigkeiten im Privatleben. Seine Gesundheit ist angeschlagen, er befindet sich in einem Sanatorium; außerdem hat er eine Affäre mit der kleinbürgerlichen Carla (S. M.), seine Frau Luisa (A. A.) sagt ihm die Wahrheit über seinen Egoismus und seine Selbstgefälligkeit, und sein »Traumbild« (C. C.) entpuppt sich als clevere Schauspielerin, die zunächst einmal ihren Manager nach der Gage für ihre Rolle fragen läßt. Guido wird von Erinnerungen an seine Kindheit überfallen, hat seltsame Träume, in denen sich Erlebtes mit Vorstellungen von seinem Film mischt. Auf einer Pressekonferenz am Fuß der Abschußrampe verkündet er, daß er seinen Film nicht drehen kann. Aber dann tauchen plötzlich einige Zirkusmusikanten auf; die Teilnehmer der Pressekonferenz formieren sich zu einem Reigen; Anselmi gibt Regieanweisungen und tanzt schließlich selbst mit. Offenbar beginnen die Dreharbeiten für seinen Film …

Die Inhaltsangabe sagt wenig über diesen kompromißlos subjektiven Film aus, dessen Titel sich auf die Zahl der von Fellini bisher gedrehten Filme bezieht. Offenbar hat Fellini hier Stationen seiner Arbeit und seiner Zweifel gespiegelt; und konsequent lebt der Film nicht von seiner Story, sondern aus einzelnen Szenen und der Harmonie ihres Zusammenklangs. Es gibt großartige Höhepunkte: etwa gleich am Anfang eine Metapher für die Situation Anselmis. In einem Tunnel stauen sich Autos, gleichgültige Gesichter schauen sich durch die Fensterscheiben an. Anselmi ist unter den Autofahrern. Er bekommt keine Luft und versucht vergeblich, ein Fenster oder eine Tür zu öffnen. Oder die alptraumhafte Kindheitserinnerung an das vital-häßliche »Urweib« Saraghina, das für die Jungen eines Internats einen plump aufreizenden Tanz zelebriert; die Erinnerung an die darauffolgenden Vorwürfe der Patres und der Mutter, an Schuldkomplexe.

Realität und Traum mischen sich in diesem Film unentwirrbar. Eine Szene am Brunnen des Badeortes, die man gerade noch als Realität aus dem Leben Anselmis akzeptiert hat, wird in der nächsten Szene von seinem Drehbuchautor als »Filmszene« kritisiert. Das gemeinsame Band für alle Szenen ist eigentlich nur die Persönlichkeit Fellinis, der hier zwar einen ganz subjektiven Film gedreht hat – einen »komischen« übrigens, wie er selbst sagte – und dabei in seiner Beschreibung eines sensiblen Menschen in einer Streß-Situation unversehens »objektive« Ergebnisse erzielt hat. Sein ganzes Werk, von dem Hypnotiseur aus *Le notti di Cabiria* bis zu den Zirkusmusikanten aus *La strada*, lebt in diesem Film. Und auch seine Kritiker kommen zu Wort: »Du willst nur erzählen, wie verwirrt ein Mensch innerlich sein kann«, sagt sein Produzent zu Anselmi.

Our daily bread
Der letzte Alarm

USA 1934

R: King Vidor; A: King Vidor, Elizabeth Hill, Joseph L. Mankiewicz; K: Robert Planck; D: Tom Keene, Karen Morley, Addison Richards

Während der Weltwirtschaftskrise werden auch der Arbeiter John Sims (T. K.) und seine Frau (K. M.) arbeitslos. Johns Onkel rät ihnen, eine brachliegende Farm zu übernehmen. John, der wenig Ahnung von der Landwirtschaft hat, bietet Leidensgenossen aus dem Heer der Arbeitslosen an, mit ihm zusammenzuarbeiten. So entsteht nach und nach eine »Kommune«, zu der Farmer, aber auch Handwerker gehören. Gemeinsam verhindern sie eine Zwangsversteigerung, teilen sie den Boden unter sich auf, überstehen sie eine Hungerperiode bis zur ersten Ernte. Und gemeinsam graben sie auch einen Kanal, der das dürre Land bewässert und den Erfolg ihres Unternehmens endgültig sichert.

Der Film, den Vidor selbst produziert hat, da er keine Geldgeber fand, erhielt eine »Goldmedaille« des Völkerbundes und einen Preis auf dem Festival in Venedig. Doch er ist auch hart kritisiert worden. Man warf ihm vor, die Rückkehr zur Scholle sei keine Lösung für die damaligen Wirtschaftsprobleme gewesen. Aber dabei wurde wohl übersehen, daß es Vidor hier um die Demonstration des kollektiven Einsatzes ging, der am Beispiel einer Farm sicherlich realistischer zu zeigen war als etwa durch den gemeinsamen Aufbau einer Schiffswerft. Wenig geglückt ist eine konventionelle Eifersuchtsgeschichte, die für dramatische Verwicklungen sorgen soll. Die erste Hälfte und der pathetisch-visionäre Schluß jedoch sind beeindruckend.

Our hospitality ⓢ
Gastfreundschaft / Bei mir – Niagara

USA 1923

R: Buster Keaton, Jack G. Blystone; A: Jean C. Havez, Clyde Bruckman, Joseph A. Mitchell; K: Elgin Lessley, Gordon Jennings; D: Buster Keaton, Natalie Talmadge, Joe Roberts

Willie McKay (B. K.) ist der letzte Überlebende seiner Familie, die in wechselseitiger Blutrache von den Canfields ausgerottet worden ist. Willie kennt allerdings die blutige Familienchronik nicht, da seine Mutter ihn als Baby ahnungsvoll einer Tante in Pflege gegeben hat. So fährt er eines Tages frohen Mutes in die Heimat, um sein Erbe anzutreten. Bei der turbulenten Eisenbahnfahrt lernt er ein nettes Mädchen (N. T.) kennen, das ihn zum Dinner einlädt und sich als Virginia Canfield entpuppt. Angesichts des Erbfeindes stürzen ihre Brüder zum Gewehrschrank, doch Vater Joseph (J. R.) hält an den ehernen Gesetzen der Gastfreundschaft fest: Unter seinem Dach ist Willie sicher. Und so klammert der sich zunächst mit allen Kräften an das rettende Haus. Als er schließlich das Weite sucht, gibt es eine wilde Verfolgungsjagd, bei der Willie in den Fluß fällt. Schwimmend passiert er Virginia, die am Ufer um ihn trauert. Am Traualtar wird schließlich die Familienfehde begraben.

Einer der erfolgreichsten Filme Keatons, voller Einfallsreichtum und Gags. Im ersten Teil dominiert das komische Requisit bzw. das Spiel mit den Möglichkeiten der Technik; später tritt der Schauspieler Keaton mehr in den Vordergrund.

Keaton beschäftigte in diesem Film neben seiner Frau Natalie Talmadge auch seinen Sohn (Joseph Keaton Talmadge) im Prolog und seinen Vater (Joe Keaton) als Lokomotivführer.

535

Out of Africa
Jenseits von Afrika

USA 1985

R: Sydney Pollack; A: Kurt Luedtke nach literarischen Vorlagen von Tania (Karen) Blixen, Isak Dinesen, Judith Thurman, Errol Trzebinski; K: David Watkin; D: Meryl Streep, Robert Redford, Klaus Maria Brandauer, Michael Kitchen, Malick Bowens

Kurz vor Beginn des Ersten Weltkriegs heiratet die Dänin Karen Dinesen (M. S.) ihren Vetter Bror von Blixen-Fineckel (K. M. B.), mit dem zusammen sie in Kenia eine Rinderfarm aufbauen will. Doch bei ihrer Ankunft in der neuen Heimat stellt Karen, die von ihren Freunden Tania genannt wird, fest, daß ihr Mann sich mittlerweile für eine Kaffeeplantage entschieden hat, der Fachleute in diesem Klima wenig Chancen geben. Bald bricht der Krieg aus; und Karen erwirbt sich legendären Ruhm, als sie in einem gefahrvollen Treck durch das ganze Land die Truppen an der Grenze zu Deutsch-Ostafrika mit Proviant versorgt. Es dauert nicht lange, bis Karen klar wird, daß Bror als Ehemann genau so unzuverlässig ist wie als Geschäftspartner. Als Folge seiner amourösen Abenteuer erkrankt sie an Syphilis und muß zu einer langwierigen Behandlung nach Dänemark reisen. Nach ihrer Heilung und der Rückkehr nach Kenia trennt sie sich von ihrem Mann. Die Beziehung zu dem Abenteurer Denys Finch Hatton (R. R.), die allmählich zu echter Liebe wird, bringt neue Unruhe in ihr Leben. Doch die Liebe, die ihr Partner keineswegs mit gleicher Bedingungslosigkeit erwidert, ist auch für sie schließlich nur noch ein Teil ihres Lebens, das Erfüllung im engen Verhältnis zu diesem Land und in der Leitung der Plantage findet. Als ein Brand die Plantage zerstört und Denys mit dem Flugzeug tödlich verunglückt, verläßt Karen Afrika.

Sorgfältig und bedachtsam erzählt dieser Film die Lebensgeschichte einer ungewöhnlichen Frau in einer Zeit, die geprägt ist vom Krieg und in der sich das Ende des Kolonialismus bereits ankündigt. Eindrucksvolle Bilder und bemerkenswerte darstellerische Leistungen werden geboten; nicht weniger als sieben »Oscars« (u. a. für den besten Film, die Regie, die Kamera und das Drehbuch) heimste der Film ein. Aber insgesamt wirkt das Ganze doch recht bieder, und stellenweise ist der Film wohl eher langatmig als vom »großen Atem« beseelt.

*Out of Africa
(Robert Redford,
Meryl Streep)*

Out of Rosenheim

BRD 1987

R: Percy Adlon; A: Percy und Eleonore Adlon; K: Bernd Heinl; D: Marianne Sägebrecht, CCH Pounder, Jack Palance, Monica Calhoun, Darron Flagg, Christine Kaufmann

Verloren steht Jasmin Münchgstettner (M.S.) aus Rosenheim im Lodenkostüm in der amerikanischen Mohave-Wüste. Ihr Mann hat sie nach einem heftigen Streit auf der Urlaubsreise kurzerhand aus dem Auto bugsiert. Nach einem beträchtlichen Fußmarsch findet sie in der Einöde einen Schnellimbiß von märchenhaft chaotischem Zuschnitt: Hier residiert die farbige Besitzerin Brenda (CCH P.), die soeben ihren arbeitsscheuen Mann aus dem Haus gejagt hat, mit ihrem Sohn Sal jr. (D. F.), der am liebsten den ganzen Tag Bach spielen würde, mit der Tochter Phyllis (M. C.), die von Kopf bis Fuß auf Liebe eingestellt ist, und mit einem Anhang merkwürdiger Figuren. Zu ihnen gehört vor allem der Kulissenmaler Rudy Cox (J. P.), der in einem Wohnwagen neben dem Gebäude haust. Jasmin erweckt Staunen – und sie gewinnt allmählich Brendas Sympathie, weil sie Liebe und Eifer verströmt. Sie bemuttert Sal juniors Baby, sie bringt den verlotterten Laden auf Vordermann, und sie beginnt, die Gäste mit bescheidenen Zauberkunststückchen zu unterhalten. Jasmin und Brenda werden ein fast unschlagbares Team; und der Imbiß mit dem pompösen Namen »Bagdad« wird zum Geheimtip der Fernfahrer. Leider entdeckt der Sheriff eines Tages, daß Jasmins Besuchervisum abgelaufen ist, und sie muß zurück nach Bayern. Doch bald darauf steht sie mit einem neuen Visum vor der Tür. Die Fernfahrer bereiten ihr ein Fest. Brenda versöhnt sich mit ihrem Ehemann, und Rudy Cox, der Jasmin über Wochen raffiniert beschwatzt hatte, ihm immer freizügiger Modell zu stehen, bittet um ihre Hand. Aber da muß Jasmin natürlich erst einmal Brenda fragen.
Ein liebenswürdiges und liebenswertes Märchen von der unspektakulären Selbstverwirklichung einer Frau. Hier geht es nicht um eine soziologische Fallstudie, sondern um eine phantasievoll anekdotenreiche Geschichte, die angenehm unterhält und dabei auch ein wenig Nachdenklichkeit bewirkt. Daß dieser eher »kleine« Film ein überraschender Kassenerfolg (auch im Ausland!) wurde, ist sicher auch der vorzüglichen Hauptdarstellerin zu verdanken. Marianne Sägebrecht hat den Typ der Molligen mit dem goldenen Herzen, den sie bereits in *Zuckerbaby* (R: Percy Adlon, BRD 1984) so erfolgreich verkörpert hatte, klug variiert und weiterentwickelt.

The Ox-Bow incident
Ritt zum Ox-Bow

USA 1942

R: William A. Wellman; A: Lamar Trotti nach einem Roman von Walter Van Tilburg Clark; K: Arthur Miller; D: Henry Fonda, Dana Andrews, Anthony Quinn, Jane Darwell, Frank Conroy, Henry Morgan, Francis Ford

Gil Carter (H. F.) und Art Croft (H. M.) kommen in eine kleine Stadt in Nevada und werden im Saloon in eine Schlägerei verwickelt. Plötzlich meldet ein Reiter, der Farmer Kinkaid sei erschossen, sein Vieh geraubt worden. Während der Sheriff in Amtsgeschäften unterwegs ist, lassen sich 28 Männer von Major Tetley (F. C.) und Ma Grier (J. D.) zu einer widerrechtlichen Jagd auf die Täter aufhetzen. Auch Gil und Art schließen sich der Meute an. Bald überrascht man drei Männer, Martin (D. A.), einen Mexikaner (A. Q.) und einen Alten (F. F.), gegen die in der Tat einige Indizien sprechen. Bei sieben Gegenstimmen (unter ihnen Gil!) wird mit Mehrheit beschlossen, die »Mörder« an Ort und Stelle aufzuhängen. Und so geschieht es. Auf dem Rückweg treffen die Männer den Sheriff und erfahren, daß Kinkaid nur verletzt ist und die wahren Täter schon gefaßt sind. Tetley reitet nach Hause und erschießt sich; die anderen gehen in den Saloon, um ihre Zerknirschung in Alkohol zu ertränken. Hier liest ihnen Gil Martins Abschiedsbrief vor und reitet dann mit Art los, um der Witwe des Opfers zu helfen.
Der Roman, nach dem der Film entstand, wurde in den Jahren 1937/38 geschrieben – unter dem Eindruck der Nachrichten über die Ge-

walttaten der Nationalsozialisten. Aber sein Autor hat bitter registriert, kein Rezensent habe gesehen, daß sein Roman auch auf die Verhältnisse in der US-Gesellschaft ziele. »Was ich sagen wollte, war dies: Es kann bei uns geschehen, es ist bei uns geschehen, in geringerem, aber hinreichend alarmierendem Maß und sehr oft!«

Wellman hat diese Anklage in seinen Film übernommen, und er hat gleichzeitig viele Tabus des Western demontiert. Sein Held, Gil, ist kein strahlender Draufgänger, sondern allenfalls jemand, der ein Verbrechen nicht mitmacht und früher zur Einsicht kommt. Das Städtchen ist kein Symbol amerikanischen Aufbauwillens, sondern wird zum Hexenkessel, die Nachkommen der vielgepriesenen Pioniere erscheinen als blutgieriger Pöbel, die in vielen Filmen besungene Pioniersfrau hetzt zum Mord, den der standesbewußte Major mit routinierter Perfektion organisiert. Eines der unschuldigen Opfer ist ein Mexikaner, Angehöriger einer Minderheit, die bisher in den Western meistens den Bösewicht stellte.

Das alles ist aber im Milieu, mit den Mitteln und der Spannung üblicher Western inszeniert worden – gleichzeitig ein Paradestück dieser Gattung!

P

Padenije Berlina
Der Fall von Berlin

UdSSR 1949

R: Michail Tschiaureli; A: Michail Tschiaureli, Pjotr Pawlenko; K: Leonid Kosmatow; D: Boris Andrejew, Marina Kowalewa, Michail Gelowani

I. Teil: Die Lehrerin Natascha (M. K.) pflückt mit ihren Schulkindern Blumen, um Alexej Iwanow (B. A.) zu feiern, der seine Norm um 160 Prozent übererfüllt hat. Alexej und Natascha verlieben sich. Alexej wird von Stalin (M. G.) empfangen und beglückwünscht. Dann bricht der Krieg aus; Alexej wird Soldat, während Natascha von den Deutschen verschleppt wird. Mit vielen anderen Gefangenen zieht sie unter dem Fenster der Reichskanzlei vorbei, in der Hitler auf die Nachricht von der Einnahme Moskaus wartet. Statt dessen beginnt die russische Offensive. Aber die Konferenz von Jalta macht deutlich, daß der Sieg im Westen Deutschlands noch nicht gesichert ist und daß Churchill auf jeden Fall vor den Russen in Berlin sein will.
II. Teil: Die sowjetischen Truppen rücken auf Berlin vor, wo Hitler in seinem Bunker wahnsinnig wird. Selbst seine langjährige Sekretärin verflucht ihn, als sie die zerfetzte Leiche ihres Sohnes auf der Straße findet. Alexej ist unter denen, die die rote Fahne auf dem Reichstagsgebäude hissen. Tausende strömen zusammen, um Stalin in Berlin zu begrüßen. Dabei finden sich auch Alexej und Natascha wieder. Natascha küßt Stalin und stattet damit symbolisch den Dank von Millionen Menschen ab. Der Film endet mit einer Ansprache Stalins: »So wollen wir den Frieden der Welt hüten, das Glück für Euch alle, meine Freunde!«
Ein pompöses Schlachtengemälde, das einen der Höhepunkte des Personenkultes im sowjetischen Film markiert. Stalin, gespielt von dem auf diese Rolle abonnierten Michail Gelowani, erscheint als genialer Schlachtenlenker, der mit einem Telefonat ganze Feldzüge entscheidet. Das Rollenverzeichnis nennt außer der sowjetischen Generalität auch Hitler, Eva Braun, Göring, Goebbels, Roosevelt, Churchill u. a.

Padre padrone
Mein Vater – mein Herr

Italien 1977

R: Paolo und Vittorio Taviani; A: Paolo und Vittorio Taviani nach dem gleichnamigen Buch von Gavino Ledda; K: Mario Masini; D: Omero Antonutti, Marcella Michelangeli, Fabrizio Forte, Saverio Marioni

Der sechsjährige Gavino (F. F.) wird von seinem Vater (O. A.) mit Gewalt aus der Schule geholt. Er soll die Schafe hüten und als ältester Sohn zum Lebensunterhalt beitragen. Das Kind leidet unter der Einsamkeit in den Bergen, aber es gehorcht. Erstmals wagt Gavino sich aufzulehnen, als er Musikanten begegnet, die auf einer Ziehharmonika spielen. Er schlachtet zwei Schafe, um so ein Instrument einzutauschen. Dafür wird er vom Vater erbarmungslos bestraft. – Der Vater versucht den sozialen Aufstieg. In mühevoller Arbeit legt er einen Olivenhain an. Aber in einem strengen Winter erfrieren die Bäume. – Der mittlerweile erwachsene Gavino (S. M.) will der Armut entfliehen und als Arbeiter nach Deutschland gehen. Weil er Analphabet ist, merkt er nicht, daß der Vater ihm seine Einwilligung nicht in die Papiere geschrieben hat. Er wird abgewiesen und muß in das Dorf zurückkehren. – Der Vater versucht einen neuen Weg zum Wohlstand: Er verkauft seinen ganzen Besitz und legt das Geld auf die Bank. Die Kinder werden als Arbeitskräfte ebenfalls »verkauft«. – Gavino geht zum Militär. Dort stellt er fest, daß ihm nicht nur die Schriftsprache, daß ihm die Sprache überhaupt fehlt. Die Kameraden verstehen seinen sardischen Dialekt nicht. Diese Erkenntnis ist für Gavino ein Wendepunkt: Er lernt die Hochsprache, Lesen und Schreiben, wird sogar Schriftsteller. Als ein anderer kehrt er in seine Heimat zurück; aber das Dorf ist unverändert geblieben ...
Der Film beschreibt, nach der Autobiographie von Gavino Ledda, einen ungewöhnlichen

Emanzipationsprozeß. Es ist nicht die Geschichte eines jungen Genies, das sich gegen alle Widerstände durchsetzt und verwirklicht. Es ist vielmehr die Geschichte einer exemplarischen Möglichkeit, gegen alle Chancen zu gewinnen. Aber dieser Sieg ist kein Anlaß zum Triumph; er verweist vielmehr unübersehbar auf die vielen Verlierer.

Der Film ist auch ein Dokument des Elends und der Hoffnungslosigkeit in den sardischen Bergen. Gavinos Vater, der wie Abraham bereit ist, seinen Sohn zu opfern, tut dies aus Verzweiflung: Er muß Gavino, den Ältesten, »opfern«, um die anderen Kinder zu erhalten. Und er muß dabei auch an den Profit denken; denn er ist eben nicht nur der Vater, sondern auch der »Herr«, der Arbeitgeber seines Kindes.

Die Brüder Taviani belegen diese Thesen durch genaue Beobachtung und eine fast dokumentarische Schilderung, die in ihren Höhepunkten das Anliegen wie in einem Brennglas zusammenfaßt: Wenn zum Beispiel Gavino in der Einsamkeit der Berge erstmals Musik hört und zu ahnen beginnt, daß es noch eine »andere« Welt gibt, wenn die jungen Burschen bei der alljährlichen Prozession das Gnadenbild tragen und unter dem tuchverhangenen Gestell, von der Last des Bildes niedergedrückt, keuchend beratschlagen, wie man in das ferne, verheißungsvolle Deutschland kommt ...

Paisà
Paisa

Italien 1946

R: Roberto Rossellini; A: Federico Fellini und Roberto Rossellini nach einem Sujet von Klaus Mann, Sergio Amidei, Federico Fellini, Victor Haines, Marcello Pagliero, Roberto Rossellini, Vasco Pratolini; K: Otello Martelli; D: Carmela Sazio, Maria Michi, John Kitzmiller, William Tubbs, Carlo Pisacane, Renzo Avanzo, Robert Van Loon, Gar Moore, Harriet White, Alfonsino Pasca, Dale Edmonds

Der Film berichtet in sechs Episoden vom Vormarsch der Amerikaner in Italien und vom Aufstand der Partisanen.

I. Ein amerikanischer Soldat (R. V. L.) soll nach der Landung auf Sizilien ein altes Kastell bewachen, während seine Kameraden das Gelände erkunden wollen. Er trifft eine junge Frau (C. S.), und zwischen beiden gibt es eine kurze Idylle. Der Amerikaner wird von einer deutschen Patrouille erschossen. Als die Frau in verzweifelter Wut mit der Waffe des Toten zurückschießt, wird sie ebenfalls getötet. Die zurückkehrenden Amerikaner halten sie für eine Verräterin.

II. In Neapel »fängt« ein kleiner Junge (A. P.) einen betrunkenen farbigen Soldaten (J. K.) und will ihn, d. h. seine Ausrüstung, verkau-

Paisà
(John Kitzmiller, Alfonsino Pasca)

fen. Schließlich stiehlt er ihm aber nur die Stiefel. Der Soldat erkennt den Jungen am nächsten Tag auf der Straße wieder und will mit ihm zu seinen Eltern, um eine Strafe für den Dieb zu erwirken. Doch der Junge hat weder Eltern noch Wohnung; er haust mit Leidensgenossen in einer Höhle. Als der Soldat das Elend sieht, springt er in seinen Jeep und flieht.

III. Sechs Monate nach der Befreiung Roms begegnet ein betrunkener amerikanischer Soldat (G. M.) einer Prostituierten (M. M.) und schwärmt ihr von einem Mädchen vor, das er beim Einmarsch kennengelernt hat. Das Mädchen ist sie selbst gewesen. Sie hofft auf eine Rückkehr ins bürgerliche Leben und verspricht ihm für den nächsten Tag ein Rendezvous mit jenem Mädchen. Am vereinbarten Treffpunkt wartet sie jedoch vergebens – der Soldat hat den vorigen Abend vollkommen vergessen und fährt an die Front zurück.

IV. Die amerikanische Krankenschwester Harriet (H. W.) ist vor Florenz eingesetzt, wo sie vor Jahren studiert und den Maler Guido geliebt hat. Dieser Guido ist – unter dem Decknamen »Wolf« – jetzt Partisanenführer in der Stadt. Als man Harriet berichtet, daß er schwer verwundet sei, schleicht sie sich in die noch umkämpfte Stadt ein. Begleitet und geführt wird sie von Massimo (R. A.), der seine Frau und seine Tochter sucht. Unterwegs hilft Harriet einem sterbenden Partisanen, von dem sie erfährt, daß Guido/Wolf tot ist.

V. Nach der Befreiung eines Klosters in der Romagna bitten drei alliierte Feldgeistliche bei den Mönchen um Unterkunft. Doch zu ihrem Schrecken erfahren die frommen Brüder, daß nur einer von ihnen (W. T.) Katholik ist. Seine Begleiter sind ein Protestant und ein Jude. Beim gemeinsamen Abendessen, das die Gäste durch großzügige Geschenke bereichert haben, fasten die Mönche – in der Hoffnung, durch dieses Opfer die beiden nichtkatholischen Priester zum rechten Glauben zu bekehren.

VI. Im Po-Delta kämpfen italienische Partisanen und entflohene amerikanische Gefangene gegen die Deutschen. Als sie schließlich überwältigt werden, nimmt man die Amerikaner gefangen. Die Partisanen werden getötet, indem man ihnen einen Stein ans Bein bindet und sie ins Wasser wirft. Als einer der Amerikaner (D. E.) sich entsetzt auf die Deutschen stürzt, wird er erschossen. (Diese Episode wurde geschnitten, als der Film in der Bundesrepublik in die Kinos kam!)

Dieser wohl beste Film Rossellinis vermeidet alle Nachteile des üblichen Episodenfilms, die Zufälligkeit des Arrangements, das verzweifelte Bemühen um eine Folge von »Spitzenleistungen«. André Bazin nannte den Film ein überzeugendes Äquivalent zu einer Novellensammlung und meinte, der soziale, historische und menschliche Hintergrund der einzelnen Geschichten gebe ihm Einheit genug. Tatsächlich wird hier in sechs Bildern kunstvoll und realistisch zugleich, zum Teil fast in der Manier der direkten Reportage, die Chronik von der Befreiung Italiens erzählt. Dabei ist es typisch für Rossellini, daß es keinen Triumph, sondern nur eine Folge unendlicher Leiden gibt. Selbst der Kampf der Partisanen endet bei ihm nicht mit dem Sieg, sondern mit dem Untergang. Zweifellos sind die einzelnen Episoden künstlerisch und historisch ungleichwertig. Die III. Episode mag zuviel Sentimentalität, die V. etwas zuviel Naivität haben. Aber diese Nachteile fallen wenig ins Gewicht, wenn man den Film als Ganzes sieht und begreift.

The paleface ⑤
Das Bleichgesicht

USA 1921

R: Buster Keaton, Eddie Cline; A: Buster Keaton, Eddie Cline; K: Elgin Lessley; D: Buster Keaton, Joe Roberts

Auf der Jagd nach Schmetterlingen gerät Buster (B. K.) in die Gewalt blutrünstiger Indianer, die ihn am Marterpfahl rösten wollen. Er kann entkommen und besorgt sich als vorsichtiger Mann einen Asbestanzug. So kann er bei seiner nächsten Gefangennahme dem Feuer trotzen und wird von den staunenden Indianern als vermeintlicher Wundertäter stracks zum Ehrenhäuptling ernannt. Buster stellt sich jetzt an die Spitze des Stammes und ertrotzt von der landgierigen Ölgesellschaft, die die Indianer vertreiben will, eine Besitzurkunde, in der das Recht der Rothäute auf ihr Land ga-

rantiert wird. Als Belohnung überläßt der »große Häuptling« (J. R.) ihm die Hand seiner hübschen Tochter.
Ein turbulenter Kurzfilm aus Keatons früher Zeit. Aber schon hier wird ein typisches Merkmal seiner Rollen deutlich: Keaton spielt immer wieder Menschen, die sich bemühen, ihren Job so gut wie eben möglich auszuführen. Da er nun einmal zum Häuptling befördert worden ist, tut er genau das, was nach seiner Meinung ein guter Häuptling tun muß.

Pale rider
Pale Rider – Der namenlose Reiter

USA 1985

R: Clint Eastwood; A: Michael Butler, Dennis Shryack; K: Bruce Surtees; D: Clint Eastwood, Michael Moriarty, Carrie Snodgress, Richard Dysart, John Russell, Sydney Penny

Am Anfang wird eine Gruppe armer Goldschürfer von Arbeitern einer Bergwerksgesellschaft überfallen. Verzweifelt betet die halbwüchsige Megan Wheeler (S. P.) um Hilfe – und in einer Folge von Überblendungen taucht gleichsam aus dem Nichts der »Preacher« (C. E.), so genannt, weil er den weißen Kragen eines Geistlichen trägt, als Retter auf. Anfangs begnügt er sich damit, als Ratgeber zu wirken, die Goldsucher zur Solidarität aufzurufen. Doch dann engagiert Coy LaHood (R. D.), der Boß der Bergwerksgesellschaft, die es auf die Claims der kleinen Leute abgesehen hat, den korrupten Marshall Stockburn (J. R.) und seine sechs Deputies. Und als diese Killer einen der Goldsucher erschießen, der nach einem großen Fund in rauschhaftem Überschwang die Konkurrenz herausgefordert hat, da greift auch der »Preacher« zur Pistole. Er siegt über seine Widersacher und verschwindet dann in der unendlichen Weite einer schneebedeckten Landschaft.
Viele Kritiker fühlten sich von diesem Film an George Stevens' *Shane* (1953) erinnert. Tatsächlich hat Clint Eastwood hier klassische Motive des Western aufgegriffen – zum Beispiel die Figur des einsamen Rächers, der gleichsam aus dem Nichts erscheint und den Schwachen gegen die Bösen beisteht. Aber er hat dem Western auch neue Möglichkeiten gewonnen: Die handelnden Personen sind vielschichtiger in ihrem Charakterbild geworden, die Realität des alltäglichen Lebens wird sorgfältiger geschildert, und Landschaft ist nicht mehr nur – glänzend fotografierte – Kulisse, sie wird zum »Lebensraum«, dessen Zerstörung durch die umweltfeindlichen Methoden der Bergwerksgesellschaft, die das Gold mit »Druckwasser« auswäscht, ein weiteres Argument gegen die »Bösen« ist.

Panic in the streets
Unter Geheimbefehl

USA 1950

R: Elia Kazan; A: Richard Murphy und Daniel Fuchs nach den Erzählungen *Quarantine* und *Some like 'em cold* von Edna und Edward Anhalt; K: Joseph MacDonald; D: Richard Widmark, Paul Douglas, Barbara Bel Geddes, Jack Palance, Zero Mostel, Guy Thomajan

Im Hafen von New Orleans wird ein Toter gefunden. Bei der Obduktion stellt sich heraus, daß der Mann erschossen worden ist, daß er aber außerdem an Lungenpest erkrankt war. Es gilt, den Mörder schnell zu finden; denn innerhalb von 48 Stunden kann sich die Seuche über etwaige Kontaktpersonen ausbreiten. Captain Warren (P. D.) und Dr. Reed (R. W.) vom Gesundheitsamt beginnen eine fieberhafte Suchaktion. Blackie (J. P.), der den Mann nach einer Poker-Partie erschossen und beraubt hat, und seine Komplizen Fitch (Z. M.) und Poldi (G. T.) werden unruhig und mißtrauisch. Sie können sich die fieberhafte Aktivität der Polizei nur so erklären, daß der Tote etwas Wertvolles bei sich gehabt hat, das einer von ihnen beiseite geschafft haben muß. Argwöhnisch belauern sie sich gegenseitig. Als die Frau eines Kneipenbesitzers an der Pest gestorben ist, bequemt sich ihr Mann schließlich zu einer Aussage, die Dr. Reed im letzten Moment auf die richtige Spur bringt.
Eine geschickt konstruierte, spannende Story. Aber stärker als die Arbeit der Autoren überzeugt doch die des Regisseurs Kazan. Zwar

sind seine Effekte hier manchmal noch etwas grobschlächtig; er hat jedoch über weite Strecken Realität überzeugend eingefangen. Die Bilder von den halbdunklen Straßen, den Hinterhofkneipen, aus dem Hafenmilieu gehören zu den größten Vorzügen dieses Films.

Paracelsus

Deutschland 1943

R: G. W. Pabst; A: Kurt Heuser; K: Bruno Stephan; D: Werner Krauß, Mathias Wieman, Harald Kreutzberg, Martin Urtel, Rudolf Blümner

Deutschland im 16. Jahrhundert. Theophrastus Bombastus von Hohenheim, genannt Paracelsus (W. K.), kommt in eine freie Reichsstadt, wo er durch die Heilung des Buchhändlers Froben (R. B.) schnell zum bekanntesten Arzt wird. Er heilt auch den pestkranken Gaukler Fliegenbein (H. K.) und rettet die Stadt vor der Seuche, indem er empfiehlt, die Verbindungen zur Außenwelt abzubrechen. Bald hat er unter den neidischen Kollegen und den Händlern viele Feinde. Als sein Famulus Johannes (M. U.), der die Erfolge seines Herrn in dumpfem Aberglauben auf ein geheimnisvolles »Arkanum« zurückführt, dieses Wunderheilmittel entdeckt zu haben glaubt, kommt es zu einer Katastrophe. Johannes behandelt Froben mit diesem Mittel, und der Buchhändler stirbt, obwohl Paracelsus ihn im letzten Moment zu retten versucht. Man will dem Arzt den Prozeß machen; aber der dankbare Gaukler führt ihn heimlich aus der Stadt auf die Landstraße, die Heimat der Heimatlosen. Als ein Gesandter eintrifft, um Paracelsus an den Hof des Kaisers zu berufen, ist der Arzt längst verschwunden.

Pabst beschwor hier das Mittelalter in suggestiven Massenszenen als eine Welt des Aberglaubens und düsterer Verstrickungen. Das Grauen, die Angst vor der Pest werden besonders deutlich in den Szenen, in denen Harald Kreutzberg die Todesangst tänzerisch interpretiert. Auf der Gegenseite steht die gleichsam überlebensgroße Gestalt des Wundertäters, den kleinliche Anfeindungen vertreiben.

Das Parfüm – Die Geschichte eines Mörders

BRD/Frankreich/Spanien 2005/06

R: Tom Tykwer; A: Andrew Birkin, Bernd Eichinger, Tom Tykwer nach dem gleichnamigen Roman von Patrick Süskind; K: Frank Griebe; D: Ben Whishaw, Dustin Hoffman, Alan Rickman, Rachel Hurd-Wood, Karoline Herfurth, Simon Chandler, David Calder, Corinna Harfouch

1738 auf dem dreckigen und stinkenden Fischmarkt von Paris geboren, verbringt Jean-Baptiste Grenouille seine Kindheit im Waisenhaus. Mit 13 Jahren verkauft man den ungebildeten Jungen mit einem außergewöhnlichen Geruchssinn an den Gerber Grimal. Lebensgefährliche Arbeitsbedingungen und die erste Liebe in Gestalt des wohlriechenden Mirabellen-Mädchens (K. H.) bringen den heranwachsenden Grenouille (B. W.) zum Parfumeur Baldini (D. H.). Weil ihm sein Lehrmeister die Kunst der Konservierung menschlichen Aromas nicht vermitteln kann, reist er in die Weltstadt der Düfte – nach Grasse. Auf dem Weg in die Provence wird Grenouille vom sinnlichen Duft der schönen Laura (R. H.-W.) verzaubert. Als in den folgenden Wochen mehrere schreckliche Morde an gutsituierten Schönheiten unaufgeklärt bleiben, diagnostiziert der Kaufmann Richis (A. R.), Lauras Vater, darin die Handschrift eines Besessenen, eines neuen Typus von Verbrecher. Grenouille hat bereits elf – meist rothaarige – junge Frauen für seine betörende Duftkreation gemeuchelt und die Essenzen in Flakons konserviert. Auf der Suche nach dem ultimativen, unwiderstehlichen Geruch, der Krönung seines Parfüms, folgt er dem geflohenen Richis ans Mittelmeer. Nach dem Fund von Lauras Leiche faßt man den Schuldigen schließlich und überstellt ihn nach Grasse, wo er unter Folter aussagen soll. Am Tag der Hinrichtung, im Jahre 1760, betört Grenouille mit dem unvergleichlichen Duft seines Parfüms Tausende Schaulustiger auf dem Marktplatz und löst eine kollektive Verbrüderung aus. Zum ersten Mal in seinem Leben erfährt der Waise die Macht der Liebe und kehrt nach Paris zurück: Der Fischmarkt soll auch seine Todesstätte sein.

Der deutsche Produzent Bernd Eichinger wollte »Das Parfüm«, den sensationellen Bestseller von Patrick Süskind, bereits kurz nach seinem Erscheinen verfilmen lassen. Doch erst 2001 gaben Autor und Verlag die Filmrechte frei. Für die 60 Millionen Euro teure europäische Koproduktion verpflichtete Eichinger den deutschen Nachwuchsregisseur Tom Tykwer (*Lola rennt*). Dessen innovative, assoziative Filmsprache sollte dem starken Charakter des autistischen Helden und zwanghaften Serienmörders gewachsen sein. Den amoralischen, frei von traditioneller Ethik und Verantwortung agierenden Anti-Helden – von Kameramann Frank Griebe furios ins Bild gerückt – verkörperte der junge Brite Ben Whishaw.

Der allein in Deutschland von mehr als sechs Millionen Kinozuschauern gesehene Historienfilm gefällt durch eindringliche Schauwerte und seine fesselnde Geschichte. Die von den Berliner Philharmonikern unter Leitung von Sir Simon Rattle eingespielte Musik gibt den beiden wichtigen Handlungslinien – der (unerfüllten) Liebesgeschichte und dem Thriller um einen genialen Serienmörder – den nötigen emotionalen, melodramatischen Charakter. Dennoch erlebte das beim Deutschen Filmpreis mit sechs »Lolas« ausgezeichnete Werk eine niederschmetternde Breitseite durch die professionelle Kritik: »Verniedlichung«, »Ästhetisierung«, »fehlende dramaturgische Verdichtung« und »mehr ein Eichinger- als ein Tykwer-Film« lauteten die häufigsten Vorwürfe. Und tatsächlich begünstigt der hohe finanzielle Produktionsaufwand eine Tendenz zur künstlerischen, ästhetisierenden Distanz.

Paris nous appartient
Paris gehört uns

Frankreich 1958

R: Jacques Rivette; A: Jean Gruault, Jacques Rivette; K: Charles Bitsch; D: Betty Schneider, Gianni Esposito, Françoise Prévost, Jean-Claude Brialy, Daniel Crohem

Anne (B. S.) ist Studentin in Paris. Sie gerät in eine Gruppe junger Intellektueller aus verschiedenen Ländern, die unter der Leitung von Gérard (G. E.) Shakespeares *Perikles* einstudieren wollen. Doch im Moment leben die jungen Leute in lähmender Spannung: Juan, der die Bühnenmusik geschrieben hat, ist tot. Mord oder Selbstmord? Der Amerikaner Philip (D. C.) glaubt, Juan sei ein Opfer der weltumspannenden Verschwörung einer – vermutlich faschistischen – Geheimorganisation, und überzeugt seine Freunde von dieser Theorie. Gérard verrät seine Prinzipien und verrät Anne, die sich in ihn verliebt hat, um seine Inszenierung bei einem großen Theater unterzubringen. Aber schließlich ist seine Kompromißbereitschaft überfordert; er legt die Regie nieder. Anne, die unterdessen nach einem verschwundenen Tonband mit Juans Bühnenmusik gesucht hat, sieht in Gérard das nächste Opfer der Verschwörung und will ihn retten. Doch Gérard stirbt, und seine Freundin Terry (F. P.) tötet Annes Bruder Pierre als vermeintlich schuldigen Agenten der Geheimorganisation. Am Ende erfährt man, daß Gérard Selbstmord begangen hat. Und alle geheimnisvollen Ereignisse entpuppen sich als Folgen banaler privater Intrigen.

Rivette gelingt es hier mit einfachen Mitteln, die Realität ins Zwielicht zu rücken. Das vertraute Bild ist voller Abgründe; am Ende kann sich die logisch unangreifbare Erklärung kaum gegen das Gespinst der Bedrohungen behaupten. Der Film propagiert jedoch dieses Zwielicht nicht. Zum Schluß heißt es u. a.: »Es ist so einfach, alles mit einer Idee zu rechtfertigen!« und »Alpträume sind ein Alibi für Feigheit!« »Die von Jacques Rivette dargestellte Welt der Zerrissenheit, der Verwirrtheit und der Verschwörung spiegelt nicht nur Gefühle oder Probleme wider. Man muß schon sehr kurzsichtig sein, um hier nicht das wahre Gesicht unserer heutigen Welt zu erkennen. Und vielleicht ist es vor allem dieses Zusammentreffen einer poetischen Vorstellung und eines realistischen Ausdrucks, das *Paris nous appartient* zu einem interessanten Film macht, der uns alle angeht.« (Aus einer Erklärung, die von Claude Chabrol, Jacques Demy, Jean-Luc Godard, Pierre Kast, Jean-Pierre Melville, Alain Resnais, François Truffaut und Agnès Varda unterzeichnet wurde.)

Paris qui dort Ⓢ
Das schlafende Paris

Frankreich 1923

R: René Clair; A: René Clair; K: Maurice Desfassiaux, Paul Guichard; D: Albert Préjean, Henri Rollan, Martinelli, Myla Seller, Madeleine Rodrigue, Marcel Vallée, Pré Fils

Ein skurriler Gelehrter (M.) hat geheimnisvolle Strahlen entdeckt, mit denen man die Zeit und das Leben »anhalten« kann. Als der Wächter des Eiffelturms (H. R.) eines Morgens vom Turm herabsteigt, findet er ganz Paris erstarrt, schlafend; nur bis zur Höhe des Turms haben die Strahlen nicht gereicht. Verwirrt wandert er durch die Stadt und trifft schließlich fünf Menschen, die gleich ihm nicht erstarrt sind: den Piloten (A. P.) und vier Insassen eines soeben gelandeten Flugzeugs. Durch die Nichte (M. S.) des Erfinders erfahren sie, wer für die Verzauberung der Stadt verantwortlich ist. Sie bestürmen den Alten, das Leben wieder in Gang zu setzen. Aber der findet sich in seinen eigenen Formeln nicht mehr zurecht: Mal läuft das Leben rasend schnell, mal wie in Zeitlupe ab. Als die Welt endlich wieder »normal« ist, werden der Gelehrte und die Augenzeugen der seltsamen Ereignisse als »Narren« eingesperrt.

Clair wollte hier das Kino »auf seine Ursprünge zurückführen« und »die wahren Mittel der Kamera nutzen«. Es entstand ein einfallsreicher Film, teils Ballett, teils Komödie, teils technisches Spiel und teils nachdenklich stimmendes Gleichnis, von dem Charensol sagte: »Der Film wurde von Jarry und Apollinaire beeinflußt, aber man findet in ihm auch Mack Sennett und Dada wieder.«

Paris, Texas

BRD/Frankreich/England 1983

R: Wim Wenders; A: Sam Shepard; K: Robby Müller; D: Harry Dean Stanton, Nastassja Kinski, Sam Berry, Bernhard Wicki, Dean Stockwell, Hunter Carson, Aurore Clément

Aus der Wüste zwischen Texas und Mexiko taucht wie eine Vision Travis (H. D. S.) auf. Vor vier Jahren hat er seine attraktive junge Frau Jane (N. K.) und seinen Sohn Hunter verlassen und ist untergetaucht. Hunter (H. C.) findet er bei seinem Bruder Walt (D. S.), wo auch Travis eine Weile bleibt. Stück für Stück erobert er in dieser Zeit das Vertrauen und die Zuneigung des Kindes; und eines Tages machen sie sich gemeinsam auf, um Hunters Mutter zu suchen. Sie finden sie schließlich in einer heruntergekommenen Gegend in einer merkwürdigen »Peep Show«, bei der Travis sich mit Jane über ein Mikrofon unterhalten und sie durch eine Glasscheibe sehen kann, während die Scheibe

Paris, Texas (Harry Dean Stanton, Dean Stockwell)

für Jane ein Spiegel ist. Hier, in der Anonymität, kann Travis endlich offen mit Jane sprechen, kann er ihr wenigstens ansatzweise seine Gefühle zeigen. Hier gelingt es ihm auch, Mutter und Kind wieder zusammenzuführen. Er selbst aber zieht weiter – vielleicht in das kleine Städtchen Paris in Texas, wo seine Eltern sich einst geliebt und ihn vermutlich gezeugt haben, und wo Travis schon vor Jahren ein kleines Stück Land gekauft hat …

Wieder einmal ist der Held eines Films von Wim Wenders auf den Straßen unterwegs, wieder ist das Ziel seiner Reise ungewiß. Ein merkwürdig zwiespältiger Film ist dabei entstanden, dessen Milieu auf allzu »typische« Bilder reduziert scheint, dessen dramaturgischer Motor eine schwer verständliche Besessenheit ist. Das heißt: Es ist nicht einzusehen, warum Travis unbedingt Mutter und Kind zusammenführen will, wenn sein von ihm zärtlich geliebter Sohn bei seinem Bruder offensichtlich viel besser aufgehoben wäre. Aber auf der anderen Seite gibt es immer wieder Szenen und Sequenzen, die auf unspektakuläre Weise intensiv und eindrucksvoll sind – so zum Beispiel Travis' wortkarger Kampf um die Zuneigung seines Sohnes.

Paris, Texas brachte Wenders einen großen internationalen Erfolg, u. a. auch die »Goldene Palme« bei den Filmfestspielen von Cannes 1984. In der Bundesrepublik konnte der Film als Folge eines Rechtsstreites zwischen dem Produzenten und dem Verleiher (Filmverlag der Autoren) erst im Januar 1985 erstaufgeführt werden.

Une partie de campagne
Eine Landpartie

Frankreich 1936–46

R: Jean Renoir; A: Jean Renoir nach einer Novelle von Guy de Maupassant; K: Claude Renoir, Jean Bourgoin; D: Sylvia Bataille, Georges Darnoux, Jean Renoir, Marguerite Renoir

Eine Pariser Kleinbürgerfamilie verbringt den Sonntag auf dem Land. Als die Männer angeln oder schlafen, macht die unternehmungslustige Mutter (M. R.) mit ihrer Tochter Henriette (S. B.) einen Spaziergang und läßt sich von zwei jungen Männern zu einer Kahnpartie einladen. Während die Mutter sich von dem einen jungen Mann schnell verführen läßt, entsteht zwischen Henriette und Henri (G. D.), dem zweiten jungen Mann, eine tiefe Zuneigung. Henriette gibt sich ihm hin – aus Liebe. Zwei Jahre später begegnen Henri und Henriette sich an der gleichen Stelle wieder. Melancholisch fragt er Henriette, die unterdessen mit einem Angestellten ihres Vaters verheiratet ist, ob sie jenen Tag vergessen habe. Sie antwortet: »Ich denke noch jeden Abend daran …«

Die Dreharbeiten zu diesem Film wurden abgebrochen, weil sie sich wegen des schlechten Wetters allzu lange hinzogen, weil alle Beteiligten allmählich unzufrieden wurden und weil Renoir *Les bas-fonds* drehen wollte. Der Produzent kam später auf die Idee, die wenigen fehlenden Sequenzen einfach durch Zwischentitel zu ersetzen. Aber die Arbeitskopie war im Krieg zerstört worden, so daß Marguerite Renoir mit Zustimmung Renoirs, der sich damals in den USA befand, vom Original-Negativ eine neue Kopie montierte. In dieser Fassung kam der Film 1946 heraus.

Une partie de campagne hat die literarische Vorlage mit viel Feingefühl nachgestaltet. Die Sonne, das Wasser, die Bäume scheinen fast sinnlich präsent; hier bewährte sich u. a. eine Kunst der »Landschaftsmalerei«, die Renoir später bei *Le déjeuner sur l'herbe* (Das Frühstück im Grünen, 1959) wiederholte.

Regieassistenten bei diesem Film waren u. a. Jacques Becker, Yves Allégret, Luchino Visconti.

Pasażerka
Die Passagierin

Polen 1961–63

R: Andrzej Munk, Witold Lesiewicz; A: Andrzej Munk, Zofia Posmysz-Piasecka; K: Krzysztof Winiewicz; D: Aleksandra Śląska, Anna Ciepielewska, Jan Kreczmar, Marek Walczewski

Auf einem Ozeandampfer sieht die ehemalige KZ-Aufseherin Lisa (A. Ś.) eine Frau, in der sie Martha (A. C.), eines ihrer Opfer, zu erkennen

verwischen gesucht. Gerade daraus entstehen innere Spannung und ästhetischer Reiz. Die KZ-Episoden erscheinen wie ein düsterer Alptraum im Spiegel der Erinnerungen – nicht realistisch und doch real in ihrem Schrecken. Munk hatte gesagt: »Wir wollten auf alle Bilder verzichten, die den Anspruch stellen könnten, die wahre Atmosphäre der Brutalität im Lager wiederzugeben.«

A passage to India
Reise nach Indien

England 1984

R: David Lean; A: David Lean nach dem gleichnamigen Roman von E. M. Forster und einem Theaterstück von Santha Rama Ran; K: Ernest Day; D: Judy Davis, Victor Banerjee, Peggy Ashcroft, Alec Guinness, James Fox, Nigel Havers

Pasażerka (Anna Ciepielewska)

glaubt. Verstört spricht Lisa endlich mit ihrem Mann (J. K.) über ihre Vergangenheit; und der Film zeigt ihre Erzählung, in der sie die Rolle der Beschützerin Marthas spielt. Aber allein mit sich selbst sieht Lisa die gleichen Ereignisse noch einmal. Jetzt erscheinen sie als ein selbstsüchtiger Kampf der Aufseherin um Marthas Vertrauen und vielleicht gar Liebe. Doch Martha hat sich ihr verweigert, hat sie zuletzt sogar gezwungen, sie dem Lagerkommandanten auszuliefern, weil es zwischen den Henkern und ihren Opfern keine Gemeinschaft geben kann.
Der Film blieb unvollendet. Munk starb während der Dreharbeiten bei einem Autounfall. Sein Freund und früherer Mitarbeiter Witold Lesiewicz hat den Film herausgebracht – aber ohne jede eigene Zutat. Aus Äußerungen Munks ist bekannt, daß er die Szenen auf dem Schiff neu drehen wollte, da ihm seine erste Version nicht mehr gefiel. Lesiewicz hat das insofern respektiert, als er diese Partien in einer Montage aus Standfotos zeigt. Ebenso weiß man, daß Munk eine dritte, »objektive« Version der Ereignisse im Lager drehen wollte. Aber er selbst wußte noch nicht, wie sie aussehen sollte.
Lesiewicz hat in seiner etwa einstündigen Fassung das Fragmentarische des Films nicht zu

Adela Quested (J. D.) fährt zu ihrem Verlobten (N. H.) nach Indien. Dessen Mutter, Mrs. Moore (P. A.), begleitet sie. Doch am Ziel ihrer Reise ist Adela vom Snobismus und Rassismus der englischen Kolonialbeamten enttäuscht. Sie bevorzugt die liberale Haltung (und bald auch die Gesellschaft) des Lehrers Richard Fielding (J. F.), der mit dem indischen Arzt Dr. Aziz (V. B.) befreundet ist. Fielding und Aziz begleiten die beiden Damen auch zu den berühmten Höhlen von Marabar, wo es zu einem dramatischen Zwischenfall kommt. Nachdem Mrs. Moore und Fielding zurückgeblieben sind, verlieren auch Aziz und Adela sich aus den Augen. Aziz kehrt allein zurück, während Adela, die offenbar in der Höhle ein schreckliches Erlebnis gehabt hat, blutend und verstört aufgefunden wird. Für die englische Kolonie ist schnell klar, daß Dr. Aziz seine Begleiterin vergewaltigt hat. Da Adela dem nicht widerspricht, kommt es zu einem Prozeß, in dem Adela überraschend die Unschuld des Arztes bestätigt. Dr. Aziz wird freigesprochen. Enttäuscht von den Engländern wird er zu einem Sprecher der nationalen Bewegung.
Nach vierzehnjähriger Pause, in der er (1977) lediglich eine Fernseh-Produktion inszeniert hatte, hat David Lean diesen Film gedreht,

der vom Drehbuch über Regie und Schnitt ganz und gar sein Werk ist. Dabei ist es ihm über weite Strecken gelungen, die pathetische Geste seiner Großproduktionen mit dem Charme und der Intensität seiner frühen Kammerspiele zu vereinen. Der fast dreistündige Film zeichnet ein breites Panorama vergangener Zeiten; sein Aufwand läßt aber stets Raum für präzise Konturierung und behutsame Charakterzeichnung. So hat David Lean mit diesem Film, um dessen Stoff er sich schon lange bemüht hatte, ein eindrucksvolles Alterswerk geschaffen.

Pas si méchant que ça ...
Ganz so schlimm ist er auch nicht

Schweiz/Frankreich 1974

R: Claude Goretta; A: Claude Goretta, Charlotte Dubreuil; K: Renato Berta; D: Gérard Depardieu, Marlène Jobert, Dominique Labourier, Philippe Léotard

Nach dem Tod seines Vaters übernimmt Pierre Vaucher (G. D.) dessen Möbelschreinerei. Bei Durchsicht der Bücher stellt er schnell fest, daß der kleine Familienbetrieb nicht mehr konkurrenzfähig und praktisch pleite ist. Pierre mag sich weder seiner Frau (D. L.) noch den Angestellten anvertrauen und verfällt statt dessen auf einen wahnwitzigen Ausweg. Er fährt die neue, unverkäufliche Produktion auf eine Müllhalde und verbrennt sie. Dann überfällt er eine Sparkasse und bringt die Beute als angeblichen Verkaufserlös nach Haus. Und weil das so gut geklappt hat, wiederholt er die Sache bei Bedarf. Doch bei einem Überfall auf ein Postamt verliebt er sich eines Tages in die Posthalterin Nelly (M. J.). Er kehrt an den Tatort zurück, und da die Frau seine Gefühle erwidert, wird sie bald seine Geliebte – und seine Komplizin. Ein paar Monate funktioniert dies seltsame Doppelleben, dann kommt man Pierre durch einen dummen Zufall auf die Spur. Als er bei einem dörflichen »bunten Nachmittag« gerade als »Tellknabe« auf die Bühne gehen will, erscheint die Polizei. Zwar läßt man ihn seinen Auftritt noch absolvieren, doch dann wird er abgeführt.

Das Thema erinnert an Gorettas früheren Film *Le fou* (Der Verrückte, Schweiz 1970). Dort war der Magazinverwalter Plond durch einen Spekulanten um seine Ersparnisse gebracht worden und hatte sich an der Gesellschaft gerächt, indem er leerstehende Villen beraubte und die Beute verscharrte. Auch Pierre will seinen Konflikt mit der Gesellschaft nach eigenen Gesetzen austragen. Und gemeinsam ist beiden schließlich auch, daß sie sich niemandem anvertrauen können oder wollen. Aber Pierre in seiner naiven Bauernschläue begnügt sich nicht mit sinnlosen Protesten à la Plond. Er will mit den Überfällen eine Maschine finanzieren, die den Betrieb wieder konkurrenzfähig machen könnte. So redet er sich erfolgreich ein, daß sein Doppelspiel legitimiert ist, weil es eigentlich für alle Beteiligten nur Vorteile bringt. Goretta zeichnet hier nicht das Porträt eines jugendlichen Gangsters, sondern das eines jungen Mannes, der als »Chef«, als Vater und vielleicht sogar als Ehemann (noch) überfordert ist, der seine Zweifel und Probleme aber nicht artikulieren kann, sondern sich den Anforderungen der Gesellschaft öffentlich anzupassen sucht, indem er heimlich falschspielt. Pierre scheitert daran, daß er von den Umständen gezwungen wird, eine Rolle im Leben zu spielen, der er nicht gewachsen ist; denn tatsächlich wäre die Rolle des »Tellknaben«, die er auf der Bühne spielt, seinem Naturell wohl eher angemessen.

En passion
Passion

Schweden 1968

R: Ingmar Bergman; A: Ingmar Bergman; K: Sven Nykvist; D: Liv Ullmann, Max von Sydow, Bibi Andersson, Erland Josephson, Erik Hell

Der Schriftsteller Andreas Winkelman (M. v. S.) hat sich verbittert auf eine abgelegene Insel zurückgezogen. Hier lernt er das Ehepaar Eva (B. A.) und Elis (E. J.) Vergerus sowie Evas Freundin Anna Fromm (L. U.) kennen. Nach einem kurzen Abenteuer mit Eva verliebt sich Andreas in Anna, und beide leben zusammen.

Andreas hat eine gescheiterte Ehe hinter sich. Anna hat ihren Mann und ihr Kind bei einem Autounfall verloren. Sie schwelgt in Erinnerungen an ein verlorenes Glück, doch in Wirklichkeit war ihre Ehe ein Fehlschlag. Bald erweist sich, daß Andreas und Anna sich nichts mehr zu sagen haben. Auch die äußeren Umstände sind bedrückend: Andreas muß von dem zynischen Architekten Vergerus finanzielle Hilfe akzeptieren. Dann gibt es Aufregungen auf der Insel: Ein Sadist quält und tötet Tiere. Die aufgebrachte Bevölkerung verdächtigt einen alten Sonderling (E. H.) und hetzt ihn zu Tode. Diese Gewalttat scheint Andreas und Anna aufzustören. Nachdem ein Mordanschlag von Andreas auf Anna mißglückt ist, sucht Anna in einem Auto gemeinsam mit ihm den Tod. Aber auch dieses Vorhaben mißlingt. Am Schluß bleibt Andreas allein und ratlos auf der Landstraße zurück, während Anna verzweifelt davonfährt.

En passion ist der letzte Teil einer Art Trilogie, zu der außerdem die Filme *Vargtimmen* und *Skammen* gehören. Hier betont Bergman diesen Zusammenhang, indem er die Schlußszene von *Skammen* als Traumvision in seinen Film einfügt. Wieder geht es um das Zusammenleben zweier Menschen (gespielt von den gleichen Schauspielern!) in einem isolierten Milieu, wieder ist der Mann ein Künstler, wieder zerbricht die Gemeinschaft, und wieder gibt eine Bedrohung, das Erlebnis einer blutigen Gewalttat das eigentliche Signal für das Scheitern. Der Mensch, so könnte man Bergman interpretieren, ist nur oberflächlich »domestiziert«; sobald er sich bedroht fühlt, brechen Egoismus und Mordlust auf. Andererseits lebt in allen drei Filmen eine schreckliche Einsamkeit, die der der Schwestern aus *Tystnaden* verwandt ist, erlebt man in allen drei Filmen den Menschen als Gefangenen seines eigenen Ichs – seiner Obsessionen in *Vargtimmen*, seiner Ängste in *Skammen*, seiner Hoffnungen in *En passion*.

La passion de Jeanne d'Arc ⓢ
Die Passion der Jungfrau von Orléans / Johanna von Orléans

Frankreich 1928

R: Carl Th. Dreyer; A: Carl Th. Dreyer, Joseph Delteil; K: Rudolf Maté; D: Renée (Marie, Maria) Falconetti, Sylvain, Antonin Artaud, Michel Simon

Der Film schildert Verhör, Verurteilung und Feuertod der Jeanne d'Arc (R. F.). Nachdem Dreyers Film *Du skal aere din hustru* (1925) in Frankreich ein großer Erfolg geworden war, bot ihm eine französische Filmgesellschaft an, einen Film in Frankreich zu drehen. Man ließ ihm die Wahl, die Geschichte einer von drei großen Frauengestalten – Katharina von Medici, Marie Antoinette, Jeanne d'Arc – zu verfilmen. Dreyer entschied sich für die Heilige aus Domrémy.

Er bemühte sich in seinem Film um absolute Echtheit. Den Ablauf der Handlung und auch die Texte für die Zwischentitel entnahm er den Prozeßakten. Die Bauten (Hermann Warm, Jean Hugo) ließ er nach dem Vorbild alter Miniaturen errichten – und zwar nicht im Atelier, sondern auf einem Freigelände, wobei er darauf achtete, daß sie solide genug waren, um den Darstellern echte Bewegungsfreiheit zu garantieren. Und eine besondere Art von Realismus praktizierte er auch bei der Besetzung: Für die Hauptrolle verpflichtete er Maria Falconetti, die zuvor vorwiegend als Modell für kosmetische Präparate bekannt geworden war, er holte Schauspieler wie Michel Simon, Literaten wie Antonin Artaud und auch einen Café-Besitzer – weil ihre Gesichter den Rollen »ähnlich« waren, die sie spielen sollten.

Aber Dreyer stellte diesen Realismus nicht in den Dienst einer altertümelnden Chronik; er gab ihm vielmehr die sichere Basis, um die geistigen und geistlichen Hintergründe des Prozesses deutlich zu machen, den Glauben, der im Menschen und durch den Menschen lebt. Entsprechend waren eindrucksvolle Großaufnahmen sein vorherrschendes Stilmittel in diesem Film. Er selbst meinte dazu: »Nichts in der Welt ist dem menschlichen Gesicht vergleichbar. Es ist ein Land, das zu erforschen man

La passion de Jeanne d'Arc

niemals müde wird.« Und in diesem Land hat er ungeahnte Entdeckungen gemacht. In seinen Großaufnahmen wird der Charakter der handelnden Personen deutlich, sieht man ihre Reaktionen, spürt man ihre Gedanken. Beeindruckt resümierte der Filmhistoriker Béla Balázs in seinem Buch *Der Film*: »So hat der Stummfilm den Versuch eines geistigen Dramas besser zu bewältigen vermocht als das geschriebene Schauspiel.«

In der Bundesrepublik wurde der Film nach 1945 in einer Tonfassung bekannt, bei der man der Handlung klassische Musik unterlegt hatte. Man gab ihm damit eine steife, pompöse Feierlichkeit, die in krassem Gegensatz zu seinem bei aller Innerlichkeit lebendigen Stil stand.

Passport to Pimlico
Blockade in London

England 1950

R: Henry Cornelius; A: T. E. B. Clarke; K: Lionel Banes; D: Stanley Holloway, Margaret Rutherford, Hermione Baddeley, Paul Dupuis

Im Sommer 1950 wird im Londoner Stadtteil Pimlico bei der Explosion eines Blindgängers eine Kassette gefunden. Sie enthält einen Goldschatz – und einen uralten Freibrief, in dem König Edward IV. dieses Gebiet als unabhängiges »burgundisches Land« anerkennt. Die Folgen sind ungeheuer; denn die Bewohner Pimlicos sind plötzlich Ausländer. Und als ihnen die »Wiedereinbürgerung« zu lange dauert, als gar ein Nachfahre des Burgunderherzogs (P.D.) auftaucht, erklärt sich Pimlico als neues Land Burgund für unabhängig, schafft die Rationierung ab und schließt seine Grenzen zum »Nachbarstaat« England. Der kontert mit einer strengen Blockade, sieht sich aber unter dem Druck der öffentlichen Meinung zu Verhandlungen gezwungen, die schließlich zum freiwilligen Anschluß Burgunds an England führen.

Der Film des Reinhardt-Schülers Henry Cornelius gehört zu den besten Produktionen der Ealing-Studios, in denen nach dem Krieg eine Anzahl überwiegend realistischer und zeitkritischer Komödien entstand. Dieser einfallsreiche, zügig inszenierte Film kann es sich leisten, mit seinen Gags verschwenderisch umzugehen. Sie zielen allesamt auf Eigenarten und Eigenheiten des britischen Nationalcharakters. Einer der Kernsätze des Films, typisch für seine Absicht und seine und der Engländer skurrile Logik, dürfte die Feststellung einer »burgundischen« Frau sein: »Natürlich sind und bleiben wir Engländer. Aber gerade weil wir Engländer sind, bestehen wir auf unserem Recht, Burgunder zu werden!«

Pather panchali
Apus Weg ins Leben: Auf der Straße / Auf der Straße / Das Lied der Straße

Indien 1952–55

R: Satyajit Ray; A: Satyajit Ray nach einem Roman von Bibhuti Bhusan Bandopadhaya; K: Subrata Mitra; D: Subir Bandopadhaya, Kanu Bandopadhaya, Karuna Bandopadhaya, Uma das Gupta

Der kleine Apu (S. B.) wächst auf dem Land in Bengalen auf. Sein Vater (Kan. B.) ist Laienpriester und Poet, ein weltfremder Träumer.

Schließlich gibt der Vater dem Drängen seiner lebenstüchtigen Frau (Kar. B.) nach und geht in die Stadt, um dort Geld zu verdienen. Lange Zeit schreibt er nur ab und zu eine Postkarte. Dann kommt er zurück, um seine Familie nachzuholen. Aber in seiner Abwesenheit ist Apus kleine Schwester Durga (U. d. G.) an einer Lungenentzündung gestorben. Bedrückt verläßt die Familie das Dorf und zieht nach Benares.

Der filmbegeisterte Laie Ray begann die Dreharbeiten mit einem Team von Freunden, von denen nur ein einziger gewisse Kenntnis vom Handwerk des Films hatte. Nach drei Monaten hatte Ray seine gesamten Ersparnisse verbraucht. Da gelang es ihm, die bengalische Regierung für das Projekt zu interessieren. Man fand, der Film könne die staatlichen Hilfsmaßnahmen für die Landbevölkerung propagandistisch unterstützen, und gab dem Regisseur Geld – aus dem Etat für das Straßenbauprogramm.

Es entstand auf diese Weise ein ungewöhnlicher Film, der auch im Ausland Aufsehen erregte. Er ist voller Stimmungen, schöner Bilder und langsamer, genau kalkulierter und in sich geschlossener Einstellungen. Es heißt, Ray sei nach Monaten noch einmal in das Dorf Nitschimdapur zurückgekehrt, wo er den Film gedreht hat, um eine bestimmte Herbststimmung auf einer Wiese einzufangen. Die schönen Bilder sind freilich niemals Selbstzweck; sie vermitteln gleichzeitig mit erstaunlicher Intensität Armut, Hoffnungslosigkeit und eine ganz unaufdringliche Menschlichkeit, die sich vor diesem Hintergrund bewährt. Der Authentizität sollen schließlich auch der getragene Rhythmus des Films, seine Weitläufigkeit und seine Erzählstruktur dienen. Ray kommentierte: »Das Leben in einem bengalischen Dorf ist weitläufig!«

Die weiteren Erlebnisse Apus schilderte Ray in zwei Fortsetzungen: *Aparajito* und *Apur sansar*.

In verschiedenen Unterlagen taucht der bengalische Name Bandopadhaya auch in seiner modernen, anglisierten Schreibweise Banerjee auf.

Pather panchali (Subir Bandopadhaya)

Paths of glory
Wege zum Ruhm

USA 1957

R: Stanley Kubrick; A: Calder Willingham, Jim Thompson und Stanley Kubrick nach dem gleichnamigen Roman von Humphrey Cobb; K: George Krause; D: Kirk Douglas, Adolphe Menjou, George MacReady, Ralph Meeker

Frankreich 1916. Auf Anordnung von General Broulard (A. M.) befiehlt General Mireau (G. MR.) den Angriff auf eine stark befestigte deutsche Stellung. Mireau weiß, daß das Unternehmen fast aussichtslos ist, läßt sich aber durch die Aussicht auf eine Beförderung bewegen, seine Bedenken zurückzustellen. Die Truppe unter Führung von Colonel Dax (K. D.) bleibt im Artilleriefeuer der Deutschen stecken. Wutschäumend befiehlt General Mireau, auf die eigenen zurückweichenden Soldaten zu schießen. Nach dem Scheitern des Angriffs will er 100 Mann wegen Feigheit vor dem Feind erschießen lassen. Zwar schwächt General Broulard den Befehl ab. Aber trotz aller Bemühungen von Colonel Dax werden drei Soldaten nach einer Kriegsgerichtsverhandlung erschossen. Dax, der die Hintergründe dieses Urteils kennt, wird als lästiger Mitwisser wieder in die vorderste Linie geschickt.

Die Handlung beruht in ihrem Kern auf historischen Ereignissen. Kubrick machte daraus eine radikale Anklage nicht nur gegen den Krieg, sondern auch gegen den Militarismus. Krieg erscheint hier in brutalem Realismus als ein schmutziges Geschäft, dem in der Wirklichkeit nichts Heldisches, kein Pathos anhaftet. Der »Weg zum Ruhm« geht für die Protagonisten über die Leichen derer, die sie leichtfertig oder gar zynisch opfern. Dieser Effekt wurde hier nicht durch leicht durchschaubare pyrotechnische Bemühungen, sondern durch die dramaturgische Konzeption erzielt.

Der Film wurde in mehreren Ländern – u. a. in Frankreich und der Schweiz – von der Zensur verboten.

Pelle erobreren
Pelle, der Eroberer

Dänemark/Schweden 1987

R: Bille August; A: Bille August, Per Olov Enquist und Bjarne Reuter nach dem ersten Band des gleichnamigen vierbändigen Romans von Martin Andersen Nexö; K: Jörgen Persson, Rolf Lindström; D: Max von Sydow, Pelle Hvenegaard, Erik Paaske, Axel Strøbye, Karen Wegener, Bjørn Granath

Um die Jahrhundertwende zieht der fünfzigjährige Witwer Lasse Karlsson (M. v. S.) mit seinem achtjährigen Sohn Pelle (P. H.) von Schweden nach Dänemark, wo er sich Arbeit und guten Lohn erhofft. Aber Karlsson ist schon zu alt, sein Sohn noch zu jung für die Landarbeit. So müssen sie froh sein, als Stallknecht und Hütejunge auf dem Gut von Herrn Kongstrup (A. S.) unterzukommen, wo sie gerade das Notwendigste zum Leben haben. Doch beide bewahren ihre Hoffnungen: Lasse bemüht sich um eine alleinstehende Seemannsfrau (K. W.); seine Träume zerbrechen, als der totgeglaubte Ehemann zurückkehrt. Pelle, der immerhin die Schule besuchen kann, freundet sich mit dem Knecht Erik (B. G.) an, mit dem er in zwei Jahren nach Amerika auswandern will. Als Erik nach einem schweren Unfall als schwachsinniger Krüppel zurückbleibt, macht Pelle sich am Ende allein auf den Weg in die Welt. Lasse hat nicht mehr die Kraft, ihn zu begleiten.

Naiv im besten Sinn des Wortes erzählt dieser Film seine Geschichte aus der Perspektive des kleinen Pelle. Er schildert soziale Ungerechtigkeit nicht mit soziologischen Argumenten, sondern als schmerzhafte Erfahrung eines Kindes, das Armut, Demütigungen durch den gedankenlos-brutalen Verwalter (E. P.) und bittere Enttäuschungen erdulden, und das mit der schmerzlichen Erkenntnis fertigwerden muß, daß der zärtlich geliebte Vater durch ein Leben im Elend klein und feige geworden ist. Der Film versinkt aber nicht in Resignation, sondern schildert auch fröhliche Kinderspiele und vor allem die Geborgenheit, die aus der Liebe zwischen Vater und Sohn erwächst – wenn etwa Pelle glücklich das bescheidene Geburtstagsgeschenk seines Vaters auspackt.

Ein Musterbeispiel kraftvollen und eindringlichen Erzählkinos, in dem sich die optische Gestaltung und die hervorragenden darstellerischen Leistungen unauffällig und zweckdienlich der Geschichte unterordnen. Zahlreiche Auszeichnungen haben dieses Konzept belohnt: u. a. die »Goldene Palme« in Cannes, der »Oscar« als bester fremdsprachiger Film und der »Europäische Filmpreis« für Max von Sydow als bester Darsteller und für Pelle Hvenegaard als bester Nachwuchsdarsteller.

Pension Mimosas
Spiel in Monte Carlo

Frankreich 1934

R: Jacques Feyder; A: Jacques Feyder, Charles Spaak; K: Roger Hubert; D: Françoise Rosay, Paul Bernard, Jean Max, Lise Delamare, Alerme, Arletty

Louise (F. R.) und Gaston (Al.), die Inhaber der »Pension Mimosas« in Monte Carlo, sorgen rührend für Pierre, den kleinen Sohn eines alten Kunden, der zu einer Gefängnisstrafe verurteilt worden ist. Doch früher als erwartet holt der Vater Pierre wieder ab. Zehn Jahre später gerät Pierre (P. B.) in Paris in schlechte Gesellschaft. Louise hilft ihm erneut, als der Spielsaalunternehmer Romani (J. M.) ihn zusammenschlagen läßt, weil Pierre ihm seine Freundin Nelly (L. D.) ausgespannt hat. Louise holt Pierre zurück in die Pension und verschafft ihm eine Stellung. Bald taucht auch Nelly auf; und Louise nimmt sie auf, verschweigt sogar, daß sie Nelly bei einem Diebstahl überrascht hat – nur um Pierre nicht zu verlieren. Erst als Nelly Pierre überreden will, die Pension zu verlassen, verständigt Louise Romani, der sie sofort abholt. Als Pierre Geld unterschlagen und verspielt hat, will Louise ihn noch einmal retten. Zum ersten Mal in ihrem Leben spielt sie im Casino – und gewinnt. Aber sie kommt mit dem Geld zu spät. Pierre hat sich vergiftet und liegt im Sterben. Er hält sie für Nelly, und Louise opfert sich noch einmal. Sie gibt ihm den Abschiedskuß, der dem Sterbenden die Rückkehr Nellys vorgaukelt.

Neben *La kermesse héroique* war dies Feyders größter Tonfilmerfolg. Er hat die wirkungsvolle, düster fatalistische Geschichte in sorgfältigem Realismus in Szene gesetzt. Die Charaktere sind plastisch gezeichnet, das Milieu ist exakt getroffen. Den düsteren Grundton der Handlung und die atmosphärische Milieuschilderung findet man später wieder in den Filmen Carnés, der auch bei diesem Film Feyder assistierte.

Pépé le Moko
Pépé le Moko – Im Dunkel von Algier

Frankreich 1937

R: Julien Duvivier; A: Julien Duvivier und Henri Jeanson nach einem Roman von Roger Ashelbé; K: Jacques Kruger, Marc Fossard; D: Jean Gabin, Mireille Balin, Lucas Gridoux, Marcel Dalio

Seit zwei Jahren hält sich der Gangster Pépé le Moko (J. G.), der aus Paris geflüchtet ist, in der Kasbah von Algier verborgen. Die Bemühungen der Polizei, ihn zu fangen, schlagen fehl, da Pépé zum ungekrönten König der Kasbah geworden ist und sich durch ein gut funktionierendes Warnsystem schützt. Inspektor Slimane (L. G.) wählt einen anderen Weg. Er hat

Pépé le Moko
(Lucas Gridoux,
Jean Gabin)

erfahren, daß Pépé sich in Gaby (M. B.), die Freundin eines reichen Kaufmanns, verliebt hat und mit ihr fliehen will, um ein neues Leben zu beginnen. Slimane spielt Gaby die Nachricht zu, Pépé sei erschossen worden; Pépé läßt er wissen, daß Gaby ihn für tot halte und mit dem Schiff abreise. Pépé verläßt die Kasbah, um Gaby alles zu erklären. Dabei läuft er in eine Falle und wird verhaftet. In einem unbewachten Augenblick, gerade als eine Sirene die Abfahrt des Schiffes signalisiert, stößt Pépé sich ein Messer ins Herz.

Duvivier hat hier Motive des amerikanischen Gangsterfilms geschickt adaptiert und variiert. Sein Film wurde ein internationaler Erfolg. Der düstere Fatalismus, bei dem der Hoffnungsschimmer einer Liebe und die Erkenntnis einer vagen Glücksmöglichkeit die Düsternis nur noch drückender erscheinen lassen, fand in den dreißiger Jahren nicht nur in Frankreich ein aufnahmebereites Publikum.

Es gibt verschiedene Remakes des Films, die aber alle unbedeutend blieben.

Peppermint frappé
Peppermint frappé

Spanien 1967

R: Carlos Saura; A: Rafael Azcona, Angelino Fons, Carlos Saura; K: Luis Cuadrado; D: Geraldine Chaplin, José Luis López Vázquez, Alfredo Mayo

Julián (J. L. L. V.), ein 45jähriger Arzt in der Provinzhauptstadt Cuenca, glaubt in Elena (G. C.), der Frau seines Freundes Pablo (A. M.), ein Mädchen wiederzuerkennen, das er einst beim traditionellen Trommelritus der Karwoche in Calanda getroffen hat. Da Elena für den verklemmten, frustrierten Mann unerreichbar ist, beginnt er, seine unscheinbare Sprechstundenhilfe Ana (G. C.) nach dem Vorbild der heimlich Geliebten umzuformen. Er bringt ihr bei, sich wie Elena zu kleiden, zu schminken, zu bewegen usw. Als er bei einem gemeinsamen Wochenende erkennt, daß Pablo und Elena ihn durchschaut haben und sich über ihn amüsieren, bringt er sie mit Hilfe von Gift im Peppermint frappé um. Damit steht gleichzeitig der totalen Identifizierung Anas mit seinem Wunschbild nichts mehr im Wege.

Zunächst ist dies das entlarvende Psychogramm eines frustrierten Spießers, das in manchen Details an die Filme Buñuels erinnert. Auf dieser Ebene ist der Film vorzüglich. Aber gemeint ist sicherlich auch ein Abbild der Situation Spaniens und seiner Gesellschaft. Da werden immer wieder Vergangenheit und »moderne« Gegenwart gegeneinandergestellt, da wird die Frustration als Phänomen einer reaktionären Gesellschaftsordnung angeprangert, da verdrängt aber auch das Absichtsvolle gelegentlich die sinnliche Präsenz des Films.

Les petites fugues
Kleine Fluchten

Schweiz/Frankreich 1977/78

R: Yves Yersin; A: Yves Yersin, Claude Muret; K: Robert Alazraki; D: Michel Robin, Fred Personne, Mista Préchac, Dore de Rosa, Fabienne Barraud, Laurent Sandoz, Leo Maillard

Pipe (M. R.) hat sein Leben als Knecht auf einem Bauernhof im Schweizer Jura verbracht. Jetzt hat er das Rentenalter erreicht. Natürlich arbeitet er weiter; aber von seinen ersten Rentenzahlungen kauft er sich ein Mofa, und das verändert sein Leben. Nach schwierigem, aber letztlich erfolgreichem Fahrunterricht durch seinen italienischen Arbeitskollegen (D. d. R.) beginnt er (endlich), seine Umwelt zu er-fahren. Er lernt Landschaften, Städte und vor allem Menschen kennen und erlebt auf seinem knatternden Zweirad unversehens ein Stück Freiheit. Der einst so pflichtbewußte Pipe kümmert sich nun nicht mehr darum, daß seine Ausflüge, die er bald auch an Arbeitstagen veranstaltet, den Arbeitsablauf auf dem Bauernhof durcheinanderbringen. Doch dann betrinkt er sich auf einem Ausflug, verursacht einen harmlosen Unfall, und die Polizei nimmt ihm die Fahrerlaubnis ab. Glücklicherweise findet Pipe ein neues Hobby. Auf seiner letzten Fahrt hat er bei einer Motocross-Veranstaltung im Quiz eine Sofortbild-Kamera gewonnen. Er beginnt, sich selbst und seine Umwelt

Les petites fugues (Michel Robin)

in zahllosen Bildern zu reproduzieren. Und er leistet sich noch einen letzten großen Ausbruch: einen Hubschrauber-Flug zum Matterhorn, dessen Bild schon immer in seinem Zimmer hing. Am Ende hat die beunruhigende Verwandlung des Knechtes Pipe wohl dazu beigetragen, daß auch die Menschen seiner Umwelt sich ändern. Der Bauer (F. P.) übergibt den Hof an seinen Sohn (L. S.); Josiane (F. B.), die Tochter, die mit einem unehelichen Kind (L. M.) auf dem Hof lebt, beginnt, aus ihrer egoistischen Lethargie aufzuwachen. Pipe aber wird endgültig aufs Altenteil geschickt.

Yves Yersin hat einen stillen, aber sehr intensiven Film gedreht, einen sinnlich erfaßbaren von hoher Intelligenz. Er zeigt die »kleinen Fluchten« eines alten Mannes aus der Enge seiner Existenz, über Zäune, die in einem langen Leben immer höher geworden sind. Was sich aber ansieht wie eine anekdotische Alltagsschilderung, ist gleichzeitig eine kluge Analyse. Pipes erste Erfahrungen, die Fahrten mit dem Mofa, sind vornehmlich nur eine räumliche Erweiterung seines Lebensbereiches, die freilich auch neue Einsichten und Denkanstöße vermitteln. Sinnfälliges optisches Zeichen ist eine Szene, in der die Kamera Pipe bei der Fahrt auf einem Waldweg über die Schulter sieht und sich dann plötzlich wie ein Vogel hoch in die Luft erhebt. In der zweiten Phase kommt nach dem Erfahren das Begreifen. Durch seine Bilder setzt sich Pipe mit sich und seiner Umwelt auseinander, er beginnt zu verstehen, Nuancen und Hintergründe wahrzunehmen. Als dritte Phase folgt schließlich die Erkenntnis. Pipe, der schon vorher mit seinem Mofa sehnsüchtig ein Segelflugzeug bis auf einen Jura-Gipfel verfolgt hatte, fliegt mit einem Hubschrauber um das Matterhorn. Aber er ist merkwürdig unberührt, läßt den Flug sogar vorzeitig abbrechen. Er hat wohl erkannt, daß manchmal die Wirklichkeit weniger eindrucksvoll ist als das Bild, das man sich von ihr macht.

Von alledem – wohlgemerkt – spricht Yves Yersin nie. Er erzählt scheinbar nur die skurrile Geschichte eines »unwürdigen Greises«, eines eigenbrötlerischen Knechtes. Das nuancierte Drehbuch, die behutsam insistierende Kamera und nicht zuletzt die hervorragende Leistung des Hauptdarstellers Michel Robin sorgen dafür, daß man hinter den Bildern eine andere Realität erkennt.

Phantom Ⓢ

Deutschland 1922

R: F. W. Murnau; A: Thea von Harbou und H. H. von Twardowski nach einem Roman von Gerhart Hauptmann; K: Axel Graatkjaer, Theophan Ouchakoff; D: Alfred Abel, Lya de Putti, Aud Egede Nissen, Lil Dagover, Frida Richard

In einer knappen Rahmenhandlung sieht man Lorenz Lubota (A. A.), der auf Anraten seiner Frau (L. D.) die Geschichte seines Lebens aufschreibt. Er stammt aus ärmlichen Verhältnissen, wird Stadtschreiber und verfaßt heimlich pathetische Gedichte. Eines Tages wird er von einer Kutsche angefahren und stürzt. Dieser Sturz verändert seinen Charakter. Zunächst faßt ihn eine leidenschaftliche Liebe zu dem Mädchen (L. d. P.), das in der Kutsche gesessen hat. Als er erkennt, daß sie, die Tochter eines reichen Kaufmannes, für ihn unerreichbar ist, wendet er seine ganze Leidenschaft an ein leichtlebiges Mädchen (L. d. P.), das der unerreichbaren Geliebten ähnlich sieht. Für sie betrügt er seine Tante, erschwindelt Geld von ihr und beteiligt sich sogar an einem Einbruch in ihr Haus, bei dem sie von einem Komplizen getötet wird. Die Zeit im Gefängnis ist für ihn Strafe und Sühne zugleich; nach der Niederschrift seiner Erlebnisse ist er geheilt.

Der Roman erhebt sich nur wenig über Illustrierten-Niveau (und erschien auch zuerst in einer Illustrierten). Murnau hat ihm immerhin die Möglichkeit abgewonnen, Milieu realistisch zu zeichnen und die Gefährdung des Helden streckenweise suggestiv zu schildern. Ursprünglich soll der Film mehr irreale Sequenzen, die die geistige Verwirrung Lubotas signalisieren, enthalten haben. Vielleicht hat ein Bearbeiter (Verleiher?) sie entfernt. In der erhaltenen Fassung sieht man nur noch einmal, wie die Häuser einer Straße über Lorenz »zusammenstürzen«; außerdem taucht einige Male wie ein Phantom die Kutsche auf, die ihn überfahren hat. Möglicherweise hat früher die stärkere Betonung des Irrealen die kolportagehaften Akzente der Handlung gemildert und dem Bild mehr Intensität gegeben.

Le pianiste / The pianist
Der Pianist

Frankreich/BRD/Polen/Großbritannien 2001/02

R: Roman Polanski; A: Ronald Harwood, Roman Polanski nach den Memoiren *Das wunderbare Überleben – Warschauer Erinnerungen 1939–1945* von Władysław Szpilman; K: Pawel Edelman; D: Adrien Brody, Thomas Kretschmann, Frank Finlay, Maureen Lipman, Ed Stoppard, Julia Rayner, Jessica Kate Meyer

Warschau 1939. In der von deutschen Truppen besetzten Stadt findet der begnadete jüdische Pianist Władysław Szpilman (A. B.) kaum noch Arbeitsmöglichkeiten. Seine Eltern (M. L., F. F.) und die drei Geschwister (E. S., J. R., J. K. M.) erfahren am eigenen Leib Schikanen, Rationierungen und die Demütigung, die weiße Armbinde mit dem blauen Davidstern tragen zu müssen. Nach Veräußerung der letzten Habseligkeiten folgt der Gang ins Ghetto. Um die Familie zu unterstützen, spielt Władysław Klavier in einem Café: Im Frühjahr 1942 kommt es zu ersten Transporten von Juden ins »Arbeitslager«. Ein jüdischer Kollaborateur hindert den Künstler am Einsteigen in die Waggons und rettet ihm so das Leben. Mit Hilfe der polnischen Untergrundorganisation entgeht er weiteren Verhaftungen. Ein Jahr später werden die letzten Ghettobewohner deportiert. Władysław sieht in seinem Versteck die Niederschlagung des Ghetto-Aufstands durch die SS. Sein neuer Unterschlupf: ein Quartier gegenüber der Schutzpolizei. Als die Deutschen nach einem Widerstandsangriff viele Verdächtige brutal exekutieren, überlebt der Musiker nur, indem er sich zu den Toten auf die Straße legt. Gezeichnet von Hunger, Krankheit und einer labilen Psyche, irrt er durch das zerstörte Warschau. Auf dem Dachboden einer vom deutschen Militärkommando genutzten Villa entdeckt ihn schließlich ein Wehrmachtsoffizier (T. K.). Zur großen Überraschung versorgt er den ausgemergelten Mann nach dem Klavierspielen mit Nahrung und einem Wintermantel, damit er die letzten Tage der Okkupation übersteht. Nach dem Krieg wieder beim Hörfunk tätig, hört Władysław, ein von den Russen gefangener deutscher Offizier erbitte seine Fürsprache. Aber der Versuch, seinem Retter zu helfen, kommt zu spät ...

Roman Polanski, selbst Überlebender des Ghettos von Krakau und der Warschauer Bombennächte, wollte mit *Le pianiste* keinen autobiographischen Film drehen. »Es ist für mich eine positive Geschichte, denn allem Horror und Leid zum Trotz gibt sie am Ende Anlaß zu Hoffnung«, sagt er über das »dunkelste Kapitel polnischer Geschichte«. Die 1946 in zensierter Form publizierten und kurz darauf verbotenen Erinnerungen des Pianisten Władysław Szpilman bilden die Folie für das emotionale, ganz auf seine Hauptfigur zugeschnittene Ghettodrama. Das Wunder, mit Hilfe vieler Menschen die Hölle überleben zu können, erhält so eine beeindruckende Authentizität. Die Schreckensherrschaft der Deutschen und die Deportationen der Juden sind nie als Spektakel, mit Action oder einem über-

Le pianiste (Adrien Brody, Thomas Kretschmann)

dimensionalen Sounddesign ins Bild gesetzt, sondern wirken durch kleine Gesten, Blicke, Erlebnisse und Alltagsgeschichten. Differenzierte Charaktere – Gute und Böse gibt es auf allen Seiten, auch in der polnischen Bevölkerung – erhöhen die Glaubwürdigkeit des Films. Der deutsche Offizier, Gegenspieler des Pianisten, ist dabei Täter und Opfer zugleich: Die Tragödien beider Männer sind eng miteinander verknüpft.

Ein Vergleich dieser Leidensgeschichte voll innerer psychologischer Spannung mit Steven Spielbergs *Schindler's list* und der Holocaust-Dokumentation *Shoah* (Shoah, Frankreich 1974–1985) von Claude Lanzmann liegt nahe. »Eine wahrhaft triumphale Rückkehr nach Polen« sei das Werk für Polanski, meinte sein Vorbild Andrzej Wajda. Trotzdem meldeten polnische Kritiker auch Widerspruch an der konventionellen Erzählweise und einem – wie sie meinten – allzu versöhnlichen, auf Ausgleich bedachten universellen Humanismus an.

The piano
Das Piano

Frankreich/Australien 1992

R: Jane Campion; A: Jane Campion; K: Stuart Dryburgh; D: Holly Hunter, Harvey Keitel, Sam Neill, Anna Paquin

England im 19. Jahrhundert. Aus unerfindlichen Gründen hat Ada im Alter von sechs Jahren aufgehört zu sprechen. Als junge Frau (H. H.) reist sie nach Neuseeland, wo man für sie die Heirat mit einem Mr. Stewart arrangiert hat. So steht sie eines Tages mit ihrer unehelichen Tochter Flora (A. P.), mit zahlreichen Koffern und mit einem sorgfältig verpackten Klavier an einem unwirtlichen Strand. Erst am nächsten Morgen taucht Stewart (S. N.) mit seinem Freund George Baines (H. K.) und einer Gruppe von Maori-Trägern auf. Stewart weigert sich, einen Transport des Pianos in die abgelegene Siedlung auch nur zu versuchen – wohl in der intuitiven Erkenntnis, daß das Instrument ein Symbol für Adas Kraft und Individualität ist, die der gehemmte Mann fürchtet. Dafür zeigt Baines Interesse an dem Piano. Er handelt es Stewart ab, erhält als Zugabe die Versicherung, Ada werde ihm Unterricht geben, und schafft das Instrument in sein Haus. Ada ist wütend, aber sie fügt sich und läßt sich von dem Einzelgänger Baines, der sein Gesicht nach Art der Eingeborenen bemalt, schließlich zu einem seltsamen Handel überreden. Statt ihn zu unterrichten, wird sie ihm vorspielen, und sie wird ihm dabei Vertraulichkeiten gestatten, mit denen sie das Piano – Taste für Taste – zurückkaufen kann. So nennt er ihr seine Wünsche, die immer intimer werden; und Ada nennt ihren Preis. Doch aus dem sinisteren Geschäft wird eine leidenschaftliche Liebe, und Stewart, der die erste ekstatische Vereinigung der Liebenden zufällig beobachtet hat, rast vor Eifersucht. Nach einer kurzzeitigen Annäherung zwischen den Eheleuten kommt es zum Eklat. Flora liefert eine neuerliche Botschaft an Baines, die Ada in eine Klaviertaste geritzt hat, ihrem Stiefvater aus. Der hackt in besinnungsloser Wut Ada einen Finger ab und läßt ihn von dem Kind dem Nebenbuhler überbringen. Baines beschließt fortzugehen; und Stewart, am Ende seiner Kraft, läßt Ada mit ihm ziehen – in eine, wie der Film andeutet, verheißungsvolle Zukunft, in der Ada wohl auch wieder sprechen wird.

Inhalt und Struktur des Films erinnern an klassische angelsächsische Romane. Die stumme Frau, die sich so virtuos durch die Klänge ihres Pianos artikuliert, die trotz aller Benachteiligungen ihre Individualität so radikal verwirklicht, könnte z. B. auch der Phantasie einer der Brontë-Schwestern entsprungen sein. Aber Jane Campion hat daraus einen ganz persönlichen Film gemacht, der schier überbordet von großartigen Bildern, von eigenwilligen Stimmungen und Gefühlen. Entstanden ist ein eindrucksvolles Frauen-Porträt, gleichzeitig die Beschreibung einer merkwürdigen »amour fou« und auch ein Film über Neuseeland, in dem die fremde Welt der Maori irritierende Akzente setzt. Dies alles fügt sich nahtlos ineinander und brachte Jane Campion gleichsam einen historischen Erfolg: Als erste Frau gewann sie (1993) die »Goldene Palme« des Festivals von Cannes.

The piano (Holly Hunter, Anna Paquin)

Piątka z ulicy Barskiej
Die Fünf aus der Barska-Straße

Polen 1954

R: Aleksander Ford; A: Aleksander Ford und Kazimierz Kóżniewski nach einer Novelle von Kazimierz Kóżniewski; K: Jarosław Tuzar, Karol Chodura; D: Tadeusz Janczar, Mieczysław Stoor, Andrzej Kozak, Marian Rulka, Włodzimierz Skoczylas, Aleksandra Śląska, Ludwik Benoit

Zu den Jugendlichen, die das Erlebnis des Krieges, der Konzentrationslager, des Warschauer Aufstandes aus der Bahn geworfen hat, gehören auch fünf Jungen aus der Barska-Straße. Sie sind Mitglieder einer Diebesbande geworden und arbeiten für eine vom Ausland bezahlte illegale Organisation. Eines Tages stehen sie vor dem Jugendgericht. Sie erhalten einen »Paten« (L. B.), der den Kampf um ihre Resozialisierung aufnimmt. Er bringt den hochbegabten Zbych (M. R.) auf eine Musikschule, Jacek (A. K.) erhält Arbeit in einer Zeitungsredaktion, Marek (M. S.), Kazek (T. J.) und Franek (W. S.) arbeiten zusammen mit ihrem »Paten« auf dem Bau. Natürlich gibt es Rückschläge. Ein älterer Arbeiter stellt Kazek vor seinen Kollegen als ehemaligen Dieb bloß, und zur gleichen Zeit nimmt auch ihr alter Bandenchef wieder Verbindung mit ihnen auf. Die Feinde Volkspolens wollen zur Eröffnung der großen Ost-West-Achse durch Warschau einen Tunnel sprengen lassen. Aber die Jungen machen nicht mehr mit. In den Abflußkanälen der Stadt kommt es zu einem heftigen Kampf, bei dem Kazek schwer verletzt wird. Hanka (A. Ś.), das Mädchen, das ihn liebt, beugt sich über ihn und schreit: »Er muß leben!«

Der Film ist nicht frei von romantischen Klischees und übertreibt die expressive Bildgestaltung ein wenig. Auch die Agentenstory wirkt aufgesetzt. Überall dort aber, wo es um die Beschreibung von Zuständen und Situationen geht, wo ganz einfach die Not entwurzelter Jugendlicher im Mittelpunkt steht, erreicht Ford eindringliche Wirkungen.

Pickpocket
Pickpocket

Frankreich 1959

R: Robert Bresson; A: Robert Bresson; K: L. H. Burel; D: Martin Lassalle, Marika Green, Pierre Etaix, Kassagi, Jean Pelegri

Michel (M. L.) wird aus Armut und intellektuellem Hochmut zum Taschendieb. Bestimmte Menschen, so glaubt er, haben das Recht, sich über die Gesetze hinwegzusetzen. Er vertritt diese These auch gegenüber Jeanne (M. G.), die ihn liebt, und gegenüber einem Kriminalkommissar (J. P.), der ihn verdächtigt, ohne ihn überführen zu können. Als die Polizei seine beiden Komplizen (P. E., K.) verhaftet, verläßt er Paris. Nach seiner Rückkehr trifft er Jeanne wieder, die ein Kind von einem anderen erwartet. Er stiehlt abermals, um Mutter und Kind zu unterstützen; und abermals packt ihn der Rausch. Endlich wird er ertappt und verurteilt. Im Gefängnis besucht ihn Jeanne, und plötzlich bricht die Liebe zu ihr in ihm auf.

Wie Raskolnikoff ist Michel von dem Gedanken besessen, außerhalb der Gesetze zu stehen. Ihn packt der Rausch der Macht, der Geschicklichkeit, der Virtuosität. Er muß sich und anderen seine Überlegenheit beweisen. Hinreißend das »Ballett der Hände«, das Bresson inszeniert, als er Michel bei der Arbeit zeigt; da wird die Suggestivkraft deutlich, die ihn treibt. Aber deutlich wird auch Jeannes und des Kommissars Bemühen um seine Rettung. Und so ist die Schlußszene Heilung und Läuterung, ein Beweis für die Kraft der Liebe, der Vernunft und des Glaubens.

Stilistisch ist der Film typisch für Bresson: äußerste Kargheit im Bild, Verzicht auf Effekte, Reduzierung des Dialogs auf die Deklamation des Textes. Daraus entsteht mitreißende innere Spannung.

Pierrot le fou
Elf Uhr nachts

Frankreich 1965

R: Jean-Luc Godard; A: Jean-Luc Godard nach dem Roman *Obsession* von Lionel White; K: Raoul Coutard; D: Jean-Paul Belmondo, Anna Karina

Ferdinand (J.-P. B.), genannt »Pierrot le fou«, trifft seine frühere Freundin Marianne (A. K.) wieder. Sie scheint für eine zwielichtige »Organisation« zu arbeiten, und ihre Bedingung für eine gemeinsame Zukunft ist, daß Ferdinand ihr hilft, eine Leiche zu beseitigen. Nach einer abenteuerlichen Autofahrt in den Süden und ein paar glücklichen Tagen auf einer einsamen Insel entdeckt Ferdinand, daß Marianne ihn betrogen hat. Ihr angeblicher Bruder ist in Wirklichkeit ihr Geliebter. Er erschießt Marianne und den Nebenbuhler und sprengt sich selbst mit einer Ladung Dynamit in die Luft.

Godard erzählt seine Geschichte, durch ironische Zwischentitel verfremdet, mit einer verblüffenden Vielfalt stilistischer Mittel. Dabei hebt sich sein Film bewußt von der Realität ab.

Er verweist auf die Stilmittel, die er verwendet, und damit gleichzeitig auf den Prozeß der Gestaltung selbst.

▬ The pilgrim ⓢ
Der Pilger

USA 1922/23

R: Charles Chaplin; A: Charles Chaplin; K: Rollie Totheroh; D: Charles Chaplin, Edna Purviance, Mack Swain

Ein entflohener Sträfling (C. C.) stiehlt auf der Flucht die Kleider eines badenden Geistlichen; so wird er in einem kleinen Ort als neuer Prediger willkommen geheißen. Er bleibt gern – besonders, da er ein hübsches junges Mädchen (E. P.) entdeckt hat, in das er sich alsbald verliebt. Und er stellt sich auf die Seite des Gesetzes, als ein früherer Gefängniskollege der Mutter des Mädchens die Ersparnisse stiehlt. Er bringt das Geld zurück. Aber als der Sheriff ihn mit Hilfe eines Steckbriefs identifiziert, muß er trotzdem verhaftet werden. Der Sheriff indessen will ihm eine Chance geben: Er bringt ihn an die mexikanische Grenze, doch der Gefangene versteht nicht; er befiehlt ihm, in Mexiko Blumen zu pflücken; der Gefangene tut es und kommt zurück; da befördert der Sheriff ihn schließlich mit einem Fußtritt in die Freiheit. In Mexiko aber attackieren ihn schießwütige Banditen. Und so sieht man ihn im Schlußbild gleichsam zwischen Skylla und Charybdis auf der Grenze hüpfen – mit einem Bein in Mexiko, mit dem anderen in den USA.

Vielzitiertes artistisches Glanzstück des Films ist Chaplins erste Predigt in seinem neuen Wirkungsbereich, bei der er die Gemeindemitglieder mit einer pantomimischen Darstellung des Kampfes zwischen David und Goliath verblüfft. Aber nicht derartige Kabinettstückchen machen die Bedeutung des Films aus: Wichtiger ist die Konsequenz, mit der Chaplin die heitere Unschuld seines Helden in einer turbulenten Welt schildert. Typisch dafür ist der Schluß, als der kleine Pilger gleichsam heimatlos zwischen zwei Ländern einherhüpft, weil er weiß, daß ihn hüben wie drüben nur Ungemach erwartet.

▬ Pirates of the caribbean: The curse of the Black Pearl
Fluch der Karibik

USA 2002/03

R: Gore Verbinski; A: Ted Elliott, Terry Rossio; K: Dariusz Wolski; D: Johnny Depp, Keira Knightley, Orlando Bloom, Geoffrey Rush, Jonathan Pryce, Jack Davenport

Vor einer britischen Karibikinsel rettet man aus dem Wrack eines Schiffes den jungen Piratensohn Will Turner (O. B.). Elizabeth Swann (K. K.), die abenteuerlustige Tochter des Gouverneurs (J. P.), nimmt sein Halsamulett mit einem Totenkopf an sich. Während aus Will ein eifriger Hufschmied wird, landet in der Kolonialhauptstadt Port Royal der draufgängerische, aber auch für seine Faulheit berühmte Kapitän Jack Sparrow (Jo. D.) – ohne Schiff und ohne Mannschaft. Obwohl er Elizabeth das Leben rettet, wandert er – der Piraterie angeklagt – zunächst ins Gefängnis. Als jedoch der gefürchtete Kapitän Barbossa (G. R.) mit seinem Schiff Black Pearl die Insel überfällt und Elizabeth entführt, befreit Will seinen einzigen möglichen Helfer, den inhaftierten Jack Sparrow, um seine große Liebe aus der Gewalt Barbossas zu retten. Jener ist auf der Suche nach dem letzten Stück eines sagenhaften Inkaschatzes und dem Nachfahren des großen Piratenkapitäns Turner, um sich und das Schiff von einem Fluch zu befreien. Nachdem die beiden Verfolger das schnellste Schiff der britischen Flotte gekapert haben, stellen sie bald fest, daß sie gegen einen ungleichen, unbezwingbaren Feind kämpfen: Die Piraten der Black Pearl verwandeln sich im Mondlicht in Untote, in Skelette ...

Action-Regisseur Gore Verbinski (*The Mexican / Mexican – Eine heiße Liebe*, USA 2000; *The ring / The Ring – Das Grauen schläft nie*, USA/Japan 2001/02) und Hollywood-Produzent Jerry Bruckheimer gelingt mit *Pirates of the caribbean* und seinen beiden Fortsetzungen eine verblüffend innovative und amüsante Renaissance des Abenteuer- und Piratenfilmgenres. Allein sechs Millionen Zuschauer in Deutschland und weltweit eingespielte 650 Millionen Dollar des ersten Teils machen die Produktion zu einem riesigen

Kassenerfolg. Der mit einem schrill-schillernden, aufgetakelten Johnny Depp in der Hauptrolle genial besetzte Film ist vordergründig als Liebes- und Piratengeschichte angelegt, funktioniert aber gleichzeitig als Parodie und Reflexion des mit aufwendiger Computergraphik ausstaffierten Gruselspektakels. In der Verbindung aus süffiger Dramaturgie, glänzender Starbesetzung, stilsicherer Kostümierung und eingängigem Sounddesign (Hans Zimmer) jongliert der Regisseur gekonnt mit allen nostalgisch aufgeladenen Klischees und kombiniert diese frech mit ironisch-komödiantischen Zwischentönen.

Pirates of the caribbean: dead man's chest (Fluch der Karibik 2, USA 2005) entstand mit dem Erfolgsteam des ersten Teils und will kein billiger Aufguß sein, sondern das gewinnbringende Image weiterführen. Dabei bemängelten Kritiker die fehlende Stringenz und die sprunghaft, wie eine beliebige Nummernrevue erzählte Geschichte. Der Überraschungseffekt des Erstlings fehlt, aber selbst in der Langatmigkeit bleiben Spannung und Vergnügen über weite Strecken erhalten. Johnny Depps Verkörperung des wie von Drogen gesteuerten, zeitlosen und fast existentialistischen Anti-Helden garantiert trotz einer eigenwilligen Bildgestaltung eine volle Breitseite Abenteuer- und Piratencharme. Die Vermählung des füreinander bestimmten Traumpaares platzt: Elizabeth muß ins Gefängnis und Will den zur Befreiung nötigen, vom windigen Jack Sparrow gestohlenen magischen Kompaß zurückholen. Doch das Navigationsinstrument lenkt seinen Nutzer gehörig in die Irre. Während seine Angebetete alleine freikommt, schlägt sich Will mit den untoten Piraten herum. Sparrow will das Herz des Piratenzombies auf einer Insel finden, um weiterzuziehen. Unterwegs begegnet ihm die entflohene Elizabeth, die seinem Charme erliegt ...

Das Finale der Trilogie, *Pirates of the caribbean – at world's end* (Pirates of the caribbean – Am Ende der Welt, USA 2006), mündet in ein dialoglastiges Spektakel aus Spezialeffekten und Tricktechnik. Zur Befreiung des von einer Riesenkrake verschlungenen Jack Sparrow schließen Will, Elizabeth und sogar der für tot gehaltene Kapitän Barbossa ein Bündnis. Das gefährliche Abenteuer führt sie nach Singapur und mit einem chinesischen Piratenchef durchs Eismeer. Ihre Reise ans Ende der Welt endet mit der Erlösung, und Jack weilt wieder unter den Lebenden. Der Film glänzt mit einem großen Aufgebot an Seeschlachten, Setdesign und Kostümen.

El pisito
Die kleine Wohnung

Spanien 1958

R: Marco Ferreri, Isidoro M. Ferri; A: Rafael Azcona und Marco Ferreri nach der gleichnamigen Erzählung von Rafael Azcona; K: Francisco Sempere; D: José Luis López Vázquez, Maria Carillo, Concha López Silva, Maria Luisa Ponte

Seit 12 Jahren sind Rodolfo (J. L. L. V.) und Petrita (M. C.) verlobt; heiraten können sie nicht, weil sie in Madrid keine Wohnung finden. Sie hoffen auf den Tod von Doña Martina (C. L. S.), bei der Rodolfo zur Untermiete wohnt; denn die achtzigjährige Greisin hat versprochen, daß Rodolfo ihre Wohnung übernehmen kann. Doch dann erfährt Rodolfo, daß man Wohnungen nur an Verwandte vererben kann; nach Doña Martinas Tod wird der Hauswirt über ihre Wohnung verfügen. Aus der Verzweiflung von Rodolfo und Petrita wächst ein makabrer Plan: Rodolfo macht Doña Martina einen Heiratsantrag und ist wenig später ihr Ehemann. Doña Martina blüht auf, seitdem sie für einen Menschen sorgen kann, und vergißt ihre Gebrechen; und auch Rodolfo scheint die Fürsorge der Greisin zu genießen. Petrita wird verbittert und eifersüchtig. Doch endlich, nach zwei Jahren, ist das Ziel erreicht. Während Doña Martina im Sterben liegt, ergreift Petrita bereits Besitz von der Wohnung. Für sie wird die Beerdigung zum Freudenfest. Sie merkt nicht, daß Rodolfo um die Tote wirklich trauert, und sie spürt auch nicht die wachsende Entfremdung zwischen ihm und ihr.

Azcona schrieb Erzählung und Drehbuch nach einer wahren Begebenheit. Ferreris Regie spielt die skurrilen und absurden Aspekte des Themas geschickt aus, bewahrt aber stets die Beziehung zur Realität, so daß eigentlich jeder Gag auch die Absurdität der Realität belegt.

Pjotr perwy (I und II)
Peter der Große – I und II

UdSSR 1937-39

R: Wladimir Petrow; A: Wladimir Petrow und Alexej Tolstoi nach dem gleichnamigen Roman von Alexej Tolstoi; K: Wjatscheslaw Gardanow, Wladimir Jakowlew; D: Nikolai Simonow, Nikolai Tscherkassow, Alla Tarassowa

I. Teil: Bei Narwa werden die Russen von den Schweden besiegt. Zar Peter (N. S.) begreift, daß Land und Armee gründlich reorganisiert werden müssen. Er schickt junge Bojaren zum Studium nach Westeuropa; im Ural entsteht eine einheimische Waffenproduktion. So gerüstet schlägt das russische Heer die Schweden; Marienburg wird erobert, der Zugang zur Ostsee gewonnen. Unter den Gefangenen des Feldzugs ist auch ein Dienstmädchen (A. T.). Der Soldat Fedka beansprucht die junge Frau für sich; doch der Feldmarschall Scheremetjew nimmt sie ihm. Später wird sie unter dem Namen Jekaterina die neue Zarin. Peter ist glücklich, daß sie ihm einen Sohn schenkt; denn der Zarewitsch Alexej (N. T.), sein ältester Sohn, steht auf der Seite der Reaktionäre.
II. Teil: Bei Poltawa erringen die Russen den entscheidenden Sieg über die Schweden. Rußland ist jetzt eine Großmacht, und alsbald fühlen sich Frankreich, England und der deutsche Kaiser von der neuen Macht bedroht. Verschwörer im eigenen Land wollen Alexej auf den Thron setzen. Alexej, der nach Italien geflüchtet ist, wird nach Rußland gebracht und zum Tode verurteilt. Peter aber muß wieder in den Krieg ziehen. Nach dem Sieg seiner Flotte über die vereinigte Flotte des »Dreierbundes« kehrt er nach Petersburg zurück, das auf seinen Befehl gebaut worden ist.
Pjotr perwy markiert die Hinwendung des sowjetischen Films zur »zaristischen Historie«. Am Vorabend des Weltkriegs mobilisierte man das Nationalgefühl durch Erinnerungen an die ruhmreiche Vergangenheit. Entsprechend zeichnete Petrow nach mehrmaliger Umarbeitung des Drehbuchs Peter als einen vorausschauenden, strengen, aber im Grunde gütigen Herrscher – gleichsam ein historisch verkleidetes Idealporträt Stalins, dessen Gegner sich in der Gestalt des Zarewitsch denunziert sahen. Formal war der streng komponierte Film eine Mischung aus Genrebild und Schlachtenpanorama, einer der bemerkenswertesten Vertreter dieses Genres.
In der Bundesrepublik wurde eine stark gekürzte, einteilige Fassung des Films gezeigt, die nicht einmal die Hälfte des Originals enthielt. Vor allem fehlten die realistischen Milieuschilderungen.

Plácido
Placido

Spanien 1961

R: Luis García Berlanga; A: Rafael Azcona, Luis García Berlanga, J. L. Colina, J. L. Font; K: Francisco Sempere; D: Casto Sendra »Cassen«, José Luis López Vázquez, Elvira Quintanilla

In einer kleinen spanischen Stadt veranstaltet ein Fabrikant aus Publicity-Gründen einen großen Wohltätigkeitsrummel: Die Wohlhabenden sollen am Weihnachtsabend einen armen Mitbürger zum Essen einladen. Einer der bescheidenen Helfer der Aktion ist Placido (C. S. C.), der seinen Dreirad-Lieferwagen für billiges Geld in den Dienst der guten Sache gestellt hat. Dieses Geld möchte er aber möglichst schnell kassieren, weil die erste Rate für sein Gefährt fällig ist und man ihm seine Existenzgrundlage pfänden will. Doch vor lauter Wohltätigkeit haben die Veranstalter keine Zeit, an ihn zu denken. Erst spät in der Nacht hat er Erfolg: Als er die Leiche eines Alten abtransportieren soll, den an einer reich gedeckten Tafel der Schlag getroffen hat, stellt er ein Ultimatum – Geld oder keine Fahrt und damit ein Skandal. Jetzt endlich bekommt er sein Geld.
»Jeder, der in Spanien zur Feder greift, um über die Spanier zu schreiben, ist gezwungen, seine Zuflucht bei dem zu suchen, was man den ›schwarzen Humor‹ nennt« (Luis García Berlanga).
Nach den eher gemütvollen Mahnungen von *Bienvenido, Mr. Marshall* und *Calabuch* (Calabuig, Spanien/Italien 1956) hat Berlanga hier eine gallenbittere Satire geschaffen. Er zeigt,

wie die »Wohltätigkeit« zum Rummel wird, wie man »seinen« Armen stolz den Nachbarn und dem Vorgesetzten präsentiert und ihn so schnell wie möglich abschiebt, wenn er als Statussymbol unbrauchbar geworden ist. Er entlarvt heuchlerischen Biedersinn, seichte Frömmigkeit und geschwätzige Anteilnahme. Er tut das alles in einem handfesten Volksstück und mit einer Turbulenz, die den Zuschauer am Schluß atemlos und verstört entläßt.

The player
The Player

USA 1992

R: Robert Altman; A: Michael Tolkin nach seinem gleichnamigen Roman; K: Jean Lepine; D: Tim Robbins, Greta Scacchi, Fred Ward, Vincent D'Onofrio, Whoopi Goldberg, Brion James, Peter Gallagher

Griffin Mill (T. R.) ist ein erfolgreicher Hollywood-Producer, der allerdings gerade von zwei Problemen geplagt wird. Einmal holt sein Boß Joel Levison (B. J.) einen jungen Mann (P. G.) »ins Team«, der ihm als Konkurrent gefährlich werden könnte; außerdem erhält er anonyme Morddrohungen, die offenbar von einem frustrierten Drehbuch-Autor stammen. Mill verdächtigt als Verfasser den Autor David Kahane (V. D'O.), sucht ein Gespräch mit ihm und tötet ihn – halb im Affekt und halb aus Zufall – auf einem nächtlichen Parkplatz. Zwar täuscht er geistesgegenwärtig einen Raubmord vor, doch schon am nächsten Morgen hat er Detective Susan Avery (W. G.) auf den Fersen, die von seinem Treffen mit Kahane gehört hat. Außerdem findet er in seiner Post eine neue anonyme Postkarte. Offenbar hat er auch noch den Falschen umgebracht! Mill bewegt sich fortan auf dünnem Eis, zumal er auch noch eine Affäre mit Kahanes hinterbliebener Freundin June (G. S.) beginnt. Doch dann bricht ein rechtes Hollywood-Happy-End über ihn herein: Eine Augenzeugin identifiziert nicht ihn, sondern einen Polizisten als angeblichen Mörder; außerdem wird Mill Nachfolger des glücklosen Joel Levison. Die Altmansche Version eines Happy-Ends wird aber sogleich mit herzerwärmendem Zynismus nachgeliefert: Am Autotelefon erzählt ein namenloser Autor Mill eine Story. Es ist die Geschichte eines Producers, der – durch anonyme Postkarten verunsichert – den vermeintlichen Schreiber erschlägt und ungeschoren davonkommt. Mill erkundigt sich vorsichtig, ob man sich definitiv auf diesen Schluß einigen könne. Als dies bejaht wird, erklärt er sich bereit, einen guten Preis für die Story zu zahlen. Und frohgemut fährt er vor seiner Villa vor und begrüßt seine attraktive Ehefrau June.

Altman ist hier fast so etwas wie die Quadratur des Kreises gelungen. Er handhabt virtuos die vielfach erprobten Hollywood-Rezepte und entlarvt sie gleichzeitig in einer turbulenten und treffsicheren Satire. Er zeigt eine Welt, in der die Erfahrungen und Traditionen der legendären Studios verramscht werden; und er erinnert mit zahlreichen Verweisen, mit den Gastauftritten von rund 80 Stars und mit geschickten Zitaten immer wieder daran, was Hollywood einmal war und was es heute noch sein könnte, wenn nicht phantasielose Karrieristen wie Griffin Mill hier die Macht an sich gerissen hätten. So ist dieser spannende und unterhaltsame Film gleichzeitig die bittere Bilanz eines – zu Recht – Enttäuschten, der in einem Interview resümierte: »Sobald es um Hollywood geht, sind Übertreibungen kaum noch möglich.«

Pociąg
Nachtzug

Polen 1959

R: Jerzy Kawalerowicz; A: Jerzy Lutowski, Jerzy Kawalerowicz; K: Jan Laskowski; D: Lucyna Winnicka, Leon Niemczyk, Zbigniew Cybulski

Ein Nachtzug verläßt den Bahnhof. In einem Schlafwagenabteil treffen sich Marta (L. W.), die ihren Geliebten verlassen hat, und der Arzt Jerzy (L. N.), dem an diesem Tag ein junges Mädchen bei seiner ersten großen Operation gestorben ist. Marta hat ihre Karte auf dem Bahnhof von einem Unbekannten gekauft und nicht darauf geachtet, daß es sich um ein

»Männerabteil« handelte. Marta und Jerzy arrangieren sich, während Martas Liebhaber (Z. C.), der sich ebenfalls im Zug befindet, sie vergeblich bedrängt zurückzukehren. In der Nacht gibt es einen Zwischenfall: Die Polizei hält den Zug an und sucht einen Mörder. Jerzy gerät in Verdacht, weil er in dem Bett schläft, das der Gesuchte vorbestellt hatte. Marta erkennt die Zusammenhänge, als sie im Zug den Mann entdeckt, der ihr die Schlafwagenkarte verkauft hat. Er ist der Mörder, und er wird nach einer Jagd, an der sich mehrere Reisende beteiligen, gefaßt. Am anderen Morgen gehen Marta und Jerzy auseinander.

Eine psychologische Studie, die zwei extreme Situationen kontrastiert. Marta und Jerzy sind einsam, unfähig sich jemandem anzuvertrauen; nur ein Zufall kann ihre Kontaktlosigkeit überwinden. Die Jagd nach dem Mörder dagegen vereint Menschen, die einander nie gesehen haben, zu einer Meute gleich handelnder, gleich empfindender Jäger. Ein Geistlicher fragt sich anschließend bestürzt: »Warum bin ich nur mitgelaufen? Warum? ... Mein Gott, was steckt nur im Menschen?«

Podne
Ein serbischer Mittag

Jugoslawien 1968

R: Puriša Djordjević; A: Puriša Djordjević; K: Mihajlo Popović, Jovan Jovanović; D: Ljubiša Samardžić, Neda Arnerić, Faruk Begoli

Personen aus den ersten beiden Teilen der Trilogie von Djordjević arrangieren sich im Nachkriegs-Jugoslawien. Der Partisanen-Leutnant Ljubiša (L. S.) ist Geschäftsführer einer Bar; Neda (N. A.) trifft den Russen Misko wieder und heiratet ihn. Man sieht Dorfälteste, die nach wie vor servil ihr Amt verrichten, und Partisanen-Offiziere, die sich als Schuhputzer durchschlagen. Dann kommt der 28. Juni 1948: Jugoslawien wird aus der Kominform ausgeschlossen. Jäh ändert sich die Szenerie. Neda erfährt, daß ihr junges Glück nicht in die neue Zeit paßt. Der Dorfälteste, der gestern noch die jugoslawisch-sowjetische Heirat gepriesen hat, jagt sie aus dem Dorf. Ein stalinistischer Inspektor muß fliehen und wird an der bulgarischen Grenze erschossen. Ljubiša darf wieder verfolgen, verhören und töten. Einer demonstriert: Er nimmt die jugoslawische und die sowjetische Fahne, stellt sich aufrecht auf einen Zug und läßt sich gegen eine Tunnelwand fahren.

Der dritte Teil einer Trilogie, zu der die Filme *San* und *Jutro* gehören. Djordjević macht die Verklammerung hier besonders deutlich, indem er Zitate aus den beiden vorhergehenden Filmen als Erinnerungsbilder einblendet. Auch hier benutzt er einen genau definierten historischen Zeitabschnitt für eine kritische Bilanz. Eine politische Entscheidung verändert über Nacht das Leben der Protagonisten. Der Held von gestern ist der Verräter von heute; wer scheinbar abgewirtschaftet hatte, erhält eine neue Chance; nur der Konformist und Opportunist kann darauf vertrauen, die Situation heil zu überstehen. Resignierend heißt es einmal: »Warum kann uns die Freiheit nicht so lieben, wie wir die Freiheit im Krieg geliebt haben?«

La Pointe Courte
La Pointe Courte

Frankreich 1954

R: Agnès Varda; A: Agnès Varda; K: Louis Stein, Paul Soulignac; D: Silvia Monfort, Philippe Noiret

Die Fischer des Ortes La Pointe Courte haben Sorgen. Ihre Muschelgründe sind durch Abwässer, die ins Meer geleitet werden, vergiftet worden. Da sie zu arm sind, um sich auf andere Fangmethoden umzustellen, fischen sie verbotenerweise weiterhin auf ihren Muschelbänken und geraten dadurch in Konflikt mit der Polizei. Mit dieser dokumentarischen Milieuschilderung, die sich auf tatsächliche Ereignisse stützt, ist ein zweites Thema verwoben: Ein Mann (P. N.), der seine Kindheit in La Pointe Courte verbracht hat, besucht mit seiner jungen Frau (S. M.) seine Heimat. Und hier lernt die Frau, die in ihrer Ehe nicht glücklich ist, ihren Mann besser zu verstehen.

Der Debütfilm der damals 25jährigen Theaterfotografin Agnès Varda. Schauspieler und Aufnahmestab arbeiteten größtenteils ohne Gage, um die Produktion abseits der Routine zu ermöglichen. Die ungewöhnlichen Produktionsmethoden sowie das Wechselspiel zwischen Reportage und Reflexion hatten beträchtlichen Einfluß auf die jungen französischen Regisseure, die man später als »nouvelle vague« etikettierte. Zu den Mitarbeitern des Films (als Cutter) gehörte auch Alain Resnais.

Pokajanije
Die Reue

UdSSR 1984

R: Tengis Abuladse; A: Nana Dshanelidse, Tengis Abuladse, Reso Kwesselawa; K: Michail Agranowitsch; D: Awtandil Macharadse, Seinab Bozwadse, Edischer Giorgobiani, Ketewan Abuladse, Merab Ninidse

Warlam Arawidse (A. M.), Bürgermeister einer georgischen Stadt, ist gestorben und wird feierlich zu Grabe getragen. Doch in der Nacht wird seine Leiche ausgegraben und im Garten seines Sohnes Abel (A. M.) deponiert. Heimlich begräbt man ihn erneut, doch abermals taucht die Leiche in Abels Garten auf. Nun stellt man dem Grabschänder eine Falle und faßt ihn auch. Es ist eine Frau, Ketewan (S. B.), die Tochter des Künstlers Sandro Barateli (E. G.) und seiner Frau Nino (K. A.). Eine Gerichtsverhandlung enthüllt in Rückblenden das Motiv der Tat: Arawidse hat in der Stadt mit brutalem Terror geherrscht, hat Menschen unterdrückt, die Kirche verfolgt und Kulturdenkmäler zerstört. Weil Sandro Barateli gegen diese Willkürherrschaft protestiert hat, sind er und seine Frau verhaftet worden und spurlos in den Straflagern verschwunden. Als Ketewan vor Gericht schwört, sie werde den Körper des Toten wieder und wieder ausgraben und ihn »den Raben vorwerfen«, verfällt der Clan der Arawidses auf eine elegante Lösung: Der Prozeß wird eingestellt, die Angeklagte als unzurechnungsfähig in eine Irrenanstalt gesperrt. Doch Abels Sohn Tornike (M. N.), der noch bei der Festnahme auf Ketewan geschossen hatte, fragt nun seinen Vater nach der Wahrheit über die Verbrechen der Vergangenheit. Als ihm klar wird, daß wieder alles vertuscht werden soll, begeht er verzweifelt Selbstmord. Abel bricht zusammen. Er selbst zerrt jetzt die Leiche seines Vaters aus dem Grab und wirft sie in eine Schlucht. Zum Schluß sieht man Ketewan, wie am Anfang, in ihrer Küche stehen und kunstvoll verzierte Torten backen. Auf dem Tisch liegt noch immer die Zeitung, in der Arawidses Tod gemeldet worden ist; und dem Zuschauer wird klar, daß alles nur ein Traum – Alptraum oder Wunschtraum? – war. Dann tritt eine alte Frau an das Küchenfenster und fragt, ob dies der Weg zur Kirche sei. Als Ketewan verneint, fragt die Frau irritiert: »Wozu ist dann der Weg da? Wozu braucht man überhaupt einen Weg, der nicht zur Kirche führt?«

Obwohl der Name Stalin nicht genannt wird, hatte bis dahin wohl kein anderer Film in der UdSSR so schonungslos mit den Verbrechen der Vergangenheit abgerechnet. Da ist von Unterdrückung, Terror und Mord die Rede; da wird der kommunistische Funktionär Arawidse schon durch seine äußere Erscheinung, die wie eine Mischung aus Berija, Himmler und Mussolini wirkt, ganz deutlich in eine Reihe mit den Faschisten gestellt. Formal ist das nicht ohne Mängel. Die Stilelemente verschiedener Genres stehen sich stellenweise ein wenig im Wege; und die Effekte des Fantastischen (Arawidses Leibwache zum Beispiel besteht aus gepanzerten Rittern, die seinen schwarzen Mercedes zu Pferde eskortieren!) sind nicht immer ganz überzeugend integriert. Aber eine suggestive Kraft der Gestaltung, die die große Geste und den grellen Effekt nicht scheut, überspielt diese Unebenheiten. Und immer wieder gelingen Abuladse erschütternde Bilder, die seine Anklage sinnfällig verdichten: so wenn Frauen und Kinder auf einem Bahnhof an einer schier endlosen Reihe von Baumstämmen vorbeigehen und nach Botschaften suchen, die Zwangsarbeiter heimlich in das Holz geritzt haben.

Popiół i diament
Asche und Diamant

Polen 1958

R: Andrzej Wajda; A: Jerzy Andrzejewski und Andrzej Wajda nach dem gleichnamigen Roman von Jerzy Andrzejewski; K: Jerzy Wójcik; D: Zbigniew Cybulski, Ewa Krzyżewska, Adam Pawlikowski, Wacław Zastrzeżyński

In einer polnischen Kleinstadt melden Lautsprecher die Kapitulation der deutschen Wehrmacht. Am gleichen Tag bereiten die ehemaligen Untergrundkämpfer Maciek (Z. C.) und Andrzej (A. P.) ein Attentat auf den Funktionär der Arbeiterpartei Szczuka (W. Z.) vor. Der Anschlag mißlingt; aber zwei unbeteiligte Arbeiter werden dabei getötet. Dieses Ergebnis weckt in den Attentätern Zweifel am Sinn ihres Kampfes. Andrzej bekennt sich schnell wieder zu unbedingter Disziplin; bei Maciek geht der Konflikt tiefer. Während in dem Hotel, in dem er wohnt, eine rauschende Siegesfeier stattfindet, lernt er das Barmädchen Krystyna (E. K.) kennen und lieben. Maciek gesteht sich und ihr, daß er endlich ein normales Leben führen und studieren möchte. Doch er will auch den Idealen der Vergangenheit nicht untreu werden. In den frühen Morgenstunden erschießt er Szczuka und wird selbst auf der Flucht, auf einem Schuttabladeplatz, getötet.

Wajda meinte: »Ich wollte mit meinem bescheidenen Film vor dem Zuschauer die komplizierte und schwierige Welt dieser Generation enthüllen, der auch ich selber angehöre.« So zeichnet er das Bild einer verworrenen Zeit und verwirrter Menschen. Er zeigt den blutigen Kampf zwischen nationalen und kommunistischen Untergrundkämpfern in den ersten Tagen der Freiheit. Kampfgenossen von gestern werden zu Gegnern, als der gemeinsame Feind besiegt ist. Sie alle können mit der Gegenwart nicht fertig werden – nicht die Nationalisten, die mit Terrormaßnahmen gegen die Kommunisten kämpfen; aber auch nicht die Vertreter der »neuen Ordnung«, die bei der

Popiół i diament
(Zbigniew Cybulski,
Adam Pawlikowski)

Siegesfeier pathetische Phrasen absondern oder ihre Unsicherheit in Weltschmerz und Alkohol ertränken. Dabei wird Maciek zum Symbol einer Generation, die der Krieg zerstört hat, die ihre Ratlosigkeit hinter Zynismus verbirgt.

Il porcile
Der Schweinestall

Italien/Frankreich 1969

R: Pier Paolo Pasolini; A: Pier Paolo Pasolini; K: Tonino Delli Colli, Armando Nannuzzi, Giuseppe Ruzzolini; D: Pierre Clementi, Franco Citti, Jean-Pierre Léaud, Anne Wiazemsky, Alberto Lionello, Ugo Tognazzi, Marco Ferreri

Zwei ineinander verschachtelte Episoden berichten jeweils von einem jungen Mann, der sich in einer feindlichen Umwelt behaupten muß. Die erste Episode spielt in nicht näher bezeichneter Vergangenheit, vielleicht im 15. Jahrhundert. Ein Mann (P. C.) lebt in einer Wüste und ernährt sich von Insekten und Schlangen. Dann tötet er einen Soldaten und wird zum Kannibalen. Ein Gefährte (F. C.) findet zu ihm, eine Gruppe bildet sich. Schließlich werden die Kannibalen von Soldaten überwältigt und nach einer Gerichtsverhandlung gefesselt in der Wüste ausgesetzt. – Die zweite Episode spielt 1967 in Bonn. Julian Klotz (J.-P. L.), der Sohn eines reichen Industriellen (A. L.), ist von einer rätselhaften Lethargie befallen und hütet offenbar ein düsteres Geheimnis. Klotz senior hat wirtschaftliche Sorgen und ist hoch erfreut, als sein Spitzel Hans Günter (M. F.) ihm enthüllt, daß sein schärfster Konkurrent, Herdhitze (U. T.), in Wirklichkeit ein ehemaliger Nazi ist, der wegen Kriegsverbrechen gesucht wird. Doch sein Erpressungsversuch scheitert, weil Herdhitze unterdessen Julians Geheimnis ausgekundschaftet hat: Julian liebt keine Frauen – er liebt Schweine. Unter diesen Umständen entschließen sich Klotz und Herdhitze zur Fusion. Aber während man dieses Ereignis feiert, kommt die Nachricht, daß Julian von den Schweinen aufgefressen worden ist.
Beide Teile des Films, die parallel erzählt werden, wobei die Szenen beider Episoden oft übergangslos aufeinander folgen, sind durch vielfältige Parallelen und Verweise verknüpft. Beide Protagonisten stehen außerhalb der menschlichen Normen, beide werden von Tieren verschlungen. Die Kannibalen werfen die Köpfe ihrer Opfer in einem rituellen Akt in das Loch eines Vulkans; Herr Herdhitze erscheint im Film als jener deutsche Professor, der sich im Krieg die abgeschnittenen Köpfe ermordeter russischer Kommissare schicken ließ, um sie unter dem Aspekt seiner abstrusen Rassentheorien zu untersuchen.
Episode Nr. I erzeugt im Zuschauer Entsetzen über eine unmenschliche Entartung; Episode Nr. II demonstriert, wie die moderne Gesellschaft vergleichbare Entartungen schnell verdrängen bzw. für schmutzige Erpressungen nutzen kann. Formal ist bemerkenswert die raffinierte Verschränkung beider Episoden, die strenge Symmetrie der Bildkompositionen und die Entwicklung der »historischen« Episode, die ohne Dialoge auskommt. Erst gegen Ende spricht der Protagonist. Er wiederholt mehrfach: »Ich habe meinen Vater getötet, ich habe Menschenfleisch gegessen, und ich zittere vor Freude!«

Porte de Lilas
Die Mausefalle

Frankreich/Italien 1956

R: René Clair; A: René Clair und Jean Aurel nach Motiven des Romans *La grande ceinture* von René Fallet; K: Robert Le Febvre; D: Pierre Brasseur, Georges Brassens, Henri Vidal, Dany Carrel

Artiste (G. B.) und der kindlich-naive Juju (P. B.) sind liebenswerte Tagediebe. Das Gleichmaß ihres friedlichen Lebens wird eines Tages gestört, als Barbier (H. V.), ein steckbrieflich gesuchter Verbrecher, sich in dem baufälligen Haus von Artiste versteckt. Weder Juju noch Artiste bringen es über sich, Barbier zu verraten, obwohl sie aus der Zeitung erfahren, daß er ein dreifacher Mörder ist. Und während Artiste sich bemüht, dem Flüchtling einen falschen Paß zu besorgen, umhegt Juju den ungebetenen Gast in schrankenloser Bewunderung und Zuneigung. Hier ist endlich ein Mensch, der ihn braucht. Doch eines Tages erfährt er, daß Barbier Maria (D. C.), die hübsche Tochter des Wirts, kennengelernt und überredet hat, ihrem Vater Geld zu stehlen, daß er ihr versprochen hat, sie später ins Ausland nachzuholen. Als Barbier ihm all das erzählt hat und hinzufügt, natürlich denke er nicht daran, sein Versprechen zu halten, da schießt der täppische, unbeholfene Juju Barbier nieder.

Der Film lebt ganz aus der Stimmung, aus der Atmosphäre, aus dem Milieu; und hier ist René Clair wieder in seinem Element. Einfühlsame Kameraarbeit, gute Schauspieler und die aggressiv-melancholischen Chansons von Georges Brassens klingen raffiniert zusammen. Diese »kleine Welt« in einem Pariser Vorort ist wiederum auch eine »heile Welt«. Sie hat Platz für Originale und kleine Gaunereien; Mord ist außerhalb des Vorstellungsbereiches, aber Lieblosigkeit wird mit dem Tode bestraft.

Po sakonu Ⓢ
Nach dem Gesetz / Dura lex / Sühne

UdSSR 1926

R: Lew Kuleschow; A: Lew Kuleschow und Wiktor Schklowsky nach der Erzählung *The unexpected* von Jack London; K: Konstantin Kusnezow; D: Alexandra Chochlowa, Sergej Komarow, Wladimir Fogel

Fünf Goldgräber in Alaska. Nach langer, vergeblicher Suche findet einer von ihnen endlich Gold. Doch der Glückliche ist ausgerechnet Jack (W. F.), der einzige in der Gruppe, der als Diener verpflichtet worden und nicht am Gewinn beteiligt ist. Als Jack auch noch am meisten arbeiten soll, verliert er die Nerven und schießt zwei seiner Kameraden und Peiniger nieder. Der Anführer, Fred Nelson (S. K.), will den Mörder sofort umbringen; aber Edith (A. C.), seine Frau, hält ihn zurück: Jack muß nach dem Gesetz gerichtet werden. Einen ganzen Winter lang bewachen sie ihn, eingeschlossen in der Eiswüste. Dann verlieren sie die Nerven und improvisieren ein Gerichtsverfahren. Fred ist der Ankläger, Edith vertritt Zeugen und Geschworene; das Urteil lautet »Tod durch den Strang«. In stürmischem Wind wird Jack zur Richtstätte geführt. Fred legt die Schlinge um seinen Hals. Dann sitzen die beiden Überlebenden entsetzt und erschüttert in ihrer Hütte. Plötzlich öffnet sich die Tür, und Jack tritt ein. Der Sturm hat ihn vom Baum gerissen. Aber er hat sein Verbrechen gesühnt und ist frei.

Kuleschows Meisterwerk und ein meisterhafter Film. Er zeigt die Fragwürdigkeit irdischer Gerechtigkeit, indem er ihre Möglichkeiten hier in monströser Verzerrung durchspielt. Die Gerechtigkeit wird gleichsam zur quälenden Last: Jack bittet um seinen Tod, Edith verweigert ihn unter Hinweis auf die Ordnung, bis schließlich auch sie die Situation nicht mehr ertragen kann. Das Ganze ist auf einen Raum und auf drei Menschen konzentriert. Kuleschow hat es mit einer Mischung aus realistischer Präzision und artistischem Raffinement gestaltet.

Postava k podpíráni
Josef Kilian

ČSSR 1963

R: Jan Schmidt, Pavel Juráček; A: Pavel Juráček, Jan Schmidt; K: Jan Čuřík; D: Karel Vašiček, Consuela Morávková, Ivan Růžička

Jan Herold (K. V.) entdeckt eines Tages in einer kleinen Gasse einen Laden mit dem Schild »Katzenverleihanstalt«. Nach langwierigen Formalitäten überläßt man ihm eine Katze. Doch als er am nächsten Tag zufällig wieder durch die gleiche Gasse geht, ist der Laden verschwunden und niemand weiß von seiner Existenz. Herold ist von der Vorstellung besessen, man werde ihn bestrafen, wenn er die Leihfrist überschreitet; verzweifelt sucht er ein Amt, das es ihm ermöglicht, die Katze zurückzugeben. Man bedeutet ihm, daß der Referent Josef Kilian ihm weiterhelfen könne. Aber Kilian ist verschollen. Herold trifft einen Mann, dem es ähnlich ergeht wie ihm. Der andere schleppt statt einer Katze einen unförmigen Badeofen mit sich. Einmal glaubt Herold, Kilian, den er von früher kennt, in einer Bierstube gefunden zu haben. Er spricht ihn an, aber der Mann wehrt ab und geht fort. Als Herold ihm nachsieht, entdeckt er, daß der Mann eine Katze unter dem Arm trägt.

Ein »halblanger« Spielfilm (38 Minuten), der aber von großer Bedeutung für die Entwicklung des tschechoslowakischen Films und der tschechoslowakischen Kunst in den sechziger Jahren ist. Mit einfachen filmischen Mitteln wird hier eine kafkaeske Atmosphäre erzeugt, wird die Verlorenheit des Individuums in einer total bürokratisierten und organisierten Welt gezeichnet.

Der Postmeister

Deutschland 1940

R: Gustav Ucicky; A: Gerhard Menzel nach der gleichnamigen Novelle von Alexander Puschkin; K: Hans Schneeberger; D: Heinrich George, Hilde Krahl, Siegfried Breuer, Hans Holt

In einer einsamen Poststation lebt ein alter Postmeister (H. G.) mit seiner hübschen Tochter Dunja (H. K.). Dunja folgt eines Tages dem schneidigen Rittmeister Minski (S. B.) nach St. Petersburg. Minski ist ihrer bald überdrüssig, läßt sie fallen, und Dunja schenkt ihre Gunst vielen Kavalieren, bis sich ein junger Offizier (H. H.) ernsthaft in sie verliebt. Der Vater hört Gerüchte über Dunjas Lebenswandel und fährt nach St. Petersburg, um sich an Minski zu rächen. Um dem Vater Kummer zu ersparen, überredet Dunja Minski zu einer fingierten Hochzeit im Beisein des Alten. Der fährt glücklich in seine Poststation zurück. Dunja nimmt sich das Leben, nachdem ihr Geliebter als Gast der »Hochzeit« die Wahrheit über sie erfahren hat. Aber Minski erfüllt ihren letzten Wunsch und schreibt dem Vater, Dunja sei als seine Frau gestorben.

Der Film hat nicht die »schmucklose Schlichtheit«, die man der hier frei bearbeiteten literarischen Vorlage nachrühmt; doch hat Ucicky seine Vorlage mit Geschmack und Geschick gestaltet. Viel verdankt der Film seinem Hauptdarsteller George, der auch die sentimentalen Ausbrüche des Drehbuchs vital und virtuos überspielt.

Nach dem Einmarsch in Rußland wurde der Film aus dem Verleih gezogen. Das Bild, das George vom russischen Menschen gezeichnet hatte, paßte nicht zu der nun wieder anrollenden Propaganda gegen die »russischen Untermenschen«.

Puschkins Novelle war zuvor bereits in der UdSSR verfilmt worden: *Kolleschski registrator* (Der Postmeister, 1925 – R: Juri Scheljabuschski). Eine weitere Verfilmung entstand 1955 in Österreich unter dem Titel *Dunja*. In dieser belanglosen Version spielten unter der Regie Josef von Bakys Walter Richter, Eva Bartok und Ivan Desny die Hauptrollen.

Il posto
Der Job

Italien 1961

R: Ermanno Olmi; A: Ermanno Olmi, Ettore Lombardo; K: Roberto Barbieri, Lamberto Caimi; D: Sandro Panzeri, Loredana Detto, Tullio Kezich

Der sechzehnjährige Domenico (S. P.) hat Glück: Er besteht die Eignungsprüfung in einem großen Betrieb und wird angestellt – als zweiter Bürodiener. Immerhin hat er vielleicht eine Lebensstellung und die Möglichkeit aufzusteigen. Der Film entlarvt die Kehrseite dieses Glücks: den trostlosen Alltag im Büro, Mißgunst und Frustration der Kollegen, die schale Ersatzbefriedigung eines Betriebsfestes. Eine schüchterne Liebesgeschichte mit Antonietta (L. D.) deutet sich an; aber die strenge Hierarchie des Betriebes und sein Organisationsschema trennen die jungen Leute. Schließlich rückt Domenico wirklich auf. Durch den Tod eines Schreibers wird ein Platz frei – ganz hinten in dem großen Saal. Vielleicht wird er es noch weiter bringen. In zwanzig Jahren sitzt er vielleicht ganz vorn, dort, wo das Licht etwas besser ist ...

Olmi hat seinen Film wie ein Dokument gestaltet. Das zeigt sich nicht nur in dem Entschluß, Laiendarsteller einzusetzen, es zeigt sich in jeder Einstellung, jeder Sequenz. Da wird nichts gefällig arrangiert, kein Effekt gesucht, nichts karikiert oder parodiert. »So ist es!« sagt dieser Film; und er sagt es leise, ein wenig traurig und vielleicht gerade darum so eindrucksvoll. Er zeigt das Bild einer Gesellschaft, in der menschliche Arbeitsleistung billig ist, in der man nicht leichthin einen »Job« annimmt, wie der ungeschickte deutsche Titel suggeriert, sondern in der man verzweifelt um eine Lebensstellung kämpft.

Potomok Tschingis-Chana ⓢ
Sturm über Asien / Der Nachkomme des Tschingis Khan

UdSSR 1928

R: Wsewolod Pudowkin; A: Ossip Brik nach einer Novelle von I. Nowokschonow; K: Anatoli Golownja; D: Waleri Inkischinoff, Alexander Dedinzew, Alexander Tschistjakow, Boris Barnet

Während des russischen Bürgerkriegs stehen englische Interventionstruppen in der Mongolei. Auf einem Markt kommt es eines Tages zu einem Tumult, weil der junge Mongole Bair (W. I.) beim Verkauf eines wertvollen Pelzes betrogen worden ist. Bair verwundet einen Weißen und flieht zu den Partisanen. Als er wenig später bei einem Überfall in die Hände der Engländer fällt, wird er zum Tode verurteilt, bei der Exekution aber nur schwer verwundet. So kann man ihn gesund pflegen, als bei seinen Habseligkeiten ein Dokument entdeckt wird, das ihn als Nachkommen Dschingis Khans ausweist. Die Engländer wollen ihn als Marionette bei ihrem politischen Spiel benutzen. Das scheint zunächst auch zu gelingen; aber dann erkennt Bair die wahren Absichten der Eindringlinge. Er flieht; und am Schluß sieht man ihn an der Spitze mongolischer Reiter über die vom Unwetter verdüsterte Steppe jagen.

Pudowkin drehte diesen Film nach einem knappen Manuskript von nur 15 Seiten jenseits des Baikal-Sees – in einem echten Lama-Kloster und in den einfachen Jurten der Mongolen. Das gibt dem Film Glaubwürdigkeit auch im Detail. Dabei ging es Pudowkin aber nicht um historische Genauigkeit (englische Truppen drangen nie bis in die Mongolei vor!), sondern um eine Darstellung der Idee der Revolution – verkörpert durch die Wandlung Bairs vom naiven Pelzjäger über die Marionette in der Hand der Mächtigen bis zum bewußt handelnden Menschen.

Zu den Höhepunkten des Films zählen der Gang eines unlustigen englischen Soldaten mit dem Delinquenten zur Hinrichtungsstätte und die Erschießung, die der Engländer in einer Art Panik ausführt; eine Ankleide-Zeremonie des englischen Generals (A. D.), bei der Pudowkin ihn höhnisch zur bloßen »Kleiderpuppe« degradiert; der mitreißende Ritt über die Steppe, den zeitgenössische sowjetische Kritiker (und das Zentralkomitee unter Leitung Stalins!) allerdings als »formalistisch« attackierten. Der Film verschwand daraufhin in den Archiven.

1949 wurde ohne Mitarbeit Pudowkins eine um rund 40 Minuten gekürzte und umgeschnittene Tonfassung des Films hergestellt, bei der man den handelnden Personen regel-

Potomok Tschingis-Chan

rechte Dialoge in den Mund legte. Die Regie bei dieser Bearbeitung führte W. Gontschukow, der zusammen mit L. Slawin auch die Dialoge schrieb. Erst 1977 entstand in der BRD eine exakte Rekonstruktion der originalen Fassung mit der von Pudowkin autorisierten Musik, die Werner Schmidt-Boelcke zur deutschen Premiere des Films (6. Januar 1929) geschaffen hatte.

Prasdnik swjatowo Jorgena ⓢ
Das Fest des hl. Jürgen

UdSSR 1930

R: Jakow Protasanow; A: Jakow Protasanow nach Motiven des gleichnamigen Romans von Harald Bergstedt; K: Pjotr Jermolow; D: Anatoli Ktorow, Igor Ilinski, Michail Klimow

Am Vorabend des Festes vom hl. Jürgen flieht der Dieb Korkis (A. K.) aus dem Gefängnis. Zusammen mit seinem Komplizen Franz Schulz (I. I.) mischt er sich unter das Volk und beschließt, am Reichtum der Kirche zu partizipieren. Er will in die Kirche einbrechen, Franz soll ihn dort wieder abholen. Aber Franz wird von der Polizei verfolgt und Korkis von den Gläubigen überrascht. Schnell schlüpft er in feierliche Gewänder und gibt sich als leibhaftiger hl. Jürgen aus. Der Polizeichef erkennt ihn jedoch und informiert einen Geistlichen. Dieser will die Sache ohne Skandal bereinigen und verlangt von dem »Heiligen« ein Wunder. Schulz reagiert blitzschnell, simuliert Lahmheit und läßt sich von Korkis ›heilen‹. Angesichts der allgemeinen Ergriffenheit bleibt dem Geistlichen nichts anderes übrig, als den Heiligen und den wundersam Geheilten mit reichlichem Zehrgeld aus der Stadt zu komplimentieren.
Protasanow hat diese antikirchliche Komödie mit Witz und Phantasie in Szene gesetzt. Es gibt intelligente Einfälle, eine Fülle skurriler Typen, überraschende Wendungen und ein zügiges Tempo der Inszenierung. Das Genre, das im frühen sowjetischen Film nicht eben häufig ist, wird hier sehr angemessen repräsentiert.
1935 wurde der Film unter der Oberleitung von Protasanow auch vertont.

Prästänkan ⓢ
Nach Recht und Gesetz / Die Pfarrerswitwe

Schweden 1921

R: Carl Th. Dreyer; A: Carl Th. Dreyer nach einer Erzählung von Kristofer Janson; K: George Schnéevoigt; D: Einar Röd, Greta Almroth, Hildur Carlberg

In einer Kleinstadt bewerben sich im 17. Jahrhundert drei junge Theologen um eine Pfarrstelle. Der Sieger (E. R.) muß nach altem Brauch die Witwe (H. C.) seines Vorgängers heiraten, die schon drei Männer überlebt hat. Angesichts des Reichtums der Pfarrei nimmt er das auch auf sich, bringt aber eine Geliebte (G. A.) als angebliche Schwester mit ins Haus. Zwar entdeckt die alte Frau den Schwindel; aber sie stirbt und überläßt dem jungen Paar das Feld.
Der Däne Dreyer zeigt sich hier stark von der schwedischen Schule beeinflußt. Er drehte den ganzen Film ohne Atelier und bezog die Landschaft geschickt in die Handlung ein. Daneben spürt man aber auch schon sein Interesse für menschliche Gesichter. Besonders das Gesicht von Hildur Carlberg tastet er immer wieder mit der Kamera ab und entdeckt dabei diffizile Reaktionen eines Menschen, der zwischen Gutmütigkeit und Verbitterung schwankt.

Pretty woman
Pretty Woman

USA 1989

R: Garry Marshall; A: J. F. Lawton; K: Charles Minsky; D: Richard Gere, Julia Roberts, Hector Elizondo, Laura San Giacomo, Ralph Bellamy

Durch einen Zufall lernt der Multimillionär Edward Lewis (R. G.) in Los Angeles das attraktive Strichmädchen Vivian (J. R.) kennen. Aus einer Laune heraus nimmt er sie mit in sein feudales Hotel und staffiert sie als Begleiterin für ein Geschäftsessen aus. Am nächsten Morgen ist er von ihren Qualitäten hinreichend überzeugt und engagiert sie zu einem

Pauschalpreis gleich für den ganzen einwöchigen Aufenthalt. Es kommt, wie es kommen muß: Die beiden verlieben sich ineinander und werden von ihrer Liebe geläutert. Er hört auf, mit maroden Firmen zu spekulieren und baut mit seinem letzten Opfer (R. B.) ein solides Unternehmen auf. Sie will ihren Körper nicht länger verkaufen und statt dessen einen bürgerlichen Beruf ergreifen. Und mit dezenter Hilfestellung des zunächst feindseligen Hotelmanagers (H. E.) werden sie am Ende ein richtiges Ehepaar.

Ein unterhaltsames Kino-Stück aus der Traumfabrik, das die Effekte von »Aschenbrödel« und »Pygmalion« geschickt vereint und sich mit einer gehörigen Portion Ironie unverblümt als modernes Märchen zu erkennen gibt. Der rücksichtslose Kapitalist ist im Grunde seines Herzens butterweich, das Straßenmädchen bei aller Umtriebigkeit ein reiner Engel; und so kann das Happy-End genießerisch wie das Finale einer großen Oper arrangiert werden.

Künstlerischer Anspruch wird hier nicht erhoben. Aber es sind Filme wie dieser, die den weltweiten Erfolg Hollywoods erklären: ein Thema, das auf breites Publikumsinteresse rechnen darf, ein solide gebautes Drehbuch mit einfallsreichen Dialogen, gute Darsteller und perfektes filmisches Handwerk. Allein in der Bundesrepublik hatte dieser Film rund 10 Millionen Besucher – und damit fast genausoviel wie die gesamte deutsche Spielfilmproduktion desselben Kino-Jahres.

Prima della rivoluzione
Vor der Revolution

Italien 1964

R: Bernardo Bertolucci; A: Bernardo Bertolucci, Gianni Amico; K: Aldo Scavarda; D: Francesco Barilli, Adriana Asti, Allen Midgette, Morando Morandini, Cristina Pariset

Der junge Bürgerssohn Fabrizio (F. B.) möchte unter dem Einfluß des marxistischen Lehrers Cesare (M. M.) einen eigenen Weg für sein Leben finden. Demonstrativ trennt er sich von seiner Jugendfreundin Clelia (C. P.). Der Selbstmord seines sensiblen Freundes Agostino (A. M.) stürzt ihn in eine Krise, in der er ein Liebesverhältnis mit seiner jungen Tante Gina (A. A.) beginnt. Aber Gina, die von einem Nervenleiden gequält wird, beendet dies Verhältnis schon nach wenigen Tagen und verläßt die Stadt. Enttäuscht und hilflos paßt Fabrizio sich an. Am Schluß steht seine Trauung mit Clelia.

Ironisch hat Bertolucci seinem Film als Motto einen Satz von Talleyrand vorangestellt: »Wer nicht in den Jahren vor der Revolution gelebt hat, der weiß nichts von der Süße des Lebens.« Der Held des Films erfährt in den Jahren vor einer erhofften Revolution, von der man nicht weiß, wann, wie und ob sie kommt, die Bitterkeit des Lebens. Er verabscheut die bürgerliche Ordnung, die sich ihm in der Vernunftheirat mit Clelia manifestiert und die er durch das Verhältnis mit seiner Tante zu verletzen sucht. Aber er durchschaut auch Cesare, den Vertreter eines behäbigen Kommunismus, der von der Vergangenheit statt von der Zukunft träumt. Während sein Freund Agostino sich der Gesellschaft durch seinen Tod radikal verweigert, paßt Fabrizio sich schließlich an.

Bertolucci zeigt das in einer kühlen Schilderung mit zahlreichen Verweisen und Anspielungen. Manche Szenen scheinen zunächst bedeutungslos und enthüllen ihren Sinn erst später aus dem Zusammenhang.

La primera carga al machete
Die erste Schlacht mit der Machete

Kuba 1969

R: Manuel Octavio Gómez; A: Manuel Octavio Gómez, Julio García Espinosa, Alfredo L. de Cueto, Jorge Herrera; K: Jorge Herrera; D: José Rodriguez, Eslinda Nuñez, Idalia Anreus, Pablito Milanes

Im Oktober 1868 erheben sich auf Kuba Nationalisten gegen die spanische Oberhoheit. Es gelingt ihnen, die wichtige Stadt Bayamo zu erobern. Die Spanier wollen die Anhänger der Rebellen durch Terror einschüchtern und glauben, ihre schlecht ausgerüsteten Truppen dann leicht besiegen zu können. Zwei spanische Armeen rücken gegen Bayamo vor. Aber eine von ihnen gerät in einen Hinterhalt. In einer blutigen Schlacht, in der die Kubaner vorwiegend mit ihren Macheten kämpfen, werden die Spanier besiegt.

Dieses »Heldenlied« aus Kubas Geschichte ist ganz ohne aufdringliches Pathos gestaltet. Gómez ist so verfahren, als habe es zum Zeitpunkt des Aufstandes bereits Kameras und Tonbänder gegeben; und er erzählt seine Geschichte im Stil einer »zeitgenössischen« Fernsehdokumentation. Ein Team liefert aktuelle Aufnahmen von der Front, ein anderes beobachtet die Stimmung und die Reaktionen bei der Bevölkerung; dazwischen gibt es Interviews mit Politikern und Militärs beider Seiten, Kommentare und Nachrichten zur Vorgeschichte des Aufstandes und zur gegenwärtigen Lage. Überdies hat Gómez seine Bilder so kopiert, daß sie an alte Daguerreotypien erinnern. Die Kritiker Stempel und Ripkens resümierten: »Intellektuelles Kalkül, ja Raffinement, im Dienst starker emotionaler Überzeugungskraft.«

Diesem Gestaltungsprinzip entsprechend gibt es auch keine »Hauptdarsteller«. Nur gelegentlich werden einzelne Personen als Individuen vor die Kamera geholt: der spanische Generalkapitän (J. R.), eine Frau (E. N.), die Plünderung und Vergewaltigung erlitten hat, eine Gefangene (I. A.), die von den Spaniern als Geisel mitgeschleppt wird u. a. Sie alle aber bleiben Interviewpartner des unsichtbaren Kommentators. Auf einer weiteren Ebene schließlich wird die Handlung von den Balladen eines Sängers (P. M.) untermalt und kommentiert.

The private life of Henry VIII.
Das Privatleben Heinrichs VIII. / Sechs Frauen und ein König

England 1932

R: Alexander Korda; A: Arthur Wimperis, Lajos Biro; K: Georges Périnal; D: Charles Laughton, Merle Oberon, Elsa Lanchester, Robert Donat, James Mason, Binnie Barnes, Everley Gregg

Geschichten um Heinrich VIII. von England (C. L.), der nach seiner eigenmächtig durchgeführten Scheidung von Katharina von Aragon seine Beziehungen zu Anna Boleyn (M. O.) durch eine Heirat legitimiert. Anna wird schon bald unter der Anklage der Untreue hingerichtet. Heinrich schließt weitere Ehen – u. a. mit Anna von Cleve (E. L.), die ihm in der Hochzeitsnacht beim Kartenspiel sein Geld abnimmt und von der er sich im beiderseitigen Einvernehmen scheiden läßt, mit Katharina Howard (B. B.), die er zusammen mit ihrem Liebhaber Thomas Culpeper (R. D.) hinrichten läßt, und schließlich – resigniert – mit seiner Kinderfrau Katharina Parr (E. G.).

Korda hat sich bei der Wiederbelebung des historischen Ausstattungsfilms vermutlich von Lubitsch und speziell von dessen *Anna Boleyn* beeinflussen lassen. In einer aufwendigen Dekoration wird die Handlung mit ironischer Distanz erzählt und Historie dabei auf das »Allzumenschliche« reduziert. Das Rezept bewährte sich. *The private life of Henry VIII.* wurde einer der größten Erfolge des englischen Films – auch auf dem europäischen und dem amerikanischen Markt. Dazu trugen neben der großen Ausstattung und Kordas gepflegtem Inszenierungsstil auch die gute Fotografie und vorzügliche darstellerische Leistungen bei. Charles Laughton wurde durch diesen Film weithin bekannt und lebte im Bewußtsein seiner Bewunderer noch lange als der Dickwanst, der schmatzend und mit fetttriefenden Fingern gebratene Hähnchen verschlingt und die Knochen ungeniert hinter sich wirft.

Das Erfolgsrezept dieses Films, die »privatelife«-Sicht, wurde in den folgenden Jahren nicht nur von Korda selbst vielfach imitiert.

Prividenie, kotoroje ne woswraschtschajetsja ⓢ
Das Gespenst, das nicht wiederkehrt / Menschen-Arsenal

UdSSR 1929

R: Abram Room; A: Walentin Turkin nach Motiven der Erzählung *Und doch keine Heimkehr* von Henri Barbusse; K: Dmitri Feldman; D: B. Ferdinandow, Olga Schiznewa, D. Wwedenski, Maxim Schtrauch

Auseinandersetzungen zwischen Arbeitern und einer Erdölgesellschaft in Südamerika. Der Streik der Arbeiter wird mit Gewalt gebrochen, die Anführer kommen in das berüchtigte Zuchthaus von Sankt Pietro, das von den Arbeitern »das Menschenarsenal« genannt wird. Hier treffen sie auf den Arbeiterführer José Rell (B. F.), der seit Jahren in diesem Käfig sitzt, verfolgt vom Haß des Gefängnisdirektors (D. W.). Als Rell nach zehnjähriger Haft Anspruch auf einen Tag Urlaub hat, weigert er sich, davon Gebrauch zu machen, weil er fürchtet, bei dieser Gelegenheit ermordet zu werden. Von seinen Gegnern getäuscht, willigt er schließlich doch ein, in seinen Heimatort zu fahren. Dort wollen ihn seine Kameraden nicht mehr fortlassen. Es kommt zu Auseinandersetzungen mit der Polizei, bei denen Rell entkommt.

»Room fotografierte diesen Film in fast expressionistischer Manier und bemühte sich auch um Anwendung von Montagen; am überzeugendsten wirken aber auch hier die satirisch zugespitzten Charakterzeichnungen einiger Figuren, etwa des specknackigen Agenten, der am liebsten Blumen pflückt (Maxim Schtrauch), sowie die langen Traumsequenzen, in welchen der Gefangene seinen Freunden und seiner Frau begegnet« (Gregor/Patalas, *Geschichte des Films*).

Prizzi's honor
Die Ehre der Prizzis

USA 1984

R: John Huston; A: Richard Condon und Janet Roach nach dem gleichnamigen Roman von Richard Condon; K: Andrzej Bartkowiak; D: Jack Nicholson, Kathleen Turner, William Hickey, Anjelica Huston, John Randolph, Lee Richardson

Prizzi's honor (Kathleen Turner, Jack Nicholson)

Charley Partanna (J. N.) hat es gut! Als Patensohn des Mafia-Bosses Don Corrado Prizzi (W. H.), als ehemaliger Liebhaber von Corrados Enkelin Maerose (A. H.) und als hauptamtlicher Killer des Familien-Clans, dem sein Vater Angelo als »consigliere«, als Rechtsberater, dient, kann er ohne Sorgen in die Zukunft blicken. Und dann winkt ihm auch noch die große Liebe. Bei der Hochzeit einer Cousine nämlich sieht er in der Kirche eine Frau von wundersamer Schönheit, die alle besseren Empfindungen in ihm weckt. Natürlich vergißt er darüber seine beruflichen Pflichten nicht. Und ausgerechnet bei der Erledigung eines Auftrags in Kalifornien trifft er die unbekannte Schöne, Irene (K. T.), wieder und entdeckt schließlich, daß sie eine Berufskollegin ist. Nach kurzer Zeit der Verwirrung erblüht die große Liebe, und die beiden kommen überein zu heiraten. Vorher allerdings gilt es, im Auftrag der Prizzis noch einen Bankdirektor zu entführen. Nun überschlagen sich die Ereignisse: Irene macht bei diesem Unternehmen einen Fehler und erschießt eine unbeteiligte Frau, bedauerlicherweise die Gattin eines Polizeibeamten. Die mannstolle und eifersüchtige Maerose versöhnt sich mit ihrem Vater Dominic (L. R.) und behauptet, um sich an Charley zu rächen, dieser habe sie vergewaltigt. Worauf Dominic in gerechter Empörung einen Killer anheuert, der seinen eigenen Chef-Killer umbringen soll. Seine Wahl fällt auf Irene. Doch jetzt muckt der »consigliere« auf und schlägt sich auf die Seite seines Sohnes. Nicht Charley muß sterben, sondern Dominic. Und mit dem entführten Bankier als Faustpfand taktiert Angelo so geschickt, daß Don Corrado sich zu einem großzügigen Vorschlag genötigt sieht: Charley soll Chef des ganzen Clans werden; Irene aber muß geopfert werden, damit der Unmut der Polizisten gedämpft wird. Charley protestiert, aber nur kurz und gleichsam anstandshalber ...

John Huston hat hier kein weises Alterswerk geschaffen, sondern einen boshaft-zynischen Kinospaß, voll von Scherz, Satire, Ironie und tieferer Bedeutung. Denn die makabre Komödie, die mit den Klischees des Genres so geistvoll und geschickt spielt, die Disparates so gleichmütig und dadurch so schockierend zusammenzwingt, nutzt die Welt und die Moralvorstellungen der Prizzis listig als Spiegelbild unserer Gesellschaft.

Le procès de Jeanne d'Arc
Der Prozeß der Jeanne d'Arc

Frankreich 1961

R: Robert Bresson; A: Robert Bresson nach den Akten der Prozesse von 1431 und 1456; K: L. H. Burel; D: Florence Carrez, Jean-Claude Fourneau, Roger Honorat

Eine Chronik vom Sterben der »Jungfrau von Orléans« (F. C.). Der Film verzichtet auf die glorreiche und kriegerische Vorgeschichte und berichtet nur vom Prozeß und von Jeannes Tod auf dem Scheiterhaufen.
Keiner der üblichen »Gerichtsfilme«, die aus dem Gegensatz zwischen Anklage und Verteidigung, aus Rede und Gegenrede dramatische Spannung destillieren. Bresson drehte einen Film der Gesichter und der Worte – ohne Affekte und Effekte. Präzise sind die Fragen der Richter, fast kühl die Antworten des Mädchens, beides ohne äußere Dramatik vorgetragen. Dazwischen Szenen, die Jeanne im Kerker zeigen und ihre Situation oft nur durch ein Detail – die Fessel, ein Teller mit dem kärglichen Essen – signalisieren.
Anders als Dreyer (*La passion de Jeanne d'Arc*) zielt Bresson nicht auf Emotionen. Er hat auf Berufsschauspieler verzichtet – und auch auf Großaufnahmen, Schwenks, spektakuläre Kamerafahrten. Aber aus dieser optischen Askese entstand ein Film, der in wenig mehr als einer Stunde das Phänomen dieser Gestalt deutlich macht.
Ganz anders wiederum verfuhr Jacques Rivette in seinem zweiteiligen Film *Jeanne la pucelle* (Johanna, die Jungfrau, Frankreich 1993). Er nimmt sich rund fünfeinhalb Stunden Zeit, um die ganze Geschichte des öffentlichen Wirkens der Jeanne d'Arc behutsam und detailversessen zu erzählen. Dabei entstand ebenfalls ein faszinierender Film, der die historischen und die spirituellen Aspekte dieses ungewöhnlichen Lebens in ruhigem Bilderfluß lebendig werden läßt.

Professor Mamlock

DDR 1961

R: Konrad Wolf; A: Karl-Georg Egel und Konrad Wolf nach dem gleichnamigen Bühnenstück von Friedrich Wolf; K: Werner Bergmann; D: Wolfgang Heinz, Ursula Burg, Hilmar Thate, Lissy Tempelhof, Harald Halgardt, Günter Naumann

Der prominente jüdische Chirurg Professor Mamlock (W. H.) ist das, was man wohl mit einem Schlagwort einen »bürgerlichen Humanisten« nennen würde. Er sieht im Aufkommen der Nationalsozialisten keine Gefahr und versteht nicht, daß der Arbeiter Walter (G. N.), den er behandelt, seine Gesundheit im politischen Straßenkampf aufs Spiel setzt. Nazis wie den Dr. Hellpach (H. H.) findet er »wenig objektiv«; und als sein Sohn Rolf (H. T.) sich im Kampf gegen die Nazis engagiert, weist er ihn aus dem Haus. Denn Professor Mamlock glaubt, daß die Vernunft auch ohne Gewalt siegen wird. Dann, als man ihm die Arbeit in seiner Klinik verbietet und Freunde sich stumm von ihm abwenden, sieht er ein, daß

Proschtschanije

man kämpfen muß. Doch nun ist es zu spät; Mamlocks letzter Ausweg ist der Selbstmord. Aber vorher sagt er der jungen Ärztin Inge Ruoff (L. T.), die sich unter dem Eindruck dieser beschämenden Ereignisse von einer NS-Sympathisantin zu einer Gegnerin der braunen Gewalt gewandelt hat: »Sie müssen einen anderen Weg gehen ... Und grüßen Sie meinen Jungen, wenn Sie ihn sehen, auf dem anderen Weg.«

Konrad Wolf verfilmte das 1934 entstandene Schauspiel seines Vaters, das 1938 bereits in der UdSSR nach einem Drehbuch von Friedrich Wolf von Herbert Rappaport und Adolf Minkin verfilmt worden war. Wolfs Version ist geprägt von bemerkenswerten darstellerischen Leistungen und einem nüchternen Realismus, der auf pathetische Effekte ganz verzichtet und die Atmosphäre jener Zeit überzeugend einfängt.

Proschtschanije
Abschied von Matjora

UdSSR 1983

R: Elem Klimow; A: Larissa Schepitko, Rudolf Tjurin, German Klimow nach der gleichnamigen Novelle von Valentin Rasputin; K: Alexej Rodionow, Juri Schirtladse, Sergej Taraskin; D: Stefanija Stanjuta, Lew Durow, Alexej Petrenko, Leonid Krjuk, Vadim Jakowenko

Matjora, ein kleines Inseldorf in idyllischer Landschaft, soll einem Stausee weichen. Damit sind neben alten Häusern und Bäumen auch überlieferte Traditionen und gewachsene menschliche Bindungen dem Untergang geweiht. Der Vollzugsbeamte Woronzow (A. P.) plant die Evakuierung der Bevölkerung mit kalter Routine, immerhin stehen in der Stadt Wohnblocks für die Dorfbewohner zur Verfügung. Der Vorsitzende des Dorfsowjets, Pawel Pinegin (L. D.), der für die technische Abwicklung verantwortlich ist, sieht dagegen die Schwierigkeiten und die Probleme. Die Grenze zwischen Anhängern und Gegnern der Maßnahme nämlich geht mitten durch seine Familie: Während sein Sohn Andrej (V. J.) sich rückhaltlos für die Evakuierung einsetzt, kann seine Mutter Darja (S. S.) sich nicht aus der Bindung an die alte Heimat lösen. Sie ist der Mittelpunkt und die Wortführerin einer Gruppe von »Unbelehrbaren«, die absichtlich das letzte Schiff versäumen und auf der Insel bleiben. Als Woronzow von diesem Akt gewaltlosen Widerstandes erfährt, will er die renitenten Mitbürger erbost selbst abholen. Doch sein Schiff gleitet ziellos durch dichten Nebel, in dem Matjora verschwunden zu sein scheint.

Ursprünglich wollte Klimows Lebensgefährtin Larissa Schepitko, die vor allem durch ihre zum Passionsdrama überhöhte Partisanengeschichte *Woschoschdenije* (Die Erhöhung, 1976) international bekannt wurde, diesen Film inszenieren. Doch sie starb unmittelbar nach Beginn der Dreharbeiten bei einem Autounfall. In der Regie Klimows entstand dann – nach einem überarbeiteten Drehbuch – ein Film von großer poetischer Intensität und beachtlicher politischer Sprengkraft. Klimow ergreift unübersehbar Partei für die einfachen Menschen und gegen Technokraten und Bürokraten, für die Natur und gegen einen blinden Fortschritts-Aktionismus. Er tut dies aber nicht mit Parolen und großen Worten, sondern mit Bildern von düsterer Eindringlichkeit und vollendeter Schönheit. Wenn hier die alten Bauernhäuser niedergebrannt werden, damit sie später nicht die Schiffahrt auf dem Stausee gefährden können, wenn ein uralter Baum den Holzfällern so lange trotzt, bis sie ihn schließlich verzweifelt ebenfalls in Brand stecken, dann bedürfen diese Bilder keines Kommentars. Und statt eines großen Monologs gibt Klimow der alten Darja eine stumme Szene von bezwingender Kraft: Als sie ihr Haus endgültig verlassen muß, verwendet sie Stunden darauf, es noch einmal, zum allerletzten Mal wie zu einem großen Festtag zu putzen und zu schmücken. Früher hätten die Adepten des sozialistischen Realismus das gleiche Thema vermutlich gekrönt mit Bildern einer gigantischen Staumauer, rasender Turbinen, strahlender Gesichter; hier verirren sich am Schluß ein paar ratlose Technokraten im Nebel.

Prospero's books
Prosperos Bücher

England/Niederlande/Frankreich 1991

R: Peter Greenaway; A: Peter Greenaway nach dem Schauspiel *Der Sturm* von William Shakespeare; K: Sacha Vierny; D: John Gielgud, Michael Clark, Erland Josephson, Isabelle Pasco, Michel Blanc, Mark Rylance, Tom Bell, Ute Lemper

Dies ist auf verblüffende Art gleichzeitig werkgetreue Shakespeare-Verfilmung und eigenständige kinematographische Phantasmagorie geworden. Shakespeare ist stets präsent im Schicksal des mailändischen Herzogs Prospero (J. G.), der durch eine Intrige seines Bruders (T. B.) mit dem König von Neapel (M. B.) vertrieben und mit seiner dreijährigen Tochter Miranda auf eine einsame Insel verbannt wird.

Prospero's books (John Gielgud)

Zwölf Jahre später ist der Verbannte zum mächtigen und weisen Magier geworden. Er hat sich den Hexensohn Caliban (M. C.) dienstbar gemacht und läßt nun mit Hilfe des Luftgeistes Ariel, den vier verschiedene Darsteller verkörpern, die Verschwörer von einst durch einen Sturm schiffbrüchig an den Strand der Insel werfen. Doch als sich Miranda (I. P.) in Ferdinand (M. R.), den Sohn des Königs von Neapel, verliebt, verzeiht Prospero seinen Widersachern und kehrt in sein Herzogtum zurück.

Diese Vorlage hat Greenaway in einen berauschenden Bilderreigen verwandelt. Der Zuschauer wird Zeuge, wie Prospero seine Umwelt und die handelnden Personen gleichsam in seiner Phantasie erschafft, so daß sie auch ganz konsequent zunächst nur stumme »Abbilder« sind und Prospero alle Dialoge allein spricht. Erst nach seiner einsichtigen Verzeihung werden sie zu gleichberechtigten Partnern mit eigener Stimme. Greenaways verblüffendster Einfall aber ist, daß er Prosperos Bücher, die der Alte bei Shakespeare nur zitiert (»... mehr wert mir als mein Herzogtum!«) als eigenen poetischen Beitrag in die Handlung einbezieht. Hier werden sie nun – 24 an der Zahl – von Prospero aufgeblättert, werden animiert und gewinnen eigenes Leben. So wird eine Fülle von Motiven und Ideen in den Film eingeführt: Das Buch vom Wasser, das Buch der Mythologien, der Atlas des Orpheus, das Buch der Erde, das Buch der Bewegung, die 92 Vorstellungen über den Minotaurus usw. Diese Bücher werden Rahmen, Hintergrund und Bestandteil des Geschehens, wobei man Greenaway allenfalls vorwerfen könnte, daß »die Fülle der Gesichte« den Zuschauer fast überwältigt. Aber diese Überwältigung weckt den Wunsch, den Film wiederzusehen, um immer neue Aspekte zu entdecken und zu entziffern.

Psycho
Psycho

USA 1960

R: Alfred Hitchcock; A: Joseph Stefano nach einem Roman von Robert Bloch; K: John L. Russell, Clarence Champagne (Spezialeffekte); D: Anthony Perkins, John Gavin, Janet Leigh, Vera Miles, Martin Balsam

Die Sekretärin Marion Crane (J. L.) unterschlägt Geld, um endlich ihren Freund Sam Loomis (J. G.) heiraten zu können. Auf ihrer Flucht gerät sie in ein abgelegenes Motel, wo sie der junge Besitzer Norman Bates (A. P.) empfängt. Am gleichen Abend wird sie unter der Dusche durch Messerstiche brutal ermordet. Der Täter ist offenbar Normans Mutter, die in pathologischer Liebe an ihrem Sohn hängt und eine mögliche Rivalin ausschalten wollte. Um seine Mutter zu schützen, beseitigt Norman alle Spuren des Verbrechens. Marions Schwester Lila (V. M.) sucht nach der Verschwundenen mit Hilfe eines Privatdetektivs (M. B.), der dabei ebenfalls ermordet wird. Und auch Lila wird angefallen, als sie dem Rätsel auf die Spur kommt; aber Sam Loomis kann sie im letzten Augenblick retten. Den Täter entlarvt man: Es ist Norman Bates. Er hat vor Jahren seine Mutter getötet, die Leiche im Keller auf einen Stuhl gesetzt, wo sie - mumifiziert – noch heute hockt, und ist – von Schuldkomplexen geplagt – in die Rolle seiner Mutter geschlüpft, wobei er sich so weit mit ihr identifiziert, daß er von Zeit zu Zeit ihre Kleider anzieht, mit ihrer Stimme spricht und gleichsam auch in ihrem Sinne handelt.

Der Film ist »blutiger« und brutaler als die meisten Werke Hitchcocks. Besonders die Mordszene im Badezimmer und die Entdeckung der Mumie im Keller sind auf Schock-Effekte berechnet. Aber seine eigentliche Wirkung erzielt Hitchcock auch hier wieder mit genuin filmischen Mitteln. Die Atmosphäre des Grauens wird durch das Bild erzeugt. Das düstere Haus der Bates wirkt wie ein Schloß des Schreckens, ein Blick durch eine verregnete Windschutzscheibe verzerrt die Umwelt, Kameraperspektiven signalisieren Bedrohung.

In drei Fortsetzungen – jeweils wieder mit Anthony Perkins in der Hauptrolle – versuchte man, den Faden der Handlung weiterzuspinnen. In *Psycho II* (Psycho II, USA 1982 – R: Richard Franklin) wird Norman Bates nach 22jähriger Haft und psychiatrischer Behandlung entlassen, von seiner Umwelt aber wieder in den Wahnsinn getrieben. *Psycho III* (Psycho III, USA 1985 – R: Anthony Perkins) läßt Norman aus eigener Schwäche wieder dem düsteren Zwang zum Töten verfallen. *Psycho IV: The beginning* (Psycho IV: The Beginning, USA 1990 – R: Mick Garris) erzählt die Vorgeschichte des ersten Teils.

The public enemy
Der Staatsfeind

USA 1931

R: William A. Wellman; A: Harvey Thew nach der Erzählung *Beer and blood* von Kubec Glasmon und John Bright; K: Dev Jennings; D: James Cagney, Edward Woods, Jean Harlow, Murray Kinnell, Donald Cook, Beryl Mercer

Tom (J. C.) und Matt (E. W.) haben sich früh und wie selbstverständlich für die Gangsterlaufbahn entschieden und ihr »Handwerk« bei kleinen Gaunereien gleichsam von der Pike auf gelernt. Aber als der Hehler Putty Nose (M. K.) sie mit einem richtigen Einbruch beauftragt, mißlingt das Unternehmen, und ein Komplize wird dabei erschossen. Putty läßt seine Kumpane im Stich und verschwindet aus der Stadt. Tom und Matt werden in der Zeit der Prohibition schnell reich; alle Vorhaltungen von Toms Bruder Mike (D. C.) schlagen sie in den Wind. Als sie Putty in einem Nachtlokal wiedersehen, erschießen sie ihn, um sich für seinen Verrat zu rächen. Wenig später eskaliert die Rivalität zweier »Gangs« zum offenen Krieg. Bei den Auseinandersetzungen wird Matt erschossen, Tom kommt verletzt in ein Krankenhaus, wo er sich endlich mit seinem Bruder aussöhnt. Doch dann wird Tom von seinen Gegnern entführt und ermordet. Seine wie ein Paket verschnürte Leiche lehnen sie gegen die Haustür seiner Mutter (B. M.).

Die Produktionsfirma Warner Brothers stellte dem Film ein Insert voran, in dem beteuert wurde, es gehe hier nicht um eine Verherrlichung der Gangster, sondern um die Beschreibung eines gegenwärtig in bestimmten Schichten der amerikanischen Gesellschaft verbreiteten Milieus. Tatsächlich beschäftigt sich der Film ausgiebig mit den sozialen Bedingungen des Gangstertums. Toms Laufbahn scheint gleichsam vorherbestimmt durch eine armselige Jugend, in der die Strenge eines kleinbürgerlichen Elternhauses mit den Verlockungen der Straße und der zwielichtigen Bars nicht konkurrieren kann. Der Film schildert die Stationen seines »Werdegangs« in kurzen Episoden: erste kleine Diebstähle, der Übergang zum Einbruch, später dann das »Meisterstück« – der Alkoholschmuggel. Er zeigt aber auch die Machtlosigkeit der Gesellschaft; denn der einzige ernsthafte Gegner des Gangsters ist nicht die Polizei, die hier kaum in Erscheinung tritt, sondern der Konkurrent. Wellman hat das realistisch ins Bild gesetzt und auch die ambivalente Existenz des Gangsters zwischen Luxus und Gosse, seine Unfähigkeit zu echten Bindungen gezeigt. Die Frau, die Freundin ist für ihn ebenfalls nur Objekt, etwa in der viel zitierten Szene, in der Tom seiner Freundin gelassen eine halbe Grapefruit ins Gesicht drückt, als ihre Vorhaltungen ihm auf die Nerven gehen.

I pugni in tasca
Die Fäuste in der Tasche

Italien 1965

R: Marco Bellocchio; A: Marco Bellocchio; K: Alberto Marrama; D: Lou Castel, Paola Pitagora, Marino Masè, Liliana Gerace, Pier Luigi Troglio

Eine »kranke« Familie: Die Mutter (L. G.) ist blind, drei Kinder sind epileptisch, nur Augusto (M. M.), der älteste Sohn, ist gesund. Sein Bruder Alessandro (L. C.) neidet Augusto Gesundheit und Vorrangstellung. Um sie ihm streitig zu machen, tötet er seine Mutter und seinen Bruder Leone (P. L. T.). Seine Schwester Giulia (P. P.), der er sich anvertraut, ist zunächst fasziniert. Aber als sie befürchten muß, das nächste Opfer zu werden, löst sie sich von Alessandro und überantwortet ihn dem Tod, indem sie ihm bei einem Anfall ihre Hilfe versagt.

Das grausige und grausame Spiel steht als Zeichen für die Dekadenz einer bürgerlichen Ordnung, deren Verteidiger ihren Untergang durch blinden Aktionismus noch beschleunigen. Doch diese gesellschaftskritischen Bezüge sind – zum Vorteil des Films – niemals ausdrücklich betont. Sie ergeben sich, beiläufig und zwangsläufig zugleich, aus der erstickenden Atmosphäre einer einsamen alten Villa, deren Bewohner dumpf dahinvegetieren. Bellocchio hat die Stationen der Handlung mit brutaler Deutlichkeit gestaltet. Er läßt Alessandro triumphierend über den offenen Sarg seiner Mutter springen, zeigt dessen Tod realistisch und fast überdeutlich. Er kostet das Abseitige aus, um aufzurütteln und zu schockieren, bricht Tabus, um zu provozieren. *I pugni in tasca* war der Beginn einer neuen Entwicklung im italienischen Film, ein Vorbild für Regisseure, die sich kritisch mit den Grundlagen der italienischen Gesellschaft auseinandersetzen.

Pulp fiction
Pulp Fiction

USA 1994

R: Quentin Tarantino; A: Quentin Tarantino und Roger Roberts Avary, inspiriert von den Kriminalgeschichten der »Black Mask«-Magazine; K: Andrzej Sekula; D: John Travolta, Samuel L. Jackson, Uma Thurman, Ving Rhames, Harvey Keitel, Bruce Willis, Tim Roth, Amanda Plummer

Ein buntes Mosaik von Menschen, Geschichten und Situationen. Den roten Faden ziehen Vincent (J. T.) und Jules (S. L. J.), die im Auftrag des Gangsterbosses Marsellus Wallace (V. R.) Leute umbringen. Bedächtig tun sie ihre Arbeit und finden zwischendurch Zeit für mancherlei flach- und auch tiefsinnige Gespräche. Einmal gerät das Duo in echte Schwierigkeiten, weil Vincent einem Kunden in ihrem eigenen Wagen versehentlich »den Kopf weggeschossen« hat; da sind sie heilfroh, daß der Boß ihnen »The Wolf« (H. K.), einen Experten für solche Fälle, zu Hilfe schickt. Allein besteht Vincent ein anderes Abenteuer: Mr. Wallace hat ihm aufgetragen, seine Frau Mia (U. T.) auszuführen. Es wird ein fröhlicher Abend, aber dann nimmt Mia eine Überdosis Rauschgift, und Vincent kann sie mit Hilfe eines Freundes und einer monströsen Adrenalin-Spritze gerade noch ins Leben zurückrufen. Am Ende ist Vincent dennoch tot – erschossen von dem Boxer Butch (B. W.), der auf die Todesliste geraten ist, weil er Wallace bei einem Wettschwindel übers Ohr gehauen hat, und der später großzügig von der Liste gestrichen wird, weil er den Gangsterboß aus den Fängen eines perversen Polizisten rettet. Vincents Partner Jules dagegen hört den Anruf Gottes und zieht sich aus dem Geschäft zurück. Zuvor allerdings erteilt er den Nachwuchs-Ganoven Pumpkin (T. R.) und Honey Bunny (A. P.) eine Lehre, indem er ihnen einerseits ihre Grenzen aufzeigt, ihnen andererseits aber nach einem dilettantischen Überfall die Flucht ermöglicht.
Verwirrend wie diese Inhaltsangabe ist auch der Film, dessen Drehbuch nach verschiedenen Kurzfilm-Exposés von Tarantino entstand.

Pulp fiction
(John Travolta,
Samuel L. Jackson)

Dabei hat man gar nicht erst versucht, diese Fragmente logisch und chronologisch zu ordnen. So wird zum Beispiel die Episode mit Pumpkin und Honey Bunny als Rahmenhandlung genutzt, obwohl gerade sie eigentlich von der Einheit des Ortes und der Zeit lebt. Statt dessen setzt der Film – seinem Titel entsprechend, der auf die billigen Groschenhefte (*pulps*) verweist – auf Tempo, auf grelle Effekte, auf die atemlose Abfolge von Ereignissen. Aber dieses merkwürdige Konglomerat aus Sex, Gewalt, Humor und Tiefsinn ist äußerst kunstvoll abgestimmt, so daß die Sprünge der Handlung irritierende Akzente setzen. Man wird eingefangen von der Spannung, die in und zwischen den Bildern lebt, und fragt sich am Ende verunsichert, wo die Grenze zwischen »pulp fiction« und Realität wirklich verläuft.

Die Puppe ⑤

Deutschland 1919

R: Ernst Lubitsch; A: Hanns Kräly und Ernst Lubitsch nach einer Erzählung von E. A. Willner, die Motive von E. T. A. Hoffmann verarbeitete; K: Theodor Sparkuhl; D: Ossi Oswalda, Hermann Thimig, Victor Janson, Jakob Tiedtke, Gerhard Ritterband

Lancelot (H. T.), ein überaus schüchterner Jüngling, flieht aus Angst vor der Ehe in ein Kloster. Doch die Mönche, die sich die von Lancelots Onkel ausgesetzte Mitgift verdienen möchten, überreden ihn zur Heirat – mit einer Puppe. Unglücklicherweise zerbricht der Puppenbauer (V. J.) die für diesen Zweck vorgesehene kunstvolle Figur, die er eigens nach dem Vorbild seiner reizenden Tochter (O. O.) gestaltet hat. Um den wahren Schuldigen, den jungen Gehilfen (G. R.) des Meisters, zu schützen, spielt die Tochter die Rolle der Puppe. Und sie spielt sie so gut, daß es schließlich ein Happy-End mit Lancelot gibt.
Lubitsch nannte seinen Film im Untertitel eine »Komödie aus einer Spielzeugschachtel«. Am Anfang sieht man den Regisseur selbst, der auf einem Tisch die ersten Dekorationen des Films wie eine Spielzeug-Szenerie aufbaut. Dieser Stil zwischen Phantasie und Ironie wurde später sowohl in der Dekoration (Kurt Richter), die zum größten Teil aus Pappe und Papier bestand, als auch im Spiel der Darsteller durchgehalten. Der Film distanziert sich immer wieder von der Realität – so etwa, wenn die Liebenden mit einer Pferdekutsche auf die Hochzeitsreise gehen und die Zugtiere jeweils aus zwei Menschen in einer »Pferdehaut« bestehen.

The purple rose of Cairo
The Purple Rose of Cairo

USA 1984

R: Woody Allen; A: Woody Allen; K: Gordon Willis; D: Mia Farrow, Jeff Daniels, Danny Aiello, Alexander H. Cohen, Dianne Wiest

Während der Depressionszeit arbeitet Cecilia (M. F.) als Kellnerin in einer Imbißstube. Von ihrem kargen Lohn unterhält sie auch noch ihren arbeitslosen Mann (D. A.), ein rechtes Ekel. Trost vermittelt Cecilia allein das Kino an der Ecke, wo sie so oft wie möglich sitzt, sieht und träumt. Eines Tages geschieht dann das Unfaßbare: Beim fünften oder sechsten Besuch des Films *The purple rose of Cairo* steigt dessen Held Tom Baxter (J. D.) von der Leinwand herab, küßt sie und brennt mit ihr durch. Die verbliebenen Figuren auf der Leinwand weigern sich, ohne Baxter weiterzuspielen, das Publikum will sein Geld zurückhaben, und der entnervte Kinobesitzer alarmiert den Produzenten (A. H. C.). Der wiederum schickt den Baxter-Darsteller Gil Shepherd (J. D.) los, damit der die Sache ins Lot bringt. Doch Baxter bleibt störrisch. Zurück auf der Leinwand will er allenfalls mit Cecilia. Shepherd, als Rivale der von ihm kreierten Figur, kontert geschickt, indem er Cecilia den Hof macht und sie nach Hollywood mitzunehmen verspricht. Baxter kehrt enttäuscht in den Film zurück, der daraufhin schleunigst abgesetzt wird. Shepherd läßt Cecilia sitzen, die alsbald ins Kino läuft, um die traurige Wirklichkeit zu vergessen. Und dort sitzt sie am Ende des Films – und himmelt Fred Astaire an.
Eine Komödie zwischen Traum und Wirklichkeit, zwischen Kino und Realität. Woody Allen

nutzt die Möglichkeiten seines Themas für ein intelligentes Verwirr-Spiel über die Grenzen zwischen Schein und Sein und darüber, wie die Menschen mit diesen Grenzen umgehen. Und ganz nebenbei wird daraus noch eine Liebeserklärung an das Kino, das im Schein seine eigene Realität (er)findet.

Putjowka w schisn
Der Weg ins Leben

UdSSR 1931

R: Nikolai Ekk; A: Nikolai Ekk, Regina Januschkewitsch, Alexander Stolper; K: Wassili Pronin; D: Iwan Kyrla, Nikolai Batalow, Michail Scharow, Regina Januschkewitsch, Michail Dschagofarow

Kurz nach dem Bürgerkrieg. Verwahrloste Jugendliche, »Besprisorni«, treiben sich im Land herum. Sie schließen sich zu Banden zusammen und verüben Überfälle. Kolka (M. D.), der Bürgerssohn, gerät unter den Einfluß einer solchen Bande; der Anführer schätzt seine Intelligenz. Wenig später wird die Bande ausgehoben. Die Jungen kommen in eine Art Arbeitslager, wo sie fast ohne äußeren Zwang durch kollektive Arbeit resozialisiert werden sollen. Das Experiment des Erziehers Sergejew (N. B.) scheint zu gelingen. Selbst Mustafa (I. K.), der notorische Dieb, ordnet sich in die Gemeinschaft ein. Da taucht der Anführer der Bande wieder auf, der sein »Personal« zurückgewinnen will. Er macht in der Nähe des Lagers eine Kneipe auf; und immer mehr Jungen verbringen hier ihre Freizeit. Kolka und Mustafa zerstören deshalb die Kneipe. Der Bandenführer rächt sich, indem er eine Eisenbahnstrecke beschädigt, die die Jungen gebaut haben. Am Tag der Einweihung entgleist Mustafa mit einer Draisine und stirbt. Der erste Zug, der die Strecke befährt, führt auf einer Bahre vor der Lokomotive Mustafas Leiche mit sich.
Ekks Film, der erste abendfüllende Tonfilm der UdSSR, ist noch stark vom Stil der Stummfilmzeit beeinflußt. Die Montage orientiert sich an den Klassikern des sowjetischen Revolutionsfilms; die Dialoge sind sparsam, und häufig werden Zwischentitel verwendet. Dennoch gelang Ekk ein sehr persönlicher Film, der dokumentarischen Realismus mit starkem Engagement verbindet. Wenn auch das Fazit optimistisch ist, so gibt Ekk doch vorher ein düsteres Bild des Elends und einer Problematik, die auch zur Entstehungszeit des Films noch nicht ganz überwunden war. Als Darsteller holte er sich überwiegend ehemalige »Besprisorni«, was nicht wenig zur Glaubwürdigkeit des Films beigetragen haben dürfte.
Das gleiche Thema wurde 1955 von Alexej Massljukow und Metschislawa Majewskaja neu verfilmt.

Pyschka Ⓢ
Fettklößchen

UdSSR 1934

R: Michail Romm; A: Michail Romm nach der Novelle *Boule de suif* von Guy de Maupassant; K: Boris Woltschek; D: Galina Sergejewa, Andrej Fajt, K. Gurnjak

Während des Krieges von 1870 ist eine Postkutsche auf der Fahrt ins unbesetzte Frankreich. Unter den Fahrgästen befindet sich auch »Fettklößchen« (G. S.), eine Prostituierte, die von den übrigen Reisenden demonstrativ verabscheut wird. Bei einer Kontrolle will ein deutscher Offizier (A. F.) »Fettklößchen« zu einem Schäferstündchen überreden. Als Patriotin weigert sie sich, worauf der Offizier kurzerhand die Weiterfahrt der Kutsche verbietet. Und nun reden alle guten Bürger – Graf und Gräfin, Geschäftsleute, Nonnen – auf »Fettklößchen« ein, dem Wunsch des Offiziers nachzugeben. Endlich läßt sie sich überreden. Doch als die Kutsche am nächsten Morgen weiterfährt, da sind wieder alle voller Verachtung für das schamlose Geschöpf. Nur einer hat eine freundliche Geste für sie: Der einfache deutsche Soldat (K. G.), der die Kutsche begleitet, schenkt ihr ein Brot.
Obwohl der Tonfilm sich längst durchgesetzt hatte, drehte Romm diesen Film als Stummfilm; erst 1955 wurde er als »Tonkopie« mit einem Kommentar und Musik neu herausgebracht. Zwar wurden in der UdSSR noch lange Stummfilme gedreht, weil viele Kinos noch

ohne Tonapparaturen waren; aber Béla Balázs (*Der Film*) meint, Romm habe sich hier freiwillig beschränkt. Als Beispiel und Beleg zitiert er die Szene, in der die Nonnen »Fettklößchen« zu überreden suchen: »Es ist die Mimik der Rede, die in diesem Film ausdrucksvoller und überzeugender zutage tritt, als der Sinn der Worte es ermöglicht hätte.«

Romm gelang in seinem Erstlingswerk eine meisterhafte Satire, die in ihrer Bildsprache und ihrem Rhythmus vorzüglich ausbalanciert ist.

Q

Quai des brumes
Hafen im Nebel

Frankreich 1938

R: Marcel Carné; A: Jacques Prévert nach einem Roman von Pierre Mac Orlan; K: Eugen Schüfftan, Louis Page; D: Jean Gabin, Michèle Morgan, Michel Simon, Pierre Brasseur

Jean (J. G.), ein desertierter Soldat, geht nach Le Havre, um per Schiff ins Ausland, in die Freiheit zu fliehen. In einer Hafenkneipe, wo ein lebensmüder Maler Selbstmord begeht und ihm seine Zivilkleider, Geld und Papiere hinterläßt, trifft er das Mädchen Nelly (M. M.). Er verliebt sich in sie und wird durch sie in die Auseinandersetzung zwischen ihrem Vormund Zabel (M. S.) und Lucien (P. B.) hineingezogen. Er ohrfeigt den geltungssüchtigen Lucien, der Nelly belästigt hat. Jean findet einen Platz auf einem Schiff nach Venezuela, verbringt eine Nacht mit Nelly und besucht sie kurz vor der Abfahrt des Schiffes noch einmal. Dabei überrascht er Zabel, der bereits einen Freund Nellys ermordet hat, bei dem Versuch, sich ihr gewaltsam zu nähern. In blinder Wut tötet Jean den Alten. Als er das Haus verläßt, um auf sein Schiff zurückzukehren, wird er von Lucien erschossen. Jean stirbt in Nellys Armen, während die Sirene seines auslaufenden Schiffes ertönt.

Carné und Prévert ging es nicht um die Kriminalaffäre, die mit zahlreichen Zufällen und Unwahrscheinlichkeiten befrachtet ist, auch nicht um eine realistische Schilderung von Le Havre. Die Hafenstadt wird zur tristen Bühne, auf der das Scheitern menschlicher Bemühungen exemplarisch dargestellt wird. Jean ist von Anfang an zum Untergang verurteilt; man spürt, daß er keine Chance hat, und schon früh resümiert er bitter: »Das Leben ist eine Gemeinheit!« Aber auf die eine oder andere Weise sind auch Nelly, Zabel, Lucien und der Ma-

Quai des brumes (Jean Gabin, Michèle Morgan)

ler gescheitert. Es ist wohl bittere Ironie, daß nur ein Mensch in diesem Film seinen Traum vom Glück verwirklichen kann: ein Tagedieb, der davon geträumt hat, einmal in einem weißbezogenen Bett zu schlafen.

Quatorze juillet
Der 14. Juli

Frankreich 1932

R: René Clair; A: René Clair; K: Georges Périnal; D: Georges Rigaud, Annabella, Pola Illery

Im Trubel des Volksfestes zum 14. Juli treffen sich der Taxichauffeur Jean (G. R.) und das Blumenmädchen Anna (A.) und verlieben sich ineinander. Doch da ist auch noch die attraktive Pola (P. I.), die ein Auge auf Jean geworfen hat. Pola ist die Komplizin einiger Ganoven, und durch sie gerät Jean in schlechte Gesellschaft. Als Annas Mutter stirbt, gibt Anna den Blumenstand auf und nimmt eine Stellung in einem Café an. Aber nach mancherlei Verwicklungen und Enttäuschungen treffen sich Jean und Anna im Jahr darauf am 14. Juli wieder; und jetzt endlich erkennen sie, daß sie für immer zusammengehören.

Ein liebenswürdiges Bild aus dem französischen Alltag – allerdings von der Poesie verklärt. In diesem Film ist die Liebe wirklich die allerwichtigste Sache der Welt, hier stiften betrunkene Sonderlinge Glück, und selbst die Ganoven gehen ihrem Gewerbe mit vergleichsweise biederem Sinne nach. Clair hat dieses Bild mit Charme, Esprit und stellenweise auch mit distanzierender Ironie gezeichnet.

Les quatre cents coups
Sie küßten und sie schlugen ihn

Frankreich 1959

R: François Truffaut; A: François Truffaut, Marcel Moussy; K: Henri Decae; D: Jean-Pierre Léaud, Albert Rémy, Claire Maurier, Guy Decomble

Der zwölfjährige Antoine Doinel (J.-P. L.) wächst in einer engen Wohnung in bedrückenden Verhältnissen auf. Sein Vater (A. R.) ist ein Schwächling, seine Mutter (C. M.) hat ein Verhältnis mit einem anderen Mann, was Antoine zufällig entdeckt. Zunächst schockiert ihn diese Entdeckung, aber dann benutzt er sie als Waffe gegen die Mutter. Auch sein Lehrer (G. D.), ein verknöcherter Pedant, findet keinen Zugang zu dem Jungen. So kommt Antoine auf die schiefe Bahn, stiehlt eine Schreibmaschine, wird erwischt und in eine Besserungsanstalt gesteckt. Hier werden die Jungen zwar von einer Psychologin befragt, gleichzeitig aber auch mit Ohrfeigen traktiert. Antoine flieht. Man sieht ihn am Meeresstrand auf das Wasser zulaufen. Verzweifelt dreht er sich zu seinen Verfolgern um und blickt in die Kamera. Das Bild friert ein ...

Der Originaltitel des weitgehend autobiographischen Films zielt auf die »400 Streiche«, die nach einem französischen Sprichwort jeder Mensch macht, ehe er vernünftig wird. Das kommentiert gleichsam die Handlung, in der diese Streiche für einen Jungen durch die Ungunst der Umstände und das Unverständnis der Umwelt zur Katastrophe werden. Truffaut hat seinen Erstlingsfilm mit Verve und Engagement inszeniert. Das hat ihn zu einigen Übertreibungen verführt, sichert dem Film aber auch Spontaneität und Authentizität.

Quattro passi fra le nuvole
Vier Schritte in die Wolken / Die Lüge einer Sommernacht

Italien 1942

R: Alessandro Blasetti; A: Cesare Zavattini, Piero Tellini, Aldo De Benedetti, Giuseppe Amato, Alessandro Blasetti; K: Václav Vích; D: Gino Cervi, Adriana Benetti, Umberto Sacripante

Ein kleiner Handlungsreisender (G. C.), verheiratet und in tristen Verhältnissen lebend, trifft in einem Autobus eine junge Frau (A. B.). Sie ist schwanger und traut sich nicht nach Hause, weil sie für ihr Kind keinen Vater vorweisen kann. Der Handlungsreisende läßt sich überreden, für einen Tag den Ehemann zu spielen. Aus dieser frommen Lüge entwickelt sich ein tragikomisches Spiel, in dessen Verlauf schließlich Verständnis und Verzeihung der Familie erwirkt werden. Der Handlungsreisende kehrt in seinen Alltag zurück.

Zusammen mit dem ungleich gewichtigeren Film *Ossessione* von Visconti markiert dieser Film die eigentliche Geburtsstunde des Neorealismus. Zu einer Zeit, als im italienischen Film die »weißen Telefone«, d. h. das Luxusmilieu und sieghafter Optimismus, die Leinwand beherrschten, wirkte diese melancholische Komödie aus dem Alltag revolutionär. Wenn auch einige Gefühlsmomente zu stark ausgespielt wurden, so gibt es doch besonders im ersten Teil sehr präzise Milieu- und Charakterstudien. Der italienische Film hatte die Wirklichkeit entdeckt.

The Queen
Die Queen

England/Frankreich/Italien/USA 2005

R: Stephen Frears; A: Peter Morgan; K: Affonso Beato; D: Helen Mirren, Michael Sheen, Alex Jennings, James Cromwell, Sylvia Syms, Roger Allam, Helen McCrory

London im Mai 1997. Der Labour-Abgeordnete Tony Blair (M. S.) wird zum Premierminister gewählt und stattet Queen Elizabeth II. (H. M.) seinen Antrittsbesuch im Buckingham Palast ab. Dabei treten die wahren Machtverhältnisse in England offen zutage. Durch den tragischen (Unfall-)Tod der von den Windsors ungeliebten Princess Diana am 31. August manövriert sich die Monarchie an den Rand des Abgrunds: Der Plan für ein unauffälliges Begräbnis der Ex-Schwiegertochter ruft einen ungeahnten Proteststurm in der Bevölkerung hervor. Blair erkennt die Gunst der Stunde und leitet dank seiner Berater eine kurze antimonarchistische Phase ein. Doch je tiefer der Emporkömmling in den Mikrokosmos der Macht eindringt, desto mehr entpuppt er sich als Konformist. Verbarrikadiert im schottischen Landschloß Balmoral, will die königliche Familie, allen voran Prinz Philip (J. C.), die Negativschlagzeilen und die sich abzeichnende Krise aussitzen. Während sich die Queen Elizabeth II. und ihr Gemahl mit dem anstehenden Jagdausflug beschäftigen, die Königinmutter (S. S.) dem Alkohol zuspricht und nur der sensible Prinz Charles (A. J.) etwas Betroffenheit zeigt, geht der Premierminister zum Angriff über. Am Ende entschließt sich die Queen zu einer angemessenen Fernsehansprache an das britische Volk und akzeptiert ihren Herausforderer als Retter in der Not. Die Trauerfeier in der Basilika von Westminster Abbey wird zum Treffpunkt von Vertretern der internationalen Monarchie und Stars aus allen Bereichen des Showbusiness.

Regisseur Stephen Frears (Jahrgang 1941) ist seit *My beautiful laundrette* (Mein wunderbarer Waschsalon, England 1985) und *Sammy and Rosie get laid* ein ausgewiesener Kritiker der gesellschaftspolitischen Verhältnisse in seiner Heimat. In The Queen spart er nicht mit galligem Humor und witzigem Understatement. Das intelligente Drehbuch von Peter Morgan pendelt geschickt zwischen Außen- und Innenleben der Royals, kommentiert durch das öffentliche Auftreten und die Privatsphäre Tony Blairs. Helen Mirren glänzt in der Titelrolle als unbeugsame Elizabeth II. – eingesperrt in einen goldenen Käfig aus altehrwürdiger Tradition und überkommenen Ritualen. Dank ihrer fein gezeichneten und differenzierten Mimik gewinnen hinter den Kulissen die Ambivalenz, die Widersprüche der Monarchin – in ihrer Biographie und Erziehung begründet – für den Zuschauer fast schon sympathisch die Oberhand. Süffisant fängt der preisgekrönte Film das Pathos um die jung verstorbene »Prinzessin der Herzen« ein. Und er verneigt sich vor einer Welt der Pflicht und unterdrückten Gefühle, in die Lady Di nicht paßte. So entsteht eine brillante Momentaufnahme britischer Politik und Lebenskultur. Amüsant und intelligent werden die so gegensätzlichen Welten und Lebenssphären von Aristokratie und Bürgertum vorgestellt, ohne in billige Karikaturen abzugleiten. Getragen von Respekt und höflicher Distanz gegenüber dem Charisma der Monarchin, versetzt mit böser Ironie im Blick auf den Aufsteiger und Karrierepolitiker.

Durch den Triumph der Mediendemokratie erfährt das britische Königshaus schmerzhaft den Wandel der Zeit. In dieser gelungenen Satire spiegelt sich die Haßliebe des Regisseurs zur Monarchie. Helen Mirren wurde beim Filmfestival in Venedig als beste Schauspielerin ausgezeichnet und gewann einen »Golden Globe« sowie einen »Oscar«.

Queen Kelly ⓢ
Königin Kelly

USA 1928

R: Erich von Stroheim; A: Erich von Stroheim; K: Ben Reynolds (nach anderen Quellen auch Gordon Pollock und Paul Ivano); D: Gloria Swanson, Walter Byron, Seena Owen, Sylvia Ashton

In Ruritanien bereitet die Königin (S. O.) ihre Hochzeit mit ihrem Vetter Wolfram (W. B.) vor. Aber Wolfram sieht unter den Zöglingen eines Waisenhauses die junge Patricia Kelly (G. S.) und verliebt sich in sie. Er steckt das Waisenhaus in Brand, entführt Patricia und bringt sie ins Schloß. Doch dann taucht die Königin auf und jagt Patricia mit der Peitsche auf die Straße. Patricia stürzt sich in einen Fluß, wird aber gerettet und in das Waisenhaus zurückgebracht. Dort trifft ein Telegramm ihrer Tante (S. A.) ein, die sie zu sich nach Afrika einlädt. Die Tante ist Besitzerin eines Bordells und läßt sich auf dem Sterbebett versprechen, daß Patricia einen reichen alten Lebemann heiraten wird. Die Hochzeit wird gefeiert.
Hier endet der Film, den man Stroheim vor seiner Fertigstellung aus den Händen nahm und den er nicht einmal selbst schneiden durfte. Das Drehbuch sah weiter vor: Wolfram kommt nach Afrika, findet Patricia wieder und heiratet sie nach dem Tod ihres Mannes. Die Königin wird ermordet. Wolfram ist der Thronfolger; und Patricia wird nun wirklich »Queen Kelly«.
Während der Dreharbeiten für diesen Film begann der Siegeszug des Tonfilms. Die Produzenten (Gloria Swanson und Joseph Kennedy, der Vater des späteren US-Präsidenten) ließen die Dreharbeiten abbrechen und das bereits vorliegende Material zu einem einigermaßen sinnvollen Film zusammenschneiden. Aber da man den Film nicht nachsynchronisieren wollte und konnte, kam er in den USA nie in die Kinos; lediglich in Europa wurde das fragmentarische Werk gelegentlich gezeigt. Für Georges Sadoul ist *Queen Kelly* das »perfekteste Werk« Stroheims.

Que viva Mexico!
Que viva Mexico!

USA 1930–32

R: Sergej Eisenstein; A: Sergej Eisenstein, Grigori Alexandrow; K: Eduard Tissé; D: Mexikanische Bauern

Ein unvollendeter, praktisch nicht existenter Film Eisensteins. Der Film sollte aus vier Episoden, einem Prolog und einem Epilog bestehen. Der Prolog sollte die Totenzeremonien der Maya schildern.
1. Episode – »Sandunga«: Unter Indios im unberührten Urwald spielt die Liebesgeschichte des Mädchens Concepcion, das nach alter Sitte Jahr um Jahr für ein goldenes Halsband spart, das dann am Tag der Hochzeit wertvollster Bestandteil des Brautschmucks ist.
2. Episode – »Maguey« (Die Agaven): Der Peon Sebastian muß seine Braut dem Haciendero vorstellen. Dabei wird sie von einem betrunkenen Gast vergewaltigt. Sebastian lehnt sich auf, wird aber mit seinen Kameraden gefangen und bis zum Hals in den Sand eingegraben. Dann reiten die Unterdrücker wieder und wieder über die Köpfe der Wehrlosen hinweg und »reiten sie zu Tode«.
3. Episode – »Fiesta«: Ein Stierkampf wird vorbereitet, zeremoniell legen die Matadore ihre Gewänder an. Einer verläßt heimlich die Arena, um sich mit einer verheirateten Frau zu treffen, und entgeht nur knapp der Rache des Ehemannes.
4. Episode – »Soldadera«: Das Schicksal der Frauen, die in der mexikanischen Revolution 1912 mit den Soldaten zogen und sie versorgten. Die Episode sollte mit dem Sieg der Revolution enden.
In einem Epilog wollte Eisenstein das Leben im heutigen Mexiko schildern – moderne Bau-

ten, Straßen, Fabriken und den Tag der Toten (Calavera), an dem man den Sieg des Lebens über den Tod feiert.

Eisenstein wollte in seinem Film Vergangenheit und Gegenwart Mexikos, deren enge Verflechtung ihn faszinierte, behandeln. Er wollte zeigen, wie die verschiedenen Kulturen sich berühren. Dieses Konzept diktierte ihm die episodische Form des Films, den Verzicht auf eine durchlaufende Handlung, auf Schauspieler und künstliche Dekorationen. Eisenstein wollte so die Entwicklung Mexikos zum modernen sozialen Staat zeigen, in dem am Schluß der eingangs zitierte Mythos des Todes überwunden wird. Das »soziale Prinzip« sollte über das »biologische Prinzip« triumphieren. Die erhaltenen Teile des Films können zwar nicht mit Sicherheit belegen, ob Eisenstein dieses ehrgeizige Ziel erreicht hätte; sie zeigen jedoch Episoden von ungewöhnlicher Dynamik und Schönheit.

Produzent dieses Films war der amerikanische Schriftsteller Upton Sinclair. Eisenstein zog ein Jahr durch Mexiko, beobachtete und drehte. Als rund 70 000 Meter Zelluloid belichtet waren, verlor Sinclair das Vertrauen in Eisenstein und den Film. Es kam zu einem Zerwürfnis, und Sinclair sperrte schließlich weitere Zahlungen. Eisenstein seinerseits wurde dringend aufgefordert, in die UdSSR zurückzukehren, die er vor drei Jahren verlassen hatte. Entgegen ursprünglichen Vereinbarungen überließ Sinclair Eisenstein auch nicht das abgedrehte Material zur Montage. Er versuchte vielmehr, es in den USA zu Geld zu machen. Zunächst ließ er den Produzenten Sol Lesser daraus einen Spielfilm montieren, der unter dem Titel *Thunder over Mexico* (1933) herauskam. Im gleichen Jahr erschienen Teile des Epilogs als Kurzfilm (*Death day*). 1939 versuchte Marie Seton in dem Film *Time in the sun* eine Vorstellung von Eisensteins Gestaltungs- und Montageprinzip zu geben. 1954 erhielt der Filmhistoriker Jay Leyda Zugang zu dem restlichen Material und montierte es zu dem rund fünfeinhalbstündigen Film *Eisenstein's Mexican project* (Eisensteins mexikanisches Projekt), der nicht für eine öffentliche Aufführung, sondern für filmkundliche Zwecke gedacht war.

Schließlich erhielt mit Grigori Alexandrow erstmals auch ein Mitarbeiter Eisensteins Zugang zu dem Material, das fast vollständig im »Museum of Modern Art« in New York archiviert ist. Er stellte 1978/79 eine Fassung von normaler Spielfilm-Länge zusammen (*Da sdrawstwujet Meksika* – Que viva Mexico!), die sich an Eisensteins Konzept orientierte, wobei nicht gedrehte Partien durch Standfotos und Kommentare ersetzt wurden.

R

Radio days
Radio Days

USA 1987

R: Woody Allen; A: Woody Allen; K: Carlo Di Palma; D: Seth Green, Julie Kavner, Michael Tucker, Mia Farrow, Dianne Wiest

Eine glänzende Exposition: Einbrecher in einer dunklen Wohnung; das Telefon läutet; zögernd hebt einer der Eindringlinge ab. Am anderen Ende ist die lokale Radiostation mit einem Telefonquiz. Dreimal kann der überraschend Befragte eine Melodie identifizieren. Am anderen Morgen findet der Wohnungsinhaber zwar leergeräumte Zimmer vor, wird aber wenig später mit einer Wagenladung von Gewinnen entschädigt. So amüsant und doppelbödig geht es weiter mit einem Reigen bunter Episoden, die in den dreißiger und vierziger Jahren in einem kleinen Ort an der Ostküste spielen. Gemeinsam ist ihnen, daß sie allesamt mit dem damals allgegenwärtigen Medium Rundfunk zu tun haben; und erlebt werden sie mit den Augen und Ohren des heranwachsenden Joe (S. G.). Gegenwärtig ist das Radio beim Streit der Nachbarn und bei den Alltagskonflikten in der Familie – wenn die lebenstüchtige Mutter (J. K.) den Vater (M. T.) wieder einmal auf den Boden der Tatsachen zurückholt; wenn die hübsche Tante Sally (M. F.) abermals Pech mit einer Männerbekanntschaft hat; wenn Schwester Bea (D. W.) von einer Karriere als Sängerin träumt; wenn Joe mit seinen Freunden spielt. Es gibt auch Blicke hinter die Kulissen des Radios – Entzauberung der Talmi-Götter! – und als düsteren Kontrapunkt eine Reportage über die vergeblichen Rettungsversuche für ein kleines Mädchen, das in einen Brunnenschacht gefallen ist.

Woody Allen hat eine Vielzahl von Szenen und Mini-Dramen, von kleinen und kleinsten Beobachtungen zu einem farbenfrohen Mosaik zusammengesetzt. Entstanden ist dabei ein vielschichtiger Film: das psychologische Porträt eines heranwachsenden Jungen, in dessen Erlebnissen und Erfahrungen man wohl man-

Radio days
(Julie Kavner,
Seth Green,
Michael Tucker)

che Erinnerungen des Autors wiederfindet; eine Studie über nachbarschaftliche Strukturen zu einer Zeit, als das Fernsehen und das Auto die Menschen noch nicht einsam machten – und vor allem eine Liebeserklärung an das Medium Radio. Entsprechend wichtig ist hier der »Soundtrack«, der in jeder Szene mit Schlagern, Quizsendungen, Frontberichten, Klatschgeschichten, Kulturkommentaren usw. zusätzliche Akzente setzt. Natürlich ist ein amerikanisches Publikum in dieser Tonkulisse heimischer; aber auch hierzulande wird deutlich, wie intelligent diese Mischung aus Nostalgie und Zeitkritik geraten ist.

Raduga
Der Regenbogen

UdSSR 1944

R: Mark Donskoi; A: Wanda Wassilewskaja nach ihrer gleichnamigen Novelle; K: Boris Monastyrski; D: Natascha Uschwi, Nina Alissowa, Wera Iwaschewa, Hans Klering, Nikolai Braterski, Jelena Tjapkina

Die Partisanin Olena (N. U.) kommt im Zweiten Weltkrieg in ein von Deutschen besetztes Dorf, um ihr Kind zur Welt zu bringen. Der Bürgermeister (N. B.) denunziert sie bei dem deutschen Ortskommandanten Kurt Werner (H. K.), der mit der Russin Pusja (N. A.) zusammenlebt. Werner verhört Olena. Als sie schweigt, läßt er zunächst ihr Kind, dann sie selbst erschießen. Aber für die Dorfbewohner kündigt sich Hoffnung an: Ein russisches Flugzeug wird bejubelt, Partisanen töten den Bürgermeister. Und schließlich tauchen russische Soldaten auf. Werner wird getötet, Pusja von ihrem Mann umgebracht. Als die erbitterten Dorfbewohner auch die gefangenen Deutschen niedermetzeln wollen, werden sie von Fedosja (J. T.) zurückgehalten.
Einer der markantesten Filme, die vom Widerstand gegen die Deutschen und vom Partisanenkampf handeln. Das Drehbuch bleibt zwar, zumal in der Zeichnung der Deutschen, reichlich undifferenziert; aber die Regie Donskois ist flexibel und einfallsreich. Er nimmt die einzelnen Elemente der Handlung zurück und macht nicht den einzelnen, sondern die Dorfgemeinschaft zum Helden seines Films, in dem auch die eintönige Weite der winterlichen Landschaft eine große Rolle spielt.

Raices
Raices / Wurzeln

Mexiko 1954

R: Bénito Alazraki; A: Carlos Velo, Bénito Alazraki, Manuel Barbachano, Maria Elena Lazo, J. M. García Ascot und Fernando Espejo nach vier Erzählungen von Francisco Rojas Gonzalez; K: Walter Reuter, Hans Beimler (II. Episode), Ramon Muñoz; D: Beatriz Flores, Juan de la Cruz, Olympia Alazraki, Dr. Gonzalez, Miguel Angel Negron, Antonia Hernandez, Alicia del Lago, Carlos Robles Gil, Teodulo Gonzalez

I. »Las vacas«: Martina (B. F.) und Esteban (J. d. l. C.) sind Otomie-Indianer. Sie leben mit ihrer kleinen Tochter in äußerster Armut auf einem Stück Land, auf dem infolge anhaltender Trockenheit so gut wie nichts wächst. Eines Tages hält ein Auto vor der Hütte; ein Ehepaar aus der Stadt sucht eine Amme. Obwohl ihr eigenes Kind noch nicht entwöhnt ist, läßt Martina es zurück und fährt mit. So kann Esteban wenigstens im nächsten Jahr wieder Saatgut kaufen.
II. »Nuestra señora«: Eine amerikanische Studentin (O. A.) studiert die Lebensgewohnheiten der Indianer und freundet sich dabei mit ihnen an. Kurz vor ihrer Abreise vermißt sie eine Reproduktion der »Mona Lisa«. Nach ihrem Examen kehrt sie zu den Indianern zurück und wird fast feindselig empfangen. Sie erfährt, daß die Indianer die »Mona Lisa« gestohlen und als vermeintliche Darstellung der Mutter Gottes in die Kirche gebracht haben. Jetzt fürchten sie, die Frau wolle ihr Bild zurückfordern.
III. »El tuerto«: Ein einäugiger Junge (M. A. N.) wird von den anderen Kindern gequält und gemieden, weil Einäugige nach altem Aberglauben Unglück bringen. Die Mutter (A. H.) macht in ihrer Verzweiflung mit dem Kind eine Wallfahrt. Am Wallfahrtsort trifft ein Feu-

erwerkskörper das gesunde Auge des Kindes, das nun völlig erblindet ist. Doch die Mutter glaubt ihre Bitte erfüllt und dankt Gott; denn einem Blinden begegnet man überall mit Ehrfurcht und Mitgefühl.

IV. »La potranca«: Der amerikanische Archäologe Eric (C. R. G.), der mit seiner Frau in einem abgelegenen mexikanischen Dorf arbeitet, verliebt sich in die Tochter (A. d. L.) seines Gastgebers (T. G.). Als sie seine Werbungen zurückweist, möchte er sie ihrem Vater mit einer großen Geldsumme »abkaufen«. Die stolze Verachtung, die ihm begegnet, treibt ihn aus dem Dorf.

Uralte Tradition, Christentum, das Erlebnis jahrhundertelanger Knechtschaft – das sind die Wurzeln der Kultur und der Lebensgewohnheiten der mexikanischen Indianer, denen dieser Film gewidmet ist. Alazraki hat wohl den ersten realistischen und authentischen Film über die Ureinwohner Mexikos und ihr heutiges Schicksal gedreht. Die einzelnen Episoden wirken über lange Strecken wie Dokumentarfilme, und nur in die letzte Episode schleichen sich ein wenig dramatisches Pathos und aufgesetzte filmische Symbolsprache ein.

▬
Raiders of the lost ark
Jäger des verlorenen Schatzes

USA 1981

R: Steven Spielberg; A: Lawrence Kasdan nach einer Geschichte von George Lucas und Philip Kaufman; K: Douglas Slocombe, Paul Begson; D: Harrison Ford, Karen Allen, Paul Freeman, Denholm Elliott, Wolf Kahler

Eingangs sieht man den amerikanischen Archäologen Indiana Jones (H. F.) in Südamerika, wie er bei der Erforschung eines reich ausgestatteten Grabes mit knapper Not einer imposanten Fülle von Gefahren entgeht. Doch alsbald warten neue Abenteuer auf ihn. Deutsche Nazis sind im Jahr 1936 im Orient auf der Suche nach der Bundeslade, in der einstmals die Gesetzestafeln des Moses verwahrt wurden. Dem Heiligtum werden magische Kräfte zugeschrieben, die die Deutschen beim Kampf um die Weltherrschaft nutzen wollen. Indiana Jones tritt den ruchlosen Agenten furchtlos entgegen und jagt ihnen die Beute, die sie schon sicher in ihren Händen zu haben glaubten, noch im letzten Moment ab. Zwar kann er sie nicht für sich und für die USA gewinnen; aber er sorgt wenigstens dafür, daß sie zerstört wird und den Nazis nicht mehr nützen kann.

Das haarsträubende Thema und die oftmals verworrene und unlogische Handlung sind für diesen Film genauso nebensächlich wie die Charaktere der handelnden Personen. Wichtig ist allein die perfekt kalkulierte und raffiniert gestaltete Abfolge szenischer Effekte – turbulente Kampfszenen, wilde Verfolgungsjagden, Abenteuer in Höhlen und Schlangengruben usw. Ganz bewußt wird hier auf das gesetzt, was viele abfällig »Kintopp« nennen, was man freundlicher als »Kino der Attraktionen« bezeichnen könnte – auf den vordergründigen Reiz, der freilich mit absoluter Perfektion dargeboten wird. Die Methode erinnert streckenweise an klassische Stummfilm-Serien wie Feuillades *Judex*. Konsequent drehte Spielberg zwei Fortsetzungen mit weiteren »unglaublichen« Abenteuern seines Helden: *Indiana Jones and the temple of doom* (Indiana Jones und der Tempel des Todes, USA 1983) gibt dem wackeren Archäologen Gelegenheit, die Bewohner eines Himalaya-Dorfes aus den Fängen einer machthungrigen, über magische Kräfte verfügenden Priesterkaste zu befreien; in *Indiana Jones and the last crusade* (Indiana Jones und der letzte Kreuzzug, USA 1989) kämpft er mit den Nazis um den Besitz des »Heiligen Grals«.

▬
Rain man
Rain Man

USA 1988

R: Barry Levinson; A: Ronald Bass und Barry Morrow nach einer Story von Barry Morrow; K: John Seale; D: Dustin Hoffman, Tom Cruise, Valeria Golino

Charlie Babbitt (T. C.), Autohändler in Los Angeles, erhält die Nachricht vom Tod seines Vaters, den er vor über zehn Jahren im Streit verlassen hat. In der Hoffnung, mit dem zu erwartenden Erbe seine angeschlagene Firma sanieren zu können, fährt er mit seiner Freundin Susanna (V. G.) zur Beerdigung und Testamentseröffnung nach Cincinnati. Dort allerdings erfährt er, daß er nur einen wunderschönen Oldtimer geerbt hat, während drei Millionen Dollar zugunsten seines älteren Bruders Raymond, von dessen Existenz Charlie nicht einmal wußte, an eine Stiftung gehen. Er sucht und findet diesen Bruder (D. H.) – autistisch verhaltensgestört – in einem Heim. In der Hoffnung, wenigstens an einen Teil des Erbes zu kommen, entführt er Raymond und fährt mit ihm in Richtung Los Angeles. Susanna ist darüber so empört, daß sie sich allein auf den Heimweg macht. Auf der mehrtägigen Autofahrt sorgt Raymonds Krankheit, z. B. der innere Zwang, bestimmte Zeitabläufe und Rituale einzuhalten, für zahlreiche Probleme. Andererseits ermöglichen seine phänomenalen Fähigkeiten beim Umgang mit Zahlen Charlie in Las Vegas einen einträglichen Beutezug beim Blackjack. Nicht nur dieser Erfolg verändert das Verhältnis der Brüder. Charlie lernt den wortkargen Raymond schätzen und lieben, zumal er durch ihn Zugang zu seiner eigenen Kindheit und zu sich selbst findet. Er entdeckt u. a., daß das Wort »Rain man«, das ihm seit Kindertagen im Gedächtnis herumspukt, eine Verballhornung des Namens Raymond ist. Bei der Ankunft in Los Angeles ist Charlie ein anderer Mensch geworden. Er verzichtet auf das »Lösegeld«, das man ihm bietet, akzeptiert, daß Raymond sich im Heim wohler fühlen wird als »in Freiheit« – und wird sich künftig wohl um seinen Bruder kümmern.

Nicht ungeschickt nutzt dieser Film die Möglichkeiten der »road movies«. Auf ihrer langen Fahrt werden die Brüder mit immer neuen Menschen und Situationen konfrontiert, können wie beiläufig immer neue Aspekte ihrer Beziehungen verdeutlicht werden. Daß dieses recht einfache dramaturgische Prinzip funktioniert, daß der Film in der Tat Interesse und Anteilnahme erweckt, liegt vor allem an der beeindruckenden darstellerischen Leistung von Dustin Hoffman. Unter Verzicht auf spektakuläre Effekte liefert er ein eindrucksvolles und stimmiges Porträt.

Ran
Ran

Japan/Frankreich 1985

R: Akira Kurosawa; A: Akira Kurosawa, Hideo Oguni, Masato Ide nach Motiven des Schauspiels *König Lear* von William Shakespeare; K: Takao Saitô, Masaharu Ueda, Asaichi Nakai; D: Tatsuya Nakadai, Akira Terao, Jinpachi Nezu, Daisuke Ryu, Mieko Harada, Peter, Takeshi Nomura.

Japan im 16. Jahrhundert. – Fürst Hidetora Ichimonji (T. Na.) ist 70 Jahre alt geworden und möchte den in vielen Kriegen eroberten Besitz unter seine drei Söhne aufteilen. Taro (A. T.), der älteste Sohn, soll sein Nachfolger werden. Als Saburo (D. R.), der jüngste Sohn, aus Mißtrauen gegen seine Brüder diesem Plan widerspricht, wird er von Hidetora verstoßen. Schon bald zeigt sich, daß Saburo recht hatte: Unter dem Einfluß seiner rachsüchtigen Frau Kaede (M. H.), deren Vater einst von Hidetora im Kampf besiegt und unterworfen wurde, demütigt und vertreibt Taro seinen Vater. Bald darauf läßt Jiro (J. N.), der zweitälteste Sohn, seinen Bruder Taro ermorden und heiratet dessen Witwe. Hidetora verliert den Verstand und irrt in Begleitung seines treuen Hofnarren Kyoami (P.) durch die Länder, die er einst beherrscht hat. Saburo, der ihm helfen will, wird ebenfalls in Jiros Auftrag ermordet; Jiro wird mit seinen Truppen von Saburos Schwiegervater in eine Falle gelockt und auf dem Schlachtfeld getötet. Hidetora stirbt darüber an gebrochenem Herzen, sein Reich teilen die Nachbarfürsten unter sich auf.

Ran ist das japanische Wort für Chaos; und in der Tat zeigt dieser Film eine aus den Fugen geratene Welt, in der der Kampf um die Macht zur düsteren Endzeit-Vision eskaliert. Weder Vernunft noch Menschlichkeit können die Selbstzerstörung der Ichimonji-Sippe verhindern. Nur ein vager Hoffnungsschimmer bleibt am Ende: Der blinde Tsurumaru (T. No.), der auf einen Abgrund zugeht, bleibt kurz vor dessen Rand stehen. Vielleicht werden also die Blinden doch einmal rechtzeitig das Unheil erkennen, so wie ein Narr den verstörten Hidetora geleitet und geführt hat.

Kurosawa hat die vielschichtige Parabel und intelligente Shakespeare-Paraphrase in einem fast dreistündigen Film mit kraftvoller Präzision gestaltet – behutsam in den differenzierten kammerspielhaften Passagen und souverän und suggestiv in den opulenten Massenszenen.

Rani radovi
Frühe Werke

Jugoslawien 1969

R: Želimir Žilnik; A: Želimir Žilnik, Branko Vucicević; K: Karpo Godina; D: Milja Vujanović, Bogdan Tirnanić, Cedomir Radović, Marko Nikolić

Das Mädchen Jugoslava (M. V.), das aus ärmlichen Verhältnissen stammt, hat seinen Marx nicht nur gelesen, sondern möchte ihn auch anwenden. Zusammen mit drei Freunden (B. T., C. R., M. N.) zieht Jugoslava über Land und entdeckt erhebliche Diskrepanzen zwischen Theorie und Wirklichkeit des Sozialismus. Aber ihr Versuch, die Bauern und die Genossen zu revolutionären Änderungen zu bewegen, scheitert kläglich. Die »Agitationstruppe« wird verprügelt, Jugoslava vergewaltigt. Sie erkennt, daß ihre Mission gescheitert ist, und kehrt nach Haus zurück. Unterwegs aber wird sie von ihren Freunden eingeholt, erschossen, mit Benzin übergossen und verbrannt. Am Schluß steht ein Zitat von St. Just: Wer die Revolution nur halb macht, schaufelt sich sein eigenes Grab!
Žilnik hat sein allegorisches Spiel in eine Umwelt gestellt, die er mit krassem Realismus zeichnet. Attacken gegen eine erstarrte Gesellschaft, die sich mit Halbheiten zufrieden gibt, die die Chance zur Freiheit nicht nutzt, werden in Pop-Manier vorgetragen. Despektierlich wird das »Establishment der Revolutionäre« attackiert; und die Sympathie des Regisseurs für eine Jugend, die die Revolution »ganz« machen will, ist unverkennbar. In Jugoslawien war man entsprechend getroffen und betroffen; doch ein gefordertes Verbot des Films wurde durch Gerichtsbeschluß abgelehnt.

Rashomon
Rashomon – Das Lustwäldchen

Japan 1950

R: Akira Kurosawa; A: Akira Kurosawa und Shinobu Hashimoto nach zwei Erzählungen von Ryunosuke Akutagawa; K: Kazuo Miyagawa; D: Toshiro Mifune, Masayuki Mori, Machiko Kyo, Takashi Shimura, Minoru Chiaki

Ein Samurai (M. M.) ist im »Wald der Dämonen« getötet, seine Frau (M. K.) vergewaltigt worden. Aber was ist wirklich geschehen? Vor einem Gericht, das unsichtbar bleibt, das die Kamera oder der Zuschauer ist, werden vier Versionen angeboten. Zunächst sagt ein Holzfäller (T. S.) aus: Er hat den Toten gefunden, einen Frauenhut und einen zerschnittenen Strick. Er ist entsetzt davongelaufen und hat Meldung erstattet. Mehr will er nicht wissen, nicht gesehen haben. – Dann wird, in Fesseln, der berühmte Räuber Tajomaru (T. M.) vorgeführt: Ja, er hat die Frau vor den Augen des gefesselten Ehemannes vergewaltigt, aber ihr Widerstand hat sich schnell in Hingabe verwandelt. Dann hat sie ihn gebeten, ihren Mann zu töten. Doch er hat den Samurai in ehrlichem Zweikampf besiegt. Die Frau ist geflohen. – Nun ist die Frau an der Reihe: Sie hat sich hingegeben, um den Ehemann zu retten. Dann hat sie, als der Räuber fort war, seine Fesseln zerschnitten. Aber er hat sie nur verächtlich angesehen. Sie hat ihm in ihrer Verzweiflung den Dolch in die Brust gestoßen, ist ohnmächtig geworden und hat nicht mehr die Kraft gehabt, sich selbst zu töten. – Durch den Mund eines Geisterbeschwörers spricht schließlich der tote Samurai: Voller Abscheu hat er gesehen, mit welcher Lust sich seine Frau dem Räuber hingegeben hat. Selbst Tajomaru war angewidert. Er hat die Frau fortgejagt und den Mann befreit. Der Samurai hat sich verzweifelt selbst getötet.
Am Ende des Films revidiert der Holzfäller im Gespräch mit einem Mönch und einem weiteren Zuhörer seine Aussage und entpuppt sich als Augenzeuge: Der Räuber hat die Frau gebeten, seine Frau zu werden. Sie konnte sich nicht entscheiden und hat ihrem Mann die Fesseln gelöst. Aber der hat sich geweigert, um sie zu kämpfen. Sie hat beide Männer be-

*Rashomon
(Machiko Kyo,
Toshiro Mifune)*

schimpft und zum Kampf gezwungen, der aber bald zu einer jämmerlichen Prügelei von Feiglingen entartet ist. Der Räuber hat den Samurai eher zufällig getötet. Die Frau ist geflohen. Vor Gericht hat der Holzfäller gelogen, weil er den Dolch des Toten gestohlen hat. Und genau wie er haben alle anderen aus eigensüchtigen Motiven die Unwahrheit gesagt. Dem Mönch mag diese Aussage eine Antwort auf die Frage nach der Wahrheit sein, die er schon am Anfang des Films verzweifelt gestellt hat. Der Holzfäller nimmt sich am Schluß des Films eines ausgesetzten Kindes an; und diese Tat scheint dem Film wichtiger als die Frage des Mönchs.

Kurosawa schuf hier einen kunstvoll komponierten Film, der die zeremonielle Geste des Samurai, die ungestüme Wildheit des Banditen, die sanften Bewegungen der Frau zu raffinierten Variationen nutzt. Die Natur wird zum Bestandteil der Handlung, flirrende Lichtreflexe auf den Blättern der Bäume wiederholen und verstärken den Eindruck der Unsicherheit.

Mit *Rashomon* wurde die japanische Filmproduktion auch in Europa bekannt und für einige Zeit sogar populär.

Raskolnikow Ⓢ

Deutschland 1923

R: Robert Wiene; A: Robert Wiene nach dem Roman *Schuld und Sühne* von Fjodor Dostojewski; K: Willi Goldberger; D: Gregori Chmara, Pawel Pawlow, Maria Kryschanowskaja, Alla Tarassowa

Robert Wiene hat Dostojewskis Roman mit Schauspielern des Moskauer Künstlertheaters verfilmt. Von Andrej Andrejew ließ er eine expressionistische Dekoration entwerfen, die den Raum auflöste: Winklige Häuser mit riesigen Hausnummern, Straßenlaternen, die diagonal ins Bild ragen, Türen, die sich schräg nach oben öffnen. In dieser zerstörten Umwelt spielt sich Raskolnikows (G. C.) Drama ab, das Wiene ganz als psychologische Studie in eindrucksvollen Großaufnahmen gestaltete, wobei die fieberhaften Visionen des Helden mit dem Formenspiel des Dekors korrespondieren. Oft zitiert wird eine Szene zwischen Raskolnikow und dem Untersuchungsrichter (P. P.), in der ein kleines spinnenähnliches Ornament in der angstvollen Vorstellung Raskolnikows zu leben beginnt, wächst und ihn bedroht – bis schließlich der Untersuchungsrichter ihn wie eine Spinne im Netz belauert.

Weitere bekannte Adaptionen, alle unter dem Originaltitel des Romans: *Crime and punishment*, USA 1935, R: Josef von Sternberg; D: Peter Lorre, Edward Arnold. *Crime et châtiment*, Frankreich 1935, R: Pierre Chenal; D: Pierre Blanchar, Harry Baur. *Crime et châtiment*, Frankreich 1956, R: Georges Lampin; D: Robert Hossein, Jean Gabin. Lampin hat die Handlung nach Paris und in die Gegenwart verlegt.

Der Rat der Götter

DDR 1950

R: Kurt Maetzig; A: Friedrich Wolf, Philipp Gecht; K: Friedl Behn-Grund; D: Paul Bildt, Fritz Tillmann, Willy A. Kleinau, Hans-Georg Rudolph, Inge Keller

Der »Rat der Götter« sind die leitenden Direktoren der Firma IG-Farben unter dem Vorsitz von Geheimrat Mauch (P. B.). Für diesen Konzern arbeitet der Chemiker Dr. Scholz (F. T.), dessen Schwester Edith (I. K.) die Geliebte von Direktor Tilgner (H.-G. R.) ist. Dr. Scholz lebt nur für seine Forschung. Er sieht nicht, daß die Firma durch ihre enge Verflechtung mit amerikanischen Konzernen an der Aufrüstung und später am Krieg Milliarden verdient; er erfährt zu spät, daß man aus seinen Grundformeln Giftgas entwickelt hat. Nach dem Krieg müssen sich die Direktoren zwar in einem Prozeß in Nürnberg verantworten, kehren dann aber wieder auf ihre Posten zurück. Dr. Scholz glaubt, nun werde man endlich für den Frieden produzieren. Und als eine Explosion im Werk aufdeckt, daß man schon wieder mit Raketentreibstoffen und Sprengstoffen experimentiert, schreit er endlich die Wahrheit hinaus.
Der Film war ein aufwendiges Prestige-Unternehmen der DEFA. Zu den prominenten Künstlern, die an ihm mitarbeiteten, zählt auch der Komponist Hanns Eisler. Aber unter der Regie von Kurt Maetzig geriet dann nahezu alles in diesem Film so plakativ, so überdeutlich, daß die angestrebte Wirkung nicht selten in ihr Gegenteil umschlug. Künstlerisch war der Film ohne große Bedeutung.

Der Rebell

Deutschland 1932

R: Luis Trenker, Kurt Bernhardt; A: Luis Trenker, R. A. Stemmle und Walter Schmidtkunz nach einem Entwurf von Luis Trenker; K: Sepp Allgeier und Albert Benitz (Außenaufnahmen), Willi Goldberger und Reimar Kuntze (Innenaufnahmen); D: Luis Trenker, Victor Varconi, Albert Schultes, Luise Ullrich

Sommer 1809. Der Student Severin Anderlan (L. T.) reitet nach Tirol, um den Anderlan-Hof gegen die verbündeten französischen und bayrischen Truppen zu verteidigen. Unterwegs lernt er Erika (L. U.), die Tochter des bayrischen Amtmannes Rieder, kennen. Beide verlieben sich. Als Severin bei seiner Heimkehr vor der Ruine des väterlichen Hofes steht, erschießt er im Zorn zwei Soldaten einer französischen Patrouille. Dann flieht er in die Berge. Aber Erika bleibt dem steckbrieflich gesuchten Rebellen treu, weil sie ihn versteht. Gleichgesinnte stoßen zu Severin, der gegen den Wunsch des Bauernführers Harrasser (A. S.) nur gegen die französischen Eindringlinge kämpfen will. Ein Verräter zeigt den Franzosen einen Weg in Severins Versteck; aber dieser kann entkommen. Wenig später sieht Erika ihn wieder: In der Uniform eines bayrischen Hauptmanns kundschaftet er den Angriffsplan der Franzosen aus. Trotz heldenhaften Kampfes unterliegen die Tiroler Bauern schließlich. Severin und seine Getreuen werden standrechtlich erschossen. Aber schemenhaft marschieren sie am Schluß mit wehenden Fahnen in die Zukunft. Ihr Geist lebt weiter.
Als Goebbels in seiner ersten Rede vor deutschen Filmschaffenden Vorbilder zitierte, gehörte zu den vier Titeln, die er nannte, auch *Der Rebell*. Kein Wunder: Die nationale Erhebung, der unbeirrbare Einzelgänger, der Kampf gegen die Franzosen und die Beschwörung der deutschen Blutsbrüderschaft – das waren Stichworte, die gut in sein Konzept paßten. Auch die Schlußapotheose des Films machte Schule. Noch oft marschierten später tote Kameraden »im Geist in unseren Reihen mit«. Der Nationalismus der Weimarer Repu-

blik bot den Nationalsozialisten viele Ansatzpunkte für ihre Propagandafilme.
Von dem Film wurde auch eine amerikanische Version hergestellt, bei der Edwin H. Knopf als Co-Regisseur fungierte. Neben Luis Trenker spielten Vilma Banky und Rod La Roque die Hauptrollen.

Rebel without a cause
... denn sie wissen nicht, was sie tun

USA 1955

R: Nicholas Ray; A: Stewart Stern und Irving Schulman nach einer Geschichte von Nicholas Ray; K: Ernest Haller; D: James Dean, Natalie Wood, Sal Mineo, Jim Backus, Ann Doran, Corey Allen

Aus Angst, ein »Pantoffelheld« wie sein Vater zu werden, bestätigt sich Jim (J. D.) in sinnlosen Aktionen. Er kommt in Konflikte mit der Polizei, was für seine rechthaberische Mutter (A. D.) ein Grund ist, immer wieder in eine andere Stadt zu ziehen. An einer High-School in Los Angeles lernt Jim das Mädchen Judy (N. W.), den großsprecherischen Buzz (C. A.) und den Einzelgänger Plato (S. M.) kennen. Buzz verwickelt den »Neuen« in eine Messerstecherei und provoziert ihn zu einer Mutprobe, bei der zwei Jungen mit gestohlenen Autos auf einen Abhang zurasen müssen. Wer zuerst abspringt, ist als Feigling gebrandmarkt. Buzz stürzt mit dem Auto ab. Jim will sich der Polizei stellen; aber seine Eltern, denen er sich anvertraut hat, fürchten einen Skandal. Jim läuft von zu Hause fort, trifft Judy und findet bei ihr Verständnis und Liebe. Sie verstecken sich in einem abseits gelegenen kleinen Schloß, wo auch Plato auftaucht, um Jim zu warnen. Die »Klassen-Bande« glaubt, er habe sie an die Polizei verraten. Es kommt zu einer Auseinandersetzung mit den Mitschülern, bei der Plato einen von ihnen durch einen Schuß verletzt. Kopflos flieht er in eine verlassene Sternwarte, die wenig später von der Polizei umstellt wird. Jim überredet Plato, sich zu stellen. Als jedoch die Polizei-Scheinwerfer aufleuchten, verliert Plato die Nerven und wird versehentlich von einem Polizisten erschossen. Sein Tod bringt Jims und Judys Eltern zur Einsicht. Sie beginnen, ihre Kinder zu verstehen, die sich für immer gefunden haben.

Der Film entstand zu einer Zeit, als die sogenannten Halbstarken-Filme nahezu ein eigenes Genre bildeten. Wie die meisten dieser Filme handelt auch *Rebel without a cause* sein Thema und seine Thesen an einem extremen, kriminalistisch gefärbten Einzelfall ab; auch hier verfängt sich die Psychologie häufig in Klischees und Schablonen. Ray hat sein Thema jedoch sorgfältig und effektvoll zugleich aufbereitet. Und vor allem bot dieser Film eine große Identifikations-Rolle für den Schauspieler James Dean. Dieses Porträt eines jungen, von seinen Eltern unverstandenen Einzelgängers in der Welt von heute hat sein Image vermutlich stärker geprägt als seine Rolle in *East of Eden*. Dieser Film bereitete den Boden, auf dem der James-Dean-Kult gedieh.

Red river
Red River / Panik am roten Fluß

USA 1948

R: Howard Hawks; A: Borden Chase und Charles Schnee nach dem Roman *The Chisholm trail* von Borden Chase; K: Russell Harlan; D: John Wayne, Montgomery Clift, Walter Brennan, Joanne Dru

Thomas Dunson (J. W.) und Groot (W. B.) kommen mit einem Siedlertreck an den Red River, wo Dunson sich eine Ranch aufbaut. Der junge Matthew Garth (M. C.) wird von Dunson wie ein Sohn aufgenommen. Vierzehn Jahre später ist Dunson Herr über eine riesige Rinderherde. Er beschließt, 10 000 Rinder nach Missouri zur Eisenbahnstation zu treiben. Das Unternehmen erweist sich als mörderische Strapaze. Aber Dunson treibt seine Männer mit unerbittlicher Härte an und schreckt nicht davor zurück, »Meuterer« niederzuschießen. Schließlich stellt sich auch Garth, der von der Sinnlosigkeit des Unternehmens überzeugt ist, auf die Seite der Widerspenstigen. Er übernimmt die Führung, läßt Dunson allein zurück und treibt die Herde zum näher gelegenen Abilene, wo er sie im Namen Dunsons mit hohem Gewinn verkauft. Doch dann taucht Dunson auf, und es kommt zu einer handgreiflichen Auseinandersetzung zwischen Dunson und Garth, die mit der Versöhnung endet.

Der Film spielt gleichsam auf zwei Ebenen. Einmal ist er ein psychologisches Porträt des harten Ranchers Dunson, der sich berechtigt glaubt, seine eigenen Gesetze zu machen und durchzuführen, und des intelligenteren Garth, der einsieht, daß die Zeit der Männer wie Dunson vorüber ist. Außerdem ist der Film eine realistische Beschreibung des waghalsigen Trecks mit all seinen Schwierigkeiten und Gefahren. Dramatischer Höhepunkt ist ein großer Ausbruch der Tiere, die unter Mühen und Gefahren wieder gebändigt werden müssen. Hawks hat beide Ebenen überzeugend vereint, wobei ihm allerdings der Schluß ein wenig klischeehaft unverbindlich geriet.

In den deutschen Kinos war der Film nur in einer stark gekürzten Fassung zu sehen. Erst das Fernsehen hat ihn hierzulande in seiner vollständigen Fassung vorgestellt.

The red shoes
Die roten Schuhe

England 1948

R: Michael Powell, Emeric Pressburger; A: Michael Powell, Emeric Pressburger; K: Jack Cardiff, Christopher Challis; D: Moira Shearer, Leonide Massine, Ludmilla Tscherina, Anton Walbrook (Adolf Wohlbrück), Marius Goring, Albert Bassermann

Der Ballett-Impresario Lermontow (A.W.) hat eine Truppe zusammengestellt, zu der neben erfahrenen Kräften wie dem Ballettmeister Ljubow (L.M.), dem Bühnenbildner Ratow (A.B.) und der Solotänzerin Boronskaja (L.T.) auch der junge Komponist Julian Craster (M.G.) und die Anfängerin Victoria Page (M.S.) gehören. Als die Boronskaja heiratet und das Ballett verläßt, kommt die große Chance für Victoria. In Julian Crasters Ballett *Die roten Schuhe* nach dem Märchen von Andersen wird sie zum neuen Star. Aber als sie sich in Julian verliebt, kommt es zu einem Auftritt mit dem besessenen Lermontow; Julian und Victoria verlassen die Truppe und heiraten. Zu Beginn der nächsten Saison treffen Victoria und Lermontow sich zufällig in Monte Carlo. Sie läßt sich überreden, die Rolle in *Die roten Schuhe* wieder zu übernehmen. Doch am Zwiespalt zwischen Liebe und Beruf zerbricht sie schließlich und nimmt sich das Leben.

Der Film lebt weniger von seiner ziemlich banalen Story als vielmehr von seinen »Show«-Elementen: der Musik Brian Easdales, von Thomas Beecham vorzüglich interpretiert, der farbenprächtigen Ausstattung Hein Heckroths und vor allem der Choreographie Robert Helpmans. *The red shoes* war wohl der erste Film, der klassisches Ballett nicht nur als Objekt der Reproduktion ansah. Helpman hatte seine Choreographie eigens für den Film geschaffen. Die Kamerabewegung folgte den rhythmischen Gesetzen des Tanzes; das Ballett wurde nicht abgefilmt, es entstand erst durch die Gestaltungsmittel des Films.

La règle du jeu
Die Spielregel

Frankreich 1939

R: Jean Renoir; A: Jean Renoir, Carl Koch; K: Jean Bachelet; D: Marcel Dalio, Nora Gregor, Roland Toutain, Paulette Dubost, Gaston Modot, Julien Carette, Jean Renoir

Der berühmte Flieger Jurieux (R.T.) wird zu einer Jagdgesellschaft auf das Schloß von Robert de la Chesnaye (M.D.) eingeladen, dessen Frau Christine (N.G.) er liebt. Obwohl Robert selbst eine Mätresse hat, stört ihn die Werbung Jurieux'; es kommt sogar zu einer Schlägerei zwischen den Rivalen; aber die »Vernunft« siegt, und sie vertragen sich wieder. Parallel-Handlung des Dienstpersonals: Marceau (J.C.) umwirbt das Zimmermädchen Lisette (P.D.), die Frau des Jagdhüters Schumacher (G.M.). Die Katastrophe ereignet sich im Verlauf eines Maskenfestes: Schumacher will den Liebhaber seiner Frau erschießen, trifft aber Jurieux, der ein Rendezvous mit Christine hatte. Sein Tod wird als Jagdunfall ausgegeben, um einen Skandal zu vermeiden.

Was sich äußerlich als frivoles Liebesspiel, als

turbulente Verwechslungskomödie gibt, ist in Wirklichkeit ein Stück bitterer Gesellschaftskritik. »Es gibt in diesem Film nicht eine Person, die zu retten der Mühe wert wäre«, kommentierte Renoir. Aber: »Nicht, daß sie ihren Leidenschaften nachgehen, wirft Renoir ihnen vor, sondern daß sie alles hinter einer Fassade von Selbsttäuschungen und sanktionierter Lüge tun. Das ist nämlich die Spielregel: das vermeintlich gute Gesicht wahren. Und der Film zeigt, was passiert, wenn einmal die Spielregel durchbrochen wird. Dann sind Herrschaften und Diener mit ihren Instinkten und Trieben gleich – gleich erbärmlich und gleich hilflos, nur daß die Diener eine Portion ehrlicher sind als die Herrschaften« (Spielfilme im Deutschen Fernsehen, 1967/68).

Der Film war bei seiner Uraufführung ein katastrophaler Mißerfolg und verschwand schnell aus dem Programm. Auf Betreiben der Zensur und des Verleihers wurden aus ihm in Etappen rund 25 Minuten herausgeschnitten; erst nach dem Krieg hat man die Originalversion mühsam rekonstruiert. Nach Kriegsausbruch wurde der Film als »demoralisierend« verboten, nach der Besetzung Frankreichs bestätigte die deutsche Zensur das Verbot.

Formal zeichnet sich der Film durch lange Einstellungen und ungewöhnliche Kamerafahrten aus. Es gibt wenige Großaufnahmen und Schnitte; die Tiefenschärfe des Bildes erlaubt es statt dessen, mehrere Handlungsfäden gleichsam in einer Szene zusammenzufassen, wobei der Akzent dann geschickt vom Vorder- in den Mittel- oder Hintergrund verlagert wird. Die gleiche Methode wandte Orson Welles später in *Citizen Kane* an.

La règle du jeu hat nach seiner Wiederentdeckung zahlreiche junge Cineasten in Frankreich beeindruckt und beeinflußt. Für viele Filmhistoriker ist er der wichtigste französische Film der dreißiger Jahre.

La reine Margot
Die Bartholomäusnacht

Frankreich/Italien/BRD 1993

R: Patrice Chéreau; A: Danièle Thompson und Patrice Chéreau nach dem gleichnamigen Roman von Alexandre Dumas; K: Philippe Rousselot; D: Isabelle Adjani, Daniel Auteuil, Jean-Hugues Anglade, Vincent Perez, Virna Lisi, Jean-Claude Brialy

Der Film handelt von den historischen Ereignissen des August 1572 in Paris: die Vermählung der katholischen Marguerite de Valois (I. A.), einer Schwester König Charles' IX. (J.-H. A.), mit dem Protestanten Henri de Navarre (D. A.), die Intrigen der Königinmutter Catherine de Medicis (V. L.), das Attentat auf Admiral Coligny (J.-C. B.), die blutige Bartholomäusnacht, in der Tausende von Protestanten umgebracht wurden. Weil das Drehbuch sich aber nicht auf Urkunden und Chroniken, sondern auf einen Roman beruft, ist dieses Gerüst effektvoll drapiert. Da bietet die königliche Familie inzestuöse Verwicklungen und mörderische Intrigen; es gibt Geheimtüren und Giftbecher, treue Diebe und dienstwillige Mörder; und es gibt vor allem Marguerites leidenschaftliche Liebe zu dem jungen La Môle (V. P.). Sie rettet ihm in der Bartholomäusnacht das Leben; doch später wird er hingerichtet, weil er der Geliebten zur Flucht aus dem Louvre verhelfen wollte. Dann nimmt die Historie wieder ihren Lauf: Der König stirbt, sein Bruder folgt ihm auf den Thron, und dessen Nachfolger wird – im Film hat es ein Wahrsager prophezeit! – Henri de Navarre.

Die gleiche literarische Vorlage hatte bereits Jean Dréville für ein üppiges Mantel-und-Degen-Stück genutzt (*La reine Margot* – Bartholomäusnacht, Frankreich/Italien 1954). Chéreau ist sein Thema anders angegangen. Bei allem Pomp und allem Glanz der sorgsam kalkulierten Bilder konzentriert er sich vor allem auf die Personen des Dramas. Seine Kamera übernimmt die Rolle des Beobachters – distanziert bei Haupt- und Staatsaktionen, interessiert bei der Schilderung des höfischen Alltags, hautnah und ungeniert, wenn es darum geht, Menschen zu »observieren«. Denn die Widersprüche jener Zeit, in der Glaube und Gewalt, Liebe und Haß, Askese und Sinnenlust sich verwirrend mischten, will Chéreau im Innern seiner Protagonisten aufspüren. Diese konsequente Spurensuche inmitten pompöser Kulissen und dramatischer Ränke macht den eigentümlichen Reiz des überlangen (160 Min.) Films aus, den Chéreau selbst für den Export um rund 15 Minuten gekürzt hat.

gezeichnet, die von Juden beherrscht und dirigiert werden; und vor diesem düsteren Hintergrund erscheint um so strahlender die Führergestalt des einsamen und nie verzagenden Reiters, dem eine innere Stimme den rechten Weg weist, der gegen alle Logik und alle Erwartungen auch zum Erfolg führt.
Nach einigen Schnitten, vor allem in den antisemitischen Komplexen, wurde der Film nach dem Krieg wieder aufgeführt.

▬ ... reitet für Deutschland

Deutschland 1941

R: Arthur Maria Rabenalt; A: Fritz Reck-Malleczewen, Richard Riedel und Josef Maria Frank nach der von Clemens Laar bearbeiteten Biographie des Freiherrn von Langen; K: Werner Krien; D: Willy Birgel, Herbert A. E. Böhme, Gertrud Eysoldt, Wolfgang Staudte, Hans Quest, Gerhild Weber

In den letzten Kriegstagen wird Rittmeister von Brenken (W. B.) schwer verwundet; der ehemalige Turnierreiter ist nahezu völlig gelähmt. Aber mit Hilfe seines alten Freundes Kolrep (H. A. E. B.) besiegt er allmählich seine Krankheit. Er will als erster deutscher Turnierreiter nach dem Krieg einen Sieg für Deutschland erringen. Als Schieber und Kriegsgewinnler Brenkens Gut versteigern lassen wollen, erreicht Kolrep einen Aufschub, während Brenken nach Genf reist, um mit seinem alten Pferd Harro im Preis von Europa zu starten. Auf dem Parcours empfangen ihn zunächst eisiges Schweigen, dann wütende Pfiffe des Publikums. Doch mit einem fehlerfreien Ritt im Stechen wird Brenken Sieger. Ein Beifallssturm bricht los, das Deutschlandlied ertönt, Kolreps Tochter Toms (G. W.), die sich in Brenken verliebt hat, laufen die Tränen über das Gesicht. Überdies kann Brenken mit dem Siegespreis noch sein Gut sanieren.
Die zweifellos bemerkenswerte sportliche Leistung des Freiherrn von Langen wird hier in den Dienst nationalsozialistischer Propaganda gestellt, obwohl das Wort Nationalsozialismus nicht einmal fällt. Doch es wird die Dolchstoß-Legende aufgewärmt, die Weimarer Republik wird als Tummelplatz schäbiger Spekulanten

▬ Rękopis znaleziony w Saragossie
Die Handschrift von Saragossa

Polen 1964

R: Wojciech J. Has; A: Tadeusz Kwiatkowski nach dem gleichnamigen Roman von Jan Potocki; K: Mieczysław Jahoda; D: Zbigniew Cybulski, Iga Cembrzyńska, Joanna Jędryka, Kazimierz Opaliński, Beata Tyszkiewicz, Adam Pawlikowski

Während einer Schlacht um Saragossa entdeckt ein spanischer Hauptmann in einem Manuskript die Niederschrift der unglaublichen Erlebnisse eines Vorfahren. Dieser, der Hauptmann van Worden (Z. C.), steigt in finsterer Einöde in einem verlassenen Gasthof ab. Hier trifft er zwei Mohammedanerinnen, die Schwestern Emina (I. C.) und Zibelda (J. J.), die in ihm einen Angehörigen des Geschlechts der Gomelez begrüßen und ihn bitten, der Vater ihrer Kinder zu werden. Van Worden beginnt, sein Abenteuer zu genießen, verliert aber nach einem Trunk die Besinnung und wacht am nächsten Morgen unter einem Galgen auf. Nun beginnen phantastische Abenteuer für ihn: Gehenkte und Besessene begegnen ihm. Er fällt in die Fänge der Inquisition, wird von geheimnisvollen Männern befreit, flüchtet auf das Schloß eines Kabbalisten (A. P.). Am Schluß erfährt er, was der Zuschauer längst vermutet hat: Alle Abenteuer waren inszeniert, um seinen Mut zu prüfen. Nach dieser Erklärung setzt van Worden seinen Weg zum Königshof fort. Er kehrt in einem Gasthof ein, wo man ihm mitteilt, daß zwei Damen mit ihm zu speisen wünschen. Es sind Emina und Zibelda; van Worden flieht eilends.

Der Film hat seine literarische Vorlage, die zwischen 1803 und 1815 entstanden ist, werkgetreu realisiert. Natürlich mußte sich Has, obwohl sein Film eine Länge von rund 210 Minuten hat, auf eine Auswahl aus dem dickleibigen Roman beschränken. Aber Geist, Gehalt und Erzählstruktur wurden dabei weitgehend bewahrt.

Die Handlung ist voller Phantasie und Einfallsreichtum. Wie die Puppen in der Puppe enthält jede einzelne Geschichte neue, die in verschachtelten Rückblenden erzählt werden. Immer wieder wird ein Handlungsfaden aufgegriffen und neuerlich verwirrt durch Bezüge und Andeutungen. Und am Ende wird das verwirrende Geflecht spielerisch und augenzwinkernd aufgelöst. Das ist mit hoher Intelligenz, sicherem Stilempfinden und einem Gespür für romantische Ironie gestaltet.

The remains of the day
Was vom Tage übrig blieb

England/USA 1993

R: James Ivory; A: Ruth Prawer Jhabvala nach einem Roman von Kazuo Ishiguro; K: Tony Pierce-Roberts; D: Anthony Hopkins, Emma Thompson, James Fox, Christopher Reeve, Peter Vaughan

In den fünfziger Jahren kauft der Amerikaner Lewis (C. R.) den vom Verfall bedrohten Landsitz des verstorbenen Lord Darlington. Zum »Inventar« gehört auch der Butler, Mr. Stevens (A. H.), der sich bei der Suche nach geeignetem Personal an die ehemalige Hausdame Miss Kenton (E. T.) erinnert. Er macht sich auf den Weg, um sie zur Rückkehr zu bewegen; der Zuschauer erlebt derweil in Rückblenden die Zeit, in der beide gemeinsam den Haushalt des schloßähnlichen Besitzes organisiert haben. Lord Darlington (J. F.) hatte damals oft illustre Gäste (unter ihnen auch Lewis als junger Diplomat), weil er sich als naiver Amateurpolitiker für eine Verständigung mit dem Deutschland Adolf Hitlers engagierte. Stevens war sein bedingungslos treuer Diener, der z. B. das Sterbebett seines Vaters (P. V.) verließ, um einen Empfang zu organisieren; der auf Geheiß des Lords widerwillig, aber widerspruchslos zwei jüdische Hausmädchen aus Deutschland entließ und sie damit der Ausweisung überantwortete. Miss Kenton war anders. Ihr Pflichtgefühl schloß private Empfindungen nicht aus; und zeitweise schien es gar, als könnten sie und Mr. Stevens einander näherkommen. Aber das wäre Mr. Stevens wohl »unkorrekt« erschienen. So treffen sich beide schließlich in einem kleinen Seebad wieder. Es stellt sich heraus, daß Miss Kenton seither ein anderes, persönliches Leben gelebt hat und auch weiterleben möchte. Mr. Stevens kehrt allein in

The remains of the day
(Anthony Hopkins)

das Haus zurück, das zu führen sein Lebensinhalt geworden ist.

James Ivory vereint wieder einmal schauprächtige Unterhaltung mit einer differenzierten, bewegenden psychologischen Studie. Der Butler wird hier weder zum Vor- noch zum Zerrbild. Nicht zuletzt dank der darstellerischen Leistung von Anthony Hopkins spürt man, daß dieser Mr. Stevens – gleichsam ein moderner Samurai! – den aufrechten Gang nur durch das Korsett des Pflichtgefühls bewältigt und daß nur die Hingabe an einen »Herrn« ihm Selbstbewußtsein verleiht. Emma Thompson ist Hopkins eine ebenbürtige Partnerin; ihre Miss Kenton ist so etwas wie eine menschlichere Variante des rigiden Vasallen. Auch der nostalgische Reiz des Milieus wird nicht kritiklos transportiert. Der Zuschauer mag zwar die vollendete Eleganz bewundern, die hier zelebriert wird; er kann aber nicht übersehen, wie viele sich bescheiden mußten, damit wenige sich selbst verwirklichen konnten.

Rembrandt
Rembrandt

England 1936

R: Alexander Korda; A: Carl Zuckmayer, Arthur Wimperis, June Head; K: Georges Périnal; D: Charles Laughton, Gertrude Lawrence, Elsa Lanchester

Auf dem Höhepunkt seines Ruhms erhält Rembrandt (C. L.) den Auftrag, die Offiziere der Stadtwache zu malen; zur gleichen Zeit stirbt seine über alles geliebte Frau Saskia. Das Bild »Die Nachtwache« wird von den Auftraggebern nicht verstanden. Rembrandt ist enttäuscht und fühlt sich vereinsamt; er macht seine Haushälterin (G. L.), die ihn schon lange umworben hat, zu seiner Geliebten. Zehn Jahre später sind Geld und Ruhm verloren. Als er es ablehnt, Bilder nach dem Geschmack der Massen zu malen, verläßt ihn seine Gefährtin. Er findet Trost bei Hendrikje Stoffels (E. L.), die seine neue große Liebe wird. Doch Hendrikje wird wegen »sittenlosen Lebenswandels« aus der Stadt gejagt, weil sie Rembrandt für ein Aktbild Modell gestanden hat. Als es ihm etwas besser geht, heiratet er sie; aber auch Hendrikje stirbt bald. Wiederum einige Jahre später ist Rembrandt völlig verarmt. Ein ehemaliger Schüler schenkt ihm fünf Gulden, damit er sich etwas zu essen kaufen kann. Statt dessen kauft er Farbe und Pinsel und beginnt, sein berühmtes Selbstbildnis zu malen.

Korda versuchte hier offenbar, mit dem gleichen Hauptdarsteller und dem gleichen Kameramann, dessen Mitarbeiter hier Richard Angst und Robert Krasker waren, den großen Erfolg seines Films *The private life of Henry VIII.* zu wiederholen. Das gelang nicht ganz, wohl weil er hier auf die ironische Distanz und das übliche Schaugepränge verzichten mußte. Aber ein Prestigeerfolg wurde der sorgfältig inszenierte Film dennoch. Interessant ist der Versuch, den Stil des Malers Rembrandt auf die Bildgestaltung des Films zu übertragen.

Remorques
Orkan

Frankreich 1939–41

R: Jean Grémillon; A: Roger Vercel, Charles Spaak, André Cayatte und Jacques Prévert nach dem Roman *Remorques* von Roger Vercel; K: Armand Thirard, Louis Née, Philippe Agostini; D: Jean Gabin, Madeleine Renaud, Michèle Morgan

Kapitän Laurent (J. G.) wird von der Hochzeitsfeier eines seiner Besatzungsmitglieder abgerufen: Ein Schiff funkt SOS. Mit seinem Schlepper will er das Schiff in den Hafen bringen. Aber durch die Unzuverlässigkeit der Besatzung und des Kapitäns des fremden Schiffes reißt zweimal das Schlepptau. Laurent lernt bei dem Bergungsmanöver Cathérine (M. M.), die Frau des anderen Kapitäns, kennen. Laurent und Cathérine verlieben sich ineinander. Doch als er an das Sterbebett seiner seit langem kränkelnden Frau geholt wird, verläßt Cathérine die Stadt. Laurent bleibt allein.

Die Natur spielt in diesem Film eine große Rolle. Ohne aufdringliche Symbolik wird das Meer gleichsam zur handelnden Person, zum Partner Laurents. Die besten Szenen des Films bleiben auch mit der Natur verknüpft: die Schilderung eines Orkans, ein Spaziergang der Liebenden am einsamen Strand u. a.

Repulsion
Ekel

England 1965

R: Roman Polanski; A: Roman Polanski, Gérard Brach; K: Gilbert Taylor; D: Catherine Deneuve, Yvonne Furneaux, John Fraser, Patrick Wymark, Ian Hendry

Die Maniküre Carol (C. D.), eine Französin offenbar, die mit ihrer Schwester Helen (Y. F.) in London wohnt, fühlt sich von ihrer Umwelt merkwürdig behelligt. Die Anwesenheit von Helens Freund Michael (I. H.) in der gemeinsamen Wohnung, seine Liebesnächte mit ihrer Schwester, selbst seine Toilettensachen im Badezimmer erfüllen sie mit Ekel. Carols Zustand verschlimmert sich, als Helen und Michael eine längere Urlaubsreise machen. Bei der Arbeit schneidet sie einer Kundin in den Finger und wird beurlaubt. Sie schließt sich in der Wohnung ein und glaubt, die Wände vor sich bersten zu sehen. Als ihr Freund Colin (J. F.) beunruhigt in die verriegelte Wohnung eindringt, erschlägt sie ihn mit einem Kerzenleuchter und schleppt seine Leiche in die Badewanne. Durch die nur notdürftig wieder verschlossene Tür zwängt sich der Hauswirt (P. W.), um die Miete zu kassieren. Als er Carol allein findet, versucht er, sich ihr zu nähern. Sie tötet ihn auf gräßliche Weise mit einem Rasiermesser. Als Helen zurückkehrt, findet sie Carol völlig entkräftet unter einem Bett liegen.

Polanskis Film ist ein klinischer Krankenbericht. Mit sorgsamer Akribie, ohne Mitleid und ohne Vorwurf, verzeichnet er die Stationen von Carols Auflösung, die mit einer banalen »Empfindlichkeit« beginnt und mit zwei furchtbaren Bluttaten und ihrer psychischen Zerstörung endet. Aber Carols Schicksal ist auch Chiffre – für die Einsamkeit in einer fremden Umwelt, für die Beziehungslosigkeit der Menschen in der heutigen Gesellschaft und wohl auch für die Rolle der Frau in einer von Männern beherrschten Sozialordnung. So, wie Carol sich an Kleinigkeiten reibt, so konfrontiert der Film den Zuschauer immer wieder mit »kleinen« Beobachtungen, mit alltäglichen Geräuschen, nichtssagenden Gesprächsfetzen, die ihn schließlich in ähnlichem Maße beunruhigen wie Carol. Denn dieser Wust von »Zufälligkeiten« ist mit einer suggestiven Konsequenz geordnet, der man sich kaum entziehen kann.

Le rideau cramoisi
Der scharlachrote Vorhang

Frankreich 1952

R: Alexandre Astruc; A: Alexandre Astruc nach einer Novelle von Jules-Amédée Barbey d'Aurevilly; K: Eugen Schüfftan; D: Anouk Aimée, Jean-Claude Pascal

Ein junger Offizier (J.-C. P.) wird im Haus einer bürgerlichen Familie einquartiert. Schon bald verliebt er sich in Albertine (A. A.), die Tochter; aber sie scheint ihn nicht zu beachten. Doch eines Nachts steht sie plötzlich bei ihm im Zimmer und gibt sich ihm wortlos, bedingungslos hin. Von nun an kommt sie jede Nacht, während sie tagsüber weiter die Gleichgültige spielt. Eines Nachts stirbt sie in seinen Armen. Zwar möchte er auch die tote Geliebte nicht kompromittieren. Doch er wagt nicht, sie in ihr Bett zu tragen, weil er dabei das Schlafzimmer der Eltern durchqueren müßte. Verzweifelt reitet er davon, während im offenen Fenster seines Zimmers der scharlachrote Vorhang im Nachtwind weht.

Ein wichtiger Vorläufer für stilistische Entwicklungen, die man später mit dem Schlagwort von der »nouvelle vague« kennzeichnete. Astruc drehte seinen Film ohne Dialoge; während ein Sprecher den Text der Novelle verliest, laufen die Bilder parallel. Sie werden aber niemals bloße Illustration, sondern lassen vielmehr den Text erst Gestalt werden. Astruc meinte: »Der Stoff eines literarischen Werkes muß ohne Mittler in den Film eingehen. Die Bilder sprechen direkt.«

Le rideau cramoisi ist nur ca. 50 Minuten lang. In den Kinos wurde er zusammen mit dem halblangen Film *Mina de Vanghel* von Maurice Clavel und Maurice Barry unter dem Obertitel *Les crimes de l'amour* (Verbrechen aus Liebe) gezeigt.

Ride the high country
Sacramento

USA 1961

R: Sam Peckinpah; A: N. B. Stone jr.; K: Lucien Ballard; D: Randolph Scott, Joel McCrea, Ronald Starr, Mariette Hartley, James Drury

Die erfahrenen Westmänner Steve Judd (J. MC.) und Gil Westrum (R. Sc.) sowie der junge Heck Longtree (R. St.) werden von einer Bank in Sacramento engagiert, um Gold aus einer im Gebirge gelegenen Goldgräberstadt abzuholen. Auf ihrem Ritt schließt sich ihnen ein junges Mädchen, Elsa Knudsen (M. H.), an, das mit einem Goldgräber verlobt ist. In der Stadt wird Elsa eilig mit ihrem Billy (J. D.) getraut, der sich gleich anschließend sinnlos betrinkt, während seine Brüder Elsa zu vergewaltigen suchen. Heck rettet Elsa, und sie reitet mit den Männern zurück. Als Billy und seine Brüder sie mit Waffengewalt zurückfordern, schießen sich die drei den Weg frei. Auf dem Rückweg wollen Gil und Heck nun endlich ihren Plan ausführen und das Gold für sich beiseite schaffen. Aber Steve stellt sich ihnen in den Weg und entwaffnet sie. Als sie Elsa nach Hause zurückbringen wollen, laufen sie in eine Falle, die von Billy und seinen Brüdern gestellt wurde. Steve wird getötet. Doch er weiß, daß Gil zu sich zurückgefunden hat und den Transport sicher nach Sacramento bringen wird.

Steve und Gil sind zwei alte »Gunmen«, die von der guten alten Zeit träumen. Diese Erinnerungen bestimmen auch den Stil des Films, geben ihm einen melancholischen Charme und eine Verhaltenheit, die dann von der großen Schlußabrechnung wirkungsvoll unterbrochen wird.

Riff-Raff
Riff-Raff

England 1991

R: Ken Loach; A: Bill Jesse; K: Barry Ackroyd; D: Robert Carlyle, Emer McCourt, Ricky Tomlinson, Garrie J. Lammin, Jimmy Coleman

In Glasgow hat Stevie (R. C.) wegen kleiner Diebereien im Knast gesessen; in London hofft er jetzt auf mehr Glück – möglichst auf eine Karriere als ambulanter Händler. Immerhin findet er Arbeit auf dem Bau; er findet auch – mit Hilfe der Kumpels – eine leerstehende Wohnung, die er kurzerhand in Besitz nimmt; und er findet schließlich Susan (E. MC.), die von Erfolgen als Sängerin träumt und in die er sich Hals über Kopf verliebt. Doch auch das »kleine Glück« ist nicht von Dauer. Susan wirft er aus der Wohnung, als er entdeckt, daß sie rauschgiftsüchtig ist. Die Zustände auf der Baustelle sind skandalös; aber die Arbeiter kuschen aus Angst um ihren Job. Und als Stevies Freund Larry (R. T.) sich für bessere Arbeitsbedingungen einsetzt, wird er schnurstracks gefeuert. Doch dann rächen sich die mangelhaften Sicherheitsvorkehrungen. Ein Arbeiter stürzt ab. Jetzt, meint Stevie, sei es Zeit für einen unmißverständlichen Protest: Er steckt den Neubau in Brand und macht sich aus dem Staub.

Loachs »Sozialkomödie« bemüht sich um ein komplexes Bild der Wirklichkeit. Loach zeigt die Ausbeutung der Arbeiter, aber er stilisiert die Ausgebeuteten nicht zu klassenbewußten Helden. Die Art der Baustelle ist mit böser Ironie gewählt: Ein ehemaliges Hospital wird in Luxus-Appartements verwandelt. Und damit man den Yuppies ihren Komfort möglichst preisgünstig anbieten kann, werden die Arbeiter schlecht bezahlt und vom Polier (G. J. L.) rücksichtslos angetrieben. Doch darauf reagieren sie keineswegs mit Solidarität, sondern mit all den kleinen Tricks, die sie nach eigener Einschätzung zum Überleben brauchen – von der lustvoll praktizierten Drückebergerei bis zum profihaften Diebstahl. Denn an eine grundlegende Besserung ihrer Lebens- und Arbeitsbedingungen glauben sie schon längst nicht mehr.

Loach hat für seinen Film, dessen Titel ungefähr mit *Gesindel* oder *Pöbel* zu übersetzen wäre, einen eigenwilligen Stil gefunden, bei dem der Humor nicht der oberflächlichen Beruhigung des Publikums, sondern der Ermutigung der Protagonisten zu dienen scheint.

Rio, 40 graus
Rio bei 40 Grad

Brasilien 1954/55

R: Nelson Pereira dos Santos; A: Nelson Pereira dos Santos nach einem Entwurf von Arnaldo de Farias; K: Helio Silva; D: Jece Valadao, Glauce Rocha, Roberto Batalin, Claudia Morena

In episodischer Struktur gibt der Film einen Querschnitt durch das tägliche Leben in Rio de Janeiro. Der rote Faden ist das Schicksal einiger Negerjungen, die an einem Sonntag aus den Favelas, den Slums, in die Stadt hinabsteigen, um durch den Verkauf von Erdnüssen ein paar Pfennige zu verdienen. Ein Kind geht zum Strand von Copacabana und betrachtet mit naivem Staunen den Luxus. Ein zweiter Junge gerät in das Fußballstadion von Maracana, wo hinter den Kulissen soeben ein Spieler von seinem »Besitzer« manipuliert wird. Es gibt eine Begegnung mit einem Politiker, Liebe, Tod und ein Samba-Fest in den Favelas. Die einzelnen Episoden sind ineinander verschränkt, so daß aus den Kontrasten zusätzliche Wirkung entsteht. Die Handlung endet in der späten Nacht.
Nelson Pereira dos Santos produzierte den Film mit einigen Gleichgesinnten auf genossenschaftlicher Basis. Der Film passierte die Zensur, wurde aber bald nach seinem Start von der Polizei verboten – und zwar u. a. mit der denkwürdigen Begründung, er sei unwahrhaftig, weil die höchste in Rio je gemessene Temperatur 39,6 Grad betrage. *Rio, 40 graus* ist wohl der erste brasilianische Film, der das Elend in den Slums von Rio ungeschminkt einfing. Nelson Pereira dos Santos wurde mit diesem sozialkritischen Bericht, der mit dramaturgischer Ökonomie gestaltet ist, zum Wegbereiter des »cinema nôvo« in Brasilien. Der Film war als erster Teil einer Trilogie gedacht. Der zweite Teil entstand 1957 unter dem Titel *Rio, zona norte* (Rio, nördliche Zone), ein dritter Teil (*Rio, zona sul* – Rio, südliche Zone) wurde nicht realisiert.

Riso amaro
Bitterer Reis

Italien 1949

R: Giuseppe De Santis; A: Carlo Lizzani, Gianni Puccini, Carlo Musso, Ivo Perilli, Libero Solaroli, Corrado Alvaro, Giuseppe De Santis; K: Otello Martelli; D: Silvana Mangano, Raf Vallone, Vittorio Gassman, Doris Dowling

Die »Mondine« sind Saisonarbeiterinnen, die einmal im Jahr zur Reisernte in die Po-Ebene kommen, wo sie in großen »Camps« wohnen. In einem solchen Camp taucht auch Francesca (D. D.), die Geliebte und Komplizin des Ganoven Walter (V. G.), unter. Aber Walter wendet sich von ihr ab und der vitalen Silvana (S. M.) zu. Mit ihrer Hilfe will er die Frauen um einen Teil ihres Lohns betrügen. Doch Francesca, die an dieser Gemeinheit nicht mitschuldig werden will, kann rechtzeitig den Polizisten Marco (R. V.) benachrichtigen. Zwischen beiden Männern, die überdies Rivalen um die Gunst Silvanas sind, kommt es im Schlachthaus zu einem Kampf auf Leben und Tod. Als Walter Marco zu erstechen droht, erwacht Silvana wie durch einen Schock. Sie erschießt Walter, der zusammenbricht und sich an einem Fleischerhaken aufspießt.
Für De Santis war dies ein Drama der Leidenschaften im privaten und sozialen Bereich. Realistisch schildert er die harte Arbeit und die schlechten Lebensbedingungen der »Mondine«. Und der blutige Kampf im Schlachthaus soll sicher auch ein Zeichen sein für den Aufstand der Ausgebeuteten und Unterdrückten – die Gewalt als befreiende Tat. Seinen großen Publikumserfolg verdankte der Film indessen eher Äußerlichkeiten – den leichtgeschürzten Arbeiterinnen, der erotischen Ausstrahlung seiner Hauptdarstellerin. In der Umgangssprache in der Bundesrepublik galt »bitterer Reis« geraume Weile als Synonym für überproportionierte Busen. So geriet in den Ruch des Spektakels, was trotz mancher Kolportage-Elemente im Ansatz ein realistisches Stück Sozialkritik war.

The river
Der Strom

USA 1951

R: Jean Renoir; A: Jean Renoir und Rumer Godden nach einem Roman von Rumer Godden; K: Claude Renoir; D: Patricia Walters, Rhada, Adrienne Corri, Thomas E. Breen

Die Handlung des Films spielt in Indien am Ufer des Ganges. Harriet (P.W.) ist 14 Jahre alt, Tochter des Vorarbeiters in einer Jute-Fabrik. Sie möchte Schriftstellerin werden und führt, gleichsam als Vorübung, ein Tagebuch. Sie hat zwei etwas ältere Freundinnen: Valerie (A.C.), die Tochter des Fabrikbesitzers, und Melanie (R.), Tochter eines Engländers und einer Inderin. In diese Jungmädchen-Idylle bricht Leutnant John (T.E.B.) ein, ein junger Amerikaner, der im Krieg ein Bein verloren hat und der vor der Rückkehr in die Heimat in Indien einen neuen Weg und ein neues Ziel für sein Leben finden will. Alle drei Mädchen verlieben sich in ihn, alle drei erleben diese Liebe anders, und alle werden auf andere Weise durch sie verwandelt. Leutnant John reist – ebenfalls verändert – wieder ab. Seinen ersten Brief lesen die Mädchen gemeinsam. Während sie ihn lesen, wird im Haus ein Kind geboren; Harriet, deren kleiner Bruder im Verlauf der Handlung umgekommen ist, hat eine Schwester bekommen. Der Strom des Lebens fließt weiter.
Der erste Farbfilm Renoirs stellt ein psychologisches Kammerspiel in eine fremde, exotische Welt, die er liebevoll schildert. Die stets wiederkehrenden Bilder des Stroms, der Schiffe, der Menschen, die an seinem Ufer wohnen, sind dabei mehr als nur dekorativer Zierat. Ähnlich wie der Held des Films suchte Renoir offenbar in Indien eine verlorengegangene Harmonie; und seine Suche ist nicht ohne naive Romantik.
Beobachter bei den Dreharbeiten war übrigens Satyajit Ray, dessen Entschluß, Filme zu drehen, und dessen Stil von Renoir deutlich beeinflußt wurden.

The robber symphony
Räubersymphonie

England 1935/36

R: Friedrich Feher; A: Anton Kuhl, Jack Trendell; K: Ernö Metzner, Eugen Schüfftan; D: George Graves, Magda Sonja, Hans Feher

Eine skurrile Räuberbande will den Sparstrumpf einer Wahrsagerin stehlen, doch dabei kommt den Bösewichtern eine Gruppe fahrender Musikanten – Großvater (G.G.), Mutter (M.S.) und Kind (H.F.) – in die Quere. Der Sparstrumpf wird zwar erbeutet, muß aber gleich wieder versteckt werden und gerät so in das Walzenklavier der Musikanten. Nun werden die Musikanten von den Räubern und diese alsbald von der Polizei gejagt. Die turbulenten Ereignisse überstürzen sich. Schließlich fängt der junge Musikant die Räuber und darf das Geld als Belohnung behalten.
Ein ungewöhnlicher, eigenwilliger und fast eigensinniger Film, den eine Gruppe von Emigranten in England gedreht hat. Einflüsse des deutschen Expressionismus (Feher hatte in *Das Cabinet des Dr. Caligari* einen Irren gespielt!) vermischen sich mit Surrealismus, naiver Spielfreude, einem Schuß Dilettantismus und einer Prise Sozialkritik. Aber bestimmend sind doch der märchenhafte Grundton und der musikalische Rhythmus des Films. Da herrscht die krause Logik des Absurden, die wackelige Dekorationen ebenso zu rechtfertigen scheint wie das hölzerne Spiel der Darsteller. Man denkt an das Kasperletheater; denn genauso turbulent, unlogisch und so vergnüglich geht es hier zu.

Robin Hood Ⓢ
Robin Hood

USA 1922

R: Allan Dwan; A: Lotta Woods nach einem Entwurf von Elton Thomas (Pseudonym für: Douglas Fairbanks) und Kenneth Davenport nach der gleichnamigen Ballade von Alfred Noyes; K: Arthur Edeson, Charles Richardson; D: Douglas Fairbanks, Enid Bennett, Wallace Beery, Sam De Grasse

Der Graf von Huntingdon (D.F.) wird nach einem glänzenden Turniersieg von König Richard Löwenherz (W. B.) zum Heerführer ernannt, der den König auf dem Kreuzzug in das Heilige Land begleiten soll. Vorher verlobt er sich heimlich mit Mary (E. B.), einem Mündel des Königs. Prinz Johann (S. D. G.) benutzt die Abwesenheit Richards, um sich selbst zum Herrscher zu machen, aber Mary sendet Huntingdon eine Botschaft und berichtet ihm von den Untaten des Prinzen. Da der König ihm nicht glaubt, kehrt Huntingdon heimlich nach England zurück. Er findet sein Schloß zerstört; Mary ist verschwunden. Unter dem Namen Robin Hood sammelt Huntingdon Anhänger des Königs um sich; und als »edler Räuber« verfolgt er die Reichen und hilft den Armen. Schließlich fällt er in die Hände Johanns und soll getötet werden. Doch im letzten Augenblick rettet der König, der verkleidet schon längere Zeit zu seinen Mitstreitern gehört hat, ihn und Mary.

Der ganze Film war eigentlich nur ein üppiger Rahmen für seinen Star Douglas Fairbanks, der strahlend, vital und temperamentvoll seine Abenteuer bestand. Ein typisches Beispiel für die frühen Fairbanks-Filme, die ihre Wirkungen vor allem aus der Persönlichkeit ihres Hauptdarstellers bezogen.

Rocco e i suoi fratelli
Rocco und seine Brüder

Italien/Frankreich 1960

R: Luchino Visconti; A: Luchino Visconti, Vasco Pratolini, Suso Cecchi d'Amico, Pasquale Festa Campanile, Enrico Medioli und Massimo Franciosa nach dem Buch *Il ponte della Ghisolfa* von Giovanni Testori; K: Giuseppe Rotunno; D: Alain Delon, Renato Salvatori, Annie Girardot, Katina Paxinou, Max Cartier, Rocco Vidolazzi, Spiros Focas, Paolo Stoppa

Die Witwe Rosaria (K. P.) zieht mit ihren Söhnen Rocco (A. D.), Simone (R. S.), Ciro (M. C.) und Luca (R. V.) aus dem Süden nach Mailand, wo ihr fünfter Sohn, Vincenzo (S. F.), den Brüdern Arbeit verschaffen soll. Aber Vincenzo kann nicht helfen, und so müssen die Brüder sich selbst bemühen. Am erfolgreichsten scheint zunächst Simone zu sein, der von einem Boxmanager (P. S.) entdeckt wird. Doch Simone verliebt sich in das Mädchen Nadia (A. G.), gerät in schlechte Gesellschaft und kommt auf die schiefe Bahn. Rocco möchte Nadia retten, und beide verlieben sich ineinan-

*Rocco e i suoi fratelli
(Renato Salvatori, Katina Paxinou)*

der. Als Simone das erfährt, überfällt er die beiden auf einem Spaziergang, schlägt Rocco zusammen und vergewaltigt Nadia vor den Augen des Bruders. Erschüttert fordert Rocco Nadia auf, zu Simone zurückzukehren, weil er nun weiß, daß der Bruder sie mehr braucht. Simone wird immer haltloser. Er macht Schulden; um sie bezahlen zu können, verpflichtet sich Rocco für zehn Jahre als Boxer. Aber bei einer Siegesfeier für Rocco taucht Simone auf und bekennt, daß er Nadia ermordet hat. Ciro, der ein guter Bürger geworden ist, benachrichtigt die Polizei.

Ein gewaltiges und gewalttätiges Stück Sozialkritik und gleichzeitig das Drama der beiden ungleichen Brüder Rocco und Simone. Rocco, der Asket, der sich für seinen Bruder opfert, und Simone, der hemmungslose Gewalt- und Genußmensch, sie scheitern beide an den sozialen Bedingtheiten ihrer Existenz. Das verbindet sie; und am Schluß wälzen sich beide in einer quälend intensiven Szene schreiend auf dem Bett, als Simone seine Tat gestanden hat.

Gezeigt wird das Schicksal einer Familie, die aus dem unterentwickelten Süden in die Großstadt flieht, wo sie sich bessere Chancen erhofft. (Im Drehbuch wurden die Motive dieser Flucht noch eingehend geschildert, doch diese Passagen wurden offenbar nie gedreht.) Aber Erfolg hat auch in Mailand nur, wer sich entweder »verkauft« oder wer sich anpaßt – wie Ciro, der die erneute Unterdrückung akzeptiert. Rocco sucht einen Ausweg aus dieser Misere. Visconti schildert ihn als Märtyrer, der zehn Jahre seines Lebens für seinen Bruder opfert. Doch indem er auch die Sinnlosigkeit dieses Opfers zeigt, macht er die Ausweglosigkeit evident. Märtyrer sind keine Alternativen mehr …

Die deutsche Fassung ist rund 15 Minuten kürzer als das dreistündige Original. Entfernt wurden dabei u. a. auch die Zwischentitel (es waren die Namen der Brüder!), die gleichsam als Kapitelüberschriften den chronikhaften Charakter des Films betonten.

Rocky
Rocky

USA 1976

R: John G. Avildsen; A: Sylvester Stallone; K: James Crabe; D: Sylvester Stallone, Talia Shire, Burt Young, Carl Weathers, Burgess Meredith, Joe Spinell

Rocky (S. S.) ist ein unbekannter Boxer, der in Hinterhofkämpfen ein paar Dollar verdient und »hauptberuflich« als »Kassierer« für einen illegalen Finanzmakler (J. S.) arbeitet. Sein eigentliches Zuhause ist Mickeys (B. M.) Box-Zentrum. Als Mickey ihn eines Tages vor die Tür setzt, weil er nicht mit ansehen will, wie Rocky sein Talent vergeudet, scheint der endgültig am Ende. Doch gerade jetzt kommt seine große Chance. Die Manager des Schwergewichtsweltmeisters Apollo Creed (C. W.) planen eine große Schau. Zur 200-Jahr-Feier der USA wollen sie gleichsam den »amerikanischen Traum« illustrieren: Ein unbekannter Boxer soll die Möglichkeit erhalten, gegen den Champion anzutreten. Die Wahl fällt auf Rocky. Nach kurzer Unsicherheit ist Rocky fest entschlossen, seine Chance zu nutzen. Die Liebe zu Adrian (T. S.), der Schwester seines besten Freundes Paulie (B. Y.), motiviert ihn zusätzlich. Und Mickey hat sich mit ihm versöhnt und trainiert ihn. Am Tag des Kampfes ist Rocky physisch in Hochform – aber unsicher und ohne Selbstvertrauen. Doch im Ring wächst er über sich hinaus und liefert Creed einen großen Kampf. Zwar kann er ihn nicht besiegen; aber er schickt ihn gleich in der ersten Runde zu Boden, und er trotzt dem Champion länger als irgendein Boxer vor ihm. Rocky ist über Nacht berühmt geworden.

Der Film überzeugt vor allem da, wo er Zustände beschreibt: das Milieu der Hinterhöfe, die Situation eines jungen Mannes, der vom Erfolg träumt und dem das Leben keine Chance gegeben hat, das dafür notwendige Selbstvertrauen zu entwickeln usw. Die Story dagegen erscheint eher oberflächlich und zufällig, eine allzu breite Einleitung für den hervorragend gefilmten Boxkampf, der einen effektvollen Höhepunkt setzt. *Rocky* wurde ein Riesenerfolg. Den Grund dafür hat der Autor und

Hauptdarsteller Stallone wohl klarsichtig diagnostiziert: »Zweifellos der Optimismus der ganzen Geschichte. Die Leute haben die Nase voll von den depressiven Jahren der Nixon- und Ford-Ära.«

Der große Publikums-Erfolg bewog die Produzenten zu mehreren Fortsetzungen, bei denen Sylvester Stallone auch noch die Regie übernahm. In *Rocky II* (Rocky II, USA 1979) scheint es zunächst, als werde der Optimismus des ersten Teils dementiert. Rockys Ruhm vergeht schnell, das durch die Werbung verdiente Geld ist bald ausgegeben, eine aus dem ersten Kampf herrührende Augenverletzung scheint zum endgültigen Ende seiner Boxer-Karriere zu führen, Adrian wird nach einer Frühgeburt schwer krank. Doch über Nacht kommt die Wende. Adrian wird gesund. Rocky erhält einen Rückkampf, mit dem der erboste Apollo Creed seinen ramponierten Ruf aufpolieren will; und er gewinnt diesen Kampf. Rocky ist Weltmeister!

Rocky III (Das Auge des Tigers, USA 1981) variiert die Story des zweiten Teils: Rocky ist vom Erfolg verwöhnt und verliert seinen Titel an den Schwarzen Clubber Lang; sein Freund und Trainer Mickey stirbt. Doch zur rechten Zeit sagt seine Frau ihm die Meinung und bietet sich ihm Apollo Creed als neuer Trainer an. Rocky gewinnt den Titel zurück!

Rocky IV (Rocky IV – Der Kampf des Jahrhunderts, USA 1985) münzt die naive Erfolgsstory in ein politisches Glaubensbekenntnis um: Rocky besiegt den russischen Champion Ivan Drago, der zuvor Apollo Creed im Ring buchstäblich totgeschlagen hat. Vom Realismus des ersten Teils ist hier so gut wie nichts mehr übriggeblieben; statt dessen setzt Stallone nun vor allem auf die oberflächlichen Reize schick montierter Bilder.

In *Rocky V* (Rocky V – R: John G. Avildsen, USA 1990) scheint Rocky endgültig am Boden: Wieder droht das Karriere-Ende wegen einer Verletzung; ein betrügerischer Finanzberater hat ihn um sein Vermögen gebracht; die Balboas kehren nach »Little Italy« zurück. Hier versucht Rocky, als Trainer und Manager eines jungen Talents Fuß zu fassen, doch sein Schützling läßt ihn im Stich. Trotz der Rückkehr von Erfolgsregisseur Avildsen ist dies der schwächste Teil der Boxer-Saga.

Rocky Balboa (Rocky Balboa – R: Sylvester Stallone, USA 2005/06) markiert wohl das Ende der Geschichte. Rocky ist 60 Jahre alt, Witwer und Inhaber eines kleinen Restaurants. Als ein sensationshungriger TV-Sender ihm anbietet, für ihn einen Kampf gegen den amtierenden Weltmeister Mason Dixon zu arrangieren, sagt er nach einigem Zögern zu. Zwar verliert er knapp, aber mit einem grandiosen Fight hat er die Herzen seiner Fans zurückerobert.

The Rocky horror picture show
Die Rocky Horror Picture Show

England 1974

R: Jim Sharman; A: Jim Sharman und Richard O'Brien nach dem gleichnamigen Rock-Musical von Richard O'Brien; K: Peter Suschitzky; D: Tim Curry, Susan Sarandon, Barry Bostwick, Peter Hinwood, Meatloaf, Richard O'Brien

Das arglose Liebespaar Brad (B. B.) und Janet (S. S.) hat in düsterer Regennacht eine Autopanne und gerät bei der Suche nach Hilfe in ein Horror-Schloß, wo der geheimnisvolle Frank-N-Furter (T. C.), ein sinnenfroher außerirdischer Transvestit, soeben den »Transsylvanischen Jahreskongreß« veranstaltet. Verstört beobachtet das junge Paar die monströse Gesellschaft und die abenteuerliche Veranstaltung, deren Höhepunkt die Erschaffung des künstlichen Wesens Rocky (P. H.) ist. Dann bricht das totale Chaos aus: Der Homunkulus im Goldlamé-Höschen, den Frank-N-Furter zu eigenem Vergnügen geschaffen hat, verliebt sich in Janet; der dickliche Eddie (M.), ein früherer Liebhaber Franks, tritt singend und randalierend auf und wird von Frank mit einem Eispickel erschlagen; und schließlich putscht der bucklige Haushofmeister Riff Raff (R. O'B.) gegen den Schloßherren, der sich – nach Riff Raffs Meinung – zu sehr seinen privaten bisexuellen Interessen widmet. Frank und Rocky sterben im Swimming-Pool, Brad und Janet können sich mit knapper Not retten, ehe das Spukschloß wie eine Rakete abhebt und im Weltraum verschwindet.

Musical und Film zitieren und parodieren un-

The Rocky horror picture show (Nell Campbell, Patricia Quinn, Tim Curry, Richard O'Brien)

geniert die Schätze der Kunst- und Kulturgeschichte, sie fürchten weder Kitsch noch grelle Geschmacklosigkeit, schwelgen hemmungslos in falschen Gefühlen und tun dies alles mit so hinreißendem Einfallsreichtum, daß der Film zu einem faszinierenden Spektakel wurde – und zum Prototyp des »Kultfilms«.

Der wohl ohne allzu große finanzielle Erwartungen gestartete Film (Musik: Richard O'Brien, Choreografie: David Toguri) entwickelte sich zum zählebigen Dauerbrenner und wird von Fans in aller Welt in regelmäßigen Abständen besucht. Die echten Adepten erscheinen dabei in den Kostümen der handelnden Personen und greifen aktiv in das Geschehen ein, indem sie etwa bei der Hochzeit, mit der der Film beginnt, Reis streuen und den großen Regen auf der Leinwand mit Wasserpistolen im Zuschauerraum imitieren.

Roma città aperta
Rom – offene Stadt

Italien 1944/45

R: Roberto Rossellini; A: Sergio Amidei, Federico Fellini, Roberto Rossellini; K: Ubaldo Arata; D: Anna Magnani, Aldo Fabrizi, Marcello Pagliero, Francesco Grandjacquet, Harry Feist, Maria Michi

Rom während der Besetzung durch die Deutschen. Pina (A. M.) und Francesco (F. G.) wollen heiraten. Francesco ist Drucker und beteiligt sich an der Herstellung illegaler Zeitungen für die Widerstandsbewegung. Zu den Anführern der Organisation gehört Manfredi (M. P.), der bereits von der Polizei überwacht wird. Den Kontakt zu ihm übernimmt deshalb der unverdächtige Priester Don Pietro (A. F.), der gleichzeitig auch einen aus Gewissensgründen desertierten deutschen Soldaten betreut. Bei einer Razzia wird Francesco verhaftet. Pina wird erschossen, als sie in fassungslosem Schmerz hinter dem Wagen herläuft, mit dem die Gefangenen abtransportiert werden. Wenig spä-

*Roma città aperta
(Anna Magnani)*

ter wird der Wagen von Partisanen überfallen; Francesco ist wieder frei und taucht unter. Auch Manfredi wird verhaftet – durch die Schuld seiner rauschgiftsüchtigen Freundin (M. M.), die für einen Pelzmantel auch Don Pietro, den Deserteur und Francesco verrät. Nur Francesco entkommt durch einen Zufall. Die SS foltert die Verhafteten, um von ihnen Informationen zu erpressen. Dabei stirbt Manfredi. Der Deserteur erhängt sich in seiner Zelle. Don Pietro wird im Morgengrauen erschossen, während die Kinder seiner Pfarrgemeinde durch einen Zaun zusehen.

Rossellini konzipierte das Drehbuch zusammen mit Sergio Amidei bereits während der deutschen Besetzung. Zwei Monate nach der Befreiung Roms begannen die Dreharbeiten, wobei es die größte Sorge der Produktion war, genügend Rohfilm für die Beendigung des Films zu organisieren. Gedreht wurde auf den Straßen, wo sich diese oder ähnliche Ereignisse abgespielt hatten.

Amidei hatte einige der hier geschilderten Vorfälle – Einrichtung illegaler Druckereien, Razzien, Flucht über die Dächer – selbst erlebt; ähnlich erging es mehreren Darstellern, unter denen sich auch Laien befanden. Aus diesen Voraussetzungen erwuchs die Echtheit und Spontaneität des Films. Und Rossellini war klug genug, den dokumentarischen Charakter nicht zu verspielen. Er berichtet im Stil einer Chronik, schildert soziale Bedingungen und Zusammenhänge, fügt Fakten einleuchtend aneinander und verzeichnet alle wichtigen Stationen der Handlung – auch die grausamen Details der Folterung. Er läßt diese Fakten für sich sprechen, verbrämt sie nicht durch Einschübe und große Worte. So wurde in diesem Film das theoretische Konzept der Neorealisten verwirklicht, der Film müsse ein Zeugnis seiner Zeit geben und die Kluft zur Realität des menschlichen Lebens überwinden.

Angesichts der Vorzüge dieses Films wiegen einige Mängel – z. B. die klischeehafte Zeichnung des deutschen SS-Mannes (H. F.) und einige Zufälligkeiten im dramaturgischen Ablauf – gering. Allerdings erscheint Rossellinis nächster Film, *Paisà*, trotz seiner episodischen Struktur noch geschlossener und überzeugender.

Romanze in Moll

Deutschland 1943

R: Helmut Käutner; A: Willy Clever und Helmut Käutner nach Motiven einer Novelle von Guy de Maupassant; K: Georg Bruckbauer; D: Marianne Hoppe, Paul Dahlke, Ferdinand Marian, Siegfried Breuer

Ein Mann (P. D.) kommt nach Haus und findet seine Frau (M. H.) scheinbar schlafend – neben ihr jedoch ein Giftfläschchen. Er läßt sie sofort ins Krankenhaus bringen und rafft dann Wäsche, Kleidungsstücke und eine Perlenkette zusammen, um die Sachen im Leihhaus zu versetzen und so eine gute ärztliche Versorgung bezahlen zu können. Im Leihhaus erfährt er, daß die Kette überaus wertvoll ist. Die Geschichte dieser Kette erzählt der Film: Madeleine (M. H.) lebt in einer spannungslosen Ehe mit einem gutmütigen Kleinbürger. Ein junger Komponist (F. M.) wird bei einer zufälligen Begegnung von ihr zur Melodie seiner »Romanze in Moll« inspiriert. Als Dank schenkt er ihr die Kette, die sie ihrem Mann gegenüber als billige Imitation »aus dem Kaufhaus« ausgibt. Aus der Zufallsbekanntschaft wird eine leidenschaftliche Liebe, die Madeleine zwingt, ein Doppelleben zu führen. Aber eines Tages berühren sich beide Lebensbereiche. Der neue Vorgesetzte (S. B.) ihres Mannes erkennt in ihr die Geliebte des Komponisten und will sie mit diesem Wissen erpressen, sich ihm hinzugeben. Verzweifelt und auch, um dem wenn schon nicht geliebten, so doch geachteten Mann die Wahrheit zu ersparen, nimmt Madeleine Gift – und stirbt. Der Komponist tötet den zynischen Erpresser im Duell und bekennt dann dem Ehemann seine Schuld. Dieser versucht vergeblich, seine Verzweiflung zu verbergen. Mit dem Ausruf »Es tut nicht einmal mehr weh!« bricht er zusammen.

Für Sadoul war *Romanze in Moll* der einzige Film von künstlerischem Wert, der während des »Dritten Reichs« in Deutschland gedreht wurde; andere französische Kritiker bestätigen, dies sei der Film, der am reinsten den Geist Maupassants beschworen habe.

Käutner hat sich hier in einer Zeit allgemeiner Politisierung ganz auf private Konflikte zurückgezogen und damit gleichsam eine Absage an die »Volksgemeinschaft« formuliert, die

Romanze in Moll (Paul Dahlke)

von Goebbels übel vermerkt wurde. Tatsächlich gehört *Romanze in Moll* zu den wenigen Filmen des »Dritten Reichs«, die auch unterschwellig in keiner Weise im Sinn der herrschenden Ideologie interpretierbar waren.
Formal orientierte sich Käutner offenbar am »poetischen Realismus« des französischen Vorkriegsfilms. Er setzte auf eindrucksvolle darstellerische Leistungen, auf einen pessimistischen Grundton, der in düsteren Bildern manchmal ein wenig zu symbolhaft beschworen wird. Licht und Schatten spielen hier eine große Rolle. Ihr Kontrast zeichnet eine abgeschlossene Welt, in der – wie bei Carné – die reinen Gefühle sich nicht gegen die widrige Umwelt behaupten können, in der die Heldin fast schuldlos schuldig wird und dafür büßen muß.

La ronde
Der Reigen

Frankreich 1950

R: Max Ophüls; A: Jacques Natanson nach dem gleichnamigen Bühnenstück von Arthur Schnitzler; K: Christian Matras; D: Simone Signoret, Serge Reggiani, Simone Simon, Daniel Gélin, Danielle Darrieux, Fernand Gravey, Odette Joyeux, Jean-Louis Barrault, Isa Miranda, Gérard Philipe, Adolf Wohlbrück

Ein Straßenmädchen (S. Sig.) begegnet einem Soldaten (S. R.). Dieser liebt jedoch ein Zimmermädchen (S. Sim.), das den Sohn (D. G.) der »Herrschaft« verführt, der anschließend eine Affäre mit einer Dame von Welt (D. D.) hat. Ihr Mann (F. G.) liebt sie zwar, betrügt sie aber mit einer Grisette (O. J.), die eigentlich einen Dichter (J.-L. B.) verehrt. Doch der Dichter zieht ihr eine Schauspielerin (I. M.) vor. Diese Schauspielerin wiederum liebt einen Offizier (G. P.), der am Schluß ein Abenteuer mit dem Straßenmädchen vom Anfang erlebt. Ein »Spielführer« (A. W.) dirigiert diesen Reigen der Liebe.
Schnitzlers Vorlage ist hier intelligent und geschmackvoll realisiert worden. Der Film war, wie seine Vorlage, wegen angeblicher Unmoral heftig umstritten; in Wirklichkeit ist er eine stilsichere und melancholische Variation über die Unzulänglichkeit des Menschen und seiner Gefühle. Der Rhythmus des »Reigens« bestimmt auch Kameraführung und Montage. Das musikalische Leitmotiv des Films, ein Walzer von Oscar Straus, wurde weltbekannt.
1964 schrieb Jean Anouilh das Buch für eine Neuverfilmung. Unter der Regie von Roger Vadim spielten Anna Karina, Maurice Ronet, Jean-Claude Brialy, Jane Fonda, Cathérine Spaak u. a. An der Kamera stand Henri Decae. Dieses vergröbernde Remake blieb jedoch weit hinter dem Original zurück.

Ronja rövardotter
Ronja Räubertochter

Schweden/Norwegen 1983/84

R: Tage Danielsson; A: Astrid Lindgren nach ihrem gleichnamigen Roman; K: Rune Ericson; D: Hanna Zetterberg, Dan Hafström, Börje Ahlstedt, Lena Nyman, Per Oscarsson

Dies ist die Geschichte von Ronja (H. Z.), der Tochter des Räuberhauptmanns Mattis (B. A.), und von Birk (D. H.), dem Sohn des rivalisierenden Räuberhauptmanns Borka (P. O.). Den Zwist zwischen beiden Räuber-Dynastien hat gleichsam der Himmel begründet; denn in der Nacht, in der Ronja geboren wurde, hat ein Blitz Mattis' Räuberburg in zwei Hälften geteilt und durch eine tiefe Kluft getrennt. In eine abgetrennte und für unzugänglich gehaltene Hälfte ist eines Tages Borka mit seinen Leuten gezogen und hat sich dort ungeniert breitgemacht. Das ist natürlich ein ausreichender Grund für eine herzhafte und handfeste Dauerfehde, an der sich auch Ronja zunächst lustvoll beteiligt. Bis sie eben Birk kennenlernt. Wie das Märchen so spielt, verlieben sich die beiden ineinander, und am Ende steht die Hoffnung, daß Mattis' und Borkas Leute künftig gemeinsam räubern werden ...
Der Glücksfall eines Kinderfilms: Eine phantasievolle, fabulierfreudige literarische Vorlage, ein einfallsreicher und einfühlsamer Regisseur, hervorragende Darsteller voller Spielfreude – und nicht zuletzt eine angemessene finanzielle Ausstattung, die es erlaubte, verblüffende Spe-

zial-Effekte (Per Ahlin) einzusetzen und einen bunten Rahmen für das Ganze zu schaffen. *Ronja rövardotter* zeigt wieder einmal, wie wichtig man in Skandinavien das Genre des Kinderfilms nimmt. Und daß Ronjas und Birks Abenteuer außerdem – wie eigentlich alle guten Kinderfilme – auch den Erwachsenen ungeteiltes Vergnügen bereiten können, sei am Rande vermerkt.

Room at the top
Der Weg nach oben

England 1958

R: Jack Clayton; A: Neil Paterson nach dem gleichnamigen Roman von John Braine; K: Freddie Francis; D: Laurence Harvey, Simone Signoret, Heather Sears, Donald Wolfit, Allan Cuthbertson

A room with a view (Julian Sands, Helena Bonham Carter)

Joe Lampton (L. H.), der aus ärmlichen Verhältnissen stammt, tritt eine neue, untergeordnete Stelle am Finanzamt der Kleinstadt Warnley an. Joe ist 25 und träumt von einer großen Karriere. Der Traum scheint sich zu erfüllen, als er im örtlichen Theaterclub Susan (H. S.), die Tochter des reichen Mr. Brown (D. W.), kennenlernt. Susan verliebt sich in ihn; aber ihre Eltern schicken sie nach Frankreich, um die Romanze zu beenden. In ihrer Abwesenheit verliebt sich Joe in die verheiratete Alice Aisgill (S. S.); und diesmal ist seine Liebe echt. Doch er verläßt Alice, als ihr Mann (A. C.) droht, ihn öffentlich als Verführer bloßzustellen. Nach Susans Rückkehr stimmt Mr. Brown ihrer Heirat mit Joe zu, weil Susan ein Kind von Joe erwartet. Aber am Hochzeitstag denkt Joe nur an Alice, die an der Trennung zerbrochen und mit ihrem Wagen in den Tod gefahren ist. Seine Einsicht reicht jedoch nur zu einem ohnmächtigen und folgenlosen Protest. Die Charakterstudie eines jungen Mannes, den das Erlebnis der Armut gezeichnet hat. Joe will Karriere um jeden Preis machen – Karriere im Rahmen der Kleinstadtgesellschaft, die er kennt und die für ihn einziger Maßstab ist. Dieses Milieu hat der Film sehr überzeugend getroffen, während die doppelte Liebesgeschichte ihm bei aller Zurückhaltung etwas melodramatische Akzente gibt. Durch seine realistische Milieuschilderung und seine sozialen Bezüge wurde der Film zu einem Vorläufer des »free cinema«.

A room with a view
Zimmer mit Aussicht

England 1985/86

R: James Ivory; A: Ruth Prawer Jhabvala nach dem gleichnamigen Roman von E. M. Forster; K: Tony Pierce-Roberts; D: Helena Bonham Carter, Maggie Smith, Denholm Elliott, Julian Sands, Daniel Day-Lewis

Im Jahr 1907 reist die junge Lucy Honeychurch (H. B. C.), ein wohlbehütetes Mädchen aus gutem Hause, in Begleitung (und unter Aufsicht) ihrer wesentlich älteren Cousine Charlotte Bartlett (M. S.) nach Florenz. Zur Enttäuschung der beiden Damen erhalten sie in der Pension aber nur Zimmer mit Blick auf den Hinterhof. Mr. Emerson (D. E.), ein älterer Herr, der mit seinem Sohn George (J. S.) zwei der begehrten Zimmer mit Aussicht auf den Arno bewohnt, bietet freundlich einen Zimmertausch an. Cousine Charlotte willigt erst nach langen Verhandlungen ein, da das spontane Angebot ihres Erachtens gegen die Etikette verstößt. In der Folge kommen George und Lucy sich näher; und als sie sich bei einem Ausflug plötzlich in einem Kornfeld gegenüberstehen, gibt George Lucy einen Kuß. Charlotte überrascht die beiden, reist am nächsten Morgen mit Lucy ab und läßt ihren verwirrten Schützling schwören, mit niemandem über den peinlichen Zwischenfall zu sprechen. Nach der Rückkehr in die heimatliche englische Kleinstadt willigt Lucy ein, ihren Verehrer Cecil Vyse (D. D.-L.), einen Snob aus reichem Haus, zu heiraten. Und auch als ein Zufall es fügt, daß die Emersons ein leerstehendes Haus in der Nachbarschaft mieten, bleibt sie gelassen, da sie sich durch ihre Verlobung gegen jegliche Versuchung gefeit glaubt. Doch ausgerechnet Cecil sorgt ahnungslos für einen Zwischenfall. Als George die Familie Honeychurch besucht, liest Cecil eine schwülstige Passage aus einem neuen Roman vor, die auf fatale Weise der Kuß-Szene in Florenz gleicht. Lucy springt auf, und es gibt einen Moment der Verwirrung, den George nutzt, um Lucy zum zweiten Mal einen Kuß zu rauben. Obwohl er ihr gleich anschließend seine Liebe gesteht, fordert Lucy ihn auf, das Haus zu verlassen. Dann aber löst sie ihre Verlobung mit Cecil auf und macht Anstalten zu einer neuerlichen Auslandsreise. Doch kurz vor der Abreise trifft sie den alten Mr. Emerson, und der bringt sie dazu, sich ihre wahren Gefühle einzugestehen. Im Frühjahr 1908 beziehen Lucy und George ein Zimmer mit Aussicht in Florenz – als Hochzeitsreisende …

Ein Meisterwerk behutsamer Präzision. Ivory hat sich seiner literarischen Vorlage mit spürbarem Respekt genähert; und es ist ihm dabei gelungen, ihre Vielschichtigkeit zu bewahren und ihre literarischen Qualitäten unmittelbar ins Bild zu übertragen. So ist sein Film vieles in einem: behutsames Psychogramm, liebevolles Porträt und geistvoll ironische Paraphrase englischer Lebens- und Eigenart und nicht zuletzt eine Studie über die Veränderung des Menschen durch die Begegnung mit einem anderen Kulturkreis – ein Thema übrigens, das, deutlicher konturiert, in vielen Filmen Ivorys wiederkehrt.

Rosemary's baby
Rosemaries Baby

USA 1967

R: Roman Polanski; A: Roman Polanski nach einem Roman von Ira Levin; K: William Fraker; D: Mia Farrow, John Cassavetes, Sidney Blackmer, Ruth Gordon

Der Schauspieler Guy Woodhouse (J. C.) und seine Frau Rosemarie (M. F.) ziehen in ein altertümliches Haus. Ihre Nachbarn, das ältere Ehepaar Castevet (R. G., S. B.), bemühen sich recht aufdringlich um sie. Guy fühlt sich zu den Castevets hingezogen, während Rosemarie Distanz halten möchte. Eines Tages bringt Minnie Castevet Rosemarie ein Dessert, nach dessen Genuß sie von einem wüsten erotischen Alptraum heimgesucht wird, in dem sie eine Vereinigung mit dem Satan erlebt. Wenig später fühlt sie, daß sie schwanger ist. Mit fortschreitender Schwangerschaft wächst ihr Mißtrauen gegen die Nachbarn, in denen sie schließlich gar Hexen und Teufel sieht. Als ihr Kind geboren ist, sagt ihr der Arzt – auch er von den Castevets empfohlen –, das Kind sei tot. Aber heimlich schleicht sie sich eines Abends in die Wohnung des Nachbarn. Dort findet sie eine ekstatische Gesellschaft von Teufelsanbetern, unter ihnen Guy, um eine Wiege stehen und »Das Jahr Eins Satans« feiern. In der Wiege liegt ihr Kind, das sie vom Teufel empfangen hat. Ihre erste Reaktion: Sie will das Monstrum töten. Doch dann drückt sie es an sich, und die Gemeinde betet: Ave Rosemarie, Ave Satan …

Eine Horrorgeschichte, die ihre Wirkung vor allem daraus bezieht, daß sie das Absurde in unsere Gegenwart stellt und mit kühler Selbstverständlichkeit berichtet. Lange Zeit kann man das Ganze als psychologische Studie der Zwangsvorstellungen einer Schwangeren ansehen – falls man »ungläubig« ist und z. B. überhört, daß Rosemarie aus ihrem Alptraum mit dem Schrei hochschreckt: »Das ist kein Traum, das ist Wirklichkeit!« So enthüllt sich das Raffinement des Films nur dem, der sich ganz der Logik seiner Erzählung überläßt, der z. B. akzeptiert, daß Guy durch »teuflische« Hilfe ein Engagement bekommen hat, weil sein Konkurrent plötzlich erblindet ist.

Rosen für den Staatsanwalt

BRD 1959

R: Wolfgang Staudte; A: Georg Hurdalek; K: Erich Claunigk; D: Martin Held, Walter Giller, Ingrid van Bergen, Werner Peters

In den letzten Kriegstagen beantragt der Kriegsgerichtsrat Dr. Schramm (M. H.) wegen »Wehrkraftzersetzung« das Todesurteil gegen den Soldaten Rudi Kleinschmidt (W. G.), der zwei Tafeln Fliegerschokolade auf dem schwarzen Markt gekauft hat. Ein Zufall verhindert die Ausführung des Urteils. Jahre später treffen sich beide Männer wieder. Kleinschmidt ist Straßenhändler, Schramm ein angesehener Oberstaatsanwalt. Schramm ist gerade in eine üble Affäre verwickelt; er hat den wegen antisemitischen Äußerungen angeklagten Studienrat Zirngiebel gewarnt und ihm damit die Flucht ins Ausland ermöglicht. Eine neue Affäre kann er sich nicht leisten. So versucht er, Kleinschmidt durch Schikanen aus der Stadt zu vertreiben. Dieser schlägt zurück: Er stiehlt zwei Tafeln Schokolade und provoziert damit eine Anklage. In der Verhandlung verliert Dr. Schramm die Nerven – und beantragt abermals die Todesstrafe. Kleinschmidt erzählt seine Geschichte; der Oberstaatsanwalt muß zurücktreten; ein Disziplinarverfahren wird vorbereitet.

Zeit- und Gesellschaftskritik wird hier an einem einleuchtenden Beispiel exemplifiziert. Vieles ist richtig gesehen in diesem Film – zum Beispiel das Verhalten der braven Bürger, denen Kleinschmidt seine Geschichte erzählt, die sich empören und dann doch nichts zu unternehmen wagen. Aber dann gibt es eine unnötige Liebesgeschichte, es gibt karikaturistische Übertreibungen und kabarettistische Einlagen, die im Endeffekt eine vorzügliche Idee um einen beträchtlichen Teil ihrer Wirkung bringen. Schramm wird so sehr der Lächerlichkeit preisgegeben, daß er über weite Strecken weniger gefährlich als vielmehr bemitleidenswert komisch wirkt.

Rossini oder die mörderische Frage, wer mit wem schlief

BRD 1996

R: Helmut Dietl; A: Helmut Dietl, Patrick Süskind; K: Gernot Roll; D: Götz George, Mario Adorf, Heiner Lauterbach, Gudrun Landgrebe, Veronica Ferres, Joachim Król, Hannelore Hoger, Jan Josef Liefers, Meret Becker, Martina Gedeck, Achim Rohde

Paolo (M. A.) ist der Padrone im »Rossini«, einem Nobel-Italiener in München. An einem Sommerabend verkehren dort die üblichen Stammgäste: alles, was in der Schickeria und Kulturszene Rang und Namen hat. Regisseur Uhu Zigeuner (G. G.) will dem kontaktscheuen Autor Jakob Windisch (J. K.) die Filmrechte seines Bestsellers »Loreley« abjagen, um damit seinem vor der Pleite stehenden Spezi, dem Produzenten Oskar Reiter (H. L.), wieder auf die Beine zu helfen. Mit von der Partie sind eine Klatschreporterin (H. H.), der Dichter Bodo Kriegnitz (J. J. L.), heißer Favorit von Reiters Geliebter Valerie (G. L.), die auch vom Schönheitschirurgen Sigi (A. R.) verehrt wird. In diese »geschlossene Gesellschaft« – wieder einmal soll Valeries vierzigster Geburtstag gefeiert werden – schneit die Nachwuchsschauspielerin »Schneewittchen« (V. F.) hinein, und sie sticht auf Anhieb alle Konkurrentinnen um die Hauptrolle der Loreley aus. Kaum hat sie des Regisseurs ausgebranntes Herz entflammt, serviert sie jenen zugunsten Reiters eiskalt ab. So werden alle Beziehungen – privater wie geschäftlicher Natur – kräftig durcheinandergewirbelt: Paolo holt sich von Schneewittchens Freundin Zillie (M. B.) einen Korb; Reiter und Kriegnitz, zwei notorische Machos, werden von Valerie moralisch kräftig abgewatscht, und Windisch kann Seraphina (M. G.), einer Kellnerin im Lokal, und ihrer Liebe nicht entkommen.

Helmut Dietls zweiter Kinofilm ist eine Sittenkomödie, eine Satire auf den Jahrmarkt der Eitelkeiten, auf die Filmbranche im besonderen. Wie ein Menetekel löst der Regisseur seine »verarbeiteten Erfahrungen« in der Scheinwelt der ruhmsüchtigen Egomanen, der Theaterspieler allgemeingültig auf. Die Tragikomödie überzeugt mit pointierten Dialogen, gut beobachteten Verhaltensweisen. Dazu trägt die rundum gelungene Besetzung entscheidend bei. Kameramann Gernot Roll sucht im dämmerigen, von sanftem Kerzenlicht erhellten Lokal alle Winkel im Vorder- und Hintergrund auf, choreographiert, changiert, beleuchtet en passant die Schwächen der Menschen, legt deren wahre Geschichten bloß. Im Mythos der Femme fatale, des Superweibs im geplanten Loreley-Film, karikiert Dietl seine Momentaufnahme exaltierter, aber auch verletzbarer und einsamer Psychopathen und (Selbst-)Betrüger. Der ganz normale Wahnsinn beherrscht die armselige Leben der schönen Reichen. Das impliziert natürlich auch jede Menge Pathos und Larmoyanz, denen der Regisseur bis an die Grenzen des guten Geschmacks nachgibt. Doch gelingen ihm immer wieder Einschübe von Ironie und Satire, die alle Beteiligten ihrer Illusionen und ihres Zynismus überführen. Kunst-Welt und Realität fließen ständig ineinander.

Rossini erreicht anspruchsvolle Unterhaltung auf hohem Niveau: mit einem guten Drehbuch, einer ansprechenden Geschichte, die über die lokale Bedeutung und die Münchner (Film-)Szene hinausweist. Eine für deutsche Verhältnisse überdurchschnittliche Pressekampagne machte die elf Millionen Mark teure Produktion zu einem Kino- und Fernseherfolg.

Rotaie Ⓢ
Schienen

Italien 1929

R: Mario Camerini; A: Corrado D'Errico; K: Ubaldo Arata; D: Maurizio D'Ancora, Käthe von Nagy, Daniele Crespi

Ein junges Liebespaar (K. v. N., M. D'A.) will in einem schäbigen Hotelzimmer gemeinsam aus dem Leben scheiden. Ein Zufall verhindert den Doppelselbstmord. Auf einem ziellosen Spaziergang durch die Straßen finden die beiden eine Brieftasche mit Geld und fahren an die Riviera, wo der Mann noch zusätzlich beim Roulette gewinnt. Doch der Gewinn zerrinnt ihnen zwischen den Fingern. Ein Fremder (D. C.) bietet dem Mann Geld an. Aber als dieser erkennt, daß der großzügige Spender damit seine Frau kaufen will, wirft er ihm die Scheine vor die Füße. Er sucht Arbeit in einer Fabrik und beginnt ein neues Leben.

Wichtiger als die Handlung ist in diesem Film die Schilderung von Stimmungen und Situationen, von Atmosphäre und Milieu. In der italienischen Produktion jener Zeit überrascht dieser Film durch seine Hinwendung zum Realismus und zum Alltag. Er wurde stumm gedreht und später mit einer Tonspur versehen, die Musik, Geräusche und einige kurze Dialogpassagen enthielt.

Rotation

DDR 1949

R: Wolfgang Staudte; A: Wolfgang Staudte, Fritz Staudte, Erwin Klein; K: Bruno Mondi; D: Paul Esser, Irene Korb, Reinhold Bernt, Karl Heinz Deickert, Werner Peters

Kriegsende. SS-Leute wollen politische Gefangene in einem Gefängnis erschießen. Unter ihnen ist auch der Arbeiter Hans Behnke (P. E.). Er erinnert sich: In den zwanziger Jahren heiratet Behnke seine Lotte (I. K.). Beide sind arbeitslos. Ihr Kind, der kleine Helmut, leidet bald an Unterernährung. 1933 findet der gelernte Drucker Behnke Arbeit in einem Zeitungsbetrieb. Er paßt sich an, tritt in die Partei ein, als ihm ein Aufstieg winkt, schließt das Fenster, als jüdische Nachbarn abtransportiert werden. Erst als sein Schwager, der politisch aktive Kurt Blank (R. B.), im Gefängnis ermordet wird, ringt Behnke sich zu einer Entscheidung durch und engagiert sich gegen den Unrechtsstaat. Aber sein eigener Sohn (K. H. D.), ein gläubiger Hitlerjunge, denunziert ihn; und Behnke wird verhaftet. – Unterdessen haben SS-Leute die Gefangenen auf dem Hof zusammengetrieben. Doch im letzten Moment verhindert ein russischer Stoßtrupp die geplante Exekution. Behnke ist gerettet, während seine Frau in den letzten Kriegstagen getötet worden ist. Später kommt auch Helmut aus der Gefangenschaft zurück. Vater und Sohn versöhnen sich. Eine Schlußmontage zeigt neuen Krieg und neue Unterdrückung in der Welt.

Staudte attackiert den unpolitischen Kleinbürger, der sich nicht engagiert und der sich später rechtfertigt: »Ich habe den Krieg nicht gemacht. Ich tue nur meine Pflicht.« Aber am Schluß erkennt Hans Behnke seine Schuld. Als sein Sohn heimkommt, bittet der Vater den Sohn um Verzeihung für sein Versagen, dafür, daß er ihn nicht davor bewahrt hat, ein »gläubiger Hitlerjunge« zu werden. Dieses individuelle Schicksal wird realistisch geschildert und unaufdringlich objektiviert, indem Staudte es immer wieder in zeitgeschichtliche Zusammenhänge stellt.

La roue Ⓢ
Das Rad / Rollende Räder – rasendes Blut

Frankreich 1922/23

R: Abel Gance; A: Abel Gance; K: L. H. Burel, Bujard, Albert Dubergen (Duverger); D: Séverin Mars, Ivy Close, Gabriel de Gravone

Der Lokomotivführer Sisif (S. M.) wird Zeuge eines Eisenbahnunglücks. Ein kleines Mädchen, das dabei zur Waise geworden ist, nimmt er zu sich und gibt seinem Sohn Elie damit eine Schwester. Als Norma (I. C.) erwachsen wird, verliebt sich Sisif in seine Adoptivtochter; sogar seine Lokomotive nennt er nach ihr. Und als Norma fortgeht, um einen anderen Mann zu heiraten, treibt Sisif auf dem Führerstand seine Lokomotive zu halsbrecherischem Tempo, von der Versuchung getrieben, beide Normas zu vernichten. Sisif erblindet, muß seinen Beruf aufgeben und zieht mit seinem Sohn Elie (G. d. G.) in die Berge. Als Norma ihren Adoptivvater besucht, geraten ihr Mann und Elie in einen erbitterten Streit und stürzen beide tödlich ab. Norma findet in Sisif wieder einen Vater.

Der Film »vereinigt Blumen und Schlacke in einem großen lyrischen Hauch« (Léon Moussinac). Gance hatte einen erstaunlich modernen Film gemacht. Sein Thema war der gleichsam überdimensionale Mensch, den Séverin Mars mit kantigen Konturen ausstattete. Und zu einer Zeit, da der schwedische Film den Menschen in die Landschaft einfügte, zeigte Gance ihn vor dem Hintergrund sozialer Bedingungen und Abhängigkeiten.

Eine große Rolle spielt in diesem Film die Eisenbahn, deren optische Möglichkeiten Gance fasziniert haben müssen. Hier ist ein Höhepunkt die rasante Fahrt, als Sisif von der Versuchung gepackt wird, seine Lokomotive zuschanden zu fahren. Gance schneidet Bilder von Schienen, Rädern, Kolben, Kurbelstangen, Signalen usw. hart aneinander und macht so die Bewegung unmittelbar sichtbar. Von dieser Sequenz führt ein gerader Weg zu Jean Mitrys Kurzfilm *Pacific 231* – für beide lieferte Arthur Honegger die Musik.

Die Landschaftsbilder am Schluß bieten dann einen genau kalkulierten Gegensatz zum Hauptteil des Films. An die Stelle der düstergrauen Szenerie der Bahnhöfe tritt das grelle und grausame Weiß des Schnees, das den blinden Sisif umgibt.

La roue erregte bei der Uraufführung großes Aufsehen. Jean Cocteau schrieb: »Es gibt das Kino vor ›La roue‹ und das Kino danach, so wie es eine Malerei vor und nach Picasso gibt.«

Run of the arrow
Hölle der 1000 Martern

USA 1956

R: Samuel Fuller; A: Samuel Fuller; K: Joseph Biroc; D: Rod Steiger, Sarita Montiel, Ralph Meeker, H. M. Wynant

Der Bürgerkrieg ist zu Ende. Mit seinem letzten Schuß hat O'Meara (R. S.) den »Yankee« Driscoll (R. M.) vom Pferde geholt. Seine Kugel wird ihm als spätes »Souvenir« ausgehändigt, dann geht er zu den Sioux, um mit ihnen weiter gegen den Norden zu kämpfen. Unterwegs hätte ihn zwar der Häuptling Crazy Wolf (H. M. W.) beinahe umgebracht; aber ein Indianermädchen (S. M.) rettet ihm das Leben. Er heiratet sie und bleibt bei den Sioux, die unterdessen auch das Kriegsbeil begraben haben. Hier trifft er Driscoll wieder, als die Regierung mit Zustimmung der Sioux im Reservat ein Fort baut. Driscoll, der Kommandant des Bautrupps, errichtet es an einer anderen Stelle als vereinbart. Als O'Meara im Auftrag der Sioux mit ihm verhandeln will, läßt Driscoll den Feind von ehedem als Verräter zum Tode verurteilen. Im letzten Moment wird O'Meara von den Sioux gerettet, die das halbfertige Fort überfallen. Driscoll wird an den Marterpfahl gestellt; aber O'Meara erlöst ihn mit der Kugel, die ihn schon einmal getroffen hat. Damit hat er gegen die Gesetze der Sioux verstoßen. O'Meara verläßt die Indianer und zieht mit den überlebenden Yankees ab.

Ein ungewöhnlicher Western, in dem es keinen »Helden« und auch nicht die übliche Struktur des Genres gibt. Statt dessen zeichnet Fuller ein durchaus glaubwürdiges Bild jener Zeit. Er wird den Indianern gerecht und macht gleichzeitig den Unterschied verschiedener Lebensbereiche realistisch deutlich.

Rysopis
Besondere Kennzeichen: keine

Polen 1964

R: Jerzy Skolimowski; A: Jerzy Skolimowski; K: Witold Mickiewicz; D: Jerzy Skolimowski, Elżbieta Czyżewska

Jeder polnische Student ist während seines Studiums automatisch vom Wehrdienst befreit. Auch Andrzej Leszczyc (J. S.) könnte studieren; aber er meldet sich freiwillig zum Militär. Noch ein paar Stunden bleiben ihm bis zur Abreise in die Garnison. Er geht nach Hause zu der Frau (E. C.), mit der er zusammenlebt. Er kauft ein, geht mit zwielichtigen Freunden in ein Café, trifft ein blondes Mädchen (E. C.); doch alles ist unverbindlich, episodenhaft. In der Universität lernt er eine Studentin (E. C.) kennen. Für einen Moment scheint es, als könne diese Begegnung sein Leben verändern. Zu Hause hat er eine letzte Auseinandersetzung mit der Frau. Dann geht er zum Bahnhof.

Der Film setzt aus scheinbar zufälligen Beobachtungen das Bild eines Menschen zusammen. Andrzej entzieht sich den Forderungen der Gesellschaft, weiß aber auch keine Alternative. Sein Entschluß, zum Militär zu gehen, ist eine Flucht, ein Ausdruck seiner Ratlosigkeit.

Rysopis entstand auf ungewöhnliche Weise. Skolimowski drehte während seines Studiums an der Filmhochschule eine Reihe von Fragmenten und Studien, die später das Rohmaterial für diesen Film abgaben. Aus dieser Entstehungsweise erklärt es sich wohl auch, daß Skolimowskis Frau, die Schauspielerin Elżbieta Czyżewska, alle drei Frauen spielt, die dem Helden begegnen.

Als in sich abgeschlossene Fortsetzung dieses Films drehte Skolimowski ein Jahr später den Film *Walkower*.

S

Saikaku ichidai onna
Das Leben der Frau Oharu

Japan 1952

R: Kenji Mizoguchi; A: Yoshikata Yoda und Kenji Mizoguchi nach einem Roman von Ibara Saikaku; K: Yoshimi Kono, Yoshimi Hirano; D: Kinuyo Tanaka, Toshiro Mifune, Ichiro Tsugai

Die schöne Oharu (K. T.), Zimmermädchen einer Prinzessin, übernachtet mit ihrem Geliebten (T. M.), einem Samurai niederer Klasse, in einem Gasthaus. Sie werden von der Polizei entdeckt und wegen ihrer unerlaubten Beziehungen verurteilt. Oharu wird mit ihren Eltern verbannt, ihr Geliebter hingerichtet. Ein reicher Kaufmann empfiehlt Oharu dem Lehnsherrn Matsudaira als Geliebte. Doch als sie den sehnlich erwünschten Erben geboren hat, wird sie verstoßen. Ihr Vater (I. T.), der von den Beziehungen Oharus zu profitieren gedacht hatte, verkauft sie enttäuscht als Kurtisane. Ein Mann verliebt sich in sie, will sie freikaufen, wird aber als Betrüger entlarvt. Es kommt zu einem Skandal, und Oharu wird nach Hause geschickt. Nun gibt ihr Vater sie als Dienstmädchen zu Matsudaira, aber dessen eifersüchtige Frauen fürchten Oharus Konkurrenz und vertreiben sie. Jetzt verheiratet ihr Vater sie mit einem einfachen Angestellten. Die Ehe scheint glücklich zu werden, doch der Mann wird getötet. Oharu mag nun nicht mehr nach Hause zurückkehren und wird Prostituierte. Schließlich ist sie auch für diesen Beruf zu alt. Da hört sie, daß Matsudaira sie zu sprechen wünscht. Hoffnungsvoll geht sie zum Palast und erfährt, daß Matsudaira sie des Landes verweisen will, damit niemand von ihrem Lebenswandel erfährt, der auch ihn belasten würde. Oharu kann fliehen und geht ins Kloster.
Mizoguchi hat gesagt, ihm sei es darum gegangen, »Mann und Frau in der Gesellschaft jener Epoche« (17. Jahrhundert) zu zeigen. Er griff damit wieder ein Thema auf, das ihn besonders beschäftigt hat: das Leiden der Frau in einer von Männern beherrschten Gesellschaft. Die Geschichte wird in einfachen, schönen Bildern erzählt – mit vielen Totalen und wenigen Kamerabewegungen.

Le salaire de la peur
Lohn der Angst

Frankreich/Italien 1952

R: Henri-Georges Clouzot; A: Henri-Georges Clouzot und Jérome Géronimi nach dem gleichnamigen Roman von Georges Arnaud; K: Armand Thirard, Louis Née; D: Yves Montand, Charles Vanel, Folco Lulli, Peter van Eyck, Vera Clouzot

Gestrandete Existenzen in Las Piedras in Venezuela, einer Stadt am Ende der Welt. Doch eines Tages gibt es eine Chance: Eine Ölquelle, 500 Kilometer entfernt, ist in Brand geraten; zum Löschen muß man auf behelfsmäßig hergerichteten Lastwagen Nitroglyzerin zum Ölfeld bringen. Vier Männer wagen das Spiel mit dem Tod, das den Gewinnern 2000 Dollar bringt: der Korse Mario (Y. M.), der Ex-Gangster Jo (C. V.), der Italiener Luigi (F. L.), der Deutsche Bimba (P. v. E.). Die gefährliche Fahrt, auf der jede Unebenheit die Ladung zur Explosion bringen kann, beginnt. Schon bald verliert der großsprecherische Jo die Nerven; aber sein Beifahrer Mario will nicht aufgeben – auch nicht als der Wagen von Luigi und Bimba in die Luft geflogen ist. Mario wagt jedes Risiko. Als es gilt, den Krater zu durchfahren, den die Explosion des anderen Wagens gerissen und den eine zerfetzte Ölleitung mit Öl gefüllt hat, überfährt er mit zusammengebissenen Zähnen auch seinen Freund Jo, der ausgerutscht und vor den Wagen gefallen ist. Jo ist schwer verletzt; und als Mario endlich auf dem Ölfeld ankommt, zieht man ihn tot aus dem Wagen. Mario erhält dadurch sogar 4000 Dollar. Aber auf dem Rückweg vergißt er im Rausch des Glücks alle Vorsicht und verunglückt tödlich.
Clouzot hat seinen Film perfekt inszeniert. Er beschwört zunächst die lähmende Monotonie in Las Piedras und schildert dann mit eiskalter

Präzision die gefährliche Fahrt. Es gelingt ihm dabei, die Zuschauer zu überzeugen, daß die Gefahr tatsächlich existent ist – daraus gewinnt jedes Detail der Handlung Spannung: der Felsblock, der den Weg versperrt, eine Bodenrinne, eine wackelige Rampe an einer Spitzkehre. Clouzot verließ sich freilich nicht nur auf die äußeren Effekte; Spannung erwächst auch aus den Beziehungen der vier Männer, die er mit psychologischem Feingefühl beobachtet.

Die 1953 in Cannes gezeigte Originalfassung mit 156 Minuten Länge wurde bei der Kinoauswertung in vielen Ländern wegen »antiamerikanischer Tendenzen« und aus Gründen der Programmlänge teilweise drastisch gekürzt. Seit 1992 ist die rekonstruierte Urversion wieder verfügbar.

La salamandre
Der Salamander

Schweiz 1971

R: Alain Tanner; A: Alain Tanner, John Berger; K: Renato Berta; D: Bulle Ogier, Jean-Luc Bideau, Jacques Denis, Marcel Vidal

Zwei Freunde, ein Schriftsteller und ein Journalist, sollen gemeinsam ein Drehbuch schreiben. Ihr Thema ist eine Zeitungsmeldung: Ein Mädchen namens Rosemonde (B. O.) soll auf seinen Onkel (M. V.) geschossen haben. Rosemonde allerdings bestreitet diese Tat; nach ihrer Aussage hat sich der Onkel beim Reinigen des Gewehres selbst verletzt. Pierre (J.-L. B.) sucht der Wahrheit mit den Werkzeugen seines Berufes, mit Tonbandgerät und Kamera, auf die Spur zu kommen, wobei er allerdings nur widersprüchliche Aussagen registrieren kann. Paul (J. D.) hingegen setzt sich an die Schreibmaschine und »erfindet« Rosemondes Geschichte. Dann bringt Pierre eines Tages Rosemonde mit zu Paul. Der stellt überrascht fest, daß er Details der Wirklichkeit offenbar verblüffend genau getroffen hat, daß aber trotzdem die echte Rosemonde nichts mit seiner Geschichte gemein hat. Als der Kontakt der drei immer enger wird, erfahren die Freunde schließlich sogar die Wahrheit über ihren »Fall«. Doch unterdessen sind sie so sehr in das Schicksal Rosemondes integriert worden, daß diese Wahrheit für sie ohne Belang ist. Sie werden ihr Drehbuch ohnehin nicht schreiben.

Tanner wurde nach Gastspielen in England und Frankreich und nach längerer Tätigkeit für das Schweizer Fernsehen dem Kinopublikum durch seinen Spielfilm *Charles – mort ou vif* (Charles – lebend oder tot, 1969) bekannt. Er gehörte zu den Gründungsmitgliedern der Produktionsgruppe »Groupe 5«, der der Schweizer Film wesentliche Impulse verdankt.

In *La salamandre* hat er eine Studie über die Schwierigkeiten beim Schreiben (oder Filmen) der Wahrheit geschaffen. Er zeigt, daß Dichtung, Reportage und Realität drei sehr verschiedene Dinge sind; und er demonstriert das spielerisch-ironisch in einem Film, der scheinbar gesicherte Erkenntnisse immer wieder relativiert und in Frage stellt, der damit aber gleichzeitig dem Zuschauer das Material an die Hand gibt, eine eigene, persönliche Wahrheit zu entdecken.

Salò o le centoventi giornate di Sodoma
Die 120 Tage von Sodom

Italien/Frankreich 1975

R: Pier Paolo Pasolini; A: Pier Paolo Pasolini, Sergio Citti nach dem Roman *Die 120 Tage von Sodom* des Marquis de Sade; K: Tonino Delli Colli; D: Paolo Bonacelli, Aldo Valletti, Giorgio Cataldi, Umberto Paolo Quintavalle, Sonia Saviange

Pasolini hat die literarische Vorlage gekürzt, gestrafft und in die jüngste Vergangenheit versetzt: In Mussolinis kurzlebiger (1943–45) Republik von Salò am Gardasee geben sich vier Notabeln – ein Herzog (P. B.), ein Präsident (A. V.), ein Monsignore (G. C.) und ein Prälat (U. P. Q.) – in einer abgelegenen Villa makaberen Ausschweifungen hin. Mit Hilfe faschistischer Schergen haben sie acht junge Männer und acht Mädchen aus gutem Haus in ihre Gewalt gebracht, die sie in einer dreitägigen Orgie von Sex und Gewalt brutal mißbrauchen, demütigen, schänden und am Ende ermorden.

Drei »Erzählerinnen« peitschen die Phantasie der lüsternen Lebemänner zusätzlich durch perverse Berichte auf, eine »Pianistin« (S. S.) begleitet die widerlichen Ausschweifungen.

Salò blieb Pasolinis letzter Film und gewann dadurch für Anhänger und Gegner eine besondere Bedeutung. In Italien wurde der Film wegen »sexueller Perversionen« verboten. Auch in der Bundesrepublik gab es einen Prozeß, der aber mit der Feststellung endete, daß der Film nicht »pornographisch« sei. Er konnte gezeigt werden; viele Kinobesitzer verzichteten aber darauf.

Es kann kein Zweifel darüber bestehen, daß es Pasolini nicht darum ging, einen möglichst spektakulären Sexfilm zu drehen. Er wollte warnen, attackieren, den Faschismus und darüber hinaus jede absolute Macht denunzieren, die den Menschen ausnutzt, erniedrigt und schließlich zerstört. Pasolini selbst: »Im Faschismus manifestiert sich wie kaum woanders jenes fast zwangsläufig zu Terror, Erniedrigung und unmenschlichen Greueln führende Prinzip, das auch de Sades Zentralfiguren eignet.« So ist Salò sicherlich ein politischer und ein »moralischer« Film. Aber es scheint, als habe Pasolini in seinem Engagement die Kontrolle über seine Bilder verloren. In einem Interview mit der Zeitung Corriere della Sera sagte er: »Salò wird ein grausamer Film sein. So grausam, daß ich (so nehme ich an) mich zwangsläufig davon distanzieren muß, so tun, als würde ich das alles nicht glauben, als sei ich ganz starr vor Überraschung ...« Er hat dabei wohl nicht bedacht, daß auch das Publikum sich »distanzieren« könnte, daß die Fülle der über fast zwei Stunden ausgebreiteten Scheußlichkeiten zwar zum Ekel, aber nicht zur Erkenntnis führen würde. Das Unerträgliche wird verdrängt, und am Ende bezieht sich die Abwehrreaktion der meisten Zuschauer auf das Dargestellte und nicht mehr auf die Ideologie, die durch die Darstellung entlarvt werden sollte.

The salvation hunters Ⓢ
Die Heilsjäger

USA 1925

R: Josef von Sternberg; A. Josef von Sternberg; K: Edward Gheller; D: George K. Arthur, Georgia Hale, Otto Matiesen, Olaf Hytten, Bruce Guerin

»The boy« (G. K. A.) und »the girl« (G. H.) leben auf einem Schlammbagger im Hafen. Der verbitterte und unentschlossene »boy« sucht vergeblich Arbeit, um für seine Gefährtin und

The salvation hunters (Georgia Hale, George K. Arthur, Bruce Guerin)

ein etwa sechsjähriges Waisenkind (B. G.), das sie aufgenommen haben, sorgen zu können. Nach einem Streit mit dem Besitzer (O. H.) des Baggers, der das Kind geprügelt hat, verlassen die drei den Bagger und suchen eine Wohnung in der Stadt. »The man« (O. M.) nimmt sie auf – aber offenbar nur deshalb, weil er Absichten auf »the girl« hat. So kommt es eines Tages zu einer Auseinandersetzung zwischen beiden Männern. »The boy« siegt und gewinnt dadurch Vertrauen in sich selbst und Mut für einen neuen Anfang.

Sternbergs erster Film verdankt Entstehung und Erfolg abenteuerlichen Zufällen. Der Schauspieler Arthur wollte unbedingt zum Produzenten avancieren und gewann Sternberg, mit einem Budget von 6000 Dollar für ihn einen Film zu drehen. Leider stellte sich heraus, daß Arthur überhaupt nicht über soviel Geld verfügte; so mußte Sternberg eigene Ersparnisse und eilig gepumptes Geld zuschießen. Der Film entstand schließlich für 5000 Dollar. Die erste öffentliche Vorstellung war ein Mißerfolg. Doch dann überredete Arthur Chaplins Vorführer, den Film »aus Versehen« bei einer privaten abendlichen Filmvorführung in Chaplins Villa zu zeigen. Chaplin war begeistert, sein positives Votum bewog die United Artists, den Film zu kaufen, und Sternberg war berühmt.

Sternberg drehte seinen Film im Hafen und in den Straßen von San Pedro; der ungeschminkte Realismus gehört sicher zu seinen größten Vorzügen. Dabei gelang es Sternberg aber auch, die innere Leere, die fast besessene Verzweiflung seiner handelnden Personen unpathetisch deutlich zu machen. Manche Kritiker halten noch heute *The salvation hunters* für Sternbergs besten oder zum mindesten doch persönlichsten Film.

▬

Salvatore Giuliano
Wer erschoß Salvatore G.? / Der Fall Salvatore Giuliano

Italien 1961

R: Francesco Rosi; A: Francesco Rosi, Suso Cecchi d'Amico, Enzo Provenzale, Franco Solinas; K: Gianni Di Venanzo; D: Frank Wolff, Salvo Randone

Am 5. Juli 1950 wurde in der sizilianischen Ortschaft Castelvetrano die Leiche des 28jährigen Banditen Salvatore Giuliano gefunden, dessen Name damals fast in der ganzen Welt bekannt war. Sein Leben und vor allem sein Tod waren von Geheimnissen umwittert: Der Mord an einem Polizisten treibt Giuliano in die Berge. Wenig später erscheint er als Figur im politischen Spiel um die Unabhängigkeit Siziliens. Dann lebt er von Raub, Entführungen und Erpressungen. Nach jahrelanger Verfolgung wird er getötet; sein engster Vertrauter, Gaspare Pisciotta (F. W.), wird verhaftet. In seinem Prozeß sagt Pisciotta überraschend aus, er selbst habe Giuliano getötet. Aber warum? Als Pisciotta eine »wichtige Erklärung« abgeben will, entzieht ihm der Gerichtspräsident (S. R.) das Wort. Hinweise auf Verbindungen Giulianos zu Politikern und hohen Beamten werden unterdrückt. Pisciotta wird wenig später in seiner Zelle vergiftet.

Rosi ging es nicht um eine romantische Räuberballade; er hat vielmehr in der Form einer dokumentarischen Chronik nach der Wahrheit gefragt. Er hat an den Originalschauplätzen überwiegend mit Laien gedreht. Und ihn haben dabei vor allem die politischen und sozialen Voraussetzungen für Giulianos Existenz und seine Erfolge interessiert. Darum ersetzt der Film oberflächliche Spannung durch kritische Distanz, die er u. a. durch häufig abrupten Wechsel der Zeitebenen erreicht. Darum tritt Giuliano in seinem legendären weißen Staubmantel eigentlich nur am Rande in Erscheinung; denn nach Meinung Rosis war er auch in der Wirklichkeit nur eine Schachfigur in der Hand einflußreicher Hintermänner. Und deshalb schließlich verzichtet der Film auf Spekulationen über die Hintergründe des Falles Salvatore Giuliano. Die Tatsache, daß sie nicht geklärt werden konnten, ist für Rosi erhellend genug.

▬

Sammy and Rosie get laid
Sammy und Rosie tun es

England 1987

R: Stephen Frears; A: Hanif Kureishi; K: Oliver Stapleton; D: Shashi Kapoor, Ayub Khan Din, Frances Barber, Roland Gift, Wendy Gazelle, Claire Bloom

*Sammy and Rosie get laid
(Frances Barber, Ayub Khan Din)*

Voll froher Erwartungen trifft der pakistanische Geschäftsmann und Politiker Rafi (S. K.) in London ein. Er will sich mit seinem Sohn Sammy (A. K. D.) aussöhnen, seine Schwiegertochter Rosie (F. B.) kennenlernen und seine alte Liebe Alice (C. B.) wiedersehen. Sein Frohsinn schwindet schnell: Die Ehe von Sammy und Rosie ist ohne den von ihm erwarteten Kindersegen, außerdem recht brüchig und für seinen Geschmack viel zu freizügig; das einstmals vertraute und geliebte London erscheint ihm als irritierendes Inferno voller Gewalt und Haß. Rafis Situation wird nicht einfacher, als Rosies Freundinnen herausfinden, daß der nette alte Mann seine politischen Ziele einst mit Gewalt und Folter befördert hat. Für kurze Zeit glaubt er, in der Freundschaft des jungen Farbigen Danny (R. G.) eine Zuflucht finden zu können; aber just an dem hat auch seine Schwiegertochter Gefallen. So finden sich eines Abends wundersam drei Paare: Rosie und Danny, Sammy und seine Freundin Anna (W. G.) sowie Rafi und Alice. Doch der Hauch der Idylle verweht schnell. Rafi fühlt sich zunehmend unbehaust in diesem unwirtlichen London und nimmt sich verzweifelt das Leben. Sammy und Rosie, die eigentlich auseinandergehen wollten, suchen beieinander Schutz ...

Wie bereits in ihrem Film *My beautiful laundrette* (Mein wunderbarer Waschsalon, England 1985) haben Autor Kureishi und Regisseur Frears wieder ein bizarres Panorama urbanen Schreckens im London der achtziger Jahre gezeichnet. Hier scheint eine Welt heillos aus den Fugen geraten zu sein, und die Menschen suchen verstört nach Fixpunkten, an denen sie sich orientieren können. Ähnlich ratlos wie Rafi fühlen sich alle anderen Personen. Auch sie finden sich nicht mehr zurecht, weil die Spielregeln der Gesellschaft zum Spekulationsobjekt der Mächtigen geworden sind und allein die Sexualität noch einen gewissen Freiraum für das Individuum verheißt.

Kureishi und Frears demonstrieren das auch durch den Stil ihres Films, der grelle Akzente und verhaltene, subtile Passagen fast unvermittelt aneinanderreiht. Man mag ihr Bild der Wirklichkeit als Zerrspiegel bezeichnen, aber Zerrspiegel verändern ja lediglich die Konturen, sie zeigen nichts, was nicht tatsächlich vorhanden ist. Ein beunruhigender, nachdenklich stimmender Film.

Le samouraï
Der eiskalte Engel

Frankreich/Italien 1967

R: Jean-Pierre Melville; A: Jean-Pierre Melville nach dem Roman *The ronin* von Gowan McLeod; K: Henri Decae; D: Alain Delon, Nathalie Delon, Cathy Rosier, François Périer

Der Berufskiller Jeff Costello (A. D.) tut seine Arbeit: Er besorgt sich bei seiner Freundin Jane (N. D.) ein Alibi und erschießt einen Nachtclubbesitzer. Er wird zwar verhaftet, muß aber wieder freigelassen werden, da man ihm die Tat nicht nachweisen kann. Doch die Polizei behält ihn im Auge, und dadurch wird er für seine Auftraggeber ein Sicherheitsrisiko. Als er sein Honorar kassieren will, soll er beseitigt werden. Aber Jeff kann verletzt entkommen. Der Killer wird nun zum Gejagten. Zwar nimmt er noch einen Auftrag an – jedoch nur, um mit dem geheimnisvollen Chef des Syndikats abrechnen zu können. Als er sieht, daß er keine Chance mehr hat, bedroht er das Mädchen (C. R.), das er töten sollte, mit einem un-

Le samouraï (Alain Delon)

geladenen Revolver und provoziert damit die Polizei, ihn zu erschießen.

Melville bezieht keine Stellung gegenüber seinem Protagonisten, entschuldigt oder erklärt seine Handlungen nicht. Jeff ist eine Kunstfigur, deren Schicksal präzise und unausweichlich nach festgelegten Regeln abläuft. Hier berührt der Gangsterfilm die antike Tragödie. Als Motto dient dem Film der Satz: »Es gibt keine größere Einsamkeit als die des Samurais, es sei denn die des Tigers im Dschungel.« Jeff ist beides – der Samurai, der seine Arbeit nach festgelegtem Ritual verrichtet, und der Tiger, der im Dschungel der Großstadt kämpft.

In einigen Filmen Rainer Werner Fassbinders kann man deutliche Einflüsse gerade dieses Films feststellen – bis hin zu einer Kopie des Erscheinungsbildes von Jeff Costello in *Liebe ist kälter als der Tod*.

San
Ein serbischer Traum

Jugoslawien 1966

R: Puriša Djordjević; A: Puriša Djordjević; K: Mihajlo Popović; D: Olivera Vučo, Ljubiša Samardžić, Mihajlo Janketić

Zwei serbische Dörfer sind vorübergehend durch die Partisanen befreit worden. Man feiert gemeinsam den Erfolg; eine junge Partisanin (O. V.) und ein Partisan (M. J.) träumen von einer gemeinsamen Zukunft. Beim nächsten Einsatz der Partisanen wird der Junge getötet; aber in den Träumen und Visionen des Mädchens bleibt er lebendig. Sie träumt das Glück, das sie nie erleben wird. Die Partisanen erbeuten einen deutschen Panzer, sie probieren in einem Dorf den Sozialismus aus und enteignen die Grundbesitzer. Doch dann greifen die Deutschen wieder an und nehmen einen mit Partisanen besetzten Zug unter Feuer. Sterbend träumen auch diese Partisanen ihren Traum. Das Mädchen stirbt. Zum Schluß fährt der Zug mit den Leichen der Partisanen in eine andere Welt. Auf einem Hügel versammeln sich die Toten. Unter ihnen ist auch ein dicker deutscher Soldat, der zwei Kinder an der Hand führt. Die Kinder sagen: »Das ist der Onkel, der uns totgemacht hat!«

Die vielfältigen Brechungen zwischen Realität und Vision relativieren den üblichen Partisanenmythos, der lange Jahre das Hauptthema der jugoslawischen Filmproduktion gewesen ist. Hier wird der Zuschauer zu kritischer Analyse aufgefordert, zum Nachdenken darüber, ob der Traum des Jahres 1941 25 Jahre später verwirklicht worden ist. Der lyrische Grundton des Films hat allerdings ein gewisses Pathos; und eine poetische Kameraführung überdeckt gelegentlich das Grauen der Realität.

Djordjević hat das hier angeschlagene Thema später in seinen Filmen *Jutro* und *Podne* wieder aufgegriffen.

San Francisco
San Franzisko

USA 1936

R: William S. Van Dyke; A: Anita Loos nach einem Entwurf von Robert Hopkins; K: Oliver Marsh; D: Clark Gable, Jeannette MacDonald, Spencer Tracy, Jack Holt

Mary (J. MD.) singt im Vergnügungsetablissement von Blackie Norton (C. G.) und im Kirchenchor von Father Mullin (S. T.), mit dem

Blackie eng befreundet ist, obwohl er nichts von der Religion hält. Dann taucht ein Mr. Burley (J. H.) auf, der Mary zur Oper bringen will. Nach einem Streit mit Blackie folgt Mary Burleys Angebot und verlobt sich sogar mit ihm. Während Mary Karriere macht, steht Blackie bald vor dem Ruin – nicht zuletzt durch Machenschaften Burleys. Seine letzte Hoffnung ist der »Chickens-Ball«, auf dem alljährlich die beste Varieté-Leistung mit 10 000 Dollar prämiert wird. Auf diesem Ball erfährt auch Mary von Burleys Intrigen. Sie steht auf, singt für Blackies »Paradise« das Lied »San Francisco« und holt ihm den Preis. Mitten in der Siegerehrung beginnt ein großes Erdbeben. Die Stadt wird vernichtet, aber Mary, Blackie und Mullin treffen sich in einem Lager wieder – und Blackie dankt Gott für die Rettung.

Der Film genießt in weiten Kreisen einen legendären Ruf, den er wohl nicht zuletzt dem populären Lied »San Francisco« verdankt. Verdient haben ihn sonst allenfalls die Hauptdarsteller, die die recht konventionelle Geschichte über zwei Drittel der Zeit in Gang halten. Im letzten Drittel sorgt dann die Tricktechnik (James Basevi) bei der für die damalige Zeit ungewöhnlich realistischen Darstellung des Erdbebens für spektakuläre Spannung.

Le sang d'un poète
Das Blut eines Dichters

Frankreich 1930

R: Jean Cocteau; A: Jean Cocteau; K: Georges Périnal, Preben Engbarg; D: Lee Miller, Enrique Rivero, Pauline Carton, Odette Talazac

Der Dichter (E. R.) zeichnet einen Kopf, dessen Mund lebendig wird. Bei dem Versuch, die Zeichnung fortzuwischen, öffnet sich der Mund in seiner Handfläche. Eine Statue (L. M.) wird lebendig und fordert den Dichter auf, in einen Spiegel zu springen. Er tut es und gelangt in einen Hotelkorridor, wo er durch die Schlüssellöcher in die Zimmer blickt. Er sieht nacheinander die Hinrichtung Kaiser Maximilians von Mexiko, eine Frau (P. C.), die einem Kind das Fliegen beibringt, einen Opiumraucher, einen Hermaphroditen. Eine Frauenhand reicht dem Dichter eine Pistole. Er erschießt sich, wird wieder lebendig, läuft zurück und zertrümmert die Statue. Kinder machen eine Schneeballschlacht, bis eines von ihnen blutend am Boden liegt. Diese Szene wird zur Bühne, auf der der Dichter mit der Statue Karten spielt. Er zieht dem blutenden Kind die benötigte Karte aus der Jacke. Aber er verliert trotzdem und tötet sich zum zweiten Mal. Die Zuschauer in der Loge klatschen Beifall.

Der Vicomte de Noailles, der Mäzen Buñuels, finanzierte auch diesen Film. Ursprünglich war ein Zeichenfilm geplant: Cocteau schlug dann vor, einen »realen« Film zu drehen, »der ebenso frei wäre wie ein Zeichenfilm«. Es entstand ein Film voll poetischer Einfälle, skurriler Widersprüche, paradoxer Erfindungen, von dem eine summarische Inhaltsangabe nur einen unzulänglichen Eindruck vermittelt. Cocteau nannte seinen Film »einen realistischen Dokumentarfilm über unwirkliche Ereignisse«. Er betont das Traumhafte, Unwirkliche, indem er den Film mit den Bildern eines einstürzenden Fabrikschornsteins beginnen und enden läßt, so daß seine »subjektive« Dauer also auf Bruchteile von Sekunden reduziert wird.

Cocteau liefert hier Variationen über die Situation des Dichters, dem seine Berufung (der Mund) wie eine Wunde, wie ein Makel anhaftet, der seine eigene Kindheit für den Erfolg betrügt, dessen Tod vom Publikum beklatscht wird usw. Viele thematische und optische Motive des Films kehren später in *Orphée* wieder.

Sansho Dayu
Landvogt Sansho / Sansho Dayu – Ein Leben ohne Freiheit

Japan 1954

R: Kenji Mizoguchi; A: Fuji Yahiro und Yoshikata Yoda nach dem gleichnamigen Roman von Ogai Mori; K: Kazuo Miyagawa; D: Kinuyo Tanaka, Yoshiaki Hanayaki, Kyoko Kagawa, Eitaro Shindo

Japan im 11. Jahrhundert. Tamaki (K. T.) ist mit ihren Kindern Zushio und Anju unterwegs und sucht ihren Mann, der als Gouverneur abgesetzt und verbannt worden ist, weil er sich für die Bauern eingesetzt hat. Sie fallen Menschenhändlern in die Hände. Tamaki wird als Kurtisane auf eine Insel gebracht, wo sie altert und wo man ihr schließlich die Sehnen der Füße durchschneidet, um eine Flucht zu verhindern. Die Kinder werden Sklaven des grausamen Landvogts Sansho (E. S.). Nur Sanshos Sohn Taro hat Mitleid mit ihnen; aber Taro flieht schließlich selbst vor der brutalen Härte seines Vaters. Nach vielen Jahren überredet Anju (K. K.) ihren Bruder zur Flucht. Sie selbst ertränkt sich im See, um nicht unter Foltern ihren Bruder zu verraten. In einem Tempel trifft Zushio (Y. H.) auf Taro, der ihm einen Geleitbrief für einen Minister mitgibt. Der Minister erkennt Zushio an einem Amulett, das sein Vater ihm gegeben hat, und ernennt ihn zum Gouverneur der Provinz, in der Sansho lebt. Zushio ordnet die Freilassung aller Sklaven an. Als Sansho sich widersetzt, läßt er ihn verhaften. Dann tritt er von seinem Amt zurück und macht sich auf die Suche nach seiner Mutter. Er findet sie alt und blind; beide sinken sich in die Arme.

Mizoguchi erzählt seine Geschichte vom Leid des einzelnen und vom Leid des Volkes in einer grausamen Zeit in strengen Bildern, in vielen Totalen und langen Einstellungen. Aber sein Film ist nicht nur Stimmungsbild aus der Vergangenheit; er enthüllt mit aller Deutlichkeit soziale und Herrschaftsstrukturen, die das Volk unterdrücken. Und hinter Zushios Rücktritt steht wohl nicht nur die Liebe des Sohnes, der seine Mutter sucht, sondern auch die resignierende Einsicht, daß ein einzelner die Verhältnisse nicht grundlegend ändern kann.

Sans toit ni loi (Sandrine Bonnaire)

Sans toit ni loi
Vogelfrei

Frankreich 1985

R: Agnès Varda; A: Agnès Varda; K: Patrick Blossier; D: Sandrine Bonnaire, Macha Méril, Stéphane Freiss, Sylvain, Yahiaoui Assouna

Am Anfang wird, irgendwo in winterlicher Kälte im Süden Frankreichs, die Leiche einer jungen Frau gefunden. Sie war offensichtlich eine Vagabundin und ist erfroren. Der Film sucht Aufschluß über ihre Existenz und ihren Tod. Man sieht Mona (S. B.), so hieß sie, zunächst bei einem Bad im winterlichen Meer. Dann trampt sie mit Rucksack und Zelt durch das Land. Sie begegnet vielen Leuten, die sich nur ungenau oder gar nicht an sie erinnern. Andere erinnern sich – so die Biologin Landier (M. M.), die sich mit dem Sterben der Platanen befaßt, der philosophierende Ziegenhirt Sylvain (S.) oder der tunesische Arbeiter Assouna (Y. A.). Gelegentlich, aber nur wenn sie dringend Geld für ihren Lebensunterhalt braucht, arbeitet Mona. Einmal wird sie vergewaltigt; aber sie prostituiert sich auch – vielleicht weil sie nicht »bitte« sagen will. Am Ende verliert sie bei einem Brand in ihrem Quartier einen großen Teil ihrer Habseligkeiten, vor allem Rucksack, Schlafsack und Zelt. Letzten Endes ist das der Grund, warum sie erfriert.

Agnès Varda meint: »Menschen, die im Winter umherziehen! Das hat mich schon immer fasziniert. Ich finde das sowohl skandalös als auch mysteriös. Letzten November hatte ich Lust, einen Film darüber zu machen ... Ich könnte den Film in drei Worten bestimmen: Weite, Rebellion und Einfachheit. Das andere ist die Geschichte einer Vagabundin, deren größte Stärke es ist, nur im Vorbeigehen zu leben. Ich wollte daraus so etwas wie ein Spiel mit Spie-

geln machen: Die Leute, die Mona begegnet waren, reagieren persönlich und zeigen sich selbst, indem sie erzählen, welche Wirkung Mona auf sie hatte. Mona ist eine Person, die stört und verwirrt, weil sie alles zurückweist, auch die geringste soziale Anbiederung, jegliche Perspektive. Sie stört auch, weil sie nie Opfer ist, nie bedauernswert. Und das provoziert sehr heftige Reaktionen.«
Der Film handelt von totaler Unabhängigkeit und totaler Einsamkeit. Er will keine psychologische Studie sein, allenfalls ein Psychogramm. Er will nicht erklären, sondern schildern. Das tut er in wortkargen Szenen und in präzise komponierten Bildern, die beim Zuschauer einen Denkprozeß in Gang setzen. Man findet keine einleuchtende Erklärung für Monas Existenz; aber der Gedanke an sie, an Menschen wie sie, frißt sich fest. Die Obsession der Regisseurin wird zur Obsession des Betrachters.

Saraband
Sarabande

Schweden/Deutschland/Österreich/Dänemark/Norwegen/Italien 2002/03

R: Ingmar Bergman; A: Ingmar Bergman; K: Raymod Wemmenlöv, Per-Olof Lantto, Sofi Stridh, Jesper Holmström, Stefan Eriksson; D: Liv Ullmann, Erland Josephson, Börje Ahlstedt, Julia Dufvenius, Gunnel Fred

Aus einem plötzlichen Impuls heraus besucht die Rechtsanwältin Marianne (L. U.) eines Tages ihren früheren Mann Johan (E. J.), den sie seit 32 Jahren nicht mehr gesehen hat. Johan lebt – dank einer Erbschaft – in einem feudalen Haus am Ufer eines Sees. In einem Nebengebäude hat sich Henrik (B. A.), sein Sohn aus erster Ehe, mit seiner 19jährigen Tochter Karin (J. D.) eingenistet – obwohl Vater und Sohn einander von Herzen hassen. Henrik hat nach dem Tod seiner Frau Anna seinen Beruf als Musikprofessor aufgegeben und widmet sich ganz der Ausbildung seiner Tochter, einer begabten Cellistin. Von seiner besitzergreifenden, nicht nur väterlichen Liebe fühlt Karin sich mehr und mehr eingeengt. In Marianne findet sie endlich jemanden, mit dem sie über ihre Probleme sprechen kann. Dann versucht auch Johan, sich in Karins Leben einzumischen; aber die geht ihren eigenen Weg. Sie teilt ihrem Vater mit, daß sie keine Solistin werden, sondern mit anderen Menschen in einem Orchester spielen will. Mit einer Freundin wird sie zu einer dreijährigen Ausbildung nach Hamburg fahren. Henrik schneidet sich verzweifelt die Pulsadern auf, wird aber rechtzeitig gefunden und gerettet. Johan kommentiert zynisch, daß sein Sohn sogar beim Selbstmord versage ... Doch eines Nachts packt auch ihn die Angst vor der Einsamkeit. Er bekommt einen Weinkrampf und klopft an Mariannes Tür. Die erkennt seinen Zustand und bietet ihm an, sich neben sie zu legen. Bei ihr findet er Ruhe. Dann muß Marianne zurück nach Stockholm. Eine Zeitlang telefoniert sie sonntags mit Johan, doch der läßt den Kontakt wieder abbrechen. Am Ende sieht man Marianne bei ihrer autistischen Tochter Martha (G. F.) in einem Pflegeheim. Zum ersten Mal glaubt sie, eine wirkliche Nähe zu ihrem Kind zu spüren. Sie erkennt, daß sie als Mutter versagt hat, und weint.

Man glaubt zunächst, hier handele es sich um eine Fortsetzung von *Scener ur ett aektenskap*. Doch Bergman gibt genügend Hinweise, daß dies nicht so ist. Augenfälligstes Beispiel: Die Töchter des Ehepaares, das in beiden Filmen von Liv Ullmann und Erland Josephson gespielt wird, heißen jetzt nicht Karin und Eva, sondern Sara und Martha. Die enge Verknüpfung beider Filme aber ist unübersehbar. Wieder geht es um ein zermürbendes Familiendrama, um die Beziehungen zwischen Menschen – zwischen ehemaligen Partnern, zwischen Vater und Sohn, Vater und Tochter und nicht zuletzt zwischen allen handelnden Personen und der toten Anna. Denn Anna greift durch die Erinnerungen an sie und durch einen Brief von ihr, den Karin in einem Buch findet, entscheidend in die Handlung ein. Und wieder ist Bergmans Analyse von unerbittlicher Schärfe. Am Ende erkennen Johan, Henrik und auch Marianne, daß sie versagt haben. Nur auf Karin, auf der nächsten Generation, gründet ein wenig Hoffnung. Ingmar Bergman war 85 Jahre alt, als er diesen (Fernseh-)Film drehte; es blieb sein letzter.

Såsom i en spegel
Wie in einem Spiegel

Schweden 1961

R: Ingmar Bergman; A: Ingmar Bergman; K: Sven Nykvist; D: Harriet Andersson, Max von Sydow, Gunnar Björnstrand, Lars Passgård

Karin (H. A.) verbringt die Sommerferien mit ihrem Mann Martin (M. v. S.), ihrem Vater David (G. B.) und ihrem Bruder Minus (L. P.) auf einer einsamen Ostsee-Insel. Karin ist latent geisteskrank. Ihr Mann, der Arzt, kann ihr nicht helfen; eine Mauer scheint zwischen den Eheleuten zu stehen. David versagt jämmerlich; er beobachtet Karins Krankheit halb abgestoßen, halb fasziniert, sieht in ihr möglicherweise gar Stoff für ein neues Buch, das ihm, dem oberflächlichen Schriftsteller, endlich einen wirklichen Erfolg bringen wird. Er schreibt diese Gedanken selbstkritisch in sein Tagebuch, das Karin liest. In ihrer Verzweiflung klammert sie sich an Minus und zieht ihn dabei in eine leidenschaftliche inzestuöse Umarmung, die den halbwüchsigen Jungen völlig verstört. Am Schluß des Films hört Karin Stimmen, sieht den sehnsüchtig erwarteten Gott als riesige Spinne erscheinen und wird mit einem Hubschrauber in die Heilanstalt gebracht. Aber die Zurückbleibenden sind verändert. David sucht Trost im Vertrauen auf Gott und findet endlich zu einem Gespräch mit seinem Sohn.
Der Titel des Films ist dem 1. Korintherbrief des heiligen Paulus entnommen: »Denn jetzt sehen wir nur dunkel, wie in einem Spiegel – dann aber von Angesicht zu Angesicht ...« Das Zitat, dessen zweiten Teil Bergman im Jahr 1975 ebenfalls zum Titel eines Films (*Ansikte mot ansikte*) machte, verweist gleichermaßen auf die religiösen Bezüge wie auf die dramaturgische Konzeption des Films. Dies ist einer der wenigen Filme Bergmans, die Hoffnung aus dem Glauben beziehen. Andererseits schildert er, wie alle Personen der Handlung sich dadurch verändern, daß sie im Spiegel des anderen einen Teil ihres Ichs sehen. Demonstriert wird das in einer kühlen, klaren Bildsprache, die sich ganz auf das Wesentliche konzentriert. Bergman hat einmal gesagt: »Alle anderen Filme, die ich bisher gemacht habe, waren nur Etüden. Dies ist mein Opus Nr. 1.«
Såsom i en spegel ist der erste Teil einer Art Trilogie, die Bergman mit *Nattvardsgästerna* und *Tystnaden* fortsetzte.

Saturday night and Sunday morning
Samstagnacht bis Sonntagmorgen

England 1960

R: Karel Reisz; A: Alan Sillitoe nach seinem gleichnamigen Roman; K: Freddie Francis; D: Albert Finney, Shirley Anne Field, Rachel Roberts

Arthur Seaton (A. F.) verdient als Arbeiter nicht schlecht, reibt sich aber an der Enge seiner Existenz, aus der er gleichwohl keinen Ausweg weiß. Samstagnacht und Sonntagmorgen sind den Vergnügungen gewidmet: Angeln, Kinobesuch, ein »Saufduell« in der Kneipe, Sex mit Brenda (R. R.), der Frau eines mickrigen Kollegen. Drei Ereignisse geben seinem Leben eine andere Richtung: Brenda erwartet ein Kind, und Arthur besorgt ihr eine Adresse. Ihr Mann entdeckt das Liebesverhältnis und läßt den Nebenbuhler von einigen Freunden zusammenschlagen. Und schließlich trifft Arthur die junge Doreen (S. A. F.), die Anstalten macht, ihn aufs Standesamt zu locken. Im Schlußbild wirft er einen Stein gegen das Reklameschild einer Baugesellschaft; aber es ist abzusehen, daß dieser zahme und sinnlose Protest ihn nicht davon abhalten wird, zusammen mit Doreen eines der neu entstehenden Häuser zu beziehen, für die auf dem Schild geworben wird.
Karel Reisz hat das Leben seines Helden sorgfältig beobachtet und dokumentarisch geschildert. Er registriert die Beschränktheit der Denkansätze, die schale Oberflächlichkeit der Vergnügungen; doch er verweist auch auf Ursachen: das erdrückende Milieu und das geisttötende Einerlei am Arbeitsplatz u. a. So bleibt auch die Rebellion Arthurs ungezielt und unreflektiert. Ihm gilt die Lohntüte mehr als die Solidarität, seine Proteste sind nicht selten kindisch, und es scheint ziemlich sicher, daß er einmal genauso gedankenlos und frustriert

wird wie sein Vater. Ein zwiespältiger Optimismus ist allein an das Mädchen Doreen gebunden: Sie ist geschickt und konsequent genug, ihre kleinbürgerlichen Glücksvorstellungen zu verwirklichen. Aber dazu braucht sie einen Partner, der nicht mit Steinen wirft ...

Saving Private Ryan
Der Soldat James Ryan

USA 1998

R: Steven Spielberg; A: Robert Rodat; K: Janusz Kaminski; D: Tom Hanks, Edward Burns, Tom Sizemore, Matt Damon, Barry Pepper

Ein amerikanischer Soldatenfriedhof in der Normandie. Zwischen den schier endlosen Reihen der Kreuze steht ein alter Mann. Er weint – und erinnert sich: 6. Juni 1944, die Landung der Alliierten in Frankreich. Unter denen, die gegen das mörderische Abwehrfeuer der Deutschen anrennen, befindet sich auch Captain Miller (T. H.) mit einem Stoßtrupp von acht Mann, der einen ungewöhnlichen Auftrag hat. Er soll den Soldaten James Ryan (M. D.), der als Fallschirmjäger hinter der deutschen Linie vermißt wird, finden und in Sicherheit bringen. Dem Oberkommando ist nämlich bekanntgeworden, daß die drei Brüder von James Ryan innerhalb weniger Tage auf den verschiedenen Kriegsschauplätzen gefallen sind; den letzten ihrer Söhne aber soll seine Mutter behalten. So taucht Miller mit seinen Leuten auf einer gespenstischen Odyssee in das Inferno der Invasionsfront ein. Tatsächlich finden sie James Ryan und retten sein Leben. Aber um welchen Preis? Am Ende sieht man wieder den alten Mann auf dem Friedhof. Man weiß jetzt, daß es James Ryan ist – an den Gräbern derer, die für seine Rettung gestorben sind.

Der Film hat Aufsehen erregt durch die Sorgfalt und das Geschick, mit denen er sich um eine realitätsnahe Darstellung des Krieges bemüht. Besonders die zwanzigminütige Anfangssequenz – die Anfahrt der Landungsboote, die Überwindung des kahlen Sandstrandes, der den Angreifern keinerlei Schutz bietet – ist von schockierender Intensität. Aber auch später gibt es immer wieder Bilder und Sequenzen, die man für Dokumentaraufnahmen halten könnte. Leider hat es aber das Drehbuch versäumt, diese Wirkung zu vertiefen, Einsichten zu vermitteln. Die Ausgangsidee, daß im Schlachtenlärm des Zweiten Weltkriegs das Leben von neun Männern aufs Spiel gesetzt wird, um ein anderes Leben zu retten, ist sicher geeignet, die schreckliche Absurdität des Krieges zu denunzieren. Doch dieser Gedanke geht im Verlauf der aktionsreichen Handlung und in der sentimentalen Rahmenhandlung weitgehend verloren. So entstand ein eher emotionaler Appell gegen den Krieg. Er wird getragen von guten darstellerischen Leistungen und von eindrucksvollen Bildern, die auf jeden Fall bewirken, daß man den organisierten Massentod hier niemals als spannendes Abenteuer konsumieren oder als Möglichkeit mannhafter Bewährung mißdeuten kann.

Scarface: Shame of a nation
Scarface

USA 1932

R: Howard Hawks; A: Ben Hecht, Seton I. Miller, W. R. Burnett, J. Lee Mahin und Fred Pasley nach einer Erzählung von Armitage Trail; K: Lee Garmes; D: Paul Muni, Ann Dvorak, Karen Morley, Osgood Perkins, George Raft

Tony Camonte (P. M.), der Leibwächter Costillos, läßt sich von Costillos Gegenspieler Lovo (O. P.) kaufen und ermordet seinen Boß. Im Auftrag Lovos schaltet er weitere Konkurrenten aus; und schließlich erschießt er auch Lovo, um dessen Macht und dessen Freundin Poppy (K. M.) zu gewinnen. Camonte ist jetzt der mächtigste Mann in der Stadt. Aber sein alter Mitstreiter Rinaldo (G. R.) verliebt sich in Camontes Schwester Cesca (A. D.). Das paßt Camonte nicht, und er erschießt Rinaldo. Cesca ruft die Polizei. Zu spät bereut sie ihren Entschluß. Camontes Villa wird umstellt. Cesca wird von einer Kugel getroffen; Camonte bettelt zunächst um sein Leben und wird dann bei einem Fluchtversuch erschossen.

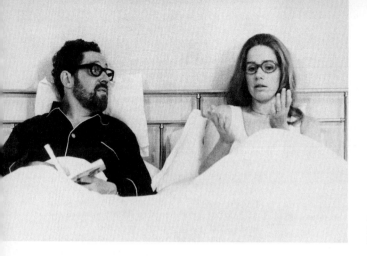

Scener ur ett aektenskap (Erland Josephson, Liv Ullmann)

Vorbild für das Schicksal Tony Camontes war der Lebenslauf des Gangsters Al Capone. Hawks hat die historischen Gemetzel sowie das Milieu und den Habitus der Gangster mit Sorgfalt nachgezeichnet. Sein Held ist ein machthungriger, schießwütiger Gangster; aber am Schluß deutet der Film auch eine Mitschuld der Gesellschaft an: Über die Leiche Camontes zuckt eine Lichtreklame mit dem Text: »Die Welt gehört Dir.« *Scarface* genießt als Prototyp des amerikanischen Gangsterfilms einen legendären Ruf.

Scener ur ett aektenskap
Szenen einer Ehe

Schweden 1973

R: Ingmar Bergman; A: Ingmar Bergman; K: Sven Nykvist; D: Liv Ullmann, Erland Josephson, Bibi Andersson, Jan Malmsjö, Barbro Hiort af Ornäs, Gunnel Lindblom

Marianne (L. U.) ist Rechtsanwältin, Johan (E. J.) Wissenschaftler. Beide sind seit zehn Jahren verheiratet, haben zwei Töchter und werden eingangs als eine Art Muster-Ehepaar vorgeführt. Auch das Gegenbeispiel wird gezeigt, eine völlig zerrüttete Ehe: Katarina (B. A.) und Peter (J. M.) kommen zu Besuch und geraten in der Wohnung der Freunde in einen erbitterten, verletzenden Streit. Der Besuch einer Mandantin (B. H. a. O.), die sich nach 20jähriger Ehe scheiden lassen will, bringt Marianne dazu, über ihre eigene Ehe nachzudenken; aber ein Versuch, mit Johan über ihre Probleme zu sprechen, scheitert. Dann überrascht Johan seine Frau mit der Mitteilung, daß er die 22jährige Paula liebe und mit ihr ins Ausland fahren wolle. Vergeblich bittet ihn Marianne zu bleiben. Nach 8 Monaten kehrt Johan zurück – enttäuscht von der besitzergreifenden Liebe Paulas und geschmeichelt durch die Aussicht auf eine Professur an einer bedeutenden Universität. Johan und Marianne schlafen miteinander, doch sie finden keine echte Gemeinsamkeit mehr. Johan geht erneut, und endlich beschließen beide, sich scheiden zu lassen. In Johans Büro sollen die Papiere unterzeichnet werden. Aber jetzt hat sich die Situation verändert: Marianne hat im Alleinsein die Freiheit entdeckt und neues Selbstvertrauen gewonnen; Johan ist verletzt und bitter, weil seine beruflichen Pläne gescheitert sind und seine Bindung an Paula ihn mehr und mehr belastet. Es kommt zum Streit und zu Handgreiflichkeiten. Haßerfüllt trennen sie sich. Jahre später treffen sich Johan und Marianne wieder. Beide sind jetzt mit anderen Partnern verheiratet. Sie verbringen ein gemeinsames Wochenende, schlafen miteinander, und jetzt endlich können sie gelassen und verständnisvoll über ihre Probleme und Erfahrungen reden.

Der rund dreistündige Film, der sich fast ausschließlich auf seine beiden Protagonisten konzentriert, ist die gekürzte Fassung einer Fernsehserie von 6 Folgen zu je 50 Minuten. Man spürt die Dramaturgie der Serie noch in der Einteilung des Films in sechs »Szenen«. Aber das gereicht ihm nicht zum Schaden, läßt ihn nicht schematisch oder lehrhaft erscheinen, sondern unterstreicht die Konsequenz, mit der hier eine Entwicklung gezeigt wird: die allmähliche Bewußtwerdung Mariannes, das langsame Scheitern Johans, die Denaturierung einer Liebesbeziehung zum blanken Haß und ein Neubeginn, der zwar keine Gewißheit, aber Hoffnung schenkt. Am Ende haben beide etwas Liebe gelernt. Johan ist auf eine neue Weise zärtlich zu Marianne, und Marianne vermag sich endlich einmal in Ruhe und Geduld ihrer Mutter zuzuwenden. Diese Entwicklung wird aber von Bergman nicht als bewußter Lernprozeß dargeboten. Er zeigt, wie beide ihren Weg verzweifelt und oftmals blindlings suchen. Bergman selbst sagte von seinen Protagonisten: »Sie sind recht widersprüchlich geworden, manchmal kindlich ängstlich, manchmal recht erwachsen. Sie reden eine Menge dummes Zeug, manchmal sagen sie etwas Vernünftiges.« Diese alltägliche Erfahrung der Probleme und der Widersprüchlichkeit des Lebens ist hier so eindrucksvoll verdichtet, daß Film und Fernsehserie trotz ihrer spröden Detailversessenheit und der mangelnden Schauwerte bei Kritik und Publikum ein großer Erfolg wurden.

Schatten Ⓢ

Deutschland 1923

R: Artur Robison; A: Rudolf Schneider und Artur Robison nach einer Idee von Albin Grau; K: Fritz Arno Wagner; D: Fritz Kortner, Ruth Weyher, Gustav von Wangenheim, Alexander Granach

Ein junger Ehemann (F. K.) wird von der Eifersucht geplagt. Ganz offensichtlich hat seine Frau (R. W.) einen Liebhaber (G. v. W.), und außerdem bemühen sich noch drei Kavaliere um die attraktive Dame. Da taucht bei einer Abendgesellschaft ein Schattenspieler (A. G.) auf, der mit seinen Puppen und durch Hypnose den Akteuren die möglichen Folgen ihres Verhaltens – ein blutiges Drama der Leidenschaften! – vorspielt. Allen Beteiligten ist diese Lektion eine Lehre. Der Liebhaber und die Kavaliere verlassen das Haus. Ehemann und Frau sinken sich glücklich in die Arme.

Der Film, von dem nur eine verstümmelte Fassung erhalten ist, scheint nicht ganz konsequent in der Handhabung der verschiedenen Ebenen von Schein und Sein. Offenbar hat das Publikum schon damals so empfunden: Neben einer Fassung ohne Zwischentitel brachte man eine zweite mit Titeln heraus. Und nachdem der Erfolg ausblieb, wurde eine dritte, gekürzte Fassung mit noch mehr erklärenden Titeln hergestellt.

Bemerkenswert ist der Film im Rückblick durch seine klare Distanzierung vom Fatalismus, der die deutschen Filme jener Zeit überwiegend bestimmte. Während man sonst vornehmlich Menschen zeigte, die rettungslos einem blinden Schicksal oder ihren Trieben ausgeliefert waren, demonstrierte dieser Film die rationale Bewältigung der Situation nach der Einsicht in die möglichen Folgen des eigenen Handelns.

Scherben Ⓢ

Deutschland 1921

R: Lupu Pick; A: Carl Mayer, Lupu Pick; K: Friedrich Weinmann; D: Werner Krauß, Hermine Straßmann-Witt, Edith Posca, Paul Otto

In einem einsamen Bahnwärterhaus, in dem ein Bahnwärter (W. K.) mit Frau (H. S.-W.) und Tochter (E. P.) lebt, trifft ein Inspektor (P. O.) zur Revision ein. Schon bald entdeckt die Mutter, daß der elegante Fremdling ihre Tochter verführt hat. Verzweifelt eilt sie aus dem Haus, um am Waldrand vor einem Kruzifix zu beten, wo sie im Schneesturm erfriert. Nachdem der Inspektor nunmehr die Liebe der Tochter zurückweist, erleidet das Mädchen einen Nervenzusammenbruch und erzählt dem Vater die Hintergründe des Todes ihrer Mutter. Der Bahnwärter erwürgt den Verführer, hält einen Zug an und stellt sich mit den Worten »Ich bin ein Mörder« der Gerechtigkeit.

Einer der ersten großen deutschen Stummfilme, die fast ganz ohne Zwischentitel auskamen. Außer kurzen Hinweisen, die den Ablauf der Zeit kennzeichnen (Untertitel des Films: Drama in fünf Tagen), enthält er nur den einen Titel: »Ich bin ein Mörder«. Sonst macht Pick den Ablauf der Handlung und ihre psychologischen Hintergründe allein im Bild deutlich. Dabei benutzt er allerdings zahlreiche Symbole. Symbolisch ist schon der Titel, den der Film aufgreift, indem er einen Scherbenhaufen als Anfangs- und Schlußbild zeigt. Als der Morseapparat die Ankunft des Inspektors meldet, zerbricht der Sturm ein Fenster, und ein Windstoß fegt durch das friedliche Zimmer; nachdem der Inspektor die Leiche der Mutter gesehen hat, geht er in sein Zimmer und wäscht sich die Hände usw. Auf diese Weise wird der Handlungsablauf stark vereinfacht und gleichsam auf das »Typische« reduziert. Bemerkenswert ist die Arbeit des Kameramanns, der auch bei den Außenaufnahmen im Riesengebirge erstaunliche Bilder einfing.

Schindler's list (Ben Kingsley)

Schindler's list
Schindlers Liste

USA 1993

R: Steven Spielberg; A: Steven Zaillian nach einem Buch von Thomas Keneally; K: Janusz Kaminski, Raymond Stella; D: Liam Neeson, Ben Kingsley, Ralph Fiennes, Caroline Goodall, Jonathan Sagalle, Hans Michael Rehberg

Die Geschichte des Deutschen Oskar Schindler, der rund 1100 Juden vor der Ermordung in den Gaskammern deutscher Konzentrationslager gerettet hat.
Als Unternehmer kommt Schindler (L. N.) 1939 nach Krakau. Er will schnell reich werden, das Leben genießen. Juden, das sind für ihn zunächst nur billige Arbeitskräfte in seiner Emailwaren-Fabrik – wie zum Beispiel der Buchhalter Stern (B. K.), der die Fabrik eigentlich leitet, während Schindler bei fröhlichen Trinkgelagen »Kontakte knüpft«. Diese Kontakte, etwa zu dem SS-Lagerkommandanten Amon Goeth (R. F.), nutzt er, als man seine Arbeiter 1942 ins KZ Auschwitz abtransportieren will. Schindler bewahrt »seine Juden« vor der Deportation – zunächst vielleicht aus Vernunft und Kalkül, später gewiß aus moralischem Verantwortungsgefühl. Ohne Rücksicht auf den eigenen Verdienst vergrößert er seine Belegschaft. Er besticht und intrigiert, um auch die Angehörigen seiner Arbeiter vor dem Lager zu retten. Wer auf »Schindlers Liste« steht, der kann hoffen zu überleben. Am Ende des Krieges riskiert Schindler endgültig den eigenen Kopf für sein Meisterstück: Er verlegt die mittlerweile »kriegswichtige« Fabrik in seine Heimat Mähren, wo die Verfolgten dem unmittelbaren Zugriff der SS entzogen sind. Es gelingt ihm sogar, einen Transport von Frauen, der irrtümlich in das Vernichtungslager Auschwitz geleitet worden ist, zurückzuholen – ins Leben. – Über das Schicksal Schindlers nach dem Krieg berichtet der Film nur kursorisch. Viele der von ihm Geretteten haben sich um ihn gekümmert. Sie haben ihm geholfen, als er mehrfach geschäftlich Schiffbruch erlitt. Als er 1974 fast unbeachtet in Frankfurt am Main starb, haben sie seine Leiche nach Jerusalem überführt und dort bestattet.
In diesem Film hat Spielberg auf all die dramaturgischen und technischen Effekte verzichtet, die ihn berühmt gemacht haben. Hier erzählt

er in kalkigen Schwarzweiß-Bildern eine Geschichte, die so ungeheuerlich ist, daß man sie nur »mit leiser Stimme« erzählen kann. Zwar können diese Bilder nicht den Anspruch erheben, die grauenvolle Realität wiederzugeben; aber sie können dem Zuschauer sehr wohl eine Vorstellung von der Realität des Grauens vermitteln. Sie sind am eindrucksvollsten immer dort, wo sie das Unfaßbare in bezeichnenden Details fixieren. Zweifellos gibt es auch in diesem Film ein paar Klischees und Szenen, in denen die filmische Darstellung die Wirklichkeit jener Tage nicht adäquat vermitteln kann. Aber die nachhaltige Wirkung des über dreistündigen Films können sie nicht beeinträchtigen.

Schinel Ⓢ
Der Mantel

UdSSR 1926

R: Grigori Kosinzew, Leonid Trauberg; A: Juri Tynjanow nach den Novellen *Der Mantel* und *Newski-Prospekt* von Nikolai Gogol; K: Andrej Moskwin, Jewgeni Michailow; D: Andrej Kostritschkin, Sergej Gerassimow, Antonina Jeremejewa

Die Geschichte des kleinen Schreibers Akaki Akakiewitsch (A. K.), den der Diebstahl seines neuen Mantels zu Tode bringt und der sich nach seinem Tod an denen rächt, die ihn gedemütigt haben.
Der erste große Erfolg des Teams Kosinzew und Trauberg. In expressionistischer Manier zeichnen sie die bedrohliche Umwelt. Das Spiel von Licht und Schatten, die Einsamkeit einer verschneiten Straße isolieren den Helden, bringen seine Verlassenheit, seine Hilflosigkeit in einer feindlichen Umwelt direkt zum Ausdruck.
Die literarische Vorlage wurde noch mehrfach verfilmt. Den größten Erfolg hatte dabei der italienische Regisseur Alberto Lattuada (*Il capotto* – Der Mantel, Italien 1952).

Schiwoi trup Ⓢ
Der lebende Leichnam / Das Ehegesetz

UdSSR/Deutschland 1929

R: Fedor Ozep; A: Boris Gusman und Anatoli Marienhof nach dem gleichnamigen Schauspiel von Leo Tolstoi; K: Anatoli Golownja, Piel Jutzi; D: Wsewolod Pudowkin, Maria Jacobini, Gustav Diessl, Boris Barnet

Die Geschichte von Fjodor Protassow (W. P.), der einen Selbstmord vortäuscht, um seiner Frau Lisa (M. J.) die Ehe mit dem von ihr geliebten Karenin (G. D.) zu ermöglichen. Als herauskommt, daß Protassow nicht tot ist, wird Lisa als Bigamistin angeklagt; Protassow erschießt sich nun tatsächlich, um Lisa zu helfen.
Eine deutsch-sowjetrussische Coproduktion, die in Berlin gedreht wurde. Gegenüber der literarischen Vorlage wurde die Figur Protassows aufgewertet; er erscheint als ruheloser Einzelgänger, der von der Gesellschaft ausgestoßen wird, weil er ihr heuchlerisches Spiel nicht mitmachen will. Der Regisseur Pudowkin, der hier seine größte Aufgabe als Darsteller zu bewältigen hatte, machte die nervöse Unrast dieses Menschen bezwingend deutlich. Für Fedor Ozep war dieser Film der Höhepunkt einer Karriere, die später (in Frankreich und Kanada) in der Mittelmäßigkeit endete.

Schiwyje i mjortwyje
Die Lebenden und die Toten

UdSSR 1964

R: Alexander Stolper; A: Alexander Stolper nach dem gleichnamigen Roman von Konstantin Simonow; K: Nikolai Olonowski; D: Kirill Lawrow, Anatoli Papanow, Ludmilla Ljubimowa

Iwan Sinzow (K. L.) ist politischer Kommissar bei der Roten Armee. Beim Einmarsch der Deutschen begibt er sich in die vorderste Front, wird von seiner Truppe abgeschnitten und irrt wochenlang mit einigen Leidensgenossen durch die Wälder. Als er sich ohne Papiere zu den eigenen Truppen durchgeschlagen hat, empfängt man ihn mit Mißtrauen und behandelt ihn als potentiellen Spion. Selbst seine Frau Mascha (L. L.), die unterdessen für die Abwehr arbeitet, traut ihm nicht vollständig. Sinzow kämpft verzweifelt und erfolglos um seine Rehabilitierung und meldet sich schließlich als einfacher Soldat an die Front, die unterdessen schon vor Moskau steht.

Der Film diskutiert erstaunlich offen und freimütig über die Fehler der militärischen und politischen Führung bei Ausbruch des Krieges. Sein beherrschendes Motiv aber ist die Atmosphäre des Mißtrauens, der Verdächtigungen. Zum Schluß des Films sagt ein Offizier sinngemäß: »Genossen, in letzter Zeit haben wir zu oft und zu leicht angenommen, daß der Mensch kein Vertrauen verdient ... An unsere Menschen muß man glauben. Ohne Glauben an sie wird die Wachsamkeit zur Verdächtigung, zur Panik.«

Formal bleibt der Film durchschnittlich. Seine Qualitäten liegen in seiner Ehrlichkeit, seinem Engagement. Der überlange Film (rund 200 Minuten) wurde in der Bundesrepublik um etwa 40 Minuten gekürzt. *Schiwyje i mjortwyje* war als erster Teil einer Trilogie gedacht. Der zweite Teil, der weitere Erlebnisse und Erfahrungen Sinzows behandelt, wurde 1967/68 unter dem Titel *Soldatami ne roschdajutsja / Wosmesdije* (Man wird nicht als Soldat geboren) gedreht. Dieser zweite Teil wurde eine Weile zurückgehalten, ehe er in die Kinos kam; der dritte Teil wurde, soweit feststellbar, nicht gedreht.

▬ Schtonk!

BRD 1991

R: Helmut Dietl; A: Helmut Dietl, Ulrich Limmer; K: Xaver Schwarzenberger; D: Götz George, Uwe Ochsenknecht, Dagmar Manzel, Veronica Ferres, Rolf Hoppe, Christiane Hörbiger

Die »Stern«-Affäre um Hitlers angebliche Tagebücher hat den Stoff geliefert: Fritz Knobel dreht schon als hoffnungsvoller Knabe im Nachkriegs-Berlin tumben Besatzungssoldaten kuriose Nazi-Andenken an. Später sitzt er (U. O.) mit Ehefrau Biggi (D. M.) und dann auch mit der Geliebten Martha (V. F.) in einem schwäbischen Dorf und fälscht für den ebenso tumben Fabrikanten Lentz (R. H.) ein angeblich von Hitler gemaltes Aktbild Eva Brauns. Die Bezahlung ist so gut, daß Knobel noch ein Hitler-Tagebuch aus dem Jahr 1945 verfertigt. Als Lentz diese kostbare Reliquie im Rahmen einer pompösen Feierstunde gleichgesinnten Freunden offenbart, befindet sich unter den Gästen auch der Reporter Hermann Willié (G. G.). Der ist in einer miesen Lage. Seit seiner letzten Erfolgsstory ist viel Zeit vergangen; sein Hobby, die ehemalige Göring-Yacht »Carin II«, hat ihn in beträchtliche Schulden gestürzt, und seine Liebesaffäre mit des Reichsmarschalls leibhaftiger Nichte Freya von Hepp (C. H.) hat ihm bisher nicht mehr eingetragen als eine Einladung zu diesem gespenstischen Mummenschanz. Doch diese Einladung trägt reiche Früchte. Knobel und Willié lernen sich kennen und kommen miteinander ins Geschäft, da Knobel scheinbare Beweise für die Existenz weiterer Hitler-Tagebücher liefert und Willié alsbald bei der Verlagsspitze Riesensummen für die vermeintliche publizistische Sensation locker macht. Nun rollen die Ereignisse wie eine Lawine ab. Knobel schreibt und kassiert; Willié drängt, beschwichtigt, intrigiert – und kassiert noch mehr, weil endlich einmal er es ist, der an den Schalthebeln sitzt. Aufkommende Zweifel werden verdrängt und durch positive Expertisen ganz beseitigt. Eine Party auf der renovierten »Carin II« wird zum alptraumhaften Höhepunkt: Der zweitklassige Reporter Willié sonnt sich in Ruhm und Reichtum, die Verlagsleitung spreizt sich selbstgefällig. Und dann, der geneigte Zuschauer weiß es ja, platzt die Seifenblase ...

Aus dieser Vorlage ist ein Stück handfester Unterhaltung geworden. Das Drehbuch scheut auch derbe Pointen nicht, beliebte Darsteller sind mit von der Partie, und die Regie bemüht sich recht erfolgreich um Turbulenz und Tempo. Die Möglichkeit nachhaltiger Wirkungen und Einsichten allerdings verspielt der Film weitgehend durch allzu heftige und deftige Übertreibungen, die z. B. die alten Nazis und die skrupellosen Nachrichtenhändler zu reinen Kasperlepuppen degradieren.

Schtonk! (Götz George)

Der Titel *Schtonk!* verweist auf Chaplins Film *The great dictator*, in dem der Diktator Hynkel (= Hitler) dieses Kunstwort mehrfach in seinen unartikulierten und unverständlichen Reden benutzt.

Schtschors
Schtschors

UdSSR 1938

R: Alexander Dowschenko; A: Alexander Dowschenko; K: Juri Jekeltschik, Juri Goldabenko; D: Jewgeni Samoilow, Iwan Skuratow, L. Ljaschenko

Die Ukraine 1919. Die Truppen der Bolschewiki unter dem Kommando von Nikolai Schtschors (J. S.) kämpfen gegen die Regierung des Nationalisten Petljura. Nach erbitterten Kämpfen wird durch das persönliche Eingreifen von Schtschors der Sieg gesichert; und die Sieger träumen von der Zukunft des Landes ... Doch noch im gleichen Sommer dringen polnische Truppen in die Ukraine ein. Schtschors und sein Mitstreiter, der heißblütige Boschenko (I. S.), müssen erneut in den Kampf ziehen – zumal auch die Konterrevolutionäre die Gunst der Stunde nutzen wollen und erneut aktiv werden. Boschenko fällt, aber Schtschors und seine Soldaten besiegen die Feinde der Sowjetmacht.

Die Anregung zu diesem Film gab Stalin, der Dowschenko noch während der Dreharbeiten zu *Aerograd* sagte: »Jetzt müssen Sie uns einen ukrainischen ›Tschapajew‹ geben!« und ihm die Gestalt von Nikolai Schtschors empfahl. Diese Empfehlung hatte ihre Nachteile: Das Drehbuch, an dem insgesamt 11 Monate gearbeitet wurde, und die Dreharbeiten, die rund 20 Monate dauerten, mußten exakt auf Stalins tatsächliche oder vermeintliche Wünsche abgestellt werden. So geriet die Gestalt des Titelhelden auch allzu steril; manches überlieferte Detail, manche historische Gestalt mußten ausgespart werden, weil sie nicht mehr in die offizielle Geschichtsschreibung der Partei paßten. Dowschenko konzentrierte besonderes Interesse auf die Gestalt Boschenkos, den er zwar als wackeren Patrioten und Kommunisten, aber auch als vitalen Sonderling zeichnete, dem Wodka und Peitsche vertrauter waren als das kommunistische Manifest. Auch in diesem Film hat Dowschenko Dokumentarisches mit poetischen und fast mystischen Bildern vereint. Immer wieder appellieren insbesondere stimmungsvolle oder pathetische Landschaftsbilder an die Emotionen des Zuschauers.

Der Schuh des Manitu

BRD 2000

R: Michael »Bully« Herbig; A: Michael »Bully« Herbig, Alfons Biedermann, Rick Kavanian, Murmel Clausen; K: Stephan Schuh; D: Michael »Bully« Herbig, Christian Tramitz, Sky Du Mont, Marie Bäumer, Hilmi Sôzer, Rick Kavanian, Tim Wilde, Siegfried Terpoorten

Apachen-Häuptling Abahachi (M. »B«. H.) und sein weißer Bruder Ranger (C. T.) sorgen im Wilden Westen für Frieden und Gerechtigkeit. Aber nach dem gewaltsamen Tod des Schoschonen-Häuptlingssohns landen die beiden unschuldig am Marterpfahl. Unter dubiosen Umständen kommen sie frei und leihen sich von den Indianern Gold, um damit ein Stammlokal zu kaufen. Doch der gerissene Makler Santa Maria (S. D. M.), verantwortlich für den gemeinen Schoschonen-Meuchelmord, hat ihnen nur eine Attrappe veräußert. Als Ranger das ewige Verfolgerspiel zu viel wird, erinnert sich der Apache an einen versteckten Schatz. Leider besitzt er selbst nur ein Viertel der Geheimkarte. Von den Schoschonen gejagt, kommen die Freunde zu Abahachis Zwillingsbruder Winnetouch (M. »B«. H.) und dessen Schönheitsfarm Puder Rosa Ranch. Allerdings staunt Ranger nicht schlecht, als die Rothaut sich als waschechter Schwuler entpuppt. Während jener die Verfolger in seiner unnachahmlichen Art auf die falsche Fährte lockt, wollen Abahachi und Ranger die Besitzer der restlichen Kartenstücke finden. Ranger verliebt sich dabei in die hübsche Barsängerin Uschi (M. B.), die auf dem Rücken einen tätowierten Teil der gesuchten Karte trägt. Beim Zusammentreffen aller Beteiligten auf der Puder Rosa Ranch fallen dem gewieften Santa Maria sämtliche Kartenstücke in die Hände. Des Rätsels Lösung ist der Berg »Der Schuh des Manitu«. Der Gauner steckt die Farm in Brand, fesselt seine Gegner und macht sich mit Uschi aus dem Staub. Am Ende freilich triumphieren die Guten, und die Bösewichter erhalten ihre gerechte Strafe.

Innerhalb eines Jahres sahen die Westernklamotte *Der Schuh des Manitu* in Deutschland mehr als elf Millionen Zuschauer, im Anschluß erfolgte die Wiederaufführung als Extra-Large-Edition. Auch im europäischen Ausland, meist synchronisiert in der jeweiligen Landessprache, verbuchte der Film einen phänomenalen Erfolg. Showstar und Komödiant Michael »Bully« Herbig gelang nach seinem Spielfilmdebüt, der Agentenpersiflage *Erkan & Stefan* (1999), die Wiederbelebung des Westerngenres und des Karl-May-Mythos. Beide Stoffe macht sich das Allroundtalent in Personalunion als Regisseur, Produzent und zweifacher Hauptdarsteller zunutze, um sie durch Kalauer und den süffisant eingesetzten bayerischen Dialekt – platt und liebenswert witzig zugleich – durch den Kakao zu ziehen und um verblüffende Varianten zu erweitern. Die Satire auf die Provinz und Männerfreundschaften ist seit langem durch den TV-Erfolg (»bullyparade«) aufgebaut und garantiert mit gut kalkuliertem Timing unkomplizierte Unterhaltung. Zitate von Vorbildern wie *C'era una volta il west ...*, *Der Schatz im Silbersee* oder aus den »Indiana Jones«-Abenteuern sind unverkennbar. Der Film, einer der erfolgreichsten deutschen Filme überhaupt, wurde ohne Fördermittel in der südspanischen Provinz Almería gedreht.

Sciuscià
Schuschia / Schuhputzer

Italien 1946

R: Vittorio De Sica; A: Sergio Amidei, Adolfo Franci, Vittorio De Sica, Cesare Giulio Viola, Cesare Zavattini; K: Anchise Brizzi; D: Franco Interlenghi, Rinaldo Smordoni, Aniello Mele

Pasquale (F.I.) und Giuseppe (R.S.) sind streunende Jugendliche im Rom der frühen Nachkriegszeit. Sie verdienen ihr Geld als Schuhputzer und träumen davon, vom Pferdehändler Ranucci ein Pferd kaufen zu können. Bei ihren Versuchen, das nötige Geld zusammenzubekommen, werden sie in eine Diebstahlsaffäre verwickelt und zu einer Gefängnisstrafe verurteilt. Da Pasquale, aus Angst um den vermeintlich im Verhör geschlagenen Giuseppe, gesteht, zerbricht auch die Freundschaft der beiden Jungen. Giuseppe kann fliehen; und nun fürchtet Pasquale, er wolle sich allein den gemeinsamen Traum erfüllen. Er flieht ebenfalls, trifft Giuseppe und verprügelt ihn. Dabei fällt Giuseppe so unglücklich, daß er stirbt. Weinend hält Pasquale den toten Freund im Arm.
Die besten Filme De Sicas sind stets von einer unmittelbaren Anteilnahme für seine Helden geprägt. So gründet auch dieser nicht in der Ideologie. De Sica sagte: »Ich sah ein paar Jungen auf der Straße. Ich interessierte mich für sie und bat Zavattini herauszufinden, was diese Kinder eigentlich treiben und wie sie leben.« Das Ergebnis ist ein gelegentlich etwas romantischer, aber in vielen Details sehr schöner Film, der das Milieu der Straßen, Hinterhöfe und Gefängnisse realistisch einfängt und das Versagen der Erwachsenen mit zornigem Engagement anklagt. *Sciuscià* war von großer Bedeutung für die Entwicklung des Neorealismus und erhielt 1947 in Hollywood den ersten »Oscar« in der neu geschaffenen Kategorie »Filme aus dem nichtenglischen Sprachraum«.

Secrets and lies
Lügen und Geheimnisse

England 1995/96

R: Mike Leigh; A: Mike Leigh; K: Dick Pope; D: Timothy Spall, Brenda Blethyn, Phyllis Logan, Marianne Jean-Baptiste, Claire Rushbrook, Ron Cook

Nach dem Tod ihrer Adoptivmutter will die 27jährige, dunkelhäutige Optikerin Hortense (M.J.-B.) ihre richtigen Eltern kennenlernen. Die erforderlichen Informationen erhält sie von einem Sozialarbeiter. Ihre Mutter Cynthia (B.B.), eine weiße, unverheiratete Fabrikarbeiterin mittleren Alters, lebt mit ihrer unehelichen Tochter Roxanne (C.R.), die als Straßenreinigerin jobbt, in einem Londoner Vorort. Stolz auf ihren Bruder Maurice (T.S.), der es zum erfolgreichen Fotografen gebracht hat, wird Cynthia von dessen arroganter Frau Monica (P.L.) verachtet. Zu Roxannes 21. Geburtstag planen die Geschwister eine große Feier. Als sich Hortense telefonisch bei Cynthia meldet, lehnt diese zunächst ein Treffen ab. Im Café an einer U-Bahn-Station kommt es schließlich doch zur Begegnung von Mutter und Tochter. Die beiden Frauen freunden sich an, und Cynthia bringt ihre wiedergefundene, ältere Tochter zur Geburtstagsfeier mit. Als ihre wahre Beziehung offenkundig wird, ändert sich die Stimmung schlagartig, und Roxanne verläßt wutentbrannt das Fest. Konfrontiert mit der Wahrheit, offenbart jeder der Anwesenden seine persönlichen Befindlichkeiten und kleinen Geheimnisse. Nachdem sich alle ausgesprochen und einander vergeben haben, findet die Familie wieder zusammen.
Eine Tragikomödie aus den Vorstädten Londons mit einer typisch britischen Familiengeschichte. Hortense, die farbige Außenseiterin, fungiert dabei als Katalysator für »Lügen und Geheimnisse«, sorgt mit Emotionen und Klassenverhalten für das Aufbrechen der kleinen, isolierten Welt. Die Komödie wird aus dem sozialen Sprengstoff der unterschiedlichen Rassen- und Schichtzugehörigkeit von Mutter und Tochter entwickelt. Die familiäre Entfremdung aus Angst und Selbsttäuschung steuert auf die Katharsis zu, ohne durch gallige Ironie oder

Leidenschaft die Tristesse aufzuwiegen. Ein Schauspielerfilm von kritischer Zärtlichkeit, sensibel in seinen Bildern und seiner Erzählhaltung; britische »Szenen einer Ehe«, dokumentarisch genau beobachtet, ohne einem modisch-schicken Oberflächenrealismus zu verfallen. Mike Leighs Absicht ist es, »Filme über unsere Welt und das wirkliche Leben zu inszenieren«. Ohne falsches Pathos erzählt der Film vom Verfall des alten Empire, von der unteren Mittelschicht am Rande der Gesellschaft – mit wohlwollender Sympathie für die Benachteiligten und Vergessenen der Thatcher-Ära. Im Gegensatz zu Leighs Sozialdrama *Naked* (Nackt, Großbritannien 1993), der deprimierenden Studie über einen Arbeitslosen in Manchester, dominieren hier das Gefühl, das Bedürfnis nach Wärme, Zärtlichkeit und Verständnis. In diesem Sinne ist auch das bombastische, fast weinerliche Finale zu sehen. Die alle vereinigende Teezeremonie steht für eine hoffnungsvolle Zukunft. Es zählen die aufrichtigen kleinen Momente, das Miteinander der Menschen, ihre Blicke und Gesten. Das bittersüße, gefühlvolle Drama gewann 1996 die »Goldene Palme« in Cannes.

Sedmikrásky
Tausendschönchen

ČSSR 1966

R: Věra Chytilová; A: Ester Krumbachova, Věra Chytilová; K: Jaroslav Kučera; D: Ivana Karbanová, Jitka Cerhová, Marie Češková

Zwei Mädchen, Marie I (J. C.) und Marie II (I. K.), finden die Welt verdorben und beschließen, genauso verdorben zu sein. Sie übertölpeln liebeshungrige Männer, lassen sich zum Essen einladen und machen sich dann aus dem Staub; sie stehlen einer freundlichen Toilettenfrau Geld; sie veranstalten in ihrem Zimmer ein Festmahl mit aus Illustrierten ausgeschnittenen Bratenstücken und ebensolchen Männern und stecken dann Papiergirlanden in Brand. Zum Schluß geraten sie in einen Saal, in dem ein üppiges kaltes Büfett aufgebaut ist, das sie systematisch verwüsten. Voller Übermut schaukeln sie am Kronleuchter – und fliegen durch das Fenster in einen Fluß. Sie schreien um Hilfe; aber so mußte es ja enden! Doch dann sieht man sie, in Zeitungspapier gewikkelt, das kalte Büfett notdürftig reparieren.

Der Film hat weder eine übliche Handlung noch übliche »Helden«; denn beide Mädchen existieren deutlich nur für und durch den Film. Leichtem Konsum widersetzt er sich zusätzlich durch Widerhaken, durch den abrupten Wechsel scheinbar unsinniger Szenen. Dabei ist er wohl selbst ein Film gegen den sinnlosen Konsum – hier symbolisiert durch ständiges Essen, durch die Lust an der Zerstörung, durch schrankenlose Individualität. Der Film variiert dieses Motiv noch einmal dadurch, daß er in einfallsreichen Tricks seine Form, ja auch die Gestalt der Mädchen »zerstört«. Věra Chytilová hat das vielleicht allzu kompliziert verspielt, aber in phantasievollen Bildern, die abwechselnd farbig, schwarzweiß oder monochrom eingefärbt sind, realisiert. In der Tat ein »burleskes philosophisches Dokument« (Věra Chytilová).

Selskaja utschitelniza
Die Dorfschullehrerin / Erziehung der Gefühle

UdSSR 1947

R: Mark Donskoi; A: Maria Smirnowa; K: Sergej Urussewski; D: Wera Marezkaja, Dimitri Ssagal, Wolodja Lepeschinski, W. Maruta

Petersburg vor dem Ersten Weltkrieg. Die Abiturientin Warja (Wera M.) verliebt sich in den Revolutionär Martynow (D. S.). Doch Martynow wird verhaftet, und Warja geht als Lehrerin in ein sibirisches Dorf, wo sie sich bald die Achtung und Zuneigung der mißtrauischen Bevölkerung erobert. Als Martynow aus der Verbannung zurückkommt, heiraten sie; aber nach der Hochzeit wird Martynow erneut verhaftet. Der Krieg und die Revolution folgen. Jetzt kann Warja endlich ihren begabten, aber armen Schüler Prow Woronow (W. L.) auf eine höhere Schule bringen. Auf dem Rückweg findet sie einen schwerverwundeten Kommissar der Roten Armee. Es ist Martynow, der in ihren Armen stirbt. Das Dorf wird zur Stadt;

Warja wird alt und räumt ihren Platz in der Schule. Eines Tages kommt Woronow (W. M.), der unterdessen Professor geworden ist, zurück und veranlaßt eine Feier zu Ehren Warjas. Aber das Fest wird durch die Nachricht vom Ausbruch des Zweiten Weltkriegs unterbrochen. Warja kehrt wieder auf ihren Posten zurück. Am Tag des Sieges läßt sie die Vergangenheit noch einmal an sich vorüberziehen.

Zu einer Zeit, als die handelnden Personen im sowjetischen Film fast ausschließlich »Ideenträger« waren, die nur von ihrem sozialen Status und ihrem politischen Bewußtsein definiert wurden, gelang Donskoi ein sympathischer und eindringlicher Film, dessen Held ein wirklicher Mensch zu sein schien. Der Film reflektiert historische Ereignisse in einem überzeugenden individuellen Schicksal. Und er verschweigt auch nicht, daß seine Heldin im Zuge der Kollektivierung der Landwirtschaft beinah selbst zum Opfer geworden wäre.

Semlja ⓢ
Erde

UdSSR 1930

R: Alexander Dowschenko; A: Alexander Dowschenko; K: Daniel Demuzki; D: Stepan Schkurat, Semjon Swaschenko, Julia Solnzewa, Jelena Maximowa, Pjotr Masocha, Mikola Nademskij

Im Prolog sieht man den stillen, friedlichen Tod des Großvaters Semjon (M. N.) unter einem Apfelbaum. In ruhiger Anteilnahme stehen seine Angehörigen um ihn. Dann kommt Bewegung in den Film: Die Kooperative hat einen Traktor angeschafft. Wassili (S. Sw.) fährt ihn voller Stolz in das Dorf; aber in der Nacht, als Wassili sich von seiner Braut Natalja (J. M.) verabschiedet hat und vor Freude tänzelnd nach Haus läuft, wird er von Choma (P. M.), dem Sohn des Kulaken, erschossen. Während Natalja in wahnsinniger Verzweiflung in ihrer Stube auf und ab läuft, ohne zu bemerken, daß sie nackt ist, krümmen sich die Kulaken in tierischer Angst vor der erwarteten und – wie sie selber wissen – verdienten Strafe. Die Dorfbewohner tragen Wassili feierlich zu Grabe. An seinem Sarg erkennt sein Vater (S. Sch.), daß er das Werk seines Sohnes fortsetzen muß, während zur gleichen Zeit Wassilis Mutter ihrem jüngsten Sohn das Leben schenkt.

Der Hinweis auf den Kreislauf des »Stirb und werde« wird in diesem Film unübersehbar deutlich, gerät aber nie in die Bereiche des Kitsches oder der Sentimentalität. Vom ruhigen Tod des Großvaters bis zur Geburt am Schluß des Films spannt sich ein Bogen, den Dowschenko mit Kraft und Poesie füllt. Der Film erschien zu einer Zeit, als die Partei die Kollektivierung in der Ukraine mit Eifer betrieb; Dowschenko stützte diese Politik nicht mit propagandistischen Argumenten, sondern mit der ruhigen Zuversicht, daß das Neue notwendig über das Alte siegen müsse. Die zeitgenössische Kritik in der UdSSR hat ihm vorgeworfen, er habe die Gegenspieler der neuen Politik, die Kulaken und Popen, allzu harmlos gezeichnet; für Dowschenko waren sie offenbar harmlos, da er an ihrem Untergang nicht zweifelte. Aus dieser inneren Sicherheit wuchs ein breiter, ausgewogener Rhythmus, der seinem Film eine klare Schönheit gibt.

Senso
Sehnsucht

Italien 1954

R: Luchino Visconti; A: Luchino Visconti, Suso Cecchi d'Amico, Giorgio Prosperi, Carlo Alianello und Giorgio Bassani nach der gleichnamigen Novelle von Camillo Boito; K: G. R. Aldo, Robert Krasker und Giuseppe Rotunno; D: Alida Valli, Farley Granger, Massimo Girotti, Heinz Moog

Venedig 1866. Während einer Theateraufführung werfen italienische Patrioten Flugblätter, auf denen die österreichischen Okkupanten angegriffen werden, ins Publikum. Dabei kommt es zu einem Streit zwischen dem Herzog Ussoni (M. G.), einem der Anführer der Patrioten, und dem österreichischen Leutnant Mahler (F. G.). Um Ussoni vor den Folgen dieses Vorfalls zu schützen, geht die Gräfin Livia Serpieri (A. V.) als »Vermittlerin« zu Mahler. Doch die Gräfin, deren Mann (H. M.) auf seiten der Österreicher an der Front steht, verliebt sich in Mahler und verrät um seinetwillen alle moralischen Bindungen und politischen Überzeugungen. Schließlich gibt sie ihm sogar Geld, das sie im Auftrag der italienischen Patrioten aufbewahrt, damit er die Militärärzte bestechen kann, ihn noch nicht fronttauglich zu schreiben. Aber als sie ihn in den Armen einer anderen Frau überrascht und erfährt, daß er sie die ganze Zeit hintergangen hat, zeigt sie ihn bei seinen Vorgesetzten an. Mahler wird erschossen; die Gräfin ist Zeuge der Exekution.

Viscontis erster Farbfilm verbindet eindrucksvoll eine leidenschaftliche Liebesgeschichte mit politischen und historischen Motiven. Er spiegelt in den Konflikten (und den Intrigen) des Risorgimento aktuelle politische Probleme und entführt den Zuschauer in die Vergangenheit, um ihm die Gegenwart bewußt zu machen. Dabei entstand ein üppiges Historiengemälde, das aber auch im Detail absolut authentisch ist.

Senso teilte das Schicksal anderer Visconti-Filme und wurde von Zensoren und Verleihern vielfach verstümmelt. Schon vor der Uraufführung auf dem Festival in Venedig (wo *Senso* im Urteil der Juroren Fellinis *La strada* unterlag) scheint es Meinungsverschiedenheiten über von Produzenten gewünschte Kürzungen gegeben zu haben. Vor dem Kinostart verlangte die italienische Zensur Schnitte, mit denen weniger strahlende Aspekte der italienischen Historie eliminiert werden sollten. In der Bundesrepublik wurden von der FSK und vom Verleiher weitere Schnitte veranlaßt, so daß hier eine um rund 15 Minuten gekürzte Fassung in die Kinos kam. Erst 1984 brachte ein kleinerer Verleih eine – vermutlich – integrale Fassung mit deutschen Untertiteln heraus, die später vom Fernsehen synchronisiert wurde.

Kameramann Aldo starb während der Dreharbeiten des Films. Robert Krasker und Giuseppe Rotunno rückten an seinen Platz und brachten es fertig, den Film ohne einen erkennbaren Stilbruch abzudrehen.

Senza pietà
Ohne Gnade

Italien 1948

R: Alberto Lattuada; A: Federico Fellini und Tullio Pinelli nach einer Idee von Ettore Maria Margadonna; K: Aldo Tonti; D: Carla del Poggio, John Kitzmiller, Giulietta Masina

Kurz nach dem Krieg wird Angela (C. d. P.) Zeugin, wie der farbige US-Soldat Jerry (J. K.) von einem Deserteur angeschossen wird. Sie gerät selbst in Verdacht, die Tat begangen zu haben, und wird verhaftet. Aber sie kann fliehen und schließt sich mit ihrer Freundin Marcella (G. M.) einer Schmugglerbande an. Sie trifft Jerry wieder und überredet ihn im Auftrag ihres »Chefs«, mit seinem Lastwagen eine Fahrt für die Schmuggler zu machen. Doch Jerry wird von der MP gefaßt und vor ein Militärgericht gestellt. Auch er kann ausbrechen und sich zu Angela durchschlagen. Beide haben sich ineinander verliebt und wollen zusammenbleiben; aber sie brauchen Geld, um falsche Papiere für Jerry zu besorgen. Angela gibt Jerry einen Tip, und er holt sich das Geld mit Gewalt von dem Anführer der Schmuggler. Dieser jedoch verfolgt Jerry und erschießt Angela, als sie sich schützend vor den Geliebten wirft. Jerry legt die Tote behutsam auf seinen Lastwagen, fährt mit ihr zum Meer und rast die Steilküste hinunter.

Die Handlung erscheint konstruiert und kolportagehaft, obwohl sie in ihren Details vermutlich der Wirklichkeit jener Tage entspricht. Den Reiz des Films macht sie sicher nicht in erster Linie aus. Bemerkenswerter sind da einzelne Beobachtungen, kurze Sequenzen, die von der Verzweiflung künden, und jene Atmosphäre der Hoffnungslosigkeit, die so merkwürdig mit dem zähen Kampf um ein bißchen Glück kontrastiert, den die beiden Protagonisten führen.

Seppuku
Harakiri

Japan 1962

R: Masaki Kobayashi; A: Shinobu Hashimoto nach einer Erzählung von Yasuhiko Takiguchi; K: Yoshio Miyajima; D: Tatsuya Nakadai, Shima Iwashita, Akira Ishihama

Im 17. Jahrhundert machten in Japan eine lange Friedenszeit und die Auflösung zahlreicher Fürstentümer viele Samurai brotlos. Bei den verarmten Kriegern entwickelte sich ein Brauch: Sie zogen zum Palast eines Fürsten und baten darum, in seinem Haus Harakiri begehen zu dürfen. Gewöhnlich gab man ihnen dann etwas Geld und schickte sie fort. Der Film beginnt mit einer solchen Bitte, die ein alter Samurai (A. I.) vorträgt. Um ihn abzuschrecken, erzählt man ihm die Geschichte eines Vorgängers. Einen jungen Samurai (T. N.), dessen Bitte offensichtlich nicht ernst gemeint war, hat man gezwungen, mit einem Bambusdolch Harakiri zu machen. Der Alte gibt sich als Schwiegervater dieses Toten zu erkennen. Er erzählt die Lebensgeschichte seines Schwiegersohnes, berichtet vom Kampf gegen das Elend und von der verzweifelten Hoffnung des Jüngeren, auf diese Weise Frau (S. I.) und Kind vor dem Hungertod zu retten. Aber Abgesandte des Fürsten haben seine Leiche zurückgebracht und vor die Haustür geworfen. Der alte Samurai erzählt weiter, wie er den Toten gerächt hat, indem er die Abgesandten im Kampf besiegt und ihnen die Haarlocke abgeschnitten hat. Dann greift er abermals zum Schwert, kämpft gegen die ganze Versammlung um ihn her, stürzt den Pfahl mit dem »Hausgott« des Fürsten um und stürzt sich, von einer Gewehrkugel verwundet, in sein Schwert. Der Fürst läßt die Affäre vertuschen.
Kobayashi erzählt die Geschichte in einem zeremoniellen Stil, der jedoch niemals pathetisch wird, und gleichzeitig in einem wahren Exzeß an Aktion und Brutalität. Beides hat seine Funktion im Ablauf des Films, der seine Handlung auf verschiedenen Ebenen in raffiniert verschachtelten Rückblenden erzählt. Das Zeremonielle steht hier für eine erstarrte Tradition und für den Versuch der Samurai, das Ende ihrer Epoche nicht zur Kenntnis zu nehmen.

Und brutal wird das Ritual des Harakiri seiner romantischen Verklärung beraubt. Kobayashi zollt dem Individuum seinen Respekt, wo es – wie der alte Samurai – nach dem Maß seiner möglichen Erkenntnisse handelt; gleichzeitig aber erhebt er Anklage gegen eine ganze Epoche am Beispiel ihrer hohlen oder überlebten Traditionen.
Das rund 135 Minuten lange Original wurde für den Kinoeinsatz in der Bundesrepublik um etwa 20 Minuten gekürzt.

S. E. R.
Freiheit ist ein Paradies

UdSSR 1989

R: Sergej Bodrow; A: Sergej Bodrow; K: Juri Schirtladse; D: Wladimir Kosyrew, Alexander Burejew, Swetlana Gajtan, Vitautas Tomkus

Der zwölfjährige Sascha (W. K.) reißt aus einer Erziehungsanstalt in der Nähe von Alma Ata aus und schlüpft bei Klawa (S. G.), einer ehemaligen Freundin seines Vaters, unter. Doch nach wenigen Tagen bekommt Klawa Angst und meldet den mutterlosen Flüchtling, dessen Vater im Gefängnis sitzt, bei der Miliz. Sascha wird in die Anstalt zurückgebracht; immerhin hat er bei seiner Vernehmung durch eine Polizistin erfahren, in welchem Straflager sein Vater ist. Von nun an hat er nur noch ein Ziel: Er will seinen Vater sehen. Wieder flieht er. Und diesmal gelingt es ihm nach vielen Schwierigkeiten und manchen Rückschlägen, sein Ziel zu erreichen. Eines Tages steht er vor dem Tor des Straflagers in Archangelsk. Zwar ist sein Vater zu verschärfter Haft mit Besuchsverbot verurteilt, aber der Kommandant springt über seinen Schatten; Sascha darf sogar eine Nacht bei seinem Vater bleiben. Nach anfänglichen Schwierigkeiten finden die beiden in einem liebe- und vertrauensvollen Gespräch zueinander. Am nächsten Morgen muß der Vater allerdings in seine Zelle zurück; auf Sascha wartet die Miliz, die ihn wieder in die Anstalt bringen wird. Ob etwas von den Träumen und Hoffnungen dieser Nacht sich verwirklichen wird, bleibt offen. Es ist eher unwahrscheinlich.
Thematisch und formal setzte dieser Film neue

Akzente im Kino der UdSSR. Lakonisch und direkt schildert er das Schicksal von Menschen, die von der Gesellschaft zugrunde gerichtet worden sind. Der Vater erzählt, daß er im Gefängnis geboren wurde, weil seine Mutter um 1950, in der Zeit der Hungersnot, wegen des »Diebstahls« von fünf Gurken zu fünf Jahren Haft verurteilt worden ist. Als Sohn einer Vorbestraften ist er auf die schiefe Bahn geraten; als Sohn eines Sträflings hat Sascha erst recht keine Chancen mehr. Staat und Gesellschaft erlebt er nur noch als Element der Verfolgung und Unterdrückung, wobei deutlich wird, daß die Strukturen des Stalinismus vor allem in der Anstalt, aber auch in der Gesellschaft noch lebendig sind. Wirkliche Hilfe erfährt Sascha auf seinem Weg durch das ganze Land nur von Außenseitern der Gesellschaft: Eine junge Frau, die nackt in der Wohnung herumspaziert und auf ihren Liebhaber wartet, schenkt ihm Kleidung und Geld; ein taubstummer Pferdeknecht versteckt ihn in seinem Eisenbahnwaggon; eine Nonne hilft ihm durch eine Ausweiskontrolle und weist ihm den Weg zum Lager.

Auch formal ist dieses »road movie« von überzeugender Direktheit. Drehbuch und Regie gestatten sich keine Abschweifungen, keine Genre-Bilder, sondern konzentrieren sich ganz auf den Fortgang der Geschichte. Die Kamera scheint genau so versessen darauf wie Sascha, daß es weitergeht nach Archangelsk. Man erlebt die Reise mit den Augen des schielenden, sommersprossigen Jungen, dessen sympathische Unbeirrbarkeit zum Symbol für die Sehnsucht nach Freiheit wird.

S. E. R. (»Swoboda eto raj« ›Freiheit ist ein Paradies‹) ist übrigens eine bei russischen Gefangenen beliebte Tätowierung, die auch Sascha trägt.

The servant
Der Diener

England 1963

R: Joseph Losey; A: Harold Pinter nach dem gleichnamigen Roman von Robin Maugham; K: Douglas Slocombe; D: Dirk Bogarde, Sarah Miles, James Fox, Wendy Craig

Der träumerisch-labile Tony (J. F.) ist glücklich, in Barrett (D. B.) einen geradezu idealen Diener gefunden zu haben, der ihm bald unentbehrlich wird. Eines Tages taucht Barretts Schwester Vera (S. M.) auf, die bald Tonys Geliebte wird. Doch Vera ist keineswegs die Schwester des Dieners, sondern auch dessen Geliebte. Als Tony das entdeckt, wirft er beide hinaus. Aber er ist einsam und unglücklich; und als er eines Tages einen scheinbar reuigen und von guten Vorsätzen erfüllten Barrett trifft, stellt er ihn aufatmend wieder ein. Barrett weiß Rat für alles. Er bringt schließlich auch die von Tony insgeheim schmerzlich vermißte Vera ins Haus zurück. Eines Tages fühlt Barrett sich stark genug, sogar gegen Tonys Verlobte Susan (W. C.) anzutreten. Barrett gewinnt; Susan verläßt das Haus, in dem Tony in totaler Willenlosigkeit versinkt und zum Sklaven seines Dieners wird.

Eine überzeugende psychologische Studie, die Losey wegen ihres Modellcharakters eine »Studie über Diener und Herren« nannte. Aber stärker als die anvisierten sozialen Aspekte dieser aparten Konstellation sind doch wohl die erotischen, die in verschiedenen Anspielungen auf eine homoerotische Bindung der beiden Männer deutlich werden. Auf jeden Fall ist dieser Film über weite Strecken von beklemmender Intensität.

Seven
Sieben

USA 1995

R: David Fincher; A: Andrew Kevin Walker; K: Darius Khondji; D: Morgan Freeman, Brad Pitt, Kevin Spacey, Gwyneth Paltrow, Richard Roundtree

Der farbige Detective William Somerset (M. F.), den über dreißig Dienstjahre illusionslos und vorsichtig gemacht haben, steht wenige Tage vor seiner Pensionierung. Schon arbeitet er seinen Nachfolger, den jungen Hitzkopf David Mills (B. P.), ein, als das ungleiche Team in eine monströse Kriminalaffäre verstrickt wird. Ein offenbar geistesgestörter Serienmörder tötet seine Opfer nach dem Muster der sieben Tod-

Seven (Brad Pitt)

sünden! Er hinterläßt am Tatort raffinierte Hinweise und entgeht seinen Verfolgern doch immer wieder. Die Konsequenz und die widerliche Brutalität seiner Taten verstören auch Somerset und Mills. Und dann, nach dem fünften Mord, scheint der Spuk plötzlich vorüber. Der Täter (K. S.), der sich John Doe nennt, stellt sich freiwillig und ist sogar bereit zu kooperieren. Er will Somerset und Mills – aber nur diese – zu zwei weiteren Leichen führen und dann ein Geständnis unterschreiben. So fahren sie zu dritt aus den schmutzigen, verregneten Häuserschluchten der Stadt hinaus in eine sonnenüberflutete Landschaft. Und hier feiert John Doe seinen abschließenden Triumph: Er hat arrangiert, daß David Mills am Ziel dieser Fahrt auf schockierende Weise die Nachricht vom Tod seiner Frau (G. P.) erhält. Unmittelbar bevor er sich gestellt hat, hatte John Doe auch sie getötet – angeblich aus Neid auf die bürgerliche Idylle der Mills. David Mills erschießt den Mörder seiner Frau in rasendem Zorn. Das Maß der Todsünden ist voll!

Die Todsünden haben es den Filmemachern schon früher angetan. So entstanden nach dem Krieg jeweils in französisch-italienischer Coproduktion zwei Episodenfilme: *Les sept péchés capitaux* (Die sieben Sünden, 1952) und *Les sept péchés capitaux* (Die sieben Hauptsünden, 1961). Aber obwohl dabei u. a. so renommierte Regisseure wie Roberto Rossellini, Yves Allégret, Claude Autant-Lara (1952) oder Jacques Demy, Jean-Luc Godard und Claude Chabrol (1961) mitwirkten, blieben beide Filme eher auf dem Niveau gehobener Boulevard-Unterhaltung. Dagegen lotet dieser Film entscheidend tiefer. Er begreift die Todsünden als Ferment heilloser Unordnung, das die Großstädte in Vorhöfe der Hölle verwandelt. Enge Straßenschluchten, Regen, der an die Scheiben schlägt, dunkle Wohnhöhlen, in denen die Polizisten sich mühsam mit Taschenlampen orientieren, machen das sinnfällig deutlich. Und wenn man glaubt, in der Wohnung der Mills Geborgenheit und Wärme zu spüren, dann wird dieser scheinbar sichere Ort von der fahrenden U-Bahn erschüttert. Das Defizit an Menschlichkeit in unserer Gesellschaft hat Detective Somerset resignieren lassen, seinen Gegenspieler treibt es zur blutigen Aktion. Dabei soll der Name John Doe sicherlich auf Frank Capras Film *Meet John Doe* verweisen. Dort war der Titelheld zunächst eine fiktive Figur, die sich angeblich aus Protest gegen die Mißstände in der Welt vom Rathausdach stürzen will. Der John Doe von heute dagegen verkündet trotzig: »Ich leugne nicht, daß es mein größter Wunsch ist, jede Sünde gegen den Sünder zu kehren!« Und genau das tut er. Capras John Doe konnte am Ende die Menschen tatsächlich zur Einsicht bringen; der selbsternannte Richter und Rächer in diesem Film hat die Hoffnungslosigkeit in der Welt nur vergrößert; und niemand hat ihn daran hindern können. Das ist es, was diesen Film so deprimierend und verstörend macht.

The seventh cross
Das siebte Kreuz

USA 1944

R: Fred Zinnemann; A: Helen Deutsch nach dem gleichnamigen Roman von Anna Seghers; K: Karl Freund; D: Spencer Tracy, Signe Hasso, Hume Cronyn

Verfilmung des gleichnamigen Romans von Anna Seghers: Die Flucht von sieben Häftlingen aus einem Konzentrationslager, von denen aber nur Georg (S. T.) dank der Solidarität seiner Freunde und der mutigen Liebe einer jungen Frau (S. H.) ins Ausland fliehen kann.

Die Handlung des Romans spielt Mitte der dreißiger Jahre, als Konzentrationslager noch brutale Straflager, aber keine organisierten Vernichtungsmaschinerien waren. Der Film hält sich gewissenhaft an die Aussage seiner Vorlage; und er ist redlich auch darin, daß er Pathos und Karikatur gleichermaßen meidet. Gewiß spielt er die Spannungselemente von Flucht und Verfolgung effektvoll aus, doch er sorgt dafür, daß sie nicht Selbstzweck werden.

Natürlich konnten Milieu und Umwelt trotz aller Bemühungen in Hollywood nicht in allen Teilen authentisch rekonstruiert werden. Was dagegen stimmt, das ist die Atmosphäre der Angst und der Ungewißheit jener Tage; einer Angst, die Menschen dazu bringt, dem Freund, dem sie helfen möchten, doch die Hilfe zu versagen. Der Mechanismus der Anpassung wird deutlich an Georg Heislers Jugendfreundin, die einen Nazi geheiratet hat. Und man sieht die Verführbarkeit der Jugend, wenn Kinder mit fröhlichen, offenen Gesichtern einen Flüchtling hetzen – wie beim Indianerspiel.

In kleineren Rollen spielten übrigens einige deutsche Emigranten: Felix Bressart, Alexander Granach, Helene Weigel.

Sex, lies, and videotape
Sex, Lügen und Video

USA 1989

R: Steven Soderbergh; A: Steven Soderbergh; K: Walt Lloyd; D: Peter Gallagher, Andie MacDowell, James Spader, Laura San Giacomo, Ron Vawter

Die Ehe zwischen dem erfolgreichen Anwalt John Millaney (P. G.) und seiner Frau Ann (A. MD.) besteht nur noch auf dem Papier. Ann sucht Rat beim Psychotherapeuten (R. V.); John findet Abwechslung bei Anns lebenslustiger Schwester Cynthia (L. S. G.). Da taucht eines Tages Johns fast vergessener College-Freund Graham Dalton (J. S.) auf und bringt das Dreiecks-Arrangement durcheinander. Grahams Sexualleben ist reduziert auf seine Leidenschaft, mit der Videokamera Frauen nach ihren sexuellen Erfahrungen und Wünschen zu befragen und sich diese Aufzeichnungen später in seiner Wohnung anzusehen. Mit seiner Kamera dringt er auch in den Lebensbereich der Millaneys ein. Als erste stellt sich Cynthia für eine Selbstdarstellung zur Verfügung; wenig später wagt sich auch Ann, die von der Untreue ihres Mannes erfahren hat, vor die Kamera. Das offene Gespräch über bisher verdrängte Konflikte weckt bei beiden Frauen Einsichten. Cynthia beendet ihr Verhältnis mit John; auch Ann trennt sich von ihm und entdeckt Sympathien für Graham, der sich seinerseits vom »Voyeur« zum Partner wandelt. Am Ende haben alle etwas gelernt und eine Chance gewonnen – bis auf John.

Woody Allen ist nicht gar zu weit, wenn die vier Protagonisten dieses bürgerlichen Dramas ihr Seelenleben offenbaren. Deutlich wird, daß sie alle ziemlich verkorkst sind, und daß es ihnen überaus schwerfällt, dies einzusehen. Allein Graham ist sich seines Defektes bewußt, und seine freimütige Art, darüber zu reden, setzt gleichsam eine Kettenreaktion in Gang, die alle Personen des Films berührt.

Der damals erst 26jährige Soderbergh, der mit diesem Regie-Erstling auf Anhieb die »Goldene Palme« des Festivals von Cannes gewann, hat seinen Film mit Witz und »Weisheit« versehen. Die Dialoge sind oft von subtiler, entlarvender Komik – besonders dort, wo die Redenden ihre wahren Gedanken eher verbergen als mitteilen wollen. Seine bedenkenswerte Analyse der Defizite in Ehe und Partnerschaft leistet der Film ganz ohne dramatisches Aufbegehren durch genaue Beobachtung und distanzierte, ironische Beschreibung.

Shadow of a doubt
Im Schatten des Zweifels

USA 1943

R: Alfred Hitchcock; A: Thornton Wilder, Alma Reville und Salley Benson nach einer Erzählung von Gordon McDonnell; K: Joseph Valentine; D: Joseph Cotten, Teresa Wright, Macdonald Carey, Patricia Collinge

Charles Oakley (J. C.) besucht seine verheiratete Schwester Emma Newton (P. C.) in einer Provinzstadt. Seiner Nichte (T. W.), die ihm zu Ehren Young Charlie heißt und die ihn zärtlich liebt, bringt er einen wertvollen Ring mit. In der Stadt wird Charles bewundert, weil er auf der Bank ein Konto mit 40 000 Dollar Einlage eröffnet. Doch dann erscheinen zwei »Regierungsbeamte«, die die Newtons als »typisch amerikanische Durchschnittsfamilie« interviewen wollen. Onkel Charles wird unruhig. Zu Recht; denn einer der Beamten, Jack Graham (M. C.), enthüllt Young Charlie, ihr Onkel werde verdächtigt, der gesuchte »Mörder der lustigen Witwen« zu sein. Zwar glaubt sie das nicht; aber sie selbst entdeckt Indizien gegen ihren Onkel und erfährt schließlich, daß der geschenkte Ring dem letzten Opfer des Mörders gehört hat. Doch anstatt ihn zu verraten, warnt Young Charlie den Onkel. Sie deutet ihm an, daß sie ein Geheimnis kenne, und rät ihm, schleunigst abzureisen. Am nächsten Tag hört sie zu ihrer Erleichterung von Graham, ein anderer sei als Täter verhaftet worden. Doch nun wird Young Charlie das Opfer von zwei merkwürdigen Unfällen, bei denen sie knapp dem Tod entgeht. Ihre Zweifel wachsen wieder. Charles macht der Stadt eine großherzige Stiftung und reist ab. Als seine Nichte sich im Abteil von ihm verabschieden will, hält er sie fest und versucht, sie aus dem fahrenden Zug zu stoßen. Aber er selbst stürzt ab und verunglückt tödlich. Bei seinem ehrenvollen Begräbnis kennen nur Young Charlie und Jack Graham die Wahrheit über Charles Oakley.

Gleichsam eine Umkehrung der von Hitchcock so geschätzten Identitätsverwechslung. Werden in seinen anderen Filmen oft ehrbare Menschen für Verbrecher oder Agenten gehalten, so erscheint hier ein Verbrecher in der Maske des Biedermannes. Die Regie erzeugt geschickt eine Atmosphäre der Ungewißheit, des Zweifels. Zwar ahnt der Zuschauer Onkel Charles' Geheimnis schon sehr bald; die letzte Gewißheit wird ihm jedoch vorenthalten. So entsteht gleichsam eine schleichende Spannung aus den Mutmaßungen des Zuschauers über einen Charakter. Auf das Konto des Co-Autors Thornton Wilder dürfte u. a. die genaue Zeichnung des Milieus einer amerikanischen Mittelstandsfamilie gehen.

Shadows
Schatten

USA 1958/59

R: John Cassavetes; A: John Cassavetes; K: Erich Kollmar; D: Lelia Goldoni, Ben Carruthers, Hugh Hurd, Anthony Ray

Lelia (L. G.) lebt mit ihren Brüdern Hugh (H. H.) und Ben (B. C.) in einer kleinen Wohnung in New York. Sie sind Mischlinge und gelten nach den Spielregeln der Gesellschaft als Neger. Aber während Hugh auch wie ein Neger aussieht, könnten Lelia und Ben sich mühelos als »Weiße« ausgeben. Hugh ist ein erfolgloser Nachtclub-Sänger, und entsprechend mäßig sind auch seine Engagements. Er lebt in ständiger Spannung zwischen seinem Ehrgeiz und seinen Möglichkeiten. Lelia lernt auf einer Party Tony (A. R.) kennen. Sie schläft mit ihm (ihre erste sexuelle Erfahrung); doch als Tony Hugh kennenlernt, ist er irritiert. Hugh wirft ihn aus der Wohnung; Tony versucht verzweifelt, Lelia wieder zu treffen, die sich demonstrativ einem jungen Neger zuwendet. Ben, der Jazztrompeter werden möchte, zieht mit zwei weißen Freunden durch die

Stadt. Als sie bei einer Schlägerei verprügelt werden, geht Ben allein weiter.

John Cassavetes finanzierte sein Regie-Debüt mit eigenem Geld und Spenden (u. a. von Joshua Logan, William Wyler, Hedda Hopper). *Shadows* war der erste »Off-Hollywood-Film«, der ein breites Publikum erreichte. Der Film wurde mit einer 16-mm-Kamera an Originalschauplätzen gedreht und später auf 35 mm »aufgeblasen«. Das so entstandene grobkörnige Bild wirkt realistischer, wirklichkeitsnäher als das übliche Filmbild. Dieser Eindruck findet seine Entsprechung in der Handlung. Es geht nicht nur um das Rassenproblem. Eigentliches Thema ist die Beobachtung von Menschen in ihrer Umwelt und in der Gesellschaft. Cassavetes exemplifiziert das an verschiedenen Beispielen und auf verschiedenen Ebenen; und stets erweist er sich dabei als intelligenter Beobachter, der nicht nur Fakten registriert, sondern auch Bedingungen sichtbar macht.

Shakespeare in love
Shakespeare in Love

USA 1998

R: John Madden; A: Marc Norman, Tom Stoppard; K: Richard Greatrex; D: Joseph Fiennes, Gwyneth Paltrow, Geoffrey Rush, Tom Wilkinson, Colin Firth, Judi Dench, Joe Roberts, Ben Affleck

Im Jahr 1593, so fabuliert der Film, ist der Schauspieler und Stückeschreiber Will Shakespeare (J. F.) von einer Schreibblockade befallen. Obwohl er für sein neues Werk bereits von zwei Theaterbesitzern Vorschuß kassiert hat, will die Arbeit an dem Lustspiel »Romeo und Ethel, die Tochter des Piraten« nicht vorangehen. Das ändert sich jäh, als er die reizende Viola de Lesseps (G. P.) kennenlernt. Die thea-

Shakespeare in love (Gwyneth Paltrow, Joseph Fiennes)

terbesessene Lady hatte, als Mann verkleidet, für eine Rolle vorgesprochen. Eine leidenschaftliche Liebesaffäre beginnt, unter deren Einfluß das geplante Lustspiel sich Stück um Stück in die Tragödie »Romeo und Julia« verwandelt, die Will neben den Proben wie im Rausch niederschreibt. Auch für Will und Viola gibt es kein Happy-End; denn die junge Lady ist von ihrem reichen Vater längst dem verarmten, aber überaus blaublütigen Earl of Wessex (C. F.) versprochen. Am Tag ihrer Hochzeit stiehlt Viola sich heimlich davon, um der Uraufführung »ihres« Stückes beizuwohnen. Und sie kommt gerade recht, um die Aufführung zu retten. Den Darsteller der Julia (im elisabethanischen England durften Frauen aus Gründen der Schicklichkeit nicht auf der Bühne agieren) hat nämlich unerwartet der Stimmbruch ereilt. Viola springt ein, und die Aufführung wird ein großer Erfolg. Zwar rücken die Büttel an, um diesen Frevel zu rächen; doch Königin Elizabeth I. (J. D.), die unerkannt der Premiere beigewohnt hatte, scheucht sie zurück. Die Bande der Kirche allerdings kann auch sie nicht lösen: Viola muß ihrem Gatten auf seine Plantage in Virginia folgen. In einer wunderschönen Abschiedsszene aber entwerfen der Dichter und seine Muse ein neues Stück, die Komödie »Was ihr wollt«.

Ein intelligent konstruiertes Drehbuch nutzt die notorischen Lücken in Shakespeares Biographie, um aus Fakten, Spekulationen und phantasievollen Einfällen ein buntes Muster zu wirken, in dem Bühne und Wirklichkeit unauflöslich miteinander verbunden sind. Die Regie breitet diesen Zauberteppich mit souveräner Behendigkeit vor uns aus. Die überaus bewegliche Kamera fängt pralles Leben ein – auf den Straßen, in Adelspalästen, in Kneipen und natürlich in den ehrwürdigen Theatern. Dabei gewinnen auch kleinere Rollen unverwechselbares Profil – der Geldverleiher Fennyman (T. W.), der sich zum eingefleischten Theaternarren mausert, oder der Dramatiker John Webster (J. R.), der hier schon als Knabe seine spätere Affinität zum Schauerdrama offenbart. Alles in allem eine geistreiche Komödie, in der die Elemente filmischer Gestaltung harmonisch zusammenklingen und die auch in der deutschen Synchronisation das Spiel mit Alltagsprosa und Shakespeare-Texten souverän bewältigt.

Shane
Mein großer Freund Shane

USA 1953

R: George Stevens; A: A. B. Guthrie jr. und Jack Sher nach einem Roman von Jack Schaefer; K: Loyal Griggs; D: Alan Ladd, Jean Arthur, Van Heflin, Emile Meyer, Brandon de Wilde

Unter Führung von Joe Starrett (V. H.) lassen sich einige Farmer auf dem Land nieder, das der Viehzüchter Rufus Ryker (E. M.) für sich beansprucht. Eines Tages taucht bei Starrett ein Fremder (A. L.) auf, der sich Shane nennt, der wie ein »Gun-man« aussieht und der doch bereit ist, als Knecht für Starrett zu arbeiten. Starrett schätzt ihn bald sehr, obwohl er sieht, daß seine Frau (J. A.) sich gegen ihren Willen zu dem Fremden hingezogen fühlt und daß sein Sohn Bobby (B. d. W.) ihn noch mehr verehrt als seinen Vater. Wegen Rykers Drohungen verlassen einige Siedler ihr Land; aber Starrett bleibt fest. Eines Tages bestellt Ryker ihn zu einer Aussprache. Shane hat erfahren, daß das ein Hinterhalt ist. Er provoziert einen Streit mit Starrett, schlägt ihn nieder und geht an seiner Stelle. Vor den Augen von Bobby, der ihm heimlich gefolgt ist, tötet er Ryker in Notwehr. Dann setzt er sich, schwer verwundet, auf sein Pferd und reitet fort. Künftig wird im Tal Frieden herrschen.

Der Film hat Ton und Stil einer Legende. Shane ist der Archetyp des edlen Helden, der aus dem Dunkel kommt, das Böse besiegt und dann weiterzieht. Auch die historische Situation, der Streit zwischen Viehzüchtern und Farmern, dient hier nur als Ansatzpunkt für eine poetische Ballade, die Wahrheit und Dichtung des Westens überzeugend integriert.

Die deutsche Kinofassung war um fast 30 Minuten gekürzt.

Shanghai Express
Schanghai Expreß

USA 1932

R: Josef von Sternberg; A: Josef von Sternberg und Jules Furthman nach einer Erzählung von Harry Hervey; K: Lee Garmes; D: Marlene Dietrich, Clive Brook, Anna May Wong, Warner Oland

Eine bunt zusammengewürfelte Reisegesellschaft im Expreß zwischen Peking und Shanghai: u. a. die kapriziöse »Shanghai-Lily« (M. D.), der englische Captain Harvey (C. B.), die Chinesin Hue Fei (A. M. W.) und der undurchsichtige Mr. Chang (W. O.). Auf der fünftägigen Fahrt wird der Zug zunächst von Regierungstruppen angehalten; einer der Reisenden, der Vertraute eines Rebellenführers, wird verhaftet. Wenig später halten die Rebellen den Zug an. Chang entpuppt sich als ihr Führer, und er betrachtet die Passagiere als Geiseln für die Freilassung seines verhafteten Kuriers. Als Chang sich der »Shanghai-Lily« nähert, schlägt Harvey ihn nieder und soll dafür sterben. »Shanghai-Lily« bittet für sein Leben, und Chang läßt ihn frei. Mit einem Sonderzug trifft der verhaftete Kurier ein. Aber gerade als der Expreß sich wieder in Bewegung setzen soll, gibt es erneute Aufregung: Chang ist tot, getötet von der zarten Hue Fei. Schließlich geht die Fahrt weiter, und in Shanghai schließt Harvey endlich seine Lebensretterin in die Arme.

Sternberg hat die romantische Abenteuergeschichte mit ungewöhnlichen Kameraeinstellungen und geschickter Montage effektvoll ausgespielt. Trotzdem bleibt sie weitgehend Rahmen für die Selbstdarstellung Marlene Dietrichs – so wie Sternberg sie sah und wie das Publikum sie sehen wollte: blond, schön, langbeinig, mit dunkler Stimme und von Geheimnis umwittert.

The sheikh ⓢ
Der Scheich

USA 1921

R: George Melford; A: Monte M. Katterjohn nach dem gleichnamigen Roman von Edith Maude Hull; K: William Marshall; D: Agnes Ayres, Rudolph Valentino, Adolphe Menjou, Walter Long

Auf einer Reise durch die Sahara verkleidet sich die junge Engländerin Diana Mayo (A. A.) als Sklavenmädchen. Sie begegnet Scheich Ahmed (R. V.), der sich in sie verliebt und sie entführt. Aber Diana lehnt seine Werbung ab. Bei einem Ausritt mit Saint Hubert (A. M.), einem Freund Ahmeds, wird Diana von den Männern Omars (W. L.) gefangengenommen. Ahmed sammelt seine Leute, überfällt Omars Lager und befreit Diana in dem Moment, als sie verzweifelt Selbstmord begehen will. Omar wird bei dem Kampf getötet; aber auch Ahmed ist schwer verwundet. Endlich gesteht sich Diana ein, daß sie ihn liebt. Sie pflegt Ahmed gesund, und sie heiraten.

Ein typisches Beispiel für die romantischen Dramen, durch die Rudolph Valentino populär wurde. Zur Romantik gehört wohl auch, daß Ahmed sich als Europäer entpuppt, der als Kind seine Eltern verloren hat und von Arabern aufgezogen worden ist. Zeitgenössische Kritiken weisen auf die realistischen Wüstenaufnahmen hin. Der Kritiker der »New York Times« empfahl den Besuchern, Sonnenbrillen mitzubringen.

The sheltering sky
Himmel über der Wüste

England 1989/90

R: Bernardo Bertolucci; A: Mark Peploe und Bernardo Bertolucci nach dem gleichnamigen Roman von Paul Bowles; K: Vittorio Storaro; D: Debra Winger, John Malkovich, Campbell Scott, Eric Vu An, Jill Bennett, Timothy Spall

1947. Das amerikanische Ehepaar Kit (D. W.) und Port (J. M.) Moresby reist mit Tunner

(C. S.), einem reichen jungen Freund, nach Nordafrika. Für die Moresbys ist es eine ziellose, wohl aber zweckbestimmte Reise, die ihre in zehn Ehejahren verschlissene Gemeinsamkeit und ihre schöpferische Leere als Schriftstellerin bzw. Komponist durch neue Erfahrungen beleben soll. Tunner ist da ein merkwürdiges Anhängsel, ein Katalysator vielleicht für die erhoffte Verwandlung. Schon bald treffen sie auf Mrs. Lyle (J. B.), eine Reiseschriftstellerin, deren schrille Herrschsucht ihren erwachsenen Sohn Eric (T. S.) zu einem jämmerlichen Schnorrer denaturiert hat. Die ersten Erfahrungen der Moresbys in dem fremden Land sind deprimierend; und so entwickelt sich ihre Reise zu einer hektischen Flucht – vor sich selbst, vor den Lyles und auch vor Tunner, dessen Anwesenheit Port, eigensinnig und eifersüchtig, schon bald als störend empfindet. Wenige Momente der Gemeinsamkeit, einige Gespräche und auch ein Liebesakt in einer gewalttätigen, menschenleeren Landschaft lösen ihre innere Vereinsamung nicht. Dann erkrankt Port an Typhus und stirbt qualvoll in einem französischen Wüstenfort. Kit, die ihn aufopferungsvoll gepflegt hat, liefert sich in einer merkwürdigen Mischung aus Willenlosigkeit und Entschlossenheit dem arabischen Karawanenführer Belqassim (E. V. A.) wie eine Gefangene aus, unterwirft sich ihm sexuell und seelisch. Monate später nutzen Belqassims arabische Frauen seine Abwesenheit, um die Rivalin aus dem Haus zu treiben. Sie wird von der Polizei aufgegriffen, umsorgt und erfährt, daß Tunner eigens aus Amerika gekommen ist, um ihr zu helfen. Doch sie will ihm nicht begegnen und geht statt dessen in das kleine Café, in dem die Geschichte begonnen hat. Aber auch hier findet sie den Anschluß an ihr Leben nicht; sie steht sprach- und hilflos wie in einer fremden Welt.

Ein faszinierend doppelbödiger Film, den man auf verschiedenen Ebenen begreifen und goutieren kann. Einmal ist dies die Geschichte von drei Europäern, die den Verlockungen eines fremden Landes erliegen, ohne seinen Gefahren gewachsen zu sein. Abenteuerliche Erlebnisse in pittoresker Umgebung sorgen für Spannung; das exotische Milieu wird im Bild sinnlich präsent. Gleichzeitig geht es aber für die Protagonisten auch um eine Suche nach dem Sinn ihres Lebens. Da gewinnen die von Vittorio Storaro eingefangenen Bilder der schieren Unendlichkeit der Wüste, von verkarsteten Gebirgen, von Lehmdörfern, die einmal wie merkwürdige Spielzeuge, dann wie bedrohliche Labyrinthe erscheinen, eine andere, beunruhigende Bedeutung. Der Film drängt dem Zuschauer keine Antworten und keine »Lebensweisheiten« auf. Das Schicksal von Kit und Port erscheint nicht als exemplarisch, sondern als eine von unendlich vielen Möglichkeiten. Bertolucci hat gleichsam ein Gefäß geschaffen, in dem der Betrachter seine Gedanken und Träume sammeln kann. Der Romanautor Paul Bowles, der am Anfang und am Ende im Café sitzt, und dessen innerer Monolog hier die Funktion des Erzählers übernimmt, betrachtet gelassen das Universum, das er geschaffen und nunmehr dem Leser bzw. Zuschauer überlassen hat.

The sheltering sky (r.: Debra Winger)

Shichinin no samurai
Die sieben Samurai

Japan 1953

R: Akira Kurosawa; A: Hideo Oguni, Shinobu Hashimoto, Akira Kurosawa; K: Asaichi Nakai; D: Takashi Shimura, Yoshio Inaba, Toshiro Mifune, Keiko Tsushima

In jedem Jahr nach der Ernte wird ein kleines Dorf von einer Bande räuberischer Soldaten überfallen. Der Dorfälteste schlägt vor, eine Truppe von Samurai zur Verteidigung anzuwerben. Er findet Verständnis bei dem erfahrenen Samurai Kambei (T. S.), mit dessen Hilfe noch sechs weitere Samurai ausgewählt werden. Die geübten Krieger bilden die Bauern im Kampf aus und bereiten die Verteidigung vor. Im Herbst tauchen tatsächlich die Banditen wieder auf. Sie sind in der Überzahl; und es kommt zu einem tagelangen erbitterten Kampf, bei dem die Angreifer schließlich bis auf den letzten Mann niedergemacht werden, während nur wenige Bauern und vier der sieben Samurai unter den Toten sind. Den letzten Banditen hat der hünenhafte Samurai Kikuchiyo (T. M.) getötet, obwohl er selbst schon tödlich verletzt war. Am Grabe seiner Kampfgefährten erkennt Kambei:»Die Bauern haben den Kampf gewonnen und nicht wir Samurai. Die Bauern leben für immer mit ihrer Ernte!«

Im Original war der Film rund 200 Minuten lang; 40 Minuten davon fehlen in der deutschen Fassung. Aber auch diese verstümmelte Version ist noch von erstaunlicher Eindruckskraft. Kurosawa erzählt seine gewalttätige Handlung in genau kalkulierten Einstellungen und benutzte u. a. Teleaufnahmen und Zeitlupe, um bestimmte Bildeffekte zu erreichen. Dabei ging es ihm aber nicht nur darum, einen attraktiven Abenteuerfilm zu drehen; er greift in der Gegenüberstellung Bauern – Samurai soziologische Probleme auf und schafft interessante psychologische Bezüge zwischen den handelnden Personen.

Ein Remake dieses Films drehte John Sturges in den USA unter dem Titel *The magnificent seven* (Die glorreichen Sieben, 1960). Er verlegte die Handlung nach Mexiko und machte aus den Samurai Abenteurer. Yul Brynner spielte die Rolle Shimuras, Horst Buchholz die Mifunes. Das Ergebnis war achtbar, blieb aber doch beträchtlich hinter dem Original zurück.

Der Publikumserfolg dieses Films allerdings war so groß, daß in Hollywood noch zwei Fortsetzungen gedreht wurden.

The shining
Shining

England 1979

R: Stanley Kubrick; A: Stanley Kubrick und Diane Johnson nach einem Roman von Stephen King; K: John Alcott; D: Jack Nicholson, Shelley Duvall, Danny Lloyd, Scatman Crothers, Barry Nelson

Der ehemalige Lehrer Jack Torrance (J. N.) möchte in aller Ruhe und ohne finanzielle Sorgen einen Roman schreiben. So übernimmt er einen Job als Wächter in einem Hotel in den Bergen Colorados, das während des Winters geschlossen wird. Es schreckt ihn auch nicht, als er erfährt, daß einer seiner Vorgänger in der Einsamkeit wahnsinnig geworden ist und seine Familie umgebracht hat. Während die letzten Angestellten das Hotel verlassen, kommt Jack mit seiner Frau (S. D.) und seinem kleinen Sohn (D. L.) an; und eine Begegnung des Kindes mit dem farbigen Koch (S. C.) erzeugt erste Irritation: Der Farbige attestiert dem Kind, es habe die Gabe des »Shining«, des »Zweiten Gesichts«. In der Folgezeit evoziert tatsächlich die Phantasie des Kindes geheimnisvolle Szenen, die u. a. offenbar die Mordtat des früheren Hausmeisters wiederholen. Gleichzeitig wird Torrance von der seltsamen Atmosphäre des riesigen leeren Hotels zunehmend verstört und in den Wahnsinn getrieben. Eine Weile scheint es so, als könne seine literarische Arbeit, der er mit pedantischer Regelmäßigkeit nachgeht, ihn vor dem Zusammenbruch bewahren. Doch dann entdeckt seine Frau, daß das dickleibige Manuskript in Wirklichkeit nur aus einem einzigen, ständig wiederholten Satz besteht. Und während der farbige Koch in seinem Winterurlaub von ungewisser Angst aufgestört wird und sich auf den Weg macht, um dem kleinen Jungen im Hotel in einer Gefahr beizustehen, wird Torrance von der Wahnidee ergriffen, er müsse seine Familie umbringen. In einem furiosen Finale verfolgt er das Kind durch einen als Labyrinth angelegten Garten. Doch der Junge kann ihn überlisten; Torrance verirrt sich und erfriert.

Kubrick wollte mit seinem Ausflug ins Horror-Gewerbe offenbar Maßstäbe setzen – so wie es ihm beim Science-fiction-Film (*2001: A space odyssey*) und beim historischen Abenteuerfilm (*Barry Lyndon*) gelungen war. Über weite Strecken funktioniert das auch: am Anfang mit einer wahrhaft atemberaubenden Zufahrt auf die einsame Straße, die zum Hotel führt, in virtuosen Kamerafahrten durch die leeren Hotelgänge, am Schluß bei der Verfolgungsjagd durch das Labyrinth. Aber merkwürdigerweise scheint Kubrick diesmal seinen eigenen Möglichkeiten zu mißtrauen. Wenn unwirkliche Bedrohung sich aus scheinbar alltäglichen Bildern längst ergeben hat, setzt er noch unnötige und nicht immer originelle Effekte darauf und läßt zum Beispiel buchstäblich Ströme von Blut durch die Gänge fließen. Jack Nicholson darf szenenweise ziemlich hemmungslos chargieren. Und die Musik (Bartók, Penderecki, Ligeti u. a.) dräut in manchen Sequenzen allzu aufdringlich. So entstand ein merkwürdig uneinheitlicher Film, der im Rahmen seines Genres sicher einen achtbaren Platz einnimmt, der aber nicht – wie die beiden oben zitierten Filme – über sein Genre hinausweist.

Shooting stars ⓢ
Sternschnuppen

England 1927

R: Anthony Asquith, A. V. Bramble; A: Anthony Asquith, J. O. C. Orton nach einer Story von Anthony Asquith; K: Stanley Rodwell, Henry Harris; D: Annette Benson, Brian Aherne, Donald Calthrop

Die junge Filmschauspielerin Mae (A. B.) ist mit ihrem Kollegen Julian (B. A.) verheiratet, hat aber ein Verhältnis mit Andy (D. C.), der als Komiker für die gleiche Produktion arbeitet. Als Julian die Wahrheit erfährt, fürchtet Mae einen Skandal, der ihre Karriere ruinieren könnte. In ihrer Verzweiflung faßt sie den Plan, Julian zu ermorden. Bei den Vorbereitungen für eine Filmszene, die sie mit Julian zusammen spielen soll, vertauscht sie in einem Revolver, der auf ihren Mann abgefeuert wird, die Platzpatrone mit einer echten Patrone. Im letzten Moment bereut sie ihre Tat; aber ihre verzweifelten Schreie »Nicht schießen!« werden als darstellerisches Bemühen mißverstanden. Julian bleibt gleichwohl unversehrt; durch einen Zufall tötet die Kugel, die ihm zugedacht war, seinen Rivalen Andy. Aber Julian ahnt die Wahrheit und trennt sich von Mae. Ein Epilog zeigt Julian Jahre später als erfolgreichen Regisseur, während Mae nur noch winzige Rollen spielt. Für eine Inszenierung Julians wird sie aus einer Schar wartender Komparsen verpflichtet. Sie spielt eine Frau, die in eine Kirche kommt und betet. Julian erkennt sie nicht einmal.

Die zeitgenössische Kritik hat zwar die melodramatischen Akzente dieses Films angemerkt. Aber sie rühmt die filmische Sprache, die raffinierte Exposition und den Schluß. Mae kniet noch überwältigt vor dem Altar, während die Szene längst beendet ist und alle Mitarbeiter außer Julian das Studio schon verlassen haben. Langsam steht sie auf, zögert einen Moment in der Nähe Julians und geht dann weiter durch den riesigen dämmerigen Raum; und nur ein kleiner Lichtschein im Hintergrund zeigt, daß sie die Tür öffnet und fortgeht.

Short cuts
Short Cuts

USA 1993

R: Robert Altman; A: Robert Altman und Frank Barhydt nach neun Kurzgeschichten und einem Gedicht von Raymond Carver; K: Walt Lloyd; D: Andie MacDowell, Bruce Davison, Jack Lemmon, Julianne Moore, Matthew Modine, Peter Gallagher, Frances McDorman, Anne Archer, Fred Ward, Jennifer Jason Leigh, Chris Penn, Lili Taylor, Madeleine Stowe, Robert Downey jr., Tim Robbins, Lily Tomlin, Tom Waits, Annie Ross, Lori Singer, Buck Henry, Lyle Lovett, Huey Lewis

Short cuts (Anne Archer)

Hubschrauber lärmen am nächtlichen Himmel; die Gesundheitsbehörde läßt Insektengift über Los Angeles versprühen. Scheinbar willkürlich greift der Film Menschen aus dieser Stadt heraus und erzählt von ihnen in einem dichten Geflecht parallel laufender oder sich kreuzender Handlungsfäden. Das Ehepaar Finnigan (A. MD., B. D.) wird aufgestört, als ihr Sohn einen Unfall erleidet. – Die Ehe der Wymans (J. M., M. M.) droht an der krankhaften Eifersucht des Mannes zu scheitern. – Die Ehe von Stormy Wheathers (P. G.) ist bereits geschieden, aber noch immer ist er eifersüchtig auf seine Frau Betty (F. MD.). – Das Leben der Kanes (A. A., F. W.) gerät durcheinander, als der Mann mit seinen Anglerfreunden eine nackte Frauenleiche im Wasser entdeckt und darüber nicht die Fassung verliert. – Lois Kaiser (J. J. L.) betreibt am häuslichen Apparat einen Telefonsex-Service und frustriert damit ihren Ehemann Jerry (C. P.). – Dagegen leiden Honey Bush (L. Ta.) und Sherri Shepard (M. S.) unter den erotischen Eskapaden ihrer Männer Bill (R. D.) und Gene (T. R.). – Die Kellnerin Doreen (L. To.) hat Probleme mit dem Alkoholismus ihres Mannes Earl (T. W.) und verursacht einen Verkehrsunfall. – Der Jazzsängerin Tess Trainer (A. R.) gelingt es nicht, einen Kontakt zu ihrer Tochter Zoe (L. S.), einer begabten Cellistin, zu finden. – Am Ende setzt ein Erdbeben mittlerer Stärke einen dramatischen Schlußpunkt.

Altman hat hier in drei Stunden Laufzeit nicht einfach Anekdoten aneinandergereiht oder Pointen addiert; ähnlich wie in *Nashville* (Nashville, USA 1975) dient ihm auch hier das Kaleidoskop der Charaktere als Material für ein eindrucksvolles Zeitbild. Wie sich ein Wissenschaftler mit dem Mikroskop einer unbekannten Spezies nähert, so senkt sich Altmans Blick – mit den Hubschraubern – neugierig auf die Population am Rande des Pazifischen Ozeans. Er diagnostiziert in seinen Geschichten eine deprimierende Fülle von Glückserwartungen und Frustrationen; und wenn dabei auch gesellschaftliche Probleme und Zwänge nie direkt angesprochen werden, so sind sie hinter den Bildern stets gegenwärtig. Die Regie fügt dieses Mosaik souverän ineinander; die Darsteller geben ihren Rollen trotz der episodischen Struktur unverwechselbares Profil. Bei den Filmfestspielen in Venedig (1993) gewann der Film den Hauptpreis; seine 22 Hauptdarsteller erhielten gemeinsam einen Spezialpreis »für das beste Schauspieler-Ensemble«.

Shoulder arms Ⓢ
Gewehr über

USA 1918

R: Charles Chaplin; A: Charles Chaplin; K: Rollie Totheroh; D: Charles Chaplin, Edna Purviance, Sidney Chaplin, Jack Wilson

Charlie (C. C.) ist Soldat, und er ist im Schützengraben einsam wie eh und je. Er hat niemanden, der an ihn denkt, ihm schreibt. So sieht er den Glücklicheren beim Lesen ihrer Briefe über die Schultern und freut sich maßlos, wenn ein anderer Vater geworden ist. Zwischendurch träumt er von den Bars in New York; und diese Träume lassen ihn die Wache im strömenden Regen ertragen. Doch Charlie ist nicht etwa ein Versager. Flaschen öffnet er, indem er deren Hals von deutschen Scharfschützen abschießen läßt. Er zündet sich an den umherfliegenden Kugeln kaltblütig Zigaretten an und überwältigt sogar einen ganzen deutschen Stoßtrupp. »Ich habe sie umzingelt!« erklärt der Zwischentitel schlicht. Schließlich gelingt ihm der ganz große Coup: In einem sorgsam ausgeklügelten Unternehmen nimmt er den deutschen Kaiser (S. C.) und den Kronprinzen (J. W.) gefangen. Der Krieg ist beendet. Doch dann erwacht Charlie aus seinem Traum, und der Regen fällt weiter auf ihn.
Ursprünglich war ein anderer Schluß vorgesehen: Charlie wird für seine Heldentat von den führenden Staatsmännern der Alliierten geehrt. Im Schloß von Versailles geben sie ihm einen Empfang. Und während Charlie, vom Champagner angenehm beschwipst, eine Rede hält, dreht der englische König ihm heimlich einen Knopf ab – als Andenken.
Obwohl »Charlie« in diesem Film eine Uniform trägt, hat er seinen Charakter kaum verändert. Das zeigt sich besonders in den Szenen von der militärischen Ausbildung, die der eigenwillige Rekrut zur entlarvenden Farce werden läßt. Es zeigt sich aber auch am Schluß, der die Hilflosigkeit des kleinen Mannes und die Nutzlosigkeit seiner Träume deutlich macht.

Le signe du lion
Im Zeichen des Löwen

Frankreich 1959

R: Eric Rohmer; A: Eric Rohmer, Paul Gégauff; K: Nicolas Hayer; D: Jess Hahn, Jill Olivier, Michèle Girardon, Van Doude

Der erfolglose Komponist und Bohémien Pierre (J. H.) erhält die Nachricht vom Tod seiner Tante. In Erwartung einer Erbschaft gibt er ein großes Fest, zu dem auch der Journalist Jean-François (V. D.) geladen ist. Unmittelbar nach dem Fest muß Jean-François zu einer Reportage ins Ausland. Bei seiner Rückkehr erfährt er, daß nicht Pierre, sondern sein Vetter geerbt hat. Er sucht Pierre, erfährt aber lediglich in einigen Hotels, daß sein Freund wegen unbezahlter Rechnungen ausziehen mußte. Pierre versucht unterdessen, sich durchzuschlagen. Wochen später erfährt Jean-François, daß Pierres Vetter tödlich verunglückt ist und sein Freund nun wirklich geerbt hat. Aber Aufrufe in den Zeitungen bleiben erfolglos; denn Pierre lebt unterdessen als Clochard. Durch einen Zufall trifft Jean-François ihn schließlich in einem Lokal.
Die Handlung des Films scheint banal, das Happy-End konstruiert. Aber tatsächlich erlebt man hier den schicksalhaften Leidensweg eines Menschen. Pierre glaubt an die Sterne, an das Glück derer, die im Zeichen des Löwen geboren sind. Das erklärt den Fatalismus, mit dem er dem Schicksal begegnet. Die Regie teilt diesen Fatalismus nicht. Sie zeigt

mit entnervender Deutlichkeit die Stationen des Niedergangs, macht deutlich, was ein gerissener Schnürsenkel, ein Flecken auf dem einzigen Anzug, eine verlorene Métro-Karte für Pierre bedeuten. Der Schluß hebt diesen Alptraum nicht auf, betont vielmehr noch, wie blind das Schicksal seine Gaben verteilt. Überdies hat Rohmer noch die Gelegenheit genutzt, das sommerliche, von den Bewohnern entvölkerte Paris in eindringlichen Bildern zu zeigen.

Le silence de la mer
Das Schweigen des Meeres

Frankreich 1947/48

R: Jean-Pierre Melville; A: Jean-Pierre Melville nach der gleichnamigen Erzählung von Vercors; K: Henri Decae; D: Howard Vernon, Nicole Stéphane, Jean-Marie Robain

1940 bezieht ein deutscher Offizier (H. V.) Quartier in einem französischen Haus. Seinem taktvollen Werben um Verständigung begegnen der Hausherr (J.-M. R.) und seine Nichte (N. S.) mit Schweigen. Als der Deutsche erkennen muß, daß die Politik seines Landes nicht auf Verständigung, sondern auf Zerstörung abgestellt ist, meldet er sich verzweifelt an die Ostfront. Seinem Abschiedsgruß antwortet die Nichte zum erstenmal – mit dem Wort »Adieu«.

Die literarische Vorlage hatte in den Zeiten der Résistance große Bedeutung und beträchtliche Wirkung. Melville hat sie werkgetreu verfilmt, hat in strengen Bildern und oft quälend langen Einstellungen die Atmosphäre dieser makaberen Situation eingefangen.

Le silence est d'or
Schweigen ist Gold

Frankreich 1946/47

R: René Clair; A: René Clair; K: Armand Thirard; D: Maurice Chevalier, François Périer, Marcelle Derrien

Paris um die Jahrhundertwende. Émile (M. C.), alternder Schwerenöter und »Filmregisseur«, wird unversehens von der Tochter (M. D.) einer Jugendfreundin heimgesucht. Er soll auf das junge Mädchen aufpassen. Statt dessen verliebt er sich Hals über Kopf in seinen Schützling; aber just mit den von Émile erlernten Tricks schleicht sich sein junger Freund und Mitarbeiter Jacques (F. P.) in das Herz des Mädchens. Eine Tragödie bahnt sich an. Als Jacques und die geliebte Madeleine diese Tragödie jedoch vor der Filmkamera spielen, greift ein leibhaftiger Sultan ein, der sich als Gast bei den Dreharbeiten eingefunden hat. Er fordert einen Filmschluß ohne Tränen. Émile begreift und ersinnt ein Happy-End für seinen Film und für die jungen Leute.

Nach seiner Rückkehr aus dem Exil knüpfte Clair da an, wo er rund 15 Jahre vorher aufgehört hatte: Er drehte eine liebenswürdige Komödie aus dem Alltag einfacher Leute. Gleichzeitig war dies aber eine Hommage an die Pioniere des französischen Films. Und die liebevolle Ironie, mit der er die Welt des Films zeichnete, gehört zum Besten in *Le silence est d'or*.

The silence of the lambs
Das Schweigen der Lämmer

USA 1990

R: Jonathan Demme; A: Ted Tally nach einem Roman von Thomas Harris; K: Tak Fujimoto; D: Jodie Foster, Anthony Hopkins, Scott Glenn, Ted Levine, Anthony Heald

Bei der Jagd nach einem Serienkiller, der seine stets weiblichen Opfer teilweise zu enthäuten pflegt, wagt FBI-Agent Jack Crawford (S. G.) ein verzweifeltes Experiment. Er setzt die intelligente, attraktive FBI-Anwärterin Clarice Starling (J. F.) auf den Häftling Dr. Hannibal Lecter (A. Ho.) an. Der war einst ein brillanter Psychiater und wurde dann zum hemmungslosen Massenmörder mit kannibalistischen Neigungen. Durch ihn hofft Crawford, dem anderen Mörder auf die Spur zu kommen. Zwischen Clarice und Dr. Lecter beginnt eine brisante Auseinandersetzung, ein »Tauschge-

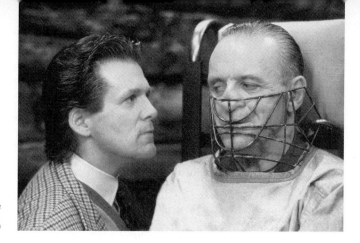

The silence of the lambs (Anthony Heald, Anthony Hopkins)

schäft« gleichsam. Lecter bringt Clarice dazu, ihm ihre verborgenen Ängste und Probleme zu erzählen; dafür revanchiert er sich mit verschlüsselten Hinweisen auf die Person des Killers, den man beim FBI zynisch »Buffalo Bill« nennt. Schließlich offenbart Clarice Lecter ihr geheimstes Trauma – daß sie als Kind die Schlachtung ihres geliebten Lammes nicht verhindern konnte und noch heute in ihren Träumen die Schreie der sterbenden Tiere hört. Lecter »zahlt« dafür mit einem Hinweis, der ihr klarmacht, daß der Mörder sich aus den Hautstücken seiner Opfer eine zweite, weibliche Haut macht. Dann eskalieren die Ereignisse: Lecter kann zwei Wärter töten und fliehen, und »Buffalo Bill« bringt ein neues Opfer in seine Gewalt. Clarice und der Apparat des FBI kommen unabhängig voneinander dem Mörder auf die Spur. Aber während die Beamten sich von einer Finte täuschen lassen, steht Clarice ihm (T. L.) in einem einsamen Haus plötzlich gegenüber. In einem atemberaubenden Showdown kann sie ihn unschädlich machen und sein letztes Opfer befreien. Monate später erreicht sie ein Anruf des noch immer flüchtigen Dr. Lecter. Er warnt sie, daß ihr Trauma noch nicht endgültig überwunden sei. So wenig wie seines offenbar; denn er beobachtet aus einer Telefonzelle seinen Intimfeind, den Gefängnisdirektor Dr. Chilton (A. He.).

Jonathan Demme bietet spektakuläres Spannungskino mit einer Fülle dramaturgischer Tricks und Effekte. Im Mittelpunkt steht jedoch das quälend intensive Spiel zwischen zwei Menschen, die ständig durch Gitterstäbe und Panzerglas getrennt sind und sich nur einmal flüchtig mit den Händen berühren. Dabei gelingt es dem Film, verborgene Winkel des Bewußtseins auszuleuchten, zu zeigen, daß Clarice das Böse nur besiegen kann, weil sie in dem wahrhaft mörderischen Duell die Kraft und die Faszination des Bösen kennengelernt hat.

Demmes Film erhielt – was selten ist – alle fünf Haupt-»Oscars«: für den besten Film, die beste Regie, das beste Drehbuch und die besten Hauptdarsteller.

Hannibal (Hannibal, USA 2000), die Fortsetzung, handelt von Dr. Lecters (A. Ho.) Flucht und weiteren Untaten sowie Starlings (jetzt: Julianne Moore) unermüdlicher Jagd auf den kultivierten Kannibalen. Nach seiner Flucht hat sich Lecter in Florenz eine neue Identität aufgebaut. Mason Verger (Gary Oldman), eines seiner Opfer, hat die Attacke des intelligenten Monsters entstellt überlebt und sinnt auf Rache. Die FBI-Profilerin Starling soll für ihn den Köder spielen. Das von Ridley Scott inszenierte Horrorstück wurde als uninspiriert und oberflächlich in Bezug auf die Entwicklung der Hauptfiguren beurteilt. Doch allein in den USA spielte der Film 165 Millionen Dollar ein.

Aufgrund dieses Erfolgs drehte Brett Ratner mit *Red dragon* (Roter Drache, USA 2002) den ersten Teil der Trilogie von Autor Thomas Harris. Darin jagt der FBI-Agent Will Graham (Edward Norton) seit langem den kannibalistischen Serienmörder. Seine Konsultationen bei dem Psychiater Dr. Hannibal Lecter (A. Ho.)

konfrontieren ihn schließlich mit dem Gesuchten: Im Zweikampf gelingt es Graham, Lecter zu überwältigen und verhaften zu lassen. Jahre später bittet ihn sein Ex-Chef in einem vergleichbaren Fall um Hilfe, und er weiß, daß er nur mit seinem größten Feind zum Erfolg kommen kann. Spannend, sehenswert und ohne auf Unappetitlichkeiten zu setzen, fand die Produktion Gnade in den Augen der Kritik. Unter dem Titel *Manhunter* (Blutmond, USA 1986) war diese Vorlage bereits von Michael Mann eindrucksvoll verfilmt worden.

Hannibal rising (Hannibal Rising – Wie alles begann, Frankreich/England/USA 2005/06), unter der Regie von Peter Webber, erzählt die Vorgeschichte von Dr. Hannibal Lecter, die Kindheit und Jugend: Nachdem seine Eltern 1944 in Litauen von deutschen Soldaten ermordet wurden, seine Schwester von russischen Deserteuren gemästet und verspeist wurde, wächst der Junge in einem Waisenhaus auf. Er (Gaspard Ulliel) flieht nach Paris zu seinem Onkel, trifft aber nur dessen japanische Frau (Gong Li), die den traumatisierten jungen Mann ausbildet. Doch Hannibal sinnt nur darauf, seine Schwester zu rächen. Er spürt die Verantwortlichen auf und wird zum Kannibalen. Kurz vor der Festnahme durch einen französischen Kommissar gelingt ihm die Flucht in die USA.

Sin City
Sin City

USA 2005

R: Roberto Rodriguez, Frank Miller, Quentin Tarantino (als »special guest director«);
A: Frank Miller nach drei eigenen Comics;
K: Roberto Rodriguez; D: Bruce Willis, Mickey Rourke, Jessica Alba, Nick Stahl, Powers Boothe, Jaime King, Rutger Hauer, Elijah Wood

Die drei Comics (»graphic novels«) spielen im Inferno einer von Laster, Gewalt und Korruption geprägten Stadt: Der Polizist Hartigan (B. W.) will die kleine Nancy (J. A.) aus den Fängen eines perversen Sadisten (N. S.) befreien. Unglücklicherweise ist der Unhold der Sohn des mit absoluter Machtfülle herrschenden Senators (P. B.). So gelingt Hartigan die Rettung des Kindes schließlich nur um den Preis des eigenen Lebens. – Privatdetektiv Marv (M. R.) rächt den Tod der Frau (J. K.), die ihn trotz seiner abenteuerlichen Häßlichkeit geliebt hat, in einem gnadenlosen Gemetzel. – Im Vergnügungsviertel der Stadt bricht ein erbitterter Machtkampf aus zwischen der Polizei, der Mafia und den dort ansässigen Damen.

Filme über Comic-Helden wie Batman, Spiderman oder Superman hat es in den Annalen Hollywoods zuhauf gegeben. Bisher allerdings hatte man sich im wesentlichen darauf beschränkt, die populären Charaktere zu adaptieren und die Trickmöglichkeiten des Films zu nutzen, um die schier übernatürlichen Fähigkeiten der Helden zu demonstrieren. Rodriguez geht da einen entscheidenden Schritt weiter. Er übernimmt auch die Erzählstruktur und die Bildästhetik der Comics. Dabei hält er sich so streng an den Duktus seiner Vorlagen, daß er deren Autor respektvoll auch als Co-Regisseur nennt. So läuft die Handlung sprunghaft (und durchaus nicht immer logisch) ab. Die Bilder sind vornehmlich in düsterem Schwarzweiß gehalten, und nur ganz gelegentlich setzt die Kamera kurze farbige Akzente: Rot etwa für ein überdimensionales Luxusauto oder Gelb für den schurkischen Mädchenschänder. Die Dialoge sind rüde und knapp, wirken fast wie Zitate, die man den handelnden Personen in den Mund gelegt hat. Das Ganze ist mit Hilfe des Computers und digitaler Technik der Wirklichkeit entrückt in eine (Alb-)Traumwelt, in der die Helden schier unbegrenzte Fähigkeiten haben, in der die Bösewichte reihenweise verstümmelt werden und sterben, während die Guten auch wohl einen Feuerstoß aus einer Maschinenpistole mit zusammengebissenen Zähnen überstehen. Man muß das, bei aller Spannung, die der Film erzeugt, nicht mögen. Es mag einem zu grell, zu laut, zu blutig, zu brutal sein. Aber man kann nicht umhin, anzuerkennen, daß hinter dem Ganzen eine Idee und ein strenger Formwille stehen, daß hier den Möglichkeiten des Films eine neue Facette hinzugefügt worden ist. Und vermutlich wird man Einflüsse dieser Inszenierung noch in vielen anderen Filmen wiederfinden.

Singin' in the rain
Du sollst mein Glücksstern sein

USA 1952

R: Gene Kelly, Stanley Donen; A: Adolph Green, Betty Comden; K: Harold Rosson; D: Gene Kelly, Debbie Reynolds, Donald O'Connor, Jean Hagen

1928. In Hollywood setzt sich der Tonfilm durch. Zwei Künstler profitieren davon: Don Lockwood (G. K.) wandelt sich vom schmalzigen Liebhaber zum Tanz- und Gesangsstar; sein Freund Cosmo Brown (D. O'C.), der bisher die Stars bei den Aufnahmen durch gefühlvolle Klaviermusik in Stimmung bringen mußte, avanciert zum Leiter der Musikabteilung. Gemeinsam verwandeln sie Lockwoods letztes Liebesdrama, das vom Publikum ausgelacht worden ist, in ein zündendes Musical. Lina Lamont (J. H.) allerdings, der weibliche Star des Films, hat eine total ungeeignete Stimme. Auch hier findet man Rat: Lockwood entdeckt die kleine Tänzerin Kathy Selden (D. R.), in die er sich alsbald verliebt, als Synchronstimme für Lina. Während Lina diesen Zustand beibehalten möchte, sorgen Lockwood und Brown dafür, daß Kathy nicht anonym bleibt: Als Lina bei der Premiere an der Rampe Gesang mimt, während Kathy hinter dem Vorhang für sie singt, öffnen sie kurzerhand den Vorhang. Das ist der Beginn von Kathys Karriere.

Ein einfallsreiches und temperamentvolles Musical, das die Möglichkeiten des Mediums geschickt nutzt und sie gleichzeitig, genauso wie ein Stück Filmgeschichte dazu, einfallsreich persifliert. Großartige Einzelszenen wie Gene Kellys Tanz im Regen und Donald O'Connors akrobatischer Tanz im Atelier sind gut integriert. Neben *On the town* (Heut gehn wir bummeln, USA 1949) wohl der beste Film des Gespanns Kelly–Donen.

The sixth sense
The Sixth Sense

USA 1999

R: M. Night Shyamalan; A: M. Night Shyamalan; K: Tak Fujimoto; D: Bruce Willis, Haley Joel Osment, Toni Collette, Olivia Williams, Donnie Wahlberg

Wenige Stunden, nachdem der Kinderpsychologe Malcolm Crowe (B. W.) auf einer Feierstunde für seine hervorragende Arbeit geehrt worden ist, wird er in seiner Wohnung vor den

The sixth sense
(Haley Joel Osment, Bruce Willis)

Augen seiner Frau (O. W.) von einem jungen Mann, Vincent Gray (D. W.), niedergeschossen, der ihn beschuldigt, bei seiner Behandlung versagt zu haben. Anschließend richtet der Täter sich selbst. Monate später sehen wir Dr. Crowe genesen und bei der Arbeit an einem neuen Fall. Der achtjährige Cole Sear (H. J. O.) ist kontaktarm und leidet unter schweren Angstzuständen. Die Diagnose scheint einfach: Der Junge, der bei seiner Mutter (T. C.) lebt, leidet unter der Trennung seiner Eltern. Aber es bleibt eine Wand zwischen Arzt und Patient. Erst als Dr. Crowe mit Cole vertrauensvoll über seine eigenen Probleme spricht, über die Entfremdung von seiner Frau, über die Vorwürfe, die er sich im Fall Vincent Gray macht, erzählt Cole ihm auch sein »Geheimnis«: Er sieht Verstorbene, die sich wie selbstverständlich zwischen den Lebenden bewegen und nicht wissen, daß sie tot sind. Dr. Crowe ist irritiert; aber dann hört er Tonbänder von den Sitzungen mit Vincent Gray ab und erkennt, daß dieser unter dem gleichen Phänomen gelitten hat. Jetzt kann er Cole seine Angst nehmen und ihn überzeugen, daß die Toten von ihm nur Hilfe erhoffen. Jetzt kann er selbst vor seinem Gewissen den Fall Vincent Gray abschließen und zu seiner Frau offen von seiner Liebe sprechen. Aber jetzt erkennt er auch, daß er selbst nur einer der »Besucher« Coles ist, daß der Schuß Vincents ihn tatsächlich getötet hat.

Der junge, in Madras geborene Regisseur hat einen Film geschaffen, der sanften Horror, Suspense und Poesie geschickt verbindet. Schon bald wird klar, daß es sich bei Coles »Krankheit« nicht um einen alltäglichen klinischen Fall handelt. Auch das Schicksal Dr. Crowes hätte man – rückblickend – aus mancherlei Indizien mindestens erahnen können. Aber Shyamalan gelingt es, einen merkwürdigen Schwebezustand zwischen Traum und Wirklichkeit aufrechtzuerhalten, in dem man sich wie in einem Mandala verlieren kann. Dieses Gleichgewicht geht auch nicht verloren, wenn Cole sein »Geheimnis« lüftet, weil der Film die Realität des Irrealen mit ruhiger Selbstverständlichkeit akzeptiert. Das schafft Freiräume für die Phantasie des Zuschauers und beschäftigt sie weit über die Schlußtitel hinaus. Zum Erfolg des Films tragen auch das disziplinierte Spiel von Bruce Willis und die verblüffende Präsenz des jungen Haley Joel Osment bei.

Det sjunde inseglet
Das siebente Siegel

Schweden 1956

R: Ingmar Bergman; A: Ingmar Bergman; K: Gunnar Fischer; D: Max von Sydow, Gunnar Björnstrand, Bengt Ekerot, Nils Poppe, Bibi Andersson

Im 14. Jahrhundert kehrt der Ritter Antonius Blok (M. v. S.) mit seinem Knappen (G. B.) von einem Kreuzzug zurück. Er findet Schweden von der Pest verwüstet; und der Ritter beginnt, an Gott zu zweifeln. Als der Tod (B. E.) ihn holen will, begehrt Blok auf: Erst will er eine Antwort auf seine Frage nach dem Sinn des Lebens. Der Tod gewährt ihm eine Chance: Ein Schachspiel, das er mit dem Ritter spielen will, soll über dessen Schicksal entscheiden. Zwischen den Zügen erlebt der Ritter Tod und Verzweiflung der Menschen; aber er entdeckt auch einen Funken Hoffnung in der Begegnung mit dem einfältigen Gaukler Jof (N. P.), seiner Frau Mia (B. A.) und ihrem Kind. Als der Ritter sein Schloß erreicht hat, da ist auch die Schachpartie zu Ende. Durch einen Trick hat der Tod gesiegt. Jof und Mia sehen im Morgengrauen, wie der Tod den Ritter, seine Frau und sein Gefolge in einem seltsamen Totentanz mit sich zieht.

Der Pfarrerssohn Bergman hat von Jugenderinnerungen berichtet: Als Kind hat er seinem Vater bei der Predigt zugehört und dabei die Kirchenfenster und ihre Bildmotive betrachtet. Sie zeigten Heilige und Dämonen, »und in einem Wald saß der Tod und spielte Schach mit einem Ritter«. Später schrieb Bergman ein Bühnenstück über einen Ritter, der während einer Pestepidemie dem Tod begegnet. Und schließlich entstand dieser Film, dessen Titel auf die »Geheimen Offenbarungen« des heiligen Johannes verweist (»Als das Lamm das siebente Siegel brach ...«) und in dem die Pest zum Sinnbild unheimlicher Gefährdung des Menschen wird.

Optisch und in seiner stilistischen Einheit ist dies vielleicht der beste Film Bergmans. Das Mittelalter ist in realistischen Bildern beschworen, hinter denen aber apokalyptische Visionen lauern. Eine Schenke, der Zug der Flagellanten, die Hexenverbrennung u. a.: weit entfernt von einem Bilderbuch-Realismus ist stets der Geist der Vergangenheit eingefangen.

Skammen
Schande

Schweden 1968

R: Ingmar Bergman; A: Ingmar Bergman; K: Sven Nykvist; D: Liv Ullmann, Max von Sydow, Gunnar Björnstrand, Sigge Fürst

Vor einem Bürgerkrieg ist das Musiker-Ehepaar Jan (M. v. S.) und Eva (L. U.) Rosenberg auf eine Insel geflüchtet, wo besonders der hypochondrische Jan in wachsender Angst vor dem sich nähernden Krieg lebt. Besatzungstruppen tauchen auf und erpressen von Jan und Eva ein Interview, das für Propagandazwecke ausgenutzt wird. Als »die anderen« zurückkehren, gelten die Rosenbergs deshalb als Kollaborateure und werden verhaftet. Doch Oberst Jacobi (G. B.) schützt das Ehepaar; er beginnt ein Verhältnis mit Eva und steckt ihr seine Ersparnisse zu. Dann erscheinen Partisanen, die den Oberst töten wollen, wenn er nicht ein Lösegeld zahlt, das etwa seinen Ersparnissen entspricht. Aber Jan hat das Geld an sich genommen und gibt es nicht heraus. Auf Befehl der Partisanen erschießt Jan den Oberst. Das Haus der Rosenbergs wird zerstört. Jan tötet einen jungen Deserteur, obwohl Eva ihn um das Leben des Unbekannten bittet. Mit einem Boot wollen die beiden fliehen; am Ende sieht man sie mit diesem Boot zwischen den Leichen Ertrunkener auf dem Meer treiben.
Wie in seinem vorigen Film *Vargtimmen* zeigt Bergman auch hier ein Ehepaar (gespielt übrigens von den gleichen Darstellern!), das auf einer Insel einer Bedrohung ausgesetzt ist. Waren es vorher die individuellen Obsessionen eines Künstlers, so sind es diesmal die Gefährdungen durch einen Krieg. Und wieder trennt die Bedrohung die beiden Menschen, reißt sie die Abgründe auf, die vorher mühsam und oberflächlich verdeckt waren, bewirkt sie nur eine Art »Notgemeinschaft«, die das Trennende deutlicher macht als das Verbindende. Daneben gewinnt aber auch der Krieg Realität – eine schmutzige Realität, die nichts von Heldentum weiß, sondern nur von Verrat, Terror, Erpressung, in der ein Mensch getötet wird, weil seine Stiefel dem Mörder »nützlich« erscheinen.
Bergman variierte das Thema dieses Films auch in seinem Film *En passion*, der sich mit einem Bildzitat direkt auf *Skammen* bezieht.

Skřivánci na nitích
Lerchen am Faden

ČSSR 1969

R: Jiří Menzel; A: Bohumil Hrabal und Jiří Menzel nach einer Idee von Bohumil Hrabal; K: Jaromir Šofr; D: Vlastimil Brodský, Leoš Suchařípa, Václav Neckář, Rudolf Hrušínský, Jitka Zelenohorská

Die Zeit: um 1950; der Ort: ein Schrottplatz. In dieser ganz und gar realistischen Umgebung geschehen absurde Dinge. Hier nämlich arbeitet, diskutiert und philosophiert eine »Brigade«, der u. a. ein Professor für Literatur (V. B.), ein Staatsanwalt (L. S.), ein Koch (V. N.), ein Saxophonspieler und ein Hersteller von Waschtrögen angehören. Ein Zwischentitel erklärt: »Die Reste der besiegten Klassen wurden in den Arbeitsprozeß eingegliedert, damit sie sich von ihrer bourgeoisen Herkunft befreien konnten.« Diese Befreiung zu lenken, obliegt dem »Vertrauensmann« (R. H.). Und obwohl hin und wieder einer der Delinquenten von wortkargen Herren abgeholt wird und auf Dauer verschwindet, bewahren die übrigen eine Art gelassener Resignation. Ein Lichtblick ist für sie die Tatsache, daß sich gleich nebenan ein Lager für weibliche Häftlinge befindet, die überwiegend wegen »versuchter Republikflucht« einsitzen. Natürlich sind Kontakte verboten; aber ebenso natürlich finden sie doch statt. Und als Pavel, der Koch, sich in die hübsche Jitka (J. Z.) verliebt, da dürfen die beiden in einer grotesken Zeremonie, bei der Jitka durch Pavels Tante vertreten wird, sogar heiraten. Ein normales Eheleben ist erst nach Jitkas Entlassung zu erhoffen. Doch als die erfolgt ist, da ist Pavel längst verhaftet – weil er einen hohen Funktio-

när arglos nach dem Verbleib der verschwundenen Kollegen gefragt hat. Die hat er mittlerweile wiedergetroffen ...
Eine beißende Satire auf die Zustände im »real existierenden Sozialismus«. Mit tückischer Ironie werden die absurden Situationen als filmische (und politische) Realität ausgegeben, wodurch dann die Realität wie ein absurder Alptraum erscheint. Buch und Regie legen weniger Wert auf eine dramaturgisch aufbereitete Handlung; sie reihen vielmehr Beobachtungen, Situationen und Pointen phantasievoll aneinander. Es gibt treffsicheres Kabarett wie die Besichtigung des Schrottplatzes durch eine Jugendgruppe oder den Auftritt eines Gewerkschaftsfunktionärs, der vor dem Gespräch mit den Arbeitern schnell die Krawatte ablegt und den Hut mit einer proletarischen Schiebermütze vertauscht. Aber es gibt am Ende auch das bittere Resümee der Häftlinge bei der Zwangsarbeit im Bergwerk: »Kumpels, die haben uns die Wahrheit geklaut, die Schweine. Wo ist die Wahrheit geblieben?«
Der Film schien den Behörden kurz nach der gewaltsamen Beendigung des »Prager Frühlings« so subversiv und gefährlich, daß er sofort verboten und erst zwanzig Jahre später freigegeben wurde. 1990 lief er als offizieller Beitrag der ČSFR bei den Berliner Filmfestspielen und erhielt dort – ex aequo mit *Music box* von Costa-Gavras – den »Großen Preis« des Festivals.

Slatyje gory / Stschastliwaja uliza
Goldene Berge / Die glückliche Straße

UdSSR 1931

R: Sergej Jutkewitsch; A: A. Michailowski, Wladimir Nedobrowo, Sergej Jutkewitsch, Lew Arnschtam, Alexej Tschapygin; K: Joseph Martow, Wladimir Rapoport; D: Boris Poslawski, J. Korwin-Krukowski, W. Fedosjew, N. Mitschurin

In den Erdölraffinerien von Baku kommt es 1914 infolge der unzumutbaren Arbeitsbedingungen zu Streiks. Auch in der Fabrik von Putilow (J. K.-K.) gärt es. Neue Arbeiter werden gebraucht; man wirbt sie im bäuerlichen Hinterland an. Unter denen, die in die Stadt ziehen, ist auch Pjotr (B. P.), der daheim von einem Großgrundbesitzer ausgenutzt wird. In der Stadt möchte er das Geld für ein Pferd verdienen. Putilows Sohn (W. F.) will ihn zum Anführer von Streikbrechern machen; und unter dem Einfluß des Meisters Nikolai (N. M.) beteiligt sich Pjotr sogar an einem Anschlag auf den Bolschewiken Wassili. Aber gerade dadurch kommt er mit den revolutionären Arbeitern in Berührung; und als er dann noch erfährt, daß seine kleine Landwirtschaft ruiniert ist, da gibt er das Signal zum Streik.
Der Film wurde von vielen Kritikern als Gegenstück zu Pudowkins *Konez Sankt-Peterburga* angesehen. In beiden Filmen wandelt sich ein Bauer in der Stadt zum Revolutionär. Während aber Pudowkin seinen Helden als Stellvertreter der gesamten Landbevölkerung ansah, ist Pjotr ein Individuum, das aus persönlichen Erfahrungen eine persönliche Entscheidung trifft.
Slatyje gory wurde als Stummfilm begonnen. Erst während der Dreharbeiten beschloß man, eine Tonfassung herzustellen, für die Dimitri Schostakowitsch als Komponist gewonnen wurde. Jutkewitsch bemühte sich dabei, den Ton »kontrapunktisch« einzusetzen, wie Eisenstein und Pudowkin es in ihrem berühmten »offenen Brief« gefordert hatten. Trotz technischer Schwierigkeiten – in der UdSSR gab es damals noch keine geeigneten Ton-Apparaturen – geriet der Film sehr eindrucksvoll.

Smoke
Smoke

USA 1995

R: Wayne Wang; A: Paul Auster; K: Adam Holender; D: Harvey Keitel, William Hurt, Harold Perrineau jr., Forest Whitaker, Stockard Channing, Victor Argo

Ort der Handlung ist Brooklyn, Ecke Third Street und Seventh Avenue. Dort steht Vinnies (V. A.) Laden, in dem Auggie Wren (H. K.) Tabakwaren verkauft, Geschichten erzählt, Ratschläge erteilt, Freundschaften stiftet, so daß ein dichtes Netz von Schicksalsfäden geknüpft wird. Da ist der Schriftsteller Paul Benjamin (W. H.), der nicht mehr schreiben kann, seit seine Frau als zufälliges Opfer bei einem Banküberfall erschossen worden ist. Da ist auch der junge Rashid Cole (H. P. jr.), der Paul im Straßenverkehr das Leben rettet und sich dann bei ihm einnistet. Dabei entwickelt er ein beträchtliches Talent, sich und die Menschen, die es gut mit ihm meinen, in Schwierigkeiten zu bringen. So vermasselt er auch Auggies Plan, mit geschmuggelten kubanischen Zigarren Geld zu machen. Allerdings liegt Auggie auch nicht viel an Geld. Als seine Ex-Geliebte, die einäugige Ruby (S. C.), bei ihm auftaucht und erzählt, daß ihre Tochter Felicity (deren Vater er angeblich ist) drogensüchtig geworden ist, gibt er ihr, ohne zu zögern, seine ersparten 5000 Dollar für eine Therapie. Auch Paul erhält am Ende ein Geschenk. Als er in der Klemme sitzt, weil der Termin für die Ablieferung einer Weihnachtsgeschichte bedrohlich näherückt, erzählt Auggie ihm eine angeblich selbsterlebte Geschichte. Ob nun Dichtung oder Wahrheit, jedenfalls ist sie ein wunderbarer Abschluß für dieses Füllhorn von Anekdoten und Schicksalen, die allen Bemühungen spotten, sie in eine Inhaltsangabe zu pressen.

Es gibt eine Schlüsselszene in diesem Film: Auggie hat seit zwölf Jahren jeden Morgen zur gleichen Zeit und von der gleichen Position aus die Straßenecke vor seinem Haus fotografiert. Als er Paul einmal die Alben mit den sorgfältig eingeklebten und datierten Bildern zeigt, blättert der sie hastig und verständnislos durch. Auggie belehrt ihn, daß er sich Zeit nehmen müsse. Jetzt entdeckt Paul die kleinen Veränderungen, die die Jahreszeiten, das Wetter, der Verkehr in der Bilderfolge bewirkt haben; und er erkennt, daß diese scheinbar gleichförmigen Bilder in Wirklichkeit die Fülle des Lebens enthalten. Auch Paul Auster und Wayne Wang haben sich eine Position im Alltag gesucht und genau hingeschaut. Dabei verwandeln sie den kleinen Tabakladen in eine Weltbühne, auf der eine Fülle von Schicksalen sich berühren. Auggie wird zum Moderator, der diese Berührungen in menschliche Kontakte verwandelt. So entsteht an einer Straßenecke in Brooklyn ein Hort der Menschlichkeit und der Poesie.

Nach Abschluß der Dreharbeiten konnten sich Wang, Auster und einige Darsteller offenbar nicht vom Schauplatz und den Personen der Handlung trennen. Sie überredeten die Produktionsfirma, ihnen noch einige Drehtage zu finanzieren, und drehten – gleichsam als vergnügliches Stegreif-Spiel – den Film *Blue in the face* (Blue in the Face, USA 1995). Wieder spielt sich alles in und vor Vinnies Laden ab, wieder gibt es skurrile und anrührende Episoden; aber diesmal spielt auch den Stadtteil Brooklyn mit seiner Atmosphäre und seinen Problemen eine größere Rolle. Hinzu kommen als amüsante Einlagen Gastauftritte prominenter Sympathisanten wie Jim Jarmusch, Lily Tomlin, Roseanne Barr, Madonna u. a.

Smoking / No smoking
Smoking / No Smoking

Frankreich 1993

R: Alain Resnais; A: Jean-Pierre Bacri und Agnès Jaoui nach sechs Theaterstücken (*Intimate exchanges*) von Alan Ayckbourn; K: Renato Berta; D: Sabine Azéma, Pierre Arditi

Zwei abendfüllende, jeweils gar überlange Filme mit dem gleichen Schauplatz, dem gleichen Personal, den gleichen Konflikten. Irgendwo in der englischen Provinz leben der trinkfreudige Schuldirektor Toby Teasdale mit seiner vom Leben enttäuschten Frau Celia, Tobys willensschwacher Freund Miles Coombes, der unter den erotischen Eskapaden seiner Frau Rowena leidet, das Dienstmädchen Sylvie Bell, das Faktotum Lionel Hepplewick und einige Randfiguren. Sie alle suchen Glück, Erfolg, die »Selbstverwirklichung«. Doch der Autor demonstriert, von wie vielen, meist zufälligen Faktoren die Erfüllung ihrer Wünsche abhängig ist. In *Smoking* zum Beispiel greift Celia eingangs zur Zigarette, steht plötzlich Lionel Hepplewick gegenüber, läßt sich vorübergehend von ihm betören und unterstützt ihn bei seinem Bemühen um berufliche Selbständigkeit; in *No smoking* verzichtet sie auf die Zigarette, geht in den Garten und trifft dort statt mit Lionel mit Miles Coombes zusammen, der fortan ihr stiller Verehrer bleiben wird. Ähnlich greift der Autor in beiden Filmen immer wieder in den Ablauf des Geschehens ein, spielt Variationen der Handlung durch, die sich zunächst oft nur durch winzige Nuancen unterscheiden, in der Folge aber das Leben aller Beteiligten grundsätzlich verändern. So fächert sich die Geschichte gleichsam auf. Am Ende stellen beide Filme insgesamt zwölf verschiedene Schlüsse vor, die alle »fünf Jahre später« auf dem kleinen Dorffriedhof vor der Kirche spielen. Banale Entscheidungen wie die für oder gegen eine Zigarette, Beiläufigkeiten und Zufälle haben einen Mechanismus in Gang gesetzt, der letzten Endes über Glück oder Unglück, über das Leben der handelnden (und verhandelten?) Personen entschieden hat.

Für Resnais, der früher schon in seinem Film *Mon oncle d'Amérique* menschliche Schicksale mit Fallstudien der Verhaltensforschung konfrontiert hatte, war das intelligente Denkspiel des englischen Autors sicher eine verlockende Vorlage. Dabei wird die Künstlichkeit der »Versuchsanordnung« (der Vorgabe des Autors entsprechend!) betont durch ein stilisiertes »Bühnenbild« und dadurch, daß nur zwei Darsteller die verschiedenen Rollen verkörpern. Doch wirken die Filme niemals lehrhaft. Die Phantasie des Autors, der Einfallsreichtum des Regisseurs, der virtuos mit den Stilmitteln des Theaters und des Films spielt, und der Spielwitz der vorzüglichen Darsteller sorgen für eine komödiantische Vielfalt, die den Zuschauer unmittelbar unterhält. Die Nutzanwendung, die Reflexion entwickelt sich erst wie beiläufig aus dem Mitgefühl für die »Versuchspersonen«, für ihre Hoffnungen, Bemühungen, Enttäuschungen und Ängste.

Smultronstället
Wilde Erdbeeren

Schweden 1957

R: Ingmar Bergman; A: Ingmar Bergman; K: Gunnar Fischer; D: Victor Sjöström, Ingrid Thulin, Gunnar Björnstrand, Bibi Andersson, Folke Sundquist, Björn Bjelvenstam

Der Film beginnt mit einer Traumvision: Ein alter Mann erlebt seinen eigenen Tod, sieht sich als Leiche. Der Mann erwacht. Es ist Professor Isaak Borg (V. S.), der heute, am 50. Jahrestag seiner Promotion, von der Universität Lund geehrt werden soll. Seine Schwiegertochter Marianne (I. T.) bringt ihn mit dem Wagen nach Lund; diese Fahrt wird zu einer bitteren Bilanz seines Lebens. Er unterhält sich mit drei jungen »Anhaltern« (B. A., F. S., B. B.), besucht die Stelle, wo er als Kind wilde Erdbeeren gesucht hat und sieht sich in Gedanken zurückversetzt in den Kreis der Geschwister und Spielgefährten. Schließlich wirft Marianne, deren Ehe zu scheitern droht, ihm vor, egoistisch und selbstherrlich zu sein. Isaak Borg sieht ein, daß er sich den Menschen entfremdet, sich selbst um sein Glück betrogen hat. Er läßt die Ehrungen über sich ergehen. Aber am Abend macht er einen Versuch, sich seinem Sohn (G. B.) und seiner Schwiegertochter zu öffnen, die Ehe und das Glück dieser beiden Menschen, die er liebt, zu retten.

Der Film ist mehr als nur ein elegisches »Spiel der Erinnerungen«. Bergman stellt die Frage nach der Verantwortung des Menschen für

*Smultronstället
(Victor Sjöström,
Ingrid Thulin)*

den Menschen, nach dem Sinn des Lebens; und dabei gewinnt der Einzelfall exemplarische Bedeutung. Hier plädiert Bergman noch für ein Glück, das in der Offenheit für die Welt und in der Begegnung mit dem Mitmenschen liegt. In späteren Filmen war seine Bilanz bitterer.

Formal besticht die Kraft und Stilsicherheit, mit der die Traumsequenzen in die Schilderungen der Realität eingefügt wurden. Die Konfrontation Isaak Borgs mit den Gefährten der Jugend, die den alten Mann auch optisch in den Kreis seiner Jugendgespielen zurückversetzt, ist nicht nur von großem ästhetischen Reiz, sie macht auch ganz direkt deutlich, was »alt sein« heißen kann. Bemerkenswert ist ebenso die Gestaltung der Hauptrolle durch Victor Sjöström, einen der großen Regisseure aus der Blütezeit des schwedischen Stummfilms.

So ist das Leben / Takovy je život Ⓢ

Deutschland/Tschechoslowakei 1929

R: Carl Junghans; A: Carl Junghans; K: László Schäffer; D: Wera Baranowskaja, Theodor Pistek, Mana Zeniskova, Valeska Gert

Eine Prager Waschfrau (W. B.) bemüht sich verzweifelt, ihre Familie über Wasser zu halten, nachdem ihr Mann (T. P.) seine Arbeit in einer Kohlenhandlung verloren hat. Ihre Bemühungen bleiben vergeblich: Die Tochter (M. Z.) erwartet ein Kind von ihrem Freund und verliert ihre Stellung als Maniküre, weil sie einen zudringlichen Kunden energisch zurückgewiesen hat; der Mann vertrinkt das für die Miete zurückgelegte Geld mit seiner Freundin (V. G.). Als die Waschfrau das Kind einer Nachbarin, das bei ihr spielt, davor bewahren will, aus dem Fenster zu stürzen, stößt sie ihr Waschfaß um, verbrüht sich und stirbt – an den Folgen des Unglücksfalls, aber auch an Überarbeitung, Sorgen und Enttäuschung.

Junghans drehte seinen Film unter schwierigen Bedingungen in ständiger Geldnot. Das Drehbuch hatte er schon 1925 geschrieben; eigentlich sollte die Handlung in Dresden spielen. Aber es fand sich kein Produzent. Schließlich überredete Junghans den populären tschechischen Komiker Pistek, die erste tragische Rolle seines Lebens ohne Gage zu spielen. Andere Darsteller folgten Pisteks Beispiel. Die Prometheus-Film wollte sich ursprünglich mit 40 000 Mark beteiligen. Wie Junghans berichtet, stornierte sie jedoch den Vertrag, als er es ablehnte, einen von der Prometheus gewünschten »positiven« Schluß mit klassenkämpferischen Parolen zu drehen. So kam das Unternehmen gerade über die Runden. Die notwendigen Außenaufnahmen drehte Junghans zum Beispiel in drei Stunden an einem Sonntag, buchstäblich mit seinen letzten 120 Metern Film. Als der Film fertig war, fand sich kein Verleiher. Und als die Ufa ihn schließlich übernahm, war die Zeit des Tonfilms angebrochen; das Publikum zog die neuen »Sprechfilme« vor.

So ist das Leben beeindruckt auch heute noch durch seinen unpathetischen Realismus, der den Alltag weder poetisch verklärt noch ihn zu vordergründiger Agitation mißbraucht. Höhepunkte sind die Geburtstagsfeier der Waschfrau, bei der vermeintliches Glück die Beengtheit ihrer Existenz eigentlich besonders deutlich dekuvriert, die Szenen in der Kneipe und der Schluß – Begräbnis und Leichenschmaus mit Kaffee und Kuchen. Junghans war vor allem daran gelegen, seiner getretenen und geschundenen Waschfrau eine stille Würde zu geben, was der Baranowskaja mit einem sehr beherrschten Spiel vorzüglich gelang.

Im Jahr 1964 stellte Junghans eine Tonfassung des Films her, die aber nur Musik und einige signifikante Geräusche enthält.

Soljaris
Solaris

UdSSR 1971/72

R: Andrej Tarkowski; A: Andrej Tarkowski und Friedrich Gorenstein nach dem gleichnamigen Roman von Stanisław Lem; K: Wadim Jussow; D: Donatas Banionis, Natalia Bondartschuk, Nikolaj Grinko, Juri Jarvet, Wladislaw Dworshezki, Anatoli Solonizyn, Sos Sarkissian

Der Psychologe Kris Kelvin (D. B.) erhält den Auftrag, zum Planeten Solaris zu fliegen, weil aus der dort befindlichen Raumstation nur noch verworrene Botschaften zur Erde gelangen. Die letzten Tage vor dem Abflug verbringt Kelvin bei seinem Vater (N. G.) in einem romantischen Landhaus. Dort trifft er Berton (W. D.), der ihn vor der Anwendung extremer Mittel warnt und ihn an die Verantwortung der Wissenschaft erinnert. Insbesondere warnt Berton ihn vor dem geheimnisvollen Ozean auf Solaris. Die Raumstation befindet sich bei Kelvins Ankunft in einem desolaten Zustand. Nach dem Selbstmord des Physikers Gibarian (S. S.) sind von der ursprünglich 85 Mann starken Besatzung nur der Kybernetiker Snaut (J. J.) und der Biologe Sartorius (A. S.) übriggeblieben; und die sind in einer höchst befremdlichen Verfassung. Noch mehr schockiert Kelvin aber die unerklärliche Anwesenheit von Kindern und jungen Mädchen in der Station. Plötzlich steht auch Hari (N. B.) vor ihm, seine erste Frau, die vor Jahren Selbstmord begingen hat, worüber Kelvin noch heute Schuldgefühle empfindet. Als Erklärung für diese seltsamen Phänomene bietet sich nur eine ungeheuerliche Hypothese an: Der geheimnisvolle Ozean ist ein riesiges übersinnliches Potential, das Träume, Ängste und Schuldgefühle der Männer in der Raumstation materialisiert. Kelvin wagt ein Experiment, übermittelt dem Ozean sein Enzephalogramm und erblickt auf der Oberfläche das Haus und den Garten seines Vaters. Am Ende sieht man ihn in diesem Garten – als Rückkehrer auf der Erde oder als Geschöpf des Ozeans?

Lems Roman ist sicher einer der intelligentesten und hintergründigsten Beiträge zur Science-fiction-Literatur; Tarkowskis Inszenierung ist eine der grüblerischsten und faszinierendsten dieses Genres. Dabei versagt sich Tarkowski effektvolle Trickaufnahmen und attraktive Spekulationen über technische Möglichkeiten der Zukunft. Statt dessen riskiert er lange Dialoge, Gespräche zwischen den Wissenschaftlern, bei denen die Grenzen menschlicher Erfahrungsmöglichkeiten diskutiert werden. Es gelingt ihm so, Unrast und Unsicherheit im Zuschauer zu erzeugen, für den die Grenzen zwischen Realität und Fiktion schwankend werden, für den die Möglichkeiten des Machbaren nicht mehr nur optimistische Zukunftsvision, sondern gleichzeitig auch Gefährdung und Bedrohung sind. Tarkowski zeigt die Raumstation mit ihrer raffinierten technischen Ausrüstung und der merkwürdigen »künstlerischen« Ausstattung gleichsam als Symbol dessen, was die Menschheit zu leisten imstande ist; aber er zeigt auch, daß bei allem Fortschritt der Mensch, seine Wünsche und Träume unverändert bleiben. Sein Film gewinnt unübersehbar einen metaphysischen, einen religiösen Bezug, wenn er Begriffe wie Schuld und Reue in die wissenschaftliche Terminologie einführt. Kelvins Problem ist es letztlich, daß er eben nicht nur ein glänzender Wissenschaftler und Spezialist, sondern auch ein Mensch mit menschlichen Empfindungen und moralischen Wertvorstellungen ist. Es bedarf des geheimnisvollen Ozeans von Solaris, um ihn daran zu erinnern.

Solo Sunny

DDR 1979

R: Konrad Wolf, Wolfgang Kohlhaase;
A: Wolfgang Kohlhaase; K: Eberhard Geick;
D: Renate Krößner, Alexander Lang, Dieter Montag, Klaus Brasch, Heide Kipp

Ingrid Sommer (R. K.), von ihren Freunden »Sunny« genannt, hat es scheinbar geschafft: Die Fabrikarbeiterin ist Schlagersängerin geworden und tingelt mit den »Tornados« durch die DDR. Aber so rosig ist auch diese Existenz nicht. Sunny möchte ein »Solo«, einen großen Auftritt haben; und sie möchte eigentlich nicht gern länger »solo« in ihrem tristen Berliner Hinterhof-Milieu leben. Zudem gefährdet sie ihre Position in der Band, indem sie die eindeutigen Avancen des Saxophonisten Norbert (K. B.) mit Hilfe eines hoch- und spitzhackigen Schuhs abwehrt. Auch die unerschütterliche Liebe des Taxi-Kleinunternehmers Harry (D. M.) vermag sie nicht zu erwärmen. Die Begegnung mit dem stellungslosen Diplom-Philosophen Ralph (A. L.) weckt dagegen Optimismus. Doch dieses Glück ist von kurzer Dauer; denn eines Nachts findet sie eine andere Frau in Ralphs Bett. Auch beruflich gibt es Probleme: Als der drittklassige Conférencier einen taktlosen Witz auf ihre Kosten macht, dreht Sunny durch und verpatzt einen Auftritt. Die »Tornados« engagieren eine andere Sängerin. Zwar bekommt Sunny in einem Nachtclub sogar das so lange erhoffte Solo. Aber als ein Mann während ihres Auftritts ungerührt ein Steak verzehrt, gibt ihr das den Rest. Sie macht einen Selbstmordversuch. Nur ihre Freundin Christine (H. K.) kümmert sich jetzt um sie und bringt sie mit gesundem Menschenverstand (»Man muß nicht unbedingt hoch hinaus wollen!«) wieder auf die Beine. Aber der gesunde Menschenverstand ist letzten Endes doch nicht genug für Sunny; das zeigt sich auch bei einer versuchten und mißglückten Liebesnacht mit Harry. So fängt sie noch einmal von vorn an: diesmal als Sängerin bei einer jungen, unbekannten Rock-Gruppe.

Autor Wolfgang Kohlhaase hat in einem Interview mit Klaus Wischnewski für die Ostberliner Zeitschrift »Film und Fernsehen« (I/1980) einen »Kurzinhalt« des Films formuliert: »Der Roman einer Schlagersängerin, eine Geschichte von Liebe suchen, Liebe finden, auf die Fresse fallen, wieder aufstehen. Da sie nicht gestorben ist, wird sie – kräftiger, wünschen wir ihr – weiterleben. Christine sagt zu ihr: ›Du bist nicht allein.‹ Das ist wahr.« Diese saloppen Formulierungen treffen Stil und Absicht eines Films, der sich ohne Pathos und Schönfärberei auf den »sozialistischen Alltag« einläßt, der von den Träumen der Menschen genauso handelt wie von täglichen Problemen und Schwierigkeiten, der Sprache, Verhaltensweise und Lebensformen der Jugendlichen ganz unmittelbar einfängt. Er stellt eine »Heldin« vor, die zunächst und vor allem an sich und ihre Selbstverwirklichung denkt, deren Spontaneität und Schlagfertigkeit unser Interesse und unsere Sympathie weckt. Hier wird das Lebensgefühl junger Leute, werden ihre Konflikte und Probleme unterhaltsam und treffend gestaltet, wobei die genau lokalisierte Geschichte doch auch allgemeine Verbindlichkeit gewinnt.

Some like it hot
Manche mögen's heiß

USA 1958

R: Billy Wilder; A: Billy Wilder und I. A. L. Diamond nach einer Erzählung von Robert Thoeren und Michael Logan; K: Charles B. Lang jr.; D: Marilyn Monroe, Tony Curtis, Jack Lemmon, George Raft, Joe E. Brown

Die arbeitslosen Musiker Joe (T. C.) und Jerry (J. L.) sind zufällig zugegen, als ein Mord geschieht. Der Gangster Colombo (G. R.) will die lästigen Zeugen beseitigen; doch die tauchen – in Frauenkleidern – bei einer Damenkapelle unter, die just auf dem Weg ist, ein Engagement in Miami anzutreten. Natürlich gibt es Komplikationen! Diese werden größer, als beide sich in die attraktive Ukulele-Spielerin Sugar Kane (M. M.) verlieben; sie steigern sich weiter, als der Millionär Osgood Fielding III. (J. E. B.) in die Geschehnisse verwickelt wird und sich dabei in »Daphne« alias Jerry verliebt; und sie erreichen einen Höhepunkt, als Colombo zufällig in dem Hotel auftaucht, in dem die Damen (und Herren) musizieren. Am Ende ist alles angenehm geregelt. Colombo ist unschädlich gemacht, Sugar und Joe werden ein Paar, und der verliebte Osgood darf immerhin den weisen Schlußsatz des Films formulieren. Als »Daphne« ihm ihre/seine wahre Identität enthüllt, resümiert er einsichtig: »Nobody is perfect!«

Eine brillante Komödie, die ihre Wirkung gleichermaßen dem präzise gearbeiteten Drehbuch, der einfallsreichen Regie und den ausgezeichneten darstellerischen Leistungen verdankt. Der Film hatte schnell einen großen Erfolg und wurde später für nachwachsende Generationen von Kinogängern zum Kultfilm.

Dieselbe literarische Vorlage wurde zuvor u. a. in der BRD (*Fanfaren der Liebe* – 1951) verfilmt. Unter der Regie von Kurt Hoffmann spielten Dieter Borsche, Georg Thomalla und Inge Egger die Hauptrollen. Hierzulande wurde auch dieser Film ein großer Publikumserfolg, obwohl er die Qualität von Wilders Version nicht annähernd erreicht.

Sommaren med Monika
Die Zeit mit Monika

Schweden 1952

R: Ingmar Bergman; A: Ingmar Bergman und Per-Anders Fogelström nach dem gleichnamigen Roman von Per-Anders Fogelström; K: Gunnar Fischer; D: Harriet Andersson, Lars Ekborg, Åke Grönberg

Monika (H. A.) stammt aus einer düsteren Vorstadt, aus beengten sozialen Verhältnissen; sie arbeitet in einer Fischfabrik. Ihr Freund Harry (L. E.) steht sozusagen eine soziale Stufe höher. Auf Monikas Veranlassung »borgen« sie das Motorboot von Harrys Vater und verbringen gemeinsam einen Sommer auf den Seen. Sie leben völlig ungebunden, und wenn die Vorräte zu Ende gehen, ergänzen sie sie durch einen Einbruch. Aber der Sommer geht zu Ende, Monika ist schwanger, sie müssen nach Stockholm zurückkehren. Kurz bevor das Kind zur Welt kommt, heiraten sie. Doch das Eheleben ist nichts für Monika. Sie verläßt Harry und das Kind.

Das Thema ist typisch für die frühen Filme Bergmans: Zwei junge Menschen, die inmitten einer feindlichen Umwelt ihre Liebe und ihr Glück verteidigen wollen und dabei scheitern. Freilich macht Bergman auch klar, daß schon der Traum von der unbeschwerten Freiheit eines Sommers nur Fiktion ist, daß unsere heutige Gesellschaft keine »Freiräume« mehr hat. Das ist suggestiv ins Bild gesetzt. Wenige Einstellungen am Anfang genügen, um die triste Einöde einer Arbeitervorstadt deutlich zu machen und den Wunsch, ihr zu entfliehen, zu motivieren.

Sommarnattens leende
Das Lächeln einer Sommernacht

Schweden 1955

R: Ingmar Bergman; A: Ingmar Bergman; K: Gunnar Fischer; D: Ulla Jacobsson, Eva Dahlbeck, Harriet Andersson, Margit Carlquist, Gunnar Björnstrand, Jarl Kulle, Björn Bjelvenstam, Naima Wifstrand, Åke Fridell

Rechtsanwalt Egerman (G. B.) hat zum zweiten Mal geheiratet. Seine achtzehnjährige Frau Anne (U. J.) ist aber noch immer unberührt, und sie wird von Egermans Sohn aus erster Ehe, dem Theologiestudenten Henrik (B. B.), heimlich verehrt. Nachdem Egerman bei einem Besuch seiner alten Freundin, der Schauspielerin Désirée (E. D.), von dem eifersüchtigen Grafen Malcolm (J. K.) entdeckt worden und in blamablem Aufzug auf die Straße geflüchtet ist, begegnet sich die ganze Gesellschaft einige Tage später auf dem Landgut von Désirées Mutter (N. W.) wieder. Hier will Henrik sich aus unglücklicher Liebe erhängen. Aber sein mißglückter Selbstmordversuch setzt in dem alten Haus einen geheimen Mechanismus in Tätigkeit, der ein großes Bett mit seiner Stiefmutter in sein Zimmer fährt. Endlich gesteht auch Anne ihre Liebe zu Henrik, und beide fliehen noch in der gleichen Nacht. Egerman will sich bei der Gräfin Malcolm (M. C.) schadlos halten, wird aber wieder vom Grafen überrascht und zum »russischen Roulette« gefordert. Und abermals macht Malcolm den Rivalen lächerlich: Egerman »erschießt« sich mit einer Ruß-Patrone. Geschwärzt sinkt er endlich in Désirées Arme, während Malcolm seiner Frau »Treue auf seine Weise« schwört und die Dienerin Petra (H. A.) in einem nahegelegenen Heuhaufen dem Diener (Å. F.) das Heiratsversprechen abluchst.

Ein intelligenter, romantisch verspielter Reigen. Bergman schildert das Wechselspiel der Liebe mit leichter Hand und ironischer Distanz. Im Hintergrund bleibt stets spürbar, daß auch in diesem amüsanten Spiel Menschen auf der Suche nach dem Glück und nach sich selbst sind.

Sommer vorm Balkon

BRD 2005

R: Andreas Dresen; A: Wolfgang Kohlhaase; K: Andreas Höfer; D: Inka Friedrich, Nadja Uhl, Andreas Schmidt, Vincent Redetzki, Stephanie Schönfeld, Christel Peters, Kurt Radeke

Katrin (I. F.) und Nike (N. U.), beide Singles, die sich gefährlich der 40-Jahre-Grenze nähern, sind richtig gute Freundinnen. Nike, die ambulante Krankenpflegerin, hat eine Wohnung mit Balkon am Prenzlauer Berg in Berlin. Katrin, arbeitslose Schaufenster-Dekorateurin, lebt mit Sohn Max (V. R.) aus einer geschiedenen Ehe im Erdgeschoß. An lauen Sommerabenden sitzen Katrin und Nike gern auf dem Balkon und trinken Rotwein oder Cola mit Wodka. Die Idylle wird gestört, als Nike sich in den LKW-Fahrer Ronald (A. S.) verliebt, der alsbald auch in ihre Wohnung zieht. Es kommt sogar zu einem erbitterten Streit zwischen den Freundinnen, weil Nike glaubt, daß Katrin sich an Ronald heranmachen will. Auch Katrin lernt einen Mann kennen – zufällig, in einer Disco. Der folgt ihr und versucht, sie im Treppenhaus zu vergewaltigen. Gottlob taucht Max auf, und der Mann verschwindet. Um Scham und Schmerzen zu betäuben, greift Katrin zur Wodkaflasche. Sie landet mit einer Alkoholvergiftung im Krankenhaus, wo man feststellt, daß sie schon zu lange zu viel getrunken hat, und ihr eine Therapie empfiehlt. Nike hat derweil erkannt, daß der verheiratete Ronald ein unverbesserlicher Schürzenjäger ist, und setzt ihn vor die Tür. So sind die beiden Freundinnen erneut vereint – auf dem Balkon natürlich, an einem lauen Sommerabend …

Eine sympathische Komödie, die mehr über die Wirklichkeit und den Alltag einfacher Menschen aussagt als so mancher grimmige Problemfilm! Andreas Dresen und sein Autor Wolfgang Kohlhaase, der seine Affinität zu dieser Stadt und ihren Menschen schon in zahlreichen Drehbüchern gezeigt hat, haben sich keine komischen Effekte ausgedacht. Sie haben vielmehr darauf vertraut, daß die genaue Beobachtung der Realität im Leben ihrer Protagonisten neben den dramatischen auch genügend heitere Aspekte zu Tage fördert. Sie haben sich lediglich erlaubt, durch die musikalische Untermalung und Akzentuierung der Handlung mit Schlagern der siebziger Jahre eine gewisse ironische Distanz zu schaffen. So erlebt man voller Anteilnahme und dann auch immer wieder schmunzelnd, wie zwei Frauen ihre Freundschaft ausleben und sich doch insgeheim nach einem Partner und häuslicher Geborgenheit sehnen. Ihr Schicksal spiegelt sich in dem des dreizehnjährigen Max, der zur gleichen Zeit seine erste Liebe und seinen ersten Liebeskummer erlebt und erleidet. Und es wird gleichsam kommentiert durch das Schicksal von Nikes Patienten, die ihren Lebensabend vor allem damit verbringen, ihre Erinnerungen zu beschwören – soweit sie dazu noch fähig sind. Am Ende sind zwar eigentlich alle gescheitert, aber keiner ist verzweifelt, keiner gibt auf. Nike und Katrin sitzen frisch versöhnt auf dem Balkon. Und wenn ein Insert nach dem letzten Bild verheißt »Und so weiter …«, dann weiß man, daß es natürlich weitergeht – ganz so wie im richtigen Leben.

Sonnensucher

DDR 1957–59

R: Konrad Wolf; A: Karl-Georg Egel, Paul Wiens; K: Werner Bergmann; D: Ulrike Germer, Günther Simon, Erwin Geschonneck, Viktor Awdjuschko, Manja Behrens

Das Mädchen Lutz (U. G.) besucht in Berlin seine ältere Freundin Emmi (M. B.), wird zusammen mit ihr bei einer Razzia aufgegriffen und zum Uranbergbau nach Aue verpflichtet. Hier lernt Lutz den sowjetischen Ingenieur Sergej (V. A.) und den deutschen Obersteiger Franz Beier (G. S.) kennen. Beide Männer arbeiten zwar zusammen, betrachten sich aber dennoch voller Mißtrauen. (Sergejs Frau ist von den Deutschen ermordet worden; Beier ist ehemaliger Waffen-SS-Mann.) Doch die gemeinsame Arbeit überwindet dieses Mißtrauen. Lutz heiratet Beier, der aber bald nach der Hochzeit tödlich verunglückt. Emmi trifft in dem Bergmann König (E. G.) einen alten Bekannten wieder, den sie einst vor den Faschisten versteckt hatte. Und König löst am Ende einen unfähigen Parteisekretär ab.

Wolf verglich die Atmosphäre des Jahres 1950 im Urangebiet mit der von »Goldgräberstädten des Wilden Westens«. Das und manche Seitenhiebe gegen unfähige Funktionäre machten den Film verdächtig. Nach einigen Schnitten und Nachaufnahmen wurde er auf Eis gelegt, bis die Schöpfer des Films Ulbricht um eine Entscheidung baten. Ulbricht sprach sich für eine Aufführung aus, und Ende 1959 wurde die Uraufführung angekündigt. Aber am Morgen des Premierentages wurde der Film endgültig zurückgezogen – wie es hieß »im Ein-

verständnis mit den Schöpfern« wegen »Inaktualität«. Tatsächlich soll ein Einspruch des sowjetischen Botschafters erfolgt sein, der zu einem Zeitpunkt, als die Sowjetunion die totale Abschaffung der Kernwaffen forderte, einen Film über die Uranförderung in der DDR für »inopportun« gehalten habe.
Zu denen, die sich damals mit öffentlichem Lob für den Film eingesetzt haben, gehören u. a. Wolfs Kollegen Slatan Dudow und Kurt Maetzig. Trotzdem wurde der Film erst 1972 im Rahmen einer Retrospektive im Fernsehen der DDR uraufgeführt. Aber auch bei dieser verspäteten Uraufführung überzeugten die darstellerischen Leistungen, die dichte Atmosphäre und die Milieuschilderung.

Sorok perwy ⓢ
Der Einundvierzigste

UdSSR 1926

R: Jakow Protasanow; A: Boris Lawrenjew und Boris Leonidow nach der gleichnamigen Erzählung von Boris Lawrenjew; K: Pjotr Jermolow; D: Ada Woizik, Iwan Kowal-Samborski

Nur durch einen Zufall verfehlt Marjutka (A. W.), Scharfschütze bei der Roten Armee, einen weißrussischen Offizier (I. K.-S.), der ihr 41. Opfer gewesen wäre. Wenig später gerät der Offizier jedoch in Gefangenschaft, und Marjutka gehört zu dem Begleitkommando, das ihn über den Aral-See zum Stab bringen soll. Im Sturm kentert ihr Boot, nur Marjutka und der Gefangene können sich auf eine einsame Insel retten. Hier verlieben sie sich ineinander und träumen vom Glück; aber als sich ein Boot mit Weißgardisten nähert, erkennt Marjutka, daß der Mann sich nicht geändert hat. Sie tut ihre Pflicht als Rotarmistin und schießt; doch dann wirft sie sich weinend über ihr 41. Opfer.
Eine sehr saubere und sorgfältige Inszenierung, die sich weder die leichten Effekte der Sentimentalität noch die des Pathos erlaubt.
Die gleiche literarische Vorlage wurde dreißig Jahre später von Grigori Tschuchrai erneut verfilmt (*Sorok perwy* – Der Einundvierzigste /

Der letzte Schuß, UdSSR 1956). Tschuchrai hat eine sehr differenzierte Beschreibung der Probleme des Bürgerkriegs gegeben. Er zeichnet eine Idylle und ihr tödliches Ende; und er vermerkt dieses Ende mit einer Mischung aus Melancholie und Bitternis. Die Handlung ist bewußt in eine schöne Landschaft gestellt worden, die der Film in leuchtenden Farben schildert. So erscheint der tödliche Ausgang doppelt unnatürlich und sinnlos.

La souriante Madame Beudet ⓢ
Die lächelnde Madame Beudet

Frankreich 1923

R: Germaine Dulac; A: André Obey nach dem gleichnamigen Bühnenstück von Denys Amiel und André Obey; K: Paul Parguel, Maurice Forster; D: Germaine Dermoz, Alex Arquillière

Madame Beudet (G. D.) lebt als Frau eines Kaufmanns (A. A.) in der Provinz. Sie möchte aus ihrem eintönigen, mittelmäßigen Leben ausbrechen; aber die Befreiung gelingt ihr nur in übersteigerten, düsteren Träumen. Durch häufige Auseinandersetzung wird die Kluft zwischen den Eheleuten immer tiefer. Auch Beudet haßt seine Frau jetzt. Und er liebt es, mit seinem Selbstmord zu drohen, einen ungeladenen Revolver an seine Schläfe zu setzen und abzudrücken. Eines Tages lädt Madame Beudet den Revolver heimlich. Aber es kommt nicht zum tödlichen Schuß; das Leben geht weiter.
Die literarische Vorlage hatte bewußt wesentliche Dinge ausgespart, die gleichsam zwischen den Zeilen gelesen und in den Pausen gespürt werden mußten. Diese »Zwischenräume« hat Germaine Dulac in ihrem Film mit Phantasie und Einfallsreichtum ausgefüllt. Besondere Bedeutung haben im Film die Träume, die die Regisseurin mit allen technischen Mitteln des Films (Verformungen, Doppelbelichtung, Zeitlupe etc.) gestaltete. Doch daneben schildert der Film mit gleicher Meisterschaft auch das alltägliche Leben in der Provinz und forscht den psychologischen Reaktionen der Beteiligten nach.

Sous les toits de Paris
Unter den Dächern von Paris

Frankreich 1930

R: René Clair; A: René Clair; K: Georges Périnal, Georges Raulet; D: Albert Préjean, Pola Illery, Gaston Modot, Edmond T. Gréville

Der Straßensänger Albert (A. P.) liebt die hübsche Pola (P. I.). Fred (G. M.) versucht vergeblich, die beiden Liebenden zu entzweien. Als Albert irrtümlich verhaftet wird, kümmert sich sein Freund Louis (E. T. G.) um Pola; unversehens verlieben sich die beiden. Albert kommt aus dem Gefängnis zurück, und es gibt eine handfeste Schlägerei zwischen ihm und Louis. Doch als Albert erkennt, daß Pola und Louis sich wirklich lieben, verzichtet er. Zum Schein würfelt er zwar mit Louis um Pola; aber er läßt den Freund und Rivalen absichtlich gewinnen.
Clairs erster Tonfilm wurde in Paris zwiespältig aufgenommen. Erst sein überragender Erfolg in Berlin war der Start zum Welterfolg.

Er erzählt mit melancholischer Ironie eine Geschichte aus dem Milieu der Gassen und Hinterhöfe, der Straßensänger, der kleinen Gauner und der skurrilen Bürger. Aber sein Griff in die Gegenwart gerät ihm nicht zur realistischen Zustandsschilderung, sondern zur poetischen Romanze, für die die Wirklichkeit nur ein Aspekt des Lebens ist. Besonders gut gelungen ist dabei die Verwendung des Tons. Nachdem Clair das neue Medium zunächst strikt abgelehnt hatte, entdeckte er hier seine Möglichkeiten. Das Lied des Straßensängers wird zum roten Faden, der verschiedene Schauplätze verknüpft und zeitliche Abstände überbrückt. Eine Schlägerei findet im Dunkeln statt und wird dem Zuschauer nur durch die Geräusche mitgeteilt. Dafür sieht man eine Auseinandersetzung, deren Inhalt uninteressant, weil voraussehbar ist, ohne Ton – durch eine Glastür fotografiert. Kurz: Ton wird vornehmlich da angewandt, wo er eine Bereicherung ist, und dort ausgespart, wo er überflüssig scheint. So entstand ein Film, der Gefühl, Humor und Intelligenz vereint.

Sous les toits de Paris
(Pola Illery,
Edmond T. Gréville)

The southerner
Der Mann aus dem Süden

USA 1945

R: Jean Renoir; A: Jean Renoir und Hugo Butler nach dem Roman *Hold autumn in your hand* von George Sessions Perry; K: Lucien Andriot; D: Zachary Scott, Betty Field, Beulah Bondi, J. Carrol Naish

Sam Tucker (Z. S.) pachtet ein Stück brachliegendes Land. Mit Frau (B. F.), Kindern und der Großmutter (B. B.) macht er sich auf den Weg in die neue Heimat. Der Anfang ist wenig verheißungsvoll: Der Winter ist hart, sein Nachbar Devers (J. C. N.) begegnet ihm mit offener Feindseligkeit, ein Kind erkrankt. Aber allmählich leben die Tuckers sich in der neuen Heimat ein, und die erste Ernte ist gut. Dann kommen Rückschläge, und schließlich wird eine ganze Ernte durch ein Unwetter vernichtet. Sam Tucker will aufgeben; doch jetzt hat er schon Freunde gefunden, die ihm helfen wollen, wenn er durchhält.

Ein sehr schlichter, aber realistischer und glaubwürdiger Film, der den Lebenskampf einer Farmer-Familie mit dokumentarischer Echtheit schildert. Er gilt allgemein als der beste Film, den Renoir während seiner Emigration in den USA gedreht hat. Am Drehbuch soll als Berater auch William Faulkner mitgearbeitet haben; Regieassistent war Robert Aldrich.

I sovversivi
Die Subversiven

Italien 1967

R: Paolo und Vittorio Taviani; A: Paolo und Vittorio Taviani; K: Gianni Narzisi, Giuseppe Ruzzolini; D: Ferruccio De Ceresa, Lucio Dalla, Giorgio Arlorio, Giulio Brogi, Pier Paolo Capponi, Marija Tocinowsky

Vor dem Hintergrund des Begräbnisses von Togliatti erzählt der Film vier kunstvoll verschlungene Geschichten: Giulia (M. T.) erkennt ihre latente lesbische Neigung, bekennt sich zu ihr und verläßt ihren Mann. Der Venezolaner Ettore (G. B.) entschließt sich nach dreijährigem Exil in Rom, in seine Heimat zurückzukehren und den revolutionären Kampf fortzusetzen. Ermanno (L. D.), Doktor der Philosophie und Berufsfotograf, sucht verzweifelt seine eigene Position in der Welt zu ermitteln. Und ratlos ist auch der Filmregisseur Ludovico (F. D. C.), der an einer schweren, vielleicht tödlichen Krankheit leidet. Er dreht einen Film über Leonardo da Vinci und möchte zeigen, daß Leonardo schließlich sein Werk als relativ erkannt und den Kontakt zum Menschen gesucht hat.

Alle vier Geschichten reflektieren letzten Endes die Bewußtwerdung eines Menschen. Alle vier Protagonisten sind Anhänger des Kommunisten Togliatti; sein Tod stört sie auf und bringt sie dazu, die eigene Position zu überprüfen. Ihre Reaktionen sind dabei unterschiedlich und auch in sich oft widersprüchlich. So verbringt zum Beispiel Ettore, der doch für die Rechte des Menschen kämpfen will, die letzten Tage vor der Abreise mit einem Mädchen, dem er die Selbstachtung zerstört. Die Brüder Taviani stellen keine makellosen Helden, sondern zwiespältige Persönlichkeiten, Menschen mit all ihren Widersprüchen vor.

Spalovač mrtvol
Der Leichenverbrenner

ČSSR 1968

R: Juraj Herz; A: Juraj Herz und Ladislav Fuks nach der gleichnamigen Novelle von Ladislav Fuks; K: Stanislav Milota; D: Rudolf Hrušinský, Vlasta Chramostová, Ilja Prachař, Miloš Vognič, Jana Stehnová

Herr Kopfrkingl (R. H.) ist Angestellter in einem Krematorium; er ist seiner Frau (V. C.), die er zärtlich-romantisch Lakmé nennt, ein guter Mann und seinen Kindern Mili (M. V.) und Zina (J. S.) ein treusorgender Vater. Doch eines Tages trifft er seinen alten Kriegskameraden Walter Reinke (I. P.). Jäh kommt Herrn Kopfrkingl zu Bewußtsein, daß auch er deutscher Abstammung ist, daß er rechtens zu denen gehört, die jetzt in Prag und in ganz Europa die Macht haben. Bald ist auch Kopfrkingl mächtig; er wird neuer Krematoriumsdirektor. Da trifft ihn wie ein Keulenschlag die Erkenntnis, daß die Mutter seiner geliebten Lakmé Jüdin war. Kopfrkingl tötet seine Frau, und er tötet seinen Sohn, der seine Freundschaft mit einem Juden nicht aufgeben will. Seine Tochter entgeht dem gleichen Schicksal nur durch die Flucht; aber seine »Volksgenossen« sagen, daß sie sich ihrer »annehmen« wollen. Auf Kopfrkingl warten neue Aufgaben. Im Geist sieht er sich schon als oberster Leichenverbrenner eines »Großdeutschen Reiches«.

Juraj Herz treibt mit dem Entsetzen Scherz, um das Entsetzliche deutlich zu machen. Er zeichnet einen biederen, reichlich romantischen Kleinbürger, dessen Pedanterie sich bis zum Irrsinn steigert. Aber seine Abnormität kann sich nur in einer Gesellschaft entwickeln, die die Normen der Menschlichkeit nicht akzeptiert. So ist letzten Endes Herr Kopfrkingl ein Zeuge gerade gegen die Gesellschaft, in die er sich so gern integrieren möchte. Aus der Fülle von Filmen, die mit den Untaten des NS-Regimes abrechnen, ragt dieser heraus, weil er nicht einfach Schrecken reproduziert, sondern den Wurzeln des Unheils in den Menschen nachspürt. Und damit wird er auch zur Warnung vor jeder Art von Totalitarismus.

Die Spinnen (I und II) Ⓢ
(I. Teil: *Der goldene See*; II. Teil: *Das Brillantenschiff*)

Deutschland 1919/20

R: Fritz Lang; A: Fritz Lang; K: Fritz Schünemann (I. Teil), Karl Freund (II. Teil); D: Carl de Vogt, Ressel Orla, Lil Dagover

Eine Forschergruppe, die in den Tempelruinen von Yucatan gefangen ist, kann mittels Flaschenpost auf ihr Schicksal und einen wertvollen Schatz hinweisen. Detektiv Kay Hoog (C. d. V.) eilt mit einem Ballon herbei. Zwar kann die Geheimorganisation der »Spinnen«, die von der chinesischen Millionärin Lio Sha (R. O.) geführt wird, die Bergung des Maya-Schatzes vereiteln; aber während der größte Teil der »Spinnen« dabei den Tod findet, rettet Kay Hoog die Priesterin (L. D.), die den Schatz bewacht und in die er sich verliebt hat. In Berlin jedoch wird sie auf Befehl von Lio Sha getötet. – Im zweiten Teil erfährt Kay Hoog, daß die »Spinnen« sich einen Brillanten aneignen wollen, der nach alter Überlieferung die Herrschaft über Asien verheißt. Eine wilde Verfolgungsjagd hebt an, die auf den Falkland-Inseln endet, wo die »Spinnen« und Lio Sha in den giftigen Dämpfen eines Kraters sterben, während Kay Hoog den Edelstein und die von den Gangstern hypnotisierte Tochter eines Wissenschaftlers rettet.

Der Geschmack der damaligen Zeit triumphiert: Supermann und Geheimorganisationen spielen die Hauptrollen, Falltüren und unterirdische Gänge sind die wichtigsten Requisiten. Buch und Regie sind noch ziemlich wirr, die abenteuerlichen Situationen manchmal eher erheiternd als atemberaubend. Aber der Film bietet richtiges »Kino« ohne Leerlauf; er wendet sich konsequent stets zur Aktion. Derartige »Fortsetzungsfilme« mit häufig sehr vielen Folgen waren damals überaus populär.

The spiral staircase
Die Wendeltreppe

USA 1946

R: Robert Siodmak; A: Mel Dinelli nach dem Roman *Some must watch* von Ethel Lina White; K: Nicholas Musuraca; D: Dorothy McGuire, Ethel Barrymore, George Brent, Gordon Oliver, Kent Smith

Helen (D. MG.) hat als Kind durch einen Schock die Sprache verloren. Sie arbeitet halb als Zimmermädchen und halb als Gesellschafterin bei Mrs. Warren (E. B.), die mit ihren unverheirateten Söhnen Prof. Warren (G. B.) und Steve (G. O.) zusammenwohnt. Als Helen im Gasthof der Stadt einen Stummfilm ansieht, wird in einem der Gästezimmer ein hinkendes Dienstmädchen erwürgt. Dr. Parry (K. S.), der Helen liebt und sie gern zu einem Spezialisten schicken möchte, bringt sie nach Hause, wo Mrs. Warren ihr rät, schnell abzureisen. Da dies bereits der dritte Mord an einer mit einem Gebrechen behafteten Frau ist, fürchtet sie für

Helens Leben. Das nächste Opfer wird im Haus der Warrens gefunden; es ist Blanche, die Sekretärin des Professors. Helen verdächtigt Steve und schließt ihn im Keller ein. Aber als sie nach oben zurückkehrt, steht der Professor vor ihr. Mit irrem Blick streift er sich ein Paar Gummihandschuhe über. Vergeblich versucht Helen zu telefonieren. Der Mörder kommt näher. Da fallen Schüsse: Mrs. Warren hat ihren Sohn niedergeschossen. Helen kann ins Telefon stammeln: »Dr. Parry, kommen Sie. Hier ist Helen.« Der Schock hat sie geheilt.

Die Handlung ist schematisch und die psychologische Erklärung wenig überzeugend: »Meinem verstorbenen Mann imponierte nur Kraft, seine Söhne waren für ihn Schwächlinge!« Und das macht einen der »Schwächlinge« zum pathologischen Mörder, der die Welt »von allem, was schwach ist«, befreien will.

Aber aus dieser Vorlage hat Siodmak einen bemerkenswerten Film gemacht, der die Atmosphäre unheimlicher Bedrohung 90 Minuten lang durchhält. In dem Haus mit den düsteren Korridoren tanzen Licht und Schatten, schlürfen Schritte, Regen peitscht gegen die Fenster, und während des ganzen Films entlädt sich »das längste Gewitter der Filmgeschichte« (ein Kritiker). Details spielen eine wichtige Rolle: Hände schieben sich ins Bild, gleich am Anfang fährt die Kamera auf das Auge des Mörders zu, bis es die ganze Leinwand füllt. Und dieses ganze Arsenal des Grusels und des Schreckens konfrontiert der Film mit einem hilflosen, stummen Mädchen …

▬ Spur der Steine

DDR 1966

R: Frank Beyer; A: Karl-Georg Egel und Frank Beyer nach dem gleichnamigen Roman von Erik Neutsch; K: Günter Marczinkowski; D: Manfred Krug, Krystyna Stypułkowska, Eberhard Esche, Hans-Peter Minetti, Walter Richter-Reinick

Brigadier Hannes Balla (M. K.) ist der ungekrönte König auf der Baustelle in Schkona. In seiner Brigade stimmen Leistung und Prämien, weil er sich nicht an die sozialistische Planwirtschaft hält, auf eigene Faust fehlendes Material besorgt und nach eigenem Gusto die Schichten festlegt. Als zwei »Neue«, die Technologin Kati (K. S.) und der Parteisekretär Horrath (E. E.), auf der Baustelle auftauchen, gibt es Probleme. Besonders mit dem auf Disziplin versessenen Horrath legt sich Balla lustvoll an. Doch allmählich beginnen die beiden Männer einander zu respektieren, jeder erkennt Fähigkeit und Leistung des anderen an. Für Kati indessen mobilisiert Balla sofort seinen ganzen Charme. Umgekehrt kann sie ihn von einem neuen, kräftezehrenden Schicht-Plan überzeugen, über den Ballas Brigade auseinanderbricht, weil die Männer glauben, ihr Boß habe sie an »die Partei« verraten. Schließlich aber merkt auch Balla, daß Kati einen anderen hat. Als sie eines Tages schwanger ist und der Vater für das Kind fehlt, hält er dennoch zu ihr, auch als ihm klar wird, daß ausgerechnet Horrath der »Schuldige« ist. Denn trotz aller Enttäuschung beginnt er zu begreifen, daß Horrath – verheiratet und Vater einer Tochter – mit einem Bekenntnis zu Kati seine Karriere aufs Spiel setzen würde, zumal er gerade »im Namen der Ehrlichkeit« ein Parteiverfahren gegen den unfähigen Bauleiter Trutmann (W. R.-R.) angestrengt hat. Am Ende mag Horrath doch nicht länger schweigen. Kaum aber ist die Wahrheit heraus, da wetzen seine Gegner in der Partei das Messer.

Hannes Balla, der von Manfred Krug hinreißend vital und nuanciert gespielt wird, war natürlich im Jahr 1966 kein der Partei genehmes Leitbild. Die unverhohlene Kritik an bürokratischer Schlamperei und der Unfähigkeit vieler Parteikarrieristen, der Aufruf zu mehr Offenheit, Selbständigkeit und Vertrauen taten ein übriges. Der Film, der schon für das Festival in Karlovy Vary (Karlsbad) gemeldet war, war kaum in den Kinos, da schickte die Partei Störtrupps in die Vorstellungen. Die so organisierte Unruhe wurde als »gesunder Protest der arbeitenden Bevölkerung« deklariert und der Film zurückgezogen. Erst nach der Wende kam er erneut heraus, wobei sich erwies, daß er die Zeit gut überdauert hat. Auch heute noch überzeugen das intelligente Drehbuch, die präzise Regie, die illusionslose Milieuschilderung in spröden schwarzweißen Scope-Bildern und die vorzüglichen darstellerischen Leistungen.

Stagecoach
Ringo / Höllenfahrt nach Santa Fé

USA 1939

R: John Ford; A: Dudley Nichols nach dem Roman *Stagecoach to Lordsburg* von Ernest Haycox; K: Bert Glennon, Ray Binger; D: Claire Trevor, John Wayne, Thomas Mitchell, John Carradine, Andy Devine, Donald Meek, Louise Platt, George Bancroft, Berton Churchill

In der Postkutsche nach Lordsburg trifft sich eine buntgemischte Gesellschaft: das Barmädchen Dallas (C. T.), das von sittenstrengen Damen aus der Stadt getrieben worden ist, der ewig betrunkene Arzt Dr. Boone (T. M.), der Glücksspieler Hatfield (J. C.), der Whisky-Vertreter Peacock (D. M.), die schwangere Lucy Mallory (L. P.), deren Mann als Offizier in Lordsburg stationiert ist, der Bankier Gatewood (B. C.), der seine eigene Bank beraubt hat, und Sheriff Wilcox (G. B.), der auf der Jagd nach dem entsprungenen Häftling Ringo-Kid (J. W.) ist. Und just dieser Ringo-Kid steht bald darauf am Weg, weil ihm sein Pferd verendet ist. Der Sheriff entwaffnet und verhaftet ihn. Auf einer Zwischenstation gibt es einen längeren Aufenthalt, weil Mrs. Mallory ihr Kind zur Welt bringt. Dann wächst die Gefahr von Indianerüberfällen. Und kurz vor Lordsburg greifen die Indianer tatsächlich an. Vor allem Ringo, Boone und Wilcox verteidigen die Kutsche, die der Kutscher (A. D.) in tollkühner Fahrt in Sicherheit bringt. In Lordsburg wird der Bankier festgenommen, da seine Unterschlagung bereits telefonisch gemeldet worden ist. Ringo erhält vom Sheriff Urlaub, um mit dem Mörder seines Bruders abzurechnen, und darf dann mit Dallas die Stadt verlassen, um ein neues Leben zu beginnen.

Einer der schönsten Western überhaupt. Der Ausgangspunkt ist nicht eben neu: die »geschlossene Gesellschaft«, die mit einer Gefahr konfrontiert wird, wobei sich vor allem die »Unterprivilegierten« bewähren. Aber diese Palette ist bei Ford besonders raffiniert abgestuft. Die Charaktere der Reisenden geben Anlaß zu nahezu allen möglichen Effekten vom burlesken Zwischenspiel bis zur Liebesgeschichte und zur pathetischen Geste. Ford achtet darauf, daß dabei stets die Relationen stimmen, daß nichts ungebührlich die Oberhand gewinnt und daß vor allem unter diesen Zwischenspielen die durchgehende Spannung nicht leidet, die raffiniert gesteigert wird. Den Höhepunkt bildet dann die berühmte Szene

Stagecoach

des Überfalls, bei der die Dramatik in der rasenden Fahrt der Kutsche kulminiert. Und bei alledem wird die Handlung zwar auf engstem Raum entwickelt, ist die Landschaft aber stets gegenwärtig. Hier sind soziale und psychologische Probleme in eine bestimmte historische Situation gestellt und vom Mythos des Western überstrahlt worden.

A star is born
Ein neuer Stern am Himmel

USA 1954

R: George Cukor; A: Moss Hart nach einem Drehbuch von Dorothy Parker, Alan Campbell und Robert Carson und einer Erzählung von William A. Wellman und Robert Carson; K: Sam Leavitt; D: Judy Garland, James Mason, Jack Carson, Charles Bickford

Bei einer Wohltätigkeitsveranstaltung stolpert der prominente Star Norman Maine (J. M.) betrunken auf die Bühne. Nur die Geistesgegenwart der jungen Sängerin Esther Blodgett (J. G.) bewahrt ihn vor einer Blamage. Aus Dankbarkeit vermittelt er ihr Probeaufnahmen bei dem Studiochef Oliver Niles (C. B.), und wenig später ist sie unter dem Künstlernamen Vicki Lester ein gefeierter Star. Norman und Esther heiraten; aber schon bald beginnt Norman wieder zu trinken. Als Esther den Akademiepreis erhält, kommt er betrunken auf die Bühne und schlägt sie. Nach diesem Skandal geht er freiwillig in eine Heilanstalt. Kurz nach seiner Rückkehr hat er ein Gespräch mit dem Pressechef Libby (J. C.), der taktlos andeutet, daß Norman vom Geld seiner Frau lebt. Norman sucht wieder Vergessen im Alkohol. Eines Abends hört er unbeobachtet, wie Esther Niles erklärt, sie wolle vorläufig nicht mehr filmen, um ihren Mann pflegen zu können. Verzweifelt läuft er zum Strand hinunter, schwimmt auf das Meer hinaus, bis ihn die Kräfte verlassen, und ertrinkt. Esther ist erschüttert und will nie mehr auftreten. Doch dann erkennt sie, daß Norman sich gerade für ihre Kunst geopfert hat. Bei einer Wohltätigkeitsveranstaltung steht sie erstmals wieder auf der Bühne und erringt einen triumphalen Erfolg – diesmal unter dem Namen Mrs. Norman Maine.

Cukor, der im Melodrama (*Camille* – Die Kameliendame, USA 1936) genauso zu Hause war wie im Revuefilm (*Les girls* – Les Girls, USA 1957), hat hier beide Genres gleichsam vereint. Die melodramatische Ehegeschichte ist wirkungsvoll in Szene gesetzt worden; daneben gibt es großartige Musical-Nummern (Musik: Harold Arlen), die aber stets dramaturgischer Bestandteil der Handlung bleiben. Unvergessen ist vor allem die vielzitierte, rund 15 Minuten lange Musical-Szene *Born in a trunk*, die biographische Züge der Hauptdarstellerin Judy Garland trägt. Für die Garland war der Film nach vierjähriger Pause ein triumphales Comeback und einer der Höhepunkte ihrer Karriere. – Die Story wurde übrigens unter dem gleichen Titel bereits im Jahr 1937 von William A. Wellman verfilmt.

Stärker als die Nacht

DDR 1954

R: Slatan Dudow; A: Kurt Stern, Jeanne Stern; K: Karl Plintzner, Horst E. Brandt; D: Wilhelm Koch-Hooge, Helga Göring, Kurt Oligmüller

1933. Während seine Frau Gerda (H. G.) ihr erstes Kind erwartet, geht der kommunistische Arbeiter Hans Löning (W. K.-H.) in die Illegalität. Er wird verhaftet und verbringt zusammen mit seinem Kameraden Erich Bachmann (K. O.) sieben Jahre in einem der berüchtigten »Moorlager« der Nazis. Als er 1940 entlassen wird, bedeutet man ihm, daß er beim »nächsten Mal« mit dem Todesurteil rechnen müsse. Aber gemeinsam mit Erich baut Hans Löning sofort wieder eine Widerstandsgruppe auf, die nach dem deutschen Überfall auf die Sowjetunion ihre Aktivität immer mehr verstärkt. Am Ende wird Hans Löning verraten und hingerichtet.

Auch hier steht ein »positiver Held« im Mittelpunkt des Films; Slatan Dudow zeichnet ihn jedoch nicht so »überlebensgroß« wie viele seiner DEFA-Kollegen zur damaligen Zeit. Dafür kontrastierte er das Schicksal Lönings dramaturgisch geschickt und auch entlarvend mit dem eines »unpolitischen« Ehepaares, das am

Volksempfänger bewundernd die deutschen Siege verfolgt und am Schluß fassungslos vor den Trümmern seines Hauses steht. Ohne lehrhaft erhobenen Zeigefinger macht Dudow damit deutlich, daß man unter einem Gewaltregime nicht »unpolitisch« sein kann.

The stars look down
Die Sterne blicken herab

England 1939

R: Carol Reed; A: J. B. Williams und A. Coppel nach dem gleichnamigen Roman von A. J. Cronin; K: Mutz Greenbaum, H. Harris; D: Michael Redgrave, Emlyn Williams, Margaret Lockwood

Richard Barras, Bergwerksbesitzer in Sleesdale in Schottland, treibt ein riskantes Spiel mit dem Leben anderer Menschen. Er läßt einen Stollen ausbeuten, der von Wassereinbrüchen bedroht ist. Zwei junge Leute aus dem Dorf, David Fenwick (M. R.) und Joe Gowland (E. W.), wollen dieses Spiel nicht mitmachen und gehen in die Stadt. David will studieren, um sich später besser für die Bergarbeiter einsetzen zu können. Aber er lernt die leichtfertige Jenny (M. L.) kennen, bricht sein Studium ihretwegen ab und kommt als Lehrer nach Sleesdale zurück. Dort trifft er auch Joe wieder, der sich zu einem skrupellosen Manager entwickelt hat. Als Jenny Joes Geliebte wird, zerbricht Davids Ehe. Davids Kampf für die Interessen der Bergarbeiter bleibt erfolglos; auf Joes Betreiben wird der gefährdete Schacht erneut befahren. Es kommt zur Katastrophe, zu einem Wassereinbruch, bei dem auch Davids Vater und Bruder getötet werden. David kehrt in die Stadt zurück, um sein Studium abzuschließen und mit besseren Mitteln für die ausgebeuteten Bergarbeiter kämpfen zu können.
Carol Reed gelang hier ein unpathetischer, eindrucksvoller sozialkritischer Report. Das Milieu ist überzeugend eingefangen; die handelnden Personen vertreten zwar Positionen, die durch Herkunft und Klassenzugehörigkeit bestimmt sind, sie bleiben aber dabei stets lebendige, individuelle Menschen, an deren Schicksal man auch persönlichen Anteil nimmt. Und im Mittelpunkt des Films stehen nicht sentimentale Effekte, sondern handfeste Probleme.

Star wars
Krieg der Sterne

USA 1976

R: George Lucas; A: George Lucas; K: Gilbert Taylor, Trickaufnahmen: John Dykstra, Spezialeffekte: John Stears; D: Mark Hamill, Harrison Ford, Carrie Fisher, Peter Cushing, Alec Guinness, Anthony Daniels, Kenny Baker, Peter Mayhew, David Prowse

Die »Imperial Forces« wollen das Weltall unterjochen. Mutigen Rebellen auf dem Planeten Alderaan gelingt es, die Konstruktionspläne des »Todessterns«, der Machtbasis des Imperiums, zu entwenden. Aber die schöne Prinzessin Leia Organa (C. F.), der sie die Pläne übergeben, wird von Helfershelfern des Oberschurken Grand Moff Tarkin (P. C.) und seines Adjutanten Lord Darth Vader (D. P.) gefangengenommen. Im letzten Moment kann sie den ihr treu ergebenen Robotern C-3PO (A. D.) und R2-D2 (K. B.) die Pläne übergeben. Die eilen zu Ben (Obi-Wan) Kenobi (A. G.), dem letzten der »Laserstrahl-Ritter«, der genau wie sein mißratener Schüler Darth Vader im Besitz geheimnisvoller Kräfte ist. Ben und der Farmer Luke Skywalker (M. H.), dem der alte Ritter seine Fähigkeiten und seine Ideale weitergegeben hat, machen sich auf, die schöne Prinzessin zu retten. Luke chartert das Piraten-Raumschiff des zynischen Han Solo (H. F.) und seines Co-Piloten, des Affen Chewbacca (P. M.), und nimmt gemeinsam mit Ben und den beiden Robotern den Kampf gegen die Mächte der Finsternis auf. Dank der Pläne kann er die verwundbare Stelle des Todessterns ausmachen; und mit todesmutigem Einsatz gelingt es ihm, die Prinzessin zu befreien und den gefährlichen Stern zu vernichten. Nur ein Bösewicht entkommt dem Inferno: Lord Darth Vader.
George Lucas: »Vielleicht sollte man *Krieg der Sterne* in die Kategorie Märchenfilme einreihen? Es ist ein Märchen ohne utopisches Versprechen. Das Drehbuch könnte von den Brü-

Star wars

dern Grimm stammen, zeitversetzt um einige Jahrtausende. Die Übertechnisierung im Weltraum mischt sich mit naivem Kinderglauben. Eine Weltraumphantasie im Stil von Edgar Rice Burroughs. Sollte wieder einmal ein Handbuch der Filmgeschichte erscheinen, würde ich *Krieg der Sterne* gern als ›Raumfahrtoper‹ bezeichnet wissen. Bis dahin kann man ihn auch getrost in die Kategorie Western, Abenteuer- oder Piratenfilme einreihen.«
In der Tat ist die Grundstruktur der Story märchenhaft. Und auch das Personal – von der schönen Prinzessin über den strahlenden Helden, die düsteren Bösewichter, den zottigen Chewbacca bis zu den tolpatschig-schlauen Robotern – scheint Märchen entlehnt. Der Film setzt diese naiven Strukturen aber mit ungeheurer technischer Raffinesse ins Bild. Aus dieser Diskrepanz entsteht ein eigentümlicher Reiz, der die Schlichtheit der Story und manche stilistische Ungereimtheit sogar als Pluspunkt erscheinen läßt.
Nach dem großen Erfolg seines Films kündigte Lucas eine erweiterte Filmfolge (drei Teile mit jeweils drei »Episoden«) an, in der der Krieg der Sterne fortgesetzt, aber auch die Vorgeschichte dieses Krieges erzählt werden sollte. In dieser Zählung ist *Star wars* die vierte Episode. Als unmittelbare Fortsetzungen sind zwei weitere Filme erschienen, die zwar wiederum sehr erfolgreich waren, aber den naiven Charme des ersten Teils nicht mehr erreichten: *The empire strikes back* (Das Imperium schlägt zurück, 1979 – R: Irvin Kershner) und *Return of the Jedi* (Die Rückkehr der Jedi-Ritter, 1982 – R: Richard Marquand). Sie führen die Geschichte fort bis zum Tode Darth Vaders, der sich als Vater der Prinzessin Leia und Luke Skywalkers entpuppt, und bis zur endgültigen Vernichtung des Todessterns.
Star wars episode III – Revenge of the Sith (Star Wars: Episode III – Die Rache der Sith – R: George Lucas, USA 2004/05) knüpft die logische und dramaturgische Verbindung zwischen den beiden Trilogien: Die Jedi-Ritter verlieren den Machtkampf gegen die Sith, die Zwillinge Leia und Luke werden geboren, ihre Mutter stirbt bei der Geburt, ihr Vater Anakin Skywalker mutiert in einem erbitterten Zweikampf mit seinem weisen Lehrer Ben (Obi Wan) Kenobi endgültig zum finsteren Lord Darth Vader.

Star wars episode I: The phantom menace
Star Wars: Episode I – Die dunkle Bedrohung

USA 1997–99

R: George Lucas; A: George Lucas; K: David Tattersall; D: Liam Neeson, Ewan McGregor, Natalie Portman, Jake Lloyd, Ahmed Best, Ray Park, Terence Stamp, Frank Oz, Ian McDiarmid

Ungefähr dreißig Jahre vor den Ereignissen von *Star wars* eskalieren in der Galaktischen Republik die Konflikte; die mächtige Handelsföderation will sich mit Gewalt Privilegien sichern. Im Auftrag des Obersten Kanzlers Valorum (T. S.) sollen der Jedi-Ritter Qui-Gon Jinn (L. N.) und sein Schüler Obi-Wan Kenobi (E. MG.) den Streit durch Verhandlungen beilegen. Doch der finstere Sith-Lord Darth Sidious (I. MD.) und sein Schüler Darth Maul (R. P.) setzen auf Krieg. Die Truppen der Föderation erobern den friedlichen Planeten Naboo. Den Jedi-Rittern gelingt es jedoch, mit Hilfe des ortskundigen amphibischen Wesens Jar Jar Binks (computeranimiert, Originalstimme: A. B.) Naboos Königin Amidala (N. P.) zu befreien, damit sie die Invasoren vor dem Senat anklagen kann. Bei der Flucht wird ihr Raumschiff so schwer beschädigt, daß sie auf dem Planeten Tatooine notlanden müssen. Hier hilft ihnen der Sklavenjunge Anakin Skywalker (J. L.) aus der Klemme. Er fährt und gewinnt ein lebensgefährliches Pod-Rennen; mit dem Preisgeld können die Jedi-Ritter die benötigten Ersatzteile bezahlen und den Jungen, den Qui-Gon Jinn für den »Auserwählten« hält, freikaufen. Der Auftritt der Königin vor dem zerstrittenen Senat ist erfolglos. So kommt es zum Krieg, den die Truppen der Königin mit Unterstützung des Unterwasser-Volkes der Gunganer und dank des Mutes und des Geschicks von Anakin Skywalker gewinnen. Qui-Gon Jinn erlebt den Triumph nicht. Er stirbt im Kampf mit Darth Maul, der anschließend von Obi-Wan Kenobi getötet wird. Und Obi-Wan Kenobi wird, als Vermächtnis des toten Lehrers und gegen den Rat des weisen Meisters Yoda (Puppen-Entwurf und Originalstimme: F. O.), den jungen Anakin zum Jedi-Ritter ausbilden.

Schon während der Arbeit an seiner spektakulären *Star wars*-Trilogie, die zwischen 1976 und 1982 entstand, hatte Lucas angekündigt, er werde auch die Vorgeschichte dieses Weltraummärchens in einer Trilogie erzählen. Zum Start dieses neuen Projekts hat er nun auch selbst wieder die Regie übernommen. Entstanden ist dabei ein dramaturgisch eher simples Abenteuerspektakel mit allzu viel Kampfgetümmel und Schlachtenlärm, das aber mit einem wahren Feuerwerk optischer Einfälle verblüfft und überwältigt. 250 Computer-Künstler haben daran gearbeitet, die phantastische Ausstattung und die grotesken Fabelwesen zu schaffen. 95 Prozent der Einzelbilder aller 2000 Einstellungen wurden in irgendeiner Form digital bearbeitet; die Möglichkeiten der Animation scheinen unbegrenzt; und Lucas hat Phantasie genug, diese Möglichkeiten einfallsreich zu nutzen. Die Bilderwelt, die in ihren besten Momenten fast wie eine Comic-Version der Werke des Hieronymus Bosch erscheint, beschäftigt die Augen des Betrachters so nachhaltig, daß man sich bereitwillig seiner Schau-Lust überläßt.

Die Handlung von *Star wars episode II – Attack of the clones* (Star Wars: Episode II – Angriff der Klonkrieger, USA 2001/02 – R: George Lucas) setzt zehn Jahre später ein. Sie zeigt vor allem, daß Anakin Skywalker (jetzt gespielt von Hayden Christensen) sich nicht den Gesetzen der Jedi-Ritter unterordnet und anfällig ist für die Versuchung durch die Macht des Bösen.

Statschka ⓈStreik

UdSSR 1924

R: Sergej Eisenstein; A: Ein Kollektiv des Proletkult-Theaters: W. Pletnjow, Sergej Eisenstein, I. Krawtschunowski, Grigori Alexandrow; K: Eduard Tissé, Wasili Chwatow; D: Maxim Schtrauch, Grigori Alexandrow, Michail Gomorow

Eine große Fabrik im zaristischen Rußland. Viele Mißstände haben die Arbeiter schweigend ertragen. Aber jetzt begeht einer der Ihren Selbstmord, weil man ihn zu Unrecht des

Diebstahls bezichtigt hat; und dieser Funke löst den Brand aus. Die Arbeiter streiken. Der Anfang ist vielversprechend: Während die Aktionäre große Verluste erleiden, arbeiten die Streikenden ihre Forderungen aus. Doch die werden verächtlich abgelehnt. Statt dessen schickt die Polizei Spitzel aus. Und endlich gelingt es, den Streikenden, die vom Hunger fast zermürbt sind, die Ausschreitungen einiger gekaufter Halunken in die Schuhe zu schieben. Berittene Truppen werden gegen die Arbeiter eingesetzt. Es gibt zahlreiche Tote.

Der Film war ursprünglich als erster Teil eines Filmzyklus geplant, der unter dem Titel *Zur Diktatur* die Geschichte der Arbeiterbewegung im zaristischen Rußland schildern sollte. Aber die weiteren Teile wurden nie gedreht.

Eisenstein verzichtete in seinem Erstlingswerk auf den individuellen Helden und die kinoübliche Fabel. Statt dessen sollte die Masse zum Hauptdarsteller und ihr Schicksal zum Inhalt des Films werden; alle handelnden Personen sollten in erster Linie typische Vertreter ihrer Klasse sein. Bei den Dreharbeiten allerdings hat das künstlerische Temperament Eisensteins diese allzu engen Fesseln mehr als einmal gesprengt. Er gab der Masse wieder individuelle Züge; und besonders in die Aktionen der Polizeispitzel schleichen sich skurrile Komik und auch Elemente des »bürgerlichen« Abenteuerdramas ein. Schon während der Dreharbeiten gab es deswegen Auseinandersetzungen mit den Proletkult-Leuten. Wenig später traten Eisenstein und fünf seiner Schauspieler aus dem Ensemble des Theaters aus.

Obwohl dieser Film formal nicht ganz einheitlich ist, besitzt er doch Kraft, Frische und Einfallsreichtum. Eisenstein hat hier seine Theorie der »Montage der Attraktionen« überzeugend verwirklicht – etwa, wenn er den brutalen Einsatz der Polizei gegen die Streikenden zeigt und zwischen diese Szenen Aufnahmen aus einem Schlachthof montiert. Der »unvermittelte Zusammenprall« dieser Bilder sollte beim Zuschauer »Ideen auslösen und Einsichten bewirken«.

Stella Dallas Ⓢ
Stella Dallas / Das Opfer der Stella Dallas

USA 1925

R: Henry King; A: Frances Marion nach einem Roman von Olive Higgins Prouty; K: Arthur Edeson; D: Belle Bennett, Ronald Colman, Alice Joyce, Jean Hersholt

Nach dem Selbstmord seines Vaters heiratet Stefan Dallas (R. C.) überstürzt das Dorfmädchen Stella Martin (B. B.). Eine Tochter, Dolly, wird geboren, aber die Ehe wird nicht glücklich, da Stella sich dem gesellschaftlichen Status ihres Mannes nicht anpassen kann. Als Stefan sie eines Tages mit dem Stallmeister Ed Munn (J. H.) überrascht, verläßt er sie. Stella sorgt rührend für ihre Tochter und erträgt geduldig alle Demütigungen durch kleinstädtische Vorurteile. Schließlich willigt sie auch in eine Scheidung ein, um Stefan eine neue Ehe mit seiner früheren Verlobten Helen (A. J.) zu ermöglichen, und überläßt Helen sogar die weitere Erziehung ihrer Tochter. Sie selbst heiratet Ed Munn, der zum Trinker wird. Als Dolly einen Mann aus guter Gesellschaft heiratet, beobachtet Stella, unterdessen völlig heruntergekommen, die Zeremonie von der Straße aus. Sie ist glücklich.

Stella Dallas wurde von der Reklame angepriesen als »der größte Film über die Mutterliebe, der je gedreht worden ist«. Aber die Qualitäten des Films liegen sicher nicht vorrangig in seiner sentimentalen Geschichte. Paul Rotha rühmt die darstellerischen Leistungen und die feinfühlige Zeichnung eines Charakters und seiner Entwicklung über fast ein ganzes Leben.

King Vidor drehte 1937 ein Remake des Films unter dem gleichen Titel mit Barbara Stanwyck in der Hauptrolle.

Sterne

DDR/Bulgarien 1958/59

R: Konrad Wolf; A: Angel Wagenstein; K: Werner Bergmann; D: Sascha Kruscharska, Jürgen Frohriep, Erik S. Klein

Sterne
(Sascha Kruscharska, Jürgen Frohriep)

Bulgarien 1943. In einem kleinen Städtchen macht ein Transport griechischer Juden auf dem Weg nach Auschwitz halt. Walter (J. F.), ein deutscher Unteroffizier, lernt über den Stacheldraht ein jüdisches Mädchen (S. K.) kennen. Er beginnt, sich für sie zu interessieren; und da sein Kamerad Kurt (E. S. K.) ihm zwei Begegnungen mit der Gefangenen ermöglicht, sprechen und diskutieren sie miteinander. Er versucht vergeblich, ihr seine Resignation und seine Distanz zu den Gewalttaten des Nationalsozialismus begreiflich zu machen. Ihre Argumente und vor allem ihr Schicksal rütteln ihn auf. Er will sie befreien. Aber als er sich endlich entschlossen hat, kommt er zu spät. Der Transport ist bereits weitergefahren. Jetzt hat Walter jedoch erkannt, daß die »innere Emigration« nicht genügt. Er sucht Kontakt zur bulgarischen Widerstandsbewegung.
Eine bewegende und ehrliche Auseinandersetzung mit der Vergangenheit, die besonders in der Schilderung der Charaktere besticht. Walter ist der Typ des »anständigen Intellektuellen«, der trotz aller Vorbehalte gegen die Verhältnisse doch nicht die Kraft hat, sich persönlich zu engagieren. Erst seine Begegnung mit dem jüdischen Mädchen läßt ihn handeln. Kurt dagegen ist der korrekte Landsknecht: Gewissenhaft bewacht er die todgeweihten Juden; aber es ist selbstverständlich für ihn, daß er älteren Gefangenen höflich in die Waggons hilft, die sie in den Tod fahren.

Gerade die Entwicklung des Helden wurde leider in der Bundesrepublik eines wesentlichen Aspektes beraubt. Die Schlußszene, in der Walters Kontakt zur Widerstandsbewegung angedeutet wird, wurde hier geschnitten.

La strada
La Strada / Das Lied der Straße

Italien 1954

R: Federico Fellini; A: Ennio Flaiano, Tullio Pinelli, Federico Fellini; K: Otello Martelli; D: Giulietta Masina, Anthony Quinn, Richard Basehart

Für 10 000 Lire »kauft« der Schausteller Zampano (A. Q.) die naiv törichte Gelsomina (G. M.) ihrer Mutter ab. Sie begleitet ihn auf seiner ziellosen Wanderschaft, kocht und wäscht für ihn und assistiert linkisch, wenn er in Dörfern und kleinen Städten als Kettensprenger auftritt. Zampano ist ein jähzorniger, verschlossener Mensch, für den Gelsomina nur Objekt ist. Ihre schüchternen Versuche, mit ihm wirklich zu sprechen, scheitern. Dann lernt sie bei einem kleinen Zirkus »Il Matto« (R. B.) kennen, der im glitzernden Engelskostüm auf dem Seil tanzt. Er spricht ein paar Worte mit ihr, und Gelsomina ist glücklich. Aber wenig später treffen »Il Matto« und Zampano aufeinander. Es kommt zum Streit, zu einer Schlägerei; Zampano tötet den Seiltänzer. Dann fährt er weiter und läßt Gelsomina, die ihm lästig geworden ist, zurück. Jahre später erfährt er aus einem beiläufigen Gespräch, daß Gelsomina gestorben ist. Er betrinkt sich, schreit den Menschen ins Gesicht, daß er sie haßt, und geht ans Meer, wo ihn am Strand erstmals ein Gefühl der Einsamkeit überfällt. Zampano weint.

»La strada ist eine Geschichte, die ich schon seit Jahren in mir trug, und ich kann sagen, daß sie geradezu ein Stück meiner selbst ist, weil dieser Film zutiefst mit meinen Gedanken und Überzeugungen verbunden ist. La strada ist entstanden aus der Vorstellung von einem Mann und einer Frau, die äußerlich zusammen leben, aber in ihrem Innern durch astronomische Weiten voneinander getrennt sind.«

»Gewiß ist die Grundidee der Strada eine christliche Vorstellung: die Liebe ... Und wenn François Mauriac von der ›Gnade‹ als Element dieses Films gesprochen hat, so kann ich das nur dankbar unterschreiben« (Fellini).

La strada wurde ein Welterfolg – beim Publikum und bei den Fachleuten, die ihn mit Preisen und Auszeichnungen überhäuften. Aber der Film blieb nicht unumstritten. Einige italienische Kritiker warfen Fellini »Verrat am Neorealismus« vor und bemängelten die »Vieldeutigkeit« und »Verschwommenheit« seiner Aussage. Nun ist La strada zweifellos im positiven Sinn ein »schillernder« Film. Deutlich sind jedoch zwei Kernpunkte: die Ausbeutung der Frau durch den Mann, seine patriarchalische Verständnislosigkeit – ein nüchtern sozialkritischer Aspekt; ferner die Überzeugung, daß auch das unscheinbarste Leben einen Sinn hat, daß die Liebe etwas bewirken, einen Menschen ändern kann – dies die christliche Botschaft.

Das und einiges mehr hat Fellini in einem Milieu verwirklicht, dessen Tristesse und Eintönigkeit er realistisch eingefangen hat. Darüber hinaus allerdings hat er es verstanden, die Wanderschaft Zampanos in seinem seltsamen Gefährt – halb Motorrad und halb Wohnwagen – zur Metapher für die Wanderschaft und Unbehaustheit des Menschen werden zu las-

La strada
(Giuletta Masina, Anthony Quinn)

sen, was ihm nahezu ohne Konzessionen an den Wirklichkeitsbezug der Handlung gelungen ist. Wesentlichen Anteil am Erfolg haben hier auch die darstellerischen Leistungen: die urwüchsige Vitalität Anthony Quinns und die träumerische Naivität Giulietta Masinas.

The straight story
Eine wahre Geschichte – The Straight Story

USA/Frankreich 1998

R: David Lynch; A: John Roach, Mary Sweeney; K: Freddie Francis; D: Richard Farnsworth, Sissy Spacek, Harry Dean Stanton, Jane Heitz, Everett McGill, Joseph A. Carpenter, John Farley, Kevin Farley, Donald Wiegert

Laurens, Iowa. Alvin Straight (R. F.), ein 73jähriger Witwer, lebt mit seiner Tochter Rose (S. S.) ein einfaches, zufriedenes Leben. Nach einem Sturz vom Arzt auf seinen schlechten Gesundheitszustand hingewiesen, beschließt der weißbärtige Sturkopf, seinen Bruder Lyle (H. D. S.) zu besuchen, der nach einem Schlaganfall nur noch kurze Zeit zu leben hat. Alvin will ihn ein letztes Mal sehen und den zehnjährigen Streit zwischen ihnen beiden beenden. Doch Lyle wohnt in Mt. Zion, Wisconsin, mehr als 500 Kilometer entfernt. Da Alvin, seh- und gehbehindert, weder Führerschein noch Auto besitzt und niemandem zur Last fallen möchte, macht er sich gegen alle Ratschläge seiner Freunde und Nachbarn mit einem alten Motorrasenmäher auf den Weg. Als der erste Versuch scheitert, kauft er ein ausgereiftes Klassikermodell, einen John Deere, Baujahr 1966. Unterwegs begegnen dem seltsamen Reisenden viele andere ähnlich einsame, skurrile Leute: Bus-Touristen; ein ausgebüchster schwangerer Teenager; eine Frau, die jeden Tag auf der Landstraße ein Reh anfährt; Vertreter der freiwilligen Feuerwehr; eine freundliche Familie, die ihn im Garten campieren läßt, bis sein Fahrzeug nach einer Panne von zwei streitsüchtigen Mechanikerbrüdern repariert ist; der Kriegsveteran, mit dem er schmerzliche Erinnerungen und ein Geheimnis aus seiner Zeit als Scharfschütze im Zweiten Weltkrieg austauscht; ein Priester, der Lyle kennt und ihm Zuspruch gibt. Nach fast sechs Wochen gelangt Alvin mit letzter Kraft an sein Ziel. Auf der Veranda einer alten Holzhütte sitzen zwei alte Männer, sprachlos, aber sichtlich bewegt nach der langen Zeit der Trennung.

Wie schon die effektvollen und für Furore sorgenden *Eraserhead* (Eraserhead, USA 1977), *Blue Velvet* (Blue Velvet, USA 1985) oder *Wild at heart* verblüfft auch Lynchs bewegende lyrische Studie des Landlebens im Amerika jenseits der großen Metropolen. Diese Wiederentdeckung der Langsamkeit basiert auf einer wahren Geschichte und reflektiert eigene Kindheitserfahrungen des Regisseurs. Er schildert kein nostalgisch-geschöntes Landleben, denn die traumatischen Erlebnisse und bizarren Beziehungen gehen unter die Oberfläche, erzählen eine andere, für Lynch gar nicht so untypische Geschichte. Seine Frau hat Alvin 14 Kinder geschenkt, von denen die Hälfte gestorben ist. Seine Tochter Rose, die wegen Verletzung der Aufsichtspflicht bestraft wird, ist sprachlich zurückgeblieben. Da gibt es kaputte Familien, ungewollte Schwangerschaften, Einsamkeit und die Schatten des vergangenen Krieges. Lynch verbindet alle Handlungsstränge mit traumwandlerischer Sicherheit. Nach dem stilisierten Mysterythriller *Lost highway* (Lost Highway, USA 1996) will diese Suche nach dem richtigen Weg im Leben auch eine Art Standortbestimmung sein. Das Roadmovie erzählt nämlich eine archaische, eine biblische Geschichte von einer Reise in die Vergangenheit, zu den dunklen Seiten der menschlichen Seele. Die Kamera von Freddie Francis zaubert verführerische Scope-Bilder einer aufregendgefährlichen Landschaft. Und Richard Farnsworth mit seiner ganzen Gebrechlichkeit und seinem ausdrucksstarken Gesicht, seinen sprechenden Augen ist ganz einfach dieser eigensinnige Rentner, der noch eine Rechnung im Leben offen hat. Damit ist der Film auch eine Hymne auf die Weisheit des Alters, auf die inneren Werte und auf die Familie. Ohne Resignation oder Angepaßtheit plädiert er mit seiner ansteckenden Zufriedenheit für die Einheit von Mensch und Natur, für die Würde des Alters und für etwas mehr Freundlichkeit in der Welt.

Strangers on a train
Der Fremde im Zug / Verschwörung im Nordexpreß

USA 1951

R: Alfred Hitchcock; A: Raymond Chandler und Czenzi Ormonde nach einem Roman von Patricia Highsmith adaptiert von Whitfield Cook; K: Robert Burks, H. F. Koenekamp (Spezialeffekte); D: Farley Granger, Robert Walker, Ruth Roman, Leo G. Carroll, Patricia Hitchcock, Laura Elliott

Während einer Bahnfahrt wird der Tennis-Champion Guy Haines (F. G.) von dem exzentrischen Bruno Anthony (R. W.) angesprochen, der ihm einen makabren Vorschlag macht: Mord auf Gegenseitigkeit. Bruno will Guys Ehefrau umbringen, dafür soll Guy Brunos allzu strengen Vater töten. Niemand würde die Täter entdecken, da beide für ihre Tat kein Motiv hätten. Guy hält den Vorschlag für einen schlechten Scherz und lehnt ab. Zwar ist es kein Geheimnis, daß seine Ehe nicht intakt ist; aber nie würde er seiner Frau den Tod wünschen. Wenig später ist Miriam Haines (L. E.) tot. Ermordet. Guy gerät in Verdacht, da er kein Alibi hat. Die Polizei beschattet ihn. Und zu allem Überfluß erscheint auch noch Bruno, erklärt stolz, daß er den Mord begangen hat, und verlangt von Guy die »vereinbarte« Gegenleistung. Als Guy sich weigert, droht Bruno, Guys Feuerzeug, das er sich angeeignet hat, an der Fundstelle von Miriams Leiche zu plazieren und Guy damit den Mord endgültig anzuhängen. Nach einem dramatischen Wettrennen überrascht Guy den geistesgestörten Mörder am Tatort. Bruno stirbt unter den Trümmern eines Karussells, auf dem die große Schluß-Auseinandersetzung stattgefunden hat.
In gewissem Sinn spielt auch hier Hitchcocks Lieblingsthema, der Identitätsverlust, eine Rolle. Guy Haines sieht sich plötzlich einem Mann gegenüber, der unbeirrbar behauptet, er habe mit ihm einen furchtbaren Vertrag abgeschlossen, und der jetzt auf Vertragserfüllung drängt. Die Regie zieht daraus eine intensive Spannung, die im Schlußdrittel ihren Höhepunkt erreicht. Während Bruno zum Tatort fährt, muß Guy ein Tennismatch bestreiten. Er darf keinen Verdacht erregen und muß seinen Gegner möglichst schnell schlagen, um seinen Zug zu erreichen. Doch Guy spielt zerfahren, das Match zieht sich hin. Zur gleichen Zeit verliert Bruno Guys Feuerzeug. Es fällt in einen Abfluß-Gully, und Bruno verliert kostbare Zeit, ehe er es wiedererlangt. So kommt es zum Showdown auf dem fahrenden Karussell, das bei dem Kampf beschädigt wird, sich immer schneller dreht und schließlich zusammenbricht.

Die Straße Ⓢ

Deutschland 1923

R: Karl Grune; A: Karl Grune; K: Carl Hasselmann; D: Eugen Klöpfer, Lucie Höflich, Aud Egede Nissen, Max Schreck

Ein Mann (E. K.) stürmt eines Abends aus seiner Wohnung, deren Enge ihn erdrückt, um etwas zu erleben. In einem Lokal verspielt er einen ihm anvertrauten Scheck, den er aber später zurückgewinnt. Dann folgt er einer Frau (A. E. N.) in ihre Wohnung. Im Nebenzimmer berauben und ermorden der Ehemann der Frau und sein Kumpan einen anderen erlebnishungrigen Mann. Alle, die in die Tat verwickelt sind, fliehen in panischer Angst. Der Mann wird verhaftet und als vermeintlicher Täter eingesperrt, bis die Frau die Wahrheit gesteht. Nach seiner Entlassung kehrt er voller Reue nach Hause zurück, wo seine Frau (L. H.) die vorsorglich warm gestellte Suppe vom Ofen holt.
Der Film ist größtenteils gut fotografiert und montiert. Eindrucksvoll sind auch die Bauten (Karl Görge-Prochaska, Ludwig Meidner); ganze Straßenzüge entstanden durchaus realistisch und überzeugend im Atelier. Buch, Regie und Darstellungsstil sind dagegen überwiegend sentimental-pathetisch geraten.

La strategia del ragno
Die Strategie der Spinne

Italien 1970

R: Bernardo Bertolucci; A: Marilú Parolini, Edoardo De Gregorio und Bernardo Bertolucci nach der Erzählung *Tema del traditore e dell'eroe* von J. L. Borges; K: Vittorio Storaro, Franco Di Giacomo; D: Giulio Brogi, Alida Valli, Pippo Campanini, Franco Giovanelli, Tino Scotti

Nach dem Krieg kommt Athos Magnani (G. B.) in die kleine Stadt, in der 1936 sein Vater ermordet worden ist. Draifa (A. V.), die frühere Geliebte seines Vaters, fordert ihn auf, die Schuldigen zu entlarven; aber Athos stößt auf eine Mauer des Schweigens. Zwar gilt der Tote als antifaschistischer Held, dem man sogar ein Denkmal gesetzt hat, doch an den Umständen seines Todes scheint niemand interessiert. Allmählich gewinnt Athos dennoch Klarheit: Sein Vater (G. B.) bildete mit drei Freunden (P. C., F. G., T. S.) eine Widerstandsgruppe, die ein Attentat auf den Duce plante. Der Plan wurde verraten. Zur gleichen Stunde und am gleichen Ort, da der Duce sterben sollte, starb Magnani – bei einer Festaufführung des *Rigoletto*. Magnani selbst hatte das geplante Attentat aus Angst verraten. Als er sich entdeckt sah, hatte er seinen eigenen Tod inszeniert, weil ein toter Märtyrer wichtiger ist als ein bestrafter Verräter. Athos verläßt die Stadt, in der das Gestern noch nicht überwunden ist.

Das Thema hätte sowohl den Stoff zu einer spannenden »Kriminalaffäre« als auch die Möglichkeiten für ein psychologisches Kammerspiel geboten. Bei Bertolucci wird es »ein Film über das Ende der Bourgeoisie, über die Notwendigkeit, Helden abzuschaffen« (Bertolucci). Der Film zeigt in den Rückblenden Menschen, die Faschisten sind, ohne zu wissen warum, und bürgerliche Antifaschisten, die ebensowenig ein Konzept haben. Vor allem aber projiziert Bertolucci die Probleme der Vergangenheit auf seinen Helden. Seine Suche nach der Wahrheit über den Tod seines Vaters ist gleichzeitig ein verzweifelter Versuch, seine Position in der Gegenwart zu bestimmen. Die Zerstörung des Vaterbildes ist für ihn ein Schritt hin zur Freiheit.

A streetcar named desire
Endstation Sehnsucht

USA 1951

R: Elia Kazan; A: Oscar Saul, Elia Kazan und Tennessee Williams nach dem gleichnamigen Schauspiel von Tennessee Williams; K: Harry Stradling; D: Vivien Leigh, Marlon Brando, Kim Hunter, Karl Malden

Verfilmung des gleichnamigen Schauspiels von Williams: Blanche DuBois (V. L.), Stanley Kowalski (M. B.), Stella Kowalski (K. H.), Mitch (K. M.).

Kazan hatte das gleiche Stück zuvor in nahezu der gleichen Besetzung der Hauptrollen auf der Bühne inszeniert. Für die Verfilmung wurde lediglich Vivien Leigh anstelle von Jessica Tandy für die Rolle der Blanche verpflichtet.

Es entstand eine sehr werkgetreue Adaption, die nicht auf optische Gags versessen ist, die eigentlich nur darauf aus war, den brutalen und suggestiven Psychologismus der Vorlage mit den Mitteln des Films optimal zu gestalten. Vorzügliche darstellerische Leistungen, dichte Atmosphäre und stilistische Konsequenz der Regie sind die Hauptvorteile des Films.

Bereits vor Drehbeginn mußte Elia Kazan erhebliche Veränderungen am Buch vornehmen, da das Production Code Office die damals gewagten Anspielungen bezüglich Homosexualität und Nymphomanie auf ein Minimum reduzieren wollte. Die 1993 erfolgte Rekonstruktion des Films wirkt klarer und beunruhigender. Sie kommt der intendierten Fassung sehr nahe.

The street with no name
Straße ohne Namen

USA 1948

R: William Keighley; A: Harry Kleiner; K: Joseph MacDonald; D: Mark Stevens, Richard Widmark, Lloyd Nolan, Barbara Lawrence

In den dreißiger Jahren spezialisiert sich eine Bande in Chicago darauf, bei ihren Überfällen

Beweise gegen Unschuldige zurückzulassen, um die Polizei so von der richtigen Spur abzulenken. FBI-Inspektor Cordell (M. S.) taucht in der Unterwelt unter und gewinnt das Vertrauen des Bandenbosses Stiles (R. W.), der sich rühmt, einen Verbindungsmann beim FBI zu haben. Bei den Bemühungen, diesen Mann ausfindig zu machen, enthüllt Cordell seine Identität. Stiles will ihn ausschalten, aber im letzten Augenblick gelingt es der Polizei, den Verbrecher unschädlich zu machen.

The street with no name gehört zu den bekanntesten Vertretern des »dokumentarischen« Kriminalfilms, in dem nicht der Gangster, sondern die Polizei, nicht das Verbrechen, sondern seine Aufklärung im Mittelpunkt steht. Diese Filme entstanden oft in Anlehnung an tatsächliche Ereignisse; und sie wurden überwiegend auf den Straßen gedreht, um den dokumentarischen Charakter zu betonen.

The strong man ⓢ
Der starke Mann

USA 1926

R: Frank Capra; A: Arthur Ripley, Hal Conklin, Frank Capra, Eddy Robert; K: Elgin Lessley, Glenn Kershner; D: Harry Langdon, Gertrude Astor

Als Soldat in Belgien erhält Harry (H. L.) Post von einer unbekannten Brieffreundin aus den USA. Aber schon bald wird er von einem schnauzbärtigen Deutschen gefangengenommen. Nach dem Krieg kommt er als Assistent eben jenes Mannes, der sich als »Zandow – Kraftakte« in Varietés produziert, in die Staaten zurück. Hier macht er sich alsbald auf die Suche nach seiner unbekannten Freundin Mary. Er findet sie nach mancherlei Zwischenfällen als blinde Tochter (G. A.) eines Pfarrers in der von Gangstern beherrschten Stadt Cloverdale. Als der große Zandow hier wegen Volltrunkenheit nicht auftreten kann, muß Harry aushelfen. In einer turbulenten Vorstellung demoliert er das ganze Vaudeville-Theater, erfüllt damit den Wunsch von Marys glaubensstarkem Vater, der seit sieben Tagen darum betet, das Haus möge zusammenstürzen wie einst die Mauern Jerichos, gewinnt Marys Hand und einen Posten als Sheriff im gesäuberten Cloverdale.

Die spezielle Kunst Langdons, der stets wirkt wie eine »verschreckte weiße Maus« (Kevin Brownlow), bewährt sich hier auf das schönste. Typisch ist gleich der Beginn, als er vergeblich versucht, einen Gegner mit dem Maschinengewehr zu »erledigen«. Solches sind seine Waffen nicht: Er treibt den Feind wie weiland David mit einer Schleuder in die Flucht. Und in Cloverdale verhilft ihm wiederum nicht Kraft, sondern Einfallsreichtum zu seinem Sieg über die Ganoven. Nicht ohne kritische Ironie vermerkt ein Zwischentitel übrigens nach dem Sieg des Ortsfremden: »Und wieder zog Cloverdale die Bettdecke bis ans Kinn und schlief in Frieden.« Capra sorgte allerdings dafür, daß Langdon nicht etwa zum strahlenden Helden wurde. In der Schlußszene muß ihm seine blinde Frau helfen, als der neugebackene Sheriff über einen Stein stolpert.

Stschastje / Stjaschateli ⓢ
Das Glück / Die Habsüchtigen

UdSSR 1934

R: Alexander Medwedkin; A: Alexander Medwedkin; K: Gleb Trojanski; D: Pjotr Sinowjew, Jelena Jegorowa

Der arme Bauer Chmyr (P. S.) findet einen Beutel mit Geld und kauft sich ein Pferd. Aber das Tier erweist sich als eigenwilliger Charakter; es klettert auf die Hütte und frißt das Stroh vom Dach, während Chmyrs Frau Anna (J. J.) nach wie vor den Pflug ziehen muß. Und dann wird das Pferd auch noch gestohlen. Ein zweites Mal hat Chmyr Glück. Er hat im Herbst eine reiche Ernte. Doch nun erscheinen der Kulak, der Pope, Nonnen usw. und nehmen ihm sein Geld ab – für alte Schulden oder als Spende. Als Chmyr verzweifelt sterben will, wird er wegen dieser »eigenmächtigen Handlungsweise« sogar ausgepeitscht. Erst das dritte Glück ist dauerhaft: die Kolchose. Zwar ist Chmyr zunächst ein schlechter Arbeiter, während Anna unter den neuen Verhältnissen aufblüht. Aber schließlich vereitelt Chmyr eine

Brandstiftung des Kulaken Foka und wird ein vollwertiges Mitglied der Gemeinschaft.
Medwedkin hat eine in Form und Inhalt ungewöhnliche Satire geschaffen. Zwar läßt er keinen Zweifel, daß die Kolchose das wahre Glück bringt; aber er verschweigt auch die Probleme und Schwierigkeiten der neuen Zeit nicht. Formal bevorzugt Medwedkin einen märchenhaften Expressionismus, der ein wenig an Lubitschs *Bergkatze* erinnert: Die handelnden Personen sind grotesk übersteigert oder tragen gar, wie die marschierenden Soldaten, Masken. Auch die einzelnen Szenen sind stilisiert, so die Versuchung eines Traktorfahrers, dem der Kulak Foka eine Wodkaflasche in den Weg stellt. Ein rundes dutzendmal fährt der Wackere verlangend um die Flasche herum, bis er sie schließlich austrinkt, während der nun führerlose Traktor ihn weiter umkreist. *Stschastje* war vermutlich der formal interessanteste sowjetrussische Film der dreißiger Jahre.

Der Student von Prag Ⓢ

Deutschland 1913

R: Stellan Rye; A: Hanns Heinz Ewers; K: Guido Seeber; D: Paul Wegener, John Gottowt, Grete Berger, Lyda Salmonova, Lothar Körner, Fritz Weidemann

Der Student Balduin (P. W.) verkauft dem undurchsichtigen Abenteurer Scapinelli (J. G.) für »100 000 Goldgulden« sein Spiegelbild. Bald darauf verliebt sich Balduin in eine schöne junge Gräfin (G. B.). Die Gräfin erwidert seine Neigung; aber auf Wunsch ihres Vaters (L. K.) soll sie ihren Vetter (F. W.) heiraten. Nach einem Zusammenstoß zwischen Balduin und seinem Rivalen kommt es zu einem Duell. Zwar verspricht Balduin, der als bester Fechter Prags gilt, dem Grafen, seinen Gegner zu schonen; aber durch Scapinellis Machenschaften wird er daran gehindert, rechtzeitig am vereinbarten Duellplatz zu sein. In seiner Abwesenheit hat sein Spiegelbild, sein Doppelgänger, den Rivalen bereits getötet. Vergeblich versucht Balduin, sich vor der Geliebten zu rechtfertigen. Bei dieser Aussprache erkennt sie,

daß er kein Spiegelbild hat, und wendet sich entsetzt von ihm ab. Voller Verzweiflung schießt Balduin auf seinen unheimlichen Doppelgänger – sein Schuß tötet ihn selbst.
Am Schluß sitzt der Doppelgänger auf Balduins Grab, getreu dem Schlußvers eines Gedichtes von Alfred de Musset, das im Film mehrfach zitiert wird: »... Wo Du bist, werd auch ich stets sein / bis zu der Stund, wo auf dem Stein / ich sitze – über Deinem Grab.«
In diesem Film wurden Motive aufgegriffen, die später für den deutschen Film große Bedeutung gewinnen sollten: die psychologisierende Auseinandersetzung mit dem eigenen Ich und die angstvolle Erkenntnis der furchtbaren Möglichkeiten des Menschen, die Hinwendung zu Sagen und Märchenstoffen, die den Film aus der Wirklichkeit der Gegenwart in eine düstere Traumwelt versetzten.
Stellan Rye hat dabei die Möglichkeiten des Films bereits sehr einfallsreich genutzt. Er drehte an den Originalschauplätzen in Prag und erreichte dadurch Atmosphäre und Echtheit des Milieus. Er bediente sich geschickt des Tricks als dramaturgischen Mittels – zum Beispiel, wenn Scapinelli das Spiegelbild Balduins aus dem Spiegel hervorlockt und mit sich

*Der Student von Prag
(Paul Wegener, Lyda Salmonova)*

nimmt, oder wenn später das Spiegelbild Balduin immer wieder entgegentritt und ihn erschreckt. Überhaupt gelangen in diesem Film die Szenen zwischen Balduin und Scapinelli weit besser als die im Haus der Gräfin. Hier herrschte eine düster suggestive Atmosphäre, während dort über weite Strecken hölzernes und larmoyantes Theater geboten wurde.

Obwohl Paul Wegener in der Stabliste nur als Hauptdarsteller erscheint, dürfte sein Einfluß auf diesen Film doch größer gewesen sein. In den Filmen *Der Golem* (1914) und *Der Golem, wie er in die Welt kam* (1920), für die Wegener als Co-Autor und Co-Regisseur zeichnete, findet man in der Darstellung des Unheimlichen und Unwirklichen durchaus verwandte Mittel.

Das wirkungsvolle Buch wurde übrigens 1926 von Henrik Galeen (mit Conrad Veidt und Werner Krauß als Balduin und Scapinelli) und 1935 von Artur Robison (mit Adolf Wohlbrück und Theodor Loos) neu verfilmt. Beide Remakes erreichten aber nicht die Qualität des Originals.

Subida al cielo
Der Weg, der zum Himmel führt

Mexiko 1951

R: Luis Buñuel; A: Manuel Altolaguirre, Juan de la Cabada und Luis Buñuel nach einem Entwurf von Manuel Altolaguirre; K: Alex Phillips; D: Esteban Márquez, Lilia Prado, Carmelita González

Während der Hochzeitsfeier wird Oliverio (E. M.) von der Seite seiner jungen Frau (C. G.) gerissen. Seine Mutter liegt im Sterben; sie will nicht, daß ein Haus in der Hauptstadt, das sie besitzt, den älteren Söhnen zufällt; Oliverio soll aus der nächsten größeren Stadt den Notar holen. Seine Fahrt dauert zwei Tage: Der altersschwache Bus bleibt in einem überschwemmten Fluß stecken, er gerät in ein Unwetter, eine mitreisende Frau bekommt vorzeitig ihre Wehen, der Fahrer besteht darauf, alle Reisenden zur Geburtstagsfeier seiner Mutter einzuladen usw. Und auf der ganzen Reise verfolgt die Dorfprostituierte Raquel (L. P.) Oliverio mit ihrer Liebe. Während eines Unwetters auf dem Paß »Subida al cielo« erreicht sie schließlich ihr Ziel. Als Oliverio mit einem vom Notar entworfenen Testament, das die Mutter nur noch unterschreiben muß, nach Hause zurückkehrt, ist die Mutter tot. Alles scheint umsonst; denn die älteren Brüder haben die Hand der schon bewußtlosen Frau geführt und ihre Unterschrift auf das alte Testament gesetzt. Aber Oliverio nimmt pietätvoll die Hand der Toten und drückt ihren Daumenabdruck auf sein Papier. Der Ausgang bleibt offen.

Die Vorlage ist weder sonderlich originell noch übermäßig gewichtig. Buñuel hat jedoch durch seine Inszenierung der Handlung Hintergrund und Poesie verliehen. Bei ihm wird die Fahrt zum Sinnbild des Lebens; komödiantischer Überschwang geht fast unmerklich in Nachdenklichkeit über, wobei Elemente des einen im anderen stets gegenwärtig sind. Ein typisches Beispiel, wie dieser »Stimmungswandel« sich im gleichen Motiv vollzieht: Der Bus bleibt im Fluß stecken. Während die Männer nach vergeblichen Bemühungen, ihn wieder flott zu bekommen, sich ausgiebig streiten, zieht hinter ihrem Rücken ein kleines Mädchen den Wagen mit einem Ochsengespann ans Ufer. Bei der Rückfahrt ist das Mädchen tot, an einem Schlangenbiß gestorben, und alle Reisenden nehmen am Begräbnis teil.

Sullivan's travels
Sullivans Reisen

USA 1941/42

R: Preston Sturges; A: Preston Sturges; K: John F. Seitz; D: Joel McCrea, Veronica Lake, William Demarest

Der erfolgreiche Hollywood-Regisseur Sullivan (J. MC.) beschließt, einen engagierten, sozialkritischen Film zu drehen. Um Milieu-Studien betreiben zu können, verkleidet er sich als Tramp. Sehr bald lernt er ein Mädchen (V. L.) kennen, das darauf besteht, ihn auf seiner Reise durch das Elend zu begleiten. Aber das Experiment bleibt unbefriedigend, und Sullivan – von altgedienten Tramps als »Amateur« beschimpft – gibt auf. Ein letztes Mal will er sich noch verkleiden und 5-Dollar-Noten unter die Tramps verteilen. Doch ein habgieriger Bursche, der ihm vorher schon seine Schuhe gestohlen hatte, überfällt den Wohltäter, schlägt ihn nieder und stopft den Bewußtlosen in einen Güterwaggon. Der Räuber gerät kurz darauf unter einen Zug; ein Ausweis, den die Studio-Bosse vorsichtshalber in Sullivans Schuhen versteckt hatten, führt dazu, daß man seine verstümmelte Leiche als die Sullivans identifiziert. Sullivan indessen, von seinem K. o. noch wie betäubt, schlägt in einem Handgemenge einen Bahnbeamten nieder und wird zu sechs Jahren Arbeitslager verurteilt. Erst nach der Schnellgerichtsverhandlung besinnt er sich auf seine Identität. Aber da er keine Briefe schreiben darf, stehen seine Chancen schlecht. Da hat er eine Idee: Er bezichtigt sich des Mordes an Sullivan, sein Bild geht durch alle Zeitungen, er wird identifiziert und befreit. Durch seine Erlebnisse hat sich sein Weltbild gründlich gewandelt. Er heiratet seine Freundin und beschließt, nur noch anspruchslose Lustspiele zu drehen, weil er gesehen hat, wie die Häftlinge im Lager bei der Vorführung von Mickey-Mouse-Filmen ihr Elend vergessen und gelacht haben.

Sturges hat zwar Details aus dem Leben der Tramps und vom Elend der Kettensträflinge realistisch geschildert. Sein eigentliches Thema ist jedoch eine bissige Satire auf Hollywood, auf die sozialkritischen Filme und den optimistischen Glauben, man könne mit diesen Filmen etwas ändern. Höhnisch urteilt er, daß solche Filme nichts bewirken – nicht einmal ein paar schöne Stunden für die, denen man angeblich helfen will.

Sunrise Ⓢ
Sonnenaufgang

USA 1926/27

R: F. W. Murnau; A: Carl Mayer nach der Novelle *Die Reise nach Tilsit* von Hermann Sudermann; K: Charles Rosher, Karl Struss; D: George O'Brien, Janet Gaynor, Bodil Rosin, Margaret Livingstone

Sudermanns Vorlage ist erheblich verändert worden. Die Handlung spielt jetzt an einem See, wo der junge Bauer Ansas (G. O'B.) von einem Vamp aus der Stadt (M. L.) verführt und seiner Frau Indre (J. G.) entfremdet wird. Der Vamp überredet Ansas schließlich, seine Frau zu töten. Bei einer Bootsfahrt in die Stadt will er sie über Bord stoßen. Aber der Plan mißlingt, und der Tag in der Stadt führt sogar zur Aussöhnung des Ehepaares. Ansas verliebt sich aufs neue in Indre; ein gemeinsamer Besuch in der Kirche unterstreicht und festigt diese Bindung. Auf der Rückfahrt werden sie von einem Sturm überrascht. Das Boot kentert. Ansas kann sich retten und sucht verzweifelt nach seiner Frau. Schließlich wird auch sie geborgen. Der Vamp kehrt besiegt und enttäuscht in die Stadt zurück.

Es steht nicht fest, ob dieses Happy-End (bei Sudermann ertrinkt Ansas!) von Mayer und Murnau gewollt oder eine Auflage des Produzenten war. Auf jeden Fall ist es vollkommen in die Handlung integriert. Der Film ist konsequent in seiner Manier, dramatische Aktion aus Stimmungen zu entwickeln und zu deuten, Stimmungen durch Ausleuchtung, Kamerabewegung und Bildrhythmus zu erzeugen. Wieder spielt die Umwelt eine große Rolle: See und Moor, die Stadt mit ihren verschiedenen Schauplätzen wie Kirche und Lunapark. Murnau drehte den Film an einem See, an dem Rochus Gliese ihm ein deutsches Dorf aufgebaut hatte. Eindrucksvoll sind auch die Traumsequenzen bzw. »Visionen«, mit denen Murnau die Gedanken der handelnden Personen sichtbar macht. Als der Vamp Ansas mit lockenden Schilderungen von der Großstadt zum Mord überreden will, sieht man sowohl die von ihr beschworenen Großstadt-Bilder als auch den geplanten Mord in fließenden Konturen im Bildhintergrund.

Sudermanns Vorlage wurde 1938 in Deutschland unter ihrem Originaltitel *Die Reise nach Tilsit* von Veit Harlan verfilmt. Die Hauptrollen spielten Frits van Dongen (Ansas), Kristina Söderbaum (Indre) und Anna Dammann (die Magd). Harlan hielt sich enger an Sudermann, so ist bei ihm auch die Verführerin eine Magd und nicht eine Fremde.

Sunset Boulevard
Boulevard der Dämmerung

USA 1949

R: Billy Wilder; A: Charles Brackett, Billy Wilder, D. M. Marshman jr.; K: John F. Seitz, Gordon Jennings (Spezialeffekte); D: William Holden, Gloria Swanson, Erich von Stroheim, Nancy Olson

Der einstige Stummfilm-Star Norma Desmond (G. S.) träumt in einer verwahrlosten Villa am Sunset Boulevard von einem Comeback. Norma wird in ihrem Wahn bestärkt durch Max (E. v. S.), der einst ihr Regisseur und erster Ehemann war und der heute ihren Diener spielt. Ein Zufall führt den jungen, erfolglosen Drehbuchautor Joe Gillis (W. H.) in ihr Haus. Sie findet Gefallen an ihm und engagiert ihn, ein Drehbuch, das sie geschrieben hat, zu überarbeiten. Schließlich wird Gillis auch ihr Geliebter. Aber Gillis verliebt sich in ein junges Mädchen (N. O.); und unter ihrem Einfluß nimmt er die Arbeit an einem eigenen Drehbuch wieder auf. Er will sich von Norma befreien. Bei einer Auseinandersetzung sagt er ihr schonungslos die Wahrheit – daß sie vergessen ist, daß die Verehrerbriefe, die sie immer noch erhält, von Max geschrieben werden. Als er geht, schießt Norma ihn nieder. Polizei und Wochenschau kommen ins Haus. Norma, deren Geist jetzt völlig verwirrt ist, hält die Wochenschau-Reporter für Kameramänner, die eine Filmszene mit ihr drehen. Hoheitsvoll schreitet sie die Treppe herab – und wird verhaftet.

Eine düster-pessimistische Story, die zur bitteren Abrechnung mit Hollywood wird. Wilder konfrontiert die Vergessenen, die von verblichenem Ruhm träumen, mit den Erfolglosen, die skrupellos für ihren Aufstieg kämpfen. Dabei wird durchaus deutlich, wie dünn die Fassade ist, die nach außen den Glanz der Filmmetropole ausmacht.

Wilders Stil ist ein reportagehafter Realismus, der hier zusätzliche Glaubwürdigkeit aus der Tatsache gewinnt, daß bekannte Hollywood-Persönlichkeiten wie Cecil B. DeMille, Hedda Hopper, Buster Keaton und H. B. Warner sich selbst spielen.

Sürü
Die Herde

Türkei 1978/79

R: Zeki Ökten; A: Yilmaz Güney; K: Izzet Akay; D: Tuncel Kurtiz, Tarik Akan, Yaman Okay, Levent Inanir, Melike Demirağ, Erol Demiröz

Sunset Boulevard
(Mitte:
Gloria Swanson)

In Anatolien leben die Sippen der Veysikans und der Halilans in Blutfehde. Hamo (T. K.) ist das Oberhaupt der Veysikans, uneingeschränkter Herrscher über den Besitz und seine Söhne Sivan (T. A.), Abuzer (Y. O.) und Silo (L. I.). Sivan ist mit Berivan (M. D.) verheiratet, einer Halilan, die einst als »Friedenspfand« gegen ihren Willen zu den Veysikans gebracht worden ist. Ihre ohnehin schwierige Situation ist zusätzlich dadurch belastet, daß sie nach drei Fehlgeburten als »verflucht« gilt. Sivan, der sie aufrichtig liebt, möchte gern mit ihr zu einem Arzt in die nächste Stadt gehen; aber Berivan weigert sich, sich von einem Arzt untersuchen zu lassen. Als Hamo Helfer braucht, um seine Schafherde zum Verkauf nach Ankara zu bringen, geht Sivan nur unter der Bedingung mit, daß er Berivan mitnehmen darf, um mit ihr in Ankara zu einem Spezialisten gehen zu können. Die Reise nach Ankara bringt das Ende der stolzen Veysikans. Korrupte Bahnbeamte, Diebe und Unglücksfälle dezimieren die Herde. Abuzer bleibt bei den toten Schafen zurück. In Ankara weigern sich die Händler, den vereinbarten Preis zu zahlen und lassen Hamo ohne Futter für seine Herde eine Woche warten. Berivan stirbt, und Sivan erwürgt einen der Händler, empört über dessen kaltherzige Menschenverachtung. Bei einem Gang durch die Stadt läuft Silo dem Vater weg; die Kamera verliert schließlich auch Hamo irgendwo im Menschengewühl von Ankara.

Dieser Film über die kurdischen Nomaden ist ein Dokument der Verzweiflung. Er schildert die rückständigen feudalen und patriarchalischen Traditionen in den abgelegenen Winkeln Anatoliens, wo noch immer fast mittelalterliche Machtstrukturen das soziale Leben bestimmen, wo Blutrache noch zum Alltag gehört, wo Frauen noch Menschen zweiter Klasse sind, wo fast nichts von dem verwirklicht ist, was Kemal Atatürk einmal für sein Land gefordert hat. Der Film belegt auch, daß diese Rückständigkeit nicht das Ergebnis unbelehrbaren Starrsinns, sondern die Folge bitterer Armut und völliger Unwissenheit ist.

Das Drehbuch hat die Stationen des Leidensweges der Veysikans ebenso schlicht wie schlüssig aneinandergereiht. Ohne lehrhaft zu wirken, vermittelt es genau die Informationen, die auch einem Außenstehenden die innere Logik der Charaktere, ihrer Handlungen und des Scheiterns verdeutlichen. Die Regie hat unter Verzicht auf alle pittoresken Effekte und formalen Spielereien die ernüchternde Realität des exotischen Milieus mit dokumentarischer Treue vor Augen geführt. Sein soziales Engagement hat dem Film im eigenen Land Schwierigkeiten beschert; seine schlichte Menschlichkeit brachte ihm den bis dahin wohl größten Auslandserfolg eines türkischen Films.

Suworow
Suworow

UdSSR 1940/41

R: Wsewolod Pudowkin, Michail Doller; A: Georgi Grebner, H. Rawitsch; K: Anatoli Golownja, Tamara Lobowa; D: Nikolai Tscherkassow, A. Jatschnitzky, S. Kiligin

General Suworow (N. T.) wird nach seinem Sieg bei Warschau (1794) hoch geehrt; aber als Zar Paul I. (A. J.) den Thron besteigt, nimmt Suworow seinen Abschied, da er die militärischen Reformen des neuen Zaren ablehnt. Nachdem Napoleon seine ersten Erfolge erzielt hat, möchte Paul Suworow zurückholen; aber der erklärt dem Zaren offen, daß er mit dem durch seine Reformen »verdorbenen« Heer nicht kämpfen kann. Erst als Napoleon auch Rußland bedroht, übernimmt Suworow wieder den Oberbefehl. 1799 zieht er nach Italien und vertreibt die Franzosen. Sein Plan, Paris zu erobern, wird von den verbündeten Österreichern zunichte gemacht. Nachdem Suworow mit seinen Truppen den St. Gotthard bestiegen hat, gerät er durch den Verrat seines Angriffsplanes in eine schwierige Situation; aber durch sein Beispiel angefeuert, schlagen die russischen Soldaten die Franzosen.

Nachdem Pudowkin in *Minin i Poscharski* (Minin und Poscharski, 1938) zwei Führergestalten aus dem Krieg gegen Schweden und Polen gepriesen hatte, setzte er nun in einem aufwendigen Kostümfilm dem General Suworow ein Denkmal. Es war die Zeit, in der russische Helden besonders gut in die filmische Landschaft paßten, in der man mit dem Glanz der Historie die Gegenwart zu vergolden suchte. Pudowkin hat sein Thema mit Geschmack bewältigt, wobei er seine Bilder offenbar zum Teil an zeitgenössischen Illustrationen orientierte. Wesentlichen Anteil am Erfolg hatte auch sein Hauptdarsteller Nikolai Tscherkassow, der mit dem ungleich berühmteren Darsteller des Zaren Iwan u. a. nicht identisch ist. Tscherkassow vermied die pathetische Geste, die Suworow zum reinen Standbild hätte degradieren können.

S. W. D. – Sojus wjelikowo djela Ⓢ
S. W. D. – Der Bund der großen Tat

UdSSR 1927

R: Grigori Kosinzew, Leonid Trauberg; A: Juri Tynjanow, Juri Oxman; K: Andrej Moskwin; D: Sergej Gerassimow, Andrej Kostritschkin, Pjotr Sobolewski, Konstantin Chochlow, Sofija Magarill, Michael Mischel

Dezember 1825. Der Falschspieler Medoks (S. G.) ergaunert beim Kartenspiel einen Ring mit den Initialen S. W. D., dem Erkennungszeichen des revolutionären Bundes der Dekabristen. Als der Oberleutnant Suchanow (P. S.) Medoks verhaften will, benutzt der den Ring, um sich vor Suchanow als vermeintlicher Gesinnungsgenosse auszugeben. Suchanow läßt ihn laufen, da der geplante Aufstand kurz bevorsteht. Beim Ausbruch des Aufstandes am 26. Dezember denunziert Medoks, jetzt unter dem Namen Obolinski, dessen Anführer, den General Wischnewski (K. C.). Der daraufhin verhaftete General wird zwar befreit, aber dann mit seinem Regiment von der Artillerie des Generals Weismar (M. M.) zusammengeschossen. Zu den wenigen, die dem Massaker entkommen, gehört auch Suchanow. Er flüchtet in einen Offiziersclub, wo Medoks gerade eine Orgie feiert und prahlerisch verkündet, er könne Wischnewskis Frau (S. M.) mit Hilfe des Ringes zu seiner Geliebten machen. Mit einem Brief und dem Ring als Erkennungszeichen lockt er sie tatsächlich in den Club. Aber sie durchschaut den Verräter und deckt Suchanows Flucht. Der verwundete Suchanow taucht bei einer Zirkustruppe unter, wo er eines Abends ein Gespräch belauscht, das Weismar und Medoks in einer Loge führen. Man will den verhafteten Dekabristen scheinbar einen Ausbruch ermöglichen, um sie dann ohne Gerichtsverfahren »auf der Flucht« erschießen zu können. Suchanow provoziert seine Verhaftung, um die Freunde warnen zu können. Aber die wagen den Ausbruch trotzdem – und gehen in eine Falle. Dabei kommen sowohl Suchanow als auch Medoks um.

Der Film ist eine der legendären Produktionen der Leningrader »Fabrik des exzentrischen Schauspielers« (FEKS), die im Ausland gefeiert und im eigenen Land lange als »formalistisch« diffamiert und verfemt wurden. Lange Zeit galt dieses Werk von Kosinzew/Trauberg als verschollen; erst 1974 wurde eine vollständige Kopie der französischen Fassung entdeckt und restauriert.

Kosinzew und Trauberg haben die melodramatische Handlung einem strengen Stilwillen unterworfen. Anders als die theatralischen Historiengemälde, die damals auch in der russischen Produktion den Ton angaben, will dieser Film keine Rekonstruktion, sondern eine Interpretation der Geschichte geben. Er will die Leidenschaft der Revolutionäre und den blinden Haß der Reaktionäre deutlich, ja spürbar machen. Dem dienen Handlungselemente wie das stets wiederkehrende Motiv des Sturms, dem dient das – wahrhaft exzentrische – Spiel der Darsteller, und dem dient auch der virtuose Einsatz von Licht und Schatten, mit dem die Kraft der revolutionären Idee ebenso symbolisiert wird wie die tragische Einsamkeit der Revolutionäre. So entstand ein Film, dessen Spannung weniger aus dem Ablauf der Fakten entsteht als vielmehr aus den leidenschaftlichen Empfindungen, die die Bilder transportieren und evozieren.

Sweet and lowdown
Sweet and Lowdown

USA 1999

R: Woody Allen; A: Woody Allen; K: Zhao Fei; D: Sean Penn, Samantha Morton, Uma Thurman, Anthony LaPaglia, Brian Markinson, Gretchen Mol, John Waters, Woody Allen, Michael Sprague

USA, Ende der dreißiger Jahre, die Zeit der großen Depression, der Prohibition und der Gangster. Emmet Ray (S. P.), ein begnadeter, egomanischer Jazzgitarrist, lebt vom Auf und Ab seiner Kunst. Auftritte in Nachtclubs und bei Hollywood-Parties liebt der unzuverlässige Solo- und Orchestermusiker ebenso wie den Kult um seine Person. Und wie viele andere Stars seiner Zeit ordnet er alles weitere Profession unter: für den (Stellen-)Wert von Geld und Loyalität hat er keinen Sinn und kein Gefühl. Um so mehr ist der Künstler von sich selbst überzeugt. Nur einen fürchtet er: Django Reinhardt (M. S.) aus Europa. Denn im Vergleich zu dem Zigeuner, einer wahren Musiklegende, hält er sich nur für den zweitbesten Gitarristen auf der Welt. Während einer Tournee begegnet Ray in einem Strandbad Hattie (S. M.), einem etwas einfältigen stummen Mädchen, das als Wäscherin sein Geld verdient. Obwohl den Frauenhelden seine allzu rasche Eroberung stutzig machen müßte, fühlt er sich zu der herzensguten Hattie hingezogen – entgegen seiner Devise »Ein Mädchen in jedem Hafen«. Trotzdem führt Ray seine selbstzerstörerische Ruhelosigkeit in den künstlerischen wie privaten Ruin. Indem er Hattie immer wieder demütigt und am Ende sitzenläßt, verzichtet er auf das Beste in seinem Leben. Nach der Trennung seelisch schwer angeschlagen, verschwindet Ray für seine Bekannten und für die Musikwelt. Gleichsam aus Verzweiflung heiratet er schließlich die elegant-mondäne Schriftstellerin Blanche (U. T.); doch diese Beziehung ist ebenfalls nicht von Dauer.

Jazzliebhaber Woody Allen erzählt in diesem Film eine kleine Geschichte von einem kleinen Mann, dessen Legende er in diversen Interviews mit Musikexperten und Erinnerungen von Zeitzeugen verblüffend authentisch aufbaut. Und gleichwohl täuscht diese dokumentarische Klammer über den fiktiven Charakter Emmet Rays nicht hinweg. Der Regisseur verarbeitet hier wie in *Zelig* (Zelig, USA 1982) Autobiographisches zu einer ambivalenten, zeithistorisch gut rekonstruierten Mischung aus Dokumentation und Fiktion. Sein Held, ein neurotischer Kleptomane und von sich überzeugter Verführer, eine Spielernatur, lebt für den Tag und ist nicht gerade von überschäumender Intelligenz. Er liebt es, mit dem Revolver, von dem er sich nie trennt, Ratten zu töten, impulsive Entscheidungen zu treffen oder vorbeifahrende Eisenbahnzüge zu beobachten.

Sweet and lowdown ist ein heiteres, gefühlvolles, selbstironisches Künstlerporträt zwischen Anarchie und Freiheit, Unbekümmertheit und Luxus. Im Schatten steht dabei eine Frau, die als Schutzengel das Schicksal dieses Mannes hätte sein können. Der Film erzählt die Geschichte einer unmöglichen Liebe und die Legende vom Aufstieg und Fall eines Ausnahmemusikers. Bekannte Evergreens bescheren nicht nur Freunden des Jazz eine nostalgische Atmosphäre. Die leuchtenden, farbenfrohen Bilder des chinesischen Kameramanns Zhao Fei überstrahlen mit ihrer süffigen Eleganz den morbiden Zeithintergrund der Depression. Und zwei großartige Schauspieler, Sean Penn und Samantha Morton, vermitteln jene selten greifbaren Momente des Glücks, jene Augenblicke der Wahrheit im Leben eines jeden Menschen. Dieser kräftige Schuß Melodramatik um eine moderne, in sich isolierte und entfremdete Künstlerfigur verhehlt auch nicht die Anleihen bei Buster Keatons melancholisch-scheiternden Helden.

Sweet sixteen
Sweet Sixteen

England/BRD/Spanien 2002

R: Ken Loach; A: Paul Laverty; K: Barry Ackroyd; D: Martin Compston, William Ruane, Annmarie Fulton, Michelle Abercromby, Michelle Coulter, Gary McCormack, Tommy McKee

Greenock, eine kleine Hafenstadt bei Glasgow. Liam (M. Com.), ein 15jähriger Hooligan mit großem Herzen, träumt von einem besseren Leben. Mit seinem Kumpel Pinball (W. R.) verkauft er Zigaretten zu Dumpingpreisen. Seiner Schwester Chantelle (A. F.) und der Mutter Jean (M. Cou.), die demnächst aus dem Gefängnis entlassen werden soll, will er ein nettes Heim bieten. Weit weg von all dem Elend, der Trostlosigkeit und Gewalt in der Stadt. Beim Besuch im Gefängnis soll er der Mutter Rauschgift übergeben und wird, als er sich weigert, von deren Freund Stan (G. McC.) zu-

Sweet sixteen (Martin Compston)

sammengeschlagen und vom Großvater Rab (T. MK.) aus dem Haus geworfen. So klaut Liam eine Lieferung Heroin von Stan und versucht mit Pinball, das Rauschgift abzusetzen. Doch die lokale Drogenmafia läßt das nicht ungestraft zu. Um seinen Weg fortzusetzen, schließt Liam einen Pakt mit dem kriminellen Boß, der ihn nach bestandener Mutprobe zum Subunternehmer eines Pizza-Lieferservice macht, wo er der Kundschaft den Stoff gleich mitliefern kann. Schon bald kann sich Liam eine Anzahlung auf einen Caravan leisten. Als dieser zerstört wird, offeriert ihm sein Arbeitgeber eine schöne Wohnung mit Flußblick, wofür er den unbequemen Pinball aus dem Weg schaffen soll. Liam will dies für eine sichere Zukunft seiner Familie auch tun. Doch die Enttäuschung, daß die Mutter nach der Entlassung nicht in die neue Wohnung, sondern zu ihrem Freund ziehen will, ist riesengroß. Liam rächt sich am »Nebenbuhler« und verletzt ihn lebensgefährlich. Von der Polizei gesucht, bleibt ihm an seinem 16. Geburtstag nur die finale Flucht, der Gang ins Wasser.

Sweet Sixteen ist einer der überzeugendsten Filme des Briten Ken Loach. Sein Blick auf die von der Gesellschaft benachteiligten Angehörigen der Unterschicht gilt vor allem einer Jugend ohne Hoffnung. Die physische wie psychische Enge dieser kalten Welt bietet ihr nur den Weg in die Kriminalität, von der Familie ist kaum Hilfe oder Zuspruch zu erwarten. Dabei sind Liams Träume durchaus bürgerlicher Natur: Wie seine Schwester, die sich mit ihrem kleinen Sohn durchs Leben schlägt, sucht er einen Ort der Geborgenheit und Zärtlichkeit. Immer wieder tief enttäuscht, wird der Held in die geistige wie ökonomische Abhängigkeit getrieben – Mechanismen, die die Laiendarsteller sehr glaubwürdig und realistisch vermitteln. Milieugerechte Dialoge, ein knapper, harter, direkter Erzählstil verraten viel Gespür für Schlüsselsituationen und emotionsgeladene Rituale. Bei aller Bitterkeit finden sich aber auch melancholische Töne, Ironie, die Suche nach Freundschaft und Verständnis. Ken Loach bettet das ungeschönte Alltagsleben ein in eine Landschaft und eine Stadt, die vom industriellen Niedergang gezeichnet ist.

Nach der Tragikomödie *My name is Joe* (My Name is Joe, England 1998) und dem Eisenbahnerdrama *The navigators* (The Navigators, England 2001) überwiegt wieder eine insgesamt pessimistische Weltsicht. Die Figuren haben keine Chance, ihrem Schicksal zu entkommen. Erzählt wird dies ohne Larmoyanz, Pathos und den Missionierungswillen früherer Filme.

Sylvester Ⓢ

Deutschland 1923

R: Lupu Pick; A: Carl Mayer; K: Carl Hasselmann (Innenaufnahmen), Guido Seeber (Außenaufnahmen); D: Eugen Klöpfer, Edith Posca, Frida Richard

Ein Mann (E. K.) feiert mit seiner Frau (E. P.) und seiner Mutter (F. R.) Silvester. Die Rivalität zwischen beiden Frauen steigert sich an diesem Abend zu offenem Haß, der sich schließlich in einem wilden Handgemenge entlädt. Der Mann mag in diesem Streit nicht Partei ergreifen; er flieht vor seinen Konflikten und erhängt sich. Man findet seine Leiche, während draußen der Silvestertrubel seinen Höhepunkt erreicht.

Ein typisches Werk des filmischen »Kammerspiels«. Ein Drehbuch, das subtilen Seelenregungen nachspürt, ein Regisseur, der sie ohne Zwischentitel verdeutlicht, wobei drohende Symbole und düstere Lichteffekte das Geschehen überschatten. Am Schluß herrscht Resignation: Der Tod des einzelnen erscheint als Warnung für die Gesellschaft; aber die tanzt, anstatt zu hören und zu sehen.

Szegénylegények
Die Hoffnungslosen

Ungarn 1965

R: Miklós Jancsó; A: Gyula Hernádi nach einem Roman von Zsigmond Moricz; K: Tamás Somló; D: János Görbe, Tibor Molnár, András Kozák, Gábor Agárdy

Um 1865 werden einige hundert Männer in einem seltsamen Fort in eintöniger Ebene zusammengetrieben. Offiziell richtet sich die Aktion gegen Straßenräuber; vor allem aber will man die Reste der Kossuth-Rebellen von 1848/49, möglicherweise sogar den legendären Führer Sandor, aufspüren. Die Verhafteten schweigen; aber die Unterdrücker haben raffinierte Methoden. Sie überführen einen Mörder (J. G.), schenken ihm das Leben und machen ihn zum Spitzel. Dann überliefern sie ihn der Rache seiner Gefährten und machen damit andere zu Verdächtigen. Diesmal sind es Vater (T. M.) und Sohn (A. K.). Um sich gegenseitig zu retten, werden auch sie zu Verrätern. Doch Sandor, den man vor allem identifizieren will, ist nicht unter den Gefangenen. So verkünden die Unterdrücker Gnade und reihen die Gefangenen in die Armee ein. Hier aber werden sie gnadenlos zusammengeschossen. Kann man den einen nicht herausfinden, so liquidiert man eben alle ...

Jancsó hat seinen Film aller Nebensächlichkeiten entkleidet, was ihn stellenweise schwer konsumierbar macht. Es gibt keine Atempause, keine Idylle, keine Ablenkung von der Hoffnungslosigkeit. Die Grausamkeit der Unterdrückung liegt darin, daß man die Opfer korrumpiert. Formal ist das ganz auf grafische Wirkungen gestellt. Das einsame Fort in einer unendlich weiten Ebene, Gefangene, die zum täglichen Rundgang mit unförmigen Kapuzen bekleidet werden, damit sie ihre Gesichter nicht sehen – das alles hat seinen dramaturgischen Sinn und ist gleichzeitig von eminenter Schönheit in der Bildkomposition. Gelegentlich scheint diese Schönheit allerdings zum Selbstzweck zu werden, gerinnt die Statik des Bildes zur Pose.

Szerelem
Liebe

Ungarn 1970

R: Károly Makk; A: Tibor Déry nach Motiven seiner Erzählungen *Liebe* und *Zwei Frauen*; K: János Tóth; D: Lili Darvas, Mari Töröcsik, Iván Darvas

Eine schwerkranke alte Frau (L. D.) wird von ihrer Schwiegertochter (M. T.) im unklaren über das Schicksal ihres Sohnes (I. D.) gelassen. In Wirklichkeit ist János verhaftet und zu einer hohen Gefängnisstrafe verurteilt worden. Die Schwiegertochter liest der alten Frau jedoch fingierte Briefe vor, in denen János von einer Filmregie in Hollywood berichtet, die ihn noch für längere Zeit von der Heimat fernhalten werde. Parallel erlebt man im Alltag der Schwiegertochter das Schicksal der Frau eines »Politischen«: Sie verliert ihre Stellung, Untermieter werden in ihre Wohnung eingewiesen, alte Freunde lassen sich verleugnen usw. Die alte Frau stirbt schließlich; wenig später wird János ohne Angabe von Gründen vorzeitig entlassen.

Der Regie-Veteran Makk hat hier einen bewegenden und formal einfallsreichen Film geschaffen. Erinnerungsbilder der alten Frau fallen immer wieder blitzartig in die Handlung ein und unterbrechen so die Monotonie der bitteren Komödie, die die Schwiegertochter Tag für Tag spielen muß. Besonders reizvoll ist das, wenn die Mutter die fingierten und teilweise überspannten Briefe mit ihren Vorstellungen illustriert, die sich an Erlebnissen aus ihrer Jugend orientieren. Makk ist da konsequent: Wenn z. B. von einem Empfang beim amerikanischen Präsidenten berichtet wird, dann taucht das Bild von Theodore Roosevelt auf. In wenigen Szenen wird aber auch das Schicksal des Häftlings präsent. Ein paar Einstellungen im Gefängnis genügen, um seine hoffnungslose Verzweiflung deutlich zu machen. Und seine Entlassung, die offenbar genauso willkürlich erfolgt wie seine Verhaftung, ist weit von einem Happy-End entfernt. Sie unterstreicht noch einmal, wie blind und anonym hier über ein Schicksal entschieden wird.

T

Tabiate bijan
Stilleben / Ein stilles Leben

Iran 1974

R: Sohrab Shahid Saless; A: Sohrab Shahid Saless; K: Houshang Baharlou; D: Zadour Bonyadi, Zahra Yazdani, Habibollah Safarian

Mohamad Sardari (Z. B.) ist seit 33 Jahren Schrankenwärter an einer Nebenstrecke in Nordpersien. Seine Frau (Z. Y.) knüpft Teppiche, um das kärgliche Gehalt ein wenig aufzubessern. Eines Tages wird das eintönige Gleichmaß dieses stillen Lebens gestört. Ein Inspektor erscheint, der Mohamad nach seinem Alter fragt. Der weiß keine Antwort; aber ein Beamter, der den Inspektor begleitet, schätzt »60 oder 70 Jahre«. Wenig später tauchen die Teppichhändler wieder einmal auf. Sie behaupten, Brücken seien kaum noch abzusetzen, und drücken den Preis auf eine lächerliche Summe. Schließlich gibt es eine erfreuliche Abwechslung: Der Sohn (H. S.), der zur Zeit seinen Militärdienst ableistet, besucht seine Eltern. Aber er ist so müde, daß er eigentlich nur schlafen möchte. Dann kommt die Katastrophe. Ein Brief trifft ein, den Mohamad, der Analphabet, sich vorlesen lassen muß. Er erfährt, daß er in den »wohlverdienten Ruhestand« versetzt worden ist. Das bedeutet für ihn den Verlust seiner Dienstwohnung und noch drückendere Armut. Verzweifelt fährt der Alte zur Verwaltung in die Stadt. Aber dort ist er für die Beamten nur ein lästiger Störenfried, den man möglichst schnell wieder abschiebt.
Beherrschendes Stilmittel dieses Films ist seine Kargheit, sein Verzicht auf Effekte und »schöne Bilder«. Es wird kaum gesprochen, und die handelnden Personen, übrigens von Laien dargestellt, haben keine Möglichkeit, ihre Probleme zu artikulieren. Ihre Einsamkeit, ihre Verzweiflung und ihre Verständnislosigkeit »spricht« dagegen aus genau kalkulierten, langen, sehr ruhigen Einstellungen. So hat der Zuschauer Zeit, in der Umwelt dieser Menschen bezeichnende Details zu entdecken, sich in ihre Situation einzufühlen, ihre Reaktionen nachzuvollziehen. Dabei setzt Saless nicht auf die Emotionen seiner Zuschauer, sondern auf ihren Intellekt.

Tabiate bijan ist – nach *Yek ettefaghe sadeh* (Ein einfaches Ereignis, 1973) – der zweite Spielfilm des Regisseurs, eine Produktion der »Neuen Filmgruppe« im Iran, die sich bewußt vom kommerziellen Film des Landes distanzierte. Wenig später hat Saless in der Bundesrepublik Deutschland u. a. einen Film über die Probleme türkischer Gastarbeiter in Berlin (*In der Fremde*, BRD/Iran 1975) gedreht.

Tabu ⓢ

USA 1929–31

R: F. W. Murnau; A: Robert Flaherty und F. W. Murnau nach einer Idee von Robert Flaherty; K: Floyd Crosby, Robert Flaherty; D: Eingeborene aus der Südsee

Reri, das Mädchen, und Matahi, der junge Mann, leben auf einer idyllischen Südsee-Insel. Sie lieben sich und sind glücklich. Aber eines Tages kommt Hitu, der alte Häuptling, mit einer Hiobsbotschaft: Man hat Reri den Göttern geweiht und sie für »tabu« erklärt, kein Mann darf sie jetzt mehr berühren. Reri und Matahi fliehen auf eine fremde Insel, wo Matahi Perlentaucher wird. Doch Hitu vergißt seine Pflicht gegenüber den Göttern nicht. Er folgt der Spur der beiden und erscheint eines Tages, um Reri zurückzuführen. Matahi verfolgt Hitus Boot, auf dem sich seine Geliebte befindet, und kommt dabei in den Wellen um.

Flahertys Original-Idee hatte mehr Gewicht auf soziologische Aspekte, zum Beispiel die Ausbeutung der Perlenfischer durch die chinesischen Händler, gelegt. Doch dann konnte die kleine Produktion, für die Murnau und Flaherty ihren Film drehen wollten, das Unternehmen nicht mehr finanzieren; die beiden entschlossen sich, eine neue Story zu schreiben, an der die Firma keine Rechte hatte, und den Film in eigener Produktion zu drehen. Während der rund anderthalbjährigen Drehzeit trennten sich Murnau und Flaherty – vermutlich, weil Flaherty keine rechte Aufgabe für sich sah, nachdem Murnau der Regisseur und Crosby Kameramann war.

Murnau hat aus der Vorlage eine Romanze von Liebe und Tod gemacht. Obwohl er niemals dem Klischee vom »letzten Paradies« verfällt, spürt man doch seine leidenschaftliche Liebe zu dieser Welt, in die er zurückkehren und in der er weitere Filme drehen wollte. Er hat keinen der üblichen Kultur-Spielfilme gedreht, die im Rahmen einer Spielhandlung Wissen vermitteln wollen; ihm ging es um die Atmosphäre einer fernen, fremden Welt. Hier bewährte sich noch einmal seine bildhafte Phantasie in Einstellungen und Sequenzen von leuchtender Schönheit.

Tagebuch einer Verlorenen Ⓢ

Deutschland 1929

R: G. W. Pabst; A: Rudolf Leonhardt nach einem Roman von Margarete Böhme; K: Sepp Allgeier; D: Louise Brooks, Fritz Rasp, Josef Rovensky, Franziska Kinz, André Roanne, Andrews Engelmann, Valeska Gert, Edith Meinhard

Thymian (L. B.), die Tochter des Apothekers Henning (J. R.), wird vom Provisor (F. R.) verführt und bekommt ein Kind. Die entsetzte Familie nimmt ihr das Kind fort und steckt Thymian in ein Heim, wo die Mädchen vom Heimleiter (A. E.) und der Erzieherin (V. G.) sadistisch gequält werden. Zusammen mit einer Freundin (E. M.) und mit Unterstützung des Grafen Osdorff (A. R.), der sie liebt, flieht Thymian aus dem Heim. Als sie erfährt, daß ihr Kind tot ist, macht sie in einem zwielichtigen Restaurant als Kokotte Karriere. Nach dem Tod ihres Vaters erbt sie dessen Vermögen. Sie verzichtet jedoch zugunsten ihrer kleinen Stiefschwester, um ihr ein Schicksal wie das ihre zu ersparen. Als Osdorff von diesem Verzicht erfährt, stürzt er sich aus dem Fenster. Thymian lernt den Onkel des Grafen kennen, der sich in sie verliebt und sie heiratet. Als Mitglied eines vornehmen Komitees zur Rettung gefährdeter Mädchen muß sie nun auch das Erziehungsheim inspizieren, in dem sie selbst einst gewesen ist. Sie bekennt sich dort zu ihrer Vergangenheit, um den Mädchen und speziell ihrer wieder eingelieferten Freundin helfen zu können. Der Schlußtitel verheißt: »Ein wenig mehr Liebe, und niemand kann mehr verloren sein auf dieser Welt!«

Die Handlung ist reine Kolportage; aber die Wirkung des Films geht darüber hinaus. Die Elemente der Kolportage werden bei Pabst gleichsam zu einem Alptraum der bürgerlichen Welt, die er durch das erstaunlich moderne Spiel seiner Hauptdarstellerin entlarvt. An ihrer natürlichen Gelassenheit mißt er die muffige Prüderie des Elternhauses, die sadistische Atmosphäre im Heim, die berechnenden Exaltiertheiten der »Bohémiens« usw.

Die gleiche Vorlage war 1918 unter dem gleichen Titel bereits verfilmt worden mit Erna Morena (Thymian), Werner Krauß (Provisor), Conrad Veidt (Osdorff) u. a. Die Regie hatte Richard Oswald.

Talpalatnyi föld
Ein Fußbreit Land

Ungarn 1948

R: Frigyes Bán; A: Frigyes Bán und Pál Szabó nach dem Roman *Hochzeit, Taufe, Wiege* von Pál Szabó; K: Árpád Makai; D: Adám Szirtes, Agi Mészáros, Árpád Lehotay, István Egri

Ungarn 1930. Der Großbauer Zsiros Tóth (A. L.) hat die hübsche Marika (A. M.) für seinen Sohn (I. E.) »gekauft«; denn Marikas Eltern sind bei Tóth hoch verschuldet. Aber bei der Hochzeitsfeier flieht Marika mit ihrem Geliebten, mit Jóska Goz (A. S.). Bald erwartet Marika ein Kind, das den Namen seines Vaters tragen soll. Der Sohn von Zsiros Tóth ist bereit, sich scheiden zu lassen, wenn Marika und Jóska ihm seine Auslagen für die Hochzeit erstatten und ihm ein »Schmerzensgeld« zahlen. Die beiden brauchen also Geld. Auf Jóskas winzigem Grundstück legen sie unter unsäglichen Mühen einen Gemüsegarten an; aber Zsiros Tóth läßt ihn durch ein paar Halunken zerstören. Marika und Jóska fangen noch einmal von vorn an; doch diesmal bricht eine verheerende Trockenheit aus. In ihrer Verzweiflung zerstö-

ren die Bauern schließlich den Kanal, der Wasser in die Fischteiche der Großbauern führt, und lassen es statt dessen auf ihre ausgedörrten Felder laufen. Gendarmen kommen, Jóskas Freund wird getötet, er selbst zu einer langen Gefängnisstrafe verurteilt.
Einer der ersten ungarischen Filme nach dem Krieg und der erste, der sich mit den Problemen der Landbewohner befaßte. Frigyes Bán, der sonst eher als Komödien-Regisseur bekannt wurde, schuf hier zweifellos den wichtigsten Film seiner Laufbahn, einen handwerklich sauberen, realistischen und einfühlsamen Bericht aus einem bis dahin unbekannten Milieu. Sein Versuch allerdings, mit dem Film *Felszabadult föld* (Befreites Land, 1951) an diesen Erfolg anzuknüpfen, scheiterte. Bán stellte seine Helden Marika und Jóska hier in eine allzu rosig und klischeehaft gezeichnete Gegenwart.

Tampopo
Tampopo

Japan 1986

R: Juzo Itami; A: Juzo Itami; K: Masaki Tamura; D: Tsutomu Yamazaki, Nobuko Miyamoto, Ken Watanabe, Rikiya Yasuoka, Koji Yakusho, Fukumi Kuroda

Ein Zufall führt die Fernfahrer Goro (T. Y.) und Gun (K. W.) in das Restaurant der jungen Witwe Tampopo (N. M.). Goro verteidigt ihre Ehre in einer Schlägerei mit dem bulligen Pisken (R. Y.) und beschließt, der sympathischen jungen Frau noch etwas Gutes zu tun: Er will sie zur besten Nudelsuppen-Köchin der Stadt machen. Zunächst muß sie – wie eine Hochleistungssportlerin – ein Konditionstraining absolvieren. Dann betreibt man konsequent Werksspionage bei den umliegenden Suppenküchen und gewinnt Fachleute zur Unterstützung. Ein Clochard entpuppt sich als Suppen-Experte, ein Chauffeur weiß (fast) alles über Nudeln, Pisken brilliert überraschend als Innenarchitekt; schließlich wird Tampopo durch ein Team von fünf Experten beraten. Am Ende künden Besucherschlangen vor dem Lokal vom Sieg. Goro und Gun besteigen ihren Lkw. Die Aufgabe ist gelöst ...

Dies ist nur der rote Faden dieses Films, der mit überbordender Phantasie und verblüffendem Einfallsreichtum zu den Klängen klassischer Musik (Mahler, Liszt, Wagner) das Hohelied der Gaumenfreuden singt. Ein zweiter Handlungsstrang erzählt die Geschichte eines Gangsters (K. Y.) und seiner Geliebten (F. K.). Eingangs räsoniert er über das Wesen des Films, später erreicht das Paar den Höhepunkt erotischer Lust nur mit Hilfe ungewöhnlicher Eßrituale, zum Schluß stirbt er, von Kugeln durchsiebt, in ihren Armen. Seine letzten Worte handeln ausgerechnet von einem Wildschwein-Gericht, das er gern mit ihr gegessen hätte.
Daneben gibt es eine Vielzahl weiterer Episoden über das Essen. Gleichsam ihre Quintessenz ist die Schlußszene: In Großaufnahme sieht man einen Säugling selig an der Brust der Mutter schmatzen; ein Mensch erlebt sein erstes kulinarisches Lustgefühl!
Der Regisseur Juzo Itami sagte: »Ursprünglich wollte ich einen Film über die Nahrung, übers Essen machen. Ich fabrizierte an die 30 Episoden und jonglierte mit ihnen, um sie irgendwie zusammenzufügen. Aber ich merkte, daß ich eine Handlungslinie brauchte, um sie miteinander zu verbinden. Dann kam ich auf die Idee, das Genre des Westerns zu benutzen: Ein Fremder kommt in die Stadt, verwandelt ein schäbiges Nudellokal in das beste der Stadt und verschwindet wieder. Um diesen Plot herum wollte ich Buñuels Idee aus *Le fantôme de la liberté* benutzen – die Idee des immer wieder abgebrochenen, abgebogenen Erzählens.«
Tatsächlich wirkt Goro mit seinem breitrandigen Hut, den er selbst in der Badewanne nicht absetzt, wie die Summe vieler wortkarger und einsamer Westernhelden. Und die zahlreichen einzelnen Episoden und Sketche, die oft hinreißend pointiert sind, werden nicht etwa wahllos eingestreut, sondern sie entwickeln sich mit innerer Konsequenz aus Begegnungen, Kameraschwenks, Assoziationen usw. So entstand ein durchweg phantasievoll-skurriler und überaus vergnüglicher Film, der außerdem vieles aussagt über die Japaner und ihre Kultur.

Tarzan of the apes Ⓢ
Tarzan bei den Affen

USA 1917

R: Scott Sidney; A: Fred Miller und Lois Weber nach einem Roman von Edgar Rice Burroughs; K: Enrique Juan Vallejo; D: Elmo Lincoln, Gordon Griffith, Enid Markey, George French, True Boardman, Kathleen Kirkham

1885. Lord Greystoke (T. B.) wird von der englischen Regierung beauftragt, den Sklavenhandel in Afrika zu unterbinden. Auf der Überfahrt meutern die Matrosen und setzen Greystoke, dessen Frau (K. K.) und den getreuen Binns (G. F.) im Urwald aus. Binns wird von Sklavenhändlern gefangen, Lady Greystoke stirbt bei der Geburt ihres Kindes, und auch der Lord kommt im Urwald um. Der Erbe der Greystokes wird von der Äffin Kala großgezogen. Jahre später kann Binns entfliehen und trifft auf den jungen Tarzan (G. G.), dem er Lesen und Schreiben beibringt. Abermals werden beide getrennt. Binns kehrt nach England zurück und rüstet eine Expedition aus, um den Greystoke-Erben zurückzuholen. Ihr gehört auch Jane (E. M.) an, die in Afrika plötzlich vor dem erwachsenen Tarzan (E. L.) steht. Nach einigen glücklich überstandenen Abenteuern verlieben sich Tarzan und Jane und beschließen, künftig das Urwaldleben gemeinsam zu bestehen.

Die Affen wurden in diesem Film von Menschen dargestellt. Aber daneben gab es auch gute Tieraufnahmen; Tarzans Kampf mit wilden Tieren war so realistisch gefilmt, daß er damals als echte Sensation wirkte. Der Film hatte einen überragenden Publikumserfolg, und man mußte eilig Fortsetzungen drehen; schließlich wurden »Tarzan-Filme« nahezu eine eigene Filmgattung. Bis heute entstanden über 40 Filme, in denen zahlreiche Darsteller (häufig ehemalige Sportler und Olympiasieger) Tarzans Abenteuer nacherlebten, die oft mit den literarischen Vorlagen von Burroughs nichts mehr zu tun hatten. Der wohl kurioseste Tarzan-Film dürfte *Tarzan triumphs* (Tarzan und die Nazis, 1942) von William Thiele sein. Darin wird Tarzan zum Kampf gegen deutsche Kommandotrupps in Afrika aktiviert.

A taste of honey
Bitterer Honig

England 1961

R: Tony Richardson; A: Shelagh Delaney und Tony Richardson nach dem gleichnamigen Schauspiel von Shelagh Delaney; K: Walter Lassally; D: Dora Bryan, Rita Tushingham, Murray Melvin, Paul Danquah

Die achtzehnjährige Jo (R. T.) lebt mit ihrer leichtfertigen Mutter Helen (D. B.) zusammen, die sich mehr um ihren zehn Jahre jüngeren Verehrer als um ihre Tochter kümmert. Jo sucht und findet Zärtlichkeit bei dem farbigen Matrosen Jimmy (P. D.), von dem sie alsbald ein Kind erwartet. Auch das nimmt Helen gelassen hin; als ihr Verehrer bereit scheint, sie zu heiraten, läßt Helen ihre Tochter ungerührt allein. Jo, die als Schuhverkäuferin arbeitet, lernt den homosexuellen Kunststudenten Geoffrey (M. M.) kennen, der sich um sie kümmert und zu ihr zieht. Trotz all ihrer Probleme ist Jo einigermaßen zufrieden. Doch dann taucht Helen auf, deren Verehrer sich aus dem Staub gemacht hat, und zerstört die kleine Idylle. Helen setzt Geoffrey an die Luft; Mutter und Tochter ziehen wieder zusammen.

Der Film entstand nach einem Schauspiel, das die 19jährige Arbeiterin Shelagh Delaney aufgrund einer Wette geschrieben hat. Ihre Welt steht auch im Mittelpunkt des Films – »eine verkommene Pension in Manchester und die Straße davor«. Aber Schauspiel und Film liefern keine soziale Analyse, sondern eher eine pessimistische Zustandsschilderung, die von melancholischer Poesie überhaucht ist. Zwar registriert Richardson eintönige Straßen, düstere Hinterhöfe, schmutzige Docks und schale Vergnügungsstätten; wichtiger ist ihm jedoch die Psychologie der handelnden Personen, denen es notfalls auch gelingt, inmitten des Schmutzes eine »Insel der Glückseligkeit« zu schaffen.

Tätowierung

BRD 1967

R: Johannes Schaaf; A: Günter Herburger, Johannes Schaaf; K: Wolf Wirth; D: Christof Wackernagel, Helga Anders, Alexander May, Rosemarie Fendel

Der sechzehnjährige Benno (C. W.) lebt in einem Westberliner Jugendheim, stiehlt dort einem Kameraden eine Pistole und weigert sich, das Versteck der Beute preiszugeben. Als die anderen ihn mit Gewalt zum Reden bringen wollen, wird Benno von seinem Adoptivvater abgeholt. Er lebt fortan bei dem Ehepaar Lohmann (A. M., R. F.). Herr Lohmann biedert sich ihm mit wohlfeiler Kameradschaftlichkeit an und zwingt ihm das unerwünschte »Du« auf. Zusammen mit seiner Frau animiert er Benno zu einer Affäre mit seiner Nichte Gaby (H. A.), die ebenfalls im Haus wohnt. Gaby, raffinierter und erfahrener als Benno, nutzt die Situation zu ihrem Vorteil. Bei einem Familienausflug läßt sie Benno stehen und steigt zu einem jungen Mann ins Auto. Benno richtet seine Pistole auf den Stiefvater und erschießt ihn; in einem Hallenbad, in dem er nackt ins Wasser gesprungen ist, wird er verhaftet.

Der Film zeigt Berlin in den bunten Farben eines Werbeprospektes und dekuvriert gleichzeitig die Absurdität einer Stadt, in der »die Mauer« Besichtigungsobjekt und Anlaß zu fröhlichen Streichen wird. Er zeigt einen scheinbar grenzenlos verständigen, kameradschaftlichen Erzieher und entlarvt die Penetranz des Unverständnisses, die hinter seinen Phrasen steht. Er zeigt ein liberales, aufgeklärtes Ehepaar, das die erotischen Beziehungen der jungen Leute nicht nur duldet, sondern sogar fördert; aber man spürt sehr schnell, daß es hier um Voyeurismus geht, daß die »Liberalität« Ersatzbefriedigung für eigene verschüttete oder verdrängte Wünsche liefern soll. Muffigkeit wird hier in glänzender Kulisse demonstriert; der Schuß ist ein Akt der Selbstbefreiung. Ein Einwand: Die Bilanz der Verlogenheit wird etwas zu demonstrativ und zu enzyklopädisch gezogen.

Taxi driver
Taxi-Driver

USA 1975

R: Martin Scorsese; A: Paul Schrader; K: Michael Chapman; D: Robert De Niro, Cybill Shepherd, Leonard Harris, Jodie Foster, Garth Avery, Harvey Keitel

Travis Bickle (R. D. N.), ein vom Leben und offenbar vor allem durch die Erfahrung des Vietnam-Krieges verstörter Mann, wird Taxifahrer. Eines Tages sieht er Betsy (C. S.), ein wohlerzogenes Mädchen aus gutem Hause, das bei einer Wahlkampagne für den Politiker Charles Palantine (L. H.) mitarbeitet, und verliebt sich auf den ersten Blick in sie. Es gelingt ihm auch, ihre

Taxi driver
(Jodie Foster,
Robert De Niro)

Bekanntschaft zu machen, indem er sich als Anhänger Palantines ausgibt. Aber diese Bekanntschaft endet sehr bald, weil er Betsy in einen Sexfilm führt, was sie tief schockiert. Als er versucht, sie wiederzusehen, läßt sie ihn aus dem Büro werfen. Noch ein zweites Mädchen lernt Travis kennen: die minderjährige Iris (J. F.), die von ihrem »Freund« Sport (H. K.) zur Prostitution angehalten wird. Sein Versuch, sie zur Rückkehr ins bürgerliche Leben zu überreden, scheitert. Nach dem Bruch mit Betsy wird Travis immer merkwürdiger und versponnener. Er schreibt seinen Eltern seltsame Briefe, in denen er vorgibt, beim Geheimdienst zu sein. Er besorgt sich ein ganzes Waffenarsenal. Und er entwickelt Charles Palantine, der zufällig sein Fahrgast wird, seine Theorie von der »Säuberung« der Städte. Eines Tages steckt er seine sämtlichen Waffen ein und geht zu einer Straßenkundgebung von Palantine. Offenbar will er ihn erschießen. Doch ein Sicherheitsbeamter wird auf ihn aufmerksam, und Travis muß fliehen. Er geht zu der Straße, in der Iris »arbeitet«, und erschießt nach einem kurzen Wortwechsel ihren Zuhälter. Dann dringt er in Iris' Zimmer ein, wobei er noch drei weitere Männer tötet, die sich ihm in den Weg stellen. Er selbst wird auch verletzt und läßt sich widerspruchslos verhaften. Es kommt offenbar nicht einmal zu einer Gerichtsverhandlung. Die Zeitungen feiern Travis als Helden. Iris' Eltern schreiben ihm einen Dankesbrief, in dem ihre Tochter nach Hause zurückgekehrt ist und wieder zur Schule geht. Und auch Travis scheint befreit, ausgeglichener. Als Betsy in sein Taxi steigt, kann er sich ganz ruhig mit ihr unterhalten.

Scorsese gelingt es, die tödliche Einsamkeit seines Helden ohne viel Worte deutlich und nachvollziehbar zu machen. Die Großstadt wird zum Dschungel, in dem Betsys »heile Welt« und Palantines große Worte seltsam deplaziert wirken. Schmutz, Dunkelheit und Hoffnungslosigkeit bestimmen den Kosmos des Travis Bickle, der sich freiwillig für die Nachtschicht gemeldet hat, weil er »doch nicht schlafen kann«. Scorsese ist dabei nicht ganz der Gefahr entgangen, die Armenviertel der Großstadt, die in seinem Film *Mean streets* (Hexenkessel, USA 1972) noch bittere Realität waren, in ausgeklügelten Bildern zu dämonisieren; aber die trostlose Situation der Menschen, die in einem solchen Hexenkessel leben müssen, wird auch hier wieder unmittelbar deutlich. Fragwürdig allerdings ist der Schluß: Die kunstvoll arrangierte Orgie der Gewalt wird allzu detailliert und genüßlich dargeboten; und die positiven Folgen des Amoklaufes werden so unreflektiert vermittelt, daß der Zuschauer versucht ist, den Massenmord als befreiende Tat zu akzeptieren. Scorsese selbst hat dieser Deutung Vorschub geleistet, indem er seinen Protagonisten als »Racheengel« bezeichnet hat.

The Ten Commandments Ⓢ
Die zehn Gebote

USA 1923

R: Cecil B. DeMille; A: Jeannie MacPherson; K: Peverell Marley, Bert Glennon, Archibald Stout, Roy Pomeroy (Trick); D: Theodore Roberts, Edythe Chapman, Richard Dix, Rod La Rocque, Leatrice Joy

Die Knechtschaft der Kinder Israels und ihr Auszug aus Ägypten. Als Moses (T. R.) das Goldene Kalb zerstört, blendet der Film in die Gegenwart über. Eine Mutter (E. C.) liest ihren Söhnen John (R. D.) und Dan (R. L. R.) aus der Bibel vor. Dan ist gelangweilt; er denkt nur an Geld. Und er verdient es, indem er als Bauunternehmer minderwertiges Material verbraucht. Eine Kirche, die er gebaut hat, bricht zusammen, während seine Mutter sich in ihr befindet. Um den Skandal zu vertuschen, braucht Dan Geld. Als seine Freundin es ihm verweigert, erschießt er sie. Seine Frau Mary (L. J.) deckt ihn und ermöglicht ihm die Flucht. Aber bei einem Schiffsunglück ertrinkt er. John bewahrt die verzweifelte Mary vor dem Selbstmord. Als sie später an Aussatz erkrankt, liest er ihr aus der Bibel vor, wobei sämtliche Zeichen der Krankheit aus ihrem Gesicht verschwinden.

Ein aufwendiges, sentimentales Spektakel, das – wie so oft bei DeMille – einige technische Höhepunkte enthält: gelungene Technicolor-Passagen vor allem und die von Roy Pomeroy gestaltete Tricksequenz des Durchzugs durch das Rote Meer. DeMille hat 1956 einen Tonfilm mit dem gleichen Titel gedreht, der sich aber auf die biblischen Ereignisse beschränkt.

Teorema
Teorema – Geometrie der Liebe

Italien 1968

R: Pier Paolo Pasolini; A: Pier Paolo Pasolini nach seiner gleichnamigen Novelle; K: Giuseppe Ruzzolini; D: Terence Stamp, Silvana Mangano, Massimo Girotti, Anne Wiazemsky, Andres José Cruz, Laura Betti

In das Haus einer großbügerlichen Familie kommt eines Tages ein seltsamer Gast (T.S.), dessen Charme die Hausbewohner verzaubert. Alle verlieben sich in ihn; alle fühlen sich durch ihn verändert, aufgestört. Nach seiner Abreise packt das Hausmädchen (L.B.) die Koffer und kehrt in sein Heimatdorf zurück. Dort wird die Frau als Heilige verehrt und vermag nach langen Gebeten und Meditationen tatsächlich in der Luft zu schweben. Der Vater (M.G.) schenkt seine Fabrik den Arbeitern und geht nackt in die Wüste, die Mutter (S.M.) sucht Befreiung in hemmungsloser Sexualität, die Tochter (A.W.) verfällt in eine rätselhafte krampfartige Starre, der Sohn (A.J.C.) fühlt sich plötzlich zum Künstler berufen, versucht damit aber nur, seine innere Leere zu betäuben.
Ein christlich-marxistisches Lehrstück. In einem Interview hat Pasolini gesagt, er verstehe den geheimnisvollen Gast durchaus als Sendboten Gottes im Sinne des Alten Testaments. Der Anruf des Menschen durch Gott, durch die Religion ist also gemeint. Aber eigentlich wird nur das Dienstmädchen durch diesen Anruf wirklich verwandelt; die Vertreter des Bürgertums sind bereits so weit korrumpiert, daß sie sich nur noch in sinnlose Aktivität retten oder in Verzweiflung verfallen können.
Dieses »Theorem« ist hier mit poetischer Kraft und Einfallsreichtum formuliert worden. Es finden keine langatmigen Erörterungen und Diskussionen statt; Gedanken und Vorstelelungen werden direkt ins Bild übertragen; menschliche Beziehungen in knappen Gesten deutlich gemacht.

Terje Vigen Ⓢ
Terje Vigen

Schweden 1916

R: Victor Sjöström; A: Victor Sjöström und Gustaf Molander nach einer Ballade von Henrik Ibsen; K: Julius Jaenzon; D: Victor Sjöström, Bergliot Husberg, August Falck, Edith Erastoff

Zu Beginn des 19. Jahrhunderts. Nach der Geburt seiner Tochter macht der Seemann Terje

Teorema
(Silvana Mangano)

Vigen (V. S.) sich als Fischer selbständig. Wenig später schließt sich Norwegen Napoleon an; norwegische Häfen werden durch englische Schiffe blockiert. Eine Hungersnot bricht aus. Terje Vigen will mit seinem kleinen Boot Lebensmittel aus Dänemark holen; aber auf dem Rückweg wird er in Sichtweite seines Hauses von einem englischen Schiff aufgebracht und fünf Jahre in England festgehalten. Als er endlich nach Hause zurückkehrt, erfährt er, daß seine Frau (B. H.) und sein Kind verhungert und auf dem Armenfriedhof begraben sind. Sein Haus ist verkauft. Jahre später gerät vor der Küste eine Vergnügungsjacht in Seenot. Terje Vigen eilt zu Hilfe und findet an Bord den englischen Kapitän (A. F.), der sein Glück zerstört hat, mit seiner Frau (E. E.) und seiner Tochter. Auch der Kapitän erkennt Terje Vigen und zittert vor Angst. Aber Vigens Mitleid mit der Frau und dem Kind ist größer als sein Haß. Er rettet die Schiffbrüchigen.

Fast die ganze Handlung spielt auf oder am Meer; Sjöström hat das geschickt als dramaturgisches Mittel verwandt. Die Menschen wirken vor diesem Hintergrund seltsam klein und verloren; und erst als Terje Vigen die Größe hat, dem Feind zu verzeihen, scheint er sich in Einklang mit der Natur zu befinden. *Terje Vigen* begründete den Ruhm des schwedischen Stummfilms und seiner »Landschaftsmalerei«.

Terra em transe
Land in Trance

Brasilien 1967

R: Glauber Rocha; A: Glauber Rocha; K: Luiz Carlos Barreto; D: Jardel Filho, Glauce Rocha, José Lewgoy, Paulo Autran

Der Schriftsteller Paulo Martins (J. F.) ist von den Kugeln einer Polizeistreife getroffen worden und liegt im Sterben. Noch einmal ziehen die wichtigsten Stationen seines Lebens vorbei: Als junger Mann verhilft er dem rechtsstehenden Porfirio Diaz (P. A.) durch seine Artikel zum Erfolg. Eines Tages kommt Sara (G. R.), eine Mitarbeiterin des Linkskandidaten Vieira (J. L.), zu ihm und zeigt ihm Bilder vom Elend im Lande. Ernüchtert geht Martins zu Vieira über. Aber er verläßt auch ihn, weil er erkennt, daß Vieira taktieren und gar mit den Großgrundbesitzern paktieren muß. Martins widmet sich nur noch der Literatur. Als er erfährt, daß Diaz wieder versucht, an die Macht zu kommen, stellt er ihn in einer Fernseh-Sendung bloß. Diaz kann schließlich den Präsidenten veranlassen, Vieira als Gouverneur abzusetzen. Während Vieira kapituliert, will Martins weiterkämpfen. Dabei wird er von den tödlichen Kugeln getroffen.

Rocha hat die Handlung in dem fiktiven Land Eldorado angesiedelt und sie wie eine Vision inszeniert. Er selbst nannte *Terra em transe* einen »sehr exakten Dokumentarfilm«, der die brasilianische Wirklichkeit einfange.

La terra trema
Die Erde bebt

Italien 1947

R: Luchino Visconti; A: Luchino Visconti nach dem Roman *I malavoglia* von Giovanni Verga; K: G. R. Aldo, Gianni Di Venanzo; D: Laien

Nach der Rückkehr aus dem Krieg erkennt der junge sizilianische Fischer Ntoni, daß er und seine Freunde von den Händlern ausgebeutet werden. Die Jungen beschließen, diesmal an Stelle der Alten die Verhandlungen zu führen. Sie entdecken, daß die Händler sie betrügen, und werfen sie samt ihren dubiosen Waagen ins Wasser. Die Fischer werden eingesperrt, aber bald wieder freigelassen, weil die Händler auf ihre Arbeit angewiesen sind. Das macht Ntoni die eigene Macht bewußt. Nachdem er vergeblich versucht hat, Mitstreiter zu finden, nimmt er eine Hypothek auf das Haus seiner Eltern auf und kauft sich ein Boot, mit dem er auf eigene Rechnung fischt. Doch nach vielversprechendem Anfang zerstört ein Sturm das Boot. Die Familie verliert jetzt auch noch ihr Haus und bricht auseinander. Ntoni muß wieder auf einem Boot der Händler Arbeit suchen; sein Bruder wandert aus.

Visconti wollte ursprünglich eine kritische Trilogie über Probleme der sizilianischen Schwefelarbeiter, Fischer und Bauern drehen. Aber sein Epos über die Fischer geriet ihm bereits überlang; die beiden anderen Teile wurden nie gedreht.

Der Film entstand in einem kleinen Fischerdorf, wo die Fischer sich und ihre Probleme vor der Kamera selbst spielten. Trotzdem wurde mehr daraus als nur eine dokumentarische Reportage; denn Visconti hat die vorgefundene Realität, ohne sie zu verfälschen, einem strengen Formwillen unterworfen. Ein vielzitiertes Beispiel: Wenn beim Ausfahren der Boote die Frauen am Strand stehen, dann wirken sie in der raffinierten Bildkomposition wie antike Statuen, gleichzeitig wird aber in dieser Einstellung die Eintönigkeit und die Hoffnungslosigkeit ihres Lebens deutlich. Die Kamera führt den Zuschauer unmittelbar in das Geschehen ein, läßt ihm jedoch auch genügend Distanz zur kritischen Analyse. Und die Laiendarsteller werden von Visconti nicht einfach beobachtet, sondern sorgsam geführt, so daß aus dem Gegensatz von Spontaneität und Gestaltung eine irritierende Spannung entsteht.

In den Kinos wurde der Film ein katastrophaler Mißerfolg. Der Produzent wollte ihn durch Schnitte und einen zusätzlichen Kommentar attraktiver machen, zerstörte dabei aber den Rhythmus und die Harmonie des Originals. Regieassistenten Viscontis waren Francesco Rosi und Franco Zeffirelli.

Das Testament des Dr. Mabuse

Deutschland 1932

R: Fritz Lang; A: Thea von Harbou, Fritz Lang; K: Fritz Arno Wagner, Karl Vass; D: Rudolf Klein-Rogge, Oskar Beregi, Otto Wernicke

Dr. Mabuse (R. K.-R.) lebt geisteskrank in der Nervenklinik des Dr. Baum (O. B.), der allmählich ganz unter den Einfluß des Verbrechers gerät und ein Doppelleben führt. Die Terrormaßnahmen und Verbrechen, die Mabuse ersinnt und in seiner Zelle wie von Furien gehetzt auf verstreute Blätter schreibt, werden von einer Bande unter der Führung Baums ausgeführt. Die Polizei ist zunächst ratlos; und gerade als die ersten Spuren auf Mabuse hinweisen, stirbt der, ohne daß die Verbrechen aufhören. Dr. Baum hält sich unterdessen für eine Art Reinkarnation des Toten und für den Vollstrecker seines Testaments. Aber die Polizei unter der Führung von Kriminalkommissar Lohmann (O. W.) kommt Baum schließlich auf die Spur. Als er verhaftet werden soll, findet man ihn in der Zelle Mabuses – wahnsinnig.

Fritz Lang versuchte hier, den Erfolg seines Stummfilms *Dr. Mabuse, der Spieler* (1922) zu wiederholen. Doch die für den 24. März 1933 angesetzte Uraufführung wurde abgesagt, wenige Tage später wurde der Film verboten. Fritz Lang emigrierte. Auch eine geschnittene Fassung wurde im Oktober 1933 von Goebbels nicht freigegeben, so daß der Film in Deutschland erst nach dem Krieg gezeigt werden konnte. Fritz Lang hat später erklärt, er habe mit diesem Film den Nationalsozialismus entlarven wollen. Zweifellos weisen manche Aspekte des Films, seine Betonung von Terror und Unterdrückung z. B., auf die folgende Diktatur hin; doch mag man streiten, inwieweit dies kalkuliert und beabsichtigt war. Naheliegender scheint, daß Lang auch hier wieder Zeitströmungen eher intuitiv erspürt und verarbeitet hat.

Künstlerisch ist *Das Testament des Dr. Mabuse* deutlich schwächer als sein Vorläufer.

Der Film entstand gleichzeitig auch in einer französischen Version, die aus Deutschland herausgeschmuggelt werden konnte.

Die Uraufführung der deutschen Fassung erfolgte am 12. Mai 1933 in Wien.

Des Teufels General

BRD 1955

R: Helmut Käutner; A: Georg Hurdalek und Helmut Käutner nach dem gleichnamigen Schauspiel von Carl Zuckmayer; K: Albert Benitz; D: Curd Jürgens, Victor de Kowa, Karl John, Eva Ingeborg Scholz, Marianne Koch

Verfilmung des gleichnamigen Bühnenstücks um den Fliegergeneral Harras (C. J.), den SS-Obergruppenführer Schmidt-Lausitz (V. d. K.), den Saboteur Oderbruch (K. J.) u. a.

Das Drehbuch hat der Vorlage nichts von ihrer kritischen Substanz genommen. Im Gegenteil: »Meist pflegt der Film seine Theatervorlage zu verwässern. Käutner hat sie gepfeffert« (Gunter Groll). Verschiedene Szenen sind filmwirksam aufgelöst, andere hinzugefügt worden. Am überzeugendsten war bei diesen Veränderungen die Profilierung des Gegenspielers Schmidt-Lausitz, dem nunmehr scharfe Intelligenz und brillante Bösartigkeit zugestanden wurden. Victor de Kowa spielte diese Rolle mit überzeugender Präzision. In der damals vielgerühmten Milieuschilderung wirkt heute manches genrehaft.

The harder they fall
Schmutziger Lorbeer

USA 1956

R: Mark Robson; A: Philip Yordan nach dem gleichnamigen Roman von Budd Schulberg; K: Burnett Guffey; D: Humphrey Bogart, Rod Steiger, Mike Lane, Jersey Joe Walcott

Der arbeitslose Sportjournalist Eddie Willis (H. B.) wird Reklamefachmann bei dem Boxmanager Nick Benko (R. S.). Benko hat den hünenhaften Argentinier »Toro« Moreno (M. L.) »importiert« und will mit ihm ein großes Geschäft machen. Moreno ist stark, aber als Boxer unbegabt. Doch gekaufte Gegner lassen sich von ihm schlagen. Kurz vor dem Weltmeisterschaftskampf will Moreno aufhören zu boxen: Sein letzter Gegner ist schwerkrank in den Ring gegangen und an den Folgen eines Niederschlages gestorben. Um ihn von seinem Schuldgefühl zu befreien, schenkt Willis ihm reinen Wein ein. Im Weltmeisterschaftskampf wird Moreno, wie geplant, jämmerlich zusammengeschlagen. Angewidert will Willis Benko verlassen und seinen und Morenos Anteil kassieren. Aber Benko hat seinen Vertrag mit Moreno an einen anderen Manager weiterverkauft, der den gutmütigen Riesen jetzt in der Provinz von zweitklassigen Boxern zusammenschlagen lassen will. Außerdem rechnet Benko Willis vor, daß er selbst zwar 17 000 Dollar zu bekommen habe, daß Morenos Anteil nach Abzug aller Unkosten aber nur 50 Dollar seien. Willis steckt Moreno die eigenen 17 000 Dollar in die Tasche und setzt ihn heimlich in ein Flugzeug nach Argentinien. Er selbst setzt sich an die Schreibmaschine, um einen Bericht über den »schmutzigen Lorbeer« zu schreiben.

Ein typisches Beispiel der »kritischen« Filme, die Mitte der fünfziger Jahre in Hollywood entstanden. Robson hat seine Vorlage handwerklich sauber und ehrlich bemüht in Szene gesetzt. Und wenn auch Korruption und »Menschenhandel« im Boxsport hier publikumswirksam aufbereitet wurden, so spürt man doch deutlich, daß der ehemalige Amateurboxer Schulberg das Milieu kennt, von dem sein Buch handelt.

Thelma & Louise
Thelma & Louise

USA 1991

R: Ridley Scott; A: Callie Khouri; K: Adrian Biddle; D: Susan Sarandon, Geena Davis, Harvey Keitel, Brad Pitt, Michael Madsen, Christopher McDonald

Die Hausfrau Thelma (G. D.) und die Kellnerin Louise (S. S.) wollen einmal Urlaub von ihren Partnern machen und auf einem Wochenend-Trip gemeinsam ein wenig Freiheit schnuppern. Doch ihr Programm gerät schnell durcheinander: Als sie sich in einer Raststätte die ersten Freiheiten genommen haben, versucht ein angetrunkener Mann, Thelma zu vergewaltigen; Louise, die früher selbst eine Vergewaltigung erlitten hatte, kommt ihr zur Hilfe und erschießt den Mann. Eine Affekthandlung, der eine zweite folgt: Statt sich der Polizei zu stellen, fliehen sie in Richtung Mexiko. Im Nu haben sie die Polizei auf den Fersen; aber mit jedem gefahrenen Kilometer wächst auch das Selbstbewußtsein der beiden Frauen. Der Polizist Hal Slocombe (H. K.) schätzt die Dinge einigermaßen richtig ein und will die Flüchtigen zur Aufgabe überreden. Doch sein Versuch mißlingt, und das Polizeiaufgebot wächst. Irgendwo gabeln die beiden Outlaws den jungen Tramper J. D. (B. P.) auf, mit dem Thelma eine phantastische Liebesnacht verbringt – und der am nächsten Morgen mit 6700 Dollar verschwindet, die Louise durch einen Freund als Fluchtkapital besorgt hatte. Die Flucht ist jedoch auch ein ständiger Lernprozeß: Nach Motiven der Erzählungen von J. D. überfällt Thelma einen Supermarkt; sie übertölpeln einen Streifenpolizisten und sperren ihn in den Kofferraum seines Dienstwagens; sie jagen einem sexbesessenen Truck-Driver sein ganzes Gefährt in die Luft. Aber irgendwann hat die Polizei sie eingekreist. Ein Kapitulationsangebot lehnen sie ab und wählen statt dessen den einzigen Fluchtweg: Mit Vollgas rast ihr Auto über eine steile Klippe – dorthin, wo die Freiheit grenzenlos ist …

Eine unterhaltsame, rasant inszenierte und glänzend gespielte Action-Komödie, die den Zuschauer über rund zwei Stunden amüsiert und fesselt. Zusätzlichen Reiz gewinnt der Film aus der Tatsache, daß hier traditionelle Verhaltensmuster auf den Kopf gestellt werden, daß es diesmal Frauen sind, die frei sein wollen wie *Smokey and the bandit* (Ein ausgekochtes Schlitzohr, USA 1976 – R: Hal Needham), wie *Butch Cassidy and the Sundance Kid* (Zwei Banditen, USA 1968 – R: George Roy Hill). Thelma und Louise, die sich eigentlich nur einmal für kurze Zeit von ihren strapaziösen Partnern erholen wollten, entdecken zu ihrem eigenen Erstaunen, daß sie sich ohne sie erheblich wohler fühlen. Und ohne daß der Film große Worte machen müßte, fühlt der Zuschauer genauso und betrachtet entsprechend den Schluß durchaus als Happy-End.

O thiassos
Die Wanderschauspieler

Griechenland 1975

R: Theo (Thodoros) Angelopoulos; A: Theo (Thodoros) Angelopoulos; K: Giorgos Arvanitis; D: Eva Kotamanidou, Aliki Goegoulis, Petros Zarkadis, Vanghelis Kazan, Stratos Pachis

Die Erlebnisse der Mitglieder einer griechischen Wanderbühne in den Jahren zwischen 1939 und 1952 werden geschildert. Die Truppe zieht durch die Provinz und führt in Dörfern und kleinen Städten das Stück *Golfo, die Schäferin* auf. Aber das banale Schäferspiel hat hier eher Kontrastfunktion. Im Schicksal der Schauspieler spiegelt sich der Mythos der Atriden-Familie; und ihre alltäglichen Erfahrungen reflektieren die geschichtlichen Ereignisse jener Zeit – von der Diktatur des Generals Metaxas über den Kampf gegen italienische und deutsche Okkupanten bis zum Ende des Bürgerkriegs. Orest (P. Z.), der Sohn des Prinzipals, gilt als »Linker« und wird von der Polizei gesucht. Er flieht in die Berge, wo er gegen die Besatzungstruppen kämpft. Mittlerweile wird sein Vater (S. P.) von einem Spitzel und Kollaborateur (V. K.) ermordet, der nun die Leitung der Truppe übernimmt. Seine Mutter (A. G.), die an dem Mord beteiligt war, lebt mit dem Mörder zusammen. Orest kommt als Rächer, tötet mit Hilfe seiner Schwester Elektra (E. K.) die Mutter und ihren Liebhaber auf offener Bühne. Später nimmt er am Bürgerkrieg teil und gehört zu denen, die sich weigern, ihre Waffen niederzulegen und eine Loyalitätserklärung für das Regime abzugeben. Nach seiner Verhaftung stirbt er im Gefängnis. Die Schauspieler ziehen weiter über Land …

Angelopoulos hat sich hier keineswegs auf das beliebte Spiel einer »Modernisierung« antiker Stoffe eingelassen. Das Atriden-Drama ist zwar der rote Faden, der durch eine Fülle zeitgeschichtlicher Szenen und Verweise führt; vor allem aber soll hier wohl die lebendige Kraft des Mythos demonstriert werden, der sich in stets neuen Ausprägungen realisiert. In einem Interview sagte Angelopoulos, Orest verkörpere für ihn die Idee der Revolution. Der Mythos vom Untergang wird zum Fanal der Erneuerung.

Angelopoulos bevorzugt in seinem fast vierstündigen Film, der seine Handlung nicht kontinuierlich, sondern in verblüffenden Zeitsprüngen und kühnen Ellipsen erzählt, lange Einstellungen, oft in der Totalen, und langsame Schwenks. Es gibt Szenen von fast zehn Minuten Länge, die ohne Schnitt gedreht wurden und in denen die Kamera nicht selten über lange Zeit unbewegt verweilt. Der Film will ganz offenbar den Zuschauer nicht emotional aktivieren, er will ihn zum objektiven Augenzeugen der Ereignisse machen.

»Wenn ich die Einstellung wechselte und etwas anderes zeigte, wäre es, als ob ich bestimmen wollte, was zu sehen ist. Da ich aber die Szene nicht unterbreche, ermögliche ich dem Zuschauer eine bessere Sicht auf das Bild. So kann er aus jeder Szene die Elemente aussuchen, die für ihn von Bedeutung sind« (Theo Angelopoulos).

Thieves like us
Diebe wie wir

USA 1973

R: Robert Altman; A: Calder Willingham, Joan Tewkesbury und Robert Altman nach dem gleichnamigen Roman von Edward Anderson; K: Jean Boffety; D: Keith Carradine, Bert Remsen, John Schuck, Shelley Duvall, Louise Fletcher

Der Süden der USA im Jahr 1937. Drei »Lebenslängliche« sind aus dem Staatsgefängnis von Mississippi ausgebrochen: T. W. Masefeld alias »T-Dub« (B. R.), Elmo Mobley alias »Chicamaw« (J. S.) und Bowie Bowers (K. C.). Die drei tauchen bei Verwandten von Chicamaw unter; dort verliebt Bowie sich in die schüchterne Keechie (S. D.), die als reizloses Mauerblümchen gilt und seine Liebe dankbar erwidert. Die Flüchtlinge leben von Banküberfällen. Sie sind nicht auf spektakuläre Erfolge aus, sondern fahren wie Handlungsreisende in Sachen Überfall über Land und betreiben den Bankraub wie einen normalen Broterwerb. T-Dub merkt einmal stolz an, dies sei seine 33. Bank ... Doch dann geht alles schief: Bowie wird bei einem Autounfall verletzt; um ihn zu retten, erschießt Chicamaw zwei Polizisten. Keechie bittet Bowie, ein neues Leben anzufangen; aber nach seiner Gesundung beteiligt er sich an einem weiteren Überfall, bei dem ein Bankangestellter erschossen wird. Auf der Rückfahrt hört Bowie im Radio, das überhaupt im Film als allgegenwärtiges Medium erscheint, daß T-Dub auf der Flucht erschossen und Chicamaw gefangengenommen worden ist. Bowie befreit Chicamaw, indem er sich als Sheriff ausgibt; aber er wendet sich von seinem Komplizen ab, als dieser Keechie beleidigt und auch noch kaltblütig eine Geisel erschießt. Bowies Unterschlupf in einem Motel wird verraten; ein Riesenaufgebot von Polizisten umzingelt das schäbige Holzhaus. Die Verfolger feuern minutenlang durch die dünnen Wände, bis Bowie regelrecht durchsiebt ist. Dann zerren sie seinen Körper nach draußen und werfen ihn achtlos in den Schlamm. Keechie, die ein Kind von Bowie erwartet und den »Kampf« mit angesehen hat, bricht schreiend zusammen.

Andersons Roman wurde 1947 unter dem Titel *They live by night* (Sie leben bei Nacht / Im Schatten der Nacht) bereits von Nicholas Ray verfilmt. Aber was in Rays Version nur die Romanze eines gehetzten Liebespaares war, das erscheint hier als vielschichtiges und schillerndes Porträt einer Zeit, in der der einzelne ratlos vor den Problemen steht, die das Versagen von Staat und Gesellschaft ihm aufgebürdet hat. Altman denkt keineswegs daran, seine Protagonisten zu modernen »Robin Hoods« hochzustilisieren. T-Dub möchte eigentlich friedlich auf einer Farm leben; Chicamaw ist Halbindianer, und der Haß auf die Weißen ist zweifellos eine Triebfeder seiner Handlungen; Bowie ist in den Slums aufgewachsen, er will einfach heraus aus dem Elend und besser leben. Letzten Endes aber würden alle drei gern im Einklang mit der Gesellschaft leben, wenn die Verhältnisse es nur zuließen. Und T-Dub versucht sogar, diesen Einklang im Umkehrschluß noch herzustellen, wenn er sich naiv rechtfertigt: Wir stehlen Geld von den Banken. Aber die haben es den kleinen Leuten abgenommen. Also sind sie Diebe wie wir ... Am Ende ist Bowies Leiche der blutige Beleg dafür, daß die Gesellschaft die Dinge anders sieht.

The thin man
Der Unauffindbare / Mordsache »Dünner Mann« / Der dünne Mann

USA 1934

R: W. S. Van Dyke; A: Albert Hackett und Frances Goodrich nach einem Roman von Dashiell Hammett; K: James Wong Howe; D: William Powell, Myrna Loy, Maureen O'Sullivan, Edward Ellis, Porter Hall

Der Erfinder Wynant (E. E.) plant eine Reise, über deren Ziel und Zweck er schweigt. Er verspricht seiner Tochter (M. O'S.), bis zu ihrer Hochzeit, deren Termin bereits feststeht, zurück zu sein. Aber bald geschehen seltsame

The third man
(l.: Orson Welles)

Dinge; die Polizei schaltet sich ein, und auch Nick Charles (W. P.), der einmal ein berühmter Detektiv war, ehe er eine reiche Frau (M. L.) geheiratet hat, wird von Wynants Tochter um Hilfe gebeten. In Wynants Fabrik findet man die Leiche eines Mannes. Hat Wynant ihn ermordet? Wenig später wird auch Wynants Sekretärin tot aufgefunden. Nick Charles entdeckt bei einer neuerlichen Durchsuchung der Fabrik auch Wynants Leiche; er lädt alle Verdächtigen zu einer Party und überführt dabei Wynants Rechtsanwalt (P. H.) als Mörder.

Van Dyke erzählt seine Kriminalgeschichte im Stil einer intelligenten, etwas frivolen Salonkomödie. Der Detektiv ist kein »Superman«, sondern ein trinkfroher Bonvivant, der den Fall mit Geist und dem Glück des Tüchtigen löst. Der Film wurde ein großer Publikumserfolg und machte seine beiden Hauptdarsteller zu Stars. Die Produktionsgesellschaft versuchte, den Erfolg mit insgesamt fünf Fortsetzungen zu wiederholen, die aber alle die Qualitäten des ersten Films nicht mehr erreichten.

Drei weitere Filme drehte Van Dyke: *After the thin man* (Dünner Mann: 2. Fall / Und sowas nennt sich Detektiv / Nach dem dünnen Mann, 1936), *Another thin man* (Dünner Mann: 3. Fall / Noch ein dünner Mann, 1938) und *Shadow of the thin man* (Der Schatten des dünnen Mannes, 1941); je einen Film drehten Richard Thorpe (*The thin man goes home* – Der dünne Mann kehrt heim, 1944) und Edward Buzzell (*Song of the thin man* – Das Lied des dünnen Mannes / Das Lied vom dünnen Mann, 1946).

The third man
Der dritte Mann

England 1949

R: Carol Reed; A: Graham Greene nach seiner gleichnamigen Erzählung; K: Robert Krasker, John Wilcox, Stan Pavey; D: Joseph Cotten, Alida Valli, Trevor Howard, Orson Welles, Ernst Deutsch, Erich Ponto, Paul Hörbiger, Siegfried Breuer

Der amerikanische Trivialautor Holly Martins (J. C.) will kurz nach dem Krieg in Wien seinen Freund Harry Lime (O. W.) besuchen. Doch er kommt gerade zu Limes Begräbnis zurecht, bei dem er dessen Freundin Anna (A. V.) und Calloway (T. H.), den Chef der britischen Militärpolizei, kennenlernt. Calloway deutet an, daß Lime in dunkle Geschäfte verwickelt gewesen sei. Martins stellt Nachforschungen an, um seinen Freund zu rehabilitieren. Er spricht mit Kurtz (E. D.), Popescu (S. B.) und einem Hausmeister (P. H.), die sich als Augenzeugen des Unfalls bezeichnen, dem Lime zum Opfer gefallen ist. Ihre Aussagen sind widersprüchlich, und Martins wird mißtrauisch. Er forscht weiter und entdeckt schließlich, daß Lime tatsächlich ein Penicillinschieber ist, der sich durch einen vorgetäuschten Tod den Nachforschungen der Polizei entziehen wollte. Nachdem Calloway ihm drastisch vor Augen geführt hat, wie viele Menschen dahinsiechen oder sogar sterben müssen, weil Schieber das Penicillin ver-

fälscht haben, hilft Martins bei der Fahndung nach Lime, der nach aufregender Jagd durch die Kanalisation Wiens stirbt. Der Film endet, wie er begonnen hat: mit dem Begräbnis Limes. Martins Hoffnung, Limes Freundin für sich gewinnen zu können, erfüllt sich nicht.
The third man machte Carol Reed weltberühmt und wurde vermutlich der größte Erfolg des englischen Films. Und obwohl der Autor Graham Greene später erklärte: »Wir wollten sie (die Zuschauer!) einfach unterhalten, sie ein wenig erschrecken, sie zum Lachen bringen!«, kursierten bald zahlreiche tiefgründige Interpretationen, die in dem Film gar mythische Elemente entdeckten. Dabei sind die Ansätze dazu wohl der schwächere Teil eines sonst perfekt gemachten Thrillers, der die Atmosphäre einer besetzten und geteilten Stadt nach dem Krieg überzeugend einfing. Die Kamera arbeitet geschickt mit Licht und Schatten und erzeugt spielerisch die Atmosphäre der Ungewißheit und lastender Bedrohung. Auch Details sind vorzüglich gelungen: Limes erster Auftritt aus dem Dunkel, bei dem man zunächst nur seine Füße sieht, das Gespräch zwischen Lime und Martins im Riesenrad des Praters, die Schlußeinstellung, in der Anna auf dem herbstlichen Friedhof unendlich lange von der Kamera weggeht usw.
Der Zuschauer konnte bei aller effektvollen Spannung auch noch ein psychologisches Drama verfolgen: Martins muß erkennen, daß sein Freund ein Lump ist und daß gerade seine Freundschaft Lime ins Verderben stürzt; denn seine Bemühungen, den Freund zu rehabilitieren, machen dessen Plan zunichte. Berühmt wurde auch die Musik des Films, das nervöse Zirpen der Zither von Anton Karas.

The thirty-nine steps
Die 39 Stufen

England 1935

R: Alfred Hitchcock; A: Alma Reville, Charles Bennett und Ian Hay nach einem Roman von John Buchan; K: Bernard Knowles; D: Robert Donat, Madeleine Carroll, Lucie Mannheim, Godfrey Tearle, Wylie Watson

Der Kanadier Richard Hannay (R. D.) besucht in London ein Varieté, in dem u. a. der Gedächtniskünstler Mr. Memory (W. W.) auftritt. Dort lernt Hannay eine Frau (L. M.) kennen, die ihn in seine Wohnung begleitet und ihm erzählt, sie sei einer Spionage-Organisation auf der Spur, deren Chef in einem kleinen schottischen Dorf lebe. In der Nacht wird die Frau in Hannays Wohnung erstochen. Während die Polizei ihn als Mörder verdächtigt, fährt Hannay nach Schottland, um den geheimnisvollen Spion zu suchen. Als der Zug kontrolliert wird, versucht er vergeblich, ein mitreisendes Mädchen (M. C.) zu bewegen, die Polizei durch einen vorgetäuschten Flirt abzulenken. Er springt aus dem Zug, findet den geheimnisvollen Professor Jordan (G. T.) und wird von ihm niedergeschossen, wobei eine Bibel in seinem (gestohlenen) Mantel die Kugel auffängt. Als Hannay sich an die Polizei wendet, will man ihn als Mörder verhaften. Er entkommt, trifft das Mädchen aus dem Zug wieder und wird gemeinsam mit ihr von als Polizisten verkleideten Mitgliedern des Spionagerings »verhaftet«. Nach abenteuerlicher Flucht, bei der Hannay und das Mädchen durch Handschellen aneinandergefesselt sind, führen die Spuren schließlich in das Varieté zurück. Hier endlich werden Jordan und Mr. Memory, der dank seiner besonderen Fähigkeiten als »Nachrichtenspeicher« gedient hat, entlarvt. Jordan erschießt Mr. Memory, als der das Geheimnis zu verraten droht, und wird selbst von der Polizei erschossen.
Einer der berühmtesten Filme Hitchcocks. Er enthält in perfekter Ausprägung ein Lieblingsmotiv des Regisseurs: Der Einzelgänger zwischen zwei rivalisierenden Machtgruppen, die ihn beide verfolgen, weil mindestens eine ihn für etwas anderes hält, als er tatsächlich ist. Typische Szenen u. a.: Ein Auftritt Hannays als Redner in einer politischen Versammlung, in die er auf der Flucht geraten ist; die gemeinsame Flucht in Handschellen, wobei das Mädchen ihn zunächst tatsächlich für den Mörder hält, während eine Wirtin in den beiden, die sich notgedrungen eng aneinanderdrücken, ein frischgetrautes Ehepaar sieht.
1959 erschien unter dem gleichen Titel eine vergröbernde Neuverfilmung von Ralph Thomas, die vor allem die humoristischen Aspekte der Handlung betonte. Eine weitere Verfil-

mung des Romans besorgte Don Sharp (England 1978), der die Action-Elemente geschickt mit einer sorgfältigen Milieuschilderung kombinierte.

This sporting life
Lockender Lorbeer

England 1962/63

R: Lindsay Anderson; A: David Storey nach seinem eigenen Roman; K: Denys Coop; D: Richard Harris, Rachel Roberts, Alan Badel

Der Bergarbeiter Frank Machin (R. H.) wird eines Tages Berufs-Rugbyspieler. Seine ebenso geschickte wie brutale Spielweise gefällt dem Publikum und dem Fabrikanten Weaver (A. B.), dem Mäzen des Clubs. So macht Frank Karriere, kann sich ein Auto und modische Anzüge leisten. Zur gleichen Zeit macht er seine Vermieterin Mrs. Hammond (R. R.), eine Arbeiterwitwe mit zwei Kindern, zu seiner Geliebten. Allerdings beschränken sich ihre Beziehungen ganz auf den sexuellen Bereich. Mrs. Hammond, verbittert und auch hysterisch, will keine tiefere Bindung. An einem Weihnachtstag schlägt man Frank auf dem Sportplatz die Schneidezähne aus, eine Weihnachts-Party bei Weaver macht ihn, den Emporkömmling, unsicher; und zum ersten Mal deutet sich die Möglichkeit einer engeren Bindung zwischen ihm und Mrs. Hammond an. Aber bald gibt es wieder Streit, und Frank verläßt das Haus. Als er zurückkommt, hat man Mrs. Hammond mit einer Gehirnblutung ins Krankenhaus gebracht, wo sie wenig später stirbt. Frank kehrt auf den Rugbyplatz zurück; und zum ersten Mal erlebt er, daß das Publikum ihn auspfeift.

Lindsay Anderson wollte in seinem ersten Spielfilm offenbar die realistischen Elemente des »free cinema« mit einer modernen Erzähltechnik vereinen. Sein Film setzt bei dem Unfall am Weihnachtstag ein und erzählt die Vorgeschichte in mehreren eingestreuten Rückblenden. Allerdings gibt diese Struktur für den Film wenig her. Im Gegenteil – sie verlagert die Akzente der melancholischen Reportage vom Schicksal eines Arbeiters, der seinem Milieu entfliehen will, allzusehr auf den psychologischen Bereich. Im einzelnen aber gelangen hier eindringliche realistische Sequenzen.

Three godfathers
Spuren im Sand

USA 1948

R: John Ford; A: Frank S. Nugent und Lawrence Stallings nach der gleichnamigen Erzählung von Peter B. Kyne; K: Winton C. Hoch, Charles P. Boyle; D: John Wayne, Pedro Armendariz, Harry Carey jr., Mae Marsh

Die Bankräuber Bob (J. W.), Pete (P. A.) und Kid (H. C.) fliehen vor ihren Verfolgern in die Wüste. Hier finden sie in der Nähe eines zerstörten Wasserreservoirs eine sterbende hochschwangere Frau in einem Planwagen. Unversehens werden sie zu Geburtshelfern und lassen sich sogar das Versprechen abnehmen, für das Kind zu sorgen. Aber schon bald erliegt Kid den Strapazen der Flucht. Sterbend verlangt er nach einer Bibel und erinnert die Gefährten daran, daß bald Weihnachten ist. Auch Pete muß zurückbleiben; doch Bob erreicht am Heiligabend völlig erschöpft mit dem Kind die Stadt Neu-Jerusalem. Er findet milde Richter und die Chance für ein neues Leben.

Die literarische Vorlage war bereits mehrfach verfilmt worden – u. a. auch von John Ford (1919). Sein Remake widmete der Regisseur dem Schauspieler Harry Carey, der in den beiden ersten Verfilmungen die Rolle des Kid gespielt hatte, die diesmal sein Sohn übernahm. Ford spielt geschickt mit den religiösen Bezügen des Themas, ohne sie aufdringlich auszuspielen. Der gesamte Handlungsablauf bleibt im traditionellen Rahmen des Western, dem sich die Bezüge organisch einfügen.

Thunder over Mexico
Donner über Mexiko

USA 1933

Montiert von Don Hayes und Howard Aices aus dem Material des unvollendeten Films *Que viva Mexico!*; R: Sergej Eisenstein; A: Sergej Eisenstein, Grigori Alexandrow; K: Eduard Tissé; D: Mexikanische Bauern

Nachdem Eisenstein und der als Produzent für *Que viva Mexico!* fungierende Schriftsteller Upton Sinclair sich zerstritten hatten, bot Sinclair das Material zunächst einem sowjetischen Filmbüro zum Kauf an, wo man das Angebot aber nicht akzeptieren konnte oder wollte. Dann schloß Sinclair mit dem Produzenten Sol Lesser einen Vertrag, der Lesser das Recht gab, aus Eisensteins Material einen Spielfilm zu montieren. So entstand *Thunder over Mexico*.

Das Material zu diesem Film stammt fast ausschließlich aus der zweiten Episode (Die Agaven): Um die Jahrhundertwende stellt ein Peon nach alter feudalistischer Tradition seine Braut vor der Hochzeit im Herrenhaus vor. Dort feiert man gerade ein Fest. Die Herren finden Gefallen an dem jungen Mädchen. Es wird vergewaltigt. Der Peon will sich rächen und findet auch Kameraden, die mit ihm kämpfen wollen. Aber die Aufrührer werden überwältigt und gefangen. Dann gräbt man sie bis zum Hals in den Sand ein, und die Soldaten reiten wieder und wieder über die Wehrlosen her.

Vergleicht man diesen Film nicht mit dem Projekt Eisensteins, so bleibt ein nicht ungeschickt montierter, geradlinig erzählter Film, dessen Bilder und Sequenzen zum Teil von großer Ausdruckskraft sind. Es war jedoch unsinnig und unseriös, diesen Film als ein Werk Eisensteins auszugeben.

Tichi Don ⓢ
Der stille Don

UdSSR 1930

R: Olga Preobraschenskaja, Iwan Prawow; A: Olga Preobraschenskaja und Iwan Prawow nach dem gleichnamigen Roman von Michail Scholochow; K: Dmitri Feldman, B. Epstein; D: N. Podgornyj, Andrej Abrikossow, Emma Zesarskaja, G. Kowrow, R. Puschnaja, S. Tschurakowski

Der Film gibt nur den ersten Teil des bekannten Romans wieder: Der Kosake Grigori (A. A.) verliebt sich in Axinia (E. Z.), die Frau seines Nachbarn Stepan (G. K.). Grigori flieht mit Axinia auf das Gut des Generals Listnitzki, wo beide zusammen leben. Grigori muß in den Krieg und trifft hier Stepan wieder, der ihn im Kampf niederschießt und schwer verwundet. Als Grigori nach Hause zurückkehrt, ist Axinia die Geliebte des jungen Listnitzki (S. T.) geworden. Grigori verprügelt den Nebenbuhler und kehrt zu seiner Frau Natalia (R. P.) zurück, die er einst auf Geheiß seines Vaters (N. P.) geheiratet hatte.

Dem Film gelang eine realistische Schilderung des Kosakenmilieus. Er wurde zunächst stumm gedreht und später »vertont«. 1957/58 entstand eine dreiteilige Neuverfilmung der literarischen Vorlage unter der Regie von Sergej Gerassimow.

Tillie's punctured romance ⓢ
Tillies geplatzte Romanze / Das verrückte Idyll von Charlie und Lolotte

USA 1914

R: Mack Sennett; A: Hampton Del Ruth nach der musikalischen Komödie *Tillies nightmare* von Edgar Smith und A. Baldwin Sloane; K: Frank D. Williams; D: Marie Dressler, Charles Chaplin, Mabel Normand, Mack Swain, Chester Conklin

Tillie (M. D.), eine recht rustikale Bauerntochter, wird von einem Tramp (C. C.) umgarnt,

*Tillie's punctured romance
(Charles Chaplin,
Marie Dressler)*

dem sie alsbald Herz und Sparbuch zu Füßen legt. Beide ziehen in die Stadt, wo der Tramp die unansehnliche Tillie zugunsten einer attraktiveren Rivalin (M. N.) verläßt. Die Situation ändert sich grundlegend, als Tillies Onkel, ein Millionär, bei einer Bergtour verunglückt und Tillie damit zur reichen Erbin macht. Der Tramp, der früher als sie davon erfahren hat, kehrt skrupellos zu ihr zurück und heiratet sie. Beide genießen ihren Reichtum, bis der fälschlich totgesagte Onkel genesen ist, zurückkehrt und sie aus dem Haus wirft. Tillie durchschaut ihren Verehrer endlich. Gemeinsam mit der ehemaligen Rivalin hetzt sie den gewissenlosen Verführer über einen Hafendamm ins Wasser.
Der Film war für damalige Zeiten ungewöhnlich lang (6 Rollen). Mack Sennett hatte für ihn mehrere seiner berühmtesten Komiker aufgeboten; aber der Star war zweifellos Marie Dressler, die mit viel Temperament die Szene beherrschte. Für Chaplin, damals noch der »neue Mann« bei Sennett, war es ein Erfolg, daß er die zweite Hauptrolle neben ihr spielen durfte; und auch er hat seine großen Szenen: die Liebeserklärung an Tillie, während er auf einem Gartenzaun balanciert, und der Einzug in den Millionärspalast zum Beispiel, bei dem er sich über die Garde der Lakaien lustig macht.

Für Sennetts Regiestil ist der Film nicht ganz typisch, da er hier auf viele seiner besten Möglichkeiten – das hektische Tempo, die Verfolgungsjagden etc. – zugunsten einer kontinuierlichen und komplizierten Handlung verzichtete. In Ansätzen allerdings findet man diese Ingredienzen in dem turbulenten Fest gegen Schluß des Films.

Till Österland Ⓢ
Im Heiligen Land / Die Erde ruft II

Schweden 1926

R: Gustaf Molander; A: Ragnar Hyltén-Cavallius und Gustaf Molander nach dem Roman *Jerusalem* von Selma Lagerlöf; K: J. Julius (d. i. Julius Jaenzon); D: Lars Hanson, Jenny Hasselqvist, Mona Martenson, Harald Schwenzen

Fortsetzung des Films *Ingmarsarvet*: Während die schwedische Gemeinde in Jerusalem unter dem Klima und der Feindseligkeit der Bevölkerung leidet, hat Ingmar (L. H.) Barbro (J. H.) liebgewonnen. Aber noch immer fühlt er sich schuldig, weil er Gertrud (M. M.) im Stich gelassen hat. Er fährt nach Jerusalem. Dort überzeugt er die Mitglieder der Gemeinde, daß sie wieder – genau wie in Schweden – den Boden bearbeiten müssen, und gibt ihnen damit ein neues Ziel. Außerdem führt er Gertrud und Gabriel Mattsson (H. S.) zusammen. Nach seiner Rückkehr wird ihm ein Sohn geboren. Ingmar lebt glücklich mit Barbro.

An die Stelle der schwedischen Landschaft tritt hier der exotische Reiz ferner Länder. Molander hat in Jerusalem gedreht und das fremde Milieu geschickt als Kontrast genutzt. Trotzdem erreichte er nicht die Kraft und Intensität Victor Sjöströms, der die ersten drei Teile dieser insgesamt fünfteiligen Romanverfilmung drehte.

Time in the sun
Unter Mexikos Sonne

USA/England 1939

Gestaltung Marie Seton und Paul Burnford aus dem Material des unvollendeten Films *Que viva Mexico!*; R: Sergej Eisenstein; A: Sergej Eisenstein, Grigori Alexandrow; K: Eduard Tissé; D: Mexikanische Bauern

Nachdem Eisenstein seinen Film *Que viva Mexico!* 1932 abbrechen mußte und ihm auch verwehrt worden war, das bereits gedrehte Material zu montieren, haben Marie Seton und Paul Burnford mit viel Respekt versucht, wenigstens eine Ahnung von Eisensteins Konzeption zu vermitteln. Allerdings stand ihnen dafür nur ein Teil des Negativmaterials zur Verfügung. Sie übernahmen vor allem Teile der ersten und zweiten Episode und montierten sie mit Bildern aus der Vergangenheit (Mayakultur, Eroberung, Christianisierung) und Milieuschilderungen aus der dritten Episode. So wollten sie Eisensteins Absicht deutlich machen, eine »lebendige Geschichte Mexikos« zu gestalten.

Trotz aller Bemühungen hat der Film ein wenig den Charakter eines Bilderbuches, in dem zwar Bilder von großer Schönheit zu sehen sind, das aber die große Linie vermissen läßt.

The tin star
Der Stern des Gesetzes

USA 1957

R: Anthony Mann; A: Dudley Nichols, Barney Slater, Joel Kane; K: Loyal Griggs; D: Henry Fonda, Anthony Perkins, Betsy Palmer, Neville Brand

Morg Hickman (H. F.) ist Kopfjäger, einer, der auf eigene Faust und wegen des Kopfgeldes gesuchte Banditen jagt. In einer kleinen Stadt, in der er sich eine Prämie für eine Leiche abholen will, trifft er den jungen und unerfahrenen Sheriff Ben Owens (A. P.). Hickman rettet ihm bei einer Auseinandersetzung mit dem Gauner Bogardus (N. B.) das Leben, indem er seinem Gegner die Pistole aus der Hand schießt. Aber er weiß, daß Bogardus wiederkommen wird, und so weiht der Ex-Sheriff Hickman den Jüngeren in wenigen Tagen in die Geheimnisse seines Berufs ein. Als Owens tatsächlich Bogardus wieder gegenübersteht, da hat er unterdessen den kleinen Trick gelernt, der die entscheidende Zehntelsekunde Vorsprung sichert. Bogardus fällt, Hickman verläßt befriedigt die Stadt.

Das Ritual des Western ist hier gleichsam zum Thema erhoben worden. Ein Film über die Kunst, schnell zu ziehen und genau zu schießen. Henry Fonda demonstriert diese Kunst auf suggestive Weise, mit Charme und Grazie. Und dem Film gelingt es, das Wesen des Western-Helden in dieser entscheidenden Geste zu konzentrieren.

Tirez sur le pianiste
Schießen Sie auf den Pianisten

Frankreich 1960

R: François Truffaut; A: Marcel Moussy und François Truffaut nach dem Roman *Down there* von David Goodis; K: Raoul Coutard; D: Charles Aznavour, Marie Dubois, Nicole Berger, Michèle Mercier, Albert Rémy, Richard Kanayan

Charlie (C. A.) ist Pianist in einem kleinen Café. Eines Tages taucht sein Bruder Chico (A. R.) auf, der von zwei Ganoven verfolgt wird. Charlie hilft ihm zu entkommen; aber Chicos Verfolger hängen sich jetzt an ihn. Am nächsten Morgen werden Charlie und Lena (M. D.), die als Kellnerin im Café arbeitet, von den Gangstern in ein Auto gezerrt und entführt. Sie können entkommen und verstecken sich in Lenas Zimmer. Hier hängt ein großes Plakat, das ein Klavierkonzert mit Edouard Saroyan ankündigt. Eine Rückblende erklärt: Vor Jahren wurde Edouard Saroyan alias Charlie von dem Konzertagenten Schmeel entdeckt und gefördert. Doch eines Tages beichtet ihm seine Frau Thérèse (N. B.), daß sie als Preis für seinen Vertrag Schmeels Geliebte geworden ist. Thérèse stürzt sich aus dem Fenster, Edouard ändert seinen Namen und flieht. Lena und Charlie wollen zusammenbleiben. Aber unterdessen haben die Gangster Charlies jüngeren Bruder Fido (R. K.), der bei ihm lebt, entführt; und als der Besitzer des Cafés Lena belästigt, tötet Charlie ihn bei einem Handgemenge. Jetzt sucht auch die Polizei nach ihm. Lena bringt ihn aufs Land zu seinen Brüdern. Es kommt zu einer grotesken Schießerei mit den Gangstern, bei der Lena getötet wird. Im Schlußbild stellt die Witwe des Café-Besitzers dem Pianisten Charlie eine neue Kellnerin vor.
Truffaut hat einmal erklärt, er habe diesen Film wegen eines einzigen Bildes aus der Romanvorlage gedreht: »Eine abfallende verschneite Straße, die ein Auto ohne Motorenlärm hinuntergleitet!« Sicher ist, daß es nicht die Kriminalaffäre war, die ihn interessiert hat. Er drehte einen Film über Dinge, über Situationen, er zeichnete das Porträt eines schüchternen Künstlers, der in absurde Situationen gerät, der das Unglück gleichsam anzieht, und er schuf märchenhafte Variationen über den amerikanischen Gangsterfilm. *Tirez sur le pianiste* ist ein Film, der absichtlich außerhalb jeder Realität steht, der aber im freien Spiel der Bilder eine außerordentliche Schönheit und Konsequenz erreicht.

Titanic

Deutschland 1942

R: Herbert Selpin, Werner Klingler; A: Walter Zerlett-Olfenius nach einem Entwurf von Harald Bratt; K: Friedl Behn-Grund, Ernst Kunstmann (Trickaufnahmen); D: Ernst Fritz Fürbringer, Kirsten Heiberg, Hans Nielsen, Otto Wernicke, Sybille Schmitz

Kurz vor der Jungfernfahrt der »Titanic« herrscht gedrückte Stimmung bei der White-Star-Line; die Aktien fallen. Aber Sir Bruce Ismay (E. F. F.) beruhigt seinen Aufsichtsrat: Die »Titanic« wird das »blaue Band« für die schnellste Atlantik-Überquerung erringen, und dieser Werbeeffekt wird die Kurse wieder in die Höhe treiben. Sir Bruce gibt dem Kapitän (O. W.) Anweisung, die kürzeste Route zu wählen, obwohl von dort Eisberge gemeldet werden. Der Kapitän folgt der Anweisung trotz aller Warnungen seines 1. Offiziers (H. N.). Nach der Kollision mit einem Eisberg sinkt das angeblich unsinkbare Schiff; und es erweist sich, daß nicht einmal das Rettungsgerät in Ordnung ist. 1500 Menschen finden den Tod.
Nach Auseinandersetzungen Selpins mit dem Propagandaministerium wurde der Film von Werner Klingler beendet. Selpin starb später unter ungeklärten Umständen in Gestapo-Haft. *Titanic* war als antibritischer Propagandafilm konzipiert. Er erhielt auch das Prädikat »staatspolitisch wertvoll«, wurde aber trotzdem während des »Dritten Reichs« nur in den besetzten Gebieten gezeigt. Offenbar hatte Goebbels erkannt, daß »Untergangsstimmung« hier allzu suggestiv beschworen worden war.
Nach dem Krieg wurde der Film zunächst von der britischen Militärregierung verboten, so daß er seine deutsche Erstaufführung – nach

einigen Schnitten – erst 1950 erlebte. Bemerkenswert waren an diesem Film neben den Bauten von Fritz Maurischat vor allem die Trickaufnahmen, die nach dem Krieg noch in den englischen »Titanic«-Film *A night to remember* (Die letzte Nacht der Titanic, 1958 – R: Roy Baker) eingeschnitten wurden.

Titanic
Titanic

USA 1996/97

R: James Cameron; A: James Cameron; K: Russell Carpenter; D: Kate Winslet, Leonardo DiCaprio, Billy Zane, Gloria Stuart, Frances Fisher, Bill Paxton, Kathy Bates

Der Film beginnt mit einer Pseudo-Dokumentation: Moderne Schatzsucher wollen mit einem Spezial-U-Boot und einem Roboter einen legendären Diamanten aus dem Wrack der »Titanic« bergen. Aber statt des Schatzes finden sie im Tresor nur die Aktzeichnung einer jungen Frau, die den Stein an einer Halskette trägt. Als im Fernsehen über diesen Mißerfolg berichtet wird, meldet sich eine 101jährige Greisin (G. S.), die angibt, die Frau auf dem Bild zu sein. Und sie erzählt ihre Geschichte: 1912 macht sie, Rose DeWitt Bukater (K. W.), die Jungfernfahrt der »Titanic« mit – als Verlobte des Millionärssohnes Cal Hockley (B. Z.). Doch sie ist angeekelt von der Oberflächlichkeit und der Arroganz der Reichen, in einem zornigen Affekt will sie über Bord springen. Jack Dawson (L. DC.), ein mitteloser junger Maler, der in der 3. Klasse reist, rettet sie, und zwischen den beiden ungleichen Partnern entsteht spontan eine leidenschaftliche Liebe. Es kommt zu heftigen Auseinandersetzungen mit Roses Mutter (F. F.) und dem eifersüchtigen Verlobten. Aber Rose bleibt fest, und als das Schiff nach der Kollision mit einem Eisberg untergeht, verzichtet sie auf ihren Platz im Rettungsboot, um bei Jack bleiben zu können. Der rettet ihr das Leben, als sie nebeneinander im eisigen Wasser treiben. Jack versinkt schließlich entkräftet im Meer, während Rose in letzter Minute gerettet wird. Am Ende kehrt der Film in die Rahmenhandlung zurück. Rose wirft den Stein, den sie beim Untergang zufällig bei sich trug, ins Meer, legt ihn gleichsam auf das Grab des toten Geliebten.

Der Film überwältigt zunächst durch pure Quantität: 300 Millionen Dollar soll er gekostet haben; seine Laufzeit beträgt 192 Minuten; er gewann elf »Oscars« und schloß damit zu dem bisherigen Rekordhalter, William Wylers *Ben Hur* (Ben Hur, USA 1959), auf; sein Einspielergebnis weltweit wird auf rund zwei Milliarden Dollar geschätzt.

Doch bei allem Pomp und Aufwand ist es hier auch gelungen, solide Qualität zu schaffen. Geschickt werden alle Fakten in der Rahmenhandlung vermittelt, so daß der Film sich später ganz auf die romantische Liebesgeschichte konzentrieren kann, die für den Zuschauer – im Wissen um die unausweichliche Katastrophe – von Anfang an von Tragik umwittert ist. Das ist, im Sinne des Erzählkinos, gut konstruiert und wird – vor allem von Kate Winslet – auch gut gespielt, wobei allerdings außer den Liebenden keine andere Rolle wirklich Profil gewinnt. Wenn dann in der Mitte des Films die verhängnisvolle Kollision erfolgt ist, nutzt Cameron routiniert die bewährte Untergangsdramaturgie. Doch auch hier setzt er nicht nur auf die perfekte Arbeit seiner Special-effects-Abteilung. Wirkungsvoll bedient er sich z. B. klaustrophobischer Effekte, wenn er die Protagonisten immer wieder in Räumen und Gängen zeigt, in denen das Wasser unerbittlich bis zur Decke steigt. Und eindrucksvoller als der trickreiche Untergang des Ozeanriesen ist etwa die nächtliche Sequenz, in der ein Rettungsboot zwischen den vielen Toten, die in ihren Schwimmwesten erfroren im Wasser treiben, nach Überlebenden sucht.

Tobacco road
Die Tabakstraße

USA 1940

R: John Ford; A: Nunnally Johnson nach dem Bühnenstück von Jack Kirkland und dem gleichnamigen Roman von Erskine Caldwell; K: Arthur Miller; D: Charley Grapewin, Marjorie Rambeau, Gene Tierney, Dana Andrews, William Tracy

Verfilmung des gleichnamigen Romans von Caldwell: Die Geschichte des Baumwollfarmers Lester (C. G.) und seiner Frau (M. R.), die ihre Farm verloren haben und in dem langsam verfallenden Gebäude hoffnungslos dem Tod entgegendämmern, während ihre 17 Kinder in alle Winde zerstreut sind. Im Roman verbrennen sie durch eine Unachtsamkeit mit dem Rest ihrer Habe; der Film endet damit, daß der Sohn ihres früheren Arbeitgebers ihnen für sechs Monate die Miete zahlt, was die Katastrophe hinausschiebt, ohne sie zu verhindern.

Wenn Ford auch auf den spektakulären Schlußpunkt verzichtet, so ist sein Bild aus dem Süden der USA doch deprimierend genug. Es gibt keinen Lichtblick, kaum eine Hoffnung. Der einzige Lester, der dem Elend entflieht, Dude (W. T.), erreicht das nur, indem er eine Witwe heiratet, die dreimal so alt ist wie er. Nach The grapes of wrath hat Ford hier wieder einen Film gegen den Optimismus seiner Landsleute gemacht.

▄
To be or not to be
Sein oder Nichtsein

USA 1942

R: Ernst Lubitsch; A: Edwin Justus Mayer nach einer Vorlage von Ernst Lubitsch und Melchior Lengyel; K: Rudolf Maté; D: Carole Lombard, Jack Benny, Robert Stack, Felix Bressart, Tom Dugan, Sig Ruman, Stanley Ridges

Ein Theater in Warschau probt 1939 ein Anti-Nazi-Stück. Auf Einspruch der Regierung, die die Deutschen nicht reizen will, wird das Stück abgesetzt. Polen wird besetzt. Der Fliegerleutnant Sobinsky (R. S.), der stets den Moment benutzte, in dem Joseph Tura (J. B.) als Hamlet seinen großen Monolog »Sein oder Nichtsein« begann, um Turas Frau Maria (C. L.) in der Garderobe seine Aufwartung zu machen, kann nach England fliehen. Die Schauspieler gehen in den Untergrund, wo ihnen die Kostüme des abgesetzten Stücks trefflich zustatten kommen. Sobinsky und seine Kameraden nämlich haben in London dem angeblichen Widerstandskämpfer Professor Siletzki (S. Ri.), der in Wirklichkeit deutscher Agent ist, Namen und Adressen von Freunden und Bekannten verraten. Als Sobinsky mit dem Fallschirm über Warschau abspringt, um die Sache zu reparieren, scheint es bereits zu spät. Aber die Schauspieler lenken den Professor ab, indem sie ihm in ihren »NS-Kostümen« ein waschechtes »Gestapo-Hauptquartier« vorspielen. Andererseits schicken sie einen verkleideten Spion in das echte Hauptquartier. Und schließlich kapert der Hitler-Darsteller (T. D.) des abgesetzten Stücks bei einem Besuch des »Führers« in Warschau gar dessen Flugzeug, mit dem das ganze Ensemble nach England, in die Freiheit fliegt.

Lubitsch, der drei Jahre vorher in *Ninotchka* den Kommunismus persifliert hatte, versucht hier, die Nazis durch Lächerlichkeit zu töten. Er ist seinem Ziel dabei immerhin so nah gekommen, daß sein Witz niemals degoutant wirkt. Die Angst der Verfolgten kann komisch sein, weil sie hier zwar nicht die Gefährlichkeit der Verfolger, wohl aber ihre Mediokrität entlarvt. Aus dem gleichen Grund kann man auch noch den Gestapo-Chef (S. Ru.) komisch finden, der sich köstlich darüber amüsiert, daß man ihn im Ausland den »Concentration-Camp-Ehrhardt« nennt. Entstehen konnte dieser Film wohl nur, weil man damals in den USA die ganze grausige Wirklichkeit noch nicht kannte; aber es spricht für den Geschmack und die künstlerische Kraft Lubitschs, daß sein Film auch in Kenntnis dieser Wirklichkeit Bestand hat.

Mel Brooks drehte 1983 (*To be or not to be* – Mel Brooks & Anne Bancroft in Sein oder Nichtsein) ein Remake des Films. Der Respekt vor seiner Vorlage und ihrem Regisseur zähmte offenbar Brooks' Hang zu drastischen und nicht immer geschmackssicheren Effekten. So entstand wiederum eine Komödie, die auf akzeptable Weise mit dem Entsetzen Scherz treibt. Allerdings wirkt sie eher wie eine Hommage an Lubitsch als wie eine typische Brooks-Komödie.

Todo sobre mi madre
Alles über meine Mutter

Spanien/Frankreich 1999

R: Pedro Almodóvar; A: Pedro Almodóvar; K: Affonso Beato; D: Cecilia Roth, Marisa Paredes, Penélope Cruz, Candela Peña, Antonia San Juan, Rosa María Sardà, Eloy Azorín, Toni Cantó

Manuela (C. R.), eine Ex-Prostituierte und alleinerziehende Mutter Ende Dreißig, arbeitet in einem Madrider Krankenhaus. Ihre ganze Liebe gilt Sohn Esteban (E. A.), einem Capote-Fan, der mit einem Text über seine Mutter an einem Literatur-Wettbewerb teilnehmen will. An seinem 17. Geburtstag besuchen sie eine Theateraufführung von Tennessee Williams' »Endstation Sehnsucht«, dessen Heldin Manuela früher selbst einmal gespielt hat. Beim Versuch, ein Autogramm der Hauptdarstellerin Huma Rojo (M. P.) zu erhalten, verunglückt Esteban tödlich. Nun kann Manuela ihrem Sohn nicht mehr das Geheimnis um seinen angeblich verstorbenen Vater lüften. Tief erschüttert vom Verlust und den Tagebuchnotizen Estebans, geht sie nach Barcelona, in die Stadt ihrer Jugend, um ihren Mann zu suchen. Manuela taucht ein in die Halbwelt der Prostituierten und rettet den Transvestiten La Agrado (A. S. J.), einen guten Freund von früher, bei einer Schlägerei. Arbeit findet sie bei Huma, die beim anstrengenden Liebesleben mit ihrer drogenabhängigen Kollegin Niña (C. P.) etwas organisatorische Hilfe gebrauchen kann. Die beruflich wie privat in Schwierigkeiten steckende Nonne Rosa (P. C.) nimmt Manuela kurzentschlossen bei sich auf. Unter den Frauen herrschen bei allen Sorgen, Krankheiten und selbstverschuldeter Tristesse stets Mitgefühl, Verständnis und Achtung füreinander. Wenig später teilt Rosa mit, sie sei schwanger und aidsinfiziert von Lola (T. C.), Manuelas Mann, der eine Geschlechtsumwandlung hinter sich hat. Als Rosa und Lola, von der Krankheit gezeichnet, sterben, kann Manuela dem Kind, das sie Esteban nennt, Ersatzmutter sein. Und jenes scheint dem gefährlichen Virus zu widerstehen.

Todo sobre mi madre bildet mit Almodóvars vorangegangenen Filmen *La flor de mi secreto* (Mein blühendes Geheimnis, 1995) und *Carne trémula* (Live Flesh, 1997) eine Art Trilogie, in der der spanische Kultregisseur den Frauen mehr Potential zuschreibt als den Männern. Seine »emotionale Geschichte, die die Herzen und die Genitalien der Leute erreichen soll«, wie er sagt, ist eine Hommage an Mankiewiczs *All about Eve* und Cassavetes' *Opening night* (Die erste Vorstellung / Premiere, USA 1977), an jene »Frauen am Rande des Nervenzusammenbruchs« also, die »wie Bette Davis, Gena Rowlands und Romy Schneider ein schillerndes Geheimnis« (Almodóvar) in sich tragen. Der Spanier ist stilsicherer, reifer geworden, ohne deshalb milder zu werden: intellektuelle Schärfe, bissiger Witz, exzentrische Charaktere, komplexe Handlungsstränge, die virtuose Kameraarbeit des Brasilianers Affonso Beato und die Musik von Alberto Iglesias sind hier kunstvoll miteinander verknüpft. Almodóvars große Hymne an die Menschlichkeit, an die weibliche Solidarität zelebriert ein Universum der großen, archaischen Gefühle – vergleichbar der Oper.

Die Tragikomödie um eine Ex-Prostituierte, die in Madrid ein geruhsames Leben führt, aber zu ihren Ursprüngen zurückkehren muß, feiert Barcelona als Stadt der Frauen, als Zentrum des sexuellen Wandels, als Schauplatz einer schrillen, farbenfrohen Screwball Comedy. Gekonnt vermeidet der Moralphilosoph Almodóvar als Hüter des Marginalen fast jeden Anflug von Manierismus und Kitsch, mit seiner Skurrilität und elliptischen Erzählführung proklamiert er eine vaterlose Gesellschaft und die Utopie einer neuen »heiligen Familie«. Denn trotz aller Probleme verlieren seine Heldinnen nie die Hoffnung, die Freundschaft und die Liebe zum Abenteuer Leben aus den Augen. Dafür nimmt der Regisseur sogar einige stilisierte, unrealistische Sequenzen in Kauf und riskiert kühne Zeitsprünge.

To koritsi me ta mavra
Das Mädchen in Schwarz

Griechenland 1956

R: Michael Cacoyannis; A: Michael Cacoyannis; K: Walter Lassally; D: Ellie Lambetti, Dimitri Horn, Eleni Zafiriou, Notis Pergialis

Der Schriftsteller Pavlos (D. H.) und sein Freund Antonis (N. P.) wollen auf der Insel Hydra ausspannen. Aber der geplante fröhliche Urlaub wird unversehens mit Problemen belastet. Sie wohnen bei einer einst begüterten Familie. Nach dem Tod des Mannes hat seine Witwe einen Liebhaber genommen und sich damit der Verachtung des Dorfes ausgesetzt. Am meisten leidet die Tochter Marina (E. L.) unter der Feindschaft der Nachbarn, die sich auch auf Pavlos ausdehnt, als der sich in Marina verliebt und von ihr wiedergeliebt wird. Es kommt sogar zu einem Attentat auf Pavlos. Aber nun gewinnt Marina die Kraft, die schwarzen Kleider der Schande abzuwerfen und sich offen zu ihrer Liebe zu bekennen.

Der erste internationale Erfolg des griechischen Regisseurs Cacoyannis und praktisch auch des griechischen Films. Cacoyannis hat hier ein Familiendrama nach dem Muster antiker Tragödien inszeniert und es in ein mit sozialem Engagement beschriebenes Milieu gestellt. Bemerkenswert ist dabei besonders, wie die Kamera die karge Landschaft abtastet und sie in eine überzeugende Beziehung zur Handlung setzt.

Tokyo monogatari
Eine Geschichte aus Tokio / Die Reise nach Tokio

Japan 1953

R: Yasujiro Ozu; A: Kogo Noda, Yasujiro Ozu; K: Yushun Atsuta; D: Chishu Ryu, Chiyeko Higashiyama, So Yamamura, Haruko Sugimura, Setsuko Hara

Shukishi (C. R.) und seine Frau Tomi (C. H.) wollen zum ersten Mal ihre verheirateten Kinder in Tokio besuchen. Aber der Sohn Koichi (S. Y.), der als Arzt in einem Vorort lebt, kann sich kaum um die Eltern kümmern; und auch die Tochter Shige (H. S.) hat keine Zeit, da sie zu sehr mit ihrem Kosmetiksalon beschäftigt ist. Beide Kinder legen zusammen und finanzieren den Eltern eine Reise in den Badeort Atami. Im Hotel ist es den beiden aber zu laut, und sie kehren nach Tokio zurück. Shige erwartet Gäste und kann sie nicht aufnehmen; und Koichi, bei dem sie vorher gewohnt haben, wollen sie nicht wieder zur Last fallen. So verbringt Tomi die Nacht bei Noriko (S. H.), der Witwe ihres gefallenen Sohnes, während Shukishi sich mit alten Freunden verabredet und spät in der Nacht mit einem Gefährten betrunken bei Shige abgeliefert wird. Auf der Heimfahrt wird Tomi krank und stirbt bald nach der Rückkehr. Zwar kommen alle Kinder zur Beerdigung, aber sie wollen so schnell wie möglich zurückfahren. Wieder ist allein Noriko verständnisvoll. Shukishi dankt ihr für alles und rät ihr, sich wieder zu verheiraten.

Ozu selbst betrachtete diesen Film als sein Meisterwerk. Tatsächlich ist hier sein Lieblingsthema – die Familiengemeinschaft, der Gegensatz der Generationen, der Einbruch der Neuzeit in festgefügte Traditionen – mit besonderer Schönheit und Geradlinigkeit gestaltet worden. Der Film verzichtet auf alle Effekte, auf Formspielereien, auf sentimentale Exkurse. Er ist statt dessen mit mathematischer Exaktheit konstruiert; diese Konstruktion, die durchaus sichtbar wird, erscheint jedoch als Ordnungsprinzip von hoher künstlerischer Vollendung. Wieder verharrt die Kamera fast unbeweglich in halber Höhe; aber dieser Purismus der Gestaltung, der alle Filme Ozus bestimmt, scheint hier noch um eine Nuance »klarer«, einer noch strengeren Auswahl der Details unterworfen.

Tol'able David ⓈⒸ
David, das Muttersöhnchen

USA 1921

R: Henry King; A: Edmund Goulding und Henry King nach einem Roman von Joseph Hergesheimer; K: Henry Cronjager; D: Richard Barthelmess, Warner Richmond, Edmund Gurney, Marion Abbott

David Kinemon (R. B.), der Sohn einfacher Bergbauern, hat nur einen Wunsch: Er möchte die Post austragen. Aber diesen Beruf übt schon sein Bruder Allen (W. R.) aus. Eines Tages wird Allen von Gangstern zum Krüppel geschlagen. Allens Vater (E. G.) will die Tat rächen, besinnt sich aber auf Gesetz und Recht, setzt das Gewehr wieder ab und wird daraufhin selbst erschossen. Jetzt ist David das Oberhaupt der Familie und müßte eigentlich den Toten rächen. Aber seine Mutter (M. A.) hält ihn davon ab, und David wird Verkäufer im Kolonialwarenladen. Eines Tages wird ihm die Post für einen Rundgang anvertraut. Dabei läuft er ausgerechnet dem berüchtigten Hatburn-Trio in den Weg. Die drei versuchen, ihm die Post zu rauben. Aber diesmal kämpft David und bleibt Sieger. Sein Lohn: Er darf fortan die Post austragen.

Für Paul Rotha ist *Tol'able David* einer der besten Filme, die bis dahin in den USA produziert worden waren. Er rühmt seine Charakterzeichnung, die Detailschilderungen und die Einbeziehung der Landschaft in das Geschehen. Zu den Bewunderern dieses Films gehörte auch Pudowkin, der seine Montage und seine »plastische Schilderung« lobte.

Tom Jones
Tom Jones – Zwischen Bett und Galgen

England 1962

R: Tony Richardson; A: John Osborne nach einem Roman von Henry Fielding; K: Walter Lassally; D: Albert Finney, Susannah York, Hugh Griffith, Edith Evans, Joan Greenwood, David Warner

18. Jahrhundert. Als unehelicher Sohn einer Magd und des Schloßherrn wird Tom Jones (A. F.) geboren. Mit zwanzig verliebt er sich in Sophie (S. Y.), die Tochter eines Gutsherrn (H. G.), was ihn aber nicht von diversen weiteren Liebeleien abhält. Als Sophies Tante (E. E.) eine Ehe zwischen ihrer Nichte und Toms heuchlerischem Halbbruder Blifil (D. W.) stiften will, wird Tom davongejagt. In London fällt er einer mannstollen Abenteurerin (J. G.) in die Arme und beinah einem Komplott seines Halbbruders zum Opfer. Wegen eines ihm unterschobenen Diebstahls wird er zum Tod am Galgen verurteilt. Doch Sophies Vater eilt voller Reue herbei, rettet sein Leben und sanktioniert die Heirat mit seiner Tochter.

Ein vitales Sittengemälde aus dem 18. Jahrhundert, in dem die literarische Vorlage auch entstand. Deren sozialkritische Bezüge treten im Film zurück und sind allenfalls noch in der ironischen Distanz spürbar. Dafür herrscht auf der Leinwand lebensvolle Sinnenlust – im Rausch einer Jagd genauso wie in der Leidenschaft der Liebe. Höhepunkt des Films ist ein Essen Toms mit einer Geliebten, bei dem die schwelgerisch genossenen Gaumenfreuden zum erotischen Symbol und zum Sinnbild des Genusses schlechthin werden.

Toni
Toni

Frankreich 1934

R: Jean Renoir; A: Carl Einstein und J. Lebert nach Gerichtsakten; K: Claude Renoir; D: Charles Blavette, E. Delmont, Max Dalban, Jenny Hélia, Célia Montalvan

Toni (C. B.) kommt als »Gastarbeiter« aus Italien nach Südfrankreich. Er wohnt bei Marie (J. H.), die bald seine Geliebte wird. Doch dann begegnet er Josepha (C. M.), einer Spanierin, in die er sich verliebt und die er heiraten möchte. Aber Josepha, die heimlich die Geliebte ihres Vetters ist, läßt sich von dem großsprecherischen Vorarbeiter Albert (M. D.) verführen und heiratet ihn. Toni resigniert und heiratet Marie. Seine Ehe wird nicht glücklich, weil er Josepha nicht vergessen kann. Nach zwei Jahren unternimmt Marie einen Selbstmordversuch und weist Toni aus dem Haus. Er geht in die Berge, von wo aus er unablässig den Hof beobachtet, auf dem Josepha und ihr Mann wohnen. Und er ist zur Stelle, als ein Unglück geschieht. Josepha wollte ihrem Mann, der den Hof ruiniert und sie mißhandelt hat, Geld stehlen und mit ihrem Vetter fliehen. Albert hat sie dabei überrascht und geschlagen; Josepha hat ihn im Affekt erschossen. Ihr Liebhaber läßt sie im Stich, aber Toni versucht, ihr zu helfen. Da der Versuch mißlingt, Alberts Tod als Selbstmord hinzustellen, nimmt Toni die Schuld auf sich und flieht. Bald wird er von den Bauern gejagt. Als Josepha die Wahrheit gesteht, ist es zu spät. Toni ist von einer Kugel getroffen worden und stirbt an der großen Eisenbahn-

brücke, über die eben ein neuer Zug mit italienischen Arbeitern fährt.
Das Drehbuch beruht auf einem authentischen Fall, der nach Gerichtsakten und Augenzeugenberichten rekonstruiert wurde. So entstand ein eindrucksvoller Film, der am Beispiel eines etwas melodramatischen Einzelfalles doch die Probleme der nach Frankreich eingewanderten Arbeiter realistisch behandelte. Tonis Tod ist kein poetisches Symbol; er demonstriert vielmehr die Auswegslosigkeit einer sozialen Situation und das Versagen der Gesellschaft.
Anläßlich einer Wiederaufführung von *Toni* schrieb Renoir 1956: »Unser Wunsch war es damals, das Publikum solle sich einbilden können, eine unsichtbare Kamera habe die Phasen eines Konflikts gefilmt, ohne daß die Menschen, die unbewußt in diese Aktionen verwickelt waren, etwas davon gemerkt hätten.«
Diesem Bemühen, die Wirklichkeit und die Wahrheit einzufangen, entspricht es auch, daß Renoir ohne Studio auf den Straßen und in den Häusern drehte, daß er zahlreiche Laiendarsteller beschäftigte und daß die Berufsschauspieler, die er verpflichtete, zum größten Teil aus dem Land und aus dem Milieu stammten, das ihrer Rolle im Film entsprach.
Produziert wurde der Film von dem Dramatiker Marcel Pagnol; einer der Regieassistenten war Luchino Visconti.

im Zug und bringt sie zu einem Onkel (D. K.), der ihnen sagt, daß die Geschichte vom Vater in Deutschland nur eine Notlüge der Mutter war, daß sie unehelich geboren sind. Aber die Kinder machen sich erneut auf den Weg durch ein trostloses, im Regen schier ertrinkendes Land – vorbei an Baustellen, kahlen Betongebäuden, verlassenen Fabriken. Der Wanderschauspieler Orestis (S. G.) kümmert sich eine Weile um sie; dann fahren sie als Anhalter weiter, wobei Voula von einem betrunkenen Lkw-Fahrer (V. K.) vergewaltigt wird. Auch eine erneute Begegnung mit Orestis bringt deprimierende Erfahrungen. Doch eines Nachts kommen die Kinder an eine unbekannte Grenze. Sie überqueren einen Fluß, und aus der nebelverhangenen Landschaft des anderen Ufers taucht schemenhaft das Bild eines Baumes auf ...
Angelopoulos sieht diesen Film als Schlußteil einer »Trilogie des Schweigens«, zu der noch die Filme *Taxidi sta Kithira* (Reise nach Kythera, Griechenland 1984) und *O melissokomos* (Der Bienenzüchter, Griechenland/Frankreich/Italien 1986) gehören. »Ich denke, die drei Filme sprechen von der gleichen Sache. Nach all den Filmen, die ich über die Geschichte und die Politik gemacht habe, erzählen diese letzten vom Schweigen der Geschichte, dem Schweigen der Liebe und dem Schweigen Gottes.« (Angelopoulos)

■
Topio stin omichli
Landschaft im Nebel

Griechenland/Frankreich/Italien 1988

R: Theo (Thodoros) Angelopoulos; A: Theo (Thodoros) Angelopoulos, Tonino Guerra und Thanassis Valtinos nach einer Geschichte von Theo (Thodoros) Angelopoulos; K: Giorgos Arvanitis; D: Tania Paleologou, Michales Zeke, Stratos Giorgioglou, Dimitris Kamberidis, Vassilis Kolovos

Die elfjährige Voula (T. P.) und ihr fünfjähriger Bruder Alexandros (M. Z.) brechen heimlich auf, um den unbekannten und schmerzlich vermißten Vater zu suchen, von dem ihre Mutter erzählt, daß er in Deutschland lebe und arbeite. Schon bald erwischt man sie als Schwarzfahrer

Toni (Max Dalban, Célia Montalvan)

Gemeinsam ist den Filmen auch das Motiv der Reise. Aber während in den beiden ersten Filmen Menschen am Ende ihres Lebens ins Ungewisse, ins Nichts, in den Tod gehen, steht hier am Ende einer bedrückenden Odyssee durch eine zerstörte und zerstörerische Welt eine – wenngleich zaghafte – Verheißung. Die Reise der Kinder kann auch als Weg in das Leben verstanden werden.
Angelopoulos hat seine Geschichte wieder in magischen Bildern und langen, insistierenden Einstellungen erzählt. Häufig tauchen Bild-Zitate aus seinen früheren Filmen auf – nicht als spielerischer Effekt, sondern als Hinweis auf die Kontinuität eines ungewöhnlichen Werkes.

Der Totmacher

BRD 1995

R: Romuald Karmakar; A: Romuald Karmakar und Michael Farin nach den Protokollen der gerichtspsychiatrischen Untersuchung Fritz Haarmanns; K: Fred Schuler; D: Götz George, Jürgen Hentsch, Pierre Franckh

Der Totmacher (Götz George)

Ein kärglich möblierter Raum mit vergitterten Fenstern, darin drei Menschen: der Psychiatrie-Professor Ernst Schultze (J. H.), der Massenmörder Fritz Haarmann (G. G.) und ein Stenograph (P. F.). Haarmann hatte in den Jahren nach dem Ersten Weltkrieg in Hannover mindestens 17 junge Männer umgebracht. Er lockte Strichjungen und Obdachlose in sein ärmliches Zimmer, tötete seine Opfer beim Liebesspiel, zerstückelte die Leichen und warf sie in einen Fluß oder in die Kanalisation. Seine Taten erregten ein aus Abscheu, Angst und Faszination genährtes Aufsehen. Auf der Straße sangen die Kinder: »Warte, warte nur ein Weilchen, dann kommt Haarmann auch zu Dir ...«
Ulli Lommel hatte das Leben und die Verbrechen Haarmanns zu einem grellen, effektvollen Bilderbogen verarbeitet (*Die Zärtlichkeit der Wölfe*, BRD 1973). Karmakar geht ganz anders vor. Er schildert – gleichsam dokumentarisch, auf der Basis der Protokolle – die Gespräche, die der psychiatrische Sachverständige Mitte 1924 mit Haarmann führte; durch seinen Film lernen wir nicht die Taten, sondern den Täter kennen. Und diese Begegnung ist zutiefst verstörend. Denn da steht einer, der sich nicht auf »mildernde Umstände« hinausreden möchte, der nicht um Verständnis und Nachsicht bettelt; da offenbart vielmehr ein Mensch im doppelbödigen Dialog mit dem geschulten Interviewer seine erschreckende innere Zerrissenheit. Mal ist er naiv und bauernschlau, dann wieder unsicher und verletzlich. Er erregt Abscheu, wenn er ungerührt über seine Opfer spricht und sich zu seinen Taten bekennt; aber gleichzeitig verunsichern seine Ängste und Obsessionen den Zuschauer, weil sie alle Grenzen des Nachvollziehbaren überschreiten. So taucht man am Ende aus diesem Film wie aus einem Alptraum auf.
Karmakar hat in der Enge einer einzigen Dekoration ein beklemmendes Kammerspiel geschaffen, das durch eine Fülle intelligenter Nuancen jeden Anflug von Eintönigkeit vermeidet. Dabei wurde er von einem Kameramann unterstützt, der immer wieder neue Aspekte des Schauplatzes entdeckt und der den Protagonisten auch optisch in ein irritierendes

Spannungsfeld einbindet. Natürlich ist dies auch der Film des Schauspielers Götz George, der den Haarmann mit einer eindrucksvollen Mischung aus Vitalität und Präzision spielt, der die Schablone seiner Krimirollen souverän abstreift. Die Regie hat ihm den Freiraum für diese exzellente Leistung geschaffen, und beide Partner haben ihn mit diszipliniertem Ensemblespiel unterstützt. Der Film erhielt zahlreiche Auszeichnungen, u. a. bei der Verleihung der Deutschen Filmpreise 1996 je ein »Filmband in Gold« als bester Film, für die beste Regie und den besten Hauptdarsteller; Götz George gewann außerdem den Darsteller-Preis beim Festival von Venedig 1995.

Touch of evil
Im Zeichen des Bösen

USA 1957

R: Orson Welles; A: Orson Welles nach dem Roman *Badge of evil* von Whit Masterson; K: Russell Metty; D: Orson Welles, Charlton Heston, Janet Leigh, Akim Tamiroff, Victor Milan, Joseph Calleia, Marlene Dietrich, Joseph Cotten

Auf seiner Hochzeitsreise wird der mexikanische Polizeibeamte Vargas (C. H.) in den USA Zeuge eines Mordes und ist Beobachter bei den Ermittlungen durch Captain Hank Quinlan (O. W.). Er entdeckt, daß Quinlan Beweisstücke gegen einen der Tat verdächtigen Mexikaner (V. M.) fälscht. Quinlan fühlt sich bedroht und wird deshalb zum Komplizen des Gauners Grandi (A. T.), der sich an Vargas rächen will, weil der seinen Bruder als Rauschgifthändler verhaftet hat. Grandi will Vargas' Frau (J. L.) in eine Rauschgiftaffäre verwickeln. Doch während Vargas entdeckt, daß es bei zahlreichen Untersuchungen Quinlans seltsame Beweisstücke gegeben hat, tötet Quinlan seinen Mitwisser Grandi. Quinlans Untergebener und Mitarbeiter (J. Ca.) spielt Vargas schließlich Beweisstücke gegen seinen Chef zu, der erschossen wird, als er Vargas töten will. Der verdächtige und mit falschen Beweisstücken belastete Mexikaner gesteht unterdessen seine Schuld.

Welles konnte noch den Rohschnitt fertigstellen, dann bemächtigte sich das Studio (Universal) des Films. Er wurde um rund 15 Minuten gekürzt, umgeschnitten, mit Nachaufnahmen und zahlreichen Detail-Änderungen verfälscht. Aber selbst dieser Torso, in dem Orson Welles als tragischer Bösewicht agiert, dem die Ermordung seiner Frau durch einen Gangster jegliches Maß geraubt hat, ist noch von beeindruckender Intensität.

1976 brachte die Universal eine 108 Minuten lange Fassung heraus, die immerhin die Kürzungen revidierte, ohne aber das Konzept des Regisseurs zu rekonstruieren. 1998 erarbeitete dann Walter Murch, ein renommierter Cutter und Sound Designer, eine dritte Fassung. Murch stützte sich auf ein unlängst entdecktes ausführliches Memorandum, das Orson Welles 1958 für die Universal geschrieben hatte, so daß diese Fassung der Konzeption des Originals mindestens sehr nahe kommt. Damit wird nun auch die formale Brillanz des Films deutlich, der mit düsteren Bildern und einer suggestiven Montage eine scheinbar banale Kriminalhandlung zum Sinnbild für die zerstörerische Kraft des Bösen macht und dabei eine kleine Provinzstadt in ein irritierendes Pandämonium verwandelt.

The towering inferno
Flammendes Inferno

USA 1974

R: John Guillermin, Irwin Allen (Actionszenen); A: Stirling Silliphant nach den Romanen *Der Turm* von Richard Martin Stern und *The glass inferno* von Thomas N. Scortia und Frank M. Robinson; K: Fred Koenekamp, Joseph Biroc, MacGillivray/Freeman-Film (Actionszenen), Bill Abbott (Spezialaufnahmen); D: Steve McQueen, Paul Newman, William Holden, Faye Dunaway, Fred Astaire, Jennifer Jones, Richard Chamberlain

Zur Einweihung des höchsten Wolkenkratzers der Welt hat der Bauherr Duncan (W. H.) 200 prominente Gäste in die 135. Etage geladen. Unter ihnen befinden sich sein Schwiegersohn Simmons (R. C.), der Architekt Roberts (P. N.), dessen Verlobte (F. D.) und der zwielichtige Claiborne (F. A.). Noch während der Begrüßung bricht im 81. Stockwerk ein Feuer aus, das von Duncan zunächst verharmlost wird. Während die Feuerwehr unter Leitung von O'Hallorhan (S. MQ.) vergeblich gegen das Feuer ankämpft, während Roberts erkennt, daß man aus Sparsamkeitsgründen nicht das von ihm geforderte extrem belastbare Material für die elektrische Anlage benutzt hat, geht die Party in der 135. Etage weiter. Als Duncan endlich seine Gäste bittet, das Erdgeschoß aufzusuchen, ist es zu spät. Der Lift bleibt im 81. Stockwerk stecken und wird zur Todesfalle, die Türen zum Treppenhaus sind versperrt, und der Außenlift kann nur wenige Menschen retten, weil die gesamte Stromversorgung zusammenbricht. Hubschrauber kommen zu Hilfe, doch sie können wegen starker Windböen nicht auf dem Dach landen. Erst als O'Hallorhan und Roberts in tollkühnem Einsatz den riesigen Wasserbehälter auf dem Dach sprengen, wird das Feuer gelöscht. Aber nur wenige Gäste haben das flammende Inferno überlebt.

Eine perfekt inszenierte Show der Superlative. Zwei Hollywood-Studios (Warner Bros. und 20th Century Fox) brachten die Produktionskosten von 20 Millionen Dollar gemeinsam auf. Raffinierte Tricktechnik (Spezialeffekte: A. D. Flowers, Logan Frazee) und ein großes Aufgebot an Stars »verstärkten die Effekte dieser gigantischen »Materialschlacht«: In 56 Studios wurden 57 Schauplätze gebaut, von denen am Ende nur 8 intakt blieben.

Der Welterfolg von *The towering inferno* löste eine neue Welle sogenannter Katastrophenfilme aus, mit denen Hollywood die unbewußten Ängste des Publikums in spektakuläre Kassenerfolge ummünzte.

■
Trainspotting
Trainspotting

England 1996

R: Danny Boyle; A: John Hodge nach dem gleichnamigen Roman von Irvine Welsh; K: Brian Tufano; D: Ewan McGregor, Ewen Bremner, Jonny Lee Miller, Kevin McKidd, Robert Carlyle, Kelly MacDonald, Shirley Henderson, Pauline Lynch, Peter Mullan

Der Junkie Mark Renton (E. MG.) will das »Paradies« genießen, bevor auch er dem Konsumterror und der Spießbürgerlichkeit verfällt. In den Vororten Edinburghs, der schottischen Hauptstadt und Drogenmetropole Großbritanniens, probt er mit vier Freunden den Aufstand gegen das biedere Mittelklasseleben der Thatcher-Ära. Die Freunde, das sind: Begbie (R. C.), ein gewalttätiger Psychopath, der lieber Leute anmacht als Drogen nimmt; Sick Boy (J. L. M.), ein obsessiver Freak; der ausgepowerte Spud (E. B.) mit Freundin Gail (S. H.) und Naturfan Tommy (K. MK.), der mit Lizzy (P. L.) geht und als einziger keine Drogen nimmt. Neben High-Sein, Zoff und Suff ist Sex das beste Fluchtmittel. Nach dem »Abtauchen« in die »dreckigste Toilette Schottlands« erlebt Mark seine nächtliche Eroberung Diane (K. MD.) am nächsten Morgen als braves Schulmädchen. Von der Polizei gejagt, wird er mit einer Überdosis zum Entzug ins Krankenhaus eingeliefert. Seine Eltern sperren ihn zu Hause ein, bis er den Drogen entsagt und die Halluzinationen verschwinden. Danach geht er nach London und arbeitet als Immobilienmakler. Eines Tages aber kreuzen Begbie und Sick Boy auf, um mit ihm einen großen Drogendeal zu landen. Am Ende behält Mark den Erlös für sich und flüchtet in das normale Leben: zu TV-Spielshows, Fast-Food, Auto und Familie.

Als »Clockwork Orange« der neunziger Jahre bezeichnet, schickt Boyles Kultfilm seine selbstzerstörerischen Junkies auf Identitätssuche in einer erstarrten, selbstgefälligen Gesellschaft, ohne Hoffnung auf Veränderung. Die »Kloake Schottlands« entlädt eine explosive, gewalt- und sexorientierte Atmosphäre. Diese provokative Kampfansage an die bürgerliche Scheinwelt, ihre Spielregeln und Moralvorstellungen hat in Großbritannien als Buch, Theaterstück und Soundtrack Furore gemacht. »Trainspotting« meint das Beobachten von Zügen und gilt dort als Volkssport. Das zynische Lebensgefühl einer Generation vor dem Erwachsenwerden weist durchaus kontroverse Schockelemente auf, doch das Junkie-Dasein wird nie glorifiziert. Der Off-Kommentar des Helden als Erzähl- und Reflexionsebene wartet im Original mit rauhem Jargon und einer Loser-Geschichte ohne moralischen Zeigefinger auf. Mit Humor, Realismus und surrealer

Trainspotting (Ewan McGregor, Jonny Lee Miller)

Phantasie wird für Lebenslust statt Konsumismus plädiert. Ein visuell einfallsreicher, rasanter und frecher Film. Ausgefallene Kamerapositionen mit Comic- und Videoclipcharakter verweisen auf die Rauschgiftphantasien und sprechen ein jugendliches Publikum an. Die überzeugenden Darsteller verschmelzen förmlich mit den Figuren. Der Held könnte auch ein Popstar, ein Idol sein, trotz des Rituals: Ein Schuß, und dann ist alles gut.

Transport z ráje
Transport aus dem Paradies

ČSSR 1962

R: Zbyněk Brynych; A: Zbyněk Brynych und Arnošt Lustig nach der Erzählung *Nacht und Hoffnung* von Arnošt Lustig; K: Jan Čuřík; D: Ilja Prachař, Čestmír Řanda, Helga Čočková, Jindřich Narenta, Zdenek Štěpánek

Im »Muster-KZ« Theresienstadt wird ein Transport für das Vernichtungslager Auschwitz vorbereitet. Der Film schildert in episodischer Struktur die letzten Stunden vor seiner Abfahrt. David Löwenbach (Z. Š.) vom »Ältestenrat« ahnt sehr schnell, wohin der Transport gehen soll. Er weigert sich, die Liste der für Auschwitz bestimmten Leidensgenossen zu unterschreiben. Er wird eingesperrt, und sein Nachfolger Marmulstaub (Č. Ř.) unterschreibt. Eine authentische Episode: Die Insassen von Theresienstadt drehen auf Befehl der Deutschen einen Film mit dem Titel *Der Führer schenkt den Juden eine Stadt*, der der Welt beweisen soll, wie schön man hier lebt. In der Lagergasse hängt plötzlich ein Schild mit der Aufschrift »Nieder mit dem Faschismus«. Voller Wut quält und demütigt der SS-General Knecht (J. N.) die Lagerbewohner: Bei einem Appell müssen sich alle als »Saujude« melden. In der Nacht vor dem Abtransport gibt sich das Mädchen Lizinka (H. Č.) einigen jungen Männern hin. Sie sollen wenigstens einmal die Liebe kennenlernen, ehe sie sterben. Dann geht der Transport ab. David Löwenbach schließt sich ihm freiwillig an; Ignac Marmulstaub bleibt, von Selbstvorwürfen gequält, zurück.

Der Film verzichtet im Bild und in der Dekoration bewußt auf den Anschein der Authentizität – wohl aus der Einsicht, daß die Wirklichkeit von Theresienstadt sich nicht »nachstellen« läßt. Und er erreicht gerade dadurch und durch eine kluge Verteilung der Akzente eine Art modellhafter Eindringlichkeit. Gelegentlich stören einige Effekte der Regie, aber sie beeinträchtigen den Gesamteindruck nicht entscheidend.

Traumulus

Deutschland 1935

R: Carl Froelich; A: R. A. Stemmle und Erich Ebermayer nach dem gleichnamigen Bühnenstück von Arno Holz und Oskar Jerschke; K: Reimar Kuntze; D: Emil Jannings, Herbert Hübner, Hannes Stelzer, Hilde Weißner, Hilde von Stolz, Arno Paulsen

Professor Niemeyer (E. J.), dem Direktor eines Gymnasiums in einer Provinzstadt, wird allzu große Nachsicht gegen seine Schüler, von denen einige auch seine Pensionäre sind, vorgeworfen. Außerdem schadet dem idealistischen, aber weltfremden Pädagogen der Leichtsinn seiner zweiten Frau (H. W.) und seines verbummelten Sohnes (A. P.) aus erster Ehe. Niemeyers Hauptgegner ist der Landrat von Kannewurf (H. H.). Kurz vor einer feierlichen Denkmalsenthüllung, zu der auch »Majestät« erwartet wird, sieht man den Primaner Kurt von Zedtlitz (H. S.) in den frühen Morgenstunden aus dem Haus der Schauspielerin Lydia Link (H. v. S.) kommen. Zedtlitz bestreitet sein nächtliches Abenteuer, um dem Professor nicht zu schaden und Frau Link nicht zu kompromittieren. Am folgenden Tag fliegt eine geheime Schülerverbindung »Anti Tyrannia« auf, deren Zweck vorwiegend heimlicher Bier- und Tabakgenuß der Jungen gewesen ist. Unter den Verhafteten befindet sich auch Zedtlitz; er hat sein Wort gebrochen und den von Niemeyer verhängten Hausarrest nicht beachtet, um seine Mitschüler zu überreden, ihre Vereinigung aufzulösen. Aber der tief enttäuschte und verletzte Professor lehnt alle Erklärungen des Jungen ab, der sich daraufhin verzweifelt das Leben nimmt. An seiner Bahre erkennt Niemeyer, daß er in einer unwirklichen Welt gelebt hat. Er kündigt an, er werde um seine Pensionierung bitten. Aber er hofft auf eine neue Jugend und eine neue Zeit.

Eine sorgfältige Inszenierung, in der Milieuschilderung und die Zeichnung der Charaktere und Probleme noch deutlich vom Stil der zwanziger Jahre geprägt sind. Jannings spielt sehr eindrucksvoll einen idealistischen Starrkopf (Kannewurf: »Sie kennen eben nur Schwarz oder Weiß!«), der moralische Prinzipien höher stellt als den Menschen und der am Schluß erkennt: »Mir ist recht geschehen. Warum war ich so blind!« Der tragische Zwiespalt in dieser Figur macht den eigentlichen Reiz des Films aus. In der Schilderung einer idealen künftigen Jugend konnte man einen Hinweis auf den Nationalsozialismus sehen.

The treasure of the Sierra Madre
Der Schatz der Sierra Madre

USA 1947

R: John Huston; A: John Huston nach dem gleichnamigen Roman von B. Traven; K: Ted McCord; D: Humphrey Bogart, Walter Huston, Tim Holt, Bruce Bennett

Mexiko, Mitte der zwanziger Jahre. Die beiden Amerikaner Dobbs (H. B.) und Curtin (T. H.) sind in Tampico gestrandet. Ihre letzte Hoffnung ist es, irgendwo Gold zu finden. Zusammen mit dem alten Goldsucher Howard (W. H.) ziehen sie in die Berge. Und sie haben Glück. Aber je mehr Gold sie finden, desto brüchiger wird ihre Gemeinschaft, desto mißtrauischer belauern sie sich gegenseitig. Dann taucht der Abenteurer Cody (B. B.) auf; und sie müssen ihn beteiligen, weil sie ohne Lizenz schürfen und Cody sie kurzerhand erpreßt. Aber schon bald wird der neue Teilhaber bei einem Überfall von Banditen getötet. Die drei Überlebenden wollen endlich zurück in die Zivilisation und ihren Gewinn einstreichen. Doch unterdessen sind sie zu erbitterten Feinden geworden. Der alte Howard hat genug von diesem Haß. Er bleibt bei einem Indianerstamm zurück, um ein krankes Kind zu retten. Dobbs verwundet Curtin bei einer Auseinandersetzung um das Gold schwer und läßt ihn hilflos liegen. Er selbst wird kurz vor dem Ziel von Indianern überfallen und getötet. Die Indianer schlitzen die Säcke mit dem Goldstaub auf, den der Wind über die weite Ebene treibt.

Ein spannender und hintergründiger Abenteuerfilm, der seine Wirkung aus realistischen Schilderungen, psychologischer Exaktheit und guten darstellerischen Leistungen bezieht. Eindrucksvoll, wie hier die Entfremdung durch das Gold und das wachsende Mißtrauen ohne pathetischen Aufwand deutlich werden. Der Film wurde ein großer Erfolg insbesondere für Humphrey Bogart und John Huston, der mit dem Film zwei »Oscars« (Regie und Drehbuch) gewann; einen dritten »Oscar«, für die beste Nebenrolle, erhielt sein Vater Walter Huston.

Tre fratelli
Drei Brüder

Italien/Frankreich 1981

R: Francesco Rosi; A: Tonino Guerra und Francesco Rosi in Anlehnung an eine Erzählung von Andrej Platonow; K: Pasqualino De Santis; D: Philippe Noiret, Michele Placido, Vittorio Mezzogiorno, Charles Vanel, Sara Tafuri, Andréa Ferréol, Marta Zoffoli

Zur Beerdigung ihrer Mutter kehren drei Brüder noch einmal auf den elterlichen Bauernhof zurück: der Arbeiter Nicola (M.P.), der mit Streiks die Gesellschaft verändern will, der Lehrer Rocco (V.M.), der sich um straffällige Jugendliche kümmert und die Utopie einer gewaltfreien Gesellschaft träumt, der Richter Raffaele (P.N.), der in ständiger Angst vor einem Attentat lebt und pragmatisch für den Bestand einer – wenn auch mit Mängeln behafteten – Demokratie arbeitet. Der Kontakt zum Vater (C.V.) ist gefühlvoll, aber doch lose; eine echte Beziehung zu dem alten Mann findet eigentlich nur Nicolas achtjährige Tochter (M.Z.). Es passiert nicht viel in diesem Film: Die Brüder gehen durchs Dorf, suchen vertraute Plätze auf, und Nicola besucht eine Jugendfreundin, die einen anderen Mann geheiratet hat. Wichtiger sind die Gespräche, Erinnerungen und Träume. Der Vater erinnert sich an das Glück seiner Liebe und seiner Ehe; Nicola träumt von seiner geschiedenen Frau, Rocco von einem friedlichen Aufstand der Jugend, Raffaele von seiner Ermordung durch Mitglieder der Roten Brigaden. An der Beerdigung nimmt der Vater nicht teil. Die Brüder werden, nach einem Moment der Gemeinsamkeit in der Trauer, jeder in sein Leben zurückkehren.

Die Konstruktion der Handlung und das Ensemble der Protagonisten wirken auf den ersten Blick allzu schematisch. Aber Rosis insistierende Beschreibung bringt so viel wirkliches Leben in den Film ein, daß dieser Eindruck bald schwindet. Da wird die unendliche Einsamkeit des Vaters genauso unmittelbar im Bild deutlich wie die merkwürdige Irritation, die die Brüder bei der Begegnung mit den Stätten ihrer Jugend überfällt. Es gibt überaus zarte und packende Szenen in der Begegnung zwischen Großvater und Enkelin. Da ist ferner

Tre fratelli

eine Traumsequenz, die stilistisch völlig aus dem Rahmen fällt: Rocco träumt in einer Art Musical-Szene vor gemalten Kulissen, daß die Jugend die Welt von ihrem »Schmutz« (Waffen, Rauschgift, Geld) reinigt. Rosi hat erklärt, gerade diese Szene sei ihm so wichtig, daß Fragen des Stils hier zweitrangig für ihn seien. Interessant ist auch, daß Rosi, der in früheren Filmen viel Verständnis für die aufgebracht hatte, die die Gesellschaft mit Gewalt verändern wollten, in diesem Film dem pragmatischen Richter die stärkste Position und die besten Argumente gegeben hat. Seine Erklärung in einem Interview: Wenn man jahrzehntelang auf einem bestimmten Weg vergeblich versucht habe, zum Ziel zu kommen, dann bestehe der begründete Verdacht, daß dieser Weg falsch sei.

schen von Zwängen der Gesellschaft und der Überlieferung. Aber dieser Akt der Befreiung ist hier noch vieldeutiger als in seinen früheren Filmen: Don Lope ist Unterdrücker, aber auch Wohltäter Tristanas; sie kehrt freiwillig zu ihm zurück, als sie Hilfe braucht; ihre Flucht in die Freiheit zahlt sie mit ihrer »Unversehrtheit«; und der Akt der endgültigen Befreiung ist heimtückisch und brutal. Dazwischen gibt es in suggestiven Bildern typisch Buñuelsche Irritationen: Tristana sieht sich bedrängt von den erotischen Wünschen des taubstummen Sohnes von Don Lopes Haushälterin, im Traum sieht sie den abgeschnittenen Kopf ihres Vormunds als Klöppel in einer Glocke usw. Ein faszinierendes Bild einer Welt, in der Zwänge und Bedrohungen direkt in den Bildern sichtbar werden.

Tristana
Tristana

Spanien/Italien/Frankreich 1970

R: Luis Buñuel; A: Luis Buñuel und Julio Alejandro nach einem Roman von Benito Pérez Galdós; K: José F. Aguayo; D: Catherine Deneuve, Fernando Rey, Franco Nero

Die achtzehnjährige Tristana (C. D.) kommt als Waise in das Haus ihres rund vierzig Jahre älteren Vormunds Don Lope (F. R.), der ihr verfällt und sie dazu bringt, mit ihm zu schlafen. Aber bei einem Spaziergang lernt Tristana den Maler Horacio (F. N.) kennen, dem sie nach Madrid folgt. Dort erkrankt Tristana schwer und läßt sich zu Don Lope zurückbringen, der unterdessen eine Erbschaft gemacht hat und für sie sorgen kann, als ihr ein Bein amputiert werden muß. Tristana schickt den Maler fort und bleibt bei Don Lope. Auf Drängen des Pfarrers akzeptiert sie schließlich sogar eine Heirat. Doch während sich Don Lope am Ziel seiner Wünsche glaubt, verweigert sie sich ihm. Und als er in einer Winternacht schwer erkrankt, läßt sie ihn hilflos sterben. Sie öffnet das Fenster und atmet tief die frische Luft; Erinnerungsbilder dringen gleichsam durch das Fenster in den Raum.
Wieder zeigt Buñuel die Befreiung eines Men-

Trois couleurs: rouge
Drei Farben: Rot

Frankreich/Schweiz/Polen 1994

R: Krzysztof Kieślowski; A: Krzysztof Piesiewicz, Krzysztof Kieślowski; K: Piotr Sobocinski; D: Irène Jacob, Jean-Louis Trintignant, Jean-Pierre Lorit, Frédérique Feder

Der Film erzählt zwei gleichsam parallel verlaufende Geschichten. Im Vordergrund steht die von Valentine (I. J.), Studentin und Gelegenheits-Fotomodell in Genf, die eines Tages durch einen Zufall einen pensionierten Richter (J.-L. T.) und sein schmutziges Hobby kennenlernt: Er hört die Telefongespräche seiner Nachbarn ab. Dennoch kommen die beiden sich näher, zumal der zynische Menschenfeind sich durch eine Selbstanzeige von seiner unwürdigen Obsession befreit. – Da ist ferner die Geschichte des Jura-Studenten Auguste (J.-P. L.), der vielleicht das jugendliche Alter ego des Richters ist; denn ihm widerfahren beiläufig Dinge, die der alte Mann Valentine nach und nach als Erinnerungen preisgibt: Ein Zufall offenbart ihm die Lösung der Examensaufgabe, eine Frau – Karin (F. F.) – betrügt und verläßt ihn. – Am Ende befinden sich Valentine und Auguste, ohne sich zu kennen, auf der Fähre nach England. Sie ist auf der Reise zu ihrem Freund, der dort arbeitet; er verfolgt die Spur von Karin, die mit ihrem neuen Liebhaber auf einer Yacht durch den Ärmelkanal segelt. In einem Sturm wird die Yacht als vermißt gemeldet, und die Fähre kentert. Der Richter sieht im Fernsehen Valentine unter den Geretteten; und der Zuschauer erkennt neben ihr Auguste.

Der letzte Teil einer Trilogie, zu der noch die Filme *Trois couleurs: bleu* (Drei Farben: Blau, Frankreich/Schweiz/Polen 1993) und *Trois couleurs: blanc* (Drei Farben: Weiß, Frankreich/Schweiz/Polen 1993) gehören. Die Farben stehen für die der französischen Trikolore; gleichzeitig symbolisieren sie die Ideale der Französischen Revolution: Freiheit, Gleichheit, Brüderlichkeit. Um brüderlich/schwesterliches Miteinander also geht es hier. Kieślowski variiert dieses Thema, indem er den unmittelbaren menschlichen Kontakt zwischen Valentine und dem Richter konfrontiert mit der scheinbaren Omnipotenz der technischen Kommunikationsmittel. Telefone und Anrufbeantworter spielen eine große Rolle in diesem Film. Am Anfang folgt die Kamera in virtuoser Fahrt einem Telefonkabel durch Relais, Schächte, schließlich gar durch den Genfer See; am Ende vereint das Fernsehen auf fast magische Weise die Hauptdarsteller. Der Film macht indes auch deutlich, daß die moderne Technik zwar Informationen vermitteln kann, zum zwischenmenschlichen Kontakt aber nur bedingt taugt. Die raffinierte Konstruktion des Films, in dem Lebenswege sich wie Schaltkreise berühren, und seine formale Virtuosität drängen sich dem Zuschauer freilich niemals auf. Sie dienen nur der intensiven Vermittlung einer einfachen Geschichte von Menschen, denen der Zufall eine Chance gegeben hat.

Trotta

BRD 1970

R: Johannes Schaaf; A: Johannes Schaaf und Maximilian Schell nach dem Roman *Die Kapuzinergruft* von Joseph Roth; K: Wolfgang Treu; D: András Bálint, Rosemarie Fendel, Doris Kunstmann, Elma Bulla, Heinrich Schweiger

Trois couleurs: rouge (Irène Jacob)

1914. Unmittelbar vor dem Einrücken ins Feld heiratet der junge österreichische Baron Trotta (A. B.) die reiche Bürgerstochter Elisabeth Kovacs (D. K.). Aber noch in der Hochzeitsnacht verläßt ihn seine Frau, weil Trotta diese Nacht am Sterbebett seines treuen Dieners verbringt. Nach dem Krieg kommt Trotta in eine veränderte Welt zurück, in der er sich nicht zurechtfinden kann. Das Familienvermögen zerrinnt; ein Versuch, mit seinem Schwiegervater (H. S.) Geschäfte zu machen, scheitert. Seine Frau hat er als Gefährtin der emanzipierten Almarin (R. F.) wiedergefunden, von der sie eifersüchtig bewacht wird. So verbringt Trotta seine Tage ziellos mit Freunden im Café. Ein einziges Mal macht er einen Ansatz, sein Leben zu bewältigen: Zusammen mit seiner Mutter (E. B.) richtet er im Elternhaus eine Pension ein. Jetzt kehrt auch Elisabeth zu ihm zurück. Aber Trottas Interesse an der Pension, in der vornehmlich die Freunde herumlungern, ohne zu zahlen, erlischt bald. Er wird immer lethargischer. Und als Elisabeth ihn endgültig verläßt, um zu Almarin zurückzukehren, macht er keinen Versuch mehr, sie zu halten.

Schaaf hat seinen Film mit sehr viel Sinn für atmosphärische Details gestaltet. Der Untergang der Monarchie und der Abgesang eines Zeitalters vollziehen sich hier mehr in Stimmungen als in Aktionen. Der Regisseur versetzt sich dabei gleichsam in den Bewußtseinsstand Trottas und zeichnet seinen Niedergang, sein Versagen mit mitfühlender Sorgfalt, ohne sein Schicksal für aufdringliche ideologische Nutzanwendungen in Anspruch zu nehmen. So entstand ein durchaus »konventioneller« Film, der von Geschmack und sicherem Stilwillen geprägt ist. Ein Einzelgänger in der damaligen Produktion der BRD, weder an den Experimenten der Jungen noch an den Spekulationen der Alten orientiert.

Le trou
Das Loch

Frankreich/Italien 1959

R: Jacques Becker; A: Jacques Becker, José Giovanni und Jean Aurel nach einem Roman von José Giovanni; K: Ghislain Cloquet; D: Jean Kéraudy, Michel Constantin, Philippe Leroy, Raymond Meunier, Mark Michel

Die Untersuchungshäftlinge Roland (J. K.), Monsignore (R. M.), Manu (P. L.) und Géo (M. C.) bereiten unter Leitung des erfahrenen Roland einen Ausbruch vor; sie wollen einen Gang aus der Zelle in die Freiheit graben. Als Gaspard (M. M.) zu ihnen in die Zelle gelegt wird, bleibt ihnen nichts anderes übrig, als ihn einzuweihen. Gaspard macht begeistert mit. Doch dann erfährt er bei einem Gespräch mit dem Gefängnisdirektor, daß seine Frau ihre Anschuldigungen (wegen eines angeblichen Mordversuchs) gegen ihn zurückgezogen hat, daß er bald frei sein wird. Gaspard verrät seine Kameraden, die auf frischer Tat ertappt werden.

Becker verzichtet auf alle moralischen Aspekte. Sein Film ist auch keine Anklage gegen die Justiz oder den Strafvollzug. Er ist weniger als das und vielleicht mehr: Er zeigt, wie sich Gemeinschaften je nach den persönlichen Interessen bilden und auflösen. Und er demonstriert mit fanatischer Akribie den Einfallsreichtum, den der Mensch in einer scheinbar ausweglosen Situation entwickeln kann. Aus der Beschränktheit der Möglichkeiten, des Schauplatzes macht Becker ein Spiel von erstaunlicher Vielfalt, in dem Details – ein Hammerschlag, ein falsch angesetzter Meißel – ungeheure Wichtigkeit erlangen können. Becker, der noch vor der Uraufführung dieses Films starb, drehte ihn mit Laien und erreichte durch seine präzise Regie gleichzeitig Virtuosität und Authentizität.

The trouble with Harry
Immer Ärger mit Harry

USA 1956

R: Alfred Hitchcock; A: John Michael Hayes nach einem Roman von Jack Trevor; K: Robert Burks; D: Edmund Gwenn, John Forsythe, Shirley MacLaine, Mildred Natwick, Barry Macollum

Harry ist zu Beginn des Films bereits eine Leiche, die still im Walde liegt. Und just das bringt den Ärger. Dort nämlich entdeckt der pensionierte Kapitän Wiles (E. G.) Harry und hält ihn für das Opfer seiner schwachen Schießkünste bei der Kaninchenjagd. Auch die ältliche Miss Gravely (M. N.) fühlt sich schuldig, weil sie zu Harrys Lebzeiten ihre Unschuld mit einem Nagelschuh gegen ihn verteidigt hat. Selbst der Maler Sam (J. F.) kann nicht umhin zu argwöhnen, er könne vielleicht Harrys Tod fahrlässig verschuldet haben. Und schließlich macht sich auch Jennifer Rogers (S. ML.) Vorwürfe; denn Harry war einmal ihr Mann, und als er sie jetzt besucht hatte, hatte sie ihm bei seinem Abgang eine gefüllte Milchflasche nachgeworfen. Die potentiellen Totschläger versuchen unabhängig voneinander, Harry zu beseitigen; aber auf überraschende Weise taucht er immer wieder auf. Als sich schließlich auch die Polizei einschaltet, weil man Harrys Schuhe an den Füßen eines Landstreichers (B. M.) gefunden hat, wird Harry in Mrs. Rogers Haus geschafft und zur Klärung des Sachverhaltes dem Hausarzt präsentiert. Der stellt als Todesursache Herzschlag fest, und erleichtert bringen die nunmehr Verschworenen Harry in den Wald zurück, wo ihn nun ganz offiziell die Polizei finden soll. Und erleichterten Herzens können jetzt Harrys gar nicht sonderlich traurige Witwe und der Maler sich einander zuwenden ...

The trouble with Harry (Kind: Jerry Mathers)

Hitchcock hat diese makabre Komödie in einer farbenprächtigen Herbstlandschaft realisiert; und es gelang ihm dabei, »Harry« allmählich in die Idylle zu integrieren, sein Spiel mit dem Entsetzen so zu treiben, daß beim Zuschauer kein Entsetzen, sondern Verblüffung und Spannung aufkommen. Hitchcock selbst zählte *The trouble with Harry* zu seinen Lieblingsfilmen und meinte, dies sei seine Art des Humors.

The Truman show
Die Truman Show

USA 1997

R: Peter Weir; A: Andrew Niccol; K: Peter Biziou; D: Jim Carrey, Ed Harris, Laura Linney, Noah Emmerich, Natascha McElhone, Holland Taylor

Truman Burbank (J. C.) lebt auf der idyllischen Insel Seahaven. Er hat eine hübsche Frau, Meryl (L. L.), nette Nachbarn und in Marlon (N. E.) einen verläßlichen Freund. Doch merkwürdige Ereignisse beginnen ihn zu irritieren: Ein Scheinwerfer fällt vom Himmel; auf der Straße glaubt er, seinen Vater zu sehen, dessen Unfalltod bei einem Segelausflug ihm eine traumatische Angst vor dem Wasser beschert hat; in seinem Autoradio hört er merkwürdige Durchsagen, die wie Anleitungen für eine Verfolgung klingen ... Und als dann noch Erinnerungen an ein Mädchen (N. ME.) auftauchen, das ihm vor vielen Jahren gesagt hat, sein Leben sei eine Fälschung, will Truman aus seiner Idylle heraus und Abstand gewinnen. Aber alle Flüge sind ausgebucht, ein Autobus kann wegen eines Defektes nicht starten, eine Fahrt mit dem eigenen Auto endet bald an einer Straßensperre. Merkwürdig allerdings, daß die Männer an der Sperre Truman mit seinem Namen anreden. Doch das ist kein Wunder; denn Truman ist seit rund 30 Jahren, seit dem Tag seiner Geburt, ohne es zu wissen, der Held einer gigantischen Fernsehshow, die täglich 24 Stunden lang in 120 Länder ausgestrahlt wird. Ganz Seahaven ist ein riesiges Fernsehstudio, in dem 5000 versteckte Kameras Truman belauern, in dem auch Tag und Nacht, das Wetter und die Jahreszeiten »inszeniert« werden. Alle anderen Einwohner der Stadt sind Schauspieler und Statisten. Und über allem thront Christof (E. H.), der Erfinder und geniale Regisseur der Show, der jetzt, weil Truman sich zu emanzipieren beginnt, verzweifelt um sein Lebenswerk kämpft. Vergeblich. Am Ende verschwindet Truman durch eine schmale Tür aus dem Studio und aus seinem bisherigen Leben. Die Zuschauer in aller Welt bejubeln seine Flucht und schalten um auf ein anderes Programm.

*The Truman show
(Jim Carrey)*

In einer Zeit, in der Fernsehsendungen wie »Big Brother« zum Quoten-Renner werden, wirkt dieser Film gar nicht mehr so phantastisch. Das Drehbuch hat Wirklichkeitspartikel aus der Medienwelt aufgegriffen und bis ins – vorläufig! – Absurde übersteigert. Peter Weir hat diese Vorlage gelassen in ein Spiel verwandelt, in dem es um mehr als nur um Medienkritik geht. Er stilisiert Christof nicht zum modernen Frankenstein; er setzt überhaupt nicht auf die groben Effekte, sondern schürt das Unbehagen durch die kleinen Pannen im »Sendeablauf«, durch die falschen Töne, die von den Gesetzen der Soap-opera und den Forderungen der Werbung in diese verlogene »Wirklichkeit« getragen werden. So wird der Film, ohne an Unterhaltungswert zu verlieren, zu einem eindrucksvollen Lehrstück darüber, was Lebensqualität, was Freiheit, Selbstbestimmung und Glück wirklich bedeuten.

Tschapajew
Tschapajew

UdSSR 1933/34

R: Sergej Wassiljew, Georgi Wassiljew;
A: Sergej Wassiljew und Georgi Wassiljew nach einem Roman von Dmitri Furmanow und einem Drehbuchentwurf von Anna Furmanowa;
K: Alexander Sigajew, Alexander Xenofontow;
D: Boris Babotschkin, Boris Blinow, Illarion Pewzow, Warwara Mjasnikowa, Leonid Kmit

Der Film entstand in Anlehnung an die Erlebnisse des legendären Bürgerkriegskämpfers Tschapajew. Tschapajew (B. Ba.) kämpft im Ural erfolgreich gegen die Truppen des Obersten Borosdin (I. P.). Aber seine »Armee« ist in Wirklichkeit ein disziplinloser Haufen, so daß die Partei den Kommissar Furmanow (B. Bl.) entsendet, der für Ordnung sorgen soll. Nach anfänglichem Mißtrauen werden beide Männer Freunde; und gemeinsam gelingt es ihnen, dem Feind empfindliche Verluste zuzufügen. Furmanow wird versetzt; Weißgardisten überfallen Tschapajews Stabsquartier und töten den Kommandeur. Doch seine Truppen vernichten die Angreifer.

Tschelowek s ruschjom
(l.: Boris Tenin)

Ein handlungsreicher Film, der sich weniger um neue Wege der Filmkunst als vielmehr um kräftige Wirkungen bemühte. Tempo, Aktion und Optimismus bestimmen seinen Stil. Neben der liebevoll ausgemalten Gestalt seines Helden zeichnet er eine Vielzahl lebendiger und oft auch humorvoller Randfiguren, wie die Partisanin Anna (W. M.), die sich zunächst von dem jungen Petka (L. K.) die Handhabung der Waffen erklären lassen muß und später mit ihrem Maschinengewehr dazu beiträgt, einen feindlichen Angriff zu stoppen.
Stalin lobte den Film der beiden Wassiljews, die übrigens nicht miteinander verwandt waren, die Bezeichnung »Gebrüder Wassiljew« später aber als eine Art Gütemarke benutzten. Sein Lob verschaffte dem Film große Publizität. Für Béla Balázs machte der Film die Idee der kommunistischen Partei sichtbar. Und Dowschenko sagte: »Als ich den Film *Tschapajew* sah, wurde ich – genau wie das ganze Land – durch diesen Film tief erschüttert.«

Tschelowek s ruschjom
Der Mann mit dem Gewehr

UdSSR 1938

R: Sergej Jutkewitsch; A: Nikolai Pogodin nach seinem gleichnamigen Bühnenstück; K: Joseph Martow; D: Boris Tenin, Maxim Schtrauch, Michail Gelowani, Nikolai Tscherkassow, S. Fjodorowa

Rußland 1917. In einem Erdbunker diskutieren einige Soldaten über den Krieg und über die »neuen Lehren« Lenins. Vieles bleibt ihnen unklar, und sie beschließen, den Soldaten Iwan Schadrin (B. T.) als Delegierten zu Lenin zu schicken. Schadrin kommt nach Petrograd, als die Oktoberrevolution kurz bevorsteht. Er trifft seine Schwester (S. F.), die als Dienstmädchen für die Bourgeoisie arbeitet, und gelangt in das Zentrum der Revolutionsvorbereitung, in das Smolni-Institut. Hier gerät er zunächst in den

Verdacht, ein Provokateur zu sein; aber hier kann er schließlich auch mit Lenin (M. S.) sprechen – freilich ohne ihn zu erkennen, da er noch nie ein Bild Lenins gesehen hat. Lenin überzeugt ihn, daß man jetzt das Gewehr nicht fortwerfen darf, daß man für das Rußland der Arbeiter und Bauern kämpfen muß.

Thematisch ein typischer Film der dreißiger Jahre. Gezeigt wird die Geschichte einer politischen Bewußtwerdung, gleichsam die »Geburt« eines positiven Helden. Aber Jutkewitsch hat dieses Schema durch seine sensible Gestaltung weitgehend aufgebrochen, hat die Entwicklung psychologisch abgesichert und glaubwürdig gemacht. Im Original taucht auch Stalin (M. G.) ausgiebig auf; diese Szenen wurden nach dem XX. Parteitag entfernt.

Tschistoje nebo
Klarer Himmel

UdSSR 1960

R: Grigori Tschuchrai; A: Daniel Chrabrowizki; K: Sergej Polujanow; D: Jewgeni Urbanski, Nina Drobyschewa

Durch einen Zufall lernt das Mädchen Sascha (N. D.) den berühmten Testflieger Alexej Astachow (J. U.) kennen. Wenig später bricht der Krieg aus. Astachow zeichnet sich mehrfach aus; aber schließlich kommt die Nachricht, daß er gefallen ist und daß man den Toten zum »Helden der Sowjetunion« ernannt hat. Doch Sascha gibt die Hoffnung nicht auf. Sie bringt Astachows Kind zur Welt und wartet auf seine Rückkehr. Tatsächlich kommt Astachow eines Tages – als gebrochener Mann. Zerbrochen hat ihn nicht so sehr die Gefangenschaft als vielmehr das Mißtrauen in der Heimat, wo man ihn zum Verräter gestempelt hat, weil er sich hat gefangennehmen lassen. Sein Ehrentitel wird ihm aberkannt, seine Parteimitgliedschaft nicht erneuert; der erfahrene Flieger muß als ungelernter Arbeiter sein Brot verdienen. Und die Kollegen meiden den Verfemten. Astachow beginnt zu trinken. Doch eines Tages stirbt Stalin; und jetzt wird auch Astachow rehabilitiert.

In der Originalfassung des Films gab es eine Rahmenhandlung, die diese Geschichte als Erinnerung ausweist und ganz deutlich macht, daß Astachow auch wieder als Testpilot arbeitet. In der Bundesrepublik wurde diese Rahmenhandlung vom Verleih geschnitten.

Beeindruckend ist weniger die (konventionelle) Form des Films als vielmehr sein klares politisches Engagement. Stalin wird zum Symbol der Unterdrückung, aber er erscheint nicht als der einzige Schuldige. Im Verfahren gegen Astachow sitzen die Funktionäre servil unter einem riesigen Standbild Stalins; die vielgepriesene »sozialistische Volksgemeinschaft« versagt völlig, denn Astachows Kollegen erweisen sich als feige Konformisten. Viel zitiert wurde die künstlerisch umstrittene »Tauwetter-Montage«, die die Wandlung nach Stalins Tod mit Bildern von der Schneeschmelze und vom Frühling symbolisiert.

Tulitikkutehtaan tyttö
Das Mädchen aus der Streichholzfabrik

Finnland/Schweden 1989

R: Aki Kaurismäki; A: Aki Kaurismäki; K: Timo Salminen; D: Kati Outinen, Elina Salo, Esko Nikkari, Vesa Vierikko, Silu Seppälä

Die unscheinbare Iris (K. O.) arbeitet in einer Streichholzfabrik; ihre Aufgabe ist es vor allem, darauf zu achten, daß die bunten Etiketts richtig auf die Packungen geklebt werden. Den kargen Lohn liefert sie zu Haus bei der Mutter (E. S.) und dem Stiefvater (E. N.) ab. Eine Gegenwelt zum tristen Alltag schafft sie sich durch die Lektüre billiger Liebesromane. Am Wochenende geht sie zum Tanz. Aber Iris ist das geborene Mauerblümchen. So kauft sie sich eines Tages ein auffallendes, buntes Kleid. Zwar bekommt sie zu Hause eine Ohrfeige für diese Verschwendung, aber beim nächsten Tanzvergnügen wird sie tatsächlich von einem Herrn (V. V.) beachtet und angesprochen. Der ist freilich nur an einem billigen Vergnügen interessiert. Er nimmt sie für eine Nacht mit und läßt sie dann sitzen. Als sie ihm sagt, daß sie schwanger ist, schickt er ihr Geld für eine Abtreibung. Gerade dies will Iris nicht mehr akzeptieren. Nachdem sie ihr Kind bei einem (provozierten?) Unfall verloren hat, kauft sie von dem Geld Rattengift und verabreicht es den Menschen, unter denen sie zu lange gelitten hat. In der Fabrik erscheinen Polizisten, um sie zu verhaften.

Der Film bildet den dritten Teil von Kaurismäkis »proletarischer Trilogie«, zu der die Filme *Varjoja paratiisissa* (Schatten im Paradies, Finnland 1986) und *Ariel* (Ariel, Finnland 1988) gehören.

Nur 70 Minuten braucht der Film für diese Bilanz eines armseligen und hoffnungslosen Lebens. Mehr ist nicht zu berichten über das Mädchen Iris, das nie eine Chance bekommen hat, und das in der kurzen Begegnung, die es für Liebe hielt, genauso ausgebeutet worden ist wie in der Fabrik und zu Hause.

Kaurismäki schildert dieses Schicksal gleichsam mit kalter, engagierter Wut. Seine künstlerischen Mittel sind nicht Pathos, sondern Präzision; nicht Larmoyanz, sondern grimmiger Humor. Einige Kritiker haben den strengen Stilisten Kaurismäki in die Nähe Bressons gestellt. Bei diesem Film fühlt man sich in der Tat an die gnadenlose Zerstörung des Mädchens *Mouchette* erinnert.

Twelve angry men
Die zwölf Geschworenen

USA 1957

R: Sidney Lumet; A: Reginald Rose nach seinem gleichnamigen Fernsehspiel; K: Boris Kaufman; D: Henry Fonda, Lee J. Cobb, E. G. Marshall

Zwölf Geschworene beraten über den Schuldspruch für einen Angeklagten, der des Mordes an seinem Vater angeklagt ist. Nach amerikanischem Recht muß ihr Spruch einstimmig gefällt werden. Der Fall scheint klar. Doch bei der Abstimmung stimmen nur elf Männer für »schuldig«. Der Geschworene Nr. 8 (H. F.) hat Zweifel. Er ist nicht etwa von der Unschuld des Angeklagten überzeugt, aber er mag sie nicht ausschließen. In der anschließenden Diskussion werden immer mehr Geschworene unsicher an ihrem ersten Urteil. Schließlich stimmt nur noch ein Geschworener (L. J. C.) für »schuldig«. Bei einem erbitterten Wortgefecht verliert er die Nerven, enthüllt in einem großen Ausbruch die Konflikte, die er selbst mit seinem Sohn hat, und bricht dann mit den Worten »nicht schuldig« weinend zusammen.

Ein Dialogstück, das fast ausschließlich in einer Dekoration spielt, das aber von Regie und Kamera geschickt aufgelöst wurde, so daß der Eindruck der Eintönigkeit niemals entsteht. Hinzu kommen gute darstellerische Leistungen eines ausgewogenen Ensembles.

Two tars ⓢ
Zwei Matrosen

USA 1928

R: James Parrott; A: Leo McCarey; K: George Stevens; D: Stan Laurel, Oliver Hardy

Zwei Matrosen (S. L., O. H.) haben beim Landgang zwei Mädchen kennengelernt. Um den

Two tars (r. neben dem Auto: Oliver Hardy, Stan Laurel)

Damen zu imponieren, leihen sie sich ein Auto und machen eine Spazierfahrt. Leider verursachen sie dabei eine Verkehrsstockung. Es gibt Streit mit dem Fahrer eines Wagens, den sie behindert haben, wobei die Streithähne sich gegenseitig voller Empörung die Wagentüren abreißen. Der Streit greift auf die Fahrer der anderen Wagen über, die in langer Reihe warten müssen. Sie werden allesamt von Zerstörungswut ergriffen und demolieren sich lustvoll gegenseitig die Fahrzeuge. Schließlich fahren die Matrosen weiter, und die ganze Kolonne folgt ihnen. Sie kommen vom Weg ab und fahren in einen Eisenbahntunnel. Plötzlich sieht man sämtliche Wagen rückwärts wieder aus dem Tunnel herauskommen; den Schluß bildet der Wagen der beiden Matrosen – von einer Lokomotive wie eine Ziehharmonika zusammengequetscht.

Ein beliebtes Thema bei Laurel und Hardy: die Eskalation der Zerstörung. Sie variierten es ein Jahr später meisterhaft in ihrem Film *Big business*. Hier zerflattert es noch ein wenig durch die Beteiligung allzu vieler Personen. Außerdem wirkt der Schlußgag ein wenig aufgesetzt.

2001: A space odyssey
2001: Odyssee im Weltraum

England/USA 1965–68

R: Stanley Kubrick; A: Stanley Kubrick und Arthur C. Clarke nach der Kurzgeschichte *The sentinel* von Arthur C. Clarke; K: Geoffrey Unsworth; D: Keir Dullea, Gary Lockwood, William Sylvester

Der Film beginnt mit der »Morgendämmerung der Menschheit«. Ein Affenvolk hockt um ein Wasserloch; ein merkwürdig schillernder Monolith kommt ins Bild, bei dessen Anblick einer der Affen die Möglichkeit entdeckt, einen Knochen als Keule zu benutzen. Triumphierend wirft er sein Werkzeug in die Luft; es wird überblendet auf ein Raumschiff. Das Jahr 2001. Auf dem Mond hat man einen Monolithen gefunden, wie er im Vorspiel auftauchte. Und man hat auch entdeckt, daß er Strahlen aussendet, daß er offenbar eine »Beobachtungsstation« ist. Ein Raumschiff soll die Empfänger im Bereich des Jupiter lokalisieren. An Bord des Schiffes befinden sich die Astronauten Bowman (K. D.) und Poole (G. L.), drei in Tiefschlaf versetzte Wissenschaftler und der Computer H. A. L. 9000. Als der Computer nach einem von ihm gemachten Fehler abgeschaltet werden soll, reagiert er menschlich. Er unterbricht die Energiezufuhr für die Wissenschaftler, schneidet Poole die Luftzufuhr ab, als er sich auf einer Erkundung im Weltraum befindet, und sperrt Bowman, der Poole retten will, aus. Bowman kann jedoch an Bord zurückkehren und den Computer tatsächlich abschalten. Führerlos rast das Raumschiff in den Weltraum. Überraschend endet die Fahrt in einem Raum mit Louis-XVI-Möbeln. Bowman sieht sich selbst sterbend als Greis in einem Bett, an dessen Fußende ein Monolith liegt. Er berührt ihn, wird neu geboren und kehrt als Embryo in den Weltraum zurück.

Der Film entstand nach einer Kurzgeschichte, die nur ein rundes Dutzend Seiten umfaßt. Kubrick machte daraus einen 140-Minuten-Film im 70-mm-Format. Aber nicht der riesige Aufwand und die brillante Tricktechnik allein machen diesen Film sehenswert. Bemerkenswert ist vor allem der Blickwinkel der Regie, die sich nicht in technischen Spielereien verliert. Kubrick zeigt im Vorspiel die Entwicklungsgeschichte der Menschheit, den Moment der Bewußtwerdung, des ersten Denkprozesses. Er gestaltet einen Mittelteil, der am ehesten den üblichen Science-fiction-Filmen ähnelt. Und er bietet einen Schluß, der einerseits in der farblich hervorragenden Reise durchs All echte und eigenständige psychedelische Kunst bietet, der darüber hinaus in der vieldeutigen Schlußszene anzudeuten scheint, daß es für die menschliche Intelligenz eine Grenze gibt.

Tystnaden
Das Schweigen

Schweden 1963

R: Ingmar Bergman; A: Ingmar Bergman; K: Sven Nykvist; D: Ingrid Thulin, Gunnel Lindblom, Håkan Jahnberg, Birger Malmsten, Jörgen Lindström

Tystnaden (Ingrid Thulin, Gunnel Lindblom)

Ester (I. T.), ihre Schwester Anna (G. L.) und Annas neunjähriger Sohn Johan (J. L.) werden auf einer Reise in die Heimat durch einen Zusammenbruch der lungenkranken Ester in einer fremden Stadt festgehalten, in der die Menschen eine unverständliche Sprache sprechen. Sie nehmen Zimmer in einem Hotel, in dem außer ihnen offenbar nur eine Artistentruppe, Liliputaner, wohnt. Es kommt zu Auseinandersetzungen zwischen Anna und Ester, die von Anna anscheinend mehr als nur schwesterliche Liebe erwartet. Während Ester mit Johan im Hotel zurückbleibt und von einem seltsamen alten Kellner (H. J.) umsorgt wird, geht Anna aus. Nach ihrer Rückkehr berichtet sie der Schwester mit brutaler Deutlichkeit, was sie an diesem Nachmittag erlebt hat: Sie hat sich einem Mann (B. M.) hingegeben, der sie stumm umworben hat. Dann trifft Anna sich mit diesem Mann in einem leeren Zimmer des Hotels. Ester kommt hinzu und will die Schwester zurückhalten. Wieder kommt es zu einem Streit. Als Anna am nächsten Morgen die Schwester zusammengebrochen vor der Tür findet, reist sie mit ihrem Sohn überstürzt ab. Zum Abschied schreibt Ester dem kleinen Johan ein paar Wörter der fremden Sprache auf einen Zettel und sagt: »Du wirst verstehen!« Aber es bleibt offen, ob sich die Hoffnung erfüllt.

In dem Film *Nattvardsgästerna* spricht an einer entscheidenden Stelle der Kirchendiener zu dem Pastor Thomas Ericsson über das Leiden Christi. Er sagt: »Kurz bevor Christus starb, wurde er von furchtbaren Zweifeln gepackt. Pastor, das muß doch wohl der Augenblick gewesen sein, in dem er am meisten gelitten hat, ich meine – durch Gottes Schweigen!« Man kann Bergmans nächsten Film sicher im Zusammenhang mit diesem Zitat sehen. In *Tystnaden* stürzt das Schweigen Gottes die Schwestern Ester und Anna in eine Hölle der Verzweiflung. Und sowenig Ester durch die Einsicht in ihre Lage der Angst entrinnen kann, sowenig kann Anna durch die Lust die Verzweiflung überwinden. Allein Johan verkörpert ein wenig Hoffnung und verheißt vielleicht – wie sein Namensvetter Johannes der Täufer – eine neue Erlösung.

Aber diese Andeutungen und Bezüge bleiben vieldeutig – genauso wie die Rolle der Liliputaner, wie die Panzer auf der nächtlichen Straße, wie die gesamte Atmosphäre lauernder Gefahr, die Bergman durch schmucklose Bilder evoziert. So geriet *Tystnaden* wie kaum ein Film zuvor in den Widerstreit der Meinungen. Für die meisten Kritiker war der Film die erschütternde Vision einer Welt ohne Gott; andere sahen in ihm nur scheinbaren Tiefsinn, eine Inflation der Symbole. Besonders heftig war die Reaktion auf einige Szenen sexuellen Inhalts. Als »Spekulation« und als »nicht beschreibbar« erschienen sie damals einem der Gegner des Films, »wie Peitschenhiebe der Flagellanten« einem seiner Verteidiger. *Tystnaden* ist der dritte Teil einer Art Trilogie, zu der die Filme *Såsom i en spegel* und *Nattvardsgästerna* gehören.

U

Uccellacci e uccellini
Große Vögel, kleine Vögel

Italien 1966

R: Pier Paolo Pasolini; A: Pier Paolo Pasolini; K: Mario Bernardo, Tonino Delli Colli; D: Totó, Ninetto Davoli, Femi Benussi

Ein Mann (T.) und sein Sohn (N. D.) befinden sich auf einer Wanderschaft, begegnen absonderlichen Menschen und bestehen seltsame Abenteuer. Da gesellt sich ein sprechender Rabe zu ihnen, der sie über ihre Situation aufklären möchte. Der Rabe erzählt ihnen schließlich eine Geschichte. In dieser Geschichte werden Vater und Sohn in Gestalt demütiger Mönche in das Jahr 1200 versetzt. Sie lauschen den Worten des heiligen Franziskus, der ihnen aufträgt, die Sprache der Vögel zu lernen und den Tieren die Liebe zu predigen. Nach jahrelangen Bemühungen hat Bruder Ciccillo (T.) diese schwere Aufgabe gelöst. Jubelnd predigt er den Falken und den Spatzen; aber anschließend stürzen sich die Falken schnurstracks auf die Spatzen, um sie aufzufressen. Bruder Ciccillo ist verzweifelt, doch der heilige Franziskus tröstet ihn. Man dürfe nicht aufgeben, eines Tages würden alle Geschöpfe den Anruf der Liebe verstehen. Zurück in der Gegenwart bestehen Vater und Sohn weitere Abenteuer, bei denen sie abwechselnd Jäger und Gejagte, Ausbeuter und Ausgebeutete sind. Sie begegnen dem Leichenzug Palmiro Togliattis, einer seltsamen Gesellschaft fahrender Schausteller und dem sehr entgegenkommenden Mädchen Luna (F. B.), mit dem sie sich nacheinander in einem Maisfeld vergnügen. Und immer gibt der Rabe seine klugen Kommentare, die den beiden schließlich so auf die Nerven gehen, daß sie dem Tier den Hals umdrehen, es braten und verzehren.

Wieder plädiert Pasolini mit christlichen und marxistischen Argumenten für den Menschen; seine Kronzeugen für soziale Gerechtigkeit sind dabei Franziskus und Togliatti. Und wieder artikuliert er sich nicht in langen Diskussionen, sondern unmittelbar in Bildern von poetischer Schönheit. Der seltsame Weg durch Zeit und Raum, den die beiden Helden zurücklegen, führt sie immer wieder in Situationen, in denen komplexe Probleme gleichsam auf Ur-Erfahrungen zurückgeführt werden, in denen knappe Anspielungen spielerisch auf vielfältige Probleme verweisen – etwa, wenn ausgebeutete Pächter chinesisch gekleidet sind, chinesisch sprechen und Vogelnester verzehren.

»Wer in diesen Film unter der Voraussetzung geht, Kino sei Erzählung und Prosa, versteht seinen Charakter nicht. Man muß ihn unter dem Aspekt anschauen, daß er einem Gedicht gleicht, bzw. ein Gedicht ist« (Alberto Moravia).

Uccellacci e uccellini (Totó, Ninetto Davoli)

Ugetsu monogatari
Erzählungen unter dem Regenmond

Japan 1953

R: Kenji Mizoguchi; A: Matsutaro Kawaguchi nach zwei Erzählungen von Akinari Ueda; K: Kazuo Miyagawa; D: Machiko Kyo, Mitsuko Mito, Kinuyo Tanaka, Masayuki Mori, Sakae Ozawa

Die Schwäger Genjuro (M. Mo.) und Tobei (S. O.) sind Bauern. Aber Tobei will Samurai werden. Er kauft sich eine Rüstung, und als er zufällig den Kopf eines toten Generals an sich bringt und sich als Sieger über diesen schrecklichen Gegner ausgibt, macht er schnell Karriere. Genjuro gerät in das Schloß der Prinzessin Wakasa (M. K.) und wird ihr Geliebter. Bei einem Besuch in der Stadt erfährt er jedoch, daß die Prinzessin ein Geist ist. Er kämpft gegen ihren Zauberbann und erwacht im Gras neben der verwitterten Ruine des Schlosses, in dem er mit Wakasa gewohnt hat. Unterdessen ist Genjuros Frau (K. T.) von Soldaten getötet und Tobeis Frau (M. Mi.) vergewaltigt worden. Sie geht in ein Bordell und trifft hier auf ihren Mann. Genjuro kehrt nach Hause zurück, wo seine Frau ihn erwartet und begrüßt. Erst am nächsten Morgen erfährt er, daß sie längst tot ist und daß ihm ein Geist erschienen ist. Tobei kehrt mit seiner Frau in die Heimat zurück.

Ein Film von der vergeblichen Jagd nach dem Glück, das weder auf dem Schlachtfeld noch im »Jenseits« zu finden ist. Mizoguchi erzählt seine Geschichte in poetischer Distanz, in langsamen, schwebenden Bildern. Er bevorzugt Totalen und Halbtotalen, lange Einstellungen und fließende Übergänge. Dadurch wird das phantastische Geschehen einerseits entrückt, gewinnt aber andererseits erstaunliche Intensität. Die Schrecken des Krieges, die etwa bei Kurosawa mit grellen Akzenten geschildert werden, erscheinen hier – nicht minder eindrucksvoll – als lähmende, entsetzliche Bedrohung. Ein Film, alles in allem, dessen Schönheit vor allem in seiner vollendeten Harmonie liegt.

Ugetsu monogatari (Masayuki Mori, Machiko Kyo)

Ukamau
Ukamau

Bolivien 1965/66

R: Jorge Sanjinés; A: Jorge Sanjinés nach einer Idee von Oscar Soria; K: Hugo Roncal; D: Vicente Verneros Salinas, Benedicta Mendoza Huanca, Nestor Peredo

Andres Mayta (V. V. S.), ein armer Indio-Bauer vom Ufer des Titicaca-Sees, will sich aus der Abhängigkeit von dem Zwischenhändler Rosendo Ramos (N. P.) lösen und seine Produkte selbst verkaufen. Deshalb fährt er eines Tages mit seinem Boot zum Markt. In seiner Abwesenheit kommt Ramos in sein Haus und versucht, mit Maytas hübscher Frau Sabina (B. M. H.) zu flirten. Sabina weist ihn zurück, es kommt zu einem Handgemenge, bei dem Sabina schwer verletzt wird. Ramos flieht. Andres findet seine Frau im Todeskampf, aber sie kann ihm noch den Namen des Täters nen-

nen. Andres fürchtet, daß er vor einem Gericht kein Recht erhalten wird; deshalb erhebt er keine Anklage und führt sein Leben wie bisher. Ramos glaubt, daß niemand sein Geheimnis kennt. Doch als Ramos eines Tages über Land reitet, folgt Andres ihm zäh und geduldig. Auf einer weiten Hochebene stellt er den Mörder seiner Frau und tötet ihn im Kampf.
Ukamau – auf deutsch heißt dieses Indio-Wort: So ist es! – ist der erste bolivianische Spielfilm. Sein Regisseur war damals Direktor des Staatlichen Filminstituts; aber nach der Uraufführung dieses Films wurde er entlassen. Offenbar hatte man sich die Selbstdarstellung des Landes so nicht vorgestellt.
Sanjinés drehte seinen Film mit geringem Budget in den Indio-Dörfern am Titicaca-See mit Laien in den Hauptrollen. Der Film erzählt seine Geschichte geradlinig, realistisch. Er bezieht Landschaft und Milieu ein – aber nicht als exotisches Reizmittel. Und die barbarisch-primitiven Sitten und Gebräuche der Indios denunziert er klar als Fesseln, die die Entwicklung der einfachen und nicht nur durch ihre Unwissenheit rechtlosen Menschen verhindern.

Ukigusa
Treibendes Schilf / Abschied in der Dämmerung

Japan 1959

R: Yasujiro Ozu; A: Kogo Noda, Yasujiro Ozu; K: Kazuo Miyagawa; D: Ganjiro Nakamura, Machiko Kyo, Haruko Sugimura, Hiroshi Kawaguchi, Ayako Wakao

Komajuro Arashi (G. N.), der Direktor einer kleinen Wanderbühne, gastiert mit seiner Truppe auf einer Insel im Süden Japans. Hier trifft er Oyoshi (H. S.), die vor Jahren einmal seine Frau war. Beide haben zusammen einen nunmehr erwachsenen Sohn (H. K.), der bei der Mutter wohnt und Arashi für seinen Onkel hält. Sumiko (M. K.), die jetzige Geliebte des Direktors und gleichzeitig der Star der Truppe, wird eifersüchtig. Sie veranlaßt ihre hübsche Kollegin Kayo (A. W.), Arashis Sohn den Kopf zu verdrehen; aber aus dem Spiel Kayos wird Ernst. Nach dem geschäftlichen Fiasko des Gastspiels muß Arashi seine Truppe auflösen. Er willigt ein, daß Kayo bei seinem Sohn bleibt. Sumiko zieht mit ihm weiter, um gemeinsam mit ihm ein neues Ensemble aufzubauen.

Ukigusa ist der einzige Film Ozus, der in der Bundesrepublik in die Kinos gekommen ist. Leider fehlten in der deutschen Fassung die Bühnenszenen des Originals, die für die Handlung und für den Rhythmus des Films wichtig sind. Auch der so verbliebene Torso allerdings nötigt Respekt und Bewunderung ab. Das Psychogramm eines alternden Mannes, der mit seinen Fehlern konfrontiert wird, sie erkennt – und gleichzeitig begreift, daß er nichts mehr ändern kann, ist von großer Intensität. Unter Verzicht auf alle »Kameraspiele«, auf Blenden und Montagen wird der Film hier in dem typischen, eigenwilligen Stil Ozus ganz auf das Bild reduziert. Die Kamera bleibt fast stets in Augenhöhe, das heißt in der Höhe, in der man sieht, wenn man auf traditionelle japanische Weise auf der Bastmatte sitzt. Aber dieser gleichbleibende Blickwinkel wirkt hier nicht starr, sondern zwingend und intensiv.

Ukigusa ist ein Remake des Films *Ukigusa monogatari* (Geschichte vom treibenden Schilf), den Ozu 1934 gedreht hatte.

Ulica graniczna
Die Grenzstraße

Polen 1948

R: Aleksander Ford; A: Ludwik Starski, Aleksander Ford, Jan Fethke; K: Jarosław Tuzar, Robert Vyhlidki, Julian Appel; D: Maria Broniewska, Jurek Złotnicki, Władysław Godik, Jerzy Leszczyński, Władysław Walter, E. Kruk, Tadeusz Fijewski, Jerzy Pichelski

Polen im Sommer 1939. Spielgefährten und ihr Elternhaus werden vorgestellt: der unternehmungslustige Bronek (T. F.), Władek (E. K.), der Sohn eines antisemitischen Offiziers, Fredek, der hinterhältige Sohn des Kneipenbesitzers Kusmirek, der kleine David Libermann (J. Z.), sein Großvater (W. G.) und schließlich Hedwig (M. B.), die Tochter des wohlhabenden Arztes Dr. Bialek (J. L.). Krieg, Niederlage

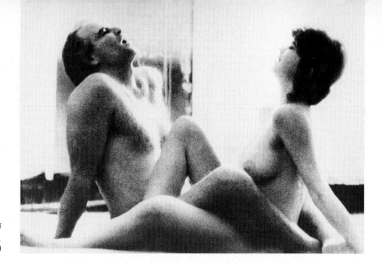

*Ultimo tango a Parigi
(Marlon Brando,
Maria Schneider)*

und Unterdrückung folgen. Libermann verbirgt Władeks Vater (J. P.), der dann aber doch von den Deutschen getötet wird. Die Libermanns müssen ins Ghetto und erhalten heimlich Hilfe von Bronek. Kusmirek kollaboriert mit den Deutschen und steckt seinen Sohn in die Hitlerjugend. Er entdeckt auch die jüdische Abstammung Dr. Bialeks und denunziert ihn, um seine Wohnung zu bekommen. Bialek stirbt im Ghetto. Der Aufstand im Ghetto beginnt. David und Hedwig fliehen durch die Kanalisation und werden von Bronek und Władek gerettet. Aber David kehrt ins Ghetto zurück, um mit seinen Brüdern zu kämpfen und zu sterben. Władek schenkt ihm die Pistole, die sein Vater ihm vor seinem Tod als Andenken gegeben hat.

Der Film zeigt eindringlich die Zerstörung einer friedlichen Lebensgemeinschaft durch den Krieg. Er verschweigt nicht die Risse in der polnischen Gesellschaft, den latenten Antisemitismus im Vorkriegspolen, die Bereitschaft zu Kollaboration. Władeks Geste am Schluß soll auch symbolische Verheißung für die Zukunft sein. Im Detail ist das eindrucksvoll und realistisch. Die Dramaturgie allerdings wirkt etwas gekünstelt. Und es gibt auch klischeehaft sentimentale Motive – so, wenn Hedwig den Hund eines SS-Mannes rettet und später von dem dankbaren Tier gleich zweimal gerettet wird.

Ultimo tango a Parigi
Der letzte Tango in Paris

Italien/Frankreich 1972

R: Bernardo Bertolucci; A: Bernardo Bertolucci, Franco Arcalli; K: Vittorio Storaro; D: Marlon Brando, Maria Schneider, Jean-Pierre Léaud, Massimo Girotti

Der alternde amerikanische Hotelbesitzer Paul (M. B.) und die 19jährige Jeanne (M. S.) treffen sich zufällig in einer leeren, zur Vermietung ausgeschriebenen Wohnung. Fast übergangslos kommt es zu einem brutalen sexuellen Kontakt, dem sich beide rückhaltlos hingeben. Beiden ist klar, daß sie sich wieder hier treffen werden. Und auf Pauls Wunsch schließen sie eine Art Vertrag: Sie werden einander fremd bleiben, nichts über ihre Lebensumstände sagen, dem anderen nicht einmal den Namen nennen. So treffen sie sich immer wieder, ihre sexuellen Kontakte werden intensiver. Zwischendurch lebt jeder sein eigenes Leben: Paul sucht eine Erklärung für den Selbstmord seiner Frau, von dem man in Rückblenden erfährt. Jeanne trifft sich mit ihrem Verlobten Tom (J.-P. L.), einem jungen Regisseur, der einen Cinéma-Verité-Film über sie drehen will. Doch dann bricht Paul die von ihm selbst vorgeschlagene Abmachung. Er beginnt, über sein Leben zu sprechen, seine privaten Probleme auszubreiten. Schließlich schlägt er Jeanne sogar vor, sie solle mit ihm ganz bürgerlich zusammenleben. Und nun erst scheint Jeanne ihn wirklich zu erkennen – einen alternden, gescheiterten Mann. Noch einmal haben sie einen gemeinsamen großen Auftritt mit einem obszönen Tangotanz in einem merkwürdig sterilen Tanzlokal; dann will Jeanne ihre Beziehung zu Paul lösen. Doch der gibt nicht auf und verfolgt sie bis in die Wohnung ihrer Mutter. Als er sich ihr nähern will, erschießt sie ihn.

Der Film errang einen Skandal-Erfolg wegen seiner erotischen Freizügigkeit. Bertolucci gelingt aber auch über weite Strecken die beklemmende Studie zweier Menschen, die aus der Welt, der Zeit, der Gesellschaft fliehen wollen, die sich auf den privatesten Bereich, den der Erotik, zurückziehen suchen und die selbst dort scheitern, weil sie zu einer echten Partnerschaft unfähig sind. Daß ihr Versuch keine Chancen hat, zeigt die lähmende Tristesse ihrer Begegnungen; er scheitert endgültig, als Paul ihr Verhältnis »legitimieren« und damit den hoffnungslosen Traum in der Alltagswelt etablieren will.

Umberto D.
Umberto D.

Italien 1951

R: Vittorio De Sica; A: Cesare Zavattini, Vittorio De Sica; K: G. R. Aldo; D: Carlo Battisti, Maria Pia Casilio, Lina Gennari

Umberto D. (C. B.) ist ein pensionierter Beamter, dessen Ruhegeld nicht einmal für das Existenzminimum reicht. Er hat Mietschulden, und die Wirtin (L. G.) möchte ihn aus seinem ärmlichen Zimmer werfen. Nur zwei Freunde hat er: das Zimmermädchen (M. P. C.) in der Pension, das selbst genügend Sorgen hat, weil es ein Kind erwartet, und seinen Hund. Umberto kommt sogar auf die Idee zu betteln; aber er kann seinen Stolz nicht überwinden. Schließlich will er sich zusammen mit seinem Hund umbringen. Er stellt sich auf die Schienen; doch als der Zug heranbraust, springt der Hund jaulend von seinem Arm. Umberto D. läuft hinter dem Tier her und wird so gerettet.

Aber der verängstigte Hund läuft vor ihm davon, und Umberto hat Mühe, das Vertrauen seines Freundes zurückzugewinnen. Als ihm das endlich gelingt, ist er glücklich.

In *I bambini ci guardano* (Kinder sehen uns an, 1942) hatte De Sica die Welt durch die Augen eines Kindes gesehen, hier zeigt er sie aus dem Blickwinkel eines einsamen alten Mannes. Umberto D. ist ohne Hoffnung. Und so ist das scheinbare Happy-End in Wirklichkeit von böser Ironie: Für einen Augenblick möchte sich der Zuschauer mit Umberto freuen – bis ihm dann einfällt, daß sich an der Misere des alten Mannes nichts geändert hat.

De Sica variiert hier sein Lieblingsthema, die Gleichgültigkeit der Gesellschaft gegenüber denen, die zu schwach sind, sich selber zu helfen. Natürlich attackiert er auch die niedrigen Renten in Italien; aber genauso kritisiert er die mangelnde Hilfsbereitschaft der Umwelt, ihre oberflächliche Anteilnahme. Dabei notiert De Sica mit fast pedantischem Realismus die Enttäuschungen, denen Umberto D. ausgesetzt ist; und er weckt damit ganz ohne Sentimentalität die Anteilnahme der Betrachter.

Die Unberührbare

BRD 1999

R: Oskar Roehler; A: Oskar Roehler; K: Hagen Bogdanski; D: Hannelore Elsner, Vadim Glowna, Michael Gwisdek, Charles Regnier, Helga Göring, Lars Rudolph, Jasmin Tabatabai

Inspiriert ist dieser Film vom Schicksal der Schriftstellerin Gisela Elsner (»Die Riesenzwerge« u. a.), die hier Hanna Flanders heißt. Ihr Sohn hat ihn geschrieben, inszeniert und seinem verstorbenen Vater gewidmet.

Hanna Flanders ist dabei, die Kontrolle über ihr Leben zu verlieren. Sie raucht und trinkt zuviel, nimmt wahllos Tabletten. Ihre Ehe ist längst gescheitert. Auch beruflich steht es nicht zum besten. Nur in der DDR verlegt und preist man ihre neuen Manuskripte; in der Bundesrepublik wird sie kaum noch beachtet, was sie, die schwärmerische »Linke«, für eine politische Verschwörung hält. Der Fall der Mauer ist für sie ein neuer Schock: der Sieg der

Konsumgesellschaft über Lenins Ideen. Überstürzt zieht sie nach Berlin und wird damit buchstäblich heimatlos. Ihr Sohn (L. R.) komplimentiert sie aus seiner Wohnung. Joachim (M. G.), ihr Ostberliner Verleger und Freund, feiert mit Kollegen die neue Zeit und ist auch privat neu orientiert. Eine Nacht in einer Plattenbau-Wohnung wird für sie zum Höllentrip; die Begegnung mit den Menschen aus ihrer sozialistischen Traumwelt ist deprimierend. Sie sucht Zuflucht bei ihren Eltern in Nürnberg und flieht bald vor der überkorrekten Mutter (H. G.), nachdem ihr Vater (C. R.) ihr einige hundert Mark zugesteckt hat. Auf dem Bahnhof trifft sie zufällig ihren Ex-Mann Bruno (V. G.) und folgt ihm spontan nach Darmstadt. Fast scheint es, als könne zwischen beiden die alte Vertrautheit wieder entstehen; statt dessen ertränkt Bruno seinen Weltschmerz im Alkohol. Hanna fährt nach München, bricht dort auf der Straße zusammen, wird zum Entzug in eine Klinik eingewiesen und stürzt sich aus einem Fenster in den Tod.

Ein überaus intensiver und verstörender Film! Wie ein gehetztes Tier flieht Hanna durch Deutschland, auf der Flucht vor der Wirklichkeit und vor sich selbst. Wie erloschen wirken die Augen in dem maskenhaften Gesicht. Mit fahrigen Bewegungen, hektischen Reaktionen, abweisend und verletzlich zugleich – so spielt Hannelore Elsner diese Rolle in erschreckender Direktheit. Und Oskar Roehler versteht es, dem Zuschauer ohne viele Worte gleichsam »zwischen den Bildern« auch die Erklärung für Hannas Scheitern zu geben, den Zwiespalt im privaten und öffentlichen Leben seiner Protagonistin deutlich zu machen. So wird die in schwarz-weißen Bildern erzählte Geschichte vom Zusammenbruch eines Menschen in einer Zeit des politischen Umbruchs auch zu einem wichtigen zeithistorischen Dokument.

Der Film wurde im In- und Ausland mit zahlreichen Preisen ausgezeichnet, darunter der Deutsche Filmpreis in Gold als Bester Film sowie für Hannelore Elsner und Vadim Glowna.

Underground
Underground

Frankreich/BRD/Ungarn 1994

R: Emir Kusturica; A: Dušan Kovačević und Emir Kusturica nach einem Theaterstück von Duan Kovačević; K: Vilko Filač; D: Miki Manojlović, Lazar Ristovski, Mirjana Joković, Slavko Štimac, Ernst Stötzner, Srdan Todorović

6. April 1941, der Tag der Bombardierung Belgrads durch die deutsche Luftwaffe. Marko (M. M.) und Blacky (L. R.), zwei kleine Gauner, Kommunisten und Partisanen, leben nicht schlecht von ihren Schiebergeschäften. Nur lieben beide dieselbe Frau. Natalija (M. J.), die Theaterschauspielerin, hat aber auch ein Verhältnis mit Franz (E. S.), einem Nazi. Als Blacky den Nebenbuhler liquidiert und dafür ins Gefängnis muß, rettet ihn sein Kompagnon, bringt ihn und andere treue Genossen mit ihren Familien im Keller seines Großvaters unter und gaukelt ihnen vor, der inzwischen beendete Weltkrieg dauere draußen an. Marko, in der Oberwelt ein erfolgreicher Schwarzmarkthändler, läßt seine »Untertanen« eifrig Waffen produzieren und verschiebt diese weiter. Obwohl Nazi-Deutschland längst besiegt ist und Tito in Belgrad die Macht übernommen hat, kann der clevere Lügner die Menschen mit Falschmeldungen im Radio bei Laune halten und Natalija für sich allein haben. Seinen treuen Weggefährten Blacky stilisiert er zum Patrioten hoch. Aber 1961, bei einer ausgelassenen Hochzeitsfeier von dessen Sohn Jovan (S. T.), zerstört ein Schuß aus dem Panzerrohr den Unterschlupf, und der Schwindel fliegt auf. Jetzt endlich beichtet Natalija Blacky, sie habe ihn die ganze Zeit mit seinem besten Freund betrogen. Der Gedemütigte gerät in der Oberwelt prompt in die Aufnahmen zu einem Propagandafilm und richtet unter den vermeintlichen Faschisten ein Blutbad an. Jovan, irritiert von der ungewohnten Umgebung, ertrinkt in der Donau. Um die Spuren zu verwischen, sprengt Marko den Keller und flieht mit Natalija durch ein unterirdisches Tunnelsystem. – Jugoslawien, Anfang der neunziger Jahre. Noch immer herrscht Krieg.

Das neuerliche Zusammentreffen der alten Freunde endet tödlich. Endlich erfüllt sich Blackys Rache: Marko und Natalija werden auf seinen Befehl hin liquidiert. Jovans Stimme aus einem Brunnen folgend geht Blacky ins Wasser, trifft seine große Liebe wieder und versammelt alle Freunde zu einem riesigen Hochzeitsfest am Flußufer. Als sich vom Festland ein Stück löst, treibt die Gesellschaft auf den Strom hinaus.

Der 1995 in Cannes mit der »Goldenen Palme« geehrte Film präsentiert ein überbordendes Fresko 50jähriger jugoslawischer Geschichte aus der Perspektive »kleiner Leute« – Mitläufer, Kriegsgewinnler und Opfer. Durch seinen episodischen Charakter vermischt er Groteskes, Clownerien, Musik, Persiflage mit politischer Symbolik. Der nostalgische Rückblick will keine kritische Abrechnung mit einem geschundenen Land oder gar eine Introspektion sein. Vielmehr schildert er eine alte Parabel um Liebe, Krieg, Freundschaft und Eifersucht. Dahinter lugt die Ideologie vom gesunden Vielvölkerstaat (dank diverser Diktaturen) hervor. Nicht von ungefähr lautete der Arbeitstitel der Produktion »Es war einmal ein Land«.

Underground ist ein Film, der keine Rücksicht auf ethnische oder religiöse Prämissen nimmt. Der rauschhafte Bilderbogen voller Wehklagen, Schmerz und Nostalgie wählt als Komödie einen Zerrspiegel für die Absurdität unserer Gegenwart und Geschichte, wo, wie im Märchen, Unverständliches, Disparates, Gut und Böse, Licht und Dunkel, Wahrheit und Lüge harmonisch aufeinanderprallen. Zynismus und Hoffnung brechen sich in der Ästhetik des bildgewaltigen Visionärs, dessen Film als »verrockte, postmoderne, fetzige, modische, amerikanisierte, in Belgrad gedrehte Version der geschwätzigsten und verlogensten serbischen Propaganda« bezeichnet wurde, da er die Serben in einer Linie mit der offiziellen Politik unter Milošević als die ewigen Opfer der Geschichte stilisiere. Vielleicht tariert das 169-Minuten-Werk wie die Zigeunerballaden *Dom za vesanje* (Time of the gypsies, Jugoslawien 1989) und *Chat noir, chat blanc* (Schwarze Katze, weißer Kater, Frankreich/BRD 1997/98) eine Gratwanderung aus. Ein rein politisches führt ebenso wie ein formalästhetisches Urteil zwangsläufig zur Fehleinschätzung.

Underworld ⓢ
Unterwelt

USA 1927

R: Josef von Sternberg; A: Robert N. Lee und Charles Furthman nach einer Story von Ben Hecht; K: Bert Glennon; D: Clive Brook, Evelyn Brent, George Bancroft, Fred Kohler

Es beginnt mit Auseinandersetzungen rivalisierender Gangster in Chicago. Auf der einen Seite stehen Bull Weed (G. B.), seine Geliebte, »Feathers« McCoy (E. B.), und der zwielichtige Rechtsanwalt »Rolls Royce« (C. B.); ihr Gegenspieler ist Buck Mulligan (F. K.), den Bull erschießt, als er auf dem Ball der Ganoven »Feathers« zu nahe tritt. Für diese Tat wird Bull zum Tode verurteilt. »Feathers« und »Rolls Royce«, die erkannt haben, daß sie sich lieben, wollen diese Gelegenheit zunächst nützen, um gemeinsam ins bürgerliche Leben zurückzukehren. Dann mögen sie Bull aber doch nicht im Stich lassen. »Rolls Royce« organisiert einen Befreiungsversuch für die Nacht vor der Hinrichtung. Der mißlingt zwar; aber Bull kann aus eigener Kraft ausbrechen. In seinem Schlupfwinkel wird er von der Polizei entdeckt und belagert. Den Schlüssel zum geheimen Ausgang hat »Rolls Royce«, der Bull im Vertrauen auf das Gelingen seines eigenen Befreiungsplanes am Bahnhof erwartet. Im letzten Augenblick kann er sich, durch einen Schuß verletzt, zu Bull durchschlagen und ihm den Schlüssel geben. Als »Feathers« dem plötzlich auftauchenden Geliebten spontan um den Hals fällt, durchschaut Bull die Situation. Großmütig ermöglicht er den Liebenden die Flucht und stellt sich dann der Polizei.

Die Handlung ist reichlich melodramatisch. Sternberg selbst sagte später: »Um das Publikum zu besänftigen, hatte ich den Film mit allerlei Zwischenhandlungen versehen und dabei die moosbedeckten Themen von Liebe und Opfer nicht verschmäht.« Aber er meinte auch, für ihn sei der Film »ein Experiment mit den Möglichkeiten der Fotografie und der Montage« gewesen. Tatsächlich wurde *Underworld* einer seiner besten Filme – vor allem durch die plastische Milieuschilderung und die Atmosphäre düsterer Ausweglosigkeit, die er suggestiv beschwor. Er setzte Maßstäbe für den Gangsterfilm der dreißiger Jahre.

Die unendliche Geschichte

BRD 1983

R: Wolfgang Petersen; A: Wolfgang Petersen, Herman Weigel und Robert Easton nach dem gleichnamigen Roman von Michael Ende; K: Jost Vacano, Franz Rath; D: Noah Hathaway, Barret Oliver, Tami Stronach, Moses Gunn, Patricia Hayes, Tilo Prückner

Der Film erzählt etwa die erste Hälfte des Romans von Michael Ende nach: die Geschichte des verträumten Jungen Bastian (B. O.), der sich vor dem Spott seiner Mitschüler gern in eine Phantasiewelt flüchtet und der eines Tages an ein magisches Buch gerät. Es berichtet die Geschichte des Landes Phantásien, das von einem tödlichen Unheil, vom alles zerfressenden Nichts, bedroht wird. Schon ist die Kindliche Kaiserin (T. S.), die Herrscherin des Landes, schwer erkrankt; und nun ruhen alle Hoffnungen der skurrilen Wesen, die Phantásien bevölkern, auf Atrèju (N. H.), einem Jungen in Bastians Alter, der sich aufmacht, das Land zu retten. Atemlos verfolgt Bastian Atrèjus Abenteuer – seine Flucht vor dem Höllenhund Gmork, seine Begegnung mit der weisen Schildkröte Gmorla, seinen Kampf gegen den Sumpf der Hoffnungslosigkeit, seine Rettung durch den Glücksdrachen Fuchur. Und ungläubig verspürt Bastian, daß er selbst mehr und mehr in die Geschichte Atrèjus hineingezogen wird, daß am Ende er, Bastian, das Land Phantásien und die Kindliche Kaiserin retten kann, weil er einer der wenigen Menschen ist, die sich zur Phantasie und zu ihren Träumen bekennen. So taucht er in die Geschichte ein und hilft, sie zu einem guten Ende zu bringen.

Rund 60 Millionen DM wurden hier investiert, um mit einer »europäischen Großproduktion« den übermächtigen Hollywood-Erzeugnissen Paroli bieten zu können. Das Ergebnis ist mehr als nur ein Erfolgsfilm aus der Retorte. Regisseur Petersen hat den Aufwand, die Tricks und die technische Perfektion nicht einfach zur Schau gestellt, er hat beides genutzt, um eine spannende Geschichte zu erzählen, um dem Zuschauer ein phantastisches Universum für seine eigenen Träume anzubieten. Im eher kargen Alltag der deutschen Filmproduktion war *Die unendliche Geschichte* ein bunter und belebender Akzent.

Den zweiten Teil des Romans erzählt – deutlich weniger inspiriert – der Film *Die unendliche Geschichte II – Auf der Suche nach Phantásien* (BRD 1989 – R: George Miller). Eine weitere Fortsetzung (*Die unendliche Geschichte III – Rettung aus Phantásien*, BRD 1994 – R: Peter MacDonald) ersinnt eigene und ziemlich vordergründige Abenteuer für die Charaktere des Romans.

Union Pacific
Union Pacific / Die Frau gehört mir

USA 1938/39

R: Cecil B. DeMille; A: Jack Cunningham, Walter de Leon, C. Gardner Sullivan und Jesse Lasky jr. nach einer Erzählung von Ernest Haycox; K: Victor Milner, Dewey Wrigley; D: Joel McCrea, Barbara Stanwyck, Robert Preston, Brian Donlevy, Anthony Quinn

1862 wird der Bau der großen »Union-Pacific«-Eisenbahnlinie begonnen, die die Küsten der USA verbinden soll. Der Glücksritter Sid Campeau (B. D.) soll auf Betreiben eines Spekulanten die Arbeit verlangsamen. Campeau sucht in seiner Kneipe die Arbeitsmoral der Bautrupps zu beeinträchtigen und wiegelt sogar Indianerstämme zum Aufstand auf. Seine rechte Hand ist der leichtsinnige Dick Allen (R. P.), während Dicks Freund Jeff (J. MC.) von der Eisenbahngesellschaft angestellt wird, um für Ruhe und Ordnung zu sorgen. Als Jeff Dick zur Rechenschaft ziehen will, tritt die temperamentvolle Mollie (B. S.) dazwischen, in die Jeff sich verliebt hat. Mollie liebt ihn ebenfalls. Aber aus Trotz heiratet sie Dick, der bald darauf flüchten muß, weil ihm die Verhaftung droht. Am 10. Mai 1869 ist die Bahnlinie fertiggestellt. Doch Campeau hat seinen Gegenspieler nicht vergessen. Er will mit Jeff abrechnen, aber seine Kugel trifft Dick, der in

Jeffs Armen stirbt und ihm seine Frau anvertraut.
Ein aufwendiges Gemälde, das seine Verwicklungen vor dem Hintergrund historischer Ereignisse ausbreitet und seiner Intrige recht geschickt Glaubwürdigkeit sichert, indem es diese mit belegbaren Fakten verbindet. Die besten Passagen sind zweifellos die, die sich direkt auf die Historie beziehen: die realistische Schilderung der gewaltigen Arbeit und der Arbeitsbedingungen jener Tage.

Unser täglich Brot

DDR 1949

R: Slatan Dudow; A: Slatan Dudow, Hans Joachim Beyer, Ludwig Turek; K: Robert Baberske; D: Paul Bildt, Viktoria von Ballasko, Inge Landgut, Harry Hindemith, Paul Edwin Roth, Alfred Balthoff

Beim ehemaligen Kassenverwalter Webers (P. B.) und seiner zweiten Frau (V. v. B.) sind nach dem Krieg verschiedene Familienmitglieder untergeschlüpft, die auf ihre Weise den Kampf ums tägliche Brot angehen. Voller Mißtrauen sieht Vater Webers, wie sein Sohn Ernst (H. H.) die Fabrik, in der auch der Vater früher gearbeitet hat, auf genossenschaftlicher Basis wieder aufbauen will. Einleuchtender scheint dem Vater der Weg seines Lieblingssohnes Harry (P. E. R.), der auf zwielichtige Weise leichtes Geld zu verdienen sucht. Die Söhne verlassen das Haus, die Tochter Inge (I. L.) findet Arbeit in der Fabrik. Nachdenklich wird der Vater erstmals, als er hört, daß der Ingenieur Bergstetter (A. B.), ein Mann »aus seinen Kreisen«, den das Wohnungsamt in seine Wohnung eingewiesen hat, ebenfalls in der neuen Fabrik arbeitet. Als schließlich ein böser Zufall es will, daß ausgerechnet Vater Webers im Dunkeln von seinem heruntergekommenen Sohn Harry überfallen wird, da entscheidet er sich endgültig für die Fabrik und für die neue Zeit.
Der Film nimmt zu damals aktuellen Problemen und Fragen Stellung; er sollte offensichtlich die Angehörigen des Bürgertums für den Sozialismus erwärmen. Dieses Ziel wird besonders in der schematischen Konstruktion des Drehbuchs allzu deutlich. Der Regie dagegen gelangen überzeugende Bilder vom Alltag jener Zeit.

Unter den Brücken

Deutschland 1944

R: Helmut Käutner; A: Walter Ulbrich und Helmut Käutner; K: Igor Oberberg; D: Hannelore Schroth, Carl Raddatz, Gustav Knuth, Hildegard Knef

Hendrik (C. R.) und Willi (G. K.) sind Binnenschiffer – gleichzeitig Eigner und Mannschaft ihres Schleppkahns. Eines Abends sehen sie auf einer Brücke ein Mädchen, das sich offenbar in den Fluß stürzen will. Sie greifen entschlossen ein. Zwar wollte Anna (H. S.) nur einen Geldschein ins Wasser werfen, um damit eine bedrückende Erinnerung loszuwerden; aber die Bekanntschaft ist gemacht, und Anna läßt sich überreden, mit dem Kahn nach Berlin zu fahren, worauf beide Freunde sich alsbald in sie verlieben. Doch die Idylle zerbricht. Anna ist durch eine ungeschickte Bemerkung verletzt und geht von Bord. Die beiden Freunde schließen ein Abkommen: Wer Anna gewinnt, verliert seinen Anteil am Kahn. Siegesgewiß geht Willy an Land, während Hendrik allein weiterfährt. Willy kümmert sich rührend um Anna. Doch bald spürt er, daß Anna in Wirklichkeit Hendrik liebt; und nach kurzem Zögern teilt er das dem Freund auch mit. Das Abkommen wird leichten Herzens gebrochen: Anna, Hendrik und Willy werden künftig gemeinsam mit dem Kahn fahren.
In der Schlußphase des Krieges entstand dieser ganz private Film, wohl der beste, der im »Dritten Reich« gedreht wurde. Während man allenthalben die »Volksgemeinschaft« und den fanatischen Einsatz beschwor, drehte Käutner hier das Hohelied des ungebundenen Lebens, der zweckfreien Freundschaft und des privaten Glücks. Die Abwesenheit jeglicher Politik war hier zweifellos ein Politikum.
Käutners Film ist stark lyrisch gefärbt. Zwar hat er das Milieu realistisch gezeichnet; aber vor allem geht es ihm doch um die Atmo-

sphäre, um Stimmungen, die er mit einer sehr einfühlsamen Kamera beschwor und durch Musik (Bernhard Eichhorn) und Geräusche geschickt verstärkte. Einzelne Sequenzen werden zu suggestiven Studien, die man »Abend am Fluß« oder »Nebel über dem Wasser« nennen könnte, die aber den balladenhaften Rhythmus des Films niemals stören. Denn Landschaft und Milieu sind letzten Endes wieder Spiegelbild der Stimmungen der Akteure; so wird eine banale Handlung schließlich zu einem sehr schönen, in sich geschlossenen Film.

Der Untertan

DDR 1951

R: Wolfgang Staudte; A: Wolfgang Staudte und Fritz Staudte nach dem gleichnamigen Roman von Heinrich Mann; K: Robert Baberske; D: Werner Peters, Paul Esser, Renate Fischer, Sabine Thalbach, Friedrich Richter

Diederich Heßling, Sohn eines Papierfabrikanten, lernt schon in frühester Jugend die Bedeutung der Autorität kennen und dient ihr freudig als folgsamer Schüler und heimlicher Denunziant. Der Studiosus Heßling (W. P.) vervollkommnet sich als Korpsstudent in Chauvinismus und reaktionärem Denken. Er hat ersten Kontakt zum weiblichen Geschlecht, lehnt es aber ab, besagte Dame (S. T.) zu ehelichen, da ein deutscher Mann nur ein unberührtes Weib zum Traualtar führen kann. Nach dem Tod seines Vaters übernimmt er die Leitung der Fabrik und wird zum Herold der Reaktion in seiner Heimatstadt Netzig. Das bringt ihn u. a. in die Verlegenheit, in einem Prozeß wegen Majestätsbeleidigung gegen seinen Konkurrenten Lauer (F. R.) aussagen zu müssen. Diesmal scheint er zu weit gegangen zu sein; man schneidet ihn in der Stadt. Aber als Regierungspräsident von Wulkow (P. E.) sich demonstrativ auf seine Seite stellt und ihm auch Aufträge zuschanzt, ist er gerettet. Diederich wird Stadtverordneter, er heiratet die reiche Guste Daimchen (R. F.) und darf auf der Hochzeitsreise in Italien gar seinem Kaiser ins Auge sehen. Nach der Rückkehr forciert er den Bau eines Kaiserdenkmals in Netzig. Er soll auch die Festrede bei der Denkmalsenthüllung halten. Aber ein Wolkenbruch vertreibt die Festgäste; allein steht Diederich seinem bronzenen Kaiser gegenüber. Eine Schlußmontage zeigt: Das Denkmal bleibt stehen, während die Zeiten wechseln und Netzig in Trümmer sinkt.

Der Untertan
(Werner Peters)

Eine entlarvende Charakterstudie, ein satirisches Porträt des Untertanen-Geistes. Staudte hat das nicht bieder als »Entwicklungsroman« dargeboten, sondern die pointierte Entlarvung mit filmischen Mitteln betrieben. Er hat Menschen und Situationen satirisch überzeichnet und durch raffinierte Montagen und Überblendungen Kontrastwirkungen erzielt. Die Kamera beobachtet z. B. die zechenden Studenten durch ihre Biergläser und verzerrt sie dadurch zu seltsamen Monstren, sie erhöht in Untersicht die Vertreter der Macht und läßt Diederich zum Wurm schrumpfen, wenn er devot neben dem Wagen des Kaisers einherläuft und dabei von oben herab beobachtet wird. Ein Schönheitsfehler des Films ist, daß dieser karikaturistischen Übersteigerung auf seiten der »Reaktionäre« bei den Arbeitern und Sozialdemokraten eine beinah pathetische Überhöhung gegenübersteht. Das stört die Einheit des Films.

Staudte schrieb das Drehbuch zusammen mit seinem Vater Fritz Staudte, der auch eine kleine Rolle (Amtsgerichtsrat Kühlemann) übernahm.

Utvandrarna
Die Auswanderer / Emigranten

Schweden 1969–71

R: Jan Troell; A: Bengt Forslund und Jan Troell nach *Der Roman von den Auswanderern* (Bd. 1: *Die Auswanderer*, Bd. 2: *In der neuen Welt*) von Vilhelm Moberg; K: Jan Troell; D: Max von Sydow, Liv Ullmann, Eddie Axberg, Allan Edwall, Pierre Lindstedt, Monica Zetterlund

Schweden in der Mitte des 19. Jahrhunderts. Karl Oskar Nilsson (M. v. S.) heiratet die junge Kristina (L. U.) und übernimmt von seinem Vater einen kleinen Bauernhof. Schon bald erweist sich, daß der karge Boden, Mißernten und die drückende Verschuldung es dem jungen Paar unmöglich machen, ein menschenwürdiges Dasein zu führen. Als die älteste Tochter in einem Hungerwinter stirbt, ist Karl Oskar bereit, einen neuen Anfang zu wagen. Den letzten Anstoß gibt ein Gespräch mit seinem Bruder Robert (E. A.), der als Knecht im Nachbardorf arbeitet und in seiner Kammer nachts bei Kerzenlicht wahre Wunderdinge vom »neuen Land« Amerika gelesen hat. Karl Oskar verkauft den Hof und macht sich mit seiner Familie auf den Weg übers Meer. Ihm schließen sich ein Nachbar, Roberts Freund Arvid (P. L.) und eine Gruppe religiöser Sektierer unter Führung von Kristinas Onkel Danjel (A. E.) an. Auf der Überfahrt an Bord eines veralteten Segelschiffes setzen Not und Entbehrung sich fort. Bei einem Sturm verwandelt sich das Zwischendeck in ein Chaos; widrige Winde verzögern die Fahrt, so daß die Verpflegung knapp wird. Hinzu kommen Reibereien innerhalb der Gruppe: Danjel gebärdet sich wie ein Prophet, Kristina legt sich mit der »bekehrten« Dorfhure Ulrika (M. Z.) an, deren »neuer Ehrbarkeit« sie mißtraut. Dann wird Kristina schwer krank. Doch sie überlebt, während Danjels Frau zu den acht Passagieren gehört, die auf der Reise sterben. Aber die Auswanderer gewinnen auch ein festes Ziel: Sie treffen ein altes Ehepaar, das seinem Sohn nachfolgt. Wo er wohnt, da wollen auch Karl Oskar und seine Freunde hinziehen – nach Minnesota. In New York erfahren sie, daß dieses Ziel noch fern ist. Mit dem Zug und dem Dampfboot geht es weiter nach Nordwesten, wobei der schwergeprüfte Danjel noch ein Kind durch die Cholera verliert. Endlich finden sie ihren Landsmann in einer ärmlichen Hütte; und Karl Oskar findet auch die Stelle, wo er sich eine neue Existenz aufbauen will.

Dieser zweiteilige Film war in den deutschen Kinos (um rund 40 Minuten gekürzt) in einem Teil unter dem Titel *Emigranten* zu sehen. Die originale Version wurde im Fernsehen gezeigt. Das weitere Schicksal der Auswanderer hat Troell in dem ebenfalls zweiteiligen Film *Nybyggarna* geschildert.

Troell erzählt die große Saga vom Elend der schwedischen Bauern und von ihrem Aufbruch in ein neues Land in epischer Breite und mit großer Ruhe. Er läßt sich Zeit für Details, für die sorgsame Schilderung von Einzelheiten, die in ihrer Gesamtheit aber immer wieder für den großen Handlungsbogen Bedeutung erlangen. Er zeigt Bilder von beeindruckender Schönheit, die aber ohne jedes Pathos sind und niemals Selbstzweck werden. Für ihn ist es

*Utvandrarna
(unten l.:
Max von Sydow)*

wohl ein Teil seiner »optischen Redlichkeit«, wenn er zeigt, daß Elend auch in einer schönen Landschaft existieren kann, daß Stürme schön und mörderisch zugleich sein können. Schließlich hatte Troell eine Reihe vorzüglicher Darsteller zur Verfügung, die die schwerblütigen Protagonisten der Roman-Vorlage völlig glaubwürdig verkörpern.

V

Les vacances de Monsieur Hulot
Die Ferien des Herrn Ülo / Die Ferien des Monsieur Hulot

Frankreich 1951

R: Jacques Tati; A: Jacques Tati, Henri Marquet, Pierre Aubert, Jacques Lagrange; K: Jacques Mercanton, Jean Mousselle; D: Jacques Tati, Nathalie Pascaud, Michéle Rolla, Valentine Camax, René Lacour, Raymond Carl

Hulot (J. T.), ein biederer Kleinbürger, fährt mit einem uralten Auto in die Bretagne, um am Meer den wohlverdienten Urlaub zu genießen. Er mietet sich in einer kleinen Pension ein, wirbt schüchtern um ein junges Mädchen (N. P.) und bemüht sich vor allem, sich beliebt zu machen und zur Unterhaltung der übrigen Gäste beizutragen. Aber alle Bemühungen des linkischen Hulot führen zu Verwirrungen, Mißverständnissen, wenn nicht gar Katastrophen. Schließlich entzündet er durch ein Mißgeschick sogar vorzeitig das große Feuerwerk. Unter schweigender Mißbilligung der übrigen Gäste verläßt er dann sein Ferienquartier; nur eine spleenige Engländerin (V. C.) und ein wackerer Schweizer (R. L.) wagen es, sich heimlich von dem Verfemten zu verabschieden.
Wie *Jour de fête* ist auch dieser Film Tatis eine Folge einfallsreicher Gags, die an einem dünnen Handlungsfaden lose aufgereiht sind. Daß der Film trotzdem nicht in einzelne Sketche zerfällt, verdankt er einer intelligenten Verknüpfung der einzelnen Pointen, die lange vorbereitet werden, nachwirken und sich gegenseitig bedingen. Es gibt da komplizierte Strukturen, wobei jeweils der krönende Abschluß eines Gags gleichzeitig wieder Vorbereitung und Ausgangspunkt für den nächsten ist. Vorzüglich ist auch der Tonstreifen des Films (den Tati 1961 noch einmal überarbeitete), bei dem die Geräusche genausoviel Gewicht haben wie der knappe Dialog. Die Hauptperson zum Beispiel, Monsieur Hulot, spricht in dem ganzen Film nur ein Wort: »Hulot«. Ansonsten teilt sich Tati durch Mimik und Gebärden hinreichend mit.

The vagabond Ⓢ
Der Vagabund

USA 1916

R: Charles Chaplin; A: Charles Chaplin; K: William C. Foster, Rollie Totheroh; D: Charles Chaplin, Edna Purviance, Leo White, Charlotte Mineau

Charlie (C. C.) entdeckt neben einem Zigeunerwagen ein wunderschönes Mädchen (E. P.), das Kleider wäscht und von einer häßlichen alten Vettel (L. W.) herumkommandiert wird. Er will das Mädchen aufheitern und spielt ihm auf seiner Geige vor. Doch dann ziehen die Zigeuner weiter. Ohne Übergang sieht man eine weißhaarige Frau (C. M.) traurig das Bild eines Kindes betrachten. Charlie verfolgt die Zigeuner und entführt das Mädchen samt Zigeunerwagen, in dem dann beide glücklich leben. Vorübergehend gibt es Probleme, als ein Maler auftaucht und das Mädchen malt, und dieses Bild führt schließlich auch zur Katastrophe. In einer Ausstellung erkennt die weißhaarige Dame auf dem Bild ihre verschwundene Tochter wieder. Vater und Mutter holen die verlorene Tochter in einem eleganten Auto ab; Charlie bleibt traurig allein. Doch plötzlich kommt der Wagen zurück, und Charlie wird auch mitgenommen.
Im Privatbesitz Chaplins gab es eine zweite Schlußversion. Charlie springt verzweifelt ins Wasser. Zwar rettet ihn eine alte Frau, aber als er ihr Gesicht gesehen hat, stürzt er sich endgültig in die Fluten.
The vagabond gehört zu den schönsten der frühen Chaplin-Filme. Der Rhythmus ist klar und übersichtlich; und besonders die Szenen vor dem Zigeunerwagen sind auch im Detail voller Einfallsreichtum. Nur der Schluß befriedigt eigentlich in beiden Fassungen nicht recht. Das Happy-End dürfte eine Konzession an das Publikum sein, und der Selbstmord überzieht die Pointe ein wenig. Später hätte Chaplin den

Film vermutlich mit der Einstellung enden lassen, wie der Vagabund einsam dem davonfahrenden Wagen nachsieht.

Valahol Európában
Irgendwo in Europa

Ungarn 1947

R: Géza Radványi; A: Géza Radványi, Béla Balázs; K: Barnabás Hegyi; D: Arthur Somlay, Miklós Gábor, Zsuzsa Bánki, Ladislas Horváth

Eltern- und heimatlose Kinder schließen sich unmittelbar nach dem Krieg zu einer Bande zusammen und ziehen stehlend durch das Land. Sie kommen zu einer halbverfallenen Burg, in der ein Komponist (A. S.) Schutz vor dem Lärm des Krieges gesucht hat. Nach anfänglicher Aggression finden sie unter seiner Anleitung allmählich zu Arbeit und Disziplin zurück. Doch noch fahndet die Polizei nach ihnen. Polizisten verhaften drei Jungen, in denen sie Mitglieder der Bande vermuten, und verhören sie brutal. Die Bande zieht aus und befreit die Jungen. Dann wird die Burgruine befestigt und verteidigungsbereit gemacht. Beim Kampf mit den Polizisten wird der kleine Kuksi (L. H.) schwer verletzt; um seine ärztliche Versorgung zu sichern, »ergeben« sich die Kinder. Der Verwundete stirbt trotzdem. In einer Gerichtsverhandlung gegen die Bande stellt der Richter fest, daß nicht die Kinder, sondern die Erwachsenen schuldig sind. Er spricht sie frei und überläßt ihnen sogar die Ruine für ein neues, normales Leben.
Der erste große Nachkriegserfolg des ungarischen Films. Der Film ist überzeugend in all den Teilen, die die Welt der Kinder zeigen und die sich auf einen nüchternen Reportagestil beschränken. Eindrucksvoll ist besonders der Anfang, wenn in einer stummen Montage aus zerstörten Häusern, aus Kellerlöchern und den Trümmern eines Vernichtungstransportes die Kinder hervorkriechen und sich zusammenfinden. Ihre »Vergangenheitslosigkeit« ist eines der Kunstmittel des Films. Weniger überzeugend ist die Welt der Erwachsenen geraten. Die Gestalt des Komponisten z. B. ist allzu naiv allegorisch gezeichnet, und das Leben in der Burg symbolisiert einen recht romantischen Freiheitsbegriff. Das Vorbild, Nikolai Ekks *Putjowka w schisn*, ist deutlich spürbar, wird aber nicht erreicht.

Valparaiso mi amor
Die Kinder von Valparaiso

Chile 1969

R: Aldo Francia; A: Aldo Francia, José Román; K: Diego Bonacina; D: Hugo Cárcamo, Sara Astica, Rigoberto Rojo, Liliana Cabrera, Pedro Manuel Alvarez, Marcelo

Mario (H. C.) ist Witwer mit vier Kindern. Er lebt mit der Waschfrau Maria (S. A.) zusammen. Nachdem Mario seine Arbeit verloren hat, wird er zum Viehdieb, um seine Familie ernähren zu können. Er wird ertappt und zu fünf Jahren Gefängnis verurteilt. Zwar sorgt Maria, die ein Kind von ihm erwartet, in seiner Abwesenheit für seine Kinder. Aber sie kann nicht verhindern, daß Marcelo (M.) an den Folgen unzureichender ärztlicher Versorgung stirbt, daß Ricardo (R. R.) von einem Ganoven als Helfershelfer angelernt wird, daß sich Antonia (L. C.) zur Prostitution verführen läßt und Chirigua (P. M. A.) zum Dieb wird.
Der Kinderarzt Francia drehte seinen ersten abendfüllenden Spielfilm nach einer tatsächlichen Begebenheit überwiegend mit Laiendarstellern in den Armenvierteln von Valparaiso. In Thema und Form sind Anklänge an den italienischen Neorealismus spürbar. Francia sagte: »Der chilenische Film muß zum soziologischen und ökonomischen Fortschritt des Landes beitragen. Vor allem: Er muß die chilenische Wirklichkeit zeigen. Es wäre absurd, hier das Gleiche wie in Europa versuchen zu wollen, das gleiche Kino der ›Inkommunikation‹ wie in diesen überentwickelten Ländern, wo der soziale und wirtschaftliche Fortschritt zu einer Deshumanisierung, zum Fehlen vitaler Gefühle führt.«

Il vangelo secondo Matteo
Das erste Evangelium – Matthäus

Italien 1964

R: Pier Paolo Pasolini; A: Pier Paolo Pasolini nach dem Matthäus-Evangelium; K: Tonino Delli Colli; D: Enrique Irazoqui, Margherita Caruso, Susanna Pasolini

Das Leben Jesu Christi (E. I.) von der Geburt bis zur Auferstehung.
Ein Kritiker-Bonmot zu diesem Film ist viel zitiert worden: Dies sei der beste aller mißlungenen Christus-Filme. Gemessen an seinen Absichten und seinem Anspruch allerdings, ist dieser Film kaum mißlungen. Pasolini hat sich streng an den Text des Evangeliums gehalten; aber er hat dabei in Auswahl und Gestaltung natürlich Akzente gesetzt. Er zeichnet das Bild eines strengen, kämpferischen Christus, der Nächstenliebe und soziales Engagement predigt. Das hat von vornherein süßliche Verzeichnung ausgeschlossen. Es gibt keine gefällige Aufbereitung, nicht das abgenutzte dramaturgische Konzept, das Leben Christi im Schicksal seiner Zeitgenossen zu spiegeln. Hier stehen – ganz sinnfällig – stets Christus und sein Anspruch im Mittelpunkt des Films.
Den sozialen Aspekt seines Films betont Pasolini auch dadurch, daß er ihn in einem unterentwickelten Gebiet Süditaliens drehte, daß er die Kreuzigung mit einem russischen Revolutionslied unterlegte.
»Der besondere Wert des Matthäus-Evangeliums für unsere Zeit beruht darauf, daß es ein Beispiel großer Strenge und absoluter Kompromißlosigkeit darstellt, ohne aber je moralisierend zu wirken« (Pier Paolo Pasolini).

Vanina Ⓢ

Deutschland 1922

R: Arthur von Gerlach; A: Carl Mayer nach Motiven der Novelle *Vanina Vanini* von Stendhal; K: Frederik Fuglsang; D: Asta Nielsen, Paul Wegener, Paul Hartmann

Vanina (A. N.), Tochter eines Generals (P. W.), verliebt sich in einen Revolutionär (P. H.). Der Geliebte wird verhaftet und in das Gefängnis gebracht, dessen Kommandant Vaninas Vater ist. Da der durch Kriegsverletzungen verkrüppelte Vater sich weigert, dem Gefangenen die Flucht zu ermöglichen, entreißt Vanina ihm seine Krücken und fälscht vor den Augen des Hilflosen eine Entlassungsurkunde für den Geliebten. Aber dem Vater gelingt es, die Wachen zu alarmieren. Als die beiden Flüchtlinge am Ende eines langen Ganges die scheinbar rettende Tür öffnen, stehen sie in einem Innenhof vor der Hinrichtungsstätte.
Der Film ist nur noch in Bruchstücken erhalten; aber diese Bruchstücke muten heute noch erstaunlich frisch und lebendig an. Die Regie hat eine spektakuläre Mittel eine Atmosphäre düsterer Bedrohung geschaffen. Die Darsteller vermeiden pathetische Übertreibungen, was sich besonders in der großen Szene zwischen Vater und Tochter bewährt. Die Inszenierung ist lebendig und spannend.
Die literarische Vorlage wurde später auch von Roberto Rossellini verfilmt: *Vanina Vanini* (Der furchtlose Rebell, Italien/Frankreich 1961).

Vargtimmen
Die Stunde des Wolfs

Schweden 1967

R: Ingmar Bergman; A: Ingmar Bergman; K: Sven Nykvist; D: Liv Ullmann, Max von Sydow, Ingrid Thulin, Naima Wifstrand, Mikael Rundqvist, Mona Seilitz

Ein Titelvorspann teilt mit, der Maler Johan Borg sei vor einigen Jahren auf rätselhafte Weise aus seinem Haus auf einer Insel verschwunden, der Film basiere auf seinem Tagebuch und den Berichten seiner Lebensgefährtin Alma. Alma (L. U.) erzählt von der friedlichen Ankunft mit Johan (M. v. S.), von ihrer Liebe und der wachsenden Besessenheit des Mannes, der sich von seltsamen Gestalten verfolgt glaubt. Doch dann erscheint im Verlauf der Handlung auch Alma die seltsame Frau (N. W.), die nach Johans Erzählung »mit dem Hut auch ihr Gesicht abnehmen kann«. Sie rät Alma, Johans Tagebuch zu lesen. Es gibt eine makabre Party auf dem Schloß der Familie von Merkens. Johan angelt und stürzt einen Jungen (M. R.), in dem er einen Dämon zu erkennen glaubt, über die Klippen. Später wird Johan zu einem Rendezvous mit seiner früheren Geliebten Veronika Vogler (I. T.) in das Schloß eingeladen. Es kommt zu einem Streit mit Alma. Johan schießt auf sie und verletzt sie leicht; aber voller Angst läßt Alma sich zu Boden fallen und stellt sich tot. Dann läuft er zum Schloß, wo die Frau endlich »ihr Gesicht abnimmt«, wo er für sein Rendezvous geschminkt wird und eine Frau (M. S.) wie eine Leiche aufgebahrt findet. Doch als er das Tuch entfernt, wird die »Tote« lebendig und zieht ihn in eine leidenschaftliche Umarmung, aus der ihn das höhnische Lachen von Zuschauern aufstört. Er stürzt davon, und Alma wird Zeuge, wie er von vampyrischen Verfolgern zerrissen wird.

Der Film bekennt sich schon im Vorspann dazu, »Kunstprodukt« zu sein, indem er als Geräuschuntermalung die Stimmen eines Filmteams mit den charakteristischen Kommandos »Ton läuft«, »Kamera läuft« usw. verwendet. Bergman schafft eine eigene Welt aus Obsessionen, Variationen und Verweisen, die auf seine früheren Filme zielen. So lädt der Film zu vielfältigen Interpretationen ein. Vielleicht schildert er die Besessenheit und Einsamkeit eines Künstlers. Vielleicht zeugt er von der Liebe und von der Verwirrung einer Frau, die sich ihrem Mann nicht gewachsen fühlt. Die seltsamen Erscheinungen mögen real sein; oder sie sind für Alma nur deshalb auch sichtbar, weil die Liebe sie so eng mit Johan verbunden hat. Auf jeden Fall ist dies ein suggestives Spiel mit den Möglichkeiten des Films und den Ängsten der Menschen.

Der Film ist Teil einer Art Trilogie, zu der noch die Filme *Skammen* und *En passion* gehören.

Varieté ⓢ

Deutschland 1925

R: E. A. Dupont; A: E. A. Dupont und Leo Birinski nach Motiven des Romans *Der Eid des Stephan Huller* von Felix Hollaender; K: Karl Freund; D: Emil Jannings, Maly Delschaft, Lya de Putti, Warwick Ward

Der Film ist die Geschichte des Gefangenen Nr. 28 (E. J.), der sie dem Zuchthausdirektor erzählt: Früher nannte man ihn Boß; er war Besitzer einer Schaubude in St. Pauli. Dort nimmt er eines Tages ein exotisches Mädchen (L. d. P.) auf, dessen Mutter bei der Überfahrt auf dem Schiff gestorben ist. Er verliebt sich besinnungslos in die Fremde und verläßt ihretwegen Frau (M. D.) und Kind. Die beiden schlagen sich als Luftakrobaten auf dem Rummelplatz durch und werden dort von einem Impresario entdeckt, der für den weltbekannten Trapezkünstler Artinelli (W. W.) einen neuen Partner sucht. Boß wird »Fänger« und genießt für eine Weile Ruhm und Reichtum. Eines Tages erfährt er, daß seine Geliebte ihn mit seinem Partner betrügt, worauf er den Rivalen ersticht und sich der Polizei stellt. Dann wird die Rahmenhandlung wieder aufgenommen: Symbolisch öffnen sich die Gefängnistore.

Dupont und Karl Freund haben hier einen fast sinnlich wahrnehmbaren Realismus verwirklicht. Ob es sich um die Schaubude in St. Pauli oder den Berliner »Wintergarten«, um den Wohnwagen oder um das Luxushotel handelt – stets sind Milieu und Umgebung überzeugend echt. Siegfried Kracauer urteilte in seinem Buch *Von Caligari zu Hitler*: »Duponts Leistung bestand darin, daß er mit denselben filmischen Mitteln, wie man sie ursprünglich zur äußeren Sichtbarmachung einer Innenwelt verwendet hatte, jetzt auch der Außenwelt seines Films sichtbare Gestalt gab.« Der Film brachte Dupont einen Welterfolg – und ein Engagement nach Hollywood.

Va savoir
Va savoir

Frankreich/Italien/BRD 2001

R: Jacques Rivette; A: Pascal Bonitzer, Christine Laurent, Jacques Rivette nach dem Stück *Come tu mi vuoi* von Luigi Pirandello; K: William Lubtchansky; D: Jeanne Balibar, Sergio Castellitto, Jacques Bonnaffé, Marianne Basler, Hélène de Fougerolles, Catherine Rouvel, Claude Berri, Bruno Todeschini

751

Die Schauspielerin Camille (J. Ba.), liiert mit dem italienischen Regisseur Ugo (S. C.), ist als Star der Turiner Theatertruppe »Repubblica di Teatro« in ihre Heimatstadt Paris gekommen und möchte ihren Ex-Liebhaber Pierre (J. Bo.), einen spröden Philosophie-Professor, wiedersehen. Dieser lebt inzwischen mit Sonia (M. B.), einer Ballettänzerin, zusammen. Auf der Suche nach einem verschollenen Goldoni-Stück, das sich im Nachlaß eines französischen Mäzens befinden soll, lernt Ugo die attraktive Kunststudentin Dominique (H. d. F.) kennen. Es folgt ein abwechslungsreiches Spiel um Zufälle und Intrigen, Liebe und Verführung, Wahrheit und Täuschung. Dominiques Halbbruder Arthur (B. T.) taucht in der Ballettsstunde auf und versucht, Sonia zu verführen. In Wirklichkeit hat es der Filou aber auf ihren teuren Ring, das Geschenk eines ehemaligen Verehrers, abgesehen. Die Bestohlene bittet Camille, ihre Nebenbuhlerin, das kostbare Andenken wieder zu beschaffen. Nach einer komplizierten Choreographie von Irrungen und Wirrungen der Gefühle schließt Pierre seine alte Liebe im Haus ein, so daß jene erst durch ein Dachlukenfenster klettern muß, um wieder in die Freiheit zu gelangen. Am Ende kommt es im Theater zum Duell auf Leben und Tod: Der eifersüchtige Ugo fordert seinen Kontrahenten Pierre zu einem unkonventionellen Wettstreit heraus. Wer als erster beim Austrinken einer Wodkaflasche vom Seil fällt, hat verloren. Pierre stürzt, landet im Sicherheitsnetz und verlangt nach Sonia. So kann Ugo seine angebetete Camille wieder in die Arme schließen.

Die romantische Komödie sprüht vor Spielfreude und französischem Witz, gemischt mit Reflexion und Anklängen ans Boulevardtheater. Sie setzt zwar auf den ersten Blick auf die stereotype Rollenverteilung – Männer sind für Kultur, Frauen für Kunst und Kochen zuständig –, wirbelt diese aber raffiniert durcheinander. Jacques Rivette, Mitbegründer der Nouvelle vague, pflegt einen eleganten, klassisch-schnörkellosen Erzählstil in einem lieblichen Pariser Ambiente und mit schlagfertigen Dialogen. Die Macht der Liebe, Eifersucht und Amüsement dominieren in der virtuos inszenierten, von der Kamera leicht hingetupften Geschichte. Jeanne Balibar, die bezaubernde Hauptdarstellerin, verkörpert grandios die Licht- und Schattenseiten unbeschwerten Lebens, entfaltet alle Register der Impulsivität, der Distanz und Anziehung. Das Schau-Spiel, die fröhliche Wissenschaft, die vielfältigen Anspielungen auf den fließenden Übergang vom Theater und Film zum Leben beziehen alle sechs Figuren ein und erinnern durchaus an Eric Rohmers moralische Erzählungen. Vor und hinter der Bühne, im Hotel, in öffentlichen und privaten Räumen vermischen sich Improvisation, Akrobatik und Sarkasmus oft auf halbem Weg. Ein weises, ein erstaunlich junges Alterswerk, dessen Titel sich auf eine Gedichtzeile Arthur Rimbauds bezieht. Die über zweieinhalbstündige Farce wurde in Frankreich auch in einer um siebzig Minuten längeren Fassung ins Kino gebracht.

Eine venezianische Nacht ⓢ

Deutschland 1913

R: Max Reinhardt; A: Carl Vollmöller; K: Friedrich Weinmann; D: Maria Carmi, Joseph Klein, Alfred Abel, Ernst Matray

Die Abenteuer des cand. phil. Anselmus Aselmeyer (A. A.), der nach seiner Ankunft in Venedig im Gasthof Zeuge der Hochzeit eines dicken Ölhändlers (J. K.) und seiner anmutigen jungen Frau (M. C.) wird. Nachts erscheinen ihm die Personen der Realität in einem wüsten Alptraum von Leidenschaft, Eifersucht und Tod. Am anderen Morgen flieht Aselmeyer entsetzt aus seiner unheimlichen Herberge. Reinhardt nannte diesen Film, den er mit dem Ensemble seines Theaters drehte, im Untertitel »Ein mimisches Drama«. Tatsächlich fällt aber eher die Betonung der Pantomime auf. An einigen Stellen gelangen stimmungsvolle Szenen und Sequenzen, aber es überwiegt doch die Mittelmäßigkeit. Die Übersetzung der auf der Bühne erfolgreichen Vorlage in die filmische Form blieb unbefriedigend.

La venganza
Die Rache

Spanien/Italien 1957

R: Juan Antonio Bardem; A: Juan Antonio Bardem; K: Mario Pacheco; D: Jorge Mistral, Carmen Sevilla, Raf Vallone

Zehn Jahre hat der Landarbeiter Juan (J. M.) unschuldig im Gefängnis gesessen, weil er den Sohn einer reichen Familie getötet haben soll. Jetzt kommt er heim zu seiner Schwester Andrea (C. S.) und sinnt auf Rache. Aber die einst vornehme Familie, von der er sich hintergangen glaubt, ist verarmt und auseinandergebrochen. Nur einer der Söhne, Luis (R. V.), ist noch im Dorf. Er arbeitet jetzt als Schnitter. Juan schließt sich den Schnittern an und wartet auf eine Gelegenheit zur Rache. Doch die gemeinsame harte Arbeit bringt die Männer einander immer näher; und Juans Schwester Andrea verliebt sich schließlich gar in Luis. Ihr vertraut er an, daß einer seiner Brüder damals den Mord begangen hat und daß er aus »Familiensinn« geschwiegen habe. Andrea verzeiht ihm. Zwischen Luis und Juan kommt es doch noch zu einer Auseinandersetzung, bei der sich aber auch die neue Gemeinsamkeit als stärker erweist als der alte Haß.

Bardem hatte bereits das Leben in der Großstadt (*Muerte de un ciclista*) und in der Kleinstadt (*Calle mayor*) kritisch behandelt; jetzt beobachtete er die Verhältnisse auf dem Lande. Aber zweifellos ist dieser Film der schwächste Teil seiner »Trilogie«. Daran mögen Eingriffe der Zensur nicht schuldlos sein; u. a. verlangte man von Bardem die Verlegung der Handlung in die Vergangenheit und die Änderung des ursprünglich vorgesehenen Titels »Die Schnitter«. Es gibt vorzügliche Szenen von der eintönigen Arbeit auf dem Feld, vom sprachlosen Entsetzen der Schnitter, als sie zum erstenmal moderne Mähmaschinen bei der Arbeit sehen. Aber daneben unterlaufen Bardem in der Charakterzeichnung und in der Dramaturgie auch enttäuschende Klischees. Und insgesamt ist die Handlung allzu melodramatisch geraten.

El verdugo
Der Henker

Spanien/Italien 1963

R: Luis García Berlanga; A: Luis García Berlanga, Rafael Azcona, Ennio Flaiano; K: Tonino Delli Colli; D: Nino Manfredi, José Isbert, Emma Penella, José Luis López Vázquez

José Luis (N. M.), Angestellter in einem Bestattungsinstitut, lernt eines Tages Don Amadeo (J. I.), den Henker, kennen. Und da Amadeo eine ansehnliche Tochter (E. P.) hat, ist José Luis unversehens der Schwiegersohn des spanischen Scharfrichters. Amadeo überredet ihn sogar, sein Nachfolger im Amt zu werden – Altersversorgung und bevorzugte Wohnungszuweisung sind gute Argumente, und hingerichtet wird ohnehin kaum noch. So läßt sich José Luis breitschlagen. Doch eines Tages ist in Palma de Mallorca eine Hinrichtung angesetzt. Der neue Henker ist verzweifelt. Aber Amadeo wiegelt ab: Nach seinen Erfahrungen wird man den Delinquenten begnadigen. So bricht die ganze Familie recht frohgemut zur Reise an den schönen Urlaubsort auf. Doch dort denkt man nicht an Begnadigung. Vergeblich versucht José Luis zu demissionieren, seinen Schwiegervater als Ersatz anzubieten. Gnadenlos schleppt man ihn zur Hinrichtungsstätte – einem Delinquenten ähnlicher als dem Henker.

Wieder treibt Berlanga Sozialkritik im Gewand der Komödie. Unter dem Deckmantel des schwarzen Humors und skurriler Situationskomik, die er von seinen beiden vorzüglichen Hauptdarstellern breit ausspielen läßt, fragt der Regisseur hier nach der Verantwortung des Individuums in der Gesellschaft. So entstand eine ungewöhnliche, satirische Attacke gegen die Todesstrafe, deren Argument nicht die Zerstörung des Opfers, sondern die des Henkers ist.

Verlogene Moral ⓢ

Deutschland 1921

R: Hanns Kobe; A: Carl Mayer nach einer isländischen Novelle; K: Karl Freund; D: Adele Sandrock, Gerd Fricke, Käthe Richter, Marija Leiko, Eugen Klöpfer

John (G. F.) wächst unter der Obhut seiner strengen Tante Turid (A. S.) auf. Sie hat Gudrun (K. R.), die Tochter seines Vormunds, zu seiner Frau bestimmt. Als die Magd Anna (M. L.) ein Kind von John erwartet, trennt sie die Liebenden und bringt Anna zu der Hebamme Groah, deren Sohn, der Sargtischler Torgeir (E. K.), in Anna verliebt ist. Um jede Verbindung zwischen John und Anna zu beseitigen, stiehlt Turid Annas Kind, worauf Anna schwer erkrankt. John läßt sich überreden, Gudrun zu heiraten. Zum Hochzeitsfest erscheint auch Torgeir. Er schleppt als »Geschenk« einen Sarg mit Annas Leiche herbei. In rasendem Zorn erwürgt John seine Tante.

Der Film sollte ursprünglich *Brandherd* heißen; und einige der ersten Kritiken verzeichnen auch noch diesen Titel. In Filmgeschichten wird er seltsamerweise überwiegend unter dem Titel *Torgus* (wohl in Anlehnung an den Namen Torgeir) zitiert. Der eindringlich gespielte Film zeigt in der Bildgestaltung deutliche Anklänge an *Das Cabinet des Dr. Caligari*. Möbel und Wände (Bauten: Robert Neppach) sind häufig mit seltsamen Schraffuren bemalt, die den Bildern unrealistische, holzschnittartige Wirkung geben. In einigen Szenen sind auch die Schatten aufgemalt. Wirkungsvolle Lichteffekte sorgen weiterhin für eine Atmosphäre düsterer, auswegloser Bedrohung.

Der Verlorene

BRD 1951

R: Peter Lorre; A: Peter Lorre, Benno Vigny und Axel Eggebrecht nach einer Idee von Egon Jameson; K: Václav Vích; D: Peter Lorre, Karl John, Renate Mannhardt, Eva-Ingeborg Scholz

Unter falschem Namen treffen sich Dr. Rothe (P. L.) und Hösch (K. J.) nach dem Krieg in einem Flüchtlingslager. Dr. Rothe erinnert sich: Im Krieg war Hösch sein Mitarbeiter – und gleichzeitig Agent des SD. Eines Tages entdeckt Dr. Rothe, daß seine Braut (R. M.) ihn mit Hösch betrogen und außerdem die Ergebnisse seiner Forschung an die Alliierten weitergegeben hat. Er verliert die Nerven und tötet sie. Der Mörder wird nicht zur Verantwortung gezogen, weil seine Forschungen »kriegswichtig« sind; der Mord wird als Selbstmord hingestellt. Aber Dr. Rothe wird mit seinem Schicksal nicht fertig; etwas in ihm zwingt ihn, einen zweiten Mord zu begehen. Er tötet eine unbekannte Frau in der Hochbahn; und diesmal verwischt eine Bombennacht die Spuren des Verbrechens. Nach dem Krieg taucht er als Arzt in einem Flüchtlingslager unter. Als er nun dem Mann gegenübersteht, mit dem sein Verhängnis begann, tötet er zum dritten Mal – diesmal ganz bewußt. Dann geht er selbst in den Tod.

Die einzige Regiearbeit des Schauspielers Peter Lorre zeigt, ähnlich wie später Siodmaks *Nachts, wenn der Teufel kam*, die Rechtsbeugung als Symptom und Symbol entarteter Staatsmoral. Formal hat der Film Anklänge an die frühen Filme Fritz Langs, vor allem an *M*, in dem Lorre die Hauptrolle spielte. In düsteren Bildern entwickelt *Der Verlorene* die Handlung aus der Atmosphäre, expressive Montagen verdichten das Geschehen, Details gewinnen oft symbolische Bedeutung. Mißlungen und klischeehaft verzeichnet ist dabei die Darstellung des Widerstandes gegen Hitler.

Die verlorene Ehre der Katharina Blum

BRD 1975

R: Volker Schlöndorff, Margarethe von Trotta; A: Volker Schlöndorff und Margarethe von Trotta nach der gleichnamigen Erzählung von Heinrich Böll; K: Jost Vacano; D: Angela Winkler, Mario Adorf, Dieter Laser, Jürgen Prochnow, Karl Heinz Vosgerau, Heinz Bennent

An einem Abend im Karneval lernt Katharina Blum (A. W.) einen jungen Mann, Ludwig Götten (J. P.), kennen. Sie verliebt sich spontan in ihn und nimmt ihn mit in ihre Wohnung. Am anderen Morgen wird diese Wohnung mit massivem Polizei-Einsatz regelrecht gestürmt: Götten, der rechtzeitig verschwunden ist, wird als Deserteur, vermutlicher Bankräuber und möglicher Terrorist gesucht. Katharina gerät in die Mühlen rüder polizeilicher Ermittlungsarbeiten des Kommissars Beizmenne (M. A.); vor allem aber wird sie das Opfer einer schlüpfrig-spekulativen Pressekampagne der »Zeitung«, deren Reporter Tötges (D. L.) ungeniert in ihrem Privatleben wühlt, Informationen mit dem befreundeten Beizmenne tauscht und Katharina mit verleumderischen Artikeln denunziert. Tötges verfälscht auch die letzten Worte von Katharinas sterbender Mutter, nachdem er in die Intensivstation des Krankenhauses eingedrungen ist, in dem die Mutter behandelt wird. Unterdessen wird Götten im Landhaus Alois Sträubleders (K. H. V.), der Katharina geliebt und ihr den Schlüssel zu diesem Haus aufgedrängt hat, verhaftet. Katharina, gedemütigt und verzweifelt, bestellt Tötges zu einem »Exklusiv-Interview« in ihre Wohnung. Als er ihr dort zynisch zu ihrer Popularität gratuliert und sie auffordert, mit ihm zu »bumsen«, erschießt sie ihn und stellt sich der Polizei.

Der Film wurde von vielen Kritikern hymnisch gefeiert und war auch ein großer Publikumserfolg. So galt er weithin als eine Verheißung, daß der anspruchsvolle deutsche Film nun auch den Weg zum Publikum gefunden habe. Zweifellos verfügt dieser aggressiv-direkte Film über manche Qualitäten. Ein gewichtiger und vielleicht entscheidender Nachteil ist jedoch, daß er unentschlossen schwankt zwischen satirischer Übersteigerung und dem Bemühen, bundesdeutsche Wirklichkeit zu zeigen. Da wirken viele Effekte aufgesetzt – wie etwa die Unterstellung, der Verfassungsschutz observiere Verdächtige mit einer 16-mm-Kamera; da wirkt manches allzu theatralisch – wie die Begegnung Katharinas mit Götten nach ihrer Verhaftung; und da gerät vor allem die wichtige Figur des Journalisten Tötges zur reinen Karikatur, von der man sich allzuleicht und problemlos distanzieren kann. Am überzeugendsten ist dieser Film eigentlich dann, wenn er sich auf das Spiel, das Gesicht seiner Hauptdarstellerin konzentriert. Da ahnt man dann die Auswirkung einer wirklichen Bedrohung.

Viagem ao princípio do mundo
Reise an den Anfang der Welt

Portugal/Frankreich 1996

R: Manoel de Oliveira; A: Manoel de Oliveira; K: Renato Berta; D: Marcello Mastroianni, Jean-Yves Gautier, Leonor Silveira, Diogo Dória, Isabel de Castro, Isabel Ruth

Bei Dreharbeiten kehrt ein alter Filmregisseur namens Manoel (M. M.) an die Stätten seiner Kindheit im Norden Portugals zurück. Afonso (J.-Y. G.), sein französischer Hauptdarsteller, möchte nämlich das Dorf Lugar do Teso besuchen, das sein portugiesischer Vater vor dem Zweiten Weltkrieg verlassen hat. Die Schauspieler Duarte (D. D.) und Judite (L. S.) begleiten sie als Dolmetscher. Auf ausgedehnten Fahrten teilen die Reisenden Manoels Erinnerungen an die Jugend im Jesuitenkolleg, an das Ferienhotel der Familie. Die Schatten der Vergangenheit künden, wie die Statue Pedro Macaos am Wegesrand, von einer verlorenen Zeit. Dieses Sinnbild des einsamen, zu Stein gewordenen menschlichen Geistes, der alles Leid der Welt auf den Schultern trägt, wirkt wie ein Echo aus der Ewigkeit, die Ahnung um die Vergänglichkeit alles Irdischen verkündend. Im armen, abgelegenen Bergdorf angekommen, wird Afonso von seiner Tante zunächst äußerst kühl empfangen, da er ihre Sprache nicht beherrscht. Im Schein des Feuers erzählt die Frau vom schweren Schicksal des Dorfes und seiner Einwohner. Erst Afonsos Hinweis, die Sprache des Blutes, des Herzens sei höher einzuschätzen als das gesprochene Wort, bricht den Bann und läßt die Verwandten einander verstehen.

Oliveira erzählt eine autobiographische, existentiell-mythische Geschichte. Seine Reise zu den Wurzeln der Zivilisation, den Ursprüngen der (portugiesischen) Geschichte, Landschaft und Kultur ist die Bilanz eines Lebens, ein filmisches Testament mit einer Art Gewissenserforschung. Es gelingt dem Regisseur, die kosmische Melancholie im Angesicht der verlorenen Unschuld allgemeingültig in bewegende, in sich ruhende Bilder und Dialoge zu bannen. Die Augenblicke der Wahrheit versuchen, das Geheimnis des Lebens, die Weisheit

Gottes aufzuspüren, für Schuld und Versäumnisse Erlösung und Vergebung zu finden. Mit Ironie und der Freiheit der filmischen Ästhetik vollzieht Oliveira in der zweiten Hälfte einen radikalen Wechsel, nachdem die Grundgedanken, die Stimmung der Figuren mitgeteilt wurden, und setzt auf die offene Begegnung mit der Landschaft, den Zeichen und Boten einer anderen Welt hinter den Bergen. Über allem liegt eine poetische Aura von beschaulicher Einfachheit und unendlicher Größe. Keine nostalgische, wehmütige Ballade um den Verlust von Kindheit und Jugend, sondern eine dialektische Verschränkung von Bewegung und Stillstand, Leben und Tod, Wort und Bild.

Victor/Victoria
Victor/Victoria

England 1982

R: Blake Edwards; A: Blake Edwards, basierend auf dem Film *Viktor und Viktoria* (Deutschland 1933) nach einer Idee von Hans Hoemburg; K: Dick Bush; D: Julie Andrews, Robert Preston, James Garner, Lesley Ann Warren

Als es ihr wirklich dreckig geht und weit und breit kein Engagement in Sicht ist, lernt die Sängerin Victoria Grant (J. A.) in Paris den schwulen und ebenfalls erwerbslosen Vaudeville-Artisten Toddy (R. P.) kennen. Dieser überredet sie zu einem originellen Coup: Sie soll sich als Mann ausgeben – und dann als Damen-Imitator auftreten. Gesagt, getan! Bald feiert »Graf Victor Grazinski« als »Victoria« Triumphe in einer Transvestiten-Show. Dort sieht sie auch der amerikanische Gangster King Marchan (J. G.). Er verliebt sich in Victoria, ist völlig schockiert, als er sie in der Rolle des Grafen erlebt, und ungeheuer erleichtert, als er insgeheim die Wahrheit erfährt. Aus diesen Verkleidungen und Verwicklungen entsteht eine komplizierte Intrige, in der neidische Konkurrenzveranstalter ebenso eine Rolle spielen wie Kings Gangster-Kollegen, die keinen »schwulen« Partner dulden wollen. Zum Schluß gibt es ein umfassendes Happy-End: Victoria kehrt in ihre eigentliche Existenz zurück, King und sie werden ein Paar, und Toddy übernimmt ihren Part in der Show.

Blake Edwards hat das unterhaltsam-frivole Spiel mit sicherem Gespür für die Möglichkeiten des Stoffes inszeniert. Es gibt handfeste Komik und knallige Pointen; aber daneben hat der Film auch Zeit für eine präzise Schilderung der Charaktere, die eine zweite, subtilere Ebene des Humors ermöglicht. Denn hier wird nicht einfallslos auf plumpe Effekte und schlüpfrige Zweideutigkeiten spekuliert; Edwards integriert vielmehr die verschiedenen Aspekte des turbulenten Spiels in eine stilsichere Gesellschaftskomödie, die fast nebenbei einige bedenkenswerte Erkenntnisse über Rollenzwänge und Rollenerwartungen, über Sexualität und Erotik zutage fördert.

Der wirkungsvolle Stoff war in Deutschland bereits zweimal mit großem Erfolg verfilmt worden: *Viktor und Viktoria* (Deutschland 1933 – R: Reinhold Schünzel) mit Renate Müller und *Viktor und Viktoria / Verliebt, verlobt, verheiratet* (BRD 1957 – R: Karl Anton) mit Johanna von Koczian.

La vida criminal de Archibaldo de la Cruz / Ensayo de un crimen
Das verbrecherische Leben des Archibaldo de la Cruz

Mexiko 1955

R: Luis Buñuel; A: Luis Buñuel und Eduardo Ugarte Pages nach einem Roman von Rodolfo Usigli; K: Agustín Jiménez; D: Ernesto Alonso, Miroslava Stern, Rita Macedo, Adriana Welter

Archibaldo ist das Kind reicher Eltern. Eines Tages zeigt ihm seine Erzieherin eine Spieldose und erzählt ihm ein Märchen von einem König, der mit dieser Dose Macht über das Leben anderer Menschen gehabt habe. Das neugierige Kind will den Zauber ausprobieren, setzt die Spieldose in Tätigkeit – und die ungeliebte Erzieherin fällt tot zu Boden, von der verirrten Kugel eines Revolutionärs getroffen. – Als reifer Mann sieht Archibaldo (E. A.) seine Spieldose in einem Antiquitätengeschäft wieder und kauft sie. Alsbald erwacht in ihm die Lust zu töten. In seinen Träumen malt er sich herrli-

che Morde aus, aber in der Wirklichkeit mißlingen sie: Der schönen Patricia (R. M.) möchte er mit einem Rasiermesser die Kehle durchschneiden, doch sie besorgt es selbst nach einem Streit mit ihrem reichen Freund. Die Nonne Santa Trinidad fällt auf der Flucht vor ihm im Krankenhaus in einen Fahrstuhlschacht. Seine Braut Carlota (A.W.) wird von einem verschmähten Liebhaber am Hochzeitstag erschossen. Der jungen Lavinia (M.S.) kann er nicht habhaft werden; er verbrennt statt dessen eine Kleiderpuppe, für die sie Modell gestanden hat, in seinem Töpferofen. Schließlich stellt Archibaldo sich der Polizei; aber die erklärt sich als nicht zuständig für geträumte Morde. Da wirft er seine Spieluhr in einen Teich und trifft verheißungsvolle Anstalten, Lavinia zu heiraten. Er scheint geheilt.
Es heißt, der positive Schluß sei Buñuel aufgezwungen worden; indessen bleibt er zweideutig genug. Zu suggestiv hat der Film zuvor die Freuden geträumter Morde geschildert, als daß man die bürgerliche Ehe als Happy-End für Archibaldo ansehen möchte. Wer sich lustvoll ausmalt, wie seine Braut in der Hochzeitsnacht vor einem Marienbild das »Ave Maria« spricht und dabei erschossen wird, dem mag jede andere Form der Hochzeitsnacht Ersatzbefriedigung bleiben.

Buñuel hat hier mit einer Fülle Freudscher Symbole frustrierte Sexualität als Wurzel der Mordlust denunziert. Archibaldo wird von der Gesellschaft am Mord und damit an der Liebe gehindert. Die bürgerliche Ordnung baut Schranken um ihn und läßt ihm nur einen Ausweg – die ganz normale Ehe mit Lavinia, die denn auch konsequent als geschäftstüchtiges Vernunftwesen vorgestellt wird. Buñuel hat sein Thema ironisch und mit makabrem Humor behandelt; aber es hat dabei nichts an aggressiver Schärfe eingebüßt.

Vidas secas
Vidas secas – Nach Eden ist es weit

Brasilien 1963

R: Nelson Pereira dos Santos; A: Nelson Pereira dos Santos nach dem gleichnamigen Roman von Graciliano Ramos; K: Luiz Carlos Barreto; D: Átila Iório, Maria Ribeiro, Orlando Mácedo, Jofre Soares

Mit seiner Frau (M. R.), seinen beiden Kindern, einem Hund und einem Papagei irrt der Viehhirt Fabiano (Á. I.) durch den von der Sonne

La vida criminal de Archibaldo de la Cruz (Ernesto Alonso, Miroslava Stern)

*Vidas secas
(Átila Iório)*

ausgedörrten Sertão, die Einöde im Nordosten Brasiliens. Ausgehungert töten und verschlingen sie den dürren Papagei. In einer verfallenen Hütte nisten sie sich schließlich ein. Dann kommt die Regenzeit, die Wüste wird grün, das Vieh kehrt zurück, und der Gutsbesitzer (O. M.) gibt Fabiano Arbeit. Mit dem bescheidenen Verdienst werden Einkäufe im nächsten Dorf finanziert. Fabiano betrinkt sich, spielt Karten mit dem Polizisten (J. S.), fühlt sich übervorteilt und wird, als er protestiert, ins Gefängnis gesteckt. Sein Zellengenosse ist ein »Cangaceiro«, der am nächsten Morgen von seinen Kumpanen befreit wird. So kommt auch Fabiano frei. Aber die Regenzeit geht zu Ende, der Sertão trocknet wieder aus, das Vieh wird fortgetrieben, und Fabiano verliert seine Arbeit. Er zieht mit seiner Familie weiter und will sein Glück in der Stadt versuchen. Aber vorher erschießt er den Hund, der den Strapazen des Marsches nicht mehr gewachsen ist.

Nelson Pereira dos Santos erzählt seine einfache Geschichte mit ebenso einfachen wie eindrucksvollen Mitteln. Die Kamera zeigt Trockenheit und sengende Hitze so, daß beides fast physisch spürbar wird. Deutlich wird auch der Kreislauf der Hoffnungslosigkeit im Leben Fabianos. Er träumt zwar von den Chancen, die die Stadt ihm und seinen Kindern bieten wird; aber mindestens in Brasilien weiß der Zuschauer, daß er dort bestenfalls in den Slums landen würde.

La vie de bohème
Das Leben der Bohème

Finnland/Frankreich/Schweden/BRD 1992

R: Aki Kaurismäki; A: Aki Kaurismäki nach dem Roman *Scènes de la vie de bohème* von Henri Murger; K: Timo Salminen; D: Matti Pellonpää, Evelyne Didi, André Wilms, Kari Väänänen, Christine Murillo

Der albanische Maler Rodolfo (M. P.), der französische Schriftsteller Marcel (A. W.) und der irische Komponist Schaunard (K. V.) lernen sich in Paris kennen und werden bald gute Freunde. Sie teilen die alltäglichen Sorgen und die seltenen Glücksfälle des Geschicks, sind Lebenskünstler, wenn die Kasse leer ist, und kenntnisreiche Genießer, wenn einer von ihnen einen Kunden oder Mäzen gefunden hat. Und dann ist da noch Rodolfos Geliebte Mimi (E. D.). Zwar verläßt sie ihn gelegentlich, weil sie ein Leben am Rande des Hungers und der Obdachlosigkeit nicht erträgt; aber selbst in den Armen eines anderen ist ihre Liebe zu Rodolfo unwandelbar. Diese Liebe übersteht sogar die langen Monate, in denen Rodolfo in seine Heimat abgeschoben war, bis er – illegal, aber zufrieden – aus dem Kofferraum eines »Trabi« wieder auftaucht. Am Ende wird Mimi krank. Marcel, Schaunard und vor allem natürlich Rodolfo scheuen keine Opfer, um ihren Krankenhaus-Aufenthalt zu finanzieren. Dann stirbt sie; und zum ersten Mal läßt Rodolfo die Freunde einfach stehen und verschwindet in einem dunklen Torweg.

Es wäre interessant, sich auszumalen, wie René Clair mit dieser Vorlage umgegangen wäre ... Bei Kaurismäki wurde daraus eine triste Komödie über den Versuch, in einer fremden Welt nicht nur zu überleben, sondern dabei auch die Würde zu bewahren. Die Freunde leisten sich Gelassenheit wie einen ihnen gemäßen Luxus. Sie schützen sich gegen die Not durch ihre Freundschaft und gegen die soziale Deklassierung durch gewählte Umgangsformen und eine betont »literarische« Sprache. Über allem aber steht als Garant des Überlebens die Liebe zwischen Mimi und Rodolfo. Und so ist Mimis Tod auch die entscheidende Bedrohung der fragilen Idylle. Es ist durchaus ungewiß, ob die Freunde weiterhin die Kraft haben werden, die Realität durch ihr Bewußtsein zu überwinden.

Vie privée
Privatleben

Frankreich/Italien 1961

R: Louis Malle; A: Jean-Paul Rappeneau, Louis Malle, Jean Ferry; K: Henri Decae; D: Brigitte Bardot, Marcello Mastroianni, Ursula Kübler, Gregor von Rezzori

Der Beginn des Films zeigt Jill (B. B.) in ihrem Elternhaus in der Schweiz. Sie ist offenbar glücklich, Tochter reicher Eltern, Ballettschülerin. Vor einer unglücklichen Liebe flieht sie nach Paris, wird Fotomodell, Schauspielerin, Star. Sie erlebt Neugier und Bewunderung der Menge, aber auch Mißgunst und Haß. Abermals flieht sie: Sie macht einen Selbstmordversuch. Dann trifft sie Fabio (M. M.), ihre erste Liebe, wieder. Sie entkommt den Reportern und fährt mit ihm nach Spoleto, wo Fabio, der Theaterregisseur, an einer Aufführung von Kleists *Das Käthchen von Heilbronn* arbeitet. Jill verbirgt sich in einem schloßartigen Hotel. Als sie am Abend der Premiere auf das Dach klettert, um die Aufführung verfolgen zu können, wird sie vom Blitzlicht eines Fotografen erschreckt und stürzt ab. In den Schlußszenen des Films sieht man sie fallen – unendlich lange, unendlich langsam, glücklich und mit gelöstem Haar.

Ein Film nicht nur mit, sondern in gewissem Maße auch über Brigitte Bardot. Zwar wird hier nicht etwa ihr Lebenslauf erzählt; aber die Figur der Jill ist zweifellos nach ihrem Vorbild angelegt. Und dabei wird dieses Schicksal, dieses »Privatleben« im Film in eine deutliche Beziehung zur Gesellschaft gesetzt. Gezeigt wird der Mechanismus, der ein attraktives Fotomodell zum Star macht; gezeigt wird die Reaktion der öffentlichen Meinung auf einen Star vom Zuschnitt der Bardot; gezeigt wird der Star als Subjekt und Objekt der Manipulation.

Diese kritische Analyse hat Malle bestechend schön inszeniert, wobei eine Vielzahl effektvoller Einfälle hier zum sinnvollen dramaturgischen Mittel wird.

Die Vier im Jeep

Schweiz 1950/51

R: Leopold Lindtberg; A: Richard Schweizer, Hans Sahl, William M. Treichlinger; K: Emil Berna; D: Ralph Meeker, Yoseph Yadin, Michael Medwin, Paul Dinan, Hans Putz, Viveca Lindfors

Der Amerikaner Long (R. M.), der Engländer Stuart (M. M.), der Franzose Pasture (P. D.) und der Russe Woroschenko (Y. Y.) bilden eine interalliierte Militärstreife im Nachkriegs-Wien. Zufällig werden sie in einen Fahndungsfall verwickelt: Russische Geheimpolizei ver-

Viridiana
(Fernando Rey, Silvia Pinal, Margarita Lozano)

hört Franziska Idinger (V. L.) und sucht ihren aus einem russischen Kriegsgefangenenlager entflohenen Mann Karl (H. P.). Die drei Westalliierten sind schnell bereit, Franziska zu helfen, und bringen sie sogar vorübergehend in Pastures Wohnung in Sicherheit. Woroschenko hält sich zunächst an seine Befehle, obwohl er sich in Franziska verliebt hat. Aber im entscheidenden Moment drückt er ein Auge zu, so daß Franziska und Karl am Schluß dank der »Vier im Jeep« wieder vereint sind.

Ein ehrlicher, wenngleich allzu optimistischer Film, der angesichts der politischen Konfrontation zu seiner Entstehungszeit menschliches Verständnis als Heilmittel beschwor. Der nüchterne Realismus im Detail galt damals als bemerkenswerte Leistung und bewahrte den Film auch vor dem Abgleiten in unkontrollierte Sentimentalität.

Viridiana
Viridiana

Spanien/Mexiko 1961

R: Luis Buñuel; A: Luis Buñuel, Julio Alejandro; K: José F. Aguayo; D: Silvia Pinal, Francisco Rabal, Fernando Rey

Don Jaime (F. Re.) lebt einsam auf einem großen Gutshof. Seine Frau ist vor dreißig Jahren in der Hochzeitsnacht gestorben. Jetzt lädt er seine Nichte Viridiana (S. P.) ein, ihn noch einmal zu besuchen, ehe sie ins Kloster geht und die Gelübde ablegt. Vergeblich versucht Don Jaime, die Novizin zu überreden, bei ihm zu bleiben. Schließlich redet er ihr ein, er habe sie betäubt und mißbraucht. Viridiana flieht entsetzt. Don Jaime erhängt sich und vermacht seinen Besitz Viridiana und seinem vorehelichen Sohn Jorge (F. Ra.). Viridiana möchte aus dem Gut ein Asyl für Arme und Bresthafte machen, während Jorge den verwahrlosten Besitz wieder aufbauen will. Bald muß Viridiana erkennen, daß ihre Schützlinge ihr Mitleid ausnutzen. Während ihrer Abwesenheit dringen die Bettler in das »Herrenhaus« ein und feiern eine wüste Orgie. Als sie mit Jorge zurückkehrt, fesseln die Männer Jorge und versuchen, Viridiana vor seinen Augen zu vergewaltigen. Mit Mühe wird sie befreit. Am Schluß sieht man Viridiana mit Jorge und der Haushälterin Karten spielen; aus einem Grammophon tönt Schlagermusik.

Der erste Spielfilm, den Buñuel in seiner Heimat Spanien drehte. Das Drehbuch wurde von der Zensur genehmigt. Und Buñuel berichtet ironisch, daß die Veränderungen, die man verlangt habe, dem Film durchaus genützt hätten. So erscheine ihm heute selbst sein ursprünglicher Schluß zu plump. Im Originaldrehbuch klopft Viridiana an Jorges Tür. Jorge liegt mit der Haushälterin im Bett, die aufsteht und ihren Platz Viridiana überläßt.

Trotz der Genehmigung des Drehbuchs wurde der Film in Spanien sofort verboten. Auch in die deutschen Kinos kam er erst nach Schnitten kurzer, aber wichtiger Szenen durch den Verleiher: So fehlte eine Szene, in der Viridiana dem Melken einer Kuh zusieht und sich verwirrt abwendet, eine andere, in der eine Dornenkrone verbrannt wird.

Der Film war durchaus geeignet, das Publikum zu schockieren. Bei der Orgie der Bettler etwa gruppierte Buñuel die Betrunkenen nach dem Vorbild des berühmten Abendmahlbildes von Leonardo da Vinci. Ein blinder Bettler sitzt auf dem Platz Christi. Und dazu ertönt das »Halleluja« von Händel. Die Bresthaften und Krüppel erscheinen nicht als stille Dulder, sie sind eher bösartig und verschlagen, was auch wohl heißen soll, daß in einer heillos unordentlichen Welt moralische Wertmaßstäbe keinen Sinn mehr haben, daß das Leiden dem Menschen keineswegs den Weg in den Himmel weist.

Insgesamt demonstriert der Film, daß angesichts einer ungerechten Sozialordnung auch die Caritas keine Chancen hat, daß Almosen und Gebete die Probleme der Welt nicht mehr lösen können. So zeigt Buñuel einmal in einer eindrucksvollen Montage, wie Viridiana und ihre Schützlinge den »Engel des Herrn« beten, während Jorge und seine Helfer am Wiederaufbau des Gutes arbeiten. In einer anderen Szene kauft Jorge einem Bauern einen Hund ab, der – am Pferdewagen angekettet – fast zu Tode geschleift wird. Und während den Zuschauer noch Befriedigung erfüllt, zeigt Buñuel nach einem harten Schnitt einen anderen Wagen, an dem ein anderer Hund genauso angekettet ist.

Ein beträchtlicher Vorzug des Films ist es, daß er seine Thesen nicht plakativ hervorkehrt. Sie leben in solcherart beiläufigen Beobachtungen. Sie erwachsen aus dem Charakterbild eines alternden Psychopathen (der Onkel) und einer frustrierten Frau (Viridiana), die beide von Konventionen und herrschenden Moralvorstellungen deformiert sind. Und sie zeigen sich im Bild der Bettler, die hier für ein seit Generationen unterdrücktes Volk stehen.

Zu seiner Wirksamkeit tragen auch die Elemente des Surrealismus bei, die dem Film eine düstere Poesie geben: Träume, eine Szene, in der Viridiana schlafwandelt, die Stunden, die der Onkel mit dem Brautkleid seiner toten Frau verbringt, das Spiel eines kleinen Mädchens mit dem Strick, an dem der Onkel sich erhängt hat usw.

Les visiteurs du soir
Die Nacht mit dem Teufel / Die Satansboten

Frankreich 1942

R: Marcel Carné; A: Jacques Prévert, Pierre Laroche; K: Roger Hubert; D: Alain Cuny, Arletty, Marie Déa, Marcel Herrand, Jules Berry, Fernand Ledoux

Der Film spielt im Mittelalter. Baron Hugues (F. L.) veranstaltet ein Fest aus Anlaß der Verlobung seiner Tochter Anne (M. D.) mit dem Baron Renaud (M. H.). Unter den Gauklern, die herbeiströmen, befinden sich auch Gilles (A. C.) und Dominique (A.). Diese beiden aber sind in Wirklichkeit Abgesandte des Teufels, die das Böse in die Welt tragen sollen. Während Hugues und Renaud alsbald Dominique verfallen und ihretwegen später gar einen Zweikampf austragen, bei dem Renaud getötet wird, wächst zwischen Anne und Gilles eine echte Liebe. Der Teufel (J. B.) sieht seine Macht bedroht und erscheint persönlich. Aber er ver-

mag die Liebenden weder zu trennen noch zu korrumpieren. Wütend verwandelt er sie zu Stein – doch in dem Stein schlägt ihr Herz weiter.
Während dieser Film, der zur Zeit der Besetzung Frankreichs entstand, für die einen ein Dokument innerer Emigration ist, lesen andere aus ihm eine verschlüsselte politische Botschaft. Für sie ist der Teufel Hitler, und das Herz, das in den Statuen weiterschlägt, gilt ihnen als das Herz Frankreichs. Auf jeden Fall überzeugt hier die Behandlung von Carnés Lieblingsthema, dem Kampf zwischen Gut und Böse, in einem völlig verwandelten Milieu, dessen Atmosphäre er mit sparsamen Mitteln einfing. Eindrucksvoll ist schon der Anfang, der die Sendboten des Teufels unendlich klein in einer verkarsteten, weißen Landschaft zeigt. Auch das Schloß ist ganz weiß, und die »Grausamkeit« dieser Farbe wird hier sehr deutlich. Es folgt ein faszinierendes Spiel schöner Bilder, die von mittelalterlichen Miniaturen inspiriert sind, und virtuoser Schauspielkunst. Über allem liegt ein Hauch von Melancholie und Resignation – besonders gelungen in dem seltsam traurigen Fest.

Viskningar och rop
Schreie und Flüstern

Schweden 1972

R: Ingmar Bergman; A: Ingmar Bergman; K: Sven Nykvist; D: Harriet Andersson, Ingrid Thulin, Liv Ullmann, Kari Sylwan, Georg Ärlin, Henning Moritzen, Erland Josephson

Um die Jahrhundertwende kehren Karin (I. T.) und Maria (L. U.) in das Elternhaus zurück, um Abschied von ihrer Schwester Agnes (H. A.) zu nehmen, die das Haus zusammen mit der Magd Anna (K. S.) bewohnt. Agnes ist unheilbar an Krebs erkrankt. Aber ihre Schwestern sind zu sehr mit ihren eigenen Problemen beschäftigt, um der Sterbenden helfen zu können. Karin ist in der Ehe mit dem um 20 Jahre älteren Fredrik (G. Ä.) verbittert und erstarrt; in verzweifeltem Protest gegen ihre physische und psychische Unterdrückung hat sie sich einmal mit einer Glasscherbe die Vagina aufgeschnitten. Maria, leichtlebig und liebebedürftig, hat durch eine Liebesaffäre mit einem Arzt (E. J.) ihren weichlichen Mann Joakim (H. M.) zu einem Selbstmordversuch getrieben. So erfährt Agnes in ihren letzten Stunden Trost und Hilfe nur von der Magd Anna, die eigenes Leid – sie hat ihr dreijähriges Kind verloren – verständnisvoll für das Leid anderer gemacht hat und die sich mit Agnes verbunden fühlt, weil Agnes sich um sie und um das Kind gekümmert hat. Nur Anna hört dann auch die Worte der toten Agnes: »Ich kann euch nicht verlassen ... Für euch ist es vielleicht ein Traum, aber für mich nicht.« Nach Agnes' Tod und Begräbnis reisen Karin und Maria mit ihren Männern ab, nachdem sie zuvor Anna entlassen haben.

»Es ist dieselbe alte Geschichte. Es sind dieselben Darsteller, dieselben Szenen, dieselben Probleme. Das einzige, was diesen Film anders macht, ist die Tatsache, daß wir älter geworden sind« (Ingmar Bergman). – Tatsächlich wiederholen sich hier Bergmans Themen und Obsessionen: die Frage nach Gott und dem Tod, die verzweifelte Einsamkeit des Menschen, die Probleme der Sexualität usw. Aber deutlicher als vorher ist hier auch ein positives Gegenbild gezeichnet. Wo etwa in *Tystnaden* am Ende die vage Verheißung stand, daß vielleicht das Kind einmal die »fremde Sprache« verstehen werde, da ist hier in der Gestalt der Anna, die den Kopf der leidenden Agnes an ihre nackte Brust bettet, die Verheißung deutlicher und konkreter. Es heißt, Bergman habe diesen Film ursprünglich seiner Mutter widmen und sie durch die extrem verschiedenen Frauengestalten porträtieren wollen. So scheint es legitim, die vier Frauen als verschiedene Erscheinungsformen eines Menschen (oder auch der Frau schlechthin?) zu betrachten und hier eine Differenzierung zu sehen, die in dieser Form in seinem Werk ebenfalls neu ist.

Formal ist der Film von großer Schönheit. Die Rückblenden sind überzeugend in den Handlungsablauf eingefügt. Visionen einer glücklichen Kindheit kontrastieren raffiniert zu den grellen Effekten der Selbstverstümmelung und den bedrückenden Bildern des qualvollen Sterbens. Die einzelnen Einstellungen sind von einer insistierenden und ungeheuer intensiven Starrheit, die an die strenge Geschlossenheit von Gemälden erinnert. Und eine besondere

Bedeutung gewinnen hier die Farben, die von Sven Nykvist mit komplizierten Techniken zu spezieller Wirkung gebracht wurden. Dabei dominiert die Farbe Rot, die selbst in den Blenden immer wieder erscheint.

La vita è bella
Das Leben ist schön

Italien 1998

R: Roberto Benigni; A: Vincenzo Cerami, Roberto Benigni; K: Tonino Delli Colli; D: Roberto Benigni, Nicoletta Braschi, Giorgio Cantarini, Giustino Durano, Horst Buchholz, Sergio Bustric

La vita è bella
(Roberto Benigni, Giorgio Cantarini, Nicoletta Braschi)

1939 kommt der mit naivem Frohsinn gesegnete Guido (R. B.) zusammen mit seinem Freund, dem Polsterer und Poeten Ferruccio (S. B.) nach Arezzo, wo er einen kleinen Buchladen eröffnen möchte. Dieses Ziel verfehlt er zunächst, weil er den örtlichen Faschisten-Chef verärgert; und so arbeitet er als Kellner im Hotel seines Onkels (G. D.). In anderer Hinsicht ist Guido erfolgreicher. Er verliebt sich unsterblich in die Lehrerin Dora (N. B.), umwirbt sie wie ein fröhlicher Kobold und entführt sie wie ein veritabler Märchenprinz hoch zu Roß von ihrer offiziellen Verlobungsfeier mit seinem faschistischen Intimfeind. – Ein Zeitsprung: Guido hat seine Dora, er hat einen kleinen Sohn, Giosué (G. C.), und er hat einen Buchladen. Doch mittlerweile dominiert der Rassenwahn der Nationalsozialisten auch im faschistischen Italien; und eines Tages findet Dora die Wohnung leer. Guido, der Jude, und das Kind sind »abgeholt« worden. Dora zögert keinen Moment. Sie fährt zum Bahnhof und verlangt, sich dem »Judentransport« anschließen zu dürfen. So kommt die Familie in ein KZ, wo aber Männer und Frauen sofort getrennt werden. Guido gelingt es dennoch, Dora Lebenszeichen und Zeichen seiner Liebe zu übermitteln. Vor allem aber gelingt es ihm, Giosué vor der Last des Schreckens zu bewahren: Er macht ihm mit kauzigen Kapriolen weis, dies alles sei ein Spiel, bei dem man Punkte sammeln und einen echten Panzer gewinnen könne. So überlebt das Kind und wird am Ende mit seiner Mutter vereint. Guido aber stirbt als tragischer Held, als Opfer seiner großen Liebe.

Der Film, dessen Titel einem Trotzki-Zitat entlehnt ist, beginnt wie ein Slapstick-Märchen voll turbulenter Verwicklungen, skurriler Einfälle und unverhoffter Wendungen. Doch dann werden der Märchenprinz und seine Prinzessin jäh in eine Tragödie hineinversetzt. Während Dora vor Trauer und Entsetzen schier versteinert ist, entwickelt Guido eine Überlebensstrategie für seinen Sohn und auch für sich. Er will mit der Kraft seiner Phantasie das Entsetzliche gleichsam in ein Spiel verwandeln. Tatsächlich gelingt dem Autor, Regisseur und Darsteller Benigni, der seinem komödiantischen Talent sonst gern einmal die Zügel schießen läßt, hier eine erstaunliche Gratwanderung. Er schafft es, in der bitteren Komödie, die er dem Kind vorspielt, die Schrecken der Verfolgung und der Vernichtung zu spiegeln, Guidos Harlekinaden in den grausigen Totentanz zu integrieren. Dabei geht es dem Film erkennbar nicht darum, Wirklichkeit realistisch nachzubilden. Aber er erinnert an diese Wirklichkeit und evoziert sie in der Phantasie seiner Zuschauer. So gewann der Film nicht nur zahlreiche Preise (u. a. einen »Oscar«) und den Beifall der Kritik; er fand auch Zustimmung und Anerkennung bei denen, die die geschilderten Schrecken einst selbst erlebt und überlebt haben.

I vitelloni
Die Müßiggänger

Italien/Frankreich 1953

R: Federico Fellini; A: Federico Fellini, Ennio Flaiano, Tullio Pinelli; K: Otello Martelli, Luciano Trasatti, Carlo Carlini; D: Alberto Sordi, Franco Interlenghi, Franco Fabrizi, Leopoldo Trieste, Riccardo Fellini, Leonora Ruffo

Als »Vitelloni« bezeichnet man in Italien junge Männer, die sich von ihrer Familie unterhalten lassen, nicht arbeiten, sondern stets von der großen Chance träumen, die einmal kommen wird. Solche Vitelloni sind Alberto (A. S.), Moraldo (F. I.), Fausto (F. F.), Leopoldo (L. T.) und Riccardo (R. F.). Doch eines Tages erfährt Fausto, daß seine Freundin Sandra (L. R.) ein Kind von ihm erwartet. Er muß heiraten, bleibt aber im Grunde der alte. Zwar läßt er sich von seinen Schwiegereltern eine Stelle beschaffen, aber er verliert sie schnell wieder, weil er mit der Frau des Chefs flirtet. Und bald gerät er wieder ganz unter den Einfluß seiner Freunde, mit denen er Billard spielt und lange Spaziergänge macht. Schließlich verläßt ihn Sandra. Er findet sie bei seinem Vater, der ihm eine Tracht Prügel gibt. Sandra erkennt, daß Fausto eher eine Mutter als eine Frau braucht; und diese Erkenntnis wird beiden vielleicht helfen. Am Ende verläßt Moraldo heimlich die Stadt. Er hatte im Gegensatz zu seinen Freunden stets die Leere seines Lebens geahnt. Er will einen neuen Anfang machen.
Fellini schildert den Alltag in einer italienischen Provinzstadt, scheinbar unbedeutende Menschen, banale Geschehnisse. Aber die Filmbewertungsstelle Wiesbaden hatte recht, als sie diesem Film attestierte: »Dank der künstlerischen Kraft wird gerade die Darstellung der Langeweile spannend, und die Darstellung des Oberflächlichen gewinnt menschliche Tiefe.« Ohne große Worte und demonstrative Gesten werden hier Menschen porträtiert, ein Milieu charakterisiert und gesellschaftliche Zusammenhänge verdeutlicht.

Vivere in pace
In Frieden leben

Italien 1946

R: Luigi Zampa; A: Suso Cecchi d'Amico, Piero Tellini, Aldo Fabrizi, Luigi Zampa; K: Mario und Carlo Montuori; D: Aldo Fabrizi, John Kitzmiller, Gary Moore, Heinrich Bode, Mirella Monti

In einem abgelegenen italienischen Dorf versteckt der Bauer Tigna (A. F.) gegen Ende des Krieges zwei entflohene amerikanische Kriegsgefangene. Als eines Abends der deutsche Gefreite Hans (H. B.) Tigna besucht, gibt der einen der Amerikaner (G. M.) als Verwandten aus; der andere, ein Neger (J. K.), muß sich im Weinkeller verstecken. Dort betrinkt er sich und randaliert, woraufhin Tigna, um ihn zu übertönen, den Deutschen ebenfalls unter Alkohol setzt. Im Rausch verbrüdern sich Hans und Tigna und ziehen lärmend durch das Dorf, was bei der Bevölkerung den Eindruck erweckt, der Krieg sei aus. Nach der Ernüchterung ziehen alle Dorfbewohner in die Wälder, um sich vor einer zu erwartenden Strafaktion zu schützen. Hans schläft seinen Rausch aus. Am anderen Tag geht er zu Tignas Hof. Er will sich Zivilkleider besorgen und desertieren. Dabei wird er von einer deutschen Streife überrascht, die ihn und Tigna erschießt.
Zampa zeichnet eine intakte Welt, die zunächst weder vom Krieg noch vom Faschismus beunruhigt wird. Sein Held ist ein einfacher Bauer, der sich nicht um Politik kümmert, der nur nach den Idealen einer schlichten Menschlichkeit lebt. Aber Zampa zeigt auch, wie dieser Mensch scheitert. Tignas Tod allerdings ist eigentlich nur ein Mißverständnis, ist vermeidbares Pech; und so erhält der exemplarische Fall ein recht zufälliges Ende. Vorher aber gibt es wirkungsvolle Szenen: die improvisierte

»Party«, der Freudentaumel der Dorfbewohner über das vermeintliche Ende des Krieges und vor allem das vorzügliche Spiel Fabrizis, das – wie der ganze Film – unmittelbar ans Gefühl appelliert.

Vivre sa vie
Die Geschichte der Nana S.

Frankreich 1962

R: Jean-Luc Godard; A: Jean-Luc Godard unter Verwendung der Dokumentation *Oú en est la prostitution?* von Marcel Sacotte; K: Raoul Coutard; D: Anna Karina, Sady Rebbot, André S. Labarthe, Peter Kassowitz, Gérard Hoffman

Nana (A. K.), ein Mädchen aus der Provinz, hat mit Paul (A. S. L.) zusammengelebt und hat mit ihm ein Kind. Aber sie ist nicht glücklich und verläßt Mann und Kind. Da ihr Gehalt als Schallplattenverkäuferin nicht ausreicht, bessert sie es durch gelegentliche Prostitution auf und wird schließlich professionelle Prostituierte. In einem Billardsaal trifft sie Pierre (P. K.) und verliebt sich in ihn. Seinetwegen möchte sie ihr Leben ändern. Aber zur gleichen Zeit will ihr Zuhälter Raoul (S. R.) sie an einen Kollegen (G. H.) »verkaufen«. Es kommt zu einem Streit um den Preis, zu einem Schußwechsel. Nana wird getroffen und stirbt.

Der Film erzählt seine Geschichte in zwölf »Kapiteln«, die durch Inserts annonciert werden; das verhindert auch, daß der Zuschauer sich allzu sehr seinen Gefühlen überläßt. Denn nicht auf Gefühle und Empfindungen setzt der Film, sondern auf die Einsicht. Es geht darum, daß Nana ihr eigenes Leben lebt, daß sie sich ihrer selbst bewußt wird.

Für den Weg dahin gibt es zwei markante Situationen. Am Anfang sieht man Nana tränenüberströmt in einem Kino, wo sie Dreyers *La passion de Jeanne d'Arc* sieht; und man liest auf der Kinoleinwand den Zwischentitel: »Gott allein weiß, wohin er uns führt. Wir erkennen unser Ziel erst am Ende des Weges.« Später unterhält sich Nana in einem Café mit einem Philosophen. Leider ist dieses Gespräch in der deutschen Kinofassung beträchtlich gekürzt und auch verändert worden. In diesem Gespräch wächst in Nana die Erkenntnis ihrer selbst, die Einsicht, daß das Leben komplizierter, aber auch größer und vielfältiger ist, als sie bisher geglaubt hatte. Hier wird gewissermaßen auch der Schluß des Films vorweggenommen. Der Philosoph zitiert eine Szene aus dem Roman *Zwanzig Jahre später* von Dumas d. Ä., in der Porthos stirbt, weil er zum ersten Mal in seinem Leben gedacht hat. Und so muß später wohl auch Nana sterben, weil sie beginnt, über sich und das Leben nachzudenken.

La voie lactée
Die Milchstraße

Frankreich/Italien 1968

R: Luis Buñuel; A: Luis Buñuel, Jean-Claude Carrière; K: Christian Matras; D: Paul Frankeur, Laurent Terzieff, Alain Cuny, Jean-Claude Carrière, Delphine Seyrig, Michel Piccoli

Zwei Clochards (P. F., L. T.) machen sich auf, um nach dem spanischen Wallfahrtsort Santiago de Compostela zu ziehen. Gleich zu Beginn ihrer Pilgerfahrt haben sie eine merkwürdige Begegnung: Ein Mann im weiten Mantel (A. C.) empfiehlt ihnen, mit einer Prostituierten Kinder zu zeugen und sie »Du bist nicht mein Volk« und »Keine Barmherzigkeit mehr« zu nennen. Als der Mann sich abwendet, steht plötzlich eine kleine Gestalt neben ihm, und eine weiße Taube flattert empor. Die beiden Wanderer bestehen auf einem Weg durch Raum und Zeit, durch die Kirchengeschichte, seltsame Abenteuer. Sie erleben Streitgespräche zwischen einem Jesuiten und einem Jansenisten, Folterungen und Verbrennungen von Häretikern, die Erschießung eines Papstes, ungewöhnliche Ermahnungen eines Pfarrers am Bett eines Liebespaares usw. Kurz vor ihrem Ziel treffen sie die eingangs verheißene Prostituierte (D. S.) und folgen ihr. Es bleibt offen, ob sie sich von ihrem Ziel ablenken lassen, ob sie der Aufforderung des Mannes im weiten Mantel nachkommen.

Ein Film der Szenen und Situationen, der Träume und Imaginationen, die in suggestiven Bildsequenzen verwirklicht werden. Man kann aus dem Film keine These ableiten; man spürt

*Volver
(Carmen Maura, Penélope Cruz)*

eher ein Bemühen zu verunsichern, zu schokkieren, Widersprüche bewußt zu machen. Auch die einzelnen Szenen sind in sich häufig widersprüchlich und vieldeutig: Wenn Jesus, dem die Wanderer am Schluß ebenfalls begegnen, zwei Blinde heilt und man in der nächsten Szene die Geheilten weiter tastend ihre Stöcke benutzen sieht, war dann die Heilung ein »falsches« Wunder? Oder soll es heißen, daß die Geheilten nicht an ein Wunder glauben und deshalb keinen Gebrauch von der wiedergeschenkten Sehkraft machen? Auf jeden Fall aber ist dies ein fantastischer, provokativer, intelligenter Film von großer sinnlicher Schönheit.

Volver
Volver – Zurückkehren

Spanien 2005

R: Pedro Almodóvar; A: Pedro Almodóvar; K: José Luis Alcaine; D: Penélope Cruz, Carmen Maura, Lola Dueñas, Blanca Portillo, Yohana Cobo, Chus Lampreave, Antonio de la Torre

Raimunda (P. C.) arbeitet als Putzhilfe in Madrid. Ihren Mann Paco (A. d. l. T.) und die 16jährige Tochter Paula (Y. C.) bringt sie mehr schlecht als recht durchs Leben. Eines Tages erwartet Raimunda eine böse Überraschung: Paula hat den Nachstellungen ihres betrunkenen Stiefvaters ein gewaltsames Ende gesetzt. Eine Frau wird aktiv: Raimunda deponiert die Leiche in der Tiefkühltruhe des benachbarten Restaurants und findet später mit Hilfe von Nachbarinnen eine geeignete Ruhestätte. Ihrer Schwester Sole (L. D.) erzählt sie davon nichts. Diese kehrt vom Begräbnis einer Tante (C. L.) aus dem Heimatdorf in der Mancha zurück und entdeckt im Kofferraum ihre totgeglaubte Mutter Irene (C. M.) als blinde Passagierin. Als »russische Aushilfe« unterstützt Irene fortan das illegal betriebene Friseurgewerbe von Sole und muß sich bei Besuchen von Raimunda und Paula immer rasch unter dem Bett verstecken. Nachdem der »Geist« schließlich doch entlarvt wird, normalisiert sich auch das angespannte Verhältnis von Tochter und Mutter. Am Ende steht die Aufklärung des großen Familiengeheimnisses an: Der angebliche Feuertod der Eltern in der Mancha hat sich ganz anders zugetragen, als man bislang glaubte.

Volver ist eine pechschwarze, bitterböse Tragikomödie. Der Film des Spaniers Pedro Almodóvar erzählt eine komplexe Geschichte – mit phantastischen, magischen Einfällen. Sein erneutes Plädoyer für Frauenpower ist extrovertiert, schrill und voll von großen Gefühlen.

Ein Film über die Liebe und den Tod; vor allem aber über die etwas andere Familie. Und diese lebt vom Temperament, von der Lebensweisheit, von der Solidarität der Frauen. Almodóvar singt das hohe Lied auf deren Schönheit, Verständnis und auch ihre Geheimnisse und Abgründe. Es geht um die Sehnsucht nach Bindung ans Irdische wie um Übersinnliches, um Nähe und Distanz, um Heimat und Flucht vor dem Machismo – Extreme, die sich gegenseitig zu bedingen scheinen. In der grandiosen Friedhofsszene zu Beginn des Films, wenn sich die Frauen anläßlich eines Jahrestages im ländlichen Geburtsort treffen, scheint der Geist der Vergangenheit in die Gegenwart zu wehen, die Moderne und die Ära nach Franco an ihre Wurzeln, an die jahrhundertealte Tradition erinnernd. Der Blick auf die pulsierende, unbesiegbare Lebensfreude spiegelt sich auch in den kräftigen Farben, in der stimmungsvollbunten Musik von Alberto Iglesias.

Pedro Almodóvar verlegt den Schauplatz in seine südlich von Madrid gelegene Heimat, in die Mancha. Es handelt sich dabei um eine dunkle, von Aberglauben, Geistergeschichten und Märchen geprägte Region, wie er sagt. Der Sprache, den Sitten und Gebräuchen der Menschen begegnet der Regisseur mit großem Respekt, ja entwickelt daraus die emanzipatorische Stärke seiner sympathischen, überaus individuell gestalteten Frauenfiguren.

Penélope Cruz und die nach Jahren der Abstinenz zum spanischen Kultregisseur zurückgekehrte große Schauspielerin des spanischen Kinos, Carmen Maura, tragen mit sehenswerter Unterstützung der Nebendarstellerinnen zum brillanten Ton, zur melancholisch-irrationalen Atmosphäre des Films wesentlich bei. 2006, beim Filmfestival in Cannes, belohnte die Jury die geschlossene Ensembleleistung mit dem Preis der besten Darstellerinnen.

Vordertreppe – Hintertreppe Ⓢ

Deutschland 1913

R: Urban Gad; A: Urban Gad nach dem Schauspiel *Die Ehre* von Hermann Sudermann; K: Axel Graatkjaer, Karl Freund; D: Asta Nielsen, Paul Otto, Fred Imscher, Victor Arnold

Sabine (A. N.), ein einfaches Mädchen aus dem Volk, lernt den Leutnant von Hameln (P. O.) kennen und wird seine Geliebte. Aber nach einer kurzen Zeit des Glücks erweist sich der Standesunterschied als unüberwindlich. Das Mädchen kehrt zu seinem früheren Verlobten, einem Kellner (F. I.), zurück, während der Leutnant eine standesgemäße Braut findet.

Der größte Aktivposten ist zweifellos das Spiel der Nielsen. Aber auch die Kamera löste sich gelegentlich von der Schablone: Einmal stellte Gad sie auf ein Karussell, so daß der Tanz der vorüberfliegenden Welt die Freude des Mädchens unmittelbar widerspiegelt.

Le voyage dans la lune Ⓢ
Die Reise zum Mond

Frankreich 1902

R: Georges Méliès; A: Georges Méliès; K: Michaut; D: Georges Méliès, Victor André, Depierre

Auf einem Kongreß beschließt eine Schar würdiger Astronauten, einen Flug zum Mond zu wagen. Sie besteigen eine Rakete, die von einer überdimensionalen Kanone abgeschossen wird und sich in das rechte Auge des »Mondgesichtes« bohrt. Am folgenden Tag werden die Wissenschaftler von Mondbewohnern gefangengenommen und vor den Mondkönig geschleppt. Sie können jedoch fliehen und erreichen die Rakete, die zur Erde zurück und in den Ozean »fällt«. Nach beschwerlicher Reise wird endlich die Heimat erreicht, wo die kühnen Forschungsreisenden mit Jubel empfangen und geehrt werden.

Diese einfallsreiche Parodie auf die Romane Jules Vernes verblüffte und begeisterte ein Pu-

Le voyage dans la lune

blikum, das sich weder durch die hektische Gestik der Darsteller noch durch die Papp-Kulissen irritieren ließ. Die Tricks bewirkten gleichermaßen Gelächter und ungläubiges Erstaunen und demonstrierten überzeugend die phantastischen Möglichkeiten des Films. Mit *Le voyage dans la lune* erreichten Méliès und der französische Film Weltruhm.

Vredens dag
Tag des Zorns / Tag der Rache

Dänemark 1943

R: Carl Th. Dreyer; A: Mogens Skot-Hansen, Carl Th. Dreyer und Poul Knudsen nach dem Roman und dem Schauspiel *Anne Pederstotter* von Wiers Jenssens; K: Karl Andersson; D: Lisbeth Movin, Thorkild Roose, Preben Lerdorff Rye, Sigrid Neiiendam, Anne Svierkier

Die alte Marthe (A. S.) wird der Hexerei bezichtigt und flüchtet ins Pfarrhaus, wo sie der jungen Pfarrersfrau (L. M.) ein Geheimnis anvertraut: Auch die Mutter der Pfarrersfrau sollte vor vielen Jahren als Hexe verbrannt werden, der Pfarrer (T. R.) hat sie aus Liebe zu seiner jetzigen Frau gerettet. Die alte Marthe aber liefert der Pfarrer den Häschern aus, und sie wird verbrannt. Die junge Frau ist durch dieses Erlebnis aufgewühlt; und in dieser Stimmung verstrickt sie sich in eine leidenschaftliche Liebe zu Martin (P. L. R.), dem Sohn des Pfarrers aus erster Ehe, der nach langer Abwesenheit in sein Elternhaus zurückgekehrt ist. Als der Pfarrer das Verhältnis entdeckt, trifft ihn der Schlag. An seinem Totenbett klagt seine Mutter (S. N.) die junge Witwe an, Martin mit Hilfe des Teufels umgarnt zu haben. Die junge Frau, von dem Geliebten allein gelassen und von Schuldgefühl gequält, nimmt die Verurteilung als Hexe an und erwartet den Feuertod.

Vredens dag ist mittelalterliche Chronik und psychologische Studie in einem. Vor allem aber ist dies ein religiöses Drama, in dem ein unbeugsamer Gott regiert, in dem die Menschen ständig vom Bösen bedroht sind. Fast unausweichlich verfallen sie der Versuchung. Doch in der Schuld gewinnen sie Selbsterkenntnis, aus dem Leid wächst ihnen die Kraft zur Sühne. Dreyer erzählt seine Chronik in streng komponierten Bildern von düsterer Kraft. Fast die gesamte Handlung spielt in den Räumen des Pfarrhauses. Das ungeschminkte menschliche Gesicht beherrscht die Szenerie; niedrige Räume erdrücken den Menschen; kalkig weiße Hintergründe isolieren ihn.

Všichni dobři rodáci
Alle guten Landsleute

ČSSR 1968

R: Vojtěch Jasný; A: Vojtěch Jasný; K: Jaroslav Kučera; D: Radoslav Brzobohatý, Vlastimil Brodský, Pavel Pavlovský, Drahomira Hofmanová, Waldemar Matuška, Vladimir Menšik

Der Film erzählt in verschiedenen Episoden die Chronik einer mährischen Kleinstadt. Er beginnt im Mai 1945 mit einem ausgelassenen Fest, mit dem man die Befreiung feiert. Aber die fröhliche Stimmung hält nicht lange an. Alle politischen Ereignisse und Schwierigkeiten beeinflussen auch das Leben der Dorfbewohner. Der Postbote Bertin (P. P.) wird erschossen – durch eine Verwechslung; denn der Anschlag galt dem Parteisekretär (V. B.). Der Pfarrer wird verhaftet. Der Parteisekretär resigniert und verläßt die Stadt; Opportunisten und Speichellecker treten an seine Stelle. Sie treiben den Bauern František (R. B.), den heimlichen Helden des Films, in die »innere Emigration«. Er wird später verhaftet, todkrank wieder freigelassen und übernimmt dann sogar aus Pflichtgefühl die Leitung der LPG, die von seinem Vorgänger völlig heruntergewirtschaftet worden ist. Der trinkfeste und sangeslustige Bauer Zašinek (W. M.) wird von einem Stier getötet, der Gelegenheitsdieb Jorka (V. M.) holt sich eine tödliche Blutvergiftung, als er sich selbst verstümmelt, um nicht wieder ins Gefängnis zu müssen. Jahre später zeigt ein Epilog die Überlebenden der fröhlichen »Unabhängigkeitsfeier« noch einmal. Ihre Rückschau ist voller Resignation.

Jasný erzählt die bittere Chronik von der Enttäuschung und Desillusionierung in einer Form, die auf alle Aggressivität verzichtet. Im Gegenteil: Sein Film ist eher »elegant« – in erlesenen Farben hinreißend fotografiert und bis ins kleinste Detail des Bildes genau kalkuliert. Dabei erweist sich, daß die gefällige Form einen engagierten Inhalt nicht notwendig dementieren muß. Hier wirkt die kühle Schönheit eher wie ein raffinierter Kontrast, der die Intensität der Aussage noch steigert.

Vynález skázy
Die Erfindung des Verderbens

ČSSR 1957

R: Karel Zeman; A: Karel Zeman und František Hrubín nach dem gleichnamigen Roman von Jules Verne; K: Jiří Tarantík; D: Lubor Tokoš, Arnošt Navrátil, Jana Zatloukalová

Professor Roch (A. N.), der an einem neuen Explosivstoff arbeitet, wird samt seinem Assi-

Vynález skázy (Arnošt Navrátil, Lubor Tokoš)

stenten Hart (L. T.) von Piraten entführt, die mit dieser neuen Waffe die Weltherrschaft erringen wollen. Sie bringen ihn in den erloschenen Vulkan einer Insel, bieten ihm ungeahnte Forschungsmöglichkeiten und spiegeln ihm heuchlerisch humane Absichten vor. Während Hart das Spiel durchschaut, arbeitet der gutgläubige Professor wie besessen an seiner Erfindung. Schon droht die Vernichtung der »Weltflotte« durch seine Raketen, als der Professor endlich die Wahrheit erkennt. Kurz entschlossen sprengt er die ganze Insel in die Luft.

Zeman, der vom Puppenfilm kommt, hat diese märchenhafte Fabel nicht als platten Abenteuerfilm verwirklicht, sondern sie in einen fantastischen Rahmen gestellt. Er will nicht Wirklichkeit vorspiegeln, sondern Fantastisches als solches kenntlich machen. Mit Hilfe zahlreicher Tricks stellte er deshalb die handelnden Personen in Dekorationen, die nach Kupferstichen der Maler Benett und Riou gestaltet wurden, und vermittelt gleichsam den Eindruck »bewegter« Kupferstiche. Aber der Trick wird bei ihm nicht Selbstzweck; er beschwört vielmehr den Geist der Fantasien Jules Vernes. Kameratricks: Jiří Tarantík, Bohuslav Pikhart, Antonín Horák; Puppentrick: Arnošt Kupčík, Jindřich Liška, František Krčmář; Zeichentrick: Zdenek Ostrčil, Josef Zeman.

Im gleichen Stil drehte Zeman auch seinen Film *Baron Prasil* (Baron Münchhausen, 1962), in dem ein junger Astronaut Münchhausen auf dem Mond trifft, mit ihm zur Erde zurückfliegt, wo beide erstaunliche Abenteuer bestehen, bis es schließlich auf dem Mond ein Happy-End mit der schönen Bianca gibt, die sie aus einem Harem befreit haben. Hier nutzte Zeman auch noch die Möglichkeiten der Farbe für seine verblüffenden Trick-Kombinationen.

Vyšší princip
Das höhere Prinzip

ČSSR 1959/60

R: Jiří Krejčík; A: Jan Drda und Jiří Krejčík nach der gleichnamigen Erzählung von Jan Drda; K: Jaroslav Tuzar; D: František Smolík, Jana Brejchová, Ivan Mistrík, Alexander Postler, Jan Šmíd

Professor Málek (F. S.) gehört zu den Lehrern, die von ihren Schülern belächelt werden. Er spricht im Unterricht gern und oft über das höhere Prinzip der Moral: Recht muß Recht bleiben. Das hat ihm den Spitznamen »das höhere Prinzip« eingebracht. Er glaubt an dieses höhere Prinzip auch noch, als seine Schüler Vlastik (I. M.), Frantik (J. Š.) und Karel (A. P.) nach dem Attentat auf Heydrich verhaftet werden. Sie haben ein Bild Heydrichs mit einem Schnurrbart versehen! Der Professor geht furchtlos zum Gestapo-Chef, um für sein Prinzip einzustehen. Sein Gegenüber ist sogar ein wenig gerührt von dem alten Mann; er ist bereit, ihm die drei Jungen zu »schenken«. Aber die Maschinerie läuft schon, und so zuckt er die Achseln. Aus dem Radio hört Professor Málek die Nachricht von der Hinrichtung seiner Schüler. Und er, der sich stets von der Tagespolitik ferngehalten hat, sieht das höhere Prinzip verletzt. Er tritt vor seine Klasse und fordert sie zum Kampf gegen die Tyrannei auf …

Ein Widerstandsfilm, der nicht von pathetischen Heldentaten berichtet, der dafür aber Milieu und Atmosphäre der Unterdrückung und der Angst präzise einfängt. Er schildert, wie ein Jungenstreich zur Tragödie wird, wie ein Rechtsanwalt aus Angst die Möglichkeit zu einer Intervention versäumt, wie ein weltfremder Gelehrter die Zeichen der Zeit erkennt. Ohne große Worte wird deutlich, wie die Verhältnisse das Verhalten verändern.

W

Das Wachsfigurenkabinett

Deutschland 1924

R: Paul Leni; A: Henrik Galeen; K: Helmar Lerski; D: Wilhelm Dieterle, Olga Belajeff, Emil Jannings, Conrad Veidt, Werner Krauß, John Gottowt

Ein junger Schriftsteller (W. D.) soll für den Besitzer eines Wachsfigurenkabinetts publikumswirksame Geschichten zu den ausgestellten Figuren erfinden. Er selbst und die Tochter (O. B.) des Besitzers spielen in allen Episoden das Liebespaar.
In der ersten Episode verliebt sich der Sultan Harun al Raschid (E. J.) in Zarah, die Frau des Bäckers Assad. Der eifersüchtige Assad will den Sultan töten; sein Dolch trifft im Bett des Sultans aber nur eine Wachsfigur, die der schlaue Herrscher während seiner nächtlichen Ausflüge zur Tarnung zurückläßt. Die kluge Zarah sorgt für ein Happy-End.
In der zweiten Episode läßt sich der mißtrauische Zar Iwan der Schreckliche (C. V.) überreden, einen Bojaren zur Hochzeit seiner Tochter zu begleiten. Aber vorsichtshalber tauscht er die Kleider mit dem Bojaren. Tatsächlich wird der falsche Iwan auf der Fahrt getötet. Die Ratgeber des Zaren, die seine grausame Rache fürchten, reden ihm ein, er sei vergiftet worden und müsse sterben, wenn der Sand einer Sanduhr abgelaufen sei. Vor Angst wird Iwan wahnsinnig: Er sitzt und wendet pausenlos die Sanduhr, um den Lauf der Zeit aufzuhalten.
Die dritte Episode ist eine alptraumhafte Vision, in der der ermüdete Dichter träumt, seine Geliebte werde von »Jack the Ripper«, der hier »Springer Jack« (W. K.) heißt, verfolgt.
Der Film leidet vor allem an seiner dramaturgischen Unausgeglichenheit. Die erste Episode ist zu lang und zu laut und erdrückt den Rest des Films. Trotzdem haben alle drei Episoden ihre Qualitäten. In der ersten bestechen die Bauten (Fritz Maurischat); der Sultanspalast etwa gleicht einem riesigen Ameisenbau. In der zweiten Episode gibt es ebenfalls eindrucksvolle Bauten (Paul Leni) und überzeugende Leistungen von Conrad Veidt. In der dritten Episode schließlich haben Kameratechnik und Montage suggestiv eine Atmosphäre unheimlicher Bedrohung erzeugt.

Wagonmaster
Westlich St. Louis

USA 1950

R: John Ford; A: Frank S. Nugent, Patrick Ford; K: Bert Glennon, Archie Stout; D: Ben Johnson, Harry Carey jr., Joanne Dru, Ward Bond, Allan Mowbray, Charles Kemper

Die Pferdehändler Travis (B. J.) und Sandy (H. C.) erklären sich bereit, einen Mormonen-Treck durch die Wüste nach Kalifornien zu führen. Unterwegs stoßen andere Personen zum Treck: Dr. Hall (A. M.) mit seinen Komödianten, zu denen auch das Mädchen Denver (J. D.) gehört, und der Bankräuber Shiloh (C. K.) mit seiner Bande. Sie treffen auf Indianer, die sich aber mit den ebenfalls unterdrückten Mormonen solidarisieren. Shiloh und seine Bande entwaffnen die Mormonen und übernehmen das Kommando. Ein letzter, schier unüberwindlicher Gebirgszug muß überquert werden. Shiloh will Wiggs (W. B.), den Anführer der Mormonen, mit dem Wagen voll Saatgut abstürzen lassen. Travis und Sandy können das verhindern. Sie erschießen die Bankräuber und bleiben bei den Mormonen.
Ein sehr schöner Western, der gleichsam nur Ausschnitte aus dem Leben seiner Helden zeigt; denn für die neuen Siedler dürfte das größere Abenteuer wohl erst beginnen. Allein das Schicksal der Banditen, die in der Eingangsszene eine Bank überfallen und in der Schlußszene sterben, gibt dem Film eine dramaturgische Klammer. Geschickt ist auch hier wieder die Landschaft in das Geschehen einbezogen.

Walking down Broadway / Hello sister
Spaziergang auf dem Broadway / Hallo Schwester

USA 1932/33

R: Erich von Stroheim; A: Erich von Stroheim und Leonard Spigelgass nach einer Komödie von Dawn Powell; K: James Wong Howe; D: Zasu Pitts, Boots Mallory, James Dunn

Die beiden jungen Fabrikarbeiterinnen Zasu (Z. P.) und Peggy (B. M.) fühlen sich einsam in New York. Bei einem Spaziergang auf dem Broadway werden sie von zwei jungen Männern angesprochen. Einer von ihnen, Jimmy (J. D.), verliebt sich in Peggy. Aber auch Zasu liebt Jimmy; und als sie bei einem Wiedersehen mit ihm erkennt, daß er Peggy bevorzugt, wird sie maßlos eifersüchtig. Durch Lügen und Verdächtigungen bringt sie die Liebenden auseinander. Als sie erkennt, was sie angerichtet hat, öffnet sie den Gashahn. Jimmy rettet sie; sie bekennt ihre Schuld; Jimmy und Peggy finden wieder zueinander.

Der einzige Tonfilm Stroheims, der letzte Film, den er inszenierte. Er war 37 Jahre alt, als man ihn als Regisseur aufs Altenteil setzte. Der Film wurde in seiner ursprünglichen Form, die eine Länge von drei Stunden hatte, niemals aufgeführt. Ein Vertreter der Fox, die den Film produziert hatte, meinte damals, der Film sei geeignet, auf einem Psychoanalytiker-Kongreß gezeigt zu werden – aber auch nur dort. Statt dessen beauftragte man den Regisseur Alfred Werker, eine neue und gängigere Version herzustellen. Werker machte zahlreiche Nachaufnahmen, schnitt den Film völlig um und gab ihm den neuen Titel *Hello sister*.

Walkower
Walkover

Polen 1965

R: Jerzy Skolimowski; A: Jerzy Skolimowski; K: Antoni Nurzyński; D: Jerzy Skolimowski, Aleksandra Zawieruszanka

In sich abgeschlossene Fortsetzung von Skolimowskis Erstlingswerk *Rysopis*: Andrzej Leszczyc (J. S.) hat den Militärdienst absolviert und sein Studium endgültig abgebrochen. Als er im

*Walkower
(Jerzy Skolimowski,
Aleksandra Zawieruszanka)*

Zug Teresa (A. Z.) trifft, folgt er ihr nach Plock, wo sie eine Stelle antritt. Sie möchte ihm im gleichen Industriekombinat Arbeit verschaffen, aber er lehnt ab. Noch immer mag er sich nicht von der Gesellschaft integrieren lassen. Statt dessen meldet er sich für ein Boxturnier, bei dem den Siegern Sachprämien winken. Das hat er schon oft gemacht. Er gewinnt den ersten Kampf mit Mühe und nur, weil sein jüngerer Gegner ihn für einen »Herrn Ingenieur« hält und vor ihm Respekt hat. Zum Endkampf will er nicht antreten, weil er weiß, daß sein Gegner stärker ist als er. Aber ausgerechnet sein unterlegener Gegner überredet ihn, sich zu stellen. Und Andrzej hat Glück: Sein Gegner tritt nicht an, und er wird zum Sieger erklärt. (»Walkower« nennt man das in Polen.) Erst nach dem Turnier taucht der Gegner auf und verlangt seinen Anteil. Andrzej schlägt zu – und wird jämmerlich verprügelt.

Ursprünglich wollte Skolimowski auch Andrzejs Erlebnisse beim Militär verfilmen. Aber er meinte in einem Interview, vielleicht hätte ein solcher Film der Armee nicht gefallen, und fragte ironisch: »Wer hat schon gern eine ganze Armee gegen sich?« So treffen wir Andrzej erst im zivilen Leben wieder. Noch immer hat er kein Rezept für das Leben gefunden, noch immer hat er kein Ziel. Wieder sind hier die Beobachtungen am Rande wichtig: Ein falscher Zungenschlag in der Rede eines Kombinatsdirektors, Kinder, die im Hintergrund einer Szene »Hinrichtung« spielen usw. Skolimowski hat einmal als Schlüssel für beide Filme eines seiner Gedichte bezeichnet, das in verschiedenen Variationen in beiden Filmen und später auch noch in seinem Film *Bariera* (Die Barriere, 1966) auftaucht. Es handelt von einem Mann, der plötzlich beschließt, sein Leben zu ändern. Und es heißt dann: »Er fährt sich mit der Hand an die Kehle ... und ordnet seine Krawatte!« In diesem Sinne dürfte wohl auch die Schlußszene dieses Films nur ein Griff an die Krawatte sein.

The war of the Roses
Der Rosenkrieg

USA 1989

R: Danny DeVito; A: Michael Leeson nach einem Roman von Warren Adler; K: Steven H. Burum; D: Michael Douglas, Kathleen Turner, Danny DeVito, Marianne Sägebrecht

Barbara (K. T.) und Oliver (M. D.) Rose sind offenbar ein ideales und glückliches Ehepaar. Beide haben gemeinsame Hobbys und nennen zwei niedliche Kinder, zwei Autos, Hund, Katze und ein Haus ihr eigen. Doch so wie die Kinder zu weit weniger niedlichen Teenagern heranwachsen, so mißrät ihre Ehe allmählich zu einer bloßen Zweckgemeinschaft. Als Barbara einen Job und eigenes Geld bekommt, erkennt sie, daß auch der Zweck dieser Gemeinschaft dahin ist. Sie will die Scheidung – und sie will das Haus. Oliver ist konsterniert und beschließt nach Rücksprache mit seinem Anwalt (D. DV.), daß er das Haus behalten und bis zur Entscheidung in eben diesem Haus – unter einem Dach mit Barbara – bleiben will. Ein folgenschwerer Fehler! Denn soweit es um das Haus geht, will Barbara keinen Fußbreit nachgeben. Es kommt zur handgreiflichen Auseinandersetzung, zur Eskalation: Die Roses beginnen, das Haus, das keiner dem anderen gönnt, Stück für Stück zu zerstören. Am Ende hängen sie nach einer wilden Jagd durch die Trümmer vereint am Kronleuchter und stürzen mit diesem nach angemessener Zeit gemeinsam in den Tod.

Der Originaltitel des Films verweist zweideutig-ironisch auf ein historisches Ereignis – die »Rosenkriege« zwischen den Geschlechtern Lancaster und York im England des 15. Jahrhunderts. Genauso verbissen wie damals die Lords im Tower kämpfen hier die Roses um ihr Haus und um all das, was sein Besitz für sie verkörpert. Regisseur Danny DeVito ist eine rabenschwarze Komödie gelungen, in der jede Pointe geschickt vorbereitet und exakt plaziert wird, in der jede Nuance der vorzüglichen Hauptdarsteller stimmt. Die Entwicklung von der Bilderbuch-Idylle eines Weihnachtsfestes bis zum tödlichen Chaos verläuft mit einer atemberaubenden Folgerichtigkeit, die trotz aller skurrilen Effekte auch erschreckend wirkt. Für sich selbst hat der Erzkomödiant DeVito die Rolle von Olivers Anwalt reserviert, der zudem die ganze Geschichte in einer Rahmenhandlung einem Klienten zur Mahnung und Warnung erzählt.

Warum läuft Herr R. Amok?

BRD 1969

R: Rainer Werner Fassbinder, Michael Fengler; A: Rainer Werner Fassbinder, Michael Fengler; K: Dietrich Lohmann; D: Kurt Raab, Lilith Ungerer, Amadeus Fengler

Herr R. (K. R.) ist ein unauffälliger Bürger: technischer Zeichner in einem Büro, eine Frau (L. U.), ein Kind (A. F.). Manchmal spürt man, daß er einsam sein mag – wenn er teilnahmslos dem forcierten Gespräch seiner Frau mit einigen Besuchern zuhört, wenn er sich bei einer Betriebsfeier allzu aufdringlich beim Chef anbiedern möchte, wenn er mit einem Jugendfreund in Erinnerungen schwelgt und beide gemeinsam das Lied »Wohin soll ich mich wenden ...« singen, das sie aus dem Kirchenchor kennen. Eines Abends erschlägt Herr R. seine Frau, ihre Freundin und sein Kind. Als die Polizei ihn am nächsten Tag an seinem Arbeitsplatz sucht, wo er pünktlich zum Dienst erschienen ist, da hat er sich dort auf der Toilette erhängt. Alle, die ihn kennen, sind fassungslos.

Voller Behutsamkeit wird das Leben eines unscheinbaren Menschen aufgeblättert. Alltags-Dialoge geben unprätentiös preis, wie Herr R. sich mit seinen Problemen herumschlägt, wie er sich an seiner Umwelt wundreibt, ohne es selbst recht zu bemerken. Lange Einstellungen zwingen den Zuschauer, sich mit dem Dargestellten auseinanderzusetzen. Fahle, auslaufende Farben treiben die Kunst aus, verweisen auf den Alltagscharakter des Geschehens. Aber dieser Alltag ist nicht Produkt des Zufalls, sondern wohlberechnete Kalkulation, die das Wesentliche zeigt, ohne es vorzuzeigen.

Ein Film über die Zwänge des Alltags, über das Versagen der Gesellschaft, über die Gleichgültigkeit der Mitmenschen – und über die schrecklichen Abgründe im Menschen. Das alles wird deutlich in stockenden Dialogen über Kindererziehung, Ferienreisen, Gehaltserhöhungen, Häuserfassaden usw.

Die Weber ⓢ

Deutschland 1927

R: Friedrich Zelnik; A: Willy Haas und Fanny Carlsen nach dem gleichnamigen Schauspiel von Gerhart Hauptmann; K: Frederik Fuglsang, Friedrich Weinmann; D: Paul Wegener, Dagny Servaes, Wilhelm Dieterle, Theodor Loos, Arthur Kraußneck, Hermann Picha

Die Verfilmung von Gerhart Hauptmanns Schauspiel ist wohl die bedeutendste Regieleistung Zelniks. Offenbar hat er von den russischen Revolutionsfilmen gelernt, was besonders in den Massenszenen und streckenweise auch im agitatorischen Impetus seiner Inszenierung deutlich wird. Der Fabrikant Dreißiger (P. W.) wird so ohne karikaturistische Übertreibung zum Sinnbild der Ausbeutung, während der Agitator Moritz Jaeger (W. D.) die neue Zeit verkörpert. Und zwischen diesen beiden entgegengesetzten Polen gewinnt auch der in sich gefestigte alte Hilse (A. K.) durchaus imponierendes Profil.

Einen beträchtlichen Teil seiner Wirkung verdankt der Film aber sicher auch dem Maler George Grosz. Er zeichnete die Zwischentitel und zielte durch ihre Gestaltung auf zusätzliche Wirkungen – etwa wenn die Angst des Prokuristen Pfeiffer durch die zittrige Schrift verdeutlicht wird, in der seine Repliken wiedergegeben werden. Den Einfluß von Grosz spürt man auch in den Bauten, vor allem in den stilisierten Hütten der Weber.

The wedding-march ⓢ
Der Hochzeitsmarsch

USA 1926–28

R: Erich von Stroheim; A: Erich von Stroheim, Harry Carr; K: Ben Reynolds, Hal Mohr; D: Erich von Stroheim, Fay Wray, Matthew Betz, Zasu Pitts

Prinz Nicki von Wildeliebe-Rauffenburg (E. v. S.) verliebt sich während einer Prozession in die hübsche Mitzi (F. W.). Beide treffen sich wieder in einem Café, in dem Mitzis Vater als Geiger engagiert ist. Aber Nickis Vater hat unterdessen in einem Bordell eine Geldheirat für seinen Sohn arrangiert: Er soll Cecilia Schweisser (Z. P.), die hinkende Tochter eines reichen Fabrikanten, heiraten. Nicki gehorcht; und Mitzi heiratet den Metzger Schani (M. B.), um ihn davon abzuhalten, den Prinzen aus Eifersucht zu töten. Mit Tränen in den Augen sieht sie zu, wie Nicki mit Cecilia am Arm aus der Kirche kommt.

Stroheim formuliert hier eine scharfe Absage an die untergegangene Welt der Habsburger Monarchie, in der Heiraten unter finanziellen Gesichtspunkten erörtert und im Bordell beschlossen werden, in der adelige Liebhaber einfache Mädchen aus dem Volk schnöde verlassen. Die dramaturgische Konstellation ist sentimental, aber die Inszenierung ist so furios und aggressiv, daß diese Mängel gleichsam mit leichter Hand überspielt werden. So wirken auch die Demütigungen der sozial Unterdrückten (Mitzi z. B. hilft bei den Hochzeitsvorbereitungen ihres einstigen Liebhabers) nicht als gefühlvolle Einschübe, sondern als ein Beleg für gedankenlose Brutalität, die allerdings nicht nur dem sozial Tieferstehenden, sondern auch ganz allgemein der Frau gilt.

Der Film hatte zunächst eine Länge von über acht Stunden. Als der Produzent radikale Kürzungen verlangte, machte Stroheim zwei Filme aus seinem Material und betitelte den zweiten Teil *The honeymoon*. Für den Kinoeinsatz wurden aber beide Teile noch einmal wesentlich beschnitten, so daß zuletzt weniger als die Hälfte des Originals übrigblieb.

Week-end
Weekend

Frankreich/Italien 1967

R: Jean-Luc Godard; A: Jean-Luc Godard; K: Raoul Coutard; D: Jean Yanne, Mireille Darc, Jean-Pierre Léaud, Juliet Berto, Anne Wiazemsky, Paul Gégauff, Blandine Jeanson

Ein junges Ehepaar, Roland (J. Y.) und Corinne (M. D.), macht sich am Wochenende auf den Weg von Paris nach Oinville. Ihr Reiseziel: Sie wollen endlich Corinnes Vater beerben, den sie seit langem langsam vergiften. Da die Hauptstraße verstopft ist, fahren sie über kleine Nebenstraßen, vorbei an Autowracks und Verkehrstoten. Sie verirren sich wie in einem Labyrinth – auch in der Zeit. Nachdem auch sie ihren Wagen durch einen Unfall verloren haben, begegnen sie u. a. Saint-Just (J.-P. L.) und Emily Brontë (B. J.). Die Brontë wird verbrannt, taucht aber als Assistentin eines Pianisten (P. G.) wieder auf, der auf einem Bauernhof ein Konzert ohne Zuhörer gibt. Schließlich treffen sie auf zwei Müllkutscher, einen Afrikaner und einen Araber, die sie unter der Bedingung auf ihrem Wagen mitfahren lassen, daß Roland und Corinne ihnen die Arbeit abnehmen. In Oinville erfahren sie, daß Corinnes Vater bereits tot ist. Und da seine Witwe nichts von dem Erbe herausgeben will, bringen sie sie kurzerhand um und tarnen ihren Tod als Verkehrsunfall. Auf der Rückfahrt werden sie von kannibalistischen Mitgliedern der »Befreiungsfront Seine und Oise« gefangengenommen. Roland wird bei einem Fluchtversuch mit einer Steinschleuder getötet; Corinne verzehrt beim gemeinsamen Mahl auch Teile ihres Mannes.

Diese Skizze kann den Inhalt des Films bestenfalls andeuten; denn Godard verzichtet hier auf die übliche Dramaturgie der Folgerichtigkeit und reiht statt dessen schockierende Szenen aneinander, die durch eine »innere Logik« verbunden sind. »Ich spreche nicht in Beispielen, ich spreche in Einstellungen!« (Godard) So ist die erste Szene wichtig, in der Corinne von einer sexuellen Orgie berichtet, wobei ihr Ton aber so raffiniert von Musik überdeckt ist, daß man nur Bruchstücke versteht; wichtig ist die Begegnung mit einem blutüberströmten Mädchen, dessen Begleiter sich soeben zu Tode gefahren hat; wichtig ist eine Vergewaltigung Corinnes, die Roland – durch die lange Irrfahrt demoralisiert – teilnahmslos geschehen läßt; wichtig ist der Text, mit dem die Müllkutscher – Vertreter der »Dritten Welt«! – mit den Europäern abrechnen usw. All das hat seinen Stellenwert in der Anklage eines zornigen Moralisten gegen die Trägheit unserer Gesellschaft, in einem grausam-grausigen Spiel, das alle blutigen Verbrechen, die täglich geschehen und die wir nicht zur Kenntnis nehmen, in unseren Alltag hineinstellt.

Aber die Fülle der Zitate, Anspielungen und Attacken verwirrt den Zuschauer auch. Groteske Übersteigerungen erlauben die innere Distanz. Die Vereinfachung erscheint gelegentlich nicht mehr als Kunstmittel, sondern als Notbehelf, und mancher Schock gerinnt zum Gag. Aber gleichgültig läßt dieser Film wohl kaum einen Zuschauer ...

Die weiße Hölle vom Piz Palü Ⓢ

Deutschland 1929

R: Arnold Fanck, G. W. Pabst; A: Arnold Fanck, Ladislaus Vajda; K: Sepp Allgeier, Richard Angst, Hans Schneeberger; D: Gustav Diessl, Leni Riefenstahl, Ernst Petersen, Ernst Udet

Bei einer Besteigung des Piz Palü hat Dr. Johannes Krafft (G. D.) vor Jahren durch ein Bergunglück seine Geliebte verloren. Seither besteigt er den Berg an jedem Jahrestag ihres Todes. Diesmal schließt sich ihm ein junges Paar (L. R., E. P.) an. Die Gruppe gerät in eine Eislawine, und Krafft opfert sich für seine Begleiter, die von einem Flieger (E. U.) gerettet werden, während er im Tod mit dem Berg und seiner Geliebten vereint ist.

Ein typischer Fanck-Film, in dem den Bergen eine geheimnisvolle Macht zugeschrieben wird und in dem unter schwierigsten Bedingungen hervorragende Naturaufnahmen eingefangen wurden. 1935 wurde eine Tonfassung dieses Films hergestellt, die noch in den sechziger Jahren mit großem Erfolg gezeigt wurde.

Das gleiche Thema wurde 1950 in der Bundesrepublik unter dem Titel *Föhn / Sturm in der Ostwand* erneut verfilmt. Rolf Hansen führte Regie; Hans Albers spielte die Hauptrolle. An der Kamera stand abermals Richard Angst, dem wieder eindrucksvolle Naturaufnahmen gelangen.

Weliki perelom
Die große Wende

UdSSR 1944

R: Friedrich Ermler; A: Boris Tschirskow; K: Abram Kalzati, I. Schifrin; D: Michail Derschawin, Pjotr Andrijewski

Der Film schildert, historisch ziemlich exakt, die Schlacht um Stalingrad. Dabei wird allerdings der Name der Stadt nicht genannt, der deutsche Gegenspieler (Paulus) heißt von Claus, und auch die russischen Generale erscheinen unter anderen Namen. Im Mittelpunkt steht Generaloberst Murawjow (M. D.). Er löst seinen alten Lehrer von der Militärakademie, Winogradow (P. A.), im Kommando ab. Winogradow hat einsehen müssen, daß die Strategie des Bürgerkriegs heute überholt ist. Auf dem Höhepunkt der Schlacht erhält Murawjow die Nachricht vom Soldatentod seiner Frau. Aber er hat keine Zeit für seinen Schmerz; denn er wartet in fieberhafter Spannung auf den letzten großen Ansturm der Deutschen, dem er mit seinen Reserven aus der zweiten Linie beggenen will. Dieser Gegenschlag ist der Auftakt zum Angriff auf der ganzen Breite der Front, zur großen Wende.

Es gibt eindringlich realistische Bilder in diesem Film. Viel zitiert wurde vor allem eine Szene, in der sich ein sterbender Soldat die Enden zweier strategisch wichtiger Telefonleitungen in den Mund stopft, sie so verbindet und noch im Tode schützt. Im Mittelpunkt steht hier jedoch nicht das Kampfgeschehen in vorderster Front, sondern das Ringen der Generale um die richtige Entscheidung. Krieg wird diesmal vornehmlich aus der Perspektive des Hauptquartiers gezeigt.

We're no angels
Wir sind keine Engel

USA 1954/55

R: Michael Curtiz; A: Ranald MacDougall nach dem Schauspiel *La cuisine des anges* von Albert Husson; K: Loyal Griggs; D: Humphrey Bogart, Peter Ustinov, Aldo Ray, Joan Bennett, Leo G. Carroll, Basil Rathbone, John Baer, Gloria Talbott

Drei Schwerverbrecher (H. B., P. U., A. R.) sind am Weihnachtstag von der Teufelsinsel geflohen. Das nötige Kapital für die Weiterreise wollen sie sich – heimlich oder mit Gewalt – bei einer Kaufmannsfamilie besorgen. Aber ergriffen bemerken sie, daß just diese Familie von schweren Sorgen geplagt ist, und kurz entschlossen verwandeln sich die drei in Wohltäter. Sie reparieren das Dach und die unglückliche Liebesaffäre der Tochter Isabelle (G. T.). Sie fälschen zum Wohl des Herrn Ducotel (L. G. C.) die Geschäftsbücher. Und sie schaffen den unsympathischen Vetter André (B. R.), der die Ducotels um ihre Existenz bringen will, und den Neffen Paul (J. B.) mit Hilfe der Giftschlange Adolf, die sie in einem Weidenkörbchen bei sich tragen, aus dem Weg. Am Ende aber sind sie so enttäuscht von der Schlechtigkeit der Welt, daß sie freiwillig auf die Teufelsinsel zurückkehren. Und bei ihrem Abgang leuchten über ihren Köpfen drei Heiligenscheine auf.
Eine geistvolle schwarze Komödie mit treffsicheren Dialogen. Zwar wird die Herkunft von der Bühne deutlich sichtbar, die Kamera und eine geschickte Montage lockern den Handlungsablauf jedoch filmisch auf.

Wernyje drusja
Treue Freunde / Reise mit Hindernissen

UdSSR 1954

R: Michail Kalatosow; A: Alexander Galitsch, Konstantin Isajew; K: Mark Magidson; D: Wassili Merkurjew, Boris Tschirkow, Alexander Borissow

Der Chirurg Tschischow (B. T.), Institutsleiter Lapin (A. B.) und der Architekt Nestratow (W. M.), drei alte Jugendfreunde, treffen sich nach vielen Jahren wieder und beschließen, gemeinsam Urlaub zu machen. Während der cholerische und geltungssüchtige Nestratow von einer luxuriösen Dampferkabine träumt, bringen seine Freunde ihn mit einer List dazu, auf einem Floß den Fluß hinabzufahren, auf dem sie als Kinder gespielt haben. Es gibt allerhand Abenteuer – als die Freunde für Künstler gehalten werden und ein Gastspiel geben müssen, als sie an einer unbewohnten Insel stranden und als sie schließlich gar wegen Herumtreiberei verhaftet werden. Nestratow erweist sich dabei als humorloser Funktionärstyp, der aber unter dem Einfluß der Freunde am Schluß seine Fehler einzusehen beginnt.
Ein sympathisches kleines Lustspiel, das in den fünfziger Jahren als einer der ersten sowjetischen Filme verschlüsselte und durch Humor neutralisierte Kritik an der Funktionärsbürokratie artikulierte.

Westfront 1918 / Vier von der Infanterie

Deutschland 1930

R: G. W. Pabst; A: Ladislaus Vajda und Peter Martin Lampel nach dem Roman *Vier von der Infanterie* von Ernst Johannsen; K: Fritz Arno Wagner, Charles Métain; D: Fritz Kampers, Gustav Diessl, Hans Joachim Moebis, Gustav Püttjer, Claus Clausen, Jackie Monnier, Carl Balhaus, Hanna Hoessrich, Else Heller

Krieg in Frankreich 1918. Der Bayer (F. K.), der Student (H. J. M.), Karl (G. D.) und der Leutnant (C. C.) erleben kurze Ruhetage in der Etappe, wobei der Student sich in die junge Französin Yvette (J. M.) verliebt. Aber bald folgt wieder der Alltag des Stellungskrieges, der Materialschlacht. Nur für Karl gibt es noch eine Atempause; er erhält Urlaub. Doch er findet einen anderen Mann (C. B.) im Bett seiner Frau (H. H.) und sehnt sich nach seinen Kameraden zurück. Der Student wird im Niemandsland getötet; seine Kameraden sehen später nur noch seine Hand, die aus dem Schlamm eines Granattrichters ragt. Bei einem Spähtrupp-

unternehmen wird der Bayer schwer verwundet. Karl stirbt im Lazarett mit den Worten »Wir sind alle schuld!«. Der Leutnant verliert angesichts des Grauens den Verstand; man bringt ihn ebenfalls ins Lazarett, wo er mit verzerrtem Gesicht pausenlos »Hurra« schreit.
Der Film berichtet im Stil einer Chronik; verbindendes Element der einzelnen Sequenzen sind allein die Gestalten der vier Soldaten. Dabei hat Pabst erstaunlichen Realismus erreicht – in den Grabenszenen, den Artillerieschlachten, den Gas- oder Panzerangriffen. Daneben gibt es Szenen, die den Aberwitz des Krieges auf subtilere Weise verdeutlichen: Wenn der Student auf dem Rückweg von einem gefährlichen Meldegang an einer Feldschreinerei vorbeikommt, in der am Fließband Grabkreuze angefertigt werden, wenn Karls Mutter (E. H.) ihren Sohn sieht, der auf Urlaub gekommen ist, und sie doch ihren Platz in der Schlange vor dem Lebensmittelgeschäft nicht verlassen mag. Am Schluß des Films versah Pabst das Wort »Ende« mahnend und warnend mit einem Fragezeichen.

Wetherby
Wetherby

England 1985

R: David Hare; A: David Hare; K: Stuart Harris; D: Vanessa Redgrave, Tim McInnery, Ian Holm, Suzanna Hamilton, Stuart Wilson, Joely Richardson

Ein rätselhafter Kriminalfall schockiert das mittelenglische Städtchen Wetherby: Der Student John Morgan (T. MI.) erscheint uneingeladen auf einer Party bei der altjüngferlichen Lehrerin Jean Travers (V. R.), wo ihn aber jedermann für einen Freund anderer Gäste hält, so daß sein Eindringen nicht auffällt. Am nächsten Tag kehrt er noch einmal in das Haus zurück und erschießt sich vor den Augen der entsetzten Lehrerin. Dieses Erlebnis und die Nachforschungen des Polizeiinspektors Langdon (S. W.) erschüttern Jeans scheinbare Selbstsicherheit. Als Langdon dann noch Karen (S. H.), eine Bekannte Morgans, in ihr Haus bringt, provoziert sie dies zu einer selbstkritischen Bilanz, die weit in die Vergangenheit zurückreicht. Sie sieht endlich ihre Unfähigkeit ein, sich zu ihren Gefühlen zu bekennen, sich für andere Menschen zu öffnen. So hat sie mit mörderischer Selbstdisziplin vor 20 Jahren ihren Verlobten nach Malaysia gehen lassen, anstatt einfach die Arme um seinen Hals zu legen und ihn zu bitten, bei ihr zu bleiben; so hat sie jetzt John Morgan unbedacht Avancen gemacht, die sie dann nicht einlösen wollte. Verzweifelt flüchtet sich Jean Travers für eine Nacht in die Arme des Polizeiinspektors. Aber am nächsten Morgen hat sie sich wieder »in der Gewalt«, hat sie die Fassade ihrer Existenz sorgfältig wieder aufgerichtet.
Ein typisches und wichtiges Beispiel einer neuen Entwicklung im englischen Film, die – ähnlich wie in den sechziger Jahren das »free cinema« – neue Initiativen entwickelt, neue Themen und Stilmittel entdeckt und neue Aspekte der Realität behandelt. Denn die Probleme und Konflikte, mit denen sich Jean Travers hier herumschlägt, erscheinen nie als individuelle Phobien; der Film macht ohne große Gesten unmißverständlich deutlich, daß hier gesellschaftliche Defekte gemeint sind, daß Jean Travers stellvertretend für eine ganze soziale Schicht steht.
Der Dramatiker David Hare hat sein Regie-Debüt auch formal einfallsreich gestaltet. Er hat die Handlung geschickt in Rückblenden aufgelöst (wobei Vanessa Redgraves Rolle in den Rückblenden von ihrer Tochter Joely Richardson gespielt wird), hat der naheliegenden Versuchung widerstanden, sich überwiegend durch das Wort zu artikulieren, und so mit seinem Erstlingswerk auf Anhieb den »Großen Preis« der Berliner Filmfestspiele 1985 gewonnen.

What's eating Gilbert Grape?
Gilbert Grape – Irgendwo in Iowa

USA 1993

R: Lasse Hallström; A: Peter Hedges nach seinem gleichnamigen Roman; K: Sven Nykvist; D: Johnny Depp, Leonardo DiCaprio, Darlene Cates, Mary Steenburgen, Juliette Lewis, Kevin Tighe

Der junge Gilbert Grape (J. D.) lebt »am Ende der Welt« in dem Tausend-Seelen-Ort Endora. Er arbeitet als Verkäufer in dem altmodischen Dorfladen, wird eher zufällig zum Liebhaber von Betty Carver (M. S.), der frustrierten Frau eines Versicherungsvertreters (K. T.), und ist daheim das Familienoberhaupt. Sein Vater nämlich hat sich vor sieben Jahren umgebracht; nun kümmert sich Gilbert um die Mutter (D. C.), die seither an Freßsucht leidet und unförmig geworden ist »wie ein gestrandeter Wal« (so Gilbert liebevoll!), um seine Schwestern Amy und Ellen und vor allem um seinen geistig behinderten Bruder Arnie (L. DC.). Plötzlich gibt es Turbulenzen in Gilberts Leben: Bettys Ehemann ertrinkt in einem Plastik-Planschbecken, was zu Gerüchten und zur Abreise Bettys führt; Arnie wird verhaftet, weil er wieder einmal auf den Wasserturm geklettert ist; vor allem aber trifft Gilbert Becky (J. L.), die wegen eines Motorschadens am Wohnmobil mit ihrer Großmutter in Endora gestrandet ist. Durch Becky erfährt er, was wahre Liebe ist; und ihretwegen vernachlässigt er vorübergehend den zärtlich geliebten Bruder Arnie. Dann muß Becky weiterfahren, und »Momma« stirbt einen friedlichen Tod. Die Geschwister verbrennen sie mitsamt dem Haus, um den spektakulären Abtransport der Leiche mit einem Kran zu vermeiden. Im nächsten Jahr steht Gilbert mit Arnie an der Straße und erwartet den Durchzug der Touristen – und Becky.

Der schwedische Regisseur Lasse Hallström, der schon mit seinem Film *Mitt liv som hund* (Mein Leben als Hund, Schweden 1985) sein Talent für die genaue Beobachtung und die liebevolle Schilderung von Menschen in ihrem Milieu gezeigt hatte, vereinigt hier die Tugenden des europäischen mit den Qualitäten des amerikanischen Films. Er zeichnet ein facettenreiches Gruppenbild der Grapes und ihrer Freunde, wobei er auch skurrile Einfälle und makabre Ironie nicht verschmäht. Aber im Vordergrund steht die Sympathie des Regisseurs für seine Protagonisten – auch für ihre Eigenheiten und für ihre Unzulänglichkeiten. Diese Sympathie lebt in den stimmungsvollen Bildern, im ruhigen Fluß der Szenen und auch im intensiven Spiel der Darsteller.

What's eating Gilbert Grape?
(Leonardo DiCaprio,
Johnny Depp)

When Harry met Sally ...
Harry und Sally

USA 1989

R: Rob Reiner; A: Nora Ephron; K: Barry Sonnenfeld; D: Billy Crystal, Meg Ryan, Carrie Fisher, Bruno Kirby

1977. Auf dem Weg vom College zur Journalistenschule in New York nimmt Sally (M. R.) den frischgebackenen Juristen Harry (B. C.) in ihrem Auto mit. Er sagt ihr schreckliche Dinge über Männer, Frauen und Sex – und vor allem darüber, daß Männer und Frauen nie Freunde sein können, weil stets der Sex dazwischenkommt. Sally ist froh, als sie ihren Mitfahrer verabschieden kann. – Fünf Jahre später sitzen beide zufällig in einem Flugzeug. Sally ist inzwischen verlobt, und auch Harry will bald heiraten. Aber worüber spricht er während des ganzen Fluges? Über Sex natürlich. Sally ist froh, als sie gelandet sind. – Wiederum fünf Jahre später laufen sich die beiden in einer Buchhandlung über den Weg. Sallys Verlobung ist geplatzt, Harrys Frau hat einen anderen gefunden und will sich scheiden lassen. Merkwürdigerweise versteht man sich diesmal viel, viel besser. Eine richtige Freundschaft beginnt – ohne Sex. – Ein weiteres Jahr später erleben sie, wie ihre Freunde Jess (B. K.) und Marie (C. F.) sich finden und einen gemeinsamen Hausstand gründen. Aber schließlich ergibt es sich eines Nachts, daß Sally in einen Abgrund der Verzweiflung stürzt, aus dem nur der telefonisch alarmierte Harry sie erretten kann – da aber kommt der Sex dazwischen, und natürlich zerbricht die Freundschaft. Doch Harrys These bestätigt sich gleichsam im Umkehrschluß: Denn zwölf Jahre und drei Monate nach ihrer ersten Begegnung und nach dem glücklichen Ende ihrer Freundschaft werden sie endlich ein Ehepaar.

Regisseur Rob Reiner hat seinem mit leichter Hand inszenierten Film ironisch einen dokumentarischen Anstrich gegeben, in dem er immer wieder fiktive Statements »alter Ehepaare« eingeschnitten hat. (Im letzten Statement übrigens sieht man Harry und Sally!) Die uralten Probleme, welche die Anziehungskraft und die Mißverständnisse zwischen Männern und Frauen bestimmen, werden mit soviel Witz und Einfallsreichtum behandelt, und die Schauspieler sind so überzeugend, daß eine vergnügliche Komödie entstanden ist.

Whisky galore
Das Whisky-Schiff / Freut Euch des Lebens

England 1948/49

R: Alexander Mackendrick; A: Compton Mackenzie und Angus MacPhail nach einem Roman von Compton Mackenzie; K: Gerald Gibbs; D: Basil Radford, Joan Greenwood, James Robertson Justice

Auf der schottischen Insel Todday herrscht während des Zweiten Weltkriegs Weltuntergangs-Stimmung: Die Insel ist »trocken«, kein Tropfen Whisky ist mehr vorhanden. Die Lebensfreude der Bewohner schwindet ebenso wie die Disziplin der Heimwehr. Doch dann läßt günstiger Wind einen Frachter mit 50 000 Kisten Whisky vor der Insel stranden. Vergeblich stellt der Kommandant der Heimwehr (B. R.), ein humorloser Engländer, Wachen auf; in der Nacht wird das Schiff geentert und geplündert. Und vergebens forscht der Kommandant nach dem Beutegut; seine eigene Heimwehr macht heuchlerisch eine freiwillige Übung, die nur den Zweck hat, ihn irrezuführen. Für kurze Zeit herrscht eitel Freude auf Todday, dann ist der Whisky konsumiert. Und die Lebensfreude der Bewohner ist wieder dahin.

Eines der beispielhaften Lustspiele des Ealing-Studios. Die Handlung ist realistisch, bezieht sich auf alltägliche Ereignisse und zieht gerade daraus mit Witz, Einfallsreichtum und einer gehörigen Portion Selbstironie verblüffende Wirkungen.

Wild at heart
Wild at Heart – Die Geschichte von Sailor und Lula

USA 1990

R: David Lynch; A: David Lynch nach einem Roman von Barry Gifford; K: Fred Elmes; D: Nicolas Cage, Laura Dern, Diane Ladd, Willem Dafoe, Isabella Rossellini, Harry Dean Stanton, J. E. Freeman

Weil er in Notwehr einen Farbigen getötet hat, wandert Sailor Ripley (N. C.) für einige Jahre ins Gefängnis. Seine Freundin Lula (L. D.) bleibt ihm gegen den Willen ihrer Mutter (D. L.) treu; sie holt ihn bei seiner Entlassung ab, und beide fahren in Richtung Kalifornien. Lulas Mutter, die Sailor selbst vergeblich Avancen gemacht hatte und die außerdem befürchtet, durch Sailor werde Lula erfahren, daß ihr Vater einem Mordkomplott zwischen seiner Frau und dem Gangster Marcello Santos (J. E. F.) zum Opfer gefallen ist, schickt den beiden ihren alten Freund Johnnie (H. D. S.) als Racheengel nach. Doch dann bittet sie Santos, nicht nur Sailor, sondern auch Johnnie aus dem Weg zu räumen. Johnnie bleibt tatsächlich in New Orleans auf der Strecke; die Liebenden kommen bis in ein texanisches Wüstenkaff, wo Santos' Killer Bobby Peru (W. D.) sie ausfindig macht. Er demütigt Laura und überredet Sailor zu einem Überfall, bei dem er ihn erschießen will. Aber zufällig taucht die Polizei auf, und dann heißt das Opfer des Überfalls Bobby Peru. Allerdings muß Sailor als Mittäter erneut ins Gefängnis. Und wieder steht Lula, die ihm inzwischen einen Sohn geboren hat, bei seiner Entlassung vor dem Gefängnistor. Sailor will auf sie verzichten, läuft fort und wird von einer Straßengang brutal verprügelt. Als er verletzt auf der Straße liegt, hat er eine Erscheinung: Eine wunderschöne, engelhafte Frau schickt ihn geradewegs in Lulas Arme und ins Happy-End.

Krude wie die Geschichte ist auch die Form des Films, der 1990 in Cannes mit der »Goldenen Palme« ausgezeichnet wurde. Häßlichkeit und Gewalt werden aufdringlich ins Bild gebracht: Wie fasziniert verharrt die Kamera auf den verfaulten Zahnstümpfen von Bobby Peru, fette alte Frauen tanzen nackt auf der Straße des Wüstenkaffs, bei dem Banküberfall schießt sich Bobby Peru buchstäblich den Kopf ab, ein Hund rennt mit der abgeschossenen Hand eines der Opfer davon. Andererseits gerät die Entführung und Ermordung Johnnies zu einem skurrilen Kasperle-Theater. Deutlich sind auch die Hinweise auf den märchenhaften Charakter des Films: Mehrfach sieht man Lulas Mutter als Hexe auf dem Besenstiel die Liebenden verfolgen, und am Schluß werden Lula und Sailor offenbar von einer guten Fee zusammengeführt. Dann verschwindet, wie von Zauberhand berührt, das Bild von Lulas Mutter aus dem Bilderrahmen; die Liebe hat über allen Haß und allen Schrecken dieser Welt gesiegt. Lynch hat das bizarre Pandämonium, in das seine Liebenden geraten sind, mit großem Geschick, aber stellenweise auch mit ziemlichem Getöse inszeniert. Und es bleibt die Frage, ob man so laute Effekte braucht, um effektiv zu sein.

Winchester 73
Winchester 73

USA 1950

R: Anthony Mann; A: Robert L. Richards und Borden Chase nach einem Roman von Stuart N. Lake; K: William Daniels; D: James Stewart, Shelley Winters, Dan Duryea, Stephen McNally, Will Geer, Charles Drake, Rock Hudson

Auf der Suche nach Dutch Henry Brown (S. MN.) kommt Lin McAdam (J. S.) nach Dodge City. Hier treffen beide aufeinander; aber da Sheriff Wyatt Earp (W. G.) allen Fremden die Waffen abnimmt, können sie sich nur in einem Wettschießen messen. Lin gewinnt den Wettbewerb und den Preis: eine Winchester 73. Doch in der Nacht stiehlt Dutch das Gewehr und flieht. Beim Pokern verliert er die Büchse an einen Händler, dem sie von einem Indianer (R. H.) abgenommen wird. Der Indianer will eine Postkutsche überfallen und wird dabei von Steve Miller (C. D.) getötet, der als Belohnung die Büchse erhält. Aber der Bankräuber Steve kann sich seines Besitzes nicht lange freuen; Waco Johnny (D. D.) tötet ihn – wegen der Waffe und wegen seiner Freundin Lola (S. W.). Waco Johnny braucht jetzt einen neuen Komplizen für einen geplanten Überfall. Er findet Dutch Henry, der als seinen Anteil das Gewehr verlangt. Jetzt taucht auch Lin wieder auf. Lola informiert ihn über Johnnys Pläne. Lin tötet Johnny und Dutch Henry; und endlich erfährt man, daß Dutch Henry sein Bruder war und daß Dutch seinen Vater erschossen hat. Lin verläßt mit Lola die Stadt.

Ein beliebtes dramaturgisches Mittel, das »verbindende Requisit«, ist hier angemessen und konsequent für die Möglichkeiten des Western variiert worden. Nur das Gewehr hält letzten Endes die verschiedenen Episoden zusammen, die aber insgesamt wieder eine Art Panorama der Landschaft und der Zeit geben. In der Jagd nach der Winchester wird außerdem die Faszination der Waffe für die Bewohner des »Wilden Westens« deutlich.

Das Wirtshaus im Spessart

BRD 1957

R: Kurt Hoffmann; A: H. C. Gutbrod, Heinz Pauck, Luiselotte Enderle und Günter Neumann frei nach Wilhelm Hauff; K: Richard Angst; D: Liselotte Pulver, Carlos Thompson, Günther Lüders, Helmut Lohner, Wolfgang Neuss, Wolfgang Müller, Herbert Hübner

Die Komteß Franziska (L. P.) reist mit ihrem Verlobten, dem Baron Sperling (G. L.), und Gefolge durch den Spessart. Unterwegs bricht ein Rad der Kutsche, und man läßt sich von zwei Galgenvögeln (W. N., W. M.) in ein nahegelegenes Wirtshaus bringen. Das, natürlich, ist eine Räuberhöhle; und die Herren Räuber wollen Lösegeld für ihre reiche Beute. Franziska leiht sich die Kleidung eines Handwerksburschen (H. L.), flieht und bittet ihren Vater (H. H.) um Hilfe. Der will das ganze Räubernest gleich mit Militär ausrotten. Aber das ist der Komteß auch wieder nicht recht, da der Räuberhauptmann (C. T.) ein charmanter Mann ist. Am Schluß werden die Komteß und der edle Räuber, der – Gott sei Dank! – aus gutem Hause stammt, ein Paar.

Ein unterhaltsamer Kostümfilm, der mit Geschick, Geschmack und einiger Ironie gestaltet ist. Zu einer Zeit, als der Film in der Bundesrepublik insgesamt ein kümmerliches Dasein fristete, war sein Erfolg bei Publikum und Kritik enorm. Allgemein wurde anerkannt, daß man die leichte Kost hier ernst genommen habe. Vielzitierter Beleg: Man verpflichtete eine veritable Künstlerin (Bele Bachem) für die Gestaltung des Titelvorspanns.

Kurt Hoffmann drehte jeweils mit der gleichen Hauptdarstellerin zwei Fortsetzungen: *Das Spukschloß im Spessart* (1960) und *Herrliche Zeiten im Spessart* (1967). Den Einfallsreichtum des ersten Films hat er dabei nicht wieder erreicht.

Wir Wunderkinder

BRD 1958

R: Kurt Hoffmann; A: Heinz Pauck und Günter Neumann nach einem Roman von Hugo Hartung; K: Richard Angst; D: Hansjörg Felmy, Robert Graf, Johanna von Koczian, Elisabeth Flickenschildt

Der Film erzählt in kabarettistischer Form die Lebensgeschichte zweier »typischer Deutscher«. Schon als Kind weiß Bruno die Gunst der Stunde besser zu nutzen als sein Schulfreund Hans. 1923 ist Bruno Tiches (R. G.) dann treuer Republikaner und erfolgreicher Geschäftemacher, während Hans Boeckel (H. F.) sich als Werkstudent abmüht. 1933 entdeckt Bruno sein Herz für die Nationalsozialisten und macht Karriere. Hans bleibt sich derweil selber treu, gewinnt zwar eine Frau (J. v. K.), verliert dafür aber seine Stellung. Nach dem Krieg versucht Hans mühsam einen neuen Anfang, indessen Bruno im Schwarzmarktgeschäft schon wieder obenauf ist. Zehn Jahre später schreibt dann der Journalist Hans Boeckel, was er von Bruno Tiches und seinesgleichen hält; denn Bruno ist unterdessen ein einflußreicher Geschäftsmann. Empört beschwert der Angegriffene sich, verwechselt im Verlagsgebäude eine Tür und fällt in einen Fahrstuhlschacht. Sein Begräbnis ist feierlich und eindrucksvoll.

Einer der im westdeutschen Nachkriegsfilm seltenen Versuche, die jüngste deutsche Geschichte anders als im besänftigenden Melodram zu behandeln. Dabei entstanden zwei einfallsreiche kabarettistische »Fallstudien«. Zwar hätte man sich stellenweise noch etwas mehr satirische Schärfe statt augenzwinkernder Vergnüglichkeit gewünscht; aber insgesamt sind die Pointen doch treffsicher genug, um Denkanstöße beim Publikum zu bewirken. Darstellerisch überzeugt vor allem Robert Graf als skrupelloser Mitläufer.

Witness
Der einzige Zeuge

USA 1984

R: Peter Weir; A: Earl W. Wallace und William Kelley nach einer Idee von William Kelley, Pamela Wallace und Earl W. Wallace; K: John Seale; D: Harrison Ford, Kelly McGillis, Lukas Haas, Josef Sommer

Witness (Lukas Haas)

Im US-Bundesstaat Philadelphia wohnen die »Amish-People«, Nachkommen mennonitischer deutsch-schweizerischer Einwanderer, die die Errungenschaften der modernen Zivilisation ablehnen und noch heute so leben wie im 18. Jahrhundert – ohne Autos, Fernsehen, Telefon usw. In ihrer Gemeinschaft spielt der größte Teil dieses Films. Der achtjährige Amish-Junge Samuel Lapp (L. H.) verläßt zum ersten Mal das heimische Dorf, weil seine verwitwete Mutter Rachel (K. MG.) mit ihm Verwandte in Baltimore besuchen will. Bei einem Zwischenaufenthalt in Philadelphia durchstreift Samuel neugierig den Bahnhof und wird dabei Zeuge eines Mordes. Der Kriminalbeamte John Book (H. F.), der mit der Aufklärung des Falles betraut wird, erkennt bald, daß korrupte Polizisten, die in den Drogenhandel verwickelt sind, die Tat begangen haben. Damit weiß er auch, daß er selbst und der einzige Zeuge, Samuel, in Lebensgefahr schweben. Nachdem Book bei einem Anschlag bereits schwer verletzt worden ist, gelingt es ihm, mit Samuel und dessen Mutter aus der Stadt zu fliehen. Bei den Amish wird er aufgenommen und gesundgepflegt. Aber am Ende spüren ihn die Verfolger auch hier auf. Books kämpferischem Einsatz im Verein mit der gewaltlosen Solidarität der Amish gelingt es jedoch, die Mörder zu überwältigen.

Der australische Regisseur Peter Weir schuf bei seinem Hollywood-Debüt einen Film, der Unterhaltsamkeit und Spannung nicht spekulativen Effekten verdankt, sondern seinem ernsthaften Interesse für die Menschen, von denen er handelt, und für die Umwelt, in der diese Menschen leben.

Ähnlich wie in seinem Film *The last wave* (Die letzte Flut, Australien 1977) beschreibt Weir auch hier die Begegnung seines Helden mit einer fremden und scheinbar rückständigen Kultur, die der Film respektvoll, aber keineswegs unkritisch schildert. Und wieder gelingt es ihm, aus diesem Kontrast eine latente, innere Spannung zu gewinnen. So ist auch am Schluß die Überwältigung der Bösen nicht nur der übliche Showdown des Action-Films; gleichzeitig werden die Positionen der Vertreter unterschiedlicher gesellschaftlicher Normen definiert: Book hat seinen Auftrag erfüllt, hat dem Gesetz Achtung verschafft und wird in die Stadt zurückkehren; die Amish haben sich erfolgreich gegen »das Fremde« gewehrt und bestätigen ihre freiwillige Isolation. Da hat dann auch die Liebe zwischen Book und Rachel keine Zukunft.

W ljudjach
Maxim Gorkis Weg ins Leben II: Unter den Menschen

UdSSR 1938/39

R: Mark Donskoi; A: Ilja Grusdjew und Mark Donskoi nach der Autobiographie von Maxim Gorki; K: Pjotr Jermolow; D: Alexej Ljarski, Warwara Massalitinowa, Iwan Kudrjawzew, A. Timontajew

Zweiter Teil der sogenannten »Gorki-Trilogie«. Die anderen Teile sind *Detstwo Gorkowo* (1938) und *Moi uniwersitety* (1939).
Alexej (A. L.) ist jetzt auf sich gestellt. Er wird zunächst Lehrling bei einem Bauzeichner (I. K.). Eine Nachbarin leiht ihm Bücher, die er nachts bei Kerzenlicht oder sogar im Mondschein liest. Aber die Frauen des Hauses lassen ihn spüren, daß er aus einer verarmten Familie stammt und eigentlich von ihrer »Mildtätigkeit« lebt. Im Frühjahr geht Alexej auf und davon und wird Geschirrspüler auf einem Wolgadampfer, wo er sich mit dem Koch (A. T.) anfreundet. Er wird des Diebstahls bezichtigt, entlassen und findet neue Arbeit in einer Ikonenwerkstatt. Noch einmal kehrt er zu seinen Großeltern zurück. Seiner Großmutter (W. M.) liest er sein erstes Gedicht vor; und sie erklärt ihm, warum sein unbeholfener Zweizeiler noch nicht so schön ist wie das, was sie ihm vorsingt.
Dieser zweite Teil der Trilogie enthält zahlreiche wechselnde Situationen und Schauplätze, was der Regie die Möglichkeit gibt, ein breitgefächertes Panorama russischen Lebens am Ausgang des 19. Jahrhunderts zu zeichnen.

Woina i mir (I–IV)
Krieg und Frieden, Teil I–IV

UdSSR 1965–67

R: Sergej Bondartschuk; A: Sergej Bondartschuk und Wassili Solowjow nach dem gleichnamigen Roman von Leo Tolstoi; K: Anatoli Petrizki, Dmitri Korschichin, Alexander Schelenkow, A. Senjan, Tscheng-Ju-Lang, G. Aisenberg; D: Ludmilla Saweljewa, Sergej Bondartschuk, Wjatscheslaw Tichonow, Oleg Tabakow

Verfilmung des gleichnamigen Romans von Tolstoi: Natascha Rostowa (L. S.), Pierre Besuchow (S. B.), Andrej Bolkonski (W. T.), Nikolai Rostow (O. T.).
Bondartschuk hat seine literarische Vorlage mit allzuviel Respekt ins Bild gesetzt. In seinem Bemühen, Tolstoi gerecht zu werden, hat er sich eng an den Roman gehalten und ihn beinah »wörtlich« verfilmt. Dabei hat er auch die Erzählstruktur der Vorlage übernommen, ohne zu bedenken, daß der Film eigene Gesetze hat. So bleibt sein aufwendiger Film letztlich bloße Illustration; allerdings ist diese Illustration in vielen Details vorzüglich gelungen. Überzeugend sind vor allem die sorgfältige Rekonstruktion des Milieus und die eindrucksvollen Schilderungen der Schlachten.
In der Bundesrepublik lief der Film gekürzt, wobei die beiden ersten Teile zu einem Teil zusammengezogen wurden. Die Originalfassung hatte eine Laufzeit von nahezu acht Stunden. Nach einigen Quellen wurde der Film von einem »Regieteam« (Tschemodurow, Schir-Achmedowa, Aljeschin, Golowanow, Petrow) unter der Leitung Bondartschuks geschaffen.
Rund zehn Jahre vorher war unter der Regie des Hollywood-Veteranen King Vidor eine sehr achtbare Verfilmung der gleichen literarischen Vorlage entstanden: *War and peace* (Krieg und Frieden, USA/Italien 1956). Vidors Hauptdarsteller waren Audrey Hepburn, Henry Fonda und Mel Ferrer; er komprimierte die Handlung auf etwa drei Stunden.

Die Wollands

BRD 1972

R: Marianne Lüdcke, Ingo Kratisch; A: Ingo Kratisch, Marianne Lüdcke, Johannes Mayer, Sigrid Fronius, Michael Boehme, Helga Reidemeister, Martin Streit und Facharbeiter, Betriebsräte und Vertrauensleute aus Berliner Betrieben; K: Ingo Kratisch, Martin Streit; D: Nicolas Brieger, Elfriede Irrall, Katharina Tüschen, Rüdiger Kirschstein, Otto Mächtlinger, Rudi Unger, Klaus Sonnenschein

Der Schweißer Horst Wolland (N. B.) und seine Frau Karin (E. I.) leben in relativem Wohlstand. Zwar muß Karin mitarbeiten; aber dafür kann man sich auch eine hübsche Wohnung und ein Auto leisten. Zudem winkt die Aussicht, daß Horst Vorarbeiter wird, was eine monatliche Lohnerhöhung von rund 200 Mark bringen würde. Dann brauchte Karin nur noch halbtags zu arbeiten und könnte sich endlich mehr um ihr Kind kümmern, das bisher hauptsächlich von der Großmutter (K. T.) erzogen wird. Aber gerade jetzt gibt es einen Konflikt im Betrieb: Die Akkordzeiten sollen gekürzt werden, und als der übervorsichtig taktierende Betriebsratsvorsitzende Haller (K. S.) nichts erreicht, organisiert Karl Heinz (R. K.) einen Sitzstreik. Wolland, der sich gerade jetzt nicht exponieren möchte, simuliert Zahnschmerzen und »schwänzt« den Streik. Doch auch das bringt Ärger. Karin ist empört, daß er diese Frage nicht mit ihr besprochen hat. Als Horst sich weigert, dem Abteilungsleiter Garstel (O. M.) die Wortführer des Streiks zu nennen, wird ein anderer Vorarbeiter. Verärgert möchte er kündigen. Doch er muß einsehen, daß seine Vorbildung zum »Techniker« nicht reicht und daß er als Arbeiter in einem neuen Betrieb ganz von vorn anfangen müßte. Aber er hat etwas gelernt. Er distanziert sich von der Ideologie seines Vaters (R. U.), daß man durch Wohlverhalten Karriere machen müsse. Und als nach der Fusion seines Betriebes mit einem westdeutschen Konzern Ausländer und Kranke entlassen werden, da gehört Horst Wolland zu denen, die gegen den Willen des Betriebsrates eine außerordentliche Betriebsversammlung erzwingen wollen.

Ähnlich wie Christian Ziewer in seinem Film *Liebe Mutter, mir geht es gut* behandelt auch der Film *Die Wollands* Probleme aus der Welt der Fabrikarbeiter, die bis dahin vornehmlich in elitär-spröden Filmen reflektiert wurden. Marianne Lüdcke und Ingo Kratisch haben ihrem Film Authentizität verschafft, indem sie das Drehbuch immer wieder mit »Betroffenen« durchdiskutiert haben. Aber sie haben auch einem breiteren Publikum die Möglichkeit gegeben, sich mit den handelnden Personen und ihren Problemen zu identifizieren, weil sie etwa den privaten Bereich mit in ihre analytische Schilderung einbezogen, weil sie in der Dramaturgie und in der filmischen Gestaltung auf vertraute Formen gesetzt haben. So entstand ein Film, dem der Kritiker Wilhelm Roth zu Recht attestierte: »Er hat nicht die Verklemmung so vieler politischer Filme, die aus Angst, nur ja die Theorie korrekt wiederzugeben, eng und unfrei wirken. In den ›Wollands‹ werden alle Denkergebnisse aus Geschichten gewonnen und gleich wieder in Geschichten übergeführt.«

Die Wollands ist Ingo Kratischs Abschlußarbeit an der Deutschen Film- und Fernsehakademie Berlin, die somit auch als Produzent firmiert.

The woman in the window
Gefährliche Begegnung / Die Frau im Fenster

USA 1944

R: Fritz Lang; A: Nunnally Johnson nach dem Roman *Once off guard* von J. H. Wallis; K: Milton Krasner; D: Edward G. Robinson, Joan Bennett, Dan Duryea, Raymond Massey

Professor Wanley (E. G. R.) ist Strohwitwer, hat in seinem Club gut gegessen und möchte einen kleinen Mittagsschlaf halten. Der Clubdiener soll ihn zu einer bestimmten Zeit wecken. Nach dieser Ruhepause verläßt Wanley den Club und bleibt vor einem Schaufenster stehen, in dem ein Frauenporträt hängt. Eine Passantin (J. B.) spricht ihn an und lädt ihn in ihre Wohnung ein. Dort taucht wenig später der eifersüchtige Liebhaber der Frau auf, den Wanley in Notwehr mit einer Schere ersticht.

In panischer Angst beseitigt er die Leiche. Doch das Verbrechen wird entdeckt. Durch seinen Freund, den Staatsanwalt (R. M.), wird Wanley nun über die Fortschritte der Ermittlungen auf dem laufenden gehalten. Er glaubt sich mehr und mehr in Gefahr. Und als schließlich noch ein Erpresser (D. D.) auftaucht, nimmt er sich das Leben. Zur gleichen Zeit wird der Erpresser als vermeintlicher Mörder von der Polizei erschossen. In diesem Augenblick blendet der Film zurück: Wanley sitzt noch immer schlafend im Sessel, er hat die ganze Geschichte nur geträumt. Als der Diener ihn geweckt hat, verläßt er schleunigst den Club. Auf der Straße sieht er das Schaufenster mit dem Porträt. Einen Augenblick stockt er. Doch als eine Frau ihn um Feuer bittet, wendet er sich brüsk ab und geht nach Hause.

Ein gut inszenierter und gut gespielter Film, in dem abermals – wie häufig bei Lang – ein Mensch von einem unerbittlichen Schicksal verfolgt wird. Stilistisch und in der düsteren Konsequenz der Haupthandlung gehört der Film zur »schwarzen Serie« Hollywoods. Viele Kritiker haben Lang den Schluß verübelt, der das Ganze als Alptraum entlarvt. Lang hat seinen Schluß stets verteidigt. Er meinte, die Alternative sei »ein negatives Ende für ein nicht universales Problem, eine wirkungslose Traurigkeit« gewesen.

A woman of Paris ⓢ
Die Nächte einer schönen Frau / Eine Frau in Paris

USA 1923

R: Charles Chaplin; A: Charles Chaplin; K: Rollie Totheroh, Jack Wilson; D: Edna Purviance, Adolphe Menjou, Carl Miller, Lydia Knott

Marie St. Clair (E. P.) will mit ihrem Verlobten, dem Maler Jean Millet (C. M.), aus dem heimatlichen Dorf nach Paris fliehen. Durch ein Mißverständnis werden beide getrennt, und Marie wird in Paris die Geliebte des reichen Pierre Revels (A. M.). Als sie auf einem Atelierfest Jean wiedersieht, möchte sie Revels verlassen und an Jeans Seite arm, aber glücklich sein. Doch Jeans Mutter (L. K.) ist gegen eine Heirat. Marie kehrt verzweifelt zu Revels zurück, Jean erschießt sich aus Kummer und Eifersucht. Jetzt endlich findet Jeans Mutter zu Marie. Die beiden Frauen kehren aufs Land zurück, wo Marie ein Heim für mutterlose Kinder gründet.

Zum ersten Mal spielt Chaplin hier in einem seiner Filme nicht selbst die Hauptrolle. Ähnlich wie sehr viel später in *The countess of Hongkong* (Die Gräfin von Hongkong, 1967) tritt er nur in einer Chargenrolle (als Dienstmann auf dem Bahnhof) auf. Auch sonst blieb der Film eine Ausnahme im Schaffen Chaplins; und es heißt, er sei nur auf Grund einer Wette entstanden. Die Handlung ist melodramatisch; aber Chaplin hat sie exzellent in Szene gesetzt. Dabei hat er stärker als in seinen »normalen« Filmen die Möglichkeiten der Kamera genutzt, um etwa Tatbestände in Andeutungen indirekt zu schildern. Zu den großen Bewunderern dieses Films gehörte u. a. René Clair, der in ihm eine »Erneuerung des amerikanischen Films« sah. Das Publikum indessen war enttäuscht. *A woman of Paris* blieb wohl Chaplins einziger Stummfilm, der ein geschäftlicher Mißerfolg wurde.

Wor / Le voleur et l'enfant
Der Dieb

Rußland/Frankreich 1997

R: Pawel Tschuchrai; A: Pawel Tschuchrai; K: Wladimir Klimow; D: Wladimir Maschkow, Jekaterina Rednikowa, Mischa Filiptschuk, Dima Tschigarjew

1946. Auf einer schlammigen Straße in einer eintönigen Steppenlandschaft bringt Katja (J. R.) ihren Sohn Sanja zur Welt. Sanjas Vater ist sechs Monate zuvor an einer Kriegsverletzung gestorben. – Sechs Jahre später lernt Katja den attraktiven Offizier Toljan (W. M.) kennen und verliebt sich Hals über Kopf in ihn. Sanja (M. F.) bewundert den starken Mann mit der Pistole und der schmucken Uniform zunächst; doch bald schon trübt sich das Verhältnis zwischen beiden. Zu lieblos behandelt Tol-

Wor
(Mischa Filiptschuk)

jan die Mutter, zu gewalttätig sind seine Erziehungsmethoden. So weigert Sanja sich auch, Toljan »Vater« zu nennen; zumal verschwommene Phantasiebilder seines leiblichen Vaters von Zeit zu Zeit wie Schimären in seiner Vorstellung auftauchen. Aber auch Katjas Glück ist nur von kurzer Dauer; denn es stellt sich heraus, daß Toljan kein Offizier, sondern ein schäbiger Dieb ist, der die Uniform ebenso wie die scheinbar intakte Familie nur als Tarnung benutzt. Dennoch kommt Katja nicht von ihm los, bis er eines Tages verhaftet und verurteilt wird. Zusammen mit Sanja steht sie im Schnee vor dem Gefängnis, als die Verurteilten abtransportiert werden. Und als Toljan wie ein Stück Vieh zu einem Wagen getrieben wird, da ruft Sanja zum ersten Mal verzweifelt: »Vater, Vater!« – Wieder sechs Jahre später. Katja ist bald nach Toljans Verhaftung an einer Abtreibung gestorben. Der halbwüchsige Sanja (D. T.) lebt in einem Heim, als er zufällig Toljan wiederbegegnet. Der ist ein Dieb geblieben und verspottet Katjas Andenken, um einer neuen Liebschaft zu imponieren. Da holt Sanja Toljans Pistole, die er all die Jahre als kostbares Andenken gehütet hatte, und erschießt ihn.

Grigori Tschuchrai hatte in seinem Welterfolg *Ballada o soldate* die Geschichte eines jungen Soldaten erzählt, der im Krieg sein Leben verliert und das Mädchen, das er liebt, allein zurücklassen muß. Es sieht so aus, als habe Grigoris Sohn Pawel Tschuchrai an diesen Film anknüpfen wollen. Katjas Mann stirbt als Soldat; aber der Film zeigt, daß auch sie und ihr Sohn Opfer des Krieges werden. Allein in einer heillos zerrütteten Nachkriegsgesellschaft, die – buchstäblich – keinen Raum für das Glück des einzelnen hat, zählen sie zu den Schwachen, die sich nicht behaupten können. Die Stelle des toten Ehemannes und Vaters nimmt ein Hochstapler ein, so wie an der Spitze des Staates der Diktator Stalin die Rolle des sorgenden Patriarchen spielt. Und in der bewegenden Geschichte eines kleinen Jungen, der einen Vater sucht, spiegelt sich stets auch das Schicksal eines Volkes, das nach dem unsäglichen Leid des Krieges einen neuen Anfang finden möchte. Pawel Tschuchrai hat das mit den traditionellen Mitteln des Erzählkinos einfühlsam und eindringlich gestaltet. Die Handlung ist geschickt aufgebaut. Zeitkolorit und Milieu stimmen. Eine besondere Erwähnung verdient die Leistung des kleinen Mischa Filiptschuk, der den Sanja mit fast beängstigender Intensität spielt.

A world apart
Zwei Welten

England 1987

R: Chris Menges; A: Shawn Slovo; K: Peter Biziou; D: Barbara Hershey, Jodhi May, Jeroen Krabbé, Carolyn Clayton-Cragg, David Suchet

Südafrika 1963. Die 13jährige Molly Roth (J. M.) lebt im Spannungsfeld zwischen ihrer privaten Glückserwartung und dem politischen Engagement ihrer Eltern für den Afrikanischen Nationalkongreß und gegen die Apartheid. Gleich zu Beginn der Handlung muß ihr Vater (J. K.) überstürzt ins Ausland fliehen. Ihre Mutter Diana (B. H.), eine Journalistin, setzt die gemeinsame Arbeit fort. Diana möchte Beruf und Privatleben trennen, möchte, daß Molly von ihren politischen Aktivitäten nicht tangiert wird. Das mißlingt völlig. Gerade weil Molly Dianas Tätigkeit nicht durchschaut, empfindet sie besonders deutlich, daß ihre Mutter sich nicht ausreichend um sie kümmert. Außerdem ist sie zwangsläufig mitbetroffen von den Schikanen der Behörden und der gesellschaftlichen Isolierung. Die Probleme eskalieren, als Diana auf Grund eines dubiosen Gesetzes ohne richterliche Verfügung für 90 Tage ins Gefängnis muß und nach ihrer Freilassung sofort für weitere 90 Tage inhaftiert wird. Molly muß in ein Internat. Diana unternimmt einen Selbstmordversuch und wird freigelassen, weil die Behörden verhindern wollen, daß sie zur Märtyrerin wird. Nun kommen sich Mutter und Tochter endlich näher: Diana hat eingesehen, daß sie ihre Tochter an ihrem Leben wirklich beteiligen muß, und Molly beginnt, das politische Engagement ihrer Mutter zu verstehen. Am Schluß sieht man Mutter und Tochter am Grab eines schwarzen Bürgerrechts-Kämpfers, mit dem sie befreundet waren. Gemeinsam recken sie der anrückenden Polizei ihre Fäuste entgegen.

Der Film spiegelt in wesentlichen Teilen Person und Schicksal der Journalistin Ruth First, die im Jahr 1982 ermordet wurde. Die Drehbuchautorin Shawn Slovo ist die Tochter dieser Frau. So überrascht es nicht, daß der größte Teil des Films – und der bewegendste! – aus der Sicht des Kindes erzählt wird. Daraus folgt, daß manche politischen und gesellschaftlichen Hintergründe ausgespart werden, daß sogar entscheidende Aspekte der Tätigkeit Dianas im dunkeln bleiben. Gewonnen aber hat der Film durch diesen Blickwinkel eine Emotionalität, die niemals zur bloßen Sentimentalität verkommt. Denn mit den Augen Mollys sieht man die »Heldin« zunächst einmal als eine Frau, die ihren Beruf über das Glück ihrer drei Kinder stellt. Erst allmählich wird deutlich, daß Unrecht ein solches Maß annehmen kann, daß man sich engagieren muß. Aber auch Diana macht einen Lernprozeß durch und erkennt, daß das Engagement für die Menschlichkeit die am nächsten stehenden Menschen nicht ausschließen darf.

Der Regisseur und zwei hervorragende Darstellerinnen haben es verstanden, dieses »Anliegen« ohne große Worte aus Bildern und Situationen zu entwickeln und dabei über das Gemüt auch den Verstand anzusprechen.

Wosstanije rybakow
Der Aufstand der Fischer

UdSSR 1934

R: Erwin Piscator; A: Georgi Grebner unter Verwendung eines Rohdrehbuchs von Willy Döll nach dem Roman *Der Aufstand der Fischer von St. Barbara* von Anna Seghers; K: Pjotr Jermolow, Michail Kirillow; D: Alexej Diki, Emma Zesarskaja, Sergej Martinson

Wegen der unmenschlichen Arbeitsbedingungen auf den Schiffen des Reeders Bredel (S. M.) streiken seine Matrosen. Dem Streikführer Kedennek (A. D.) gelingt es, die Küstenfischer zu überzeugen, daß sie sich dem Streik anschließen müssen. Aber Militär greift ein; Kedennek wird erschossen. An seinem Grab bricht der Aufstand los, nachdem seine Witwe dem salbadernden Geistlichen die Bibel aus der Hand gerissen und sie zerfetzt hat. Bredel muß fliehen. Die Arbeiter aber belehren die Kleinbürger, daß nach dem Kampf um das tägliche Brot nun der Kampf um die Macht folgen muß.

Der einzige Film des berühmten deutschen Theater-Regisseurs Erwin Piscator. Piscator hat die literarische Vorlage wesentlich verändert und aus der pessimistisch endenden Erzählung der Anna Seghers einen sieghaften Appell für die Volksfront gegen Hitler gemacht. Formal überwiegen die Einflüsse aus der Stummfilmzeit, die man besonders in der eigenwilligen Montage spürt. An Brechtsche Stilmittel erinnern u. a. die Songs, die in die Handlung eingefügt sind und in denen die handelnden Personen die Situation kommentieren.

Woswraschtschenije
The return – Die Rückkehr

Rußland 2002

R: Andrej Swjaginzew; A: Wladimir Moisejenko, Alexander Nowotozkij; K: Michail Kritschman; D: Wladimir Garin, Iwan Dobronrawow, Konstantin Lawronjenko, Natalija Wdowina

Ein See in der unendlichen Weite Nordrußlands. Die beiden Brüder Andrej (W. G.) und Iwan (I. D.) wollen mit Freunden von einem Sprungturm aus ins Wasser springen. Als Iwan, der jüngere, ängstlich zögert, wird er von allen verspottet. Am Abend holt ihn die Mutter (N. W.) nach Hause. Am nächsten Tag mahnt sie ihre Söhne, den Vater (K. L.) in Ruhe schlafen zu lassen. Fassungslos starren die Brüder den ihnen fremden Mann an. Soll das wirklich ihr Vater sein, der nach zehn Jahren Abwesenheit zu seiner Familie zurückgekehrt ist? Handelt es sich vielleicht um einen Heimkehrer aus einem Lager, einen entlassenen Kriminellen, einen Soldaten? Andrej und Iwan kontrollieren seine Gesichtszüge mit einem alten Familienfoto. Beide müssen lernen, den ihnen unbekannten Mann zu akzeptieren, als er ihnen einen gemeinsamen Angelausflug vorschlägt.

Auf der siebentägigen Reise durch eine menschenleere Seen- und Waldlandschaft erprobt der Vater den Willen und das Talent der Kinder, die alles mit Mißtrauen, Angst und heftigen Wutausbrüchen begleiten. Er überträgt ihnen Verantwortung, und dennoch verstehen sie ihn oft nicht. Während Andrej seine Autorität respektiert, begehrt der ungestüme Iwan gegen sie auf. Nach dessen harter Disziplinierung fährt das Trio zu einer unbewohnten Insel. Der Vater gräbt dort eine versteckte Kiste aus und läßt die Jungen mit dem Boot angeln. Weil sie sich stark verspäten, kommt es zum Streit. Iwan bedroht den Vater mit einem Messer, rennt dann aber zu einem Aussichtsturm. Beim Versuch, den Jüngsten von dort herunterzuholen, stürzt das Familienoberhaupt ab. Die Söhne ziehen den Toten zum Boot, doch bevor sie die Leiche an Land bringen können, sinkt der Vater auf den Grund des Sees.

Das Spielfilmdebüt des 1964 in Nowosibirsk geborenen Andrej Swjaginzew erzählt eine archaische und universelle Geschichte vom Ende der Kindheit. In langsamen, ruhigen Bildern entwickelt sich eine ungeheure innere, psychologische Spannung. Während sieben Tagen, parallel zur biblischen Schöpfungsgeschichte, wird die Familie auf ihrer Reise ins Schattenreich des Todes mit allen Höhen und Tiefen des menschlichen Daseins konfrontiert. Zerrissen von Zweifeln und der Hoffnung, nach all den Jahren doch noch ihren Vater kennenzulernen. Die Metapher einer vaterlosen Gesellschaft, ein großes Trauma der jüngeren russischen Geschichte, schwebt wie eine Fata Morgana über allem. Der Hunger nach väterlicher Anerkennung und Liebe übertönt das kalte, hartherzige Auftreten des Fremden. Eine konfliktträchtige Haßliebe schmiedet die drei Männer auf ihrer Odyssee und Initiationsreise ganz fest zusammen.

Diese Auseinandersetzung der Figuren mit sich und der Natur verleiht dem Film eine magische, eine tiefe, eine religiöse Dimension. Das Geheimnis der Herkunft, des familiären Zusammenlebens, der Rückkehr des Vaters und die Bergung der Schatzkiste transportieren auch einen postromantischen Gedanken. Denn das Rätsel in allen Dingen, die vergebliche Entschlüsselung des Lebenssinns, spiegelt sich in den ursprünglichen, wilden Landschaften und Naturaufnahmen. Der elegische Rhythmus, die lakonische Poesie des Films übertragen sich vom sparsam angelegten Soundtrack auf die Emotionen des Zuschauers. Von zahlreichen Kritikern wird Andrej Swjaginzew bereits als Seelenverwandter und legitimer Nachfolger von Andrej Tarkowski und dessen sensationellem Erstling *Iwanowo detstwo* bezeichnet. Ein anderer Verweis geht in Richtung des Italieners Michelangelo Antonioni, der in seiner existentialistischen Neubestimmung des Neorealismus die Abgründe der menschlichen Seele und Leidenschaften sezierte. »Der Film versucht zum größten Teil, einen mythologischen Blick auf das menschliche Leben zu werfen«, sagt der Regisseur. 2003 erhielt seine unabhängige und ohne staatliche Förderung entstandene Produktion mit einem Gesamtbudget von 300 000 Euro u. a. den »Goldenen Löwen« der Filmfestspiele in Venedig.

Woswraschtschenije Maxima
Maxims Rückkehr

UdSSR 1937

R: Grigori Kosinzew, Leonid Trauberg; A: Grigori Kosinzew, Lew Slawin, Leonid Trauberg; K: Andrej Moskwin; D: Boris Tschirkow, Michail Scharow, A. Kusnezow

Mittelteil der sogenannten »Maxim-Trilogie«, zu der noch *Junost Maxima* (1935) und *Wyborgskaja storona* (1938) gehören.
Frühjahr 1914 in St. Petersburg. In einer Rüstungsfabrik wird gestreikt; und die Bolschewiki beschließen, einen der Ihren zur Unterstützung des Streikkomitees abzustellen. Die Wahl fällt auf Maxim (B. T.). Maxim kämpft gegen die Menschewiki, die den Streik abbrechen möchten. Er erfährt, daß ein geheimer Rüstungsauftrag der bestreikten Fabrik entzogen und einer anderen Fabrik übertragen worden ist. Er veröffentlicht diese Information in der »Prawda« und ruft auch die Arbeiter der anderen Fabrik zum Streik auf. Der Kontorist (M. S.), der diese Information ausgeplaudert hat und dafür entlassen worden ist, will sich an Maxim rächen. Er lauert ihm auf, überfällt ihn und verletzt ihn schwer. Unterdessen ist aber auch in der zweiten Fabrik ein Streik ausgebrochen. Es kommt zu Zusammenstößen zwischen Arbeitern und der Polizei. Der Krieg beginnt. Maxim wird Soldat; aber er kämpft weiter für den Sieg der Arbeiterklasse.
Die Gestalt Maxims tritt in diesem Teil ein wenig in den Hintergrund, und das nimmt dem Film etwas von seiner Wirkung. Andererseits zeichnet er geschickt ein Bild der Vorkriegszeit in St. Petersburg. Das politische Anliegen wird stellenweise mit Humor vorgetragen; neben Szenen von Demonstrationen und Barrikadenkämpfen stehen satirische Zwischenspiele – die Debatten in der Duma z. B. oder Maxims Auseinandersetzungen mit den Polizeispitzeln.

The wrong man
Der falsche Mann

USA 1957

R: Alfred Hitchcock; A: Maxwell Anderson und Angus MacPhail nach dem Buch *The true story of Christopher Emmanuel Balestrero* von Maxwell Anderson; K: Robert Burks; D: Henry Fonda, Vera Miles

Der Musiker »Manny« Balestrero (H. F.) wird eines Tages verhaftet; Zeugen glauben in ihm den Mann wiederzuerkennen, der das Büro einer Lebensversicherungsgesellschaft überfallen hat und der auch noch andere Überfälle begangen haben soll. Indizien sprechen gegen ihn. Seine Frau (V. M.) bringt mit Hilfe von Verwandten das Geld für eine Kaution auf; und Balestrero versucht verzweifelt, Zeugen für sein Alibi aufzutreiben. Aber von den drei Männern, mit denen er nach seiner Erinnerung zur Tatzeit vor einem Jahr Karten gespielt hat, sind zwei unterdessen gestorben; der dritte bleibt unauffindbar. Die Situation erscheint hoffnungslos für Balestrero; seine Frau erleidet einen Nervenzusammenbruch und wird in eine Heilanstalt eingeliefert. Doch an dem Tag, an dem Balestrero aufgeben will, wird der wahre Täter bei einem erneuten Überfall verhaftet. Die Zeit des Schreckens hat Balestrero und seine Frau allerdings unauslöschlich gezeichnet.

Hitchcocks Lieblingsthema, daß ein Mensch seine Identität verliert, verfolgt wird und sich selbst rehabilitieren muß, wird hier als Reportage einer wahren Begebenheit variiert. Hitchcock hat diesmal großen Wert auf dokumentarische Echtheit gelegt. Er hat an Originalschauplätzen gedreht und in Nebenrollen Personen des tatsächlichen Geschehens eingesetzt. Und er hat dabei bewußt sogar dramaturgische Unebenheiten in Kauf genommen – etwa, daß zum Schluß das Schicksal der Frau mehr und mehr in den Vordergrund tritt. Vorher aber ist der Film ganz mit den Augen des unschuldig Verdächtigten gesehen und macht die Verzweiflung eines Menschen spürbar, der in einem Netz zweideutiger Indizien und falscher Zeugenaussagen gefangen ist.

wjetmacht verschwiegen hat. Auch dieses Hindernis wird überwunden, der Gegenplan erfüllt. Und man feiert Babtschenko als »neuen Kommunisten«.

Manches an diesem Film war damals revolutionär. Der Held ist ein parteiloser alter Mann, der eine Vorliebe für den Wodka hat; der Parteisekretär plagt sich mit einer unglücklichen Liebe herum. Kurz, auf der Leinwand erschienen keine Heroen, sondern ganz normale Menschen, mit denen sich der Zuschauer identifizieren konnte. Entsprechend groß war der Publikumserfolg, während die Kritik dem Film vorwarf, er habe die Montage-Prinzipien Eisensteins verraten. Tatsächlich wird hier eine einfache Geschichte in einfachen, überzeugenden Bildern erzählt.

Die Musik zu diesem Film schrieb Dmitri Schostakowitsch. Unter anderem komponierte er ein »Lied vom Gegenplan«, das Jean Renoir in seinem Film *La vie est à nous* (1936) zitierte und auf dessen Melodie die Hymne der Vereinten Nationen basiert.

Wstretschny
Gegenplan

UdSSR 1932

R: Friedrich Ermler, Sergej Jutkewitsch; A: Lew Arnschtam, Friedrich Ermler, Sergej Jutkewitsch, D. Del; K: Alexander Ginzburg, Joseph Martow, Wladimir Rapoport; D: Wladimir Gardin, Boris Tenin, Boris Poslawski

Dem alten Arbeiter Babtschenko (W. G.), einem Parteilosen, mißlingt ein wichtiges Werkstück, weil er nach seiner Gewohnheit eine gehörige Portion Wodka getrunken hat. Das Ersatzstück ist ebenfalls unbrauchbar, weil die Werkbank nicht in Ordnung ist. Der Parteisekretär Wasja (B. T.) überzeugt den verbitterten Babtschenko, daß er sich gemeinsam mit den anderen »alten« Arbeitern für die Erfüllung des »Gegenplanes« einsetzen müsse. Die Schwierigkeiten scheinen überwunden; doch dann entdeckt man einen Fehler in der Konstruktionszeichnung der Turbine, den der Ingenieur Skworzow (B. P.) aus Haß auf die So-

Wszystko na sprzedaż
Alles zu verkaufen

Polen 1968

R: Andrzej Wajda; A: Andrzej Wajda; K: Witold Sobociński; D: Beata Tyszkiewicz, Elżbieta Czyżewska, Daniel Olbrychski, Andrzej Łapicki

Die Eingangssequenzen zeigen ein Filmteam, das einen Unglücksfall filmt: Ein Mann gerät unter einen Zug. Der Regisseur (A. Ł.) selbst spielt die Rolle des Verunglückten, da sein Hauptdarsteller nicht erschienen ist. Elżbieta (E. C.), die Frau des Schauspielers, und Beata (B. T.), seine frühere Geliebte, die jetzt die Frau des Regisseurs ist, machen sich auf, ihn zu suchen. Sie verfolgen seine Spuren, sprechen mit Menschen, die ihm begegnet sind, und hören schließlich im Radio die Nachricht von seinem Tod: Er ist unter einen fahrenden Zug geraten. Der Regisseur ist verzweifelt, aber er gibt nicht auf. Man kann auch einen Film über die Abwesenheit eines Darstellers drehen. So sichtet er Dokumentarmaterial über den Toten, befragt seine Bekannten usw. Sogar einen Haupt-

darsteller für den neuen Film hat er schon – Daniel (D. O.), der seinen toten Kollegen bewundert hat. Zwar hat Daniel wenig Lust, jetzt in die Haut des Toten zu schlüpfen, und auch den Regisseur befallen Zweifel an seinem Konzept. Aber die erste Einstellung für den neuen Film wird gedreht. Damit endet der Film ...
Wszystko na sprzedaż ist ein Film über den verstorbenen Schauspieler Zbigniew Cybulski, aber auch ein Film über die Situation des Künstlers, der bereit ist, »alles zu verkaufen«, d. h. alle Individualität, persönliche Erlebnisse und Beziehungen in seinem Werk zu verarbeiten.
Wajda und Cybulski wurden gemeinsam berühmt durch den Film *Popioł i diament* (1958). Jahre später wollte Wajda einen neuen Film mit seinem damaligen Hauptdarsteller drehen. Aber schon im ersten Stadium der Planung erhielt er die Nachricht vom Tode Cybulskis, der unter einen fahrenden Zug gestürzt war. Nun entschloß er sich, einen Film nicht mit, sondern über Cybulski zu drehen. Allerdings ging es ihm nicht um ein übliches Schauspielerporträt, nicht einmal Cybulskis Name fällt in dem Film. Wajda selbst meinte: »Es ist vielmehr ein Film über das Unvermögen, einen Menschen ohne seine Anwesenheit zu fassen. Es ist wie weglaufende Konturen, wie Striche, die gerade eine Skizze andeuten und sich dann im Nichts verlieren ...« Aber entstanden ist dabei auch ein Film über Wajda selbst, ein Film, der gleichzeitig die Schwierigkeiten seiner eigenen Entstehung reflektiert. Die Hauptdarsteller, Freunde des Toten, treten unter ihrem eigenen Namen auf; den Regisseur im Film nannte Wajda Andrzej und ließ ihn von einem Schauspieler spielen, der ihm sehr ähnlich sieht. So wurde aus dem Geflecht von Dichtung und Wahrheit, von Realität und Fiktion ein ungewöhnlicher und suggestiver Film. Oft läßt Wajda die Szenen nur kurz anspielen, montiert abrupte Übergänge, läßt die Wirklichkeit wie Kino, das Kino wie Realität erscheinen. Die Farbe spielt nicht nur als dekoratives, sondern auch als dramaturgisches Element eine große Rolle.

Das Wunder von Bern

BRD 2003

R: Sönke Wortmann; A: Sönke Wortmann, Rochus Hahn; K: Tom Fährmann; D: Louis Klamroth, Peter Lohmeyer, Johanna Gastdorf, Mirko Lang, Birthe Wolter, Lucas Gregorowicz, Peter Franke, Sascha Göpel, Katharina Wackernagel

Als der »Spätheimkehrer« Richard Lubanski (P. L.) 1954 aus russischer Kriegsgefangenschaft nach Essen zurückkommt, findet er die Umwelt und seine Familie irritierend verändert vor. Seine Frau Christa (J. G.) betreibt eine kleine Kneipe; sie und die älteren Kinder Ingrid (B. W.) und Bruno (M. L.) sind selbständig geworden. Der elfjährige Matthias (L. K.), der erst nach Richards letztem Urlaub geboren worden ist, hat sich eine andere Vaterfigur gesucht: den »Boß«, Helmut Rahn (S. G.), den begabten, aber extravaganten Stürmer-Star von Rot-Weiß Essen. Ihm darf er die Sporttasche ins Stadion tragen; der verbitterte und verschlossene Richard mit seinen altmodischen Vorstellungen von Autorität und Disziplin hat da keine Chance. Dann fährt der »Boß« mit der Nationalmannschaft zur Fußballweltmeisterschaft in die Schweiz, wo Bundestrainer Sepp Herberger (P. F.) ihn mit verständnisvoller Strenge in die Mannschaft integriert. In Essen bemüht sich Richard derweil nach einer heftigen Auseinandersetzung mit seiner Frau, seine innere Erstarrung zu lösen und die auch ihn quälende Isolierung zu überwinden. Endlich erzählt er von seinen Erlebnissen und zeigt Verständnis für die Probleme der anderen. Am Schluß steht hier wie dort ein Wunder. Die deutsche Mannschaft erreicht überraschend das Endspiel; und Richard fährt mit Matthias in einem Auto, das er sich vom sportbegeistertem Pfarrer geliehen hat, zum Endspielort nach Bern. Dort erlebt der Junge hautnah mit, wie der »Boß« kurz vor Schluß das Tor zum 3:2-Sieg der Deutschen schießt ...
Kein »großer« und kein makelloser Film, aber einer, der das Publikum genau ins Herz traf! Da gab es ein bewegendes Heimkehrer-Drama, eine anrührende Vater-Sohn-Geschichte, die Dank vorzüglicher Darstellung überzeugte;

und vor allem gelang es Wortmann, die »Wir-sind wieder wer«-Euphorie des Jahres 1954 nachvollziehbar und nacherlebbar zu machen. Man ahnte zum mindesten, wie es geschehen konnte, daß damals gestandene Männer an den Radios und vor den wenigen Fernsehgeräten Tränen vergossen. Es fällt da auch kaum mehr ins Gewicht, daß dabei natürlich auch einige Klischees bemüht wurden, und daß eine Parallelhandlung um einen Sportjournalisten (L. G.) und dessen frisch angetraute Frau (K. W.) dramaturgisch eigentlich überflüssig ist.

Das deutsche Publikum liebte den Film und zeigte das nicht nur an der Kinokasse. 2004 gewann er bei der Verleihung der »Deutschen Filmpreise« neben einem Filmband in Silber auch Publikumspreise als »bester Film« und für den »Schauspieler des Jahres« (Peter Lohmeyer).

Wyborgskaja storona
Die Wyborger Seite

UdSSR 1938

R: Grigori Kosinzew, Leonid Trauberg;
A: Grigori Kosinzew, Leonid Trauberg;
K: Andrej Moskwin, G. Filatow; D: Boris Tschirkow, Maxim Schtrauch, Michail Scharow, Michail Gelowani

Dritter Teil der sogenannten »Maxim-Trilogie«, zu der noch die Filme *Junost Maxima* (1935) und *Woswraschtschenije Maxima* (1937) gehören.

Die Revolution ist vorbei; die Bolschewiki haben die Macht errungen. Jetzt gilt es, einen bolschewistischen Staatsapparat zu schaffen. Maxim (B. T.) wird Kommissar für die Staatsbank. Der frühere Arbeiter muß sich mit der Obstruktion bourgeoiser Untergebener auseinandersetzen; doch er meistert alle Schwierigkeiten. Damit nicht genug: Der frühere Kontorist und jetzige Anarchist Dymba (M. Scha.) wiegelt einen Teil der Arbeiter auf, die Weinlager zu zerstören. Maxim sorgt für die Festnahme der Banditen. Bei dem Prozeß gegen sie wird auch noch eine Verschwörung gegen das Leben Lenins (M. Scht.) entdeckt. Als die Sowjetunion von deutschen Imperialisten bedroht wird, greift Maxim erneut zur Waffe.

Dieser Schlußteil hat an Originalität und Unmittelbarkeit beträchtlich verloren. Er steht dem näher, was man unter »sozialistischem Realismus« versteht; und er ist auch vom Personenkult beeinflußt, was in den Auftritten von Lenin und Stalin (M. G.) deutlich wird.

Die Schlußszenen dieses Films dienten später als Prolog für den Film *Wstretscha s Maximom* (Begegnung mit Maxim, 1941) von Sergej Gerassimow.

Y

Yawar mallku
Das Blut des Condors

Bolivien 1969

R: Jorge Sanjinés; A: Jorge Sanjinés, Oscar Soria; K: Antonio Eguino; D: Marcelino Yanahuaya, Benedicta Mendoza Huanca, Vicente Verneros Salinas

Ignacio Mallku (M. Y.) ist Vorsteher eines Indiodorfes. Als Geburtenrückgang die Existenz des Stammes bedroht, entdecken die Indios, daß ihre Frauen in einer Klinik des amerikanischen »Friedenskorps« nach Entbindungen heimlich sterilisiert werden. Die Indios überfallen die Amerikaner und kastrieren sie. Als Vergeltungsmaßnahme schleppt die Polizei einige Männer vor das Dorf und schießt sie nieder. Auch Ignacio ist unter ihnen. Er überlebt das Massaker schwerverletzt und wird von seiner Frau Paulina (B. M. H.), die selbst ein Opfer der Sterilisationskampagne ist, in die Großstadt ins Krankenhaus gebracht. Doch dort verlangt man Geld für Medikamente, für eine Operation, für Blutkonserven. Vergeblich bemüht sich Ignacios Bruder Sixto (V. V. S.), der als Arbeiter in der Stadt lebt, das erforderliche Geld aufzutreiben. Ignacio verblutet, Sixto legt demonstrativ die Tracht der Indianer an und kehrt ins Dorf zurück. Als Schlußbild sieht man einen Wald von Gewehren in hochgereckten Fäusten.
Der Film beginnt mit der Erschießungsszene und erzählt die Vorgeschichte in Rückblenden parallel zu den Ereignissen in der Stadt. *Yawar mallku* ist direkter, kämpferischer als Sanjinés' Erstling *Ukamau*, aber auch nicht ganz so geschlossen und ausgewogen. Im Drehbuch stört unter anderem, daß die Indios letzte Gewißheit über die Sterilisierung ausgerechnet durch einen Orakelspruch des dörflichen Zauberers erhalten. Doch diese Nachteile werden überspielt von der überzeugenden Milieuschilderung, vom unverfälschten und unverstellten Spiel der Laien aus den Indiodörfern, vom spürbaren Engagement des Regisseurs, der dem schmucklosen Reportagestil ein hohes Maß von Wirkung abgewinnt.

Yi jang chunshui xiang dong lin
Die Wasser des Frühlingsstromes fließen nach Osten

China 1947

R: Cai Chusheng, Zheng Junli; A: Cai Chusheng, Zheng Junli; K: Zhu Jinming; D: Bai Yang, Tao Jin, Wu Yinyan, Gao Zheng, Shu Xiuwen, Shangguan Yunzhu, Zhou Boxun

Die Handlung beginnt in den dreißiger Jahren während des chinesisch-japanischen Kriegs. Als japanische Truppen Shanghai besetzen, folgt Zhang Zhongliang (T. J.) den zurückweichenden chinesischen Verbänden, während seine Mutter (W. Y.), seine Frau Sufen (B. Y.) und sein kleiner Sohn in Shanghai zurückbleiben. Die Frauen fliehen mit dem Kind zu Zhangs Vater aufs Land. Bald wird auch ihre neue Heimat von den Japanern erobert, die dort ein strenges Besatzungsregime installieren. Zhangs Bruder, ein Lehrer, flieht mit seinen Kollegen in die Berge, weil die Japaner besonders die Intellektuellen verfolgen; sein Vater wird hingerichtet, als er gegen unmenschliche Maßnahmen protestiert. Sufen kehrt mit ihrem Sohn und ihrer Schwiegermutter nach Shanghai zurück, wo sie in bitterer Armut leben. Zhang hat es nach Chongqing verschlagen, wo er Lizheng (S. X.) begegnet, die er schon vor dem Krieg in Shanghai kennengelernt hatte. Ihr einflußreicher Adoptivvater (Z. B.) besorgt ihm eine Stelle in seiner Firma, und Zhang wird schnell zum karrierebewußten Aufsteiger. Da er lange ohne Nachricht von seiner Familie ist, heiratet er Lizheng. Nach der Kapitulation Japans kehrt er nach Shanghai zurück und findet Unterkunft im Haus von Lizhengs Kusine (S. Y.), deren Mann als Kollaborateur verhaftet worden ist. Zhang beginnt bald ein Verhältnis mit der attraktiven Hausherrin. Sufen ist unterdessen gezwungen, eine Stelle als Dienstmädchen anzunehmen, und gerät zufällig in das Haus der Kusine, wo sie auf einem Bankett zu Ehren der Ankunft

Yi jang chunshui xiang dong lin (Wu Yinyan, Bai Yang)

Lizhengs ihren vermißten Mann erkennt. Lizheng, die um jeden Preis einen Skandal vermeiden will, fordert Zhang auf, sich von Sufen scheiden zu lassen. Als Sufen sieht, daß ihr Mann auch bei einer Begegnung mit seiner Mutter und seinem Sohn nicht die Kraft findet, seine Karriere aufs Spiel zu setzen und sich zu seiner Familie zu bekennen, stürzt sie sich in den Fluß. Vorher hat sie ihr Kind der Obhut ihres Schwagers empfohlen, der weiter für eine Erneuerung Chinas kämpft.

Ein großes Melodrama, das in seiner Grundkonzeption von der Dramaturgie Hollywoods beeinflußt sein dürfte. Die beiden Regisseure haben ihre Vorbilder geschickt adaptiert und letzten Endes doch ein ganz eigenständiges Werk geschaffen, das in rund drei Stunden ein faszinierendes Panorama von Vergangenheit und Gegenwart bietet. Dabei überrascht die kritische Schärfe, mit der in der kurzen Zeitspanne zwischen Krieg und Bürgerkrieg, also noch in der Republik Chiang Kai-sheks, die Restauration angeprangert wird. Der Film zeigt unmißverständlich, daß sich Sufens Situation nach dem prahlerisch gefeierten Sieg nicht um einen Deut gebessert hat, daß also dieser Sieg nicht der ihre war. Und er schildert eine reiche Oberschicht, die sich den gewonnenen Krieg offenbar als persönliches Verdienst anrechnet und die konsequent auch allein an ihm verdienen will. Wenn sich am Ende des Films die Personen der Handlung unversöhnt gegenüberstehen, dann sind gleichzeitig schon die Fronten für den wenig später beginnenden Bürgerkrieg formiert. Alle diese politischen Bezüge aber erwachsen aus dem Schicksal von Menschen, deren Leid und Leidensfähigkeit der Film mit einer Zeile aus einem Gedicht des Kaisers Li Yü apostrophiert, die ihm als Motto vorangestellt ist: »Wieviel Leid kann der Mensch ertragen? Soviel wie der Frühlingsstrom Wasser nach Osten trägt …«

Yo, la peor de todas
Ich, die Schlechteste von allen

Argentinien/Frankreich 1990

R: Maria Luisa Bemberg; A: Maria Luisa Bemberg und Antonio Larreta nach dem Buch *Las trampas de la fe* von Octavio Paz; K: Felix Monti; D: Assumpta Serna, Dominique Sanda, Hector Alterio, Lautaro Murua, Graciela Araujo

Im 17. Jahrhundert lebt Schwester Juana Inés de la Cruz (A. S.) in einem Kloster in »Neu-Spanien« (Mexiko). Sie ist attraktiv, intelligent und eine bedeutende Dichterin; nicht religiöse Berufung hat sie ins Kloster geführt, sondern die Überzeugung, daß sie als Frau in ihrer Zeit nur dort die Möglichkeit zur Selbstverwirklichung und zum Studium finden könne. Zunächst scheint sich das zu bestätigen. Der Film zeichnet das idyllische Bild eines weltoffenen, von innerer Heiterkeit erfüllten Klosters. Doch die Verhältnisse ändern sich: Die verständnisvolle Äbtissin wird von der phantasielos-starren Schwester Ursula (G. A.) abgelöst; Juanas einflußreicher Gönner, der Vizekönig (H. A.), fällt bei Hof in Ungnade und wird nach Spanien zurückgerufen; und damit verliert sie auch ihre Vertraute und Freundin Maria Luisa (D. S.), die Frau des Vizekönigs. Nun endlich kann ihr Gegner, der konservative Erzbischof Seijas (L. M.), seine Vorstellungen realisieren. Stück um Stück verliert Schwester Juana ihren geistigen Lebensraum. Die Inquisition wird zur realen Bedrohung. Als auch ihr Beichtvater, dem sie jahrelang vertraut hat, nicht den Mut findet, sich zu ihr zu bekennen, resigniert Schwester Juana und unterwirft sich der kirchlichen Disziplin. Die begnadete Dichterin verbraucht ihre Lebenskraft als Krankenpflegerin und stirbt einsam im Alter von 44 Jahren.

Die Argentinierin Maria Luisa Bemberg, die fast 60 Jahre alt war, als sie ihren ersten Spielfilm inszenierte (*Señora de nadie* – Ich gehöre niemand, Argentinien 1982), hat die historische Frauengestalt sachlich und doch auch engagiert porträtiert. Sie betont besonders die Aspekte der Unterdrückung und Emanzipation der Frau; aber sie beschreibt gleichzeitig sehr exakt den historischen Raum, in dem diese Tragödie möglich und vielleicht gar unausweichlich war. Den Fortgang des Unheils zeigt der Film, indem er die spielerische Idylle des Anfangs immer mehr mit Türen und Gittern umstellt, indem er düstere Schatten das Licht verdrängen läßt, indem er Schwester Juana zunehmend von allem isoliert, was ihr einst teuer war. Der Zuschauer wird nicht mit pathetischen Ausbrüchen überfallen, sondern mit behutsamer Intensität in das Schicksal eines Menschen verstrickt.

Young Mr. Lincoln
Der junge Mr. Lincoln

USA 1939

R: John Ford; A: Lamar Trotti; K: Bert Glennon; D: Henry Fonda, Pauline Moore, Alice Brady, Richard Cromwell, Eddie Quillan, Ward Bond

Ein Abschnitt aus dem Leben des späteren US-Präsidenten Abraham Lincoln. Der Film beginnt mit einer Wahlversammlung, bei der der »junge Mr. Lincoln« (H. F.) spricht – einfach, redlich und mit den Händen in der Hosentasche. Lincoln möchte Jura studieren, und seine hübsche Braut Ann Rutledge (P. M.) bestärkt ihn in diesem Wunsch, obwohl er dazu die Stadt verlassen muß. Nach Anns frühem Tod läßt sich Lincoln als Anwalt in Springfield nieder. Hier geschieht am Abend des Unabhängigkeitstages ein Mord. John Palmer Cass (W. B.), ein Freund des Ermordeten und Augenzeuge des Verbrechens, bezichtigt die Brüder Matt (R. C.) und Adam Clay (E. Q.) der Tat. Die Brüder, Fremde in der Stadt, werden trotz aller Unschuldsbeteuerungen verhaftet. Als eine aufgehetzte Menge sie lynchen will, rettet Lincoln ihnen das Leben und übernimmt auch ihre Verteidigung. Im Gerichtssaal agiert er so linkisch, daß selbst der Richter ihm mitleidig empfiehlt, einen erfahreneren Kollegen zu Rate zu ziehen. Aber am Ende bewährt sich Lincolns Taktik, und er kann den Hauptbelastungszeugen als wirklichen Mörder entlarven. Am Schluß des Films sieht man Lincoln auf seinem legendären Maulesel über einen Hügel reiten.

Ein gänzlich unpathetisches und dabei eindrucksvolles Heldenlied. Ford zeichnet Lincoln als einen unscheinbaren, schüchternen und volksnahen Idealisten, der seine Ideale mit einer Mischung aus Naivität und Intelligenz verwirklicht. Wie diese Gestalt, so rührt auch die gradlinige Handlung des schlicht erzählten Films unmittelbar das Gemüt an. Eisenstein rühmte seine »Harmonie« und bekannte, er wäre gern der Autor dieses Films gewesen.

You only live once
Gehetzt / Du lebst nur einmal

USA 1936

R: Fritz Lang; A: Graham Baker und Gene Towne nach einer Idee von Gene Towne; K: Leon Shamroy; D: Henry Fonda, Sylvia Sidney, William Gargan

Der vorbestrafte Eddie Taylor (H. F.) will zusammen mit Joan (S. S.), der Frau, die er liebt, ein neues Leben beginnen. Aber an seiner Arbeitsstelle begegnet man ihm mit Mißtrauen; ein Diebstahl, der dort begangen wird, wird sofort ihm in die Schuhe geschoben. Wenig später gerät er gar in den Verdacht, mit seiner alten Bande einen Raubüberfall begangen zu haben, bei dem ein Mensch getötet worden ist. Eddie stellt sich, um seine Unschuld zu beweisen, wird aber auf Grund von Indizien zum Tode verurteilt. Mit einer eingeschmuggelten Pistole bahnt er sich einen Weg aus dem Gefängnis; als der Gefängnisgeistliche (W. G.) ihm wahrheitsgemäß sagt, daß er begnadigt worden sei, hält Eddie ihn für einen Lügner und schießt ihn nieder. Nach einer langen Flucht wird Eddie zusammen mit Joan kurz vor der Grenze erschossen; nur das Kind, das auf der Flucht zur Welt gekommen ist, überlebt.

Hatte Lang in seinem ersten US-Film (*Fury*) gezeigt, wie brave Bürger einen Unschuldigen lynchen wollen, so zeigt er hier, wie die Gesellschaft einem Gestrauchelten die Resozialisierung verwehrt. Und auch hier spielt er wieder mit der Fragwürdigkeit der Begriffe Schuld und Unschuld. Nach dem Prozeß sieht der Zuschauer eine Zeitungsseite mit der Schlagzeile »Taylor freigesprochen«; dann schwenkt die Kamera, und man sieht eine andere Seite mit der Überschrift »Taylor zum Tode verurteilt«. Ein cleverer Journalist hatte sich für beide Möglichkeiten vorbereitet. Der Film ist voll dramatischer Spannung; im zweiten Teil kommt auch noch Poesie ins Spiel. Die Fluchtszenen enthalten gleichzeitig »action« und eine zarte Liebesromanze, wobei der Schatten des Todes beiden Aspekten des Films gleichermaßen Atmosphäre gibt.

Z

Z
Z

Frankreich/Algerien 1968

R: Costa-Gavras; A: Jorge Semprun und Costa-Gavras nach dem gleichnamigen Roman von Vassili Vassilikos; K: Raoul Coutard; D: Yves Montand, Jean-Louis Trintignant, Irene Papas, François Périer, Jacques Perrin

Friedensfreunde bereiten eine Versammlung vor, bei der der »Doktor« (Y. M.) sprechen soll; aber die Organe des Staates behindern diese Versammlung oppositioneller Kräfte. Nach Schluß der Veranstaltung sieht die Polizei tatenlos zu, wie radikale Schläger die Versammlungsteilnehmer verprügeln; und kein Polizist greift ein, als der »Doktor« von einem Lieferwagen überfahren wird. Wenig später stirbt er an den Folgen des Unfalls. Die Polizei möchte diesen Zwischenfall vertuschen; aber angesichts der Erregung in der Öffentlichkeit sieht sich die Regierung genötigt, eine Untersuchung durchzuführen. Ein junger Untersuchungsrichter (J.-L. T.) wird mit dieser Aufgabe betraut; und zur peinlichen Überraschung seiner Auftraggeber nimmt er sie überaus ernst. Obwohl selbst eher konservativ, läßt er sich weder beirren noch einschüchtern. Er befragt Zeugen und benutzt Foto-Dokumente, die ihm ein Reporter (J. P.) übergeben hat. Schrittweise enthüllt er die Wahrheit: Der vermeintliche Unfall war ein Mord, der von hohen Politikern und Militärs in Auftrag gegeben worden ist. Die Täter werden verurteilt, und die Regierung tritt zurück. Doch der Richter hat nur einen kleinen Sieg errungen. Die neue Regierung läßt alle »verschwinden«, die an der Aufklärung des Falles beteiligt waren; und die eigentlichen Hintermänner des Mordanschlags schickt man ohne Anklage und Urteil in Pension. Die Diktatur wird noch härter. Sie verbietet die Meinungs- und Pressefreiheit, mißliebige Literatur – und den Gebrauch des altgriechischen Buchstabens »Z«, der soviel wie »Er lebt!« bedeutet ...

Weder der Staat, in dem die Handlung spielt, noch die Stadt werden genannt, dennoch ist die Zielrichtung ganz deutlich: Gemeint ist der Fall des griechischen Abgeordneten Lambrakis, der 1963 einem mysteriösen Verkehrsunfall zum Opfer fiel. Und im Vorspann heißt es auch: »Übereinstimmung mit Personen und wahren Ereignissen ist gewollt.« Die Anonymität der Filmhandlung jedoch hat den Vorteil, daß sich die Motive der Handlung leichter auf andere Diktaturen übertragen lassen.

Costa-Gavras hat seine Anklage gegen Terror und Unterdrückung effektvoll wie einen Krimi in Szene gesetzt. Er nutzt geschickt das Spannungsmoment der schrittweisen Aufklärung eines undurchsichtigen Komplotts, er stilisiert seinen Film zu einem nahezu sportlichen Wettkampf zwischen dem Untersuchungsrichter und der Allmacht des Staates und nimmt dabei auch eine starke Emotionalisierung des Zuschauers in Kauf. Das ist ihm vorgeworfen worden. Aber man kann auch darauf verweisen, daß er mit diesen Mitteln ein Massenpublikum für ein politisches Problem interessiert hat.

Z hat das Genre der sogenannten Polit-Thriller populär gemacht, Filme, die Zeitkritik mit den Mitteln des Kriminalfilms betreiben. Costa-Gavras selbst hat dieses Rezept später in Filmen wie *L'aveu* (Das Geständnis, Frankreich/Italien 1969), *Der unsichtbare Aufstand* (BRD/Frankreich/Italien 1972), *Section speciale* (Sonder-Tribunal, Frankreich/Italien/BRD 1975) und *Missing* (Vermißt, USA 1981) erneut angewandt.

Zabriskie Point
Zabriskie Point

USA 1969

R: Michelangelo Antonioni; A: Michelangelo Antonioni, Fred Gardner, Sam Shepard, Tonino Guerra, Clara Peploe; K: Alfio Contini, Earl McCoy (Spezialeffekte); D: Mark Frechette, Daria Halprin, Rod Taylor

Ohne eigentlich innerlich engagiert zu sein, nimmt Mark (M. F.) an einer Demonstration auf dem Universitätsgelände teil. Als die Polizei von der Schußwaffe Gebrauch macht, schießt er zurück und glaubt irrtümlich, einen Polizisten getötet zu haben. Er flieht, stiehlt von einem Privatflugplatz eine Sportmaschine und fliegt landeinwärts. Auf der Straße unter sich sieht er ein junges Mädchen im Auto. Durch ein paar Flugkunststücke erregt er ihre Aufmerksamkeit, landet und sitzt bald neben Daria (D. H.) im Wagen. Sie sprechen miteinander, lieben sich im Wüstensand des Death Valley, trennen sich wieder. Als Mark das gestohlene Flugzeug zurückbringen will, wird er von der Polizei erschossen. Daria hört die Nachricht im Radio. Sie träumt davon, den Luxus-Bungalow ihres Arbeitgebers in die Luft zu sprengen.

Antonioni will hier die Konsumwelt der USA mit den Vorstellungen der jungen Generation konfrontieren. Zwei »irreale« Szenen dürften da besondere Bedeutung haben. Als Mark und Daria sich im Sand lieben, fährt die Kamera zurück, und man sieht viele Dutzend nackte Paare sich umschlingen. Das triste Grau, das über dieser Szene liegt, scheint anzudeuten, daß die Liebe keine Lösung bieten kann. Eindeutiger ist der Schluß. In immer neuen Einstellungen sieht Daria in Zeitlupe den Bungalow explodieren; und der Zuschauer sieht immer wieder attraktiv fotografierte Konsumgegenstände durch die Luft fliegen. Ein Werbefilm für die Zerstörung. Aber man fragt sich bei aller Virtuosität der Regie, ob hier das Unbehagen einer Generation nicht mit zuviel Behagen abgehandelt worden ist.

Zazie dans le métro
Zazie

Frankreich 1960

R: Louis Malle; A: Louis Malle und Jean-Paul Rappeneau nach dem gleichnamigen Roman von Raymond Queneau; K: Henri Raichi; D: Cathérine Demongeot, Philippe Noiret

Zazie (C. D.), zwölfjährige Göre aus der Provinz, kommt für zwei Tage nach Paris. Ihre Mutter, die ein Rendezvous mit ihrem Liebhaber hat, liefert sie bei Onkel Gabriel (P. N.) ab, der seinen Lebensunterhalt als Damenimitator fristet. Zazies größter Wunsch ist es, einmal mit der Métro zu fahren. Aber nach zwei Tagen hat sie zwar eine Fülle skurriler Menschen kennengelernt und viele absurde Situationen überstanden, nur mit der Métro ist sie nicht gefahren, weil dort just gestreikt wurde. Zazies Kommentar: »Scheiße!« Daß sie zum Schluß mit ihrer Tante doch noch in der Métro fährt, merkt sie nicht, weil sie eingeschlafen ist.

Queneaus Roman, dessen Handlung kaum nachzuerzählen ist, lebt ganz aus der Sprache, aus dem kunstvollen Arrangement des Pariser Alltagsidioms, in dem auch die Orthographie genau kalkulierten Variationen unterworfen wird. Die Sprache ist gleichsam der »Inhalt« des Romans. Malle hat diese Sprache beibehalten und gleichzeitig versucht, Queneaus Mittel auf den filmischen Stil zu übertragen. Mit beträchtlichem Einfallsreichtum hat er sich dabei der Technik bedient, der Zeitraffung und -dehnung, verschiedenster Toneffekte, raffinierter Farbspiele. Er hat runde sechzig Jahre Filmgeschichte ausgeschöpft und zitiert; und er hat dabei mit den Bildern der Realität eine Welt geschaffen, die genauso irreal ist wie die Queneaus. An einigen Stellen hat Malle auf diese Unwirklichkeit ganz deutlich hingewiesen, wenn er etwa ein Gespräch Zazies mit ihrem Onkel so montiert, daß Zazie gleichzeitig links und rechts neben dem Onkel sitzt.

Zéro de conduite
Betragen ungenügend

Frankreich 1932

R: Jean Vigo; A: Jean Vigo; K: Boris Kaufman; D: Jean Dasté, Robert Le Flon, Delphin, Du Verron

In einem düsteren Internat leben die Schüler unter der argwöhnischen Aufsicht lächerlich aufgeputzter, reaktionärer Erzieher. Nur der junge Lehrer Huguet (J. D.) gewinnt ihr Vertrauen. Am Vorabend eines Schulfestes wird der Aufstand geprobt. Im Schlafraum entbrennt eine Kissenschlacht; der aufsichtführende Lehrer Pète-Sec wird an sein Bett gefesselt; die vier Anführer des Aufruhrs hissen auf dem Dach die Seeräuberflagge. Am nächsten Morgen hat sich auf dem Schulhof eine skurrile Festversammlung zusammengefunden, als plötzlich vom Dach Schulbücher und Schuhe herabprasseln. Die Obrigkeit muß den Rückzug antreten; die vier auf dem Dach stimmen den »Gesang der Freiheit« an.

Der Film spiegelt persönliche Erfahrungen Vigos: »Natürlich ersteht hier mit seinen dreißig Betten der Schlafsaal meiner acht Internatsjahre. Ich sehe Huguet, den wir so sehr liebten, und seinen Kollegen, den Aufseher Pète-Sec, und jenen stummen Oberaufseher mit den Gespenster-Kreppsohlen. – So werde ich noch einmal bei den Vorbereitungen des Komplotts auf dem Dachboden dabei sein, das zu einem Skandal führte und soviel Ungemach über uns brachte, bei der Kreuzigung Pète-Secs, die sich wirklich so zugetragen hat, bei dem von uns gestörten Fest der Schulräte.«

Aber Vigo hat nicht nur sentimental in Erinnerungen gekramt. Seine eigenen Erlebnisse sind Argumente für eine grimmige Attacke gegen ein überholtes Erziehungssystem, gegen falsche Autoritäten, deren Vertreter er bitter karikiert. Da entpuppt sich der Direktor (D.), der würdevoll hinter seinem Schreibtisch thront, als Liliputaner; die Ehrengäste des Festes werden wie Figuren in einer Schießbude aufgereiht. In jeder Einstellung spürt man den Geist einer ungestümen Rebellion.

Doch neben der bitteren Satire steht die poetische Vision. So verwandelt sich für zwei Jungen bei der Rückkehr aus den Ferien ein Eisenbahnabteil in einen magischen Raum. Und selten ist die Zeitlupe künstlerisch überzeugender genutzt worden als in der großen Schlafsaal-Szene, in der die Jungen zwischen schwebenden Bettfedern einen seltsam melancholischen Siegestanz aufführen, während dazu der Tonstreifen rückwärts abläuft. Hier mischt sich Melancholie in den Aufruf zur Revolte. Der Film wurde in Frankreich sofort nach seiner Uraufführung verboten und erst 1945 freigegeben.

Žert
Der Scherz

ČSSR 1968

R: Jaromil Jireš; A: Jaromil Jireš und Milan Kundera nach Motiven des gleichnamigen Romans von Milan Kundera; K: Jan Čuřík; D: Josef Somr, Jana Dítětová, Luděk Munzar, Evald Schorm, Jaroslava Obermaierová

Ludvik Jahn (J. S.), ein erfolgreicher Wissenschaftler, wird für den Rundfunk interviewt. In der Reporterin (J. D.) erkennt er die Frau seines früheren Freundes Pavel (L. M.). Er hat allen Grund, diesen Pavel zu hassen ... Als Student hatte Ludvik seiner damaligen Freundin Marketa (J. O.) ins Schulungslager eine Postkarte geschrieben, auf der er sich über den offiziell verordneten Optimismus lustig gemacht und die er mit den Worten »Es lebe Trotzki!« versehen hatte. Pavel hatte aus diesem Scherz eine Haupt- und Staatsaktion gemacht. Ludvik wurde von der Universität verwiesen, kam in eine militärische Strafabteilung, mußte jahrelang im Bergwerk arbeiten. Jetzt endlich will er sich rächen. In der Wohnung eines Freundes (E. S.) verführt er Pavels Frau. Aber zu spät erfährt er, daß Pavels Ehe längst gescheitert ist, daß die Rache den jovialen Opportunisten, der sich vom Stalinisten längst zum Liberalen gewandelt hat, überhaupt nicht trifft. Er läßt seine ohnmächtige Wut an einem Unbeteiligten aus.

Rückblenden zeigen erstaunlich offen Brutalität und Terror in den Straflagern der fünfziger Jahre. Aber diese Rückblenden sind so geschickt assoziativ in die Gegenwartshandlung eingestreut, daß sie unmittelbar deutlich machen: Die Vergangenheit ist noch nicht tot, man muß sich mit ihr wieder und wieder auseinandersetzen. Der Film zeichnet das Porträt eines Mannes, der trotz beruflicher Erfolge nach dem Erlebnis der Erniedrigung sein inneres Gleichgewicht noch nicht wiedergefunden hat. Aber er stilisiert ihn nicht zum Helden; er macht gleichzeitig deutlich, daß seine Art der Vergangenheitsbewältigung sinnlos ist.

Zezowate szczęście
Das schielende Glück

Polen 1959

R: Andrzej Munk; A: Jerzy Stefan Stawiński nach einer eigenen Erzählung; K: Jerzy Lipman, Krzysztof Winiewicz; D: Bogumił Kobiela, Maria Ciesielska, Barbara Kwiatkowska, Kazimierz Opalinski

Jan Piszczyk (B. K.) ist der geborene Pechvogel. Schon als Kind wird er dauernd gehänselt; als Student steckt er einmal als vermeintlicher Jude, dann als angeblicher Antisemit Prügel ein. Just als er sich in die polnische Wehrmacht flüchten will, bricht der Krieg aus. Der Zivilist Piszczyk wird gefangengenommen, als er in einer verlassenen Kaserne spielerisch eine Offiziers-Uniform anprobiert. Man steckt ihn in ein Offizierslager, wo die Kameraden bald durchschauen, daß er seine Uniform zu Unrecht trägt, und ihn für einen Nazi-Spitzel halten. Später reüssiert er auf dem schwarzen Markt, geht aber aus Liebe zu einem Mädchen unter die Widerstandskämpfer – und gerade dort trifft er einen aus dem Gefangenenlager wieder ... Nach dem Krieg gerät er in den Verdacht, ein ausländischer Agent zu sein. Schließlich landet er bei einer Behörde und macht eine erstaunliche Karriere. Doch auf ihrem Höhepunkt stellt ihm ein neidischer Kollege ein Bein. Er imitiert Piszczyks Handschrift und schreibt boshafte Bemerkungen unter das Bild eines Vorgesetzten. Piszczyk kommt ins Gefängnis. Und nun hat er die Nase voll. Hier will er bleiben, hier hat er Ruhe. Als er entlassen werden soll, erzählt er dem Gefängnisdirektor (K. O.) diese Lebensgeschichte in einer einzigen großen Rückblende, um damit sein Mitleid zu erregen. Aber es nützt nichts, man wirft ihn aus dem Gefängnis hinaus.

Munk meinte, dies sei »eine traurige Komödie oder eine heitere Tragödie – wie Sie wollen«. Was für den ausländischen Zuschauer die Tragikomödie eines Charakters ist, das hat in Polen zusätzliche Bedeutung. Alle Gags, alle Anspielungen beziehen sich exakt auf Fakten aus rund vier Jahrzehnten polnischer Geschichte; und dabei werden geheiligte nationale Überlieferungen von Munk spielerisch demontiert.

Formal ist diese Tragikomödie vom stets und ständig scheiternden Mitläufer, der die Zeichen der Zeit immer ein wenig zu spät erkennt, mit sehr viel Einfallsreichtum gestaltet. Munk drehte z. B. Piszczyks Jugend als Stummfilmgroteske; groteske Elemente bestimmen auch später den Stil der Inszenierung und das Spiel der Darsteller.

Ziemia obiecana
Das gelobte Land

Polen 1974

R: Andrzej Wajda; A: Andrzej Wajda nach dem gleichnamigen Roman von Władysław S. Reymont; K: Witold Sobociński, Edward Kłosiński, Wacław Dybowski; D: Daniel Olbrychski, Wojciech Pszoniak, Andrzej Seweryn, Anna Nehrebecka, Franciszek Pieczka, Bożena Dykiel, Kalina Jędrusik, Tadeusz Bialoszczyński, Jerzy Nowak

Lodz in den achtziger Jahren des 19. Jahrhunderts. Im Taumel der Industrialisierung beschließen drei Freunde, der Pole Karol Borowiecki (D. O.), der Jude Moritz Welt (W. P.) und der Deutsche Max Baum (A. S.), zusammen eine Fabrik zu gründen. Wie besessen scharren sie das notwendige Betriebskapital zusammen. Zu den eigenen Ersparnissen kommt der Gewinn aus undurchsichtigen Geschäften. Karol überredet seinen Vater (T. B.), sein Gut zu verkaufen und zu ihm in die Stadt zu ziehen. Und die letzte Lücke schließt der Erlös aus einer waghalsigen Baumwoll-Spekulation, die möglich wurde, weil Karol durch seine Affäre mit der lebenslustigen Frau Lucy (K. J.) des Fabrikanten Zucker (J. N.) vertrauliche Informationen erhalten hatte. Endlich steht die Fabrik. Die Liaison mit Lucy Zucker, die den Bau ermöglicht hatte, wird Karol jedoch zum Verhängnis. Zucker erfährt, daß jener seine schwangere Frau nach Berlin begleitet hat und argwöhnt wohl zu Recht, daß er auch der Vater des Kindes ist, auf das Zucker sich voller Stolz gefreut hatte. Er läßt in der neuen Fabrik Feuer legen. Die Freunde, die nicht versichert waren, scheinen ruiniert. Aber Karol gibt nicht auf. Er verläßt seine Kusine Anka (A. N.), mit der er so gut wie verlobt war, und heiratet Mada (B. D.), die reizlose Tochter des reichen Fabrikanten Müller (F. P.). In einem Epilog sieht man Karol Jahre später in einer vornehmen Gesellschaft, der auch seine ebenfalls arrivierten Freunde angehören. Mit starrem Gesicht gibt er den Befehl, auf streikende Arbeiter zu schießen.

Wajda hat in seinem überlangen, ausladenden Film ein monumentales und faszinierendes Gemälde aus der Zeit des Frühkapitalismus gezeichnet. Die oben skizzierte Handlung ist nur der rote Faden, der sich durch ein dichtes Geflecht von Nebenhandlungen, Anekdoten, Stimmungsbildern und Detailbeobachtungen zieht. Deutlich und fast sinnlich erfaßbar wird dabei der rauschhafte Überschwang einer Zeit, in der den Spekulanten nahezu alles »machbar« erschien, in der die Versuchung zur Spekulation größer war als je zuvor, in der ein Taumel die Menschen ergriff, der nur noch dem Goldfieber vergangener Zeiten in Amerika vergleichbar ist. Deutlich werden aber auch die Ausbeutung der Arbeiter durch die Spekulanten und der unerbittliche Konkurrenzkampf der Kapitalisten untereinander. Vor diesem Hintergrund erscheint in diesem Film legitimerweise alles gleichsam überlebensgroß: die Vergnügungssucht, die Verzweiflung, der Haß und der erbitterte Kampf um den Platz an der Sonne. Karol und seine Freunde sind wie von einem Virus infiziert, besessen nur noch von dem Gedanken an den Erfolg. Der Film macht diese Atmosphäre, dieses Milieu und diese Menschen völlig glaubwürdig. Dem Zuschauer leuchtet zum Schluß auch das bittere Fazit ein – daß nämlich ein Mann wie Karol das so mühsam Erreichte gegen jede Bedrohung notfalls auch durch Gewehre zu bewahren versuchen wird.

Zoku ningen no joken
Barfuß durch die Hölle, II. Teil: Die Straße zur Ewigkeit

Japan 1958/59

R: Masaki Kobayashi; A: Zenzo Matsuyama und Masaki Kobayashi nach Band 3 und 4 eines Romans von Jumpei Gomikawa; K: Yoshio Miyajima; D: Tatsuya Nakadai, Michiyo Aratama, Kunie Tanaka, Kei Sato

Zweiter Teil einer Trilogie, deren andere Teile unter den Titeln *Ningen no joken (I)* und *Ningen no joken (III)* erschienen.

Januar 1945. Ingenieur Kaji (T. N.) ist zum Militär eingezogen worden. Er erduldet entwürdigenden Drill, sinnlose Schleiferei, erlebt, wie der empfindsame Obara (K. T.) zum Selbstmord getrieben und sein Freund Shinjo (K. S.) wegen eines geringfügigen Vergehens in den Tod gehetzt wird. Die Front rückt näher, Panzer greifen an, die letzten versprengten Japaner stehen einem übermächtigen Feind gegenüber. Ein Soldat verliert die Nerven und schreit. Kaji will ihn zum Schweigen bringen, damit die eigenen Stellungen nicht verraten werden, und tötet ihn dabei. Halb wahnsinnig vor Entsetzen läuft Kaji aus dem Bild und schreit: »Antwortet mir. Lebt noch jemand?«

Zorba the Greek
Alexis Sorbas

Griechenland/USA 1964

R: Michael Cacoyannis; A: Michael Cacoyannis nach einem Roman von Nikos Kazantzakis; K: Walter Lassally; D: Anthony Quinn, Alan Bates, Irene Papas, Lila Kedrova, George Foundas

Als der englische Schriftsteller Basil (A. B.) im Piräus den Mazedonier Alexis Sorbas (A. Q.) kennenlernt, glaubt er, den richtigen Mann gefunden zu haben, mit dem er die ererbte Braunkohlenmine auf Kreta wieder in Betrieb nehmen kann. Sorbas teilt diese Meinung, und so reisen sie gemeinsam weiter – der junge Literat und der vitale Vagabund. Auf Kreta mieten sie sich im Gasthof der Madame Hortense (L. K.), einer gealterten Chansonette, ein. Sorbas wird bald rastlos tätig – allerdings nicht nur für die Mine. Basil baut derweil Luftschlösser und gewinnt die Gunst einer schönen Witwe (I. P.). Vor allem aber lauscht er den Erzählungen Sorbas' und seiner Musik; er beobachtet ihn beim Tanz und lernt durch ihn ein neues Lebensgefühl. Dann naht das Ende der Idylle: Die Witwe wird von den Dorfbewohnern gelyncht, weil sich ein junger Bursche ihretwegen umgebracht hat; und auch Madame Hortense stirbt – friedlich und in dem Glauben, Alexis Sorbas werde sie heiraten. Am nächsten Tag soll die von Sorbas konstruierte neue Förderbahn der Grube feierlich in Betrieb genommen werden. Doch sie bricht zusammen, und Basil ist pleite. Die Partner, die längst Freunde geworden sind, müssen Abschied voneinander nehmen.

Die Mine liefert diesem Film nur die dramaturgische Initialzündung, und das kretische Dorf ist – trotz der dramatischen Ereignisse um die Witwe – lediglich Staffage, die den beiden Fremden durchaus fremd bleibt. Denn nicht um Land und Leute geht es hier, sondern um das warmherzige Porträt des schlitzohrignaiven, lebensklugen und lebensfrohen Titelhelden, den Anthony Quinn mit praller Vitalität spielt. Dazu ist dies das Hohelied einer Freundschaft, die allerdings erst entstehen kann, als der vermeintlich überlegene »Intellektuelle« die weise Gelassenheit des anderen erkennt und anerkennt. Großen Anteil am internationalen Erfolg des Films hatte auch die Musik von Mikis Theodorakis.

Zur Sache, Schätzchen

BRD 1967

R: May Spils; A: May Spils, Werner Enke; K: Klaus König; D: Werner Enke, Henry van Lyck, Uschi Glas

Martin (W. E.) und Henry (H. v. L.) leben in Schwabing träge, aber vergnügt in den Tag hinein. Die Verwirrungen beginnen, als einerseits Martin das Mädchen Barbara (U. G.) kennenlernt und andererseits der alerte Henry seinen Freund bewegt, einen zuvor lustlos beobachteten Einbruch bei der Polizei zu melden. Martin zeigt sein Desinteresse an den Methoden und dem Erfolg der Polizei so deutlich, daß er selbst in Verdacht gerät. Zunächst entkommt er, weil Barbara die verdutzten Ordnungshüter auf dem Revier durch einen Striptease von ihren Pflichten ablenkt. Am Schluß wird er verhaftet. Und wieder benimmt er sich ungewöhnlich. Auf dem Bett sitzend hantiert er mit einer Pistole, beteuert fortwährend, daß

Zur Sache, Schätzchen (Werner Enke, Uschi Glas)

sie nicht geladen sei, und verunsichert den Polizisten, der ihn verhaften will, so gründlich, daß der schließlich zur Waffe greift und schießt. Es ist nur ein Streifschuß. »Da haben Sie aber Glück gehabt«, sagt Martin gönnerhaft zu dem Beamten.

Der eigentliche Reiz dieses Films liegt im Atmosphärischen, in der Milieuschilderung, in den Dialogen. Nicht nur der Titel des Films ist in die deutsche Umgangssprache eingegangen. Die Regisseurin hat es zudem verstanden, die skurrile Anomalität ihrer Protagonisten so stilsicher zum Prinzip zu machen, daß die scheinbar normale Welt seltsam verrückt erscheint. Sie hat einen Film über zwei melancholisch-heitere Außenseiter gemacht und entlarvt durch sie die Masse der biederen, braven Konformisten. Und manches Mal macht sie den Unsinn der platten Vernunft durchschaubar, indem sie sie mit dem Sinn des Unsinns konfrontiert.

Der 20. Juli

BRD 1955

R: Falk Harnack; A: Werner Jörg Lüddecke, Günther Weisenborn; K: Karl Löb; D: Wolfgang Preiss, Annemarie Düringer, Robert Freitag, Werner Hinz, Peter Esser, Wolfgang Büttner, Paul Bildt, Werner Peters

Vor einem Gedenkstein, den niemand sonst beachtet, erinnern sich im Jahr 1955 Hildegard Klee (A. D.), ehemals Sekretärin im OKW, und der frühere Hauptmann Lindner (R. F.) an den Widerstand gegen Hitler und das Attentat vom 20. Juli 1944. Die Ereignisse rund um das Attentat werden effektvoll ins Bild gebracht, wobei die beteiligten Personen der Zeitgeschichte auftreten – Graf Stauffenberg (W. Pr.), Generaloberst Beck (W. H.), von Witzleben (P. E.), Olbricht (W. B.), Dr. Goerdeler (P. B.) usw. Aber der Film will mehr sein als die reine Reportage; er macht auch den Versuch, die Situation und die Motive der Attentäter zu erklären.

Zwar gelingt es auch diesem Film nicht, die Vielfalt der Probleme überzeugend zu ordnen. Aber anders als in dem von G. W. Pabst im gleichen Jahr gedrehten Film *Es geschah am 20. Juli / Drei Schritte zum Schicksal / Aufstand gegen Adolf Hitler – Was geschah wirklich am 20. Juli 1944?* zum gleichen Thema wird hier doch begriffen, daß man diesen einen Tag aus der deutschen Geschichte nicht isoliert sehen und schildern darf. Deshalb wird hier der Versuch gemacht, neben der Vorgeschichte auch die Reaktionen der Nachkriegszeit zu verzeichnen, das historische Ereignis in den Ablauf der Geschichte zu integrieren.

Literaturhinweise

Zusammengestellt von Josef Nagel

Allgemeine Literatur

Albersmeier, Franz-Josef (Hrsg.): Texte zur Theorie des Films. Stuttgart 1979. 5., durchges. und erw. Aufl. 2003.
Arnheim, Rudolf: Film als Kunst. Berlin 1932. – Neuaufl. München/Wien 1974. – Tb.-Ausg. Frankfurt a. M. 2002.
Balázs, Béla: Der Film. Wien 1949. ⁶1980.
– Der Geist des Films. Halle 1930. – Neuaufl. Frankfurt a. M. 1972. – Tb.-Ausg. Ebd. 2001.
Bazin, André: Was ist Kino? Bausteine zur Theorie des Films. Köln 1975. – Vollst. und neu übers. Fass. hrsg. von Robert Fischer. Berlin 2001.
Benjamin, Walter: Das Kunstwerk im Zeitalter seiner technischen Reproduzierbarkeit. Frankfurt a. M. 1963. ²1968.
Clair, René: Réflexion faite. Paris 1951. – Dt.: Vom Stummfilm zum Tonfilm. München 1952. – Neuaufl. Zürich 1995.
Gregor, Ulrich (Hrsg.): Wie sie filmen. Gütersloh 1966.
Hagemann, Walter: Der Film. Heidelberg 1952.
Iros, Ernst: Wesen und Dramaturgie des Films. Zürich ³1962.
Kaes, Anton (Hrsg.): Kino-Debatte. Texte zum Verhältnis von Literatur und Film 1909 bis 1929. München/Tübingen 1978.
Kracauer, Siegfried: Theorie des Films. Die Errettung der äußeren Wirklichkeit. Frankfurt a. M. 1960. – Neuaufl. 1999.
Monaco, James: Film verstehen. Kunst, Technik, Sprache, Geschichte und Theorie des Films. Überarb. und erw. Neuausg. Reinbek bei Hamburg 1995. [Orig.: London / New York 1977.] – Tb.-Ausg. Reinbek bei Hamburg 2002.
Tudor, Andrew: Filmtheorien. Frankfurt a. M. 1977. [Orig.: London 1974.]
Witte, Karsten (Hrsg.): Theorie des Kinos. Frankfurt a. M. 1972. ²1973.

Filmgeschichte

Bordwell, David: Visual Style in Cinema. Vier Kapitel Filmgeschichte. Frankfurt a. M. 2001. – Tb.-Ausg. Ebd. 2006.
Brownlow, Kevin: The Parade's Gone By … New York 1968. – Dt.: Pioniere des Films. Vom Stummfilm bis Hollywood. Basel / Frankfurt a. M. 1997. ²1999.
Burch, Noel: To the Distant Observer. London 1979. – Tb.-Ausg. Ebd. 1992.
Ceram, C. W.: Eine Archäologie des Kinos. Reinbek bei Hamburg 1965.
Cook, David A.: A History of Narrative Film. New York 1981. ³1996.
Courtade, Francis / Cadars, Pierre: Geschichte des Films im Dritten Reich. München/Wien 1975. [Orig.: Paris 1972.] – Tb.-Ausg. Ebd. 1977. – Neuaufl. 1982.
Eisner, Lotte H.: Die dämonische Leinwand. Frankfurt a. M. 1975. – Überarb. Tb.-Ausg. Ebd. 1990. – Neuaufl. 2007.
Faulstich, Werner / Korte, Helmut (Hrsg.): Fischer Filmgeschichte. 5 Bde. Frankfurt a. M. 1990–95.
Faulstich, Werner: Filmgeschichte. Paderborn 2005.
Gregor, Ulrich / Patalas, Enno: Geschichte des Films. Gütersloh 1960. – Neuaufl. München/ Gütersloh/Wien 1973. – Tb.-Ausg. Ebd. 1976. 1986.
Gregor, Ulrich: Geschichte des Films ab 1960. München 1978. – Tb.-Ausg. Reinbek bei Hamburg 1982.
Kracauer, Siegfried: Von Caligari zu Hitler. Frankfurt a. M. 1979. [Orig.: New York 1947.] – Tb.-Ausg. Ebd. 1984.
Kreimeier, Klaus: Die Ufa-Story. Geschichte eines Filmkonzerns. München 1992. – Tb.-Ausg. München 1995. – Tb.-Ausg. Frankfurt a. M. 2002.
Mast, Gerald: A Short History of the Cinema. Chicago ³1981.
Nowell-Smith, Geoffrey (Hrsg.): Geschichte

des internationalen Films. Stuttgart/Weimar 1998. [Orig.: Oxford 1996.] – Sonderausg. 2006.
Riess, Curt: Das gibt's nur einmal. Hamburg 1958.
Rotha, Paul / Griffith, Richard: The Film Till Now. London [6]1967.
Sadoul, Georges: Histoire de l'art du cinéma des origines à nos jours. Paris [4]1955. – Dt.: Geschichte der Filmkunst. Wien 1957 [erw. Ausg.]. – Neuaufl. Frankfurt a. M. 1982.
Schlüpmann, Heide: Unheimlichkeit des Blicks. Das Drama des frühen deutschen Kinos. Basel/Frankfurt a. M. 1990.
Sidler, Victor: Filmgeschichte. Ästhetisch – ökonomisch – soziologisch. Von den Anfängen des Films bis zum Tonfilm. Zürich 1982.
Thompson, Kristin / Bordwell, David: Film History. An Introduction. New York 1994.
Toeplitz, Jerzy: Geschichte des Films. 5 Bde. [1895–1953.] Berlin 1972–91.
Wulf, Joseph: Theater und Film im Dritten Reich. Eine Dokumentation. Gütersloh 1964. – Tb.-Ausg. Frankfurt a. M. / Berlin / Wien 1983.
Zglinicki, Friedrich von: Der Weg des Films. Berlin 1956. – Neuaufl. Hildesheim / New York 1979.

Lexika und Nachschlagewerke

Bauer, Alfred: Deutscher Spielfilm Almanach 1929–50. Berlin 1950. – Erw. Ausg. München 1976.
– Deutscher Spielfilm Almanach. Bd. 2: 1946 bis 1955. München 1981.
Bawden, Liz-Anne / Tichy, Wolfram: Buchers Enzyklopädie des Films. Luzern / Frankfurt a. M. 1977. [2]1983.
Bock, Hans-Michael (Hrsg.): CineGraph. Lexikon zum deutschsprachigen Film. München 1984 ff.
– (Hrsg.): CineGraph kompakt. Kompaktlexikon zum deutschsprachigen Film. München 2004.
– / Hanisch, Michael: Lexikon Filmschauspieler international. Berlin 1995. – Aktual. Tb.-Ausg. Reinbek bei Hamburg 1997.
Brüne, Klaus (Red.): Lexikon des Internationalen Films. Reinbek bei Hamburg 1987. – Erw. Neuausg. 1995.
Cowie, Peter (Hrsg.): International Film Guide. London 1964 ff.
Giammatteo, Fernaldo di (Red.): Filmlexicon degli autori e delle opere. 7 Bde. und Erg.-Bd. Rom 1958–74.
Glenzdorf, Johann: Internationales Film-Lexikon. 3 Bde. Bad Münder 1960.
Goble, Alan (Hrsg.): The International Film Index 1895–1990. München 1992.
Halliwell, Leslie: The Filmgoer's Companion. London 1965 ff. [12]1997. – Ab 1997: Halliwell's Film, Video and DVD-Guide.
Just, Lothar R. (Hrsg.): Das Filmjahr. 1979 bis 1985. München 1980–85.
– (Hrsg.): Film-Jahrbuch. München 1987 ff.
Katz, Ephraim: The International Film Encyclopedia. London/Basingstoke 1980. – 4., aktual. Aufl. New York 2001.
Koebner, Thomas (Hrsg.): Filmklassiker. Beschreibungen und Kommentare. 4 Bde. Stuttgart 1995. – 5., durchges. und erw. Aufl. 2006.
– Filmregisseure. Biographien, Werkbeschreibungen, Filmographien. Stuttgart 1999. – 2., durchges. und erw. Aufl. 2008.
– Reclams Sachlexikon des Films. Stuttgart 2002. – 2., aktual. und erw. Aufl. 2007.
Koll, Horst Peter / Lux, Stefan / Messias, Hans: Lexikon des Internationalen Films. Kino, Fernsehen, Video, DVD. 4 Bde. Marburg 2002 ff.
Kramer, Thomas (Hrsg.): Reclams Lexikon des deutschen Films. Stuttgart 1995.
Kurowski, Ulrich: Lexikon Film. München 1972. – Tb.-Ausg. Ebd. 1985.
– (Hrsg.): Lexikon des internationalen Films. München 1975. – Tb.-Ausg. Ebd. 1985.
Lamprecht, Gerhard: Deutsche Stummfilme. 1903–1931. 10 Bde. Berlin 1967–70.
Maltin, Leonard: TV Movies and Video Guide. New York 1969 ff. [38]2007.
Martin, Mick / Porter, Marsha: Video Movie Guide. New York 1988 ff. [14]2002.
– / – / Bang, Derrick (Hrsg.): Video & DVD Guide 2007. New York 2006.
Nash, Jay Robert / Ross, Stanley Ralph: The Motion Picture Guide. 1927–1983. Chicago 1985–87.
– The Motion Picture Guide. Annual. [1986 bis 1991.] Chicago 1987–92.
The New York Times Film Reviews 1913–94. New York 1970 ff.

Pallot, James (Hrsg.): The Motion Picture Guide 1992–99. Chicago 1992–99.
Pflaum, Hans Günther / Prinzler, Hans Helmut: Film in der Bundesrepublik Deutschland. Überarb. Neuaufl. München/Wien 1992.
Reichow, Joachim / Hanisch, Michael: Filmschauspieler A–Z. Berlin 1971. – 7., erw. Aufl. 1989.
Schäfer, Horst / Schobert, Walter (Hrsg.): Fischer Film Almanach. Frankfurt a. M. 1981–1999.
Scheuer, Steven H.: Movies on TV. Toronto / New York / London / Sydney 1982 ff.
Thomas, Nicholas [u. a.] (Hrsg.): International Dictionary of Films and Filmmakers. 5 Bde. Chicago/London ²1990–94. – 3. Aufl. 4 Bde. Detroit 1997.
Töteberg, Michael (Hrsg.): Metzler Film-Lexikon. Stuttgart/Weimar 1995. – 2., aktual. und erw. Aufl. 2005.

Monographien zu einzelnen Regisseuren

Allen Allen, Woody: Pure Anarchie. Zürich 2007. – Björkman, Stig (Hrsg.): Woody über Allen. Köln 1995. – Gerhold, Hans: Woodys Welten. Die Filme von Woody Allen. Frankfurt a. M. 1991. – Jansen, Peter W. / Schütte, Wolfram (Hrsg.): Woody Allen / Mel Brooks. München/Wien 1980. – Rauh, Reinhold: Woody Allen. Seine Filme – sein Leben. München 1991. – Reimertz, Stephan: Woody Allen. Eine Biographie. Reinbek bei Hamburg 2000.
Almodóvar Acevedo-Muñoz, Ernesto R.: Pedro Almodóvar. London 2007. – Almodóvar, Pedro: Filmen am Rande des Nervenzusammenbruchs. Frankfurt a. M. 1998. – Haas, Christoph: Almodóvar. Kino der Leidenschaften. München [u. a.] 2001. – Holugín, Antonio: Pedro Almodóvar. Madrid 1994. – Vidal, Nuria: El cine de Pedro Almodóvar. Madrid 1998.
Altman Bourget, Jean-Loup: Robert Altman. Paris 1994. – Jansen, Peter W. / Schütte, Wolfram (Hrsg.): Robert Altman. München/ Wien 1981. – Klein, Thomas / Koebner, Thomas (Hrsg.): Robert Altman. Abschied vom Mythos Amerika. Mainz 2006. – O'Brien, Daniel: Robert Altman. London 1995.
Angelopoulos Horton, Andrew: The Films of Theo Angelopoulos. A Cinema of Contemplation. Princeton 1997. – Horton, Andrew (Hrsg.): The Last Modernist. The Films of Theo Angelopoulos. Wiltshire 1997. ²1999. – Jansen, Peter W. / Schütte, Wolfram (Hrsg.): Theo Angelopoulos. München/Wien 1992. – Larcher, Gerhard / Wessely, Christian / Grabner, Franz (Hrsg.): Zeit. Geschichte und Gedächtnis. Theo Angelopoulos im Gespräch mit der Theologie. Marburg 2003. – Ruggle, Walter: Theo Angelopoulos – Filmische Landschaft. Baden 1990.
Antonioni Brunette, Peter: The Films of Michelangelo Antonioni. Cambridge 1999. – Chatman, Seymour / Duncan, Paul (Hrsg.): Michelangelo Antonioni. Sämtliche Filme. Köln 2004. – Jansen, Peter W. / Schütte, Wolfram (Hrsg.): Michelangelo Antonioni. München/Wien 1984. – Leprohon, Pierre (Hrsg.): Michelangelo Antonioni. Hamburg 1964. – Rohdie, Sam: Antonioni. London 1990.
Bergman Bergman, Ingmar: Mein Leben. Reinbek bei Hamburg 1992. – Bleibtreu, Renate (Hrsg.): Ingmar Bergman. Im Bleistift-Ton. Ein Werk-Porträt. Hamburg 2002. – Cowie, Peter: Ingmar Bergman. A Critical Biography. New York ²1992. – Hubner, Laura: The Films of Ingmar Bergman. Illusions of Light and Darkness. New York 2007. – Kalin, Jesse: The Films of Ingmar Bergman. Cambridge 2003. – Lange-Fuchs, Hauke: Ingmar Bergman. Seine Filme – Sein Leben. München 1988.
Bertolucci Jansen, Peter W. / Schütte, Wolfram (Hrsg.): Bernardo Bertolucci. München/ Wien 1982. – Kolker, Robert Phillip: Bernardo Bertolucci. London 1985.
Besson Hayward, Susan: Luc Besson. Manchester / New York 1998.
Bresson Arnaud, Philippe: Robert Bresson. Paris 1986. – Dahan, Danielle: Robert Bresson. Une téléologie du silence. Heidelberg 2004. – Jansen, Peter W. / Schütte, Wolfram (Hrsg.): Robert Bresson. München/Wien 1978. – Reader, Keith: Robert Bresson. Manchester 2000. – Sloan, Jane: Robert Bresson – A Guide to References and Resources. Boston 1983.
Buñuel Buñuel, Luis: Mein letzter Seufzer. Erinnerungen. Autobiographie. Königstein

1983. Neuausg. Berlin 2004. – David, Yasha / Kullenkampff, Annette (Red.): Buñuel! Auge des Jahrhunderts. Hrsg. von der Kunst- und Ausstellungshalle Bonn. Bonn 1994. – Jansen, Peter W. / Schütte, Wolfram (Hrsg.): Luis Buñuel. München/Wien 1975. 2., erg. Aufl. 1980. – Krohn, Bill / Duncan, Paul (Hrsg.): Luis Buñuel. The Complete Films. Köln 2005. – Schwarze, Michael: Luis Buñuel. Hamburg 1981.

Campion   Polan, Dana: Jane Campion. London 2002. – Verhoeven, Deb: Jane Campion. London 2006.

Capra   Capra, Frank: The Name Above the Title. New York 1971. Dt.: Autobiographie. Zürich 1992. – Carney, Raymond: American Vision – The Films of Frank Capra. Cambridge 1986. – Scherle, Victor / Levy, Turner William: The Complete Films of Frank Capra. New York 1992.

Carné   Carné, Marcel: La vie à belles dents. Souvenirs. Paris 1975. – Perez, Michel: Les films de Carné. Paris 1986. – Turk, Edward Baron: Child of Paradise – Marcel Carné and the Golden Age of Cinema. Cambridge, Mass. 1989.

Cassavetes   Carney, Ray: The Films of John Cassavetes. Pragmatism, Modernism and the Movies. Cambridge 1994. – Fine, Marshall: Accidental Genius. How John Cassavetes Invented the American Independent Film. New York 2006. – Gavron, Laurence / Lenoir, Denis: John Cassavetes. Paris 1986. – Jansen, Peter W. / Schütte, Wolfram (Hrsg.): John Cassavetes. München/Wien 1983.

Chabrol   Austin, Guy: Claude Chabrol. Manchester 1999. – Jansen, Peter W. / Schütte, Wolfram (Hrsg.): Claude Chabrol. München/Wien 1975. 2., erg. Aufl. 1986. – Magny, Joël: Claude Chabrol. Paris 1987.

Chaplin   Chaplin, Charles: Die Geschichte meines Lebens. Frankfurt a. M. 1964. – Kimmich, Dorothee (Hrsg.): Charlie Chaplin. Eine Ikone der Moderne. Frankfurt a. M. 2003. – McCabe, John: Charlie Chaplin. London 1992. – Quigly, Isabel: Charlie Chaplin – Early Comedies. London 1968. – Robinson, David: Chaplin – His Life and Art. London 1985. Dt.: Chaplin. Sein Leben, seine Kunst. Zürich 1989. Tb.-Ausg. Ebd. 1993. – Saint-Martin, Catherine: Charlot/Chaplin – ou La conscience du mythe. Paris 1987. – Smith, Julian: Chaplin. Boston 1984.

Clair   Billard, Pierre: Le mystère René Clair. Paris 1998. – Cossart, Axel von: René Clair. Regisseur und Schriftsteller. Köln 1985. – Dale, R. C.: The Films of René Clair. 2 Bde. Metuchen, N. J. 1986. – Greene, Naomi: René Clair. A Guide to References and Resources. Boston 1985.

Clouzot   Lloyd, Christopher: Henri-Georges Clouzot. Manchester 2007. – Pilard, Philippe: H.-G. Clouzot. Paris 1969.

Cocteau   Amberg, George: The Films of Jean Cocteau. New York 1971. – Brown, Frederick: Jean Cocteau. Eine Biographie. Frankfurt a. M. 1985. – Peters, Arthur King: Jean Cocteau and His World. An Illustrated Biography. London 1987. – Poetter, Jochen (Hrsg.): Jean Cocteau. Köln 1989. – Williams, James S.: Jean Cocteau. Manchester 2006.

Coen   Kilzer, Annette / Rogall, Stefan: Das filmische Universum von Joel und Ethan Coen. Marburg 1998. – Körte, Peter / Seeßlen, Georg (Hrsg.): Joel & Ethan Coen. Berlin ²2000. – Rowell, Erica: The Brothers Grim. The Films of Ethan and Joel Coen. Lanham 2007.

Coppola   Bergan, Ronald: Nahaufnahme: Francis Ford Coppola. Reinbek bei Hamburg 1998. [Orig.: London 1998.] – Cowie, Peter: Coppola. London 1989. – Goodwin, Michael / Wise, Naomi: On the Edge – The Life and Times of Francis Coppola. New York 1989. – Jansen, Peter W. / Schütte, Wolfram (Hrsg.): Francis Ford Coppola. München/Wien 1985. – Weyand, Gabriele: Der Visionär. Francis Ford Coppola und seine Filme. St. Augustin 2000.

Corman   Corman, Roger: How I Made a Hundred Movies in Hollywood and Never Lost a Dime. New York 1990. Tb.-Ausg. Ebd. 1998. – Naha, Ed: The Films of Roger Corman. New York 1982. – Willemen, Paul / Pirie, David / Will, David / Myles, Lynda: Roger Corman. Edinburgh 1970.

DeMille   Birchard, Robert S.: Cecil B. DeMille's Hollywood. Lexington 2004. – DeMille, Cecil B.: The Autobiography of Cecil B. DeMille. London 1960. – Ringgold, Gene / Bodeen, DeWitt: The Films of Cecil B. DeMille. New York 1969.

Disney   Barrier, Michael: The Animated Man. A Life of Walt Disney. Berkeley 2007. – Platthaus, Andreas: Von Mann & Maus. Die Welt des Walt Disney. Berlin 2001.

Dowschenko Carynnyk, Marco (Hrsg.): Alexander Dovzhenko – Poet and Filmmaker. Cambridge, Mass. / London 1974. – Jurenew, Rostislaw: Alexander Dowshenko. Berlin 1964.

Dreyer Bordwell, David: The Films of Carl-Theodor Dreyer. Berkeley / Los Angeles / London 1981. – Drum, Jean / Drum, Dale D.: My Only Great Passion. The Life and Films of Carl Th. Dreyer. Lanham 2000. – Milne, Tom: The Cinema of Theodor Dreyer. London 1971. – Sémolué, Jean: Carl Th. Dreyer. Le mystère du vrai. Paris 2005.

Eastwood Koebner, Thomas / Liptay, Fabienne (Hrsg.): Clint Eastwood. München 2007. – Midding, Gerhard / Schnelle, Frank (Hrsg.): Clint Eastwood. Der konservative Rebell. Stuttgart 1996.

Eisenstein Bordwell, David: The Cinema of Eisenstein. London 1993. – Bulgakowa, Oksana: Eisenstein: Eine Biographie. Berlin 1998. – Bulgakowa, Oksana (Hrsg.): Eisenstein und Deutschland. Texte, Dokumente, Briefe. Berlin 1998. – Eisenstein, Sergej: Erinnerungen. Zürich 1963. – Eisenstein, Sergej: Schriften. Hrsg. von Hans-Joachim Schlegel. 4 Bde. München 1973–84. – Eisenstein, Sergej M.: Yo – Ich selbst. Memoiren. Hrsg. von Naum Klejman und Walentina Korschunowa. 2 Bde. Frankfurt a. M. 1988. – Kaufmann, Lilli (Hrsg.): Sergej Eisenstein – Über mich und meine Filme. Berlin 1975.

Fassbinder Elsaesser, Thomas: Rainer Werner Fassbinder. Berlin 2001. – Jansen, Peter W. / Schütte, Wolfram (Hrsg.): Rainer Werner Fassbinder. München/Wien [5]1985. Aktual. Tb.-Ausgabe: Frankfurt a. M. 1992. – Pflaum, Hans Günther / Fassbinder, Rainer Werner: Das bißchen Realität, das ich brauche. München/Wien 1976. – Pflaum, Hans Günther: Rainer Werner Fassbinder. Bilder und Dokumente. München 1992. – Spaich, Herbert: Rainer Werner Fassbinder – Leben und Werk. Weinheim 1992. – Töteberg, Michael: Rainer Werner Fassbinder. Reinbek bei Hamburg 2002.

Fellini Baxter, John: Fellini. London 1994. – Fava, Claudio G. / Viganò Aldo: Federico Fellini. Seine Filme – sein Leben. München 1989. – Fellini, Federico: Aufsätze und Notizen. Zürich 1980. – Kezich, Tullio: Fellini. Eine Biographie. Zürich 1989. Aktual. Neuausg. 2005. – Töteberg, Michael: Fellini. Reinbek bei Hamburg 1989. – Tornabuoni, Lietta (Hrsg.): Federico Fellini. Zürich 1995. – Wiegand, Chris / Duncan, Paul (Hrsg.): Federico Fellini. Herr der Träume 1920–1993. Köln 2003.

Feuillade Filminstitut der Landeshauptstadt Düsseldorf (Hrsg.): Louis Feuillade – Der phantastische Realismus. Düsseldorf 1980. – Gauthier, Patrice / Lacassin, Francis: Louis Feuillade. Maître du cinéma populaire. Paris 2006.

Flaherty Christopher, Robert J.: Robert and Frances Flaherty. A Documentary Life. 1883–1922. Montreal 2005. – Klaue, Wolfgang / Leyda, Jay: Robert Flaherty. Berlin 1964. – Rotha, Paul: Robert Flaherty. A Biography. Philadelphia 1983.

Ford Baxter, John: John Ford. München 1980. – Bogdanovich, Peter: John Ford. London 1967. Neuaufl. Berkeley 1979. – Eyman, Scott / Duncan, Paul (Hrsg.): John Ford. Sämtliche Filme. Köln 2004. – Gallagher, Tag: John Ford. The Man and His Films. Berkeley / Los Angeles 1986. – Loew, Dirk C: Versuch über John Ford. Die Westernfilme 1939–1964. Norderstedt 2005. – Place, J. A.: Die Western von John Ford. München 1984.

Fuller Berg, Ulrich von / Grob, Norbert: Fuller. Berlin 1984. – Server, Lee: Sam Fuller – Film is a Battleground. Jefferson 1994. – Aktual. Tb.-Ausg. Ebd. 2003.

Gance Icart, Roger: Abel Gance ou Le Prométhée foudroyé. Lausanne 1983. – King, Norman: Abel Gance. London 1984.

Godard Dixon, Wheeler Winston: The Films of Jean-Luc Godard. New York 1997. – Godard, Jean-Luc: Godard/Kritiker. Ausgewählte Kritiken und Aufsätze über Film (1950–70). München 1971. – Godard, Jean-Luc: Einführung in eine wahre Geschichte des Kinos. Frankfurt a. M. 1984. – Godard, Jean-Luc / Ishaghpour, Youssef: Archäologie des Kinos, Gedächtnis des Jahrhunderts. Zürich 2007. – Jansen, Peter W. / Schütte, Wolfram (Hrsg.): Jean-Luc Godard. München/Wien 1979. – Morrey, Douglas: Jean-Luc Godard. Manchester 2005.

Greenaway Caux, Daniele / Field, Michel / Meredieu, Florence de: Peter Greenaway. Paris 1987. – Keesey, Douglas: The Films of Peter Greeenaway. Sex, Death and Provoca-

tion. Jefferson 2006. – Kremer, Detlef: Peter Greenaways Filme. Vom Überleben der Bilder und Bücher. Stuttgart 1995. – Lawrence, Amy: The Films of Peter Greenaway. Cambridge 1997. – Petersen, Christer: Jenseits der Ordnung. Das Spielfilmwerk Peter Greenaways. Strukturen und Kontexte. Kiel 2001.
Griffith Grion, Patrick (Red.): David Wark Griffith. Paris 1982. – Henderson, Robert M.: David Wark Griffith. His Life and Work. New York 1972. – Simmon, Scott: The Films of D. W. Griffith. Cambridge 1993. – Wagenknecht, Edward / Slide, Anthony: The Films of D. W. Griffith. New York 1976.
Hawks Blumenberg, Hans Ch.: Die Kamera in Augenhöhe. Köln 1979. – Bogdanovich, Peter: The Cinema of Howard Hawks. New York 1962. – Hillier, Jim / Wollen, Peter (Hrsg.): Howard Hawks. American Artist. London 1997. – McBride, Joseph: Hawks on Hawks. Berkeley / Los Angeles / London 1982. – Thissen, Rolf: Howard Hawks. Seine Filme – sein Leben. München 1987.
Herzog Corrigan, Timothy (Hrsg.): The Films of Werner Herzog. New York / London 1986. – Herzog, Werner: Eroberung des Nutzlosen. Münster 2004. – Jansen, Peter W. / Schütte, Wolfram (Hrsg.): Werner Herzog. München/ Wien 1979.
Hitchcock Beier, Lars-Olav / Seeßlen, Georg (Hrsg.): Alfred Hitchcock. Berlin 1998. – Fründt, Bodo: Alfred Hitchcock und seine Filme. München 1986. – Jendricke, Bernhard: Alfred Hitchcock. Reinbek bei Hamburg 1993. – Patalas, Enno: Alfred Hitchcock. München 1999. – Spoto, Donald: Alfred Hitchcock. Die dunkle Seite des Genies. Hamburg 1981. – Spoto, Donald: Alfred Hitchcock und seine Filme. München 1999. – Taylor, John Russell: Die Hitchcock-Biographie. Alfred Hitchcocks Leben und Werk. München/Wien 1980. Frankfurt a. M. 1982. – Truffaut, François / Scott, Helen: Mr. Hitchcock, wie haben Sie das gemacht? München 1979. Tb.-Ausg. Ebd. 2003.
Huston Huston, John: An Open Book. Autobiography. New York / London 1981. Dt.: ... mehr als nur ein Leben. Die Autobiographie. Marburg 2007. – Kaminsky, Stuart M.: John Huston. Sein Leben, seine Filme. München 1981. – McCarthy, John: The Films of John Huston. Secaucus 1987.

Ivory Long, Robert Emmet: The Films of Merchant Ivory. New York 1991.
Jarmusch Mauer, Roman: Jim Jarmusch – Filme zum anderen Amerika. Mainz 2006.
Käutner Jacobsen, Wolfgang / Prinzler, Hans Helmut (Hrsg.): Käutner. Berlin 1992.
Kazan Belach, Helga / Jacobsen, Wolfgang (Hrsg.): Kazan. Berlin 1996. – Schickel, Richard: Elia Kazan. A Biography. New York 2005.
Keaton Belach, Helga / Jacobsen, Wolfgang (Hrsg.): Buster Keaton. Berlin 1995. – Hotakainen, Kari: Buster Keaton. Leben und Werke. Frankfurt a. M. 2001. – Jansen, Peter W. / Schütte, Wolfram (Hrsg.): Buster Keaton. München/Wien 1975. ²1980.
Kieślowski Haltof, Marek: The Cinema of Krzysztof Kieślowski. Variations on Destiny and Chance. London 2004. – Wach, Margarete: Krzysztof Kieślowski. Kino der moralischen Unruhe. Köln 2002. – Žižek, Slavoj: Die Furcht vor echten Tränen: Krzysztof Kieslowski und die »Nahtstelle«. Berlin 2001.
Kluge Arnold, Heinz Ludwig (Hrsg.): Alexander Kluge. München 1985. – Kluge, Alexander: Geschichten vom Kino. Frankfurt am Main 2007. – Lewandowski, Rainer (Hrsg.): Die Filme von Alexander Kluge. Hildesheim 1980. – Stollmann, Rainer: Alexander Kluge zur Einführung. Hamburg 1998.
Kubrick Duncan, Paul: Stanley Kubrick. Visueller Poet 1928-1999. Köln 2003. – Eichhorn, Bernd [u. a.]: Stanley Kubrick. Ausstellungskatalog des Deutschen Filmmuseums. Frankfurt a. M. 2004. – Jansen, Peter W. / Schütte, Wolfram (Hrsg.): Stanley Kubrick. München/Wien 1984. – Kilb, Andreas / Rother, Rainer [u. a.]: Stanley Kubrick. Berlin 1999. – Kirchmann, Kay: Stanley Kubrick. Das Schweigen der Bilder. Bochum 2001. – Nelson, Thomas Allen: Stanley Kubrick. München 1984. – Seeßlen, Georg / Jung, Fernand: Stanley Kubrick und seine Filme. Marburg 1999. – Thissen, Rolf: Stanley Kubrick: Der Regisseur als Architekt. München 1999. – Walker, Alexander: Stanley Kubrick: Leben und Werk. Berlin 1999.
Kuleschow Albèra, François (Hrsg.): Kouléchov et les siens. Locarno 1990. – Hochschule für Film und Fernsehen der DDR (Hrsg.): Lew Kuleschow. Potsdam-Babelsberg 1977.

– Mückenberger, Christiane [u. a.] (Hrsg.): Lew Kuleschow. Berlin 1977.
Kurosawa Jansen, Peter W. / Schütte, Wolfram (Hrsg.): Akira Kurosawa. München/Wien 1988. – Kurosawa, Akira: So etwas wie eine Autobiographie. München 1987. [Orig. 1983.] – Richie, Donald: The Films of Akira Kurosawa. Berkeley / Los Angeles 1965. 3., erw. und aktual. Neuaufl. 1999. – Tassone, Aldo: Akira Kurosawa. Paris 1983.
Lang Aurich, Rolf / Jacobson, Wolfgang / Schnauber, Cornelius: Fritz Lang – Leben und Werk. Berlin 2001. – Bogdanovich, Peter: Fritz Lang in America. London 1967. – Eisner, Lotte H.: Fritz Lang. London 1976. Dt. München 2007. – Grafe, Frieda / Patalas, Enno / Prinzler, Hans Helmut / Syr, Peter: Fritz Lang. München 1976. ²1987. – Gunning, Tom: The Films of Fritz Lang. Allegories of Vision and Modernity. London 2000. – Jansen, Peter W. / Schütte, Wolfram (Hrsg.): Fritz Lang. München/Wien 1976. ²1987. – Maibohm, Ludwig: Fritz Lang. Seine Filme, sein Leben. München 1981. – Töteberg, Michael: Fritz Lang. Reinbek bei Hamburg 1985.
Laurel & Hardy Aping, Norbert: Das Dick und Doof Buch. Marburg ²2007. – Blees, Christian: Laurel und Hardy. Ihr Leben, ihre Filme. Berlin 1993. 4., erg. und aktual. Aufl. 2002. – Dick, Rainer: Laurel & Hardy. Die größten Komiker aller Zeiten. München 1995. – Everson, William K.: The Films of Laurel & Hardy. New York 1967. Dt.: Laurel und Hardy und ihre Filme. München 1980.
Lean Brownlow, Kevin: David Lean. A Biography. London / New York 1996. – Phillips, Gene D.: Beyond the Epic. The Life & Films of David Lean. Lexington 2006. – Pratley, Gerald: The Cinema of David Lean. London / New York 1974. – Silverman, Stephen M.: David Lean. London 1989.
Lee Dilley, Whitney Crothers: The Cinema of Ang Lee. The Other Side of the Screen. London 2007. – Koebner, Thomas / Liptay, Fabienne [u. a.] (Hrsg.): Ang Lee. München 2007.
Lloyd Lloyd, Annette M. D'Agostino: The Harold Lloyd Encyclopedia. Jefferson 2003. – Tichy, Wolfram: Harold Lloyd. Luzern / Frankfurt a. M. 1979. – Vance, Jeffrey / Lloyd, Suzanne: Harold Lloyd. Master Comedian. New York 2002.

Loach Leigh, Jacob: The Cinema of Ken Loach. Art in the Service of the People. London 2002.
Losey Caute, David: Joseph Losey. A Revenge on Life. London 1994. – Gardner, Colin: Joseph Losey. Manchester 2004. – Jansen, Peter W. / Schütte, Wolfram (Hrsg.): Joseph Losey. München/Wien 1977. – Palmer, James / Riley, Michael: The Films of Joseph Losey. Cambridge / New York 1993.
Lubitsch Hanisch, Michael: Ernst Lubitsch. Von der Berliner Schönhauser Allee nach Hollywood. Berlin 2003. – Prinzler, Hans Helmut / Patalas, Enno (Hrsg.): Lubitsch. München/Luzern 1984. ²1987. – Renk, Herta-Elisabeth: Ernst Lubitsch. Reinbek bei Hamburg 1992. – Spaich, Herbert: Ernst Lubitsch und seine Filme. München 1992. – Weinberg, Herman G.: The Lubitsch Touch. New York ³1977.
Lucas Hearn, Marcus: Das Kino des George Lucas. Berlin 2005. – Salewicz, Chris: George Lucas. Reinbek bei Hamburg 1998.
Lynch Fischer, Robert: David Lynch. Die dunkle Seite der Seele. München 1992. – Chion, Michel: David Lynch. London ²2006. – Pabst, Eckhard (Hrsg.): A Strange World. Das Universum des David Lynch. Kiel 1998. – Seeßlen, Georg: David Lynch und seine Filme. Marburg 1994. 6., erw. und überarb. Aufl. Ebd. 2007. – Sheen, Erica/Davison, Annette (Hrsg.): The Cinema of David Lynch. American Dreams, Nightmare Visions. London 2004.
Malle French, Philip (Hrsg.): Louis Malle über Louis Malle. Berlin 1998. [Orig.: London 1993.] – Jansen, Peter W. / Schütte, Wolfram (Hrsg.): Louis Malle. München/Wien 1985. – Southern, Nathan/Weissgerber, Jacques: The Films of Louis Malle. A Critical Analysis. Jefferson 2006.
Mamoulian Goldau, Antje / Prinzler, Hans Helmut (Hrsg.): Rouben Mamoulian. Berlin 1987. – Spergel, Mark J.: Reinventing Reality. The Art and Life of Rouben Mamoulian. Lanham 1993.
Méliès Ezra, Elizabeth: Georges Méliès: The Birth of the Auteur. Manchester 2000. – Frazer, John: Artificially Arranged Scenes. The Films of Georges Méliès. Boston/London 1979. – Malthête, Jacques: Méliès. Images et illusions. Paris 1996. – Robinson, David:

Georges Méliès: Father of Film Fantasy. London 1993. – Sadoul, Georges: Georges Méliès. Paris 1961. New York 1980.

Melville Jansen, Peter W. / Schütte, Wolfram (Hrsg.): Jean-Pierre Melville. München/Wien 1982. – Nogueira, Rui: Melville on Melville. London 1971. Dt.: Kino der Nacht. Gespräche mit Jean-Pierre Melville. Hrsg. von Robert Fischer. Berlin 2002. – Vincendeau, Ginette: Jean-Pierre Melville. An American in Paris. London 2003.

Mizoguchi Le Fanu, Mark: Mizoguchi and Japan. London 2005. – Rayns, Tony: Mizoguchi. London 1983.

Murnau Eisner, Lotte H.: Murnau. Frankfurt a. M. 1979. Neuaufl. München 2007. – Jansen, Peter W. / Schütte, Wolfram (Hrsg.): Friedrich Wilhelm Murnau. München/Wien 1990. – Kreimeier, Klaus (Red.): Friedrich Wilhelm Murnau. 1888–1988. Bielefeld 1988. – Prinzler, Hans H. (Hrsg.): Friedrich Wilhelm Murnau. Ein Melancholiker des Films. Berlin 2003.

Ophüls Asper, Helmut G.: Max Ophüls. Eine Biographie. Berlin 1998. – Jansen, Peter W. / Schütte, Wolfram (Hrsg.): Max Ophüls. München/Wien 1989. – Ophüls, Max: Spiel im Dasein. Stuttgart 1959. Erw. Neuausg. Dillingen 1980.

Oshima Danvers, Louis / Tatum, Charles jr.: Nagisha Oshima. Paris 1986. – Oshima, Nagisha: Die Ahnung der Freiheit. Schriften. Berlin 1982.

Ozu Bordwell, David: Ozu and the Poetics of Cinema. Princeton, N. J. 1988. – Braun, Stefan / Göttler, Fritz: Ozu Yasujiro. München 1981. – Richie, Donald: Ozu. Berkeley / Los Angeles / London 1974. ²1977. – Shiguehiko, Hasumi: Yasujirô Ozu. Paris 1998.

Pabst Jacobsen, Wolfgang (Hrsg.): Georg Wilhelm Pabst. Berlin 1998. – Kappelhoff, Hermann: Der möblierte Mensch. G. W. Pabst und die Utopie der Sachlichkeit. Ein poetologischer Versuch zum Weimarer Autorenkino. Berlin 1995. – Schlemmer, Gottfried [u. a.] (Hrsg.): G. W. Pabst. Münster 1990.

Pasolini Jansen, Peter W. / Schütte, Wolfram (Hrsg.): Pier Paolo Pasolini. München/Wien 1977. ²1983. – Pasolini, Pier Paolo: Empirismo eretico. Mailand 1972. Dt.: Ketzererfahrungen. Schriften zu Sprache, Literatur und Film. München/Wien 1979. – Schweitzer, Otto: Pier Paolo Pasolini. Reinbek bei Hamburg 1986. – Siciliano, Enzo: Pasolini. Leben und Werk. Weinheim/Basel 1980. ²1994. – Witte, Karsten: Die Körper des Ketzers. Pier Paolo Pasolini. Berlin 1998.

Peckinpah Arnold, Frank / Berg, Ulrich von: Sam Peckinpah. Ein Outlaw in Hollywood. Frankfurt a. M. / Berlin 1987. – Siegel, Mike: Passion & Poetry. Sam Peckinpah in Pictures. Berlin 2003. – Weddle, David: If They Move … Kill 'Em. The Life and Times of Sam Peckinpah. London 1996 / New York 2001.

Polanski Duncan, Paul / Feeney, F. X.: Roman Polanski. Alle Filme. Köln 2006. – Jansen, Peter W. / Schütte, Wolfram (Hrsg.): Roman Polanski. München/Wien 1986. – Mazierska, Ewa: Roman Polanski. The Cinema of a Cultural Traveller. London 2007. – Morrison, James: Roman Polanski. Urbana 2007. – Orr, John/Ostrowska, Elzbieta (Hrsg.): The Cinema of Roman Polanski. Dark Spaces of the World. London 2006. – Parker, John: Polanski. London 1994. – Polanski, Roman: Roman Polanski. Autobiographie. Bern/München/Wien 1984. – Werner, Paul: Roman Polanski. Frankfurt a. M. 1981.

Preminger Grob, Norbert / Aurich, Rolf / Jacobsen, Wolfgang (Hrsg.): Preminger. Berlin 1999.

Pudowkin Dart, Peter: Pudovkin's Films and Film Theory. New York 1974. – Pudowkin, Wsewolod: Die Zeit in Großaufnahme. Aufsätze, Erinnerungen, Werkstattnotizen. Berlin 1983. – Pudowkin, Wsewolod: Über die Filmtechnik. Zürich 1961. Neuaufl. Köln 1979. – Taylor, Richard (Hrsg.): Vsevolod Pudovkin. Selected Essays. London 2006.

Ray Andrew, Geoff: The Films of Nicholas Ray. The Poet of Nightfall. London 1991. Tb.-Ausg. Ebd. ²2004. – Grob, Norbert / Reichart, Manuela (Hrsg.): Ray. Berlin 1989.

Renoir Bazin, André: Jean Renoir. Paris 1971. Dt. München/Wien 1977; Frankfurt a. M. 1980. – Beylie, Claude / Bessy, Maurice: Jean Renoir. Paris 1989. – Braudy, Leo: Jean Renoir – The World of His Films. New York 1972. Neuaufl. 1989. – Shaughnessy, Martin O': Jean Renoir. Manchester 2000. – Renoir, Jean: Mein Leben und meine Filme. München/Zürich 1974. Tb.-Ausg. Ebd. 2002.

Resnais Jansen, Peter W. / Schütte, Wolfram (Hrsg.): Alain Resnais. München/Wien 1990. – Monaco, James: Alain Resnais. The Role of Imagination. London / New York 1978. – Wilson, Emma: Alain Resnais. Manchester 2006.
Rohmer Felten, Uta / Roloff, Volker (Hrsg.): Rohmer intermedial. Tübingen 2001. – Magny, Joël: Eric Rohmer. Paris 1986. – Rohmer, Eric: Der Geschmack des Schönen. Aufsätze und Kritiken. Frankfurt a. M. 2000. – Schilling, Derek: Eric Rohmer. Manchester 2007.
Rosi Gesù, Sebastiano: Francesco Rosi. Catania 1991. – Jansen, Peter W. / Schütte, Wolfram (Hrsg.): Francesco Rosi. München/Wien 1983.
Rossellini Bergala, Alain / Narboni, Jean (Hrsg.): Roberto Rossellini. Paris 1990. – Bondanella, Peter: The Films of Roberto Rossellini. Cambridge 1993. – Gallagher, Tag: The Adventures of Roberto Rossellini. His Life and Films. New York 1998. – Jansen, Peter W. / Schütte, Wolfram (Hrsg.): Roberto Rossellini. München/Wien 1987.
Saura D'Lugo, Marvin: The Films of Carlos Saura. Princeton 1991. – Eichenlaub, Hans M.: Carlos Saura. Freiburg 1984. – Häußer, Petra: Carlos Saura. Themen, Motive und Stilmittel im Werk des spanischen Regisseurs. Eine Analyse. München 2007. – Jansen, Peter W. / Schütte, Wolfram (Hrsg.): Carlos Saura. München/Wien 1981.
Schlöndorff Lewandowski, Rainer: Die Filme von Volker Schlöndorff. Hildesheim 1981. – Wydra, Thilo: Volker Schlöndorff und seine Filme. München 1998.
Scorsese Conard, Mark T. (Hrsg.): The Philosophy of Martin Scorsese. Lexington 2007. – Dougan, Andy: Nahaufnahme: Martin Scorsese. Reinbek bei Hamburg 1998. [Orig.: London 1997.] – Ehrenstein, David: The Scorsese Picture. The Art and Life of Martin Scorsese. London 1993. – Jansen, Peter W. / Schütte, Wolfram (Hrsg.): Martin Scorsese. München/Wien 1986. – Seeßlen, Georg: Martin Scorsese. Berlin 2003. – Thompson, David / Christie, Ian (Hrsg.): Scorsese über Scorsese. Frankfurt a. M. 1995.
Siodmak Jacobsen, Wolfgang / Prinzler, Hans Helmut (Hrsg.): Siodmak Bros. Berlin – Paris – London – Hollywood. Berlin 1998.
Sjöström Florin, Bo: Regi. Victor Sjöström. Stockholm 2003. – Forslund, Bengt: Victor Sjöström – His Life and His Work. New York 1988.
Spielberg Caprara, Valerio: Steven Spielberg. Marburg 2003. – Goldau, Antje / Prinzler, Hans Helmut (Hrsg.): Spielberg. Filme als Spielzeug. München 1985. – Korte, Helmut / Faulstich, Werner (Hrsg.): Action und Erzählkunst. Die Filme von Steven Spielberg. Frankfurt a. M. 1987. – Morris, Nigel: The Cinema of Steven Spielberg. Empire of Light. London 2006. – Schnelle, Frank: Die Spielberg-Factory. Kindheitsträume im Kino. München 1993. – Seeßlen, Georg: Steven Spielberg und seine Filme. Marburg 2001. – Yule, Andrew: Steven Spielberg. Die Eroberung Hollywoods. München 1997. [Orig.: London 1996.]
Staudte Ludin, Malte: Wolfgang Staudte. Reinbek bei Hamburg 1996. – Orbanz, Eva / Prinzler, Hans Helmut (Hrsg.): Staudte. Berlin 1991.
Sternberg Mérigeau, Pascal: Josef von Sternberg. Paris 1983. – Sternberg, Josef von: Fun in a Chinese Laundry. New York 1965. Dt.: Das Blau des Engels. Eine Autobiographie. München/Paris/London 1991.
Stiller Idestam-Almquist, Bengt: Mauritz Stiller. Paris 1968.
Straub Böser, Ursula: The Art of Seeing, the Art of Listening. The Politics of Representation in the Work of Jean-Marie Straub and Danièle Huillet. Frankfurt a. M. 2004. – Roud, Richard: Jean-Marie Straub. London 1971. – Byg, Barton: Landscapes of Resistance: The German Films of Danièle Huillet and Jean-Marie Straub. Berkeley / Los Angeles / London 1995.
Stroheim Belach, Helga / Grob, Norbert / Jacobsen, Wolfgang (Hrsg.): Erich von Stroheim. Berlin 1994. – Bessy, Maurice: Erich von Stroheim. Paris 1984. – Dt. München 1985. – Koszarski, Richard: VON. The Life and Times of Erich von Stroheim. New York [2]2002. – Weinberg, Herman G.: Stroheim. A Pictorial Record of His Nine Films. New York 1975.
Tarantino Bernard, Jami: Quentin Tarantino. The Man and His Movies. London 1995. – Fischer, Robert / Körte, Peter / Seeßlen, Georg: Quentin Tarantino. Berlin 1997. [4]2004. –

Page, Elaine: Quintessential Tarantino. The Films of Quentin Tarantino. London 2005.
Tarkowski Green, Peter: Andrei Tarkovsky. The Winding Quest. London 1993. – Jansen, Peter W. / Schütte, Wolfram (Hrsg.): Andrej Tarkowskij. München/Wien 1987. – Johnson, Vida T. / Petrie, Graham: The Films of Andrei Tarkovsky. A Visual Fugue. Bloomington 1994. – Schmatloch, Marius: Andrej Tarkowskijs Filme in philosophischer Betrachtung. St. Augustin 2003. – Tarkowskij, Andrej: Die versiegelte Zeit. Berlin / Frankfurt a. M. 1985. 3., erw. Aufl. 1988.
Trier Björkman, Stig: Trier über von Trier. Frankfurt a. M. 2001. – Forst, Achim: Breaking the Dreams – Das Kino des Lars von Trier. Marburg 1998. – Simons, Jan: Playing the Waves. Lars von Trier's Game Cinema. Amsterdam 2007.
Truffaut De Baecque, Antoine / Toubiana, Serge: François Truffaut. Köln 1998. ²2004. – Fischer, Robert (Hrsg.): Monsieur Truffaut, wie haben Sie das gemacht? Köln 1991. Tb.-Ausg. München 1993. – Fischer, Robert (Hrsg.): François Truffaut. Die Lust am Sehen. Frankfurt a. M. 1999. – Jansen, Peter W. / Schütte, Wolfram (Hrsg.): François Truffaut. München/Wien 1974. ⁵1985. – Truffaut, François: Les films de ma vie. Paris 1975. Dt.: Die Filme meines Lebens. München 1976. Erw. Neuaufl. Frankfurt a. M. 1997. – Winkler, Willi: Die Filme von François Truffaut. München 1984.
Tykwer Schuppach, Sandra: Tom Tykwer. Mainz 2004.
Visconti Bacon, Henry: Visconti. Explorations of Beauty and Decay. Cambridge 1998. – Jansen, Peter W. / Schütte, Wolfram (Hrsg.): Luchino Visconti. München/Wien 1975. ⁴1985. – Nowell-Smith, Geoffrey: Luchino Visconti. London ³2003. – Schifano, Laurence: Luchino Visconti. Fürst des Films. Gernsbach 1988. [Orig.: Paris 1987.] – Schüler, Rolf (Hrsg.): Visconti. Berlin 1995. – Villien, Bruno: Visconti. Paris 1986.
Wajda Falkowska, Janina: Andrzej Wajda. History, Politics and Nostalgia in Polish Cinema. Oxford 2006. – Jansen, Peter W. / Schütte, Wolfram (Hrsg.): Andrzej Wajda. München / Wien 1980. – Orr, John / Ostrowska, Elzbieta (Hrsg.): The Cinema of Andrzej Wajda. The Art of Irony and Defiance. London 2003. – Wajda, Andrzej: Meine Filme. Zürich 1987.
Walsh Giluiani, Pierre / Zimmer, Jacques: Raoul Walsh. Paris 1986.
Welles Bessy, Maurice: Orson Welles. München 1983. [Orig.: Paris 1963.] – Higham, Charles: Orson Welles. The Rise and Fall of an American Genius. New York 1985. – Jansen, Peter W. / Schütte, Wolfram (Hrsg.): Orson Welles. München/Wien 1977. – McBride, Joseph: What Ever Happened to Orson Welles? A Portrait of an Independent Career. Lexington 2006. – Rebhandl, Bert: Orson Welles. Genie im Labyrinth. Wien 2005. – Rosenbaum, Jonathan: Discovering Orson Welles. Berkeley 2007. – Schultes, Stefan: Faszination des Bösen. Orson Welles' Filme in Hollywood. Remscheid 2007. – Taylor, John Russell: Orson Welles – A Celebration. London 1986. – Weise, Eckhard: Orson Welles. Reinbek bei Hamburg 1996. – Welles, Orson / Bogdanovich, Peter: Hier spricht Orson Welles. Weinheim 1994.
Wenders Bickermann, Daniel (Hrsg.): Wim Wenders. A Sense of Place. Frankfurt a. M. 2005. – Buchka, Peter: Augen kann man nicht kaufen. Wim Wenders und seine Filme. München/Wien 1983. Tb.-Ausg.: Frankfurt a. M. 1985. – Cook, Roger F. / Gemünden, Gerd (Hrsg.): The Cinema of Wim Wenders. Detroit 1997. – Grob, Norbert: Wenders. Berlin 1991. – Jansen, Peter W. / Schütte, Wolfram (Hrsg.): Wim Wenders. München/Wien 1992. – Joyce, Paul: Motion and Emotion. The Films of Wim Wenders. London 1989. – Rauh, Reinhold: Wim Wenders und seine Filme. München 1990.
Wicki Fischer, Robert: Berhard Wicki. Regisseur und Schauspieler. München 1994. – Zander, Peter: Bernhard Wicki. Berlin 1994.
Wilder Armstrong, Richard: Billy Wilder, American Film Realist. Jefferson 2004. – Hanisch, Michael: Billy Wilder. Von Galizien nach Beverly Hills. Berlin 2004. – Hopp, Glenn: Billy Wilder. Filme mit Esprit 1906–2002. Köln 2003. – Hutter, Andreas / Kamolz, Klaus: Billie Wilder. Eine europäische Karriere. Wien 1998. – Karasek, Hellmuth: Billy Wilder. Eine Nahaufnahme. Hamburg 1992. – Seidl, Claudius: Billy Wilder. Seine Filme – sein Leben. München

1988. – Sinyard, Neil / Turner, Adrian: Billy Wilders Filme. Berlin 1980.
Wolf Herlinghaus, Hermann (Red.): Konrad Wolf – Sag' Dein Wort. Potsdam-Babelsberg 1982. – Jacobsen, Wolfgang / Aurich, Rolf: Der Sonnensucher Konrad Wolf. Berlin 2005. – Wolf, Konrad: Selbstzeugnisse. Fotos. Dokumente. Berlin 1985.
Wyler Jacobsen, Wolfgang / Belach, Helga / Grob, Norbert (Hrsg.): William Wyler. Berlin 1996.
Zinnemann Goldau, Antje / Prinzler, Hans Helmut / Sinyard, Neil: Zinnemann. München 1986. – Sinyard, Neil: Fred Zinnemann. Films of Character and Conscience. Jefferson 2003.

Zeitschriften

Bianco e Nero. Rom 1937 ff.
Blickpunkt: Film. München 1976 ff.
Blimp. Graz 1985 ff.
Cahiers du Cinéma. Paris 1951 ff.
Cinéma. Paris 1954 ff.
Cinema. Hamburg 1975 ff.
epd Film. Frankfurt a. M. 1984 ff.
Evangelischer Filmbeobachter. München 1948–1971.
Film. München 1963/64. Velber 1965–71. [1970/71: Fernsehen und Film; 1971: TV heute.]
Filmbeobachter. Frankfurt a. M. 1976–83. [Seit 1984: epd Film.]
filmberater. Zürich 1941–72. [Seit 1973: ZOOM-Filmberater.]
Film Bulletin. Winterthur 1982 ff.
Film Comment. New York 1962 ff.
Film Culture. New York 1955–1966.
film-dienst. Düsseldorf 1947–67. Köln 1968–2002. Bonn 2003 ff.
film-echo/Filmwoche. Wiesbaden 1962 ff.
Filmfaust. Frankfurt a. M. 1976 ff.
Filmforum. Emsdetten 1951–60.
Filmkritik. Frankfurt a. M. 1957–69. München 1970–84.
Film-Korrespondenz. Düsseldorf 1955–67. Köln 1968–90.
Filmstudio. Frankfurt a. M. 1954–66.
Film und Fernsehen. Berlin 1973–99.
filmwärts. Hannover 1986–95.
Frauen und Film. Berlin 1974–82. Frankfurt a. M. 1983 ff.
Image et Son. Paris 1946–78. [Seit 1979: La Revue du Cinéma.]
Jugend Film Fernsehen. München 1957–75. [Seit 1976: medien + erziehung.]
Kirche und Film. Frankfurt a. M. 1948–83. [Seit 1984: epd Film.]
medien + erziehung. München 1976 ff.
medium. Frankfurt a. M. 1971–95.
Monthly Film Bulletin. London 1934–91.
Movie. London 1962 ff.
multimedia. Wien 1973 ff.
Positif. Paris 1952 ff.
La Revue du Cinéma: Image et Son. Paris 1979 ff.
Sight and Sound. London 1931 ff.
steadycam. Köln 1982 ff.
tip. Berlin 1974 ff.
Variety. New York 1950 ff.
ZOOM. Zürich 1983–99.
ZOOM-Filmberater. Luzern/Bern/Zürich 1973 bis 1982. [Seit 1983: ZOOM.]

Internet-Adressen

www.filmportal.de
www.screendaily.com
www.us.imdb.com

Register

Register

Filmtitel

(Originaltitel und deutsche Version)

À bout de souffle   21
À nous la liberté   51
A. I. – Artificial intelligence   464
A. I. – Künstliche Intelligenz   464
Abend der Gaukler   298
Abenteuer, Das   72
Abenteuer des Juan Quin Quin, Die   71
Abgrund, Der   26
Abschied   22
Abschied in der Dämmerung   738
Abschied von gestern   22
Abschied von Matjora   576
Abseits von den Wegen der Menschen   340
Accattone   23, 443
Accattone – Wer nie sein Brot mit Tränen aß   23
Ace in the hole   99
Adel verpflichtet   380
Admiral Nachimow   23
Aelita   24
Aerograd   25, 635
Affaire Blum   25
Afgrunden   26
African Queen   26
African Queen, The   26
After the thin man   707
Âge d'or, L'   26
Ägyptische Geschichte, Eine   349
Ai no corrida   27
Akaler sandhane   28
Akibiyori   28
Akira Kurosawa's dreams   29
Akira Kurosawas Träume   29
Albero degli zoccoli, L'   30
Albert – warum?   32
Alexander Newski   32
Alexandr Newski   32
Alexandria ... warum?   348
Alexis Sorbas   802
Alice in den Städten   33
All about Eve   34, 716
All quiet on the western front   34
All the king's men   35
Alle guten Landsleute   769
Alles über Eva   34
Alles über meine Mutter   716
Alles zu verkaufen   791
Álmodozások kora   35, 53, 217
Alraune   36
Alte und das Neue, Das   272
Alte und der junge König, Der   36
Amadeus   36
Amants, Les   38
Amants du Pont-Neuf, Les   38

Amarcord   39
Am-e gîlâs, T'   77
American Beauty   40
American graffiti   41
American in Paris, An   41
American tragedy, An   42
Amerikaner in Paris, Ein   41
Amerikanische Nacht, Die   517
Amerikanische Soldat, Der   49
Amerikanische Tragödie, Eine   42
Amiche, Le   43
Amor brujo, El   134
Amore   43
Amore, L'   43
Amores Perros   73
Amour à vingt ans, L'   44
Amour en fuite, L'   44
Amphitryon – Aus den Wolken kommt das Glück   44
Ana y los lobos   45, 441
Andalusischer Hund, Ein   145
Andere, Der   45
Andrej Rubljow   46
Angeklagte, Der   523
Ángel exterminador, El   46, 145
Angels with dirty faces   47
Anges du péché, Les   48
Angst essen Seele auf   48
Ankunft des Zuges, Die   58
Anna Boleyn   49, 573
Anna Karenina (Brown)   50
Anna Karenina (Duvivier)   50
Anna Karenina (Sarchi)   49
Anna und die Wölfe   45
Année dernière a Marienbad, L'   50
Annie Hall   50, 307
Another thin man   707
Ansikte mot ansikte   52, 628
Ansiktet   52
Antonio das Mortes   191
Apá   53
Apache   54
Aparajito   54, 56, 551
Apocalypse now   55, 109
Apocalypse now redux   55
Apur sansar   54, 56, 551
Apus Weg ins Leben: Apus Welt   56
Apus Weg ins Leben: Auf der Straße   550
Apus Weg ins Leben: Der Unbesiegbare   54
Apus Welt   56
Arbeiterklasse geht ins Paradies, Die   153

Ardennen 1944   63
Argent, L'   56
Ariel   733
Arkadaş   57
Arrivée du train, L'   58
Arroseur arrosé, L'   58
Arsen und Spitzenhäubchen   59
Arsenal   58
Arsenic and old lace   59
Artisten in der Zirkuskuppel: ratlos, Die   59
Arzt und Dämon   209
Ascenseur pour l'échafaud, L'   60
Asche und Diamant   566
Asphalt   60
Asphalt-Dschungel   60
Asphalt jungle, The   60
Assassin habite au 21, L'   61
Assunta Spina   61
At' žije republika   64
Atalante   62
Atalante, L'   62
Atemlos   21
Atlantic City, U. S. A.   62
Atlantikschwimmer, Der   98
Attack!   63
Attack on a China mission   63
Attack on Terror: The FBI vs. the Ku Klux Klan   466
Au cœur du mensonge   67
Au hasard, Balthazar   68
Au revoir, les enfants   68
Auberge rouge, L'   65
Auch Henker sterben   307
Auch Zwerge haben klein angefangen   65
Auf der anderen Seite   270
Auf der Jagd nach dem grünen Diamanten   75
Auf der Straße   550
Auf Wiedersehen, Kinder   68
Aufstand, Der   412
Aufstand der Fischer, Der   788
Aufstand gegen Adolf Hitler – Was geschah wirklich am 20. Juli 1944?   804
Auge des Tigers, Das   608
Augen der Angst   240
Augen der Mumie Ma, Die   67
Augenblick der Wahrheit   470
Aus einem deutschen Leben   69
Ausgekochtes Schlitzohr, Ein   705
Ausgestoßen   523
Auslieferung, Die   70
Außenseiterbande, Die   79
Außer Atem   21

Austernprinzessin, Die 71
Auswanderer, Die 746
Aventuras de Juan Quin Quin, Las 71
Aveu, L' 798
Avventura, L' 72

Babel 73
Babettes Fest 73
Babettes gaestebud 73
Back to the future 74
Bad and the beautiful, The 75
Bad day at Black Rock 76
Bad Lieutenant 76
Bād mārā khwāhad bord 77
Baisers volés 44, 78
Bal, Le 78
Bal, Le – Der Tanzpalast 78
Ballada o soldate 79, 787
Ballade vom Soldaten 79
Ballade von Jimmie Blacksmith, Die 142
Bambini ci guardano, I 740
Bande à part 79
Banditen von Orgosolo, Die 80
Banditi a Orgosolo 80
Bank dick, The 80
Bankdetektiv, Der 80
Banshun 29
Barfuß durch die Hölle 503
Barfuß durch die Hölle, II. Teil: Die Straße zur Ewigkeit 802
Bariera 773
Baron Münchhausen 770
Baron Prasil 770
Barriere, Die 773
Barry Lyndon 81, 651
Bartholomäusnacht, Die 598
Barton Fink 81
Bas-fonds, Les 546
Batman 83
Batman hält die Welt in Atem 83
Battle of the century, The 83
Battling Butler 84
Baum der Holzschuhe, Der 30
Bawang bieji 84
Beau Serge, Le 85
Beauté du diable, La 237
Becky Sharp 15
Befreites Land 697
Begegnung 117
Begegnung mit Maxim 793
Begossene Begießer, Der 58
Bei mir – Niagara 535
Beiden Furchtsamen, Die 191
Beil von Wandsbek, Das 86
Beim Sterben ist jeder der Erste 106
Being there 86
Bekenntnisse des Hochstaplers Felix Krull 87
Belle de jour 87
Belle de jour – Schöne des Tages 87
Belle équipe, La 88
Belle et la bête, La 89
Belles de nuit, Les 89, 518

Bellissima 90
Ben Hur 90, 714
Benny's Video 90
Berg-Eyvind och hans hustru 91
Berg-Eyvind und sein Weib 91
Bergkatze, Die 92, 685
Berlin – Alexanderplatz 92
Berlin – Ecke Schönhauser 93
Berliner Ballade 93
Berüchtigt 511
Beschin lug 94
Beschin-Wiese, Die 94
Besondere Kennzeichen: keine 618
Best years of our lives, The 95
Beste Mann, Der 246
Besten Absichten, Die 279
Besten Jahre unseres Lebens, Die 95
Bestie Mensch 96
Bête humaine, La 96
Betragen ungenügend 799
Bewährung, Die 265
Bewegte Mann, Der 385
Bez znieczulenia 96
Bidone, Il 97
Bienenzüchter, Der 719
Bienvenido, Mr. Marshall 97, 562
Bierkampf 98
Big business 98, 734
Big carnival, The 99
Big Lebowski, The 99
Big parade, The 100, 172
Big sleep, The 101
Big store, The 213
Billy Elliot 330
Billy Elliot – I will dance 330
Birds, The 102
Birth of a nation, The 13, 102, 103, 346
Bis zum letzten Mann 253
Bismarck 104
Bitterer Honig 698
Bitterer Reis 604
Bittersüße Schokolade 159
Black Power 340
Blackboard jungle, The 104
Blackmail 105
Blade af satans bog 105
Blade runner 464
Blade runner, Der 464
Blair Witch Project 106
Blair witch project, The 106
Blätter aus Satans Buch 105
Blaue Engel, Der 107
Blaue Expreß, Der 284
Blaue Licht, Das 108
Blaufuchs, Der 227
Blazing saddles 321
Blechtrommel, Die 108
Bleichgesicht, Das 541
Bleierne Zeit, Die 109
Blick des Odysseus, Der 460
Blind husbands 110
Blinde Ehemänner 110
Blinde Wut 265
Blockade in London 550

Blow-up 110
Blue in the face 661
Blue Velvet 681
Blume der Nacht, Die 237
Blut des Condors, Das 794
Blut eines Dichters, Das 625
Bluthochzeit 134
Blutige Hochzeit 507
Blutmond 656
Bodas de sangre 134
Bolschewik 366
Bolschewik, Der 366
Bonheur, Le 111
Bonheur, Le – Glück aus dem Blickwinkel des Mannes 111
Bonnes femmes, Les 111
Bonnie and Clyde 112
Bonnie und Clyde 112
Boot, Das 112, 115
Borat: Cultural learnings of America for make benefit glorious nation of Kazakhstan 113
Börn náttúrunnar 114
Born on the fourth of July 360
Borzy 114
Böse Jungen 265
Boudu, aus dem Wasser gerettet 115
Boudu, sauvé des eaux 115
Boulevard der Dämmerung 688
Bound 455
Bound – Gefesselt 455
Bounty, The 487
Boxer, Der 84
Brandherd 754
Brassed off 265
Brassed Off – Mit Pauken und Trompeten 265
Bräutigam, die Komödiantin und der Zuhälter, Der 417
Breaking the waves 116, 180
Breathless 21
Brennpunkt Brooklyn 258
Bridge on the river Kwai, The 117
Brief encounter 117, 428
Brigant, Der 118
Brigante, Il 118
Brillantenschiff, Das 671
Bringing up baby 118
Brokeback Mountain 119
Broken arrow 120
Broken flowers 120
Bronenosez Potjomkin 122
Brot der frühen Jahre, Das 123
Brot des Bäckers, Das 123
Brücke am Kwai, Die 117
Brücke, Die 124
Büchse der Pandora, Die 124
Budjenje pacova 125
Bullets over Broadway 125
Buntkarierten, Die 126
Buster Keaton, der Matrose 497
Butch Cassidy and the Sundance Kid 705
Bwana devil 15
Bwana, der Teufel 15

C'era una volta il west ... *140*, *528*, 636
Cabinet des Dr. Caligari, Das *127*, *481*, *605*, *754*
Cabiria *128*
Caché *130*
Caduta degli dei, La *131*
Calabuch *562*
Calabuig *562*
Call northside 777 *132*
Calle mayor *131*, *482*, *753*
Camille *674*
Cammino della speranza, Il *241*
Cangaceiro, O *132*
Cangaceiro, O – Die Gesetzlosen *132*
Cape Fear *133*
Capotto, Il *633*
Carmen *133*
Carne trémula *716*
Carnet de bal, Un *134*
Carrozza d'oro, La *135*
Cartouche *135*
Cartouche, der Bandit *135*
Casa del ángel, La *137*
Casablanca *136*
Casque d'or *138*
Caza, La *139*
Celui qui doit mourir *139*
Černý Petr *141*, *405*
Cet obscur objet du désir *141*
Chalande, qui passe, Le *62*
Chambre verte, La *142*
Chant of Jimmie Blacksmith, The *142*
Chapeau de paille d'Italie, Un *144*
Charles – lebend oder tot *620*
Charles – mort ou vif *620*
Charme discret de la bourgeoisie, Le *144*
Chat noir, chat blanc *742*
Chicago *47*
Chien andalou, Un *27*, *145*
Children of Nature – Eine Reise *114*
Chinatown *146*
Chinesin, Die *147*
Chinoise, ou plutôt à la chinoise, La *147*
Christine *418*
Chronik der Anna Magdalena Bach *147*
Chronik einer Liebe *170*
Chronik einiger Liebesunfälle *393*
Chute de la maison Usher, La *147*
Cidade de deus *149*
Ciel est à vous, Le *150*
Cimarron *150*
Cinema Paradiso *519*
Cinquième élément, Le *413*
Circus *150*
Circus, The *150*
Citizen Kane *151*, *598*
City lights *152*

City of God *149*
Classe operaia va in paradiso, La *153*
Cléo de 5 à 7 *153*
Clockwork orange, A *154*
Close encounters of the third kind *155*
Club der toten Dichter, Der *183*
Cochecito, El *155*
Code inconnu – récit incomplet de divers voyages *385*
Code: unbekannt *385*
Cœur en hiver, Un *156*
Collectionneuse, La *157*
Comedian Harmonists *157*
Commare secca, La *159*
Como agua para chocolate *159*
Condamné à mort s'est échappé, Un *160*
Conformista, Il *161*
Conquête du pôle, La *161*
Conte d'hiver *162*
Conte de printemps *163*
Conversation, The *163*
Cook, the thief, his wife & her lover, The *164*
Coquille et le clergyman, La *164*
Corbeau, Le *165*
Countess of Hongkong, The *786*
Cousin, Cousine *165*
Cousins, Les *166*
Čovek nije tica *167*
Covered wagon, The *168*
Crainquebille *168*
Crime and punishment *595*
Crime de Monsieur Lange, Le *169*
Crime et châtiment (Chenal) *595*
Crime et châtiment (Lampin) *595*
Crimes del'amour, Les *603*
Cristo proibito, Il *169*
Cronaca di un amore *170*
Crossfire *170*
Crouching tiger, hidden dragon / Wo hu cang long *171*
Crowd, The *171*
Csend és kiáltás *172*
Cul-de-sac *172*
Cyrano de Bergerac (Gordon) *174*
Cyrano de Bergerac (Rappeneau) *173*
Cyrano et D'Artagnan *174*
Cyrano und D'Artagnan *174*
Cyrano von Bergerac *173*
Człowiek na torze *174*
Człowiek z marmuru *96*, *174*
Człowiek z żelaza *176*

Da sdrawstwujet Meksika *588*
Dahong denglong gaogao gua *177*
Dama s sobatschkoi *177*
Dame mit dem Hündchen, Die *177*
Dame verschwindet, Eine *403*

Damen vom Bois de Boulogne, Die *178*
Dames du Bois de Boulogne, Les *178*
Damned, The *131*
Dance of the vampires *178*
Dancer in the dark *179*
Dances with wolves *180*
Danke, Tante *292*
Danton (Behrendt) *182*
Danton (Buchowetzki) *181*, *182*
David, das Muttersöhnchen *717*
Day after, The *182*
Dead man walking *182*
Dead Man Walking – Sein letzter Gang *182*
Dead poets society *183*
Death day *588*
Death in Venice *476*
Decision before dawn *184*
Déclin de l'empire Américain, Le *347*
Deer hunter, The *312*
Defiant ones, The *185*
Déjeuner sur l'herbe, Le *546*
Delicatessen *231*
Deliverance *106*
... denn sie wissen nicht, was sie tun *596*
Dentellière, La *185*
Departed – Unter Feinden *186*
Departed, The *186*
Der mit dem Wolf tanzt *180*
Dernier combat, Le *413*
Dernier métro, Le *187*
Deserteur, Der *188*
Desertir *188*
Deserto rosso, Il *188*
Destry rides again *188*
Detstwo Gorkowo *189*, *469*, *784*
Deus e o diabo na terra do sol *190*
Deux timides, Les *191*
Deuxième souffle, Le *191*
Devil is a woman, The *142*
Devil's passkey, The *110*
Dewjat dnei odnowo goda *192*
Diable au corps, Le *192*
Diable probablement, Le *193*
Diaboliques, Les *193*
Dialog, Der *163*
Diary of a chambermaid, The *194*, *363*
Dicke und der Dünne, Der *173*
Die durch die Hölle gehen *312*
Die mit der Liebe spielen *72*
Dieb von Bagdad, Der *480*
Dieb, Der *706*
Diebe wie wir *706*
Diener, Der *642*
Dieses obskure Objekt der Begierde *141*
Dirnentragödie *194*
Diskrete Charme der Bourgeoisie, Der *144*
Disparus de Saint-Agil, Les *195*
Ditte, ein Menschenkind *195*

Filmtitel

Ditte menneskebarn *195*
Diva *196*
Divine woman, The *196*
Divorzio all'italiana *196*
Django *198*
Do ankhen barah haath *198*
Do bigha zamin *199*
Do the right thing *205*
Docks of New York, The *199*
Docks von New York, Die *199*
Doctor Zhivago *117*
Dodes'ka-den *199*
Dodeskaden – Menschen im Abseits *199*
Dog's life, A *200*
Dogville *201*
Doktor Schiwago *117*
Dolce vita, La *202*
Dom za vesanje *742*
Domenica d'agosto *203*
Domicile conjugal *44*
Don Q *449*
Don't look now *204*
Donner über Mexiko *710*
Dorfschullehrerin, Die *638*
Dossier noir, Le *204, 368, 514*
Double indemnity *206*
Doulos, Les *206*
Down and out in Beverly Hills *115*
Down by law *207*
Dr. Jekyll and Mr. Hyde *209*
Dr. Jekyll und Mr. Hyde *209, 520*
Dr. Mabuse, der Spieler *210, 703*
Dr. Seltsam oder Wie ich lernte, die Bombe zu lieben *212*
Dr. Strangelove, or: How I learned to stop worrying and love the bomb *212*
Dracula *207, 256*
Draughtsman's contract, The *208*
Drei Brüder *725*
Drei Farben: Blau *727*
Drei Farben: Rot *726*
Drei Farben: Weiß *727*
Drei Schritte zum Schicksal *804*
Drei von der Tankstelle, Die (Thiele) *209*
Drei von der Tankstelle, Die (Wolff) *209*
Dreigroschenoper, Die (Pabst) *208*
Dreigroschenoper, Die (Staudte) *209*
Dritte Mann, Der *707*
Drôle de drame *211*
Drowning by numbers *164*
Du lebst nur einmal *797*
Du rififi chez les hommes *214*
Du skal aere din hustru *214, 549*
Du sollst deine Frau ehren *214*
Du sollst mein Glücksstern sein *657*
Duck soup *212*
Due soldi di speranza *213*
Duel in the sun *213*
Duell in der Sonne *213*

Dunja *569*
Dünne Mann kehrt heim, Der *707*
Dünne Mann, Der *706*
Dünner Mann: 2. Fall *707*
Dünner Mann: 3. Fall *707*
Dura lex *568*
Dürre Gevatterin, Die *159*

E. T. Der Außerirdische *228*
E. T. The extra-terrestrial *228*
East of Eden *216, 596*
Easy Rider *216*
Easy Rider – Die wilden jungen Männer *216*
Eclisse, L' *217*
Édes Emma, drága Böbe *217*
Edward II *218*
Ehe, Eine *328*
Ehe der Maria Braun, Die *218*
Ehe im Kreise, Die *451*
Ehe im Schatten *220*
Ehegesetz, Das *633*
Ehemänner *379*
Ehre der Prizzis, Die *574*
Ehret eure Frauen *214*
Einer flog über das Kuckucksnest *529*
Einfaches Ereignis, Ein *695*
Einmal wirklich leben *337*
Einsamkeit des Langstreckenläufers, Die *425*
Einundvierzigste, Der (Protasanow) *668*
Einundvierzigste, Der (Tschuchrai) *668*
Einwanderer, Der *339*
Einzige Zeuge, Der *783*
Eisenstein's Mexican project *588*
Eisensteins mexikanisches Projekt *588*
Eiserne Pferd, Das *348*
Eiskalte Engel, Der *623*
Ekdin pratidin *220*
Ekel *602*
Ekstase – Symphonie der Liebe *228*
Elf Uhr nachts *559*
Elling *221*
Emigranten *746*
Empire des sens, L' *27*
Empire strickes back, The *676*
Ende der Welt, Das *246*
Ende von St. Petersburg, Das *390*
Endstation Sehnsucht *683*
Enfant sauvage, L' *221*
Enfants du paradis, Les *222*
Engel der Sünde *48*
Engelein *223*
Englische Patient, Der *224*
English patient, The *224*
Enjo *225*
Ensayo de un crimen *756*
Entr'acte *226*
Entscheidung vor Morgengrauen *184*
Enttäuschten, Die *85*

Eraserhead *681*
Erben der Macht, Die *318*
Erdbeer und Schokolade *259*
Erde *639*
Erde bebt, Die *702*
Erde ruft, Die *340*
Erde ruft II, Die *711*
Erfindung des Verderbens, Die *769*
Erhöhung, Die *577*
Erinnerungen an die Unterentwicklung *456*
Erkan & Stefan *636*
Ermordung eines chinesischen Buchmachers, Die *378*
Eroberung des Pols, Die *161*
Eroica *226*
Eroica – Polen 44 *226*
Erotikon *227*
Erpressung *105*
Erst die Arbeit und dann …? *373*
Erste Evangelium – Matthäus, Das *750*
Erste Schlacht mit der Machete, Die *572*
Erste Vorstellung, Die *716*
Ersten langen Hosen, Die *425*
Erzählungen unter dem Regenmond *737*
Erziehung der Gefühle *638*
Es *227*
Es geschah am 20. Juli *804*
Es geschah in einer Nacht *349*
Es lebe die Freiheit *51*
Es lebe die Republik *64*
Es war *250*
Es war einmal *89*
Es war einmal in Amerika *527*
Ewigkeit und ein Tag, Die *460*
Exotica *240*
Expreß Nanking – Su-Tschoi *284*
Extase *228*
Eyes wide shut *229*

Fabel von King Kong, Die *382*
Fabelhafte Welt der Amélie, Die *231*
Fabuleux destin d'Amélie Poulain, Le *231*
Fahrraddiebe *399*
Fahrstuhl zum Schafott *60*
Fall Gleiwitz, Der *232*
Fall Salvatore Giuliano, Der *622*
Fall von Berlin, Der *539*
Falsche Mann, Der *790*
Familienbilder *240*
Familiengrab *232*
Familienleben *338*
Family plot *232*
Family viewing *240*
Fanfan, der Husar *233*
Fanfan la Tulipe *233*
Fanfaren der Liebe *665*
Fängelse *234*
Fanny och Alexander *234*
Fanny und Alexander *234*
Fantômas *364*

822 *Filmtitel*

Fantôme de la liberté, Le   235
Farbe der Lüge, Die   67
Farceur, Le   359
Farewell my concubine   84
Farrebique   495
Fat city   236
Fatale Familie, Eine   288
Faust   237, 304
Faust – Eine deutsche Volkssage   237
Faust im Nacken, Die   529
Fäuste in der Tasche, Die   579
Faustrecht der Prärie   488
Favoris de la lune, Les   238
FBI – Kampf dem Terror   466
Fearless   238
Fearless – Jenseits der Angst   238
Fearless vampire killers, The   178
Feldobott kő   239
Felicia, mein Engel   239
Felicia's journey   239
Fellini: Roma   39
Fellini: Satyricon   240
Fellinis Roma   39
Fellinis Satyricon   240
Felszabadult föld   697
Femme de nulle part, La   241
Femme est une femme, Une   359
Femme et le pantin, La   142
Ferien des Herrn Ülo, Die   748
Ferien des Monsieur Hulot, Die   748
Ferroviere, Il   241
Fest, Das   242
Fest des hl. Jürgen, Das   571
Fest ist aus, Das   245
Festen   242
Fettklößchen   582
Feu follet, Le   243
Feu Mathias Pascal   244
Feuerroß, Das   348
Fidanzati, I   244
Fieber   244
Fièvres   244
Film ohne Titel   245
Fin de fiesta   245
Fin du jour, La   246
Fin du monde, La   246
Fisch namens Wanda, Ein   247
Fish called Wanda, A   247
Fisher king, The   247
Fitzcarraldo   248
Flambierte Frau, Die   249
Flammende Herzen   249
Flammendes Inferno   721
Fleisch und der Teufel, Das   350
Flesh   250
Flesh and the devil   250
Flitterwochen, Die   329
Flor de mi secreto, La   716
Flor di mi secreto, La   301
Florentiner Hut, Der   144
Fluch der Karibik   560
Fluch der Karibik 2   561
Flucht in Ketten   185
Flucht nach Varennes   78
Flußfahrt   106

Föhn   776
Fome de amor   251
Foolish wives   110, 251
Forbidden paradise   252
Forrest Gump   252
Fort Apache   253
Fou, Le   548
Four horsemen of the apocalypse, The   254
Four weddings and a funeral   254
Frankenstein   256
Frankenstein Junior   321
Frau gehört mir, Die   743
Frau im Fenster, Die   785
Frau im Mond, Die   256
Frau in Paris, Eine   786
Frau ist eine Frau, Eine   359
Frau ohne Einwissen   206
Frau unter Einfluß, Eine   379
Frau von nirgendwo, Die   241
Frauen, Die   315
Frauen am Rande des Nervenzusammenbruchs   482, 716
Frauen sind doch bessere Diplomaten   15
Fräulein Else   257
Fräulein Julie   262
Freaks   257
Freiheit ist ein Paradies   641
Fremde im Zug, Der   682
Fremde Vogel, Der   257
French connection II   258
French connection, The   258
Frenzy   258
Fresa y chocolate   259
Freshman, The   260
Freudlose Gasse, Die   261
Freund, Der   57
Freundinnen, Die   43
Freut Euch des Lebens   780
Fröhliche Wissenschaft, Die   268
Fröken Julie   262
From here to eternity   262
Früchte des Zorns   291
Frühe Werke   593
Frühling für Hitler   322
Frühlingserzählung   163
Frühstück im Grünen, Das   546
Führer schenkt den Juden eine Stadt, Der   723
Fuhrmann des Todes, Der   392
Full metal jacket   263
Full monty, The   264
Fünf aus der Barska-Straße, Die   558
Fünfjahresplan, Der   188
Fünfte Element, Das   413
Funny games   384
Für ein paar Dollar mehr   140
Für eine Handvoll Dollar   140
Für immer Alexandria   349
Für zwei Groschen Hoffnung   213
Furchtlose Rebell, Der   750
Furuyo shonen   265

Fury   265, 797
Fußbreit Land, Ein   696
Fuzis, Os   266

Gai savoir, Le   147, 268
Gamlet   304
Gandhi   268
Ganz gewöhnlicher Tag, Ein   220
Ganz oder gar nicht   264
Ganz so schlimm ist er auch nicht   548
Gärtner, Der   58
Gastfreundschaft   535
Gattaca   464
Gattopardo, Il   269, 342
Geboren am 4. Juli   360
Gebrochene Pfeil, Der   120
Geburt einer Nation, Die   102
Gefährliche Begegnung   785
Gefängnis   234
Gegen die Wand   269
Gegenplan   791
Geheimnis von Saint Agil, Das   195
Geheimnisse einer Seele   270
Geheimnisvolle Schatten, Der   364
Gehetzt   797
Geisterhaus, Das   271
Gejagt bis zum Morgen   271
Geld, Das   56
Gelobte Land, Das   801
General, Der   272
General, The   272
Generallinie, Die   272
Generalnaja linija   272
Genuine   273
Geraubte Küsse   78
Gertrud   273
Gertrude   273
Geschäft in der Hauptstraße, Das   522
Geschichte aus Tokio, Eine   717
Geschichte der Nana S., Die   765
Geschichte vom treibenden Schilf   738
Geschichten vom Kübelkind   274
Geschmack der Kirsche, Der   77
Gesetz des Nordens   423
Gesicht, Das   52
Gespenst, das nicht wiederkehrt, Das   573
Gespenst der Freiheit, Das   235
Geständnis, Das   798
Gestohlene Kinder   400
Gestörtes Lachen   396
Geteilte Himmel, Der   274
Gevatterin Tod   159
Gewalt und Leidenschaft   296
Gewand, Das   16
Gewehr über   653
Gewehre, Die   266
Gewisse Kniff, Der   386
Geworfene Stein, Der   239
Gezeichneten, Die   275
Gier nach Geld   294
Gilbert Grape – Irgendwo in Iowa   778

Filmtitel   **823**

Gilda   483
Ginger e Fred   276
Ginger und Fred   276
Girlfriends   277
Girls, Les   674
Give us this day   277
Gladiator   278
Glanz des Hauses Amberson, Der   438
Glöckner von Notre Dame, Der (Delannoy)   333
Glöckner von Notre Dame, Der (Dieterle)   333
Glöckner von Notre Dame, Der (Worsley)   333
Glorreichen Sieben, Die   650
Glück, Das   684
Glückliche Straße, Die   660
Go-between, The   279
Goda viljan, Den   279
Godfather, The   280
Godfather, The, part II   281
Godfather, The, part III   281
Godless girl, The   281
Gold rush, The   281
Goldene Berge   660
Goldene Karosse, Die   135
Goldene See, Der   671
Goldene Wien, Das   458
Goldene Zeitalter, Das   26
Goldhelm   138
Goldrausch   281
Golem und die Tänzerin, Der   283
Golem, Der   686
Golem, Der (Duvivier)   283
Golem, Der (Galeen)   282, 284
Golem, Le (Duvivier)   283
Golem, wie er in die Welt kam, Der   283, 686
Golfos, Los   284
Goluboi express   284
Gone with the wind   15, 285
Good Bye, Lenin   285
Good Will Hunting   286
Gosford Park   287
Gösta Berling   288
Gösta Berlings saga   288
Gott und der Teufel im Lande der Sonne   190
Götterdämmerung   131
Göttliche Weib, Das   196
Gottlose Mädchen, Das   281
Goupi Mains-Rouges   288
Goya – oder Der arge Weg der Erkenntnis   289
Gräfin von Hongkong, Die   786
Grande illusion, La   290
Grapes of wrath, The   291, 715
Grazie, zia   292
Great dictator, The   292, 635
Great McGinty, The   293
Great train-robbery, The   294
Greed   294
Grenzstraße, Die   738
Grido, Il   295
Gros et le maigre, Le   173
Große Apache, Der   54

Große Bluff, Der   188
Große Diktator, Der   292
Große Eisenbahnraub, Der   294
Große Freiheit Nr. 7   295
Große Geschäft, Das   98
Große Illusion, Die   290
Große Irrtum, Der   161
Große König, Der   296
Große McGinty, Der   293
Große Parade, Die   100
Große Spieler, ein Bild unserer Zeit, Der   210
Große Vögel, kleine Vögel   736
Große Wende, Die   776
Größer als die Liebe   88
Grüne Zimmer, Das   142
Grünen Jahre, Die   479
Gruppo di famiglia in un interno   296
Guerre est finie, La   297
Gunfighter, The   297
Günstlinge des Mondes, Die   238
Gycklarnas afton   298

Hable con ella   300
Habsüchtigen, Die   684
Hadaka no shima   301
Hadduta misrija   349
Hafen im Nebel   584
Hâkkari'de bir mevsim   301
Halbe Treppe   302
Halleluja   302
Halleluja – die Hügel   303
Hallelujah   302
Hallelujah the hills   303
Hallo Schwester   772
Hamlet (Blom)   303
Hamlet (Gade/Schall)   303
Hamlet (Kosinzew)   304
Hamlet (Méliès)   304
Hamlet (Olivier)   304
Hana-Bi   305
Hand in der Falle, Die   445
Hände über der Stadt   443
Händler der vier Jahreszeiten, Der   305
Handschrift von Saragossa, Die   599
Hangmen also die!   307
Hannah and her sisters   307
Hannah und ihre Schwestern   307
Hannibal   655
Hannibal rising   656
Hannibal rising – Wie alles begann   656
Hannibál tanár úr   308
Harakiri   641
Harold and Maude   308, 406
Harold Lloyd, der Sportstudent   260
Harold und Maude   308
Harry Potter and the chamber of secrets   309
Harry Potter and the goblet of fire   309
Harry Potter and the half-blood prince   309

Harry Potter and the order of the Phoenix   309
Harry Potter and the prisoner of Azkaban   309
Harry Potter and the sorcerer's stone   309
Harry Potter und der Feuerkelch   309
Harry Potter und der Gefangene von Askaban   309
Harry Potter und der Halbbblutprinz   309
Harry Potter und der Orden des Phönix   309
Harry Potter und der Stein der Weisen   309
Harry Potter und die Kammer des Schreckens   309
Harry und Sally   780
Hauch von Zen, Ein   331
Hauptmann von Köln, Der   310
Hauptmann von Köpenick, Der (Käutner)   310
Hauptmann von Köpenick, Der (Oswald)   310
Hauptstraße   131
Haus der Sehnsucht   277
Haus des Engels, Das   137
Hausbesitzer, Der   406
Häxan   311
Heaven   311
Heaven's gate   312
Heilige Berg, Der   313
Heilsjäger, Die   621
Heimat   313
Heimat – Fragmente: Die Frauen   315
Heimat 3 – Chronik einer Zeitenwende   315
Heimkehr   315
Heimweh des Walerjan Wróbel, Das   316
Heinrich V.   317
Heiratsschwindler von Paris, Der   471
Hello sister   772
Help!   316
Henker, Der   753
Henry V.   317
Herbst der Familie Kohayagawa, Der   386
Herbstmilch   317
Herde, Die   688
Herdeiros, Os   318
Hero   318
Herr Arnes Pengar (Molander)   319
Herr Arnes Pengar (Stiller)   319
Herr der Ringe, Der – Die Gefährten   426
Herr der Ringe, Der – Die Rückkehr des Königs   427
Herr der Ringe, Der – Die zwei Türme   427
Herr des Hauses, Der   214
Herr Tartüff   320
Herrliche Zeiten im Spessart   782

Herrn Arnes Schatz *319*
Herz im Winter, Ein *156*
Hets *320*
Heut gehn wir bummeln *657*
Hexen *311*
Hexenkessel *700*
Hideg napok *321*
Hier ist John Doe *456*
High anxiety *321*
High noon *322*
Hi-Hi-Hilfe *316*
Himlaspelet *323*
Himmel über Berlin, Der *114, 323*
Himmel über der Wüste *648*
Himmel unserer Kindheit *498*
Himmelsspiel *323*
Hintertreppe, Die *324*
Hiroshima – mon amour *50, 324*
Histoire d'amour, Une *418*
History of violence, A *325*
Hitler, ein Film aus Deutschland *326*
Hitlerjunge Quex *327*
Hochzeitsbankett, Das *331*
Hochzeitsmarsch, Der *775*
Hoffnungslosen, Die *693*
Hohelied der Liebe, Das *48*
Höhere Prinzip, Das *770*
Hölle der 1000 Martern *617*
Höllenfahrt nach Santa Fé *673*
Höllentor, Das *360*
Holzschuhbaum, Der *30*
Homme et une femme, Un *328*
Homme et une femme: vingt ans déjà, Un *328*
Honeymoon, The *329, 458, 775*
Hong gaoliang *177*
Hörige, Die *320*
Hose, Die *329*
Hotel du Nord *329*
Hôtel du Nord *329*
Hours, The *330*
Hours, The – Von Ewigkeit zu Ewigkeit *330*
House of wax *15*
How green was my valley *330*
Hsi yen *331*
Hsia nü *331*
Human desire *96*
Hunchback of Notre Dame, The (Dieterle) *333*
Hunchback of Notre Dame, The (Worsley) *333*
Hundeleben, Ein *200*
Hunger nach Liebe *251*
Husbands *379*
Húsz óra *333*

I am a fugitive from a chain gang *335*
I. N. R. I. *343*
Ich bin ein entflohener Kettensträfling *335*
Ich bin zwanzig Jahre alt *466*
Ich, die Schlechteste von allen *795*
Ich gehöre niemand *796*
Ich klage an (Gance) *353*
Ich klage an (Liebeneiner) *335*
Ich, Pierre Rivière, der ich meine Mutter, meine Schwester und meinen Bruder getötet habe ... *468*
Ich war eine männliche Sexbombe *359*
Ich war neunzehn *336*
Ikiru *337*
Illumination *337*
Iluminacja *337*
Im Heiligen Land *711*
Im Kreuzfeuer *170*
Im Lauf der Zeit *33*
Im Namen des Vaters *344*
Im Netz der Leidenschaften *533*
Im Reich der Sinne *27*
Im Schatten der Nacht *706*
Im Schatten des Zweifels *645*
Im Westen nichts Neues *34*
Im Zeichen des Bösen *721*
Im Zeichen des Löwen *653*
Imitation of life *338*
Immer Ärger mit Harry *728*
Immigrant, The *201, 339*
Imperium schlägt zurück, Das *676*
In der Fremde *695*
In Frieden leben *764*
In jenen Tagen *341, 474*
In the line of fire *344*
In the Line of Fire – Die zweite Chance *344*
In the name of the father *344*
Indiana Jones and the last crusade *591*
Indiana Jones and the temple of doom *591*
Indiana Jones und der letzte Kreuzzug *591*
Indiana Jones und der Tempel des Todes *591*
Indische Grabmal, Das (I und II) *339*
Industrial Britain *495*
Inferno, ein Spiel vom Menschen unserer Zeit *210*
Informer, The *339*
Ingmars Erbe *340*
Ingmarsarvet *340, 341, 372, 712*
Ingmarssöhne, Die – I und II *340*
Ingmarssönerna *340, 341, 372*
Innenleben *343*
Innocente, L' *342*
Innocente, L' – Die Unschuld *342*
Interiors *343*
Internal Affairs *186*
Internal Affairs – Die achte Hölle *186*
Intolerance *105, 346*
Intoleranz *346*
Invasion der Barbaren, Die *347*
Invasions barbares, Les *347*
Irgendwo in Europa *749*
Irgendwo in Iowa *778*
Iron horse, The *348*

Irrlicht, Das *243*
Is' was, Sheriff? *321*
Iskanderija ... lih? *348*
Iskanderija, kaman oue kaman *349*
Ist das Leben nicht schön? *350*
It happened one night *349*
It's a wonderful life *350*
Italienische Strohhut, Der *144*
Iwan der Schreckliche – I und II *351*
Iwan grosny *24, 319, 351*
Iwanowo detstwo *352, 790*
Iwans Kindheit *352*

J'accuse *353*
Jagd, Die *139*
Jagd auf James A. *335*
Jagdszenen aus Niederbayern *353*
Jäger des verlorenen Schatzes *591*
Jahrmarkt der Eitelkeiten *15*
Jalsaghar *56, 353*
Jardinier, Le *58*
Jaws *354*
Jaws II *355*
Jaws – the revenge *355*
Jaws 3-D *355*
Jazz singer, The *14, 355*
Jazzsänger, Der *355*
Jeanne d'Arc *413*
Jeanne d'Arc (Méliès) *12*
Jeanne la pucelle *575*
Jeder für sich und Gott gegen alle *356, 374*
Jenny *357*
Jenseits der Stille *357*
Jenseits von Afrika *536*
Jenseits von Eden *216*
Jerusalem *372, 709*
Jésus de Montréal *358*
Jesus von Montreal *358*
Jeux de l'amour, Les *358*
Jeux interdits *359*
Jewo prisyw *359*
JFK *360*
Jigoku-mon *360*
Job, Der *569*
Johanna von Orleans *413*
Johanna von Orléans *549*
Johanna, die Jungfrau *575*
John F. Kennedy – Tatort Dallas *360*
Johnny got his gun *361*
Johnny zieht in den Krieg *361*
Jonas qui aura 25 ans en l'an 2000 *461*
Jonas, der im Jahr 2000 25 Jahre alt sein wird *461*
Josef Kilian *568*
Jour de fête *361, 748*
Jour se lève, Le *363*
Journal d'un curé de campagne, Le *362*
Journal d'une femme de chambre *194*

Filmtitel **825**

Journal d'une femme de chambre, Le   362
Jud Süß   365
Judex (Champreux)   365
Judex (Feuillade)   364
Jules et Jim   365
Jules und Jim   365
Junge Mr. Lincoln, Der   796
Junge Törless, Der   366
Junost Maxima   366, 790
Jurassic Park   367
Justice est faite   205, 368, 514
Jutro   368, 564, 624

Kabinett des Dr. Caligari, Das   127
Kabinett des Professor Bondi, Das   15
Kad den odvahu   375
Kagemusha   369
Kagemusha – Der Schatten des Kriegers   369
Kagi   370
Kalte Tage   321
Kama sutra   472
Kama sutra – A tale of love   472
Kameliendame, Die   674
Kameradschaft   370
Kampf um die Erde, Der   272
Kampf um Paris   515
Kämpfer   114
Kanał   371
Kanal, Der   371
Kaninchen bin ich, Das   371
Kap der Angst   133
Karawane, Die   168
Karin Ingmarsdotter   340, 341, 372
Karin Mansdotter   373
Karin vom Ingmarshof, Die   372
Karl May   326
Karniggels   373
Karussell (Fabri)   392
Karussell (Stroheim)   458
Kaspar Hauser   374
Katzelmacher   375
Každý den odvahu   375
Keller des roten Schlosses, Die   364
Kennwort 777   132
Kermesse héroïque, La   376, 553
Kid, The   376
Killer von Alabama, der   84
Killer's kiss   378
Killers, The (Siegel)   377
Killers, The (Siodmak)   378
Killing of a Chinese bookie, The   378
Kind, Das   376
Kind hearts and coronets   380
Kind of loving, A   381
Kinder des Olymp   222
Kinder von Valparaiso, Die   749
Kinderspiele   379
King in New York, A   381
King Kong   382
King Kong und die weiße Frau   382

King of kings, The   347, 383
Kirmes   383
Klarer Himmel   732
Klavierspielerin, Die   384
Kleine Ausreißer, Der   422
Kleine Cäsar, Der   421
Kleine Fluchten   554
Kleine Flüchtling, Der   422
Kleine Haie   385
Kleine Vera   439
Kleine Wohnung, Die   561
Klugen Frauen, Die   376
Knack … and how to get it, The   386
Koch, der Dieb, seine Frau & ihr Liebhaber, Der   164
Köder für die Bestie, Ein   133
Kočár do Vídně   386
Kohayagawa-ke no aki   386
Kohlhiesels Töchter   387
Kolberg   387
Kolleschski registrator   569
Komissar   388
Kommissarin, Die   388
Komödianten   389
Komödie im Mai, Eine   462
Komsomolsk   390
Komsomolsk – Die Stadt der Jugend   390
Konez Sankt-Peterburga   390, 526, 660
Kongreß tanzt, Der   391
König der Fischer   247
König der Könige, Der   383
König in New York, Ein   381
Königin Kelly   587
Konna yume wo mita   29
Kontrakt des Zeichners, Der   208
Körhinta   392
Koritsi me ta mavra, To   716
Körkarlen   392
Koshikei   392
Krajobraz po bitwie   393
Kreuzfahrt der »Navigator«, Die   497
Krieg der Sterne   675
Krieg ist vorbei, Der   297
Krieg und Frieden (Bondartschuk)   784
Krieg und Frieden (Vidor)   784
Kriemhilds Rache   499
Kronika wypadków miłosnych   393
Krótki film o zabijaniu   394
Ku nao ren de yiao   396
Kuhle Wampe oder: Wem gehört die Welt?   395
Kurz und schmerzlos   270
Kurzer Film über das Töten, Ein   394
Kvarteret korpen   397

L. A. confidential   398
Lächeln einer Sommernacht, Das   666
Lächelnde Madame Beudet, Die   668

Lachen eines in Schwierigkeiten befindlichen Mannes, Das   396
Lacombe Lucien   69, 398
Ladri di biciclette   399
Ladro di bambini, Il   400
Lady from Shanghai, The   402
Lady vanishes, The   403
Lady von Shanghai, Die   402
Ladykillers   402
Ladykillers, The   402
Lamerica   403
Lancelot du Lac   193, 370, 404
Lancelot, Ritter der Königin   404
Land in Trance   702
Landlord, The   406
Landpartie, Eine   546
Landschaft im Nebel   719
Landschaft nach der Schlacht   393
Landvogt Sansho   625
Lang ist der Weg   405
Lange Hosen   425
Lange Nacht, Die   364
Lásky jedné plavovlásky   405
Last command, The   406
Last detail, The   406
Last emperor, The   407
Last picture show, The   41, 408
Last temptation of Christ, The   409
Last train from Gun Hill, The   409
Last wave, The   783
Lawrence of Arabia   117
Lawrence von Arabien   117
Leaving Las Vegas   410
Leaving Las Vegas – A Love Story   410
Leben ändern, Das   479
Leben auf dem Dorf, Das   12
Leben der Anderen, Das   410
Leben der Bohème, Das   758
Leben der Frau Oharu, Das   619
Leben eines amerikanischen Feuerwehrmannes, Das   419
Leben ist schön, Das   763
Lebende Leichnam, Der   633
Lebenden und die Toten, Die   633
Lebensabend   246
Lebensgier   96
Lebenszeichen   412
Lebewohl meine Konkubine   84
Leichenverbrenner, Der   670
Lenin im Jahr 1918   413
Lenin im Oktober   412
Lenin w 1918 godu   413
Lenin w oktjabre   412
Lenins Mahnruf   359
Léon   413
Léon – Der Profi   413
Leone have sept cabeças, Der   414
Leopard, Der   269
Leoparden küßt man nicht   118
Lerchen am Faden   659
Letjat schurawli   352, 414
Letzte Alarm, Der   535
Letzte Brücke, Die   415
Letzte Chance, Die   415
Letzte Etappe, Die   533

Letzte Flut, Die   783
Letzte Kaiser, Der   407
Letzte Kampf, Der   413
Letzte Kommando, Das   406
Letzte Mann, Der   415
Letzte Metro, Die   187
Letzte Musketier, Der   174
Letzte Nacht der Titanic, Die   714
Letzte Nacht des Boris Gruschenko, Die   429
Letzte Schuß, Der   668
Letzte Tango in Paris, Der   739
Letzte Versuchung Christi, Die   409
Letzte Vorstellung, Die   408
Letzte Zug von Gun Hill, Der   409
Letzten Tage von St. Petersburg, Die   390
Letztes Jahr in Marienbad   50
Licht der Versuchung, Das   435
Licht im Winter   496
Lichter der Großstadt   152
Lichter des Varietés   276
Liebe   693
Liebe 47   419
Liebe 1962   217
Liebe auf der Flucht   44
Liebe der Jeanne Ney, Die   417
Liebe einer Blondine, Die   405
Liebe ist kälter als der Tod   417, 624
Liebe mit zwanzig   44
Liebe Mutter, mir geht es gut   418, 785
Liebelei   418
Liebenden, Die   38
Liebenden von Pont-Neuf, Die   38
Liebesgeschichte, Eine   418
Liebesspiele   358
Liebeszauber   134
Liebhaber für fünf Tage   359
Lied der Straße, Das (Fellini)   679
Lied der Straße, Das (Ray)   550
Lied des dünnen Mannes, Das   707
Lied vom dünnen Mann, Das   707
Life of an American fireman, The   419
Limelight   420
Lissy   420
Little Big Man   421
Little Caesar   421
Little fugitive, The   422
Live Flesh   716
Loch, Das   728
Lockender Lorbeer   709
Lodger, The   422
Lohn der Angst   619
Loi du nord, La   423
Lola Montès   423
Lola Montez   423
Lola rennt   424, 544
Loneliness of the long distance runner, The   425
Long night, The   364

Long pants   425
Lord of the rings, The – Der Herr der Ringe   427
Lord of the rings, The – The fellowship of the ring   426
Lord of the rings, The – The return of the ring   427
Lord of the rings, The – The two towers   427
Lost highway   483, 681
Lost in translation   427
Lost weekend, The   428
Lotna   394, 428
Louisiana story   429
Louisiana-Legende   429
Love   50
Love and death   429
Löwe mit den sieben Köpfen, Der   414
Luci del varietà   276
Lucia   430
Ludwig – Requiem für einen jungfräulichen König   326, 431
Lüge einer Sommernacht, Die   585
Lügen und Geheimnisse   637
Lumière d'été   432
Lutsch smerti   433
M (Lang)   266, 434, 754
M (Losey)   435
Ma nuit chez Maud   446
Maborosi no hikari   435
Macher, Die   322
Macunaima   356
Mad Wednesday   261
Madame de …   435
Madame Dubarry   49, 436
Mädchen aus der Streichholzfabrik, Das   732
Mädchen in Schwarz, Das   716
Mädchen in Uniform   437
Mädchen mit den Schwefelhölzern, Das   12
Mädchen Rosemarie, Das   437
Magnificent Ambersons, The   438
Magnificent seven, The   650
Magnolia   438
Maledetto imbroglio, Un   241
Malenkaja Vera   439
Malina   440
Maltese falcon, The   147, 440
Malteserfalke, Der   440
Mama cumple 100 años   441
Mama wird 100 Jahre alt   441
Maman et la putain, La   442
Mamma Roma   443
Man hunt   307
Man of Aran   445
Man who knew too much, The (1934)   446
Man who knew too much, The (1955)   447
Man who shot Liberty Valance, The   253, 447
Man wird nicht als Soldat geboren   634

Man with the golden arm, The   448
Manche mögen's heiß   665
Manhattan   307
Manhunter   656
Mani sulla città, Le   443
Mann auf den Schienen, Der   174
Mann aus dem Süden, Der   670
Mann aus Eisen, Der   176
Mann aus Marmor, Der   174
Mann, der herrschen wollte, Der   35
Mann, der Liberty Valance erschoß, Der   447
Mann, der sterben muß, Der   139
Mann, der zuviel wußte, Der (1934)   446
Mann, der zuviel wußte, Der (1955)   447
Mann mit dem Gewehr, Der   731
Mann mit dem goldenen Arm, Der   448
Mann und eine Frau, Ein   328
Mann und eine Frau – 20 Jahre später, Ein   328
Männer   444
Männer von Aran, Die   445
Mano en la trampa, La   445
Mantel, Der (Kosinzew/Trauberg)   633
Mantel, Der (Lattuada)   633
Marguerite de la nuit   237
Maria Candelaria   449
Mariage   328
Mark of Zorro, The   449
Marquise von O…, Die   450
Marriage circle, The   451
Marty   451
Marx-Brothers auf See, Die   213
Marx-Brothers im Kaufhaus, Die   213
Marx-Brothers im Krieg, Die   212
Marx-Brothers in der Oper, Die   213
Mary – Sir John greift ein!   484
Masculin – feminin oder: Die Kinder von Marx und Coca-Cola   451
Masculin féminin   451
Massai   54
Mat   188, 452
Match Point   452
Matka Joanna od aniołów   453
Matrix   455
Matrix, The   455
Mattia Pascal   244
Mausefalle, Die   567
Max als Opfer der Chinarinde   455
Max, victime du quinquina   455
Maxim Gorkis Weg ins Leben I: Gorkis Kindheit   189
Maxim Gorkis Weg ins Leben II: Unter den Menschen   784
Maxim Gorkis Weg ins Leben III: Meine Universitäten   469
Maxims Jugend   366

Maxims Rückkehr *790*
Mean streets *700*
Meet John Doe *456*, *643*
Mein blühendes Geheimnis *301*, *716*
Mein großer Freund Shane *647*
Mein Leben als Hund *779*
Mein linker Fuß *488*
Mein Onkel aus Amerika *470*
Mein Vater – mein Herr *539*
Mein wunderbarer Waschsalon *586*, *623*
Meine Nacht bei Maud *446*
Mel Brooks & Anne Bancroft in Sein oder Nichtsein *715*
Mel Brooks' Höhenkoller *321*
Mel Brooks' letzte Verrücktheit: Silent Movie *321*
Melissokomos, O *719*
Memorias del subdesarrollo *456*
Mensch der Masse, Ein *171*
Mensch ist kein Vogel, Der *167*
Menschen am Sonntag *457*
Menschen-Arsenal *573*
Menschenjagd *307*
Menschliche Stimme, Eine *43*
Mephisto *457*
Mépris, Le *458*
Merry widow, The *458*
Merry-go-round *458*
Messer im Wasser, Das *516*
Metropolis *459*
Meuterei auf der ›Bounty‹ *486*
Mexican – Eine heiße Liebe *560*
Mexican, The *560*
Mia eoniotita ke mia mera *460*
Milchstraße, Die *765*
Milieu du monde, Le *461*
Mille di Garibaldi, I *462*
Million, Die *462*
Million, Le *462*
Milou en mai *462*
Mina de Vanghel *603*
Minin i Poscharski *689*
Minin und Poscharski *689*
Ministerium der Angst *307*
Ministry of fear, The *307*
Minnie and Moscowitz *379*
Minnie und Moscowitz *379*
Minority report *463*
Miracolo a Milano *464*
Miracolo, Il *43*
Misfits – Nicht gesellschaftsfähig *465*
Misfits, The *465*
Mißgestaltete *257*
Missing *798*
Mississippi burning *466*
Mississippi Burning – Die Wurzel des Hasses *466*
Mitt liv som hund *779*
Mitte der Welt, Die *461*
Mittelpunkt der Welt, Der *461*
Mittler, Der *279*
Mittwoch zwischen 5 und 7 *153*
Mne dwadzat let *466*
Moana *467*

Modern times *51*, *467*
Moderne Jungfrau von Orléans, Eine *467*
Moderne Zeiten *467*
Moi uniwersitety *189*, *469*, *784*
Moi, Pierre Rivière, ayant égorgé ma mère, ma sœur et mon frère … *468*
Molière *469*
Molière ou la vie d'un honnête homme *469*
Momento della verità, Il *470*
Mon oncle d'Amérique *470*, *662*
Monkey business *213*
Monsieur de compagnie, Un *359*
Monsieur Verdoux *471*
Monsieur Verdoux – der Frauenmörder von Paris *471*
Monsoon wedding *472*
Monster's ball *473*
Mord *484*
Mord an einem chinesischen Buchmacher *378*
Mörder Dimitri Karamasoff, Der *474*
Mörder sind unter uns, Die *474*
Mörder wohnt Nr. 21, Der *61*
Mordsache Dünner Mann *706*
Morgenrot *475*
Morte a Venezia *476*
Mother and the law, The *346*, *347*
Motorschiff, Das *188*
Mouchette *477*, *733*
Moulin Rouge *478*
Mr. Deeds geht in die Stadt *478*
Mr. Deeds goes to town *478*
Mr. Marshall *97*
Mr. Smith geht nach Washington *478*
Mr. Smith goes to Washington *478*
Mudar de vida *479*
Müde Tod, Der *479*
Muerte de un burocrata, La *481*
Muerte de un ciclista *132*, *481*, *753*
Mujeres al borde de un ataque de nervios *482*
Mulholland Drive *483*
Mulholland Drive – Straße der Finsternis *483*
Münchhausen *484*
Murder *484*
Muriel oder Die Zeit der Wiederkehr *485*
Muriel ou le temps d'un retour *485*
Muschel und der Pfarrer, Die *164*
Music box *485*, *660*
Musikzimmer, Das *353*
Müßiggänger, Die *764*
Mut für den Alltag *375*
Mutiny on the Bounty *486*
Mutter, Die *452*
Mutter Johanna von den Engeln *453*
Mutter Krausens Fahrt ins Glück *93*, *487*

Mutter und das Gesetz, Die *346*
Mutter und die Hure, Die *442*
My beautiful laundrette *586*, *623*
My darling Clementine *488*
My left foot *488*
My name is Joe *692*
Mystic river *490*

Nach dem dünnen Mann *707*
Nach dem Gesetz *568*
Nach Recht und Gesetz *571*
Nachkomme des Tschingis Khan, Der *570*
Nachrichten von einem persönlichen Krieg *149*
Nacht, Die *512*
Nacht des Jägers, Die *502*
Nacht mit dem Teufel, Die *761*
Nacht von San Lorenzo, Die *513*
Nächte der Cabiria, Die *514*
Nächte einer schönen Frau, Die *786*
Nachtgestalten *302*, *492*
Nachts, wenn der Teufel kam *492*, *754*
Nachtwache *493*
Nachtzug *563*
Nackt *638*
Nackt unter Wölfen *493*
Nackte Insel, Die *301*
Nackte Stadt, Die *494*
Naked *638*
Naked city, The *494*
Name der Rose, Der *494*
Nanook of the north *467*, *495*
Nanuk, der Eskimo *495*
Napoléon *16*, *495*
Napoleon auf St. Helena *496*
Närrische Frauen *251*
Nashville *652*
Nattvardsgästerna *496*, *628*, *735*
Navigator, The *497*, *692*
Nazarin *497*
Nebo naschewo detstwa *498*
Neobytschainyje prikljutschenija Mistera Westa w strane bolschewikow *498*
Neubürger, Die *520*
Neue Babylon, Das *515*
Neue Land, Das *520*
Neue Mission des Judex, Die *364*
Neuer Stern am Himmel, Ein *674*
Neuling, Der *260*
Neun Tage eines Jahres *192*
Nibelungen, Die *499*, *501*
Nicht versöhnt *501*
Niemandsland *502*
Night at the opera, A *213*
Night of the hunter, The *502*
Night on earth *503*
Night to remember, A *714*
Nikita *413*
Ningen no joken *503*, *802*
Ninotchka *505*, *715*
Ninotschka *505*
Nju *506*
No country for old men *506*

No smoking 661
Nobi 507
Noces rouges, Les 507
Noch ein dünner Mann 707
Noire de …, Le 508
NON oder der vergängliche Ruhm der Herrschaft 509
NON ou a va gloria de mandar 509
North by northwest 509
Nosferatu 460, 510, 511
Nosferatu – Phantom der Nacht 511
Notícias de uma guerra particular 149
Notorious 511
Notre Dame de Paris 333
Notte, La 512
Notte di San Lorenzo, La 513
Notti di Cabiria, Le 514, 535
Nous sommes tous des assassins 205, 368, 514
Nouvelle mission de Judex, La 364
Novecento 515
Nowy Wawilon 515
Nóż w wodzie 516
Nuit américaine, La 517
Nuit de Varennes, La 78
Nuit fantastique, La 518
Nuovo Cinema Paradiso 519
Nur ein Hauch Glückseligkeit 381
Nutty professor, The 519
Nybyggarna 520, 746

O něčem jiném 528
O slavnosti a hostech 532
Obalovan 523
Obchod na korze 522
Obsession 522
Obžalovaný 523
Odd man out 523
Offret 524
Ohm Krüger 525
Ohne Betäubung 96
Ohne Gnade 640
Okraina 525
Oktjabr 284, 390, 526
Oktober 526
Olvidados, Los 149, 527
On the town 657
On the waterfront 529
Once upon a time in America 527
One flew over the cuckoo's nest 529
One plus one 147
Opening night 716
Opfer 524, 645
Opfer der Stella Dallas, Das 678
Ordet 530
Orkan 161
Orphée 531, 625
Ossessione 90, 533, 586
Ossessione … von Liebe besessen 533

Ostatni etap 533
Ostinato lugubre 226
Otto e mezzo 534
Our daily bread 535
Our hospitality 535
Out of Africa 536
Out of Rosenheim 537
Ox-Bow incident, The 537

Pacific 231 617
Padenije Berlina 539
Padre padrone 539
Paisa 540
Paisà 540, 610
Pakt mit dem Teufel 237
Pale rider 542
Pale Rider – Der namenlose Reiter 542
Paleface, The 541
Panic in the streets 542
Panik am roten Fluß 596
Panzerkreuzer Potemkin 122
Paracelsus 543
Parfüm, Das – Die Geschichte eines Mörders 543
Paris gehört uns 544
Paris nous appartient 544
Paris qui dort 545
Paris, Texas 545
Partie de campagne, Une 546
Pas si méchant que ça … 548
Pasażerka 494, 546
Passage to India, A. 547
Passagierin, Die 546
Passion 548
Passion, En 548, 659, 751
Passion de Jeanne d'Arc, La 215, 549, 575, 765
Passion der Jungfrau von Orléans, Die 549
Passport to Pimlico 550
Pastbistsche Bakaja 498
Pate, Der 280
Pate, Der – Teil II 281
Pate, Der – Teil III 281
Pather panchali 54, 56, 550
Paths of glory 551
Peeping Tom 240
Pelle erobreren 552
Pelle, der Eroberer 552
Pension Mimosas 552
Pépé le Moko 553
Pépé le Moko – Im Dunkel von Algier 553
Peppermint frappé 554
Per qualche dollaro in piú 140
Per un pugno di dollari 140
Peter der Große 562
Petites fugues, Les 554
Pfarrerswitwe, Die 571
Phantastische Nacht, Eine 518
Phantom 555
Pianist, Der 556
Pianist, The 556
Pianiste, La 384
Pianiste, Le 556
Piano, Das 557

Piano, The 557
Piątka z ulicy Barskiej 558
Pickpocket 559
Pierrot le fou 559
Pilger, Der 560
Pilgrim, The 560
Pioniere des Wilden Westens 150
Pirates of the caribbean: The curse of the Black Pearl 560
Pirates of the caribbean – Am Ende der Welt 561
Pirates of the caribbean – at world's end 561
Pirates of the caribbean: dead man's chest 561
Pisito, El 561
Pjatiletka 188
Pjotr perwy 562
Place in the sun, A 42
Placido 562
Plácido 562
Planwagen, Der 168
Platoon 263, 360
Platz an der Sonne, Ein 42
Player, The 563
Po sakonu 568
Pociąg 563
Podne 368, 564, 624
Pointe Courte, La 564
Pokajanije 565
Polizistin, Die 302
Popiół i diament 393, 566, 792
Porcile, Il 567
Porte de Lilas 567
Postava k podpíráni 568
Postman always rings twice, The (Garnett) 533
Postman always rings twice, The (Rafelson) 533
Postmeister, Der (Scheljabuschski) 569
Postmeister, Der (Ucicky) 569
Posto, Il 569
Potomok Tschingis-Chana 570
Prasdnik swjatowo Jorgena 571
Prästänkan 571
Premiere 716
Pretty woman 571
Prima della rivoluzione 292, 572
Primera carga al machete, La 572
Private life of Henry VIII., The 573, 601
Privatleben 759
Privatleben Heinrichs VIII., Das 573
Prividenie, kotoroje ne woswraschtschajetsja 573
Prizzi's honor 574
Procès de Jeanne d'Arc, Le 575
Producers, The 322
Professor Hannibal 308
Professor Mamlock 575
Proschtschanije 576
Prospero's books 577
Prosperos Bücher 577
Prozeß der Jeanne d'Arc, Der 575
Psycho 578

Psycho II 578
Psycho III 578
Psycho IV: The beginning 578
Public enemy, The 579
Pugni in tasca, I 579
Pulp fiction 580
Puppe, Die 581
Purple rose of Cairo, The 581
Putjowka w schisn 582, 749
Pyschka 582

Quai des brumes 584
Qualen 320
Quatorze juillet 585
Quatre cents coups, Les 44, 78, 222, 585
Quattro passi fra le nuvole 585
Que viva Mexico! 94, 587, 588, 710, 712
Queen, Die 586
Queen Kelly 458, 587
Queen, The 586

Rabe, Der 165
Rabenviertel, Das 397
Rache, Die 753
Rächer der Unterwelt 378
Rad, Das 617
Radio days 589
Raduga 590
Raices 590
Raiders of the lost ark 591
Rain man 591
Rampenlicht 420
Ran 592
Rani radovi 593
Raserei (Lang) 265
Raserei (Sjöberg) 320
Rashomon 593
Rashomon – Das Lustwäldchen 593
Raskolnikow 594
Rat der Götter, Der 595
Ratten erwachen, Die 125
Räubersymphonie 605
Rebel without a cause 596
Rebell, Der 595
Red dragon 655
Red River 409, 596
Red shoes, The 597
Regenbogen, Der 590
Règle du jeu, La 432, 597
Reigen, Der 612
Reine Margot, La (Chéreau) 598
Reine Margot, La (Dréville) 598
Reise an den Anfang der Welt 755
Reise in die Vergangenheit 135
Reise mit Hindernissen 777
Reise nach Indien 547
Reise nach Kythera 719
Reise nach Tilsit, Die 687
Reise nach Tokio, Die 717
Reise zum Mond, Die 767
… reitet für Deutschland 599
Rękopis znaleziony w Saragossie 599

Remains of the day, The 600
Rembrandt 601
Remorques 601
Reporter des Satans 99
Repulsion 602
Return of the Jedi 676
Return, The – Die Rückkehr 789
Reue, Die 565
Ride the high country 603
Rideau cramoisi, Le 602
Riff-Raff 603
Rififi 214
Ring, The 560
Ring, The – Das Grauen schläft nie 560
Ringo 673
Rio bei 40 Grad 604
Rio, 40 graus 604
Rio, nördliche Zone 604
Rio, südliche Zone 604
Rio, zona norte 604
Rio, zona sul 604
Riso amaro 604
Ritt zum Ox-Bow 537
River, The 605
Robber symphony, The 605
Robe, The 16
Robin Hood 605
Rocco e i suoi fratelli 606
Rocco und seine Brüder 606
Rocky 607
Rocky II 608
Rocky III 608
Rocky IV 608
Rocky IV – Der Kampf des Jahrhunderts 608
Rocky V 608
Rocky Balboa 608
Rocky horror picture show, The 608
Rollende Räder – rasendes Blut 617
Rollstuhl, Der 155
Rom – offene Stadt 609
Roma città aperta 609
Romancing the stone 75
Romanze in Moll 611
Ronde, La 612
Ronja Räubertochter 612
Ronja rövardotter 612
Room at the top 613
Room with a view, A 613
Rosemaries Baby 614
Rosemary's baby 614
Rosen für den Staatsanwalt 615
Rosenkrieg, Der 773
Rossini oder die mörderische Frage, wer mit wem schlief 615
Rotaie 616
Rotation 616
Rote Laterne 177
Rote Signal, Das 241
Rote Wüste, Die 188
Roten Schuhe, Die 597
Roter Drache 655
Rotes Kornfeld 177
Roue, La 617

Rückkehr, Die 789
Rückkehr der Jedi-Ritter, Die 676
Rummelplatz des Lebens 458
Run of the arrow 617
Ryans daughter 117
Ryans Tochter 117
Rysopis 618, 772

S. E. R. 641
S. W. D. – Der Bund der großen Tat 690
S. W. D. – Sojus wjelikowo djela 690
Saat der Gewalt, Die 104
Sacramento 603
Saikaku ichidai onna 619
Saison in Hakkari, Eine 301
Salaam Bombay! 472
Salaire de la peur, Le 619
Salamander, Der 620
Salamandre, La 620
Salò o le centoventi giornate di Sodoma 620
Salvation hunters, The 621
Salvatore Giuliano 622
Sammlerin, Die 157
Sammy and Rosie get laid 586, 622
Sammy und Rosie tun es 586, 622
Samouraï, Le 417, 623
Samson 393
Samstagnacht bis Sonntagmorgen 628
San 368, 564, 624
San Francisco 624
San Franzisko 624
Sang d'un poète, Le 27, 532, 625
Sans toit ni loi 626
Sansho Dayu 625
Sansho Dayu – Ein Leben ohne Freiheit 625
Saraband 627
Sarabande 627
Såsom i en spegel 497, 628, 735
Sastawa Iljitscha 466
Satansboten, Die 761
Saturday night and Sunday morning 628
Säugetiere 516
Saving Private Ryan 629
Scarface 629
Scarface: Shame of a nation 629
Scener ur ett aektenskap 627, 630
Schande 659
Schanghai Expreß 648
Scharfschütze, Der 297
Scharfschütze Jimmy Ringo 297
Scharlachrote Vorhang, Der 602
Schatten (Cassavetes) 645
Schatten (Robison) 631, 645
Schatten des dünnen Mannes, Der 707
Schatten im Paradies 733
Schatz der Sierra Madre, Der 724
Schatz im Silbersee, Der 636
Scheich, Der 648
Scheidung auf italienisch 196

Scherben *631*
Scherz, Der *800*
Scherzo alla polacca *226*
Schielende Glück, Das *801*
Schienen *616*
Schießen Sie auf den Pianisten *713*
Schiff fährt vorbei, Ein *62*
Schindler's list *557, 632*
Schindlers Liste *632*
Schinel *633*
Schiwoi trup *633*
Schiwyje i mjortwyje *633*
Schlacht des Jahrhunderts, Die *83*
Schlafende Paris, Das *545*
Schlagende Wetter *330*
Schmutziger Lorbeer *704*
Schönen der Nacht, Die *89*
Schrei, Der *295*
Schrei, wenn du kannst *166*
Schreie und Flüstern *762*
Schtonk! *634*
Schtschors *635*
Schuh des Manitu, Der *636*
Schuhputzer *637*
Schuschia *637*
Schwarze Akte, Die *204*
Schwarze aus Dakar, Die *508*
Schwarze Diamanten *330*
Schwarze Katze, weißer Kater *742*
Schwarze Peter, Der *141*
Schwarzer Engel *522*
Schweigen, Das *734*
Schweigen der Lämmer, Das *654*
Schweigen des Meeres, Das *654*
Schweigen ist Gold *654*
Schweinestall, Der *567*
Schwindler, Die *97*
Schwurgericht *368*
Sciuscià *637*
Search, The *275*
Sechs Frauen und ein König *573*
Secrets and lies *637*
Section speciale *798*
Sedmikrásky *638*
Seefahrer, Der *497*
Seefahrt tut not *497*
Sehnsucht *639*
Seidenstrümpfe *506*
Sein letzter Befehl *406*
Sein Mahnruf *359*
Sein oder Nichtsein *715*
Selskaja utschitelniza *638*
Seltsamen Abenteuer des Mr. West im Lande der Bolschewiki, Die *498*
Semlja *639*
Sendung des Yoghi, Die *339*
Señora de nadie *796*
Senso *639*
Senza pietà *640*
Seppuku *641*
Sept péchés capitaux, Les *643*
Serbischer Mittag, Ein *564*
Serbischer Morgen, Ein *368*

Serbischer Traum, Ein *624*
Sergeant York *137*
Servant, The *642*
Seven *642*
Seventh cross, The *644*
Sex, lies, and videotape *644*
Sex, Lügen und Video *644*
Shadow of a doubt *645*
Shadow of the thin man *707*
Shadows *645*
Shakespeare in love *646*
Shane *542, 647*
Shanghai Express *648*
Sheikh, The *648*
Sheltering sky, The *648*
Shichinin no samurai *650*
Shining *650*
Shining, The *650*
Shoah *557*
Shooting stars *651*
Short cuts *651*
Shoulder arms *653*
Sie küßten und sie schlugen ihn *585*
Sie leben bei Nacht *706*
Sieben *642*
Sieben Hauptsünden, Die *643*
Sieben Samurai, Die *650*
Sieben Sünden, Die *643*
Siebente Siegel, Das *658*
Siebte Kreuz, Das *644*
Siegfried *499*
Siegfrieds Tod *501*
Signe du lion, Le *653*
Silence de la mer, Le *654*
Silence est d'or, Le *654*
Silence of the lambs, The *654*
Silent movie *321*
Silk stockings *506*
Silly symphonies *15*
Sin City *656*
Sin of Harold Diddlebock, The *261*
Singin' in the rain *657*
Sixth sense, The *657*
Sjunde inseglet, Det *658*
Skal aere din hustru, Du *214*
Skammen *549, 659, 751*
Skandal in der Oper *213*
Skřivánci na nitích *659*
Slatyje gory *660*
Smoke *660*
Smokey and the bandit *705*
Smoking *661*
Smultronstället *262, 662*
So grün war mein Tal *330*
So ist das Leben *663*
Sogni nel cassetto, I *214*
Sohn der Südsee *467*
Sohn des Zorro, Der *449*
Solange es Menschen gibt *338*
Solaris *663*
Soldat James Ryan, Der *629*
Soldatami ne roschdajutsja *634*
Soljaris *663*
Solo Sunny *664*
Some like it hot *665*

Sommaren med Monika *666*
Sommarnattens leende *235, 666*
Sommer vorm Balkon *666*
Sommerlicht *432*
Sonderbarer Fall, Ein *211*
Sonder-Tribunal *798*
Song of the thin man *707*
Sonnenaufgang *687*
Sonnensucher *667*
Sonntag im August, Ein *203*
Sorok perwy (Protasanow) *668*
Sorok perwy (Tschuchrai) *668*
Souriante Madame Beudet, La *668*
Sous les toits de Paris *669*
Southerner, The *670*
Sovversivi, I *670*
Spalovač mrtvol *670*
Spanische Tänzerin, Die *142*
Später Frühling *29*
Spätherbst *28*
Spaziergang auf dem Broadway *772*
Spiel der Erinnerung *134*
Spiel in Monte Carlo *552*
Spiel mir das Lied vom Tod *140*
Spielregel, Die *597*
Spinnen, Die *128, 671*
Spiral staircase, The *671*
Spitzenklöpplerin, Die *185*
Sprich mit ihr – Hable con ella *300*
Sprung in die Wolken *150*
Spukschloß im Spessart, Das *782*
Spur der Steine *672*
Spur des Falken, Die *440*
Spuren im Sand *709*
Ssaki *516*
Staatsfeind, Der *579*
Stadt der Illusionen *75*
Stadt in Angst *76*
Stadt ohne Maske *494*
Stadtneurotiker, Der *50, 344*
Stagecoach *673*
Star is born, A *674*
Star wars *675, 676, 677*
Star wars episode I: The phantom menace *677*
Star wars episode II – Attack of the clones *677*
Star wars episode III – Revenge of the Sith *676*
Star Wars: Episode I – Die dunkle Bedrohung *677*
Star Wars: Episode II – Angriff der Klonkrieger *677*
Star wars: Episode III – Die Rache der Sith *676*
Starke Mann, Der *684*
Stärker als die Nacht *674*
Staroje i nowoje *272*
Stars look down, The *331, 675*
Statschka *677*
Steiner – Das Eiserne Kreuz *112*
Stella Dallas *678*
Stern des Gesetzes, Der *712*
Sterne *678*

Filmtitel **831**

Sterne blicken herab, Die   675
Sternschnuppen   651
Stille Don, Der   710
Stille und Schrei   172
Stilles Leben, Ein   695
Stilleben   695
Stjaschateli   684
Strada, La   514, 535, 640, 679
Straight Story, The   681
Strangers on a train   682
Straße ohne Namen   683
Straße, Die   682
Straßenjungen, Die   284
Strategia del ragno, La   683
Strategie der Spinne, Die   683
Street with no name, The   683
Streetcar named desire, A   683
Streik   677
Strom, Der   605
Strong man, The   684
Struktur des Kristalls   338
Struktura kryształu   338
Stschastje   684
Stschastliwaja uliza   660
Student von Prag, Der   45, 284, 685
Stunde des Wolfs, Die   750
Sturm in der Ostwand   776
Sturm über Asien   570
Stürmische Jugend   192
Subida al cielo   686
Subversiven, Die   670
Subway   413
Suche nach der Hungersnot, Die   28
Sühne   568
Sullivan's travels   686
Sullivans Reisen   686
Sünde des Harold Diddlebock, Die   261
Sünderin von Paris, Die   138
Sunrise   687
Sunset Boulevard   688
Sürü   688
Suspicion   422
Süße Emma, liebe Böbe   217
Süße Jenseits, Das   240
Süße Leben, Das   202
Suworow   689
Sweet and lowdown   690
Sweet hereafter, The   240
Sweet Sixteen   691
Sweet sixteen   691
Sylvester   692
Szegénylegenyek   693
Szenen einer Ehe   344, 630
Szerelem   693

Tabakstraße, Die   714
Tabiate bijan   695
Tabu   695
Tag bricht an, Der   363
Tag der Rache   768
Tag des Zorns   768
Tagebuch einer Kammerzofe   362
Tagebuch einer Kammerzofe, Das   194
Tagebuch einer Verlorenen   125, 696
Tagebuch eines Landpfarrers   362
Takovy je ivot   663
Talpalatnyi föld   696
Tampopo   697
Tanz der Vampire   178
Tartüff   320
Tarzan bei den Affen   698
Tarzan of the apes   698
Tarzan triumphs   698
Tarzan und die Nazis   698
Taste of honey, A   698
Tatis Schützenfest   361
Tätowierung   699
Tausend von Garibaldi, Die   462
Tausendschönchen   638
Taxi driver   699
Taxidi sta Kithira   719
Taxi-Driver   699
Tempel zur goldenen Halle, Der   225
Tempo, Tempo   361
Ten Commandments, The   347, 700
Teorema   701
Teorema – Geometrie der Liebe   701
Teplochod   188
Terje Vigen   701
Terra em transe   702
Terra trema, La   90, 702
Testament d'Orphée, Le   532
Testament des Dr. Cordelier, Das   209
Testament des Dr. Mabuse, Das   210, 703
Testament des Orpheus, Das   532
Testament du Docteur Cordelier, Le   209
Teufel im Leib   192
Teufel mit der weißen Weste, Der   206
Teufel möglicherweise, Der   193
Teufels General, Des   703
Teufels Hauptschlüssel, Des   110
Teuflischen, Die   193
The harder they fall   704
Thelma & Louise   704
They live by night   706
Thiassos, O   705
Thief of Bagdad, The   480
Thieves like us   706
Thin man, The   706
Thin man goes home, The   707
Third man, The   707
Thirty-nine steps, The   708
This sporting life   709
Three godfathers   709
Thunder over Mexico   588, 710
Tichi Don   710
Tiefe Schlaf, Der   101
Tiger & Dragon   171
Tiger von Eschnapur, Der   339
Tiger von New York, Der   378
Till Österlich   340, 341, 372, 711
Tillies geplatzte Romanze   710
Tillie's punctured romance   710
Time in the sun   588, 712
Time of the gypsies   742
Tin star, The   712
Tirez sur le pianiste   713
Tisch und Bett   44
Titanic (Cameron)   714
Titanic (Selpin)   713
To be or not to be (Brooks)   715
To be or not to be (Lubitsch)   715
Tobacco road   714
Tod durch Erhängen   392
Tod eines Bürokraten, Der   481
Tod eines Killers, Der   377
Tod eines Radfahrers, Der   481
Tod in Venedig   476
Todesstrahl, Der   433
Todo sobre mi madre   301, 716
Tokyo monogatari   717
Tol'able David   717
Tom Jones   718
Tom Jones – Zwischen Bett und Galgen   718
Tombstone   488
Toni   718
Topio stin omichli   719
Tor zum Himmel, Das   312
Torgus   754
Tote schlafen fest   101
Totmacher, Der   720
Touch of evil   721
Towering inferno, The   721
Tragödie der Menschheit, Die   346
Trainspotting   722
Transport aus dem Paradies   723
Transport z ráje   723
Träume in der Schublade   214
Traumulus   724
Tre fratelli   725
Treasure of the Sierra Madre, The   724
Treibendes Schilf   738
Treue Freunde   777
Tristana   726
Trois couleurs: blanc   727
Trois couleurs: bleu   727
Trois couleurs: rouge   726
Trotta   727
Trou, Le   728
Trouble with Harry, The   728
Truman Show, Die   729
Truman show, The   729
Tschapajew   730
Tschelowek s ruschjom   731
Tschistoje nebo   732
Tulitikkutehtaan tyttö   732
Twelve angry men   733
Twin Peaks   483
Two tars   733
Tystnaden   497, 549, 628, 734, 735, 762

Über, auf und unterm Wasser   497
Überfall auf ein Missionshaus in China   63

Uccellacci e uccellini   *736*
Ugetsu monogatari   *737*
Uhrwerk Orange   *154*
Ukamau   *737*, *794*
Ukigusa   *738*
Ukigusa monogatari   *738*
Ulica graniczna   *738*
Ultimo tango a Parigi   *739*
Umberto D.   *464*, *740*
Un guapo del '900   *246*
Unauffindbare, Der   *706*
Unbefriedigten, Die   *111*
Unberührbare, Die   *740*
Unbesiegbare, Der   *54*
... und dann kam das Ende   *504*
Und sowas nennt sich Detektiv   *707*
Underground   *741*
Underworld   *742*
Unendliche Geschichte, Die   *743*
Unendliche Geschichte II, Die – Auf der Suche nach Phantásien   *743*
Unendliche Geschichte III, Die – Rettung aus Phantásien   *743*
Unheimliche Begegnung der dritten Art   *155*
Unheimliche Herberge, Die   *65*
Union Pacific   *743*
Uns kommt das alles spanisch vor   *97*
Unser täglich Brot   *744*
Unsichtbare Aufstand, Der   *798*
Unsichtbare Dritte, Der   *509*
Unter den Brücken   *744*
Unter den Dächern von Paris   *669*
Unter Geheimbefehl   *542*
Unter glatter Haut   *241*
Unter Mexikos Sonne   *712*
Untergang des amerikanischen Imperiums, Der   *247*
Untergang des Hauses Usher, Der   *148*
Untermieter, Der   *422*
Untertan, Der   *745*
Unterwelt   *742*
Uptight   *340*
Utvandrarna   *520*, *746*

Va savoir   *751*
Vacances de Monsieur Hulot, Les   *748*
Vagabond, The   *748*
Vagabund, Der   *748*
Vagabund und das Kind, Der   *376*
Valahol Európában   *749*
Valparaiso mi amor   *749*
Vangelo secondo Matteo, Il   *750*
Vanina   *750*
Vanina Vanini   *750*
Vargtimmen   *549*, *659*, *750*
Varieté   *751*
Varjoja paratiisissa   *733*
Vater   *53*
Vater der Braut   *408*, *409*
Venezianische Nacht, Eine   *752*
Venganza, La   *132*, *482*, *753*
Vent nous emportera, Le   *77*
Vent souffle où il veut, Le   *160*
Verachtung, Die   *458*
Verbotene Christus, Der   *169*
Verbotene Paradies, Das   *252*
Verbotene Spiele   *359*
Verbrechen aus Liebe   *603*
Verbrechen des Monsieur Lange, Das   *169*
Verbrecherische Leben des Archibaldo de la Cruz, Das   *756*
Verdacht   *422*
Verdammt in alle Ewigkeit   *262*
Verdammten, Die   *131*
Verdes anos, Os   *479*
Verdugo, El   *753*
Vergebung aus Liebe   *364*
Vergessenen, Die   *527*
Verliebt, verlobt, verheiratet   *756*
Verlobten, Die   *244*
Verlogene Moral   *754*
Verlorene, Der   *493*, *754*
Verlorene Ehre der Katharina Blum, Die   *754*
Verlorene Liebe   *319*
Verlorene Wochenende, Das   *428*
Vermißt   *798*
Verräter, Der   *339*
Verrückte Idyll von Charlie und Lolotte, Das   *710*
Verrückte Professor, Der   *519*
Verrückte, Der   *548*
Verrückter Mittwoch   *261*
Verschwörung der Frauen   *164*
Verschwörung im Nordexpreß   *682*
Viagem ao princípio do mundo   *755*
Victor und Victoria (Anton)   *756*
Victor und Victoria (Schünzel)   *756*
Victor/Victoria   *756*
Vida criminal de Archibaldo de la Cruz, La   *756*
Vidas secas   *757*
Vidas secas – Nach Eden ist es weit   *757*
Vie de bohème, La   *758*
Vie est à nous, La   *791*
Vie privée   *759*
Vier apokalyptischen Reiter, Die   *254*
Vier Hochzeiten und ein Todesfall   *254*
Vier im Jeep, Die   *759*
Vier Schritte in die Wolken   *585*
Vier von der Infanterie   *777*
Viridiana   *527*, *760*
Visiteurs du soir, Les   *169*, *761*
Viskningar och rop   *762*
Vita è bella, La   *763*
Vitelloni, I   *132*, *764*
Vivere in pace   *764*
Vivre sa vie   *765*
Vlemma tou Odyssea, To   *460*

Voce umana, Una   *43*
Vögel, Die   *102*
Vogelfrei   *626*
Voie lactée, La   *765*
Voleur et l'enfant, Le   *786*
Volver   *766*
Volver – Zurückkehren   *766*
Vom Fest und den Gästen   *532*
Vom Winde verweht   *285*
Von Angesicht zu Angesicht   *52*
Von etwas anderem   *528*
Vor der Revolution   *572*
Vordertreppe – Hintertreppe   *767*
Vorposten für Iljitsch   *466*
Vorstadt   *525*
Voyage dans la lune, Le   *767*
Vredens dag   *768*
Všichni dobři rodáci   *769*
Vyšši princip   *770*
Vynález skázy   *769*

W ljudjach   *189*, *469*, *784*
Wachsfigurenkabinett, Das   *771*
Wagen nach Wien   *386*
Wagonmaster   *771*
Wahre Geschichte, Eine – The Straight Story   *681*
Walkabout   *204*
Walking down Broadway   *772*
Walkover   *772*
Walkower   *618*, *772*
Wanderschauspieler, Die   *705*
War and peace   *784*
War of the Roses, The   *773*
Warum läuft Herr R. Amok?   *774*
Was vom Tage übrig blieb   *600*
Wasser des Frühlingsstromes fließen nach Osten, Die   *794*
Way of all flesh, The   *406*
We're no angels   *777*
Weber, Die   *774*
Wedding banquet, The   *331*
Wedding-march, The   *329*, *458*, *775*
Week-end   *775*
Weekend   *775*
Weg allen Fleisches, Der   *406*
Weg der Hoffnung, Der   *241*
Weg ins Leben, Der   *582*
Weg nach oben, Der   *613*
Weg, der zum Himmel führt, Der   *686*
Wege zum Ruhm   *551*
Weib wie der Satan, Ein   *142*
Weibergeschichten   *432*
Weiden des Bakai, Die   *498*
Weiße Hai, Der   *354*
Weiße Hai 2, Der   *355*
Weiße Hai III in 3-D, Der   *355*
Weiße Hai, Der – Die Abrechnung   *355*
Weiße Hölle vom Piz Palü, Die   *776*
Weißes Gift   *511*
Weliki perelom   *776*
Wendeltreppe, Die   *671*
Wenn der Postmann zweimal klingelt   *533*

Filmtitel   **833**

Wenn die Gondeln Trauer tragen 204
Wenn die Kraniche ziehen 414
Wenn Katelbach kommt 172
Wer erschoß Salvatore G.? 622
Wernyje drusja 777
Westfront 1918 777
Westlich St. Louis 771
Wetherby 778
Wetterleuchten 432
What's eating Gilbert Grape? 778
When Harry met Sally ... 780
Whisky galore 780
Whisky-Schiff, Das 780
Wie in einem Spiegel 628
Wild at heart 681, 781
Wild at Heart – Die Geschichte von Sailor und Lula 781
Wilde Erdbeeren 662
Wilde, wilde Westen, Der 321
Willkommen, Mr. Chance 86
Willkommen, Mr. Marshall 97
Winchester 73 781
Wind wird uns tragen, Der 77
Wintermärchen 162
Wir sind alle Mörder 514
Wir sind keine Engel 777
Wir Wunderkinder 782
Wirtshaus im Spessart, Das 782
Witness 783
Wo bleibt da die Moral, mein Herr? 359
Woina i mir 784
Wolfsjunge, Der 221
Wollands, Die 785
Woman in the window, The 785
Woman of Paris, A 786
Woman under the influence, A 379
Wor 786
World apart, A 788
Wort, Das 530
Woschoschdenije 577
Wosmesdije 634
Wosstanije 412
Wosstanije rybakow 788

Woswraschtschenije 789
Woswraschtschenije Maxima 367, 790, 793
Wrong man, The 790
Wstretscha s Maximom 793
Wstretschny 791
Wszystko na sprzedaż 791
Wunder, Das 43
Wunder von Bern, Das 792
Wunder von Mailand, Das 464
Würgeengel, Der 46
Wurzeln 590
Wyborger Seite, Die 793
Wyborgskaja storona 367, 790, 793

Yawar mallku 794
Yek ettefaghe sadeh 695
Yi jang chunshui xiang dong lin 794
Ying Xiong 318
Yo, la peor de todas 795
You only live once 797
Young Frankenstein 321
Young Mr. Lincoln 796

Z 798
Zabriskie Point 798
Zärtlichkeit der Wölfe, Die 720
Zazie 799
Zazie dans le métro 799
Zehn Gebote, Die 347, 700
Zehn Tage, die die Welt erschütterten 526
Zeichen des Zorro, Das 449
Zeit der Träumereien, Die 35
Zeit mit Monika, Die 666
Zelig 691
Zéro de conduite 62, 195, 222, 799
Žert 800
Zezowate szczęście 801
Ziemia obiecana 801
Zimmer mit Aussicht 613
Zoff in Beverly Hills 115
Zoku ningen no joken 503, 504, 802

Zorba the Greek 802
Zuckerbaby 537
Zum Beispiel Balthasar 68
Zum Tode Verurteilter ist entflohen, Ein 160
Zünftige Bande, Die 88
Zur Sache, Schätzchen 803
Zurück in die Zukunft 74
Zwanzig Stunden 333
Zwei Augen – zwölf Hände 198
Zwei Banditen 705
Zwei Hektar Land 199
Zwei Matrosen 733
Zwei Welten 788
Zweite Atem, Der 191
Zweite Heimat, Die 314
Zwischenspiel 226
Zwölf Geschworenen, Die 733
Zwölf Uhr mittags 322
Zwölfte Stunde, Die – Eine Nacht des Grauens 510
Zycie rodzinne 338

08/15 518
08/15 in der Heimat 518
08/15 – Zweiter Teil 518
8 femmes 332
8 Frauen 332
8½ 534
14. Juli, Der 585
20. Juli, Der 804
21 Gramm 73
21 Grams 73
39 Stufen, Die 708
491 266
120 Tage von Sodom, Die 620
1000 Augen des Dr. Mabuse, Die 211
1789 469
1860 461
1900 515
2001: A space odyssey 651, 734
2001: Odyssee im Weltraum 734

Regisseure

Abuladse, Tengis 565
Achternbusch, Herbert 98
Ackeren, Robert van 249
Adefarasin, Remi 452
Adlon, Percy 537
Akin, Fatih 269
Alazraki, Bénito 590
Aldrich, Robert 54, 63, 670
Alea, Tomás Gutiérrez 259, 456, 481
Alexandrow, Grigori 14, 588
Aljeschin 784
Allégret, Yves 546, 643
Allen, Irwin 721
Allen, Woody 50, 125, 307, 343, 429, 452, 581, 589, 644, 690
Allio, René 468
Almodóvar, Pedro 300, 482, 716, 766
Altman, Robert 287, 563, 651, 706
Alves, Joe 355
Ambesser, Axel von 387
Amelio, Gianni 400, 403
Anderson, Lindsay 709
Anderson, Paul Thomas 438
Andrade, Joaquim Pedro de 356
Angelopoulos, Theo 460, 705, 719
Annaud, Jean-Jacques 494
Anton, Karl 525, 756
Antonioni, Michelangelo 43, 72, 110, 170, 188, 217, 295, 512, 790, 798
Arau, Alfonso 159
Arcand, Denys 347, 358
Ashby, Hal 86, 308, 406
Ashley, Ray 422
Askoldow, Aleksander 388
Asquith, Anthony 651
Astruc, Alexandre 602
Attenborough, Richard 268
August, Bille 271, 279, 372, 552
Autant-Lara, Claude 65, 192, 237, 643
Avildsen, John G. 607, 608
Axel, Gabriel 73

Baker, Roy 714
Bakshi, Ralph 427
Baky, Josef von 484, 569
Bán, Frigyes 696
Bardem, Juan Antonio 131, 481, 753
Barnet, Boris 525
Barreto, Lima 132
Barry, Maurice 603
Beck, Reginald 317
Becker, Jacques 138, 288, 546, 728

Becker, Wolfgang 285, 379
Behrendt, Hans 182, 329, 387
Beineix, Jean-Jacques 196
Bellocchio, Marco 579
Bemberg, Maria Luisa 795, 796
Benigni, Roberto 763
Bergman, Ingmar 52, 234, 298, 344, 496, 548, 627, 628, 630, 658, 659, 662, 666, 734, 750, 762
Berlanga, Luis García 97, 562, 753
Bernhardt, Kurt 595
Bertolucci, Bernardo 159, 161, 292, 407, 515, 572, 648, 683, 739
Besson, Luc 413
Beyer, Frank 493, 672
Blasetti, Alessandro 461, 585
Blom, August 304
Blystone, Jack G. 535
Bockmayer, Walter 249
Bodrow, Sergej 641
Boese, Carl 283
Bogdanovich, Peter 41, 408
Bolognini, Mauro 23
Bondartschuk, Sergej 784
Boormans, John 106
Boyle, Danny 722
Bramble, A. V. 651
Braun, Harald 417, 493
Bresson, Robert 48, 56, 68, 118, 160, 178, 193, 362, 370, 404, 477, 559, 575
Broca, Philippe de 135, 358
Brooks, Mel 321, 715
Brooks, Richard 104
Brown, Clarence 50, 250
Browning, Tod 207, 257, 346
Brownings, Tod 256
Bruckman, Clyde 83, 272
Brynych, Zbyněk 723
Buchowetzki, Dimitri 50, 181, 182
Buck, Detlev 373
Bührmann, Rolf 249
Buñuel, Luis 26, 27, 46, 47, 87, 141, 144, 145, 149, 191, 194, 235, 362, 497, 527, 686, 726, 756, 760, 765
Burnford, Paul 712
Burton, Tim 83
Buzzell, Edward 707

Cacoyannis, Michael 716, 802
Camerini, Mario 616
Cameron, James 714
Campion, Jane 557
Capra, Frank 59, 294, 349, 350, 425, 456, 478, 643, 684

Carax, Leos 38
Carné, Marcel 169, 211, 222, 329, 357, 363, 584, 761
Caro, Marc 231
Cassavetes, John 378, 614, 645
Castellani, Renato 118, 213
Cattaneo, Peter 264
Cavalcanti, Alberto 153
Cayatte, André 204, 368, 514
Chabrol, Claude 67, 85, 111, 166, 507, 544, 643
Chahine, Youssef 348
Champreux, Maurice 365
Chaplin, Charles 150, 152, 200, 281, 292, 339, 376, 381, 420, 467, 471, 560, 635, 653, 748, 786
Charell, Eric 391
Charles, Larry 113
Cheifiz, Jossif 177
Chen Kaige 84
Chenal, Pierre 595
Chéreau, Patrice 598
Chomsky, Marvin 466
Christensen, Benjamin 311
Christian-Jaque 195, 233
Chusheng, Cai 794
Chuzijew, Marlen 466
Chytilová, Vira 528, 638
Cimino, Michael 312
Clair, René 14, 51, 89, 144, 191, 226, 237, 462, 518, 545, 567, 585, 654, 669, 759, 786
Clavel, Maurice 603
Clayton, Jack 613
Clément, René 359
Cline, Edward 80
Clouzot, Henri-Georges 61, 165, 193, 619
Cocteau, Jean 89, 531, 617, 625
Coen, Ethan 506
Coen, Joel 81, 99, 506
Columbus, Chris 309
Conway, Jack 103
Cooper, Merian C. 382
Coppola, Francis Ford 18, 55, 109, 163, 280, 370
Coppola, Sofia 427
Corbucci, Sergio 198
Cornelius, Henry 550
Costa-Gavras 485, 660, 798
Costner, Kevin 180
Crichton, Charles 247
Crisp, Donald 330, 449, 497
Cronenberg, David 325
Crosland, Alan 355
Cruze, James 168
Cuarón, Alfonso 309
Cukor, George 285, 674

Regisseure **835**

Curtiz, Michael   47, 136, 777
Czinner, Paul   257, 506

Daldry, Stephen   330
Dalí, Salvador   145
Danielsson, Tage   612
Dassin, Jules   139, 214, 340, 494
Daves, Delmer   120
De Palma, Brian   522
De Santis, Giuseppe   604
De Seta, Vittorio   80
De Sica, Vittorio   399, 464, 637, 740
Delannoy, Jean   333
Delluc, Louis   241, 244
DeMille, Cecil B.   130, 227, 281, 347, 383, 688, 700, 743
Demme, Jonathan   654
Demy, Jacques   544, 643
Deng Yimin   396
DeVito, Danny   773
Diegues, Carlos   318
Dieterle, William   333
Dietl, Helmut   615, 634
Dillon, Edward   346
Disney, Walt   15, 427
Djordjević, Puria   368, 564, 624
Dmytryk, Edward   170, 277
Doller, Michail   390, 689
Donaldson, Roger   487
Donen, Stanley   657
Donskoi, Mark   189, 469, 590, 638, 784
Dörrie, Doris   444
Dowschenko, Alexander   25, 58, 635, 639
Dresen, Andreas   302, 492, 666
Dréville, Jean   598
Dreyer, Carl Th.   105, 214, 273, 530, 549, 571, 575, 765, 768
Dudow, Slatan   310, 395, 668, 674, 744
Dufaux, Guy   347
Dulac, Germaine   164, 668
Dupont, E. A.   751
Duvivier, Julien   50, 88, 134, 142, 246, 283, 553
Dwan, Allan   605

Eastwood, Clint   490, 542
Edison, Thomas Alva   11
Edwards, Blake   756
Egoyan, Atom   239
Eichberg, Richard   339
Eisenstein, Sergej   14, 24, 32, 94, 122, 272, 351, 390, 526, 587, 677, 710, 712
Ekk, Nikolai   582, 749
Elmes, Frederick   378, 781
Emmer, Luciano   203
Engel, Erich   25, 474
Engel, Morris   422
Epstein, Jean   148, 246
Ermler, Friedrich   776, 791
Espinosa, Julio García   71
Eustache, Jean   442

Fábri, Zoltán   308, 333, 392
Fairbanks, Douglas   421, 449, 480
Fanck, Arnold   313, 776
Fassbinder, Rainer Werner   48, 218, 305, 338, 375, 417, 624, 774
Feher, Friedrich   605
Fellini, Federico   39, 97, 132, 202, 240, 276, 514, 534, 640, 679, 764
Fengler, Michael   774
Fernandez, Emilio   449
Ferrara, Abel   76
Ferreri, Marco   155, 561
Ferri, Isidoro M.   561
Feuillade, Louis   364
Feyder, Jacques   168, 357, 376, 423, 552
Figgis, Mike   410
Fincher, David   642
Flaherty, Frances Hubbard   445, 467
Flaherty, Robert   429, 445, 467, 495, 695
Fleischmann, Peter   353
Fleming, Victor   209, 285, 406
Ford, Aleksander   558, 738
Ford, John   253, 291, 330, 339, 348, 409, 447, 488, 673, 709, 714, 771, 796
Forman, Miloš   36, 37, 141, 405, 529
Forster, Marc   473
Fosco, Piero   128
Francia, Aldo   749
Franju, Georges   365
Frankenheimer, John   258
Franklin, Richard   578
Frears, Stephen   586, 622
Fredersdorf, Herbert B.   405
Freund, Karl   754
Fridriksson, Fridrik Thór   114
Friedkin, William   258
Friese-Greene, William   11
Froelich, Carl   437, 724
Fuller, Samuel   617

Gad, Urban   26, 223, 257, 767
Gade, Svend   303
Galeen, Henrik   36, 282, 686
Gance, Abel   16, 174, 246, 353, 495, 617
Garnett, Tay   533
Garris, Mick   578
Gaspard-Huit, Pierre   418
Gerassimow, Sergej   390, 710, 793
Gerlach, Arthur von   750
Germi, Pietro   196, 241
Gilliam, Terry   247
Godard, Jean-Luc   21, 79, 147, 268, 359, 451, 458, 544, 559, 643, 765, 775
Goldstein, Marek   405
Golowanow   784
Gómez, Manuel Octavio   572
Gontschukow, W.   571
Gordon, Michael   174
Goretta, Claude   185, 548
Gorski, Peter   237

Goulding, Edmund   50
Greenaway, Peter   164, 208, 577
Grémillon, Jean   150, 432, 601
Gréville, Edmond T.   246
Griffith, David Wark   13, 102, 130, 346
Grune, Karl   682
Gu Changwai   84
Guerra, Ruy   132, 266
Guillermin, John   721
Güney, Yilmaz   57
Gunten, Peter von   70
Günther, Egon   22

Hallström, Lasse   778
Hamer, Robert   380
Haneke, Michael   90, 130, 384
Hani, Susumu   265
Hansen, Rolf   776
Hanson, Curtis   398
Hare, David   778
Harlan, Veit   296, 365, 387, 687
Harnack, Falk   86, 804
Has, Wojciech J.   599
Hasler, Joachim   271
Hathaway, Henry   132
Hawks, Howard   101, 118, 137, 147, 409, 596, 629
Henabery, Joseph   346
Henckel von Donnersmarck, Florian   410
Henning-Jensen, Bjarne   195
Herbig, Michael Bully   636
Herman, Mark   265
Herz, Juraj   670
Herzog, Werner   65, 248, 356, 374, 412, 511
Hill, George Roy   705
Hitchcock, Alfred   102, 105, 232, 258, 403, 422, 446, 447, 484, 509, 511, 578, 645, 682, 708, 728, 790
Hoffmann, Kurt   87, 387, 665, 782
Hopper, Dennis   216
Horne, James Wesley   98
Huston, John   26, 60, 147, 236, 440, 465, 478, 574, 724

Ichikawa, Kon   225, 370, 507
Iñárritu, Alejandro González   73
Ingram, Rex   254
Iosseliani, Otar   238
Itami, Juzo   697
Ivory, James   600, 613
Iwanow, B.   32

Jackson, Peter   426
Jacoby, Georg   15
Jakubowska, Wanda   533
Jancsó, Miklós   172, 693
Jarman, Derek   218
Jarmusch, Jim   120, 207, 503
Jasný, Vojtěch   769
Jessner, Leopold   324
Jeunet, Jean-Pierre   231
Jire, Jaromil   800
Jugert, Rudolf   245
Julian, Rupert   458

836   *Regisseure*

Junghans, Carl 663
Junli, Zheng 794
Juráček, Pavel 568
Jutkewitsch, Sergej 94, 660, 731, 791
Juttke, Herbert 485
Jutzi, Piel 92, 487

Kachyňa, Karel 64, 386
Kadár, Ján 522, 523
Kalatosow, Michail 414, 777
Karmakar, Romuald 720
Kast, Pierre 544
Kaurismäki, Aki 732, 758
Käutner, Helmut 295, 310, 341, 415, 474, 611, 703, 744
Kawalerowicz, Jerzy 453, 563
Kazan, Elia 216, 529, 542, 683
Keaton, Buster 84, 272, 362, 497, 535, 541, 688, 691
Keighley, William 683
Kelly, Gene 657
Kershner, Irvin 676
Keusch, Erwin 123
Kiarostami, Abbas 77
Kieślowski, Krzysztof 394, 726
King Hu 331
King, Henry 297, 717
Kinugasa, Teinosuke 360
Kiral, Erden 301
Kitano, Takeshi 305
Klaren, Georg C. 485
Klein, Gerhard 93, 232
Klimow, Elem 576
Klingler, Werner 713
Klos, Elmar 522, 523
Kluge, Alexander 22, 59
Knopf, Edwin H. 596
Kobayashi, Masaki 503, 504, 641, 802
Kobe, Hanns 754
Kohlhaase, Wolfgang 664
Korda, Alexander 573, 601
Kore-Eda, Hirokazu 435
Kosinzew, Grigori 304, 366, 515, 633, 690, 790, 793
Koster, Henry 16
Kotulla, Theodor 69
Kovács, András 321
Kracauer, Siegfried 480, 751
Kragh Jacobsen, Søren 243
Kramer, Stanley 185
Krasker, Robert 640
Kratisch, Ingo 785
Krejčík, Jiří 770
Kubrick, Stanley 81, 154, 212, 229, 263, 378, 427, 551, 650, 734
Kukula, Martin 285
Kuleschow, Lew 14, 433, 498, 568
Kurosawa, Akira 29, 199, 337, 369, 592, 593, 650
Kusturica, Emir 741

L'Herbier, Marcel 244, 518
Lampin, Georges 595
Lang, Fritz 96, 128, 210, 256, 265, 307, 326, 339, 434, 459, 479, 499, 671, 703, 754, 785, 797
Lanzmann, Claude 557
Lattuada, Alberto 276, 633, 640
Laughton, Charles 502
Le Roy, Mervyn 335, 421
Lean, David 117, 428, 547
Lee, Ang 119, 171, 331
Lee, Spike 205
Leigh, Mike 637
Lelouch, Claude 328
Leni, Paul 324, 771
Leone, Sergio 140, 527
Lesiewicz, Witold 546
Lester, Richard 316, 386
Levinson, Barry 591
Levring, Kristian 243
Lewis, Jerry 519
Liebeneiner, Wolfgang 104, 144, 335, 419
Linder, Max 455
Lindtberg, Leopold 415, 759
Link, Caroline 357
Litvak, Anatole 184, 364
Lloyd, Frank 486
Loach, Ken 603, 691
Lommel, Ulli 720
Lorre, Peter 326, 493, 754
Losey, Joseph 279, 435, 642
Lubitsch, Ernst 49, 67, 71, 92, 227, 252, 387, 406, 436, 451, 505, 573, 581, 685, 715
Lucas, George 30, 41, 55, 370, 675, 676, 677
Lüdcke, Marianne 785
Lumet, Sidney 733
Lumière, Auguste 12, 58
Lumière, Louis 12, 58, 237
Lund, Kátia 149
Lynch, David 483, 681, 781

MacDonald, Peter 743
Machat, Gustav 228
Mack, Max 45
Mackendrick, Alexander 402, 780
Madden, John 646
Maetzig, Kurt 126, 220, 371, 595, 668
Maisch, Herbert 525
Majewskaja, Metschislawa 582
Makavejev, Duan 167
Makk, Károly 693
Malaparte, Curzio 169
Malle, Louis 38, 60, 62, 68, 69, 243, 398, 462, 759, 799
Mamoulian, Rouben 15, 209, 506
Mankiewicz, Joseph L. 34
Mann, Anthony 150, 712, 781
Mann, Delbert 451
Mann, Michael 656
Marquand, Richard 676
Marshall, Garry 571
Marshall, George 188
Martinson, Leslie H. 83
Massljukow, Alexej 582
Mattson, Arne 392

May, Joe 60, 339
May, Paul 518
Mazursky, Paul 115
McBride, Jim 21
McCarey, Leo 212
McGarvey, Seamus 330
McLeod, Norman Z. 213
Medwedkin, Alexander 684
Meirelles, Fernando 149
Mekas, Adolfas 303
Melford, George 648
Méliès, Georges 12, 161, 304, 767
Melville, Jean-Pierre 191, 206, 413, 544, 623, 654
Mendes, Sam 40
Menges, Chris 788
Menzel, Jiří 659
Meßter, Oskar 12
Meyer, Nicholas 182
Milestone, Lewis 34, 486
Miller, Frank 656
Miller, George 743
Minghella, Anthony 224
Minkin, Adolf 576
Minnelli, Vincente 41, 75, 254, 408
Mitry, Jean 496, 617
Mizoguchi, Kenji 619, 625, 737
Mnouchkine, Ariane 469
Molander, Gustaf 319, 340, 341, 372, 711
Morrissey, Paul 250
Munk, Andrzej 174, 226, 494, 546, 801
Murnau, Friedrich Wilhelm 237, 320, 415, 460, 510, 511, 555, 687, 695
Myrick, Daniel 106

Næss, Petter 221
Nair, Mira 472
Needham, Hal 705
Němec, Jan 532
Newell, Mike 254, 309
Niblo, Fred 90, 449
Niccol, Andrew 464

Oboler, Arch 15
Okejew, Tolomusch 498
Ökten, Zeki 698
Oliveira, Manoel de 509, 755
Olivier, Laurence 304, 317
Olmi, Ermanno 30, 244, 569
Ophüls, Max 418, 423, 435, 612
Orkin, Ruth 422
Oshima, Nagisa 27, 392
Oswald, Richard 36, 310, 696
Ozep, Fedor 474, 633
Ozon, François 332
Ozu, Yasujiro 28, 386, 717, 738

Pabst, Georg Wilhelm 124, 208, 261, 270, 370, 389, 417, 543, 696, 777
Parker, Alan 466
Parrott, James 733

Pasolini, Pier Paolo   23, 443, 567, 620, 701, 736, 750
Pastrone, Giovanni   128
Pavlović, Živojin   125
Peckinpah, Sam   603
Penn, Arthur   112, 421
Pereira dos Santos, Nelson   251, 604, 757
Perkins, Anthony   578
Petersen, Wolfgang   112, 344, 743
Petri, Elio   153
Petrow, Wladimir   562
Pick, Lupu   496, 631, 692
Piscator, Erwin   788
Pitschul, Wassili   439
Planer, Frank   184
Plintzner, Karl   25
Polanski, Roman   146, 172, 178, 516, 556, 602, 614
Pollack, Sydney   536
Porter, Edwin S.   294, 419
Powell, Michael   240, 597
Prawow, Iwan   710
Preminger, Otto   448
Preobraschenskaja, Olga   710
Pressburger, Emeric   597
Protasanow, Jakow   24, 359, 571, 668
Pudowkin, Wsewolod   14, 23, 24, 188, 390, 452, 570, 660, 689

Rabenalt, Arthur Maria   36, 376, 599
Radványi, Géza   749
Rafelson, Bob   533
Rahn, Bruno   194
Rappaport, Herbert   576
Rappeneau, Jean-Paul   173
Ratner, Brett   655
Ray, Nicholas   383, 596, 706
Ray, Satyajit   54, 56, 353, 473, 550, 605
Reed, Carol   331, 523, 675, 707
Reed, Ted   449
Reiner, Rob   780
Reinhardt, Max   752
Reinl, Harald   501
Reisner, Charles   213
Reisz, Karel   628
Reitz, Edgar   274, 313
Renoir, Jean   96, 115, 135, 169, 194, 209, 289, 290, 363, 546, 597, 605, 670, 718, 791
Resnais, Alain   50, 297, 324, 470, 485, 544, 565, 661
Richardson, Tony   425, 698, 718
Riefenstahl, Leni   108
Rivette, Jacques   544, 575, 751
Robbins, Tim   182
Robertson, John S.   209
Robison, Artur   631, 686
Robson, Mark   704
Rocha, Glauber   132, 149, 190, 414, 702
Rocha, Paulo   479
Rödl, Josef   32

Rodriguez, Roberto   656
Roeg, Nicolas   204
Roehler, Oskar   740
Roger, Dr. Waldemar   510
Rohmer, Eric   157, 162, 446, 450, 653, 752
Romm, Michail   192, 412, 582
Room, Abram   573
Rosi, Francesco   443, 470, 622, 703, 725
Rossellini, Roberto   43, 540, 609, 643, 750
Rossen, Robert   35
Rotha, Paul   196
Rouquier, Georges   495
Roy, Bimal   199
Ruggles, Wesley   150
Ruttmann, Walter   246
Rye, Stellan   685

Sagan, Leontine   437
Saless, Sohrab Shahid   695
Samperi, Salvatore   292
Sanchez, Eduardo   106
Sanjinés, Jorge   737, 794
Sára, Sándor   53, 239
Sarchi, Alexander   49
Sargent, Joseph   355
Saura, Carlos   45, 133, 139, 284, 441, 554
Sautet, Claude   156
Schaaf, Johannes   699, 727
Schall, Heinz   303
Schamoni, Ulrich   227
Scheljabuschski, Juri   569
Schepisi, Fred   142
Schepitko, Larissa   577
Schir-Achmedowa   784
Schlesinger, John   381
Schlöndorff, Volker   108, 366, 754
Schmidt, Jan   568
Schoedsack, Ernest B.   382
Schorm, Evald   375
Schroeter, Werner   440
Schübel, Rolf   316
Schünzel, Reinhold   44, 756
Scola, Ettore   78
Scorsese, Martin   133, 186, 409, 699
Scott, Ridley   278, 464, 655, 704
Sehr, Peter   374
Selpin, Herbert   713
Sembène, Ousmane   508
Sen, Mrinal   28, 220, 473
Sennett, Mack   226, 545, 710
Serena, Gustavo   61
Seton, Marie   588, 712
Shantaram, V.   198
Sharman, Jim   608
Sharp, Don   709
Sheridan, Jim   344, 488
Shindo, Kaneto   301
Shyamalan, M. Night   657
Sidney, Scott   698
Siegel, Don   377
Siegmann, George   103, 346
Sierck, Detlef   s. Sirk, Douglas

Siodmak, Robert   147, 378, 457, 492, 671, 754
Sirk, Douglas (d. i. Detlef Sierck)   338
Sjöberg, Alf   262, 320, 323, 373
Sjöman, Vilgot   266
Sjöström, Victor   91, 196, 340, 372, 392, 701, 712
Skladanowsky, Emil   12
Skladanowsky, Max   12, 467
Skolimowski, Jerzy   618, 772
Soderbergh, Steven   644
Solás, Humberto   430
Spielberg, Steven   75, 155, 228, 354, 367, 463, 557, 591, 629, 632
Spils, May   803
Stallone, Sylvester   608
Staudte, Wolfgang   209, 383, 474, 615, 616, 745
Steinhoff, Hans   36, 327, 525
Stemmle, R. A.   93
Sternberg, Josef von   42, 107, 142, 199, 406, 595, 621, 648, 742
Stevens, George   42, 542, 647
Stiller, Mauritz   227, 288, 319
Stöckl, Ula   274
Stolper, Alexander   633
Stone, Oliver   263, 360
Straub, Jean-Marie   147, 417, 501
Stroheim, Erich von   110, 251, 294, 329, 346, 458, 587, 772, 775
Sturges, John   76, 409, 650
Sturges, Preston   261, 293, 686
Swjaginzew, Andrej   789
Syberberg, Hans Jürgen   326, 431
Szabó, István   35, 53, 217, 457
Szwarc, Jeannot   355

Tabío, Juan Carlos   259
Tacchella, Jean-Charles   165
Tanner, Alain   461, 620
Tarantino, Quentin   580, 656
Tarkowski, Andrej   46, 352, 524, 663, 790
Tati, Jacques   361, 748
Taviani, Paolo   513, 539, 670
Taviani, Vittorio   513, 539, 670
Taylor, Sam   260
Thiele, Rolf   437
Thiele, Wilhelm (William)   209, 698
Thiery, Fritz   484
Thomas, Ralph   708
Thompson, J. Lee   133
Thorpe, Richard   707
Tornatore, Giuseppe   519
Torre Nilsson, Leopoldo   137, 245, 445
Toth, André de   15
Tourjansky, Viktor   227
Trauberg, Ilja   284
Trauberg, Leonid   284, 366, 515, 633, 690, 790, 793
Trenker, Luis   595
Trier, Lars von   116, 179, 201, 243
Trivas, Victor   502
Troell, Jan   520, 746

Trotta, Margarethe von 109, 754
Truffaut, François 44, 78, 142, 187, 221, 223, 365, 517, 544, 585, 713
Trumbo, Dalton 361
Tschemodurow 784
Tschiaureli, Michail 539
Tschuchrai, Grigori 79, 668, 732, 787
Tschuchrai, Pawel 786, 787
Tykwer, Tom 311, 424, 543

Ucicky, Gustav 315, 475, 569
Ulmer, Edgar G. 457

Vadim, Roger 612
Van Dyke, William S. 103, 346, 624, 706
Van Sant, Gus 286
Varda, Agnès 111, 153, 544, 564, 626
Verbinski, Gore 560
Vesely, Herbert 123
Vidor, Charles 483
Vidor, King 100, 101, 171, 172, 213, 302, 303, 535, 678, 784
Vigo, Jean 62, 195, 799
Vilsmaier, Joseph 157, 317
Vinterberg, Thomas 242

Visconti, Luchino 90, 131, 269, 296, 342, 432, 476, 533, 546, 586, 606, 639, 702, 719
Wachowski, Andy 455
Wachowski, Larry 455
Wajda, Andrzej 96, 174, 176, 371, 393, 428, 557, 566, 791, 801
Walsh, Raoul 103
Wang, Wayne 660
Wangenheim, Gustav von 114
Wassiljew, Dmitri 32
Wassiljew, Georgi 730
Wassiljew, Sergej 23, 730
Webber, Peter 656
Wegener, Paul 282, 283
Weill, Claudia 277
Weir, Peter 183, 238, 729, 783
Welles, Orson 151, 402, 438, 598, 721
Wellman, William A. 537, 579, 674
Wenders, Wim 33, 323, 545
Werker, Alfred 772
Whale, James 256
Wicki, Bernhard 124
Widerberg, Bo 397
Wiene, Robert 127, 273, 343, 594
Wilder, Billy 99, 206, 428, 665, 688

Williamson, James 63
Wolf, Konrad 274, 289, 336, 420, 575, 664, 667, 678
Wolff, Hans 209
Woo, John 455
Wood, Sam 213, 285
Worsley, Wallace 333
Wortmann, Sönke 385, 792
Wyler, William 95
Wylers, William 714

Yang Yanjin 396
Yates, David 309
Yersin, Yves 554

Zampa, Luigi 764
Zanussi, Krzysztof 337
Zeffirelli, Franco 703
Zelnik, Friedrich 774
Zeman, Karel 769
Zemeckis, Robert 74, 75, 252
Zerlett, Hans H. 135
Zhang Yimou 177, 318
Ziewer, Christian 418, 785
Žilnik, Želimir 593
Zinnemann, Fred 262, 275, 322, 644

Regisseure **839**

Kameraleute

Abbott, Bill   721
Ackroyd, Barry   603, 691
Acord, Lance   427
Adefarasin, Remi   452
Agostini, Philippe   48, 134, 178, 214, 363, 601
Agranowitsch, Michail   565
Aguayo, José F.   726, 760
Aguirresarobe, Javier   300
Aisenberg, G.   784
Akay, Izzet   688
Alazraki, Robert   554
Alcaine, José Luis   482, 766
Alcott, John   81, 154, 650
Aldo, G. R.   639, 702, 740
Alekan, Henri   89, 323
Allgeier, Sepp   313, 595, 696, 776
Almendros, Nestor   44, 142, 157, 187, 221, 446, 450
Alonzo, John A.   146, 308
Alton, John   41
Anders, Günther   315
Andersson, Karl   768
Andriot, Lucien   194, 670
Angelo, Yves   156
Angst, Richard   601, 776, 782
Ankarstjerne, Johan   311
Appel, Julian   738
Arata, Ubaldo   609, 616
Arbogast, Thierry   413, 414
Arnold, John   100
Aronovich, Ricardo   78, 266
Arrignon, Roger   150, 432
Arvanitis, Yorgos (Giorgos)   460, 705, 719
Asselin, Georges   115
Atsuta, Yushun   28, 717
August, Joseph H.   333, 339
Avil, Gordon   302
Aviv, Nurith   468

Baberske, Robert   86, 257, 370, 415, 744, 745
Bac, André   65, 363
Bachelet, Jean   169, 597
Badaracco, Jack   383
Baena, Juan Julio   155, 284, 445
Baharlou, Houshang   695
Bailey, John   344
Baker, Ian   142
Baldenius, Jörg Michael   418
Balkrishna, G.   198
Ballard, Lucien   603
Ballhaus, Michael   186, 218, 309
Banes, Lionel   550
Barbieri, Roberto   569
Barboni, Enzo   198, 464
Barboni, Leonida   196, 203

Barnes, George   456
Barreto, Luiz Carlos   702, 757
Bartkowiak, Andrzej   574
Battagliotti, Augusto   128
Batton, Robert   191
Beato, Affonso   586, 716
Beausoleil, Claude   111
Begson, Paul   591
Behn-Grund, Friedl   25, 87, 126, 220, 335, 474, 525, 595, 713
Beimler, Hans   590
Bendtsen, Henning   273, 530
Benitz, Albert   595, 703
Berenguer, Manuel   97
Berger, Christian   90, 130, 384
Bergmann, Helmut   310
Bergmann, Werner   274, 289, 310, 336, 420, 575, 667, 678
Berliet, Jimmy   226, 244
Berna, Emil   275, 415, 759
Bernardo, Mario   736
Bernstein, Steve   159
Berta, Renato   68, 461, 462, 548, 620, 661, 755
Biddle, Adrian   704
Bigazzi, Luca   403
Binger, Ray   673
Biroc, Joseph   63, 350, 617, 721
Bitsch, Charles   544
Bitzer, G. W.   102, 103, 346
Biziou, Peter   344, 466, 729, 788
Bladh, Hilding   298
Blossier, Patrick   485, 626
Bodin, Martin   320
Boffety, Jean   185, 706
Bogdanski, Hagen   410, 740
Boge, Gustaf   372
Bohne, Werner   44
Bonacina, Diego   749
Bonin, Gerd von   124
Bose, Kamal   199
Böttger, Hermann   45
Bourgassef   244, 495
Bourgoin, Jean   204, 288, 368, 514, 546
Boyle, Charles P.   709
Brandes, Werner   339
Brandt, Horst E.   674
Brenner, Jules   361
Briquet   495
Brizzi, Anchise   461, 637
Brown, Karl   168, 346
Bruckbauer, Georg   611
Brun, Philippe   297
Bujard   353, 617
Burel, L. H.   160, 168, 353, 362, 495, 559, 575, 617
Burgess, Don   252

Burks, Robert   102, 447, 509, 682, 728, 790
Burns, Patrick   62
Burum, Steven H.   773
Bush, Dick   756
Butler, Bill   163, 354, 529

Caimi, Lamberto   244, 569
Canfarelli, Giovanni   147
Cardiff, Jack   26, 597
Carlini, Carlo   764
Carniel, Elio   415
Carpenter, Russell   714
Casta, Alberto   61
Chain, Gilbert   139
Challis, Christopher   597
Champagne, Clarence   578
Chapman, Michael   406, 699
Charlone, César   149
Chewing, Wallace   471
Chiusano, Natale   128
Chodura, Karol   558
Chou Yeh-hsing   331
Chrennikow, B.   284
Chwatow, Wasili   677
Ciupka, Richard   62
Clark, Curtis   208
Claunigk, Erich   615
Clerval, Denys   78
Cloquet, Ghislain   68, 243, 429, 477, 728
Clothier, William H.   447
Collomb, Jean   328
Combes, Marcel   191
Conroy, Jack   488
Contini, Alfio   798
Coop, Denys   381, 709
Cortez, Stanley   438, 502
Cosulich, Guido   414
Courant, Curt   96, 303, 363, 446, 471
Coutard, Raoul   21, 79, 147, 365, 458, 559, 713, 765, 775, 798
Cox, Jack   105, 403, 484
Crabe, James   607
Cronjager, Edward   150
Cronjager, Henry   717
Crosby, Floyd   322, 695
Cuadrado, Luis   45, 139, 554
Cundey, Dean   74, 367
Čuřík, Jan   232, 375, 528, 568, 723, 800

D'Alquen, Jan   41
Daniels, William   250, 251, 294, 458, 559, 713, 765, 781
Daub, Ewald   310
Daviau, Allen   228, 238

Davidson, E. Roy 478
Day, Ernest 547
De Borman, John 264
De Chomon, Segundo 128
De Luca, Giulio 461
De Santis, Pasquale 470
De Santis, Pasquale (Pasqualino) 56, 131, 193, 296, 342, 404, 476, 725
De Seta, Vittorio 80
Deakins, Roger 81, 99, 182, 506
Decae, Henri 38, 60, 85, 111, 166, 585, 612, 623, 654, 759
Delbonnel, Bruno 231
Delli Colli, Tonino 23, 140, 276, 398, 443, 494, 527, 567, 620, 736, 750, 753, 763
Deming, Peter 483
Demuzki, Daniel 58, 639
Derobe, Alain 353
Deschanel, Caleb 86
Desfassiaux, Maurice 144, 545
Di Giacomo, Franco 513, 683
Di Palma, Carlo 110, 125, 188, 307, 589
Di Venanzo, Gianni 43, 217, 295, 443, 464, 470, 512, 534, 622, 702
Diamanti, Saverio 147
Dickerson, Ernest 205
Dickinson, Desmond 304
Doyle, Christopher 318
Drews, Carl 329
Dryburgh, Stuart 557
Dubergen (Duverger), Albert 26, 145, 617
Dufaux, Guy 358
Dunn, Andrew 287
Dybowski, Wacław 801
Dykstra, John 675
Dyle, Christopher 318

Edelman, Pawel 556
Edeson, Arthur 34, 136, 256, 440, 486, 605, 678
Edouart, Farciot 428
Eguino, Antonio 794
Elmes, Frederick 120, 503
Elswit, Robert 438
Emshwiller, Ed 303
Engbarg, Preben 625
Engel, Morris 422
Enger, Charles van 252, 451
Epstein, B. 710
Ericson, Rune 612
Eriksson, Stefan 627
Escamilla, Teo 133, 441
Escoffier, Jean-Yves 38, 286
Etchebehere, Alberto 445
Eveslage, Ron 41
Eyvinge 495

Führmann, Tom 792
Farkas, Nikolaus 92, 182
Faucherre, Eric 165
Feldman, Dmitri 573, 710
Fellous, Roger 362
Ferris, Mike 378

Figueroa, Gabriel 46, 449, 497, 527
Filač, Vilko 741
Filatow, G. 793
Fischer, Gunnar 52, 266, 658, 662, 666
Fischinger, Oskar 256
Fisher, Gerry 279
Flaherty, Frances Hubbard 445, 467
Flaherty, Robert 445, 467, 495, 695
Forestier, Louis 359
Forster, Maurice 168, 353, 668
Fossard, Marc 88, 222, 553
Foster, William C. 748
Fowle, Chick 132
Fraile, Alfredo 481
Fraker, William A. 155
Franchi, Marcel 361
Francis, Freddie 133, 613, 628, 681
Fredericks, Neal 106
Freund, Karl 207, 223, 257, 283, 320, 415, 459, 644, 671, 751, 754, 767
Fuglsang, Frederik 750, 774
Fujimoto, Tak 654, 657
Fukuzawa, Yasumichi 199
Fulton, John P. 447

Gallea, Arturo 213
Gallinelli, Marcello 80
García Joya, Mario 259
Gardanow, Wjatscheslaw 562
Garmes, Lee 42, 213, 629, 648
Gaudio, Tony 421
Geick, Eberhard 664
Geissbühler, Luke 113
Gerstad, Merritt B. 257
Gheller, Edward 621
Giacosi, Luigi 241
Gibbs, Gerald 780
Gibory 241, 244
Giese, Erich 92
Gilks, Alfred 41
Gillespie, A. Arnold 509
Gindin, Michail 25
Ginsburg, Waleri 388
Ginzburg, Alexander 390, 791
Giraud, Maurice 162
Giurato, Blasco 519
Glattli, A. 364
Glenn, Pierre-William 517
Glennon, Bert 406, 673, 700, 742, 771, 796
Godina, Karpo 593
Goldabenko, Juri 635
Goldberger, Willi 594, 595
Golownja, Anatoli 23, 188, 390, 452, 570, 633, 689
González Paz, Aníbal 137
Göthe, Wolf 93
Graatkjaer, Axel 223, 303, 343, 506, 555, 767
Graziati, Aldo 464
Greatrex, Richard 646

Greenbaum, Mutz 675
Griebe, Frank 311, 424, 543
Griggs, Loyal 647, 712, 777
Grohmann, Erich 104
Gschwind, Karlheinz 32
Guarnieri, Ennio 276
Guérin 364
Guffey, Burnett 35, 112, 262, 348, 704
Guichard, Paul 545
Guichard, René 244
Guissart, René 90
Gusko, Erich 371

Haines, Bert 84, 272
Hall, Conrad L. 40, 236
Haller, Ernest 285, 596
Haller, Peter von 157
Hameister, Willy 127, 273, 324
Hammon, Michael 302
Hansen, Alfred 67
Hardwick, Anthony 113
Harlan, Russell 104, 596
Harris, Henry 651
Harris, Stuart 778
Hasler, Joachim 271
Hasselmann, Carl 324, 682, 692
Haydu, Jorge 71
Hayer, Nicolas 165, 206, 531, 653
Heereman, Roger 373
Hegyi, Barnabás 392, 749
Heinl, Bernd 537
Heinrich, Hans 307, 420
Heller, Otto 402
Herrera, Jorge 430, 572
Hickox, Sidney 101
Hilburn, Percy 90
Hildyard, Jack 117, 317
Hirano, Yoshimi 619
Hoch, Winton C. 709
Höfer, Andreas 492, 666
Hoffmann, Carl 210, 237, 391, 475, 499
Holender, Adam 660
Holmquist, Rolf 266
Holmström, Jesper 627
Hölscher, Heinz 518
Horák, Antonín 770
Hörmann, Günter 59
Hou Yang 318
Houck, Byron 497
Howe, James Wong 307, 706, 772
Hua Huiying 331
Hubert, Roger 222, 246, 357, 423, 495, 552, 761
Hume, Alan 247
Hunt, J. Roy 170

Idziak, Sławomir 394
Illés, György 333
Illík, Josef 386
Irmen-Tschet, Konstantin 327, 484
Ito, Hideo 27
Ivano, Paul 587

Jaenzon, Henrik 227, 372

Kameraleute **841**

Jaenzon, J. Julius 91, 288, 319, 340, 392, 701, 711
Jahoda, Mieczysław 599
Jakišić-Fando, Milorad 125
Jakowlew, Wladimir 562
Jekeltschik, Juri 635
Jennings, Gordon 428, 535, 688
Jennings, J. Devereux 84, 272, 579
Jensen, Verner 195
Jermolow, Pjotr 189, 469, 571, 668, 784, 788
Jiménez, Agustín 756
Joffre, Alex 246
Jong Lin 331
Jonilowicz, Jack 405
Juillard, Robert 43, 359
Jürges, Jürgen 48, 249
Jussow, Wadim 46, 352, 663
Jutzi, Piel 487, 633

Kalari, Mahmoud 77
Kalaschnikow, Leonid 49
Kalzati, Abram 776
Kaminski, Janusz 463, 629, 632
Kanau, Manji 265
Kanturek, Otto 256
Kaufman, Boris 62, 529, 733, 799
Kelber, Michel 131, 134, 192
Kelley, Wallace 519
Kelsch, Ken 76
Kende, János 172
Kershner, Glenn 425, 684
Khondji, Darius 642
Kirillow, Michail 525, 788
Klagemann, Eugen 220, 474
Klausmann, Rainer 269
Klausse 364
Klepacki, Franz von 335
Klimow, Wladimir 786
Kłośiński, Edward 96, 174, 176, 337, 393, 801
Knechtel, Horst 249
Knowles, Bernard 708
Kobayashi, Setsuo 507
Koch, Franz 405, 493
Koenekamp, H. F. (Fred) 682, 721
Kollmar, Erich 645
Koltai, Lajos 217, 457
König, Klaus 803
Kono, Yoshimi 619
Körösi, Rudolf 316
Korschichin, Dmitri 784
Kosmatow, Leonid 539
Kovacs, Laszlo 155, 216
Krampf, Günther 124, 395
Krasker, Robert 117, 317, 523, 601, 639, 707
Krasner, Milton 34, 80, 785
Kratisch, Ingo 785
Krause, Georg 93, 383, 492, 551
Krien, Werner 295, 484, 599
Kristiansen, Henning 73
Kristinsson, Ari 114
Kritschmann, Michail 789
Kropat, Romuald 174
Krøvel, Svein 221
Kruger, Jacques 88, 553

Kruger, Jules 246, 495
Kubrick, Stanley 378
Kučera, Jaroslav 638, 769
Kukula, Martin 379
Kunstmann, Ernst 713
Kuntze, Reimar 343, 437, 506, 595, 724
Kurant, Kurt 256
Kurant, Willy 451
Kuroda, Kiyoshi 301
Kusnezow, Konstantin 568
Kuveiller, Luigi 153
Kydyralijew, Kadyrschan 498

La Shelle, Joseph 451
Lach, Robert 261, 270
Lacoste, Christian 508
Lagorio, Alexander 502
Lang, Charles B. jr. 99, 409, 665
Lantto, Per-Olof 627
Lapoirie, Jeanne 332
Laskowski, Jan 563
Lassally, Walter 425, 698, 716, 718, 802
Laszlo, Ernest 54
Lawrow, German 192
Lawton, Charles jr. 402
Le Febvre, Robert 138, 567
Leacock, Richard 429
Leavitt, Sam 185, 448, 674
Leblanc, Lee 509
Lendi, Georges 165
Lepine, Jean 563
Lerpae, Paul K. 519
Lerski, Helmar 771
Lesnie, Andrew 426
Lessley, Elgin 425, 497, 535, 541, 684
Letort, Jean 244
Levent, P. 134
Lewitzky, Alexander 433, 498
Lhomme, Pierre 173, 442
Lima, Waldemar 190
Lind, Alfred 26
Linden, Edward 382
Lindeström, Jan 397
Lindström, Rolf 552
Lipman, Jerzy 371, 428, 516, 801
Lippert, Ludwig 343
Lloyd, Walt 644, 651
Löb, Karl 804
Lobowa, Tamara 23, 689
Lohmann, Dietrich 123, 305, 326, 375, 417, 431, 774
Lohmann, Paul 321
Lubetzki, Emmanuel 159
Lubtchansky, William 751
Lucas, Georges 148, 241, 244
Lucas, Jean 148, 495
Lucien, Marcel 115, 195
Lundin, Walter 260
Lutfi, Dib 251, 318
Luther, Igor 108

MacDonald, Joseph (Joe) 132, 488, 542, 683
Machuel, Emmanuel 56

Maeder, Fritz E. 70
Magidson, Mark 777
Mahajan, K. K. 28, 220
Makai, Árpád 696
Mantle, Anthony Dod 242
Marcelli, Ubaldo 203
Marczinkowski, Günter 22, 493, 672
Marlatt, Mark 150, 152
Marley, Peverell 281, 383, 700
Marrama, Alberto 579
Marsh, Oliver 196, 624
Marshall, William 648
Martelli, Otello 97, 202, 540, 604, 679, 764
Martow, Joseph 660, 731, 791
Masini, Mario 539
Maté, Rudolf 549, 715
Mathieson, John 278
Matras, Christian 135, 233, 246, 290, 423, 435, 612, 765
Mauch, Thomas 22, 59, 65, 248, 412
McCord, Ted 216, 724
McCoy, Earl 798
McGann, William H. 449
McGarvey, Seamus 330
Mélies, Georges 161
Mellor, William C. 76, 293
Mercanton, Jacques 361, 748
Mertin, Peter 249
Meszchijew, Dmitri 177
Métain, Charles 777
Metty, Russell 118, 338, 465, 721
Metz, Rexford 354
Metzner, Ernö 605
Michailow, Jewgeni 515, 633
Michaut 767
Mickiewicz, Witold 618
Mikesch, Elfi 440
Milić, Rudolf 523
Miller, Arthur 297, 330, 537, 714
Milner, Victor 743
Milota, Stanislav 670
Milsome, Douglas 263
Minsky, Charles 571
Mischer, Don 86
Mitra, Subrata 54, 56, 353, 550
Miyagawa, Kazuo 225, 370, 593, 625, 737, 738
Miyajima, Yoshio 503, 504, 641, 802
Mohr, Hal 188, 329, 355, 775
Monastyrski, Boris 114, 533, 590
Mondi, Bruno 104, 296, 365, 387, 479, 616
Monniot 495
Montazel, Pierre 288, 518
Monti, Felix 795
Montuori, Carlo 399, 764
Montuori, Mario 764
Morgan, Ira 467
Morris, Oswald 478
Morrissey, Paul 250
Moskwin, Andrej 177, 351, 366, 515, 633, 690, 790, 793
Mousselle, Jean 748

Müller, Robby   33, 116, 179, 207, 545
Mundwiller, Jean-Paul   495
Muñoz, Ramon   590
Murphy, Fred   277
Musuraca, Nicholas   671

Nakabori, Masao   435
Nakai, A.   386
Nakai, Asaichi   337, 592, 650
Nannuzzi, Armando   118, 131, 567
Nardi, Tonino   400
Narzisi, Gianni   159, 670
Nasr, Mohsen   348
Natteau, Jacques   139
Naujeck, Dieter   69
Née, Louis   601, 619
Nemeček, Jan   141
Neuschäffer, Jobst   274
Nikolajew, Wladimir   79
Nilsen, Wladimir   94, 526
Nitzschmann, Erich   479
Novotný, Vladimir   522
Nurzyński, Antoni   772
Nykvist, Sven   52, 234, 298, 373, 496, 524, 548, 628, 630, 659, 734, 750, 762, 778

Oberberg, Igor   245, 341, 744
Oertel, Curt   261, 270
Olmi, Ermanno   30
Olonowski, Nikolai   633
Ondřiček, Miroslav   36, 405
Ormanlar, Kenan   274, 301
Ouchakoff, Theophan   555

Pacheco, Mario   753
Page, Louis   150, 376, 432, 584
Pagès, Luc   162
Palmer, Ernest   120
Parguel, Paul   164, 668
Parolin, Ajace   241, 470
Pau, Peter   171
Pavey, Stan   707
Penzer, Jean   358
Périnal, Georges   51, 381, 462, 573, 585, 601, 625, 669
Persson, Jörgen   271, 279, 372, 552
Petković, Aleksandar   167
Petrizki, Anatoli   784
Phillips, Alex   686
Picavet, Jean-Louis   268
Piccone, Ugo   147
Pierce-Roberts, Tony   600, 613
Pierre, Émile   495
Pikhart, Bohuslav   770
Pilichina, Margarita   466
Planck, Robert   535
Planer, Franz (Frank)   36, 209, 418
Plintzner, Karl   25, 126, 674
Pogany, Gabor   169
Polito, Sol   47, 59, 335
Pollock, Gordon   152, 587
Polujanow, Sergej   732
Pomeroy, Roy   700
Pope, Bill   455, 637

Popović, Mihajlo   368, 564, 624
Popow, Wladimir   272, 526
Portalupi, Piero   90
Porter, Edwin S.   294, 419
Pouget, Patrice   328
Pratt, Roger   83, 247
Prieto, Rodrigo   73, 119
Pronin, Wassili   582
Puth, Karl   36, 525

Quinn, Declan   410, 472

Rabier, Jean   85, 111, 153, 166, 507
Raichi, Henri   799
Rapoport, Wladimir   660, 791
Rath, Franz   109, 366, 743
Rathje, Gustav   434
Raulet, Georges   462, 669
Rautenfeld, Klaus von   437
Rawlings, Richard L.   377
Reitz, Edgar   22
Reitz, Guido   274
Rennahan, Ray   213, 285
Renoir, Claude   96, 135, 290, 546, 605, 718
Rescher, Gayne   182
Resnikow, Jefim   439
Reuter, Walter   590
Reynolds, Ben   110, 251, 294, 329, 458, 587, 775
Richard, Edmond   141, 144, 235
Richards, C. Pennington   277
Richardson, Charles   605
Richardson, Robert   360
Richmond, Anthony   204
Ries, Gerhard   501
Rittau, Günther   60, 107, 459, 499
Robin, Jacques   359
Rodionow, Alexej   576
Rodriguez, Roberto   656
Rodwell, Stanley   651
Roizman, Owen   258
Roll, Gernot   313, 357, 374, 385, 615
Ronald, Paul   90
Roncal, Hugo   737
Roosling, Gösta   323
Roque, Elso   479, 509
Rosher, Charles   687
Rosson, Harold (Hal)   60, 199, 213, 657
Rotunno, Giuseppe   39, 240, 269, 606, 639, 640
Roudakoff, Nicolas (Nikolai)   144, 191, 246
Rousselot, Philippe   196, 598
Russell, John L.   578
Ruttenberg, Joseph   265
Ruttmann, Walter   499
Ruzzolini, Giuseppe   567, 670, 701
Ryschow, Konstantin   289

Saalfrank, Hermann   479
Sachtler, Wendelin   501
Saitô, Takao   29, 199, 369, 592
Salminen, Timo   732, 758

Samosiuk, Zygmunt   393
Sára, Sándor   53, 239
Sarossy, Paul   239, 240
Saweljewa, Era   79
Sawjalow, A.   390
Scala, Domenico   203, 533
Scavarda, Aldo   72, 292, 572
Schaefer, Roberto   473
Schäfer, Martin   33
Schäffer, László   663
Schelenkow, Alexander   784
Scheljabuschski, Juri   24
Schifrin, I.   776
Schirtladse, Juri   576, 641
Schlasy, Adolf   257
Schmidt-Reitwein, Jörg   98, 356, 511
Schneeberger, Hans   107, 108, 313, 569, 776
Schnéevoigt, George   105, 214, 571
Schneiderman, George   348
Schoedsack, Ernest B.   294
Schroeder, Dianne   86
Schüfftan, Eugen   211, 457, 584, 602, 605
Schuh, Stephan   636
Schuler, Fred   720
Schünemann, Emil   24
Schünemann, Fritz   675
Schwarzenberger, Xaver   634
Schwarzwald, Christian   501
Seale, John   183, 224, 309, 591, 783
Seeber, Guido   194, 257, 261, 270, 282, 685, 692
Seitz, John F.   206, 254, 428, 686, 688
Sekula, Andrzej   580
Semler, Dean   180
Sempere, Francisco   561, 562
Senjan, A.   784
Serafin, Enzo   170
Serra, Eduardo   67
Shamroy, Leon   797
Sharp, Henry   171, 212
Sigajew, Alexander   730
Silva, Helio   604
Sinanos, Andreas   460
Sindall, Philip   254
Skladanowsky, Max   467
Slocombe, Douglas   155, 178, 380, 591, 642
Smirnow, Nikolai   25
Smith, Larry   229
Sobocinski, Piotr   726
Sobociński, Witold   791, 801
Šofr, Jaromir   64, 532, 659
Somló, Tamás   693
Sonnenfeld, Barry   780
Soulignac, Paul   564
South, Leonard J.   232
Sparkuhl, Theodor   49, 71, 92, 387, 436, 581
Spinotti, Dante   398
Spiridonow, A.   525
Stallich, Jan   228
Stapleton, Oliver   622

Kameraleute   **843**

Stears, John   675
Stein, Louis   514, 564
Stella, Raymond   632
Stephan, Bruno   389, 543
Stern, Tom   490
Sternberg, Jessy von   274
Stevens, George   83, 98, 733
Stilianudis, Georg   502
Stilianudis, Juri   284
Storaro, Vittorio   55, 161, 407, 515, 648, 683, 739
Stout, Archibald   700
Stout, Archie   253
Stradling jr., Harry   421
Stradling, Harry   376, 683
Straub, Jean-Marie   501
Stridh, Sofi   627
Strindberg, Göran   234, 262
Struss, Karl   90, 209, 292, 420, 687
Suárez, Ramón F.   456, 481
Sugiyama, Kohei   360
Surtees, Bruce   542
Surtees, Robert   75, 408
Suschitzky, Peter   325, 608
Szécsényi, Ferenc   308, 321

Tafuri, Renato   400
Takahashi, Michio   324
Tamura, Masaki   697
Tarantík, Jiří   769, 770
Taraskin, Sergej   576
Tattersall, David   677
Taylor, Gilbert   172, 212, 258, 602, 675
Taylor, J. O.   382
Taylor, Ronnie   268, 354
Taylor, Valerie   354
Tetzlaff, Ted   511
Theaudière, Philippe   238
Thirard, Armand   61, 89, 193, 329, 601, 619, 654
Thiriet, Michel   165
Thomas, André   376
Thorpe, H.   449

Tiquet, Henri   518
Tissé, Eduard   25, 32, 94, 122, 272, 351, 526, 587, 677, 710, 712
Toland, Gregg   95, 151, 291
Tomatis, Giovanni   128
Tonti, Aldo   43, 514, 533, 640
Tóth, János   693
Totheroh, Rollie   150, 152, 200, 281, 292, 339, 376, 420, 467, 471, 560, 653, 748, 786
Tovoli, Luciano   80
Trasatti, Luciano   764
Treu, Wolfgang   727
Trier, Lars von   179, 201
Troell, Jan   520, 746
Trojanski, Gleb   684
Trumbull, Douglas   155
Tscheng-Ju-Lang   784
Tschetwerikoff, Konstantin   256
Tufano, Brian   722
Tunca, Çetin   57
Tuzar, Jaroslav (Jarosław)   558, 738, 770

Ueda, Masaharu   29, 369, 592
Ulmer, Edgar G.   457
Unsworth, Geoffrey   734
Urussewski, Sergej   414, 638

Vacano, Jost   112, 743, 754
Valentine, Joseph   645
Vallejo, Enrique Juan   698
Vámos, Tamás   35
Vandenberg, Gerard   227
Vass, Karl   703
Ventimiglia, Baron   422
Vích, Václav   464, 585, 754
Vierny, Sacha   50, 87, 164, 297, 324, 470, 485, 577
Vilsmaier, Joseph   157, 317
Vinna, Clyde de   90
Virágh, Árpád   181
Vogelmann, J.   188
Vyhlidki, Robert   738

Wagner, Fritz Arno   44, 208, 370, 417, 434, 479, 510, 525, 631, 703, 777
Walker, Joseph   349, 350, 478
Walker, Verne   382
Watkin, David   316, 386, 536
Weihmayr, Franz   419, 437
Weindler, Helge   444
Weinmann, Friedrich   631, 752, 774
Wemmenlöv, Raymond   627
Westerberg, Fred   383
Wexler, Haskell   529
Whitlock, Albert J.   321
Widmer, Jörg   157
Wilcox, John   707
Williams, Billy   268
Williams, Frank D.   710
Williamson, James   63
Willis, Gordon   50, 280, 343, 581
Wilson, Ian   218
Wilson, Jack   150, 281, 786
Winiewicz, Krzysztof   546, 801
Wirth, Wolf   123, 699
Wójcik, Jerzy   174, 226, 453, 566
Wolski, Dariusz   560
Woltschek, Boris   412, 582
Wrigley, Dewey   743
Wyborny, Klaus   356

Xenofontow, Alexander   730

Yamamoto, Hideo   305
Yin Fukang   396
Yoshioka, Yasuhiro   392
Younis, Ricardo   245

Zhao Fei   177, 690
Zheng Hong   396
Zhu Jinming   794
Zinnemann, Fred   457
Zitzermann, Bernard   469
Zsigmond, Vilmos   155, 312, 522

Bildnachweis

ABC Motion Pictures (1), Archiv (67), ARD (8), Arthaus (1), Atlas (10), Bavaria (2), Buena Vista International (4), Centfox (1), Cinema International (1), Columbia [Tristar] (6), Concorde-Film (7), Constantin (13), Europa (3), Faces Distribution (1), Filmverlag der Autoren (5), Gloria (2), Impuls (1), Kinowelt (2), Lehmacher-Film (1), Mosfilm/DSH (1), neue filmform heiner braun (3), Neue Filmkunst (5), Orion Pictures (1), Ottfilm (2), Palace Pictures (1), Pallas (2), Pandora (3), Paramount (5), Polygram (1), Prisma (1), Progress (1), Prokino (7), Regent Film Distributors (1), RKO (1), Senator Film (2), Tobis Filmkunst (5), 20th Century Fox (1), United Artists (2), United International Pictures (4), Universal City Studios (2), Warner Bros. (7), Werner Herzog-Filmproduktion (1), ZDF (21), Zentropa Entertainments (1).

Filmregisseure.
Biographien, Werkbeschreibungen, Filmographien.
Hrsg. von Thomas Koebner.
860 S. Mit 109 Abb.

Filme entstehen nur durch die kreative Zusammenarbeit vieler, aber den Regisseuren kommt meist die wichtigste, zentrale Rolle im Zusammenspiel zu. Reclam widmet ihnen mit diesem Buch erstmals in deutscher Sprache ein eigenes Nachschlagewerk.
In ausführlichen Artikeln stellen Filmwissenschaftler und Filmkritiker mehr als 200 der bedeutendsten Regisseure der Filmgeschichte vor, ihre Biographie, ihre stilistische Entwicklung, die Merkmale und Eigentümlichkeiten ihrer filmischen Handschrift und die großen Werke. Die Spannweite des Bandes reicht von den Pionieren wie Georges Méliès und D. W. Griffith bis zu den Coen-Brüdern, Steven Soderbergh oder auch Tom Tykwer und François Ozon. Vollständige Filmographien und ausgewählte Literaturhinweise stellen die lexikographische Basis dar, über hundert Portraitfotos erhöhen die Anschaulichkeit der einläßlichen Artikel, die Wertung nicht scheuen. Das Buch eröffnet über die Regisseure den Blick auf die ganze Filmgeschichte – aus der Perspektive derer, die sie gemacht haben.

»Für Filmfreaks ein Muß« *(TV-Movie)*

Reclams Sachlexikon des Films
Hrsg. von Thomas Koebner
830 S. Mit 148 Abb.

Reclams Sachlexikon des Films ist das umfassende Nachschlagewerk über alles, was mit dem Film, seiner Ästhetik, seiner Produktion und Rezeption zu tun hat. Ausführliche Artikel erläutern die Sachfragen zu Gattungen, Formen und Stilen, ästhetischen Kategorien und Begriffen, Verfahren der Planung, zu Drehbuchentwicklung, Inszenierung, Kameraarbeit, Schauspielkunst, zu Aspekten der filmischen Materialität und der Geräte, Institutionen der Produktion, des Markts und der Kinobranche.
Zahlreiche kommentierte Filmfotos veranschaulichen die beschriebenen Sachverhalte und machen das Nachschlagen zum Vergnügen.

»Die Lektüre dieses fulminanten Text- und Bildbandes rückt Filmgeschichte und Filmgegenwart immer wieder in ein besonderes Licht. Da wird dieses Sachlexikon, das auch ein hervorragendes Register hat, neben allem anderen zum sinnfälligen Lehr- und Lernbuch des Sehens.«

Literaturen